Administração
Financeira *Teoria e prática*

Tradução da 14ª edição norte-americana

CB041581

Dados Internacionais de Catalogação na Publicação (CIP)
(Câmara Brasileira do Livro, SP, Brasil)

Brigham, Eugene F.
　　Administração financeira: teoria e prática/
Eugene F. Brigham, Michael C. Ehrhardt; tradução Noveritis do
Brasil, Pólen Editorial, Solange Aparecida Visconti; revisão
técnica James R. Hunter,Peter Edward Mr. Wilson. 3. ed. –
São Paulo : Cengage Learning, 2017.

　　2. reimpr. da 3. ed. brasileira de 2016.
　　Título original: Financial management: theory and practice
　　14ª ed. norte-americana".
　　Bibliografia
　　ISBN 978-85-221-2391-9

　　1. Administração financeira 2. Corporações – Finanças
3. Empresas – Finanças I. Ehrhardt, Michael C. II. Título.

15-10228   CDD-658.15

Índice para catálogo sistemático:

1. Administração financeira: Empresas 658.15

Administração
Financeira *Teoria e prática*

Tradução da 14ª edição norte-americana

EUGENE F. BRIGHAM
University of Florida

MICHAEL C. EHRHARDT
University of Tennessee

Tradução
Noveritis do Brasil
Pólen Editorial
Solange Aparecida Visconti

Revisão técnica
James R. Hunter
Professor de Administração da Brazilian Business School e Business School São Paulo (BSP).
Graduado e mestre pela Yale University.

Peter Edward Mr. Wilson
Professor de Avaliação de empresas, Finanças corporativas e
Estratégia da Business School São Paulo (BSP).
Formado pela Escola de Economia Fundação Getulio Vargas (EESP-FGV).
Sócio da Managrow Consultoria e conselheiro de
Administração de várias empresas de Capital Aberto.

 CENGAGE

Austrália • Brasil • México • Cingapura • Reino Unido • Estados Unidos

Administração financeira: teoria e prática
Tradução da 14ª edição norte-americana
3ª edição brasileira
Eugene F. Brigham e Michael C. Ehrhardt

Gerente editorial: Noelma Brocanelli

Editora de desenvolvimento: Salete Del Guerra

Editora de aquisição: Guacira Simonelli

Supervisora de produção gráfica: Fabiana Alencar

Especialista em direitos autorais: Jenis Oh

Título original: Financial Management: Theory and

Practice, 14th Edition

ISBN 13: 978-1-111-97220-2

ISBN 10: 1-111-97220-6

Revisão Técnica: Peter Edward (Capítulos 1 a 3, 5, 12 a 23 e Apêndices)

James R. Hunter (Capítulos 4, 6, 7 a 11, 24 a 26, Glossário e Prefácio)

Copidesque: Maria Alice da Costa e Mônica de Aguiar Rocha

Revisores: Maria Alice da Costa, Mônica de Aguiar Rocha e Marileide Gomes

Projeto gráfico e Diagramação: Triall Composição Editorial Ltda.

Indexação: Joana Figueiredo

Capa: Buono Disegno

Imagem de capa: vs148/shutterstock

Para informações sobre nossos produtos,
entre em contato pelo telefone
0800 11 19 39
Para permissão de uso de material desta
obra, envie seu pedido para
direitosautorais@cengage.com

ISBN: 13- 978-85-221-2391-9
ISBN: 10- 85-221-2391-8

Cengage Learning
Condomínio E-Business Park
Rua Werner Siemens, 111 – Prédio 11 – Torre A –
Conjunto 12
Lapa de Baixo – CEP 05069-900 – São Paulo – SP
Tel.: (11) 3665-9900 Fax: (11) 3665-9901
SAC: 0800 11 19 39

Para suas soluções de curso e aprendizado, visite
www.cengage.com.br

Impresso no Brasil
Printed in Brazil
2. reimpr. – 2017

Prefácio

Quando escrevemos a primeira edição de *Administração financeira: teoria e prática,* tínhamos quatro objetivos: (1) criar um texto que pudesse ajudar os estudantes a tomar melhores decisões financeiras; (2) fornecer um livro que pudesse ser utilizado em um curso introdutório de MBA, mas que fosse completo o bastante para servir como texto de consulta em cursos subsequentes e depois da pós-graduação; (3) incentivar os estudantes mostrando-lhes que finanças são interessantes e importantes; e (4) fazer um livro bastante claro para que os estudantes consigam entendê-lo sem gastar seu próprio tempo e o de seus professores tentando compreender o que está escrito.

O colapso do mercado imobiliário, a crise financeira e a crise econômica mundial tornam ainda mais importante que estudantes e administradores entendam o papel das finanças na economia global, em suas empresas e em suas vidas. Assim, além dos quatro objetivos mencionados, esta edição tem mais um: preparar os estudantes para um mundo diferente.

Valor intrínseco como tema comum

Nossa ênfase em todo o livro é sobre as ações que um administrador pode e deve tomar para aumentar o valor intrínseco da empresa. Estruturar o livro sobre a questão do valor intrínseco melhora a continuidade e ajuda os estudantes a enxergar como vários tópicos estão relacionados entre si.

Como o próprio título sugere, este livro combina teoria e aplicações práticas. Um entendimento da teoria de finanças é absolutamente essencial para qualquer um que desenvolva e/ou implemente estratégias financeiras efetivas. Porém só teoria não é suficiente, por isso fornecemos vários exemplos para mostrar como a teoria é aplicada na prática. Na verdade, acreditamos que a capacidade de analisar problemas financeiros utilizando o Excel é absolutamente essencial para um estudante na busca bem-sucedida por um emprego e em sua carreira subsequente. Portanto, muitas exposições se originam diretamente de planilhas complementares do Excel. Várias planilhas também fornecem breves 'tutoriais' por meio de comentários detalhados sobre características do Excel que consideramos serem especialmente úteis, como Busca de Objetivos, Tabelas e muitas funções financeiras.

O livro começa com conceitos básicos, incluindo informações sobre o ambiente econômico e financeiro, demonstrações financeiras (com ênfase em fluxos de caixa), valor temporal do dinheiro, avaliação de títulos, análise de risco e avaliação de ações. Com esses dados, podemos prosseguir com a discussão sobre como técnicas específicas e regras de decisão podem ser usadas para maximizar o valor da empresa. Essa organização traz quatro importantes vantagens:

1. Os administradores devem tentar maximizar o valor intrínseco de uma empresa, que é determinado pelos fluxos de caixa registrados nas demonstrações financeiras. Nossa cobertura inicial das demonstrações financeiras ajuda os estudantes a enxergar como decisões financeiras específicas afetam as várias partes da empresa e o fluxo de caixa

resultante. A análise de demonstrações financeiras também é um excelente meio de mostrar a utilidade das planilhas.

2. O tópico do valor temporal do dinheiro no início ajuda os estudantes a ver como e por que fluxos de caixa futuros esperados determinam o valor de uma empresa. Os estudantes levam um tempo para digerir os conceitos do valor temporal do dinheiro (TVM) e para aprender a fazer os cálculos necessários, então é bom apresentar os conceitos de TVM logo no início e repetidas vezes.

3. A maioria dos estudantes – mesmo aqueles que não planejam fazer uma especialização em finanças – está interessada em investimentos. A capacidade de aprender depende de interesse e motivação pessoal, assim a apresentação inicial do livro sobre títulos e mercados de títulos é didaticamente válida.

4. Uma vez que os conceitos básicos tenham sido estabelecidos, fica mais fácil para os estudantes entenderem como e por que as empresas tomam decisões específicas nas áreas de avaliação de investimentos, captação de recursos, gestão de capital de giro, fusões e questões similares.

Mercado pretendido e uso

O livro *Administração financeira: teoria e prática* é destinado principalmente ao curso introdutório de MBA em finanças e como texto de consulta em cursos subsequentes e depois da pós-graduação. Há material suficiente para dois semestres, especialmente se for complementado com casos e/ou leituras selecionadas. O livro também pode ser usado como texto introdutório de curso de graduação com estudantes avançados, ou quando o curso introdutório é dado em dois semestres.

Melhorias nesta edição

Como em toda revisão, atualizamos e esclarecemos materiais em todo o texto, revisando o livro inteiro para que seja completo, de fácil apresentação e uso. Fizemos centenas de pequenas mudanças para atualizar o texto, com ênfase especial na atualização de exemplos reais e na inclusão das mudanças recentes no ambiente financeiro e teoria financeira. Também realizamos outras mudanças mais significativas. Algumas afetam todos os capítulos, outras envolvem a reorganização de seções entre os capítulos, e outras modificam o material apresentado dentro de capítulos específicos.

Mudanças que afetam todos os capítulos

A seguir, apresentamos algumas das mudanças que afetam todos os capítulos.

A crise econômica mundial. Em todos os capítulos, utilizamos exemplos do mundo real para mostrar como os tópicos estão relacionados, em algum aspecto, com a crise econômica mundial. Além disso, muitos capítulos têm novas seções de "A crise econômica mundial" que tratam de assuntos especialmente importantes relacionados à crise. Na edição anterior, começamos a utilizar a crise econômica mundial para ilustrar importantes pontos de aprendizado. Continuaremos a utilizar esse método nesta edição.

Maior integração com o Excel. Em cada capítulo, continuamos a integrar o material do livro a modelos de planilha, do *Excel*.

Melhorias referentes à MicroDrive. Assim como nas edições anteriores, utilizamos uma companhia hipotética, a MicroDrive, como nosso exemplo prático para proporcionar continuidade e ajudar os estudantes a prosseguir em sua curva de aprendizado com maior eficiência. Contudo, nesta edição, fizemos diversas mudanças nas demonstrações financeiras da MicroDrive. Em primeiro lugar, agora, os valores são todos números inteiros e, na maioria dos casos, terminam com zero, o que facilita muito os cálculos. Essa mudança aparentemente sem importância auxilia os estudantes a aprender tópicos de finanças sem se distrair com cálculos complicados. Em segundo, dividimos os custos operacionais em custos de bens vendidos (excluindo depreciação), outros custos operacionais e depreciação. Isso possibilita maior flexibilidade na definição de índices e na previsão de demonstrações financeiras. Em terceiro, alteramos os valores nas demonstrações financeiras, de modo que a MicroDrive pode ser utilizada como companhia ilustrativa em mais capítulos e em mais tópicos do que nas edições anteriores, especialmente, na medição sistemática de risco e na estimativa de valor intrínseco com o modelo de fluxo de caixa livre.

Modificações importantes em determinados capítulos

Realizamos também tantos pequenos aperfeiçoamentos dentro de cada capítulo que fica difícil mencionarmos todos aqui, mas alguns deles são mais importantes, e os discutiremos a seguir.

Capítulo 1. Visão geral de administração financeira e ambiente financeiro. Acrescentamos um quadro sobre negociações em alta frequência, "Vida a 1.000 por hora: negociação de alta frequência!", e um quadro relativo a títulos hipotecários, denominado "Anatomia de um ativo tóxico". Também aumentamos nossa abordagem a respeito da crise econômica mundial, a fim de refletir as mudanças ocorridas nos últimos três anos, incluindo a seção sobre a Lei Dodd-Frank.

Capítulo 2. Demonstrações financeiras, fluxo de caixa e impostos. Reorganizamos e integramos melhor as seções sobre demonstrações de fluxos de caixa, fluxo de caixa operacional e fluxo de caixa livre. Agora temos uma única seção com foco no uso do fluxo de caixa livre e seus componentes como mensuradores de desempenho. Adicionamos dois novos quadros. "Atendendo ao GAAP" descreve a convergência planejada entre GAAP e IFRS; "Quando se trata de impostos, a história sempre se repete" aborda os atuais impostos (ou a falta deles) pagos por muitas organizações. A MicroDrive é a companhia utilizada como exemplo prático ao longo de todo o livro. Modificamos suas demonstrações financeiras, de modo que forneça pontos de aprendizado adicionais quando abordamos a avaliação e a previsão, no Capítulo 12.

Capítulo 3. Análise de demonstrações financeiras. Atualizamos e revisamos o texto de abertura para descrever o anúncio de ganhos da Macy's e a reação ao preço de suas ações. Nas edições anteriores, definimos o índice de rotatividade de estoque utilizando vendas, em vez de CPV, porque alguns compiladores de estatísticas de índices financeiros, como a Dun & Bradstreet, empregam a proporção entre vendas e estoque. Entretanto, atualmente, a maior parte das fontes reporta o índice de rotatividade recorrendo ao CPV, por isso, modificamos nossa definição para nos adequarmos à maioria dos relatórios de organizações, e agora definimos o índice de rotatividade de estoque como CPV/Estoques. Além disso, para sermos mais coerentes com muitas companhias que divulgam seus relatórios na Web, atualmente definimos o índice de endividamento como o débito total pelo total de ativos; o índice de endividamento no mercado como o débito total dividido pelo débito total mais o valor do patrimônio do mercado, e a razão entre endividamento e patrimônio como o débito total dividido pelo patrimônio ordinário total. A MicroDrive é a companhia utilizada como exemplo prático ao longo de todo o livro, e modificamos suas demonstrações financeiras (o que altera seus índices), de modo que a MicroDrive fornece pontos de aprendizado adicionais quando abordamos a avaliação e a previsão, no Capítulo 12

Capítulo 4. O valor do dinheiro no tempo. Acrescentamos um novo quadro, "É uma questão de confiança", que descreve o valor futuro de diversas relações de confiança de vários séculos. Outro quadro novo, "O que você sabe é o que você recebe: não em empréstimos salariais", descreve os efeitos da melhor divulgação das decisões de empréstimos a consumidores. Colocamos a seção sobre perpetuidades antes da referente a anuidades, porque além de serem mais simples do que as anuidades, as perpetuidades são os "blocos de construção" das anuidades. Também modificamos o exemplo das consolidações para serem denominadas em libras, em vez de em dólares, como parte de nossa iniciativa de apresentar mais exemplos internacionais em cada capítulo. Incluímos uma discussão referente a pagamentos hipotecários, na Seção 4.17, comparando o total de juros pagos em uma hipoteca de 30 anos com os juros de uma hipoteca de 15 anos.

Capítulo 5. Títulos, avaliação de títulos e taxas de juros. Redefinimos o foco do texto de abertura no montante de endividamento mantido pelas corporações, empresas não corporativas e proprietários de imóveis. Atualizamos o quadro, "Apostando a favor do governso dos Estados Unidos ou contra ele: O caso dos swaps de créditos de títulos do Tesouro", para refletir a crise quanto ao limite de dívida de julho de 2011. Adicionamos outro novo quadro descrevendo as muitas companhias classificadas no padrão AAA, "As poucas e orgulhosas companhias classificadas com o índice AAA". Revisamos o quadro, "Medo e racionalidade", incluindo *spread* de TED, assim como o *spread* de títulos de alto rendimento. Também adicionamos uma breve discussão quanto à sua duração e seu uso como uma medida de risco. A MicroDrive é a companhia utilizada como exemplo ao longo de todo o livro. Modificamos suas ofertas de títulos empregadas para que sejam consistentes com as demonstrações financeiras revisadas, da MicroDrive.

Capítulo 6. Risco e retorno. Como parte de nosso esforço para integrarmos a companhia ilustrativa, MicroDrive, em todo o livro, fizemos alterações importantes neste capítulo. Iniciamos com a análise das distribuições de probabilidade discretas envolvendo diferentes situações de mercado e, então, prosseguindo com as distribuições contínuas, médias estimativas e desvios padrão, utilizando dados históricos para a MicroDrive. Discutimos as carteiras com duas ações e o impacto da diversificação, empregando informações referentes à MicroDrive e outra companhia. Isso estabelece o estágio para uma discussão do risco de mercado *versus* risco diversificável e a medida apropriada do risco de mercado, beta. Descrevemos, então, a relação entre risco e retorno, descrita pelo CAPM, e o conceito básico de equilíbrio de mercado. Isso proporciona uma transição natural para a hipótese de mercado eficiente (anteriormente, no Capítulo 7, dedicado à avaliação de ações). A nova organização consolida nosso tratamento do risco e do retorno e também ilustra esses conceitos com a MicroDrive, fornecendo experiência de aprendizado mais efetiva para os estudantes.

Capítulo 7. Avaliação de ações e empresas. Transferimos a abordagem dos mercados eficientes para o Capítulo 6, que é uma extensão natural do tema risco e retorno. Essa modificação possibilita que o Capítulo 7 tenha seu foco na avaliação de ações. Além do modelo de crescimento de dividendos, movemos a análise do modelo de avaliação de fluxo de caixa livre do final do livro para o Capítulo 7; agora o capítulo oferece uma abordagem abrangente da avaliação de ações por meio do modelo de crescimento de dividendos e do modelo de avaliação corporativa de fluxo de caixa livre.

Capítulo 9. Custo de capital. Criamos um novo texto de abertura focalizando a importância do custo de capital para as empresas que fazem compras de equipamentos. Um novo quadro, "Quanto a taxa do imposto efetivo da empresa é eficaz ?", mostra as diferenças entre a taxa legal e a taxa efetiva ao longo do tempo, e também compara a taxa legal e a taxa efetiva com as de outras economias desenvolvidas. Para proporcionarmos melhor integração, agora utilizamos a MicroDrive em nosso exemplo para ilustrar a estimativa de custo de capital. Agora, utilizamos a abordagem de rendimentos excedentes de títulos e análise de prêmio de risco na seção em companhias privadas, porque este geralmente é o método empregado.

Capítulo 10. Noções básicas de orçamento de capital: avaliando fluxos de caixa. O novo texto de abertura descreve os planos de expansão de John Deere e seu compromisso com o orçamento de capital disciplinado. Aperfeiçoamos a integração com o Capítulo 11 revisando o exemplo numérico no Capítulo 10, de modo que os fluxos de caixa para o Projeto L agora sejam os fluxos de caixa que estimamos no Capítulo 11. Reunimos todo o material relativo ao IRR (como a possibilidade de diversos IRRs) em uma única seção, a fim de tornar nossa cobertura mais coesa.

Capítulo 11. Estimativa de fluxo de caixa e análise de risco. Um novo texto de abertura descreve como diversas empresas utilizam a análise de risco quando tomam decisões sobre orçamento de capital. Revisamos o exemplo numérico para que o fluxo de caixa que estimamos neste capítulo fosse o mesmo utilizado no Capítulo 10 para o Projeto L.

Capítulo 12. Planejamento financeiro e projeção de demonstrações financeiras. Dividimos o processo de planejamento financeiro em duas atividades. Primeiro mostramos como prever a parte operacional de um plano financeiro, incluindo fluxos de caixa livres e estimativas de valor intrínseco. Em segundo lugar, demonstramos como combinar a previsão operacional com a política financeira preliminar, a fim de prever as demonstrações financeiras completas. Essa estrutura facilita a compreensão por parte dos alunos e dá aos instrutores a opção de abordar apenas a previsão operacional ou a projeção completa das demonstrações financeiras.

Capítulo 13. Conflitos da agência e governança corporativa. Mudamos o material da edição anterior para o capítulo sobre avaliação de ações (Capítulo 7) e para o capítulo referente a previsões financeiras (Capítulo 13). Além de integrar melhor os tópicos nesses capítulos, essa mudança nos permitiu focar nos conflitos entre agências e na governança corporativa. Acrescentamos um novo texto de abertura descrevendo a rejeição do acionista ao plano de remuneração proposto pelo Citigroup nas reuniões anuais de 2012.

Capítulo 14. Distribuições aos acionistas: dividendos e recompras. Acrescentamos um novo texto de abertura que descreve a iniciação de dividendos da Apple e um novo problema de autoavaliação que trata do impacto dos dividendos em relação a recompras.

Capítulo 15. Decisões sobre estrutura de capital. Ao mesmo tempo em que atualizamos a Seção 15-4 para incluir resultados dos testes empíricos mais recentes, também reorganizamos o material e adicionamos subtítulos para facilitar a síntese para os estudantes. Mudamos a atual avaliação da Strausburg, a companhia ilustrativa, de modo que ela precede imediatamente a recapitalização de Strausburg, o que fornece uma melhor sequência na avaliação dos efeitos da recapitalização.

Capítulo 16. Cadeias de suprimento e gestão de capital de giro. Adicionamos dois novos quadros, "Seu cheque não está no correio" e "Repreensão ou congratulação? The Colbert Report e as condições de pagamento das pequenas empresas". Reescrevemos a primeira seção do capítulo para uma melhor distinção entre caixa (incluindo equivalentes de caixa e títulos negociáveis) utilizado como suporte aos atuais investimentos e operações de curto prazo (incluindo títulos negociáveis) mantidos para possíveis usos futuros. Prosseguimos com a distinção ao longo de todo o capítulo em nossas análises sobre gestão de caixa e gestão de investimentos de curto prazo. Lembre-se de que no Capítulo 3 atualizamos nossa definição de índice de giro de estoque para CPV/Estoque, para sermos consistente com a maioria dos métodos de relatório, e mantivemos essa definição no Capítulo 16.

Capítulo 17. Administração financeira multinacional. Um novo texto de abertura descreve a interconexão dos mercados financeiros globais e inicia uma discussão sobre a crise na eurozona, que prossegue ao longo do capítulo. Adicionamos uma seção sobre a notação de moedas estrangeiras para assegurar que todos os leitores entendam melhor os valores relativos das moedas, conforme é relatado pela imprensa financeira. Acrescentamos uma nova figura mostrando o valor do índice em dólares em relação às principais moedas, a fim de mostrar como a demanda pelo dólar e seu valor relativo têm modificado com o passar do tempo. Adicionamos uma nova seção referente à dívida soberana, incluindo uma breve discussão sobre a atual crise envolvendo a dívida da Grécia.

Capítulo 18. Financiamento público e privado: ofertas públicas iniciais, ofertas sazonais e bancos de investimento. O novo texto de abertura descreve a IPO no Facebook e os eventos seguintes do mês. Incluímos também uma seção que explica como o preço de oferta é definido em uma IPO.

Capítulo 19. Financiamento de arrendamento. Modificamos a definição da vantagem líquida de arrendamento (NAL) para Valor atual de arrendamento – Valor atual da titularidade. Ambos os valores presentes são negativos, portanto, um NAL positivo significa que se deve optar pelo arrendamento. Os resultados do uso desta definição de NAL não se modificaram em comparação com os das edições anteriores, mas nossos estudantes consideram que esta é mais intuitiva.

Capítulo 20. Financiamento híbrido: ações preferenciais, bônus de subscrição e títulos conversíveis. Adicionamos um novo quadro, denominado "Os híbridos não são apenas para as empresas" que descreve a dedutibilidade dos dividendos preferenciais pelas cooperativas, na Seção 521.

Capítulo 21. Estruturas de capital dinâmicas. Acrescentamos um novo texto de abertura que descreve mudanças na estrutura de capital da Hewlett-Packard. Reescrevemos o capítulo e o organizamos em torno do conceito fundamental de que o valor alavancado de uma empresa é igual ao seu valor não alavancado mais quaisquer efeitos colaterais em virtude da alavancagem. A partir desse conceito geral, examinamos casos especiais, incluindo os modelos de MM e o modelo de APV (valor presente ajustado) compactado. Além do caso estático de uma estrutura de capital constante e de crescimento constante, aplicamos o modelo de APV a situações com estruturas de capital dinâmicas que variam de um ano para outro, antes de se tornarem constantes. Mantivemos as comprovações de MM e as colocamos em uma seção separada, que proporciona flexibilidade para os instrutores na escolha dos assuntos a serem abordados.

Capítulo 23. Gestão de risco corporativo. Reescrevemos grande parte do capítulo, modificando-o de uma abordagem sobre derivativos com aplicações em gestão de risco para uma que trata da gestão de risco corporativo com aplicações de derivativos como uma das diversas ferramentas na gestão de risco. Adaptamos a estrutura geral de gestão de risco corporativo do Comitê das Organizações Patrocinadoras (COSO), da Comissão Treadway, porque ela atende aos requisitos da Lei Sarbanes-Oxley e a Lei contra Práticas de Corrupção no Exterior (FCPA). Atualmente incluímos o uso da simulação de Monte Carlo como técnica para identificar riscos. Empregamos os resultados de uma simulação completa para ilustrar as medidas de VaR e déficit esperado, recomendadas pelo acordo Basileia III.

Capítulo 24. Falência, reestruturação e liquidação. Acrescentamos uma nova seção descrevendo os eventos que levam ao auxílio governamental, falência e IPO da GM.

Apêndices no site. Os apêndices trazem as soluções dos problemas de autoavaliação, soluções dos problemas de final de capítulo, equações e dados selecionados e valores das áreas. Nesta edição, este conteúdo está disponível na página do livro, no site da Cengage, em www.cengage.com.br.

Material de apoio on-line para professores e alunos

Para alunos
Apêndices com soluções de problemas de fim de capítulo, Tool Kits do Excel (em inglês), Build a model solutions (em inglês).

Para professores
Apêndices com soluções de problemas de fim de capítulo, Tool Kits do Excel (em inglês), Build a model solutions (em inglês) e slides em Power Point (em inglês), manual de soluções e Mini cases Excel model.

Tool Kits do *Excel*
A proficiência com planilhas é uma necessidade absoluta para todos os estudantes de cursos de MBA. Com isso em mente, criamos planilhas do Excel específicas para cada capítulo, denominadas Tool Kits (kits de ferramentas), para mostrar como foram realizados os cálculos utilizados no capítulo. Os modelos de *Tool Kit* incluem explicações que demonstram aos estudantes como utilizar muitos dos recursos e funções do *Excel*, possibilitando que os *Tool Kits* sirvam como tutoriais de autoaprendizado.

Problema de planilha – Build a model solution
Cada capítulo traz um problema denominado *Construa um Modelo*, no qual os alunos iniciam com uma planilha contendo dados financeiros e instruções gerais para a solução de um problema específico.

Manual de soluções
Este abrangente manual (em inglês) contém soluções aplicadas em todo o material de final de capítulo.

Slides em *PowerPoint*
Em cada capítulo, fornecemos um conjunto de slides em PowerPoint que apresentam gráficos, tabelas, listas e cálculos para uso em palestras.

Mini cases Excel model
Além dos slides em *PowerPoint*, também disponibilizamos planilhas em *Excel* que realizam os cálculos exigidos nos Estudos de caso. Tais planilhas são similares aos *Tool Kits*, exceto porque (a) os números correspondem aos Estudos de caso, e não aos exemplos dos capítulos, e (b) acrescentamos alguns recursos que permitem análises condicionais ("what if") nas aulas em tempo real.

Agradecimentos

Este livro reflete o trabalho de um grande número de pessoas ao longo de muitos anos. Primeiro, gostaríamos de agradecer aos seguintes revisores da 13ª Edição pelas sugestões apresentadas:

Loreto Peter Alonzi
Michael H. Anderson
T. Homer Bonitsis
Alka Bramhandkar
Bill Brunsen
Deanne Butchey
Manfen W. Chen
Ting-Heng Chu
Simona S. Citron
Robert M. Donchez
Anne Drougas
David A. Dumpe
Ibrahim Elsaif
Suzanne Erickson
Gary Engle
Eliezer Fich
Jane Finley
Stuart I. Gillian

Axel Grossman
James D. Harris
Mary Hartman
Rodrigo Hernandez
Amy Ho
Biqing Huang
Robert Irons
Ashok Kapoor
Brian Kluger
Karen Eilers Lahey
Angeline M. Lavin
K. Sunny Liston
Raymond H. Lopez
Neil Mathur
M. Imtiaz Mazunder
Michael McBain
Ronald W. Melicher
Terrilyn Morgan

Edward Morris
Mark Pate
Bruce C. Payne
Armand Picou
Gerard Ras
William C. Sarsfield
Amy K. S. Scott
Arnav Sheth
James L. Slaydon
Steven Slezak
Gordon Smith
Richard D. C. Trainer
Tim Khiem Tran
Gary P. Tripp
Kudret Topyan
Irena Vodenska
Elizabeth J. Wark
Alex Wilson

Além disso, gostaríamos de agradecer aos muitos comentários e sugestões úteis fornecidos por outros instrutores, incluindo Greg Faulk, Anthony Gu, Andrew Mose, Chee Ng e John Steven. E queremos agradecer especialmente a Serge Wind, que forneceu muitas dicas para melhorar os aspectos de aprendizado em nosso livro.

Muitos professores e profissionais que são especialistas em tópicos específicos revisaram as versões preliminares de capítulos individuais ou grupos de capítulos e somos gratos pelas suas contribuições; gostaríamos ainda de agradecer àqueles cujos comentários e revisões sobre edições e livros anteriores contribuíram para esta edição: Mike Adler, Syed Ahmad, Sadhana M. Alangar, Ed Altman, Mary Schary Amram, Anne Anderson, Bruce Anderson, Ron Anderson, Bob Angell, Vince Apilado, Henry Arnold, Nasser Arshadi, Bob Aubey, Abdul Aziz, Gil Babcock, Peter Bacon, Kent Baker, Tom Bankston, Les Barenbaum, Charles Barngrover, Michael Barry, Bill Beedles, Moshe Ben-Horim, Omar M. Benkato, Bill Beranek, Tom Berry, Bill Bertin, Roger Bey, Dalton Bigbee, John Bildersee, Raul Bishnoi, Eric Blazer, Russ Boisjoly, Keith Boles, Gordon R. Bonner, Geof Booth, Kenneth Boudreaux, Helen Bowers, Oswald Bowlin, Don Boyd, G. Michael Boyd, Pat Boyer, Ben S. Branch, Joe Brandt, Elizabeth Brannigan, Greg Brauer, Mary Broske, Dave Brown, Kate Brown, Bill Brueggeman, Kirt Butler, Robert Button, Chris Buzzard, Bill Campsey, Bob Carleson, Severin Carlson, David Cary, Steve Celec, Don Chance, Antony Chang, Susan Chaplinsky, Jay Choi, S. K. Choudhury, Lal Chugh, Jonathan Clarke, Maclyn Clouse, Margaret Considine, Phil Cooley, Joe Copeland, David Cordell, John Cotner, Charles Cox, David Crary, John Crockett, Roy Crum, Brent Dalrymple, Bill Damon, Joel Dauten, Steve Dawson, Sankar De, Miles Delano, Fred Dellva, Anand Desai, Bernard Dill, Greg Dimkoff, Les Dlabay, Mark Dorfman, Gene Drycimski, Dean Dudley, David Durst, Ed Dyl, Dick Edelman, Charles Edwards, John Ellis, Dave Ewert, John Ezzell, Richard Fendler, Michael Ferri, Jim Filkins, John Finnerty, Susan Fischer, Mark Flannery, Steven Flint, Russ Fogler, E. Bruce Frederickson, Dan French, Tina Galloway, Partha Gangopadhyay, Phil Gardial, Michael Garlington, Sharon H. Garrison, Jim Garvin, Adam Gehr, Jim Gentry, Stuart Gillan, Philip Glasgo, Rudyard Goode, Myron Gordon, Walt Goulet, Bernie Grablowsky, Theoharry Grammatikos, Ed Grossnickle, John Groth, Alan Grunewald, Manak Gupta, Sam Hadaway, Don Hakala, Janet Hamilton, Sally Hamilton, Gerald Hamsmith, William Hardin, John Harris, Paul Hastings, Patty Hatfield, Bob Haugen, Steve Hawke, Del Hawley, Hal Heaton, Robert Hehre, John Helmuth, George Hettenhouse, Hans Heymann, Kendall Hill, Roger Hill, Tom Hindelang, Linda Hittle, Ralph Hocking, J. Ronald Hoffmeister, Jim Horrigan, John Houston, John Howe, Keith Howe, Hugh Hunter, Steve Isberg, Jim Jackson, Vahan Janjigian, Kurt Jesswein, Kose John, Craig Johnson, Keith Johnson, Steve Johnson, Ramon Johnson, Ray Jones, Manuel Jose, Gus Kalogeras, Mike Keenan, Bill Kennedy, Joe Kiernan, Robert Kieschnick, Rick Kish, Linda Klein, Don Knight, Dorothy Koehl, Theodor Kohers, Jaroslaw Komarynsky, Duncan Kretovich, Harold Krogh, Charles Kroncke, Lynn Phillips Kugele, Joan Lamm, P. Lange, Howard Lanser, Martin Laurence, Ed Lawrence, Richard LeCompte, Wayne Lee, Jim LePage, Ilene Levin, Jules Levine, John Lewis, James T. Lindley, Chuck Linke, Bill Lloyd, Susan Long, Judy Maese, Bob Magee, Ileen Malitz, Phil Malone, Terry Maness, Chris Manning, Terry Martell, D. J. Masson, John Mathys, John McAlhany, Andy McCollough, Tom McCue, Bill McDaniel, Robin McLaughlin, Jamshid Mehran, Ilhan Meric, Larry Merville, Rick Meyer, Stuart E. Michelson, Jim Millar, Ed Miller, John Mitchell, Carol Moerdyk, Bob Moore, Hassan Moussawi, Barry Morris, Gene Morris, Fred Morrissey, Chris Muscarella, Stu Myers, David Nachman, Tim Nantell, Don Nast, Bill Nelson, Bob Nelson, Bob Niendorf, Tom O'Brien, Dennis O'Connor, John O'Donnell, Jim Olsen, Robert Olsen, Frank O'Meara, David Overbye, R. Daniel Pace, Coleen Pantalone, Jim Pappas, Stephen Parrish, Pam Peterson, Glenn Petry, Jim Pettijohn, Rich Pettit, Dick Pettway, Hugo Phillips, John Pinkerton, Gerald Pogue, Ralph A. Pope, R. Potter, Franklin Potts, R. Powell, Chris Prestopino, Jerry Prock, Howard Puckett, Herbert Quigley, George Racette, Bob Radcliffe, Allen Rappaport, Bill Rentz, Ken Riener, Charles Rini, John Ritchie, Jay Ritter, Pietra Rivoli, Fiona Robertson, Antonio Rodriguez, E. M. Roussakis, Dexter Rowell, Mike Ryngaert, Jim Sachlis, Abdul Sadik, A. Jon Saxon, Thomas Scampini, Kevin Scanlon, Frederick Schadler, James Schallheim, Mary Jane Scheuer, Carl Schweser, John Settle, Alan Severn, Sol Shalit, Elizabeth Shields, Frederic Shipley, Dilip Shome, Ron Shrieves, Neil Sicherman, J. B. Silvers, Clay Singleton, Joe Sinkey, Stacy Sirmans, Jaye Smith, Steve Smith, Don Sorenson, David Speairs, Ken Stanly, John Stansfield, Ed Stendardi, Alan Stephens, Don Stevens, Jerry Stevens, G. Bennett Stewart, Mark Stohs, Glen Strasburg, Robert Strong, Philip Swensen, Ernie Swift, Paul Swink, Eugene Swinnerton, Robert Taggart, Gary Tallman, Dennis Tanner, Craig Tapley, Russ Taussig, Richard Teweles, Ted Teweles, Jonathan Tiemann, Sheridan Titman, Andrew Thompson, George Trivoli, George Tsetsekos, Alan L. Tucker, Mel Tysseland, David Upton, Howard Van Auken, Pretorious Van den Dool, Pieter Vanderburg, Paul Vanderheiden, David Vang, Jim Verbrugge, Patrick Vincent, Steve Vinson, Susan Visscher, Joseph Vu, John Wachowicz, Mark D. Walker, Mike Walker, Sam Weaver, Kuo Chiang Wei, Bill Welch, Gary R. Wells, Fred Weston, Norm Williams, Tony Wingler, Ed Wolfe, Larry Wolken, Don Woods, Thomas Wright, Michael Yonan, Zhong-guo Zhou, David Ziebart, Dennis Zocco e Kent Zumwalt.

Nossos agradecimentos especiais a Dana Clark, Susan Whitman, Amelia Bell e Kirsten Benson pelo apoio editorial inestimável; para Joel Houston e Phillip Daves, cujo trabalho desenvolvido conosco em outros livros está refletido nesta obra; e para Lou Gapenski, nosso antigo coautor, pelas muitas contribuições.

Nossos colegas e nossos alunos nas Universidades da Flórida e Tennessee nos deram muitas sugestões úteis, e a equipe da Cengage/South-Western – especialmente Kendra Brown, Scott Fidler, Holly Henjum e Mike Reynolds – ajudou muito em todas as fases do desenvolvimento, produção e marketing do livro.

Conclusão

Finanças, no sentido real, é o pilar do sistema de gestão empresarial livre. Uma boa administração financeira tem, portanto, importância vital para a saúde econômica das empresas, da nação e do mundo. Devido à sua importância, finanças corporativas devem ser entendidas por completo. Entretanto, é mais fácil dizer do que fazer – a área é relativamente complexa e está sofrendo mudanças constantes por conta de mudanças nas condições econômicas. Tudo isso torna a área de finanças corporativas estimulante e emocionante, mas também desafiadora e às vezes confusa. Sinceramente, esperamos que *Administração financeira: teoria e prática* ajude os leitores a entender e a resolver os problemas enfrentados pelas empresas atualmente.

Michael C. Ehrhardt
University of Tennessee
Ehrhardt@utk.edu

Eugene F. Brigham
University of Florida
Gene.Brigham@cba.ufl.edu

Dezembro de 2012

Sumário

Parte 3 – Ações e opções   201

Capítulo 19 Financiamento de arrendamento 651

Capítulo 20 Financiamento híbrido: ações preferenciais, bônus de subscrição e títulos conversíveis 675

Parte 9 – Finanças estratégicas em um ambiente dinâmico   699

Conceitos básicos de finanças corporativas

CAPÍTULO 1

Visão geral de administração financeira e ambiente financeiro

Em um concurso mundial de beleza de empresas, a vencedora é a Apple Computer. Ou, pelo menos, ela é a empresa mais admirada no mundo, de acordo com uma pesquisa anual feita pela revista *Fortune*. Entre as outras dez melhores empresas do mundo estão Google, Berkshire Hathaway, Southwest Airlines, Procter & Gamble, Coca-Cola, Amazon.com, FedEx, Microsoft e McDonald's.

Segundo uma pesquisa realizada com executivos, diretores e Analistas de segurança de informação, elas têm a maior média de pontuação em nove quesitos: 1. inovação, 2. qualidade de gestão, 3. valor de investimento no longo prazo, 4. responsabilidade social, 5. talentos profissionais, 6. qualidade de produtos e serviços, 7. solidez financeira, 8. utilização de ativos da empresa e 9. eficiência na realização de negócios internacionais. Após remover as empresas mais fracas, a classificação final é determinada por mais de 3.700 especialistas de diversas indústrias.

E o que essas empresas têm em comum? Primeiro, elas possuem um foco incrível no uso da tecnologia para entender seus clientes, reduzir custos e estoques e agilizar a entrega de produtos. Segundo, essas empresas inovam continuamente e investem em formas de diferenciar seus produtos. Algumas são conhecidas por seus produtos capazes de virar o jogo, como o iPad da Apple. Outras apresentam pequenas melhorias de forma contínua, como os procedimentos de embarque agilizados da Southwest Airline.

Elas não só são inteligentes no uso de tecnologia e no atendimento ao cliente, mas também são líderes em se tratando de treinamento de funcionários e oferecimento de possibilidade de crescimento aos profissionais.

Antes da crise econômica global, essas empresas mantiveram níveis razoáveis de dívida e evitaram pagar a mais por aquisições. Isto permitiu que elas resistissem à crise e as posicionou para um desempenho subsequente mais forte do que muitos de seus concorrentes.

Em suma, elas reduzem custos com processos de produção inovadores, criam valor para os clientes com serviços e produtos de alta qualidade e criam valor para os funcionários com treinamento e um ambiente em que eles possam utilizar todos os seus conhecimentos e talentos. Conforme será visto ao longo deste livro, o fluxo de caixa e o rendimento maior sobre o capital resultante também geram valor para os investidores.

Este capítulo dará uma ideia geral de administração financeira, incluindo um panorama dos mercados financeiros em que as empresas atuam. Antes de entrar em detalhes, vejamos a situação como um todo. Provavelmente você estuda porque deseja ter uma carreira interessante, gratificante e com vários desafios. Para saber onde as finanças se encaixam, apresentamos um MBA em cinco minutos.

A CRISE ECONÔMICA MUNDIAL

A crise econômica global

A crise econômica global é como o convidado de uma festa que toma um drinque e fica interessante e divertido, mas, ao tomar muitos drinques, passa mal e fica na festa mesmo depois de todos irem embora. Correndo o risco de ser muito simplista, eis o que aconteceu nos últimos dez anos: vários indivíduos, instituições financeiras e governos do mundo pegaram muito dinheiro emprestado e usaram esses fundos para fazer investimentos especulativos. Esses investimentos acabaram por valer menos do que os valores que os mutuários deviam, provocando falências generalizadas, compras e reestruturações, tanto para os mutuários quanto para os credores. Isso, por sua vez, reduziu o fornecimento de fundos disponíveis que instituições financei-

ras geralmente emprestam a indivíduos, fabricantes e varejistas solventes. Sem acesso ao crédito, os consumidores passaram a comprar menos, os fabricantes a produzir menos, e os varejistas a vender menos — o que levou a demissões.

De acordo com o **Birô** Nacional de Pesquisa Econômica, a recessão resultante durou de dezembro de 2007 até junho de 2009. Mas até 2012, quando este livro foi escrito, a economia norte-americana ainda não crescia rapidamente. Conforme prosseguimos com este capítulo e com o resto do livro, discutiremos diferentes aspectos da crise. Para informações em tempo real, acesse o Global Economic Watch (GEW) Resource Center em **<www.cengage.com/thewatch>**.

1-1   MBA em cinco minutos

Tudo bem, sabemos que você não consegue um MBA em cinco minutos. Mas, da mesma forma que um pintor faz o esboço de sua obra antes de se dedicar aos detalhes, nós podemos traçar os principais elementos do programa de MBA. O principal objetivo do MBA é transmitir aos administradores os conhecimentos e as qualificações de que eles necessitam para gerir empresas bem-sucedidas; portanto, começamos com algumas características comuns de empresas bem-sucedidas. Todas as empresas bem-sucedidas conseguem atingir duas metas em especial:

1. Todas identificam, criam e oferecem produtos ou serviços bastante valorizados pelos clientes – tão valorizados que os clientes preferem adquiri-los dessas empresas do que da concorrência.
2. Todas vendem seus produtos/serviços a preços que são altos o suficiente para cobrir os custos e compensar os proprietários e credores pelo uso do dinheiro deles e pela exposição ao risco.

É muito fácil falar sobre satisfazer clientes e investidores, mas não é tão fácil atingir essas metas. Se fosse fácil, todas as empresas seriam bem-sucedidas, e você não precisaria ter um MBA!

1-1a   As principais qualidades das empresas bem-sucedidas

Em primeiro lugar, *as empresas bem-sucedidas possuem funcionários qualificados* em todas as áreas da empresa, inclusive líderes, gerentes e mão de obra capacitada.

Em segundo, *elas possuem relações sólidas* com grupos externos. Por exemplo, essas empresas desenvolvem relações de ganho mútuo com fornecedores e se destacam na gestão de relacionamento com o cliente.

Terceiro, *esse tipo de empresa possui fundos suficientes* para realizar seus planos e bancar seus processos. A maioria das empresas necessita de dinheiro para adquirir terrenos, edificações, equipamentos e materiais. As empresas podem reinvestir uma parte de seus lucros, contudo a maioria das empresas em crescimento também precisa levantar recursos adicionais externos por meio da venda de ações e/ou de empréstimos nos mercados financeiros.

Assim como um tripé, uma empresa bem-sucedida precisa ter três elementos: pessoal qualificado, relações externas sólidas e capital suficiente.

1-1b   MBA, finanças e sua carreira

Para ser bem-sucedida, uma empresa precisa atingir sua primeira meta principal: identificar, criar e oferecer produtos e serviços de alto valor para seus clientes. E, para tanto, é necessário possuir todos os três elementos principais já citados. Portanto, não surpreende o fato de a maioria dos cursos de MBA estar diretamente relacionada com esses elementos. Por exemplo: os cursos de economia, comunicação, estratégia, comportamento organizacional e recursos humanos devem preparar o aluno para um cargo de liderança e possibilitar que este administre com eficiência a mão de obra de sua empresa. Já outros cursos, como marketing, administração de produção e tecnologia da informação, ampliam o conhecimento em disciplinas específicas, possibilitando que o aluno desenvolva processos de negócios eficientes e relações externas sólidas de que sua empresa necessita. Parte *deste* curso de finanças abordará o levantamento do capital de que sua empresa necessita para implementar seus planos. Em suma, o curso de MBA fornece as qualificações necessárias para ajudar uma empresa a atingir sua primeira meta: produzir bens e serviços que os clientes desejam.

Apesar disso, lembre-se de que não basta ter somente produtos altamente valorizados e clientes satisfeitos. As empresas bem-sucedidas também precisam atingir sua segunda meta principal, que é gerar fundos suficientes para remunerar os investidores que forneceram o capital necessário. Para ajudar sua empresa a atingir essa segunda meta, é necessário avaliar qualquer proposta, seja ela relacionada a marketing, produção, estratégia ou qualquer outra área, e implementar somente os projetos que agreguem valor aos seus investidores. Para tanto, é preciso ter experiência em finanças, independentemente de sua especialização. Logo, as finanças são uma parte essencial do programa de MBA, o que será muito importante no decorrer de sua carreira.

Autoavaliação

1. Quais são as metas das empresas bem-sucedidas?
2. Quais são as três principais qualidades comuns a todas as empresas bem-sucedidas?
3. De que modo a experiência em finanças pode ajudar uma empresa a ser bem-sucedida?

1-2   O ciclo de vida de uma organização

Muitas empresas importantes, como a Apple Computer e a Hewlett-Packard, iniciaram suas atividades em uma garagem ou em um porão. Como elas conseguiram crescer e se tornar os gigantes que são hoje? Nenhuma empresa se desenvolve exatamente da mesma forma que outra, mas as seções a seguir descrevem algumas fases comuns do ciclo de vida de uma organização.

1-2a   Iniciar como firma individual

Muitas empresas iniciam suas atividades como **firma individual**, que é um negócio sem personalidade legal, tendo somente um proprietário. Começar como uma firma individual é fácil – basta dar início às operações comerciais depois de obter os alvarás de funcionamento municipais ou estaduais necessários. A firma individual oferece três vantagens importantes: (1) é formada de maneira fácil e não muito cara, (2) está sujeita a determinados regulamentos governamentais e (3) sua renda não está sujeita à tributação de empresas, mas é tributada como parte da renda pessoal do proprietário da firma.

A firma individual, entretanto, também possui três restrições importantes: (1) pode ser difícil obter o capital necessário para crescer; (2) o proprietário possui responsabilidade pessoal ilimitada pelas dívidas da firma, o que pode acarretar prejuízos que excedam o capital nela investido (os credores podem até mesmo tomar a casa ou outras propriedades pessoais do proprietário!); e (3) a vida de uma firma individual limita-se à vida de seu fundador. Por esses três motivos, as firmas individuais são utilizadas basicamente para pequenos negócios. Na realidade, as firmas individuais representam somente 13% de todas as vendas, com base em valores em dólar, embora aproximadamente 80% de todas as empresas sejam firmas individuais.

1-2b   Mais de um proprietário: uma sociedade limitada

Algumas empresas iniciam suas atividades com mais de um proprietário, e alguns proprietários decidem ter um sócio quando a empresa cresce. Uma **sociedade limitada** passa a existir quando duas ou mais pessoas ou entidades se associam para conduzir uma sociedade despersonalizada com fins lucrativos. As sociedades podem atuar em vários níveis de formalidade, desde os tratos orais e informais aos acordos formais registrados na secretaria do Estado em que a sociedade foi estabelecida. Os acordos de sociedade em nome coletivo definem como os lucros e prejuízos serão divididos entre os sócios. As vantagens e desvantagens normalmente são semelhantes às de uma firma individual.

Quanto à responsabilidade, os sócios podem vir a perder todos os seus bens pessoais, mesmo ativos não investidos na sociedade, pois, de acordo com a lei norte-americana de sociedades, cada sócio é responsável pelas dívidas da sociedade. Portanto, caso a sociedade vá à falência e qualquer sócio não consiga cumprir sua

Colombo estava errado – o mundo é plano! e quente... e lotado!

Em seu best-seller, *O mundo é plano*, Thomas L. Friedman (Objetiva, 2009) afirma que muitas das barreiras que protegeram as empresas e os funcionários por tanto tempo da concorrência mundial foram quebradas pelas grandes melhoras nas tecnologias de comunicação e transporte. O resultado é um campo de jogos nivelado, que abrange o mundo todo. À medida que entramos na era da informação, qualquer trabalho que possa ser digitalizado circulará para quem puder fazê-lo com o menor custo, não importa se estão localizados no Vale do Silício, em San José ou em Bangalore, Índia. Em se tratando de produtos físicos, as cadeias de fornecimento atuais abrangem o mundo inteiro. Por exemplo: as matérias-primas podem ser extraídas na América do Sul, transformadas em componentes eletrônicos na Ásia, os quais depois serão utilizados em computadores montados nos Estados Unidos, e, por fim, o produto final é vendido na Europa.

Mudanças semelhantes ocorrem em mercados financeiros, conforme o capital flui ao redor do globo e chega até os que melhor sabem usá-lo. De fato, China e Hong Kong acumularam mais dinheiro por meio de ofertas públicas de ações em 2011 do que a Europa e os Estados Unidos juntos.

Há mudanças semelhantes ocorrendo nos mercados financeiros, com o capital circulando no mundo para aqueles que podem utilizá-lo da melhor maneira. Aliás, a China levantou mais dinheiro por meio de ofertas públicas iniciais do que qualquer outro país em 2006, e o euro está se tornando a moeda de escolha para emissões de títulos globais.

Infelizmente, um mundo dinâmico pode gerar um crescimento desenfreado, que, por sua vez, pode levar a sérios problemas ambientais e falta de energia. Friedman descreve esses problemas em seu outro sucesso de vendas, *Quente, plano e lotado* (Objetiva, 2010). Em um mundo plano, os segredos para o sucesso são: conhecimento, qualificação e uma excelente ética no trabalho. Em um mundo quente, plano e lotado, esses fatores precisam ser combinados com inovação e criatividade para lidar com problemas verdadeiramente mundiais.

responsabilidade proporcional, os outros sócios terão de pagar o débito restante, recorrendo aos seus bens pessoais conforme necessário. Para evitar isso, é possível limitar as responsabilidades de alguns sócios constituindo uma **sociedade limitada**, em que alguns são nomeados **sócios administradores**, e outros, **sócios investidores**. Em uma sociedade limitada, os sócios investidores podem vir a perder somente o valor que investiram na sociedade, ao passo que os sócios administradores possuem responsabilidade ilimitada. Todavia, os sócios investidores normalmente não possuem controle algum – que fica por conta dos sócios administradores – e os retornos daqueles também são limitados. Esse tipo de sociedade é bastante comum nos setores imobiliário, petrolífero, de empreendimentos de locação de equipamentos e de capital de risco. No entanto, geralmente esse tipo de sociedade não é muito utilizado, visto que nenhum sócio se dispõe a ser o sócio investidor e, portanto, aceitar a maior parte dos riscos do negócio. Além disso, ninguém deseja ser um sócio investidor e abrir mão do controle total.

Nesse tipo de sociedade, pelo menos um dos sócios fica responsável pelas dívidas da sociedade. No entanto, em uma **sociedade de responsabilidade limitada (*limited liability partnership* – LLP)**, todos os sócios possuem responsabilidade limitada com relação às responsabilidades do negócio, e seus possíveis prejuízos ficam limitados ao investimento feito por eles na LLP. Obviamente, esse tipo de organização aumenta o risco dos credores, clientes e fornecedores das LLPs.

1-2c   Diversos donos: sociedade anônima

A maioria das sociedades limitadas tem dificuldade de atrair quantias substanciais de capital. Normalmente, isso não é problema para negócios de crescimento lento; entretanto, se os produtos ou serviços de uma empresa obtiverem sucesso e houver a necessidade de levantar grandes quantias de capital para financiar suas oportunidades, essa dificuldade de atrair capital se tornará um grande obstáculo. Assim, muitas empresas em crescimento, como a Hewlett-Packard e a Microsoft, iniciaram suas atividades como firmas individuais ou sociedades limitadas, mas, em dado momento, seus fundadores decidiram transformá-las em sociedades anônimas. Por sua vez, algumas empresas, já prevendo seu crescimento, iniciam suas atividades como sociedades anônimas. **Sociedade anônima** é uma pessoa jurídica criada de acordo com as leis de um Estado, sendo separada e distinta de seus proprietários e administradores. Essa separação proporciona três vantagens importantes à sociedade anônima: (1) *período de vida ilimitado* – uma sociedade anônima pode continuar a existir mesmo após o falecimento de seus proprietários e administradores originais; (2) *fácil transferência da participação societária* – a participação societária é dividida em ações, podendo, assim, ser transferida com muito mais facilidade em relação às firmas individuais e sociedades em nome coletivo; e (3) *responsabilidade limitada* – os prejuízos limitam-se somente aos fundos efetivamente investidos.

Para dar um exemplo de responsabilidade limitada, suponha que você tenha investido $ 10 mil em uma sociedade limitada que foi à falência e tinha uma dívida de $ 1 milhão. Uma vez que os proprietários são responsáveis pelas dívidas de uma sociedade em nome coletivo, você poderia ser responsabilizado pelo pagamento de parte delas, ou ainda da quantia total de $ 1 milhão, caso seus sócios não conseguissem pagar as partes deles. Porém, caso você tivesse investido $ 10 mil em ações de uma sociedade anônima que foi à falência, seu possível prejuízo ficaria limitado ao seu investimento de $ 10 mil.[1] Existência ilimitada, fácil transferência de participação e responsabilidade limitada facilitam bastante que as sociedades anônimas – diferentemente das firmas individuais e sociedades em nome conjunto – levantem verbas no mercado financeiro e se tornem grandes empresas.

A organização da sociedade anônima proporciona vantagens importantes sobre as firmas individuais e sociedades em nome coletivo, mas também possui duas desvantagens: (1) os lucros da sociedade anônima podem ficar sujeitos à dupla tributação – os lucros da sociedade anônima são tributados na condição de pessoa jurídica e os lucros que venham a ser pagos como dividendos aos acionistas são tributados mais uma vez como renda destes; (2) para constituir uma sociedade anônima, é necessário elaborar um contrato social, redigir o estatuto social desta e registrar diversos relatórios estaduais e federais exigidos, o que é bem mais complexo e demorado do que constituir uma firma individual ou sociedade em nome conjunto.

O **contrato social** contém as seguintes informações: (1) nome da sociedade anônima proposta, (2) tipo de atividades que serão realizadas, (3) valor do capital social, (4) número de conselheiros e (5) nomes e endereços destes. O contrato será registrado na Junta Comercial do Estado no qual a empresa será constituída, e, a partir do momento em que for aprovado, a sociedade anônima existirá oficialmente.[2] Quando a sociedade iniciar sua atuação, relatórios trimestrais e anuais sobre funcionários, finanças e impostos deverão ser registrados nos órgãos estaduais e federais.

O **estatuto social** é um conjunto de normas redigidas pelos fundadores da sociedade anônima e abrange os seguintes aspectos: (1) a forma como os conselheiros são eleitos (eleições anuais de todos os diretores ou de um terço destes, com mandatos de três anos); (2) a possibilidade de os acionistas existentes terem prioridade na compra de quaisquer novas ações que a sociedade venha a emitir; e (3) procedimentos para alteração do próprio estatuto, caso seja necessário.

Na realidade, há diversos tipos de sociedades anônimas. Muitas vezes, profissionais como médicos, advogados e contadores formam uma **sociedade de profissionais (*professional corporation* – PC)** ou uma **associação profissional (*professional association* – PA)**. Esses tipos de sociedades anônimas não isentam os participantes de responsabilidade profissional (imperícia). Na verdade, a motivação principal por trás da sociedade de profissionais é proporcionar um meio para que grupos de profissionais possam se associar e, desse modo, evitar determinados tipos de responsabilidade ilimitada, mas ainda tendo responsabilidade profissional.

Por fim, caso determinadas exigências sejam satisfeitas, em especial com relação ao tamanho e ao número de acionistas, os proprietários podem constituir uma sociedade anônima, mas com a escolha de serem tributados como se a empresa fosse uma firma individual ou sociedade em nome coletivo. Essas empresas, que não são diferentes quanto à forma organizacional, mas somente na forma como seus proprietários são tributados, são denominadas **corporações S**.

1-2d Crescimento e administração da sociedade anônima

Depois que uma sociedade anônima for constituída, como ela evoluirá? Quando os empresários iniciam as atividades de uma empresa, normalmente o financiamento é feito com recursos pessoais, que podem incluir economias, empréstimos imobiliários ou até mesmo cartões de crédito. Conforme a sociedade anônima crescer, ela precisará de fábricas, equipamentos, estoque, entre outros recursos necessários para sustentar seu crescimento. Com o tempo, os empresários geralmente esgotam seus próprios recursos e precisam recorrer a financiamentos externos. Muitas empresas novas são consideradas alto risco pelos bancos; portanto, os fundadores têm de vender ações para pessoas que não fazem parte da sociedade, inclusive amigos, família, investidores

---

[1] No caso de sociedades anônimas muito pequenas, a responsabilidade limitada pode ser irreal, pois os credores normalmente exigem que os acionistas prestem garantias pessoais.

[2] Mais de 60% das mais importantes sociedades anônimas dos Estados Unidos estão registradas em Delaware, que vem proporcionando um ambiente jurídico favorável a elas ao longo dos anos. Não é necessário que a empresa possua uma sede ou mesmo atue no Estado ou município em que foi constituída.

privados (também conhecidos como investidores anjos) ou investidores de risco. Caso a sociedade anônima continue a crescer, pode vir a ser bem-sucedida o bastante para os bancos concederem crédito ou pode até levantar fundos adicionais por meio de uma **oferta pública de ações (*initial public offering* – IPO)**, vendendo ações ao público em geral. Depois de uma IPO, as sociedades anônimas mantêm seu crescimento tomando empréstimos bancários, emitindo títulos de dívida ou vendendo ações adicionais. Em suma, a capacidade de crescimento de uma sociedade anônima depende de suas interações com os mercados financeiros, que serão descritas mais detalhadamente no decorrer deste capítulo.

Em firmas individuais, sociedades limitadas e sociedades anônimas pequenas, os proprietários da empresa também são seus administradores. Isso normalmente não acontece com grandes sociedades anônimas, ou seja, os acionistas delas, que também são seus proprietários, têm um grande problema. O que fazer para evitar que os administradores ajam a favor de seus próprios interesses, em vez de visar aos melhores interesses dos acionistas/proprietários? Isso se chama **problema de agência**, pois os administradores são contratados como agentes que agem em nome dos proprietários. É possível resolver problemas de agência com uma **governança corporativa**, que é um conjunto de normas que controla o comportamento de uma empresa com relação a seus conselheiros, administradores, funcionários, acionistas, credores, clientes, concorrentes e comunidade. Há muito a ser dito sobre problemas de agência e governança corporativa neste livro, em particular nos capítulos 13, 14 e 15.

Autoavaliação

1. Quais são as principais diferenças entre firmas individuais, sociedades em comandita e sociedades anônimas?
2. Descreva alguns tipos especiais de sociedades em comandita e sociedades anônimas e explique as diferenças entre elas.

1-3 O objetivo principal da sociedade anônima: maximização do valor

Os acionistas são os proprietários da sociedade anônima e compram ações porque desejam obter um bom retorno sobre seu investimento, sem exposição de risco indevida. Na maioria dos casos, os acionistas elegem os conselheiros, que, por sua vez, contratam administradores que gerenciam a empresa no dia a dia. Considerando que os administradores devem trabalhar de acordo com os interesses dos acionistas, eles precisam buscar políticas que aumentem o valor para esses acionistas. Por conta disso, no decorrer do livro, baseamo-nos no pressuposto de que o objetivo principal dos administradores é *a maximização da riqueza dos acionistas*.

O **preço de mercado** é o preço da ação observado nos mercados financeiros. Adiante, daremos uma explicação mais detalhada sobre como os preços das ações são determinados, mas, por enquanto, basta dizer que o preço de mercado da empresa incorpora as informações disponíveis aos investidores. Se o preço de mercado reflete todas as informações *relevantes*, o preço observado também passa a ser o preço **intrínseco** ou **fundamental**.

No entanto, raramente os investidores têm acesso a todas as informações relevantes. Por exemplo, as empresas divulgam a maioria de suas decisões importantes, mas, às vezes, elas retêm determinadas informações para evitar que os concorrentes tenham vantagens estratégicas. Além disso, os gerentes podem tomar medidas que estimulem bônus ligados a ganhos atuais maiores, ainda que realmente diminuam fluxos de caixa futuros, como a redução da manutenção programada. Como mostramos no Capítulo 7, o foco em curto prazo pode reduzir o preço intrínseco, mas pode acabar aumentando o preço de mercado se tais ações forem difíceis para os investidores discernirem imediatamente. Assim, o preço de mercado pode divergir do preço intrínseco. Nesse exemplo, o preço de mercado inicialmente subiria em relação ao preço intrínseco, mas cairia no futuro, conforme a empresa enfrentasse problemas de produção devido a equipamentos mal cuidados.

Assim, quando dizemos que o objetivo é maximizar a riqueza dos acionistas, isso, na verdade, significa *maximizar o preço fundamental das ações ordinárias da empresa*, e não apenas o preço de mercado corrente. Naturalmente, as empresas possuem outros objetivos – em especial, os administradores que tomam as decisões efetivas estão interessados em sua satisfação pessoal, no bem-estar de seus funcionários e no bem da comunidade e da sociedade como um todo. Ainda assim, pelos motivos expostos nas seções a seguir, *maximizar o preço fundamental das ações é o objetivo mais importante para a maioria das sociedades anônimas*.

Ética para pessoas e empresas

O comprometimento de uma empresa com a ética nos negócios pode ser medido pela tendência que seus funcionários, de cima a baixo, têm de obedecer a leis, regulamentos e padrões morais que dizem respeito a fatores como qualidade e segurança dos produtos, práticas justas trabalhistas, práticas justas de marketing e vendas, uso de informações confidenciais para ganho pessoal, envolvimento da comunidade e pagamentos ilegais para conseguir fechar negócios.

Dilemas éticos

Quando surgem conflitos entre lucro e ética, as considerações éticas e legais tornam a escolha óbvia em alguns casos. Em outros, a escolha certa não está clara. Por exemplo, suponha que os administradores da Norfolk Southern saibam que seus trens estão poluindo o ar, todavia o nível de poluição ainda está dentro dos limites legais e reduzir a emissão de poluentes geraria custos altos, o que prejudicaria seus acionistas. Os administradores dessa empresa devem reduzir a poluição adotando a ética? Do mesmo modo, eles não devem agir de acordo com os melhores interesses de seus acionistas? Esse é claramente um exemplo de dilema.

Responsabilidade ética

Nos últimos anos, os lapsos éticos ilegais levaram a uma série de falências que levantaram esta questão: "As *empresas* eram antiéticas ou a culpa foi somente de alguns *funcionários*?". A Arthur Andersen, uma firma de contabilidade, auditou a Enron, World-Com e diversas outras empresas que cometiam fraudes contábeis. O Ministério da Justiça dos Estados Unidos concluiu que a Andersen era culpada, visto que ela incentivava um ambiente em que o comportamento antiético era permitido, além de ter criado um sistema de incentivos que tornou esse comportamento lucrativo tanto aos transgressores como à própria firma. Consequentemente, a Andersen fechou as portas. Mais tarde, ela foi considerada inocente, mas, na época em que a sentença foi dada, a empresa já havia fechado as portas. As pessoas simplesmente não querem ter relações comerciais com uma empresa de contabilidade que possui um nome manchado.

Proteção dos funcionários éticos

Caso os funcionários percebam atividades questionáveis ou recebam ordens suspeitas, eles devem obedecer às ordens do chefe, não obedecer ou informar a situação a uma autoridade superior, como o conselho de administração, os auditores da empresa ou um promotor de Justiça Federal? Em 2002, o Congresso norte-americano aprovou a Lei *Sarbanes-Oxley*, que prevê a proteção para denúncias de irregularidades. Se um funcionário denunciar que a empresa violou a lei e for penalizado no futuro, será possível solicitar que a Administração de Segurança e Saúde Ocupacional investigue a situação e, caso seja constatado que esse funcionário foi punido incorretamente, pode-se exigir que a empresa o readmita e pague uma indenização retroativa considerável. Muitas indenizações altas foram pagas desde a aprovação dessa lei.

1-3a Maximização do valor intrínseco da ação fundamental e bem-estar social

Caso uma empresa tente maximizar o valor intrínseco de suas ações, será bom ou ruim para a sociedade? Normalmente, é bom. Contanto que não seja por meio de atos ilícitos, como fraudes de contabilidade, abuso de poder de monopólio, violação dos códigos de segurança e descumprimento das normas ambientais, *as mesmas medidas que maximizam o valor intrínseco das ações também geram benefícios à sociedade.* Eis alguns motivos:

1. **De modo geral, os proprietários das ações *são* a sociedade.** Há 75 anos, a realidade não era essa, visto que a maior parte das ações estava concentrada nas mãos de um grupo relativamente pequeno da sociedade, composto pelas pessoas mais ricas. Mais de 44% de todas as famílias dos Estados Unidos hoje detêm fundos mútuos, em relação a apenas 4,6% em 1980. Quando a posse direta ou indireta de ações também é considerada por meio de fundos de pensão, muitos membros da sociedade apresentam participação importante no mercado de ações, seja direta ou indiretamente. Portanto, quando um administrador toma medidas para maximizar o preço das ações, ele melhora a qualidade de vida de milhões de cidadãos comuns.

2. **Benefícios ao consumidor.** A maximização do preço das ações exige empresas eficientes e de baixo custo que produzam mercadorias e serviços de alta qualidade ao menor custo possível. Ou seja, as empresas devem criar produtos e serviços que os consumidores queiram e de que necessitem, o que leva a novas tecnologias e novos produtos. Além disso, as empresas que maximizam o valor de suas ações devem gerar

crescimento em vendas, criando valor aos seus clientes na forma de serviços eficientes e atendimento cordial, estoques adequados de mercadorias e uma boa localização comercial.

Às vezes, as pessoas afirmam que as empresas, na tentativa de aumentar os lucros e o preço de suas ações, sobem os preços dos produtos, enganando o público. Em uma economia até certo ponto competitiva como a nossa, os limites são impostos aos preços por conta da concorrência e da resistência dos consumidores. Caso uma empresa aumente seus preços além do nível considerado aceitável, simplesmente perderá sua participação no mercado. Até mesmo gigantes, como a Dell e a Coca-Cola, perderiam espaço no mercado para concorrentes nacionais e estrangeiros se fixassem seus preços acima do nível necessário para cobrir os custos de produção somados a um lucro "normal". É claro que as empresas *querem* lucrar mais e sempre tentam reduzir custos, desenvolver novos produtos etc., para que obtenham lucros acima do normal. Contudo, observe que, se elas obtiverem êxito e alcançarem os lucros acima do normal, os lucros atrairão a concorrência, o que levará à redução dos preços. E, mais uma vez, os beneficiados em longo prazo serão os consumidores.

3. **Benefícios aos funcionários.** Há casos em que o preço das ações aumenta quando a empresa anuncia planos de corte de funcionários, todavia isso é mais uma exceção do que uma regra. Normalmente, as empresas que conseguem aumentar o preço de suas ações também crescem e contratam mais funcionários, beneficiando a sociedade. Observe ainda que muitos governos do mundo todo, inclusive os governos federal e estadual norte-americanos, estão privatizando algumas de suas atividades estatais, vendendo-as aos investidores. Não é de admirar que as vendas e os fluxos de caixa das empresas privatizadas há pouco tempo geralmente melhorem. Além disso, estudos demonstram que essas empresas tendem a crescer e, portanto, necessitam de mais funcionários quando são administradas visando à maximização do valor das ações.

1-3b Medidas administrativas para maximizar a riqueza dos acionistas

Que tipos de medidas os administradores podem tomar a fim de maximizar a riqueza dos acionistas? Para responder a essa pergunta, é necessário perguntar primeiro: "O que determina o valor de uma empresa?". De modo geral, é a *capacidade que uma empresa tem de gerar fluxos de caixa no presente e no futuro.*

Esse assunto será abordado detalhadamente e de diversas perspectivas no decorrer do livro, mas podemos expor três quesitos básicos: (1) qualquer ativo financeiro, inclusive as ações de uma empresa, possui valor somente enquanto gerar fluxo de caixa; (2) o tempo oportuno dos fluxos de caixa é importante – quanto mais cedo o capital é recebido, melhor; e (3) os investidores não querem correr riscos; portanto, em condições de igualdade, eles pagarão mais por uma ação cujos fluxos de caixa sejam relativamente garantidos do que por uma ação cujos fluxos de caixa ofereçam mais riscos. Graças a esses três fatores, os administradores podem fazer o preço das ações de sua empresa subir com aumento do volume previsto dos fluxos de caixa, aceleração de receitas e redução de riscos.

Os fluxos de caixa importantes são denominados **fluxos de caixa livres** (*free cash flows* – **FCF**) não porque são livres, mas porque estão disponíveis (ou livres) para distribuição a todos os investidores da empresa, inclusive credores e acionistas. Você aprenderá como calcular os fluxos de caixa livres no Capítulo 2. Mas, por enquanto, você deve saber que o fluxo de caixa livre é

$$\text{FCL} = \frac{\text{Receitas}}{\text{de vendas}} - \frac{\text{Custos}}{\text{operacionais}} - \frac{\text{Impostos}}{\text{operacionais}} - \frac{\text{Novos investimentos}}{\text{necessários em capital operacional}}$$

Os gerentes de marcas e de marketing podem aumentar as vendas (e os preços) compreendendo realmente as necessidades de seus clientes e oferecendo as mercadorias e os serviços que eles desejam. Os gerentes de recursos humanos podem melhorar a produtividade por meio de treinamentos e retenção dos funcionários. Já os gerentes de produção e logística podem melhorar as margens de lucro, reduzir o estoque e melhorar a produção nas fábricas por meio da implementação da gestão da cadeia de fornecimento, gestão do estoque dentro do prazo e produção enxuta. Na verdade, todos os gerentes e administradores tomam decisões que podem aumentar os fluxos de caixa livres.

Uma das funções dos gerentes financeiros é ajudar os outros a perceber como as ações destes afetam a capacidade que a empresa possui de gerar fluxos de caixa e, portanto, seu valor intrínseco. Os gerentes financeiros também precisam decidir *como administrar as finanças da empresa.* Para ser mais exato, devem escolher que relação de dívida e capital será utilizada e quais tipos específicos de títulos de capital e dívida serão emitidos. Também devem decidir que porcentagem dos lucros atuais será retida e reinvestida em vez de ser distribuída na forma de dividendos. Além dessas decisões financeiras, o nível geral das taxas de juros da economia, o risco

Escândalos corporativos e a maximização dos preços das ações

A lista de escândalos corporativos parece não ter fim: Sunbeam, Enron, ImClone, WorldCom, Tyco, Adelphia... À primeira vista, dá vontade de dizer: "Veja só o que acontece quando os administradores se importam apenas com a maximização do preço das ações". Porém, analisando mais detalhadamente, a história muda de figura. Na verdade, se esses administradores estavam tentando maximizar o preço das ações, o resultado foi deplorável, considerando os valores que essas empresas apresentaram.

Embora os detalhes variem entre as empresas, há alguns elementos em comum. Primeiro, a remuneração da administração estava vinculada ao desempenho em *curto prazo* do preço das ações por meio de programas mal projetados de opção de compra de ações e concessão de ações. Isso foi um grande incentivo para que os administradores elevassem o preço das ações no dia em que seria concedida a opção de compra delas sem se preocupar com o futuro. Segundo, é praticamente impossível tomar medidas *legais e éticas* que elevem o preço das ações no curto prazo sem prejudicá-lo no longo prazo, pois o valor da empresa tem como base todos os fluxos de caixa livres futuros, e não somente fluxos de caixa no futuro muito próximo. Uma vez que não existiam medidas éticas para elevar rapidamente o preço das ações (além daquelas que todos conhecem, como aumentar vendas, cortar custos ou reduzir exigências de capital), esses administradores começaram a se desviar de algumas regras. Terceiro, como eles conseguiram se desviar das regras, parece que o ego e a insolência cresceram a tal ponto que eles se sentiam acima de todas as regras. A partir daí, começaram a violar ainda mais regras.

Realmente os preços das ações subiram – pelo menos temporariamente – mas, como disse Abraham Lincoln: "Não se pode enganar a todos o tempo todo". Quando os escândalos foram descobertos e divulgados, os preços das ações despencaram e, em alguns casos, as empresas ficaram arruinadas.

Podemos tirar muitas lições importantes desses exemplos. Primeira: as pessoas respondem aos incentivos, mas, se eles forem mal projetados, os resultados podem ser desastrosos. Segunda: as violações de ética normalmente começam com pequenos delitos; portanto, se os acionistas desejam que os administradores não cometam violações graves de ética, não se deve deixar que os pequenos delitos ocorram. Terceira: não há atalhos para a criação de valor duradouro. É preciso trabalho árduo para aumentar as vendas, cortar custos e reduzir exigências de capital, mas essa é a fórmula para o sucesso.

das atividades da empresa e as atitudes dos investidores do mercado acionário quanto aos riscos determinam a taxa de retorno necessária para satisfazer os investidores de sua empresa. Do ponto de vista do investidor, essa taxa de retorno é o que a empresa considera um custo. Portanto, a taxa de retorno exigida pelos investidores chama-se **custo médio ponderado de capital (CMPC), em inglês,** *weighted average cost of capital* **(WACC)**.

A relação entre o valor fundamental de uma empresa, seus fluxos de caixa livres e o custo de seu capital é definida pela seguinte equação:

$$\text{Valor} = \frac{\text{FCL}_1}{(1 + \text{CMPC})^1} + \frac{\text{FCL}_2}{(1 + \text{CMPC})^2} + \frac{\text{FCL}_3}{(1 + \text{CMPC})^3} + \ldots + \frac{\text{FCL}_\infty}{(1 + \text{CMPC})^\infty} \qquad \text{(1-1)}$$

Explicaremos o uso dessa equação nos próximos capítulos, mas, por enquanto, observe que (1) uma empresa em crescimento muitas vezes precisa levantar recursos externos nos mercados financeiros; e (2) o preço efetivo das ações de uma empresa é determinado nesses mercados. Portanto, o resto deste capítulo abordará os mercados financeiros.

Autoavaliação

1. Qual deve ser o principal objetivo da administração?
2. Como a maximização do preço das ações fundamentais pode beneficiar a sociedade?
3. Quais são os três fatores de que o fluxo de caixa livre depende?
4. Como o valor fundamental de uma empresa está relacionado aos seus fluxos de caixa livres e ao custo de capital?

1-4   Visão geral do processo de alocação de capital

Muitas vezes, as empresas necessitam de capital para implementar planos de crescimento, os governos precisam de fundos para financiar projetos de construções, e as pessoas normalmente fazem empréstimos para comprar carros, casas ou financiar a educação. E onde eles podem conseguir esse dinheiro? Felizmente, há pessoas e empresas cujas rendas são maiores que os gastos. Ao contrário do que aconselhou William Shakespeare, a maioria das pessoas e empresas é financiador e mutuário ao mesmo tempo. Por exemplo, uma pessoa pode financiar um carro ou uma casa própria, mas também pode emprestar dinheiro por meio de sua conta poupança. Em geral, as pessoas físicas são credoras líquidas e fornecem a maioria dos recursos que acaba sendo utilizada por sociedades anônimas não financeiras. Embora a maioria das sociedades anônimas não financeiras possua alguns títulos financeiros, como Letras do Tesouro Nacional, elas geralmente são credoras líquidas. Não é de admirar que, nos Estados Unidos, normalmente os governos federal, estadual e municipal também sejam devedores líquidos (apesar de muitos governos estrangeiros, como dos chineses e dos países produtores de petróleo, na verdade serem credores líquidos). Os bancos e outras sociedades anônimas financeiras levantam recursos com uma mão e os investem com a outra. Por exemplo, um banco pode levantar recursos da conta poupança de uma pessoa física e, em seguida, emprestar essa quantia às empresas. Em linhas gerais, as sociedades anônimas financeiras mais tomam emprestado do que emprestam.

As transferências de capital entre os poupadores e os que necessitam dele ocorrem de três maneiras diferentes. As transferências diretas de dinheiro e títulos, conforme ilustrado no Esquema 1 da Figura 1-1, ocorrem quando uma empresa (ou governo) vende seus títulos diretamente aos poupadores. A empresa distribui seus títulos diretamente aos poupadores, que, por sua vez, oferecem à empresa o dinheiro de que ela precisa. Por exemplo, uma sociedade de capital fechado poderia vender ações diretamente a um acionista ou o governo norte-americano poderia vender um título do Tesouro diretamente a um investidor que seja pessoa física.

Conforme o Esquema 2, as transferências indiretas podem passar por um **banco de investimentos** como o Goldman Sachs, que *coordena* a emissão. Um coordenador funciona como intermediário e facilita a emissão de títulos. A empresa vende suas ações ou títulos ao banco de investimentos, que, por sua vez, os vende aos poupadores. Visto que há novos títulos envolvidos e a sociedade anônima recebe os lucros da venda, essa é uma transação de mercado "primário".

Também é possível realizar as transferências por meio de um **intermediário financeiro**, como um banco ou fundo mútuo, conforme o Esquema 3. Aqui, o intermediário obtém recursos de poupadores em troca de seus próprios títulos. Em seguida, o intermediário utiliza esse dinheiro para comprar e deter os títulos das empresas. Por exemplo, um poupador pode pagar uma quantia a um banco e receber um certificado de depósito bancário.

FIGURA 1-1

Diagrama do processo de alocação de capital

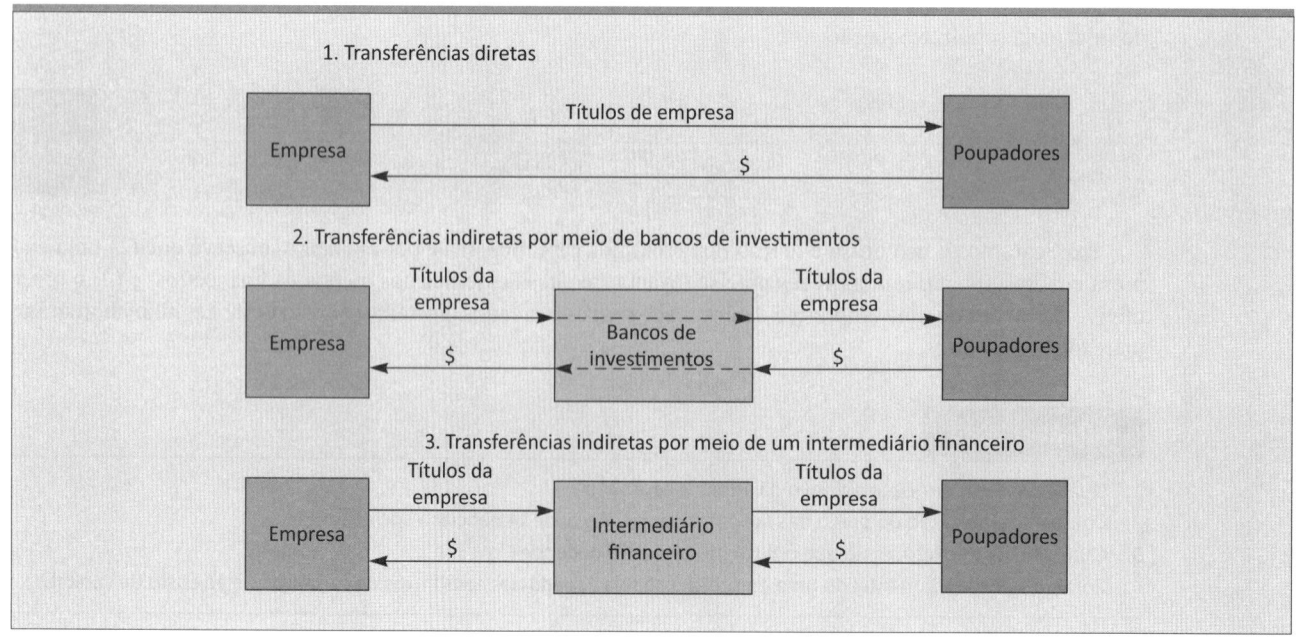

Depois disso, o banco pode emprestar esse capital a uma pequena empresa, recebendo um empréstimo assinado em troca. Portanto, os intermediários literalmente criam novos tipos de títulos.

Há três características importantes do processo de alocação de capital. Primeira, são criados novos títulos financeiros. Segunda, normalmente há instituições financeiras envolvidas. E terceira, a alocação entre quem oferece e quem utiliza os recursos ocorre nos mercados financeiros. As seções a seguir abordam cada uma dessas características.

Autoavaliação

1. Identifique três maneiras pelas quais o capital é transferido entre os poupadores e os tomadores de empréstimo.
2. Diferencie os papéis desempenhados pelos bancos de investimentos e intermediários financeiros.

1-5   Títulos financeiros

A variedade de títulos financeiros limita-se somente à criatividade e à perspicácia humana, além dos regulamentos governamentais. Em linhas bem gerais, podemos classificar a maioria dos títulos financeiros pelo tipo e pelo tempo restante até seu vencimento. Além disso, alguns títulos são, na verdade, criados com pacotes de outros títulos. Os principais aspectos dos títulos financeiros serão abordados nesta seção.

1-5a   Tipos: título de dívida, de capital ou derivativos

Os títulos financeiros são simplesmente papéis com disposições contratuais que conferem direitos e créditos especiais aos seus portadores em relação a fluxos de caixa ou valores específicos. Os títulos de dívida normalmente possuem pagamentos e vencimento especificados. Por exemplo, um título da Alcoa pode prometer o pagamento de 10% de juros pelo período de 30 dias, quando ela promete efetuar o pagamento do principal, no valor de $ 1.000. Caso a dívida vença em mais de um ano, é denominada *título de longo prazo.* Logo, o título da Alcoa é um exemplo de título de longo prazo.

Caso a dívida vença em menos de um ano, é denominada *título de curto prazo.* Por exemplo, é possível que a Home Depot receba $ 300.000 dentro de 75 dias, mas ela precisa de caixa agora. A empresa poderá emitir uma nota promissória, que basicamente é um vale. Nesse exemplo, a Home Depot poderia concordar em pagar $ 300.000 dentro de 75 dias em troca da quantia de $ 297.000 hoje. Portanto, a nota promissória é um título de curto prazo.

Ações são um resgate do valor residual. Por exemplo, os acionistas têm direito aos fluxos de caixa gerados pela Alcoa após a satisfação dos créditos de seus debenturistas e outros credores. Como as ações não possuem data de vencimento, elas são um título de longo prazo.

Observe que os títulos de dívida e as ações representam resgates dos fluxos de caixa gerados por ativos reais, como os fluxos de caixa gerados pelas fábricas e operações da Alcoa. Por sua vez, os **derivativos** são títulos cujos valores dependem ou *derivam* dos valores de outros ativos negociados. Por exemplo, futuros e opções são dois importantes tipos de derivativos e seus valores dependem dos preços de outros ativos. Uma opção de compra das ações da Alcoa ou um contrato de futuros para compra de toucinho são exemplos de derivativos. As opções serão abordadas no Capítulo 8.

Alguns títulos são uma combinação de dívida, ações e derivativos. Por exemplo, as ações preferenciais possuem algumas características semelhantes aos títulos de dívida, e outras, aos de ações. Já o título de dívida conversível possui características de dívida e de opções ao mesmo tempo.

Abordaremos com mais detalhes esses e outros títulos financeiros no decorrer do livro, mas a Tabela 1-1 possui um resumo dos títulos financeiros tradicionais mais importantes. Adiante neste capítulo, trataremos das taxas de retornos, mas observe que, na Tabela 1-1, as taxas de juros tendem a aumentar com o vencimento e o risco do título.

TABELA 1-1
Resumo dos principais títulos financeiros

Título	Principais participantes	Risco	Vencimento original	Taxas de retorno em 24/1/2012[a]
Aceite bancário das Letras do Tesouro Nacional dos Estados Unidos	Vendidas pelo Departamento do Tesouro dos Estados Unidos.	Sem risco de inadimplência.	De 91 dias a 1 ano	0,7%
Aceites bancários	Uma promessa de pagamento feita por uma empresa, com garantia dada por um banco.	Baixo, se for garantida por um banco sólido.	Até 180 dias	0,28%
Nota promissória	Emitida por empresas com solidez financeira para grandes investidores.	Baixo risco de inadimplência.	Até 270 dias	0,15%
Certificados de Depósito Bancário (CDB) negociáveis	Emitidos pelos principais bancos a grandes investidores.	Depende da reputação do emissor.	Até 1 ano	0,37%
Fundos mútuos do mercado monetário	Investimentos em dívidas de curto prazo por pessoas físicas e jurídicas.	Baixo risco.	Não há vencimento específico (liquidez imediata)	0,51%
Depósitos a prazo em eurodólar	Emitidos por bancos fora dos Estados Unidos.	Depende da reputação do emissor.	Até 1 ano	0,20%
Crédito pessoal	Empréstimos feitos por bancos/cooperativas de crédito/financeiras.	Risco variável.	Variável	Variável
Empréstimos comerciais	Empréstimos feitos por bancos a empresas.	Depende do tomador do empréstimo.	Até 7 anos	Vinculados à taxa de juros básica (3,25%) ou à Libor (0,56%)[b]
Títulos e obrigações do Tesouro dos Estados Unidos	Emitidos pelo governo dos Estados Unidos.	Sem risco de inadimplência, mas o preço cairá se as taxas de juros subirem.	De 2 a 30 anos	3,15%
Hipoteca	Empréstimos garantidos por um bem imóvel.	Risco variável.	Até 30 anos	4,11%
Títulos municipais	Emitidos pelos governos estaduais e municipais a pessoas físicas e instituições.	Risco maior do que os títulos públicos dos Estados Unidos, mas são isentos da maioria dos impostos.	Até 30 anos	4,08%
Títulos corporativos	Emitidos pelas sociedades anônimas a pessoas físicas e instituições.	Risco mais alto que os títulos públicos dos Estados Unidos; dependem da reputação do emissor.	Até 40 anos[c]	5,33%
Arrendamentos	Semelhante à dívida. As empresas arrendam os ativos, em vez de tomarem emprestado, e depois os compram.	Risco semelhante ao dos títulos corporativos.	Normalmente de 3 a 20 anos	Semelhante à rentabilidade dos títulos
Ações preferenciais	Emitidas pelas sociedades anônimas a pessoas físicas e instituições.	Risco mais alto do que os títulos.	Ilimitado	De 6% a 9%
Ações ordinárias[d]	Emitidas pelas sociedades anônimas a pessoas físicas e instituições.	Risco mais alto do que as ações preferenciais.	Ilimitado	De 9% a 15%

[a]Dados extraídos do *The Wall Street Journal* (http://online.wsj.com) ou da *Federal Reserve Statistical Release* (http://www.federalreserve.gov/releases/H15/update). Em relação aos aceites bancários, considera-se um vencimento de três meses. As taxas do mercado monetário são para o Merrill Lynch Ready Assets Trust. A taxa dos títulos corporativos é para títulos com classificação AAA.

[b]Os bancos norte-americanos aplicam a taxa preferencial aos seus melhores clientes. A Libor (*London interbank offered rate* [taxa interbancária de Londres]) é a taxa oferecida entre os bancos britânicos.

[c]Algumas sociedades anônimas emitiram títulos de 100 anos, porém a maioria emitiu títulos com vencimento máximo de 40 anos.

[d]Espera-se que as ações ordinárias proporcionem um "retorno" na forma de dividendos e ganhos de capital, em vez de juros. Obviamente, se você comprar uma ação, seu retorno *real* poderá ser consideravelmente maior ou menor do que o retorno *esperado*.

Alguns títulos são criados com pacotes de outros títulos, um processo chamado de *securitização*. O mau uso dos ativos securitizados é uma das principais causas da crise econômica mundial; assim, abordaremos a securitização a seguir.

1-5b O processo de securitização

É possível securitizar diversos tipos de ativos, mas daremos ênfase aos financiamentos habitacionais, pois eles desempenharam um papel crucial na crise econômica. No passado, a maioria das hipotecas era feita por **associações de poupança e empréstimo (*savings and loan associations* – S&Ls)**, que recebiam a grande maioria dos depósitos de pessoas que moravam numa região. As S&Ls acumulavam esses depósitos e emprestavam dinheiro às pessoas da região na forma de financiamentos com taxas fixas, que eram papéis assinados pelos tomadores do empréstimo em que prometiam efetuar os pagamentos especificados à S&L. Os novos proprietários pagavam o principal e os juros à S&L, que, por sua vez, pagava juros aos seus depositantes e reinvestia as amortizações do principal em novos financiamentos. Isso era claramente melhor do que uma pessoa física fazendo empréstimos diretamente a quem desejava ter a casa própria, pois uma pessoa só talvez não tivesse capital suficiente para financiar uma casa inteira nem experiência para saber se o tomador era digno de crédito. Observe que as S&Ls eram instituições constituídas pelo governo, recebiam dinheiro na forma de depósitos que podiam ser sacados imediatamente e investiam a maior parte desses depósitos em financiamentos com taxas de juros fixas e em casas. Além disso, não era permitido que as S&Ls possuíssem filiais – ficavam limitadas a um escritório para manter a atuação local.

Essas restrições tiveram consequências importantes. Primeiro, na década de 1950, houve uma grande migração de pessoas para o oeste; então, havia uma grande demanda de recursos naquela região. Porém, os poupadores mais ricos estavam na região leste. Isso significa que as taxas de juros dos empréstimos hipotecários eram muito mais altas na Califórnia e em outros Estados do oeste do que em Nova York e na região leste. Isso criou um desequilíbrio, algo que não pode existir para sempre nos mercados financeiros.

Segundo, observe que os ativos das S&Ls eram compostos basicamente por empréstimos hipotecários de longo prazo e com taxas fixas, mas seus passivos eram na forma de depósitos que poderiam ser sacados imediatamente. A combinação de ativo realizável em longo prazo e passivo circulante gerou outro problema. Se o nível geral das taxas de juros aumentasse, as S&Ls também precisariam aumentar as taxas que pagavam sobre os depósitos; caso contrário, os poupadores procurariam outro lugar para depositar seu dinheiro. Entretanto, as S&Ls não tinham meios de aumentar as taxas sobre as hipotecas em aberto, uma vez que estas tinham taxas de juros fixas. O problema culminou na década de 1960, quando a Guerra do Vietnã causou a inflação, elevando as taxas de juros. Nessa época, nascia o setor de "fundos do mercado monetário", que literalmente tirou todo o dinheiro das S&Ls, levando muitas delas à falência.

A resposta do governo foi dar poderes de empréstimo mais amplos às S&Ls, permitindo franquias por todo o país e que elas obtivessem recursos como dívidas de longo prazo, além dos depósitos de resgate imediato. Infelizmente, essas mudanças trouxeram mais consequências inesperadas. Os administradores das S&Ls antes lidavam com uma pequena parcela de investimentos e escolhas de financiamento nas comunidades locais. De repente, foi permitido que suas atividades tivessem proporções bem mais amplas. Muitos desses administradores inexperientes tomaram decisões comerciais equivocadas, e o resultado foi desastroso – o setor inteiro de S&L praticamente ruiu, inúmeras associações foram à falência ou acabaram sendo adquiridas por bancos comerciais em incorporações relâmpago.

O fim das S&Ls criou outro desequilíbrio financeiro: uma demanda para financiamentos maior do que a oferta de crédito disponível do setor. As economias começaram a se acumular em fundos de pensão, seguradoras e outras instituições, e não em S&Ls e bancos, que eram os agentes financiadores tradicionais.

Essa situação levou ao desenvolvimento da "securitização de empréstimos hipotecários", um processo em que os bancos, as S&Ls que restaram e novas empresas especializadas em hipotecas iriam criar hipotecas e vendê-las aos bancos de investimentos, que as agrupariam em pacotes e então utilizariam esses pacotes como garantia para os títulos que poderiam ser vendidos a fundos de pensão, seguradoras e outros investidores institucionais. Assim, os empréstimos individuais eram agrupados em pacotes e utilizados para garantir um título – "valor mobiliário" – que pudesse ser negociado nos mercados financeiros.

O Congresso norte-americano facilitou esse processo ao criar duas entidades de capital aberto, mas patrocinadas pelo governo: a Federal National Mortgage Association (Fannie Mae) e a Federal Home Loan Mortgage Corporation (Freddie Mac). Fannie Mae e Freddie Mac foram financiadas com a emissão de uma quantidade relativamente pequena de ações e uma quantia enorme de dívidas.

Para ilustrar o processo de securitização, imagine que a S&L ou o banco esteja pagando 5% aos seus depositantes, mas cobrando 8% sobre os empréstimos de seus devedores. A S&L pode pegar centenas desses empréstimos hipotecários, colocá-los em um fundo e vender esse fundo à Fannie Mae. Os credores ainda podem realizar os pagamentos à S&L original, que, por sua vez, encaminha os pagamentos (após descontar uma pequena taxa de administração) à Fannie Mae.

Considere o ponto de vista da S&L. Ela pode utilizar o dinheiro que recebe das vendas das hipotecas para fazer empréstimos adicionais a outros que desejam ter uma casa própria. Além disso, a S&L não ficará mais exposta ao risco de possuir hipotecas. O risco não desapareceu – apenas foi transferido da S&L (e de suas seguradoras de depósito federal) à Fannie Mae. Essa é nitidamente uma situação melhor para quem deseja adquirir uma casa própria e talvez até mesmo para os contribuintes.

A Fannie Mae pode pegar as hipotecas que acabou de comprar, colocá-las em um grande fundo e vender títulos garantidos por esse fundo aos investidores. O proprietário da casa pagará à S&L, esta encaminhará o pagamento à Fannie Mae, que utilizará os fundos para pagar juros sobre os títulos emitidos, dividendos sobre suas ações, além de comprar hipotecas adicionais das S&Ls, que então poderão fazer mais empréstimos a pessoas que desejam ter sua casa própria. Observe que o risco das hipotecas foi transferido da Fannie Mae para os investidores, que agora possuem títulos garantidos por hipotecas.

Qual é a situação do ponto de vista dos investidores que detêm os títulos? Em teoria, eles têm participação em um grande fundo de hipotecas oriundas do país inteiro; logo, um problema no mercado imobiliário ou no mercado de trabalho de uma região específica não vai afetar o fundo todo. Portanto, a taxa de retorno esperado deve estar bem próxima dos 8% pagos pelos credores hipotecários. (Será um pouco menos por causa das taxas de administração cobradas pela S&L e Fannie Mae e da pequena quantia de prejuízos previstos, decorrentes da inadimplência por parte dos proprietários.) Esses investidores depositariam o dinheiro na S&L e lucrariam 5% praticamente sem riscos. Em vez disso, eles preferiram aceitar mais riscos com a esperança de ter um retorno maior de 8%. Observe que os títulos garantidos por hipotecas são mais líquidos que os empréstimos individuais garantidos; assim, o processo de securitização aumenta a liquidez, o que é interessante. O ponto principal é que os riscos foram reduzidos pelo processo de fundos e alocados àqueles que desejam aceitá-los em troca de uma maior taxa de retorno.

Assim, trata-se, teoricamente, de uma situação que beneficia todos: há mais dinheiro disponível para quem deseja ter sua casa própria, as S&Ls (e os contribuintes) têm menos risco e há oportunidades para os investidores que desejam assumir mais riscos para obter possíveis retornos mais altos. Embora o processo de securitização tenha começado com os empréstimos hipotecários, agora ele é utilizado com financiamentos de carros, financiamentos a estudantes, dívidas de cartão de crédito, entre outros. Os detalhes variam para os diferentes tipos de ativos, mas os processos e os benefícios são semelhantes aos da securitização de empréstimos hipotecários: (1) aumento na oferta de recursos que podem ser emprestados, (2) transferência do risco àqueles que desejam assumi-lo e (3) aumento da liquidez para os detentores da dívida.

A securitização de empréstimos hipotecários era uma situação com benefícios para todos, contudo virou uma situação com prejuízos para todos quando foi colocada em prática nos últimos dez anos. Abordaremos com mais detalhes a securitização e a crise econômica mundial ainda neste capítulo, mas antes vamos analisar o custo do dinheiro.

1-6   O custo do dinheiro

Em uma economia livre, o capital das pessoas que possuem fundos disponíveis é alocado pelo sistema de preços aos usuários que necessitam de fundos. A interação entre a oferta dos fornecedores e a demanda dos usuários determina o custo (ou preço) do dinheiro, que é a taxa que os usuários pagam aos fornecedores. Em se tratando de dívidas, esse preço é denominado **taxa de juros**. Quanto ao capital, é chamado de **custo do capital próprio** e é composto pelos dividendos e ganhos de capital esperados pelos acionistas. Tenha em mente que o "preço" do dinheiro é um custo do ponto de vista do usuário, mas um retorno do ponto de vista do fornecedor.

Observe que, na Tabela 1-1, a taxa de retorno de um instrumento financeiro normalmente aumenta de forma proporcional ao seu vencimento e ao seu risco. Há muito mais a ser dito sobre as relações entre características, riscos e retorno dos títulos no decorrer do livro, mas há alguns fatores e condições econômicos que afetam todos os instrumentos financeiros.

1-6a   Fatores básicos que afetam o custo do dinheiro

Os quatro fatores básicos que afetam o custo do dinheiro são: (1) **oportunidades de produção**, (2) **preferências de tempo para consumo**, (3) **risco** e (4) **inflação**. Por oportunidades de produção, entende-se a capacidade de transformar capital em benefícios. Se uma empresa levantar capital, os benefícios serão determinados pelas taxas de retorno esperado sobre suas oportunidades de produção. Caso um estudante faça um empréstimo para financiar a própria educação, os benefícios previstos serão salários mais altos no futuro (e, é claro, a satisfação de aprender!). Se uma pessoa fizer um financiamento habitacional, os benefícios serão o prazer de viver em sua casa própria, além de qualquer valorização que esse imóvel venha a ter. Repare que as taxas de retorno esperadas dessas "oportunidades de produção" estabelecem um limite máximo de quanto os usuários podem pagar aos fornecedores.

Os fornecedores podem utilizar seus fundos atuais para consumir ou economizar. Ao economizarem, eles deixam de consumir agora com a expectativa de poderem consumir mais futuramente. Se os fornecedores tiverem uma grande preferência pelo consumo, serão necessárias taxas de juros altas para levá-los a trocar o consumo atual pelo futuro. Portanto, a preferência do tempo de consumo tem grande impacto no custo do dinheiro. Observe que essa preferência varia de acordo com a pessoa, a faixa etária e a cultura. Por exemplo, os japoneses consomem menos do que os norte-americanos, o que explica, em parte, o fato de as famílias do Japão geralmente economizarem mais que as dos Estados Unidos, mesmo havendo taxas de juros mais baixas naquele país.

Se a taxa esperada de retorno sobre um investimento oferecer muitos riscos, os fornecedores desejarão um retorno esperado maior para convencê-los a assumir um risco extra, o que faz o custo do dinheiro subir. Como você verá adiante neste livro, o risco de um título é determinado pelas condições de mercado e pelas características específicas desse título.

A inflação também é responsável pelo aumento no custo do dinheiro. Por exemplo, suponha que você teve um ganho de 10% em um ano sobre seu investimento, mas também que a inflação fez os preços subirem 20%. Isso significa que você não poderá consumir tanto no fim do ano como na época em que o investimento foi feito. Obviamente, se fosse prevista uma inflação de 20%, você deveria ter exigido uma taxa de retorno maior do que 10%.

1-6b Condições econômicas e políticas que afetam o custo do dinheiro

As condições econômicas e as políticas também afetam o custo do dinheiro. Algumas delas são: (1) a política do Banco Central norte-americano, (2) o déficit ou superávit orçamentário do governo federal, (3) o nível das atividades econômicas e (4) os fatores internacionais, inclusive o saldo da balança comercial, o clima econômico internacional, além das taxas de câmbio.

Política do Banco Central

Quando o Banco Central norte-americano deseja estimular a economia, normalmente ele utiliza operações de mercado aberto para comprar títulos governamentais detidos pelos bancos. Como estão vendendo alguns de seus títulos, os bancos terão mais dinheiro e, assim, aumentarão sua oferta de fundos para empréstimo, o que, por sua vez, faz os bancos emprestarem mais dinheiro a taxas de juros mais baixas. Além disso, as compras do Banco Central dos Estados Unidos representam um aumento na demanda por títulos governamentais. Assim como qualquer coisa que está à venda, o aumento na demanda faz os preços desses títulos subirem e as taxas de juros caírem. O resultado líquido é uma redução nas taxas de juros, o que estimula a economia a reduzir o custo de financiamentos de novos projetos para as empresas ou de financiamentos de grandes aquisições ou outros gastos para pessoas físicas.

Quando os bancos vendem seus títulos governamentais ao Banco Central norte-americano, as reservas dos bancos ficam altas, o que aumenta a oferta de moeda. O maior fornecimento de dinheiro leva a um aumento na inflação prevista, o que, por fim, faz as taxas de juros subirem. Assim, o Banco Central norte-americano consegue estimular a economia no curto prazo, reduzindo as taxas de juros e aumentando a oferta de moeda, mas isso cria pressões inflacionárias de longo prazo. Esse é exatamente o dilema que o Banco Central enfrentou em meados de 2012.

Se o Banco Central desejasse desacelerar a economia e reduzir a inflação, bastaria que ele fizesse o processo inverso. Em vez de comprar os títulos governamentais, o Banco Central poderia vender os títulos aos bancos, o que significaria um aumento das taxas de juros de curto prazo e uma redução das pressões inflacionárias em longo prazo.

Déficit ou superávit orçamentário

Se o governo federal gastar mais do que recebe com arrecadações tributárias, ele estará em déficit, que deverá ser coberto por meio do empréstimo ou da impressão de dinheiro (aumentando o fornecimento de dinheiro). O governo toma emprestado com a emissão de novos títulos governamentais. Em condições iguais, isso cria uma maior oferta de títulos governamentais, causando redução dos preços dos títulos e aumento das taxas de juros. As outras medidas do governo federal que aumentam a oferta de moeda também aumentam as expectativas de inflação futura, fazendo as taxas de juros subirem. Portanto, quanto maior for o déficit federal – mantendo-se os outros fatores constantes –, maiores serão as taxas de juros. Conforme ilustrado na Figura 1-2, o governo federal sofreu déficits orçamentários em 15 dos últimos 19 anos. Déficits anuais em meados dos anos 1990 estavam na faixa de US$ 250 bilhões, mas inflaram para bem mais de um trilhão de dólares nos últimos anos. Esses déficits enormes contribuíram para a dívida federal cumulativa, que ficou em mais de US$ 15 trilhões no início de 2012.

Atividade econômica

A Figura 1-3 mostra as taxas de juros, a inflação e as recessões. Observe que as taxas de juros e a inflação normalmente aumentam antes de uma recessão e depois caem. Há muitos motivos para esse padrão.

A demanda dos consumidores cai durante uma recessão. Em razão disso, as empresas não aumentam os preços, o que permite que a inflação destes seja reduzida. As empresas também diminuem as contratações, o que reduz a inflação salarial. Com menor renda disponível, os consumidores deixam de adquirir casas e automóveis como antes, o que reduz a demanda de empréstimos. As empresas reduzem os investimentos em novas operações, o que reduz sua demanda de capital. O efeito cumulativo é a pressão pela redução da inflação e das taxas de juros. O Banco Central norte-americano também fica ativo durante a recessão, numa tentativa de estimular a economia por meio da redução das taxas de juros.

Déficit ou superávit na balança comercial internacional

As empresas e pessoas físicas dos Estados Unidos compram de pessoas e empresas de outros países e vendem a elas. Se comprarmos mais do que vendermos (ou seja, importarmos mais do que exportarmos), teremos

FIGURA 1-2
Superávit/Déficit orçamentário federal e balanças comerciais (bilhões de dólares)

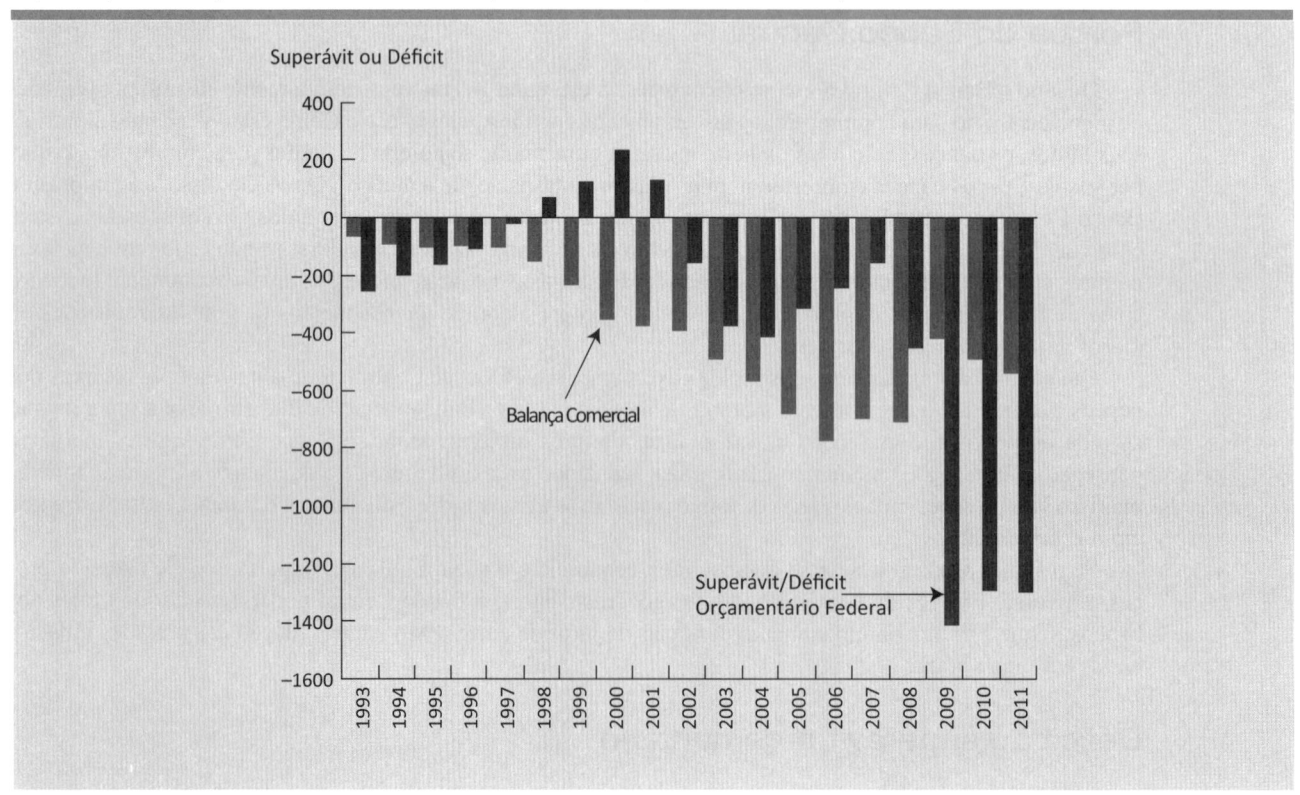

FIGURA 1-3
Atividade econômica, taxas de juros e inflação

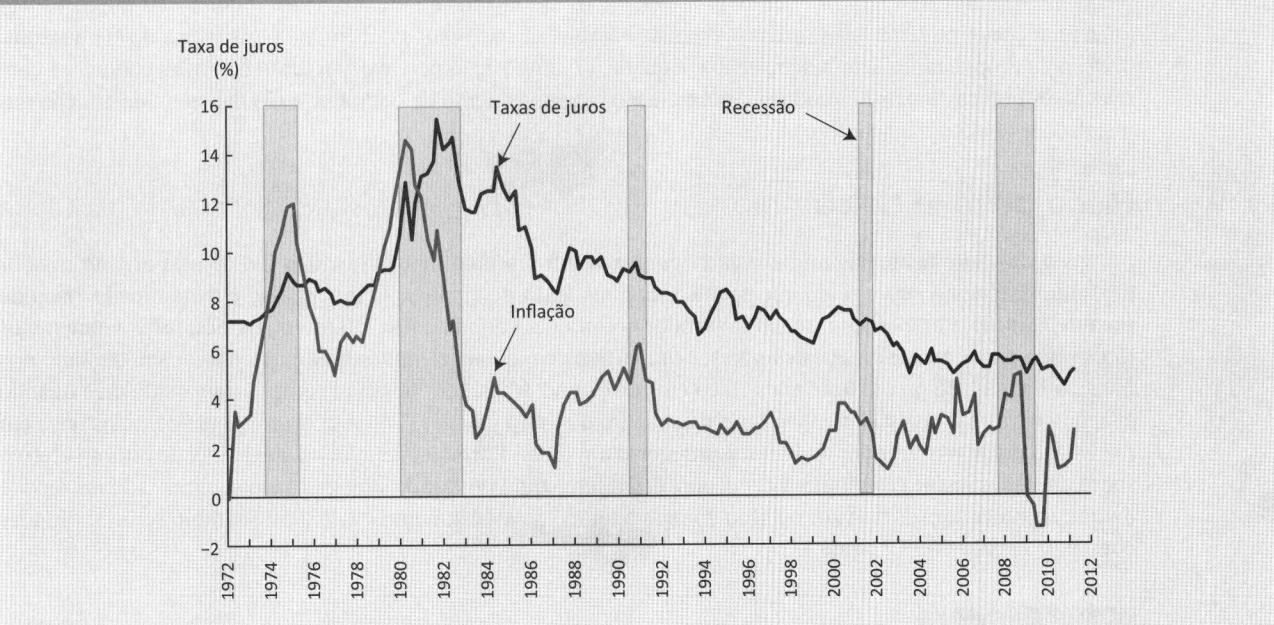

Observações:
1. As marcas de escala representam 1º de janeiro.
2. As áreas sombreadas indicam os períodos de recessão econômica, definidos pelo National Bureau of Economic Research; consultar: http://www.nber.org/cycles.
3. As taxas de juros são para títulos com classificação AAA; consultar o site do Banco Central norte-americano: http://research.stlouisfed.org/fred/. Essas taxas ilustram a taxa média durante o mês que se encerra na data indicada.
4. A inflação é medida pela taxa de variação anual do Índice de Preços ao Consumidor (IPC) (Consumer Price Index – CPI) para os 12 meses anteriores; consultar: http://research.stlouisfed.org/fred/.

© Cengage Learning 2014

um *déficit na balança comercial.* Quando há déficits comerciais, eles devem ser financiados, e a principal fonte de financiamento é a dívida. Em outras palavras, se importarmos $ 200 bilhões em mercadorias, mas exportarmos somente $ 90 bilhões, teremos um déficit comercial de $ 110 bilhões e, provavelmente, tomaremos um empréstimo de $ 110 bilhões.[3] Portanto, quanto maior for o nosso déficit comercial, mais teremos de tomar emprestado, e o aumento de empréstimos elevará as taxas de juros. Além disso, os investidores estrangeiros estarão dispostos a assumir a dívida norte-americana se, e somente se, a taxa reajustada de acordo com os riscos paga sobre essa dívida for competitiva em relação às taxas de juros de outros países. Portanto, se o Banco Central norte-americano tentar reduzir as taxas de juros nos Estados Unidos, fazendo nossas taxas caírem e ficarem inferiores às taxas do exterior (após os reajustes por mudanças esperadas na taxa de câmbio), os investidores internacionais venderão os títulos dos Estados Unidos, reduzindo, assim, os preços dos títulos, o que acarretará taxas elevadas no país. Logo, se o déficit comercial for grande em relação ao tamanho da economia em geral, isso restringirá a capacidade de o Banco Central reduzir as taxas de juros e combater a recessão.

Os Estados Unidos estão registrando déficits comerciais anuais desde a metade da década de 1970; consulte a Figura 1-2 para visualizar os últimos anos. O efeito cumulativo dos déficits comerciais e orçamentários é o fato de os Estados Unidos terem se tornado o maior país devedor de todos os tempos. Conforme mencionado anteriormente, é uma dívida federal de mais de *$ 11 trilhões*! Consequentemente, nossas taxas de juros são muito influenciadas pelas taxas de juros dos outros países.

Risco-país

Os fatores do risco-país podem aumentar o custo do dinheiro investido no exterior. O **risco-país** é o risco decorrente de investir e fazer negócios em um país específico. Ele depende da situação econômica, política e

---

[3] O déficit também poderia ser financiado pela venda de ativos, inclusive ouro, ações de empresas, empresas inteiras e bens imóveis. Os Estados Unidos financiaram seus enormes déficits comerciais por todos esses meios nos últimos anos, o método principal foi tomar empréstimos de outros países.

social daquele país. Os países com estabilidade nos sistemas econômico, social, político e legislativo oferecem um ambiente mais seguro para investimento e, portanto, têm um risco-país menor do que o das nações mais instáveis. Alguns exemplos do risco-país são os riscos associados a mudanças nas alíquotas de impostos, regulamentações, conversão de moedas e taxas de câmbio. O risco-país também inclui os riscos de (1) desapropriação de propriedades sem indenização adequada; (2) imposição pelo país anfitrião de novas condições com relação às práticas locais de produção, contratação e agenciamento de compras; e (3) danos ou destruição das instalações por conta de conflitos internos.

Risco de taxa de câmbio

Os títulos internacionais muitas vezes têm seu valor em uma moeda que não é o dólar, portanto o valor de um investimento depende do que acontece com as taxas de câmbio. Esse processo é denominado **risco de taxa de câmbio**. Por exemplo, se um investidor norte-americano adquirir um título japonês, provavelmente os juros serão pagos em ienes, que deverão ser convertidos em dólar se o investidor quiser gastar seu dinheiro nos Estados Unidos. Se o iene ficar mais fraco em relação ao dólar, será possível comprar menos dólares quando chegar a hora de o investidor converter o pagamento do título japonês. Entretanto, se o iene ficar mais forte em relação ao dólar, o investidor terá retornos maiores em dólar. Portanto, conclui-se que a taxa de retorno efetivo sobre um investimento estrangeiro dependerá do desempenho do título estrangeiro em seu mercado nacional e do que acontece com as taxas de câmbio durante o tempo de investimento. As taxas de câmbio serão abordadas com mais detalhes no Capítulo 17.

Autoavaliação

1. Quais são os quatro fatores básicos que afetam o custo do dinheiro?
2. Mencione algumas condições econômicas que influenciam as taxas de juros e explique seus efeitos.

1-7   Instituições financeiras

Quando se levanta capital, transferências diretas de fundos de indivíduos a empresas são mais comuns para pequenas empresas ou em economias em que os mercados e as instituições financeiros não estão bem desenvolvidos. As empresas em economias desenvolvidas normalmente acham mais eficiente contar com os serviços de uma ou mais instituições financeiras para levantar capital. A maioria das instituições financeiras não é concorrente apenas em uma linha de negócios. Em vez disso, elas oferecem ampla gama de serviços e produtos dentro e fora do país. As seções a seguir descrevem os principais tipos de instituições e serviços financeiros, mas lembre-se de que as linhas divisórias entre eles muitas vezes são indeterminadas. Além disso, observe que a crise econômica mundial atual está mudando a estrutura de nossas instituições financeiras e, com certeza, as novas regulamentações afetarão as que restarem. As finanças dos dias de hoje são, no mínimo, dinâmicas!

1-7a   Bancos de investimentos e atividades de corretagem

Os **bancos de investimentos** ajudam as empresas a levantar capital. Essas organizações coordenam ofertas de ações, o que significa que elas (1) aconselham as sociedades anônimas com relação ao projeto e ao preço das novas ações, (2) compram essas ações da sociedade emitente e (3) revendem-nas aos investidores. Embora as ações sejam vendidas duas vezes, esse processo é, na realidade, uma transação de mercado primário, sendo o banco de investimentos um facilitador que ajuda a transferir o capital dos poupadores às empresas. Em geral, um banco de investimentos é uma divisão ou uma subsidiária de uma empresa maior. Por exemplo, a JPMorgan Chase & Co. é uma grande empresa de serviços financeiros, com mais de $ 2 *trilhões* em ativos administrados. Uma de suas *holdings* é a J.P. Morgan, um banco de investimentos.

Além das ofertas de ações, os bancos de investimentos também prestam serviços de consultoria, como análise de fusão e aquisição e gestão de investimentos para pessoas ricas.

A maioria dos bancos de investimentos também presta serviços de corretagem para instituições e pessoas físicas (chamadas clientes de "varejo"). Por exemplo, a Merrill Lynch (adquirida em 2008 pelo Bank of America) possui ampla atuação de corretagem varejista que oferece consultoria e realiza negociações em nome dos clientes pessoa física. De modo semelhante, a J.P. Morgan ajuda a realizar negociações para clientes institucionais, como fundos de pensão.

Antes, a maioria dos bancos de investimentos era composta de sociedades limitadas, tendo sua renda oriunda principalmente de honorários pelos serviços de coordenação e distribuição de ofertas, consultoria de fusões e aquisições, gestão de ativos e corretagem. Quando os negócios iam bem, os bancos de investimentos recebiam altos honorários e pagavam grandes bonificações aos sócios. Nos tempos difíceis, os bancos de investimentos não pagavam bonificações e muitas vezes demitiam funcionários. Contudo, na década de 1990, a maioria dos bancos de investimentos foi reestruturada e convertida em empresas de capital aberto (ou foi adquirida e operava como subsidiárias de empresas públicas). Por exemplo, em 1994, o Lehman Brothers vendeu algumas de suas próprias ações ao público por meio de uma IPO. Como a maioria das sociedades anônimas, o Lehman Brothers era financiado pela combinação de capital e dívida. Uma atenuação das regulamentações, nos anos 2000, possibilitou que os bancos de investimentos empreendessem atividades bem mais arriscadas do que em qualquer outra época desde a Grande Depressão. Basicamente, as novas regulamentações possibilitavam que os bancos de investimentos utilizassem uma quantia de dívidas nunca antes vista para financiar suas atividades – o Lehman utilizou cerca de $ 30 em dívidas para cada dólar de capital. Além das atividades que geram renda, a maioria dos bancos de investimentos também começou a negociar títulos por sua própria conta. Em outras palavras, eles tomavam o dinheiro emprestado e o investiam em títulos financeiros. Se você ganhar 12% sobre seus investimentos e pagar 8% sobre os empréstimos, quanto mais dinheiro você tomar emprestado, mais lucro terá. Todavia, se você estiver alavancado a 30 por 1 e o valor de seus investimentos cair para meros 3,33%, sua empresa irá à falência. E é exatamente o que aconteceu com o Bear Stearns, Lehman Brothers e Merrill Lynch no último trimestre de 2008. Em resumo, eles tomaram um empréstimo, utilizaram-no para fazer investimentos arriscados e faliram quando estes ficaram valendo menos que o valor da dívida. Observe que eles não foram à falência por conta de suas atividades tradicionais de bancos de investimentos, mas pelo fato de terem tomado empréstimos de quantias altas e utilizado esses fundos em investimentos arriscados no mercado.

1-7b   Intermediários financeiros captadores de depósitos à vista

Algumas instituições financeiras captam depósitos dos poupadores e emprestam a maioria do dinheiro depositado aos tomadores de empréstimo. A seguir, há uma descrição resumida desses intermediários.

Associações de Poupança e Empréstimo (S&Ls)

Como explicamos na seção "Títulos financeiros", antes as S&Ls aceitavam depósitos de muitos poupadores pequenos e, em seguida, emprestavam esse dinheiro a pessoas que desejavam comprar sua casa própria e a consumidores. Mais tarde, elas foram autorizadas a fazer investimentos mais arriscados, como empreendimentos imobiliários. Os **bancos de poupança mútua (***mutual savings banks* – **MSBs)** são semelhantes às S&Ls, mas atuam principalmente nos Estados do nordeste dos Estados Unidos. Atualmente, a maioria das S&Ls e MSBs foi adquirida pelos bancos.

Cooperativas de crédito

As **cooperativas de crédito** são associações cooperativas cujos membros possuem uma ligação em comum, como serem funcionários da mesma empresa ou morarem na mesma região geográfica. As poupanças dos membros são emprestadas somente a outros membros, normalmente para compras de automóveis, reformas ou compras de casas. As cooperativas de crédito muitas vezes são a fonte de fundos mais barata para mutuários pessoas físicas.

Bancos comerciais

Os **bancos comerciais** levantam fundos com os depositantes e com a emissão de títulos a investidores. Por exemplo, alguém pode depositar dinheiro em uma conta-corrente. Em troca, essa pessoa poderá emitir cheques, utilizar um cartão de débito e até mesmo receber juros sobre os depósitos. Quem compra as ações do banco espera receber pagamentos de dividendos e juros. Diferentemente das sociedades não financeiras, a maioria dos bancos comerciais é muito alavancada no sentido de que deve muito mais aos seus depositantes e credores do que consegue levantar dos acionistas. Por exemplo, um banco típico possui cerca de $ 90 de dívida para cada $ 10 do patrimônio líquido. Caso os ativos do banco valham $ 100, podemos calcular seu capital subtraindo-se os $ 90 em passivos dos $ 100 em ativos: capital social = $ 100 – $ 90 = $ 10. Porém, se o valor dos ativos cair 5%, chegando a $ 95, o capital cairá para $ 5 = $ 95 – $ 90, uma queda de 50%.

Os bancos têm importância fundamental para uma economia funcionar bem, e sua alta alavancagem financeira os torna arriscados. Consequentemente, os bancos são muito mais regulamentados do que as empresas não financeiras. Considerando seu alto risco, os bancos podem encontrar dificuldades para atrair e reter depósitos, a menos que eles sejam segurados; assim, a Sociedade Federal de Seguro de Depósitos (Federal Deposit Insurance Corporation – FDIC), que é garantida pelo governo norte-americano, segura até $ 250.000 por depositante. Em virtude da crise econômica mundial, houve, em 2008, um aumento de $ 100.000 desse valor segurado para ressegurar os depositantes.

Sem esse seguro, se os depositantes acreditassem que um banco estava passando por dificuldades, eles se apressariam para retirar seus fundos. Isso se chama "corrida bancária", que é exatamente o que ocorreu nos Estados Unidos durante a Grande Depressão, levando muitos bancos à falência e ocasionando a criação da FDIC, na tentativa de evitar novas corridas bancárias no futuro. Nem todos os países possuem suas próprias versões da FDIC; então, ainda é possível que haja corridas bancárias fora dos Estados Unidos. Aliás, em setembro de 2008, o banco britânico Northern Rock foi alvo dessa corrida, que resultou em sua estatização.

Muitos bancos são pequenos e de propriedade local, mas os maiores bancos fazem parte das empresas gigantes do setor de serviços financeiros. Por exemplo, o JPMorgan Chase Bank, ou somente Chase Bank, é de propriedade da JPMorgan Chase & Co., e o Citibank é do Citicorp (no momento em que este livro foi escrito, mas provavelmente não será mais quando você o ler – o ambiente financeiro está em mudança constante).

1-7c   Fundos de investimento

Em algumas instituições financeiras, os poupadores têm participação societária em fundos em vez de possuírem uma conta de depósitos. Alguns exemplos são: fundos mútuos, de *hedge* e de participações.

Fundos mútuos

Trata-se de sociedades anônimas que aceitam dinheiro de poupadores e, em seguida, utilizam esses fundos para adquirir instrumentos financeiros. Essas organizações reúnem fundos, possibilitando que reduzam riscos por meio da diversificação e obtenham economias de escala na análise de títulos, administração de carteiras e compra e venda de títulos. Há fundos diferentes para atender aos objetivos dos diferentes tipos de poupadores. Portanto, há fundos de títulos para os que buscam segurança e fundos de ações para aqueles que estão dispostos a aceitar riscos com a expectativa de obter retornos mais altos. Há literalmente milhares de fundos mútuos diferentes, com dezenas de metas e objetivos diferentes. Alguns fundos são administrados de forma ativa e seus administradores tentam encontrar títulos desvalorizados, ao passo que outros fundos são administrados de forma passiva e simplesmente tentam minimizar as despesas equiparando os retornos a um índice de mercado específico.

Os **fundos do mercado monetário (Money Market)** investem em títulos de curto prazo e de baixo risco, como Letras do Tesouro Nacional e notas promissórias de curto prazo. Muitos desses fundos oferecem contas-correntes que rendem juros a taxas maiores do que as oferecidas por bancos; assim, muitas pessoas investem em fundos mútuos como alternativa ao depósito de dinheiro em um banco. Contudo, observe que os fundos do mercado monetário não são obrigados a ser segurados pela FDIC, portanto oferecem mais riscos do que os depósitos bancários.[4]

A maioria dos fundos mútuos tradicionais possibilita que os investidores resgatem sua participação nos fundos somente no fechamento do pregão. Um tipo especial de fundos mútuos é o ***exchange traded fund*** **(ETF)**, que permite que os investidores vendam suas ações a qualquer momento durante o pregão. Os ETFs normalmente geram despesas administrativas muito baixas e sua popularidade vem crescendo rapidamente.

Fundos de hedge

Esses fundos levantam capital dos investidores e participam de diversas atividades de investimento. Ao contrário dos fundos mútuos normais, que podem possuir milhares de investidores, os fundos de *hedge* limitam-se a investidores institucionais e a um número relativamente pequeno de milionários. Como se espera que esses investidores sejam sofisticados, os fundos de *hedge* são bem menos regulamentados do que os mútuos. Os primeiros fundos de *hedge* literalmente tentaram proteger suas apostas formando carteiras de títulos e derivativos convencionais, de modo que os possíveis prejuízos fossem limitados sem sacrificar tanto seus possíveis

---

[4] O Tesouro dos EUA vendeu depósitos bancários a fundos de mercado monetário qualificáveis entre setembro de 2008 e setembro de 2009 para ajudar a estabilizar os mercados durante o auge da crise financeira.

ganhos. Mas, recentemente, a maioria dos fundos de *hedge* começou a alavancar suas posições com empréstimos expressivos. Muitos fundos de *hedge* possuíam taxas de retorno incríveis na década de 1990. O sucesso atraiu mais investidores e foram criados milhares de fundos de *hedge*. Muitas das oportunidades claras já foram aproveitadas, porém os fundos de *hedge* começaram a buscar estratégias bem mais arriscadas (e desprotegidas). Talvez não haja surpresa (pelo menos em retrospecto) quanto ao fato de alguns fundos terem causado prejuízos incalculáveis. Por exemplo, muitos investidores de fundo de *hedge* sofreram prejuízos enormes em 2007 e 2008, quando houve um grande número de inadimplementos dos empréstimos hipotecários de alto risco.

Fundos de participações

Os **fundos de participações** são semelhantes aos fundos de *hedge* por estarem limitados a um número relativamente pequeno de grandes investidores, mas são diferentes por possuírem suas ações (participação societária) em outras empresas e normalmente as controlarem, enquanto os fundos de *hedge* possuem vários tipos diferentes de títulos. Ao contrário de um fundo mútuo, que pode deter uma pequena porcentagem das ações de uma sociedade de capital aberto, um fundo de participações irá, em geral, deter praticamente todas as ações de uma sociedade. Como as ações da sociedade não são negociadas nos mercados públicos, elas são denominadas "capital privado". Na realidade, os fundos de participações geralmente pegam uma empresa pública (ou subsidiária) e a privatizam, como a privatização de 2007 da Chrysler pela Cerberus (Fiat é agora a principal proprietária.) Os parceiros gerais que administram fundos de participações geralmente integram o conselho da empresa e guiam suas estratégias com o objetivo de posteriormente vender as empresas em busca de lucro. Por exemplo, Carlyle Group, Clayton Dubilier & Rice e Merrill Lynch Global Private Equity compraram a Hertz da Ford em 22 de dezembro de 2005 e venderam as ações da Hertz em uma IPO, em menos de um ano após a compra.

Muitos fundos de participações enfrentaram altas taxas de retorno na última década, retornos que atraíram inúmeros investidores. Alguns fundos, em especial o Blackstone Group, se tornaram uma empresa pública por meio de IPO. Da mesma forma que ocorreu com os fundos de *hedge*, o desempenho de muitos dos fundos de participações oscilou. Por exemplo, pouco depois da IPO, em junho 2007, o preço das ações do Blackstone era superior a US$ 31 por ação; já no início de 2009, o preço caiu para cerca de US$ 4. No início de 2012, o preço das ações era cerca de US$ 15, ainda sem alcançar o preço da IPO.

1-7d   Empresas de seguro de vida e fundos de pensão

As **empresas de seguro de vida** arrecadam prêmios, investem esses fundos em ações, títulos, bens imóveis e hipotecas, e, depois disso, realizam os pagamentos aos beneficiários. Esse tipo de empresa também oferece ampla gama de planos de poupança com impostos diferidos destinados a oferecer benefícios de aposentadoria.

Os **fundos de pensão** tradicionais são planos de aposentadoria financiados por sociedades anônimas ou órgãos governamentais. Os fundos de pensão investem principalmente em títulos, ações, hipotecas, fundos de *hedge*, participações societárias e bens imóveis. Atualmente, a maioria das empresas oferece planos de aposentadoria autodirigidos, como os planos 401(k), como complemento ou substituição dos planos de previdência tradicionais. Nos planos tradicionais, os administradores dos planos determinam como os fundos serão investidos; já nos planos autodirigidos, todos os participantes devem decidir como investir seus fundos. Muitas empresas estão migrando dos planos tradicionais para os autodirigidos, em parte porque, com isso, o risco é transferido da empresa para o próprio funcionário.

1-7e   Regulamentação das instituições financeiras

Em 1933, a Lei Glass-Steagall foi aprovada com a intenção de impedir outra Grande Depressão. Além de criar o FDIC para garantir depósitos bancários, a lei impôs restrições em atividades bancárias e separou o banco de investimentos do banco comercial. O ambiente regulatório da era pós-Depressão incluía proibições nacionais no ramo bancário, restrições nos tipos de ativos que as instituições poderiam comprar, limites máximos sobre as taxas de juros que eles poderiam pagar, além de restrições sobre os tipos de serviços que poderiam oferecer. Argumentando que esses regulamentos impediam o fluxo livre de capital e prejudicavam a eficácia dos mercados de capital, autoridades políticas tomaram várias medidas, dos anos 1970 até os anos 1990, para desregulamentar empresas de serviços financeiros, o que culminou na Lei Gramm–Leach–Bliley de 1999, que "revogou" a separação entre banco de investimentos e banco comercial imposta pela Lei Glass--Steagall.

Um resultado da desregulamentação foi a criação de grandes corporações de serviços financeiros, que detinham bancos comerciais, S&Ls, empresas de crédito imobiliário, bancos de investimento, seguradoras, operações de plano de pensão e fundos mútuos. Muitos são hoje bancos globais com filiais e operações em todo o país e ao redor do mundo.

Por exemplo, o Citigroup reuniu um dos maiores bancos comerciais do mundo (Citibank), com uma enorme seguradora (Travelers) e um grande banco de investimentos (Smith Barney), junto com várias outras subsidiárias que operam no mundo todo. O Bank of America também fez muitas aquisições de várias empresas financeiras diferentes, como a Merrill Lynch, com sua grande corretora e operações de banco de investimento, e a gigante Countrywide Financial, de crédito imobiliário.

Essas estruturas conglomeradas são semelhantes às das principais instituições da Europa, do Japão e de outros lugares do mundo. Embora os bancos norte-americanos tenham crescido dramaticamente como resultado de fusões recentes, eles ainda são relativamente pequenos para padrões globais. Entre os maiores bancos mundiais, com base em ativos totais, apenas três — Bank of America, Citigroup e JPMorgan Chase — estão sediados nos Estados Unidos.

A crise financeira entre 2008 e 2009 e a contínua crise econômica global fazem com que os reguladores e as instituições financeiras repensem uma forma inteligente de desregulamentar corporações de serviço financeiro conglomeradas. Para abordar algumas dessas questões, a Lei Dodd-Frank Wall Street Reform and Consumer Protection foi aprovada em 2010. Discutiremos a Lei Dodd-Frank e outras mudanças regulatórias na Seção 1.13, onde explicaremos os eventos que levaram à crise econômica global.

Autoavaliação

1. Qual é a diferença entre um banco comercial puro e um de investimentos puro?
2. Cite os principais tipos de instituições financeiras e descreva o objetivo original de cada uma delas.
3. Quais são as diferenças importantes entre os fundos mútuos e os de *hedge*? Em que eles são semelhantes?

1-8   Mercados financeiros

Os **mercados financeiros** reúnem pessoas e organizações que necessitam de dinheiro e aquelas que possuem fundos excedentes. Há muitos mercados financeiros diferentes em uma economia desenvolvida. Cada mercado lida com um tipo um tanto diferente de título, cliente ou região geográfica. Eis algumas maneiras de classificar os mercados:

1. **Mercados de bens tangíveis** (também denominados mercados de bens "corpóreos" ou "materiais") são para produtos como trigo, automóveis, imóveis, computadores e máquinas. Por sua vez, os **mercados de ativos financeiros** lidam com ações, títulos, notas, hipotecas, derivativos e outros **instrumentos financeiros**.
2. Os **mercados à vista** e os **futuros** são mercados em que os bens são adquiridos ou vendidos para entrega imediata (literalmente, dentro de alguns dias) ou para entrega em alguma data futura, como dentro de 6 meses ou um ano.
3. Os **mercados monetários** são os mercados de títulos de dívida de curto prazo e com alta liquidez, ao passo que os **mercados de capitais** são de ações e dívidas com vencimento superior a um ano. A Bolsa de Valores de Nova York é um exemplo de mercado de capitais. Quando se descrevem os mercados de títulos, "curto prazo" normalmente significa menos de 1 ano; "médio prazo", de 1 a 5 anos; e "longo prazo", mais de 5 anos.
4. Os **mercados hipotecários** lidam com financiamentos de imóveis residenciais, rurais, comerciais e industriais, ao passo que os **mercados de crédito pessoal** envolvem financiamentos de automóveis, educação, eletrodomésticos, férias etc.
5. Também há mercados **mundiais, nacionais, regionais** e **locais**. Logo, de acordo com o porte e o escopo das atividades da empresa, ela pode emprestar ou tomar emprestado no mundo todo ou limitar-se a um mercado estritamente local, até mesmo somente em um bairro.
6. Os **mercados primários** são aqueles em que as sociedades anônimas levantam novos fundos. Se a Microsoft fosse vender uma nova emissão de ações ordinárias para levantar capital, isso seria uma transação no mercado primário. A sociedade anônima que vender as ações recém-criadas receberá os lucros daquela transação. O **mercado de ofertas públicas iniciais (IPO)** é uma subdivisão do mercado primário. Nele, as empresas abrem o capital ofertando ações ao público pela primeira vez. Por exemplo, Google fez seu IPO em 2004. Antes disso, os fundadores Larry Page e Sergey Brin, outras pessoas da empresa e investidores de risco possuíam todas as ações. Em muitas IPOs, os acionistas vendem algumas de suas ações e a empresa vende as ações recém-criadas para levantar capital adicional. Os **mercados secundários** são aqueles em

que os títulos em circulação são negociados entre os investidores. Portanto, se você decidir comprar 1.000 ações da Aeropostale, essa compra ocorrerá no mercado secundário. A Bolsa de Valores de Nova York é um mercado secundário, uma vez que lida com ações em circulação (ao contrário das recém-emitidas). Há também mercados secundários para títulos, hipotecas e outros ativos financeiros. A sociedade anônima cujas ações são negociadas não está envolvida em uma transação no mercado secundário e, consequentemente, não recebe os resultados dessa venda.

7. Os **mercados privados**, em que as transações ocorrem diretamente entre as duas partes, são diferentes dos **mercados públicos**, nos quais contratos padronizados são negociados em bolsas organizadas. Empréstimos bancários e colocações privadas de dívida com seguradoras são exemplos de transações no mercado privado. Como essas transações são privadas, elas podem ter qualquer estrutura que seja interessante às duas partes. Ao contrário, títulos que são emitidos em mercados públicos (por exemplo, ações ordinárias e debêntures) acabam sendo realizados por um grande número de pessoas físicas. Os títulos públicos precisam ter características contratuais adequadamente padronizadas, pois os investidores públicos não têm tempo para estudar contratos únicos e sem padronização. Assim, os títulos do mercado privado são mais personalizados, mas menos líquidos; ao passo que os títulos do mercado público possuem maior liquidez, mas também maior padronização.

É preciso reconhecer as grandes diferenças entre os tipos de mercados, mas se deve ter em mente que as distinções muitas vezes não são nítidas. Por exemplo, não faz muita diferença se uma empresa toma emprestado por 11, 12 ou 13 meses e, portanto, se esse empréstimo é uma transação no mercado "monetário" ou "de capitais".

Autoavaliação

1. Aponte as diferenças entre os mercados: (1) de bens tangíveis e de ativos financeiros, (2) à vista e futuros, (3) monetário e de capitais, (4) primário e secundário e (5) privados e públicos.

1-9 Procedimentos de negociação nos mercados financeiros

Há um grande volume de negociações nos mercados secundários. Apesar de haver muitos mercados secundários para uma grande variedade de títulos, podemos classificar seus procedimentos de negociação em duas esferas: local e método de ordens casadas.

1-9a Localização física *versus* sistema eletrônico

Um mercado secundário pode ser uma **bolsa (localização física)** ou uma **rede de computadores/telefônica**. Por exemplo, a Bolsa de Valores de Nova York, a Bolsa de Valores Americana (Amex), o Chicago Board of Trade (CBOT) (o CBOT negocia futuros e opções) e a Bolsa de Valores de Tóquio são bolsas com localização física. Ou seja, os negociadores se encontram e negociam nas instalações de um edifício específico.

Ao contrário, a Nasdaq, que negocia inúmeras ações dos Estados Unidos, é uma rede interligada de computadores. Outros exemplos de rede são os mercados dos títulos públicos e câmbio, que são conduzidos por telefone e/ou redes de computador. Nesses mercados eletrônicos, os negociadores nunca se veem, exceto em possíveis coquetéis após o expediente.

Por sua própria natureza, as redes são menos transparentes que as bolsas que possuem localização física. Por exemplo, *swaps* de crédito são negociados diretamente entre os compradores e os vendedores, e não há mecanismo fácil para registrar, agregar e divulgar as transações ou as posições líquidas dos compradores e vendedores.

1-9b Ordens casadas: leilões, negociadores e ECNs

A segunda esfera é a maneira como as ordens dos vendedores e compradores são casadas. Isso pode ocorrer por um sistema de **pregão de viva voz**, pelos operadores da bolsa ou pela correspondência automática de ordens. Um exemplo de um pregão de viva voz é o CBOT, em que os operadores realmente se encontram em um pregão e os vendedores e os compradores se comunicam gritando e sinalizando com as mãos.

Em um **mercado distribuidor**, há os "formadores de mercado", que mantêm um estoque das ações (ou outros instrumentos financeiros) praticamente da mesma forma que um comerciante mantém um estoque. Esses

Vida a 1000 por hora: negociação de alta frequência!

Num piscar de olhos, o computador de alta frequência de um negociante pode fazer centenas de ofertas, cancelar todas e deixar apenas uma, comprar ações e vendê-las por um lucro de menos de um centavo. Parece muito esforço para um lucro tão baixo, mas milhões de negociações por dia acumulam grandes quantias de dinheiro. Na verdade, empresas de negociação de alta frequência lucraram cerca de US$ 7,2 bilhões em 2009.

Quem são esses negociantes? Em primeiro lugar, há apenas 400 empresas de negociação de alta frequência que somam aproximadamente 20 mil negociantes institucionais, que é um número pequeno. Em segundo lugar, muitos dos funcionários têm conhecimento matemático e de ciência da computação, em vez de experiência em negociação. Em terceiro lugar, eles têm acesso à melhor tecnologia computacional. Sua demanda por velocidade é tão grande que a Hibernia Atlantic planeja colocar um novo cabo submarino ao longo de uma rota ligeiramente mais curta do Reino Unido até o Canadá, a fim de reduzir o tempo de transmissão de 65 para 60 milissegundos!

Apesar do número relativamente pequeno de empresas de negociação de alta frequência, elas têm grande impacto no mercado, representando mais de 60% do volume de negociação de ações e mais de 40% do volume de câmbio estrangeiro. Mas as empresas de negociação de alta frequência são boas ou ruins para os mercados e para outros investidores? A resposta não é clara. Por um lado, outros investidores podem negociar de forma muito mais rápida agora, com o tempo de execução caindo de 10,1 segundos em 2005 para 0,7 segundos em 2010. O custo da negociação, medido pela propagação de ofertas e preços, também diminuiu dramaticamente. Por outro lado, alguns críticos dizem que a negociação de alta frequência distorce preços e torna os mercados menos estáveis. Ao escrever este livro, no início de 2012, a Comissão de Valores Imobiliários considerava impor restrições sobre a negociação de alta frequência. Uma coisa é certa: a negociação eletrônica continuará tendo grande impacto sobre os mercados financeiros.

Fontes: Doug Cameron e Jacob Bunge, "Underwater Options? Ocean Cable Will Serve High-Frequency Traders", *The Wall Street Journal*, October 1, 2010, p. C-3; e Kambiz Foroohar, "Speed Geeks", *Bloomberg Markets*, November 2010, pp. 111–122.

negociadores apresentam os preços de compra e venda, que são os preços a que eles estão dispostos a comprar ou vender. Os sistemas de cotação computadorizados rastreiam todos os preços de venda e compra, mas, na verdade, não correlacionam compradores e vendedores. Em vez disso, os comerciantes devem contatar um negociador específico para completar a transação. Nasdaq (ações dos EUA) é um desses mercados, assim como o London SEAQ (ações do Reino Unido).

O terceiro método de ordens casadas é por uma **rede eletrônica de comunicações (*eletronic communications network* – ECN)**. Os participantes de uma ECN enviam suas ordens de compra e venda, e a rede casa as ordens automaticamente. Por exemplo, alguém coloca uma ordem de compra de 1.000 ações da IBM – isso se chama "ordem de mercado", já que se destina a comprar a ação ao preço de mercado atual. Suponha que outro participante coloque uma ordem para vender 1.000 ações da IBM, mas somente a $ 91 por ação e esse seja o menor preço entre todas as ordens de "venda". A ECN casaria automaticamente essas duas ordens, realizaria a negociação e notificaria os participantes de que a negociação foi feita. O preço de venda de $ 91 seria uma "ordem limitada", ao contrário da ordem de mercado, pois a ação foi limitada pelo vendedor. Observe que as ordens também podem ser limitadas com relação à duração delas. Por exemplo, alguém pode estipular que deseja comprar 1.000 ações da IBM a $ 90 por ação se elas chegarem a esse valor durante as próximas duas horas. Ou seja, há limites quanto ao preço e/ou à duração da ordem. A ECN executará a ordem limitada somente se todas as condições forem satisfeitas.

Duas das maiores ECNs para a negociação de ações norte-americanas são a Inet (da Nasdaq) e a Arca (da NysE Euronext). Outras grandes ECNs incluem Eurex (uma ECN para derivativos, da Deutsche Börse) e Sets (bolsa de valores da SIX Swiss Exchange). Observe que os mercados mais "convencionais" também apresentam ECNs.

Autoavaliação

1. Quais são as principais diferenças entre bolsas de valores com localização física e redes de computador/telefônicas?
2. Quais são as diferenças entre pregões de viva voz, mercados distribuidores e ECNs?

1.10 Tipos de transações no mercado de ações

Visto que os principais objetivos da administração financeira são maximizar o valor da empresa e, assim, ajudar a garantir que o preço atual das ações seja igual ao valor intrínseco, conhecer o mercado acionário é importante para todos os envolvidos na administração de uma empresa. Podemos classificar as transações no mercado acionário em três tipos diferentes: (1) ofertas públicas iniciais, (2) novas ofertas públicas e (3) transações no mercado secundário.

Quando uma ação é ofertada ao público pela primeira vez, diz-se que a empresa **está abrindo o capital**. No mercado primário, essa transação é denominada oferta pública inicial (IPO). Se, no futuro, uma empresa decidir vender (ou seja, emitir) ações adicionais para levantar mais capital, isso ainda será uma transação no mercado primário, mas denomina-se **nova oferta pública**. As negociações de ações em circulação de empresas de capital aberto estabelecidas são transações do mercado secundário. Por exemplo, se o detentor de 100 ações de empresas abertas vendê-las, considera-se que essa negociação ocorreu no mercado secundário. Assim, o mercado de ações em circulação, ou ações utilizadas, é o mercado secundário. A empresa não recebe dinheiro quando ocorrerem vendas nesse mercado.

Eis uma breve descrição de atividades recentes do IPO. Havia 1.285 IPOs globais totais em 2011, com receitas totais de US$ 168 bilhões. China e Hong Kong juntos representavam mais de 40% do total. O maior IPO foi de US$ 10 bilhões, levantados pela Glencore International, uma empresa suíça de mineração.

Nos Estados Unidos, o retorno médio do primeiro dia girava em torno de 13% em 2011. No entanto, algumas empresas tiveram espetaculares aumentos de primeiro dia, como o ganho de 109% do LinkedIn no primeiro dia de negociação. Nem todas as empresas se saíram tão bem — de fato, FriendFinder teve uma queda de 21% no primeiro dia de negociação.

Para 2011, alguns IPOs tiveram bons ganhos para o ano, como o retorno de 92,8% da Imperva. Outras tiveram grandes perdas anuais; HCA Holdings caiu 26%. Na verdade, o IPO médio perdeu mais de 13% durante 2011.

Mesmo se for possível identificar uma emissão de ações em alta, normalmente é difícil comprar as ações na oferta inicial. Em geral, nos mercados sólidos, elas são subscritas em excesso, ou seja, a demanda de ações pelo preço de oferta é maior do que o número de ações emitidas. Nesses casos, os bancos de investimentos dão prioridade a grandes investidores institucionais (que são os melhores clientes), e investidores pequenos acham difícil, se não impossível, participar do pregão. Eles podem comprar as ações no mercado secundário, mas evidências sugerem que, se você não conseguir participar do pregão, a IPO normal terá, em longo prazo, um desempenho abaixo do esperado no mercado geral.[5]

Antes de concluir que não é justo deixar somente os melhores clientes comprarem ações em uma oferta inicial, pense no que é necessário para se tornar um dos melhores clientes. Os melhores clientes normalmente são investidores que já realizaram diversas negociações com a área de corretagem do banco de investimentos. Ou seja, eles pagaram grandes quantias na forma de comissões no passado, e espera-se que continuem fazendo isso no futuro. Como muitas vezes é verdade, nada na vida é de graça – a maioria dos investidores que participam do pregão de uma IPO de fato pagou para ter esse privilégio.

Autoavaliação

1. Aponte as diferenças entre uma IPO, uma nova oferta pública e uma transação no mercado secundário.
2. Por que, na maioria das vezes, o investidor comum encontra dificuldades para ganhar dinheiro durante uma IPO?

1-11 Os mercados secundários de ações

Atualmente, os dois principais mercados de ações dos Estados Unidos são a Bolsa de Valores de Nova York e a bolsa de valores Nasdaq.

1-11a Bolsa de valores de Nova York

Antes de março de 2006, a **Bolsa de Valores de Nova York (Nyse)** era uma empresa de capital fechado pertencente aos seus membros. Depois, ela fundiu-se com a Archipelago, uma empresa de capital aberto que era uma das maiores ECNs do mundo. Os sócios da Nyse receberam aproximadamente 70% das ações

---

[5] Veja Jay R. Ritter: The long-run performance of initial public offerings. *Journal of Finance*, p. 3-27, mar. 1991.

na empresa fundida, ao passo que os acionistas da Archipelago receberam 30%. A empresa fundida, que também era proprietária da Pacific Exchange, era conhecida como Nyse Group Inc. e seu código na Bolsa de Valores era NYX. Ela continuou a operar a Bolsa de Valores de Nova York (uma bolsa de valores com localização física em Wall Street) e a Arca (que abrange a Pacific Exchange e a ECN antes conhecida como Archipelago). Em 2007, o Nyse Group fundiu-se com a Euronext, uma empresa europeia que opera bolsas de valores (chamadas *bourses*) em Paris, Amsterdã, Bruxelas e Lisboa. A empresa fundida chama-se Nyse Euronext.

A Nyse ainda tem mais de 300 organizações-membros, que são sociedades anônimas, limitadas ou de responsabilidade limitada. Os preços dos títulos patrimoniais eram em torno de $ 4 milhões em 2005, e a última venda antes da fusão com a Euronext foi realizada no valor de $ 3,5 milhões. As organizações-membros são corretoras intermediárias registradas que não podem negociar no pregão das bolsas, a menos que também possuam uma licença de negociação emitida pela Nyse. Antes de abrir o capital, o equivalente a essa licença de negociação chamava-se "cadeira", apesar de não ter quase lugar algum para sentar no pregão da bolsa. As licenças de negociação agora são alugadas da bolsa pelas organizações-membros, por uma taxa anual de $ 40.000 em 2012. A Nyse alugou a maioria de suas 1.500 licenças de negociação disponíveis.

Muitos dos maiores bancos de investimentos possuem *áreas de corretagem* e são membros da Nyse com direitos de negociação alugados. A Nyse abre nos dias úteis e os membros reúnem-se em grandes salas que possuem equipamentos eletrônicos, possibilitando que cada um desses sócios se comunique com as filiais de suas empresas por todo o país. Por exemplo, a Merrill Lynch (que atualmente pertence ao Bank of America) pode receber uma ordem, oriunda de sua filial de Atlanta, de um cliente que deseja comprar ações da Procter & Gamble (P&G). Ao mesmo tempo, a filial de St. Louis do Edward Jones pode receber uma ordem de um cliente que deseja vender as ações da P&G. Cada corretor pode se comunicar por meio eletrônico com o representante da empresa na Nyse. Outros corretores em todo o país também podem se comunicar com seus membros da bolsa. Os membros da bolsa com *ordens de venda* colocam as ações à venda e recebem ofertas dos membros que possuem *ordens de compra*. Logo, a Nyse funciona como um *mercado de leilão*.[6]

Entretanto, as negociações da Nyse diminuíram em importância. Além da negociação das ações da Nyse em sua própria ECN, Arca, centenas de ECNs e corretoras privadas negociaram as ações da Nyse stocks. Em 2010, cerca de 79% do volume de negociação para as ações listadas na Nyse ocorreram nessas redes privadas.

1-11b   Bolsa de valores Nasdaq

A **Associação Nacional de Vendedores de Títulos (National Association of Securities Dealers – Nasd)** é um órgão autorregulamentado que licencia os corretores e supervisiona as práticas de negociação. A rede computadorizada utilizada pela Nasd é denominada Nasd Automated Quotation System (Nasdaq). A Nasdaq começou como um simples sistema de cotações, mas cresceu e se tornou um mercado de títulos organizado com suas próprias exigências de registro na bolsa de valores. Ela possui cerca de 5.000 ações registradas, embora nem todas sejam negociadas pelo mesmo sistema Nasdaq. Por exemplo, no Nasdaq National Market, estão registradas as maiores ações da Nasdaq, como Microsoft e Intel, ao passo que, no Nasdaq SmallCap Market, estão registradas as empresas menores, com potencial de grande crescimento. A Nasdaq também opera o Nasdaq OTC Bulletin Board, que registra cotações para ações registradas na Securities and Exchange Commission (SEC), mas não em bolsas, normalmente porque a empresa é pequena

---

[6] Na verdade, a Nyse é um mercado de leilão modificado, em que as pessoas (por meio de seus corretores) fazem ofertas por ações. Originalmente – há cerca de 200 anos –, os corretores literalmente gritariam "Tenho 100 ações da Erie para venda, quais são as ofertas?" e venderiam para quem fizesse a maior oferta. Se um corretor tivesse uma ordem de compra, gritaria: "Quero comprar 100 ações da Erie, quem vende ao melhor preço?". A mesma situação geral ainda existe, apesar de as bolsas agora possuírem membros conhecidos como especialistas que facilitam as negociações, mantendo um estoque das ações em que eles são especializados. Se for recebida uma ordem de compra quando não chegar ordem de venda, o especialista venderá do seu estoque. Da mesma forma, se for recebida uma ordem de venda, o especialista irá comprá-la e acrescentá-la ao estoque. O especialista define um preço de compra (o preço que ele pagará pela ação) e um preço de venda (o preço pelo qual as ações serão vendidas do estoque). Os preços de compra e de venda são definidos de modo que mantenham o estoque equilibrado. Se forem recebidas muitas ordens de compra por conta de condições favoráveis ou ordens de venda por conta de condições desfavoráveis, o especialista aumentará ou abaixará os preços para manter o equilíbrio entre oferta e demanda. Os preços de compra são um tanto mais baixos do que os de venda, com a diferença entre valores ou *spread*, que representa a margem de lucro do especialista.

Medição de mercado

Um *índice* de ações mostra o desempenho do mercado de ações. A seguir, descrevemos alguns dos principais índices.

Dow Jones Industrial Average

Criado em 1896, o índice Dow Jones Industrial Average (Djia) abrange as 30 ações mais importantes dos Estados Unidos que representam quase um quinto do valor de mercado das ações norte-americanas. Acesse http://www.dowjones.com para obter mais informações.

Índice S&P 500

Criado em 1926, o índice S&P 500 é considerado por muitos o padrão para medir o desempenho no mercado de ações norte--americanas de maior capitalização. Trata-se de um índice de valor ponderado, portanto as maiores empresas (em termos de valor) têm mais influência. O índice S&P 500 é utilizado como uma referência por 97% dos agentes financeiros e dos financiadores de planos de previdência. Acesse http://www2.standardandpoors.com para obter mais informações.

Índice Nasdaq Composite

O índice Nasdaq Composite mede o desempenho de todas as ações ordinárias registradas na bolsa de valores Nasdaq. Atualmente, abrange mais de 3.200 empresas, muitas no segmento de tecnologia. Microsoft, Cisco Systems e Intel respondem por um alto percentual do índice ponderado pelo valor de mercado. Por esse motivo, mudanças expressivas na mesma direção por essas três empresas podem mudar o índice inteiro. Acesse http://www.nasdaq.com para obter mais informações.

Índice Nyse Composite

O índice Nyse Composite mede o desempenho de todas as ações ordinárias registradas na Nyse. É um índice ponderado pelo valor de mercado com base em 2.000 ações que representam 77% da capitalização total do mercado de todas as empresas de capital aberto nos Estados Unidos. Acesse http://www.nyse.com para obter mais informações.

Negociando participação no mercado

Utilizando os exchange traded funds (ETF), agora é possível comprar e vender participação no mercado, assim como ações. Por exemplo, o Standard & Poor's Depository Receipt (SPDR) é uma parte de um fundo que detém as ações de todas as empresas do S&P 500. As negociações dos SPDRs ocorrem no horário normal do mercado, possibilitando a compra ou venda do S&P 500 a qualquer hora durante o dia. Há centenas de outros ETFs, inclusive para a Nasdaq, o Dow Jones Industrial Average, ouro, concessionárias etc.

Desempenho recente

Acesse o site http://finance.yahoo.com/. Insira o código para qualquer um dos índices (^DJI para Dow Jones, ^GSPC para S&P 500, ^IXIC para Nasdaq e ^NYA para Nyse) e clique em "GO". O valor corrente do índice será mostrado em uma tabela. Clique em "Basic Chart" no painel à esquerda e será exibido um gráfico com o histórico de desempenho do índice escolhido. Logo acima do gráfico, há diversos botões que permitem escolher o número de anos e organizar o desempenho relativo de diversos índices em um mesmo gráfico. É possível até mesmo efetuar download dos dados históricos na forma de planilhas, basta clicar em "Historical Prices" no painel esquerdo.

demais ou não suficientemente lucrativa.[7] Por fim, a Nasdaq opera os Pink Sheets, que oferecem cotações das empresas que não estão registradas na SEC.

"Liquidez" é a capacidade de negociar rapidamente por um valor líquido (ou seja, após descontadas quaisquer comissões) que seja próximo ao preço de mercado recente do título. Em um mercado distribuidor, como a Nasdaq, a liquidez de uma ação depende do número e da qualidade dos operadores que formam um mercado para a ação. A Nasdaq possui mais de 400 operadores, cuja maioria forma mercados para um grande número de ações. Uma ação comum possui cerca de 10 formadores de mercado, mas algumas chegam a ter mais de 50. Obviamente, há mais formadores de mercado e, portanto, mais liquidez no Nasdaq National Market do que no SmallCap Market. As ações registradas no OTC Bulletin Board ou Pink Sheets possuem bem menos liquidez.

---

[7] A sigla OTC (*over-the-counter*) significa mercado de balcão. Antes da Nasdaq, a maneira mais rápida de negociar uma ação que não estivesse listada em uma bolsa de valores com localização física era encontrar uma corretora que tivesse ações em estoque. Os certificados de ação eram guardados em cofres e literalmente passados por cima do balcão quando eram comprados ou vendidos. Atualmente, os certificados de praticamente todas as ações e títulos registrados nos Estados Unidos são mantidos em um cofre-forte subterrâneo em Manhattan, que é operado pela Depository Trust and Clearing Corporation (DTCC). A maioria das corretoras possui uma conta na DTCC e muitos investidores deixam suas ações com essas corretoras. Assim, quando as ações são vendidas, a DTCC simplesmente ajusta as contas das corretoras envolvidas e nenhum certificado de ação é transferido de fato.

1-11c   Concorrência nos mercados secundários

Há uma concorrência intensa entre Nyse, Nasdaq e outras bolsas de valores internacionais – todas querem que as empresas maiores e mais lucrativas se registrem em suas bolsas. Visto que a maioria das grandes empresas norte-americanas negocia na Nyse, a capitalização de mercado das ações negociadas na Nyse é muito maior do que na Nasdaq (cerca de US$ 13,4 trilhões em relação a US$ 3,9 trilhões ao final de 2010). Contudo, o volume divulgado (número de ações negociadas) normalmente é maior na Nasdaq e há mais empresas registradas nela.[8] Para fins de comparação, as capitalizações de mercado das bolsas internacionais são: US$ 3,8 trilhões em Tóquio, US$ 3,6 trilhões em Londres, US$ 2,7 trilhões em Xangai, US$ 2,7 trilhões em Hong Kong, US$ 1,4 trilhão na Alemanha e US$ 1,6 trilhão em Bombaim.

Curiosamente, muitas empresas de alta tecnologia, como Microsoft e Intel, continuaram na Nasdaq, mesmo conseguindo atender facilmente às exigências para registro na Nyse. Por sua vez, outras empresas de alta tecnologia, como a Iomega não deixaram a Nasdaq por causa da Nyse. Apesar dessas saídas, o crescimento da Nasdaq nos últimos dez anos foi impressionante. Na tentativa de se tornar mais competitiva com a Nyse e com os mercados internacionais, a Nasdaq comprou a Instinet, uma das principais ECNs, em 2005. Posteriormente, a Nasdaq comprou a Nordic Exchange OMX, o que deu presença internacional à bolsa. A empresa combinada se chama Nasdaq OMX Group.

Apesar das trocas de propriedade das bolsas, uma coisa fica bem clara: haverá uma consolidação contínua no setor de bolsas de valores, com uma vaga separação entre as bolsas com localização física e as eletrônicas.

Autoavaliação

1.   Quais são as principais diferenças entre as bolsas de valores Nyse e Nasdaq?

1-12   Retornos nos mercados de ações

Durante o período de 1968-2011, o retorno anual médio para o mercado de ações, medido pelos retornos totais (dividendos mais ganhos de capital) sobre o índice S&P 500, era de aproximadamente 10,9%, mas essa média não reflete a considerável variação anual. Observe no Painel A da Figura 1-4 que o mercado era relativamente regular na década de 1970, aumentou um pouco nos anos 1980 e se tornou uma montanha-russa a partir de então. Na verdade, o mercado despencou no início de 2009 para um nível visto pela última vez em 1995. O Painel B destaca o risco de cada ano, mostrando os retornos anuais. Observe que as ações tiveram retornos positivos na maioria dos anos, todavia houve grandes prejuízos em muitos anos. As ações perderam mais de 40% de seu valor de 1973 a 1974 e de 2000 a 2002. Só em 2008 houve a perda de 37% de seu valor. O risco será examinado mais detalhadamente no decorrer do livro, mas a Figura 1-4 já dá a ideia de como as ações podem ser arriscadas!

As ações norte-americanas somam apenas 40% das ações do mundo, e isso incentiva muitos investidores dos Estados Unidos a também possuir ações no exterior. Os analistas sempre exaltaram as vantagens de investir no exterior, afirmando que as ações estrangeiras aumentam a diversificação e oferecem ótimas oportunidades de crescimento. Isso foi verdade durante muitos anos, mas não foi o caso em 2008 e 2009. A Tabela 1-2 mostra os retornos nos países selecionados. Observe que todos os países obtiveram retornos negativos. A tabela mostra o desempenho das ações de cada país em sua moeda local e no dólar norte-americano. Por exemplo, em 2011 as ações alemãs tinham um retorno de −17,3% em sua própria moeda, o que se traduziu em um retorno de −19,9% para um investidor dos EUA; a diferença acontecia devido à depreciação do euro em relação ao dólar americano. Como podemos ver, os resultados de investimentos no exterior dependem em parte do que acontece na economia externa e em parte das mudanças das taxas de câmbio. Na realidade, quando se investe no exterior, há dois riscos: de que as ações estrangeiras caiam em seus mercados locais e de que as moedas em que o pagamento será feito fiquem desvalorizadas em relação ao dólar.

Embora as ações estrangeiras possuam risco cambial, isso não significa de forma alguma que os investidores devem evitá-las. Os investimentos no exterior realmente aumentam a diversificação e é inevitável que haja anos em que as ações externas terão desempenho melhor do que as norte-americanas. Quando isso ocorrer, os investidores dos Estados Unidos ficarão felizes por terem investido uma parte de seu dinheiro nos mercados externos.

---

[8] Uma transação na Nasdaq normalmente é exibida como duas negociações separadas (compra e venda). Essa "duplicação" dificulta a comparação do volume entre os mercados de ações.

FIGURA 1-4

Desempenho do índice S&P 500

Painel A: Valor do índice no fim do mês

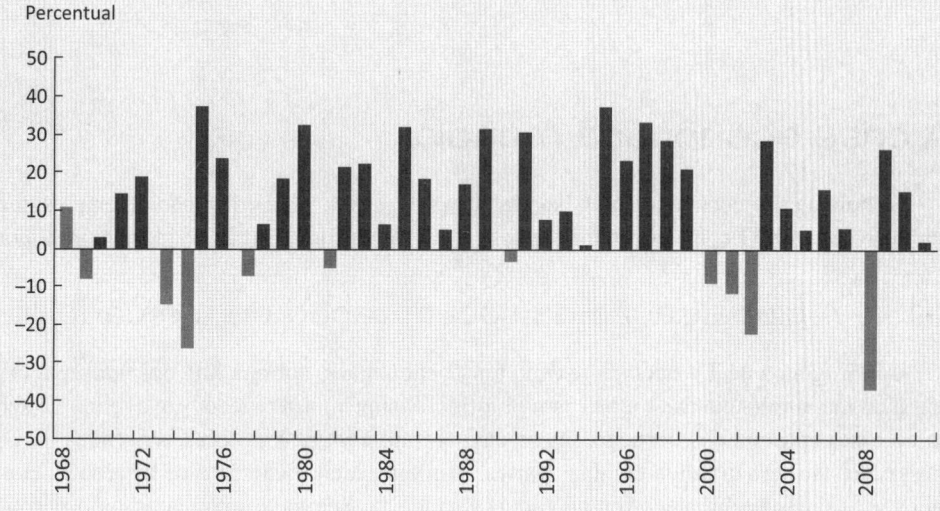

Painel B: Total do retorno anual: rendimento dos dividendos + ganho ou perda de capital

Fontes: Os dados sobre retornos foram extraídos de diversas edições do *The Wall Street Journal*, caderno "Investment Scoreboard"; o nível do índice foi extraído do site http://finance.yahoo.com.

Autoavaliação

1. Explique como as taxas de câmbio podem afetar a taxa de retorno sobre os investimentos internacionais.

TABELA 1-2
Desempenho de 2008 dos índices globais Dow Jones, do maior para o menor

País	Dólares (EUA)	Moeda local	País	Dólares (EUA)	Moeda local
Quatar	4,0%	4,0%	França	−19,3%	−16,6%
Islândia	0,6	7,4	Alemanha	−19,9	−17,3
Irlanda	−1,1	2,2	China	−20,2	−20,3
Reino Unido	−6,7	−6.0	Rússia	−21,0	−16,9
Suíça	−9,0	−8,7	Hong Kong	−23,5	−23,6
Coreia do Sul	−11,6	−10,3	Brasil	−24,2	−14,8
Japão	−14,3	−18,7	Chile	−24,9	−16,6
Canadá	−14,3	−12,2	Índia	−39,1	−27,7
México	−14,7	−3,5	Grécia	−58,3	−56,9
Espanha	−17,2	−14,4			

Fonte: adaptado do The Wall Street Journal, 3 de janeiro de 2012, R17.

1-13 A crise econômica mundial

Embora a crise econômica mundial tenha várias causas, a securitização de empréstimos hipotecários no início do século XXI com certeza foi um dos principais culpados; então, vamos começar por ela.

1-13a A globalização da securitização do mercado hipotecário

Um programa de TV nacional exibiu um documentário sobre a luta dos aposentados noruegueses por conta da inadimplência das hipotecas na Flórida. Sua primeira reação provavelmente será de se perguntar como esses aposentados noruegueses se envolveram com as hipotecas arriscadas na Flórida. A resposta a essa questão será dividida em duas partes. Primeira, identificaremos os diferentes elos entre os aposentados e os credores hipotecários na cadeia financeira. Segunda, explicaremos o porquê de haver tantos elos fracos.

No filme *Jerry Maguire – a grande virada,* o personagem vivido por Tom Cruise grita: "Mostre-me o dinheiro!". Esse é um bom meio de começar a identificar os elos financeiros, começando com a simples compra de uma casa na Flórida.

1. Compra de uma casa

Em troca de dinheiro, um vendedor na Flórida transferiu a propriedade de uma casa a um comprador.

2. Origem do empréstimo hipotecário

Para obter o dinheiro utilizado para comprar a casa, o comprador assinou um contrato de empréstimo hipotecário e deu-o a um "originador". Há alguns anos, o originador provavelmente seria uma S&L ou um banco, mas ultimamente os originadores vêm sendo as corretoras de hipotecas especializadas, como as desse caso. A corretora reuniu e examinou as informações de crédito do tomador de empréstimo, providenciou uma avaliação independente do valor da casa, cuidou da documentação e recebeu uma remuneração por esses serviços.

3. Securitização e ressecuritização

Em troca de dinheiro, o originador vendeu a hipoteca a uma securitizadora. Por exemplo, a operação do banco de investimentos Merrill Lynch desempenhou um papel importante na securitização de empréstimos. Ela agruparia um grande número de hipotecas em fundos e depois criaria novos títulos que possuíam créditos sobre o fluxo de caixa desses fundos. Alguns créditos eram simples, como uma participação proporcional do fundo, ao passo que outros eram mais complexos, como o crédito de todos os pagamentos de juros durante os primeiros cinco anos ou um crédito somente dos pagamentos do principal. Os créditos mais complexos tinham direito a um pagamento fixo, enquanto os outros seriam pagos somente quando os credores "seniores" fossem pagos. Essas parcelas dos fundos são denominadas *tranches*, que em francês significa "fatia".

Algumas dessas *tranches* eram recombinadas e divididas novamente em títulos lastreados por carteira de instrumentos de dívida (*collateralized debt obligations* – CDOs), e alguns deles eram combinados e subdivididos em mais títulos, conhecidos popularmente como CDOs ao quadrado. Por exemplo, a Lehman Brothers muitas vezes comprava *tranches* diferentes e as dividia em CDOs com riscos diferentes, que eram classificados por uma agência, como a Moody's ou Standard & Poor's.

Há dois pontos muito importantes a serem observados. Primeiro, o processo não altera o *valor total de risco* existente nas hipotecas, mas possibilita a criação de alguns títulos que eram menos arriscados do que o normal e outros que eram mais arriscados. Em segundo lugar, a complexidade dos CDOs espalhou um pouco de cada valor de risco da hipoteca a vários investidores diferentes, dificultando para eles a determinação do risco agregado de um CDO em particular. Em terceiro lugar, cada vez que uma nova segurança era criada ou avaliada, honorários eram pagos a bancos de investimentos e a agências de classificação.

4. Os investidores

Em troca de dinheiro, as securitizadoras vendiam os títulos recém-criados a investidores individuais, fundos de *hedge*, financiamentos universitários, seguradoras e outras instituições financeiras, inclusive um fundo de pensão na Noruega. Considere que as próprias instituições financeiras são financiadas por pessoas físicas; então, o caixa vem dessas pessoas e flui pelo sistema até ser recebido pelo vendedor da casa. Se tudo acontecer conforme o planejado, os pagamentos das hipotecas acabarão voltando às pessoas que forneceram o capital inicialmente. Mas, nesse caso, a cadeia foi quebrada por uma onda de inadimplência das hipotecas, o que gerou problemas para os aposentados noruegueses.

Os estudantes e administradores muitas vezes nos perguntam: "E o que aconteceu com todo esse dinheiro?". A resposta resumida é: "Ele foi dos investidores aos vendedores das casas, com várias taxas pelo caminho".

Apesar de o processo ser complexo, em teoria, não há nada de errado com ele. Na verdade, em teoria, ele ofereceria mais financiamento aos compradores de casas norte-americanos e possibilitaria que o risco fosse transferido aos que estão mais preparados para assumi-lo. Infelizmente, esse não é o final da história.

1-13b O lado negro da securitização: o colapso dos empréstimos hipotecários de alto risco

O que causou a crise econômica? Há vários livros que estão sendo escritos somente sobre esse assunto, mas podemos identificar algumas das causas.

Os reguladores aprovaram os padrões de alto risco

Na década de 1980 e início da década de 1990, as regulamentações não permitiam que um empréstimo hipotecário não qualificado fosse securitizado; portanto, a maioria dos originadores exigia que os tomadores de empréstimo atendessem a determinadas exigências, inclusive ter uma renda mínima em relação aos pagamentos do empréstimo e um valor de entrada mínimo em relação ao tamanho do empréstimo. Mas, em meados da década de 1990, os políticos de Washington queriam levar a possibilidade de ter a casa própria a pessoas que tradicionalmente tinham dificuldades em conseguir financiamentos. Para tanto, as regulamentações foram atenuadas para que fosse possível securitizar os financiamentos não qualificados. Esses empréstimos eram conhecidos como empréstimos hipotecários de alto risco. Assim, logo os financiamentos arriscados foram securitizados e vendidos aos investidores. Novamente, não haveria nada de errado com eles, contanto que a resposta das duas perguntas a seguir fosse "sim": primeira, os compradores tomaram decisões seguras com relação à capacidade de amortizar os empréstimos? E, segunda, os investidores reconheciam o risco adicional? Hoje, nós sabemos que a resposta das duas perguntas é um sonoro "não". Os proprietários assinaram financiamentos que eles não tinham chances de amortizar, e os investidores trataram esses financiamentos como se fossem muito mais seguros do que são na verdade.

O Banco Central norte-americano incentivou a bolha imobiliária

Com mais pessoas capazes de obter um financiamento, inclusive aquelas que não deveriam ter obtido, houve um aumento na demanda de casas. Só esse fator já faria os preços das casas subirem. Contudo, o Banco Central norte-americano baixou as taxas de juros a níveis históricos depois do 11 de Setembro para evitar uma recessão e manteve a baixa durante muito tempo. Essas taxas abaixaram o valor dos pagamentos dos financiamentos, que fizeram as casas parecerem ainda mais acessíveis, contribuindo mais uma vez para o aumento na demanda de habitação. A Figura 1-5 demonstra que a combinação de menos exigências para financiamento e baixas taxas de juros fez os preços das casas dispararem. Assim, o Banco Central norte-americano contribuiu para a bolha imobiliária.

Os compradores queriam mais por menos

Mesmo com taxas de juros baixas, como os tomadores de empréstimo hipotecário de alto risco conseguiriam pagar os financiamentos, principalmente com o aumento dos preços das casas? Primeiro, a maioria desses tomadores escolheu um financiamento com taxas ajustáveis (*adjustable rate mortgage* – ARM), tendo uma taxa de juros com base na taxa de curto prazo, como dos títulos da dívida pública de um ano, ao qual o credor acrescentou alguns pontos percentuais. Uma vez que o Banco Central baixou tanto as taxas de juros de curto prazo, as taxas iniciais dos ARMs eram muito baixas.

FIGURA 1-5
A bolha imobiliária: preços das casas e taxas dos empréstimos hipotecários

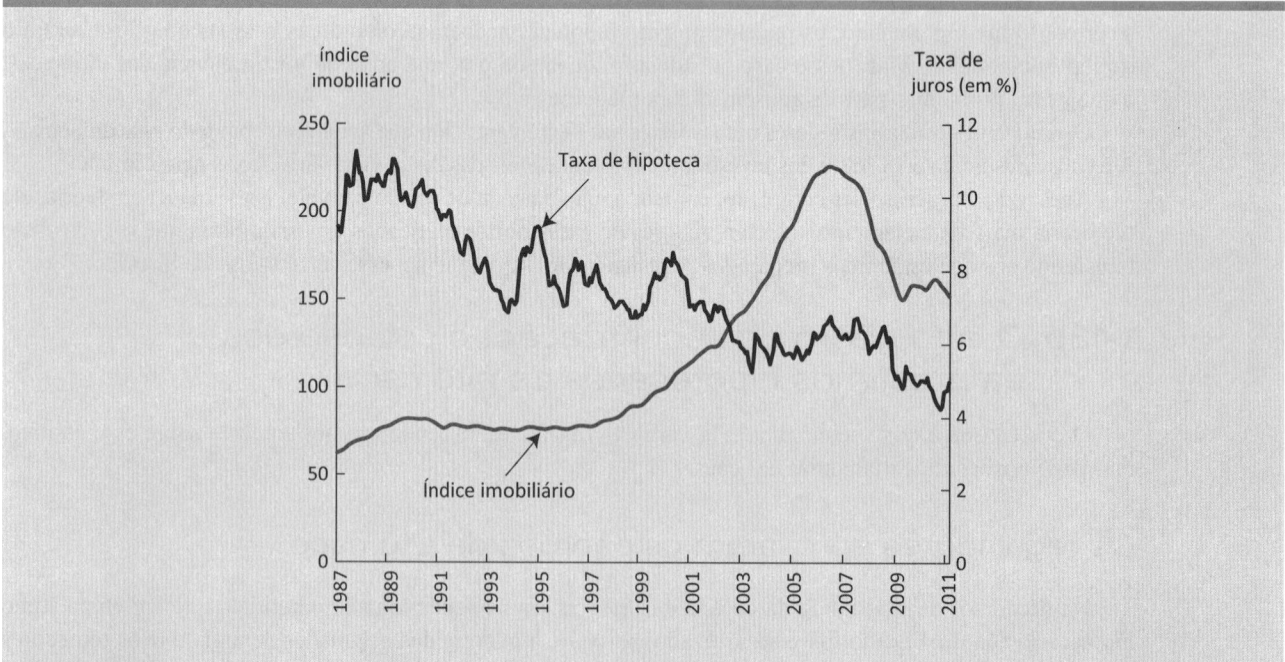

Observações:
1. O índice imobiliário é o índice Case-Shiller de preços de casas em 10 mercados imobiliários, disponível em **www.standardandpoors.com/indices/sp-case-shiller-home-price-indices/en/us/?indexId=spusa-cashpidff–p-us——**.
2. As taxas de juros são para financiamentos com taxas fixas convencionais de 30 anos, disponíveis no site do Banco Central de St. Louis: **http://research.stlouisfed.org/fred2/series/MORTG/downloaddata?cid=114**.

Em um tradicional financiamento com taxas fixas, os pagamentos continuam fixos ao longo do tempo. Mas, em um ARM, um aumento nas taxas de juros do mercado acarreta pagamentos mensais mais altos; então, um ARM é mais arriscado do que um empréstimo hipotecário com taxas fixas. Entretanto, muitos tomadores de empréstimo escolheram um financiamento *ainda mais arriscado*, o "ARM com opção", em que o tomador pode optar pelos pagamentos baixos durante os primeiros anos que não incluirão os juros, fazendo o saldo devedor na verdade aumentar a cada mês! Posteriormente, os pagamentos seriam reajustados para refletir a taxa de juros do mercado corrente e o maior saldo devedor. Por exemplo, em alguns casos, um pagamento mensal de $ 948 pelos primeiros 32 meses foi reajustado para $ 2.454 para os 328 meses restantes (os cálculos desse exemplo estão no Capítulo 4).

Por que alguém que não conseguiria realizar um pagamento mensal de $ 2.454 optaria por um ARM? Há três possíveis motivos. Primeiro, alguns tomadores de empréstimo simplesmente não entendem a situação e são vítimas de práticas de empréstimos predatórios por corretoras que possuem sede de lucro, não importando as consequências. Segundo, alguns tomadores de empréstimo pensaram que o preço de sua casa ficaria alto o bastante para possibilitar que eles a vendessem e obtivessem lucro ou mesmo refinanciassem com outro empréstimo com taxas mais baixas. Terceiro, algumas pessoas simplesmente foram gananciosas, imediatistas e queriam viver em uma casa com um valor mais alto do que elas poderiam pagar.

As corretoras de hipotecas não se importam

Há alguns anos, as S&Ls e os bancos tinham um interesse especial pelas hipotecas que eles originavam porque, assim, podiam mantê-las durante o tempo de duração do empréstimo – até 30 anos. Se um empréstimo tivesse problemas, o banco ou a S&L perderia dinheiro; então, eles verificavam cuidadosamente se o tomador conseguiria amortizar o financiamento. Contudo, na época da bolha, mais de 80% dos empréstimos foram concedidos por corretoras independentes que recebiam comissões. Portanto, o incentivo da corretora era fechar negócios, mesmo se os tomadores não conseguissem realizar os pagamentos após o reajuste que aconteceria em breve. Então, é fácil compreender (mas não aprovar!) por que as corretoras empurravam financiamentos aos tomadores de empréstimos que com quase certeza não pagariam.

Os avaliadores imobiliários foram negligentes

As regulamentações atenuadas não exigiam que a corretora de hipotecas verificasse a renda do tomador, então esses empréstimos foram chamados de "empréstimos mentirosos", porque os tomadores podiam declarar uma renda maior do que a renda real. Mas, mesmo nesses casos, a corretora tinha de obter uma avaliação que demonstrasse que o valor da casa era maior que o valor do empréstimo. Muitos avaliadores imobiliários simplesmente presumiam que os preços das casas continuariam a subir e, então, estavam propensos a avaliar as casas em preços altos e irreais. Assim como as corretoras de hipotecas, eles eram pagos no momento em que realizavam seus serviços. Além de manchar a reputação, eles não se preocupavam com a possibilidade de inadimplência do tomador e de o valor da casa ficar abaixo do saldo devedor restante, causando prejuízo para o credor.

Os originadores e as securitizadoras queriam quantidade, e não qualidade

Instituições originadoras, como Countrywide Financial e New Century Mortgage, ganhavam dinheiro ao venderem os financiamentos, bem antes de haver inadimplência de alguma delas. O mesmo acontecia com as securitizadoras, como Bear Stearns, Merrill Lynch e Lehman Brothers. O incentivo era a geração de volume de empréstimos originados, e não a verificação de que os empréstimos deveriam ter sido concedidos. Isso começou de cima – os diretores-executivos e outros altos executivos recebiam opções de compras de ação e bônus com base nos lucros de suas empresas, e o lucro dependia do volume. Assim os funcionários superiores pressionavam seus subordinados a gerar volume, que pressionavam os originadores a gerar mais financiamentos, que, por sua vez, pressionavam os avaliadores a trazer valores altos.

As agências de classificação foram negligentes

Os investidores que adquiriram os complicados títulos garantidos por hipotecas queriam ter uma ideia de qual era o risco deles e, então, insistiram para ver as "classificações" desses títulos. As agências de classificação eram pagas para investigar os detalhes de cada título e atribuir uma classificação de risco para o título. As securitizadoras eram as responsáveis pelo pagamento das agências de classificação. Por exemplo, o Lehman Brothers contratava a Moody's para classificar algumas de suas CDOs. Na realidade, os bancos de investimentos pagariam pela consultoria das agências de classificação quando eles estavam planejando os títulos. As atividades de classificação e consultoria eram extremamente lucrativas para as agências, que negligenciavam o claro conflito de interesses que havia: o banco de investimentos queria uma classificação alta, a agência de classificação era paga para ajudar a planejar os títulos que receberiam alta classificação, e essa alta classificação levaria à continuidade de prestação de serviços pelas agências.

O seguro não era seguro

Para apresentar uma classificação alta e fazer os títulos garantidos por hipotecas parecerem mais interessantes para os investidores, os emitentes muitas vezes compravam uma espécie de apólice de seguro do título, chamada **swap de crédito**. Por exemplo, suponha que você quisesse adquirir uma CDO do Lehman Brothers, mas estivesse preocupado com o risco. E se o Lehman Brothers concordasse em pagar uma quantia anual a uma seguradora, como a AIG, que garantiria o pagamento das CDOs em caso de inadimplência dos financiamentos? Provavelmente, você ficaria seguro o bastante para comprar a CDO.

Entretanto, qualquer semelhança com a apólice de seguro termina por aqui. Diferentemente dos seguros residenciais, em que há somente um segurado e uma seguradora, os negociadores que não estavam envolvidos também podiam apostar em sua CDO vendendo ou comprando *swaps* de crédito dessa carteira. Por exemplo, um fundo de *hedge* poderia comprar um *swap* de crédito de sua CDO se acreditasse que esta teria inadimplência ou um banco de investimentos como o Bear Stearns poderia vender um *swap*, acreditando que a CDO não teria inadimplência. Na realidade, a Associação Internacional de Swaps e Derivativos (International Swaps and Derivatives Association – Isda) estimou que, em meados de 2008, haveria cerca de $ 54 trilhões em *swaps* de crédito. Essa incrível quantia era aproximadamente sete vezes o valor de todos os financiamentos norte-americanos, mais de quatro vezes o nível da dívida nacional dos Estados Unidos e mais que o dobro de todo o mercado de ações norte-americano.

Outra grande diferença é que as companhias de seguros residenciais são altamente regulamentadas, enquanto praticamente não havia regulamentação no mercado de *swap* de crédito. Os participantes negociavam diretamente entre si, sem qualquer câmara de compensação. Era quase impossível dizer que risco cada um deles assumiu e saber se as partes, como a AIG, conseguiriam cumprir suas obrigações em caso de inadimplência da CDO. E, com isso, era impossível saber o valor das CDOs detidas por muitos bancos. Com base nisso, era muito difícil verificar se esses bancos estavam falidos de fato.

Os gênios não olhavam para trás

Especialistas financeiros geniais, muitas vezes formados em física, eram contratados por empresas geniais com a tarefa de desenvolver modelos apurados para determinar o valor dos novos títulos. Infelizmente, um modelo só será bom se as suas entradas também forem. Os especialistas observaram as altas taxas de crescimento dos preços dos imóveis (veja Figura 1-5) e presumiram que as taxas de crescimento futuro também seriam altas. Muitas dessas altas taxas de crescimento fizeram que os modelos calculassem preços de CDOs exorbitantes, pelo menos até o mercado imobiliário entrar em colapso.

Os investidores queriam mais por menos

No início do século XXI, as dívidas com taxas baixas (inclusive os títulos garantidos por hipotecas), os fundos de *hedge* e os fundos de participações geraram ótimas taxas de retorno. Muitos investidores entraram nessa dívida para competir com os vizinhos. Conforme demonstraremos no Capítulo 4, em que serão abordados os *spreads* e as classificações dos títulos, os investidores começaram a reduzir o prêmio que exigiam para assumir um risco extra. Assim, os investidores davam atenção principalmente aos retornos e ignoravam bastante o risco. Justiça seja feita, alguns investidores presumiam que as classificações de crédito eram precisas e confiavam nos representantes dos bancos de investimento que vendiam os títulos. Porém, em retrospecto, a máxima de Warren Buffett de que "Só invisto em empresas que eu consigo entender" nunca foi tão sábia.

A roupa nova do rei

Em 2006, muitos dos ARMs com opção começaram a sofrer reajustes, os tomadores não pagavam e os preços das casas se estabilizaram em um primeiro momento e, depois, começaram a cair. As coisas ficaram piores em 2007 e 2008, e, no início de 2009, cerca de 1 em cada 10 financiamentos estava inadimplente ou executado, o que gerou o despejo de muitas famílias e esvaziou as cidades, as quais receberam novas subdivisões. À medida que os proprietários eram inadimplentes com seus financiamentos, o mesmo ocorria com as CDOs garantidas pelas hipotecas. Isso fez muitas empresas que participavam dessas negociações terem prejuízos enormes, como a AIG, que havia segurado as CDOs por meio de *swaps* de crédito. Os investidores perceberam, praticamente da noite para o dia, que as taxas de inadimplência dos títulos garantidos pelas hipotecas aumentaram e que o valor das casas utilizadas como garantia era menor do que os financiamentos. Os preços dos títulos garantidos por hipotecas despencaram, os investidores pararam de comprar financiamentos recém-securitizados e a liquidez no mercado secundário desapareceu. Por conseguinte, os investidores que detinham esses títulos ficaram presos a papéis com um valor que era muito menor do que o mostrado em seus balanços patrimoniais.

1.13c   Do colapso do setor de alto risco à crise de liquidez e à crise econômica

Como no enigma de Andrômeda, o colapso do setor de alto risco se tornou viral e acabou infectando quase todos os aspectos da economia. Mas por que uma bolha que estourou em um segmento de mercado, de financiamentos de alto risco, se espalhou pelo mundo todo?

Em primeiro lugar, securitizadoras atribuíram o alto risco a muitos investidores e instituições financeiras. A enorme quantidade de swaps de crédito ligados a ações de alto risco atribuíram o risco a mais instituições.

Ao contrário de crises anteriores que ocorreram em um único mercado, como a "bolha da internet" em 2002, o declínio dos valores de alto risco das hipotecas afetou muitas, se não a maioria, das instituições financeiras.

Em segundo lugar, os bancos nunca haviam ficado tão vulneráveis desde a Depressão de 1929. O Congresso "revogou" a Lei Glass-Steagall em 1999, permitindo que bancos comerciais e bancos de investimento fizessem parte de uma única instituição financeira. A SEC agravou o problema em 2004 ao permitir que grandes operações de corretagem de bancos de investimento assumissem uma alavancagem muito maior. Algumas, como Bear Stearns, acumularam uma dívida de US$ 33 para cada dólar. Com tal alavancagem, um pequeno aumento do valor de seus investimentos criaria ganhos enormes para os acionistas e bônus extraordinários para os administradores; por outro lado, um pequeno declínio arruinaria a empresa.

Quando as hipotecas de mercado de alto risco pararam de cumprir suas obrigações financeiras, as empresas hipotecárias foram as primeiras a falir.

Muitas empresas originadoras não haviam vendido todos os seus financiamentos de alto risco e faliram. Por exemplo, a New Century declarou falência em 2007, a IndyMac ficou sob controle da FDIC em 2008, e a Countrywide foi comprada pelo Bank of America em 2008 para evitar a falência.

As securitizadoras também quebraram, em parte porque elas detinham alguns dos novos títulos que haviam criado. Por exemplo, a Fannie Mae e Freddie Mac tiveram prejuízos incalculáveis em suas carteiras. Em decorrência disso, elas foram praticamente adquiridas pela Agência Federal de Financiamento Imobiliário (Federal Housing Finance Agency – FHFA) em 2008. Além desses grandes prejuízos em suas carteiras de alto risco, muitos bancos de investimentos também sofreram perdas relacionadas às suas posições de *swaps* de crédito. Assim, o Lehman Brothers foi forçado a declarar falência, o Bear Stearns foi vendido ao JPMorgan Chase, e o Merrill Lynch foi vendido ao Bank of America, com prejuízos gigantescos para seus acionistas.

Uma vez que o Lehman Brothers não pagou alguns de seus títulos, os investidores do Reserve Primary Fund, um grande fundo mútuo do mercado monetário, viram o valor de seus investimentos chegar a menos de um dólar por ação. Para evitar o pânico e uma retenção total nos mercados monetários, o Tesouro dos Estados Unidos concordou em segurar alguns investimentos em fundos do mercado monetário.

A AIG era o garantidor número um de *swaps* de crédito e atuava no mundo todo. Em 2008, ficou claro que a AIG não conseguiria honrar seus compromissos, e, então, o Banco Central norte-americano estatizou a AIG para evitar um efeito dominó, em que a falência da AIG derrubaria centenas de outras instituições financeiras.

Normalmente, os bancos oferecem liquidez à economia e financiamento para empresas e pessoas dignas de crédito. Essas atividades são absolutamente essenciais para uma economia funcionar bem. Entretanto, o contágio financeiro atingiu também os bancos comerciais, pois alguns detinham títulos garantidos pelas hipotecas ou títulos emitidos por instituições falidas, enquanto outros estavam expostos aos *swaps* de crédito. Como os bancos ficaram preocupados com sua sobrevivência no quarto trimestre de 2008, eles pararam de conceder crédito a outros bancos e empresas. O mercado de títulos encolheu tanto que o Banco Central dos Estados Unidos começou a comprar novos títulos de empresas emitentes.

Antes do colapso no setor de alto risco, muitas corporações não oficiais se aproveitavam de financiamentos de curto prazo para obter vantagens de taxas de juros baixas em empréstimos de curto prazo. Quando o colapso começou, os bancos começaram a reembolsar empréstimos ao invés de renová-los. Em resposta, muitas empresas começaram limitar seus planos. Consumidores e pequenas empresas enfrentaram uma situação parecida: com a dificuldade em obter créditos, os consumidores reduziram os gastos e as empresas limitaram as contratações. A queda do preço dos imóveis provocou uma contração enorme na indústria de construção, tirando o emprego de muitos construtores e fornecedores.

O que começou como uma queda no preço dos imóveis causou grande desespero para os bancos comerciais, não só para as hipotecárias. Os bancos comerciais pararam de oferecer empréstimos, o que gerou dificuldades para empresas não financeiras e consumidores. Situações semelhantes aconteceram no mundo todo, resultando na pior recessão dos EUA desde 1929.

1-13d Respondendo à crise econômica

Diferentemente do início da Depressão de 1929, o governo norte-americano não teve uma abordagem pragmática para a crise mais recente. No final de 2008, o Congresso aprovou o Troubled Asset Relief Plan (TARP), que autorizou o Ministério da Fazenda norte-americano a comprar bens relacionados à hipoteca de instituições financeiras. A intenção era simultaneamente injetar dinheiro no sistema bancário e tirar esses bens tóxicos do balanço dos bancos.

A Lei Emergency Economic Stabilization de 2008 (EESA) permitiu que o Ministério da Fazenda comprasse ações preferenciais em bancos (querendo o investimento ou não). Mais uma vez, isso injetou dinheiro no sistema bancário. Vários bancos grandes já pagaram de volta o investimento que receberam do financiamento da TARP e do EESA, embora não se saiba se todos os destinatários poderão fazê-lo. É quase certo que algumas instituições financeiras, como a AIG, deixarão contribuintes sofrerem as consequências de seus resgates financeiros.

Embora TARP e EESA fossem originalmente destinados a instituições financeiras, eles foram posteriormente modificados para que o Ministério da Fazenda conseguisse fazer empréstimos à GM e à Chrylser em 2008 e início de 2009 para que pudessem evitar a falência imediata. Tanto a GM quanto a Chrysler faliram no verão de 2009, apesar dos empréstimos estatais, mas rapidamente emergiram como empresas fortes. Embora o governo norte-americano ainda seja um acionista, existe a possibilidade da GM e da Chrysler pagarem de volta o investimento governamental.

O governo também usou medidas tradicionais, como estímulo público, redução de impostos e política monetária: (1) A Lei American Recovery and Reinvestment de 2009 forneceu mais de US$ 700 bilhões em estímulos públicos diretos para uma série de projetos federais e apoio a projetos estatais. (2) Em 2010, o governo também reduziu temporariamente impostos da Seguridade Social de 6,2% para 4,2%. (3) A Reserva Federal comprou cerca de US$ 2 trilhões em ativos, incluindo títulos de longo prazo, de instituições financeiras, um processo chamado "flexibilização quantitativa."

A resposta funcionou? Você saberá melhor quando ler o que nós escrevemos sobre isso no início de 2012, mas eis nossa resposta: a economia está melhor agora do que no pior momento da crise, com o índice de desemprego reduzido a 8,5% de sua alta de 10% em 2009, e o PIB está crescendo ao invés de contrair. Devido à resposta do governo ou não, é quase improvável que a economia enfrente outra Grande Depressão, algo que não podíamos prever em 2009. Por outro lado, é provável que leve anos, se não uma década inteira, até que a economia e os mercados de ações se recuperem totalmente.[9]

1-13e Evitando a próxima crise

A próxima crise pode ser evitada? O Congresso aprovou a Dodd-Frank Wall Street Reform e a Lei Consumer Protection em 2010 na tentativa de fazer isso. Enquanto escrevemos o livro, em 2012, muitas cláusulas ainda não foram promulgadas. A seguir, mostramos um resumo breve de alguns dos elementos principais da lei.

---

[9] Para comparar essa crise com 15 crises financeiras anteriores, leia "A Perspective on 2000's Illiquidity and Capital Crisis: Past Banking Crises and their Relevance to Today's Credit Crisis", de Serge Wind, *Review of Business*, Volume 31, Número 1, Fall 2010, p. 68–83. Com base em crises anteriores, o professor Wind estima que levará 10 anos para que mercados de capital alcancem o ponto alto da pré-crise.

A CRISE ECONÔMICA MUNDIAL

Anatomia de um ativo tóxico

Considere a história triste de um ativo tóxico particular chamado "GSAMP TRUST 2006-NC2." Esse ativo tóxico começou com 3.949 hipotecas individuais emitidas pelo New Century em 2006 com um total de aproximadamente US$ 881 milhões. Quase todas eram hipotecas com taxas de juros variáveis, metade era concentrada em apenas dois estados (Califórnia e Flórida), e muitos dos mutuários tinham problemas anteriores de crédito. Goldman Sachs comprou as hipotecas, agrupou-as em consórcio, e dividiu o consórcio em 16 parcelas de "dívida" chamadas títulos hipotecários. As parcelas tinham prestações diferentes no que diz respeito à distribuição de pagamentos caso houvesse algum padrão, com parcelas seniores sendo pagas primeiro e parcelas juniores sendo pagas apenas na existência de fundos disponíveis. Apesar da qualidade ruim das hipotecas e a falta de diversificação dos agrupamentos, a maioria das parcelas foi bem avaliada por Moody's e Standard & Poor's, sendo mais de 79% com pontuação AAA.

Cinco anos depois, em julho de 2011, cerca de 36% das hipotecas inerentes estavam com pagamentos atrasados, inadimplentes, ou até mesmo impedidas. Não surpreende, portanto, que os preços dos mercados de títulos hipotecários tenham despencado. Esses ativos eram realmente muito tóxicos!

Mas a história não acaba aí. Fannie Mae e Freddie Mac compraram alguns desses ativos tóxicos e se deram mal. Em setembro de 2011, a Federal Housing Finance Agency (agora tutora de Fannie Mae e Freddie Mac) processou Goldman Sachs, alegando que a empresa havia conscientemente exagerado no valor das ações nos prospectos. A FHFA também alega que, ao mesmo tempo que Goldman Sachs vendia esses e outros títulos hipotecários para Fannie e Freddie, estava: (1) tentando se livrar das hipotecas "colocando-as" de volta no New Century, e (2) "apostando" contra as hipotecas no mercado de swaps de crédito. Desde o início de 2012, esse processo ainda não foi resolvido, mas é seguro dizer que esses ativos tóxicos continuarão a envenenar nossa economia por muitos anos.

Fonte: Adam B. Ashcraft and Til Schuermann, *Understanding the Securitization of Subprime Mortgage Credit*, Federal Reserve Bank of New York Staff Reports, nº 318, Março de 2008; John Cassidy, *How Markets Fail* (New York: Farrar, Straus and Giroux, 2009), pp. 260–272; e a Federal Housing Finance Agency, www.fhfa.gov/webfiles/22589/ FHFA%20 v%20Goldman%20Sachs.pdf.

Proteger os consumidores dos predadores e de si mesmos

Dodd-Frank estabeleceu o Consumer Financial Protection Bureau, cujos objetivos incluem assegurar que os mutuários compreendam inteiramente os termos e riscos dos contratos hipotecários, que os criadores de hipotecas verifiquem a habilidade do mutuário em reembolsar, e que os criadores mantenham um interesse nos mutuários mantendo algumas das hipotecas que criam.

O departamento também irá supervisionar cartões de crédito, cartões de débito, empréstimos, empréstimos em dia de pagamento e outras áreas nas quais os consumidores são alvos de práticas de empréstimos predatórios. O departamento foi criado no início de 2012, e até agora fez muito pouco.

Separar a transação bancária da especulação

A cláusula "Volker Rule" da lei, que recebeu esse nome em homenagem ao antigo presidente da Reserva Federal Paul Volcker, limitaria significativamente negociações próprias do banco, como a investigação dos próprios fundos do banco em fundos de *hedge*. A ideia básica é impedir que os bancos façam apostas muito altas em ativos arriscados. No início de 2012, a Volcker Rule ainda não tinha sido implementada, embora a Goldman Sachs e a Morgan Stanley tenham reduzido suas operações de negociações próprias.

Aumentar a transparência

A lei pede a regulamentação e a transparência dos mercados derivados, agora privados, incluindo o estabelecimento de uma troca comercial. Também prevê mais supervisão de fundos de *hedge* e agências de classificação de risco de crédito na tentativa de avistar minas terrestres potenciais antes que elas explodam. Pouca coisa foi feita até o início de 2012.

Evitar e controlar falhas sistêmicas em bancos grandes demais para falir

Quando um banco fica extremamente grande e tem relações comerciais com muitas outras empresas, pode ser perigoso para o resto da economia se a instituição falhar e falir, como aconteceu com a Lehman Brothers em 2008. Em outras palavras, um banco ou outra instituição financeira pode se tornar "grande demais para falir". O risco sistêmico é definido como algo que afeta a maioria das empresas. Quando há um número grande de instituições grandes demais para falir e períodos de choques sistêmicos, o mundo todo pode passar por uma recessão, como aconteceu em 2008.

Dodd-Frank dá aos reguladores mais fiscalização sobre instituições grandes demais para falir, incluindo todos os bancos com US$ 50 bilhões em ativos e quaisquer outras instituições financeiras que os reguladores considerem sistematicamente importantes. Essa fiscalização inclui autoridade para exigir capital adicional ou reduções de alavancagem se as condições autorizarem. Além disso, essas instituições devem preparar planos de "transição" que tornariam mais fácil para os reguladores liquidar a instituição, caso ela venha a falir. Em outras palavras, essa cláusula busca reduzir a probabilidade de uma instituição financeira gigante falir e minimizar o dano, caso isso aconteça. Pouco foi feito até o início de 2012.

Autoavaliação

1. Descreva resumidamente alguns dos erros cometidos por participantes do processo de empréstimos hipotecários de alto risco.

1-14 Visão geral

A área de finanças possui diversas palavras e ferramentas que podem ser novidade para você. Para que você não tenha problemas, a Figura 1-6 apresenta a visão geral. A tarefa principal de um administrador é aumentar o valor intrínseco de uma empresa, mas como exatamente fazer isso? A equação no centro da Figura 1-6 demonstra que o valor intrínseco é o valor presente dos fluxos de caixa livres esperados de uma empresa ao ser descontado pelo custo médio ponderado de capital. Assim, há duas abordagens para aumentar o valor intrínseco: aumentar o FCL ou reduzir o CMPC. Repare que diversos fatores afetam o FCL e o CMPC. Nos capítulos seguintes, daremos ênfase a somente um desses fatores, enquanto desenvolveremos sistematicamente seu conhecimento sobre vocabulário e ferramentas que serão utilizados quando você se formar para aumentar o valor intrínseco de sua empresa. É verdade que todo administrador precisa compreender o vocabulário financeiro para conseguir aplicar as ferramentas financeiras, mas os administradores realmente bem-sucedidos também entendem como as decisões afetam a situação como um todo. Então, conforme ler este livro, considere onde cada tópico se encaixa no panorama geral.

FIGURA 1-6
Os fatores determinantes do valor intrínseco: visão geral

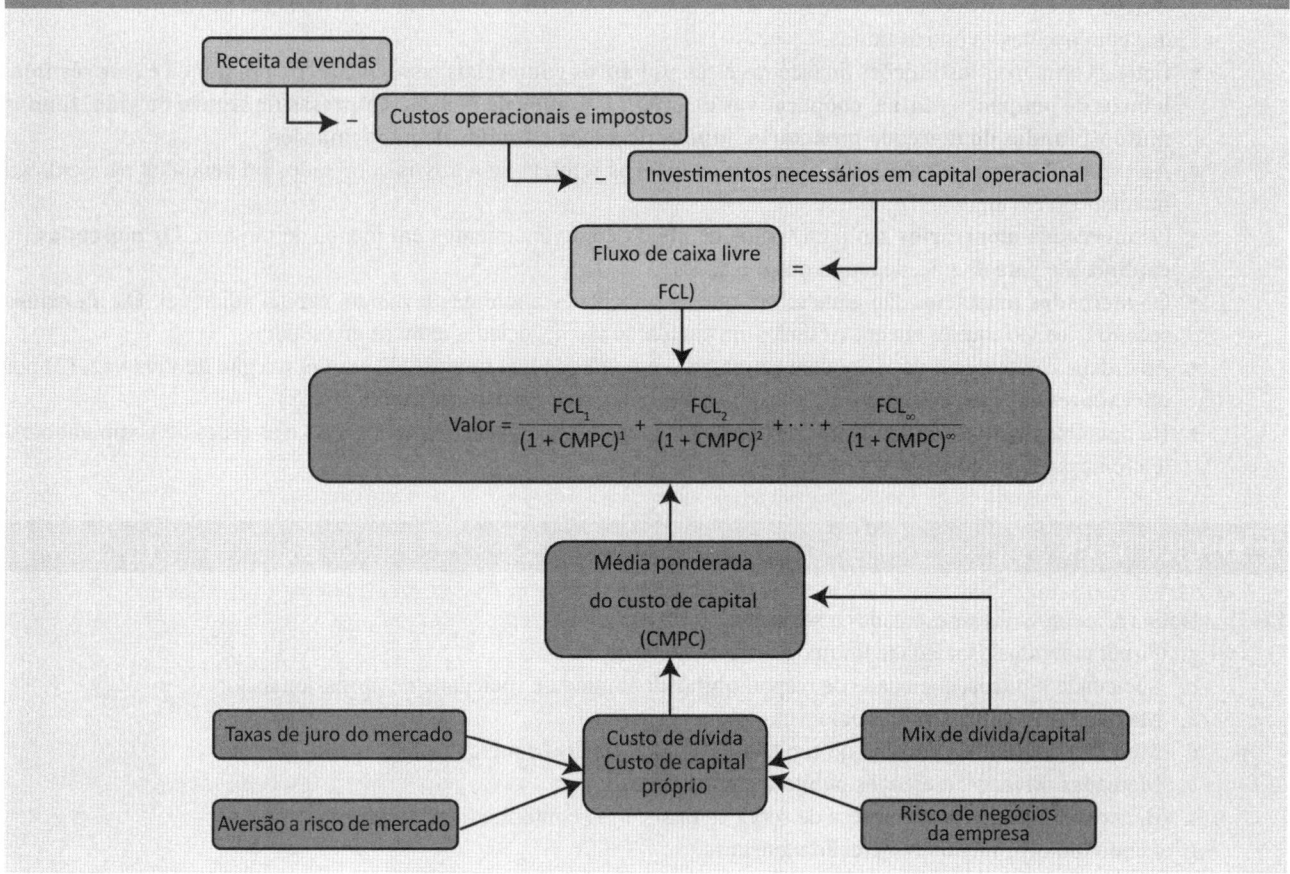

© Cengage Learning 2014

Resumo

- As três principais formas de organização de empresas são **firma individual**, **sociedade limitada** e **sociedade anônima**. Apesar de cada forma de organização oferecer vantagens e desvantagens, *as sociedades anônimas conduzem mais negócios do que as outras formas.*

- O principal objetivo da administração deve ser a *maximização da riqueza dos acionistas,* e isso significa *maximizar o* **preço fundamental** ou **intrínseco** das **ações** da empresa. Atos lícitos que maximizam o preço das ações normalmente aumentam o bem-estar social.

- Os **fluxos de caixa livres (FCLs)** são os fluxos de caixa disponíveis para distribuição a todos os investidores de uma empresa (acionistas e credores) depois de a empresa ter pago todas as despesas (inclusive impostos) e realizado os investimentos necessários em operações para sustentar seu crescimento.

- O **custo médio ponderado de capital (CMPC)** é o retorno médio exigido por todos os investidores da empresa. É determinado pelos seguintes fatores: *estrutura de capital* da empresa (as quantias relativas de dívida e capital), *taxas de juros, risco* da empresa e *posicionamento do mercado quanto a riscos.*

- O valor de uma empresa depende do tamanho dos fluxos de caixa livres, do tempo desses fluxos de caixa e de seus riscos. O **valor fundamental** ou **intrínseco** de uma empresa é definido por:

$$\text{Valor} = \frac{\text{FCL}_1}{(1 + \text{CMPC})^1} + \frac{\text{FCL}_2}{(1 + \text{CMPC})^2} + \frac{\text{FCL}_3}{(1 + \text{CMPC})^3} + \cdots + \frac{\text{FCL}_\infty}{(1 + \text{CMPC})^\infty}$$

- As transferências de capital entre os tomadores de empréstimo e os poupadores ocorrem por meio de (1) **transferências diretas** de dinheiro e títulos; (2) transferências feitas pelos **bancos de investimento**, que atuam como intermediários; e (3) transferências feitas por **intermediários financeiros**, que criam novos títulos.

- Há quatro fatores básicos que afetam o custo do dinheiro: (1) **oportunidades de produção**, (2) **preferências de tempo para consumo**, (3) **risco** e (4) **inflação**.
- Derivativos, como opções, são créditos sobre outros títulos financeiros. Na **securitização**, novos títulos são criados com pacotes de outros títulos.
- Entre as principais instituições financeiras estão os **bancos comerciais, associações de poupança e empréstimo, bancos de poupança mútua, cooperativas de crédito, fundos de pensão, empresas de seguro de vida, fundos mútuos, fundos do mercado monetário, fundos de *hedge* e fundos de participações**.
- As expressões **mercados à vista** e **mercados futuros** referem-se a ativos comprados ou vendidos para entrega imediata ou em alguma data futura.
- Os **mercados monetários** são para títulos de dívida com vencimentos em menos de um ano. Os **mercados de capitais** são para dívidas de longo prazo e ações.
- Os **mercados primários** são aqueles em que as sociedades anônimas levantam capital adicional. Os **mercados secundários** são aqueles em que os títulos em circulação são negociados entre os investidores.
- As ordens de compra e venda podem ser casadas em um dos três modos: (1) em um **pregão** de viva voz, (2) por **operadores** e (3) automaticamente por uma **rede eletrônica de comunicações (ECN)**.
- Há dois tipos básicos de mercados: as bolsas com localização física (como a Nyse) e as redes de computadores/telefônicas (como a Nasdaq).

Perguntas

(1-1) Defina as expressões apresentadas a seguir:
   a. Firma individual, sociedade limitada e sociedade anônima.
   b. Sociedade limitada, sociedade de responsabilidade limitada e sociedade de profissionais.
   c. Maximização da riqueza dos acionistas.
   d. Mercado monetário, mercado de capitais, mercado primário e mercado secundário.
   e. Mercados privados, mercados públicos e derivativos.
   f. Banco de investimento, empresa de serviços financeiros e intermediário financeiro.
   g. Fundo mútuo e fundo do mercado monetário.
   h. Bolsas de valores com localização física e rede de computadores/telefônica.
   i. Pregão de viva voz, mercado distribuidor e rede eletrônica de comunicações (ECN).
   j. Oportunidades de produção e preferências de tempo para consumo.
   k. Déficit na balança comercial.

(1-2) Quais são as três principais formas de organização das empresas? Indique as vantagens e desvantagens.

(1-3) O que é o valor fundamental ou intrínseco de uma empresa? O que pode fazer o valor intrínseco de uma empresa ser diferente de seu valor de mercado real?

(1-4) Recentemente, a Edmund Enterprises fez um grande investimento para atualizar sua tecnologia. Apesar de essas melhorias não afetarem tanto o desempenho no curto prazo, a previsão é de que elas reduzirão significativamente os custos futuros. Que impacto esse investimento terá no lucro por ação da Edmund Enterprises neste ano? Que impacto esse investimento pode ter no valor intrínseco da empresa e no preço de suas ações?

(1-5) Descreva as diferentes formas de transferir capital dos fornecedores de capital àqueles que buscam capital.

(1-6) O que são intermediários financeiros e que funções econômicas eles desempenham?

(1-7) Uma oferta pública inicial é um exemplo de uma transação no mercado primário ou secundário?

(1-8) Diferencie os mercados distribuidores das bolsas de valores com localização física.

(1-9) Identifique e compare, de forma resumida, as duas principais bolsas de valores que atuam hoje nos Estados Unidos.

Estudo de caso

Suponha que você acabou de se formar e foi chamado para trabalhar como consultor de investimentos na corretora Balik and Kiefer Inc. Entre os clientes da empresa, está Michelle DellaTorre, uma tenista profissional que acabou de chegar do Chile aos Estados Unidos. DellaTorre é uma tenista renomada que deseja abrir uma empresa para produzir e comercializar as peças de roupa que ela desenha. A tenista também espera investir quantias expressivas de dinheiro por meio da Balik and Kiefer.

A tenista é muito inteligente e quer entender, em linhas gerais, o que acontecerá com o dinheiro dela. Seu chefe elaborou as seguintes perguntas, às quais você precisa responder para explicar o sistema financeiro para DellaTorre.

a. Por que as finanças corporativas são importantes para todos os administradores?
b. Quais são as formas de organização que uma empresa pode ter durante sua evolução, desde o início até chegar a uma grande empresa? Depois de descrevê-las, liste as vantagens e desvantagens.
c. Como as empresas abrem o capital e continuam a crescer? O que são problemas de agência? O que é governança corporativa?
d. Qual deve ser o principal objetivo dos administradores?
   (1) As empresas têm algum tipo de responsabilidade perante a sociedade em geral?
   (2) A maximização do preço das ações é boa ou ruim para a sociedade?
   (3) As empresas devem ter um comportamento ético?
e. Quais são os três aspectos dos fluxos de caixa que afetam o valor de qualquer investimento?
f. O que são fluxos de caixa livres?
g. O que é o custo médio ponderado de capital?
h. Como os fluxos de caixa livres e o custo médio ponderado de capital interagem para determinar o valor de uma empresa?
i. Quem são os fornecedores (poupadores) e os usuários (tomadores) de capital? Como o capital é transferido entre os poupadores e tomadores?
j. Que preço um tomador deve pagar pelo empréstimo? O que é o custo do capital próprio? Quais são os quatro fatores básicos que afetam o custo do dinheiro ou o nível geral das taxas de juros na economia?
k. Que condições econômicas (inclusive aspectos internacionais) afetam o custo do dinheiro?
l. O que são títulos financeiros? Descreva alguns instrumentos financeiros.
m. Você pode indicar algumas instituições financeiras? Em caso positivo, liste-as.
n. Você pode indicar alguns tipos diferentes de mercados? Em caso positivo, cite-os.
o. Como os mercados secundários estão organizados?
   (1) Liste alguns mercados com localização física e algumas redes de computadores/telefônicas.
   (2) Explique as diferenças entre pregões de viva voz, mercados distribuidores e redes eletrônicas de comunicações (ECNs).
p. Você pode explicar alguns aspectos referentes à securitização de empréstimos hipotecários e à contribuição desta para a crise econômica mundial? Em caso positivo, faça isso de forma sintética.

Demonstrações financeiras, fluxo de caixa e impostos

Mesmo na era da crise financeira que vivemos, US$ 12,6 bilhões são muito dinheiro. Esse foi o montante de fluxo de caixa gerado pelas operações da Hewlett-Packard (HP) em 2011. A capacidade de gerar fluxo de caixa é a força vital de uma empresa e a base de seu valor fundamental. Como a HP utilizou esse fluxo de caixa? Investiu para o futuro efetuando aquisições no valor de mais de US$ 10 bilhões.

Outras empresas também geraram grandes fluxos de caixa de suas operações em 2011, mas usaram o caixa de forma diferente. Por exemplo, o Walgreens gerou mais de US$ 3,6 bilhões com suas operações e usou mais de US$ 1,2 bilhão para investimentos (Capex), grande parte em novas lojas e na compra de centros de saúde no local de trabalho.

A Procter & Gamble gerou US$ 13,2 bilhões. A P&G efetuou investimentos (Capex) relativamente pequenos e devolveu a maior parte (quase US$ 13 bilhões) aos acionistas na forma de distribuição de dividendos ou por meio de recompra de ações.

A Apple gerou mais de US$ 37 bilhões, mas efetuou investimentos, aquisições ou distribuições para acionistas relativamente menores. Em vez disso, colocou aproximadamente US$ 32 bilhões em valores mobiliários de curto prazo, tais como letras do Tesouro. Essas quatro empresas bem gerenciadas utilizaram seus fluxos de caixa das atividades operacionais de quatro formas diferentes: a HP efetuou aquisições, o Walgreens investiu em um mix de crescimento interno e externo, a P&G distribuiu o caixa aos acionistas e a Apple economizou para os dias ruins. Que empresa fez a escolha certa? Somente o tempo dirá, mas mantenha essas empresas e suas diferentes estratégias de fluxo de caixa em mente enquanto lê este capítulo.

A transmissão dos fluxos de caixa que uma empresa espera gerar no futuro determina seu valor fundamental (também chamado de valor intrínseco). Esse valor tem como base o fluxo de caixa que a empresa pode gerar no futuro. Mas como um investidor estima os fluxos de caixa futuros e como um administrador decide quais medidas têm maior probabilidade de aumentar os fluxos de caixa? O primeiro passo é entender as demonstrações financeiras que as empresas de capital aberto devem fornecer ao público. Portanto, começamos com uma discussão sobre as demonstrações financeiras, incluindo como interpretá-las e utilizá-las. Uma vez que o valor depende de fluxos de caixa utilizáveis após impostos, fornecemos uma visão geral do sistema de imposto de renda federal e destacamos a diferença entre lucro contábil e fluxo de caixa.

VALOR INTRÍNSECO, FLUXO DE CAIXA LIVRE E DEMONSTRAÇÕES FINANCEIRAS

No Capítulo 1, dissemos que os administradores devem se esforçar para tornar a aumentar o valor de suas empresas e que o valor intrínseco de uma empresa é determinado pelo valor presente de seu fluxo de caixa livre (FCL) descontado o custo médio ponderado do capital (CMPC). Este capítulo foca o FCL, incluindo seu cálculo com base em demonstrações financeiras e sua interpretação quando se avaliam empresa e gestão (e/ou administração).

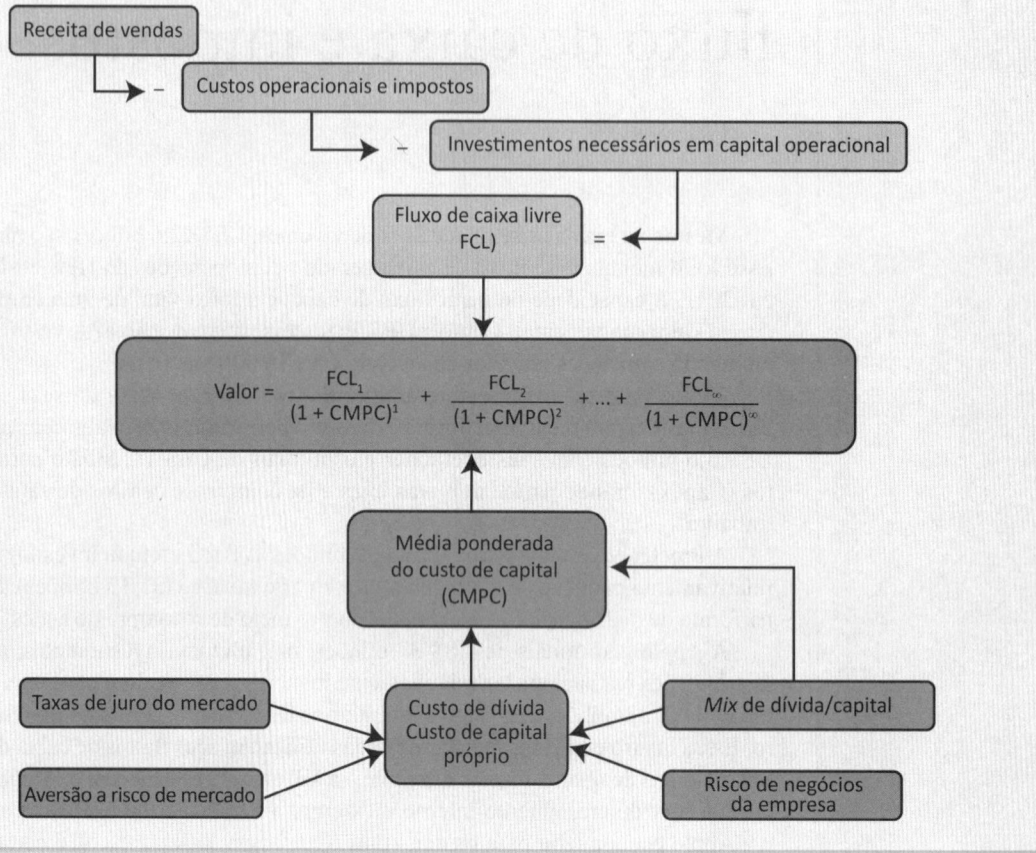

© Cengage Learning 2014

2-1   Demonstrações financeiras e relatórios

Em geral, o **relatório anual** de uma empresa começa com a descrição dos resultados operacionais feita pelo presidente durante o exercício anterior, bem como uma discussão de novos acontecimentos que afetarão as operações no futuro. Esse relatório apresenta, também, quatro demonstrações financeiras básicas: *balanço patrimonial, demonstração do resultado, demonstração do patrimônio líquido* e *demonstração dos fluxos de caixa.*

Tanto os materiais quantitativos como os escritos são igualmente importantes. As demonstrações financeiras reportam *o que realmente aconteceu com* os ativos, lucros, dividendos e fluxos de caixa durante os últimos exercícios, enquanto os escritos tentam explicar por que as coisas aconteceram da maneira como aconteceram.

Autoavaliação

1. O que é relatório anual e quais são os dois tipos de informações que ele fornece?
2. Quais são os quatro tipos de demonstrações financeiras geralmente incluídos no relatório anual?

2-2   Balanço patrimonial

Para fins ilustrativos, usamos uma empresa hipotética, a MicroDrive Inc., que produz discos rígidos e microcomputadores. A Figura 2-1 mostra os **balanços patrimoniais** mais recentes da MicroDrive, que apresentam um "rápido resumo" da situação financeira no final de cada ano. Embora a maioria das empresas divulgue seus balanços somente no último dia de determinado período, o "resumo rápido", na verdade, muda diariamente à medida que estoques são comprados e vendidos, ativos fixos são adicionados ou removidos, ou saldos de empréstimos são aumentados ou liquidados. Além disso, um varejista terá estoques muito maiores antes do Natal do que na primavera, então os balanços patrimoniais para a mesma empresa podem ser distintos em momentos diferentes durante o ano.

O balanço patrimonial lista os ativos, que são "coisas" que a empresa possui. Eles são listados em ordem de "liquidez" ou quantidade de tempo que leva para convertê-los em caixa ao valor justo de mercado. O balanço patrimonial também lista os créditos que diversos grupos têm contra o valor da empresa, na ordem em que devem ser pagos. Por exemplo, fornecedores podem ter créditos chamados de "contas a pagar" com vencimento em 30 dias, bancos podem ter créditos denominados "títulos a pagar" com vencimento em 90 dias e detentores de títulos podem ter créditos com vencimento de 20 anos ou mais.

Os direitos dos acionistas representam titularidade (ou patrimônio) e nunca precisam ser "liquidados". Esses são direitos residuais – ou seja, acionistas podem receber pagamentos apenas se os outros credores já tiverem sido pagos. Os direitos dos demais credores, da perspectiva dos acionistas, são passivos. Os valores mostrados nos balanços são chamados de **valores contábeis**, porque são baseados nos valores registrados quando ativos são comprados ou passivos são emitidos. Como você verá ao longo deste livro, valores contábeis podem ser muito diferentes de **valores de mercado**, que são os valores correntes apurados com base nos preços de mercado. As próximas seções fornecem mais informações sobre contas específicas do ativo, do passivo e do patrimônio líquido.

2-2a   Ativo

Caixa, investimentos de curto prazo, contas a receber e estoques estão listados como ativo circulante, pois se espera que a MicroDrive possa convertê-los em caixa dentro de um ano. Todos os ativos são expressos

FIGURA 2-1

MicroDrive Inc.: Balanços patrimoniais de 31 de dezembro (milhões de dólares)

	A	B	C	D	E	F	G
30	*Ativos*					2013	2012
31	Caixa e equivalentes de caixa					$ 50	$ 60
32	Investimentos de curto prazo					-	40
33	Contas a receber					500	380
34	Estoques					1.000	820
35	Total do ativo circulante					$ 1.550	$ 1.300
36	Imobilizado líquido					2.000	1.700
37	Total de ativo					$ 3.550	$ 3.000
38							
39	*Passivos e patrimônio líquido*						
40	Contas a pagar					$ 200	$ 190
41	Títulos a pagar					280	130
42	Provisões					300	280
43	Total do passivo circulante					$ 780	$ 600
44	Empréstimos de longo prazo					1.200	1.000
45	Total do passivo					$ 1.980	$ 1.600
46	Ações preferenciais (1.000.000 ações)					100	100
47	Ações ordinárias (50.000.000 ações)					500	500
48	Lucros retidos					970	800
49	Total do patrimônio líquido					$ 1.470	$ 1.300
50	Total do passivo e patrimônio líquido					$ 3.550	$ 3.000

em dólares, mas somente o caixa representa o caixa disponível que pode ser gasto. Alguns títulos mobiliários têm vencimento curto e podem ser convertidos rapidamente em caixa por valores próximos aos seus valores contábeis. Tais títulos são denominados "equivalentes de caixa" e fazem parte do grupo denominado "caixa". Portanto, a MicroDrive poderia emitir cheques no valor total de US\$ 50 milhões. Outros tipos de títulos mobiliários possuem um prazo até o vencimento mais longo e seus valores de mercado são menos previsíveis. Esses títulos são classificados como "investimentos de curto prazo".

Quando a MicroDrive vende seus produtos para um cliente, mas não exige pagamento imediato, o cliente então possui uma obrigação denominada "contas a receber". Os US\$ 500 milhões demonstrados no grupo contas a receber referem-se ao montante de receitas que a MicroDrive ainda não recebeu efetivamente.

Os estoques demonstram que a MicroDrive investiu em matéria-prima, produtos em elaboração e mercadorias acabadas disponíveis para venda. A empresa utiliza o método **primeiro a entrar, primeiro a sair – Peps** (*first-in, first-out* – **Fifo)** para determinar o valor do estoque demonstrado em seu balanço (US\$ 1 bilhão). Poderia ter usado o método **último a entrar, primeiro a sair – Ueps (***last-in, first-out* – **Lifo)**. Durante um período de preços crescentes, ao consumir o estoque antigo, de baixo custo, e deixar os itens novos, de alto custo, o Peps vai produzir um valor de estoque mais alto no balanço, mas um custo de produtos vendidos mais baixo na demonstração do resultado. (Isso é usado estritamente para contabilidade; as empresas na realidade utilizam os itens mais antigos primeiro.) Uma vez que a MicroDrive utiliza o Peps e como há inflação: (1) os estoques no balanço são maiores do que seriam se a empresa tivesse utilizado o Ueps, (2) o custo de produtos vendidos é mais baixo do que seria pelo método Ueps e (3) o lucro reportado é, portanto, mais alto. No caso da MicroDrive, se a empresa tivesse decidido mudar para o método Ueps, então seu balanço mostraria estoques de US\$ 850 milhões e não de US\$ 1 bilhão, e seu lucro (discutido na próxima seção) teria sido reduzido em US\$ 50 milhões. Portanto, o método de avaliação de estoque pode ter um efeito significativo nas demonstrações financeiras, o que é importante saber quando se comparam empresas diferentes.

Em vez de tratar todo o preço de compra de um bem realizável a longo prazo (como uma fábrica, planta ou equipamento) como despesa no exercício da aquisição do bem, os contadores "distribuem" os custos de compra ao longo do período de vida útil do ativo.[1] O valor que eles debitam a cada ano é chamado de despesa de **depreciação**. Algumas empresas reportam o imobilizado bruto", que é o custo total do realizável a longo prazo que elas possuem, e a "depreciação acumulada", que se refere ao valor total da depreciação atribuído àqueles ativos. Algumas empresas, como a MicroDrive, reportam apenas o imobilizado líquido, que é o imobilizado bruto menos a depreciação acumulada. O Capítulo 11 fornece uma explicação mais detalhada dos métodos de depreciação.

2-2b Passivo e patrimônio líquido

Contas a pagar, títulos a pagar e provisões são apresentados como passivo circulante, pois há uma expectativa de que a MicroDrive pague esses itens em um ano. Quando a MicroDrive compra insumos, mas não paga por eles imediatamente, ela assume uma obrigação denominada "conta a pagar". Da mesma forma, quando a MicroDrive toma um empréstimo que deve ser pago em um ano, a empresa assina uma obrigação denominada "título a pagar". A MicroDrive não paga seus impostos ou o salário de seus funcionários diariamente, e o valor que ela deve nessas contas, em qualquer período, é chamado de "provisão" ou "despesa provisionada". Títulos de longo prazo também são passivos porque refletem um crédito de outro agente que não um acionista.

Ações preferenciais são uma mistura, ou um *mix*, de ações ordinárias e dívida. No caso de falência, ações preferenciais se classificam abaixo da dívida, mas acima das ações ordinárias. Da mesma forma, o dividendo preferencial é fixo, o que significa que os acionistas preferenciais não se beneficiarão se os lucros da empresa aumentarem. A maioria das empresas não utiliza muito as ações preferenciais, portanto o "patrimônio" geralmente significa "ações ordinárias", a não ser que as palavras "total" ou "preferencial" estejam destacadas.

Quando uma empresa emite ações, a receita dessa venda é registrada na conta do capital social.[2] Lucros retidos referem-se ao valor cumulativo dos lucros que não foram distribuídos como dividendos. A soma do capital social e dos lucros retidos é chamada de "patrimônio líquido" ou, às vezes, simplesmente patrimônio. Se os ativos de uma empresa realmente puderem ser vendidos pelo seu valor contábil e se os passivos e as ações preferenciais realmente corresponderem aos seus valores contábeis, então a empresa poderá vender seus ativos e pagar seus passivos e ações preferenciais, e o dinheiro restante pertencerá aos acionistas ordinários. Portanto, o patrimônio é muitas vezes chamado de **patrimônio líquido** – ativo líquido do passivo.

---

[1] Isso é chamado de *regime de competência*, que tenta relacionar as receitas aos períodos nos quais foram auferidas e as despesas aos períodos nos quais o esforço para gerar a receita ocorreu.

[2] Algumas vezes, as companhias dividem os proventos totais em duas partes, uma delas chamada "capital nominal" e a outra, "capital integralizado adicional" ou "excedente de capital". Por exemplo, se uma companhia vender participação em ações por \$10, poderá registrar \$1 de capital nominal e \$9 de capital integralizado adicional. Para a maioria dos propósitos, a distinção entre capital nominal e capital integralizado adicional não é importante, e a maioria das empresas não utiliza capital nominal de ações.

A CRISE ECONÔMICA MUNDIAL

A crise econômica global
Vamos brincar de esconde-esconde!

Em um vergonhoso lapso de responsabilidade regulatória, bancos e outras instituições financeiras foram autorizados a utilizar "veículos estruturados de investimento" *(structured investment vehicles* – SIVs) para deixar ativos e passivos fora de seus balanços e simplesmente não divulgá-los. Eis aqui como os SIVs funcionaram e por que posteriormente falharam. O SIV foi estabelecido como uma entidade legal separada de propriedade do banco e administrada por ele. O SIV tomaria dinheiro emprestado no mercado de curto prazo (garantido pelo crédito do banco) e então investiria em títulos de longo prazo. Como você pode imaginar, muitos SIVs investiram em títulos garantidos por hipoteca. Quando o SIV pagava apenas 3% sobre seus empréstimos, mas ganhava 10% em seus investimentos, o banco administrador podia divulgar ganhos fabulosos, especialmente se também ganhava taxas para criar letras hipotecárias que foram para o SIV.

Esse jogo de esconde-esconde, entretanto, não teve um final feliz. Os títulos garantidos hipotecados começaram a ficar inadimplentes em 2007 e 2008, o que levou os SIVs a repassar os prejuízos aos bancos. SunTrust, Citigroup, Bank of America e Northern Rock são apenas alguns dos muitos bancos que reportaram prejuízos enormes com o jogo do SIV. Investidores, depositantes e o governo eventualmente encontraram os ativos e passivos ocultos, mas até então os ativos valiam muito menos que os passivos.

Um pouco tarde demais, os reguladores fecharam essas lacunas, e há indícios de que não haverá mais SIVs no futuro. Mas o dano foi feito e todo o sistema financeiro está exposto a riscos, em grande parte por causa desse jogo de esconde-esconde de apostas altas.

Autoavaliação

1. O que é balanço patrimonial e que informações ele fornece?
2. O que determina a ordem das informações apresentadas no balanço patrimonial?
3. Por que um balanço patrimonial de uma empresa apurado em 31 de dezembro difere daquele levantado em 30 de junho?
4. Uma empresa possui $ 8 milhões em ativo total, $ 3 milhões em passivo circulante, $ 2 milhões em dívida de longo prazo e $ 1 milhão em ações preferenciais. Qual é o valor total do patrimônio líquido? **($ 2 milhões)**

2-3   Demonstração do resultado

A Figura 2-2 apresenta as **demonstrações de resultado** e informações adicionais selecionadas da Micro-Drive. As demonstrações de resultado podem englobar qualquer período, mas, em geral, são preparadas mensal, trimestral e anualmente. Ao contrário do balanço patrimonial, que é um retrato da empresa em determinado tempo, a demonstração do resultado reflete o desempenho durante o período.

As vendas líquidas representam as receitas menos quaisquer descontos ou retornos. A depreciação e a amortização refletem os custos estimados dos ativos que se esgotam na produção de bens e serviços. Para ilustrar a depreciação, suponha que em 2010 a MicroDrive tenha comprado uma máquina de US$ 100.000 com garantia de cinco anos e valor de recuperação previsto igual a zero. Esse gasto de US$ 100.000 não é contabilizado no ano de compra, mas distribuído na vida depreciável de cinco anos da máquina. Na depreciação linear, que explicamos no Capítulo 11, o custo de depreciação para um ano inteiro seria de US$ 100.000/5 = US$ 20.000. A despesa de depreciação registrada na demonstração de resultado é a soma dos custos de depreciação anual de todos os ativos. A depreciação é aplicada a ativos tangíveis, como instalação e equipamento, enquanto a amortização se aplica a ativos intangíveis, como patentes, direitos autorais, marcas registradas e ágio.[3]

---

[3] O tratamento contábil do ágio resultante de fusões tem mudado nos últimos anos. Em vez de um débito anual, as empresas são obrigadas a avaliar periodicamente o valor do ágio e reduzir o lucro líquido somente se houver redução significativa no valor do ágio ("perda do valor de recuperação", na linguagem dos contadores). Por exemplo, em 2002, a AOL Time Warner baixou quase US$ 100 bilhões com a fusão da empresa. A AOL não precisa de muito mais despesas de US$ 100 bilhões para realmente afetar o lucro líquido!

FIGURA 2-2

MicroDrive Inc.: Demonstrações do resultado referente aos exercícios findos em 31 de dezembro (em milhões de dólares, exceto para lucro por ação)

	A	B	C	D	E	F	G
59						**2012**	**2013**
60	**Receitas líquidas**					$ 5,000	$ 4,760
61	**Custos operacionais excluindo depreciação**					3,800	3,560
62	**Depreciação e amortização**					200	170
63	**Outras despesas operacionais**					500	480
64	**Lucro antes de juros e impostos (EBIT, do inglês Lucro antes de juros e impostos, ou lucro operacional)**					$ 500	$ 550
65	**Menos juros**					120	100
66	**Lucro antes de impostos**					$ 380	$ 450
67	**Impostos**					152	180
68	**Lucro líquido antes de dividendos preferenciais**					$ 228	$ 270
69	**Dividendos preferenciais**					8	8
70	**Lucro líquido disponível a acionistas detentores de ações ordinárias**					$ 220	$ 262
71							
72	*Informações adicionais*						$ 48
73	**Dividendos ordinários**					$ 50	$ 214
74	**Adição a lucros retidos**					$ 170	
75	**Número de ações ordinárias**					50,00	50,00
76	**Preço da ação**					$27,00	$40,00
77							
78	*Dados por ação*						
79	**Lucro por ação (LPS ou EPS, do inglês *Earnings per share*)**[b]					$4,40	$5,24
80	**Dividendos por ação (DPS, do inglês *Dividends per share*)**[c]					$1,00	$0,96
81	**Valor patrimonial por ação (VPA ou BVPS, do inglês *Book value per share*)** [d]					$29,40	$26,00

Observações:

[a] A MicroDrive não tem custos de amortização

$$^{b}EPS = \frac{\text{Lucro líquido disponível a acionistas detentores de ações ordinárias}}{\text{Ações ordinárias em circulação}}$$

$$^{c}DPS = \frac{\text{Dividendos pagos aos acionistas detentores de ações ordinárias}}{\text{Ações ordinárias em circulação}}$$

$$^{d}BVPS = \frac{\text{Total do patrimônio líquido}}{\text{Ações ordinárias em circulação}}$$

O custo de produtos vendidos (CPV) inclui mão de obra, matéria-prima, e outros gastos diretamente relacionados à produção ou compra dos itens ou serviços vendidos naquele período. O CPV inclui depreciação, mas nós registramos depreciação separadamente para que a análise mais à frente seja mais transparente. A subtração do CPV (incluindo depreciação) e de outras despesas em operação resulta em lucros antes dos juros e impostos (EBIT).

Muitos analistas adicionam a depreciação ao EBIT para calcular o **EBITDA**, que significa lucro antes de juros, impostos, depreciação e amortização. Uma vez que nem a depreciação e nem a amortização são pagas em caixa, alguns analistas afirmam que o EBITDA é uma alternativa melhor da força financeira do que o lucro líquido. O EBITDA da MicroDrive é

$$EBITDA = EBIT + Depreciação$$
$$= US\$ \, 500 + US\$ \, 200 = US\$ \, 700 \text{ milhões}$$

Alternativamente, o cálculo do EBITDA pode começar com vendas:

$$EBITDA = Vendas - CPV \text{ sem depreciação} - Outras \text{ despesas}$$
$$= US\$ \, 5.000 - US\$ \, 3.800 - US\$ \, 500 = US\$ \, 700$$

Entretanto, conforme mostraremos um pouco mais à frente neste capítulo, o EBITDA não é apropriado aos gerentes e analistas quanto o fluxo de caixa livre, por isso nos concentramos no fluxo de caixa livre ao invés do EBITDA.

O lucro líquido disponível a acionistas detentores de ações ordinárias, que equivale a receitas menos despesas, impostos e dividendos preferenciais (mas antes de pagar dividendos ordinários), geralmente é chamado de **lucro líquido**. O lucro líquido também é chamado de **lucro contabilístico**, lucro, ou **ganhos**, especialmente em relatórios financeiros. Dividindo o lucro líquido pelo número de ações destacadas têm-se os lucros por ação (EPS), muitas vezes chamados de "resultado final". Ao longo deste livro, a não ser que esteja indicado de outra forma, lucro líquido significa lucro líquido disponível a acionistas detentores de ações ordinárias.[4]

Autoavaliação

1. O que é demonstração do resultado e quais informações ela fornece?
2. O que é com frequência denominado "resultado final"?
3. O que é EBITDA?
4. Qual a diferença entre demonstração de resultado e balanço patrimonial no que diz respeito ao período relatado?
5. Uma empresa tem US$ 2 milhões em lucros antes de impostos. A empresa tem um custo financeiro de US$ 300 mil e depreciação de US$ 200 mil; não tem amortização. Qual o seu EBITDA? (US$ 2,5 milhões)

2-4 Demonstração do patrimônio líquido

Durante o período contábil, variações ou mutações no patrimônio líquido são reportadas na **demonstração do patrimônio líquido**. A Figura 2-3 mostra que a MicroDrive ganhou US$ 220 milhões em 2013, pagou US$ 50 milhões em dividendos ordinários, e reinvestiu US$ 150 milhões nos negócios. Portanto, o item "Lucros retidos" do balanço patrimonial aumentou de US$ 800 milhões no final de 2012 para US$ 970 milhões no final de 2013.[5] A última coluna mostra o patrimônio líquido no início do ano, as variações e o patrimônio líquido no final do ano.

FIGURA 2-3

MicroDrive Inc.: Demonstração de patrimônio líquido, 31 de dezembro de 2012

	A	B	C	D	E	F	G	H
				Estoque preferencial	Ações ordinárias	Estoque ordinário	Lucros retidos	Patrimônio total
103								
104	Saldos em 31 de dezembro de 2012			$100	50	$500	$800	$1.400
105	Mutações durante o ano:							
106	Lucro líquido						$220	$220
107	Dividendos em caixa						(50)	(50)
108	Emissão/recompra de ações			0	0	0		
109	Saldos em 31 de dezembro de 2013			$100	50	$500	$970	$1.570
110								
111	*Observação*: Em demonstrações financeiras, parênteses são utilizados para indicar números negativos.							

---

[4] Empresas também reportam "resultado abrangente", que é a soma do lucro líquido e qualquer item de resultado "abrangente", tal como a mudança no valor de mercado de um ativo financeiro. Por exemplo, um declínio no valor de um ativo financeiro seria reportado como uma perda mesmo que o ativo não tenha sido vendido. Presumimos que não haja itens de resultado abrangente nesses exemplos. Algumas empresas também decidem reportar o "resultado *pro forma*". Por exemplo, se uma empresa incorre em uma despesa que não espera que seja recorrente, tal como o fechamento de uma fábrica, ela pode calcular o resultado *pro forma* como se não tivesse incorrido nessa despesa única. Como não há regras rígidas para calcular o resultado *pro forma*, muitas empresas descobrem maneiras engenhosas de tornar esse resultado maior do que o tradicional. A SEC e o Conselho de Supervisão de Contabilidade de Empresas Abertas dos Estados Unidos (Public Company Accounting Oversight Board – PCAOB) estão tomando medidas para reduzir os usos fraudulentos da apresentação de relatórios *pro forma*.

[5] Se fossem aplicáveis, então as colunas teriam sido usadas para exibir "Capital integralizado adicional" e "Ações em tesouraria". Além disso, linhas adicionais também teriam incluído informações como novas emissões de ações, ações em tesouraria adquiridas ou reemitidas, opções de compra de ações exercidas e ganhos ou perdas cambiais não realizados.

Observe que "lucros retidos" não representa ativos, mas um *direito de reivindicação dos acionistas.* Em 2013, acionistas da MicroDrive permitiram que ela reinvestisse US$ 170 milhões, em vez de distribuir o dinheiro em forma de dividendos, e a administração gastou esse dinheiro em novos ativos.

Assim, lucros retidos, como reportado no balanço patrimonial, não representam caixa e não estão '"disponíveis" para o pagamento de dividendos ou qualquer outra coisa.[6]

Autoavaliação

1. O que é uma demonstração do patrimônio líquido e quais informações ela fornece?
2. Por que ocorrem variações nos lucros retidos?
3. Explique por que a seguinte declaração é verdade: "Os lucros retidos apresentados no balanço não representam caixa e não estão disponíveis para pagamento de dividendos ou qualquer outra coisa".
4. Uma empresa tinha um saldo de lucros retidos de $ 3 milhões no exercício anterior. No exercício atual, seu lucro líquido é de $ 2,5 milhões. Se ela pagar $ 1 milhão em dividendos ordinários no exercício atual, qual será seu saldo resultante de lucros retidos? **($ 4,5 milhões)**

2-5   Fluxo de caixa líquido

Mesmo que uma empresa divulgue um grande lucro líquido durante o ano, o *montante* de caixa reportado no balanço patrimonial do final do ano pode ser igual ou até menor do que o saldo de caixa do início do ano. A razão é que a empresa pode usar seu lucro líquido de diversas formas, e não só mantê-lo como disponível no banco. Por exemplo, a empresa pode usar seu lucro líquido para pagar dividendos, aumentar estoques, financiar contas a receber, investir em ativos fixos, reduzir dívidas ou recomprar ações ordinárias. Na verdade, muitos fatores afetam a *posição de caixa* de uma empresa reportada em seu balanço patrimonial. A **demonstração de fluxos de caixa** separa as atividades de uma empresa em três categorias — operação, investimento e financiamento —, e resume o saldo de caixa resultante.

2-5a   Atividades em operação

Como o nome indica, a seção para atividades em operação se concentra na quantia de dinheiro gerada (ou perdida) pelas atividades em operação da empresa. A seção começa com o lucro líquido reportado antes do pagamento dos dividendos preferenciais e faz vários ajustes, começando pelas atividades que não envolvem caixa.

Ajustes não monetários

Algumas receitas e despesas divulgadas na demonstração de resultado não são recebidas ou pagas em caixa durante o ano. Por exemplo, a depreciação e a amortização reduzem o lucro líquido reportado, mas não são pagamentos em caixa.

Impostos reportados muitas vezes diferem dos impostos que são pagos, o que resulta em um ajuste chamado imposto deferido, que é a diferença acumulada entre os impostos que são reportados e os que são pagos. Impostos deferidos podem ocorrem de várias formas, incluindo o uso da depreciação acelerada para fins ficais, mas depreciação linear para registro financeiro. Isso aumenta os impostos reportados relativos aos pagamentos reais de impostos nos primeiros anos de vida de um ativo, resultando em um lucro líquido menor do que o verdadeiro fluxo de caixa. Portanto, aumentos em impostos deferidos são adicionados ao lucro líquido no cálculo de fluxo de caixa, e decréscimos são subtraídos do lucro líquido. Outro exemplo de registro não monetário ocorre se um cliente compra serviços ou produtos que se estendem além da data de registro, como uma garantia estendida de três anos para um computador. Mesmo que a empresa recolha o caixa na hora da compra, ela distribuirá os impos-

---

[6] O valor reportado na conta de lucros retidos *não* é uma indicação do valor do caixa que a empresa possui. A posição (saldo) de caixa (na data do balanço) é encontrada na conta de caixa, no ativo. Um número positivo na conta de lucros retidos indica apenas que, no passado, a empresa gerou lucro, mas seus dividendos pagos foram menores do que seus lucros. Embora uma empresa reporte ganhos recordes e mostre um aumento na conta de lucros retidos, ainda pode estar sem caixa. A mesma situação ocorre para pessoas físicas. Você pode ter um BMW novo (sem financiamento), muitas roupas e um aparelho de som caro – portanto, um patrimônio alto –, mas, se tiver apenas 23 centavos no bolso e mais US$ 5 em sua conta bancária, estará sem caixa.

Análise financeira na web

Vasta gama de informações financeiras relevantes está disponível na web. Com apenas alguns cliques, um investidor pode encontrar facilmente as principais demonstrações financeiras da maioria das empresas de capital aberto. Aqui está uma lista parcial dos locais por onde você pode começar.

■ Uma das melhores fontes de informação financeira é Thomson Financial. Vá para o website do livro e siga as direções para acessar Thomson ONE — Business School Edition. Uma característica especialmente útil é a habilidade de fazer o download de até 10 anos de demonstrações financeiras na forma de planilha. Primeiro, insira o código de uma empresa e clique em "Buscar". No menu à esquerda (em azul-escuro), clique em "Finanças". Um novo menu (em azul-claro) irá aparecer, e ao selecionar Thomson Financials sob Financial Statements revelará Balanços Patrimoniais, Demonstração de resultado e itens de Demonstração de Fluxo de Caixa. Selecione qualquer um desses e um item no menu para demonstrações 5YR e 10YR aparecerá. Clique no item 10YR e 10 anos de demonstrações financeiras selecionadas aparecerão. Para fazer o download de demonstrações financeiras em planilhas, clique no ícone do *Excel* à direita da coluna azul-claro, em cima do painel Thomson ONE. Isso abrirá uma caixa de diálogo que permite fazer o download de um arquivo em *Excel* para o seu computador.

■ Tente Yahoo! Site de finanças: http://finance.yahoo.com. Aqui você encontrará informações atualizadas de mercado, juntamente com links para vários sites de pesquisa interessantes.

■ Insira o código de negociação da ação na bolsa de valores, clique em Get Quotes, e você verá o preço atual da ação e as últimas notícias sobre a empresa. O painel à esquerda conta com links para os principais dados estatísticos e

para demonstração do resultado, balanço patrimonial, demonstração dos fluxos de caixa da empresa e muito mais. O site também possui uma lista de transações baseadas em informações privilegiadas, de modo que você pode saber se o presidente e outras pessoas com acesso a informações privilegiadas da empresa estão comprando ou vendendo ações de sua empresa. Além disso, há um quadro de mensagens no qual os investidores compartilham pareceres sobre a empresa e existe um link para os arquivos da empresa na SEC. Observe que, na maioria dos casos, uma lista mais completa de arquivos da SEC pode ser encontrada em http://www.sec.gov.

■ Outras fontes de informações atualizadas são http://money.cnn.com e http://www.zacks.com. Esses sites também oferecem demonstrações financeiras em formatos padronizados.

■ Tanto http://www.bloomberg.com como http://www.marketwatch.com possuem áreas em que você pode obter cotações de ações junto com as finanças da empresa e links para a pesquisa do Wall Street e para os arquivos da SEC.

■ Se você estiver procurando por gráficos de variáveis contábeis importantes (por exemplo, vendas, estoque, depreciação e amortização e lucros divulgados), assim como demonstrações financeiras, visite http://www.smartmoney.com.

■ Outro bom local para visitar é **www.reuters.com.** em que você pode encontrar links para relatórios de analistas, juntamente com as principais demonstrações financeiras.

Além dessa informação, você pode procurar sites que fornecem pareceres sobre a direção do mercado global e opiniões sobre ações individuais. Dois sites populares dessa categoria são: **www.fool.com** (do Motley Fool) e **www.thestreet.com** (do The Street.com).

---

tos reportados pela vida da compra. Isso faz com que a renda seja menor do que o fluxo de caixa no primeiro ano e maior nos anos seguintes, então é preciso fazer ajustes na hora de calcular o fluxo de caixa.

Mudança no capital de giro

Aumentos em ativos circulantes que não caixa (como estoques e contas a receber) diminuem o caixa, enquanto decréscimos nesses ajustes aumentam o caixa. Por exemplo, se os estoques aumentarem, a empresa deve usar dinheiro para adquirir o estoque adicional. Por outro lado, se os estoques diminuírem, geralmente significa que a empresa está vendendo estoques e não substituindo todos deles, assim, gerando caixa. É dessa forma que descobrimos se uma mudança nos ativos aumenta ou diminui o fluxo de caixa: se o valor que temos sobe (a ponto de você comprar um laptop novo), significa que consumimos caixa e o nosso caixa diminui. Por outro lado, se subtraímos algo que possuímos (vendemos um carro, por exemplo), nosso caixa aumenta.

Agora considere um passivo circulante, tais como contas a pagar. Se as contas a pagar aumentarem, a empresa recebeu crédito adicional de seus fornecedores, o que economiza dinheiro; mas se as contas diminuem, isso significa que a empresa usou caixa para pagar os fornecedores. Assim, aumentos em passivos circulantes, como contas a pagar, trazem mais caixa, enquanto diminuições em passivos circulantes reduzem o caixa. Para controlar a direção do fluxo de caixa, pense no impacto de conseguir um empréstimo estudantil. A quantia que você deve aumenta se o caixa aumentar. Agora pense em liquidar o empréstimo: a quantia que você deve diminui, mas seu caixa também.

2-5b Atividades de investimento

Atividades de investimento incluem transações que envolvem ativos fixos ou investimentos financeiros de curto prazo. Por exemplo, se uma empresa compra nova infraestrutura de TI, seu caixa diminui no momento da compra. Por outro lado, se ela vende um edifício ou letras do Tesouro, seu caixa sobe.

2-5c Atividades de financiamento

Atividades de financiamento incluem levantar caixa emitindo dívidas de curto prazo, longo prazo ou ações. Por reduzir o caixa de uma empresa, pagamentos de dividendos, recompras de ações e pagamentos de juros sobre a dívida, tais transações estão incluídas aqui.

2-5d Juntado as partes

A demonstração dos fluxos de caixa é usada para ajudar a responder perguntas como: a empresa gera caixa suficiente para comprar os ativos adicionais necessários para crescimento? A empresa gera caixa extra para pagar dívidas ou investir em novos produtos? Tais informações são úteis tanto para administradores quanto para investidores, então a demonstração de fluxo de caixa é uma parte importante do relatório anual.

A Figura 2-4 mostra a demonstração de fluxo de caixa da MicroDrive como apareceria no relatório anual da empresa. A seção superior mostra o caixa gerado e consumido nas operações — para MicroDrive, operações forneceram fluxos de caixa líquido de US$ 158 milhões. Esse subtotal é, em muitos aspectos, a figura mais importante de qualquer demonstração financeira. Lucros reportados na demonstração de resultado podem ser "alterados" por tais táticas, como lenta depreciação de ativos, não reconhecimento de dívidas incobráveis prontamente etc. No entanto, é muito mais difícil alterar simultaneamente lucros e capital circulante. Portanto, não é raro uma empresa relatar um lucro líquido positivo até declarar falência. Em tais casos, porém, o fluxo de caixa líquido de operações quase sempre começa a deteriorar muito antes, e analistas que mantiveram um olho no fluxo de caixa poderiam ter previsto problemas. Assim, se você for analisar uma empresa e tiver pouco tempo, olhe primeiro para a tendência no fluxo de caixa líquido fornecido por atividades operacionais, pois ela te dirá mais do que qualquer outro número.

A segunda seção mostra atividades de investimento. A MicroDrive comprou ativos fixos totalizando US$ 500 milhões e vendeu US$ 40 milhões de investimentos de curto prazo, para um fluxo de caixa líquido de atividades de investimento de *menos* de US$ 460 milhões.

A terceira seção, atividades de financiamento, inclui empréstimos de bancos (títulos a pagar), venda de novos títulos e pagamentos de dividendos em ações ordinárias ou preferenciais. A MicroDrive levantou US$ 350 milhões em empréstimo, mas pagou US$ 58 milhões em dividendos preferenciais e ordinários. Portanto, seu afluxo líquido de fundos por atividades de financiamento era de US$ 292 milhões.

Em resumo, quando todas essas fontes e usos de caixa são totalizados, vemos que o fluxo de caixa da MicroDrive excede seu afluxo de caixa por US$ 10 milhões durante 2013; isto é, sua alteração líquida em dinheiro era US$ 10 milhões *negativos*.

A demonstração do fluxo de caixa da MicroDrive deve ser preocupante para seus administradores e analistas de fora. A empresa tinha US$ 5 bilhões em vendas, mas gerou apenas US$ 158 milhões de operações, nem perto de cobrir os US$ 500 milhões gastos em ativos fixos e os US$ 58 milhões pagos em dividendos. Ela cobriu essas despesas de caixa com muitos empréstimos e liquidando investimentos de curto prazo. Obviamente, essa situação não pode continuar ano após ano, então administradores da MicroDrive terão de fazer mudanças. Voltaremos à MicroDrive ao longo do livro para ver que ações seus gerentes planejam.

Autoavaliação

1. A que tipos de pergunta a demonstração do fluxo de caixa responde?
2. Identifique e explique de forma sucinta as três categorias de atividades apresentadas na demonstração de fluxos de caixa.
3. Os estoques de uma empresa somam US$ 2 milhões no exercício fiscal anterior e US$ 1,5 milhão no exercício fiscal atual. Que impacto isso tem sobre o caixa líquido gerado pelas operações? **(Aumento de US$ 500.000)**

FIGURA 2-4

MicroDrive Inc.: Demonstração dos fluxos de caixa para 2013 (milhões de dólares)

	A	B	C	D	E	F
123	*Atividades operacionais*					**2013**
124	**Lucro líquido antes de dividendos preferenciais**					$ 228
125	*Ajustes que não afetam o caixa*					
126	**Depreciação**[a]					200
127	*Ajustes de capital operacional*					
128	**Aumento de contas a receber**[b]					(120)
129	**Aumento de estoques**					(180)
130	**Aumento de contas a pagar**					10
131	**Aumento de provisões**					20
132	**Caixa líquido gerado (consumido) pelas atividades**					$ 158
133	**operacionais**					
134	*Atividades de investimentos*					
135	**Caixa consumido para adquirir ativos fixos**[c]					$ (500)
136	**Venda de aplicações financeiras de curto prazo**					40
137	**Caixa líquido gerado (consumido) pelas atividades**					$ (460)
138	**de investimentos**					
139	*Atividades de financiamentos*					
140	**Aumento de títulos a pagar**					$ 150
141	**Aumento de títulos**					200
142	**Pagamento de dividendos preferenciais e ordinários**					(58)
143	**Caixa líquido gerado (consumido) pelas atividades**					$ 292
144	**de financiamentos**					
145	*Resumo*					
146	**Mudança líquida em caixa e equivalentes de caixa**					$ (10)
147	**Caixa e títulos no início do ano**					60
148	**Caixa e títulos no final do ano**					$ 50

Observações:

[a] A depreciação é uma despesa que não afeta o caixa e que foi deduzida no cálculo do lucro líquido. Ela deve ser adicionada para mostrar o fluxo de caixa correto das operações.

[b] Um aumento nos ativos circulantes reduz o caixa. Um aumento em passivos circulantes aumenta o caixa. Por exemplo, os estoques aumentaram até US$ 180 milhões e, portanto, o caixa foi reduzido ao mesmo valor.

[c] O aumento líquido dos ativos fixos é de US$ 300 milhões; no entanto, esse montante líquido se dá após a dedução para o gasto em depreciação do ano. O gasto em depreciação deve ser adicionado para encontrar o aumento em ativos fixos brutos. A partir da demonstração de resultados de uma empresa, vemos que o gasto em depreciação do ano é de US$ 200 milhões; assim, as despesas em ativos fixos foram, na verdade, de US$ 500 milhões.

2-6 Fluxo de caixa líquido

Além do fluxo de caixa de operações definidas na demonstração de fluxos de caixa, muitos analistas também calculam o **fluxo de caixa líquido**, definido como:

$$\text{Fluxo de caixa líquido} = \text{Lucro líquido} - \text{Receitas que não afetam o caixa} + \text{Itens que não afetam o caixa} \qquad \textbf{(2-1)}$$

Onde lucro líquido é o lucro líquido disponível para distribuição a acionistas ordinários. A depreciação e a amortização geralmente são os maiores itens que não afetam o caixa, e em muitos casos outros itens que não afetam o caixa totalizam zero. Por essa razão, muitos analistas afirmam que o fluxo de caixa líquido é igual ao lucro líquido mais depreciação e amortização:

$$\text{Fluxo de caixa líquido} = \text{Lucro líquido} + \text{Depreciação e amortização} \qquad \textbf{(2-2)}$$

Atendendo ao GAAP

Enquanto empresas norte-americanas aderem a "princípios contábeis" ("generally accepted accounting principles" ou GAAP) na preparação de demonstrações financeiras, a maioria dos outros países desenvolvidos usa o "International Financial Reporting Standards" ou IFRS. O sistema GAAP dos EUA é baseado em regras, com milhares de instruções ou "orientações" de como transações individuais devem ser reportadas em demonstrações financeiras. O IFRS, por outro lado, é um sistema baseado em princípios nos quais instruções detalhadas são substituídas por princípios gerais de orientação.

Por exemplo, enquanto o GAAP fornece regras extensas e detalhadas sobre quando reconhecer receita de qualquer atividade concebível, o IFRS fornece apenas quatro categorias de receita e dois princípios gerais para timing recognition. Isso significa que até mesmo a medida de contabilidade mais básica, a receita, é diferente sob os dois padrões — Receita Total, ou Vendas, sob a GAAP não será igual à Receita Total sob o IFRS. Assim, demonstrações financeiras preparadas sob a GAAP não podem ser comparadas diretamente às demonstrações financeiras do IFRS, tornando complicada uma análise financeira comparativa entre os EUA e empresas internacionais. Talvez mais problemático seja o fato de que os princípios do IFRS permitem mais discrição da empresa em registrar transações. Isso significa que duas empresas diferentes podem tratar uma transação idêntica de modo diferente quando usam o IFRS, o que torna a comparação entre as empresas mais difícil.

O Financial Accounting Standards Board (FASB) dos EUA e o International Accounting Standards Board (IASB) trabalham para fundir os dois conjuntos de normas desde 2002. Se o cronograma atual continuar o mesmo, as normas conjuntas estarão prontas até o fim de 2013, possivelmente sendo adotadas por empresas norte-americanas em 2015.

O que isso significa para você? Haverá uma demonstração de resultado, um balanço patrimonial e um equivalente à demonstração de fluxo de caixa. As medidas de itens individuais podem mudar um pouco, e os detalhes técnicos sobre como registrar transações individuais com certeza mudará. Sistemas de contabilidade serão reprogramados, textos contábeis serão reescritos e CPAs serão reciclados. O resultado final, porém, será uma capacidade maior de comparar as demonstrações financeiras dos EUA com as demonstrações financeiras de empresas internacionais.

Para acompanhar o desenvolvimento da convergência entre IFRS e GAAP, visite os websites da IASB, em www.iasb.org, e da FASB, em <www.fasb.org>.

Geralmente aplicamos a Equação 2-2. No entanto, você deve se lembrar que a Equação 2-2 não refletirá exatamente o fluxo de caixa líquido quando há itens significativos que não afetam o caixa, que não sejam a depreciação e a amortização.

Podemos ilustrar a Equação 2-2 com dados de 2013 da MicroDrive retirados da Figura 2-2:

$$\text{Fluxo de caixa líquido} = \text{US\$ } 220 + \text{US\$ } 200 = \text{US\$ } 420 \text{ milhões}$$

Você pode pensar em fluxo de caixa líquido como o lucro que uma empresa teria se não tivesse que substituir ativos fixos conforme eles se desgastam. É semelhante ao fluxo de caixa líquido de atividades em operação mostradas na demonstração de fluxos de caixa, com exceção de que o fluxo de caixa líquido de atividades em operação também inclui o impacto do capital de giro. Lucro líquido, fluxo de caixa líquido e fluxo de caixa líquido de atividades em operação fornecem visões sobre a saúde financeira de uma empresa, mas nenhum é tão apropriado quanto as medidas que discutiremos na próxima seção.

Autoavaliação

1. Diferencie fluxo de caixa líquido e lucro contábil.
2. Uma empresa tem lucro líquido de $ 5 milhões. Presumindo que a depreciação de $ 1 milhão seja sua única despesa que não afeta o caixa, qual será o fluxo de caixa líquido da empresa? **($ 6 milhões)**

2-7   Fluxo de caixa livre: fluxo de caixa disponível para distribuição entre os investidores

Até agora, no capítulo, temos nos concentrado nas demonstrações financeiras assim como elas são apresentadas no relatório anual. Quando você estudou as demonstrações do resultado em contabilidade, provavelmente a ênfase era no lucro líquido da empresa. No entanto, o valor intrínseco das operações de uma empresa é determinado pelos fluxos de caixa que as operações irão gerar agora e no futuro. Para ser mais específico, o valor das operações depende de todos os **fluxos de caixa livre (FCL)**, definidos como lucro operacional após impostos menos o montante de novos investimentos em capital de giro e ativos fixos necessários para a sustentabilidade do negócio. *Portanto, o caminho para os administradores tornarem as suas empresas mais valiosas é aumentar o fluxo de caixa livre agora e no futuro.*

Observe que o FCL é o fluxo de caixa *disponível para distribuição a todos os investidores da empresa depois que ela fez todos os investimentos necessários para sustentar as operações em curso.* Como os administradores da MicroDrive estão se saindo na geração de FCL? Nesta seção, calcularemos o FCL da MicroDrive e avaliaremos o desempenho dos administradores da empresa.

A Figura 2-5 apresenta os cinco passos para calcular o fluxo de caixa livre. Conforme explicamos cada passo nas próximas seções, consulte a Figura 2-1.

2-7a   Lucro operacional líquido após impostos (Nopat)

Se duas empresas tiverem valores diferentes de dívida e, consequentemente, valores diferentes de despesas de juros, elas poderão ter desempenhos operacionais idênticos, mas lucro líquido diferente – a empresa com mais dívida terá um lucro líquido inferior. O lucro líquido é certamente importante, mas nem sempre reflete o verdadeiro desempenho das operações de uma empresa ou a eficiência de seus gerentes de operações. A melhor medida de comparação de desempenho de gerentes é o **lucro operacional líquido após impostos**

FIGURA 2-5
Cálculo do fluxo de caixa livre

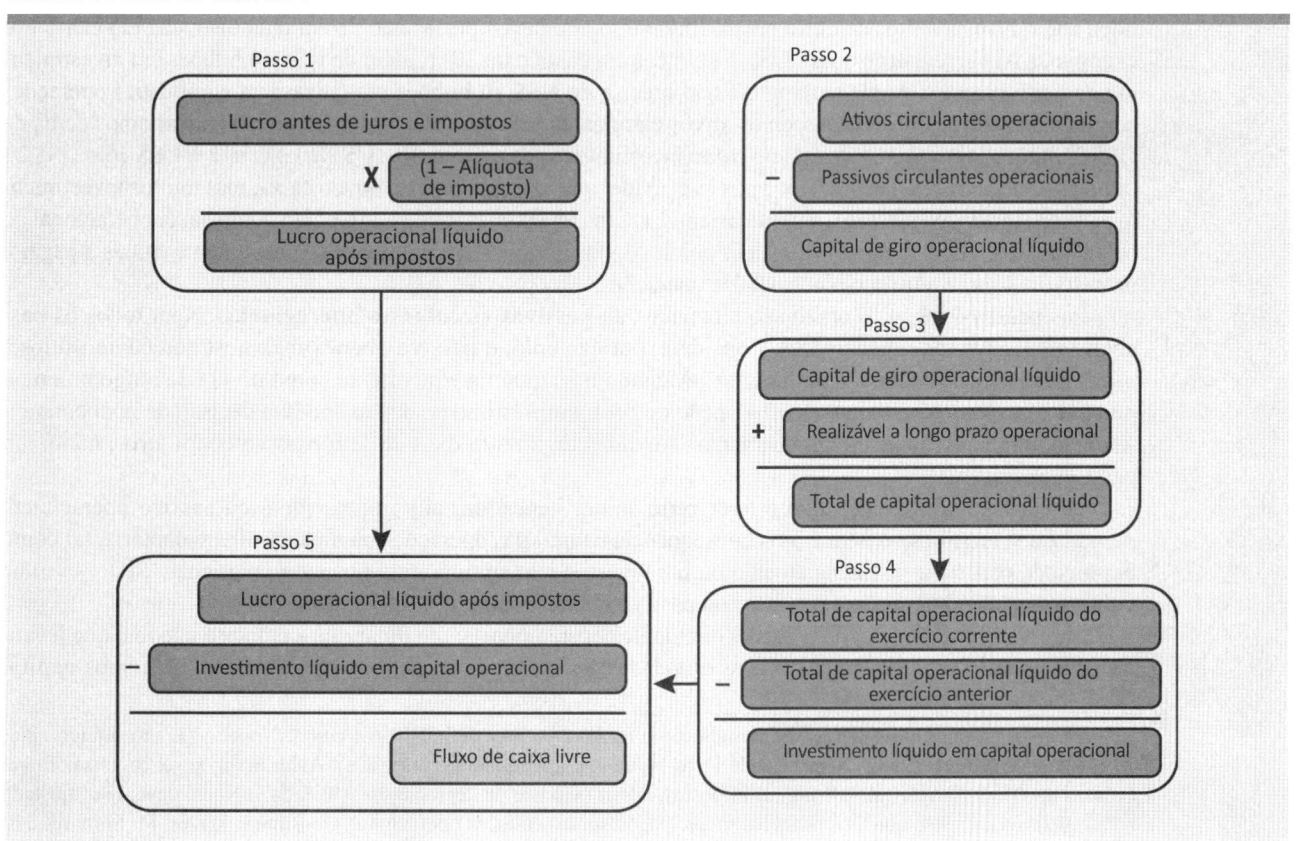

(*net operating profit after taxes* – **Nopat)**, que é o montante de lucros que uma empresa geraria se ela não tivesse dívidas nem ativo financeiro. O Nopat é definido da seguinte forma:[7]

$$\text{Nopat} = \text{Ebit} (1 - \text{Alíquota de imposto}) \qquad \textbf{(2-3)}$$

Com base nos dados das demonstrações do resultado da Figura 2-2, o Nopat de 2010 da MicroDrive é:

$$\text{Nopat} = \text{US\$ } 500(1 - 0,4) = \text{US\$ } 500(0,6) = \text{US\$ } 300 \text{ milhões}$$

Isso significa que a MicroDrive gerou um lucro operacional após impostos de US$ 300 milhões, menos do que seu NOPAT anterior de US$ 550(0,6) = US$ 330 milhões.

2-7b Capital de giro operacional líquido

A maioria das empresas precisa de alguns ativos circulantes para sustentar suas atividades operacionais. Por exemplo, todas as empresas devem ter algum caixa para "lubrificar as engrenagens" de suas operações. Empresas continuamente recebem cheques de clientes e emitem cheques para fornecedores, funcionários e assim por diante. Uma vez que as entradas e as saídas de caixa não coincidem perfeitamente, uma empresa deve manter algum caixa em sua conta bancária. Em outras palavras, é necessário algum caixa para conduzir as operações. O mesmo é verdade para a maior parte dos outros ativos circulantes, tais como estoque e contas a receber, que são necessários para as operações normais. Os ativos de curto prazo normalmente usados nas atividades operacionais de uma empresa são denominados **ativos circulantes operacionais**.

Nem todos os ativos circulantes são ativos circulantes operacionais. Por exemplo, investimentos em títulos de curto prazo geralmente são resultado de decisões de investimento tomadas pelo tesoureiro e não uma consequência natural das atividades operacionais. Portanto, investimentos de curto prazo são **ativos não operacionais** e normalmente são excluídos do cálculo de ativos circulantes operacionais. Uma regra útil é que, se um ativo paga juros, ele não deve ser classificado como ativo operacional.

Neste livro, sempre faremos distinção entre o caixa necessário para operações e os títulos negociáveis tidos como investimentos de curto prazo. Entretanto, muitas empresas não fazem uma distinção tão clara. Por exemplo, a Apple registrou quase US$ 10 bilhões em caixa para 2011, além de US$ 16 bilhões em investimentos de curto prazo. A Apple certamente não precisa de US$ 10 bilhões em caixa para administrar operações comerciais. Portanto, se calculássemos ativos circulantes em operação para a Apple, classificaríamos cerca de US$ 2 bilhões como caixa e o restante como investimentos de curto prazo: US$ 10 – US$ 2 + US$ 16 = US$ 24 bilhões. A situação reversa também é possível, onde uma empresa reporta pouco caixa, mas muitos investimentos de curto prazo. Nesse caso, classificaríamos alguns investimentos de curto prazo como caixa operacional ao calcularmos os ativos circulantes operacionais. Alguns passivos circulantes — especialmente contas a pagar e provisões — surgem no curso normal das operações.

Tais passivos de curto prazo são chamados de **passivos circulantes operacionais**. Nem todos os passivos circulantes são operacionais. Considere, por exemplo, o passivo operacional mostrado como títulos a pagar aos bancos. A empresa poderia ter levantado uma quantia equivalente como dívida de longo prazo ou poderia ter emitido o estoque, então a opção de pedir empréstimo ao banco era uma decisão de financiamento e não uma consequência das operações. Novamente, a regra diz que se o passivo cobra juros, não é um passivo operacional.

Se, em algum momento, não estiver certo se um item é um ativo operacional ou passivo operacional, pergunte a si mesmo se o item é uma consequência natural das operações ou uma escolha voluntária, tal como um método particular de financiamento ou um investimento em um ativo financeiro particular. Se for escolha voluntária, então o item não é um ativo ou passivo operacional.

Observe que cada dólar de passivos circulantes operacionais é um dólar que a empresa não tem que levantar com investidores para conduzir suas atividades operacionais de curto prazo. Portanto, definimos **capital**

---

[7] Para empresas com uma situação fiscal mais complicada, é melhor definir Nopat como: Nopat = (Lucro líquido antes de dividendos preferenciais) + (Despesa de juros líquida)(1 – Alíquota de impostos). Além disso, se as empresas forem capazes de diferir o pagamento de alguns impostos, talvez pelo uso da depreciação acelerada, o Nopat deverá ser ajustado para refletir os impostos que a empresa realmente pagou sobre seu lucro operacional. Consulte P. Daves, M. Ehrhardt e R. Shrieves, *Corporate valuation: a guide for managers and investors* (Mason, OH: Thomson South-Western, 2004), para uma explicação detalhada destes e de outros ajustes.

de giro operacional líquido (*net operating working capital* – **NOWC**), como ativos circulantes operacionais menos passivos circulantes operacionais. Em outras palavras, capital de giro operacional líquido é o capital de giro adquirido com fundos fornecidos por investidores. Eis a definição na forma de equação:

$$\text{Capital de giro operacional líquido} = \text{Ativos circulantes operacionais} - \text{Passivos circulantes operacionais} \qquad \textbf{(2-4)}$$

Podemos aplicar essas definições à MicroDrive utilizando os dados do balanço patrimonial fornecidos na Figura 2-1. Eis o capital de giro operacional líquido no final de 2013:

$$\text{NOWC} = \text{Ativos circulantes operacionais} - \text{Passivos circulantes operacionais}$$
$$= (\text{Caixa} + \text{Contas a receber} + \text{Estoques})$$
$$- (\text{Contas a pagar} + \text{Provisões})$$
$$= (\text{US\$ } 50 + \text{US\$ } 500 + \text{US\$ } 1.000) - (\text{US\$ } 200 + \text{US\$ } 300)$$
$$= \text{US\$ } 1.050 \text{ milhão}$$

Para o ano anterior, o capital de giro operacional líquido foi

$$\text{NOWC} = (\text{US\$ } 60 + \text{US\$ } 380 + \text{US\$ } 820) - (\text{US\$ } 190 + \text{US\$ } 280)$$
$$= \text{US\$ } 790 \text{ milhões}$$

2-7c   Total de capital operacional líquido

Além do capital de giro, a maioria das empresas também utiliza ativos de longo prazo para sustentar suas operações. Esses ativos incluem terrenos, edifícios, fábricas, equipamentos e similares. O **capital operacional líquido total** é a soma de NOWC e de ativos operacionais de longo prazo:

$$\text{Capital operacional líquido total} = \text{NOWC} + \text{Ativos operacionais de longo prazo} \qquad \textbf{(2-5)}$$

Uma vez que os ativos operacionais de longo prazo da MicroDrive são compostos apenas de imobilizado líquido e equipamento, seu capital operacional líquido total no final de 2013 foi

$$\text{Total de capital operacional líquido} = \text{US\$ } 1.050 + \text{US\$ } 2.000$$
$$= \text{US\$ } 3.050 \text{ millhões}$$

Para o ano anterior, seu capital operacional líquido foi

$$\text{Total de capital operacional líquido} = \text{US\$ } 790 + \text{US\$ } 1.700$$
$$= \$ 2.490 \text{ milhões}$$

Observe que definimos capital operacional líquido total como a soma de capital de giro operacional líquido e ativos operacionais de longo prazo. Em outras palavras, nossa definição é em termos de ativos e passivos operacionais. No entanto, também podemos calcular o capital operacional líquido total analisando a origem dos financiamentos. O **capital total fornecido por investidores** é definido como o total de financiamentos fornecidos por investidores, como títulos a pagar, títulos de longo prazo, ações preferenciais e ações ordinárias. Para a maioria das empresas, o capital total fornecido por investidores é:

$$\text{Capital total fornecido por investidores} = \text{Título a pagar} + \text{Título de longo prazo} + \text{Ações preferenciais} + \text{Ações ordinárias} \qquad \textbf{(2-6)}$$

Para a MicroDrive, o capital total fornecido pelos investidores no final de 2012 foi de US\$ 130 + US\$ 1.000 + US\$ 100 + US\$ 1.300 = US\$ 2.530 milhões. Desse valor, US\$ 40 milhões estavam vinculados a investimentos de curto prazo, que não estão diretamente relacionados às operações da MicroDrive. Portanto, definimos **capital operacional total fornecido por investidores** como:

$$\underset{\text{por investidores}}{\text{Capital total fornecido}} = \underset{\text{por investidores}}{\text{Capital total fornecido}} - \underset{\text{de curto prazo}}{\text{Investimentos}} \qquad \textbf{(2-7)}$$

A MicroDrive tinha US$ 2.530 – US$ 40 = US$ 2.490 milhões em capital operacional fornecido por investidores. Observe que este é exatamente o mesmo valor calculado antes. Portanto, podemos calcular o capital operacional líquido total do capital operacional líquido circulante ou de ativos operacionais de longo prazo ou de financiamentos fornecidos por investidores. Geralmente, fundamentamos nossos cálculos em dados operacionais, pois essa abordagem nos permite analisar uma divisão, fábrica ou centro de trabalho, enquanto a abordagem com base no capital fornecido pelos investidores só é aplicável a toda empresa.

A expressão "capital operacional líquido total" é muito grande, então, com frequência, dizemos *capital operacional* ou apenas *capital.* Também, a não ser que especificamente digamos "capital fornecido pelos investidores", estamos nos referindo ao capital operacional líquido total.

2-7d   Investimento líquido em capital operacional

Conforme calculado anteriormente, a MicroDrive possuía US$ 2.490 milhões de capital operacional líquido no final de 2012 e US$ 3.050 milhões no final de 2013. Portanto, durante 2013, a empresa realizou um **investimento líquido em capital operacional** de

Investimento líquido em capital operacional = US$ 3.050 – US$ 2.490 = US$ 560 milhões.

A maior parte desse investimento foi efetuada em capital de giro operacional líquido, que aumentou de US$ 790 milhões para US$ 1.050 milhões, ou US$ 260 milhões. Esse aumento de 33% no capital de giro operacional líquido, em vista de um aumento nas vendas de apenas 5% (de US$ 4,76 bilhões para US$ 5 bilhões), deve disparar um alerta em sua cabeça: por que a MicroDrive vinculou tanto caixa adicional ao capital de giro? A empresa está se preparando para um grande aumento nas vendas ou os estoques não estão se movimentando e os recebíveis não estão sendo recebidos? Vamos abordar essas questões em detalhes no Capítulo 3, quando trataremos da análise de índices.

2-7e   Cálculo do fluxo de caixa livre

O fluxo de caixa livre é definido como

$$\text{FCL} = \text{Nopat} - \text{Investimento líquido em capital operacional} \qquad \textbf{(2-8)}$$

O fluxo de caixa livre da MicroDrive em 2013 foi

$$\begin{aligned} \text{FCF} &= \text{US\$ } 300 - (\text{US\$ } 3.050 - \text{US\$ } 2.490) \\ &= \text{US\$ } 300 - \text{US\$ } 560 \\ &= -\text{US\$ } 260 \text{ milhões} \end{aligned}$$

Embora nossa preferência seja por essa abordagem em vez de calcular o FCL, algumas vezes a imprensa financeira calcula o FCL com uma abordagem diferente:

$$\text{FCF} = \begin{bmatrix} \text{EBIT } (1 - \text{T}) \\ + \text{ Depreciação} \end{bmatrix} - \begin{bmatrix} \text{Margem de investimento} \\ \text{em ativo fixo} \end{bmatrix} - \begin{bmatrix} \text{Investimento} \\ \text{NOWC} \end{bmatrix} \qquad \textbf{(2-9)}$$

Para a MicroDrive, o cálculo é:

$$\text{FCF} = (\text{US\$ } 300 + \text{US\$ } 200) - \text{US\$ } 500 - (\text{US\$ } 1.050 - \text{US\$ } 790) = -\text{US\$ } 260$$

Sarbanes-Oxley e fraudes financeiras

Os investidores precisam ter cuidado ao analisarem as demonstrações financeiras. Embora as empresas sejam obrigadas a seguir os princípios contábeis geralmente aceitos (*generally accepted accounting principles* – GAAP), os administradores ainda têm muito critério ao decidirem como e quando divulgar determinadas transações. Consequentemente, duas empresas exatamente na mesma situação operacional podem publicar demonstrações financeiras que passam impressões diferentes sobre sua solidez financeira. Algumas variações podem surgir de diferenças legítimas de opinião sobre a maneira correta de registrar transações. Em outros casos, os administradores podem decidir divulgar números de maneira que os ajudem a apresentar ganhos maiores ou ganhos mais estáveis ao longo dos períodos. Enquanto seguirem os GAAPS, tais ações não são ilegais, mas essas diferenças dificultam a comparação das empresas e a avaliação do desempenho delas pelos investidores.

Infelizmente, também houve casos em que os administradores ultrapassaram os limites e divulgaram demonstrações fraudulentas. De fato, diversos executivos de alto escalão sofreram acusações criminais em decorrência de suas práticas contábeis fraudulentas. Por exemplo, em junho de 2002 foi descoberto que a WorldCom (agora denominada MCI) havia cometido a maior fraude contábil de todos os tempos, registrando mais de $ 7 bilhões de custos operacionais ordinários como gastos de capital e, dessa forma, aumentando seu lucro líquido no mesmo valor.

As demonstrações financeiras publicadas da WorldCom enganaram muitos investidores – os investidores puxaram o preço das ações, por meio de ordens de compra, para até $ 64,50, e os bancos e outros agentes financiadores concederam à empresa mais de $ 30 bilhões em empréstimos. A Arthur Andersen, responsável pela auditoria da empresa, foi culpada por não detectar a fraude. O diretor financeiro e o presidente da WorldCom foram condenados, e a Arthur Andersen decretou falência. Entretanto, isso não ajudou os investidores que confiaram nas demonstrações financeiras publicadas.

Em resposta a esse e outros abusos, o Congresso aprovou a Lei Sarbanes-Oxley em 2002. Uma das disposições exige que o presidente e o diretor financeiro assinem uma declaração afirmando que as "demonstrações financeiras e divulgações apresentam adequadamente, em todos os aspectos relevantes, as operações e a posição financeira" da empresa. Com isso, ficará mais fácil prender um presidente ou diretor financeiro que esteja enganando os investidores. Ainda não existe qualquer certeza de que isso ajudará a impedir fraudes financeiras no futuro.

Observe que os resultados são os mesmos para os dois cálculos. Para ver isso, substitua NOPAT no primeiro colchete da Equação 2-9 e substitua a definição por investimento líquido em ativos fixos no segundo colchete:

$$\text{FCF} = \left[\begin{array}{c} \text{Nopat} \\ + \text{Depreciação} \end{array} \right] - \left[\begin{array}{c} \text{Investimento líquido} \\ \text{em ativo fixo} \\ + \text{Depreciação} \end{array} \right] - \left[\begin{array}{c} \text{Investimento} \\ \text{NOWC} \end{array} \right] \qquad \textbf{(2-9a)}$$

Tanto o primeiro quanto o segundo colchete apresentam depreciação; então, a depreciação pode ser anulada, deixando:

$$\text{FCF} = \text{NOPAT} - \left[\begin{array}{c} \text{Investimento líquido} \\ \text{em ativo fixo} \end{array} \right] - \left[\begin{array}{c} \text{Investimento} \\ \text{NOWC} \end{array} \right] \qquad \textbf{(2-9b)}$$

Os dois últimos termos entre colchetes são iguais ao investimento líquido em capital operacional; então, a Equação 2-9b é equivalente à Equação 2-8. Geralmente, nós usamos a Equação 2-8 porque ela evita que adicionemos depreciação tanto para NOPAT quanto para investimento líquido em ativos fixos.

2-7f   Os usos do FCL

Lembre-se de que o fluxo de caixa livre (FCL) é o valor de caixa disponível para distribuição aos investidores, inclusive acionistas e credores. Há cinco bons usos para o FCL:

1. Pagar juros a credores, mantendo em mente que o custo líquido da empresa é a despesa de juros após impostos.
2. Pagar aos credores, isto é, pagar parte da dívida.
3. Pagar dividendos aos acionistas.
4. Recomprar ações de acionistas.
5. Comprar investimentos de curto prazo ou outros ativos não operacionais.

Considere a MicroDrive, com seu FCL de –US$ 260 milhões em 2013. Como a MicroDrive usa o FCL?

A demonstração do resultado da MicroDrive mostra uma despesa com juros de US$ 120 milhões. Com uma taxa de 40%, o pagamento de juros após impostos para o ano é:

$$\text{Pagamento de juros após impostos} = US\$ 120(1 - 40\%) = US\$ 72 \text{ milhões}$$

O valor líquido da dívida que é pago é igual ao valor no início do ano menos o valor no final do ano. Isso inclui títulos a pagar e dívida a longo prazo. Se o valor da dívida final for menor do que a dívida inicial, a empresa pagou parte de sua dívida. Mas, se a dívida final for maior do que a dívida inicial, a empresa realmente tomou emprestados recursos adicionais dos credores. Neste caso, haveria um uso negativo do FCL. Para a MicroDrive, o pagamento líquido da dívida para 2012 é igual ao valor no começo do ano menos o valor no final do ano:

$$\text{Reembolso da dívida líquida} = (US\$ 130 + US\$ 1.000) - (US\$ 280 + US\$ 1.200) = -US\$ 350 \text{ milhões}$$

Trata-se de um uso negativo (leia-se consumo) do FCL, pois aumentou o saldo da dívida. Isso acontece com a maioria das empresas, pois empresas em crescimento geralmente adicionam dívida todo ano.

A MicroDrive pagou US$ 8 milhões em dividendos preferenciais e US$ 50 em dividendos ordinários para um total de:

$$\text{Pagamento de dividendos} = US\$ 8 + US\$ 50 = US\$ 58 \text{ milhões}$$

O montante líquido de ações recompradas é igual ao montante do início do exercício menos o montante do final do exercício, o que inclui ações preferenciais e ações ordinárias. Se o valor final das ações for menor que o valor inicial, então a empresa realizou recompras líquidas. Mas, se o valor final de ações for maior que o valor inicial, a empresa realmente efetuou emissões líquidas. Nesse caso, seria um uso negativo (leia-se consumo) do FCL. Mesmo que a MicroDrive não tenha emitido nem recomprado ações durante o ano, muitas empresas usam o FCL para recomprar ações como substituição ou complemento de dividendos, como discutiremos no Capítulo 14.

O valor das compras líquidas de investimentos de curto prazo é igual ao valor do final do exercício menos o valor do início do exercício. Se o valor do investimento final for maior que os investimentos iniciais, então a empresa realizou compras líquidas. Mas, se os investimentos finais forem menores que os investimentos iniciais, a empresa realmente vendeu investimentos. Nesse caso, seria um uso negativo (leia-se consumo) do FCL. As compras líquidas de investimentos de curto prazo realizadas pela MicroDrive em 2013 são:

$$\text{Compras líquidas de investimentos de curto prazo} = US\$ 0 - US\$ 40 = -US\$ 40 \text{ milhões}$$

Observe que esse é um "uso negativo" (leia-se consumo), pois a MicroDrive vendeu investimentos de curto prazo em vez de comprá-los.

Combinamos esses usos individuais do FCL para encontrar os usos totais.

1. Juros após impostos:	US$ 72
2. Reembolso de dívida líquida:	–350
3. Dividendos:	58
4. Recompra de ações líquidas:	0
5. Compra líquida de investimentos de curto prazo:	–40
Usos totais do FCL:	–US$ 260

Como previsto, o total de –US$ 260 para usos do FCL é idêntico ao valor do FCL de operações que calculamos anteriormente.

Observe que uma empresa não usa o FCL para adquirir ativos operacionais, pois o cálculo do FCL já leva em conta a compra de ativos operacionais necessários para suportar o crescimento. Infelizmente, há evidência que sugere que algumas empresas com alto FCL tendem a realizar investimentos desnecessários que não agregam valor, como pagar muito para adquirir outra empresa. Portanto, alto FCL poderá causar desperdício se os administradores deixarem de agir a favor dos melhores interesses dos acionistas. Conforme discutido no Capítulo 1, isso é chamado de custo de agência, uma vez que os administradores são contratados como agentes para atuar em nome dos acionistas. Abordaremos aspectos relacionados a custos de agência e maneiras de controlá-los no Capítulo 13, em que discutiremos gestão baseada em valores e governança corporativa, e no Capítulo 15, em que abordaremos a escolha de estrutura de capital.

2-7g   FCL e valor das empresas

Fluxo de caixa livre é o valor do caixa disponível para distribuição aos investidores. Então, o valor fundamental de uma empresa para seus investidores depende do valor presente de seus FCLs esperados futuros, descontados ao custo médio ponderado do capital da empresa (CMPC). Capítulos subsequentes discutirão as ferramentas necessárias para prever FCLs e avaliar seu risco. O Capítulo 12 une tudo isso em um modelo que é usado para calcular o valor de uma empresa. Embora você ainda não tenha todas as ferramentas para aplicar o modelo, é importante entender este conceito básico: *FCL é o fluxo de caixa disponível para distribuição aos investidores. Portanto, o valor fundamental de uma empresa depende principalmente de seu FCL futuro esperado.*

Autoavaliação

1. O que é capital de giro operacional líquido? Por que ele exclui a maioria dos investimentos de curto prazo e também títulos a pagar?
2. O que é capital operacional líquido total? Por que, para os administradores, é importante calcular as exigências de capital de uma empresa?
3. Por que o Nopat é uma medida de desempenho melhor que lucro líquido?
3. O que é fluxo de caixa livre? Por que é importante?
4. O capital operacional líquido total de uma empresa para o exercício anterior foi de $ 2 milhões. O capital operacional líquido total do exercício corrente é de $ 2,5 milhões e seu Nopat é de $ 1,2 milhão. Qual é o seu fluxo de caixa livre para o exercício atual? **($ 700.000)**

2-8   Avaliação de desempenho

Por ter um impacto tão grande sobre o fluxo de caixa livre, administradores e investidores podem usar o FCL e seus componentes para medir o desempenho de uma empresa. As seções seguintes explicam as três medidas de desempenho: retorno sobre o capital investido, valor de mercado adicionado e valor econômico adicionado.

2-8a   Avaliação de FCL, Nopat e capital operacional

Embora a MicroDrive tenha tido um Nopat positivo, seu alto investimento em ativos operacionais resultou em um FCL negativo. Um fluxo de caixa negativo sempre é ruim? A resposta é: "Não necessariamente; depende do motivo pelo qual o fluxo de caixa livre foi negativo". É mau sinal se o FCL foi negativo porque o NOPAT foi negativo, o que provavelmente significa que a empresa está enfrentando problemas operacionais. No entanto, muitas empresas de alto crescimento possuem NOPAT positivo mas FCL negativo porque estão fazendo investimentos maiores em ativos operacionais para sustentar o crescimento. Por exemplo, as vendas de Under Armour cresceram 38% em 2011 e seu NOPAT cresceu 42%; no entanto, fez grandes investimentos de capital para sustentar esse crescimento e terminou o ano com um FCL de US$ 148 milhões *negativos*.

Não há nada errado com o crescimento lucrativo, mesmo se este causar fluxos de caixa negativos, mas é vital determinar se o crescimento está realmente gerando valor. Para isso, usamos o retorno sobre o capital investido (return on invested capital – ROIC), que mostra o NOPAT gerado por dólar do capital operacional:

$$Roic = \frac{Nopat}{Capital\ operacional}$$

(2-10)

Como mostrado na Figura 2-6, em 2013 o ROIC da MicroDrive foi de US$ 300/US$ 3.050 = 9,83%. Para determinar se o ROIC é alto o bastante para gerar valor, compare-o ao custo médio ponderado do capital da empresa (CMPC). O Capítulo 9 explica como calcular o CMPC; por enquanto, aceite que o CMPC considera o risco individual de uma empresa, bem como as condições gerais do mercado. A Figura 2-6 mostra que o ROIC de 9,84% da MicroDrive é menor do que seu CMPC de 11%. Assim, a MicroDrive não gera uma taxa de retorno suficiente para compensar seus investidores pelo risco gerado em 2013. Isso é marcadamente diferente do ano anterior, no qual o ROIC de 13,25% da MicroDrive foi maior do que seu CMPC de 10,5%. O ROIC circulante não só está muito baixo, mas a tendência está na direção errada.

Embora não seja o caso da MicroDrive, em muitas situações um FCL negativo não é necessariamente ruim. Por exemplo, a Under Armour teve um FCL negativo em 2011, mas seu ROIC foi de cerca de 16,2%. Por seu CMPC ser de apenas 12%, o crescimento do Under Armour estava gerando valor.[8] Em algum momento, o

FIGURA 2-6

Cálculo das medidas de desempenho para a MicroDrive Inc. (em milhões de dólares)

	A	B	C	D	E	F	G
349						2013	2012
350	*Calculando o NOPAT*						
351	EBIT					$500	$550
352	x(1 – taxa de imposto)					60%	60%
353	NOPAT = EBIT(1 – T)					$300	$330
354							
355	*Calculando o capital operacional líquido (NOWC)*						
356	Ativos operacionais circulantes					$1.550	$1.260
357	– passivos operacionais circulantes					$500	$470
358	NOWC					$1.050	$790
359							
360	*Calculando o total de capital operacional líquido*						
361	NOWC					$1.050	$790
362	+ Imobilizado líquido					$2.000	$1.700
363	Total de capital operacional líquido					$3.050	$2.490
364							
365	*Calculando o retorno sobre capital investido (ROIC)*						
366	NOPAT					$300	$330
367	÷ Total de capital operacional líquido					$3.050	$2.490
368	ROIC = NOPAT/ Total de capital operacional líquido					9,84%	13,25%
369	Custo médio ponderado de capital (CMPC)					11,00%	10,50%
370							
371	*Calculando o valor de mercado adicionado (MVA)*						
372	Preço por ação					$27	$40
373	× Número de ações (em milhões)					50	50
374	Valor de mercado do patrimônio = P × (# de ações)					$1.350	$2.000
375	– valor contábil do patrimônio					$1.470	$1.300
376	MVA = valor de mercado – valor contábil					–$120	$700
377							
378	*Calculando o valor econômico adicionado (EVA)*						
379	Total de capital operacional líquido					$3.050,0	$2.490,0
380	× Custo médio ponderado de capital (CMPC)					11,0%	10,5%
381	– Custo de capital em dólar					$335,5	$261,5
382							
383	NOPAT					$300,0	$330,0
384	– Custo de capital em dólar					$335,5	$261,5
385	EVA = NOPAT – custo de capital em dólar					–$35,5	$68,6

---

[8] Se g é a taxa de crescimento de capital, então, com um pouco (ou muito!) de álgebra, o fluxo de caixa livre é

$$FCF = \text{Capital} \cdot \text{ROIC} \cdot \frac{g}{1+g}$$

Isso mostra que quando a taxa de crescimento é quase tão alta quanto o Roic, então, o FCL será negativo.

crescimento da Under Armour irá desacelerar e não exigirá grandes investimentos de capital. Se a Under Armour mantiver um ROIC alto, seu FCL se tornará positivo e muito alto à medida que o crescimento desacelera.

Nem os dados contábeis tradicionais e nem o retorno do capital investido incorporam o preço das ações, embora o objetivo principal da gestão seja maximizar o preço intrínseco das ações da empresa. Por outro lado, o Valor de Mercado Adicionado (market value added – MVA) e o Valor Econômico Adicionado (economic value added - EVA) tentam comparar medidas intrínsecas a medidas de mercado.[9]

2-8b Valor de mercado adicionado (MVA)

O patrimônio dos acionistas é maximizado quando se maximiza a *diferença* entre o valor de mercado das ações da empresa e o valor acumulado de capital fornecido pelos acionistas. Essa diferença é chamada de **valor de mercado adicionado (MVA)**:

$$\text{MVA} = \text{Valor de mercado das ações} - \text{Capital fornecido pelos acionistas}$$
$$= (\text{Ações em circulação}) \, (\text{Preço das ações}) - \text{Capital total} \qquad \textbf{(2-11)}$$

Para ilustrar, considere a Coca-Cola. Em fevereiro de 2012, o valor total de mercado de seu capital era de US$ 157 bilhões, enquanto seu balanço mostrava que os acionistas haviam colocado apenas US$ 32 bilhões. Portanto, o MVA da Coca-Cola era de US$ 157 – US$ 32 = US$ 125 bilhões. Esses US$ 125 bilhões representam a diferença entre o dinheiro que os acionistas da Coca-Cola investiram na companhia desde sua fundação — incluindo investimento indireto por meio de lucros retidos — e o caixa que poderiam obter se vendessem o negócio. Quanto maior o MVA, melhor é o trabalho que a administração está fazendo para os acionistas da empresa.

Algumas vezes, o MVA é definido como o valor total de mercado da empresa menos o valor total do capital fornecido pelos investidores:

$$\text{MVA} = \text{Valor total de mercado} - \text{Total do capital fornecido pelos investidores}$$
$$= (\text{Valor de mercado das ações} + \text{Valor de mercado da dívida}) \qquad \textbf{(2-11a)}$$
$$- \text{Total do capital fornecido pelos investidores}$$

Para a maioria das empresas, o valor total do capital fornecido pelos investidores é a soma do capital, dívida e ações preferenciais. Calculamos o valor total do capital fornecido pelos investidores diretamente dos valores reportados nas demonstrações financeiras. O valor total de mercado de uma empresa é a soma dos valores de mercado do capital, dívida e ações preferenciais. É fácil descobrir o valor de mercado do capital, uma vez que o preço das ações está prontamente disponível, mas não é sempre fácil encontrar o valor de mercado da dívida. Portanto, muitos analistas usam o valor da dívida que é registrado nas demonstrações financeiras, que é o valor contábil da dívida, como estimativa de seu valor de mercado.

Para a Coca-Cola, o valor total da dívida divulgada foi de aproximadamente US$ 29 bilhões; a empresa não possuía ações preferenciais. Utilizando isso como estimativa do valor de mercado da dívida, o valor total de mercado da Coca era de US$ 157 + US$ 29 = US$ 186 bilhões. O valor total do capital fornecido pelos investidores era de US$ 32 + US$ 29 = US$ 61 bilhões. Utilizando esses valores totais, o MVA era de US$ 186 – US$ 61 = US$ 125 bilhões. Observe que essa é a mesma resposta dada quando usamos a definição anterior de MVA. Ambos os métodos fornecerão o mesmo resultado se o valor de mercado da dívida for aproximadamente igual ao seu valor contábil.

A Figura 2-6 mostra que a MicroDrive tem 50 milhões de ações e um preço de ação de US$ 27, gerando um valor de mercado de US$ 1.350 milhões. A MicroDrive tem US$ 1.470 em capital contábil, então seu MVA é de US$ 1.350 – US$ 1.470 = –US$ 120. Em outras palavras, o valor de mercado circulante da MicroDrive é menor do que o valor cumulativo de capital que seus acionistas investiram durante a vida da empresa.

---

[9] Os conceitos de EVA e MVA foram desenvolvidos por Joel Stern e Bennett Stewart, cofundadores da empresa de consultoria Stern Stewart & Company. Stern Stwart registrou os direitos autorais dos termos "EVA" e "MVA", de forma que outras consultorias atribuíram outros nomes para esses valores. Ainda assim, EVA e MVA são os termos mais comumente usados na prática.

2-8c Valor econômico adicionado (EVA)

Considerando que o MVA mede os efeitos das ações gerenciais desde a fundação de uma empresa, **valor econômico adicionado (EVA)** foca a eficiência gerencial em determinado exercício. A fórmula básica do EVA é:

$$\text{EVA} = \frac{\text{Lucro operacional líquido}}{\text{após impostos}} - \frac{\text{Custo do capital após impostos usado para}}{\text{suportar as operações}}$$
$$= \text{NOPAT} - (\text{Capital operacional líquido total}) (\text{CMPC})$$

(2-12)

O valor econômico adicionado é uma estimativa do lucro econômico real de uma empresa e difere muito do lucro contábil.[10] O EVA representa o lucro residual que permanece depois que o custo de *todo* o capital, incluindo patrimônio, foi deduzido, enquanto lucro contábil é determinado sem impor uma despesa para capital. Como veremos no Capítulo 9, o capital possui um custo porque os acionistas desistem da oportunidade de investir e receber retornos em outros investimentos quando fornecem capital para a empresa. Esse custo é um *custo de oportunidade* e não um *custo contábil*, mas é bem real.

Observe que quando calculamos o EVA não adicionamos a depreciação. Embora não seja uma despesa que afete o caixa, a depreciação implica um custo de reposição, porque os ativos desgastados devem ser substituídos, portanto essa depreciação é deduzida quando se determinam tanto lucro líquido como EVA. Nossos cálculos de EVA assumem que a depreciação econômica real dos ativos fixos da empresa é exatamente igual à depreciação usada para fins contábeis e fiscais. Se este não fosse o caso, teriam de ser feitos ajustes para obter uma medida mais precisa do EVA.

O valor econômico adicionado mede o quanto a empresa aumenta o valor para o acionista. Portanto, se os administradores focam o EVA, isso vai ajudar a assegurar que eles operem de maneira consistente com a maximização do patrimônio dos acionistas. Observe também que o EVA pode ser determinado para divisões, assim como para a empresa como um todo, pois ele fornece uma base útil para indicar o desempenho gerencial em todos os níveis. Consequentemente, o EVA está sendo usado por um crescente número de empresas como um componente de planos de compensação.

Também podemos calcular o EVA em termos de ROIC:

$$\text{EVA} = (\text{Capital operacional líquido total}) (\text{ROIC} - \text{CMPC})$$

(2-13)

Como mostra essa equação, uma empresa agregará valor – isto é, possuirá um EVA positivo – se seu ROIC for maior que seu CMPC. Se o CMPC exceder o ROIC, então novos investimentos no capital operacional reduzirão o valor da empresa.

Usando a Equação 2-12, a Figura 2-6 mostra que o EVA da MicroDrive é

$$\text{EVA} = \text{US\$ } 300 - (\text{US\$ } 3.050)(11\%) = \text{US\$ } 300 - \text{US\$ } 335,5 = -\text{US\$ } 35,5 \text{ milhões}$$

Esse EVA negativo reforça nossas conclusões anteriores que afirmavam que a MicroDrive perdeu valor em 2013 devido a uma erosão em seu desempenho operacional. No Capítulo 12, determinaremos o valor intrínseco da MicroDrive e vamos explorar formas nas quais a MicroDrive pode reverter sua tendência decrescente.

2-8d Valor econômico adicionado (EVA)

Falaremos mais sobre o MVA e sobre o EVA ao longo do livro, mas podemos encerrar esta seção com duas observações. Em primeiro lugar, existe uma relação entre o MVA e o EVA, mas não se trata de uma relação direta. Se a empresa tem um histórico de EVAs negativos, então seu MVA provavelmente será negativo; entretanto, seu MVA provavelmente será positivo se a empresa tiver um histórico de EVAs positivos. No entanto, o

---

[10] A razão mais importante pela qual o EVA difere do lucro contábil é que o custo do capital é deduzido quando o EVA é calculado. Outros fatores que podem levar a diferenças incluem ajustes que podem ser feitos na depreciação, custos de pesquisa e desenvolvimento, avaliações de estoque e assim por diante. Esses outros ajustes também podem influenciar o cálculo do capital fornecido pelos investidores, o que afeta tanto o EVA como o MVA. Veja G. Bennett Stewart, III, *The Quest for Value*, (New York: Harper-Collins Publishers, Inc., 1991).

preço da ação, que é o elemento principal no cálculo do MVA, depende mais do desempenho futuro esperado do que do histórico. Portanto, uma empresa com um histórico de EVAs negativos poderá ter um MVA positivo, desde que os investidores tenham a expectativa de que uma reviravolta ocorrerá no futuro.

A segunda observação é que quando EVAs ou MVAs são usados para avaliar o desempenho gerencial como parte de um programa de incentivos, o EVA é a medida mais utilizada. As razões são: (1) EVA mostra o valor adicionado durante determinado ano, enquanto MVA reflete o desempenho durante a vida inteira da empresa, talvez até incluindo períodos anteriores ao nascimento dos administradores, e (2) o EVA pode ser aplicado a divisões individuais ou outras unidades de uma grande empresa, enquanto o MVA deve ser aplicado à empresa inteira.

Autoavaliação

1. O NOPAT de uma empresa é de US$ 12 milhões e seu capital operacional líquido total é de US$ 100 milhões. Qual o seu ROIC? **(12%)**
2. Defina Valor de Mercado Adicionado (MVA) e Valor Econômico Adicionado (EVA). Qual a diferença entre o EVA e o lucro contábil?
3. Uma empresa possui US$ 100 milhões em capital operacional líquido total. O retorno sobre o capital investido é de 14%, e o custo médio ponderado de capital é 10%. Qual é seu EVA? **(US$ 4 milhões)**

2-9   O sistema de imposto de renda federal

O valor de qualquer ativo financeiro (incluindo ações, títulos e hipotecas), assim como a maioria dos ativos reais, tais como plantas ou mesmo empresas inteiras, depende do fluxo de caixa após impostos produzido pelo ativo. As seguintes seções descrevem as principais características da tributação de empresas e pessoas físicas.

2-9a   Imposto de renda de pessoa jurídica

A estrutura do imposto de pessoa jurídica, exibida na Tabela 2-1, é relativamente simples. A **taxa de imposto marginal** é a taxa paga no último dólar de lucro, enquanto a **taxa média de imposto** é a taxa média paga sobre todo o lucro. Para ilustrar, se uma empresa apresentou $ 65.000 de lucro tributável, o imposto a recolher seria

$$\text{Impostos} = \$\,7.500 + 0{,}25(\$\,65.000 - \$\,50.000)$$
$$= \$\,7.500 + \$\,3.750 = \$\,11.250$$

Sua taxa marginal seria de 25%, e sua taxa média de impostos, $ 11.250/$ 65.000 = 17,3%. Observe que o lucro da empresa acima de $ 18.333.333 possui uma taxa média e uma taxa marginal de 35%.

TABELA 2-1
Taxas de imposto corporativo a partir de janeiro de 2012

Se o lucro tributável de uma empresa for	Ela paga este valor sobre a base da faixa	Mais esta porcentagem sobre o excedente da base	Taxa média de impostos no topo da faixa
Até $ 50.000	$ 0	15%	15%
$ 50.000 – $ 75.000	$ 7.500	25%	18,3%
$ 75.000 – $ 100.000	$ 13.750	34%	22,3%
$ 100.000 – $ 335.000	$ 22.250	39%	34%
$ 335.000 – $ 10.000.000	$ 113.900	34%	34%
$ 10.000.000 – $ 15.000.000	$ 3.400.000	35%	34,3%
$ 15.000.000 – $ 18.333.333	$ 5.150.000	38%	35%
Mais de $ 18.333.333	$ 6.416.667	35%	35%

Receita de juros e dividendos recebida por uma empresa

A receita de juros recebida por uma empresa é tributada como receita ordinária à alíquota de imposto de renda pessoa jurídica regular. No entanto, *70% dos dividendos recebidos por uma empresa de outra empresa são excluídos do lucro tributável, enquanto os 30% remanescentes são tributados à alíquota ordinária.*[11] Portanto, uma empresa que recebe mais que $ 18.333.333 e paga uma alíquota de imposto marginal de 35% pagaria apenas $(0,30)(0,35) = 0,105 = 10,5\%$ de sua receita de dividendos como impostos, de forma que sua alíquota de imposto efetiva sobre os dividendos recebidos seria de 10,5%. Se essa empresa tinha $ 10.000 em receita de dividendos antes de impostos, então sua receita de dividendos após impostos seria de $ 8.950:

$$\text{Receita após impostos} = \text{Receita antes de impostos} - \text{Impostos}$$
$$= \text{Receita antes de impostos} - (\text{Receita antes do imposto de renda})(\text{Alíquota de imposto efetiva})$$
$$= \text{Receita antes de impostos} (1 - \text{Alíquota de imposto efetiva})$$
$$= \$ 10.000[1 - (0,30)(0,35)]$$
$$= \$ 10.000(1 - 0,105) = \$ 10.000(0,895) = \$ 8.950$$

Se a empresa paga sua própria receita após impostos para os acionistas como dividendos, então a receita está sujeita à *tripla tributação:* (1) a empresa original é a primeira a ser tributada, (2) a segunda empresa é então tributada sobre os dividendos que recebeu e (3) as pessoas que receberam os dividendos finais são tributados novamente. Essa é a razão para a exclusão de 70% dos dividendos entre companhias.

Se uma empresa possui fundos excedentes que podem ser investidos em títulos comercializáveis, o tratamento fiscal favorece o investimento em ações, que pagam dividendos, em vez de títulos que pagam juros. Por exemplo, suponha que a Home Depot tenha US$ 100.000 para investir e poderia comprar títulos que pagassem juros de US$ 8.000 ao ano ou ações preferenciais que pagassem dividendos de US$ 7.000. A Home Depot está na faixa de imposto de 35%, portanto seu imposto sobre juros, se comprasse os títulos, seria de $0,35(\$ 8.000) = \$ 2.800$, e sua receita após impostos, de $ 5.200. Se comprasse ações preferenciais (ou ordinárias), seu imposto seria de $0,35 [(0,30)(\$ 7.000)] = \$ 735$, e sua receita após impostos, de $ 6.265. Outros fatores poderiam levar a Home Depot a investir em títulos, mas o tratamento fiscal certamente favorece os investimentos em ações quando o investidor é uma empresa.[12]

Juros e dividendos pagos por uma empresa

As operações de uma empresa podem ser financiadas com dívida ou patrimônio. Se a empresa utilizar dívida, então deverá pagar juros sobre essa dívida, mas, se a empresa utilizar patrimônio, haverá uma expectativa de que pague dividendos aos investidores (acionistas). Os juros *pagos* por uma empresa são deduzidos de seu lucro operacional para obter o lucro tributável, mas os dividendos pagos não são dedutíveis. Portanto, uma empresa precisa de $ 1 de lucro antes de impostos para pagar $ 1 de juros, mas, se estiver na faixa de imposto federal mais imposto estadual de 40%, deverá ganhar $ 1,67 de lucro antes de impostos para pagar $ 1 de dividendos:

---

[11] O tamanho da exclusão dos dividendos realmente depende do nível do investimento. Empresas que possuem menos que 20% das ações da empresa que está pagando os dividendos podem excluir 70% dos dividendos recebidos; empresas que possuem mais que 20%, mas menos que 80%, podem excluir 80% dos dividendos; e empresas que possuem mais que 80% podem excluir o pagamento total dos dividendos. Em geral, assumimos uma exclusão de dividendos de 70%.

[12] Esse exemplo demonstra por que as empresas preferem investir em ações preferenciais de menor rendimento a investir em títulos de alto rendimento. Quando as consequências fiscais são consideradas, o rendimento das ações preferenciais, $[1 - 0,35(0,30)](7,0\%) = 6.265\%$, é mais alto que o rendimento do título, $(1 - 0,35)(8,0\%) = 5,2\%$. Observe também que as empresas estão restritas em seu uso de fundos emprestados para adquirir ações preferenciais ou ordinárias de outras empresas. Sem tais restrições, as empresas poderiam se envolver em arbitragem tributária, em que os juros sobre fundos emprestados reduzem os rendimentos tributáveis dólar a dólar, enquanto os rendimentos tributáveis aumentam apenas $ 0,30 por dólar de receita de dividendos. Portanto, as leis fiscais atuais reduzem a exclusão de 70% de dividendos na proporção do valor emprestado usado para comprar ações.

$$\text{Lucro antes de impostos necessário para pagar } \$ 1 \text{ de dividendos} = \frac{\$ 1}{1 - \text{Alíquota de imposto}} = \frac{\$ 1}{0,60} = \$ 1,67$$

Quando a situação é contrária e uma empresa tem $ 1,67 de lucro antes de impostos, deve pagar $ 0,67 em impostos: (0,4)($ 1,67) = $ 0,67. Isso deixa a empresa com um lucro após impostos de $ 1,00.

É claro que, em geral, não é possível financiar capital exclusivamente com dívida, e o risco de fazer isso compensaria os benefícios do lucro esperado mais alto. Ainda assim, *o fato de que juros são uma despesa dedutível tem um efeito profundo na maneira como os negócios são financiados: nosso sistema de imposto de pessoa jurídica favorece o financiamento com dívida em vez do financiamento com patrimônio.* Esse ponto é discutido com mais detalhes nos Capítulos 9 e 15.

Ganhos de capital das empresas

Antes de 1987, ganhos de capital de longo prazo eram tributados a taxas menores que a renda ordinária das empresas, então a situação era semelhante para pessoas jurídicas e físicas. Segundo a lei atual, no entanto, os ganhos de capital das empresas são tributados às mesmas taxas que o lucro operacional.

Prejuízos retroativos e futuros

Prejuízos operacionais ordinários das empresas são passíveis de compensação (**compensação retroativa**) ante lucros tributáveis de dois anos anteriores e de períodos-base subsequentes (**compensação futura**) por um

Quando se trata de impostos, a história sempre se repete!

Antes de 1987, muitas grandes empresas como a General Electric e a Boeing não pagavam impostos federais embora reportassem lucro. Como isso era possível? Algumas despesas, principalmente a depreciação, eram definidas de forma diferente para calcular o rendimento tributável e para reportar lucros aos acionistas. Então, algumas empresas reportaram lucros a acionistas, mas perdas — portanto, sem impostos — à Internal Revenue Service. Além disso, algumas empresas que teriam pago os impostos conseguiam usar vários créditos fiscais para não precisar pagar impostos.

A Lei de Reforma Fiscal de 1986 eliminou muitas lacunas e estreitou as normas do código corporativo da Alternative Minimum Tax (AMT) para que as empresas não pudessem utilizar créditos fiscais e depreciação acelerada a ponto de seus impostos federais ficarem abaixo do nível mínimo.

Avançando agora para o futuro. De acordo com um relatório publicado no fim de 2011, a General Electric e a Boeing não pagaram impostos federais em 2008, 2009 ou 2010, embora tenham reportado lucros em cada ano. Na verdade, 30 empresas com um lucro médio de mais de US$ 1,7 bilhão por ano não pagaram impostos durante um período de estudo de três anos. Das 280 empresas do estudo, 97 pagaram 10% ou menos de seu lucro reportado como impostos federais. As taxas médias efetivas eram de menos de 19%, bem menores do que a taxa de 35% mostrada na tabela de tributação das empresas. Apenas 25% das empresas do estudo pagaram mais de 30%. Por que a história se repete?

Ao longo dos anos, o Congresso gradualmente revogou muitas das reformas em impostos de 1986 e enfraqueceu a AMT, adicionando cada vez mais lacunas e créditos. Algumas dessas rupturas cabiam a todas as empresas, como a aceleração da depreciação em 2008 que pretendia estimular investimento corporativo no despertar da crise econômica global. Outras eram para indústrias específicas, como isenções fiscais para a produção de etanol que podem ajudar a reduzir a dependência do óleo importado. Entretanto, algumas das mudanças parecem difíceis de justificar, como as isenções fiscais de 2010 dadas aos proprietários da NASCAR.

O resultado líquido é um sistema de impostos complicado, no qual empresas com contadores astutos e lobistas bem relacionados pagam significativamente menos do que as outras empresas. Conforme escrevemos isso, em 2012, o presidente Obama e os líderes do Congresso pedem uma reforma fiscal corporativa.

Fontes: Adaptado de Robert S. McIntyre, Matthew Gardner, Rebecca J. Wilkins e Richard Phillips "Corporate Taxpayers & Corporate Tax Dodgers 2008–10," *Joint Project of Citizens for Tax Justice & the Institute on Taxation and Economic Policy,* Novembro de 2011; veja **www.ctj.org/ corporatetaxdodgers/CorporateTaxDodgers Report.pdf.**

TABELA 2-2
Apex Corporation: Cálculo de US$ 12 milhões de prejuízos a compensar e montante disponível para compensação futura

	Exercício anterior 2011	Exercício anterior 2012	Exercício anterior 2013
Lucro tributável original	$ 2.000.000	$ 2.000.000	-$ 12.000.000
Crédito fiscal a compensar	2.000.000	2.000.000	
Lucros ajustados	$ 0	$ 0	
Impostos pagos (40%)	800.000	800.000	
Diferença = Restituição de imposto devido	$ 800.000	$ 800.000	
Restituição de imposto total recebida			$ 1.600.000
Montante de prejuízo a compensar disponível			
Prejuízo atual			-$ 12.000.000
Prejuízos compensados			4.000.000
Prejuízos a compensar ainda disponíveis			-$ 8.000.000

período de 20 anos e assim ser utilizado para compensar o rendimento tributável naqueles anos. Por exemplo, um prejuízo operacional em 2013 poderia ser utilizado para reduzir lucros tributáveis em 2011 e 2012 e, se necessário, para reduzir impostos em 2014, 2015, e assim por diante até 2033. Após a compensação retroativa de dois anos, qualquer prejuízo remanescente é geralmente transportado para o próximo ano, então para o ano subsequente a este e assim por diante, até que o montante total de prejuízos tenha sido usado ou o prazo de compensação de 20 anos tenha sido atingido.

Para ilustrar, suponha que a Apex Corporation tivesse $ 2 milhões de *lucros* antes de impostos (lucro tributável) em 2011 e 2012, e então, em 2013, a Apex perdesse $ 12 milhões. Suponha também que a alíquota de imposto federal + estadual da Apex fosse de 40%. Conforme mostrado na Tabela 2-2, a empresa utilizaria a compensação retroativa para recalcular seus impostos de 2011, usando $ 2 milhões dos prejuízos operacionais de 2013 para reduzir a zero o lucro antes de impostos de 2011. Isso permitiria à Apex recuperar os impostos pagos em 2011. Portanto, em 2013, a Apex receberia uma restituição de seus impostos de 2011 em decorrência do prejuízo sofrido em 2013. Como os $ 10 milhões de prejuízos não recuperados ainda estariam disponíveis, a Apex repetiria esse procedimento para 2012. Portanto, em 2013, a empresa pagaria zero de impostos para 2013 e também receberia uma restituição dos impostos pagos em 2011 e 2012. A Apex ainda teria US$ 8 milhões de prejuízos não recuperados para compensar com períodos-base subsequentes, num prazo de 20 anos. Esses $ 8 milhões poderiam ser usados para compensar lucros tributáveis futuros. O objetivo desse tratamento dos prejuízos é evitar a penalização de empresas cuja renda flutua substancialmente de ano para ano.

Acumulação imprópria para evitar pagamento de dividendos

As empresas poderiam deixar de pagar dividendos e, portanto, permitir que seus acionistas não pagassem impostos de renda pessoais sobre dividendos. Para impedir isso, o Código Tributário contém uma disposição de **acumulação imprópria** que diz que os lucros acumulados por uma empresa estarão sujeitos a multas *se o propósito da acumulação for permitir que os acionistas evitem impostos de renda pessoais.* Pela lei, um total cumulativo de $ 250.000 (a conta de "lucros retidos" do balanço) está isento de imposto sobre acumulação imprópria para a maioria das empresas. Trata-se de um benefício destinado principalmente às empresas pequenas.

A multa por acumulação imprópria se aplicará apenas se os lucros retidos superiores a $ 250.000 forem *demonstrados pelo IRS como desnecessários para atender às necessidades razoáveis dos negócios.* Muitas empresas têm, de fato, razões legítimas para reter mais de $ 250.000 de lucros. Por exemplo, lucros podem ser retidos e usados para pagar dívida, financiar crescimento ou fornecer à empresa uma proteção contra possíveis faltas de caixa causadas por prejuízos. Quanto uma empresa deve ser autorizada a acumular para contingências incertas é uma questão de critério. Veremos essa questão novamente no Capítulo 14, que trata da política de dividendos de empresas.

Declarações consolidadas de imposto de renda de pessoa jurídica

Se uma empresa possui 80% ou mais das ações de outra empresa, então pode agregar lucros e entregar uma declaração de imposto de renda consolidada; portanto, os prejuízos de uma empresa podem ser usados para compensar os lucros de outra. (Da mesma forma, os prejuízos de uma divisão podem ser usados para compensar os lucros de outra divisão.) Nenhuma empresa quer incorrer em prejuízos (você pode quebrar perdendo $ 1 para economizar 35 centavos em impostos), mas a compensação de impostos ajuda a tornar mais viável, para grandes empresas com múltiplas divisões, assumir riscos de novos empreendimentos que sofrerão prejuízos durante o período de desenvolvimento.

Impostos sobre renda auferida no exterior

Muitas empresas dos Estados Unidos possuem subsidiárias no exterior, as quais devem pagar impostos nos países onde atuam. Com frequência, alíquotas de impostos estrangeiros são mais baixas que nos Estados Unidos. Contanto que os lucros estrangeiros sejam reinvestidos no exterior, nenhum imposto norte-americano é devido sobre esses lucros. No entanto, quando lucros estrangeiros são repatriados para a matriz nos Estados Unidos, eles são tributados à alíquota aplicável desse país, menos o crédito dos impostos pagos ao país estrangeiro. Como resultado, empresas norte-americanas como IBM, Coca-Cola e Microsoft foram capazes de diferir bilhões de dólares de impostos. Esse procedimento estimulou investimentos no exterior por empresas multinacionais dos Estados Unidos – elas podem continuar a diferir por prazo indefinido, mas apenas se reinvestirem os lucros nas operações no exterior.[13]

2-9b Tributação de pequenas empresas: companhias S

O Código Tributário estabelece que pequenas empresas que atendam a determinadas restrições podem ser estabelecidas como sociedades anônimas e, portanto, receber os benefícios de uma sociedade anônima – especialmente de responsabilidade limitada – e ainda ser tributadas como firmas individuais ou sociedades em nome coletivo e não como sociedades anônimas. Essas sociedades são denominadas **companhias S**. (Companhias "regulares" são denominadas companhias C.) Se uma companhia opta por um *status* de companhia S para fins fiscais, então todo o lucro dos negócios é reportado como renda pessoal de seus acionistas, de forma proporcional, e, portanto, tributado às alíquotas aplicáveis às pessoas físicas. Esse é um benefício importante aos proprietários de pequenas empresas em que grande parte ou o montante total do lucro auferido a cada ano será distribuído como dividendos, porque o lucro é tributado apenas uma vez, no nível de pessoa física.

2-9c Impostos pessoais

A **renda ordinária** é composta principalmente por salários ou lucros de uma empresa individual ou sociedade em nome coletivo, mais renda de investimentos. Para o ano-base de 2012, pessoas físicas com menos de $ 8.700 de lucro tributável estão sujeitas a uma alíquota de imposto de renda federal de 10%. Para aqueles com uma renda maior, as alíquotas de imposto aumentam e chegam a 35%, dependendo do nível da renda. Isso é chamado de **imposto progressivo**, pois quanto mais alta a renda da pessoa, maior a porcentagem paga em impostos.

Conforme observado antes, pessoas físicas são tributadas sobre a renda de investimentos e sobre a renda auferida, mas com algumas exceções e modificações. Por exemplo, juros recebidos da maioria dos títulos dos governos estadual e local, chamados **municipais** ou "*munis*", não estão sujeitos à tributação federal. No entanto, juros ganhos sobre a maioria dos outros títulos ou empréstimos são tributados como renda ordinária. Isso significa que um título municipal de baixo rendimento pode fornecer o mesmo retorno após impostos que um título privado de alto rendimento. Para um contribuinte na faixa de imposto marginal de 35%, um título municipal com rendimento de 5,5% fornece o mesmo retorno após impostos que um título privado com rendimento antes de impostos de 8,46%: 8,46%(1 – 0,35) = 5,5%.

---

[13] Trata-se de uma questão política contenciosa. As empresas norte-americanas argumentam que nosso sistema tributário é semelhante aos sistemas no restante do mundo, e se elas fossem tributadas imediatamente sobre todos os lucros auferidos no exterior, estariam em desvantagem competitiva em relação às suas concorrentes globais. Outras argumentam que a tributação encoraja investimentos no exterior em detrimento de investimentos internos, contribuindo para o problema de terceirização de empregos e também para o déficit no orçamento federal.

Ativos como ações, títulos e imóveis são definidos como ativos financeiros. Se você possuir um ativo financeiro e seu preço subir, então seu patrimônio aumentará, mas você não será responsável por quaisquer impostos sobre seu patrimônio aumentado até vender o ativo. Se vender o ativo por mais do que você originalmente pagou, o lucro será denominado **ganho de capital**; se vender o ativo por menos, então você sofrerá uma **perda de capital**. O tempo em que você manteve o ativo determina o tratamento fiscal. Se o ativo foi mantido por menos de um ano, então seu ganho ou perda é simplesmente adicionado à sua renda ordinária. Se foi mantido por mais de um ano, os ganhos são chamados de *ganhos de capital de longo prazo* e tributados a uma alíquota mais baixa.

Segundo as mudanças na lei fiscal de 2003, os dividendos agora são tributados como se fossem ganhos de capital. Como mencionado antes, empresas podem deduzir o pagamento de juros, mas não dividendos ao calcularem seu passivo fiscal, o que significa que os dividendos são tributados duas vezes, uma vez no nível de pessoa jurídica e novamente no nível de pessoa física. Esse tratamento diferenciado motiva as empresas a usar a dívida de maneira relativamente intensiva e pagar dividendos pequenos (até mesmo nenhum). A lei fiscal de 2003 não eliminou o tratamento diferenciado dos dividendos e dos pagamentos de juros com base na perspectiva das companhias, mas tornou o tratamento fiscal de dividendos mais semelhante ao tratamento dos ganhos de capital com base nas perspectivas dos investidores. Para ver isso, considere uma empresa que não paga dividendos, mas reinveste o caixa que poderia ter pago. O preço das ações da empresa deve aumentar, levando a um ganho de capital que seria tributado à mesma taxa que o dividendo. É claro que a valorização do preço das ações não é tributada até a ação ser vendida, enquanto os dividendos são tributados no ano em que são pagos, assim os dividendos ainda serão mais caros que os ganhos de capital para muitos investidores.

Finalmente, observe que a renda das companhias S *e* dos negócios sem personalidade jurídica é divulgada como renda pelos proprietários das empresas. Uma vez que existem muito mais companhias S, sociedades e empresas individuais do que companhias C (que estão sujeitas ao imposto de pessoa jurídica), as considerações de imposto de pessoa física têm um papel importante nas finanças do negócio.

Autoavaliação

1. Explique o que quer dizer esta afirmação: "Nossas alíquotas de impostos são progressivas".
2. Se uma companhia tiver $ 85.000 de lucro tributável, qual será o passivo fiscal? **($ 17.150)**
3. Explique a diferença entre alíquota de imposto marginal e alíquota média de imposto.
4. O que são títulos municipais e como são tributados?
5. O que são ganhos e perdas de capital e como eles são tributados?
6. Como o sistema de imposto de renda federal trata os dividendos recebidos por uma pessoa jurídica em comparação com os recebidos por uma pessoa física?
7. Qual é a diferença no tratamento fiscal de juros e dividendos pagos por uma companhia? Esse fator favorece o financiamento com dívida ou patrimônio?
8. Explique de forma sucinta como funcionam os procedimentos de prejuízos fiscais a compensar.

Resumo

- As quatro demonstrações básicas contidas no **relatório anual** são balanço patrimonial, demonstração do resultado, demonstração do patrimônio líquido e demonstração do fluxo de caixa.
- O **balanço patrimonial** mostra ativos no lado esquerdo e, no lado direito, passivos e patrimônio líquido, ou obrigações de pagamento contra ativos. O balanço patrimonial pode ser considerado uma imagem instantânea da posição financeira da empresa em um momento específico.
- A **demonstração do resultado** informa os resultados das operações durante um período e apresenta lucro por ação como "resultado final".
- A **demonstração do patrimônio líquido** apresenta a variação nos lucros retidos entre as datas do balanço patrimonial. Os lucros retidos representam uma obrigação de pagamento contra ativos, não ativos propriamente ditos.
- A **demonstração dos fluxos de caixa** apresenta o efeito de atividades operacionais, de investimentos e de financiamentos sobre os fluxos de caixa durante um período contábil.

- **Fluxo de caixa líquido** difere de **lucro contábil** porque algumas receitas e despesas refletidas em lucros contábeis podem não ter sido recebidas ou pagas em caixa durante o exercício fiscal. A depreciação é normalmente o item que não afeta o caixa mais significativo, assim o fluxo de caixa líquido é frequentemente expresso como lucro líquido mais depreciação.
- **Ativos circulantes operacionais** são ativos circulantes consumidos para dar suporte às operações, tais como caixa, estoque e contas a receber. Não inclui aplicações financeiras de curto prazo.
- **Passivos circulantes operacionais** são passivos circulantes que surgem como uma consequência natural das operações, tais como contas a pagar e provisões. Não incluem títulos a pagar ou qualquer outra dívida de curto prazo que cobre juros.
- **Capital de giro operacional líquido** é a diferença entre ativos circulantes operacionais e passivos circulantes operacionais. Assim, é o capital de giro adquirido com os recursos fornecidos pelos investidores.
- **Ativos operacionais de longo prazo** são ativos de longo prazo utilizados para dar suporte às operações como imobilizado líquido. Não incluem os investimentos de longo prazo que pagam juros ou dividendos.
- **Capital operacional líquido total** (que significa o mesmo que **capital operacional** e **ativo operacional líquido)** é a soma do capital de giro operacional líquido e dos ativos operacionais de longo prazo. Trata-se do montante total de capital necessário para administrar o negócio. **Nopat** significa lucro operacional líquido após impostos. Trata-se do lucro após impostos que uma empresa teria se ela não tivesse nenhuma dívida e nenhum investimento em ativos não operacionais. Pelo fato de excluir os impactos das decisões financeiras, é um indicador de desempenho operacional melhor do que lucro líquido.
- NOPAT é o lucro operacional líquido depois de impostos que uma empresa teria se não tivesse dívidas ou investimentos em ativos não operacionais. Uma vez que o NOPAT exclui os efeitos das decisões financeiras, é uma medida melhor do desempenho operacional do que seu lucro líquido.
- **Retorno sobre capital investido (ROIC)** é igual o NOPAT dividido pelo capital operacional líquido total. Ele mede a taxa de retorno que as operações geram. É a melhor medida para o desempenho operacional.
- **Fluxo de caixa livre (FCL)** é o montante de fluxo de caixa remanescente após uma empresa realizar os investimentos em ativos necessários para dar suporte às operações. Em outras palavras, o FCL é o montante de fluxo de caixa disponível para distribuição aos investidores, assim *o valor de uma empresa está diretamente relacionado com a sua capacidade de gerar fluxo de caixa livre.* O FCL é definido como Nopat menos o investimento líquido em capital operacional.
- **Valor de mercado adicionado (MVA)** representa a diferença entre valor de mercado total de uma empresa e o montante total de capital fornecido pelos investidores. Se os valores de mercado da dívida e das ações preferenciais forem iguais aos valores registrados nas demonstrações financeiras, o MVA será a diferença entre o valor de mercado das ações da empresa e o montante de capital fornecido pelos acionistas.
- **Valor econômico adicionado (EVA)** é a diferença entre lucro operacional após impostos e custo total do capital em dólares, incluindo custo de capital próprio. O EVA é uma estimativa do valor criado pela administração durante o exercício e difere substancialmente de lucro contábil porque nenhuma despesa pelo uso de capital próprio é refletida no lucro contábil.
- A receita de juros recebida por uma companhia é tributada como **renda ordinária**, no entanto, 70% dos dividendos recebidos por uma companhia de outra companhia são excluídos dos **lucros tributáveis.**
- Uma vez que os juros pagos por uma companhia são uma **despesa dedutível** e os dividendos, por sua vez, não são, o nosso sistema de tributação favorece o financiamento com dívida em vez de financiamento com capital próprio.
- Os prejuízos operacionais ordinários das companhias podem ser **compensados com lucros tributáveis** de dois anos anteriores e de **períodos subsequentes** por um prazo de 20 anos.
- **Companhias S** são pequenas empresas que têm os benefícios de companhias de responsabilidade limitada e ainda são tributadas como sociedade ou empresa individual. Nos Estados Unidos, as alíquotas de impostos são **progressivas** – quanto maior a renda, maior o percentual pago em impostos.
- Ativos como ações, títulos e imóveis são definidos como **ativos financeiros**. Se um ativo financeiro é vendido por um preço superior ao seu custo, o lucro é chamado de **ganho de capital**. Se o ativo é vendido por menos, é denominado **perda de capital**. Ativos mantidos por mais de um ano proporcionam **ganhos** ou **perdas de capital de longo prazo**.
- Dividendos são tributados como se fossem ganhos de capital.

Perguntas

(2-1) Defina as expressões apresentadas a seguir:
  a. Relatório anual, balanço patrimonial e demonstração do resultado.
  b. Patrimônio ou patrimônio líquido e lucros retidos.
  c. Demonstração do patrimônio líquido e demonstração do fluxo de caixa.
  d. Depreciação, amortização e EBITDA.
  e. Ativos circulantes operacionais, passivos circulantes operacionais, capital de giro operacional líquido e capital operacional líquido total.
  f. Lucro contábil, fluxo de caixa líquido, Nopat e fluxo de caixa livre.
  g. Valor de mercado adicionado e valor econômico adicionado.
  h. Imposto progressivo, lucro tributável e alíquotas de impostos marginais e médias.
  i. Ganho ou perda de capital e prejuízos fiscais a compensar.
  j. Acumulação imprópria e companhia S.

(2-2) Quais são as quatro demonstrações contidas na maioria dos relatórios anuais?

(2-3) Se uma empresa "típica" anuncia $ 20 milhões de lucros retidos no seu balanço, ela pode definitivamente pagar um dividendo em dinheiro de $ 20 milhões?

(2-4) Explique a seguinte afirmação: "Enquanto o balanço patrimonial pode ser considerado uma imagem instantânea da posição financeira da empresa *em um momento específico*, a demonstração do resultado mostra as operações *durante um período*".

(2-5) O que é capital operacional e por que ele é importante?

(2-6) Explique a diferença entre Nopat e lucro líquido. Qual é a melhor medida de desempenho das operações de uma empresa?

(2-7) O que é fluxo de caixa livre? Por que ele é a medida mais importante de fluxo de caixa?

(2-8) Se você fosse iniciar um negócio, que considerações fiscais poderiam levá-lo a registrar esse empreendimento como uma empresa ou sociedade individual em vez de uma sociedade anônima?

Problema de autoavaliação – A solução está no Apêndice A

(PA-1) Lucro líquido, fluxo de caixa e EVA: No ano passado, a Cole Furnaces teve $ 5 milhões de lucro operacional (EBIT). A empresa teve uma despesa de depreciação líquida de $ 1 milhão e uma despesa de juros de $ 1 milhão. A alíquota de imposto da empresa era de 40%. A Cole tem $ 14 milhões de ativos circulantes operacionais, $ 4 milhões de passivos circulantes operacionais e $ 15 milhões de imobilizado líquido. Estima-se que a empresa tenha um custo de capital após impostos de 10%. Suponha que o único item que não afeta o caixa da Cole seja a depreciação.
  a. Qual foi o lucro líquido da empresa no exercício?
  b. Qual foi o fluxo de caixa líquido da empresa?
  c. Qual foi o lucro operacional líquido da empresa após impostos (Nopat)?
  d. Calcule o capital de giro operacional líquido e o capital operacional líquido total para o exercício corrente.
  e. Se o capital operacional líquido total do exercício anterior foi de $ 24 milhões, qual foi o fluxo de caixa livre (FCL) do exercício?
  f. Qual foi o valor econômico adicionado (EVA) da empresa?
  g. Qual foi o retorno sobre o capital investido.

Problemas – As soluções estão no Apêndice B

Observação: Quando este livro for publicado, o Congresso pode ter mudado taxas e/ou outras normas da lei tributária circulante, conforme observado neste capítulo, já que mudanças ocorrem frequentemente. Lide com os problemas presumindo que as informações deste capítulo são aplicáveis.

Problemas fáceis 1-6

(2-1) **Rendimento pessoal após impostos** – Um investidor comprou recentemente um título privado que rende 9%. O investidor está na faixa de imposto combinado federal e estadual de 36%. Qual é o rendimento do título após impostos?

(2-2) **Rendimento pessoal após impostos** – Os títulos emitidos pela Johnson Corporation rendem atualmente 8%. Os títulos municipais de igual risco rendem atualmente 6%. Em que alíquota de imposto um investidor estaria indiferente entre esses dois títulos?

(2-3) **Demonstração de resultado** – A Molteni Motors Inc. anunciou recentemente um lucro líquido de US$ 6 milhões. Seu EBIT foi de US$ 13 milhões, e sua alíquota de imposto, 40%. Qual foi a sua despesa com juros? (*Dica*: Escreva o título de uma demonstração do resultado e depois preencha os valores conhecidos. Então, divida o lucro líquido de US$ 6 milhões por $1 - T = 0,6$ para descobrir o lucro antes de impostos. A diferença entre EBIT e lucro tributável deve ser a despesa de juros. Use o mesmo procedimento para resolver outros problemas.

(2-4) **Demonstração de resultado** – A Talbot Enterprises recentemente reportou EBITDA de US$ 8 milhões e lucro líquido de US$ 2,4 milhões. A empresa tinha $ 2 milhões de despesa de juros e sua alíquota de imposto era de 40%. Qual foi sua despesa de depreciação e amortização?

(2-5) **Fluxo de caixa líquido** – A Kendall Corners Inc. recentemente reportou um lucro líquido de $ 3,1 milhões e depreciação de $ 500.000. Qual foi seu fluxo de caixa líquido? Suponha que não teve despesa de amortização.

(2-6) Em suas demonstrações financeiras mais recentes, Del-Castillo Inc. registrou US$ 70 milhões em lucro líquido e US$ 900 milhões em lucros acumulados. Os lucros acumulados anteriores foram de US$ 855 milhões. Qual a quantia paga em dividendos aos acionistas durante o ano?

Problemas intermediários 7-11

(2-7) **Passivo fiscal de empresas** – A Talley Corporation teve lucro tributável de $ 365.000 proveniente das operações após todos os custos operacionais, mas antes de (1) despesas de juros de $ 50.000, (2) dividendos recebidos de $ 15.000, (3) dividendos pagos de $ 25.000 e (4) imposto de renda. Qual é o passivo de imposto de renda da empresa e seu lucro após impostos? Qual é a alíquota de imposto marginal e média da empresa sobre lucro tributável?

(2-8) **Passivo fiscal de empresas** – A Wendt Corporation tinha $ 10,5 milhões de lucro tributável.
a. Qual é o imposto de renda federal a recolher para o exercício?
b. Assuma que a empresa recebe $ 1 milhão adicional de receita de juros de alguns títulos que possui. Qual é o imposto sobre essa receita de juros?
c. Agora assuma que a Wendt não recebe a receita de juros, mas um adicional de $ 1 milhão como dividendos de algumas ações que possui. Qual é o imposto sobre a receita de dividendos?

(2-9) **Rendimento das empresas após impostos** – A Shrieves Corporation possui $ 10.000 que planeja investir em títulos comercializáveis. A empresa está escolhendo entre títulos da AT&T, que têm um rendimento de 7,5%, títulos municipais do estado da Flórida, que têm um rendimento de 5% (mas não são tributáveis), e ações preferenciais da AT&T, com um dividendo de 6%. A alíquota de imposto de pessoa jurídica da Shrieves é de 35%, e 70% dos dividendos são isentos de impostos. Encontre as taxas de retorno após impostos para todos os três títulos.

(2-10) **Fluxos de caixa** – A Moore Corporation possui uma receita operacional (EBIT) de $ 750.000. A despesa de depreciação da empresa é de $ 200.000. A Moore é 100% financiada pelo patrimônio e paga uma alíquota de imposto de 40%. Qual é o lucro líquido da empresa? Qual é seu fluxo de caixa líquido?

(2-11) **Análise de lucro e fluxo de caixa** – A Berndt Corporation espera ter receitas de $ 12 milhões. Os custos, exceto depreciação, estão estimados em 75% das receitas, e a depreciação, em $ 1,5 milhão. Todas as receitas de vendas serão recebidas em dinheiro e os custos, exceto depreciação, devem ser pagos durante o exercício. A alíquota de imposto federal mais estadual da Berndt é de 40%. A Berndt não possui dívida.
a. Elabore uma demonstração do resultado. Qual é o fluxo de caixa líquido previsto da Berndt?
b. Suponha que o Congresso tenha alterado as leis fiscais de forma que as despesas de depreciação da Berndt dobraram. Não ocorreu nenhuma mudança nas operações. O que aconteceria ao lucro reportado e ao fluxo de caixa líquido?
c. Agora suponha que o Congresso, em vez de dobrar a depreciação da Berndt, tenha reduzido esta em 50%. Como o lucro e o fluxo de caixa líquido seriam afetados?
d. Se esta fosse sua empresa, você preferiria que o Congresso tivesse dobrado ou reduzido pela metade a despesa de depreciação? Por quê?

Problemas desafiadores 12-13

(2-12) Fluxos de caixa livre – Utilizando as demonstrações financeiras da Rhodes Corporation (exibidas a seguir), responda às seguintes perguntas.

a. Qual é o lucro operacional líquido após impostos (Nopat) para 2013?

b. Quais são os valores do capital de giro operacional líquido para ambos os exercícios?

c. Quais são os valores do capital operacional líquido total para ambos os exercícios?

d. Qual é o fluxo de caixa livre para 2013?

e. Qual é o ROIC para 2013?

f. Qual é o montante do FCL que a Rhodes usa para cada um dos seguintes propósitos: juros após impostos, pagamento líquido de dívida, dividendos, recompra líquida de ações e compra líquida de investimentos de curto prazo? (*Dica*: Lembre-se de que um uso líquido pode ser negativo).

Rhodes Corporation: Demonstração do resultado referente ao exercício findo em 31 de dezembro (em milhões de dólares)

	2013	2012
Receitas	$ 11.000	$ 10.000
Custos operacionais excluindo depreciação	9.360	8.500
Depreciação e amortização	380	360
Lucro antes de juros e impostos	$ 1.260	$ 1.140
Menos juros	120	100
Lucro antes de impostos	$ 1.140	$ 1.040
Impostos (40%)	456	416
Lucro líquido disponível para acionistas ordinários	$ 684	$ 624
Dividendos ordinários	$ 220	$ 200

Rhodes Corporation: Balanço patrimonial levantado em 31 de dezembro (em milhões de dólares)

	2013	2012
Ativo		
Caixa	$ 550	$ 500
Aplicações financeiras de curto prazo	110	100
Contas a receber	2.750	2.500
Estoques	1.650	1.500
Total do ativo circulante	$ 5.060	$ 4.600
Imobilizado líquido	3.850	3.500
Total do ativo	$ 8.910	$ 8.100

	2013	2012
Passivo e patrimônio líquido		
Contas a pagar	$ 1.100	$ 1.000
Provisões	550	500
Títulos a pagar	384	200
Total do passivo circulante	$ 2.034	$ 1.700
Dívida de longo prazo	1.100	1.000
Total do passivo	$ 3.134	$ 2.700
Ações ordinárias	4.312	4.400
Lucros retidos	1.464	1.000
Total do patrimônio líquido	$ 5.776	$ 5.400
Total do passivo e patrimônio líquido	$ 8.910	$ 8.100

(2-13) Prejuízos fiscais a compensar – A Bookbinder Company fez $ 150.000 antes de impostos durante cada um dos últimos 15 anos e espera fazer $ 150.000 por ano antes de impostos no futuro. No entanto, em 2013, a empresa teve um prejuízo de $ 650.000. A empresa vai reclamar um crédito fiscal quando entregar sua declaração de imposto de renda de 2013 e vai receber um cheque do Departamento do Tesouro dos Estados Unidos. Mostre como calcular esse crédito e então indique o passivo fiscal da empresa para cada um dos próximos cinco anos. Assuma uma alíquota de imposto de 40% sobre *todo* o lucro para facilitar os cálculos.

Problema de planilha

(2-14) Construa um modelo: Demonstrações financeiras, EVA e MVA:

a. As receitas da Cumberland Industries de 2010 foram de $ 455.000.000; os custos operacionais (excluindo depreciação) foram iguais a 85% das receitas; os ativos fixos líquidos foram de $ 67.000.000; a depreciação totalizou 10% dos ativos fixos líquidos; as despesas de juros foram de $ 8.550.000; a alíquota de imposto estadual mais federal foi de 40%; e a Cumberland pagou 25% de seu lucro líquido em dividendos. Com essas informações, elabore a demonstração do resultado de 2013 da Cumberland. Calcule também os dividendos totais e a adição a lucros retidos. *(Dica:* Comece com o modelo parcial no arquivo e reporte todos os valores em milhares de dólares para simplificar.)

b. O balanço parcial da Cumberland Industries é exibido a seguir. A Cumberland emitiu $ 10.000.000 de novas ações ordinárias em 2013. Usando essas informações e os resultados da parte "a", preencha os valores faltantes para ações ordinárias, lucros retidos, capital total, passivo total e patrimônio líquido.

Cumberland Industries: Balanço patrimonial levantado em 31 de dezembro (em milhares de dólares)

	2013	2012
Ativo		
Caixa	$ 91.450	$ 74.625
Aplicações financeiras de curto prazo	11.400	15.100
Contas a receber	108.470	85.527
Estoques	38.450	34.982
Total do ativo circulante	$ 249.770	$ 210.234
Ativos fixos líquidos	67.000	42.436
Total do ativo	$ 316.770	$ 252.670

	2013	2012
Passivo e patrimônio líquido		
Contas a pagar	$ 30.761	$ 23.109
Provisões	30.405	22.656
Títulos a pagar	12.717	14.217
Total do passivo circulante	$ 73.883	$ 59.982
Dívida de longo prazo	80.263	63.914
Total do passivo	$ 154.146	$ 123.896
Ações ordinárias	?	$ 90.000
Lucros retidos	?	38.774
Total do capital	?	$ 128.774
Total do passivo e patrimônio líquido	?	$ 252.670

c. Elabore a demonstração do fluxo de caixa para 2013.

(2-15) Construa um modelo: Fluxos de caixa livre, EVA e MVA:

a. Usando as demonstrações financeiras exibidas a seguir para a Lan & Chen Technologies, calcule o capital de giro operacional líquido, o capital operacional líquido total, o lucro operacional líquido após impostos, o fluxo de caixa livre e o retorno sobre capital investido para 2013. *(Dica:* Comece com o modelo parcial no arquivo e reporte todos os valores em milhares de dólares para simplificar).

b. Suponha que havia 15 milhões de ações pendentes no final de 2013, que o preço da ação no final do exercício era de $ 65 por ação e que o custo do capital após impostos era de 8%. Calcule o EVA e o MVA para 2013.

Lan & Chen Technologies: Demonstrações do resultado referentes ao exercício findo em 31 de dezembro (em milhares de dólares)

	2013	2012
Receitas	$ 945.000	$ 900.000
Despesas excluindo depreciação e amortização	812.700	774.000
EBITDA	$ 132.300	$ 126.000
Depreciação e amortização	33.100	31.500
EBIT	$ 99.200	$ 94.500
Despesa de juros	10.470	8.600
EBT	$ 88.730	$ 85.900
Impostos (40%)	35.492	34.360
Lucro líquido	$ 53.238	$ 51.540
Dividendos ordinários	$ 43.300	$ 41.230
Adição a lucros retidos	$ 9.938	$ 10.310

Lan & Chen Technologies: Balanço patrimonial levantado em 31 de dezembro (em milhares de dólares)

	2013	2012
Ativo		
Caixa e equivalentes de caixa	$ 47.250	$ 45.000
Aplicações financeiras em curto prazo	3.800	3.600
Contas a receber	283.500	270.000
Estoques	141.750	135.000
Total de ativos circulantes	$ 476.300	$ 453.600
Ativos fixos líquidos	330.750	315.000
Total do ativo	$ 807.050	$ 768.600
Passivo e patrimônio líquido	$ 94.500	$ 90.000
Contas a pagar	47.250	45.000
Provisões	26.262	9.000
Títulos a pagar	$ 168.012	$ 144.000
Total do passivo circulante	94.500	90.000
Dívida de longo prazo	$ 262.512	$ 234.000
Total do passivo	444.600	444.600
Ações ordinárias	99.938	90.000
Lucros retidos	$ 544.538	$ 534.600
Total do capital	$ 807.050	$ 768.600
Total do passivo e patrimônio líquido		

Estudo de caso

Jenny Cochran, formada pela Universidade do Tennessee com quatro anos de experiência como analista de ações, foi recentemente contratada como assistente do presidente do conselho da Computron Industries, a fabricante de calculadoras eletrônicas.

A empresa dobrou a capacidade de sua planta, abriu novos escritórios de vendas fora de seu território nacional E lançou uma cara campanha de publicidade. Os resultados da Computron não foram satisfatórios, para dizer o mínimo. O conselho de administração, que era formado pelo presidente e vice-presidente, além dos principais acionistas (todos eram empresários locais), ficou mais insatisfeito quando os conselheiros souberam como a expansão estava ocorrendo. Os fornecedores estavam sendo pagos com atraso e estavam infelizes, e o banco reclamava da situação cada vez pior e ameaçava cortar o crédito. Como resultado, Robert Edwards, presidente da Computron, foi informado de que mudanças teriam de ser feitas – e rapidamente – ou ele seria demitido. Por insistência do conselho, Jenny Cochran recebeu a função de assistente de Gary Meissner, um banqueiro aposentado que era presidente e o maior acionista da Computron. Meissner concordou em desistir de alguns de seus dias de golfe e ajudar a recuperar a saúde da empresa, com a assistência de Cochran.

Cochran começou a recolher demonstrações financeiras e outros dados.

	2012	2013
Balanços patrimoniais		
Ativo		
Caixa	$ 9.000	$ 7.282
Aplicações financeiras de curto prazo	48.600	20.000
Contas a receber	351.200	632.160
Estoques	715.200	1.287.360
Total do ativo circulante	$ 1.124.000	$ 1.946.802
Ativos fixos brutos	491.000	1.202.950
Menos: depreciação acumulada	146.200	263.160
Ativos fixos líquidos	$ 344.800	$ 939.790
Total do ativo	$ 1.468.800	$ 2.886.592
Passivo e patrimônio líquido		
Contas a pagar	$ 145.600	$ 324.000
Títulos a pagar	200.000	720.000
Provisões	136.000	284.960
Total do passivo circulante	$ 481.600	$ 1.328.960
Dívida de longo prazo	323.432	1.000.000
Ações ordinárias (100.000 ações)	460.000	460.000
Lucros retidos	203.768	97.632
Total do patrimônio líquido	$ 663.768	$ 557.632
Total do passivo e patrimônio líquido	$ 1.468.800	$ 2.886.592

	2012	2013
Demonstração do resultado		
Receitas		
Custo de produtos vendidos	$ 3.432.000	$ 5.834.400
Outras despesas	2.864.000	4.980.000
Depreciação	340.000	720.000
Total de custos operacionais	18.900	116.960
EBIT	$ 3.222.900	$ 5.816.960
Despesas com juros	$ 209.100	$ 17.440
EBT	62.500	176.000
Impostos (40%)	$ 146.600	($ 158.560)
Lucro líquido	58.640	(63.424)
	$ 87.960	($ 95.136)
Outros dados		
Preço das ações	$ 8,50	$ 6,00
Ações em circulação	100.000	100.000
Lucro por ação (EPS)	$ 0,880	($ 0,951)
Dividendo por ação (DPS)	$ 0,220	$ 0,110
Alíquota de impostos	40%	40%

	2013
Demonstração do fluxo de caixa	
Atividades operacionais	
Lucro líquido	($ 95.136)
Ajustes:	
Ajustes que não afetam o caixa:	
Depreciação e amortização	116.960
Variações no capital de giro:	
Variações em contas a receber	(280.960)
Variações em estoques	(572.160)
Variações em contas a pagar	178.400
Variações em provisões	148.960
Caixa líquido gerado (consumido) pelas atividades operacionais	($ 503.936)
Atividades de investimentos	
Caixa usado para adquirir ativos fixos	
Variação em investimentos de curto prazo	($ 711.950)
Caixa líquido gerado (consumido) pelas atividades de investimentos	28.600
	($ 683.350)
Atividades de financiamentos	
Variação em títulos a pagar	$ 520.000
Variação em dívida de longo prazo	676.568
Variação no capital	–
Pagamento de dividendos em dinheiro	(11.000)
Caixa líquido gerado (consumido) pelas atividades de financiamentos	$ 1.185.568
Resumo	
Variação líquida no caixa	($ 1.718)
Caixa no início do exercício	9.000
Caixa no encerramento do exercício	$ 7.282

Suponha que você seja um assistente da Cochran e tenha de ajudá-la a responder as seguintes perguntas para Meissner:

a. Que impacto a expansão teve sobre as receitas e o lucro líquido? Que impacto a expansão teve sobre o lado do ativo no balanço? Que impacto teve sobre o passivo e o patrimônio líquido?

b. O que você concluiu com a demonstração do fluxo de caixa?

c. O que é fluxo de caixa livre? Por que é importante? Quais são os cinco usos do fluxo de caixa livre?

d. Qual é o lucro operacional líquido após impostos (Nopat) da Computron? O que são ativos circulantes operacionais? O que são passivos circulantes operacionais? Quanto capital de giro operacional líquido e capital operacional líquido total a Computron possui?

e. Qual é o fluxo de caixa livre (FCL) da Computron? Quais são os usos líquidos do FCL da empresa?

f. Calcule o retorno sobre capital investido da Computron. A empresa tem um custo de capital de 10% (CMPC). Você acha que o crescimento da Computron agregou valor?

g. "Cochran também pediu para você" que estimasse o EVA da Computron. Ela estima que o custo do capital após impostos foi de 10% nos dois anos.

h. O que aconteceu com o valor de mercado adicionado (MVA) da Computron?

i. Suponha que uma empresa tenha $ 100.000 de lucro tributável das operações mais $ 5.000 de receita de juros e $ 10.000 de receita de dividendos. Qual é o passivo de imposto federal da empresa?

j. Suponha que você esteja na faixa de imposto marginal de 25% e tenha $ 5.000 para investir. Você restringiu suas opções de investimento aos títulos da Califórnia com rendimento de 7% ou títulos da ExxonMobil igualmente arriscados com rendimento de 10%. Qual você escolheria e por quê? Qual taxa de imposto marginal faria você ficar indiferente entre os títulos da Califórnia e os títulos da ExxonMobil?

Análise de demonstrações financeiras

A Macy's, uma grande loja de departamentos varejista, reportou em seus resultados do quarto trimestre de 2011 no lucro de US$ 1,74 por ação (*earnings per share* – EPS). De acordo com o Earnings Scorecard, do site Zacks.com, o resultado da Macy's ficou um pouco acima dos US$ 1,65 que os analistas estimavam. Talvez não seja surpreendente que o retorno das ações da Macy's no período de 5 dias a partir da data de seu anúncio tenha sido positivo: a Macy's obteve 5% de retorno, muito mais do que os 0,6% da S&P 500. O anúncio da Macy's também forneceu parâmetros para que seu EPS de 2012, esperado em US$ 3,25, fosse estimado em US$ 3,30.

A empresa deve fornecer as estimativas de resultados aos investidores? Praticamente ninguém questiona que os investidores precisam do máximo de informações possível para avaliar uma empresa, e estudos acadêmicos mostram que empresas com maior transparência têm avaliações mais altas. No entanto, mais divulgação muitas vezes traz a possibilidade de processos judiciais, caso os investidores sejam levados a acreditar que os dados são fraudulentos. Além disso, a Regulation Fair Disclosure (Reg FD) do Security and Exchange Commission (regulamentação sobre a divulgação de dados, da Comissão de Segurança e Bolsa de Valores) evita que as empresas divulguem informações apenas a grupos específicos, como analistas. A Reg FD levou muitas empresas a começar a fornecer previsões de resultados trimestrais diretamente ao público. Na verdade, uma pesquisa feita pelo National Investors Relations Institute (Instituto Nacional de Relações com Investidores) indicou que 95% dos entrevistados em 2006 forneceram previsões de resultados anuais ou trimestrais, acima dos 45% de 1999.

Duas tendências estão em evidência: (1) o número de empresas que apresentam previsões de resultados trimestrais está diminuindo, mas o número daquelas que apresentam previsões anuais está aumentando; (2) muitas empresas estão fornecendo outros tipos de previsões, incluindo importantes indicadores operacionais e informações qualitativas sobre a empresa e seu setor. A análise de indicadores pode ajudar os investidores a usar tais informações, lembre-se disso ao ler este capítulo.

Fontes: Adaptado do comunicado de imprensa: http://phx.corporate-ir.net/phoenix. zhtml? c=84477&p=RssLanding&cat=news&id=1663112; Zacks's Earnings Scorecard: www.zacks.com/stock/news/70862/Earnings+Scorecard%3A+Macy's; Joseph McCafferty, "Guidance Lite," CFO, junho de 2006, 16–17; e William F. Coffin e Crocker Coulson, "Is Earnings Guidance Disappearing in 2006?" 2006, White Paper, disponível em www.ccgir.com/ccgir/white_papers/pdf/ Earnings%20Guidance%202006.pdf.

VALOR INTRÍNSECO E ANÁLISE DE DEMONSTRAÇÕES FINANCEIRAS

O valor intrínseco de uma empresa é determinado pelo valor presente dos fluxos de caixa livres (FCL) futuros esperados quando descontados pelo custo médio ponderado de capital (CMPC). Este capítulo explica como usar as demonstrações financeiras para avaliar a lucratividade de uma empresa, investimentos necessários, risco de negócio e dívida e patrimônio.

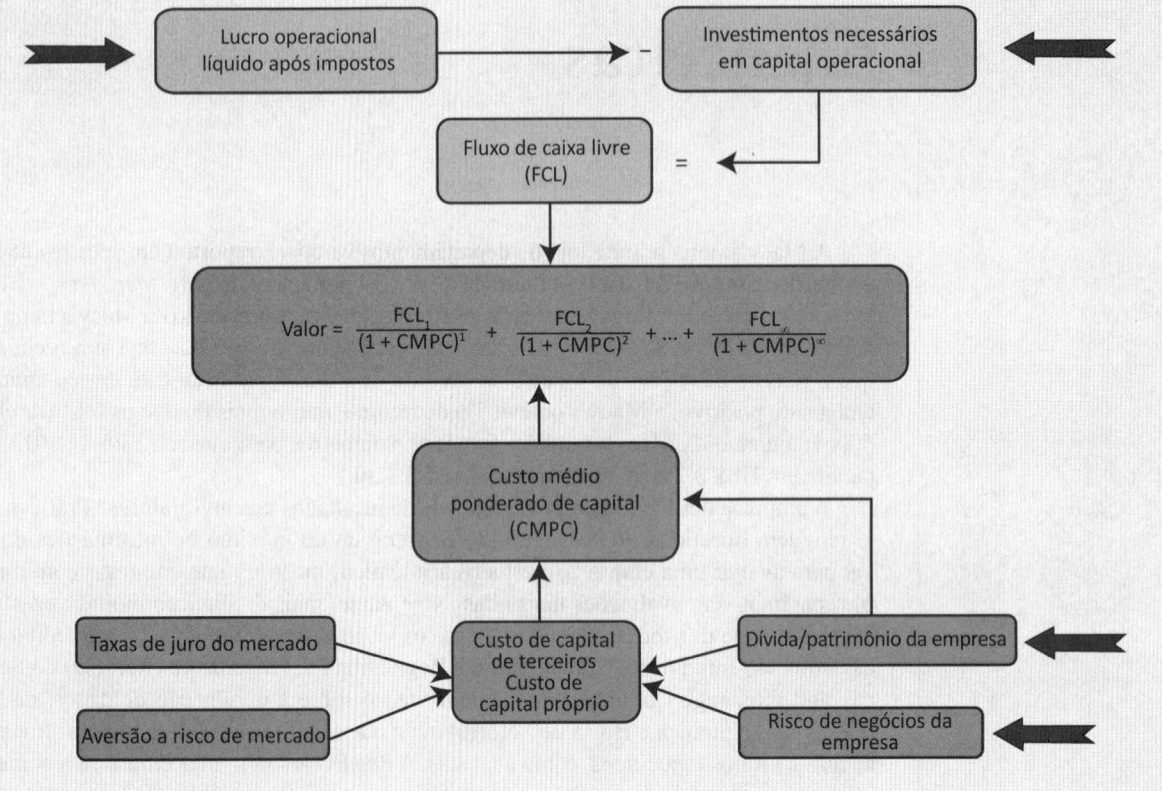

A análise de demonstrações financeiras envolve (1) comparar o desempenho da empresa com outras da mesma indústria e (2) avaliar tendências da posição patrimonial e financeira da empresa ao longo do tempo. Administradores usam análises financeiras para identificar situações que precisam de atenção, credores potenciais usam análises financeiras para determinar se uma empresa tem credibilidade e acionistas utilizam análises financeiras para ajudar a prever futuros resultados, dividendos e fluxo de caixa livre. Como veremos neste capítulo, existem similaridades e diferenças entre seus usos.

3-1   Análise financeira

Na análise financeira, adotamos os passos apresentados a seguir.

3-1a   Reunir informações

O primeiro passo de uma análise financeira é reunir as informações. Como discutimos no Capítulo 2, as demonstrações financeiras podem ser baixadas de diferentes *sites*. Um dos nossos favoritos é o Zack Investment Research, que oferece demonstrações financeiras em um formato padronizado. Ao copiar e colar demonstrações financeiras do *site* em uma planilha e efetuar a análise financeira, você pode rapidamente repetir a análise de uma empresa diferente apenas colando as demonstrações financeiras da empresa nas mesmas células, como as demonstrações financeiras originais. Em outras palavras, não há a necessidade de refazer todo o mecanismo cada vez que você analisar uma empresa.

3-1b   Examinar a demonstração de fluxos de caixa

Algumas análises financeiras podem ser feitas praticamente sem cálculos. Por exemplo, sempre buscamos primeiro pelas demonstrações de fluxos de caixa, especialmente o caixa líquido oriundo das atividades operacionais. Tendências de baixa ou fluxo de caixa líquido negativo de operações quase sempre indicam problemas. A parte das atividades de investimentos da demonstração dos fluxos de caixa mostra se a empresa fez uma grande aquisição, especialmente quando comparados com os fluxos de caixa líquidos de atividades de investimentos referentes a exercícios anteriores. Uma rápida olhada na parte de atividades de financiamentos também revela se uma empresa está emitindo títulos de dívida ou recomprando ações; em outras palavras, a empresa está levantando capital com investidores ou devolvendo capital a eles?

3-1c   Calcular e examinar o retorno sobre capital investido e fluxo de caixa livre

Depois de examinar a demonstração de fluxos de caixa, calculamos o fluxo de caixa livre (FCL) e o retorno sobre capital investido (ROIC), como descrito no capítulo 2. O ROIC oferece uma medida essencial do desempenho geral de uma empresa. Se o ROIC for maior do que o custo médio ponderado de capital (CMPC), a empresa estará agregando valor. Se for menor, a empresa estará enfrentando sérias dificuldades. Independentemente do que o ROIC revela a respeito do desempenho geral da empresa, o fundamental é examinar atividades específicas, e, para isso, usamos indicadores.

3-1d   Iniciar a análise de indicadores

Indicadores financeiros são desenvolvidos para extrair informações relevantes que podem não ser óbvias simplesmente examinando as demonstrações financeiras de uma empresa. Por exemplo, suponha que a empresa A possua uma dívida de $ 5 milhões, e a empresa B, uma dívida de $ 50 milhões. Qual das empresas possui uma situação financeira mais sólida? É impossível responder a essa pergunta sem antes padronizar a relação entre dívida e ativo total, lucros e juros de cada empresa. Tais comparações padronizadas são fornecidas por meio da *análise de indicadores.*

Calcularemos os indicadores financeiros de 2013 da MicroDrive Inc. utilizando informações do balanço patrimonial e demonstrações do resultado, mostradas na Figura 3-1. Avaliaremos também os indicadores em relação às médias do setor. Observe que os valores em dólares estão em milhões.

3-2   Indicadores de liquidez

De acordo com a Figura 3-1, a MicroDrive possui passivo circulante de $ 780 milhões que deve ser liquidado no próximo ano. A empresa terá dificuldades para saldar essas obrigações? **Indicadores de liquidez** tentam responder a esse tipo de questionamento. Nesta seção, discutiremos dois indicadores de liquidez comumente usados.

3-2a   Índice de liquidez corrente

O **índice de liquidez corrente** é o ativo circulante dividido pelo passivo circulante.

$$\text{Índice de liquidez corrente} = \frac{\text{Ativo circulante}}{\text{Passivo circulante}}$$

$$= \frac{\text{US\$ 1.550}}{\text{US\$ 780}} = 2,0$$

$$\text{Média da indústria} = 2,2$$

Ativo circulante normalmente inclui disponíveis, títulos negociáveis, contas a receber e estoques. Passivo circulante inclui contas a pagar, títulos a pagar em curto prazo, vencimentos correntes de dívida de longo prazo, provisões para impostos e outras despesas.

A MicroDrive possui um índice de liquidez corrente mais baixo que a média de seu setor. Isso é bom ou ruim? Às vezes a resposta depende de quem faz a pergunta. Por exemplo, vamos supor que um fornecedor esteja tentando decidir se concede crédito à MicroDrive. De maneira geral, credores gostam de um índice de

FIGURA 3-1

MicroDriveInc.:Balançospatrimoniaisedemonstraçõesderesultadoreferentesaosexercíciosaseremconcluídosem31dedezembro (em milhões de dólares, exceto lucro por ação)

	A	B	C	D	E
23	*Balanços patrimoniais*			**2013**	**2012**
24	*Ativos*				
25	Caixa e equivalentes de caixa			$ 50	$ 60
26	Aplicações de curto prazo			-	40
27	Contas a receber			500	380
28	Estoques			1.000	820
29	Total do ativo circulante			$ 1.550	$ 1.300
30	Imobilizado líquido			2.000	1.700
31	Total do ativo			$ 3.550	$ 3.000
32					
33	*Passivos e patrimônio líquido*				
34	Contas a pagar			$ 200	$ 190
35	Títulos a pagar			280	130
36	Provisões			300	280
37	Total do passivo circulante			$ 780	$ 600
38	Obrigações a longo prazo			1.200	1.000
39	Total do passivo			$ 1.980	$ 1.600
40	Ações preferenciais (400.000 ações)			100	100
41	Ações ordinárias (50.000.000 ações)			500	500
42	Lucros acumulados			970	800
43	Total do patrimônio líquido			$ 1.470	$ 1.300
44	Total do passivo e patrimônio líquido			$ 3.550	$ 3.000
45					
46	*Demonstrações de resultado*			**2013**	**2012**
47	Receita líquida			$ 5.000	$ 4.760
48	Custos operacionais excluindo depreciação			3.800	3.560
49	Depreciação			200	170
50	Outras despesas operacionais			500	480
51	Lucro antes de impostos (EBIT)			$ 500	$ 550
52	Menos juros			120	100
53	Lucros antes de impostos			$ 380	$ 450
54	Impostos (40%)			152	180
55	Lucro líquido antes de dividendos preferenciais			$ 228	$ 270
56	Dividendos preferenciais			8	8
57	Lucro líquido disponível a acionistas ordinários			$ 220	$ 262
58	*Outras informações*				
59	Dividendos ordinários			$50	$48
60	Adição a lucros retidos			$170	$214
61	Pagamentos de arrendamentos			$28	$28
62	Títulos que exigiram pagamento de fundos de amortização			$20	$20
63	Preço de ação ordinária			$27	$40

liquidez corrente alto. Se uma empresa está passando por dificuldades financeiras, ela começará a pagar suas contas (contas a pagar) mais lentamente, tomar empréstimos de seu banco e assim por diante, o que significa que seu passivo circulante irá aumentar. Se o passivo circulante está aumentando mais rápido do que o ativo circulante, então o índice de liquidez corrente irá cair, e isso poderá gerar problemas. O índice de liquidez corrente é o melhor indicador de solvência de curto prazo, pois revela a proteção dos credores em curto prazo por ativos, e há uma expectativa de que estes possam ser rapidamente convertidos em dinheiro.

Agora, vamos considerar o índice de liquidez corrente na perspectiva de um acionista. Um alto índice de liquidez corrente poderia significar que a empresa possui muito dinheiro atrelado a ativos não produtivos (leia-se financeiros), tais como caixa ou títulos negociáveis excedentes. Há ainda a possibilidade de que um alto índice de liquidez corrente seja causado por grandes volumes de estoques, que poderão tornar-se obsoletos antes de serem vendidos. Assim, acionistas podem não querer um alto índice de liquidez corrente.

Uma média da indústria não é um número mágico pelo qual todas as empresas devem lutar para manter – na realidade, algumas empresas bem gerenciadas estarão acima da média, enquanto outras boas estarão abaixo da média. No entanto, se os indicadores de uma empresa estão muito abaixo das médias da sua indústria, isso significa um sinal de alerta, e os analistas devem se preocupar com o motivo dessa variação. Por exemplo, vamos supor que haja um índice de liquidez corrente baixo para estoques baixos. Nesse caso, trata-se de uma vantagem competitiva resultante do domínio de gerenciamento de estoque da empresa ou é o calcanhar de aquiles que pode levar a empresa a perder embarques e vendas? A análise de indicadores não responde a essa questão, mas pode apontar as áreas de possíveis preocupações.

3-2b Índice de liquidez seca

O **índice de liquidez seca** é obtido subtraindo-se os estoques do ativo circulante e dividindo o restante pelo passivo circulante.

$$\text{Índice de liquidez seca} = \frac{\text{Ativo circulante} - \text{Estoques}}{\text{Passivo circulante}}$$

$$= \frac{\text{US\$ } 1.550 - \text{US\$ } 1.000}{\text{US\$ } 780} = 7,0$$

$$\text{Média da indústria} = 0,8$$

Um **ativo líquido** é aquele que é negociado em um mercado ativo e, portanto, pode ser convertido rapidamente em dinheiro pelo preço de mercado atual. Em geral, estoques são o líquido mínimo do ativo circulante de uma empresa, portanto são o ativo circulante em que é mais provável que ocorram perdas em caso de falência. Assim, um indicador da capacidade de uma empresa de saldar obrigações de curto prazo sem depender da venda de estoques é importante.

O índice de liquidez seca da MicroDrive está próximo à média do setor. Porém, ambos estão abaixo de 1,0, o que significa que os estoques teriam de ser liquidados para saldar passivos circulantes em caso de necessidade.

Como se pode comparar a MicroDrive a empresas da S&P 500? Houve um declínio constante na média dos índices de liquidez das empresas da S&P 500 durante a última década. Enquanto escrevemos isto em 2012, os índices de liquidez seca e circulante estão bem abaixo de 1,0, então a MicroDrive e seus colegas de indústria têm mais liquidez do que as empresas típicas da S&P 500.

Autoavaliação

1. Identifique dois indicadores que são usados para analisar a posição de liquidez da empresa e demonstre suas equações.
2. Quais são as características de um ativo líquido? Dê exemplos. Qual ativo circulante é tipicamente o menos líquido?
3. Uma empresa possui passivo circulante de $ 800 milhões e seu índice de liquidez corrente é de 2,5. Qual é o seu nível de ativo circulante? **($ 2.000 milhões)** Se o índice de liquidez seca é 2, quanto estoque a empresa possui? **($ 400 milhões)**

3-3 Índices de gestão de ativos

Os **índices de gestão de ativos** medem a eficiência da empresa na gestão de seus ativos. Se uma empresa tem investimentos excessivos em ativos, então seu capital operacional será desnecessariamente alto, o que reduzirá seu fluxo de caixa livre e, consequentemente, o preço de suas ações. Por outro lado, se uma empresa não possui ativos suficientes, então perderá vendas, o que prejudicará a lucratividade, o fluxo de caixa livre e o preço das ações. Portanto, é importante investir o valor correto em ativos. Indicadores que analisam os diferentes tipos de ativos serão descritos nesta seção.

3-3a Avaliando o total de ativos: o índice de giro do total de ativos

O **índice de giro do total de ativos** mede os dólares em vendas que são gerados para cada dólar relacionado aos ativos:

$$\text{Índice de giro do total de ativos} = \frac{\text{Receita}}{\text{Total de ativos}}$$

$$= \frac{\text{US\$ 5.000}}{\text{US\$ 3.550}} = 1,4$$

Média da indústria = 1,8

O índice da MicroDrive de certa forma está abaixo da média da indústria, o que indica que a empresa não está gerando um volume suficiente de negócios (em comparação a seus pares) em função de seu investimento total em ativos. Em outras palavras, a MicroDrive usa seus ativos de forma relativamente ineficiente. Os índices a seguir podem ser usados para identificar as categorias específicas de ativo que estão causando esse problema.[1]

3-3b   Avaliando ativos fixos: o índice de giro de ativos fixos

O **índice de giro de ativos fixos** mede a eficácia da empresa em relação ao uso de sua fábrica e equipamentos. A relação entre vendas e ativos fixos líquidos é a seguinte:

$$\text{Índice de giros de ativos fixos} = \frac{\text{Receita}}{\text{Ativos fixos líquidos}}$$

$$= \frac{\text{US\$5,000}}{\text{US\$ 3.550}} = 2,5$$

Média da indústria = 3,0

O índice da MicroDrive de 2,5 está um pouco abaixo da média da indústria, o que indica que a empresa não está usando seus ativos fixos de maneira tão intensiva quanto outras empresas do mesmo setor. A inflação pode causar problemas na interpretação do índice de giro dos ativos fixos porque os ativos fixos são divulgados usando os custos históricos dos ativos ao invés de custos de substituição circulantes que podem ser mais altos devido à inflação. Portanto, uma empresa madura com ativos fixos adquiridos há anos também pode ter um índice de giro de ativos fixos mais alto do que uma empresa mais jovem com ativos fixos mais novos que são divulgados a preços inflacionados em relação aos preços históricos dos ativos mais antigos. Entretanto, isso refletiria a dificuldade que os analistas têm em lidar com a inflação ao invés de ineficiência na parte da nova empresa. Você deve estar atento a esse problema potencial ao avaliar o índice de giro dos ativos fixos.

3-3c   Avaliando recebíveis: prazo de recebimento de vendas

O **prazo de recebimento de vendas** (*days sales outstanding* – DSO), também chamado de "período médio de cobrança" (*average collection period* – ACP), é usado para avaliar contas a receber e calculado dividindo-se contas a receber pela média de vendas diárias para obter o número de dias que a empresa levará para receber os valores das vendas. Assim, o DSO representa o tempo médio que a empresa deve aguardar após realizar uma venda antes de receber o pagamento, que é o período médio de cobrança. A MicroDrive possui um DSO de 37 dias, acima da média da indústria, que é de 36:

$$\text{DSO} = \frac{\text{Dias de recebimento de vendas permanentes}}{} = \frac{\text{Recebíveis}}{\text{Média de receitas por dia}} = \frac{\text{Recebíveis}}{\text{Receitas anuais/365}}$$

$$= \frac{\text{US\$ 500}}{\text{US\$ 5.000/365}} = \frac{\text{US\$ 500}}{\text{US\$ 13,7}} = 36,5 \text{ dias} \approx 37 \text{ dias}$$

Média da indústria = 30 dias

Os prazos de venda da MicroDrive exigem pagamentos dentro de 30 dias. O fato de os recebimentos estarem em aberto por 37 dias indica que os clientes, em média, não estão pagando suas contas na data devida.

---

[1] As vendas acontecem durante o ano todo, mas os ativos são divulgados no fim do período. Para uma empresa em crescimento ou uma empresa com variação sazonal, seria melhor usar ativos médios obtidos durante o ano para calcular índices de giro. Entretanto, usamos valores de encerramento do ano para todos os índices de giro para melhor comparação com a maioria das médias da indústria divulgadas.

Assim como acontece com o estoque, níveis altos de contas a receber geram altos níveis de NOWC, o que prejudica o FCL e o preço das ações.

Clientes que estão pagando em atraso podem estar com dificuldades financeiras, o que significa que a MicroDrive pode ter dificuldade em cobrar as contas a receber. Portanto, se a tendência no prazo de recebimento de vendas aumentar de forma inesperada, medidas devem ser tomadas para revisar padrões de crédito e acelerar a cobrança das contas a receber.

3-3d Avaliando estoques: índice do giro de estoque

O **índice de giro do estoque** é definido como custos de produtos vendidos (CPV, em inglês *costs of goods sold* – COGS) divididos pelo estoque.[2] Os índices anteriores usam vendas em vez do CPV. No entanto, receitas de vendas incluem custos e lucros, considerando que o estoque geralmente é declarado a preço de custo. Portanto, é melhor comparar o estoque aos custos em vez de compará-lo às vendas.

A demonstração de resultado da Figura 3-1 separadamente divulga a depreciação e a porção de custos de produtos vendidos que não é composta por depreciação, o que é útil para calcular fluxos de caixa. Entretanto, precisamos do CPV total para calcular o índice de giro do estoque. Para a MicroDrive, praticamente toda a depreciação está associada à produção de seus produtos, então seu CPV é:

$$CPV = \text{Custo dos bens vendidos excluindo a depreciação} + \text{depreciação}$$
$$= \text{US\$ 3.800} + \text{US\$ 200} = \text{US\$ 4.000 milhões}$$

Agora podemos calcular a rotatividade do estoque:

$$\text{Índice de rotatividade do estoque} = \frac{CPV}{\text{Estoques}}$$

$$= \frac{\text{US\$ 3.800} + \text{US\$ 200}}{\text{US\$ 1.000}} = 4,0$$

$$\text{Média da indústria} = 5,0$$

Como mera aproximação, cada item do estoque da MicroDrive é vendido e reabastecido ou "rodado" quatro vezes por ano.[3]

A rotatividade da MicroDrive de 4 é menor do que a média da indústria de 5. Isso sugere que a MicroDrive tem muito estoque. Níveis altos de estoque adicionam ao capital de giro operacional líquido (*net operating working capital* – NOWC), que reduz o FCL, o que leva a preços das ações mais baixos. Além disso, o índice de giro de estoque da MicroDrive faz com que nos perguntemos se a empresa está mantendo produtos obsoletos que não valem seu valor declarado.

Em resumo, o baixo índice de giro dos ativos fixos da MicroDrive, o alto DSO e o baixo índice de giro de estoque fazem com que o índice de giro de ativos totais da MicroDrive seja bem mais baixo do que a média da indústria.

Autoavaliação

1. Identifique quatro índices que são usados para medir a eficácia de uma empresa na administração de seus ativos e demonstre suas equações.
2. Que problema pode surgir quando se comparam os índices de giro de ativos fixos de empresas diferentes?
3. Uma empresa tem vendas anuais de US$ 200 milhões, US$ 180 milhões em custos de produtos vendidos, US$ 40 milhões de estoque e US$ 60 milhões de contas a receber. Qual é seu índice de giro de estoque? (**4,5**) Qual é seu DSO baseado em um ano de 365 dias? (**109,5 dias**)

---

[2] Em edições anteriores, definimos o índice de giro de estoque usando vendas em vez de CPV porque alguns compiladores de estatísticas de índice financeiro, como Dun & Bradstreet, usam o índice de vendas para estoques. Entretanto, a maioria das fontes agora divulga o índice de giro usando CPV, então mudamos nossa definição para nos adaptar à maioria das organizações que presta contas.

[3] Movimentação ou giro é um termo originado do inglês *turnover* que surgiu há muitos anos com os antigos vendedores dos Estados Unidos que carregavam seus caminhões com mercadorias e então partiam para vendê-las. Se ele fizesse 10 viagens por ano, com 100 panelas estocadas, ele obtinha um lucro bruto de US$ 5 por panela e seu lucro bruto anual seria de (100)(US$ 5)(10) = US$ 5.000. Se ele "movimentasse" seu estoque mais rápido e fizesse 20 viagens por ano, então seu lucro bruto dobraria e outros valores se manteriam constantes. Logo, seu giro (movimentação) afetava diretamente seu lucro.

A CRISE ECONÔMICA MUNDIAL

O preço está correto! (Ou errado!)

Quanto vale um ativo se ninguém está comprando ou vendendo? A resposta a essa pergunta é muito importante, pois uma prática contábil denominada "marcação a mercado" requer que alguns ativos sejam ajustados no balanço para que possam refletir seus valores de mercado justo. Regras contábeis são complicadas, porém a ideia geral é que, se um ativo está disponível para venda, então o balanço patrimonial estaria mais preciso se mostrasse o valor de mercado desse ativo. Por exemplo, suponhamos que uma empresa tenha comprado $ 100 milhões de títulos do Tesouro e que, posteriormente, o valor desses títulos tenha caído para $ 90 milhões. Com a marcação a mercado, a empresa registraria o valor dos títulos no balanço patrimonial como de $ 90 milhões, e não no valor de compra original de $ 100 milhões. Observe que essa marcação a mercado pode ter um impacto significativo nos índices financeiros e, consequentemente, na percepção dos investidores sobre a saúde financeira de uma empresa.

Mas, e se os ativos forem títulos lastreados em hipotecas que foram originalmente comprados por $ 100 milhões? Com o crescimento do índice de inadimplência em 2008, o valor desses títulos caiu rapidamente e então os investidores praticamente pararam de negociá-los. Como a empresa deve registrá-los? Pelo preço original de $ 100 milhões, pelo preço de $ 60 milhões que foi observado antes da escassez do mercado, por $ 25 milhões quando um fundo de *hedge* com grande necessidade de caixa para evitar inadimplência vendeu alguns desses títulos ou por $ 0, uma vez que não existe cotação atual? Ou deveriam ser registrados pelo preço gerado por um modelo de computador ou de alguma outra maneira?

A resposta para isso é especialmente importante em épocas de estresse econômico. O Congresso, o SEC (CVM norte-americana), o Financial Accounting Standards Board (FASB) e o Tesouro norte-americano estão todos trabalhando para encontrar as respostas certas. Se eles sugerem um preço muito baixo, isso pode fazer com que os investidores acreditem erroneamente que algumas empresas valem muito menos do que seus valores intrínsecos, e isso pode disparar crises nos bancos e falência das empresas que sobreviveriam não fosse por isso. Mas se o preço for muito alto, algumas empresas "zumbi" podem se manter e posteriormente causar até perdas maiores para os investidores, incluindo o governo norte-americano, que é hoje o maior investidor em muitas instituições financeiras. De qualquer forma, um erro na precificação pode criar um efeito dominó e assim derrubar todo o sistema financeiro. Então vamos torcer para que o preço esteja certo!

3-4   Índices de gestão de dívida

A forma como uma empresa utiliza o financiamento de dívida, ou **alavancagem financeira**, tem três importantes implicações: (1) Acionistas podem controlar uma empresa com investimentos menores do que seu próprio patrimônio se financiarem parte da empresa com dívida. (2) Se os ativos da empresa geram um retorno pré-imposto mais alto do que a taxa de juros sobre dívida, então os retornos dos acionistas são ampliados ou "alavancados." Por outro lado, as perdas dos acionistas também são ampliadas se os ativos geram um retorno pré-imposto menor do que a taxa de juros. (3) Se uma empresa tem alta alavancagem, mesmo um pequeno declínio no desempenho pode fazer com que o valor da empresa fique abaixo do valor que deve aos credores. Portanto, a posição do credor se torna mais arriscada conforme a alavancagem aumenta. Tenha esses três itens em mente enquanto lê as seções seguintes.

34-a   Avaliando ativos fixos: índice de giro de ativos fixos

Os dois principais tipos de dívida da MicroDrive são contas a pagar e títulos de longo prazo, mas empresas mais complicadas também podem divulgar a porção de dívida de longo prazo dentro de um ano, o valor de arrendamentos capitalizados, e outros tipos de obrigações que cobram juros. Para a MicroDrive, a dívida total é:

$$\text{Dívida total} = \text{Contas a pagar} + \text{títulos de longo prazo}$$
$$= \text{US\$ } 280 + \text{US\$ } 1.200 = \text{US\$ } 1{,}48 \text{ bilhão}$$

Seria uma dívida muito grande, não suficiente, ou na medida certa? Para responder a essa pergunta, começamos calculando a porcentagem dos ativos da MicroDrive financiados por dívida. O índice de dívida total para ativos totais é chamado **índice de dívida em ativos**. O nome é às vezes encurtado para **índice de endividamento**.[4] A dívida total é igual à soma de todas as dívidas de curto prazo e dívidas de longo prazo; e não inclui outros passivos. O índice de dívida da MicroDrive é:

---

[4] Em edições anteriores definimos o índice endividamento como a divisão de passivos totais por ativos totais. Para uma comparação melhor com fontes de divulgação na web, mudamos nossa definição para dívida total dividida por ativos totais.

$$\text{Índice de dívida em ativos} = \text{índice de endividamento} = \frac{\text{Dívida total}}{\text{Ativos totais}}$$

$$= \frac{\text{US\$ } 280 + \text{US\$ } 1.200}{\text{US\$ } 3.550} = \frac{\text{US\$ } 1.480}{\text{US\$ } 3,550} = 41,7\%$$

Média da indústria = 25,0%

O índice de dívida da MicroDrive é 41,7%, que é substancialmente maior do que a média da indústria (25%). O índice de dívida em capital é definido como:[5]

$$\text{Índice de dívida/patrimônio} = \frac{\text{Total de dívida}}{\text{Total de patrimônio}}$$

$$= \frac{\text{US\$ } 280 + \text{US\$ } 1.200}{\text{US\$ } 1.470} = \frac{\text{US\$ } 1.480}{\text{US\$ } 1.470} = 1,01$$

Média da indústria = 0,46

O índice de dívida/patrimônio mostra que a MicroDrive tem US$ 1,01 de dívida para cada dólar do patrimônio, enquanto o índice de endividamento mostra que 41,7% dos ativos da MicroDrive são financiados por dívida. Consideramos mais intuitivo pensar na porcentagem da empresa que é financiada com dívida, por isso geralmente usamos o índice de endividamento. No entanto, o índice de dívida/patrimônio também é amplamente utilizado, por essa razão também é interessante saber como interpretá-lo. Certifique-se de saber como um índice é definido antes de usá-lo. Algumas fontes definem o índice de dívida usando apenas a dívida de longo prazo ao invés da dívida total; outros usam o capital fornecido pelo investidor ao invés dos ativos totais. Algumas fontes fazem mudanças semelhantes no índice de dívida/patrimônio, então não esqueça de verificar a definição de sua fonte.

Às vezes se torna útil expressar os índices de endividamento em termos de valores de mercado. É fácil calcular o valor de mercado do patrimônio, que é igual ao preço das ações multiplicado pelo número de ações. O valor de mercado do patrimônio da MicroDrive é de $ 27(50) = $ 1.350. Geralmente, é difícil estimar o valor de mercado dos passivos, então muitos analistas definem o índice de endividamento de mercado da seguinte forma:

$$\text{Índice de endividamento do mercado} = \frac{\text{Dívida total}}{\text{Dívida total} + \text{Valor de mercado do patrimônio}}$$

$$= \frac{\text{US\$ } 280 + \text{US\$ } 1.200}{(\text{US\$ } 280 + \text{US\$ } 1.200) + (\text{US\$ } 27 \times 50)} = \frac{\text{US\$ } 1.480}{\text{US\$ } 1.480 + \text{US\$ } 1.350}$$

$$= 52,3\%$$

Média da indústria = 20,0%

O índice de endividamento do mercado da MicroDrive no ano anterior foi de 36,1%. O grande aumento foi causado por dois fatores principais: o aumento das dívidas e a queda no preço das ações. O preço das ações reflete a expectativa de uma empresa em gerar fluxos de caixa futuros, por isso um declínio no preço das ações indica uma provável queda em fluxos de caixa futuros. Assim, o índice de endividamento do mercado reflete uma fonte de risco que não é capturada pelo índice de endividamento convencional.

Por fim, o índice de passivos totais para ativos totais mostra até que ponto os ativos de uma empresa não são financiados pelo patrimônio. O **índice de passivos em ativos** é definido como:

---

[5] Em edições anteriores definimos o índice de dívida em patrimônio como a divisão de passivos totais por patrimônio líquido total. Para uma comparação melhor com fontes de divulgação na web, mudamos nossa definição para dívida total dividida por patrimônio líquido total.

$$\text{Índice de passivos em ativos} = \frac{\text{Passivos totais}}{\text{Ativos totais}}$$

$$= \frac{\text{US\$ 1.980}}{\text{US\$ 3.550}} = 55,8\%$$

Média da indústria = 45,0%

Para todos os índices que examinamos, a MicroDrive tem mais alavancagem do que seus concorrentes do setor. A próxima seção mostra quão perto a MicroDrive pode estar de uma séria crise financeira.

3-4b Avaliando o total de ativos: índice de giro do total de ativos

O **índice de cobertura de juros (ICJ**, *times-interest-earned*), também chamado de índice de "razão lucro/juros", é obtido dividindo-se o lucro antes de juros e impostos (EBIT na Figura 3-1) pelas despesas com juros.

$$\text{Índice de cobertura de juros (ICJ)} = \frac{\text{EBIT}}{\text{Despesas com juros}}$$

$$= \frac{\text{US\$ 500}}{\text{US\$ 120}} = 4,2$$

Média da indústria = 10,0

O indicador ICJ mede o quanto a receita operacional pode diminuir antes que a empresa se torne incapaz de cobrir seus custos anuais. A incapacidade de honrar essa obrigação pode resultar em ações legais por parte dos credores e, possivelmente, em falência. Observe que o lucro antes de juros e impostos, ao contrário do lucro líquido, é usado no numerador. Pelo fato de os juros serem pagos com dólares antes de impostos, a capacidade da empresa de pagar juros correntes não é afetada pelos impostos. Os juros da MicroDrive estão cobertos 4,2 vezes, o que é bem acima de 1, o ponto em que o EBIT não é suficiente para pagar juros. A média da indústria é de 10, então a MicroDrive está cobrindo suas despesas com juros com uma margem de segurança relativamente baixa. Dessa forma, o indicador ICJ reforça a conclusão de nossa análise do índice de endividamento em que a MicroDrive teria dificuldades caso tentasse tomar emprestado capital adicional.

3-4c Capacidade para serviço de dívida: índice de cobertura do EBITDA

O índice de cobertura de juros é útil para avaliar a habilidade de uma empresa em atender às cobranças de juros em sua dívida, mas esse índice tem duas falhas: (1) Juros não é uma cobrança financeira fixa — as empresas também devem reduzir a dívida no cronograma, e muitas empresas alugam ativos, e, portanto, devem efetuar pagamento de arrendamentos. A falha em repagar dívidas ou respeitar o prazo do pagamento podem levá-las à falência. (2) O EBIT (lucros antes de juros e impostos/*earnings before interest and taxes*) não representa todo o caixa livre disponível para serviço de dívida, especialmente se uma empresa tem altas cobranças de depreciação e/ou amortização. Melhor índice de cobertura de juros levaria em conta os lucros em "caixa" e as outras cobranças financeiras. A MicroDrive tinha US$ 500 milhões em EBIT e US$ 200 milhões em depreciação, para um EBITDA (lucros antes de juros, impostos, depreciação e amortização/*earnings before interest, taxes, depreciation, and amortization*) de US$ 700 milhões. Além disso, pagamentos de arrendamentos de US$ 28 milhões foram deduzidos no cálculo do EBIT. Esses US$ 28 milhões estavam disponíveis para atender as cobranças financeiras; portanto devem ser adicionados, fazendo com que o total disponível cubra cobranças financeiras fixas para US$ 728 milhões. As cobranças financeiras fixas consistiram em US$ 120 milhões em juros, US$ 20 milhões de fundos de amortização, e US$ 28 milhões para pagamentos de arrendamentos, para um total de US$ 168 milhões.[6]

---

[6] Fundo de amortização é um pagamento anual exigido para reduzir o saldo de uma emissão de títulos ou ações preferenciais.

O **índice de cobertura** do EBITDA é:[7]

$$\text{Índice de cobertura do EBITDA} = \frac{\text{EBITDA} + \text{Pagamentos de arrendamentos}}{\text{Juros} + \text{Pagamentos do principal} + \text{Pagamentos de arrendamentos}}$$

$$= \frac{(\text{US\$ } 500 + 200) + \text{US\$ } 28}{\text{US\$ } 120 + \text{US\$ } 20 + \text{US\$ } 28} = \frac{\text{US\$ } 728}{\text{US\$ } 168} = 4,3$$

Média da indústria = 12,0

As cobranças financeiras fixas da MicroDrive estão cobertas 4,3 vezes. O índice da MicroDrive está bem abaixo da média da indústria, então novamente a empresa parece ter um nível relativamente alto de dívida.

O índice de cobertura do EBITDA é mais útil para credores relativamente de curto prazo, como bancos, que raramente fazem empréstimos (exceto empréstimos com garantias imobiliárias) com prazo maior do que cinco anos. Durante um período relativamente curto, fundos gerados por depreciação podem ser usados para serviço de dívidas. Durante um período maior, esses fundos devem ser reinvestidos para a manutenção do imobilizado ou a empresa não poderá continuar operando. Portanto, bancos e outros credores relativamente de curto prazo focam o índice de cobertura do EBITDA, enquanto os detentores de títulos de longo prazo concentram-se no índice ICJ.

Autoavaliação

1. Como o uso de alavancagem financeira afeta a posição de controle de acionistas existentes?
2. Nomeie seis índices usados para medir até que ponto uma empresa usa a alavancagem financeira, e escreva suas equações.
3. Uma empresa possui EBITDA de \$ 600 milhões, pagamentos de juros de \$ 60 milhões, pagamentos de arrendamentos de \$ 40 milhões e pagamentos exigidos do principal (referente a este ano) de \$ 30 milhões. Qual é o índice de cobertura do EBITDA? **(4,9)**

3-5   Índices de lucratividade

Lucratividade é o resultado líquido de um conjunto de políticas e decisões. Os índices examinados até agora fornecem dados importantes sobre a eficácia das operações de uma empresa, mas os **índices de lucratividade** mostram os efeitos combinados de liquidez, gestão de ativos e dívida sobre resultados operacionais.

3-5a   Margem de lucro líquido

A **margem de lucro líquido**, também chamada de **margem de lucro sobre vendas**, é calculada dividindo-se o lucro líquido pelas vendas. Essa margem mostra o lucro por dólar de vendas.

$$\text{Margem de lucro líquido} = \frac{\text{Lucro líquido disponível para acionistas ordinários}}{\text{Receita}}$$

$$= \frac{\text{US\$ } 220}{\text{US\$ } 5.000} = 4,4\%$$

Média da indústria = 6,2%

---

[7] Analistas diferentes definem o índice de cobertura do EBITDA de maneiras diferentes. Por exemplo: alguns omitem as informações sobre pagamentos de arrendamentos; outros "reajustam" os pagamentos do principal dividindo-os por 1 – T, uma vez que esses pagamentos não são deduções de impostos e, portanto, devem ser feitos com fluxos de caixa após impostos. Incluímos pagamentos de arrendamentos porque, para muitas empresas, eles são muito importantes, e a falta de seu pagamento pode levar à falência da mesma forma quando não realizamos pagamentos de dívidas "regulares". Não reajustamos os pagamentos do principal porque, se uma empresa está com dificuldades financeiras, então sua taxa de impostos provavelmente será zero; assim, o reajuste não será necessário sempre que o índice for realmente importante.

A margem de lucro líquido da MicroDrive está abaixo da média da indústria de 6,2%. Por quê? Seria por causa das operações ineficientes e das despesas altas com juros? Ou por causa de ambas?

Em vez de apenas compararem lucro líquido com as vendas, muitos analistas também analisam a demonstração do resultado em partes para identificar as fontes de uma margem baixa de lucro líquido. Por exemplo, **margem de lucro operacional** é definida como:

$$\text{Margem de lucro operacional} = \frac{\text{EBIT}}{\text{Vendas}}$$

A margem de lucro operacional identifica o desempenho das operações de uma empresa antes do impacto de despesas com juros. Outros analistas vão ainda mais fundo ao examinarem custos operacionais pelos seus componentes. Por exemplo, **margem de lucro bruto** é definida como:

$$\text{Margem de lucro bruto} = \frac{\text{Receita} - \text{Custo de produtos vendidos}}{\text{Receita}}$$

A margem de lucro bruto identifica o lucro bruto por dólar de vendas antes da dedução de quaisquer outras despesas com juros.

Em vez de calcularmos cada tipo de margem de lucro aqui, posteriormente, neste mesmo capítulo, usaremos análise de tamanho comum e análise de troca de porcentagem para focar diferentes partes da demonstração do resultado. Além disso, usaremos a equação de DuPont para mostrar como os índices interagem uns com os outros.

Às vezes, torna-se confuso obter tantos tipos diferentes de margens de lucro. Para ajudar a simplificar a situação, focaremos primeiro a margem de lucro líquido, que será denominada "margem de lucro".

O mundo pode ser plano, mas a contabilidade mundial é irregular! O caso das Normas Internacionais de Informações Financeiras (IFRS) *versus* Conselho de Normas de Contabilidade Financeira (Fasb)

Em um mundo plano, a distância não é barreira alguma. O trabalho flui para onde possa ser realizado da maneira mais eficiente, e o dinheiro flui para onde possa ser investido de maneira mais rentável. Se um radiologista na Índia é mais eficiente do que um nos Estados Unidos, então imagens serão enviadas para a Índia para que os diagnósticos sejam feitos; se as taxas de retorno são maiores no Brasil, então investidores de todo o mundo oferecerão recursos a projetos brasileiros. Uma solução para "nivelar" o mundo é fazer um acordo para padrões comuns. Por exemplo, existem padrões comuns para o uso da internet para que usuários do mundo inteiro possam se comunicar.

Uma evidente exceção de padronização está na contabilidade. A Comissão de Valores Mobiliários e Câmbio (SEC) dos Estados Unidos exige que as empresas sigam os padrões estabelecidos pelo Fasb. Porém, a União Europeia exige que todas as empresas pertencentes ao bloco sigam as Normas Internacionais de Informações Financeiras (IFRS), conforme definidas pelo Conselho Internacional de Princípios de Contabilidade (Iasb).

As IFRS tendem a se basear em princípios gerais, enquanto os padrões do Fasb são baseados em regras. De acordo com recentes escândalos contábeis, muitas empresas norte-americanas conseguem seguir as regras de seu país e, ao mesmo tempo, violar o princípio ou a intenção das regras. É provável que os Estados Unidos adotem as IFRS ou façam algumas alterações nelas. Mas quando isso acontecerá? A SEC estimou que uma empresa de grande porte gastará até $ 32 milhões para migrar para as IFRS. Embora uma pesquisa feita pela KPMG indique que a maioria dos investidores e analistas seja favorável à adoção das IFRS, esse caminho provavelmente será irregular.

Fontes: Acesse o site do Iasb e do Fasb: http:// www.iasb.org.uk e http://www.fasb.org. Veja também: David M. Katz e Sarah Johnson em "Top Obama Advisers Clash on Global Accounting Standards", de 15 de janeiro de 2009, em http:// www.cfo.com; e "Survey Favors IFRS Adoption," de 3 de fevereiro de 2009, em http://www.webcpa.com.

3-5b Índice de receita operacional/total de ativos

O **índice de receita operacional/total de ativos** (*basic earning power* – **BEP**) é calculado dividindo-se lucro antes de juros e impostos (EBIT) pelo total de ativos.

$$\text{Índice de receita operacional/total de ativos} = \frac{\text{EBIT}}{\text{Total de ativos}}$$

$$= \frac{\text{US\$ 500}}{\text{US\$ 3.550}} = 14,1\%$$

Média da indústria = 20,2%

Esse índice mostra a capacidade de geração de receita operacional dos ativos de uma empresa antes da influência de impostos e alavancagem e é útil para comparar empresas com diferentes situações fiscais e diferentes níveis de alavancagem financeira. Em razão de seus baixos índices de movimentação e da baixa margem de lucro sobre vendas, a MicroDrive não está obtendo retorno sobre seus ativos tão alto quanto a média das empresas de sua indústria.

3-5c Retorno sobre ativo total

O índice de lucro líquido e ativo total mede o **retorno sobre ativo total** (*return on total assets* – **ROA**) após juros e impostos. Também chamado de **retorno sobre ativos,** esse índice é definido da seguinte forma:

$$\text{Retorno sobre ativo total} = \text{ROA} = \frac{\text{Lucro líquido disponível para acionistas ordinários}}{\text{Ativo total}}$$

$$= \frac{\text{US\$ 220}}{\text{US\$ 3.550}} = 6,2\%$$

Média da indústria = 11,0%

O retorno de 6,2% da MicroDrive está bem abaixo da média de 9% para o setor. Esse retorno baixo acontece devido ao (1) baixo poder de lucro básico da empresa, e (2) aos altos custos de juros resultantes de seu uso de dívida acima da média. Os dois fatores fizeram com que o lucro líquido da MicroDrive seja relativamente baixo.

3-5d Retorno sobre patrimônio líquido

O índice de patrimônio líquido mede o **retorno sobre patrimônio líquido** (*return on common equity* – **ROE**):

$$\text{Retorno sobre patrimônio líquido} = \text{ROE} = \frac{\text{Lucro líquido disponível para acionistas ordinários}}{\text{Patrimônio líquido}}$$

$$= \frac{\text{US\$ 220}}{\text{US\$ 1.470}} = 15,0\%$$

Média da indústria = 19,0%

Acionistas investem para obter um retorno sobre seu dinheiro, e esse índice mostra se eles estão se saindo bem no sentido contábil. O retorno de 15% da MicroDrive está abaixo da média de 19% da indústria, mas não é tão baixo quando seu retorno em total de ativos. Esse resultado melhor se deve ao melhor uso de dívida por parte da empresa, um ponto que explicaremos em detalhes adiante no capítulo.

Autoavaliação

1. Identifique e escreva as equações para quatro índices de lucratividade.
2. Por que o índice de receita operacional/total de ativos é útil?
3. Por que o uso de dívida diminui o ROA?
4. O que o ROE mede?
5. Uma empresa possui $ 200 bilhões de vendas e $ 10 bilhões de lucro líquido. Seu ativo total é de $ 100 bilhões, financiados metade por dívida e metade pelo patrimônio. Qual é sua margem de lucro? **(5%)** Qual é seu ROA? **(10%)** Qual é seu ROE? **(20%)** O ROA aumentaria se a empresa usasse menos alavancagem? **(Sim)** O ROE aumentaria? **(Não)**

3-6   Índices de valor de mercado

Os **índices de valor de mercado** relacionam o preço da ação de uma empresa com seus lucros, fluxo de caixa e valor patrimonial por ação. Índices de valor de mercado são uma maneira de medir o valor das ações de uma empresa em comparação com as de outra empresa.

3-6a   Índice de preço/lucro

O índice de preço/lucro (*price/earnings* – P/E) mostra quanto os investidores estão dispostos a pagar por dólar de lucros reportados. A MicroDrive tem US$ 220 milhões de lucro líquido e 50 milhões em ações, então seu lucro por ação (EPS) é de US$ 4,40 = US$ 220/50. As ações da MicroDrive são vendidas por US$ 27, então seu indicador P/E é:

$$\text{Índice de preço/lucro (P/E)} = \frac{\text{Preço por ação}}{\text{Lucro por ação}}$$

$$= \frac{\text{US\$ } 27,00}{\text{US\$ } 4,40} = 6,1$$

Média da indústria = 10,5%

Os índices de preço/lucro são mais altos para empresas com fortes perspectivas de crescimento e outras características mantidas constantes, mas é mais baixo para empresas com maiores riscos. O fato de o índice P/E da MicroDrive estar abaixo da média sugere que a empresa é considerada de maior risco do que a maioria, tem fracas perspectivas de crescimento ou ambas as situações. No início de 2009, a média do índice P/E para empresas no S&P 500 era de 13,4, indicando que os investidores estavam dispostos a pagar US$ 13,4 por dólar de ganho.

3-6b   Índice de preço/fluxo de caixa

Os preços das ações dependem da capacidade de uma empresa de gerar fluxos de caixa. Consequentemente, investidores geralmente consultam o **índice de preço/fluxo de caixa**, em que o fluxo de caixa é definido como lucro líquido mais depreciação e amortização:

$$\text{Índice de preço/fluxo de caixa} = \frac{\text{Preço por ação}}{\text{Fluxo de caixa por ação}}$$

$$= \frac{\text{US\$ } 27,00}{(\text{US\$ } 200 + \text{US\$ } 200)/50} = 3,2$$

Média da indústria = 6,8%

O índice de preço/fluxo de caixa da MicroDrive também está abaixo da média da indústria, uma vez mais sugerindo que suas perspectivas de crescimento estão abaixo da média, seu risco está acima da média ou ambas as situações.

O **índice de preço/EBITDA** é similar ao índice de preço/fluxo de caixa, exceto pelo fato de que o índice de preço/EBITDA mede o desempenho antes do impacto de despesas com juros e impostos, o que o torna o melhor indicador de desempenho operacional. O EBITDA por ação da MicroDrive é de (US$ 500 + US$ 200)/50 = US$ 14, então seu preço/EBITDA é de US$ 27/US$ 14 = 1,9. A média da indústria do índice de preço/EBITDA é de 4,0. Mais uma vez, vemos que a MicroDrive está abaixo da média da indústria.

Veja que alguns analistas também observam outros múltiplos. Por exemplo, dependendo da indústria, alguns podem considerar índices como preço/vendas ou preço/clientes. No fim, porém, o valor depende dos fluxos de caixa livres, então, se esses índices "exóticos" não preveem fluxo de caixa livre futuro, eles podem se tornar enganosos. Essa ideia foi aplicada no caso dos varejistas da internet antes de sua quebra em 2000, custando aos investidores bilhões.

3-6c Índice de valor de mercado/valor contábil

O índice de preço de mercado das ações pelo seu valor contábil nos dá outro indicativo de como os investidores veem a empresa. Empresas com taxas de retorno sobre patrimônio relativamente altas vendem, em geral, com múltiplos do preço contábil mais altos do que aquelas com baixos retornos. Primeiro, encontramos o valor patrimonial por ação da MicroDrive:

$$\text{Valor patrimonial por ação} = \frac{\text{Patrimônio líquido}}{\text{Ações em circulação}}$$

$$= \frac{\text{US\$ 1.470}}{\text{US\$ 50}} = \$\ 29,4$$

Agora dividimos o preço de mercado pelo valor contábil para obter um **índice de valor de mercado/ patrimônio líquido (P/BV)** (*market/book* – **M/B**):

$$\text{Índice de valor de mercado/valor contábil} = \text{M/B}\ \frac{\text{Preço de mercado por ação}}{\text{Valor patrimonial por ação}}$$

$$= \frac{\text{US\$ 27,00}}{\text{US\$ 29,40}} = 0,9$$

$$\text{Média da indústria} = 1,8\%$$

Os investidores estão dispostos a pagar relativamente pouco por dólar do valor contábil da MicroDrive.

O valor contábil é um registro do passado que mostra a quantidade acumulada investida tanto diretamente pela compra de ações recém-emitidas como indiretamente por meio de lucros acumulados. Em contrapartida, o preço de mercado está em perspectiva futura, incorporando as expectativas de investidores de futuros fluxos de caixa. Por exemplo, no início de 2012, o Bank of America teve um índice M/B de apenas 0,4, o que gerou problemas para a indústria de serviços financeiros, enquanto o mesmo índice de valor de mercado/patrimônio líquido da Apple foi de 5,6, indicando que os investidores esperavam que o sucesso passado desta continuasse.

A Tabela 3-1 resume os indicadores financeiros da MicroDrive. Como mostra a tabela, a empresa possui vários problemas.

Autoavaliação

1. Descreva três índices que relacionem o preço das ações da empresa com seus ganhos, fluxo de caixa e valor patrimonial por ação e demonstre suas equações.

2. O que o índice de preço/lucro (P/E) mostra? Se o indicador P/E de uma empresa é mais baixo do que de outra, quais fatores poderiam explicar tal diferença? Como é calculado o valor patrimonial por ação? Explique por que os valores contábeis normalmente se diferenciam dos valores de mercado.

3. Uma empresa possui $ 6 bilhões de lucro líquido, $ 2 bilhões de depreciação e amortização, $ 80 bilhões de patrimônio líquido e 1 bilhão de ações. Se o preço de cada ação é $ 96, qual é o índice de preço/lucro? (**16**) Qual é o índice preço/fluxo de caixa? (**12**) E o índice valor de mercado/valor contábil? (**1,2**)

TABELA 3-1

MicroDrive Inc.: Resumo de índices financeiros (em milhares de dólares)

ÍNDICE	FÓRMULA	CÁLCULO		ÍNDICE	MÉDIA DA INDÚSTRIA	COMENTÁRIO
Liquidez						
Circulante	$\dfrac{\text{Ativo circulante}}{\text{Passivo circulante}}$	$\dfrac{\text{US\$1.550}}{\text{US\$ 780}}$	=	2,0	2,2	Fraco
Liquidez seca	$\dfrac{\text{Ativo circulante} - \text{Estoques}}{\text{Passivo circulante}}$	$\dfrac{\text{US\$ 1.550}}{\text{US\$ 780}}$	=	0,7	0,8	Fraco
Gestão de ativos						
Total de giro de ativos	$\dfrac{\text{Vendas}}{\text{Total de ativos}}$	$\dfrac{\text{US\$ 5.000}}{\text{US\$ 3.550}}$	=	1,4	1,8	Fraco
Giro de ativos fixos	$\dfrac{\text{Vendas}}{\text{Ativos fixos líquidos}}$	$\dfrac{\text{US\$ 5.000}}{\text{US\$ 2.000}}$	=	2,5	3,0	Fraco
Prazo de recebimento de vendas (*days sales outstanding* – DSO)	$\dfrac{\text{Recebíveis}}{\text{Vendas anuais/365}}$	$\dfrac{\text{US\$ 500}}{\text{US\$ 13,7}}$	=	36,5	30,0	Fraco
Giro de estoque	$\dfrac{\text{CPV}}{\text{Estoques}}$	$\dfrac{\text{US\$ 4.000}}{\text{US\$ 1.000}}$	=	4,0	5,0	Fraco
Gestão de dívida						
Índice de dívida para ativos	$\dfrac{\text{Total de dívida}}{\text{Total de ativos}}$	$\dfrac{\text{US\$ 1.480}}{\text{US\$ 3.550}}$	=	41,7%	25,0%	Alto (risco)
Índice de cobertura de juros (*times-interest-earned* – ICJ)	$\dfrac{\text{Lucro antes de juros e importos (EBIT)}}{\text{Despesas com juros}}$	$\dfrac{\text{US\$ 500}}{\text{US\$ 120}}$	=	4,2	10,0	Baixo (risco)
Lucratividade						
Margem de lucro sobre vendas	$\dfrac{\text{Lucro líquido disponível para acionistas ordinários}}{\text{Vendas}}$	$\dfrac{\text{US\$ 220}}{\text{US\$ 5.000}}$	=	4,4%	6,2%	Fraco
Receita operacional/total de ativos (BEP)	$\dfrac{\text{Lucro antes de juros e impostos (EBIT)}}{\text{Total de ativos}}$	$\dfrac{\text{US\$ 500}}{\text{US\$ 3.550}}$	=	14,1%	20,2%	Fraco
Retorno sobre ativo total (ROA)	$\dfrac{\text{Lucro líquido disponível para acionistas ordinários}}{\text{Total de ativos}}$	$\dfrac{\text{US\$ 220}}{\text{US\$ 3.550}}$	=	6,2%	11,0%	Fraco
Retorno sobre patrimônio líquido (ROE)	$\dfrac{\text{Lucro líquido disponível para acionistas ordinários}}{\text{Patrimôno líquido}}$	$\dfrac{\text{US\$ 220}}{\text{US\$ 1.470}}$	=	15,0%	19,0%	Fraco
Valor de mercado						
Preço/lucro (P/E)	$\dfrac{\text{Preço por ação}}{\text{Lucro por ação}}$	$\dfrac{\text{US\$ 27,00}}{\text{US\$ 4,40}}$	=	6,1	10,5	Baixo
Valor de mercado/valor contábil (M/B)	$\dfrac{\text{Preço de mercado por ação}}{\text{Valor patrimonial por ação}}$	$\dfrac{\text{US\$ 27,00}}{\text{US\$ 29,40}}$	=	0,9	1,8	Baixo

© Cengage Learning 2014

3-7   Análises de tendências, tamanho comum e mudança percentual

As tendências nos dão uma ideia de como a situação financeira de uma empresa pode melhorar ou deteriorar-se. Para fazer uma **análise de tendências**, devemos observar um índice durante determinado período, conforme a Figura 3-2, que mostra que a taxa de retorno sobre patrimônio líquido da MicroDrive vem caindo desde 2011, embora a média da indústria se mantenha relativamente estável. Todos os outros indicadores podem ser analisados de maneira similar.

Em uma análise do **tamanho comum**, todos os itens da demonstração do resultado são divididos pelas vendas, e todos os itens do balanço patrimonial são divididos pelo total do ativo. Dessa forma, uma demonstração do resultado de tamanho comum mostra cada item como uma porcentagem de vendas, e um balanço patrimonial do tamanho comum mostra cada item como uma porcentagem do ativo total.[8] A vantagem da análise do tamanho comum é que esse procedimento facilita comparações entre os balanços patrimoniais e as demonstrações do resultado durante um período de tempo entre empresas.

Demonstrações de tamanho comum são fáceis de ser geradas se as demonstrações financeiras estiverem em uma planilha. Na realidade, se você obtiver seus dados de uma fonte que utiliza demonstrações financeiras padronizadas, então será fácil recortar e colar os dados para uma nova empresa sobre os dados originais de sua empresa, e todas as fórmulas de sua planilha serão válidas para a nova empresa. A Figura 3-3 mostra as demonstrações de resultado de tamanho normal da MicroDrive em 2012 e 2013, junto com a demonstração composta para a indústria. *(Observação*: Arredondamento pode causar diferenças para mais ou para menos nas Figuras 3-2, 3-3 e 3-4). O EBIT da MicroDrive está ligeiramente abaixo da média, e suas despesas com juros estão ligeiramente acima da média. O efeito líquido é uma margem de lucro relativamente baixa.

A Figura 3-4 apresenta os balanços patrimoniais de tamanho comum da MicroDrive junto com a composição da indústria. As contas a receber estão muito maiores do que a média da indústria, os estoques são muito mais altos, e a empresa utiliza muito mais dívidas do que a média das empresas.

Na **análise de mudança percentual**, o crescimento de taxas é calculado em todos os itens da demonstração do resultado e das contas do balanço para um exercício-base. Para ilustrar, a Figura 3-5 apresenta a análise da mudança percentual das demonstrações de resultado da MicroDrive para 2013 em relação a 2012. As vendas aumentaram a uma taxa de 5% durante 2013, mas o EBIT caiu 9,1%. Parte desse declínio se deu a um aumento da depreciação, que é uma despesa que não é em dinheiro, mas o custo dos bens vendidos também ficou um pouco maior do que o crescimento nas vendas. Além disso, as despesas com juros aumentaram até 20%. Aplicamos o mesmo tipo de análise para balanços patrimoniais, que mostra que os estoques cresceram a uma taxa gritante de 22% e as contas a receber aumentaram até 31%. Com um crescimento de apenas 5% nas vendas, o crescimento extremo de contas a receber e estoques devem preocupar os administradores da MicroDrive.

FIGURA 3-2

MicroDrive, Inc.: Análise de tendência da taxa de retorno sobre o patrimônio líquido

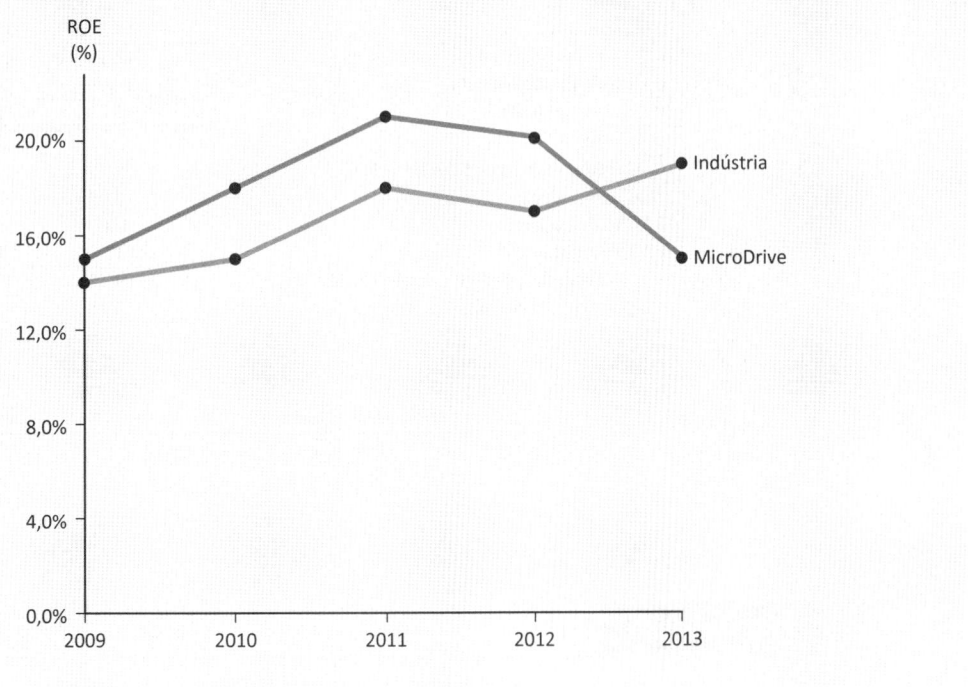

© Cengage Learning 2014

---

[8] Algumas fontes de dados da indústria, como Risk Management Associates (anteriormente conhecida como Robert Morris Associates), são apresentadas exclusivamente na forma de tamanho comum.

FIGURA 3-3

MicroDrive: Demonstração do resultado de tamanho normal.

	A	B	C	Composição da indústria	MicroDrive	
175						
176				2013	2013	2012
177	Vendas líquidas			100,0%	100,0%	100,0%
178	Custos de produtos vendidos, exceto depreciação			75,5%	76,0%	74,8%
179	Depreciação			3,0%	4,0%	3,6%
180	Outras despesas			10,0%	10,0%	10,1%
181	Lucro antes de juros e impostos (EBIT)			11,5%	10,0%	11,6%
182	Menos juros			1,2%	2,4%	2,1%
183	Lucro antes de impostos (EBT)			10,4%	7,6%	9,5%
184	Impostos (40%)			4,1%	3,0%	3,8%
185	Lucro líquido antes de dividendos preferenciais			6,2%	4,6%	5,7%
186	Dividendos preferenciais			0,0%	0,2%	0,2%
	Lucro líquido disponível para acionistas ordinários (margem de lucro)			6,2%	4,4%	5,5%

FIGURA 3-4

MicroDrive: Balanço patrimonial de tamanho normal

	A	B	Composição da indústria	MicroDrive	
195					
196			2013	2013	2012
197	*Ativo*				
198	Caixa e equivalentes de caixa		1,8%	1,4%	2,0%
199	Aplicação de curto prazo		0,0%	0,0%	1,3%
200	Contas a receber		14,0%	14,1%	12,7%
201	Estoques		26,3%	28,2%	27,3%
202	Total do ativo circulantes		42,1%	43,7%	43,3%
203	Imobilizado líquido		57,9%	56,3%	56,7%
204	Total dos ativos		100,0%	100,0%	100,0%
205					
206	*Passivos e patrimônio líquido*				
207	Contas a pagar		7,0%	5,6%	6,3%
208	Títulos a pagar		0,0%	7,9%	4,3%
209	Provisões		12,3%	8,5%	9,3%
210	Total do passivo circulante		19,3%	22,0%	20,0%
211	Obrigações de longo prazo		25,4%	33,8%	33,3%
212	Total do passivo		44,7%	55,8%	53,3%
213	Ações preferenciais		0,0%	2,8%	3,3%
214	Total do patrimônio líquido		55,3%	41,4%	43,3%
215	Total do passivo e patrimônio líquido		100,0%	100,0%	100,0%

Autoavaliação

1. O que é uma análise de tendências e que importantes informações ela oferece?
2. O que é uma análise de tamanho comum?
3. O que é uma análise de mudança percentual?

FIGURA 3-5

MicroDrive Inc.: Análise de mudança percentual das demonstrações de resultado.

		A	B	C	D
225 226	Ano base = 2012				Mudança percentual em 2013
227	Receita líquida				5,0%
228	Custos de produtos vendidos, exceto depreciação				6,7%
229	Depreciação				17,6%
230	Outras despesas operacionais				4,2%
231	Lucro antes de juros e impostos (EBIT)				(9,1%)
232	Menos juros				20,0%
233	Lucros antes de impostos				(15,6%)
234	Impostos (40%)				(15,6%)
235	Lucro líquido antes de dividendos preferenciais				(15,6%)
236	Dividendos preferenciais				0,0%
237	Lucro líquido disponível para acionistas ordinários				(16,0%)

3-8 Atrelando índices: equação de DuPont

Na análise de índices, às vezes é fácil focar nos detalhes e perder a noção do conjunto. Em particular, como ações gerenciais que afetam a lucratividade de uma empresa, a eficácia dos ativos e a alavancagem financeira interagem para determinar o retorno sobre patrimônio, a uma medida de desempenho importante para investidores? A **equação estendida de DuPont** oferece a estrutura certa.

A equação DuPont usa dois índices dos quais já falamos, a margem de lucro e o giro de ativos totais, bem como medidas de lucratividade e eficiência de ativos. Mas também usa uma medida de alavancagem financeira, o *multiplicador de patrimônio*, que é o índice de ativos para patrimônio de tamanho normal.

$$\text{Multiplicador de patrimônio} = \frac{\text{Total do ativo}}{\text{Patrimônio líquido}}$$

(3-1)

Usando essa nova definição de alavancagem financeira, a equação estendida de DuPont é:

$$\text{ROE} = \frac{\text{Lucro líquido}}{\text{Vendas}} = \frac{\text{Lucro líquido}}{\text{Vendas}} \times \frac{\text{Vendas}}{\text{Ativos totais}} \times \frac{\text{Ativos totais}}{\text{Patrimônio comum}}$$

$$= (\text{Margem de lucro})\ (\text{Giro de ativos totais})\ (\text{Multiplicador de patrimônio})$$

(3-2)

Como calculado previamente, a margem de lucro da MicroDrive de 2013 é de 4,4% e seu índice de giro de ativos totais é 1,41. O multiplicador de patrimônio da MicroDrive:

$$\text{Multiplicador de patrimônio} = \frac{\text{US\$ 3.550}}{\text{US\$ 1.470}} = 2.415$$

Ao aplicar a equação DuPont para a MicroDrive, seu retorno sobre patrimônio é:

$$\text{ROE} = (4,4\%)(1,41)(2,415) = 15\%$$

Às vezes é útil focar apenas em lucratividade de ativos e alavancagem financeira. Empresas que têm muita alavancagem financeira (por exemplo, muitos passivos ou ações preferenciais) também têm um multiplicador de patrimônio alto, porque os ativos são financiados por um valor relativamente menor de patrimônio. Portanto, o retorno sobre o patrimônio (ROE) depende de

$$ROE = ROA \times \text{Multiplicador de patrimônio}$$
$$= \frac{\text{Lucro líquido}}{\text{Ativos totais}} \times \frac{\text{Ativos totais}}{\text{Patrimônio comum}} \qquad \text{(3-3)}$$

Usando a Equação 3-3, vemos que o ROE da MicroDrive é de 15%, o mesmo valor dado pela equação DuPont:

$$ROE = 6,20\% \times 2,415 = 15\%$$

As conclusões fornecidas pelo modelo de DuPont são valiosas, e ele pode ser usado para estimativas rápidas e grosseiras do impacto das mudanças operacionais sobre os retornos. Por exemplo, mantendo todos os outros itens invariáveis, se a MicroDrive conseguir implementar técnicas de produção enxuta e aumentar para 1,8 seu índice de receitas/ativo total, então seu ROE irá subir para (4,4%) (1,8)(2,415) = 19,1%.

Para uma análise mais completa, a maioria das empresas usa um modelo de previsão como o descrito no Capítulo 12.

Autoavaliação

1. Explique como a equação estendida ou modificada de DuPont pode ser usada para revelar os determinantes básicos de ROE.
2. O que é o multiplicador de patrimônio?
3. Uma empresa possui uma margem de lucro de 6%, um índice de giro de ativo total de 2 e um multiplicador de patrimônio de 1,5. Qual é seu ROE? **(18%)**

3-9 Índices comparativos e *benchmarking* (parâmetros)

A análise de índices envolve comparações. Os índices de uma empresa são comparados com os de outras empresas da mesma indústria, ou seja, com as médias desta. Porém, como a maioria da empresas, a administração da MicroDrive vai um passo além: ela também compara seus índices com os índices de um grupo menor de empresas líderes da indústria. Essa técnica é chamada de **benchmarking**, e as empresas usadas para comparação são denominadas **empresas de referência**. Por exemplo, a MicroDrive usa essa comparação com cinco outras empresas que sua administração considera as mais bem gerenciadas e com operações similares às suas.

Muitas empresas também comparam várias partes de suas operações gerais com empresas extremamente bem conceituadas, mesmo não sendo da mesma indústria. Por exemplo, a MicroDrive possui uma divisão que vende *hardwares* diretamente aos consumidores por meio de catálogos e pela internet. Esse departamento de entrega se compara com a Amazon, embora pertençam a indústrias diferentes, pois o departamento de entrega da Amazon é considerado um dos melhores. A MicroDrive quer que seus próprios entregadores se igualem à Amazon no que diz respeito a entregas dentro do prazo.

Índices comparativos estão disponíveis em várias fontes, incluindo *Value Line*, Dun e Bradstreet (D&B), e *Annual Statement Studies* publicado pela Risk Management Associates, que é a associação nacional de agentes de empréstimo bancário. A Tabela 3-2 mostra índices específicos retirados da Reuters para Apple e sua indústria, revelando que a Apple possui uma margem de lucro muito mais alta e índice de endividamento mais baixo do que seus concorrentes.

Cada organização fornecedora de dado usa de determinada forma um diferente conjunto de índices desenvolvidos para seus próprios interesses. Por exemplo, a D&B trabalha principalmente com empresas pequenas, muitas delas individuais, e vende seus serviços principalmente para bancos e credores. Portanto, a D&B está altamente preocupada com o ponto de vista do credor, e seus índices enfatizam ativo circulante e passivo circulante, e não os índices de valor de mercado. Então, ao selecionar uma fonte de dados comparativos, tenha a certeza de que sua ênfase é similar ao da agência cujos indicadores você planeja usar. Além disso, existem diferenças marcantes nos índices apresentados pelas diferentes fontes, então, antes de utilizar uma fonte, não se esqueça de verificar as exatas definições dos índices para garantir a consistência de seu trabalho.

Autoavaliação

1. Explique a diferença entre análise de tendências e análise de índices comparativos.
2. O que é *benchmarking*?

TABELA 3-2
Índices comparativos para a Apple, a indústria de hardware e o setor de tecnologia

ÍNDICE	APPLE	INDÚSTRIA DE HARWARE[a]	SETOR DE TECNOLOGIA[b]
Índice de P/E	15,53	13,69	20,92
Valor de mercado/valor contábil	5,64	2,22	3,6
Margem de lucro líquido	21,48	22,48	23,48
Índice de liquidez seca	1,55	1,19	1,06
Índice de liquidez corrente	1,58	1,5	2,72
Total de dívida/patrimônio	0,00	56,48	21,7
Cobertura de juros (ICJ)[c]	–	3,38	1,3
Retorno sobre ativo	29,26	7,06	13,13
Retorno sobre patrimônio	35,28	36,28	37,28
Giro de estoque	69,42	15,4	466,83
Giro de ativos	1,13	1,45	1,02

[a]A indústria de *hardware* é composta por 50 empresas, incluindo IBM, Dell, Apple, Sun Microsystems, Gateway e Silicon Graphics.
[b]O setor de tecnologia contém 11 indústrias, incluindo equipamentos de comunicação, *hardware*, redes de computadores, semicondutores, *softwares* e programação.
[c]A Apple obteve mais receita de juros do que despesas com juros.

Fonte: Adaptada do site www.reuters.com, 10 de março de 2012. Selecione mercado, ações e insira o código para a Apple, AAPL. Selecione Finanças para ver informações atualizadas.

3-10 Usos e limitações de análise de índices

A análise de índices oferece informações úteis sobre as operações e a situação financeira de uma empresa, porém ela possui limitações que requerem atenção e julgamento. A seguir, apresentamos alguns eventuais problemas.

1. Muitas empresas de grande porte operam diferentes divisões em diferentes indústrias, e, para tais empresas, é difícil desenvolver um conjunto significativo de médias da indústria. Portanto, médias da indústria são mais aplicáveis a empresas pequenas, com um foco mais específico, e não àquelas de grande porte, com diversas áreas de atuação.
2. Ao definir metas para um desempenho de alto nível, o melhor a ser feito é comparar (*benchmark*) com os índices dos líderes *de mercado* em vez dos *índices da média da* indústria.
3. A inflação pode distorcer de maneira considerável o balanço das empresas – os valores reportados são, em alguns casos, substancialmente diferentes dos valores "verdadeiros". Além disso, como a inflação afeta despesas com depreciação e custos de estoque, os lucros reportados também são afetados. Dessa forma, a inflação pode distorcer uma análise de índices de uma empresa ao longo do tempo ou uma análise comparativa de empresas de diferentes épocas.
4. Fatores sazonais também podem distorcer a análise de índices. Por exemplo, o índice de giro de estoque de uma empresa processadora de alimento será radicalmente diferente se os números do balanço usados para estoque forem os anteriores aos números após o encerramento da temporada de enlatados. Esse problema pode ser minimizado com a utilização de médias mensais para estoque (e recebíveis) ao calcular índices de giro.

Análise de indicadores na web

Uma ótima fonte de indicadores comparativos é o site **www.reuters.com.** Ao digitar o símbolo da companhia no topo desta página, surgirá uma tabela com a cotação das ações, informações sobre a companhia e links adicionais. Selecionar Financials (Finanças) abrirá uma página com análises deta-lhadas dos indicadores de uma organização, incluindo índices comparativos de outras empresas no mesmo setor, na mesma indústria e também referentes ao *S&P 500*. (Nota: talvez, seja preciso se registrar para ter acesso a recursos adicionais, mas o registro é gratuito.)

5. Empresas podem aplicar **técnicas de "maquiagem"** para fazer suas demonstrações financeiras parecerem mais sólidas. Como exemplo, suponha que uma empresa faça um empréstimo de dois anos em dezembro. Por ser um empréstimo com um prazo superior a um ano, ele não será incluído no passivo circulante, embora o dinheiro recebido do empréstimo seja registrado como ativo circulante. Isso melhora os índices de liquidez corrente e liquidez seca e faz com que o balanço patrimonial pareça melhor. Se a empresa liquidar o empréstimo em janeiro, então a transação foi estritamente uma maquiagem.
6. As escolhas de diferentes práticas contábeis podem distorcer as comparações. Por exemplo, escolhas de diferentes métodos de depreciação e avaliação de estoque afetam as demonstrações financeiras de maneira diferente, tornando a comparação entre as empresas menos significativa. Outro exemplo, se uma empresa arrenda uma quantidade substancial de equipamentos usados na produção, então seus ativos poderão parecer baixos em relação às vendas (porque ativos arrendados geralmente não aparecem no balanço) e a dívida poderá parecer baixa (porque o passivo associado com a obrigação do arrendamento pode não ser mostrado como dívida).[9]

Em síntese, conduzir uma análise de índices de maneira mecânica, sem planejamento, é perigoso. Porém, quando usada de maneira inteligente e com bom discernimento, ela pode nos levar a conclusões úteis sobre as operações de uma empresa e identificar as perguntas a serem feitas.

Autoavaliação

1. Faça uma lista dos eventuais problemas relacionados com análise de índices.

3-11 Olhando além dos números

Análise financeira sólida é mais do que apenas calcular e comparar índices – fatores qualitativos também devem ser considerados. Seguem algumas perguntas sugeridas pela Associação de Investidores Individuais dos Estados Unidos (American Association of Individual Investors – AAII)

1. Até que ponto as receitas da empresa estão vinculadas a um cliente principal ou a um produto principal? Até que ponto a empresa depende de um único fornecedor? Dependência de clientes, produtos ou fornecedores específicos aumenta risco.
2. Que porcentagem dos negócios da empresa é gerada no exterior? Empresas com um grande percentual de negócios no exterior são expostas a riscos de volatilidade de taxas de câmbio e instabilidade política.
3. Quais são as prováveis ações de concorrentes atuais e qual é a probabilidade adicional de novos concorrentes?
4. As perspectivas da empresa dependem criticamente do sucesso de produtos a serem lançados ou de produtos já existentes?
5. Como o ambiente legal e regulatório afeta a empresa?

Autoavaliação

1. Que fatores qualitativos os analistas deveriam considerar ao avaliarem o provável desempenho financeiro futuro de uma empresa?

[9] Isso pode mudar assim que FASB e IASB concluírem seu projeto conjunto sobre arrendamento. Em meados de 2012, a data estimada para o término do projeto não era precisa. Para atualizações, acesse www.fasb.org e selecione a aba de Projetos.

Resumo

Este capítulo explicou técnicas usadas por investidores e gestores para analisar demonstrações financeiras. Os conceitos-chave estão listados a seguir.

- Os **índices de liquidez** mostram a relação entre o ativo circulante e o passivo circulante da empresa e sua capacidade de saldar dívidas a vencer. Dois índices de liquidez comumente usados são o **índice de liquidez corrente** e o de **liquidez seca.**
- Os **índices de gestão de ativos (índices de capital de giro)** medem a eficiência da gestão dos ativos pela empresa. Esses índices incluem **giro de estoque, prazo de recebimento de vendas, giro de ativos fixos** e **giro do ativo total**.
- Os **índices de gestão de dívida** revelam (1) até que ponto a empresa é financiada com dívida e (2) sua probabilidade de inadimplência nas obrigações de dívida. Incluem **índice de endividamento, índice de cobertura de juros** e **índice de cobertura do EBITDA**.
- Os **índices de lucratividade** mostram os efeitos combinados de políticas de liquidez, gestão de ativos e gestão de dívidas sobre resultados operacionais. Incluem **margem de lucro líquido** (também denominada margem de lucro sobre vendas), **índice de receita operacional/total de ativos, retorno sobre ativo total** e **retorno sobre patrimônio líquido**.
- Os **índices de valor de mercado** relacionam o preço da ação da empresa com seus ganhos, fluxo de caixa e valor patrimonial por ação e, dessa forma, proporcionam à administração um indicativo do que os investidores pensam sobre o desempenho passado da empresa e suas perspectivas. Incluem **índices preço/lucro, preço/fluxo de caixa** e **valor de mercado/valor contábil**.
- A **análise de tendências**, em que um indicador é marcado durante um período, revela se a situação da empresa vem melhorando ou se deteriorando ao longo do tempo.
- O **sistema de DuPont** foi desenvolvido para mostrar como a margem de lucro sobre vendas, o índice de giro de ativos e o uso de dívida interagem para determinar a taxa de retorno sobre o patrimônio. A administração da empresa pode usar o sistema de DuPont para analisar maneiras de melhorar o desempenho.
- *Benchmark* é o processo de comparar uma empresa específica com um grupo de empresas similares bem-sucedidas.

A análise de índices possui limitações, porém, ao ser usada com atenção e discernimento, pode ser muito útil.

Perguntas

(3-1) Defina as expressões apresentadas a seguir:
   a. *Índices de liquidez*: índice de liquidez corrente e índice de liquidez seca.
   b. *Índices de gestão de ativos*: índice de giro de estoque, prazo de recebimento de vendas (DSO), índice de giro de ativos fixos e índice de giro do ativo total.
   c. *Índices de alavancagem financeira*: índice de endividamento, índice de cobertura de juros (ICJ) e índice de cobertura.
   d. *Índices de lucratividade*: margem de lucro sobre receita, índice de receita operacional/total de ativos (giro do ativo, BEP), retorno sobre ativo total (ROA) e retorno sobre patrimônio líquido (ROE).
   e. *Índices de valor de mercado*: índice preço/lucro (P/E), índice preço/fluxo de caixa, índice valor de mercado/valor contábil M/B (P/BV) e valor patrimonial por ação.
   f. Análise de tendências, análise de índices comparativos e *benchmark*.
   g. Equação de DuPont, maquiagem e efeitos sazonais sobre índices.

(3-2) A análise de índices financeiros é feita por gerentes, investidores e credores de longo e curto prazos. Qual é a principal ênfase de cada um desses grupos quando avaliam índices?

(3-3) No ano passado, a empresa M. D. Ryngaert & Co. percebeu um aumento em seu índice de liquidez corrente e uma queda em seu índice de giro do ativo total. No entanto, as vendas da empresa, a liquidez seca e o quociente de giro de ativos fixos permaneceram constantes. A que são atribuídas essas alterações?

(3-4) Margens de lucro e índices de giro variam de uma indústria para outra. Que diferenças você esperaria encontrar entre uma cadeia de supermercados como a Safeway e uma empresa de aço? Analise particularmente os índices de giro, a margem de lucro e a equação de DuPont.

(3-5) Como (a) fatores sazonais e (b) diferentes taxas de crescimento podem distorcer uma análise de índices comparativos? Dê exemplos. Como esses problemas podem ser atenuados?

(3-6) Por que às vezes pode ser enganoso comparar os índices financeiros de uma empresa com os de outras que operam na mesma indústria?

Problemas de autoavaliação – As soluções estão no Apêndice A

(PA-1) Argent Corporation tem US$ 60 milhões em passivos atuais, US$ 150 milhões em passivos totais e US$ 210 milhões em patrimônio comum total; a Argent não tem ações preferenciais. A dívida total da Argent é de US$ 120 milhões. Qual é o índice de dívida em ativos? Qual é o índice de dívida em patrimônio?

(PA-2) **Análise de índices** – Os dados a seguir se aplicam à Jacobus and Associates (milhões de dólares):

Caixa e títulos negociáveis	$ 100,00
Ativos fixos	$ 283,50
Vendas	$ 1.000,00
Lucro líquido	$ 50,00
Índice de liquidez seca	2,0
Índice de liquidez corrente	3,0
DSO	40,55 dias
ROE	12%

A Jacobus não possui ações preferenciais – apenas patrimônio líquido, passivo circulante e dívida de longo prazo. Encontre (1) contas a receber, (2) passivo circulante, (3) ativo circulante, (4) ativo total, (5) ROA, (6) patrimônio líquido e (7) dívida de longo prazo da Jacobus.

Problemas – As soluções estão no Apêndice B

Problemas fáceis 1-5

(3-1) **Prazo de recebimento de vendas (DSO)** – A Greene Sisters possui um DSO de 20 dias. A média de vendas por dia da empresa é de $ 20.000. Qual é o nível de suas contas a receber? Considere um ano de 365 dias.

(3-2) **Índice de dívida** – A Vigo Vacations tem US$ 200 milhões em total de ativos, US$ 5 milhões em contas a pagar e US$ 25 milhões em dívida de longo prazo. Qual é o índice de dívida?

(3-3) **Índice de mercado/ação** – O preço das ações de Winston Washers é de US$ 75 por ação. A Winston tem US$ 10 bilhões em ativos totais. Seu balanço patrimonial mostra US$ 1 bilhão em passivos atuais, US$ 3 bilhões em dívida de longo prazo e US$ 6 bilhões em patrimônio comum. Há 800 milhões de ações de estoque comum pendente. Qual é o índice de mercado/ação da Winston?

(3-4) **Índice de preço/fluxo de caixa** – Reno Revolvers tem um EPS de US$ 1,50, um fluxo de caixa por ação de US$ 3,00, e um índice de preço/fluxo de caixa de 8.0. Qual é o índice de P/E?

(3-5) **ROE** – A empresa farmacêutica Needham possui uma margem de lucro de 3% e um multiplicador de patrimônio de 2,0. Suas vendas são de $ 100 milhões e a empresa possui ativo total de $ 50 milhões. Qual é seu ROE?

Problemas intermediários 6-10

(3-6) **Análise DuPont** – Gardial & Son tem um ROA de 12%, uma margem de lucro de 5% e um retorno sobre patrimônio igual a 20%. Qual é o giro de ativos totais da empresa? Qual é o multiplicador de patrimônio da empresa?

(3-7) **Índices de liquidez corrente e liquidez seca** – A Ace Industries possui $ 3 milhões em ativo circulante. O índice de liquidez corrente da empresa é de 1,5 e de liquidez seca de 1,0. Qual é o nível do passivo circulante da empresa? Qual é o nível de estoque da empresa?

(3-8) **Margem de lucro e índice de endividamento** – Vamos supor que você tenha recebido as seguintes relações para a Haslam Corporation:

Vendas/ativos totais	1,2
Retorno sobre ativos (ROA)	4%
Retorno sobre patrimônio (ROE)	7%

Calcule a margem de lucro e o índice de endividamento da Haslam. Suponha que metade do seu passivo esteja na forma de dívida. Calcule seu índice de endividamento.

(3-9) Índices de liquidez corrente e liquidez seca – A Nelson Company possui $ 1.312.500 em ativo circulante e $ 525.000 em passivo circulante. Seu nível de estoque inicial é de $ 375.000, e a empresa levantará fundos como outros títulos a pagar e irá usá-los para aumentar o estoque. Quanto a dívida de curto prazo (títulos a pagar) da empresa pode aumentar sem empurrar o índice de liquidez corrente para abaixo de 2,0? Qual será o índice de liquidez seca depois que a Nelson levantar a quantidade máxima de capital em curto prazo?

(3-10) Índice de cobertura de juros (ICJ) A Morris Corporation tem US$ 600.000 em dívidas pendentes, e paga uma taxa de juros de 8% anualmente. As vendas anuais de Morris são US$ 3 milhões, seu índice de imposto médio é de 40% e sua margem de lucro líquido em vendas é de 3%. Se uma empresa não mantém um índice de ICJ de pelo menos 5 para 1, então seu banco se recusará a renovar o empréstimo e irá a falência. Qual é o índice de ICJ da Morris?

Problemas desafiadores 11-14

(3-11) Análise de balanço financeira – Complete o balanço patrimonial e informações sobre vendas na tabela a seguir para a J. White Industries usando os seguintes dados financeiros:

Giro de ativos totais: 1,5
Margem de lucro bruto em vendas: (Vendas – Custo de bens vendidos)/Vendas = 25%
Índice total de passivos sobre ativos: 40%
Liquidez seca: 0,80
Prazo de recebimento de vendas (com base em um ano de 365 dias): 36,5 dias
Índice de giro de estoque: 3,75

RESULTADO PARCIAL	DADOS SOBRE DEMONSTRAÇÃO		
Receitas	_____		
Custo de produtos vendidos	_____		
Balanço patrimonial			
Caixa	_____	Contas a pagar	_____
Contas a receber	_____	Dívida de longo prazo	50.000
Estoques	_____	Ações comuns	_____
Ativos fixos	_____	Lucros acumulados	100.000
Total de ativos	US$ 400,00	Total do passivo e do patrimônio líquido	_____

(3-12) Cálculos do índice abrangente – A Kretovich Company teve um índice de liquidez seca de 1,4, um índice atual de 3,0, um prazo de recebimento de vendas de 36,5 dias (com base em um ano de 365 dias), um total de ativos circulantes de US$ 810.000 e títulos de caixa e mercado de US$ 120.000. Quais eram as vendas anuais de Kretovich?

(3-13) Análise de índice abrangente – A seguir, informações sobre Lozano Chip Company e sua média de indústria.
   a. Calcular os índices para Lozano.
   b. Construir a equação estendida de DuPont tanto para Lozano quanto para a indústria.
   c. Definir os pontos fortes e fracos de Lozano revelados em sua análise.

Lozano Chip Company: Balanço patrimonial em 31 de dezembro de 2013 (em milhares de dólares)

Disponível	US$ 225.000	Contas a pagar	US$ 601,866
Contas a receber	1.575.000	Títulos a pagar	US$ 326.634
Estoques	1.125.000	Outros passivos circulantes	525.000
Total do ativo circulante	US$ 2.950.000	Total do passivo circulante	US$ 1.453.500
Ativos fixos líquidos	1.350.000	Dívida de longo prazo	US$ 1.068.750
		Patrimônio líquido	1.752.750
Total do ativo	$ 4.275.000	Total do passivo e patrimônio líquido	US$ 4.275.000

Lozano Chip Company: Balanço patrimonial em 31 de dezembro de 2013 (em milhares de dólares)

Receitas	US$ 7.500.000
Custo de produtos vendidos	6.375.000
Despesas gerais, com vendas e administrativas	825.000
Lucro antes de juros e impostos (EBIT)	US$ 300.000
Despesas com juros	111.631
Lucro antes de impostos (EBT)	US$ 188.369
Impostos federais e estaduais sobre a renda	75.348
Lucro líquido	US$ 113.022

Índice	Lozano	Média da Indústria
Ativo circulante/passivo circulante	_____	2,0
Prazo de recebimento de receitas (ano de 365 dias)	_____	35 dias
CPV/estoque	_____	6,7
Receitas/ativos fixos	_____	12,1
Receitas/ativo total	_____	3,0
Lucro líquido/receitas	_____	1,2%
Lucro líquido/ativo total	_____	3,6%
Lucro líquido/patrimônio líquido	_____	9,0%
Total de débito/Total de ativos	_____	30,0%
Dívida total/ativo total	_____	60%

(3-14) Análise de índice abrangente – Seguem as demonstrações financeiras da empresa Jimenez Corporation previstas, além de alguns índices de média da indústria. Calcule os índices da empresa previstos para 2014, compare-os aos dados da média da indústria e faça um breve comentário sobre os pontos fortes e fracos projetados da empresa.

Jimenez Corporation: Balanço patrimonial previsto para 31 de dezembro de 2014

Ativos		
Caixa	$	72.000
Contas a receber		439.000
Estoques		894.000
Total do ativo circulante	$	1.405.000
Ativos fixos		431.000
Total de ativos	$	1.836.000
Passivo e patrimônio líquido		
Contas a pagar	$	332.000
Títulos a pagar		100.000
Provisões		170.000
Total do passivo circulante	$	602.000
Dívida de longo prazo		404.290
Ações ordinárias		575.000
Lucros retidos		254.710
Total do passivo e patrimônio líquido	$	1.836.000

Jimenez Corporation: Demonstração do resultado previsto para 2014

Receitas	US$	4.290.000
Custo de produtos vendidos		3.580.000
Despesas gerais, de vendas e administrativas		370.320
Depreciação e amortização		159.000
Lucro antes de impostos (EBT)	US$	180.680
Impostos (40%)		72.272
Lucro líquido	US$	108.408
Dados por ação		
Lucro por ação (EPS)	US$	4,71
Dividendos em dinheiro por ação	US$	0,95
Índice P/E		5,0
Preço de mercado (média)	US$	23,57
Número de ações em circulação		23.000
Indicadores financeiros da indústria (2013)[a]		
Índice de liquidez seca		1,0
Índice de liquidez corrente		2,7
Giro de estoque[b]		7,0
Prazo de recebimento de vendas[c]		32 dias
Giro de ativos fixos[b]		13
Giro de ativo total[b]		2,6
Retorno sobre ativos		9,1%
Retorno sobre patrimônio		18,2%
Margem de lucro sobre vendas		3,5%
Índice de dívida para ativos		21%
Índice de passivos para ativos		50%
Índice P/E		6,0
Índice preço/fluxo de caixa		3,5
Índice de mercado/ação		3,5

[a]Os índices da média da indústria se mantiveram constantes durantes os últimos quatro anos.
[b]Baseado nos números do balanço patrimonial de encerramento de exercício fiscal.
[c]Cálculo baseado em um ano de 365 dias.

Problema de planilha

(3-15)Construa um modelo: Análise de índice. As demonstrações financeiras da empresa Joshua & White (J&W) Technologies também são mostradas a seguir. Responda às seguintes perguntas.

a. A posição de liquidez da empresa melhorou ou piorou? Explique.

b. A habilidade da empresa para administrar seus ativos melhorou ou piorou? Explique.

c. Como a lucratividade da empresa mudou durante o último ano?

d. Faça uma análise estendida de DuPont para a J&W para 2012 e 2013. O que esses resultados significam?

e. Faça uma análise de tamanho comum. O que aconteceu com a composição (porcentagem em cada categoria) de ativos e passivos?

f. Faça uma análise de mudança percentual. O que isso significa em relação à mudança na lucratividade e utilização de ativos?

Joshua & White Technologies: Balanço patrimonial de 31 de dezembro (milhares de dólares)

Assets	2013	2012	Passivo e patrimônio líquido	2013	2012
Caixa	US$ 21.000	US$ 20.000	Contas a pagar	US$ 33.600	US$ 32.000
Investimentos de curto prazo	3.759	3.240	Provisões	12.600	12.000
Contas a receber	52.500	48.000	Títulos a pagar	19.929	6.480
Estoque	84.000	56.000	Total de passivo circulante	US$ 66.129	US$ 50.480
Total de ativo circulante	US$ 161.259	US$ 127,240	Dívida de longo prazo	67.662	58.320
Ativos fixos líquidos	218.400	200.000	Total de passivo	US$ 133.791	$ 108.800
Total de ativos	US$ 379.659	US$ 327.240	Ações ordinárias	183.793	178.440
			Lucros acumulados	62.075	40.000
			Total de patrimônio líquido	US$ 245.868	US$ 218.440
			Total de passivo e patrimônio líquido	US$ 379.659	US$ 327.240

Joshua & White Technologies: Demonstração do resultado referente a 31 de dezembro (milhares de dólares)

	2013	2012
Receitas	US$ 420.000	US$ 400.000
CPV excluindo depreciação e amortização	300.000	298.000
Depreciação e amortização	19.660	18.000
Outras despesas operacionais	27.600	22.000
EBIT	US$ 72.740	US$ 62.000
Despesa com juros	5.740	4.460
EBT	US$ 67.000	US$ 57.540
Impostos (40%)	26.800	23.016
Lucro líquido	US$ 40.200	US$ 34.524
Dividendos ordinários	US$ 18.125	US$ 17.262

OUTROS DADOS	2012	2011
Preço das ações no encerramento do ano	US$ 90,00	US$ 96,00
Número de ações (milhares)	4.052	4.000
Pagamento de arrendamento (milhares de dólares)	US$ 20.000	US$ 20.000
Pagamento de fundo de amortização (milhares de dólares)	US$ 5.000	US$ 5.000

Estudo de caso

A primeira parte do caso apresentado no Capítulo 2 discutiu a situação da Computron Industries após um programa de expansão. Um grande prejuízo aconteceu em 2013, ao contrário do lucro previsto. Como resultado, seus gerentes, conselheiros e investidores estão preocupados com a sobrevivência da empresa.

Jenny Cochran foi contratada como assistente de Gary Meissner, presidente da Computron, com a tarefa de trazer a companhia de volta a uma posição financeira saudável. Os balanços patrimoniais e as demonstrações do resultado de 2012 e 2013 da Computron, junto com projeções para 2014, são apresentados nas tabelas a seguir, que também mostram os índices financeiros de 2012 e 2013, além dos dados da média da indústria. As informações contidas na demonstração financeira projetadas para 2014 representavam a melhor estimativa de Cochran e Meissner para resultados do mesmo ano, levando em conta que alguns novos financiamentos estavam sendo viabilizados para superar o revés.

Balanços patrimoniais

	2012		2013		2014E	
Ativos						
Disponível	US$	9.000	US$	7.282	$	14.000
Aplicações de curto prazo		48.600		20.000		71.632
Contas a receber		351.200		632.160		878.000
Estoques		715.200		1.287.360		1.716.480
Total de ativo circulante	US$	1.124.000	US$	1.946.802	$	2.680.112
Ativos fixos brutos		491.000		1.202.950		1.220.000
Menos: depreciação acumulada		146.200		263.160		383.160
Ativos fixos líquidos	US$	344.800	US$	939.790	$	836.840
Total de ativo	US$	1.468.800	US$	2.886.592	$	3.516.952
Passivo e patrimônio líquido						
Contas a pagar	US$	145.600	US$	324.000		$ 359.800
Títulos a pagar		200.000		720.000		300.000
Provisões		136.000		284.960		380.000
Total de passivo circulante	US$	481.600	US$	1.328.960		$ 1.039.800
Dívida de longo prazo		323.432		1.000.000		500.000
Ações ordinárias (100.000 ações)		460.000		460.000		1.680.936
Lucros acumulados		203.768		97.632		296.216
Total de patrimônio líquido	US$	663.768	US$	557.632	$	1.977.152
Total de passivo e patrimônio líquido	US$	1.468.800	US$	2.886.592	$	3.516.952

Observação: "E" significa "estimado"; os dados de 2014 são previsões.

Demonstração do resultado

		2012		2013		2014E
Receitas	US$	3.432.000	US$	5.834.400	US$	7.035.600
Custo de produtos vendidos		2.864.000		4.980.000		5.800.000
Depreciação e amortização		18.900		116.960		120.000
Outras despesas		340.000		720.000		612.960
Total de custos operacionais	US$	3.222.900	US$	5.816.960	US$	6, 532.960
EBIT	US$	209.100	US$	17.440	US$	502.640
Despesas com juros		62.500		176.000		80.000
EBT	US$	146.600		($ 158.560)	US$	422.640
Impostos (40%)		58.640		(63.424)		169.056
Lucro líquido	US$	87.960	(US$	95.136)	US$	253.584
Outros dados						
Preço das ações	US$	8,50		$ 6,00	US$	12,17
Ações em circulação		100.000		100.000		250.000
Lucro por ação (EPS)		$ 0,880		($ 0,951)	US$	1,014
Dividendo por ação (DPS)		$ 0,220	US$	0,110		0,220
Alíquota de impostos		40%		40%		40%
Valor patrimonial por ação	US$	6,638	US$	5,576	US$	7,909
Pagamentos de arrendamento	US$	40.000	US$	40.000	US$	40.000

Observação: "E" significa "estimado"; os dados de 2014 são previsões.

Análise de índice

	2012	2013	2014E	Média da Indústria
Índice de liquidez corrente	2,3	1,5	_____	2,7
Índice de liquidez seca	0,8	0,5	_____	1,0
Giro de estoque	4,0	4,0	_____	6,1
Prazo de recebimento de vendas	37,3	39,6	_____	32,0
Giro de ativos fixos	10,0	6,2	_____	7,0
Giro de ativo total	2,3	2,0	_____	2,5
Índice de endividamento	35,6%	59,6%	_____	32%
Índice de passivos para ativos	54,8%	80,7%	_____	50%
ICJ	3,3	0,1	_____	6,2
Margem de lucro	2,6	0,8	_____	8,0
Margem de lucro	2,6%	−1,6%	_____	3,6%
Índice de receita operacional	14,2%	0,6%	_____	17,8%
ROA	6%	−3,3%	_____	9%
ROE	13,3%	−17,1%	_____	17,9%
Preço/lucro (P/E)	9,7	−6,3	_____	16,2
Preço/fluxo de caixa	8,0	27,5	_____	7,6
Valor de mercado/valor contábil	1,3	1,1	_____	2,9

Observação: "E" significa "estimado".

Cochran deve preparar uma análise de como a empresa se encontra agora, o que ela deve fazer para recuperar sua saúde financeira e quais ações deveriam ser tomadas. Sua tarefa é ajudá-la a responder às seguintes perguntas. Apresente explicações claras, e não apenas "sim" ou "não".

a. Por que os índices são úteis? Cite três grupos que usam análise de índices e por quais razões.

b. Calcule os índices de liquidez corrente e seca de 2014 baseado nos dados do balanço patrimonial e na demonstração dos resultados projetados. O que se pode dizer sobre a posição de liquidez da empresa em 2012, 2013, e sobre a projeção para 2014? Geralmente, pensamos que os índices são úteis para (1) a administração gerir os negócios, (2) os bancos realizarem análises de crédito e (3) para os acionistas avaliarem ações. Esses três diferentes tipos de analistas possuem o mesmo interesse nos índices de liquidez?

c. Calcule o giro de estoque de 2014, o prazo de recebimento de vendas (DSO), o giro de ativos fixos e o giro de ativo total. Como a utilização de ativos por parte da Computron se compara com a de outras empresas da mesma indústria?

d. Calcule os índices de endividamento, de cobertura de juros e cobertura de EBITDA para 2014. Como a Computron se compara com a indústria no que diz respeito à alavancagem financeira? O que se pode concluir com base nesses índices?

e. Calcule margem de lucro, o índice de receita operacional/total de ativos (BEP), o retorno sobre ativos (ROA) e o retorno sobre patrimônio (ROE) para 2014. O que podemos dizer sobre esses índices?

f. Calcule índice de preço/lucro, índice de preço/fluxo de caixa e índice de valor de mercado/valor contábil para 2014. Esses índices mostram que os investidores esperam ter uma opinião positiva ou negativa sobre a empresa?

g. Faça uma análise de tamanho comum e outra de mudança percentual. O que essas análises nos mostram sobre a Computron?

h. Use a equação estendida de DuPont para gerar uma síntese e uma visão global da situação financeira projetada para a Computron para 2014. Quais são os principais pontos positivos e negativos da empresa?

i. Quais são os eventuais problemas e limitações da análise de índices financeiros?

j. Que fatores qualitativos os analistas deveriam considerar ao avaliarem o provável desempenho financeiro futuro de uma empresa?

Títulos de renda fixa

Valor do dinheiro no tempo

Quando você se forma e começa a trabalhar, tanto um plano de pensão de **benefício definido** (*defined benefit – DB*) como um plano de pensão de **contribuição definida** (*defined contribution – DC*) serão quase certamente partes de um pacote de remuneração. No plano DB, a empresa depositará o dinheiro em seu fundo de pensão, o qual posteriormente investirá em ações, títulos, imóveis e assim por diante, e então utilizará esse dinheiro para efetuar os pagamentos prometidos após sua aposentadoria. No plano DC, a empresa depositará o dinheiro em seu plano 401(k) (que é um investimento em um fundo mútuo), e você decidirá que tipo de ativos adquirir e poderá sacar o dinheiro após sua aposentadoria. A análise exigida para estabelecer um bom programa de aposentadoria tem como base o assunto deste capítulo, o valor do dinheiro no tempo (*time value of money* – TVM).

Como você imagina que uma crise no mercado de ações como a que houve em 2008, com a média de ações abaixo de aproximadamente 40%, afetará os planos de aposentadoria DB e DC? Se você possui um plano 401(k) que investe em ações, como a maioria das pessoas tem, a análise de TVM mostra claramente que você terá de trabalhar por mais tempo do que esperava e reduzir seu padrão de vida pós-aposentadoria, ou ambas as coisas.

Com um plano DB, uma queda no mercado de ações reduz o valor dos investimentos reservados para você pela empresa. Caso haja também uma queda nas taxas de juros, como aconteceu em 2008, a análise de TVM mostra que a quantidade de dinheiro que a empresa deve reservar para você aumenta. Assim, a provisão para custeio dos fundos de pensão da empresa, que é a diferença entre o valor dos investimentos do plano de pensão e o montante que o plano deve ter em mãos para cobrir obrigações futuras, tornar-se-á bastante insuficiente se o mercado entrar em crise *e* as taxas de juros caírem. Isso pode até mesmo levar à falência, caso em que você acabará recebendo pagamentos de aposentadoria do governo e não da empresa, sendo os pagamentos do governo muito mais baixos do que os prometidos pelo plano da empresa. Se você não acredita nisso, pergunte a alguém que se aposentou recentemente de uma companhia aérea ou automotiva falida.

AVALIAÇÃO DE EMPRESAS E VALOR DO DINHEIRO NO TEMPO

No Capítulo 1, explicamos (1) que os administradores devem se esforçar para tornar suas empresas mais valiosas e (2) que o valor de uma empresa é determinado pelo tamanho, tempo e risco de seus fluxos de caixa livres (FCL). Lembre-se do que mencionamos no Capítulo 2: fluxos de caixa livres são fluxos disponíveis para distribuição a todos os investidores de uma empresa (acionistas e credores). Explicamos como calcular o custo médio ponderado de capital (CMPC) no Capítulo 9, mas, por enquanto,

é suficiente considerar o CMPC como a taxa média de retorno exigida por todos os investidores da empresa. O valor intrínseco de uma empresa é determinado pelo diagrama a seguir.

Observe que o fundamental para esse valor é descontar os fluxos de caixa livre no CMPC a fim de encontrar o valor da empresa. Esse desconto é um aspecto do valor do dinheiro no tempo (*time value of money* – TVM). Discutiremos técnicas de valor de dinheiro no tempo neste capítulo.

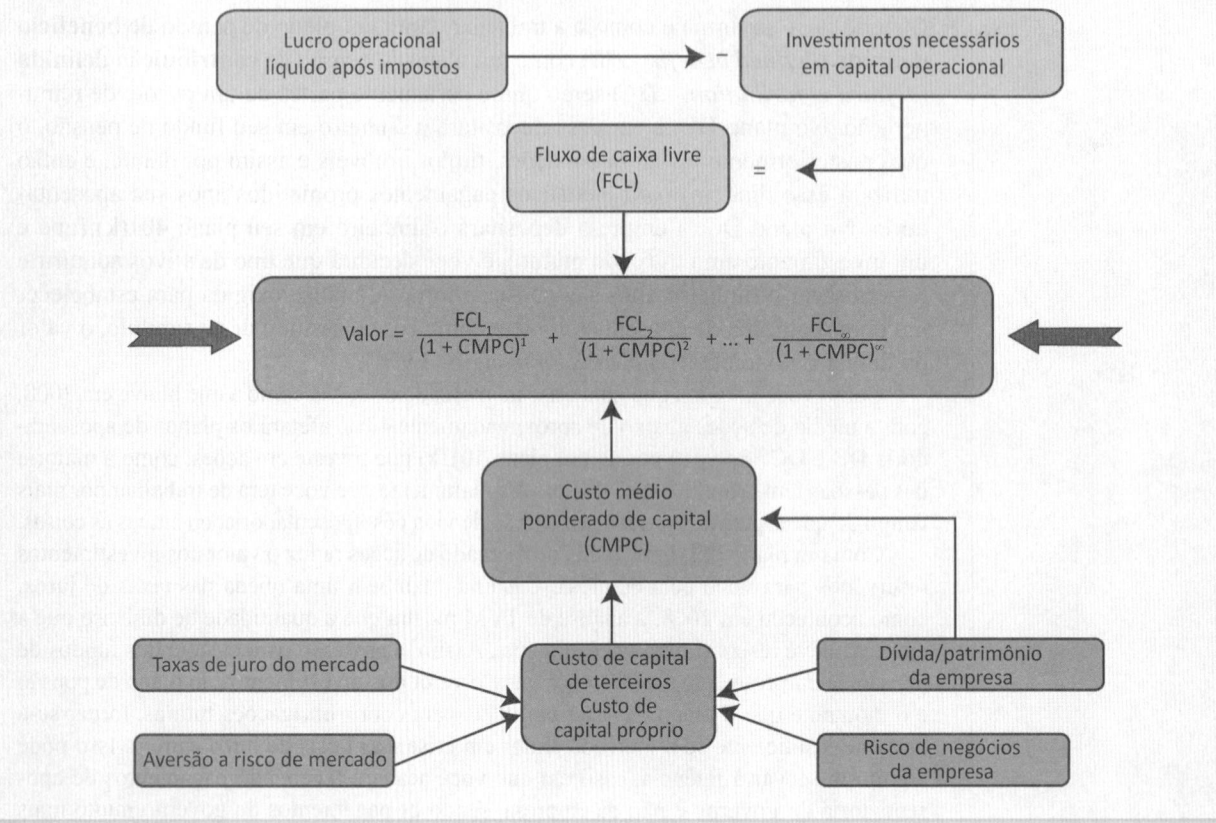

© Cengage Learning 2014

No Capítulo 1, observamos que o objetivo básico da administração financeira é maximizar o valor intrínseco das ações de uma empresa. Vimos também que o valor das ações depende do tempo esperado pelos investidores para receber os fluxos de caixa do investimento – um dólar esperado para mais cedo vale mais do que um dólar esperado para mais tarde no futuro. Portanto, é essencial que os gerentes financeiros entendam o valor do dinheiro no tempo e seu impacto nos preços das ações. Neste capítulo explicaremos exatamente como o tempo dos fluxos de caixa afeta o valor dos ativos e as taxas de retorno.

Os princípios da análise de valor temporal têm muitas aplicações, incluindo planejamento de aposentadoria, cronograma de pagamento de empréstimo e decisões de investimento (ou não) em novos equipamentos. *Na verdade, de todos os conceitos utilizados em finanças, nenhum é mais importante do que o* **valor do dinheiro no tempo (TVM),** *também denominado* **análise de fluxo de caixa descontado (***discounted cash flow*** – DCF).** Os conceitos de valor temporal são utilizados ao longo do livro; dessa forma, é vital que você compreenda o assunto apresentado neste capítulo e seja capaz de solucionar os problemas do capítulo antes de seguir para outros tópicos.

4-1   Linha do tempo

Em uma análise de valor temporal, o primeiro passo é fixar uma **linha do tempo** para ajudar você a visualizar o que está ocorrendo em determinado problema. Para ilustrar, considere o seguinte diagrama, em que PV representa $ 100 que estão em uma conta-corrente hoje e FV é o valor que estará na conta em algum momento, no futuro (no caso deste exemplo, em 3 anos a partir de agora):

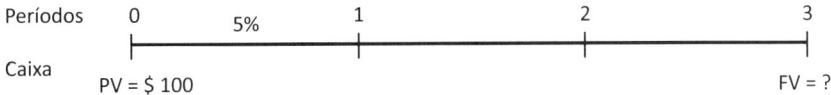

Os intervalos de 0 a 1, 1 a 2 e 2 a 3 são períodos como anos ou meses. Tempo 0 é hoje e é o início do período 1; tempo 1 é um período a partir de hoje e tanto o final do período 1 quanto o início do 2; e assim por diante. Em nosso exemplo, os períodos são anos, mas poderiam também ser trimestres, meses ou mesmo dias. Observe novamente que cada marcação corresponde tanto ao *final* de um período como ao *início* do próximo. Desse modo, se os períodos são anos, a marcação no tempo 2 representa tanto o final do ano 2 quanto o início do ano 3.

Os fluxos de caixa são mostrados diretamente abaixo das marcações, e a taxa de juros pertinente é mostrada bem acima da linha do tempo. Os fluxos de caixa desconhecidos, que você está tentando obter, estão indicados por pontos de interrogação. Aqui a taxa de juros é de 5%; uma única saída de caixa, $ 100, é investida no tempo 0; e o valor do tempo 3 é desconhecido e precisa ser encontrado. Nesse exemplo, os fluxos de caixa ocorrem somente nos tempos 0 e 3, sem fluxos nos tempos 1 ou 2. Certamente, vamos encontrar situações em que ocorrem múltiplos fluxos de caixa. Observe também que, em nosso exemplo, a taxa de juros é constante durante todos os 3 anos. A taxa de juros geralmente é mantida constante, porém, se variar no diagrama, mostramos diferentes taxas para os diferentes períodos.

As linhas do tempo são especialmente importantes quando se está aprendendo conceitos de valor temporal, mas mesmo especialistas as utilizam para analisar problemas complexos. Ao longo do livro, nosso procedimento é fixar uma linha do tempo para mostrar o que está ocorrendo, fornecer uma equação que deve ser resolvida para encontrar a resposta e, então, explicar como resolver a equação com uma calculadora comum, uma calculadora financeira e uma planilha eletrônica.

Autoavaliação

1. As linhas do tempo lidam apenas com anos ou outros períodos poderiam ser utilizados?
2. Fixe uma linha do tempo para ilustrar a seguinte situação: atualmente, você possui um certificado de depósito (CD) de 3 anos no valor de $ 2 mil, que paga 4% garantidos anualmente. Você quer saber o valor do CD após 3 anos.

4-2   Valores futuros

Um dólar na mão hoje vale mais do que um dólar a ser recebido no futuro – se você tivesse o dólar hoje, poderia investi-lo, ganhar juros e acabar com mais de um dólar no futuro. O processo de seguir em frente, de **valores presentes** (*present values* – **PVs**) para **valores futuros** (*future values* – **FVs**), é chamado **de capitalização**. Para ilustrar, remeta-se à nossa linha do tempo de 3 anos e presuma que você possua $ 100 em uma conta-corrente que paga juros garantidos de 5% por ano. Quanto você teria ao final do ano 3? Primeiro, definimos alguns prazos, depois fixamos uma linha do tempo e mostramos como o valor futuro é calculado.

PV   =   Valor presente, ou montante inicial. Em nosso exemplo, PV = $ 100.

FV_N =   Valor futuro, ou montante final, na conta após N períodos. Enquanto PV é o valor de *agora*, ou o *valor presente*, FV_N é o valor de N períodos no *futuro*, após o acréscimo dos juros ganhos na conta.

FC_t =   Fluxo de caixa. Fluxos de caixa podem ser positivos ou negativos. Para um mutuário, o primeiro fluxo de caixa é positivo e os fluxos de caixa subsequentes são negativos, e o inverso se aplica a um credor. Ao fluxo de caixa para um período específico é geralmente dado um índice, FC_t, em que t é o período. Assim, FC_0 = PV = fluxo de caixa no tempo 0, enquanto FC_3 seria o fluxo de caixa ao final do período 3. Nesse exemplo, os fluxos de caixa ocorrem *no final* dos períodos, mas, em alguns problemas, ocorrem no início.

I = Taxa de juros auferidos por ano. (Às vezes, um i minúsculo é utilizado.) Juros auferidos são baseados no saldo do início de cada ano, e presumimos que os juros sejam pagos no final do ano. Aqui I = 5% ou, expresso como um decimal, 0,05. No decorrer deste capítulo, consideramos a taxa de juros como I (ou I/YR, para taxa de juros por ano) porque esse símbolo é utilizado na maioria das calculadoras financeiras. Observe, no entanto, que, em capítulos posteriores, utilizamos o símbolo "r" para denotar a taxa porque r (para *taxa* de retorno) é mais frequentemente utilizado na literatura financeira. Também, neste capítulo, geralmente presumimos que pagamentos de juros são garantidos pelo governo dos Estados Unidos e, portanto, não possuem riscos (ou seja, são certos). Em capítulos posteriores, trataremos de investimentos de risco, em que a taxa efetivamente ganha pode ser diferente do nível esperado.

INT = Dólares de juros ganhos durante o ano = (Montante inicial) × I. Em nosso exemplo, INT = $ 100(0,05) = $ 5 para o ano 1, mas aumenta nos anos subsequentes conforme o montante no início de cada ano aumenta.

N = Número de períodos envolvidos na análise. Em nosso exemplo, N = 3. Às vezes, o número de períodos é designado com um n minúsculo, então tanto N como n indicam número de períodos.

Podemos utilizar quatro procedimentos diferentes para resolver problemas de valor temporal.[1] Tais métodos estão descritos a seguir.

4-2a   Abordagem passo a passo

A linha do tempo pode ser modificada e utilizada para encontrar o FV de $ 100 capitalizado por 3 anos a 5%, conforme mostrado a seguir:

Tempo	0	5%	1	2	3
Montante no início do período	$ 100,00	→	$ 105,00 →	$ 110,25 →	$ 115,76

Iniciamos com $ 100 na conta, que são mostrados a t = 0. Depois multiplicamos o montante inicial, e cada montante subsequente ao montante de início de ano, por (1 + I) = (1,05).

- Você ganha $ 100(0,05) = $ 5 de juros durante o primeiro ano, então o montante no final do ano 1 (ou t = 1) é:

$$FV_1 = PV + INT$$
$$= PV + PV(I)$$
$$= PV (1 + I)$$
$$= \$ 100(1 + 0,05) = \$ 100(1,05) = \$ 105$$

- Iniciamos o segundo ano com $ 105, ganhamos 0,05($ 105) = $ 5,25 sobre o montante do início do ano agora maior e terminamos o ano com $ 110,25. Durante o ano 2, os juros são $ 5,25, mais altos do que os juros do primeiro ano, porque ganhamos juros de $ 5(0,05) = $ 0,25 sobre os juros do primeiro ano. Isso é chamado de "capitalização", e os juros ganhos sobre juros são denominados "juros compostos".
- Esse processo continua, e, uma vez que o saldo inicial é mais alto em cada ano posterior, os juros ganhos aumentam a cada ano.
- Os juros totais ganhos, $ 15,76, são refletidos no saldo final, $ 115,76.

---

[1] Um quinto procedimento é chamado de *abordagem tabular*, que utiliza tabelas que fornecem "fatores de juros". Esse procedimento foi utilizado antes que calculadoras financeiras e computadores se tornassem disponíveis. Agora, no entanto, calculadoras e planilhas como as de Excel são programadas para calcular o fator específico necessário para determinado problema e posteriormente utilizadas para encontrar o FV. Isso é muito mais eficiente do que utilizar as tabelas. As calculadoras e planilhas podem também administrar períodos e taxas de juros fracionários. Por essas razões, tabelas não são utilizadas nos negócios de hoje, e, por isso, não haverá abordagens sobre elas no livro.

A abordagem passo a passo é útil porque mostra exatamente o que está ocorrendo. No entanto, ela consumirá tempo, especialmente se o número de anos for alto e você estiver utilizando uma calculadora em vez do Excel. Portanto, procedimentos simplificados têm sido desenvolvidos.

4-2b Abordagem da fórmula

Na abordagem passo a passo, multiplicamos o montante do início de cada período por $(1 + I) = (1,05)$. Observe que o valor no final do ano 2 é o seguinte:

$$\begin{aligned} FV_2 &= FV_1(1 + I) \\ &= PV(1 + I)(1 + I) \\ &= PV(1 + I)^2 \\ &= 100(1,05)^2 = \$ 110,25 \end{aligned}$$

Se $N = 3$, então multiplicamos PV por $(1 + I)$ três tempos diferentes, que é o mesmo que multiplicar o montante inicial por $(1 + I)^3$. Esse conceito pode ser estendido, e o resultado é esta equação-chave:

$$FV_N = PV(1 + I)^N \qquad \textbf{(4-1)}$$

Podemos aplicar a Equação 4-1 para encontrar o FV em nosso exemplo:

$$FV_3 = \$ 100(1,05)^3 = \$ 115,76$$

A Equação 4-1 pode ser utilizada com qualquer calculadora, mesmo uma calculadora não financeira que possui uma função exponencial, tornando fácil encontrar FVs, não importando quantos anos estejam envolvidos.

4-2c Calculadoras financeiras

As calculadoras financeiras foram especialmente desenvolvidas para resolver problemas de valor temporal. Primeiro, observe que calculadoras financeiras possuem cinco teclas que correspondem às cinco variáveis nas equações básicas de valor temporal. A Equação 4-1 possui somente quatro variáveis, mas em breve lidaremos com situações em que uma quinta variável (um conjunto de pagamentos adicionais periódicos) está envolvida. Demonstramos as entradas, para nosso exemplo anterior, de suas teclas no seguinte diagrama, e a saída, que é o FV, abaixo de sua tecla. Já que neste exemplo não há pagamentos periódicos, inserimos 0 para PMT. Descrevemos as teclas em mais detalhes abaixo do diagrama.

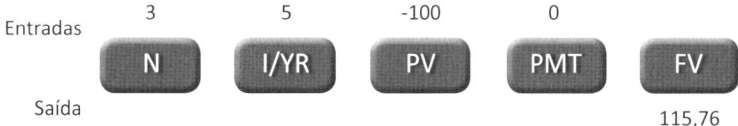

N	=	Número de períodos = 3. Algumas calculadoras utilizam n em vez de N.
I/YR	=	Taxa de juros por período = 5. Algumas calculadoras utilizam i ou I em vez de I/YR. As calculadoras são programadas para converter automaticamente o 5 no decimal 0,05 antes de fazerem a aritmética.
PV	=	Valor presente = 100. Em nosso exemplo, efetuamos, inicialmente, um depósito, que é uma saída de 100, então o PV é inserido com sinal negativo. Na maioria das calculadoras, você deve inserir o 100 e então pressionar a tecla +/– para alterar de +100 para –100. Se você inserir –100 diretamente, isso irá subtrair 100 do último número da calculadora, o que lhe dará um resultado incorreto, a menos que o último número seja zero.
PMT	=	Pagamento. Essa tecla será utilizada se tivermos uma série de pagamentos iguais ou constantes. Já que não há pagamentos em nosso problema atual, inserimos PMT = 0. Utilizaremos a tecla PMT posteriormente neste capítulo.

FV   =   Valor futuro. Em nosso exemplo, a calculadora automaticamente mostra o FV como um número positivo porque inserimos o PV como um número negativo. Se tivéssemos inserido o 100 como um número positivo, então o FV teria sido negativo. As calculadoras automaticamente presumem que tanto o PV como o FV devem ser negativos.

Conforme observado em nosso exemplo, primeiro inserimos os quatro valores conhecidos (N, I/YR, PMT e PV) e então pressionamos a tecla FV para obtermos o resultado, FV = 115,76.[2]

4-2d Planilhas

As planilhas são idealmente adaptadas para resolver muitos problemas financeiros, incluindo aqueles que lidam com o valor do dinheiro no tempo. As planilhas são obviamente úteis para cálculos, mas podem também ser utilizadas como um processador de palavras para criar apresentações como nossa Figura 4-1, que inclui texto, imagens e cálculos. Utilizamos essa figura para mostrar que quatro métodos podem ser utilizados para encontrar o FV de $ 100 após 3 anos a uma taxa de juros de 5%. A linha do tempo nas linhas 36 a 37 é útil para visualizar o problema, após o qual a planilha calcula o resultado exigido. Observe que as letras sobre o topo designam colunas, os números abaixo da coluna da esquerda designam linhas e as linhas e colunas juntas designam células. Assim, a célula C32 mostra o montante do investimento, US$ 100, e a ele é dado um sinal de menos porque se trata de um fluxo de saída.

É útil incluir todas as entradas do problema em uma seção da planilha chamada "Entradas". Na Figura 4-1, incluímos as entradas nas células transparentes. Podemos utilizar essas três referências de células, em vez dos próprios números fixos, nas fórmulas no restante do modelo. Isso facilita a modificação do problema, pois podemos alterar as entradas e então utilizar automaticamente os novos dados nos cálculos.

As linhas do tempo são importantes para solucionar problemas financeiros porque elas nos ajudam a visualizar o que está acontecendo. Quando trabalhamos um problema manualmente, traçamos, em geral, uma linha do tempo e, quando trabalhamos um problema com o Excel, fixamos o modelo como uma linha do tempo. Por exemplo, na Figura 4-1, as linhas 36 a 37 são de fato uma linha do tempo. É simples construir as linhas do tempo com o Excel, em que cada coluna representa um período diferente na linha do tempo.

Na linha 39, utilizamos o Excel para examinar cuidadosamente os cálculos passo a passo, multiplicando os valores do início do ano por (1 + I) para encontrar o valor capitalizado no final de cada período. A célula G39 mostra o resultado final da abordagem passo a passo.

Ilustramos a abordagem da fórmula na linha 41, utilizando o Excel para resolver a Equação 4-1 e encontrar o FV. A célula G41 mostra o resultado da fórmula, US$ 115,76, que, como deve ser, é igual ao resultado passo a passo.

As linhas 43 a 45 mostram a abordagem da calculadora financeira, que novamente produz o mesmo resultado, US$ 115,76.

A última seção, nas linhas 47 a 49, mostra a função de valor futuro (FV) do Excel. Você pode acessar a função assistente clicando no símbolo f_x na barra de fórmula do Excel. Depois selecione a categoria para funções financeiras e então a função FV, que é = **FV (taxa;nper;pgto;pv)**, como mostra a célula E47.[3] A célula E48 mostra como a fórmula seria com números como entradas; a própria função real é inserida na célula G48, mas ela aparece na tabela como resultado, US$ 115,76. Se acessar o modelo e inserir o indicador na célula G48, você verá a fórmula completa.

Por fim, a célula E49 mostra como a fórmula seria com referências de células em vez de valores fixos como entradas, com a função real novamente na célula G49. Em geral, utilizamos referências de células como entradas de função porque isso facilita a alteração de entradas e verificação de como tais alterações afetam o resultado. Esse procedimento é denominado "análise de sensibilidade". Muitas aplicações financeiras do mundo real utilizam análises de sensibilidade, então é útil adquirir o hábito de fixar uma seção de inserção de dados e então utilizar referências de células em vez de números fixos nas funções. Ao inserir taxas de juros no Excel, você pode utilizar números reais ou porcentagens, dependendo de como a célula está formatada. Por exemplo, na célula C33, primeiro formatamos para Porcentagem e depois inserimos 5, que aparece como 5%. No entanto, o Excel utiliza 0,05 para a aritmética. Alternativamente, poderíamos ter formatado C33 como um Número e, nesse caso, teríamos digitado "0,05". Se uma célula fosse formatada para Número e você inserisse 5, então o Excel pensaria que você quis dizer 500%. Dessa forma, o procedimento do Excel é bem diferente da convenção utilizada em calculadoras financeiras.

---

[2] Recomendamos que você estude esses cálculos usando o *Excel*. Isso proporcionará a você prática com o *Excel*, e ajudará muito em futuros cursos, no mercado e no local de trabalho.

[3] Todas as funções começam com um sinal de igual. A terceira entrada é zero neste exemplo, indicando que não há pagamentos periódicos. Posteriormente, neste capítulo, utilizaremos a função FV em situações em que temos pagamentos periódicos diferentes de zero. Da mesma forma, para entradas, utilizamos nossa própria notação, que é semelhante, mas não idêntica, à notação do Excel.

Sugestões para utilização de calculadoras financeiras

Ao utilizar uma calculadora financeira, verifique se sua máquina está configurada conforme indicado a seguir. Consulte o manual ou o tutorial de sua calculadora no site do compêndio para informações ou para configurá-la.

- **Um pagamento por período.** Muitas calculadoras já estão configuradas para presumir que 12 pagamentos são efetuados por ano, isto é, elas presumem pagamentos mensais. No entanto, neste livro, geralmente lidamos com problemas em que somente um pagamento é efetuado a cada ano. *Portanto, você deve configurar sua calculadora para um pagamento por ano e deixar dessa forma. Consulte o tutorial ou o manual de sua calculadora caso precise de assistência.* Na seção "Períodos semestrais, mostraremos a você como resolver problemas com mais de 1 pagamento por ano Seção 4-15.
- **End Mode.** Na maioria dos contratos, os pagamentos são efetuados no final de cada período. No entanto, alguns contratos exigem pagamentos no início de cada período. Você pode alternar entre "End Mode" e "Begin Mode", *dependendo do problema que estiver resolvendo. Uma vez que a maioria dos problemas neste livro exige pagamentos de final de período, você deve retornar sua calculadora para o End Mode após ter solucionado um problema em que os pagamentos são efetuados no início dos períodos.*
- **Sinal negativo para fluxos de saída.** Quando começam a aprender como utilizar calculadoras financeiras, os alunos com frequência se esquecem de que um fluxo de caixa deve ser negativo. Matematicamente, as calculadoras financeiras resolvem uma versão desta equação:

$$PV(1 + I)^N + FV_N = 0 \qquad \text{(4-2)}$$

Observe que, para valores razoáveis de I, tanto PV como FV_N devem ser negativos, e o outro deve ser positivo para que o resultado da equação seja 0. Isso é razoável porque, em todas as situações realistas, um fluxo de caixa é uma saída (que deve ter sinal negativo) e uma entrada (que deve ter sinal positivo). Por exemplo, se você efetuar um depósito (que é uma saída e, portanto, deve ter sinal negativo), então você espera efetuar um saque posterior (que é uma entrada com sinal positivo). *O ponto de partida é que uma de suas entradas para um fluxo de caixa deve ser negativa e a outra deve ser positiva. Isso geralmente significa digitar a saída como um número positivo e então pressionar a tecla +/− para converter + em − antes de pressionar a tecla enter.*

- **Casas decimais.** Quando efetuam a aritmética, as calculadoras utilizam uma grande quantidade de casas decimais. No entanto, elas permitem mostrar de 0 a 11 casas decimais no visor. Quando trabalhamos com dólares, geralmente especificamos duas casas decimais. Quando lidamos com taxas de juros, geralmente especificamos duas casas se a taxa for expressa como porcentagem, como 5,25%, mas especificamos quatro casas se a taxa for expressa como um decimal, como 0,0525.
- **Taxas de juros.** *Para operações aritméticas com uma calculadora não financeira, a taxa 5,25% deve ser mostrada como um decimal, 0,0525. No entanto, com uma calculadora financeira, você deve inserir 5,25, não 0,0525, porque as calculadoras financeiras são programadas para presumir que taxas são declaradas como porcentagens.*

Às vezes os alunos se confundem com o sinal dos US$ 100 iniciais. Usamos +US$ 100 nas linhas 39 e 41 como investimento inicial ao calcular o valor futuro utilizando um método passo a passo e a fórmula de valor futuro, mas usamos −US$ 100 como um calculador final e a função de planilha nas linhas 43 e 48. Quando devemos usar um valor positivo e quando devemos usar um valor negativo? A resposta é que sempre que você montar uma linha do tempo e usar funções de valor financeiro de uma calculadora ou funções de valor do dinheiro no tempo do *Excel*, você deve colocar os sinais que correspondem à "direção" dos fluxos de caixa. Os fluxos de caixa que saem do seu bolso (saídas) são negativos, mas os fluxos de caixa que entram no seu bolso (entradas) são positivos. No caso da função FV em nosso exemplo, se você investir US$ 100 (uma saída, e, portanto, negativa) no Time-0, o banco disponibilizará a você US$ 115,76 (uma entrada, e, portanto, positiva) no Time-3. Em essência, a função FV em uma calculadora financeira ou no *Excel* responde à pergunta: "Se eu investir tudo isso agora, quanto ficará disponível para mim no futuro?" O investimento é uma saída e é negativo, e o valor disponível para você é uma entrada e é positivo. Se você usar fórmulas algébricas, você deve verificar se o valor é uma saída ou uma entrada. Em caso de dúvida, remeta a uma linha do tempo construída corretamente.

FIGURA 4-1

Procedimentos alternativos para calcular valores futuros.

	A	B	C	D	E	F	G
31	**ENTRADAS:**						
32	**Investimento = CF$_0$ = PV =**		**-$ 100,00**				
33	**Taxa de juros = I =**		**5,00%**				
34	**Número de períodos = N =**		**3**				
35							
36	Linha do tempo			Tempo 0	1	2	3
37							
38			Fluxo de caixa -$ 100		0	0	FV = ?
39							
40	1. Passo a passo: Multiplique cada etapa por (1 + I)		$ 100,00 ⟶	$ 105,00 ⟶	$ 110,25 ⟶		$ 115,76
41							
42	2. Fórmula: FV$_N$ = PV(1 + I)^N			FV$_3$ = $ 100(1,05)^3		=	$ 115,76
43							
44		Entradas:	3	5	− 100	0	
45	3. Calculadora financeira:		N	I/YR	PV	PMT	FV
46		Saída:					$ 115,76
47							
48	4. Planilha em Excel:		Função VF:	FV$_N$ =	= FV(I,N,0,PV)		
49			Entradas fixas	FV$_N$ =	= FV(0,05,3,0,−100)		$ 115,76
50			Referências de células:	FV$_N$ =	= FV(C33,C34,0,C32)		$ 115,76
51	Na fórmula do Excel, os termos são inseridos na sequência: juros, períodos, 0 para indicar que não há fluxos de caixa periódicos e então o PV. Os dados podem ser inseridos como números fixos ou, ainda melhor, como referências de células.						

4-2e Comparando os procedimentos

Na resolução de qualquer problema de valor temporal, o primeiro passo é compreender o que está acontecendo e então diagramá-lo em uma linha do tempo. Woody Allen disse que 90% do sucesso é simplesmente se mostrar. Em problemas de valor temporal, 90% do sucesso é definir corretamente a linha do tempo.

Após ter diagramado o problema em uma linha do tempo, seu próximo passo é escolher uma das quatro abordagens mostradas na Figura 4-1 para resolver o problema. Qualquer uma delas pode ser utilizada, mas a escolha de método dependerá de sua situação específica.

Todos os alunos de negócios devem conhecer a Equação 4-1 e saber utilizar uma calculadora financeira. Então, para problemas simples, como encontrar o valor futuro de um único pagamento, é geralmente mais fácil e mais rápido utilizar a abordagem da fórmula ou uma calculadora financeira. No entanto, para problemas que envolvem vários fluxos de caixa, a abordagem de fórmula consome, em geral, muito tempo. Em razão disso, a calculadora ou a abordagem de planilha pode ser utilizada. As calculadoras são portáteis e rápidas de ser configuradas, mas, se muitos cálculos do mesmo tipo tiverem de ser feitos, ou se você quiser ver como as modificações em uma entrada, como a taxa de juros, afetam o valor futuro, a abordagem de planilha será mais eficiente. Se o problema possuir muitos fluxos de caixa irregulares, ou se você quiser analisar cenários alternativos utilizando fluxos de caixa ou taxas de juros diferentes, então a abordagem de planilha será definitivamente o procedimento mais eficiente.

As planilhas têm duas vantagens adicionais sobre as calculadoras. Primeiro, é mais fácil verificar as entradas com uma planilha – elas são visíveis, ao passo que, com uma calculadora, são escondidas em algum lugar na máquina. Dessa forma, é menos provável que você cometa um erro em um problema complexo ao utilizar a abordagem de planilha. Segundo, com uma planilha, você pode tornar sua análise muito mais transparente do que poderia ao utilizar uma calculadora. Isso não é necessariamente importante quando tudo o que você quer é o resultado, mas, se você precisa apresentar seus cálculos para os outros, como seu chefe, ela o ajuda a mostrar passos intermediários, o que permite que alguém acompanhe sua apresentação e veja exatamente o que fez. A transparência também é importante quando você precisar voltar, algum tempo depois, e reconstruir o que fez.

Você deve compreender as diversas abordagens bem o bastante para fazer uma escolha racional, considerando a natureza do problema e o equipamento que tiver disponível. De qualquer maneira, você deve compreender os conceitos por trás dos cálculos e também saber fixar linhas do tempo para trabalhar problemas complexos, o que é verdadeiro para avaliação de ações e títulos, orçamento de capital, análise de arrendamentos e muitos outros importantes problemas financeiros.

4-2f   Visão gráfica do processo de capitalização

A Figura 4-2 mostra como um investimento de $ 100 cresce (ou diminui) ao longo do tempo a diferentes taxas de juros. Em geral, as taxas de juros são positivas, mas o conceito de "crescimento" é amplo o bastante para incluir taxas negativas. Desenvolvemos as curvas resolvendo a Equação 4-1 com valores diferentes para N e I. A taxa de juros é uma taxa de crescimento: se o dinheiro for depositado e ganhar 5% por ano, então seus fundos crescerão 5% por ano. Observe também que conceitos de valor temporal podem ser aplicados a qualquer coisa que cresça – vendas, população, lucro por ação ou seu salário futuro. Da mesma forma, como observado posteriormente, a "taxa de crescimento" pode ser negativa, assim como o foi o crescimento de vendas para um número de montadoras em anos recentes.

4-2g   Juros simples *versus* juros compostos

Conforme já explicado, quando os juros são ganhos sobre juros ganhos em períodos anteriores, chamamos de **juros compostos**. Se os juros são ganhos somente sobre o principal, chamamos de **juros simples**. Os juros totais ganhos com juros simples são iguais ao principal multiplicado pela taxa de juros vezes o número de períodos: PV(I)(N). O valor futuro é igual ao principal mais juros: FV = PV + PV(I)(N). Por exemplo, suponha que você deposite $ 100 por 3 anos e ganhe juros simples a uma taxa anual de 5%. Seu saldo no final de 3 anos seria:

$$FV = PV + PV(I)(N)$$
$$= \$ 100 + \$ 100(5\%)(3)$$
$$= \$ 100 + \$ 15 = \$ 115$$

FIGURA 4-2
Crescimento de $ 100 a diferentes taxas de juros e períodos de tempo

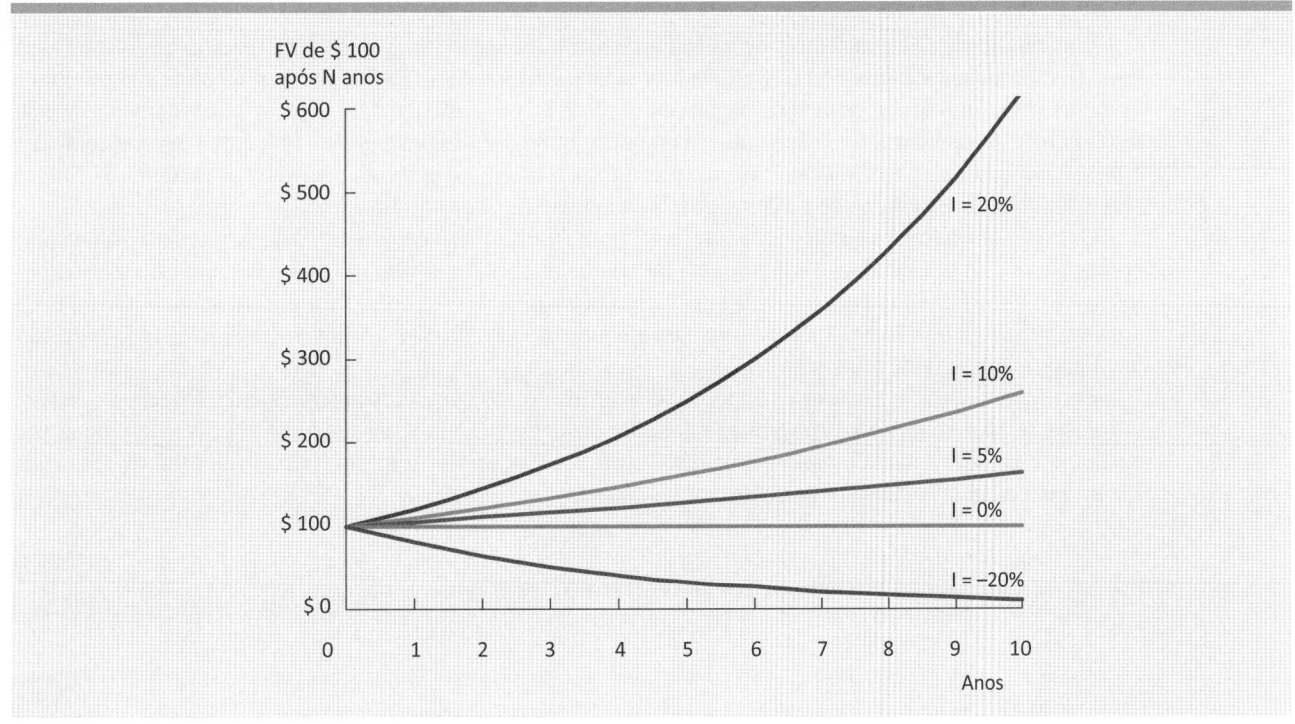

Observe que isso é menos do que os $ 115,76 que calculamos anteriormente utilizando juros compostos. A maioria das aplicações em finanças é baseada em juros compostos, mas você deve estar ciente de que juros simples ainda são especificados em alguns documentos legais.

Autoavaliação

1. Explique por que esta frase é verdadeira: "Um dólar na mão hoje vale mais do que um dólar a ser recebido no ano que vem, presumindo que as taxas de juros sejam positivas". O que é capitalização? Qual seria o valor futuro de $ 100 após 5 anos a juros *compostos* de 10%? **($ 161,05)**

2. Suponha que você atualmente tenha $ 2 mil e planeje comprar um certificado de depósito (CD) de 3 anos que paga juros de 4%, com capitalização anual. Quanto você terá quando o CD vencer? **($ 2.249,73)** Até que ponto sua resposta seria diferente se a taxa de juros fosse 5%, 6% ou 20%? *(Dica:* Com uma calculadora, insira N = 3, 1/YR = 4, PV = –2.000 e PMT = 0; depois pressione FV para obter 2.249,73. Depois disso, insira I/YR = 5 para sobrepor os 4% e pressione FV novamente para obter a segunda resposta. Em geral, você pode mudar uma entrada por vez para ver como o resultado muda.) **($ 2.315,25; $ 2.382,03; $ 3.456,00)**

3. Em 2012, as vendas de uma empresa foram de $ 100 milhões. Se as vendas crescerem 8% anualmente, de quanto elas serão 10 anos mais tarde? **($ 215,89 milhões)** De quanto elas seriam se caíssem 8% por ano por 10 anos? **($ 43,44 milhões)**

4. Quanto valeria $ 1, crescendo a 5% por ano, após 100 anos? **($ 131,50)** Qual seria o FV se a taxa de crescimento fosse 10%? **($ 13.780,61)**

4-3   Valores presentes

Suponha que você tenha um dinheiro extra e deseje fazer um investimento. Um corretor oferece a você um título que pagará $ 115,76 garantidos em 3 anos. Atualmente, os bancos oferecem juros garantidos de 5% sobre certificados de depósito (CDs) de 3 anos, e, se você não comprar o título, comprará um CD. A taxa de 5% paga sobre o CD é definida como seu **custo de oportunidade**, ou seja, a taxa de retorno que você ganharia sobre um investimento alternativo de risco similar se não investisse no título em questão. Considerando essas condições, qual é o máximo que você deveria pagar pelo título?

4-3a   Descontando um valor futuro para encontrar o valor presente

Primeiro, lembre-se do exemplo de valor futuro na última seção, em que, se você investisse $ 100 a 5% em um CD, este aumentaria para $ 115,76 em 3 anos. Você também teria $ 115,76 após 3 anos se comprasse o título. Portanto, o máximo que você deveria pagar pelo título é $ 100 – este é o "preço justo", que também é o valor intrínseco ou fundamental. Se você pudesse comprar o título por *menos do que* $ 100, então deveria comprá-lo em vez de investir no CD. Do contrário, se o preço fosse *maior do que* $ 100, você deveria comprar o CD. Se o preço do título fosse exatamente $ 100, você estaria indiferente entre o título e o CD.

Os $ 100 são definidos como o valor presente, ou PV, de $ 115,76 devidos em 3 anos quando a taxa de juros apropriada é 5%. Em geral, *o valor presente de um fluxo de caixa devido em N anos no futuro é o montante que, se estivesse na mão hoje, aumentaria para um valor igual ao montante futuro determinado.* Como $ 100 aumentaria para $ 115,76 em 3 anos a uma taxa de juros de 5%, $ 100 é o valor presente de $ 115,76 devidos em 3 anos a uma taxa de 5%.

Encontrar valores presentes é chamado de **desconto** e, como observado anteriormente, é o reverso de capitalização: se você souber o PV, poderá compor para encontrar o FV; ou se souber o FV, poderá descontar para encontrar o PV. Na verdade, simplesmente resolvemos a Equação 4-1, a fórmula para o valor futuro, para que o PV produza a equação de valor presente como se segue.

Compondo para encontrar valores futuros: Valor futuro $= FV_N = PV(1 + I)^N$ **(4-1)**

Descontando para encontrar valores presentes: Valor presente $= PV = \dfrac{FV_N}{(1 + I)^N}$ **(4-3)**

É uma questão de confinaça

Um dos fundadores dos Estados Unidos, Benjamin Franklin, queria fazer uma doação para as cidades de Boston e Filadélfia, mas não queria que as cidades desperdiçassem o dinheiro antes de ele ter crescido o suficiente para causar um grande impacto. Sua solução foi o "Methuselah Trust". Quando Franklin faleceu, em 1790, em seu testamento constavam £ 1.000, o que na época valia cerca de US$ 4.550, destinados à Filadélfia e a Boston, mas sob a condição de que o dinheiro seria investido durante 100 anos, após os quais parte dos lucros seria destinada a projetos públicos (principalmente escolas comerciais e obras hidráulicas) e o resto seria investido por mais 100 anos. Dependendo das taxas de juros, essa estratégia poderia gerar muito dinheiro! Por exemplo, se metade de seu legado, US$ 2.275, permanecesse em juros compostos de 5% durante os 200 anos, o valor em 1990 seria de US$ 39,3 milhões!

O pagamento final, no entanto, foi de apenas US$ 7 milhões, porque quantias substanciais foram "devoradas" por taxas de fiduciários, impostos e batalhas judiciais. Franklin certamente ficaria decepcionado!

Em 1936, um advogado e investidor excêntrico de Nova York, Jonathan Holden, decidiu expandir a ideia de Franklin doando uma série de créditos de 500 e 1.000 anos para o Hartwick College e vários outros. Em 2008, o crédito da Hartwick College havia crescido em valor para cerca de US$ 9 milhões; se investido a 5% para os 928 anos restantes dessa vida planejada, o valor cresceria (US$ 9 milhões)$(1,05)^{928}$ = US$ $4,15 \times 10^{26}$. É uma quantia muito alta! Por exemplo, notas de um milhão de dólares (se existissem na época) embrulhariam a Terra 10.000 vezes mais, ou, se colocadas lado a lado, atingiriam a estrela mais próxima, Alpha Centauri, mais de 1.000 vezes. Em uma iniciativa que com certeza teria decepcionado Holden, o Hartwick College conseguiu converter o crédito em fluxos de caixa anuais de cerca de US$ 450 mil por ano.

Os créditos de Franklin e Holden não aconteceram como eles planejavam — o crédito de Franklin não cresceu adequadamente, e o crédito de Holden foi convertido em fluxos de caixa anuais. Isso serve para mostrar que nem sempre se pode dar crédito a um crédito!

Fontes: Jake Palmateer, "On the Bright Side: Hartwick College Receives $9 million Trust", The Daily Star, Oneonta, NY, 22 de janeiro de 2008, **http://thedailystar.com/local/x112892349/On-The-Bright-Side-Hartwick-College-receives-9M-trust/print;** Lewis H. Lapham, "Trust Issues," Lapham's Quarterly, 2 de dezembro de 2011, **www.laphamsquarterly. org/essays/trust-issues.php?page=1.**

A parte superior da Figura 4-3 mostra entradas e uma linha do tempo para encontrar o valor presente de $ 115,76 descontado de volta por 3 anos. Primeiro, calculamos PV utilizando a abordagem passo a passo. Quando encontramos FV na seção anterior, trabalhamos da esquerda para a direita, *multiplicando* o montante inicial e cada montante subsequente por (1 + I). Para encontrar os valores presentes, trabalhamos para trás, ou da direita para a esquerda, *dividindo* o valor futuro e cada montante subsequente por (1 + I), com o valor presente de $ 100 mostrado na Célula D118. O procedimento passo a passo mostra exatamente o que está acontecendo, e isso pode ser bem útil quando você está trabalhando problemas complexos ou tentando explicar um modelo aos outros. No entanto, é ineficiente, especialmente se você está lidando com mais de um ou dois anos.

Um procedimento mais eficiente é utilizar a abordagem de fórmula na Equação 4-3, simplesmente dividindo o valor futuro por $(1 + I)^N$. Isso gera o mesmo resultado, como vemos na Figura 4-3, Célula G120.

A Equação 4-2 na verdade está programada para as calculadoras financeiras. Como mostra a Figura 4-3, Linhas 122 a 124, podemos encontrar o PV inserindo valores para N = 3, I/YR = 5, PMT = 0 e FV = 115,76, e depois pressionando a tecla PV para obter -100.

O *Excel* também tem uma função que resolve a Equação 4-3 – a função PV, escrita = **PV(I,N,0,FV)**.[4] A célula E126 mostra as entradas para essa função. Em seguida, a célula E114 mostra a função do *Excel* com números fixos como entradas, com a função verdadeira e os −US$ 100 resultantes na célula G127. A célula E128 mostra a função do *Excel* usando referências de células, com a função verdadeira e os −US$ 100 na célula G128.

Tal como acontece com o cálculo do valor futuro, estudantes muitas vezes se perguntam por que o resultado do cálculo do valor presente às vezes é positivo e às vezes é negativo. Nos cálculos algébricos das linhas 118 e 120, o resultado é +US$ 100, enquanto o resultado do cálculo usando uma calculadora financeira ou função do *Excel* nas filas 124 e 128 é −US$ 100. Novamente, a resposta está nos sinais de uma linha do tempo construída corretamente. As saídas são negativas e as entradas são positivas. A função PV para o *Excel* e uma calculadora financeira respondem à questão "Quanto devo investir hoje para ter disponível certa quantia de dinheiro no futuro?" Se você quer ter US$ 115,76 disponíveis em 3 anos (uma entrada para você, e por isso positiva), você deve investir US$ 100 hoje (uma saída, e, portanto, negativa). Se você usar as funções algébricas nas linhas 118 e 120, você deve observar se os resultados de seus cálculos serão entradas ou saídas.

---

[4] A terceira entrada na função PV é zero para indicar que não há pagamentos intermediários nesse exemplo específico.

FIGURA 4-3

Procedimentos alternativos para calcular valores presentes.

	A	B	C	D	E	F	G
109	ENTRADAS:						
110	Pagamento futuro = CF_0 = PV =		−$ 115,76				
111	Taxa de juros = I =		5,00%				
112	Número de períodos = N =		3				
113							
114				Tempo	0	1	2	3
115	Linha do tempo						
116			Fluxo de caixa	PV = ?	0	0	$ 115,76
117							
118	1. Passo a passo:			$ 100,00 ◄——— $ 105,00 ◄——— $ 110,25 ◄——— $ 115,76			
119							
120	2. Fórmula: $PV_N = FV(1 + I)^N$			PV = $ 115,76(1,05)^3	=		$ 100,00
121							
122		Entradas:	3	5		0	$ 115,76
123	3. Calculadora financeira:		N	I/YR	PV	PMT	FV
124		Saída:			−$ 100,00		
125							
126	4. Planilha em Excel:		Função VP:	PV =	= PV(I,N,0,FV)		
127			Entradas fixas	PV =	= PV(0,05,3,0,115,76)	−$ 100,00	
128			Referências de células:	PV =	= PV(C111,C112,0,C110)	−$ 100,00	
129	Na fórmula do Excel, os termos são inseridos na sequência: juros, períodos, 0 para indicar que não há fluxos de caixa periódicos e então o FV. Os dados podem ser inseridos como números fixos ou, ainda melhor, como referências de células.						

A meta fundamental da administração financeira é maximizar o valor intrínseco da empresa, e o valor intrínseco de um negócio (ou qualquer ativo, incluindo ações e títulos) é o *valor presente* de seus fluxos de caixa futuros esperados. Uma vez que o valor presente está no cerne do processo de avaliação, teremos muito mais para dizer sobre ele no restante deste capítulo e ao longo do livro.

4-3b Visão gráfica do processo de desconto

A Figura 4-4 mostra que o valor presente de uma soma a ser recebida no futuro diminui e se aproxima de zero à medida que a data de pagamento é estendida mais e mais para o futuro. A figura também mostra que quanto mais alta é a taxa de juros, mais rapidamente o valor presente cai. A taxas relativamente altas, os fundos devidos no futuro valem muito pouco hoje, e, mesmo a taxas relativamente baixas, os valores presentes de somas devidas em um futuro muito distante são muito pequenos. Por exemplo, a uma taxa de desconto de 20%, US$ 100 em 100 anos valeriam somente pouco mais de 7 centavos hoje. (No entanto, 1 centavo cresceria para quase $ 1 milhão em 100 anos a 20%.)

Autoavaliação

1. O que é "desconto" e que relação ele tem com capitalização? Qual é a relação da equação de valor futuro (4-1) com a equação de valor presente (4-3)?

2. Como o valor presente de um pagamento futuro muda conforme o tempo de recebimento é estendido? E conforme a taxa de juros aumenta?

3. Suponha que um título livre de risco prometa pagar $ 2.249,73 em 3 anos. Se a taxa de juros corrente livre de risco for de 4%, quanto vale o título hoje? **($ 2.000)** Até que ponto sua resposta mudaria se o título vencesse em 5 em vez de 3 anos? **($ 1.849,11)** Se a taxa de juros livre de risco for de 6% em vez de 4%, quanto vale o título de 5 anos hoje? **($ 1.681,13)**

4. Quanto valeria hoje $ 1 milhão daqui a 100 anos se a taxa de desconto fosse de 5%? **($ 7.604,49)** E se a taxa de desconto fosse de 20%? **($ 0,0121)**

FIGURA 4-4

Valor presente de $ 100 a diferentes taxas de juros e períodos de tempo

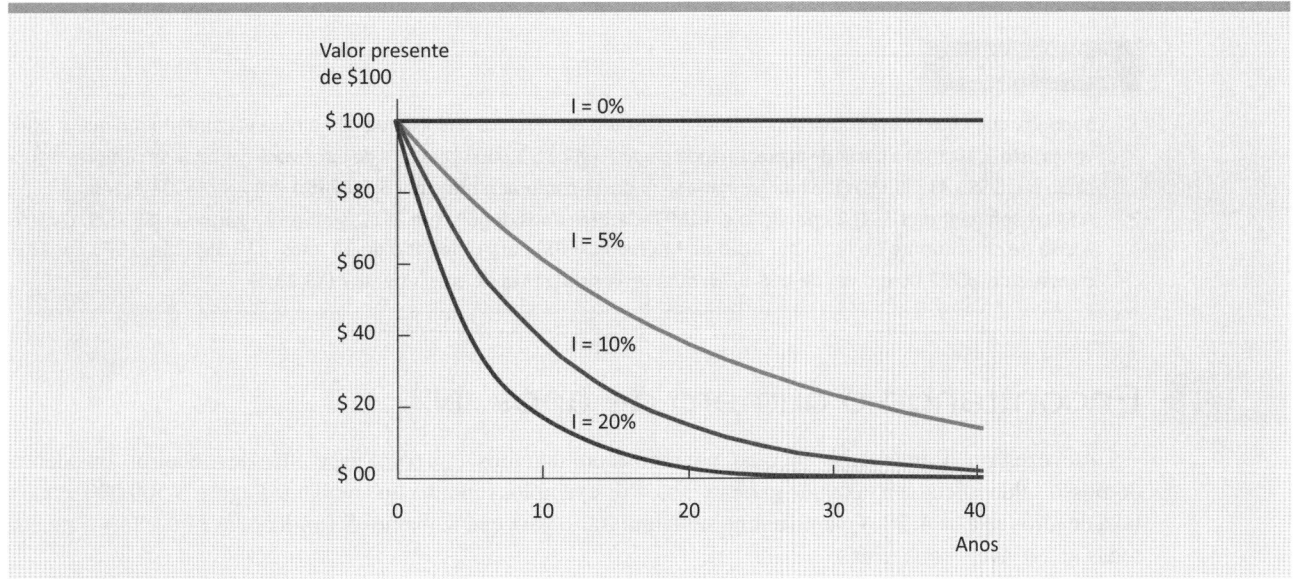

© Cengage Learning 2014

4-4   Encontrando a taxa de juros, I

Até agora utilizamos as Equações 4-1, 4-2 e 4-3 para encontrar valores futuros e presentes. Tais equações possuem quatro variáveis e, se soubermos três delas, nós (ou nossa calculadora ou o Excel) poderemos resolver a quarta. Assim, se soubermos PV, I e N, poderemos resolver a Equação 4-1 para FV, ou, se soubermos FV, I e N, poderemos resolver a Equação 4-3 para encontrarmos PV. Isso é o que fizemos nas duas seções anteriores.

Agora, suponha que conheçamos PV, FV e N, e desejemos encontrar I. Por exemplo, suponha que saibamos que determinado título possui um custo de $ 100 e que ele dará um retorno de $ 150 após 10 anos. Assim, conhecemos PV, FV e N e desejamos encontrar a taxa de retorno que ganharemos se comprarmos o título. A seguir, apresentamos a solução utilizando a Equação 4-1:

$$PV(1 + I)^N = FV$$
$$\$ 100(1 + I)^{10} = US\$ 150$$
$$(1 + I)^{10} = US\$ 150/US\$ 100$$
$$(1 + I)^{10} = 1,5$$
$$(1 + I) = 1,5^{(1/10)}$$
$$1 + I = 1,0414$$
$$I = 0,0414 = 4,14\%$$

Encontrar a taxa de juros resolvendo a fórmula leva um pouco de tempo e reflexão, mas as calculadoras financeiras e planilhas encontram a resposta quase instantaneamente. Eis a configuração da calculadora:

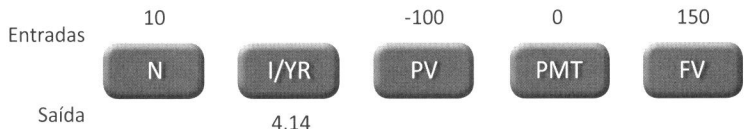

Insira N = 10, PV = –100, PMT = 0 (porque não há pagamentos até o vencimento do título) e FV = 150. Depois, quando você pressiona a tecla I/YR, a calculadora dá o resultado, 4,14%. Observe que PV é um valor negativo porque é uma saída de caixa (um investimento) e FV é positivo porque é uma entrada de caixa (retorno do investimento). Se você inserir PV e FV como números positivos (ou ambos como números negativos), você terá uma mensagem de erro em vez do resultado.

No Excel, a função **TAXA** pode ser utilizada para encontrar a taxa de juros: **=TAXA (nper;pgto;vp;vf)**. Para este exemplo, a taxa de juros é encontrada como = **TAXA(10;0;-100;150)** = 0,0414 = 4,14%.

Autoavaliação

1. Suponha que você possa comprar um título do Tesouro dos Estados Unidos que não efetua pagamento até que o título vença, isto é, 10 anos a partir de agora, quando pagará a você $ 1.000.[5] Que taxa de juros você ganharia se comprasse esse título por $ 585,43? **(5,5%)** Que taxa ganharia se pudesse comprar o título por $ 550? **(6,16%)** Por $ 600? **(5,24%)**
2. A Microsoft ganhou US$ 0,33 por ação em 1997. Catorze anos depois, em 2011, a empresa ganhou US$ 2,75. Qual foi a taxa de crescimento do lucro por ação da Microsoft (EPS) para o período de 14 anos? **(16,35%)** Se o EPS em 2011 tivesse sido US$ 2,00 em vez de US$ 2,75, qual teria sido a taxa de crescimento? **(13,73%)**

4-5   Encontrando o número de anos, N

Às vezes, precisamos saber em quanto tempo acumularemos uma soma específica de dinheiro, considerando nosso saldo inicial e a taxa que ganharemos. Por exemplo, suponha que tenhamos agora $ 500.000 e que a taxa de juros seja de 4,5%. Quanto tempo será necessário para que tenhamos $ 1 milhão? A Equação 4-1 mostra todas as variáveis conhecidas.

$$\$\ 1.000.000 = \$\ 500.000(1 + 0,045)^N \qquad \textbf{(4-1)}$$

Precisamos determinar N e podemos utilizar três procedimentos: uma calculadora financeira, o Excel (ou alguma outra planilha) ou trabalhar com logaritmos naturais. Como já sabido, as abordagens da calculadora e da planilha são mais fáceis.[6] A configuração da calculadora é a seguinte:

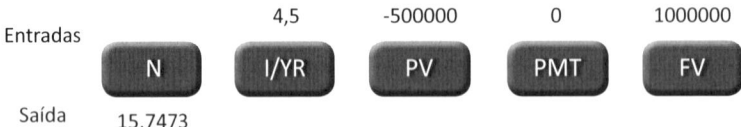

Insira I/YR = 4,5, PV = –500.000, PMT = 0 e FV = 1.000.000. Pressionamos a tecla N para obter o resultado, 15,7473 anos. No Excel, utilizaríamos a função **NPER**: **=NPER (taxa;pgto;vp;vf)**. Ao inserirmos os dados, teremos **=NPER(0,045;0;-500000;1000000)** = 15,7473.

Autoavaliação

1. Em quanto tempo $ 1.000 duplicariam se fossem investidos em um banco que pagasse 6% por ano? **(11,9 anos)** Quanto tempo seria necessário se a taxa fosse de 10%? **(7,27 anos)**
2. O lucro por ação de uma empresa em 2013 foi de US$ 2,75, e sua taxa de crescimento durante os 14 anos anteriores foi de 16,35% por ano. Se tal taxa de crescimento fosse mantida, quanto tempo seria necessário para o EPS da Microsoft duplicar? **(4,58 anos)**

---

[5] Este é um título STRIP que será abordado no Capítulo 5.
[6] Esta é configuração para a solução do logaritmo: primeiro, transforme a Equação 4-1 conforme indicado, depois encontre os logaritmos naturais utilizando uma calculadora financeira e, em seguida, resolva o N:

$$\$\ 1.000,00 = \$\ 500,000(1 + 0,045)^N$$
$$2 = (1 + 0,045)^N$$
$$\ln(2) = N[\ln(1,045)]$$
$$N = 0,6931/0,0440 = 15,7473 \text{ anos}$$

4-6   Anuidades perpétuas

As seções anteriores examinaram a relação entre o valor presente e o valor futuro de um único pagamento em um ponto fixo do tempo. No entanto, alguns títulos prometem pagamentos para sempre. Por exemplo, títulos preferenciais, que discutimos no Capítulo 7, prometem pagar um dividendo para sempre. Outra ação "eterna" surgiu em meados de 1700, quando o governo britânico emitiu alguns títulos que nunca venciam e cujos lucros foram usados para saldar outros títulos britânicos. Uma vez que essa ação consolidou a dívida do governo, os novos títulos passaram a ser chamados de "fundos consolidados". O termo pegou, e hoje qualquer título que promete pagar juros perpetuamente é chamado de **fundo consolidado (*consol*)**, ou anuidade perpétua. A taxa de juros sobre os fundos consolidados era de 2,5%, então um fundo consolidado com um valor nominal de £1.000 pagaria £25 por ano em anuidade perpétua (£ é o símbolo da moeda britânica atual).

Um fundo consolidado, ou anuidade perpétua, é simplesmente uma anuidade cujos pagamentos prometidos se estendem para sempre. Uma vez que os pagamentos duram para sempre, não se pode aplicar a abordagem passo a passo. Entretanto, é fácil encontrar o PV de uma anuidade perpétua com a seguinte fórmula [7]

$$PV \text{ de uma perpetuidade} = \frac{PMT}{I} \qquad \textbf{(4-4)}$$

Podemos usar a equação 4-4 para encontrar o valor de um fundo consolidado britânico com um valor nominal de £1.000 que paga £25 por ano em perpetuidade. A resposta depende da taxa de juros adquirida em investimentos de risco comparável na hora em que o consolidado está sendo validado. Originalmente, a "taxa corrente", como estabelecida no mercado financeiro, era de 2,5%, então a princípio o valor consolidado era de £1,000:

$$\text{Valor do } consol_{(Original)} = £25/0,025 = £1.000$$

O pagamento anual ainda é de £25 nos dias de hoje, mas a taxa de juros corrente aumentou para 5,2%, fazendo com que o valor do fundo consolidado caísse para £480,77:

$$\text{Valor do } consol_{(Hoje)} = £25/0,052 = £480,77$$

Observe, porém, que se as taxas de juros caírem no futuro, digamos, para 2%, o valor do fundo consolidado aumentará para £1.250.00:

$$\text{Valor do fundo consolidado se as taxas caírem para 2\%} = £25/0,02 = £1.250,00$$

Esses exemplos demonstram um ponto importante: *Quando as taxas de juros mudam, os preços dos títulos em circulação também mudam, porém de forma inversa à mudança nas taxas. Assim, preços dos títulos **caem** se as taxas **aumentam**, e os preços **aumentam** se as taxas **caem**. Isso vale para todos os títulos, tanto fundos consolidados quanto àqueles com vencimento finito.* Abordaremos esse aspecto com mais detalhes no Capítulo 5, em que tratamos de títulos em profundidade.

Autoavaliação

1.   Qual é o valor presente de uma anuidade perpétua que paga £1.000 por ano, começando daqui a 1 ano, se a taxa de juros apropriada for de 5%? (**£20.000**) Qual seria o valor se a anuidade começasse seus pagamentos imediatamente? (**£21,000**) (Dica: Simplesmente adicione o valor de £1.000 a ser recebido imediatamente ao valor da fórmula da anuidade).

2.   Os preços dos títulos se movem direta ou inversamente às taxas de juros, ou seja, o que acontecerá com o valor de um título se as taxas de juros aumentarem ou diminuírem?

---

[7] Eis uma explicação intuitiva para a Equação 4-4. Suponha que você deposite uma quantia igual a PV em um banco que paga uma taxa de juros de I. Todo ano você poderia retirar uma quantia igual a I* PV. Se você perpetuasse seu depósito, poderia retirar um pagamento de I* PV para sempre: PMT = I* PV. Reformulando, obtemos a Equação 4-4.

4-7   Anuidades

Até agora lidamos com pagamentos únicos ou "montantes únicos". No entanto, ativos como títulos fornecem uma série de entradas de caixa ao longo do tempo, e títulos como empréstimos para carros e estudantes e hipotecas exigem uma série de pagamentos. Se os pagamentos forem iguais e efetuados em intervalos fixos, teremos então uma **anuidade**. Por exemplo, $ 100 pagos no final de cada um dos próximos 3 anos é uma anuidade de 3 anos.

Se os pagamentos ocorrem no *final* de cada período, então temos uma **anuidade ordinária** (ou **diferida**). Pagamentos de hipotecas, empréstimos para carros e para estudantes são geralmente efetuados no final dos períodos e por isso representam anuidades ordinárias. Se os pagamentos são efetuados no *início* de cada período, então temos uma **anuidade devida**. Pagamentos de locação e prêmios de seguro de vida e de loteria (se você tiver sorte o bastante para ganhar um!) são exemplos de anuidades devidas. Anuidades ordinárias são mais comuns em finanças, então, quando utilizamos o termo "anuidade" neste livro, pode-se presumir que os pagamentos ocorrem nos finais dos períodos, salvo indicação contrária.

A seguir, mostramos as linhas do tempo para uma anuidade ordinária de $ 100, 3 anos e 5% e para a mesma anuidade tendo como base uma anuidade devida. Com a anuidade devida, cada pagamento é deslocado (para a esquerda) por 1 ano. Em nosso exemplo, presumimos que um pagamento de $ 100 será efetuado todos os anos, então mostramos os pagamentos com sinal de menos.

Anuidade ordinária:

Anuidade devida:

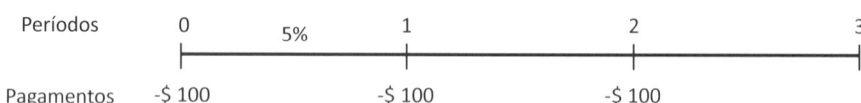

Nas próximas seções, os seguintes aspectos serão abordados: como encontrar o valor futuro, o valor presente de uma anuidade, a taxa de juros embutida nos contratos, o tempo necessário para alcançar uma meta financeira utilizando a anuidade e, se conhecemos todos esses valores, o tamanho do pagamento da anuidade. Tenha em mente que anuidades devem ter *pagamentos constantes* e um *número fixo de períodos.* Caso não haja tais condições, então a série não é uma anuidade.

Autoavaliação

1. Qual é a diferença entre uma anuidade ordinária e uma anuidade devida?
2. Por que você deveria preferir receber uma anuidade devida com pagamentos de $ 10.000 por ano por 10 anos a uma anuidade ordinária *semelhante*?

4-8   Valor futuro de uma anuidade ordinária

Considere uma anuidade ordinária cuja linha do tempo tenha sido mostrada anteriormente, em que você deposita $ 100 no *final* de cada ano por 3 anos e ganha 5% por ano. A Figura 4-5 mostra como calcular o **valor futuro da anuidade, FVA$_N$,** utilizando as mesmas abordagens usadas para fluxos de caixa únicos.

Conforme mostrado na seção passo a passo da Figura 4-5, capitalizamos cada pagamento para o Time-3, depois somamos esses valores capitalizados na célula F226 para encontrarmos o FV da anuidade, FVA$_3$ = US$ 315,25. O primeiro pagamento ganha juros por dois períodos, o segundo por um período e o terceiro não ganha

FIGURA 4-5
Resumo: valor futuro de uma anuidade ordinária.

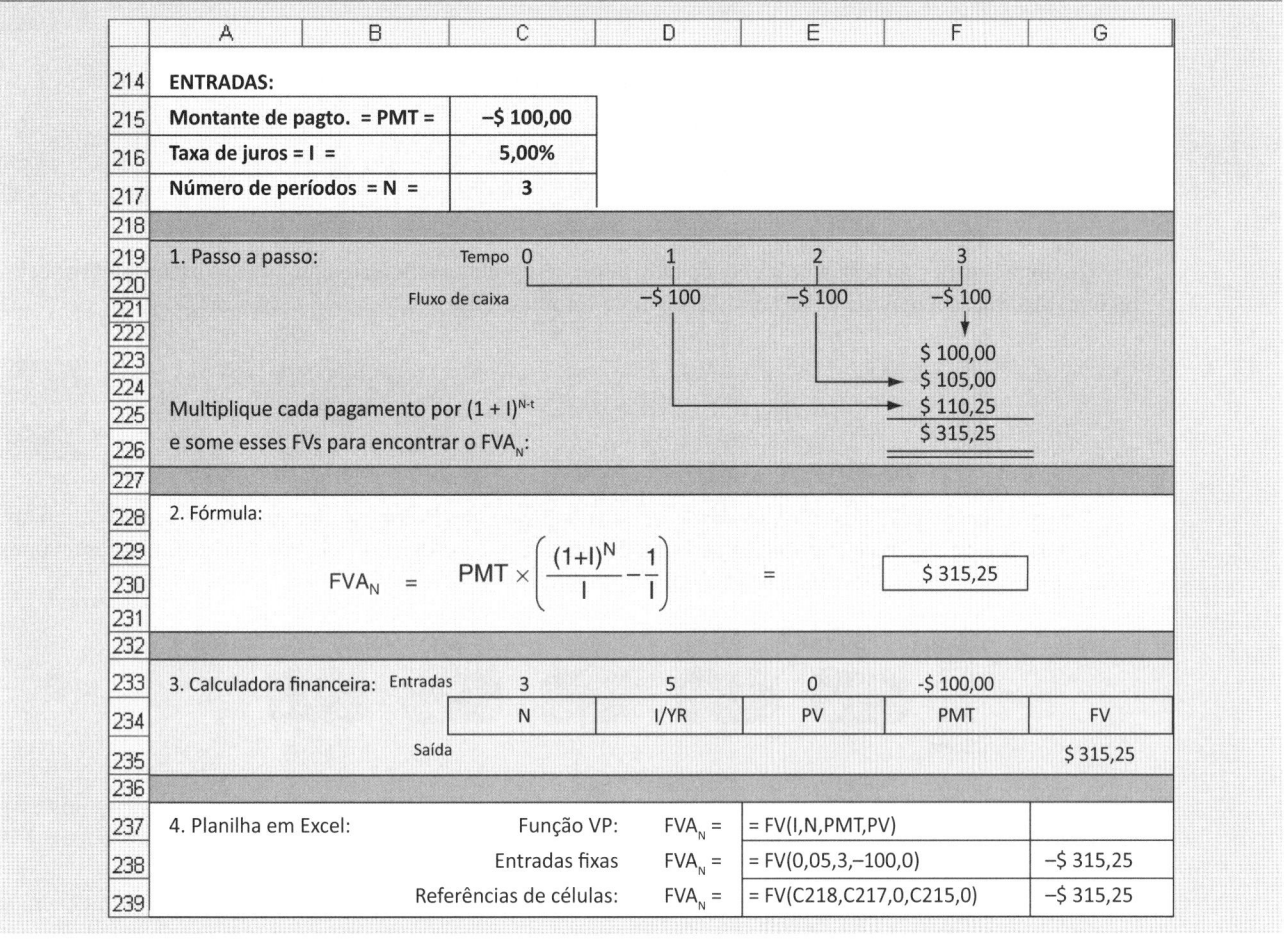

juros porque é efetuado no final da vida da anuidade. Essa abordagem é simples, mas, se a anuidade se estende por muitos anos, fica complicada e demorada.

Como se pode ver no diagrama da linha do tempo, com a abordagem passo a passo aplicamos a seguinte equação com N = 3 e I = 5%:

$$FVA_N = PMT(1 + I)^{N-1} + PMT(1 + I)^{N-2} + PMT(1 + I)^{N-3}$$
$$= US\$\ 100(1,05)^2 + US\$\ 100(1,05)^1 + US\$\ 100(1,05)^0$$
$$= \$\ 315,25$$

Para o caso geral, o valor futuro de uma anuidade é o seguinte:

$$FVA_N = PMT(1 + I)^{N-1} + PMT(1 + I)^{N-2} + PMT(1 + I)^{N-3} + ... + PMT(1 + I)^0$$

O valor futuro de uma anuidade pode ser escrito da seguinte forma:[8]

---

[8] A seção 4-6 mostra que o valor presente de uma anuidade infinitamente longa, chamada anuidade perpétua, é igual ao PMT/I. Os fluxos de caixa de uma anuidade ordinária de N períodos são iguais aos fluxos de caixa de uma anuidade perpétua menos os fluxos de caixa de uma anuidade perpétua que começa no ano N+1. Portanto, o valor futuro de uma anuidade de um período N é igual ao valor futuro (como do ano N) de uma anuidade perpétua menos o valor (como do ano N) de uma anuidade perpétua que começa no ano N+1.

$$FVA_N = PMT\left[\frac{(1 + I)^N}{I} - \frac{1}{I}\right]$$ (4-5)

Utilizando a Equação 4-5, o valor futuro da anuidade é considerado como $ 315,25:

$$FVA_3 = \$100\left[\frac{(1 + 0,05)^3}{0,05} - \frac{1}{0,05}\right] = \$315,25$$

Como previsto, problemas de anuidade podem ser resolvidos facilmente com uma calculadora financeira ou uma planilha, e a maioria delas possui a seguinte fórmula:

$$PV(1 + I)^N + PMT\left[\frac{(1 + I)^N}{I} - \frac{1}{I}\right] + FV = 0$$ (4-6)

O procedimento para lidar com anuidades é semelhante ao que fizemos até agora para pagamentos únicos, mas a presença de pagamentos recorrentes significa que devemos utilizar a tecla PMT. A seguir, apresentamos a configuração da calculadora para nossa anuidade ilustrativa:

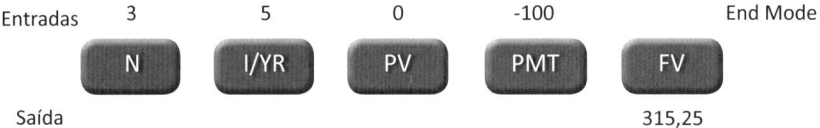

Inserimos PV = 0 porque começamos com nada, e inserimos PMT = –100 porque depositaremos essa quantia na conta no final de cada um dos 3 anos. A taxa de juros é 5%, e, quando pressionamos a tecla FV, obtemos o resultado $FVA_3 = 315,25$.

Como se trata de uma anuidade ordinária, com pagamentos que ocorrem no final de cada ano, devemos configurar a calculadora apropriadamente. Conforme observado anteriormente, a maioria das calculadoras está configurada para presumir que os pagamentos ocorram no final de cada período – isto é, para lidar com anuidades ordinárias. No entanto, existe uma tecla que nos possibilita alternar entre anuidades ordinárias e devidas.

O poder dos juros compostos

Imaginemos o seguinte: você tem 26 anos e acabou de receber seu MBA. Após ler a introdução deste capítulo, decide começar a investir no mercado de ações para sua aposentadoria. Sua meta é ter $ 1 milhão quando se aposentar aos 65 anos. Supondo que você ganhe 10% por ano sobre seus investimentos em ações, quanto precisa investir no final de cada ano para alcançar sua meta?

A resposta é $ 2.491, mas esse montante depende criticamente do retorno ganho sobre seus investimentos. Se o seu retorno cair para 8%, a contribuição anual exigida subirá para $ 4.185. Entretanto, se o retorno subir para 12%, você precisará guardar somente $ 1.462 por ano.

E se você for como a maioria das pessoas de 26 anos e esperar até mais tarde para se preocupar com sua aposentadoria?

Se esperar até ter 40 anos, precisará guardar $ 10.168 por ano para alcançar sua meta de $ 1 milhão, supondo que você possa ganhar 10%, mas $ 13.679 por ano se ganhar somente 8%. Se você esperar até ter 50 anos e então ganhar 8%, o montante exigido será $ 36.830 por ano!

Embora $ 1 milhão possa parecer muito dinheiro, não o será quando você estiver preparado para se aposentar. Se a inflação chegar a uma média de 5% por ano pelos próximos 39 anos, então sua reserva de $ 1 milhão valerá somente $ 149.148 em dólares de hoje. Se você viver por 20 anos após a aposentadoria e ganhar uma taxa real de retorno de 3%, sua renda anual de aposentadoria em dólares de hoje será de somente $ 9.733 antes de impostos. Então, após celebrar sua formatura e seu novo emprego, comece a economizar!

Para anuidades ordinárias, a designação "End Mode" ou algo semelhante é utilizada, enquanto, para anuidades devidas, as designações são "Begin", "Begin Mode", "Due" ou algo semelhante. Se você cometer um erro e configurar sua calculadora no "Begin Mode" quando trabalhar com uma anuidade ordinária, então cada pagamento ganhará juros por ano extra, o que fará que os montantes capitalizados e, consequentemente, o FVA fiquem grandes demais.

A abordagem de planilha utiliza a função VF do Excel, = **VF(taxa;nper;pgto;vp;tipo)**. Em nosso exemplo, temos = **VF(0,05;3;–100;0;1)**, e o resultado é novamente $ 315,25.

Autoavaliação

1. Para uma anuidade ordinária com 5 pagamentos anuais de $ 100 e uma taxa de juros de 10%, por quantos anos o primeiro pagamento ganhará juros, e qual é o valor capitalizado para esse pagamento no final? **(4 anos, $ 146,41)** Responda a essa mesma questão para o quinto pagamento. **(0 ano, $ 100)**

2. Suponha que você queira comprar um apartamento daqui a 5 anos e conseguirá, segundo seus cálculos, economizar $ 2.500 por ano para dar uma entrada. Você planeja depositar o dinheiro em um banco que paga 4% de juros e efetuar o primeiro depósito no final deste ano. Quanto você terá após 5 anos? **($ 13.540,81)** Até que ponto sua resposta mudaria se a taxa de juros do banco aumentasse para 6%, ou caísse para 3%? **($ 14.092,73; $ 13.272,84)**

4-9 Valor futuro de uma anuidade devida

Como cada pagamento ocorre um período antes com a anuidade devida, os pagamentos ganharão juros por um período adicional. Portanto, o FV de uma anuidade devida será maior do que aquele de uma anuidade ordinária semelhante.

Leia cuidadosamente o procedimento passo a passo para ver que nossa anuidade devida ilustrativa possui um FV de $ 331,01 ante $ 315,25 para a anuidade ordinária.

Com a abordagem de fórmula, primeiro utilizamos a Equação 4-5, porém, uma vez que cada pagamento ocorre um período antes, multiplicamos o resultado da Equação 4-5 por (1 +I):

$$\text{FVA}_{\text{devida}} = \text{FVA}_{\text{ordinária}} (1 + I) \qquad \textbf{(4-7)}$$

Dessa forma, para a anuidade devida, $\text{FVA}_{\text{devida}} = $ 315,25(1,05) = $ 331,01$, que é o mesmo resultado encontrado com a abordagem passo a passo.

Com uma calculadora, inserimos as variáveis exatamente como fizemos com a anuidade ordinária, mas agora configuramos a calculadora para o Begin Mode para obtermos o resultado $ 331,01.

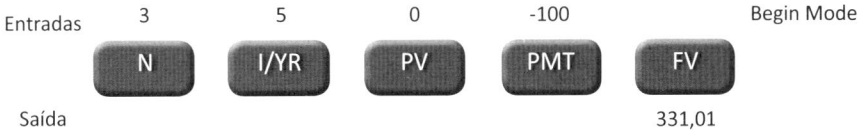

No Excel, nós ainda utilizamos a função VF, mas devemos indicar que possuímos uma anuidade devida. A função é = **VF(taxa;nper;pgto;vp;tipo)**, em que "tipo" indica o tipo de anuidade. Se o tipo for omitido, o Excel presume que ele seja 0, o que indica uma anuidade ordinária. Para uma anuidade devida, Tipo = 1.

Autoavaliação

1. Por que uma anuidade devida sempre tem um valor futuro mais alto do que a anuidade ordinária?

2. Se você sabe o valor de uma anuidade ordinária, explique por que poderia encontrar o valor da anuidade devida correspondente multiplicando por (1+I).

3. Suponha que você queira comprar um apartamento daqui a 5 anos e que precise economizar para dar uma entrada. Você planeja economizar $ 2.500 por ano, com o primeiro pagamento sendo efetuado imediatamente e depositado em um banco que paga 4%. Quanto você terá após 5 anos? **($ 14.082,44)** Quanto você teria se efetuasse os depósitos no final de cada ano? **($ 13.540,81)**

4-10 Valor presente de anuidades ordinárias e devidas

O valor presente de qualquer anuidade, **PVA$_N$**, pode ser encontrado utilizando os métodos passo a passo, de fórmula, calculadora ou planilha. Iniciamos com anuidades ordinárias.

4-10a Valor presente de uma anuidade ordinária

Consulte a Figura 4-6 para obter um resumo das diferentes abordagens para calcular o valor presente de uma anuidade ordinária.

Como mostrado na seção passo a passo da Figura 4-6, descontamos cada pagamento de volta ao tempo 0, depois somamos os valores descontados para encontrarmos o PV da anuidade, PVA$_3$ = \$ 272,32. Essa abordagem é simples, mas fica complicada e demorada se a anuidade se estender por muitos anos.

Como se pode ver no diagrama da linha do tempo, com a abordagem passo a passo aplicamos a seguinte equação com N = 3 e I = 5%:

$$PVA_N = PMT/(1 + I)^1 + PMT/(1 + I)^2 + ... + PMT/(1 + I)^N$$

O valor presente de uma anuidade pode ser escrito desta forma:

FIGURA 4-6
Resumo: valor presente de uma anuidade ordinária.

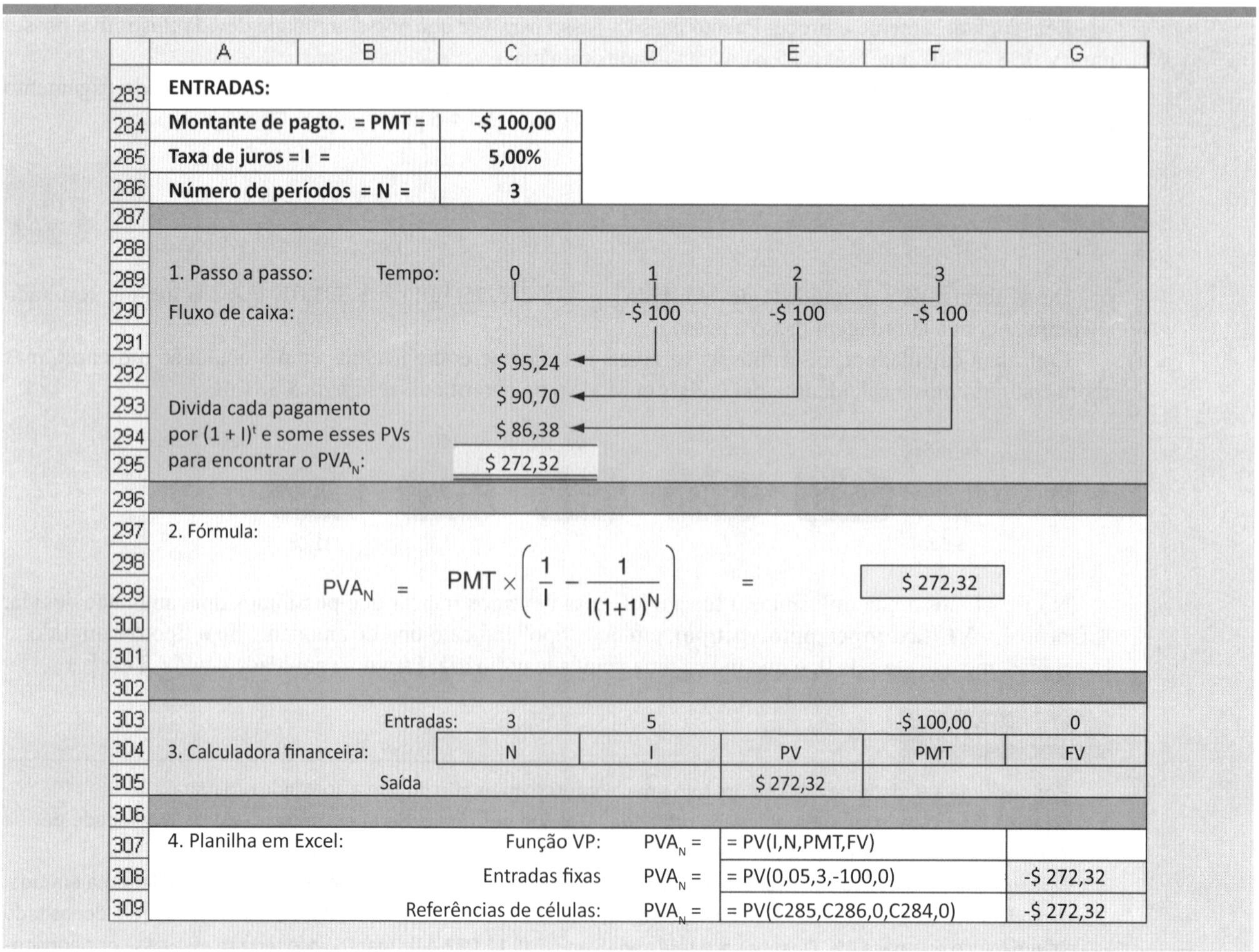

$$PVA_N = PMT \left[\frac{1}{I} - \frac{1}{I(1+I)^N}\right]$$ **(4-8)**

Para nossa anuidade ilustrativa, o valor presente é o seguinte:

$$PVA_3 = PMT \left[\frac{1}{0,05} - \frac{1}{0,05(1+0,05)^3}\right] = \$\ 272,32$$

As calculadoras financeiras estão programadas para resolver a Equação 4-6, então apenas inserimos as variáveis e pressionamos a tecla PV, *primeiro nos certificando de que a calculadora está configurada para o End Mode*. A configuração da calculadora é a seguinte:

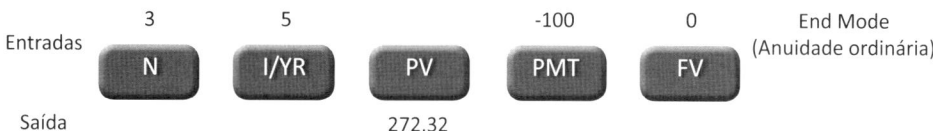

A seção 4 da Figura 4-6 mostra a solução da planilha utilizando a função VP incorporada no Excel: = **VP(taxa;per;pgto;vf)**. Em nosso exemplo, temos = **VP(0,05;3;-100;0)** com um valor resultante de $ 272,32.

4-10b Valor presente de anuidades devidas

Como cada pagamento para uma anuidade devida ocorre um período antes, os pagamentos serão todos descontados por um período a menos. Portanto, o PV de uma anuidade devida deve ser maior do que aquele de uma anuidade ordinária semelhante.

Se você ler cuidadosamente o procedimento passo a passo, verá que nosso exemplo de anuidade devida possui um PV de US$ 285,94 ante US$ 272,32 para a anuidade ordinária. Com a abordagem de fórmula, primeiro utilizamos a Equação 4-8 para encontrarmos o valor da anuidade ordinária e depois, uma vez que cada pagamento ocorre um período antes, multiplicamos o resultado da Equação 4-8 por (1 + I):

$$PVA_{devida} = PVA_{ordinária}\ (1+I)$$ **(4-9)**

$$PVA_{devida} = \$\ 272,32(1,05) = \$\ 285,94$$

Com uma calculadora financeira, as entradas são idênticas às de uma anuidade ordinária, exceto o fato de que você deve configurar a calculadora para o Begin Mode:

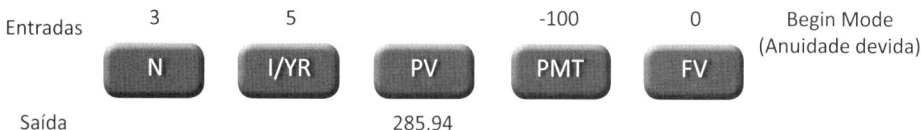

No Excel, novamente utilizamos a função VP, mas devemos indicar que possuímos uma anuidade devida. A função agora é =**VP(taxa;nper;pgto;vf;tipo)**, em que "tipo" indica o tipo de anuidade. Se o tipo for omitido, o Excel presume que ele seja 0, o que indica uma anuidade ordinária; para uma anuidade devida, Tipo = 1. A função para esse exemplo é =**VP(0,05;3;-100;0,1)** = $ 285,94.

Anuidades variáveis: bom ou mau negócio?

Como os aposentados apreciam renda estável e previsível, eles frequentemente compram anuidades. As companhias de seguro têm sido os fornecedores tradicionais, pois utilizam os pagamentos que recebem para comprar títulos de alta qualidade, cujos juros são então utilizados para efetuar os pagamentos prometidos. Tais anuidades são bastante seguras e estáveis e fornecem retornos de aproximadamente 7,5%. No entanto, retornos sobre ações (dividendos mais ganhos de capital) têm historicamente sido mais altos do que os retornos dos títulos (juros). Portanto, nos anos 1990, algumas companhias de seguros começaram a oferecer *anuidades variáveis*, que eram lastreadas por ações em vez de títulos. Se as ações ganhassem no futuro tanto quanto ganharam no passado, as anuidades variáveis poderiam oferecer retornos de cerca de 9%, melhor do que o retorno sobre anuidades de taxa fixa. Se os retornos das ações fossem mais baixos no futuro do que foram no passado (ou tivessem retornos negativos), as anuidades variáveis prometeriam um pagamento mínimo garantido de aproximadamente 6,5%. As anuidades variáveis atraíram muitos aposentados, e as empresas que as ofereceram tiveram uma vantagem competitiva significativa.

A companhia de seguros **The Hartford Financial Services Group**, pioneira em anuidades variáveis, tentou proteger sua posição com derivativos que pagavam a dívida se as ações caíssem. Mas, como muitos outros programas de administração de risco baseados em derivativos, o da The Hartford deu errado em 2008 porque as perdas nas ações excederam o suposto pior cenário. A The Hartford, que foi fundada em 1810 e era uma das mais antigas e maiores companhias de seguros dos Estados Unidos no início de 2008, viu suas ações caírem de $ 85,54 para $ 4,16. Por causa da crise geral no mercado de ações, os investidores temiam que a The Hartford fosse incapaz de cumprir suas promessas de anuidade variável, o que a levaria à falência. A companhia foi socorrida pelo pacote de estímulos econômicos, mas essa empresa de 203 anos de existência nunca será a mesma novamente.

Fonte: Leslie Scism and Liam Pleven, "Hartford Aims to Take Risk Out of Annuities," *Online Wall Street Journal*, 13 de janeiro de 2009.

Autoavaliação

1. Por que uma anuidade devida tem um valor presente mais alto do que uma anuidade ordinária?
2. Se você sabe o valor presente de uma anuidade ordinária, qual é uma maneira fácil de encontrar o PV da anuidade devida correspondente?
3. Qual será o PVA de uma anuidade ordinária com 10 pagamentos de $ 100 se a taxa de juros apropriada for de 10%? **($ 614,46)** Qual seria o PVA se a taxa de juros fosse de 4%? **($ 811,09)** E se a taxa de juros fosse de 0%? **($ 1.000,00)** Quais seriam os PVAs se estivéssemos lidando com anuidades devidas? **($ 675,90, $ 843,53 e $ 1.000,00)**
4. Vamos supor que você receba a oferta de uma anuidade que paga $ 100 no final de cada ano por 10 anos. Você poderia ganhar 8% sobre seu dinheiro em outros investimentos igualmente arriscados. Que valor máximo você pagaria pela anuidade? **($ 671,01)** Se os pagamentos começassem imediatamente, então quanto valeria a anuidade? **($ 724,69)**

4-11 Encontrando pagamentos, períodos e taxas de juros de anuidades

Nas três seções anteriores, apontamos como é possível encontrar FV e PV de anuidades ordinárias e devidas por meio destes quatro métodos: passo a passo, fórmula, calculadora financeira e Excel. Nesse processo, cinco variáveis estão envolvidas: N, I, PMT, FV e PV. Se você conhecer qualquer uma das quatro, poderá encontrar a quinta resolvendo a equação 4-4 (4-6 para anuidades devidas) ou a 4-7 (4-8 para anuidades devidas). No entanto, um procedimento de tentativa e erro geralmente é exigido para encontrar N ou I, o que pode ser bem entediante. Portanto, discutimos somente as abordagens de calculadora financeira e de planilha para encontrarmos N e I.

4-11a Encontrando pagamentos de anuidade, PMT

Precisamos acumular $ 10.000 e ter esse montante disponível daqui a 5 anos. Podemos ganhar 6% sobre nosso dinheiro. Assim, sabemos que FV = 10.000, PV = 0, N = 5 e I/YR = 6. Podemos inserir tais valores em uma calculadora financeira e pressionar a tecla PMT para encontrarmos nossos depósitos exigidos. No entanto, a resposta depende da realização dos depósitos no final de cada ano (anuidade ordinária) ou no início (anuidade devida), então o modo deve ser configurado apropriadamente. A seguir, apresentamos os resultados para cada tipo de anuidade:

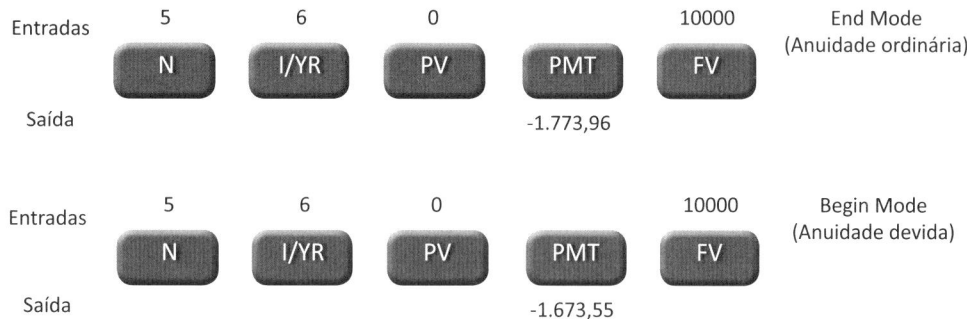

Assim, você deve reservar $ 1.773,96 por ano se efetuar pagamentos no final de cada ano, mas somente $ 1.673,55 se os pagamentos começarem *imediatamente*. Finalmente, observe que o pagamento exigido para a anuidade devida é o pagamento da anuidade ordinária dividido por (1 + I): $ 1.773,96/1,06 = $ 1.673,55.

O Excel também pode ser utilizado para encontrar pagamentos de anuidades, conforme mostrado a seguir para os dois tipos de anuidades. Para anuidades de final de ano (ordinárias), "tipo" pode ser deixado em branco ou um 0 pode ser inserido. Para anuidades de início de ano (anuidades devidas), a mesma função é utilizada, mas agora o tipo está designado como 1. A seguir, apresentamos a configuração para os dois tipos de anuidades.

Função: = **PMT(I;N;PV;FV;Tipo)**
Anuidade ordinária: = **PMT(0,06;5;0;10000)** = $ 1.773,96
Anuidade devida = **PMT(0,06;5;0;10000;1)** = $ 1.673,55

4-11b Encontrando o número de períodos, N

Suponha que você decida efetuar depósitos de final de ano, mas consegue economizar somente $ 1.200 por ano. Presumindo que você ganharia 6%, quanto tempo seria necessário para atingir sua meta de $ 10.000? Eis a configuração da calculadora:

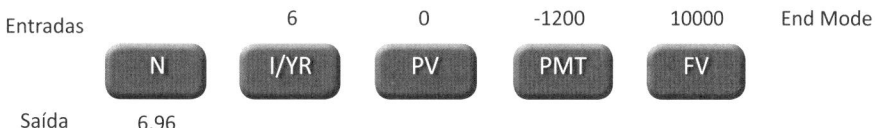

Com esses depósitos menores, levaria 6,96 anos, e não 5 anos, para alcançar a meta de $ 10.000. Se você começasse os depósitos imediatamente, teria uma anuidade devida e N seria um pouco menor, 6,63 anos.

Com o Excel, você pode utilizar a função NPER: = **NPER(taxa; pgto; vp; vf; tipo)**. Para nosso exemplo de anuidade ordinária, tipo é deixado em branco (ou 0 é inserido) e a função é =**NPER(0,06; -1200; 0; 10000)** = 6,96. Se inserirmos 1 para tipo, encontraríamos N = 6,63.

4-11c Encontrando a taxa de juros, I

Agora suponha que você consiga economizar somente $ 1.200 por ano, mas ainda precisa ter $ 10.000 em 5 anos. Que taxa de retorno você precisaria ganhar para alcançar sua meta? Eis a configuração da calculadora:

Entradas	5		0	-1200	10000	End Mode
	N	I/YR	PV	PMT	FV	
Saída		25,78				

Assim, você precisaria ganhar altíssimos 25,78%! A única maneira de ganhar um retorno tão alto seria investir em ações especulativas ou ir a um cassino em Las Vegas. É claro que ações especulativas e jogos não são a mesma coisa que efetuar depósitos em um banco com uma taxa de retorno garantida, então é muito provável que você acabasse sem nada. Você provavelmente deve economizar mais, baixar sua meta de $ 10.000 ou estender seu horizonte de tempo. Seria apropriado buscar um retorno um tanto mais alto, mas tentar ganhar 25,78% em um mercado de 6% envolveria especulação, não investimento.

No Excel, você pode utilizar a função TAXA: = **TAXA(nper;pgto;vp;vf;tipo)**. Para nosso exemplo, a função é = **TAXA(5; –1200; 0; 10000)** = 0,2578 = 25,78%. Se você decidir efetuar os pagamentos começando imediatamente, a taxa de retorno exigida cairá bruscamente para 17,54%.

Autoavaliação

1. Suponha que você tenha herdado $ 100.000 e investido todo o montante a 7% por ano. Qual seria o tamanho da retirada que você poderia fazer no final de cada um dos 10 anos e acabar com zero? **($ 14.237,75)** Até que ponto sua resposta seria diferente se você fizesse retiradas no início de cada ano? **($ 13.306,31)**

2. Se você tivesse $ 100.000 investido a 7% e quisesse retirar $ 10.000 no final de cada ano, quanto tempo seu dinheiro duraria? **(17,8 anos)** Quanto tempo o dinheiro duraria se você ganhasse 0%? **(10 anos)** Quanto tempo ele duraria se você ganhasse os 7%, mas limitasse suas retiradas a $ 7.000 por ano? **(para sempre)**

3. Seu tio rico o nomeou como beneficiário de uma apólice de seguro de vida. A companhia de seguros dá a você a escolha de $ 100.000 hoje ou uma anuidade de $ 12.000 por 12 anos no final de cada ano. Que taxa de retorno a companhia de seguros está oferecendo? **(6,11%)**

4. Presuma que você acabou de herdar uma anuidade que pagará a você $ 10.000 por ano por 10 anos, com o primeiro pagamento sendo efetuado hoje. Um amigo de sua mãe oferece para dar a você $ 60.000 pela anuidade. Se você vendê-la a ele, que taxa de retorno o amigo de sua mãe irá ganhar sobre o investimento? **(13,70%)** Se você acha que uma taxa de retorno "justa" seria 6%, quanto deveria pedir pela anuidade? **($ 78.016,92)**

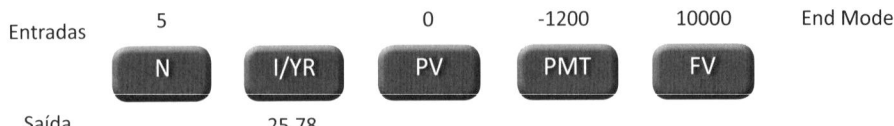

Utilizando a internet para planejamento financeiro pessoal

Quão hábil você é em planejamento financeiro? Por exemplo, é melhor comprar ou alugar um carro? Quanto dinheiro e com quanta antecedência você deve começar a guardar dinheiro para a educação de seus filhos? Por que tipo de moradia você pode pagar? Você deve refinanciar a hipoteca de sua casa? Quanto você deve economizar por ano se quiser se aposentar confortavelmente? As respostas para essas perguntas muitas vezes são complicadas e dependem de uma série de fatores, tais como custos projetados de habitação e educação, taxas de juros, inflação, renda familiar esperada e retorno do mercado de ações.

Felizmente, você poderá usar conceitos de valor do dinheiro no tempo e recursos online para começar a desenvolver seu planejamento financeiro. Além das fontes de dados on-line descritas no Capítulo 2, uma fonte excelente de informações está disponível em www.smartmoney.com. A *Smartmoney* é uma revista de finanças pessoais produzida pelos editores do *Wall Street Journal*. Se você entrar no website da *Smartmoney*, encontrará uma seção intitulada "Ferramentas". Essa seção tem um número de calculadoras financeiras, planilhas e materiais descritivos que cobrem ampla gama de questões financeiras pessoais.

4-12 | Fluxos de caixa desiguais ou irregulares

A definição de uma anuidade inclui a expressão *pagamento constante* – em outras palavras, as anuidades envolvem um conjunto de pagamentos idênticos durante determinado número de períodos. Embora muitas decisões financeiras envolvam pagamentos constantes, muitas outras envolvem fluxos de caixa que são **desiguais** ou **irregulares**. Por exemplo, em geral, há uma expectativa de que os dividendos sobre ações ordinárias aumentem ao longo do tempo, e investimentos em bens de capital quase sempre geram fluxos de caixa que variam de ano para ano. Ao longo do livro, utilizamos o termo *pagamento* (*payment* – PMT) em situações em que os fluxos de caixa são constantes e, portanto, uma anuidade é envolvida; utilizamos o termo *fluxo de caixa* (FC$_t$), em que t representa o período no qual o fluxo de caixa específico ocorre, se os fluxos de caixa forem irregulares.

Existem duas classes importantes de fluxos de caixa desiguais: (1) aquelas nas quais o fluxo de caixa é composto por uma série de pagamentos de anuidades mais uma soma adicional final única no ano N e (2) todos os outros fluxos desiguais. Os títulos são um exemplo do primeiro tipo, enquanto ações e investimentos de capital representam o segundo. A seguir, apresentamos um exemplo de cada tipo:

Fluxo 1. Anuidade mais pagamento adicional final:

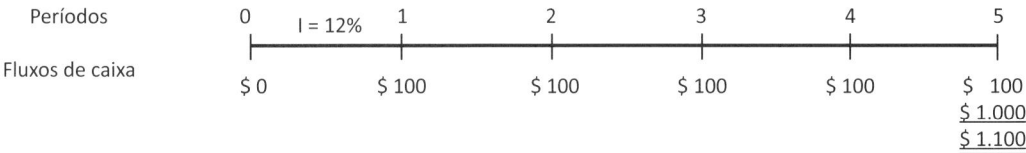

Fluxo 2. Fluxos de caixa irregulares:

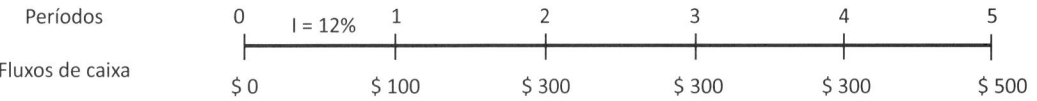

A Equação 4-10 pode ser utilizada, com base no procedimento passo a passo, para encontrar o PV de cada fluxo. No entanto, como podemos ver, o processo de solução difere de forma significativa para os dois tipos.

$$PV = \frac{CF_1}{(1 + I)^1} + \frac{CF_2}{(1 + I)^2} + \cdots + \frac{CF_N}{(1 + I)^N} = \sum_{t=1}^{N} \frac{CF_t}{(1 + I)^t} \qquad \textbf{(4-10)}$$

4-12a Anuidade mais pagamento adicional final

Primeiro, considere o Fluxo 1 e observe que se trata de uma anuidade ordinária de 5 anos, 12% mais um pagamento final de $ 1.000. Podemos encontrar os PVs da anuidade e do pagamento final e, então, somá-los para obter o PV do fluxo. As calculadoras financeiras estão programadas para fazer isso por nós – utilizamos todas as cinco teclas de valor do dinheiro no tempo (TVM), inserindo os dados para os quatro valores conhecidos, como demonstrado a seguir, e depois pressionando a tecla PV para obter o resultado, $ 927,90:

De modo semelhante, poderíamos utilizar a função PV do Excel, = **PV(taxa;nper;pgto;vf)** = **PV (0,12;5; 100;1000)** = –$ 927,90. Observe que o processo é similar ao de anuidades, exceto que agora o valor para FV é diferente de zero.

4-12b Fluxo de caixa irregular

Agora, considere o fluxo irregular, o qual é analisado na Figura 4-7. A seção do topo mostra a linha do tempo básica que contém as entradas, e nós utilizamos primeiro a abordagem passo a passo para encontrar o PV = $ 1.016,35. Observe que mostramos o PV de cada fluxo de caixa diretamente abaixo do fluxo de caixa e depois somamos os PVs para encontrar o PV do fluxo. Essa configuração economiza espaço em relação à apresentação dos PVs individuais em uma coluna e também é transparente e fácil de compreender.

Desta vez, considere a abordagem da calculadora financeira. Os fluxos de caixa não formam uma anuidade, então você não pode utilizar a função de anuidade na calculadora. Você poderia, é claro, utilizar a calculadora no procedimento passo a passo, mas as calculadoras financeiras possuem uma função – o registro de fluxo de caixa – que permite que você encontre o valor presente de maneira mais eficaz. Primeiro, insira os fluxos de caixa individuais, em ordem cronológica no registro do fluxo de caixa.[9] Os fluxos de caixa são denominados CF_0, CF_1, CF_2, CF_3, e assim por diante, até o último fluxo de caixa, CF_N. Em seguida, insira a taxa de juros, I/YR. Com isso, você substituiu todos os valores conhecidos da Equação 4-10, então, quando pressionar a tecla NPV, obterá o PV do fluxo. A calculadora encontra o PV de cada fluxo de caixa e soma os valores para encontrar o PV do fluxo todo. Para inserir os fluxos de caixa para esse problema, insira 0 (pois CF_0 = 0), 100, 300, 300, 300 e 500, nesta ordem, no registro de fluxo de caixa, insira I/YR = 12 e depois pressione NPV para obter o resultado, $ 1.016,35.

Dois pontos devem ser observados. Primeiro, ao lidar com o registro de fluxo de caixa, a calculadora utiliza o termo "NPV" em vez de "PV". O N significa *net* ou "líquido", então NPV é a abreviação de *net present value*, que simplesmente é o valor presente líquido de uma série de fluxos de caixa positivos e negativos, incluindo qualquer fluxo de caixa a tempo zero. A função NPV será utilizada extensivamente quando chegarmos ao orçamento de capital, em que CF_0 é geralmente o custo do projeto.

O segundo ponto a ser observado é que fluxos de caixa repetidos com valores idênticos podem ser inseridos no registro de fluxo de caixa de forma mais eficiente utilizando a tecla Nj. Nesse caso, você deve inserir CF_0 = 0, CF_1 = 100, CF_2 = 300, Nj = 3 (que diz à calculadora que o 300 ocorre 3 vezes) e CF_5 = 500.[10] Em seguida, insira I = 12 e pressione a tecla NPV, e 1.016,35 aparecerá no visor. Da mesma forma, observe que números inseridos no registro de fluxo de caixa ficam armazenados até que sejam removidos. Assim, se você trabalhou anteriormente um problema com oito fluxos de caixa e depois passou para um com somente quatro fluxos de caixa, a calculadora simplesmente adiciona os fluxos de caixa do segundo problema àqueles do primeiro, e você obtém um resultado incorreto. Portanto, verifique se limpou o registro de fluxo de caixa antes de começar um novo problema.

Planilhas são especialmente úteis para resolver problemas com fluxos de caixa desiguais. Você insere os fluxos de caixa na planilha, como mostrado na Figura 4-7 na linha 474. Para encontrar o PV desses fluxos de caixa sem passar pelo processo passo a passo, você usará a função NPV. Primeiro coloque o cursor na célula em que você quer que a resposta apareça, Célula G487, clique na função assistente, escolha Financeiro, desça para NPV, e clique em OK para abrir a caixa de diálogo. Então insira C471 (ou 0,12) para Taxa e insira os fluxos de caixa individuais ou a série de células que contêm os fluxos de caixa, C487:G487, para Valor 1. Seja muito cuidadoso ao inserir a série de fluxos de caixa. Com uma calculadora financeira, você começa inserindo o fluxo de caixa Time-0. Com o Excel, você não inclui o fluxo de caixa Time-0; em vez disso você começa com o fluxo de caixa Time-1. Agora, ao clicar em OK, você obtém o PV do fluxo, US$ 1.016,35. Observe que você pode usar a função PV se os pagamentos forem constantes, mas você deve usar a função NPV se os fluxos de caixa não forem constantes. Por fim, observe que o Excel tem uma grande vantagem sobre as calculadoras financeiras em que você pode ver os fluxos de caixa, o que torna mais fácil encontrar erros de entrada de dados. Com uma calculadora, os números são enterrados na máquina, dificultando a verificação de seu trabalho.

---

[9] Essas instruções são para HP 10bII+, mas a maioria das calculadoras financeiras funcionam de forma semelhante.

[10] Em algumas calculadoras, ao invés de inserir CF_5 = 500, insere-se CF_3 = 500, porque esse é o próximo fluxo de caixa diferente de 300.

FIGURA 4-7
Valor presente de um fluxo de caixa irregular

	A	B	C	D	E	F	G
466	Entrada						
467		Taxa de Juros = I =	12%				
468							
469	1.Passo a passo:						
470	Períodos:	0	1	2	3	4	5
471	Fluxo de caixa:	$ 0,00	$ 100,00	$ 300,00	$ 300,00	$ 300,00	$ 500,00
472	PVs dos FCs:		$ 89,29	$ 239,16	$ 213,53	$ 190,66	$ 283,71
473							
474	PV do fluxo de caixa irregular = Soma dos PVs individuais			$ 1.016,35			
475							
476							
477	2.Calculadora: Insira os fluxos de caixa no registro de fluxos de caixa de uma calculadora financeira, insira I/YR e depois pressione a tecla NPV para obter o resultado.						$ 1.016,35
478							
479	3. Planilhas do Excel:	Função NPV:		NPV =	=NPV(I,CFs)		
480		Entradas fixas:		NPV =	= NPV(0,12;100;300;300;300;500)	$ 1.016,35	
481		Referências de células:		NPV =	= NPV(C471, C474:G474)	$ 1.016,35	
482							
483	Nossa fórmula em Excel ignora o fluxo de caixa inicial (no ano 0). Quando se insere uma faixa de fluxos de caixa,						
484	o Excel presume que o primeiro valor ocorre no <u>final</u> do primeiro ano. Como veremos posteriormente, se existir						
485	um fluxo de caixa inicial, este deverá ser adicionado separadamente para completar o resultado da fórmula do NPV. Observe também que você pode inserir os fluxos de caixa um por um, mas, se os fluxos de caixa aparecerem em células consecutivas, poderá inserir a faixa de células, assim como fizemos aqui.						

Autoavaliação

1. Você poderia utilizar a Equação 4-3, uma vez para cada fluxo de caixa, para encontrar o PV de um fluxo desigual de fluxos de caixa?

2. Qual será o valor presente de uma anuidade ordinária de 5 anos de $ 100 mais um valor adicional de $ 500 no final do ano 5 se a taxa de juros for de 6%? **($ 794,87)** Até que ponto o PV mudaria se os pagamentos de $ 100 ocorressem nos anos 1 até 10 e os de $ 500 ocorressem no final do ano 10? **($ 1.015,21)**

3. Qual será o valor presente do seguinte fluxo de caixa desigual: $ 0 no Tempo 0, $ 100 no final do ano 1 (ou no Tempo 1), $ 200 no final do ano 2, $ 0 no final do ano 3 e $ 400 no final do ano 4, presumindo que a taxa de juros seja de 8%? **($ 558,07)**

4. Uma ação ordinária "típica" forneceria fluxos de caixa mais parecidos com uma anuidade ou com um fluxo de caixa desigual?

4-13   Valor futuro de um fluxo de caixa desigual

O valor futuro de um fluxo de caixa desigual (às vezes chamado **valor terminal**) é encontrado compondo cada pagamento para o final do fluxo e depois somando os valores futuros:

$$FV = CF_0(1 + I)^N + CF_1(1 + I)^{N-1} + CF_2(1 + I)^{N-2} + ... + CF_{N-1}(1 + I) + CF_N$$
$$= \sum_{t=1}^{N} CF_t(1 + I)^{N-t}$$

(4-11)

O valor futuro de nosso fluxo de caixa desigual é $ 1.791,15, como mostrado na Figura 4-8.

FIGURA 4-8
Valor futuro de um fluxo de caixa irregular.

	A	B	C	D	E	F	G
498	Entradas:						
499		Taxa de Juros = I =	12%				
500							
501	1. Passo a passo:						
502	Períodos	0	1	2	3	4	5
503	Fluxos de caixa:	$ 0	$ 100	$ 300	$ 300	$ 300	$ 500,00
504	FV de cada FC:	$ 0,00	$ 157,35	$ 421,48	$ 376,32	$ 336,00	$ 500,00
505							
506	PV do fluxo de caixa irregular = Soma dos PVs= individuais =				$ 1.791,15		
507							
508							
509	2. Calculadora:	Você poderia inserir os fluxos de caixa no registro de fluxos de caixa de calculadora financeira, insira I/YR e depois pressione a tecla NFV para obter o resultado.					$ 1.791,15
510							
511	3. Planilha de Excel:	Passo 1. Encontrar NPV:			= NPV(C505, C507: G507)		$ 1.016,35
512		Passo 2. Compor NPV para encontrar NFV:			= FV(C505, G504, 0, –G513)		$ 1.791,15

A maioria das calculadoras financeiras possui uma tecla de valor futuro líquido (NFV) que, após a inserção dos fluxos de caixa e da taxa de juros, pode ser utilizada para obter o valor futuro de um fluxo de caixa desigual. Se sua calculadora não tiver a função NFV, você pode primeiro encontrar o valor presente líquido do fluxo e, depois, seu valor futuro líquido como $NFV = NPV(1 + I)^N$. No problema ilustrativo, encontramos $PV = 1.016,35$, utilizando o registro de fluxo de caixa e $I=12$. Depois utilizamos o registro TVM, inserindo $N = 5$, $I = 12$, $PV = -1.016,35$ e $PMT = 0$. Quando pressionamos FV, encontramos $FV = 1.791,15$, que é o mesmo valor mostrado na linha do tempo da Figura 4-8. Como mostra essa figura, esse mesmo procedimento pode ser utilizado com o Excel.

Autoavaliação

1. Qual será o valor futuro deste fluxo de caixa: $ 100 no final de 1 ano, $ 150 após 2 anos e $ 300 após 3 anos, presumindo que a taxa de juros apropriada seja de 15%? **($ 604,75)**

4-14 Resolvendo I com fluxos de caixa irregulares

Antes que calculadoras financeiras e planilhas existissem, era *extremamente difícil* encontrar I se os fluxos de caixa fossem desiguais. No entanto, hoje as coisas são diferentes. Se você tiver uma *anuidade mais um montante único final*, poderá inserir valores para N, PV, PMT e FV nos registros TVM da calculadora e então pressionar a tecla I/YR. A seguir, apresentamos a configuração para o fluxo 1 da seção "Fluxos de caixa desiguais ou irregulares", presumindo que devamos pagar $ 927,90 para comprar o ativo:

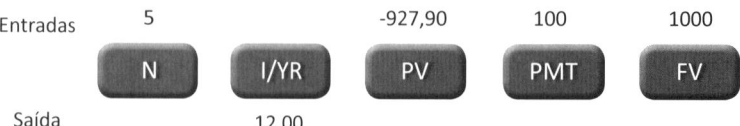

A taxa de retorno sobre o investimento de $ 927,90 é de 12%.

Encontrar a taxa de juros para um fluxo de caixa irregular com uma calculadora é um pouco mais complicado. A Figura 4-9 mostra o fluxo 2 da seção "Fluxos de caixa desiguais ou irregulares", presumindo um investimento exigido de $CF_0 = -\$ 1.000$. Primeiro, observe que não existe método simples passo a passo para encontrar a taxa de retorno – encontrar a taxa para esse investimento exige um processo de tentativa e erro, que é terrivelmente demorado. Portanto, nós realmente precisamos de uma calculadora financeira ou uma planilha. Com uma calculadora, inseriríamos os CFs no registro de fluxo de caixa e depois pressionaríamos a tecla IRR

FIGURA 4-9

IRR de um fluxo de caixa desigual

	A	B	C	D	E	F	G
547	Períodos	0	1	2	3	4	5
548							
549	Fluxos de caixa	-$ 1.000	$ 100	$ 300	$ 300	$ 300	$ 500
550	1. Calculadora:	Você poderia inserir os fluxos de caixa no registro de fluxos de caixa de uma calculadora financeira e depois pressionar a tecla IRR para encontrar o resultado.					12,55%
551	Função TIR do Excel:	Referências de células: IRR =		= IRR(B549:G549)			12,55%

para obtermos o resultado. A sigla IRR significa taxa interna de retorno e é a taxa de retorno do investimento. O investimento é o fluxo de caixa no Tempo 0 e deve ser inserido como um número negativo. Quando inserimos tais fluxos de caixa no registro de fluxo de caixa da calculadora e pressionamos a tecla IRR, obtemos a taxa de retorno sobre o investimento de $ 1.000, 12,55%. Finalmente, observe que, uma vez que tenha inserido os fluxos de caixa no registro da calculadora, você pode encontrar tanto o valor presente líquido do investimento (NPV) como sua taxa interna de retorno. Para decisões de investimentos, normalmente queremos ambos os números. Portanto, em geral inserimos os dados uma vez e depois encontramos tanto o NPV como a IRR.

Você obteria o mesmo resultado utilizando a função TIR do Excel, como mostra a Figura 4-9. Observe que, quando utilizar a função TIR – diferentemente de quando utilizar a função VPL – você deve incluir todos os fluxos de caixa, inclusive o fluxo de caixa de Tempo 0.

Autoavaliação

1. Um investimento custa $ 465 agora e há uma expectativa de que ele produza fluxos de caixa de $ 100 no final de cada um dos próximos 4 anos, mais um pagamento único extra de $ 200 no final do quarto ano. Qual será a taxa de retorno esperada sobre esse investimento? **(9,05%)**
2. Um investimento custa $ 465 e há uma expectativa de que ele produza fluxos de caixa de $ 100 no final do ano 1, $ 200 no final do ano 2 e $ 300 no final do ano 3. Qual será a taxa de retorno esperada sobre esse investimento? **(11,71%)**

4-15 Períodos semestrais e outros períodos de capitalização

Na maioria dos exemplos apresentados até agora, presumimos que juros são capitalizados uma vez por ano. Trata-se, portanto, de **capitalização anual**. Suponha, no entanto, que você tenha colocado $ 1.000 em um banco que paga uma taxa de juros anual de 6%, mas credita juros a cada 6 meses. Nesse caso, trata-se de **capitalização semestral**. Se você deixar seus fundos na conta, quanto terá no final de 1 ano com capitalização semestral? Observe que você receberá $ 60 de juros no ano, mas receberá $ 30 após somente 6 meses e os outros $ 30 no final do ano. Você irá ganhar juros sobre os primeiros $ 30 durante o segundo semestre, então terminará o ano com um montante maior do que os $ 60 que teria com capitalização anual. Você estaria melhor com uma capitalização trimestral, mensal, semanal ou diária. Observe também que praticamente todos os títulos pagam juros semestralmente; a maioria das ações paga dividendos trimestralmente; a maioria das hipotecas e dos empréstimos de estudantes e de automóveis envolve pagamentos mensais; e a maioria das contas de fundos financeiros paga juros diariamente. Portanto, é essencial que você entenda como lidar com capitalização não anual.

4-15a Tipos de taxas de juros

Quando nos movemos além da capitalização anual, devemos lidar com estes quatro tipos de taxas de juros:

- Taxas nominais anuais, com o símbolo I_{NOM}.
- Taxas percentuais anuais, chamadas de taxas **APR**.
- Taxas periódicas, indicadas como I_{PER}.
- Taxas efetivas anuais, com o símbolo **EAR** ou **EFF%**.

Taxa nominal (ou cotada), I_{NOM}[11]

Essa é a taxa cotada por bancos, corretores e outras instituições financeiras. Então, se você conversar com um banqueiro, um corretor, um credor hipotecário, um representante de uma empresa de financiamento de automóveis ou um oficial de empréstimos para estudantes a respeito de taxas, a taxa nominal será aquela que ele ou ela normalmente cotará a você. No entanto, para ser significativa, a taxa nominal cotada deve também incluir o número de períodos de capitalização por ano. Por exemplo, um banco poderia oferecer-lhe um CD a 6% com capitalização diária, enquanto uma cooperativa de crédito poderia oferecer 6,1% com capitalização mensal.

Observe que a taxa nominal nunca é mostrada em uma linha do tempo e jamais utilizada como uma entrada em uma calculadora financeira (exceto quando a capitalização ocorre somente uma vez por ano). Caso ocorram capitalizações mais frequentes, você deverá utilizar taxas periódicas.

Taxa periódica, I_{PER}

Essa é a taxa cobrada por um credor ou paga por um mutuário em cada período. Pode ser uma taxa anual, semestral, trimestral, mensal, diária ou com qualquer outro intervalo de tempo. Por exemplo, um banco poderia cobrar 1,5% por mês sobre seus empréstimos de cartão de crédito, ou uma financeira poderia cobrar 3% por trimestre sobre empréstimos a prestações.

Para encontrarmos a taxa periódica, utilizamos a seguinte equação:

$$\text{Taxa periódica } I_{PER} = I_{NOM}/M \qquad \textbf{(4-12)}$$

em que I_{NOM} é a taxa nominal anual e M, o número de períodos de capitalização por ano. Assim, uma taxa nominal de 6% com pagamentos semestrais resulta em uma taxa periódica de

$$\text{Taxa periódica } I_{PER} = 6\%/2 = 3,00\%$$

Se somente um pagamento for efetuado por ano, então M = 1, caso em que a taxa periódica seria igual à taxa nominal: 6%/1 = 6%.

A taxa periódica é a taxa mostrada em linhas do tempo e utilizada em cálculos.[12] Para ilustrar, suponha que você tenha investido $ 100 em uma conta que paga uma taxa nominal de 12%, com capitalização trimestral, ou 3% por período. Quanto você teria após 2 anos se deixasse o dinheiro depositado? Primeiro, apresentamos a linha do tempo do problema:

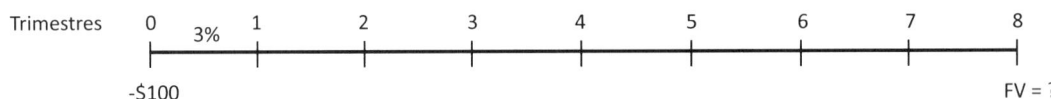

Para encontrar o FV, utilizaremos esta versão modificada da Equação 4-1:

$$FV_N = PV(1 + I_{PER})^{\text{Número de períodos}} = PV\left(1 + \frac{I_{NOM}}{M}\right)^{MN} \qquad \textbf{(4-13)}$$

$$= \$\ 100\left(1 + \frac{0,12}{4}\right)^{4\times2} = \$\ 100(1 + 0,03)^8 = \$\ 126,68$$

---

[11] A expressão *taxa nominal* como é utilizada aqui possui um significado diferente da maneira como foi usada no Capítulo 1, em que taxas de juros nominais se referiam a taxas de mercado declaradas opostas a taxas reais (inflação zero). Neste capítulo, *taxa nominal* significa a taxa anual declarada ou cotada oposta à taxa efetiva anual, que será explicada posteriormente. Em ambos os casos, no entanto, nominal significa declarada ou cotada, oposta a algum tipo de taxa ajustada.

[12] A única exceção é em casos em que (1) anuidades estejam envolvidas *e* (2) os períodos de pagamento não correspondam aos períodos de capitalização. Em tais casos – por exemplo, se você está efetuando pagamentos trimestrais em uma conta bancária para juntar uma soma futura específica, mas o banco paga juros diariamente –, os cálculos são mais complicados. Para tais problemas, o procedimento mais simples é determinar a taxa de juros periódica (diária) dividindo a taxa nominal por 365 (ou por 360 se o banco utilizar um ano de 360 dias), depois compor cada pagamento sobre o número exato de dias a partir da data de pagamento até a data de término e então somar os pagamentos capitalizados para encontrar o valor futuro da anuidade. Isso é processo simples com um computador.

Com uma calculadora financeira, encontramos o FV utilizando estas entradas: N = 4 × 2 = 8, I = 12/4 = 3, PV = –100 e PMT = 0. O resultado é novamente FV = $ 126,68.[13]

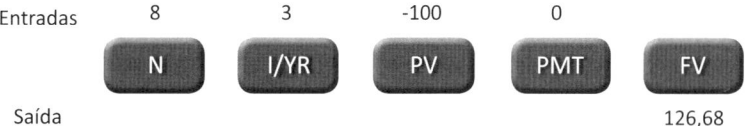

Entradas   8   3   -100   0

Saída   126,68

Taxa anual efetiva (ou equivalente) (EAR ou EFF%)

Essa é a taxa anual (juros uma vez por ano), que produz o mesmo resultado final como capitalização a uma taxa periódica para M vezes por ano. A EAR, também chamada de EFF% (para taxa percentual efetiva), é encontrada da seguinte forma:[14]

$$EAR = EFF\% = (1 + I_{PER})^M - 1,0$$
$$= \left(1 + \frac{I_{NOM}}{M}\right)^M - 1,0$$

(4-14)

em que I_{NOM}/M é a taxa periódica e M, o número de períodos por ano. Se um banco lhe emprestasse dinheiro a uma taxa nominal de 12%, com capitalização trimestral, então a taxa EFF% seria de 12,5509%:

Taxa sobre empréstimos bancários: $EFF\% = (1 + 0,03)^4 - 1,0 = (1,03)^4 - 1,0$
$$= 1,125509 - 1,0 = 0,125509 = 12,5509\%$$

Para ver a importância da EFF%, suponha que – como uma alternativa para o empréstimo bancário – você possa tomar emprestado com um cartão de crédito que cobre 1% por mês. Você estaria melhor se utilizasse o empréstimo bancário ou o empréstimo de cartão de crédito? *Para responder a essa questão, o custo de cada alternativa deve estar expresso como uma EFF%.* Acabamos de ver que o custo efetivo do empréstimo bancário é de 12,5509%. O custo do empréstimo de cartão de crédito, com pagamentos mensais, é levemente mais alto, 12,6825%:

Empréstimo de cartão de crédito: $EFF\% = (1 + 0,01)^{12} - 1,0 = (1,01)^{12} - 1,0$
$$= 1,126825 - 1,0 = 0,126825 = 12,6825\%$$

Esse resultado é lógico: ambos os empréstimos possuem a mesma taxa nominal de 12%, ainda que você tivesse de efetuar o primeiro pagamento após somente um mês sobre o cartão de crédito contra três meses com o empréstimo bancário.

A taxa da EFF% raramente é utilizada em cálculos. *No entanto, ela deve ser usada para comparar os custos efetivos de diferentes empréstimos ou taxas de retorno sobre diferentes investimentos quando os períodos de pagamento diferirem*, como em nosso exemplo do cartão de crédito contra empréstimo bancário.

4-15b Resultado de capitalização frequente

O que aconteceria ao valor futuro de um investimento se os juros fossem capitalizados anual, semanal, trimestralmente ou com outro período menor do que o anual? Uma vez que os juros serão ganhos sobre juros com mais frequência, você deveria esperar valores futuros mais altos quanto mais frequente fosse a capitalização.

---

[13] A maioria das calculadoras financeiras possui uma função que permite configurar o número de pagamentos por ano e depois a taxa de juros nominal anual. No entanto, alunos tendem a cometer menos erros quando utilizam a taxa periódica com suas calculadoras configuradas para um pagamento por ano (por exemplo, por período), por isso é o que recomendamos. Observe também que uma linha do tempo normal não pode ser utilizada, a menos que você utilize a taxa periódica.

[14] Você poderia também utilizar a "função de conversão de juros" de uma calculadora financeira. A maioria das calculadoras financeiras está programada para encontrar a EFF% ou, dada a EFF%, a taxa nominal; isso é chamado de "conversão de taxa de juros". Você insere a taxa nominal e o número de períodos de capitalização por ano e depois pressiona a tecla EFF% para encontrar a taxa anual efetiva. No entanto, geralmente utilizamos a Equação 4-14, pois ela é fácil e porque utilizá-la nos faz lembrar do que realmente estamos fazendo. Se você de fato utilizar a função de conversão de taxa de juros em sua calculadora, não se esqueça de restabelecer suas configurações depois. A conversão de juros é abordada em nossos tutoriais de calculadoras.

Proteção de crédito ao consumidor: quanto realmente custam os empréstimos?

O Congresso norte-americano aprovou a Lei de Proteção de Crédito ao Consumidor em 1968. As cláusulas de proteção do consumidor exigem que bancos e outros agentes financiadores divulguem a **taxa percentual anual (*annual percentage rate – APR*)** cobrada. Por exemplo, suponha que você queira comprar uma bela TV que custa $ 3.000 e a loja lhe ofereça um crédito por um ano, a uma taxa cotada de 8%. Nesse caso, devemos, inicialmente, encontrar o total de juros multiplicando $ 3.000 que você esteja tomando emprestado vezes 8%, obtendo $ 240. Os juros então são adicionados aos $ 3.000 de custo da TV, resultando em um empréstimo total de $ 3.240. O empréstimo total é dividido por 12 para obter os pagamentos mensais: $ 3.240/12 = $ 270 por mês, com o primeiro pagamento efetuado no momento da compra. Portanto, temos uma anuidade devida de 12 meses com pagamentos de $ 270. Seu custo é realmente os 8% que lhe foram cotados?

Para encontrar a APR, primeiro você configura sua calculadora para o Begin Mode, depois insere N = 12, PV = 3000, PMT = −270, e FV = 0. Em seguida, quando pressionar a tecla I/YR, você obterá a taxa periódica, 1,4313%. Depois você multiplica por 12 para obter a APR, 17,1758%. Você poderia também encontrar a EFF%, que é de 18,5945%. Mostramos esses cálculos utilizando tanto a calculadora como o Excel, com uma linha do tempo que nos ajude a visualizar o que está acontecendo.

A APR de 17,1758% que o negociador deve divulgar é um indicador do custo do empréstimo muito melhor do que a taxa nominal de 8%, mas ainda não reflete o custo verdadeiro, que é a taxa efetiva anual de 18,5945%. Assim, comprar a TV em parcelas realmente custaria a você 18,5945%. Se você não souber o que está acontecendo quando comprar parceladamente ou tomar emprestado, poderá pagar muito mais do que imagina!

De modo similar, seria de esperar que a taxa efetiva anual aumentasse com capitalizações mais frequentes. Como mostra a Figura 4-10, esses resultados de fato ocorrem – o valor futuro e a EFF% aumentam à medida que aumenta a capitalização. Observe que o maior aumento no FV (e na EFF%) ocorre quando a capitalização passa de anual para semestral e que a mudança de capitalização mensal para diária tem um impacto relativamente pequeno. Embora a Figura 4-10 mostre capitalização diária como o menor intervalo, é possível um intervalo ainda menor. No máximo, a capitalização pode ocorrer **continuamente**.

FIGURA 4-10

Efeito sobre $ 100 de capitalização mais frequente do que uma vez ao ano

	A	B	C	D	E	F	G
568	Frequência de capitalização	Taxa nominal anual	Número de períodos por ano (M)[a]	Taxa de juros periódica	Taxa de juros efetiva[b]	Valor futuro[c]	Aumento percentual em FV
569	Anual	12%	1	12,0000%	12,0000%	$ 112,00	
570	Semestral	12%	2	6,0000%	12,3600%	$ 112,36	0,32%
571	Trimestral	12%	4	3,0000%	12,5509%	$ 112,55	0,17%
572	Mensal	12%	12	1,0000%	12,6825%	$ 112,68	0,12%
573	Diário	12%	365	0,0329%	12,7475%	$ 112,75	0,06%

Observações:
[a] Utilizamos 365 dias por ano nos cálculos.
[b] A EFF% é calculada como $(1 + I_{PER})^M$.
[c] O valor futuro é calculado $ 100(1 + EFF\%)$.

Autoavaliação

1. Você preferiria investir em uma conta que paga uma taxa nominal de 7% com capitalização anual ou com capitalização mensal? Se você fizesse um empréstimo a uma taxa nominal de 7%, preferiria efetuar pagamentos anuais ou mensais? Por quê?

2. Qual será o valor futuro de $ 100 após 3 anos se a taxa de juros apropriada for 8% com capitalização anual? **($ 125,97)** E com capitalização mensal? **($ 127,02)**

3. Qual será o valor presente de $ 100 devidos em 3 anos se a taxa de juros apropriada for 8% com capitalização anual? **($ 79,38)** E com capitalização mensal? **($ 78,73)**

4. Defina: "taxa percentual anual ou APR", "taxa efetiva anual ou EFF%" e "taxa de juros nominal (I_{NOM})".

5. Um banco paga 5% com capitalização diária sobre sua conta poupança. Ele deverá divulgar a taxa nominal ou efetiva se estiver buscando atrair novos depósitos? Emissores de cartões de crédito devem por lei imprimir sua taxa percentual anual em seus extratos mensais. Uma APR comum é de 18% com juros pagos mensalmente. Qual é a EFF% sobre tal empréstimo? **(19,56%)**

6. Alguns anos atrás, os bancos não eram obrigados a divulgar a taxa que cobravam sobre cartões de crédito. Então, o Congresso norte-americano aprovou uma lei de proteção do consumidor que exigia dos bancos a publicação da taxa APR. Essa taxa é realmente a "mais exata" ou a EFF% seria ainda "mais exata"?

4-16   Períodos de tempo fracionários[15]

Até agora presumimos que os pagamentos ocorrem no início ou no final dos períodos, mas não no meio. No entanto, ocasionalmente encontramos situações que exigem capitalização ou desconto por períodos fracionários. Por exemplo, suponha que você tenha depositado $ 100 em um banco que paga uma taxa nominal de 10% com capitalização diária, com base em um ano de 365 dias. Quanto você teria após 9 meses? O resultado de $ 107,79 é encontrado da seguinte forma:[16]

$$\text{Taxa periódica} = I_{PER} = 0,10/365 = 0,000273973 \text{ por dia}$$
$$\text{Número de dias} = (9/12)(365) = 0,75(365)$$
$$= 273,75 \text{ dias, arredondados para } 274$$
$$\text{Montante final} = \$ 100(1,000273973)^{274} = \$ 107,79$$

Agora suponha que, em vez disso, você faça um empréstimo de $ 100 a uma taxa nominal de 10% por ano, *juros simples*, o que significa que os juros não são acumulados sobre juros. Se o empréstimo ficar pendente por 274 dias (ou 9 meses), qual será o valor de juros a ser pago? Os juros devidos são iguais ao principal multiplicado pela taxa de juros vezes o número de períodos. Nesse caso, o número de períodos é igual à fração de um ano: N = 274/365 = 0,7506849.

$$\text{Juros devidos} = \$ 100(10\%)(0,7506849) = \$ 7,51$$

Outra abordagem seria utilizar a taxa diária em vez da taxa anual e o número exato de dias em vez da fração do ano:

$$\text{Juros devidos} = \$ 100(0,000273973)(274) = \$ 7,51$$

O total devido ao banco seria $ 107,51 após 274 dias. Esse é o procedimento que a maioria dos bancos realmente utiliza para calcular juros sobre empréstimos, exceto que eles geralmente exigem que os mutuários paguem os juros mensalmente e não após 274 dias. Essa capitalização mais frequente eleva a EFF% e, consequentemente, o montante total de juros pagos.

---

[15] Esta seção é interessante e útil, mas relativamente técnica. Pode ser omitida, por opção do instrutor, sem perda de continuidade.

[16] Presumimos que esses 9 meses constituam 9/12 de um ano. Contratos de depósitos e empréstimos bancários informam especificamente se estão baseados em um ano de 360 ou 365 dias. Se um ano de 360 dias for utilizado, então as taxas diária e efetiva serão mais altas. Aqui presumimos um ano de 365 dias. Finalmente, observe que os computadores de bancos, como o Excel, possuem calendários embutidos, então podem calcular o número exato de dias. Observe também que os bancos frequentemente tratam tais empréstimos da seguinte maneira: (1) exigem pagamentos mensais e calculam os juros para o mês como a taxa periódica multiplicada pelo saldo do início do mês vezes o número de dias do mês; esse procedimento é denominado "juros simples"; (2) os juros para o mês são incorporados ao saldo do próximo início do mês, ou o mutuário deve, na verdade, pagar os juros ganhos. Nesse caso, a EFF% é baseada em 12 períodos de capitalização, não em 365 dias, como se presumiu em nosso exemplo.

Autoavaliação

1. Suponha que uma empresa tenha tomado $ 1 milhão emprestado a uma taxa de 9%, juros simples, com juros pagos no final de cada mês. O banco utiliza um ano de 360 dias. Quantos juros a empresa teria de pagar em um mês de 30 dias? **($ 7.500,00)** Qual seria o valor dos juros se o banco utilizasse um ano de 365 dias? **($ 7.397,26)**
2. Suponha que você tenha depositado $ 1.000 em uma cooperativa de crédito que paga uma taxa de 7% com capitalização diária, com base em um ano de 365 dias. Qual é a EFF%? **(7,250098%)** Quanto você poderia sacar após 7 meses, presumindo que isso é 7/12 de um ano? **($ 1.041,67)**

4-17   Empréstimos amortizados

Uma aplicação extremamente importante dos juros compostos envolve empréstimos que são pagos em prestações durante um período. Estão incluídos empréstimos para automóveis, empréstimos hipotecários, para estudantes e muitos empréstimos para negócios. Um empréstimo que deve ser pago em montantes iguais mensal, trimestral ou anualmente é chamado de **empréstimo amortizado**.[17]

4-17a Pagamentos

Por exemplo, suponha que uma empresa tome $ 100.000 emprestados a serem pagos em 5 prestações iguais no final de cada um dos próximos 5 anos. O agente financiador cobra 6% sobre o saldo no início de cada ano.

A seguir, apresentamos o quadro da situação:

O que você sabe é o que você recebe: não em empréstimos salariais

Quando o dinheiro acaba no final do mês, muitos indivíduos apelam para credores de empréstimo pessoal. Se a aplicação de um mutuário é aprovada, o credor de empréstimo pessoal faz um empréstimo de curto prazo, que será reembolsado com o próximo salário. Na verdade, no próximo dia de pagamento o credor transfere o reembolso da conta bancária do mutuário. Esse reembolso consiste na quantia emprestada mais uma taxa.

Quão caros são os empréstimos pessoais? O credor cobra uma taxa de cerca de US$ 15 a US$ 17 por US$ 100 emprestados. Um empréstimo típico gira em torno de US$ 350, então a taxa comum é de cerca de US$ 56. Um mutuário típico recebe a cada duas semanas, então o empréstimo é por um período muito curto de tempo. Com uma taxa alta e um período curto até o reembolso, um empréstimo pessoal típico tem um APR de mais de 400%.

Quão informados são os mutuários? Dois professores da Universidade de Chicago se dispuseram responder a essa pergunta. Quando empréstimos são aprovados, os mutuários recebem um formulário para assinar que mostra o APR.

Entretanto, pesquisas subsequentes por telefone de mutuários mostram que mais de 40% dos mutuários pensaram que seu APR estivesse por volta de 15%; talvez não coincidentemente, os números são semelhantes às tabelas de preços postadas com destaque no escritório do credor.

Os professores então fizeram um experimento (com o acordo de 77 lojas de empréstimo pessoal) no qual forneceram mais informações do que apenas o APR. Um grupo de mutuários recebeu informações sobre o APR do empréstimo pessoal em comparação aos APRs de outros empréstimos, com aluguel de carros. Um segundo grupo recebeu informações sobre o custo do dólar do empréstimo pessoal em comparação ao custo do dólar de outros empréstimos, como empréstimos de carro. Um terceiro grupo recebeu informações sobre quanto tempo leva para a maioria dos mutuários de empréstimos pessoais reembolsar seus empréstimos (que é mais tempo que o próximo dia de pagamento; mutuários tendem a estender o empréstimo para períodos de pagamento adicionais, acrescentando taxas adicionais).

Em comparação a um grupo de controle sem informações adicionais, os resultados demonstram que alguns mutuários com informações adicionais decidiram não pedir empréstimo; outros mutuários reduziram a quantia que pediram emprestada. Essas descobertas sugerem que mais informações ajudam os mutuários a tomar decisões menos dispendiosas. Quanto mais se sabe, menos se tem, pelo menos no que diz respeito a um empréstimo pessoal caro.

Fonte: Marianne Bertrand e Adair Morse, "Information Disclosure, Cognitive Biases, and Payday Borrowing", *Journal of Finance*, Vol. 66, No. 6, dezembro de 2011, pp. 1865–1893.
Nota Editor: Este descreve o sistema nos EUA. O sistema de credito consignado em Brasil é bastante diferente.

---

[17] A palavra *amortizado* vem do latim *mors*, que significa "morte". Então, um empréstimo amortizado é aquele que é "morto" ao longo do tempo.

Nossa tarefa é encontrar o montante do pagamento, PMT, e a soma de seus PVs deve ser igual ao montante do empréstimo, $ 100.000:

$$\$\ 100.000 = \frac{PMT}{(1,06)^1} + \frac{PMT}{(1,06)^2} + \frac{PMT}{(1,06)^3} + \frac{PMT}{(1,06)^4} + \frac{PMT}{(1,06)^5} = \sum_{t=1}^{5} \frac{PMT}{(1,06)^t}$$

É possível resolver a fórmula de anuidade, a Equação 4-8, para o PMT, mas é muito mais fácil utilizar uma calculadora financeira ou planilha. Com uma calculadora financeira, inserimos valores conforme mostrado a seguir para obter os pagamentos exigidos, $ 23.739,64.

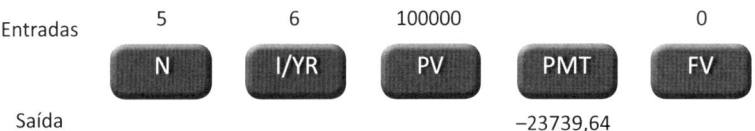

Com o Excel, você utilizaria a função PGTO: = **PGTO(taxa;nper;vp;vf)** = **PGTO(0,06;5;100000;0)** = –$ 23.739,64. Dessa forma, vemos que o mutuário deve pagar ao agente financiador $ 23.739,64 por ano durante os próximos 5 anos.

4-17b Agenda de amortização

Cada pagamento será composto por duas partes — uma parte em juros e uma parte em reembolso de capital. Essa repartição é mostrada na **agente de amortização** dada na Figura 4-11. O componente de juros é relativamente alto no primeiro ano, mas cai conforme o declínio do balanço do empréstimo. Para efeitos fiscais, o mutuário deduziria o componente de juros enquanto o credor informaria o mesmo montante como rendimento tributável. Ao longo dos cinco anos, o credor receberá 6% de seu investimento e também irá recuperar o montante de seu investimento.

FIGURA 4-11
Cronograma de amortização de empréstimo, $ 100.000 a 6% por 5 anos

	A	B	C	D	E	F
675	Entradas:					
676	Montante emprestado:		$ 100.000			
677	Anos:		5			
678	Taxa:		6%			
679	Cálculao intermediário:					
680	PMT:		$ 23.739,64 = PMT(C677,C676,-C675)			
681	Ano	Montante (1)	Pagamentos (2)	Juros[a] (3)	Pagamento do principal[b] (2) – (3) = (4)	Saldo final (1) – (4) = (5)
682	1	$ 100.000,00	$ 23.739,64	$ 6.000,00	$ 17.739,64	$ 82.260,36
683	2	$ 82.260,36	$ 23.739,64	$ 4.935,62	$ 18.804,02	$ 63.456,34
684	3	$ 63.456,34	$ 23.739,64	$ 3.807,38	$ 19.932,26	$ 43.524,08
685	4	$ 43.524,08	$ 23.739,64	$ 2.611,44	$ 21.128,20	$ 22.395,89
686	5	$ 22.395,89	$ 23.739,64	$ 1.343,75	$ 22.395,89	$ 0,00

Observações:
[a] Os juros em cada período são calculados multiplicando-se o saldo do empréstimo no início do ano pela taxa de juros. Portanto, os juros no Ano 1 são $ 100.000(0,06) = $ 6.000; no Ano 2, $ 82.260,36(0,06) = $ 4.935,62 e assim sucessivamente.
[b] O pagamento do principal é um pagamento anual de $ 23.739,64 menos despesas com juros do ano, $ 17.739,64 para o Ano 1.

4-17c Pagamento de juros de hipoteca

Agora considere uma hipoteca de 30 anos de US$ 250.000 a uma taxa anual de 6%. Quanto em juros o mutuário pagará ao longo do empréstimo? Quanto ele pagará no primeiro ano?

Comece encontrando o pagamento mensal. As entradas da calculadora financeira são mostradas abaixo (observe que N e I/YR são ajustados para refletir pagamentos mensais):

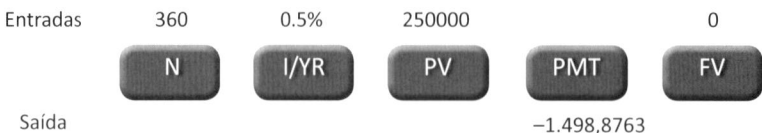

O montante total dos pagamentos é 360(US$ 1.498,8763) ≈ US$ 539.595. O mutuário paga de volta os US$ 250.000 emprestados durante o empréstimo, então o total de juros pago é de US$ 539.595 – US$ 250.000 = US$ 289.595.

Para encontrar o montante de juros pago no primeiro ano, comece encontrando o montante que o mutuário deve no final do primeiro ano. Sabemos o número de pagamentos restantes (360 – 12 = 348) e o montante de cada pagamento (US$ 1.498,88), então podemos resolver pelo PV:

O montante do capital reembolsado no primeiro ano é de US$ 250.000 – US$ 246.930,58 = US$ 3.069,42. O total dos pagamentos durante o ano é igual a 12(US$ 1.498,88) = US$ 17.986,56. Então o total de juros pago no ano é de US$ 17.986,56 – US$ 3.069,42 = US$ 14.917,14. Quase 83% desses pagamentos no primeiro ano se destinam a juros!

Agora considere uma hipoteca de 15 anos. Para comparar coisas semelhantes, presuma que a taxa de juros permaneça a 6%, embora ela provavelmente fosse um pouco mais baixa. Trocando por 180, o novo pagamento é de US$ 2.109,6421. O montante total de pagamentos é de 180(US$ 2.109,6421) ≈ US$ 379.736 e o total de juros pago é de US$ 379.736 – US$ 250.000 = US$ 129.736, uma grande redução dos US$ 289.595 pagos na hipoteca de 30 anos. Conforme mostra o exemplo, o aumento do pagamento mensal pode reduzir dramaticamente o total de juros pago e o tempo exigido para saldar a hipoteca.

Autoavaliação

1. Considere novamente o exemplo da Figura 4-11. Se o empréstimo fosse amortizado ao longo de 5 anos com 60 pagamentos mensais iguais, de quanto seria cada pagamento e como o primeiro pagamento seria dividido entre juros e principal? **(Cada pagamento seria de $ 1.933,28, e o primeiro pagamento teria $ 500 de juros e $ 1.433,28 de principal.)**

2. Suponha que você tenha obtido um empréstimo de estudante de $ 30.000 a uma taxa de 8% e agora deve pagá-lo em três prestações iguais no final de cada um dos próximos 3 anos. De quanto seriam os pagamentos, quanto do primeiro pagamento representaria juros e quanto seria o principal, e qual seria seu saldo final após o primeiro ano? **(PMT = $ 11.641,01; juros = $ 2.400; principal = $ 9.241,01; saldo no final do ano 1 = $ 20.758,99)**

4-18 Anuidades crescentes[18]

Em geral, uma anuidade é definida como uma série de pagamentos *constantes* a serem recebidos durante um número específico de períodos. No entanto, a expressão **anuidade crescente** é utilizada para descrever uma série de pagamentos que crescem a uma taxa constante.

---

[18] Esta seção é interessante e útil, mas relativamente técnica. Pode ser omitida, por opção do instrutor, sem perda de continuidade.

A CRISE ECONÔMICA MUNDIAL

Um acidente que espera para acontecer: hipotecas com taxas ajustáveis

As hipotecas com taxas ajustáveis (*adjustable rate mortgages* – ARMs) fornecem ao mutuário algumas escolhas referentes ao pagamento mensal inicial. Uma opção popular permitia que os mutuários efetuassem um pagamento mensal igual a somente metade dos juros devidos no primeiro mês. Uma vez que o pagamento mensal era menor do que a despesa com juros, o saldo do empréstimo aumentava todo mês. Quando o saldo do empréstimo excedia 110% do principal original, o pagamento mensal era reajustado para amortizar totalmente o empréstimo agora maior às taxas de juros do mercado.

Eis um exemplo: alguém faz um empréstimo de $ 325.000 por 30 anos a uma taxa inicial de 7%. Os juros acumulados no primeiro mês são de (7%/12)($ 325.000) = $ 1.895,83. Portanto, o pagamento mensal inicial é de 50%($ 1.895,83) = $ 947,92. Outros $ 947,92 de juros diferidos são adicionados ao saldo do empréstimo, elevando-o para $ 325.000 + $ 947,92 = $ 325.947,82. Como o empréstimo agora é maior, os juros no segundo mês são mais altos, e tanto os juros como o saldo do empréstimo continuarão a aumentar todos os meses. No primeiro mês depois que o saldo do empréstimo excede 110% ($ 325.000) = $ 357.500, o contrato exige que o pagamento seja reajustado de forma a amortizar totalmente o empréstimo à taxa de juros em vigor na época.

Quanto tempo seria necessário para o saldo exceder $ 357.000? Considere isso com base na seguinte perspectiva: o agente financiador inicialmente paga $ 325.000 e recebe $ 947,92 por mês. Depois, ele receberia um pagamento de $ 357.500 se o empréstimo fosse pago quando o saldo alcançasse tal montante, com juros a uma taxa anual de 7% com capitalização mensal. Inserimos estes valores em uma calculadora financeira: I = 7%/12, PV =-325.000, PMT = 947,92 e FV = 357.500. Obtemos N = 31,3 meses, arredondados para 32 meses. Assim, o mutuário efetuará 32 pagamentos de $ 947,92 antes do reajuste da ARM.

O pagamento após o reajuste depende dos termos do empréstimo original e da taxa de juros de mercado no momento do reajuste. Para muitos mutuários, a taxa inicial era uma taxa "atraente", mais baixa do que a do mercado, então uma taxa mais alta do que a do mercado seria aplicada ao saldo remanescente. Para esse exemplo, presumimos que a taxa original não era atraente e que a taxa permaneça a 7%. Tenha em mente, no entanto, que, para muitos mutuários, a taxa de reajuste era mais alta do que a taxa inicial. O saldo após o 32º pagamento pode ser encontrado como o valor futuro do empréstimo original e os 32 pagamentos mensais; então inserimos estes valores na calculadora financeira: N = 32, I = 7%/12, PMT = 947,92 e PV = −325000, resolvemos FV e obtemos FV = $ 358.242,84. O número de pagamentos remanescentes para amortizar o saldo do empréstimo de $ 358.424,84 é 360 − 32 = 328, então o montante de cada pagamento é encontrado configurando-se a calculadora como: N = 328, I = 7%/12, PV = 358242,84 e FV = 0. Assim, encontramos PMT = $ 2.453,94.

Mesmo se não houver alteração das taxas de juros, o pagamento mensal saltará de $ 947,92 para $ 2.453,94 e aumentará ainda mais se as taxas de juros forem mais altas no reajuste. Isso é exatamente o que aconteceu a milhões de americanos que tinham ARMs no início de 2000. Quando grandes quantidades de reajustes começaram em 2007, o número de inadimplência explodiu. O estrago causado pelas ARMs não precisou de muito tempo para acontecer!

4-18a Exemplo 1: Encontrando uma renda real constante

Anuidades crescentes são frequentemente utilizadas na área de planejamento financeiro, em que um futuro aposentado quer determinar as retiradas máximas constantes *reais* ou *ajustadas pela inflação*, que ele poderá efetuar ao longo de um período de anos. Tomemos como exemplo o caso de uma pessoa de 65 anos que planeja se aposentar, espera viver por mais 20 anos e tem uma reserva de $ 1 milhão. A expectativa dessa pessoa é que os investimentos ganhem uma taxa nominal anual de 6% e que a inflação média seja de 3% por ano. Além disso, ela deseja retirar um montante constante *real* anualmente ao longo dos próximos 20 anos para manter um padrão de vida constante. Se a primeira retirada fosse efetuada hoje, qual seria o montante dessa retirada inicial?

Esse problema pode ser resolvido de três maneiras:

- Configura-se um modelo de planilha que seja semelhante a uma tabela de amortização, em que a conta ganhe 6% por ano, as retiradas aumentem a uma taxa de inflação de 3%, e a função Atingir Metas do Excel seja utilizada para encontrar a retirada inicial ajustada pela inflação. Um saldo zero será mostrado no final do vigésimo ano.
- Numa calculadora financeira, calcula-se, inicialmente, a taxa real de retorno ajustada pela inflação. Em seguida, essa taxa é utilizada para I/YR para encontrar o pagamento da anuidade devida.

- Utiliza-se uma fórmula relativamente complicada e obtusa para encontrar esse mesmo montante.[19]

Focaremos as duas primeiras abordagens.

Um modelo de planilha fornece a imagem mais transparente, porque mostra o valor do portfólio de aposentadoria, os lucros anuais do portfólio, e cada retirada durante o horizonte de planejamento de 20 anos — especialmente se você incluir um gráfico. Uma imagem vale mil números, e gráficos facilitam a explicação da situação para pessoas que estão planejando seus futuros financeiros.

Para implementar a abordagem de calculadora, primeiro encontramos a taxa *real* esperada de retorno, em que r_r é a taxa real de retorno, e r_{NOM}, a taxa nominal de retorno. A taxa real de retorno é o retorno que teríamos se não houvesse inflação. Calculamos a taxa real desta forma:

$$\text{Taxa real} = r_r = [(1 + r_{NOM})/(1 + \text{Inflação})] - 1,0 \qquad \textbf{(4-15)}$$

$$= [1,06/1,03] - 1,0 = 0,029126214 = 2,9126214\%$$

Utilizando essa taxa real de retorno, resolvemos o problema da anuidade devida exatamente como fizemos antes no capítulo. Configuramos a calculadora para o Begin Mode e depois inserimos N = 20, I/YR = taxa real = 2,9126214, PV = –1.000.000 e FV = 0. Então, pressionamos PMT para obtermos $ 64.786,88. Esse é o montante da retirada inicial no Tempo 0 (hoje), e retiradas futuras aumentarão a uma taxa de inflação de 3%. Essas retiradas, que crescem de acordo com a taxa de inflação, fornecerão ao aposentado uma renda real constante para os próximos 20 anos – desde que que as taxas de inflação e de retorno não mudem.

Em nosso exemplo, presumimos que a primeira retirada seria efetuada imediatamente. O procedimento seria ligeiramente diferente se quiséssemos efetuar retiradas no final do ano. Primeiro, configuraríamos a calculadora para o End Mode. Em seguida, inseriríamos as mesmas entradas na calculadora como foi listado há pouco, incluindo a taxa real de juros para I/YR. O PMT calculado seria de $ 66.673,87. No entanto, tal valor está nos termos de início de ano, e, como uma inflação de 3% ocorrerá durante o ano, devemos fazer o seguinte ajuste para encontrarmos a retirada inicial corrigida de acordo com a inflação:

$$\text{Retirada inicial de fim de exercício} = \$ 66.673,87(1 + \text{Inflação})$$
$$= \$ 66.673,87(1,03)$$
$$= \$ 68.674,09$$

Assim, a primeira retirada no *final* do ano seria de $ 68.674,09, a qual aumentaria 3% por ano. Após a vigésima retirada (ao final do vigésimo ano), o saldo do fundo de aposentadoria seria zero.

Esse exemplo de pagamento também pode ser demonstrado em uma planilha do Excel com uma tabela que mostra o balanço inicial, as retiradas anuais, os lucros anuais, e o balanço final para cada um dos 20 anos. Essa análise confirma a retirada inicial do final de exercício de US$ 68.674,09 derivados anteriormente.

4-18b Exemplo 2: Depósito inicial para acúmulo de soma futura

Outro exemplo de anuidades crescentes: suponha que você precise acumular $ 100.000 em 10 anos. Você planeja efetuar um depósito em um banco agora, no tempo 0, e depois mais 9 depósitos no início de cada um dos 9 anos seguintes, totalizando 10 depósitos. O banco paga juros de 6%, e você estima uma inflação de 2% ao ano e planeja aumentar seus depósitos anuais pela taxa de inflação. Quanto você deve depositar inicialmente? Primeiro, calculamos a taxa real:

$$\text{Taxa real} = r_r = [1,06/1,02] - 1,0 = 0,0392157 = 3,9215686\%$$

---

[19] Por exemplo, a fórmula usada para encontrar o pagamento de uma anuidade devida crescente é apresentada a seguir. Se g = taxa de crescimento da anuidade e r = taxa nominal de retorno de investimento, então:

$$\text{PVIF de uma anuidade devida crescente} = \text{PVIFGA}_{Devida} = \{1 - [(1 + g)/(1 + r)]^N\}[(1 + r)/(r - g)]$$

$$\text{PMT} = \text{PV}/\text{PVIFGA}_{Devida,}$$

em que PVIF significa "fator de juros do valor presente" (*present value interest factor*). Fórmulas semelhantes estão disponíveis para anuidades ordinárias crescentes.

A seguir, como a inflação prevista é de 2% ao ano, em 10 anos a meta de $ 100.000 teria o seguinte valor real:

$$\$\ 100.000/(1 + 0,02)10 = \$\ 82.034,83$$

Agora podemos encontrar o montante do pagamento inicial exigido, configurando uma calculadora financeira para o Begin Mode e depois inserindo N = 10, I/YR = 3,9215686, PV = 0 e FV = 82.034,83. Depois, quando pressionamos a tecla PMT, obtemos PMT = –6.598,87. Assim, um depósito de $ 6.598,87 efetuado no tempo 0 e crescendo a 2% por ano acumulará $ 100.000 até o ano 10 se a taxa de juros for de 6%. O ponto-chave para essa análise é expressar I/YR, FV, e PMT em termos reais, não nominais.

Autoavaliação

1. Distinga uma anuidade "regular" de uma "crescente".
2. Quais são os três métodos que podem ser utilizados para lidar com anuidades crescentes?
3. Se a taxa nominal de juros é de 10% e a taxa de inflação prevista é de 5%, qual é a taxa real esperada de retorno? **(4,7619%)**

Resumo

A maioria das decisões financeiras envolve situações nas quais alguém efetua um pagamento em uma data específica e recebe dinheiro mais tarde. Os dólares pagos ou recebidos em duas datas diferentes são diferentes, e essa diferença é abordada por meio da *análise do valor do dinheiro no tempo (TVM)*.

- **Capitalização** é o processo de determinar o **valor futuro (FV)** de um fluxo de caixa ou de uma série de fluxos de caixa. O montante capitalizado ou valor futuro é igual ao montante inicial mais juros ganhos.
- O valor futuro de um único pagamento é $FV_N = PV(1 + I)^N$.
- **Desconto** é o processo de encontrar o **valor presente (PV)** de um fluxo de caixa futuro ou uma série de fluxos de caixa; desconto é o inverso ou oposto de capitalização.
- O valor presente de um pagamento recebido no final do período N é $PV = \dfrac{FV_N}{(1 + I)^N}$.

- Uma **anuidade** é definida como uma série de pagamentos periódicos iguais (PMT) por um número específico de períodos.
- Uma anuidade cujos pagamentos ocorrem no *final* de cada período é chamada **anuidade ordinária.**
- O valor futuro de uma anuidade (ordinária) é $FVA_N = PMT\left[\dfrac{(1 + I)^N}{I} - \dfrac{1}{I}\right]$

- O valor presente de uma anuidade (ordinária) é $PVA_N = PMT\left[\dfrac{1}{I} - \dfrac{1}{I(1 + I)^N}\right]$

- Se os pagamentos são efetuados no *início* em vez de no final dos períodos, então temos uma **anuidade devida**. O PV de cada pagamento é maior porque cada pagamento é descontado um ano a menos, então o PV da anuidade também é maior. Da mesma forma, o FV da anuidade devida é maior porque cada pagamento é capitalizado para um ano a mais. As seguintes fórmulas podem ser utilizadas para converter o PV e o FV de uma anuidade ordinária em uma anuidade devida:

$$PVA_{devida} = PVA_{ordinária}(1 + I)$$
$$FVA_{devida} = FVA_{ordinária}(1 + I)$$

- Uma **anuidade perpétua** é uma anuidade com um número infinito de pagamentos.

$$\text{Valor de uma anuidade perpétua} = \dfrac{PMT}{I}$$

- Para encontrar o PV ou o FV de uma série desigual, encontre o PV ou o FV de cada fluxo de caixa individual e depois some os resultados.
- Se você conhece os fluxos de caixa e o PV (ou o FV) de um fluxo de caixa, pode **determinar sua taxa de juros**.
- Quando a capitalização ocorre mais frequentemente do que uma vez por ano, a taxa nominal deve ser convertida em uma taxa periódica, e o número de anos deve ser convertido em períodos:

$$\text{Taxa periódica}(I_{PER}) = \text{Taxa nominal anual} \div \text{Períodos por ano}$$

$$\text{Número de períodos} = \text{Anos} \times \text{Períodos por ano}$$

A taxa periódica e o número de períodos são utilizados para cálculos e mostrados em linhas do tempo.
- Se você estiver comparando custos de empréstimos alternativos que exigem pagamentos mais de uma vez por ano, ou taxas de retorno sobre investimentos que pagam juros mais de uma vez por ano, então as comparações devem ser baseadas em **taxas efetivas** (ou **equivalentes**) de retorno. A seguir, apresentamos a fórmula:

$$EAR = EFF\% = (1 + I_{PER})^M - 1,0 = \left(1 + \frac{I_{NOM}}{M}\right)^M - 1,0$$

- A equação geral para obter o valor futuro de um fluxo de caixa corrente (PV) para qualquer número de períodos de capitalização por ano é:

$$FV_N = PV(1 + I_{PER})^{\text{Número de períodos}} = PV\left(1 + \frac{I_{NOM}}{M}\right)^{MN}$$

em que

$$I_{NOM} = \text{Taxa de juros nominal cotada}$$
$$M = \text{Número de períodos de capitalização por ano}$$
$$N = \text{Número de anos}$$

- **Empréstimo amortizado** é aquele que é liquidado com pagamentos iguais durante um período específico. Um **cronograma de amortização** mostra quanto de cada pagamento constitui juros, quanto é utilizado para reduzir o principal e o saldo devedor no final de cada período. O saldo devedor no Tempo N deve ser zero.
- "**Anuidade crescente**" é um fluxo de caixa que cresce a uma taxa constante por um número específico de anos. Os valores presente e futuro de anuidades crescentes podem ser encontrados com fórmulas relativamente complicadas ou, mais facilmente, com um modelo em Excel.

Perguntas

(4-1)   Defina as expressões e o termos a seguir:
   a. PV, I, INT, FV_N, PVA_N, FVA_N, PMT, M e I_{NOM}.
   b. Taxa de custo de oportunidade.
   c. Anuidade, pagamento único, fluxo de caixa e fluxo de caixa desigual.
   d. Anuidade ordinária (ou diferida) e anuidade devida.
   e. Anuidade perpétua e fundos consolidados.
   f. Fluxo de saída, fluxo de entrada e valor terminal.
   g. Capitalização e desconto.
   h. Capitalização anual, semestral, trimestral, mensal e diária.
   i. Taxa efetiva anual (EAR ou EFF%), taxa de juros nominal (cotada), APR e taxa periódica.
   j. Cronograma de amortização, principal contra juros de um pagamento e empréstimo amortizado.

(4-2) O que é *taxa de custo de oportunidade*? Como essa taxa é utilizada na análise de fluxos de caixa descontados e onde ela está em uma linha do tempo? A taxa de oportunidade é o único número utilizado para avaliar todos os investimentos potenciais?

(4-3) Uma *anuidade* é definida como uma série de pagamentos de valor fixo para um número específico de períodos. Assim, $ 100 por ano por 10 anos é uma anuidade, mas $ 100 no ano 1, $ 200 no ano 2 e $ 400 nos anos 3 até 10 *não* constituem uma anuidade. No entanto, a série inteira de fato *contém* uma anuidade. Essa declaração é verdadeira ou falsa?

(4-4) Se o lucro por ação de uma empresa crescesse de $ 1 para $ 2 durante um período de 10 anos, o *crescimento total* seria de 100%, mas a *taxa de crescimento anual* seria *menor do que* 10%. Essa afirmação é verdadeira ou falsa? Explique.

(4-5) Você preferiria ter uma conta poupança que pagasse 5% de juros com capitalização semestral ou uma que pagasse 5% de juros com capitalização diária? Explique.

Problemas de autoavaliação – As soluções estão no Apêndice A

(PA-1) Valor futuro – Presuma que daqui a 1 ano você planeje depositar $ 1.000 em uma conta poupança que paga uma taxa nominal de 8%.
   a. Se o banco capitalizar os juros anualmente, quanto você terá em sua conta daqui a 4 anos?
   b. Qual será o seu saldo daqui a 4 anos se o banco utilizar a capitalização trimestral e não anual?
   c. Suponha que você tenha depositado $ 1.000 em 4 pagamentos de $ 250 cada no final dos anos 1, 2, 3 e 4. Quanto você terá em sua conta no final do ano 4, com base em uma capitalização anual de 8%?
   d. Suponha que você tenha depositado 4 parcelas iguais em sua conta no final dos anos 1, 2, 3 e 4. Presumindo uma taxa de juros de 8%, de quanto deverá ser cada parcela para que você obtenha o mesmo saldo final calculado na parte a?

(PA-2) Valor do dinheiro no tempo – Presuma que daqui a 4 anos você precisará de $ 1.000. Seu banco capitaliza os juros a uma taxa anual de 8%.
   a. Quanto você deve depositar daqui a 1 ano para ter um saldo de $ 1.000 no ano 4?
   b. Se você quiser efetuar pagamentos iguais no final dos anos 1 a 4 para acumular $ 1.000, de quanto deverá ser cada um dos 4 pagamentos?
   c. Se seu pai oferecesse a você a opção de efetuar os pagamentos calculados na parte b ($ 221,92) ou dar um valor fixo de $ 750 daqui a um ano, o que você escolheria?
   d. Se você tiver apenas $ 750 no final do ano 1, que taxa de juros, com capitalização anual, você terá de ganhar para ter o valor necessário de $ 1.000 no ano 4?
   e. Suponha que possa depositar somente $ 186,29 no final dos anos 1 a 4, mas você ainda precise de $ 1.000 ao final do ano 4. Que taxa de juros, com capitalização anual, será exigida para alcançar sua meta?
   f. Para ajudar você a alcançar sua meta de $ 1.000, seu pai se propõe a lhe dar $ 400 daqui a um ano. Você conseguirá um emprego de meio período e efetuará 6 depósitos adicionais de montantes iguais a cada 6 meses. Se todo esse dinheiro for depositado em um banco que pague 8%, com capitalização semestral, de quanto deverá ser cada um dos 6 depósitos?
   g. Que taxa efetiva anual está sendo paga pelo banco na parte f?

(PA-3) Taxas efetivas anuais – O Banco A paga 8% de juros, com capitalização trimestral, sobre sua conta do mercado financeiro. Os gerentes do Banco B querem que sua taxa efetiva anual da conta do mercado financeiro seja igual à taxa do Banco A, mas o Banco B irá capitalizar os juros mensalmente. Que taxa nominal ou cotada o Banco B deve fixar?

Problemas – As soluções estão no Apêndice B

Problemas fáceis 1-8

(4-1) **Valor futuro de um único pagamento** – Se você depositar $ 10.000 em uma conta bancária que pague 10% de juros anualmente, quanto terá em sua conta após 5 anos?

(4-2) **Valor presente de um único pagamento** – Que valor presente de um título pagará $ 5.000 em 20 anos se os títulos de risco igual pagam 7% anualmente?

(4-3) **Taxa de juros sobre um único pagamento** – Seus pais se aposentarão em 18 anos. Atualmente eles possuem $ 250.000 e acham que precisarão de $ 1 milhão na aposentadoria. Que taxa anual de juros eles devem ganhar para alcançarem a meta, presumindo que não economizem dinheiro algum adicional?

(4-4) **Número de períodos de um único pagamento** – Se você depositar dinheiro hoje em uma conta que pague 6,5% de juros anuais, quanto tempo levará para duplicar seu dinheiro?

(4-5) **Número de períodos para uma anuidade** – Você possui $ 42.180,53 em uma conta de corretora e planeja depositar mais $ 5.000 no final de cada ano futuro até que sua conta totalize $ 250.000. Você espera ganhar 12% anualmente sobre a conta. Quantos anos serão necessários para que sua meta seja alcançada?

(4-6) **Valor futuro: anuidade ordinária versus anuidade devida** – Qual é o valor futuro de uma anuidade ordinária de 7% e 5 anos que paga $ 300 por ano? Se se tratasse de uma anuidade devida, qual seria o valor futuro?

(4-7) **Valor presente e futuro de um fluxo de caixa desigual** – Um investimento pagará $ 100 no final de cada um dos próximos 3 anos, $ 200 no final do ano 4, $ 300 no final do ano 5 e $ 500 no final do ano 6. Se outros investimentos de risco igual ganham 8% por ano, qual é o valor presente desse investimento? E seu valor futuro?

(4-8) **Pagamento de anuidade e EAR** – Você quer comprar um carro, e um banco local lhe emprestará $ 20.000. O empréstimo seria totalmente amortizado ao longo de 5 anos (60 meses), e a taxa nominal de juros seria de 12%, com juros pagos mensalmente. Qual é o pagamento mensal do empréstimo? Qual é a EFF% do empréstimo?

Problemas intermediários 9-29

(4-9) **Valor presente e futuro de fluxos de caixa únicos para diferentes períodos** – Encontre os seguintes valores, *utilizando as equações*, e depois trabalhe os problemas usando uma calculadora financeira para verificar suas respostas. Desconsidere diferenças de arredondamento. (*Dica*: Se você estiver usando uma calculadora financeira, pode inserir os valores conhecidos e depois pressionar a tecla apropriada para encontrar a variável desconhecida. A seguir, sem limpar o registro da TVM, você pode "substituir" a variável que muda simplesmente inserindo um novo valor para ela e depois pressionando a tecla para a variável desconhecida para obter a segunda resposta. Esse procedimento pode ser utilizado nas partes b e d, e em muitas outras situações, para ver como as mudanças nas variáveis de entrada afetam a variável de saída.)

    a. $ 500 iniciais capitalizados por 1 ano a 6%.

    b. $ 500 iniciais capitalizados por 2 anos a 6%.

    c. O valor presente de $ 500 devidos em 1 ano a uma taxa de desconto de 6%.

    d. O valor presente de $ 500 devidos em 2 anos a uma taxa de desconto de 6%.

(4-10) **Valor presente e futuro de fluxos de caixa únicos para diferentes taxas de juros** – Use as equações de TVM e uma calculadora financeira para encontrar os seguintes valores. Consulte a dica para o Problema 4-9.

    a. $ 500 iniciais capitalizados por 10 anos a 6%.

    b. $ 500 iniciais capitalizados por 10 anos a 12%.

    c. O valor presente de $ 500 devidos em 10 anos a uma taxa de desconto de 6%.

    d. O valor presente de $ 500 devidos em 10 anos a uma taxa de desconto de 12%.

(4-11) **Tempo para duplicar um montante único** – Para o ano mais próximo, quanto tempo levará para duplicar $ 200 se esse valor for depositado e ganhar as seguintes taxas? [*Obs.*: (1) Consulte a dica para o Problema 4-9. (2) Este problema não pode ser resolvido de forma exata com algumas calculadoras financeiras. Por exemplo, se você inserir PV = –200, PMT = 0, FV = 400 e I = 7 em uma HP-12C e então pressionar a tecla N, você obterá 11 anos para a parte a. A resposta correta é 10,2448 anos, que é arredondada para 10, mas a calculadora faz o arredondamento. No entanto, a HP-10B fornece a resposta exata.]

    a. 7%

    b. 10%

    c. 18%

    d. 100%

(4-12) **Valor futuro de uma anuidade** – Encontre o *valor futuro* das seguintes anuidades. O primeiro pagamento dessas anuidades é efetuado no *final* do ano 1, então elas são *anuidades ordinárias*. (*Obs.*: Consulte a dica para o Problema 4-9. Da mesma forma, observe que você pode deixar valores no registro da TVM, alternar para o Begin Mode, pressionar FV e encontrar o FV da anuidade devida.)

    a. $ 400 por ano por 10 anos a 10%.

    b. $ 200 por ano por 5 anos a 5%.

    c. $ 400 por ano por 5 anos a 0%.

    d. Agora trabalhe novamente as partes a, b, c, presumindo que os pagamentos serão efetuados no *início* de cada ano; trata-se de *anuidades devidas*.

(4-13) **Valor presente de uma anuidade** – Encontre o *valor presente* das seguintes *anuidades ordinárias* (consulte as observações para o Problema 4-12).

    a. $ 400 por ano por 10 anos a 10%.

    b. $ 200 por ano por 5 anos a 5%.

    c. $ 400 por ano por 5 anos a 0%.

    d. Agora trabalhe novamente as partes a, b, c presumindo que os pagamentos serão efetuados no *início* de cada ano; trata-se de *anuidades devidas*.

(4-14) a. **Fluxo de caixa desigual** – Encontre os valores presentes dos seguintes fluxos de caixa. A taxa de juros apropriada é 8%. (*Dica*: É relativamente fácil trabalhar este problema lidando com fluxos de caixa individuais. No entanto, se você tem uma calculadora financeira, leia a seção do manual que descreve como inserir fluxos de caixa tais como os fluxos deste problema. Isso demandará algum tempo, mas o investimento pagará enormes dividendos ao longo do percurso. Observe que, quando trabalhar com o registro de fluxo de caixa da calculadora, você deverá inserir CF0 = 0.

ANO	FLUXO DE CAIXA A	FLUXO DE CAIXA B
1	$ 100	$ 300
2	$ 400	$ 400
3	$ 400	$ 400
4	$ 400	$ 400
5	$ 300	$ 100

    b. Qual é o valor de cada fluxo de caixa a uma taxa de juros de 0%?

(4-15) **Taxa efetiva de juros** – Encontre a taxa de juros (ou taxas de retorno) em cada uma das seguintes situações.

    a. Você *obtém* um empréstimo de $ 700 e promete pagar de volta $ 749 no final de 1 ano.

    b. Você *concede* um empréstimo de $ 700 e recebe a promessa de pagamento de $ 749 no final de 1 ano.

    c. Você obtém um empréstimo de $ 85.000 e promete pagar de volta $ 201.229 no final de 10 anos.

    d. Você obtém um empréstimo de $ 9.000 e promete efetuar pagamentos de $ 2.684,80 no final de cada um dos próximos 5 anos.

(4-16) **Valor futuro para vários períodos de capitalização** – Encontre o montante para o qual o valor de $ 500 aumentará em cada uma das seguintes condições.

    a. 12% capitalizados anualmente por 5 anos.

    b. 12% capitalizados semestralmente por 5 anos.

    c. 12% capitalizados trimestralmente por 5 anos.

    d. 12% capitalizados mensalmente por 5 anos.

(4-17) **Valor presente para vários períodos de capitalização** – Encontre o valor presente de $ 500 devidos no futuro em cada uma das seguintes condições.

    a. Taxa nominal de 12%, com capitalização semestral, descontado 5 anos.

    b. Taxa nominal de 12%, com capitalização trimestral, descontado 5 anos.

    c. Taxa nominal de 12%, com capitalização, descontado 1 ano.

(4-18) **Valor futuro de uma anuidade para vários períodos de capitalização** – Encontre o valor futuro das seguintes anuidades ordinárias.

    a. O FV de $ 400 a cada 6 meses por 5 anos a uma taxa nominal de 12%, com capitalização semestral.

    b. O FV de $ 200 a cada 3 meses por 5 anos a uma taxa nominal de 12%, com capitalização trimestral.

    c. As anuidades descritas nas partes a e b possuem o mesmo montante de dinheiro pago durante o período de 5 anos, e ambas ganham juros à mesma taxa nominal, ainda que a anuidade na parte b ganhe $ 101,75 a mais do que aquela na parte a durante 5 anos. Por que isso ocorre?

(4-19) **Taxas de juros efetivas versus taxas de juros nominais** – O Universal Bank paga juros de 7%, com capitalização anual, sobre depósitos a prazo. O Regional Bank paga 6% de juros, com capitalização trimestral.

    a. Com base em taxas efetivas de juros, em qual banco você preferiria depositar seu dinheiro?

    b. Sua escolha de bancos poderia ser influenciada pelo fato de que você desejaria sacar seu dinheiro durante o ano ao contrário de no final do ano? Ao responder a essa questão, presuma que o dinheiro deva ficar depositado durante um período inteiro de capitalização para que você receba quaisquer juros.

(4-20) Cronograma de amortização

    a. Estabeleça um cronograma de amortização para um empréstimo de $ 25.000 a ser pago em parcelas iguais no final de cada um dos próximos 5 anos. A taxa de juros é de 10%.

    b. Qual deverá ser o montante de cada pagamento anual se o empréstimo for de $ 50.000? Presuma que a taxa de juros permaneça a 10% e que o empréstimo seja liquidado ao longo de 5 anos.

    c. Qual deverá ser o montante de cada pagamento se o empréstimo for de $ 50.000, a taxa de juros for de 10% e o empréstimo for liquidado em prestações iguais no final de cada um dos próximos 10 anos? Esse empréstimo é do mesmo montante do empréstimo na parte b, mas os pagamentos estão espalhados pelo dobro de períodos. Por que esses pagamentos não são tão grandes quanto àqueles do empréstimo na parte b?

(4-21) Taxas de crescimento – Para o ano recém-terminado, as vendas da Hanebury Corporation foram de $ 12 milhões. As vendas foram de $ 6 milhões 5 anos antes.

    a. A que taxa as vendas cresceram?

    b. Suponha que alguém tenha calculado o crescimento das vendas para a Hanebury na parte a da seguinte forma: "As vendas duplicaram em 5 anos. Isso representa um crescimento de 100% em 5 anos; dividir 100% por 5 resulta em uma taxa de crescimento estimada de 20% por ano". Explique o que está errado nesse cálculo.

(4-22) Taxa de retorno esperado – A Washington-Pacific investiu $ 4 milhões para comprar um terreno e plantar alguns pinheirinhos. As árvores podem ser colhidas em 10 anos, momento em que a empresa planeja vender a floresta a um preço esperado de $ 8 milhões. Qual é a taxa prevista de retorno?

(4-23) Taxa efetiva de juros – Uma empresa de hipotecas libera um empréstimo de $ 85.000 para você. Esse empréstimo exige pagamentos de $ 8.273,59 no final de cada ano por 30 anos. Que taxa de juros a empresa de hipotecas está cobrando de você?

(4-24) Pagamento único exigido – Para completar seu último ano na faculdade de administração e depois fazer a faculdade de direito, você precisará de $ 10.000 por ano por 4 anos, a partir do próximo ano (ou seja, você precisará fazer uma retirada dos primeiros $ 10.000 daqui a um ano). Seu tio rico se oferece para pagar a faculdade e depositará, em um banco que paga juros de 7%, um montante suficiente para cobrir os 4 pagamentos de $ 10.000 cada. O depósito será efetuado hoje.

    a. Qual deverá ser o valor do depósito?

    b. Quanto ficará na conta imediatamente após a primeira retirada? E após a última retirada?

(4-25) Pagando um empréstimo – Enquanto Mary Corens era uma aluna na Universidade do Tennessee, ela fez um empréstimo de $ 12.000 a uma taxa de juros anual de 9%. Se Mary pagar $ 1.500 por ano, em quanto tempo (até o ano mais próximo) ela saldará o empréstimo?

(4-26) Alcançando uma meta financeira – Você precisa acumular $ 10.000. Para fazê-lo, planeja efetuar depósitos de $ 1.250 por ano – cujo primeiro pagamento será efetuado daqui a um ano – em uma conta bancária que paga juros anuais de 12%. Seu último depósito será menor do que $ 1.250 caso seja necessário menos para arredondar para $ 10.000. Quantos anos serão necessários para você alcançar sua meta de $ 10.000? Qual será o valor do último depósito?

(4-27) Valor presente de uma anuidade perpétua – Qual é o valor presente de uma anuidade perpétua de $ 100 por ano se a taxa de desconto apropriada é de 7%? Se as taxas de juros em geral dobrassem e a taxa de desconto apropriada subisse para 14%, o que aconteceria ao valor presente da anuidade perpétua?

(4-28) PV e taxa efetiva anual – Presuma que você tenha herdado algum dinheiro. Uma amiga está trabalhando como estagiária não remunerada em uma corretora local, e o chefe dela está vendendo títulos que requerem 4 pagamentos de $ 50 (1 pagamento no final de cada um dos próximos 4 anos) mais um pagamento extra de $ 1.000 no final do ano 4. A amiga lhe diz que pode conseguir alguns desses títulos a um custo de $ 900 cada um. Seu dinheiro agora está investido em um banco que paga uma taxa de juros nominal (cotada), mas com capitalização trimestral. Você considera os títulos tão seguros e líquidos como seu depósito bancário, então a taxa de retorno efetiva anual exigida sobre os títulos é a mesma de seu depósito bancário. Você deve calcular o valor dos títulos para decidir se eles são um bom investimento. Qual é o seu valor presente?

(4-29) Amortização de empréstimo – Presuma que sua tia tenha vendido uma casa em 31 de dezembro, e, para ajudar no fechamento da venda, ela teve uma segunda hipoteca no montante de $ 10.000 como parte de pagamento. A hipoteca tem uma taxa de juros cotada (ou nominal) de 10%; exige pagamentos a cada 6 meses, começando em 30 de junho, e deve ser amortizada ao longo de 10 anos. Agora, um ano depois, sua tia deve informar à Receita Federal e à pessoa que comprou a casa os juros que estavam incluídos nos dois pagamentos efetuados durante o ano. (Esses juros serão considerados renda para sua tia e dedução para o comprador da casa.) Para o dólar mais próximo, qual foi o montante total de juros pagos durante o primeiro ano?

Problemas desafiadores 30-34

(4-30) Amortização do empréstimo – Sua empresa está planejando obter um empréstimo de $ 1 milhão, para pagamento em parcelas anuais, com taxa de 15% por um período de 5 anos. Que fração do pagamento efetuado no final do segundo ano representará o pagamento do principal?

(4-31) Capitalização não anual

  a. Estamos em 1º de janeiro. Você planeja efetuar um total de 5 depósitos no montante de $ 100 cada um, a cada 6 meses, cujo primeiro pagamento será efetuado *hoje*. O banco paga uma taxa de juros nominal de 12%, mas com capitalização *semestral*. Você planeja deixar o dinheiro no banco por 10 anos. Quanto haverá em sua conta após 10 anos?

  b. Você deve efetuar um pagamento de $ 1.432,02 em 10 anos. Para obter o dinheiro para esse pagamento, você efetuará 5 depósitos iguais, começando hoje e pelos 4 trimestres seguintes, em um banco que paga uma taxa de juros nominal de 12% com *capitalização trimestral*. Qual deve ser o valor de cada um dos 5 pagamentos?

(4-32) Taxa de retorno nominal – Anne Lockwood, gerente da joalheria Oaks Mall, deseja vender a crédito, dando a seus clientes 3 meses para pagar. No entanto, Anne terá de fazer um empréstimo em seu banco para sustentar as contas a receber. O banco cobrará uma taxa nominal de 15% e fará a capitalização mensalmente. Anne quer cotar uma taxa nominal para seus clientes (há a expectativa de que todos pagarão nas datas devidas) que compensará exatamente seus custos financeiros. Que taxa nominal anual ela deverá cotar para seus clientes de vendas a crédito?

(4-33) Pagamentos exigidos de anuidades – Presuma que seu pai tenha 50 anos e planeje se aposentar em 10 anos. Ele espera viver por 25 anos após a aposentadoria, ou seja, até os 85 anos. A expectativa de seu pai é que, no momento em que se aposentar, o primeiro pagamento da aposentadoria tenha o mesmo poder aquisitivo de hoje: $ 40.000. Ele quer que os pagamentos subsequentes sejam iguais ao primeiro. (Não deixe que os pagamentos da aposentadoria aumentem com a inflação: seu pai percebe que o valor real da sua renda de aposentadoria cairá ano após ano depois que ele se aposentar.) A renda de aposentadoria começará no dia em que ele se aposentar, daqui a 10 anos, e então receberá 24 pagamentos anuais adicionais. A inflação prevista é de 5% por ano de hoje em diante. Atualmente, ele possui uma reserva de $ 100.000 e espera ganhar um retorno sobre suas economias de 8% por ano com capitalização anual. Para o dólar mais próximo, quanto ele deve economizar durante cada um dos próximos 10 anos (com depósitos iguais sendo efetuados no final de cada ano, começando daqui a um ano) para alcançar sua meta de aposentadoria? (*Observação*: Na aposentadoria, nem o montante que ele economiza nem o montante que retira são anuidades crescentes.)

(4-34) Pagamentos de anuidades crescentes – Você quer acumular $ 1 milhão até a data de sua aposentadoria, que será daqui a 25 anos. Você efetuará 25 depósitos em seu banco, sendo o primeiro *hoje*. O banco paga 8% de juros, com capitalização anual. A sua expectativa é obter aumentos anuais de 3% que compensarão a inflação, e você também aumentará o montante depositado a cada ano em 3% (ou seja, seu segundo depósito será 3% maior do que o primeiro, o terceiro será 3% maior do que o segundo etc.). De quanto deve ser o primeiro depósito para alcançar sua meta?

Problema de planilha

(4-35) Construa um modelo: o valor do dinheiro no tempo

  1. Responda às seguintes questões, usando um modelo de planilha para fazer os cálculos.

  a. Encontre o FV de $ 1.000 investido para ganhar 10% por ano daqui a 5 anos. Utilize uma fórmula matemática e depois o assistente de função do Excel.

  b. Agora crie uma tabela que mostre o FV a 0%, 5% e 20% para 0, 1, 2, 3, 4 e 5 anos. Depois crie um gráfico com anos no eixo horizontal e FV no eixo vertical para exibir os resultados.

  c. Encontre o PV de $ 1.000 devidos em 5 anos considerando uma taxa de desconto de 10% por ano. Novamente, trabalhe o problema com uma fórmula e utilize o assistente de função.

  d. Um título tem um custo de $ 1.000 e retornará $ 2.000 após 5 anos. Qual será a taxa de retorno do título?

  e. Suponha que a população da Califórnia seja de 30 milhões de pessoas. Há uma expectativa de que a população cresça 2% por ano. Em quanto tempo a população dobrará de tamanho?

  f. Encontre o PV de uma anuidade ordinária que paga $ 1.000 no final de cada um dos próximos 5 anos se a taxa de juros for de 15%. Depois encontre o FV dessa mesma anuidade.

  g. Até que ponto o PV e o FV da anuidade de f mudariam caso tratasse de uma anuidade devida em vez de uma anuidade ordinária?

  h. Quais seriam o FV e o PV para as partes a e c se a taxa de juros fosse de 10% com capitalização *semestral* em vez de 10% com capitalização *anual*?

i. Encontre o PV e o FV de um investimento que efetua os seguintes pagamentos no final de ano. A taxa de juros é de 8%.

ANO	PAGAMENTO
1	$ 100
2	$ 200
3	$ 400

j. Suponha que você tenha comprado uma casa e feito uma hipoteca de $ 50.000. A taxa de juros é de 8%, e você deve amortizar o empréstimo ao longo de 10 anos com pagamentos iguais no final de cada ano. Fixe um cronograma de amortização que mostre os pagamentos anuais e o montante de cada pagamento do principal e de despesas de juros para o mutuário e receita de juros para o agente financiador.
1. Crie um gráfico que mostre como os pagamentos são divididos entre juros e principal durante o período especificado.
2. Suponha que o empréstimo exija 10 anos de pagamentos mensais, 120 pagamentos no total, com o mesmo montante original e a mesma taxa de juros nominal. O que o cronograma de amortização mostraria agora?

Estudo de caso

Presuma que você esteja próximo de sua formatura e tenha se candidatado a um emprego em um banco local. Como parte do processo de avaliação do banco, pediram-lhe que fizesse um exame que cobre várias técnicas de análise financeira. A primeira parte do teste aborda a análise de fluxo de caixa descontado. Veja como você se sairia respondendo às seguintes questões.

a. Trace linhas do tempo para (1) um fluxo de caixa de pagamento único de $ 100 no final do ano 2; (2) uma anuidade ordinária de $ 100 por ano por 3 anos; e (3) um fluxo de caixa desigual de –$ 50, $ 100, $ 75 e $ 50 no final dos anos 0 até 3.

b. 1. Qual será o *valor futuro* de um valor inicial de $ 100 após 3 anos se este for investido em uma conta que paga 10% de juros anuais?
2. Qual será o *valor presente* do montante de $ 100 a ser recebido em 3 anos se a taxa de juros apropriada for de 10%?

c. Às vezes, precisamos descobrir quanto tempo será necessário para que uma quantia de dinheiro (ou qualquer outra coisa) cresça até um montante específico. Por exemplo, se as vendas de uma empresa estão crescendo a uma taxa de 20% por ano, quanto tempo será necessário para que as vendas dupliquem?

d. Se você quer duplicar um investimento em 3 anos, que taxa de juros ele deve ganhar?

e. Qual é a diferença entre uma anuidade ordinária e uma anuidade devida? Que tipo de anuidade é mostrado a seguir? Até que ponto você alteraria a linha do tempo para mostrar o outro tipo de anuidade?

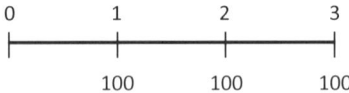

f. 1. Qual será o valor futuro de uma anuidade ordinária de $ 100, de 3 anos, se a taxa de juros apropriada for de 10%?
2. Qual é o valor presente da anuidade?
3. Quais seriam os valores futuro e presente se a anuidade fosse uma anuidade devida?

g. Qual é o valor presente do seguinte fluxo de caixa desigual? A taxa de juros apropriada é de 10%, com capitalização anual.

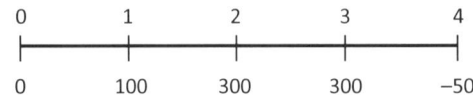

h. 1. Defina a taxa declarada (cotada) ou nominal I_{NOM} e a taxa periódica I_{PER}.

2. O valor futuro será maior ou menor se capitalizarmos um montante inicial mais frequentemente do que anualmente – por exemplo, a cada 6 meses ou *semestralmente* –, mantendo a taxa de juros constante? Por quê?

3. Qual é o valor futuro de $ 100 após 5 anos com capitalização anual de 12%? E com capitalização semestral, trimestral, mensal e diária?

4. Qual é a taxa efetiva anual (EAR ou EFF%)? Qual é a EFF% para uma taxa nominal de 12% com capitalização semestral? E com capitalização trimestral, mensal e diária?

i.   A taxa efetiva anual algum dia será igual à taxa nominal (cotada)?

j.   1. Estabeleça um cronograma de amortização para um empréstimo de $ 1.000, com taxa anual de 10% e 3 prestações iguais.

2. Durante o ano 2, qual é a despesa anual de juros para o mutuário e qual é a receita anual de juros para o agente financiador?

k.   Suponha que em 1º de janeiro você tenha depositado $ 100 em uma conta que paga uma taxa de juros nominal (ou cotada) de 11,33463%, com juros diários. Quanto você terá em sua conta em 1º de outubro ou 9 meses depois?

l.   1. Qual será o valor no final do ano 3 do seguinte fluxo de caixa se a taxa de juros cotada for de 10% com capitalização semestral?

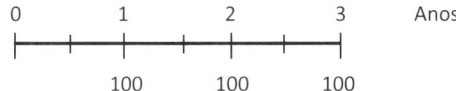

2. Qual é o PV do mesmo fluxo?

3. O fluxo é uma anuidade?

4. Uma regra importante é que você nunca deve mostrar uma taxa nominal em uma linha do tempo ou utilizá-la em cálculos, a não ser em que condições? (*Dica*: Pense na capitalização anual quando I_{NOM} = EFF% = I_{PER}.) O que estaria errado com suas respostas para as partes (1) e (2) se você utilizasse a taxa nominal de 10% em vez da taxa periódica, I_{NOM}/2 = 10%/2 = 5%?

m.   Suponha que alguém tenha lhe oferecido um título que paga $ 1.000 em 15 meses. A pessoa propôs vender-lhe o título por $ 850. Você tem $ 850 em um depósito a prazo no banco que paga uma taxa nominal de 6,76649% com capitalização diária, que é uma taxa de juros efetiva anual de 7%, e planeja deixar o dinheiro no banco a não ser que compre o título. O título não é arriscado – você tem certeza de que será pago na data devida. Você deveria comprar o título? Verifique a decisão de três maneiras: (1) comparando o valor futuro se você comprar o título ou se deixar seu dinheiro no banco, (2) comparando o PV do título com sua conta bancária e (3) comparando a EFF% sobre o título com a da conta bancária.

CAPÍTULO 5

Títulos, avaliação de títulos e taxas de juros

Muitos títulos norte-americanos foram emitidos, *muitos mesmo*! De acordo com o Banco Central dos Estados Unidos, no início de 2012 havia cerca de US$ 10,4 trilhões em títulos do Tesouro norte-americano em circulação, mais de US$ 3,7 trilhões em títulos municipais, US$ 4,9 trilhões em títulos corporativos e mais de US$ 1,7 trilhão em títulos estrangeiros mantidos nos Estados Unidos. Não apenas o montante de dólares é alucinante, mas também a variedade.

Os títulos não são a única forma de empréstimo. Além de seus títulos, as empresas possuem US$ 2,9 trilhões em dívidas de curto prazo. Empresas de capital fechado, como as pequenas empresas, possuem US$ 3,8 trilhões. Curiosamente, os empréstimos feitos por pequenas empresas caíram para US$ 4,1 trilhões desde o início de 2009, refletindo a resistência de muitos bancos em oferecer empréstimos durante a crise financeira.

Não podemos ignorar as moradias, que somam US$ 2,5 trilhões em dívida do consumidor, como empréstimos para compra de carros e cartões de crédito. Isso resulta em cerca de US$ 22 mil por moradia, sem incluir os US$ 10,3 trilhões (cerca de US$ 90 mil por moradia) em dívidas federais.

Devido ao enorme montante de dívidas no mundo moderno, é fundamental que todos entendam sobre dívida e taxas de juros.

Fontes: Documento do Banco Central Americano: "Flow of Funds Accounts of the United States, Section L.2, Credit Market Debt Owed by Nonfinancial Sectors", **www.federalreserve.gov/releases/Z1/current/; http:// quickfacts. census.gov/qfd/states/00000.html**.

Empresas em ascensão devem adquirir terrenos, edificações, equipamentos, estoques e outros ativos operacionais. Os mercados de dívida são a principal fonte de recursos para tais compras. Portanto, todo administrador deve possuir um conhecimento prático dos tipos de títulos que as empresas e os órgãos do governo emitem, dos termos dos contratos de títulos, dos tipos de riscos a que investidores e emissores estão expostos e dos procedimentos para determinar os valores e as taxas de retorno sobre os títulos.

VALOR INTRÍNSECO, RISCO E RETORNO

Este capítulo explica a precificação e o risco dos títulos que afetam o retorno buscado pelos Investidores/credores. O retorno de um titular é um custo do ponto de vista da empresa. Esse custo de dívida afeta o custo médio ponderado de capital (CMPC) da empresa, o qual, por sua vez, afeta o valor intrínseco da empresa. Portanto, é importante que todos os administradores entendam o custo de dívida que explicaremos neste capítulo.

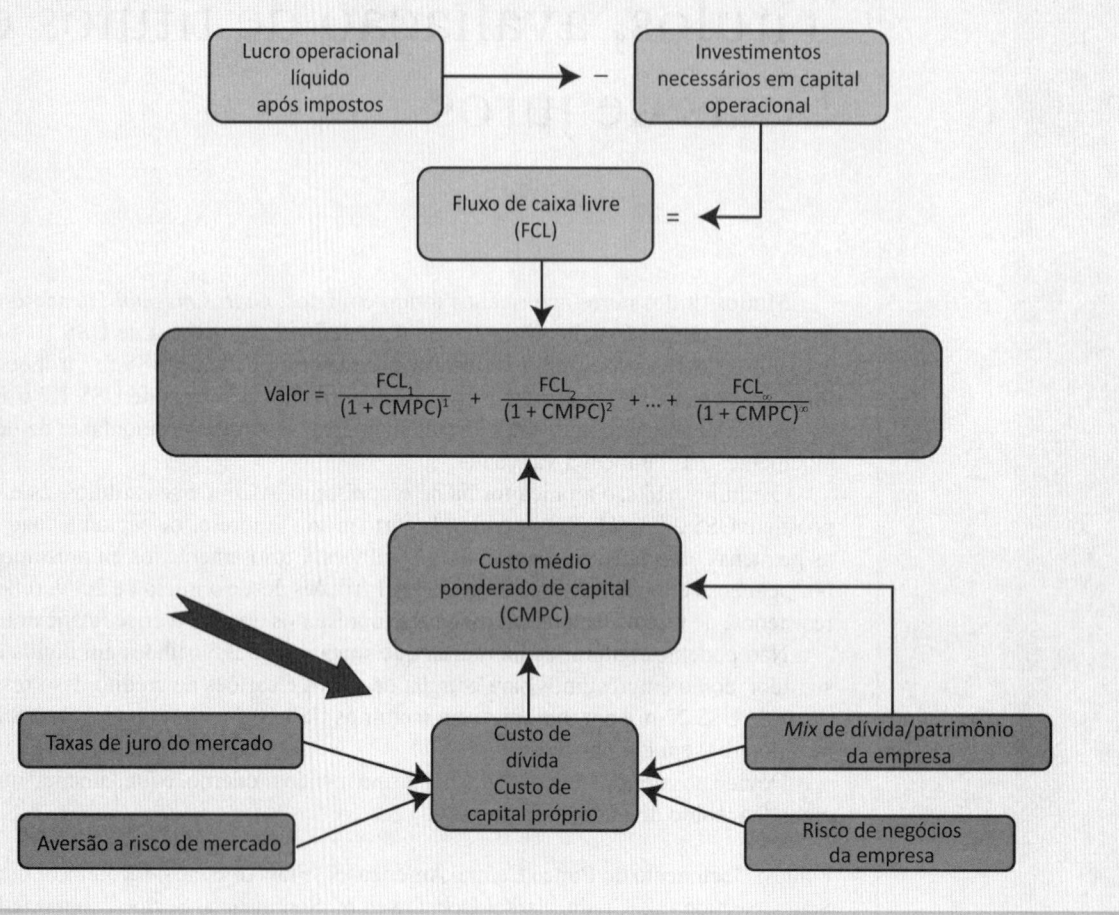

© Cengage Learning 2014

5-1   Quem emite títulos?

Um **título** é um contrato de longo prazo por meio do qual o mutuário se compromete a efetuar pagamentos de juros e do principal, nas datas específicas, para os detentores do título. Por exemplo, em 5 de janeiro de 2013, a MicroDrive emitiu $ 200 milhões de títulos. Por conveniência, assumimos que a MicroDrive vendeu 200.000 títulos individuais por $ 1.000 cada. Na verdade, ela poderia ter vendido um título de $ 200 milhões, 10 obrigações com valor nominal de $ 20 milhões ou qualquer outra combinação que totalizasse $ 200 milhões. Em troca de $ 200 milhões, a empresa prometeu fazer pagamentos de juros anuais e pagar os $ 200 milhões na data de vencimento estabelecida.

Os investidores têm muitas escolhas quando investem em títulos, mas os títulos são classificados em quatro tipos principais: do Tesouro, corporativos, municipais e estrangeiros. Cada tipo diferencia-se com relação ao retorno esperado e ao grau de risco.

A CRISE ECONÔMICA MUNDIAL

Apostando a favor do governo dos Estados Unidos ou contra ele: o caso dos swaps de crédito de títulos do Tesouro

Pode ser difícil de acreditar, mas há realmente um mercado seguro para títulos do Tesouro norte-americano. Em julho de 2011, investidores recearam que o Congresso americano não estendesse o limite de endividamento, induzindo ao descumprimento por parte dos títulos do Tesouro. Na época, um swap de crédito (*credit default swap* – CDS) para um *T-bond* de 5 anos estava sendo vendido por 63,5 pontos-base (um ponto-base equivale a 1 ponto percentual). Isso significa que você poderia pagar US$ 6,35 por ano a uma contraparte que prometesse segurar US$ 1.000 do principal do T-bond contra inadimplência. Considerando que o *T-bond* estava produzindo um retorno de cerca de US$ 15 por ano, o seguro consumiria grande parte do retorno financeiro de um investidor que possuísse o título. Entretanto, a maioria das negociações de CDS é feita por especuladores e *hedgers* que nem ao menos possuem *T-bond*, mas estão simplesmente apostando a favor da solidez financeira do governo norte-americano ou contra ela.

Isso nos leva a pensar: "Se os Estados Unidos falharem, quem pagará o CDS?".

Observação: Para obter atualizações sobre o CDS de 5 anos, acesse www. bloomberg.com e insira o código CT786896:IND.

Os **títulos do Tesouro**, às vezes chamados de *títulos públicos*, são emitidos pelo governo dos Estados Unidos.[1] É sensato assumir que o governo norte-americano honrará os pagamentos prometidos, de forma que esses títulos não têm quase risco algum de inadimplência. Contudo, os preços dos títulos do Tesouro caem quando as taxas de juros sobem, portanto eles não estão livres de todos os riscos.

Os órgãos federais e outras entidades patrocinadas pelo governo (*government-sponsored entities* – GSEs) incluem: Tennessee Valley Authority, Small Business Administration, Fannie Mae, Freddie Mac, Federal Home Loan Bank System, entre outros. As **dívidas dos órgãos governamentais** e **das GSEs** não são oficialmente garantidas pelo crédito do governo dos Estados Unidos, mas os investidores assumem que o governo implicitamente garante essas dívidas, já que essas obrigações possuem taxas de juros um pouco mais altas do que os títulos do Tesouro. Em 2008, a garantia implícita tornou-se muito mais explícita quando o governo incluiu várias GSEs em plano de reabilitação, incluindo a Fannie Mae e Freddie Mac.

Os **títulos corporativos**, como o próprio nome sugere, são emitidos pelas companhias. Ao contrário dos títulos do Tesouro, os títulos corporativos estão expostos ao risco de inadimplência – se a companhia emissora tiver problemas, talvez não seja capaz de realizar os pagamentos prometidos de juros e do principal. Títulos corporativos diferentes possuem diferentes níveis de risco de inadimplência, o que dependerá das características da companhia emissora e dos termos do título específico. O risco de inadimplência é frequentemente chamado de "risco de crédito", e quanto maior o risco, mais alta a taxa de juros que o emissor deve pagar.

Os **títulos municipais** são emitidos pelos governos estaduais e locais. Assim como os títulos corporativos, os títulos municipais possuem risco de inadimplência. No entanto, eles oferecem uma vantagem maior: os juros auferidos sobre a maioria dos títulos municipais são isentos de impostos federais e também de impostos estaduais se o titular for residente no Estado emitente. Consequentemente, os títulos municipais possuem taxas de juros que são consideravelmente mais baixas do que as dos títulos corporativos com o mesmo risco de inadimplência.

Os **títulos estrangeiros** são emitidos por governos ou companhias estrangeiros. É claro que os títulos corporativos estrangeiros estão expostos a risco de inadimplência, assim como alguns títulos públicos estrangeiros. Haverá um risco adicional se os títulos estiverem denominados em outra moeda que não a moeda nacional do investidor. Por exemplo, se um investidor dos Estados Unidos comprar um título corporativo denominado em iene japonês e se, subsequentemente, essa moeda estiver em baixa em relação ao dólar, o investidor perderá dinheiro mesmo que não haja inadimplência dos títulos por parte da empresa.

---

[1] O Tesouro norte-americano emite, na verdade, três tipos de títulos: "letras", "notas" e "obrigações". Uma obrigação realiza um pagamento igual a cada 6 meses até o vencimento, quando realiza um pagamento adicional único. Se o vencimento na data da emissão for inferior a 10 anos, o título será chamado de nota e não de obrigação. Uma *T-bill* (letra do Tesouro Nacional) possui vencimento de 52 semanas ou menos na data de emissão e não efetua qualquer pagamento até o vencimento. Assim, as *T-bills* são vendidas inicialmente com desconto no valor nominal ou de vencimento.

1. O que é um título?
2. Quais são os quatro tipos principais de títulos?
3. Por que os títulos do Tesouro não estão livres de riscos?
4. A que tipos de riscos os investidores de títulos estrangeiros estão expostos?

5-2   Principais características dos títulos

Embora todos os títulos tenham algumas características em comum, eles nem sempre possuem características contratuais idênticas, conforme descrito a seguir.

5-2a   Valor nominal

O **valor nominal** é o valor de face declarado no título; para fins ilustrativos, geralmente vamos assumir um valor nominal de $ 1.000. Na prática, alguns títulos possuem valores nominais que são múltiplos de $ 1.000 (por exemplo, $ 5.000), e alguns, valores nominais de menos de $ 1.000 (títulos do Tesouro podem ser comprados em múltiplos de $ 100). Em geral, o valor nominal representa o montante de dinheiro que a empresa toma emprestado e se compromete a pagar na data de vencimento.

5-2b   Taxa de juros de cupom

Os títulos da MicroDrive exigem que a empresa pague um montante fixo de dólares de juros todo ano (ou, mais especificamente, a cada seis meses). Quando esse **pagamento de cupom**, como é chamado, é dividido pelo valor nominal, o resultado é a **taxa de juros de cupom**. Por exemplo, os títulos da MicroDrive possuem um valor nominal de US$ 1.000 e pagam US$ 90 em juros a cada ano. Os juros de cupom do título são de US$ 90, portanto a taxa de juros de cupom é de US$ 90/US$ 1.000 = 9%. O pagamento de cupom, que é fixado no momento em que o título é emitido, permanece em vigor durante o prazo de duração do título.[2] Comumente, no momento em que o título é emitido, seu pagamento de cupom é estabelecido em um nível que possibilitará que o título seja emitido pelo valor nominal ou próximo a esse valor.

Em alguns casos, o pagamento de cupom de um título irá variar ao longo do tempo. Para esses **títulos de taxa variável**, a taxa de cupom é definida para, digamos, um período inicial de 6 meses, após o qual é reajustada a cada 6 meses baseada em algumas taxas de mercado. Algumas emissões corporativas são vinculadas à taxa de títulos do Tesouro, e outras, a outras taxas, como Libor (Taxa Interbancária de Londres). Vários dispositivos adicionais podem ser incluídos nas emissões de taxa variável. Por exemplo, algumas são conversíveis em dívida de taxa fixa, enquanto outras possuem limites máximos e mínimos (*caps* e *floors*) para a taxa.

Títulos de dívida de taxa variável são populares entre investidores que estão preocupados com o risco das taxas de juros crescentes, uma vez que os juros pagos sobre esses títulos aumentam sempre que as taxas de mercado aumentam.

Isso faz com que o valor de mercado da dívida se estabilize e também fornece aos compradores institucionais, como bancos, uma renda que é mais bem destinada para suas próprias obrigações. Os custos de depósito dos bancos sobem com as taxas de juros, portanto a receita oriunda dos empréstimos de taxa variável feitos pelos bancos aumenta ao mesmo tempo que seus custos de depósito aumentam. A indústria da poupança e dos empréstimos foi quase destruída por causa de sua antiga prática de conceder empréstimos hipotecários com taxa fixa, mas tomando empréstimos com taxa variável. Se você estiver ganhando 6% fixos, mas pagando 10% variáveis (como era), em breve irá à falência (como eles foram). Além disso, a dívida de taxa variável agrada às companhias que desejam emitir dívida de longo prazo sem se comprometerem a pagar uma taxa de juros historicamente alta durante o prazo do empréstimo.

Alguns títulos não pagam cupom algum, mas são oferecidos com um desconto substancial abaixo de seus valores nominais e, portanto, oferecem valorização de capital em vez de receita de juros. Esses títulos são denominados

---

[2] Houve uma época em que os títulos tinham, literalmente, vários pequenos cupons anexados a eles, e, em cada data de pagamento de juros, o proprietário destacava o cupom referente àquela data e o pagava no banco ou o enviava ao agente de pagamento da empresa, que então enviava um cheque para os juros. Por exemplo, um título semestral de 30 anos começaria com 60 cupons. Atualmente, a maioria dos novos títulos é registrada – não há cupons físicos, e pagamentos de juros são enviados automaticamente aos proprietários registrados ou diretamente depositados em sua conta bancária.

títulos sem cupom de juros ("zeros"). A maioria dos títulos sem cupom de juros é de títulos do Tesouro, embora algumas companhias, como a Coca-Cola, possuam títulos sem cupom em circulação. Alguns títulos são emitidos com uma taxa de cupom muito baixa para o título ser emitido pelo valor nominal, então o título é emitido a um preço inferior ao seu valor nominal. Em geral, qualquer título originalmente oferecido a um preço significativamente abaixo do valor nominal é chamado de **título com desconto de emissão original** (*original issue discount* – **OID**).

Alguns títulos não pagam cupons em dinheiro, mas cupons compostos por títulos adicionais (ou uma porcentagem de um título adicional). Trata-se de **títulos de pagamento em espécie** ou apenas **títulos PIK**. Geralmente, os títulos PIK são emitidos pelas empresas com problemas de fluxo de caixa, o que os torna títulos de risco.

Alguns títulos possuem uma cláusula de reajuste de provisão (*step-up provisions*): se a classificação de risco dos títulos da empresa estiver passando por revisão para baixo, a empresa precisará elevar a taxa de cupom do título. Esses dispositivos são mais populares na Europa do que nos Estados Unidos, mas isso está começando a mudar. Observe que uma cláusula de reajuste de provisão é perigosa do ponto de vista da empresa. A revisão para baixo de classificação de risco indica que a empresa está tendo dificuldades para pagar o serviço de dívida, e a cláusula de reajuste de provisão irá aumentar o problema. Essa combinação levou a inúmeras falências.

5-2c Data de vencimento

Os títulos geralmente possuem uma **data de vencimento** específica em que o valor nominal deve ser pago. Os títulos da MicroDrive emitidos em 5 de janeiro de 2013 têm data de vencimento em 5 de janeiro de 2028; dessa forma, eles têm um vencimento de 15 anos na data de emissão. A maioria dos títulos possui **vencimentos originais** (o vencimento no momento em que o título é emitido) que variam de 10 a 40 anos, porém qualquer vencimento é permitido por lei.[3] Certamente, o vencimento efetivo de um título diminui todo ano após a emissão. Assim, os títulos da MicroDrive possuem um vencimento original de 15 anos, mas, em 2014, um ano depois, eles terão um vencimento de 14 anos e assim sucessivamente.

5-2d Dispositivos de resgate de títulos

Grande parte dos títulos corporativos contém uma **cláusula de resgate**, que dá à companhia emissora o direito de resgatar os títulos.[4] A cláusula de resgate normalmente afirma que uma empresa deve pagar aos titulares um montante superior ao valor nominal em caso de resgate. A soma adicional, chamada de **prêmio de resgate**, será, muitas vezes, equivalente a juros de 1 ano se os títulos forem resgatados durante o primeiro ano, e, após isso, o prêmio cairá a uma taxa constante de INT/N a cada ano (INT = juros anuais e N = vencimento original em anos). Por exemplo, o prêmio de resgate de um título com valor nominal de $ 1.000, de 10 anos e com taxa de 10% será, normalmente, de $ 100 se o título for resgatado durante o primeiro ano, $ 90 durante o segundo ano (calculado reduzindo-se o prêmio de $ 100 ou 10% por um décimo) e assim sucessivamente. No entanto, os títulos frequentemente não podem ser resgatados por alguns anos (geralmente de 5 a 10) após sua emissão. Isso é conhecido como **resgate diferido**, e diz-se que os títulos possuem **proteção contra resgate**.

Suponha que uma empresa tenha vendido títulos quando as taxas de juros eram relativamente altas. Sendo a emissão resgatável, essa empresa poderia vender uma nova emissão de títulos de baixa rentabilidade se e quando as taxas de juros caíssem. E poderia, então, utilizar os recursos da nova emissão para resgatar a emissão de taxas altas e, dessa forma, reduzir sua despesa com juros. Esse processo é chamado **operação de refinanciamento**.

Uma cláusula de resgate é valiosa para a empresa, mas eventualmente prejudicial para os investidores. Se as taxas de juros subirem, a empresa não resgatará o título, e o investidor ficará preso à taxa de cupom original do título, embora as taxas de juros na economia tenham aumentado drasticamente. No entanto, se as taxas de juros caírem, a empresa *resgatará* o título e pagará aos investidores, que terão de reinvestir os recursos à taxa de juros de mercado corrente, que é mais baixa do que a taxa que eles vinham recebendo sobre o título original. Em outras palavras, o investidor perde quando as taxas de juros sobem, mas não ganha quando caem. Para induzir um investidor a assumir esse tipo de risco, uma nova emissão de títulos resgatáveis deve fornecer uma taxa de cupom mais alta do que uma emissão de títulos não resgatáveis.

Os títulos que são **resgatáveis pelo valor nominal** por opção do titular protegem os investidores de um aumento nas taxas de juros. Se as taxas subirem, o preço de um título de taxa fixa cairá. Contudo, se os titulares

---

[3] Em julho de 1993, a Walt Disney Co., na tentativa de segurar uma taxa de juros baixa, emitiu os primeiros títulos em 100 anos a serem vendidos por um mutuário nos tempos atuais. Logo após, a Coca-Cola tornou-se a segunda empresa a ampliar o significado de "título de longo prazo" ao vender US$ 150 milhões em títulos de 100 anos.

[4] A maioria dos títulos também contém cláusulas de resgate. Embora o Tesouro dos Estados Unidos não emita mais títulos resgatáveis, algumas antigas emissões do Tesouro eram resgatáveis.

tiverem a opção de vender seus títulos e resgatá-los pelo valor nominal, estarão protegidos contra elevação das taxas. Se as taxas de juros subirem, os titulares venderão os títulos e reinvestirão os recursos a uma taxa mais alta.

Risco de eventos é a chance de que algum evento súbito ocorra e aumente o risco de crédito de uma empresa, rebaixando, portanto, a classificação do título da empresa e o valor de seus títulos em circulação. A preocupação dos investidores com o risco de eventos significa que tais empresas consideradas como mais propensas a enfrentar eventos que poderiam prejudicar os titulares têm de pagar taxas de juros extremamente altas. Para reduzir essa taxa de juros, alguns títulos possuem um dispositivo denominado **"opção pílula de veneno"** (***super poison put***), que permite que o titular venda um título de volta para o emissor pelo valor nominal no caso de uma aquisição de controle, incorporação ou grande recapitalização.

Alguns títulos possuem uma **cláusula de resgate antecipado (*make-whole call*)**, o que permite que uma empresa resgate um título, mas ela deve pagar um preço de resgate que seja substancialmente igual ao valor de mercado de um título similar não resgatável. Isso oferece às empresas uma forma fácil de comprar novamente seus títulos como parte de uma reestruturação financeira, como uma incorporação.

5-2e Fundos de amortização

Alguns títulos incluem uma **cláusula de fundo de amortização**, que facilita o resgate ordenado da emissão de títulos. Em raras ocasiões, pode ser exigido que a empresa deposite dinheiro com um agente fiduciário, que investe os recursos e depois utiliza a soma acumulada para resgatar os títulos quando eles vencem. Geralmente, porém, o fundo de amortização é utilizado para recomprar determinada porcentagem da emissão todo ano. O não cumprimento da exigência do fundo de amortização leva à inadimplência do título e pode causar a falência da empresa.

Na maioria dos casos, é concedido à empresa o direito de administrar o fundo de amortização de duas formas:

1. A empresa pode efetuar o resgate (pelo valor nominal) de determinada porcentagem dos títulos a cada ano; por exemplo, ela pode ser capaz de resgatar 5% do total do montante original da emissão pelo preço de $ 1.000 por título. Os títulos são numerados por série, e o resgate é determinado por meio de loteria administrada pelo agente fiduciário.
2. A empresa pode comprar o número exigido de títulos no mercado aberto.

A empresa optará pelo método de menor custo. Se as taxas de juros tiverem subido, levando a uma queda dos preços dos títulos, a empresa comprará títulos no mercado aberto com desconto; se as taxas de juros tiverem caído, ela resgatará os títulos. Observe que um resgate para fins de fundo de amortização é bastante diferente de um resgate para refinanciamento, conforme discutido anteriormente. Um fundo de amortização tipicamente não exige prêmio de resgate, mas apenas uma pequena porcentagem da emissão é normalmente resgatável em qualquer ano.[5]

Ainda que os fundos de amortização sejam criados para proteger os titulares, assegurando que uma emissão seja resgatada de uma forma organizada, você deve reconhecer que os fundos de amortização podem trabalhar em detrimento dos titulares. Por exemplo, suponha que um título possua uma taxa de juros de 10%, mas que os rendimentos de títulos similares tenham caído para 7,5%. O resgate de um fundo de amortização exigiria que um investidor desistisse de um título que paga $ 100 de juros e reinvestisse em um título que paga somente $ 75 por ano. Isso obviamente prejudica os titulares cujos títulos são resgatados. Em contrapartida, os títulos que possuem um fundo de amortização são considerados mais seguros do que aqueles sem tal provisão, de forma que, no momento em que são emitidos, os títulos com fundos de amortização têm taxas de cupom mais baixas do que os similares sem fundos de amortização.

5-2f Outras provisões e características

Os titulares de **títulos conversíveis** têm a opção de converter os títulos em um número fixo de ações ordinárias. Os títulos conversíveis oferecem aos investidores a chance de dividir o lucro se uma empresa obtiver sucesso, de forma que os investidores preferem aceitar uma taxa de cupom mais baixa sobre conversíveis do que um título idêntico, porém não conversível.

Bônus de subscrição são opções que permitem que o titular compre ações a um preço fixo, com um ganho se o preço das ações subir. Alguns títulos são emitidos com bônus de subscrição. Assim como com os títulos conversíveis, títulos com bônus de subscrição possuem taxas de cupom mais baixas que os títulos com juros fixos.

---

[5] Alguns fundos de amortização exigem que o emissor pague um prêmio de resgate.

Um **título de renda** deve pagar juros apenas se os lucros forem altos o suficiente para cobrir a despesa com juros. Se os lucros não forem suficientes, então a empresa não precisará pagar juros e os titulares não terão o direito de obrigar a empresa a entrar em processo de falência. Portanto, do ponto de vista do investidor, os títulos de renda possuem um risco maior do que os títulos "convencionais".

Os títulos indexados, também chamados de **títulos indexados à inflação**, tornaram-se populares primeiro no Brasil, em Israel e em alguns outros países com altas de taxas de inflação. Os pagamentos de juros e de vencimentos sobem automaticamente quando a taxa de inflação sobe, protegendo assim os titulares contra a inflação. Em janeiro de 1997, o Tesouro norte-americano começou a emitir títulos indexados chamados de *Treasury inflation-protected securities* (Tips – títulos do Tesouro protegidos contra inflação). Posteriormente neste capítulo, mostraremos como os Tips podem ser utilizados para estimar a taxa livre de riscos.

5-2g Mercados de títulos

Os títulos corporativos são negociados principalmente nos mercados eletrônico e telefônico, e não nas bolsas organizadas. A maioria dos títulos é de propriedade de um número relativamente pequeno de instituições financeiras muito grandes e negociada entre elas, como bancos, bancos de investimento, empresas de seguro de vida, fundos mútuos e fundos de pensão. Embora essas instituições comprem e vendam grandes blocos de títulos, é relativamente fácil para os negociadores de títulos realizarem transações, pois há poucos participantes nesse mercado se comparado com os mercados de ações.

As informações sobre negociações de títulos não são amplamente publicadas, mas um grupo representativo de títulos é listado e negociado na divisão de títulos da Nyse (Bolsa de Valores de Nova York) e divulgado na página de mercado de títulos do *The Wall Street Journal.* O mais útil website (de meados de 2012) é fornecido pelo Financial Industry Regulatory Authority (FINRA) em **http://cxa.marketwatch.com/ finra/bondcenter/ default.aspx**.

Autoavaliação

1. Defina "títulos de taxa variável" e "títulos sem cupom de juros".
2. Por que uma cláusula de resgate de provisão é vantajosa para um emissor de obrigações?
3. Quais são as duas formas de lidar com um fundo de amortização? Qual método será escolhido pela empresa se as taxas de juros tiverem subido? E se as taxas de juros tiverem caído?
4. Os títulos que oferecem um fundo de amortização são considerados menos arriscados do que aqueles sem esse tipo de provisão? Explique.
5. O que são títulos de renda e títulos indexados?
6. Por que os títulos com bônus de subscrição e os conversíveis possuem cupons mais baixos do que os títulos com taxas similares que não possuem essas características?

5-3 Avaliação dos títulos

O valor de qualquer ativo financeiro – ação, título, arrendamento ou até mesmo ativo físico, como um edifício de apartamentos ou uma máquina – é simplesmente o valor presente dos fluxos de caixa que se espera que o ativo produza. Os fluxos de caixa de um título específico dependem de suas características contratuais. A seção a seguir mostra a linha do tempo e os fluxos de caixa para um título.

5-3a Linhas do tempo, fluxos de caixa e fórmulas de avaliação para um título

Para um título de cupom sustentável, os fluxos de caixa consistem no pagamento de juros durante a vida do título mais o montante emprestado quando o título vence (geralmente um valor nominal de US$ 1.000):

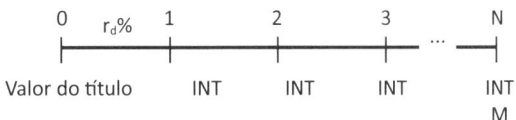

A notação na linha do tempo é explicada a seguir.

$r_d =$ Taxa de retorno exigida do título, que é a taxa de juros de mercado para aquele tipo de título. Essa é a taxa de desconto utilizada para calcular o valor presente dos fluxos de caixa do título. Também chamada de "rendimento" ou "taxa de juros corrente". Observe que a r_d *não* é a taxa de juros de cupom. É igual à taxa de cupom somente se (como nesse caso) o título está sendo vendido pelo valor nominal. Geralmente, a maioria dos títulos com cupom é emitida pelo valor nominal, o que sugere que a taxa de cupom é fixada em r_d. Por isso, as taxas de juros, conforme mensuradas pela r_d, irão variar, mas a taxa de cupom é fixa, de forma que r_d será igual à taxa de cupom apenas por acaso. Utilizamos "i" ou "I" para designar a taxa de juros para vários cálculos, pois tais termos são utilizados nas calculadoras financeiras, mas "r" com "d" subscrito, para designar a taxa sobre o título de dívida, é normalmente utilizado em finanças.

$N =$ Número de anos antes do vencimento do título. Note que o N cai todo ano depois que o título foi emitido, portanto um título que tinha um vencimento de 15 anos quando emitido (vencimento original = 15) terá N = 14 após 1 ano, N = 13 após 12 anos e assim sucessivamente. Observe também que, a fim de simplificar, assumimos que o título paga juros uma vez ao ano, ou anualmente, de forma que o N é mensurado em anos. Analisaremos títulos com pagamentos semestrais posteriormente neste capítulo.

$INT =$ Dólares de juros pagos em cada ano = (Taxa de cupom)(Valor nominal). Para um título com cupom de 9% e valor nominal de US$ 1.000, os juros anuais são de 0,09(US$ 1.000) = US$ 100. Na terminologia da calculadora, INT = PMT = 90. No caso de um título de pagamento semestral, o pagamento teria sido de US$ 45 a cada 6 meses.

$M =$ Valor nominal ou de vencimento do título. Esse montante deve ser pago no vencimento e é frequentemente igual a $ 1.000.

A seguinte equação geral, escrita de várias formas, pode ser utilizada para determinar o valor de qualquer título, V_B:

$$V_B = \frac{INT}{(1 + r_d)^1} + \frac{INT}{(1 + r_d)^2} + \cdots + \frac{INT}{(1 + r_d)^N} + \frac{M}{(1 + r_d)^N}$$

$$= \sum_{t=1}^{N} \frac{INT}{(1 + r_d)^t} + \frac{M}{(1 + r_d)^N}$$

$$= INT\left[\frac{1}{r_d} - \frac{1}{r_d(1 + r_d)^N}\right] + \frac{M}{(1 + r_d)^N}$$

(5-1)

Observe que os fluxos de caixa são compostos por uma renda continuada de N anos mais um pagamento de montante fixo ao fim do ano N. A Equação 5-1 pode ser solucionada utilizando-se (1) a fórmula, (2) uma calculadora financeira ou (3) uma planilha.

5-3b Resolução para preço de títulos

Relembre que a MicroDrive emitiu um título de 15 anos com uma taxa de cupom anual de 9% e um valor nominal de US$ 1.000. Para obter o valor do título da empresa por meio da fórmula, insira os valores para o título da MicroDrive na Equação 5-1:

$$V_B = \sum_{t=1}^{15} \frac{\$90}{(1 + 0,09)^t} + \frac{\$1.000}{(1 + 0,09)^{15}}$$

$$= \$100\left[\frac{1}{0,09} - \frac{1}{0,09(1 + 0,09)^{15}}\right] + \frac{\$1.000}{(1 + 0,09)^{15}}$$

$$= \$725,46 + \$274,54 = \$1.000$$

(5-1a)

Você poderia utilizar a primeira linha da Equação 5-1a para descontar cada fluxo de caixa novamente ao valor presente e então somar esses PVs para obter o valor do título, US$ 1.000 (veja Figura 5-1). Esse procedimento não é muito eficiente, especialmente se o título tem vencimento de muitos anos.

Alternativamente, você poderia utilizar a fórmula na segunda linha da Equação 5-1a com uma calculadora simples ou científica. Como mostrado na terceira linha da Equação 5-1a, o total do valor de título de US$ 1.000 é a soma dos valores presentes dos cupons (US$ 725,46) e o valor presente do valor nominal (US$ 274,54). É mais simples que a abordagem passo a passo, mas ainda assim é complicado.

Uma calculadora financeira é ideal para encontrar valores de títulos. Esta é a configuração para o título da MicroDrive:

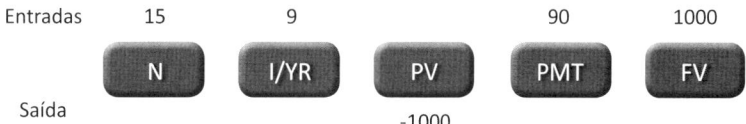

Entrada N = 15, I/YR = r_d = 9, INT = PMT = 90, e M = FV = 1000; em seguida, pressione a tecla PV para encontrar o valor do título, $ 1.000. Tendo em vista que o PV equivale a uma saída para o investidor, ele é mostrado com um sinal negativo. A calculadora é programada para resolver a Equação 5-1: ela encontra o PV de uma renda continuada de US$ 100 por ano para 15 anos, descontados a 10%, e em seguida encontra o PV do pagamento de vencimento de US$ 1.000, e então soma esses dois PVs para encontrar o valor do título. Observe que, embora a linha do tempo na Figura 5-1 mostre um total de fluxo de caixa de $ 1.090 no ano 15, você *não* deve inserir FV = 1090! Quando inseriu N = 15 e PMT = 90, você disse à calculadora que há um pagamento de US$ 90 no ano 15. Assim, o ajuste FV = 1000 conta para qualquer pagamento *extra* no ano 15, acima e além do pagamento de US$ 90.

Com o *Excel*, é mais fácil utilizar a função PV: **=PV(I,N,PMT,FV,0)**. Para o título da MicroDrive, a função é **= PV(0,09,15,90,1000,0)** com um resultado de - US$ 1.000. Assim como a solução da calculadora financeira, o valor do título é negativo porque o PMT e o FV são positivos.

O *Excel* também oferece funções especializadas para preços de títulos baseados em datas reais. Por exemplo, no *Excel* você poderia encontrar o valor do título da MicroDrive com base na data em que ele foi emitido, utilizando a função assistente para inserir esta fórmula:

= PREÇO(DATA(2013;1;5);DATA(2028;1;5); 9%; 9%; 100;1;1)

Os dois primeiros argumentos na função são a função DATA do *Excel*. A função DATA toma o ano, mês e dia como entradas e os converte em uma data. O primeiro argumento é a data na qual você deseja encontrar o preço, e o segundo é a data de vencimento. O terceiro argumento na função PREÇO é a taxa de cupom do título, seguida do retorno exigido sobre o título, r_d. O quinto argumento, 100, é o valor de resgate do título no vencimento por $ 100 de valor nominal; inserir "100" significa que o título paga 100% de seu valor nominal no seu vencimento. O sexto argumento é o número de pagamentos por ano. pagamentos por ano. O último argumento, 1, diz ao programa para que baseie o preço no número real de dias em cada mês e ano. Essa função produz um resultado baseado em um valor nominal de US$ 100. Em outras palavras, se o título paga US$ 100 de valor nominal no vencimento, o resultado da função PREÇO é o preço do título. Pelo fato de o título da MicroDrive pagar US$ 1.000 de valor nominal no vencimento, devemos multiplicar o resultado da função PREÇO por 10. Nesse exemplo, a função PREÇO retorna um resultado de US$ 100. Quando multiplicamos esse resultado por 10, obtemos o preço real de US$ 1.000. Essa função é essencial caso um título esteja sendo avaliado entre datas de pagamento de cupom.[6]

---

[6] Os preços dos títulos cotados por corretores são calculados conforme descrito. Contudo, se você comprou um título entre datas de pagamento de juros, teria de pagar o preço básico acrescido de juros acumulados. Assim, se você comprou um título da MicroDrive 6 meses após a emissão do título, seu corretor enviaria uma fatura declarando que você deve pagar US$ 1.000 como preço básico do título mais US$ 45 de juros, representando metade dos juros anuais de US$ 90. O vendedor do título receberia US$ 1.045. Se você comprou o título no dia anterior à data de pagamento de juros da mesma, pagaria US$ 1.000 + (364/365)(US$ 90) = US$ 1.089,75. Você receberia um pagamento de juros de US$ 90 ao fim do próximo dia.

FIGURA 5-1

Encontrando o valor do título da MicroDrive (V_B)

	A	B	C	D	E	F	G
19	**ENTRADAS:**						
20	**Anos para o vencimento = N =**		15				
21	**Pagamento de cupom = INT =**		$ 90				
22	**Valor nominal = M =**		$ 1.000				
23	**Rretorno requerido = r_d =**		9%				
24							
25	**1. Passo a passo: Divida cada fluxo de caixa por $(1 + r_d)^t$**						
26	**Ano (t)**	**Pagamento de cupom**	**PV do pagamento de cupom**	**Valor nominal**	**PV do valor nominal**		
27	1	$ 90	$ 82,57				
28	2	$ 90	$ 75,75				
29	3	$ 90	$ 69,50				
30	4	$ 90	$ 63,76				
31	5	$ 90	$ 58,49				
32	6	$ 90	$ 53,66				
33	7	$ 90	$ 49,23				
34	8	$ 90	$ 45,17				
35	9	$ 90	$ 41,44				
36	10	$ 90	$ 38,02				
37	11	$ 90	$ 34,88				
38	12	$ 90	$ 32,00				
39	13	$ 90	$ 29,36				
40	14	$ 90	$ 26,93				
41	15	$ 90	$ 24,71	$ 1.000	$ 274,54		
42		**Total =**	$ 725,46				
43	**V_B = PV de todos os**						
44	**pagamentos de cupom + PV do valor nominal =**				**$ 1.000.00**		
45							
46		**Entradas:**	15	0		90	1.000
47	**2. Calculadora financeira:**		**N**	**I/YR**	**PV**	**PMT**	**FV**
48		**Saída:**			**–$ 1.000.00**		
49							
50	**3. _Excel_:**		**Função PV:**	**PV_N =**	=PV(9%,15,90,1000)		
51			**Entradas fixas:**	**PV_N =**	=PV(9%,15,90,1000) =	**–$ 1.000,00**	
52			**Referências de células:**	**PV_N =**	=PV(C23,C20,C21,C22) =	**–$ 1.000,00**	

5-3c Variações nas taxas de juros e preços de títulos

Neste exemplo, o título da MicroDrive está sendo vendido a um preço igual ao seu valor nominal. Sempre que a taxa de juros do mercado corrente, r_d, for igual à taxa de cupom, um título de _taxa fixa_ será vendido pelo seu valor nominal. Normalmente, a taxa de cupom é ajustada à taxa corrente quando o título é emitido, fazendo com que ele seja vendido inicialmente pelo valor nominal.

A taxa de cupom permanece fixa após a emissão do título, mas as taxas de juros no mercado sobem e descem. Observando a Equação 5-1, vemos que um _aumento_ na taxa de juros do mercado (r_d) fará com que o preço de um título em circulação _caia_, enquanto uma _queda_ nas taxas fará o preço do título _subir_. Por exemplo, se a taxa de juros do mercado sobre o título da MicroDrive aumentou para 14% imediatamente após a emissão do título, poderíamos recalcular o preço com a nova taxa de juros do mercado da seguinte forma:

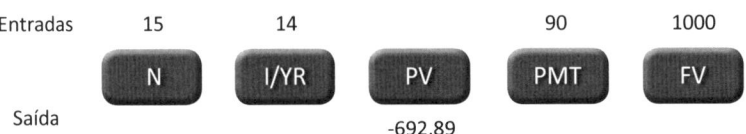

O preço cairia para US$ 692,89. Observe que o título seria vendido, portanto, a um preço abaixo de seu valor nominal. Quando a taxa de juros corrente *estiver acima* da taxa de cupom, o preço de um título de taxa fixa *cairá abaixo de seu* valor nominal, e o título será chamado de **título com desconto**.

Por sua vez, os preços dos títulos sobem quando a taxa de juros do mercado cai. Por exemplo, se a taxa de juros do mercado sobre o título da MicroDrive caiu para 4%, calcularíamos seu preço novamente:

Entradas   15   4   90   1000

Saída   -155,92

Nesse caso, o preço sobe para US$ 1.555,92. Em geral, quando a taxa de juros corrente *estiver abaixo* da taxa de cupom, o preço de um título de taxa fixa *subirá acima* de seu valor nominal, e esse título será chamado de **título com prêmio**.

Autoavaliação

1. Por que os preços de títulos de taxa fixa caem se as expectativas de inflação sobem?
2. O que é título com desconto? E título com prêmio?
3. Um título que vence em 6 anos possui um valor nominal de $ 1.000, pagamento de cupom anual de $ 80 e taxa de juros de mercado de 9%. Qual é seu preço? **($ 955,14)**
4. Um título que vence em 18 anos possui um valor nominal de $ 1.000, cupom anual de 10% e taxa de juros de mercado de 7%. Qual é seu preço? **($ 1.301,77)**

5-4   Variações nos valores dos títulos ao longo do tempo

No momento em que um título com cupom é emitido, geralmente o cupom é fixado em um nível que fará o preço de mercado do título se igualar ao valor nominal. Se um cupom mais baixo fosse fixado, os investidores não estariam dispostos a pagar $ 1.000 pelo título, e se um cupom mais alto fosse fixado, os investidores clamariam pelo título e subiriam seu preço para mais de $ 1.000. Os bancos de investimento podem definir precisamente a taxa de cupom que fará com que um título seja vendido ao valor nominal de $ 1.000.

Um título recém-emitido é conhecido como **nova emissão**. (Os bancos de investimento classificam um título como nova emissão por aproximadamente um mês após ele ter sido emitido pela primeira vez. Em geral, as novas emissões são ativamente negociadas e chamadas de títulos em circulação.) Uma vez que o título está no mercado por um tempo, ele é classificado como **título em circulação**, também chamado de **emissão antiga**. Em geral, os títulos recém-emitidos são vendidos por um valor muito próximo do valor nominal, mas os preços de emissões antigas variam amplamente do valor nominal. Exceto pelos títulos de taxa variável, os pagamentos de cupom são constantes, portanto, quando as condições econômicas mudam, um título de cupom de 9% com cupom de US$ 90 vendido pelo valor nominal quando emitido será vendido por mais ou menos de US$ 1.000.

Os títulos da MicroDrive com taxa de cupom de 9% foram originalmente emitidos pelo valor nominal. Se a r_d permanecer constante a 9%, qual será o valor do título 1 ano após sua emissão? Agora a data de vencimento é de apenas 14 anos, isto é, N = 14. Com uma calculadora financeira, apenas troque o N = 15 por N = 14, pressione a tecla PV e você encontrará um valor de US$ 1.000. Se continuássemos, fixando N = 13, N = 12 e assim por diante, veríamos que o valor do título continuaria sendo US$ 1.000, contanto que a taxa de juros corrente permanecesse constante à taxa de cupom, 9%.

Suponhamos agora que as taxas de juros na economia tenham caído após a emissão dos títulos da Micro-Drive, e, como um resultado, *a r_d ficou abaixo da taxa de cupom,* caindo de 9% para 4%. Tanto os pagamentos de juros de cupom como o valor de vencimento permanecem constantes, mas agora 4% teriam de ser usados para r_d na Equação 5-1. No encerramento do primeiro ano, o valor do título seria US$ 1.494,93:

$$V_B = \sum_{t=1}^{14} \frac{\$90}{(1+0,04)^t} + \frac{\$1.000}{(1+0,04)^{14}}$$

$$= \$100\left[\frac{1}{0,04} - \frac{1}{0,04(1+0,04)^{14}}\right] + \frac{\$1.000}{(1+0,04)^{14}}$$

$$= \$1.528,16$$

Com uma calculadora financeira, apenas altere r_d = I/YR de 9 para 4 e então pressione a tecla PV para obter o resultado, US$ 1.528,16. Assim, caso a r_d esteja *abaixo* da taxa de cupom, o título será vendido *acima* do valor nominal ou com **prêmio**.

A aritmética do aumento do valor do título deveria estar clara, mas qual é a lógica por trás disso? Pelo fato de a r_d ter caído para 4%, com US$ 1.000 para investir você poderia comprar novos títulos, como os da Micro-Drive (todos os dias, de dez a 12 empresas vendem novos títulos), exceto que esses novos títulos pagariam US$ 40 de juros por ano em vez de US$ 90. Naturalmente, você preferiria $ 90 a $ 40, então estaria disposto a pagar mais de US$ 1.000 por um título da MicroDrive para obter cupons mais altos. Todos os investidores reagiriam de forma semelhante. Como resultado, os títulos da MicroDrive seriam ofertados a um preço acima de US$ 1.528,16 e ofereceriam a mesma taxa de retorno de 4% a um potencial investidor, assim como os novos títulos.

Se as taxas de juros permanecessem constantes em 4% para os próximos 14 anos, o que aconteceria com o valor de um título da MicroDrive? O valor cairia gradualmente de US$ 1.528,16 para US$ 1.000 no vencimento, quando a MicroDrive resgataria cada título por US$ 1.000. Esse ponto pode ser ilustrado calculando--se o valor do título um ano depois, quando houver 13 anos restando até o vencimento. Com uma calculadora financeira, simplesmente insira os valores de N, I/YR, PMT e FV, agora utilizando N = 13, e pressione a tecla PV para encontrar o valor do título, US$ 1.499,28. Dessa forma, o valor do título terá caído de US$ 1.528,16 para US$ 1.499,28 ou US$ 28,88. Se você fosse calcular o valor do título em outras datas futuras, o preço continuaria a cair conforme a data de vencimento se aproximasse.

Observe que, caso você comprasse um título pelo preço de US$ 1.528,16 e o vendesse um ano depois com a r_d ainda em 4%, teria uma perda de capital de US$ 28,88 ou um retorno total de US$ 90,00 − US$ 28,88 = US$ 61,12. Sua taxa percentual de retorno consistiria na taxa de retorno proveniente do pagamento de juros (chamada de **rendimento corrente**) e na taxa de retorno proveniente da variação de preço (chamada de **rendimento de ganhos de capital**). Essa taxa de retorno total é frequentemente denominada rendimento de um título e calculada da seguinte forma:

Juros, ou rendimento, corrente = US$ 90/US$ 1.528,16   = 0,0589 =   5,89%

Rendimento dos ganhos de capital = −US$ 28,88/US$ 1.528,16 = −0,0189 =   −1,89%

Taxa de retorno total ou rendimento = US$ 61,12/US$ 1.528,16 = 0,0400 =   4%

Tendo as taxas de juros subido de 9% para 14% durante o primeiro ano após a emissão (em vez de caírem de 9% para 4%), você inseriria N = 14, I/YR = 14, PMT = 90 e FV = 1000 e, em seguida, pressionaria a tecla PV para encontrar o valor do título, US$ 699,90. Nesse caso, o título seria vendido por um valor abaixo de seu valor nominal ou com desconto. O retorno futuro esperado total sobre o título novamente consistiria em um retorno esperado proveniente de juros e em um retorno esperado proveniente de ganhos ou perdas de capital. Nessa situação, o rendimento de ganhos de capital seria *positivo*. O retorno total seria de 14%. Para ver isso, calcule o preço do título com os 13 anos restantes até o vencimento, assumindo que as taxas de juros permanecerão em 14%. Com uma calculadora, digite N = 13, I/YR = 15, PMT = 90 e FV = 1000, e pressione PV para obter o valor do título, US$ 707,88.

Observe que o ganho de capital para o ano é a diferença entre o valor do título no ano 2 (com os 13 anos restantes) e o valor do título no ano 1 (com os 14 anos restantes) ou US$ 707,88 − US$ 699,90 = US$ 7,98. O rendimento de juros, os rendimentos de ganhos de capital e o rendimento total são calculados da seguinte forma:

Juros (ou rendimento) correntes = US$ 90/US$ 699,90   = 0,1286 =   12,86%

Rendimento de ganhos de capital = US$ 7,98/US$ 699,90   = 0,0114 =   1,14%

Taxa de retorno total ou rendimento = US$ 97,98/US$ 699,90 = 0,1400 =   14,00%

A Figura 5-2 mostra o valor da obrigação ao longo do tempo, assumindo que as taxas de juros na economia (1) permaneçam constantes em 9%, (2) caiam para 4% e, em seguida, permaneçam constantes nesse nível ou (3) aumentem para 14% e permaneçam constantes nesse nível. Certamente, se as taxas de juros *não* permanecerem constantes, o preço do título oscilará. No entanto, independentemente das taxas de juros futuras, o preço do título se aproximaria de US$ 1.000 conforme a data de vencimento estivesse mais perto (salvo em caso de falência, quando o valor do título cairia drasticamente).

A Figura 5-2 ilustra os seguintes pontos-chave.

1. Sempre que a taxa de juros corrente, r_d, for igual à taxa de cupom, um título de *taxa fixa* será vendido pelo valor nominal. Normalmente, a taxa de cupom é igual à taxa corrente quando o título é emitido, fazendo com que ele seja vendido inicialmente pelo valor nominal.

FIGURA 5-2

Linha do tempo do valor de um título com cupom de 9% e valor nominal de US$ 1.000 quando as taxas de juros são de 4%, 9% e 14%

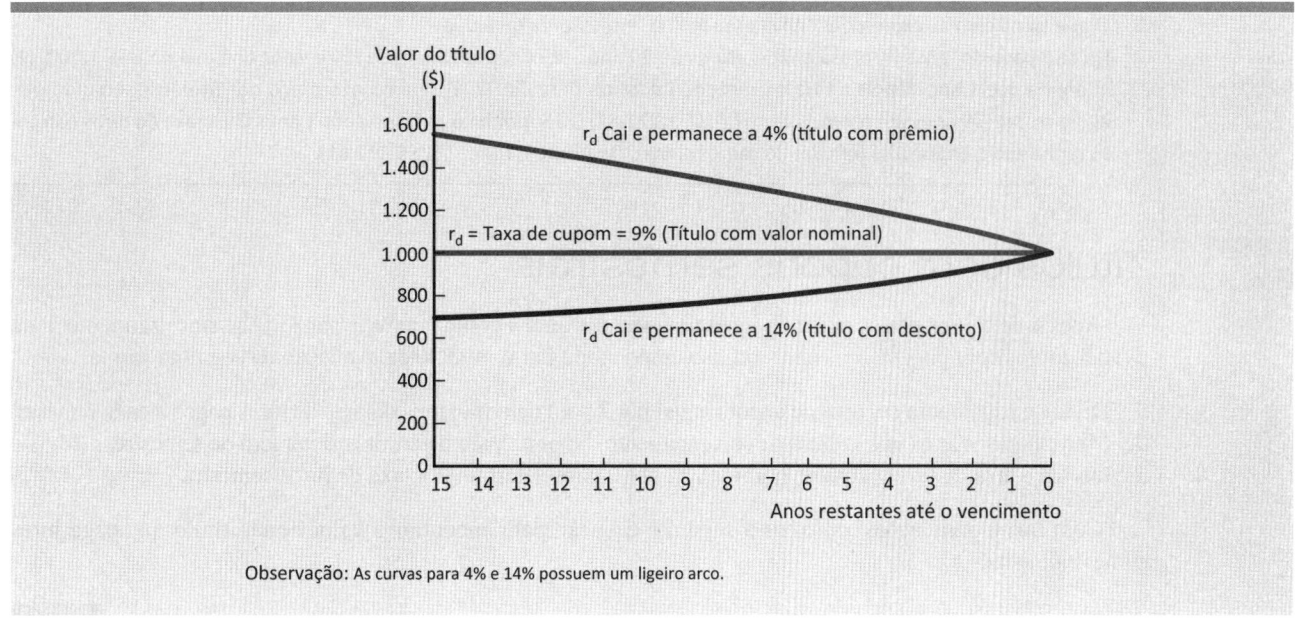

© Cengage Learning 2014

2. Realmente, há variação nas taxas de juros ao longo do tempo, mas a taxa de cupom permanece fixa após a emissão do título. Quando a taxa de juros corrente *estiver acima* da taxa de cupom, o preço de um título de taxa fixa *cairá abaixo* de seu valor nominal. Esse título é chamado de título com desconto.

3. Quando a taxa de juros corrente *estiver abaixo* da taxa de cupom, o preço de um título de taxa fixa *subirá acima* de seu valor nominal. Esse título é chamado de título com prêmio.

4. Dessa forma, um *aumento* nas taxas de juros fará os preços dos títulos em circulação *caírem*, enquanto uma *redução* nas taxas fará os preços dos títulos *subirem.*

5. O valor de mercado de um título sempre se aproximará do valor nominal à medida que a data de vencimento estiver mais perto, contanto que a empresa não vá à falência.

Esses pontos são muito importantes para mostrar que os titulares podem sofrer perdas ou obter ganhos de capital, o que dependerá da queda ou da alta das taxas de juros após a compra do título.

Bebendo seus cupons

Em 1996, Jonathan Maltus estava à procura de caixa para comprar mais vinhas e modernizar suas instalações de produção no Chateau Teyssier, um vinhedo e vinícola na região de Bordeaux, França. Qual foi a solução? Com a assistência de um coordenador líder, a Matrix Securities, o vinhedo emitiu 375 títulos, cada um custando 2.650 libras esterlinas. A emissão levantou aproximadamente 1 milhão de libras ou cerca de $ 1,5 milhão.

O que torna esses títulos interessantes é que, em vez de pagarem com dinheiro, eles pagaram de volta os investidores com vinho. Todo mês de junho até 2002, quando o título vencia, os investidores receberam seus "cupons". Entre 1997 e 2001,

cada título forneceu seis engradados de vinho rosé ou claret do vinhedo. De 1998 até o vencimento em 2002, os investidores também receberam quatro engradados de seu prestigioso *Saint Emilion Grand Cru*. Portanto, em 2002, eles receberam seu dinheiro de volta.

Os títulos não estavam livres de risco. O proprietário do vinhedo, Jonathan Malthus, reconheceu que a qualidade do vinho "estava à mercê da vontade dos deuses".

Fonte: Steven Irvine, "My wine is my bond, and I drink my coupons", *Euromoney*, jul. 1996, p. 7.

Autoavaliação

1. O que significam as expressões "nova emissão" e "emissão de qualidade"?
2. No ano passado, uma empresa emitiu títulos de 30 anos, com cupom anual de 8% e valor nominal de US$ 1.000. (1) Suponha que 1 ano depois a taxa corrente tenha caído para 6%. Qual será o novo preço dos títulos assumindo que agora restam 29 anos até o vencimento? **(US$ 1.271,81)** (2) Suponha que 1 ano após a emissão a taxa de juros corrente tenha subido para 10% (em vez de cair para 6%). Qual será o preço? **(US$ 812,61).**

5-5   Títulos com cupons semestrais

Apesar de alguns títulos pagarem juros uma vez por ano, a grande maioria paga juros semestralmente. Para avaliar títulos com pagamento semestral, devemos modificar o modelo de avaliação da seguinte forma.

1. Divida o pagamento de juros de cupom anual por 2 para determinar os dólares de juros pagos a cada 6 meses.
2. Multiplique os anos que faltam para o vencimento, N, por 2 para determinar o número de semestres.
3. Divida a taxa de juros (cotada) nominal, r_d, por 2 para determinar a taxa de juros semestral.

Com tais modificações, obtemos a seguinte equação para encontrar o valor de um título que paga juros semestralmente:

$$V_B = \sum_{t=1}^{2N} \frac{INT/2}{(1 + r_d/2)^t} + \frac{M}{(1 + r_d/2)^{2N}} \qquad (5\text{-}2)$$

Para ilustrar, suponha agora que os títulos da MicroDrive paguem US$ 45 em juros a cada 6 meses ao invés de US$ 90 no final de cada ano. Cada pagamento de juros semestral apenas metade do valor, mas há o dobro de pagamentos. A taxa de cupom nominal ou cotada é de "9%, com pagamentos semestrais".[7]

Quando a taxa de juros corrente r_d for 4% com capitalização semestral o valor deste título de 15 anos é:

Entradas	30	2		45	1000
	N	I/YR	PV	PMT	FV
Saída			-1559,91		

Insira N = 30, r_d = I/YR = 2, PMT = 45, FV = 1.000, e então pressione a tecla PV para obter o valor do título, $ 1.559,91. O valor com pagamentos semestrais é ligeiramente maior que os $ 1.552,92 pagos quando o cupom é pago anualmente. Este valor a maior ocorre porque os juros são recebidos um pouco antes na capitalização semestral.

Autoavaliação

1. Descreva como a fórmula de avaliação de títulos anuais é alterada para avaliar os títulos com cupons semestrais. Escreva a fórmula revisada.
2. Um título tem vencimento de 25 anos, cupom anual de 8% pago semestralmente e valor nominal de $ 1.000. A taxa de juros *anual* nominal corrente (r_d) é de 6%. Qual é o preço do título? **($ 1.257,30)**

---

[7] Nessa situação, a taxa de cupom de "9% pagos semestralmente" é a taxa que os negociadores de títulos, os tesoureiros corporativos e investidores geralmente discutiriam. É certo que, se esse título fosse emitido pelo valor nominal, sua *taxa anual efetiva* (EAR) seria superior a 9%:

$$EAR = EFF\% = \left(1 + \frac{r_{NOM}}{M}\right)^M - 1 = \left(1 + \frac{0,09}{2}\right)^2 - 1 = (1,045)^2 - 1 = 9,20\%$$

Pelo fato de 9,20% com pagamentos anuais serem bem diferentes de 9% com pagamentos semestrais, presumimos uma variação nas taxas efetivas nesta seção da situação descrita na seção "Avaliação dos títulos", em que assumimos 9% com pagamentos anuais.

5-6   Rendimentos dos títulos

Ao contrário da taxa de juros de cupom, que é fixa, o rendimento do *título* varia diariamente, o que dependerá das condições atuais do mercado. Além disso, o rendimento pode ser calculado de três formas diferentes, e três "respostas" podem ser obtidas. Esses diferentes rendimentos são descritos nas seções seguintes.

5-6a   Rendimento até o vencimento

Suponha que um ano após sua emissão você pudesse comprar um título de 14 anos com cupom anual de 9% e valor nominal de US$ 1.000 pelo preço de US$ 1.528,16. Qual taxa de juros você ganharia sobre seu investimento se comprasse o título e o mantivesse até o vencimento? Essa taxa é chamada de **rendimento até o vencimento do título (*yield to maturity* – YTM)** e é a taxa de juros geralmente discutida por investidores quando falam de taxas de retorno. O rendimento até o vencimento é normalmente o mesmo que a taxa de juros de mercado, r_d. Para encontrar o YTM de um título com pagamentos de juros anuais, você deve resolver a Equação 5-1 para r_d:[8]

$$\text{Valor da ação} = \sum_{t=1}^{N} \frac{\text{INT}}{(1 + \text{YTM})^t} + \frac{M}{(1 + \text{YTM})^N} \tag{5-3}$$

Para o rendimento da MicroDrive, você deve solucionar esta equação:

$$\$\ 1.528,16 = \frac{\$\ 90}{(1 + r_d)^1} + \ldots + \frac{\$\ 90}{(1 + r_d)^{14}} + \frac{\$\ 1.000}{(1 + r_d)^{14}}$$

Você poderia substituir os valores por r_d até encontrar um valor que "funcione" e valide a soma dos PVs no lado direito do sinal de igual para igualar a US$ 1.528,16, mas isso seria tedioso e consumiria muito tempo.[9] Como você pode apostar, é muito mais fácil utilizar uma calculadora financeira. Este é o ajuste:

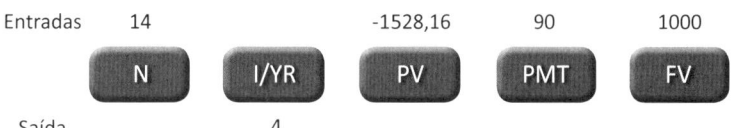

Simplesmente insira N = 14, PV = –1.528,16, PMT = 90 e FV = 1000 e, em seguida, pressione a tecla I/YR para obter a resposta de 4%.

Você também poderia encontrar o YTM com uma planilha. No *Excel*, você utilizaria a função TAXA para esse título, inserindo N = 14, PMT = 90, PV = – 1.528,16, FV = 1000, 0 para Tipo e deixaria Estimar em branco: **= TAXA(14,90,–1528.16,1000,0)**. O resultado é 4%. A função TAXA funciona somente se a data atual for imediatamente após a data de emissão ou a data de pagamento de cupom. Para encontrar os rendimentos do título em outras datas, utilize a função RENDIMENTO do *Excel*.

O rendimento até o vencimento pode ser visto como a *taxa de retorno prometida* do título, que corresponde ao retorno que os investidores receberão se todos os pagamentos prometidos forem realizados. Todavia, o rendimento até o vencimento será igual à *taxa de retorno esperada* somente se (1) a probabilidade de inadimplência for zero e (2) o título não puder ser resgatado. Se houver algum risco de inadimplência ou se o título puder ser resgatado, então haverá alguma possibilidade de que os pagamentos prometidos até o vencimento não sejam recebidos. Nesse caso, o cálculo do rendimento até o vencimento irá diferir do retorno esperado.

O YTM de um título vendido pelo valor nominal é composto inteiramente por rendimento de juros. Porém, se o título é vendido por preço que não seja seu valor nominal, o YTM será composto por rendimento de juros mais rendimento de ganhos do capital positivo ou negativo. Observe também que o rendimento até o vencimento de um título muda sempre que as taxas de juros na economia sofrem variações, e isso acontece quase diariamente. Se você comprar um título para manutenção até o vencimento, receberá o YTM que existia

---

[8] Caso o título possua pagamentos semestrais, você deve solucionar a Equação 5-2 para r_d.
[9] Como alternativa, você pode substituir o valor de r_d pela forma da Equação 5-1 até encontrar um valor que "funcione".

na data de compra, mas o YTM calculado do título irá variar frequentemente entre a data de compra e a data de vencimento.[10]

5-6b Rendimento até o resgate

Se você comprasse um título que fosse resgatável e a empresa o resgatasse, você não teria a opção de manutenção do título até o vencimento. Assim, o rendimento até o vencimento não seria obtido. Por exemplo, se os títulos com cupom de 9% da MicroDrive forem resgatáveis e as taxas de juros caírem de 9% para 4%, a empresa poderá resgatar os títulos de 9% e substituí-los por títulos de 4% e economizar US$ 90 – US$ 40 = US$ 50 de juros por título por ano. Isso seria bom para a empresa, mas não para os titulares.

Se as taxas de juros estiverem bem abaixo da taxa de cupom do título em circulação, um título resgatável provavelmente será resgatado e os investidores estimarão sua taxa de retorno esperada como o **rendimento até o resgate (*yield to call* – YTC)** em vez de rendimento até o vencimento. Para calcular o YTC, resolva esta equação para r_d:

$$\text{Preço de título resgatável} = \sum_{t=1}^{N} \frac{\text{INT}}{(1 + r_d)^t} + \frac{\text{Preço de resgate}}{(1 + r_d)^N} \qquad \textbf{(5-4)}$$

em que N é o número de anos até que a empresa possa resgatar o título; a r_d, o YTC; e o "preço de resgate", o preço que a empresa deve pagar a fim de resgatar o título (esse valor geralmente é igual ao valor nominal acrescido dos juros de 1 ano).

A fim de exemplificar, suponha que os títulos da MicroDrive tenham uma cláusula que permita que a empresa, se desejar, resgate os títulos 10 anos após a data de emissão pelo preço de US$ 1.100. Suponha ainda que, um ano após a emissão, a taxa de juros corrente tenha sofrido queda, elevando o preço dos títulos para US$ 1.528,16. Esta é a linha do tempo e o ajuste para encontrar o YTC do título com uma calculadora financeira:

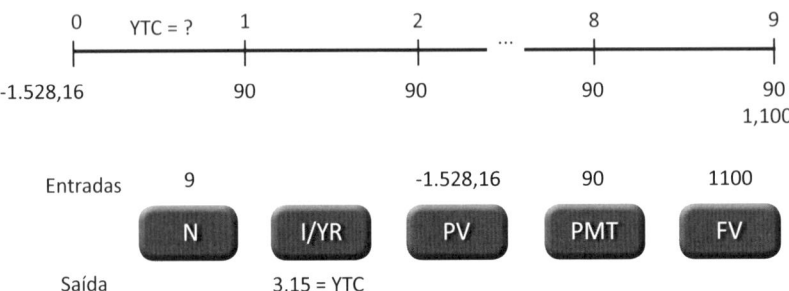

O YTC é de 3,15% – o retorno que você poderia ganhar se comprasse o título pelo preço de $ 1.528,16 e se ele fosse resgatado em 9 anos a partir de hoje. (O título não poderia ser resgatado até 10 anos após sua emissão, e 1 ano já passou, então restam 9 anos até a primeira data de resgate.)

Você acha que a MicroDrive *resgatará* os títulos quando eles se tornarem resgatáveis? As ações da empresa dependem da taxa de juros corrente quando os títulos se tornarem resgatáveis. Se a taxa corrente permanecer r_d = 4%, a MicroDrive poderá economizar 9% – 4% = 5% ou $ 50 por título por ano, resgatando os títulos e substituindo os títulos de 9% por uma nova emissão de 4%. Haveria custos para a empresa refinanciar a emis-

---

[10] Com frequência, os estudantes nos perguntam se o comprador de um título receberá o YTM se as taxas de juros sofrerem variações subsequentemente. A resposta é definitivamente "sim", tendo em vista que a pergunta significa o seguinte: "A taxa de retorno realizada sobre o investimento no título é igual ao YTM?". Isso ocorre porque a taxa de retorno realizada sobre um investimento é a taxa que estabelece o valor presente dos fluxos de caixa realizados igual ao preço. Se, em vez disso, o significado da pergunta fosse: "A taxa de retorno realizada sobre o investimento no título e o reinvestimento subsequente dos cupons são iguais ao YTM?", então a resposta seria, definitivamente, "não". Dessa forma, a pergunta é realmente sobre estratégia e tempo. O título, em combinação com uma estratégia de reinvestimento, equivale realmente a dois investimentos, e claramente a taxa realizada sobre essa estratégia combinada depende da taxa de reinvestimento. Para o resto do livro, assumimos que um investimento em um título é apenas isso, um investimento apenas no título, e não uma combinação do título e uma estratégia de reinvestimento; isso significa que o investidor ganhará o YTM previsto caso o título seja mantido até o vencimento.

são, mas os juros economizados provavelmente valeriam o custo, de forma que a MicroDrive provavelmente refinanciaria os títulos. Portanto, você provavelmente ganharia YTC = 3,15% em vez de YTM = 4% se comprasse os títulos com as condições indicadas.

No balanço deste capítulo, assumimos que os títulos não são resgatáveis salvo disposição em contrário. Contudo, alguns dos problemas no fim do capítulo tratam de rendimento até o resgate.

5-6c Rendimento corrente

Se você examinar relatórios de empresas de corretagem sobre títulos, frequentemente verá referências ao rendimento corrente de um título. O **rendimento corrente** é o pagamento de juros anual dividido pelo preço atual do título. Por exemplo, se os títulos da MicroDrive com cupom de 9% estavam sendo vendidos a $ 985, então o rendimento corrente dos títulos seria de US$ 90/US$ 985 = 0,0914 = 9,14%.

Ao contrário do rendimento até o vencimento, o rendimento corrente não representa a taxa de retorno que os investidores deveriam esperar sobre o título. O rendimento corrente fornece informações sobre o montante de receita de caixa que um título gerará em determinado ano, mas não fornece indicador preciso do retorno esperado total do título, o rendimento até o vencimento. De fato, esta é a relação entre rendimento corrente, rendimento de ganhos de capital (que pode ser negativo para perda de capital) e rendimento até o vencimento:

$$\text{Rendimento corrente} + \text{Rendimento de ganhos de capital} = \text{Rendimento até o vencimento} \qquad \text{(5-5)}$$

5-6d Custo de dívida e valor intrínseco

O "Quadro de valor intrínseco", no início deste capítulo, destaca o custo de dívida, que afeta o custo médio ponderado de capital (CMPC), o qual, por sua vez, afeta o valor intrínseco da empresa. O custo de dívida antes de impostos, do ponto de vista da empresa, é o retorno exigido da perspectiva do detentor da dívida. Logo, o custo de dívida antes de impostos é o rendimento até o vencimento (ou o rendimento até o resgate se um resgate for provável). Mas por que títulos diferentes possuem rendimentos até o vencimento diferentes? As seções a seguir respondem a essa pergunta.

Autoavaliação

1. Explique a diferença entre rendimento até o vencimento e vencimento até o resgate.
2. Como o rendimento corrente de um título difere de seu retorno total?
3. O rendimento corrente poderia exceder o retorno total?
4. Um título atualmente é vendido a $ 850. Possui um vencimento de 8 anos, cupom anual de $ 80 e valor nominal de $ 1.000. Qual é o rendimento até o vencimento **(10,90%)** Qual é o rendimento corrente? **(9,41%)**
5. Um título atualmente é vendido a $ 1.250. Paga um cupom anual de $ 110 e possui um vencimento de 20 anos, mas pode ser resgatado em 5 anos a $ 1.110. Quais são o YTM e YTC? **(8,38%, 6,85%)** É provável que o título seja resgatado se as taxas de juros não mudarem?

5-7   Custo de dívida antes de impostos: determinantes de taxas de juros de mercado

Até agora, demos a você a r_d, a taxa de mercado corrente. Conforme mostramos no Capítulo 1, títulos de dívida diferentes frequentemente possuem taxas de mercado muito diferentes. O que explica essas diferenças? Em geral, a taxa de juros nominal sobre um título de dívida, r_d, é composta por uma taxa de juros real livre de riscos, r^*, e vários prêmios que refletem a inflação, o risco do título e a liquidez do título. Uma estrutura conceitual é mostrada a seguir:

$$\begin{aligned} \text{Taxa de juros de mercado nominal} = r_d &= r^* + IP + DRP + LP + MRP \\ &= r_{RF} + DRP + LP + MRP \end{aligned} \qquad \text{(5-6)}$$

A seguir, apresentamos as definições das variáveis da Equação 5-6:

r_d =	Taxa de juros nominal ou cotada sobre determinado título.[11] Há muitos tipos diferentes de títulos e, portanto, muitas taxas de juros nominais diferentes.
r^* =	taxa de juros real livre de riscos. A dita "r-estrela", r^*, é a taxa que existiria sobre um título livre de riscos se fosse esperada uma inflação zero.
IP =	Prêmio de inflação, que é igual à taxa de inflação média esperada durante o prazo do título. A taxa de inflação futura esperada não é necessariamente igual à taxa de inflação corrente, assim, o IP não é necessariamente igual à inflação corrente.
r_{RF} =	r^* + IP. É a taxa de juros livre de riscos cotada sobre um título, como uma letra do Tesouro norte-americano, que possui alta liquidez e também está livre da maioria dos riscos. Observe que a r_{RF} inclui o prêmio para a inflação prevista porque $r_{RF} = r^*$ + IP.
DRP =	Prêmio de risco de inadimplência. Esse prêmio reflete a possibilidade de o emissor não pagar os juros ou o principal no tempo e montante determinados. O DRP é zero para os títulos do Tesouro norte-americano, porém ele sobe de acordo com o aumento do risco dos emissores.
LP =	Prêmio de liquidez. Trata-se de um prêmio cobrado por credores a fim de refletir o fato de que alguns títulos não podem ser convertidos em dinheiro rapidamente por um preço "razoável". Esse LP é muito baixo para títulos do Tesouro e títulos emitidos por empresas grandes e fortes, no entanto ele é relativamente alto para títulos emitidos por empresas muito pequenas.
MRP =	Prêmio de risco de vencimento. Como explicaremos adiante, títulos de longo prazo (até mesmo títulos do Tesouro) estão expostos a um risco significativo de queda de preço e o prêmio de risco de vencimento é cobrado pelos credores para refletir esse risco.

Nas seções seguintes, abordaremos os componentes cuja soma forma a taxa cotada ou nominal sobre determinado título.

Autoavaliação

1. Escreva uma equação para a taxa de juros nominal sobre qualquer título de dívida.

5-8   Taxa de juros real livre de riscos, r*

A **taxa de juros real livre de riscos**, **r***, é definida como a taxa de juros que existiria sobre um título sem riscos se nenhuma inflação fosse esperada e poderia ser considerada a taxa de juros sobre títulos *de curto prazo* do Tesouro dos Estados Unidos em um mundo livre de inflação. A taxa real livre de riscos não é estática – ela muda ao longo do tempo, de acordo com as condições econômicas, especialmente (1) com a taxa de retorno que companhias e outros tomadores de empréstimos esperam ganhar sobre os ativos de produção e (2) com as preferências de tempo das pessoas para consumo atual *versus* consumo futuro.[12]

---

[11] O termo *nominal* é utilizado aqui para designar a taxa *declarada* em oposição à taxa real, a qual é ajustada para excluir os efeitos da inflação. Suponha que você tenha comprado um título do Tesouro de 10 anos com uma taxa cotada ou nominal de aproximadamente 4,6%. Se a inflação média fosse de 2,5% ao longo dos próximos 10 anos, a taxa real seria de aproximadamente 4,6% – 2,5% = 2,1%. Para sermos tecnicamente corretos, deveríamos obter a taxa real encontrando o resultado para r^* na seguinte equação: $(1 + r^*)(1 + 0{,}025) = (1 + 0{,}046)$. Resolvendo a equação, encontramos r^* = 2,05%. Tendo em vista que esse número é muito próximo aos 2,1% calculados, continuaremos a aproximar a taxa real neste capítulo subtraindo a inflação da taxa nominal.

[12] A taxa real, da forma como está sendo abordada aqui, é diferente da taxa real *corrente* frequentemente discutida na imprensa. A taxa real corrente é constantemente estimada como a taxa de juros corrente menos a taxa de inflação corrente (ou mais recente), enquanto a taxa real, da maneira como é utilizada aqui (e nas áreas de finanças e economia em geral) sem a palavra "corrente", corresponde à taxa de juros corrente menos a taxa de inflação *futura esperada* durante a vida do título. Por exemplo, suponha que a taxa corrente cotada para uma letra do Tesouro de 1 ano seja de 5%, a inflação durante o ano anterior tenha sido de 2% e a inflação esperada para o próximo ano seja de 4%. Então, a taxa real *corrente* seria aproximadamente 5% – 2% = 3%, mas a taxa real esperada seria aproximadamente 5% – 4% = 1%.

Além de suas ofertas de títulos regulares, em 1997, o Tesouro norte-americano começou a emitir **títulos indexados**, com pagamentos indexados à inflação. Esses títulos são chamados de **Tips**, abreviação para *treasury inflation-protected securities* (títulos do Tesouro protegidos contra inflação). Uma vez que os pagamentos (incluindo o principal) estão indexados à inflação, o rendimento sobre Tips com um ano até o vencimento é uma boa estimativa da taxa livre de riscos. Em teoria, gostaríamos de um prazo de vencimento ainda menor para estimar a verdadeira taxa livre de riscos, mas Tips de curto prazo são negociados de forma diluída e os rendimentos relatados não são tão confiáveis.

Historicamente, a taxa de juros real variou de 1,5% a 2,5%. Em março de 2012, os Tips com cerca de um ano para a data de vencimento tinham um rendimento de −2%. Embora seja raro, taxas reais negativas são possíveis. Na primavera de 2008, a combinação de um crescimento econômico estagnado, um alto nível de incerteza do investidor, temores de inflação e redução do Banco Central em taxas de juros nominal de curto prazo fez com que a taxa real ficasse abaixo de zero, medida por rendimentos negativos em vários Tips de curto prazo. Os rendimentos sobre Tips de curto prazo permaneceram baixos desde então. Taxas reais negativas são possíveis, mas taxas nominais negativas são impossíveis (ou pelo menos extraordinariamente raras) porque os investidores segurariam o dinheiro ao invés de investir em um título de rendimento negativo.

Autoavaliação

1. Que título oferece uma boa estimativa de taxa real livre de risco?

5-9   Prêmio de inflação (*inflation premium* – IP)

A inflação possui um efeito maior sobre as taxas de juros porque desgasta o poder de compra do dólar e diminui a taxa real de retorno sobre os investimentos. A fim de exemplificar, suponha que você invista $ 3.000 em um título sem cupom de juros e livre de inadimplência que vence em um ano e paga uma taxa de juros de 5%. No fim do ano, você receberá $ 3.150 – seus $ 3.000 originais mais $ 150 de juros. Agora suponha que a taxa de inflação durante o ano seja de 10% e que ela afete todos os itens igualmente. Se a gasolina custava $ 3 por galão no início do ano, ela custaria $ 3,30 no fim do ano. Portanto, seus $ 3.000 teriam comprado $ 3.000/$ 3 = 1.000 galões no início do ano, mas apenas $ 3.150/$ 3,30 = 955 galões no fim do ano. Em *termos reais*, você teria prejuízo – receberia $ 150 de juros, mas eles não seriam suficientes para compensar a inflação. Seria melhor, então, comprar 1.000 galões de gasolina (ou algum outro ativo estocável) do que o título livre de inadimplência.

Os investidores estão bem cientes dos efeitos da inflação sobre as taxas de juros, portanto, quando eles emprestam dinheiro, criam um **prêmio de inflação (IP)** igual à taxa de inflação média esperada durante a vida do título. Para uma letra do Tesouro norte-americano de curto prazo e livre de inadimplência, a taxa real de juros cobrada, $r_{T\text{-bill}}$, seria a taxa real livre de riscos, acrescida do prêmio de inflação (IP):

$$r_{T\text{-bill}} = r_{RF} = r^* + IP$$

Dessa forma, se a taxa de juros real livre de riscos de curto prazo fosse r* = 0,6% e a inflação esperada para o próximo ano fosse 1,0% (e, portanto, o IP = 1,0%), então a taxa de juros cotada sobre *T-bills* de 1 ano seria 0,6% + 1,0% = 1,6%.

É importante observar que a taxa de inflação criada embutida nas taxas de juros é *a taxa de inflação esperada no futuro*, e não a taxa experimentada no passado. Assim, os números mais recentemente reportados mostrariam uma taxa de inflação anual de 2%, mas que seria para o ano *passado*. Se uma taxa de inflação de 6% em média é esperada no futuro, então 6% seriam embutidos na taxa de juros corrente.

Observe também que a taxa de inflação refletida na taxa de juros nominal de qualquer título é a *taxa de inflação média esperada ao longo da vida do título*. Dessa forma, a taxa de inflação embutida em um título de 1 ano é a taxa de inflação esperada para o próximo ano, mas a taxa de inflação embutida em um título de 30 anos é a taxa de inflação média esperada ao longo dos próximos 30 anos. Se I_t é a inflação prevista durante o ano t, então o prêmio de inflação para o rendimento de um título de N-anos (IP_N) pode ser aproximado como:

$$IP_N = \frac{I_1 + I_2 + \ldots + I_N}{N}$$

(5-7)

Por exemplo, se os investidores esperam uma inflação média de 3% durante o ano 1 e 5% durante o ano 2, o prêmio de inflação embutido no rendimento de um título de 2 anos pode ser aproximado em:[13]

$$IP_2 = \frac{I_1 + I_2}{2} = \frac{3\% + 5\%}{2} = 4\%$$

Na seção anterior, vimos que o rendimento sobre um título do Tesouro indexado à inflação (Tips) é uma boa estimativa da taxa de juros real. Também podemos utilizar o Tips para estimar prêmios de inflações. Por exemplo, no início de 2012, o rendimento sobre um *T-bond* não indexado de 5 anos era de 1,25% e o rendimento sobre um Tips de 5 anos era de –1,05%. Assim, o prêmio de inflação de 5 anos era 1,21% − (−1,05%) = 2,26%, sugerindo que os investidores esperavam uma inflação média de 2,26% ao longo dos próximos 5 anos.[14] Similarmente, a taxa sobre um *T-bond* não indexado de 20 anos era de 2,97% e a taxa sobre um *T-bond* indexado de 20 anos era de 0,58%. Assim, o prêmio de inflação de 20 anos foi de aproximadamente 2,97% − 0,58% = 2,39%, sugerindo que os investidores esperavam uma inflação média 2,39% em longo prazo.[15] Esses cálculos são resumidos da seguinte forma:

RENDIMENTOS	VENCIMENTO		
	1 ANO	5 ANOS	20 ANOS
Título do Tesouro norte-americano não indexado	0,23%	1,21%	2,97%
TIPS	−2,00%	−1,05%	0,58%
Prêmio de inflação	2,23%	2,26%	2,39%

As expectativas para inflação futura estão intimamente, mas não perfeitamente, correlacionadas com as taxas experimentadas em um passado recente. Portanto, se a taxa de inflação reportada para o último mês subir, geralmente crescerão as expectativas para a inflação futura e tal alteração nas expectativas causará uma elevação na taxa de juros.

Observe que Alemanha, Japão e Suíça tiveram, ao longo de vários anos, taxas de inflação mais baixas do que os Estados Unidos, de forma que suas taxas de juros geralmente têm sido mais baixas que as dos Estados Unidos. África do Sul, Brasil e a maioria dos países da América do Sul tiveram inflação mais alta, o que é refletido em suas taxas de juros.

Autoavaliação

1. Explique como um Tips e um título em Tesouro não indexado podem ser utilizados para estimar o prêmio da inflação.
2. O rendimento sobre um Tips de 15 anos é de 3% e o rendimento sobre uma obrigação em Tesouro de 15 anos é de 5%. Qual é o prêmio de inflação para um título de 15 anos? **(2%)**

5-10 Taxa de juros livre de riscos nominal ou cotada, r_{RF}

A **taxa livre de risco nominal** ou **cotada**, r_{RF}, é a taxa real livre de riscos mais um prêmio para inflação prevista: $r_{RF} = r^* + IP$. Para sermos estritamente corretos, taxa livre de risco significa a taxa de juros sobre um título totalmente livre de risco – aquela que não possui risco de inadimplência, de vencimento, de liquidez, de

---

[13] Para sermos tecnicamente corretos, deveríamos encontrar a *média geométrica*: $(1 + IP_2)^2 = (1 + I_1)(1 + I_2)$. Nesse exemplo, temos $(1 + IP_2)^2 = (1 + 0,03)(1 + 0,05)$. A resolução para os rendimentos IP_2 é 3,9952, que se aproxima de nosso resultado: 4%.

[14] Como observamos na nota de rodapé anterior, para sermos tecnicamente precisos devemos utilizar uma *média geométrica* resolvendo a seguinte equação: $(1 + IP)(1 + −0,0105) = 1 + 0,0121$. A solução para o IP dá o IP = 2,28%, que é quase igual a nossa aproximação. Note, no entanto, que a diferença no rendimento entre um *T-bond* e um Tips de mesmo vencimento reflete tanto a inflação prevista como qualquer prêmio de risco para suportar o risco de inflação. Portanto, a diferença nos rendimentos é realmente um limite máximo de inflação esperada.

[15] Há várias outras fontes para o prêmio de inflação estimado. O Congressional Budget Office regularmente atualiza as estimativas de inflação que utiliza em suas previsões de orçamentos; veja http://www.cbo.gov/ e selecione "Projeções Econômicas". Uma segunda fonte é o Instituto para Pesquisa Social da Universidade de Michigan, que regularmente faz pesquisas com consumidores sobre suas expectativas para aumentos de preços para o próximo ano; veja http://www.isr. umich.edu/home/, para obter a pesquisa. Preferimos utilizar prêmios de inflações derivados de títulos do Tesouro indexados ou não indexados, conforme descrito no texto, tendo em vista que são baseados em como os investidores realmente gastam dinheiro e não em modelos teóricos ou opiniões.

perda, caso a inflação suba, e nenhum outro tipo de risco. Tal título não existe, portanto não há realmente uma taxa realmente livre de riscos. Quando a expressão "taxa livre de riscos" é utilizada sem os modificadores "real" ou "nominal", geralmente se faz menção à taxa cotada (nominal), convenção que será utilizada neste livro. Logo, quando utilizamos a expressão "taxa livre de riscos, r_{RF}", estamos nos referindo à taxa livre de riscos nominal, a qual inclui um prêmio de inflação igual à taxa de inflação média prevista ao longo da vida do título. Em geral, utilizamos a taxa de *T-bill* como *proxy* da taxa livre de risco de curto prazo e a taxa de *T-bond* como *proxy* da taxa livre de risco de longo prazo (mesmo que ela também inclua um prêmio de vencimento). Dessa forma, sempre que encontrar a expressão "taxa livre de riscos", assuma que estamos nos referindo à taxa cotada de *T-bill* dos Estados Unidos ou à taxa cotada de *T-bond*. Como $r_{RF} = r^* + IP$, podemos expressar a taxa cotada como:

$$\text{Taxa nominal ou cotada} = r_d = r_{RF} + DRP + LP + MRP \qquad \textbf{(5-8)}$$

Autoavaliação

1. Que título é uma boa aproximação da taxa nominal livre de risco?

5-11 Prêmio de risco de inadimplência (DRP)

Caso o emissor se torne inadimplente, os investidores recebem menos do que o retorno prometido sobre o título. A taxa de juros cotada inclui prêmio de risco de inadimplência (*default risk premium* – DRP) – quanto maior for o risco de inadimplência, mais alto será o rendimento do título até o vencimento.[16] O risco de inadimplência de títulos do Tesouro é praticamente zero, mas o risco de inadimplência pode ser considerável para títulos corporativos e municipais. Nesta seção, consideramos algumas emissões relacionadas ao risco de inadimplência.

5-11a Cláusulas de contratos de títulos que influenciam o risco de inadimplência

O risco de inadimplência é afetado tanto pela força financeira do emissor como pelos termos do contrato de títulos, especialmente se foi dada uma garantia para o pagamento do título. Vários tipos de cláusulas de contrato serão abordados posteriormente.

Escrituras de emissão de títulos

Uma **escritura** é um documento legal que esclarece os direitos dos titulares e da companhia emissora, e um **agente fiduciário** é um oficial (geralmente um banco) que representa os titulares e assegura o cumprimento dos termos da escritura. A escritura pode estender-se por várias centenas de páginas e incluirá **cláusulas restritivas** que cobrem pontos como as condições para liquidação dos títulos pelo emissor antes do vencimento, a manutenção de certos índices se a empresa emitir dívida adicional e as restrições para pagamento de dividendos, a menos que os ganhos atendam a determinadas especificações.

A SEC (1) aprova escrituras e (2) garante que todas as cláusulas da escritura sejam atendidas antes de permitir que uma empresa venda novos títulos ao público. Uma empresa possui escrituras diferentes para cada um dos principais tipos de títulos emitidos, mas uma única escritura cobre todos os títulos do mesmo tipo. Por exemplo, uma escritura cobrirá os títulos hipotecários de primeiro grau da empresa; outra, suas debêntures; e uma terceira, seus títulos conversíveis.

Títulos hipotecários

Uma companhia penhora determinados ativos como garantia de um **título hipotecário**. A empresa também pode optar por emitir *títulos hipotecários de segundo grau* garantidos pelos mesmos ativos que estavam

---

[16] Suponha que dois títulos tenham os mesmos fluxos de caixa prometidos, taxa de cupom, vencimento, liquidez e exposição à inflação, mas um título tem um risco de inadimplência maior do que o outro. Os investidores naturalmente pagarão menos pelo título com maior chance de inadimplência. Como resultado, os títulos com risco de inadimplência maior terão taxas de juros mais altas.

A CRISE ECONÔMICA MUNDIAL

Seguro por meio de *swaps* de crédito: deixe o comprador tomar precauções!

Lembre-se de que um *swap* de crédito (CDS) é como uma apólice de seguro. O comprador do CDS concorda em realizar pagamentos anuais para uma contraparte que concorde em pagar, em caso de inadimplência de um título. Nos anos 2000, os bancos de investimento frequentemente comprariam CDS para os títulos garantidos por hipotecas (*mortgage-backed securities* – MBS) que estavam criando a fim de tornar os títulos mais atrativos para os investidores. Mas o quanto esse tipo de seguro era bom? Conforme se mostrou, não muito. Por exemplo, a Lehman Brothers poderia ter comprado um CDS da AIG a fim de vender um MBS a um investidor. Mas quando o MBS começou a tornar-se inadimplente, nem a Lehman nem a AIG foram capazes de fazer uma restituição completa para o investidor.

garantidos por um título hipotecário emitido anteriormente. Em caso de liquidação, os detentores desses títulos hipotecários de segundo grau teriam direito sobre a propriedade, mas somente após o pagamento total dos créditos dos detentores de títulos hipotecários de primeiro grau. Assim, hipotecas de segundo grau às vezes são chamadas de *hipotecas subordinadas*, pois são subordinadas aos créditos de *hipotecas prioritárias* ou *títulos hipotecários de primeiro grau.* Todos os títulos hipotecários estão sujeitos a uma escritura que geralmente limita o montante de nova emissão.

Debêntures e debêntures subordinadas

Uma **debênture** é uma obrigação sem garantia e, portanto, não oferece nenhum bem para garantir o pagamento da obrigação. Os debenturistas são, portanto, credores gerais cujos créditos estão protegidos por bens não penhorados de outra forma.

O termo *subordinado* significa "abaixo" ou "inferior a"; assim, em caso de falência, a dívida subordinada será paga somente após a liquidação total da dívida principal. **Debêntures subordinadas** podem ser subordinadas a notas a pagar especificadas (geralmente, empréstimos bancários) ou a todas as outras dívidas. Em caso de liquidação ou reestruturação, os detentores de debêntures subordinadas não serão pagos até que todas as dívidas principais, conforme especificado nas escrituras das debêntures, tenham sido liquidadas.

Títulos de desenvolvimento

Algumas empresas podem ter condições de se beneficiarem da venda de **títulos de desenvolvimento** ou **títulos de controle de poluição**. Os governos estaduais e locais podem estabelecer tanto *órgãos de desenvolvimento industrial* como *órgãos de controle de poluição.* Esses órgãos têm permissão para vender, em determinadas circunstâncias, **títulos isentos de impostos** e então disponibilizar o dinheiro obtido com essa venda para as companhias para usos específicos considerados (pelo Congresso) como de interesse público. Por exemplo, um órgão de controle de poluição de Detroit pode vender títulos para oferecer recursos à Ford para adquirir equipamentos de controle de poluição. Como a receita oriunda desses títulos é isenta de impostos, os títulos teriam taxas de juros relativamente baixas.

Observe, contudo, que esses títulos são garantidos pela companhia que utilizará os recursos, e não por uma unidade governamental, portanto suas taxas refletem a força de crédito da companhia que está utilizando os recursos.

Seguro de títulos municipais

Os municípios podem ter seus títulos segurados, o que significa que uma companhia de seguros garante o pagamento do cupom e do principal no caso de inadimplência do emissor. Isso reduz o risco para os investidores, que, dessa forma, aceitarão uma taxa de cupom mais baixa para um título segurado do que para um título similar, porém não segurado. Ainda que o município deva pagar uma taxa para ter seus títulos segurados, suas economias provenientes da taxa de cupom mais baixa geralmente viabilizam o custo do seguro. Tenha em mente que as seguradoras são empresas privadas e o valor agregado pelo seguro depende da solvabilidade da seguradora. As grandes seguradoras são empresas fortes e suas próprias classificações são AAA.

TABELA 5-1

Classificações de títulos, risco de inadimplência e rendimentos

AGÊNCIA DE CLASSIFICAÇÃO[a]		PORCENTAGEM INADIMPLENTE DENTRO DE:[b]		CLASSIFICAÇÕES MEDIANAS[c]		PORCENTAGEM ELEVADA OU REBAIXADA EM 2011[b]		
S&P E FITCH (1)	MOODY'S (2)	1 ANO (3)	5 ANOS (4)	RETORNO SOBRE CAPITAL (5)	DÍVIDA TOTAL/ CAPITAL TOTAL (6)	REBAIXAMENTO (7)	ELEVAÇÃO (8)	RENDIMENTO[D] (9)
Títulos com classificação de crédito								
AAA	Aaa	0,0%	0,0%	27,6%	12,4%	0,0%	NA	4,11%
AA	Aa	0,03	0,12	27,0	28,3	29,24	0,00	3,38
A	A	0,09	0,74	17,5	37,5	7,79	0,00	3,37
BBB	Baa	0,23	2,54	13,4	42,5	3,29	2,95	6,24
Títulos de alto risco								
BB	Ba	1,17	6,91	11,3	53,7	4,82	8,13	6,28
B	B	2,14	9,28	8,7	75,9	3,48	7,59	7,02
CCC	Caa	24,47	35,23	3,2	113,5	16,67	20,00	9,98

Observações:

[a] As agências de classificação também utilizam "modificadores" para títulos classificados abaixo de três letras A. A S&P e a Fitch utilizam o sistema de sinais de mais e menos; assim, A+ representa os títulos mais fortes classificados, e A e A-, os mais fracos. A Moody's utiliza as designações 1, 2 ou 3, em que 1 representa a mais forte, e 3, a mais fraca; assim, dentro da categoria de duas letras A, Aa1 é o melhor, Aa2, a média, e Aa3, a mais fraca.

[b] Os dados de inadimplência foram extraídos de "Fitch Ratings Global Corporate Finance 2011 Transition and Default Study", de 16 de março de 2012: veja **http://www.fitchratings.com/creditdesk/reports/report_frame.cfm?rpt_id=669829**.

[c] Os índices medianos foram extraídos da "Standard & Poor's 2006 Corporate Ratings Criteria", de 23 de abril de 2007: veja **http://www2.standardandpoors. com/spf/pdf/fixedincome/Corporate_Ratings_2006.pdf.**

[d] Os rendimentos compostos para títulos AAA, AA e A podem ser encontrados em **www.bondsonline.com/Todays_Market/Composite_Bond_Yields_table. php.** Os rendimentos representativos para títulos BBB, BB, B e CCC podem ser encontrados utilizando-se o classificador de títulos disponível em **http://cxa. marketwatch.com/finra/bondcenter/AdvancedScreener.aspx**. Mercado escasso faz com que as taxas AAA excepcionalmente sejam baixas.

5-11b Classificações de títulos

Desde o início dos anos 1900, os títulos receberam classificações de risco que refletem a probabilidade de se tornarem inadimplentes. As três maiores agências de classificação são: Moody's Investors Service (Moody's), Standard & Poor's Corporation (S&P) e Fitch Ratings. Conforme mostrado nas colunas (3) e (4) da Tabela 5-1, títulos com três letras A e duas letras A são extremamente seguros, raramente tornando-se inadimplentes, mesmo dentro de 5 anos desde a atribuição da classificação. As obrigações com uma letra A e três letras B também são fortes o bastante para serem chamadas de **títulos com classificação de risco de crédito,** e são os títulos com as taxas mais baixas que muitos bancos e outros investidores institucionais podem deter, de acordo com a lei. Os títulos com duas letras B ou menos são especulativos ou **títulos de alto risco**. Esses títulos possuem uma probabilidade significativa de se tornarem inadimplentes.

5-11c Critérios de classificação de títulos, elevação de nível de classificação e rebaixamento de nível de classificação

As classificações de títulos são baseadas em fatores quantitativos e qualitativos, conforme descrito a seguir.

1. **Índices financeiros.** Vários índices são potencialmente importantes, mas o retorno sobre ativos, índice de endividamento e índice de cobertura de juros são particularmente valiosos para prever crise financeira. Por exemplo, as colunas (1), (5), e (6) na Tabela 5-1 mostram uma relação forte entre classificações e o retorno sobre o capital e o índice de endividamento.

2. **Termos de contratos de títulos.** Para determinar a classificação do título, é importante considerar se o título está garantido por ativos específicos, se está subordinado a outra dívida, quaisquer cláusulas de fundos de amortização, garantias de outra parte com alta classificação de crédito e *acordos restritivos*, como a exi-

gência de manutenção do índice de endividamento abaixo de determinado nível ou manutenção do índice de cobertura de juros acima de determinado nível.

3. **Fatores qualitativos.** Incluídos aqui estariam fatores como a sensibilidade dos ganhos da empresa à força da economia, como ela é afetada pela inflação, se ela está passando por ou está propensa a ter problemas trabalhistas, a extensão de suas operações internacionais (incluindo a estabilidade dos países em que atua), problemas ambientais potenciais, problemas de concorrência e potenciais e assim sucessivamente. Em 2012, um fator crítico foi a exposição a financiamentos de alto risco, incluindo a dificuldade de determinar a extensão de sua exposição por causa da complexidade dos ativos cobertos por tais empréstimos.

As agências de classificação analisam os títulos em circulação periodicamente e fazem a reclassificação, se necessário. As colunas (7) e (8) na Tabela 5-1 mostram as porcentagens de empresas em cada categoria de classificação que tiveram sua classificação elevada ou rebaixada em 2011 pela Fitch Ratings. O ano difícil foi 2011, pois houve mais títulos com a classificação rebaixada do que elevada.

Ao longo do tempo, as agências de classificação têm feito um trabalho razoavelmente bom de mensuração do risco de crédito médio de títulos e de ajustes de classificação sempre que há uma alteração significativa na qualidade de crédito. No entanto, é importante entender que as classificações não se ajustam imediatamente às mudanças na qualidade de crédito, e, em alguns casos, pode haver uma defasagem considerável entre uma variação na qualidade de crédito e uma alteração na classificação. Por exemplo, os títulos da Enron ainda tinham uma classificação de crédito em uma sexta-feira de dezembro de 2001, mas a empresa declarou a falência dois dias depois, no domingo. Vários outros rebaixamentos bruscos ocorreram em 2007 e 2008, levando a pedidos por parte do Congresso e da SEC de mudanças nas agências de classificação e na forma como elas classificam os títulos. É claro que melhorias podem ser feitas, porém sempre haverá ocasiões em que informações completamente inesperadas sobre a empresa serão divulgadas, levando a uma mudança inesperada em sua classificação.

5-11d Classificações de títulos e o prêmio de risco de inadimplência

Por que as classificações de títulos são tão importantes? Primeiro, a maioria dos títulos é comprada por investidores institucionais, e não por pessoas físicas, e muitas instituições estão restritas a títulos com classificação de crédito. Dessa forma, se os títulos de uma empresa caírem para abaixo de BBB, ela terá dificuldades para vender novos títulos porque muitos compradores potenciais não poderão comprar esses títulos. Segundo, vários dispositivos de títulos estabelecem que a taxa de cupom sobre o título automaticamente aumenta se a classificação cai para abaixo de um nível específico. Terceiro, como a classificação de um título é um indicador de risco de inadimplência, ela possui uma influência direta e mensurável sobre o rendimento do título. A coluna (9) da Tabela 5-1 mostra que um título AAA possui um rendimento de 3,38% e que os rendimentos crescem enquanto a classificação cai. De fato, um investidor ganharia 9,98% sobre um título CCC se não se tornasse inadimplente!

O *spread* **de um título** é a diferença entre o rendimento de um título e o rendimento sobre algum outro título com o mesmo vencimento. A menos que especificado de outra forma, o termo *spread* geralmente significa a diferença entre o rendimento do título e o rendimento sobre um título do Tesouro com vencimento similar.

A Figura 5-3 mostra os *spreads* entre um índice de títulos AAA e um título do Tesouro de 10 anos, e também os *spreads* para um índice de títulos BBB em relação ao *T-bond*. A Figura 5-3 ilustra três pontos importantes. Primeiro, o *spread* do BAA é sempre maior do que o *spread* do AAA. Isso ocorre porque o título BAA possui um risco maior do que o do AAA, assim, os investidores de BAA exigem compensação extra pelo risco extra. O mesmo vale para outras classificações: títulos com baixa classificação possuem rendimentos mais altos.

Segundo, os *spreads* não permanecem constantes ao longo do tempo. Por exemplo, veja o *spread* de AAA. Ele foi excepcionalmente baixo durante os anos de alta de 2005–2007, mas subiu drasticamente ao passo que a economia subsequentemente caiu em 2008 e 2009.

Terceiro, a diferença entre o *spread* de BAA e o de AAA não é constante ao longo do tempo. Os dois *spreads* ficaram bem próximos um do outro no início de 2000, mas estavam muito distantes no início de 2009. Em outras palavras, os investidores de BAA não exigiam um retorno extra muito acima daquele de um título AAA para assumir um risco extra na maior parte da década, mas atualmente (2009) eles estão exigindo um prêmio de risco muito alto.

Não apenas os *spreads* variam conforme a classificação do título, mas também geralmente aumentam conforme o vencimento aumenta. Isso tem lógica. Se um título vence logo, os investidores são capazes de prever muito bem o desempenho da empresa. Contudo, se um título tiver um longo tempo até seu vencimento, os investidores terão dificuldade para prever a probabilidade de a empresa sofrer uma crise financeira. Essa incerteza a mais cria um risco adicional, de forma que os investidores exigem um retorno mais alto.

A CRISE ECONÔMICA MUNDIAL

Os títulos do Tesouro norte-americano poderiam são rebaixados!

A grave recessão que começou no fim de 2007 levou o Congresso a aprovar um enorme pacote de estímulo econômico no início de 2009. A combinação entre o pacote de estímulo e os resgates de instituições financeiras pelo governo fez com que o governo dos Estados Unidos aumentasse seus empréstimos substancialmente. O nível de endividamento público de março de 2012 foi de US$ 10,4 trilhões, cerca de 68% do produto interno bruto (*gross domestic product* – GDP). As projeções de longo prazo do Congressional Budget Office mostram essa porcentagem aumentando de 70% até 90% dependendo das pressuposições. De qualquer forma, isso é muito dinheiro, até mesmo para os padrões de Washington!

Com tantas dívidas pendentes de déficits anuais enormes contínuos, em meados de 2011 o Congresso se viu na necessidade de aumentar o valor da dívida que o governo federal pode emitir. Embora o Congresso tenha aumentado o limite de endividamento 74 vezes anteriormente, e 10 vezes desde 2001, um debate partidário e acalorado adiou seriamente a aprovação da medida e levou o governo federal à beira da inadimplência de suas obrigações em agosto. No último minuto, o Congresso aprovou um aumento do limite de endividamento, evitando o fechamento parcial do governo. No entanto, o pacote de redução de déficit que acompanhava a legislação era pequeno, com pouco impacto sobre a receita estrutural e o desequilíbrio de gastos que o governo enfrenta ao seguir adiante.

Em 5 de agosto de 2011, a combinação de um processo político disfuncional aparentemente incapaz de executar tarefas domésticas financeiras básicas de forma confiável e a falta de um plano claro para abordar déficits futuros levantou perguntas suficientes sobre a estabilidade financeira do governo norte-americano para induzir a Standard & Poor's (S&P), a agência de notação de crédito, a rebaixar a dívida pública dos EUA de AAA para AA+, removendo-a efetivamente de sua lista de investimentos sem risco. Mercados financeiros rapidamente responderam a essa avaliação com a queda de 13% da média da indústria da Dow Jones Industrial durante a semana seguinte. Moody's e Fitch, duas outras grandes agências de crédito, porém, mantiveram suas avaliações da dívida pública dos EUA nos níveis mais altos. Com duas das três agências avaliando a dívida norte-americana no nível mais alto, o rendimento sobre essa dívida ainda é um indicador da taxa de risco? Só o tempo dirá.

FIGURA 5-3
Spread de títulos

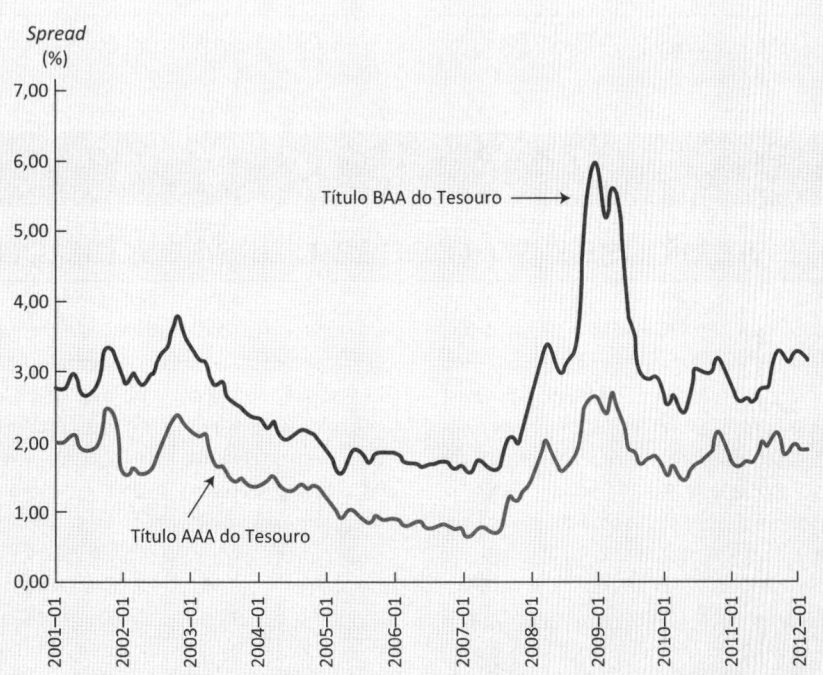

Observação: Todos os dados são provenientes do Banco de Dados Econômicos de St. Louis, Estados Unidos, Fred: http://research.stlouisfed.org/gred2. Os *spreads* são definidos como o rendimento sobre título de risco (AAA ou BAA) menos o rendimento sobre um título do Tesouro de 10 anos.

Autoavaliação

1. Diferencie títulos hipotecários de debêntures.
2. Prepare uma lista das principais agências de classificação e de alguns fatores que afetam as classificações dos títulos.
3. O que é o *spread* de um título?
4. Como as classificações dos títulos afetam o prêmio de risco de inadimplência?
5. Um *T-bond* de 10 anos possui um rendimento de 6%. Um título corporativo de 10 anos com classificação AA possui um rendimento de 7,5%. Se o título corporativo possui excelente liquidez, qual é a estimativa do prêmio de risco de inadimplência do título corporativo? **(1,5%)**

5-12   Prêmio de liquidez (LP)

Um ativo "líquido" pode ser convertido em dinheiro rapidamente e pelo "valor justo de mercado". Os ativos financeiros geralmente são mais líquidos do que os ativos reais. Uma vez que a liquidez é importante, os investidores incluem **prêmios de liquidez (*liquidity premium* – LPs)** quando as taxas de mercado dos títulos estão definidas. Embora seja difícil medir os prêmios de liquidez de maneira precisa, existe um diferencial de pelo menos dois pontos percentuais (e talvez até 4 ou 5 pontos percentuais) entre os ativos financeiros menos líquidos e os mais líquidos com risco de inadimplência e vencimento similares. Os títulos corporativos emitidos por empresas pequenas são negociados com menos frequência do que aqueles emitidos por grandes empresas, de forma que os títulos de empresas pequenas tendem a ter um prêmio de liquidez mais alto.

Conforme discutido no Capítulo 1, a liquidez, no mercado de títulos garantidos por hipoteca, evaporou em 2008 e no início de 2009. As poucas transações que ocorreram tiveram seus preços estabelecidos de tal forma que os rendimentos sobre esses MBS foram extremamente altos, em parte por causa de um prêmio de liquidez muito mais alto decorrente da liquidez extremamente baixa do MBS.

Autoavaliação

1. Qual título geralmente terá um prêmio de liquidez mais alto: um título emitido por uma grande empresa ou um emitido por uma pequena empresa?

As poucas e orgulhosas empresas classificadas como AAA

Empresas classificadas como AAA fazem parte de um grupo de elite. Nos últimos 20 anos, essa nata incluiu potências como 3M, Abbott Labs, BellSouth, ExxonMobil, GE, Kellogg, Microsoft e UPS. Apenas grandes empresas com fluxos de caixa estáveis conseguem entrar no grupo, e por anos elas protegeram suas classificações AAA com muita cautela. Nos últimos anos, porém, as empresas não financeiras classificadas como AAA entraram em extinção. Em março de 2012, agências com as melhores classificações (Fitch, S&P e Moody's) só concederam classificações mais altas a três empresas não financeiras que não tinham apoio governamental: ExxonMobil, XTO Energy (subsidiária da ExxonMobil) e Johnson & Johnson. Quando a lista se expande além das empresas não financeiras, é interessante observar que muitas das potências não apresentam fins lucrativos. Por exemplo, a Saddleback Valley Community Church, uma grande igreja localizada no sul da Califórnia, tem uma das melhores classificações, assim como o MIT e a Princeton University.

Por que tão poucas empresas recebem classificação AAA? Uma razão pode ser porque a recente crise financeira e recessão prejudicam a solvência mesmo de empresas grandes e estáveis. Uma explicação mais provável, no entanto, é que nos últimos anos empresas grandes e estáveis aumentaram seus níveis de dívida para conseguir vantagens maiores sobre a economia do que podem pagar. Com dívidas mais altas, essas empresas não são mais qualificáveis para a classificação mais alta. Em essência, elas sacrificam a classificação AAA por impostos mais baixos. Parece uma boa troca para você? Discutiremos como as empresas escolhem o nível de dívida no Capítulo 15.

Fonte: www.finra.org/Investors/InvestmentChoices/Bonds

5-13 | Prêmio de risco de vencimento (MRP)

Todos os títulos, até mesmo aqueles do Tesouro, estão expostos a duas fontes de risco adicionais: de taxa de juros e de reinvestimento. O efeito líquido dessas duas fontes de risco sobre o rendimento de um título é chamado de **prêmio de risco de vencimento (*maturity risk premium* – MRP)**. As seções seguintes explicam como o risco de taxa de juros e o de reinvestimento afetam o rendimento de um título.

5-13a Risco de taxa de juros

As taxas de juros sobem e descem ao longo do tempo, e um aumento nas taxas de juros leva a uma queda no valor dos títulos em circulação. O risco de uma queda nos valores dos títulos proveniente de um aumento nas taxas de juros é chamado de **risco de taxa de juros**. Para exemplificar, suponha que você tenha comprado alguns títulos da MicroDrive de 9% pelo preço de US$ 1.000 e as taxas de juros tenham subido no ano seguinte para 14%. Como vimos anteriormente, o preço dos títulos cairia para US$ 692,89, portanto você teria uma perda de US$ 307,11 por título.[17] As taxas de juros podem subir e realmente sobem, e o aumento nas taxas causa uma perda de valor para os titulares. Assim, os investidores de títulos estão expostos ao risco de flutuação nas taxas de juros.

Esse ponto pode ser explicado mostrando como o valor de um título de 1 ano com um cupom anual de 10% varia com as mudanças na r_d e em seguida comparando essas mudanças com aquelas de um título de 25 anos. O valor do título de 1 ano para $r_d = 5\%$ é demonstrado a seguir:

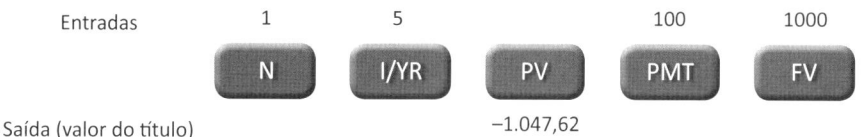

Utilizando uma calculadora ou uma planilha, você poderia calcular os valores de um título de 1 ano e de outro de 25 anos a várias taxas de juros de mercado correntes; esses resultados são apontados na Figura 5-4. Observe como o preço de um título de 25 anos é mais sensível às mudanças nas taxas de juros. A uma taxa de juros de 10%, os títulos de 1 e de 25 anos estão avaliados em $ 1.000. Quando as taxas sobem para 15%, o título de 25 anos cai para $ 676,79, mas o título de 1 ano cai para apenas $ 956,52.

Para títulos com cupons similares, esta sensibilidade diferencial a mudanças nas taxas de juros sempre é verdadeira: quanto maior é o vencimento do título, mais sensível é seu preço a determinada alteração nas taxas de juros. Assim, ainda que o risco de inadimplência de dois títulos seja exatamente o mesmo, aquele com o vencimento mais longo estará exposto a um risco maior associado com um aumento nas taxas de juros.

A explicação para essa diferença no risco de taxa de juros é simples. Suponha que você tenha comprado um título de 25 anos que rendeu 10% ou $ 100 por ano. Agora suponha que as taxas de juros sobre os títulos de risco comparável tenham subido para 15%. Você ficaria preso a apenas $ 100 de juros pelos próximos 25 anos. No entanto, se você comprou um título de um ano, teria um retorno baixo por apenas 1 ano. No fim do ano, você receberia $ 1.000 de volta e poderia, então, reinvestir esse valor e receber um retorno de 15% ($ 150) no próximo ano. Assim, o risco de taxas de juros reflete a duração de tempo em que alguém está comprometido com um investimento.

Além do vencimento, a sensibilidade à taxa de juros reflete o tamanho dos cupons de pagamento. Intuitivamente, isso acontece quando um valor alto de título de cupom é recebido antes do que um título de cupom de baixo valor com a mesma data de vencimento. Esse conceito intuitivo é medido por "duração", que encontra o número médio de anos que o PV do título de fluxos de caixa (cupons e pagamentos de capital) permanece circulante. Um título de cupom igual a zero, que não tem pagamentos até o vencimento, tem duração igual a seu vencimento. Títulos de cupons têm durações mais curtas do que o vencimento, e quanto mais alta a taxa de cupom, mais curta a duração.

---

[17] Você teria uma perda *contábil* (e fiscal) apenas se vendesse o título; se o mantivesse até o vencimento, não teria tal perda. No entanto, mesmo que você não o vendesse, ainda teria sofrido uma *perda econômica real no sentido de custo de oportunidade*, pois teria perdido a oportunidade de investir a 14% e estaria preso a um título de 9% em um mercado de 14%. No sentido econômico, "as perdas de papel" são tão ruins quanto as perdas contábeis realizadas.

A CRISE ECONÔMICA MUNDIAL

A crise econômica global – Medo e racionalidade

O gráfico a seguir mostra duas medidas referentes ao medo. Uma delas é o spread "Hi-Yield" entre os rendimentos sobre títulos "podres" e títulos do Tesouro. A segunda é o **spread TED**, que é a diferença entre a taxa LIBOR em 3 meses e a taxa T-bill em 3 meses. Ambas são medidas de aversão a risco. O spread Hi-Yield mede a quantidade de compensação extra que os investidores necessitam para induzi-los a adquirir títulos "podres" arriscados. O spread TED mede a compensação extra que os bancos requerem para induzi-los a emprestar uns aos outros. Observe que os títulos estavam com valores muito baixos de meados de 2003 ao final de 2007. Durante os anos de crescimento, investidores e banqueiros tinham um apetite voraz para o risco e não exigiam um grande retorno. Mas à medida que a economia começou a deteriorar, em 2008, investidores e banqueiros reverteram o curso e se tornaram extremamente avessos ao risco, com os spreads disparando. Curiosamente, o apetite por riscos, anterior à crise financeira, aparentemente havia retornado, com os spreads novamente

muito baixos. É difícil conciliar estas mudanças drásticas na aversão a riscos com um comportamento cuidadoso, deliberado e racional!

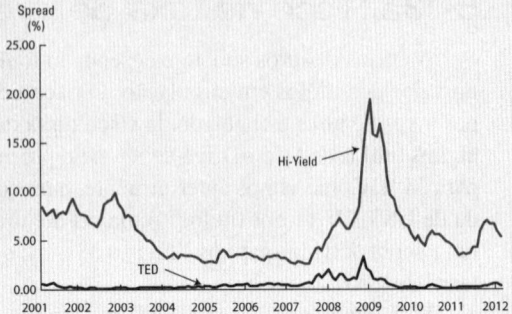

Fonte: O spread "Hi-Yield" é o valor médio mensal do BofA Merrill Lynch US High Yield Master II Effective Yield menos o rendimento do Título AAA tesouro em 10 anos. O TED é a diferença entre a taxa LIBOR em 3 meses e a taxa do T-bill em 3 meses. Todos os dados são do Banco de Dados de Economia, do Federal Reserve Bank of St. Louis: **http://research.stlouisfed.org/fred2.**

FIGURA 5-4

Valor de títulos com cupom anual de 10% de longo e curto prazos a diferentes taxas de juros de mercado

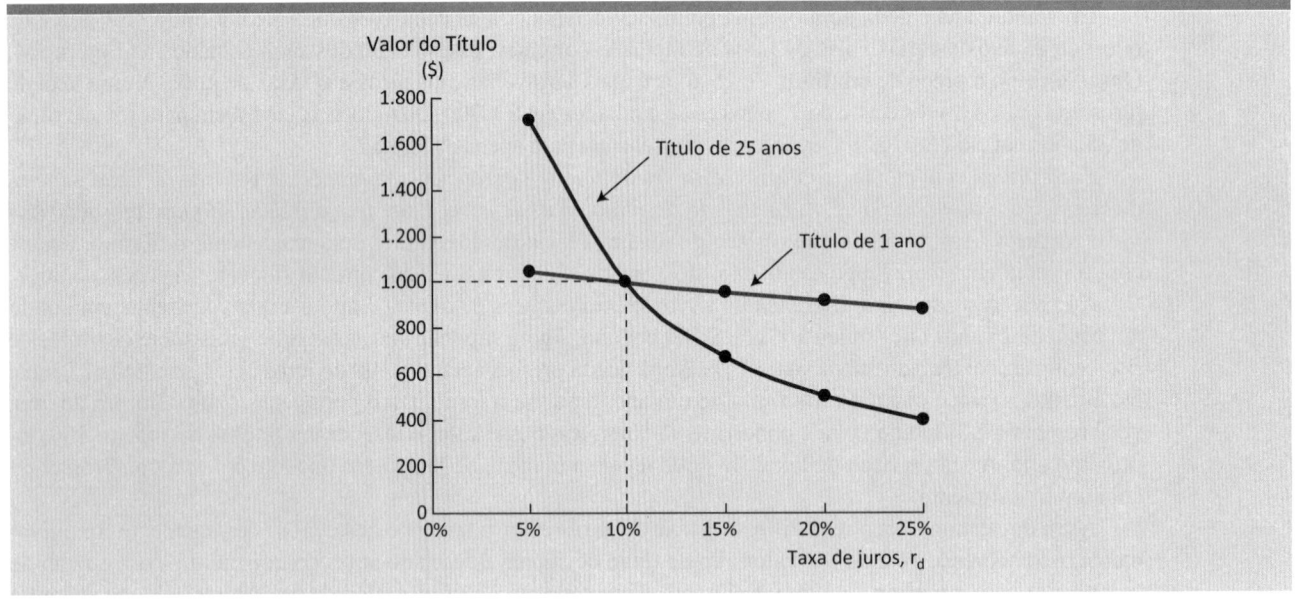

© Cengage Learning 2014

A duração mede a sensibilidade de um título a taxas de juros no seguinte sentido? Devido a uma mudança nas taxas de juros, a alteração na porcentagem no preço de um título é proporcional a sua duração:[18]

$$\% \text{ de mudança em } V_B = (\% \text{ de mudança em } 1 + r_d)(-\text{Duração})$$

A função DURAÇÃO do *Excel* oferece um jeito simples de calcular a duração de um título.

---

[18] Isso acontece quando a estrutura temporal (que discutiremos na seção 5-14) é plana e pode apenas subir ou descer. Entretanto, outras medidas de duração podem ser desenvolvidas para outros pressupostos de estrutura temporal.

5-13b Risco de taxa de reinvestimento

Como vimos na seção anterior, um *aumento* nas taxas de juros prejudicará os titulares, pois causará uma queda no valor da carteira de títulos. Mas uma *redução* nas taxas de juros também pode prejudicar os titulares? A resposta é "sim", pois, se as taxas de juros caírem, um titular poderá sofrer uma redução em sua renda. Por exemplo, considere um aposentado que possui uma carteira de títulos e vive da renda dessa carteira. Os títulos possuem, em média, uma taxa de cupom de 10%. Agora, suponha que as taxas de juros caiam para 5%. Os títulos de curto prazo vencerão e, quando isso acontecer, terão de ser substituídos por títulos de menor rendimento. Além disso, vários dos títulos de longo prazo restantes podem ser resgatados, e, quando um resgate acontecer, o titular terá de substituir os títulos de 10% por outros de 5%. Dessa forma, nosso aposentado sofrerá uma redução de renda.

O risco de queda na renda em função de uma redução nas taxas de juros é chamado de **risco de taxa de reinvestimento**, que é, obviamente, mais alto para títulos resgatáveis. Ele também é alto para títulos de vencimento curto, pois quanto menor o vencimento de um título, menos anos em que a antiga taxa de juros relativamente alta será recebida e mais cedo os fundos terão de ser reinvestidos pela nova taxa baixa. Assim, aposentados que possuem principalmente títulos de curto prazo, como CDs bancários e obrigações de curto prazo, são extremamente prejudicados por uma queda nas taxas, enquanto os detentores de títulos de longo prazo continuam a aproveitar as antigas taxas altas.

5-13c Comparando o risco de taxa de juros e o risco de taxa de reinvestimento: o prêmio de risco de vencimento

Observe que o risco de taxa de juros se refere ao *valor* dos títulos em uma carteira, enquanto o risco de taxa de reinvestimento refere-se à *renda* que a carteira produz. Se você possui títulos de longo prazo, enfrentará muito risco de taxa de juros, pois o valor de seus títulos cairá se as taxas de juros subirem; no entanto, você não enfrentará muito risco de taxa de reinvestimento, de forma que sua renda será estável. Entretanto, se você possui títulos de curto prazo, não estará exposto a muito risco de taxa de juros, pois o valor de sua carteira será estável, mas estará exposto a um risco de taxa de reinvestimento considerável, tendo em vista que sua renda flutuará de acordo com as mudanças nas taxas de juros. Concluímos, portanto, que nenhum título de taxa fixa pode ser considerado totalmente livre de riscos – até mesmo a maioria dos títulos do Tesouro está exposta a risco de taxa de juros e risco de taxa de reinvestimento.[19]

Os preços dos títulos refletem as atividades de negociações de investidores marginais, definidos como aqueles que negociam com frequência e somas grandes o suficiente para determinar os preços dos títulos. Ainda que um investidor em particular possa ser mais avesso ao risco de reinvestimento do que ao risco de taxa de juros, os dados sugerem que o investidor marginal é mais avesso ao risco de taxa de juros do que ao risco de reinvestimento. A fim de induzir o investidor marginal a assumir o risco de taxa de juros, os títulos de longo prazo devem possuir uma taxa de retorno esperada mais alta do que os títulos de curto prazo. Permanecendo todos os demais itens inalteráveis, esse retorno adicional é o prêmio de risco de vencimento (MRP).

Autoavaliação

1. Diferencie risco de taxa de juros de risco de taxa de reinvestimento.
2. A qual tipo de risco os detentores de títulos de longo prazo estão mais expostos? E os detentores de títulos de curto prazo?
3. Assuma que a taxa livre de riscos real é r* = 3% e a taxa de inflação média prevista é 2,5% para um futuro previsível. O DRP e o LP de um título são 1% cada um e o MRP aplicável é 2%. Qual é o rendimento do título? **(9,5%)**

5-14 A estrutura de prazos das taxas de juros

A **estrutura de prazos das taxas de juros** descreve a relação entre taxas de longo e de curto prazos. A estrutura de prazos é importante tanto para os tesoureiros das companhias decidirem se tomam empréstimos

---

[19] Embora os títulos do Tesouro indexados quase não possuam riscos, eles pagam uma taxa real relativamente baixa. Observe também que os riscos não desaparecem – eles simplesmente foram transferidos dos titulares para os contribuintes.

FIGURA 5-5

Taxas de juros de títulos do Tesouro norte-americano em diferentes datas

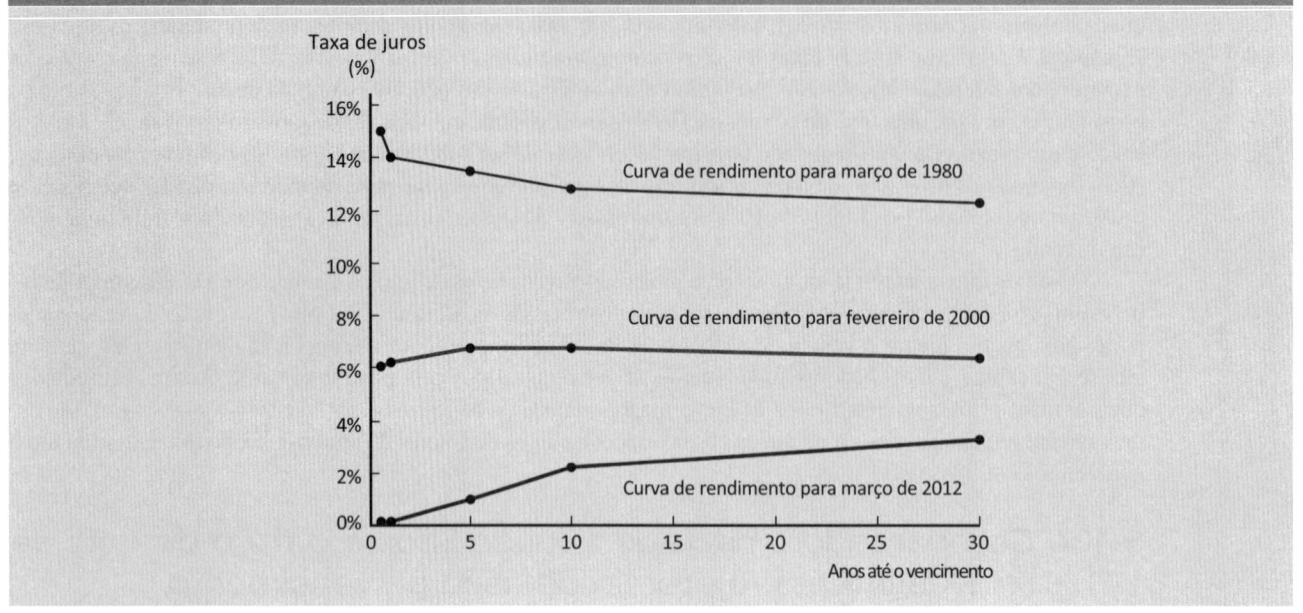

© Cengage Learning 2014

emitindo dívida de longo ou curto prazo como para os investidores decidirem se compram títulos de longo ou curto prazo.

As taxas de juros para títulos com vencimentos diferentes podem ser obtidas em várias publicações, como *The Wall Street Journal* e o *Federal Reserve Bulletin*, e em inúmeros *sites*, como Bloomberg, Yahoo!, CNN Financial e Federal Reserve Board. Podemos determinar a estrutura de prazo para qualquer período utilizando os dados de taxas de juros dessas fontes. Por exemplo, a Figura 5-5 apresenta as taxas de juros para diferentes vencimentos em três datas diferentes. O conjunto de dados para uma determinada data, quando demonstrado em um gráfico como na Figura 5-5, é chamado de **curva de rendimento** para aquela data.

Como a figura mostra, a curva de rendimento muda tanto de posição como de inclinação ao longo do tempo. Em março de 1980, todas as taxas eram bastante altas porque uma inflação alta estava prevista. Todavia, previa-se que a taxa de inflação sofreria queda, portanto o prêmio de inflação (IP) foi maior para os títulos de curto prazo do que para os de longo prazo. Isso fez com que os rendimentos de curto prazo fossem mais altos do que os de longo prazo, resultando em uma *curva de rendimento* com inclinação descendente. Em fevereiro de 2000, a inflação tinha, de fato, caído, e, assim, todas as taxas estavam mais baixas. A curva de rendimento tornou-se **arqueada** – as taxas de prazo médio estavam mais altas do que as taxas de curto ou longo prazo. Em março de 2012, todas as taxas caíram para um valor abaixo dos níveis de 2000. Como as taxas de curto prazo caíram para um nível abaixo do nível das taxas de longo prazo, a curva de rendimento teve *inclinação ascendente.*

Historicamente, as taxas de longo prazo foram geralmente mais altas do que as de curto prazo por causa do prêmio de risco de vencimento; assim, a curva de rendimento usualmente teve inclinação ascendente. Por esse motivo, a curva de rendimento com inclinação ascendente frequentemente é chamada de **curva de rendimento "normal"**, e uma curva de rendimento com inclinação descendente é denominada **curva invertida** ou **"anormal"**. Assim, na Figura 5-5, a curva de rendimento para março de 2012 foi invertida, enquanto a curva de rendimento em março de 2009 foi normal. Conforme mencionado, a curva de fevereiro de 2000 foi arqueada.

Alguns acadêmicos e profissionais afirmam que os grandes negociadores de títulos que compram e vendem títulos com vencimentos diferentes dominam o mercado a cada dia. De acordo com essa visão, um negociador de títulos está disposto a comprar tanto um título de 30 anos para obter lucro de curto prazo como um título de 3 meses. Os defensores rigorosos dessa visão discutem que o formato da curva de rendimento é, portanto, determinado apenas pelas expectativas do mercado sobre as taxas de juros futuras, uma posição que é chamada de **teoria das expectativas puras** ou, algumas vezes, apenas de **teoria das expectativas**. Se isso fosse verdade, o MRP seria zero e as taxas de juros de longo prazo seriam simplesmente uma média ponderada das taxas de juros de curto prazo futuras estimadas e das taxas de juros correntes.

Autoavaliação

1. O que é uma curva de rendimento e quais informações seriam necessárias para que você desenhasse essa curva?
2. Distinga os formatos das curvas de rendimento "normal", "anormal" e "arqueada".
3. Se as taxas de juros sobre títulos de 1, 5, 20 e 30 anos são (respectivamente) 4%, 5%, 6% e 7%, como você descreveria a curva de rendimento? Como você a descreveria se as taxas fossem revertidas?

5-15   Financiamentos com títulos de alto risco

Lembre-se de que os títulos com classificação inferior a BBB são títulos com alto risco de crédito, também chamados de títulos de alto risco ou dívida de alta remuneração. Há duas maneiras de um título se tornar um título duvidoso. Ele pode ter sido um título com classificação de crédito quando foi emitido, mas sua classificação caiu porque a companhia emissora passou por tempos difíceis. Esses títulos são chamados de "anjos caídos" e havia muitos tais títulos enquanto escrevíamos isso, em 2012.

Alguns títulos são de alto risco no momento em que são emitidos, mas isso não foi sempre verdade. Antes dos anos 1980, investidores de renda fixa, tais como fundos de pensão e seguradoras, geralmente não desejavam comprar títulos com risco, portanto era quase impossível que as empresas com riscos levantassem capital nos mercados de títulos públicos. No fim dos anos 1970, Michael Milken do banco de investimento Drexel Burnham Lambert, com base em estudos históricos que mostravam que os títulos com risco rendiam mais do que o suficiente para compensar seus riscos, convenceu investidores institucionais de que os rendimentos de títulos de alto risco valiam o risco. Assim, foi criado o mercado de títulos de alto risco.

Nos anos 1980, grandes investidores como T. Boone Pickens e Henry Kravis acharam que determinadas empresas de linha antiga eram administradas de forma ineficiente e também foram financiadas de maneira conservadora. Os invasores corporativos foram capazes de aplicar um pouco de seu próprio dinheiro, tomar emprestado o restante por meio de títulos de alto risco e assumir o controle da empresa-alvo, geralmente privatizando a empresa. O fato de que os juros sobre os títulos eram dedutíveis de impostos, combinado com os índices de endividamento muito mais altos das empresas reestruturadas, também aumentou os fluxos de caixa após impostos e ajudou a tornar os negócios viáveis. Como essas transações usaram muita dívida, elas foram chamadas de **compras alavancadas (*leveraged buyouts* – LBOs)**.

Nos últimos anos, as empresas privadas conduziram transações muito similares às LBOs dos anos 1980, aproveitando as taxas dos títulos de alto risco historicamente baixas para ajudar a financiar suas compras. Por exemplo, em 2007, a Kohlberg Kravis Roberts and Company (KKR) privatizou a revendedora Dollar General em uma negociação de $ 6,9 bilhões. Como parte da transação, a Dollar General emitiu $ 1,9 bilhão em títulos de alto risco. Assim, a KKR financiou 73% do negócio com seu próprio caixa (proveniente de seu próprio patrimônio e de dinheiro que ela tomou emprestado por sua própria conta) e 27% do negócio com dinheiro levantado pela Dollar General, para um investimento líquido de cerca de US$ 5 bilhões. No final de 2009, a KKR tornou a Dollar General pública novamente a US$ 21 por ação com um valor de mercado resultante de patrimônio de US$ 7,1 bilhões e uma vitória muito limpa!

Autoavaliação

1. O que são títulos de alto risco?

5-16   Falência e reestruturação

Quando um negócio se torna *insolvente*, ele não possui caixa suficiente para saldar os pagamentos de juros e do principal. Uma decisão deve ser tomada para dissolver a empresa por meio de *liquidação* ou para permitir que ela *se reestruture* e, portanto, permaneça ativa. Essas questões são abordadas nos Capítulos 7 e 11 das leis federais de falência, e a decisão final é tomada por um juiz do tribunal federal de falências.

A decisão de forçar uma empresa a liquidar ou permitir que ela seja reestruturada depende da probabilidade de o valor da empresa reestruturada ser ou não maior do que o valor dos ativos da empresa se estes forem vendidos separadamente. Em uma reestruturação, os credores da empresa negociam com a administração os termos de uma reestruturação potencial. O plano de reestruturação pode exigir uma *reestruturação* da dívida da empresa, caso em que a taxa de juros pode ser reduzida, o prazo de vencimento estendido ou algumas das dívidas podem ser trocadas por capital. O objetivo da reestruturação é reduzir os encargos financeiros a um nível que os fluxos de caixa da empresa possam suportar. Certamente, os proprietários de ações ordinárias também têm de desistir de algo: eles frequentemente veem sua participação diluída como resultado de ações adicionais dadas aos detentores de títulos de dívida em troca de aceitar um montante menor do principal da dívida e de juros. De fato, os proprietários de ações ordinárias originais geralmente terminam com nada. Um agente fiduciário pode ser nomeado pelo tribunal para supervisionar a reestruturação, mas geralmente a administração existente tem permissão para manter o controle.

A liquidação ocorre se uma empresa é considerada muito longe de ser salva – vale mais morta do que viva. Se o tribunal de falências determinar a liquidação, os ativos serão vendidos e o dinheiro obtido será distribuído, conforme especificado no Capítulo 7 da Lei de Falências. A prioridade dos créditos é a seguinte: (1) impostos de propriedades vencidos; (2) credores segurados que têm direito ao dinheiro obtido com a venda da garantia; (3) os custos do agente fiduciário de administrar e operar a empresa falida; (4) despesas incorridas após o pedido de falência; (5) salários de trabalhadores, até um limite de $ 2.000 por trabalhador; (6) créditos para contribuições não pagas para planos de benefício de funcionários (com salários e créditos não excedendo $ 2.000 por funcionário); (7) créditos não segurados para depósitos de clientes de até $ 900 por cliente; (8) tributos locais, estaduais e federais devidos; (9) obrigações de planos de pensão não cobertas (embora existam algumas limitações); (10) credores gerais não segurados; (11) proprietários de ações preferenciais (até o valor nominal de suas ações); e (12) proprietários de ações ordinárias (embora, geralmente, nada reste).

Os principais pontos que você tem de saber são: (1) as leis federais de falência regem tanto a reestruturação como a liquidação, (2) falências ocorrem frequentemente e (3) uma prioridade dos créditos especificados deve ser seguida durante a distribuição dos ativos da empresa liquidada.

Autoavaliação

1. Diferencie uma liquidação do Capítulo 7 de uma reestruturação do Capítulo 11. Prepare uma lista de prioridade de créditos para a distribuição dos ativos de uma empresa liquidada.

Resumo

Este capítulo descreveu os diferentes tipos de títulos que governos e companhias emitem, explicou como os preços dos títulos são estabelecidos e discutiu como os investidores estimam as taxas de retorno que eles esperam ganhar. A taxa de retorno exigida pelos detentores da dívida é o custo da dívida antes de impostos e depende do risco que os investidores enfrentam quando compram os títulos.

- Um **título** é uma nota promissória de longo prazo emitida por uma unidade de negócios ou governamental. O emissor recebe dinheiro em troca da promessa de efetuar pagamentos de juros e pagar o principal em uma data futura especificada.
- Alguns tipos especiais de financiamentos de longo prazo incluem **títulos sem cupom de juros**, que não pagam juros anuais, mas são emitidos com desconto. Outros tipos são **dívida de taxa variável**, cujos pagamentos de juros flutuam com mudanças nas taxas de juros, e **títulos de alto risco**, que são instrumentos com alta remuneração e alto risco emitidos por empresas que utilizam grande quantidade de alavancagem financeira.
- Uma **cláusula de resgate** concede à companhia emissora o direito de resgatar os títulos antes do vencimento nas condições especificadas, geralmente a um preço maior do que o valor de vencimento (a diferença é um **prêmio de resgate**). Uma empresa geralmente resgatará um título se as taxas de juros caírem substancialmente para um valor abaixo da taxa de cupom.
- Um **fundo de amortização** é uma provisão que exige que a companhia resgate uma parte da emissão dos títulos todo ano. O objetivo desse fundo é propiciar o resgate ordenado da emissão. Um típico fundo de amortização não exige prêmio de resgate.
- O **valor de um título** é obtido como o valor presente de uma **renda continuada** (os pagamentos de juros) mais o valor presente de um pagamento único (o **principal**). O título é avaliado pela taxa de juros periódica apropriada sobre o número de períodos para os quais os pagamentos de juros são realizados.
- A equação utilizada para obter o valor de um título com cupom anual é a seguinte:

$$V_B = \sum_{t=1}^{N} \frac{INT}{(1 + r_d)^t} + \frac{M}{(1 + r_d)^N}$$

- Deve ser feito um ajuste à fórmula se o título pagar juros **semestralmente**: dividir INT e r_d por 2 e multiplicar N por 2.
- A taxa de retorno esperada para um título mantido até o vencimento é definida como o **rendimento até o vencimento (YTM)**:

$$\text{Preço do título} = \sum_{t=1}^{N} \frac{\text{INT}}{(1 + \text{YTM})^t} + \frac{M}{(1 + \text{YTM})^N}$$

- A taxa de retorno esperada para um título resgatável mantido até sua data de resgate é definida como **rendimento até o resgate (YTC)**.
- A **taxa de juros nominal** (ou **cotada**) sobre um título de dívida, r_d, é composta pela taxa real livre de riscos, r*, mais os prêmios que refletem a inflação (IP), o risco de inadimplência (DRP), a liquidez (LP) e o risco de vencimento (MRP):

$$r_d = r^* + \text{IP} + \text{DRP} + \text{LP} + \text{MRP}$$

- A **taxa de juros livre de riscos**, r_{RF}, é definida como a taxa real livre de riscos, r*, mais prêmio de inflação (IP): $r_{RF} = r^* + \text{IP}$.
- **Títulos do Tesouro protegidos contra inflação (Tips)** são títulos do Tesouro norte-americano que não possuem risco de inflação.
- Quanto mais longa a data de vencimento de um título, mais seu preço irá mudar em resposta a dada mudança nas taxas de juros; isso é chamado de **risco de taxa de juros**. Entretanto, títulos com datas de vencimento mais curtas expõem os investidores a alto **risco de taxa de reinvestimento**, que é o risco que o rendimento que uma carteira obrigacionista recusará porque os fluxos de caixa recebidos de títulos serão reinvestidos a taxas de juros mais baixas.
- **Duração** é uma medida de risco de taxa de juros.
- Títulos corporativos e municipais possuem **risco de inadimplência**. Se um emissor se tornar inadimplente, os investidores receberão menos do que o retorno prometido sobre o título. Portanto, os investidores devem avaliar o risco de inadimplência do título antes de realizar uma compra.
- Os títulos recebem **classificações** que refletem a probabilidade de se tornarem inadimplentes. A classificação mais alta é AAA e vai até D. Quanto mais alta é a classificação de um título, mais baixo é seu risco e, portanto, sua taxa de juros.
- A relação entre os rendimentos e os vencimentos dos títulos é conhecida como **estrutura de prazos das taxas de juros**, e a **curva de rendimento** é um gráfico dessa relação.
- A forma da curva de rendimento depende de dois fatores principais: (1) *expectativas sobre inflação futura* e (2) *percepções sobre o risco relativo de títulos com vencimentos diferentes.*
- A curva de rendimento normalmente **possui uma inclinação ascendente** – denominada **curva de rendimento normal**. Todavia, a curva poderá ter uma inclinação descendente (uma **curva de rendimento invertida**) se houver a expectativa de que a taxa de inflação caia. A curva de rendimento também pode ser **arqueada**, o que significa que as taxas de juros sobre vencimentos de médio prazo são mais altas do que as taxas sobre vencimentos de curto e longo prazos.
- A **teoria das expectativas** diz que os rendimentos sobre títulos de longo prazo refletem as taxas de juros esperadas futuras.

Perguntas

(5-1) Defina as expressões e os termos apresentados a seguir:
   a. Título, título do Tesouro, título corporativo, título municipal e título estrangeiro.
   b. Valor nominal, data de vencimento, pagamento de cupom e taxa de juros de cupom.
   c. Título de taxa variável, título sem cupom de juros e título com desconto de emissão original (OID).
   d. Cláusula de resgate, título resgatável e fundo de amortização.
   e. Título conversível, bônus de subscrição, título de renda e título indexado à inflação.
   f. Título com prêmio e título com desconto.
   g. Rendimento corrente (de um título), rendimento até o vencimento (YTM) e rendimento até o resgate (YTC).
   h. Escrituras de emissão, título hipotecário, debênture e debênture subordinada.

    i. Título de desenvolvimento, seguro de título municipal, título de alto risco e título com classificação de crédito.

    j. Taxa de juros real livre de riscos, r*, e taxa de juros nominal livre de riscos, r_{RF}.

    k. Prêmio de inflação (IP), prêmio de risco de inadimplência (DRP) e prêmio de liquidez (LP).

    l. Risco de taxa de juros, prêmio de risco de vencimento (MRP) e risco de taxa de reinvestimento.

    m. Estrutura de prazo de taxas de juros e curva de rendimento.

    n. Curva de rendimento "normal" e curva de rendimento invertida ("anormal").

(5-2) "As taxas de juros de curto prazo são mais voláteis do que as taxas de juros de longo prazo, portanto os preços dos títulos de curto prazo são mais sensíveis a mudanças nas taxas de juros do que os preços de títulos de longo prazo." Essa declaração é verdadeira ou falsa? Explique.

(5-3) A taxa de retorno sobre um título mantido até o vencimento é chamada de rendimento até o vencimento. Se as taxas de juros na economia subirem após a emissão de um título, o que acontecerá com o preço do título e seu YTM? O período até o vencimento afeta a sensibilidade do preço do título a uma determinada alteração nas taxas de juros? Por quê?

(5-4) Se você comprar um título *resgatável* e as taxas de juros caírem, o valor de seu título aumentará tanto quanto teria aumentado se o título não fosse resgatável? Explique.

(5-5) Um fundo de amortização pode ser estabelecido de duas formas. Aponte as vantagens e desvantagens de cada procedimento do ponto de vista da empresa e dos titulares.

Problemas de autoavaliação – A solução está no Apêndice A

(PA-1) **Avaliação de títulos** – A Pennington Corporation emitiu uma nova série de títulos em 1º de janeiro de 1990. Os títulos eram vendidos pelo valor nominal (US$ 1.000), possuíam um cupom de 12% e venciam em 30 anos, em 31 de dezembro de 2019. Os pagamentos de cupom foram realizados semestralmente (em 30 de junho e 31 de dezembro).

    a. Qual foi o YTM na data em que os títulos foram emitidos?

    b. Qual era o preço dos títulos em 1º de janeiro de 1995 (5 anos depois), assumindo que as taxas de juros caíram para 10%?

    c. Encontre o rendimento corrente, o rendimento de ganhos de capital e o rendimento total em 1º de janeiro de, 1995, considerando o preço determinado no item b.

    d. Em 1º de julho de 2013 (6 anos e meio antes do vencimento), os títulos da Pennington eram vendidos por US$ 916,42. Quais são o YTM, o rendimento corrente e o rendimento de ganhos de capital para essa data?

    e. Suponha agora que você planeje comprar um título em circulação da Pennington em 1º de março de 2013, quando a taxa de juros corrente, dado seu risco, é de 15,5%. Qual é o valor do cheque que você deve emitir para fechar a transação? *(Dica:* Não se esqueça dos juros acumulados.)

Problemas – As soluções estão no Apêndice B

Problemas fáceis 1-6

(5-1) **Avaliação de títulos com pagamentos anuais** – Os títulos da Jackson Corporation possuem 12 anos restantes até o vencimento. Os juros são pagos anualmente, os títulos possuem um valor nominal de $ 1.000 e taxa de juros de cupom de 8%. Os títulos possuem um rendimento até o vencimento de 9%. Qual é o preço de mercado corrente desses títulos?

(5-2) **Rendimento até o vencimento para pagamentos anuais** – Os títulos da Wilson Wonders possuem 12 anos restantes até o vencimento. Os juros são pagos anualmente, os títulos possuem um valor nominal de $ 1.000 e taxa de juros de cupom de 10%. Os títulos são vendidos pelo preço de $ 850. Qual é o rendimento até o vencimento?

(5-3) **Rendimento corrente para pagamentos anuais** – Os títulos da Heath Foods possuem 7 anos restantes até o vencimento. Eles possuem um valor nominal de $ 1.000 e rendimento até o vencimento de 8%. Eles pagam juros anualmente e possuem uma taxa de cupom de 9%. Qual é o rendimento corrente?

(5-4) **Determinante de taxas de juros** – A taxa de juros real livre de riscos é de 4%. A inflação prevista para este ano é de 2%, e para os próximos 2 anos, de 4%. Suponha que o prêmio de risco de vencimento seja zero. Qual é o rendimento de títulos do Tesouro de 2 anos? Qual é o rendimento de títulos do Tesouro de 3 anos?

(5-5) **Prêmio de risco de inadimplência** – Um título do Tesouro que vence em 10 anos possui um rendimento de 6%. Um título corporativo de 10 anos possui um rendimento de 9%. Suponha que o prêmio de liquidez do título corporativo seja de 0,5%. Qual é o prêmio de risco de inadimplência do título corporativo?

(5-6) **Prêmio de risco de vencimento** – A taxa real livre de riscos é de 3% e a inflação prevista para os próximos 2 anos é de 3%. Um título do Tesouro de 2 anos rende 6,3%. Qual é o prêmio de risco de vencimento para um título de 2 anos?

Problemas intermediários 7-20

(5-7) **Avaliação de títulos com pagamentos semestrais** – A Renfro Rentals emitiu títulos que possuíam uma taxa de cupom de 10%, a ser paga semestralmente. Os títulos vencem em 8 anos, têm um valor nominal de $ 1.000 e um rendimento até o vencimento de 8,5%. Qual é o preço dos títulos?

(5-8) **Rendimento até o vencimento e resgate com pagamentos semestrais** – Os títulos da Thatcher Corporation vencerão em 10 anos. Eles possuem um valor nominal de $ 1.000 e uma taxa de cupom de 8%, paga semestralmente. O preço dos títulos é $ 1.100. Eles são resgatáveis em 5 anos a um preço de resgate de $ 1.050. Qual será o rendimento até o vencimento? Qual será o rendimento até o resgate?

(5-9) **Avaliação de títulos e risco de taxa de juros** – A Garraty Company possui duas emissões de títulos em circulação. Ambos pagam $ 100 de juros anuais mais $ 1.000 no vencimento. O título L possui um vencimento de 15 anos, e o título S, um vencimento de 1 ano.

    a. Qual será o valor de cada um desses títulos quando a taxa de juros corrente for (1) 5%, (2) 8% e (3) 12%? Suponha que haja apenas mais um pagamento de juros a ser realizado sobre o título S.

    b. Por que o título de prazo mais longo (15 anos) flutua mais quando as taxas de juros mudam do que o título de prazo mais curto (1 ano)?

(5-10) **Rendimento até o vencimento e retornos exigidos** – Os títulos da Brownstone Corporation possuem 5 anos restantes até o vencimento. Os juros são pagos anualmente, eles possuem um valor nominal de $ 1.000 e taxa de juros de cupom de 9%.

    a. Qual será o rendimento até o vencimento a um preço de mercado corrente de (1) $ 829 ou (2) $ 1.104?

    b. Você pagaria $ 829 por um desses títulos se achasse que a taxa de juros apropriada era de 12%, isto é, se $r_d = 12\%$? Explique sua resposta.

(5-11) **Rendimento até o resgate e taxas de retorno realizadas** – Sete anos atrás, a Goodwynn & Wolf Incorporated (G&W) vendeu uma emissão de títulos de 20 anos com uma taxa de cupom anual de 14% e um prêmio de resgate de 9%. Hoje, a G&W resgatou os títulos. Eles foram originalmente vendidos pelo valor nominal de $ 1.000. Calcule a taxa de retorno realizada para os investidores que compraram os títulos quando foram emitidos e que atualmente os entregaram em troca do preço de resgate.

(5-12) **Rendimentos de títulos e taxas de retorno** – Um título de 10 anos, com cupom semestral de 12% e valor nominal de $ 1.000 pode ser resgatado em 4 anos a um preço de resgate de $ 1.060. Ele é vendido a $ 1.100. (Suponha que o título tenha acabado de ser emitido.)

    a. Qual será o rendimento até o vencimento do título?

    b. Qual será o rendimento corrente do título?

    c. Qual será o rendimento de ganho ou perda de capital do título?

    d. Qual será o rendimento até o resgate do título?

(5-13) **Rendimento até o vencimento e rendimento corrente** – Você acabou de comprar um título que vence em 5 anos. Ele possui um valor nominal de $ 1.000 e cupom anual de 8%. O título possui um rendimento corrente de 8,21%. Qual será o rendimento até o vencimento do título?

(5-14) **Rendimento corrente com pagamentos semestrais** – Um título que vence em 7 anos é vendido a $ 1.020. Ele possui um valor nominal de $ 1.000 e rendimento até o vencimento de 10,5883%. O título paga cupons semestralmente. Qual é o rendimento corrente do título?

(5-15) **Rendimento até o resgate, rendimento até o vencimento e taxas de mercado** – A Absalom Motors possui títulos com uma taxa de cupom de 14%, paga semestralmente, valor nominal de $ 1.000 e vencimento de 30 anos, resgatáveis daqui a 5 anos a um preço de $ 1.050. Os títulos são vendidos pelo preço de $ 1.353,54 e a curva de rendimento é plana. Assumindo que as taxas de juros na economia devem permanecer em seu nível atual, qual é a melhor estimativa da taxa de juros nominal dos novos títulos?

(5-16) **Sensibilidade das taxas de juros** – Um negociador de títulos comprou os títulos a seguir com um rendimento até o vencimento de 8%. Imediatamente após ter comprado os títulos, as taxas de juros caíram para 7%. Qual é a variação percentual no preço de cada título após a queda das taxas de juros? Preencha a seguinte tabela:

	PREÇO A 8%	PREÇO A 7%	VARIAÇÃO DA PORCENTAGEM
Título com vencimento de 10 anos, com cupom anual de 10%	___	___	___
Título com vencimento de 10 anos e cupom zero	___	___	___
Título com vencimento de 5 anos e cupom zero	___	___	___
Título com vencimento de 30 anos e cupom zero	___	___	___
Título de renda continuada de $ 100	___	___	___

(5-17) Valor do título à medida que o vencimento se aproxima – Um investidor possui dois títulos em sua carteira. Cada título vence em 4 anos, possui um valor nominal de $ 1.000 e rendimento até o vencimento igual a 9,6%. Um título, C, paga um cupom anual de 10%; o outro, Z, é um título sem cupom de juros. Assumindo que o rendimento até o vencimento de cada título permanecerá em 9,6% nos próximos 4 anos, qual será o preço de cada título nos períodos seguintes? Preencha a seguinte tabela:

T	PREÇO DO TÍTULO C	PREÇO DO TÍTULO Z
0	___	___
1	___	___
2	___	___
3	___	___
4	___	___

(5-18) Determinantes de taxas de juros – A taxa real livre de riscos é de 2%. A inflação prevista é de 3% para este ano, 4% para o próximo ano e 3,5% depois disso. O prêmio de risco de vencimento é estimado em $0,0005 \times (t - 1)$, em que t = número de anos até o vencimento. Qual é a taxa de juros nominal sobre um título do Tesouro de 7 anos?

(5-19) Prêmios de risco de vencimento – Assuma que a taxa real livre de riscos, r*, seja de 3% e a inflação prevista seja de 8% no ano 1, 5% no ano 2 e 4% depois disso. Assuma também que todos os títulos do Tesouro sejam altamente líquidos e livres de risco de inadimplência. Se os títulos do Tesouro de 2 anos e 5 anos rendem 10%, qual é a diferença nos prêmios de risco de vencimento (MRPs) dos dois títulos, ou seja, qual é o MRP_5 menos MRP_2?

(5-20) Prêmios de risco de inflação – Por causa de uma recessão, a taxa de inflação prevista para o próximo ano é de apenas 3%. No entanto, espera-se que no ano 2 e após isso ela seja constante em algum nível acima de 3%. Assuma que a taxa real livre de risco seja r* = 2% para todos os vencimentos e não haja prêmios de vencimento. Se os títulos de Tesouro de 3 anos rendem 2 pontos percentuais mais do que os títulos de 1 ano, qual é a taxa de inflação prevista após o ano 1?

Problemas desafiadores 21-23

(5-21) Avaliação de títulos e variações no vencimento e nos retornos exigidos – Suponha que a Hillard Manufacturing tenha vendido uma emissão de títulos com vencimento de 10 anos, valor nominal de $ 1.000, taxa de cupom de 10% e pagamentos de juros semestrais.

a. Dois anos após a emissão dos títulos, a taxa de juros corrente dos títulos caiu para 6%. Por qual preço os títulos seriam vendidos?

b. Suponha que, 2 anos após a oferta inicial, a taxa de juros corrente tenha subido para 12%. Por que preço os títulos seriam vendidos?

c. Suponha, assim como no item a, que as taxas de juros tenham caído para 6% 2 anos após a data de emissão. Suponha ainda que a taxa de juros permaneça em 6% nos próximos 8 anos. O que aconteceria com o preço dos títulos ao longo do tempo?

(5-22) Rendimento até o vencimento e rendimento até o resgate – Os títulos da Arnot International possuem um preço de mercado corrente de $ 1.200. Eles possuem um pagamento de cupom anual de 11%, valor nominal de $ 1.000 e 10 anos restantes até o vencimento. Os títulos podem ser resgatados em 5 anos a 109% do valor nominal (preço de resgate = $ 1.090).

a. Qual será o rendimento até o vencimento?

b. Qual será o rendimento até o resgate se eles forem resgatados em 5 anos?

c. Qual será o rendimento que os investidores poderão esperar desses títulos e por quê?

d. A escritura de emissão do título indica que a cláusula de resgate concede à empresa o direito de resgatar os títulos no encerramento de cada ano, a partir do ano 5. No ano 5, os títulos podem ser resgatados a 109% do valor nominal, mas, em cada um dos próximos 4 anos, a porcentagem de resgate será reduzida em 1 ponto percentual. Assim, no ano 6, eles podem ser resgatados a 108% do valor nominal, no ano 7 a 107% do valor nominal e assim sucessivamente. Se a curva de rendimento for horizontal e as taxas de juros permanecerem em seu nível atual, qual será a data mais próxima que os investidores podem esperar que a empresa resgate os títulos?

(5-23) **Determinantes de taxas de juros** – Suponha que você e a maioria dos outros investidores esperem que a taxa de inflação seja de 7% no próximo ano, caia para 5% no ano seguinte e permaneça em 3% após isso. Assuma que a taxa real livre de risco, r*, permanecerá em 2% e os prêmios de risco de vencimento de títulos do Tesouro subirão de zero para títulos de prazo muito curto (aqueles que vencem em alguns dias) para um nível de 0,2 ponto percentual para títulos de 1 ano. Além disso, os prêmios de risco de vencimento aumentam 0,2 ponto percentual para cada ano até o vencimento, até um limite de 1,0 ponto percentual sobre *T-notes* e *T-bonds* de 5 anos ou prazos mais longos.

a. Calcule a taxa de juros sobre títulos de Tesouro de 1, 2, 3, 4, 5, 10 e 20 anos e trace a curva de rendimento.

b. Agora suponha que os títulos da ExxonMobil, classificados como AAA, tenham os mesmos vencimentos que os títulos do Tesouro. Como uma aproximação, trace uma curva de rendimento da ExxonMobil no mesmo gráfico com a curva de rendimento dos títulos do Tesouro. *(Dica*: Pense no prêmio de risco de inadimplência dos títulos de longo prazo *versus* os de curto prazo da ExxonMobil.)

c. Agora, trace a curva de rendimento aproximada da Long Island Lighting Company, uma concessionária nuclear de risco.

Problema de planilha

(5-24) **Construa um modelo: avaliação de títulos** – Um título com cumpom semestral de 8%, vencimento de 20 anos e valor nominal de $ 1.000 pode ser resgatado em 5 anos a um preço de resgate de $1.040. O título é vendido a $ 1.000. (Assuma que ele tenha acabado de ser emitido.)

a. Qual é o rendimento até o vencimento do título?

b. Qual é o rendimento corrente do título?

c. Qual é o rendimento de perda ou ganho de capital do título?

d. Qual é o rendimento até o resgate do título?

e. Como o preço do título seria afetado por uma variação na taxa de juros de mercado corrente? *(Dica*: Faça uma análise de sensibilidade do preço a variações na taxa de juros de mercado corrente para o título. Suponha que ele seja resgatado se, e somente se, a taxa de juros corrente *cair abaixo* da taxa de cupom. Falamos em linhas gerais, mas assuma isso de qualquer forma para os objetivos deste problema.)

f. Agora, suponha que a data seja 25 de outubro de 2014. Suponha ainda que um título de 10 anos com taxa de 12% tenha sido emitido em 1º de julho de 2014, pague juros semestralmente (em 1º de janeiro e 1º de julho) e seja vendido por US$ 1.100. Utilize sua planilha para obter o rendimento do título.

Estudo de caso

Sam Strother e Shawna Tibbs são vice-presidentes da Mutual of Seattle Insurance Company e codiretores da divisão de administração de fundos de pensão da empresa. Um importante novo cliente, a North-Western Municipal Alliance, solicitou que a Mutual of Seattle apresente um seminário de investimentos para os prefeitos das cidades representadas, e Strother e Tibbs, que farão a apresentação real, pediram que você os ajudasse respondendo às seguintes perguntas:

a. Quais são as características principais de um título?

b. Quais são as cláusulas de resgate e de fundos de amortização? Essas cláusulas tornam os títulos mais ou menos arriscados?

c. Como se determina o valor de qualquer ativo que é baseado nos fluxos de caixa esperados futuros?

d. Como é determinado o valor de um título? Qual será o valor de um título com vencimento de 10 anos, valor nominal de $ 1.000 e cupom anual de 10% se sua taxa de retorno exigida for 10%?

e. (1) Qual seria o valor do título descrito no item d se, logo após ele ter sido emitido, a taxa de inflação prevista subisse 3 pontos percentuais, fazendo os investidores exigirem um retorno de 13%? Teríamos agora um título com desconto ou com prêmio?

(2) O que aconteceria com o valor do título se a inflação caísse e a r_d diminuísse para 7%? Teríamos agora um título com prêmio ou com desconto?

(3) O que aconteceria com o valor de um título de 10 anos ao longo do tempo se a taxa de retorno exigida permanecesse em 13%? E se permanecesse em 7%? *(Dica*: Com uma calculadora financeira, digite PMT, I/YR, FV e N e, em seguida, altere o N para ver o que acontece com o PV enquanto o título se aproxima de seu vencimento.)

f. (1) Qual é o rendimento até o vencimento de um título com vencimento de 10 anos, cupom anual de 9% e valor nominal de $ 1.000 que é vendido a $ 887,00? E com um título vendido a $ 1.134,20? O que diz o fato de um título ser vendido com desconto ou prêmio sobre a relação entre r_d e taxa de cupom do título?

(2) Quais são o retorno total, o rendimento corrente e o rendimento de ganhos de capital para um título com desconto? (Assuma que o título seja mantido até o vencimento e não haja inadimplência por parte da empresa.)

g. Como a equação para avaliar um título muda se forem realizados pagamentos semestrais? Encontre o valor de um título com cupom de 10%, pagamento semestral e vencimento de 10 anos se a r_d nominal = 13%.

h. Suponha que um título com cupom semestral de 10%, vencimento de 10 anos e valor nominal de $ 1.000 esteja atualmente sendo vendido por $ 1.135,90, produzindo um rendimento nominal até o vencimento de 8%. Contudo, o título pode ser resgatado após 5 anos pelo preço de $ 1.050.

(1) Qual será o rendimento *nominal* até o resgate (YTC) do título?

(2) Se tivesse comprado esse título, você acha que teria mais probabilidade de ganhar o YTM ou o YTC? Por quê?

i. Escreva uma expressão geral para rendimento de qualquer título de dívida (r_d) e defina o que é apresentado a seguir: taxa de juros real livre de riscos (r*), prêmio de inflação (IP), prêmio de risco de inadimplência (DRP), prêmio de liquidez (LP) e prêmio de risco de vencimento (MRP).

j. Defina a taxa nominal livre de riscos (r_{RF}). Que título pode ser usado como uma estimativa do r_{RF}?

k. Descreva uma forma de estimar o prêmio de inflação (IP) para um título *t-Year*.

l. O que é *spread de um título* e como ele está relacionado com o prêmio de risco de inadimplência? Como as classificações dos títulos estão relacionadas com o risco de inadimplência? Que fatores afetam a classificação dos títulos de uma empresa?

m. O que é *risco da taxa de juros* (ou *preço*)? Que título possui mais risco de taxa de juros: de 1 ano com pagamento anual ou de 10 anos? Por quê?

n. O que é *risco de taxa de reinvestimento*? Que título possui mais risco de taxa de reinvestimento: de 1 ano ou de 10 anos?

o. Como os riscos de taxa de juros e de taxa de reinvestimento estão relacionados com o prêmio de risco de vencimento?

p. Qual é a estrutura de prazos das taxas de juros? O que é uma curva de rendimento?

q. Descreva, de forma resumida, a lei de falências. Em caso de inadimplência da empresa com o pagamento dos títulos, a empresa seria liquidada imediatamente? Os titulares teriam a garantia de receber todos os pagamentos prometidos?

PARTE 3

Ações e opções

Risco e retorno

Que diferença faz um ano! No início de 2011, muitos investidores adquiriram participação em ações na Pharmasset e na YRC Worldwide, duas companhias registradas na NASDAQ. Mas o ano terminou, as ações da Pharmasset aumentaram em 488% ao passo que as da YRC Worldwide caíram em 99,1% (contudo, a companhia ainda continuou na lista da NASDAQ). Ganhos e perdas não estão limitados a pequenas empresas. Os investidores do McDonald's estavam adorando a situação, com um ganho de 31% no ano. No outro extremo, as ações do Bank of America caíram mais de 58%.

Será que os investidores da YRC Worldwide e BofA tomaram decisões ruins? Antes de responder à pergunta, suponha que essa decisão esteja sendo tomada em janeiro de 2011, com as informações disponíveis na época. Agora você sabe que os *resultados* da decisão foram ruins, mas isso não significa que a decisão em si foi tomada erroneamente. Os investidores precisavam saber que essas ações são arriscadas, apresentando uma chance de ganho ou perda. Mas considerando as informações disponíveis, eles certamente investiram com a expectativa de um ganho. E quanto aos investidores na Pharmasset e no McDonald's? Eles também perceberam que os preços das ações poderiam cair ou subir, mas provavelmente ficaram agradavelmente surpresos quando as ações subiram tanto.

Esses exemplos mostram que aquilo que você espera que aconteça e o que realmente acontece são coisas muito diferentes – o mundo é arriscado! Sendo assim, é vital que você entenda os riscos e como lidar com eles. À medida que ler este capítulo e pensar a respeito de riscos, tenha em mente os exemplos do McDonald's e da BofA.

Neste capítulo, começamos com a premissa básica de que os investidores gostam de retornos e não gostam de riscos, e isto se chama **aversão a riscos**. Portanto, as pessoas somente investirão em ativos relativamente arriscados se previrem retornos relativamente altos – quanto mais alto for o risco, maior será a taxa de retorno esperada exigida pelo investidor. Daremos uma definição exata do termo *risco* no contexto dos investimentos, examinaremos os procedimentos utilizados para medir o risco e abordaremos mais precisamente a relação entre risco e retornos exigidos. Nos próximos capítulos, ampliaremos essas relações para demonstrar como o risco e o retorno interagem para determinar os preços de um título. Os administradores têm de compreender e aplicar esses conceitos ao planejarem as medidas a serem tomadas para construir o futuro de suas empresas, e os investidores precisam entendê-los para tomar decisões adequadas sobre os investimentos.

VALOR INTRÍNSECO, RISCO E RETORNO

O valor intrínseco de uma companhia é o valor presente de seus fluxos de caixa livre futuros esperados (FCF) descontados do custo médio ponderado de capital (CMPC). Este capítulo mostra como medir o risco de uma companhia e a taxa de re-

torno esperada pelos acionistas, que afetam o CMPC. Se todo o restante permanecer igual, riscos maiores aumentam o CMPC, o que reduz o valor da empresa

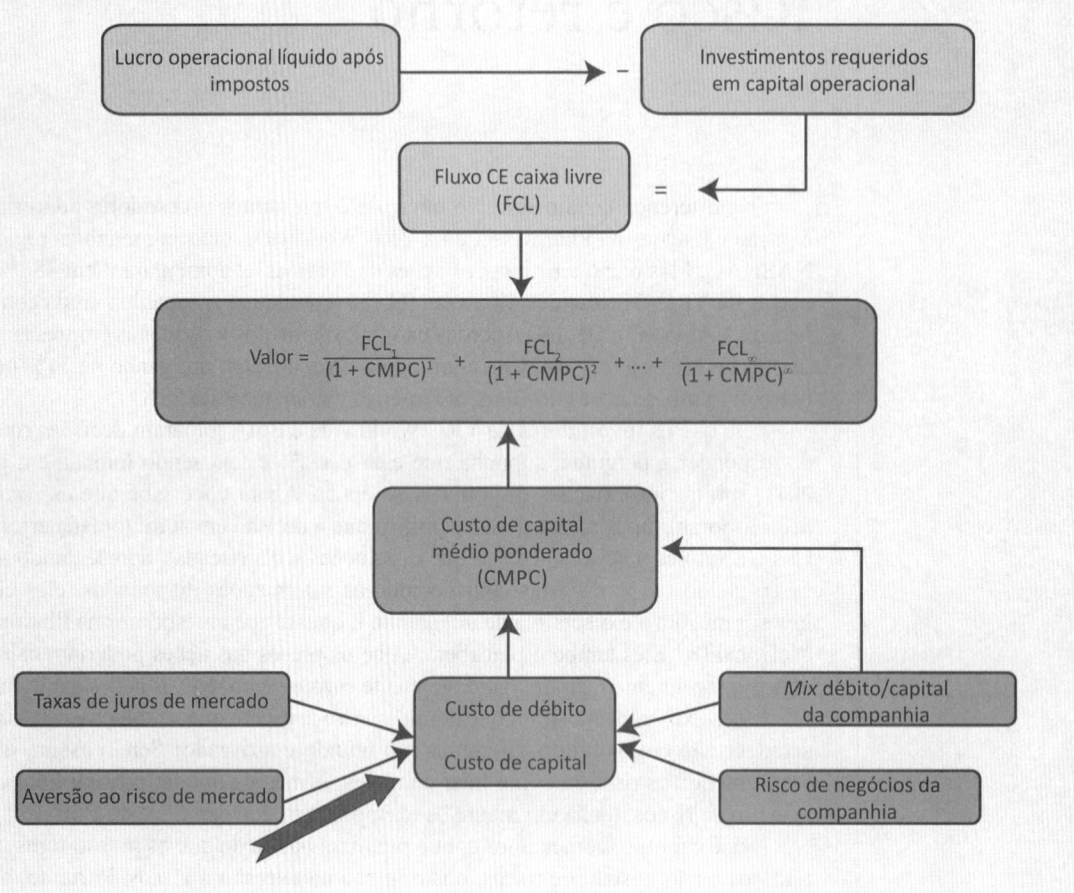

© Cengage Learning 2014

6-1 Retornos e risco de investimento

Com a maioria dos investimentos, um indivíduo ou uma companhia gasta dinheiro hoje com a expectativa de ganhar ainda mais dinheiro no futuro. Entretanto, a maior parte dos investimentos é arriscada. A seguir, estão breves definições de retorno e risco.

6-1a   Retorno sobre investimentos

O conceito de *retorno* fornece aos investidores uma maneira conveniente de expressar o desempenho financeiro de um investimento. Para ilustrarmos, suponhamos que você compre 10 ações por $ 1.000. As ações não pagam dividendos, mas no final de 1 ano você as vendeu por $ 1.100. Qual é o retorno de seu investimento de $ 1.000?

Um modo de expressar o retorno de um investimento é em *termos de dólares*:

$$\text{Retorno de dólares} = \text{Quantidade a ser recebida} - \text{Quantidade investida}$$
$$= \$\,1.100 - \$\,1.000$$
$$= \$\,100$$

Mas, se ao final do ano você vender as ações por apenas $ 900, seu retorno em dólares será de −$100.

Apesar de ser fácil expressar os retornos em dólares, há dois problemas: (1) para avaliar corretamente o retorno, é necessário saber a escala (tamanho) do investimento: um retorno de $ 100 sobre um investimento de $ 100 é um ótimo retorno (considerando que o investimento é mantido por um ano), mas um retorno de $ 100 sobre um investimento de $ 10.000 seria baixo; (2) também é necessário saber o tempo do retorno: um retorno de $ 100 sobre um investimento de $ 100 será ótimo se ocorrer dentro de um ano, mas esse mesmo retorno em dólares já não será tão bom se ocorrer após 20 anos.

A solução para esses problemas de escala e tempo é expressar os resultados dos investimentos como *taxas de retorno* ou *retorno percentual*. Por exemplo, a taxa de retorno daquele investimento em ações de um ano, em que $ 1.100 serão recebidos dentro de um ano, é de 10%.

$$\text{Taxa de retorno} = \frac{\text{Montante recebido} - \text{Montante investido}}{\text{Montante investido}}$$

$$= \frac{\text{Retorno em dólares}}{\text{Montante investido}} = \frac{\$\,100}{\$\,1.000}$$

$$= 0,10 = 10\%$$

O cálculo da taxa de retorno "padroniza" o retorno em dólares considerando o retorno anual por unidade de investimento. Embora esse exemplo tenha apenas um fluxo de entrada e um fluxo de saída, a taxa de retorno anualizada pode facilmente ser calculada em situações nas quais diversos fluxos de caixa ocorrem com o passar do tempo utilizando os conceitos de valor do dinheiro ao longo do tempo, discutidos no Capítulo 4.

6-1b   Risco unitário *versus* risco em carteira

Segundo o dicionário *Webster*, **risco** é definido como "um perigo; a exposição a uma perda ou a um dano". Desse modo, o risco se refere à oportunidade de que algum evento desfavorável ocorra. Para um investimento em ativos financeiros ou em novos projetos, o evento desfavorável termina com um retorno menor do que o esperado. O risco de um ativo pode ser analisado de duas maneiras: (1) individualmente, quando o ativo é considerado isoladamente; e (2) com base em uma carteira, uma vez que o ativo é mantido como uma série de ativos em uma carteira. Portanto, o **risco unitário** de um ativo é o risco que um investidor enfrentará se tiver somente um ativo. A maior parte dos ativos é mantida em carteiras, mas é necessário entender o risco unitário a fim de poder compreender o risco no contexto de uma carteira.

Autoavaliação

1. Aponte a diferença entre retornos em dólar e taxas de retorno.
2. Por que as taxas de retorno são superiores aos retornos em dólar quando se comparam investimentos potenciais diferentes? *(Dica:* pense em termos de tamanho e tempo.)
3. Se você pagar $ 500 por um investimento que trará um retorno de $ 600 em um ano, qual será sua taxa de retorno anual? **(20%)**

6-2   Como medir um risco para distribuições discretas

A incerteza política e econômica afeta o risco do mercado de ações. Por exemplo, no verão de 2011, o mercado de ações americano sofreu uma queda acentuada quando o Congresso daquele país debateu se devia ou não aumentar o limite de dívidas. Os investidores estavam inseguros quanto a se o Congresso iria resolver a crise, criar uma solução temporária ou permitir ao governo dos Estados Unidos ficar inadimplente com os títulos do Tesouro e falhar com suas obrigações referentes ao Seguro Social e ao Medicare, programa de seguro-saúde do governo norte-americano. Para simplificar, esses resultados representaram três cenários distintos (ou discretos) para o mercado, e cada cenário tinha um retorno de mercado diferente.

Risco pode ser um assunto complicado, por isso iniciamos com um exemplo simples que tem possíveis resultados discretos.[1]

6-2a   Distribuições de probabilidade para resultados discretos

A *probabilidade* de um evento é definida como a chance de que o evento aconteça. Por exemplo, um meteorologista pode afirmar: "Há 40% de chance de que chova e 60% de que não chova hoje". Se todas as ocorrências ou resultados possíveis forem listados e uma probabilidade for atribuída a cada evento, essa listagem se chamará de **distribuição de probabilidade**. (Lembre-se de que as probabilidades devem totalizar 1,0 ou 100%.)

Suponha que um investidor esteja enfrentando uma situação similar à crise de limite de dívida e acredite que existem três possíveis resultados para o mercado como um todo: (1) no Melhor cenário, com uma probabilidade de 30%; (2) no cenário mais provável, com uma probabilidade de 40%; e (3) no Pior cenário, probabilidade de 30%. Além disso, o investidor crê que o mercado terá um crescimento de até 37% no Melhor cenário; que haverá um crescimento de 11% no Cenário mais provável, e que sofrerá uma redução de 15% no Pior cenário.

A Figura 6-1 mostra a distribuição de probabilidade para esses três cenários. Observe que as probabilidades somam 1,0 e que os possíveis retornos estão dispersos ao redor do retorno referente ao cenário Mais provável.

Podemos calcular o retorno e o risco esperados utilizando a distribuição de probabilidade, conforme ilustramos nas seções seguintes.

6-2b   Taxa de retorno esperada para distribuições discretas

A distribuição de probabilidade da taxa de retorno é apresentada na seção "Entradas" da Figura 6-2; veja as Colunas (1) e (2). Esta parte da figura é chamada *matriz de pagamento* quando os resultados são fluxos de caixa ou retornos. Se multiplicarmos cada resultado possível por sua probabilidade de ocorrência e depois somarmos esses produtos, como na Coluna (3) da Figura 6-2, o resultado é uma média ponderada de resultados. Os pesos são as probabilidades e a média ponderada é a taxa de retorno esperada, $\hat{r}$, denominada "r-circunflexo."[2] A taxa de retorno esperada é de 11%, como mostra a célula D66 na Figura 6-2.[3]

FIGURA 6-1

Distribuição de probabilidade discreta para três cenários

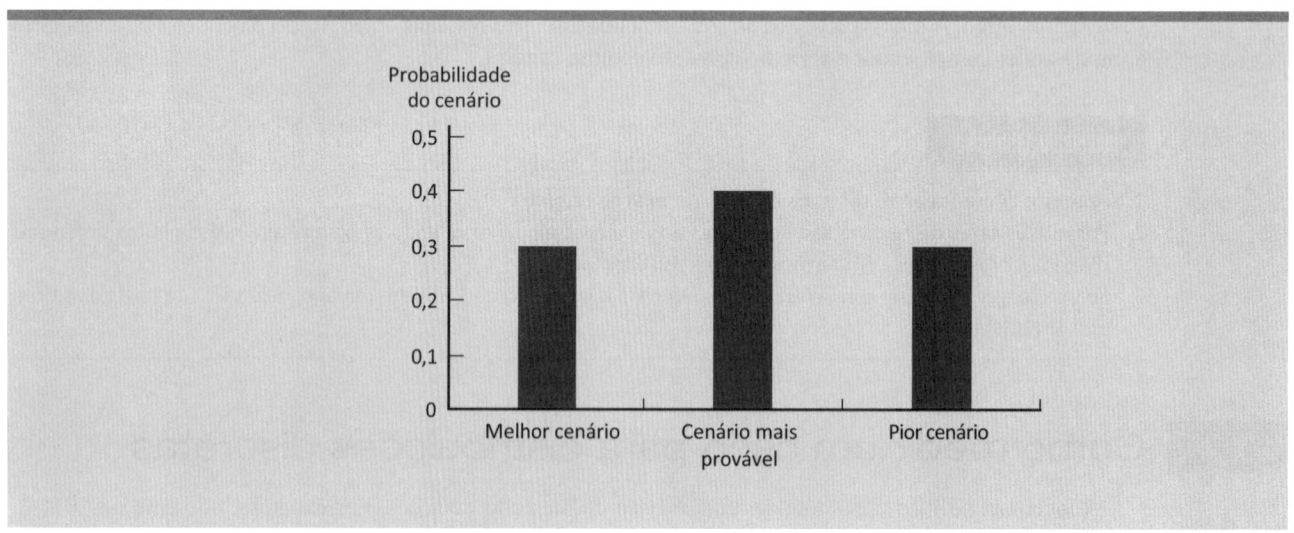

[1] Observe que a abordagem de risco apresentada a seguir se aplica a todas as variáveis aleatórias, não somente aos retornos de ações.
[2] Em outros capítulos, usaremos [^ para r-circunflexo, sub d] e [^ para r-circunflexo, sub s] para indicar retornos esperados sobre titulos e ações, respectivamente. Contudo, essa distinção é desnecessária neste capítulo. Então usamos o termo geral [simbolo para r-circunflexo] para indicar o retorno esperado sobre um investimento.
[3] Não se preocupe com o fato de existir um retorno esperado de 11% para o mercado. Discutiremos o mercado mais detalhadamente no final deste capítulo.

FIGURA 6-2

Cálculo das taxas de retorno esperadas e desvio padrão: probabilidades discretas

	A	B	C	D	E	F	G
61	**ENTRADAS:**			**Retorno esperado**	**Desvio padrão**		
62	**Cenário**	**Probabilidade do cenário (1)**	**Taxa de retorno (2)**	**Produto da probabilidade e retorno (1) x (2) = (3)**	**Desvio do retorno esperado (2) – D66 = (4)**	**Desvio ao quadrado $(4)^2$ = (5)**	**Desvio ao quad. x probab. (1) x (5) = (6)**
63	**Melhor cenário**	0,30	37%	11,1%	26%	6,8%	2,0%
64	**Mais provável**	0,40	11%	4,4%	0%	0,0%	0,0%
65	**Pior cenário**	0,30	–15%	–4,5%	–26%	6,8%	2,0%
66		1,00	**Ret. esp. =**	**Soma + 11,0%**	**Soma = Variância =**		4,1%
67					**Desvio padrão = Raiz quadrada da variância =**		20,1%

O cálculo para a taxa de retorno esperada também pode ser expresso como uma equação que faz o mesmo que a tabela de matriz de pagamento:

$$\text{Taxa de retorno esperada} = \hat{r} = p_1 r_1 + p_2 r_2 + \ldots + p_n r_n$$

$$= \sum_{i=1}^{n} p_i r_i \tag{6-1}$$

Aqui, r_i é o retorno se o resultado i ocorrer, p_i é a probabilidade de que o resultado i ocorra, e n é o número de possíveis resultados. Assim, $\hat{r}$ é uma média ponderada dos resultados possíveis (os valores de r_i), com cada peso do resultado sendo sua probabilidade de ocorrência. Utilizando os dados da Figura 6-2, obtemos a taxa de retorno esperada, a seguir:

$$\hat{r} = p_1(r_1) + p_2(r_2) + p_3(r_3)$$
$$= 0,3(37\%) + 0,4(11\%) + 0,3(-15\%)$$
$$= 11\%$$

6-2c Medição do risco unitário: o desvio padrão de uma distribuição discreta

Para distribuições simples, é fácil avaliar o risco observando a dispersão de possíveis resultados – uma distribuição com resultados possíveis amplamente dispersos é mais arriscada do que uma com resultados estreitamente dispersos. Por exemplo, podemos analisar a Figura 6-1 e verificar que os retornos possíveis são amplamente dispersos. Mas quando existem muitos resultados possíveis e estamos comparando diversos investimentos diferentes, não é possível avaliar o risco simplesmente olhando a distribuição de probabilidade – precisamos de uma medida quantitativa da rigidez da distribuição de probabilidade. Uma dessas medidas é o **desvio padrão**, cujo símbolo é σ, que se pronuncia "sigma." Um grande desvio padrão significa que resultados possíveis são amplamente dispersos, ao passo que um pequeno desvio padrão significa que os resultados estão mais estreitamente agrupados em torno do valor esperado.

Para calcularmos o desvio padrão, procedemos como mostra a Figura 6-2, realizando as seguintes etapas:

1. Calcule o valor esperado para a taxa de retorno utilizando a Equação 6-1.
2. Subtraia a taxa de retorno esperada ($\hat{r}$) de cada resultado possível (r_i) a fim de obter um conjunto de desvios, conforme mostra a Coluna 4 da Figura 6-2:

$$\text{Desvio}_i = r_i - \hat{r}$$

3. Eleve cada desvio ao quadrado, como demonstra a Coluna 5 e, então, multiplique os desvios ao quadrado na Coluna 5 pela probabilidade de ocorrência de seu resultado relacionado; esses produtos são mostrados na Coluna 6. Some-os para obter a **variância** da distribuição de probabilidade:

$$\text{Variância} = \sigma^2 = \sum_{i=1}^{n} (r_i - \hat{r})^2 p_i \qquad \textbf{(6-2)}$$

Portanto, a variância é essencialmente uma média ponderada dos desvios padrão ao quadrado a partir do valor esperado.

4. Por fim, considere a raiz quadrada da variância para obter o desvio padrão:

$$\text{Desvio padrão} = \sigma = \sqrt{\sum_{i=1}^{n} (r_i - \hat{r})^2 p_i} \qquad \textbf{(6-3)}$$

O desvio padrão fornece uma ideia do quanto o valor real provavelmente está acima ou abaixo do valor esperado. Utilizando esse procedimento na Figura 6-2, nosso investidor hipotético acredita que o retorno de mercado tem um desvio padrão de cerca de 20%.

Autoavaliação

1. O que significa "risco de investimento"?
2. Crie uma distribuição de probabilidade ilustrativa para um investimento. O que é uma matriz de pagamento?
3. Como se calcula o desvio padrão?
4. Um investimento tem 20% de chance de produzir um retorno de 25%, 60% de chance de produzir um retorno de 10%, e 20% de chance de produzir um retorno de –15%. Qual é o retorno esperado? **(8%)** Qual é o desvio padrão? **(12,9%)**

6-3   Risco em uma distribuição contínua

Os investidores geralmente não fazem a estimativa de resultados discretos em períodos nos quais a situação econômica está normal, mas, em vez disso, utilizam a abordagem de cenários durante situações especiais, como em uma crise de limite de débito, na crise europeia de títulos, ameaças ao suprimento de petróleo, testes de estresse em bancos e assim por diante. Mesmo nessas situações, eles fariam a estimativa de mais de 3 resultados. Por exemplo, um investidor pode adicionar mais cenários ao nosso exemplo; a Figura 6-3 mostra 15 cenários para nosso exemplo original.

Vivemos em um mundo complexo, com um infinito número de resultados. Mas em vez de acrescentar mais e mais cenários, a maioria dos analistas recorre a distribuições contínuas, e uma das mais amplamente utilizadas é a **distribuição normal**, com a qual o retorno real estará dentro de um desvio padrão de ±1 do retorno esperado de 68,26% do tempo. A Figura 6-4 ilustra esse ponto e também mostra a situação para ±2σ e ±3σ. Para nosso exemplo do cenário 3, $\hat{r} = 11\%$ e $\sigma = 20\%$. Se os retornos originarem de uma distribuição normal com o mesmo valor esperado e desvio padrão, em vez de uma distribuição discreta, haverá uma probabilidade de 68,26% de que o retorno real esteja no intervalo de 11% ± 20%, ou de –9% a 31%.

Ao utilizarmos uma distribuição contínua, é comum empregar dados históricos para estimar o desvio padrão, como explica a seção a seguir.

Autoavaliação

1. Para uma distribuição normal, qual é a probabilidade de estar dentro de um desvio padrão 1 do valor esperado? **(68,26%)**

FIGURA 6-3

Distribuição de probabilidade discreta para 15 cenários

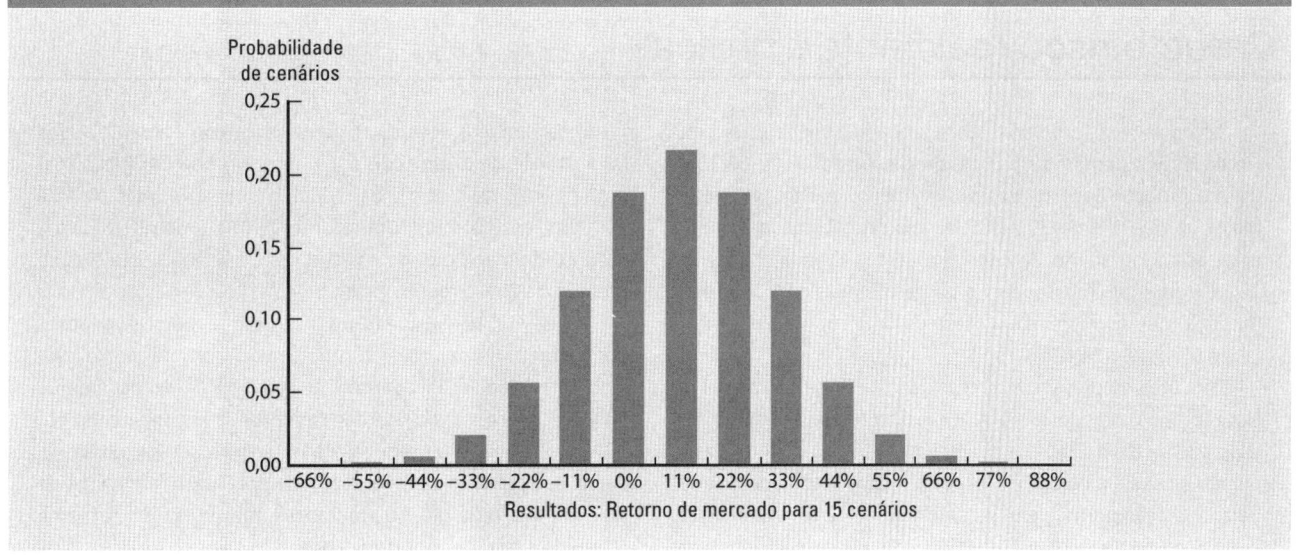

© Cengage Learning 2014

FIGURA 6-4

Intervalos da probabilidade de uma distribuição normal

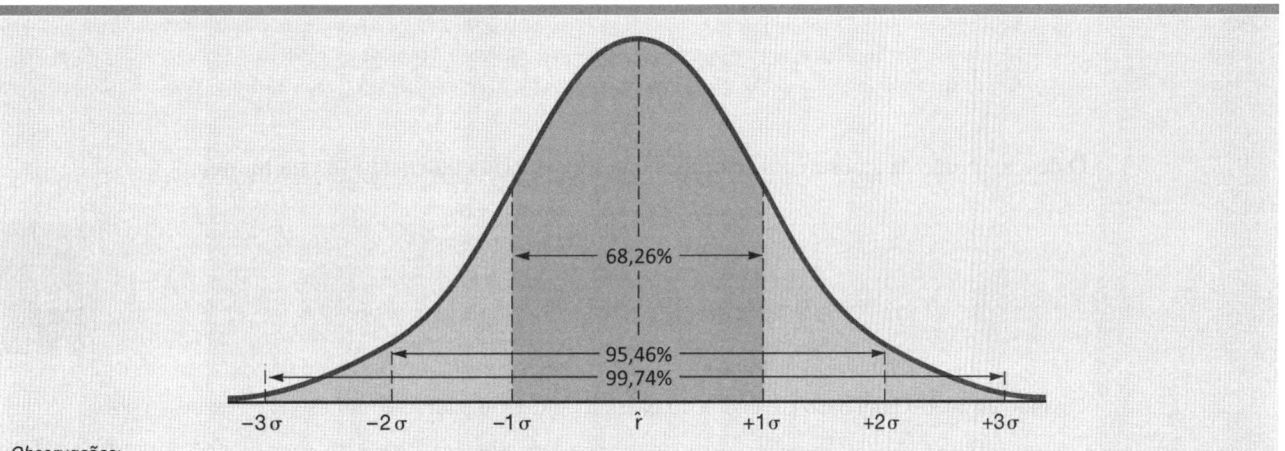

Observações:

a. A área abaixo da curva normal sempre é igual a 1,0% ou 100%. Desse modo, as áreas abaixo de qualquer par de curvas desenhadas na mesma escala, sejam essas curvas acentuadas ou pouco inclinadas, devem ser iguais.

b. Metade da área abaixo de uma curva normal fica à esquerda da média, indicando que há uma probabilidade de 50% de que o resultado real esteja abaixo da média; e metade fica à direita de $\hat{r}$, indicando que há uma probabilidade de 50% de que ele esteja acima da média.

c. Da área abaixo da curva, 68,26% estão entre ±1σ da média, indicando que a probabilidade é de 68,26% de que o resultado efetivo fique entre $\hat{r} - \sigma$ e $\hat{r} + \sigma$.

© Cengage Learning 2014

6-4   Uso de dados históricos para medição do risco

Suponha que esteja disponível uma amostra de retornos referentes a algum período anterior. Essas **taxas de retorno realizadas** anteriores são denotadas como $\bar{r}_t$ ("r barra t"), em que t designa o período. O retorno médio anual sobre os últimos períodos T é denotado como $\bar{r}_{Avg}$:

$$\bar{r}_{Avg} = \frac{\sum_{t=1}^{T} \bar{r}_t}{T}$$

(6-4)

O que o risco realmente significa?

Conforme explicado no texto, a probabilidade de estar dentro do desvio padrão de 1 do retorno esperado é de 68,26%; logo, a probabilidade de possuir um desvio padrão da média maior do que 1 é de 31,74%. Há uma probabilidade igual de estar acima ou abaixo do intervalo; assim, há uma chance de 15,87% de estar com um desvio padrão de mais de 1 abaixo da média, o que corresponde a cerca de uma chance de 1 em 6 (1 em 6 é igual a 16,67%).

Para uma empresa normal registrada na Bolsa de Valores de Nova York, σ variou de 35% a 40% nos últimos anos, com retorno esperado de 8% a 12%. Um desvio padrão abaixo do retorno esperado equivale a cerca de 10% - 35% = -25%. Isso significa que, para uma ação normal, em um ano normal, há uma chance de 1 em 6 de ter um prejuízo de 25%. Você deve estar pensando que 1 em 6 é uma probabilidade muito baixa, mas e se a chance de ser atropelado por um carro ao atravessar a rua fosse de 1 em 6? Pensando desse jeito, a probabilidade de 1 em 6 assusta bastante.

Você também deve estar pensando – corretamente – que há a chance de 1 em 6 de obter um retorno com desvio padrão de mais de 1 acima da média, o que seria cerca de 45% para uma ação comum. Um retorno de 45% é ótimo, mas é da natureza humana que os investidores prefeririam não ter um prejuízo de 25% a ter um ganho de 45%.

Talvez você pense que ficará tudo bem se mantiver as ações por bastante tempo. Mas, mesmo se você comprar e mantiver uma carteira diversificada por 10 anos, há aproximadamente 10% de chance de você perder dinheiro. Caso a mantenha por 20 anos, há uma chance de 4% de ter prejuízos. Essas probabilidades não preocupariam se você estivesse jogando um jogo de azar em que teria diversas tentativas, mas você tem somente uma vida e algumas oportunidades.

Não estamos sugerindo que os investidores não devem comprar ações; aliás, nós mesmos temos ações. Contudo, acreditamos que os investidores devem entender com mais clareza quanto risco exatamente está envolvido nos investimentos em ações.

O desvio padrão da amostra dos retornos pode ser calculado utilizando-se esta fórmula:[4]

$$\text{Estimado } \sigma = S = \sqrt{\frac{\sum_{t=1}^{n}(\bar{r}_t - \bar{r}_{Avg})^2}{T-1}} \qquad (6\text{-}5)$$

Quando estimado com base em dados do passado, o desvio padrão é muitas vezes expresso por S.

6-4a Como calcular o desvio padrão histórico

Para ilustrar esses cálculos, considere os seguintes retornos históricos para uma companhia:

ANO	RETORNO
2011	15%
2012	−5%
2013	20%

Utilizando as Equações 6-4 e 6-5, a média estimada e o desvio padrão são, respectivamente,

---

[4] Uma vez que estamos estimando o desvio padrão para uma amostra de observações, o denominador na Equação 6-5 é "T − 1", não apenas "T". As Equações 6-4 e 6-5 são integradas em calculadoras financeiras. Por exemplo, para encontrar o desvio padrão amostral, insira as taxas de retorno na calculadora e pressione a tecla marcada com S (ou S_x) para obter o desvio padrão. Leia o manual de sua calculadora para conhecer mais detalhes.

$$\bar{r}_{Avg} = \frac{15\% - 5\% + 20\%}{3} = 10,0\%$$

$$\sigma \text{ estimada (ou S)} = \sqrt{\frac{(15\% - 10\%)^2 + (-5\% - 10\%)^2 + (20\% - 10\%)^2}{3 - 1}}$$

$$= 13,2\%$$

O desvio padrão e a média também podem ser calculados utilizando as funções integradas do Excel demonstradas a seguir, utilizando dados numéricos em vez de intervalos de células como entrada:

$$= \text{MÉDIA}(0,15, -0,05; 0,20) = 10,0\%$$
$$= \text{DESVPAD}(0,15; -0,05; 0,20) = 13,2\%$$

O desvio padrão histórico muitas vezes é empregado como uma estimativa da variação futura. Visto que a variação do passado provavelmente se repetirá, ela pode ser uma boa estimativa de risco futuro. No entanto, normalmente é incorreto utilizar $\bar{r}_{Avg}$ com base no período do passado como estimativa de $\hat{r}$, o retorno futuro esperado. Por exemplo, somente porque uma ação teve retorno de 75% no ano passado, não há motivo para esperar o mesmo retorno de 75% este ano.

6-4b Como calcular o desvio padrão histórico da MicroDrive

A Figura 6-5 mostra 48 meses de retornos de ações recentes para duas companhias, a MicroDrive e a SnailDrive. Uma rápida verificação é suficiente para determinar que os retornos da MicroDrive são mais voláteis.

FIGURA 6-5

Retornos mensais históricos de ações para a MicroDrive e a SnailDrive

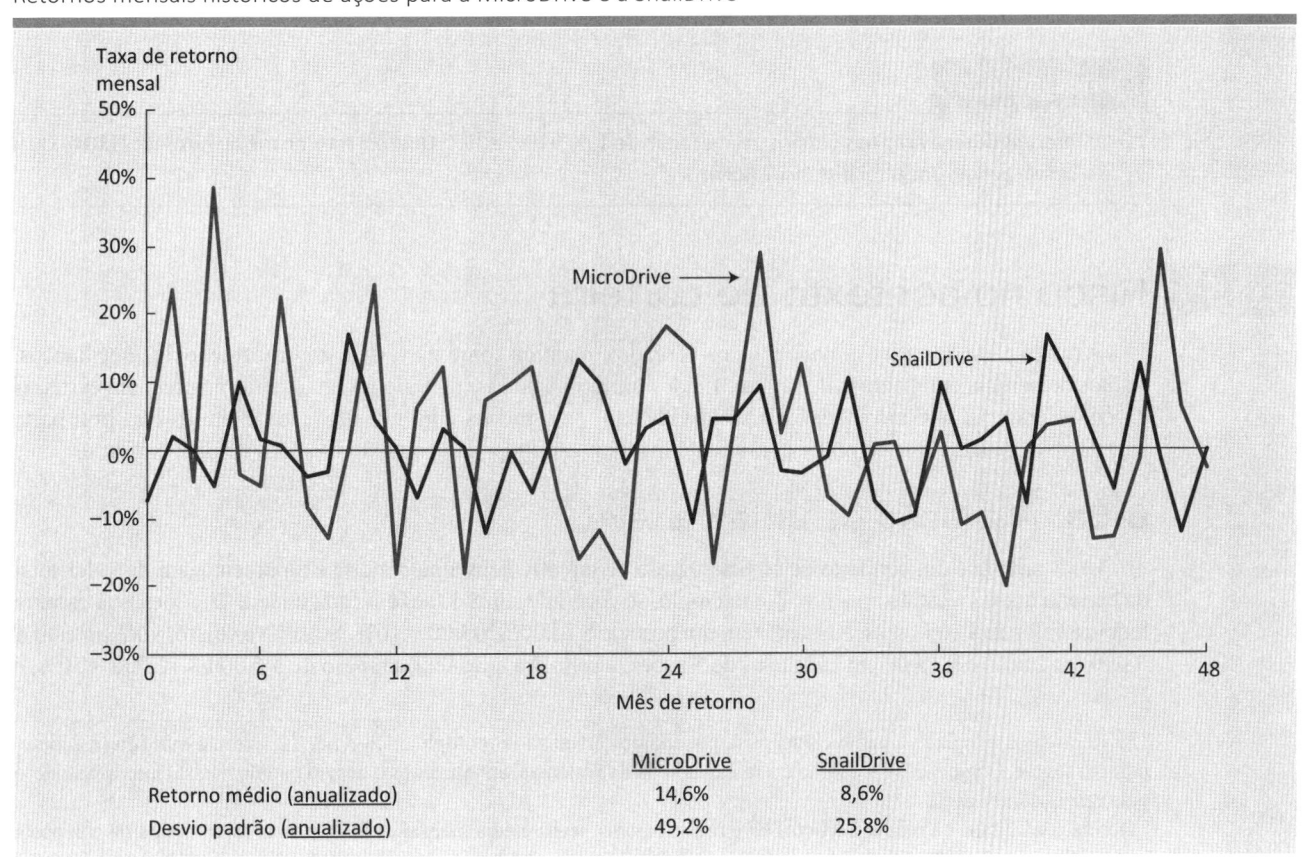

	MicroDrive	SnailDrive
Retorno médio (<u>anualizado</u>)	14,6%	8,6%
Desvio padrão (<u>anualizado</u>)	49,2%	25,8%

Poderíamos utilizar as Equações 6-4 e 6-5 para calcular o retorno médio e o desvio padrão, mas isso seria muito monótono. Em vez disso, utilizamos as funções AVERAGE (MÉDIA) e STDEV (DESVIO PADRÃO) do Excel, e descobrimos que o retorno médio mensal da MicroDrive era de 1,22% e seu desvio padrão mensal era de 14,19%. A SnailDrive teve um retorno mensal médio de 0,72% e um desvio padrão de 7.45%. Esses cálculos confirmam as evidências visuais na Figura 6-5: a MicroDrive teve maior risco único do que a SnailDrive.

Frequentemente, utilizamos dados mensais para estimar médias e desvios padrão, mas normalmente apresentamos dados em um formato anualizado. Multiplique o retorno médio mensal por 12 para obter o retorno médio anualizado da MicroDrive, de 1,22%(12) = 14,6%. Como foi observado anteriormente, o retorno médio prévio não é um bom indicador do retorno futuro.

Para anualizar o desvio padrão, multiplique o desvio padrão mensal pela raiz quadrada de 12. O desvio padrão anualizado da MicroDrive era 14,19%($\sqrt{12}$) = 49,2%.[5] O retorno médio anual da SnailDrive era de 8,6% e seu desvio padrão anualizado era de 25,8%.

Observe que a MicroDrive tinha um risco maior que o da SnailDrive (um desvio padrão de 49,2% *versus* 25,8%) e um retorno médio maior (14,6% *versus* 8,6%) durante os últimos 48 meses. Contudo, não é possível garantir um maior retorno quando se assume um risco maior – se fosse possível, então o investimento mais arriscado não seria realmente tão arriscado!

Veja os resultados do retorno médio e o desvio padrão anualizado utilizando somente os 12 últimos meses.

Resultados dos últimos 12 meses	MicroDrive	SnailDrive
Retorno médio (anual)	-29,3%	17,9%
Desvio padrão (anual)	44,5%	28,8%

Apesar de o desvio padrão da MicroDrive ter permanecido bem acima do registrado para a SnailDrive durante os últimos 12 meses do período amostral, a MicroDrive experimentou uma perda média anualizada de mais de 29%, ao passo que a SnailDrive teve um ganho de aproximadamente 18%.[6] Os acionistas da MicroDrive certamente aprenderam que riscos maiores nem sempre levam a retornos reais maiores.

Autoavaliação

1. Os retornos de uma ação nos últimos 3 anos foram de 10%, −15% e 35%. Qual é o retorno médio histórico? **(10%)** Qual é o desvio padrão amostral histórico? **(25%)**

6-5 Risco no contexto de carteira

A maior parte dos ativos financeiros na verdade é mantida como parte de carteiras. A lei exige que bancos, fundos de pensão, companhias de seguro, fundos mútuos, e outras instituições financeiras mantenham carteiras diversificadas. Até mesmo investidores individuais – pelo menos cuja manutenção de títulos constitui parte significativa de sua riqueza total – geralmente mantêm carteiras, não somente as ações de uma empresa.

6-5a A criação de uma carteira

Uma carteira é um conjunto de ativos. O peso de um ativo em uma carteira é a porcentagem do valor total da carteira que é investido no ativo. Por exemplo, se você investiu $ 1.000 em cada uma de 10 ações, sua carteira tem um valor de $ 10.000, e cada ação tem um peso de $ 1.000/$10.000 = 10%. Se, em vez disso, você investir $ 5.000 em 1 ação e $ 1.000 em cada uma de 5 ações, a primeira ação tem um peso de $ 5.000/$ 10.000 = 50%, e

---

[5] Se tivéssemos calculado a variância mensal, poderíamos anualizá-la multiplicando-a por 12, como a intuição (e a matemática) sugere. Como o desvio padrão é a raíz quadrada da variância, anualizamos o desvio padrão mensal multiplicando-o pela raiz quadrada de 12.

[6] Durante os últimos 12 meses, a MicroDrive registrou uma perda média mensal de 2,44%, mas teve uma perda composta no ano de mais de 30%. Discutimos a diferença entre médias aritméticas e médias geométricas (com base em retornos compostos) no Capítulo 9.

O equilíbrio histórico entre risco e retorno

A tabela que acompanha este box resume o equilíbrio histórico entre risco e retorno para diferentes classes de investimentos. Os ativos que produziram os maiores retornos médios também tiveram os mais elevados desvios padrão e os intervalos de retornos mais amplos. Por exemplo, ações de pequenas empresas obtiveram o maior retorno anual médio, mas os desvios padrão de seus retornos também foram os maiores. Por outro lado, Títulos do Tesouro dos Estados Unidos apresentaram o menor desvio padrão, mas também tiverem o menor retorno médio.

Observe que um título do Tesouro não apresenta risco se você o mantiver até seu vencimento, mas se você investir em uma carteira gradual de títulos do Tesouro e mantiver a carteira por alguns anos, então, o rendimento de seu investimento irá variar, dependendo do que acontece com o nível das taxas de juros a cada ano. Você pode ter certeza do retorno que obterá de um título do Tesouro individual, mas não quanto ao retorno que conseguirá de uma carteira de títulos do Tesouro mantida durante alguns anos.

Retornos realizados, 1926–2011

	Ações de pequenas empresas	Ações de grandes empresas	Títulos corporativos de longo prazo	Títulos governamentais de longo prazo	Títulos do Tesouro	Inflação
Retorno médio	18,0%	11,8%	6,4%	6,1%	3,6%	3,1%
Desvio padrão	38,9	20,3	8,4	9,8	3,1	4,2
Retorno excedente sobre títulos do Tesouro[a]	11,9	5,7	0,3			

[a]O retorno excedente sobre os títulos do Tesouro se chama "prêmio de risco histórico". Esse retorno excedente também será o prêmio de risco corrente refletido nos preços dos títulos se, e, somente se, os investidores esperarem retornos futuros similares àqueles obtidos no passado.
Fontes: Baseado em *Stocks, bonds, bills, and inflation: valuation edition 2009, Yearbook* (Chicago: Ibbotson Associates, 2009).

cada uma das outras 5 ações tem um peso de 10%. Em geral, é mais conveniente falar sobre o peso de um ativo em uma carteira do que nos dólares investidos no ativo. Portanto, quando criamos uma carteira, escolhemos um peso (ou uma porcentagem) para cada ativo, com os pesos somando 1,0 (ou as porcentagens somando 100%).

Suponha que tenhamos uma carteira de n ações. O retorno real de uma carteira em um determinado período é a média ponderada dos retornos reais das ações na carteira, com w_i denotando o peso investido na Ação i:

$$\bar{r}_p = w_1\bar{r}_1 + w_2\bar{r}_2 + \cdots + w_n\bar{r}_n$$
$$= \sum_{i=1}^{n} w_i\bar{r}_i$$

(6-6)

O retorno médio em carteira sobre uma série de períodos também é igual à média ponderada dos retornos médios das ações:

$$\bar{r}_{Avg,p} = \sum_{i=1}^{n} w_1\bar{r}_{Avg,i}$$

Lembre-se da seção anterior, em que a SnailDrive tinha um retorno médio anualizado de 8,6% durante os últimos 48 meses e que a MicroDrive tinha um retorno de 14,6%. Uma carteira com 75% investidos na SnailDrive e 25% na MicroDrive teria o seguinte retorno:

$$\bar{r}_{Avg,p} = 0,75(8,6\%) + 0,25(14,6\%) = 10,1\%$$

Observe que o retorno da carteira de 10,1% está entre os retornos da SnailDrive (8,6%) e os da MicroDrive (14,6%), como era esperado.

Suponha que um investidor apenas com ações da SnailDrive peça seu conselho, dizendo "Eu gostaria de obter um retorno maior, mas detesto correr riscos!". Como você acredita que o investidor reagiria se sua sugestão fosse retirar 25% do investimento na SnailDrive, que apresenta baixo risco (com um desvio padrão de 25,8%), e aplicá-lo na MicroDrive, que tem um risco elevado (com um desvio padrão de 49,2%)? Como foi mostrado anteriormente, o retorno durante o período de 48 meses seria de 10,1%, bem acima do retorno da SnailDrive. Mas o que teria acontecido ao risco?

Imagine a surpresa do investidor ao aprender que o desvio padrão da carteira é de 21,8%, menor que o da SnailDrive, que é de um desvio padrão de 25,8%. Em outras palavras, acrescentar um ativo arriscado a um ativo mais seguro pode reduzir o risco!

Como isso pode acontecer? A MicroDrive vende dispositivos avançados para armazenamento de memória, ao passo que a SnailDrive vende dispositivos de memória mais tradicionais, incluindo discos rígidos recondicionados. Quando a economia está numa fase boa, a MicroDrive tem um grande volume de vendas e lucros, mas vendas da SnailDrive diminuem porque os clientes preferem memória mais rápida. Mas quando a economia está em crise, os clientes recorrem à SnailDrive para conseguir dispositivos de armazenamento de memória de baixo custo. Observe, na Figura 6-5, que os retornos da SnailDrive não ocorrem em perfeita sintonia com os da MicroDrive: algumas vezes, os retornos da MicroDrive aumentam e os da SnailDrive diminuem, e vice-versa.

6-5b   Correlação e risco para uma carteira com duas ações

A tendência de duas variáveis se modificarem em conjunto é chamada **correlação**, e o **coeficiente de correlação** mede esta tendência. O símbolo para o coeficiente de correlação é a letra grega ro, representada por ρ (que se pronuncia "ro"). O coeficiente de correlação pode variar de $+1,0$, denotando que as duas variáveis se movem para cima e para baixo em perfeita sincronização, até $-1,0$, denotando que as variáveis sempre se movem em direções exatamente opostas. Um coeficiente de correlação igual a zero indica que as duas variáveis não têm nenhuma relação entre si – isto é, as mudanças em uma variável são independentes das mudanças na outra.

A estimativa de correlação de uma amostra de dados históricos geralmente é chamada "R." Veja aqui a fórmula para estimar a correlação entre ações i e j ($\bar{r}_{i,t}$ é o retorno real para a Ação i no período t, e $\bar{r}_{i,Avg}$ é o retorno médio durante o período amostral T; uma notação similar é utilizada para a ação j):

$$\text{Estimado } \rho = R = \frac{\sum_{t=1}^{T}(\bar{r}_{i,t} - \bar{r}_{i,Avg})(\bar{r}_{j,t} - \bar{r}_{j,Avg})}{\sqrt{\left[\sum_{t=1}^{T}(\bar{r}_{i,t} - \bar{r}_{i,Avg})^2\right]\left[\sum_{t=1}^{T}(\bar{r}_{j,t} - \bar{r}_{j,Avg})^2\right]}} \qquad (6\text{-}7)$$

Felizmente, é fácil estimar o coeficiente de correlação utilizando uma calculadora financeira ou o Excel. Com uma calculadora, basta inserir os retornos das duas ações e então pressionar a tecla identificada como "r".[7] No Excel, utilize a função CORREL.

Eis uma maneira de pensar sobre os possíveis benefícios da diversificação: *Se o desvio padrão de uma carteira for menor do que a média ponderada dos desvios padrão das ações individuais, então a diversificação proporciona um benefício.* A diversificação sempre reduz riscos? Em caso positivo, em quanto reduz? E como essa correlação afeta a diversificação? Vamos considerar a amplitude completa de coeficientes de correlação, de -1 até $+1$.

Se duas ações tiverem uma correlação de -1 (a menor correlação possível), quando uma ação tiver um retorno maior do que o esperado, então a outra ação terá um retorno menor do que o esperado, e vice-versa. Na verdade, seria possível escolher pesos, de modo que os desvios de uma ação em relação a seu retorno mé-

---

[7] Veja o manual de sua calculadora para conhecer quais são as etapas exatas. Além disso, observe que o coeficiente de correlação geralmente é denotado pelo termo "r". Aqui, utilizamos ρ para evitar confusão com r, que é empregado para denotar a taxa de retorno.

dio cancelariam completamente os desvios da outra ação de seu retorno médio.[8] Essa carteira teria um desvio padrão igual a zero, mas teria um retorno esperado igual à média ponderada dos retornos esperados das ações. Nesta situação, a diversificação pode eliminar todos os riscos: *para a correlação de −1, o desvio padrão da carteira pode ser tão pequeno quanto zero se os pesos da carteira forem escolhidos apropriadamente.*

Se a correlação for +1 (a maior correlação possível), o desvio padrão da carteira será a média ponderada dos desvios padrão da ação. Nesse caso, a diversificação não ajuda: *Para a correlação de +1, o desvio padrão do portfólio é a média ponderada dos desvios padrão das ações.*

Para qualquer outra correlação, a diversificação reduz o risco, mas não pode eliminá-lo: *para uma correlação entre −1 e +1, o desvio padrão da carteira é menor do que a média ponderada dos desvios padrão das ações.*

A correlação entre a maioria dos pares de companhias está no intervalo entre 0,2 e 0,3, de modo que a diversificação reduz o risco, mas não o elimina completamente.[9]

6-5c Diversificação e carteiras com diversas ações

A Figura 6-6 mostra como o risco de uma carteira é afetado pela formação de carteiras cada vez maiores de ações da Bolsa de Valores de Nova York (NYSE) aleatoriamente selecionadas. Desvios padrão são representados por uma carteira média com uma única ação, uma carteira média com duas ações e assim por diante, até chegar a uma carteira que consiste em todas as mais de 2.000 ações ordinárias que foram relacionadas na NYSE no momento em que os dados foram representados. O gráfico ilustra que, em geral, o risco de uma carteira consistindo em ações de grandes companhias tende a declinar e se aproximar de algum limite à medida que o tamanho da carteira aumentar. De acordo com os dados referentes aos últimos anos, σ_1, o desvio padrão de uma carteira com uma única ação (ou uma ação média), é de aproximadamente 35%. Contudo, uma carteira consistindo em todas as ações, que é chamada **carteira de mercado**, terá um desvio padrão, σ_M, de somente cerca de 20%, que é mostrado como a linha tracejada horizontal na Figura 6-6.

Assim, quase metade do risco inerente a uma ação média individual pode ser eliminada se a ação for mantida em uma carteira razoavelmente bem diversificada, que contiver 40 ou mais ações em uma série de diferentes indústrias. A parte do risco de uma ação que não pode ser eliminada é chamada risco de mercado, ao passo que a parte que pode ser eliminada é chamada *risco diversificável.*[10] O fato de que grande parte do risco de qualquer ação individual pode ser eliminada é de importância vital, porque investidores racionais irão eliminá-la simplesmente mantendo muitas ações em suas carteiras e, assim, a tornam irrelevante.

O **risco de mercado** se origina de fatores que afetam sistematicamente a maior parte das companhias: guerra, inflação, recessões e taxas de juros elevadas. Uma vez que a maioria das ações é afetada por esses fatores, o risco de mercado não pode ser eliminado pela diversificação. O **risco diversificável** é causado por eventos aleatórios como processos judiciais, greves, programas de marketing bem-sucedidos e malsucedidos, o ganho ou a perda de um contrato importante, e outros eventos que são únicos para uma determinada empresa. Como esses eventos são aleatórios, seus efeitos em uma carteira podem ser eliminados pela diversificação – eventos ruins em uma empresa serão compensados por bons eventos em outra companhia.

---

[8] Se a correlação entre as ações 1 e 2 for igual a −1, então os pesos para uma carteira com risco igual a zero são $w_1 = \sigma_1/(\sigma_1 + \sigma_2)$ e $w_2 = \sigma_2/(\sigma_1 + \sigma_2)$

[9] Durante o período de 1968 a 1998, o coeficiente de correlação médio entre duas ações selecionadas aleatoriamente era de 0,28, enquanto o coeficiente de correlação médio entre as ações de duas grandes empresas era de 0,33; veja Louis K. C. Chan, Jason Karceski e Josef Lakonishok, "On portfolio optimization: forecasting covariance and choosing the risk model", *The Review of Financial Studies*, v. 12, n. 5, p. 937-974, dez. 1999. A correlação média caiu de aproximadamente 0,35 no fim dos anos 1970 para menos de 0,10 no fim da década de 1990; veja John Y. Campbell, Martin Lettau, Burton G. Malkiel e Yexiao Xu, "Have individual stocks become more volatile? An empirical exploration of idiosyncratic risk", *Journal of Finance*, p. 1-43, fev. 2001.

[10] O risco diversificável também é conhecido como *risco específico de uma companhia* ou *risco não sistemático*. O risco de mercado também é conhecido como risco *não diversificável* ou *risco sistemático*; é o risco que permanece após a diversificação.

FIGURA 6-6

Efeitos do tamanho da carteira sobre o risco da carteira para ações comuns

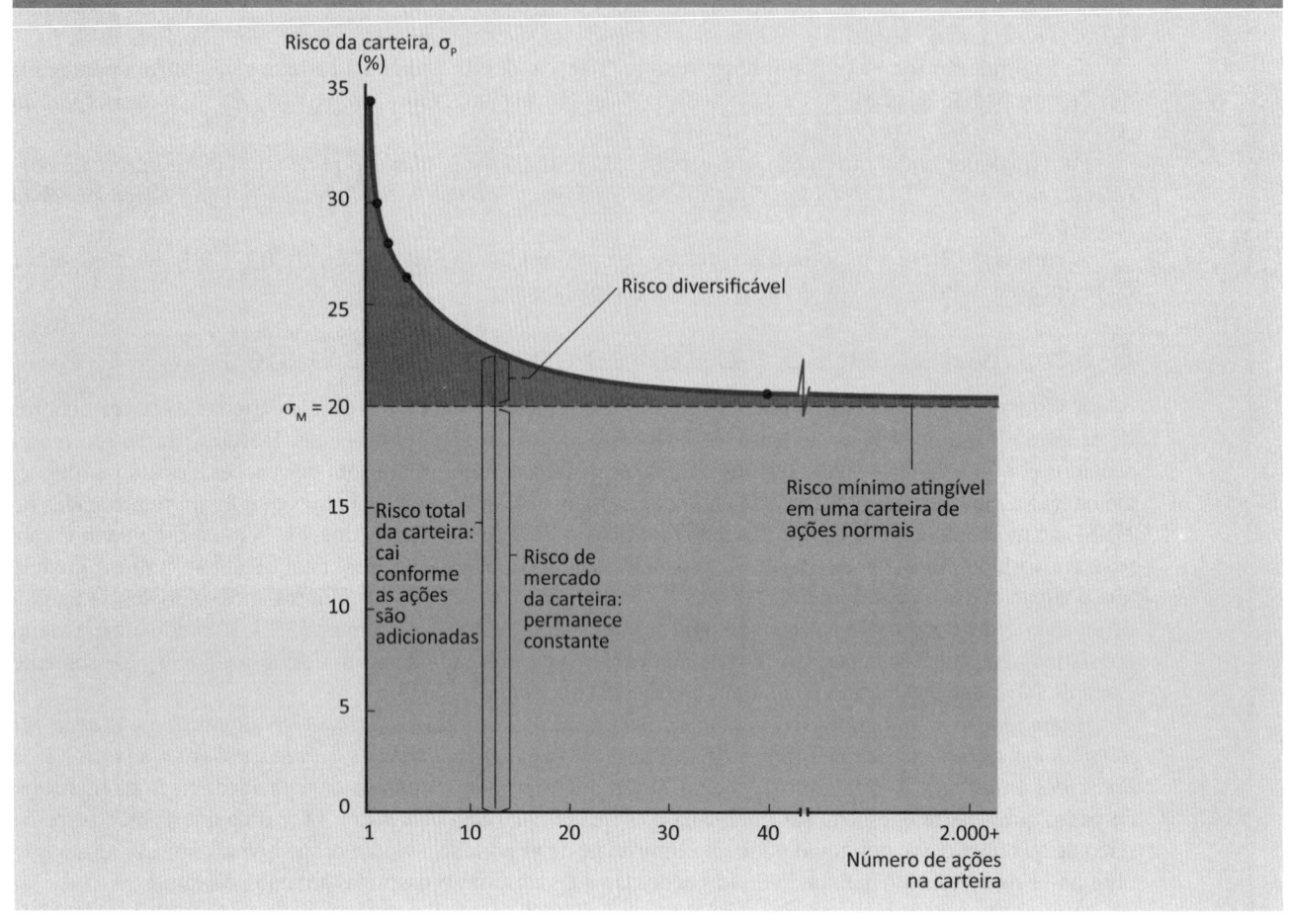

© Cengage Learning 2014

Autoavaliação

1. Explique a seguinte declaração: "Um ativo mantido como parte de uma carteira geralmente é menos arriscado do que o mesmo ativo mantido isoladamente".
2. Qual é o significado de uma perfeita correlação positiva, uma perfeita correlação negativa e uma correlação zero?
3. Em geral, o risco de uma carteira pode ser reduzido para zero quando se aumenta o número de ações na carteira? Explique.

6-6   O risco relevante de uma ação: o modelo de precificação de ativos de capital (CAPM)

Assumimos que investidores têm aversão a riscos e que exigem uma compensação por assumirem riscos; isto é, quanto maior o risco de um título, maior deve ser o retorno esperado a fim de induzir os investidores a comprá-lo ou mantê-lo. Todos os riscos, exceto aqueles relacionados a amplos movimentos de mercado podem ser, e provavelmente serão, diversificados. Mas por que aceitamos um risco que pode facilmente ser eliminado? Isso implica que os investidores estão principalmente mais preocupados com o risco de suas *carteiras* do que com o risco de títulos individuais na carteira. Como, então, o risco de uma ação individual pode ser medido?

O **modelo de precificação de ativos de capital (CAPM)** fornece uma resposta para essa equação.

Uma ação pode ser bastante arriscada se for mantida isoladamente, mas – uma vez que a diversificação elimina cerca de metade do risco – o **risco relevante** da ação é sua *contribuição para uma carteira com risco bem diversificado*, que é muito menor do que o individual da ação.[11]

6-6a Contribuição para o risco de mercado: beta

Uma carteira bem diversificada tem somente o risco de mercado. Portanto, o CAPM define o risco relevante de uma ação individual como a quantidade de risco com que a ação contribui para a carteira de mercado, que é uma carteira contendo todas as ações.[12] Na terminologia do CAPM, ρ_{iM} é a correlação entre o retorno da Ação i e o retorno de mercado, σ_i é o desvio padrão do retorno da Ação i, e σ_M é o desvio padrão do retorno de mercado. A medida relevante de risco é denominada **beta**. O beta da Ação i, denotado por b_i, é calculado como:

$$b_i = \left(\frac{\sigma_i}{\sigma_M} \right) \rho_{iM}$$

(6-8)

Isso nos diz que uma ação com desvio padrão alto, σ_i, tende a ter um beta alto, o que significa que, mantendo-se os outros fatores constantes, a ação contribui com bastante risco para uma carteira bem diversificada. Isso faz sentido, porque uma ação com alto risco unitário tende a desestabilizar a carteira. Observe ainda que uma ação com alta correlação com o mercado, ρ_{iM}, também tende a ter um beta alto e, assim, ser arriscada. Isso também faz sentido, porque uma alta correlação significa que a diversificação não está ajudando muito, e a maioria do risco das ações afeta o risco da carteira.

Suponha que uma ação tenha um beta de 1,4. O que isso significa? Para responder a essa questão, iniciamos com um fato importante: o beta de uma carteira, b_p, é a média ponderada dos betas das ações na carteira, com os pesos iguais aos mesmos pesos utilizados para criar a carteira. Isso pode ser escrito da seguinte maneira:

$$b_p = w_1 b_1 + w_2 b_2 + \cdots + w_n b_n$$
$$= \sum_{i=1}^{n} w_i b_i$$

(6-9)

Por exemplo, suponha que um investidor tenha uma carteira avaliada em $ 100.000 consistindo de $ 25,000 investidos em cada uma das quarto ações; as ações têm betas de 0,6, 1,2, 1,2 e 1,4. O peso de cada ação na carteira é de $ 25.000/$ 100.000 = 25%. O beta da carteira será $b_p = 1,1$:

$$b_p = 25\%(0,6) + 25\%(1,2) + 25\%(1,2) + 25\%(1,4) = 1,1$$

O segundo fato importante é que o desvio padrão de uma carteira bem diversificada, σ_p, é aproximadamente igual ao produto do beta da carteira e do desvio padrão de mercado:

$$\sigma_p = b_p \sigma_M$$

(6-10)

A Equação 6-10 mostra que (1) uma carteira com um beta maior do que 1 terá um desvio padrão maior do que a carteira de mercado; (2) a carteira com um beta igual a 1 terá o mesmo desvio padrão que a carteira de mercado; e (3) uma carteira com um beta menor do que 1 terá um desvio padrão menor do que o mercado. Por exemplo, suponha que o desvio padrão de mercado seja de 20%. Utilizando a Equação 6-10, uma carteira bem diversificada com um beta de 1,1 terá um desvio padrão de 22%:

$$\sigma_p = 1,1(20\%) = 22\%$$

---

[11] O Prêmio Nobel foi concedido aos desenvolvedores do CAPM, os professores Harry Markowitz e William F. Sharpe.

[12] Teoricamente, a carteira de mercado deverá conter todos os ativos. Na prática, ela geralmente contém somente ações. Muitos analistas utilizam retornos registrados no *S&P 500 Index* para estimar o retorno de mercado.

Substituindo a Equação 6-9 na Equação 6-10, podemos verificar o impacto que cada beta da ação individual tem no risco de uma carteira bem diversificada:

$$\sigma_p = (w_1 b_1 + w_2 b_2 + \cdots + w_n b_n)\sigma_M$$

$$= \sum_{i=1}^{n} w_i b_i \sigma_M$$

(6-11)

Uma carteira bem diversificada teria mais de 4 ações, mas para manter a simplicidade suponha que uma carteira com 4 ações, no exemplo anterior, seja bem diversificada. Nesse caso, então, a Figura 6-7 mostra com quanto risco cada ação contribui para a carteira.[13] Do desvio padrão total da carteira, de 22%, a Ação 1 contribui com $w_1 b_1 \sigma M = (25\%)(0,6)(20\%) = 3\%$. As ações 2 e 3 têm betas que são duas vezes maior do que o beta da Ação 1, de modo que as Ações 2 e 3 contribuem com um risco duas vezes maior que o da Ação 1. A Ação 4 tem o maior beta, e contribui com o maior risco.

Demonstramos como estimar o beta na seção seguinte, mas veja alguns aspectos principais sobre o beta. (1) O beta mede com quanto risco uma ação contribui para uma carteira bem diversificada. Se os pesos de todas as ações em uma carteira forem iguais, então, uma ação com um beta duas vezes maior que o beta de outra ação contribui com um risco duas vezes maior. (2) A média dos betas de todas as ações é igual a 1; o beta do mercado também é igual a 1. Intuitivamente, isso ocorre porque o retorno de mercado é a média dos retornos de todas as ações. (3) Uma ação com um beta maior do que 1 contribui com mais risco para uma carteira do que a ação média, e uma ação com um beta menor do que 1 contribui com menos risco para uma carteira do que a ação média. (4) A maior parte das ações tem betas que estão entre cerca de 0,4 e 1,6.

FIGURA 6-7

A contribuição de ações individuais para o risco da carteira: o efeito de beta

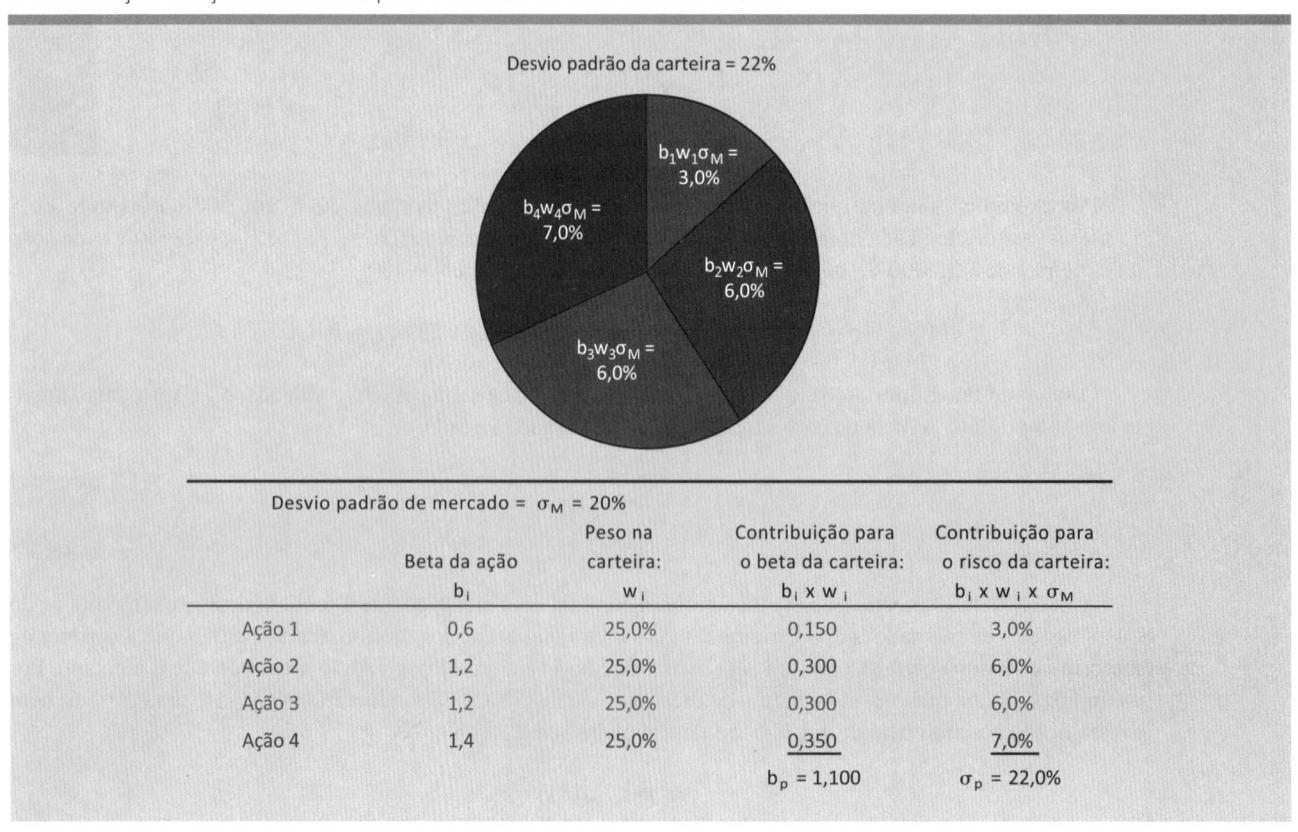

Desvio padrão da carteira = 22%

$b_1 w_1 \sigma_M = 3,0\%$

$b_4 w_4 \sigma_M = 7,0\%$

$b_2 w_2 \sigma_M = 6,0\%$

$b_3 w_3 \sigma_M = 6,0\%$

Desvio padrão de mercado = $\sigma_M = 20\%$

	Beta da ação: b_i	Peso na carteira: w_i	Contribuição para o beta da carteira: $b_i \times w_i$	Contribuição para o risco da carteira: $b_i \times w_i \times \sigma_M$
Ação 1	0,6	25,0%	0,150	3,0%
Ação 2	1,2	25,0%	0,300	6,0%
Ação 3	1,2	25,0%	0,300	6,0%
Ação 4	1,4	25,0%	0,350	7,0%
			$b_p = 1,100$	$\sigma_p = 22,0\%$

[13] Se a carteira não for bem diversificada, então $b_p \sigma_M$ mede o total de risco de mercado na carteira, e $b_p w_i \sigma_M$ mede a quantidade de risco de mercado com que a ação i contribui para a carteira.

6-6b Como estimar o beta

O CAPM é um modelo *ex ante*, o que significa que todas as variáveis representam os valores *esperados* antes do fato. Em particular, o coeficiente beta utilizado pelos investidores deve refletir a relação entre o retorno esperado de uma ação e o retorno de mercado esperado durante um período *futuro*. Contudo, as pessoas normalmente calculam betas utilizando alguns dados de períodos *anteriores* e presumem que o risco futuro das ações será igual ao risco anterior.

A maioria dos analistas utiliza 4 a 5 anos de dados mensais, embora alguns empreguem 52 semanas de dados semanais. Utilizando 4 anos de retornos mensais, podemos calcular os betas da MicroDrive e SnailDrive por meio da Equação 6-8:

	Mercado	MicroDrive	SnailDrive
Desvio padrão (anual):	20,0%	49,2%	25,8%
Correlação com o mercado:		0,582	0,465
$b_i = \rho_{iM}(\sigma_i/\sigma_M)$		1,43	0,60

A Tabela 6-1 mostra os betas de algumas companhias bem conhecidas informados por duas diferentes organizações financeiras, Value Line e Yahoo!Finance. Observe que suas estimativas de beta geralmente diferem porque elas o calculam de um modo ligeiramente diferente. Considerando essas diferenças, muitos analistas escolhem calcular seus próprios betas ou fazer a média dos betas divulgados.

Calculadoras e planilhas podem calcular os componentes da Equação 6-8 (ρ_{iM}, σ_i e σ_M), que pode então ser utilizado para calcular o beta, mas existe outra maneira. A **covariância entre a Ação i e o mercado, COV$_{iM}$,** é definida como[14]

$$COV_{iM} = \rho iM \, \sigma_i \, \sigma_M \qquad \textbf{(6-12)}$$

Substituir a Equação 6-12 na Equação 6-8 fornece outra expressão frequentemente utilizada para calcular o beta:

$$b_i = \frac{COV_{iM}}{\sigma_M^2} \qquad \textbf{(6-13)}$$

Suponha que você representou os retornos de ações no eixo y e os retornos da carteira no eixo x de um gráfico. A fórmula para a inclinação de uma linha de regressão é exatamente igual à fórmula para beta na Equação 6-13. Portanto, para estimar o beta para um título, você pode estimar uma regressão com os retornos da ação no eixo y e os retornos de mercado no eixo x. A Figura 6-8 ilustra essa abordagem. Os pontos cinzas representam cada um dos 48 pontos de dados, com os retornos da ação no eixo y e os retornos de mercado no eixo x. Como referência, a linha preta espessa mostra o gráfico representando mercado *versus* mercado. Observe que os retornos da MicroDrive geralmente são superiores aos retornos de mercado (a linha preta) quando o mercado estiver em uma situação boa, mas inferiores ao mercado quando o mercado estiver em uma situação ruim, sugerindo que a MicroDrive é arriscada.

---

[14] Utilizando dados históricos, a covariância da amostra pode ser calculada como

$$\text{Covariância da amostra dos dados históricos} = COV_{iM} = \frac{\sum_{t=1}^{T}(\bar{r}_{i,t} - \bar{r}_{i,Avg})(\bar{r}_{M,t} - \bar{r}_{M,Avg})}{n - 1}$$

Calcular a covariância é um pouco mais fácil do que calcular a correlação. Sendo assim, se você já tiver calculado os desvios padrão, é mais fácil calcular a covariância e depois a correlação como $\rho_{iM} = COV_{iM}/(\sigma_i \sigma_M)$.

TABELA 6-1
Coeficientes beta de algumas empresas reais

Ações (símbolo da ação)	Linha de valor	Yahoo! Finanças
Amazon.com (AMZN)	1,05	0,69
Apple (AAPL)	1,05	1,00
Coca-Cola (KO)	0,60	0,42
Empire District Electric (EDE)	0,70	0,37
Energen Corp. (EGN)	1,15	1,26
General Electric (GE)	1,20	1,67
Google (GOOG)	0,90	1,19
Heinz (HNZ)	0,65	0,41
Microsoft Corp. (MSFT)	0,85	1,00
Procter & Gamble (PG)	0,60	0,35

Fontes: **www.valueline.com** e **http://finance.yahoo.com**, abril de 2012.

FIGURA 6-8
Retornos de ações da MicroDrive e do mercado: como estimar beta

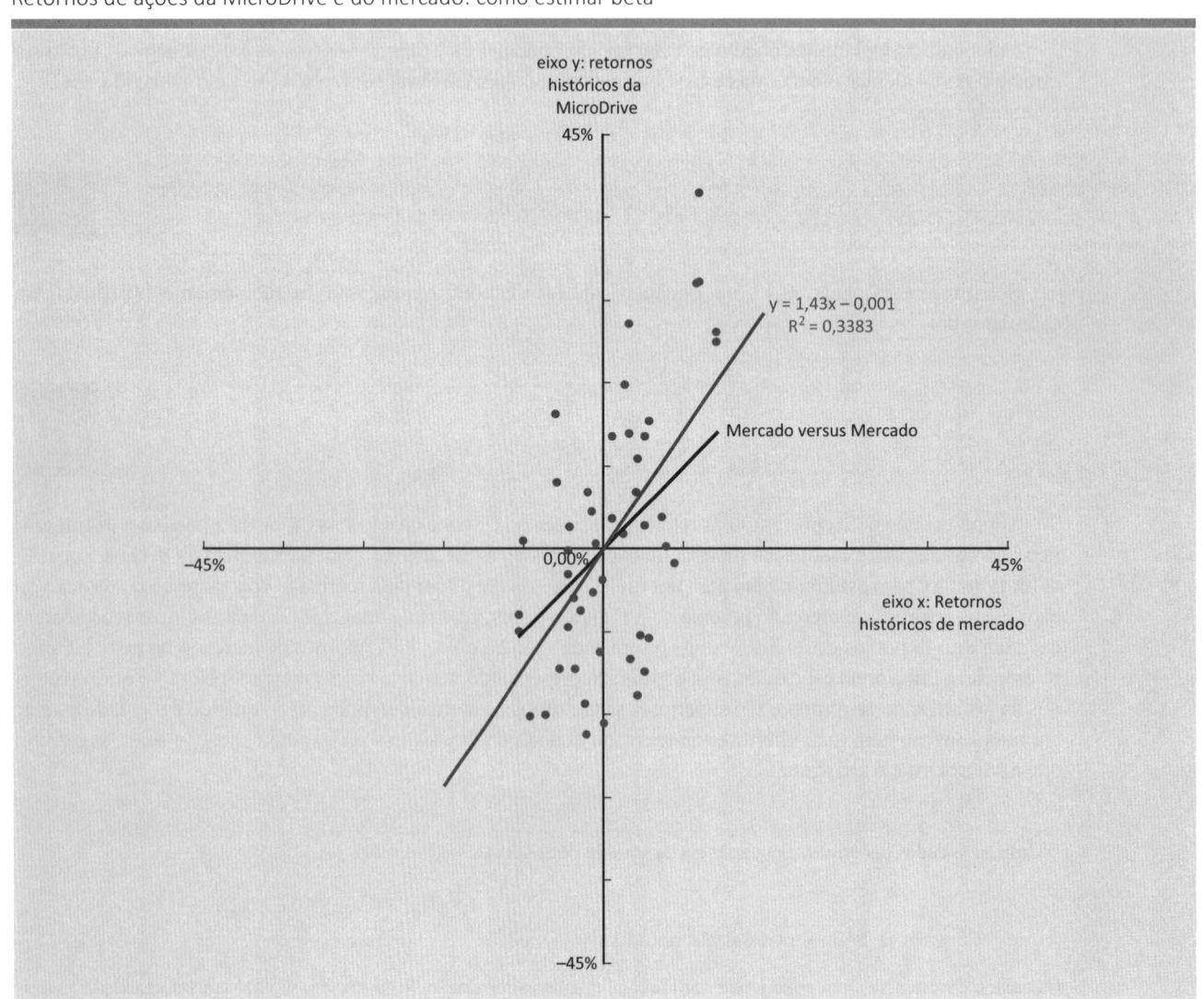

Utilizamos o recurso Trendline no Excel para mostrar a Equação de regressão, e R^2 no gráfico (em vermelho): a MicroDrive tem um beta estimado de 1,43, o mesmo que calculamos anteriormente utilizando a Equação 6-8. Também é possível utilizar a função **SLOPE** do Excel para estimar a inclinação de uma regressão: **=SLOPE(known_y's,known_x's).** A função **SLOPE** é mais conveniente se você tiver de calcular betas para muitas companhias diferentes.

6-6c Como interpretar o beta estimado

Primeiro, sempre tenha em mente que o beta não pode ser observado, pode apenas ser estimado. O valor de R^2 mostrado no gráfico mede o grau de dispersão em torno da linha de regressão. Estatisticamente falando, ele mede a porcentagem da variância que a equação de regressão explica. Um R^2 igual a 1,0 indica que todos os pontos estão exatamente na linha de regressão e, portanto, que todas as variações na variável y são explicadas pela variável x. R^2 da MicroDrive é cerca de 0,34, que é similar ao típico R^2 da ação, de 0,32. Isso indica que aproximadamente 34% da variância nos retornos da MicroDrive são explicados pelo retorno de mercado; em outras palavras, grande parte da volatilidade da MicroDrive se deve a fatores diferentes das oscilações de mercado. Se tivéssemos feito uma análise similar para uma carteira de 40 ações aleatoriamente selecionadas, então os pontos provavelmente teriam se agrupado bem próximos em torno da linha de regressão e R^2 provavelmente excederia 0,90. Cerca de 100% da volatilidade de uma carteira bem diversificada é explicado pelo mercado.

O intervalo de confiança de 95% em torno do beta estimado da MicroDrive varia de cerca de 0,7 a 2,2. Isso significa que podemos estar 95% confiantes de que o beta verdadeiro da MicroDrive está entre 0,7 e 2,2. Observe que este é um intervalo muito grande, que também é típico para a maioria das ações. Em outras palavras, o beta estimado é realmente uma estimativa!

O beta estimado da MicroDrive é de cerca de 1,4. O que isso significa? Por definição, o beta médio para todas as ações é igual a 1, portanto, a MicroDrive contribui com 40% a mais de risco para uma carteira bem diversificada do que uma ação típica (assumindo que tenham o mesmo peso na carteira). Observe também, na

Os benefícios da diversificação internacional

A Figura 6-6 mostra que um investidor pode reduzir significativamente o risco de uma carteira mantendo um grande número de ações. A figura que acompanha este box sugere que investidores podem ser capazes de reduzir riscos ainda mais se mantiver ações de todas as partes do mundo, porque os retornos de ações nacionais e internacionais não são perfeitamente correlacionados.

Fontes: Para saber mais detalhes, veja Kenneth Kasa, "Measuring the gains from international portfolio diversification", *Federal Reserve Bank of San Francisco*, Weekly, Letter, n. 94, p. 14,8 abr. 1994.

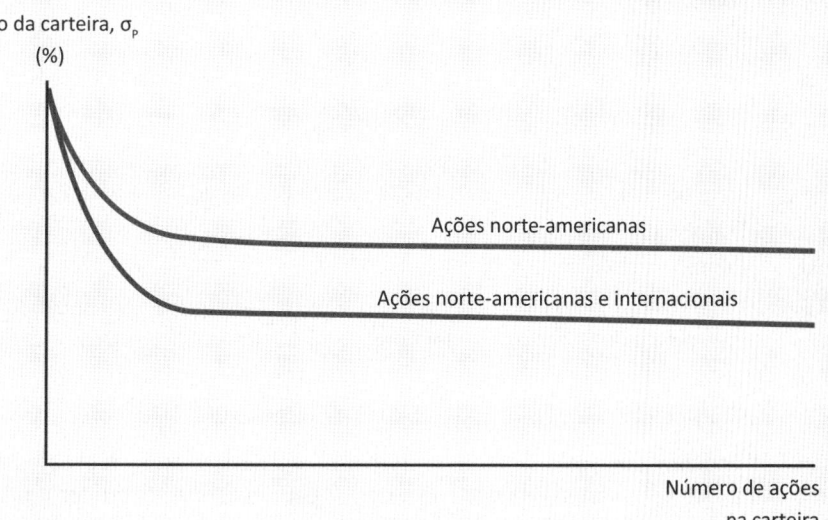

Figura 6-8, que a inclinação da linha estimada seja de cerca de 1,4, que é mais acentuada que a inclinação de 1. Quando o mercado está em boa situação, uma ação com beta elevado, como a da MicroDrive, tende a apresentar melhor desempenho que uma ação média, e quando o mercado está em crise, uma ação com beta elevado tem desempenho pior que o da ação média. O oposto é verdadeiro para uma ação com um baixo beta: quando o mercado entra em alta, a ação com baixo beta tende a subir pouco; quando o mercado está em queda, a ação com baixo beta tende a cair menos que o mercado.

Por fim, observe que a intersecção mostrada na equação de regressão no gráfico é de −0,001. Este é um retorno mensal; o valor anualizado é 12(−0,1%) = −1,2%. Isso indica que a MicroDrive perdeu cerca de 1,2% por ano, como resultado de fatores que não são os movimentos do mercado geral.

Autoavaliação

1. Qual é o beta médio? Se uma ação tem um beta igual a 0,8, o que isso implica quanto ao seu risco relativo ao mercado?
2. Por que o beta é, teoricamente, a medida correta do risco de uma ação?
3. Se você representou em gráfico os retornos de determinada ação em comparação com os retornos registrados no Índice S&P 500 nos últimos cinco anos, o que a inclinação da linha de regressão informaria sobre o risco de mercado da ação?
4. Quais tipos de dados são necessários para calcular um coeficiente beta para uma companhia real?
5. O que R^2 mede? Qual é o R^2 para uma companhia típica?
6. Um investidor tem uma carteira com três ações, $ 25.000 investidos na Dell, $ 50.000 investidos na Ford e $ 25.000 investidos no Walmart. O beta da Dell é estimado em 1,20, o beta da Ford é estimado em 0,80 e o beta do Walmart está estimado em 1,0. Qual é o beta estimado da carteira do investidor? **(0,95)**

6-7   Relação entre risco e retorno segundo o modelo de precificação de ativos de capital

Na seção anterior, vimos que o coeficiente beta mede a contribuição de uma ação para o risco de uma carteira bem diversificada. O CAPM assume que os investidores marginais (isto é, os investidores com dinheiro suficiente para influenciar os preços do mercado) mantêm carteiras bem diversificadas. Sendo assim, o beta é a medida apropriada do risco relevante de uma ação. Contudo, precisamos quantificar como o risco afeta os retornos exigidos: para determinado nível de risco, conforme medido pelo beta, qual taxa de retorno esperada os investidores requerem para compensá-los por assumir esse risco? Para começar, definimos os seguintes termos.

$\hat{r}$ = Taxa de retorno *esperada* da Ação i.

r_i = Taxa de retorno *exigida* da Ação i. É o retorno mínimo esperado exigido para induzir um investidor comum a comprar a ação.

$\bar{r}$ = Retorno realizado, *ex post*.

r_{RF} = Taxa de retorno livre de risco. Nesse contexto, r_{RF} geralmente é medido pelo retorno de longo prazo esperado dos títulos do Tesouro dos Estados Unidos.

b_i = Coeficiente beta da Ação i.

r_M = Taxa de retorno exigida de uma carteira composta de todas as ações, denominada *carteira de mercado*.

RP_i = Prêmio de risco da Ação i: $RP_i = b_i (RP_M)$.

RP_M = Prêmio de risco do "mercado". $RP_M = (r_M - r_{RF})$ é o retorno adicional da taxa livre de risco exigida para induzir um investidor comum a investir na carteira de mercado.

6-7a   A linha de segurança de mercado (SML)

Em geral, podemos conceituar o retorno exigido sobre uma ação individual como a taxa livre de risco mais o retorno extra (isto é, o prêmio do risco) necessários para induzir o investidor a manter a ação. A **linha de segurança de mercado (SML)** do CAPM formaliza esse conceito geral mostrando que o prêmio de risco da ação é igual ao produto do beta da ação pelo prêmio de risco de mercado:

$$\text{Retorno exigido da Ação i} = \text{Taxa de retorno} + \begin{pmatrix} \text{Prêmio de risco} \\ \text{de Ação i} \end{pmatrix}$$

$$\text{Retorno exigido da Ação i} = \text{Taxa de retorno} + \begin{pmatrix} \text{Beta de} \\ \text{ação i} \end{pmatrix} \begin{pmatrix} \text{Prêmio de risco} \\ \text{de mercado} \end{pmatrix} \quad \textbf{(6-14)}$$

$$r_i = r_{RF} + b_i(RP_M)$$

$$= r_{RF} + (r_M - r_{RF})b_i$$

Vamos analisar os três componentes do retorno exigido (a taxa livre de riscos, o prêmio de risco de mercado e o beta) para verificar como eles interagem para determinar o retorno exigido de ações.

A taxa livre de riscos

Observe que o retorno exigido de uma ação começa com a taxa livre de risco. A fim de induzir um investidor a fazer um investimento arriscado, o investidor precisará de um retorno pelo menos tão grande quanto a taxa livre de risco. O rendimento de títulos do Tesouro de longo prazo frequentemente é utilizado para medir a taxa livre de risco.

O prêmio de risco de mercado

O **prêmio de risco de mercado, RP$_M$**, é a taxa extra de retorno que os investidores exigem para investir no mercado de ações em vez de comprar títulos livres de riscos. O tamanho do prêmio de risco de mercado depende do grau de aversão ao risco que os investidores têm em média. Quando investidores têm aversão a riscos, o prêmio de risco de mercado é alto; quando investidores se preocupam menos com os riscos, o prêmio de risco de mercado é baixo. Por exemplo, suponha que investidores (em média) precisam de um retorno extra de 5% antes de assumirem os riscos do mercado de ações. Se títulos do Tesouro gerarem r_{RF} = 6%, então o retorno requerido no mercado, r_M, é igual a 11%:

$$r_M = r_{RF} + RP_M = 6\% + 5\% = 11\%$$

Mas se começarmos com uma estimativa do retorno de mercado exigido (talvez, através de uma análise de cenário similar ao da Seção 6-2), então, podemos encontrar o prêmio de risco de mercado implícito. Por exemplo, se o retorno de mercado exigido for estimado em 11%, então o risco de mercado é:

$$RP_M = r_M - r_{RF} = 11\% - 6\% = 5\%$$

Discutiremos o prêmio de risco de mercado em detalhes no Capítulo 9, mas por enquanto é preciso saber que a maioria dos analistas utiliza um prêmio de risco de mercado entre 4% e 7%.

O prêmio de risco para uma ação individual

O CAPM mostra que o **prêmio de risco para uma ação individual, RP$_i$**, é igual ao produto do beta da ação e o prêmio de risco de mercado:

$$\text{Prêmio de risco de ação i} = RP_i = b_i(RP_M) \quad \textbf{(6-15)}$$

Por exemplo, considere uma ação de baixo risco com b_L = 0,5. Se o prêmio de risco de mercado for de 5%, o prêmio de risco para a ação (RP$_L$) é 2,5%:

$$RP_L = (5\%)(0,5)$$
$$= 2,5\%$$

Utilizando a SML na Equação 6-14, o retorno exigido para nossa ação ilustrativa de baixo risco é encontrado da seguinte maneira:

$$r_i = 6\% + 5\%(0,5)$$
$$= 8,5\%$$

Se uma ação de baixo risco tem $b_H = 2,0$, sua taxa de retorno exigida é de 16%:

$$r_H = 6\% + (5\%)2,0 = 16\%$$

Uma ação média, com $b_A = 1,0$, tem um retorno exigido de 11%, igual ao retorno de mercado:

$$r_A = 6\% + (5\%)1,0 = 11\% = r_M$$

A Figura 6-9 mostra a SM_L quando $r_{RF} = 6\%$ e $RP_M = 5\%$. Observe os seguintes pontos:

1. As taxas de retorno exigidas são mostradas no eixo vertical, ao passo que o risco medido pelo coeficiente beta é representado no eixo horizontal. Este gráfico é bastante diferente da linha de regressão mostrada na Figura 6-8, em que os retornos das ações individuais foram representados no eixo vertical e os retornos sobre o índice de mercado foram mostrados no eixo horizontal. Para a SML na Figura 6-9, a inclinação da linha de regressão a partir de uma análise como a que foi conduzida na Figura 6-8 é representada como beta no eixo horizontal da Figura 6-9.
2. Títulos sem risco têm $b_i = 0$; portanto, r_{RF} aparece como a intersecção no eixo vertical na Figura 6-9. Se pudéssemos construir uma carteira com um beta igual a zero, ele teria um retorno requerido igual à taxa livre de risco.

FIGURA 6-9
A linha de segurança de mercado (SML)

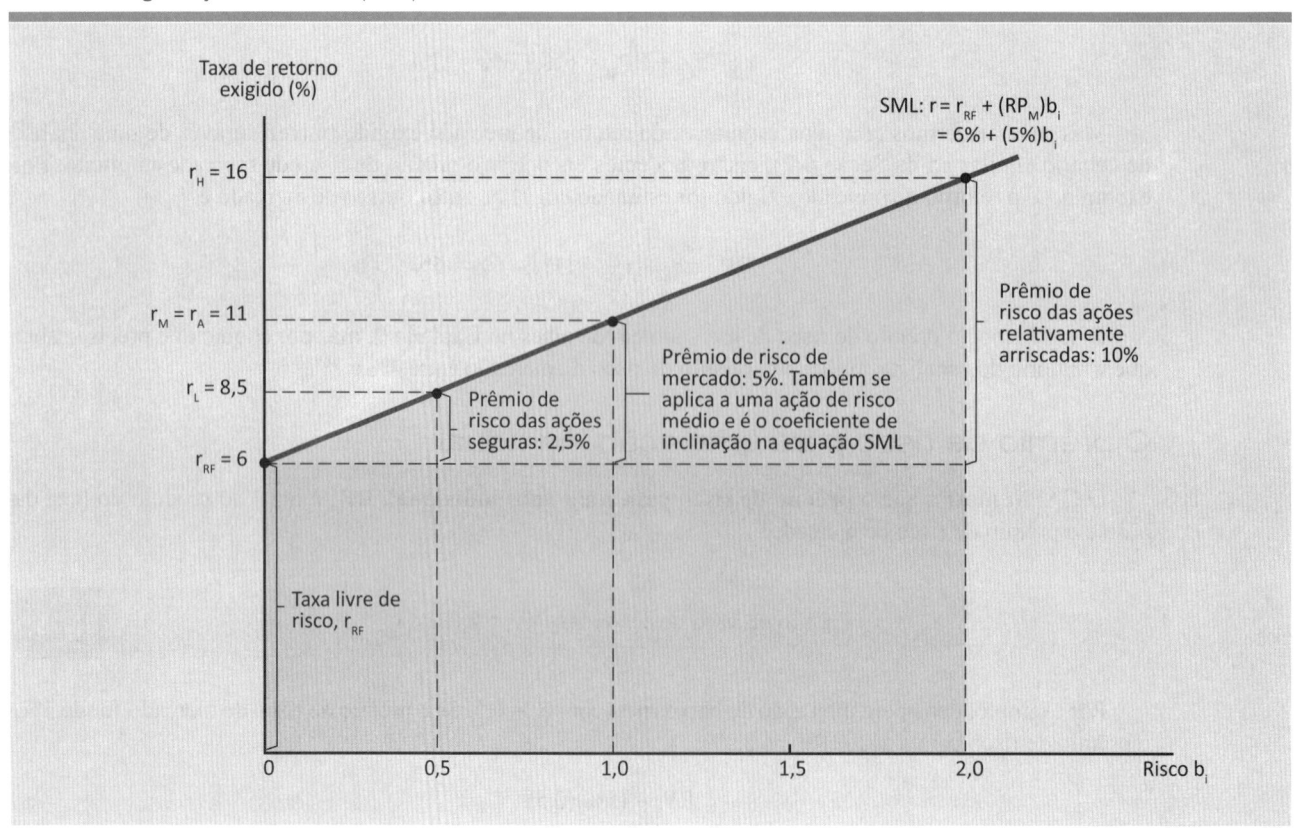

3. A inclinação da SML (5% na Figura 6-9) reflete o grau de aversão de risco na economia: quanto maior a aversão ao risco por parte do investidor, (a) mais acentuada é a inclinação da linha, (b) maior é o prêmio de risco para todas as ações, e (c) maior é a taxa de retorno requerida sobre todas as ações.[15]

6-7b O impacto sobre o retorno exigido devido a mudanças na taxa livre de risco, na aversão ao risco e no coeficiente beta

O retorno exigido depende da taxa livre de risco, do prêmio de risco de mercado e do beta da ação. As seções seguintes ilustram o impacto das mudanças nesses itens.

O impacto de mudanças na taxa livre de risco

Suponha que uma combinação de aumento nas taxas reais de juros e na inflação prevista faça a taxa de juros livre de risco aumentar de 6% para 8%. Essa mudança é mostrada na Figura 6-10. Um aspecto importante a ser observado é que uma mudança na r_{RF} não causará necessariamente uma alteração no prêmio de risco de mercado. Desse modo, à medida que a r_{RF} se modificar, o mesmo acontecerá com o retorno exigido, no mercado e, se tudo o mais for mantido constante, o prêmio de risco de mercado permanecerá estável.[16] Observe que, de acordo com, o CAPM, o aumento em r_{RF} leva a um aumento idêntico na taxa de retorno referente a todos os

FIGURA 6-10

Mudança da SML causada pelo aumento das taxas de juros

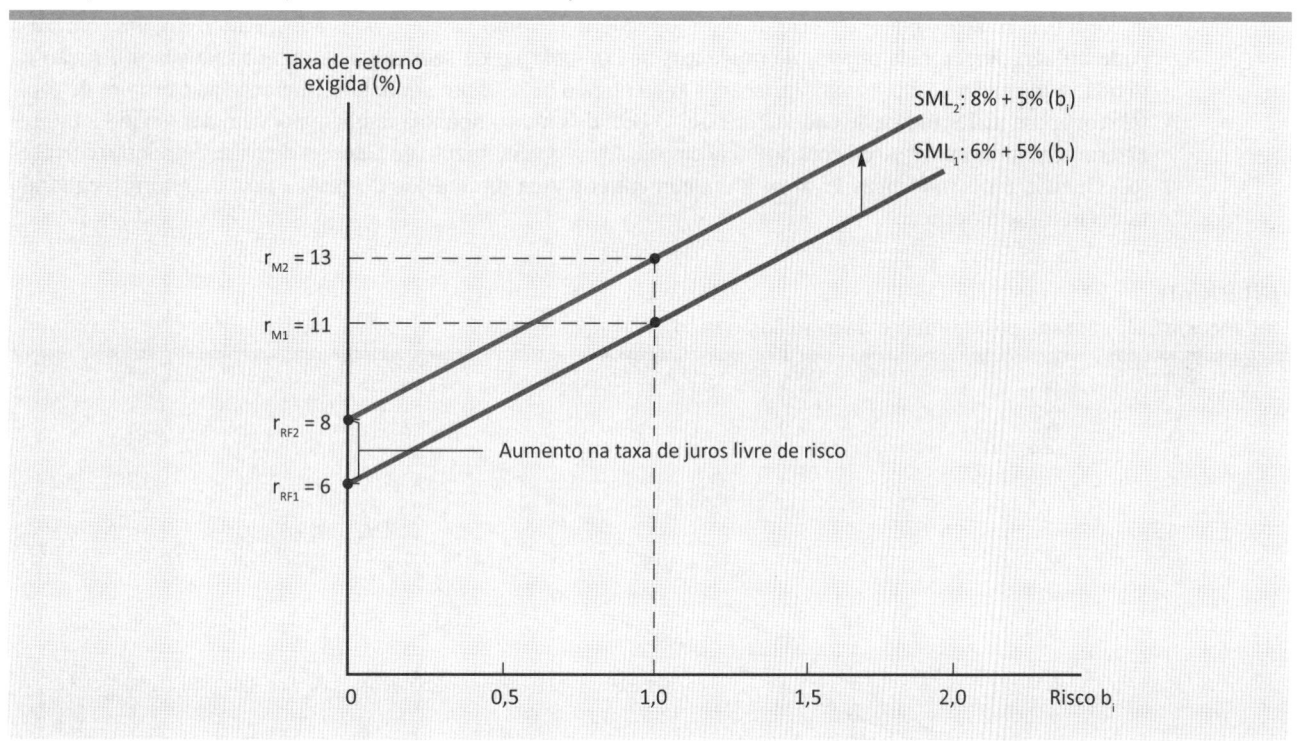

[15] Algumas vezes, os estudantes confundem o coeficiente beta com a inclinação da SML. A inclinação de qualquer linha reta é igual à variação no eixo Y dividida pela variação no eixo X, ou seja, $(Y_1 - Y_0)(X_1 - X_0)$. Considere a Figura 6-9. Se considerarmos que Y = r e X = beta, e formos da origem até b = 1,0, veremos que a inclinação é $(r_M - r_{RF})/(b_M - b_{RF}) = (11\% - 6\%)/(1 - 0) = 5\%$. Assim a inclinação da SML é igual a $(r_M - r_{RF})$, o prêmio de risco de mercado. Na Figura 6-9, $r_i = 6\% + 5\%(b_i)$; portanto, um aumento do beta para 2,0 resultaria em um aumento de 5% em r_i.

[16] Pense em um veleiro que está boiando sobre as águas, em um porto. A distância do fundo do mar até sua superfície é a taxa livre de risco, que sobe e desce de acordo com as marés. A distância do topo do mastro até o fundo do mar é o retorno exigido do mercado: ele também sobe e desce conforme a maré. A distância do topo do mastro até a superfície do mar é como o prêmio de risco do mercado – ele continua igual, mesmo se a maré subir ou baixar. Assim, mantendo-se os outros fatores constantes, uma mudança na taxa livre de risco causa uma mudança idêntica no retorno exigido do mercado, r_M, resultando em uma estabilidade relativa do prêmio de risco de mercado, $r_M - r_{RF}$.

ativos, porque a mesma taxa livre de riscos é integrada na taxa de retorno exigida em todos os ativos. Por exemplo, a taxa de retorno exigida no mercado (e a ação ordinária), r_M, aumenta de 11% para 13%. Outros retornos de títulos arriscados também aumentam em 2%.

Mudanças na aversão ao risco

A inclinação da linha de segurança do mercado reflete o grau de aversão ao risco dos investidores: quanto mais inclinada a linha, maior a aversão ao risco dos investidores. Suponha que todos os investidores não se preocupassem com o risco – ou seja, que eles *não* tivessem aversão ao risco. Se a r_{RF} fosse de 6%, os ativos arriscados também teriam um retorno esperado de 6%, uma vez que, se não houvesse aversão ao risco, não haveria prêmio de risco e a SML seria representada graficamente como uma linha horizontal. À medida que a aversão ao risco aumenta, o mesmo ocorre com o prêmio de risco, e isso faz a SML ter uma inclinação maior.

A Figura 6-11 ilustra um aumento na aversão de risco. O prêmio de risco de mercado aumenta de 5% para 7,5%, fazendo a r_M aumentar de r_{M1} = 11% para r_{M2} = 13,5%. Os retornos sobre outros ativos arriscados também aumentam, e o efeito desta mudança na aversão ao risco é maior para títulos mais arriscados. Por exemplo, o retorno exigido sobre uma ação com b_i = 0,5 aumenta em apenas 1,25%, de 8,5% para 9,75%; o retorno sobre uma ação com b_i = 1,0 aumenta em 2,5%, de 11,0% para 13,5%; e sobre uma ação com b_i = 1,5 aumenta em 3,75%, de 13,5% para 17,25%.

Mudanças no coeficiente beta de uma ação

Considerando a aversão ao risco e uma SML com inclinação positiva, como mostra a Figura 6-9, quanto maior o beta da ação, maior é a taxa de retorno requerida. Como veremos mais adiante no livro, uma empresa pode influenciar seu beta através de mudanças na composição de seus ativos e também na sua utilização da dívida: a aquisição de ativos mais arriscados aumentará o beta, assim como uma alteração na estrutura de capital requer um maior índice de endividamento. O beta de uma companhia também pode mudar devido a fatores externos, como o aumento da concorrência em seu setor, o vencimento de patentes de base, entre outros aspectos. Quando essas mudanças levarem a um aumento ou uma diminuição do beta, a taxa de retorno requerida também irá se modificar.

FIGURA 6-11
Mudança da SML causada pelo aumento da aversão ao risco

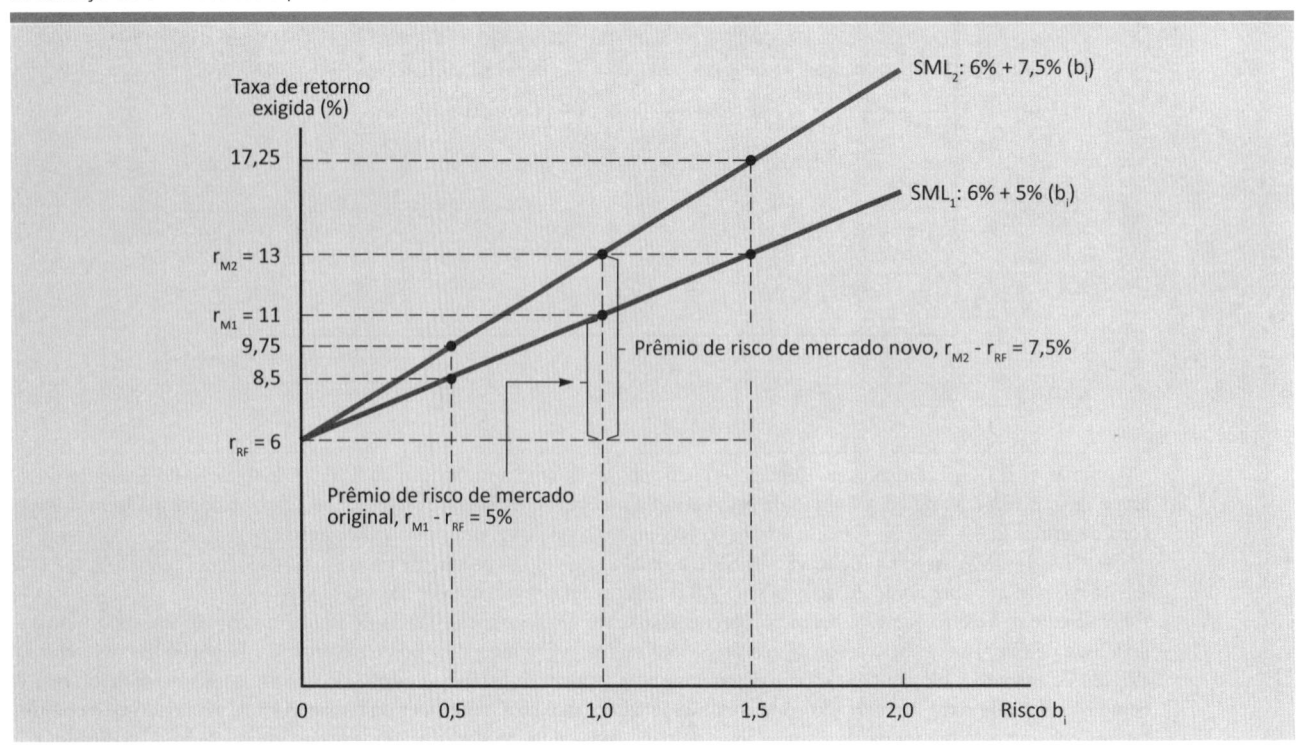

6-7c   Retornos de carteira e avaliação de desempenho de uma carteira

O **retorno esperado de uma carteira**, $\hat{r}_p$, é a média ponderada dos retornos esperados para os ativos individuais na carteira. Suponha que existam n ações na carteira e que o retorno esperado da Ação i seja $\hat{r}_i$, o retorno esperado para a carteira é

$$\hat{r}_p = \sum_{i=1}^{n} w_i \hat{r}_i$$

(6-16)

O **retorno exigido de uma carteira**, r_p, é a média ponderada dos retornos exigidos para os ativos individuais na carteira:

$$r_p = \sum_{i=1}^{n} w_i r_i$$

(6-17)

Também podemos expressar o retorno exigido de uma carteira em termos do beta da carteira:

$$r_p = r_{RF} + b_p RP_M$$

(6-18)

A Equação 6-18 indica que não precisamos estimar o beta para uma carteira se já tivermos estimado os betas para as ações individuais. Basta calcularmos o beta da carteira como a média ponderada dos betas da ação (veja a Equação 6-9) e então aplicarmos a Equação 6-18.

Isso é particularmente útil quando avaliamos gerentes de carteiras. Por exemplo, suponha que o mercado de ações tenha um retorno para o ano de 9% e que determinado fundo mútuo tenha um retorno de 10%. O gerente da carteira fez ou não fez um bom trabalho? A resposta depende do nível de risco que o fundo tem. Se o beta do fundo for 2, então o fundo deverá ter um retorno muito maior do que o mercado, o que significa que o gerente não fez um bom trabalho. O segredo está em avaliar o retorno do gerente da carteira em relação ao retorno que o gerente teria obtido considerando-se o risco dos investimentos.

6-7d   Retornos exigidos *versus* retornos esperados: equilíbrio de mercado

Explicamos, no Capítulo 1, que os gerentes devem procurar maximizar o valor das ações de suas empresas. Também enfatizamos a diferença entre o preço de mercado e o valor intrínseco. O valor intrínseco incorpora todas as informações *relevantes disponíveis* referentes aos fluxos de caixa esperados e ao risco. Isso inclui informações sobre a companhia, o ambiente econômico e o ambiente político. Em contraste com o valor intrínseco, os preços de mercado são baseados na *seleção e interpretação* das informações por parte dos investidores. Considerando que os investidores não selecionam todas as informações relevantes e não as interpretam corretamente, os preços de mercado podem desviar-se dos valores intrínsecos. A Figura 6-12 ilustra essa relação entre preços de mercado e valor intrínseco.

Quando os preços de mercado desviam-se de seus valores intrínsecos, os investidores astutos têm oportunidades lucrativas. Por exemplo, lembre-se, do Capítulo 5, que o valor de um título é o valor presente de seus fluxos de caixa quando descontados do retorno requerido do título, o que reflete o risco do título. Esse é o valor intrínseco do título porque incorpora todas as informações disponíveis relevantes. Observe que o valor intrínseco é "justo" no sentido de que incorpora o risco do título e o retorno requerido dos investidores por assumirem o risco.

O que aconteceria se o preço de mercado de um título fosse menor do que seu valor intrínseco? Nesta situação, um investidor poderia comprar o título e receber uma taxa de retorno excedente ao retorno requerido. Em outras palavras, o investidor obteria maior compensação do que o justificado pelo risco do título. Se todos os investidores se sentissem dessa maneira, a demanda pelo título aumentaria à medida que os investidores tentassem adquiri-lo, fazendo seu preço subir. Mas lembre-se, do Capítulo 5, de que à medida que o preço de um

FIGURA 6-12
Determinantes de valores intrínsecos e preços de mercado

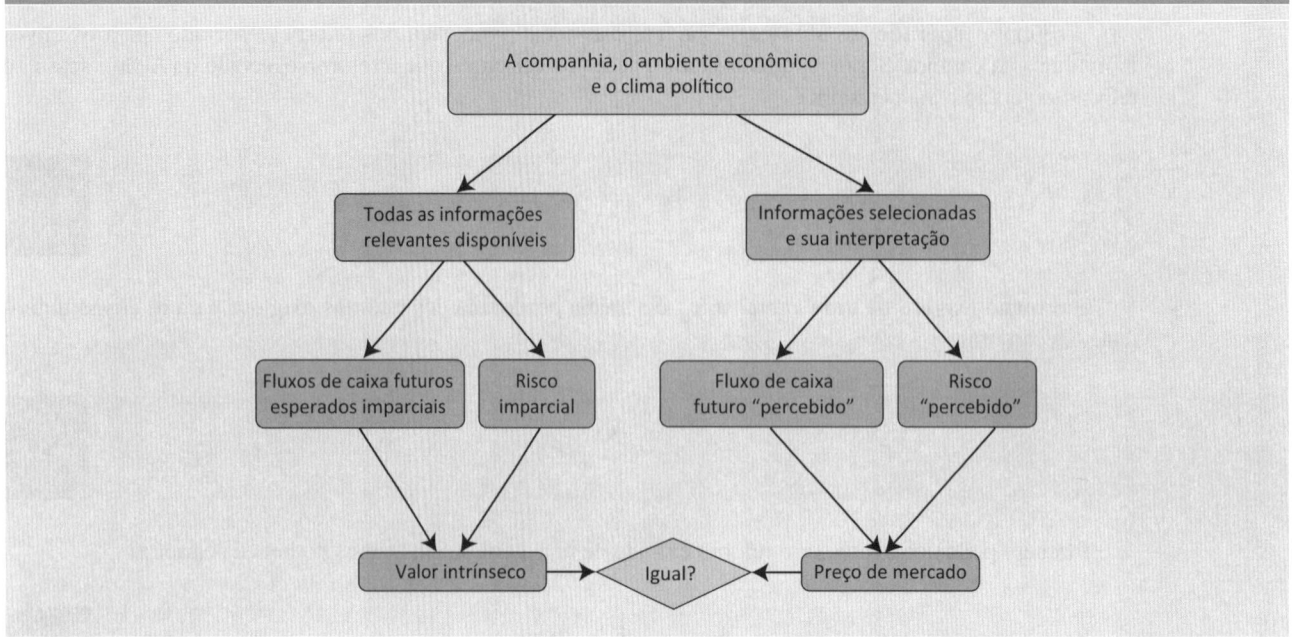

© Cengage Learning 2014

título sobe, seu rendimento diminui. Isso significa que um aumento no preço reduziria o retorno subsequente para um investidor comprar (ou manter) o título pelo novo preço.[17] Parece razoável esperar que as ações dos investidores continuem a aumentar o preço até que o retorno esperado para o título seja igualado ao seu retorno requerido. Depois desse ponto, o título forneceria apenas o retorno suficiente para compensar seu proprietário pelo risco do título.

Se o preço dos títulos estivesse alto demais em comparação com seu valor intrínseco, os investidores venderiam o título, fazendo seu preço cair e seu rendimento aumentar até que seu retorno esperado se igualasse a seu retorno exigido.

Os fluxos de caixa futuros de uma ação não são tão previsíveis como os títulos, mas no capítulo seguinte mostraremos que o valor intrínseco de uma ação é o valor presente de seus fluxos de caixa futuros esperados, assim como o valor intrínseco de um título é o valor presente de seus fluxos de caixa. Se o preço de uma ação for menor do que seu valor intrínseco, um investidor receberá um retorno esperado maior do que o retorno exigido como forma de compensação para o risco. As mesmas forças de mercado que descrevemos para um título com preço incorreto aumentariam o preço incorreto de uma ação. Se esse processo continuar até que seu retorno esperado se iguale ao retorno exigido, dizemos que existe um **equilíbrio de mercado**:

Equilíbrio de mercado: Retorno esperado = Retorno exigido

$$\hat{r} = r$$

Podemos também expressar o equilíbrio de mercado em termos de preços:

Equilíbrio de mercado: Preço de mercado = Valor intrínseco

Novas informações sobre a taxa livre de riscos, o grau de aversão a riscos por parte do mercado ou os fluxos de caixa esperados de uma ação (tamanho, momento ou risco) farão o preço de uma ação mudar. Mas em períodos diferentes daqueles em que os preços estão se ajustando a novas informações, o mercado geralmente está em equilíbrio? Trataremos dessa questão na seção seguinte.

---

[17] O proprietário original do título quando este recebesse um preço pequeno demais obteria um bom benefício à medida que o preço subisse, mas os compradores subsequentes receberiam somente o rendimento que agora estivesse mais baixo.

Outro tipo de risco: a história de Bernie Madoff

No quarto trimestre de 2008, o grande esquema Ponzi de Bernard Madoff foi exposto, revelando um tipo importante de risco que não é abordado neste capítulo. Madoff foi administrador de investimentos na década de 1960 e obteve resultados bem acima da média por muitos anos, aparentemente por ter sorte. Então, seus clientes começaram a contar sobre o sucesso de Madoff aos amigos, que começaram a enviar dinheiro para que ele investisse. Os retornos reais de Madoff caíram, mas ele não contou a seus clientes que estavam perdendo dinheiro. Em vez disso, disse-lhes que os retornos continuavam em alta e utilizou o dinheiro recebido para pagar os dividendos e atender às solicitações de retiradas. A ideia de utilizar o dinheiro recebido recentemente para pagar investidores antigos é denominada esquema Ponzi, cujo nome é uma referência a Charles Ponzi, um morador de Boston que montou o primeiro esquema desse tipo que teve grande repercussão no início do século XX.

Madoff aperfeiçoou o sistema, continuou com seu esquema por cerca de 40 anos e atraiu aproximadamente $ 50 bilhões de fundos de investidores. Seus investidores iam desde bilionários famosos a aposentados que investiam as economias de uma vida inteira. Ele só recebia indicações boca a boca, e, com certeza, o fato de os clientes comentarem sobre as diversas pessoas ricas e conceituadas que investiram nele ajudava muito. Todos os investidores presumiram que alguém já havia feito uma "auditoria" e julgaram que a operação era honesta. Alguns investidores que realmente fizeram uma auditoria ficaram desconfiados e não investiram com ele, mas a maioria das pessoas apenas seguia os outros cegamente.

Todos os esquemas Ponzi são desmantelados quando ocorre algo que faz com que os investidores retirem de seus fundos quantias maiores do que os fundos recebidos dos novos investidores. Alguém tenta retirar seu investimento e não consegue, então avisa os outros, que também se apressam a fazer a retirada. Assim, a fraude é descoberta praticamente da noite para o dia. Isso aconteceu com Madoff em 2008, quando a crise no mercado de ações fez alguns de seus investidores precisarem retirar seus fundos e o rendimento estava baixo. No final das contas, seus investidores perderam bilhões. Alguns perderam as economias de sua vida inteira, e muitos se suicidaram.

Autoavaliação

1. Diferencie entre a taxa de retorno esperado $(\hat{r})$, a taxa de retorno requerida (r) e o retorno realizado, ex post, $(\bar{r})$ sobre uma ação. O que deve ser maior para que você compre a ação, $\hat{r}$ ou r? Podem $\hat{r}$, r e $\bar{r}$ tipicamente ser iguais ou diferentes para determinada companhia em um momento específico?

2. Quais são as diferenças entre o gráfico de retornos relativos (a linha de regressão na Figura 6-8), onde "os betas são definidos", e o gráfico da SML (Figura 6-9), os "betas são utilizados"? Comente como os gráficos são construídos e sobre as informações que transmitem.

3. O que acontece ao gráfico de SML na Figura 6-9 quando a inflação aumenta ou diminui? O que acontece ao gráfico de SML quando a aversão a riscos aumenta ou diminui? Como a SML se pareceria se os investidores fossem completamente indiferentes ao risco, ou seja, se não tivessem nenhuma aversão ao risco?

4. Como os gerentes de uma companhia podem influenciar o risco de mercado é refletido no beta?

5. Uma ação tem um beta de 0,8. Suponha que a taxa livre de risco seja igual a 5,5% e que o prêmio de risco de mercado seja 6%. Qual é a taxa de retorno requerida da ação? **(10,3%)**

6-8   A hipótese dos mercados eficientes

A **hipótese dos mercados eficientes (EMH, efficient markets hypothesis)** afirma que (1) as ações estão sempre em equilíbrio e que (2) é impossível um investidor "superar o mercado" e receber uma taxa de retorno consistente maior do que o valor justificado pelo risco da ação. Em outras palavras, o preço de mercado de uma ação sempre é igual ao seu valor intrínseco. Para sermos mais precisos, suponhamos que o preço de mercado de uma ação seja igual ao seu valor intrínseco, mas então surgem novas informações que modificam este valor intrínseco. A EMH define que o preço de mercado se ajustará ao novo valor intrínseco tão rapidamente que não haverá tempo para um investidor receber as novas informações, avaliá-las, assumir uma posição referente à ação antes que o preço de mercado mude e ele possa obter lucro a partir das mudanças subsequentes no preço.

Existem três aspectos a serem considerados. Primeiro, praticamente todas as ações estão sob minuciosa observação. Com cerca de 100 mil analistas e investidores profissionais altamente treinados e trabalhando em período integral, cada um deles analisando cerca de 30 das aproximadamente 3 mil ações negociadas ativamente (os analistas tendem a se especializar em uma indústria específica), há uma média de cerca de mil analistas observando cada ação. Em segundo lugar, as instituições financeiras, os fundos de pensão, as empresas de administração financeira e os fundos de hedge têm bilhões de dólares disponíveis para os gerentes de carteira utilizarem a fim de tirar proveito de ações com preço incorreto. Em terceiro lugar, as exigências da SEC quanto a divulgações e as redes eletrônicas de informações fazem com que as novas informações sobre uma ação se tornem disponíveis para todos os analistas quase que simultânea e imediatamente. Com tantos analistas tentando obter vantagem da precificação incorreta temporária decorrente de novas informações, com tanto dinheiro "à caça de lucros" por causa da mesma precificação incorreta temporária e com tamanha dispersão generalizada de informações, o preço de mercado de uma ação deverá se ajustar rapidamente de seu valor intrínseco anterior às notícias para seu valor intrínseco depois das notícias, deixando apenas um período muito pequeno durante o qual a ação tem um "preço incorreto" à medida que passa de um preço em equilíbrio para outro. Em resumo, essa é a lógica por trás da hipótese dos mercados eficientes.

As seções a seguir abordam formas das hipóteses de mercados eficientes e testes empíricos das hipóteses.

6-8a   Formas das hipóteses dos mercados eficientes

Existem três formas para as hipóteses dos mercados eficientes, e cada uma delas focaliza um tipo diferente de disponibilidade de informações.

A eficiência na forma fraca

A **forma fraca** da EMH define que todas as informações contidas em movimentos de preços anteriores refletem totalmente nos preços de mercado atuais. Se isso for verdadeiro, as informações a respeito de tendências recentes nos preços das ações não serão úteis na seleção de ações – o fato de que o preço de uma ação aumentou nos últimos três dias, por exemplo, não fornece nenhuma indicação útil do que acontecerá hoje ou amanhã. Por outro lado, **analistas técnicos**, também chamados "chartistas", acreditam que tendências ou padrões anteriores nos preços das ações podem ser empregados para prever os preços futuros das ações.

Para ilustrar os argumentos que apoiam a eficiência na forma fraca, suponha que depois de estudar a história precedente do mercado de ações, um analista técnico identifique o seguinte padrão histórico: se o preço de uma ação cai por três dias consecutivos, seu preço aumenta em 10% (na média) no dia seguinte. O técnico então concluirá que os investidores poderiam ganhar dinheiro comprando uma ação cujo preço tenha caído por três dias consecutivos.

Os defensores da forma fraca argumentam que se esse padrão realmente existir, outros investidores em breve o descobrirão, e nesse caso, por que alguém desejaria vender uma ação depois que seu preço caiu por três dias consecutivos? Em outras palavras, por que vender se você sabe que o preço vai aumentar em 10% no dia seguinte? Por exemplo, suponha que o preço de uma ação tenha caído por três dias consecutivos, para $40. Se a ação realmente fosse aumentar em 10%, para atingir $ 44 amanhã, seu preço *hoje, imediatamente*, aumentaria para um valor próximo de $ 44, eliminando, assim, a oportunidade de negociação. Consequentemente, a eficiência na forma implica que qualquer informação originária de preços anteriores de ações é tão rapidamente incorporada ao preço atual de uma ação que é difícil existir uma oportunidade de lucro.

Eficiência na forma semiforte

A **forma semiforte** da EMH estabelece que os preços de mercado atuais refletem todas as informações publicamente disponíveis. Portanto, se existir a eficiência na forma semiforte, não adiantará divulgar relatórios anuais ou outros dados publicados porque os preços de mercado serão ajustados a quaisquer boas ou más notícias contidas nesses relatórios assim que tais notícias sejam anunciadas. Com a eficiência na forma semiforte, os investidores devem esperar obter retornos proporcionais aos riscos, mas não devem esperar que nada muito melhor nem pior aconteça, a menos que seja por acaso.

Outra implicação da eficiência na forma semiforte é que sempre que informações forem liberadas para o público, os preços das ações responderão somente se as informações forem diferentes daquilo que se esperava. Por exemplo, se uma companhia anunciar um aumento de 30% em seus ganhos e se esse aumento for aproximado daquilo que os analistas esperavam, então tal anúncio terá pouco ou nenhum efeito no preço das ações da companhia. Por outro lado, o preço da ação provavelmente cairá se os analistas esperarem que os ganhos aumentem mais de 30%, mas provavelmente aumente caso esperem aumento menor.

Eficiência na forma forte

A **forma forte** da EMH define que os preços de mercado atuais refletem todas as informações pertinentes, quer estejam publicamente disponíveis quer sejam mantidas particularmente. Se esta forma se mantiver, até mesmo para os membros do alto escalão da companhia será impossível obter retornos consistentemente anormais no mercado de ações.

6-8b   O mercado de ações é eficiente? As evidências empíricas

Estudos empíricos são testes conjuntos da EMH e de um modelo de precificação de ativos, como o CAPM. São testes conjuntos no sentido de que examinam se determinada estratégia pode vencer o mercado, e "vencer o mercado" significa obter um retorno maior do que o previsto por um modelo de precificação de ativos específico. Antes de abordaremos os testes das formas particulares da EMH, vamos discutir as bolhas de mercado.

Bolhas de mercado

A história das finanças é marcada por diversos exemplos, nos quais (1) os preços sobem "às alturas" com tanta rapidez que seria isso considerado extremamente improvável antes de ter acontecido; (2) o volume de negociação é muito maior do que o volume anterior; (3) muitos novos investidores (ou especuladores?) entram no mercado com muita avidez; e (4) os preços caem vertiginosa e rapidamente, deixando muitos dos novos investidores com grandes perdas. Esses exemplos são chamados bolhas de mercado.

As bolhas do mercado de ações que explodiram nos anos de 2000 e 2008 sugerem que, no auge desses crescimentos, as ações de muitas companhias – especialmente na indústria de tecnologia em 2000 e no setor financeiro em 2008 – excederam em muito seus valores intrínsecos, o que não deveria acontecer se os mercados fossem sempre eficientes. Surgem duas questões. Primeiro, como são formadas essas bolhas? A finança comportamental, que discutimos na Seção 6-10, fornece algumas possíveis respostas. Em segundo lugar, por que as bolhas persistem se é possível ganhar uma fortuna quando elas explodem? Por exemplo, o administrador de fundos de *hedge*, Mark Spitznagel, que ficou famoso por ter ganhado bilhões com os fundos de sua empresa Universa, apostando contra o mercado em 2008. A lógica subjacente ao equilíbrio de mercado sugere que todos mundo apostaria contra um mercado supervalorizado, e que suas iniciativas fariam os preços de mercado caírem novamente para seus valores intrínsecos muito rapidamente. Para compreendermos por que isso não acontece, vamos examinar as estratégias para lucrar em um mercado que está em queda: (1) venda a descoberto as ações (ou os índices do próprio mercado); (2) adquira uma opção de venda ou venda uma opção de compra; ou (3) assuma rapidamente uma posição descoberta em um contrato de futuros no índice de mercado. A seguir está uma explicação de como essas estratégias funcionam (ou falham).

Simplificando, vender a descoberto uma ação significa que você toma emprestado uma ação de um corretor e a vende. Você recebe o dinheiro (estando sujeito às exigências colaterais feitas pelo corretor), mas fica devendo a ação. Por exemplo, suponha que você vendeu a descoberto uma ação do Google pelo preço atual de $ 500. Se o preço cair para $ 400, você pode comprar uma ação por um preço de mercado atualmente inferior a $400 e devolver a ação para o corretor, recebendo a diferença de $ 100 entre o preço maior ($ 500) quando você a vendeu a descoberto e o preço menor ($ 400) quando você definiu sua posição. Naturalmente, se o preço subir, digamos para $ 550, você perderá $ 50 porque deverá substituir a ação que tomou emprestado (a $500) por uma que custa mais ($ 550). Mesmo se o seu corretor não exigir que você defina sua posição quando o preço subir, seu corretor certamente exigirá que você dê uma garantia maior.

Lembre-se, do Capítulo 1, que uma opção de venda dá a você a opção de vender uma ação por um preço de exercício fixo. Por exemplo, suponha que você adquira uma opção de venda do Google por $ 60, com um preço de exercício de $ 500. Se o preço da ação diminuir abaixo do preço de exercício, digamos, para $ 400, você pode comprar uma ação ao preço baixo ($ 400) e vendê-la pelo maior ($ 500), gerando um lucro líquido de $ 40 a partir do declínio no preço da ação: $ 40 = –$ 60 –$ 400 + $ 500. Contudo, se a opção de venda expirar antes que o preço da ação caia abaixo do preço de exercício, você perderá os $ 60 que gastou adquirindo a opção de venda. Também é possível utilizar opções de compra para apostar em um declínio. Por exemplo, se você registrar uma opção de compra, receberá dinheiro em retorno por uma obrigação para vender uma ação pelo preço de exercício. Suponha que você tenha registrado uma opção de compra no Google com um preço de exercício de $ 500 e receba $ 70. Se o preço do Google permanecer abaixo do preço de exercício, de $ 500, você manterá os $ 70 em dinheiro que recebeu ao registrar a opção de compra. Mas se o Google aumentar o preço para $ 600 e a opção de compra for exercida, você deverá comprar uma ação pelo novo preço alto ($ 600) e vendê-la pelo preço de exercício mais baixo ($ 500), registrando uma perda de $ 30: $ 70 − $ 600 + $ 500 = − $ 30.[18]

Com uma posição a descoberto em um contrato de futuros sobre o índice de mercado (ou uma determinada ação), você é obrigado a vender a ação por um preço fixo. Se o preço de mercado cair abaixo do preço especificado no contrato de futuros, você ganha dinheiro porque pode comprara uma ação no mercado e vendê-la por um preço maior especificado no contrato de futuros. Mas se o preço de mercado aumentar, você perderá dinheiro porque precisa comprar uma ação pelo preço, que agora é maior, e vendê-la pelo preço fixado no contrato de futuros.[19]

Cada uma dessas estratégias permite a um investidor ganhar muito dinheiro. E se todos os investidores tentarem se capitalizar em um mercado supervalorizado, suas iniciativas em breve farão o mercado retornar ao equilíbrio, evitando a formação de uma bolha. Mas existe um problema com essas estratégias. Mesmo se o mercado estiver supervalorizado, pode demorar meses (ou mesmo anos) antes que o mercado retorne ao seu valor intrínseco. Durante esse período, um investidor terá de gastar muito dinheiro para manter as estratégias descritas anteriormente, incluindo resgates marginais, opções de resolução e avaliação diária ao mercado de contratos de futuros. Esses fluxos de caixa negativos poderiam facilmente levar um investidor à falência antes que fossem, eventualmente, comprovados como corretos. Infelizmente, não existem quaisquer estratégias de baixo risco capaz de eliminar uma bolha de mercado.

Note que o problema de fluxos de caixa negativos não existe para a situação oposta de um mercado subvalorizado no qual o valor intrínseco é maior que o preço de mercado. Os investidores podem simplesmente comprar ações a um preço de mercado muito baixo e mantê-las até que o preço eventualmente aumente até chegar ao valor intrínseco. Mesmo se o preço de mercado continuar a diminuir antes de eventualmente aumentar, o investidor experimenta somente perdas "no papel", e não fluxos de caixa negativos reais. Desse modo, não podemos esperar que as bolhas "negativas" persistam por muito tempo.

Testes de eficiência na forma fraca

A maioria dos estudos sugere que o mercado de ações é altamente eficiente na forma fraca, com duas exceções. A primeira se refere a reversões de longo prazo, com os estudos mostrando que carteiras de ações de longo prazo com mau desempenho anterior (durante os últimos cinco anos, por exemplo) tendem a ser um pouco melhor no longo prazo futuro do que o CAPM prevê, e vice-versa. A segunda é o momentum, com os estudos demonstrando que ações com bom desempenho anterior em curto prazo (nos últimos seis a nove meses, por exemplo) tendem a apresentar desempenho um pouco melhor no futuro em longo prazo do que o CAPM prevê, e o mesmo ocorre com o desempenho fraco.[20] Estratégias baseadas em se aproveitarem as vantagens das reversões em longo prazo ou do momentum em curto prazo produzem retornos maiores do que os previstos pelo CAPM. Contudo, os retornos em excesso são pequenos, especialmente quando os custos de transação são considerados.

Testes de eficiência na forma semiforte

A maior parte dos estudos mostra que os mercados são razoavelmente eficientes na forma semiforte: é difícil utilizar informações publicamente disponíveis para criar uma estratégia de negociação que tenha consistentemente retornos maiores do que os previstos pelo CAPM. Na verdade, os profissionais que gerenciam carteiras de fundos mútuos, em média, não conseguem superar o desempenho do mercado global de ações conforme a medição por meio de um índice, como o S&P 500, e tendem a apresentar retornos menores que o previsto pelo CAPM, possivelmente porque muitos fundos mútuos têm taxas elevadas.[21]

Contudo, existem duas exceções bem conhecidas para a eficiência na forma semiforte. A primeira se refere a pequenas companhias que tiveram retornos históricos maiores do que o previsto pelo CAPM. A segunda está relacionada às proporções entre o valor contábil e o valor de mercado (B/M, de *book-to-market*, em inglês), definidas como o valor contábil do capital dividido pelo valor de mercado do capital (este conceito é o inverso da proporção entre valor de mercado e valor contábil, definida no Capítulo 3). Companhias com elevadas proporções B/M tiveram retornos mais elevados do que o previsto pelo CAPM. Discutiremos essas exceções com mais detalhes na Seção 6-9.

---

[18] As opções geralmente são avaliadas em dinheiro em vez de por participações em ações realmente compradas e vendidas.

[19] Lembre-se, do Capítulo 1, que os contratos de futuros na verdade são estabelecidos diariamente e que geralmente são avaliados em dinheiro, em vez de por ações reais.

[20] Por exemplo, veja N. Jegadeesh e S. Titman, "Returns to buying winners and selling losers: implications for stock market efficiency", *Journal of Finance*, mar. 1993, p. 69-91, e W. F. M. DeBondt e R. H. Thaler, "Does the stock market overreact?", *Journal of Finance*, p. 793-808, jul. 1985.

[21] Para conhecer uma abordagem sobre o desempenho de fundos gerenciados ativamente, consulte Jonathan Clements, "Resisting the lure of managed funds", *The Wall Street Journal*, p. C1, 27 fev. 2001.

Testes de eficiência na forma forte

A evidência sugere que a EMH na forma forte não se mantém, porque aqueles que dispusessem de informações internas privilegiadas (*insiders*) poderiam e conseguiriam (ilegalmente) obter lucros anormais. Por outro lado, muitos *insiders* foram para a cadeia; sendo assim, talvez, na verdade exista equilíbrio entre risco e retorno!

Autoavaliação

1. O que é a hipótese dos mercados eficientes (EMH)?
2. Quais são as diferenças entre as três formas da EMH?
3. Por que é difícil perfurar uma bolha de mercado?
4. Quais violações da EMH foram demonstradas?
5. O que é momentum de curto prazo? O que são reversões de longo prazo?

6-9 O modelo de três fatores, de Fama-French[22]

Observe a Tabela 6-2, com relatórios de retornos referentes a 25 carteiras formadas pelos professores Eugene Fama e Kenneth French. As carteiras de Fama-French são baseadas no tamanho da companhia medido pelo valor de mercado de seu capital (MVE, market value of its equity) e pela proporção entre o valor contábil e o valor de mercado da companhia (B/M), definido como o valor contábil do capital dividido pelo valor de mercado do capital. Cada linha mostra carteiras com companhias de tamanho similar; cada coluna mostra carteiras cujas companhias têm proporções B/M similares. Note que se você analisar cada linha, o retorno médio tende a aumentar à medida que a proporção B/M aumenta. Em outras palavras, ações com altas proporções de B/M apresentam retornos maiores. Se você observar cada coluna (exceto a com as menores proporções de B/M), os retornos das ações tendem a aumentar: pequenas companhias têm retornos maiores.

Esse padrão, por si só, não seria um desafio para o CAPM se empresas pequenas e as com elevada proporção de B/M tivessem grandes betas (e, portanto, retornos maiores). Entretanto, mesmo depois de se ajustar a seus betas, carteiras com pequenas ações e carteiras com elevada proporção de B/M ganharam retornos maiores do que o previsto pelo CAPM. Isso indica que (1) os mercados são ineficientes ou (2) o CAPM não é o modelo correto para descrever retornos requeridos.

TABELA 6-2
Retornos médios anuais para as carteiras de Fama-French com base no tamanho e na proporção entre o valor contábil e o valor de mercado da companhia (B/M), 1927–2011

| TAMANHO | PROPORÇÃO ENTRE O VALOR CONTÁBIL E O VALOR DE MERCADO DA COMPANHIA | | | | |
	BAIXA	2	3	4	ALTA
Pequena	11,3%	17,3%	18,4%	19,9%	25,2%
2	10,3	15,4	16,9	16,6	18,1
3	11,3	14,2	15,5	15,8	18,2
4	11,6	12,4	13,6	15,0	16,6
Grande	10,3	11,9	12,1	12,8	15,7

Fonte: Professor Kenneth French, **mba.tuck.dartmouth.edu/pages/faculty/ken.french/data_library.html**.
Estes são retornos anuais igualmente ponderados. A seguir, está uma descrição do site do Professor French, referente à construção das carteiras: "As carteiras, que são construídas no final de cada mês de junho, são as interseções de 5 carteiras formadas com base no tamanho (valor de mercado do capital, ME) e 5 carteiras formadas com base na proporção entre o valor contábil do capital e valor de mercado do capital (B/M). Os pontos de intersecção referentes ao tamanho para o ano t são as quintas partes (quintil) do valor de mercado de capital na NYSE, no final de junho do período t. A proporção de B/M para junho do ano t é o valor contábil do capital para o último ano fiscal terminado em t – 1 dividido pelo ME referente a dezembro de t – 1. Os pontos de intersecção de B/M são os quintis da NYSE. As carteiras para julho do ano t a junho de t + 1 incluem todas as ações da NYSE, AMEX e NASDAQ para as quais temos os dados do valor de mercado do capital para dezembro de t – 1 e junho t, e os dados do valor contábil do capital (positivo) para t – 1."

---

[22] Esta seção pode ser omitida sem nenhuma perda na continuidade.

Em 1992, Fama e French publicaram um estudo com a hipótese de que a SML deveria ter três fatores em vez de apenas beta, como no CAPM.[23] O primeiro fator é o beta do CAPM da ação, que mede o risco de mercado da ação. O segundo é o tamanho da companhia, medido pelo valor de mercado de seu capital (MVE). O terceiro fator é a proporção entre o valor contábil e o valor de mercado da companhia (B/M).

Quando Fama e French testaram suas hipóteses, descobriram que pequenas empresas e companhias com elevadas proporções entre o valor contábil e o valor de mercado da companhia tinham maiores taxas de retorno do que a ação comum, exatamente como eles definiram em sua hipótese.

No entanto, com alguma surpresa, eles descobriram que o beta não era útil para explicar retornos. Depois de levar em conta os retornos devidos ao tamanho da companhia e à proporção de B/M, ações com beta elevado não obtiveram retornos maiores do que a média e ações com beta baixo não tiveram retornos menores que a média.

Em 1993, Fama e French desenvolveram um modelo de três fatores com base em seus resultados anteriores.[24] O primeiro fator no **modelo de três fatores de Fama-French** é o prêmio de risco de mercado, que é o retorno de mercado, $\bar{r}_M$, menos a taxa livre de risco, $\bar{r}_{RF}$. Desse modo, seu modelo começa como o CAPM, mas logo eles prosseguiram adicionando um segundo e um terceiro fator.[25] Para formarem o segundo fator, classificaram todas em ações negociadas ativamente de acordo com seu tamanho e as dividiram em duas carteiras, uma delas consistindo em ações pequenas, e a outra, em ações grandes. Eles calcularam o retorno de cada uma dessas duas carteiras e criaram uma terceira carteira subtraindo o retorno obtido com a carteira grande daquele recebido a partir da carteira pequena, e denominaram essa carteira como SMB (small minus big, ou seja, pequena menos grande). Essa carteira foi projetada para medir a variação nos retornos de ações causada pelo efeito do tamanho.

Para formarem o terceiro fator, classificaram todas as ações de acordo com suas proporções entre o valor contábil e o valor de mercado (B/M, ou *book-to-market*, em inglês). Então, colocaram os 30% de ações com as maiores proporções em uma carteira que denominaram carteira H (fazendo referência a *high B/M ratios*, ou seja, proporções de B/M elevadas) e colocaram os 30% de ações com as menores proporções na carteira L (significando *low B/M ratios*, ou seja, baixas frequências de B/M). Em seguida, subtraíram o retorno da carteira L do retorno da carteira H para derivar a carteira HML (alta menos baixa). O modelo resultante é apresentado a seguir:

$$(\bar{r}_{i,t} - \bar{r}_{RF,t}) = a_i + b_i(\bar{r}_{M,t} - \bar{r}_{RF,t}) + c_i(\bar{r}_{SMB,t}) + d_i(\bar{r}_{HML,t}) + e_{i,t} \qquad \textbf{(6-19)}$$

onde

$\bar{r}_{i,t}$ = Taxa de retorno histórica (realizada) sobre a Ação i no período t.

$\bar{r}_{RF,t}$ = Taxa de retorno histórica (realizada) sobre a taxa livre de risco no período t.

$\bar{r}_{M,t}$ = Taxa de retorno histórica (realizada) sobre o mercado no período t.

$\bar{r}_{SMB,t}$ = Taxa de retorno histórica (realizada) sobre a carteira pequena menos a carteira grande no período t.

$\bar{r}_{HML,t}$ = Taxa de retorno histórica (realizada) sobre a carteira com alta proporção de B/M menos a carteira com baixa proporção de B/M no período t.

a_i = Termo de intersecção do eixo vertical para a Ação i.

b_i, c_i e d_i = Coeficientes de inclinação para a Ação i.

$e_{i,t}$ = Erro aleatório, refletindo a diferença entre o retorno real sobre a Ação i no período t e o retorno conforme previsto pela linha de regressão.

Quando este modelo é aplicado a retornos de ações reais, o retorno "extra" desaparece para carteiras com base no tamanho de uma companhia ou em sua proporção de B/M. Na verdade, os retornos extras para as re-

---

[23] Consulte Eugene F. Fama e Kenneth R. French, "The cross-section of expected stock returns", *Journal of Finance*, vol. 47, p. 427-465, 1992.

[24] Consulte Eugene F. Fama e Kenneth R. French, "Common risk factors in the returns on stocks and bonds", *Journal of Financial Economics*, v. 33, p. 3-56, 1993.

[25] Embora nossa descrição capture a essência de seu processo de formação de fatores, o procedimento real é um pouco mais complicado. O leitor interessado deverá consultar seu documento datado de 1993, citado na nota de rodapé 25.

versões de uma ação em longo prazo, que analisamos na Seção 6-8, também desaparecem. Assim, o modelo de Fama-French responde pela maior parte das violações da EMH que descrevemos anteriormente.

Uma vez que o modelo de Fama-French explica tão bem o retorno real de uma ação considerando o retorno sobre o mercado, a carteira SMB e a carteira HML, ele é muito útil para identificar a reação de mercado às notícias sobre uma companhia.[26] Por exemplo, suponha que uma companhia anuncie que incluirá mais membros externos em seu quadro de diretores. Se a ação de uma companhia cair em 2% no dia do anúncio, isso significa que os investidores não querem membros externos na diretoria? Podemos responder a essa questão utilizando o modelo de Fama-French para decompor o retorno real da companhia no dia do anúncio na parte que é explicada pelo ambiente (isto é, o mercado e as carteiras SMB e HML) e a parte devida ao anúncio da companhia.

Para tanto, reunimos uma amostra de dados ($\bar{r}_{i,t}$, $\bar{r}_{RF,t}$, $\bar{r}_{M,t}$, $\bar{r}_{SMB,t}$ e $\bar{r}_{HML,t}$) para períodos T anteriores à data do anúncio e, então, realizamos uma regressão utilizando a Equação 6-20. (Isso é similar ao modo pelo qual estimamos o beta na Seção 6-6, exceto pelo fato de que estamos estimando mais de um coeficiente de inclinação em uma regressão múltipla.) Suponha que os coeficientes estimados sejam: $a_i = 0,0$, $b_i = 0,9$, $c_i = 0,2$ e $d_i = 0,3$. No dia do anúncio, o mercado de ações teve um retorno de −3%, a carteira r_{SMB} obteve um retorno de −1% e a carteira r_{HML} teve um retorno de −2%. A taxa anual livre de risco era de 6%, portanto, a taxa diária é de 6%/365 = 0,01%, que é tão pequena que pode ser ignorada. O valor previsto do termo de erro no modelo de Fama-French, $e_{i,t}$, por definição, é igual a zero. Com base nessas suposições, o retorno previsto no dia do anúncio utilizando o modelo de três fatores, de Fama-French, é:

$$\begin{aligned}
\text{Retorno previsto} &= a_i + b_i(\bar{r}_{M,t}) + c_i(\bar{r}_{SMB,t}) + d_i(\bar{r}_{HML,t}) \\
&= 0,0 + 0,9\,(-3\%) + 0,2\,(-1\%) + 0,3\,(-2\%) \\
&= -3,5\%
\end{aligned}$$

(6-20)

O retorno inexplicado é igual ao retorno real menos o retorno previsto:

$$\text{Retorno inexplicado} = 2,0\% - (-3,5\%) = 1,5\%$$

Embora o preço das ações tenha diminuído em 2% no dia do anúncio, o modelo de Fama-French previu que o preço iria reduzir em 3,5%. Assim, as ações tiveram uma reação positiva de 1,5% no dia do anúncio. Essa é apenas uma companhia, mas se repetirmos o processo para muitas empresas que fazem anúncios similares e calculam a reação média inexplicada, poderemos chegar a uma conclusão referente à reação de mercado para acrescentar mais diretores externos. Como este exemplo mostra, o modelo é muito útil para identificar ações que afetam o valor de uma companhia.

Não existem dúvidas de que o modelo de três fatores de Fama-French é muito eficiente para explicar retornos *atuais*, mas e quanto à eficiência para explicar os *retornos exigidos*? Em outras palavras, o modelo define uma relação entre risco e a compensação por assumir o risco?

Os defensores deste modelo sugerem que o tamanho e a proporção de B/M estão relacionados ao risco. Pequenas companhias têm menos acesso a mercados de capital do que grandes companhias, o que sujeita as companhias menores a maiores riscos, no caso de ocorrer uma crise de crédito — como a que aconteceu durante a crise econômica global iniciada em 2007. Com maior risco, os investidores exigiriam um maior retorno esperado para induzi-los a investir em pequenas companhias.

Argumentos similares se aplicam a companhias com elevadas proporções de B/M. Se as perspectivas de uma companhia são ruins, então a companhia terá um baixo valor de mercado, o que causa uma alta proporção de B/M. Os credores geralmente ficam relutantes em ampliar crédito para uma companhia com perspectivas ruins, por isso, uma recessão econômica pode fazer uma empresa passar por dificuldades financeiras. Em outras palavras, uma ação com uma elevada proporção de B/M pode ser exposta ao risco de dificuldades financeiras e, nesse caso, investidores exigiriam um retorno esperado maior, que os induzisse a investir nessa ação.

Se a sensibilidade de uma companhia ao fator tamanho e ao fator proporção de B/M estiver relacionada ao risco de dificuldade financeira, o modelo de Fama-French será uma melhoria no CAPM referente à relação

---

[26] Uma vez que o modelo de Fama-French aparentemente não explica o momentum em curto prazo, muitos pesquisadores também utilizam o modelo de 4 fatores, que inclui um fator para o momentum; consulte Mark Carhart, "On persistence in mutual fund performance", *Journal of Finance*, v. 52, n. 1, p. 57–82.

entre risco e retorno exigido. Contudo, a evidência é mista quanto a se empresas em dificuldades financeiras, na verdade, têm ou não maior retorno esperado como compensação por seu risco. De fato, alguns estudos mostram que empresas com problemas financeiros na realidade têm menores retornos, em vez de maiores.[27]

Uma série de outros estudos sugerem que o efeito tamanho não mais influencia retornos de ações, que nunca houve um efeito do tamanho (os resultados anteriores foram causados por peculiaridades nas fontes de dados), que o efeito do tamanho não se aplica à maior parte das companhias, e que a proporção entre o efeito contábil e o efeito de mercado não é tão significativo quanto se supôs primeiramente.[28]

Em resumo, o modelo de Fama-French é muito útil para identificar o componente inexplicado do retorno de uma ação. No entanto, o modelo é menos útil quando se trata de estimar o retorno requerido sobre a ação, porque o modelo não fornece um vínculo bem aceito entre risco e retorno requerido.

Autoavaliação

1. Quais são os fatores no modelo de Fama-French?
2. Como este modelo pode ser utilizado para estimar o retorno previsto sobre uma ação?
3. Por que este modelo não é amplamente utilizado pelos gerentes em companhias reais?
4. Um analista modelou a ação de uma companhia utilizando um modelo de três fatores, de Fama-French, e estimou que $a_i = 0$, $b_i = 0,7$, $c_i = 1,2$ e $d_i = 0,7$. Suponha que a taxa livre de risco diária seja aproximadamente igual a zero, que o retorno de mercado seja de 11%, o retorno sobre a carteira SMB seja de 3,2%, e o retorno sobre carteira HML seja de 4,8% em determinado dia. A ação tinha um retorno real de 16,9% nesse dia. Qual é o retorno previsto para a ação nesse dia? (14,9%) Qual é o retorno inexplicada para a ação nesse dia? **(2%)**

6-10   Finança comportamental[29]

Muitas evidências no campo da psicologia mostram que as pessoas frequentemente se comportam de modo irracional, mas de maneira previsível. O campo da finança comportamental concentra-se em decisões financeiras irracionais, mas previsíveis. As seções seguintes examinam aplicações de finança comportamental a bolhas de mercado e outras decisões financeiras.

6-10a Bolhas de mercado e finanças corporativas

Mostramos na Seção 6-8 que estratégias para lucrar com a perfuração de uma bolha expõem um investidor a possíveis fluxos de caixa negativos grandes, se demorar muito para a bolha explodir. Isso explica por que uma bolha pode persistir, mas não explica como uma bolha é criada. Não existem explicações definitivas, mas o campo das finanças comportamentais oferece algumas razões possíveis, incluindo excesso de confiança, propensão à ancoragem e propensão ao agrupamento.

Muitos testes psicológicos mostram que as pessoas são superconfiantes em suas próprias habilidades, em comparação com as habilidades das outras pessoas, o que é a base da piada feita por Garrison Keillor sobre uma cidade na qual todas as pessoas estão acima da média. O professor Richard Thaler e seu colega, Nicholas Barberis, tratam desse fenômeno aplicado a finanças:

---

[27] Para conhecer estudos que apoiam a relação entre risco e retorno, como o que se relaciona ao tamanho e à proporção de B/M, veja Nishad Kapadia, "Tracking down distress risk", *Journal of Financial Economics*, v. 102, p. 167–182, 2011; Thomas J. George, "A resolution of the distress risk and leverage puzzles in the cross section of stock returns", *Journal of Financial Economics*, v. 96, p. 56–79; 2010, e Lorenzo Garlappi e Hong Yan, "financial distress and the cross-section of equity returns", *Journal of Finance*, p. 789–822. jun. 2011, Para ter acesso a estudos que rejeitam a relação, veja John y. Campbell, Jens Hilscher e Jan Szilagyi, "In search of distress risk", *Journal of Finance*, p. 2899–2940; dez. 2008, e Ilia D. Dichev, "Is the risk of bankruptcy a systematic risk?" *journal of Finance*, jun. p. 1131–1147, 1998,

[28] Consulte Peter J. Knez e Mark J. ready, "On the robustness of size and book-to-market in the cross-sectional regressions", *Journal of Finance*, p. 1355–1382; set. 1997, Dongcheol Kim, "A reexamination of firm size, book-to-market, and earnings price in the cross-section of expected stock returns", *Journal of Financial and Quantitative Analysis*, dez. 1997, p. 463–489; e Tyler Shumway e Vincent A. Warther, "The delisting bias in CRSP's Nasdaq data and its implications for the size effect", *Journal of Finance*, p. 2361–2379; dez. 1999, e Tim Loughran, "Book-to-market across firm size, exchange, and seasonality: is there an effect?", *Journal of Financial and Quantitative Analysis*, p. 249–268. set. 1997.

[29] Esta seção pode ser omitida sem que ocorra perda de continuidade.

A superconfiança pode, em parte, derivar de outras duas tendências: a de autoatribuição e a de fazer retrospectiva. A autoatribuição se refere à tendência das pessoas de atribuir a seus próprios talentos qualquer sucesso que elas tenham em alguma atividade, enquanto, ao mesmo tempo, atribuem quaisquer falhas à má sorte, em vez de à sua própria ineficiência. Fazer isso repetidamente levará as pessoas à conclusão agradável, mas errônea, de que são muito talentosas. Por exemplo, investidores podem se tornar superconfiantes depois de vários trimestres de investimento bem-sucedido [Gervais e Odean (2001)[30]]. A tendência de fazer retrospectivas diz respeito ao fato de as pessoas acreditarem, depois da ocorrência de um evento, que elas o previram antes que acontecesse. Se acreditarem que previram o passado melhor do que realmente o fizeram, também poderão crer que podem prever o futuro melhor do que realmente podem.[31]

Psicólogos aprenderam que muitas pessoas focam demais em eventos recentes ao preverem eventos futuros, um fenômeno chamado **propensão à ancoragem**. Portanto, quando o mercado apresenta desempenho melhor do que a média, as pessoas tendem a pensar que continuarão com desempenho melhor que a média. Quando a propensão à ancoragem está associada à superconfiança, os investidores podem se convencer de que sua previsão de um mercado crescente está correta, criando, assim, uma demanda por ações ainda maior. Essa demanda impulsiona as ações a subir, o que serve para reforçar a superconfiança e fazer a âncora subir ainda mais.

Existe outro modo pelo qual um mercado crescente pode reforçar a si mesmo. Estudos têm demonstrado que apostadores que estão ganhando tendem a assumir mais riscos (isto é, eles estão "brincando" com o dinheiro da casa), ao passo que aqueles que são mais reticentes tendem a ser mais conservadores. Se isso for verdadeiro para os investidores, podemos cair num feedback cíclico: quando o mercado sobe, os investidores têm ganhos, o que pode torná-los menos avessos a riscos, o que aumenta sua demanda por ações, levando a preços maiores, o que inicia o ciclo novamente.

A **propensão ao agrupamento** ocorre quando grupos de investidores emulam outros investidores bem-sucedidos e procuram classes de ativos que apresentam bom desempenho. Por exemplo, retornos elevados obtidos a partir de títulos hipotecários durante 2004 e 2005 atraíram outros investidores a migrar para essa classe de ativos. O comportamento agregado (de agrupamento) pode criar demanda excessiva para classes de ativos com bom desempenho, fazendo seus preços aumentarem, induzindo novamente a um comportamento agregado. Assim, o comportamento agregado pode inflacionar mercados em crescimento.

Algumas vezes, o comportamento agregado ocorre quando um grupo de investidores assume que outros investidores estão mais bem informados – o grupo sai à procura de dinheiro "inteligente". Mas em outros casos, o agrupamento pode ocorrer quando os membros do grupo suspeitam de que os preços estão superinflacionados. Por exemplo, considere a situação de um gerente de carteira que acredita que ações de bancos estão supervalorizadas mesmo que muitas outras carteiras tenham investido intensivamente nessas ações. Se o gerente retirar suas ações do banco e, em seguida seu preço cair, o gerente será recompensado por seu julgamento. Mas se as ações continuarem a apresentar bom desempenho, ele poderá perder o emprego por ter causado uma perda de ganhos. Porém, se em vez disso, o gerente seguir o comportamento do grupo e investir em ações do banco, então não fará nada melhor nem pior que seus colegas. Portanto, se a penalidade por estar errado for maior a recompensa por estar correto, é racional que os gerentes de carteira ajam de acordo com o grupo, mesmo que suspeitem que o grupo esteja errado.

Pesquisadores demonstraram que a combinação de superconfiança com a propensão à autoatribuição pode levar a mercados de ações, momentum de curto prazo e reversões de longo prazo demasiadamente voláteis.[32] Suspeitamos que o excesso de confiança, a propensão à ancoragem e a propensão ao agrupamento podem contribuir para as bolhas de mercado.

6-10b Outras aplicações das finanças comportamentais

Os psicólogos Daniel Kahneman e Amos Tversky demonstram que indivíduos detectam ganhos potenciais e perdas potenciais de forma muito diferente.[33] Se você perguntar a pessoas comuns se preferem a certeza de receber $ 500 ou jogar uma moeda arriscando receber $ 1.000 se o resultado for "cara" e não receber nada se

---

[30] Veja Terrance Odean e Simon Gervais, "Learning to be overconfident", *Review of Financial Studies*, p. 1-27 2001.

[31] Veja a página 1.066, que apresenta uma excelente revisão de finanças comportamentais, feita por Nicholas Barberis e Richard Thaler, "A survey of behavioral finance", em *Handbook of the economics of finance*, George Constantinides, Milt Harris e René Stulz, (Eds.) Amsterdã: Elsevier/North-Holland, 2003), Cap. 18.

[32] Veja Terrance Odean, "volume, volatility, price, and profit when all traders are above average", *Journal of Finance*, p. 1.887–1.934; dez. 1998, e Kent Daniel, David Hirshleifer, e Avanidhar Subrahmanyam, "Investidor psychology and security market under- and overreactions", *Journal of Finance*, p. 1.839–1.885 dez. 1998.

[33] Daniel Kahneman e Amos Tversky, "Prospect theory: an analysis of decision under risk", *Econometrica*, p. 263-292 mar. 1979.

o resultado for "coroa", a maioria preferirá a certeza de ganhar $ 500, o que sugere uma aversão ao risco – um ganho *certo* de $ 500 é melhor do que o ganho *esperado* arriscado de $ 1.000. Entretanto, se você perguntar às mesmas pessoas se elas preferem a certeza de ter de pagar $ 500 ou jogar uma moeda e pagar $ 1.000 se o resultado for "cara" e não pagar nada se o resultado for "coroa", a maioria dirá que prefere jogar a moeda, o que sugere a preferência pelo risco – uma perda arriscada *esperada* de $ 500 é melhor do que a perda *certa* de $ 500. Em outras palavras, as perdas são tão desagradáveis que as pessoas fazem escolhas irracionais para tentar evitá-las. Esse fenômeno é chamado "aversão à perda".

Uma maneira pela qual as pessoas evitam a perda é não admitindo que realmente a tiveram. Por exemplo, na "contabilidade mental", a perda não é realmente uma perda até que seja concretizada. Assim, as pessoas tendem a manter a possibilidade de perdas arriscadas em vez de aceitar uma perda determinada, o que mostra aversão a elas. Naturalmente, isso leva investidores a vender o que apresenta risco de perda com muito menos frequência do que aquilo que tem possibilidade de ganho, mesmo que tenha qualidade inferior para fins tarifários.[34]

Muitos projetos e fusões corporativos não correspondem a suas expectativas. Na verdade, a maior parte das aquisições termina destruindo valor na companhia adquirente. Como isso é bem conhecido, por que as companhias não respondem sendo mais seletivas em seus investimentos? Existem muitas possíveis razões, mas a pesquisa feita por Ulrike Malmendier e Geoffrey Tate sugere que o excesso de confiança leva gerentes a superestimar suas habilidades e a qualidade de seus projetos.[35] Em outras palavras, os gerentes podem saber que a decisão média de fusão destrói valor, mas eles têm certeza de que suas decisões estão acima da média.

As finanças são um campo quantitativo, mas bons gerentes em todas as disciplinas também precisam compreender o comportamento humano.[36]

Autoavaliação

1. O que é finança comportamental?
2. O que é propensão à ancoragem? O que é comportamento de agrupamento? Como podem contribuir para a formação de bolhas de mercado?

6-11   O CAPM e a eficiência de mercado: implicações para gerentes corporativos e investidores

Uma companhia é como uma carteira de projetos: fábricas, lojas varejistas, empreendimentos em Pesquisa e Desenvolvimento, novas linhas de produtos, e assim por diante. Cada projeto contribui para o tamanho, a oportunidade e o risco de uma dos fluxos de caixa de uma companhia, o que afeta diretamente o valor intrínseco da companhia. Isto significa que o *risco relevante e o retorno esperado de qualquer projeto devem ser medidos em termos de seus efeitos no risco e no retorno da ação*. Sendo assim, todos os gerentes devem entender como os acionistas percebem o risco e o retorno requerido a fim de avaliarem projetos em potencial.

Os acionistas não devem esperar serem compensados pelo risco que podem eliminar por meio da diversificação, mas somente pelo risco remanescente. O CAPM fornece uma ferramenta importante para medir o risco de mercado remanescente e prossegue mostrando como o retorno requerido de uma ação está relacionado ao risco do mercado de ações. É por esta razão que o CAPM é amplamente utilizado para estimar o retorno requerido sobre as ações de uma companhia e, desse modo, os retornos requeridos que projetos devem gerar para fornecer o retorno requerido da ação. Descrevemos este processo mais detalhadamente nos Capítulos 7 e 9, que abordam a avaliação de ações e o custo de capital. Aplicamos estes conceitos à análise de projeto, nos Capítulos 10 e 11.

---

[34] Veja Terrance Odean, "Are investors reluctant to realize their losses?", *Journal of Finance*, p. 1.775-1798, out. 1998.
[35] Veja Ulrike Malmendier e Geoffrey Tate, "CEO overconfidence and corporate investment," *Journal of Finance*, p. 2.661-2.700 dez. 2005.
[36] Excelentes análises das finanças corporativas são feitas por Richard H. Thaler (Ed.) *Advances in behavioral finance.* Nova York: Russell Sage Foundation, 1993; e Andrei Shleifer, *inefficient Markets*: *an introduction to behavioral finance.* Nova York: Oxford University Press, 2000.

O CAPM é perfeito? Não. Primeiramente, não podemos observar beta, mas, em vez disso, devemos estimá-lo. Como vimos na Seção 6-6, estimativas de beta não são precisas. Em segundo lugar, vimos que pequenas ações e ações com elevadas proporções de B/M têm retornos maiores do que o CAPM prevê. Isso poderia significar que o CAPM é o modelo errado, mas existe outra explicação possível. Se a composição dos ativos de uma companhia se modificar com o passar do tempo em relação ao mix de ativos físicos e oportunidades de crescimento (envolvendo, por exemplo, pesquisa e desenvolvimento, ou patentes), seria suficiente para fazer parecer que os efeitos do tamanho e da proporção de B/M não existem. Em outras palavras, mesmo com os retornos sobre os ativos individuais de acordo com o CAPM, mudanças no mix de ativos fariam o beta da companhia se modificar com o passar do tempo de uma maneira que, aparentemente, a companhia sofreria os efeitos do tamanho e os efeitos da proporção B/M.[37] Pesquisas recentes apoiam essa hipótese, e utilizaremos o CAPM nos capítulos seguintes.[38]

Em relação à eficiência de mercado, nosso entendimento das evidências empíricas sugere que é muito difícil, se não for impossível, superar o mercado obtendo um retorno maior do que é justificado pelo risco dos investimentos.

Autoavaliação

1. Explique a seguinte declaração: "O risco independente de um projeto corporativo individual pode ser bastante alto, mas visto sob o contexto de seu efeito no risco dos acionistas, o verdadeiro risco do projeto pode ser muito menor".

Resumo

Este capítulo focaliza o equilíbrio entre risco e retorno. Começamos discutindo como estimar risco e retorno para ativos individuais e carteiras. Em particular, diferenciamos risco independente de risco em um contexto de carteira, e explicamos os benefícios da diversificação. Introduzimos o CAPM, que descreve como o risco afeta as taxas de retorno.

- **Risco** pode ser definido como a chance de um evento desfavorável ocorrer.
- O risco dos fluxos de caixa de um ativo pode ser considerado **separadamente** (cada ativo individualmente) ou em um **contexto de carteira**, em que o investimento é combinado com outros ativos e seu risco é reduzido por meio da **diversificação**.
- A maioria dos investidores racionais detém **carteiras de ativos** e se preocupa mais com o risco de suas carteiras do que com o risco dos ativos individuais.
- O **retorno esperado** de um investimento é o valor médio de sua distribuição de probabilidade de retornos.
- Quanto **maior a probabilidade** de que o retorno real seja bem menor do que o retorno esperado, **maior o risco unitário do ativo.**
- O investidor comum tem **aversão ao risco**, o que significa que ele precisa ser compensado por investir em ativos arriscados. Portanto, os ativos mais arriscados possuem retornos exigidos maiores do que os ativos menos arriscados.
- O risco de um ativo possui dois componentes: (1) **risco diversificável**, que pode ser eliminado com a diversificação, e (2) **risco de mercado**, que não pode ser eliminado com a diversificação.
- O risco de mercado é medido pelo desvio padrão dos retornos de uma carteira bem diversificada, que seja composta por todas as ações negociadas no mercado. Essa carteira se chama **carteira de mercado**.
- O CAPM define o **risco relevante** de um ativo individual como sua contribuição para o risco de uma carteira bem diversificada. Já que o risco de mercado não pode ser eliminado com a diversificação, os investidores precisam ser compensados por assumi-lo.
- O **coeficiente beta, b,** de uma ação é uma medida de seu risco de mercado. O beta mede o grau de variação dos retornos de uma ação em relação ao mercado.

---

[37] Veja Jonathan B. Berk, Richard C. Green e Vasant Naik, "Optimal investment, growth options, and security returns", *Journal of Finance*, p. 1.553-1.608, out. 1999.
[38] Veja Zhi Da, Re-Jin Guo e Ravi Jagannathan, "CAPM for estimating the cost of equity capital: interpreting the empirical evidence", *Journal of Financial Economics*, v. 103, p. 204-220 2012.

- Uma ação com um beta maior do que 1 tem retornos de ações que tendem a ser maiores do que o mercado quando o mercado está em alta, mas tende a estar abaixo do mercado quando o mercado está em baixa. O oposto é verdadeiro para uma ação com um beta menor do que 1.
- O **beta de uma carteira** é a **média ponderada** dos betas de seus títulos individuais.
- A equação da **linha de segurança do mercado (SML)** do CAPM demonstra a relação entre o risco de mercado de um título e sua taxa de retorno exigida. O retorno exigido de qualquer título i é igual à **taxa livre de risco** acrescida do **prêmio de risco de mercado** multiplicado pelo **beta do título**: $r_i = r_{RF} + (RP_M)b_i$.
- Se a ação estiver em equilíbrio, sua taxa de retorno exigida será igual ao retorno esperado. Contudo, uma série de fatores pode alterar a taxa de retorno, como: (1) **mudança da taxa livre de risco**, por conta de alterações nas taxas reais ou na inflação prevista, (2) **mudança no beta de uma ação** e (3) **alteração da aversão ao risco dos investidores**.
- Como os retornos de ativos em diferentes países não estão perfeitamente correlacionados, a **diversificação global** pode gerar menos risco para empresas multinacionais e carteiras com diversificação global.
- O **valor intrínseco** (também denominado **valor fundamental**) de um ativo financeiro é o valor presente do fluxo de caixa futuro esperado de um ativo, descontado da taxa de risco ajustada apropriada. O valor intrínseco incorpora todas as informações relevantes disponíveis sobre o risco e o fluxo de caixa esperados do ativo.
- **Equilíbrio** é a condição na qual o retorno esperado de um título visto pelo investidor marginal é exatamente igual ao seu retorno requerido, r̂ = r. Além disso, o valor intrínseco da ação deve ser igual a seu preço de mercado.
- A **hipótese dos mercados eficientes (EMH)** considera que (1) ações estão sempre em equilíbrio e (2) é impossível para um investidor que não tem informações internas "superar o mercado" de modo consistente. Assim, de acordo com a EMH, as ações sempre são justamente avaliadas e têm um retorno requerido igual ao seu retorno esperado.
- O **modelo de três fatores de Fama-French** tem um fator para o **retorno de mercado**, um segundo fator para o **efeito tamanho** e um terceiro fator para a proporção entre **efeito contábil e efeito de mercado**.
- A **finança comportamental** assume que investidores nem sempre se comportam racionalmente. A **propensão à ancoragem** é a tendência humana de se "ancorar" muito proximamente a eventos recentes ao tentarem prever eventos futuros. **Agrupamento** é a tendência de os investidores seguirem o comportamento da maioria. Quando combinadas com o excesso de confiança, a propensão à ancoragem e ao agrupamento podem contribuir para a formação de bolhas de mercado.

Perguntas

(6-1) Defina as expressões e os termos apresentados a seguir utilizando gráficos ou equações para exemplificar suas respostas, quando for possível.

a. Risco em geral, risco unitário, distribuição de probabilidade e sua relação com o risco.
b. Taxa de retorno esperada, r̂.
c. Distribuição de probabilidade contínua.
d. Desvio padrão, σ; variância, $σ^2$
e. Aversão ao risco e taxa de retorno realizada, r̄.
f. Prêmio de risco para a ação i, RP_i; prêmio de risco de mercado, RP_M.
g. Modelo de precificação de ativos de capital (CAPM).
h. Retorno esperado de uma carteira, r̂$_p$, e carteira de mercado.
i. Conceito de correlação e coeficiente de correlação, ρ.
j. Risco de mercado, risco diversificável e risco relevante.
k. Coeficiente beta, b, e beta médio da ação.
l. Linha de segurança do mercado (SML) e equação SML.
m. Inclinação da SML e sua relação com a aversão ao risco.
n. Equilíbrio; hipótese dos mercados eficientes (EMH); três formas de EMH.
o. Modelo de três fatores, de Fama-French.
p. Finança comportamental; agrupamento; ancoragem.

(6-2) A distribuição de probabilidade de um retorno menos arriscado é mais acentuada do que a de um retorno mais arriscado. Qual seria o formato da distribuição de probabilidade para (a) retornos completamente certos e (b) retornos completamente incertos?

(6-3) O título A possui um retorno esperado de 7%, desvio padrão dos retornos de 35%, coeficiente de correlação com o mercado de –0,3 e um coeficiente beta de –1,5. O título B possui um retorno esperado de 12%, desvio padrão dos retornos de 10%, coeficiente de correlação com o mercado de 0,7 e um coeficiente beta de 1,0. Qual título é mais arriscado? Por quê?

(6-4) Se a aversão a risco por parte dos investidores *aumentar*, o prêmio de risco de uma ação com beta elevado irá aumentar mais ou menos do que a de uma ação com baixo beta? Explique.

(6-5) Se o beta de uma companhia duplicasse, seu retorno esperado também aumentaria?

Problemas de autoavaliação – As soluções estão no Apêndice A

(PA-1)Taxas de retorno realizadas – As ações A e B possuem os retornos históricos a seguir:
Risco em geral, risco unitário

Ano	$\bar{r}_A$	$\bar{r}_B$
2009	-18%	-24%
2010	-44%	24
2011	-22%	-4
2012	22	8
2013	34	56

a. Calcule a taxa média de retorno para cada ação durante o período de 5 anos. Suponha que alguém tivesse uma carteira composta 50% por ações A e 50% por ações B. Qual seria a taxa de retorno realizada da carteira em cada ano? Qual seria o retorno médio da carteira para o período de 5 anos?

b. Agora, calcule o desvio padrão dos retornos para cada ação e para a carteira. Utilize a Equação 6-5.

c. Analisando os dados sobre retornos anuais das duas ações, você presumiria que o coeficiente de correlação entre os retornos das duas ações está mais próximo de 0,8 ou -0,8?

d. Se mais ações fossem acrescentadas aleatoriamente à carteira, qual das afirmações a seguir é a mais correta quanto ao que aconteceria ao σ_p?

(1) O σ_p permaneceria constante.

(2) O σ_p cairia para cerca de 20%.

(3) O σ_p cairia para zero se fossem acrescentadas ações suficientes.

(PA-2)   Beta e taxa de retorno exigida – A Ecri Corporation é uma empresa *holding* com quatro subsidiárias principais. A porcentagem de seus negócios que vem das subsidiárias e os respectivos betas são os seguintes:

Subsidiária	Porcentagem de negócios	Beta
Concessionária de energia	60%	0,70
Operadora de TV a cabo	25%	0,90
Imobiliária	10%	1,30
Projetos internacionais/especiais	5%	1,50

a. Qual é o beta de uma companhia holding?

b. Suponha que a taxa livre de risco seja de 6% e que o prêmio de risco de mercado seja de 5%. Qual é a taxa de retorno requerida da companhia holding?

c. A ECRI está considerando uma mudança em seu foco estratégico: ela reduzirá sua dependência em relação à subsidiária de energia elétrica, de modo que a porcentagem de seus negócios a partir desta subsidiária será de 50%. Ao mesmo tempo, a ECRI aumentará sua dependência da divisão internacional/de projetos especiais, e a porcentagem de seus negócios a partir desta subsidiária aumentará para 15%. Qual será a taxa de retorno exigida dos acionistas se a administração adotar essas mudanças?

Problemas – As respostas dos problemas estão no Apêndice B

Problemas fáceis 1-4

(6-1) **Carteira beta** – Seu clube de investimento tem somente duas ações em sua carteira. Um total de $ 20.000 é investido em uma ação com um beta de 0,7, e $ 35.000 são investidos em uma ação com um beta de 1,3. Qual é o beta da carteira?

(6-2) **Taxa de retorno exigida** – A ação da AA Industries tem um beta de 0,8. A taxa livre de riscos é de 4% e o retorno esperado no mercado é de 12%. Qual é a taxa de retorno exigida sobre a ação da AA?

(6-3) **Taxas de retorno exigidas** – Suponha que a taxa livre de riscos seja de 5% e que o prêmio de risco de mercado seja de 7%. Qual é o retorno exigido sobre (1) o mercado, (2) uma ação com um beta de 1,0 e (3) uma ação com um beta de 1,7? Assuma que a taxa livre de risco seja de 5% e que o prêmio de risco de mercado seja de 7%

(6-4) **Modelo de três fatores de Fama-French** – Um analista modelou a ação de uma companhia utilizando o modelo de três fatores de Fama-French. A taxa livre de risco é de 5%, o retorno de mercado é de 10%, o retorno sobre a carteira SMB (r_{SMB}) é de 3,2% e o retorno sobre a carteira HML (r_{HML}) é de 4,8%. Se $a_i = 0$, $b_i = 1,2$, $c_i = -0,4$ e $d_i = 1,3$, qual é o retorno previsto da ação?

Problemas intermediários 5-10

(6-5) **Retorno esperado: distribuição discreta** – O retorno de uma ação tem a seguinte distribuição:

DEMANDA PARA OS PRODUTOS DA COMPANHIA	PROBABILIDADE DE OCORRÊNCIA DA DEMANDA	TAXA DE RETORNO SE ESTA DEMANDA OCORRER (%)
Fraca	0,1	–50%
Abaixo da média	0,2	–5
Média	0,4	16
Acima da média	0,1	25
Forte	1,0	60

Calcule o retorno esperado e o desvio padrão da ação.

(6-6) **Retornos esperados: distribuição discreta** – O mercado e a Ação J têm as seguintes distribuições de probabilidade:

PROBABILIDADE	R_M	R_J
0,3	15%	20%
0,4	9	5
0,3	18	**12**

(6-7) **Taxa de retorno exigida** – Suponha que $r_{RF} = 5\%$, $r_M = 10\%$ e $r_A = 12\%$.
a. Calcule o beta da Ação A.
b. Se o beta da Ação A fosse 2,0, qual seria a nova taxa de retorno exigida de A?

(6-8) Como analista de patrimônio, você está preocupado com o que acontecerá ao retorno exigido para a ação da Universal Toddler Industries, à medida que as condições de mercado se modificam. Suponha que $r_{RF} = 5\%$, $r_M = 12\%$ e $b_{UTI} = 1,4$.
a. Sob as condições atuais, qual é r_{UTI}, a taxa de retorno exigida sobre a ação da UTI?
b. Agora suponha que r_{RF} (1) aumente para 6% ou (2) diminua para 4%. A inclinação de SML permanece constante. Como isso afetaria r_m e r_{UTI}?
c. Agora suponha que r_{RF} permaneça a 5%, mas r_M (1) aumente para 14% ou (2) caia para 11%. A inclinação de SML não permanece constante. Como essas mudanças afetariam a r_{UTI}?

(6-9) **Beta da carteira** – Seu fundo de aposentadoria consiste em um investimento de $ 5.000 em cada uma de 15 ações ordinárias diferentes. O beta da carteira é de 1,20. Suponha que você venda uma das ações com um beta de 0,8 por $ 5.000 e utilize os rendimentos para comprar outra ação cujo beta é 1,6. Calcule o beta de sua nova carteira.

(6-10) **Retorno exigido da carteira** – Suponha que você administre um fundo de $ 4 milhões que consiste em quatro ações com os seguintes investimentos:

Ação	Investimento	Beta
A	$ 400.000	1,50
B	600.000	−0,50
C	1.000.000	1,25
D	2.000.000	0,75

Se a taxa de retorno exigida do mercado é de 14% e a taxa livre de risco é de 6%, qual é a taxa de retorno exigida do fundo?

Problemas desafiadores 11-14

(6-11) Beta da carteira – Você tem uma carteira de $ 2 milhões que consiste em um investimento dc $ 100.000 em cada uma de 20 ações diferentes. A carteira tem um beta de 1,1. Você está considerando vender um total de $ 100.000 de uma ação com um beta de 0,9 e utilizar os rendimentos para comprar outra ação com um beta de 1,4. Qual será o novo beta da carteira depois dessas transações?

(6-12) Taxa de retorno exigida – A Ação R tem um beta de 1,5, a Ação S tem um beta de 0,75, a taxa de retorno esperada sobre uma ação média é de 13%, e a taxa livre de risco é de 7%. Em quanto o retorno exigido sobre a ação mais arriscada excede o retorno sobre a ação menos arriscada?

(6-13) Taxas de retorno históricas realizadas – Você está considerando um investimento em ações individuais ou em ou em uma carteira de ações. As duas ações que você está pesquisando, ações A e B, têm os seguintes retornos históricos:

Ano	$\bar{r}_A$	$\bar{r}_B$
2009	−20,00%	−5,00%
2010	42,00	15,00
2011	20,00	−13,00
2012	-8,00	50,00
2013	25,00	12,00

a. Calcule a taxa de retorno média para cada ação durante um período de 5 anos.
b. Suponha que você manteve uma carteira consistindo em 50% da Ação A e 50% da Ação B. Qual teria sido a taxa de retorno realizada sobre a carteira em cada ano? Qual teria sido o retorno médio sobre a carteira durante esse período?
c. Calcule o desvio padrão de retornos para cada ação e para a carteira.
d. Se você for um investidor que tem aversão a risco e assumindo que as opções a seguir são suas únicas escolhas, você preferirá manter a Ação A, a Ação B ou a carteira? Por quê?

(6-14) Retornos históricos: taxas de retorno exigidas e esperadas – Você observou os seguintes retornos com o passar do tempo:

Ano	Ação X	Ação Y	Mercado
2009	14%	13%	12%
2010	19	7	10%
2011	−16	−5	−12
2012	3	1	1
2013	20	11	15

Suponha que a taxa livre de risco seja de 6% e que o prêmio de risco de mercado seja de 5%.

a. Quais são os betas das Ações X e Y?
b. Quais são as taxas de retorno exigidas sobre as Ações X e Y?
c. Qual é a taxa de retorno exigida sobre uma carteira que consiste em 80% da Ação X e 20% da Ação Y?

Problema de planilha

(6-15) Os dividendos e os preços das ações da Goodman Industries e da Landry Incorporated, juntamente com o Índice de Mercado, são mostrados a seguir. Os preços das ações são relatados para 31 de dezembro de cada ano e os dividendos refletem os dividendos pagos durante o ano. Os dados referentes ao mercado são ajustados para incluir dividendos.

Avaliação de risco e retorno

	GOODMAN INDUSTRIES		LANDRY INCORPORATED		ÍNDICE DE MERCADO
ANO	PREÇO DA AÇÃO	DIVIDENDO	PREÇO DO DIVIDENDO	DIVIDENDO	INCLUI DIVIDENDOS
2013	$ 25,88	$ 1,73	$ 73,13	$ 4,50	17.495,97
2012	22,13	1,59	78,45	4,35	13.178,55
2011	24,75	1,50	73,13	4,13	13.019,97
2010	16,13	1,43	85,88	3,75	9.651,05
2009	17,06	1,35	90,00	3,38	8.403,42
2008	11,44	1,28	83,63	3,00	7.058,96

a. Utilize os dados fornecidos para calcular os retornos anuais referentes a Goodman, Landry e também o Índice de Mercado, e em seguida calcule os retornos anuais médios para as duas ações e o índice. (*Dica*: lembre-se de que os retornos são calculados subtraindo-se o preço inicial do preço final para obter o ganho ou a perda de capital, adicionando o dividendo ao ganho ou perda de capital, e dividindo o resultado pelo preço inicial. Assuma que os dividendos já estão incluídos no índice. Além disso, não é possível calcular a taxa de retorno para 2008 porque você não tem os dados referentes a 2007.)

b. Calcule os desvios padrão dos retornos para a Goodman, a Landry e o Índice de Mercado. (*Dica*: utilize a fórmula do desvio padrão da amostra, dada no capítulo, que corresponde à função STDEV, no Excel.)

c. Construa um diagrama de dispersão que mostre os retornos para a Goodman no eixo vertical e os retornos do Índice de Mercado, no eixo horizontal. Construa um gráfico similar mostrando os retornos das ações da Landry no eixo vertical.

d. Faça a estimativa dos betas para a Goodman e a Landry, considerando as inclinações das linhas de regressão, com o retorno da ação no eixo vertical (eixo y) e o retorno de mercado, no eixo horizontal (eixo x). (*Dica*: utilize a função SLOPE, do Excel.) Esses betas são consistentes com seu gráfico?

e. A taxa livre de risco de Títulos do Tesouro de longo prazo é igual a 6,04%. Suponha que o prêmio de risco de mercado seja de 5%. Qual é o retorno requerido para o mercado? Agora utilize a Equação de SML para calcular os retornos exigidos referentes às duas companhias.

f. Se você formou uma carteira que consistia em 50% de ações da Goodman e 50% de ações da Landry, quais seriam seu beta e seu retorno exigido?

g. Suponha que um investidor queira incluir algumas ações da Goodman Industries em sua carteira. As Ações A, B e C estão atualmente na carteira, e seus betas são 0,769, 0,985 e 1,423, respectivamente. Calcule o retorno exigido da nova carteira se ela consistir em 25% de ações da Goodman, 15% de Ações A, 40% das Ações B e 20% das Ações C.

Estudo de caso

Suponha que você tenha acabado de se formar na área de finanças e foi contratado como planejador financeiro na Cicero Services, uma companhia de consultoria em investimentos. Seu primeiro cliente recentemente herdou alguns ativos e pediu que você os avaliasse. Atualmente, o cliente possui uma carteira de títulos com $ 1 milhão investido em títulos do Tesouro com cupom com taxa zero que terão vencimento em 10 anos.[39] Além disso, o cliente tem $ 2 milhões investidos em ações da Blandy, Inc., uma companhia que produz refeições congeladas compostas de carne e batatas. O slogan da Blandy é "Refeições consistentes para épocas instáveis".

---

[39] O valor nominal total no vencimento é de $ 1,79 milhões e o rendimento no vencimento é de cerca de 6%, mas essas informações não são necessárias para este estudo de caso.

Infelizmente, o Congresso e o presidente estão engajados em uma difícil disputa quanto ao orçamento e o teto da dívida. O resultado da disputa, que não será definido até o final do ano, terá um grande impacto nas taxas de juros daqui a um ano. Sua primeira tarefa é determinar o risco da carteira de títulos do cliente. Depois de consultar os economistas de sua empresa, você especificou cinco possíveis cenários para a resolução da disputa no final do ano. Para cada caso, você estimou a probabilidade de o cenário ocorrer e o impacto sobre as taxas de juros e os preços dos títulos se o cenário ocorrer. Considerando essas informações, você calculou a taxa de retorno do cupom com taxa zero com vencimento em 10 anos, para cada cenário. As probabilidades e os retornos são mostrados a seguir:

CENÁRIO	PROBABILIDADE DO CENÁRIO	RETORNO DE TÍTULO DO TESOURO COM CUPOM COM TAXA ZERO E VENCIMENTO EM 10 ANOS, NO PRÓXIMO ANO
Pior cenário	0,10	−14%
Cenário ruim	0,20	−4%
Mais provável	0,40	6%
Cenário bom	0,20	16%
Melhor cenário	0,10	26%
	1,00	

Você também registrou os retornos históricos dos anos anteriores referentes à Blandy, Gourmange Corporation (um produtor de alimentos especializados de alta qualidade), e o mercado de ações.

	RETORNOS HISTÓRICOS DAS AÇÕES		
ANO	MERCADO	BLANDY	GOURMANGE
1	30%	26%	47%
2	7	15	−54
3	18	−14	15
4	−22	−15	7
5	−14	2	-28
6	10	−18	40
7	26	42	17
8	−10	30	−23
9	−3	−32	−4
10	38	28	75
Retorno médio:	8.0%	?	9.2%
Desvio padrão:	20.1%	?	38.6%
Correlação com o mercado:	1.00	?	0.678
Beta	1.00	?	1,30

A taxa livre de risco é de 4% e o prêmio de risco de mercado é de 5%.

a. Quais são os retornos do investimento? Qual é o retorno de um investimento que custa $ 1.000 e é vendido depois de 1 ano por $ 1.060?

b. Represente em um gráfico a distribuição de probabilidade para os retornos do título com base nos 5 cenários. Como o gráfico da distribuição de probabilidade se parecerá se houver um número infinito de cenários (isto é, caso se trate de uma distribuição contínua, e não de uma distribuição discreta)?

c. Utilize os dados referentes ao cenário para calcular a taxa de retorno esperada para os títulos do Tesouro com cupons de taxa zero e vencimento em 10 anos, durante o ano seguinte.

d. Qual é o risco independente? Use os dados referentes ao cenário para calcular o desvio padrão do retorno do título para o ano seguinte.

e. Seu cliente decidiu que o risco da carteira de títulos é aceitável e deseja mantê-la como está, e pediu que você utilizasse os retornos históricos para estimar o desvio padrão dos retornos das ações da Blandy. (Nota: muitos analistas utilizam 4 a 5 anos de retornos mensais para estimar o risco e muitos outros recorrem ao período de 52 semanas de retornos semanais;

outros, ainda, empregam o período equivalente a um ano ou menos de retornos diários. Para simplificar, use os retornos anuais de 10 anos, da Blandy.)

f. Seu cliente ficou chocado com o grau de risco que a ação da Blandy tem e solicitou que você reduzisse o nível de risco. Você sugeriu ao cliente vender 25% das ações da Blandy e criar uma carteira com 75% de ações da Blandy e 25% das ações de alto risco, da Gourmange. Como você supõe que o cliente reagirá à ideia de substituir parte das ações da Blandy por ações de alto risco? Mostre ao cliente qual teria sido o retorno da carteira proposta em cada ano da amostra. Em seguida, calcule o retorno médio e o desvio padrão utilizando os retornos anuais da carteira. Como o risco dessa carteira de duas ações ao risco das ações individuais se elas forem mantidas isoladamente?

g. Explique a correlação para seu cliente. Calcule a correlação estimada entre a Blandy e a Gourmange. Isso explica por que o desvio padrão da carteira foi menor que o desvio padrão da Blandy?

h. Suponha que um investidor comece com uma carteira que consiste em uma ação selecionada aleatoriamente. À medida que mais e mais ações aleatoriamente selecionadas são acrescentadas à carteira, o que acontece com o risco da carteira?

i. (1) Os efeitos da carteira devem influenciar o modo como os investidores pensam sobre o risco de ações individuais? (2) Se você decidiu manter uma carteira com uma única ação e, consequentemente, foi exposto a mais risco do que os investidores diversificados, você pode esperar alguma compensação por todo o risco que assumiu; isto é, poderá ganhar um prêmio de risco sobre a parte de seu risco que teria eliminado com a diversificação?

j. De acordo com o modelo de precificação de ativos de capital (CAPM), o que mede a quantidade de risco com que uma ação individual contribui para uma carteira bem diversificada? Defina essa medição.

k. O que é a linha de segurança de mercado (SML)? Como o beta está relacionado à taxa de retorno exigida da ação?

l. Calcule o coeficiente de correção entre a Blandy e o mercado. Use esse cálculo e os desvios padrão anteriormente calculados (ou fornecidos), da Blandy e do mercado, para estimar o beta da Blandy. A Blandy contribui com mais ou menos risco para uma carteira bem diversificada do que a ação média? Use a SML para estimar o retorno exigido da Blandy.

m. Mostre como estimar o beta utilizando análise de regressão.

n. (1) Suponha que a taxa livre de risco subiu para 7%. Que efeito taxas de juros maiores teriam sobre a SML, e retornos exigidos teriam sobre títulos de alto e baixo risco? (2) Em vez disso, suponha que a aversão a risco por parte de investidores tenha aumentado o suficiente para elevar o prêmio de risco de mercado para 8%. (Assuma que a taxa livre de risco permanece constante.) Que efeito isso teria na SML e nos retornos de títulos de alto e baixo risco?

o. Seu cliente decidiu investir $ 1,4 milhão em ações da Blandy e $ 0,6 milhão em ações da Gourmange. Quais são os pesos para esta carteira? Qual é o beta da carteira? Qual é o retorno requerido para esta carteira?

p. Jordan Jones (JJ) e Casey Carter (CC) são gerentes de carteira em sua empresa. Cada um deles gerencia uma carteira bem diversificada. Seu chefe pediu que você desse sua opinião referente ao desempenho deles no ano anterior. A carteira de JJ tem um beta de 0,6 e teve um retorno de 8,5%; a carteira de CC tem um beta de 1,4 e teve um retorno de 9,5%. Qual gerente apresentou melhor desempenho? Por quê?

q. O que significa equilíbrio de mercado? Se o equilíbrio não existir, como ele será estabelecido?

r. O que é hipótese dos mercados eficientes (EMH) e quais são suas três formas? Qual evidência apoia a EMH? Qual evidência gera dúvidas sobre a EMH?

Avaliação de ações
e empresas

Corretoras de valores, fundos de investimento, instituições financeiras, fundos de pensão e empresas de consultoria financeira estão entre as muitas empresas que empregam analistas para estimar o valor e o risco das ações.

Analistas "sell side" trabalham para bancos e corretoras de investimento. Eles escrevem relatórios que são distribuídos aos investidores, geralmente através de corretores. Os Analistas "buy side" trabalham para fundos de investimento, fundos hedge ou cobertura, fundos de pensão e outros investidores institucionais. Essas instituições obtêm informações dos analistas buy-side, mas também fazem sua própria investigação e ignoram o aspecto de aquisição quando não concordam com estes.

Tanto os analistas buy side, quanto os sell side geralmente focam em indústrias específicas, e muitos deles foram contratados como analistas, depois de trabalhar por algum tempo na indústria que cobrem. Os PhDs em Física são muitas vezes analistas eletrônicos, biólogos analisam ações de biotecnologia e assim por diante. Os analistas se debruçam sobre demonstrações financeiras e planilhas de Excel, além de irem para a rua e conversar com funcionários, clientes e fornecedores das empresas. O objetivo principal dos analistas é prever lucros das empresas, dividendos e, assim, os preços das ações.

Os preços das ações são voláteis, por isso, é difícil de estimar o valor de uma ação. Alguns analistas, no entanto, são melhores que outros, e o material neste capítulo poderá ajudá-lo a ser melhor do que a média.

Quanto vale uma empresa? O que os administradores podem fazer para tornar uma empresa mais valiosa? Por que os preços das ações são tão voláteis? Este capítulo aborda essas questões através da aplicação de dois modelos de avaliação amplamente utilizados: o modelo de crescimento dos dividendos e o modelo de avaliação do fluxo de caixa livre. Contudo, antes de mergulharmos na avaliação de uma ação, começaremos com uma boa olhada sobre o que significa ser um acionista.

AVALIAÇÃO DE EMPRESAS E AÇÕES

Fluxos de caixa livres (FCL) são os fluxos de caixa que estão disponíveis para distribuição a todos os investidores de uma companhia; o custo de capital médio ponderado é o retorno global requerido por todos os investidores de uma companhia. Desse modo, o valor presente dos fluxos de caixa livres de uma companhia, descontado o custo de capital médio ponderado da companhia, é o valor total da companhia para todos os seus investidores. É chamado valor das operações porque as atividades operacionais geram o FLC.

Podemos utilizar esta abordagem para estimar o preço de ações, mas podemos fazer isto mais diretamente em algumas circunstâncias. Lembre-se de que uma das utilizações do FLC é para pagar dividendos, os quais são distribuídos para os acionistas. O Capítulo 6 mostrou como estimar o retorno requerido pelos acionistas. Portanto, descontar fluxos de caixa para acionistas (os dividendos) à taxa exigida pelos acionistas determina o valor da ação.

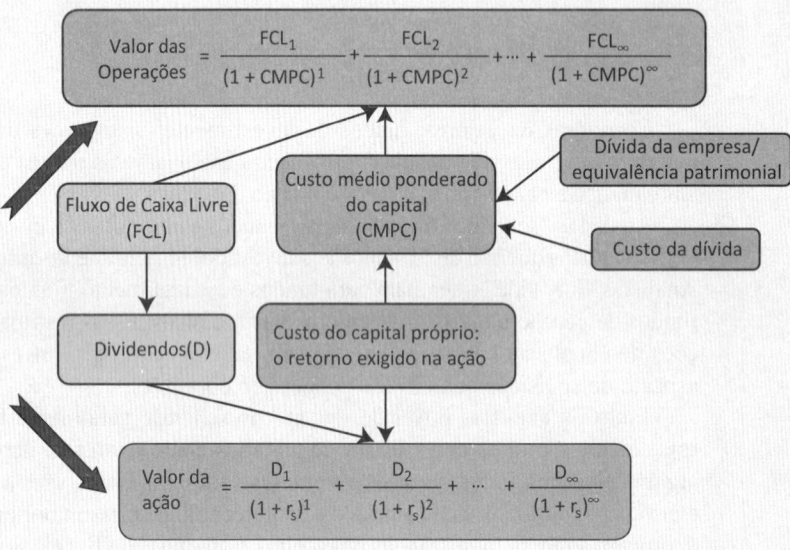

7-1   Direitos e privilégios legais dos acionistas ordinários

Os acionistas ordinários são os *proprietários* de uma empresa e, como tal, têm alguns direitos e privilégios conforme discutido nesta seção.

7-1a   Controle da empresa

Os acionistas comuns de uma firma têm o direito de eleger seus diretores, que, por sua vez, elegem os membros da companhia que irão administrar os negócios. Em uma pequena empresa, o maior acionista geralmente atua como presidente da diretoria. Em uma organização pública, de grande porte, os gerentes tipicamente têm algumas ações, mas seus ativos pessoais em geral são insuficientes para dar controle de voto a eles. Assim, os gerentes da maioria das companhias públicas podem ser removidos pelos acionistas se a equipe administrativa não for efetiva. Primeiro, as empresas devem realizar eleições periódicas para selecionar conselheiros, geralmente uma vez ao ano, para votação na assembleia anual.

Com frequência, um terço dos conselheiros é eleito a cada ano para um mandato de 3 anos. Cada ação do capital dá direito a um voto, então o proprietário de 1.000 ações tem 1.000 votos para cada conselheiro.[1] Os acionistas podem comparecer à assembleia anual e votar pessoalmente, mas, em geral, eles transferem seu direito de

---

[1] Na situação descrita, um acionista com 1.000 ações poderia lançar 1.000 votos para cada um dos três diretores se houvesse três cadeiras contestadas no conselho. Um procedimento alternativo que poderia ser escrito no Estatuto Social é o voto cumulativo. Aqui, o acionista com 1.000 ações receberia 3.000 votos, se houvesse três vagas, e ele poderia lançar todos eles para um diretor. A votação cumulativa ajuda acionistas minoritários (ou seja, aqueles que não detém maioria das ações) a obter a representação no conselho.

voto para outra pessoa por meio de **procuração**. A administração sempre solicita as procurações dos acionistas e geralmente as obtém. No entanto, se os lucros forem baixos e os acionistas estiverem insatisfeitos, um grupo externo poderá tentar obter as procurações em uma tentativa de tirar a administração e assumir o controle dos negócios. Isso é conhecido como **disputa por procurações de voto**, tema abordado em detalhes no Capítulo 13.

7-1b   O direito de preferência

Acionistas ordinários frequentemente têm o direito, denominado **direito de preferência,** de adquirir quaisquer ações adicionais vendidas pela empresa. Em alguns Estados, o direito de preferência está automaticamente incluído em todos os contratos sociais; em outros, é usado somente se estiver especificamente inserido no contrato social.

O direito de preferência permite que os atuais acionistas mantenham controle e também impede a transferência de patrimônio dos acionistas atuais para novos acionistas. Se não fosse por essa proteção, a administração de uma empresa poderia emitir ações adicionais a um preço baixo e comprar essas ações ela mesma. A administração poderia, dessa forma, tomar o controle da empresa e tirar valor dos acionistas atuais. Por exemplo, suponha que 1.000 ações do capital, com preço unitário de $ 100 estivessem em circulação, totalizando um valor de mercado da empresa de $ 100.000. Se 1.000 ações adicionais fossem vendidas a $ 50 por ação, ou $ 50.000, isso elevaria o valor total de mercado para $ 150.000. Quando o valor total de mercado é dividido pelo novo total de ações em circulação, obtém-se um valor de $ 75 por ação. Os antigos acionistas, portanto, perdem $ 25 por ação, e os novos acionistas têm um lucro instantâneo de $ 25 por ação. Portanto, vender ações ordinárias a um preço abaixo do preço de mercado diluiria seu preço e transferiria patrimônio dos acionistas atuais para aqueles que foram autorizados a comprar as novas ações. O direito de preferência impede tais ocorrências.

Autoavaliação

1. O que é uma disputa por procurações de voto?
2. Quais são as duas principais razões para usar o direito de preferência?

7-2   Tipos de ações ordinárias

Embora a maioria das empresas tenha apenas um tipo de ação, utilizam-se, em alguns casos, **ações classificadas** para atender às necessidades especiais de uma empresa. Em geral, quando classificações especiais são usadas, um tipo é designado *classe A*, outro *classe B* e assim por diante. Novas empresas pequenas que buscam recursos de fontes externas com frequência utilizam tipos diferentes de ações ordinárias. Por exemplo, quando a Genetic Concepts abriu seu capital, suas ações classe A foram vendidas para o público e pagaram dividendos, mas essas ações não tiveram direito a voto por 5 anos. As ações classe B, que foram mantidas pelos organizadores da empresa, tiveram pleno direito de voto por 5 anos, mas os dispositivos legais declaravam que dividendos não poderiam ser pagos para ações classe B até que a empresa tivesse estabelecido sua capacidade de geração de lucros e atingido determinado nível de lucros acumulados. O uso de ações classificadas, portanto, permitiu que o público adquirisse participação em uma empresa com crescimento financiado de maneira conservadora sem sacrificar o lucro, enquanto os fundadores mantiveram controle absoluto durante os estágios iniciais cruciais do desenvolvimento da empresa. Ao mesmo tempo, investidores externos ficaram protegidos contra saques excessivos de fundos pelos proprietários originais. Como frequentemente acontece em tais situações, as ações classe B foram denominadas **ações das partes beneficiárias**.[2]

Como ilustra este exemplo, o direito a voto com frequência é uma característica distintiva entre as diferentes classes de ações. Suponha que duas classes de ações sejam diferentes em apenas um aspecto: uma classe tem direito a voto, mas a outra não. Como esperado, as ações com direito a voto seriam mais valiosas. Nos Estados Unidos, em que há um sistema legal com uma proteção muito forte para acionistas minoritários (isto é, acionistas não controladores), ações com direito a voto geralmente têm um preço de venda 4% a 6% acima do preço de ações semelhantes sem direito a voto. Portanto, se uma ação sem direito a voto é vendida por

---

[2] Observe que "classe A", "classe B" e assim por diante não têm significado padrão. A maioria das empresas não possui ações classificadas, mas uma organização poderia denominar suas ações classe B como partes beneficiárias e suas ações classe A como aquelas vendidas para o público, e outra organização poderia inverter essas denominações.

$ 50, uma ação com direito a voto provavelmente seria vendida por $ 52 a $ 53. Em países com sistemas legais que fornecem menos proteção para acionistas minoritários, o direito a voto é bem mais valioso. Por exemplo, ações com direito a voto, em média, são vendidas por um preço 45% maior que as ações sem direito a voto em Israel e 82% maior na Itália.

Algumas empresas possuem múltiplas linhas de negócios, cada uma com perspectivas de crescimento muito diferentes. Uma vez que os fluxos de caixa para todas as linhas de negócios são misturados nas demonstrações financeiras, algumas empresas se preocupam em que os investidores não sejam capazes de avaliar corretamente as linhas de negócios com alto crescimento. Para separar os fluxos de caixa e permitir avaliações separadas, ocasionalmente uma empresa terá classes de ações com dividendos vinculados a uma parte específica da empresa. Isso é denominado **ações de rastreamento** ou **ações-alvo**. Por exemplo, em 2006, a Liberty Media Corporation, um conglomerado proprietário de empresas de entretenimento como o canal de filmes Starz e de investimentos na Time Warner, emitiu duas diferentes ações de controle para acompanhar suas diferentes linhas de negócios. Uma delas, a ação de controle da Liberty Interactive, foi criada para acompanhar o desempenho de sua rede de compras on-line, a QVC, e de outros ativos interativos de grande crescimento, na Internet. A outra, o Liberty Capital Group, abrangia *holdings* de crescimento mais lento, como o Starz Entertainment Group. A ideia era de que os investidores atribuiriam um valor maior à parte da companhia com maior crescimento se esta fosse comercializada separadamente.

No entanto, muitos analistas estão céticos quanto à possibilidade de as ações com dividendos vinculados aumentarem o valor de mercado total de uma empresa. As organizações ainda apresentam demonstrações financeiras consolidadas para toda a empresa e têm considerável liberdade em alocação de custos, uso do capital e divulgação de resultados financeiros das várias divisões, mesmo aquelas com ações de rastreamento. Assim, as ações com dividendos vinculados estão longe de serem idênticas às ações de uma empresa autônoma, independente.

Autoavaliação

1. Quais são algumas das razões pelas quais uma empresa poderia usar ações classificadas?

7-3   Relatórios para a bolsa de valores

Há 50 anos, os investidores que queriam informações em tempo real tinham de ir até os escritórios das corretoras e ver a "fita de teleimpressor" que exibia os preços das ações negociadas. Aqueles que não precisavam de informações atuais poderiam encontrar os preços do dia anterior na seção de negócios de um jornal diário como o *The Wall Street Journal*. Hoje, no entanto, podem-se obter cotações ao longo do dia de muitas fontes da internet, como o Yahoo![3] A Figura 7-1 mostra a cotação da General Electric que é negociada na NYSE sob o código GE, em 24 de fevereiro de 2012. A GE encerrou o pregão diário (16h EST) a $ 19,24, queda de $ 0,07, que representou um declínio de 0,36% em comparação com o dia anterior. No entanto, as ações subiram 3 centavos em negociações após o horário. Os dados também mostram que a GE abriu o dia a $ 19,36 e negociou dentro de uma faixa de $ 19,14 a $ 19,37. Se essa cotação tivesse sido obtida durante o horário de negociação, ela também teria fornecido informações sobre as cotações em que as ações podem ser compradas (preço de venda) ou vendidas (preço de compra). Cinquenta e duas semanas depois, o preço atingiu o máximo de $ 21,17 e o mínimo de $ 14,02. Naquele dia, negociaram-se 23,93 milhões de ações da GE, um pouco abaixo do volume médio de negociação de 58,20 milhões de ações durante os três últimos meses.

A tela com as informações de cotação das ações também fornece o valor total de mercado das ações ordinárias da GE (capitalização de mercado), o dividendo e o rendimento do dividendo, o mais recente "ttm" (últimos 12 meses), indicadores de EPS e P/E e um gráfico que mostra o desempenho da ação durante o dia. (No entanto, o gráfico pode ser alterado para mostrar o desempenho da ação ao longo de vários períodos até e incluindo 5 anos.) Além dessa informação, a página da *web* tem *links* para demonstrações financeiras, relatórios de análise, indicadores históricos, previsões dos analistas para EPS, índices de crescimento de EPS e vários outros dados.

---

[3] A maioria das fontes gratuitas, na verdade, fornece cotações que estão com atraso de 20 minutos, mas, se você se inscrever em um site pago, como o *Online Wall Street Journal*, ou se tiver uma conta de corretagem, poderá obter as cotações em tempo real.

FIGURA 7-1

Cotação de ações e outros dados importantes para a GE em 24 de fevereiro de 2012

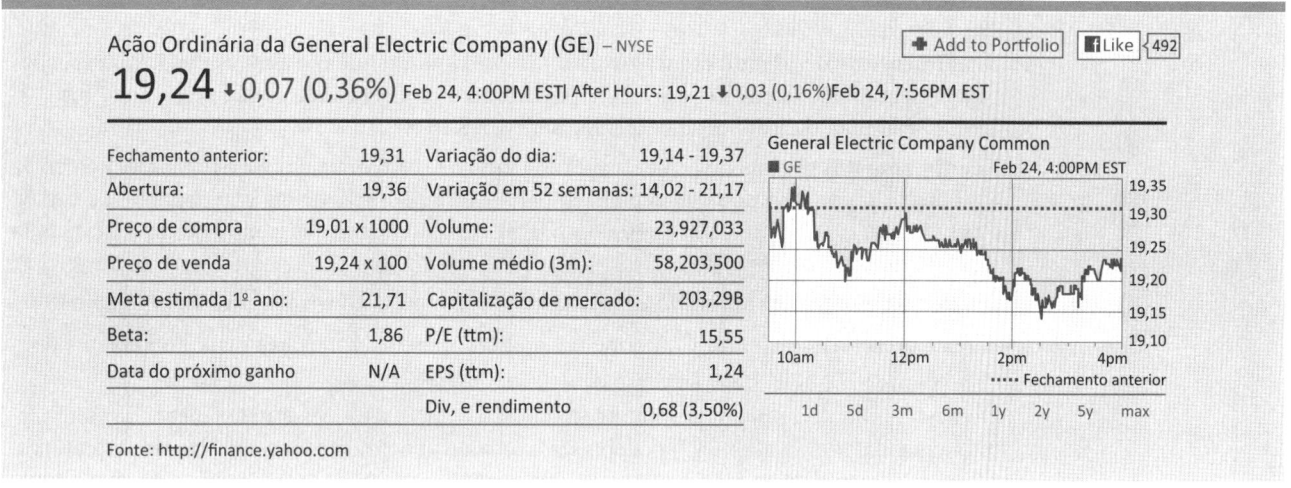

Ação Ordinária da General Electric Company (GE) – NYSE   **➕ Add to Portfolio** **Ⓕ Like** ⟨492⟩

19,24 ↓0,07 (0,36%) Feb 24, 4:00PM EST| After Hours: 19,21 ↓0,03 (0,16%)Feb 24, 7:56PM EST

Fechamento anterior:	19,31	Variação do dia:	19,14 - 19,37	
Abertura:	19,36	Variação em 52 semanas:	14,02 - 21,17	
Preço de compra	19,01 x 1000	Volume:	23.927.033	
Preço de venda	19,24 x 100	Volume médio (3m):	58.203.500	
Meta estimada 1º ano:	21,71	Capitalização de mercado:	203,29B	
Beta:	1,86	P/E (ttm):	15,55	
Data do próximo ganho	N/A	EPS (ttm):	1,24	
		Div, e rendimento	0,68 (3,50%)	

Fonte: http://finance.yahoo.com

Autoavaliação

1. Quais informações são fornecidas na internet além dos últimos preços das ações?

7-4 Avaliando ações ordinárias

Espera-se que as ações ordinárias forneçam um fluxo de caixa futuro, e o valor das ações é obtido da mesma forma que os valores de outros ativos financeiros, ou seja, como o valor presente de seu fluxo de caixa futuro esperado. Em outras seções mostraremos como estimar o valor de uma ação como parte do valor total de uma empresa, mas começaremos agora, valorizando diretamente fluxos de caixa de um banco para os acionistas.

7-4a Definições dos termos utilizados em modelos de avaliação da ações

É claro entender por que um investidor precisa de um modelo de avaliação de ações, mas por que um administrador também precisa desse modelo?

Vimos no Capítulo 1 que um administrador deve procurar maximizar o valor intrínseco das ações da empresa. Para fazer isso, o administrador precisa saber como suas decisões provavelmente devem afetar o preço das ações. Por isso, desenvolvemos alguns modelos nesta seção para mostrar como o valor de uma ação é determinado.

Iniciaremos definindo os termos-chave:

D_t = Dividendo que o acionista espera receber no final do ano t. D_0 é o dividendo mais recente que já foi pago; D_1 é o primeiro dividendo previsto que será pago no final deste ano; D_2 é o dividendo previsto para o final do Ano 2 e assim por diante. D_1 representa o primeiro fluxo de caixa que um novo comprador de ação receberá, pois D_0 já foi pago. D_0 é conhecido com certeza, mas todos os dividendos futuros são valores previstos.[4]

P_0 = **Preço de mercado real** das ações hoje.

---

[4] Em geral, as ações pagam dividendos trimestralmente, o que significa que, em tese, devemos avaliá-los de três em três meses. No entanto, na avaliação das ações, a maioria dos analistas trabalha com um período anual, porque os dados geralmente não são precisos o suficiente para garantir o refinamento para um modelo trimestral. Para informações adicionais sobre o modelo trimestral, veja Robert Brooks e Billy Helms, "An n-stage, fractional period, quarterly dividend discount model", *Financial Review*, p. 651-657, nov. 1990.

$\hat{P}_1 =$ Preço previsto da ação no final do ano t (pronunciado "P circunflexo t"). $\hat{P}_0$ é o **valor estimado** da ação hoje na visão do investidor que faz a análise; $\hat{P}_1$ é o preço esperado para o final de um ano e assim por diante.

$D_1/P_0 =$ **Rendimento de dividendo esperado** durante o próximo exercício. Se for esperado que as ações paguem um dividendo de $D_1 = \$ 1$ durante os próximos 12 meses e se seu preço atual for $P_0 = \$ 10$, o rendimento de dividendo esperado será $\$ 1/\$ 10 = 0,10 = 10\%$.

$\dfrac{\hat{P}_1 - P_0}{P_0} =$ **Rendimento dos ganhos de capital esperado** durante o próximo ano. Se as ações têm preço de $\$ 10$ hoje e se for esperado que aumentem para $\$ 10,50$ ao final de um ano, o ganho de capital esperado será $\hat{P}_1 - P_0 = \$ 10,50 - \$ 10,00 = \$ 0,50$, e o rendimento dos ganhos de capital esperado será $\$ 0,50/\$ 10 = 0,05 = 5\%$.

$g =$ **Índice de crescimento esperado** em dividendos como previsto por um investidor marginal.

$r_s =$ A **taxa de retorno exigida**. Conforme o Capítulo 6, os determinantes mais importantes da r_s incluem a taxa livre de risco e ajustes para o risco de ação.

$\hat{r}_s =$ **Taxa esperada de retorno** que um investidor que compra as ações espera receber no futuro. $\hat{r}_s$ (pronunciado "r circunflexo s") poderia ser acima ou abaixo de r_s, mas um investidor compraria as ações somente se $\hat{r}_s \geq r_s$. Observe que o retorno esperado ($\hat{r}_s$) é igual ao rendimento de dividendos esperado (D_1/P_0) mais rendimentos de ganho de capital esperados ($[\hat{P}_1 - P_0]/P_0$). Em nosso exemplo, $\hat{r}_s = 10\% + 5\% = 15\%$.

$\bar{r}_s =$ **Taxa de retorno real** ou **realizada** *após o fato* (pronunciado "r barra s"). Para um título de risco, o retorno real pode variar consideravelmente em relação ao retorno esperado.

7-4b Dividendos esperados como o princípio para a avaliação de ações

Como todos os ativos financeiros, o valor de uma ação é estimado quando se encontra o valor presente de um fluxo de caixa futuro esperado. Quais são os fluxos de caixa que se espera que as empresas forneçam para seus acionistas? Primeiro, pense em si mesmo como um investidor que compra ações com a intenção de mantê-las (em sua família) para sempre. Nesse caso, tudo que você e seus herdeiros receberão é um fluxo de dividendos, e o valor das ações hoje é calculado como o valor presente de um fluxo infinito de dividendos:

$$\text{Valor das ações} = \hat{P}_0 = \text{PV dos dividendos futuros esperados}$$

$$= \frac{D_1}{(1 + r_s)^1} + \frac{D_2}{(1 + r_s)^2} + \cdots + \frac{D_\infty}{(1 + r_s)^\infty}$$

$$= \sum_{t=1}^{\infty} \frac{D_t}{(1 + r_s)^t}$$

(7-1)

Em um caso mais típico, quando você espera manter as ações por um período determinado e então vendê-las, qual é o valor de $\hat{P}_0$ neste caso? A menos que seja provável que a empresa será liquidada ou vendida e, portanto, extinta, *o valor das ações é novamente determinado pela Equação 7-1*. Para ver isso, reconheça que, para qualquer investidor individual, os fluxos de caixa esperados são compostos de dividendos esperados mais o preço de venda esperado das ações. No entanto, o preço de venda que um investidor atual recebe dependerá dos dividendos que algum futuro investidor espera. Portanto, para todos os investidores atuais e futuros como um grupo, os fluxos de caixa esperados devem ter como base os dividendos futuros esperados. Em outras palavras, a não ser que uma empresa seja liquidada ou vendida para outra empresa, os fluxos de caixa que ela fornece para seus acionistas são compostos apenas de um fluxo de dividendos. Portanto, o valor de uma ação deve ser o valor presente do fluxo de dividendos esperado.

A validade geral da Equação 7-1 também pode ser confirmada na resolução do seguinte problema. Suponha que eu compre uma ação com a intenção de mantê-la por 1 ano. Receberei os dividendos durante o ano mais o valor $\hat{P}_1$ quando vendê-la no final do ano. Mas o que determina o valor de $\hat{P}_1$? A resposta é que será determinado como o valor presente dos dividendos esperados durante o Ano 2 mais o preço das ações no final daquele ano, o qual, por sua vez, será determinado como o valor presente de outro conjunto de dividendos futuros e um preço de ações ainda mais distante. Esse processo pode ser continuado infinitamente e o resultado final é a Equação 7-1.[5]

1. Quais são os dois componentes do retorno total esperado da maioria das ações?
2. Como calcular o rendimento de ganhos de capital e o rendimento de dividendos de uma ação?
3. Se $D_1 = \$ 3,00$, $P_0 = \$ 50$ e $\hat{P}_1 = \$ 52$, qual é o rendimento de dividendos esperado das ações, o rendimento de ganhos de capital esperado e o retorno total esperado para o próximo ano? **(6%, 4%, 10%)**

7-5   Avaliando o crescimento constante de ações

A Equação 7-1 é um modelo de avaliação generalizada das ações, no qual o padrão de tempo de D_t pode ser qualquer coisa. Independentemente de D_t subir, cair, flutuar aleatoriamente ou manter-se zero por diversos anos, a Equação 7-1 se manterá. Com uma planilha de computador, podemos facilmente usar essa equação para encontrar o valor intrínseco das ações para qualquer padrão de dividendos, até o limite da memória do computador. Contudo, se for esperado que os futuros dividendos cresçam a uma taxa constante, podemos utilizar o modelo de crescimento constante.

7-5a   O modelo de crescimento constante

Com o tempo, os dividendos não podem crescer mais rápido do que os ganhos. Um dólar usado para pagar dividendos não pode ser utilizado para reinvestimento na empresa ou para pagar a dívida, com os dividendos mais elevados devendo ser associados com o declínio ou crescimento dos lucros devido a uma falta de reinvestimento ou com níveis crescentes da dívida. O crescimento em dividendos pode ser justificado pelo aumento da dívida por um tempo, mas para evitar inaceitavelmente elevados níveis de dívida, o crescimento de dividendos a longo prazo deverá ser limitado ao crescimento dos lucros a longo prazo.

O crescimento de ganhos de longo prazo por ação (EPS) depende de fatores da economia geral (tais como recessões e inflação), fatores da indústria (como as inovações tecnológicas) e indicadores específicos da empresa (habilidade de gestão, identidade de marca, proteção das patentes etc). Para uma empresa crescer mais rapidamente do que a economia, tanto a indústria deverá ganhar uma fatia maior da economia quanto a empresa deverá ganhar uma fatia maior de mercado aos custos de seus concorrentes. Como os mercados amadurecem, a saturação mercadológica e a concorrência tendem a limitar o crescimento de EPS a uma taxa constante de longo prazo, aproximadamente igual à soma do crescimento populacional e da inflação.

Algumas empresas formam parte das indústrias em crescimento e não alcançarão a sua taxa de crescimento constante de longo prazo por muitos anos, mas algumas empresas maduras em indústrias saturadas já chegaram em sua taxa de crescimento a longo prazo constante. Abordaremos a avaliação das empresas de crescimento mais rápido no final do capítulo, mas para uma empresa madura cujos dividendos estão crescendo a uma taxa constante, a Equação 7-1 pode ser reescrita da seguinte forma:

$$\hat{P}_0 = \frac{D_0(1 + g)^1}{(1 + r_s)^1} + \frac{D_0(1 + g)^2}{(1 + r_s)^2} + \cdots + \frac{D_0(1 + g)^\infty}{(1 + r_s)^\infty}$$

$$= D_0 \sum_{t=1}^{\infty} \frac{(1 + g)^t}{(1 + r_s)^t}$$

$$= \frac{D_0(1 + g)}{r_s - g} = \frac{D_1}{r_s - g}$$

(7-2)

[5] É irônico que investidores periodicamente se esqueçam da natureza de longo prazo das ações como investimentos e que, para vender uma ação com lucro, se deve encontrar um comprador que pague o preço mais alto. Se você analisar o valor das ações de acordo com a Equação 7-1, concluir que o preço de mercado das ações excede um valor razoável e comprar a ação mesmo assim, você estará seguindo a teoria de investimentos do "tolo maior" – você pensa que pode ser um tolo por comprar as ações a um preço excessivo, mas acredita que, quando estiver pronto para vendê-las, poderá encontrar alguém que seja um tolo ainda maior. Talvez, muitos investidores tenham seguido a chamada 'teoria mais tola', durante a grande elevação das ações antes do estouro das bolhas, em 2000 e 2007.

O último termo da Equação 7-2 é denominado **modelo de crescimento constante** ou **modelo de Gordon**, em homenagem a Myron J. Gordon, que fez muito para desenvolvê-lo e popularizá-lo.

Uma condição necessária para a validade da Equação 7-2 é que r_s seja maior que g. Olhe novamente a segunda forma da Equação 7-2. Se g for maior que r_s, então $(1 + g)^t/(1 + rs)^t$ deverá sempre ser maior que 1. Nesse caso, a segunda linha da Equação 7-2 é a soma de um número infinito de termos, em que cada termo é maior que 1. Portanto, se r_s fosse constante e maior que g, o preço da ação resultante seria infinito! Uma vez que nenhuma empresa vale um valor infinito, é impossível ter um índice de crescimento constante que seja maior que r_s para sempre. Da mesma forma, um aluno vai ocasionalmente determinar um valor para g que é maior que r_s na última forma da Equação 7-2 e informar um preço de ação negativo. Isso é absurdo. A última forma da Equação 7-2 é válida somente quando g é menor que r_s. *Se g for maior que r_s, então o modelo de crescimento constante não poderá ser usado, e a resposta que você obteria usando a Equação 7-2 seria errada e enganosa.*

7-5b Ilustração de uma ação de crescimento constante

Suponha que a R&R Enterprises tenha acabado de pagar um dividendo de $ 1,15 (isto é, D_0 = $ 1,15). As ações da empresa possuem uma taxa de retorno exigida, r_s, de 13,4%, e os investidores esperam que os dividendos cresçam a uma taxa constante de 8% no futuro. O dividendo estimado em 1 ano, portanto, seria D_t = $ 1,15(1,08) = $ 1,24; D_2 seria $ 1,34; e o dividendo estimado em 5 anos seria, portanto, $ 1,69:

$$D_t = D_0(1 + g)^t = \$ 1,15(1,08)^5 = \$ 1,69$$

Poderíamos usar esse procedimento para estimar cada dividendo futuro e então usar a Equação 7-1 para determinar o valor atual das ações, $\hat{P}_0$. Em outras palavras, poderíamos encontrar cada dividendo futuro esperado, calcular seu valor presente e então somar todos os valores presentes para encontrar o valor estimado das ações.

Tal processo consumiria tempo, mas podemos pegar um atalho: insira os dados ilustrativos na Equação 7-2 para descobrir o valor estimado das ações:

$$\hat{P}_0 = \frac{\$ 1,15(1,08)}{0,134 - 0,08} = \frac{\$ 1,242}{0,054} = \$ 23,00$$

O conceito subjacente ao processo de avaliação de uma ação com crescimento constante encontra-se no gráfico da Figura 7-2. Os dividendos estão crescendo à taxa g = 8%, mas, como r_s > g, o valor presente de cada dividendo futuro está caindo. Por exemplo, o dividendo no Ano 1 é $D_1 = D_0(1 + g)^1$ = $ 1,15(1,08) = $ 1,242. No entanto, o valor presente desse dividendo, descontado a 13,4%, é $PV(D_1)$ = $ 1,242/(1,134)^1 = $ 1,095. O dividendo esperado no Ano 2 cresce para $ 1,242(1,08) = $ 1,341, mas o valor presente desse dividendo cai para $ 1,043. Continuando, D_3 = $ 1,449 e $PV(D_3)$ = $ 0,993 e assim por diante. Portanto, os dividendos esperados estão crescendo, mas o valor presente de cada dividendo sucessivo está caindo porque a taxa de crescimento do dividendo (8%) é menor que a taxa usada para descontar os dividendos ao valor presente (13,4%).

Se somarmos os valores presentes de cada dividendo futuro, essa soma será o valor da ação, $\hat{P}_0$. Quando g é uma constante, essa soma é igual a $D_1/(r_s - g)$, como exibido na Equação 7-2. Portanto, se estendermos o degrau mais baixo da curva de função na Figura 7-2 para o infinito e somarmos os valores presentes de cada dividendo futuro, a soma será idêntica ao valor dado pela Equação 7-2, $ 23,00.

Embora a Equação 7-2 assuma que haja períodos *infinitos*, a maior parte do valor tem como base os dividendos durante um período *finito*. Em nosso exemplo, 70% do valor é atribuído aos primeiros 25 anos, 91% aos primeiros 50 anos e 99,4% aos primeiros 100 anos. Isso significa que as empresas não têm de sobreviver para sempre para justificar o uso do modelo de crescimento de Gordon.

7-5c Será que os preços das ações refletem em eventos a longo prazo ou a curto prazo?

Com frequência, administradores reclamam que o mercado de ações tem pouca visão e os investidores somente se preocupam com as condições dos próximos anos. Vamos usar o modelo de crescimento constante para testar essa afirmação. O dividendo mais recente da R&R foi de $ 1,15 e espera-se que cresça a uma taxa de 8% ao ano. Uma vez que conhecemos o índice de crescimento, podemos prever os dividendos para cada um dos próximos 5 anos e então obter os valores presentes:

FIGURA 7-2

Valor presente dos dividendos de uma ação com crescimento constante, em que $D_0 = \$ 1,15$, $g = 8\%$ e $r_s = 13,4\%$

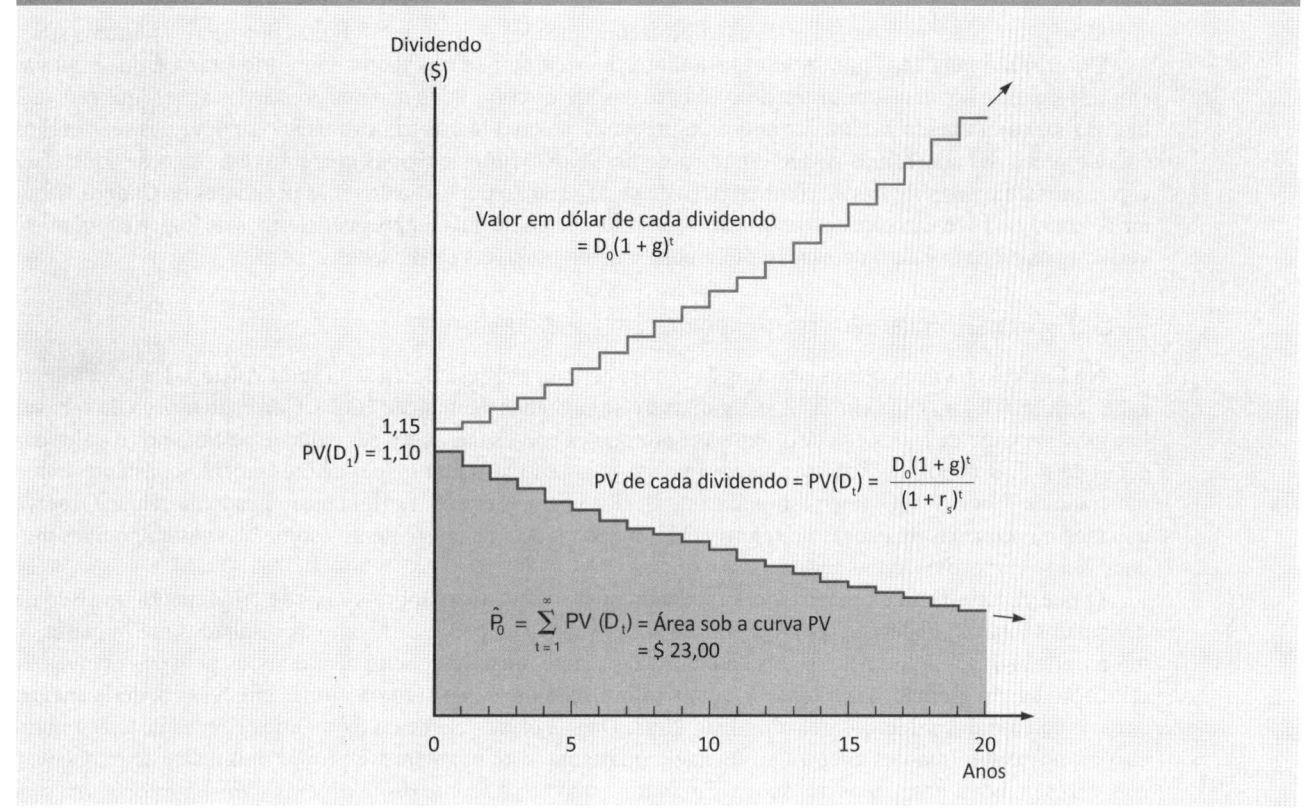

© Cengage Learning 2014

$$PV = \frac{D_0(1 + g)^1}{(1 + r_s)^1} + \frac{D_0(1 + g)^2}{(1 + r_s)^2} + \frac{D_0(1 + g)^3}{(1 + r_s)^3} + \frac{D_0(1 + g)^4}{(1 + r_s)^4} + \frac{D_0(1 + g)^5}{(1 + r_s)^5}$$

$$= \frac{\$1,15(1,08)^1}{(1,134)^1} + \frac{\$1,15(1,08)^2}{(1,134)^2} + \frac{\$1,15(1,08)^3}{(1,134)^3} + \frac{\$1,15(1,08)^4}{(1,134)^4} + \frac{\$1,15(1,08)^5}{(1,134)^5}$$

$$= \frac{\$1,242}{(1,134)^1} + \frac{\$1,341}{(1,134)^2} + \frac{\$1,449}{(1,134)^3} + \frac{\$1,565}{(1,134)^4} + \frac{\$1,690}{(1,134)^5}$$

$$= 1,095 + 1,043 + 0,993 + 0,946 + 0,901$$

$$\approx \$5,00$$

Lembre-se de que o preço das ações da R&R é de $ 23,00. Portanto, apenas $ 5,00 ou $ 5/$ 23 = 0,22 = 22%, do preço da ação de $ 23,00, são atribuíveis aos fluxos de caixa de curto prazo. Isso significa que os administradores da R&R afetarão mais o preço das ações ao trabalharem para aumentar os fluxos de caixa de longo prazo do que focando fluxos de caixa de curto prazo. Essa situação se mantém para a maioria das empresas. De fato, diversos professores e empresas de consultoria utilizaram dados reais de empresas para demonstrar que mais de 80% do preço das ações de uma organização típica se deve ao fluxo de caixa esperado para mais de 5 anos no futuro.

Isso levanta uma questão interessante. Se a maior parte do valor das ações se deve aos fluxos de caixa em longo prazo, então por que administradores e analistas prestam tanta atenção aos lucros trimestrais? Parte da resposta está nas informações transmitidas pelos lucros em curto prazo. Por exemplo, quando os lucros trimestrais reais são mais baixos que o esperado não em decorrência de problemas fundamentais, mas porque uma empresa aumentou seus gastos com pesquisa e desenvolvimento (P&D), estudos mostram que o preço das ações provavelmente não vai cair e pode na realidade aumentar. Isso faz sentido, porque P&D deve aumentar os fluxos de caixa futuros. Entretanto, se os lucros trimestrais forem menores que os esperados porque os clientes não gostam dos novos produtos da empresa, essa nova informação terá implicações negativas para valores futuros de g, a taxa de crescimento de longo prazo. Como mostraremos mais adiante neste capítulo, mesmo pequenas variações em g podem levar a grandes variações nos preços das ações. Portanto, lucros trimestrais em si podem não ser tão importantes, mas as informações que eles transmitem sobre as perspectivas futuras sim.

Outra razão pela qual muitos administradores concentram-se nos lucros em curto prazo é que algumas empresas pagam bônus à administração com base nos lucros correntes e não nos preços das ações (que refletem lucros futuros). Para esses administradores, a preocupação com lucros trimestrais não se deve aos seus efeitos sobre o preço das ações, mas ao seu efeito sobre os bônus. Muitos enigmas aparentes em finanças podem ser explicados tanto por sistemas de compensação de gestão quanto por características peculiares do Código Tributário. Então, se você não consegue explicar o comportamento de uma empresa em termos de lógica econômica, verifique os processos de indenização ou impostos como possíveis explicações.

7-5d Volatilidade do preço das ações

No Capítulo 6 vimos que os retornos das ações de uma empresa típica são muito voláteis. De fato, muitas ações caíram 80% ou mais em 2012, e algumas tiveram ganhos de mais de 100%. Correndo o risco de subavaliação, o mercado de ações é volátil! Para ver por que os preços das ações são voláteis, estimamos o valor das ações de R & R depois de fazer pequenas mudanças nas entradas no modelo de crescimento constante, como mostrado na Tabela 7-1. O preço estimado é de US $ 23 para as entradas originais, indicado na célula. Observe que mesmo pequenas mudanças no retorno exigido, ou na taxa de crescimento estimado, causam grandes mudanças no valor estimado das ações.

O que poderia fazer os investidores mudarem suas expectativas sobre a taxa de crescimento ou risco de dividendos futuros? Poderiam ser novas informações sobre a empresa, tais como os resultados preliminares de um programa de P&D, vendas iniciais de um novo produto, ou a descoberta de efeitos secundários nocivos da utilização de um produto já existente. Ou uma informação nova que afetaria muitas empresas poderia chegar, como o colapso dos mercados de crédito em 2008. Dada à existência de computadores e redes de telecomunicações, novas informações chegam ao mercado quase que continuamente, e provocam mudanças frequentes, e às vezes grandes, nos preços das ações. Em outras palavras, a *pronta disponibilidade de informação faz com que os preços das ações sejam voláteis*.

Se o preço de uma ação é estável, isso provavelmente significa que pouca informação nova está chegando. Se você acha, contudo, que é arriscado investir em uma ação volátil, imagine como seria arriscado investir em uma empresa que raramente divulga novas informações sobre as suas vendas ou operações. Pode ser ruim ver o preço de suas ações saltarem, mas seria muito pior ver uma cotação estável na maior parte do tempo e, em seguida, ver enormes movimentos nos raros dias em que novas informações são liberadas.[6] Felizmente, em nossa economia, a informação oportuna está prontamente disponível, e as evidências sugerem que as ações, especialmente as das grandes empresas, ajustam-se rapidamente a novas informações.

TABELA 7-1
Valor Estimado da ação da empresas R & R para diferentes entradas de crescimento e retorno obrigatório ($D_0 = 1,15$)

TAXA DE CRESCIMENTO: G	RETORNO PEDIDO				
	11,4%	12,4%	13,4%	14,4%	15,4%
6%	$ 22,57	$ 19,05	$ 16,47	$ 14,51	$ 12,97
7%	$ 27,97	$ 22,79	$ 19,23	$ 16,63	$ 14,65
8%	$ 36,53	$ 28,23	$ 23,00	$ 19,41	$ 16,78
9%	$ 52,23	$ 36,87	$ 28,49	$ 23,21	$ 19,59
10%	$ 90,36	$ 52,71	$ 37,21	$ 28,75	$ 23,43

[6] Observe, no entanto, que se a informação saiu com pouca frequência, os preços das ações provavelmente estariam estáveis por um tempo e depois teriam grandes oscilações de preços quando a notícia saísse. Isso seria um pouco como não se ter um monte de pequenos terremotos (novas informações frequentes) que aliviam o stress ao longo do problema e, em vez disso, criar estresse por muitos anos antes de um grande terremoto.

7-5e Taxa esperada de retorno de uma ação com crescimento constante

Quando usamos a Equação 7-2, primeiro estimamos D_1 e r_s, a taxa de retorno requerida sobre a ação; então, resolvemos para o valor intrínseco da ação, que comparamos ao seu preço de mercado real. Podemos também reverter o processo, observando o preço real da ação, substituindo-o na Equação 7-2, para obtermos a taxa de retorno. Fazendo isso, encontraremos a taxa de retorno esperada (lembre-se do Capítulo 6 que se o mercado está em equilíbrio, o retorno esperado será igual à taxa exigida de retorno $\hat{r}_s = r$):

$$
\begin{aligned}
\hat{r}_s &= \begin{array}{c}\text{Taxa esperada}\\ \text{de retorno}\end{array} = \begin{array}{c}\text{Rendimento de}\\ \text{dividendo esperado}\end{array} + \begin{array}{c}\text{Rendimento de ganhos}\\ \text{de capital esperado}\end{array}\\[2mm]
&= \begin{array}{c}\text{Rendimento de dividendo}\\ \text{esperado}\end{array} + \begin{array}{c}\text{Taxa de crescimento do}\\ \text{rendimento de dividendo}\end{array}\\[2mm]
&= \frac{D_1}{P_0} + g
\end{aligned}
$$

(7-3)

Portanto, se você comprar uma ação por um preço $P_0 = \$\,23$ e esperar que ela pague um dividendo $D_1 = \$\,1{,}242$ por um ano a partir de agora e cresça a uma taxa constante $g = 8\%$ no futuro, sua taxa de retorno esperada será 13,4%:

$$
\hat{r}_s = \frac{\$\,1{,}242}{\$\,23} + 8\% = 5{,}4\% + 8\% = 13{,}4\%
$$

Dessa forma, vemos que $\hat{r}_s$ é o *retorno total esperado*, composto de um *rendimento de dividendo esperado*, $D_1/P_0 = 5{,}4\%$, mais uma *taxa de crescimento esperada* (que também é o *rendimento dos ganhos de capital esperado*) de $g = 8\%$.

Suponha que o preço atual, P_0, seja igual a $\$\,23$ e o dividendo esperado do Ano 1, D_1, seja igual a $\$\,1{,}242$. Qual o preço esperado no final do primeiro ano, imediatamente após D_1 ter sido pago? Primeiro, podemos estimar o dividendo esperado do Ano 2 como $D_2 = D_1(1 + g) = \$\,1{,}242(1{,}08) = \$\,1{,}3414$. Então, podemos aplicar uma versão da Equação 7-2 que é adiantada em 1 ano, usando D_2 em vez de D_1 e obtendo $\hat{P}_1$ em vez de $\hat{P}_0$:

$$
\hat{P}_1 = \frac{\$\,D_2}{r_2 - g} = \frac{\$\,1{,}3414}{0{,}134 - 0{,}08} = \$\,24{,}84
$$

Mais fácil ainda, observe que $\hat{P}_1$ deve ser 8% maior que $\$\,23$, o preço encontrado um ano antes para P_0:

$$
\$\,23(1{,}08) = \$\,24{,}84
$$

De qualquer forma, esperamos um ganho de capital de $\$\,24{,}84 - \$\,23{,}00 = \$\,1{,}84$ durante o ano, o qual é um rendimento dos ganhos de capital de 8%:

$$
\text{Rendimento de ganhos de capital} = \frac{\text{Ganho de capital}}{\text{Preço inicial}} = \frac{\$\,1{,}84}{\$\,23{,}00} = 0{,}08 = 8\%
$$

Poderíamos estender a análise e, em cada exercício futuro, o rendimento dos ganhos de capital esperado seria sempre igual a g, a taxa de crescimento esperada dos dividendos.

O rendimento de dividendo durante o ano pode ser estimado da seguinte forma:

$$
\text{Rendimento de dividendo} = \frac{D_2}{\hat{P}_1} = \frac{\$\,1{,}3414}{\$\,24{,}84} = 0{,}054 = 5{,}4\%
$$

O rendimento de dividendo para o exercício seguinte também poderia ser calculado e novamente seria 5,4%. Portanto, *para uma ação com crescimento constante*, as seguintes condições devem prevalecer:

1. Espera-se que o dividendo cresça para sempre a uma taxa constante, g.
2. O preço da ação também vai crescer na mesma taxa.

3. O rendimento de dividendo esperado é constante.
4. O rendimento dos ganhos de capital esperado também é constante e igual a g, a taxa de crescimento do dividendo (e do preço das ações).
5. A taxa total de retorno esperada, $\hat{r}_s$, é igual ao rendimento de dividendos esperado mais a taxa de crescimento esperada: $\hat{r}_s$ = rendimento de dividendo + g.

Autoavaliação

1. Escreva e explique a fórmula de avaliação para uma ação com crescimento constante.
2. Os preços das ações são afetados mais pelo desempenho em longo ou curto prazo? Explique.
3. Que condições devem existir para que uma ação seja avaliada usando o modelo de crescimento constante?
4. Há a expectativa de que uma ação pague um dividendo de $ 2 no final do ano. A taxa de retorno exigida é r_s = 12%. Qual seria o preço da ação se a taxa de crescimento constante dos dividendos fosse 4%? **($25,00)** Qual seria o preço se g = 0%? **($ 16,67)**
5. Se D_0 = $ 4.00, $\hat{r}_s$ = 9%, e g = 5% de uma ação com crescimento constante, qual é o rendimento de dividendo esperado das ações e rendimento de ganhos de capital para o próximo ano? **(4%, 5%)**

7-6   Estimando as ações de crescimento não constante

Para muitas empresas, não é apropriado assumir que os dividendos crescerão a uma taxa constante. Em geral, as empresas passam por *ciclos de vida*. Durante seus primeiros anos, o crescimento é muito mais rápido que o da economia como um todo, então se iguala ao crescimento da economia e, finalmente, seu crescimento é mais lento que o da economia. Os fabricantes de automóveis nos anos 1920, as empresas de *software* como a Microsoft nos anos 1990 e as empresas de tecnologia como a Cisco nos anos 2000 são exemplos de organizações na primeira parte do ciclo, denominadas empresas **supernormais** ou de **crescimento não constante**. A Figura 7-4 ilustra crescimento não constante e também faz uma comparação com crescimentos normal, zero e negativo.

Suponha que a R&R, a empresa da seção anterior, não estivesse ainda em sua fase de crescimento constante, mas esperava-se que crescesse a uma taxa de 30% no primeiro ano, 20% no segundo ano, 10% no terceiro ano, após o qual a taxa de crescimento deveria cair para 8% e permanecer aí. Os Capítulos 12 e 14 explicam como prever dividendos, mas agora, aceite apenas as previsões da R&R. A Figura 7-3 ilustra esse padrão de

FIGURA 7-3
Taxas ilustrativas de crescimento do dividendo

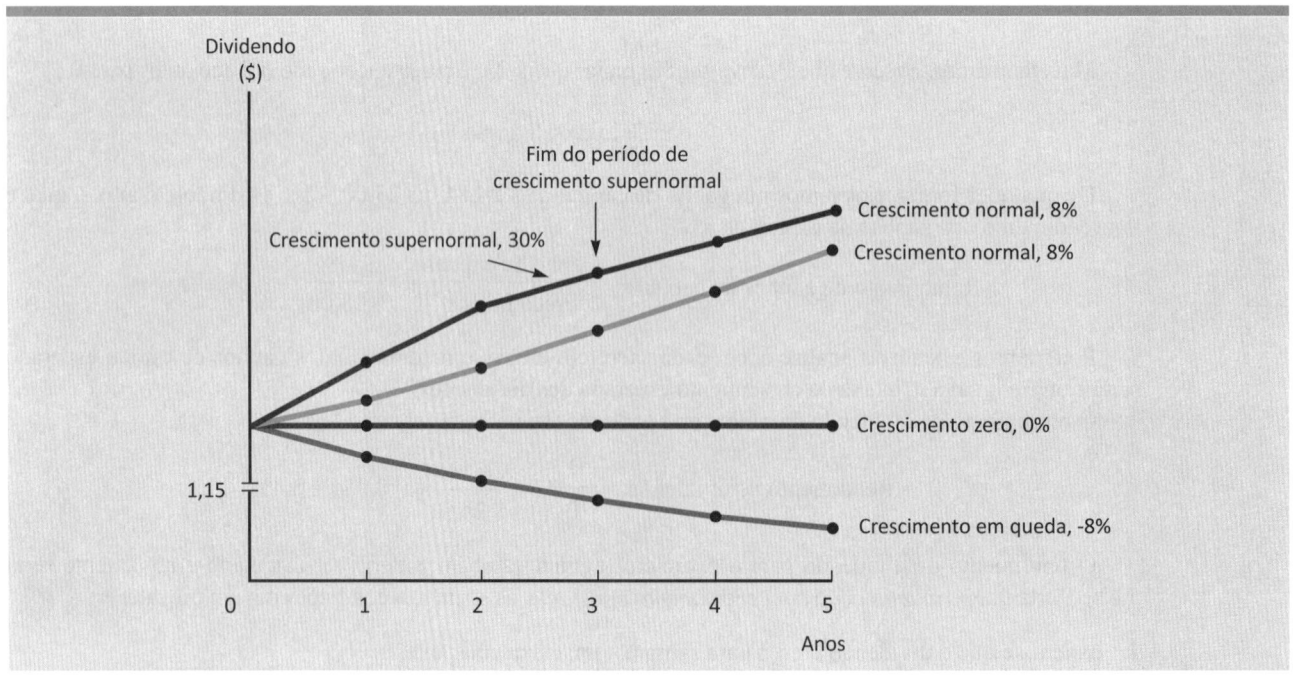

crescimento não constante e também o compara com um crescimento normal, crescimento zero e crescimento negativo.[7]

O valor de R&R é o valor presente de seus dividendos futuros esperados, conforme determinado pela Equação 7-1. Quando D_t está crescendo a uma taxa constante, é possível simplificar a Equação 7-1 para $\hat{P}_0 = D_1/(r_s - g)$. No caso não constante, no entanto, a taxa de crescimento esperado não é uma constante durante os primeiros 3 anos, por isso não podemos aplicar a fórmula de crescimento constante durante esses anos.

Uma vez que a Equação 7-2 requer uma taxa de crescimento constante, obviamente não podemos utilizá-la para avaliar ações que possuem um crescimento não constante. No entanto, presumindo que uma empresa que atualmente apresenta crescimento supernormal eventualmente vá desacelerar e se tornar uma empresa com crescimento constante, podemos usar a Equação 7-2 para ajudar a encontrar o valor das ações. Primeiro, supomos que o dividendo vá crescer a uma taxa não constante (em geral, uma taxa relativamente alta) por N períodos e, depois desse tempo, crescerá a uma taxa constante, g_L. Com frequência, N é chamado data de **horizonte** ou data **terminal**.

Lembre-se de que o valor estimado atual das ações, $\hat{P}_0$, é o valor presente de todos os dividendos após o tempo 0, descontado de volta para o tempo 0. Da mesma forma, o valor estimado de uma ação no tempo N é o valor presente de todos os dividendos além do tempo N, descontado de volta para o tempo N. Quando os dividendos além do tempo N têm estimativa de crescimento a uma taxa constante, podemos usar uma variação da fórmula do crescimento constante, Equação 7-2, para estimar o valor estimado das ações no tempo N. O Tempo N é muitas vezes chamado de **valor de horizonte** ou **valor terminal**. Para as unidades populacionais, $\hat{P}_N$, denota o valor horizonte do preço das ações esperado em Tempo N:

$$\text{Valor de horizonte} = \hat{P}_N = \frac{D_{N+1}}{r_s - g_L} = \frac{D_N(1 + g_L)}{r_s - g_L} \qquad \textbf{(7-4)}$$

O valor estimado de uma ação hoje, $\hat{P}_0$, é o valor presente dos dividendos durante o período de crescimento não constante mais o valor presente dos dividendos após a data de horizonte:

$$\hat{P}_0 = \frac{D_1}{(1 + r_s)^1} + \frac{D_2}{(1 + r_s)^2} + \ldots + \frac{D_N}{(1 + r_s)^N} + \frac{D_{N+1}}{(1 + r_s)^{N+1}} + \ldots + \frac{D_\infty}{(1 + r_s)^\infty}$$

$$= \underbrace{\text{PV dos dividendos durante o}}_{\text{período de crescimento não}} \; + \; \underbrace{\text{PV dos dividendos durante}}_{\text{o período de crescimento}}$$

período de crescimento não constante t = 1 para N   constante t = N + 1 para 1∞

O valor de horizonte é o valor de todos os dividendos além do tempo N descontado de volta para o tempo N. Descontar o valor de horizonte do tempo N para o tempo 0 fornece uma estimativa do valor presente de todos os dividendos além do período de crescimento não constante. Portanto, o valor intrínseco atual da ação é o valor presente de todos os dividendos durante o período de crescimento não constante mais o valor presente do valor de horizonte:

$$\hat{P}_0 = \left[\frac{D_1}{(1 + r_s)^1} + \frac{D_2}{(1 + r_s)^2} + \ldots + \frac{D_N}{(1 + r_s)^N} \right] + \frac{\hat{P}_N}{(1 + r_s)^N}$$

$$= \left[\frac{D_1}{(1 + r_s)^1} + \frac{D_2}{(1 + r_s)^2} + \ldots + \frac{D_N}{(1 + r_s)^N} \right] + \frac{[(D_{n+1})/(r_s - g_L)]}{(1 + r_s)^N} \qquad \textbf{(7-5)}$$

---

[7] Uma taxa de crescimento negativo indica uma empresa em declínio. Uma empresa de mineração cujos lucros estejam caindo em decorrência do declínio de depósito mineral é um exemplo. Alguém que está comprando essa empresa esperaria que seus lucros, e consequentemente seus dividendos e o preço das ações, reduzissem a cada ano, e isso levaria a perdas em vez de ganhos de capital. Obviamente, o preço das ações de uma empresa em declínio seria relativamente baixo, e seu rendimento de dividendos deve ser alto o suficiente para compensar a perda de capital esperada e ainda produzir um retorno total competitivo. Os alunos, algumas vezes argumentam que nunca comprariam uma ação para a qual está prevista uma queda de preço. No entanto, se os dividendos anuais forem suficientemente grandes *para mais que compensar* o preço em queda das ações, as ações poderão fornecer um bom retorno.

Para implementarmos a Equação 7-5, vamos passar pelas seguintes etapas.

1. Estimar os dividendos esperados para cada ano durante o período de crescimento não constante.
2. Encontrar o preço esperado das ações no final do período de crescimento não constante, quando se torna uma ação com crescimento constante.
3. Encontrar os valores presentes dos dividendos esperados durante o período de crescimento não constante e o valor presente do preço das ações esperado no final do período de crescimento não constante. Sua soma é o valor estimado da ação $\hat{P}_0$.

A Figura 7-4 ilustra o processo para avaliar o valor de uma ação de crescimento não constante. Observe que os dividendos são projetados usando-se a taxa de crescimento adequado para cada ano. O valor de horizonte

FIGURA 7-4

Processo para encontrar o valor de ação em crescimento não constante

	A	B	C	D	E	F	G	H
217	**ENTRADAS:**							
218	$D_0 =$	$ 1,15	**Último dividendo pago pela empresa**					
219	$r_s =$	13,4%	**Retorno exigido pelos Acionistas.**					
220	$g_{0,1} =$	30%	**Taxa de crescimento apenas do Ano 1.**					
221	$g_{1,2} =$	20%	**Taxa de crescimento apenas do Ano 2.**					
222	$g_{2,3} =$	10%	**Taxa de crescimento apenas do Ano 3.**					
223	$g_L =$	8%	**Taxa de crescimento constante de longo prazo para todos os anos após o Ano 3.**					
224								
225	Taxa de crescimento		30%	20%	10%	8%	8%	
226	Ano	0	1	2	3	4	∞	
227	Dividendos		$1,4950	$1,7940	$1,9734	$2,1313		
228			↓	↓	↓	↓		
229			D_1	D_2	D_3	↓		
230			──	──	──	↓		
231			$(1+r_s)^1$	$(1+r_s)^2$	$(1+r_s)^3$	↓		
232			↓	↓	↓	↓		
233			↓	↓	↓	↳→	D_4	
234	PVs de	$1,318	←↲	↓	↓		── = $\hat{P}_3$	
235	dividendos	$1,395	←←←←	←↲	↓		$(r_s - g_L)$	
236		$1,353	←←←←	←←←←	←↲		↓	
237	PV de HV_3	$27,065	←←←		$39,468	↖	$2,131	
238		↓	↰	←←←← = ──		$39,468 =$ ── = $\hat{P}_3$		
239	$\hat{P}_0 =$	$31,132		$(1+r_s)^3$		5,40%		

Observações:

Passo 1. Calcular os dividendos esperados no final de cada ano durante o período de crescimento não constante. Calcular o primeiro dividendo, $D_1 = D_0(1 + g_{0,1}) = \$ 1,15 (1,30) = \$ 1,4950$. Aqui $g_{0,1}$ é a taxa de crescimento (30%) durante o período de crescimento supernormal de 3 anos. Mostrar o valor de $ 1,4950 na linha do tempo como o fluxo de caixa no Ano 1. Então, calcular $D_2 = D_1(1 + g_{1,2}) = \$ 1,4950(1,20) = \$1,7940$ e $D_3 = D_2(1 + g_{2,3}) = 1,7940(1,10) = \$ 1.9734$. (A figura mostra os valores arredondados para 4 casas decimais, mas todos os cálculos usaram valores não arredondados). Mostrar esses valores na linha do tempo como fluxos de caixa nos Anos 2 e 3. Observe que D_0 é usado somente para calcular D_1.

Passo 2. No Ano 3, as ações se tornam ações de crescimento constante. Portanto, podemos usar a fórmula de crescimento constante para encontrar $\hat{P}_3$, que é o PV dos dividendos do Ano 4 ao infinito como avaliado no Ano 3. Primeiro, determinamos $D_4 = \$ 1,9734(1,08) = \$ 2,1313$ para uso na fórmula e então calculamos $\hat{P}_3$ como segue:

$$\hat{P}_3 = \frac{D_4}{r_s - g_L} = \frac{\$ 2,1313}{0,134 - 0,08} = \$ 39,4680$$

Mostramos $ 39,468 na linha do tempo como um segundo fluxo de caixa no Ano 3. O valor de $ 39,468 é o fluxo de caixa do Ano 3 no sentido de que o proprietário das ações poderia vendê-las por $ 39,468 no Ano 3 e também no sentido de que $ 39,468 é o valor no Ano 3 dos fluxos de caixa de dividendos a partir do Ano 4 até o infinito.

Passo 3. Agora que os fluxos de caixa foram colocados na linha do tempo, podemos descontar cada fluxo de caixa pela taxa de retorno exigido, $r_s =$ 13,4%. Isso produz os PVs mostrados à esquerda abaixo da linha do tempo, e a soma dos PVs é o valor de uma ação com crescimento supernormal, $ 31,13.

Na figura, mostramos a configuração de uma solução Excel. Com uma calculadora financeira, você pode usar o registro do fluxo de caixa (CFLO) de sua calculadora. Insira 0 para CF_0, pois você não obtém fluxo de caixa no Ano 0, $CF_1 = 1,495$, $CF_2 = 1,7940$ e $CF_3 = 1,9734 + 39,468 = 41,4414$. Então insira I/YR = 13,4 e pressione a tecla NPV (VPL) para descobrir o valor das ações, $ 31,1315.

estimado, $\hat{P}_3$, é o valor de todos os dividendos a partir do Ano 4 ao infinito, descontado de volta o Ano 3 pela aplicação do modelo de crescimento constante no Ano 3. O valor de horizonte é, na verdade, o valor de uma fração de segundo após D_3 ter sido pago. Portanto, o valor estimado em Tempo 0 é o valor presente dos três primeiros dividendos além de um valor presente de $\hat{P}_3$, para um valor atual estimado de 31,13 dólares. Uma explicação detalhada é apresentada nas etapas abaixo do diagrama.

Autoavaliação

1. Explique como encontrar o valor de uma ação de crescimento supernormal.
2. Explique o que significa "data de horizonte (terminal)" e "valor de horizonte (terminal)".
3. Suponha que D_0 = $ 5,00 e r_s = 10%. A taxa de crescimento esperada do Ano 0 ao ano 1 (g_1) = 20%, a taxa de crescimento esperada do ano 1 ao Ano 2 (g_2) = 10% e a taxa constante além do Ano 2 é g_L = 5%. Quais são os dividendos esperados para os Anos 1 e 2? **($ 6,00 e $ 6,60)** Qual é o valor de horizonte esperado no Ano 2 ($\hat{P}_2$)? **($ 138,60)** Qual é o $\hat{P}_0$? **($ 125,45)**

7-7 O modelo de avaliação de fluxo de caixa livre

Como afirmado anteriormente, os gestores devem estimar e avaliar o impacto de estratégias alternativas nos valores de suas empresas, o que significa que os administradores precisam de um modelo de avaliação. O modelo de crescimento de dividendos fornece muitos *insights* significativos, como (1) a importância relativa dos fluxos de caixa de longo prazo contra os fluxos de caixa de curto prazo e (2) a razão dos preços das ações serem tão voláteis. No entanto, o modelo de crescimento dos dividendos é inadequado em muitas situações.

Por exemplo, suponha que uma start-up seja formada para desenvolver e comercializar um novo produto. Seus administradores incidirão no desenvolvimento de produtos, marketing e angariação de capitais. Eles provavelmente pensarão sobre uma eventual abertura de capital, ou, talvez, a venda da empresa para uma grande empresa; por exemplo, Google, Cisco, Microsoft, Intel, IBM, ou outra líder da indústria que compra centenas de novas empresas de sucesso a cada ano. Para os gestores da tal start-up, a decisão de iniciar o pagamento de dividendos no futuro próximo estará totalmente fora de questão. Assim, o modelo de crescimento dos dividendos não é útil para avaliar a maioria das empresas start-up.

Além disso, muitas empresas estabelecidas não pagam dividendos. Os investidores poderão esperar que elas paguem dividendos em algum momento no futuro, mas quando e quanto? Enquanto oportunidades internas e aquisições são tão atraentes, o início do pagamento de dividendos será adiado, e isso faz o modelo de crescimento dos dividendos de pouca utilidade. Até mesmo a Apple, uma das empresas mais bem-sucedidas do mundo, não pagou dividendo algum de 1995 a 2012, quando iniciou o pagamento de dividendos trimestrais.

Por fim, o modelo de crescimento dos dividendos geralmente é de uso limitado para efeitos de gestão interna, mesmo para uma empresa que paga dividendos. Se a empresa consistia apenas em um grande ativo, e se esse ativo produziu todos os fluxos de caixa usados para pagar dividendos, estratégias alternativas poderiam ser julgadas através da utilização do modelo de crescimento dos dividendos. No entanto, a maioria das empresas tem várias divisões diferentes, com muitos recursos, o valor da empresa depende dos fluxos de caixa de muitos ativos diferentes e ações de muitos gestores. Esses gestores precisam de um indicador para medir os efeitos de suas decisões sobre o valor corporativo, mas o modelo de dividendos descontados não é muito útil porque divisões individuais não pagam dividendos.

Felizmente, o modelo de avaliação de fluxo de caixa livre não depende de dividendos, e pode ser aplicado às divisões e subunidades, bem como em toda a empresa.

7-7a Fontes de valor e créditos sobre valor

As empresas têm duas principais fontes de valor: o valor das operações e o valor de ativos não operacionais. Existem três tipos principais de créditos sobre esse valor: dívida, ações preferenciais e ações ordinárias. Segue uma descrição dessas fontes e reinvindicações.

Fontes de valor

No Capítulo 2 vimos que o fluxo de caixa livre (FCL) é o fluxo de caixa disponível para distribuição a todos os investidores da empresa. O custo médio ponderado de capital (CMPC) é o retorno total necessário para todos os investidores de uma empresa. Como o FCL é gerado por operações de uma empresa, o valor presente dos FCL esperados, quando descontados pelo CMPC, é igual ao valor de operações de uma empresa, V_{op}:

$$V_{op} = \frac{FCL_1}{(1 + CMPC)^1} + \frac{FCL_2}{(1 + CMPC)^2} + \cdots + \frac{FCL_\infty}{(1 + CMPC)^\infty}$$

$$= \sum_{t=1}^{\infty} \frac{FCL_t}{(1 + CMPC)^t}$$

(7-6)

A principal fonte de valor para a maioria das organizações é o valor das operações. Uma fonte secundária de valor vem de ativos não operacionais (também chamados de ativos financeiros). Existem dois principais tipos de ativos não operacionais: (1) títulos e valores mobiliários, que são títulos de curto prazo (como T-bills) que estão acima da quantidade de dinheiro necessária para operar o negócio; (2) outros ativos não operacionais, que muitas vezes são investimentos em outros negócios. Por exemplo, a operação automotiva da Ford Motor Company realizou cerca de 14,2 bilhões de dólares em títulos negociáveis no final de dezembro de 2010, além de $ 6,3 bilhões em dinheiro. Em segundo lugar, a Ford também teve 2,4 bilhões de dólares americanos de investimentos em outras empresas, que foram relatadas no lado dos ativos no balanço como "Patrimônio Líquido dos Ativos Líquidos de Empresas Afiliadas". No total, a Ford tinha $ 14,2 + $ 2,4 = $ 16,6 bilhões de ativos não operacionais, no valor de 26% de seus $ 64,6 bilhões de ativos automotivos totais. Para a maioria das empresas, o percentual é bem menor. Por exemplo, a partir do final de outubro de 2010, o percentual de ativos não operacionais do Walmart foi inferior a 1%, o que é mais comum.

Vemos, que para a maioria das empresas os ativos operacionais são muito mais importantes do que ativos não operacionais. Além disso, as empresas podem influenciar os valores de seus ativos operacionais, enquanto os valores dos ativos não operacionais estão em grande parte fora de seu controle direto.

Reinvidicações sobre o valor

Essa é uma preocupação constante para uma empresa, os credores têm a primeira reivindicação sobre o valor, no sentido de que os pagamentos de juros agendados devem ser pagos antes de quaisquer dividendos preferenciais ou ordinários poderem ser pagos. Os acionistas preferenciais têm essa reivindicação porque divi-

FIGURA 7-5
Valor de operações da Magnavision (milhões de dólares)

	A	B	C	D	E	F	G	H
263	ENTRADAS:							
264	g_L =	5,00%						
265	CMPC =	10,84%		Projeções				
266	Year	2012	2013	2014	2015	2016		
267	FCF		−$18,00	−$23,00	$46,40	$49,00	→↴	
268			↓	↓	↓	↓		↓
269			FCL_{2013}	FCL_{2014}	FCL_{2015}	FCL_{2016}		↓
270								↓
271			$(1+CMPC)^1$	$(1+CMPC)^2$	$(1+CMPC)^3$	$(1+CMPC)^4$	HV = $V_{op(31/12/16)}$	
272			↓	↓	↓	↓	↓	
273			↓	↓	↓	↓	$FCL_{2016}(1+g_L)$	
274		−$16,240	←↵	↓	↓	↓		
275	PVs de FCLs	−$18,721	←←←←	←↵	↓	↓	$(CMPC - g_L)$	
276		$34,074	←←←←	←←←←	←↵	↓		
277		$32,465	←←←←	←←←←	←←←←	←↵		↓
278	PV de HV	$583,696				$880,993	꙯	$51,450
279		↓				=	↳	=
280	V_{op} =	$615,27				$(1+CMPC)^4$		5,84%

dendos preferenciais devem ser pagos antes dos dividendos comuns. Detentores de ações ordinárias vêm por último nessa hierarquia e têm uma reivindicação residual sobre o valor da empresa.

7-7b Estimativa do valor das operações

O modelo de fluxo de caixa livre (FCL) é análogo ao modelo de crescimento de dividendos, exceto que o modelo de avaliação FCL (1) desconta de fluxos de caixa livre em vez de dividendos e (2) a taxa de desconto é o custo médio ponderado de capital (CMPC) em vez do retorno exigido na ação. O fluxo de caixa livre gerado pelas operações, FCL é o fluxo de caixa disponível de todos os investidores e o CMPC é o retorno global exigido de todos os investidores; portanto, o resultado do modelo FCL é o valor total das operações, não apenas o valor da ação.

Ilustraremos o modelo de avaliação FCL usando a MagnaVision Inc., que produz sistemas ópticos para uso em fotografia médica. O crescimento foi rápido no passado, mas o mercado está se tornando saturado, então a taxa de crescimento das vendas deverá diminuir de 21% em 2013 para uma taxa sustentável de 5% ou mais em 2016. As margens de lucro deverão melhorar já que o processo de produção torna-se mais eficiente e porque a MagnaVision não mais incorrerá em custos de marketing associados com a introdução de um produto principal. Todos os itens nas demonstrações financeiras deverão crescer a uma taxa de 5% após 2016.

O Capítulo 2 explica como calcular FCL se você tem demonstrações financeiras históricas; no entanto, você precisa de demonstrações financeiras previstas para aplicar o modelo de avaliação FCL. Para melhor foco no modelo de avaliação do fluxo de caixa livre neste exemplo, nós fornecemos uma estimativa dos fluxos de caixa livres da MagnaVision na Figura 7-5 e adiamos a previsão até o Capítulo 12. Nós também fornecemos custo médio ponderado do capital da MagnaVision, 10,84%; explicaremos como estimar o custo do capital no Capítulo 9. Todos os cálculos da Figura 7-5 são esclarecidos nos parágrafos seguintes.

Observe que a MagnaVision tem fluxos de caixa livre negativos nos primeiros dois anos projetados. O fluxo de caixa livre negativo nos primeiros anos é típico nas empresas jovens, de alto crescimento. Mesmo que o lucro operacional líquido após impostos (NOPAT) possa ser positivo, o fluxo de caixa livre muitas vezes é negativo devido aos investimentos em ativos operacionais durante os anos de elevado crescimento. Quando o crescimento desacelerar, o fluxo de caixa livre ficará positivo e eventualmente crescerá a uma taxa constante.

Para estimarmos os valores das operações da MagnaVision, usamos uma abordagem semelhante à do modelo de crescimento não constante de dividendos das ações e procedemos da seguinte forma:

1. Considere que o crescimento após o Ano N será constante, para que possa usar uma fórmula de crescimento constante para encontrar o valor da empresa no Ano N. O valor no Ano N é a soma dos PVs de FCL para o ano N + 1 e todos os anos subsequentes, descontado a volta ao Ano N.
2. Encontre o PV dos fluxos de caixa livres para cada um dos anos de crescimento não constante N. Além disso, encontre o PV do valor da empresa no Ano N.
3. Agora some todos os PVs, os dos fluxos de caixa livre anuais durante o período não constante, mais o PV do valor do Ano N, para encontrar o valor de operações da empresa.

Uma variante do modelo de dividendo de crescimento constante é mostrado na Equação 7-7, na qual o FCL substitui dividendos e CMPC substitui r_s. Esta equação pode ser usada para encontrar o valor das operações da MagnaVision no Ano N, quando seus fluxos de caixa livres estabilizam e começam a crescer a uma taxa constante. Este é o valor de todos os FCLs além do Ano N, descontado a volta para o Ano N (que da MagnaVision é 2016):

$$V_{op\,(no\,Ano\,N)} = \sum_{t=N+1}^{\infty} \frac{FCL_t}{(1 + CMPC)^{t-N}}$$

$$= \frac{FCL_{N+1}}{CMPC - g_L} = \frac{FCL_N(1 + g_L)}{CMPC - g_L}$$

(7-7)

Com base em um custo de capital de 10,84%, $ 49 milhões de fluxo de caixa livre em 2016, e uma taxa de crescimento de 5%, o valor das operações de MagnaVision a partir de 31 de dezembro de 2016, é estimado em $ 880,99 milhõess:

$$V_{op(31/12/16)} = \frac{FCL_{12/31/16}(1+g_L)}{CMPC - g_L}$$

$$= \frac{\$49(1+0,05)}{0,1084-0,05} = \frac{\$51,45}{0,1084-0,05} = \$880,99$$

(7-7a)

A quantia de $ 880,99 é chamada de valor de horizonte da empresa porque é o valor no final do período de previsão. Ele também é chamado às vezes de valor residual ou valor terminal. É o montante que a MagnaVision poderia esperar receber se vendesse seus ativos operacionais em 31 de dezembro de 2016.

A Figura 7-5 mostra o fluxo de caixa livre para cada ano durante o período de crescimento não constante, juntamente com o valor de horizonte de operações em 2016. Para encontrarmos o valor das operações a partir de "hoje", 31 de dezembro de 2012, calculamos o PV do valor de horizonte e cada fluxo de caixa livre anual na Figura 7-5, descontando 10,84% do custo do capital:

$$\begin{aligned} V_{op(31/12/12)} &= \frac{-\$18,00}{(1+0,1084)^1} + \frac{-\$23,00}{(1+0,1084)^2} + \frac{\$46,40}{(1+0,1084)^3} \\ &\quad + \frac{\$49,00}{(1+0,1084)^4} + \frac{\$880,99}{(1+0,1084)^4} \\ &= \$615,27 \end{aligned}$$

A soma dos PVs é de aproximadamente $ 615 milhões e representa uma estimativa do preço que a Magna-Vision poderia esperar receber se vendesse seus ativos operacionais "hoje", 31 de dezembro de 2012.

7-7c   Estimando o preço por ação

Além do valor das operações, precisamos saber o valor dos ativos não operacionais da MagnaVision, créditos sobre o valor (tais como dívida e ações preferenciais) e número de ações. Esses valores são mostrados na seção ENTRADAS da Figura 7-6. Os outros cálculos na Figura 7-6 são explicadas a seguir.

Pense no valor de uma empresa como se fosse uma torta cujo tamanho é determinado pelo valor das operações e o valor de quaisquer ativos financeiros (não operacionais). O primeiro pedaço de torta pertence a credores, o segundo aos acionistas preferenciais e a parte restante (se houver) às ações ordinárias. Em outras palavras, as ações ordinárias têm uma reivindicação residual.

Em 31 de dezembro de 2012, a MagnaVision informou possuir $ 63 milhões de títulos e valores mobiliários. Nós não precisamos calcular um valor atual de títulos e valores mobiliários porque os ativos financeiros de curto prazo, conforme relatado no balanço, estão no (ou perto de) seu valor de mercado. Portanto, o valor total da MagnaVision em 31 de dezembro de 2012, é $ 615,27 + $ 63 = $ 678,27 milhões.

FIGURA 7-6

Estimando o valor do preço da ação da MagnaVision(milhões, exceto dados referentes ao resultado por ação)

	A	B	C	D	E
289	**ENTRADAS:**				
290			**Valor das operações =**		**$615,27**
291		**Valor de ativos não operacionais =**			**$63,00**
292				**Dívida total =**	**$247,00**
293				**Ação preferencial =**	**$62,00**
294			**Número de ações ordinárias =**		100,00
295	**Estimando preço por ação**				
296			**Valor das operações**		**$615,27**
297		**+ Valor de ativos não operacionais**			63,00
298			**Valor total estimado da empresa**		**$678,27**
299				**– Dívida**	247,00
300				**– Ação preferencial**	62,00
301			**Valor estimado de ordinárias**		**$369,27**
302				**÷ Número de ações**	100,00
303			**Preço estimado da ação =**		**$3,69**

FIGURA 7-7

Fontes de valor da MagnaVision e de créditos sobre valor (milhões de dólares)

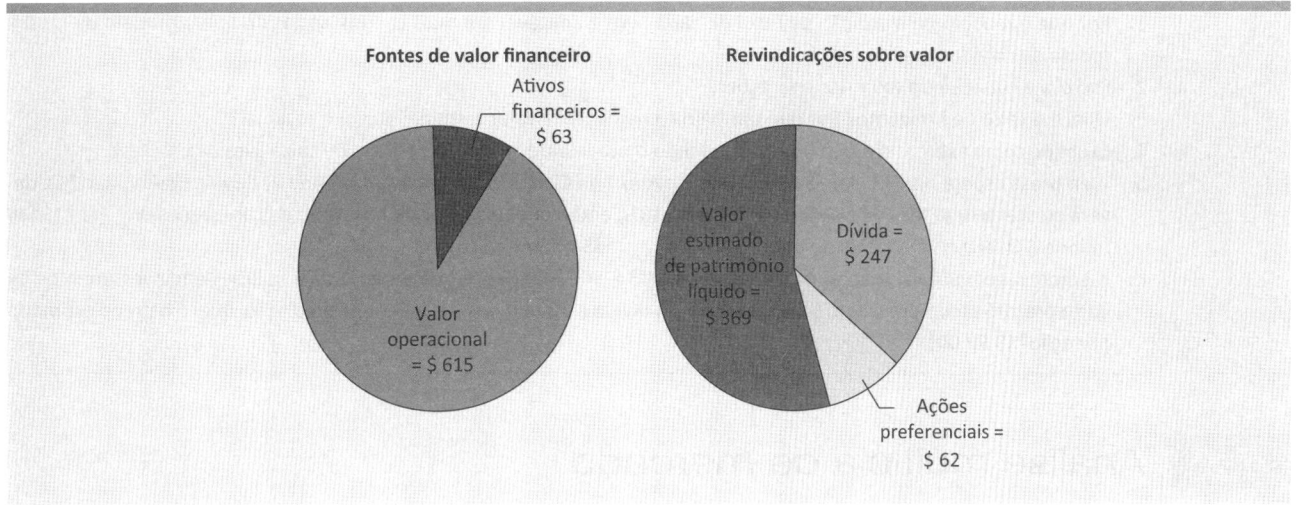

© Cengage Learning 2014

O valor do patrimônio líquido é o valor remanescente após outras reivindicações. A Figura 7-6 mostra que a MagnaVision tem $ 247 milhões em dívidas e $ 62 milhões em ações preferenciais.[8] Portanto, o valor deixado para acionistas comuns é $ 678,27 – $ 247 – $ 62 = $ 369,27 milhões.[9]

A Figura 7-7 ilustra as fontes e reivindicações sobre o valor da MagnaVision.

Como mostrado na Figura 7-6, a MagnaVision tem 100 milhões de ações em circulação. Seu valor estimado de equivalência patrimonial é de 369,27 milhões. Portanto, o valor estimado de uma única ação é $ 369,27/100 = $ 3,69.

7-7d   Comparando o fluxo de caixa livre de valorização e modelos de crescimento de dividendos

No capítulo 12 mostramos que o modelo de avaliação de fluxo de caixa livre e o modelo de crescimento dos dividendos dão o mesmo preço estimado das ações se você tiver muito cuidado e for coerente com os pressupostos implícitos subjacentes às projeções de fluxos de caixa livres e dividendos.[10] Que modelo você deveria usar, uma vez que ambos dão a mesma resposta? Se você fosse um analista financeiro que estivesse estimando o valor de uma empresa madura cujos dividendos são esperados em aumentar de forma sustentada no futuro, provavelmente seria melhor usar o modelo de crescimento dos dividendos. Nesse caso, você precisaria estimar apenas a taxa de crescimento de dividendos, não todo o conjunto de balanços financeiras previstos.

No entanto, se uma empresa for pagar um dividendo, mas ainda estiver em fase de grande crescimento no seu ciclo de vida, você precisará projetar as futuras demonstrações financeiras antes de conseguir fazer uma estimativa razoável de dividendos futuros. Depois de ter estimado demonstrações financeiras futuras, o modelo de avaliação corporativa ou o modelo de crescimento dos dividendos seria mais fácil de ser aplicado. Se você estava tentando estimar o valor de uma empresa que nunca pagou dividendos, uma empresa privada (incluindo aquelas que se aproximam de um IPO), ou uma divisão de uma empresa, então não haveria escolha: você teria de estimar balanços financeiros futuros e utilizar o modelo de avaliação de empresas.

---

[8] As contas a pagar e acréscimos foram parte do cálculo da FCL, então o seu impacto sobre o valor já está incorporado no valor das operações da empresa. Seria uma dupla contagem subtrair-lhes agora a partir do valor das operações.

[9] Ao estimarmos o valor de mercado intrínseco do capital próprio, seria melhor subtrairmos os valores de mercado da dívida e as ações preferenciais, em vez de seus valores contábeis. No entanto, na maioria dos casos (incluindo este), os valores contábeis dos títulos de renda fixa estão perto de seus valores de mercado. Quando isso for verdade, pode-se simplesmente usar valores contábeis.

[10] Para uma explicação mais detalhada sobre avaliação de empresas e demonstrações de balanços financeiros, veja P. Daves, M. Ehrhardt, e R. Shrieves, *Corporate valuation:* a guide for managers and investors. Mason, OH: Thomson/South-Western, 2004.

1. Por que o modelo de avaliação de fluxo de caixa livre é aplicável em mais circunstâncias do que o modelo de crescimento dos dividendos?
2. Escreva a equação do valor das operações.
3. Qual é o valor de horizonte? Por que também é chamado de valor terminal ou valor residual?
4. Explique como estimar o preço por ação, usando o modelo de avaliação de fluxo de caixa livre da empresa.
5. A empresa espera um FCL de – $ 10 milhões no Ano 1 e FCL de US $ 20 milhões no Ano 2; depois do Ano 2, o FCL deverá crescer a uma taxa de 5%. Se o CMPC é de 10%, então qual é o valor de horizonte das operações, $V_{op(Ano\ 2)}$? **($420 milhões)** Qual é o valor atual de operações, $V_{op(Ano\ 0)}$? **(354,55 milhões)**
6. A empresa tem um valor atual de operações de US $ 800 milhões, e que detém $ 100 milhões em investimentos de curto prazo. Se a empresa tem $ 400 milhões em dívida e 10 milhões de ações em circulação, qual é o preço estimado por ação? **($ 50,00)**

7-8   Análise múltipla de mercado

Alguns analistas usam **análise múltipla de mercado** para estimar o valor de uma empresa. O analista escolhe uma métrica para uma referida empresa, seus EPS, e depois multiplica o EPS da empresa por um múltiplo determinado pelo mercado, tal como a relação média P/E para uma amostra de empresas similares. Isso daria uma estimativa do valor intrínseco das ações. Múltiplos de mercado também podem ser aplicados ao total de lucro líquido, para as vendas, ao valor contábil ou número de assinantes para as empresas, como TV a cabo ou sistemas de telefonia celular. Considerando que o método de dividendos descontados aplica conceitos de avaliação, concentrando-se nos fluxos de caixa esperados, o mercado de análise múltipla é mais crítico.

Para ilustrar o conceito, suponha que a Tapley Products seja uma empresa de capital fechado cujo lucro por ação estimado é de $ 7,70 e o índice médio de preço/lucro (P/E) para um grupo de empresas de capital aberto semelhantes seja 12. Para estimarmos o valor intrínseco das ações da Tapley, simplesmente multiplicaríamos seu EPS de $ 7,70 pelo múltiplo 12, obtendo o valor de $ 7,70(12) = $ 92,40.

Outro indicador comumente usado é o *lucro antes de juros, impostos, depreciação e amortização* (*EBITDA*). O *múltiplo* EBITDA é o valor total de uma empresa (o valor de mercado de seu patrimônio mais o valor de sua dívida) dividido pelo EBITDA. Esse múltiplo é baseado no valor total, uma vez que o EBITDA é usado para remunerar os acionistas e portadores de títulos da empresa. Portanto, é chamado de **múltiplo de entidade**. O mútiplo de mercado EBITDA é o múltiplo EBITDA médio para um grupo de empresas de capital aberto semelhantes. Esse procedimento fornece uma estimativa do valor total da empresa, e, para descobrir o valor intrínseco estimado das ações, subtrairíamos o valor da dívida do valor total e dividiríamos pelas ações em circulação.

Como sugerido anteriormente, em algumas empresas, como de TV a cabo e telefone celular, um fator crítico é o número de clientes que possuem. Por exemplo, quando uma empresa de telefonia adquire uma operadora de celular, ela pode pagar um preço baseado no número de clientes. Empresas administradoras de planos, como operadoras de planos de saúde, têm aplicado lógica semelhante nas aquisições, fundamentando avaliações principalmente no número de pessoas seguradas. Algumas empresas de internet têm sido avaliadas pelo número de "olhos", que é o número de visitas ao site.

1. O que é análise múltipla de mercado?
2. O que é um múltiplo de entidade?

7-9   Ações preferenciais

As ações preferenciais são um título *híbrido* – são semelhantes aos títulos em alguns aspectos e às ações ordinárias em outros. Como os títulos, as ações preferenciais possuem um valor nominal e um valor fixo de dividendos a ser pago antes dos dividendos das ações ordinárias. No entanto, caso o dividendo preferencial não seja recebido, os conselheiros podem omiti-lo (ou "passar") sem levar a empresa à falência. Portanto, embora ações preferenciais tenham um pagamento fixo como os títulos, a inadimplência nesse pagamento não levará a empresa à falência.

Os dividendos sobre as ações preferenciais são fixos, e, se estiverem programados para um tempo infinito, a emissão será uma perpetuidade cujo valor é encontrado da seguinte forma:

$$V_{ps} = \frac{D_{ps}}{r_{ps}}$$ (7-8)

O V_{ps} é o valor das ações preferenciais, D_{ps} é o dividendo preferencial e r_{ps} é a taxa exigida de retorno. Repare que a Equação 7-8 é apenas um caso especial do modelo de crescimento de dividendos constante cujo crescimento é zero.

A MicroDrive preferiu ações em circulação que pagam dividendo de $ 8 por ano. Se a taxa de retorno exigida nessa ação preferencial é de 8%, o seu valor é de $ 100:

$$V_{ps} = \frac{\$\ 8,00}{0,8} = \$\ 100,00$$

Se conhecermos o preço atual de uma ação preferencial e seu dividendo, podemos transpor termos e obter a taxa de retorno esperada da seguinte forma:

$$\hat{r}_{ps} = \frac{D_{ps}}{V_{ps}}$$ (7-9)

Algumas ações preferenciais possuem um vencimento determinado, digamos, 50 anos. Se as ações preferenciais de uma empresa vencem em 50 anos, pagam um dividendo anual de $ 8, possuem um valor nominal de $ 100 e um retorno exigido de 6%, então podemos descobrir seu preço usando uma calculadora financeira: insira N = 50, I/YR = 6, PMT = 8 e FV = 100. Então pressione PV para encontrar o preço, V_{ps} = $ 131,52 Se você sabe o preço de uma ação preferencial, pode obter o I/YR para encontrar a taxa esperada de retorno, $\hat{r}_{ps}$.

A maioria das ações preferenciais paga dividendos trimestralmente. Isso acontece com a MicroDrive, portanto poderíamos encontrar a taxa efetiva de retorno sobre suas ações preferenciais da seguinte forma:

$$EFF\% = EAR = \left(1 + \frac{r_{NOM}}{M}\right)^{M} - 1 = \left(1 + \frac{0,08}{4}\right)^{4} - 1 = 8,24\%$$

Se um investidor quer comparar os retornos dos títulos da MicroDrive e suas ações preferenciais, seria melhor converter as taxas nominais de cada título em taxas efetivas e comparar essas "taxas anuais equivalentes".

Autoavaliação

1. Explique a seguinte declaração: "Ações preferenciais são um título híbrido".
2. A equação usada para avaliar ações preferenciais é mais parecida com aquela empregada para avaliar títulos perpétuos ou com a usada para ações ordinárias? Explique.
3. Uma ação preferencial possui um dividendo anual de $ 5. O retorno exigido é de 8%. Qual é o V_{ps}? **($ 62,50)**

Resumo

As decisões corporativas devem ser analisadas em termos de como cursos alternativos de ação provavelmente afetarão o valor de uma empresa. No entanto, é necessário saber como os preços das ações são estabelecidos antes de tentar medir como determinada decisão afetará o valor de uma empresa. Este capítulo mostrou como os valores das ações são determinados e também como os investidores estimam as taxas de retorno que esperam receber. Os conceitos-chave abordados estão listados a seguir:

- Uma **procuração** é um documento que concede a uma pessoa o poder de agir em nome de outra, geralmente o poder de voto das ações ordinárias. Uma **disputa por procurações de voto** ocorre quando um grupo externo tenta obter procurações dos acionistas em uma tentativa de remover a atual administração.
- Os acionistas muitas vezes têm o direito de adquirir quaisquer ações adicionais vendidas pela empresa. Esse direito, chamado de **direito de preferência**, protege o controle do acionista atual e evita a diluição do seu valor.
- Embora a maioria das empresas tenha apenas um tipo de ação ordinária, em alguns casos **ações classificadas** são usadas para atender às necessidades especiais de uma organização. Um tipo é chamado de **partes beneficiárias**. Essas ações pertencem aos fundadores da empresa com direito de voto exclusivo, mas dividendos restritos durante um determinado período.
- A equação usada para encontrar o **valor intrínseco** ou **esperado de uma ação de crescimento constante** é:

$$\hat{P}_0 = \frac{D_1}{r_s - g}$$

- A **taxa total esperada de retorno** de uma ação é composta de **rendimento de dividendo esperado** mais **rendimento dos ganhos de capital esperado**. Para uma empresa de crescimento constante, há a expectativa de que o rendimento de dividendo e o rendimento dos ganhos de capital permaneçam constantes no futuro.
- A equação para $\hat{r}$, a **taxa esperada de retorno de uma ação de crescimento constante**, é:

$$\hat{r} = \frac{D_1}{P_0} + g$$

- Uma **ação de crescimento zero** é aquela cujos dividendos futuros não tenham nenhuma expectativa de crescimento. Uma **ação de crescimento supernormal** é aquela cujos rendimentos e dividendos têm expectativa de crescer muito mais rápido do que a economia como um todo durante um período específico e depois crescer a uma taxa "normal".
- Para obter o **valor presente de uma ação de crescimento supernormal**, (1) encontre os dividendos esperados durante o período de crescimento supernormal, (2) encontre o preço das ações no final do período de crescimento supernormal, (3) desconte os dividendos e o preço projetado de volta ao presente e (4) some esses PVs para encontrar o valor intrínseco corrente ou esperado das ações, $\hat{P}_0$.
- A **data de horizonte (terminal)** é a data quando as previsões de dividendos individuais não são mais feitas, pois a taxa de crescimento do dividendo é assumida como constante.
- O **valor de horizonte (terminal)** é o valor na data de horizonte de todos os dividendos futuros após essa data:

$$\hat{P}_N = \frac{D_{N+1}}{r_s - g}$$

- **Ações preferenciais** é um título híbrido com características de dívida e patrimônio.
- O **valor de uma ação preferencial perpétua** é encontrado como dividendo dividido pela taxa de retorno exigido:

$$V_{ps} = \frac{D_{ps}}{r_{ps}}$$

- As **Ações preferenciais** que possuem um vencimento finito são avaliadas com uma fórmula idêntica em forma à fórmula do valor de títulos.
- O **valor das operações** é o valor presente de todos os fluxos de caixa livre futuros esperados das operações quando descontados pelo custo médio ponderado de capital:

$$V_{op(a\ tempo\ 0)} = \sum_{t=1}^{\infty} \frac{FCL_t}{(1 + CMPC)^t}$$

- **Ativos não operacionais** incluem **ativos financeiros**, como investimentos em títulos e valores mobiliários e participações não controladoras nas ações de outras empresas.
- O **valor dos ativos não operacionais** está geralmente próximo do valor relatado no balanço patrimonial.
- O **valor de horizonte** de operações é o valor das operações no final do período de previsão. É também chamado de **valor terminal** ou **valor residual**, e é igual ao valor presente de todos os fluxos de caixa livres para além do período de previsão, descontado o final do período da previsão no custo médio ponderado do capital:

$$Valor\ de\ horizonte = V_{op(a\ tempo\ N)} = \frac{FCL_{N+1}}{CMPC - g} = \frac{FCL_N(1+g)}{CMPC - g}$$

- O **modelo de fluxo de caixa** livre pode ser usado para calcular o valor total de uma empresa, calculando-se o valor das operações mais o valor dos ativos não operacionais.
- O **valor contábil** estimado é o valor total da empresa menos o valor da dívida e ações preferenciais. O **preço por ação** intrínseco é o valor total do patrimônio líquido dividido pelo número de ações.

Perguntas

(7-1) Defina os termos e as expressões apresentados a seguir:
   a. Procuração, disputa por procurações de voto, tomada de controle, direito de preferência, ações classificadas e partes beneficiárias.
   b. Valor intrínseco ($\hat{P}_0$) e preço de mercado (P_0).
   c. Taxa de retorno exigida, $\hat{r}_s$, taxa de retorno esperada, $\hat{r}_s$, e taxa de retorno real ou realizada, $\bar{r}_s$.
   d. Rendimento de ganhos de capital, rendimento de dividendo e retorno total esperado.
   e. Ação de crescimento normal ou constante, crescimento supernormal ou não constante e crescimento zero.
   f. Ações preferenciais.
   g. Ativos não operacionais
   h. Valor das operações; valor de horizonte; modelo de avaliação de fluxo de caixa livre.

(7-2) Dois investidores estão avaliando as ações da General Electric para uma possível compra. Eles concordam sobre o valor esperado de D_1 e também sobre a taxa futura esperada de crescimento de dividendos. Além disso, concordam sobre o risco das ações. No entanto, um investidor normalmente mantém ações por 2 anos e outro por 10 anos. Com base no tipo de análise realizada neste capítulo, ambos devem estar dispostos a pagar o mesmo preço pelas ações da General Electric. Isso é verdadeiro ou falso? Explique.

(7-3) Um título que paga juros para sempre e não tem data de vencimento é um título perpétuo, também chamado de perpetuidade ou consolidado. Em que aspecto um título perpétuo é semelhante a (1) uma ação ordinária sem crescimento e a (2) uma ação preferencial?

(7-4) Explique como utilizar o modelo de avaliação de empresas para encontrar o preço por ação da ação ordinária.

Problemas de autoavaliação – As soluções estão no Apêndice A

(PA-1) **Avaliação de ações de crescimento constante** – O preço atual da ação da Ewald Company é de $ 36 e seu último dividendo foi de $ 2,40. Em vista da sólida posição financeira da Ewald e, consequentemente, de seu baixo risco, a sua taxa de retorno exigida é de apenas 12%. Se a expectativa é que os dividendos cresçam a uma taxa constante, g, no futuro e r_s permaneça em 12%, qual será o preço esperado das ações daqui a 5 anos?

(PA-2) **Avaliação de ações de crescimento supernormal** – A Snyder Computer Chips Inc. está vivendo um período de rápido crescimento. Os lucros e dividendos devem crescer a uma taxa de 15% durante os próximos 2 anos, 13% no terceiro ano e a uma taxa constante de 6% nos anos seguintes. O último dividendo da Snyder foi de $ 1,15 e a taxa exigida de retorno da ação é de 12%.
   a. Calcule o valor atual da ação.
   b. Calcule $\hat{P}_1$ e $\hat{P}_2$.
   c. Calcule o rendimento do dividendo e o rendimento dos ganhos de capital para os Anos 1, 2 e 3.

(PA-3) **O Modelo de Avaliação de Fluxo de Caixa Livre** – A Watkins Inc. nunca pagou um dividendo, e quando a empresa poderia começar a pagar dividendos é desconhecido. Seu fluxo de caixa livre atual é de $ 100.000, e este FCL deverá crescer a uma taxa constante de 7%. O custo médio ponderado do capital é CMPC = 11%. A Watkins detém atualmente $ 325 mil de títulos e valores mobiliários não operacionais. Sua dívida de longo prazo é de $ 1.000.000, mas ela nunca emitiu ações preferenciais. A Watkins tem 50 mil ações em circulação.
   a. Calcule o valor das operações da Watkins.
   b. Calcule o valor total da empresa.
   c. Calcule o valor estimado das ações ordinárias.
   d. Calcule o preço estimado por preço das ações.

Problemas – As soluções estão no Apêndice B

Problemas fáceis 1-7

(7-1) **Cálculo do DPS** – A Thress Industries acaba de pagar um dividendo de $ 1,50 por ação (ou seja, D_0 = $ 1,50). O dividendo deve crescer 5% ao ano nos próximos 3 anos e, depois, 10% ao ano. Qual é o dividendo esperado por ação para cada um dos próximos 5 anos?

(7-2) **Avaliação de crescimento constante** – A Boehm Incorporated deve pagar um dividendo de $ 1,50 por ação no final deste ano (ou seja, D_t = $ 1,50). O dividendo deve crescer a uma taxa constante de 6% ao ano. A taxa exigida de retorno da ação, r_s, é de 13%. Qual é o valor das ações da Boehm?

(7-3) **Avaliação de crescimento constante** – Atualmente, as ações da Woidtke Manufacturing são vendidas por $ 22 a ação. A ação acaba de pagar um dividendo de $ 1,20 por ação (ou seja, D_0 = $ 1,20) que deve crescer para sempre a uma taxa constante de 10% ao ano. Qual é o preço esperado da ação para daqui a um ano? Qual é a taxa de retorno exigida das ações da Woidtke?

(7-4) **Avaliação de ações preferenciais** – A Nick's Enchiladas Incorporated possui ações preferenciais em circulação que pagam um dividendo de $ 5 no final de cada ano. As ações preferenciais são vendidas por $ 50 cada uma. Qual é a taxa de retorno exigida da ação?

(7-5) **Avaliação de crescimento não constante** – Uma empresa paga atualmente um dividendo de $ 2 por ação (D_0 = $ 2). Estima-se que o dividendo da empresa crescerá a uma taxa de 20% ao ano nos próximos 2 anos e depois a uma taxa constante de 7% nos anos seguintes. As ações da empresa têm um beta de 1,2, a taxa livre de risco é de 7,5% e o prêmio de risco de mercado é de 4%. Qual é a sua estimativa do preço atual das ações?

(7-6) **Valor de operações da empresa de crescimento constante** – A EMC Corporation nunca pagou um dividendo. Seu fluxo de caixa livre de $ 400.000 deverá crescer a uma taxa constante de 5%. O custo médio ponderado de capital é CMPC = 12%. Calcule o valor estimado das operações de EMC.

(7-7) **Valor de horizonte** – fluxos de caixa livres atuais e projetados para a Radell Global Operations são mostrados abaixo. O crescimento deverá ser constante a partir de 2015, e o custo médio ponderado de capital é de 11%. Qual será o valor de horizonte/residual em 2016 se o crescimento a partir de 2015 se mantiver constante?

	ATUAL		PROJETADO	
	2013	**2014**	**2015**	**2016**
Fluxo de caixa livre (milhões de dólares)	$ 606,82	$ 667,50	$ 707,55	$ 750,00

Problemas intermediários 6-17

(7-8) **Taxa de crescimento constante, g** – O valor unitário de uma ação é negociado a $ 80. Espera-se um dividendo de fim de ano de $ 4 por ação (D1 = $ 4), e também o crescimento a uma taxa constante ao longo do tempo g. A taxa exigida de retorno da ação é de 14% (presumamos que o mercado esteja em equilíbrio com o retorno exigido igual ao retorno esperado). Qual é a sua previsão de g?

(7-9) **Avaliação de crescimento constante** – Você está considerando um investimento nas ações ordinárias da Crisp Cookware. As ações devem pagar um dividendo de $ 3 por ação no final deste ano (D_t = $ 3,00), seu beta é de 0,8, a taxa livre de risco é de 5,2% e o prêmio de risco de mercado é de 6%. O dividendo deve crescer a uma taxa constante, g, e as ações são atualmente vendidas por $ 40 a ação. Presumindo que o mercado esteja em equilíbrio, qual será o preço, segundo o mercado, da ação no final de 3 anos (ou seja, qual será o $\hat{P}_3$)

(7-10) **Taxa de retorno das ações preferenciais** – Qual é o taxa de retorno nominal de uma ação preferencial com um valor nominal de $ 50, um dividendo declarado de 7% do valor nominal e um preço de mercado atual de (a) $ 30, (b) $ 40, (c) $ 50 e (d) $ 70?

(7-11) **Avaliação de ações com crescimento em declínio** – As reservas de minério da Brushy Mountain Mining Company estão se esgotando, por isso as suas vendas estão caindo. Além disso, a sua escavação está ficando cada vez mais profunda a cada ano, assim os seus custos estão aumentando. Como resultado, os lucros e dividendos da empresa estão caindo a uma taxa constante de 4% ao ano. Se D_0 = $ 6 e r_s = 14%, qual é o valor das ações da Brushy Mountain?

(7-12) **Avaliação de ações de crescimento não constante** – Suponha que a empresa média de seu setor cresça a uma taxa constante de 6% e o seu rendimento de dividendo seja de 7%. Sua empresa é quase tão arriscada quanto a empresa média do setor, mas ela acaba de concluir com sucesso um trabalho de P&D que lhe permite ter uma expectativa de crescimento nos lucros e dividendos a uma taxa de 50% [$D_1 = D_0(1 + g) = D_0(1,50)$] neste ano e 25% no ano seguinte, após o qual o crescimento deverá voltar à média do setor de 6%. Se o último dividendo pago (D_0) foi de $ 1, qual é o valor por ação das ações de sua empresa?

(7-13) Avaliação de ações de crescimento não constante – A Simpkins Corporation está se expandindo rapidamente e não paga dividendos porque atualmente precisa reter todos os seus lucros. No entanto, os investidores esperam que a empresa comece a pagar dividendos, com o primeiro dividendo de $ 0,50 em 3 anos a partir de hoje. O dividendo deve crescer rapidamente, a uma taxa de 50% ao ano, durante os Anos 4 e 5. Após o Ano 5, a empresa deve crescer a uma taxa constante de 7% ao ano. Se o retorno exigido das ações for de 16%, qual é o valor atual das ações?

(7-14) Avaliação de ações preferenciais – A muitos anos atrás, a Rolen Riders emitiu ações preferenciais com um dividendo anual declarado de 10% de seu valor nominal de $ 100. As ações preferenciais desse tipo rendem atualmente 8%. Suponha que os dividendos sejam pagos anualmente.
   a. Qual é o valor das ações preferenciais da Rolen?
   b. Suponha que os níveis das taxas de juros tenham subido ao nível em que as ações preferenciais rendem agora 12%. Qual seria o novo valor das ações preferenciais da Rolen?

(7-15) Retorno das ações ordinárias – Você compra ações da Ludwig Corporation por $ 21,40. A sua expectativa é de que elas paguem dividendos de $ 1,07, $ 1,1449 e $ 1,2250 nos Anos 1, 2 e 3, respectivamente, e que possa vendê-las por $ 26,22 ao fim de 3 anos.
   a. Calcule a taxa de crescimento dos dividendos.
   b. Calcule o rendimento esperado dos dividendos.
   c. Supondo que haja uma expectativa de que a taxa de crescimento calculada continue, você pode adicionar o rendimento de dividendo à taxa de crescimento esperada para obter a taxa total de retorno esperada. Qual é a taxa de retorno total esperada das ações?

(7-16) Avaliação de ações de crescimento constante – Os investidores exigem uma taxa de retorno de 15% sobre as ações da Brooks Sisters ($r_s = 13\%$).
   a. Qual seria o valor das ações da Brooks se o dividendo anterior fosse $D_0 = \$ 3$ e os investidores tivessem a expectativa de que os dividendos poderiam crescer a uma taxa anual constante de (1) –5%, (2) 0%, (3) 5% e (4) 10%?
   b. Usando os dados da parte a, qual é o valor pelo modelo de Gordon (crescimento constante) para as ações da Brooks Sisters se a taxa de retorno exigida é de 13% e a taxa de crescimento esperada é de (1) 13% ou (2) 15%? Esses são resultados razoáveis? Explique.
   c. É razoável esperar que uma ação de crescimento constante tivesse $g > r_s$?

(7-17) Valor das operações – A Kendra Enterprises nunca pagou um dividendo. O fluxo de caixa livre deverá estar entre $ 80.000 e $ 100.000 nos próximos 2 anos, respectivamente; após o segundo ano, o FCL deverá crescer a uma taxa constante de 8%. O custo médio ponderado do capital da empresa é de 12%.
   a. Qual é o valor terminal ou de horizonte das operações? (*Dica*: Encontre o valor de todos os fluxos de caixa livre, além do Ano 2, descontado de volta ao Ano 2.)
   b. Calcule o valor das operações da Kendra.

(7-18) Estimativa do fluxo de caixa livre – A Dozier Corporation é uma fornecedora de produtos de escritório com rápido crescimento. Os analistas projetam os seguintes fluxos de caixa livres (FCLs) durante os próximos três anos, após o qual o FCL deverá crescer a uma taxa constante de 7%. O custo médio ponderado do capital da Dozier é CMPC = 13%.

		Ano	
	1	2	3
Fluxo de caixa livre ($ milhões)	–$ 20	$ 30	$ 40

   a. Qual é o valor terminal ou de horizonte da Dozier? (*Dica*: Encontre o valor de todos os fluxos de caixa livre para além do Ano 3, descontado de volta ao Ano 3.)
   b. Qual é o valor atual das operações da Dozier?
   c. Suponha que a Dozier tenha $ 10 milhões em títulos e valores mobiliários, $ 100 milhões em dívidas e 10 milhões de ações. Qual é o preço intrínseco por ação?

Problemas desafiadores 19-21

(7-19) Avaliação do crescimento constante da ação – Você está analisando as ações da Jillians Jewlery (JJ) para uma possível compra. A JJ acabou de pagar um dividendo de $ 1,50 *ontem*. Você espera que o dividendo cresça a uma taxa de 6% ao ano durante os próximos três anos; se você comprar a ação, pretende mantê-la por três anos e, em seguida, vendê-la.

a. Quais dividendos você espera para ação da JJ ao longo dos próximos 3 anos? Em outras palavras, calcule D_1, D_2 e D_3. Note-se que $D_0 = \$ 1,50$.

b. As ações da JJ têm um retorno exigido de 13% e por isso esta é a taxa que você usará para descontar dividendos. Encontre o valor presente do fluxo de dividendos; ou seja, calcule o PV de D_1, D_2 e D_3 "e, em seguida, some esses PVs.

c. A ação da JJ deve ser negociada a 27,05 dólares, três anos a partir de agora (isto é, você espera $\hat{P}_3 = \$ 27,05$). Descontado a uma taxa de 13%, qual é o valor presente desse preço de ação? Em outras palavras, calcule o PV de 27,05 dólares.

d. Se você pretende comprar a ação, mantê-la por três anos e, em seguida, vendê-la por $ 27,05, qual é o máximo que você deverá pagar por isso?

e. Use o modelo de crescimento constante para calcular o valor presente dessa ação. Considere que $g = 6\%$ e é constante.

f. O valor dessa ação depende de quanto tempo você pretende mantê-la? Em outras palavras, se o seu período de detenção planejada foi 2 ou 5 anos, em vez de três anos, isso afetaria o valor das ações hoje, $\hat{P}_0$? Explique sua resposta.

(7-20) **Avaliação de ações de crescimento não constante** – A Reizenstein Technologies (RT) acabou de desenvolver um painel solar capaz de gerar 200% mais eletricidade que qualquer painel solar atualmente no mercado. Como resultado, espera-se que a RT tenha uma taxa anual de crescimento de 15% pelos próximos 5 anos. Até o final de 5 anos, outras empresas terão desenvolvido tecnologia comparável, e a taxa de crescimento da RT vai desacelerar para 5% ao ano indefinidamente. Os acionistas exigem um retorno de 12% sobre as ações da RT. O dividendo anual mais recente (D_0), que foi pago ontem, foi de $ 1,75 por ação.

a. Calcule os dividendos esperados da RT para $t = 1$, $t = 2$, $t = 3$, $t = 4$ e $t = 5$.

b. Calcule o valor intrínseco das ações hoje, $\hat{P}_0$. Prossiga encontrando o valor presente dos dividendos esperados em $t = 1$, $t = 2$, $t = 3$, $t = 4$ e $t = 5$ mais o valor presente das ações que deve existir em $t = 5$, $\hat{P}_5$. O preço das ações em $\hat{P}_5$ pode ser encontrado usando a equação de crescimento constante. Observe que, para encontrar $\hat{P}_5$, você deve usar o dividendo esperado em $t = 6$, que é 5% maior que o dividendo em $t = 5$.

c. Calcule o rendimento de dividendo esperado ($D_1/\hat{P}_0$), o rendimento de ganhos de capital esperado durante o primeiro ano e o retorno total esperado (rendimento de dividendo mais rendimento de ganhos de capital) durante o primeiro ano. (Suponha que $\hat{P}_0 = P_0$ e reconheça que o rendimento de ganhos de capital é igual ao retorno total menos o rendimento de dividendo.) Calcule também os mesmos três rendimentos para $t = 5$ (por exemplo, ($D_6/\hat{P}_5$)).

(7-21) **Avaliação de ações de crescimento supernormal** – A Taussig Technologies Corporation (TTC) tem crescido a uma taxa de 20% ao ano nos últimos anos. A mesma taxa de crescimento supernormal é esperada para os próximos 2 anos ($g_{0,1} = g_{1,2} = 30\%$).

a. Se $D_0 = \$ 2,50$, $r_s = 12\%$ e $g_L = 7\%$, então quanto valem as ações da TTC hoje? Qual é o rendimento de dividendo esperado e o rendimento de ganhos de capital neste momento?

b. Agora suponha que o período de crescimento supernormal da TTC dure mais 5 anos em vez de 2 anos ($g_{0,1} = g_{1,2} = g_{2,3} = g_{3,4} = g_{4,5} = 30\%$). Como isso afetaria seu preço, rendimento de dividendos e rendimento de ganhos de capital? Responda apenas com palavras.

c. Qual seria o rendimento de dividendos e o rendimento de ganhos de capital da TTC no final de seu período de crescimento supernormal? (*Dica*: Esses valores serão os mesmos a despeito da análise do caso de 2 a 5 anos de crescimento supernormal e os cálculos são muito fáceis.)

d. Qual é o interesse para os investidores da relação entre rendimento de dividendo e rendimento de ganhos de capital ao longo do tempo?

Problema de planilha

(7-22) **Construa um modelo de avaliação de crescimento não constante e avaliação de empresas** – Taxa de crescimento dos dividendos da Hamilton Landscaping deverá ser de 30% no próximo ano, cair para 15% a partir de 1 a 2 anos e cair para uma constante de 5% no ano 2 e nos anos subsequentes. A Hamilton acaba de pagar um dividendo de $ 2,50, e sua ação tem um retorno exigido de 11%.

a. Qual é o preço estimado da ação da Hamilton hoje?

  b. Se você comprou ação no ano 0, quais são rendimentos esperados de dividendos e ganhos de capital esperados para o próximo ano?

  c. Quais são os seus rendimentos de dividendos e ganhos de capital previsto para o segundo ano (do Ano 1 ao Ano 2)? Por que estes não são os mesmos no primeiro ano?

(7-23) Construa um modelo de avaliação de fluxo de caixa livre – Dados selecionados da Derby Corporation são mostrados abaixo. Use os dados para responder as seguintes perguntas:

  a. Calcule o valor horizonte estimado (ou seja, o valor das operações no final do período de previsão imediatamente após o fluxo de caixa livre do Ano 4).

  b. Calcule o valor presente do valor horizonte, o valor presente dos fluxos de caixa livres, e o valor estimado das operações do Ano 0

  c Calcule o preço estimado do Ano 0 de cada ação ordinária.

ENTRADA (em milhões)			Ano		
	Corrente			Projetado	
	0	1	2	3	4
Fluxo de caixa livre		–$ 20,0	$ 20,0	$ 80,0	$ 84,0
Títulos e valores mobiliários	$ 40				
Notas pagáveis	$ 100				
Títulos de longo prazo	$ 300				
Ações preferenciais	$ 50				
CMPC	9,00%				
Número de ações	40				

Estudo de caso

Seu empregador, uma companhia de médio porte que faz administração de recursos humanos, está considerando a expansão para campos relacionados, incluindo a aquisição da Temp Force Company, uma agência de contratação que fornece operadores de processadores de texto e programadores de computador para empresas com elevada carga de trabalhos temporários. Seu empregador também está considerando a aquisição da Biggerstaff & Biggerstaff (B&B), uma companhia privada de propriedade de dois irmãos, e cada um deles tem 5 milhões de ações. A B&B atualmente tem fluxo de caixa livre de $24 milhões, que se espera que cresça a uma taxa constante de 5%. As demonstrações financeiras da B&B reportam títulos negociáveis de $100 milhões, dívida de $200 milhões e ações preferenciais de $50 milhões. O CMPC (custo médio ponderado de capital) da B&B é 11%. Você precisa responder às seguintes perguntas.

a. Descreva de forma sucinta os direitos legais e privilégios dos acionistas ordinários.

b. (1) Escreva a fórmula que pode ser usada para avaliar qualquer ação, a despeito de seu padrão de dividendos.

   (2) O que é uma ação de crescimento constante? Como as ações de crescimento constante são avaliadas?

   (3) O que acontece se uma empresa possui um g constante que excede seu r_s? Muitas ações terão $g > r_s$ esperado em curto prazo (isto é, nos próximos anos)? E em longo prazo (isto é, para sempre)?

c. Suponha que a Temp Force tenha um coeficiente beta de 1,2, a taxa livre de risco (o rendimento dos títulos T) seja de 7,0% e o prêmio de risco de mercado seja de 5%, qual será o retorno exigido das ações da empresa?

d. Suponha que a Temp Force seja uma empresa de crescimento constante cujo último dividendo (D_0, que foi pago ontem) foi de $ 2,00 e ele tem um crescimento esperado de 6% indefinidamente.

   (1) Qual é o preço intrínseco atual das ações da empresa?

   (2) Qual é o valor esperado das ações daqui a 1 ano?

   (3) Quais são os rendimentos de dividendos esperados, os rendimentos de ganhos de capital e o retorno total esperado durante o primeiro ano?

e. Suponha que o preço das ações da Temp Force para venda seja de $30,29. O preço da ação é baseado mais em expectativas de longo prazo ou de curto prazo? Responda a esta questão encontrando a porcentagem do preço atual da ação da Temp Force que tem como base os dividendos esperados durante os Anos 1, 2 e 3.

f. Por que os preços de ações são voláteis? Utilizando a Temp Force como exemplo, qual é o impacto sobre o preço estimado da ação se g cair para 5% ou subir para 7%? Se r_s modificar para 12% ou para 14%?

g. Agora, suponha que atualmente a ação esteja sendo vendida a $30,29. Qual é sua taxa de retorno esperada?

h. Agora, suponha que se espere que o dividendo da Temp Force experimente crescimento não constante de 30% do Ano 0 até o Ano 1, de 25% do Ano 1 até o Ano 2, e de 15% do Ano 2 até o Ano 3. Depois do Ano 3, os dividendos crescerão a uma taxa constante de 6%. Qual é o valor intrínseco da ação sob essas condições? Quais são os rendimentos esperados dos dividendos e os rendimentos dos ganhos de capital durante o primeiro ano? Quais são os rendimentos esperados dos dividendos e os rendimentos dos ganhos de capital durante o quarto ano (do Ano 3 ao Ano 4)?

i. Qual é o fluxo de caixa livre (FCL)? Qual é o custo médio ponderado de capital? Qual é o modelo de avaliação do fluxo de caixa livre?

j. Use um gráfico em setores para ilustrar as fontes que compõem o valor total de uma companhia hipotética. Utilizando outro gráfico em setores, mostre as obrigações sobre o valor de uma companhia. Como é a equidade de uma obrigação residual?

k. Use os dados referentes à B&B e o modelo de avaliação do fluxo de caixa livre para responder às seguintes questões.
(1) Qual é o valor estimado das operações?
(2) Qual é o valor corporativo total estimado?
(3) Qual é o valor estimado intrínseco do capital?
(4) Qual é o valor estimado intrínseco do preço por ação?

l. Você acabou de aprender que a B&B se engajou em uma importante expansão que modificará seus fluxos de caixa livres esperados para −$10 milhões em 1 ano, $20 milhões em 2 anos, e $35 milhões em 3 anos. Depois de 3 anos, o fluxo de caixa livre aumentará a uma taxa de 5%. Nenhuma dívida nova nem nenhuma ação preferencial foi adicionada; o investimento foi financiado pelo capital de outros proprietários. Suponha que o CMPC seja inalterado a 11% e que existam ainda 10 milhões em ações pendentes.
(1) Qual é o valor de horizonte da companhia (isto é, seu valor de operações no Ano 3)? Qual é seu valor de operações atual (ou seja, no Tempo 0)?
(2) Qual é seu valor estimado intrínseco de capital em uma base de preço por ação?

m. Compare e contraste o modelo de avaliação do fluxo de caixa livre e o modelo de crescimento de dividendos.

n. O que é análise múltipla de mercado?

o. O que é ação preferencial? Suponha que uma ação preferencial pague um dividendo de $2,10 e os investidores exijam um retorno de 7%. Qual é o valor estimado da ação preferencial?

Opções financeiras e aplicações em finanças corporativas

Em 2012, a Cisco possuía, em circulação, quase 621 milhões de opções de compra de ações concedidas a funcionários e aproximadamente 5,4 bilhões de ações. Se todas essas opções forem exercidas, os seus detentores possuirão 10% das ações da Cisco: 0,621/ (5,4 + 0,621) = 0,10. Muitas dessas opções podem nunca ser exercidas, mas, de qualquer forma, 621 milhões é um número muito grande de opções. A Cisco não é a única empresa com mega concessões: Pfizer, Timer Warner, Ford e Bank of America estão entre as várias empresas que concederam aos seus funcionários opções para comprar mais de 100 milhões de ações. Independentemente de seu próximo emprego ser em uma empresa de alta tecnologia, em uma companhia de serviços financeiros ou em uma fábrica, provavelmente você receberá opções de compra de ações, portanto é importante que as compreenda.

Em uma concessão típica, você recebe opções que lhe permitem comprar ações a um preço fixo, chamado de preço de exercício da opção, em uma data de vencimento específica ou antes desta. A maioria dos planos possui um período de carência, durante o qual você não pode exercer as opções. Por exemplo, suponha que você receba 1.000 opções com um preço de exercício de $ 50, vencimento de 10 anos a partir de agora e período de carência de 3 anos. Mesmo se o preço das ações subir acima de $ 50 durante os 3 primeiros anos, você não pode exercer as opções por conta da exigência de carência. Após 3 anos, se você ainda estiver na empresa, terá o direito de exercer as opções. Por exemplo, se a ação subir para $ 110, você poderá pagar $ 50(1.000) = $ 50.000 para a empresa e receber 1.000 ações que valem $ 110.000. No entanto, se não exercer as opções dentro de 10 anos, elas expirarão e, assim, não terão valor.

Embora a exigência de carência impeça que você exerça as opções no momento em que lhe são concedidas, é claro que elas possuem algum valor imediato. Assim, se estiver escolhendo entre ofertas de empregos diferentes em que opções estão envolvidas, você precisará de uma forma de determinar o valor das opções alternativas. Este capítulo explica como determinar o valor das opções, portanto prossiga com sua leitura.

O VALOR INTRÍNSECO DE OPÇÕES DE COMPRA DE AÇÕES

No capítulo anterior, mostramos que o valor intrínseco de um ativo é o valor presente de seus fluxos de caixa. Essa abordagem de valor temporal do dinheiro funciona muito bem para ações e títulos, mas devemos utilizar outra abordagem para opções e derivativos. Se pudermos encontrar uma carteira de ações e títulos livres de risco que replique os fluxos de caixa de uma opção, o valor intrínseco da opção deverá ser idêntico ao valor da referida carteira.

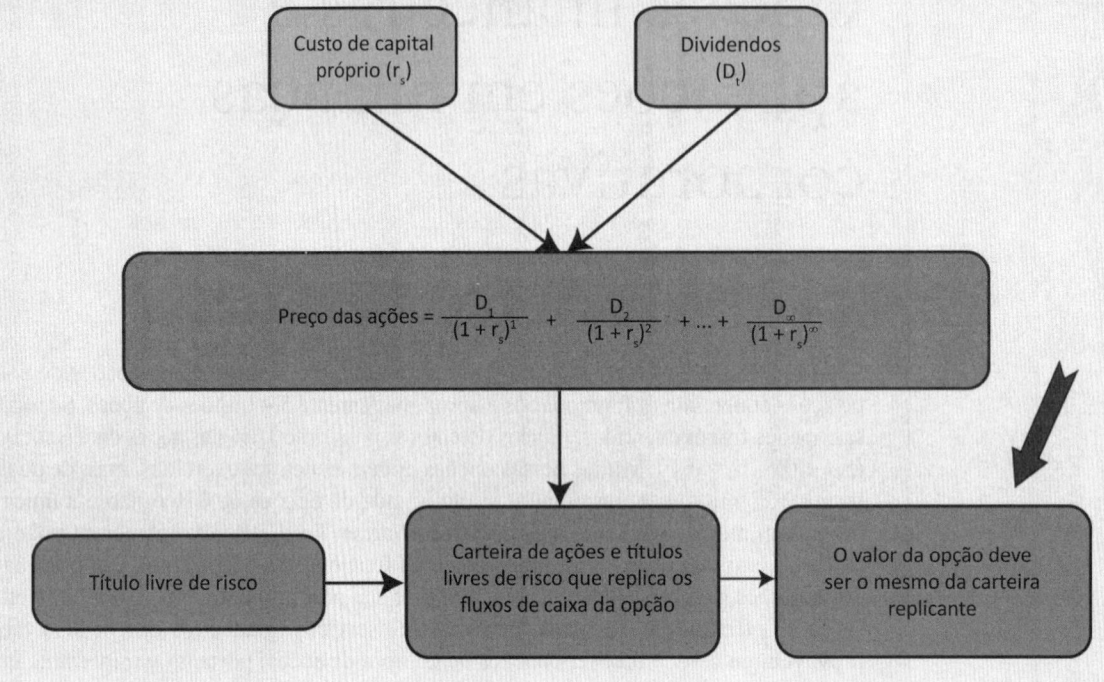

Há duas abordagens fundamentais para avaliar ativos. A primeira é a de *fluxo de caixa descontado* (*discounted cash flow* – DCF), sobre a qual falamos nos capítulos anteriores: o valor de um ativo é o valor presente de seus fluxos de caixa. A segunda é a abordagem de *precificação de opções*. É importante que todo administrador entenda os princípios básicos da precificação de opções. Em primeiro lugar, muitos projetos permitem que os administradores realizem mudanças estratégicas ou táticas nos planos de acordo com as mudanças nas condições do mercado. A existência dessas "opções incorporadas" geralmente significa a diferença entre um projeto de sucesso e um fracasso. Compreender as opções financeiras básicas pode ajudá-lo a administrar o valor inerente dessas opções reais. Em segundo lugar, muitas empresas utilizam derivativos para administrar o risco; muitos derivativos são tipos de opções financeiras, portanto é preciso entender as opções financeiras básicas antes de tratar de derivativos. Em terceiro, a teoria de precificação de opções fornece uma base para a escolha de dívida/patrimônio ótimo, especialmente quando títulos conversíveis estão envolvidos. E, finalmente, entender as opções financeiras ajudará você a compreender melhor quaisquer opções de compra de ações concedidas a funcionários.

8-1   Resumo das opções financeiras

Em geral, uma **opção** é um contrato que concede ao seu proprietário o direito de comprar (ou vender) um ativo a um preço previamente estabelecido dentro de um período específico. Todavia, existem muitos tipos de opções e mercados de opções.[1] Considere as opções reportadas na Tabela 8-1, que é um extrato de uma tabela de cotações de opções listadas como poderia aparecer em um site ou jornal diário. A primeira coluna mostra o

---

[1] Para um estudo mais detalhado das opções, veja Don M. Chance e Robert Brooks, *An introduction to derivatives and risk management*, 8. ed., Mason, OH: Thomson, South-Western, 2010; ou John C. Hull, *Options, futures, and other derivatives*, 8. ed., Upper Saddle River, NJ: Prentice-Hall, 2012.

TABELA 8-1

Cotações de opções listadas para 7 de janeiro de 2013.

PREÇO DE FECHAMENTO	PREÇO DE EXERCÍCIO	COMPRAS – ÚLTIMA COTAÇÃO			VENDAS – ÚLTIMA COTAÇÃO		
		FEVEREIRO	MARÇO	MAIO	FEVEREIRO	MARÇO	MAIO
General Computer Corporation (GCC)							
53,50	50	4,25	4,75	5,50	0,65	1,40	2,20
53,50	55	1,30	2,05	3,15	2,65	r	4,50
53,50	60	0,30	0,70	1,50	6,65	r	8,00

Observação: r significa não negociado em 7 de janeiro.

preço de fechamento das ações. Por exemplo, a tabela mostra o preço das ações da General Computer Corporation (GCC), fechado a $ 53,50 em 7 de janeiro de 2013.

Uma **opção de compra** (*call option*) concede ao seu proprietário o direito de *comprar* uma ação a um preço fixo, chamado de **preço de exercício de opção** (às vezes denominado **preço de exercício**, pois esse é o preço em que você exerce a opção). Uma **opção de venda** (*put option*) concede ao seu proprietário o direito de *vender* uma ação a um preço de exercício fixo. Por exemplo, a primeira linha da Tabela 8-1 é para as opções da GCC que possuem um preço de exercício de $ 50. Observe que a tabela possui colunas para opções de compra e para opções de venda com o preço de exercício.

Cada opção possui uma **data de vencimento**, depois da qual ela não pode ser exercida. A Tabela 8-1 mostra os dados das opções que vencem em fevereiro, março e maio (a data de vencimento é a sexta-feira antes do terceiro sábado do mês de exercício).[2] Se a opção pode ser exercida a qualquer momento antes do vencimento, é chamada de **opção americana**; se ela pode ser exercida apenas em sua data de vencimento, trata-se de **opção europeia**. Todas as opções da GCC são opções americanas. A primeira linha mostra que a GCC possui uma opção de compra com preço de exercício de $ 50 que vence em 17 de maio (o terceiro sábado de maio de 2013 é dia 18). O preço cotado dessa opção é $ 5,50.[3]

Quando o preço corrente das ações é maior do que o preço de exercício, a opção está **dentro do preço**. Por exemplo, a opção de compra de maio da GCC de $ 50 (exercício) está dentro do preço em $ 53,50 – $ 50 = $ 3,50. Assim, se a opção fosse imediatamente exercida, teria um ganho de $ 3,50. Já a opção de compra de maio da GCC de $ 55 (exercício) está **fora do preço**, porque o preço corrente das ações de $ 53,50 está abaixo do preço de exercício de $ 55. É claro que você não desejaria exercer essa opção atualmente pagando o preço de exercício de $ 55 para uma ação cujo preço de venda é de $ 53,50. Assim, o **valor de exercício**, que é qualquer lucro proveniente do exercício imediato de uma opção, é:[4]

$$\text{Valor de exercício} = \text{MÁX}[\text{Preço corrente da ação} - \text{Preço de exercício}, 0] \qquad \text{(8-1)}$$

O preço de uma opção americana sempre será maior que (ou igual a) seu valor de exercício. Se o preço da opção fosse menor, você poderia comprá-la e imediatamente exercê-la, tendo um ganho garantido. Por exemplo, a opção de compra de maio da GCC com um preço de exercício de $ 50 é vendida a $ 5,50, que é maior do que o valor de exercício de $ 3,50. Além disso, a opção de compra de maio fora do preço da GCC com um preço de exercício de $ 55 é vendida a $ 3,15 mesmo que não valesse nada se tivesse de ser exercida imediatamente. Uma

---

[2] Em seu site, www.cboe.com/learncenter/glossary.aspx, a CBOE define a data de vencimento de um contrato da seguinte forma: "O dia em que um contrato de opção expira. A data de vencimento de opções de ações cotadas é o sábado após a terceira sexta-feira do mês de vencimento. Os detentores de opções devem indicar o seu desejo de exercer, se desejarem fazê-lo, até esta data". A CBOE também define o tempo de expiração como: "A hora do dia em que todos os avisos de exercício devem ser recebidos na data de vencimento. Tecnicamente, o tempo de expiração atualmente é 17h da data de vencimento, mas detentores públicos de contratos de opções devem indicar o seu desejo de exercer o direito no mais tardar até às 17h30 do dia útil anterior à data de vencimento. Os horários são EST".

[3] Os contratos de opção são geralmente escritos em partes múltiplas de 100, mas para reduzir a confusão, nós nos concentramos sobre os custos e retornos de uma única opção.

[4] MÁX significa escolher o máximo. Por exemplo, MÁX [15, 0] = 15 e MÁX [–10, 0] = 0.

opção sempre valerá mais do que zero enquanto ainda houver chance de que ela acabe dentro do preço: onde há vida, há esperança! A diferença entre o preço da opção e seu valor de exercício é chamada de **valor do tempo**, pois representa o montante extra sobre o valor de exercício imediato da opção que um comprador pagará pela probabilidade de que o preço das ações valorizará ao longo do tempo.[5] Por exemplo, a opção de compra de maio da GCC a um preço de exercício de $ 50 é vendida a $ 5,50 e possui um valor de exercício de $ 3,50, portanto seu valor do tempo é $ 5,50 – $ 3,50 = $ 2,00.

Suponha que você tenha comprado uma opção de compra de maio de $ 50 (exercício) da GCC por $ 5,50 e o preço das ações tenha aumentado para $ 60. Se você exerceu a opção comprando a ação pelo preço de exercício de $ 50, você poderia vendê-la imediatamente pelo seu preço de mercado de $ 60, com um ganho de $ 60 – $ 50 = $ 10. Observe que a própria ação teve um retorno de 12,1% = ($ 60 – $ 53,50)/$ 53,50, mas o retorno da opção foi 81,8% = ($ 10 – $ 5,50)/$ 5,50. Assim, a opção oferece a possibilidade de um retorno mais alto.

Contudo, se o preço das ações caísse para $ 50 e permanecesse nesse valor até o vencimento da opção, a ação teria um retorno de – 6,5% = ($ 50,00 – $ 53,50)/$ 53,50, mas a opção teria uma perda de 100% (não teria valor algum no vencimento). Como mostra esse exemplo, as opções de compra possuem um risco muito mais alto do que as ações. Representa uma vantagem para você se o preço das ações subir, mas uma desvantagem se o preço das ações cair.

Suponha que você tenha comprado uma opção de venda de maio da GCC (com um preço de exercício de $ 50) por $ 2,20 e o preço das ações tenha caído para $ 45. Você poderia comprar uma ação por $ 45 e exercer a opção de venda, que lhe permitiria vender a ação pelo preço de exercício de $ 50. Seu ganho oriundo do exercício da opção de venda seria $ 5 = $ 50 – $ 45. Os acionistas perderiam dinheiro por causa da queda do preço das ações, mas o detentor da opção de venda ganharia dinheiro. Nesse exemplo, sua taxa de retorno seria 127,3% ($ 5 – $ 2,20)/$ 2,20. Se você acha que o preço das ações cairá, pode ganhar dinheiro comprando uma opção de venda. Entretanto, se o preço das ações não caísse para abaixo do preço de exercício de $ 50 antes de a opção de venda expirar, você perderia 100% do seu investimento na opção de venda.[6]

As opções são negociadas em várias bolsas, e a Chicago Board Options Exchange (CBOE) é a mais antiga e maior delas. As opções existentes podem ser negociadas no mercado secundário da mesma forma que as ações existentes são negociadas nos mercados secundários. Porém, diferentemente das ações que são emitidas pelas empresas, as novas opções podem ser "emitidas" pelos investidores. Esse processo é chamado de **lançar** uma opção.

Por exemplo, você poderia lançar uma opção de compra e vendê-la a outro investidor. Você receberia dinheiro do comprador da opção no momento em que a lançasse, mas seria obrigado a vender uma ação ao preço de exercício se o comprador da opção decidisse exercê-la posteriormente.[7] Assim, cada opção possui duas partes, o lançador e o comprador, com a CBOE (ou alguma outra bolsa) atuando como intermediária. Exceto comissões, os lucros do lançador são exatamente opostos aos do comprador. Diz-se que um investidor que lança opções de compra de ações de sua carteira está vendendo **opções cobertas**. As opções vendidas sem ações para lastreá-las são chamadas de **opções descobertas**.

Além das opções de ações individuais, há opções de vários índices de ações, como os índices NYSE e S&P 100. As opções de índices permitem que se faça a cobertura por *hedge* (ou aposta) em uma alta ou queda no mercado geral, bem como em ações individuais.

A alavancagem envolvida na negociação da opção permite que os especuladores, com apenas alguns dólares, ganhem uma fortuna quase da noite para o dia. Além disso, investidores com carteiras consideráveis podem vender opções de ações e ganhar o valor da opção (menos as comissões dos corretores) mesmo se o preço das ações permanecer constante. O mais importante, porém, é que as opções podem ser utilizadas para criar hedges que protegem o valor de uma ação individual ou de uma carteira.[8]

---

[5] Entre os negociantes, o preço de mercado de uma opção também é chamado de "prêmio". Isso é particularmente confuso, já que, para todos os outros títulos, a palavra prêmio significa o excedente do preço de mercado sobre algum preço-base. A fim de evitar confusões, não utilizaremos a palavra prêmio para referirmo-nos ao preço da opção.

[6] A maioria dos investidores não exerce realmente opção antes de seu vencimento. Se eles desejam receber o lucro ou reduzir as perdas da opção, vendem-na para algum outro investidor. Como você verá mais adiante neste capítulo, o fluxo de caixa proveniente da venda da opção antes de seu vencimento é sempre maior do que (ou igual a) o lucro proveniente do exercício da opção.

[7] Seu corretor exigiria uma garantia para essa obrigação.

[8] Pessoas com acesso a informações privilegiadas que negociam ilegalmente preferem, em geral, comprar opções em vez de ações, pois a alavancagem inerente às opções aumenta o lucro potencial. Porém, é ilegal utilizar informações privilegiadas para ganho pessoal, e uma pessoa que as utiliza estaria aproveitando-se do vendedor das opções. Negociações baseadas em informações privilegiadas, além de injustas e essencialmente equivalentes a roubo, prejudicam a economia: os investidores perdem a confiança nos mercados de capitais e aumentam seus retornos exigidos por causa do risco mais alto, e isso eleva o custo do capital e, assim, reduz o nível de investimento real.

Em geral, as opções convencionais são lançadas por 6 meses ou menos, mas um tipo de opção chamado de **título de antecipação de patrimônio de longo prazo (*long-term equity anticipation security* – Leaps)** é diferente. Assim como as opções convencionais, os Leaps são listados nas bolsas e estão disponíveis tanto em ações individuais como em índices de ações. A principal diferença é que os Leaps são opções de longo prazo, com vencimentos de até quase três anos. Os Leaps de um ano custam em média duas vezes a opção equivalente de três meses, mas, por causa do tempo muito maior até o vencimento, oferecem aos compradores um potencial maior de ganhos e melhor proteção de longo prazo para a carteira.

As empresas cujas ações são objeto das opções lançadas não têm nada a ver com o mercado de opções. As empresas não levantam dinheiro no mercado de opções nem têm nenhuma transação direta nesse mercado. Além disso, os detentores de opções não votam na eleição de membros do conselho das empresas nem recebem dividendos. Foram realizados estudos pela SEC e outros órgãos para verificar se a negociação de opções estabiliza ou desestabiliza o mercado de ações e se essa atividade ajuda as empresas a levantar capital adicional ou impede que isso ocorra. Os estudos não foram conclusivos, mas pesquisas sobre o impacto das negociações de opções estão em andamento.

Autoavaliação

1. O que é uma opção? O que é uma opção de compra? O que é uma opção de venda?
2. Defina o valor de exercício de uma opção de compra. Por que o preço de mercado de uma opção de compra geralmente está acima de seu valor de exercício?
3. A ação da Brighton Memory está sendo negociada atualmente a $ 50. Uma opção de compra de ação com um preço de exercício de $ 35 é, atualmente, vendida a $ 21. Qual é o valor de exercício da opção de compra? **($ 15,00)** Qual é o valor do tempo? **($ 6,00)**

Relatório financeiro para opções de compra de ações concedidas a funcionários

Quando concedidas a executivos e outros funcionários, as opções são uma forma "híbrida" de remuneração. Em algumas empresas, especialmente nas pequenas, a concessão de opções pode substituir os salários em dinheiro: os funcionários estão dispostos a ganhar salários em dinheiro menores se receberem opções. As opções também são um incentivo para os funcionários trabalharem mais. Independentemente de serem emitidas para motivar os funcionários ou para preservar o caixa, as opções, de forma clara, possuem valor no momento em que são concedidas e transferem riqueza dos acionistas existentes para os funcionários na medida em que reduzem os desembolsos de caixa ou aumentam a produtividade do funcionário o suficiente para compensar seu valor no momento da emissão.

As empresas gostam desse processo porque a concessão de opções não exige saída de caixa imediata, embora ela possa diluir a riqueza do acionista se mais tarde for exercida. Funcionários, especialmente presidentes de empresas, gostam da riqueza potencial que recebem quando lhes são concedidas opções. Quando as concessões de opções são relativamente pequenas, elas não interessam aos investidores. No entanto, uma vez que o setor de alta tecnologia começou a realizar megaconcessões nos anos 1990 e outras indústrias seguiram tal procedimento no uso pesado de opções, os acionistas começaram a perceber que as grandes concessões estavam tornando alguns presidentes de empresas podres de rico à custa dos acionistas.

Antes de 2005, as concessões de opções não fizeram parte importantes dos relatórios financeiros das empresas. Mesmo que tais concessões sejam claramente uma transferência de riqueza para os funcionários, as empresas eram obrigadas apenas a divulgá-las nas notas explicativas e poderiam ignorá-las nas demonstrações do resultado e nos balanços patrimoniais. O Conselho de Normas de Contabilidade Financeira (FASB) agora exige que as empresas mostrem as concessões de opções como despesa na demonstração do resultado. Para fazer isso, o valor das opções é estimado no momento da concessão e registrado como despesa durante o período de carência, que é o tempo que o funcionário deve esperar antes de exercer as opções. Por exemplo, se o valor inicial for de $ 100 milhões e o período de carência for de 2 anos, a empresa deverá registrar uma despesa de $ 50 milhões para cada um dos dois próximos anos. Essa abordagem não é perfeita – pois a concessão não é uma despesa de caixa – e não leva em consideração as mudanças no valor da opção após a concessão inicial. Contudo, ela realmente torna a concessão da opção mais visível para os investidores, o que é algo bom.

8-2   Abordagem binomial de precificação de opções para um único período

Podemos utilizar o modelo de precificação de ativos financeiros (CAPM) para calcular o retorno exigido de uma ação e em seguida utilizar esse retorno para descontar seus fluxos de caixa futuros estimados para encontrar seu valor. Não existe um modelo semelhante para o retorno exigido de opções, portanto temos de utilizar uma abordagem diferente para encontrar o valor de uma opção. Na Seção 8-5, descreveremos o modelo de precificação de opção Black-Scholes, mas, nesta seção, explicaremos o modelo binomial de precificação de opções. A ideia por trás desse modelo é diferente daquela do modelo DCF utilizado para a avaliação de ações. Em vez de descontar fluxos de caixa a um retorno exigido para obter um preço, como fizemos com o modelo de avaliação de ações, utilizaremos a opção, ações e a taxa livre de risco para construir uma carteira, cujo valor já conhecemos, e em seguida deduzirmos o preço da opção do valor da carteira.

As próximas seções descrevem e aplicam o modelo binomial de precificação de opções à Western Cellular, uma empresa fabricante de celulares. Existem opções de compra que permitem que o detentor compre uma ação da Western pelo preço de exercício, X, de $ 35. As opções da Western vencerão após 6 meses (t é o número de anos até o vencimento, portanto t = 0,5 para as opções da Western). O preço das ações da Western, P, é atualmente de $ 40 por ação. Considerando essas informações-base, utilizaremos o modelo binomial para determinar o valor da opção de compra. O primeiro passo é determinar os possíveis ganhos da opção, conforme descrito na próxima seção.

8-2a   Ganhos em um modelo binomial para período único

Em geral, o tempo até o vencimento pode ser dividido em vários períodos, com n indicando o número de períodos. No entanto, em um modelo de período único, descrito nesta seção, há apenas um período. Assumimos que, no fim do período, o preço da ação pode ter apenas um de dois valores possíveis. Assim, essa abordagem é denominada **binomial**. Para esse exemplo, as ações da Western subirão (u) por um fator de 1,25 ou cairão (d) por um fator de 0,80. Se estivéssemos considerando uma ação com risco maior, teríamos assumido uma variação mais ampla de preços finais; mostraremos como estimar essa variação posteriormente neste capítulo. Se deixarmos u = 1,25 e d = 0,80, o preço final das ações será P(u) = $ 40(1,25) = $ 50 ou P(d) = $ 40(0,80) = $ 32. A Figura 8-1 ilustra os possíveis caminhos do preço da ação e contém informações adicionais sobre a opção de compra explicada a seguir.

Quando a opção vence no fim do ano, a ação da Western venderá a $ 50 ou $ 32. Conforme mostrado na Figura 8-1, se a ação subir para $ 50, a opção terá um ganho, C_u, de $ 15 no vencimento, porque ela está dentro

FIGURA 8-1

Ganhos binomiais das ações ou opção de compra de ações da holding Western Cellular

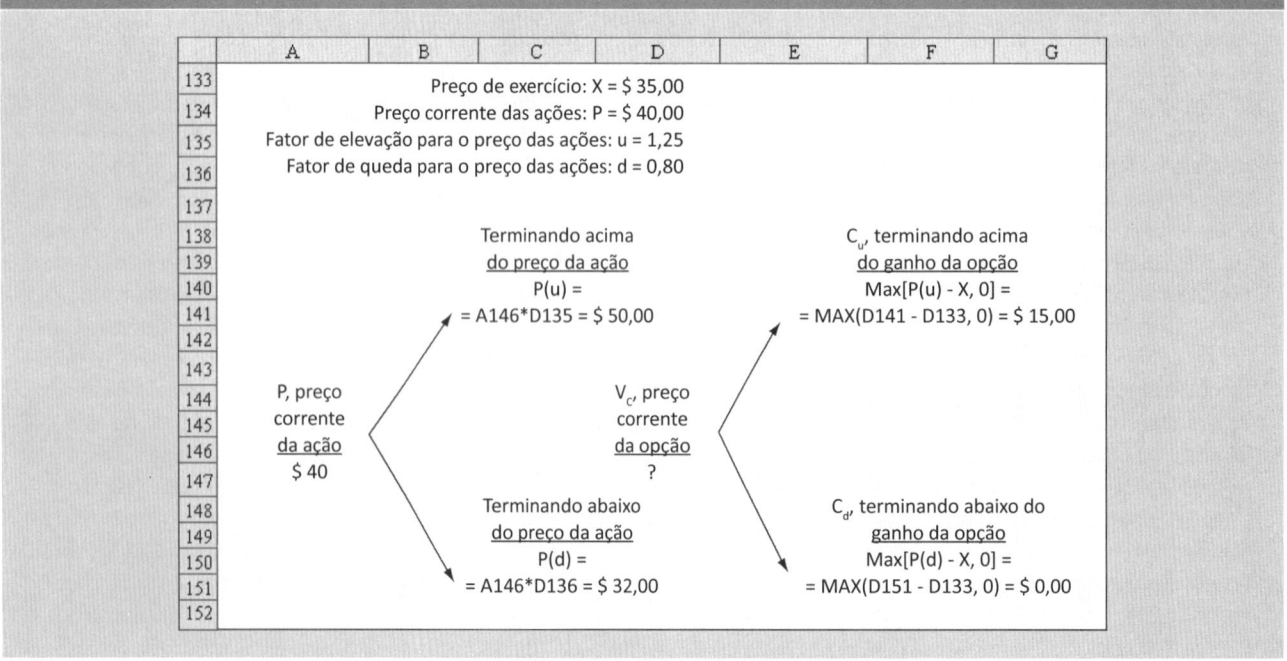

do preço: $ 50 – $ 35 = $ 15. Se o preço das ações cair para $ 32, o ganho da opção, C_d, será zero, pois ela está fora do preço.

8-2b   A abordagem de carteira com hedge

Suponha que criemos uma carteira lançando uma opção de compra e comprando uma ação. Como mostra a Figura 8-1, se o preço das ações subir, a ação da nossa carteira valerá $ 50, mas estaremos devendo $ 15 de opção, portanto o ganho líquido de nossa carteira é $ 35 = $ 50 – $ 15. Se o preço das ações cair, a ação da nossa carteira valerá apenas $ 32, mas o montante devido com a opção lançada também cairá para zero, mantendo o ganho líquido da carteira em $ 32. A variação de preços da carteira no encerramento do período é menor do que se tivéssemos apenas investido na ação, portanto lançar opções de compra reduz o risco de preço da carteira. Indo mais adiante: é possível para nós escolher o número de ações mantidas por nossa carteira, de forma que ela terá o mesmo ganho líquido se as ações subirem ou caírem? Se positivo, nossa carteira possui cobertura de risco (hedge) e terá um ganho isento de risco quando a opção expirar. Portanto, ela é chamada de **carteira com hedge**.

Não estamos realmente interessados em investir na carteira com hedge, mas desejamos utilizá-la para nos ajudar a determinar o valor da opção. Observe que, se uma carteira com hedge possui um ganho líquido isento de risco quando a opção expirar, podemos encontrar o valor presente do ganho descontando-o pela taxa livre de risco. O valor corrente da nossa carteira deve ser igual ao valor presente, o que nos permite determinar o valor de opção. O exemplo a seguir ilustra os passos dessa abordagem.

1. Encontre N_s, o número de ações na carteira com hedge

Queremos que o ganho da carteira seja o mesmo, independentemente de a ação subir ou descer. Se lançarmos uma opção de compra e comprarmos N_s ações, a ação da carteira valerá $N_s(P)(u)$ caso o preço das ações suba, portanto seu ganho líquido será $N_s(P)(u) - C_u$. A ação da carteira valerá $N_s(P)(d)$ se o preço das ações cair, portanto seu ganho líquido será $N_s(P)(d) - C_d$. Fixando os ganhos da carteira iguais a outros e em seguida determinando os rendimentos de N_s:

$$N_s = \frac{C_u - C_d}{P(u) - P(d)} = \frac{C_u - C_d}{P(u - d)}$$

(8-2)

Para a Western, a carteira com *hedge* possui 0,83333 ação:[9]

$$N_s = \frac{C_u - C_d}{P(u) - P(d)} = \frac{\$\,15 - \$\,0}{\$\,50 - \$\,32} = 0,83333$$

2. Encontre o ganho da carteira com hedge

Nosso próximo passo é encontrar o ganho da carteira com hedge quando o preço das ações subir (você obterá o mesmo resultado se, em vez disso, determinar o ganho da carteira quando a ação cair). Lembre-se de que a carteira com hedge possui N_s ações e que lançamos a opção de compra, portanto o ganho da opção de compra deve ser subtraído:

$$\text{Ganho da carteira com hedge se a ação está em alta} = N_s P(u) - C_u$$
$$= 0,83333(\$\,50) - \$\,15$$
$$= \$\,26,6665$$

$$\text{Ganho da carteira com hedge se a ação está em baixa} = N_s P(u) - C_d$$
$$= 0,83333(\$\,32) - \$\,0$$
$$= \$\,26,6665$$

A Figura 8-2 ilustra os ganhos da carteira com hedge.

---

[9] Uma forma fácil de lembrar essa fórmula é observar que N_s é igual à variação em possíveis ganhos de opções dividida pela variação nos possíveis preços das ações.

FIGURA 8-2

Carteira com hedge sem risco de pagamentos/payoffs

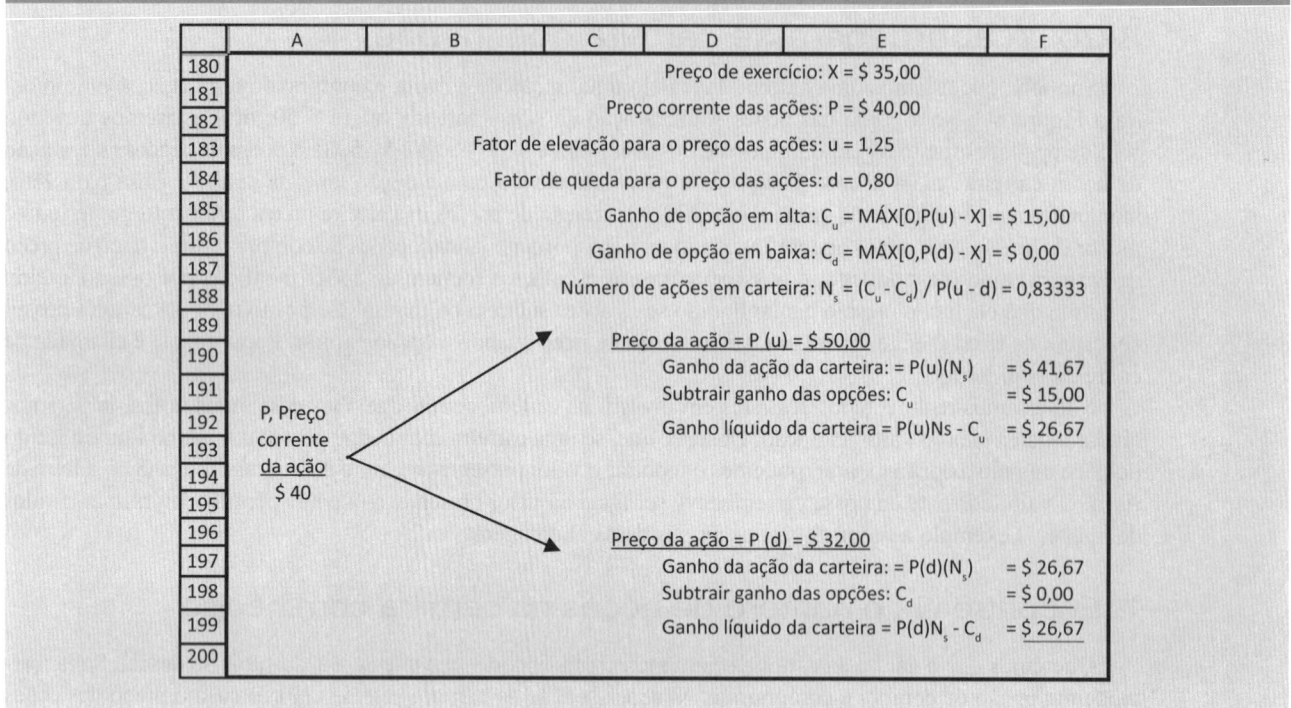

3. Encontre o valor presente do ganho da carteira com hedge

Como o ganho da carteira com hedge não possui riscos, seu valor corrente deve ser igual ao valor presente do ganho isento de risco. Suponha que a taxa livre de risco anual, r_{RF} seja de 8%. Qual é o valor atual do pagamento da carteira hedge sem risco de $ 26,6665 em 6 meses? Lembre-se do Capítulo 4 que o valor presente depende da frequência com que os juros são compostos. Suponhamos que os juros sejam compostos diariamente.[10] Podemos usar uma calculadora financeira para encontrar o valor presente do pagamento da carteira hedge inserindo N = 0,5 (365), porque há 365 dias em um ano e o contrato expira em meio ano; I / YR = 8/365, porque queremos uma taxa de juro diária; PMT = 0; e FV = – $ 26,6665, porque queremos saber o montante que iríamos receber hoje em troca de desistir do pagamento quando a opção expira. Usando essas entradas, calculamos PV = $ 25,6210, que é o valor presente do pagamento da carteira hedge.[11]

4. Encontre o valor da opção

O valor corrente da carteira com hedge é o valor da ação, $N_s(P)$, menos o valor da opção de compra que lançamos.

$$\text{Valor corrente de carteira com hedge} = N_s(P) - V_C$$

Como o pagamento é isento de risco, o valor atual da carteira com hedge também deve ser igual ao valor presente da recompensa sem risco:

O valor atual da carteira com hedge = Valor presente do pagamento isento de risco.

---

[10] Modelos de opção de preço geralmente assumem composição contínua, mas a composição diária funciona bem. Aplicaremos a composição contínua nas Seções 8-3 e 8-4.

[11] Também podemos chegar ao valor presente usando a equação de valor presente com a taxa de juros periódica diária e o número de períodos diários: PV = $ 26,6665/$(1 + 0,08/365)^{05(365)}$ = $ 25,6210.

Substituindo-se pelo valor atual da carteira com hedge, temos:

$$N_s\,(P) - V_C = \text{Valor presente do pagamento sem risco}$$

Calculando o valor da opção de compra, obtemos

$$V_C = N_s\,(P) - \text{Valor presente do pagamento isento de risco}$$

Para a opção Western, isso é

$$V_C = 0,83333(\$\,40) - \$\,25,621$$
$$= \$\,7,71$$

8-2c Carteiras com hedge e carteiras replicantes

Em nossa derivação anterior do valor da opção de compra, combinamos um investimento em ação com o lançamento de uma opção de compra para criar um investimento livre de riscos. Podemos modificar essa abordagem e criar uma carteira que replique os ganhos da opção de compra. Por exemplo, suponha que tenhamos formado uma carteira comprando 0,83333 ações da Western e tomado $ 25,621 emprestados a uma taxa livre de riscos (isso é equivalente a vender uma letra do Tesouro descoberta). Em 6 meses, pagaríamos $ 25,621, com capitalização diária a taxa livre de riscos. Utilizando uma calculadora financeira, tecle N = 0,5(365), I/YR = 8/365, PV = -$25,621 e resolva para FV = $ 26,6665.[12] Se a ação subir, nosso ganho líquido será 0,83333($ 50) – $ 26,6665 = $ 15,00. Se a ação cair, nosso ganho líquido será 0,83333($ 32) – $ 26,6665 = $ 0. Os ganhos da carteira são exatamente iguais aos ganhos da opção, conforme mostrado na Figura 8-1, logo nossa carteira de 0,83333 ações e os $ 25,621 que tomamos emprestado replicariam exatamente os ganhos da opção. Portanto, ela é chamada de **carteira replicante**. Nosso custo para criar essa carteira é o custo da ação menos o montante que tomamos emprestado:

$$\text{Custo de carteira replicante} = 0,83333(\$\,40) - \$\,25,621 = \$\,7,71$$

Se a opção de compra não for vendida por exatamente $ 7,71, o investidor esperto poderá ter um lucro certo. Por exemplo, suponha que a opção seja vendida por $ 8. O investidor lançaria uma opção, que ofereceria $ 8 de caixa agora, mas obrigaria o investidor a pagar $ 15 ou $ 0 em 6 meses quando a opção vencesse. No entanto, o investidor poderia utilizar os $ 8 para criar a carteira replicante, deixando o investidor com $ 8 – $ 7,71 = $ 0,29. Em 6 meses, a carteira replicante pagaria $ 15 ou $ 0. Assim, o investidor não está exposto a nenhum risco – os ganhos recebidos da carteira replicante compensam exatamente os ganhos devidos sobre a opção. O investidor não utiliza nada do seu próprio dinheiro, não possui risco algum e não tem nenhuma obrigação futura líquida, mas possui $ 0,29 em dinheiro. Isso é **arbitragem**, e se houvesse uma oportunidade de arbitragem, o investidor a expandiria lançando milhares de opções.[13]

Tais oportunidades de arbitragem não persistem por muito tempo em uma economia razoavelmente eficiente, pois outros investidores também verão a oportunidade e tentarão fazer o mesmo. Com tantos investidores tentando lançar (isto é, vender) a opção, seu preço cairá; com tantos investidores tentando comprar a ação, seu preço subirá. Isso continuará até que a opção e a carteira replicante possuam preços idênticos. E, pelo fato de nossos mercados financeiros serem realmente muito eficientes, você nunca veria o título derivativo e a carteira replicante sendo negociados por preços diferentes – eles sempre teriam o mesmo preço e não haveria oportunidades de arbitragem. O que isso significa é que, encontrando o preço de uma carteira que replica um título derivativo, também teremos encontrado o preço do próprio título derivativo!

---

[12] Como alternativa, utilize a equação de valor atual com a composição diária: $ 25,621$(1 + 0,08/365)^{365(0,5/1)}$ = $ 26,6665.
[13] Se a opção fosse vendida por menos do que a carteira replicante, o investidor levantaria dinheiro vendendo a carteira e utilizando o dinheiro para comprar a opção, o que resultaria novamente em lucros de arbitragem.

1. Descreva como a carteira com *hedge* livre de riscos pode ser criada utilizando ações e opções.
2. Como tal carteira pode ser utilizada para ajudar a estimar o valor de uma opção de compra?
3. O que é uma carteira replicante e como é utilizada para encontrar o valor de um título derivativo?
4. O que é arbitragem?
5. O preço das ações da Lett Incorporated atualmente é de $ 50, mas estima-se que haverá uma alta por um fator de 1,5 ou uma queda por um fator de 0,7 no fim do ano. Há uma opção de compra das ações da Lett com um preço de exercício de $ 55 e vencimento de 1 ano a partir de agora. Quais são os possíveis preços das ações no fim do ano? **($ 75 ou $ 35)** Qual será o ganho da opção de compra se o preço das ações subir? **($ 20)** E se o preço das ações cair? **($ 0)** Se vendermos uma opção de compra, quantas ações da Lett teremos de comprar para criar uma carteira com hedge sem risco composta de opções e ações? **(0,5)** Qual é o ganho dessa carteira? **($ 17,50)** Se a taxa anual livre de risco é 6%, quanto vale hoje a carteira isenta de risco (assumindo a capitalização diária)? **($ 16,48)** Qual é o valor corrente da opção de compra? **($ 8,52)**

8-3   Fórmula binomial de precificação de opções para período único[14]

A abordagem da carteira com hedge funciona bem se você deseja encontrar apenas o valor de um tipo da opção com um período até o vencimento. No entanto, em todas as outras situações, a abordagem passo a passo rapidamente se torna tediosa. As próximas seções descrevem uma fórmula que substitui a abordagem passo a passo.

8-3a   Fórmula binomial de precificação de opções

Com pouca (ou muita!) álgebra, podemos derivar uma única fórmula para uma opção de compra. Em vez de utilizar a composição diária, utilizamos a composição contínua para tornar a fórmula binomial consistente com a fórmula de Black-Sholes na Seção 8-5.[15] Eis aqui a fórmula de precificação da opção binomial resultante.

Após programá-la no Excel é fácil alterar as entradas e determinar o novo valor de uma opção de compra. A fórmula binomial de precificação de opções é a seguinte:

$$V_C = \frac{C_u\left[\dfrac{e^{r_{RF}(t=n)} - d}{u - d}\right] + C_d\left[\dfrac{u - e^{r_{RF}(t=n)}}{u - d}\right]}{e^{r_{RF}(t=n)}} \qquad \text{(8-3)}$$

Podemos aplicar essa fórmula à opção de compra da Western:

$$V_C = \frac{\$\,15\left[\dfrac{e^{0,08(0,5/1)} - 0,80}{1,25 - 0,80}\right] + \$\,0\left[\dfrac{1,25 - e^{0,08(0,5/1)}}{1,25 - 0,80}\right]}{e^{0,08(0,5=1)}}$$

$$= \frac{\$\,15(0,5351) + \$\,0(0,4649)}{1,04081} = \$\,7,71$$

Observe que esse é o mesmo valor obtido com o processo passo a passo mostrado anteriormente.

A fórmula binomial de precificação de opções da Equação 8-3 não inclui as probabilidades reais de que a ação subirá ou cairá nem o retorno estimado da ação, o que vai contra às nossas expectativas. No fim, quanto maior for o retorno estimado das ações, maior será a probabilidade de que a opção de compra estará dentro do preço no vencimento. Observe, porém, que o retorno estimado das ações já está indiretamente incorporado ao preço das ações.

---

[14] O conteúdo desta seção é relativamente técnico e alguns instrutores podem optar por omiti-lo sem perda de continuidade.
[15] Com a composição contínua, o valor presente é igual ao valor futuro dividido por $(1 + r_{RF}/365)^{365(0,5/1)}$. Com a composição contínua, o valor presente é $e^{-r_{RF}(t/n)}$.

8-3b Ações primitivas e fórmula binominal de precificação de opções

Se quisermos avaliar outras opções de compra ou venda da Western que vençam em 6 meses, podemos utilizar a Equação 8-3 novamente. Repare que, para opções com o mesmo tempo restante até o vencimento, C_u e C_d são as únicas variáveis que dependem da própria opção. As outras variáveis dependem apenas do processo das ações (u e d), da taxa livre de riscos, do tempo até o vencimento e do número de períodos até o vencimento. Se agruparmos essas variáveis, podemos definir π_u e π_d como:

$$\pi_u = \frac{\left[\dfrac{e^{r_{RF}(t/n)}-d}{u-d}\right]}{e^{r_{RF}(t/n)}}$$

(8-4)

e

$$\pi_d = \frac{\left[\dfrac{u-e^{r_{RF}(t/n)}}{u-d}\right]}{e^{r_{RF}(t/n)}}$$

(8-5)

Substituindo esses valores na Equação 8-3, obtemos um modelo de precificação de opções que pode ser aplicado a todas as opções com vencimento de 6 meses da Western:

$$V_C = C_u\pi_u + C_d\pi_d$$

(8-6)

Nesse exemplo, π_u e π_d são:

$$\pi_u = \frac{\left[\dfrac{e^{0,08(0,5/1)}-0,80}{1,25-0,80}\right]}{e^{0,08(0,5/1)}} = 0,5142$$

e

$$\pi_d = \frac{\left[\dfrac{1,25-e^{0,08(0,5/1)}}{1,25-0,80}\right]}{e^{0,08(0,5/1)}} = 0,4466$$

Utilizando a Equação 8-6, o valor da opção de compra com vencimento de 6 meses da Western com um preço de exercício de $ 35 é:

$$\begin{aligned}
V_C &= C_u\pi_u + C_d\pi_d \\
&= \$ 15(0,5142) + \$ 0(0,4466) \\
&= \$ 7,71
\end{aligned}$$

Ocasionalmente, esses π são chamados de *títulos primitivos*, pois π_u é o preço de um título simples que pagará $ 1 se as ações subirem e nada se caírem; π_d é o oposto. Isso significa que podemos utilizar esses π para encontrar o preço de qualquer opção com vencimento de 6 meses da Western. Por exemplo, suponha que queiramos encontrar o valor de uma opção de compra com vencimento de 6 meses da Western, mas com um preço de exercício de $ 30. Em vez de reinventar o processo, tudo o que temos que fazer é encontrar os ganhos dessa opção e utilizar os mesmos valores de π_u e π_d na Equação 8-6. Se as ações subirem para $ 50, a opção pagará $ 50 – $ 30 = $ 20; se elas caírem para $ 32, a opção pagará $ 32 – $ 30 = $ 2. O valor da opção de compra é:

Valor da opção de compra com vencimento de 6 meses e preço de $= C_u \pi_u + C_d \pi_d$
exercício de $ 30 $= \$ 20(0,5141) + \$ 2(0,4466)$
                                                                 $= \$ 11,18$

No início, é um pouco tedioso calcular π_u e π_d, mas, uma vez que você os tenha salvado, será fácil encontrar o valor de qualquer opção de compra ou venda de ações com vencimento de 6 meses. De fato, você pode utilizar os π para encontrar o valor de qualquer título com ganhos que dependem dos preços das ações com vencimento de 6 meses da Western, o que os torna uma ferramenta poderosa.

Autoavaliação

1. A Yegi's Fine Phones possui um preço corrente de ações de $ 30. Você precisa achar o valor de uma opção de compra com um preço de exercício de $ 32 que vence em 3 meses. Utilize o modelo binomial com um período até o vencimento. O fator para um aumento no preço das ações é u = 1,15; o fator para um movimento de queda é d = 0,85. Quais são os possíveis preços das ações na data de vencimento? **($ 34,50 ou $ 25,50)** Quais são os possíveis ganhos da opção no vencimento? **($ 2,50 ou $ 0)** Quais são os π_u e π_d? **(0,5422 e 0,4429)** Qual é o valor corrente da opção? (assuma que cada mês é um 1/12 de um ano) **($ 1,36)**

8-4   Modelo binomial de precificação de opções para vários períodos[16]

Claro que o exemplo de um único período é simplificado. Embora você pudesse duplicar comprando 0,8333 de ação e lançando uma opção ao comprar 8.333 ações e lançar 10.000 opções, as premissas de preço de ações não são realistas – o preço das ações da Western poderia ser quase nulo após 6 meses, não apenas $ 50 ou $ 32. Contudo, se permitíssemos que as ações subissem e caíssem mais frequentemente, teríamos uma variação mais realista de preços finais como resultado. Em outras palavras, dividir o tempo até o vencimento em mais períodos melhoraria o realismo dos preços resultantes no vencimento. O segredo para implementar um modelo binomial para vários períodos é manter sempre o mesmo desvio padrão anual de retorno das ações, independentemente de quantos períodos você tem durante um ano. De fato, os analistas geralmente começam com uma estimativa do desvio padrão e utilizam-na para determinar u e d. A derivação está além do escopo de um livro de administração financeira, mas as equações apropriadas são:

$$u = e^{\sigma \sqrt{t/n}} \tag{8-7}$$

$$d = \frac{1}{u} \tag{8-8}$$

em que σ é o desvio padrão anualizado do retorno das ações; t, o tempo em anos até o vencimento; e n, o número de períodos até o vencimento.

O desvio padrão dos retornos das ações da Western é de 31,5573%, e a aplicação das Equações 8-7 e 8-8 confirma os valores de u e d que utilizamos anteriormente:

$$u = e^{0,315573\sqrt{0,5/1}} = 1,25 \quad \text{e } d = \frac{1}{1,25} = 0,80$$

Agora suponha que seja permitido que os preços das ações mudem a cada três meses (ou seja, 0,25 ano). Utilizando as Equações 8-7 e 8-8, estimamos u e d:

$$u = e^{0,315573\sqrt{0,5/2}} = 1,1709 \quad \text{e } d = \frac{1}{1,1709} = 0,8540$$

---

[16] O conteúdo desta seção é relativamente técnico e alguns instrutores podem optar por omiti-lo sem perda de continuidade.

No fim dos três primeiros meses, o preço da Western poderia subir para $ 40(1,1709) = $ 46,84 ou cair para $ 40(0,8540) = $ 34,16. Se o preço subir nos três primeiros meses para $ 46,84, em seguida ele subirá para $ 46,84(1,1709) = $ 54,84 ou cairá para $ 46,84(0,8540) = $ 40 no vencimento. Se, em vez disso, o preço inicialmente caísse para $ 40(0,8540) = $ 34,16 durante os 3 primeiros meses, em seguida ele subiria para $ 34,16(1,1709) = $ 40 ou cairia para $ 34,16(0,8540) = $ 29,17 até o vencimento. Esse padrão de movimentos nos preços das ações é chamado de **treliça binomial** e é mostrado na Figura 8-3.

Como a taxa de juros e a volatilidade (conforme definido por u e d) são constantes para cada período, podemos calcular π_u e π_d para qualquer período e aplicar os mesmos valores a cada período:[17]

$$\pi_u = \frac{\left[\dfrac{e^{0,08\,(0,5/2)} - 0,80}{1,25 - 0,80}\right]}{e^{0,08\,(0,5/2)}} = 0,51400$$

$$\pi_d = \frac{\left[\dfrac{1,25 - e^{0,08\,(0,5/1)}}{1,25 - 0,80}\right]}{e^{0,08\,(0,5/1)}} = 0,46620$$

Esses valores são indicados na Figura 8-3.

A treliça mostra os possíveis preços de ações no vencimento da opção, e sabemos o preço de exercício, logo podemos calcular os ganhos da opção no vencimento. A Figura 8-3 também mostra os ganhos da opção no vencimento. Se nos concentrarmos somente na parte superior, à direita, da treliça mostrada dentro das linhas pontilhadas, ela será similar ao problema de período único que resolvemos na Seção 8-3. De fato, podemos

FIGURA 8-3

Treliça binomial de dois períodos e avaliação de opções

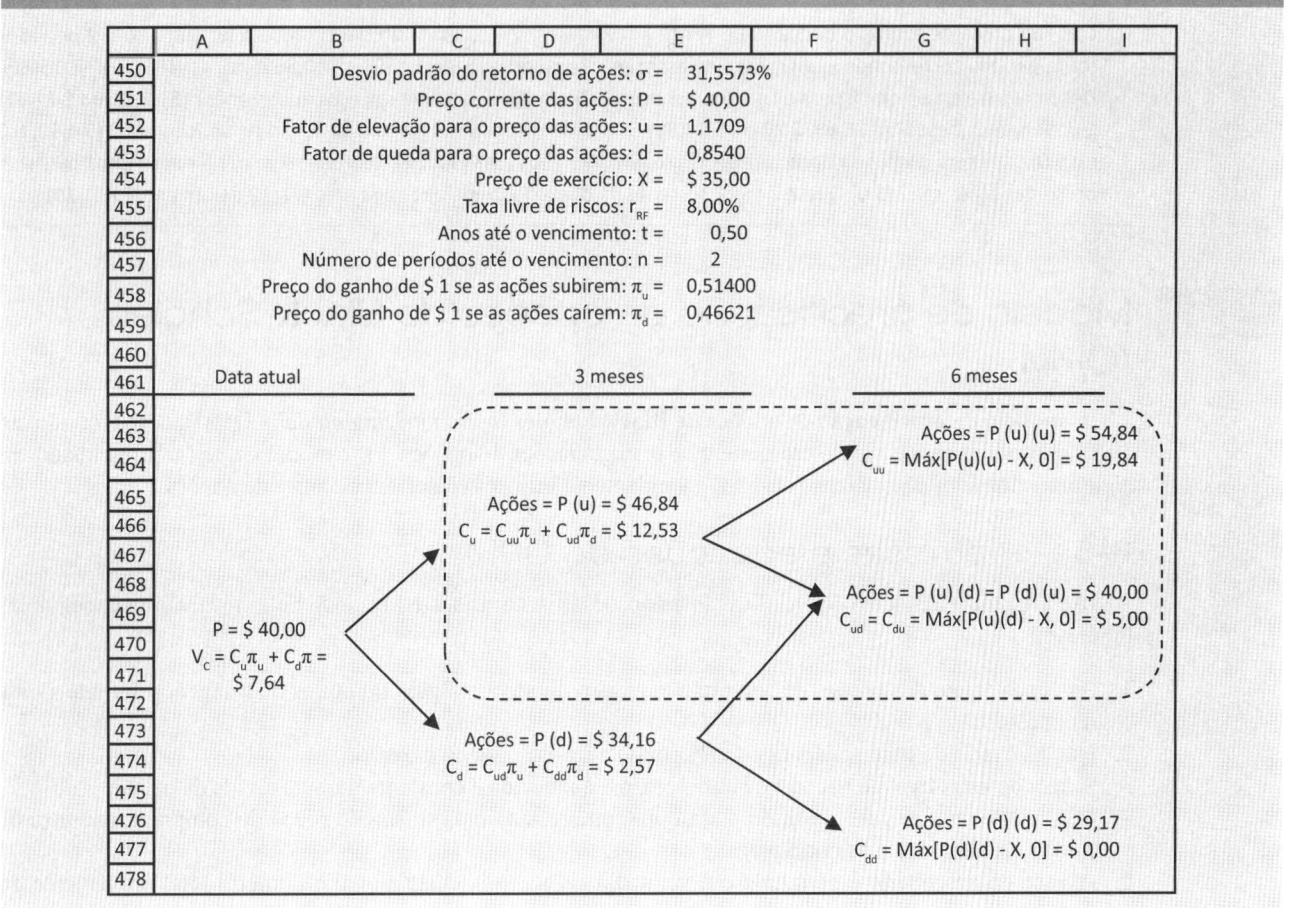

[17] Esses valores foram calculados no Excel, portanto pode haver diferenças em razão do arredondamento em etapas intermediárias.

utilizar o modelo binomial de precificação de opções da Equação 8-6 para determinar o valor da opção em três meses, considerando que o preço das ações aumentou para $ 46,84. Conforme mostrado na Figura 8-3, a opção valerá $ 12,53 em três meses se o preço das ações subir para $ 46,84. Podemos repetir tal procedimento na parte inferior, à direita, da Figura 8-3 para determinar o valor da opção de compra em três meses se o preço das ações cair para $ 34,16; nesse caso, o valor da opção de compra seria $ 2,57. Finalmente, podemos utilizar a Equação 8-6 e os valores da opção com vencimento em três meses que acabamos de calcular para determinar o preço corrente da opção, que é $ 7,64. Assim, somos capazes de encontrar o preço atual da opção resolvendo três problemas binomiais simples.

Se dividirmos o ano em períodos menores e permitirmos que o preço das ações suba ou caia mais frequentemente, a treliça terá uma variação ainda mais realista dos possíveis preços finais das ações. É claro que estimar o preço corrente da opção exigiria a resolução de vários problemas binomiais dentro da treliça, mas cada problema é simples e os computadores podem resolvê-los rapidamente. Com mais resultados, o preço estimado da opção é mais exato. Por exemplo, se dividirmos o ano em 15 períodos, o preço estimado será de $ 7,42. Com 50 períodos, o preço será de $ 7,39. Com 100 períodos ele ainda será de $ 7,39, o que mostra que as soluções convergem para seu valor final dentro de um número de etapas relativamente pequeno. De fato, à medida que dividimos o tempo até o vencimento em períodos cada vez menores, a solução para a abordagem binomial converge para a solução de Black-Scholes, a qual será descrita na próxima seção.

A abordagem binomial é mais amplamente utilizada para avaliar opções com ganhos mais complicados do que a opção de compra de nosso exemplo, tais como opções de compra de ações concedidas a funcionários. Ela está além do escopo de um livro didático de administração financeira, mas, se você estiver interessado em saber mais sobre a abordagem binomial, deverá consultar os livros de Don M. Chance e John C. Hull citados na nota de rodapé 1 deste capítulo.

Autoavaliação

1. O preço das ações da Ringling Cycle atualmente é de $ 20. Você precisa encontrar o valor de uma opção de compra com um preço de exercício de $ 22 que vence em 2 meses. Você deseja utilizar o modelo binomial com 2 períodos (cada período corresponde a um mês). Seu assistente calculou que u = 1,1553, d = 0,8656, π_u = 0,4838 e π_d = 0,5095. Desenhe a treliça binomial para os preços das ações. Quais são os possíveis preços após 1 mês? **($ 23,11 ou $ 17,31)** E depois de 2 meses? **($ 26,69, $ 20 ou $ 14,99)** Quais são os possíveis ganhos da opção no vencimento? **($ 4,69, $ 0 ou $ 0)** Qual será o valor da opção em 1 mês se as ações subirem? **($ 2,27)** Qual será o valor da opção em 1 mês se o preço das ações cair? **($ 0)** Qual é o valor corrente da opção (assuma que cada mês é 1/12 de um ano)? **($ 1,10)**

8-5 Modelo de precificação de opções de Black-Scholes (OPM)

O **modelo de precificação de opções de Black-Scholes (*option pricing model* – OPM),** desenvolvido em 1973, contribuiu para o rápido crescimento das negociações de opções. Esse modelo, que foi programado em algumas calculadoras portáteis e on-line, é amplamente utilizado pelos negociantes de opções.

8-5a Premissas e equações do OPM

Ao criarem seu modelo de precificação de opções, Fischer Black e Myron Scholes levantaram as seguintes hipóteses:

1. As ações objeto das opções de compra não pagam dividendo algum ou outras distribuições durante a vida da opção.
2. Não há custos de transação para comprar ou vender as ações ou a opção.
3. A taxa de juros livre de riscos e de curto prazo é conhecida e constante durante a vida da opção.
4. Qualquer comprador de um título pode tomar emprestada uma fração do preço de compra a uma taxa de juros livre de riscos e de curto prazo.
5. A venda a descoberto é permitida e o vendedor receberá imediatamente o dinheiro total proveniente do preço atual do título vendido a descoberto.
6. A opção de compra pode ser exercida somente na data de vencimento.
7. A negociação de todos os títulos acontece continuamente e o preço das ações se move de forma aleatória.

O modelo de Black-Scholes fundamenta-se nos mesmos conceitos do modelo binomial, exceto que o tempo é dividido em pequenos incrementos em que os preços das ações mudam continuamente. O modelo de Black-Scholes é composto das três equações seguintes:

$$V_C = P[N(d_1)] - Xe^{-r_{RF}t}[N(d_2)] \tag{8-9}$$

$$d_1 = \frac{\ln(P/X) + [r_{RF} + (\sigma^2/2)]t}{\sigma\sqrt{t}} \tag{8-10}$$

$$d_2 = d_1 - \sigma\sqrt{t} \tag{8-11}$$

As variáveis utilizadas no modelo de Black-Scholes são explicadas a seguir.

V_C = Valor corrente da opção de compra.

P = Preço corrente das ações subjacentes.

$N(d_i)$ = Probabilidade de que um desvio menor do que d_i ocorrerá em uma distribuição normal padrão. Assim, $N(d_1)$ e $N(d_2)$ representam áreas em uma função de distribuição normal padrão.

X = Preço de exercício da opção.

e ≈ 2,7183.

r_{RF} = Taxa de juros livre de riscos.[18]

t = Tempo até o vencimento da opção (o período da opção).

$\ln(P/X)$ = Logaritmo natural de P/X.

s = Desvio padrão da taxa de retorno da ação.

O valor da opção é uma função de cinco variáveis: (1) P, o preço das ações; (2) t, o tempo até o vencimento da opção; (3) X, o preço de exercício; (4) σ, o desvio padrão das ações subjacentes; e (5) r_{RF}, a taxa livre de riscos. Não calculamos a derivada do modelo de Black-Scholes – a derivação envolve alguns cálculos extremamente complicados que fogem do escopo deste livro. No entanto, não é difícil utilizar o modelo. Seguindo as premissas estabelecidas anteriormente, se o preço da opção for diferente do preço encontrado pela Equação 8-9, será uma oportunidade para lucros de arbitragem, o que forçaria o preço da opção a voltar ao valor indicado pelo modelo. Conforme observamos anteriormente, o modelo de Black-Scholes é amplamente utilizado pelos negociantes, pois os preços reais das opções correspondem razoavelmente bem aos valores derivados do modelo.

8-5b Aplicação do modelo de precificação de opções de Black-Scholes a uma opção de compra

O preço corrente das ações (P), o preço de exercício (X) e o tempo até o vencimento (t) podem ser obtidos de um jornal, como *o The Wall Street Journal*, ou da internet, do site da CBOE. A taxa livre de riscos (r_{RF}) é o rendimento de uma letra do Tesouro com vencimento igual à data de vencimento da opção. O desvio padrão anualizado dos retornos das ações (σ) pode ser estimado com base nos preços diários das ações. Primeiro, encontre o retorno das ações para cada dia de negociação de um período de amostra, tal como cada dia de negociação do último ano. Segundo, estime a variação dos retornos diários das ações. Terceiro, multiplique

---

[18] O processo correto para estimar a taxa livre de risco para uso no modelo de Black-Scholes para uma opção com vencimento em 6 meses é encontrar a taxa nominal anual (composta continuamente) que tenha a mesma taxa anual efetiva que a T-bill com vencimento em 6 meses. Por exemplo, suponha que uma T-bill de 6 meses esteja rendendo uma taxa periódica de 6 meses de 4,081%. A taxa livre de risco para utilizar no modelo de Black-Scholes é $r_{RF} = \ln(1 + 0,0408)/0,5 = 8\%$. Mediante a composição contínua, uma taxa nominal de 8% produz uma taxa de rendimentos efetiva de $e^{0,08} - 1 = 8,33\%$. Esta é a mesma taxa efetiva que a T-bill rendeu: $(1 + 0,0408)^2 - 1 = 8,33\%$. A mesma abordagem pode ser aplicada para opções com diferentes períodos de vencimento. Forneceremos as taxas livres de risco apropriadas para todos os problemas e exemplos.

essa variação diária estimada pelo número de dias de negociação de um ano, que é aproximadamente 250.[19] Pegue a raiz quadrada da variação anualizada e o resultado é uma estimativa do desvio padrão anualizado. Utilizaremos o modelo de Black-Scholes para estimar a opção de compra da Western que discutimos anteriormente. As entradas são:

$$P = \$\,40$$
$$X = \$\,35$$
$$t = 6 \text{ meses } (0,5 \text{ ano})$$
$$r_{RF} = 8,0\% = 0,080$$
$$\sigma = 31,557\% = 0,31557$$

Dadas essas informações, estimamos inicialmente o d_1 e o d_2 das Equações 8-10 e 8-11:

$$d_1 = \frac{\ln(\$\,40/\$\,35) + [0,08 + ((0,31557^2)/2)](0,5)}{0,31557\,\sqrt{0,5}}$$

$$= \frac{0,13353 + 0,064896}{0,22314} = 0,8892$$

$$d_2 = d_1 - 0,31557\,\sqrt{0,5} = 0,6661$$

Observe que $N(d_1)$ e $N(d_2)$ representam áreas em uma função de distribuição normal padrão. A forma mais fácil de calcular esse valor é com o Excel. Por exemplo, podemos utilizar a função = **INV.NORMP(0,8892)**, que retorna um valor de $N(d_1) = N(0,8892) = 0,8131$. Similarmente, a função **INV.NORMP** retorna um valor de $N(d_2) = 0,7473$.[20] Podemos utilizar esses valores para solucionar a Equação 8-9:

$$V_C = \$\,40[N(0,8892)] - \$\,35e^{-(0,08)(0,5)}[N(0,6661)]$$
$$= \$\,7,39$$

Assim, o valor da opção é $\$\,7,39$. Esse é o mesmo valor que encontramos utilizando a abordagem binomial com 100 períodos no ano.

---

[19] Se as ações fossem negociadas todos os dias do ano, então, o retorno de cada uma delas cobriria um período de 24 horas; você simplesmente estimaria a variância dos retornos do 1º dia com sua amostra de retornos diários e então multiplicaria esta estimativa por 365 para uma estimativa da variância anual. Contudo, ações não são negociadas todos os dias por causa dos fins de semana e feriados. Se você medir retornos a partir do encerramento de um dia de negociações até o encerramento do dia de negociações seguinte (o que se chama "retornos do dia de negociações"), alguns retornos serão referentes ao 1º dia (como do encerramento da quinta-feira até o encerramento da sexta-feira) e alguns, para períodos mais longos, como o retorno de 3 dias, do encerramento de sexta-feira ao encerramento da segunda-feira. Pode parecer razoável que os retornos de 3 dias tenham 3 vezes a variância de um retorno de 1 dia e que devam ser tratados de modo diferente quando se estima a variância do retorno diário, mas esse não é o caso. Acontece que o retorno em 3 dias ao longo de um fim de semana tem uma variância apenas um pouco maior do que o retorno referente a um dia (talvez, porque nos fins de semana o fluxo de novas informações seja menor), e assim, é razoável tratar todos os retornos dos dias de negociação da mesma maneira. Com aproximadamente 250 dias de negociação a cada ano, a maioria dos analistas faz a estimativa da variância dos retornos diários e multiplica por 250 (ou 252, dependendo do ano, para ser mais preciso) para obter uma estimativa da variância anual.

[20] Se você não tiver acesso ao Excel, poderá utilizar a tabela disponível no Apêndice D. Por exemplo, a tabela mostra que o valor para $d_1 = 0,88$ é $0,5000 + 0,3106 = 0,8106$ e para $d_1 = 0,89$ é $0,5000 + 0,3133 = 0,8133$, então $N(0,8892)$ permanece entre $0,8106$ e $0,8133$. Você poderia intercalar para encontrar um valor mais próximo, mas, em vez desse procedimento, sugerimos a utilização do Excel.

FIGURA 8-4

Opções de compra da Western Cellular com preço de exercício de $ 35

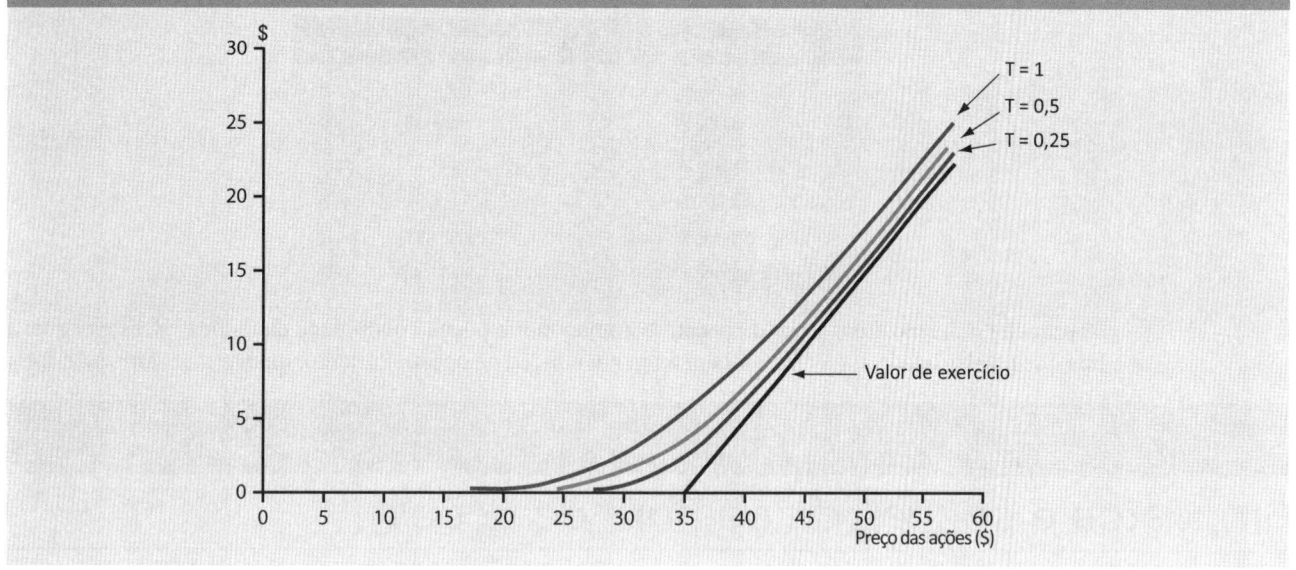

© Cengage Learning 2014

8-5c   Os cinco fatores que afetam os preços das opções

O modelo de Black-Scholes possui cinco entradas, logo há cinco fatores que afetam os preços das opções. A Figura 8-4 mostra como três das opções de compra da Western Cellular são afetadas pelo preço das ações da Western (todas as três opções possuem um preço de exercício de $ 35). As três opções vencem em 1 ano, 6 meses (0,5 ano, como a opção do nosso exemplo) e 3 meses (ou 0,25 ano), respectivamente.

A Figura 8-4 oferece várias percepções sobre a avaliação de opções. Observe que, para todos os preços de ações, os preços das opções estão sempre acima do valor de exercício. Se isso não fosse verdade, um investidor poderia comprar a opção e imediatamente exercê-la para obter lucro rápido.[21]

Quando o preço das ações cai muito abaixo do preço de exercício, os preços das opções caem para zero. Em outras palavras, opções perdem valor à medida que ficam cada vez mais fora do preço. Quando o preço das ações excede o preço de exercício, os preços das opções caem para o valor de exercício. Assim, para preços de ações muito altos, as opções tendem a subir e descer aproximadamente pelo mesmo montante que o preço das ações.

Os preços das opções aumentam se os preços das ações aumentam. Isso acontece porque o preço de exercício é fixo, portanto um aumento no preço das ações aumenta a possibilidade de que a opção estará dentro do preço no vencimento. Apesar de não mostrarmos isso na figura, um aumento no preço de exercício obviamente causaria uma queda no valor da opção, pois preços de exercício mais altos significam uma probabilidade menor de a opção estar dentro do preço no vencimento.

A opção de 1 ano sempre possui um valor maior que a opção de 6 meses, que sempre possui um valor maior que a opção de 3 meses; assim, quanto maior o prazo de vencimento de uma opção, maior seu valor. Isso ocorre porque os preços das ações, em média, sobem, portanto tempo maior até o vencimento significa probabilidade maior de a opção estar dentro do preço na sua data de vencimento, tornando-a mais valiosa. Veja como intuímos esse resultado. Com um longo tempo até o vencimento, o preço das ações tem chance de aumentar bem acima do preço de exercício até a data de expiração. Claro que, com um longo tempo até a expiração, também há uma chance de que o preço das ações caia muito abaixo do preço de exercício até a expiração. Há, contudo, uma grande diferença nos pagamentos para se estar "in the money" (ITM) ou "out the money" (OTM). Cada dólar em que o preço das ações esteja acima do preço de exercício significa um dólar extra no pagamento, mas não importa o quanto o preço das ações esteja abaixo do preço de exercício, o pagamento é zero. Quando se trata de uma opção de compra, o ganho no valor, devido à chance de terminar ITM, com um grande pagamento, mais do que compensa a perda de valor devido à possibilidade de estar OTM.

---

[21] Mais precisamente, esta declaração é verdadeira para todas as opções de compra norte-americanas (que podem ser exercidas antes do vencimento) e para as opções de compra europeias, lançadas em ações que não pagam dividendos. Embora as opções europeias não possam ser exercidas antes do vencimento, os investidores podem ganhar um lucro sem risco se o preço de compra for menor do que o valor de exercício, vendendo a ação rapidamente, adquirindo a opção de compra, e investindo a uma taxa livre de risco uma quantidade igual ao valor presente do preço de exercício. A grande maioria das opções de compra são opções norte-americanas, por isso, o preço de compra é quase sempre superior ao valor de exercício.

Como a volatilidade afeta opções de compra? A seguir está o modelo de precificação de Black-Scholes a uma opção de compra da Western com as entradas originais, exceto pelos desvios padrão diferentes:

DESVIO PADRÃO (σ)	PREÇO DA OPÇÃO DE COMPRA
0,001%	$ 6,37
10,000%	$ 6,38
31,557%	$ 7,39
40,000%	$ 8,07
60,000%	$ 9,87
90,000%	$ 12,70

A primeira linha mostra o preço da opção se houver muito pouca volatilidade das ações.[22] Observe que, à medida que a volatilidade aumenta, também aumenta o preço da opção. Portanto, quanto mais arriscado for o

Impostos e opções de compra de ações

Se uma concessão de compra de ações para funcionários atende a certas condições, ela é chamada de "concessão com incentivos fiscais" ou algumas vezes de "opção de incentivo de compra de ações"; caso contrário, ela é uma "concessão sem incentivos". Por exemplo, suponha que você tenha recebido 1.000 opções com preço de exercício de $ 50. Se o preço das ações for para $ 110 e você exercer as opções, terá de pagar $ 50(1.000) = $ 50.000 pelas ações que valem $ 110.000, o que é um bom negócio. Mas qual é seu passivo fiscal? Se você receber uma concessão sem incentivos, será responsável pelos impostos de renda comuns de 1.000($ 110 – $ 50) = $ 60.000 quando exercer a opção. Mas, se for uma concessão com incentivos fiscais, você não deverá impostos regulares quando a opção for exercida. Se esperasse pelo menos um ano e depois vendesse as ações por, digamos, $ 150, você teria um ganho de capital de longo prazo de 1.000($ 150- $ 50) = $ 100.000, que seria tributado à taxa de ganhos de capital mais baixa.

Antes de se vangloriar com sua recém-adquirida fortuna, é melhor consultar seu contador. De acordo com o código tributário regular, seu "lucro", quando exerce opções com incentivos fiscais, não é tributável, mas está previsto no código de Imposto Mínimo Alternativo (*Alternative Minimum* Tax – AMT). Com uma taxa de imposto AMT de até 28%, você pode dever 0,28 ($ 110 – $ 50)(1.000) = $ 16.800. É aqui que as pessoas têm problemas. O imposto AMT não vence até o próximo mês de abril, portanto você pode esperar até lá para vender algumas

ações para pagá-lo (de forma que a venda será qualificada como ganho de capital de longo prazo).

Mas o que acontecerá se o preço das ações cair para $ 5 até o próximo mês de abril? Você poderá vender suas ações, o que gerará um caixa de apenas $ 5(1.000) = $ 5.000. Sem entrar em detalhes, você terá uma perda de capital de longo prazo de 1.000 ($ 50 – $ 5) = $ 45.000, mas os regulamentos do IRS limitam sua perda de capital líquida a $ 3.000 em um único ano. Isto é, o dinheiro proveniente da venda e o benefício fiscal da perda de capital quase não são suficientes para cobrir o imposto AMT. Você pode ser capaz de reduzir seus impostos nos próximos anos por causa do imposto AMT pago este ano e da parcela a compensar futuramente da perda de capital de longo prazo remanescente, no entanto isso não ajuda neste exato momento. Você perdeu $ 45.000 do seu investimento original de 50.000 e agora possui muito pouco dinheiro, e – como se isso não bastasse – o IRS insistirá para que você pague também o imposto AMT de $ 16.800.

Isso é exatamente o que aconteceu com várias pessoas que ganharam fortunas na bolha da internet apenas para vê-las evaporar na depressão subsequente. Elas acabaram com ações sem valor, mas com muitos milhões de dólares de obrigações de imposto AMT. De fato, muitas pessoas ainda possuem retenções dos seus salários feitos pelo IRS até que eventualmente paguem seus impostos AMT. Portanto, se você receber opções de compra de ações, fique muito feliz. Porém, a menos que queira ser o próximo garoto-propaganda de planos financeiros ineficientes, sugerimos que liquide seu imposto AMT.

---

[22] Com este desvio padrão baixo, não é provável que o preço corrente das ações de $ 40 varie muito antes do vencimento, portanto a opção estará dentro do preço no vencimento e o proprietário certamente pagará o preço de exercício e exercerá a opção naquele momento. Isso significa que o valor presente do preço de exercício é o custo de exercício expresso nos dólares atuais. O valor presente dos fluxos de caixa previstos de uma ação é igual ao preço corrente de ações. Logo, o valor atual da opção é aproximadamente igual ao preço corrente das ações de $ 40 menos o valor presente do preço de exercício que deve ser pago quando a ação é exercida no vencimento. Se assumirmos a capitalização diária, o preço corrente da opção será:

$$V_C \text{ (para } \sigma = 0,001\%) \approx \$40 - \frac{\$35}{\left(1 + \frac{0,08}{365}\right)^{365(0,5)}} = \$6,37$$

Observe que se trata do mesmo valor determinado pelo modelo de Black-Scholes, ainda que o tenhamos calculado mais diretamente. Essa abordagem funcionará apenas se a volatilidade for quase zero.

título subjacente, mais valiosa será a opção. Para entender por que isso faz sentido, suponha que você tenha comprado uma opção de compra com um preço de exercício igual ao preço corrente das ações. Se as ações não possuírem risco algum (o que significa $\sigma = 0$), não haverá probabilidade de elevação das ações, logo não haverá probabilidade de lucrar com a opção. Entretanto, se você comprou uma opção de ações com alta variação, haverá uma probabilidade maior de as ações subirem e, logo, de você ter um lucro grande com a opção. É claro que as ações com alta variação poderiam cair novamente, mas, como proprietário das opções, suas perdas seriam limitadas ao preço pago pela opção – apenas o lado positivo da distribuição de probabilidade das ações conta. Em outras palavras, um aumento no preço das ações ajuda os detentores de opções mais do que uma queda os prejudicaria, logo quanto maior for a volatilidade das ações, maior será o valor da opção. Isso torna as opções sobre ações com risco mais valiosas do que aquelas sobre ações de baixo risco e seguras. Por exemplo, uma opção da Cisco poderia ter um valor maior do que uma opção idêntica da Kroger, a rede de supermercados.

Na tabela apresentada a seguir, estão demonstrados os preços da opção de compra da Western com as entradas originais, exceto pela taxa livre de risco, que pode variar.

Taxa livre de riscos (r_{rf})	Preço da opção de compra
0%	$ 6,41
4%	$ 6,89
8%	$ 7,39
12%	$ 7,90
20%	$ 8,93

À medida que a taxa livre de riscos aumenta, aumenta o valor da opção. O principal efeito de um aumento na r_{RF} é reduzir o valor presente do preço de exercício, o que aumenta o valor corrente da opção. Os preços da opção, em geral, não são muito sensíveis às variações nas taxas de juros, pelo menos não às variações dentro das faixas normalmente encontradas.

Myron Scholes e Robert Merton (que também foi um pioneiro no campo das opções) receberam o Prêmio Nobel em Economia de 1997, e Fischer Black seria um copremiado se ainda vivesse. O trabalho deles forneceu metodologias e ferramentas de análise amplamente utilizadas para resolver muitos tipos de problemas financeiros, não apenas a precificação das opções. Na verdade, todo o campo da administração de risco moderna é baseado principalmente nas contribuições dadas por eles. Apesar de o modelo de Black-Scholes ter sido derivado para uma opção europeia que pode ser exercida apenas no vencimento, ele também pode ser aplicado às opções americanas que não pagam dividendos antes do vencimento. Os livros de Don M. Chance e John C. Hull (citados na nota de rodapé 1) mostram modelos ajustados para ações que pagam dividendos.

Autoavaliação

1. Qual é o objetivo do modelo de precificação de opções de Black-Scholes?
2. Explique o que é um "hedge sem riscos" e como é utilizado no modelo de precificação de opções de Black-Scholes.
3. Descreva o efeito de uma modificação em cada um dos seguintes fatores sobre o valor de uma opção de compra: (1) preço das ações, (2) preço de exercício, (3) vida da opção, (4) taxa livre de riscos e (5) desvio padrão de retorno de ações (ou seja, o risco das ações).
4. Utilizando uma planilha do Excel, qual é o valor de uma opção de compra com estes dados: P = $ 35, X = $ 25, r_{RF} = 6%, t = 0,5 (6 meses) e s = 0,6? **($ 12,05)**

8-6   Avaliação de opções de venda

Uma opção de venda concede ao seu proprietário o direito de vender uma ação. Se as ações não pagam dividendos e a opção pode ser exercida apenas na data de vencimento, qual é seu valor? Em vez de reinventarmos a roda, podemos estabelecer o preço de uma opção de venda em relação ao preço de compra.

8-6a   Paridade compra-venda

Em vez de reinventar o processo, considere os ganhos/perdas para duas carteiras em sua data de vencimento T, conforme demonstrado na Tabela 8-2. A primeira carteira é composta de uma opção de venda e uma ação, e a segunda possui uma opção de compra (com o mesmo preço de exercício e data de vencimento que a opção de venda) e algum dinheiro. O montante de dinheiro é igual ao valor presente do custo de exercício descontado à taxa livre de riscos continuamente capitalizada, que é Xe^{-rRFt}. No vencimento, o valor desse dinheiro será igual ao custo de exercício, X.

Se P_T, preço das ações na data de vencimento T, for menor do que X, preço de exercício quando a opção expira, então o valor da opção de venda no vencimento será $X - P_T$. Por isso, o valor da carteira 1, a qual contém a opção de venda e as ações, é igual a X menos P_T mais P_T, ou apenas X. Para a carteira 2, o valor da opção de compra é zero no vencimento (pois a opção de compra está fora do preço) e o valor do dinheiro é X, para um valor total de X. Observe que ambas as carteiras possuem os mesmos ganhos se o preço das ações for menor do que o preço de exercício.

E se o preço das ações for maior do que o preço de exercício no vencimento? Nesse caso, a opção de venda não vale nada, logo o ganho da carteira 1 é igual a P_T, preço das ações no vencimento. A opção de compra vale $P_T - X$ e o dinheiro vale X, logo o ganho da carteira 2 é P_T. Dessa forma, os ganhos das duas carteiras são iguais, não importando se o preço das ações está abaixo ou acima do preço de exercício.

Se as duas carteiras possuem ganhos idênticos, elas devem possuir valores idênticos também. Isso é conhecido como **relação de paridade das opções de venda e compra:**

Opção de venda + Ações = Opção de compra + Valor presente do preço de exercício.

Se V_C for igual ao valor de Black-Scholes da opção de compra, o valor de uma opção de venda será:[23]

$$\text{Opção de venda} = V_C - P + Xe^{-rRFt} \tag{8-12}$$

Por exemplo, considere uma opção de venda lançada das ações abordadas na seção anterior. Se a opção de venda possuir o mesmo preço de exercício e data de vencimento que a opção de compra, seu preço será:

$$\text{Opção de venda} = \$\,7,39 - \$\,40 + \$\,35e^{-0,08(0,5)}$$
$$= \$\,7,39 - \$\,40 + \$\,33,63 = \$\,1,02$$

Também é possível modificar a fórmula da opção de compra de Black-Scholes para obter uma fórmula de opção de venda:

$$\text{Opção de venda} = P[N(d_1) - 1] - Xe^{-rRFt}[N(d_2) - 1] \tag{8-13}$$

TABELA 8-2
Ganhos/perdas de carteiras

		GANHOS/PERDAS NO VENCIMENTO SE:	
		$P_T < X$	$P_T \geq X$
Ação de venda		$X - P_T$	0
		P_T	P_T
	Carteira 1:	X	P_T
Dinheiro de compra		0	$P_T - X$
		X	X
	Carteira 2:	X	P_T

© Cengage Learning 2014

---

[23] Este modelo não pode ser aplicado a uma opção de venda americana ou a uma opção europeia em uma ação que paga um dividendo antes do vencimento. Para obter uma explicação sobre a aproximação de valores nessas situações, veja os livros de Chance e Hull já mencionados na nota de rodapé 1.

A única diferença entre essa fórmula para opções de venda e a fórmula para opções de compra é a subtração de 1 de $N(d_1)$ e $N(d_2)$ na fórmula de opção de compra.

8-6b   Os cinco fatores que afetam os preços de venda

Assim como com as opções de compra, o preço de exercício, o preço subjacente das ações, o tempo de expiração, o desvio padrão da ação e a taxa livre de risco afetam o preço de uma opção de venda. Como uma opção de venda compensa quando o preço das ações cai abaixo do preço de exercício, o impacto do preço subjacente da ação, preço de exercício e taxa livre de risco na venda são opostos ao da opção de compra. Isto é, colocar os preços são mais elevados quando o preço das ações é menor e quando o preço de exercício é maior. Os preços de venda também são mais baixos quando a taxa isenta de risco é maior, principalmente porque uma taxa livre de risco mais elevada reduz o valor presente do preço de exercício, o que para uma opção de venda é um reembolso ao detentor da opção quando a opção for exercida.

Por outro lado, as opções de venda são afetadas por desvio padrão das ações, assim como opções de compra. Tanto os preços das opções de compra, quanto as de venda são maiores quando o desvio padrão da ação é maior. Isso é verdade para opções de venda, porque quanto maior for o desvio padrão, maior a chance de um grande declínio do preço das ações e um grande pagamento de venda. O efeito do tempo sobre o preço de opção de venda até o vencimento é indeterminado. Uma opção de compra é mais valiosa quanto mais longo for o prazo, mas algumas opções de venda são mais valiosas quanto mais tempo houver até o vencimento, enquanto algumas outras opções são menos valiosas. Por exemplo, considere uma opção de venda in-the-money (o preço das ações está abaixo do preço de exercício) em uma ação com um desvio padrão baixo. Nesse caso, uma opção de venda com maturidade maior é menos valiosa do que uma opção de venda com maturidade mais curta, porque quanto maior o tempo até o vencimento, maior a probabilidade da ação crescer e corroer o pagamento da venda. Se o desvio padrão da ação é alto, então a opção de venda de maior maturidade será mais valiosa, porque a probabilidade da ação declinar ainda mais, resultando em um alto retorno no pagamento é maior.

Autoavaliação

1. Em palavras, o que é paridade de compra e venda?
2. Uma opção de venda escrita na ação da Taylor Enterprises (TE) tem um preço de exercício de US $ 25 e 6 meses restantes até o vencimento. A taxa livre de risco é de 6%. Uma opção de compra escrita na TE tem o mesmo preço de exercício e data de expiração que o da opção de venda. O preço da ação da TE é de $ 35. Se a opção de compra tem um preço de $ 12,05, então qual é o preço (ou seja, o valor) da opção de venda? **($ 1,31)**
3. Explique por que tanto a opção de venda quanto a de compra valem mais se o desvio padrão do retorno da ação for maior, mas as opções de compra e venda são afetadas de forma oposta pelo preço da ação.

8-7   Aplicações da precificação de opções em finanças corporativas

A precificação de opções é utilizada em quatro áreas principais de finanças corporativas: (1) análise de opções reais para avaliação de projetos e decisões estratégicas, (2) administração de risco, (3) decisões de estrutura de capital e (4) planos de remuneração.

8-7a   Opções reais

Suponha que uma empresa possua uma licença de proprietário de 1 ano para desenvolver um aplicativo de software para uso na nova geração de telefones celulares. Contratar programadores e consultores de marketing para concluir o projeto custará $ 30 milhões. A boa notícia é que, se os consumidores amarem os novos celulares, haverá uma demanda tremenda para o software. A má notícia é que, se as vendas dos novos celulares forem baixas, o projeto do software será um desastre. A empresa deveria gastar os $ 30 milhões e desenvolver o software?

Uma vez que a empresa possui uma licença, ela tem a opção de esperar durante um ano, tempo em que teria uma percepção muito melhor da demanda do mercado para novos celulares. Se a demanda for alta em um ano, a empresa poderá gastar os $ 30 milhões e desenvolver o software. Se a demanda for baixa, pode-se evitar perder o custo de desenvolvimento de $ 30 milhões simplesmente deixando a licença expirar. Observe que a licença é análoga a uma opção de compra: ela concede à empresa o direito de comprar algo (nesse caso, o *software* para novos celulares) a um preço fixo ($ 30 milhões) a qualquer momento durante o próximo ano. A licença concede à empresa uma **opção real**, pois o ativo subjacente (o software) é um ativo real, e não um ativo financeiro.

Há vários outros tipos de opções reais, como aumentar a capacidade de uma planta, expandir para novas regiões geográficas, introduzir novos produtos, alternar entradas (tais como gás *versus* petróleo), alternar saídas (tais como produzir sedãs *versus* veículos utilitários) e abandonar um projeto. Muitas empresas avaliam agora as opções reais com técnicas que são similares àquelas descritas anteriormente no capítulo para precificar opções financeiras.

8-7b Administração de risco

Suponha que uma empresa planeje emitir $ 400 milhões de títulos em 6 meses para pagar uma nova planta que está em construção no momento. A planta será lucrativa se as taxas de juros permanecerem nos níveis atuais, mas, se aumentarem, ela não será lucrativa. Para se proteger contra a alta das taxas, a empresa poderia comprar uma opção de venda de títulos do Tesouro. Se as taxas de juros subissem, a empresa "perderia", pois seus títulos teriam uma taxa de juros alta, mas, em compensação, teria um ganho sobre suas opções de venda. Em contrapartida, se as taxas caíssem, a empresa "ganharia" quando emitisse seus próprios títulos com taxa baixa, mas perderia com as opções de venda. Ao comprar opções de venda, a empresa se protegeu contra o risco de possíveis variações nas taxas de juros que, de outro modo, teria de enfrentar.

Outro exemplo de administração de risco é uma empresa que apresenta uma oferta para um contrato estrangeiro. Por exemplo, suponha que a oferta vencedora signifique que a empresa receberá um pagamento de 12 milhões de euros em 9 meses. A uma taxa de câmbio corrente de $ 1,57 por euro, o projeto seria lucrativo. Porém, se a taxa de câmbio cair para $ 1,10 por euro, o projeto será um fracasso. A fim de evitar o risco cambial, a empresa poderia assumir uma posição a descoberto em um contrato a termo que permita a ela converter 12 milhões de euros em dólares a uma taxa fixa de $ 1,50 por euro em 9 meses, o que ainda asseguraria um projeto lucrativo. Isso elimina o risco cambial se a empresa ganhar o contrato, mas e se ela perder o contrato? Ela ainda seria obrigada a vender 12 milhões de euros a um preço de $ 1,50 por euro, o que poderia ser um desastre. Por exemplo, se a taxa de câmbio subir para $ 1,75 por euro, a empresa teria de gastar $ 21 milhões para comprar 12 milhões de euros ao preço de $ 1,75/€ e em seguida vender os euros por $ 18 milhões = ($ 1,50/€)(€ 12 milhões), uma perda de $ 3 milhões.

Para eliminar esse risco, a empresa poderia, em vez disso, comprar uma opção de venda de moeda que permita que ela venda 12 milhões de euros em 9 meses a um preço fixo de $ 1,50 por euro. Se a empresa ganhar o contrato, ela exercerá a opção de venda e venderá os 12 milhões de euros por $ 1,50 por euro se a taxa de câmbio tiver caído. Se a taxa de câmbio não tiver caído, ela venderá os euros no mercado aberto por mais de $ 1,50 e deixará a opção expirar. Entretanto, se a empresa perder o contrato, não terá motivos para vender os euros e poderá deixar o contrato de opção expirar. Observe, no entanto, que, mesmo que a empresa não ganhe o contrato, ainda estará apostando na taxa de câmbio, pois ela possui a opção de venda; se o preço do euro cair abaixo de $ 1,50, a empresa terá algum lucro sobre a opção. Assim, a empresa pode travar a taxa de câmbio futura se ela vencer a concorrência e evitar qualquer pagamento líquido se perder a concorrência. O custo total em qualquer um dos dois cenários é igual ao custo inicial da opção. Isto é, o custo da opção é como um seguro que garante a taxa de câmbio se a empresa vencer a concorrência e garante que não haverá nenhuma obrigação líquida se ela perder a concorrência.

Várias outras aplicações da administração de riscos envolvem contratos futuros e outros derivativos complexos em vez de opções de compra e venda. Todavia, os princípios usados na precificação de derivativos são similares aos utilizados anteriormente neste capítulo para a precificação de opções. Logo, as opções financeiras e suas técnicas de avaliação desempenham papéis-chave na administração de riscos.

8-7c Decisões de estrutura de capital

As decisões a respeito do *mix* de dívida e patrimônio utilizado para transações financeiras são muito importantes. Um aspecto interessante da decisão da estrutura de capital é baseado na precificação de opções. Por exemplo, considere uma empresa com dívida que exige um pagamento final do principal de $ 60 milhões em 1 ano. Se o valor da empresa daqui a um ano for de $ 61 milhões, ela poderá liquidar a dívida e terá $ 1 milhão para os acionistas. Se o valor da empresa for menor do que $ 60 milhões, ela poderá declarar falência e transferir seus bens para os credores, ficando com zero de patrimônio líquido. Em outras palavras, o valor do patrimônio líquido é análogo à opção de compra: os detentores têm o direito de comprar os bens por $ 60 milhões (que é o valor nominal da dívida) em um ano (quando a dívida vence).

Suponha que os proprietários-administradores da empresa estejam considerando dois projetos. Um projeto possui um risco muito pequeno e resultará em um valor de ativos de $ 59 milhões ou $ 61 milhões. O outro possui um risco alto e resultará em um valor de ativo de $ 20 milhões ou $ 100 milhões. Observe que o patrimônio não valerá nada se os bens valerem menos de $ 60 milhões, logo os acionistas não terão uma posição pior se os bens somarem $ 20 milhões ou $ 59 milhões. Todavia, os acionistas se beneficiariam muito mais se os bens valessem $ 100 milhões do que $ 61 milhões. Assim, os proprietários-administradores possuem um incentivo para escolher projetos com riscos mais altos, o que é consistente com o valor de uma opção que sobe com o risco do ativo subjacente. Os credores potenciais reconhecem essa situação e, por isso, incluem cláusulas em contratos de financiamento que impedem que os administradores façam investimentos excessivamente arriscados.

A teoria da precificação de opções não apenas explica por que os administradores podem desejar optar por projetos arriscados (considere, o caso da Enron) e por que os devedores podem desejar cláusulas restritivas, mas também as opções exercem um papel direto nas escolhas de estrutura de capital. Por exemplo, uma empresa poderia optar por emitir títulos de dívida conversíveis, o que dá aos proprietários dos títulos a opção de converter sua dívida em ações se o valor da empresa for maior do que o esperado. Em troca dessa opção, os proprietários dos títulos cobram uma taxa de juros mais baixa do que para a dívida não conversível. Uma vez que os proprietários-administradores devem compartilhar a riqueza com proprietários de títulos conversíveis, eles têm um incentivo menor para apostar em projetos de alto risco.

8-7d Planos de remuneração

Várias empresas utilizam as opções de compra de ações como parte de seus planos de remuneração. É importante que os conselhos de administração entendam o valor dessas opções antes de concedê-las aos seus funcionários. Discutiremos essas questões de remuneração associadas com opções de compra de ações mais detalhadamente no Capítulo 13.

Autoavaliação

1. Descreva quatro formas de utilizar a precificação de opções em finanças corporativas.

Resumo

Neste capítulo, abordamos tópicos de precificação de opções, incluindo o seguinte:

- **Opções financeiras** são instrumentos (1) criados por bolsas em vez de empresas, (2) são compradas e vendidas principalmente por investidores e (3) são importantes tanto para investidores como para gerentes financeiros.
- Os dois principais tipos de opções financeiras são (1) **opções de compra**, que concedem ao proprietário o direito de comprar um ativo específico a um determinado preço (**preço de exercício** ou **preço de exercício de opção**) por um determinado período, e (2) **opções de venda**, que concedem ao proprietário o direito de vender um ativo a um determinado preço por um período especificado.
- O **valor de exercício** de uma opção de compra é definido como o máximo de zero ou o preço corrente das ações menos o preço de exercício.
- O **modelo de precificação de opções de Black-Scholes (OPM)** ou o **modelo binomial** podem ser utilizados para estimar o valor de uma opção de compra.
- As cinco entradas para o modelo de Black-Scholes são: (1) P, o preço corrente das ações; (2) X, preço de exercício; (3) r_{RF}, taxa de juros livre de riscos; (4) t, tempo restante até o vencimento; e (5) σ, desvio padrão da taxa de retorno das ações.
- O valor de uma opção de compra aumenta se P aumenta, X cai, r_{RF} aumenta, t aumenta ou σ aumenta.
- De acordo com a **relação de paridade de opções de compra e de venda**:

Opção de venda + Ações = Opção de compra + Valor presente do preço de exercício.

Perguntas

(8-1) Defina os termos e as expressões apresentados a seguir:
  a. Opção, opção de compra e opção de venda.
  b. Valor de exercício e preço de exercício.
  c. Modelo de precificação de opções de Black-Scholes.
(8-2) Por que as opções são vendidas a preços mais altos do que seus valores de exercício?
(8-3) Descreva o impacto sobre o preço de uma opção de compra que resulta de um aumento em cada um dos seguintes fatores: (1) preço das ações, (2) preço de exercício, (3) tempo até o vencimento, (4) taxa livre de riscos e (5) desvio padrão do retorno das ações.

Problemas de autoavaliação – As soluções estão no Apêndice A

(PA-1) **Precificação binomial de opções** – O preço corrente de uma ação é de $ 40. Em 1 ano, o preço será $ 60 ou $ 30. A taxa anual livre de riscos é de 5%. Encontre o preço de uma opção de compra de ações que possui um preço de exercício de $ 42 e expira em 1 ano. (*Dica*: Utilize a capitalização diária.)

(PA-2) **Modelo de Black-Scholes** – Utilize o modelo de Black-Scholes para encontrar o preço de uma opção de compra com as seguintes entradas: (1) o preço corrente das ações é de $ 22, (2) o preço de exercício é de $ 20, (3) o tempo até o vencimento é de 6 meses, (4) a taxa livre de riscos anualizada é de 5% e (5) o desvio padrão do retorno das ações é 0,7.

Problemas – As respostas dos problemas estão no Apêndice B

Problemas fáceis 1-2

(8-1) **Opções** – Uma opção de compra de ações da Bedrock Boulders possui um preço de mercado de $ 7. As ações são vendidas a $ 30 por ação e a opção possui um preço de exercício de $ 25 a ação. Qual é o valor de exercício da opção de compra? Qual é o valor do tempo da opção?

(8-2) **Opções** – O preço de exercício de uma das opções da Flanagan Company é de $ 15, seu valor de exercício é de $ 22 e seu valor do tempo é de $ 5. Qual é o valor de mercado da opção e o preço das ações?

Problemas intermediários 3-4

(8-3) **Modelo de Black-Scholes** – Considere que você tenha recebido as seguintes informações sobre a Purcell Industries:

Preço corrente das ações = $ 15   Preço de exercício da opção = $ 15
Tempo até o vencimento da opção = 6 meses   Taxa livre de riscos = 6%
Variação do retorno das ações = 0,12
$d_1 = 0,24495$ $N(d_1) = 0,59675$
$d_2 = 0,00000$ $N(d_2) = 0,50000$

De acordo com o modelo de precificação de opções de Black-Scholes, qual é o valor da opção?

(8-4) **Paridade entre opções de compra e de venda** – O preço corrente de uma ação é de $ 33 e a taxa anual livre de riscos é de 6%. Uma opção de compra com um preço de exercício de $ 32 e 1 ano até o vencimento possui um valor corrente de $ 6,56. Qual é o valor de uma opção de venda de ações lançada com o mesmo preço de exercício e data de vencimento que a opção de compra?

Problemas desafiadores 5-7

(8-5) **Modelo de Black-Scholes** – Utilize o modelo de Black-Scholes para encontrar o preço de uma opção de compra com as seguintes entradas: (1) o preço corrente das ações é de $ 30, (2) o preço de exercício é de $ 35, (3) o tempo até o vencimento é de 4 meses, (4) a taxa livre de riscos anualizada é de 5% e (5) a variação do retorno das ações é de 0,25.

(8-6) **Modelo binomial** – O preço corrente de uma ação é de $ 20. Em 1 ano, o preço será de $ 26 ou $ 16. A taxa anual livre de riscos é de 5%. Encontre o preço de uma opção de compra de ações que possui um preço de exercício de $ 21 e que expira em 1 ano. (*Dica*: Utilize a capitalização diária.)

(8-7) **Modelo binomial** – O preço corrente de uma ação é de $ 15. Em 6 meses, o preço será de $ 18 ou $ 13. A taxa anual livre de riscos é de 6%. Encontre o preço de uma opção de compra de ações que possui um preço de exercício de $ 14 e expira em 6 meses. (*Dica*: Utilize a capitalização diária.)

Problema de planilha

(8-8) **Construa um modelo de Black-Scholes**. Você recebeu as seguintes informações de uma opção de compra de ações da Puckett Industries: $P = \$ 65,00$, $X = \$ 70,00$, $t = 0,50$, $r_{RF} = 5,00\%$ e $\sigma = 50,00\%$.
   a. Utilize o modelo de precificação de opções de Black-Scholes para determinar o valor da opção de compra.
   b. Suponha que exista uma opção de venda das ações da Puckett com exatamente as mesmas entradas que a opção de compra. Qual é o valor da opção de venda?

Estudo de caso

Assuma que você acabou de ser contratado como analista financeiro pela Triple Play Inc., uma empresa de porte médio localizada na Califórnia especialista na criação de roupas de alta-costura. Como ninguém da Triple Play conhece os conceitos básicos das opções financeiras, você foi incumbido de preparar um breve relatório que os executivos da empresa possam utilizar para adquirir pelo menos um entendimento superficial do tópico.

Para começar, você reuniu alguns materiais externos sobre o assunto e os utilizou para esboçar uma lista de perguntas pertinentes que precisam ser respondidas. De fato, uma abordagem possível para o relatório é utilizar um formato de perguntas e respostas. Agora que as perguntas foram esboçadas, você tem de desenvolver as respostas.

a.   O que é uma opção financeira? Qual é a única característica mais importante de uma opção?

b.   As opções possuem um conjunto de terminologia único. Defina as seguintes expressões:
   (1) Opção de compra
   (2) Opção de venda
   (3) Preço de exercício de opção ou preço de exercício
   (4) Data de vencimento
   (5) Valor de exercício
   (6) Preço da opção
   (7) Valor do tempo
   (8) Lançamento de uma opção
   (9) Opção coberta
   (10) Opção descoberta
   (11) Opção dentro do preço
   (12) Opção fora do preço
   (13) Leaps

c.   Considere uma opção de compra da Triple Play com um preço de exercício de $ 25. A seguinte tabela contém valores históricos para essa opção a diferentes preços de ações:

Preço de ações	Preço de opção de compra
$ 25	$ 3,00
$ 30	$ 7,50
$ 35	$ 12,00
$ 40	$ 16,50
$ 45	$ 21,00
$ 50	$ 25,50

(1) Crie uma tabela que demonstre: (a) o preço das ações, (b) o preço de exercício, (c) o valor de exercício, (d) o preço da opção e (e) o valor do tempo, que é o preço da opção menos o valor de exercício.

(2) O que acontece com o valor do tempo quando o preço das ações sobe? Por quê?

d. Considere uma ação com um preço corrente de P = $ 27. Suponha que, ao longo dos próximos 6 meses, o preço das ações subirá por um fator de 1,41 ou cairá por um fator de 0,71. Considere uma opção de compra de ações com um preço de exercício de $ 25 que vence em 6 meses. A taxa livre de riscos é de 6%.

(1) Utilizando o modelo binomial, quais são os valores finais do preço das ações? Quais são os ganhos da opção de compra?

(2) Suponha que você lance uma opção de compra e compre ações N_s. Quantas ações você deve comprar para criar uma carteira com ganho sem riscos (ou seja, uma carteira com hedge)? Qual é o ganho da carteira?

(3) Qual é o valor presente da carteira com hedge? Qual é o valor da opção de compra?

(4) O que é uma carteira replicante? O que é arbitragem?

e. Em 1973, Fischer Black e Myron Scholes desenvolveram o modelo de precificação de opções de Black-Scholes (OPM).

(1) Que premissas sustentam o OPM?

(2) Escreva as três equações que constituem o modelo.

(3) De acordo com o OPM, qual é o valor de uma opção de compra com as seguintes características?

    Preço das ações = $ 27,00

    Preço de exercício = $ 25,00

    Tempo até o vencimento = 6 meses = 0,5 ano

    Taxa livre de riscos = 6,0%

    Desvio padrão do retorno das ações = 0,49

f. Que impacto cada um dos seguintes parâmetros tem sobre o valor de uma opção de compra?

(1) Preço corrente das ações

(2) Preço de exercício

(3) Tempo até o vencimento da opção

(4) Taxa livre de riscos

(5) Variabilidade do preço das ações

g. O que é paridade de opções de compra e de venda?

Projetos e sua avaliação

9

Custo de capital

Quando as empresas consideram investir em novos projetos, o custo do capital desempenha um papel importante. A Sunny Delight Beverage Co. tem feito grandes investimentos para atualizar suas fábricas de suco, mas será que isso aconteceria se as baixas taxas de juros não tivessem diminuido o custo de capital? De acordo com o CEO Billy Cyr, "Quando o custo de capital aumenta, é mais difícil de justificar a compra de equipamentos". O oposto é verdadeiro quando o custo de capital diminui.

Entre seus negócios, a Phoenix Stamping Group LLC produz componentes de equipamentos utilizados para a agricultura e transporte. Após a modernização de duas fábricas, o presidente da Phoenix, Brandyn Chapman, disse: "O custo do capital certamente ajuda essa decisão".

Como essas empresas, e muitas outras, o baixo custo de capital, historicamente falando, está possibilitando grandes investimentos em máquinas, equipamentos e tecnologia. Muitos desses investimentos são projetados para aumentar a produtividade, o que resultará em preços menores para os consumidores, além de fluxos de caixa mais elevados para os acionistas. Por outro lado, os ganhos de produtividade não significam que muitos trabalhadores são necessários para executar o negócio.

Pense sobre essas questões enquanto lê este capítulo.

Fonte: Adaptado do Timothy Aeppel, "Man vs. machine, a jobless recovery – companies are spending to upgrade factories but hiring lags; robots pump out sunny delight", *The Wall Street Journal*, 17 jan. 2012.

VALOR DE EMPRESAS E CUSTO DE CAPITAL

No Capítulo 1, explicamos que os gerentes devem se esforçar para tornar suas empresas mais valiosas e o valor de uma empresa é determinado pelo tamanho, tempo e risco de seus fluxos de caixa livres (FCL). De fato, o valor intrínseco da empresa é estimado como o valor presente de seus FCLs, descontado pelo custo médio

ponderado de capital (CMPC.) Nos capítulos anteriores, examinamos as principais fontes de financiamento (ações, títulos e ações preferenciais) e os custos desses instrumentos. Neste capítulo, vamos juntar os pedaços e estimar o CMPC usado para determinar o valor intrínseco descontado ao custo médio ponderado de capital.

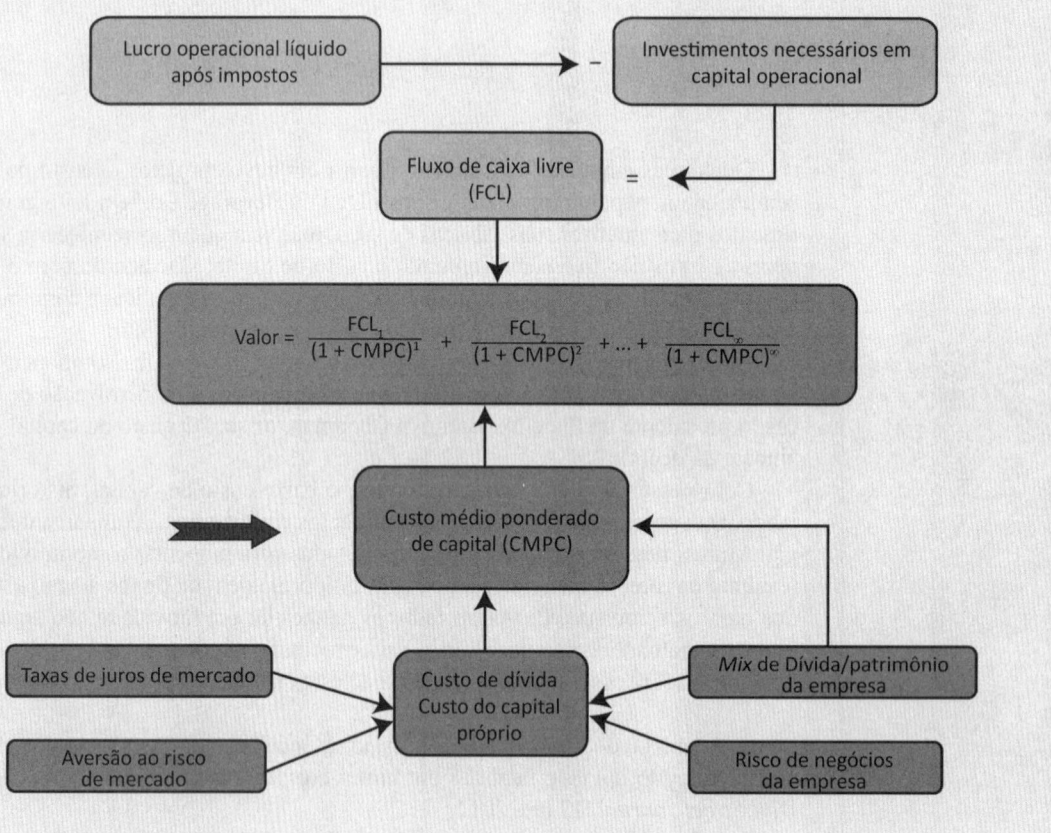

As empresas precisam de capital para desenvolver novos produtos, construir fábricas e centros de distribuição, instalar tecnologia da informação, expandir internacionalmente e adquirir outras empresas. Para cada uma dessas ações, uma empresa deve estimar o investimento total exigido e decidir se a taxa de retorno esperada excede o custo do capital. O custo de capital também é um fator para planos de remuneração, com bônus, caso o retorno sobre o capital investido da empresa exceda o custo desse capital. Esse custo também é um fator-chave na escolha da combinação de dívida e patrimônio e em decisões de arrendar em vez de comprar ativos. Como ilustra este exemplo, o custo do capital é um elemento crítico em muitas decisões de negócios.[1]

9-1   O custo médio ponderado de capital

O valor das operações de uma empresa é o valor autal dos fluxos de caixa livre esperados (FCL), descontados pelo custo médio ponderado de capital (CMPC):

---

[1] O custo de capital também é um fator importante na regulamentação de empresas de eletricidade, gás e água. Essas empresas de serviços públicos são monopólios naturais no sentido de que uma empresa pode prestar serviço a um custo menor do que poderiam duas ou mais empresas. Uma vez que possui o monopólio, uma empresa de eletricidade ou água não regulada poderia explorar seus clientes. Portanto, os reguladores (1) determinam o custo do capital fornecido pelos investidores à empresa de serviços públicos e, então, (2) estabelecem as tarifas destinadas a permitir que a empresa ganhe seu custo de capital, nem mais, nem menos.

$$V_{op} = \sum_{t=1}^{\infty} \frac{FCL_1}{(1 + CMPC)^t}$$

(9-1)

Nós definimos fluxos de caixa livre (FCL) no Capítulo 2, explicamos como encontrar valores presentes no Capítulo 4 e utilizamos a equação de avaliação no Capítulo 7. Agora definiremos o **custo médio ponderado de capital (CMPC)**:

$$CMPC = w_d r_d (1 - T) + w_{std} r_{std}(1 - T) + w_{ps} r_{ps} + w_s r_s$$

(9-2)

Algumas dessas variáveis devem ser familiares para você devido aos capítulos anteriores. Entretanto, algumas são novas. Todas são definidas da seguinte forma:

$r_d =$ Taxa de cupom em dívida nova de longo prazo a ser emitida pela empresa. Lembre-se, do Capítulo 5: r_d é o retorno exigido em um título; para títulos emitidos anteriormente, r_d, é igual ao rendimento do título até o vencimento.

$T =$ Taxa marginal efetiva corporativa de impostos

$r_{std} =$ Taxa de juros sobre a dívida de curto prazo, tais como notas a pagar.

$r_{ps} =$ Retorno sobre ações preferenciais, tal como definido no Capítulo 7.

$r_s =$ Retorno exigido sobre ações ordinárias, conforme definido no Capítulo 7.

$w =$ w_d, w_{std}, w_{ps}, e w_s, = pesos de dívida de longo prazo, dívida de curto prazo, ações preferenciais e ações ordinárias na estrutura de capital-alvo da empresa. Os pesos são as porcentagens das diferentes fontes de capital que a empresa planeja usar em uma base regular, com percentuais com base nos valores mercadológicos dessas fontes de capital na estrutura de capital-alvo.

Nas seções seguintes explicaremos como podemos estimar o CMPC de uma empresa, MicroDrive, Inc., mas começaremos com alguns conceitos gerais. Primeiro, as empresas são financiadas por várias fontes de capital fornecidas pelo investidor, que são chamadas de *componentes de capital*. Nós incluímos a dívida de curto prazo e as ações preferenciais, porque algumas empresas as utilizam como fontes de financiamento, mas a maioria das empresas só usam duas fontes principais de capital fornecidas pelo investidor: a dívida de longo prazo e ações ordinárias.

Em segundo lugar, os investidores que fornecem os componentes do capital exigem taxas de retorno (r_d, r_{std}, r_{PS} e r_s) compatíveis com os riscos dos componentes, a fim de induzi-los a fazer os investimentos. Os capítulos anteriores definiram esses retornos necessários do ponto de vista de um investidor, mas os retornos são custos do ponto de vista de uma empresa. É por isso que nós chamamos o CMPC de "custo de capital".

Em terceiro lugar, lembre-se de que o FCL é o fluxo de caixa disponível para distribuição a todos os investidores. Dessa forma, os fluxos de caixa livre devem fornecer uma taxa global de retorno suficiente para compensar os investidores pela sua exposição ao risco. Intuitivamente, faz sentido que esse retorno global deve ser a média ponderada dos retornos exigidos dos componentes de capitais. Essa intuição é confirmada pela aplicação de álgebra para as definições dos retornos exigidos, fluxo de caixa livre e valor das operações: a taxa de desconto utilizada na Equação 9-1 é igual ao CMPC, tal como definido na Equação 9-2. Em outras palavras, a taxa correta para estimar o valor presente (ou projeto) dos fluxos de caixa de uma empresa é o "custo médio ponderado de capital" ou CMPC.

Autoavaliação

1. Identifique os três principais componentes de estrutura de capital da empresa e forneça os símbolos de seus respectivos custos e pesos.

2. Qual é o custo de um componente?

9-2 Escolhendo pesos para o custo médio ponderado do capital

A Figura 9-1 selecionou dados da MicroDrive, Inc., incluindo: (1) do passivo financeiro e patrimônio (L&E) a partir dos balanços; (2) porcentagens do total de L&E compostos por cada rubrica do passivo e do patrimônio; (3) valores contábeis (relatados nos balanços) e percentagens de financiamento de capitais fornecidos pelo investidor; (4) valores e porcentagens de financiamento de capitais fornecidos pelos atuais investidores do mercado; e (5) pesos da estrutura do capital-alvo.

Observe que nós excluímos o "contas a pagar" e os "acréscimos dos pesos de estrutura do capital". O capital é fornecido pelos *investidores* da dívida remunerada, ações preferenciais e ações ordinárias. As "contas a pagar" e as "provisões" decorrem de decisões operacionais, e não de decisões de financiamento. Lembremos que o impacto de passivos e provisões é incorporado ao fluxo de caixa livre de uma empresa e fluxos de caixa de um projeto, em vez de no custo do capital. Por isso, consideramos o capital só fornecido pelo investidor quando se discutem "pesos de estrutura de capital".

A Figura 9-1 relata porcentagens de financiamento com base nos valores contábeis, os valores de mercado, e pesos-alvo. Os valores contábeis são registros do capital acumulado fornecido por investidores ao longo da vida da empresa. Para o patrimônio, os acionistas forneceram o capital diretamente através da emissão de ações da empresa e também o capital indiretamente quando a MicroDrive reteve lucros em vez de pagar dividendos maiores. O CMPC é usado para localizar o valor presente dos fluxos de caixa *futuros*, por isso seria inconsistente utilizar pesos com base na história passada da empresa.

Devido à volatilidade das ações, os valores das ações ordinárias variam drasticamente no mercado hoje em dia. Certamente as empresas não tentam diariamente manter os pesos em suas estruturas de capital através da

FIGURA 9-1

MicroDrive, Inc.: valor contábil, valor de mercado e estrutura de capital-alvo (em milhões de dólares, 31 de dezembro de 2010)

	A	B	C	D	E	F	G	H	I	J
30					Capital fornecido pelos investidores				Estrutura de capital-alvo	
31					Contábil		Mercado			
32				Percentual do Total	Valor contábil	Percentual do total	Valor de mercado	Percentual do total		
33	Passivo e patrimônio líquido									
34	Contas a pagar		$ 200	5,6%						
35	Títulos a pagar		280	7,9%	$ 280	9,2%	$ 280	9,9%	w_{std} = 2%	
36	Acréscimos		300	8,5%						
37	Total C.L.		$ 780	22,0%						
38	Dívida de longo prazo		1.200	33,8%	$ 1.200	39,3%	$ 1.200	42,4%	w_d = 28%	
39	Total do passivo		$1.980	55,8%						
40	Ações preferenciais		100	2,8%	100	3,3%	100	3,5%	w_{ps} = 3%	
41	Ações ordinárias		500	14,1%						
42	Lucros acumulados		970	27,3%						
43	Patrimônio total		$1.470	41,4%	$ 1.470	48,2%	$ 1.250	44,2%	w_s = 67%	
44	Total L&E		$ 3.550	100,0%	$ 3.550	100,0%	$ 2.830	100,0%	100%	
45										
46	Outros dados (em milhões, exceto dados por ação):									
47	Número de ações ordinárias em circulação =			50						
48	Preço por ação ordinária =			$ 25,00						
49	Número de ações preferenciais em circulação =			1						
50	Preço por ação ordinária =			$100,00						

Observações:

1. O valor de mercado dos títulos a pagar é igual ao valor contábil. Alguns dos títulos de longo prazo da MicroDrive são vendidos com desconto, e outros, com prêmio, mas seu valor de mercado agregado é aproximadamente igual ao valor contábil.
2. O preço da ação ordinária é de $ 25 por ação. Há 50 milhões de ações em circulação, para um valor de mercado total de $ 25(50) = $ 1.250 milhões.
3. O preço das ações preferenciais é de $ 100 por ação. Há 1 milhão de ações em circulação, para um valor de mercado total de $ 100(1) = $ 100 milhões.

emissão e recompra de ações, fazendo nova dívida ou amortizando-a, em resposta a mudanças nos preços de suas ações. Dessa forma, pesos de estrutura de capital, baseados nos valores de mercado atuais, podem não ser uma boa ideia relacionada à estrutura de capital que a empresa terá, em média, no futuro.

A estrutura de capital-alvo é definida como a média de pesos de estrutura de capital (baseada nos valores de mercado) que uma empresa terá no futuro. A MicroDrive optou por uma estrutura de capital-alvo composto de 2% de dívida de curto prazo, 28% de dívida de longo prazo, 3% de ações preferenciais e 67% de capital próprio. A MicroDrive atualmente tem mais dívida em sua estrutura de capital real (usando valores contábeis ou valores de mercado), mas tem a intenção de avançar no sentido de sua estrutura de capital-alvo no futuro próximo. No Capítulo 15, explicamos como as empresas escolhem as suas estruturas de capital, mas agora apenas aceitaremos os pesos-alvo dados pela MicroDrive.

As seções a seguir explicam como estimar os retornos necessários para os componentes da estrutura de capital.

Autoavaliação

1.   O que é uma estrutura de capital-alvo?

9-3 Custo de dívida, $r_d(1 - T)$ e $r_{std} (1 - T)$

O primeiro passo para estimar o custo da dívida é determinar a taxa de retorno que os detentores dos títulos exigem.

9-3a   O custo antes de impostos da dívida de curto prazo: r_{std}

A dívida de curto prazo deve ser incluída na estrutura do capital apenas se ela for uma fonte permanente de financiamento, de forma que a empresa planeje pagar continuamente e refinanciar a dívida de curto prazo. Esse é o caso de MicroDrive, cujos banqueiros cobram 10% sobre os títulos a pagar. Os credores de curto prazo da Microdrive, portanto, pediram um retorno do $r_{std} = 10\%$.

Algumas grandes empresas utilizam papel comercial como fonte de financiamento de curto prazo. Isso será discutido no Capítulo 16.

9-3b   O custo da dívida de longo prazo depois de impostos: r_d

Para determinar o custo de dívida de longo prazo, a estimativa de r_d é conceitualmente simples, mas alguns problemas surgem na prática. As empresas utilizam tanto a dívida de taxa fixa como a de taxa variável, dívida fixa e conversível, dívidas de curto e longo prazo, bem como dívidas com e sem fundos de amortização. Cada tipo de dívida pode ter um custo um pouco diferente.

É improvável que o gerente financeiro saiba, no início de um período de planejamento, quais são os tipos exatos e os valores que seriam emitidos durante o período. O tipo ou tipos usados dependerão dos ativos específicos a serem financiados e das condições do mercado de capitais existentes ao longo do tempo. Mesmo assim, o gerente financeiro conhece os tipos de dívidas características para a sua empresa. Por exemplo, a MicroDrive normalmente emite títulos de 15 anos para aumentar a dívida de longo prazo usada para ajudar a financiar os seus projetos de investimentos. Uma vez que o CMPC é usado principalmente em avaliações de investimentos, a tesoureira da MicroDrive usa o custo dos títulos de 15 anos em sua estimativa de CMPC.

Suponhamos que seja janeiro de 2014 e a tesoureira da MicroDrive esteja estimando o CMPC para o próximo ano. Como ela deveria calcular o custo dos componentes da dívida? A maioria dos gerentes financeiros começa discutindo as taxas de juros atuais e futuras com seus bancos de investimento. Suponhamos que os bancos da MicroDrive acreditassem que a emissão de um novo título fixo de 15 anos, não resgatável, exigiria uma taxa de cupom de 9% com pagamentos semestrais. Esse título pode ser oferecido ao público pelo seu valor nominal de $ 1.000. Portanto, a sua estimativa de r_d, é de 9%.[2]

Observe que 9% é o custo de **dívida nova** ou **marginal** e provavelmente não será o mesmo que a taxa média dos títulos de dívida emitidos anteriormente pela MicroDrive, que é chamada de **taxa histórica** ou **embutida**. O

---

[2] Como ele é um título semestral, a taxa anual efetiva é $(1 + 0,09/2)^2 - 1 = 9,2\%$, mas a MicroDrive e a maioria das outras empresas usam as taxas nominais para todos os custos dos componentes.

custo embutido é importante para algumas decisões, mas não para outras. Por exemplo, o custo médio de todo o capital levantado no passado e ainda em aberto é usado por reguladores quando determinam a taxa de retorno que uma empresa de serviços públicos poderia ganhar. No entanto, na gestão financeira, CMPC é usado principalmente para tomar decisões de investimentos, as quais dependem dos retornos futuros esperados dos projetos contra os custos do capital novo e marginal que será usado para financiar esses projetos. *Assim, para os nossos objetivos, o custo relevante é o custo marginal de novas dívidas a serem levantadas durante o período de planejamento.*

Suponhamos que a MicroDrive tenha emitido dívida no passado e os títulos sejam negociados publicamente. A equipe financeira pode usar o preço de mercado dos títulos para encontrar o rendimento até o vencimento (ou o rendimento até o resgate, se os títulos forem vendidos por um preço acima de seus valores nominais e provavelmente forem resgatados). Esse rendimento é a taxa de retorno que os titulares atuais esperam receber e também é uma boa estimativa de r_d, a taxa de retorno que novos titulares exigirão.

Os títulos da MicroDrive que ficam em circulação entraram em circulação recentemente. Eles têm um cupom de 9%, pago semestralmente. Os títulos vencem em 15 anos e um valor nominal de $ 1.000. Os títulos atualmente estão sendo negociados no mercado a um preço de $ 1.000,00. Podemos encontrar o rendimento até o vencimento usando uma calculadora financeira com estas entradas: N = 30, PV = –1.000, PMT = 45 e FV = 1.000. Obtendo a taxa, encontramos I/YR = 4,5%. Trata-se de uma taxa periódica semestral, assim a taxa anual nominal é de 9,0%. Isso é consistente com a taxa estimada do banco de investimentos. Assim 9% é uma estimativa razoável para r_d.

Os títulos em circulação da MicroDrive são negociados ao par, então o rendimento é igual à taxa de cupom. Considere, contudo, um exemplo hipotético em que o preço de mercado não é ao par, mas em vez disso é $ 923,14. Encontra-se o rendimento até o vencimento usando uma calculadora financeira com as seguintes entradas: N = 30, PV = –923,14, PMT = 45, e FV = 1.000. Resolvendo-se para encontrar a taxa, encontra-se I/YR = 5%, o que significa uma taxa anual nominal hipotética de 10%. Como esse exemplo ilustra, não é necessário que o título seja comercializado ao par, para podermos estimar o custo da dívida.

Mesmo que a MicroDrive não tenha negociado publicamente sua dívida, sua equipe ainda poderá procurar as taxas de rentabilidade da dívida de capital aberto de empresas semelhantes para ter uma estimativa razoável do r_d.

Devemos ficar alerta com situações em que exista probabilidade significativa de a empresa inadimplir sua dívida. Nesse caso, o rendimento até o vencimento (seja calculado a partir dos preços de um excelente título, ou tomado como taxa de cupom de um título recém-emitido) supera o retorno esperado do investidor e, portanto, o custo esperado da empresa. Por exemplo, reconsideremos os títulos semestrais de 15 anos da MicroDrive que podem ser emitidos ao par, se a taxa de cupom é de 9%. Como foi mostrado anteriormente, o rendimento nominal anual até o vencimento é de 9%. Suponha, contudo, que os investidores acreditem que há uma chance significativa de que a MicroDrive não a cumprirá. Para manter o exemplo simples, suponha que os investidores acreditem que os títulos não serão cumpridos em 14 anos, e que a taxa de recuperação no valor nominal será de 70%. Aqui estão as novas entradas: N = 2 (14) = 28, PV = –1000, PMT = 45, e FV = 0,70 (1.000) = 700. Para encontramos a taxa, temos I/YR = 3,9%, implicando um retorno esperado anual de 7,8%. Esse é um exemplo extremamente simples, mas ilustra que o retorno esperado de um título é menor do que o rendimento até a maturidade da forma como ele é normalmente calculado. Para títulos com taxa de inadimplência esperada relativamente baixa, recomendamos a utilização do rendimento até o vencimento. Para títulos com altas taxas de inadimplência esperada, contudo, seria necessário fazer uma análise de cenário (como a da Seção 6.2) para estimarmos o retorno esperado do título.

9-3c   O Custo da dívida após impostos: $r_d(1 - T)$ e $r_{std}(1 - T)$

O retorno exigido pelos detentores dos títulos, r_d, não é igual ao custo da dívida da empresa porque os pagamentos de juros são dedutíveis, o que significa que o governo, na realidade, paga parte do custo total. Como resultado, o custo médio ponderado do capital é calculado usando-se **o custo da dívida após impostos, r_d (1 - T)**, que é a taxa de juros sobre a dívida, r_d, menos a economia de impostos que resultar, pois os juros são dedutíveis. Aqui T é a taxa de imposto marginal da empresa.[3]

---

[3] A alíquota de imposto federal americano para a maioria das empresas é de 35%. No entanto, a maioria das empresas está também sujeita a impostos estaduais, portanto a taxa de imposto marginal sobre a renda da maioria das empresas é de aproximadamente 40%. Para fins ilustrativos, vamos supor que a alíquota efetiva de imposto federal mais estadual sobre a renda marginal seja de 40%. A alíquota efetiva de imposto é zero para uma empresa com grandes prejuízos atuais ou passados que não paga impostos. Nessa situação, o custo da dívida após impostos é igual à taxa de juros antes dos impostos.

Quanto a taxa do imposto efetivo da empresa é eficaz?

A taxa regulamentada de impostos federais corporativos estadunidenses é de 35%. Com o Japão cortando sua taxa de imposto em 2012, as empresas americanas enfrentam os mais altos impostos federais e estaduais combinados no mundo. Ou não? O gráfico seguinte mostra a incidência das receitas dos impostos federais reais sobre as empresas como uma porcentagem dos lucros econômicos domésticos. Observe que a taxa efetiva de imposto foi em média de 25% por cerca de 15 anos, após as reformas fiscais de

1986, mas que tem girado descontroladamente desde 2000, tendo uma das maiores baixas de todos os tempos, 12,1% em 2011, provavelmente devido às mudanças temporárias no código fiscal, feitas para estimular a economia em resposta à recessão. As comparações internacionais são difíceis em virtude da disponibilidade e complexidade (e devido a tendências políticas dos analistas) de dados, mas a taxa média efetiva de imposto sobre as empresas de países desenvolvidos geralmente está em torno de 25%.

Taxa de imposto efetivo da empresa

Fonte: Adaptado de Congressional Budget Office, de 19 jan., 2012, *The Budget and Economic Outlook: Fiscal Years 2012 to 2022*. Para ver o relatório, vá para **www.cbo.gov/publication/42905**. Para obter os dados em uma planilha do Excel, selecione Data Underlying Figures.

Custo dos componentes da dívida após impostos = Taxa de juros – Economia de impostos

$$= r_d - r_d T$$
$$= r_d(1 - T)$$

(9-3)

Se presumirmos que a alíquota de imposto marginal federal mais estadual é de 40% e o custo de dívida marginal continua em 9%, o seu custo de dívida após impostos será de 5,4%:[4]

$$r_d(1 - T) = 9\%(1,0 - 0,4)$$
$$= 9\%(0,6)$$
$$= 5,4\%$$

Para a dívida de curto prazo da MicroDrive, o custo após os impostos é de 6%: $r_{std}(1 - T) = 10\%(1,0 - 0,4) = 6\%$.

---

[4] Estritamente falando, o custo da dívida após impostos deve refletir o custo esperado da dívida. Embora os títulos da MicroDrive tenham um retorno previsto de 9%, há chances de inadimplência, e, assim, seu retorno previsto aos detentores dos títulos (e consequentemente o custo da MicroDrive) é um pouco menos de 9%. No entanto, para uma empresa relativamente sólida como a MicroDrive, essa diferença é muito pequena.

9-3d Custos de lançamento e de dívida

A maioria das ofertas de dívida tem custos de lançamento muito baixos, principalmente para dívidas de colocação privada. Como os custos de lançamento são normalmente baixos, a maioria dos analistas os ignora ao estimar o custo da dívida após impostos. No entanto, o exemplo a seguir ilustra o procedimento para incorporar custos de lançamento, bem como seus impactos sobre o custo da dívida após impostos.

Suponha que a MicroDrive possa emitir títulos de dívida de 30 anos com uma taxa de cupom anual de 9% com cupons pagos semestralmente. Os custos de lançamento, F, são iguais a 1% do valor da emissão. Em vez de encontrarmos o rendimento antes de impostos com base em fluxos de caixa antes de impostos e, em seguida, ajustá-lo para refletir os impostos, como fizemos antes, podemos encontrar o custo ajustado pelo lançamento após impostos, usando esta fórmula:

$$M(1 - F) = \sum_{t=1}^{N} \frac{INT(1-T)}{[1 + r_d(a-T)]^t} + \frac{M}{[1 + r_d(a-T)]^N} \tag{9-4}$$

Nessa fórmula, M é o valor ao vencimento (ou nominal) do título; F, a **porcentagem do custo de lançamento** (ou seja, a porcentagem de proventos pagos aos bancos de investimento); N, o número de pagamentos; T, a alíquota de imposto da empresa; INT, os dólares de juros por período; e $r_d(1 - T)$, o custo da dívida após impostos ajustado pelos custos de lançamento. Com uma calculadora financeira, insira N = 60, PV = –1.000(1 – 0,01) = –990, PMT = 45(1 – 0,40) = 27 e FV = 1000. Obtendo I/YR, encontramos I/YR = $r_d(1 - T)$ = 2,73%, que é o custo dos componentes da dívida semestral após impostos. O custo nominal da dívida após impostos é de 5,46%. Observe que é bastante próximo ao custo original após impostos de 5,40%; assim, nesse caso, o ajuste para os custos de lançamento não faz muita diferença.[5]

No entanto, o ajuste de lançamento seria maior se F fosse maior ou se a duração dos títulos fosse mais curta. Por exemplo, se F fosse 10% e não 1%, o r_d ajustado pelo lançamento anual nominal (1 – T) seria de 6,13%. Com N em 1 ano em vez de 30 anos e F ainda igual a 1%, o r_d anual nominal (1 – T) = 6,45%. Finalmente, se F = 10% e N = 1, o r_d anual nominal (1 – T) = 16,67%. Em todos esses casos, o efeito dos custos de lançamento seria grande demais para ser ignorado.

Como uma alternativa para ajustar o custo da dívida pelos custos de lançamento, em algumas situações faz sentido ajustar os fluxos de caixa de projeto. Por exemplo, **financiamento de projeto** é uma situação especial em que um grande projeto, como uma refinaria de petróleo, é financiado com títulos de dívida, além de outros títulos cujas obrigações de pagamento estão vinculadas aos fluxos de caixa do projeto. Isso é diferente da oferta habitual de dívida em que o pagamento da dívida está vinculado a todos os fluxos de caixa da empresa. Tendo em vista que o projeto é financiado por títulos com obrigações de pagamento vinculadas a um projeto específico, os custos de lançamento podem ser incluídos com outros fluxos de caixa do projeto quando se avalia o valor do projeto. Entretanto, o financiamento de projeto é relativamente raro, por isso, quando incorporamos o impacto dos custos de lançamento, em geral fazemos isso ajustando o custo dos componentes da nova dívida.

Autoavaliação

1. Por que o custo de dívida após impostos, em vez de seu custo antes de impostos, é utilizado para calcular o custo médio ponderado do capital?

2. O custo relevante de dívida quando se calcula o CMPC é a taxa de juros sobre a dívida já *em circulação* ou a taxa sobre *novas* dívidas? Por quê?

3. Uma empresa possui títulos de longo prazo em circulação com um valor nominal de $ 1.000, uma taxa cupom de 10%, 25 anos restantes até o vencimento e um valor de mercado atual de $ 1.214,82. Se ela paga juros semestralmente, qual é o custo da dívida anual nominal antes de impostos? **(8%)** Se a alíquota de imposto da empresa é de 40%, qual é o custo da dívida após impostos? **(4,8%)**

---

[5] A Equação 9-4 produz o custo da dívida após impostos somente para títulos emitidos pelo valor nominal. Para títulos com preço diferente do valor nominal, os fluxos de caixa após impostos devem ser ajustados para considerar a tributação efetiva do desconto ou prêmio. Também ignoramos a proteção fiscal devido à amortização dos custos de lançamento porque estes têm muito pouco efeito sobre o custo da dívida.

9-4 Custo das ações preferenciais, r_{ps}

Muitas empresas (incluindo a MicroDrive) utilizam, ou planejam utilizar, as ações preferenciais como parte de seu *mix* de financiamento. Os dividendos preferenciais não são dedutíveis para fins fiscais, então a empresa arca com o custo total. Portanto, *nenhum ajuste fiscal é utilizado quando se calcula o custo das ações preferenciais*. Algumas ações preferenciais são emitidas sem data de vencimento declarada, mas hoje a maioria possui um fundo de amortização que efetivamente limita sua duração. Finalmente, embora não seja obrigatório o pagamento de dividendos preferenciais, em geral as empresas têm a intenção de fazê-lo, pois, do contrário, (1) elas não podem pagar dividendos sobre suas ações ordinárias, (2) enfrentarão dificuldades para levantar recursos adicionais nos mercados de capitais e, em alguns casos, (3) os acionistas preferenciais podem assumir o controle da empresa.

O **custo dos componentes das ações preferenciais, r_{ps}**, é o custo usado no cálculo do CMPC. Para ações preferenciais com data de vencimento declarada, usamos a mesma abordagem da seção anterior para o custo da dívida, tendo em mente que uma empresa não tem economia de impostos com ações preferenciais. Para ações preferenciais sem data de vencimento declarada, r_{ps} é:

$$\text{Custo dos componentes das ações preferenciais} = r_{ps} = \frac{D_{ps}}{P_{ps}(1-F)} \qquad (9\text{-}5)$$

em que D_{ps} é o dividendo preferencial; P_{ps}, o preço das ações preferenciais; e F, o custo de lançamento como uma porcentagem dos resultados obtidos.

Para ilustrar o cálculo, suponha que a MicroDrive tenha ações preferenciais que pagam dividendos de $ 8 por ação e são vendidas por $ 100 a ação. Se a MicroDrive emitisse novas ações preferenciais, incorreria em um custo de lançamento de 2,5% ou $ 2,50 por ação, de modo que haveria um valor líquido de $ 97,50 por ação. Portanto, o custo das ações preferenciais da MicroDrive é de 8,2%:

$$r_{ps} = \$\,8/\$\,97,50 = 8,2\%$$

Se não tivéssemos incorporado os custos de lançamento, teríamos estimado incorretamente $r_{ps} = \$\,8/\$\,100 = 8,0\%$, que é uma diferença muito grande para ser ignorada. Portanto, os analistas em geral incluem os custos de lançamento ao estimarem o custo das ações preferenciais da empresa.

Embora as ações preferenciais apresentem mais risco que a dívida, as ações preferenciais da MicroDrive possuem um retorno mais baixo para os investidores do que sua dívida: 8% *versus* 9%. No entanto, lembre-se de que a maioria das ações preferenciais é mantida por outras empresas, que podem deduzir do imposto 70% dos dividendos das ações preferenciais. Portanto, o retorno após impostos para esses investidores é maior para ações preferenciais do que para dívida, o que é consistente com o maior risco das ações preferenciais do que da dívida.

Autoavaliação

1. O custo dos componentes das ações preferenciais inclui ou exclui os custos de lançamento? Explique.
2. Por que não é feito nenhum ajuste tributário no custo das ações preferenciais?
3. As ações preferenciais da empresa atualmente são negociadas a $ 50 por ação e pagam $ 3 ao ano em dividendos. Os custos de lançamento são iguais a 3% da receita bruta. Se a empresa emitir ações preferenciais, qual será o custo dessas ações? **(6,19%)**

9-5 Custo da ação ordinária: o prêmio de risco de mercado, RP_M

Antes de abordarmos o retorno necessário para uma ação individual, comecemos com a grande imagem, que é o retorno exigido para todo o mercado de ações. Em outras palavras, quanto de retorno os investidores exigem para induzi-los a investir em ações? Muitas vezes, é mais conveniente se concentrar no retorno extra que os investidores exigem para induzi-los a investir em ações de risco ao longo e além da rentabilidade de um título do Tesouro. Como o Capítulo 6 explicou, esse retorno extra é chamado de "prêmio de risco de mercado", RP_M. Às vezes, ele é chamado apenas de **prêmio de risco**.

Infelizmente, o retorno exigido no mercado e, portanto, o prêmio de risco, não é diretamente observável. Três abordagens podem ser utilizadas para se estimar o prêmio de risco de mercado: (1) calcular os prêmios históricos e usá-los para estimar o prêmio atual; (2) pesquisas de especialistas; e (3) usar o valor atual de mercado para estimar os prêmios prospectivos. A seguir estão as descrições de cada abordagem.

9-5a Prêmio de risco histórico

Os dados históricos do prêmio de risco dos títulos estadunidenses são atualizados anualmente e estão disponíveis em muitas fontes, incluindo o Ibbotson Associates.[6] Usando os dados de 1926 até o ano atual, o Ibbotson calcula a taxa percebida real do retorno de cada ano da Bolsa de Valores e títulos governamentais de longo prazo.[7] Ibbotson define o prêmio de risco anual do patrimônio como a diferença entre os retornos históricos percebidos das ações e os rendimentos históricos até o vencimento sobre os T-bonds de longo prazo. O Ibbotson recentemente relatou uma média histórica de 6,6% de prêmio de risco.[8] Como esses dados devem ser utilizados?

Em primeiro lugar, os retornos das ações são bastante voláteis, levando à baixa confiança estatística nas médias estimadas. Por exemplo, o prêmio médio histórico estimado é de 6,6%, contudo, baseado no desvio padrão do retorno de mercado de cerca de 20%, o intervalo de confiança de 95% varia mais ou menos 3% a partir de 6,6%. Em outras palavras, a média histórica é útil para decidir se o prêmio de risco é da ordem de 6% ou de 20%, mas não é muito útil na decisão de o prêmio ser de 4% ou 6%.

Segundo, a média histórica é extremamente sensível ao período em que ela é calculada.

Terceiro, mudanças no prêmio de risco podem ocorrer se a tolerância dos investidores pelo risco mudar. Isso causa problemas na interpretação dos retornos históricos porque uma mudança no prêmio de risco requerido causa uma *mudança oposta em relação* ao prêmio observado. Por exemplo, um aumento no prêmio requerido significa que os investidores ficaram mais adversos ao risco e requerem mais retorno em ações. Aplicar uma taxa de desconto maior a um fluxo de caixa futuro da ação causa um declínio no prêmio da ação. Assim, um *aumento* no prêmio requerido causa diminuição simultânea no prêmio observado. Parte do declínio do mercado em 2008 e 2009 foi certamente devido à aversão ao risco pelo investidor.

9-5b Pesquisas de especialistas

O que os especialistas acham sobre o prêmio de risco do mercado? Dois professores da Duke University, John Grahan e Campbell Harvey (trabalhando em conjunto com a *Revista CFO*), pesquisaram os CFOs bimestralmente começando em 2000.[9] Uma pergunta da pesquisa foi feita aos CFOs: "o que eles esperam do retorno S&P 500 nos próximos 10 anos"; aos CFOs também é oferecido um rendimento sobre um T-bond de 10 anos. A resposta média na pesquisa de março de 2012 implicou uma média de prêmio de risco de cerca de 4,35%.

O professor Fernando Fernandez da IESE Business School regularmente pesquisa professores, analistas e empresas.[10] Em 2011, baseado na média das respostas estadunidenses, os professores recomendaram um prêmio de 5,7%, os analistas recomendaram 5,0% e as empresas recomendaram 5,5%.

Em resumo, em 2011-2012, os especialistas previram um prêmio entre 4,35% e 5,7%.

---

[6] Veja *Ibbotson stocks, bonds, bills, and inflation: 2012 valuation yearbook*, Chicago: Morningstar, Inc., 2012, para obter estimativas mais recentes.

[7] O prêmio de risco deve ser definido com base no rendimento em T-Bonds. Como um indicador do rendimento, o Ibbotson usa o retorno em T-bonds de 20 anos por causa dos cupons. Isso deprecia o rendimento dos títulos de desconto e supera o rendimento de prêmio do título, mas o erro provavelmente tem média zero na maioria dos anos.

[8] A média aritmética muitas vezes é usada como uma estimativa do prêmio de risco do próximo ano; este é mais apropriado se a aversão ao risco dos investidores tivesse realmente sido constante durante o período de amostragem. Por outro lado, a média geométrica seria mais apropriada para se estimar o prêmio de risco de longo prazo, digamos, para os próximos 20 anos. A média geométrica deste período de tempo é de 4,7%, que é menos do que a média aritmética.

[9] Veja John Graham e Campbell Harvey, "The equity risk premium in 2008", *Working Paper*, Duke University, 2008. Para atualizações da pesquisa, acesse http://www.cfosurvey.org.

[10] Veja também Pablo Fernandez, "Market risk premium used in 56 countries in 2011: a survey with 6.014 answers", em SSRN: **http://ssrn.com/abstract=1344209**.

9-5c   Prospectivas de prêmios de risco

Uma alternativa ao prêmio de risco histórico é o prêmio de risco prospectivo, ou prévio. Como mostramos no Capítulo 7, se presumirmos que o dividendo do mercado crescerá a uma taxa constante e que as empresas que compõem o mercado pagam todos os fundos disponíveis com dividendos(por exemplo, as empresas não fazem recompra de ação ou compras de investimentos de curto prazo), então a taxa de mercado esperada do retorno, $\hat{r}_M$ é:

$$\hat{r}_M = \frac{D_1}{P_0} + g \qquad \text{(9-6)}$$

Se nós também assumirmos que o mercado está em equilíbrio, então o retorno necessário no mercado, $\hat{r}_M$, é igual ao retorno esperado, $\hat{r}_M$, encontrado usando a Equação 9-6. Dessa forma, o retorno exigido do mercado pode ser estimado como a soma dos dividendos esperados do mercado mais a taxa de crescimento constante esperada em dividendos.

Ilustração simplificada para se estimar um prêmio de risco prospectivo

A seguir uma ilustração de como usar a Equação 9-6 para se estimar o retorno exigido no mercado. Em primeiro lugar, é necessária uma estimativa do dividendo esperado. Em abril de 2012, o site da Standard & Poor relatou um rendimento de dividendos projetados de 2,16% para o S&P 500, com base em dividendos declarados. Em segundo lugar, você precisa de uma estimativa da taxa de crescimento dos dividendos constante, g. Um método é utilizar a taxa média histórica de crescimento dos dividendos para o S&P 500, cerca de 4,4% (para 1926-2011).

Usando esses valores, uma estimativa do retorno de mercado necessário aparecerá.

$$\begin{aligned} r_M = \hat{r}_M &= \frac{D_1}{P_0} + g \\ &= 2,16\% + 4,4\% \\ &= 6,56\% \end{aligned}$$

No momento que estimamos r_M, o rendimento T-bond de 10 anos foi de 2,19%. Usando o r_M previamente estimado de 6,56%, o prêmio de risco prospectivo de mercado é de:

$$\begin{aligned} RP_M &= r_M - r_{RF} \\ &= 6,56\% - 2,19\% \\ &= 4,37\% \end{aligned}$$

Complicações quando se estima um prêmio de risco prospectivo/ prêmio prospectivo

Fizemos várias hipóteses simplificadas no exemplo anterior sobre três complicações que surgem na prática. Em primeiro lugar, a taxa de crescimento em dividendos provavelmente não será constante em um futuro próximo, em vez disso, poderá levar muitos anos antes de equilibrar-se. Em segundo lugar, a taxa de crescimento média histórica de dividendos pode não ser uma boa estimativa para a taxa de crescimento esperado de dividendos de longo prazo. O crescimento de longo prazo dos dividendos provavelmente está relacionado com as vendas a longo prazo e com os lucros, que por sua vez dependem da inflação (que afeta o valor das vendas), o crescimento da população (que afeta o volume de vendas) e a produtividade (que afeta lucros). Em terceiro lugar, o modelo é baseado em dividendos por ação, mas ignora o impacto das recompras de ações sobre o número de ações em circulação (que muda a taxa de crescimento dos dividendos por ação).

Felizmente, existem maneiras de lidarmos com essas questões, incluindo o uso de um modelo de crescimento de vários estágios.

9-5d   Nosso ponto de vista sobre o prêmio de risco de mercado

Após ler os capítulos anteriores, você poderá ficar confuso sobre a melhor forma de estimar o prêmio de risco de mercado. Aqui está nossa opinião: o prêmio de risco é orientado primeiro pelas atitudes dos investidores em relação ao risco, e há boas razões para se acreditar que a aversão ao risco dos investidores altera com o tempo. A introdução dos planos de pensão, seguro social, seguro saúde e seguro por invalidez dos últimos 50 anos significa que as pessoas hoje podem fazer escolhas mais arriscadas com seus investimentos, que as deixe menos adversas ao risco. Além disso, muitas famílias possuem mais de uma fonte de renda, permitido aceitarem mais risco. Dessa forma, achamos que o prêmio de risco é menor hoje do que a 50 anos atrás.

Atualmente em nossa consultoria, na primavera de 2012, utilizamos um prêmio de risco de cerca de 5% a 6%, mas seria difícil contradizer alguém que usou um prêmio de risco, entre 3% e 7%. Acreditamos que a aversão dos investidores ao risco é estável na maior parte do tempo, e nem é constante de ano em ano. Certamente não é constante durante os períodos de grande estresse, como durante a crise financeira de 2008-2009. Quando os preços das ações são relativamente elevados, os investidores sentem-se menos adversos ao risco, por isso usamos um prêmio de risco na nossa parte baixa da escala. Por outro lado, quando os preços estão baixos, usamos um prêmio na parte alta da escala. Ao final, não há maneira de provarmos que um prêmio de risco em particular está certo ou errado, embora suspeitaríamos de um prêmio de mercado estimado inferior a 3% ou superior a 7%.

Autoavaliação

1.   Explique tanto o método histórico quanto o prospectivo de estimar o prêmio de risco de mercado.

9-6   Usando o CAPM para estimar o custo das ações ordinárias, r_s

Antes de estimarmos o retorno exigido pelos acionistas da MicroDrive, r_s, vale a pena considerar as duas maneiras que uma empresa pode aumentar seu patrimônio: (1) vender ações recém-emitidas ao público; (2) Reinvestir (manter) os ganhos, não pagando todo o lucro líquido na forma de dividendos.

O novo patrimônio levantado pelos ganhos do reinvestimento tem custo? A resposta é "SIM". Se os lucros forem reinvestidos, os acionistas terão um *custo de oportunidade* – os ganhos poderiam ter sido pagos como dividendos ou usados para recomprar ações, e em ambos os casos os acionistas teriam fundos recebidos que poderiam reinvestir em outros instrumentos. *Assim, a empresa deve ganhar em seus lucros reinvestidos, pelo menos tanto quanto seus acionistas poderiam ganhar em investimentos alternativos de risco equivalente.*

Que taxa de retorno os acionistas poderiam esperar ganhar em investimentos de risco equivalente? A resposta é r_s, porque eles poderiam presumivelmente ganhar esse retorno simplesmente na compra de ações da mesma empresa ou de uma empresa similar. *r_s, portanto, é o custo de capital próprio comum levantado na empresa, como lucros reinvestidos*. Se uma empresa não consegue ganhar pelo menos o r_s sobre lucros reinvestidos, então ela deverá passar esses lucros para seus acionistas como dividendos e deixá-los investir o dinheiro em ativos que rendam r_s.

9-6a   O modelo de avaliação de ativos financeiros

Para estimar o custo das ações ordinárias por meio do modelo de precificação de ativos financeiros, o modelo CAPM, como discutido no Capítulo 6, procedemos da seguinte forma:

1.   Estimamos a taxa livre de risco, r_{RF}
2.   Estimamos o prêmio de risco de mercado atual, RP_M, que é o retorno de mercado exigido menos a taxa em excesso livre de risco.
3.   Estimamos o coeficiente beta das ações, b_i, que mede seu risco relativo. O "i" significa beta da ação i.
4.   Usamos esses três valores na Equação 9-5 para estimar a taxa de retorno exigida das ações:

$$r_s = r_{RF} + (RP_M)b_i$$

(9-7)

A Equação 9-7 demonstra que a estimativa do CAPM de r começa com a taxa livre de risco, r_{RF}. Adicionamos um prêmio de risco, que é igual ao prêmio do risco no mercado, RP_M, aumentado ou reduzido para refletir o risco daquela determinada ação, conforme medido por seu coeficiente beta. As próximas seções explicam como implementar esse processo de quatro etapas.

9-6b Estimativa da taxa livre de risco, r_{RF}

O ponto de partida para a estimativa do custo do patrimônio CAPM é r_{RF}, a taxa livre de risco. Não há ativo verdadeiramente sem risco na economia norte-americana. Títulos do Tesouro são essencialmente livres de risco de inadimplência, no entanto títulos do Tesouro de longo prazo não indexados sofrerão perdas de capital se as taxas de juros aumentarem, títulos indexados de longo prazo terão seu valor reduzido se a taxa real aumentar, e uma carteira de letras do Tesouro de curto prazo fornecerá um fluxo de ganho volátil porque a taxa obtida sobre as letras do Tesouro varia com o tempo.

Uma vez que não podemos, na prática, encontrar uma taxa verdadeiramente sem risco na qual fundamentar o CAPM, que taxa devemos usar? Lembre-se de que nosso objetivo é estimar o custo do capital que será utilizado para descontar os fluxos de caixa livre da empresa, ou fluxos de caixa do projeto. Os fluxos de caixa livre ocorrem ao longo da vida da empresa e muitos projetos duram por muitos anos.

Como o custo de capital será utilizado para descontar os fluxos de caixa de prazo relativamente longos, parece ser apropriado utilizar uma taxa livre de risco relativamente longa, tal como o rendimento de um título do Tesouro de 10 anos. De fato, uma pesquisa com empresas conceituadas mostra que cerca de dois terços delas utilizam a taxa dos títulos do Tesouro de 10 anos.[11]

As taxas dos títulos do Tesouro podem ser encontradas no *The Wall Street Journal*, no *Federal Reserve Bulletin* ou na internet. Embora a maioria dos analistas utilize o rendimento sobre um título do Tesouro de 10 anos como referência para a taxa livre de risco, os rendimentos sobre títulos do Tesouro de 20 ou 30 anos também são referências razoáveis.

9-6c Estimando o prêmio de risco de mercado, RP_M

Descrevemos três métodos para se estimar o prêmio de risco de mercado, RP_M, na Seção 9.5: (1) o uso de médias históricas, (2) especialistas em pesquisas, e (3) estimar os retornos prospectivos do mercado. Todas os três métodos fornecem estimativas no mesmo patamar, em torno de 3% a 7%. A escolha final realmente se reduz ao julgamento informado pelo estado atual do mercado e as estimativas fornecidas pelos três métodos. Usaremos um prêmio de risco de mercado de 6% neste exemplo.

9-6d Estimando beta, b_i

Lembre-se do Capítulo 6, que um beta da ação, b_i, pode ser estimado:

$$b_i = \left(\frac{\sigma_i}{\sigma_M} \right) \rho_{iM}$$

(9-8)

onde ρ_{iM} é a correlação entre o retorno do σ_i da ação e o retorno do mercado, σ_M é o desvio padrão do retorno do "i" da ação, e CTM é o desvio padrão do retorno do mercado. Essa definição também é igual ao coeficiente angular estimado em uma regressão, com o retorno das ações da empresa no eixo-y e de retornos do mercado no eixo-x.

É fácil reunir os retornos históricos através da Web e, em seguida, estimar o seu próprio beta. Além disso, muitas fontes da Web fornecem estimativas de beta. A boa notícia é que não há falta de estimativas beta; a má notícia é que muitas estimativas diferem uma da outra. Discutiremos isso na próxima seção.

---

[11] Veja Robert E. Bruner et al., "Best practices in estimating the cost of capital: survey and synthesis", *Financial Practice and Education*, p. 13-28, 1998.

9-6e   Uma ilustração do modelo CAPM: o custo do patrimônio da MicroDrive, r_s

A seguir uma aplicação do modelo CAPM à Microdrive. Como estimamos no capítulo 6, o beta, b_i, é 1,43. Presumimos que o prêmio do risco do mercado, RP_M, fica em torno de 6%. Por exemplo, suponha que a taxa livre de risco, r_{RF}, seja de 5%. Utilizando a Equação 9-7, estimamos o retorno requirido pela MicroDrive como mais ou menos 13,6%.

$$r_s = 5\% + (6\%)(1,43)$$
$$= 5\% + 8,58\%$$
$$= 13,58\% \approx 13,6\%$$

A estimativa de 13,6% é um retorno requerido do ponto de vista de um investidor, mas é o custo do capital na perspectiva de uma empresa.

Tenha sempre em mente que o custo estimado do capital próprio é de fato uma estimativa, por várias razões. Em primeiro lugar, o rendimento de qualquer título do tesouro de longo prazo seria uma estimativa adequada da taxa livre de risco, e diferentes rendimentos levariam a diferentes estimativas de r_s. Em segundo lugar, ninguém sabe verdadeiramente o prêmio de risco de mercado correto. Podemos reduzir o RP_M estimado baixo como um intervalo relativamente pequeno, mas diferentes estimativas nesta faixa levariam a diferentes estimativas de r_s. Em terceiro lugar, as estimativas de beta não são exatas. Além da grande confiança em um beta estimado, o uso ligeiramente diferente de períodos de tempo para se estimar beta pode levar a grandes diferenças no beta estimado.

Mesmo assim, em nosso julgamento, é possível desenvolver estimativas "razoáveis" sobre os inputs necessários, e acreditamos que o CAPM possa ser utilizado para obter estimativas razoáveis do custo de capital próprio. Na verdade, apesar das dificuldades já observadas, as pesquisas indicam que o CAPM é o método mais utilizado. Pesquisas recentes indicam que o CAPM é de longe o método mais usado. Embora a maioria das empresas use mais de um método, quase 74% dos entrevistados em uma pesquisa (e 85% em outra) utilizaram o CAPM.[12] Já na pesquisa de 1982, somente 30% dos entrevistados utilizavam o CAPM.[13]

Autoavaliação

1. Quais são as duas principais fontes de capital próprio?
2. Explique por que há um custo para utilizar lucros reinvestidos, isto é, por que os lucros reinvestidos não são uma fonte gratuita de capital?
3. O que é, em geral, considerada a estimativa mais apropriada da taxa livre de risco: o rendimento de um título do Tesouro de curto prazo ou o rendimento de um título do Tesouro de 10 anos?
4. Descreva alguns problemas encontrados quando se estima o beta. O beta de uma empresa é 1,4, o rendimento de um título do Tesouro de 10 anos é de 4% e o prêmio de risco do mercado é de 4,5%. Qual é r_s? **(10,3%)**

9-7   Abordagem do rendimento de dividendo mais taxa de crescimento ou fluxo de caixa descontado (DCF)

No Capítulo 7, vimos que, se o investidor marginal tem uma expectativa de que os dividendos cresçam a uma taxa constante e a empresa efetua todos os pagamentos na forma de dividendos (a empresa não recompra ações), o preço de uma ação pode ser encontrado como indicado a seguir:

---

[12] Ver John R. Graham e Campbell Harvey, "The theory and practice of corporate finance: evidence from the field", *Journal of Financial Economics*, p. 187-243, 2001, e a pesquisa mencionada na nota de rodapé 10. É interessante que um número crescente de empresas (cerca de 34%) também esteja usando modelos do tipo CAPM com mais de um fator. Mais de 40% dessas empresas incluem fatores relativos ao risco da taxa de juros, risco cambial e risco do ciclo de negócios (representados pela produção da empresa). Mais de 20% dessas empresas incluem um peso para a inflação, tamanho, e exposição a determinados preços das commodities. Menos de 20% dessas empresas fazem ajustes devido a fatores de dificuldade, financeiros ou fatores de impulso.

[13] Ver Lawrence J. Gitman and Vincent Mercurio, "Cost of capital techniques used by major U.S. firms: survey analysis of fortune's 1000", *FinancialManagement*, p. 21-29, 1982.

$$\hat{P}_0 = \frac{D_1}{r_s - g}$$

(9-9)

Aqui $\hat{P}_0$ é o valor intrínseco das ações para o investidor; D_1 o dividendo esperado a ser pago no final do ano 1; g, a taxa de crescimento esperado de dividendos; e r_s, a taxa de retorno exigida. Para o investidor marginal então $\hat{P}_0$ = P_0, o preço de mercado da ação, e podemos encontrar r_s para obter a taxa exigida de retorno sobre o patrimônio:

$$\hat{r}_s = r_s = \frac{D_1}{P_0} + g \text{ esperado}$$

(9-10)

Portanto, os investidores esperam receber um rendimento de dividendo, D_1/P_0, mais um ganho de capital, g, para um retorno total esperado de $\hat{r}_s$. Em equilíbrio, esse retorno esperado também é igual ao retorno exigido, r_s. Esse método de estimativa do custo do patrimônio é chamado de **método do fluxo de caixa descontado** ou **DCF**. Portanto, assumimos que os mercados estão em equilíbrio (o que significa que $r_s = \hat{r}_s$), e isso nos permite usar os termos r_s e $\hat{r}_s$ de forma intermutável.

9-7a   Estimativa sobre as informações para o método DCF

Três informações são exigidas para usar a abordagem DCF: o preço atual da ação, o dividendo atual e a taxa de crescimento do dividendo esperada pelo investidor marginal. O preço da ação e os dividendos são fáceis de obter, mas a taxa de crescimento esperada é difícil de estimar, como veremos nas próximas seções.

Taxas de crescimento históricas

Se as taxas de crescimento de lucros e dividendos foram relativamente estáveis no passado, e se os investidores esperam que essa tendência continue, então a taxa de crescimento realizada no passado pode ser usada como uma estimativa da taxa de crescimento futura esperada. Infelizmente, isso limita a utilidade das taxas históricas de crescimento como previsoras das taxas de crescimento futuro para a maioria das empresas.

Modelo de crescimento por retenção

A maioria das empresas distribui parte de seu lucro líquido como dividendos e reinveste, ou retém, o restante. Quanto mais elas retêm e quanto maior é a taxa de retorno obtida sobre esses lucros retidos, maior é a taxa de crescimento. Essa é a ideia por trás do modelo de crescimento por retenção.

O *índice de pagamento* de dividendo é a porcentagem de lucro líquido que as empresas distribuem como dividendos, e o *índice de retenção* é o complemento do índice de pagamento de dividendo: índice de retenção = (1 – índice de pagamento de dividendo). Para ilustrar, considere a Aldabra Corporation, uma empresa madura. O pagamento de dividendos da Aldabra foi de 63% nos últimos 15 anos, portanto a taxa média de retenção foi de 1,0 – 0,63 = 0,37 = 37%. O retorno médio da Aldabra sobre patrimônio (ROE) foi de 14,5% nos últimos 15 anos. Sabemos que, com outros itens se mantendo constantes, a taxa de crescimento dos lucros depende do montante do lucro que a empresa retém e da taxa de retorno que ganha sobre lucros retidos, e a *equação de crescimento por retenção* pode ser assim expressa:

$$g = \text{ROE(Índice de retenção)}$$

(9-11)

Usando o ROE médio de 14,5% e sua taxa de retenção de 37%, podemos usar a Equação 9-11 para encontrar o g estimado:

$$g = 14,5\%(0,37) = 5,365 \approx 5,4\%$$

Apesar da fácil implementação, este método exige quatro premissas principais: (1) taxa de pagamento e, assim, a taxa de retenção permanecem constantes; (2) o ROE sobre novos investimentos permanece constante e igual ao ROE sobre ativos existentes; (3) não se espera que a empresa recompre ou emita novas ações ordinárias, ou, caso isso aconteça, essa nova ação será vendida a um preço igual ao seu valor contábil; e (4) os projetos futuros deverão ter o mesmo grau de risco que os ativos existentes da empresa. Infelizmente, esses pressupostos aplicam-se em poucas situações, o que limita a utilidade do modelo de crescimento por retenção.

Projeções dos analistas

Uma terceira técnica pede o uso das projeções dos analistas de investimento. Como mencionamos antes, analistas publicam as estimativas das taxas de crescimento de lucros para a maioria das grandes empresas de capital aberto. Por exemplo, a *Value Line* fornece tais dividendos para aproximadamente 1.700 empresas. Várias fontes compilam previsões de ganhos dos analistas regularmente, e essas taxas de crescimento dos lucros podem ser usadas como indicadores para taxas de crescimento de dividendos.

No entanto, os analistas geralmente preveem crescimento não constante, o que limita a utilidade do modelo de crescimento constante. Em vez disso, um modelo de vários estágios deve ser utilizado.

9-7b   Uma ilustração do método DCF

Para ilustrar o método de DCF, suponha que as ações da Aldabra sejam vendidas por $ 32, o seu próximo dividendo esperado seja de $ 1,82 e sua taxa de crescimento esperada, de 5.4%. Não está prevista a recompra das ações pela Aldabra. As ações da empresa supostamente estão em equilíbrio, assim suas taxas de retorno previstas e exigidas são iguais. Com base nessas premissas, o custo estimado do patrimônio, de acordo com o método DCF, é de 11,1%:

$$\hat{r}_s = r_s = \frac{\$\,1,82}{\$\,32,00} + 5,4\%$$

$$= 5,7\% + 5,4\%$$

$$= 11,1\%$$

Como foi observado anteriormente, é difícil aplicar o método DCF, já que os dividendos não crescem a uma taxa constante na maioria das empresas. As pesquisas mostram que 16% das empresas que responderam utilizam o método DCF, abaixo dos 31% em 1982,[14]

Autoavaliação

1.   Quais são os dados necessários para o método DCF?
2.   Quais são as três maneiras de estimar a taxa de crescimento esperada dos dividendos e qual desses métodos provavelmente fornece a melhor estimativa?
3.   A taxa estimada de crescimento de dividendos de uma empresa é de 6%, o preço atual da ação é de $ 40 e seu dividendo anual esperado é de $ 2. Utilizando o método DCF, qual é o r_s da empresa? **(11%)**

9-8   Custo médio ponderado ou composto de capital, CMPC

Como vimos anteriormente neste capítulo (e como discutiremos em mais detalhes no Capítulo 15), cada empresa tem uma estrutura ótima de capital, que é definida como a combinação de dívida, ações preferenciais e patrimônio líquido que maximizam o preço de suas ações. Portanto, uma empresa que maximiza o valor deve tentar obter a sua *estrutura de capital-alvo (ou ótima)* e, em seguida, levantar novo capital para manter a estrutura de capital real no nível-alvo ao longo do tempo. Neste capítulo, vamos supor que a empresa tenha identificado sua estrutura de capital ótima, que use esse nível ótimo como meta e que financie de modo que permaneça constantemente no nível-alvo. Como o alvo é estabelecido será analisado no Capítulo 15. As proporções-alvo de dívida, ações preferenciais e patrimônio líquido, juntamente com custos dos componentes de capital, são utilizadas para calcular o CMPC, conforme mostrado na Equação 9-2:

---

[14] Ver as fontes citadas nas notas de rodapé 12 e 13.

$$CMPC = w_d r_d(1 - T) + w_{std} r_{std}(1 - T) + w_{ps} r_s + w_s r_s \qquad \textbf{(9-2)}$$

Nessa equação, w_d, w_{std}, w_{ps} e w_s são os pesos-alvo para dívida de longo prazo, dívida de curto prazo, ações preferenciais e patrimônio líquido, respectivamente.

Para ilustrarmos, primeiro observamos que a MicroDrive possui uma estrutura de capital-alvo que exige 28% de dívida de longo prazo, 2% de dívida de curto prazo, 3% de ações preferenciais e 60% de patrimônio líquido. O custo de dívida de longo prazo antes de impostos, r_d, é de 9%, o custo de dívida de curto prazo antes de impostos, r_{std}, é de 10%, o custo de ações preferenciais, r_{ps}, é de 8,16%, o custo de patrimônio líquido, r_s, é de 13,58, e a alíquota de imposto marginal é de 40%. Podemos agora calcular o custo de capital médio ponderado da MicroDrive como se segue:

$$CMPC = 0.28(9.0\%)(1 - 0.4) + 0,02(10.0\%) + 0.03(8.16\%) + 0.67(13.58\%)$$
$$= 11\%$$

Três pontos devem ser observados. Primeiro, o CMPC é o custo que a empresa incorreria para levantar cada dólar novo ou marginal de capital – não é o custo médio dos dólares levantados no passado. Segundo, as porcentagens de cada componente do capital, chamado de pesos, devem ser baseadas na estrutura de capital-alvo da administração, e não nas fontes específicas de financiamento em cada ano. Terceiro, os pesos-alvo devem ser baseados nos valores de mercado, e não nos valores contábeis. As seções a seguir explicam esses pontos.

9-8a   Taxas marginais *versus* taxas históricas

As taxas de retorno exigidas pelos investidores de uma empresa, sejam novas ou antigas, são sempre taxas marginais. Por exemplo, um acionista pode ter investido em uma empresa no ano passado quando a taxa de juros livre de risco era de 6% e o retorno exigido sobre o patrimônio era de 12%. Se a taxa livre de risco posteriormente cair e agora estiver em 4%, o retorno exigido pelo investidor sobre o patrimônio será de 10% (mantendo todo o resto constante). Essa é a mesma taxa de retorno exigida que um novo acionista teria, independentemente se comprou as ações no mercado secundário ou por meio de uma nova oferta de ações. Em outras palavras, se os acionistas já forem detentores de ações ou novos detentores, têm a mesma taxa de retorno exigida, que é a taxa de retorno exigida atual sobre o patrimônio. O mesmo raciocínio vale para os detentores de títulos da empresa. Todos os detentores de títulos, sejam antigos ou novos, têm uma taxa de retorno exigida igual ao rendimento atual sobre o título de dívida da empresa, que é baseada nas condições de mercado atuais.

Como as taxas de retorno exigidas pelos investidores são baseadas nas condições de mercado *atuais* e não nas condições de mercado quando eles compraram seus títulos, o custo do capital depende das condições atuais e não das condições de mercado do passado.

9-8b   Pesos-alvo *versus* escolhas de financiamento anuais

Já ouvimos gerentes (e estudantes!) dizerem: "Nossa dívida tem um custo de 5% após impostos contra um CMPC de 10% e um custo de capital próprio de 14%. Portanto, uma vez que financiaremos somente com dívida este ano, devemos avaliar os projetos deste ano a um custo de 5%". Existem duas falhas nessa linha de raciocínio.

Primeiro, suponha que a empresa esgote a sua capacidade de emissão de títulos de dívida de baixo custo neste ano para assumir projetos com retornos após impostos tão baixos quanto 5,1% (que é ligeiramente superior ao custo de dívida após impostos). Depois, no ano seguinte, quando a empresa deve financiar com capital próprio, ela terá de rejeitar projetos com retornos altos como 13,9% (que é ligeiramente inferior ao custo do capital). Para evitar esse problema, uma empresa que pretenda permanecer ativa por tempo indeterminado deverá avaliar todos os projetos, usando o CMPC de 10%.

Segundo, os investidores existentes e os novos têm direitos sobre *todos os* fluxos de caixa futuros. Por exemplo, se uma empresa emitir dívida e também investir em um novo projeto no mesmo ano, os novos detentores dos títulos de dívida não terão direitos sobre os fluxos de caixa provenientes do projeto (presumindo que não seja financiamento de projeto sem direito de regresso). Na verdade, os novos detentores de títulos de dívida têm direito sobre os fluxos de caixa gerados pelos projetos existentes, bem como pelos novos projetos, enquanto os antigos detentores de títulos de dívida (e detentores de ações) têm direitos sobre projetos novos e existentes. Assim, a decisão de assumir um novo projeto deve depender da capacidade do projeto para satisfazer todos os investidores da empresa, não apenas os novos detentores de títulos de dívida, mesmo que somente dívida seja emitida naquele ano.

Variações globais no custo do capital

Para que empresas dos Estados Unidos sejam competitivas com relação às empresas estrangeiras, elas não devem possuir um custo de capital maior que aquele apresentado por seus concorrentes internacionais. No passado, muitos especialistas argumentaram que empresas norte-americanas estavam em desvantagem. Em particular, empresas japonesas tinham um custo de capital muito baixo, o que reduzia seus custos totais e, portanto, tornava difícil a competição das empresas norte-americanas com as japonesas. Eventos recentes, no entanto, reduziram consideravelmente as diferenças de custo de capital entre as empresas dos Estados Unidos e do Japão. Em particular, o mercado de ações norte-americano apresentou desempenho melhor que o japonês nos últimos anos, o que facilitou e barateou a captação de recursos para as empresas dos Estados Unidos.

À medida que os mercados de capital se tornam cada vez mais integrados, as diferenças entre países no custo do capital estão diminuindo. Hoje, a maior parte das grandes empresas levanta capital no mundo todo, portanto estamos nos movendo em direção a um mercado de capital global, em vez de mercados de capital distintos em cada país. Políticas do governo e condições do mercado podem afetar o custo do capital em um determinado país, mas isso afeta principalmente pequenas empresas que não têm acesso aos mercados de capital globais, e mesmo essas diferenças estão se tornando menos importantes com o passar do tempo. O que mais importa é o risco da empresa individual, não o mercado no qual ela levanta capital.

9-8c Pesos para os custos dos componentes: valores contábeis *versus* valores de mercado *versus* metas

Nossa principal razão para calcular o CMPC é usá-lo na avaliação de investimentos ou de empresas, uma vez que precisamos comparar os retornos esperados sobre projetos e ações com retornos exigidos pelos investidores para determinar se os investidores são remunerados de forma justa para o risco que correm. O valor total da compensação necessária depende tanto *da taxa de retorno exigida* quanto da *quantia* que os investidores têm em jogo.

As seções anteriores mostraram que a *taxa de retorno exigida* pelos investidores exige uma taxa de retorno igual à taxa atual que eles poderiam obter em investimentos alternativos de risco equivalente. Em outras palavras, a taxa exigida é o custo da oportunidade. Em relação ao valor que os investidores têm em jogo, aplicaremos mais uma vez o conceito de "oportunidade". Os investidores têm a oportunidade de vender o seu investimento no valor de mercado, então este é o valor que os investidores têm em jogo. Observe que o valor em jogo não é igual aos valores contábeis, conforme relatado nas demonstrações financeiras. Os valores contábeis são registros de investimentos históricos, e não valores de mercado atual do investimento. Como o CMPC é utilizado para descontar os fluxos de caixa futuros, os pesos devem ser baseados nos pesos do valor de mercado esperados, em média, no futuro, não necessariamente os pesos atuais baseados em valores de mercado atuais.

Em resumo, os pesos não devem ser baseados nos valores contábeis, mas em vez disso deverão ser calculados com base nos pesos de valor de mercado da estrutura de capital-alvo. Obviamente, a estrutura de capital alvo deve ser realista; as empresas não podem assumir tanta dívida que quase certamente irão à falência. Além disso, a empresa deve tentar ajustar seus pesos do valor de mercado para os pesos-alvo; a menos que os pesos médios de longo prazo sejam diferentes significativamente daqueles da estrutura de capital-alvo. Discutimos as estruturas de capital, incluindo quão rapidamente elas ajustam seus pesos, no Capítulo 15.

Autoavaliação

1. Como o custo médio ponderado de capital é calculado? Escreva a equação.
2. Os pesos usados para calcular o CMPC devem ser baseados em valores contábeis, valores de mercado ou algo mais? Explique.
3. Uma empresa possui os seguintes dados: estrutura de capital-alvo composto por 25% de dívida, 10% de ações preferenciais e 65% de patrimônio líquido; alíquota de imposto = 40%, r_d = 7%, r_{ps} = 7,5% e r_s = 11,5%. Suponha que a empresa não emita novas ações. Qual é o CMPC da empresa? **(9,28%)**

9-9 Ajustando o custo de capital próprio para o custo de flutuação

Poucas empresas com crescimento lento ou moderado emitem novas ações ordinárias através de ofertas públicas.[15] Na verdade, menos de 2% de todos os novos fundos corporativos vêm do mercado acionista do público externo, por duas razões muito boas: sinalização negativa e custos diretos. Discutimos a sinalização no capítulo 15, mas abordaremos os custos diretos aqui.

Os custos diretos da nova emissão são chamados **custos de flutuação**. A Tabela 9-1 mostra os custos médios de flutuação para a dívida e patrimônio das empresas norte-americanas emitidas na década de 1990. Observe que os custos de flutuação, assim como uma *porcentagem* do capital levantado, caem quando a *quantidade* de capital levantado aumenta. Os custos de flutuação de ação ordinária são para emissões não IPO. Para as IPOs, os custos de flutuação são superiores – cerca de 17% maiores se menos de $ 10 milhões for levantado e ainda maiores quando o tamanho do problema aumenta. Os dados da Tabela 9-1 incluem tanto as empresas de serviços públicos quanto não públicas; se as públicas tivessem sido excluídas, os custos de flutuação relatados teriam sido maiores. A Tabela 9-1 mostra que os custos de flutuação são significativamente mais elevados para o patrimônio do que para a dívida. Uma das razões para maiores custos de flutuação de capital próprio é que a dívida corporativa é vendida principalmente em grandes blocos para investidores institucionais, enquanto as ações ordinárias são vendidas em menores quantidades para muitos investidores diferentes; isso impõe custos mais elevados sobre os bancos de investimento, que passam esses custos para a empresa emissora. Além disso, os valores das ações são mais difíceis a estimar que os valores da dívida, o que torna mais difícil a venda de ações, mais uma vez levando a custos mais elevados para os bancos de investimento.

No entanto, para aqueles que o fazem, o **custo de novo capital**, r_e, ou capital externo, é maior que o custo do capital gerado internamente por meio do reinvestimento dos lucros, r_s, em decorrência dos custos de lançamento envolvidos na emissão de novas ações ordinárias. Que taxa de retorno deve ser obtida sobre novos investimentos para a emissão de ações valer a pena? Em outras palavras, qual é o custo de novas ações ordinárias?

$r_e =$ custo componente do capital *externo*, ou de patrimônio comum levantado através da emissão de novas ações. Como veremos, r_e é igual a r_s mais um fator que reflete o custo de emissão de novas ações.

TABELA 9-1
Custos médios de flutuação para a dívida e patrimônio

MONTANTE DE PATRIMÔNIO LEVANTADO (EM MILHÕES DE DÓLARES)	CUSTO MÉDIO DE FLUTUAÇÃO PARA AÇÕES ORDINÁRIAS (% DO PATRIMÔNIO TOTAL LEVANTADO)	CUSTO MÉDIO DE FLUTUAÇÃO PARA NOVOS TÍTULOS DE DÍVIDA (% DO PATRIMÔNIO TOTAL LEVANTADO)
2-9,99	13,28%	4,39%
10-19,99	8,72	2,76
20-39,99	6,93	2,42
40-59,99	5,87	2,32
60-79,99	5,18	2,34
80-99,99	4,73	2,16
100-199,99	4,22	2,31
200-499,99	3,47	2,19
A partir de 500	3,15	1,64

Fonte: "The costs of raising capital," Inmoo Lee, Scott Lochhead, Jay Ritter, and Quanshui Zhao. Copyright © 1996. *The Journal of Financial Research*. Reproduzido com a permissão de John Wiley & Sons, Ltd.

[15] Algumas empresas emitem novas ações por meio de planos de reinvestimento de dividendos de novas ações, que discutiremos no Capítulo 14. Muitas empresas vendem ações para seus funcionários e outras ocasionalmente emitem ações para financiar grandes projetos ou fusões. Da mesma forma, algumas empresas de serviço público emitem regularmente ações ordinárias.

A resposta, para uma empresa de crescimento constante, é obtida com esta fórmula:

$$r_e = \hat{r}_e = \frac{D_1}{P_0(1-F)} + g \qquad \text{(9-12)}$$

Na Equação 9-12, F é o percentual do custo de lançamento decorrente da venda de novas ações, então aqui $P_0(1-F)$ é o preço líquido por ação recebido pela empresa.

Vejamos um exemplo. Na Seção 9.7b, estimámos o custo do património de Aldabra utilizando o metódo DCF como 11,1%. Presumimos que Aldabra não tinha emitido novas ações. Agora, suponha que Aldabra deve emitir novas ações com um custo de flutuação de 12,5%. O custo do novo património externo se calcula assim:

$$r_e = \frac{\$\,1,82}{\$\,32(1-0,125)} + 5,4\%$$
$$= 6,5\% + 5,4\% = 11,9\%$$

Devido aos custos de flutuação, a Aldabra deverá ganhar 11,9% no novo capital social, a fim de proporcionar aos acionistas os 11,1% exigido.

Como percebido anteriormente, a maioria dos analistas usa o CAPM para estimar o custo de capital próprio. Como o analista incorporaria os custos de flutuação em uma estimativa de custo CAPM? Se a aplicação da metodologia do DCF dá um custo de capital próprio gerado internamente de 11,1%, mas a um custo de 11,9% quando os custos de flutuação estão envolvidos, então os custos de flutuação somam 0,8 ponto percentual ao custo do capital próprio. Para incorporar os custos de flutuação à estimativa CAPM, simplesmente adicionaríamos 0,8% à estimativa CAPM.

Como alternativa de ajustar o custo do capital próprio aos custos de flutuação, muitas empresas simplesmente incluem os custos de flutuação como um fluxo de caixa negativo quando realizam a análise do projeto. Consulte o Capítulo 11 para uma descrição de estimativa de fluxo de caixa para os projetos.

Autoavaliação

1. O que são custos de lançamento?
2. Por que os custos de lançamento são maiores para ações do que para dívida?
3. Uma empresa possui ações ordinárias com D_1 = $ 3,00, P_0 = $ 30, g = 5% e F = 4%. Se a empresa tiver de emitir novas ações, qual será o seu custo do capital externo, r_e? **(15,42%)**

9-10   Empresas privadas e pequenas empresas

Até o momento, nossa discussão sobre o custo de capital tem sido focada em empresas de capital aberto. Empresas privadas e pequenas empresas têm diferentes problemas que exigem métodos ligeiramente diferentes.

9-10a Estimando o custo da ação pelo método da comparação

Quando estimamos a taxa de retorno exigida pelos acionistas de empresas de capital aberto, usamos os retornos da ação para estimar o beta como um input para o método CAPM e os preços das ações como dados de input para o método DCF. Como se pode, contudo, medir o custo de capital próprio de uma empresa cujas ações não são negociadas? A maioria dos analistas começa por identificar uma ou mais empresas de capital aberto que estão no mesmo setor e que são aproximadamente do mesmo tamanho que a de propriedade privada.[16] O analista então estima os betas para essas empresas de capital aberto e usa seu beta médio como estimativa do beta da empresa de propriedade privada.

9-10b Método do prêmio de rendimento dos títulos próprios mais prêmio de risco de julgamento

Sabemos do Capítulo 5 que o custo da dívida da empresa está acima da taxa livre de risco devido ao prêmio de risco padrão. Sabemos também que o custo das ações de uma empresa deve ser maior do que o seu custo

---

[16] No Capítulo 15, mostraremos como ajustar para as diferenças das estruturas de capital.

da dívida, já que o capital é mais arriscado do que a dívida. Por isso, alguns analistas usam um procedimento subjetivo *ad hoc* para estimar o custo do patrimônio comum de uma empresa: eles simplesmente adicionam um prêmio de risco crítico entre 3% a 5% sobre o custo da dívida. Neste método,

$$r_s = r_d + \text{Prêmio de risco crítico} \tag{9-13}$$

Por exemplo, considere uma empresa privada com custo de dívida de 10%. Usando 4% como o prêmio de risco crítico (porque é o ponto médio da faixa de 3% – 5%), o custo estimado do capital é de 14%:

$$r_s = 10\% + 4\% = 14\%$$

9-10c Ajuste por falta de liquidez

A ação de uma empresa privada tem menos liquidez que a de uma empresa de capital aberto. Como explicamos no Capítulo 5, os investidores exigem um prêmio de liquidez dos títulos pouco negociados. Por isso, muitos analistas fazem um ajuste *ad hoc* para refletir essa falta de liquidez através da adição de 1 a 3 pontos percentuais sobre o custo de capital próprio. Essa regra não é teoricamente satisfatória, porque não sabemos exatamente o tamanho que o prêmio de liquidez deveria ser, mas ela é lógica e também uma prática comum.

9-10d Estimando pesos consistentes na estrutura de capital

Suponha que uma empresa privada esteja preocupada sobre se seus atuais pesos de estrutura de capital são adequados. O primeiro passo para uma empresa de capital aberto seria estimar os pesos de estrutura de capital com base nos valores de mercado atuais. Uma empresa privada, no entanto, não pode observar diretamente seu valor de mercado, por isso não pode observar diretamente seus pesos de valor de mercado.

Para resolverem esse problema, muitos analistas começam por um palpite quanto ao valor do patrimônio líquido da empresa. Em seguida usam esse valor estimado do patrimônio para estimar o custo do capital, depois utilizam o custo de capital para estimar o valor da empresa e, finalmente, completam o círculo, utilizando o valor estimado da empresa para estimar o valor de seu patrimônio. Se esse novo valor estimado de capital é diferente do seu palpite, os analistas repetem o processo, mas iniciam-no com o valor patrimonial recém-estimado como o valor de avaliação do patrimônio líquido. Depois de várias repetições, o valor de avaliação do patrimônio líquido e o valor patrimonial estimado resultante geralmente convergem. Embora um tanto cansativo, esse processo fornece estimativas consistentes dos pesos, custo do capital e valor da empresa.

Autoavaliação

1. Identifique os problemas que ocorrem ao se estimar o custo do capital de uma empresa privada. Quais são algumas soluções para esses problemas?
2. Explique o raciocínio por trás do método de rentabilidade do título mais prêmio de risco.
3. A rentabilidade do título de uma empresa é de 7%. Se a rentabilidade do título mais prêmio de risco for de 3,5%, qual será o r_s? **(10,5%)**

9-11 Problemas de gestão e de custo de capital

Vários problemas gerenciais serão descritos nesta seção, começando com a forma pela qual as decisões gerenciais afetam o custo de capital.

9-11a Como as decisões gerenciais afetam o custo de capital

O custo do capital é afetado por alguns fatores sob o controle da empresa e alguns que não estão.

Quatro fatores que a empresa não consegue controlar

Quatro fatores estão fora do controle gerencial: (1) as taxas de juros, (2) crises de crédito, (3) o prêmio de risco de mercado, e (4) as alíquotas de imposto.

Taxas de juros. As taxas de juros na economia afetam os custos tanto da dívida quanto do capital próprio, mas elas estão fora do controle de um gerente. Mesmo o Fed não pode controlar as taxas de juros indefinidamente. Por exemplo, as taxas de juros são fortemente influenciadas pela inflação, e quando a inflação atingiu máximas históricas no início de 1980, as taxas de juros a seguiram. As taxas tenderam principalmente para baixo por 25 anos até a recessão que acompanhou a crise financeira de 2008. Ações fortes do governo federal na primavera de 2009 trouxeram taxas ainda mais baixas, o que contribuiu para o fim oficial da recessão em junho de 2009. Essas ações incentivaram o investimento, e não há dúvida de que acabarão por levar a um crescimento mais forte. Muitos observadores, no entanto, temem que as ações do governo também reacenderão a inflação a longo prazo, o que poderá levar a taxas de juros mais elevadas.

Crises de crédito. Embora raras, às vezes, os mercados de crédito estão tão perturbados que é praticamente impossível para uma empresa levantar capital a taxas razoáveis. Isso aconteceu em 2008 e 2009, antes do Tesouro dos EUA e o Federal Reserve intervirem para abrir os mercados de capitais. Nesses tempos, as empresas tendem a cortar os planos de crescimento; se eles necessitarem levantar capital, o seu custo poderá ser extraordinariamente alto.

Prêmio de risco de mercado. A aversão dos investidores ao risco determina o prêmio de risco de mercado. As empresas individuais não têm controle sobre o RP_M, o que afeta o custo do capital e, portanto, o CMPC.

Alíquotas de imposto. São influenciadas pelo presidente e fixadas pelo Congresso e têm um importante efeito sobre o custo de capital. Elas são usadas quando calculamos o custo do título de dívida após impostos para uso no CMPC. Além disso, a alíquota de imposto mais baixa sobre dividendos e ganhos de capital do que sobre receita de juros favorece o financiamento com ações, em vez de com títulos, conforme discutiremos em detalhes no Capítulo 15.

Três fatores que a empresa pode controlar

Uma empresa pode afetar seu custo de capital por meio de (1) sua política de estrutura de capital, (2) política de dividendos e (3) sua política de investimentos (avaliação de investimentos).

Política de estrutura de capital. Neste capítulo, presumimos que a empresa tenha uma estrutura de capital-alvo e utilizamos os pesos com base nesse alvo para calcular o seu CMPC. Uma empresa, no entanto, pode mudar sua estrutura de capital, e essa mudança pode afetar o custo de capital. Por exemplo, o custo da dívida após impostos é inferior ao custo do capital, por isso, se a empresa decidir utilizar mais dívida e menos patrimônio líquido, esse aumento na dívida poderá diminuir o CMPC. Porém, uma maior utilização de dívida aumentará o risco da dívida e do capital, compensando, em parte, o efeito em decorrência de um peso maior da dívida. No Capítulo 15, abordaremos de forma mais profunda e demonstraremos que a estrutura de capital ótima é a que minimiza o CMPC e, que simultaneamente, maximiza o valor intrínseco das ações.

Política de dividendos. Como veremos no Capítulo 14, a porcentagem de lucros distribuídos como dividendos pode afetar a taxa de retorno exigida das ações, r_s. Além disso, se o índice de pagamento de dividendo for tão grande que obrigue a empresa a emitir novas ações para financiar o seu orçamento de capital, os custos de lançamento resultantes também afetarão o CMPC.

Política de investimentos. Quando estimamos o custo de capital, usamos como ponto de partida as taxas de retorno exigidas sobre as ações e os títulos em circulação da empresa, que refletem os riscos inerentes aos ativos existentes. Portanto, estamos implicitamente presumindo que o novo capital será investido em ativos com o mesmo grau de risco que os ativos existentes. Em geral, essa premissa está correta, pois a maioria das empresas investe em ativos semelhantes aos que usam atualmente. No entanto, a premissa de risco igual está incorreta quando uma empresa muda drasticamente a sua política de investimentos. Por exemplo, se uma empresa investe em uma linha de negócios totalmente nova, o seu custo de capital marginal deve refletir o risco desse negócio. Em retrospecto, podemos, portanto, ver que os grandes investimentos da GE nos negócios de TV e cinema, bem como seus investimentos em hipotecas, aumentaram seu risco e, consequentemente, seu custo de capital.

As próximas seções explicam como ajustar o custo de capital para refletir o risco de divisões e projetos.

9-11b Ajustando o custo de capital para risco: divisões e projetos

Como já calculamos, o custo médio ponderado de capital reflete o risco médio e a estrutura de capital geral da empresa inteira. Não são necessários ajustes quando se usa o CMPC como taxa de desconto para estimar o valor de uma empresa, descontando seus fluxos de caixa. No entanto, os ajustes de risco são muitas vezes necessários na avaliação de uma divisão ou projeto. Por exemplo, e se uma empresa tiver divisões em várias linhas de negócios que diferem em risco? Ou se estiver considerando um projeto muito mais arriscado do que o seu projeto típico? Não é lógica a utilização do custo geral de capital para descontar fluxos de caixa de divisão ou de projetos específicos que não têm o mesmo risco que os fluxos de caixa médios da empresa. As próximas seções explicam como ajustar o custo de capital para as divisões e para projetos específicos.

Custo de capital divisional

Considere a Starlight Sandwich Shops, uma empresa com duas divisões: uma padaria e uma rede de cafés. A divisão de padaria é de baixo risco e tem um CMPC de 10%. A divisão de café é mais arriscada e tem um CMPC de 14%. Cada divisão é aproximadamente do mesmo tamanho, assim o custo de capital geral da Starlight é de 12%. O gerente da padaria tem um projeto com taxa de retorno prevista de 11%, e o gerente da divisão de café, um projeto com um retorno previsto de 13%. Esses projetos devem ser aceitos ou rejeitados? A Starlight criará valor se aceitar o projeto da padaria, uma vez que sua taxa de retorno é superior ao seu custo de capital (11% > 10%), mas a taxa de retorno do projeto do café é inferior ao seu custo de capital (13% < 14%), por isso deve rejeitá-lo. No entanto, se a administração simplesmente comparou os retornos dos dois projetos com o custo de capital geral da Starlight de 12%, o projeto de criação de valor da padaria seria rejeitado, ao passo que o projeto de destruição de valor do café seria aceito.

Muitas empresas usam o CAPM para estimar o custo de capital para divisões específicas. Para começar, lembre-se de que a equação da linha de segurança do mercado (SML) expressa a relação risco-retorno da seguinte forma:

$$r_S = r_{RF} + (RP_M)b_i$$

Como exemplo, considere o caso da Huron Steel Company, uma empresa produtora de aço integrado que opera na região dos Grandes Lagos. Para simplificarmos, vamos supor que a Huron tenha apenas uma divisão e utilize apenas capital próprio, assim seu custo do capital próprio também é o custo de capital corporativo ou CMPC. O beta da Huron = b = 1,1, r_{RF} = 5% e RP_M = 6%. Assim, o custo do capital próprio da Huron (e CMPC) é de 11,6%:

$$r_S = 5\% + (6\%)1,1 = 11,6\%$$

Isso sugere que os investidores devem estar dispostos a fornecer dinheiro para a Huron investir em novos projetos de risco médio se a empresa espera ganhar 11,6% ou mais sobre esse dinheiro. Por "risco médio", queremos dizer projetos com risco semelhante à divisão existente da empresa.

Agora suponha que a Huron crie uma nova divisão de transporte com uma frota de barcaças para transportar minério de ferro e que as operações de barcaças tenham normalmente betas de 1,5 em vez de 1,1. A divisão de barcaças com b = 1,5 tem um custo de capital de 14,0%:

$$r_{Barcaças} = 5\% + (6\%)1,5 = 14,0\%$$

Entretanto, se a Huron acrescentar uma divisão de baixo risco, como um novo centro de distribuição com um beta de apenas 0,5, o custo de capital dessa divisão será de 8%:

$$r_{Centro} = 5\% + (6\%)0,5 = 8,0\%$$

Uma empresa pode ser considerada uma "carteira de ativos", e tendo em vista que o beta de uma carteira é uma média ponderada dos betas de seus ativos individuais, a inclusão das divisões de barcaça e do centro de distribuição mudará o beta geral da Huron. O valor exato do novo beta da empresa dependeria do tamanho dos investimentos nas novas divisões em relação às operações originais de aço da Huron.

Se 70% do valor total da Huron fosse direcionado para a divisão de aço, 20% para a divisão de barcaça e 10% para o centro de distribuição, o seu novo beta seria calculado da seguinte forma:

$$\text{Novo beta} = 0,7(1,1) + 0,2(1,5) + 0,1(0,5) = 1,12$$

Assim, os investidores das ações da Huron exigiriam um retorno de:

$$r_{Huron} = 5\% + (6\%)1,12 = 11,72\%$$

Mesmo que os investidores exigissem um retorno geral de 11,72%, eles deveriam esperar uma taxa de retorno sobre os projetos de cada divisão pelo menos tão alta quanto o retorno exigido da divisão com base na SML. Especificamente, deveriam esperar um retorno de, pelo menos, 11,6% da divisão de aço, 14,0% da divisão de barcaça e 8,0% do centro de distribuição.

Obviamente, nosso exemplo sugere um nível de precisão muito maior do que as empresas podem obter no mundo real. Mesmo assim, os gerentes devem estar cientes da lógica deste exemplo e se esforçar para medir as entradas necessárias da mais precisa forma possível.

Técnicas para mensurar betas de divisões

No Capítulo 6, abordamos a estimativa dos betas para ações e apontamos a dificuldade de mensurá-los de forma precisa. Estimar betas de divisões é muito mais difícil, principalmente porque as divisões não têm suas próprias ações negociadas na bolsa. Portanto, devemos estimar o beta que a divisão teria se fosse uma empresa independente de capital aberto. Duas abordagens podem ser usadas para estimar os betas das divisões: o método de reprodução pura (*pure play*) e o método de beta contábil.

Método de reprodução pura. No **método de reprodução pura**, a empresa tenta obter os betas de várias empresas de capital aberto especializadas no mesmo ramo de negócios da divisão que está sendo avaliada e então calcula a média desses betas para determinar o custo de capital de sua própria divisão. Por exemplo, suponha que a Huron encontre três empresas dedicadas exclusivamente à operação de barcaças e que a administração da Huron acredite que sua divisão de barcaça esteja sujeita aos mesmos riscos que essas empresas. A Huron poderia usar o beta médio dessas empresas como uma estimativa para o beta de sua divisão de barcaça.[17]

Método de beta contábil. Como já observado, pode ser impossível encontrar empresas de capital aberto especializadas adequadas à abordagem de reprodução pura. Se for esse o caso, talvez possamos usar o **método de beta contábil**. Betas são normalmente encontrados pela regressão dos retornos de *ações* de uma empresa específica contra os retornos sobre um *índice de mercado de ações*. No entanto, podemos fazer uma regressão do *retorno contábil sobre os ativos da divisão* em comparação com o *retorno médio sobre ativos* para uma grande amostra de empresas, tais como as incluídas no S&P 500. Os betas determinados dessa maneira (isto é, que usam os dados contábeis em vez dos dados do mercado de ações) são chamados de **betas contábeis**.

Estimativa do custo de capital para projetos individuais

No Capítulo 11, examinaremos as maneiras de estimar o risco inerente a projetos individuais, mas neste ponto é útil considerar como o risco de projeto é refletido nas medidas de custo de capital da empresa. Primeiro, embora seja intuitivamente evidente que os projetos mais arriscados tenham um custo de capital maior, é difícil mensurar os riscos relativos de projetos. Além disso, observe que três tipos separados e distintos de risco podem ser identificados como se segue.

1. **Risco unitário**: a variabilidade dos retornos esperados do projeto.
2. **Risco da empresa** ou **risco interno**: a variabilidade do projeto contribui para os retornos da empresa, considerando o fato de que ele representa apenas um ativo da carteira de ativos da empresa e, como resultado, parte do seu risco será eliminada por diversificação.

---

[17] Se as empresas "pure play" tiverem diferentes estruturas de capital em relação à Huron, isso deve ser considerado através de ajustamento do coeficiente beta. Consulte o Capítulo 15 para uma discussão sobre esse aspecto do método "pure play". Para uma técnica que possa ser utilizada quando as empresas "pure play" não estão disponíveis, consulte Yatin Bhagwat e Michael Ehrhardt, "A full information approach for estimating divisional betas", *Financial Management*, p. 60-69, 1991.

3. **O risco de mercado** ou **beta**: o risco do projeto visto por um acionista bem diversificado que possui muitas ações diferentes. O risco de mercado de um projeto é medido pelo seu efeito sobre o coeficiente beta geral da empresa.

Assumir um projeto com um alto grau de risco unitário ou da empresa não aumentará necessariamente o beta desta. No entanto, se o projeto tiver retornos altamente incertos e se eles forem altamente correlacionados com os retornos sobre outros ativos da empresa e com a maioria dos outros ativos da economia, o projeto terá um alto grau de todos os tipos de risco.

Das três medidas, o risco de mercado é teoricamente o mais relevante por causa de seu efeito direto sobre os preços das ações. Infelizmente, o risco de mercado de um projeto é também o mais difícil de estimar. Na prática, a maioria dos tomadores de decisão considera todas as três medidas de risco de maneira subjetiva.

O primeiro passo é determinar o custo de capital da divisão antes de agrupar os projetos de divisão em categorias de risco subjetivas. Assim, usando o CMPC da divisão como ponto de partida, os **custos de capital ajustados ao risco** são desenvolvidos para cada categoria. Por exemplo, uma empresa poderia estabelecer três classes de risco – alta, média e baixa – e, em seguida, atribuir um custo de capital da divisão para projetos de risco médio, um custo acima da média para projetos de maior risco e um custo abaixo da média para projetos de menor risco. Assim, se o CMPC de uma divisão fosse de 10%, seus gerentes poderiam usar 10% para avaliar os projetos de risco médio da divisão, 12% para projetos de alto risco e 8% para projetos de baixo risco. Embora essa abordagem seja melhor do que ignorar o risco de projeto, esses ajustes são necessariamente subjetivos e, de certa forma, arbitrários. Infelizmente, com base nos dados, não há maneira completamente satisfatória de especificar exatamente os limites superiores e inferiores que nos permita chegar à definição dos custos de capital ajustados ao risco.

9-12   Quatro erros que devem ser evitados

Muitas vezes, vemos os gerentes e alunos cometerem os seguintes erros ao estimarem o custo de capital. Embora já tenhamos discutido esses erros anteriormente em locais separados no capítulo, vale a pena repetir aqui.

1. *Nunca baseie o custo da dívida na taxa de cupom de uma dívida existente da empresa.* O custo da dívida deve ser baseado na taxa de juros que a empresa pagaria se emitisse novos títulos de dívida hoje.
2. *Ao estimar o prêmio de risco de mercado para o método CAPM, nunca use o retorno médio histórico sobre ações em conjunto com o retorno atual sobre títulos do Tesouro.* O retorno médio histórico sobre títulos deve ser subtraído do retorno médio passado sobre ações para calcular o *prêmio de risco de mercado histórico.* Entretanto, é adequado subtrair o rendimento atual dos títulos do Tesouro da estimativa de retorno futuro esperado sobre ações para obter o *prêmio de risco de mercado futuro.* Pode-se criar um caso por usar o prêmio de risco histórico ou atual, mas seria errado pegar a *taxa de retorno histórico* sobre ações, subtrair dela a *taxa atual* dos títulos do Tesouro e, em seguida, usar a diferença como o prêmio de risco de mercado.
3. *Nunca use a estrutura de capital de valor contábil atual para obter os pesos ao estimar o CMPC.* Sua primeira escolha deve ser usar a estrutura de capital-alvo da empresa para os pesos. No entanto, se você for um analista externo e não conhecer os pesos-alvo, provavelmente seria melhor estimar os pesos com base nos valores de mercado atuais dos componentes do capital. Se os títulos de dívida da empresa não estiverem disponíveis ao público, use o valor contábil da dívida para estimar os pesos, pois os valores de mercado e contábil da dívida, principalmente a dívida de curto prazo, normalmente são próximos um do outro. Entretanto, os valores de mercado das ações nos últimos anos têm sido, geralmente, de 2 a 3 vezes os seus valores contábeis, assim, o uso dos valores contábeis para o patrimônio conduziria a erros graves. O ponto principal: se você não souber os pesos-alvo, use o valor de mercado, e não o valor contábil do patrimônio ao calcular o CMPC.
4. *Lembre-se sempre de que os componentes do capital são fundos que vêm de investidores.* Se não for de um investidor, não é um componente do capital. Às vezes, argumenta-se que as contas a pagar e as provisões deveriam ser incluídas no cálculo do CMPC. No entanto, esses fundos não são fornecidos pelos investidores. Em vez disso, eles são provenientes das relações operacionais com fornecedores e funcionários. Esses fundos não são incluídos no cálculo dos fluxos de caixa livres nem quando se calcula o montante de capital necessário em uma análise de investimentos. Portanto, não devem ser incluídos no cálculo do CMPC.

Autoavaliação

1. Cite alguns fatores que estão, geralmente, fora do controle da empresa, mas ainda afetam seu custo de capital.
2. Quais são as três políticas sob o controle da empresa que afetam seu custo de capital?
3. Explique como uma alteração nas taxas de juros na economia poderia afetar cada componente do custo médio ponderado de capital.
4. Com base no CAPM, como seria um ajuste do custo de capital global da empresa para estabelecer o retorno exigido na maioria dos projetos em uma divisão de baixo risco e em uma divisão de alto risco?
5. Descreva o método da reprodução pura ("pure play") e os de beta contábil para estimar betas divisionais.
6. Quais são os três tipos de risco a que os projetos estão expostos? Que tipo de risco é, teoricamente, o mais relevante? Por quê?
7. Descreva um procedimento que as empresas podem utilizar para estabelecer os custos de capital para projetos com diferentes graus de risco.
8. Quais os quatro erros feitos geralmente quando da estimativa do CMPC?

Resumo

Este capítulo abordou como o custo de capital é desenvolvido para uso em avaliação de investimentos. Os principais conceitos discutidos estão listados a seguir.

- O custo do capital usado na avaliação de investimentos é uma **média ponderada** dos tipos de capital que a empresa utiliza geralmente, ou seja, dívida, ações preferenciais e patrimônio líquido.
- O **custo dos componentes da dívida** é o **custo da nova dívida após impostos**. É obtido multiplicando-se a taxa de juros paga sobre a nova dívida por $1 - T$, em que T é a alíquota de imposto marginal da empresa: $r_d(1 - T)$.
- A maior parte da dívida é levantada diretamente de agentes financiadores sem o uso de bancos de investimento, portanto não há custos de lançamento. No entanto, um **ajuste do custo de lançamento dos títulos de dívida** deve ser feito se houver grandes custos de lançamento. Reduzimos o preço de emissão do título pelas despesas de lançamento, reduzimos os fluxos de caixa dos títulos para refletir os impostos e, em seguida, obtemos o rendimento após impostos até o vencimento.
- O **custo dos componentes das ações preferenciais** é calculado como o dividendo preferencial dividido pelo preço líquido que a empresa recebe após a dedução dos custos de lançamento: $r_{ps} = D_{ps}/[P_{ps}(1 - F)]$. Os custos de lançamento de ações preferenciais são, em geral, bastante altos, assim normalmente incluímos o impacto dos custos de lançamento ao estimarmos r_{ps}. Observe também que, se as ações preferenciais forem conversíveis em ações ordinárias, o verdadeiro custo das ações preferenciais excederá o rendimento do dividendo preferencial ajustado ao lançamento.
- O **custo do patrimônio, r_s**, também chamado de **custo das ações ordinárias**, é a taxa de retorno exigida pelos acionistas da empresa.
- Para utilizar a **abordagem CAPM**, (1) estimamos o beta da empresa, (2) multiplicamos este beta pelo prêmio de risco do mercado para obter o prêmio de risco da empresa, e, então (3) acrescentamos o prêmio de risco da companhia à taxa livre de risco a fim de obter seu custo de ações ordinárias: $r_s = r_{PF} + (RP_M)b_i$.
- A melhor referência para a **taxa livre de risco** é a rentabilidade de títulos do Tesouro de longo prazo, sendo 10 anos o vencimento mais utilizado.
- Para utilizar o **método de taxa de crescimento mais rendimento do dividendo**, que também é chamado de **método do fluxo de caixa descontado (DCF)**, some a taxa de crescimento de dividendo esperada da empresa ao rendimento de dividendo esperado: $r_s = \hat{r}_s = D_1/P_0 + g$.
- A taxa de crescimento para uso no modelo DCF pode ser baseada nas **projeções publicadas** dos analistas de investimento, em **taxas históricas de crescimento** de lucros e dividendos ou no **modelo de crescimento por retenção**, $g = (1 - \text{Pagamento})(\text{Retorno sobre o patrimônio})$.
- A **abordagem da rentabilidade do título mais prêmio de risco** determina a adição do prêmio de risco subjetivo de 3 a 5 pontos percentuais à taxa de juros sobre a dívida de longo prazo da empresa: $r_s = \text{Rentabilidade do título} + \text{Prêmio de risco}$.
- Quando se calcula o **custo das novas ações ordinárias, r_e**, a abordagem DCF pode ser usada para estimar os custos de lançamento. Para uma ação de crescimento constante, o custo ajustado pelo lançamento pode ser expresso como $r_s = \hat{r}_e = D_1/[P_0(1 - F)] + g$. Observe que os custos de lançamento fazem que r_e seja maior que r_s. Encontramos a diferença entre r_e e r_s e então adicionamos essa diferença à estimativa CAPM de r_s para descobrir a estimativa CAPM de r_e.

- Cada empresa possui uma **estrutura de capital-alvo**, definida como uma combinação de dívida, ações preferenciais e patrimônio líquido que minimiza seu **custo médio ponderado de capital (CMPC)**:

$$CMPC = w_d r_d (1 - T) + w_{std} r_{std} (1 - T) + w_{ps} r_{ps} + w_s r_s$$

- **Vários fatores afetam o custo de capital de uma empresa.** Alguns são determinados pelo ambiente financeiro, mas a empresa pode influenciar outros por meio de suas políticas de financiamento, investimentos e dividendos.
- Muitas empresas estimam os **custos do capital de divisões** que refletem os riscos e a estrutura de capital de cada divisão.
- Os métodos da **reprodução pura** e do **beta contábil** podem ser usados para estimar betas para grandes projetos ou divisões.
- O **risco unitário** de um projeto é o risco que o projeto teria se fosse o único ativo da empresa e se os acionistas tivessem apenas aquela ação. Risco unitário é medido pela variabilidade dos retornos esperados dos ativos.
- **Risco da empresa** ou **interno** reflete o efeito de um projeto no risco da empresa e é medido pelo efeito do projeto na variabilidade dos lucros da empresa.
- **Risco de mercado** ou **beta** reflete os efeitos de um projeto nos riscos dos acionistas, supondo que eles mantenham carteiras diversificadas. O risco de mercado é medido pelo efeito do projeto no coeficiente beta da empresa.
- A maior parte dos tomadores de decisão considera todos os três indicadores de risco de maneira subjetiva e então classifica os projetos em categorias de risco. Usando o CMPC da empresa como ponto de partida, custos de capital ajustados ao risco são desenvolvidos para cada categoria. O **custo do capital ajustado ao risco** é o custo do capital apropriado para determinado projeto, em função de seu risco. Quanto maior o risco do projeto, maior seu custo de capital.

O custo do capital discutido neste capítulo é usado nos dois próximos capítulos para examinar potenciais projetos de avaliação de investimento e, mais adiante, para determinar o valor de uma companhia.

Perguntas

(9-1) Defina cada uma das expressões apresentadas a seguir:
   a. Custo médio ponderado de capital, CMPC; custo da dívida após impostos, $r_d(1 - T)$ e; custo após os impostos de dívida de curto prazo, $r_{std}(1 - T)$.
   b. Custo das ações preferenciais, r_{ps}; e custo do patrimônio líquido (ou custo das ações ordinárias), r_s.
   c. Estrutura de capital-alvo.
   d. Custos de lançamento, F; e custo do novo capital externo, r_e.

(9-2) Como o CMPC pode ser tanto um custo médio como um custo marginal?

(9-3) Como cada um dos fatores na tabela a seguir afeta o custo da dívida de uma empresa, $r_d(1 - T)$; seu custo do patrimônio, r_s; e o custo médio ponderado de capital, CMPC? Indique com um sinal de mais (+), de menos (−) ou um zero (0) se o fator elevaria, reduziria ou teria um efeito indeterminado sobre o item em questão. Suponha que todos os outros fatores tenham sido mantidos constantes. Esteja preparado para justificar sua resposta, mas reconheça que diversas partes provavelmente não possuem uma única resposta correta; essas questões são destinadas a estimular o pensamento e a discussão.

	Efeito sobre:		
	$r_d(1-T)$	r_s	**CMPC**
a. A taxa de imposto de pessoa jurídica é reduzida.	_____	_____	_____
b. O Banco Central reduz o crédito.	_____	_____	_____
c. A empresa usa mais dívida.	_____	_____	_____
d. A empresa dobra o montante de capital que levanta durante o ano.	_____	_____	_____
e. A empresa expande suas operações para uma nova área de risco.	_____	_____	_____
f. Os investidores adquirem maior aversão ao risco.	_____	_____	_____

(9-4) Diferencie risco beta (isto é, mercado), risco interno (isto é, empresa) e risco independente para um projeto em potencial. Das três medidas, qual é teoricamente a mais relevante e por quê?

(9-5) Suponha que uma empresa estime seu custo geral do capital para o próximo ano como 10%. Quais poderiam ser custos razoáveis de capital para projetos de riscos médio, alto e baixo?

Problema de autoavaliação – A solução está no Apêndice A

(PA-1)CMPC – A Longstreet Communications Inc. (LCI) possui a seguinte estrutura de capital, a qual considera ótima: dívida = 25%, ações preferenciais = 15% e ações ordinárias = 60%. A alíquota de imposto da LCI é de 40%, e os investidores esperam que os lucros e os dividendos cresçam a uma taxa constante de 6% no futuro. A empresa pagou um dividendo de $ 3,70 por ação no ano passado (D_0), e suas ações atualmente são vendidas pelo preço de $ 60 por ação. Os títulos do Tesouro de 10 anos renderam 6%, o prêmio do risco do mercado é de 5% e o beta da LCI é 1,3. Os termos a seguir se aplicam a novas ofertas de títulos.

Ações preferenciais: novas ações preferenciais poderiam ser vendidas para o público ao preço de $ 100 por ação, com um dividendo de $ 9. Custos de flutuação de $ 5 por ação seriam incorridos.

Dívida: títulos de dívida poderiam ser vendidos a uma taxa de juros de 9%.

Patrimônio: capital adicional será levantado somente com lucros retidos.

a. Encontre os custos dos componentes da dívida, das ações preferenciais e ações ordinárias.

b. Qual é o CMPC?

Problemas – As respostas dos problemas estão no Apêndice B

Problemas fáceis 1-8

(9-1) **Custo da dívida após impostos** – Calcule o custo da dívida após impostos sob cada uma das seguintes condições:
 a. r_d de 13%, taxa do imposto de 0%
 b. r_d de 13%, taxa do imposto de 20%
 c. r_d de 13%, taxa do imposto de 35%

(9-2) **Custo da dívida após impostos** – Os títulos com cupom de 11% atualmente em circulação da LL Incorporated possuem um rendimento até o vencimento de 8%. A LL acredita que poderia emitir novos títulos ao valor nominal que forneceria um rendimento até o vencimento similar. Se sua alíquota de imposto marginal é de 35%, qual é o custo da dívida após impostos da LL?

(9-3) **Custo das ações preferenciais** – A Duggins Veterinary Supplies pode emitir ações preferenciais perpétuas a um preço de $ 50 por ação com um dividendo anual de $ 4,50 por ação. Ignorando os custos de flutuação, qual é o custo das ações preferenciais da empresa, r_{ps}?

(9-4) **Custo das ações preferenciais com custos de flutuação** – A Burnwood Tech planeja emitir ações preferenciais de valor nominal de $ 60 com um dividendo de 6%. Uma ação semelhante está sendo vendida no mercado por $ 70. A Burnwood deve pagar custos de flutuação de 5% do preço de emissão. Qual é o custo das ações preferenciais?

(9-5) **Custo do capital: DCF** – As ações ordinárias da Summerdahl Resort atualmente são negociadas a $ 36 por ação. Espera-se que a ação pague um dividendo de $ 3,00 por ação no final do ano (D_1 = $ 3,00) e o dividendo cresça a uma taxa constante de 5% ao ano. Qual é o custo das ações ordinárias?

(9-6) **Custo do capital: CAPM** – A Booher Book Stores possui um beta de 0,8. O rendimento de uma letra do Tesouro de 3 meses é de 4% e o rendimento de um título do Tesouro de 10 anos é de 6%. O prêmio de risco de mercado é de 5,5%, e o retorno sobre uma ação média no mercado no ano passado foi de 15%. Qual é o custo estimado do patrimônio usando o CAPM?

(9-7) **CMPC** – O balanço patrimonial da Shi Importer apresenta $ 300 milhões em dívida, $ 50 milhões em ações preferenciais e $ 250 milhões em patrimônio. A alíquota de imposto da Shi é de 40%, r_d = 6%, r_{ps} = 5,8% e r_s = 12%. Se a Shi possui uma estrutura de capital-alvo composta por 30% de dívida, 5% de ações preferenciais e 65% de ações ordinárias, qual é o seu CMPC?

(9-8) **CMPC** – A David Ortiz Motors possui uma estrutura de capital-alvo de 40% de dívida e 60% de patrimônio. O rendimento até o vencimento dos títulos da empresa em circulação é de 9% e a alíquota de imposto é de 40%. O diretor financeiro da Ortiz calculou o CMPC da empresa como sendo 9,96%. Qual é o custo do capital próprio da empresa?

Problemas intermediários 9-14

(9-9) **Rendimento dos títulos e custo da dívida após impostos** – Um título com taxa de cupom de 6%, pagamento semestral e valor nominal de $ 1.000 que vence em 30 anos é vendido a $ 515,16. A alíquota de imposto da empresa é de 40%. Qual é o custo dos componentes da dívida após impostos da empresa para calcular o CMPC? (*Dica*: Fundamente sua resposta na taxa *nominal*.)

(9-10) **Custo de capital próprio** – Espera-se que os lucros, dividendos e preços das ações da Shelby Inc. cresçam 7% ao ano no futuro. As ações ordinárias da Shelby são vendidas a $ 23 por ação, e seu último dividendo foi de $ 2,00, e a empresa vai pagar um dividendo de $ 2,14 no final do exercício atual.
   a. Utilizando a abordagem de fluxo de caixa descontado, qual é o custo do capital?
   b. Se o beta da empresa é 1,6, a taxa livre de risco é de 9% e o retorno esperado no mercado é de 13%, qual seria o custo do capital da empresa com base na abordagem CAPM?
   c. Se os títulos da empresa obtêm um retorno de 12%, qual seria sua estimativa de r_s usando a abordagem da rentabilidade do título mais prêmio de risco? (*Dica*: Use o ponto médio da faixa de prêmio de risco.)
   d. Com base nos resultados das partes a até c, qual seria sua estimativa do custo do capital da Shelby?

(9-11) **Custo de capital** – O EPS atual da Radon Homes é de $ 6,50. Há cinco anos, era de $ 4,42. A empresa distribui 40% de seus lucros como dividendos e as ações são vendidas a $ 36.
   a. Calcule a taxa de crescimento histórica dos lucros. (*Dica*: Trata-se de um período de crescimento de 5 anos.)
   b. Calcule o *próximo* dividendo esperado por ação, D_1. (*Dica*: $D_0 = 0,4($ 6,50) = $ 2,60$.) Suponha que a taxa de crescimento anterior continue.
   c. Qual é o custo do capital da Radon Homes, r_s?

(9-12) **Cálculo do g e EPS** – As ações da Spencer Supplies atualmente são vendidas a $ 60 por ação. Espera-se que a empresa receba $ 5,40 por ação este ano e pague um dividendo no final do ano de $ 3,60.
   a. Se os investidores exigem um retorno de 9%, que taxa de crescimento deve ser esperada para a Spencer?
   b. Se a Spencer reinvestir seus lucros em projetos com retornos médios iguais à taxa de retorno esperada das ações, qual será o EPS do próximo ano? (*Dica*: g = ROE x Razão de retenção.)

(9-13) **Custo do capital próprio e custos de flutuação** – A Messman Manufacturing vai emitir ações ordinárias para o público no valor de $ 30. O dividendo esperado é de $ 3,00 por ação e o crescimento dos dividendos é de 5%. Se o custo de flutuação é 10% do resultado bruto da emissão, qual é o custo do capital externo, r_e?

(9-14) **Custo da dívida e custos de flutuação** – Suponha que uma empresa emita nova dívida de 20 anos com valor nominal de $ 1.000 e uma taxa de cupom de 9%, paga anualmente. A alíquota de imposto é de 40%. Se o custo de lançamento é 2% do resultado da emissão, qual é o custo da dívida após impostos? Desconsidere a proteção fiscal da amortização dos custos de flutuação.

Problemas desafiadores 15-17

(9-15) **Estimativa de CMPC** – Em 1º de janeiro, o valor total de mercado da Tysseland Company era de $ 60 milhões. Durante o ano, a empresa planeja levantar e reinvestir $ 30 milhões em novos projetos. A estrutura de capital ao valor de mercado atual da empresa, exibida a seguir, é considerada ótima. Não há dívida de curto prazo.

Dívida	$ 30.000.000
Patrimônio líquido	30.000.000
Capital total	$ 60.000.000

Novos títulos terão uma taxa de cupom de 8% e serão vendidos ao valor nominal. Ações ordinárias são atualmente vendidas a $ 30 por ação. A taxa de retorno exigida pelos acionistas é estimada em 12%, consistindo em rendimento de dividendos de 4% e uma taxa de crescimento constante prevista de 8%. (O próximo dividendo previsto é de $ 1,20, então o rendimento de dividendo é $ 1,20/$ 30 = 4%.) A alíquota de imposto marginal é de 40%.
   a. Para manter a atual estrutura de capital, quanto dos novos investimentos deve ser financiado com o patrimônio?
   b. Supondo que haja fluxo de caixa suficiente para que a Tysseland mantenha sua estrutura de capital-alvo sem emitir novas ações, qual é o CMPC?
   c. Suponha agora que não haja fluxo de caixa interno suficiente e a empresa precise emitir novas ações. Qualitativamente falando, o que vai acontecer com o CMPC? Nenhum número é exigido para responder essa pergunta.

(9-16) **Estrutura de capital ao valor de mercado** – Suponha que a Schoof Company tenha este *balanço patrimonial* ao valor contábil:

Ativo circulante	$ 30.000.000	Passivo circulante	$ 20.000.000
		Títulos a pagar	10.000.000
Ativos fixos	$ 70.000.000	Dívida de longo prazo	30,000,000
		Ações ordinárias (1 milhão de ações)	1,000,000
		Lucros não distribuidos	39.000.000
Total do ativo	**$ 100.000.000**	**Total do passivo e capital**	**$ 100,000,000**

Os títulos a pagar são para os bancos e a taxa de juros sobre essa dívida é de 10%, a mesma taxa dos novos empréstimos bancários. Esses empréstimos bancários não são usados para financiamento sazonal, mas são parte da estrutura de capital permanente da empresa. A dívida de longo prazo é composta de 30.000 títulos de valor nominal unitário de $ 1.000, taxa de juros de cupom de 6% e vencimento de 20 anos. A taxa corrente de juros sobre a nova dívida de longo prazo, r_d, é de 10%, e esse é o atual rendimento até o vencimento dos títulos. As ações ordinárias são vendidas a $ 60 por ação. Calcule a estrutura de capital ao *valor de mercado* da empresa.

(9-17) Estimativa de CMPC – A tabela apresentada a seguir fornece o balanço patrimonial da Travellers Inn Inc. (TII), empresa formada quando se fundiram diversas cadeias regionais de hotéis.

Travellers Inn: 31 de dezembro de 2013 (em milhões de dólares)

Disponível	$ 10	Contas a pagar	$ 10
Contas a receber	20	Provisões	10
Estoques	20	Dívida de curto prazo	5
Ativo circulante	$ 50	Passivo circulante	$ 25
Ativos fixos líquidos	50	Dívida de longo prazo	30
		Ações preferenciais	5
		Patrimônio líquido	
		Ações ordinárias	$ 10
		Lucros retidos	30
		Total do patrimônio líquido	$ 40
Total do ativo	$ 100	Total do passivo e patrimônio líquido	$ 100

Os seguintes fatos também se aplicam à TII.

(1) Dívida de curto prazo é composta de empréstimos bancários que atualmente têm um custo de 10%, com pagamento trimestral de juros. Esses empréstimos são usados para financiar contas a receber e estoques sazonais, então, fora desses períodos, o saldo de empréstimos bancários é zero.

(2) Dívida de longo prazo é composta de títulos hipotecários de 20 anos, com pagamento semestral e taxa de cupom de 8%. Atualmente, esses títulos fornecem um rendimento para os investidores de $r_d = 12\%$. Se novos títulos fossem vendidos, teriam um rendimento de 12% até o vencimento.

(3) As ações preferenciais perpétuas da TII possuem um valor nominal de $ 100, pagam um dividendo trimestral de $ 2 e geram um rendimento para os investidores de 11%. Novas ações preferenciais perpétuas teriam de fornecer o mesmo rendimento para os investidores, e a empresa incorreria em um custo de lançamento de 5% para vendê-las.

(4) A empresa possui 4 milhões de ações ordinárias em circulação. $P_0 = $ 20$, mas as ações foram recentemente negociadas na faixa de preço de $ 17 a $ 23. $D_0 = $ 1$ e $EPS_0 = $ 2$. O ROE com base no patrimônio médio foi de 24% em 2012, mas a administração espera aumentar esse retorno sobre o patrimônio líquido para 30%. Porém, geralmente os analistas de investimento e os investidores não estão cientes do otimismo da administração a esse respeito.

(5) Betas, conforme divulgado pelos analistas de investimento, variam de 1,3 a 1,7, a taxa de títulos do Tesouro é de 10% e o RP_M é estimado por diversas corretoras na faixa de 4,5% a 5,5%. Alguns analistas de corretoras projetaram taxas de crescimento de dividendos na faixa de 10% a 15% em um futuro próximo.

(6) O vice-presidente financeiro da TII recentemente perguntou a alguns gerentes de fundos de pensão que detêm títulos da empresa qual seria a taxa mínima de retorno sobre ações ordinárias da TII que os levariam a comprar ações ordinárias e não títulos da empresa, considerando que os títulos tiveram uma rentabilidade de 12%. As respostas sugerem um prêmio de risco sobre os títulos da TII de 4 a 6 pontos percentuais.

(7) A TII está na faixa de imposto 40%.

(8) O principal banco de investimentos da TII prevê uma queda nas taxas de juros, com r_d caindo para 10% e a taxa do título do Tesouro para 8%, embora o banco reconheça que um aumento na taxa de inflação esperada poderia levar a um aumento, em vez de uma redução nas taxas de juros.

Suponha que você tenha sido contratado recentemente pela TII como analista financeiro e seu chefe, o tesoureiro, lhe pediu para estimar o CMPC da empresa considerando que não haverá nova emissão de ações. Seu custo de capital deve ser apropriado para uso na avaliação de projetos que estão na mesma classe de risco dos ativos que a TII agora opera.

Problema de planilha

(9-16) Construa um modelo: CMPC – A ação da Gao Computing é vendida por US $ 50, e o dividendo do ano passado foi de $ 2.10. Um custo de flutuação de 10% seria necessário para emitir novas ações ordinárias. As ações preferenciais da Gao pagam um dividendo de $ 3,30 por ação, e novas ações preferenciais poderiam ser vendidas a um preço para dar um lucro líquido à empresa de $ 30 por ação. Os analistas estão projetando que o dividendo comum crescerá a uma taxa de 7% ao ano. A empresa pode emitir uma dívida de longo prazo adicional a uma taxa de juro (ou antes – imposto sobre o custo) de 10%, e sua taxa marginal de imposto é de 35%. O prêmio de risco de mercado é de 6%, a taxa livre de risco é de 6,5%, e o beta da Gao é 0,83. Em seus cálculos de custo de capitais, a Gao usa uma estrutura de capital alvo com 45% da dívida, 5% de ações preferenciais e 50% de capital próprio comum.

a. Calcule o custo de cada componente de capital, em outras palavras, o custo após impostos da dívida, o custo das ações preferenciais (incluindo os custos de lançamento) e o custo de capital próprio (ignorando os custos de flutuação). Use tanto o método DCF quanto o método CAPM para encontrar o custo de capital próprio.

b. Calcule o custo de novas ações usando o método DCF.

c. Qual é o custo de novas ações ordinárias com base no CAPM? (*Dica*: Encontre a diferença entre r_e r_s, como determinado pelo método DCF e, em seguida, acrescente essa diferença do valor CAPM para r_s.)

d. Assumindo que a Gao não emitirá novas ações e continuará a usar a mesma estrutura de capital-alvo, qual é o CMPC da empresa?

e. Suponha que a Gao esteja avaliando três projetos com as seguintes características.

(1) Cada projeto tem um custo de $ 1 milhão. Eles serão financiados usando o mix-alvo da dívida de longo prazo, ações preferenciais e ações ordinárias. O custo do capital ordinário de cada projeto deverá ser baseado no beta estimado para o projeto. Todo o capital virá de lucros reinvestidos.

(2) O Patrimônio Líquido investido no Projeto A terá um beta de 0,5 e um retorno esperado de 9,0%.

(3) O patrimônio líquido investido no Projeto B terá um beta de 1,0 e um retorno esperado de 10,0%.

(4) O patrimônio líquido investido em Projeto C teria um beta de 2,0 e um retorno esperado de 11,0%.

f. Analise a situação da empresa e explique por que cada projeto deve ser aceito ou rejeitado.

Estudo de caso

Nos últimos anos, a Harry Davis Industries esteve muito limitada a fazer investimentos em razão do alto custo do capital. Recentemente, porém, os custos de capital têm diminuído, e a empresa decidiu considerar seriamente um grande programa de expansão proposto pelo departamento de marketing. Suponha que você seja um assistente de Leigh Jones, a vice-presidente financeiro. Sua primeira tarefa é estimar o custo de capital da Harry Davis. Jones forneceu os seguintes dados que, segundo ela, podem ser relevantes para a sua tarefa:

(1) A alíquota de imposto da empresa é de 40%.

(2) O preço atual dos títulos não resgatáveis, com cupom de 12%, pagamento semestral e 15 anos restantes até o vencimento, é de $ 1.153,72. A Harry Davis não utiliza títulos de dívida de curto prazo com juros de forma permanente. Seria realizada uma colocação privada de novos títulos sem custo de flutuação.

(3) O preço atual das ações preferenciais perpétuas da empresa de 10%, com valor nominal de $ 100 e dividendos trimestrais, é de $ 116,95. A Harry Davis incorreria em custos de flutuação iguais a 5% dos resultados de uma nova emissão.

(4) As ações ordinárias da Harry Davis estão sendo vendidas a $ 50 por ação. Seu último dividendo (D_0) foi de $ 3,12, e os dividendos devem crescer a uma taxa constante de 5,8% no futuro próximo. O beta da Harry Davis é de 1,2, o rendimento de títulos do Tesouro é de 5,6% e o prêmio de risco de mercado está estimado em 6%. Para o método da rentabilidade do título mais prêmio de risco, a empresa utiliza um prêmio de risco de 3,2%.

(5) A estrutura de capital-alvo da empresa é composta por 30% de dívida de longo prazo, 10% de ações preferenciais e 60% de patrimônio líquido.

Para ajudá-lo a estruturar a tarefa, Leigh Jones pediu-lhe que respondesse às seguintes perguntas.

a. (1) Que fontes de capital devem ser incluídas quando você estimar o custo médio ponderado de capital da Harry Davis?
    (2) Os custos dos componentes devem ser calculados antes ou depois dos impostos?
    (3) Os custos devem ser históricos (embutidos) ou novos (marginais)?
b. Qual é a taxa de juros de mercado sobre a dívida da empresa e o custo dos componentes da dívida para fins de CMPC?
c. (1) Qual é o custo das ações preferenciais da empresa?
    (2) As ações preferenciais da Harry Davis são mais arriscadas para os investidores do que seus títulos de dívida, mas o rendimento das ações preferenciais para os investidores é inferior ao rendimento até o vencimento dos títulos de dívida. Isso significa que você cometeu um erro? (*Dica*: Pense nos impostos.)
d. (1) Quais são as duas principais maneiras para as empresas levantarem capital?
    (2) Por que existe um custo associado aos lucros reinvestidos?
    (3) A Harry Davis não pretende emitir novas ações ordinárias. Usando o método de CAPM, qual é o custo estimado do patrimônio da empresa?
e. (1) Qual é o custo estimado do patrimônio usando o método de fluxo de caixa descontado (DCF)?
    (2) Suponha que, historicamente, a empresa teve um retorno sobre patrimônio de 15% (ROE) e distribuiu 62% dos lucros, e os investidores esperam receber valores semelhantes no futuro. Como você poderia usar essa informação para estimar a taxa de crescimento de dividendo futuro e que taxa de crescimento obteria? Isso é consistente com a taxa de crescimento de 5,8% fornecida anteriormente?
    (3) O método DCF poderia ser aplicado se a taxa de crescimento não fosse constante? Como?
f. Qual é o custo do capital com base no método da rentabilidade do título mais prêmio de risco?
g. Qual é a estimativa final do custo do capital, r_s?
h. Qual é o custo médio ponderado do capital da Harry Davis (CMPC)?
i. Quais fatores influenciam o CMPC de uma empresa?
j. A empresa deve usar o CMPC geral ou composto como a taxa de retorno mínima para cada uma de suas divisões?
k. Quais procedimentos podem ser usados para estimar o custo do capital ajustado ao risco para uma divisão em particular? Quais abordagens são usadas para mensurar o beta de uma divisão?
l. A Harry Davis está interessada em constituir uma nova divisão que se dedicará principalmente ao desenvolvimento de novos projetos voltados para a internet. Ao tentar determinar o custo do capital para essa nova divisão, você descobre que empresas especializadas envolvidas em projetos semelhantes possuem, em média, as seguintes características: (1) a estrutura de capital é composta por 10% de dívida e 90% de patrimônio, (2) o custo da dívida é geralmente de 12% e (3) eles possuem um beta de 1,7. Considerando essas informações, qual seria sua estimativa do custo do capital da nova divisão?
m. Quais são os três tipos de risco de projetos? Como cada tipo de risco pode ser considerado quando se trata do custo de capital da nova divisão?
n. Explique por que o capital adicional externo levantado possui um custo mais alto do que o capital levantado internamente com o uso de lucros retidos.
o. (1) A Harry Davis estima que, se emitir novas ações ordinárias, o custo de flutuação será de 15%. A empresa incorpora os custos de flutuação à abordagem DCF. Qual é o custo estimado das ações ordinárias recém-emitidas, considerando o custo de flutuação?
    (2) Suponha que a Harry Davis emitirá nova dívida de 30 anos com valor nominal de $ 1.000 e uma taxa de cupom de 10%, paga anualmente. Se os custos de flutuação são de 2%, qual é o custo da dívida após impostos para a nova emissão de títulos?
p. Quais são os quatro erros comuns quando se estima o CMPC que a Harry Davis deve evitar?

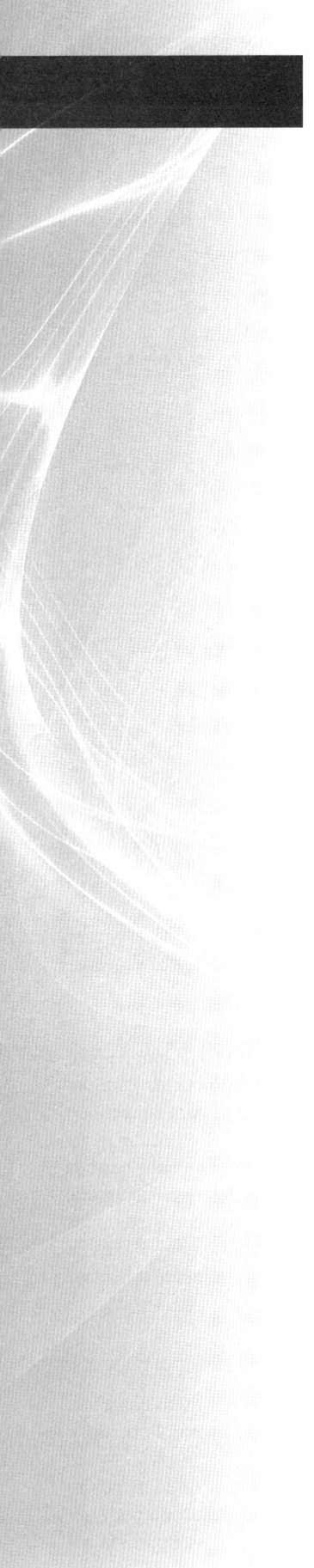

CAPÍTULO 10

Noções básicas de orçamento de capital: avaliando fluxos de caixa

Nada funciona como um Deere, segundo a Deere & Co., fabricante dos icônicos tratores ecológicos e equipamentos agrícolas. Comumente conhecida como John Deere, a empresa está de fato crescendo rapidamente com uma expansão multibilionária. Parte de seu potencial adicional se dará no exterior, já que a Deere anunciou planos de construir sete novas fábricas nos países integrantes dos BRICs (Brasil, Rússia, Índia e China). A empresa está proporcionando grandes melhorias a muitas de suas instalações de produção doméstica, incluindo sua fábrica de tratores em Waterloo, Iowa.

A Deere está projetando um aumento na demanda por seus equipamentos com base no crescimento populacional global e aumento no poder de compra de uma classe média mundial maior. A Deere não baseia seus planos em intuição. No relatório anual de 2011, o CEO Samuel R. Allen afirmou que a Deere se concentra em "consistência operacional e uma abordagem disciplinada para ativos e gestão de custos".

Enquanto você lê este capítulo, pense em como métodos de orçamento de capital é parte vital nas decisões de seleção e expansão de ativos.

Fontes: Veja o Deere & Company Annual Report, de 2011, p. 3. Veja também Bob Tita, "Deere bets big on expanding global demand", *The Wall Street Journal*, p. B8, maio 17, 2012.

AVALIAÇÃO DE EMPRESAS E ORÇAMENTO DE CAPITAL

Você pode calcular os fluxos de caixa (FC) de um projeto assim como de uma empresa. Quando os fluxos de caixa do projeto são descontados ao custo apropriado de capital médio ponderado ajustado ao risco ("r" para simplificar), o resultado é o valor do projeto. Observe que, ao avaliarmos uma empresa inteira, descontamos seu fluxo de caixa livre ao custo de capital médio ponderado geral, mas quando avaliamos um projeto descontamos seu fluxo de caixa ao seu próprio custo de capital ajustado ao risco. Observe também que os fluxos de caixa livres da empresa são o total de todos os fluxos de caixa líquidos de seus projetos anteriores. Dessa forma, se um projeto for aprovado e colocado em prática, serão gerados fluxos de caixa que serão adicionados aos fluxos de caixa livres, da empresa e, assim, ao valor da empresa.

Subtraindo o custo inicial do projeto dos fluxos de caixa descontados, chegamos ao valor presente líquido (*net present value* – NPV) do projeto. Um projeto que tem um NPV positivo agrega valor à empresa. Na realidade, o Valor de Mercado Agregado (MVA) da empresa é a soma de todos os NPVs de seus projetos. O ponto-chave, porém, é que o processo de avaliar projetos, ou orçar capital, é absolutamente vital para o sucesso de uma empresa.

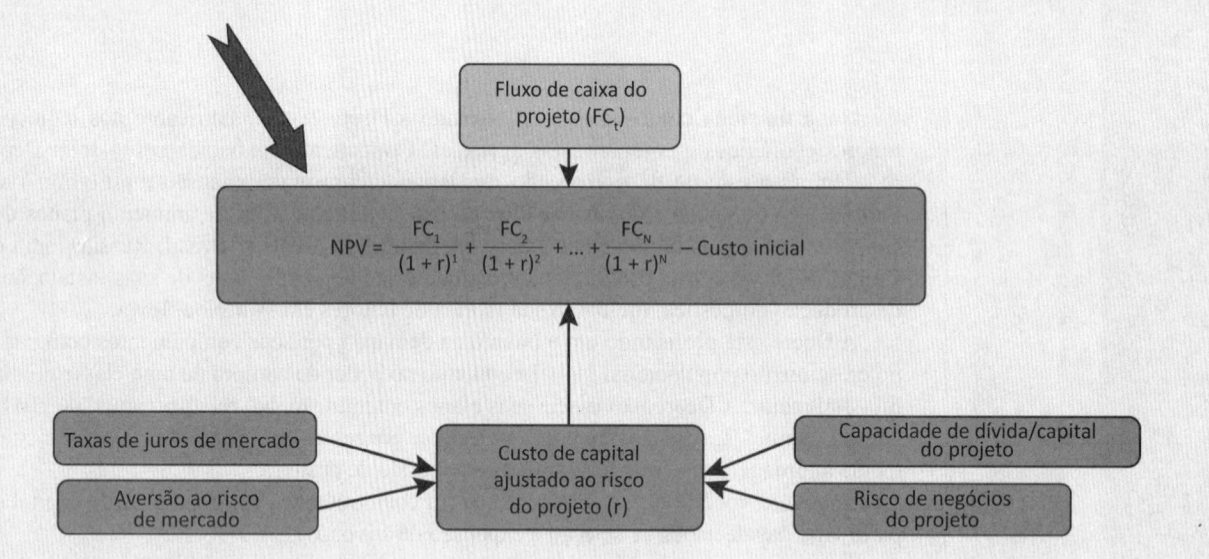

Nos Capítulos 10 e 11 discutiremos *orçamento de capital*. Aqui *capital* refere-se aos ativos de longo prazo usados na produção; e *orçamento, ou planejamento*, é um plano que descreve os gastos projetados para um período futuro. Assim, *orçamento de capital* é um resumo de investimentos planejados de ativos para um período superior a um ano, e **orçamentar/planejar o capital** é todo o processo de analisar projetos e decidir quais serão aprovados e, dessa forma, incluí-los no orçamento de capital. O Capítulo 10 foca nos conceitos básicos de orçamento de capital, especialmente os principais critérios utilizados para avaliar projetos, e explica por que um método – o valor presente líquido (NPV) – é o melhor e único critério. Neste capítulo usaremos exemplos simplificados para explicar a teoria básica e, então, no Capítulo 11, continuaremos a discutir como os fluxos de caixa são estimados, como o risco é mensurado e as decisões de orçamento de capital são realmente tomadas.

10-1   Visão geral de orçamento de capital

A capacidade de uma empresa em permanecer competitiva e sobreviver depende de um fluxo constante de ideias para novos produtos, melhorias em produtos existentes e formas mais eficazes de operar. Portanto, é fundamental que uma empresa avalie projetos propostos com precisão.

Analisar propostas de gastos de capital não está isento de custos – benefícios podem ser obtidos, porém a análise tem seu custo. Para determinados tipos de projetos, uma análise extremamente detalhada pode ser necessária, enquanto procedimentos mais simples são adequados a outros projetos. Portanto, as empresas geralmente categorizam projetos e analisam cada categoria de maneira um pouco diferente:

1. *Substituição necessária para prosseguir com operações lucrativas.* Um exemplo seria uma bomba essencial numa rentável plataforma de petróleo. O gerente da plataforma poderia fazer esse investimento sem um processo de revisão elaborado.
2. *Substituição para reduzir custos.* Um exemplo seria a substituição de equipamentos úteis, porém obsoletos, para diminuir custos. Uma análise bem detalhada seria necessária, com mais detalhes para gastos maiores.
3. *Expansão de produtos ou mercados já existentes.* Estas decisões requerem uma previsão de crescimento de demanda, uma análise mais detalhada será necessária. Decisões de prosseguir ou não são geralmente tomadas num nível mais alto do que as de substituição.
4. *Expansão de novos produtos ou mercados.* Tais investimentos envolvem decisões estratégicas que poderiam alterar a natureza básica do negócio. É necessária uma análise detalhada, e a decisão final é tomada pelos altos executivos, possivelmente com aprovação do conselho.
5. *Decisões de contração.* Especialmente durante recessões, as empresas em geral se encontram com mais capacidade do que provavelmente precisariam num futuro próximo. Então, em vez de continuar a operar, digamos, com 50% de capacidade e sofrer perdas como consequência de custos fixos excessivos, elas decidem reduzir as operações. Isso geralmente requer pagamentos a funcionários dispensados e custos adicionais para encerramento de determinadas operações. Tais decisões são tomadas pelo conselho.
6. *Projetos de segurança e/ou ambientais.* Gastos necessários para cumprir regulamentos ambientais, acordos trabalhistas ou política de seguro enquadram-se nesta categoria. O tamanho de cada projeto irá dizer como serão tratados. Projetos pequenos serão tratados como da Categoria 1, e os grandes exigirão gastos que podem até mesmo levar a empresa a abandonar o ramo de negócios.
7. *Outros.* Este grupo inclui itens como prédios comerciais, estacionamentos e jatos executivos. Cada empresa define sua maneira de geri-los.
8. *Fusões.* Comprar uma empresa (ou divisão) inteira é diferente de comprar uma máquina ou construir uma nova instalação. Procedimentos básicos de orçamento de capital são usados ao tomarem-se decisões de fusão.

Cálculos relativamente simples e apenas alguns documentos apropriados são necessários para a maioria das decisões de substituição, especialmente investimentos em instalações lucrativas. Análises mais detalhadas são necessárias quando avançamos para decisões de expansão mais complexas, especialmente investimentos em novas áreas ou produtos. Também, dentro de cada categoria, os projetos são agrupados de acordo com seu custo: maiores investimentos requerem análise e aprovação cada vez mais detalhada nos níveis superiores. Portanto, o gerente de uma fábrica poderá ser autorizado a aprovar gastos de manutenção acima de $ 10.000 usando uma análise de pagamento simples, porém todo o conselho de administração terá de aprovar decisões que envolvam valores maiores que $ 1 milhão ou expansões em novos produtos ou mercados.

Se uma empresa possui executivos e funcionários criativos e competentes, e seu sistema de incentivo está funcionando apropriadamente, muitas ideias para investimentos de capital aparecerão. Algumas serão boas e devem ser utilizadas, mas outras devem ser descartadas. Portanto, os seguintes procedimentos foram estabelecidos para analisar projetos e decidir quais serão aceitos ou rejeitados:[1]

1. Valor Presente Líquido (NPV)
2. Taxa Interna de Retorno (*Internal rate of return* – IRR)
3. Taxa Interna de Retorno Modificada (*Modified internal rate of return* – MIRR)
4. Índice de Lucratividade (*Profitability index* – PI)
5. Retorno de Investimento
6. Retorno de Investimento Descontado

Como veremos, o NPV é o melhor critério, principalmente porque está relacionado diretamente com o objetivo central da empresa de maximizar o valor intrínseco das ações. Porém, todos os métodos fornecem informações úteis e são usados na prática.

Autoavaliação

1. Identifique as principais categorias de classificação de projetos e explique como e por que elas são usadas.
2. Liste seis procedimentos usados para analisar projetos e decidir quais serão aceitos ou rejeitados.

---

[1] Outra medida raramente utilizada é a Taxa de Retorno Contábil.

10-2 A primeira etapa na análise de projeto

Nas seções a seguir, avaliaremos dois projetos que a Guyton Products Company (GPC) está analisando. A GPC é uma empresa de desenvolvimento de alta tecnologia "de laboratório para o mercado" que reúne pesquisas de ponta e as converte em produtos de consumo. A GPC recentemente licenciou uma tecnologia de revestimento de nanofabricação de uma universidade que prometa aumentar significativamente a eficácia com a qual a energia solar pode ser colhida e armazenada como calor. A GPC está considerando usar essa tecnologia em duas linhas de produto diferentes. Na primeira, de codinome "Projeto S" (S de "sólido"), a tecnologia seria usada para revestir rochas e estruturas de concreto a serem usadas como dissipadores de calor passivos e fontes de energia eficiente para edifícios residenciais e comerciais. Na segunda, de codinome "Projeto L" (de "líquido"), a tecnologia seria usada para revestir os coletores em um aquecedor solar de água de alta eficiência. A GPC deve se comprometer com um dos dois projetos.

O primeiro passo na análise do projeto é estimar os fluxos de caixa. Explicaremos a estimativa para o fluxo de caixa para o Project L no Capítulo 11, incluindo o impacto da depreciação, impostos e valores de resgate. Entretanto, queremos focar agora nas seis medidas de avaliação, então explicaremos os fluxos de caixa usados nos exemplos a seguir.[2]

Como vimos no Capítulo 9, o custo médio ponderado de capital (CMPC) de uma empresa reflete o risco médio de todos os projetos da empresa, e o custo apropriado de capital para um projeto em particular pode ser diferente do CMPC da empresa. O Capítulo 11 explica como estimar o custo de capital ajustado ao risco de um projeto, mas por enquanto assuma que os projetos L e S são igualmente arriscados e ambos têm um custo de capital de 10%.

A Figura 10-1 mostra as entradas para os projetos S e L da GPC, incluindo o custo de capital do projeto e a linha do tempo de fluxos de caixa estimados (com o custo inicial mostrado no Ano 0). Embora os projetos S e L sejam de revestimento "sólido" e "líquido" da GPC, você também pode pensar em S e L como *Short* (curto) e *Long* (longo). O Projeto S é de curto prazo no sentido de que seus maiores influxos de caixa ocorrem relativamente cedo; o Projeto L tem mais influxos de caixa totais, mas seus maiores fluxos ocorrem nos últimos anos.

O segundo passo na análise de projeto é calcular as medidas de avaliação, mostradas no Painel B da Figura 10-1. As seções a seguir explicam como cada medida é calculada.

FIGURA 10-1

Fluxo de caixa e medidas de avaliação para projetos S e L (milhões de dólares)

	A	B	C	D	E	F
19	Painel A: Fluxos de caixa e custo de capital do projeto, r					
20						
21	ENTRADAS:					
22	r = 10%					
23			Custo inicial, fluxos de caixa estimados			
24	Ano	0	1	2	3	4
25	Projeto S	-$ 10.000	$ 5.300	$ 4.300	$ 1.874	$ 1.500
26	Projeto L	-$ 10.000	$ 1.900	$ 2.700	$ 2.345	$ 7.800
27						
28	Painel B: sumário de critérios de avaliação selecionados					
29		Projeto S	Projeto L			
30	Valor presente líquido (NPV)	$ 804,38	$ 1.048,02			
31	Taxa interna de retorno (IRR)	14,69%	13,79%			
32	IRR modificada (MIRR)	12,15%	10,19%			
33	Índice de lucratividade (PI)	1,08	1,10			
34	Retorno de investimento	2,21	3,39			
35	Retorno de investimento descontado	3,21	3,80			

---

[2] Veremos no Capítulo 11 que fluxos de caixa do projeto são, na verdade, fluxos de caixa livre, como os calculados no Capítulo 3 e usados no Capítulo 7 para estimar o valor corporativo.

Autoavaliação

1. Qual é o primeiro passo da análise de projeto?

10-3 Valor presente líquido (NPV)

O **valor presente líquido (NPV),** definido como o valor presente das entradas de caixa de um projeto menos o valor presente de seus custos, mostra-nos o quanto o projeto contribui para a riqueza do acionista – quanto maior o NPV, mais valor o projeto agrega e, portanto, mais alto o preço das ações. O NPV é usualmente considerado o melhor critério de análise.

10-3a Calculando o NPV

Podemos encontrar os NPVs da seguinte forma:

1. Calculando o valor presente de cada fluxo de caixa descontado pelo custo de capital ajustado ao risco, que é r = 10% em nosso exemplo.
2. A soma dos fluxos de caixa descontados é definida como o NPV do projeto.

A equação para o NPV, feita com dados inseridos para o Projeto S, é:

$$NPV = FC_0 + \frac{FC_1}{(1 + r)^1} + \frac{FC_2}{(1 + r)^2} + \cdots + \frac{FC_N}{(1 + r)^N}$$

$$= \sum_{t=0}^{N} \frac{FC_t}{(1 + r)^t}$$

(10-1)

Aplicando a Equação 10-1 ao projeto S, temos

$$NPV_S = -\$\ 10.000 + \frac{\$\ 5.300}{(1,10)^1} + \frac{\$\ 4.300}{(1,10)^2} + \frac{\$\ 1.874}{(1,10)^3} + \frac{\$\ 1.500}{(1,10)^4}$$

$$= -\$\ 10.000 + \$\ 4.818,18 + \$\ 3.553,72 + \$\ 1.407,96 + \$\ 1.024,52$$

$$= \$\ 804,38$$

Aqui CF_t é o fluxo de caixa esperado no tempo t, r é o custo de capital do projeto ajustado ao risco (ou CMPC) e N é a duração do projeto. Projetos geralmente demandam um investimento inicial – por exemplo, desenvolvimento de produto, compra de equipamentos necessários para fazer o produto, construção de uma fábrica e produção ou compra de estoque. O investimento inicial é um fluxo de caixa negativo. Para os Projetos S e L, apenas FC_0 é negativo, mas grandes projetos têm saídas por vários anos antes do início das entradas de caixa.

A Figura 10-2 mostra, a linha de tempo do fluxo de caixa para o projeto S, conforme se vê na Figura 10-1. O custo é de -$ 10.000, o qual não é descontado porque ocorre em um t = 0. O PV de cada entrada de caixa e a soma dos PVs são mostrados na Coluna B. Você poderia encontrar os PVs dos fluxos de caixa com uma calculadora ou com o Excel e os números da coluna B da figura seriam o resultado final. Quando somamos os PVs das entradas e subtraímos o custo, o resultado é de $ 804,38, que é o NPV_S. O NPV para o Projeto L, $ 1.048,02, pode ser encontrado da mesma forma. Contudo, há uma maneira muito mais fácil para encontrar esse NPV. A parte da Figura 10-2 abaixo da linha 56 mostra como usar a função NPV de Excel para calcular o NPV de Projeto L, sem o fluxo do Ano 0. Portanto, você deve aumentar o fluxo de caixa do Ano 0 ao resultado da função NPV para chegar no valor presente líquido.

Também é possível calcular o NPV com uma calculadora financeira. Como discutimos no Capítulo 4, todas as calculadoras têm uma "registradora de fluxos de caixa" que pode ser usada para avaliar fluxos de caixa desiguais como aqueles dos projetos S e L. Essas calculadoras têm um programa para a Equação 10-1, e tudo

FIGURA 10-2

Encontrando o NPV para os projetos S e L (milhões de dólares)

	A	B	C	D	E	F
46	**ENTRADAS:**					
47	**r = 10%**					
48			**Custo inicial e fluxos de caixa estimados**			
49	**Ano**	0	1	2	3	4
50	**Projeto S**	–$ 10.000	$ 5.300	$ 4.300	$ 1.874	$ 1.500
51		4.818,18	← ← ↵	↓	↓	↓
52		3.553,72	← ← ← ← ← ←	← ← ↵	↓	↓
53		1.407,96	← ← ← ← ← ← · ← ← ← ← ← ←	← ← ↵	↓	
54		1.024,52	← ← ← ← ← ← · ← ← ← ← ← ← · ← ← ← ← ← ←			← ← ↵
55	**NPVₛ =**	**$ 804,38**	**Forma longa:**			
56			**Some os PVs dos FCs para encontrar o NPV**			
57			**Custo inicial e fluxos de caixa estimados**			
58	**Ano**	0	1	2	3	4
59	**Projeto L**	–$ 10.000	$ 1.900	$ 2.700	$ 2.345	$ 7.800
60	**NPVₗ =**	**$ 1.048,02**	**Forma curta: utilize a função VPL do Exccel**			
61			**=NPV (B47,C59:F59) + B59**			

o que você precisa fazer é inserir os fluxos de caixa (com os sinais corretos) junto com r = I/YR = 10. Uma vez inseridos os dados, pressione a tecla NPV para obter a resposta, 804.38, na tela.[3]

10-3b Aplicando NPV como medida de avaliação

Antes de utilizarmos esses NPVs no processo de decisão, precisamos saber se os Projetos S e L são **independentes** ou **mutuamente exclusivos.** Projetos independentes são aqueles cujos fluxos de caixa não são afetados por outros projetos. Se o Walmart estivesse considerando abrir uma nova loja em Bosie e outra em Atlanta, esses projetos seriam independentes, e se tivessem NPVs positivos, o Walmart deveria aceitar ambos. Projetos mutuamente exclusivos, em contrapartida, são duas maneiras diferentes de alcançar o mesmo resultado, por isso, se um projeto é aprovado, o outro deve ser rejeitado. Um sistema de esteira rolante para transportar mercadorias em um armazém e uma frota de empilhadeiras para o mesmo propósito seriam mutuamente exclusivos – a aprovação de um implica a rejeição do outro.

Qual deve ser a decisão se os Projetos S e L forem independentes? Nesse caso, ambos deveriam ser aceitos, pois possuem NPVs positivos e, portanto, agregariam valor à empresa. No entanto, se eles forem mutuamente exclusivos, o Projeto L deveria ser escolhido, já que possui um NPV mais alto e, portanto, agregaria mais valor do que o S. Podemos resumir esses critérios com as seguintes regras.

1. *Projetos independentes:* se o NPV for superior a zero, aceite o projeto. Uma vez que S e L possuem NPVs positivos, aceite ambos se forem independentes.
2. *Projetos mutuamente exclusivos:* aceite o projeto com o NPV positivo mais alto. Caso nenhum projeto tenha NPV positivo, rejeite todos. Se S e L são mutuamente exclusivos, os critérios de NPV selecionariam L.

Os projetos devem ser independentes ou mutuamente exclusivos, assim, uma regra ou outra se aplica a todos os projetos.

---

[3] As teclas para encontrar o NPV em muitas calculadoras estão nos tutoriais de calculadoras.

Autoavaliação

1. Por que o NPV é o principal critério de decisão de orçamento de capital?
2. Qual é a diferença entre projetos independentes e mutuamente exclusivos? Os projetos SS e LL possuem os seguintes fluxos de caixa:

	Fluxos de Caixa de Encerramento de Exercício			
	0	**1**	**2**	**3**
SS	-700	500	300	100
LL	-700	100	300	600

3. Se o custo de capital é de 10%, quais são os NVPs dos projetos? **(NPV$_{SS}$ = \$ 77,61; NPV$_{LL}$ = \$ 89,63)**
4. Qual projeto ou conjunto de projetos estaria em seu orçamento de capital caso CC e LL fossem (a) independentes ou (b) mutuamente exclusivos? **(Ambos; LL)**

10-4 Taxa interna de retorno (IRR)

No Capítulo 5 discutimos o rendimento até o vencimento de um título e explicamos que, se você mantiver um título até o vencimento, receberá o rendimento até o vencimento sobre seu investimento. O rendimento até o vencimento (YTM) é obtido como a taxa de desconto que torna o valor presente das entradas de caixa igual ao preço do título. Esse mesmo conceito é usado no orçamento de capital quando calculamos **a taxa interna de retorno** ou **IRR** de um projeto. A IRR de um projeto é a taxa de desconto que torna o PV das entradas igual ao fluxo de caixa inicial. Isso é equivalente a fazer o NPV igual a zero.

Por que a taxa de desconto que faz com que o NPV do projeto seja igual a zero é tão especial? Porque a IRR é uma estimativa da taxa de retorno do projeto. Se esse retorno exceder o custo dos fundos usados para financiar o projeto, a diferença é um bônus que vai para os acionistas da empresa e faz o preço das ações subir. No entanto, se a IRR é menor do que o custo de capital, os acionistas devem compensar o déficit, o que prejudicaria o preço das ações.

10-4a Calculando a IRR

Para calcularmos a IRR, começamos com a Equação 10-1 para o NPV, substituindo r no denominador pelo termo "IRR" e estabelecendo NPV igual a zero. Isso transforma a Equação 10-1 na Equação 10-2, a mesma usada para encontrar a IRR. A taxa que torna o NPV igual a zero é a IRR.[4]

$$NPV = FC_0 + \frac{FC_1}{(1 + IRR)^1} + \frac{FC_2}{(1 + IRR)^2} + \cdots + \frac{FC_N}{(1 + IRR)^N} = 0$$

$$= \sum_{t=0}^{N} \frac{FC_t}{(1 + IRR)^t} = 0$$

(10-2)

Para o Projeto S, temos:

$$NPV_s = 0 = -\$10.000 + \frac{\$5.300}{(1 + IRR)^1} + \frac{\$4.300}{(1 + IRR)^2} + \frac{\$1.874}{(1 + IRR)^3} + \frac{\$1.500}{(1 + IRR)^4}$$

---

[4] Para um projeto grande e complexo como a usina elétrica da FPL, os custos incorrem por vários anos antes do início de entrada de caixa. Isso simplesmente significa que temos vários fluxos de caixa negativos antes do início de fluxos de caixa positivos.

FIGURA 10-3

Obtendo a IRR

	A	B	C	D	E	F
73	**ENTRADAS:**					
74		**Custo inicial, fluxos de caixa estimados**				
75	**Ano**	0	1	2	3	4
76	**Projeto S**	–$ 10.000	$ 5.300	$ 4.300	$ 1.874	$ 1.500
77		4.621,33	←←↲	↓	↓	↓
78		3.269,26	←←←←←←	←←↲	↓	↓
79		1.242,34	←←←←←←	←←←←←	←←↲	↓
80		867,07	←←←←←←	←←←←←	←←←←←	←←↲
81			Forma longa: Tente um valor r, some os PVs dos FCs para			
82	**NPV$_S$ =**	**$ 0,00**	encontrar o NPV. Se NPV não for zero, tente outro valor para r. Ou use o recurso Atingir meta (*Goal seek*) do *Excel* para			
83			encontrar o valor de r que torne o NPV = 0.			
84	**IRR = r =**	**14,69%**	Valor de r que torna o NPV = 0.			
85						
86		**Taxa interna de retorno (IRR)**				
87	**Ano**	0	1	2	3	4
88	**Projeto L**	–$ 10.000	$ 1.900	$ 2.700	$ 2.345	$ 7.800
89	**IRR$_L$ =**	**13,79%**	Forma curta: Use a função IRR do *Excel* =IRR(B88:F88)			
90						

A Figura 10-3 ilustra o processo para obter a IRR do Projeto S.

Três procedimentos podem ser usados para obter a IRR:

1. *Tentativa e erro.* Podemos utilizar este procedimento: tente uma taxa de desconto, verifique se a equação é igual a zero; se não, tente outra taxa. Poderíamos continuar até encontrar a taxa que faz o NPV igual a zero, e essa taxa seria a IRR. Esse procedimento raramente é feito por cálculos à mão, porém. O IRR geralmente é calculado usando uma calculadora financeira ou o Excel (ou outro programa de computador), como descrito abaixo.
2. *Solução pela calculadora.* Insira os fluxos de caixa no registro de fluxo de caixa da calculadora, assim como fizemos para encontrar o NPV, e então pressione a tecla "IRR" da calculadora. Imediatamente, você obtém a taxa interna de retorno. Aqui estão todos os valores para os Projetos S e L:

$$IRR_S = 14,489\%$$
$$IRR_L = 13,549\%$$

3. *Solução pelo Excel.* É ainda mais fácil obter as IRRs usando o *Excel* como mostra a Figura 10-3 para o Projeto L. Observe que com a função IRR do *Excel*, o intervalo da função inclui o fluxo de caixa inicial no Ano 0. Isso entra em contraste com o intervalo da função NPV, que começa com o fluxo de caixa do Ano 1. Esteja alerta a essa diferença ao usar essas funções, pois é fácil errar a especificação do intervalo das entradas.

10-4b Um problema potencial com a IRR: taxas internas de retorno múltiplas[5]

Se um projeto tem um padrão de fluxo de caixa *normal*, que é um ou mais fluxos de caixa seguidos apenas por influxos de caixa (ou o inverso, um ou mais influxos de caixa seguidos apenas por fluxos), o projeto pode ter apenas uma IRR real positiva. Aqui estão alguns exemplos de padrões de fluxo de caixa normais:

Normal: – + + + ou – – + + + ou + + – –

---

[5] Esta seção é relativamente técnica, e alguns instrutores preferem omiti-la sem perda de continuidade.

Observe que o sinal dos fluxos de caixa muda apenas uma vez para qualquer desses exemplos, seja de negativo para positivo ou de positivo para negativo.

No entanto, alguns projetos têm fluxos de caixa com sinais que mudam mais de uma vez. Por exemplo, considere uma mina de carvão na qual a empresa gasta dinheiro primeiro para comprar a propriedade, e depois prepara o local para mineração. A empresa de mineração tem influxos positivos para muitos anos, e então gasta mais dinheiro para devolver a terra a sua condição original. Para esse projeto, o sinal do fluxo de caixa vai de negativo para positivo e muda novamente de positivo para negativo. Esse é um padrão de fluxo de caixa *anormal*; seguem exemplos:

$$\text{Anormal:} - + + + + - \text{ ou} - + + + - + + +$$

Se os fluxos de caixa de um projeto têm um padrão anormal (por exemplo, os fluxos de caixa têm mais de uma mudança de sinal), é possível que o projeto tenha mais de uma IRR real positiva – isto é, múltiplas IRRs.[6]

Para ilustrar múltiplas IRRs, suponha que uma empresa esteja considerando uma mina em potencial (Projeto M) que possui um custo de $ 1,6 milhão, e produzirá um fluxo de caixa de $ 10 milhões no fim do Ano 1; logo, no final do Ano 2, a empresa deve gastar $ 10 milhões para recuperar as condições originais do solo. Portanto, os fluxos de caixa líquidos esperados do projeto são os seguintes (em milhões):

	Ano 0	Fim do Ano 1	Fim do Ano 2
Fluxos de caixa	–$ 1,6	+$ 10	–$ 10

Podemos aplicar esses valores na Equação 10-2, e teremos para IRR:

$$NPV = \frac{-\$\ 1,6\ \text{milhão}}{(1 + IRR)^0} + \frac{\$\ 10\ \text{milhões}}{(1 + IRR)^1} + \frac{-\$\ 10\ \text{milhões}}{(1 + IRR)^2} = 0$$

Aqui, o NPV é igual a zero quando IRR = 25%, mas também é igual a zero quando IRR = 400%.[7] Portanto, o Projeto M tem uma IRR de 25% e outra de 400% e não sabemos qual usar. Essa relação é representada graficamente na Figura 10-4. O gráfico é feito colocando o NPV do projeto a diferentes taxas de desconto. Não! Para ver isso, analise a Figura 10-4, que mostra o NPV do Projeto M para diferentes custos de capital. Observe que o Projeto M tem um NPV negativo para custos de capital menores que 25%. Portanto, o Projeto M deve ser rejeitado para custos razoáveis de capital.

Ao avaliar o projeto, sempre observe os fluxos de caixa projetados e conte o número de vezes que o sinal muda. Se o sinal muda mais de uma vez, não calcule a IRR, pois no melhor dos casos é útil e no pior é enganoso.

10-4c Problemas em potencial ao usar a IRR para avaliar projetos mutuamente exclusivos

Problemas potenciais podem surgir quando se usa a IRR para escolher entre projetos mutuamente exclusivos. Os projetos S e L são independentes, mas suponha de forma ilustrativa que eles sejam mutuamente exclusivos. Seus NPVs e IRRs são mostrados abaixo:

	NPV	IRR
Projeto S	$ 804,38	14,69%
Projeto L	$ 1.048,02	13,79%

---

[6] A Equação 10-2 é um polinômio de grau n, por isso possui n raízes ou soluções diferentes. Todas, exceto uma das raízes, são um número imaginário quando os investimentos possuem fluxos de caixa regular (uma ou mais saídas de caixa seguidas por entradas), então, em uma situação normal, apenas um valor de IRR aparece. No entanto, a possibilidade de múltiplas raízes reais, e, portanto, múltiplas IRRs, surge quando ocorrem fluxos de caixa líquido negativos após colocar o projeto em operação.
[7] Se você tentar encontrar a IRR do Projeto M com uma calculadora HP, aparecerá uma mensagem de erro, enquanto calculadoras TI fornecem apenas a IRR mais próxima de zero. Ao se deparar com qualquer uma dessas situações, você pode encontrar as IRRs aproximadas calculando primeiramente os NPVs usando diversos valores diferentes para r = I/YR, construindo um gráfico com NPV no eixo vertical e o custo de capital no eixo horizontal, e determinando visualmente onde NPV = 0. A intersecção com o eixo x dá uma ideia grosseira dos valores das IRRs.

FIGURA 10-4

Gráfico para múltiplas IRRs: Projeto M (Milhões de Dólares)

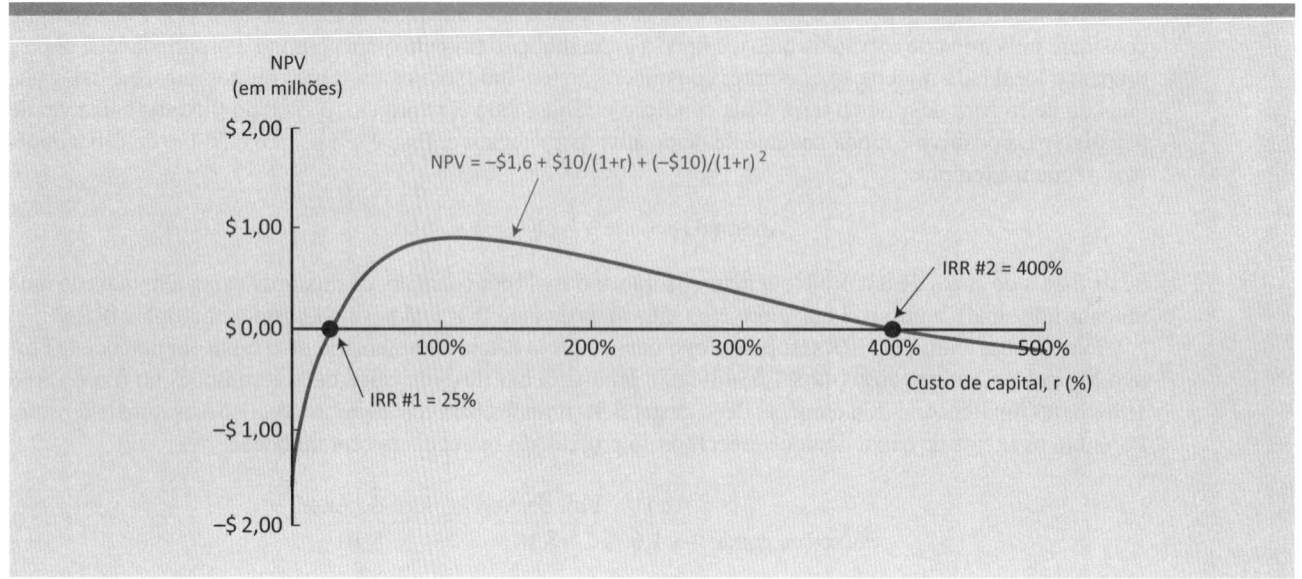

No uso de NPV como critério de decisão, o Projeto L é o favorito. Mas o Projeto S é o preferido no uso da IRR como critério de decisão. Como resolvemos esse conflito?

Resolvendo um conflito entre a IRR e o NPV para projetos mutuamente exclusivos: escolha o projeto com o NPV mais alto

Considere esses dois jogos hipotéticos que oferecemos aos nossos alunos em sala de aula. No Jogo 1, nos propomos a dar a um aluno $ 2 no final da aula se ele nos der $ 1 no início dela. Presumindo que somos confiáveis, o Jogo 1 tem uma taxa de retorno de 100%. No Jogo 2, nos propomos a dar ao aluno $ 25 ao final da aula em troca de recebermos $ 20 no início da aula. Os jogos são mutuamente exclusivos e não devem se repetir – um aluno pode escolher apenas um jogo e jogá-lo uma vez. Que jogo você escolheria? Se for como os nossos alunos, você escolheria o Jogo 2, porque sua renda aumentaria até $ 5, o que é melhor do que o aumento de $ 1 oferecido pelo Jogo 1. Então, embora o Jogo 1 tenha uma taxa de retorno mais alta, as pessoas preferem ter mais renda do que menos.

O mesmo vale para acionistas. Se os projetos são mutuamente exclusivos, os gerentes devem escolher o projeto que ofereça a maior na renda (medida pelo NPV), embora ele talvez não tenha a maior taxa de retorno (medida pelo IRR). Portanto, se os projetos L e S fossem mutuamente exclusivos, os gerentes escolheriam o Projeto L por ele ter um NPV mais alto e gerar mais renda aos acionistas.

As causas de possíveis conflitos entre a IRR e a NPV para projetos mutuamente exclusivos: diferenças de tempo e escala

A Figura 10-5 ilustra a situação com um **perfil do valor presente líquido** para cada projeto. Esse perfil tem um NPV de projeto traçado no eixo y para diferentes custos de capital. Observe a IRR para cada projeto, que é o ponto em que o projeto tem um NPV igual a zero (também é o ponto onde a curva cruza o eixo x). Como mostra a figura, o Projeto S tem a maior IRR (a curva para o Projeto S cruza o eixo x à direita da curva do Projeto L). Observe o NPV para cada projeto quando o custo de capital é de 10%. O NPV do Projeto L é superior ao NPV do Projeto S.

FIGURA 10-5

Perfis NPV para projetos S e L

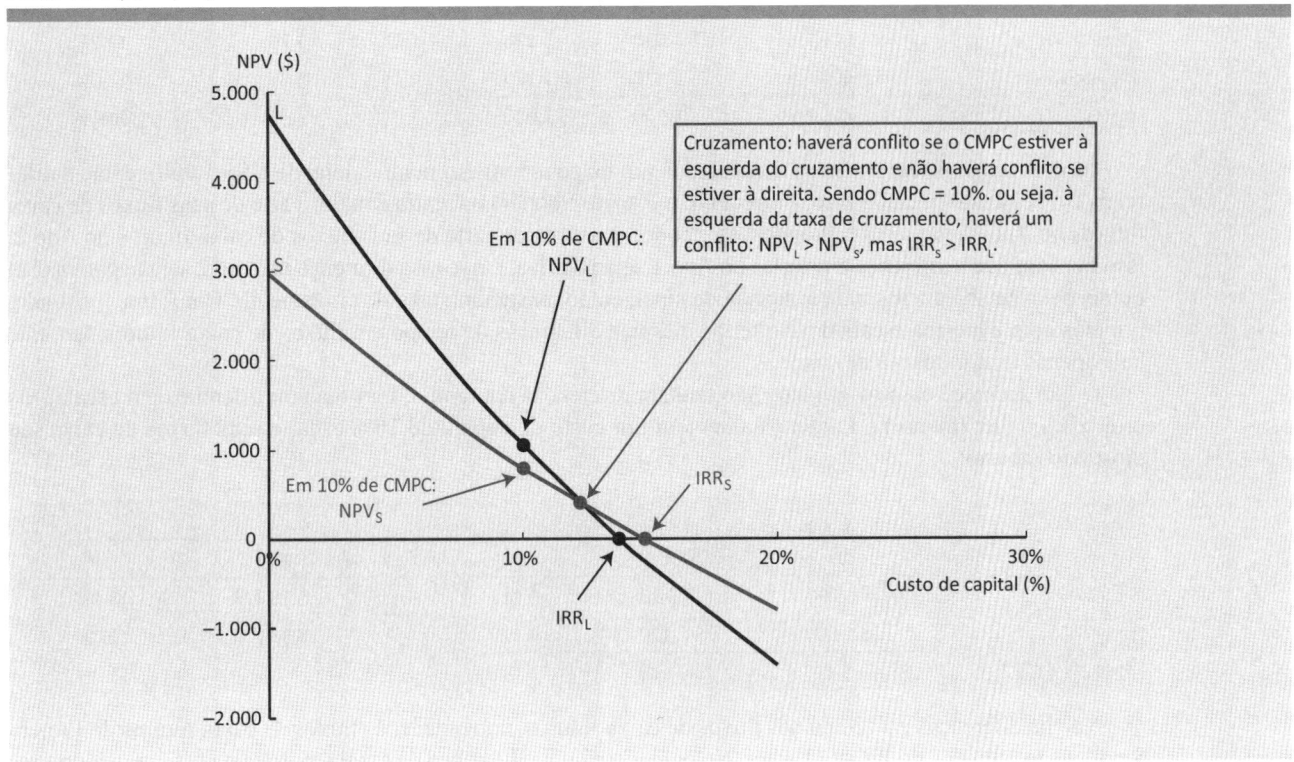

As duas linhas de perfil NPV cruzam em um custo de capital igual a 12,247%, que é chamado de **taxa de cruzamento**. Encontre a taxa de cruzamento calculando a IRR das diferenças nos fluxos de caixa dos projetos, como demonstrado abaixo:

| | \multicolumn{5}{c}{Ano} |
	0	1	2	3	4
Projeto S:	–$ 10.000	$ 5.300	$ 4.300	$ 1.874	$ 1.500
Projeto L:	–10.000	1.900	2.700	2.345	7.800
$\Delta = FC_S - FC_L$:	$ 0	$ 3.400	$ 1.600	–$ 471	–$ 6.300
IRR Δ = 12,274%					

Se o custo de capital for menor do que a taxa de cruzamento, o Projeto L tem um NPV maior. Mas se o custo de capital for maior do que a taxa de cruzamento, o Projeto S tem o maior NPV.

Muitos projetos têm rankings diferentes – se um projeto tem um NPV maior, ele geralmente tem uma IRR mais alta. Mas para projetos cujos rankings entram em conflito, você deve determinar a fonte do conflito. Observe que, para que exista um conflito, ambos os projetos devem ter NPVs positivos e deve haver uma taxa de cruzamento. Para que exista uma taxa de cruzamento, a diferença em fluxos de caixa entre os dois projetos deve ter um padrão normal, como descrito na seção anterior: os fluxos de caixa devem apresentar apenas uma mudança de sinal. Portanto, uma taxa de cruzamento só existe para projetos com NPVs positivos se os fluxos de caixa tiverem diferenças em tempo, tamanho (ou escala), ou alguma combinação.[8] Por exemplo, considere os fluxos de caixa do Projeto Sooner (mais cedo) e do Projeto Later (mais tarde). Ambos têm um custo de capital de 10%; seus fluxos de caixa são mostrados a seguir:

---

[8] Além disso, se projetos mutuamente exclusivos tiverem períodos de duração diferentes (ao contrário de padrões diferentes de fluxo de caixa ao longo de um período de duração comum), surgirão mais complicações; portanto, para obter comparações significativas, alguns projetos mutuamente exclusivos precisam ser avaliados em relação a um período de duração comum. Esse aspecto será discutido posteriormente neste capítulo.

	Ano			NPV	IRR
	0	1	2		
Projeto Sooner:	–$ 1.000	$ 1.020	$ 120	$ 26	12,7%
Projeto Later:	–$ 1.000	$ 120	$ 1.120	$ 35	12,0%
Δ = FC$_S$ – FC$_L$:	$ 0	$ 900	–$ 1.000		11,1%

Os dois projetos têm a mesma escala (cada um exige um investimento inicial de US$ 1.000), então a diferença em seu custo inicial é zero. Entretanto, o Projeto Sooner concentra a maior parte de seus fluxos de caixa futuros no Ano 1, enquanto o Projeto Later concentra a maior parte de seus fluxos de caixa futuros no Ano 2. Isso faz com que a diferença entre eles no Ano 1 seja positiva, e que essa diferença no Ano 2 seja negativa. Em outras palavras, há apenas uma mudança de sinal, então existe uma taxa de cruzamento. Conforme mostrado, projetos com a mesma escala devem ter as mesmas diferenças de tempo em fluxos de caixa futuros para que haja apenas uma mudança de sinal.

O que acontece caso os projetos não tenham diferenças em tempo, mas tenham diferença em escala? Os projetos Smaller (menor) e Larger (maior) têm um custo de capital de 10% cada, e seus fluxos de caixa são mostrados abaixo:

	Ano			NPV	IRR
	0	1	2		
Smaller	–$ 90	$ 12	$ 112	$ 13	18,4%
Larger	–$ 1.000	$ 120	$ 1.120	$ 35	12,0%
Δ = FC$_S$ – FC$_L$:	$ 910	–$ 108	–$ 1.008		11,3%

Não há diferenças em tempo nos fluxos de caixa futuros; na verdade, os fluxos de caixa futuros do Projeto Smaller são 10% dos do Projeto Larger. No entanto, há uma diferença de escala, porque o custo inicial do Projeto Smaller é muito menor do que o do Projeto Larger. A diferença em escala faz com que a diferença no fluxo de caixa inicial seja positiva. Entretanto, as diferenças nos fluxos de caixa futuros são negativas. Isso provoca apenas uma mudança de sinal, então existe uma taxa de cruzamento.

10-4d Aplicando a IRR como medida de avaliação

Ao usar a IRR, é importante distinguir entre projetos independentes e projetos mutuamente exclusivos.

Se você avaliar um projeto independente com fluxos de caixa normais, os critérios do NPV e do IRR sempre levam à mesma decisão de aceitação/rejeição: se o NPV diz "aceitar", então a IRR também diz "aceitar", e vice-versa. Para saber por que isso acontece, observe a Figura 10-5 e note que (1) a IRR diz aceitar o Projeto S se o custo de capital for menor do que a IRR (ou estiver à esquerda dele) e (2) se o custo de capital for menor que a IRR, então o NPV deve ser positivo. Assim, a qualquer custo de capital menor do que 14,686%, o Projeto S será recomendado tanto pelo critério de NPV quanto pelo critério de IRR, mas os dois métodos rejeitam o projeto se o custo de capital for maior do que 14,686%. Uma demonstração similar pode ser feita para o Projeto L ou para qualquer outro projeto normal, e nós sempre chegaremos à mesma conclusão: para projetos normais e independentes, se a IRR diz aceitá-los, o NPV também os aceitará.

Agora suponha que o projetos S e L sejam mutuamente exclusivos em vez de independentes. Dessa forma, podemos escolher o S ou o L, ou podemos rejeitar ambos, mas não podemos aceitar os dois. Agora analise a Figura 10-5 e observe esses pontos.

- IRR$_S$ > IRR$_L$, então a regra de decisão da IRR diria para aceitar o Projeto S em vez do Projeto L.
- Enquanto o custo de capital for *maior* do que a taxa de cruzamento de 12,274%, os dois métodos concordam que o Projeto S é melhor: NPV$_S$ > NPV$_L$ e IRR$_S$ > IRR$_L$. Portanto, se r for *maior* do que a taxa de cruzamento, não haverá conflitos.
- Entretanto, se o custo de capital for *menor* do que a taxa de cruzamento, surge um conflito: o NPV opta por L, mas a IRR opta pelo S. Nesse caso, selecione o projeto com o maior NPV, mesmo que ele tenha a menor IRR.

Autoavaliação

1. Em que sentido a IRR de um projeto é similar ao YTM de um título?
2. Os fluxos de caixa para os projetos SS e LL são os seguintes:

FLUXOS DE CAIXA NO ENCERRAMENTO DE EXERCÍCIO			
	0	1	2	3
SS	-700	500	300	100
LL	-700	100	300	600

3. Suponha que o CMPC da empresa seja = r = 10%. Quais são as IRRs dos dois projetos? (IRR$_{SS}$ = **18,0%; IRR$_{LL}$ = 15,6%**)

4. Qual projeto o método IRR escolheria se a empresa tem um custo de capital de 10% e os projetos são (a) independentes ou (b) mutuamente exclusivos? **(Ambos; SS)**

5. Que condição, no que diz respeito a fluxos de caixa, causaria a existência de mais de uma IRR?

6. O Projeto MM tem os seguintes fluxos de caixa:

FLUXOS DE CAIXA DE ENCERRAMENTO DE EXERCÍCIO			
0	1	2	3
-$ 1.000	$ 2.000	$ 2.000	$ 3.350

7. Calcular o NPV do Projeto MM às taxas de desconto de 0%, 10%, 12,2258%, 25%, 122,147% e 150%. **(-$ 350; -$ 46; $ 0; $ 165; $ 0; -$ 94)**

8. Quais são as IRRs do Projeto MM? **(12,23% e 122,15%)**

9. Se o custo de capital fosse 10%, o projeto deveria ser aceito ou rejeitado? **(Rejeitado, pois NPV< 0)**

10. Descreva, com palavras, como um perfil de NPV é construído. Como se determina as interseções para os eixos *x* e *y*?

11. O que é taxa de cruzamento e como ela interage com o custo de capital para determinar se existe ou não um conflito entre NPV e IRR?

12. Quais são as duas características que podem gerar conflitos entre NPV e IRR ao avaliar projetos mutuamente exclusivos?

10-5   Taxa de retorno interna modificada (MIRR)

Lembre-se, do Capítulo 5, que um investidor que compra um título e o mantém até o vencimento (supondo que não ocorra inadimplência) receberá os rendimentos no vencimento (YTM) mesmo que as taxas de juros se modifiquem. Isto acontece porque a taxa de retorno realizada em um investimento é, por definição, a taxa que define o valor presente dos fluxos de caixa realizados como sendo iguais ao preço de compra. Contudo, a taxa de retorno realizada sobre o investimento no título e o subsequente reinvestimento dos cupons não irão necessariamente igualar o YTM se as taxas de juros se modificarem. Raciocínio similar pode ser aplicado a um projeto – o retorno esperado do projeto é igual à sua IRR, mas o retorno esperado do projeto e quaisquer fluxos de caixa reinvestidos não é necessariamente igual à IRR.

Se um gerente quiser avaliar um projeto com base no retorno esperado do projeto e em seus fluxos de caixa reinvestidos, a IRR superestima esse retorno porque é mais provável que os fluxos de caixa futuros do projeto possam ser reinvestidos ao custo de capital, e não à IRR do projeto. A **IRR Modificada (MIRR)** é similar à IRR regular, exceto pelo fato de que ela tem como base a suposição de que os fluxos de caixa são reinvestidos ao CMPC (ou alguma outra taxa explícita, o que é uma suposição mais razoável). Consulte a Figura 10-6 à medida que você ler as seguintes etapas que explicam o cálculo da MIRR.

1. O Projeto S tem apenas uma saída negativa de $ 10.000 a t = 0. Uma vez que ela ocorreu no Tempo 0, não é descontada, e seu PV é –$ 10.000. Se o projeto possui saídas adicionais, encontraríamos o PV em t = 0 para cada uma e então somaríamos para usá-las no cálculo de MIRR.

2. Então, encontramos o valor futuro de cada *entrada,* composta pelo CMPC para o "ano final", que é o ano em que a última entrada é recebida. Assumimos que os fluxos de caixa são reinvestidos pelo CMPC. Para o Projeto S, o primeiro fluxo de caixa, $ 5.300, é composto pelo CMPC = 10% para 3 anos e aumenta para $ 7.054,00. A segunda entrada, $ 4.300, aumenta para $ 5.203,00, e a terceira, $ 1.874, aumenta para $ 2.061,00. A última entrada, $ 1.500, é recebida no final, por isso não é composta de maneira alguma. A soma dos valores futuros, $ 15.819,00, é chamada de "valor terminal", ou simplesmente TV (*terminal value*).

3. Agora temos o custo em t = 0, –$ 10.000, e o TV no Ano 4, $ 15.819,00. Existe alguma taxa de desconto que irá fazer com que o PV do valor terminal seja igual ao custo. *Essa taxa de juros é definida como Taxa Interna de Retorno Modificada (MIRR).* Em uma calculadora, digite N = 4, PV = –10.000, PMT = 0, e FV = 15.819,00. Então pressione a tecla I/YR, e a MIRR é 12,15%.

FIGURA 10-6

Encontrando a MIRR para os Projetos S e L

	A	B	C	D	E	F	G
293	**ENTRADAS:**						
294		r = 10%					
295			**Custo inicial e fluxos de caixa estimados**				
296	**Ano**	0	1	2	3	4	
297	**Projeto S**	–$ 10.000	$ 5.300	$ 4.300	$ 1.874	$ 1.500	
298		↓	↓	↓	↳ → →	$ 2.061	
299		↓	↓	↳ → →	→ → → → →	$ 5.203	
300	Valor presente de	↓	↳ → →	→ → → → →	→ → → → →	$ 7.054	
301	FC negativo (PV) =	**–$ 10.000**		**Valor terminal FC (TV) =**		**$ 15.819**	
302							
303	**Calculadora: N = 4, PV = –10000, PMT = 0, FV = 15819. Pressione I/YR para obter**					MIRR$_S$ =	12,15%
304	**Função Taxa do Excel – Mais fácil**		=RATE(F296,0,B301,F301)			MIRR$_S$ =	12,15%
305	**Função MTIR do Excel – A mais fácil**		=MIRR(B297:F297,B294,B294)			MIRR$_S$ =	12,15%
306							
307	**Ano**	0	1	2	3	4	
308	**Projeto L**	–$ 10.000	$ 1.900	$ 2.700	$ 2.345	$ 7.800	
309							
310	Para o Projeto L, utilize a função MTIR:			=MIRR(B308:F308,B294,B294)		MIRR$_L$ =	12,78%

Observações:
1. O valor terminal (TV, *terminal value*) é o valor futuro de todos os fluxos de caixa positivos. O valor presente (PV, *presente value*) é o valor presente de todos os fluxos de caixa negativos.
2. Encontre a taxa de desconto que obriga os fluxos de caixa positivos de TV a se igualaram ao PV dos fluxos de caixa negativos. Essa taxa de desconto é definida como MIRR.

     PV de fluxos de caixa negativos = (TV de fluxos de caixa positivos)/(1 + MIRR)N
     $ 10.000 = $ 15.819/(1 + MIRR)4

Podemos encontrar o MIRR com uma calculadora ou pelo Excel.

4. A MIRR pode ser encontrada de diversas formas. A Figura 10-6 ilustra exatamente como a MIRR é calculada: fazemos a composição de cada entrada de caixa, somamos os valores para determinar o TV e, então, encontramos a taxa que faz com que o PV do TV seja igual ao custo. Neste exemplo, a taxa é 12,5%. Porém, o Excel e algumas das melhores calculadoras possuem uma função MTIR (ou MIRR, em inglês) que simplifica o processo. Explicamos como usar a função MTIR em nossos tutoriais e como encontrar a MIRR com o modelo Excel deste capítulo.[9]

A MIRR tem duas grandes vantagens sobre a IRR regular. Primeiro, enquanto a IRR regular presume que os fluxos de caixa de cada projeto são reinvestidos pela própria IRR, a MIRR presume que os fluxos de caixa são reinvestidos pelo custo de capital (ou alguma outra taxa explícita). Uma vez que reinvestimentos pela IRR

---

[9] Se deixarmos COF$_t$ e CIF$_t$ indicar as saídas e entradas de caixa, respectivamente, as Equações 10-2a e 10-2b sintetizam os passos que acabaram de ser descritos:

$$\sum_{t=0}^{N} \frac{COF_t}{(1+r)^t} = \frac{\sum_{t=0}^{N} CIF_t(1+r)^{N-t}}{(1+MIRR)^N} \tag{10-2a}$$

$$PV\ custos = \frac{TV}{(1+MIRR)^N} \tag{10-2b}$$

Observe ainda que existem definições alternativas para MIRR. Uma diferença tem relação com o fato de os fluxos de caixa negativos após o início dos fluxos de caixa positivos deverem ser compostos e tratados como parte do TV ou descontados e tratados como um custo. Um assunto relacionado é se fluxos negativos e positivos em determinado ano devem ser compensados ou tratados separadamente. Para mais discussões, consulte David M. Schull, "Interpreting rates of return: a modified rate of return approach", *Financial Practice and Education*, p. 67-71, outono de 1993.

geralmente não são corretos, a MIRR é, na maioria das vezes, um melhor indicador da verdadeira lucratividade de um projeto. Segundo, a MIRR elimina o problema de múltiplas IRRs – nunca poderá haver mais de uma MIRR, e pode ser comparada com o custo de capital para decidir sobre a aceitação ou rejeição de projetos.

Nossa conclusão é que a MIRR é melhor do que a IRR regular; porém, a pergunta que permanece é: a MIRR é tão boa quanto o NPV? Essa é a nossa análise da situação:

- Para projetos *independentes*, NPV, IRR e MIRR sempre chegam à mesma conclusão em termos de aceitação ou rejeição, por isso os três critérios são igualmente bons ao avaliar projetos independentes.
- Mas se os projetos forem *mutuamente exclusivos* e seus tamanhos forem diferentes, podem surgir conflitos. Nesses casos, o NPV é melhor, pois seleciona o projeto que maximiza o valor.[10]
- Nossas conclusões gerais são: (1) a MIRR é superior à IRR regular como indicador da verdadeira taxa de retorno de um projeto, mas (2) NPV é melhor do que a IRR ou MIRR quando se precisa escolher entre projetos concorrentes. Se os gerentes querem saber as taxas de retorno esperadas de projetos, seria melhor dar a eles as MIRRs em vez de IRRs, pois as MIRRs são mais prováveis de serem as taxas que realmente serão recebidas.

Autoavaliação

1. Qual é a principal diferença entre a MIRR e a IRR regular?
2. Os projetos A e B possuem os seguintes fluxos de caixa:

	0	1	2
A	-$ 1.000	$ 1.150	$ 100
B	-$ 1.000	$ 100	$ 1.300

3. O custo de capital é 10%. Quais são as IRRs, as MIRRs e os NPVs dos projetos? **(IRR$_A$ = 23,1%, IRR$_B$ = 19,1%; MIRR$_A$ = 16,8%, MIRR$_B$ = 18,7%; NPV$_A$ = $ 128,10, NPV$_B$ = $ 165,29)**
4. **Qual projeto cada método selecionaria? (IRR: A; MIRR: B; NPV: B)**

10-6   Índice de lucratividade (PI)

Um quarto método usado para avaliar projetos é o **índice de lucratividade (PI):**

$$PI = \frac{PV \text{ de fluxos de caixa futuros}}{\text{Custo inicial}} = \frac{\sum\limits_{t=1}^{N} \dfrac{FC_t}{(1+r)^t}}{FC_0} \qquad (10\text{-}3)$$

Aqui, FC_t representa os fluxos de caixa futuros esperados e FC_0, o custo inicial. O PI mostra a *lucratividade* relativa de qualquer projeto, ou o valor presente por dólar de custo inicial. Como podemos ver na Figura 10-8, o PI do Projeto S, baseado no custo de capital de 10%, é $ 10.804,38/$ 10.000 = 1,0804; o PI do Projeto L é 1,1048. Assim, espera-se que o Projeto S produza $ 1,0804 de valor presente para cada $ 1 de investimento, enquanto L deve produzir $ 1,1048 para cada dólar investido.

Um projeto é aceitável se seu PI for maior que 1,0; quanto maior o PI, mais alta a classificação do projeto. Portanto, tanto S como L seriam aceitos pelo critério PI se fossem independentes, e L estaria mais bem classificado que S se fossem mutuamente exclusivos.

Matematicamente, os métodos NPV, IRR, MIRR e PI sempre nos levarão às mesmas decisões de aceitação/rejeição de *projetos regulares* independentes: se o NPV de um projeto for positivo, suas IRR e MIRR sempre excederão r e seu PI sempre será superior a 1,0. No entanto, esses métodos podem gerar classificações conflitantes para *projetos mutuamente* exclusivos se apresentarem diferenças no tamanho ou no tempo dos fluxos de caixa. Se a classificação de PI estiver conflitante com o NPV, a classificação de NPV deverá ser usada.

---

[10] Para projetos de tamanhos iguais, mas diferentes durações, a MIRR sempre levará para a mesma decisão que o NPV se as MIRR forem calculadas usando como ano final a duração do projeto mais longo. (Basta preencher com zeros para fluxos de caixa faltantes de projetos menores.)

FIGURA 10-7
Índice de lucratividade (PI)

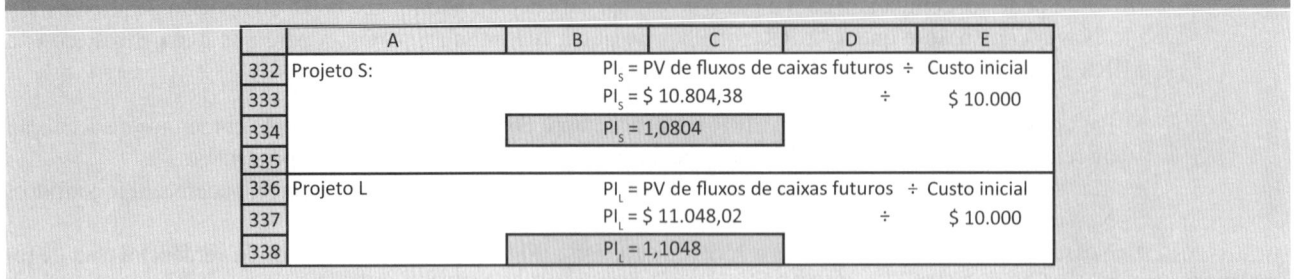

	A	B	C	D	E
332	Projeto S:	PI$_S$ = PV de fluxos de caixas futuros		÷	Custo inicial
333		PI$_S$ = $ 10.804,38		÷	$ 10.000
334		PI$_S$ = 1,0804			
335					
336	Projeto L	PI$_L$ = PV de fluxos de caixas futuros		÷	Custo inicial
337		PI$_L$ = $ 11.048,02		÷	$ 10.000
338		PI$_L$ = 1,1048			

Autoavaliação

1. Explique como o PI é calculado. O que ele mede?
2. Um projeto tem os seguintes fluxos de caixa esperados: FC$_0$ = -$ 500, FC$_1$ = $ 200, FC$_2$ = $ 200 e FC$_3$ = $ 400. Se o custo de capital do projeto é de 9%, qual é o PI? **(1,32)**

10-7 Período de retorno de investimento

NPV e IRR são os métodos mais usados hoje em dia, mas historicamente o primeiro critério de seleção foi o **período de retorno de um investimento,** definido como o número de anos necessários para recuperar o dinheiro investido em um projeto com base nos seus fluxos de caixa operacionais. A Equação 10-4 é usada para o cálculo e o processo está diagramado na Figura 10-8. Começamos com o custo do projeto, um número negativo, e adicionamos a entrada de caixa para cada ano até o fluxo de caixa acumulado ficar positivo. O ano de retorno é o ano *antes da* recuperação completa mais uma fração igual à insuficiência do final do ano anterior, dividido pelo fluxo de caixa durante o ano em que a recuperação completa ocorre:[11]

FIGURA 10-8
Período de retorno de investimento

	A	B	C	D	E	F	G
365	Projeto S	Anos	0	1	2	3	4
366		Fluxo de caixa	–$ 10.000	$ 5.300	$ 4.300	$ 1.874	$ 1.500
367		Fluxo de caixa cumulativo	–$ 10.000	–$4.700	–$ 400	$ 1.474	$ 2.974
368		Cálculo intermediário para retorno	—	—	—	2,21	3,98
369		de investimento				↑	
370						Cálculo intermediário	
371	Cálculo manual do Retorno de investimentos S = 2 + $ 400/$1,874 = 2,21				=IF(F367>0,E365+ABS(E367/F366),"—")		
372	Cálculo do Excel do Retorno de investimentos = 2,21					2,21	
373							
374	Projeto L	Anos	0	1	2	3	4
375		Fluxo de caixa	–$ 10.000	$ 1.900	$ 2.700	$ 2.345	$ 7.800
376		Fluxo de caixa cumulativo	–$ 10.000	–$ 8.100	–$ 5.400	$ 3.055	$ 4.745
377							
378	Cálculo manual do Retorno de investimentos L = 3 + $ 3.055/$ 7.800 = 3,39				O retorno de investimento		
379	Cálculo alternativo do Excel do Retorno de investimenro L =				está entre os fluxos de caixa cumulativos		
380	= PORCENTUAL(C376:G376,0,6)*G374 3,39				positivos e negativos.		

---

[11] A Equação 10-4 presume que os fluxos de caixa apareçam de maneira uniforme durante o ano de recuperação completa.

$$\text{Retorno} = \frac{\text{Número de anos antes}}{\text{da recuperação}} + \frac{\text{Custo não recuperado no início do ano}}{\text{Fluxo de caixa durante o ano de recuperação completa}}$$

(10-4)

Os fluxos de caixa dos Projetos S e L, com seus retornos, são exibidos na Figura 10-9.[12] Quanto mais curto o período de retorno, melhor o projeto. Portanto, se a empresa exige um retorno de três anos ou menos, S seria aceito, mas L, rejeitado. Se os projetos forem mutuamente exclusivos, S seria classificado acima de L por causa de seu retorno mais rápido.

O retorno regular possui três falhas: (1) dólares recebidos em anos diferentes têm todos o mesmo peso – ou seja, o valor temporal do dinheiro é ignorado. (2) Fluxos de caixa além do ano de retorno não recebem nenhuma consideração, não importa se são grandes. Ao contrário do NPV ou da IRR, que nos dizem quanto de patrimônio um projeto agrega ou uma taxa de retorno do projeto excede o custo de capital, o retorno apenas nos diz quanto tempo leva para recuperarmos nosso investimento. Não há relação necessária alguma entre determinado período de retorno e a riqueza do investidor, por isso não sabemos especificar um retorno aceitável. A empresa poderá utilizar dois anos, três anos, ou qualquer outro número como retorno mínimo aceitável, mas a escolha é puramente arbitrária.

Para combater as primeiras críticas, os analistas financeiros desenvolveram o **retorno descontado,** em que os fluxos de caixa são descontados pelo CMPC e, então, são usados para determinar o retorno. Na Figura 10-10 calculamos os retornos descontados de S e L, presumindo que ambos possuem um custo de capital de 10%. Cada entrada é dividida por $(1 + r)^t = (1,10)^t$, em que t é o ano em que o fluxo de caixa ocorre e r, o custo de capital do projeto, e esses PVs são usados para obter o retorno. O retorno descontado do Projeto S é 3,21 anos e de L é 3,80 anos.

Observe que o retorno é um cálculo de "equilíbrio", no sentido de que, se os fluxos de caixa entram a uma taxa esperada, o projeto irá, no mínimo, ter equilíbrio. Porém, uma vez que o retorno regular não considera o custo de capital, ele não especifica o verdadeiro ano de equilíbrio. O retorno descontado considera custos de capital, mas desconsidera os fluxos de caixa, o que é uma falha grave. Além disso, se projetos mutuamente exclusivos variam em tamanho, ambos os métodos de retorno podem conflitar com o NPV e isso poderá levar a decisões inadequadas. Finalmente, não há maneira de determinar quão breve os períodos de retorno devem ser para justificar a aprovação de um projeto.

FIGURA 10-9
Retorno de investimento descontado

	A	B	C	D	E	F	G
393	Projeto CMPC = 10%						
394	Projeto S	Anos	0	1	2	3	4
395		Fluxo de caixa	−$ 10.000	$ 5.300	$ 4.300	$ 1.874	$ 1.500
396		Fluxo de caixa descontado	−$ 10.000	$ 4.818	$ 3.554	$ 1.408	$ 1.025
397		Fluxo de caixa descontado cumulativo	−$ 10.000	−$ 5.182	−$ 1.628	−$ 220	$ 804
398							
399	Retorno de investimento descontado S = 3 + $ 220.14/$ 1,024.52 = 3.21					O retorno de investimento	
400	Cálculo do Excel do Retorno de investimentos descontado S =					está entre os fluxos de caixa	
401	= ORDEM.PORCENTUAL(C397:G397,0,6)*G394			3.21		cumulativos positivos e negativos.	
402							
403	Projeto L	Anos	0	1	2	3	4
404		Fluxo de caixa	−$ 10.000	$ 1.900	$ 2.700	$ 2.345	$ 7.800
405		Fluxo de caixa descontado	−$ 10.000	$ 1.727	$ 2.231	$ 1.762	$ 5.328
406		Fluxo de caixa descontado cumulativo	−$ 10.000	−$ 8.273	−$ 6.041	−$ 4.279	$ 1.048
407							
408	Retorno de investimento descontado L = 3 + $ 4.279.49/$ 5.327.50 = 3,80					O retorno de investimento	
409	Cálculo do Excel do Retorno de investimentos descontado L =					está entre os fluxos de caixa	
410	= ORDEM.PORCENTUAL(C406:G406,0,6)*G403			3,80		cumulativos positivos e negativos.	

[12] Não existe uma função do Excel para retorno. Contudo, se os fluxos de caixa forem regulares, a função ORDEM.PORCENTUAL pode ser usada para encontrar o retorno, conforme ilustrado nas Figuras 10-8 e 10-9.

Embora os métodos de retorno tenham falhas como critério de classificação, eles fornecem informações sobre *liquidez* e *risco.* Quanto mais breve o retorno, com outros pontos mantendo-se constantes, maior a liquidez do projeto. Esse fator é importante na maioria das vezes para empresas menores que não têm pronto acesso aos mercados de capitais. E, também, fluxos de caixa esperados em um futuro distante geralmente são mais arriscados do que fluxos de caixa de curto prazo, por isso o período de retorno é também indicador de risco.

Autoavaliação

1. Quais são as duas informações que o método de retorno fornece que nenhum outro método para decisão de orçamento de capital apresenta?
2. Quais são as três falhas que o método de retorno regular apresenta? O método de retorno descontado corrige todas essas falhas? Explique.
3. O Projeto P tem um custo de $ 1.000 e fluxos de caixa de $ 300 por ano durante 3 anos mais outro de $ 1.000 no Ano 4. O custo de capital do projeto é de 15%. Quais são os retornos descontados e regulares de P? **(3,10, 3,55)** Se a empresa exige um retorno de 3 anos ou menos, o projeto seria aceito? Essa seria uma boa decisão para aceitar/rejeitar, considerando NPV e/ou IRR? **(NPV= $ 256,72, IRR = 24,78%)**

10-8 Como usar os métodos de orçamento de capital

Discutimos seis critérios para orçamento de capital: NPV, IRR, MIRR, PI, retorno de investimento e retorno descontado. Comparamos esses métodos um com o outro e destacamos seus pontos positivos e negativos. Nesse processo, podemos ter criado a impressão de que empresas "sofisticadas" deveriam usar apenas um método, o NPV. Contudo, praticamente todas as decisões de orçamento de capital são analisadas por computador, por isso é fácil de calcular usando todos os seis métodos. Ao tomar a decisão de aceitar/rejeitar um projeto, a maioria das empresas calcula e considera todas as seis medidas, pois cada uma fornece de alguma forma informações diferentes sobre a decisão.

10-8a Uma comparação dos métodos

O NPV é o melhor critério único, pois fornece uma medida direta do valor que um projeto agrega ao patrimônio do acionista. IRR e MIRR medem a lucratividade expressa como uma taxa de retorno percentual, o que os tomadores de decisão gostam de considerar. O PI também mede lucratividade, mas em relação ao valor do investimento. E, ainda, IRR, MIRR e PI contêm informações relacionadas à "margem de segurança" do projeto. Para ilustrar, imagine uma empresa cujo CMPC é de 10%, que deve escolher entre dois projetos mutuamente exclusivos: SS tem um custo de $ 10.000 e é esperado um retorno de $ 16.500 ao final do ano um; LL tem um custo de $ 100.000 e é esperado um retorno de $ 115.550 ao final do Ano um, SS possui uma grande IRR, 65%, enquanto a IRR do projeto LL é mais modesta, 15,6%. O NPV nos mostra um quadro diferente: a um custo de capital de 10%, o NPV do projeto SS é de $ 5.000 enquanto do projeto LL é de $ 5.045. Pela regra do NPV, escolheríamos LL. No entanto, a IRR do projeto SS indica que existe uma margem de erro muito maior: mesmo se o fluxo de caixa fosse 39% abaixo da previsão de $ 16.500, a empresa ainda recuperaria seu investimento de $ 10.000. No entanto, se as entradas do projeto LL caíssem apenas 13,5% de seu valor previsto de $ 115.550, a empresa não recuperaria seu investimento. Ainda, se nenhum projeto gerar fluxo de caixa, a empresa perderia apenas $ 10.000 com SS, mas perderia $ 100.000 ao aceitar LL.

A IRR modificada possui todas as virtudes da IRR, mas evita o problema de múltiplas taxas de retorno. Por isso, se tomadores de decisão querem saber as taxas de retorno dos projetos, a MIRR é um melhor indicador do que a IRR regular.

O PI é bem similar à IRR. Nesse caso, o PI_{LL} é de apenas 1,05, enquanto o PI_{SS} é 1,50. Assim como a IRR, isso indica que as entradas de caixa do Projeto SS poderiam cair 50% antes que ocorresse perda de dinheiro, enquanto uma queda de apenas 5% nos fluxos de caixa de LL acarretaria um prejuízo.

O retorno sobre investimento e o retorno descontado fornecem indicações de *risco* e *liquidez* de um projeto. Um longo retorno significa que investimentos estarão trancados por um longo tempo; portanto o projeto é relativamente ilíquido. Além disso, significa que fluxos de caixa devem ser previstos no futuro e provavelmente deixa o projeto com maior risco do que um retorno mais curto. Uma boa analogia para isso é a avaliação dos títulos. Um investidor nunca deve comparar os rendimentos até o vencimento de dois títulos sem também considerar o período até o vencimento, pois o risco de um título é significativamente influenciado pelo seu vencimento. O mesmo se mantém verdadeiro para projetos de capital.

Resumidamente, as diferentes medidas fornecem diferentes tipos de informações úteis. É bem simples calculá-los: simplesmente insira o custo de capital e os fluxos de caixa em um modelo de Excel e ele calculará todos os seis critérios de maneira instantânea. Portanto, grande parte das empresas sofisticadas considera todas as seis medidas ao tomarem decisões de orçamento de capital. Para a maioria das decisões, o maior peso deve ser dado ao NPV, mas seria tolo ignorar as informações fornecidas pelos outros critérios.

10-8b O processo de decisão: Qual é a fonte do NPV de um projeto?

Assim como seria insensato ignorar esses métodos de orçamento de capital, seria insensato também tomar decisões baseadas *apenas* neles. Não se pode saber no Tempo 0 o custo exato de capital futuro ou os fluxos de caixa exatos futuros. Esses dados são apenas estimativas, e se estiverem incorretos, também os NPVs e IRRs calculados estarão incorretos. Dessa forma, os *métodos quantitativos fornecem informações valiosas, mas não devem ser usados como critério único para decisões de aceitação/rejeição* no processo de orçamento de capital. Em vez disso, os gestores devem utilizar métodos quantitativos no processo decisório, mas também considerar a probabilidade de que os resultados reais sejam diferentes das previsões. Valores qualitativos, como chances de aumento de impostos, guerra ou uma ação judicial de responsabilidade por um produto, também devem ser levados em conta. Em síntese, *métodos quantitativos como NPV e IRR devem ser considerados um auxílio para decisões conscientes, mas não um substituto para uma decisão gerencial sólida.*

Dessa mesma forma, gestores devem fazer perguntas diretas sobre qualquer projeto que tenha um grande NPV, uma alta IRR ou um alto PI. Em uma economia perfeitamente competitiva, não haveria projetos com NPV positivo – todas as empresas teriam as mesmas oportunidades, e a concorrência eliminaria rapidamente qualquer NPV positivo. A existência de projetos com NPV positivo deve ser vista como alguma imperfeição no mercado, e quanto maior a vida do projeto, mais tempo durará essa imperfeição. Portanto, gestores devem ser capazes de identificar a imperfeição e explicar por que ela irá persistir antes de aceitar que um projeto realmente tem um NPV positivo. Explicações válidas poderão incluir patentes e propriedades tecnológicas, que é como as indústrias farmacêuticas e de *software* criam projetos com NPV positivo. Lipitor da Pfizer (medicamento que diminui colesterol) e o sistema operacional Windows 7 da Microsoft são exemplos. Uma empresa também pode gerar NPV positivo ao ser a primeira ingressante em um novo mercado ou ao criar novos produtos que atendam às necessidades de consumidores que ainda não foram identificadas. O bloco de notas Post-it, criado pela 3M, é um exemplo. De maneira similar, a Dell desenvolveu procedimentos para vendas diretas de microcomputadores e, dessa forma, criou projetos com enorme NPV. E também, empresas como a Southwest Airlines conseguiram treinar e motivar seus funcionários de maneira mais eficiente do que seus concorrentes, e isso levou a projetos com NPV positivo. Em todos esses casos, as empresas desenvolveram alguma fonte de vantagem competitiva, e essa vantagem resultou em projetos com NPV positivo.

Essa discussão sugere três pontos: (1) se você não conseguir identificar por que um projeto possui um NPV projetado positivo, seu NPV real provavelmente não será positivo. (2) Projetos com NPV positivo não acontecem por acaso – eles são o resultado de trabalho duro para desenvolver alguma vantagem competitiva. Em linhas gerais, o trabalho básico de um gestor é encontrar e desenvolver áreas de vantagem competitiva. (3) Algumas dessas vantagens duram mais que outras, e sua durabilidade depende da habilidade de seu concorrente para copiá-las. Patentes, o controle de recursos escassos ou de grande porte em uma indústria em que grandes economias de escala existem podem manter os concorrentes a distância. Porém, é relativamente fácil copiar características de produtos que não são patenteados. O ponto é que gestores devem se esforçar para desenvolver fontes não copiáveis de vantagens competitivas. Se uma vantagem não pode ser demonstrada, você deve questionar projetos com alto NPV – especialmente se eles têm vida longa.

10-8c Critérios de decisão usados na prática

A Tabela 10-1 relata o levantamento de provas e mostra que a grande maioria das empresas usa NPV e IRR. Como sugerimos na seção anterior, outros métodos também são usados.

A tabela também relata fatores que os CEOs consideram importantes na alocação de capital dentro da empresa. O ranking de projetos por NPV é o fator que a maioria do CEOs considera importante. Curiosamente, os CEOs também consideram o gerente que propõe o projeto, tanto em termos do sucesso anterior do gerente quanto da confiança do gerente no projeto. A confiança muitas vezes é expressa por meio da gama de resultados possíveis para o projeto, com intervalos menores transmitindo mais confiança. O Capítulo 11 explica como estimar tais intervalos de confiança.

TABELA 10-1
Métodos de orçamento de capital usados na prática.

MEDIDAS QUANTITATIVAS UTILIZADAS PELAS EMPRESAS	UTILIZAÇÃO DE PERCENTUAL	FATORES CONSIDERADOS IMPORTANTES POR CEOS AO ALOCAR CAPITAL DENTRO DA EMPRESA	CONCORDÂNCIA QUANTO À PORCENTAGEM
NPV	75%	Ranking do projeto com base no NPV	78.6%
IRR	76	Propondo o histórico do gerente	71.3
Retorno	57	Proposição de confiança no projeto por parte do gerente	68.8
Retorno descontado	29	Tempo dos fluxos de caixa do projeto	65.3
		Habilidade do projeto em proteger quota de mercado	51.9
		Propondo o histórico da divisão	51.2

Fontes: As porcentagens de companhias utilizando determinadas medidas quantitativas são de John R. Graham e Campbell R. Harvey, "The theory and practice of corporate finance", *Journal of Financial Economics,* p. 187-244, 2001. As porcentagens de CEOs que concordam com os fatores de alocação de capital são de John R. Graham, Campbell R. Harvey e Manju Puri, "Capital allocation and delegation of decision making authority within firms", NBER Working Paper 1730, 2011, **www.nber.org/papers/w17370.**

Autoavaliação

1. Descreva as vantagens e as desvantagens dos seis métodos de orçamento de capital. As decisões de orçamento de capital devem ser tomadas apenas com base no NPV do projeto sem levar em conta outros critérios? Explique sua resposta.
2. Quais são algumas possíveis razões para um projeto ter um NPV alto?

10-9 Outras questões sobre orçamento de capital

Três outras questões sobre orçamento de capital são discutidas nesta seção: (1) como lidar com projetos mutuamente exclusivos com duração diferente; (2) a vantagem potencial em terminar um projeto antes do fim de sua vida física; e (3) o orçamento de capital ótimo quando o custo de capital aumenta à medida que aumenta o tamanho do orçamento de capital.

10-9a Projetos mutuamente exclusivos com vidas diferentes

Ao escolher entre duas alternativas mutuamente exclusivas com vidas significativamente diferentes, é necessário um ajuste. Por exemplo, suponha que uma empresa esteja planejando modernizar suas instalações de produção e esteja pensando em um sistema de esteira rolante (Projeto C) ou uma frota de empilhadeiras (Projeto F) para movimentação de materiais. As primeiras duas partes da Figura 10-10 mostram os fluxos de caixa líquidos esperados, NPVs e IRRs para essas duas alternativas mutuamente exclusivas. Vemos que o Projeto C, quando descontado ao custo de capital de 12% da empresa, tem o NPV mais alto e assim parece ser o melhor projeto.

Embora os NPVs mostrados na Figura 10-10 sugiram que o Projeto C deve ser selecionado, essa análise está incompleta, e a decisão de escolher o Projeto C está, na realidade, incorreta. Se escolhermos o Projeto F, teremos a oportunidade de torná-lo um investimento similar em três anos e, se as condições de custo e receita continuarem nos níveis mostrados na Figura 10-10, o segundo investimento também será lucrativo. Porém, se escolhermos o Projeto C, não podemos fazer esse segundo investimento. Duas abordagens diferentes podem ser usadas para comparar corretamente os Projetos C e F, conforme mostrado na Figura 10-10 e discutido a seguir.

Cadeias de reposição

A chave para a abordagem *de cadeia de reposição,* ou *vida regular,* é analisar ambos os projetos durante uma vida igual. Em nosso exemplo, o Projeto C tem uma vida de 6 anos, então assumimos que o Projeto F será repetido após três anos e o analisamos durante o mesmo período de 6 anos. Desse modo podemos calcular o NPV de C e compará-lo ao NPV de vida estendida do Projeto F. O NPV do Projeto C, conforme mostrado na Figura 10-10,

FIGURA 10-10

Análise dos Projetos C e F (r = 12%)

	A	B	C	D	E	F	G	H
438	CMPC = r = 12,0%							
439								
440	Dados do Projeto C							
441	Ano	0	1	2	3	4	5	6
442	Fluxos de caixa para C	–$ 40.000	$ 8.000	$ 14.000	$ 13.000	$ 12.000	$ 11.000	$ 10.000
443		NPV$_C$ =	$ 6.491		IRR$_C$ =	17,5%		
444								
445	Dados do Projeto F							
446	Ano	0	1	2	3			
447	Fluxos de caixa para F	–$ 20.000	$ 7.000	$ 13.000	$ 12.000			
448		NPV$_F$ =	$ 5.155		IRR$_F$ =	25,2%		
449								
450	Abordagem vida comum com F repetido (Projeto FF)							
451	Ano	0	1	2	3	4	5	6
452	FC$_t$ para o 1º F	–$ 20.000	$ 7.000	$ 13.000	$ 12.000			
453	FC$_t$ para o 2º F				–$ 20.000	$ 7.000	$ 13.000	$ 12.000
454	Todos os FC$_s$ para FF	–$ 20.000	$ 7.000	$ 13.000	–$ 8.000	$ 7.000	$ 13.000	$ 12.000
455		NPV$_{FF}$ =	$ 8.824		IRR$_{FF}$ =	25,2%		

já está baseado na vida regular de 6 anos. Para o Projeto F, porém, devemos adicionar em um segundo projeto para estender a vida geral para 6 anos. A linha do tempo para esse projeto estendido, indicado como "Todos FCs para FF", é mostrado na Figura 10-10. Aqui assumimos (1) que o custo e as entradas de caixa anuais do Projeto F não mudarão se ele for repetido em 3 anos e (2) o custo de capital permanecerá em 12%.

O NPV desse Projeto F estendido é de $ 8.824, e sua **IRR** é de 25,2%. (A **IRR** dos dois Projetos Fs é a mesma que a **IRR** para um Projeto F.) Porém, o NPV estendido de $ 8.824 do Projeto F é maior do que o NPV de $ 6.491 do Projeto C, por isso o Projeto F deve ser selecionado.

Alternativamente, poderíamos reconhecer que o Projeto F tem um NPV de $ 5.155 no Tempo = 0 e um segundo NPV desse mesmo valor no Tempo = 3, então encontramos o PV do segundo NPV no Tempo = 0 e somamos os dois para encontrar o NPV de vida estendida do Projeto F no valor de $ 8.824.

Anuidades equivalentes (equivalent annual annuities – EAA)

Engenheiros elétricos que desenvolvem usinas e linhas de distribuição foram os primeiros a encontrar o problema de vidas diferentes. Eles poderiam instalar transformadores e outros equipamentos que tivessem custos iniciais relativamente baixos, mas uma vida curta, ou usar equipamentos que tivessem custos iniciais mais altos, mas com vidas mais longas. Os serviços seriam necessários em um futuro indefinido, por isso o ponto foi o seguinte: que escolha resultaria em um NPV mais alto a longo prazo? Os engenheiros converteram os fluxos de caixa anuais de investimentos alternativos em um fluxo de caixa constante cujo NPV era igual, ou equivalente, ao NPV do fluxo inicial. Isso recebeu o nome de **método de anuidade equivalente (EAA).** Para aplicar o método EAA nos projetos C e F, para cada projeto simplesmente encontramos os fluxos de pagamentos constantes que os NPVs dos Projetos ($ 6.491 para C e $ 5.155 para F) forneceriam durante suas respectivas vidas. Usando uma calculadora financeira para o Projeto C, inserimos N = 6, I/YR = 12, PV = –6491 e FV = 0. Quando pressionamos a tecla PMT, encontramos EAA$_C$ = $ 1.579. Para o Projeto F, inserimos N = 3, I/YR = 12, PV = –5155 e FV = 0; resolvendo por PMT, encontramos EAA$_F$ = $ 2.146. O Projeto F produziria um fluxo de caixa maior durante os 6 anos, por isso é o melhor projeto.

Conclusões sobre vidas diferentes

Quando deveríamos nos preocupar com análise de vidas diferentes? A questão sobre vida diferente (1) não surge para projetos independentes, mas (2) pode surgir se projetos mutuamente exclusivos com vidas significantemente diferentes estão sendo comparados. No entanto, mesmo para projetos mutuamente exclusivos, nem sempre é apropriado estender a análise para uma vida regular. Isso deveria ser feito se, e somente se, houver uma alta probabilidade de que os projetos serão repetidos no final de suas vidas iniciais.

Devemos observar diversos pontos negativos potencialmente inerentes nesse tipo de análise. (1) Se houver inflação, o equipamento de reposição terá um preço mais alto. Além disso, tanto os preços de vendas como os custos operacionais provavelmente sofreriam variação. Assim, as condições estáticas consideradas na análise seriam inválidas. (2) Reposições que acontecem durante o andamento do projeto provavelmente empregariam novas tecnologias, que por sua vez podem alterar os fluxos de caixa. (3) É suficientemente difícil estimar as vidas da maioria dos projetos, e, mais ainda, estimar a vida de uma série de projetos. Em vista desses problemas, nenhum analista financeiro experiente estaria tão preocupado em comparar projetos mutuamente exclusivos com vidas de, digamos, 8 anos e 10 anos. Dadas todas as incertezas no processo de estimativa, tais projetos, para todos os propósitos práticos, seriam considerados com a mesma vida. Ainda, é importante reconhecer que existe um problema se projetos mutuamente exclusivos têm vidas substancialmente diferentes.

Quando, na prática, encontramos situações em que existem diferenças significativas nas vidas dos projetos, primeiro usamos uma planilha eletrônica para gerar a inflação esperada e/ou possíveis ganhos de eficiência diretamente nas estimativas de fluxo de caixa e então usamos a abordagem da cadeia de reposição. Preferimos a abordagem da cadeia de reposição por dois motivos. Primeiro, é mais fácil explicar para os responsáveis pela aprovação dos orçamentos de capital. Segundo, é mais fácil apurar a inflação e outras modificações em uma planilha e então prosseguir com os cálculos da cadeia de reposição.

10-9b Vida econômica *versus* vida física

Projetos são normalmente avaliados partindo da premissa de que a empresa irá operá-los durante toda sua vida física. No entanto, esse pode não ser o melhor plano – poderá ser melhor concluir um projeto antes do final de sua vida potencial. Por exemplo, o custo de manutenção de caminhões e maquinário pode se tornar bastante alto se eles forem usados por muitos anos, por isso é melhor substituí-los antes do fim de suas vidas potenciais.

A Figura 10-11 fornece dados para um ativo com vida física de 3 anos. Porém, o projeto pode ser concluído ao término de qualquer ano e o ativo vendido pelos valores residuais indicados. Todos os fluxos de caixa são líquidos de tributos, e o custo de capital da empresa é de 10%. Os fluxos de caixa não descontados são mostrados nas colunas C e D, na parte superior da figura, e os valores presentes desses fluxos, nas Colunas E e F. Encontramos o NPV do projeto para diferentes premissas sobre o tempo em que o projeto será operado. Se o projeto for operado durante todos os seus 3 anos de vida, terá um NPV negativo. O NPV será positivo se o projeto for operado por 2 anos e o ativo for vendido por um valor residual relativamente alto; o NPV será negativo se o ativo for vendido após apenas 1 ano de operação. Portanto, a vida ótima do projeto é de 2 anos.

Esse tipo de análise é utilizado para determinar a **vida econômica** de um projeto, que é a vida que maximiza o NPV e a riqueza do acionista. Para o nosso projeto, a vida econômica é de 2 anos contra uma **vida física de 3 anos.** Observe que essa análise foi baseada nos fluxos de caixa esperados e valores residuais esperados e deveria ser sempre realizada como parte da avaliação de orçamento de capital se os valores residuais forem relativamente altos.

FIGURA 10-11
Vida econômica *versus* vida física

	A	B	C	D	E	F	G
495	CMPC: 10%				PVs dos Fluxos de Caixa		
496			Fluxo de Caixa Operacional	Valor residual	Fluxo de Caixa Operacional	Valor residual	
497		Ano					
498		0	-$ 4.800				
499		1	2.000	$ 3.000	$ 1.818,18	$ 2.727,27	
500		2	2.000	1.650	1.652,89	1.363,64	
501		3	1.750	0	1.314,80	0,00	
502							
503	NPV a diferentes prazos operacionais:		Custo inicial	+	PV dos fluxos	+	PV do valor
504					de caixa		residual
505	Opera por 3 anos:						
506	NPV₃:	-$ 14,12	-$ 4.800,00	+	$ 4.785,88	+	$ 0,00
507	Opera por 2 anos:						
508	NPV₂:	$ 34,71	-$ 4.800,00	+	$ 3.471,07	+	$ 1.363,64
509	Opera por 1 anos:						
510	NPV₁:	-$ 254,55	-$ 4.800,00	+	$ 1.818,18	+	$ 2.727,27

Observação: O projeto é lucrativo se, e somente se, for operado por apenas 2 anos.

10-9c Orçamento de capital ótimo

Orçamento de capital ótimo é definido como o conjunto de projetos que maximiza o valor da empresa. A teoria de finanças diz que todos os projetos independentes com NPVs positivos deveriam ser aceitos, assim como os projetos mutuamente exclusivos com os NPVs mais altos. Portanto, o orçamento de capital ótimo é formado por esse conjunto de projetos. Porém, na prática, surgem duas complicações: (1) o custo de capital poderá aumentar com o aumento de tamanho do orçamento de capital, tornando difícil o conhecimento da taxa de desconto correta para avaliar projetos; e (2) às vezes as empresas estabelecem um limite máximo para o tamanho de seus orçamentos de capital, também conhecido como *racionamento de capital.*

Custo de capital crescente

O custo de capital poderá aumentar com o aumento do orçamento de capital – conhecido como *custo de capital marginal crescente.* Como discutimos no Capítulo 9, custos flutuantes associados com a emissão de novos títulos podem ser bem altos. Isso significa que o custo de capital aumentará uma vez que uma empresa investiu todo o caixa gerado internamente e deve vender novas ações. Além disso, uma vez que a empresa usou suas linhas de crédito normais e deve buscar capital adicional, poderá sofrer um aumento em seu custo de dívida. Isso significa que um projeto poderá ter um NPV positivo se for parte de um orçamento de capital de $ 10 milhões, mas o mesmo projeto poderá ter um NPV negativo se for parte de um orçamento de capital de $ 20 milhões, pois o custo de capital poderá aumentar.

Felizmente, esses problemas raramente acontecem na maioria das empresas, especialmente as estáveis e bem estabelecidas. Quando há um custo de capital crescente, deve-se proceder da seguinte maneira. Observe a Figura 10-12 ao fazer a leitura dos pontos.

FIGURA 10-12

Tabelas IOS e MCC

	A	B	C	D	E	F
517	Tabela de Oportunidade de Investimentos (IOS)			Custo de Capital Marginal (MCC)		
518			IRR, do mais alto para o mais baixo		CMPC, do mais baixo para o mais alto	
519	Projetos	Custo		Custo cumulativo		
520	A	$ 100	14,0%	$ 100	9,0%	
521	B	$ 100	13,0%	$ 200	9,0%	
522	C	$ 100	11,5%	$ 300	9,0%	
523	D	$ 100	10,0%	$ 400	10,0%	
524	E	$ 50	9,5%	$ 450	11,0%	
525	F	$ 50	9,0%	$ 500	12,0%	
526	G	$ 100	8,5%	$ 600	15,0%	

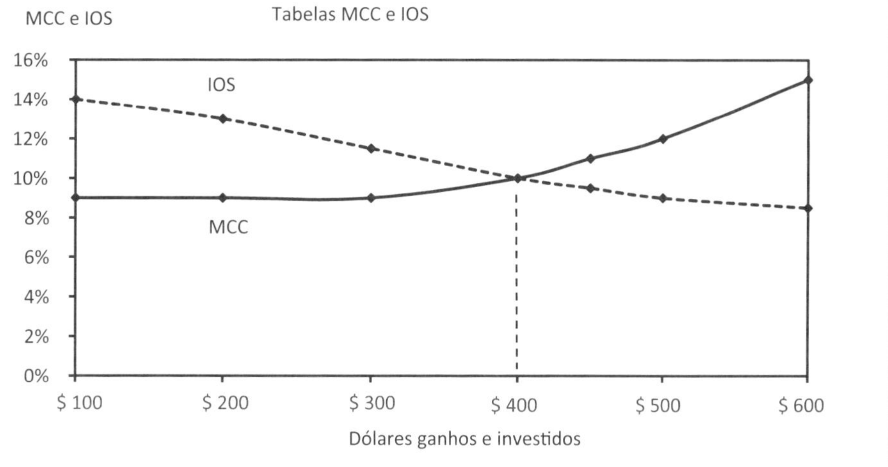

Observação: Use CMPC = 10% como taxa-base para obter o CMPC base do projeto ajustado ao risco.

- Encontre a IRR (ou MIRR) de todos os projetos potenciais, organize-os em ordem (com seus custos iniciais) e coloque-os no gráfico com a IRR no eixo vertical e os custos acumulados no eixo horizontal. Os dados da empresa são mostrados na Figura 10-12 e as IRRs são apontadas no gráfico. A linha é chamada de Tabela de Oportunidade de Investimento (*Investment opportunity schedule* – IOS) e mostra o retorno marginal sobre o capital.
- Em seguida, determine quanto capital pode ser levantado antes que seja necessário emitir novas ações ordinárias ou procurar fontes de dívida com custos mais altos e identifique os valores mais altos de custos de capital. Use essa informação para calcular o CMPC que corresponde a diferentes montantes de capital levantado. Neste exemplo, a empresa pode levantar $ 300 antes do CMPC aumentar, mas o CMPC aumenta à medida que capital adicional é levantado. O CMPC crescente representa o custo de capital marginal, e seu gráfico é chamado de tabela de Custo de Capital Marginal (*Marginal cost of capital* – MCC).
- A intersecção das tabelas IOS e MCC indica o montante de capital que a empresa deverá levantar e investir, e é similar ao custo marginal familiar *versus* tabela de receita marginal discutida nos cursos introdutórios de economia. Em nosso exemplo, a empresa deveria ter um orçamento de capital de $ 400; se ela usar um CMPC de 10%, aceitará os projetos A, B, C e D, que possuem um custo acumulado de $ 400. O CMPC de 10% deveria ser usado para projetos de risco médio, mas deveria ser aumentado ou reduzido para projetos de mais ou menos riscos, conforme discutido no Capítulo 9.

Nosso exemplo ilustra o caso de uma empresa que não consegue levantar todo o dinheiro necessário a um CMPC constante. As empresas não deveriam tentar ser tão precisas com este processo – os dados não são suficientemente bons para atingir a precisão, mas devem estar cientes do conceito e conseguir pelo menos uma ideia de como a obtenção de capital adicional afetará o CMPC.

Racionamento de capital

Armbrister Pyrotechnics, uma fabricante de fogos de artifício e lasers para espetáculos de luz, identificou 40 projetos independentes potenciais, dos quais 15 possuem um NPV positivo baseado no custo de capital de 12% da empresa. O investimento total necessário para implementar esses 15 projetos seria de $ 75 milhões e por isso, de acordo com a teoria de finanças, o orçamento de capital ótimo é de $ 75 milhões. Dessa forma, a Armbrister deve aceitar os 15 projetos com NPVs positivos e investir $ 75 milhões. No entanto, a administração da Armbrister impôs um limite de $ 50 milhões para gastos de capital durante o próximo ano. Por causa dessa restrição, a empresa deve abrir mão de vários projetos que agregam valor. Esse é um exemplo de **racionamento de capital,** definido como uma situação em que a empresa limita seus gastos de capital a um valor menor do que seria necessário para financiar o orçamento de capital ótimo. Apesar de estar em conflito com a teoria de finanças, essa prática é bastante comum.

Por que uma empresa abriria mão de projetos que agregam valor? Veja algumas possíveis explicações, com algumas sugestões para lidar melhor com essas situações.

1. *Relutância à emissão de novas ações.* Muitas empresas são extremamente relutantes no que diz respeito à emissão de novas ações, por isso todos os seus gastos de capital devem ser financiados com dívida e caixa gerado internamente. Ainda, a maioria das empresas tenta ficar próxima de sua estrutura de capital-alvo, e, quando combinada com o limite de patrimônio, isso limita o montante de dívida que pode ser adicionado durante qualquer ano sem elevar o custo da dívida, bem como o custo de capital. O resultado pode ser uma séria restrição ao montante de recursos disponíveis para investimentos em novos projetos.

   A relutância a emitir novas ações poderia ser baseada em algumas razões plausíveis: (a) custos flutuantes podem ser muito caros; (b) investidores poderão ver novas ofertas de ações como um sinal de que o patrimônio da empresa está supervalorizado; e (c) a empresa poderá ter de revelar informações confidenciais estratégicas aos investidores, reduzindo, desse modo, algumas de suas vantagens competitivas. Para evitarem esses custos, muitas empresas simplesmente limitam seus gastos de capital.

   Porém, em vez de estabelecerem um limite de certa forma artificial para gastos de capital, as empresas se beneficiariam abertamente incorporando os custos de capital externo em seus custos de capital junto das linhas mostradas na Figura 10-12. Se ainda houver projetos com NPV positivo mesmo com custo de capital mais alto, a empresa deveria seguir em frente, levantar capital externo e aceitar os projetos.

2. *Restrições a recursos não financeiros.* Às vezes uma empresa simplesmente não possui o talento gerencial, de marketing e de engenharia necessários para aceitar imediatamente todos os projetos com NPV positivo. Em outras palavras, projetos potenciais podem ser independentes do ponto de vista da demanda, mas não do ponto de vista interno, porque a aceitação de todos os projetos elevaria os custos da empresa.

Para evitarem eventuais problemas em virtude da falta de talentos, muitas empresas simplesmente limitam o orçamento de capital a um tamanho que pode ser acomodado pelos seus funcionários atuais.

Uma melhor solução seria implantar uma técnica chamada **programação linear.** Cada projeto potencial possui um NPV esperado e requer determinado nível de suporte por diferentes tipos de funcionários. Um programa linear pode identificar o conjunto de projetos que maximiza o NPV *sujeito à restrição* que o total de suporte necessário para estes projetos não ultrapasse os recursos disponíveis.

3. *Controlando viés de estimação.* Muitos gestores tornam-se extremamente otimistas ao estimar os fluxos de caixa para um projeto. Algumas empresas tentam controlar esse viés de estimação exigindo que seus gerentes usem um custo de capital exageradamente alto. Outras tentam controlar o viés limitando o tamanho do orçamento de capital. Nenhuma das soluções é totalmente eficaz, pois rapidamente os gestores aprendem as regras do jogo e aumentam suas próprias estimativas de fluxos de caixa do projeto, que poderão ter sido induzidas para cima, para começar.

Uma melhor solução é implementar um programa pós-auditoria e associar a precisão de previsões com a remuneração de gerentes que iniciaram os projetos.

Autoavaliação

1. Descreva brevemente a abordagem da cadeia de substituição (vida/período comum) e explique sua diferença da abordagem de anuidade equivalente (EAA).
2. Qual é a diferença entre a vida *física* e a vida *econômica* de um projeto?
3. Quais fatores podem levar a um crescente custo marginal de capital? Como isso poderá afetar o orçamento de capital?
4. O que é racionamento de capital?
5. Quais são as três explicações para racionamento de capital? De que outra maneira as empresas enfrentariam essas situações?

Resumo

Este capítulo descreveu seis técnicas usadas na análise de orçamento de capital: NPV, IRR, MIRR, índice de lucratividade, retorno e retorno descontado. Cada abordagem fornece diferentes informações, por isso, nessa era informatizada, gerentes geralmente se baseiam em todas elas para avaliar projetos. Porém, NPV é a melhor medida única, e hoje em dia quase todas as empresas a utilizam. Os principais conceitos abordados neste capítulo estão listados abaixo.

- **Orçamento de capital** é o processo de analisar potenciais projetos. As decisões de orçamento de capital provavelmente são as mais importantes que gerentes devem tomar.
- O **método de valor presente líquido (NPV)** desconta todos os fluxos de caixa ao custo de capital do projeto e soma esses fluxos. O projeto deverá ser aceito se o NPV for positivo, pois aumenta o valor dos acionistas.
- A **taxa interna de retorno (IRR)** é definida como a taxa de desconto que faz com que o NPV de um projeto seja igual a zero. O projeto deverá ser aceito se a IRR for maior do que o custo de capital.
- Os métodos NPV e IRR apresentam as mesmas decisões de aceitar/rejeitar **projetos independentes,** mas, no caso de projetos **mutuamente exclusivos**, poderão surgir conflitos de classificação. Nesses casos, deve-se confiar no método NPV.
- É possível que um projeto tenha mais de uma IRR se os fluxos de caixa do projeto mudarem de sinal mais de uma vez.
- Diferentemente da IRR, um projeto nunca tem mais de uma **IRR modificada (MIRR)**. A MIRR exige encontrar a **valor terminal (TV)** dos influxos de caixa, compondo-os no custo de capital da empresa, e então determinando a taxa de desconto que obriga o valor presente do valor terminal a se igualar ao valor presente dos fluxos.
- O **índice de lucratividade (PI)** é calculado dividindo-se o valor presente de entradas de caixa pelo custo inicial, assim ele mede a lucratividade relativa – que nada mais é que o valor presente por dólar de investimento.
- O **período de retorno regular de um investimento** é definido como o número de anos necessários para recuperar o custo de um projeto. O método de retorno regular possui três falhas: ele ignora os fluxos de caixa além do período de retorno, não considera o valor temporal do dinheiro e não oferece uma regra precisa para aceitação. O retorno, porém, oferece uma indicação do risco e liquidez de um projeto, pois mostra por quanto tempo o capital investido ficará atrelado.

- O **retorno descontado** é similar ao retorno regular, exceto pelo fato de descontar fluxos de caixa ao custo de capital do projeto. Ele considera o valor temporal do dinheiro, mas ainda ignora os fluxos de caixa além do período de retorno.
- Se projetos mutuamente exclusivos têm **vidas desiguais**, pode ser necessário ajustar a análise para colocar os projetos em uma base de vida equivalente. Isso pode ser feito por meio do uso da abordagem da **cadeia de substituição (vida comum)** ou da **abordagem de anuidade equivalente (EAA).**
- O valor verdadeiro de um projeto pode ser maior do que o NPV baseado em sua **vida física**, caso ele possa ser **concluído** no fim de sua **vida econômica.**
- Custo de lançamento e risco elevado associado com grandes programas de expansão podem fazer com que o **custo de capital marginal** aumente com o aumento do tamanho do orçamento de capital.
- **Racionamento de capital** ocorre quando a administração estabelece uma restrição no tamanho do orçamento de capital da empresa durante um período específico.

Perguntas

(10-1) Defina cada termo a seguir:
  a. Orçamento de capital; período regular de retorno de investimento; período de retorno de investimento descontado.
  b. Projetos independentes; projetos mutuamente exclusivos.
  c. Técnicas de fluxo de caixa descontado (FCD); método de valor presente líquido (NPV); método de taxa interna de retorno (IRR); índice de lucratividade (PI).
  d. Método de taxa interna de retorno modificada (MIRR).
  e. Perfil de NPV; taxa de cruzamento.
  f. Projeto de fluxo de caixa irregular; projeto de fluxo de caixa regular; IRRs múltiplas.
  g. Premissa de taxa de reinvestimento.
  h. Cadeia de reposição; vida econômica; racionamento de capital; anuidade equivalente (EAA).

(10-2) Que tipos de projetos requerem análise menos detalhada e mais detalhada no processo de orçamento de capital?

(10-3) Explique por que o NPV de um projeto relativamente longo, definido como aquele em que é esperado um alto percentual de seu fluxo de caixa a longo prazo, é mais sensível a mudanças no custo de capital do que o NPV de um projeto de curto prazo.

(10-4) Quando dois projetos mutuamente exclusivos estão sendo comparados, explique por que o projeto de curto prazo deverá ser mais bem classificado sob o critério NPV se o custo de capital for alto, enquanto o projeto de longo prazo pode ser considerado melhor se o custo de capital for baixo. Alterações no custo de capital causariam uma mudança na classificação IRR dos dois projetos? Por que ou por que não?

(10-5) De que forma uma taxa de reinvestimento sugerida é embutida nos métodos NPV, IRR e MIRR? Qual é a taxa de reinvestimento sugerida para cada método?

(10-6) Suponha que uma empresa está analisando dois projetos mutuamente exclusivos. Um possui uma vida de 6 anos e o outro uma vida de 10 anos. A não realização de algum tipo de análise da cadeia de reposição induziria uma análise NPV contra um dos projetos? Explique.

Problema de autoavaliação – A solução está no Apêndice A

(PA-1) Você é um analista financeiro da Hittle Company. O diretor de Análise de Projetos de Orçamento de Capital lhe pediu para analisar dois investimentos de capital propostos, os Projetos X e Y. Cada projeto tem um custo de $ 10.000, e o custo de capital de cada um é de 12%. Os fluxos de caixa líquidos esperados para os projetos são os seguintes:

| Ano | Fluxos de Caixa Líquidos Esperados | |
	Projeto X	Projeto Y
0	-$ 10.000	-$ 10.000
1	6.500	3.500
2	3.000	3.500
3	3.000	3.500
4	1.000	3.500

a. Calcule período de retorno, valor presente líquido (NPV), taxa interna de retorno (IRR), taxa interna de retorno modificada (MIRR) e índice de lucratividade (PI) para cada projeto.
b. Qual projeto ou projetos devem ser aceitos caso sejam independentes?
c. Qual projeto deve ser aceito se eles forem mutuamente exclusivos?
d. Como uma variação no custo de capital poderia causar um conflito entre as classificações de NPV e IRR desses dois projetos? Esse conflito existiria se esse r fosse 5%? (*Dica*: Aplique os perfis de NPV.)
e. Por que o conflito existe?

Problemas – As respostas dos problemas estão no Apêndice B

Problemas fáceis 1-7

(10-1) **NPV** – Um projeto possui um custo inicial de $ 40.000, entrada de caixa líquido esperado de $ 9.000 por ano durante 7 anos e um custo de capital de 11%. Qual o NPV do projeto? *(Dica:* Comece construindo uma linha do tempo.)

(10-2) **IRR** – Consulte o problema 10-1. Qual é a IRR do projeto?

(10-3) **MIRR** – Consulte o problema 10-1. Qual é a MIRR do projeto?

(10-4) **Índice de lucratividade** – Consulte o problema 10-1. Qual é o PI do projeto?

(10-5) **Retorno** – Consulte o problema 10-1. Qual é o período de retorno do projeto?

(10-6) **Retorno descontado** – Consulte o problema 10-1. Qual é o período de retorno descontado do projeto?

(10-7) **NPV** – Sua divisão está analisando dois projetos de investimentos, cada um requer um gasto inicial de $ 15 milhões. Você estima que os investimentos produzirão os seguintes fluxos de caixa líquidos:

Ano	Projeto A	Projeto B
1	$ 5.000.000	$ 20.000.000
2	10.000.000	10.000.000
3	20.000.000	6.000.000

a. Quais são os valores presentes líquidos dos dois projetos, assumindo um custo de capital de 5%? 10%? 15%?
b. Quais são as IRRs dos dois projetos com esses mesmos custos de capital?

Problemas intermediários 8-18

(10-8) **NPVs, IRRs e MIRRs para projetos independentes** – A Edelman Engineering está pensando em adquirir dois equipamentos, um caminhão e um sistema de polias suspensas, no orçamento de capital deste ano. Os projetos são independentes. O desembolso de caixa para o caminhão é de $ 17.100 e para o sistema de polias é de $ 22.430. O custo de capital da empresa é de 14%. Os fluxos de caixa após impostos, incluindo depreciação, são os seguintes:

Ano	Caminhão	Polia
1	$ 5.100	$ 7.500
2	5.100	7.500
3	5.100	7.500
4	5.100	7.500
5	5.100	7.500

Calcule a IRR, o NPV e a MIRR para cada projeto e indicar a decisão de aceitação/rejeição mais correta para cada um.

(10-9) **NPVs e IRRs para projetos mutuamente exclusivos** – A Davis Industries deve escolher entre uma empilhadeira a gás ou uma empilhadeira elétrica para mover os materiais em sua fábrica. Considerando que ambas realizam a mesma função, a empresa irá escolher apenas uma. (Elas são investimentos mutuamente exclusivos.) A empilhadeira elétrica custará mais, mas será mais barato para operá-la; ela custará $ 22.000, enquanto a empilhadeira a gás custará $ 17.500. O custo de capital que se aplica a ambas é de 12%. A vida estimada dos dois tipos de empilhadeira é de aproximadamente 6 anos. Durante esse período os fluxos de caixa líquidos para a empilhadeira elétrica serão de $ 6.290 por ano e para a empilhadeira a gás, de $ 5.000 por ano. Fluxos de caixa líquidos anuais incluem despesas com depreciação. Calcule o NPV e a IRR para cada tipo de empilhadeira e decida qual recomendar.

(10-10) Métodos de orçamento de capital – O Projeto S tem um custo de $ 10.000 e espera-se produzir benefícios (fluxos de caixa) de $ 3.000 por ano durante 5 anos. O Projeto L custa $ 25.000 e espera-se produzir fluxos de caixa de $ 7.400 por ano durante 5 anos. Calcule os NPVs, IRRs, MIRRs e PIs dos dois projetos, supondo um custo de capital de 12%. Qual projeto seria selecionado, assumindo que são mutuamente exclusivos, usando cada método de classificação? Qual deveria ser realmente selecionado?

(10-11) **MIRR e NPV** – Sua empresa está considerando dois projetos mutuamente exclusivos, X e Y, cujos custos e fluxos de caixa são mostrados a seguir:

Ano	X	Y
0	–$ 5.000	–$ 5.000
1	1.000	4.500
2	1.500	1.500
3	2.000	1.000
4	4.000	500

Os projetos possuem os mesmos riscos e seu custo de capital é de 12%. Você deve fazer uma recomendação e deve se basear na IRR modificada (MIRR). Qual projeto possui a MIRR mais alta?

(10-12) **Análise NPV e IRR** – Após descobrir uma nova concentração de ouro nas montanhas do Colorado, a CTC Mining Corporation tem de decidir se segue em frente e explora o depósito ou não. O método de mineração de ouro de melhor custo benefício é a extração com ácido sulfúrico, um processo que pode causar danos ambientais. Antes de prosseguir com essa extração, a CTC deve gastar $ 900.000 com um novo equipamento de mineração e pagar $ 165.000 pelas suas instalações. O ouro retirado irá gerar um valor líquido estimado para a empresa de $ 350.000 por ano durante os 5 anos de vida do depósito. O custo de capital da empresa é de 14%. Para os propósitos deste problema, suponha que as entradas de caixa ocorram no final do ano.

a. Quais são o NPV e a IRR do projeto?
b. Este projeto deve ser realizado se impactos ambientais não fossem considerados?
c. Como efeitos ambientais devem ser considerados ao avaliar este ou qualquer outro projeto? Como esses conceitos poderão afetar a decisão na parte b?

(10-13) **Análise NPV e IRR** – A empresa Cummings Products está analisando dois investimentos mutuamente exclusivos cujos fluxos de caixa líquidos esperados são:

Ano	Fluxos de caixa líquidos esperados	
	Projeto A	Projeto B
0	–$ 400	–$ 650
1	–528	210
2	–219	210
3	–150	210
4	1.100	210
5	820	210
6	990	210
7	–325	210

a. Construa perfis de NPV para Projetos A e B.
b. Qual é a IRR de cada projeto?
c. Se você soubesse que o custo de capital de cada projeto era de 10%, qual projeto deveria ser escolhido (se um ou outro)? Se o custo de capital fosse de 17%, qual seria a escolha mais adequada?
d. Qual é a MIRR de cada projeto ao custo de capital de 10%? A 17%? (*Dica:* Considere o Período 7 o final da vida do Projeto B.)
e. Qual é a taxa de cruzamento e qual sua importância?

(10-14) **Diferenças de tempo** – A Ewert Exploration Company está analisando dois projetos mutuamente exclusivos para extração de petróleo em uma propriedade onde ela possui direitos minerais. Ambos os planos terão um gasto de $ 10 milhões para a perfuração de poços de petróleo. No Plano A, todo o petróleo será extraído em 1 ano, produzindo um fluxo de caixa em t = 1 de $ 12 milhões; no Plano B, os fluxos de caixa serão de $ 1,75 milhão por ano durante 20 anos.

    a. Quais são os fluxos de caixa incrementais anuais que estarão disponíveis para Ewert Exploration se ela executar o Plano B, e não o Plano A? (*Dica:* Subtraia os fluxos do Plano A do Plano B.)

    b. Se a empresa aceitar o Plano A e investir o caixa extra gerado ao término do Ano 1, qual taxa de retorno (taxa de reinvestimento) faria com que os fluxos de caixa do reinvestimento fossem iguais aos fluxos do Plano B?

    c. Suponha que o custo de capital de uma empresa seja de 10%. É lógico supor que a empresa assumiria todos os projetos independentes disponíveis (de risco médio) com retornos maiores do que 10%? Além disso, se todos os projetos disponíveis com retornos maiores do que 10% forem assumidos, isso significaria que os fluxos de caixa de investimentos anteriores teriam um custo de oportunidade de apenas 10%, porque tudo o que a empresa poderia fazer com esses fluxos de caixa seria substituir o dinheiro que tem um custo de 10%? E finalmente, isso sugere que o custo de capital é a taxa correta a ser assumida para o reinvestimento dos fluxos de caixa de um projeto?

    d. Construa perfis de NPV para os Planos A e B, identifique a IRR de cada projeto e indique a taxa de cruzamento.

(10-15) **Diferenças de escala** – A Pinkerton Publishing Company está analisando dois planos de expansão mutuamente exclusivos. O Plano A terá um gasto de $ 50 milhões em uma fábrica integrada de larga escala, que oferecerá um fluxo de caixa esperado de $ 8 milhões por ano durante 20 anos. O Plano B terá um gasto de $ 15 milhões para construir uma usina de certa forma menos eficiente e com maior necessidade de mão de obra, que terá um fluxo de caixa esperado de $ 3,4 milhões por ano durante 20 anos. O custo de capital da empresa é de 10%.

    a. Calcule o NPV e a IRR de cada projeto.

    b. Estabeleça um Projeto Δ mostrando os fluxos de caixa que existirão se a empresa optar pela fábrica maior em vez da menor. Qual o NPV e a IRR para este Projeto Δ?

    c. Crie um gráfico de perfis de NPV para os Planos A e B e para o Projeto Δ.

(10-16) **Vidas diferentes** – A Shao Airlines está analisando dois aviões alternativos. O Avião A tem uma expectativa de vida de 5 anos, irá custar $ 100 milhões e produzirá fluxos de caixa líquidos de $ 30 milhões por ano. O Avião B tem uma vida de 10 anos, irá custar $ 132 milhões e produzirá fluxos de caixa de $ 25 milhões por ano. A Shao planeja usá-los em rota por apenas 10 anos. Espera-se que a inflação seja zero em custos operacionais, custos de aviões e tarifas, e o custo de capital da empresa é de 12%. Quanto seria o valor de aumento da empresa se aceitasse o melhor projeto (avião)? Qual a anuidade equivalente para cada avião?

(10-17) **Vidas diferentes** – A Perez Company tem a oportunidade de investir em uma de duas máquinas mutuamente exclusivas que produzirá um produto que a empresa precisará em um futuro previsível. A máquina A custa $ 10 milhões, mas gera entradas após impostos de $ 4 milhões por ano durante 4 anos. Após 4 anos, a máquina deve ser substituída. A máquina B custa $ 15 milhões e gera entradas após impostos de $ 3,5 milhões por ano durante 8 anos, depois disso deve ser substituída. Presume-se que os preços das máquinas não vão subir, pois a inflação será compensada por componentes mais baratos usados nas máquinas. O custo de capital é de 10%. Quanto seria o valor de aumento da empresa se aceitasse a melhor máquina? Qual é a anuidade equivalente para cada máquina?

(10-18) **Vidas diferentes** – A Filkins Fabric Company está analisando a substituição de sua velha e totalmente depreciada máquina de tricotar. Dois novos modelos estão disponíveis: a máquina 190-3, que tem um custo de $ 190.000, uma expectativa de vida de 3 anos e fluxos de caixa após impostos (economia com mão de obra e depreciação) de $ 87.000 por ano; e a máquina 360-6, que tem um custo de $ 360.000, uma vida de 6 anos e fluxos de caixa após impostos de $ 98.300 por ano. Estima-se que os preços das máquinas não vão subir, pois a inflação será compensada por componentes mais baratos (microprocessadores) usados nas máquinas. Assuma que o custo de capital da Filkins seja de 14%. A empresa deve substituir seu velho maquinário? Se sim, qual nova máquina deve ser usada? Quanto seria o valor de aumento da empresa se aceitasse a melhor máquina? Qual é a anuidade equivalente para cada máquina?

Problemas desafiadores 19-22

(10-19) **Múltiplas taxas de retorno** – A Ulmer Uranium Company está decidindo se abre ou não uma mina cujo custo líquido é de $ 4,4 milhões. As entradas de caixa líquido devem ser de $ 27,7 milhões, todas para o final do Ano 1. A terra deve retornar ao seu estado natural com um custo de $ 25 milhões, pago ao término do Ano 2.

    a. Trace o perfil de NPV do projeto.

    b. O projeto deve ser aceito com r = 8%? Com r = 14%? Explique seu raciocínio.

    c. Você poderia citar algumas outras situações de orçamento de capital em que fluxos de caixa negativos durante ou ao término da vida do projeto poderiam levar a IRRs múltiplas?

    d. Qual é a MIRR do projeto com r = 8%? Com r = 14%? O método MIRR leva à mesma decisão de aceitação/rejeição que o método de NPV?

(10-20) **Valor presente de custos** – A Aubey Coffee Company está avaliando o sistema de distribuição interna para sua nova fábrica de torragem, moagem e embalagem. As duas alternativas são (1) um sistema de transporte com um custo inicial alto, mas custos operacionais anuais baixos e (2) várias empilhadeiras, que custam menos, mas têm custos operacionais muito mais altos. A decisão de construir a fábrica já foi tomada e a escolha aqui não terá efeito sobre as receitas gerais do projeto. O custo de capital da fábrica é de 8%, e os custos líquidos esperados dos projetos estão listados na tabela a seguir:

| | Custo Líquido Esperado | |
Ano	Transportadora	Empilhadeira
0	–$ 500.000	–$ 200.000
1	–120.000	–160.000
2	–120.000	–160.000
3	–120.000	–160.000
4	–120.000	–160.000
5	–20.000	–160.000

    a. Qual é a IRR de cada alternativa?

    b. Qual é o valor presente dos custos de cada alternativa? Qual método deverá ser escolhido?

(10-21) **Retorno, NPV e MIRR** – Sua divisão está analisando dois projetos de investimento, cada um requer um gasto inicial de $ 25 milhões. Estima-se que o custo de capital seja de 10% e os investimentos produzirão os seguintes fluxos de caixa após impostos (em milhões de dólares):

Ano	Projeto A	Projeto B
1	5	20
2	10	10
3	15	8
4	20	6

    a. Qual é o período de retorno regular para cada projeto?

    b. Qual é o período de retorno descontado para cada projeto?

    c. Se os dois projetos são independentes e o custo de capital é de 10%, que projeto ou projetos deveriam ser assumidos?

    d. Se os dois projetos são mutuamente exclusivos e o custo de capital é de 5%, qual projeto deveria ser assumido?

    e. Se os dois projetos são mutuamente exclusivos e o custo de capital é de 15%, qual projeto deveria ser assumido?

    f. Qual é a taxa de cruzamento?

    g. Se o custo de capital é de 10%, qual é a IRR modificada (MIRR) de cada projeto?

(10-22) **Vida econômica** – A Scampini Supplies Company recentemente comprou um novo caminhão para entrega. Esse caminhão custou $ 22.500 e são estimados fluxos de caixa operacionais líquidos após impostos, incluindo depreciação, de $ 6.250 por ano. O caminhão tem uma expectativa de vida de 5 anos. Os valores residuais estimados após ajustes tributários para o caminhão são mostrados abaixo. O custo de capital da empresa é de 10%.

Ano	Fluxo de Caixa Operacional Anual	Valor residual
0	–$ 22.500	$ 22.500
1	6.250	17.500
2	6.250	14.000
3	6.250	11.000
4	6.250	5.000
5	6.250	0

a. O caminhão deve ser utilizado até o fim de sua vida física de 5 anos? Se não, qual é sua vida econômica ótima?

b. A introdução de valores residuais além de fluxos de caixa operacionais *reduziriam* o NPV e/ou IRR esperados de um projeto?

Problema de planilha

(10-23) Construa um modelo: ferramentas de orçamento de capital – A empresa Gardial Fisheries está analisando dois investimentos mutuamente exclusivos. Os fluxos de caixa esperados dos projetos são:

	Fluxos de Caixa Líquidos Esperados	
Ano	**Projeto A**	**Projeto B**
0	–$ 375	–$ 575
1	–300	190
2	–200	190
3	–100	190
4	600	190
5	600	190
6	926	190
7	–200	0

a. Se o custo de capital de cada projeto é de 12%, qual projeto deveria ser selecionado? Se o custo de capital é de 18%, qual projeto será a escolha mais adequada?

b. Construa perfis de NPV para os Projetos A e B.

c. Qual é a IRR de cada projeto?

d. Qual é a taxa de cruzamento e qual é sua importância?

e. Qual é a MIRR de cada projeto a um custo de capital de 12%? E r = 18%? (*Dica:* Considere o Período 7 o final da vida do Projeto B.)

f. Qual é o período de retorno regular para esses dois projetos?

g. A um custo de capital de 12%, qual é o período de retorno descontado para esses dois projetos?

h. Qual é o índice de lucratividade para cada projeto se o custo de capital for de 12%?

Estudo de caso

Você acaba de se formar no programa MBA de uma grande universidade e um de seus cursos favoritos era "Empreendedores de Hoje". Na verdade, você gostou tanto da matéria que decidiu que quer ser seu próprio chefe. Enquanto esteve no programa, seu avô faleceu e deixou $ 1 milhão para você fazer o que quiser. Você não é um inventor e não possui habilidades de negociação para entrar no mercado; porém, decidiu que gostaria de comprar pelo menos uma franquia de um restaurante fast-food, talvez duas (caso seja rentável). O problema é que você nunca foi o tipo de pessoa que se engaja em um projeto por muito tempo, por isso imagina que seu prazo seja de 3 anos. Após 3 anos você seguirá para outra coisa.

Você focou sua seleção entre duas opções: (1) Franquia L, Lisa's Soup, Salad & Stuff e (2) Franquia S, Sam's Fabulous Fried Chicken. Os fluxos de caixa líquidos mostrados a seguir o incluem o preço que você receberia ao vender a franquia no Ano 3 e a previsão de como cada franquia se comportará nesse período de 3 anos. Os fluxos de caixa da Franquia L começarão lentamente, mas aumentarão rapidamente assim que as pessoas se conscientizarem da importância de uma vida saudável, enquanto os fluxos de caixa da Franquia S começarão altos, mas a empresa perderá um pouco de espaço com a entrada de outros concorrentes no mesmo mercado e quando as pessoas se tornarem mais conscientes e passarem a evitar frituras. A Franquia L serve café da manhã e almoço enquanto a Franquia S serve apenas jantar. Dessa forma, é possível investir nas duas franquias. Você vê essas franquias como perfeitos complementos uma da outra: poderia atrair pessoas para almoço e jantar, pessoas com hábitos alimentares saudáveis e nem tão saudáveis, sem que haja concorrência direta entre as duas franquias.

Os fluxos de caixa líquidos são (em milhares de dólares):

| Ano | Fluxos de Caixa Líquidos Esperados | |
	Franquia L	Franquia S
0	–$ 100	–$ 100
1	10	70
2	60	50
3	80	20

Depreciação, valores residuais, necessidades de capital de giro e efeitos tributários estão incluídos nesses fluxos de caixa.

Você também fez uma avaliação subjetiva do risco de cada franquia e concluiu que ambas possuem características de riscos que requerem um retorno de 10%. Você deve determinar se uma ou as duas franquias deveriam ser aprovadas.

a. Qual é o orçamento de capital?

b. Qual é a diferença entre projetos independentes e mutuamente exclusivos?

c. (1) Defina o termo *valor presente líquido (NPV)*. Qual é o NPV de cada franquia?

(2) Qual é o raciocínio por trás do método NPV? De acordo com o NPV, qual franquia, ou franquias, deveriam ser aceitas caso fossem independentes? E se fossem mutuamente exclusivas?

(3) O NPV mudaria com uma alteração no custo de capital?

d. (1) Defina o termo *taxa interna de retorno (IRR)*. Qual é a IRR de cada franquia?

(2) Como é a IRR em um projeto relacionado ao YTM de um título?

(3) Qual é a lógica por trás do método IRR? De acordo com a IRR, quais franquias deveriam ser aceitas se fossem independentes? E se fossem mutuamente exclusivas?

(4) As IRRs das franquias mudariam se o custo de capital mudasse?

e. (1) Desenhe os perfis de NPV para as Franquias L e S. Em que taxa de desconto os perfis se cruzam?

(2) Veja seu gráfico de perfil de NPV sem consultar os NPVs e IRRs reais. Qual franquia ou franquias devem ser aceitas caso fossem independentes? E se fossem mutuamente exclusivas? Explique. Suas respostas estão corretas a qualquer custo de capital inferior a 23,6%?

f. Qual é a causa dos conflitos de classificação entre NPV e IRR?

g. Defina o termo *IRR modificada (MIRR)*. Encontre as MIRRs para as Franquias L e S.

h. O que o índice de lucratividade (PI) mede? Quais são os PIs das Franquias L e S?

i. (1) O que é período de retorno de investimento? Encontre os retornos para as Franquias L e S.

(2) Qual é o raciocínio do método de retorno? De acordo com os critérios de retorno, que franquia ou franquias devem ser aceitas se o retorno aceitável máximo da empresa fosse de 2 anos e as Franquias L e S fossem independentes? E se fossem mutuamente exclusivas?

(3) Qual é a diferença entre período de retorno regular e descontado?

(4) Qual é a principal desvantagem de retorno descontado? O método de retorno é realmente útil nas decisões de orçamento de capital?

j. Como um projeto separado (Projeto P), você está considerando um patrocínio de um pavilhão na próxima Feira Mundial. O pavilhão custará $ 800.000 e espera-se que gerará $ 5 milhões de entradas de caixa incremental durante seu único ano de operação. Porém, levará mais um ano e um custo de $ 5 milhões, para demolir a área e retorná-la à sua condição original. Assim, os fluxos de caixa líquidos esperados para o Projeto P se parecem com o seguinte (em milhões de dólares):

Ano	Fluxos de caixa líquidos
0	–$ 0,8
1	5,0
2	–5,0

Estima-se que o projeto terá um risco médio, por isso seu custo de capital é de 10%.

(1) O que são fluxos de caixa regulares e irregulares?

(2) Qual é o NPV do Projeto P? Qual é sua IRR? E sua MIRR?

(3) Desenhe o perfil de NPV do Projeto P. O Projeto P possui fluxos de caixa regulares ou irregulares? Este projeto deve ser aceito?

k. Em uma análise independente, você tem a oportunidade de escolher entre os seguintes projetos mutuamente exclusivos, o Projeto T (que dura dois anos) e o Projeto F (que dura quatro anos):

	Fluxos de caixa líquidos esperados	
Ano	Projeto S	Projeto L
0	–$ 100.000	–$ 100.000
1	60.000	33.500
2	60.000	33.500
3	—	33.500
4	—	33.500

Os projetos fornecem um serviço necessário, por isso se espera que qualquer um que for selecionado seja repetido em um futuro previsível. Ambos os projetos possuem um custo de capital de 10%.

(1) Qual é o NPV inicial de cada projeto sem repetição?

(2) Qual é a anuidade equivalente de cada projeto?

(3) Agora, aplique a abordagem da cadeia de reposição para determinar os NPVs estendidos dos projetos. Qual projeto deveria ser escolhido?

(4) Agora, suponha que o custo para repetir o Projeto C em 2 anos aumentará para $ 105.000 em função de pressões inflacionárias. Como a análise deveria ser feita agora, e qual projeto deveria ser escolhido?

l. Você também está analisando outro projeto com uma vida física de 3 anos; ou seja, o maquinário estará totalmente desgastado após 3 anos. Porém, se o projeto fosse encerrado antes do fim de 3 anos, o maquinário teria um valor residual positivo. Aqui estão os fluxos de caixa estimados do projeto:

Ano	Investimento inicial e fluxos de caixa operacionais	Valor residual líquido de fim de exercício
0	–$ 5.000	$ 5.000
1	2.100	3.100
2	2.000	2.000
3	1.750	0

Usando o custo de capital de 10%, qual é o NPV do projeto caso ele seja operado durante os 3 anos completos? O NPV mudaria se a empresa planejasse encerrar o projeto no fim do Ano 2? No fim do Ano 1? Qual é a vida (econômica) ótima do projeto?

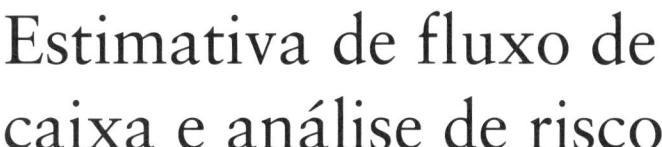

CAPÍTULO 11

Estimativa de fluxo de caixa e análise de risco

A Procter & Gamble, a Unilever e o Grupo Thales estão entre as muitas empresas que compreendem a importância da estimativa do fluxo de caixa e da análise de risco. Por exemplo, a P & G realiza análise de risco em uma ampla variedade de projetos de orçamento de capital, a partir de propostas de redução de custos de rotinas em instalações domésticas para as escolhas de localização de instalações transfronteiras. O diretor-associado da P & G para Análise de Investimentos, Bob Hunt, diz que a análise de risco, especialmente o uso das árvores de decisão, "tem sido muito útil em nos ajudar a dividir os projetos complexos em opções de decisão individual, ajudando-nos a entender as incertezas e, finalmente, ajudando-nos a tomar decisões superiores".

A Unilever criou a sua abordagem de Tomada de Decisão Sob Incerteza (DMUU) para evitar o risco em vista, durante o seu processo de seleção de projetos. A Unilever aplica a DMUU para realizar a análise de risco para vários tipos de projetos, mas especialmente quando se tem de escolher entre várias propostas.

A avaliação do projeto é sempre difícil, mas é ainda mais quando tecnologia rapidamente em evolução está envolvida. Para as empresas em licitação para contratos com o governo e em negócios, o processo de licitação em si aumenta até a já difícil tarefa de avaliação do projeto. O Grupo Thales compete nesse mercado, fornecendo sistemas de comunicação para as indústrias de defesa e aeroespacial. A Thales não só a usa a análise de risco para melhor identificar os níveis e os riscos dos fluxos de caixa esperados do projeto, mas também usa a análise de risco para melhor compreender e gerir os riscos associados com a apresentação das propostas para os projetos.

Mantenha essas empresas em mente enquanto você lê o capítulo.

Fonte: A Palisade Corporation é a desenvolvedora líder de programa para avaliação de risco e análise de decisão. Para exemplos de empresas que utilizam a análise de risco, consulte as análises de caso em **www.palisade.com/cases**.

AVALIAÇÃO DE EMPRESAS, FLUXOS E ANÁLISES DE RISCO

Quando se estimam os fluxos de caixa (FC) de um projeto e, em seguida, são descontados do custo de capital ajustado ao risco do projeto, r, o resultado é o valor presente líquido (NPV) do projeto, que representa quanto o projeto aumenta o valor da empresa. Este capítulo aborda como estimar o tamanho e o risco de fluxos de caixa do projeto.

Observe também que os fluxos de caixa de projetos, uma vez que o projeto foi aceito e implementado, são adicionados aos fluxos de caixa livres da empresa provenientes de outras fontes. Portanto, os fluxos de caixa dos projetos determinam essencialmente os fluxos de caixa livres da empresa, conforme discutido no Capítulo 2, constituindo a base para o valor de mercado e o preço das ações da empresa.

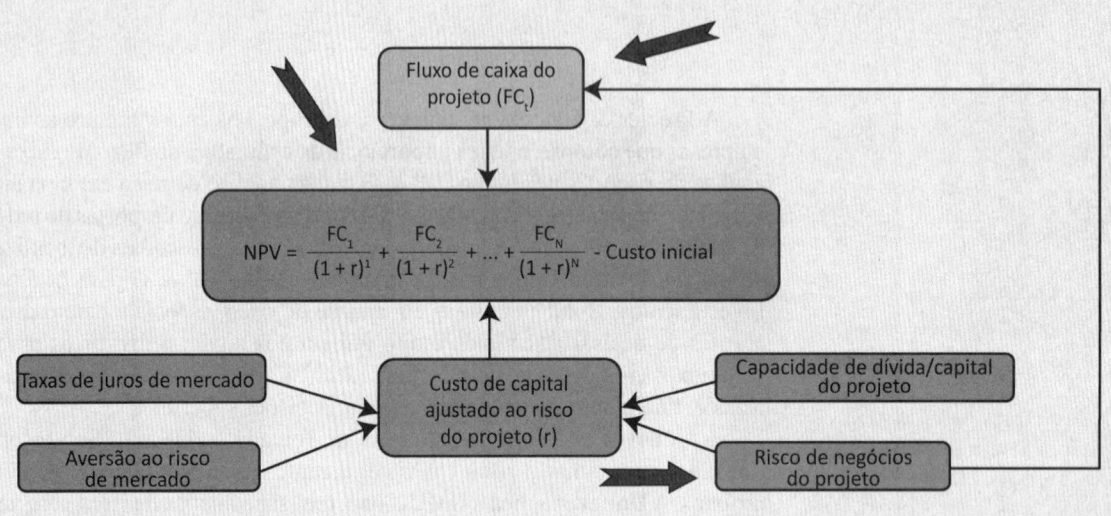

Os princípios básicos de avaliação de investimentos foram abordados no Capítulo 10. Considerando um fluxo de caixa esperado de um projeto, é fácil calcular NPV, IRR, MIRR, PI, retorno e pagamento descontado. Infelizmente, os fluxos de caixa raramente são fornecidos. Em vez disso, os gerentes devem estimá-los com base nas informações coletadas de fontes internas e externas. Além disso, as incertezas circundam as estimativas do fluxo de caixa e alguns projetos são mais arriscados do que outros. Na primeira parte deste capítulo, desenvolvemos procedimentos para estimar os fluxos de caixa associados com os projetos de avaliação de investimentos. Depois, na segunda parte, abordamos as técnicas utilizadas para mensurar e considerar o risco do projeto.

11-1 Identificação de fluxos de caixa relevantes

O passo mais importante – e difícil – em orçamento de capital é a estimativa de uma proposta dos **fluxos de caixa do projeto** relevantes, que são as diferenças entre os fluxos de caixa que a empresa terá se ela implementar o projeto *versus* os fluxos de caixa que terá se rejeitar o projeto. Esses fluxos são chamados de **fluxos de caixa incrementais**:

$$\text{Fluxos de caixa incrementais} = \frac{\text{Fluxos de caixa da}}{\text{empresa } com \text{ o projeto}} - \frac{\text{Fluxos de caixa da}}{\text{empresa } sem \text{ o projeto}}$$

A estimativa dos fluxos de caixa incrementais pode parecer fácil, mas há muitas armadilhas potenciais. Nesta seção, identificamos os conceitos principais que auxiliarão você a evitar essas armadilhas e, em seguida, aplicar os conceitos em um projeto real para ilustrar a sua aplicação na estimativa do fluxo de caixa.

11-1a Fluxo de caixa *versus* lucro contábil

Vimos no Capítulo 2 que o fluxo de caixa livre difere do lucro contábil: fluxo de caixa livre é o fluxo de caixa que está disponível para distribuição aos investidores. Assim, o fluxo de caixa livre é a base do valor de uma empresa. É comum na prática em finanças falar de fluxo de caixa livre de uma empresa e fluxo de caixa de um projeto (ou fluxo de caixa líquido), mas esses dois fluxos são baseados nos mesmos conceitos. Na verdade, o fluxo de caixa de um projeto é idêntico ao fluxo de caixa livre de um projeto, e o fluxo de caixa líquido total de uma empresa proveniente de todos os projetos é igual ao fluxo de caixa livre da empresa. Seguiremos a convenção típica e faremos referência ao fluxo de caixa livre de um projeto simplesmente como fluxo de caixa de projeto, mas lembre-se de que os dois conceitos são idênticos.[1]

Como o lucro líquido não é igual ao fluxo de caixa disponível para distribuição aos investidores, no último capítulo, descontamos *os fluxos de caixa líquidos*, e não o lucro contábil, para encontrar os NPVs dos projetos. *Para fins de avaliação de investimentos, é o fluxo de caixa líquido do projeto, e não seu lucro contábil, que é relevante.* Portanto, ao analisar um projeto de investimento, desconsidere o lucro líquido dele e concentre-se exclusivamente em seu fluxo de caixa líquido. Esteja especialmente atento às seguintes diferenças entre fluxo de caixa e lucro contábil.

O efeito das compras e depreciação de ativos no fluxo de caixa

A maioria dos projetos requer ativos, e as compras de ativos representam fluxos de caixa *negativos*. Embora a aquisição de ativos resulte em saída de caixa, os contadores não mostram a compra de ativos fixos como uma dedução do lucro contábil. Em vez disso, deduzem a despesa de depreciação a cada ano durante toda a vida do ativo. A depreciação protege a receita da tributação e isso possui um impacto no fluxo de caixa, mas a depreciação em si não é um fluxo de caixa. Portanto, a depreciação deve ser adicionada de volta quando se estima o fluxo de caixa operacional de um projeto.

A depreciação é a despesa mais comum que não afeta o caixa, mas há muitas outras despesas que não afetam o caixa que poderiam aparecer nas demonstrações financeiras de uma empresa. Como a depreciação, todas as outras despesas que não afetam o caixa devem ser adicionadas de volta quando se calcula o fluxo de caixa líquido de um projeto.

Variações no capital de giro operacional líquido

Normalmente, estoques adicionais são necessários para suportar nova operação, e um aumento nas vendas leva a um aumento em contas a receber. No entanto, contas a pagar e provisões aumentam como resultado da expansão, e isso reduz o caixa necessário para financiar estoques e recebíveis. A diferença entre o aumento exigido no ativo circulante operacional e o aumento no passivo circulante operacional é a variação no capital de giro operacional líquido. Se essa variação for positiva, como geralmente é em projetos de expansão, será necessário um financiamento adicional – além do custo dos ativos fixos.

No final da vida de um projeto, os estoques serão usados, mas não repostos, e os recebíveis serão cobrados sem correspondente substituição. À medida que essas mudanças ocorrerem, a empresa terá entrada de caixa; como resultado, o investimento em capital de giro operacional líquido será recuperado até o final da vida do projeto.

Taxas de juros não são incluídas nos fluxos de caixa do projeto

Juros é uma despesa de caixa, então, à primeira vista, pareceria que os juros sobre qualquer dívida usada para financiar um projeto seriam deduzidos ao estimarmos o fluxo de caixa líquido do projeto. No entanto, isso

---

[1] Quando o jornalismo financeiro se refere ao "fluxo de caixa líquido" de uma empresa, é quase sempre igual à definição que fornecemos no Capítulo 2 (que apenas acrescenta novamente a depreciação e outros itens que não afetam o caixa ao lucro líquido). No entanto, como explicamos no Capítulo 2, o fluxo de caixa líquido das operações (da demonstração de fluxos de caixa) e o fluxo de caixa livre da empresa são indicadores muito mais úteis de fluxo de caixa. Quando os analistas financeiros de uma empresa usam a expressão "fluxo de caixa líquido de um projeto", quase sempre o calculam como fazemos neste capítulo, que é, por natureza, o fluxo de caixa livre do projeto. Assim, fluxo de caixa livre significa a mesma coisa tanto para uma empresa como para um projeto. Entretanto, quando a imprensa financeira fala sobre fluxo de caixa líquido de uma empresa ou quando um analista interno fala sobre fluxo de caixa líquido de um projeto, esses "fluxos de caixa líquidos" não são os mesmos.

não está correto. Lembre-se de que, no Capítulo 10, descontamos os fluxos de caixa de projeto ao custo de capital ajustado ao risco, que é uma média ponderada (CMPC) do custo de dívida, ações preferenciais e ações ordinárias, ajustado ao risco do projeto e à capacidade de endividamento. O custo de capital desse projeto é a taxa de retorno necessária para satisfazer *todos* os investidores da empresa, incluindo acionistas e debenturistas. Um erro comum cometido por muitos alunos e gerentes financeiros é subtrair os pagamentos de juros ao estimarem os fluxos de caixa do projeto. Isso é um erro, pois o custo da dívida já está incluído no custo do capital, subtrair os pagamentos de juros do fluxo de caixa do projeto resultaria na duplicação de custos de juros. Portanto, *você não deve subtrair as despesas de juros ao estimar o fluxo de caixa de um projeto.*

11-1b   Tempo dos fluxos de caixa: anualmente *versus* outros períodos

Na teoria, nas análises de investimentos, devemos descontar os fluxos de caixa com base no momento exato em que ocorrem. Portanto, pode-se argumentar que seria melhor considerar fluxos de caixa diários em vez de fluxos anuais. No entanto, seria oneroso estimar os fluxos de caixa diários e trabalhoso analisá-los, e, em geral, a análise não seria melhor do que aquela com fluxos anuais porque não podemos simplesmente fazer projeções precisas de fluxos de caixa diários por mais de alguns meses futuros. Portanto, a suposição de que todos os fluxos de caixa ocorrem no final dos diversos anos normalmente é adequada. Contudo, para os projetos com fluxos de caixa altamente previsíveis, como a construção de um edifício seguida de seu arrendamento em longo prazo (com pagamentos mensais) para um inquilino financeiramente sólido, analisaríamos o projeto com períodos mensais.

11-1c   Projetos de expansão e de substituição

Dois tipos de projetos podem ser distinguidos: (1) *projetos de expansão*, em que a empresa faz um investimento, por exemplo, uma nova loja Home Depot em Seattle; e (2) *projetos de substituição*, em que a empresa substitui os ativos existentes, geralmente para reduzir custos. Em projetos de expansão, as despesas de caixa com edifícios, equipamentos e capital de giro necessário são obviamente incrementais, assim como as receitas de vendas e os custos operacionais associados ao projeto. Os custos incrementais associados com os projetos de substituição não são tão óbvios. Por exemplo, a Home Depot pode substituir alguns de seus caminhões de entrega para reduzir as despesas com combustível e manutenção. A análise de substituição é complicada porque a maioria dos fluxos de caixa relevantes são as diferenças de fluxo de caixa entre o projeto existente e o projeto de substituição. Por exemplo, a conta de combustível de um novo caminhão mais eficiente pode ser de $ 10.000 por ano contra $ 15.000 do caminhão antigo, e a economia de combustível de $ 5.000 seria o fluxo de caixa incremental associado com a decisão de substituição. Analisaremos uma decisão de expansão e de substituição mais adiante no capítulo.

11-1d   Custos irrecuperáveis

Um **custo irrecuperável** é uma despesa relacionada ao projeto que foi incorrida no passado e não pode ser recuperada no futuro, independentemente de o projeto ter sido aceito ou não. Assim, os custos irrecuperáveis *não são custos incrementais* e não são relevantes em uma análise de investimentos.

Para ilustrarmos, suponhamos que a Home Depot tenha gasto $ 2 milhões para estudar locais com potencial para uma nova loja em determinada área. Esses $ 2 milhões são custos irrecuperáveis, o dinheiro foi gasto e não voltará, independentemente de a nova loja ter sido construída ou não. Portanto, os $ 2 milhões não devem ser incluídos na decisão de avaliação de investimentos. O tratamento inadequado dos custos irrecuperáveis pode levar a decisões ruins. Por exemplo, suponhamos que a Home Depot, ao concluir a análise para uma nova loja, tenha constatado que ela deve gastar um adicional (ou incremental) de $ 17 milhões para construir e abastecer a loja, além dos $ 2 milhões já gastos no estudo do local. Suponhamos que o valor presente do fluxo de caixa futuro seja de $ 18 milhões. O projeto deve ser aceito? Se os custos irrecuperáveis forem incluídos por engano, o NPV será de –$ 2 milhões + (–$ 17 milhões) + $ 18 milhões = –$ 1 milhão, e o projeto será rejeitado. No entanto, *isso seria uma má decisão.* A verdadeira questão é se o *valor incremental* de $ 17 milhões resultaria em fluxo de caixa *incremental* suficiente para produzir um NPV positivo. Se o custo irrecuperável de $ 2 milhões fosse desconsiderado, como deveria ser, o NPV em uma base incremental seria de $ 1 milhão *positivo*.

11-1e Custos de oportunidade associados com os ativos que a empresa já possui

Outra questão conceitual refere-se aos **custos de oportunidade** relacionados com os ativos que a empresa já possui. Continuando com o nosso exemplo, suponhamos que a Home Depot (HD) seja dona de um terreno com valor de mercado atual de $ 2 milhões que pode ser usado para a nova loja, caso decida construí-la. Se a HD for adiante com o projeto, apenas $ 15 milhões adicionais seriam necessários e não os $ 17 milhões, porque não precisaria comprar o terreno. Isso significa que a HD deveria usar o custo incremental de $ 15 milhões como o custo da nova loja? A resposta é definitivamente "não". Se a nova loja *não* for construída, a HD poderá vender o terreno e receber um fluxo de caixa de $ 2 milhões. Esses $ 2 milhões são um *custo de oportunidade*, é o dinheiro que a HD não receberia se o terreno fosse usado para a nova loja. Portanto, os $ 2 milhões devem ser debitados ao novo projeto, e, caso isso não seja feito, o NPV calculado do novo projeto seria muito alto.

11-1f Externalidades

Outra questão conceitual diz respeito às **externalidades**, que são os efeitos de um projeto em outras partes da empresa ou no ambiente. Como explicado a seguir, há três tipos de externalidades: negativas dentro da empresa, positivas dentro da empresa e ambientais.

Externalidades negativas dentro da empresa

Se um varejista como a Home Depot abre uma nova loja próxima de suas outras lojas, a nova loja pode atrair clientes das outras, reduzindo os fluxos de caixa das lojas antigas. Portanto, o fluxo de caixa incremental da nova loja deve ser reduzido do valor do fluxo de caixa perdido pelas suas outras unidades. Esse tipo de externalidade é chamado de **canibalização**, porque o novo negócio corrói o negócio existente da empresa. Muitos negócios estão sujeitos à canibalização. Por exemplo, cada novo modelo de iPod canibaliza os modelos existentes. Esses fluxos de caixa perdidos devem ser considerados, e isso significa debitá-los como custo na análise de novos produtos.

O tratamento das externalidades negativas de forma adequada requer pensamento cuidadoso. Se a Apple decidiu não lançar um novo modelo de iPod por causa da canibalização, outra empresa pode lançar um novo modelo semelhante, fazendo com que a Apple perca vendas dos modelos já existentes. A Apple deve analisar a situação geral, e isso é definitivamente mais do que uma simples análise mecânica. Experiência e conhecimento do setor são necessários para tomar boas decisões na maioria dos casos.

Um dos melhores exemplos de uma empresa que teve problemas porque não lidou corretamente com a canibalização foi a resposta da IBM quando os computadores pessoais foram desenvolvidos na década de 1970. Os *mainframes* da IBM dominaram a indústria de computadores e geraram lucros enormes. A IBM usou a sua tecnologia para entrar no mercado de PCs e, inicialmente, era a empresa líder nesse segmento. No entanto, sua alta administração decidiu reduzir a divisão de PC porque tinha receio de que isso pudesse afetar o negócio mais rentável de *mainframe*. Essa decisão abriu as portas para os concorrentes Apple, Dell, Hewlett Packard, Sony e chineses tirarem o negócio de PC da IBM. Como resultado, a IBM deixou de ser a empresa mais rentável do mundo para se tornar uma cuja sobrevivência estava ameaçada. A experiência da IBM mostra que, mesmo sendo essencial o entendimento da teoria de finanças, é igualmente importante entender o setor e as consequências de longo prazo de uma decisão. Bom senso é um elemento essencial para boas decisões financeiras.

Externalidades positivas dentro da empresa

Como observamos anteriormente, a canibalização acontece quando um novo produto compete com um antigo. No entanto, um novo projeto também pode ser o *complemento* de um antigo em que haverá um aumento nos fluxos de caixa da operação antiga *quando* o novo projeto for implementado. Por exemplo, o iPod da Apple foi um produto rentável, mas, quando a Apple considerou um investimento em sua loja de música, ela percebeu que a loja impulsionaria as vendas de iPods. Assim, mesmo se uma análise da loja de música proposta indicasse um NPV negativo, a análise não seria completa a não ser que os fluxos de caixa incrementais que ocorreriam na divisão de iPod fossem creditados à loja de música. A consideração de externalidades positivas muitas vezes altera o NPV do projeto de negativo para positivo.

Externalidades ambientais

O tipo mais comum de externalidade negativa é o impacto do projeto sobre o meio ambiente. As regras e as normas governamentais limitam o que as empresas podem fazer, mas as empresas têm alguma flexibilidade para lidar com o meio ambiente. Por exemplo, suponhamos que um fabricante esteja estudando a instalação de uma nova fábrica. A empresa poderia atender às normas ambientais a um custo de $ 1 milhão, mas a fábrica ainda emitiria fumaças que causariam mal-estar em sua vizinhança. Essas más sensações não apareceriam na análise de fluxo de caixa, mas ainda devem ser consideradas. Talvez um gasto adicional relativamente pequeno reduzisse as emissões de forma substancial, fizesse que a fábrica fosse bem-vista em relação às outras fábricas da região e construísse uma reputação que no futuro ajudaria as vendas e suas negociações com as agências governamentais.

É claro que os lucros de todas as empresas dependem de a Terra manter-se saudável, assim as empresas têm um incentivo para fazer ações que proteja o meio ambiente, mesmo que não sejam atualmente obrigatórias. No entanto, se uma empresa decidir tomar medidas que sejam boas para o meio ambiente, mas muito caras, ela deve aumentar seus preços ou sofrer uma queda nos lucros. Se seus concorrentes decidirem fazer o mínimo esforço com processos menos onerosos, mas prejudiciais ao meio ambiente, eles podem praticar preços mais baixos e ganhar muito dinheiro. Naturalmente, as empresas que atuam com mais responsabilidade ambiental podem fazer publicidade de seus esforços ambientais, e assim pode ou não compensar seus custos mais altos. Tudo isso ilustra por que as normas governamentais são muitas vezes necessárias. Finanças, política e meio ambiente estão todos interligados.

Autoavaliação

1. Por que as empresas usam os fluxos de caixa líquidos de um projeto em vez de seu lucro contábil quando determinam o NPV de um projeto?
2. Explique os seguintes termos e expressões: fluxo de caixa incremental, custo irrecuperável, custo de oportunidade, externalidade, canibalização e projeto complementar.
3. Dê um exemplo de "boa" externalidade, isto é, uma que aumente o NPV verdadeiro de um projeto em comparação com o que seria se apenas seus próprios fluxos de caixa fossem considerados.

11-2 Análise de um projeto de expansão

No capítulo 10, trabalhamos com os fluxos de caixa associados a um dos projetos de expansão da Guyton Products Company. Lembre-se de que Projeto L é a aplicação de uma tecnologia radicalmente nova de nano revestimento líquido para um novo tipo de módulo de aquecedor solar de água que será fabricado sob uma licença de 4 anos de uma universidade. Nesta seção, mostramos como esses fluxos de caixa são estimados (mostramos apenas as estimativas para o Projeto L no capítulo, mas também estimativas de outro projeto da GPC do Capítulo 10, o Projeto S. Não está claro quão bem o aquecedor de água funcionará, como a demanda por ele ser grande, quanto tempo passará antes que o produto se torne obsoleto ou se a licença pode ser renovada após os primeiros 4 anos. Ainda assim, o aquecedor de água tem o potencial para ser rentável, embora também possa falhar miseravelmente. A GPC é uma empresa relativamente grande e esse é um dos muitos projetos, assim, uma falha não levaria à falência da empresa, mas prejudicaria os lucros e o preço das ações.

11-2a Entradas de caso-base e resultados principais

Utilizamos o *Excel* para fazer a análise. Poderíamos usar uma calculadora e um papel, mas o *Excel* é *muito* mais fácil quando lidamos com problemas de avaliação de investimentos. Você não precisa conhecer o *Excel* para compreender a nossa discussão, mas, se pretende trabalhar em finanças – ou, realmente, em qualquer área de negócios, deve saber como usar o *Excel*.

A Figura 11-1 mostra a Parte 1 do modelo do *Excel* utilizado nesta análise. As entradas de caso-base estão nas linhas do lado esquerdo (54-71). Por exemplo, o custo do equipamento necessário para fabricar os aquecedores de água é de $ 7.750. (Todos os valores em dólares na Figura 11-1 e em nossa discussão aqui são relatados em milhares, de modo que o equipamento realmente custa $ 7.750.000.) O número-crunching real ocorre na Parte 2 do modelo, mostrado na Figura 11-2. A Parte 2 toma as entradas das linhas 54-71 da Figura 11-1 e gera o fluxo de caixa do projeto. A Parte 2 do modelo também executa cálculos das medidas de desempenho do projeto discutidas no Capítulo 10 e, em seguida, relata esses resultados no quadro à direita da Figura 11-1.

FIGURA 11-1

Análise de um projeto de expansão: dados de entrada e resultados-chave (em milhares de dólares)

	A	B	C	D	E	F	G	H	I
54	Parte 1. Dados de entrada e resultados-chave								
55									
56	Dados de entrada			Caso-base			Resultados-chave		
57	Custo do equipamento			$ 7.750			NPV		$ 1.048
58	Valor residual, equipamentos, Ano 4			$ 639			IRR		13,79%
59	Custo de oportunidade			$ 0			MIRR		12,78%
60	Externalidades (canibalização)			$ 0			PI		1,10
61	Unidades vendidas, Ano 1			10.000			Retorno		3,39
62	Variação anual em unidades vendidas, após Ano 1			15%			Retorno descontado		3,80
63	Preço de venda por unidade, Ano 1			$ 1,50					
64	Variação anual no preço de venda, após Ano 1			4%					
65	Custo variável por unidade (VC), Ano 1			$ 1,07					
66	Variação anual em VC, após Ano 1			3%					
67	Custo não variável, Ano 1			$ 2.120					
68	Variação anual em custo não variável, após Ano 1			3%					
69	CMPC do projeto			10%					
70	Alíquota de impostos			40%					
71	Capital de giro como % das vendas do próximo ano			15%					

Essa estrutura permite que você (ou seu gerente) altere e introduza e instantaneamente veja o impacto sobre as medidas de desempenho reportadas.

Se você alterar algumas entradas, mas quiser voltar para as entradas do caso-base originais, pode selecionar Dados, what-if Análise, Gestor de Cenário, escolher o cenário denominado "Caso-Base para o Projeto L" e clicar em Mostrar. Isso substituirá quaisquer alterações com as entradas originais. O Gestor de cenários é uma ferramenta muito útil e ainda falaremos dela mais adiante neste capítulo.

11-2b Projeções de fluxo de caixa: cálculos intermediários

A Figura 11-2 mostra a Parte 2 do modelo. Quando da criação de modelos do *Excel*, preferimos ter mais linhas, mas fórmulas mais curtas. Em vez de ter fórmulas muito complexas na seção para previsões do fluxo de caixa, colocamos os cálculos intermediários em uma seção separada. As linhas 84-94 da Figura 11-2 mostra esses cálculos intermediários para o projeto da GPC, como explicamos nas seções a seguir.

Vendas unitárias anuais, preços unitários, custos unitários e inflação

As linhas 85-88 mostram as vendas unitárias anuais, os preços de venda por unidade, os custos variáveis por unidade e os custos não variáveis. Esses valores são todos projetados para crescer nas taxas assumidas na Parte 1 do modelo na Figura 11-1. Se ignorarmos o crescimento dos preços e custos quando da estimativa dos fluxos de caixa, estaremos suscetíveis a *subestimar* um valor do projeto, pois o custo médio ponderado do capital do projeto (CMPC) inclui o impacto da inflação. Em outras palavras, os fluxos de caixa estimados serão muito baixos em relação ao CMPC, portanto, o valor presente líquido estimado (NPV) também será muito baixo em relação ao verdadeiro NPV. Para ver se o CMPC inclui a inflação, lembre-se do Capítulo 5 que o custo da dívida inclui um prêmio de inflação. Além disso, o modelo de precificação de ativos de capital do Capítulo 6 define o custo do capital como a soma da taxa livre de risco e um prêmio de risco. Como o custo da dívida, a taxa livre de risco também tem um prêmio de inflação. Portanto, se o CMPC inclui o impacto da inflação, os fluxos de caixa estimados também devem incluir a inflação. É teoricamente possível ignorar a inflação ao estimar os fluxos de caixa, mas ajustar o CMPC para que ele também não incorpore a inflação, nunca vimos isso realizado corretamente na prática. Portanto, você deve sempre incluir as taxas de crescimento nos preços e custos ao estimar os fluxos de caixa.

FIGURA 11-2

Análise de um projeto de expansão: fluxos de caixa e indicadores de desempenho (milhares de dólares)

	A	B	C	D	E	F	G	H	I
83	**Parte 2, Fluxos de caixa e indicadores de desempenho**								
84	**Cálculos Intermediários**				0	1	2	3	4
85	Vendas unitárias					10.000	11.500	13.225	15.209
86	Preço de venda por unidade					$ 1,50	$ 1,56	$ 1,62	$ 1,69
87	Custo variável por unidade (excl. depr.)					$ 1,07	$ 1,10	$ 1,14	$ 1,17
88	Custos não variáveis (excl. depr.)					$ 2.120	$ 2.184	$ 2.249	$ 2.317
89	Receita de vendas = Unidades × Preço/unid.					$ 15.000	$ 17.940	$ 21.456	$ 25.662
90	$NOWC_t = 15\%(Receita_{est+1})$				$ 2.250	$ 2.691	$ 3.218	$ 3.849	$ 0
91	Base para depreciação				$ 7.750				
92	Taxa de depreciação anual (MACRS)					33,33%	44,45%	14,81%	7,41%
93	Depreciação anual de despesa					$ 2.583	$ 3.445	$ 1.148	$ 574
94	Valor restante não amortizado					$ 5.167	$ 1.722	$ 574	$ 0
95	**Previsão do Fluxo de Caixa**					**Fluxo de Caixa no Fim do Ano**			
96					0	1	2	3	4
97	Receitas de vendas = unidades × preço/unidade					$ 15.000	$ 17.940	$ 21.456	$ 25.662
98	Custos variáveis = unidades × custo/unidade					$ 10.700	$ 12.674	$ 15.013	$ 17.782
99	Custos não variáveis (excluindo depreciação)					$ 2.120	$ 2.184	$ 2.249	$ 2.317
100	Depreciação					$ 2.583	$ 3.445	$ 1.148	$ 574
101	Lucro antes de juros e impostos (EBIT)					-$ 403	-$ 363	$ 3.047	$ 4.988
102	Impostos sobre o lucro operacional (taxa de 40%)					-$ 161	-$ 145	$ 1.219	$ 4.988
103	Lucro operacional líquido após impostos					-$ 242	-$ 218	$ 1.828	$ 2.993
104	Depreciação adicionada de novo					$ 2.583	$ 3.445	$ 1.148	$ 574
105	Compras de equipamento				-$ 7.750				
106	Lucro de valor de revenda								$ 639
107	Fluxo de caixa devido ao imposto sobre o valor de revenda								-$ 256
108	Fluxo de caixa devido à mudança de WC				-$ 2.250	-$ 441	-$ 527	-$ 631	$ 3.849
109	Custo de oportunidade, após impostos				$ 0	$ 0	$ 0	$ 0	$ 0
110	Externalidades					$ 0	$ 0	$ 0	$ 0
111	**Fluxo de caixa líquido de projeto: linha do tempo**				**-$ 10.000**	**$ 1.900**	**$ 2.700**	**$ 2.345**	**$ 7.800**
112	**Medidas de Avaliação de Projeto**								
113	NPV		$ 1.048		=NPV(E69,F111:I111)+E111				
114	IRR		13,79%		=IRR(E111:I111)				
115	MIRR		12,78%		=MIRR(E111:I111,E69,E69)				
116	Índice de lucratividade		1,10		=NPV(E69,F111:I111)/(-E111				
117	Retorno		3,39		=PERCENTRANK(e120:i120,0,6)*i119				
118	Retorno descontado		3,80		=PERCENTRANK(e122:i122,0,6)*i119				
119	**Cálculos para retorno**			Ano:	0	1	2	3	4
120	Fluxos de caixa acumulados para retorno				-$ 10.000	-$ 8.100	-$ 5.400	-$ 3.055	$ 4.745
121	Fluxos de caixa descontados para retorno descontado				-$ 10.000	$ 1.727	$ 2.231	$ 1.762	$ 5.328
122	Fluxos de caixa descontados acumulados				-$ 10.000	-$ 8.273	-$ 6.041	-$ 4.279	$ 1.048

Capital de giro operacional líquido (NOWC)

Praticamente todos os projetos exigem capital de giro, e este não é exceção. Por exemplo, as matérias-primas devem ser adquiridas e reabastecidas cada ano, conforme são utilizadas. Na Parte 1 (Figura 11-1) assumimos que a GPC deve ter um montante de capital de giro operacional líquido à disposição igual a 15% das vendas do próximo ano. Por exemplo, no Ano 0, GPC deve ter 15% ($ 15.000) = $ 2.250 em capital de giro à disposição. Conforme as vendas crescem, o mesmo acontece com o capital de giro necessário. As linhas 89-90 mostram as receitas de vendas anuais (o produto de unidades vendidas e o preço das vendas) e o capital de giro necessário.

Despesa de depreciação

As linhas 91-94 reportam cálculos intermediários relacionados com a depreciação, começando com a base de depreciação, que é o custo de aquisição e instalação de um projeto. A base para o projeto da GPC é de $

7.750.[2] A despesa de depreciação para um ano é o produto da base pela taxa de depreciação desse ano. As taxas de depreciação dependem do tipo de propriedade e da sua vida útil. Mesmo que o projeto da GPC opere durante 4 anos, ele é classificado como propriedade de 3 anos para efeitos fiscais. As taxas de depreciação na linha 92 são para propriedade de 3 anos usando o sistema de recuperação de custo acelerado de custo modificado (MA-CRS); consulte o Apêndice 11A.[3] O valor não depreciado restante é igual à base inicial, menos a depreciação acumulada; isso é chamado o valor contábil do ativo e é utilizado mais tarde no modelo quando se calcula o imposto sobre o valor de revenda.

11-2c Projeções do fluxo de caixa: estimativa do lucro operacional líquido após impostos (NOPAT)

A seção na cor cinza-clara no meio da Figura 11-2 mostra os passos no cálculo do lucro operacional líquido do projeto após impostos (NOPAT). As receitas de vendas projetadas estão na Linha 97. Os custos anuais unitários variáveis são multiplicados pelo número de unidades vendidas para determinar os custos variáveis totais, como mostrado na Linha 98. Os custos não variáveis são indicados na linha 99 e a despesa de depreciação é exibido na Linha 100. Subtraindo os custos variáveis, os custos não variáveis e a depreciação das receitas das vendas, resulta o lucro operacional, como mostra a Linha 101.

Ao discutir-se a demonstração de resultados da empresa, o lucro operacional muitas vezes é chamado de lucro antes de juros e impostos (EBIT). Lembre-se, porém, de que não subtraímos o interesse ao estimarmos o fluxo de caixa de um projeto, porque CMPC do projeto é a taxa global de retorno exigida por todos os investidores da companhia e não apenas pelos acionistas. Por isso, os fluxos de caixa também devem ser o fluxos de caixa disponíveis para todos os investidores e não apenas para os acionistas, por isso, não subtraímos as despesas com juros. Calculamos os impostos na Linha 102 e os subtraímos para obter o lucro operacional líquido do projeto após impostos na Linha 103. O projeto tem resultados negativos antes de juros e impostos nos Anos 1 e 2. Quando multiplicado pela alíquota de 40%, a Linha 102 mostra impostos negativos para os Anos 1 e 2. Esse imposto negativo é subtraído do EBIT e realmente faz o lucro operacional após impostos maior que o lucro antes dos impostos! Por exemplo, o lucro antes dos impostos no Ano 1 é –$ 403 e o imposto reportado –$ 161, levando a um lucro após impostos de –$ 403 – (–$ 161) = –$ 242. Em outras palavras, é como se a Receita Federal está enviando para a GPC um cheque de $ 161. Como isso pode ser correto?

Lembre-se do conceito básico subjacente aos fluxos de caixa relevantes para a análise do projeto - quais são os fluxos de caixa da empresa com o projeto *versus* os fluxos de caixa da empresa sem o projeto? Aplicando este conceito, se a GPC espera ter lucro tributável de outros projetos acima de $ 403 no Ano 1, então o projeto acolherá essa renda dos $ 161 em impostos. Portanto, o projeto gerará $ 161 em fluxo de caixa para a GPC no Ano 1, devido às economias de impostos.[4]

11-2d Projeções de fluxo de caixa: ajustes para NOPAT

A Linha 103 reporta o NOPAT do projeto, mas temos de ajustá-lo para determinar seus fluxos de caixa reais. Em particular, devemos levar em conta a depreciação, compras de ativo e alienações, mudanças no capital de giro, os custos de oportunidades, as externalidades e os custos irrecuperáveis.

Ajustes para determinar os fluxos de caixa: depreciação

A primeira etapa consiste em adicionar a depreciação de volta, a qual é uma despesa não monetária. Você pode estar se perguntando por que subtraímos a depreciação na Linha 100 apenas para adicioná-la de volta na linha 104, e a resposta é devido ao impacto da depreciação sobre os impostos. Se tivéssemos ignorado a depreciação do Ano 1 de $ 2.583 ao calcularmos NOPAT, o lucro antes dos impostos (EBIT) para o Ano 1 teria

---

[2] Independentemente de ser utilizada a depreciação acelerada ou linear, a base não é ajustada pelo valor de revenda esperado quando se calcula a despesa de depreciação usada para determinar o lucro tributável. Isso está em contraste com o cálculo da depreciação para fins de relatórios financeiros.

[3] MACRS assume que a propriedade é colocada em serviço no meio de um ano, assim a depreciação de somente a metade de um ano é permitida no primeiro ano. A depreciação da metade do ano final é permitida no quarto ano.

[4] Mesmo se a GPC não esperar ter outro rendimento tributável no Ano 1, mas um rendimento tributável dos últimos dois anos, ela poderá restituir a perda no Ano 1 e receber um reembolso de imposto. Se a GPC não tiver rendimento tributável passado, poderá relatar zero de impostos para o projeto no Ano 1 e compensar a perda até que ela ou o projeto tenha rendimento tributável.

sido $ 15.000 – $ 10.700 – $ 2.120 = $ 2.180 em vez de –$ 403. Os impostos teriam sido de 40% ($ 2.180) = $ 872 em vez de –$ 161. Essa é uma diferença de $ 872 – (–$ 161) = $ 1.033. Os fluxos de caixa devem refletir os impostos reais, mas devemos adicionar novamente a despesa de depreciação não monetária para refletir o fluxo de caixa real.[5]

Ajustes para determinar os fluxos de caixa: compras de ativos e disposições

A GPC adquiriu o ativo no início do projeto por $ 7.750, o que é um fluxo de caixa negativo mostrado na Linha 105. Se tivesse adquirido ativos adicionais em outros anos, deveríamos relatar essas compras, também.

A GPC espera recuperar o investimento no Ano 4 para $ 639. No nosso exemplo, o projeto da GPC foi totalmente depreciado no final, de modo que o valor de revenda, $ 639, é um lucro tributável. Com uma taxa de imposto de 40%, a GPC terá que pagar 40% ($ 639) = $ 256 em impostos, como mostrado na Linha 107.

Suponha de outra forma que a GPC termine as operações antes que o equipamento seja totalmente depreciado. O valor de revenda pós-imposto depende do preço pelo qual a GPC pode vender o equipamento *e* do valor contábil do equipamento (ou seja, a base original menos todos os encargos de depreciação anteriores). Suponha que a GPC termine no Ano 2, momento em que o valor contábil é de $ 1.722, conforme mostrado na Linha 94. Consideramos dois casos, os ganhos e perdas. No primeiro caso, o valor de revenda é de $ 2.200 e assim há um ganho reportado de $ 2.200 – $ 1.722 = $ 478. Esse ganho é tributado como renda ordinária, de modo que o imposto é de 40% ($ 478) = $ 191. O fluxo de caixa após impostos é igual ao preço de venda menos o imposto: $ 2.200 – $ 191 = $ 2.009.

Agora, suponha que o valor de revenda no Ano 2 seja de apenas $ 500. Nesse caso, há uma perda reportada: $ 500 – $ 1.722 = –$ 1.222. Esta é tratada como uma despesa ordinária, portanto, seu imposto é de 40% (–$ 1.222) = –$ 489. Esse imposto "negativo" age como um crédito se a GPC tiver outros rendimentos fiscais, de modo que o fluxo de caixa líquido após impostos será de $ 500 – (–$ 489) = $ 989.

Ajustes para determinar os fluxos de caixa: capital de giro

A Linha 90 mostra a quantidade total de capital de giro operacional líquido necessário a cada ano. A Linha 108 mostra o investimento incremental no capital de giro necessário a cada ano. Por exemplo, no início do projeto, a Célula E108 mostra que um fluxo de caixa de –$ 2.250 será necessário no início do projeto para apoiar as vendas do Ano 1. A Linha 90 mostra que o capital de giro deve aumentar de $ 2.250 para $ 2.691 para apoiar as vendas do Ano 2. Assim, a GPC deve investir $ 2.691 – $ 2.250 = $ 441 em capital de giro no Ano 1, e isso é mostrado como um número negativo (porque é um investimento) na Célula F108. Cálculos similares são feitos para os Anos 2 e 3. No final do ano 4, todos os investimentos em capital de giro serão recuperados. Os estoques serão vendidos e não substituídos, e todos os créditos serão coletados até o final do Ano 4. O capital de giro líquido total recuperado em t = 4 é a soma do investimento inicial em t = 0, $ 2.250, mais os investimentos adicionais durante os Anos de 1 a 3; o total é $ 3.849.

Ajustes para determinar os fluxos de caixa: custos irrecuperáveis, custos de oportunidade e externalidades

O projeto da GPC não tem quaisquer custos irrecuperáveis, custos de oportunidade ou externalidades, mas as seções a seguir mostram como poderíamos ajustar os fluxos de caixa se a GPC tivesse alguns desses problemas.

Custos Irrecuperáveis. Suponha que no ano passado a GPC gastou $ 1.500 em um estudo de mercado e de viabilidade para o projeto. Deveria $ 1.500 ser incluído no custo do projeto? A resposta é não. Esse dinheiro já foi gasto, e aceitar ou rejeitar o projeto não vai mudar esse fato.

Custos de Oportunidade. Agora, suponha que o custo do equipamento de $ 7.750 foi baseado na suposição de que o projeto usaria o espaço em um edifício que a GPC agora possui, mas que o espaço pode ser alugado

---

[5] Observe que as economias do imposto devidas à depreciação também podem ser calculadas como o produto da taxa fiscal e a despesa de depreciação: 40% ($ 2.583) = $ 1.033,20. Os números mostrados no livro são arredondados, mas os utilizados no modelo do *Excel* não são.

para outra empresa por $ 200 por ano, após impostos, se o projeto for rejeitado. Os $ 200 seriam um *custo de oportunidade* e isso deve ser refletido nos cálculos do fluxo de caixa.

Externalidades. Como observado anteriormente, o projeto do aquecedor solar de água não conduziu a quaisquer efeitos de canibalização. Suponhamos, porém, que ele reduziria os fluxos de caixa depois do imposto líquido de outra divisão da GPC em $ 50 por ano e que nenhuma outra empresa poderia assumir esse projeto se a GPC rejeitá-lo. Nesse caso, poderíamos usar a linha de canibalização na Linha 110, deduzindo $ 50 cada ano. Como um resultado, o projeto teria um NPV inferior. Por outro lado, se o projeto pudesse causar influxos adicionais para alguma outra divisão da GPC porque ele era complementar aos produtos dessa outra divisão (ou seja, se uma externalidade positiva existe), então esses influxos após impostos devem ser atribuídos ao projeto do aquecedor de água e, portanto, mostrados como um influxo positivo na Linha 110.

11-2e Avaliação de fluxos de caixa de projeto

Somamos as linhas 103 a 110 para obter os fluxos de caixa do projeto líquidos anuais, estabelecidos como uma linha do tempo sobre a Linha 111. Esses fluxos de caixa são então usados para calcular NPV, IRR, MIRR, PI, reembolso e reembolso descontado, medidas de desempenho mostradas nas linhas 111 a 118 na parte inferior da Figura 11-2.

Avaliação preliminar do cenário do caso-base

Com base nessa análise, a avaliação preliminar indica que o projeto é aceitável. O NPV é de $ 1.048, o que é bastante grande quando comparado com o investimento inicial de $ 10.000. Suas TIR e MTIR são ambas maiores que 10% de CMPC e o PI é maior que 1,0. O retorno e o reembolso descontado são quase tão longos quanto a vida do projeto, o que é um pouco preocupante e é algo que precisa ser explorado através de uma análise de risco do projeto.

Gerente de cenário

O Gerente de Cenário do *Excel* é uma ferramenta muito poderosa e útil.

Nós ilustramos sua utilização aqui conforme examinamos dois temas, o impacto do esquecimento de incluir a inflação e o impacto da depreciação acelerada *versus* a depreciação em linha reta. Às vezes incluímos todas as células variáveis em cada cenário e às vezes separamos os cenários em diferentes grupos, como fizemos neste exemplo. A vantagem de ter todas as células variáveis em cada cenário é que você só tem que selecionar um único cenário para mostrar todas as entradas desejadas no modelo. A desvantagem é que cada cenário pode ficar complicado por ter muitas células variáveis.

A vantagem de ter grupos de cenários é que se pode se concentrar em aspectos particulares da análise, como a escolha dos métodos de depreciação. A desvantagem é que se deve saber quais outros cenários estão ativos, com a finalidade de interpretar corretamente os seus resultados.

Para alguns modelos, faz sentido ter apenas um grupo de cenários em que cada um tem as mesmas células variáveis; para outros modelos, faz sentido ter diferentes grupos de cenários.

O Impacto da Inflação. É fácil ignorar a inflação, mas é importante incluí-la. Por exemplo, se tivéssemos esquecido de incluir a inflação no exemplo da GPC, o NPV estimado teria caído de $ 1.048 para $ 225. Pode-se ver isso alterando todos os preços e taxas de crescimento de custo para zero e, em seguida, examinando para o NPV. Uma maneira fácil de fazer isso é com o Gerente de Cenário – basta escolher o cenário denominado "Caso-Base para o Projeto L mas Inflação Esquecida". Esquecer de incluir a inflação em uma análise de orçamento de capital tipicamente faz com que o NPV estimado seja menor que o NPV verdadeiro, o que poderia fazer uma empresa rejeitar um projeto que deveria ter aceito. Você pode retornar às entradas originais, indo de volta para o Gerente de Cenário, selecionando "Caso-Base para o Projeto L" e clicando em "Mostrar".

***Depreciação Acelerada* versus *Depreciação em Linha Reta*.** O Congresso permite às empresas depreciar ativos utilizando o método linear ou um método acelerado. Os resultados que temos discutido até agora foram baseados na depreciação acelerada. Para ver o impacto do uso da depreciação em linha reta, vá para o Gerente de Cenário e selecione "Depreciação em Linha Reta". Certifique-se de que também tenha selecionado "Caso--Base para o Projeto L". Depois de selecionar e mostrar esses dois cenários, você terá um conjunto de entradas para as taxas de depreciação de caso-base e de linha reta.

Os resultados indicam que o NPV do projeto é $ 921 quando se utiliza a depreciação em linha reta, o qual é inferior ao NPV de $ 1.048 usando-se a depreciação acelerada. Em geral, para *as empresas lucrativas é melhor não usar a depreciação acelerada*, porque mais depreciação é alcançada nos anos iniciais sob o método acelerado, assim os impostos são mais baixos nesses anos e mais altos nos anos posteriores. A depreciação total, os fluxos de caixa totais e os impostos totais são os mesmos em ambos os métodos de depreciação, mas receber o dinheiro mais cedo sob o método acelerado resulta em maiores VPL, TIR, e MIRR.

Suponha que o Congresso queira incentivar as empresas a aumentar as suas despesas de capital e, assim, impulsionar o crescimento econômico e o emprego. Quais mudanças nos regulamentos da depreciação teriam o efeito desejado? A resposta é "Faça a depreciação acelerada, ainda mais acelerada". Por exemplo, se a GPC pudesse amortizar equipamento a taxas de 67%, 22%, 7% e 4% em vez de 33,33%, 44,45%, 14,81% e 7,41%, seus pagamentos de impostos iniciais seriam ainda menores, os fluxos de caixa iniciais seriam ainda maiores e o NPV do projeto excederia o valor mostrado na Figura 11-2.[6]

Projeto S. Lembre-se do Capítulo 10 que a GPC também estava considerando o Projeto S, no qual usou revestimentos sólidos. Você pode usar o Gerente de Cenário para mostrar este projeto, selecionando o cenário "Projeto S", o qual mostrará os fluxos de caixa utilizados no Capítulo 10. Certifique-se de retornar os cenários na planilha *1-Caso-Base* para "Caso-Base para o projeto L" e "Depreciação MACRS".

Autoavaliação

1. De que maneira a configuração para encontrar os fluxos de caixa de um projeto é semelhante à demonstração do resultado projetada para uma empresa nova, com um único produto? De que maneira as duas demonstrações seriam diferentes?
2. O NPV do projeto para uma empresa típica seria maior ou menor se a empresa utilizasse a depreciação acelerada em vez da depreciação linear? Explique.
3. Como a análise na Figura 11-2 poderia ser modificada para considerar canibalização, custo de oportunidade e custos irrecuperáveis?
4. Por que o capital de giro líquido aparece com valores positivos e negativos na Figura 11-2?

11-3   Análise de risco na avaliação de investimentos[7]

Projetos diferem quanto ao risco, e decisões de investimentos devem considerá-lo. Há três tipos de risco separados e distintos.

1. **Risco unitário** é o risco de um projeto. Nesse caso, assume-se que (a) o projeto é o único ativo da empresa e (b) cada um dos acionistas da empresa possui apenas essa ação em sua carteira. Risco unitário tem como base a incerteza sobre os fluxos de caixa esperados do projeto. É importante lembrar que *riscos unitários ignoram diversificação pela empresa e por seus acionistas.*
2. **Risco interno** (também chamado **de risco corporativo**) é o risco de um projeto para a companhia. O risco interno reconhece que o projeto é apenas um ativo na carteira de projetos da empresa, portanto parte de seu

---

[6] Isso é exatamente o que o Congresso fez em 2008 e 2009, em resposta à crise econômica global, estabelecendo um depreciação "bônus" temporária para estimular o investimento. A depreciação no primeiro ano é a depreciação normal acelerada mais um bônus de 50% da base original. Esse bônus foi aumentado para 100% da base original para 2011, permitindo efetivamente as empresas realizar totalmente certos gastos de capital em 2011. O bônus cai de volta para 50% em 2012. As provisões estão definidas para expirar no final de 2012.

[7] Alguns professores podem decidir abordar algumas das seções de risco e pular outras. Oferecemos diversas escolhas e tentamos tornar a exposição clara o suficiente para que alunos interessados e motivados possam ler essas seções por iniciativa própria.

risco é eliminado pela diversificação dentro da empresa. No entanto, *o risco interno ignora a diversificação pelos acionistas da empresa*. O risco interno é mensurado pelo impacto do projeto na incerteza sobre os fluxos de caixa totais futuros da empresa.

3. **Risco de mercado** (também chamado de **risco beta**) é o risco do projeto como visto por um acionista bem diversificado que reconhece (a) que o projeto é apenas um dos projetos da empresa e (b) a ação da empresa é uma de suas ações. O risco de mercado do projeto é medido pelos efeitos no coeficiente beta da empresa.

Assumir um projeto com muito risco unitário e/ou corporativo não necessariamente afetará o beta da empresa. No entanto, se o projeto tiver um risco unitário alto e seus fluxos de caixa forem altamente correlacionados com os fluxos de caixa de outros ativos da empresa e com os fluxos de caixa da maioria das outras empresas na economia, o projeto terá um alto grau de todos os três tipos de risco. O risco de mercado é, *teoricamente*, o mais relevante, pois é aquele que, de acordo com o CAPM, está refletido nos preços das ações. Infelizmente, o risco de mercado também é o mais difícil de medir, principalmente porque novos projetos não têm "preço de mercado" que pode ser relacionado com os retornos do mercado de ações.

A maioria dos tomadores de decisão realiza uma análise *quantitativa* do risco unitário e considera os outros tipos de risco de maneira *qualitativa*. Os projetos são classificados em diversas categorias; utilizando o CMPC geral da empresa como ponto de partida, um **custo de capital ajustado ao risco** é atribuído a cada categoria. Por exemplo, uma empresa pode estabelecer três classes de risco e atribuir o CMPC corporativo para projetos de risco médio, adicionar um prêmio de risco de 5% para projetos de risco mais alto e subtrair 2% para projetos de baixo risco. Segundo essa configuração, se o CMPC geral da empresa fosse 10%, 10% seriam usados para avaliar projetos de risco médio, 15% para projetos de alto risco e 8% para projetos de baixo risco. Embora essa abordagem seja provavelmente melhor do que não efetuar ajustes de risco, esses ajustes são altamente subjetivos e difíceis de justificar. Infelizmente, não há maneira perfeita de especificar o nível dos ajustes de risco.[8]

Autoavaliação

1. Quais são os três tipos de risco de projeto?
2. Que tipo é teoricamente o mais relevante? Por quê?
3. Descreva um tipo de esquema de classificação que as empresas com frequência usam para obter o custo do capital ajustado ao risco.

11-4 Mensurando o risco autônomo

O risco autônomo de um projeto reflete a incerteza sobre seus fluxos de caixa. Os dólares exigidos no investimento, as vendas de unidades, os preços de venda e os custos operacionais, conforme mostrados na Figura 11-1 para o projeto da GPC, estão todos sujeitos à incerteza. As vendas do primeiro ano estão projetadas em 10.000 unidades a serem vendidas a um preço de $ 1,50 por unidade (lembre-se de que todos os valores estão em milhares de dólares). No entanto, as vendas de unidades quase certamente estarão algo mais altas ou mais baixas que 10.000 e o preço provavelmente será diferente de $ 1,50 projetado por unidade. Da mesma forma, as outras variáveis provavelmente diferirão dos valores indicados. Na verdade, *todas as entradas são valores esperados, não valores conhecidos, e os valores reais podem e variarão dos valores esperados*. Isso é risco!

Três técnicas são usadas na prática para avaliar o risco autônomo: (1) análise de sensibilidade, (2) análise de cenário e (3) simulação de Monte Carlo. Discutimos essas técnicas nas seções a seguir.

Autoavaliação

1. O que o risco unitário de um projeto reflete?
2. Quais são as três técnicas utilizadas para avaliar o risco unitário?

---

[8] Note que a abordagem CAPM pode ser usada para projetos, desde que existam empresas de capital aberto especializadas no mesmo negócio que o do projeto em causa. Veja a discussão no Capítulo 10 sobre técnicas para medir betas divisionais.

11-5   Análise de sensibilidade

Intuitivamente, sabemos que uma mudança em uma variável de entrada principal, tal como unidades vendidas ou o preço das vendas fará o NPV mudar. A **análise de sensibilidade** *mede a variação percentual do NPV que resulta de uma dada variação percentual em uma variável de entrada, quando outras entradas são mantidas em seus valores esperados.* Esse é de longe o tipo mais comumente usado de análise de risco. Ele começa com um cenário de caso-base em que o NPV do projeto é encontrado usando-se o valor do caso-base para cada variável de entrada. As entradas do caso-base da GPC foram dadas na Figura 11-1, mas é fácil de imaginar alterações nas entradas, e quaisquer alterações resultariam em um NPV diferente.

11-5a   Gráfico de sensibilidade

A análise de sensibilidade foi concebida para fornecer respostas a tais perguntas. Cada variável é aumentada ou diminuída por uma porcentagem especificada do seu valor esperado, mantendo outras variáveis constantes em seus níveis de casos-base. Em seguida, o NPV é calculado usando-se a entrada alterada. Finalmente, o conjunto resultante de NPVs é representado graficamente para mostrar quão sensível é o NVP para a evolução das diferentes variáveis.

A Figura 11-3 mostra o gráfico de sensibilidade do projeto da GPC para seis variáveis-chave. Os dados abaixo do gráfico fornecem os NPVs com base nos diferentes valores das entradas, e os NPVs foram representados graficamente para construir o gráfico. A Figura 11-3 mostra que, à medida que as vendas de unidades e o preço de venda aumentam, aumenta também o NPV do projeto; em contrapartida, aumentos em custos variáveis, custos fixos, custos do equipamento e CMPC reduzem o NPV do projeto. As curvas nas linhas do gráfico e as faixas na tabela abaixo do gráfico indicam quão sensível é o NPV em relação a cada entrada: *quanto maior a faixa, mais inclinada a curva da variável e mais sensível o NPV a essa variável.* Vemos que o NPV é extremamente sensível às mudanças no preço de venda; razoavelmente sensível às mudanças em custos variáveis,

FIGURA 11-3

Gráfico de sensibilidade para o projeto aquecedor solar de água (milhares de dólares)

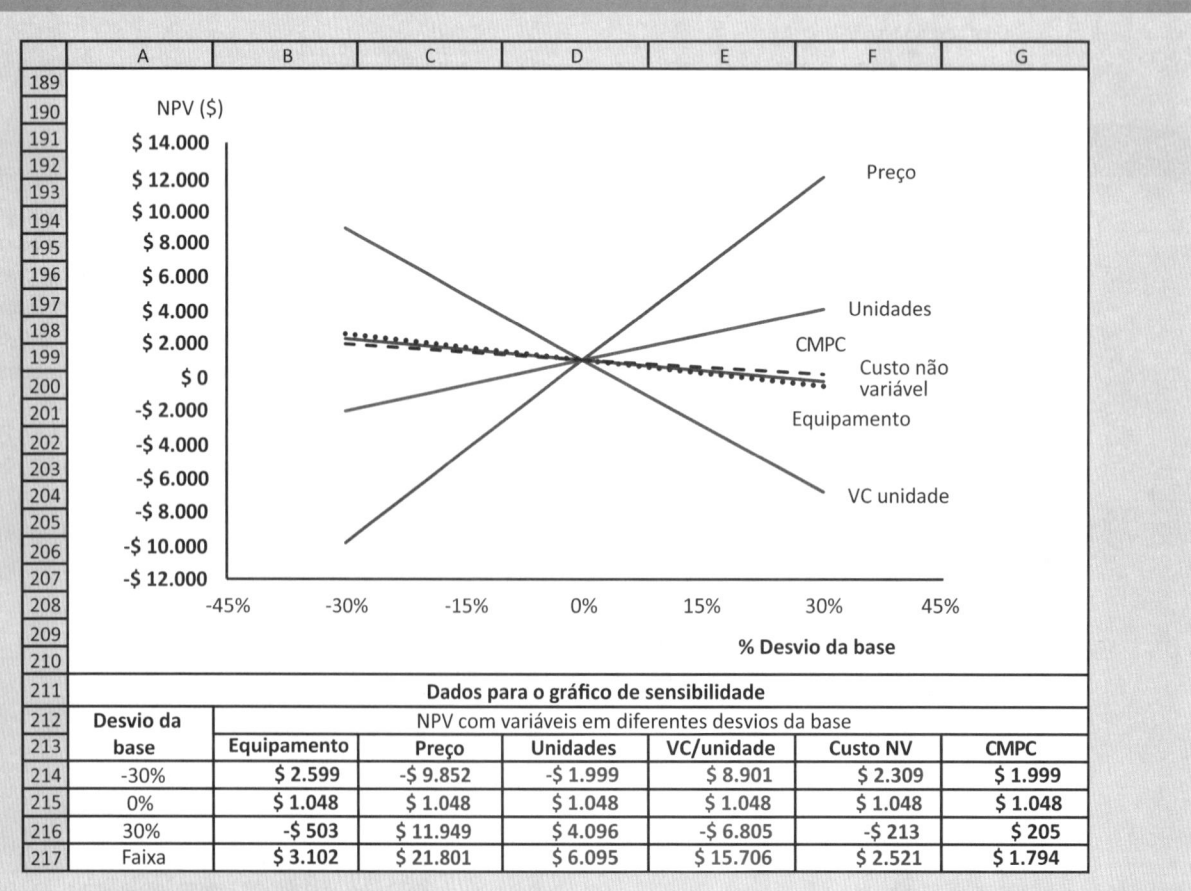

Desvio da base	NPV com variáveis em diferentes desvios da base					
	Equipamento	Preço	Unidades	VC/unidade	Custo NV	CMPC
-30%	$ 2.599	-$ 9.852	-$ 1.999	$ 8.901	$ 2.309	$ 1.999
0%	$ 1.048	$ 1.048	$ 1.048	$ 1.048	$ 1.048	$ 1.048
30%	-$ 503	$ 11.949	$ 4.096	-$ 6.805	-$ 213	$ 205
Faixa	$ 3.102	$ 21.801	$ 6.095	$ 15.706	$ 2.521	$ 1.794

unidades vendidas e custos fixos; e não especialmente sensível às mudanças nos custos do equipamento e CMPC. A administração deve, é claro, tentar de tudo para obter estimativas precisas das variáveis que possuem o maior impacto no NPV.

Se estivéssemos comparando dois projetos, aquele com as linhas de sensibilidade mais inclinadas teria maior risco (desde que outros itens fossem mantidos constantes), pois mudanças relativamente pequenas nas variáveis de entrada produziriam grandes mudanças no NPV. Portanto, a análise de sensibilidade fornece informações importantes sobre o risco de um projeto.[9] Observe, no entanto, que mesmo que o NPV possa ser altamente sensível a determinadas variáveis, se tais variáveis não estiverem muito distantes de seus valores esperados, o projeto poderá não ser muito arriscado apesar de sua alta sensibilidade. Além disso, se várias entradas mudam ao mesmo tempo, o efeito combinado sobre o VPL pode ser muito maior do que sugere a análise de sensibilidade.

11-5b Diagramas-tornado

Os diagramas-tornado são outra forma de apresentar os resultados da análise de sensibilidade. O primeiro passo é classificar o intervalo de NPVs possíveis para cada uma das variáveis de entrada que estão sendo alteradas e então classificar essas faixas. Em nosso exemplo, a faixa de preço de venda por unidade é a maior, e a faixa para CMPC, a menor. As faixas para cada variável são então traçadas, com a maior faixa na parte superior e a menor faixa na parte inferior. Também é útil traçar uma linha vertical que mostra o NPV do caso-base. Apresentamos um diagrama-tornado na Figura 11-4. Observe que o diagrama é como um tornado no sentido de que ele é mais largo na parte superior e menor na parte inferior, daí o seu nome. O diagrama-tornado torna imediatamente óbvias as entradas que exercem o maior impacto sobre o NPV: preço de venda e custos variáveis.

11-5c Análise do ponto de equilíbrio do NPV

Uma aplicação especial da análise de sensibilidade é chamada de **análise do ponto de equilíbrio do NPV**. Em uma análise de equilíbrio, encontramos o nível de uma entrada que produz um NPV de exatamente zero. Utilizamos o recurso "Atingir meta" (*Goal seek*) do *Excel* para fazer isso.

A Tabela 11-1 apresenta os valores das entradas discutidas previamente que produzem um NPV zero. Por exemplo, o número de unidades vendidas no Ano 1 pode cair para 547 antes que o NPV do projeto caia para zero. A análise do ponto de equilíbrio é útil para determinar como as coisas podem ficar antes que o projeto tenha um NPV negativo.

FIGURA 11-4

Diagrama-tornado para o projeto aquecedor solar de água: faixa de resultados para desvios de entrada do caso-base (milhares de dólares)

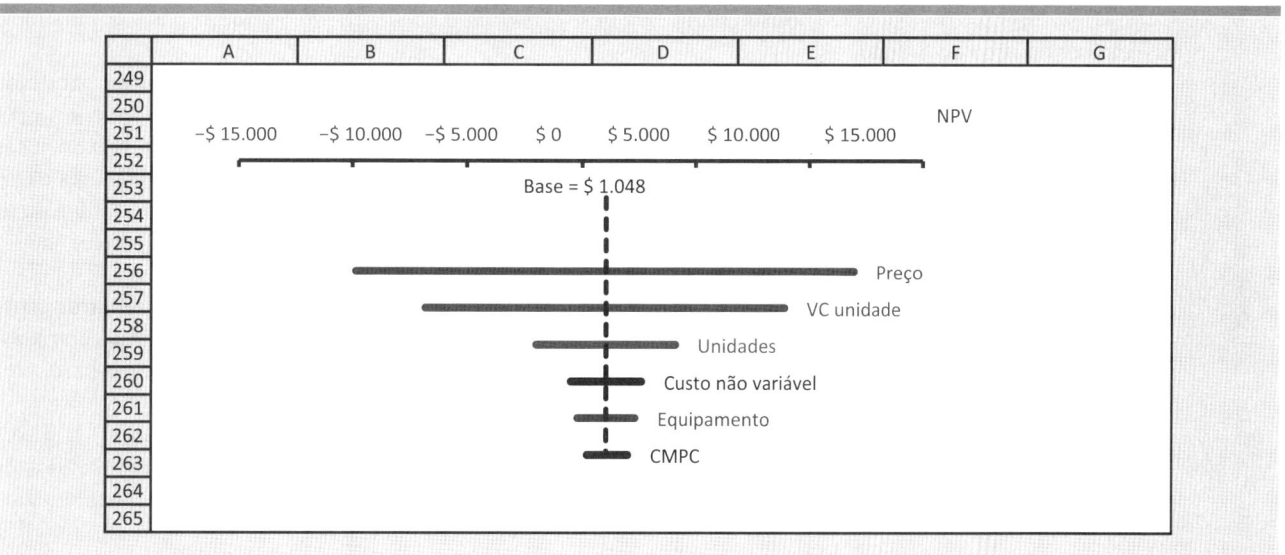

[9] A análise de sensibilidade é tediosa com uma calculadora comum, mas fácil com uma planilha. Realizar tal análise à mão levaria muito tempo e se os dados básicos fossem alterados mesmo que levemente – digamos, se o custo do equipamento aumentasse levemente –, todos os cálculos teriam de ser refeitos. Com uma planilha, podemos simplesmente digitar a entrada nova sobre a entrada antiga e, pronto, a análise e o gráfico mudam instantaneamente.

TABELA 11-1
Análise do ponto de equilíbrio do NPV (em milhares de dólares)

Entrada	Valor de entrada que produz NPV zero, mantendo todo o resto constante
Preço de venda por unidade, Ano 1	$ 1,457
Custo variável por unidade (VC), Ano 1	$ 1,113
Variação anual em unidades vendidas após o Ano 1	7,40%
Unidades vendidas, Ano 1	8.968
Custo não variável, Ano 1	$ 2.649
CMPC do projeto	13,79%

11-5d Extensões da análise de sensibilidade

Em nossos exemplos, mostramos como uma saída, NPV, variou com a mudança em uma única entrada. A análise de sensibilidade pode facilmente ser estendida para mostrar como as saídas múltiplas, como NPV e IRR, variam com uma mudança em uma entrada.

Autoavaliação

1. O que é análise de sensibilidade?
2. Resumidamente, explique a utilidade de um gráfico de sensibilidade.
3. Comente a seguinte declaração: "Um projeto pode não ser muito arriscado apesar de sua alta sensibilidade a determinadas variáveis".

11-6 Análise de cenários

Na análise de sensibilidade que acabamos de descrever, mudamos uma variável de cada vez. No entanto, é útil saber o que aconteceria com o NPV do projeto se várias entradas se tornassem melhor ou pior do que o esperado, e isso é o que fazemos na **análise de cenário**. Além disso, a análise de cenário nos permite atribuir probabilidades ao caso-base (ou o mais provável): o melhor caso e o pior caso. Em seguida, podemos encontrar o *valor esperado* do NPV do projeto, com o seu *desvio padrão* e *coeficiente de variação* para ter uma ideia melhor do risco do projeto.

Na análise de cenário, começamos com o cenário do caso-base que usa o valor mais provável para cada variável de entrada. Em seguida, pedimos aos gerentes de marketing, de engenharia e outros gerentes operacionais para especificar um cenário de pior caso (vendas baixas de unidades, preço de venda baixo, custos variáveis altos e assim por diante) e um cenário de melhor caso. Muitas vezes, os melhores e piores casos são definidos como tendo uma probabilidade de ocorrência de 25%, com uma probabilidade de 50% para as condições do caso-base. Obviamente, as condições poderiam assumir muito mais do que três valores, mas a configuração do referido cenário é útil para ajudar a ter uma ideia do grau de risco do projeto.

Depois de muita discussão com a equipe de marketing, com os engenheiros, contadores e outros especialistas na empresa, um conjunto de valores de pior e melhor cenário foi determinado para várias entradas-chave. A Figura 11-5 mostra a probabilidade e as entradas presumidas para os cenários do caso-base, pior caso e melhor caso.

Os fluxos de caixa do projeto e os indicadores de desempenho em cada cenário são calculados. Os fluxos de caixa líquidos para cada cenário são apresentados na Figura 11-6, com uma distribuição de probabilidade dos possíveis resultados para NPV. Se o projeto for muito bem-sucedido, a combinação de investimento inicial baixo, preço de venda alto, vendas altas de unidades e custos de produção baixos, resultariam em um NPV muito alto, $ 19.468. No entanto, se as coisas ficarem ruins, o NPV será *negativo* em $ 7.543. Essa vasta gama de possibilidades e, principalmente, o valor negativo potencial grande sugerem que esse é um projeto de risco. Se as más condições se materializarem, o projeto não levará a empresa à falência – este é apenas um projeto para uma grande empresa. Ainda assim, perder $ 7.543 (na verdade, $ 7.543.000, pois as unidades estão em milhares de dólares) certamente afetará o valor da empresa e a reputação do gerente do projeto.

FIGURA 11-5

Entradas e resultados principais para cada cenário (milhares de dólares)

	A	B	C	D	E	F	G
34						**Cenários:**	
35	**Nome do Cenário**				**Base**	**Pior**	**Melhor**
36	Probabilidade do cenário				50%	25%	25%
37	**Entradas:**						
38	Custo do equipamento				$7.750	$8.250	$7.250
39	Valor de revenda do equipamento no Ano 4				$639	$639	$639
40	Custo de oportunidade				$0	$0	$0
41	Externalidades (canibalização)				$0	$0	$0
42	Unidades vendidas, ano 1				10.000	8.500	10.000
43	% Δ em unidades vendidas, após Ano 1				15%	5%	25%
44	Preço de venda por unidade, Ano 1				$1.50	$1.25	$1.75
45	% Δ no preço das vendas, após Ano 1				4%	4%	4%
46	Var. de custo por unidade (VC), Ano 1				$1,07	$1,17	$0,97
47	% Δ em VC, após Ano 1				3%	3%	3%
48	Custo não variável (Não-VC), Ano 1				$2.120	$2.330	$1.910
49	% Δ em Não VC, após Ano 1				3%	3%	3%
50	CMPC do projeto				10%	10%	10%
51	Alíquota de imposto				40%	50%	30%
52	NOWC como % das vendas do próximo ano				15%	15%	15%
53	**Resultados principais:**						
54	NPV				$1.048	-$7.543	$19.468
55	IRR				13,79%	-29,40%	62,41%
56	MIRR				12,78%	-22,23%	43,49%
57	PI				1.10	0.23	2.90
58	Retorno				3.39	Não encontrado	1.83
59	Retorno descontado				3.80	Não encontrado	2.07

Se nós multiplicamos a probabilidade de cada cenário pelo NPV para esse cenário e, em seguida, somarmos os produtos, teremos o NPV esperado do projeto de $ 3.505, conforme mostrado na Figura 11-6. Note que o NPV *esperado* difere do NPV do *caso-base*, o qual é o mais provável resultado, porque tem uma probabilidade de 50%. Isso não é um erro – matematicamente eles não são iguais.[10] Nós também calculamos o desvio padrão do NPV esperado; ele é $ 9.861. Dividir o desvio padrão pelo NPV esperado resulta o **coeficiente de variação** 2,81, o qual é uma medida de risco autônomo. O coeficiente de variação mede a quantidade de risco por dólar de NPV, de modo que o coeficiente de variação pode ser útil quando se compara o risco de projetos com diferentes NPVs. O projeto médio da GPC tem um coeficiente de variação de cerca de 1,2, de modo que 2,81 indica que este projeto é mais arriscado que a maioria dos outros da GPC.

O CMPC corporativo da GPC é de 9%, de modo que a taxa deve ser usada para encontrar o NPV de um projeto de risco médio. No entanto, o Projeto de Aquecedor de Água é mais arriscado do que a média, assim uma taxa de desconto maior deve ser usada para encontrar seu NPV. Não há como determinar a taxa de desconto precisamente correta – essa é uma decisão criteriosa. A administração decidiu avaliar o projeto usando uma taxa de 10%.[11]

---

[10] Esse resultado ocorre por duas razões. Primeiro, embora nesta análise de cenário, os valores de entrada do caso-base acontecem igualando a média dos valores de melhor e de pior caso, isso não é de maneira alguma necessário. Valores de melhor e de pior caso não precisam ter a mesma distância do caso-base. Segundo, embora os valores do caso-base estejam a meio caminho entre os valores de melhor e de pior caso, em nosso modelo, duas variáveis incertas, volume de vendas e preço de vendas, estão multiplicadas em conjunto para obter as vendas em dólar, e esse processo faz a distribuição de NPV ser inclinada para a direita. Um grande número multiplicado por um outro grande número produz um número muito grande, e isto por sua vez faz o valor médio (ou valor esperado) aumentar.

[11] Pode-se argumentar que o cenário de melhor caso deve ser avaliado com um CMPC relativamente baixo; o de pior caso, com um CMPC relativamente alto; e o de caso-base, com um CMPC corporativo médio. No entanto, também pode-se argumentar que, no momento da decisão inicial, não sabemos que caso vai ocorrer, e, portanto, uma única taxa deve ser usada. Observe que, no cenário de pior caso, todos os fluxos de caixa são negativos. Se utilizarmos um CMPC alto por causa do risco dessa filial, isso reduzirá o PV desses fluxos de caixa negativos, tornando o pior caso muito melhor do que se utilizarmos o CMPC médio. Determinar o CMPC correto para usar na análise não é uma tarefa fácil!

FIGURA 11-6

Análise de cenário: NPV esperado e seu risco

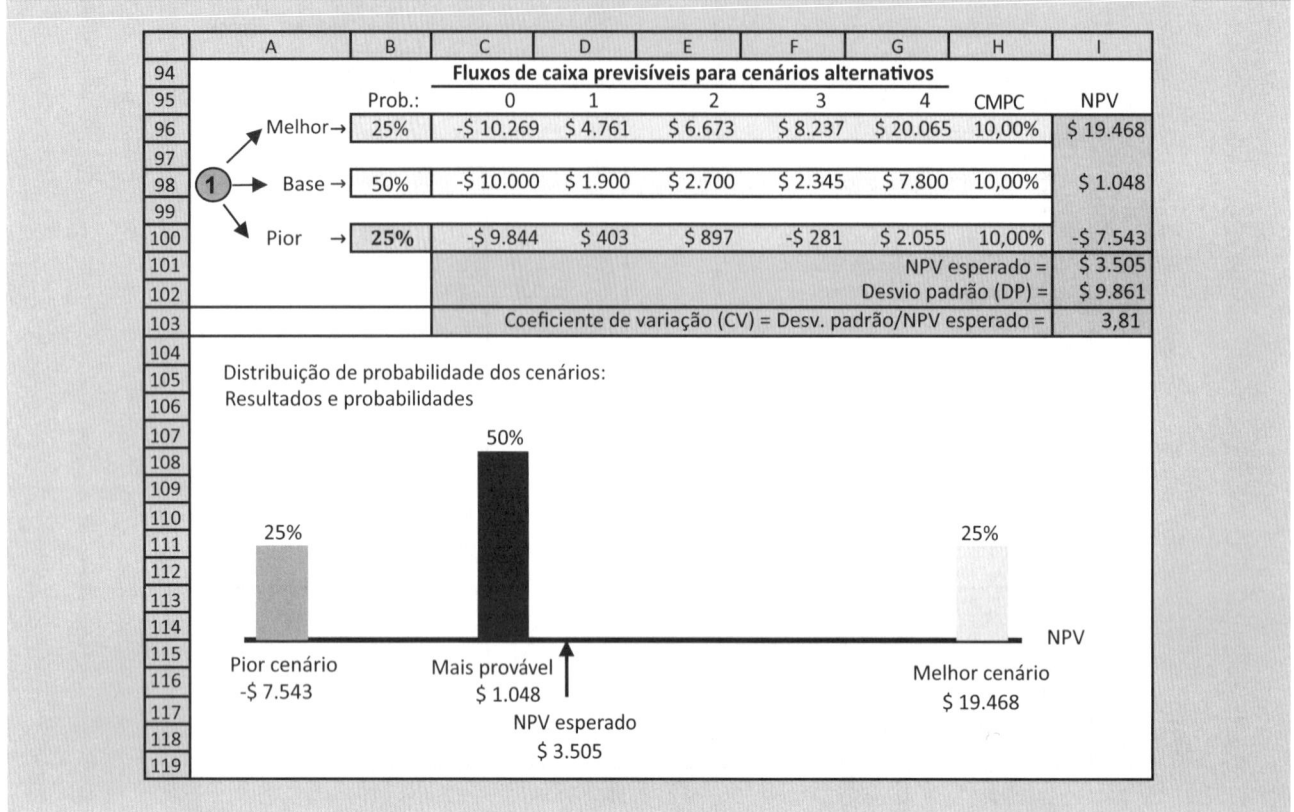

Observe que os resultados do caso-base são os mesmos em nossa análise de sensibilidade e cenário, mas, na análise de cenário, o pior caso é muito pior que na análise de sensibilidade e o melhor caso é muito melhor. Isso acontece porque, na análise de cenário, todas as variáveis estão configuradas em seus melhores ou piores níveis, enquanto, na análise de sensibilidade, somente uma variável está ajustada e todas as outras são deixadas nos níveis do caso-base.

O projeto tem um NPV positivo, mas o seu coeficiente de variação (CV) é 2,81, o que é mais que o dobro do CV de 1,2 de um projeto médio. Com o risco mais elevado, não está claro se o projeto deverá ser aceito ou não. Nesse ponto, o CEO da GPC vai pedir ao CFO para investigar mais ainda o risco, através da realização de uma análise de simulação, como descrito na próxima seção.

Autoavaliação

1. O que é análise de cenário?
2. Diferencie análise de sensibilidade de análise de cenário. Que vantagem a análise de cenário tem sobre a análise de sensibilidade?

11-7　Simulação de Monte Carlo[12]

A **simulação de Monte Carlo** une sensibilidades, distribuição de probabilidade e correlações entre as variáveis de entrada. Ela surgiu do trabalho no Projeto Manhattan para construir a primeira bomba atômica e foi chamada assim porque utilizava a matemática dos jogos de cassino. Embora a simulação de Monte Carlo seja consideravelmente mais complexa que a análise de cenário, os pacotes de software de simulação tornam

---

[12] Esta seção é relativamente técnica, e alguns instrutores podem optar por omiti-la sem perda de continuidade.

o processo gerenciável. Muitos desses pacotes podem ser usados como complementos do Excel e de outros programas de planilhas.

Em uma análise de simulação, uma distribuição de probabilidade é atribuída a cada variável de entrada: vendas em unidades, preço de venda, custo variável por unidade e assim por diante. O computador começa selecionando, da distribuição de probabilidade, um valor aleatório para cada variável. Esses valores são então inseridos no modelo, o NPV do projeto é calculado e armazenado na memória do computador. Isso é chamado de teste. Após a conclusão do primeiro teste, um segundo conjunto de valores de entrada é selecionado das distribuições de probabilidade das variáveis de entrada, e calcula-se um segundo NPV. Esse processo é repetido muitas vezes. Os NPVs dos testes podem ser representados em um histograma, que mostra uma estimativa dos resultados do projeto. A média dos NPVs dos testes é interpretada como um indicador do NPV esperado do projeto, com o desvio padrão (ou coeficiente de variação) do NPV dos testes como indicador do risco do projeto.

Por meio desse procedimento, conduzimos uma análise de simulação do Projeto de Aquecedor Solar de água da GPC. Para compararmos maçãs com maçãs, focamos as mesmas seis variáveis que puderam ser alteradas na análise de cenário conduzida anteriormente. Assumimos que cada variável pode ser representada por sua própria distribuição normal contínua com média e desvio padrão que são consistentes com o cenário do caso-base. Por exemplo, assumimos que as unidades vendidas no Ano 1 são provenientes de uma distribuição normal com uma média igual ao valor de caso-base de 10.000. Nós usamos as probabilidades e os resultados dos três cenários da Seção 11-6 para estimar o desvio padrão. O desvio padrão das unidades vendidas é 1.061, tal como calculado usando os valores do cenário. Fizemos pressupostos semelhantes para todas as variáveis. Além disso, assumimos que a variação anual em vendas unitárias serão correlacionadas positivamente com a unidade das vendas no primeiro ano: se a demanda é maior do que o esperado no primeiro ano, ela continuará a ser maior do que a esperada. Em particular, assumimos uma correlação de 0,65 entre as unidades vendidas no primeiro ano e o crescimento de unidades vendidas em anos posteriores. Para todas as outras variáveis, assumiu-se correlação zero. A Figura 11-7 mostra as entradas utilizadas na análise de simulação.

A Figura 11-7 mostra também o atual conjunto de variáveis aleatórias que foram retiradas das distribuições no momento em que criamos a figura para este livro – você verá diferentes valores para os principais resultados quando visualizar o modelo do *Excel*, porque os valores são atualizados cada vez que o arquivo é aberto. Nós utilizamos um procedimento de dois passos para criar as variáveis aleatórias para as entradas. Primeiro, usamos as funções do *Excel* para gerar variáveis aleatórias normais padrão com uma média de 0 e um desvio padrão de 1; estas são mostradas nas Células E38: E51. Para criarmos os valores aleatórios para as entradas utilizadas na análise, nós multiplicamos uma variável aleatória normal padrão pelo desvio padrão e adicionamos o valor esperado. Por exemplo, o *Excel* traçou o valor –0,07 para as vendas de unidades no primeiro ano (Célula E42) de uma distribuição normal padrão. Calculamos o valor de vendas de unidades no primeiro ano para usar no teste atual como 10.000 + 1.061 (–0,07) = 9.927, o que é mostrado na Célula F42.[13]

Usamos as entradas nas células F38: F52 para gerar fluxos de caixa e para calcular as medidas do desempenho para o projeto. Para o teste relatado na Figura 11-7, o NPV é $ 15.121. A Figura 11-8 apresenta os resultados selecionados da simulação para 10.000 ensaios.

Depois de executarmos uma simulação, a primeira coisa que fazemos é verificar se os resultados são consistentes com as nossas suposições. A média da amostra resultante e o desvio padrão das unidades vendidas no primeiro ano são 9.982 e 1.057, ou seja, praticamente idênticas às nossas premissas na Figura 11-7. O mesmo é verdadeiro para todas as outras entradas, por isso podemos estar razoavelmente confiantes de que a simulação está realizando o que solicitamos.

A Figura 11-8 também informa estatísticas de resumo para o NPV do projeto. A média é de $ 1.120, o que sugere que o projeto deve ser aceito. No entanto, a gama de resultados é muito grande, de uma perda de $ 16.785 para um ganho de $ 26.406, assim o projeto é claramente arriscado. O desvio padrão de $ 5.132 indica

---

[13] Pode haver diferenças de arredondamento leves porque o *Excel* não faz arredondamento em etapas intermediárias. Usamos um procedimento um pouco mais complicado para gerar uma variável aleatória para a alteração anual das vendas para garantir que ele tivesse 0,65 de correlação com as vendas de unidades no primeiro ano.

FIGURA 11-7

Entradas e resultados principais para o teste de simulação atual (milhares de dólares)

	A	B	C	D	E	F
33			**Entradas para simulação**		**Variáveis Aleatórias Usadas**	
34			**Probabilidade Distribuições**		**no Teste de Simulação Atual**	
35			**Valor**	**Desvio**	**Padrão**	
36			**esperado**	**padrão**	**normal**	**Valor usado**
37			**de entrada**	**de entrada**	**aleatório**	**em teste atual**
38	Custo do equipamento		$ 7.750	$ 354	-0,165	$ 7.692
39	Valor de revenda do equipamento no Ano 4		—	—	—	$ 639
40	Custo de oportunidade		—	—	—	$ 0
41	Externalidades (canibalização)		—	—	—	$ 0
42	Unidades vendidas, Ano 1		$ 10.000	$ 1.061	-0,069	$ 9.927
43	% Δ em unidades vendidas, após Ano 1		15,00%	7,07%	0,734	20,19%
44	Preço de venda por unidade, Ano 1		$ 1,50	$ 0,18	1,931	$ 1,84
45	% Δ no preço de vendas, após Ano 1		—	—		4,00%
46	Variação anual em VC, após o Ano 1		$ 1,07	$ 0,07	-1,087	$ 0,99
47	% Δ em VC, após Ano 1		—	—		3,00%
48	Custo variável por unidade (VC), Ano 1		$ 2.120	$ 148	0,514	$ 2.196
49	% Δ em Não-VC, após Ano 1		—	—		3,00%
50	CMPC do projeto		—	—	—	10,00%
51	Alíquota de impostos		40,00%	7,07%	-1,511	29,32%
52	NOWC como % das vendas do próximo ano		—	—		15,00%
53	Correlação assumida entre unidades vendidas no Ano 1 e a variação anual em unidades					
54	vendidas nos anos seguintes:		ρ = 65,00%			
55	**Resultados Principais com Base no Teste Atual**					
56	NPV		$ 15.121			
57	IRR		53,23%			
58	MIRR		37,61%			
59	PI		2.45			
60	Retorno		1.98			
61	Retorno descontado		$ 2,25			

que as perdas poderiam facilmente ocorrer, o que é consistente com essa ampla gama de possíveis resultados.[14] A Figura 11-8 também relata um NPV médio de $ 737, o que significa que na metade do tempo o projeto terá um NPV de menos de $ 737. Na verdade, há apenas 56,4% de probabilidade de que o projeto terá um NPV positivo.

Uma imagem vale mais que mil palavras, e a Figura 11-8 mostra a distribuição de probabilidade dos resultados. Note que a distribuição dos resultados é ligeiramente inclinada para a direita, as perdas potenciais no lado inferior não são tão grandes quanto os ganhos potenciais no lado superior. Nossa conclusão é que se trata de um projeto muito arriscado, como indicado pelo coeficiente de variação, mas ele possui um NPV positivo esperado e o potencial para ser um "sucesso".

Se a empresa decidir ir em frente com o projeto, a gerência superior também deve identificar os possíveis planos de contingência para responder às mudanças nas condições de mercado. Os gerentes superiores sempre devem considerar os fatores qualitativos, além da análise quantitativa do projeto.

---

[14] Observe que o desvio padrão do NPV na simulação é muito menor que o desvio padrão na análise de cenário. Na análise de cenário, supomos que todos os resultados ruins ocorreriam juntos no cenário do pior caso e todos os resultados positivos ocorreriam juntos no cenário do melhor caso. Em outras palavras, implicitamente assumimos que todas as variáveis do risco estavam perfeitamente correlacionadas positivamente. Na simulação, assumimos que as variáveis eram independentes (exceto na correlação entre vendas de unidades e crescimento). A independência das variáveis na simulação reduz a faixa de resultados. Por exemplo, na simulação, algumas vezes o preço de venda é alto, mas o crescimento das vendas é baixo. Na análise do cenário, um preço de venda alto está sempre combinado com crescimento alto. Uma vez que a suposição da análise de cenário de perfeita correlação é improvável, a simulação pode fornecer uma melhor estimativa do risco do projeto. No entanto, se os desvios padrão e as correlações usadas na simulação forem estimados de forma imprecisa, o resultado da simulação provavelmente será impreciso.

FIGURA 11-8

Resumo dos resultados da simulação (milhares de dólares)

	A	B	C	D	E	F	G	H	I
156	Número de testes 10.000		Variáveis de entrada						
157					% em	Preço de	Custo		
158				Unidades	unidades	venda por	variável por	Custo não	Alíquota
159	Estatística Resumida para		Custo do	vendidas,	vendidas,	unidade,	unidade	variável,	de
160	Variáveis de Entrada Simuladas		equipamento	Ano 1	após Ano 1	Ano 1	(VC), Ano 1	Ano 1	impostos
161		Média	$ 7.750	9.982	15,0%	$ 1,50	$ 1,07	$ 2.122	39.9%
162		Desvio padrão	$ 354	1.057	7,1%	$ 0,18	$ 0,07	$ 150	7,1%
163		Máximo	$ 9.072	14.005	45,0%	$ 2,15	$ 1,32	$ 2.682	68,7%
164		Mínimo	$ 6.397	6,172	-13,97%	$ 0,81	$ 0,78	$ 1.549	13,5%
165	Correlação com vendas de unid.				65,4%				

	A / B	NPV	Probabilidade
166 / 167	Estatística Resumida para Resultados Simulados		
168	Média	$1.120	
169	Desvio padrão	$5.132	
170	Máximo	$26.406	
171	Mínimo	-$16.785	
172	Mediana	$737	
173	Probabilidade de NPV > 0	56,4%	
174	Coeficiente de variação	4.58	

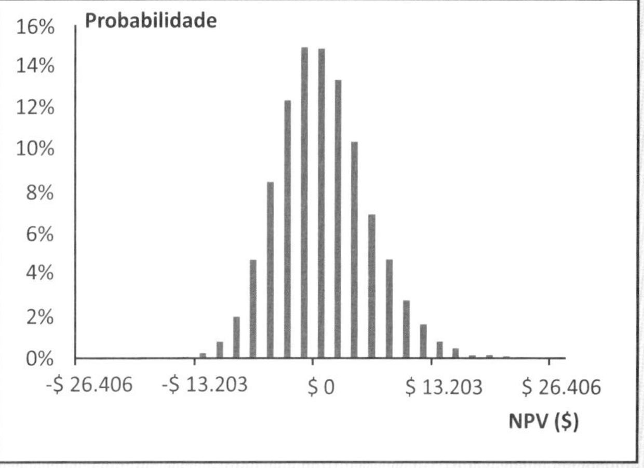

Autoavaliação

1. O que é a simulação de Monte Carlo?

11-8 Conclusões do risco do projeto

Abordamos os três tipos de risco normalmente considerados na avaliação de investimentos: unitário, interno (ou corporativo) e de mercado. No entanto, duas importantes perguntas permanecem:

- As empresas devem se importar com o risco unitário e interno, uma vez que a teoria de finanças diz que o risco de mercado (beta) é o único risco relevante?
- O que fazemos quando as avaliações dos riscos unitário, interno e de mercado levam a diferentes conclusões?

Não há uma resposta fácil para essas perguntas. Os defensores do CAPM argumentariam que investidores bem diversificados estão preocupados somente com o risco de mercado, que os gerentes devem se preocupar somente em maximizar o preço das ações e, portanto, que o risco de mercado (beta) deve receber praticamente todo o peso nas decisões de avaliação de investimentos. No entanto, sabemos que nem todos os investidores são bem diversificados, que o CAPM não opera exatamente de acordo com a teoria e que problemas de mensuração impedem que os gerentes tenham total confiança nas informações do CAPM. Além disso, o CAPM ignora custos de falência, mesmo que possam ser substanciais, e a probabilidade de falência depende do risco corporativo de uma empresa e não de seu risco beta. Portanto, mesmo investidores bem diversificados devem querer que a administração dê, pelo menos, alguma atenção ao risco corporativo de um projeto, e isso significa considerar, de alguma forma, o risco unitário do projeto.

Embora seja agradável reconciliar esses problemas e medir o risco em alguma escala absoluta, o melhor que podemos fazer na prática é estimar o risco de maneira relativa, até certo ponto nebulosa. Por exemplo, podemos em geral dizer com algum grau de confiança que um projeto em particular possui mais, menos ou o mesmo risco unitário que o projeto médio da empresa. Então, uma vez que o risco unitário e o risco corporativo estão geralmente correlacionados, o risco unitário do projeto é, em geral, uma medida razoavelmente boa de seu risco corporativo. Finalmente, supondo que os riscos de mercado e corporativo estejam correlacionados, como é verdade para a maioria das empresas, um projeto com um risco corporativo relativamente alto ou baixo também terá um risco de mercado relativamente alto ou baixo. Gostaríamos de poder ser mais específicos, mas deve-se ter muito critério quando se avalia o risco de um projeto.

Autoavaliação

1. Teoricamente, uma empresa deve ser igualmente preocupada com os riscos unitário, corporativo e de mercado? Sua resposta seria a mesma se substituíssemos "teoricamente" por "praticamente"? Explique suas respostas.
2. Se os riscos unitário, corporativo e de mercado de um projeto estão sabidamente altamente correlacionados, isso tornaria a tarefa de avaliar o risco do projeto mais fácil ou mais difícil? Explique.

11-9   Análise de substituição

Nas seções anteriores, assumimos que o Projeto do Aquecedor Solar de Água era totalmente novo, portanto todos os seus fluxos de caixa eram incrementais – eles ocorreriam se, e apenas se, o projeto fosse aceito. No entanto, para projetos de substituição, precisamos encontrar os diferenciais do *fluxo de caixa* entre o projeto novo e o antigo, e esses diferenciais são os *fluxos de caixas incrementais* que devemos analisar.

Avaliamos uma decisão de substituição na Figura 11-9 que está configurada de forma similar às Figuras 11-1 e 11-2, mas com dados sobre uma máquina nova, altamente eficiente (que será depreciada de forma acelerada), e dados sobre uma máquina antiga (que está sendo depreciada de forma linear). Na parte I, mostramos as principais informações na análise, incluindo depreciação das máquinas novas e antigas. Na parte II, encontramos os fluxos de caixa que a empresa terá se continuar a usar a máquina antiga, e, na parte III, encontramos os fluxos de caixa se a empresa substituir a máquina antiga. Na parte IV, subtraímos os fluxos antigos dos novos para chegar ao *fluxo de caixa incremental* e avaliamos esses fluxos na parte V para encontrar NPV, IRR e MIRR. Substituir a máquina antiga parece ser uma boa decisão.[15]

Em alguns casos, as substituições adicionam capacidade, assim como custos operacionais mais baixos. Nesse caso, as receitas de vendas na parte III seriam aumentadas, e, se isso levasse a uma necessidade de mais capital de giro, seria demonstrado como gasto no tempo 0 com uma recuperação ao final da vida do projeto. Essas mudanças, é claro, seriam refletidas no fluxo de caixa incremental na linha 52.

Autoavaliação

1. Como os fluxos de caixa incrementais são encontrados em uma análise de substituição?
2. Se você estivesse analisando um projeto de substituição e de repente ficasse sabendo que o equipamento antigo poderia ser vendido por $ 1.000 e não por $ 400, essa informação nova faria a substituição parecer melhor ou pior? Explique.
3. Na Figura 11-9, assumimos que o resultado permaneceria estável se a máquina antiga fosse substituída. Suponha que o resultado na realidade dobrasse. Como essa mudança seria tratada no modelo da Figura 11-9?

11-10   Opções reais

De acordo com a teoria tradicional de avaliação de investimentos, o NPV de um projeto é o valor presente de seu fluxo de caixa futuro esperado, descontado a uma taxa que reflete o risco desses fluxos de caixa. Observe, no entanto, que isso não diz nada sobre ações que podem ser tomadas *depois* que o projeto foi aceito e colocado em operação, o que poderia levar a um aumento nos fluxos de caixa. Em outras palavras, a teoria tradicional de avaliação de investimentos supõe que um projeto é como uma roleta. Um jogador pode escolher

---

[15] O mesmo tipo de análise de risco abordado nas seções anteriores pode ser aplicado às decisões de substituição.

FIGURA 11-9

Análise de substituição

	A	B	C	D	E	F	G	H	I
15						Applies to:			
16	Parte I. Informações:				Ambas as máquinas	Máquina antiga	Máquina nova		
17	Custo da máquina nova						$ 2.000		
18	Valor-residual da máquina antiga após impostos					$ 400			
19	Receita de vendas (fixa)				$ 2.500				
20	Custos operacionais anuais exceto depreciação					$ 1.200	$ 280		
21	Alíquota de impostos				40%				
22	CMPC				10%				
23	Depreciação			1	2	3	4	Totais:	
24	Taxas de depreciação (máquina nova)			33,33%	45,45%	14,81%	7,41%	100%	
25	Depreciação da máquina nova			$ 667	$ 889	$ 296	$ 148	$ 2.000	
26	Depreciação da máquina antiga			$ 334	$ 333	$ 0	$ 0	$ 667	
27	Δ: Variação na depreciação			$ 333	$ 556	$ 296	$ 148	$ 1.333	
28	Parte II. Fluxo de caixa líquido antes da substituição: máquina antiga								
29				0	1	2	3	4	
30	Receita de vendas				$ 2.500	$ 2.500	$ 2.500	$ 2.500	
31	Custos operacionais exceto depreciação				1.200	1.200	1.200	1.200	
32	Depreciação				334	333	0	0	
33	Total de custos operacionais				$ 1.534	$ 1.533	$ 1.200	$ 1.200	
34	Lucro operacional				$ 966	$ 967	$ 1.300	$ 1.300	
35	Impostos 40%				386	387	520	520	
36	Lucro operacional após impostos				$ 580	$ 580	$ 780	$ 780	
37	Adição de depreciação				334	333	0	0	
38	Fluxo de caixa líquido antes a substituição				$ 0	$ 914	$ 913	$ 780	$ 780
39	Parte III. Fluxo de caixa líquido após a substituição: máquina nova								
40				0	1	2	3	4	
41	Custo da máquina nova			-$ 2.000					
42	Valor residual da máquina antiga após impostos			$ 400					
43	Receita de vendas				$ 2.500	$ 2.500	$ 2.500	$ 2.500	
44	Custos operacionais exceto depreciação				$ 280	$ 280	$ 280	$ 280	
45	Depreciação				$ 667	$ 889	$ 296	$ 148	
46	Total de custos operacionais				$ 947	$ 1.169	$ 576	$ 428	
47	Lucro operacional				$ 1.553	$ 1.331	$ 1.924	$ 2.072	
48	Impostos 40%				$ 621	$ 532	$ 770	$ 829	
49	Lucro operacional após impostos				$ 932	$ 799	$ 1.154	$ 1.243	
50	Adição de depreciação				$ 667	$ 889	$ 296	$ 148	
51	Fluxo de caixa líquido após a substituição			-$ 1.600	$ 1.599	$ 1.688	$ 1.450	$ 1.391	
52	Parte IV. CF incremental: linha 51-linha 38			-$ 1.600	$ 685	$ 774	$ 670	$ 611	
53	Parte V. Avaliação			NPV =	$ 584,02	IRR =	26.33%	MIRR =	18,90%

se girará a roleta ou não, mas, uma vez girada, nada pode ser feito para influenciar o resultado. Assim que o jogo começa, o resultado depende puramente da sorte e nenhuma habilidade está envolvida.

Compare a roleta com o pôquer. A sorte tem um papel no pôquer e continua a ter depois da distribuição inicial das cartas, pois o jogador recebe cartas adicionais durante todo o jogo. No entanto, jogadores de pôquer são capazes de responder às ações de seus oponentes, e jogadores habilidosos geralmente vencem.

As decisões de avaliação de investimentos têm mais em comum com o pôquer do que com a roleta, pois (1) a sorte tem um papel contínuo durante toda a vida do projeto, mas (2) os gerentes podem responder às condições do mercado em constante mudança e às ações dos concorrentes. Oportunidades para responder à evolução das circunstâncias são chamadas de **opções gerenciais** (porque dão aos gestores a chance de influenciar o resultado de um projeto), **opções estratégicas** (porque são frequentemente associadas com grandes projetos estratégicos, em vez de projetos de manutenção de rotina) e **opções incorporadas** (porque elas são uma parte do projeto). Por fim, elas são chamadas de **opções reais** para diferenciá-las das opções financeiras, porque envolvem aplicações reais, em vez de financeiras. As seções seguintes descrevem projetos com vários tipos de opções reais.

11-10a   Opções de espera para investir

A análise convencional do NPV assume que os projetos serão aceitos ou rejeitados, o que implica que serão realizados agora ou nunca. Na prática, no entanto, as empresas algumas vezes possuem uma terceira escolha – adiar a decisão para mais tarde, quando mais informações estiverem disponíveis. Tais **opções de espera para investir** podem afetar significativamente a lucratividade e o risco estimados de um projeto, como vimos em nosso exemplo do Projeto do Aquecedor Solar de Água da GPC.

Tenha em mente, no entanto, que a *opção de adiar* é valiosa somente se compensar qualquer dano que possa resultar do atraso. Por exemplo, enquanto uma empresa atrasa, outra pode estabelecer uma base de clientes fiéis que dificulte a entrada da primeira empresa no mercado mais tarde. A opção de atrasar é geralmente mais valiosa para empresas com tecnologia exclusiva, patentes, licenças ou outras barreiras para a entrada, pois esses fatores diminuem a ameaça da concorrência. Tal opção é valiosa quando a demanda do mercado é incerta, mas também durante períodos de taxas de juros voláteis, uma vez que a capacidade de esperar pode permitir que as empresas adiem a captação de recursos para um projeto até as taxas de juros abaixarem.

11-10b   Opções de crescimento

Uma **opção de crescimento** permite que a empresa aumente sua capacidade se as condições do mercado forem melhores que o esperado. Há diversos tipos de opção de crescimento. Um permite que a empresa *aumente a capacidade de uma linha de produtos existente*. Usinas para suprir picos de demanda de energia ilustram esse tipo de opção de crescimento. Tais unidades possuem altos custos variáveis e são usadas para produzir energia adicional somente se a demanda e, portanto, os preços forem altos.

O segundo tipo de opção de crescimento permite a expansão de uma empresa para *novos mercados geográficos*. Muitas empresas estão investindo na China, no Leste Europeu e na Rússia, mesmo que a análise padrão de NPV produza NPVs negativos. No entanto, se esses mercados em desenvolvimento realmente decolarem, a opção de abrir mais instalações poderia ser muito valiosa.

O terceiro tipo de opção de crescimento é a oportunidade de *adicionar novos produtos*, incluindo produtos complementares e "gerações" sucessivas do produto original. Montadoras de veículos estão perdendo dinheiro nos primeiros carros elétricos, mas as habilidades de fabricação e o reconhecimento por parte do consumidor do que esses carros proporcionarão devem ajudar a transformar as gerações subsequentes de carros elétricos em fábricas de dinheiro.

11-10c   Opção de abandono

Considere o valor de uma **opção de abandono**. A análise DCF padrão assume que um ativo do projeto será utilizado durante uma vida econômica especificada. Mas, apesar de alguns projetos deverem ser operados na totalidade de sua vida econômica – em despeito da deterioração das condições de mercado e, portanto, inferior aos fluxos de caixa esperados –, outros podem ser abandonados. Gerentes inteligentes negociam o direito de abandonar se um projeto resultar malsucedido como condição para a realização do projeto.

Observe também que alguns projetos podem ser estruturados de forma que forneçam a opção de *reduzir a capacidade* ou *temporariamente suspender as operações*. Tais opções são comuns no setor de recursos naturais, incluindo mineração, petróleo e madeira, e devem ser refletidas na análise quando os NPVs estiverem sendo estimados.

11-10d   Opções de flexibilidade

Muitos projetos oferecem **opções de flexibilidade** que permitem que uma empresa altere as operações, dependendo de como as condições mudam durante a vida do projeto. Geralmente, insumos ou produção (ou ambos) podem ser alterados. A fábrica da BMW em Spartanburg, na Carolina do Sul, fornece um bom exemplo de flexibilidade de produção. A BMW precisava que a fábrica produzisse cupês esportivos. Se construísse a fábrica configurada para produzir apenas esses veículos, o custo da construção seria minimizado. No entanto, a empresa pensou que mais tarde poderia querer alterar a produção para algum outro tipo de veículo e isso seria difícil se a fábrica estivesse projetada apenas para cupês. Portanto, a BMW decidiu gastar mais para construir uma fábrica flexível: que pudesse produzir diferentes tipos de veículos conforme a mudança nos padrões de demanda. Com certeza, as coisas realmente mudaram. A demanda por cupês caiu um pouco e a demanda por utilitários esportivos subiu vertiginosamente. Mas a BMW estava pronta e a fábrica de Spartanburg começou a fabricar os SUVs que estavam com as vendas aquecidas. Os fluxos de caixa da fábrica eram muito mais altos do que jamais seriam sem a opção de flexibilidade que a BMW "comprou" ao pagar mais para construir uma fábrica mais flexível.

Usinas elétricas fornecem um exemplo de flexibilidade de insumos. Empresas de eletricidade podem construir usinas que geram eletricidade com a queima de carvão, óleo combustível ou gás natural. Os preços desses combustíveis mudam com o tempo, conforme os acontecimentos no Oriente Médio, alterações nas políticas ambientais e condições climáticas. Há alguns anos, praticamente todas as usinas eram projetadas para queimar apenas um tipo de combustível, pois isso resultava em custos de construção mais baixos. No entanto, como a volatilidade dos custos do combustível aumentou, as empresas de energia começaram a construir usinas de custo mais alto, porém mais flexíveis, especialmente aquelas que poderiam alternar entre óleo e gás, dependendo dos preços dos combustíveis.

11-10e Avaliação das opções reais

Um tratamento completo da avaliação da opção real está além do escopo deste capítulo, mas há algumas coisas que podemos dizer. Primeiro, se um projeto possui uma opção real embutida, a gerência deve pelo menos reconhecer e articular sua existência. Em segundo lugar, sabemos que uma opção financeira é mais valiosa se possui um longo prazo até o vencimento ou se o ativo subjacente for muito arriscado. Se qualquer uma dessas características se aplicar à opção real de um projeto, a gerência deve saber que provavelmente seu valor será relativamente alto. Terceiro, a gerência deve ser capaz de moldar a opção real ao longo das linhas de uma árvore de decisão, como ilustramos na próxima seção.

Autoavaliação

1. Explique a relevância da seguinte declaração: "Decisões de avaliação de investimentos têm mais em comum com pôquer do que com roleta".
2. O que são opções gerenciais? E o que são opções estratégicas?
3. Identifique alguns tipos diferentes de opções reais e especifique as diferenças entre elas.

11-11 Decisões em fases e árvores de decisão

Até este ponto focamos principalmente as técnicas para estimar o risco de um projeto. Embora isso faça parte da avaliação de investimentos, os gerentes estão interessados tanto em *reduzir* o risco como em *mensurá-lo*. Uma maneira de reduzir o risco é estruturar projetos de forma que os gastos possam ser estruturados em estágios durante um período de tempo, em vez de todos de uma vez. Isso fornece aos gerentes a oportunidade de reavaliar decisões usando novas informações e então investir recursos adicionais ou terminar o projeto. Esse tipo de análise envolve o uso de *árvores de decisão*.

11-11a A árvore de decisão básica

A análise do Projeto do Aquecedor Solar de Água da GPC até agora assumiu que ele não pode ser abandonado uma vez que entre em funcionamento, mesmo se a situação de pior caso surgir. No entanto, a GPC está considerando a possibilidade de rescisão (abandono) do projeto no Ano 2 se a demanda for baixa. O fluxo de caixa líquido depois do imposto de venda, taxas legais, liquidação do capital de giro e todos os outros custos de término e receitas é de $ 5.000. Usando esses pressupostos, a GPC rodou uma nova análise de cenário; os resultados são apresentados na Figura 11-10, a qual é uma árvore de decisão simples.

Aqui, assumimos que, se o pior caso se materializar, será reconhecido depois dos fluxos de caixa baixos no Ano 1 e a GPC abandonará o projeto. Em vez de continuar realizando baixos fluxos de caixa nos Anos 2, 3 e 4, a empresa encerrará a operação e liquidará o projeto para $ 5.000 em t = 2. Agora, o NPV esperado sobe de $ 3.505 para $ 4.055 e o CV declina de 2,81 para 2,29. Garantir o direito de abandonar o projeto se as coisas não funcionarem levantou o retorno esperado do projeto e reduziu seu risco. Isso lhe dará um valor aproximado, mas tenha em mente que você não pode ter uma boa estimativa da taxa de desconto apropriada, porque a verdadeira opção muda o risco e, portanto, o retorno exigido do projeto.[16]

---

[16] Para obter mais informações sobre a avaliação da opção real, veja M. Amram e N. Kulatilaka, *Real options: managing strategic investment in an uuncertain world*. Boston: Harvard Business School Press, 1999; e H. Smit e L. Trigeorgis, *Strategic investments: real options and games*. Princeton, NJ: Princeton University Press, 2004.

FIGURA 11-10
Árvore de decisão simples: abandono do projeto no cenário de pior caso

	A	B	C	D	E	F	G	H	I
123			**Fluxos de Caixa Previstos para Cenários Alternativos**						
124		Prob.:	0	1	2	3	4	CMPC	NPV
125	Melhor→	25%	-$ 10.269	$ 4.761	$ 6.673	$ 8.237	$ 20.065	10%	$ 19.468
126									
127	① →Base→	50%	-$ 10.269	$ 1.900	$ 2.700	$ 2.345	$ 7.800	10%	$ 1.048
128									
129			-$ 9.844	$ 403	$ 897	-$ 281	-$ 2.055		
130	Pior→	25%							
131			-$ 9.844	$ 403	② $ 5.000	$ 0	$ 0	10%	-$ 5.345
132	**Se abandonar. pode liquidar por $ 500 no t = 2.**								
133							NPV esperado =		$ 4.055
134							Desvio padrão (SD) =		$ 9.273
135						Coeficiente de variação (CV) = Desv. padrão/NPV esperado =			2,29

11-11b Árvore de decisão em fases

Depois que a equipe de gerenciamento pensou sobre a abordagem da árvore de decisão, outras formas de melhorar o projeto surgiram. O gerente de mercado afirmou que ele poderia realizar um estudo que daria à empresa uma ideia melhor da demanda para o produto. Se o estudo de mercado encontrar respostas favoráveis para o produto, o engenheiro de projeto afirmou que ele poderia construir um protótipo de aquecedor solar de água para medir as reações dos consumidores com o produto real. Após a avaliação dessas reações, a companhia poderia ir adiante com o projeto ou abandoná-lo. Esse tipo de processo de avaliação é chamado **árvore de decisão em fases** e é mostrado na Figura 11-11.

Árvores de decisão, como a da Figura 11-11 muitas vezes são usadas para analisar decisões de múltiplos estágios ou sequenciais. Cada círculo representa um ponto de decisão, também conhecido como um **nó de decisão**. O valor do dólar à esquerda de cada nó de decisão representa o fluxo de caixa líquido naquele ponto e os fluxos de caixa mostrados sob t = 3, 4, 5 e 6 representam os influxos de caixa se o projeto é conduzido para a conclusão. Cada linha diagonal conduz a um **ramo** da árvore de decisão e cada ramo tem uma probabilidade estimada. Por exemplo, se a empresa decide "prosseguir" com o projeto no Ponto de Decisão 1, ela gastará $ 100.000 em estudo de mercado. A gestão estima que há uma probabilidade de 0,8 de que o estudo produza

FIGURA 11-11
Árvore de decisão com múltiplos pontos de decisão

	A	B	C	D	E	F	G	H	I	J	K
144	**A empresa pode abandonar o projeto em t = 2**									CMPC = 10%	
145		**Períodos de tempo, fluxos de caixa, probabilidades e pontos de decisão**								CMPC = 10%	
146	0		1		2	3	4	5	6	CMPC = 10%	
147	1° invest	Prob.	2° invest	Prob.	3° invest	Entrada	Entrada	Entrada	Entrada	NPV	Prob. Conj.
148											
149				45%	-$ 10.269 ③	$ 4.761	$ 6.673	$ 8.237	$ 20.065	$ 15.534	36%
150											
151		80%	-$ 500 ②	40%	-$ 10.000 ③	$ 1.900	$ 2.700	$ 2.345	$ 7.800	$ 312	32%
152											
153	-$ 100 ①			15%	Parar ③	$ 0	$ 0	$ 0	$ 0	-$ 555	12%
154											
155		20%	Parar ②		$ 0	$ 0	$ 0	$ 0	$ 0	-$ 100	20%
156											100%
157									NPV esperado =	$ 5.606	
158									Desvio padrão (DP) =	$ 7.451	
159							Coeficiente de variação (CV) = Desv. padrão/NPV esperado =			1,33	

resultados *positivos*, levando a decisão de realizar um investimento adicional e, assim, passar para o Ponto de Decisão 2 e uma probabilidade de 0,2 de que o estudo de mercado produzirá resultados *negativos*, indicando que o projeto deve ser cancelado após o Estágio 1. Se o projeto for cancelado, o custo para a empresa será os $ 100.000 gastos no estudo de mercado inicial.

Se o estudo de mercado produz resultados positivos, a empresa gastará $ 500.000 no módulo do protótipo do aquecedor de água no Ponto de Decisão 2. As estimativas da administração (mesmo antes de realizar o investimento inicial de $ 100.000) é de que há uma probabilidade de 45% do projeto piloto obter bons resultados, uma probabilidade de 40% de resultados médios e uma probabilidade de 15% de maus resultados. Se o protótipo funcionar bem, a empresa gastará vários milhões a mais no Ponto de Decisão 3 para construir uma instalação de produção, comprar o estoque necessário e iniciar as operações. Os fluxos de caixa operacionais sobre a vida de 4 anos do projeto serão bons, médios ou maus e esses fluxos de caixa são apresentados sobre os Anos 3 a 6.

A coluna de probabilidades conjuntas na Figura 11-11 fornece a probabilidade de ocorrência de cada ramo – e, portanto, de cada NPV. Cada probabilidade conjunta é obtida multiplicando-se junto todas as probabilidades de determinado ramo. Por exemplo, a probabilidade de que a empresa irá, se o Estágio 1 for realizado, se mover através dos Estágios 2 e 3 e que uma forte demanda produzirá os fluxos de caixa indicados é (0,8) (0,45) = 0,36 = 36,0%. Existe uma probabilidade de 32% de resultados médios, uma probabilidade de 12% de construir a instalação e, em seguida obter resultados ruins, e uma probabilidade de 20% de obter maus resultados iniciais e parar depois do estudo de mercado. O NPV do ramo superior (mais favorável) como mostrado na Coluna J é $ 15.534, calculado como se segue:

$$NPV = -\$\,100 - \frac{\$\,500}{(1,10)^1} - \frac{\$\,10.269}{(1,10)^2} + \frac{\$\,4.761}{(1,10)^3} + \frac{\$\,6.673}{(1,10)^4} + \frac{\$\,8.237}{(1,10)^5} + \frac{\$\,20.065}{(1,10)^6}$$
$$= \$\,15.534$$

Os NPVs para os outros ramos são calculados de forma semelhante.[17]

A última coluna na Figura 11-11 fornece o produto do NPV para cada ramo vezes a probabilidade conjunta de que o ramo ocorrendo e a soma destes produtos é o NPV esperado do projeto. Com base nas expectativas usadas para criar a Figura 11-11 e um custo de capital de 10%, o NPV esperado do projeto é de $ 5.606 ou $ 5.606 milhões.[18] Além disso, CV declina de 2,81 para 1,33, e a perda máxima antecipada é gerenciável – $ 555.000. Neste ponto o Projeto do Aquecedor Solar de Água parecia bom e a gestão da GPC decidiu aceitá-lo.

Como mostra esse exemplo, a análise de árvore de decisão requer que os gestores articulem explicitamente os tipos de risco que um projeto enfrenta e desenvolvam respostas para cenários potenciais. Note também que o nosso exemplo pode ser estendido para cobrir muitos outros tipos de decisões e poderia ainda ser incorporado em uma análise de simulação. Em suma, a análise de árvore de decisão é uma valiosa ferramenta para analisar riscos de projeto.[19]

Autoavaliação

1. O que é uma árvore de decisão? Um ramo? Um nó?
2. Se uma empresa pode estruturar um projeto de forma que os gastos possam ser realizados em estágios em vez de todos no início, como isso pode afetar o risco e o NPV esperado do projeto? Explique.

---

[17] Os cálculos em Excel usam fluxos de caixa anuais não arredondados, portanto pode haver pequenas diferenças quando se fazem manualmente cálculos com fluxos de caixa anuais arredondados.

[18] Como mencionamos com relação à opção de abandono, a presença de opções reais na Figura 11-11 pode causar alteração na taxa de desconto.

[19] Nesse exemplo, fizemos poucos comentários sobre uma questão importante: o custo apropriado do capital para o projeto. Adicionar nós de decisão a um projeto altera claramente seu risco, então esperaríamos que o custo de capital para um projeto com poucos nós de decisão tenha um risco diferente daquele com muitos nós. Se esse for o caso, os projetos deverão ter custos diferentes de capital. De fato, poderíamos esperar que o custo de capital mudasse com o tempo à medida que o projeto passa para estágios diferentes, uma vez que os estágios em si diferem no risco.

Resumo

Neste capítulo, desenvolvemos um modelo para analisar o fluxo de caixa de um projeto e seu risco. Os conceitos-chave cobertos estão listados a seguir.

- A etapa mais importante (e mais difícil) quando se analisa um projeto de investimento é **estimar os fluxos de caixa incrementais após impostos** que o projeto produzirá.
- O **fluxo de caixa líquido** de um projeto é diferente de seu lucro contábil. O fluxo de caixa líquido do projeto reflete os (1) desembolsos de caixa para ativos fixos, (2) receitas de vendas, (3) custos operacionais, (4) benefício fiscal oriundo da depreciação e (5) fluxos de caixa em decorrência de variações no capital de giro líquido. O fluxo de caixa líquido de um projeto *não* inclui pagamento de juros, uma vez que é contabilizado pelo processo de desconto. Se deduzirmos os juros e descontarmos os fluxos de caixa ao CMPC, isso duplicará as despesas com juros.
- Quando se determinam os fluxos de caixa incrementais, os **custos de oportunidade** (fluxos de caixa renunciados ao utilizar-se um ativo) devem ser incluídos, mas os **custos irrecuperáveis** (desembolsos de caixa que foram efetuados e não podem ser recuperados) não. Quaisquer **externalidades** (efeitos de um projeto em outras partes da empresa) também devem ser refletidas na análise. Externalidades podem ser *positivas*, *negativas* ou *ambientais*.
- **Canibalização** é um tipo importante de externalidade que ocorre quando um novo projeto leva a uma redução nas vendas de um produto existente.
- As **leis tributárias** afetam a análise do fluxo de caixa de duas formas: (1) impostos reduzem os fluxos de caixa operacionais e (2) leis tributárias determinam a despesa de depreciação que pode ser assumida a cada ano.
- As **mudanças nos níveis de preço (inflação** ou **deflação)** devem ser consideradas na análise do projeto. O melhor procedimento é transformar alterações de preço esperadas em estimativas de fluxo de caixa. Deve-se reconhecer que os preços e custos de um produto podem cair com o tempo mesmo que a economia esteja enfrentando uma inflação.
- Este capítulo ilustrou os **projetos de expansão**, nos quais o investimento gera novas vendas, e os **projetos de substituição**, em que o propósito principal do investimento é operar de forma mais eficiente e, assim, reduzir custos.
- Abordamos três tipos de risco: **unitário, corporativo** (ou **interno**) e **de mercado** (ou **beta**). O risco unitário não considera a diversificação; o corporativo é o risco entre os ativos próprios da empresa; e o de mercado, o risco no nível dos acionistas, em que a diversificação dos acionistas é considerada.
- O **risco** é importante porque afeta a taxa de desconto usada na análise de investimentos; em outras palavras, o CMPC de um projeto depende de seu risco.
- Presumindo que o CAPM seja verdadeiro, o **risco de mercado** é o risco mais importante, pois (de acordo com o CAPM) afeta o preço das ações. No entanto, geralmente *é difícil medir o risco de mercado de um projeto.*
- O **risco corporativo** é importante porque influencia a capacidade da empresa de usar a dívida de baixo custo para manter operações tranquilas ao longo do tempo e evitar crises que poderiam consumir a energia da gerência e desestabilizar seus funcionários, clientes, fornecedores e comunidade. O risco corporativo de um projeto é geralmente mais fácil de medir do que seu risco de mercado; e, como os riscos corporativo e de mercado são geralmente considerados correlacionados, o risco corporativo pode com frequência servir como referência para o risco de mercado.
- O **risco unitário** é mais fácil de medir que o risco de mercado ou o corporativo. Além disso, na maioria das vezes, os fluxos de caixa dos projetos de uma empresa estão relacionados uns com os outros, e os fluxos de caixa totais da empresa estão relacionados com os da maioria de outras empresas. Essas correlações significam que o risco unitário do projeto pode, em geral, ser usado como referência de risco de mercado e risco corporativo, que são difíceis de mensurar. Como resultado, grande parte da análise de risco na avaliação de investimentos foca o risco unitário.
- **Análise de sensibilidade** é uma técnica que demonstra quanto o NPV de um projeto mudará em resposta a determinada alteração em uma variável de entrada, tal como vendas, quando todos os outros fatores são mantidos constantes.
- **Análise de cenário** é uma técnica de avaliação de risco na qual os NPVs do melhor e pior caso são comparados com o NPV do caso-base do projeto.
- A **simulação de Monte Carlo** é uma técnica de análise de risco que usa um computador para simular eventos futuros e, portanto, estimar a lucratividade e o risco de um projeto.
- A **taxa de desconto ajustada ao risco** (ou **custo de capital do projeto**) é usada para avaliar um projeto em particular. É baseada no CMPC corporativo, um valor que é aumentado para projetos mais arriscados que o projeto médio da empresa e reduzido para projetos menos arriscados.
- Uma **árvore de decisão** mostra como decisões diferentes durante a vida do projeto podem afetar seu valor.

- Uma **análise de árvore de decisão em fases** divide a análise em três fases diferentes. Em cada fase, uma decisão é tomada para prosseguir ou interromper o projeto. Essas decisões são representadas nas árvores de decisão por círculos denominados **nós de decisão.**
- Oportunidades de responder às circunstâncias em constante mudança são chamadas **opções reais** ou **gerenciais,** pois fornecem aos gerentes a opção de influenciar os retornos de um projeto. Elas também são chamadas de **opções estratégicas**, pois com frequência estão associadas a projetos grandes e estratégicos, mas não a projetos de manutenção de rotina. Finalmente, também são chamadas de opções "reais" porque envolvem ativos "reais" (ou "físicos") em vez de ativos "financeiros". Muitos projetos incluem uma variedade dessas **opções embutidas,** que podem afetar significativamente o NPV verdadeiro.
- Uma **opção de esperar para investir** envolve a possibilidade de adiar os gastos maiores até que mais informações sobre prováveis resultados sejam conhecidas. A oportunidade de adiar pode alterar significativamente o valor estimado de um projeto.
- Uma **opção de crescimento** ocorre se um investimento cria a oportunidade de efetuar outros investimentos potencialmente lucrativos que de outra forma não seriam possíveis. Há três tipos de opção de crescimento: (1) para expandir a produção do projeto original, (2) entrar em um novo mercado geográfico e (3) introduzir produtos complementares ou gerações sucessivas de produtos.
- Uma **opção de abandono** é a capacidade de interromper um projeto se o fluxo de caixa operacional for menor que o esperado. Ela reduz o risco de um projeto e aumenta seu valor. Em vez do abandono total, algumas opções permitem que uma empresa reduza a capacidade ou suspenda temporariamente as operações.
- Uma **opção de flexibilidade** é a possibilidade de modificar as operações, dependendo de como as condições se desenvolvem durante a vida do projeto, especialmente o tipo de resultado produzido ou insumos utilizados.

Perguntas

(11-1) Defina as expressões e os termos apresentados a seguir:
   a. Fluxo de caixa do projeto e lucro contábil.
   b. Fluxo de caixa incremental, custos irrecuperáveis, custo de oportunidade, externalidade, canibalização, projeto de expansão e projeto de substituição.
   c. Variações no capital de giro operacional líquido e valor residual.
   d. Risco unitário, risco corporativo (interno) e risco de mercado (beta).
   e. Análise de sensibilidade, análise de cenário e análise de simulação de Monte Carlo.
   f. Taxa de desconto ajustada ao risco e custo de capital do projeto.
   g. Árvore de decisão, análise da árvore de decisão em fases, nó de decisão e ramo.
   h. Opções reais, opções gerenciais, opções estratégicas e opções embutidas.
   i. Opção de espera para investir, opção de crescimento, opção de abandono e opção de flexibilidade.

(11-2) Fluxos de caixa operacionais, em vez de lucros contábeis, são usados na análise do projeto. Qual é a base para a ênfase nos fluxos de caixa em vez de no lucro líquido?

(11-3) Por que é verdade, em geral, que uma falha, quando se ajustam os fluxos de caixa esperados à inflação esperada, altera o NPV para baixo?

(11-4) Explique por que os custos irrecuperáveis não devem ser incluídos na análise de investimentos, mas os custos de oportunidade e externalidades sim.

(11-5) Explique como o capital de giro operacional líquido é recuperado ao final da vida do projeto e por que ele está incluído na análise de investimentos.

(11-6) Como a análise de simulação e a análise de cenários diferem na forma como tratam os resultados muito ruins e muito bons? O que isso implica sobre o uso de cada técnica para avaliar o grau de risco do projeto?

(11-7) Por que as taxas de juros não são deduzidas quando os fluxos de caixa do projeto são calculados para uso em uma análise de investimentos?

(11-8) A maioria das empresas gera entradas de caixa todos os dias, não apenas uma vez no final do ano. Na análise de investimentos, devemos reconhecer esse fato ao estimarmos os fluxos de caixa diários do projeto e então utilizá-los na análise? Se não o fizermos, isso afetará nossos resultados? Se afetar, o NPV aumentará ou diminuirá? Explique.

(11-9) Quais são algumas diferenças na análise de um projeto de substituição comparado a um projeto de expansão?

(11-10) Diferencie risco beta (ou de mercado), risco interno (ou corporativo) e risco autônomo para um projeto de inclusão em um orçamento de capital da empresa.

(11-11)   Em teoria, o risco de mercado deve ser o único risco "relevante". No entanto, as empresas focam tanto o risco unitário quanto o de mercado. Quais são as razões para focar o risco unitário?

Problemas de autoavaliação – As soluções estão no Apêndice A

(PA-1)   **Análise de novos projetos** – O presidente da Farr Construction Company pediu-lhe que avaliasse a proposta de aquisição de um novo trator. Seu preço básico é de $ 50.000 e custará mais $ 10.000 para modificá-lo para uso especial. Suponha que o trator se enquadre na classe MACRS de 3 anos (ver Apêndice 11A), que será vendido após 3 anos por $ 20.000, e exigirá um aumento no capital de giro líquido (estoque de peças de reposição) de $ 2.000. O trator não teria efeito algum nas receitas, mas estima-se que a empresa terá uma economia de $ 20.000 por ano com custos operacionais antes de impostos, principalmente com mão de obra. A alíquota de imposto federal mais estadual da empresa é de 40%.

a.   Quais são os fluxos de caixa do ano 0?
b.   Quais são os fluxos de caixa operacionais nos Anos 1, 2 e 3?
c.   Quais são os fluxos de caixa adicionais (não operacionais) no Ano 3?
d.   Se o custo de capital do projeto é de 10%, o trator deve ser comprado?

(PA-2)   **Análise do risco corporativo** – A equipe da Porter Manufacturing estimou os seguintes fluxos de caixa líquidos após impostos e probabilidades para um novo processo de fabricação:

FLUXOS DE CAIXA LÍQUIDOS APÓS IMPOSTOS			
Ano	**P = 0,2**	**P = 0,6**	**P = 0,2**
0	–$ 100.000	$ 100.000	-$ 100.000
1	20.000	30.000	40.000
2	20.000	30.000	40.000
3	20.000	30.000	40.000
4	20.000	30.000	40.000
5	20.000	30.000	40.000
5*	0	20.000	30.000

A linha 0 fornece o custo do processo, as linhas 1 a 5 fornecem os fluxos de caixa operacionais e a linha 5* contém o valor residual estimado. O custo de capital da Porter para um projeto de risco médio é de 10%.

a.   Suponha que o projeto tenha um risco médio. Encontre o NPV esperado do projeto. (*Dica*: Use os valores esperados para o fluxo de caixa em cada ano.)
b.   Encontre o NPV do melhor e pior caso. Qual será a probabilidade de ocorrência do pior caso se os fluxos de caixa forem perfeitamente dependentes (perfeita e positivamente correlacionados) ao longo do tempo? E se forem independentes ao longo do tempo?
c.   Suponha que todos os fluxos de caixa estejam perfeita e positivamente correlacionados. Ou seja, que existam apenas três possíveis fluxos de caixa ao longo do tempo, o pior caso, o caso mais provável (ou base) e o melhor caso, com as respectivas probabilidades de 0,2, 0,6 e 0,2. Esses casos são representados por cada uma das colunas na tabela. Calcule o NPV esperado, seu desvio padrão e seu coeficiente de variação.

Problemas – As soluções estão no Apêndice B

Problemas fáceis 1-4

(11-1)   **Desembolsos de investimentos** – A Talbot Industries está considerando lançar um produto. O novo equipamento de fabricação custará $ 17 milhões e a produção e as vendas exigirão um investimento inicial de $ 5 milhões em capital circulante operacional líquido. A taxa de imposto da empresa é de 40%.

a.   O que é o esforço de investimento inicial?

b. A empresa gastou e despendeu $ 150.000 na pesquisa relativa ao último ano do novo produto. Isso pode alterar a sua resposta? Explique.

c. Em vez de construir uma nova instalação de fábricação, a empresa planeja instalar o equipamento em um prédio de sua propriedade, mas que não está usando agora. O edifício poderia ser vendido por $ 1,5 milhão após impostos e comissões imobiliárias. Como isso afetaria sua resposta?

(11-2)   **Fluxos de caixa operacionais** – A equipe financeira da Cairn Communications identificou as seguintes informações para o primeiro ano da operação de seu novo serviço proposto:

Vendas projetadas	$ 18 milhões
Custos operacionais (excluindo depreciação)	$ 9 milhões
Depreciação	$ 4 milhões
Despesas com juros	$ 3 milhões

A alíquota de imposto da empresa é de 40%. Qual é o fluxo de caixa operacional do projeto para o primeiro ano (t = 1)?

(11-3)   **Valor de revenda líquido** – A Allen Air Lines deverá liquidar alguns equipamentos que estão sendo substituídos. O equipamento originalmente custou $ 12 milhões, dos quais 75% foi depreciado. O equipamento utilizado pode ser vendido hoje por $ 4 milhões e sua taxa de imposto é de 40%. Qual é o valor de revenda líquido após impostos do equipamento?

(11-4)   **Análise de substituição** –Embora a máquina de fresagem da Chen Company seja antiga, ainda está em relativamente boa ordem de trabalho e duraria por mais 10 anos. Ela é ineficiente em comparação com os padrões modernos e por isso a empresa está considerando sua substituição. A nova máquina de fresagem a um custo de $ 110.000 entregue e instalada, também iria durar por 10 anos e produziria os fluxos de caixa após impostos (economia de trabalho e poupança fiscal de depreciação) de $ 19.000 por ano. Ela teria zero de valor de revenda no final de sua vida útil. O CMPC da empresa é de 10%, e sua taxa de imposto marginal é de 35%. A Chen deve comprar a nova máquina?

Problemas intermediários 5-10

(11-5)   **Métodos de depreciação** – O chefe de Wendy quer usar a depreciação em linha reta para o novo projeto de expansão porque dará maior lucro líquido nos anos iniciais e um bônus maior. O projeto terá a duração de 4 anos e requererá $ 1.700.000 de equipamentos. A empresa poderia usar ou o método da linha reta ou o acelerado MACRS de 3 anos. Sob depreciação em linha reta, o custo do equipamento seria depreciado uniformemente ao longo de sua vida útil de 4 anos (ignore a convenção de meio ano para o método de linha reta). As taxas de depreciação MACRS aplicáveis são 33,33%, 44,45%, 14,81% e 7,41%, conforme discutido no Apêndice 11A. O CMPC da empresa é de 10%, e sua taxa de imposto é de 40%.

a. Qual seria a despesa de depreciação em cada ano no âmbito de cada método?

b. Qual o método de depreciação produziria o NPV mais elevado e quanto mais alto ele seria?

c. Por que o chefe de Wendy pode preferir a depreciação em linha reta?

(11-6)   **Análise de novos projetos** – A Campbell está considerando a adição de um pulverizador de tinta robótico para a sua linha de produção. O preço-base do pulverizador é de $ 1.080.000 e custaria uns outros $ 22.500 para instalá-lo. A máquina cai na classe 3 anos MACRS e seria vendida após 3 anos por $ 605.000. As taxas MACRS para os três primeiros anos são 0,3333, 0,4445 e 0,1481. A máquina iria requerer um aumento no capital de giro líquido (inventário) de $ 15.500. O pulverizador não iria alterar as receitas, mas espera-se que dê à empresa uma ecnomia de $ 380.000 por ano em custos operacionais antes de impostos, principalmente trabalhistas.

A taxa de imposto marginal da Campbell é de 35%.

a. O que é o fluxo de caixa líquido no Ano 0?

b. Quais são os fluxos de caixa operacionais líquidos nos Anos 1, 2 e 3?

c. Qual é o fluxo de caixa adicional no Ano 3 (ou seja, a revenda após impostos e o retorno do capital de giro)?

d. Se o custo de capital do projeto é de 12%, a máquina deve ser comprada?

(11-7)   **Análise de novos projetos** – O presidente da empresa onde você trabalha lhe pediu para avaliar a aquisição proposta de um novo cromatógrafo para o departamento de R&D. O preço-base do equipamento é de $ 70.000, e custaria mais $ 15.000 para modificá-lo para o uso especial pela sua empresa. O cromatógrafo, que se enquadra na classe 3 anos MACRS, e seria vendido após 3 anos por $ 30.000. As taxas MACRS para os três primeiros anos são 0,3333, 0,4445 e 0,1481. O uso do equipamento exigiria um aumento no capital de giro líquido (estoque de peças de reposição) de $ 4.000. A máquina não teria nenhum efeito sobre as receitas, mas é esperado economizar para a empresa $ 25.000 por ano em custos operacionais antes de impostos, principalmente trabalhistas. A taxa de imposto federal mais estadual marginal da empresa é de 40%.

a. Qual é o fluxo de caixa líquido do Ano 0?
b. Quais são os fluxos de caixa operacionais líquidos nos Anos 1, 2 e 3?
c. Qual é o fluxo de caixa (não operacional) adicional no Ano 3?
d. Se o custo de capital do projeto é de 10%, o cromatógrafo deve ser comprado?

(11-8) **Ajustes de inflação** – A Rodriguez Company está avaliando um investimento de risco médio em um projeto de água mineral que tem um custo de $ 150.000. O projeto produzirá 1.000 caixas de água mineral por ano indefinidamente. O preço de venda atual é de $ 138 por caixa e o custo atual por caixa é de $ 105. A alíquota de imposto da empresa é de 34%. Tanto os preços como os custos deverão crescer a uma taxa de 6% ao ano. A empresa utiliza apenas o patrimônio e tem um custo de capital de 15%. Suponha que os fluxos de caixa consistam apenas em lucros após impostos, uma vez que a fonte tem uma vida útil indefinida e não será depreciada.

a. A empresa deveria aceitar o projeto? (*Dica*: O projeto é uma anuidade perpétua, você deve usar a fórmula de anuidade perpétua para encontrar o NPV.)
b. Suponha que o custo total seja composto de um custo fixo de $ 10.000 por ano mais custos variáveis de $ 95 por unidade. Suponha ainda que somente os custos variáveis devam aumentar com a inflação. Isso tornaria o projeto melhor ou pior? Considere que o preço de venda aumentará com a inflação.

(11-9) **Análise de substituição** – A Gilbert Instrument Corporation está pensando em substituir o vaporizador de madeira que atualmente usa para moldar as laterais de guitarra. O vaporizador tem 6 anos de vida restante. Se mantido, terá despesas de depreciação de $ 650 para cinco anos e $ 325 para o sexto ano. Seu valor contábil atual é de $ 3.575, e ele pode ser vendido em uma página de leilões na internet por $ 4.150 neste momento. Se o vaporizador antigo não for substituído, ele pode ser vendido por $ 800 no final da sua vida útil.

A Gilbert está considerando adquirir o *Steamer Side 3000*, um vaporizador de alta qualidade, que custa $ 12.000 e tem uma vida útil estimada de 6 anos, com um valor de revenda estimado de $ 1.500. Esse vaporizador cai na classe de 5 anos MACRS, de modo que as taxas de depreciação aplicáveis são de 20,00%, 32,00%, 19,20%, 11,52%, 11,52% e 5,76%. O novo vaporizador é mais rápido e permite uma expansão da produção, assim as vendas aumentariam em $ 2.000 por ano; a maior eficiência da nova máquina reduziria as despesas operacionais em $ 1.900 por ano. Para suportar as maiores vendas, a nova máquina exigiria que os estoques aumentassem em $ 2.900, mas as contas a pagar aumentariam simultaneamente em $ 700. A taxa de imposto estadual mais federal marginal da Gilbert é de 40%, e seu CMPC é de 15%. O vaporizador antigo deve ser substituído?

(11-10) **Análise de substituição** – A máquina de solda da St. Johns River Shipyard tem 15 anos de idade, totalmente depreciados, obsoleta, e não tem valor de resgate. No entanto, mesmo sendo obsoleta, é perfeitamente funcional, tal como originalmente projetada e pode ser usada por um bom tempo ainda. Uma nova soldadora custará $ 182.500 e tem uma vida estimada de 8 anos sem nenhum valor de resgate. A nova soldadora será muito mais eficiente, no entanto, e a eficiência melhorada aumentará os ganhos antes da depreciação de $ 27.000 para $ 74.000 por ano. A nova máquina será depreciada durante seu período de recuperação de 5 anos MACRS, por isso as taxas de depreciação aplicáveis são 20,00%, 32,00%, 19,20%, 11,52%, 11,52% e 5,76%. A taxa de imposto corporativa aplicável é de 40%, e o CMPC da empresa é de 12%. A velha soldadora deve ser substituída por uma nova?

Problemas desafiadores 11-17

(11-11) **Análise de cenários** – A Shao Industries está avaliando uma proposta de projeto para seu orçamento de capital. A empresa estima o NPV em $ 12 milhões. Essa estimativa considera que a economia e as condições do mercado serão normais nos próximos anos. O diretor financeiro da empresa, no entanto, prevê apenas uma chance de 50% de que a economia será normal. Reconhecendo essa incerteza, a empresa também realizou a seguinte análise de cenário:

CENÁRIO ECONÔMICO	PROBABILIDADE DE RESULTADO	NPV
Recessão	0,05	–$ 70 milhões
Abaixo da média	0,20	–25 milhões
Média	0,50	12 milhões
Acima da média	0,20	20 milhões
Alta	0,05	30 milhões

Qual é o NPV esperado do projeto, seu desvio padrão e seu coeficiente de variação?

(11-12) **Análise de novos projetos** – A Madison Manufacturing está considerando uma nova máquina que custa $ 350.000 e faria reduzir os custos de produção antes de impostos em $ 110.000 anualmente. A Madison usaria o método MACRS de 3 anos para depreciar a máquina e o gerenciamento pensa que a máquina teria um valor de $ 33.000, no final da sua vida operacional de 5 anos. As taxas de depreciação aplicáveis são 33,33%, 44,45%, 14,81% e 7,42%, tal como discutido no Apêndice 11A. O capital operacional aumentaria em $ 35.000 inicialmente, mas seria recuperado no final da vida de 5 anos do projeto. A taxa de imposto marginal da Madison é de 40%, e um CMPC de 10% é adequado para o projeto.

a. Calcule VPL, TIR, MIRR do projeto, e o retorno.

b. Considere que a gestão não tem certeza sobre a economia de custo de $ 110.000 – esse número poderá ser desviado, tanto para mais ou menos 20%. Qual deveria ser o NPV sob cada um desses extremos?

c. Suponha que o CFO queira que você faça uma análise de cenário com diferentes valores para a poupança do custo, valor de revenda da máquina e requisitos do capital (WC) de trabalho. Ele pede-lhe para usar as seguintes probabilidades e valores na análise de cenários:

CENÁRIO	PROBABILIDADE	ECONOMIA DE CUSTOS	VALOR DE REVENDA	WC
Pior caso	0,35	$ 88.000	$ 28.000	$ 40.000
Caso-base	0,35	110.000	33.000	35.000
Melhor caso	0,30	132.000	38.000	30.000

(11-13) **Análise de substituição** – Máquina de fazer aba em flange da Everly Equipament Company foi adquirida há 5 anos por $ 55.000. Ela tinha uma expectativa de vida de 10 anos quando foi comprada e sua depreciação remanescente é de $ 5.500 por ano para cada ano de sua vida restante. Como a antiga máquina é robusta e útil, ela pode ser vendida por $ 20.000 no final da sua vida útil.

Uma nova máquina de fazer aba em flange de alta eficiência, controlada digitalmente pode ser comprada por $ 120.000, incluindo os custos de instalação. Durante sua vida útil de 5 anos, ela reduzirá as despesas operacionais de caixa em $ 30.000 por ano, embora isto não afetará as vendas. No final da sua vida útil, a máquina de alta eficiência é estimada para ser inútil. A depreciação MACRS será usada e a máquina depreciada ao longo de sua vida de classe de 3 anos, em vez de sua vida econômica de 5 anos, de modo que as taxas de depreciação aplicáveis são de 33,33%, 44,45%, 14,81% e 7,41%.

A máquina antiga pode ser vendida hoje por $ 35.000. A taxa fiscal da empresa é de 35%, e a CMPC adequada é de 16%.

a. Se a nova máquina for adquirida, qual será a quantidade de fluxo de caixa inicial no Ano 0?

b. Quais são os fluxos de caixa líquidos incrementais que ocorrerão no final dos Anos 1 a 5?

c. Qual é o NPV deste projeto? A Everly deve substituir a máquina de aba em flange?

(11-14) **Análise de substituição** – A DeYoung Entertainment Enterprises está considerando substituir a máquina de moldagem de látex que usa para fabricar galinhas de borracha por um modelo mais novo, mais eficiente. A máquina antiga tem valor contábil de $ 450.000 e uma vida útil remanescente de 5 anos. A máquina atual estaria desgastada e sem valor em 5 anos, mas a DeYoung pode vendê-la agora a um fabricante de máscaras para o Dia das Bruxas por $ 135.000. A máquina antiga está sendo depreciada em $ 90.000 por ano para cada ano de sua vida restante.

A nova máquina tem um preço de compra de $ 775.000, uma vida útil estimada e vida da classe MACRS de 5 anos e um valor de revenda estimado de $ 105.000. As taxas de depreciação aplicáveis são 20,00%, 32,00%, 19,20%, 11,52%, 11,52% e 5,76%. Sendo altamente eficiente, espera-se economizar em custos de uso de energia, mão de obra e custos de reparos e, mais importante ainda, reduzir o número de galinhas defeituosas. No total, uma economia anual de $ 185.000 será realizada se a nova máquina for instalada. A taxa de imposto marginal da empresa é de 35%, e ela tem um CMPC de 12%.

a. Qual é o fluxo de caixa líquido inicial se a nova máquina for comprada e a antiga, substituída?

b. Calcule os subsídios anuais de depreciação para ambas as máquinas e calcule a mudança na despesa de depreciação anual se a substituição for feita.

c. Quais são os fluxos de caixa líquidos incrementais nos Anos 1 a 5?

d. A empresa deve comprar a nova máquina? Justifique sua resposta.

e. Em geral, como poderia cada um dos seguintes fatores afetar a decisão de investimento e como cada um deve ser tratado?

(1) A vida esperada da máquina existente diminui.

(2) O CMPC não é constante, mas está aumentando conforme a DeYoung acrescenta mais projetos no seu orçamento de capital para o ano.

(11-15) **Fluxos de caixa de risco** – A Bartram-Pulley Company (BPC) deve decidir entre dois projetos de investimento mutuamente exclusivos com fluxos de caixa arriscados. Cada projeto custa $ 6.750 e tem uma vida prevista de 3 anos. Os fluxos de caixa líquidos anuais de cada projeto começam um ano após o investimento inicial ser feito e têm as seguintes distribuições de probabilidade:

Projeto A		Projeto B	
Probabilidade	Fluxos de caixa líquidos	Probabilidade	Fluxos de caixa líquidos
0,2	$ 6.000	0,2	$ 0
0,6	6.750	0,6	6.750
0,2	7.500	0,2	18.000

A BPC decidiu avaliar o projeto mais arriscado a uma taxa de 12% e o projeto menos arriscado a uma taxa de 10%.
a. Qual é o valor esperado do fluxo de caixa líquido anual de cada projeto? Qual é o coeficiente de variação (CV)? (*Dica*: $\sigma_B = \$ 5.798$ e $CV_B = 0,76$).
b. Qual é o NPV ajustado ao risco de cada projeto?
c. Se você soubesse que o projeto B está negativamente correlacionado com outros fluxos de caixa da empresa, enquanto o projeto A estaria positivamente correlacionado, como isso afetaria a decisão? Se os fluxos de caixa do projeto B estivessem negativamente correlacionados com o produto interno bruto (PIB), isso influenciaria a sua avaliação de risco?

(11-16) **Simulação** – A Singleton Supplies Corporation (SSC) fabrica produtos médicos para hospitais, clínicas e asilos. A SSC pode lançar um novo tipo de escâner de raios X para identificar determinados tipos de câncer em estágios iniciais. Há uma série de incertezas sobre o projeto proposto, mas os seguintes dados são considerados razoavelmente precisos.

Probabilidade	Custos de desenvolvimento	Números aleatórios
0,3	$ 2.000.000	00-29
0,4	4.000.000	30-69
0,3	6.000.000	70-99

Probabilidade	Vida do projeto	Números aleatórios
0,2	3 anos	00-19
0,6	8 anos	20-79
0,2	13 anos	80-99

Probabilidade	Vendas em unidades	Números aleatórios
0,2	100	00-19
0,6	200	20-79
0,2	300	80-99

Probabilidade	Preço de venda	Números aleatórios
0,1	$ 13.000	00-09
0,8	13.500	10-89
0,1	14.000	90-99

Probabilidade	Custo por unidade (excluindo custos de desenvolvimento)	Números aleatórios
0,3	$ 5.000	00-29
0,4	6.000	30-69
0,3	7.000	70-99

A SSC utiliza um custo de capital de 15% para analisar projetos de risco médio, 12% para projetos de baixo risco e 18% para projetos de alto risco. Esses ajustes de risco refletem principalmente a incerteza sobre o NPV e a IRR de cada projeto, conforme mensurados pelos seus coeficientes de variação. A empresa está na faixa de imposto federal e estadual de 40%.

a. Qual é a IRR esperada para o projeto do escâner de raio X? Baseie sua resposta nos valores esperados das variáveis. Além disso, suponha que o "lucro" após impostos que você utiliza seja o fluxo de caixa anual. Todas as instalações são alugadas, assim a depreciação pode ser desconsiderada. Você pode determinar o valor de σ_{IRR} sem simulação real ou uma análise estatística bastante complexa?

b. Suponha que a SSC use um custo de capital de 15% para esse projeto. Qual será o NPV do projeto? Você poderia estimar σ_{NPV} sem nenhuma simulação ou uma análise estatística complexa?

c. Mostre o processo pelo qual um computador executaria uma análise de simulação para esse projeto. Use os números aleatórios 44, 17, 16, 58, 1; 79, 83, 86; e 19, 62, 6 para ilustrar o processo com a primeira execução do computador. Na verdade, calcule o NPV e a IRR da primeira execução. Suponha que os fluxos de caixa de cada ano sejam independentes dos fluxos de caixa dos outros anos. Além disso, suponha que o computador funcione da seguinte forma: (1) custo de desenvolvimento e vida do projeto são previstos para a primeira execução, usando os dois primeiros números aleatórios; (2) em seguida, volume de vendas, preço de venda e custo por unidade são estimados, por meio dos três números aleatórios seguintes, e usados para gerar um fluxo de caixa para o primeiro ano; (3) depois, os próximos três números aleatórios são usados para estimar volume de vendas, preço de venda e custo por unidade para o segundo ano, portanto, o fluxo de caixa para o segundo ano; (4) os fluxos de caixa para os outros anos são desenvolvidos de forma semelhante para a vida estimada da primeira execução; (5) com o custo de desenvolvimento e o fluxo de caixa estabelecidos, o NPV e a IRR para a primeira execução são derivados e armazenados na memória do computador; (6) o processo é repetido para gerar talvez outros 500 NPVs e IRRs; (7) as distribuições de frequência para NPV e IRR são organizadas pelo computador, e as médias de distribuição e os desvios padrão são calculados.

(11-17) **Árvore de decisão** – A Yoran Yacht Company (YYC), uma construtora de veleiros em Newport, pode usar a árvore de decisão para projetar um novo veleiro de 30 pés com base nas quilhas "voadas", inicialmente apresentadas nos iates de 12 metros que disputaram a Copa América.

Primeiramente, a YYC teria de investir $ 10.000 em t = 0 para o projeto e teste do modelo de tanque do novo barco. Os gerentes da YYC acreditam que há uma probabilidade de 60% de que essa fase será bem-sucedida, e o projeto continuará. Se a fase 1 não for bem-sucedida, o projeto será abandonado com valor residual zero.

A próxima fase, se realizada, consistiria em fazer os moldes e produzir dois protótipos de barco. Isso custaria $ 500.000 em t = 1. Se os testes dos barcos forem bem, a YYC iniciaria a produção. Caso contrário, os moldes e os protótipos poderiam ser vendidos por $ 100.000. Os gerentes estimam uma probabilidade de 80% de que os barcos passarão nos testes e a fase 3 será realizada.

A fase 3 consiste na conversão de uma linha de produção desativada para produzir o novo projeto. Isso custaria $ 1 milhão em t = 2. Se a economia estiver sólida nesse momento, o valor líquido das vendas será de $ 3 milhões. Se a economia estiver fraca, o valor líquido será de $ 1,5 milhão. Ambos os valores líquidos ocorrem em t = 3 e cada estado da economia tem uma probabilidade de 0,5. O custo de capital corporativo da YYC é de 12%.

a. Suponha que o projeto tenha um risco médio. Construa uma árvore de decisão e determine o NPV esperado do projeto.

b. Encontre o desvio padrão do NPV do projeto e o coeficiente de variação do NPV. Se o projeto médio da YYC teve um CV entre 1,0 e 2,0, esse projeto seria de risco unitário alto, baixo ou médio?

Problema de planilha

(11-18) **Construa um modelo: pontos de uma análise de investimentos** – A Webmaster.com desenvolveu um novo e poderoso servidor que seria usado para as atividades de internet da corporação. Custaria $ 10 milhões no Ano 0 para comprar o equipamento necessário para fabricar o servidor. O projeto exigiria capital de giro líquido no início de um ano em um montante igual a 10% das vendas projetadas para o ano: $NOWC_0 = 10\%$ $(Vendas_1)$. Os servidores seriam vendidos por $ 24.000 por unidade, e a Webmasters acredita que os custos variáveis equivaleriam a $ 17.500 por unidade. Após o Ano 1, o preço de venda e os custos variáveis aumentariam na taxa de inflação de 3%. Os custos não variáveis da empresa seriam de $ 1 milhão no Ano 1 e aumentariam com a inflação.

O projeto do servidor teria uma vida de 4 anos. Se for assumido, deverá continuar pelos 4 anos. Da mesma forma, espera-se que os retornos do projeto estejam altamente correlacionados com os dos outros ativos da empresa. A empresa acredita que poderia vender 1.000 unidades por ano.

O equipamento seria depreciado em um período de 5 anos, usando as taxas MACRS da Tabela 11A-2. O valor de mercado estimado do equipamento ao final dos 4 anos da duração do projeto é de $ 500.000. A alíquota de imposto federal mais estadual da Webmaster é de 40%. Seu custo de capital é de 10% para projetos de risco médio, definidos como projetos com coeficiente de variação de NPV entre 0,8 e 1,2. Projetos de baixo risco são avaliados com um CMPC de 8%, e projetos de alto risco, de 13%.

a. Desenvolva uma planilha-modelo e utilize-a para descobrir o NPV, a IRR e o retorno do projeto.

b. Agora realize uma análise de sensibilidade para determinar a sensibilidade do NPV a variações no preço de venda, custos variáveis por unidade e número de unidades vendidas. Ajuste os valores dessas variáveis em 10% e 20% acima e abaixo dos valores do caso-base. Inclua um gráfico em sua análise.

c. Agora realize uma análise de cenário. Suponha que haja uma probabilidade de 25% de que ocorram as condições do melhor caso, com cada uma das variáveis discutidas na parte b sendo 20% melhor que seu valor do caso-base. Há uma probabilidade de 25% de ocorrência das condições do pior caso, com as variáveis 20% piores que os valores do caso-base, e uma probabilidade de 50% das condições do caso-base.

d. Se o projeto parecer mais ou menos arriscado que um projeto médio, encontre o NPV ajustado ao risco, a IRR e o retorno.

e. Com base nas informações do problema, você recomendaria que o projeto fosse aceito?

Estudo de caso

A Shrieves Casting Company está avaliando a introdução de uma nova linha no seu *mix* de produtos, e a análise de investimentos está sendo conduzida por Sidney Johnson, um MBA recém-graduado. A linha de produção seria instalada em um espaço não utilizado na fábrica principal da Shrieves. O preço de fatura do maquinário seria de aproximadamente $ 200.000, outros $ 10.000 em custos de remessa seriam necessários e mais $ 30.000 para instalar o equipamento. O maquinário possui uma vida útil de 4 anos, e a Shrieves obteve uma determinação fiscal especial que coloca o equipamento na classe MACRS de 3 anos. Espera-se que o maquinário tenha um valor residual de $ 25.000 após 4 anos de uso.

A nova linha geraria vendas incrementais de 1.250 unidades por ano por 4 anos a um custo incremental de $ 100 por unidade no primeiro ano, excluindo depreciação. Cada unidade pode ser vendida por $ 200 no primeiro ano. Espera-se que o preço e o custo das vendas tenham um aumento de 3% ao ano em decorrência da inflação. Além disso, para a nova linha, o capital de giro líquido da empresa teria de aumentar em um valor igual a 12% das receitas de vendas. A alíquota de imposto da empresa é de 40%, e seu custo médio ponderado do capital (CMPC) é de 10%.

a. Defina "fluxo de caixa incremental".

(1) Você deve subtrair despesas de juros ou dividendos ao calcular o fluxo de caixa do projeto?

(2) Suponha que a empresa tenha gasto $ 100.000 no ano passado para recuperar o local da linha de produção. Isso deve ser incluído na análise? Explique.

(3) Agora suponha que o espaço da fábrica possa ser arrendado para outra empresa por $ 25.000 ao ano. Isso deve ser incluído na análise? Em caso positivo, como?

(4) Finalmente, suponha que a nova linha de produto reduza as vendas das outras linhas da empresa em $ 50.000 por ano. Isso deve ser considerado na análise? Em caso positivo, como isso deve ocorrer?

b. Desconsidere as suposições da parte a. Qual é a base depreciável da Shrieves? Quais são as despesas anuais de depreciação?

c. Calcule as receitas e os custos de vendas anuais (que não sejam depreciação). Por que é importante incluir a inflação quando se estimam fluxos de caixa?

d. Elabore as demonstrações anuais de fluxo de caixa operacional incremental.

e. Estime o capital de giro líquido exigido para cada ano e o fluxo de caixa em decorrência dos investimentos em capital de giro líquido.

f. Calcule o fluxo de caixa residual após impostos.

g. Calcule os fluxos de caixa líquidos para cada ano. Com base nesses fluxos de caixa, quais são o NPV, IRR, MIRR, PI, retorno e retorno descontado do projeto? Esses indicadores sugerem que o projeto deve ser assumido?

h. O que o termo "risco" significa no contexto de análise de investimentos? Até que ponto o risco pode ser quantificado? Quando o risco é quantificado, a quantificação é baseada principalmente na análise estatística de dados históricos ou em estimativas criteriosas, subjetivas?

i. (1) Quais são os três tipos de risco relevantes na avaliação de investimentos?

    (2) Como cada um desses tipos de risco é mensurado e como se relacionam entre si?

    (3) Como cada tipo de risco é usado no processo de avaliação de investimentos?

j. (1) O que é análise de sensibilidade?

    (2) Realize uma análise de sensibilidade nas vendas de unidades, valor residual e custo do capital para o projeto. Suponha que cada uma dessas variáveis possa alterar de seu caso-base ou valor esperado em ±10%, ±20% e ±30%. Inclua um diagrama de sensibilidade e discuta os resultados.

    (3) Qual é o principal ponto negativo da análise de sensibilidade? Qual é sua principal utilidade?

k. Suponha que Sidney Johnson esteja confiante em todas as suas estimativas de variáveis que afetam os fluxos de caixa do projeto, exceto vendas de unidades e preços de venda. Se a aceitação do produto for ruim, as vendas de unidades seriam de apenas 900 unidades por ano, e o preço unitário seria de apenas $ 160; uma resposta positiva do consumidor produziria vendas de 1.600 unidades e um preço unitário de $ 240. Johnson acredita que há uma chance de 25% de aceitação ruim, uma chance de 25% de aceitação excelente e uma chance de 50% de aceitação média (o caso-base).

    (1) O que é análise de cenário?

    (2) Qual é o NPV do pior caso? E o NPV do melhor caso?

    (3) Utilize os NPVs e as probabilidades de ocorrência do pior caso, caso-base e melhor caso para encontrar o NPV esperado do projeto, assim como o desvio padrão e coeficiente de variação do NPV.

l. Há problemas com a análise de cenário? Defina análise de simulação e discuta suas principais vantagens e desvantagens.

m. (1) Suponha que o projeto médio da Shrieves tenha um coeficiente de variação na faixa de 0,2 a 0,4. A nova linha seria classificada como de alto risco, médio risco ou baixo risco? Que tipo de risco está sendo mensurado aqui?

    (2) A Shrieves geralmente adiciona ou subtrai 3 pontos percentuais do custo geral do capital para o ajuste ao risco. A nova linha deve ser aceita?

    (3) Há fatores de riscos subjetivos que devem ser considerados antes de tomar a decisão final?

n. O que é uma opção real? Quais são alguns tipos de opções reais?

Apêndice 11A

Depreciação fiscal

As empresas frequentemente calculam a depreciação de uma maneira, ao calcularem os impostos, e de outra, ao divulgarem lucros para os investidores: muitas usam o **método linear** para divulgação aos acionistas (ou para fins contábeis), mas utilizam a taxa mais rápida permitida por lei para fins fiscais. No método linear usado para divulgação aos acionistas, considera-se, em geral, o custo do ativo, subtrai-se seu valor residual e divide-se o valor líquido pela vida útil econômica do ativo. Por exemplo, considere um ativo com uma vida útil de 5 anos que custe $ 100.000 e tenha um valor residual de $ 12.500; sua despesa de depreciação linear anual é ($ 100.000 – $ 12.500)/5 = $ 17.500. Observe, no entanto, como mencionamos antes, que o valor residual é um fator no relatório financeiro, mas *não* é considerado para fins de depreciação fiscal.

Para fins fiscais, o Congresso muda os métodos de depreciação fiscal permitidos periodicamente. Antes de 1954, o método de depreciação linear era exigido para fins fiscais, mas, em 1954, **métodos de depreciação acelerada** (declínio em dobro e soma dos dígitos do ano) foram permitidos. Então, em 1981, os antigos métodos de depreciação acelerada foram substituídos por um procedimento mais simples conhecido como sistema de recuperação de custo acelerado (*accelerated cost recovery system* – ACRS). O ACRS foi alterado novamente em 1986 como parte da Lei de Reforma Fiscal e agora é conhecido como **sistema modificado de recuperação acelerada de custo (*modified accelerated cost recovery system* – MACRS)**; uma lei tributária de 1993 introduziu outras alterações nessa área.

Observe que as leis tributárias dos Estados Unidos são complicadas, e, neste texto, podemos apresentar apenas uma visão geral do MACRS que fornecerá um entendimento básico do impacto da depreciação nas decisões de análise de investimentos. Além disso, as leis tributárias mudam com tanta frequência que os números que apresentamos podem estar desatualizados antes mesmo que este livro seja publicado. Portanto, ao tratar de depreciação fiscal no mundo real, consulte as publicações da Receita Federal dos Estados Unidos ou de especialistas em questões tributárias.

Para fins fiscais, todo o custo de um ativo é registrado como despesa durante sua vida depreciável. Historicamente, a vida depreciável de um ativo foi estabelecida como igual à sua vida útil econômica estimada; pretendeu-se que um ativo fosse totalmente depreciado quase ao mesmo tempo em que atingia o final de sua vida útil econômica. No entanto, o MACRS abandonou totalmente essa prática e definiu diretrizes simples que criaram diversas classes de ativos, cada uma com uma vida mais ou menos arbitrariamente determinada chamada de *período de recuperação* ou *vida de classe*. As vidas da classe MACRS estão levemente relacionadas com as vidas úteis econômicas estimadas dos ativos.

Um efeito importante do MACRS foi reduzir a vida depreciável dos ativos, com o propósito de fornecer às empresas maiores deduções de imposto no início da vida dos ativos e, portanto, aumentar o valor presente dos fluxos de caixa. A Tabela 11A-1 descreve os tipos de propriedades que se enquadram nos diferentes grupos de vida, e a Tabela 11A-2 estabelece as porcentagens de recuperação do MACRS (taxas de depreciação) para classes selecionadas de propriedades de investimento.

Considere a Tabela 11A-1 que fornece as vidas da classe MACRS e os tipos de ativos que se enquadram nessa categoria. Propriedades nas categorias de 27,5 e 39 anos (imóveis) devem ser depreciadas pelo método linear, mas propriedades de 3, 5, 7 e 10 anos (propriedade pessoal) podem ser depreciadas pelo método acelerado estabelecido na Tabela 11A-2 ou pelo método linear.[1]

Como vimos anteriormente no capítulo, despesas de depreciação maiores resultam em menos impostos nos primeiros anos e, portanto, maior valor presente dos fluxos de caixa. Se as empresas tiverem a opção de usar taxas lineares ou as taxas aceleradas exibidas na Tabela 11A-2, a maioria escolherá as taxas aceleradas.

---

[1] O Código Tributário atualmente (para 2012) permite que as empresas registrem em despesas o que é equivalente à depreciação de mais de 1 ano, até $ 125.000 de equipamento; veja a Publicação 946 do IRS para mais detalhes. Esse é um benefício principalmente para pequenas empresas. Portanto, se uma empresa pequena comprou um ativo no valor de $ 125.000, poderia baixá-lo no ano em que foi adquirido. Isso é chamado de "Despesa da Seção 179". Vamos desconsiderar essa disposição em todo o livro. O Congresso promulgou a Lei de Criação de Emprego e Assistência ao Trabalhador de 2002 após os ataques terroristas no World Trade Center e no Pentágono. Essa lei, entre outras coisas, alterou temporariamente a depreciação de propriedades adquiridas após 10 de setembro de 2001 e antes de 11 de setembro de 2004 e postas em serviço antes de 1º de janeiro de 2005. Também vamos desconsiderar essa disposição em todo o livro.

TABELA 11A-1
Principais classes e vidas de ativos para MACRS

Classe	Tipo de propriedade
3 anos	Determinadas ferramentas especiais de fabricação
5 anos	Automóveis, caminhões pesados e determinados equipamentos especiais de fabricação
7 anos	A maioria dos equipamentos industriais, móveis de escritório e utensílios
10 anos	Alguns tipos de equipamentos de longa duração
27,5 anos	Imóveis residenciais para locação, como edifícios de apartamentos
39 anos	Todos os imóveis não residenciais, incluindo edifícios comerciais e industriais

© Cengage Learning 2014

A recuperação anual, ou despesa de depreciação, é determinada quando se multiplica a *base depreciável* de cada ativo pela porcentagem de recuperação aplicável exibida na Tabela 11A-2. Você deve estar se perguntando por que taxas de depreciação de 4 anos são exibidas para propriedade na classe de 3 anos. Segundo o MACRS, geralmente se supõe que a propriedade é colocada em serviço na metade do primeiro ano. Portanto, para propriedade na classe de 3 anos, o período de recuperação começa na metade do ano em que o ativo é colocado em serviço e termina 3 anos depois. O efeito da *convenção de depreciação de metade do ano* é estender o período de recuperação por mais um ano, portanto a propriedade na classe de 3 anos é depreciada durante 4 anos, a propriedade na classe de 5 anos é depreciada durante 6 anos e assim por diante. Essa convenção é incorporada às porcentagens de recuperação da Tabela 11A-2.[2]

Autoavaliação

1. O que significam as siglas ACRS e MACRS?
2. Descreva de forma resumida o sistema de depreciação fiscal MACRS.

---

[2] A convenção de depreciação de metade do ano também será aplicada se a alternativa linear for usada, com a depreciação de metade do ano assumida no primeiro ano, a depreciação de um ano inteiro assumida em cada um dos anos remanescentes de vida do ativo e a depreciação de metade do ano restante assumida no ano após o final da vida. Você deve reconhecer que praticamente todas as empresas possuem sistemas de depreciação computadorizados. O padrão de depreciação de cada ativo é programado no sistema no momento de sua aquisição, e o computador agrega a depreciação de todos os ativos quando os contadores fecham os livros e preparam as demonstrações financeiras e as declarações de imposto de renda.

TABELA 11A-2

Porcentagem de recuperação para propriedade pessoal

ANO DA PROPRIEDADE	CLASSE DE INVESTIMENTO			
	3 ANOS	5 ANOS	7 ANOS	10 ANOS
1	33,33%	20,0%	14,29%	10,00%
2	44,45	32,00	24,49	18,00
3	14,81	19,20	17,49	14,40
4	7,41	11,52	12,49	11,52
5		11,52	8,93	9,22
6		5,76	8,92	7,37
7			8,93	6,55
8			4,46	6,55
9				6,56
10				6,55
11				3,28
	100%	100%	100%	100%

Observações:

a) Desenvolvemos essas porcentagens de recuperação com base no método de saldo decrescente de 200% determinado pelo MACRS, com a mudança para depreciação linear em algum momento da vida do ativo. Por exemplo, considere as porcentagens de recuperação de 5 anos. A porcentagem linear seria de 20% ao ano, portanto o multiplicador do saldo decrescente de 200% é 2,0(20%) = 40% = 0,4. No entanto, uma vez que a convenção de depreciação de metade do ano se aplica, a porcentagem do MACRS para o Ano 1 é de 20%. Para o Ano 2, restam 80% da base depreciável para ser depreciada, portanto a porcentagem de recuperação é 0,40(80%) = 32%. No Ano 3, 20% + 32% = 52% de depreciação foi realizada, restando 48%, portanto a porcentagem é 0,4(48%) ≈ 19%. No Ano 4, a porcentagem é 0,4(29%) ≈ 12%. Após 4 anos, a depreciação linear excede a depreciação pelo saldo decrescente, portanto é feita uma mudança para o método linear (o que é permitido por lei). No entanto, a convenção de depreciação da metade do ano também deve ser aplicada no final da vida de classe, e os 17% restantes de depreciação devem ser realizados (amortizados) em 1,5 ano. Desse modo, a porcentagem no Ano 5 é 17%/1,5 ≈ 11%, e no Ano 6, 17% − 11% = 6%. Embora as tabelas de impostos apresentem as porcentagens de dedução até duas casas decimais, arredondamos para o número inteiro mais próximo para facilitar a ilustração.

b) Imóveis para locação (apartamentos) são depreciados durante uma vida útil de 27,5 anos, enquanto estruturas comerciais e industriais são depreciadas em 39 anos. Em ambos os casos, a depreciação linear deve ser usada. A reserva de depreciação para o primeiro ano é baseada proporcionalmente no mês em que o ativo foi colocado em serviço, com o restante da depreciação do primeiro ano sendo realizado no 28º ou 40º ano. Uma convenção de depreciação de metade do ano é assumida, ou seja, um ativo colocado em serviço em fevereiro receberia 10,5 meses de depreciação no primeiro ano.

Avaliação e governança corporativa

Planejamento financeiro e projeção de demonstrações financeiras

Uma recente pesquisa com diretores financeiros revelou um paradoxo com relação ao planejamento financeiro. Quase todos os diretores financeiros afirmaram que planejamento financeiro, além de importante, é extremamente útil para alocar recursos. Em contrapartida, 45% também disseram que elaborar um orçamento é um trabalho "controverso, político e que consome muito tempo", e 53% mencionaram que o processo orçamentário pode encorajar comportamentos indesejados entre administradores, uma vez que eles negociam orçamentos para atender aos seus próprios objetivos e não aos da empresa. Além disso, também foi dito que, em vez de basearem metas de crescimento e pagamento de incentivos na análise do futuro provável comportamento de mercados e concorrentes, as empresas, muitas vezes, estabelecem suas metas nos níveis do ano anterior acrescidos de um aumento percentual, o que é perigoso em uma economia dinâmica.

Para resolver essas questões, muitas empresas usam orçar com base na demanda, que vincula o orçamento à projeção de vendas e atualiza essa projeção para refletir mudanças nas condições econômicas. Essa abordagem é geralmente ampliada para uma previsão rolante, na qual as empresas realizam uma projeção de 1 e 5 anos, mas depois a modificam para 1 ano todo mês conforme novos resultados operacionais são disponibilizados.

Uma pesquisa recente mostra que companhias com alto desempenho também focam a vinculação de estratégias de negócios, planejamento e projeção, em vez de apenas a gestão de custo e contabilidade de custo. De acordo com John McMahan, do Grupo Hackett, essas mudanças estão levando a previsões mais precisas, funcionários mais motivados e melhor desempenho das empresas. Essas questões são geralmente abordadas como sendo de "gestão" e não "financeiras", mas é uma distinção errônea. Grande parte de finanças é baseada em números, mas, como lhe dirá qualquer diretor financeiro, a função principal dele é ajudar a empresa como um todo a atingir bons resultados. Os procedimentos abordados neste capítulo poderão ajudar as empresas a melhorar as operações e os resultados.

Fontes: J. McCafferty, "Planning for the best", *CFO*, p. 24, fev. 2007; Don Durfee, "Alternative budgeting", *CFO*, p. 28, jun. 2006.

AVALIAÇÃO DE EMPRESAS E PLANEJAMENTO FINANCEIRO

O valor de uma empresa é determinado pelo tamanho, tempo e risco de seus fluxos de caixa livres futuros (FCL) esperados. Os gestores utilizam demonstrações financeiras projetadas para estimar o impacto que os diferentes planos operacionais têm sobre os valores intrínsecos. Eles também as utilizam para identificar déficits que devem ser financiados para implementar os planos operacionais. Este capítulo explica como projetar demonstrações financeiras que incorporam pressupostos operacionais e políticas financeiras.

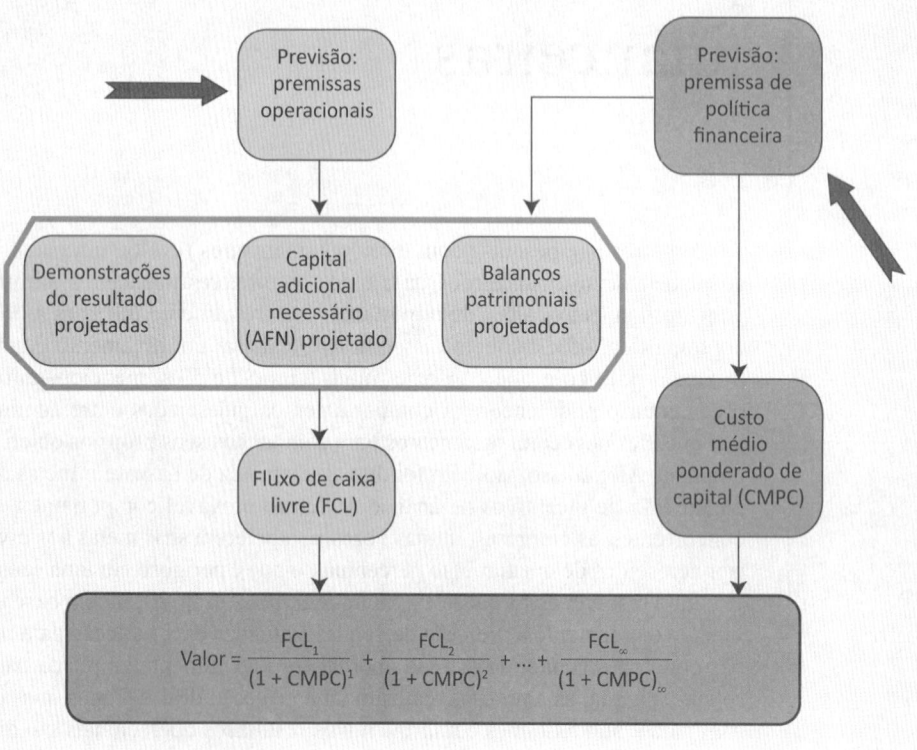

Nosso objetivo principal neste livro é explicar como gestores financeiros podem tornar suas empresas mais valiosas. Porém, é impossível criar valor a menos que a empresa tenha estratégias bem definidas e planos operacionais táticos. Como disse Yogi Berra certa vez: "Você tem que tomar cuidado se não sabe para onde está indo, porque pode não chegar lá".

Um passo vital no planejamento financeiro é a previsão das demonstrações financeiras, que são chamadas de **demonstrações financeiras projetadas** ou **demonstrações financeiras *pro forma***. Os gestores usam essas demonstrações financeiras projetadas de quatro maneiras: (1) Ao analisarem as declarações projetadas, eles podem avaliar se o desempenho antecipado da empresa está em consonância com os objetivos gerais e com as expectativas dos investidores. (2) Demonstrações *pro forma* podem ser usadas para estimar o efeito das mudanças operacionais propostas, permitindo que os gerentes conduzam a análise do "e se". (3) Os gestores utilizam declarações *pro forma* para antecipar futuras necessidades de financiamento da empresa. (4) Os gestores preveem fluxos de caixa livres sob diferentes planos operacionais, suas necessidades de capital, e, em seguida, escolhem o plano que maximiza o valor para o acionista. Analistas de segurança fazem os mesmos tipos de projeções, preveem os resultados, fluxos de caixa e os preços das ações.

12-1 Visão global do planejamento financeiro

Os dois componentes mais importantes do planejamento financeiro são os planos operacional e o financeiro.

12-1a O plano operacional

Como seu nome sugere, um plano operacional oferece orientação detalhada de implementação para a operação da empresa, incluindo sua escolha do segmento de marketing, linhas de produtos, estratégias de vendas e marketing, os processos de produção e a logística. Um plano operacional pode ser desenvolvido em qualquer horizonte de tempo, mas a maioria das empresas utiliza um horizonte de 5 anos, com o plano sendo bem detalhado no primeiro ano, mas menos específico para cada ano subsequente. O plano explica quem é responsável por cada função e quando as tarefas devem ser realizadas.

Uma parte importante do plano operacional é a previsão de vendas, os custos da produção, estoques e outros itens operacionais. Na verdade, essa parte do plano operacional é uma previsão do fluxo de caixa livre esperado da empresa. (Lembre-se do Capítulo 2 que o fluxo de caixa livre é definido como o lucro líquido operacional após impostos (NOPAT) menos o investimento no capital operacional total.)

Fluxo de caixa livre é a principal fonte de valor de uma empresa. Usando análise "e se", os gestores podem avaliar diferentes planos operacionais para estimar seu impacto sobre o valor. Além disso, os gestores podem aplicar análise de sensibilidade, análise de cenários e simulação para estimar o risco dos diferentes planos operacionais, que é uma parte importante da gestão de riscos.

12-1b O plano financeiro

Por definição, os ativos operacionais de uma empresa só podem crescer pela compra de ativos adicionais. Portanto, uma empresa em crescimento deve continuamente obter dinheiro para comprar novos ativos. Um pouco desse dinheiro pode ser gerado internamente por suas operações, mas uma outra parte deve vir externamente dos acionistas ou detentores de dívida. Essa é a essência da previsão do planejamento financeiro que as fontes adicionais exigem para consolidar o plano operacional.

Há uma forte ligação entre o planejamento financeiro e o fluxo de caixa livre. As operações de uma empresa geram fluxo de caixa livre, mas o plano financeiro determina como ela usará o fluxo de caixa livre. Lembre-se do Capítulo 2 que o fluxo de caixa livre pode ser utilizado de cinco maneiras: (1) pagamento de dividendos, (2) recompra de ações, (3) pagar os juros líquidos depois dos impostos sobre a dívida, (4) pagar a dívida, ou (5) a compra de ativos financeiros, tais como títulos e valores mobiliários. O plano financeiro de uma empresa deve usar o fluxo de caixa livre de forma diferente se FCL for negativo ou se FCL for positivo.

Se o fluxo de caixa livre for positivo, o plano financeiro deve identificar quanto FCL alocar entre seus investidores (acionistas ou detentores de dívida) e quanto deixar de lado para necessidades futuras por meio da compra de títulos e valores mobiliários. Se o fluxo de caixa livre for negativo, ou porque a empresa está crescendo rapidamente (o que requer grandes investimentos no capital operacional) ou porque a empresa tem baixo NOPAT, então, o uso total do fluxo de caixa livre também deve ser negativo. Por exemplo, em vez de recomprar ações, a empresa pode ter que emitir ações; em vez da amortização da dívida, a empresa pode ter que emitir dívida.

Portanto, o plano financeiro deve incorporar (1) a política de dividendos da empresa, que determina o tamanho e método-alvo da distribuição em dinheiro aos acionistas, e (2) a estrutura do capital, que determina a mistura específica da dívida e do capital próprio utilizado para financiar a empresa, que por sua vez determina a mistura relativa de distribuições para acionistas e pagamentos dos credores.

Autoavaliação

1. Descreva de maneira breve os elementos principais de um plano operacional.
2. Identifique os cinco passos envolvidos no processo de planejamento financeiro discutidos nesta seção.

12-2   Plano financeiro da MicroDrive, Inc.

Como descrevemos nos Capítulos 2 e 3, o desempenho operacional e o preço das ações da MicroDrive têm diminuído nos últimos anos. Como resultado, o conselho da MicroDrive instalou recentemente uma nova equipe de gestão: um novo diretor financeiro, gerente de marketing, gerente de vendas, gerente de estoque e gerente de crédito – somente o gerente de produção foi mantido. A nova equipe se reuniu por 3 dias com o objetivo de desenvolver um plano para melhorar o desempenho da empresa.

Um dos primeiros passos foi o desenvolvimento de projeções baseadas no *status quo* para dar a equipe de gerenciamento uma ideia melhor de onde a empresa está agora e onde ficará se eles não realizarem mudanças. O novo diretor financeiro começou a desenvolver um modelo de Excel para prever o plano operacional e financeiro.

O primeiro passo do diretor financeiro foi examinar os dados históricos atuais e recentes. A Figura 12-1 mostra demonstrações financeiras mais recentes da MicroDrive e dados adicionais selecionados; consulte os Capítulos 2 e 3 para uma discussão completa sobre o processo usado para avaliar a posição atual e as tendências da MicroDrive.

O segundo passo do diretor financeiro foi escolher um quadro de previsão. Muitas empresas, inclusive a MicroDrive, preveem suas demonstrações financeiras inteiras como parte do processo de planejamento. Essa abordagem é chamada de **método de demonstrações financeiras previstas (FFS)** do planejamento financeiro.

A Figura 12-2 mostra os dados que a MicroDrive usa para prever diferentes cenários para seu plano operacional e financeiro. Os dados são para o cenário de *Status Quo*, que assume que a maior parte das atividades operacionais e políticas financeiras da Microdrive permanecem inalteradas. A figura mostra valores reais para seus pares da indústria (a seção cinza-claro), valores reais dos últimos dois anos e valores projetados para a previsão de 5 anos da MicroDrive. A seção azul mostra dados para o primeiro ano e para quaisquer anos seguintes que diferem do ano anterior. A Seção 1 mostra os índices exigidos para projetar os itens necessários para um plano operacional, a Seção 2 mostra os dados relacionados à estrutura de capital, a Seção 3 mostra os custos dos componentes de capital e a Seção 4 mostra a política-alvo de dividendos. Descreveremos cada uma dessas seções conforme são aplicadas para a previsão, começando com a previsão das operações. A seção cinza-escuro mostra entradas para o primeiro ano e para quaisquer anos subsequentes que diferem do ano anterior. A Seção 1 mostra os índices exigidos para projetar os itens necessários para um plano operacional, a Seção 2 mostra as

FIGURA 12-1

Maior parte das demonstrações financeiras recentes da microdrive (milhões, exceto dados por ação)

	A	B	C	D	E	F	G
15	DECLARAÇÕES DE RENDIMENTO			BALANÇOS PATRIMONIAIS			
16		2012	2013	*Ativos*		2012	2013
17	Vendas líquidas	$ 4.760	$ 5.000	Dinheiro		$ 60	$ 50
18	CPV (excl. depr.)	3.560	3.800	Investimentos ST		40	-
19	Depreciação	170	200	Contas a receber		380	500
20	Outras despesas operacionais	480	500	Estoques		820	1.000
21	EBIT	$ 550	$ 500	CA Total		$ 1.300	$ 1.550
22	Despesa de juros	100	120	Capital operacional Líquido		1.700	2.000
23	Lucros antes do imposto	$ 450	$ 380	Ativos total		$ 3.000	$ 3.550
24	Impostos (40%)	180	152				
25	NI antes do div. pref.	$ 270	$ 228	*Patrimônios passivos e líquidos*			
26	Renda líquida	8	8	Contas a pagar		$ 190	$ 200
27	Resultado líquido	$ 262	$ 220	Provisões		280	300
28				Notas a pagar		130	280
29	*Outros dados*			CL total		$ 600	$ 780
30	Dividendos comuns	$ 48	$ 50	Títulos de longo prazo		1.000	1.200
31	Adição ao RE	$ 214	$ 170	Passivos total		$ 1.600	$ 1.980
32	Alíquota fiscal	40%	40%	Ações preferenciais		100	100
33	Quota das ações ordinárias	50	50	Ações ordinárias		500	500
34	Lucro por quota	$ 5,24	$ 4,40	Lucros acumulados		800	970
35	Dividendos por quota	$ 0,96	$ 1,00	Patrimônio líquido total		$ 1.300	$ 1.470
36	Preço por quota	$40,00	$ 27,00	Total de passivos e líquidos		$ 3.000	$ 3.550
37							

FIGURA 12-2

Previsão da MicroDrive: Entradas para o cenário Status Quo

	A	B	C	D	E	F	G	H	I
60	**Status Quo**	**Indústria**	**MicroDrive**		**Previsão MicroDrive**				
61	*Entradas*								
62	*1. Índices operacionais*	**2013**	**2012**	**2013**	**2014**	**2015**	**2016**	**2017**	**2018**
63	Taxa de crescimento das vendas	5%	15%	5%	10%	8%	7%	5%	5%
64	CPV (excl. depr.)/vendas	76%	75%	76%	76%	76%	76%	76%	76%
65	Depreciação/PP&E líquido	9%	10%	10%	10%	10%	10%	10%	10%
66	Outra op. exp./vendas	10%	10%	10%	10%	10%	10%	10%	10%
67	Dinheiro/vendas	1%	1%	1%	1%	1%	1%	1%	1%
68	Cont. rec./vendas	8%	8%	10%	10%	10%	10%	10%	10%
69	Estoque/vendas	15%	17%	20%	20%	20%	20%	20%	20%
70	Capital operacional líquido/vendas	33%	36%	40%	40%	40%	40%	40%	40%
71	Cont. pagar/vendas	4%	4%	4%	4%	4%	4%	4%	4%
72	Provisões/vendas	7%	6%	6%	6%	6%	6%	6%	6%
73	Alíquota fiscal	40%	40%	40%	40%	40%	40%	40%	40%
74	*2. Estrutura de capital*	**Pesos Atual de Mercado**			**Pesos-alvo de Mercado**				
75	% dívida de longo prazo	22%	31%	41%	28%	28%	28%	28%	28%
76	% dívida de curto prazo	3%	4%	10%	2%	2%	2%	2%	2%
77	% ações preferenciais	0%	3%	3%	3%	3%	3%	3%	3%
78	% ações ordinárias	75%	62%	46%	67%	67%	67%	67%	67%
79	*3. Custos de capital*				**Previsão**				
80	Taxa na dívida LT				9,0%	9%	9%	9%	9%
81	Taxa na dívida ST				10,0%	10%	10%	10%	10%
82	Taxa sobre a ação preferida (ignorando custos de flutuação)				8,0%	8%	8%	8%	8%
83	Custo de patrimônio líquido				13,58%	14%	14%	14%	14%
84	*4. Política-alvo dos dividendos*		**Atual**						
85	Taxa de crescimento dos dividendos		11%	4.2%	5%	5%	5%	5%	5%

entradas relacionadas à estrutura de capital, a Seção 3 mostra os custos dos componentes do capital, e a Seção 4 mostra a política-alvo de dividendos. Descreveremos cada uma dessas seções conforme se aplicam à previsão, começando com a previsão das operações.

12-3 Operações de previsão

A primeira linha na Seção 1 da Figura 12-2 mostra a previsão da taxa de crescimento das vendas. Após discussões com as equipes de marketing, vendas, desenvolvimento de produtos e produção, o diretor financeiro da MicroDrive escolheu uma taxa de crescimento de 10% para o próximo ano. Tenha em mente que essa é apenas uma estimativa preliminar e que é fácil fazer mudanças no modelo do Excel (depois de trabalhar pesado para construir o modelo!). Observe que a MicroDrive está prevendo o declínio do crescimento das vendas e sua estabilização até o final da previsão. Lembre-se do Capítulo 7 que a taxa de crescimento para as vendas de uma empresa e fluxo de caixa livre deve se estabilizar em alguma data futura, a fim de aplicar o modelo de crescimento constante no horizonte da previsão. Se os gestores da MicroDrive tivessem projetado crescimento não constante por mais de cinco anos, a Figura 12-2 teria de ser estendida até que o crescimento se nivelasse.

Diferente do crescimento de vendas, os gestores da MicroDrive assumiram que os índices operacionais para 2014 permaneceriam constantes durante todo o período da previsão. No entanto, seria muito fácil para eles inserir mudanças nas futuras proporções, com uma ressalva. Os índices operacionais devem se estabilizar até o final do período de previsão, ou os fluxos de caixa livres não crescerão a uma taxa constante até o final do período de previsão, mesmo se as vendas crescerem a uma taxa constante.

As seções a seguir explicam como a MicroDrive usa as proporções da Figura 12-2 para prever suas operações. Para maior comodidade, as entradas das proporções operacionais são repetidas no Painel A da Figura 12-3; o Painel B relata a previsão operacional resultante.

12-3a Receitas de vendas

A Seção B1 da Figura 12-3 mostra a previsão das vendas líquida com base nas vendas do ano anterior e a taxa de crescimento prevista nas vendas. Por exemplo, a previsão das vendas líquidas para 2014 é (1 + 0,10) ($ 5.000) = $ 5.500.

12-3b Ativos operacionais

A Seção B2 da Figura 12-3 mostra a previsão dos ativos operacionais. Como observado anteriormente, os ativos da MicroDrive devem aumentar se as vendas aumentarem, e alguns tipos de ativos crescem proporcionalmente às vendas, incluindo dinheiro.

FIGURA 12-3

Previsões da MicroDrive das operações para o cenário Status Quo (milhões de dólares, exceto valores por ação)

	A	B	C	D	E	F	G	H	I
116	Status Quo	Indústria	MicroDrive Atual		MicroDrive Previsão				
117	Painel A: Entradas								
118	*A1. Índices operacionais*	2013	2012	2013	2014	2015	2016	2017	2018
119	Taxa de crescimento das vendas	5%	15%	5%	10%	8%	7%	5%	5%
120	CPV (excl. depr.)/vendas	76%	75%	76%	76%	76%	76%	76%	76%
121	Depreciação/Capital operacional líquido	9%	10%	10%	10%	10%	10%	10%	10%
122	Outras oper. exp./vendas	10%	10%	10%	10%	10%	10%	10%	10%
123	Caixa/vendas	1%	1%	1%	1%	1%	1%	1%	1%
124	Cont. rec./vendas	8%	8%	10%	10%	10%	10%	10%	10%
125	Estoque/vendas	15%	17%	20%	20%	20%	20%	20%	20%
126	Capital operacional líquido/vendas	33%	36%	40%	40%	40%	40%	40%	40%
127	Cont. pagar/vendas	4%	4%	4%	4%	4%	4%	4%	4%
128	Provisões/vendas	7%	6%	6%	6%	6%	6%	6%	6%
129	Alíquota fiscal	40%	40%	40%	40%	40%	40%	40%	40%
130	Painel B: Resultados			Atual	Previsão				
131	*B1. Receitas de Vendas*			2013	2014	2015	2016	2017	2018
132	Vendas líquidas			$5.000	$5.500	$5.940	$6.356	$6.674	$7.007
133	*B2. Ativos operacionais e passivos operacionais*								
134	Caixa			$50	$55	$59	$64	$67	$70
135	Contas a receber			$500	$550	$594	$636	$667	$701
136	Estoques			$1.000	$1.100	$1.188	$1.271	$1.335	$1.401
137	Capital operacional líquido			$2.000	$2.200	$2.376	$2.542	$2.669	$2.803
138	Contas a pagar			$200	$220	$238	$254	$267	$280
139	Provisões			$300	$330	$356	$381	$400	$420
140	*B3. Resultado operacional*								
141	CPV (ex. depr.)			$3.800	$4.180	$4.514	$4.830	$5.072	$5.326
142	Depreciação			$200	$220	$238	$254	$267	$280
143	Outras despesas operacionais			$500	$550	$594	$636	$667	$701
144	EBIT			$500	$550	$594	$636	$667	$701
145	Lucro operacional líquido após impostos			$300	$330	$356	$381	$400	$420
146	*B4. Fluxo de caixa livre*								
147	Capital de giro operacional líquido			$1.050	$1.155	$1.247	$1.335	$1.401	$1.472
148	Capital operacional total			$3.050	$3.355	$3.623	$3.877	$4.071	$4.274
149	FCL = NOPAT − Δ capital op.			−$260	$25	$88	$128	$207	$217
150	*B5. Valor intrínseco estimado*								
151	CMPC alvo				11,0%	11,0%	11,0%	11,0%	11,0%
152	Retorno sobre o capital investido			9,8%	9,8%	9,8%	9,8%	9,8%	9,8%
153	Crescimento no FCL					252%	45,1%	61,7%	5,0%

154			
155	**Valor Horizonte:**		**Valor das operações** $2.719
156			**+ ST investimentos** $0
157	$$HV_{2018} = \frac{FCF_{2018}(1+g_L)}{(WACC - g_L)}$$ = $3.814		**Valor intrínseco estimado total** $2.719
158			**− Todas as dívidas** $1.480
159	**Valor das operações:**		**− Ação preferida** $100
160	Valor presente do HV $2.267		**Valor intrínseco estimado de patrimônio** $1.139
161	+ valor presente do FCL $453		**÷ número de ações** $50
162	Valor das operações = $2.719		**Preço intrínseco estimado da ação =** $22,78

A MicroDrive preenche e deposita cheques todo dia. Como seus gestores não sabem exatamente quando todos os cheques serão compensados, não podem prever exatamente qual será o saldo em suas contas correntes em um determinado dia. Portanto, eles devem manter um saldo em caixa e equivalentes (como títulos a curto prazo negociáveis) para evitar sacar a descoberto de suas contas. Discutimos a questão da gestão de caixa no Capítulo 16, mas o diretor financeiro da MicroDrive assumiu que o dinheiro necessário para apoiar as operações da MicroDrive é proporcional as suas vendas. Por exemplo, o dinheiro previsto em 2014 é de 1% (vendas de 2014) = 1% ($ 5.500) = $ 55. O diretor financeiro aplicou o mesmo processo para projetar dinheiro nos anos subsequentes.

A menos que uma empresa mude sua política de crédito ou tenha uma mudança em sua base de clientes, contas a receber devem ser proporcionais às vendas. O diretor financeiro assumiu que a política de crédito e pagamento padrão dos clientes permaneceriam constantes e, portanto, projetou as contas a receber como sendo de 10% ($ 5.500) = $ 550.

Conforme as vendas aumentam, as empresas em geral devem aumentar os estoques. O diretor financeiro assumiu aqui que o estoque seria proporcional às vendas. (O Capítulo 16 discutirá a gestão do estoque em detalhes.) O estoque projetado é de 20% ($ 5.500) = $ 1.100.

Pode ser razoável supor que o caixa, contas a receber e estoques serão proporcionais às vendas, mas e a quantidade de propriedade líquida, planta e equipamentos aumentarão e diminuirão conforme as vendas aumentam e diminuem? A resposta correta pode ser sim ou não. Quando as empresas adquirem Capital Operacional, muitas vezes instalam mais capacidade do que precisam atualmente devido às economias de escala na construção da capacidade. Além disso, mesmo que uma planta esteja operando em sua capacidade nominal máxima, a maioria das empresas pode produzir unidades adicionais reduzindo o tempo parado para manutenção programada, executando máquinas a uma velocidade superior à ideal, ou pela adição de um segundo ou terceiro turno. Portanto, pelo menos a curto prazo, as vendas e Capital Operacional líquidos podem não ter uma relação estreita.

No entanto, algumas empresas têm uma estreita relação entre as vendas e Capital Operacional líquido, mesmo a curto prazo. Por exemplo, novas lojas em muitas cadeias de varejo alcançam as mesmas vendas durante seu primeiro ano como lojas existentes da cadeia. A única maneira que esses varejistas podem crescer (além da inflação) é através da adição de novas lojas. Essas empresas têm, portanto, uma forte relação proporcional entre ativos fixos e vendas.

Finalmente, a longo prazo, há uma estreita relação entre vendas e Capital Operacional líquido para praticamente todas as empresas: poucas podem continuar a aumentar as vendas, a menos que também adicionem capacidade. Portanto, é razoável assumir que a proporção a longo prazo de Capital Operacional líquido para as vendas será constante.

Para os primeiros anos de uma previsão, os gestores geralmente baseiam-se nos gastos planejados reais em plantas e equipamentos. Se essas estimativas não estão disponíveis, geralmente é melhor assumir uma relação constante de Capital Operacional líquido para as vendas.

A MicroDrive é uma empresa relativamente grande e realiza despesas de capital todo ano, daí, a previsão do diretor financeiro de Capital Operacional líquido como um percentual das vendas. O Capital Operacional líquido projetado é de 40% ($ 5.500) = $ 2.200.

12-3c Passivos operacionais

A Seção B2 da Figura 12-3 mostra a previsão de passivos operacionais. Alguns tipos de passivos crescem proporcionalmente com as vendas; estes são chamados **passivos espontâneos**, como explicamos a seguir.

Conforme as vendas aumentam, as compras de matérias-primas e aquelas compras adicionais aumentarão espontaneamente as contas a pagar. A previsão da MicroDrive das contas a pagar em 2014 é de 4% ($ 5.500) = $ 220.

Vendas mais elevadas exigem mais trabalho e normalmente resultam em mais rendimento tributável e, portanto, impostos. Portanto, provisões de salários e impostos aumentam junto com as vendas. A projeção das provisões é de 6% ($ 5.500) = $ 330.

12-3d Lucro operacional

Para a maioria das empresas, o custo dos produtos vendidos (CPV) está diretamente relacionado com as vendas, e a MicroDrive não é exceção. A previsão da MicroDrive do CPV para 2014 é de 76% ($ 5.500) = $ 4.180.

Como a depreciação depende da base depreciável de um ativo, conforme descrito no Capítulo 11, é mais razoável prever a depreciação como uma percentagem da planta e equipamentos líquidos do que das vendas. A projeção da MicroDrive de depreciação em 2014 é de 10% (Capital Operacional Líquido 2014) = 10% ($ 2.200) = $ 220.

Outras despesas operacionais da MicroDrive incluem itens como os salários dos executivos, taxas de seguros e custos de marketing. Esses itens tendem a ser relacionados ao tamanho da empresa, que está relacionado com as vendas. A projeção da MicroDrive é de 10% ($ 5.500) = $ 550.

Subtraindo o CPV, a depreciação e outras despesas operacionais líquidas de vendas dá o resultado do lucro antes dos juros e impostos (EBIT). Lembre-se do Capítulo 2 que o lucro operacional líquido após impostos (NOPAT) é definido como EBIT (1 – T), em que T é a alíquota fiscal.

12-3e Fluxo de caixa (FCL)

A Seção B4 calcula o fluxo de caixa livre (FCL), utilizando o processo descrito no Capítulo 2. A primeira linha na Seção B4 começa com um cálculo do capital de giro operacional liquido (NOWC), que é definido como ativo circulante operacional menos o passivo circulante operacional. O ativo circulante operacional é a soma do dinheiro, contas a receber e estoques; passivo circulante operacional é a soma ou contas a pagar e provisões. A segunda linha mostra a previsão total do capital operacional, o que é o NOWC mais o Capital Operacional líquido. Todos os itens necessários para esses cálculos foram anteriormente previstos na Seção B2.

Lembre-se do Capítulo 2 que o fluxo de caixa livre é igual ao NOPAT menos o investimento total no capital operacional; a previsão do NOPAT está na Seção B3, e a previsão do capital operacional líquido total está na segunda linha da Seção B4.

12-3f Valor intrínseco estimado

Seção B5 começa com o CMPC alvo estimado, calculado usando-se as entradas das Seções 2 e 3 da Figura 12-2. Esses valores são os mesmos utilizados no Capítulo 9 para estimar o custo médio ponderado do capital da MicroDrive, com exceção do custo de ações preferenciais. Para simplificar a previsão dos dividendos preferenciais ao projetar a demonstração dos resultados, o diretor financeiro da MicroDrive decidiu ignorar os custos de lançamento, porque têm um impacto insignificante sobre o CMPC.

O custo médio ponderado de capital é calculado com base na estrutura do capital-alvo. O diretor financeiro da MicroDrive decidiu usar a estrutura do capital-alvo para todos os cenários, mas modificar as projeções depois, caso o conselho decida mudar a estrutura de capital.

A segunda linha na Seção B5 da Figura 12-3 relata o retorno sobre o capital investido (ROIC) para facilitar a comparação com o CMPC. A terceira linha mostra a taxa de crescimento no FCL. Note que a taxa de crescimento é muito elevada nos primeiros anos da previsão, mas, depois se nivela com crescimento sustentável das vendas, 5%. Se isso não tivesse sido feito, o período de previsão teria de ser prorrogado até o crescimento do FCL tornar-se constante.

Usando o FCL, CMPC e a taxa de crescimento constante a longo prazo no FCL estimados, a Seção B5 mostra o cálculo do valor das operações utilizando a fórmula do valor do crescimento horizonte constante do Capítulo 7. Para encontrar o valor das operações, é necessário descobrir o valor presente do valor horizonte e o valor presente dos fluxos de caixa livres previstos, e depois somá-los, como mostrado no canto inferior esquerdo da figura.

O painel no canto inferior direito da Seção B5 estima que o preço intrínseco das ações usa a abordagem no Capítulo 7. Para a previsão Status Quo, o valor intrínseco estimado é de $ 22,78. Essa estimativa é cerca de 16% inferior ao preço de $ 27 observados em 31 de dezembro de 2013. O que pode explicar essa diferença? Primeiro, tenha em mente que o desvio padrão da MicroDrive dos retornos das ações é de cerca de 49%, como estimado no Capítulo 6. Esse desvio padrão elevado faz a diferença de 16% entre o preço estimado e real das ações parecer muito pequena. Poderia muito bem se o valor intrínseco estimado fosse exatamente igual ao preço real das ações em um dia durante a semana antes ou depois de 31 de dezembro de 2013. Em segundo lugar, pode ser que os investidores (que determinam o preço através de suas atividades de compra e venda) esperem que o desempenho da MicroDrive no futuro seja melhor do que o cenário Status Quo.

Falaremos mais sobre a previsão da operação depois de completar a previsão das demonstrações financeiras.

12-3g Melhorias do modelo básico

Embora a suposição de que os ativos e passivos operacionais cresçam proporcionalmente às vendas seja uma aproximação muito boa para a maioria das empresas, há algumas circunstâncias que podem exigir técnicas de modelagem mais complicadas. Descrevemos quatro possíveis refinamentos na Seção 12-7: economias de escala, relações não lineares, compras irregulares de ativos e ajustes de excesso de capacidade. No entanto, tenha sempre em mente que a complexidade adicional em um modelo pode não valer a pena para a melhoria na precisão.

Autoavaliação

1. Quais itens compreendem os ativos circulantes operacionais? Por que é razoável supor que eles crescem proporcionalmente às vendas?
2. Quais são os motivos que o Capital Operacional líquido deve crescer proporcionalmente às vendas, e quais são as razões para que isso não aconteça?
3. O que são passivos circulantes operacionais?

12-4   Projetando as demonstrações financeiras da MicroDrive

A saída-chave de um plano financeiro é o conjunto de demonstrações financeiras projetadas. A abordagem básica ao projetar as demonstrações é um processo simples de três etapas: (1) prever os itens operacionais, (2) prever os montantes da dívida, capital próprio e dividendos que são determinados pela política financeira preliminar de curto prazo da empresa e (3) garantir que a empresa tenha financiamento suficiente, mas não em excesso para financiar o plano operacional.

Apesar do processo simples, projetar demonstrações financeiras pode ser parecido com descascar cebolas – mas não porque ela cheira mal e faz você chorar! Assim como existem muitas cebolas diferentes (branca, roxa, grande, pequena, doce, azeda etc.), existem muitas variações diferentes na abordagem básica. E assim como cebola tem muitas camadas, um plano financeiro pode ter muitas camadas de complexidade. Seria impossível para nós cobrir todos os diferentes métodos e detalhes usados ao se projetarem demonstrações financeiras, por isso, focaremos no método usado pelo diretor financeiro da MicroDrive, que é aplicável à maioria das empresas.

Aqui estão as três etapas deste método:

1. A MicroDrive projetará todos os itens operacionais que fazem parte do plano operacional.
2. Para a previsão inicial, o diretor financeiro da MicroDrive aplicará a seguinte política financeira preliminar de curto prazo: (1) a MicroDrive não emitirá quaisquer títulos de longo prazo, ações preferenciais ou ações ordinárias no próximo ano; (2) a MicroDrive não pagará ou aumentará os títulos a pagar; e (3) a MicroDrive aumentará os dividendos regulares a uma taxa de crescimento sustentável a longo prazo discutidos anteriormente na previsão de vendas.
3. Se as políticas financeiras de curto prazo descritas na segunda etapa não fornecerem financiamento adicional suficiente para financiar os ativos operacionais adicionais necessários para o plano operacional descrito na primeira etapa, a MicroDrive recorrerá a uma linha de crédito especial. Se as políticas financeiras fornecerem o financiamento excedente, a MicroDrive pagará um dividendo especial.

12-4a Previsão das contas do plano operacional

A Figura 12-4 mostra demonstrações financeiras projetadas da MicroDrive para o cenário Status Quo no próximo ano. A previsão do plano operacional do diretor financeiro da MicroDrive está na Seção 12-3, por isso, é uma questão fácil de replicar o processo e prever os itens operacionais correspondentes sobre as contas das demonstrações financeiras. A coluna C mostra o ano mais recente, a Coluna D mostra as entradas da Figura 12-2, as Colunas E e F descrevem como as entradas são aplicadas, e a Coluna G mostra a previsão para o próximo ano. Observe que as previsões para os itens operacionais na Figura 12-4 são idênticas às da Figura 12-3.

12-4b Previsão dos itens determinados pela política financeira preliminar de curto prazo

A MicroDrive tem uma estrutura de capital-alvo e meta de crescimento de dividendos, mostradas na Figura 12-2, Seções 2-4. Como a maioria das empresas, a MicroDrive está disposta a desviar-se desses objetivos no curto prazo. Para efeitos da presente previsão inicial, a MicroDrive tem uma política financeira preliminar de curto prazo que define os valores projetados para títulos a pagar, dívidas de longo prazo, ações preferenciais e ações ordinárias, iguais aos seus valores anteriores. Em outras palavras, a política financeira preliminar de curto prazo não exige qualquer alteração desses itens. Tenha em mente que o planejamento financeiro é um processo iterativo – especifique um plano, observe os resultados, modifique, se necessário, e repita o processo até que o plano seja aceitável e realizável.

FIGURA 12-4

Dados de entradas para projeção (milhões, exceto porcentagens e dados por ação)

	A	B	C	D	E	F	G
201	**Status Quo**						
202	*Balanço patrimonial*		Mais Recente				
203			2013	Fatores	Base de projeção para 2014		2014
204	*Ativo*						
205	Disponível		$50,0	1,00%	× Vendas 2014		$55,00
206	Contas a receber		500,0	10,00%	× Vendas 2014		$550,00
207	Estoques		1,000.0	20,00%	× Vendas 2014		$1.100,00
208	Total do passivo circulante		$1.550,0				$1.705,00
209	Capital Operacional líquido		2.000,0	40,00%	× Vendas 2014		$2.200,00
210	Total do ativo (TV)		$3.550,0				$3.905,00
211	*Imobilizado líquido*						
212	Contas a pagar			4,00%	× Vendas 2014		$220,00
213	Provisões		300,0	6,00%	× Vendas 2014		$330,00
214	Notas a pagar		1.000,0	**Transferido do anterior**			$280,00
215	Linha de débito		0,0	**Exigido sobre LOC se déficit de financiamento**			$117,10
216	Total CL		$780,0				$974,10
217	Títulos a longo prazo		1.200,0	**Transferido do anterior**			$1.200,00
218	Passivos total		$1.980,0				$2.147,10
219	Ação preferencial		$100,0	**Transferido do anterior**			$100,00
220	Ação ordinária		500,0	**Transferido do anterior**			$500,00
221	Ganhos retidos		970,0		**Velho RE + Ad. ao RE**		$1,158
222	Total de passivo comum		$1.470,0				$1,658
223	Total passivo e ativo		$3.550,0				$3,905
224				**Verificar: TA – Total pass, e at, =**			$0,00
225	*2. Demonstração do resultado*		Mais Recente				
226			2013	Fatores	Base de projeção para 2014		2014
227	Vendas líquidas		$3.000.00	110%	× Vendas 2014		$3.300,00
228	CPV (excl. depr.)		2,616.20	76,00%	× Vendas 2014		$4.180,00
229	Depreciação		100,00	10,00%	× Vendas 2014		$220,00
230	Outras despensas operacionais		$500,0	10,00%	× Vendas 2013		$550,00
231	EBIT		$500,0				$550,00
232	Menos: juros sobre títulos		20,0	10,00%	× Média de notas		$28,0
233	juros sobre obrigações		100,0	9,00%	× Média de títulos		$108,0
234	juros sobre LOC		0,0	11,50%	× Começo		0,0
235	Lucros antes dos		$380,0				$414,00
236	Impostos (40%)		$152,0	40,00%	× Lucros antes dos impostos		$165,60
237	NI antes do div pref,		$228,0				$248,40
238	Preferido		8,0	8,00%	× Média de ação preferida		$8,00
239	Receita líquida		$220,0				$240,40
240	Dividendos comuns		$50,0	105%	× Dividendo 2013		$52,50
241	Dividendos especiais		$0,0		Receita líquida		$0,00
242	Adição ao RE		$170,0		Dividendos		$187,90
243							
244	*3. Eliminação do déficit ou excedente financeiro*						
245	Aumento do passivo espontâneo (contas a pagar e provisões						$50,00
246	+ aumento nas notas a pagar, título de longo prazo, ações preferidas e ações ordinárias						$0,00
247	+ receita líquida menos regulares comuns						$187,90
248	Aumento no financiamento						$237,90
249	– Aumento no total de ativos						$355,00
250	Quantidade de déficit ou excedente de financiamento:						-$117,10
251	Se o déficit no financiamento (negativo), exige uma linha de crédito				**Linha de crédito**		$117,10
252	Se o excedente no financiamento (positivo), paga o dividendo especial				**Dividendo especial**		$0,00

As linhas 232 a 234 e 238 na Figura 12-4 mostram os itens determinados pela política financeira preliminar de curto prazo. A Seção 1 mostra os balanços patrimoniais projetados, com os valores projetados para títulos a pagar, dívidas de longo prazo, ações preferenciais e ações ordinárias inalteradas de seus valores anteriores. A abordagem básica para projetar demonstrações financeiras permaneceria inalterada se a política financeira preliminar de curto prazo tivesse solicitado mudanças nesses itens, tais como a emissão de nova dívida ou capital próprio. Na verdade, o diretor financeiro da MicroDrive planeja apresentar recomendações de longo prazo para o conselho sobre a possibilidade de emitir ações adicionais ordinárias, ações preferenciais ou títulos de longo prazo após a previsão preliminar ser analisada.

A Seção 2 mostra a declaração de renda projetada. A despesa de juros sobre títulos a pagar é projetada como a taxa de juros sobre títulos a pagar multiplicada pelo valor médio dos títulos a pagar em aberto durante o ano. Por exemplo, a MicroDrive tinha $ 280 no final de 2013 e projetou $280 no final de 2014, de modo que o saldo médio durante o ano é de $ 280 = ($ 280 + $ 280)/2. Se os planos da MicroDrive tivessem exigido uma adição de $ 40 em títulos a pagar durante o ano (resultando em um saldo de fim de ano de $320), o saldo médio teria sido de $ 300 = ($ 280 + $ 320)/2. O mesmo processo é aplicado às obrigações de longo prazo e ações preferenciais.

Basear a despesa de juros sobre o montante médio da dívida em circulação durante o ano implica que a dívida é adicionada (ou reembolsada) sem problemas durante o ano. No entanto, se a dívida não for adicionada até o último dia do ano, as despesas de juros daquele ano devem basear-se apenas na dívida do início do ano (ou seja, a dívida no final do ano anterior), porque, praticamente, nenhum juros teria acumulado sobre a nova dívida. Por outro lado, se o débito novo fosse adicionado no primeiro dia do ano, os juros seriam obtidos durante todo o ano, portanto, as despesas dos juros devem basear-se no valor do débito indicado no fim do ano.

A política financeira preliminar de curto prazo da MicroDrive volta-se para o crescimento do dividendo de 5%. Os únicos itens nas demonstrações projetadas que não foram previstos pelo plano operacional ou pelo plano financeiro preliminar de curto prazo são a linha de crédito (LOC), os juros sobre as LOC e o item para dividendos especiais. Estes estão mostrados nas linhas 215 e 241, e os explicamos na seção seguinte.

12-4c Identifique e elimine o déficit de financiamento ou excedentes nos balanços patrimoniais projetados

Neste momento na projeção, seria extremamente improvável para os balanços patrimoniais se equilibrarem porque o aumento dos ativos exigidos pelo plano operacional provavelmente não é igual ao acréscimo de responsabilidades e financiamentos causados pelo plano operacional e a política financeira preliminar a curto prazo. Haverá um déficit de financiamento se o financiamento adicional for menor que os ativos adicionais, e um excedente de financiamento se os ativos adicionais forem maiores do que o financiamento adicional. Se há um déficit de financiamento, a MicroDrive conseguirá arcar com seu plano operacional; se houver um excesso de financiamento, a MicroDrive deve usá-lo de alguma maneira. Portanto, uma projeção realista exige balanços patrimoniais equilibrados.

O primeiro passo para tornar os balanços equilibrados é identificar a quantidade de superávit ou déficit de financiamento resultante do plano operacional e da política financeira preliminar de curto prazo. O segundo passo é eliminar o déficit ou superávit.

Financiamento adicional preliminar vem de três fontes: (1) passivos espontâneos, (2) financiamento externo (como a emissão de novas obrigações de longo prazo ou de ações ordinárias), e (3) financiamento interno (que é a quantidade de lucros reinvestidos em vez de pagos como dividendos). Segue uma explicação sobre a forma de calcular o financiamento adicional para a MicroDrive.

A Seção 3 na Figura 12-4 começa com soma do financiamento adicional na previsão em relação ao ano anterior. Por exemplo, os passivos espontâneos da MicroDrive (contas a pagar e provisões) passaram de um total de $ 500 para $ 550, um aumento de $ 50. Devido à política financeira preliminar de curto prazo da Micro-Drive, não houve mudanças no financiamento externo fornecido por notas a pagar, títulos de longo prazo, ações preferenciais e ações ordinárias. A política preliminar da MicroDrive não exige nenhuma alteração no financiamento externo, mas seria fácil modificar essa suposição. Na verdade, o diretor financeiro fez mudanças no financiamento externo em um plano final que discutiremos mais tarde. O montante preliminar do financiamento interno é a diferença entre o lucro líquido e dividendos comuns regulares – esse é o montante dos rendimentos reinvestidos. A MicroDrive projeta um aumento total de financiamento de $ 237,9, conforme mostra a Seção 3 da Figura 12-4.

Esse financiamento é suficiente, excessivo ou exato? Para responder a essa pergunta, comece calculando o aumento projetado pela MicroDrive em ativos totais: $ 355 = $ 3.905 – $ 3.550. A diferença entre o aumento da MicroDrive no financiamento e seu aumento de ativos projetados é $ 237,9 – $ 355 = – $ 117,1. Esse valor é negativo porque o aumento dos ativos projetados pela MicroDrive é maior do que o aumento do financiamento projetado por ela. Portanto, a MicroDrive tem um déficit de financiamento preliminar – a MicroDrive precisa de mais financiamento para apoiar seu plano operacional. Se esse valor fosse positivo, a MicroDrive teria tido um excedente de financiamento. Como uma empresa deve lidar com um déficit ou excedente de financiamento?

Há um número infinito de respostas a essa pergunta, por isso que a modelagem financeira pode ser complicada. O diretor financeiro da MicroDrive escolheu uma resposta simples, mas eficaz – se há um déficit, recorra a uma linha de crédito, mesmo que ela tenha uma alta taxa de juros (a taxa sobre a LOC é de 1,5 ponto percentual superior à taxa nos títulos a pagar); se há um excedente, pague um dividendo especial. Tenha em mente que este é um plano preliminar e que a MicroDrive pode escolher outra fonte de financiamento no seu plano final.

As duas últimas linhas na Seção 3 da Figura 12-4 aplicam essa lógica. A célula para a LOC no balanço na Seção 1 (Célula C215) está ligada à célula na Seção 3 (G251). O próximo passo é estimar a despesa de juros sobre a LOC. O diretor financeiro da MicroDrive fez uma proposição simplificadora para a projeção preliminar: a LOC será utilizada no último dia do ano. Portanto, não acrescentará juros, de modo que a despesa de juros sobre ela é igual à taxa de juro, multiplicada pelo seu saldo no início do ano, em vez do final do ano.

O diretor financeiro percebe que a despesa dos juros projetados subestimará a verdadeira despesa de juros se a MicroDrive recorrer à LOC no início do ano. No entanto, o diretor financeiro queria manter o modelo simples para as apresentações preliminares da reunião. O diretor financeiro realmente fez proposições mais realistas (mas mais complexas) em outro modelo, que descrevemos mais adiante neste capítulo.

Agora que o trabalho duro de projetar as demonstrações financeiras está feito, é hora de os gestores da MicroDrive discutirem as projeções e formularem seus planos.

Autoavaliação

1. Como operam os itens projetados nas demonstrações financeiras?
2. Como estão os níveis preliminares da dívida, ações preferenciais, ações ordinárias e dividendos projetados?
3. O que é superávit ou déficit de financiamento? Como é calculado?

12-5   Análise e revisão do plano preliminar

Depois de explicar o processo utilizado para prever as declarações na Figura 12-4, o diretor financeiro da MicroDrive construiu uma previsão de 5 anos com base nos métodos e pressupostos da previsão de 1 ano. Entradas importantes e resultados-chave são mostrados na Figura 12-5.

12-5a Análise do plano preliminar

A Seção B1 da Figura 12-5 mostra os principais resultados do plano operacional para o cenário Status Quo. A boa notícia é que o FCL se torna positivo, mas a má notícia é que o retorno sobre o capital investido é muito inferior ao da média da indústria e é menor do que o custo de capital da MicroDrive. As linhas 367 e 368 mostram que a MicroDrive tem uma proporção inferior de NOPAT/Vendas do que seus pares e superior de Capital/Vendas. Em outras palavras, a MicroDrive é menos rentável e menos eficiente. As linhas 369-371 mostram que a MicroDrive tem muito estoque, coleta mais lentamente de seus clientes e utiliza suas fábricas de forma ineficiente.

O plano financeiro reflete o fraco desempenho operacional. A proporção projetada do total do passivo para as vendas mostra que a MicroDrive terá mais influência do que seus pares e terá de pedir emprestado à cara linha de crédito. No entanto, mesmo maior alavancagem não é suficiente para impulsionar o retorno da Micro-Drive sobre o patrimônio líquido para a média da indústria.

O fraco desempenho se reflete também no valor intrínseco estimado dos valores das ações da MicroDrive de $ 22,78, que é menor do que o preço de mercado atual de $ 27. A equipe de administração concluiu que, a menos que eles façam mudanças rápidas, o preço de mercado cairá.

12-5b O plano final

Os diretores de marketing e vendas fazem a primeira sugestão. Eles sentiram que poderiam impulsionar o crescimento das vendas em 12% no próximo ano e manter o crescimento das vendas em 6% nos anos pós-previsão. No entanto, quando o diretor financeiro inseriu altas taxas de crescimento de vendas e deixou inalteradas todas as outras entradas, o valor intrínseco caiu para uma pequena quantidade! O diretor financeiro explicou que o retorno da MicroDrive sobre o capital investido foi um pouco menor do que seu custo de capital, de modo

FIGURA 12-5

O cenário Status Quo: resumo das entradas importantes e resultados-chaves (milhões de dólares, exceto para dados por ação)

	A	B	C	D	E	F	G	H
355	Status Quo	Indústria	MicroDrive					
356	Painel A: Entradas	atual	Atual	Previsão				
357	*A1. Índices Operacionais*	2013	2013	2014	2015	2016	2017	2018
358	Taxa de crescimento das vendas	5%	5%	10%	8%	7%	5%	5%
359	CPV (excl. depr.) /vendas	76%	76%	76%	76%	76%	76%	76%
360	Estoque/vendas	15%	20%	20%	20%	20%	20%	20%
361	Capital Operacional líquido/vendas	33%	40%	40%	40%	40%	40%	40%
362	Painel B: Resultados-chave	Indústria	MicroDrive					
363		atual	Atual	Previsão				
364	*B1. Operação*	2013	2013	2014	2015	2016	2017	2018
365	Fluxo de caixa livre	NA	–$260	$25	$88	$128	$207	$217
366	Retorno do capital investido	15,0%	9,8%	9,8%	9,8%	9,8%	9,8%	9,8%
367	NOPAT/vendas	6,9%	6,0%	6,0%	6,0%	6,0%	6,0%	6,0%
368	Total de capital op./vendas	46,0%	61,0%	61,0%	61,0%	61,0%	61,0%	61,0%
369	Giro de estoque	5,0	4,0	4,0	4,0	4,0	4,0	4,0
370	Dias de vendas pendentes	30,0	36,5	36,5	36,5	36,5	36,5	36,5
371	Giro de ativo fixo	3,0	2,5	2,5	2,5	2,5	2,5	2,5
372	*B2. Financiamento*							
373	Passivos totais/TA	45,0%	55,8%	55,0%	53,5%	51,6%	49,0%	46,3%
374	Receita líquida/vendas	6,2%	4,4%	4,4%	4,4%	4,4%	4,4%	4,6%
375	Retorno sobre ativos (ROA)	11,0%	6,2%	6,2%	6,1%	6,2%	6,2%	6,4%
376	Retorno sobre passivos (ROE)	19,0%	15,0%	14,5%	13,9%	13,4%	12,8%	12,4%
377	Vezes juros ganhos	10,0	4,2	4,0	4,0	4,1	4,2	4,5
378	Linha de crédito	NA	$0	$117	$182	$214	$173	$121
379	Distribuição de dividendos	35,0%	22,7%	21,8%	21,3%	20,7%	20,5%	20,0%
380	Dividendos regulares/ação	NA	$1,00	$1,05	$1,10	$1,16	$1,22	$1,28
381	Dividendos especiais/ação	NA	$0,00	$0,00	$0,00	$0,00	$0,00	$0,00
382	Ganhos por ação	NA	$4,40	$4,81	$5,17	$5,58	$5,92	$6,38
383	*B3. Valor intrínseco estimado*							
384	31/12/2013 Valor estimado das operações =			$2.719				
385	31/12/2013 Preço intrínseco estimado das ações =			$22,78				

que cada dólar adicional de vendas é como adicionar um projeto que tem VPL (Valor Presente Liquido)[1] um pouco negativo. A menos que a MicroDrive melhore seu ROIC, o crescimento não agregará valor.

Depois de muita discussão, a equipe de administração concluiu que, por causa das taxas de licenciamento e outros custos, não era viável para a MicroDrive reduzir sua proporção de CPV/Vendas no próximo ano. No entanto, o diretor de R&D explicou que os novos produtos esperando aprovação terão maiores margens de lucro. Se a MicroDrive pode financiar alguns testes de campo adicionais, os novos produtos podem chegar ao mercado em um ano e levar a relação do CPV/Vendas em até 75%.

Os gerentes de produção, vendas e de compras são conjuntamente responsáveis pelo estoque na cadeia de fornecimento da MicroDrive. Com financiamento adicional para a tecnologia visando melhorar os canais de informação entre os fornecedores e os clientes, a MicroDrive pode reduzir os níveis de estoque sem ferir a disponibilidade do produto. Eles estimaram que a tecnologia melhorada empurraria a relação Estoque/Vendas em até 17%.

Os gerentes de produção e recursos humanos afirmaram que a produtividade poderia aumentar com novos programas de treinamento para que os funcionários possam utilizar melhor o novo equipamento de produção adicionado no ano anterior. Eles estimaram que o aumento da produtividade faria com que a proporção de Capital Operacional/Vendas cairia para 36% nos próximos dois anos.

Os gerentes de contabilidade e finanças estimaram que o custo total para esses programas de melhoria seria de cerca de $ 200 milhões.

---

[1] Se o ROIC esperado for menor do que o CMPC, o crescimento não adiciona valor. O ROIC esperado é definido como o NOPAT projetado dividido pelo atual nível do capital operacional total: ROIC Esperado = $NOPAT_{t+1}$/Capital.

O diretor financeiro inseriu as novas entradas (exceto o custo para implementar os novos planos) no modelo e o nomeou cenário final. Os resultados estão na Figura 12-6. O valor das operações aumentou de $ 3.814 milhões para $ 5.260 milhões. Um aumento de mais de $ 1,4 bilhão, bem acima do custo de $ 200 milhões para implementar os planos. Embora o plano final da reunião de gestão não inclua os custos para implementar os planos de melhoria, o diretor financeiro considerou esses custos ao voltar para a sede.

A Figura 12-6 mostra que o ROIC melhora em 12,7% no segundo ano, bem acima do CMPC de 11%. O fluxo de caixa livre se torna muito maior, fazendo com que os preços estimados intrínsecos das ações aumentem para $ 51,20. No que diz respeito ao financiamento, a MicroDrive não terá de recorrer à sua linha de crédito. Na verdade, a empresa terá dinheiro extra disponível para distribuir como dividendo especial se o conselho decidir fazê-lo.

Os diretores de marketing e vendas perguntaram sobre o impacto do crescimento nas vendas, se o ROIC aumentar para 12,7%. A entrada do diretor financeiro da taxa de crescimento mais elevada e o modelo mostraram que o aumento das vendas aumenta o valor nos cenários que têm o ROIC maior que o CMPC.

12-5c O modelo do diretor financeiro[2]

O modelo final do diretor financeiro, tem vários aperfeiçoamentos do modelo básico apresentado nas seções anteriores, incluindo a incorporação do feedback do financiamento e implementação da estrutura do capital-alvo.

FIGURA 12-6

O cenário final: resumo das entradas importantes e resultados-chave (milhões de dólares, exceto para dados por ação)

	A	B	C	D	E	F	G	H
355	Final	Indústria	MicroDrive					
356	Painel A: Entradas	Atual	Atual	Previsão				
357	A1. Índices operacionais	2013	2013	2014	2015	2016	2017	2018
358	Taxa de crescimento de vendas	5%	5%	10%	8%	7%	5%	5%
359	CPV (excl. depr.)/vendas	76%	76%	76%	75%	75%	75%	75%
360	Estoque/vendas	15%	20%	17%	17%	17%	17%	17%
361	Capital Operacional líquido/vendas	33%	40%	39%	36%	36%	36%	36%
362	Painel B: Resultados-chave	Indústria	MicroDrive					
363		Atual	Atual	Previsão				
364	B1. Operações	2013	2013	2014	2015	2016	2017	2018
365	Fluxo de caixa livre	NA	-$260	$248	$334	$210	$285	$299
366	Retorno do capital investido	15,0%	9,8%	10,6%	12,7%	12,7%	12,7%	12,7%
367	NOPAT/vendas	6,9%	6,0%	6,1%	6,8%	6,8%	6,8%	6,8%
368	Total de capital op./ vendas	46,0%	61,0%	57,0%	54,0%	54,0%	54,0%	54,0%
369	Giro do estoque	5,0	4,0	4,7	4,6	4,6	4,6	4,6
370	Dias de vendas pendentes	30,0	36,5	36,5	36,5	36,5	36,5	36,5
371	Giro do ativo fixo	3,0	2,5	2,6	2,8	2,8	2,8	2,8
372	B2. Financiamento							
373	Passivos totais/TA	45,0%	55,8%	55,1%	54,6%	52,0%	50,3%	48,6%
374	Receita líquida/vendas	6,2%	4,4%	4,4%	5,3%	5,4%	5,5%	5,6%
375	Retorno sobre ativos (ROA)	11,0%	6,2%	6,6%	8,3%	8,5%	8,6%	8,7%
376	Retorno sobre passivos (ROE)	19,0%	15,0%	15,7%	19,5%	18,6%	18,1%	17,7%
377	Vezes juros ganhos	10,0	4,2	4,1	5,0	5,3	5,6	5,9
378	Linha de crédito	NA	$0	$0	$0	$0	$0	$0
379	Distribuição de dividendos	35,0%	22,7%	65,1%	77,1%	34,9%	53,2%	53,8%
380	Dividendos regulares/ação	NA	$1,00	$3,17	$4,88	$2,41	$3,91	$4,19
381	Dividendos especiais/ação	NA	$0,00	$2,12	$3,78	$1,25	$2,69	$2,91
382	Lucro por ação	NA	$4,40	$4,87	$6,33	$6,90	$7,34	$7,79
383	B3. Valor intrínseco estimado							
384	31/12/2013 Valor estimado das operações =			$4.140				
385	31/12/2013 Valor intrínseco do preço das ações =			$51,20				

---

[2] Esta seção é relativamente técnica, e alguns professores podem optar por ignorá-la sem perda de continuidade.

Feedback do financiamento

O modelo básico assume que juros não entrariam na linha de crédito porque ela seria adicionada no final do ano. No entanto, se os juros forem calculados sobre o saldo médio da LOC durante o ano, que é mais realista, veja o que acontece:

1. A linha de crédito necessária para fazer o balanço dos saldos é adicionada a ele.
2. Despesa financeira aumenta devido à LOC.
3. O lucro líquido diminui porque as despesas com juros são mais elevadas.
4. O financiamento gerado internamente diminui, porque o lucro líquido diminui.
5. O déficit de financiamento aumenta porque o financiamento gerado internamente diminui.
6. Um montante adicional da LOC é adicionado aos balanços para equilibrá-los.
7. Vá para a etapa 2 e repita o ciclo.

Esse ciclo é chamado de *feedback de financiamento*, porque o financiamento adicional retorna e provoca uma necessidade de mais financiamento adicional. Se programado no Excel, haverá uma referência circular. Às vezes, o Excel pode lidar com isso (se o recurso de iteração estiver ativado), mas às vezes ele trava. Felizmente, existe uma maneira simples de modificar a linha de crédito exigida escalonando-a para que nenhuma iteração seja necessária.

A implementação da estrutura de capital-alvo

A política financeira preliminar escolhida pelo diretor financeiro durante a reunião dos gestores manteve o financiamento externo constante – com nenhum empréstimo adicional ou reembolso da dívida (exceto a linha de crédito) e não há novas emissões ou recompras de ações preferenciais ou ações ordinárias. No entanto, isso ignora a estrutura do capital-alvo. Felizmente, há uma maneira simples de implementar a estrutura do capital--alvo nas declarações projetadas.

Se a MicroDrive implementa sua estrutura de capital-alvo, então ela pode encontrar o valor atual das operações, como mostrado na Figura 12-3. Além disso, a MicroDrive também pode estimar seu valor de operações para *cada ano* da previsão, começando com o horizonte e voltando. Por exemplo, o valor horizonte da Micro-Drive do plano final é $ 4.140. O valor das operações no horizonte, em 2018, é igual ao valor horizonte – este é o valor de todo o FCL a partir de 2019 e além do descontado para 2018. O valor das operações em 2017, um ano antes do horizonte, é igual ao valor de todos os fluxos de caixa livre para além de 2017, com desconto no CMPC de 2017. Mas já encontramos o valor de todos os FCL além de 2018 descontado para 2018 (que é igual ao valor das operações em 2018), e sabemos o FCL de 2018. Portanto, podemos descontar o valor das operações de 2018 e o fluxo de caixa livre de 2018 um ano antes para obter o valor das operações de 2017: valor em 2017 = ($ 4140 + $ 299)/(1 + 0,11) = $ 3.999. Podemos voltar para a data atual repetindo esse processo, fornecendo estimativas dos valores anuais das operações.

Sabemos do peso na estrutura do capital-alvo todo ano. Por exemplo, o peso-alvo para dívida de longo prazo, w_d, é de 28%. Podemos multiplicar esta meta de peso pelo valor das operações a cada ano para obter a quantidade de dívida a longo prazo que está em conformidade com a estrutura do capital-alvo. Por exemplo, em 2017, a MicroDrive deve ter uma dívida de longo prazo de $ 1.120 = 28% ($ 3.999). Repetir esse processo para todos os componentes do capital todo ano fornece os montantes de financiamento externo que correspondem a estrutura do capital-alvo.

O modelo do diretor financeiro implementa uma versão modificada desse procedimento. Em vez de definir os pesos reais da estrutura do capital igual aos pesos-alvo no primeiro ano da previsão, o diretor financeiro permite que os pesos reais na estrutura do capital a cada ano movam-se suavemente dos valores atuais reais para os valores-alvo no horizonte.

Autoavaliação

1. Suponha que o retorno da empresa sobre o capital investido seja inferior ao seu CMPC. O que acontece com o valor das operações caso o crescimento das taxas de vendas aumente? Explique sua resposta.

12-6   Método fundos adicionais necessários (AFN)

Um plano financeiro completo inclui demonstrações financeiras projetadas, mas o método **fundos adicionais necessários (AFN)** fornece uma maneira simples de obter uma estimativa aproximada do financiamento externo adicional que será necessário. A abordagem AFN identifica o superávit ou déficit de financiamento da mesma forma que fizemos nas seções anteriores: (1) Identifica o montante do financiamento adicional exigido pelos ativos adicionais devido ao crescimento nas vendas. (2) Identifica o montante de passivos espontâneos (que reduz a quantidade de financiamento externo necessária para suportar os ativos adicionais). (3) Identifica o montante do financiamento gerado internamente a partir do lucro líquido, que estará disponível para reinvestimento na empresa depois de pagar os dividendos. (4) Não assume nenhum financiamento externo (similar à política financeira preliminar no cenário Status Quo). A diferença entre os ativos adicionais e a soma dos passivos espontâneos e lucros líquidos reinvestidos é o montante do financiamento adicional necessário a partir de fontes externas. A seguir estão as explicações e aplicações desses passos.

12-6a Aumento exigido em ativos

Em uma situação estável na qual não haja capacidade excedente, a empresa deve ter imobilizado adicional mais caminhões para entrega, níveis de estoque mais altos e assim por diante, se as vendas forem aumentar. Além disso, mais vendas resultarão em mais contas a receber, e esses recebíveis devem ser financiados a partir do momento da venda até seu pagamento. Portanto, tanto ativos fixos como ativos circulantes devem aumentar se houver aumento nas vendas. É claro que, se os ativos devem aumentar, o passivo e o patrimônio líquido também devem aumentar pelo mesmo montante para equilibrar o balanço patrimonial.

12-6b Passivos espontâneos

As primeiras fontes de capital de expansão são aumentos "espontâneos" que ocorrerão nas contas a pagar e provisões de salários e impostos da MicroDrive. Os fornecedores da empresa dão 10 dias para pagar as compras de estoque, e, uma vez que as compras aumentarão com as vendas, as contas a pagar automaticamente aumentarão. Por exemplo, se as vendas aumentarem em 10%, as compras de estoque também aumentarão em 10%, e isso resultará em um aumento espontâneo de 10% nas contas a pagar. De maneira similar, uma vez que a empresa remunera os funcionários a cada duas semanas, mais funcionários e folha de pagamento maior significarão mais salários a pagar. E finalmente, maior renda esperada significará mais impostos de renda provisionados, e massa salarial maior, mais impostos retidos na fonte provisionados. Geralmente não é pago juro algum sobre esses fundos espontâneos, mas seu montante é limitado pelas condições de crédito, pelos contratos com trabalhadores e pelas leis fiscais. Portanto, *fundos espontâneos serão usados na medida do possível, no entanto há pouca flexibilidade em seu uso.*

12-6c Adição a lucros retidos

A segunda fonte de recursos para expansão é o lucro líquido. Parte do lucro da MicroDrive será distribuída como dividendos, mas o restante será reinvestido em ativos operacionais, conforme mostrado na parte do ativo no balanço patrimonial; um valor correspondente será registrado com adição aos lucros retidos no passivo e patrimônio líquido no balanço patrimonial. Existe alguma flexibilidade no montante de recursos que será gerado com os novos lucros reinvestidos, pois dividendos podem ser aumentados ou reduzidos, mas, caso a empresa planeje manter seu dividendo estável ou aumentá-lo a uma taxa-alvo, como a maioria faz, a flexibilidade será limitada.

12-6d Calculando o fundo adicional necessário (AFN)

Se iniciarmos com os novos ativos exigidos e subtrairmos os fundos espontâneos e adições a lucros retidos, o que sobra é o fundo adicional necessário (AFN). O AFN deve vir de *fontes externas*; portanto, às vezes é chamado de EFN (External Funds Nedded). As fontes externas mais comuns são empréstimos bancários, novos títulos de longo prazo, novas ações preferenciais e ações recém-emitidas. O *mix* de recursos externos utilizados deve ser consistente com as políticas financeiras da empresa, especialmente seu índice de endividamento-alvo.

12-6e Usando dados da MicroDrive para implementar o método AFN

A Equação 12-1 resume a lógica interna do método AFN. A Figura 12-7 define a notação na Equação 12-1 e a aplica para identificar o AFN da MicroDrive. A equação dos **fundos adicionais necessários (AFN)** é:

$$
\begin{array}{ccccccc}
\text{Aumento exigido} & & \text{Aumento em passivos} & & \text{Aumento em lucros} & & \text{Capital adicional} \\
\text{em ativos} & - & \text{espontâneos} & - & \text{retidos} & = & \text{necessário} \\
(A_0{}^*/S_0)\Delta S & - & (L_0{}^*/S_0)\Delta S & - & S_1 \times M \times (1 - POR) = & & AFN
\end{array}
$$

(12-1)

Podemos ver na Parte B da Figura 12-7 que, para as vendas aumentarem $ 500 milhões, a MicroDrive deverá aumentar os ativos em $ 355 milhões. Portanto, passivos e capital deverão aumentar também em $ 355 milhões. Desse total, $ 50 milhões virão de passivos espontâneos, e outros $ 187 milhões de novos lucros retidos. Os $ 118 milhões restantes deverão ser levantados de fontes externas – provavelmente alguma combinação de empréstimos bancários de curto prazo, títulos de longo prazo, ações preferenciais e ações ordinárias. Observe que o AFN com base nesse modelo está muito próximo do financiamento excedente necessário no modelo Status Quo para as demonstrações financeiras projetadas porque ambos os métodos assumem que os índices operacionais para a MicroDrive não mudarão.

12-6f Principais fatores na equação AFN

A equação AFN mostra que as necessidades de capital externo dependem de cinco fatores-chave.

1. **Crescimento de vendas (g).** Empresas com rápido crescimento exigem grandes aumentos em ativos e um montante grande correspondente de financiamento externo, mantendo outros fatores constantes.
2. **Intensidade de capital ($A_0{}^*/S_0$).** A quantidade de ativos exigidos por dólar de vendas, $A_0{}^*/S_0$, é o **nível de intensidade de capital** que tem grande impacto sobre as necessidades de capital. Empresas com índices de ativos/vendas relativamente altos requerem um montante de novos ativos relativamente alto para qualquer aumento de vendas, portanto elas possuem maior necessidade de capital externo. Se uma empresa encontrar uma maneira de diminuir esse índice – por exemplo, utilizando um sistema de estoque *just-in-time*, adotando dois turnos em suas fábricas ou terceirizando em vez de produzir –, ela conseguirá atingir um determinado nível de crescimento com menos ativos e menos capital externo.
3. **Índice passivos espontâneos/vendas ($L_0{}^*/S_0$).** Se uma empresa conseguir aumentar seus passivos gerados de maneira espontânea, isso reduzirá sua necessidade de recursos externos. Uma maneira de elevar esse índice é pagar aos fornecedores em, digamos, 20 dias, e não em 10. Tal mudança poderá ser possível, mas, como veremos no Capítulo 16, provavelmente terá graves consequências adversas.

FIGURA 12-7
Fundos adicionais necessários (AFN) (milhões de dólares)

	A	B	C	D	E	F	G	H	I
397	*Parte A. Entradas e Definições*								
398	S_0:		vendas dos anos mais recentes =						$ 5.000
399	g:		taxa de crescimento prevista nas vendas =						10,00%
400	S_1:		vendas do próximo ano: $S_0 \times (1 + g)$ =						$ 5.500
401	gS_0:		mudanças nas vendas = $S_1 - S_0 = \Delta S$ =						$ 500
402	$A_0{}^*$:		ativos operacionais dos anos mais recentes =						$ 3.550
403	$A_0{}^*/S_0$:		ativos necessários por dólar de venda =						71,00%
404	$L_0{}^*$:		passivos espontâneos dos anos mais recentes, isto é, pagáveis + provisões =						$ 500
405	$L_0{}^*/S_0$:		passivos espontâneos por dólar de venda =						10,00%
406	Margem de lucro (M):		margem de lucro dos anos mais recentes = receita líquida/vendas =						4,40%
407	Distribuição de dividendos (POR):		dividendos dos anos mais recentes/receita líquida = % da receita da distribuição do dividendo =						22,73%
408	*Parte B. Fundos adicionais necessários (AFN) para apoiar o crescimento*								
409									
410		AFN	= Aumento necessário em	–	Aumento dos pass. espont.		–	Adição do retido	
411		=	$(A_0{}^*/S_0)\Delta S$	–	$(L_0{}^*/S_0)\Delta S$		–	$S_1 \times M \times (1 - POR)$	
412				–			–		
413		=	$(A_0{}^*/S_0)(gS_0)$	–	$(L_0{}^*/S_0)(gS_0)$		–	$(1+g)S_0 \times M \times (1 - POR)$	
414				–			–		
415		=	$(0,710)($ 500)$	–	$(0,10)($ 500)$		–	$ 5.500(0,044)(1 - 0,2273)$	
416		=	$ 355	–	$ 50,00		–	$ 187,00	
417		AFN =	$ 118,00						

4. **Margem de lucro (M = lucro líquido/vendas).** Quanto maior for a margem de lucro, mais lucro líquido estará disponível para suportar os aumentos nos ativos – e, portanto, menor será a necessidade de recursos externos. A margem de lucro de uma empresa é normalmente tão alta quanto a administração conseguir, mas às vezes uma mudança nas operações pode aumentar o preço das vendas ou reduzir custos, gerando, dessa forma, uma margem adicional. Caso isso aconteça, haverá uma taxa de crescimento mais rápido com menos capital externo.

5. **Percentual de distribuição de dividendo (POR = DPS/EPS).** Quanto menos lucro uma empresa distribuir como dividendos, maior será sua adição a lucros retidos – e, portanto, menor será sua necessidade de capital externo. Em geral, as empresas gostam de manter seus dividendos estáveis ou aumentá-los a uma taxa regular – acionistas gostam de dividendos confiáveis e estáveis, por isso a política de dividendo geralmente reduzirá o custo do patrimônio e, assim, maximizará o preço das ações. Embora reduzir o dividendo seja uma maneira da empresa reduzir sua necessidade de capital externo, as empresas geralmente recorrem a esse método apenas se estiverem sofrendo alguma restrição financeira.

12-6g Taxa de crescimento autossustentável

Uma questão interessante é: "Qual é a taxa máxima de crescimento que a empresa poderia alcançar caso ela não tivesse acesso a capital externo?". Essa taxa é chamada de *taxa de crescimento autossustentável* e pode ser encontrada como o valor de g que, quando utilizado na equação AFN, resulta em um AFN de zero. Primeiro substituímos ΔS na equação AFN por gS_0 e S_1 por $(1 + g)S_0$ para que o único valor desconhecido seja g e, então, encontramos o valor de g para obter a seguinte equação da taxa de crescimento autossustentável:

$$g \text{ autossustentável} = \frac{M(1 - POR)(S_0)}{A_0{}^* - L_0{}^* - M(1 - POR)(S_0)} \qquad \textbf{(12-2)}$$

As definições dos termos usados nessa equação são mostradas na Figura 12-7. Se a empresa tiver algum ganho positivo e pagar menos de 100% em dividendos, ela terá algumas adições aos lucros retidos, e essas adições poderão ser combinadas com fundos espontâneos para possibilitar algum crescimento da empresa sem precisar levantar capital externo. Para a MicroDrive, a taxa de crescimento autossustentável é de 5,9%, o que significa que ela poderia crescer a essa taxa mesmo se os mercados de capitais se tornassem completamente escassos, com os outros fatores se mantendo constantes.

Autoavaliação

1. Se todas as proporções permanecerem constantes, uma equação pode ser usada para prever o AFN. Escreva a equação e explique-a brevemente.
2. Descreva como os seguintes fatores afetam requisitos do capital externo: (1) proporção de pagamento, (2) intensidade de capital, (3) margem de lucro.
3. Em que sentido contas a pagar e provisões fornecem "fundos espontâneos" para uma empresa em crescimento?
4. É possível que o AFN calculado seja negativo? Se sim, o que isso implica?
5. Refira-se aos dados apresentados no exemplo da MicroDrive, mas agora suponha que a taxa de crescimento da Micro-Drive nas vendas está previsto ser de 15% em vez de 10%. Se todas as proporções permanecem constantes, qual será o AFN? **($ 205,6 milhões)**

12-7   Projeção de variação de índices

As versões da porcentagem do modelo de previsão de vendas e o método AFN consideram que os itens projetados podem ser estimados como um percentual das vendas. Isso implica que cada uma das contas de ativos, passivos espontâneos e custos operacionais é proporcional às vendas. Na forma de gráfico, envolve o tipo de relação mostrado no Painel a da Figura 12-8, cujo gráfico de uma relação (1) é linear e (2) passa através da origem. Sob essas condições, se as vendas da empresa aumentarem de $ 200 milhões a $ 400 milhões, ou em 100%, o estoque também aumentará em 100%, de $ 100 milhões para $ 200 milhões. Às vezes, a suposição

FIGURA 12-8

Quatro possíveis relações de proporção (milhões de dólares)

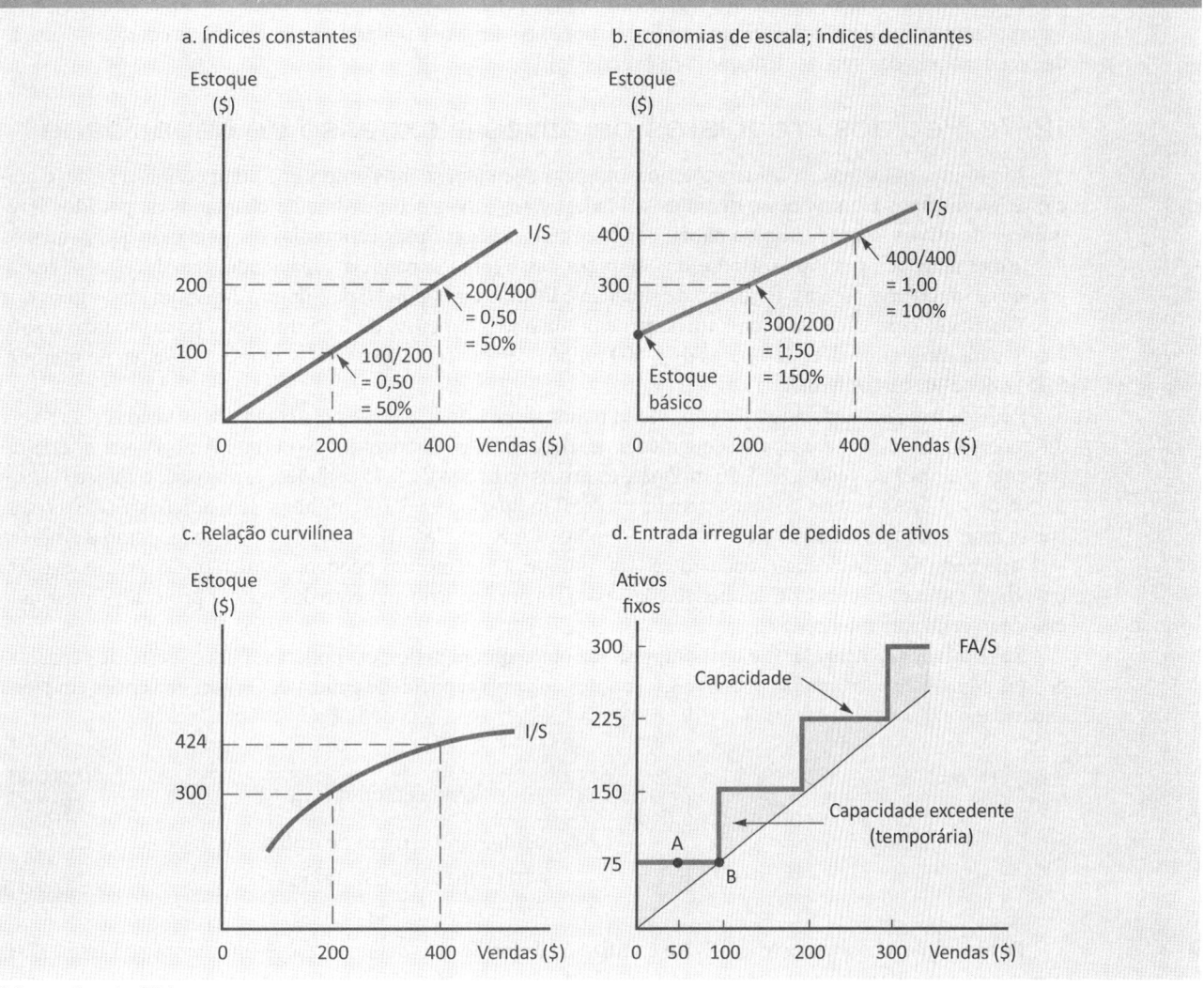

© Cengage Learning 2014

das relações constantes e taxas de crescimento idênticas é apropriada, mas há momentos em que é incorreta. Descrevemos três situações assim nas próximas seções.

12-7a Economias de escala

Existem economias de escala no uso de muitos tipos de ativos, e, quando isso ocorre, é provável que os índices tenham uma variação ao longo tempo conforme o tamanho da empresa aumentar. Por exemplo, varejistas geralmente precisam manter um estoque básico de diferentes itens mesmo quando as vendas estão um pouco baixas. Com o aumento das vendas, estoques poderão crescer menos rapidamente do que as vendas, por isso o índice de estoque/vendas (I/S) diminui. Essa situação é ilustrada no Painel b da Figura 12-8. Aqui vemos que a proporção estoque/vendas é de 1,5 (ou 150%) quando as vendas são de $ 200 milhões, mas diminui para 1,0 quando as vendas aumentam para $ 400 milhões.

É fácil no Excel incorporar esse tipo de economia em escala na previsão. Por exemplo, a base do método das previsões do estoque: Estoque = m(Vendas), em que m é uma constante. Com as economias de escala, a previsão do estoque é: Estoque = b + m (Vendas), onde m e b são constantes.

12-7b Relações não lineares

A relação no Painel b é linear, mas relações não lineares também existem. Na realidade, se a empresa usar um modelo popular para estabelecer níveis de estoque (modelo de Quantidade Econômica de Pedido – EOQ, do inglês *economic ordering quantity*), seus estoques crescerão com a *raiz quadrada* das vendas. Essa situação é indicada no Painel c da Figura 12-8, que mostra uma linha curvada cuja inclinação diminui a níveis maiores de vendas. Nessa situação, aumentos significativos nas vendas exigiriam muito pouco estoque adicional. Para incorporar esse tipo de não linearidade no Excel, por exemplo, você poderia prever o estoque como uma função da raiz quadrada das vendas: Estoque = m (Vendas^{0,5}).

12-7c Pedidos irregulares de ativos e excesso de capacidade

Em muitas indústrias, considerações tecnológicas decretam se uma empresa é competitiva, e se deve adicionar ativos fixos em grandes e distintas unidades; esses ativos são geralmente chamados de **pedidos irregulares de ativos**. Na indústria do papel, por exemplo, existem fortes economias de escala em equipamentos das usinas de papel, por isso, quando uma empresa desse ramo expande a capacidade, isso deve ser feito em grandes e irregulares escalas. Esse tipo de situação é ilustrada no Painel d da Figura 12-8. Aqui assumimos que uma instalação com eficiência economicamente mínima tem um custo de $ 75 milhões e pode produzir o suficiente para atingir um nível de vendas de $ 100 milhões. Para ser competitiva, a empresa deve ter, no mínimo, $ 75 milhões de ativos fixos.

Pedidos irregulares de ativo têm um efeito maior sobre o índice de ativos fixos para as vendas (FA/S) em diferentes níveis de vendas e, consequentemente, necessidades financeiras. No Ponto A no Painel d, que representa um nível de vendas de $ 50 milhões, os ativos fixos são de $ 75 milhões, e, por isso, o índice FA/S = $ 75/$ 50 = 1,5. As vendas podem expandir em $ 50 milhões, para $ 100 milhões, sem adições a ativos fixos. Nesse momento, representado pelo Ponto B, o índice FA/S = $ 75/$ 100 = 0,75. No entanto, como a empresa está operando na capacidade (vendas de $ 100 milhões), mesmo um pequeno aumento nas vendas exigiria uma duplicação da capacidade das instalações, por isso um pequeno aumento das vendas projetadas traria uma grande necessidade financeira.[3]

Se os ativos são irregulares e uma empresa faz uma compra maior, ela poderá ter um excesso de capacidade, que significa que as vendas podem crescer antes que essa capacidade aumente. O nível de vendas em plena capacidade é:

$$\text{Vendas em plena capacidade} = \frac{\text{Vendas efetivas}}{\text{Porcentagem ou nível de utilização da capacidade instalada}} \qquad \textbf{(12-3)}$$

Por exemplo, considere a MicroDrive e utilize os dados de suas demonstrações financeiras na Figura 12-1, mas agora suponha que exista capacidade excedente de ativos fixos. Especificamente, vamos assumir que os ativos fixos em 2013 foram utilizados em somente 96% da capacidade. Se os ativos fixos tivessem sido usados em plena capacidade, as vendas de 2013 poderiam ter ficado acima de $ 3.125 milhões *versus* os $ 3.000 milhões em vendas atuais:

$$\text{Vendas em plena capacidade} = \frac{\text{Vendas efetivas}}{\text{Porcentagem de capacidade em que ativos fixos foram operados}}$$

$$= \frac{\$ 5,000 \text{ milhões}}{0,96} = \$ 5,208 \text{ milhões}$$

---

[3] Vários outros pontos devem ser observados sobre o Painel d da Figura 12-8. Primeiro, se a empresa estiver operando em um nível de vendas de $ 100 milhões ou menos, qualquer expansão que requeira um aumento de vendas de mais de $ 100 milhões exigirá o dobro dos ativos fixos da empresa. Um percentual de aumento muito menor estaria envolvido se a empresa fosse grande o suficiente para operar várias instalações. Segundo, empresas geralmente adotam muitos turnos e tomam outras ações para minimizar a necessidade de capacidade de novos ativos fixos ao se aproximarem do Ponto B. No entanto, esses esforços têm limites, e, por fim, será necessária a expansão de ativos fixos. Terceiro, as empresas geralmente fazem acordos para compartilhar capacidade excedente com outras empresas de seu ramo. Por exemplo, a situação na indústria de concessionárias elétricas é muito parecida com a ilustrada no Painel d. Porém, companhias elétricas geralmente constroem instalações em parcerias, ou se revezam na construção. E, então compram ou vendem energia para outras concessionárias para evitar a construção de novas instalações que seriam pouco utilizadas.

O índice-alvo de ativos fixos/vendas pode ser definido em termos de vendas em plena capacidade:

$$\text{Índice-alvo de ativos fixos/vendas} = \frac{\text{Ativos fixos reais}}{\text{Vendas em plena capacidade}} \qquad \textbf{(12-4)}$$

O índice-alvo de ativos fixos/vendas da MicroDrive deve ser 38,4%, e não 40%:

$$\text{Índice-alvo de ativos fixos/vendas} = \frac{\text{Ativos fixos reais}}{\text{Vendas em plena capacidade}}$$

$$= \frac{\$\ 2.000}{\$\ 5.208} = 0,384 = 38,4\%$$

O nível exigido de ativos fixos depende desse índice-alvo de ativos fixos/vendas:

$$\text{Nível exigido de ativos fixos} = \left(\frac{\text{Índice-alvo de ativos fixos}}{\text{Vendas}} \right) \left(\begin{array}{c} \text{Vendas} \\ \text{projetadas} \end{array} \right) \qquad \textbf{(12-5)}$$

Portanto, se as vendas da MicroDrive aumentassem para $ 3.300 milhões, seus ativos fixos teriam de aumentar para $ 1.056 milhão:

$$\text{Nível exigido de ativos fixos} = \left(\frac{\text{Índice-alvo de ativos fixos}}{\text{Vendas}} \right) \left(\begin{array}{c} \text{Vendas} \\ \text{projetadas} \end{array} \right)$$

$$= 0.384(\$\ 5.500) = \$\ 2.112 \text{ milhões}$$

Previmos anteriormente que a MicroDrive precisaria aumentar o nível de ativos fixos na mesma proporção da taxa de vendas ou em 10%. Isso significou um aumento de $ 200 milhões, de $ 2.000 milhões para $ 2.200 milhões, sob a velha premissa de não exceder a capacidade. Sob a nova premissa de exceder a capacidade, o aumento real exigido em ativos fixos é de apenas $ 2.000 milhões para $ 2.112 milhões, que é um aumento de $ 112 milhões. Portanto, a projeção ajustada da capacidade é menor do que a anterior: $ 200 – $ 112 = $ 88 milhões. Com menor necessidade de ativos fixos, o AFN projetado diminuiria de estimados $ 118 milhões para $ 118 – $ 88 = $ 30 milhões.

Perceba também que, quando existe capacidade excedente, as vendas podem crescer até atingir a capacidade calculada anteriormente sem aumento nos ativos fixos, mas vendas além do nível exigiriam investimentos em ativos fixos, como em nosso exemplo. A mesma situação poderia ocorrer com relação aos estoques, e as adições exigidas seriam determinadas exatamente da mesma forma como nos ativos fixos. Teoricamente, a mesma situação poderia ocorrer com outros tipos de ativos, mas, como uma questão prática, a capacidade excedente geralmente existe apenas com relação a ativos fixos e estoques.

Autoavaliação

1. Como economias de escala e pedidos irregulares de ativos afetam previsões financeiras?

Resumo

- O método de **demonstrações financeiras previstas (FFS)** do planejamento financeiro prevê um conjunto inteiro de demonstrações financeiras. Normalmente, começa com uma projeção das vendas da empresa e depois projeta muitos itens dessas demonstrações como a porcentagem e vendas.

- A **equação de fundos adicionais necessários (AFN)** pode ser usada para prever necessidades financeiras externas adicionais, mas somente um ano à frente e somente se todas as proporções ativos e vendas, passivos e vendas espontâneas e todas as relações de custo venda forem idênticas.
- Uma empresa pode determinar seu **AFN** estimando a quantidade de novos ativos necessários para suportar o nível previsto de vendas e subtrair desse montante os fundos espontâneos que serão gerados de operações.
- Quanto maior a **taxa de crescimento de vendas** e mais alto o **percentual de distribuição de dividendo**, maior será sua necessidade de capital adicional.
- Existem duas principais aplicações das demonstrações financeiras previstas. Primeiro, os fluxos de caixa livres projetados podem ser usados para estimar o impacto que as mudanças nos planos operacionais têm sobre valor intrínseco estimado da empresa nos preços das operações e estoque. Segundo, o superávit ou déficit previsto de financiamento permite à empresa identificar suas necessidades de financiamento futuro.
- Ajustes devem ser feitos se existirem **economias de escala** no uso de ativos, se houver **capacidade excedente** ou se o crescimento ocorrer em grande escala **(pedidos irregulares de ativos)**.
- **Ajustes de capacidade excedente** podem ser usados para prever necessidades de ativos em situações em que não há expectativa de crescimento na mesma taxa de vendas.

Perguntas

(12-1) Defina cada um dos seguintes termos:
   a. Plano operacional; plano financeiro
   b. Passivos espontâneos; margem de lucro; percentual de distribuição de dividendo
   c. Fundos adicionais necessários (AFN); equação dos AFN; relação de intensidade de capital; taxa de crescimento autossustentável
   d. Abordagem de demonstração financeira prevista usando por cento das vendas
   e. Excesso de capacidade; pedidos irregulares de ativos; economias de escala
   f. Vendas em plena capacidade; relação ativos fixos alvos/vendas; nível exigido de ativos fixos

(12-2) Alguns itens do passivo e patrimônio líquido aumentam espontaneamente com o aumento nas vendas. Assinale com um (✓) os itens listados a seguir que normalmente aumentam de maneira espontânea:

Contas a pagar	_____	Títulos hipotecários	_____
Títulos a pagar para bancos	_____	Ações ordinárias	_____
Salários provisionados	_____	Lucros retidos	_____
Provisão para impostos	_____		

(12-3) A equação a seguir é usada em alguns casos para prever necessidades financeiras:

$$AFN = (A_0^*/S_0)(\Delta S) - (L_0^*/S_0)(\Delta S) - MS_1(1 - POR)$$

Que suposições fazemos ao usarmos essa equação? Em quais condições essa suposição pode não ser verdadeira?

(12-4) Liste cinco fatores importantes que afetam as necessidades de financiamento externo de uma empresa.

(12-5) O que significa "taxa de crescimento autossustentável"? Como essa taxa está relacionada à equação AFN e como utilizá-la para calcular a referida taxa?

(12-6) Suponha que uma empresa faça as alterações listadas a seguir em sua política. Se uma alteração significar que as necessidades de financiamento externo e não espontâneo (AFN) crescerão, indique isso com um (+), indique uma queda com um (–) e com um (0) nenhuma alteração ou efeito indeterminado. Considere em termos de efeitos *imediatos, em curto prazo*, sobre necessidades de recursos.

   a. O percentual de distribuição de dividendos é aumentado. _____

   b. A empresa decide pagar a todos os fornecedores na entrega, e não com um atraso de 30 dias para obter descontos por pagamento rápido. _____

   c. A empresa começa a oferecer crédito a seus clientes, enquanto anteriormente todas as vendas eram à vista. _____

   d. A margem de lucro da empresa está desgastada pelo aumento da concorrência apesar de as vendas permanecerem regulares. _____

e. A empresa vende suas instalações de fabricação para pagamento à vista a um empreiteiro e simultaneamente assina um contrato de terceirização para comprar desse empreiteiro mercadorias que ela produzia anteriormente. _____

f. A empresa negocia um novo contrato com seu sindicato que diminui seus custos trabalhistas sem afetar a produção. _____

Problemas de autoavaliação – As soluções estão no Apêndice A

(PA-1) **Taxa de crescimento autossustentável** – A empresa Barnsdale Corporation possui os seguintes índices: $A_0^*/S_0 = 1,6$; $L_0^*/S_0 = 0,4$; margem de lucro = 0,10; e percentual de distribuição de dividendo = 0,45, ou 45%. No último ano, as vendas atingiram $ 100 milhões. Supondo que esses índices permanecerão constantes, use a equação AFN para determinar a taxa de crescimento autossustentável da empresa – em outras palavras, a taxa de crescimento máximo que a Barnsdale consegue alcançar sem empregar recursos externos não espontâneos.

(PA-2) **Equação AFN** – Retomando o Problema PA-1, suponha que os consultores financeiros da Barnsdale divulguem (1) que o índice de giro de estoque (vendas/estoque) é 3, comparado com uma média da indústria de 4, e (2) que a Barnsdale poderia reduzir estoques e, dessa forma, elevar seu índice de giro para 4 sem afetar suas vendas, margem de lucro ou outros índices de giro de ativos. Considerando essas condições, use a equação AFN para determinar o montante de recursos adicionais que a Barnsdale exigiria durante cada um dos próximos 2 anos caso as vendas cresçam a um nível de 20% por ano.

(PA-3) **Capacidade excedente** – As demonstrações financeiras de 2013 da Van Auken Lumber são mostradas a seguir.

Van Auken Lumber: balanço patrimonial para 31 de dezembro de 2013 (em milhares de dólares)

Disponível	$ 1.800	Contas a pagar	$ 7.200
Contas a receber	10.800	Títulos a pagar	3.472
Estoques	12.600	Linha de crédito	0
Total do ativo circulante	$ 25.200	Provisões	2.520
Ativos fixos líquidos	21.600	Total do passivo circulante	$ 13.192
		Títulos hipotecários	5.000
		Ações ordinárias	2.000
		Lucros retidos	26.608
Total do ativo	$ 46.800	Total do passivo e patrimônio líquido	$ 46.800

Van Auken Lumber: demonstração do resultado para 31 de dezembro de 2013 (em milhares de dólares)

Vendas	$ 36.000
Custos operacionais	30.783
Lucro antes de juros e impostos	$ 5.217
Juros	717
Lucro antes de impostos	$ 4.500
Impostos (40%)	1.800
Lucro líquido	$ 2.700
Dividendos (60%)	$ 1.620
Adição a lucros retidos	$ 1.080

a. Suponha que empresa operasse em plena capacidade em 2013, considerando todos os itens, exceto os ativos fixos, que, nesse ano, eram utilizados em apenas 75% da capacidade. A que porcentagem as vendas de 2014 poderiam superar as vendas de 2013 sem a necessidade de um aumento de ativos fixos?

b.   Agora suponha que as vendas de 2014 cresçam 25% sobre as vendas de 2013. Utilize o método de proje-
     ções de demonstrações financeiras para prever um balanço patrimonial em 31 de dezembro de 2014 e uma
     demonstração da renda de 2014, considerando que (1) os índices históricos de custos operacionais/vendas,
     caixa/vendas, recebíveis/vendas, estoques/vendas, contas a pagar/vendas e provisões/vendas se mantenham
     constantes; (2) a Van Auken não pode vender nenhum de seus ativos fixos; (3) qualquer financiamento neces-
     sário será feito no final de 2014 como uma linha de crédito; (4) a empresa não recebe juros sobre seu caixa;
     e (5) a taxa de juros sobre toda sua dívida é de 12%. A empresa distribui 60% de seu lucro líquido como di-
     videndo e possui uma alíquota fiscal de 40%. Qual é o déficit ou excedente de financiamento da Van Auken?
     (*Dicas*: Assuma que um financiamento adicional por meio da linha de crédito será realizado no último dia do
     ano. Portanto, a linha de crédito não acumulará despesas com juros durante o ano porque qualquer nova linha
     de crédito é adicionada no final do ano. Use também o resultado previsto para determinar a adição de lucros
     acumulados para o balanço patrimonial.)

Problemas – As respostas dos problemas estão no Apêndice B

Problemas fáceis 1-3

(12-1)   **Equação AFN** – As vendas da empresa Broussard Skateboard deverão ter um aumento de 15%, passando de $8
     milhões em 2013 para $ 9,2 milhões em 2014. Seus ativos totalizaram $ 5 milhões no final de 2013. A Broussard
     já está em sua capacidade plena, por isso seus ativos devem crescer na mesma taxa das vendas projetadas. No
     final de 2013, o passivo circulante era de $ 1,4 milhão: $ 450.000 de contas a pagar, $ 500.000 de títulos a pagar
     e $ 450.000 de provisões. A margem de lucro após impostos está prevista em 6% e o índice de pagamento de
     dividendo previsto é de 40%. Use a equação AFN para prever os fundos adicionais necessários da Broussard para
     o próximo ano.

(12-2)   **Equação AFN** – Consulte o Problema 12-1. Qual seria o capital adicional necessário se os ativos da empresa
     no fim de 2013 tivessem sido de $ 7 milhões? Considere que todos os outros números, incluindo vendas, são os
     mesmos do Problema 12-1 e que a empresa está operando em capacidade plena. Qual é o motivo da diferença
     entre esse AFN e aquele que você encontrou no Problema 12-1? O índice de "intensidade de capital" é o mesmo
     ou diferente?

(12-3)   **Equação AFN** – Consulte o Problema 12-1. Retome a suposição de que a empresa tem $ 5 milhões em ativos no
     final de 2013, mas agora considere que a empresa não paga dividendo algum. Sob essas suposições, qual seria o
     capital adicional necessário para o próximo ano? Qual é o motivo da diferença entre esse AFN e aquele que você
     encontrou no Problema 12-1?

Problemas intermediários 4-6

(12-4)   **Aumento de vendas** – A empresa Maggie's Muffins, Inc. gerou $ 5.000.000 em vendas durante 2013, e seu total
     de ativos no final do ano foi de $ 2.500.000. Além disso, no final de 2013, o passivo circulante era de $ 1.000.000:
     $ 300.000 de títulos a pagar, $ 500.000 de contas a pagar e $ 200.000 de provisões. Para 2014, a empresa estima
     que seus ativos devam aumentar na mesma taxa das vendas, seus passivos espontâneos aumentarão também na
     mesma taxa das vendas, sua margem de lucro será de 7% e seu índice de pagamento de dividendo será de 80%.
     Qual é o aumento de vendas que a empresa pode atingir sem ter de levantar recursos externos, ou seja, qual é a
     taxa de crescimento autossustentável?

(12-5)   **Necessidade de financiamento de longo prazo** – No fim de 2013, o total de ativos da empresa Wallace Lands-
     caping era de $ 2,17 milhões, e suas contas a pagar, $ 560.000. As vendas, que em 2013 eram de $ 3,5 milhões,
     devem aumentar 35% em 2014. O total de ativos e contas a pagar são proporcionais às vendas e essa relação será
     mantida. A Wallace geralmente não utiliza passivo circulante a não ser as contas a pagar. As ações ordinárias em
     2013 eram de $ 625.000, e lucros retidos, $ 395.000. A Wallace conseguiu vender $195.000 de novas ações em
     2014 para atender a algumas de suas necessidades financeiras. O restante dessas necessidades será atendido por
     meio da emissão de novas dívidas de longo prazo no fim de 2014. (Como a dívida é adicionada no final do ano,
     não haverá nenhuma despesa adicional com juros por causa da nova dívida.) Sua margem de lucro sobre vendas
     é de 5%, e 405% dos lucros serão distribuídos como dividendos.

a.   Qual é o total da dívida de longo prazo da Wallace e seu total do passivo em 2013?

b.   Quanto em novo financiamento de dívida de longo prazo será necessário em 2014? (*Dica*: AFN – Novas ações =
     Nova dívida de longo prazo.)

(12-6)   **Capital adicional necessário** – A projeção de vendas da empresa Booth Company é dobrar de $ 1.000 em 2013 para $ 2.000 em 2014. Este é o balanço patrimonial levantado em 31 de dezembro de 2013:

Disponível	$ 100	Contas a pagar	$ 50
Contas a receber	200	Títulos a pagar	150
Estoques	200	Provisões	50
Ativos fixos líquidos	500	Dívida de longo prazo	400
		Ações ordinárias	100
		Lucros retidos	250
Total do ativo	$ 1.000	Total do passivo e patrimônio líquido	$ 1.000

Os ativos fixos da Booth foram utilizados em apenas 50% da capacidade durante 2013, mas seus ativos circulantes estavam em seus níveis normais com relação às vendas. Todos os ativos, exceto os fixos, devem aumentar na mesma taxa das vendas, e os ativos fixos também teriam de aumentar na mesma taxa caso não existisse capacidade excedente atual. Há uma previsão de que a margem de lucro após impostos da empresa seja de 5%, com um índice de pagamento de dividendo previsto de 60%. Qual é o valor dos fundos adicionais necessários (AFN) para o próximo ano?

Problemas desafiadores 7-9

(12-7)   **Demonstrações e índices previstos** – A empresa Upton Computers compra em grande escala pequenos computadores, armazena-os em depósitos convenientemente localizados, distribui para sua rede de lojas de varejo e possui um quadro de funcionários para ajudar clientes a configurar seus novos computadores. O balanço patrimonial da empresa em 31 de dezembro de 2013 é mostrado a seguir (em milhões de dólares):

Disponível	$ 3,50	Contas a pagar	$ 9,00
Contas a receber	26,00	Títulos a pagar	18,00
Estoques	58,00	Linha de crédito	0
Total do ativo circulante	$ 87,50	Provisões	8,50
Ativos fixos líquidos	35,00	Total do passivo circulante	$ 35,50
		Empréstimo hipotecário	6,00
		Ações ordinárias	15,00
		Lucros retidos	66,00
Total do ativo	$ 122,50	Total do passivo e patrimônio líquido	$ 122,50

As vendas para 2013 foram de $ 350 milhões, e o lucro líquido para o ano foi de $ 10,5 milhões, por isso a margem de lucro da empresa foi de 3,0%. A Upton pagou dividendos de $ 4,2 milhões a acionistas ordinários, por isso seu índice de pagamento de dividendo foi de 40%. Sua alíquota fiscal foi de 40% e ela operava em plena capacidade. Considere que os índices ativos/vendas, os passivos espontâneos/vendas, a margem de lucro e o índice de pagamento de dividendo permanecem constantes em 2014.

a.   Se as vendas são projetadas para crescer $ 70 milhões, ou 20%, durante 2014, use a equação AFN para determinar as necessidades de capital externo projetadas da Upton.

b.   Usando a equação AFN, determine a taxa de crescimento autossustentável da empresa. Ou seja, qual é a taxa de crescimento máximo que a empresa conseguirá alcançar sem ter de empregar recursos externos não espontâneos?

c.   Use o método de projeções de demonstrações financeiras para prever o balanço patrimonial da Upton em 31 de dezembro de 2014. Considere que todo o capital adicional externo é levantado como uma linha de crédito no final do ano e é refletido (como a dívida é contraída no final do ano, não haverá despesas com juros adicionais sobre a nova dívida). Suponha que a margem de lucro e o índice de pagamento de dividendo da Upton serão em 2014 os mesmos de 2013. Qual é o montante de títulos a pagar registrado nos balanços patrimoniais previstos de 2014? (*Dica*: Não é necessário fazer a projeção de demonstrações do resultado, pois você já recebeu as informações sobre vendas projetadas, margem de lucro e índice de pagamento de dividendo; esses valores lhe permitirão calcular a adição a lucros retidos de 2014 para o balanço.)

(12-8) **Déficit de financiamento** – As demonstrações financeiras da empresa Stevens Textiles em 2013 são apresentadas a seguir:

Balanço patrimonial levantado em 31 de dezembro de 2013 (em milhares de dólares)

Disponível	$ 1.080	Contas a pagar	$ 4.320
Contas a receber	6.480	Provisões	2.880
Estoques	9.000	Linha de crédito	0
Total do ativo circulante	$ 16.560	Títulos a pagar	2.100
Ativos fixos líquidos	12.600	Total do passivo circulante	$ 9.300
		Títulos hipotecários	3.500
		Ações ordinárias	3.500
		Lucros retidos	12.860
Total do ativo	$ 29.160	Total do passivo e patrimônio líquido	$ 29.160

Demonstração do resultado para 31 de dezembro de 2013 (em milhares de dólares)

Vendas	$ 36.000
Custos operacionais	32.440
Lucro antes de juros e impostos	$ 3.560
Juros	460
Lucro antes de impostos	$ 3.100
Impostos (40%)	1.240
Lucro líquido	$ 1.860
Dividendos (45%)	$ 837
Adição a lucros retidos	$ 1.023

a. Suponha que a projeção de vendas para 2014 tenha um aumento de 15% sobre as vendas de 2013. Use o método de projeções de demonstrações financeiras para prever o balanço e a demonstração do resultado para 31 de dezembro de 2014. A taxa de juros sobre toda a dívida é de 10%, e o caixa não rende juros. Suponha que toda a dívida extra, na forma de linha de crédito, seja adicionada no final do ano, o que significa que você deve basear a despesa prevista com juros no saldo da dívida no início do ano. Use a demonstração do resultado prevista para determinar a adição a lucros retidos. Suponha que a empresa estivesse operando a plena capacidade em 2013, que ela não pudesse vender nenhum de seus ativos fixos e qualquer financiamento necessário fosse levantado por meio de empréstimo como títulos a pagar. E também que os ativos, passivos espontâneos e custos operacionais crescessem na mesma porcentagem de vendas. Determine o capital adicional necessário.

b. Qual é o montante total resultante previsto da linha de crédito?

c. Em suas respostas aos enunciados a e b, você não deve ter cobrado nenhum juro sobre dívida adicional contraída durante o ano de 2014 porque foi presumido que novas dívidas seriam adicionadas no final do ano. Mas agora suponha que novas dívidas sejam adicionadas durante todo o ano. Sem cálculo algum, como isso alteraria as respostas aos enunciados a e b?

(12-9)   **Déficit de financiamento** – As demonstrações financeiras de 2013 da empresa Garlington Technologies Inc. são mostradas a seguir:

Balanço patrimonial levantado em 31 de dezembro de 2013

Disponível	$ 180.000	Contas a pagar	$ 360.000
Contas a receber	360.000	Títulos a pagar	156.000
Estoques	720.000	Linha de crédito	0
Total do ativo circulante	$ 1.260.000	Provisões	180.000
Ativos fixos	1.440.000	Total do passivo circulante	$ 696.000
		Ações ordinárias	1.800.000
		Lucros retidos	204.000
Total do ativo	$ 2.700.000	Total do passivo e patrimônio líquido	$ 2.700.000

Demonstração do resultado para 31 de dezembro de 2013

Vendas	$ 3.600.000
Custos operacionais	3.279.720
Lucro antes de juros e impostos (EBIT)	$ 320.280
Juros	18.280
Lucro antes de impostos (EBT)	$ 302.000
Impostos (40%)	120.800
Lucro líquido	$ 181.200
Dividendos	$ 108.000

Suponha que, em 2014, as vendas aumentem em 10% com relação às vendas de 2013 e os dividendos de 2014 aumentem para $ 112.000. Faça a projeção das demonstrações financeiras usando o método de projeções de demonstrações financeiras. Vamos presumir que a empresa operava em plena capacidade em 2013. Use uma taxa de juros de 13% e suponha que qualquer nova dívida será adicionada no final do ano (por isso, faça a projeção de despesa com juros baseada no saldo da dívida no início do ano). O caixa não rende juros. Suponha que o AFN estará na forma de uma linha de crédito.

Problema de planilha

(12-10)   **Construa um Modelo: Previsão de Demonstrações Financeiras:** Use as seguintes premissas: (1) As vendas crescem em 6%. (2) Os índices de despesas com vendas, depreciação de ativos fixos, dinheiro para vendas, contas a receber de vendas e estoque para vendas serão os mesmos de 2013 para 2014. (3) Zeiber não emitirá qualquer novo estoque ou novos títulos a longo prazo. (4) A taxa de juros é de 11% para dívida de longo prazo e a despesa de juros sobre a dívida a longo prazo baseia-se no saldo médio durante o ano. (5) Nenhum lucro é ganho em dinheiro. (6) Os dividendos crescem a uma taxa de 8%. (6) Calcule os fundos adicionais necessários (AFN). Se um novo financiamento for necessário, supondo que será aumentada com base em uma linha de crédito com uma taxa de juros de 12%. Considere que qualquer mudança na linha de crédito será feita no último dia do ano, por isso não haverá despesas adicionais com juros para a nova linha de crédito. Se os fundos excedentes estão disponíveis, pague um dividendo especial.
   a.   Quais são os níveis previstos da linha de crédito e dividendos especiais?
   b.   Agora suponha que o crescimento das vendas seja de apenas 3%. Quais são os níveis previstos da linha de crédito e dividendos especiais?

Estudo de caso

O preço das ações da Hatfield Medical Supplies tem ficado atrás da média da indústria, por isso seu conselho de administração contratou um novo presidente para a empresa, Jaiden Lee. Lee trouxe Ashley Novak, uma MBA em Finanças, que tinha trabalhado para uma empresa de consultoria, para substituir o antigo diretor financeiro e pediu-lhe que desenvolvesse a parte de planejamento financeiro do plano estratégico. Em seu trabalho anterior, a principal tarefa de Novak era ajudar clientes a elaborar projeções financeiras, e esse foi um dos motivos pelos quais Lee a contratou.

Novak começou comparando os índices financeiros da Hatfield com as médias da indústria. Se algum índice estava abaixo da média, ela discutia com o gerente responsável para ver o que poderia ser feito para melhorar a situação. Os dados a seguir mostram as últimas demonstrações financeiras de Hatfield além de alguns índices e outros dados que Novak planeja usar em suas análises.

Hatfield Medical Supplies (em milhões de dólares, exceto dados por ação)

BALANÇO PATRIMONIAL, 31-12-2013		DEMONSTRAÇÃO DO RESULTADO, FINAL DO ANO DE 2013	
Disponível	$ 20	Vendas	$ 2.000
Contas a receber	280	Custos operacionais (excl. depr.)	1.800
		Depreciação	50
Estoques	400	EBIT	$ 150
Total do ativo circulante	$ 700	Juros	$40
Ativos fixos líquidos	500	Lucros antes dos impostos	$ 110
Total dos ativos	$ 1.200	Impostos (40%)	44
		Lucro líquido	$ 66
Contas a pagar + provisões	$ 80		
Linha de crédito	$0	Dividendos	$ 20,0
Total do passivo circulante	$80	Adição a lucros retidos	$ 46
Dívida de longo prazo	500	Ações em circulação	10,0
Total do passivo	$ 580	Lucro por ação (EPS)	$ 6,60
Ações ordinárias	420	Dividendo por ação (DPS)	$ 2,00
Lucros retidos	200	Preço das ações no encer. do exerc.	$ 52,80
Total do patrimônio líquido	$ 620		
Total do pas. e líq.	$ 1.200		

Dados Adicionais Selecionados para 2013

	HATFIELD	INDÚSTRIA		HATFIELD	INDÚSTRIA
Op. custos/vendas	90,0%	88,0%	Pass. total/ativos total	48,3%	36,7%
Depr./FA	10,0%	12,0%	Vezes juros ganhos	3,8	8,9
Dinheiro/vendas	1,0%	1,0%	Retorno operacional sobre ativos (ROA)	5,5%	10,2%
Recebíveis/vendas	14,0%	11,0%	Margem de lucro (M)	3,30%	4,99%
Estoques/vendas	20,0%	15,0%	Vendas/ativos	1,67	2,04
Ativos fixos/vendas	25,0%	22,0%	Ativos/capital próprio	1,94	1,58
Contas a pagar e prov./vendas	4,0%	4,0%	Retorno sobre patrimônio líquido (ROE)	10,6%	16,1%
Alíquota fiscal	40,0%	40,0%	Índices P/E	8,0	16,0
ROIC	8,0%	12,5%			
NOPAT/vendas	4,5%	5,6%			
Total capital op./vendas	56,0%	45,0%			

a. Usando dados da Hatfield e suas médias na indústria, quão bem gerida você diria a Hatfield parece estar em comparação com outras empresas em sua indústria? Quais são os seus principais pontos fortes e fraquezas? Seja específico em sua resposta, e aponte as várias razões que suportam sua posição. Além disso, use a equação de Du Pont (ver Capítulo 3) como uma parte da sua análise.

b. Utilize a equação AFN para estimar o novo capital externo exigido da empresa para 2014 se acontecer um crescimento esperado de 10%. Suponha que os índices de 2013 da empresa permanecerão os mesmos em 2014. (*Dica*: Hatfield estava operando em sua capacidade plena em 2013).

c. Defina a expressão intensidade de capital. Explique como uma diminuição na intensidade de capital afetaria o AFN, com outros itens se mantendo constantes. Economias de escala combinadas com rápido crescimento afetam a intensidade de capital, com outros itens se mantendo constantes? Explique também como alterações em cada um desses pontos afetariam o AFN, mantendo outros itens constantes: a taxa de crescimento, o montante de contas a pagar, a margem de lucro e o índice de pagamento de dividendo.

d. Defina a expressão taxa de crescimento autossustentável. Qual é a taxa de crescimento autossustentável da Hatfield? Essa taxa seria afetada por uma alteração no índice de intensidade de capital ou em outros fatores mencionados na questão anterior? Com outros itens se mantendo constantes, o índice de intensidade do capital calculado se alteraria ao longo do tempo caso a empresa estivesse crescendo e sujeita a economias de escala e/ou a pedidos irregulares de ativos?

e. Use as suposições de projeção para responder às questões abaixo: (1) Índices operacionais permanecem inalterados. (2) Vendas crescerão em 10%, 8%, 5% e 5% nos próximos quatro anos. (3) O custo médio ponderado de capital (CMPC ou WACC) é de 9%. Esse é o cenário de não mudanças porque as operações permanecem inalteradas.

(1) Para cada um dos próximos quatro anos, faça a previsão para os seguintes itens: vendas, dinheiro, contas a receber, estoques, ativos fixos líquidos, contas a pagar e provisões, custos operacionais (excluindo depreciação), depreciação e lucro antes de juros e impostos (EBIT).

(2) Usando os itens anteriormente previstos, calcule para cada um dos próximos quatro anos o lucro operacional líquido após impostos (NOPAT), capital de giro operacional líquido, capital operacional total, fluxo de caixa livre (FCL), taxa de crescimento anual no FCL e retorno sobre o capital investido. O que faz com que o fluxo de caixa livre previsto no primeiro ano implique sobre a necessidade de financiamento externo? Compare o ROIC previsto com o CMPC. O que isso afeta sobre o quão bem a empresa está atuando?

(3) Suponha que o FCL continuará a crescer a uma taxa de crescimento para o ano passado na previsão horizonte (*Dica*: 5%). Qual será o valor horizonte em 2017? Qual é o valor atual do valor horizonte? Qual é o valor presente do FCL previsto? (*Dica*: Use os fluxos de caixa livres para 2014 através de 2017.) Qual é o atual valor das operações? Usando as informações das demonstrações financeiras de 2013, o que é o preço atual da ação estimada intrínseca?

f. Continue com as mesmas premissas para o cenário *sem mudança* em relação à questão anterior, mas agora preveja as declarações de balanço patrimonial e da renda para 2014 (mas não para os próximos três anos) usando a seguinte política financeira preliminar. (1) Dividendos regulares crescerão em 10%. (2) Nenhuma dívida adicional a longo prazo ou ações ordinárias serão emitidas. (3) A taxa de juros sobre todas as dívidas é de 8%. (4) A despesa de juros para a dívida de longo prazo baseia-se no saldo médio durante o ano. (5) Se os resultados operacionais e o plano de financiamento preliminar causarem um déficit de financiamento, elimine o déficit recorrendo a uma linha de crédito. A linha de crédito seria aproveitada no último dia do ano, por isso não criaria nenhuma despesa de juros adicionais para esse ano. (6) Se houver um excedente de financiamento, elimine-o mediante o pagamento de um dividendo especial. Depois de realizar a previsão das demonstrações financeiras de 2014, responda às seguintes perguntas.

(1) Quanto Hatfield terá de recorrer à linha de crédito?

(2) Quais são algumas alternativas além daquelas da política financeira preliminar que Hatfield pode optar para eliminar o déficit de financiamento?

g. Repita a análise realizada na pergunta anterior, mas agora suponha que Hatfield seja capaz de melhorar as seguintes entradas: (1) reduzir os custos operacionais (excluindo depreciação)/vendas para 89,5%, a um custo de $ 40 milhões, e (2) reduzir os estoques/vendas para 16%, a um custo de $ 10 milhões. Esse é o cenário *melhorado*.

(1) A Hatfield deveria implementar os planos? Quanto valor eles acrescentariam à empresa?

(2) Quanto a Hatfield pode pagar como um dividendo especial no cenário *melhorado*? O que mais a Hatfield pode fazer com o excedente de financiamento?

Conflitos da agência e governança corporativa

O presidente do Citigroup, Vikram Pandit, teve um percurso selvagem em se tratando da compensação. Em 2007, Pandit vendeu seu fundo hedge para o Citigroup e teve um lucro reportado de $167 milhões (o fundo foi encerrado posteriormente em decorrência de um desempenho ruim). O Citi nomeou Pandit como presidente no final de 2007 e pagou a ele cerca de $ 1,2 milhão em dinheiro e mais de $ 39 milhões em ações e opções durante 2007 e 2008. Mas como a crise econômica mundial se agravou, Pandit ofereceu aceitar apenas $ 1 ao ano como pagamento e assim o fez durante 2009 e 2010.

O ano de 2011 foi muito melhor financeiramente para Pandit, já que ele recebeu um salário-base de cerca de $ 1,75 milhão e um bônus de retenção de mais de $ 23 milhões. O Citi recomendou que o salário de Pandit fosse aumentado para $ 15 milhões na reunião do conselho de 2012. Além disso, o conselho recomendou um plano de bônus em que os melhores cinco executivos do Citi poderiam ganhar $ 18 milhões em 2012 se o rendimento bruto do grupo excedesse $ 12 bilhões de 2011 a 2012.

Os acionistas reagiram de maneira agressiva a essas propostas e votaram contra os planos de compensação sugeridos. O que impeliu tal reação? Pode ter sido o fato de o Citi ter ganhado $ 19,9 bilhões em rendimentos brutos em 2011, por isso os executivos ainda receberiam o bônus proposto mesmo se o banco tivesse perdido mais de $ 7 bilhões em rendimentos brutos em 2012!

Os votos dos acionistas não são vinculativos, e o conselho do Citi os ignorou. Logo em seguida, um grande acionista processou o conselho por violação das obrigações. Cenas semelhantes estão acontecendo em muitas outras empresas nos Estados Unidos e no exterior. Tenha esse exemplo em mente durante a leitura deste capítulo.

Fontes: Francesco Guerrera, "Citigroup's pay fiasco: wake-up call for board", *The Wall Street Jornaul*, 24 abr., p. C1, 2012.

GOVERNANÇA CORPORATIVA E VALORIZAÇÃO CORPORATIVA

Os administradores da empresa tomam decisões que afetam as operações, finanças, cultura corporativa e muitas outras características organizacionais. Essas decisões afetam as esco-lhas que a empresa faz com relação às operações e finanças que, por sua vez, afetam o fluxo de caixa livre e o risco.

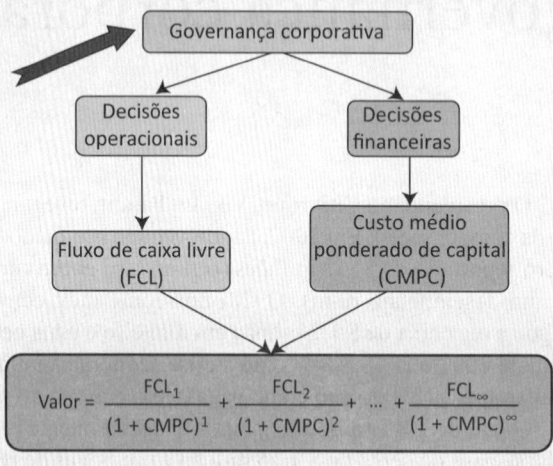

© Cengage Learning 2014

Não há conflitos em uma empresa de uma pessoa – o proprietário toma todas as decisões, faz todo o trabalho, coleta todas as recompensas e sofre todas as perdas. Essa situação muda quando o proprietário começa a contratar funcionários, porque estes não compartilham completamente de todas as recompensas e perdas do proprietário. Essa situação se torna mais complicada se o proprietário vende algumas ações da empresa para um estranho, e ainda mais complicada se o proprietário contrata alguém para gerir a empresa. Nessa situação, há muitos possíveis conflitos entre proprietários, funcionários e credores. Esses **conflitos de agência** ocorrem sempre que os proprietários autorizam alguém a agir em seu nome como seus agentes. O grau em que os problemas de agência são minimizados geralmente dependem da **governança corporativa** de uma empresa, que é o conjunto de leis, regras e procedimentos que influenciam as operações da empresa e as decisões que seus administradores tomam. Este capítulo aborda esses tópicos, ao começar com os conflitos de agência.

13-1   Conflitos de agência

Uma **relação de agência** surge sempre que alguém, chamado de **principal**, contrata alguém, chamado de **agente**, para realizar algum serviço, e o principal delega a autoridade da tomada de decisão ao agente. Nas empresas, as principais relações de agência são entre (1) acionistas e credores, (2) proprietário/administradores internos (administradores que detêm uma participação de controle na empresa) e proprietários externos (que não têm controle) e (3) acionistas externos e administradores contratados.[1] Estes conflitos levam aos **custos de agência**, que são as reduções no valor de uma empresa em decorrência dos conflitos de agência. As seções a seguir descrevem os conflitos de agência, os custos e os métodos para minimizar os custos.

---

[1] Um dos primeiros e mais importantes documentos em finanças e economia a abordar os conflitos de agência foi escrito por Michael Jensen e William Meckling e intitulado "Teoria da empresa: comportamento administrativo, custos de agência e estrutura de propriedade", *Journal of Financial Economics*, v. 3, p. 305-360, 1976.

13-1a Conflitos entre acionistas e credores

Os credores têm uma reinvindicação no fluxo de ganhos da empresa, e também sobre seus ativos no caso de falência. No entanto, eles têm controle (através dos administradores) das decisões que afetam os riscos da empresa. Portanto, os credores alocam a autoridade da tomada de decisão a outra pessoa, criando um possível conflito de agência.

Os credores emprestam fundos a taxas fundamentadas no risco percebido da empresa no momento em que o crédito é estendido o que, por sua vez, é fundamentado (1) no risco dos ativos existentes da empresa, (2) nas expectativas a respeito do risco das futuras adições de ativos, (3) na estrutura de capital existente e (4) nas expectativas a respeito das futuras mudanças na estrutura de capital. Esses são os principais determinantes do risco dos fluxos de caixa da empresa e, consequentemente, da segurança de sua dívida.

Suponha que a empresa pegue um empréstimo, depois venda seus ativos relativamente seguros e invista os proventos em ativos para um novo projeto maior que é bem mais arriscado. O novo projeto pode ser extremamente lucrativo, mas também pode levar à falência. Se o projeto arriscado for bem-sucedido, a maioria dos benefícios vai para os acionistas, porque os retornos dos credores são fixados na taxa de baixo risco original. Entretanto, se o projeto for malsucedido, os obrigacionistas assumem a perda. Do ponto de vista dos acionistas, isso leva a um jogo de "cara, eu ganho; coroa, você perde", o que obviamente não é bom para os credores. Dessa forma, o risco aumentado em função da mudança do ativo fará com que a taxa de retorno necessária sobre a dívida aumente o que, por sua vez, fará com que o valor da dívida pendente caia. Isso é chamado de troca de ativos ou "propaganda enganosa" (*bait and swich*).

Uma situação semelhante pode ocorrer se uma empresa contrair um empréstimo e, então, emitir uma dívida adicional, usando os proventos para recomprar parte de sua ação pendente, aumentando assim sua alavancagem financeira. Se as coisas derem certo, os acionistas ganharão da alavancagem aumentada. No entanto, o valor da dívida provavelmente irá cair, porque agora haverá uma quantidade de dívida maior retornada pela mesma quantidade de ativos. Tanto na troca de ativos quanto nas situações de alavancagem aumentada, os acionistas têm potencial para ganhar, mas esses ganhos são feitos à custa dos credores.

Há duas maneiras de os concessores de empréstimos poderem abordar o potencial da troca de ativos ou dos aumentos subsequentes na alavancagem. Primeiro, os credores podem cobrar uma taxa mais alta para se protegerem no caso de a empresa se envolver em atividades que aumentam o risco. Entretanto, se a empresa não aumenta o risco, seu custo médio ponderado de capital (CMPC) será maior do que o justificado pelo risco da empresa. Esse CMPC mais elevado reduzirá o valor intrínseco da empresa (lembre-se de que o valor intrínseco é o valor atual dos fluxos de caixa livre descontados no CMPC). Além disso, a empresa irá rejeitar projetos que outrora teriam sido aceitos a um custo de capital menor. Portanto, esse possível conflito de agência tem um custo, que é chamado de custo de agência.

A segunda maneira pela qual os concessores de empréstimos podem abordar os possíveis problemas de agência é por declarações de dívidas detalhadas por escrito especificando quais ações a empresa pode e não pode fazer. Muitas declarações de dívida possuem cláusulas que (1) evitam que a empresa aumente seus índices de dívida além de um nível especificado, (2) evitam que a empresa recompre ações ou dividendos de pagamentos a menos que os lucros e os ganhos retidos estejam acima de determinado nível e (3) exigem que a empresa mantenha índices de liquidez acima de um nível especificado. Essas declarações de dívida podem provocar custos de agência se restringirem uma empresa de atividades de adição de valor. Por exemplo, uma empresa pode não estar apta a aceitar uma oportunidade de investimento inesperada, porém particularmente boa, se precisar adicionar temporariamente dívida acima do nível especificado na declaração e títulos. Além do mais, os custos incorridos para redigir a declaração e monitorar a empresa para verificar a conformidade também são custos de agência.

13-1b Conflitos entre proprietário/administradores internos e proprietários externos

se o proprietário de uma empresa também administra a empresa, e proprietário/administrador presumivelmente irá operá-la de modo que maximize sua prosperidade. Essa prosperidade obviamente inclui a fortuna aumentada em função de aumentar o valor da empresa, mas também inclui privilégios (ou "vantagens") como maior tempo de lazer, escritórios luxuosos, assistentes executivos, contas de despesas, limusines, jatos corporativos e planos de aposentadoria generosos. No entanto, se o proprietário/administrador incorporar o negócio e posteriormente vender parte das ações a estranhos, um possível conflito de interesses surge imediatamente. Observe que o valor dos privilégios ainda acresce ao proprietário/administrador, mas o custo destes agora é parcialmente trazido pelas pessoas de fora. Isso ainda pode induzir o proprietário/administrador a aumentar o consumo dos privilégios.

Esse problema de agência faz com que os estranhos paguem menos por uma ação da empresa e exijam uma taxa de retorno maior. É exatamente por isso que as ações diferenciadas (consulte o Capítulo 1) que não possuem direitos de votos têm um preço menor por ação do que as ações votantes.

13-1c Conflitos entre administradores e acionistas

Os acionistas querem que as empresas contratem administradores aptos e dispostos a tomar ações legais e éticas para maximizar os preços das ações intrínsecas.[2] Obviamente, isso exige administradores com competência técnica que também estejam dispostos a colocar um esforço adicional para identificar e implantar as atividades que agregam valor. No entanto, os administradores são pessoas, e pessoas têm objetivos pessoais e corporativos. Logicamente, contudo, pode-se esperar que os administradores ajam em seu interesse próprio, e se seu interesse não estiver alinhado com o dos acionistas, o valor corporativo não será maximizado. Há seis maneiras em que o comportamento do administrador pode prejudicar o valor intrínseco de uma empresa.

1. Os administradores podem não gastar o tempo e o esforço exigido para maximizar o valor da empresa. Em vez de focar nas tarefas corporativas, podem gastar muito tempo com atividades externas, como servindo em conselhos de outras empresas, ou em atividades não produtivas, como golfe, refeições finas e viagens.
2. Os administradores podem usar recursos corporativos em atividades que beneficiam a si mesmos e não os acionistas. Por exemplo, eles podem gastar o dinheiro da empresa em privilégios como escritórios luxuosos, filiações em country clubs, obras de arte para apartamentos corporativos, grandes equipes de assistentes e jatos corporativos. Como essas vantagens não são realmente pagamentos em dinheiro aos administradores, elas são chamadas de **benefícios não pecuniários**.
3. Os administradores podem evitar tomar decisões difíceis, porém valiosas, que prejudicam os amigos na empresa. Por exemplo, um administrador pode não fechar uma instalação ou encerrar um projeto se tiver relações pessoais com aqueles que são adversamente afetados por essas decisões, mesmo se a conclusão for a ação economicamente viável.
4. Os administradores podem se arriscar muito ou não se arriscar o suficiente. Por exemplo, uma empresa pode ter a oportunidade de assumir um projeto arriscado com um NPV positivo. Se o projeto der errado, a reputação do administrador será prejudicada e ele pode até ser demitido. Desse modo, um administrador pode escolher evitar projetos arriscados mesmo se eles forem desejáveis do ponto de vista dos acionistas. Por outro lado, um administrador pode aceitar projetos com muito risco. Considere um projeto que não tenha nenhuma expectativa. Um administrador pode ficar tentado a investir ainda mais dinheiro no projeto em vez de admitir que é um erro. Ou o administrador pode querer aceitar um segundo projeto com um NPV negativo se tiver uma chance mínima de um resultado muito positivo, porque fazer um gol com esse segundo projeto pode abafar o desempenho ruim do primeiro. Em outras palavras, o administrador pode fazer um bom negócio depois do mau negócio.
5. Se uma empresa está gerando fluxo de caixa livre positivo, um administrador pode "armazená-lo" na forma de títulos comerciáveis em vez de devolver o FCL aos investidores. Isso prejudica potencialmente os investidores porque evita que aloquem esses fundos a outras empresas com boas oportunidades de crescimento. Ainda pior, o FCL positivo muitas vezes tenta um administrador a pagar muito pela aquisição de outra empresa. Na verdade, a maioria das fusões e aquisições acabam como negócios empatados, na melhor das hipóteses, para a empresa adquirente porque os prêmios pagos pelos alvos geralmente são muito altos.

   Por que um administrador ficaria relutante em devolver caixa aos investidores? Em primeiro lugar, o caixa adicional em mãos reduz o risco da empresa, o que é atraente a muitos administradores. Em segundo lugar, uma grande distribuição de caixa aos investidores é uma admissão de que a empresa não tem boas oportunidades de investimento suficientes. O crescimento lento é normal para uma empresa sólida, mas não é muito animador para um administrador admitir. Em terceiro lugar, há muito glamour associado ao ato de fazer uma grande aquisição, e isso pode inflar o ego do administrador. Por último, a compensação normalmente é maior para os executivos em empresas maiores; as distribuições de caixa aos investidores tornam uma empresa menor, não maior.

---

[2] Observe que dissemos ações legais e éticas. As fraudes de contabilidade perpetradas pela Enron, WorldCom, e por outras companhias, que foram descobertas em 2002, aumentaram os preços das ações em curto prazo, mas somente porque investidores foram enganados quanto às posições financeiras das companhias. Então, por exemplo, quando ao Enron finalmente revelou as informações financeiras corretas, as ações caíram. Os investidores que compraram ações com base em declarações financeiras fraudulentas perderam dezenas de bilhões de dólares. A divulgação de declarações financeiras falsas é ilegal. É antiética a gestão agressiva de ganhos e o uso de truques contábeis enganosos, a fim de confirmar os ganhos relatados, e executivos podem ser presos como resultado de seus golpes. Quando falamos de realizar ações para maximizar os preços das ações, nos referimos a fazer mudanças operacionais ou financeiras projetadas para maximizar o valor intrínseco das ações, não a enganar investidores com relatórios financeiros falsos ou ilusórios.

6. Os administradores podem não liberar todas as informações que os investidores desejam. Às vezes, podem reter informações para evitar que os concorrentes ganhem vantagem. Em outras podem tentar evitar liberar más notícias. Por exemplo, podem "massagear" os dados ou "gerenciar os ganhos" de modo que as notícias não pareçam tão ruins. Se os investidores não estiverem certos sobre a qualidade das informações que os administradores liberam, tendem a descontar os fluxos de caixa livre esperados da empresa a um custo de capital maior, o que reduz o valor intrínseco da empresa.

Se os administradores sêniores acreditam que há pouca chance de serem demitidos, dizemos que eles estão *entrincheirados*. Uma empresa dessas enfrenta risco alto de ser muito mal gerida, porque os administradores entrincheirados podem agir sob seus próprios interesses e não sob os interesses dos acionistas.

Autoavaliação

1. O que são conflitos de agência? Quais grupos podem ter conflitos de agência?
2. Dê o nome de seis tipos de comportamentos administrativos que podem reduzir o valor intrínseco de uma empresa.

13-2 Governança corporativa

Os conflitos de agência podem diminuir o valor das ações detidas por acionistas externos. A governança corporativa pode mitigar essa perda de valor. Por governança corporativa entende-se o conjunto de leis, regras e procedimentos que regem as operações de uma empresa e as decisões tomadas por seus administradores. Em linhas gerais, a maioria das disposições de governança corporativa assume duas formas: punições e incentivos. A primeira punição é a *ameaça de demissão,* seja por decisão do conselho administrativo ou em decorrência de uma aquisição hostil. Se os administradores de uma empresa maximizarem o valor dos recursos confiados a eles, não há necessidade de temer a perda do emprego. Entretanto, se não o fizerem, devem ser demitidos por seu conselho administrativo, pelos acionistas dissidentes ou por outras empresas que buscam lucros ao estabelecerem uma melhor equipe de administração. O incentivo principal é a *remuneração*. Os administradores recebem mais incentivos para maximizar o valor intrínseco das ações caso suas remunerações estejam ligadas ao desempenho de suas empresas, em vez de ficarem limitadas ao salário.

Praticamente todas as disposições de governança corporativa afetam a ameaça de demissão ou a remuneração. Algumas disposições são internas da empresa e é ela quem as controla.[3] Essas disposições e características internas podem ser dividas em cinco áreas: (1) monitoramento e disciplina pelo conselho de administração; (2) cláusulas do contrato social e do estatuto social que afetam a probabilidade de aquisições hostis; (3) planos de remuneração; (4) escolhas de estrutura de capital; e (5) sistemas de controle contábil. Além das disposições de governança corporativa que estão sob o controle de uma empresa, há ainda os fatores ambientais que estão fora do controle de uma empresa, como ambiente regulatório, padrões de propriedade em blocos, concorrência nos mercados de produtos, mídia e processos judiciais. Nossa análise começa com as disposições internas.

13-2a Monitoramento e disciplina pelo conselho de administração

Os acionistas são os proprietários de uma empresa e elegem o conselho de administração para atuar como seu representante. Nos Estados Unidos, o conselho é responsável por monitorar os administradores seniores e discipliná-los caso não ajam de acordo com os interesses dos acionistas, seja por meio de demissão ou redução na remuneração.[4] Esse não é necessariamente o caso fora dos Estados Unidos. Por exemplo, exige-se que muitas empresas da Europa possuam funcionários representantes no conselho. Além disso, muitas empresas europeias e asiáticas possuem representantes de bancos no conselho. Porém, mesmo nos Estados Unidos, muitos conselhos não agem de acordo com os melhores interesses dos acionistas. Como isso é possível?

Considere o processo de eleição. O conselho de administração possui um comitê de nomeação. Esses conselheiros escolhem os candidatos às vagas abertas para o cargo de conselheiro e as cédulas de voto nor-

---

[3] Adaptamos esse sistema com base no fornecido por Stuart L. Gillan, "Recent developments in corporate governance: an overview", *Journal of Corporate Finance,* p. 381-402, jun. 2006. Gillan faz uma abordagem excelente dos assuntos ligados à governança corporativa, e esse artigo é altamente recomendado ao leitor interessado em se aprofundar nos assuntos tratados nesta seção.

[4] Há algumas exceções a essa regra. Por exemplo, alguns estados norte-americanos possuem leis que permitem ao conselho considerar o interesse de outras partes envolvidas, como funcionários e membros da comunidade.

malmente trazem somente um candidato. Embora seja possível votar em outros candidatos, apenas os nomes dos candidatos indicados pelo comitê de nomeação do conselho aparecem nas cédulas.[5] Em muitas empresas, o presidente também é o presidente do conselho e possui uma influência considerável sobre o comitê de nomeação. Isso significa que, na prática, normalmente é o presidente da empresa quem indica os candidatos ao conselho. Um cargo no conselho de administração de uma grande empresa significa remuneração e prestígio altos, portanto as cadeiras no conselho de administração são muito valorizadas. Os membros do conselho normalmente desejam manter suas posições e ficam gratos a quem os ajudou a entrar. Então, o processo de nomeação, muitas vezes, acaba criando um conselho favorável ao presidente da empresa.

Na maioria das empresas, o candidato eleito simplesmente é aquele que recebe o maior número de votos. As cédulas de voto normalmente listam todos os candidatos, com duas opções para o acionista marcar se vota "a favor" do candidato ou se "nega" o voto no candidato – na realidade, não é possível votar "contra", apenas negar o voto. Em tese, um candidato pode se eleger com apenas um voto "a favor" caso todos os outros votos sejam negados. Na prática, a maioria dos acionistas vota "a favor" ou transfere à administração o seu direito de votar (por procuração; entende-se a autoridade para agir em nome de outrem, daí a declaração que acompanha a solicitação de procuração). Então, na prática, os candidatos indicados quase sempre receberão a maioria dos votos e, assim, elegem-se.

Eventualmente, há uma campanha "Vote contra", em que um grande investidor (normalmente uma instituição, como um fundo de pensão) faz um apelo para que os acionistas neguem seus votos para um ou mais conselheiros. Embora essas campanhas não causem impactos diretos à eleição do conselheiro, é uma maneira evidente para os investidores expressarem sua insatisfação. Algumas evidências recentes demonstraram que as campanhas "Vote contra" em empresas com mau desempenho resultaram na melhora de desempenho e em uma maior probabilidade de demissão do presidente da empresa.[6]

As votações também afetam a capacidade de pessoas externas assumirem cargos no conselho. Se o contrato social especificar votação múltipla, cada acionista terá direito a um número de votos igual ao número de ações que detém, multiplicado pelo número de cadeiras no conselho disponíveis para eleição. Por exemplo, o portador de cem ações terá direito a mil votos se houver dez cadeiras disponíveis para eleição. Então, o acionista pode distribuí-los como julgar melhor. É possível depositar cem votos em cada um dos dez candidatos, ou ainda todos os mil votos em somente um candidato. Se a votação convencional for utilizada, o acionista hipotético não pode concentrar os votos desse modo – podem-se depositar, no máximo, cem votos em um só candidato.

Com a votação convencional, se a administração controlar 51% das ações, eles poderão ocupar todas as cadeiras do conselho, deixando os acionistas dissidentes sem nenhuma representação. Contudo, com a votação múltipla, se houver dez cadeiras vagas, os acionistas dissidentes poderão eleger um representante, contanto que tenham 10% das ações e mais 1.

Observe ainda que o estatuto social especifica se o conselho inteiro deve ser eleito anualmente ou se os conselheiros terão mandatos intercalados, por exemplo, um terço das cadeiras será eleito anualmente e os conselheiros terão mandatos de três anos. Com mandatos intercalados, há menos cadeiras a cada ano, dificultando que os dissidentes tenham representação no conselho. Esse tipo de conselho também é denominado **conselho dividido em classes**.

Muitos membros do conselho são "internos", ou seja, pessoas que têm cargos administrativos dentro da empresa, como o diretor financeiro. Visto que os internos se reportam diretamente ao presidente da empresa, é difícil que se posicionem contra o presidente na assembleia do conselho. Para ajudar a reduzir esse problema, diversas bolsas de valores, como a Nyse e a Nasdaq, agora exigem que as empresas registradas possuam a maioria de conselheiros externos.

Alguns membros "externos" do conselho muitas vezes têm fortes ligações com o presidente da empresa por relações profissionais, amizade e serviços de consultoria ou outras atividades remuneradas. Na realidade, os membros externos eventualmente possuem bem pouco conhecimento especializado de negócios, mas têm o status de "celebridade" em outras atividades. Algumas empresas também têm **conselhos de administração interligados**, em que o presidente da empresa A é membro do conselho da empresa B e vice-versa. Nessas situações, mesmo os conselheiros externos não são realmente imparciais e independentes.

Conselhos grandes (com mais de dez membros) muitas vezes são menos eficazes do que conselhos menores. Como qualquer um que já participou de um comitê pode afirmar, a participação individual tende a diminuir

---

[5] Atualmente (início de 2012), há um movimento em progresso para permitir que os acionistas também indiquem candidatos ao conselho, mas somente o tempo dirá se esse movimento obterá êxito.

[6] Veja Diane Del Guercio, Laura Seery e Tracie Woidtke, "Do boards pay attention when institutional investor activists 'just vote no'?", *Journal of Financial Economics,* p. 84-103, out. 2008.

à medida que o tamanho do comitê aumenta. Assim, há uma maior probabilidade de que os membros de um conselho grande sejam menos ativos do que os de conselhos menores.

A remuneração dos conselheiros possui grande impacto sobre a eficácia do conselho. Quando os membros do conselho têm uma remuneração excepcionalmente alta, o presidente da empresa também tende a ter uma remuneração excepcionalmente alta. Isso sugere que esses conselhos tendem a ser muito indulgentes com o presidente da empresa.[7] A forma da remuneração do conselho também afeta seu desempenho. Em vez de remunerarem os conselheiros somente com salário, hoje muitas empresas oferecem opções de compra de ações ou concessões de ações restritas, na tentativa de nivelar os membros do conselho e os acionistas.

Estudos mostram que a governança corporativa muitas vezes melhora se (1) o presidente da empresa também não for o presidente do conselho; (2) o conselho for constituído em sua maioria por pessoas realmente externas que tragam algum tipo de especialização em negócios ao conselho e não estejam ocupadas demais com outras atividades; (3) o conselho não for muito grande; e (4) os membros do conselho receberem remunerações adequadas (não tão altas nem somente em dinheiro, mas com a inclusão de exposição ao risco de capital por meio de opções ou ações). A boa notícia para os acionistas é que os conselhos de muitas empresas fizeram melhorias significativas nesse sentido na última década. Menos presidentes de empresas também ocupam o cargo de presidente do conselho, e, como o poder foi transferido do presidente da empresa para o conselho como um todo, há uma tendência de substituir os internos por pessoas externas fortes e independentes. Atualmente, um conselho comum possui cerca de um terço de internos e dois terços de externos, e a maioria dos externos realmente é independente. Além disso, os membros do conselho são remunerados principalmente com ações ou opções, em vez de um salário convencional. Essas mudanças claramente diminuíram a paciência dos conselhos com presidentes de empresas com desempenho fraco. Nos últimos anos, os presidentes da Wachovia, Sprint Nextel, Gap, Hewlett-Packard, Home Depot, Citigroup, Pfizer, Ford e Dynegy, só para mencionar alguns, foram demitidos por seus conselhos. Isso nunca seria possível há 30 anos.

13-2b Cláusulas do contrato social e do estatuto social que afetam a probabilidade de aquisições hostis

As aquisições hostis normalmente ocorrem quando os administradores não estão dispostos ou não conseguem maximizar o potencial de lucro dos recursos que estão sob seu controle. Nessa situação, outra empresa pode adquirir aquela que está com mau desempenho, substituir seus administradores, aumentar o fluxo de caixa livre e melhorar o MVA. Os próximos parágrafos descrevem algumas cláusulas que podem ser incluídas no contrato social para dificultar que os administradores com fraco desempenho permaneçam no controle.[8]

Um contrato social favorável ao acionista deve proibir a **recompra dirigida de ações**, também conhecida como *greenmail*. Por exemplo, suponha que as ações de uma empresa sejam vendidas a $ 20 por ação. Agora, um proponente de aquisição hostil que planeja substituir a administração, caso a aquisição de controle seja realizada com êxito, compra 5% das ações da empresa pelo preço de $ 20.[9] Em seguida, ele faz uma oferta de compra do restante das ações por $ 30 por ação. A empresa pode propor comprar de volta as ações do proponente adquirente a um preço de, digamos, $ 35 por ação. Isso se chama recompra dirigida de ações, já que a ação será comprada somente do proponente adquirente, e de nenhum outro acionista. Um proponente adquirente que pagou $ 20 por ação terá um lucro rápido de $ 15 por ação, o que poderia facilmente totalizar centenas de milhões de dólares. Como parte da negociação, o proponente firmaria um documento em que prometeria não tentar adquirir o controle da empresa por determinado período; portanto, essa recompra também é conhecida como *greenmail*. O *greenmail* prejudica os acionistas de duas formas. Primeiro, eles ficaram com ações de $ 20, quando poderiam ter recebido $ 30 por ação. Em segundo lugar, a empresa comprou ações de um propo-

---

[7] Veja I. E. Brick, O. Palmon e J. Wald, "CEO compensation, director compensation, and firm performance: evidence of cronyism?", *Journal of Corporate Finance,* p. 403-423, jun. 2006.

[8] Alguns estados norte-americanos possuem leis que vão além para proteger a administração. Esse é um motivo por que muitas empresas são constituídas em Delaware, que é favorável aos interesses dos administradores. Algumas empresas chegaram até a alterar o seu Estado de constituição para Delaware, pois seus administradores perceberam que havia a probabilidade de uma aquisição hostil. Observe que um "contrato social favorável ao acionista" poderia dispensar o direito da empresa a uma forte proteção contra aquisições, mesmo se o estado permitir.

[9] Alguém pode, nos termos da lei, adquirir até 5% das ações de uma empresa sem anunciar tal aquisição. Quando o limite de 5% for atingido, o adquirente tem dez dias para "anunciar" a aquisição por meio da entrega do documento chamado "Anexo 13D" à SEC. O Anexo 13D não só informa o número de ações do adquirente, mas também suas intenções, como um investimento passivo ou uma aquisição de controle. Esses relatórios são monitorados rigorosamente; assim, logo após a entrega, a administração é alertada sobre a possibilidade de uma aquisição de controle iminente.

nente adquirente por $ 35 por ação, o que representa um prejuízo direto aos outros acionistas de $ 15 por ação recomprada.

Os administradores que recompram as ações em recompras dirigidas normalmente argumentam que suas empresas valem mais do que o valor oferecido pelos proponentes adquirentes e que o "valor real" será revelado na forma de um preço das ações muito mais alto. Essa situação seria verdadeira se a empresa estivesse em processo de reestruturação ou houvesse novos produtos com grande potencial a serem lançados. Mas, se a administração anterior estivesse no poder há muito tempo e tivesse um histórico de promessas sem fundamento, há de se questionar se o objetivo real da recompra era proteger os acionistas ou a administração.

Outra característica de um contrato social favorável ao acionista é que ele não contém uma **cláusula de proteção dos direitos dos acionistas**, mais conhecida como **pílula de veneno**. Essa cláusula concede aos acionistas das empresas-alvo o direito de comprar um número específico de ações da empresa a um preço muito baixo, caso um grupo externo adquira uma porcentagem específica das ações da empresa. Logo, se um possível adquirente tentar adquirir o controle de uma empresa, seus outros acionistas terão o direito de comprar ações adicionais a preços vantajosos, o que, consequentemente, reduziria a participação do possível adquirente. É por isso que essa cláusula é denominada pílula de veneno: se estivesse no contrato social, o adquirente acabaria tomando uma pílula de veneno se a aquisição fosse bem-sucedida. Obviamente, a existência de uma pílula de veneno dificulta as aquisições, e isso ajuda a entrincheirar a administração.

A terceira tática de entrincheiramento é a cláusula de **direito de voto restrito**, que cancela automaticamente o direito de voto de qualquer acionista que detenha mais do que uma quantia especificada das ações da empresa. O conselho pode conceder direito de voto para esse acionista, mas isso será improvável caso ele planeje adquirir a empresa.

13-2c Uso da remuneração para alinhar os interesses dos acionistas e dos administradores

Atualmente, um típico presidente de empresa recebe um salário fixo, uma bonificação em dinheiro com base no desempenho da empresa e uma remuneração baseada em ações, que pode se dar na forma de concessão de ações ou opção de compra de ações. As bonificações em dinheiro normalmente são baseadas nos fatores operacionais de curto prazo, como o crescimento do lucro por ação de determinado ano, ou no desempenho operacional de médio prazo, como o crescimento dos lucros nos últimos três anos.

Na maioria da vezes, a remuneração baseada em ações é na forma de opções. O Capítulo 8 explica a avaliação de opções com mais detalhes, mas, neste capítulo, discutiremos como funciona um **plano de remuneração em opção de compra de ações**. Suponha que a IBM decida conceder uma opção a uma funcionária, possibilitando que ela compre um número específico de ações da empresa a um preço fixo, chamado de **preço de exercício de opção** (ou **preço de exercício**), seja qual for o preço real da ação. O preço de exercício de opção normalmente é igual ao preço das ações no momento em que a opção for concedida. Assim, se o preço atual da IBM fosse de $ 100, a opção teria um preço de exercício de $ 100. As opções, muitas vezes, não podem ser exercidas até o fim de um período especificado (**o período de carência**), que normalmente é de um a cinco anos. Algumas concessões possuem **carência com data prefixada**, o que significa que todas as opções concedidas adquirem direitos de exercício na mesma data, por exemplo, três anos após a concessão. Outras concessões possuem **carência anual**, o que significa que certa porcentagem adquire direito de exercício todo ano. Por exemplo, um terço das opções pode ser exercido por ano. As opções possuem uma **data de vencimento**, normalmente dez anos após sua emissão. Em nosso exemplo da IBM, suponha que as opções possuam uma carência com data prefixada e uma data de vencimento em dez anos. Assim, a funcionária pode exercer a opção três anos após a emissão ou esperar por dez anos. Obviamente, ela não exerceria a menos que a ação da IBM estivesse acima do preço de exercício de $ 100, e, se o preço nunca fosse maior do que $ 100, a opção venceria sem ser exercida. Porém, se o preço das ações estivesse acima de $ 100 na data de vencimento, a opção certamente seria exercida.

Suponha que o preço das ações tenha aumentado para $ 134 após cinco anos, quando a funcionária decidiu exercer a opção. Ela compraria as ações da IBM por $ 100; então, a IBM receberia somente $ 100 por uma ação que vale $ 134. A funcionária (provavelmente) venderia a ação no mesmo dia em que exerceu a opção e, assim, receberia em dinheiro a diferença de $ 34 entre o preço da ação de $ 134 e o preço de exercício de $ 100. Há dois aspectos importantes que devem ser observados nesse exemplo. Primeiro, a maioria dos funcionários vende as ações logo após exercer a opção. Assim, os efeitos de incentivo de uma concessão de opção normalmente acabam quando a opção é exercida. Segundo, a teoria de precificação das opções demonstra que não é favorável exercer uma opção de compra convencional de ações que não pagam dividendos antes de a opção vencer: é sempre melhor o investidor vender a opção no mercado em vez de exercê-la. Porém, como as opções de com-

A CRISE ECONÔMICA MUNDIAL

O governo dos Estados Unidos seria um conselheiro eficiente?

Em resposta à crise econômica mundial que começou com a recessão de 2007, muitos governos estão se tornando as principais partes interessadas das ex-empresas de capital aberto. Por exemplo, o governo norte-americano investiu bilhões na Fannie Mae e na Freddie Mac, colocando-as em um plano de reabilitação e tendo influência direta na liderança e nas operações das empresas, inclusive na demissão do ex-presidente da Fannie Mae, Daniel Mudd, em 2008.

O governo fez investimentos multibilionários em bancos (dentre eles, Citigroup, Bank of America, JPMorgan Chase e Wells Fargo), seguradoras, AIG (incrivelmente) e em montadoras de veículos (GM e Chrysler). Grande parte desses investimentos foi na forma de ações preferenciais, o que não dá ao governo nenhum direito de voto direto ou autoridade de tomada de decisões. Contudo, o governo certamente empregou a persuasão moral, o que ficou evidente com a demissão do ex-presidente da GM, Rick Wagoner. O governo também está impondo limites com relação à remuneração dos executivos das empresas que recebem fundos adicionais do governo.

Contudo, na maior parte, o governo não possui direito de voto nas empresas que recebem ajuda financeira nem representação em seus conselhos administrativos. Seria interessante ver se isso mudará e se o governo terá uma função mais direta na governança corporativa.

Vários bancos de grande porte, incluindo Citigroup, Goldman Sachs e JPMorgan Chase, reembolsaram investimentos feitos pelo Governo. Na verdade, cerca de $ 70 bilhões dos fundos TARP foram reembolsados em meados de 2012; naturalmente, ainda existem cerca de $ 550 bilhões em financiamento do TARP que ainda não foram devolvidos.

Fontes: Acesse **http://projects.nytimes.com/creditcrisis/recipients/table** para atualizações das empresas que recebem o TARP. Acesse **http://projects.propublica.org/bailout/list** para uma lista mais abrangente que inclui os resgates arrecadados por meio de outros programas, como o resgate de Fannie Mae.

pra de ações dos funcionários não são negociáveis, os beneficiados muitas vezes exercem as opções bem antes de elas expirarem. Por exemplo, as pessoas normalmente exercem as opções para coincidir com a compra de uma casa nova ou outra despesa alta. Mas o exercício antecipado ocorre não só por motivos de liquidez, como necessidade de dinheiro para a compra de uma casa, mas também por motivos comportamentais. Os exercícios muitas vezes ocorrem depois de aumento do preço das ações, por exemplo, o que sugere que os beneficiados consideraram que a ação estava supervalorizada.

Em teoria, as opções de compra de ações deveriam alinhar os interesses do administrador com os dos acionistas, induzindo o administrador a se comportar de forma que o valor da empresa seja maximizado. Mas, na prática, há dois motivos por que isso nem sempre acontece.

Primeiro, suponha que sejam concedidas opções de compra de 1 milhão de ações a um presidente de empresa. Se utilizarmos os mesmos preços de ações do exemplo anterior, o beneficiado receberia $ 34 por opção, totalizando $ 34 milhões. Lembre-se de que isso tudo é à parte de seu salário anual e bonificações em dinheiro. A lógica por trás das opções de compra de ações dos funcionários é que eles motivem as pessoas a trabalhar mais e com mais inteligência, e, assim, valorizar a empresa e beneficiar os acionistas. Porém, observe atentamente esse exemplo. A taxa livre de risco é de 5,5%, o prêmio de risco de mercado é de 6% e o beta da IBM é de 1,19; logo, o retorno esperado, com base no CAPM é: 5,5% + 1,19(6%) = 12,64%. O rendimento de dividendo da IBM é de somente 0,8%; assim, a valorização anual esperada do preço deverá ser de aproximadamente 11,84% (12,64% − 0,8% = 11,84%). Agora, repare que, se o preço das ações da IBM tivesse aumentado de $ 100 para $ 134 em cinco anos, isso se converteria em uma taxa anual de somente 6%, e não nos 11,84% esperados pelos acionistas. Assim, os executivos receberiam $ 34 milhões por ajudar a administrar uma empresa que teve um desempenho abaixo da expectativa dos acionistas. Como esse exemplo ilustra, as opções de compra de ações tradicionais não necessariamente ligam a riqueza dos executivos à dos acionistas.

Segundo, e ainda pior, os acontecimentos do início do século XXI mostraram que alguns executivos estavam dispostos a fazer falsificações das demonstrações financeiras, a fim de elevar os preços das ações pouco antes de exercerem suas opções.[10] Em alguns casos memoráveis, a queda do preço das ações e a perda da con-

---

[10] Muitos estudos acadêmicos demonstram como a remuneração baseada em opções implica uma grande probabilidade de reformulação das demonstrações do resultado (ou seja, será necessário rearquivar as demonstrações financeiras na SEC, em decorrência de erros relevantes) e fraudes comprovadas. Veja A. Agrawal e S. Chadha, "Corporate governance and accounting scandals", *Journal of Law and Economics*, p. 371-406, 2006; N. Burns e S. Kedia, "The impact of performance-based compensation on misreporting", *Journal of Financial Economics,* p. 35-67, jan. 2006; D. J. Denis, P. Hanouna e A. Sarin, "Is there a dark side to incentive compensation?", *Journal of Corporate Finance*, p. 467-488, jun. 2006.

A Lei Dood/Frank e o "Say on Pay"

A Lei Dodd/Frank exige que as corporações detenham um voto não vinculativo para aprovar ou rejeitar o plano de compensação executiva da empresa. Durante 2011, a primeira temporada de procurações em que o voto foi exigido, os acionistas aprovaram cerca de 92% das propostas. Como escrevemos isso em meados de 2012, é muito cedo para dizer com certeza, mas já existem inúmeras empresas cujos acionistas rejeitaram os planos de compensação, incluindo Citigroup, WPP (uma agência de publicidade mundial), Chiquita Brands International, Ceasepeake Energy, Simon Property Group (um desenvolvedor imobiliário com muitos shoppings centers), International Game Technology e American Eagle Outffitters.

Além do "say on pay", os acionistas também estão preocupados com outras questões, incluindo o lobbying político. A tabela abaixo mostra as propostas selecionadas pelos acionistas em 2012.

	NÚMERO DE PROPOSTAS		NÚMERO DE PROPOSTAS
Questões do Conselho		**Responsabilidade Social**	
Acesso igual à procuração	13	Revisão dos gastos/lobbying político	69
Presidente do conselho independente	30	Mudança climática	7
Planejamento de sucessão do diretor	2	Relatório sobre o impacto do rompimento	4
Defesas contra Aquisição de Controle/Outros		Relatório sobre sustentabilidade	11
Direito de convocar uma assembleia extraordinária	29	Diversidade do conselho	4
Permitir o consentimento por escrito	31		
Fim da exigência do voto da maioria extraordinária	23		
Dissolver o conselho dividido em classes	13		

Fonte: @ 2012 MSCI. Todos os direitos reservados.

fiança dos investidores, decorrentes das falsificações, levaram as empresas à falência. Com certeza, esse tipo de comportamento não está de acordo com os melhores interesses dos acionistas!

Consequentemente, as empresas de hoje estão experimentando diversos planos de remuneração que envolvem diferentes períodos de carência e medidas de desempenho. Por exemplo, de um ponto de vista jurídico, é mais difícil manipular o valor econômico agregado (EVA) do que o lucro por ação.[11] Assim, muitas empresas incluem medidas do tipo EVA em seus sistemas de remuneração. Além disso, pararam de conceder opções e, no lugar, concedem ações restritas, que não podem ser vendidas antes de serem adquiridas.

"Quando a maré sobe, todos os navios sobem", e o mesmo ocorre com as ações quando o mercado está em alta, como de 2003 a 2007. Em um mercado sólido, mesmo as ações das empresas cujo desempenho fica entre os 10% mais baixos em relação às suas concorrentes podem subir e gerar bonificações incríveis aos executivos. Essa situação acaba levando a planos de remuneração que se baseiam no desempenho *relativo* do preço da ação, e não no *absoluto*. Por exemplo, alguns planos de remuneração possuem opções indexadas, cujos preços de exercício dependem do desempenho do mercado ou de um subconjunto de concorrentes.

Por fim, os resultados empíricos dos estudos acadêmicos mostram que as opiniões sobre a correlação entre a remuneração de executivos e o desempenho da empresa estão divididas. Alguns estudos sugerem que o tipo de plano de remuneração utilizado afeta o desempenho da empresa, enquanto outros detectaram pouco impacto, se é que há algum. Todavia, o que podemos afirmar com certeza é que os planos de remuneração da administração continuarão recebendo muita atenção dos pesquisadores, da imprensa popular e dos conselhos de administração.

---

[11] Para obter uma abordagem sobre EVA, veja Al Ehrbar, *EVA: the real key to creating wealth.* Nova York: John Wiley & Sons, 1998; Pamela P. Peterson e David R. Peterson, *Company performance and measures of value added.* The Research Foundation of the Institute of Chartered Financial Analysts, 1996.

A Lei Sarbanes-Oxley de 2002 e governança corporativa

Em 2002, o Congresso aprovou a Lei Sarbanes-Oxley, conhecida como SOX, como medida para aumentar a transparência da contabilidade financeira e evitar fraudes. A SOX é composta por 11 capítulos, ou títulos, que dispõem sobre as novas regulamentações abrangentes para auditores, presidentes e diretores financeiros de empresas, conselhos de administração, analistas de investimentos e bancos de investimento. O objetivo dessas regulamentações é garantir que (a) as empresas que realizam auditorias tenham independência suficiente das empresas auditadas; (b) um executivo principal de cada empresa ateste pessoalmente que as demonstrações financeiras estão completas e precisas; (c) o conselho fiscal do conselho de administração seja relativamente independente da administração; (d) os analistas financeiros sejam relativamente independentes das empresas analisadas; e (e) as empresas divulguem pública e pontualmente todas as informações importantes relacionadas à sua condição financeira. A seguir, apresentaremos uma visão geral de cada título.

O título I estabelece o Conselho de Supervisão de Contabilidade das Empresas Abertas dos Estados Unidos (PCAOB), cuja responsabilidade é fiscalizar os auditores e estabelecer padrões éticos e de controle de qualidade para as auditorias.

O título II exige que os auditores sejam independentes das empresas auditadas. Basicamente, isso significa que eles não podem prestar serviços de consultoria às empresas que auditam. O objetivo é remover os incentivos financeiros para os auditores ajudarem a administração a adulterar a contabilidade.

O título III exige que o conselho fiscal do conselho de administração seja composto por membros "independentes". A seção 302 estabelece que o presidente e o diretor financeiro da empresa devem revisar os relatórios e as demonstrações financeiras anuais e trimestrais, além de atestar pessoalmente sua completude e precisão. As penas por atestar relatórios que os executivos sabem que são falsos variam de multa de $ 5 milhões a 20 anos de reclusão, ou ambos. Conforme previsto na seção 304, caso seja constatado que as demonstrações financeiras

são falsas e necessitem ser reformuladas, determinadas bonificações e remunerações baseadas em ações recebidas pelos executivos deverão ser reembolsadas à empresa.

A seção 401(a) do título IV exige a divulgação imediata e o fornecimento de informações mais detalhadas sobre transações que estejam fora do balanço patrimonial. A seção 404 exige que a administração avalie seus controles financeiros internos e informe se eles são "eficazes". A empresa de auditoria externa também deve indicar se concorda com a avaliação dos controles internos feita pela administração. A seção 409 estabelece que uma empresa deve divulgar ao público quaisquer mudanças importantes em suas condições financeiras, imediatamente e em linguagem simples. O título IV também impõe restrições aos empréstimos que uma empresa pode conceder a seus executivos.

O título V dispõe sobre a relação entre analistas financeiros, bancos de investimento para os quais eles trabalham e as empresas que eles analisam. É exigido que os analistas e corretores que recomendarem ações divulguem quaisquer conflitos de interesses que venham a surgir com relação às ações recomendadas.

Os títulos VI e VII são de natureza técnica, tratam do orçamento e dos poderes da SEC, e exigem que esta realize diversos estudos.

O título VIII estabelece penas por destruir ou falsificar os relatórios de auditoria. Além disso, prevê "proteção ao denunciante" para os funcionários que informarem fraudes.

O título IX aumenta as penalidades para uma série de crimes de colarinho-branco ligados a fraudes de títulos, como fraude de correspondência e fraude eletrônica. A seção 902 também criminaliza alteração, destruição ou extravio de documentos que poderiam ser utilizados em uma investigação. Ademais, fica criminalizada a formação de quadrilha com esse intento.

O título X exige que o presidente da empresa assine a declaração de imposto de renda da empresa.

O título XI prevê penas por dificultar uma investigação e autoriza a SEC a destituir diretores ou conselheiros de uma empresa, caso tenham cometido fraude.

13-2d Estrutura de capital e sistemas de controle interno

As decisões sobre a estrutura de capital podem afetar o comportamento dos administradores. Quando o nível de dívida aumenta, o mesmo ocorre com a probabilidade de falência. Esse aumento da ameaça de falência acarreta dois efeitos no comportamento. Em primeiro lugar, conforme explicamos anteriormente neste capítulo, os administradores podem gastar dinheiro com regalias e despesas supérfluas. Esse comportamento é mais provável quando a economia está forte e as empresas possuem capital de sobra, mas menos provável se a empresa tiver dívidas altas e possibilidade de ir à falência. Assim, os altos níveis de dívida tendem a reduzir o desperdício dos administradores. Em segundo lugar, os altos níveis de dívida também podem reduzir o desejo dos administradores de assumir projetos com NPV positivo, porém arriscados. A maioria dos administradores tem sua riqueza e reputação pessoal ligadas a uma única empresa. Se essa empresa tiver muitas dívidas, um projeto particularmente arriscado, mesmo que possua um NPV positivo, poderá trazer riscos demais para um administrador assumir, já que um mau resultado pode levar a empresa à falência e ele perderia seu emprego. Por sua vez, os acionistas possuem diversificação e desejariam que o administrador investisse em projetos com NPV positivo, mesmo se forem arriscados. Quando os administradores abrem mão de investimentos arriscados, mas que agregam valor, o **problema de subinvestimento** decorrente reduz o valor da empresa. Então, as dívidas crescentes podem aumentar o valor da empresa por reduzir os gastos exagerados, mas também reduzir esse valor por induzir os administradores ao subinvestimento. Os testes empíricos não foram capazes de determinar com exatidão qual dos efeitos predomina.

Os sistemas de controle interno vêm se tornando uma questão cada vez mais importante desde que a Lei Sarbanes-Oxley foi aprovada em 2002. A seção 404 dessa lei exige que as empresas implementem sistemas eficientes de controle interno. A SEC, que é responsável pela aplicação da Lei Sarbanes-Oxley, define um sistema de controle interno como sendo aquele que oferece "uma segurança razoável com relação à confiabilidade dos relatórios financeiros e à elaboração de demonstrações financeiras para fins externos, de acordo com os princípios contábeis geralmente aceitos". Ou seja, os investidores devem poder confiar nas demonstrações financeiras divulgadas pela empresa.

13-2e Fatores ambientais que estão fora do controle de uma empresa

Conforme ressaltamos anteriormente, a governança corporativa também é afetada pelos fatores ambientais que estão fora do controle de uma empresa, por exemplo: ambiente regulatório/jurídico, padrões de propriedade em blocos, concorrência nos mercados de produtos, mídia e processos judiciais.

Leis e regulamentações

O ambiente regulatório/jurídico inclui os órgãos responsáveis pelo controle dos mercados financeiros, como a SEC. Embora as multas e penas impostas pela SEC a empresas por falsas declarações financeiras sejam relativamente baixas, uma empresa pode pagar caro por ter sua reputação manchada, o que pode lhe acarretar uma grande desvalorização.[12] Assim, o sistema regulatório possui uma enorme influência na governança corporativa e no valor de uma empresa.

O ambiente regulatório/jurídico também inclui as leis e o sistema judicial que regem as atividades de uma empresa. Há uma grande diferença entre os sistemas de cada país. Estudos mostram que as empresas localizadas em países com maior proteção legal possuem uma governança corporativa mais forte, o que se traduz em melhor acesso aos mercados financeiros, custo de capital mais baixo, maior liquidez do mercado e menos oscilação nos preços das ações.[13]

Padrões de propriedade em blocos

Antes da década de 1960, a maioria das ações dos Estados Unidos estava nas mãos de um grande número de investidores pessoa física, e cada um deles possuía uma carteira diversificada de ações. Já que cada investidor detinha uma pequena quantidade das ações de determinada empresa, não era possível fazer praticamente nada para influenciar as atividades da empresa. Além disso, com um investimento pequeno como esse, monitorar as empresas com atenção não era vantajoso para o investidor. Aliás, os investidores insatisfeitos muitas vezes simplesmente "se recusam a votar", vendendo as ações. A situação começou a mudar quando investidores institucionais, como os fundos de pensão e fundos mútuos, começaram a controlar cada vez mais ações do capital do investimento, adquirindo, assim, porcentagens cada vez maiores das ações em circulação. Por causa dos grandes blocos de ações que possuem, agora faz sentido os investidores institucionais monitorarem a administração e eles possuem influência sobre o conselho de administração. Em alguns casos, até mesmo elegeram seus representantes no conselho. Por exemplo, quando o Tiaa-Cref, imenso fundo de pensão, frustrou-se com o desempenho e a liderança da Furr's/Bishop, uma rede de restaurantes, o fundo iniciou uma disputa que

---

[12] Por exemplo, veja Jonathan M. Karpoff, D. Scott Lee e Gerald S. Martin, "The cost to firms of cooking the books", *Journal of Financial and Quantitative Analysis*, p. 581-612, set. 2008.

[13] Por exemplo, veja R. La Porta et al., "Legal determinants of external finance", *Journal of Finance*, p. 1131-1150, jan. 1997; Hazem Daouk, Charles M. C. Lee e David Ng, "Capital market governance: how do security laws affect market performance?", *Journal of Corporate Finance*, p. 560-593, jun. 2006; Li Jin e Stewart C. Myers, "R^2 around the world: new theory and new tests", *Journal of Financial Economics*, p. 257-292, fev. 2006.

culminou na destituição do conselho de administração inteiro e na eleição de um novo conselho, composto somente por pessoas externas.

Em geral, os investidores engajados com grandes quantidades de ações nas empresas eram bons para todos os acionistas. Eles procuravam empresas com baixa lucratividade e substituíam a administração por novas equipes que eram versadas em técnicas de gestão baseada em valor, aumentando, assim, a lucratividade. Não é de admirar que normalmente os preços das ações subiam quando as pessoas ficavam sabendo que um investidor ativista havia assumido um cargo importante em uma empresa com fraco desempenho.

Observe que os investidores ativistas podem melhorar o desempenho mesmo sem chegar ao ponto de assumir o controle da empresa. Muitas vezes, elegem seus próprios representantes no conselho ou simplesmente designam os problemas da empresa a outros membros do conselho. Nesses casos, os conselhos normalmente mudam suas atitudes e ficam menos tolerantes ao perceberem que a equipe de administração não está seguindo os preceitos da gestão baseada em valor. Além disso, a alta administração percebe o que acontecerá se não colocarem a empresa em ordem; então, fazem isso.

Concorrência nos mercados de produtos

O nível de concorrência no mercado do produto de uma empresa tem um impacto em sua governança corporativa. Por exemplo, as empresas de setores em que há muita concorrência não podem se dar ao luxo de tolerar presidentes que apresentem fraco desempenho. Como previsto, a rotatividade dos presidentes de empresas em setores altamente concorridos é bem maior do que nos que não possuem tanta concorrência.[14] Quando a maioria das empresas em um setor é semelhante, há uma expectativa de que seja mais fácil encontrar um substituto qualificado de outra empresa para o presidente com mau desempenho. É exatamente o que as evidências mostram: à medida que a homogeneidade aumenta, ocorre o mesmo com a rotatividade dos presidentes de empresas.[15]

Mídia e processos judiciais

A governança corporativa, especialmente no tocante à remuneração, é um tema recorrente na mídia. A mídia pode ter um impacto positivo, descobrindo e informando os problemas das empresas, como o escândalo da Enron. Outro exemplo é a ampla cobertura que foi dada ao escândalo das opções de ações com data retroativa, em que os preços de exercício das opções de compra de ações dos executivos eram determinados *após* as opções serem oficialmente concedidas. Já que os preços de exercício eram fixados ao preço das ações mais baixo durante o trimestre em que as opções foram concedidas, estas ficavam dentro do preço e mais valiosas quando começava seu tempo de vida "oficial". Muitos presidentes de empresas já perderam seus empregos por conta dessa prática, e provavelmente haverá mais demissões.

Contudo, a mídia também pode prejudicar a governança corporativa dando muita atenção a um presidente de empresa. Esses presidentes *superstars* normalmente recebem pacotes de remuneração exorbitantes e gastam muito tempo com atividades fora da empresa, o que acarreta um pagamento muito alto para um desempenho muito baixo.[16]

Além das multas e penas aplicadas pelos órgãos reguladores, como a SEC, pode-se mover um processo judicial quando houver suspeita de fraude de uma empresa. Estudos recentes indicam que essas ações judiciais geram melhorias na governança corporativa.[17]

---

[14] Consulte M. De Fond e C. Park, "The effect of competition on ceo turnover", *Journal of Accounting and Economics,* v. 27, p. 35-56, 1999, e T. Fee e C. Hadlock, "Management turnover and product market competition: empirical evidence from the u.S. Newspaper industry", *Journal of Business*, p. 205-243, abr. 2000.

[15] Consulte R. Parrino, "CEO turnover and outside succession: a cross-sectional analysis", *Journal of Financial Economics*, v. 46, p. 165-197, 1997.

[16] Consulte U. Malmendier e G. A. Tate, "Superstar CEOs", *Quarterly Journal of Economics,* p. 1.953-1.638, nov. 2009.

[17] Por exemplo, consulte D. B. Farber, "Restoring trust after fraud: does corporate governance matter?", *Accounting Review*, p. 539-561, 2005 e Stephen P. Ferris, Thomas Jandik, Robert M. Lawless e Anil Makhhija, "Derivative lawsuits as a corporate governance mechanism: empirical evidence on board changes surrounding filings", *Journal of Financial and Quantitative Analysis*, p. 143-166, mar. 2007.

Governança corporativa internacional

A governança corporativa abrange os seguintes fatores: (1) a probabilidade de que uma empresa com mau desempenho seja adquirida; (2) o conselho de administração é dominado por pessoas internas da empresa ou externas; (3) até que ponto a maioria das ações está nas mãos de poucos acionistas com grandes blocos de ações *versus* muitos pequenos acionistas; e (4) a faixa e a forma de remuneração executiva. Um estudo interessante comparou a governança corporativa na Alemanha, no Japão e nos Estados Unidos.

Observe na tabela apresentada a seguir que a ameaça de aquisição de controle serve como uma punição nos Estados Unidos, mas isso não ocorre no Japão nem na Alemanha. Essa ameaça, que reduz o entrincheiramento da administração, beneficiaria os acionistas nos Estados Unidos, em relação aos outros dois países. Os conselhos alemães e japoneses são maiores do que os norte-americanos. Os conselhos de administração japoneses são compostos principalmente de internos, diferentemente dos alemães e norte-americanos, que possuem uma mescla dos internos e externos. Porém, vale ressaltar que os conselhos das maiores empresas alemãs incluem representantes dos funcionários, enquanto os dos Estados Unidos representam somente os acionistas. Portanto, temos a impressão de que, por terem um número maior de externos, os conselhos norte-americanos teriam interesses mais próximos aos dos acionistas.

Além disso, as empresas alemãs e japonesas são mais prováveis de serem controladas por grandes blocos de ações do que as dos Estados Unidos. Embora os fundos mútuos e de pensão, bem como outros investidores institucionais, sejam cada vez mais importantes nos Estados Unidos, a propriedade em blocos ainda é menos predominante do que nos dois outros países. Na Alemanha e no Japão, normalmente os bancos possuem grandes blocos de ações, o que não é permitido por lei nos Estados Unidos, e as empresas também possuem grandes blocos de ações de outras empresas. No Japão, há combinações de empresas denominadas **keiretsus**, que possuem propriedade cruzada de ações entre os membros das empresas, e esses blocos de ações interligados distorcem a definição de membro externo do conselho. Por exemplo, quando o desempenho de uma empresa em um keiretsu piora, normalmente se nomeiam novos conselheiros, escolhidos das equipes dos outros membros do keiretsu. Esses nomeados podem ser classificados oficialmente como internos, mas representam interesses diferentes daqueles do presidente da empresa em dificuldade.

Em geral, os detentores de grandes blocos de ações conseguem monitorar melhor a administração do que os pequenos investidores; então, espera-se que o fator detentores de blocos de ações favoreça os acionistas alemães e japoneses. Contudo, esses detentores de blocos de ações possuem outras relações com a empresa que podem ser prejudiciais aos acionistas externos. Por exemplo, se uma empresa comprar de outra, o preço de transferência pode ser utilizado para transferir a riqueza para uma empresa favorecida, ou uma empresa pode ser forçada a comprar de uma empresa coligada, apesar da disponibilidade de recursos de custo menor fora do grupo.

Os pacotes de remuneração executiva apresentam grandes diferenças entre os três países, e os executivos dos Estados Unidos recebem, de longe, a maior remuneração. No entanto, os planos de remuneração têm uma semelhança notável com relação à sensibilidade da remuneração total ao desempenho da companhia.

O sistema de governança corporativa de qual país é o melhor, do ponto de vista de um acionista cuja meta é a maximização do preço de suas ações? Não há uma resposta definitiva. As ações dos Estados Unidos tiveram o melhor desempenho nos últimos anos. Além disso, as empresas japonesas e alemãs estão gradualmente migrando para o sistema norte-americano no que tange ao tamanho da remuneração, e os planos de remuneração nos três países estão cada vez mais vinculados ao desempenho. Porém, ao mesmo tempo, as empresas norte-americanas estão migrando para os outros sistemas no que diz respeito a deter maiores blocos de ações. Como esses blocos de ações estão nas mãos principalmente dos fundos mútuos e de pensão (em vez de bancos e empresas relacionadas), eles representam melhor os interesses dos acionistas.

Fontes: Steven N. Kaplan. Top executive incentives in Germany, Japan, and the USA: a comparison. In: Jennifer Carpenter; David Yermack (Ed.) *Executive compensation and shareholder value*. Boston: Kluwer Academic Publishers, 1999. p. 3-12. Reimpresso mediante permissão da Springer Science and Business Media.

Autoavaliação

1. Quais são as duas principais formas de disposições de governança corporativa que correspondem à punição e incentivo?
2. Quais são os fatores que melhoram a eficácia de um conselho de administração?
3. Quais são as três cláusulas da maioria dos contratos sociais que impedem aquisições de controle?
4. Descreva como um plano tradicional de opção de compra de ações funciona. Quais são os problemas gerados por um plano de opção de compra de ações tradicional?

CARACTERÍSTICAS INTERNACIONAIS DA GOVERNANÇA CORPORATIVA			
	ALEMANHA	**JAPÃO**	**ESTADOS UNIDOS**
Ameaça de aquisição de controle da empresa	Moderada	Baixa	Alta
Conselho de administração			
Tamanho do conselho	26	21	14
Percentual de internos	27%	91%	33%
Percentual de externos	73%	9%	67%
Os grandes blocos de ações normalmente pertencem a:			
Um grupo controlador?	Sim	Não	Não
Outra empresa?	Sim	Sim	Não
Um banco?	Sim	Sim	Não
Remuneração executiva			
Montante da remuneração	Moderada	Baixa	Alta
Sensibilidade ao desempenho	De baixa a moderada	De baixa a moderada	De baixa a moderada

13-3 Planos de participação acionária (ESOPS)

Estudos mostram que 90% dos funcionários que recebem ações pelos planos de opções de compra as vendem assim que exercem suas opções. Portanto, esse tipo de plano motiva os funcionários somente durante um período limitado.[18] Além disso, muitas empresas restringem a oferta de planos de opções de compra de ações somente aos principais administradores e executivos. Para ajudar a gerar ganhos de produtividade de longo prazo e melhorar a renda de aposentadoria para todos os funcionários, o Congresso autorizou o uso dos **planos de participação acionária (*employee stock ownership plans* – ESOPs)**. Atualmente, cerca de 10 mil empresas de capital fechado e cerca de 330 de capital aberto possuem ESOPs, representando mais de 10 milhões de trabalhadores. Normalmente, o maior ativo dos ESOPs fica por conta das ações ordinárias da empresa que o criou e, do total de 10 mil ESOPs, cerca de metade deles detêm a maioria das ações de suas empresas.

Para ilustrar o funcionamento de um Esop, considere a Gallagher & Abbott Inc. (G&A), uma construtora localizada em Knoxville, Tennessee. O balanço patrimonial simplificado da G&A é o seguinte:

Balanço patrimonial da G&A antes do Esop (em milhões de dólares)

ATIVO		**PASSIVO E PATRIMÔNIO LÍQUIDO**	
Disponível	$ 10,00	Dívida	$ 100,00
Outros	190,00	Patrimônio líquido (1 milhão de ações)	100,00
Total	$ 200,00	Total	$ 200,00

Em seguida, a G&A cria um Esop que é uma nova pessoa jurídica. A empresa emite 500 mil ações a $ 100 por ação, totalizando $ 50 milhões, que são vendidos ao ESOP. Os funcionários da empresa são os acionistas do Esop, e cada funcionário recebe uma participação societária com base em sua faixa salarial e tempo de casa. O Esop toma emprestado os $ 50 milhões para comprar as ações recém-emitidas.[19] As instituições financeiras

---

[18] Veja Gary Laufman, "To have and have not", *CFO*, p. 58-66, mar. 1998.
[19] Nossa descrição está um tanto simplificada. Em termos técnicos, as ações seriam colocadas em uma conta transitória e, depois, alocadas aos funcionários quando a dívida for paga.

estão dispostas a conceder o empréstimo ao ESOP, pois a G&A assina uma garantia para esse empréstimo. Este é o novo balanço patrimonial da empresa:

Balanço patrimonial da G&A após o ESOP (em milhões de dólares)

Ativo		Passivo e patrimônio líquido	
Disponível	$ 60,00	Dívida[a]	$ 100,00
Outros	190,00	Patrimônio líquido (1,5 milhão de ações)	150,00
Total	$ 250,00	Total	$ 250,00

[a]A empresa garantiu o empréstimo do ESOP e comprometeu-se a fazer pagamentos suficientes ao ESOP para liquidar o empréstimo, mas isso não é mostrado no balanço patrimonial.

A empresa agora possui um caixa adicional de $ 50 milhões e mais $ 50 milhões de valor contábil do patrimônio, mas tem um passivo relacionado com a garantia da dívida do ESOP. Seria possível utilizar o caixa para financiar uma expansão, mas muitas empresas utilizam-no para recomprar suas próprias ações ordinárias; logo, presumimos que a G&A fará o mesmo. Os novos balanços patrimoniais da empresa e do Esop são os seguintes:

Balanço patrimonial da G&A após o ESOP e recompra de ações (em milhões de dólares)

Ativo		Passivo e patrimônio líquido	
Disponível	$ 10,00	Dívida	$ 100,00
Outros	190,00	Patrimônio líquido (1 milhão de ações)	150
		Ações em tesouraria	(50,00)
Total	$ 200,00	Total	$ 200,00

Balanço patrimonial inicial do ESOP (em milhões de dólares)

Ativo		Passivo e patrimônio líquido	
Ações da G&A	$ 50,00	Dívida	$ 50,00
		Patrimônio líquido	0
Total	$ 50,00	Total	$ 50,00

Observe que, apesar de o balanço patrimonial da empresa ter a mesma aparência que no início, na verdade há uma grande diferença – a empresa garantiu a dívida do ESOP e, portanto, tem um passivo fora do balanço patrimonial de $ 50 milhões. Além disso, já que o ESOP não possui patrimônio líquido, a garantia é muito real. Por fim, repare que os ativos operacionais não aumentaram, mas a dívida total em aberto mantida por esses ativos aumentou em $ 50 milhões.[20]

Se a história parasse por aqui, não haveria motivos para ter um ESOP. Contudo, a G&A comprometeu-se a fazer pagamentos ao ESOP em quantias suficientes para possibilitar que ele pague despesas de juros e do principal da dívida, amortizando-a em 15 anos. Assim, após 15 anos, a dívida deverá ser liquidada, e os detentores do patrimônio do ESOP (os funcionários) terão um valor contábil de $ 50 milhões e um valor de mercado que poderá ser bem mais alto se as ações da G&A subirem, o que deve ocorrer com o passar do tempo. À medida que os funcionários se aposentarem, o ESOP distribuirá uma quantia proporcional das ações da G&A a cada funcionário, que poderá utilizá-la como parte de seu plano de aposentadoria.

O ESOP evidentemente traz benefícios aos funcionários, mas por que uma empresa estabeleceria tal plano? Há cinco motivos principais:

---

[20] Presumimos que a empresa utilizou os $ 50 milhões pagos a ela pelo ESOP para recomprar ações ordinárias e, assim, aumentar sua dívida de fato. A empresa também poderia ter utilizado os $ 50 milhões para quitar a dívida; nesse caso, o índice de endividamento real permaneceria o mesmo. Ou ainda, seria possível utilizar o dinheiro para financiar uma expansão.

1. O Congresso aprovou uma legislação reguladora na tentativa de aumentar a produtividade dos funcionários e, portanto, tornar a economia mais eficiente. Em tese, os funcionários que possuem participação na empresa trabalharão com mais empenho e inteligência. Repare também que, se eles forem mais produtivos e criativos, será vantajoso para os acionistas externos, já que os aumentos de produtividade beneficiam os acionistas do ESOP e também os acionistas externos.

2. O ESOP representa uma remuneração adicional para os funcionários: em nosso exemplo, há uma transferência de riqueza de $ 50 milhões (ou mais), dos acionistas existentes aos funcionários no decorrer de um período de 15 anos. Aparentemente, se o ESOP não houvesse sido criado, seria necessária outra forma de remuneração que poderia não ter o benefício resultante de melhorar a produtividade. Observe ainda que os pagamentos do ESOP aos funcionários (ao contrário dos pagamentos feitos pela empresa) ocorrem principalmente na aposentadoria, e o Congresso desejava aumentar as rendas de aposentadoria.

3. Dependendo da época em que os direitos dos funcionários ao ESOP forem adquiridos, ele poderá ajudar a empresa na retenção de funcionários.

4. Há incentivos fiscais sólidos para as empresas formar um ESOP. Em princípio, o Congresso decretou que, quando um ESOP detivesse 50% ou mais das ações ordinárias da empresa, as instituições financeiras que emprestam dinheiro aos ESOPs podem deduzir de seu lucro tributável 50% dos juros que recebem sobre o empréstimo. Isso melhora os retornos após impostos das instituições financeiras, possibilitando que elas concedam empréstimos aos ESOPs com taxas abaixo da média do mercado. Portanto, uma empresa que estabelecer um ESOP pode tomar empréstimos por meio dele com taxas mais baixas do que outra forma de financiamento disponível – em nosso exemplo, a dívida de $ 50 milhões teria uma taxa reduzida.

   Há, ainda, outra vantagem fiscal. Se uma empresa tomasse o empréstimo diretamente, ela poderia deduzir do seu lucro tributável os juros, mas não os pagamentos do principal. Porém, as empresas normalmente fazem os pagamentos necessários a seus ESOPs na forma de dividendos em dinheiro. Os dividendos normalmente não podem ser deduzidos do lucro tributável, mas os *dividendos em dinheiro pagos sobre as ações do ESOP podem ser deduzidos, contanto que sejam pagos a participantes do plano ou utilizados para pagar o empréstimo*. Assim, as empresas cujos ESOPs detêm 50% das ações destas podem efetivamente tomar empréstimos por meio do Esop com taxas subsidiadas e, em seguida, deduzir os juros e os pagamentos do principal. A American Airlines e a Publix Supermarkets são duas das diversas empresas que utilizaram Esops para obter essa vantagem, além de motivar os funcionários por lhes conceder participação na empresa.

5. Um uso menos desejável dos ESOPs é para ajudar as empresas a impedir sua aquisição por outras sociedades. O presidente da empresa, ou alguém por ele nomeado, normalmente age como depositário para o ESOP, deve votar com as ações do ESOP de acordo com a vontade dos participantes do plano. Além disso, os participantes, que também são funcionários da empresa, normalmente são contra aquisições de controle, pois isso muitas vezes implica cortes de pessoal. Portanto, se um ESOP detém uma porcentagem expressiva das ações da empresa, a administração tem uma arma poderosa para impedir as aquisições de controle. Isso não é bom para os acionistas externos.

Os ESOPs são vantajosos para os acionistas da empresa? Em tese, esses planos motivam os funcionários por lhes conceder participação societária. Isso deve melhorar a produtividade e, portanto, aumentar o valor das ações. Além disso, os incentivos fiscais reduzem os custos associados a alguns ESOPs. Contudo, pode-se utilizar um ESOP para ajudar a entrincheirar a administração, o que pode prejudicar os acionistas. Quais são os prós e contras? As evidências empíricas não são completamente definidas, mas vale ressaltar algumas constatações. Em princípio, se o ESOP for estabelecido para ajudar na defesa contra uma aquisição de controle, o preço das ações da empresa normalmente cairá quando forem anunciados os planos de estabelecimento do ESOP. O mercado não gosta da possibilidade de ter uma administração entrincheirada e precisar abrir mão de um prêmio que normalmente está ligado a uma aquisição de controle. Contudo, se o ESOP for estabelecido com objetivos fiscais e/ou para motivar os funcionários, o preço da ação em geral subirá quando o anúncio for feito. Nesses casos, a empresa terá uma melhora nas vendas por funcionário e outras medidas de desempenho em longo prazo, o que eleva o preço das ações. A propósito, um estudo mostrou que empresas com Esops possuíam um retorno anual sobre suas ações de 26% em média, contra somente 19% das concorrentes que não tinham ESOPs.[21] Assim, parece que, quando utilizados de modo adequado, os ESOPs podem ser uma arma poderosa para gerar valor aos acionistas.

Autoavaliação

1. O que é um ESOP? Liste algumas de suas vantagens e desvantagens.

---

[21] Veja Daniel Eisenberg, "No Esop fable", *Time*, p. 95, 10 maio 1999.

Resumo

- Uma **relação de agência** surge sempre que um indivíduo ou um grupo, chamado de **principal**, contrata alguém chamado de **agente** para realizar algum serviço e o principal delega o poder da tomada de decisão ao agente.
- As relações de agência importantes incluem aquelas entre acionistas e credores, proprietários/administradores e acionistas externos, e acionistas e administradores.
- Um **conflito de agência** refere-se a um conflito entre principais e agentes. Por exemplo, os administradores, como agentes, podem pagar a si mesmos salários excessivos, obter opções de ações incrivelmente grandes e assim por diante à custa dos principais, os acionistas.
- Os **custos de agência** são as reduções no valor de uma empresa em decorrência das ações tomadas pelos agentes, incluindo os custos que os principais incorrem (como os custos de monitoramento) ao tentarem modificar os comportamentos de seus agentes.
- A **governança corporativa** é a maneira como os objetivos dos acionistas são implantados, que se traduz nas políticas e medidas tomadas pela empresa.
- Os dois principais recursos utilizados na governança corporativa são (1) a ameaça de demissão dos presidentes de empresas com desempenho fraco; e (2) o tipo de plano utilizado para remunerar executivos e administradores.
- Os administradores com desempenho fraco podem ser demitidos por meio de uma aquisição de controle ou pelo conselho administrativo da empresa. As cláusulas do contrato social afetam a dificuldade de conseguir adquirir o controle da empresa, e a composição do conselho administrativo afeta a probabilidade de demissão de um administrador pelo conselho.
- O **entrincheiramento da administração** é mais provável quando a empresa tem um conselho administrativo inapto e cláusulas sólidas de proteção contra aquisição de controle em seu contrato social. Nessa situação, a probabilidade de demissão de administradores seniores com mau desempenho é baixa.
- **Benefícios não pecuniários** são vantagens como escritórios luxuosos, títulos de clubes particulares, jatos executivos, viagens para o exterior, entre outras. Algumas dessas despesas podem até ser aceitáveis, mas outras são um desperdício e simplesmente reduzem os lucros. Essa ostentação normalmente acaba depois de uma aquisição hostil.
- **Recompras dirigidas de ações**, também conhecidas como **greenmail**, ocorrem quando uma empresa recompra suas próprias ações de um possível adquirente a um preço mais alto do que o preço de mercado. Em contrapartida, o possível adquirente concorda em não tentar adquirir o controle da empresa.
- **Cláusulas de proteção dos direitos dos acionistas**, também conhecidas como **pílulas de veneno**, possibilitam que os atuais acionistas comprem ações adicionais a um preço mais baixo do que o valor de mercado se o possível adquirente comprar uma participação controladora na empresa.
- Uma cláusula de **direito de voto restrito** automaticamente retira o direito de voto de um acionista caso ele possua mais de uma determinada quantidade de ações.
- **Conselhos administrativos interligados** ocorrem quando o presidente da empresa A é membro do conselho da empresa B e vice-versa.
- Uma **opção de compra de ação** possibilita a compra de ações a um preço fixo, denominado **preço de exercício**, não importando o preço real da ação. As opções de compra de ação possuem uma **data de vencimento** e não podem ser exercidas após essa data.
- Um **Plano de Participação Acionária** ou **ESOP** facilita que os funcionários detenham ações na empresa em que trabalham.

Perguntas

(13-1) Defina cada um dos termos a seguir:
    a. Agente; principal; relação de agência.
    b. Custo de agência.
    c. Tipos comuns de conflitos de agência.
    d. Entrincheiramento administrativo; benefícios não pecuniários.
    e. *Greenmail*; pílulas de veneno; direito de voto restrito.
    f. Opção de compra de ação; ESOP.

(13-2) Qual é o possível conflito de agência entre os proprietários/administradores internos e os acionistas externos?

(13-3) Quais são alguns possíveis conflitos de agência entre mutuários e concessores de empréstimos?

(13-4) Quais são algumas medidas prejudiciais aos acionistas que uma administração entrincheirada pode tomar?

(13-5)   Como é possível que uma opção de compra de ação seja valiosa para um funcionário se o preço das ações da empresa cair para atender às expectativas dos acionistas?

Estudo de caso

Suponha que você decida (como Steve Jobs e Mark Zuckerberg fizeram) abrir uma empresa. Seu produto é uma plataforma de software que integra uma grande variação de dispositivos de mídia, incluindo laptops, desktops, gravadores de vídeo digital e celulares. Seu mercado inicial é o órgão estudantil em sua universidade. Assim que você estabelece sua empresa e ajusta os procedimentos para operá-la, planeja expandir para outras faculdades da região e, possivelmente, por todo o território nacional. Em algum momento, de preferência em muito breve, você planeja ir a público com um IPO, e compra um iate e parte para o Pacífico Sul para dar vez à sua paixão que é a fotografia subaquática. Com essas questões em mente, você precisa responder para si mesmo, e para os possíveis investidores, as seguintes perguntas.

a. O que é uma relação de agência? Quando iniciou as operações, supondo que você era o único funcionário e apenas o seu dinheiro foi investido no negócio, existia algum conflito de agência? Explique sua resposta.

b. Se você expandiu e contratou mais pessoas para ajudá-lo, isso pode ter dado vazão a problemas de agência?

c. Suponha que você precise de capital adicional para expandir e venda algumas ações para investidores externos. Se você mantiver ações suficientes para controlar a empresa, que tipo de conflito de agência pode ocorrer?

d. Suponha que sua empresa arrecade fundos de concessores de empréstimo externos. Que tipo de custos de agências pode ocorrer? Como os concessores de empréstimos podem mitigar os custos da agência?

e. Suponha que sua empresa seja muito bem-sucedida e que extraia a maior parte de suas ações e entregue a empresa a um conselho administrativo eleito. Nem você nem qualquer um dos acionistas detém um interesse de controle (esta é a situação da maioria das empresas públicas). Liste seis possíveis comportamentos administrativos que podem prejudicar o valor da empresa?

f. O que é governança corporativa? Liste cinco cláusulas da governança corporativa que são internas para uma empresa e estão sob seu controle.

g. Quais características do conselho administrativo normalmente levam à governança corporativa efetiva?

h. Liste três cláusulas no gráfico corporativo que afetam as aquisições de controle.

i. Descreva brevemente o uso das opções de compra de ações em um plano de compensação. Quais são os possíveis problemas com essas opções como uma forma de compensação?

j. O que é propriedade em blocos? Como ela afeta a governança corporativa?

k. Explique brevemente como as agências reguladoras e os sistemas legais afetam a governança corporativa.

Distribuições de caixa e estrutura de capital

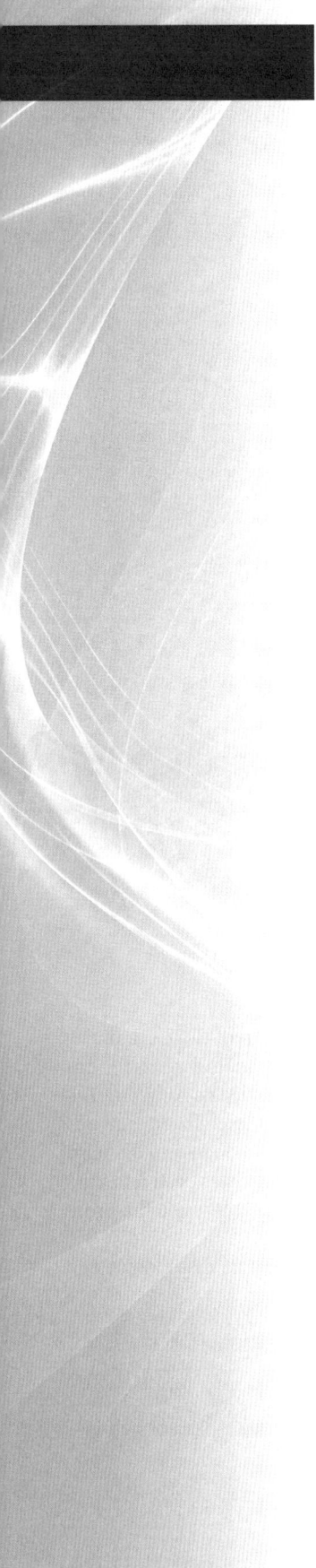

Distribuições aos acionistas: dividendos e recompras

As vendas da Apple cresceram mais de 65% em 2011 para $ 108 bilhões. Em meados de 2012, as vendas da empresa para o primeiro semestre de 2012 excederam $ 85 bilhões. Com um preço de ações de aproximadamente $ 600 por ação, a Apple tem uma capitalização de mercado de pouco mais de $ 500 bilhões, que está estagnada em cerca de $ 110 bilhões em dinheiro. Para colocar esse montante em perspectiva, tinha caixa suficiente para pagar pelo orçamento geral do Estado da Califórnia por todo o ano de 2012!

O fundador da Apple e ex-presidente, Steve Jobs (falecido em 2011), chocava continuamente a comunidade tecnológica com inovações como o iPod, MacBook Air, iPhone e iPad. Seu sucessor, Timothy Cook, chocou a comunidade de investimentos ao anunciar que a Apple começaria a pagar um dividendo trimestral de $ 2,65 por ação. A Apple tinha cerca de 950 milhões de ações pendentes, logo isso significa que pagaria aproximadamente $ 10 bilhões ao ano em dividendos (ainda mais se a empresa aumentar seu dividendo nos anos seguintes, o que é provável). Além disso, anunciou planos de recompra de cerca de $ 10 bilhões de suas ações, com boa parte das ações recompradas utilizada para satisfazer os exercícios de opção de compra de ações futuras.

Alguns investidores institucionais são impedidos de deter ações que não pagam um dividendo, por isso a Apple espera que o dividendo amplie sua base de investidores. Embora cerca de 65% das suas receitas venham do exterior, ela planeja pagar o dividendo dos fundos gerados domesticamente – caso contrário, terá de pagar impostos de repatriação significativos.

Enquanto você lê este capítulo, pense sobre os motivos pelos quais a Apple iniciou os pagamentos de dividendos regulares, seu uso do caixa doméstico para financiar os dividendos e seu uso das ações recompradas.

USOS DO FLUXO DE CAIXA LIVRE:
DISTRIBUIÇÕES A ACIONISTAS

O fluxo de caixa livre (FCL) é gerado por operações e está disponível para distribuição a todos os acionistas. Este capítulo trata da distribuição de (FCL) para os acionistas na forma de dividendos e de recompra de ações.

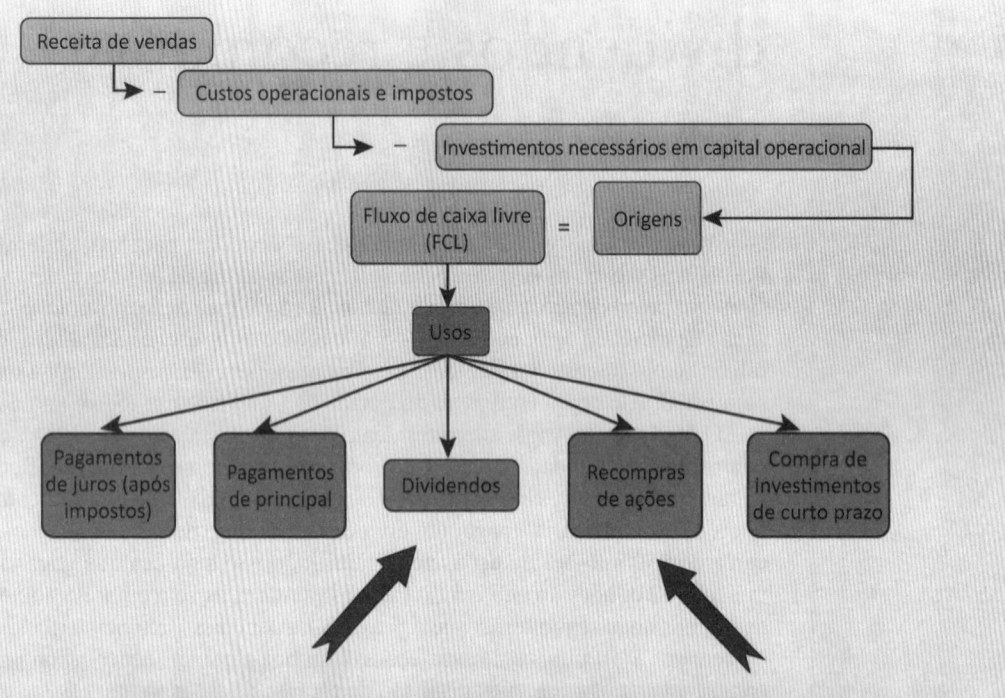

© Cengage Learning 2014

Como o valor de uma empresa depende de sua capacidade de gerar fluxo de caixa livre (FCL), a maior parte deste livro focou aspectos da geração de FCL, incluindo mensuração, previsões e análise de risco. Em contrapartida, este capítulo concentra-se no uso de FCL para distribuição de caixa aos acionistas. Aqui estão as questões centrais abordadas aqui: Uma empresa consegue aumentar seu valor por meio da escolha de uma **política de distribuição** definida: (1) o *nível* de distribuições; (2) a *forma* de distribuição (dividendos em dinheiro *versus* recompras de ações); e (3) a *estabilidade* de distribuição? Diferentes grupos de acionistas preferem uma forma de distribuição a outra? Acionistas veem distribuições como sinais de risco de uma empresa e fluxos de caixa futuros esperados?

Antes de respondermos a essas perguntas, vamos dar uma olhada no panorama geral de distribuições de caixa.

14-1   Procedimentos para distribuição de caixa

Arriscando afirmar o óbvio, uma empresa deve ter caixa antes de fazer distribuições de caixa aos acionistas, portanto começaremos examinando as fontes de caixa de uma empresa.

14-1a Fontes de caixa

Ocasionalmente o caixa vem de uma recapitalização ou da venda de um ativo, mas na maioria dos casos ele vem do fluxo de caixa livre gerado internamente na empresa. Lembre-se de que o FCL é definido como o montante do fluxo de caixa disponível para distribuição aos investidores após despesas, impostos e investimentos necessários para o capital operacional. Desse modo, a *fonte* do FCL depende das oportunidades de investimentos de uma empresa e de sua eficácia em transformar essas oportunidades em realidades. Observe que uma empresa com muitas oportunidades terá grandes investimentos no capital operacional e pode ter FCL negativo mesmo se for lucrativo. Quando o crescimento começa a diminuir, um FCL de uma empresa lucrativo será positivo e bem grande. Home Depot e Microsoft são bons exemplos de empresas que cresceram rapidamente que agora estão gerando grandes montantes de fluxos de caixa livre.

14-1b Usos do caixa

Há apenas cinco maneiras possivelmente "boas" de utilizar o fluxo de caixa livre: (1) pagar as despesas com juros (após os impostos), (2) quitar a maior parte da dívida, (3) pagar os dividendos, (4) recomprar ações ou (5) comprar investimentos a curto prazo ou outros ativos não operacionais.[1] Se o FCL de uma empresa for negativo, seu "uso" do FCL também será negativo. Por exemplo, uma empresa em crescimento normalmente emite nova dívida em vez de pagar novamente a dívida e emite novas ações em vez de recomprar ações pendentes. Mesmo após o FCL ficar positivo, alguns de seus "usos" podem ser negativos, como explicaremos a seguir.

Pagar os juros, pagar novamente a dívida ou emitir uma nova dívida

A escolha da estrutura de capital de uma empresa determina seus pagamentos para despesas com juros e a maior parte da dívida.[2] O valor de uma empresa normalmente aumenta ao longo do tempo se ela mantiver uma estrutura de capital-alvo. Se, em vez disso, uma empresa tiver que quitar sua dívida, perderá escudos fiscais valiosos associados à dedutibilidade das despesas com juros. Portanto, a maioria das empresas faz aquisições líquidas à dívida ao longo do tempo em vez de novos pagamentos líquidos, mesmo se o FCL for positivo. O acréscimo da dívida é um "uso negativo" do FCL, que proporciona ainda mais FCL para outros usos.

Compra ou venda de investimentos a curto prazo

As políticas de capital de trabalho de uma empresa determinam seu nível de investimentos a curto prazo, como letras financeiras do Tesouro ou outros títulos comerciáveis. O Capítulo 16 discute os investimentos a curto prazo mais detalhadamente, mas por ora é preciso reconhecer que a decisão envolve um impasse entre os benefícios e os custos de deter um grande montante de investimentos a curto prazo. Em termos de benefícios, uma grande posse reduz o risco de desconforto financeiro caso haja uma recessão econômica. Da mesma forma, se as oportunidades de crescimento se tornam melhores do que o esperado, os investimentos a curto prazo proporcionam uma fonte pronta de financiamento que não incorre os custos de flutuação e de sinalização em decorrência do arrecadamento dos fundos externos. No entanto, há um possível custo de agência: se uma empresa tem um grande investimento em títulos comerciáveis, os administradores podem ficar tentados a esbanjar o dinheiro em vantagens (como jatos corporativos) ou aquisições de alto custo.

Entretanto, muitas empresas têm investimentos a curto prazo bem maiores do que as razões anteriores podem explicar. Por exemplo, a Apple tem mais de $ 100 bilhões e a Microsoft tem aproximadamente $ 60 bilhões. A explicação mais racional é que essas empresas estão usando os investimentos a curto prazo temporariamente até decidirem como usar o caixa.

Adquirir investimentos a curto prazo é um uso positivo do FCL, e vender investimentos a curto prazo é um uso negativo. Se determinado uso do FCL é negativo, alguns dos outros usos devem ser maiores do que teriam sido.

Pagar dividendos, recomprar ações ou emitir novas participações das ações

Em suma, as oportunidades de investimento de uma empresa e seus planos operacionais determinam seu nível de FCL. A política de estrutura de capital da empresa determina o montante da dívida e pagamentos de juros.

---

[1] Vimos, no Capítulo 2, que o custo para a empresa de pagamentos de juros está líquido de impostos. Vimos também que uma empresa não *gasta* FCL em ativos operacionais (como aquisição de outra empresa), pois esses gastos já foram deduzidos quando o FCL foi calculado. Em outras palavras, a compra de um ativo operacional (mesmo sendo outra empresa) não é um uso de FCL; pelo contrário, é uma *fonte* de FCL (embora uma "fonte negativa").

[2] Discutimos as escolhas da estrutura de capital mais detalhadamente no Capítulo 15.

Política de capital de giro determina o investimento em títulos negociáveis. O FCL restante deve ser distribuído aos acionistas, com apenas a dúvida de quanto distribuir na forma de dividendos *versus* recompras de ações.

Obviamente que isso é uma simplificação, uma vez que as empresas, (1) em alguns casos, reduzem seus planos operacionais para vendas e crescimento de ativos se tais reduções forem necessárias para manter os dividendos existentes; (2) temporariamente ajustam seu *mix* de financiamentos correntes em função das condições de mercado; e (3) geralmente usam títulos negociáveis como proteção contra flutuações nos fluxos de caixa de curto prazo. Ainda assim, existe uma interdependência entre planos operacionais (que têm maior impacto sobre fluxo de caixa livre), planos de financiamento (que têm maior impacto sobre custo de capital), políticas de capital de giro (que determinam o nível-alvo dos títulos negociáveis) e distribuições aos acionistas.

Autoavaliação

1. Quais são os cinco usos dos fluxos de caixa livre?
2. Como as oportunidades de investimento, a estrutura de capital e as políticas de capital de giro de uma empresa afetam suas distribuições aos acionistas?

14-2 Procedimentos para distribuição de caixa

Empresas podem distribuir caixa aos acionistas via dividendos de caixa ou recompras de ações. Aqui, discutiremos os procedimentos reais usados para fazer distribuições de caixa.

14-2a Procedimentos para pagamentos de dividendos

Em geral, os dividendos são pagos trimestralmente e, se as condições permitem, aumentados uma vez por ano. Por exemplo, a Katz Corporation pagou um dividendo de $ 0,50 por ação em cada trimestre de 2013, para um dividendo anual por ação de $ 2,00. No jargão financeiro comum, dizemos que, em 2013, os *dividendos trimestrais regulares* da empresa foram de $ 0,50, e seu *dividendo anual* foi de $ 2,00. Em 2013, o conselho de administração da Katz se reuniu, revisou as projeções para 2014 e decidiu manter o dividendo de 2014 em $ 2,00. Os conselheiros anunciaram a taxa de $ 2, assim os acionistas poderiam contar com isso, a não ser que a empresa tivesse problemas operacionais inesperados.

O processo de pagamento efetivo é feito da seguinte forma:

1. *Data de declaração*. Na **data de declaração** – digamos, quinta-feira, 14 de novembro – os conselheiros se reúnem e declaram o dividendo regular, emitindo uma declaração similar à seguinte: "No dia 14 de novembro de 2013, os conselheiros da Katz Corporation se reuniram e declararam o dividendo trimestral regular no valor de $ 0,50 por ação aos detentores de ações na sexta-feira, 13 de dezembro, devendo o pagamento ser feito na sexta-feira, 3 de janeiro de 2014". Para fins contábeis, dividendo declarado torna-se um passivo real na data da declaração. Se fosse feito um balanço patrimonial, um valor igual a $ 0,50 $\times$ n_0, em que n_0 é o número de ações em circulação, apareceria como passivo circulante, e lucros retidos seriam reduzidos no mesmo montante.
2. *Data de registro*. No encerramento dos negócios na **data de registro**, 13 de dezembro, a empresa encerra seus registros de transferência de ações e faz uma lista de acionistas naquela data. Se a Katz Corporation for notificada da venda antes das 17 horas do dia 13 de dezembro, o novo proprietário receberá o dividendo. No entanto, se a notificação for recebida depois, o antigo proprietário receberá o dividendo.
3. *Data ex-dividendo*. Suponha que Jean Buyer comprou 100 ações de John Seller no dia 10 de dezembro. A empresa será notificada da transferência a tempo de listar o comprador como novo proprietário e pagar o dividendo a ele? Para evitar conflitos, a indústria de títulos estabeleceu uma convenção de acordo com a qual a ação permanece com direito a dividendo até dois dias úteis antes da data de registro; no segundo dia anterior à data, as ações perdem o direito a dividendos. A data em que a ação perde o direito a dividendo é chamada de **data ex-dividendo**. Nesse caso, a data ex-dividendo é de dois dias antes de 13 de dezembro, ou seja, 11 de dezembro:

Ação com direito a dividendo:	Terça-feira, 10 de dezembro
Data ex-dividendo:	Quarta-feira, 11 de dezembro
	Quinta-feira, 12 de dezembro
Data de registro:	Sexta-feira, 13 de dezembro

Portanto, se Buyer pretende receber dividendos, deve comprar as ações no dia 10 de dezembro ou antes. Se ele comprar no dia 11 de dezembro ou depois, Seller receberá o dividendo, pois será o titular oficial.

O dividendo da Katz é de $ 0,50, dessa forma, a data ex-dividendo é importante. Salvo flutuações no mercado de ações, normalmente esperaríamos uma diminuição no preço de uma ação no montante aproximado do dividendo na data ex-dividendo. Dessa forma, se a Katz fechasse em $ 30,50 no dia 10 de dezembro, provavelmente abriria em aproximadamente $ 30 no dia 11 de dezembro.

4. *Data de pagamento*. A empresa efetivamente paga o dividendo no dia 3 de janeiro, **data de pagamento**, aos titulares de registro.

14-2b Procedimentos de recompra de ações

A **recompra de ações** ocorre quando uma empresa compra algumas de suas próprias ações que estão em circulação.[3] Três situações podem levar à recompra de ações. Primeiro, uma empresa pode decidir aumentar sua alavancagem emitindo dívida e usando os resultados para recomprar ações; abordaremos recapitalizações em mais detalhes no Capítulo 15. Segundo, muitas empresas dão aos seus funcionários opções de compra de ações e, geralmente, recompram suas próprias ações para vender para os funcionários quando eles exercem as opções. Nesse caso, o número de ações em circulação volta ao seu nível pré-recompra depois que as opções são exercidas. Terceiro, uma empresa pode ter caixa excedente. Isso pode ocorrer em razão de uma entrada única de caixa, como a venda de uma divisão, ou a empresa pode simplesmente estar gerando mais fluxo de caixa livre do que precisa para pagar o serviço da dívida.[4]

Em geral, as recompras de ações são feitas das seguintes maneiras: (1) uma empresa de capital aberto pode comprar suas próprias ações por intermédio de um corretor no mercado aberto;[5] (2) a empresa pode fazer uma oferta pública para aquisição de ações, na qual permite que os acionistas ofertem ações em troca de determinado preço por ação. Nesse caso, a empresa geralmente indica que comprará até certo de número de ações dentro de um período específico (aproximadamente duas semanas). Se forem oferecidas mais ações do que a empresa quer comprar, as compras serão feitas de maneira *pro rata*. (3) A empresa pode comprar um bloco de ações de um grande titular de maneira negociável. Essa é uma recompra orientada de ações, como discutimos no Capítulo 13.

14-2c Modelos de distribuições de caixa

A ocorrência de dividendos *versus* recompra de ações foi alterada dramaticamente nos últimos 30 anos. Primeiro, a distribuição de caixa total como uma porcentagem de lucro líquido permaneceu praticamente estável em torno de 26% a 28%, mas o *mix* de dividendos e recompras foi alterado.[6] O índice médio de pagamento de dividendos caiu de 22,3% em 1974 para 13,8% em 1998, enquanto a média de pagamento de recompras como uma porcentagem de lucro líquido cresceu de 3,7% para 13,6%. Desde 1985, as empresas grandes recompram mais ações do que emitiram. Desde 1998, mais caixa foi retornado aos acionistas em recompras do que como pagamentos de dividendos.

Segundo, hoje em dia é menos provável que as empresas paguem dividendos. Em 1978, aproximadamente 66,5% de empresas da Nyse, Amex e Nasdaq pagaram dividendos. Em 1999, esse número caiu para 20,8%. Parte dessa redução pode ser explicada pelo grande número de IPOs nos anos 1990, uma vez que empresas novas raramente pagam dividendos. No entanto, isso não explica a história toda, uma vez que muitas empresas maduras agora não pagam dividendos. Por exemplo, imagine a maneira como uma empresa madura fará

---

[3] Ações recompradas são chamadas de "ações em tesouraria" e mostradas como um valor negativo no balanço patrimonial detalhado da empresa. No balanço consolidado, ações em tesouraria são deduzidas para encontrar ações em circulação, e o preço pago pelas ações recompradas é deduzido quando se determina o patrimônio líquido.

[4] Veja Benton Gup e Doowoo Nam, "Stock buybacks, corporate performance, and EVA", *Journal of Applied Corporate Finance*, p. 99-110, 2001. Esses autores mostram que as empresas que recompram ações têm um desempenho operacional superior àquelas que não compram suas próprias ações, o que é consistente com a ideia de que as empresas compram de volta ações quando geram fluxo de caixa livre adicional. Gup e Nam também mostram que o desempenho operacional melhora no ano após a recompra, indicando que o desempenho superior é sustentável.

[5] Muitas empresas anunciam seus planos de recompra de ações no mercado aberto. Por exemplo, uma empresa poderá anunciar seus planos de recomprar 4 milhões de ações. Porém, essas empresas geralmente não recompram todas as ações que foram anunciadas, em vez disso recompram apenas 80% do número anunciado. Veja Clifford Stephens e Michael Weisbach, "Actual share reacquisitions in open-market repurchase programs", *Journal of Finance*, p. 313-333, fev. 1998.

[6] Veja Gustavo Grullon e Roni Michaely, "Dividends, share repurchases, and the substitution hypothesis", *Journal of Finance*, p. 1649-1684, ago. 2002; e Eugene Fama e Kenneth French, "Disappearing dividends: changing firm characteristics or lower propensity to pay?", *Journal of Applied Corporate Finance*, p. 67-79, 2001.

sua primeira distribuição de caixa. Em 1973, 73% das empresas que faziam uma distribuição inicial fizeram por meio de dividendo. Até 1998, apenas 19% iniciavam distribuições com dividendos.[7]

Terceiro, os pagamentos de dividendos agregados tornaram-se mais concentrados à medida que um número relativamente pequeno de empresas antigas, estabilizadas e mais lucrativas responde pela maioria do caixa distribuído como dividendos.[8]

Quarto, a Tabela 14-1 mostra que existe uma variação considerável nas políticas de distribuição, com algumas empresas pagando alto percentual de seus lucros como dividendos e outras não pagando nada. A próxima seção discute algumas teorias sobre políticas de distribuição.

Autoavaliação

1. Explique os procedimentos usados para realmente pagar dividendos.
2. Por que a data ex-dividendo é importante para investidores?
3. Quais são as três formas utilizadas por uma empresa para recomprar ações?

14-3   Distribuições de caixa e valor de empresa

Uma empresa consegue alterar seu valor de operações apenas se alterar o custo de capital ou as percepções dos investidores, considerando o fluxo de caixa livre esperado. Isso é verdadeiro para todas as decisões corporativas, incluindo a política de distribuição. Existe uma **política de distribuição ótima** que maximiza o valor intrínseco da empresa?

A resposta depende, em parte, das preferências dos investidores para retornos na forma de rendimentos de dividendo *versus* ganhos de capital. O *mix* relativo de rendimentos de dividendos e ganhos de capital é determinado pelo **índice de distribuição-alvo**, que é o percentual de lucro líquido distribuído aos acionistas por meio de dividendos em dinheiro ou recompra de ações, e pelo **índice de pagamento-alvo**, que é o percentual de lucro líquido pago como dividendo em dinheiro. Observe que o índice de pagamento deve ser menor do que o índice de distribuição, pois o índice de distribuição inclui recompras de ações e dividendos em dinheiro.

Um alto índice de distribuição e um alto índice de pagamento significam que a empresa paga grandes dividendos e possui recompras de ações pequenas (ou zero). Assim, o rendimento de dividendos é relativamente alto e o ganho de capital esperado é baixo. Se uma empresa possui alto índice de distribuição, mas pequeno índice de pagamento, paga baixos dividendos, mas recompra ações regularmente, resultando em baixo rendimento de dividendo, mas um rendimento de ganhos de capital esperados relativamente alto. Se uma empresa possui índice

TABELA 14-1
Pagamentos de dividendos (março de 2009)

EMPRESA	INDÚSTRIA	DIVIDENDO PAGAMENTO	DIVIDENDO RENDIMENTO
Empire District Electric (EDE)	Empresa de eletricidade	49%	4,8%
Rayonier Inc. (RYN.N)	Produtos florestais	71	3,6
Regions Financial Corp. (RF)	Bancos regionais	31	0,6
Reynolds American Inc. (RAI)	Produtos de tabaco	96	5,8
WD-40 Company (WDFC)	Produtos domésticos	50	2,5
Harley-Davidson Inc. (HOG)	Produtos de recreação	20	1,3
Ingles Markets Inc. (IMKTA)	Varejo (supermercados)	34	3,9
Microsoft Corp. (MSFT)	Software e programação	27	2,6
Tiffany and Company (TIF)	Varejo de especialidade	33	1,8

Fonte: **http://www.reuters.com**, maio de 2012.

---

[7] Veja Gustavo Grullon e David Ikenberry, "What do we know about stock repurchases?", *Journal of Applied Corporate Finance*, p. 31-51, 2000.

[8] Por exemplo, veja Harry DeAngelo, Linda DeAngelo e Douglas J. Skinner, "Are dividends disappearing? Dividend concentration and the consolidation of earnings", *Journal of Financial Economics*, p. 425-456, jun. 2004.

de distribuição baixo, deve ter também índice de pagamento relativamente baixo, mais uma vez resultando em baixo rendimento de dividendo, com a expectativa de ganho de capital relativamente alto.

Nesta seção, examinaremos três teorias preferenciais por parte dos investidores para rendimento de dividendo *versus* ganhos de capital: (1) irrelevância dos dividendos; (2) preferência de dividendos (também chamada de teoria do "pássaro na mão"); e (3) efeito fiscal.

14-3a Teoria da irrelevância dos dividendos

Os primeiros defensores da **teoria da irrelevância dos dividendos** foram Merton Miller e Franco Modigliani (MM).[9] Eles diziam que o valor da empresa é determinado apenas pela sua capacidade básica de geração de lucros e por seu risco do negócio. Em outras palavras, MM diziam que o valor da empresa depende apenas da renda produzida por seus ativos, e não de como essa renda é dividida entre dividendos e lucros retidos.

Para entender o ponto de vista de MM, observe que qualquer acionista pode, teoricamente, construir sua própria política de dividendos. Por exemplo, se uma empresa não paga dividendos, um acionista que queira um dividendo de 5% pode "criá-lo" vendendo 5% de suas ações. De maneira inversa, se uma empresa paga um dividendo mais alto do que o investidor deseja, o investidor pode usar os dividendos indesejados para comprar ações adicionais da empresa. Se os investidores pudessem comprar e vender ações e criar sua própria política de dividendos sem incorrer em custos, a política de dividendos da empresa realmente seria irrelevante.

Ao criarem essa teoria de dividendo, MM desenvolveram várias premissas importantes, especialmente a ausência de impostos e custos de corretagem. Se tais premissas não forem verdadeiras, investidores que queiram dividendos adicionais deverão incorrer em custos de corretagem para vender ações e pagar impostos sobre quaisquer ganhos de capital. Investidores que não queiram dividendos devem incorrer em custos de corretagem para comprar ações com dividendos. Como impostos e custos de corretagem certamente existem, a política de dividendos também poderá ser relevante. Discutiremos testes empíricos da teoria da irrelevância dos dividendos de MM em breve.

14-3b Teoria da preferência dos dividendos (teoria do "pássaro na mão")

A principal conclusão da teoria da irrelevância dos dividendos é que a política de dividendos não afeta o valor ou risco da ação. Portanto, não afeta a taxa exigida de retorno sobre patrimônio líquido, r_s. Entretanto, Myron Gordon e John Lintner diziam que o risco de uma ação diminui com o aumento de dividendos: um retorno na forma de dividendos é algo certo, mas um retorno na forma de ganhos de capital é arriscado. Em outras palavras, mais vale **um pássaro na mão** do que dois voando. Portanto, os acionistas preferem dividendos e estão dispostos a aceitar um retorno sobre patrimônio exigido mais baixo.[10]

A possibilidade de custos de agência leva-nos a uma conclusão parecida. Primeiro, os altos pagamentos reduzem o risco de administradores desperdiçarem dinheiro, pois existirá menos dinheiro em caixa. Segundo, uma empresa com altos pagamentos deve levantar recursos externos com mais frequência do que uma empresa com pagamentos baixos, com todos os outros itens mantendo-se constantes. Se os administradores sabem que a empresa receberá um acompanhamento próximo e frequente de mercados externos, é menos provável que os administradores se envolvam em práticas de desperdício. Portanto, altos pagamentos reduzem o risco de custos de agência. Com menos risco, os acionistas ficam mais dispostos a aceitar um retorno sobre patrimônio exigido mais baixo.

14-3c Teoria do efeito fiscal: ganhos de capital são preferidos

Antes de 2003, investidores individuais pagavam impostos de renda regulares sobre dividendos, mas alíquotas mais baixas sobre ganhos de capital de longo prazo. A Lei de Emprego e Crescimento de 2003 mudou isso, reduzindo a alíquota de imposto sobre renda de dividendo para o mesmo nível dos ganhos de

---

[9] Veja Merton H. Miller e Franco Modigliani, "Dividend policy, growth, and the valuation of shares", *Journal of Business*, p. 411-433, out. 1961. Porém, as conclusões desses autores serão válidas apenas se os investidores esperarem o pagamento equivalente do valor presente de todos os fluxos de caixa livres por parte dos administradores. Veja também Harry DeAngelo e Linda DeAngelo, "The irrelevance of the MM dividend irrelevance theorem", *Journal of Financial Economics*, v. 79, p. 293-315, 2006.
[10] Veja Myron J. Gordon, "Optimal investment and financing policy", *Journal of Finance*, p. 264-272, maio 1963; e John Lintner, "Dividends, earnings, leverage, stock prices, and the supply of capital to corporations", *Review of Economics and Statistics*, p. 243-269, ago. 1962.

capital de longo prazo.[11] No entanto, existem duas razões para a valorização do preço das ações ainda ser tributada mais favoravelmente do que a renda de dividendo. Primeiro, o valor temporal do dinheiro significa que um dólar de impostos pago no futuro tem um custo efetivo mais baixo do que um dólar pago hoje. Então, mesmo quando dividendos e ganhos são tributados igualmente, os ganhos de capital nunca serão taxados antes dos dividendos. Segundo, se uma ação é mantida até que o acionista venha a falecer, nenhum imposto sobre ganhos de capital será devido: os beneficiários que recebem a ação poderão usar seu valor na data do falecimento como a base de custo e assim escapar completamente do imposto sobre ganhos de capital.

Em alguns casos, dividendos são mais taxados do que ganhos de capital, e, por isso, os investidores poderão exigir uma taxa maior de retorno antes de impostos para induzi-los a comprar ações com direito a dividendos. Portanto, eles poderão preferir que a empresa minimize os dividendos. Caso isso ocorra, os investidores deveriam estar dispostos a pagar mais por empresas que pagam dividendos baixos do que pelas que pagam dividendos altos.[12]

14-3d Evidência empírica sobre políticas de distribuição

É muito difícil construir um teste empírico perfeito da relação entre políticas de pagamento e a taxa de retorno exigido sobre ações. A princípio, todos os outros fatores menos o nível de distribuição devem ser mantidos constantes, ou seja, as empresas devem se diferenciar apenas em seus níveis de distribuição. Além disso, o custo do capital próprio de cada empresa deve ser medido com um alto grau de precisão. Infelizmente, não podemos encontrar um conjunto de empresas de capital aberto que se diferencie apenas em seus níveis de distribuição, nem conseguimos obter estimativas precisas do custo do capital próprio. Portanto, ninguém ainda identificou uma relação completamente clara entre nível de distribuição e custo do capital próprio ou valor da empresa.

Embora nenhum dos testes empíricos seja perfeito, evidências recentes sugerem que as empresas com maiores pagamentos de dividendos também têm maiores retornos exigidos.[13] Isso tende a corroborar a hipótese do efeito fiscal, embora o montante do retorno exigido seja muito alto para ser justificado totalmente pelos impostos.

Os custos de agência devem ser mais severos em países com pouca proteção aos investidores. Nesses países, empresas com altos pagamentos de dividendos deveriam ter um valor mais alto do que empresas com pagamentos baixos, pois pagamentos elevados limitam a expropriação da riqueza dos acionistas por parte dos administradores. Uma pesquisa recente mostra que esse é o caso, o que confirma a hipótese da preferência de dividendos no caso de empresas com sérios problemas de agência.[14]

Embora a evidência desses estudos seja variada no que se refere à preferência do investidor *comum* por níveis de distribuição mais altos ou mais baixos, outra pesquisa mostra que investidores *individuais* possuem fortes preferências. Além disso, mostra que eles preferem pagamentos de dividendos estáveis e previsíveis (independentemente do nível de pagamento) e interpretam mudanças de dividendos como sinais sobre perspectivas futuras da empresa. Abordaremos essas questões nas próximas seções.

Autoavaliação

1. O que Modigliani e Miller presumiram sobre impostos e custos de corretagem quando desenvolveram a teoria da irrelevância dos dividendos?
2. Por que a teoria do "pássaro na mão" tem esse nome?
3. Quais foram os resultados de testes empíricos das teorias de dividendos?

---

[11] Claro que nada que envolve impostos é tão simples assim. O dividendo deve ser de uma empresa doméstica, e o investidor deve possuir a ação por mais de 60 dias durante o período de 120 dias, começando 60 dias antes da data ex-dividendo. Existem outras restrições de dividendos que não são dividendos regulares. A Lei de Reconciliação e Prevenção de Aumento Tributário de 2005 cortou a alíquota de imposto sobre ganhos de capital de longo prazo para zero para investidores com baixa renda (investidores cuja alíquota de imposto marginal é de 15% ou inferior) e a manteve a 15% para aqueles com mais renda. Após 2012, a não ser que o Congresso estenda mais uma vez as provisões, as alíquotas para ganhos de capital voltarão a 10% e 20%, valores em vigor antes da lei de 2003. Também, o Imposto Alternativo Mínimo (AMT) aumentou a alíquota de imposto efetiva sobre dividendos e ganhos de capital em 7% para alguns com renda moderadamente alta. Consulte Leonard Burman, William Gale, Greg Leiserson e Jeffrey Rohaly, "The AMT: what's wrong and how to fix it", *National Tax Journal*, p. 385-405, set. 2007..

[12] Para mais informações sobre tributação, veja Eli Talmor e Sheridan Titman, "Taxes and dividend policy", *Financial Management*, p. 32-35, 1990; e Rosita P. Chang e S. Ghon Rhee, "The impact of personal taxes on corporate dividend policy and capital structure decisions", *Financial Management*, p. 21-31, 1990.

[13] Veja A. Naranjo, N. Nimalendran e M. Ryngaert, "Stock returns, dividend yields, and taxes", *Journal of Finance*, p. 2.029-2.057, dez. 1998.

[14] Veja L. Pinkowitz, R. Stulz e R. Williamson, "Does the contribution of corporate cash holdings and dividends to firm value depend on governance? A cross-country analysis", *Journal of Finance*, p. 2.725-2.751, dez. 2006.

14-4   Efeito clientela

Como indicamos anteriormente, grupos, ou *clientelas* diferentes, de acionistas preferem políticas de pagamento de dividendos diferentes. Por exemplo, aposentados, fundos de pensão e fundos de financiamento universitário geralmente preferem renda em dinheiro, por isso podem escolher que a empresa pague um alto percentual de seus lucros. Na maioria das vezes, esses investidores estão nas faixas de impostos baixas ou mesmo zero, portanto os impostos não são uma preocupação. Entretanto, em seus anos de ganhos elevados, os acionistas poderão optar por reinvestimento, pois terão uma menor necessidade de renda de investimento corrente e simplesmente reinvestirão os dividendos recebidos – depois de pagarem os impostos de renda sobre esses dividendos.

Se uma empresa retém e reinveste o lucro em vez de pagar dividendos, os acionistas que precisam de renda corrente estariam em desvantagem. O valor de suas ações poderá aumentar, mas eles seriam forçados a enfrentar problemas e despesas com a venda de algumas de suas ações para conseguir caixa. Alguns investidores institucionais (ou agentes fiduciários de pessoas físicas) seriam também legalmente impedidos de vender ações e, assim, "gastar capital". Em contrapartida, acionistas que estejam poupando em vez de gastando dividendos poderão favorecer-se da política de baixos dividendos: quanto menos a empresa pagar dividendos, menos esses acionistas terão de pagar impostos correntes, e menos problemas e despesas terão de enfrentar para reinvestir seus dividendos após impostos. Portanto, os investidores que desejam renda de investimento corrente devem possuir ações de empresas com pagamentos de dividendos elevados, enquanto os que não precisam de renda de investimento corrente devem ter ações de empresas com pagamentos de dividendos baixos. Por exemplo, investidores que buscam renda alta em dinheiro poderão investir em empresas elétricas, cujo pagamento médio foi de 78% em maio de 2012, enquanto os que preferem crescimento poderiam investir na indústria de software, cujo pagamento foi de apenas 45% no mesmo período.

Da mesma forma que os acionistas podem trocar de empresas, uma empresa pode mudar de política de pagamento de dividendos para outra, permitindo que os acionistas que não gostarem da nova política vendam suas ações a outros investidores interessados. No entanto, trocas frequentes seriam ineficientes em função de (1) custos de corretagem; (2) provável pagamento de impostos sobre ganhos de capital por parte dos acionistas vendedores; e (3) possível escassez de investidores que gostam da nova política de dividendos adotada pela empresa. Portanto, a administração deve considerar com calma mudanças em sua política de dividendos, pois uma alteração poderá fazer com que os acionistas atuais vendam suas ações, forçando queda nos preços. Essa queda de preço poderá ser temporária, mas também ser permanente caso alguns novos investidores sejam atraídos pela nova política de dividendos, fazendo com que o preço da ação permaneça baixo. Claro que a nova política poderá atrair uma clientela ainda maior do que a empresa tinha antes. Nesse caso, o preço da ação subiria.

Evidências fundamentadas em diversos estudos apontam que existe, de fato, um **efeito clientela**.[15] Foi discutido por MM e outros que uma clientela é tão boa quanto outra, por isso a existência de um efeito clientela não sugere necessariamente que uma política de dividendos seja melhor do que outra. Porém, MM podem estar errados, e nem eles nem ninguém podem provar que a composição agregada de investidores permite às empresas desconsiderar os efeitos clientela. Essa questão e muitas outras sobre dividendos ainda estão no ar.

Autoavaliação

1. Defina o efeito clientela e explique como afeta a política de dividendos.

14-5   Hipótese de conteúdo de informação ou sinalização

Quando MM estabeleceram sua teoria da irrelevância dos dividendos, presumiram que todos – investidores e administradores – possuíssem informações idênticas a respeito dos lucros e dividendos futuros de uma empresa. Na realidade, investidores diferentes possuem visões diferentes tanto sobre o nível de pagamentos de dividendos futuros como sobre a incerteza inerente a esses pagamentos, e administradores detêm melhores informações sobre perspectivas futuras do que acionistas públicos.

Observou-se que um aumento nos dividendos é geralmente acompanhado por aumento no preço de uma ação e que um corte nos dividendos normalmente leva à queda nos preços das ações. Discutiu-se também que isso indica que investidores preferem dividendos a ganhos de capital. No entanto, MM viram isso de maneira

---

[15] Por exemplo, consulte R. Richardson Pettit, "Taxes, transactions costs and the clientele effect of dividends", *Journal of Financial Economics*, dezembro de 1977, p. 419-436; e William J. Moser e Andy Puckett "Dividend tax clienteles: evidence from tax laws changes", *Journal of the American Taxation Association*, p. 1-22, primavera de 2009.

diferente. Eles perceberam o fato bem estabelecido de que as empresas são relutantes em cortar dividendos, sugerindo que não aumentam dividendos a menos que antecipem lucros mais elevados no futuro. Dessa forma, MM argumentavam que um aumento de dividendo maior que o esperado é um sinal para os investidores de que a administração da empresa prevê bons lucros no futuro. Em contrapartida, uma redução nos dividendos ou um aumento menor que o esperado é um sinal de que a administração está prevendo lucros baixos no futuro. Assim, para eles, as reações dos investidores com relação à política de dividendos não mostram necessariamente que preferem dividendos a lucros retidos. Ainda, acreditam que as mudanças nos preços, após manobras com dividendos, simplesmente indicam que existe um conteúdo **de informações** importantes ou **sinalização** nos anúncios de dividendos.

A iniciação de um dividendo por uma empresa que anteriormente não pagava dividendo nenhum é certamente uma mudança significativa na política de distribuição. Isso mostra que lucros futuros e fluxos de caixa de empresas iniciantes são menos arriscados do que antes da iniciação. No entanto, as evidências são diferentes com relação à lucratividade futura das empresas iniciantes: alguns estudos encontraram lucros ligeiramente maiores após a iniciação, mas outros não encontraram mudanças significativas nos lucros.[16] O que acontece quando empresas com dividendos existentes aumentam ou diminuem o dividendo de maneira inesperada? Estudos anteriores que usaram pequenas amostras de dados concluíram que mudanças inesperadas de dividendos não é sinal de lucros futuros.[17] No entanto, dados mais recentes com amostras maiores apresentaram evidências mistas.[18] De maneira geral, empresas que cortam dividendos tiveram lucros baixos nos anos diretamente anteriores ao corte, mas melhoram seus lucros nos anos subsequentes. Empresas que aumentaram dividendos tiveram aumentos de lucros nos anos anteriores ao aumento, mas não apontam aumentos de lucros subsequentes. Porém, também não sofreram quedas subsequentes nos lucros, o que indica que o aumento de dividendos é um sinal de que aumentos de lucros passados não foram temporários. Além disso, um número relativamente grande de empresas que esperam grande aumento permanente no fluxo de caixa (em oposição ao lucro) eleva de fato seus pagamentos de dividendos no ano anterior ao aumento do fluxo de caixa.

No geral, existe claramente um conteúdo de informação nos anúncios sobre dividendos: os preços de ações tendem a cair quando os dividendos são cortados, mesmo se eles nem sempre subirem quando os dividendos são aumentados. Contudo, isso não necessariamente valida a hipótese de sinalização, pois é difícil dizer se uma alteração no preço de ação após uma mudança na política de dividendos reflete apenas efeitos de sinalização ou reflete tanto sinalização quanto preferências de dividendos.

Autoavaliação

1. Defina conteúdo de sinalização e explique como afeta a política de dividendos.

14-6 Implicações para estabilidade dos dividendos

O efeito clientela e o conteúdo de informação nos anúncios de dividendos definitivamente possuem implicações quanto ao desejo de estabilidade *versus* dividendos voláteis. Por exemplo, muitos acionistas dependem dos dividendos para pagar despesas e seriam seriamente prejudicados se o fluxo de dividendo fosse instável. Além disso, reduzir dividendos para disponibilizar recursos para investimento de capital poderia sinalizar informações incorretas aos acionistas, que poderiam abaixar o preço da ação, pois interpretariam o corte de dividendo como uma ideia de que as perspectivas de lucros futuros da empresa foram reduzidas. Portanto, maximizar o preço da ação provavelmente exige que uma empresa mantenha uma política de dividendo estável. Uma vez que se espera que as vendas e os lucros aumentem na maioria das empresas, uma política de dividendo estável significa que os dividendos em dinheiro regulares de uma empresa também devem crescer a um

---

[16] Consulte Edward Dyl e Robert Weigand, "The information content of dividend initiations: additional evidence", *Financial Management*, p. 27-35, outono 1998; P. Asquith e D. Mullins, "The impact of initiating dividendo payments on shareholders' wealth", *Journal of Business*, p. 77-96, jan. 1983; e P. Healy e K. Palepu, "Earnings information conveyed by dividend initiations and omissions", *Journal of Financial Economics*, p. 149-175, set. 1988.

[17] Por exemplo, consulte N. Gonedes, "Corporate signaling, external accounting, and capital market equilibrium: evidence of dividends, income, and extraordinary items", *Journal of Accounting Research*, p. 26-79, primavera de 1978; e R. Watts, "The information content of dividends", *Journal of Business*, p. 191-211, abr. 1973.

[18] Consulte Shlomo Benartzi, Roni Michaely e Richard Thaler, "Do changes in dividends signal the future or the past?", *Journal of Finance*, p. 1.007-1.034, jul. 1997; e Yaron Brook, William Charlton Jr. e Robert J. Hendershott, "Do firms use dividends to signal large future cash flow increases?", *Financial Management*, p. 46-57, outono de 1998.

A CRISE ECONÔMICA MUNDIAL

Os dividendos jamais serão os mesmos?

A crise econômica mundial teve efeitos dramáticos sobre as políticas de dividendos. De acordo com a Standard & Poor's, o número de empresas que anunciaram aumento de dividendos foi maior do que aquelas que anunciaram queda em uma proporção de 15 para 1 desde 1955 – pelo menos até os cinco primeiros meses de 2009. Dentre 7 mil empresas de capital aberto, apenas 283 anunciaram aumento de dividendos no primeiro trimestre de 2009, enquanto 367 cortaram dividendos, uma impressionante reviravolta na taxa normal anteriormente registrada. Até mesmos as empresas S&P 500 não estavam imunes à crise, com apenas 74 que aumentaram dividendos comparados com 54 que cortaram dividendos e 9 que suspenderam os pagamentos de dividendos por completo. Para colocar isso em perspectiva, apenas uma empresa S&P 500 cortou seu dividendo durante o primeiro trimestre de 2007. A diminuição de dividendos em 2009 também não foi insignificante. Howard Silverblatt, um analista sênior de índices da Standard & Poor's, estima que os cortes somaram $ 77 bilhões.

Como o mercado reagiu aos cortes dessas empresas? O preço das ações da JPMorgan Chase subiu com o anúncio, provavelmente porque os investidores imaginaram que um balanço patrimonial mais forte da JPM aumentaria o valor intrínseco da empresa mais do que os prejuízos que eles sofreram em função de dividendos mais baixos. Por sua vez, as ações da GE caíram mais de 6% com a notícia de seu corte de dividendos de 68%, talvez pelo fato de os investidores temerem que isso fosse um sinal de que os problemas da empresa eram piores do que esperavam.

No entanto, uma coisa é certa: os dias de dividendos grandes e "permanentes" acabaram!

Fonte: "S&P: Q1 worst quarter for dividends since 1955; companies reduce shareholder payments by $ 77 billion" edição de lançamento, 7 de abril de 2009; veja também **http://www2.standardandpoors.com/spf/xls/index/INDICATED _RATE_ CHANGE.xls.**

nível estável e previsível.[19] Mas, como explicaremos na próxima seção, a maioria das empresas provavelmente buscará dividendos em dinheiro pequenos, sustentáveis e regulares complementados por recompras de ações.

Autoavaliação

1. Por que as hipóteses de efeito clientela e de conteúdo de informação sugerem que os investidores preferem dividendos estáveis?

14-7 Definindo o nível de distribuição-alvo: o modelo de distribuição residual

Na decisão sobre quanto de caixa distribuir aos acionistas, dois pontos devem ser considerados: (1) o objetivo primordial é maximizar geração de valor ao acionista; e (2) os fluxos de caixa da empresa pertencem realmente aos seus acionistas, por isso uma empresa deve evitar a retenção de lucros, a menos que seus administradores possam reinvestir esse lucro para produzir retornos maiores do que os acionistas conseguiriam obter sozinhos ao investirem o dinheiro em investimentos com risco igual. Como mencionado no Capítulo 9, o capital interno (lucros reinvestidos) é mais barato do que o capital externo (emissões de novas ações) por evitar os custos de lançamento e sinais adversos. Isso motiva as empresas a reter lucros para evitar a emissão de novas ações.

---

[19] Para mais informações sobre anúncios e estabilidade, consulte Jeffrey A. Born, "Insider ownership and signals – evidence from dividends initiation announcement effects", *Financial Management*, p. 38-45, primavera de 1988; Chinmoy Ghosh e J. Randall Woolridge, "An analysis of shareholder reaction to dividendo cuts and omissions", *Journal of Financial Research*, p. 218-94, inverno de 1988;. Michael Impson e Imre Karafiath, "A note on the stock market reaction to dividends announcements", *Financial Review*, p. 259-271, maio de 1992; James W. Wansley, C. F. Sirmans, James D. Shilling e Young-jin Lee, "Dividends change announcement effects and earnings volatility and timing", *Journal of Financial Research*, p. 37-49, primavera de 1991; e J. Randall Woolridge e Chinmoy Ghosh, "Dividends cuts: do they always signal bad news?", *Midland Corporate Finance Journal*, p. 20-32, verão de 1985,

Quando se estabelece uma política de distribuição, um formato não serve para todos. Algumas empresas geram muito caixa, mas possuem oportunidades de investimentos limitadas – isso se aplica a empresas em indústrias rentáveis, porém maduras, nas quais existem poucas oportunidades de crescimento. Essas empresas, na maioria das vezes, distribuem grande porcentagem de seu caixa aos acionistas, atraindo, dessa forma, clientelas de investimento que preferem altos dividendos. Outras empresas geram pouco ou nenhum caixa excedente, pois possuem muito boas oportunidades de investimento. Essas empresas geralmente não distribuem muito caixa, mas gostam de elevar lucros e preços de ações, atraindo, assim, investidores que preferem ganhos de capital.

Como mostra a Tabela 14-1, pagamentos e rendimentos de dividendo para grandes companhias variam consideravelmente. Em geral, empresas em indústrias estáveis e geradoras de caixa, como as de eletricidade, de serviços financeiros e de tabaco, pagam dividendos relativamente altos, enquanto aquelas em indústrias de rápido crescimento, como a de software, tendem a pagar dividendos mais baixos.

Para determinada empresa, o índice de distribuição ótimo é uma função de quatro fatores: (1) preferências de investidores entre dividendos e ganhos de capital; (2) oportunidades de investimento da empresa; (3) sua estrutura de capital-alvo; e (4) disponibilidade e custo de capital externo. Os últimos três elementos estão combinados no que chamamos de **modelo de distribuição residual**. Nesse modelo, uma empresa segue quatro passos ao estabelecer seu índice de distribuição-alvo: (1) determina o orçamento de capital ótimo; (2) determina a quantidade de capital próprio necessário para financiar esse orçamento, dada sua estrutura de capital-alvo (explicaremos a escolha de estruturas de capital-alvo no Capítulo 15); (3) usa lucros reinvestidos para atender às necessidades de capital na medida do possível; e (4) paga dividendos ou recompra ações apenas se ela tiver mais lucros disponíveis do que o necessário para dar suporte ao orçamento de investimento ótimo. A palavra *residual* significa "sobra", e política residual significa pagar distribuições com a "sobra" dos lucros.

Se uma empresa segue estritamente a política de distribuição residual, as distribuições pagas em qualquer ano podem ser expressas da seguinte forma:

$$\text{Distribuições} = \text{Lucro líquido} - \text{Lucros retidos necessários para financiar novos investimentos}$$
$$= \text{Lucro líquido} - [(\text{Índice de patrimônio-alvo} \times \text{Orçamento de capital total})] \qquad \textbf{(14-1)}$$

Por exemplo, considere o caso da empresa de transporte Texas and Western (T&W) Transport Company, que possui $ 60 milhões de lucro líquido e uma estrutura de capital-alvo de 60% de patrimônio e 40% de dívida.

Se a T&W prevê poucas oportunidades de investimento, seu orçamento de capital estimado será de apenas $ 40 milhões. Para manter a estrutura de capital-alvo, 40% ($ 16 milhões) desse capital devem ser levantados como dívida, e 60% ($ 24 milhões) devem ser patrimônio. Se seguisse uma política residual estrita, a T&W reteria $ 24 milhões de seu lucro de $ 60 milhões para ajudar a financiar novos investimentos e, depois, distribuiria os $ 36 milhões restantes aos acionistas:

$$\text{Distribuições} = \text{Lucro líquido} - [(\text{Índice de patrimônio-alvo}) (\text{Orçamento de capital total})]$$
$$= \$ 60 - [(60\%) (\$ 40)]$$
$$= \$ 60 - \$ 24 = \$ 36$$

TABELA 14-2
Índice de distribuição da T&W com $ 60 milhões de lucro líquido e um índice de patrimônio-alvo de 60% quando comparado com diferentes oportunidades de investimento (em milhões de dólares)

	Oportunidades de investimento		
	Poucas	**Médias**	**Boas**
Orçamento de capital	$ 40	$ 70	$ 150
Lucro líquido	60	60	60
Patrimônio exigido (0,6 x Orçamento de capital)	24	42	90
Distribuições pagas (Lucro líquido – Patrimônio exigido)	$ 36	$ 18	-$ 30[a]
Índice de distribuição (Dividendo/Lucro líquido)	60%	30%	0%

[a]Com um orçamento de capital de $ 150 milhões, a T&W reteria todos os seus lucros e também emitiria $ 30 milhões de novas ações.

© Cengage Learning 2014

Nesse cenário, o índice de distribuição da empresa seria de $ 36 milhões ÷ $ 60 milhões = 0,6 = 60%. Esses resultados são mostrados na Tabela 14-2.

Em contrapartida, se as oportunidades de investimento da empresa estivessem na média, seu orçamento de capital ótimo subiria para $ 70 milhões. Esse cenário exigiria $ 42 milhões de lucros retidos. Dessa forma, as distribuições seriam $ 60 – $ 42 = $ 18 milhões, para um índice de $ 18/$ 60 = 30%. E finalmente, se as oportunidades de investimentos fossem boas, o orçamento de capital seria de $ 150 milhões, o que exigiria 0,6 ($ 150) = $ 90 milhões de patrimônio. Nesse caso, a T&W reteria todo seu lucro líquido ($ 60 milhões) e assim não faria nenhuma distribuição. Além disso, uma vez que o patrimônio exigido excede os lucros retidos, a empresa deverá emitir novas ações regulares para manter a estrutura de capital-alvo.

Como oportunidades de investimentos e lucros certamente variarão de ano para ano, uma adesão estrita à política de distribuição residual resultaria em distribuições instáveis. Em um ano, a empresa poderia não fazer nenhuma distribuição porque precisa de dinheiro para financiar boas oportunidades de investimentos, mas, no ano seguinte, poderia fazer grande distribuição, pois as oportunidades de investimentos estarão em baixa e, portanto, ela não precisa reter muito dinheiro. De maneira similar, lucros flutuantes também poderiam levar a distribuições variáveis, mesmo se oportunidades de investimento fossem estáveis. Até agora, não foi dito se as distribuições devem ser feitas na forma de dividendos, recompra de ações ou alguma combinação. Na próxima seção, discutiremos questões específicas referentes a pagamentos de dividendos e recompras de ações, seguidas por uma comparação entre suas vantagens e desvantagem relativas.

Autoavaliação

1. Explique a lógica do modelo de dividendo residual e os passos que uma empresa deve tomar para implantá-lo.
2. A empresa Hamilton Corporation tem um índice de patrimônio-alvo de 65% e seu orçamento de capital é de $ 2 milhões. Se tiver um lucro líquido de $ 1,6 milhão e seguir um modelo de distribuição residual, quanto será sua distribuição? **($ 300.000)**

14-8 Modelo de distribuição residual na prática

Se as distribuições estivessem apenas na forma de dividendos, seguir a política residual resultaria em dividendos flutuantes, instáveis. Considerando que investidores não aprovam dividendos regulares voláteis, r_s seria alto, e o preço da ação, baixo. Portanto, a empresa deve proceder da seguinte maneira:

1. Estimar lucros e oportunidades de investimentos, na média, durante os próximos cinco anos.
2. Usar essas informações estimadas e a estrutura de capital-alvo para encontrar as distribuições médias de modelo residual e dólares de dividendos durante o período planejado.
3. Definir um *índice de pagamento-alvo* baseado na média dos dados projetados.

Assim, *as empresas devem usar a política residual para ajudar a definir seus índices de distribuição-alvo de longo prazo, e não como um guia para distribuição em qualquer ano.*

As empresas geralmente usam modelos de previsões financeiras em conjunto com o modelo de distribuição residual discutido aqui para ajudar a entender os determinantes de uma política de dividendo ótima. A maioria das grandes empresas prevê suas demonstrações financeiras para os próximos 5-10 anos. Informações sobre gastos de capital projetados e necessidades de capital de giro são inseridas no modelo, junto com previsões de vendas, margens de lucros, depreciação e outros elementos exigidos para a previsão de fluxos de caixa. A estrutura de capital-alvo também é especificada, e o modelo mostra o montante de dívida e patrimônio que será necessário para atender aos requisitos do orçamento de capital enquanto mantém a estrutura de capital-alvo. É aí que entram os pagamentos de dividendos. Obviamente, quanto maior for o índice de pagamento, maior será o capital externo exigido. A maioria das empresas usa o modelo para encontrar um padrão de dividendo durante o período previsto (geralmente cinco anos) que fornecerá capital suficiente para suportar o orçamento de capital sem obrigá-las a vender novas ações ou sair dos índices ótimos de estrutura de capital.

Algumas empresas estabelecem um dividendo "regular" muito baixo e o implantam como dividendo "extra" quando os tempos são favoráveis, como a Microsoft faz agora. Essa política de **dividendo regular baixo mais dividendo extra** garante que o regular possa ser mantido, aconteça o que acontecer, e que os acionistas possam contar com o recebimento do dividendo sob todas as condições. Então, quando os tempos são favoráveis e lucros e fluxos de caixa estão altos, a empresa pode tanto pagar um dividendo extra especial como recomprar ações. Investidores reconhecem que os extras poderão não ser mantidos no futuro e, por isso, não os interpretam como um sinal de que os ganhos das empresas estão elevados permanentemente e, também, não consideram que a eliminação dos dividendos extras seja um sinal negativo.

Autoavaliação

1. Por que o modelo residual é mais usado para estabelecer um pagamento-alvo de longo prazo do que para definir o índice de pagamento de dividendo real ano a ano?
2. Como as empresas usam modelos de planejamento para ajudar a definir políticas de dividendos?

14-9 Dois exemplos de distribuições de caixa: dividendos *versus* recompra de ações

Benson Conglomerate, uma prestigiada editora com vários de seus autores agraciados com o Prêmio Nobel, recentemente começou a gerar fluxo de caixa livre positivo e está analisando o impacto de diferentes políticas de distribuição. Benson antecipa fluxos de caixa extremamente estáveis e utilizará o modelo residual para determinar o nível de distribuição, mas ainda não escolheu a forma de distribuição. Mais especificamente, Benson está comparando distribuições por meio de dividendos e recompra de ações e quer saber o impacto que os diferentes métodos terão sobre demonstrações financeiras, riqueza dos acionistas, número de ações em circulação e preço da ação.

14-9a Impacto sobre demonstrações financeiras

Considere primeiro o caso em que as distribuições ocorrem na forma de dividendos. A Figura 14-1 mostra as demonstrações financeiras mais recentes e os dados que usaremos para prever suas demonstrações financeiras. As demonstrações financeiras previstas para os próximos dois anos estão na figura. Benson não possui nenhuma dívida, por isso sua despesa com juros é zero.

A seção 4 da Figura 14-1 mostra a identificação e a eliminação de qualquer déficit ou excedente utilizando os mesmos métodos que descrevemos no Capítulo 12. O aumento no financiamento é a soma do aumento no financiamento espontâneo (a soma das contas a pagar e dos acréscimos), no financiamento externo (o aumento na dívida a longo prazo e das ações ordinárias) e no financiamento interno (renda líquida menos quaisquer dividendos irregulares); também subtraímos qualquer balanço do início do ano para a linha de crédito porque Benson deve quitar a linha de crédito todos os anos mesmo que seja sacada no ano seguinte. O aumento nos ativos operacionais é o aumento em todos os ativos, exceto nos investimentos a curto prazo. Subtraímos o aumento nos ativos operacionais do aumento no financiamento. Se a diferença for negativa, há um déficit de financiamento que deve ser atendido durante o saque da linha de crédito. Se a diferença for positiva, há um excedente de financiamento que será usado ao pagar um dividendo especial.

Mostramos os balanços patrimoniais na Figura 14-1 tanto para o dia 30 como para 31 de dezembro de cada ano para melhor ilustrar o impacto da distribuição, que presumimos que ocorra uma vez a cada ano em 31 de dezembro.[20] Suponhamos que o excedente de financiamento seja temporariamente usado para comprar investimentos a curto prazo que são detidos até a distribuição aos acionistas. Nesse período, todos os investimentos a curto prazo serão convertidos em dinheiro e pagos como dividendos. Dessa forma, os investimentos de curto prazo de 2014 totalizam $ 671,6 em 30 de dezembro e caem para zero em 31 do mesmo mês, quando são distribuídos aos investidores.[21] Observe que a conta lucros retidos também cai para $ 671,6 em 31 de dezembro como fundos que foram anteriormente retidos são pagos como dividendos.

Agora vamos considerar o caso de recompras de ações. As demonstrações do resultado projetadas e a parte dos ativos do balanço patrimonial são as mesmas, seja a distribuição na forma de dividendos ou de recompras, mas isso não é verdadeiro para o lado do passivo e patrimônio líquido do balanço. A Figura 14-2 mostra o caso

---

[20] Conforme observamos anteriormente no capítulo, quando os dividendos são declarados, um novo passivo circulante denominado "dividendos a pagar" é adicionado, e os lucros retidos são reduzidos naquele montante. Para simplificarmos o exemplo, ignoramos essa provisão e presumimos que não há efeito do balanço patrimonial sobre a data de declaração.

[21] Como explicamos, existe uma diferença entre a data de pagamento efetivo e a data ex-dividendo. Para simplificarmos, assumimos que os dividendos serão pagos na data ex-dividendo para o acionista detentor da ação no dia anterior àquele em que ela se torna ex-dividendo.

FIGURA 14-1

Projeção das demonstrações financeiras da Benson Conglomerate: distribuições como dividendos (em milhões de dólares)

	A	B	C	D	E	F
77	1. Entradas	Real	Projetado			
78		31.12.2013	2014		2015	
79	Taxa de crescimento das vendas		5%		5%	
80	Custos/vendas	70%	70%		70%	
81	Depreciação/PPE líquido	10%	10%		10%	
82	Caixa/vendas	1%	1%		1%	
83	Contas a receber/vendas	15%	15%		15%	
84	Estoques/vendas	12%	12%		12%	
85	PPE líquido/vendas	85%	85%		85%	
86	Contas a pagar/vendas	8%	8%		8%	
87	Provisões/vendas	2%	2%		2%	
88	Taxa de impostos	40%	40%		40%	
89	2. Demonstração do resultado[a]	Real	Projetado			
90		31.12.2014	31.12.2014		31.12.2014	
91	Vendas líquidas	$ 8.000,0	$ 8.400,0		$ 8.820,0	
92	Custos (exceto depreciação)	5.600,0	5.880,0		6.174,0	
93	Depreciação	680,0	714,0		749,7	
94	EBIT	$ 1.720,0	$ 1.806,0		$ 1.896,3	
95	Despesa de juros[b]	0,0	0,0		0,0	
96	Lucros antes de impostos	$ 1.720,0	$ 1.806,0		$ 1.896,3	
97	Impostos	688,0	722,4		758,5	
98	Lucro líquido	$ 1.032,0	$ 1.083,6		$ 1.137,8	
99	Regular dividends	$0,0	$0,0		$0,0	
100	Dividendos especiais		$671,6		$705,2	
101	Adição ao RE		$412,0		$432,6	
102	3. Balanços patrimoniais	Real	Projetado			
103		31.12.2013	2014		2015	
104	Ativos			31.12	30.12	31.12
105	Caixa	$ 80,0	$ 84,0	$ 84,0	$ 88,2	$ 88,2
106	Investimento a curto prazo[c]	0,0	671,6	0,0	705,2	0,0
107	Contas a receber	1.200,0	1.260,0	1.260,0	1.323,0	1.323,0
108	Estoques	960,0	1.008,0	1.008,0	1.058,4	1.058,4
109	Ativo circulante total	$ 2.240,0	$ 3.023,6	$ 2.352,0	$ 3.174,8	$ 2.469,6
110	Imobilizado líquido	6.800,0	7.140,0	7.140,0	7.497,0	7.497,0
111	Ativo total	$ 9.040,0	$ 10.163,6	$ 9.492,0	$ 10.671,8	$ 9.966,6
112	Passivo e patrimônio					
113	Contas a pagar	$ 640,0	$ 672,0	$ 672,0	$ 705,6	$ 705,6
114	Provisões	160,0	168,0	168,0	176,4	176,4
115	Linha de crédito	0,0	0,0	0,0	0,0	0,0
116	Passivo circulante total	$ 800,0	$ 840,0	$ 840,0	$ 882,0	$ 882,0
117	Dívida de longo prazo	0,0	0,0	0,0	0,0	0,0
118	Passivo total	$ 800,0	$ 840,0	$ 840,0	$ 882,0	$ 882,0
119	Ações ordinárias	2.400,0	2.400,0	2.400,0	2.400,0	2.400,0
120	Lucros retidos[d]	5.840,0	6.923,6	6.252,0	7.389,8	6.684,6
121	Patrimônio ordinário total	$ 8.240,0	$ 9.323,6	$ 8.652,0	$ 9.789,8	$ 9.084,6
122	Passivos e patrimônio total	$ 9.040,0	$ 10.163,6	$ 9.492,0	$ 10.671,8	$ 9.966,6
123	Verificação para o balanço:		Sim	Sim	Sim	Sim
124	4. Défict ou excedente financeiro		30.12.14	31.12.14	30.12.15	31.12.15
125	Aumento dos passivos patrocinados		$40,0		$42,0	
126	+ Aumento da dívida e das ações LT		$0,0		$0,0	
127	− Linha de crédito anterior		$0,0		$0,0	
128	+ NI menos dividendos regulares		$ 1.083,6		$ 1.137,8	
129	Aumento no financiamento		$ 1.123,6		$ 1.179,8	
130	− Aumento nos ativos operacionais		$452,0		$474,6	
131	Montante de déficit ou excedente de financiamento		$671,6		$705,2	
132	Linha de crédito		$0,0	$0,0	$0,0	$0,0
133	Investimento a curto prazo		$671,6	$0,0	$705,2	$0,0
134	Dividendo especial		$0,0	$671,6	$0,0	$705,2

Observações:

[a] Todos os cálculos estão baseados em Excel. O Excel usa todos os dígitos significativos nos cálculos, mas as contas são arredondadas, e, por isso, as colunas poderão não estar totalmente exatas.

[b] Para simplificarmos o exemplo, presumimos que qualquer investimento de curto prazo seja mantido por apenas parte do ano e não recebe juros.

[c] Um recurso adicional necessário (AFN) negativo significa que existem fundos extras disponíveis. São mantidos como investimentos de curto prazo até 30 de dezembro. Os fundos são distribuídos a investidores no dia 31 de dezembro, por isso o saldo de investimentos de curto prazo cai para zero no dia 31 de dezembro.

[d] Como nenhum fundo foi pago em dividendos até 30 de dezembro, o saldo dos lucros retidos para essa data é igual ao saldo dos lucros retidos do ano anterior mais lucro líquido do ano corrente. Quando investimentos de curto prazo são vendidos e o dinheiro dessa venda é usado para pagar dividendos em 31 de dezembro, o saldo de lucros retidos é reduzido no montante do pagamento total de dividendos (que é igual à redução dos investimentos de curto prazo).

FIGURA 14-2

Projetando os passivos e patrimônio da Benson Conglomerate: distribuições na forma de recompras de ações (em milhões de dólares)

	A	B	C	D	E	F
148				Projetado		
149		31.12.2010	2014		2015	
150	*Passivo e Patrimônio*[a]		30.12	31.12	30.12	31.12
151	Contas a pagar	$ 640,0	$ 672,0	$ 672,0	$ 705,6	$ 705,6
152	Provisões	160,0	168,0	168,0	176,4	176,4
153	Dívida de curto prazo	0,0	0,0	0,0	0,0	0,0
154	Passivo circulante total	$ 800,0	$ 840,0	$ 840,0	$ 882,0	$ 882,0
155	Dívida de longo prazo	0,0	0,0	0,0	0,0	0,0
156	Passivo total	$ 800,0	$ 840,0	840,0	882,0	882,0
157	Ações preferenciais	2.400,0	2.400,0	2.400,0	2.400,0	2.400,0
158	Ações de tesouraria[b]	0,0	0,0	(671,6)	(671,6)	(1.376,8)
159	Lucros retidos[c]	5.840,0	6.923,6	6.923,6	8.061,4	8.061,4
160	Patrimônio líquido ordinário total	$ 8.240,0	$ 9.323,6	8.652,0	9.789,8	9.084,6
161	Passivo e patrimônio líquido total	$ 9.040,0	$ 10.163,6	9.492,0	10.671,8	9.966,6

Observações:

[a]Todos os algarismos significativos são usados nos cálculos, mas os valores são arredondados e, por isso, as colunas poderão não estar totalmente exatas. Consulte a Figura 14-1 para demonstração do resultado e os ativos.

[b]Quando as distribuições são feitas na forma de recompras, a conta de ações em tesouraria é reduzida no valor em dólar da recompra no momento da recompra, que acontece quando investimentos a curto prazo são liquidados e usados para recomprar ações.

[c]Nenhum fundo é distribuído como dividendo, por isso o saldo de lucros retidos é igual ao saldo anterior mais lucro líquido do ano (todo lucro líquido está sendo retido).

em que as distribuições ocorrem na forma de recompras de ações. Como no caso de distribuições de dividendos, o saldo da conta de lucros retidos de 30 de dezembro é igual ao saldo dos lucros retidos anteriores mais lucro líquido do ano, pois todo o lucro é retido. Porém, quando os fundos das contas de investimentos de curto prazo são usados para recompra de ações em 31 de dezembro, a recompra é mostrada como um lançamento negativo na conta de ações em tesouraria.

Para resumir, as demonstrações projetadas do resultado e os ativos são idênticos, independentemente de a distribuição ocorrer na forma de dividendos ou de recompra de estoques. Também não haverá diferenças no passivo. No entanto, distribuições como dividendos reduzem a conta de lucros retidos, enquanto recompras de ações reduzem a conta de ações em tesouraria.

14-9b Modelo de distribuição residual

As Figuras 14-1 e 14-2 ilustram o modelo de distribuição residual na Equação 14-1 conforme aplicado às demonstrações financeiras completas. O orçamento de capital projetado é igual à adição líquida ao capital operacional total dos balanços patrimoniais projetados na Figura 14-1. Por exemplo, o orçamento de capital para 2014 é:

$$\text{Orçamento de capital} = (\Delta\text{Caixa} + \Delta\text{Contas a receber} + \Delta\text{Estoques} + \Delta\text{Imobilizado líquido})$$
$$- (\Delta\text{Contas a pagar} + \Delta\text{Provisões})$$
$$= (\$ 84 - \$ 80) + (\$ 1.260 - \$ 1.200 + (\$ 1.008 - \$ 960)$$
$$+ (\$ 7.140 - \$ 6.800) - (\$ 672 - \$ 640) - (\$ 168 - \$ 160)$$
$$= \$ 452 - \$ 40 = \$ 412$$

Com um índice de patrimônio-alvo de 100% e lucro líquido de $1.083,60, a distribuição residual é de:

$$\text{Distribuições} = \text{Renda líquida} - [(\text{Índice de patrimônio-alvo})(\text{Orçamento de capital total})]$$
$$= \$1.083,60 - [(100\%)(\$412)]$$
$$= \$1.083,6 - \$412 = \$671,6$$

Observe que é o mesmo que o excedente financeiro que calculamos na Figura 14-1.

FIGURA 14-3

Valor das operações da Benson Conglomerate sob diferentes métodos de distribuição (em milhões de dólares)

	A	B	C	D	E	F	G	H	I	J
199	CMPC = 12,0%		**Projetado**							
200		31.12.2013	31.12.2014		31.12.2015		31.12.2016		31.12.2017	
201	*1. Cálculo de fluxo de caixa livre*									
202	Ativos circulantes operacionais[a]	$ 2.240,00	$ 2.352,00		$ 2.469,60		$ 2.593,08		$ 2.722,73	
203	Passivos circulantes operacionais[b]	800,00	840,00		882,00		926,10		972,41	
204	NOWC[c]	$ 1.440,00	$ 1.512,00		$ 1.587,60		$ 1.666,98		$ 1.750,33	
205	Imobilizado líquido	6.800,00	7.140,00		7.497,00		7.871,85		8.265,44	
206	Capital operacional líquido[d]	$ 8.240,00	$ 8.652,00		$ 9.084,60		$ 9.538,83		$ 10.015,77	
207	NOPAT[e]	$ 1.032,00	$ 1.083,60		$ 1.137,78		$ 1.194,67		$ 1.254,40	
208	Investimento em capital operacional[f]		412,00		432,60		454,23		476,94	
209	Fluxo de caixa livre (FCL)[g]		$ 671,60		$ 705,18		$ 740,44		$ 777,46	
210	*2. Medidas de desempenho*	31.12.2013	31.12.2014		31.12.2015		31.12.2016		31.12.2017	
211	ROIC esperado[h]		13,15%		13,15%		13,15%		13,15%	
212	Crescimento no FCF		N/A		5,00%		5,00%		5,00%	
213	Crescimento nas vendas		5,00%		5,00%		5,00%		5,00%	
214	*3. Valorização*	31.12.2013	31.12.2014		31.12.2015		31.12.2016		31.12.2017	
215	Valor de horizonte em 2018 (após FCL pago)								$ 11.661,91	
216	Valor das operações[i]	$ 9.594,29	$ 10.074,00		$ 10.577,70		$ 11.106,58		$ 11.661,91	

Observações:
[a]Soma de caixa, contas a receber e estoques.
[b]Soma de contas a pagar e provisões.
[c]O capital de giro operacional líquido é igual aos ativos circulantes operacionais menos os passivos circulantes operacionais.
[c]Soma do NOWC e imobilizado líquido.
[d]Lucro operacional líquido após impostos = (EBIT)(1- T). Nesse exemplo, o NOPAT é igual ao lucro líquido, pois não há despesa com juros ou receita de juros.
[e]Mudança no capital operacional líquido do ano anterior.
[f]FCL = NOPAT- Investimento em capital operacional.
[g]Retorno esperado sobre capital investido = NOPAT dividido pelo capital inicial.
[h]Valor de horizonte em 2017 é imediatamente após o FCL de 2017 ter sido pago, o que faz do valor de horizonte em 2017 ser o valor atual de todos o FCL de 2018 e posteriormente quando descontado de volta em 31/12/2017: $HV_{2017} = [FCL_{2017} (1+g)]/CMPC-g)$.
[i]Valor das operações antes do horizonte = $V_{op(t)} = (V_{op(t+1)} + FCL_{t+1})/(1 + CMPC)$.

14-9c Impacto de distribuições sobre o valor intrínseco

O que é o impacto das distribuições de caixa sobre valor intrínseco? Utilizamos a Benson Conglomerates para ilustrar a resposta a essa pergunta a seguir.

Fluxo de caixa livre (FCL)

Começamos pelo cálculo dos fluxos de caixa esperados e indicadores de desempenho, conforme mostrado na Figura 14-3. Observe que o retorno esperado da Benson sobre o capital investido é maior do que o custo de capital, indicando que os administradores estão gerando valor para seus acionistas. Observe também que a empresa está além de sua fase de alto crescimento, por isso o FCL é positivo e crescente a uma taxa constante de 5%. Portanto, a Benson possui fluxo de caixa disponível para distribuição aos investidores.

Valor das operações

A Figura 14-3 também mostra o valor de horizonte em 2017, que é o valor imediatamente após o pagamento do FCL em 2017 — é o valor de todo o FCL de 2018 e, posteriormente, descontado de volta em 21/12/2017. Podemos usar os FCLs projetados para determinar o valor de horizonte ao término das projeções e assim estimar o valor das operações para cada ano anterior ao horizonte. Para a Benson, o valor de horizonte no dia 31 de dezembro de 2017 é:

$$HV_{(31.12.12)} = \frac{FCL_{31.12.12}(1 + g)}{CMPC - g}$$

$$= \frac{\$\ 777,46(1 + 0,05)}{0,12 - 0,05} = \$\ 11.661,9$$

O valor das operações em 31/12/2017 é o valor atual de todo o FCL de 2018 e posteriormente descontado de volta em 31/12/2017, que é exatamente a definição do valor de horizonte em 31/12/2017. Portanto, o valor das operações em 31/12/2017 é de $ 11.661,9.

Para estimar o valor das operações em datas antes do horizonte, considere a lógica a seguir. Suponha que você cuida das operações de 31/12/2016 e acabou de receber o FCL de 2016. Seu plano é vender as operações em um ano, após receber o FCL de 2017. Seus fluxos de caixa esperados em um ano seriam o FCL de 2017 e o valor o qual espera vender as operações em 31/12/2017. Qual é o preço de vendas esperado das operações em 31/12/17? É o valor de todos os fluxos de caixa em 2018 e, posteriormente, descontados de volta em 31/12/2017, que é a definição do valor calculado anteriormente do valor das operações de 31/12/2017. Logo, o valor das operações em 31/12/2016 (após o pagamento do FCL de 2016) é a soma do FCL de 31/12/2017 mais o valor das operações, descontado de volta um ano ao CMPC:

$$V_{op(31.12.12)} = \frac{V_{op(31.12.12)} + FCL_{31.12.12}}{(1 + CMPC)}$$

$$= \frac{\$\ 10.577,70 + \$\ 705,18}{1 + 0,12} = \$\ 10.074,00$$

Podemos repetir esse processo para obter o valor circulante das operações (isto é, de 31 de dezembro de 2013): $ 9.549,29.

Observe que a escolha de como distribuir o residual não afeta o valor das operações, pois não afeta os fluxos de caixa livre projetados.

Preço intrínseco das ações: distribuições na forma de dividendos

A Figura 14-4 mostra o preço intrínseco das ações a cada ano usando a abordagem de avaliação corporativa descrita no Capítulo 13. A Seção 1 fornece cálculos assumindo que o caixa é distribuído por meio de dividendos. Observe que no dia 31 de dezembro o valor intrínseco do patrimônio cai, pois, a empresa não mais detém os investimentos de curto prazo. Isso faz com que o preço intrínseco das ações também caia. Na realidade, a queda no preço das ações é igual ao dividendo por ação. Por exemplo, o dividendo por ação (DPS) de 2014 é de $ 0,67, e a queda no preço das ações é $ 10,75 – $ 10,07 = $ 0,68 ≈ $ 0,67. (A diferença de centavos aqui é em razão do arredondamento nos passos anteriores.)

Observe que, se o preço da ação *não* caísse no montante do DPS, haveria uma oportunidade para arbitragem. Se o preço fosse cair menos do que o DPS, por exemplo, de $ 0,50 a $ 10,25, seria possível comprar a ação em 30 de dezembro por $ 10,75, receber um DPS de $ 0,67 em 31 de dezembro e imediatamente vender a ação por $ 10,25, colhendo um lucro garantido de –$ 10,75 + $ 0,67 + $ 10,25 = $ 0,17. Obviamente, você gostaria de implantar essa estratégia com um milhão de ações e não apenas com uma única ação. Mas, se todos tentassem usar essa estratégia, o aumento da demanda elevaria o preço das ações em 30 de dezembro até não haver mais lucro certo a ser gerado. O inverso aconteceria se os investidores esperassem que o preço da ação caísse mais do que o DPS.[22]

Essa é uma importante observação: embora o preço das ações caia, o patrimônio do acionista não diminuirá. Por exemplo, em 30 de dezembro, um acionista possui ações no valor de $ 10,75. Em 31 de dezembro, possui ações no valor de $ 10,07, mas tem caixa de $ 0,67 de dividendo, com patrimônio total de $ 10,75 (sujeito a diferenças de arredondamentos). Portanto, o patrimônio do acionista é o mesmo antes e depois do pagamento de dividendo, com a única diferença, já que parte do patrimônio do acionista está na forma de caixa oriundo do pagamento de dividendos.

---

[22] Ignoramos os impostos nessa descrição. Evidências empíricas sugerem que a queda real no preço da ação é igual a aproximadamente 90% do DPS, com todos os lucros antes de impostos sendo eliminados pelos tributos.

FIGURA 14-4

Preço intrínseco das ações da Benson Conglomerate para cada método de distribuição (em milhões de dólares)

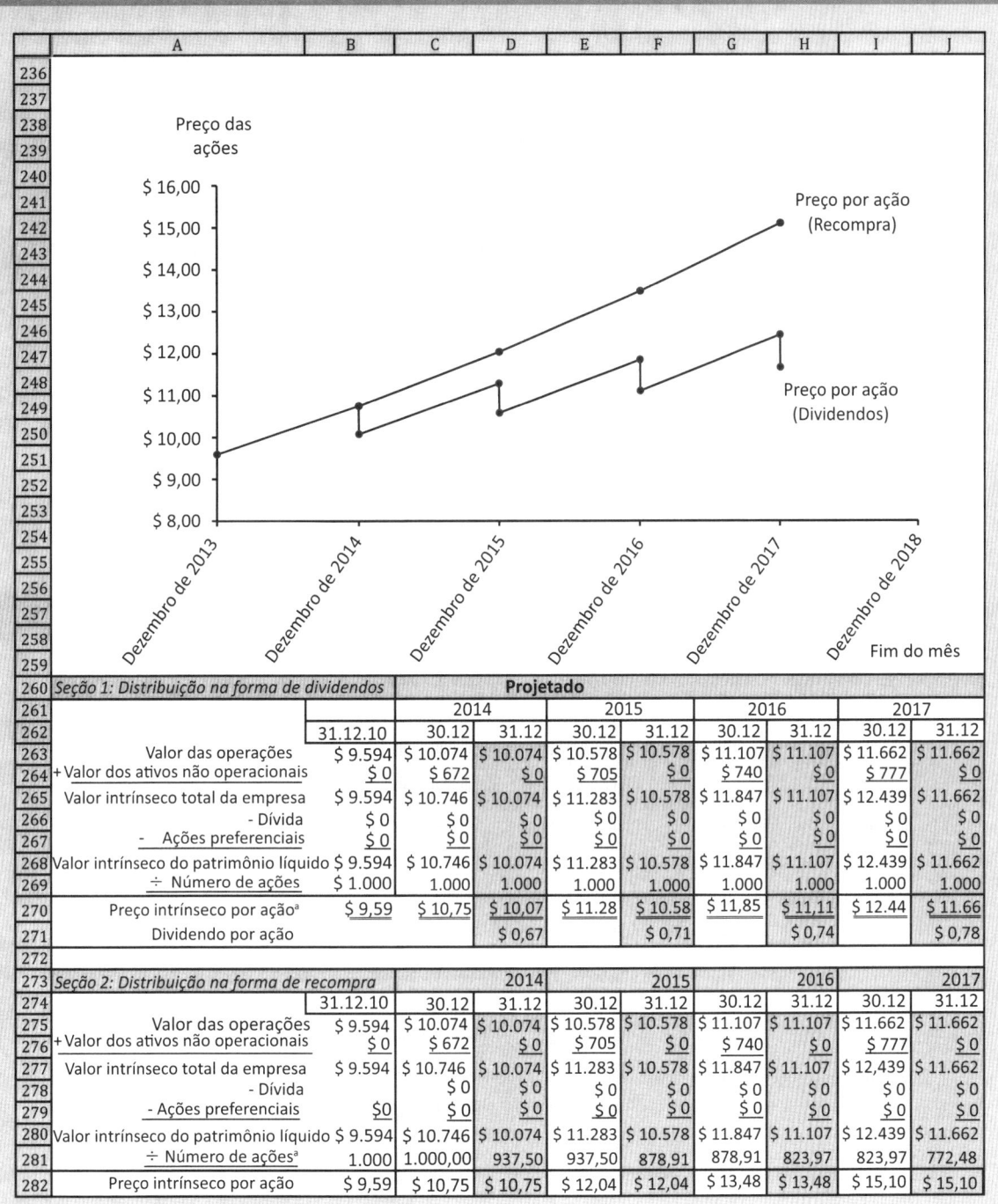

Seção 1: Distribuição na forma de dividendos		Projetado								
		2014		2015		2016		2017		
	31.12.10	30.12	31.12	30.12	31.12	30.12	31.12	30.12	31.12	
Valor das operações	$ 9.594	$ 10.074	$ 10.074	$ 10.578	$ 10.578	$ 11.107	$ 11.107	$ 11.662	$ 11.662	
+ Valor dos ativos não operacionais	$ 0	$ 672	$ 0	$ 705	$ 0	$ 740	$ 0	$ 777	$ 0	
Valor intrínseco total da empresa	$ 9.594	$ 10.746	$ 10.074	$ 11.283	$ 10.578	$ 11.847	$ 11.107	$ 12.439	$ 11.662	
- Dívida	$ 0	$ 0	$ 0	$ 0	$ 0	$ 0	$ 0	$ 0	$ 0	
- Ações preferenciais	$ 0	$ 0	$ 0	$ 0	$ 0	$ 0	$ 0	$ 0	$ 0	
Valor intrínseco do patrimônio líquido	$ 9.594	$ 10.746	$ 10.074	$ 11.283	$ 10.578	$ 11.847	$ 11.107	$ 12.439	$ 11.662	
÷ Número de ações	$ 1.000	1.000	1.000	1.000	1.000	1.000	1.000	1.000	1.000	
Preço intrínseco por ação[a]	$ 9,59	$ 10,75	$ 10,07	$ 11,28	$ 10,58	$ 11,85	$ 11,11	$ 12,44	$ 11,66	
Dividendo por ação			$ 0,67		$ 0,71		$ 0,74		$ 0,78	

Seção 2: Distribuição na forma de recompra		2014		2015		2016		2017		
	31.12.10	30.12	31.12	30.12	31.12	30.12	31.12	30.12	31.12	
Valor das operações	$ 9.594	$ 10.074	$ 10.074	$ 10.578	$ 10.578	$ 11.107	$ 11.107	$ 11.662	$ 11.662	
+ Valor dos ativos não operacionais	$ 0	$ 672	$ 0	$ 705	$ 0	$ 740	$ 0	$ 777	$ 0	
Valor intrínseco total da empresa	$ 9.594	$ 10.746	$ 10.074	$ 11.283	$ 10.578	$ 11.847	$ 11.107	$ 12.439	$ 11.662	
- Dívida		$ 0	$ 0	$ 0	$ 0	$ 0	$ 0	$ 0	$ 0	
- Ações preferenciais	$0	$ 0	$ 0	$ 0	$ 0	$ 0	$ 0	$ 0	$ 0	
Valor intrínseco do patrimônio líquido	$ 9.594	$ 10.746	$ 10.074	$ 11.283	$ 10.578	$ 11.847	$ 11.107	$ 12.439	$ 11.662	
÷ Número de ações[a]	1.000	1.000,00	937,50	937,50	878,91	878,91	823,97	823,97	772,48	
Preço intrínseco por ação	$ 9,59	$ 10,75	$ 10,75	$ 12,04	$ 12,04	$ 13,48	$ 13,48	$ 15,10	$ 15,10	

Observações:

[a] O número de ações após a recompra é: $n_{Post} = n_{Ant} - (Caixa_{Recompra}/P_{Ant.})$. Neste exemplo, o montante total de investimentos a curto prazo (isto é, o saldo de ativos não operacionais) é usado para a recompra de ações.

Valor intrínseco das ações: distribuições na forma de recompra

A Seção 1 da Figura 14-4 fornece cálculos de valor intrínseco para o caso de recompra da ação. Observe que o valor intrínseco do patrimônio é o mesmo para ambos os métodos de distribuições, mas a análise de uma recompra é um pouco mais complicada, pois o número de ações muda. A chave para a resolução dessa complexidade adicional é reconhecer que a recompra não altera o preço da ação. Se o preço fosse alterado em função da recompra, haveria uma oportunidade de arbitragem. Por exemplo, suponha que se espera um aumento no preço da ação após a recompra. Se isso fosse verdadeiro, deveria ser possível para um investidor comprar a ação um dia antes da recompra e assim obter a vantagem logo no dia seguinte. Os acionistas atuais perceberiam isso e se recusariam a vender as ações a menos que fosse pago o preço que é esperado imediatamente após a recompra. Agora suponha que haja uma expectativa de que o preço da ação sofra uma queda imediatamente após a recompra. Nesse caso, os acionistas atuais deveriam tentar vender a ação antes da recompra, mas isso levaria o preço a cair para o valor esperado após a recompra. Como mostra esse "experimento presumido", a recompra por si só não altera o preço das ações.

Em suma, os eventos que levam a uma recompra geram caixa (venda de uma divisão, recapitalização ou geração de altos fluxos de caixa livre de operações). Gerar caixa pode certamente alterar o preço da ação, mas apenas a recompra, não. Podemos usar esse fato para determinar o número de ações recompradas. Primeiro, contudo, temos de definir algumas notações.

$$
\begin{aligned}
n_{Ant} &= \text{Número de ações em circulação antes da recompra.} \\
n_{Post} &= \text{Número de ações em circulação depois da recompra.} \\
S_{Ant} &= \text{Valor intrínseco do patrimônio antes da recompra.} \\
S_{Post} &= \text{Valor intrínseco do patrimônio após a recompra.} \\
P_{Ant} &= \text{Preço intrínseco da ação antes da recompra.} \\
P_{Post} &= \text{Preço intrínseco da ação após a recompra.} \\
P &= P_{Ant} = P_{Post} = \text{Preço intrínseco da ação durante a recompra, antes e depois dela.} \\
\text{Caixa}_{Recompra} &= \text{Montante de caixa usado para recomprar ações.}
\end{aligned}
$$

Como explicamos anteriormente, a recompra por si só não altera o preço da ação. Portanto, o número de ações recompradas é igual ao montante de caixa usado para recomprar ações dividido pelo preço das ações:

$$
\text{Número de ações recompradas} = n_{Ant} - n_{Post} = \frac{\text{Caixa}_{Recompra}}{P_{Ant}}
\tag{14-2}
$$

Podemos reescrever a Equação 14-2 para encontrar uma expressão para o número de ações após a recompra.

$$
\begin{aligned}
n_{Post} &= n_{Ant} - \frac{\text{Caixa}_{Recompra}}{P_{Ant}} \\
&= n_{Ant} - \frac{\text{Caixa}_{Recompra}}{S_{Ant}/n_{Ant}} \\
&= n_{Ant}\left(1 - \frac{\text{Caixa}_{Recompra}}{S_{Ant}}\right)
\end{aligned}
\tag{14-3}
$$

Por exemplo, como foi mostrado na Seção 2 da Figura 14-4, o preço intrínseco das ações em 30 de dezembro de 2014, o dia anterior à recompra, é de $ 10,75 e existem mil ações. Usando a Equação 14-3, o número de ações após a recompra é igual a:

$$
\begin{aligned}
n_{Post} &= n_{Ant} - \frac{\text{Caixa}_{Recompra}}{P_{Ant}} \\
&= 1.000 - \frac{\$ 671,6}{\$ 10,75} \\
&= 1.000 - 62,47 = 937,5
\end{aligned}
$$

A Seção 2 da Figura 14-4 também mostra que, no dia 31 de dezembro de 2014, o valor intrínseco do patrimônio antes da recompra, S_{Ant}, cai de $ 10.745,6 para um valor após a recompra, S_{Post}, de $ 10.074,0. Essa diminuição no valor intrínseco do patrimônio é igual ao montante de caixa usado na recompra, $ 671,6. No entanto, o preço das ações permanece em $ 10,75 após a recompra, pois o número de ações também sofre uma queda:

$$P_{Ant} = \frac{S_{Ant}}{n_{Ant}} = \frac{\$\ 10.074}{937,5} = \$\ 10,75$$

Como a recompra afeta o patrimônio do acionista? O valor agregado de ações em circulação sofre uma queda após a recompra, mas o patrimônio agregado dos acionistas permanece inalterado. Antes da recompra, os acionistas possuem um patrimônio total de S_{Ant}, $ 10.745,6. Após a recompra, os acionistas possuem um patrimônio total de S_{Post}, $ 10.074, mas também possuem caixa (recebido na recompra) no valor de $ 671,6, para um patrimônio total de $ 10.745,6. Portanto, a recompra não altera o patrimônio agregado dos acionistas, apenas a forma como o patrimônio é mantido (totalidade das ações *versus* uma combinação de ações e caixa).

Comparando preços intrínsecos das ações: distribuições na forma de recompras

O gráfico no topo da Figura 14-4 mostra os preços intrínsecos projetados das ações para os dois diferentes métodos de distribuição. Observe que os preços começam no mesmo nível (pois a Benson ainda não havia começado a fazer distribuições). O preço para o cenário de recompra sobe suavemente e cresce a um nível maior do que o preço para o cenário de dividendo, que cai no valor do DPS cada vez que ele é pago. Porém, o número de ações cai no cenário de recompra. Como é mostrado nas Linhas 268 e 280 da figura, os valores intrínsecos do patrimônio são idênticos para ambos os métodos de distribuição.

Esse exemplo ilustra três resultados importantes: (1) ignorando possíveis efeitos fiscais e sinais, o valor total de mercado do patrimônio será o mesmo se uma empresa pagar dividendos ou recomprar ações; (2) a recompra por si só não altera o preço das ações (comparado com o uso de caixa para comprar títulos negociáveis) no momento da recompra, embora não reduza o número de ações em circulação; (3) como uma empresa que recompra ações terá menos ações do que outra empresa idêntica que paga dividendos, o preço da ação de uma empresa que se utiliza de recompras subirá mais rapidamente do que o preço da ação de uma empresa que paga dividendos. No entanto, o retorno total para os acionistas das duas empresas será o mesmo.[23]

Autoavaliação

1. Explique como uma recompra altera o número de ações, mas não o preço das ações.
2. O FCL mais recente de uma empresa foi de $ 2,4 milhões e espera-se que cresça a uma taxa constante de 5%. O CMPC (ou WACC) da empresa é de 14% e ela possui 2 milhões de ações em circulação. A empresa possui $ 12 milhões em investimentos de curto prazo que planeja liquidar e distribuir em uma recompra de ações; ela não possui outros investimentos financeiros ou dívida. Verifique se o valor das operações é de $ 28 milhões. Imediatamente antes da recompra, qual é o valor intrínseco do patrimônio e o preço intrínseco das ações? **($ 40 milhões; $ 20/ação)** Quantas ações serão recompradas? **(0,6 milhão)** Quantas ações permaneceram após a recompra? **(1,4 milhão)** Imediatamente após a recompra, qual é o valor intrínseco do patrimônio e o preço intrínseco das ações? **($ 28 milhões; $ 20/ação)**

---

[23] Para obter mais informações sobre recompras, veja David J. Denis, "Defensive changes in corporate payout policy: share repurchases and special dividends", *Journal of Finance*, p. 1.433-1.456, dez. 1990; Gerald D. Gay, Jayant R. Kale e Thomas H. Noe, "Share repurchase mechanisms: a comparative analysis of efficacy, shareholder wealth and corporate control effects", *Financial Management*, p. 44-59, 1991; Jeffry M. Netter e Mark L. Mitchell, "Stock-repurchase announcements and insider transactions after the October 1987 stock market crash", *Financial Management*, p. 84-96, 1989; William Pugh e John S. Jahera Jr., "Stock repurchases and excess returns: an empirical examination", *The Financial Review*, p. 127-142, fev. 1990; e James W. Wansley, William R. Lane e Salil Sarkar, "Managements' view on share repurchase and tender offer premiums", *Financial Management*, p. 97-110, 1989.

14-10 Prós e contras de dividendos e recompras

As vantagens das recompras podem ser listadas da seguinte maneira:

1. Anúncios de recompra são vistos como sinais positivos pelos investidores porque a recompra, na maioria das vezes, é motivada pelo fato de que a administração acredita que as ações da empresa estão desvalorizadas.
2. Acionistas têm uma escolha quando a empresa distribui caixa por meio de recompras de ações – eles podem vender ou não. Acionistas que precisam de caixa podem vender algumas de suas ações, enquanto outros podem simplesmente retê-las. Entretanto, com dividendo em dinheiro, os acionistas devem aceitar um pagamento de dividendo.
3. Dividendos são "pegajosos" em curto prazo, pois a administração geralmente é relutante no que diz respeito ao aumento de dividendos se não puder ser mantido no futuro. Cortar dividendos de caixa é sempre evitado por causa do sinal negativo que dá. Portanto, se o fluxo de caixa excedente for apenas temporário, a administração poderá preferir fazer a distribuição na forma de recompra de ações a declarar um dividendo em dinheiro maior que não pode ser mantido.
4. Empresas podem usar o modelo residual para definir um nível de *distribuição de caixa-alvo* e dividir a distribuição em *componente de dividendo* e *componente de recompra*. O índice de pagamento de dividendos será relativamente baixo, mas o dividendo propriamente dito estará relativamente seguro, e aumentará como resultado do número decrescente de ações em circulação. A empresa tem mais flexibilidade para ajustar a distribuição total do que teria se toda a distribuição estivesse na forma de dividendos em dinheiro, pois as recompras podem sofrer variações de ano para ano sem dar sinais negativos. Esse procedimento, empregado pela Florida Power & Light, foi altamente recomendado e é uma razão para o aumento significativo no volume total de recompras de ações.
5. Recompras podem ser usadas para produzir alterações em grande escala nas estruturas de capital. Por exemplo, alguns anos atrás, a empresa Consolidated Edison decidiu pegar um empréstimo de $ 400 milhões e usar os recursos para recomprar algumas das suas ações ordinárias. Portanto, a empresa estava apta a mudar rapidamente sua estrutura de capital.
6. Empresas que usam opções de compra de ação como um importante componente da remuneração de funcionários geralmente recompram ações no mercado secundário e as utilizam quando os funcionários exercem as opções. Essa técnica permite que as empresas evitem a emissão de novas ações e, consequentemente, a diluição de seus ganhos.

Recompras apresentam três grandes desvantagens:

1. Os acionistas poderão não estar indiferentes entre dividendos e ganhos de capital, e o preço das ações poderá beneficiar-se mais de dividendos em dinheiro do que de recompras. Geralmente, dividendos em dinheiro são confiáveis, mas recompras não.
2. Os acionistas *vendedores* podem não estar totalmente conscientes de todas as implicações de uma recompra ou não ter todas as informações pertinentes sobre as atividades presentes e futuras da empresa. Porém, a fim de evitar potenciais processos de acionistas, as empresas geralmente anunciam programas de recompra antes de colocá-los em prática.
3. A empresa poderá pagar um valor muito alto pelas ações recompradas – para a desvantagem de acionistas remanescentes. Se pretende adquirir uma quantidade relativamente alta de suas ações, o preço poderá ser lançado acima de seu nível de equilíbrio e cair depois que ela encerrar suas operações de recompra.

Quando os prós e contras de recompras de ações e dividendos forem totalizados, em que situação nos encontraremos? Nossas conclusões podem ser resumidas da seguinte maneira:

1. Em função de impostos diferidos sobre ganhos de capital, as recompras possuem uma vantagem fiscal sobre dividendos como uma maneira de distribuir lucros aos acionistas. Essa vantagem é reforçada pelo fato de que as recompras fornecem caixa aos acionistas que querem caixa, permitindo àqueles que não precisam de caixa corrente que atrasem seu recebimento. Dividendos são mais confiáveis, dessa forma, mais apropriados para aqueles que precisam de uma fonte estável de renda.
2. O perigo dos efeitos de sinalização requer que uma empresa não possua pagamentos de dividendos voláteis, que diminuiria a confiança dos investidores e afetaria adversamente seu custo de patrimônio e o preço de sua ação. No entanto, fluxos de caixa variam com o passar do tempo, bem como oportunidades de investimento, por isso dividendos "adequados" na percepção do modelo residual também variam. Para contornar esse problema, uma empresa pode estabelecer dividendo baixo o suficiente para evitar que os pagamentos

Rendimentos de dividendos em todo o mundo

Os rendimentos de dividendos variam consideravelmente nos diferentes mercados de ações em todo o mundo. Em 1999, nos Estados Unidos, atingiram a marca de 1,6% para ações de primeira linha na Dow Jones Industrials, 1,2% para uma amostra mais ampla de ações da S&P 500 e 0,3% para ações na Nasdaq, em que predominam empresas de alta tecnologia. Fora dos Estados Unidos, a média de rendimentos de dividendos variou de 5,7% na Nova Zelândia a 0,7% em Taiwan. A tabela apresentada a seguir resume a situação dos dividendos em 1999.

Mercado mundial de ações (índice)	Rendimento de dividendos	Mercado mundial de ações (índice)	Rendimento de dividendos
Nova Zelândia	5,7%	Estados Unidos (Dow Jones Industrials)	1,6%
Austrália	3,1	Canadá (TSE 300)	1,5
FTSE 100 (índice britânico)	2,4	Estados Unidos (S&P 500)	1,2
Hong Kong	2,4	México	1,1
França	2,1	Japão (índice Nikkei)	0,7
Alemanha	2,1	Taiwan	0,7
Bélgica	2,0	Estados Unidos (Nasdaq)	0,3
Cingapura	1,7		

Fonte: Alexandra Eadie, "On the grid looking for dividend yield around the world", *The Globe and Mail*, p. B16, 23 jun. 1999. A fonte de Eadie foi a Bloomberg Financial Services. Reimpresso com permissão de *The Globe and Mail*.

de dividendos restrinjam as operações e usar recompras com uma frequência mais ou menos regular para distribuir caixa excedente. Esse procedimento fornecerá dividendos regulares e confiáveis mais fluxo de caixa adicional para os acionistas que o queiram.

3. Recompras também são úteis quando uma empresa quer fazer uma grande mudança em sua estrutura de capital, distribuir caixa de um evento único, como venda de uma divisão, ou obter ações para usar em um plano de opção de compras de ações a funcionários.

Autoavaliação

1. Quais são algumas das vantagens e desvantagens das recompras de ações?
2. Como as recompras de ações podem ajudar uma empresa a operar de acordo com o modelo de distribuição residual?

14-11   Outros fatores que influenciam as distribuições

Nesta seção, discutiremos outros fatores que afetam a decisão sobre dividendos. Esses fatores podem ser agrupados em dois amplos grupos: (1) restrições ao pagamento de dividendos; e (2) disponibilidade e custo de fontes alternativas de capital.

14-11a   Restrições

Restrições ao pagamento de dividendos podem afetar as distribuições, como ilustra o exemplo a seguir:

1. *Escrituras de emissão de títulos*. Em geral, contratos de dívida limitam pagamentos de dividendos aos lucros gerados depois que o empréstimo foi concedido. Além disso, esses contratos, na maioria das vezes, estipulam que nenhum dividendo pode ser pago a menos que o índice de liquidez, o índice de cobertura de juros e outros índices de segurança excedam os mínimos indicados.

2. *Restrições de ações preferenciais*. Na maioria dos casos, dividendos de ações ordinárias não podem ser pagos caso a empresa tenha omitido o dividendo das ações preferenciais. Pagamentos de dividendos de ações preferenciais em atraso devem ser efetuados antes de retomar os dividendos de ações ordinárias.

3. *Lei de Proteção aos Credores das Companhias (Impairment of Capital Rule)*. Pagamentos de dividendos não podem exceder o saldo de "lucros retidos" mostrado no balanço patrimonial. Essa restrição legal, conhecida como *impairment of capital rule*, é destinada a proteger os credores. Sem essa lei, uma empresa com dificuldades poderia distribuir a maioria de seus ativos aos acionistas e deixar os credores desamparados. (*Pagamento de dividendos* pode ser feito com capital, mas deve ser indicado como tal e não reduzir o capital além dos limites estabelecidos em contratos de dívida.)

4. *Disponibilidade de caixa*. Dividendos em dinheiro podem ser pagos apenas com caixa disponível, por isso a falta de dinheiro no banco pode restringir pagamentos de dividendos. Porém, a capacidade de tomar empréstimo pode compensar esse fator.

5. *Multa sobre lucros retidos indevidamente*. Para que investidores ricos não usem as empresas para evitar impostos pessoais, o Código Tributário prevê uma multa adicional sobre lucro acumulado indevidamente. Portanto, se o IRS conseguir provar que o índice de pagamento de dividendos de uma empresa está sendo deliberadamente mantido em um nível baixo para seus acionistas não pagarem impostos pessoais, a empresa estará sujeita a multas severas. Em geral, esse fator só é relevante para empresas privadas.

14-11b Fontes alternativas de capital

O segundo fator que influencia a decisão sobre dividendos é o custo e a disponibilidade de fontes alternativas de capital.

1. *Custo de venda de novas ações*. Se uma empresa precisa financiar determinado nível de investimento, ela pode obter capital por meio de lucros retidos ou emitindo novas ações ordinárias. Se os custos de lançamento (incluindo qualquer efeito de sinalização negativa de uma oferta de ações) forem altos, r_e ficará muito acima de r_s, e será melhor estabelecer um índice de pagamento baixo e financiar o pagamento por meio de retenção e não de venda de novas ações ordinárias. Por sua vez, um índice de pagamento de dividendos alto é mais viável para uma empresa com custos de lançamento baixos. Custos de lançamento variam de empresa para empresa – por exemplo, o percentual de lançamento é geralmente mais alto para empresas pequenas, por isso elas tendem a estabelecer índices de pagamento baixos.

2. *Capacidade de substituir dívida por patrimônio*. Uma empresa pode financiar determinado nível de investimento com dívida ou patrimônio. Como já foi descrito, custos de lançamento de ações baixos permitem uma política de dividendos mais flexível, pois o capital pode ser levantado por meio de retenção de lucros ou da venda de novas ações. Uma situação semelhante é a da política de dívida: se uma empresa conseguir ajustar seu índice de endividamento sem aumentar custos drasticamente, ela conseguirá pagar o dividendo previsto – mesmo se os lucros oscilarem – aumentando seu índice de endividamento.

3. *Controle*. Se a administração está preocupada em manter o controle, ela pode não estar disposta a vender novas ações; portanto, a empresa poderá reter mais lucros do que normalmente faria. No entanto, se os acionistas quiserem dividendos mais altos e surgir uma disputa por procurações de voto, o dividendo será aumentado.

Autoavaliação

1. Quais restrições afetam a política de dividendos?
2. Como a disponibilidade e o custo de capital externo afetam a política de dividendos?

14-12 Resumo da decisão de política de distribuição

Na prática, a decisão de distribuição é tomada juntamente com decisões de estrutura e orçamento de capital. A razão fundamental para combinar essas decisões é a informação assimétrica – os administradores sabem mais do que os investidores sobre as previsões de sua empresa. Aqui está como a informação assimétrica influencia as ações administrativas.

1. Em geral, os administradores não querem emitir novas ações. Primeiro, novas ações envolvem custos de emissão – comissões, taxas etc. –, que podem ser evitados com o uso de lucros retidos para financiar o capital necessário. Segundo, como explicaremos no Capítulo 15, a informação assimétrica faz os investidores

verem emissões de novas ações como um sinal negativo, resultando em uma baixa nas expectativas para o futuro da empresa. O resultado final é que o anúncio de uma nova emissão de ações geralmente leva a uma diminuição no seu preço. Considerando o custo total por causa da emissão e informação assimétrica, a administração prefere usar lucros retidos como a principal fonte de novo capital.

2. Mudanças de dividendos mostram sinais sobre as perspectivas da administração com relação ao futuro da empresa. Portanto, reduções de dividendo, na maioria das vezes, possuem um efeito negativo significativo sobre o preço da ação de uma empresa. Uma vez que os administradores reconhecem isso, eles tentam definir dividendos suficientemente baixos para que haja apenas uma remota chance de o dividendo sofrer uma redução no futuro.

Os efeitos das informações assimétricas sugerem que, na medida do possível, os administradores devem evitar tanto vendas de novas ações como cortes de dividendos, porque as duas ações tendem a reduzir o preço da ação. Portanto, ao definirem a política de distribuição, os administradores devem primeiro considerar as oportunidades de investimentos futuros da empresa em relação a suas fontes internas projetadas de recursos. A estrutura de capital-alvo também tem uma parcela importante, mas, por se tratar de uma *variação*, as empresas podem mudar suas estruturas de capital real de ano para ano. Tendo em mente que o melhor é evitar a emissão de novas ações, o índice-alvo de pagamento de longo prazo deve ser feito para permitir que a empresa atenda a todas as suas necessidades de capital com os lucros retidos. Na realidade, *os administradores devem usar o modelo residual para estabelecer dividendos, mas num quadro de longo prazo*. E, finalmente, o dividendo corrente em dólar deve ser estabelecido para que haja uma probabilidade extremamente baixa de que, uma vez definido, seja reduzido ou omitido.

Obviamente que a decisão de dividendo é tomada durante o processo de planejamento, por isso existe incerteza sobre as oportunidades futuras de investimentos e fluxos de caixas operacionais. O índice de pagamento real em qualquer ano estará, portanto, provavelmente acima ou abaixo da meta de longo prazo da empresa. No entanto, o dividendo deve ser mantido, ou aumentado conforme planejado, a menos que a condição financeira da empresa se deteriore a ponto de não ser possível manter a política planejada. O fluxo constante ou crescente de dividendos durante um longo período sinaliza que a condição financeira da empresa está sob controle. Além disso, a incerteza dos investidores diminui com dividendos estáveis, por isso um fluxo de dividendo regular reduz o efeito negativo de uma nova emissão de ações – caso isso se torne extremamente necessário.

De forma geral, empresas com oportunidades de investimentos superiores devem estabelecer pagamentos mais baixos e, portanto, reter mais lucros do que empresas com fracas oportunidades de investimentos. O nível de incerteza também influencia a decisão. Caso exista uma grande incerteza em relação às previsões de fluxos de caixa livre, que são definidos aqui como fluxos de caixa operacional da empresa menos investimentos de capital obrigatórios, o melhor é ser conservador e estabelecer um dividendo corrente mais baixo. Além disso, empresas com oportunidades de investimentos prorrogáveis podem estabelecer um dividendo mais alto, pois, em tempos de dificuldades, os investimentos podem ser adiados por um ou dois anos, aumentando assim o caixa disponível para dividendos. Finalmente, empresas cujo custo de capital é muito pouco afetado pelas mudanças no índice de endividamento também podem definir um índice de pagamento mais alto, pois, em tempos de dificuldades, elas podem facilmente emitir dívida adicional para manter o programa de orçamento de capital sem ter de cortar os dividendos ou emitir ações.

O resultado líquido desses fatores é que as políticas de dividendos de muitas empresas são consistentes com a teoria de ciclo de vida em que empresas mais novas com muitas oportunidades de investimentos, mas fluxos de caixa relativamente baixos, reinvestem seus lucros para que consigam evitar os grandes custos de lançamento associados com o crescente capital externo.[24] Assim que as empresas amadurecem e começam a gerar mais fluxo de caixa, tendem a pagar mais dividendos e emitir mais dívida como uma forma de "amarrar" seus fluxos de caixa (conforme descrito no Capítulo 15) e, desse modo, reduzir os custos de agência de fluxo de caixa livre.

O que pensam os executivos? Uma recente pesquisa indica que os executivos financeiros acreditam que seja extremamente importante *manter* dividendos, mas muito menos importante iniciar ou aumentar os pagamentos de dividendos. Em geral, eles veem a decisão de distribuição de caixa menos importante do que as decisões de orçamento de capital. Os administradores gostam da flexibilidade oferecida pelas recompras em vez de dividendos regulares. Eles tendem a recomprar ações quando acreditam que seu preço está desvalorizado e os acionistas veem as recompras como um sinal positivo. Em geral, a diferente taxação de dividendos e recompras não é um fator essencial quando empresas decidem como distribuir caixa aos investidores.[25]

---

[24] Para testar a teoria do ciclo de vida, veja Harry DeAngelo, Linda DeAngelo e René Stulz, "Dividend policy and the earned/contributed capital mix: a test of the life-cycle theory", *Journal of Financial Economics*, p. 227-254, ago. 2006.

[25] Veja Alon Brav, et al., "Payout policy in the 21st Century", *Journal of Financial Economics*, p. 483-527, set. 2005.

1. Descreva o processo de decisão para a política de distribuição e pagamento de dividendos. Não se esqueça de abordar todos os fatores que influenciam essa decisão.

14-13 Desdobramento de ações e dividendos em ações

A lógica do desdobramento de ações e dividendos em ações pode ser mais bem explicada por meio de um exemplo. Usaremos a empresa Porter Electronic Controls Inc., uma fabricante de componentes eletrônicos de $ 700 milhões, para este exemplo. Desde o início de suas operações, seus mercados vêm se expandindo e a empresa tem tido um crescimento em vendas e lucros. Alguns de seus lucros foram pagos em dividendos, mas outros também são retidos a cada ano, causando um aumento no lucro por ação e no preço das ações. A empresa começou suas atividades com apenas cerca de mil ações em circulação, e, depois de alguns anos de crescimento, o preço das ações era alto. O diretor financeiro da Porter pensava que o preço elevado limitava o número de investidores que poderiam comprar as ações, o que reduzia a demanda pelas ações e, dessa forma, mantinha o valor de mercado total da empresa abaixo do que poderia ser se houvesse mais ações com um preço mais baixo, em circulação. Para corrigir essa situação, a empresa fez o "desdobramento" de suas ações, como descrevemos a seguir.

14-13a Desdobramento de ações

Embora existam poucas evidências empíricas para confirmar a argumentação, há uma crença difundida nas rodas financeiras de que existe uma *faixa de preço ótima* para as ações. "Ótimo" significa que, se o preço estiver dentro dessa faixa, o valor da empresa será maximizado. Muitos observadores, incluindo a administração da Porter, acreditam que a melhor faixa para a maioria das ações é de $ 20 a $ 80 por ação. Dessa forma, se o preço das ações da Porter subisse para $ 80, a administração provavelmente anunciaria um **desdobramento de ações** de 2 para 1, dobrando, assim, o número de ações em circulação, reduzindo pela metade os lucros e dividendos por ação e, dessa forma, diminuindo o preço das ações. Cada acionista teria mais ações, mas cada ação valeria menos. Se o preço pós-desdobramento fosse de $ 40, os acionistas da empresa estariam tão bem como antes do desdobramento. Porém, se estivesse estabilizado acima de $ 40, os acionistas estariam em uma melhor situação. Desdobramentos de ações podem ser de qualquer proporção – por exemplo, a ação poderá ser desdobrada de 2 para 1, de 3 para 1, de 1,5 para 1 ou de qualquer outra forma.

Às vezes, a empresa terá um **grupamento de ações**. Por exemplo, a empresa de serviços financeiros Citigroup (C) estava negociando na faixa de $ 55 por ação em 2007, antes da crise financeira mundial. Após a crise, as ações foram negociadas a menos de $ 1 em 2009 e recuperadas apenas a $ 4,52 por ação em 6 de maio de 2011. Em 9 de maio de 2011, a Citigroup tinha um grupamento de ações antes de a negociação começar, com suas acionistas trocando 10 ações negociáveis por uma única ação. Em teoria, o preço das ações deveria ter aumentado em um fator de 10, para em torno de $ 45,20, e a Citigroup teria certamente fechado aquele dia a um preço de $ 44,16. Apesar de a Citigroup ter negociado novamente na mesma faixa de preço por ação, como havia feito antes da crise financeira mundial, com apenas 1/10 do número de ações circulantes, seu valor de patrimônio de mercado ainda era inferior a 10% do que havia sido em 2007.

14-13b Dividendos em ações

Os **dividendos em ações** são similares aos desdobramentos, na medida em que eles "dividem a torta em fatias menores" sem afetar a posição dos acionistas atuais. Com um dividendo em ações de 5%, o titular de 100 ações receberia cinco ações adicionais (sem custo): com um dividendo em ações de 20%, o mesmo titular receberia 20 novas ações e assim por diante. Mais uma vez, o número total de ações é aumentado, e lucros, dividendos e preço por ação diminuem.

Se uma empresa quiser reduzir o preço de sua ação, deve usar desdobramento de ações ou dividendo em ações? Desdobramentos de ações são geralmente usados após um grande aumento de preço para produzir uma grande redução nos preços. Dividendos em ações usados em uma base anual regular manterão o preço da ação mais ou menos constante. Por exemplo, se os lucros e dividendos de uma empresa estivessem crescendo aproximadamente 10% ao ano, o preço de suas ações tenderia a subir à mesma taxa e logo estaria fora da faixa de negociação desejada. Um dividendo em ações anual de 10% manteria o preço da ação dentro da faixa de

A CRISE ECONÔMICA MUNDIAL

Dupla personalidade

A Sun Microsystems estava entre as empresas mais bem--sucedidas com a bolha tecnológica dos anos 1990. Abriu seu capital em 1986 e o preço de suas ações aumentou rapidamente, anunciando sete diferentes desdobramentos de 2 para 1 entre 1988 e 2000. Sem esses desdobramentos, o preço de ação da Sun teria aumentado de aproximadamente $ 30 no final de 1988 para mais de $ 1.700 em 2000, um surpreendente retorno de mais de 40% por ano! No entanto, o destino da Sun foi abaixo quando a bolha tecnológica estourou, e a empresa nunca se recuperou. Com o preço de suas ações em torno de $ 5, a Sun declarou um grupamento de ações de 4 para 1 no fim de 2007, o que impulsionou o preço da ação para mais de $ 20, mas depois o derrubou para $ 3-$ 4 em 2009. Em abril de 2009, a Sun anunciou que

havia concordado em ser comprada pela Oracle por aproximadamente $ 9,50 por ação. Se não fosse pelo grupamento de ações feito em 2007, esse valor teria sido de apenas $ 2,375 = $ 9,50/4, uma queda considerável em relação a seus números anteriores.

Grupamentos de ações eram raros quando a Sun Microsystems declarou seu grupamento em 2007, mas agora a Sun poderia ter várias empresas originadas da crise econômica. Em 2010, empresas conhecidas como a Dynegy e a E-Trade realizaram grupamentos de ações, e muitas outras eram possíveis candidatas. Na realidade, 58 empresas tiveram o preço de suas ações de menos de um dólar por ação em abril de 2011, incluindo nomes familiares como Borders Group, Frederick's of Hollywood e Jackson Hewitt Tax Service.

negociação ótima. Observe, porém, que pequenos dividendos em ações geram problemas contábeis e despesas desnecessárias, por isso hoje as empresas usam desdobramento de ações com muito mais frequência do que dividendos em ações.[26]

14-13c Efeito sobre preços das ações

Se uma empresa desdobra suas ações ou declara dividendos em ações, o valor de mercado das ações aumentará? Muitos estudos empíricos buscam uma resposta para essa pergunta. Segue uma síntese de suas conclusões.

1. Em média, o preço da ação de uma empresa se eleva um pouco depois que ela anuncia um desdobramento de ações ou dividendos em ações.
2. Contudo, esse aumento de preço ocorre provavelmente por causa da sinalização e não do desejo de desdobramentos de ações ou dividendos em si. Somente os administradores que acham que os lucros futuros serão maiores tendem a desdobrar ações, por isso os investidores geralmente veem o anúncio de um desdobramento de ações como um sinal positivo. Portanto, é a sinalização de perspectivas favoráveis para lucros e dividendos que causa o aumento de preço.
3. Se uma empresa anunciar um desdobramento de ações ou dividendos em ações, seu preço provavelmente subirá. Porém, se, durante os próximos meses, a empresa não anunciar um aumento nos lucros e dividendos, o preço de sua ação sofrerá uma queda de volta ao nível anterior.
4. Como observamos anteriormente, comissões de corretagem são geralmente maiores em termos percentuais sobre ações com preço mais baixo. Isso significa que é mais caro negociar ações de menor valor do que ações com um preço maior – o que, de certa forma, significa que desdobramentos de ações podem reduzir a liquidez das ações de uma empresa. Essa evidência em particular sugere que os desdobramentos de ações/ dividendos em ações poderiam ser, na realidade, prejudiciais, embora um preço mais baixo signifique que mais investidores podem negociar lotes redondos (100 ações), o que acarretaria comissões mais baixas do que lotes pequenos (menos de 100 ações).

O que podemos concluir disso tudo? Do ponto de vista puramente econômico, dividendos em ações e desdobramentos de ações são apenas pedaços de papel. No entanto, eles oferecem à administração uma maneira

---

[26] Os contadores tratam desdobramentos de ações e dividendos em ações de maneira diferente. Por exemplo, em um desdobramento na proporção de 2 para 1, o número de ações em circulação é dobrado e o valor nominal cai pela metade. Com um dividendo em ações, um lançamento contábil é feito com a transferência de "lucros retidos" para "ações ordinárias".

de custo relativamente baixo para sinalizar que as perspectivas da empresa são boas.[27] Além disso, devemos observar que, uma vez que algumas ações grandes em poder do público são vendidas a um preço superior a centenas de dólares, nós simplesmente não sabemos que efeito teria se Microsoft, Walmart, Hewlett-Packard e outras empresas bem-sucedidas nunca tivessem desdobrado suas ações e consequentemente vendido a preços em milhares ou até mesmo quase milhões de dólares. Apesar de tudo, provavelmente faz sentido empregar desdobramentos de ações (ou dividendos em ações) quando as perspectivas de uma empresa são favoráveis, especialmente se o preço de suas ações excedeu a faixa de negociação normal.[28]

Autoavaliação

1. O que são desdobramentos de ações e dividendos em ações?
2. Como os desdobramentos de ações e dividendos em ações afetam os preços da ação?
3. Em quais situações os administradores devem considerar o uso de desdobramentos de ações?
4. Em quais situações os administradores devem considerar o uso de dividendos em ações?
5. Suponha que você tenha mil ações ordinárias da Burnside Bakeries. O EPS é de $ 6,00, o DPS é de $ 3,00 e a ação é vendida a $ 90 cada. A empresa anuncia um desdobramento de 3 para 1. Quantas ações você terá logo após o desdobramento? **(3.000)** Qual será o EPS e DPS ajustados? **($ 2 e $ 1)** Qual seria o preço previsto da ação? **($ 30)**

14-14   Planos de reinvestimento de dividendos

Durante a década de 1970, a maioria das grandes empresas instituiu **planos de reinvestimento de dividendos** (*dividend reinvestment plans* – **DRIPs**), de acordo com os quais os acionistas podiam optar pelo reinvestimento automático de seus dividendos em ações da empresa que estava pagando o dividendo. Hoje, a maioria das grandes empresas oferece DRIPs. As taxas de participação variam consideravelmente, mas aproximadamente 25% dos acionistas das empresas médias participam. Existem dois tipos de DRIPs: (1) planos que envolvem apenas "ações antigas", que já estão em circulação; e (2) planos que envolvem ações recém-emitidas. Nos dois casos, o acionista deve pagar impostos sobre o valor dos dividendos, mesmo que sejam recebidas ações em vez de dinheiro.

Nos dois tipos de DRIPs, os acionistas escolhem entre continuar a receber cheques de dividendos ou a companhia usar os dividendos para comprar mais de suas próprias ações. Considerando o plano de "ação antiga", se um acionista escolhe reinvestimento, um banco, agindo como fiduciário, pega o total de fundos disponíveis para reinvestimento, compra as ações da companhia no mercado aberto e as aloca às contas dos acionistas participantes em uma base *pro rata*. Os custos de transação de compra de ações (custos de corretagem) são baixos em função do volume das compras, por isso esses planos beneficiam pequenos acionistas que não precisam de dividendos em dinheiro para consumo atual.

O DRIP de "novas ações" usa os fundos reinvestidos para comprar ações recém-emitidas, portanto levanta capital novo para a empresa. AT&T, Union Carbide e muitas outras empresas usaram planos de novas ações para levantar quantias substanciais de novo capital. Nenhuma taxa é cobrada dos acionistas, e muitas empresas oferecem ações com um desconto de 3% a 5% abaixo do preço real de mercado. As empresas oferecem descontos como uma compensação pelos custos de lançamento que teriam incorrido caso novas ações tivessem sido emitidas por meio de bancos de investimento e não por meio de planos de reinvestimento de dividendos.

Um aspecto interessante dos DRIPs é que eles levam as companhias a reexaminar suas políticas básicas de dividendos. Uma alta taxa de participação em um DRIP sugere que os acionistas poderiam estar em uma melhor situação se a empresa simplesmente reduzisse dividendos em dinheiro, o que significaria uma economia em alguns impostos pessoais aos acionistas. Poucas empresas estão realizando pesquisas para saber mais sobre

---

[27] Para obter mais informações sobre desdobramentos de ações e dividendos em ações, consulte H. Kent Baker, Aaron L. Phillips e Gary E. Powell, "The stock distribution puzzle: a synthesis of the literature on stock splits and stock dividends", *Financial Practice and Education*, p. 24-37, primavera/verão de 1995; Maureen McNichols e Ajay Dravid, "Stock dividends, stock splits, and signaling", *Journal of Finance*, p. 857-879, jul. 1990; e David R. Peterson e Pamela P. Peterson, "A further understanding of stock distributions: the case of reverse stock splits", *Journal of Financial Research*, p. 189-205, outono de 1992.

[28] É interessante observar que a empresa Berkshire Hathaway (controlada pelo bilionário Warren Buffett) nunca teve um desdobramento de ações, e suas ações (BRKa) eram vendidas na NYSE por $ 122.795 por ação em maio de 2012. No entanto, em resposta aos fundos de investimentos que foram formados em 1996 para vender unidades fracionárias da ação e assim – de fato – desdobrá-la, Buffett criou uma nova classe de ação da Berkshire Hathaway (Classe B) com o valor de aproximadamente 1/30 de uma ação (regular) Classe A.

as preferências de seus acionistas e descobrir como eles reagiriam a uma mudança na política de dividendos. Uma abordagem mais racional das decisões básicas da política de dividendos poderia surgir dessa pesquisa.

Observe que as empresas começam a utilizar DRIPs de novas ações ou param de usá-las dependendo de suas necessidades de capital. Por exemplo, Union Carbide e AT&T pararam recentemente de oferecer Drips de novas ações com um desconto de 5% porque suas necessidades de capital diminuíram.

Algumas empresas expandiram seus DRIPs passando para "inscrições abertas", em que qualquer um pode comprar diretamente ações da empresa e assim evitar comissões de corretores. A ExxonMobil permite não só que investidores comprem suas ações iniciais sem nenhuma taxa, como também que eles peguem ações adicionais por meio de saques automáticos de contas bancárias. Diversos planos, inclusive o da ExxonMobil, oferecem reinvestimento de dividendos em contas individuais de aposentadoria, e alguns, como o plano da U.S. West, permitem que os participantes invistam semanal ou mensalmente, em vez de seguirem a agenda de dividendo trimestral. Em todos esses planos, e em muitos outros, os acionistas podem investir mais do que os dividendos de que estão abrindo mão – eles simplesmente enviam um cheque à empresa e compram ações sem a comissão de corretagem. De acordo com a First Chicago Trust, que lida com a papelada de 13 milhões de contas de DRIP de acionistas, pelo menos a metade de todos os DRIPs oferecerá, nos próximos anos, inscrição aberta, compras extras e outros serviços expandidos.

Autoavaliação

1. O que são planos de reinvestimento de dividendos?
2. Quais são as vantagens e desvantagens tanto do ponto de vista do acionista quanto do da empresa?

Resumo

- A **política de distribuição** envolve três questões: (1) Que fração dos lucros deve ser distribuída? (2) A distribuição deve ser feita na forma de dividendos em dinheiro ou recompras de ação? (3) A empresa deve manter uma taxa de crescimento de dividendo estável e regular?
- A **política de distribuição ideal** atinge um equilíbrio entre dividendos atuais e crescimento futuro para maximizar o preço das ações da empresa.
- Miller e Modigliani (MM) desenvolveram a **teoria da irrelevância dos dividendos**, que afirma que a política de dividendos de uma empresa não tem nenhum efeito sobre o valor de sua ação ou custo de capital.
- A **teoria de preferência dos dividendos**, também chamada de **teoria do "pássaro na mão"**, afirma que o valor da empresa será maximizado por um alto índice de pagamento de dividendo, pois investidores consideram dividendos em dinheiro menos arriscados do que eventuais ganhos de capital.
- A **teoria do efeito fiscal** afirma que, como os ganhos de capital de longo prazo estão sujeitos a impostos mais baixos do que os dividendos, investidores preferem que as empresas retenham lucros em vez de pagá-los como dividendos.
- A política de dividendos deve levar em conta o conteúdo de **informações de dividendos (sinalização)** e o **efeito clientela**. O efeito do conteúdo de informação ou sinalização decorre de investidores que consideram uma mudança inesperada em dividendos como um sinal da previsão da administração para ganhos futuros. O efeito clientela sugere que uma empresa atrairá investidores que gostam da política de pagamento de dividendos da empresa. Os dois fatores devem ser levados em consideração pelas empresas que estão pretendendo alteração na política de dividendos.
- Na prática, empresas que pagam dividendos seguem uma política de pagamento de **dividendos de crescimento constante**. Essa política fornece aos investidores uma renda confiável e estável, e os desvios dão aos investidores sinais sobre as expectativas da administração com relação a futuros ganhos.
- A maioria das empresas usa o **modelo de distribuição residual** para definir o índice de distribuição-alvo de longo prazo em um nível que permitirá que a empresa atenda às suas necessidades de capital com lucros retidos.
- No **plano de recompra de ações**, uma empresa compra algumas de suas ações em circulação e, dessa forma, diminui o número de ações sem alterar o seu preço. Restrições legais, oportunidades de investimento, disponibilidade e custo de fundos de outras fontes e impostos também são considerados quando a empresa estabelece políticas de dividendos.
- Um **desdobramento de ações** aumenta o número de ações em circulação. Na maioria dos casos, desdobramentos reduzem o preço por ação de forma proporcional ao aumento das ações, pois simplesmente "dividem a torta em fatias menores". No entanto, as empresas geralmente desdobram suas ações apenas se (1) o preço estiver bastante alto; e (2) a administração visualizar um futuro brilhante. Portanto, desdobramentos de ações são frequentemente considerados sinais positivos e, dessa forma, estimulam os preços das ações.

- Um **dividendo em ações** é um dividendo pago em ações adicionais e não em dinheiro. Tanto dividendos em ações como desdobramentos de ações são usados para manter os preços das ações dentro de uma faixa de negociação ótima.
- Um **plano de reinvestimento de dividendos (DRIP)** permite que os acionistas ou a empresa automaticamente use dividendos para comprar ações adicionais. Os DRIPs são populares porque permitem que os acionistas adquiram ações adicionais sem taxas de corretagem.

Perguntas

(14-1) Defina as expressões apresentadas a seguir:
   a. Política de distribuição ótima.
   b. Teoria da irrelevância dos dividendos, teoria do "pássaro na mão" e teoria do efeito fiscal.
   c. Hipótese de conteúdo de informação ou sinalização e efeito clientela.
   d. Modelo de distribuição residual e dividendo extra.
   e. Data de declaração, data de registro, data ex-dividendo e data de pagamento.
   f. Plano de reinvestimento de dividendos (DRIP).
   g. Desdobramento de ações, dividendos em ações e recompras de ações.

(14-2) Como cada uma das seguintes mudanças tende a afetar os índices de pagamentos agregados (ou seja, a média para todas as empresas) com outros valores permanecendo constantes? Explique sua resposta.
   a. Um aumento na alíquota do imposto de renda pessoal.
   b. A liberação de depreciação para fins de imposto de renda federal, ou seja, deduções fiscais mais rápidas.
   c. Um aumento nas taxas de juros.
   d. Um aumento nos lucros da empresa.
   e. Uma diminuição de oportunidades de investimento.
   f. Permissão para as companhias deduzirem dividendos para fins fiscais, como fazem com despesas com juros.
   g. Uma mudança no Código Tributário para que tanto os ganhos de capital realizados como os não realizados em determinado ano sejam tributados pela mesma taxa dos dividendos.

(14-3) Qual é a diferença entre dividendo em ações e desdobramento de ações? Como acionista, você preferiria ver sua empresa declarar um dividendo em ações de 100% ou um desdobramento de ações na proporção de 1 para 2? Considere que qualquer medida seja viável.

(14-4) Uma posição contida na literatura financeira diz que as empresas definem seus dividendos como residual após usarem o lucro para financiar novos investimentos. Explique o que uma política residual significa (considerando que todas as distribuições sejam na forma de dividendos), ilustrando sua resposta com uma tabela que mostre como diferentes oportunidades de investimentos podem levar a diferentes índices de pagamento de dividendos.

(14-5) Indique se as afirmações a seguir são verdadeiras ou falsas. Caso determinada afirmação seja falsa, explique o porquê.
   a. Se uma empresa recompra suas ações no mercado aberto, os acionistas que ofereçam suas ações estão sujeitos a impostos sobre ganhos de capital.
   b. Se você possui 100 ações de uma empresa e essa empresa faz um desdobramento de ações na proporção de 2 para 1, você terá 200 ações na empresa após o desdobramento.
   c. Alguns planos de reinvestimento de dividendos aumentam o montante de capital disponível para a empresa.
   d. O Código Tributário incentiva as empresas a pagar um grande percentual de seu lucro líquido na forma de dividendos.
   e. Uma empresa que estabeleceu uma clientela de investidores que preferem grandes dividendos provavelmente não adotará uma política de dividendo residual.
   f. Se uma empresa segue uma política de dividendo residual, mantendo todo o resto constante, seu pagamento de dividendo tende a aumentar sempre que as oportunidades de investimentos da empresa melhoram.

Problema de autoavaliação – A solução está no Apêndice A

(PA-1) **Dividendo residual** – A Components Manufacturing Corporation (CMC) tem 1 milhão de ações em circulação, uma estrutura de capital-alvo com 60% de patrimônio e 40% de dívida. A empresa estima um lucro líquido de $ 5 milhões e projetos de investimentos que exigirão $ 6 milhões no próximo ano.
   a. A CMC usa o modelo de distribuição residual e paga todas as distribuições na forma de dividendos. Qual é o DPS projetado?
   b. Qual é o índice de pagamento projetado?

(PA-2) Recompra ou dividendo – A Burns & Kennedy Corporation (BK) tem um valor de operações igual a $ 2.100, investimentos a curto prazo de $ 100, dívida de $ 200 e 100 ações.

a. Qual é o preço intrínseco estimado das ações da BK?

b. Se a BK converter seus investimentos a curto prazo em caixa e pagar um total de $ 100 em dividendos, qual é o preço intrínseco estimado das ações?

c. Se a BK converter seus investimentos a curto prazo em caixa e recomprar $ 100 de suas ações, qual é o preço intrínseco estimado resultante das ações e quantas ações permanecem pendentes?

Problemas – As respostas dos problemas estão no Apêndice B

Problemas fáceis 1-5

(14-1) Modelo de distribuição residual – A Puckett Products está planejando $ 5 milhões em despesas de capital para o próximo ano. A estrutura de capital-alvo da Puckett consiste em 60% de dívida e 40% de patrimônio. Se a renda líquida do próximo ano for de $ 3 milhões e a Puckett seguir uma política de distribuição residual com todas as distribuições com dividendos, qual será seu índice de pagamento dos dividendos?

(14-2) Política de distribuição residual – A Petersen Company possui um orçamento de capital de $ 1,2 milhão. A empresa quer manter uma estrutura de capital-alvo de 60% de dívida e 40% de patrimônio. Ela prevê que seu lucro líquido para este ano será de $ 600 mil. Se seguir um modelo de distribuição residual e pagar todas as distribuições como dividendos, qual será seu índice de pagamento?

(14-3) Pagamento de dividendos – A Wei Corporation espera um lucro líquido para o próximo ano de $ 15 milhões. O índice de endividamento atualmente é de 40%. A Wei tem $ 12 milhões de oportunidades de investimentos lucrativos e deseja manter seu índice de endividamento atual. De acordo com o modelo de distribuição residual (assumindo todos os pagamentos na forma de dividendos), qual será o índice de pagamento de dividendo da empresa para o próximo ano?

(14-4) Recompra de ações – Uma empresa tem 10 milhões de ações em circulação com um preço de mercado de $ 20 por ação. Possui $ 25 milhões em caixa extra (investimentos de curto prazo) que planeja usar em uma recompra de ações; não tem outros investimentos financeiros ou outra dívida. Qual é o valor de operações da empresa e quantas ações restarão após a recompra?

(14-5) Desdobramento de ações – A administração da Jpix está considerando um desdobramento de ações. A empresa vende atualmente $ 120 por ação e um desdobramento na proporção de 3 para 2 é contemplado. Considerando que o desdobramento não terá efeito sobre o valor total de mercado de seu patrimônio, qual será o preço das ações da JPix após o desdobramento?

Problemas intermediários 6-9

(14-6) Financiamento de patrimônio externo – A Gardial GreenLights, uma fabricante de soluções eficientes em iluminação, teve tanto sucesso com seu novo produto que está planejando expandir substancialmente sua capacidade de fabricação com um investimento de $ 15 milhões em novas máquinas. A Gardial planeja seu índice da dívida em relação aos ativos totais de 30% para sua estrutura de capital e para manter sua política de dividendos em que, ao final de cada ano, distribui 55% da renda líquida do ano. A renda líquida desse ano foi de $ 8 milhões. De quanto do patrimônio externo a Gardial precisa agora para expandir conforme planeja?

(14-7) Desdobramento de ações – Suponha que você tenha 2 mil ações ordinárias da Laurence Incorporated. O EPS é de $ 10,00, o DPS é $ 3,00 e a ação é vendida por $ 80 cada. A empresa anunciou um desdobramento na proporção de 2 para 1. Logo após o desdobramento, quantas ações você terá, quais serão o EPS e o DPS ajustados e qual será o preço da ação?

(14-8) Desdobramento de ações – A Fauver Enterprises declarou um desdobramento de ações de 3 para 1 no último ano, e esse ano seu dividendo é de $ 1,50 por ação. Esse pagamento total de dividendos representa um aumento de 6% sobre o pagamento total dos dividendos desdobrados do último ano. Qual foi o dividendo por ação do último ano?

(14-9) Política de distribuição residual – A Harris Company deve estabelecer seus investimentos e políticas de dividendos para o próximo ano. Ela possui três projetos independentes para escolher; cada um exigindo um investimento de $ 3 milhões. Esses projetos têm diferentes níveis de risco e, portanto, custos de capital diferentes. Suas IRRs e seus custos de capital projetados para esses projetos são:

Projeto A:	Custo de capital = 17%; IRR = 20%
Projeto B:	Custo de capital = 13%; IRR = 10%
Projeto C:	Custo de capital = 7%; IRR = 9%

A Harris pretende manter sua dívida de 35% e 65% da estrutura de capital do patrimônio ordinário. A empresa espera ter lucro líquido de $ 4.750.000. Se a Harris mantiver sua política de dividendos residual (com todas as distribuições na forma de dividendos), qual será seu índice de pagamento?

Problemas desafiadores 10-12

(14-10) Políticas alternativas de dividendos – A Boehm Corporation teve um crescimento de lucros estáveis de 8% ao ano nos últimos dez anos e em 2013 pagou dividendos de $ 2,6 milhões sobre a renda líquida de $ 9,8 milhões. Entretanto, a expectativa é de que os lucros de 2014 saltem para $ 12,6 milhões, e a Boehm planeja investir $ 7,3 milhões em uma expansão da instalação. No entanto, esse crescimento imediato de lucros incomum não será mantido e após 2014, a Boehm retornará para sua taxa de crescimento de lucros anterior de 8%. Seu índice de dívida-alvo é de 35%.

   a. Calcule o total de dividendos da empresa para 2014 mediante as seguintes políticas:

      (1) Seu pagamento de dividendos de 2014 é estabelecido para forçar um aumento de dividendos a uma taxa de crescimento de lucros a longo prazo.

      (2) O índice de pagamento de dividendos de 2013 é mantido.

      (3) Uma política puramente residual é utilizada com todas as distribuições na forma de dividendos (35% do investimento de $ 7,3 milhões é financiado com dívida).

      (4) Aplica-se uma política de dividendos regulares mais dividendos extras, com os dividendos regulares fundamentados na taxa de crescimento de longo prazo e os dividendos extras de acordo com a política residual.

   b. Qual das políticas anteriores você recomendaria? Restrinja suas escolhas às opções listadas, mas justifique sua resposta.

   c. Um dividendo de $ 9 milhões em 2014 parece razoável de acordo com suas respostas para os itens a e b? Se não, o dividendo deveria ser mais alto ou mais baixo?

(14-11) Modelo de distribuição residual – Kendra Brown está analisando as exigências de capital para a Reynolds Corporation para o próximo ano. Kendra prevê que a Reynolds precisará de $ 15 milhões para financiar todos os seus projetos com NPV positivo, e sua função é determinar como arrecadar tal quantia. A renda líquida da Reynolds é de $ 11 milhões e ela pagou $ 2 de dividendo por ação (DPS) nos últimos anos (um milhão de ações das ações ordinárias estão pendentes); seus acionistas esperam que o dividendo permaneça constante pelos próximos anos. A estrutura de capital-alvo da empresa é 30% de dívida e 70% de patrimônio.

   a. Se a Reynolds seguir o modelo residual e fizer todas as distribuições como dividendos, qual montante de lucros retidos será necessário para financiar seu orçamento de capital?

   b. Se a Reynolds seguir o modelo residual com todas as distribuições na forma de dividendos, qual será o dividendo por ação e o índice de pagamento da empresa para o ano seguinte?

   c. Se a empresa mantiver seu DPS atual de $ 2 para o próximo ano, qual montante de lucros retidos estará disponível para o orçamento de capital da empresa?

   d. A empresa conseguirá manter sua estrutura de capital atual, DPS e um orçamento de capital de $ 15 milhões *sem* ter de emitir novas ações? Por quê?

   e. Suponha que a administração da Reynolds seja estritamente contrária ao corte de dividendos, ou seja, ela deseja manter o dividendo de $ 2 para o ano seguinte. Suponha também que a empresa esteja comprometida em financiar todos os projetos lucrativos e disposta a emitir mais dívida (junto com os lucros retidos disponíveis) para ajudar a financiar o orçamento de capital da empresa. Considere que a alteração resultante na estrutura de capital possui um impacto mínimo sobre a composição do custo de capital da empresa, para que o orçamento de capital permaneça em $ 15 milhões. Qual parte do orçamento de capital deste ano teria de ser financiado com dívida?

   f. Suponha mais uma vez que a administração da Reynolds queira manter o DPS de $ 2, sua estrutura de capital-alvo (30% de dívida e 70% de patrimônio) e seu orçamento de capital de $ 15 milhões. Qual é o valor mínimo de novas ações que a empresa teria de emitir para atender a todos os seus objetivos?

   g. Agora, considere o caso em que a administração da Reynolds queira manter o DPS de $ 2 e sua estrutura de capital-alvo, mas também deseje evitar a emissão de novas ações. A empresa está disposta a cortar seu orçamento de capital para atingir seus objetivos. Considerando que os projetos da empresa são divisíveis, qual será o orçamento de capital para o próximo ano?

   h. Se uma empresa segue a política de distribuição residual, quais medidas pode tomar quando seus lucros retidos previstos são menores do que os lucros retidos necessários para financiar seu orçamento de capital?

(14-12) Recompra de ações – O FCL mais recente da Bayani Bakery foi de $ 48 milhões, e espera-se que cresça a uma taxa constante de 6%. O CMPC (ou WACC) da empresa é de 12% e ela tem 15 milhões de ações em circulação. A empresa possui $ 30 milhões em investimentos de curto prazo, que planeja liquidar e distribuir aos acionistas ordinários por meio de recompra de ações; ela não possui outros ativos não operacionais. Ela possui $ 368 milhões de dívida e $ 60 milhões de ações preferenciais.

a. Qual é o valor das operações?

b. Qual é o valor intrínseco do patrimônio imediatamente antes da recompra?

c. Qual é o preço intrínseco da ação imediatamente antes da recompra?

d. Quantas ações serão recompradas? Quantas ações restarão após a recompra?

e. Logo após a recompra, qual é o valor intrínseco do patrimônio? E o preço intrínseco da ação?

Problema de planilha

(14-13)Construa um modelo: distribuições como dividendos ou recompras – A J. Clark Inc. (JCI), uma fabricante e distribuidora de equipamentos esportivos, cresceu até se tornar uma empresa estável e madura. Agora está planejando sua primeira distribuição aos acionistas. A JCI planeja liquidar e distribuir $ 500 milhões de seus títulos de curto prazo em 1° de julho de 2014, o primeiro dia do próximo exercício fiscal, mas ainda não decidiu se a distribuição será na forma de dividendos ou de recompras de ações.

a. Considere primeiro que a JCI distribui os $ 500 milhões como dividendos. Considere também que a JCI não precisava criar uma conta de dividendos a pagar antes da distribuição.

b. Agora vamos considerar que a JCI distribui $ 500 milhões por meio de recompras de ações.

c. Calcule o fluxo de caixa livre projetado da JCI; a alíquota de imposto é de 40%.

d. Qual é o preço intrínseco atual das ações da JCI (preço no dia 30 de junho de 2013)? Qual é o preço intrínseco projetado para o dia 30 de junho de 2014?

e. Qual será o preço intrínseco projetado para o dia 1° de julho de 2014 se a JCI distribuir o caixa como dividendos?

f. Qual será o preço intrínseco projetado para o dia 1° de julho de 2014 se a JCI distribuir o caixa por meio de recompra de ações? Quantas ações em circulação restarão após a recompra?

Estudo de caso

A Integrated Waveguide Technologies Inc. (IWT) foi criada há seis anos por Hunt Jackson e David Smithfield para explorar uma nova tecnologia plasmônica metamaterial para desenvolver e fabricar transmissores e receptores direcionais de frequência de micro-ondas em miniatura para uso em aplicativos de internet móvel e de comunicações. A tecnologia da IWT, embora altamente avançada, é relativamente barata de implantar, e suas técnicas de fabricação patenteadas exigem pouco capital em comparação a muitos empreendimentos de fabricação de eletrônicos. Em função da exigência de pouco capital, Jackson e Smithfield puderam evitar a emissão de novas ações e assim manter todas suas ações. Em função da explosão na demanda por seus aplicativos de internet móvel, a IWT agora precisa acessar o capital de patrimônio externo para financiar seu crescimento, e Jackson e Smithfield decidiram abrir o capital da empresa. Até agora, eles têm recebido salários razoáveis, mas reinvestem regularmente todos os lucros após impostos na empresa. Por conta disso, a política de dividendos tem sido um problema. No entanto, antes de conversarem com possíveis investidores externos, devem decidir sobre uma política de dividendos.

Seu novo patrão na empresa de consultoria Flick and Associates, que foi contratada para ajudar a IWT a se preparar para uma oferta pública, pediu para você fazer uma apresentação a Jackson e Smithfield na qual deve salientar a teoria da política de dividendos e discutir as seguintes questões.

a. (1) O que quer dizer a expressão "política de distribuição"? Como o *mix* de pagamento de dividendos e recompras de ações mudou com o passar do tempo?

(2) As expressões "irrelevância", "preferência de dividendo" ou "pássaro na mão" e "efeito fiscal" têm sido usadas para descrever três principais teorias que consideram como os pagamentos de dividendos afetam o valor de uma empresa. Explique o que essas expressões significam e descreva resumidamente cada teoria.

(3) O que as três teorias indicam sobre as medidas que a administração deveria adotar com relação aos pagamentos de dividendos?

(4) Quais resultados foram produzidos por estudos empíricos das teorias de dividendos? Como tudo isso afeta o que podemos dizer aos administradores sobre políticas de dividendos?

b. Discuta (1) a hipótese de conteúdo de informação ou sinalização; (2) o efeito clientela; e (3) e seus efeitos na política de distribuição.

c. (1) Considere que a IWT concluiu seu IPO e tem um orçamento de capital de $ 112,5 milhões planejado para o próximo ano. Você apurou que a estrutura de capital presente (80% de patrimônio e 20% de dívida) é ideal, e o lucro líquido é estimado em $ 140 milhões. Use a abordagem de distribuição residual para determinar a distribuição total da IWT. Considere a partir de agora que a distribuição está na forma de dividendo. Suponha que a IWT tenha 100 milhões de ações em circulação. Qual é o índice de pagamento de dividendo previsto? Qual é o dividendo por ação previsto? O que aconteceria ao índice de pagamento e ao DPS se fosse prevista uma queda do lucro líquido para $ 90 milhões? E se fosse previsto um aumento para $ 160 milhões?

   (2) De maneira geral, como uma alteração nas oportunidades de investimento afetaria o índice de pagamento com a política de distribuição residual?

   (3) Quais são as vantagens e desvantagens da política residual? (*Dica*: Não negligencie sinalização e efeitos de clientela.)

d. (1) Descreva os procedimentos que uma empresa segue quando uma distribuição por meio de pagamento de dividendos é realizada.

   (2) O que é recompra de ações? Descreva os procedimentos que uma empresa segue quando uma distribuição por meio de recompra de ações é realizada.

e. Discuta as vantagens e desvantagens de uma empresa recomprar suas próprias ações.

f. Suponha que a IWT tenha decidido distribuir $ 50 milhões, os quais atualmente são mantidos em investimentos líquidos a curto prazo. O valor de operações da IWT é estimado em torno de $ 1.937,50 milhões, e a empresa tem $ 387,50 milhões de dívida (sem ações preferenciais). Conforme mencionado anteriormente, a IWT possui 100 milhões de ações em circulação.

   (1) Considere que a IWT ainda não fez a distribuição. Qual é o valor intrínseco do patrimônio da empresa? Qual é o preço intrínseco por ação?

   (2) Agora suponha que a IWT tenha feito a distribuição de $ 50 milhões na forma de dividendos. Qual é o valor intrínseco do patrimônio da IWT? Qual é o preço intrínseco por ação?

   (3) Suponha que a IWT tenha feito a distribuição de $ 50 milhões na forma de recompra de ações. Agora, qual é o valor intrínseco do patrimônio da IWT? Quantas ações ela recomprou? Quantas ações em circulação restaram após a recompra? Qual é o preço intrínseco por ação após a recompra?

g. Descreva o conjunto de procedimentos que a maioria das empresas adota para definir política de dividendos.

h. O que são desdobramentos de ações e dividendos em ações? Quais são as vantagens e desvantagens de cada um?

i. O que é plano de reinvestimento de dividendos (DRIP) e como ele funciona?

CAPÍTULO 15

Decisões sobre estrutura de capital

A falência e crise de liquidez são bem diferentes. Uma falência econômica significa que o valor de mercado dos ativos de uma empresa (determinado pelos fluxos de caixa que se esperam que tais ativos gerem) é menor do que o montante devido aos credores. Uma falência judicial ocorre quando se pede falência em juízo para proteger uma empresa de seus credores até que haja uma recuperação adequada ou uma liquidação. Uma crise de liquidez ocorre quando uma empresa não possui acesso ao capital suficiente para realizar pagamentos aos credores à medida que eles vencem no futuro próximo. Quando a economia está normal, uma empresa sólida (cujo valor de mercado dos ativos excede, por muito, o valor devido aos credores) consegue tomar dinheiro emprestado nos mercados de crédito a curto prazo para atender às necessidades de liquidez urgentes. Portanto, uma crise de liquidez em geral não leva a empresa à falência.

Contudo, os anos de 2008 e de 2009 não foram normais de modo algum. Muitas empresas encheram-se de dívidas nos anos da bolha antes de 2007, e a maior parte era dívida a curto prazo. Quando a crise dos financiamentos habitacionais começou no final de 2007 e se alastrou pelo setor financeiro como um incêndio florestal, muitas instituições financeiras praticamente pararam de conceder crédito a curto prazo, pois elas mesmas tentavam evitar sua própria falência. Em decorrência disso, as empresas não financeiras enfrentaram uma crise de liquidez. E pior ainda: a demanda dos consumidores começou a cair e a aversão ao risco dos investidores começou a aumentar, acarretando a queda dos valores de mercado dos ativos de muitas empresas e levando-as à falência econômica e judicial.

A crise econômica levou muitas empresas à falência, incluindo Lehman Brothers, Washington Mutual, General Motors, Chrysler, Pilgrim's Pride e Circuit City. Muitas outras lutaram para reduzir seus problemas de liquidez. A Black & Decker (B&D), por exemplo, emitiu cerca de $ 350 milhões em títulos de cinco anos e utilizou essa receita para pagar parte de suas notas promissórias. Apesar de a taxa de juros sobre os títulos de cinco anos da Black & Decker ser maior do que as taxas sobre suas notas promissórias, a B&D não precisa pagar o título por cinco anos, ao passo que teria de refinanciar as notas promissórias sempre que estas vencessem.

No decorrer de sua leitura, lembre-se de que essas empresas enfrentaram dificuldades ou faliram por conta das más decisões de estrutura de capital que foram tomadas.

Fontes: Consulte *www.bankruptcydata.com* e o comunicado à imprensa da Black & Decker de 23 abr. 2009.

AVALIAÇÃO DE EMPRESAS E ESTRUTURA DE CAPITAL

Obviamente, as escolhas de financiamentos de uma empresa têm impacto direto no custo médio ponderado de capital (CMPC ou WACC). Essas escolhas também afetam indiretamente os custos das dívidas e do capital próprio por mudarem o risco e os retornos exigidos das dívidas e do capital próprio. Elas poderão, ainda, afetar os fluxos de caixa livres se a probabilidade de falência for alta. Este capítulo aborda mais especificamente os custos das dívidas e do capital próprio, já que eles mudam o risco e a escolha de dívida-capital próprio e seu impacto no valor.

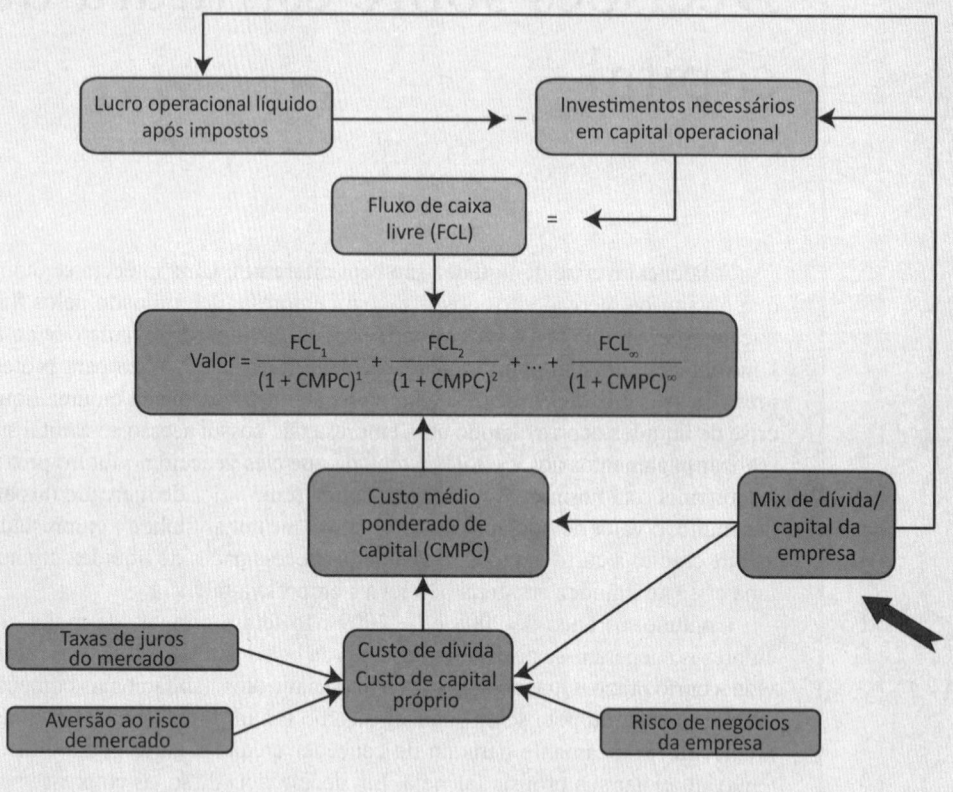

© Cengage Learning 2014

Como explicado nos Capítulos 12 e 13, o crescimento das vendas exige crescimento de capital operacional, o que muitas vezes exige a angariação de recursos externos por meio de uma combinação de patrimônio e dívida. Essa combinação de capital e dívida de uma empresa é denominada **estrutura de capital**. Embora os níveis reais de dívida e capital próprio possam sofrer certa variação com o passar do tempo, a maioria das empresas tenta manter sua combinação próxima da **estrutura de capital-alvo**. A **decisão sobre a estrutura de capital** de uma empresa inclui a escolha de uma estrutura de capital ideal, o vencimento médio de suas dívidas, além dos tipos específicos de financiamento que venha a utilizar. Além das decisões operacionais, os administradores devem tomar decisões sobre a estrutura de capital, visando ao aumento do valor intrínseco da empresa.

15-1 Visão geral da estrutura de capital

O valor das operações de uma empresa é o valor presente de seus fluxos de caixa livres (FCL) esperados, descontados ao custo médio ponderado de capital (CMPC):

$$V_{op} = \sum_{t=1}^{\infty} \frac{FCL_t}{(1 + CMPC)^t} \qquad \text{(15-1)}$$

O CMPC de uma empresa financiada exclusivamente por dívidas e ações ordinárias depende dos percentuais de dívidas e ações ordinárias (w_d e w_s), do custo de dívidas (r_d), do custo de ações (r_s) e da alíquota de imposto da empresa (T):

$$CMPC = w_d(1 - T)r_d + w_s r_s$$ **(15-2)**

Como essas equações demonstram, a única maneira de uma decisão mudar o valor das operações é mudando os fluxos de caixa livres esperados ou o custo do capital. Durante a leitura deste capítulo, pense sobre as maneiras em que as escolhas da estrutura de capital podem afetar o FCL ou o CMPC.

Para a empresa média no S&P 500, o índice de dívida a longo prazo em relação ao patrimônio líquido foi de cerca de 108% na primavera de 2012. Isso significa que a empresa típica tinha aproximadamente $ 1,08 de dívida para cada dólar de patrimonio líquido. No entanto, a Tabela 15-1 mostra que há enormes divergências nos índices médios para diferentes setores comerciais e para diferentes empresas em um setor. Por exemplo, o setor de tecnologia tem um índice médio bem baixo (11%) enquanto o setor de serviços públicos tem um índice bem maior (79%). Mesmo assim, dentro de cada setor há algumas empresas com baixos níveis de dívidas e outras com altos níveis. Por exemplo, o índice de dívidas médio para o setor de consumo/não cíclico é de 57%, porém nesse setor a Starbucks tem um índice de 11% enquanto a Kellogg tem um índice de 206%. Por que vemos essa variação pelas empresas e setores comerciais? Uma empresa pode se tornar mais valiosa por meio de sua escolha de estrutura de capital? Abordamos essas perguntas no decorrer do capítulo, iniciando com uma descrição do risco comercial e do risco financeiro.

TABELA 15-1
Índice de dívida de longo prazo/capital próprio para empresas e setores selecionados

SETOR E EMPRESA	ÍNDICE DE DÍVIDA A LONGO PRAZO EM RELAÇÃO AO PATRIMÔNIO LÍQUIDO	SETOR E EMPRESA	ÍNDICE DE DÍVIDA A LONGO PRAZO EM RELAÇÃO AO PATRIMÔNIO LÍQUIDO
Tecnologia	**11%**	**Bens de capital**	**57%**
Microsoft (MSFT)	17	Winnebago Industries (WGO)	0
Ricoh (RICOF.PK)	64	Caterpillar Inc. (CAT)	168
Energia	**11**	**Consumo/não cíclico**	**57**
ExxonMobil (XOM)	6	Starbucks (SBUX)	11
Chesapeake Energy (CHK)	79	Kellogg Company (K)	206
Transporte	**49**	**Serviços**	**49**
United Parcel Service (UPS)	149	Waste Management (WM)	160
United Airlines (UAL)	748	Republic Services (RSG)	89
Materiais básicos	**19**	**Serviços públicos**	**79**
Anglo American PLC (AAUKYN.MX)	30	GenOn Energy, Inc. (GEN)	82
Century Aluminum (CENX)	24	CMS Energy (CMS)	208

Fonte: Para atualizações sobre o índice de uma empresa, acesse **www.reuters.com** e insira o símbolo da bolsa de valores para visualizar a cotação das ações. Clique na aba Financials para visualizar as atualizações dos índices do setor.

Autoavaliação

1. Quais são algumas maneiras por meio das quais as decisões de estrutura de capital podem afetar o CMPC e o FCL?

15-2   Risco do negócio e risco financeiro

O risco comercial e o risco financeiro combinam-se para determinar o risco total do futuro retorno de uma empresa sobre o capital próprio, como explicaremos nas próximas seções.

15-2a Risco do negócio e alavancagem operacional

Risco do negócio é aquele risco que os acionistas ordinários enfrentariam caso a empresa não possuísse dívidas. Ou seja, é o risco embutido nas operações da empresa, decorrente da incerteza quanto aos lucros operacionais e às necessidades de capital futuras.

O risco comercial depende de uma série de fatores, começando com a variabilidade na demanda por produtos e custos de produção. Se um alto percentual dos custos de uma empresa é fixo e, assim, não declinam quando a demanda cai, então a empresa tem uma alta alavancagem operacional, que aumenta seu risco comercial.

Um nível alto de *alavancagem operacional* significa que uma mudança relativamente pequena nas vendas resultará em uma mudança relativamente grande no EBIT, nos lucros operacionais líquidos após impostos (NOPAT), no retorno sobre o capital investido (ROIC), no retorno sobre os ativos (ROA) e no retorno sobre o capital (ROE). Mantendo-se os outros fatores constantes, quanto maiores forem os custos fixos de uma empresa, maior será sua alavancagem operacional. Os custos fixos mais altos geralmente estão ligados a (1) empresas com alto nível de automatização e necessidade de capital; (2) empresas que empregam funcionários altamente qualificados que precisam ser retidos e pagos, mesmo quando as vendas estiverem em baixa; e (3) empresas com altos custos de desenvolvimento de produtos que devem ser mantidos para concluir os projetos existentes de P&D.

Para ilustrar o impacto relativo dos custos fixos contra os variáveis, considere a Strasburg Electronics, uma fabricante de componentes utilizados em telefones celulares. A Strasburg está cogitando diversas tecnologias operacionais e alternativas de financiamento. Analisaremos suas escolhas de financiamento na próxima seção, mas, por ora, vamos nos ater aos seus projetos operacionais.

A Strasburg está comparando dois projetos, cada um exigindo um investimento de capital de $ 200 milhões; considere que a empresa financiará sua escolha somente com o capital próprio. Espera-se que cada projeto possa resultar em fabricação de 100 milhões de unidades (Q) por ano a um preço de vendas (P) de $ 2 por unidade. Como mostrado na Figura 15-1, a tecnologia do Projeto A exige um custo fixo anual menor (F) do que o do Projeto U, mas o Projeto A possui custos variáveis mais altos (V). (Representamos o segundo projeto por U, pois ele não possui alavancagem financeira, e representamos o terceiro por L porque ele possui alavancagem financeira. O Projeto L será tratado na próxima seção.) A Figura 15-1 ainda traz declarações de renda projetadas e medidas selecionadas de desempenho referentes ao primeiro ano. Observe que as medidas de desempenho do Projeto U são superiores às do Projeto A caso as vendas esperadas ocorram.

Repare que as projeções da Figura 15-1 têm como base uma expectativa de vendas de 110 milhões de unidades. Mas e se a demanda for menor do que o esperado? Muitas vezes, é útil saber até que ponto as vendas podem cair antes que os lucros operacionais se tornem negativos. O **ponto de equilíbrio operacional** ocorre quando o lucro antes de juros e impostos (EBIT) chega a zero:[1]

$$EBIT = PQ - VQ - F = 0 \qquad \textbf{(15-3)}$$

Se formos resolver a quantidade de equilíbrio, Q_{BE}, teremos a seguinte expressão:

$$Q_{BE} = \frac{F}{P - V} \qquad \textbf{(15-4)}$$

As quantidades de equilíbrio dos Projetos A e U são:

$$\text{Projeto A} = Q_{BE} = \frac{\$\ 20.000}{\$\ 2,00 - \$\ 1,50} = 40\ \text{mil unidades}$$

$$\text{Projeto U} = Q_{BE} = \frac{\$\ 60.000}{\$\ 2,00 - \$\ 1,00} = 60\ \text{mil unidades}$$

---

[1] A definição do ponto de equilíbrio não inclui nenhum custo financeiro fixo, pois está voltada aos lucros operacionais. Também poderíamos examinar o lucro líquido, caso em que a empresa com dívidas teria um lucro líquido negativo, mesmo operando no ponto de equilíbrio. Os custos financeiros serão introduzidos em breve.

FIGURA 15-1

Ilustração da alavancagem operacional e financeira (em milhões de dólares e milhões de unidades, exceto os dados por unidade)

	A	B	C	D	E
17	*1. Dados de entrada*		Projeto A	Projeto U	Projeto L
18	Ativo circulante operacional exigido		$ 3	$ 3	$ 3
19	Ativo não circulante exigido		$ 199	$ 199	$ 199
20	Passivo circulante operacional resultante		$ 2	$ 2	$ 2
21	Taxa de juros		$ 202	$ 202	$ 202
22	Capital necessário (Capex)		$ 200	$ 200	$ 200
23	Valor contábil do patrimônio		$ 200	$ 200	$ 150
24	Dívida		$ 0	$ 0	$ 50
25	Taxa de juros		8%	8%	8%
26	Preço de vendas (P)		$ 2,00	$ 2,00	$ 2,00
27	Alíquota fiscal (T)		40%	40%	40%
28	Estimativa das unidades vendidas (Q)		110	110	110
29	Custos fixos (F)		$ 20	$ 60	$ 60
30	Custos variáveis (V)		$ 1,50	$ 1,00	$ 1,00
31	*2. Demonstrações do resultado*		Projeto A	Projeto U	Projeto L
32	Receita de vendas (P×Q)		$ 220,00	$ 220,00	$ 220,00
33	Custos fixos		20,00	$ 60,00	$ 60,00
34	Custos variáveis (V×Q)		$ 165,00	$ 110,0	$ 110,00
35	EBIT		$ 35,00	$ 50,00	$ 50,00
36	Juros		$ 0,00	$ 0,00	$ 4,00
37	EBT		$ 35,00	$ 50,00	$ 46,00
38	Impostos		$ 14,00	$ 20,00	$ 18,40
39	Lucro líquido		$ 21,00	$ 30,00	$ 27,60
40	*3. Principais Indicadores de desempenho*		Projeto A	Projeto U	Projeto L
41	Nopat = Ebit (1–T)		$ 21,0	$ 30,00	$ 30,00
42	ROIC = Nopat/capital		10,5%	15,0%	15,0%
43	ROA = NI/Total		10,4%	14,9%	13,7%
44	ROE = Lucro líquido/patrimônio		10,5%	15,0%	18,4%

Nota:

O ROA não é exatamente igual a ROE para o Projeto L ou Projeto U porque os ativos totais não são bem iguais ao patrimônio para esses projetos. Isso ocorre porque os passivos circulantes atuais, como contas a pagar e acréscimos, reduzem o investimento de capital exigido do patrimônio.

O Projeto A será lucrativo se as vendas das unidades ficarem acima de 40 mil, ao passo que o Projeto U necessita de 60 mil unidades vendidas para ser lucrativo. Essa diferença ocorre por conta dos custos fixos mais elevados do Projeto U; logo, é necessário vender mais unidades para cobri-los. O Gráfico A da Figura 15-2 ilustra a lucratividade operacional desses dois projetos para níveis diferentes de vendas de unidades. Como essas companhias não têm dívidas, o retorno sobre ativos mede a lucratividade operacional; relatamos o ROA em vez do EBIT para facilitar comparações quando discutirmos o risco financeiro na próxima seção.

Suponha que as vendas tenham atingido 80 milhões de unidades. Nesse caso, o ROA será idêntico para cada projeto. Conforme as vendas de unidades começarem a passar da marca de 80 milhões, a lucratividade dos dois projetos aumentará, mas o ROA terá um aumento maior para o Projeto U do que para o A. Se as vendas ficarem abaixo de 80 milhões, os dois projetos serão menos lucrativos, mas o ROA terá uma maior queda para o Projeto U do que para o A. Isso ilustra que a combinação de custos fixos mais altos e custos variáveis mais baixos aumenta seu ganho ou perda em relação ao Projeto A. Ou seja, já que o Projeto U possui maior alavancagem operacional, ele também possui maior risco de negócio.

15-2b Risco financeiro e alavancagem financeira

Risco financeiro é o risco adicional a que os acionistas ordinários são expostos em virtude da decisão de financiar com dívida.[2] Na prática, os acionistas enfrentam certo risco que é próprio das operações de uma empresa – esse é o risco do negócio definido como a incerteza nas projeções do EBIT, Nopat e ROIC futuros.

---

[2] As ações preferenciais também contribuem para o risco financeiro. Para simplificarmos, examinaremos somente a dívida e o capital próprio neste capítulo.

FIGURA 15-2

Alavancagens operacional e financeira

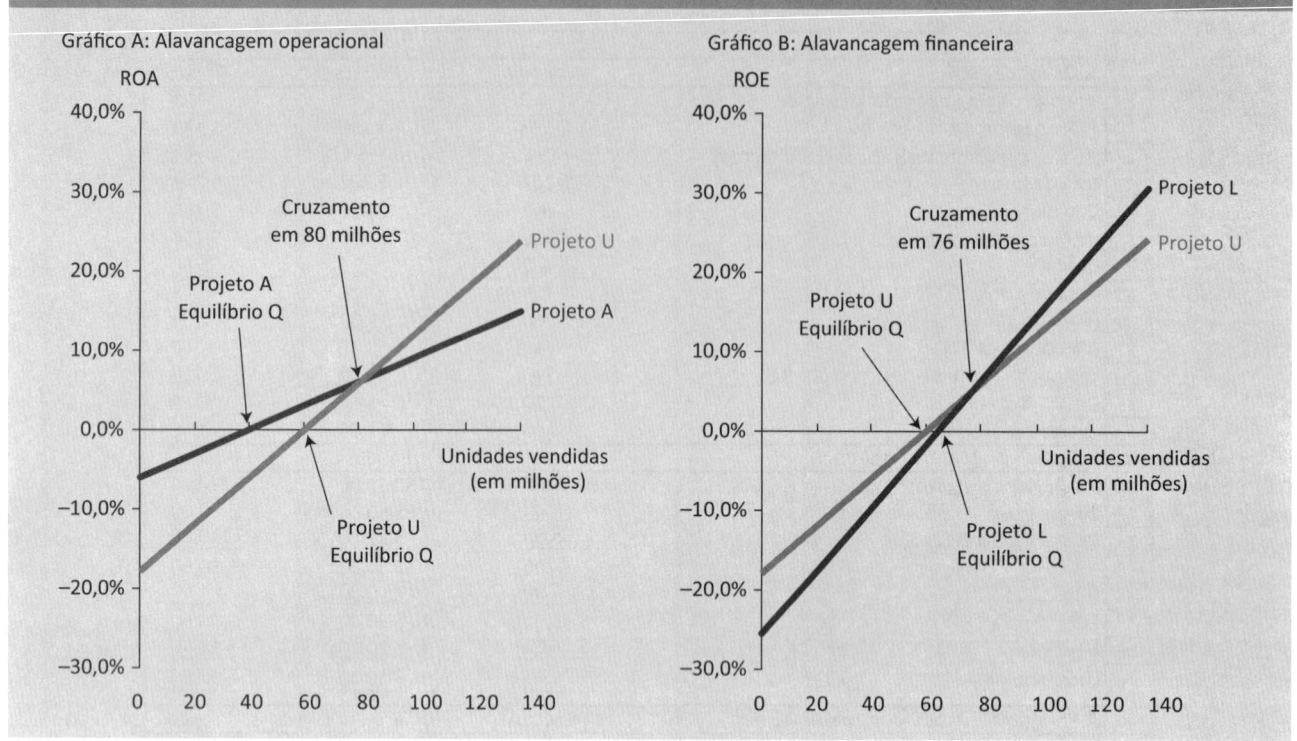

© Cengage Learning 2014

Se uma empresa utilizar dívida (alavancagem financeira), o risco do negócio ficará concentrado nos acionistas ordinários. Para ilustrar, suponha que dez pessoas decidam constituir uma empresa para fabricar dispositivos de armazenamento móvel. Há um determinado risco de negócio nessa operação. Se a empresa for capitalizada somente com o capital próprio e cada pessoa comprar 10% das ações, cada investidor terá uma porção igual do risco do negócio. Contudo, suponha que a empresa seja capitalizada 50% por dívidas e 50% pelo capital próprio, com cinco investidores aplicando seu dinheiro ao comprarem debêntures, e outros cinco investidores comprando ações. Nesse caso, os cinco debenturistas serão pagos antes dos cinco acionistas, portanto *praticamente todo* o risco do negócio é assumido pelos acionistas. Assim, o uso de dívidas, ou **alavancagem financeira**, concentra o risco do negócio nos acionistas.[3]

Para ilustrarmos o impacto do risco financeiro, podemos voltar ao exemplo da Strasburg Electronics. No princípio, a Strasburg decidiu utilizar a tecnologia do Projeto U, que não é alavancada (financiada somente com capital próprio), mas agora cogita o financiamento da tecnologia com $ 150 milhões do capital próprio e $ 50 milhões em dívidas a uma taxa de juros de 8%, conforme mostrado no projeto L da Figura 15-1 (lembre-se de que o L significa alavancagem). Compare os Projetos U e L. Repare que o ROIC de 15% é o mesmo para os dois projetos, pois a escolha de financiamento não afeta as operações. O Projeto L possui lucro líquido menor ($ 27,6 milhões contra $ 30 milhões), pois precisa pagar juros, mas também tem um ROE maior (18,4%), já que o lucro líquido é dividido por uma base de capital próprio menor.[4]

Mas a história não para com um ROE mais alto com alavancagem financeira. Assim como a alavancagem operacional acrescenta risco, a financeira também. O gráfico B da Figura 15-2 mostra o ROE do Projeto L em relação à quantidade vendida. (Lembre-se de que o ROIC do Projeto U é o mesmo do projeto L, já que a alavancagem não afeta o desempenho operacional. Além disso, o ROE do Projeto U é igual ao seu ROIC, pois ele não possui alavancagem.)

---

[3] Os debenturistas normalmente assumem uma parcela do risco do negócio, pois podem perder parte de seu investimento se a empresa for à falência. Discutiremos esse assunto com mais detalhes ainda neste capítulo.

[4] Lembre-se de que a Strasburg possui $ 202 milhões nos ativos totais, sendo todos eles ativos operacionais. Com $ 2 milhões em passivos circulantes operacionais, a Strasburg possui $ 202 – $ 2 = $ 200 milhões em capital operacional, que deve ser financiado com uma combinação de dívida e patrimônio.

Quando a quantidade vendida é de 76 milhões, ambos os planos têm um ROIC de 4,8% .O custo da dívida após impostos também é de 8% (1 – 0,40) = 4,8%, o que não é coincidência. À medida que o ROIC aumenta acima de 4,8%, o ROE aumenta para cada plano, mas mais para o Plano L do que para o Plano U. Entretanto, se o ROIC cair abaixo de 4,8%, então o ROE cai mais para o Plano L do que para o Plano U. Desse modo, a alavancagem financeira amplia o ROE para o bem ou para o mal, dependendo do ROIC, e assim, aumenta o risco de uma companhia alavancada em relação a uma companhia não alavancada.

Portanto, verificamos que a utilização da alavancagem traz efeitos bons e ruins: se o ROIC esperado for maior que o custo da dívida após o pagamento de impostos, a maior alavancagem aumentará o ROE esperado, mas também aumentará o risco.

Autoavaliação

1. O que é risco do negócio e como é possível medi-lo?
2. Cite alguns determinantes do risco do negócio.
3. Como a alavancagem operacional afeta o risco do negócio?
4. O que é risco financeiro e como ele ocorre?
5. Explique a seguinte afirmação: "A alavancagem tem seu lado bom e ruim".
6. Uma empresa fixou seus custos operacionais em $ 100 mil, e custos variáveis em $ 4 por unidade. Se ela vender o produto em $ 6 por unidade, qual será a quantidade de equilíbrio? **(50 mil)**

15-3 Teoria da estrutura de capital

Na seção anterior, explicamos como as escolhas quanto à estrutura de capital afetam o ROE e o risco de uma empresa. Em virtude de diversos fatores, esperamos que as estruturas de capital variem consideravelmente de acordo com o setor. Por exemplo, as empresas farmacêuticas geralmente possuem estruturas de capital bem diferentes das companhias aéreas. Além disso, as estruturas de capital variam entre as empresas de um determinado setor. Quais são os fatores que explicam essas diferenças? Na tentativa de responder a essa pergunta, acadêmicos e profissionais desenvolveram uma série de teorias, que passaram por diversos testes empíricos. As próximas seções examinam muitas dessas teorias.[5]

15-3a Modigliani e Miller: sem impostos

A teoria de estrutura de capital moderna começou em 1958, quando os professores Franco Modigliani e Merton Miller (doravante denominados MM) publicaram o que é considerado o artigo financeiro mais influente já escrito.[6] O estudo de MM foi fundamentado em duas fortes suposições, entre as quais se destacam:

1. Não há custos de corretagem.
2. Não há impostos.
3. Não há custos de falência.
4. Os investidores podem tomar empréstimos às mesmas taxas das empresas
5. Todos os investidores possuem as mesmas informações que a administração quanto às futuras oportunidades de investimento.
6. O EBIT não é afetado pelo uso de dívidas.

Modigliano e Miller imaginaram duas carteiras hipotéticas. A primeira contém todo o capital próprio de uma empresa não alavancada; então, o valor da carteira é V_U, o valor de uma empresa não alavancada. Já que a empresa não tem crescimento (o que significa que não precisa investir em nenhum ativo líquido) e pelo fato

---

[5] Para mais abordagens sobre as teorias de estrutura de capital, veja John C. Easterwood e Palani-Rajan Kada-pakkam, "The role of private and public debt in corporate capital structures", *Financial Management*, p. 49-57, 1991; Gerald T. Garvey, "Leveraging the underinvestment problem: how high debt and management shareholdings solve the agency costs of free cash flow", *Journal of Financial Research*, p. 149-166, 1992; Milton Harris e Artur Raviv, "Capital structure and the informational role of debt", *Journal of Finance*, p. 321-349, jun. 1990; e Ronen Israel, "Capital structure and the market for corporate control: the defensive role of debt financing", *Journal of Finance*, p. 1.391-1.409, set. 1991.

[6] Franco Modigliani e Merton H. Miller, "The cost of capital, corporation finance, and the theory of investment," *American Economic Review*, jun. de 1958, p. 261–297. Tanto Modigliani quanto Miller receberam um Prêmio Nobel por seu trabalho.

de não ter de pagar impostos, ela pode distribuir todo o seu EBIT na forma de dividendos. Portanto, o fluxo de caixa proveniente da primeira carteira é igual ao EBIT.

Agora, consideremos uma segunda empresa que é idêntica àquela não alavancada, *exceto* por ser parcialmente financiada com dívidas. A segunda carteira contém todas as ações da empresa alavancada (S_L) e dívidas (D); logo, o valor da carteira é V_L, o valor total da empresa alavancada. Se a taxa de juros for r_d, a empresa alavancada pagará juros na quantia r_dD. Como não está em crescimento e não paga impostos, é possível distribuir os dividendos na quantia EBIT – r_dD. Se você possuísse todas as dívidas e o capital próprio da empresa, seu fluxo de caixa seria igual à soma dos juros e dos dividendos: r_dD + (EBIT – r_dD) = EBIT. Portanto, o fluxo de caixa da segunda carteira é igual ao EBIT.

Observe que os fluxos de caixa das duas carteiras são iguais ao EBIT. Desse modo, MM concluíram que duas carteiras que produzem os mesmos fluxos de caixa devem ter o mesmo valor:[7]

$$V_L = V_U = S_L + D \qquad \textbf{(15-5)}$$

Considerando suas premissas, MM provaram que o valor de uma empresa não é afetado por sua estrutura de capital.

Lembre-se de que o CMPC é uma combinação do custo da dívida com o custo de capital próprio relativamente mais alto, r_s. Conforme a alavancagem aumenta, a dívida de baixo custo recebe mais peso, mas o capital próprio fica mais arriscado, o que aumenta o r_s. De acordo com as premissas de MM, r_s tem um aumento que é exatamente o necessário para manter o CMPC constante. Em outras palavras: se as premissas de MM estiverem corretas, não importa como uma empresa financia suas operações, e, portanto, as decisões sobre estrutura de capital são irrelevantes.

Apesar de algumas premissas serem claramente utópicas, a teoria da irrelevância de MM é extremamente importante. Ao indicarem as condições em que a estrutura de capital é irrelevante, MM também nos deram pistas sobre o que é necessário para a estrutura de capital ser relevante e, consequentemente, afetar o valor de uma empresa. O estudo de MM marcou o início de pesquisas modernas sobre estrutura de capital, e as pesquisas posteriores tiveram o objetivo de atenuar as premissas de MM para desenvolver uma teoria mais realística sobre estrutura de capital.

O processo de pensamento de MM foi tão importante quanto sua conclusão. Pode parecer simples agora, mas a ideia de que duas carteiras com fluxos de caixa idênticos também deveriam ter valores idênticos revolucionou o mundo financeiro, pois levou ao desenvolvimento de opções e derivativos. Não é de admirar que MM tenham recebido o Prêmio Nobel por seu trabalho.

15-3b Modigliani e Miller II: o efeito dos impostos de pessoa jurídica

Em 1963, MM publicaram uma continuação do seu estudo, atenuando a premissa de que não há impostos de pessoa jurídica.[8] O Código Tributário dos Estados Unidos permite que as empresas deduzam os pagamentos de juros como despesa, mas a distribuição de dividendos aos acionistas não é dedutível. O tratamento diferenciado incentiva as empresas a utilizar dívidas em suas estruturas de capital. Isso significa que os pagamentos de juros reduzem os impostos pagos por uma empresa, e, se ela paga menos ao governo, uma parte maior de seu fluxo de caixa fica disponível para seus investidores. Ou seja, a dedutibilidade dos impostos dos pagamentos de juros protege o lucro de uma empresa antes do pagamento de impostos.

Para ilustrar, consulte a Figura 15-1 e veja que o Projeto U (sem dívidas) paga impostos de $ 20, porém o Projeto L (com alavancagem) paga impostos de apenas $18,40. O que acontece com a diferença de $ 1,60 = $ 20 – $ 18,40? Observe que o Projeto U tem $ 30 de lucro líquido para os acionistas, mas tem $ 4 de juros

---

[7] Eles na realidade mostraram que se os valores das duas carteiras diferirem, então um investidor poderá se engajar em arbitragem sem risco: o investidor poderá criar uma estratégia de negociação (comprar uma carteira e vender a outra a descoberto) que não tenha risco, que não exija caixa do próprio investidor e resulte em um fluxo de caixa positivo para o investidor. Esta seria uma estratégia desejável para todos que tentassem implementá-la. Mas se todo mundo tentar comprar a mesma carteira, seu preço será impulsionado para cima pela demanda de mercado, e se todo mundo tentar vender a descoberto uma carteira, seu preço será dirigido para baixo. O resultado líquido da atividade de negociação será modificar os valores da carteira até se igualarem, e mais nenhuma arbitragem será possível.

[8] Franco Modigliani e Merton H. Miller, "Corporate income taxes and the cost of capital: a correction", *American Economic Review*, p. 433-443, jun. 1963.

Yogi Berra e a proposição de MM

Quando a garçonete perguntou a Yogi Berra (receptor do New York Yankees, que entrou para o Baseball Hall of Fame) se queria que sua pizza fosse cortada em quatro ou oito pedaços, Yogi respondeu: "Corte em quatro. Acho que não consigo comer oito pedaços."[a]

O gracejo de Yogi ajuda a transmitir a ideia básica de Modigliani e Miller. A escolha da empresa "fatia" a distribuição dos fluxos de caixa futuros da mesma forma que se fatia uma pizza. Modigliani e Miller perceberam que fixar as atividades de investimento de uma empresa é a mesma coisa que fixar o tamanho da pizza: a ausência de custos da informação significa que todos veem a mesma pizza, a ausência de impostos é como se o IRS não

recebesse nenhum pedaço da pizza, e a ausência de custos de contratação é como se não ficasse nada na faca.

Portanto, da mesma forma que a essência da refeição de Yogi não será afetada pelo fato de a pizza estar dividida em quatro ou oito pedaços, a essência econômica da empresa não é afetada pelo fato de o lado do passivo no balanço patrimonial estar dividido de forma que inclua mais ou menos dívidas – pelo menos de acordo com as premissas de MM.

[a]Lee Green. *Sportswit*. Nova York: Fawcett Crest, 1984, p. 228.
Fonte: "Yogi Berra on the MM proposition", *Journal of Applied Corporate Finance*, p. 6, 1995. Reimpresso com a permissão da John Wiley & Sons, Ltd.

para os detentores dos títulos de dívidas e $ 27,60 de lucro líquido para os acionistas por um total combinado de $ 31,60, que é exatamente $ 1,60 maior que o do Projeto U. Com mais fluxos de caixa disponíveis para os investidores, o valor total de uma empresa alavancada deve ser maior que o de uma firma desalavancada, e isto é o que MM mostraram.

Como em seu estudo anterior, MM apresentaram uma segunda abordagem importante do efeito da estrutura de capital: o valor de uma empresa alavancada é igual ao de uma empresa idêntica não alavancada mais o valor dos "efeitos colaterais". Enquanto outros discorreram sobre essa ideia considerando os outros efeitos colaterais, MM deram ênfase ao benefício fiscal:

$$V_L = V_U + \text{Valor dos efeitos colaterais} = V_U + \text{PV do benefício fiscal} \qquad \textbf{(15-6)}$$

De acordo com suas premissas, eles demonstraram que o valor presente do benefício fiscal é igual à alíquota de imposto de pessoa jurídica multiplicada pelo montante de dívida, D:

$$V_L = V_U + TD \qquad \textbf{(15-7)}$$

Uma alíquota de imposto de aproximadamente 40% significa que cada dólar de dívida acrescenta cerca de 40 centavos de valor à empresa, o que leva à conclusão de que a estrutura ótima de capital é praticamente composta 100% por dívidas. MM também mostraram que o custo do capital próprio, r_s, aumenta de acordo com a alavancagem, mas não tem um aumento tão rápido quanto teria se não houvesse impostos. Consequentemente, de acordo com MM, com impostos, o CMPC cai à medida que são acrescentadas dívidas.

15-3c Miller: o efeito de impostos de pessoa física e jurídica

Posteriormente, Merton Miller (dessa vez, sem Modigliani) abordou os efeitos dos impostos de pessoa física.[9] O rendimento proveniente de títulos de dívida geralmente é composto de juros, que é tributado como renda pessoal a alíquotas (T_d) de até 35% nos EUA 35%, enquanto o lucro proveniente de ações normalmente é constituído parte por dividendos e parte por ganhos de capital. Os ganhos de capital de longo prazo são tributados a uma alíquota de 15%, imposto que é diferido até que a ação seja vendida, e o ganho, realizado. Caso uma ação seja mantida até o falecimento de seu proprietário, nenhum imposto sobre ganhos de capital

[9] Veja Merton H. Miller, "Debt and taxes", *Journal of Finance*, p. 261-75, maio 1977.

precisa ser pago. Logo, em média, os retornos sobre ações são tributados a alíquotas efetivas (T_s) menores que os retornos sobre dívidas.[10]

Por conta da situação tributária, Miller deduziu que os investidores preferem aceitar retornos antes de impostos relativamente baixos sobre ações e não retornos antes de impostos sobre títulos de dívida. (Essa situação é semelhante aos títulos municipais isentos de impostos abordados no Capítulo 5 e às ações preferenciais detidas por investidores de empresas, conforme discutido no Capítulo 7.) Por exemplo, um investidor pode exigir um retorno de 10% sobre os títulos da Strasburg, e, se o lucro das ações for tributado à mesma alíquota que o lucro proveniente dos títulos, a taxa de retorno exigido sobre as ações da Strasburg seria de 16% por conta do risco mais alto das ações. Contudo, considerando o tratamento favorável do lucro das ações, os investidores aceitariam um retorno sobre as ações antes do pagamento de impostos de apenas 14%.

Portanto, como Miller destacou, (1) a *dedutibilidade dos juros* favorece o uso do financiamento de dívidas; mas (2) o *tratamento tributário mais favorável ao lucro proveniente de ações* diminui a taxa de retorno exigido sobre as ações, favorecendo, assim, o uso do financiamento de capital próprio.

Miller demonstrou que o impacto líquido dos impostos de pessoa física e jurídica é obtido por esta equação:

$$V_L = V_U + \left[1 - \frac{(1 - T_c)(1 - T_s)}{(1 - T_d)}\right] D \qquad \textbf{(15-8)}$$

Aqui, T_c é a alíquota de imposto de pessoa jurídica; T_s, a alíquota de imposto de pessoa física sobre o lucro proveniente das ações; e T_d, a alíquota de imposto sobre receita de dívida. Miller afirmou que as alíquotas marginais sobre as ações e dívidas se equilibravam de forma que a expressão entre colchetes na Equação 15-8 é igual a zero; logo, $V_L = V_U$, mas a maioria dos observadores acredita que as dívidas ainda possuem uma vantagem tributária se forem presumidos valores de alíquotas razoáveis. Por exemplo, se a alíquota marginal de pessoa jurídica for de 40% e a alíquota marginal sobre dívidas é de 30%, e sobre ações é de 12%, a vantagem do financiamento de dívida será:

$$V_L = V_U + \left[1 - \frac{(1 - 0{,}40)(1 - 0{,}12)}{(1 - 0{,}30)}\right] D \qquad \textbf{(15-8a)}$$
$$= V_U + 0{,}25D$$

Portanto, parece que a presença de impostos de pessoa física reduz, mas não elimina completamente, a vantagem do financiamento de dívidas.

15-3d Teoria de *trade-off*

Os resultados de Modigliani e Miller também dependem da premissa de que não há **custos de falência**. A falência pode sair bem cara. As empresas em processo de falência têm despesas contábeis e judiciais muito altas, além de ser difícil reter clientes, fornecedores e funcionários. Além disso, a falência muitas vezes força a empresa a liquidar ou vender ativos por um valor menor do que valeriam se a empresa continuasse em operação. Por exemplo, se uma produtora de aço fechar as portas, provavelmente será difícil encontrar compradores para os altos-fornos da empresa. Esses bens normalmente são ilíquidos por serem adequados às necessidades individuais da empresa, além de serem difíceis de desmontar e transportar.

Observe ainda que a *ameaça de falência*, e não a falência propriamente dita, causa muitos desses problemas. Os principais funcionários abandonam a empresa, fornecedores se recusam a conceder crédito, clientes buscam fornecedores mais estáveis e os credores exigem taxas de juros mais altas e impõem garantias mais restritivas caso haja possibilidade de falência. Portanto, até mesmo a ameaça de falência pode provocar a queda dos fluxos de caixa livres, causando mais declínios no valor de uma empresa.

---

[10] O Código Tributário dos Estados Unidos não é simples assim. Um número crescente de investidores enfrenta o imposto mínimo alternativo (AMT). O AMT impõe uma alíquota de 28% sobre a maioria do lucro e uma alíquota efetiva de 22% sobre ganhos de capital de longo prazo e dividendos. No AMT, ainda há um *spread* entre as alíquotas sobre receita de juros e receita de ações, mas é um *spread* menor. Veja Leonard Burman et al., "The AMT: what's wrong and how to fix it", *National Tax Journal*, p. 385-405, set. 2007.

Os problemas ligados à falência têm maior probabilidade de surgir quando uma empresa inclui dívidas demais em sua estrutura de capital. Portanto, os custos de falência impedem que as empresas elevem suas dívidas a níveis excessivos.

Os custos ligados à falência possuem dois componentes: (1) a probabilidade de dificuldades financeiras; e (2) os custos que serão incorridos caso essa crise ocorra. Em condições iguais, as empresas cujos lucros são mais voláteis enfrentam um risco maior de falência e, portanto, devem utilizar menos dívidas do que as empresas mais estáveis. Isso está em consonância com nossa conclusão anterior de que empresas com alta alavancagem operacional e, portanto, maior risco do negócio devem limitar o uso da alavancagem financeira. Da mesma forma, empresas que tiverem custos altos em caso de dificuldades financeiras também devem depender menos de dívida. Por exemplo, as empresas cujos ativos são ilíquidos e que, por conta disso, terão de ser vendidos a preços de "queima de estoque" deveriam limitar seu uso de financiamento de dívida.

Os argumentos expostos levaram ao desenvolvimento do que é denominada teoria de *trade-off* de alavancagem, em que as empresas equilibram os benefícios do financiamento de dívida (tratamento favorável de impostos de pessoa jurídica) em relação às taxas de juros e aos custos de falência mais altos. Basicamente, a **teoria de *trade-off*** afirma que o valor de uma empresa alavancada é igual ao valor de uma empresa não alavancada mais o valor de quaisquer efeitos colaterais, que incluem benefícios fiscais e os custos esperados por conta de dificuldades financeiras. O gráfico da Figura 15-3 resume a teoria de *trade-off*, e, a seguir, temos uma lista com as observações sobre a figura.

1. De acordo com as premissas do modelo de MM em relação aos impostos de pessoa jurídica, o valor de uma empresa aumenta linearmente para cada dólar de dívida. A linha com a legenda "Resultado de MM com a incorporação da tributação de pessoa jurídica" na Figura 15-3 mostra o relacionamento entre valor e dívida segundo essas premissas.

2. Há um nível de limite de dívida, indicado por D_1 na Figura 15-3, abaixo do qual a probabilidade de falência é tão baixa que é como se não existisse. Contudo, acima de D_1, os custos de falência previstos tornam-se cada vez mais relevantes e reduzem os benefícios fiscais das dívidas a uma taxa crescente. No intervalo entre D_1 e D_2, custos de falência previstos reduzem, mas não compensam totalmente, os benefícios fiscais da dívida; logo, o preço das ações sobe (ainda que a uma taxa decrescente) à medida que o índice de endividamento aumenta. Todavia, acima de D_2, os custos de falência previstos excedem os benefícios fiscais; assim, desse ponto em diante, o aumento do índice de endividamento reduz o valor das ações. Portanto, D_2 é a estrutura ótima de capital. Obviamente, D_1 e D_2 variam de acordo com a empresa, dependendo de seus riscos do negócio e custos de falência.

FIGURA 15-3

Efeito da alavancagem financeira sobre o valor

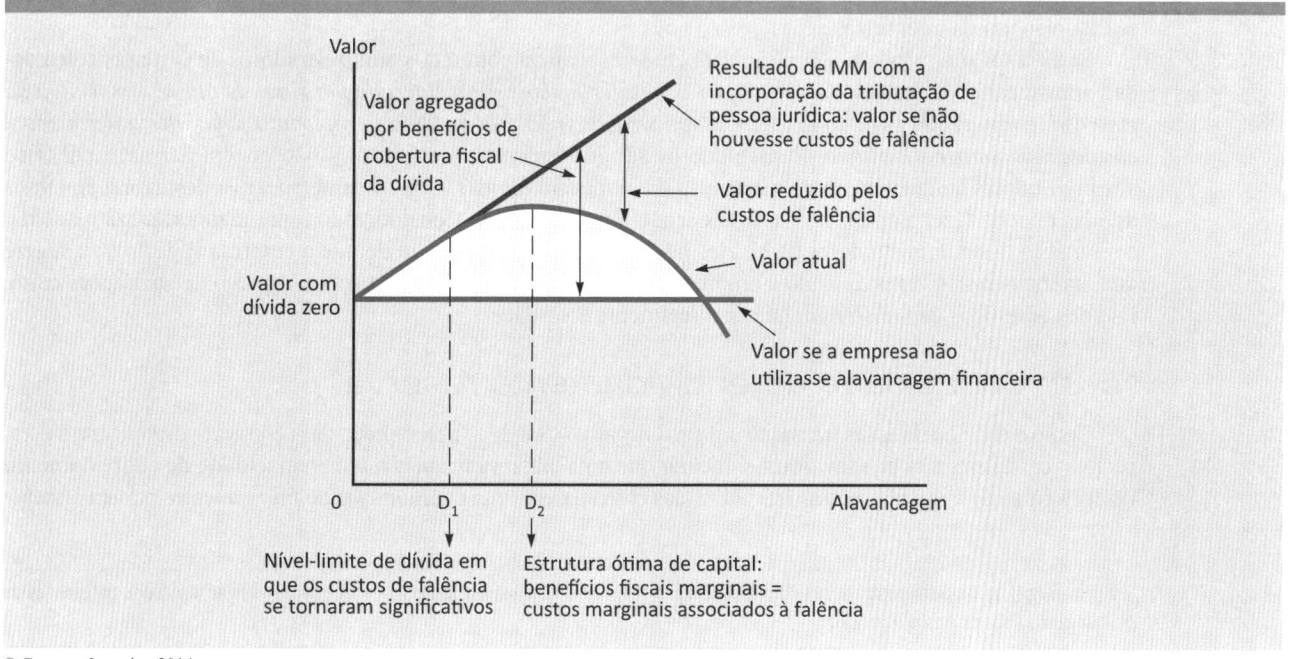

3. Embora os estudos teóricos e empíricos confirmem o formato geral da curva da Figura 15-3, deve-se considerar esse gráfico como uma aproximação, e não como uma função precisamente definida.

15-3e Teoria da sinalização

MM presumiram que os investidores possuem as mesmas informações sobre o futuro de uma empresa que seus administradores – isso é denominado **informação simétrica**. Porém, os administradores, muitas vezes, possuem informações melhores do que as dos investidores externos. Isso é denominado **informação assimétrica** e tem um efeito importante sobre a estrutura ótima de capital. Para entender o porquê, considere duas situações: em uma, da empresa sabem que suas perspectivas são extremamente positivas (empresa P); na outra, os administradores sabem que a perspectiva parece ser negativa (empresa N).

Por exemplo, suponhamos que os laboratórios de P&D da empresa P tenham descoberto uma cura para o resfriado. Eles não podem dar detalhes do novo produto para os investidores porque podem dar alguma vantagem aos concorrentes. Mas, se eles não o fizerem, os investidores irão subestimar o valor da descoberta. Dada a incapacidade de fornecer informações precisas e confirmáveis ao mercado, como a administração da Empresa P deverá levantar o capital necessário?

Suponha que a Empresa P venda ações. Quando os lucros do novo produto começarem a entrar, o preço das ações aumentará consideravelmente e os compradores das novas ações terão alta rentabilidade. Os acionistas atuais (inclusive os administradores) também lucrarão, mas não tanto quanto se a empresa não tivesse vendido ações antes de o preço subir, pois, nesse caso, eles não teriam de dividir os benefícios do novo produto com os novos acionistas. *Portanto, esperamos que uma empresa com perspectivas bastante positivas evite vender ações e, em vez disso, levante o capital necessário por outros meios, inclusive uso de dívidas além da estrutura de capital-alvo normal.*[11]

Agora, considere a empresa N. Suponhamos que os administradores possuam informações de que os novos pedidos caíram consideravelmente pelo fato de um concorrente ter implantado uma nova tecnologia que melhorou a qualidade de seus produtos. A empresa N terá de atualizar suas instalações a um custo alto, somente para manter suas vendas atuais. Consequentemente, seu retorno sobre investimento cairá (mas não tanto quanto se ela não tomasse nenhuma medida, o que levaria a um prejuízo de 100% por conta da falência). Como a empresa N deveria levantar o capital necessário? Aqui, a situação é justamente o contrário da empresa P, que não queria vender ações para evitar a divisão de benefícios de empreendimentos futuros. *Porém, seria melhor que uma empresa com perspectivas negativas vendesse ações, o que significaria novos investidores com quem os prejuízos seriam divididos!*[12] Conclui-se que as empresas com perspectivas extremamente favoráveis preferem não levantar capital por meio de ofertas de novas ações; já as que possuem perspectivas negativas gostam de financiamento com capital externo. Como você, na qualidade de investidor, reagiria a essa conclusão? Você deveria dizer: "Se eu percebesse que uma empresa planeja emitir novas ações, ficaria preocupado, pois sei que a administração não emitiria ações se a perspectiva da empresa fosse positiva. Entretanto, a administração *emitiria* ações se a situação fosse ruim. Portanto, mantendo-se os outros fatores constantes, a minha estimativa sobre o valor da empresa cairia se esta planejasse emitir novas ações".

Se essa foi sua resposta, sua visão está em consonância com a dos administradores de carteiras sofisticadas. Em suma: *o anúncio de uma oferta de ações geralmente é considerado um **sinal** de que a perspectiva da empresa, considerada por sua própria administração, não é boa. Em contrapartida, uma oferta de dívida é considerada um sinal positivo.* Repare que os administradores da empresa N não podem dar um sinal falso aos investidores ao fazerem como a empresa P e emitirem dívidas. Com essa perspectiva desfavorável, emitir dívidas poderia fazer a empresa N ir à falência em pouco tempo. Considerando o prejuízo à riqueza pessoal e à reputação dos administradores da N, eles não podem ter a mesma atitude que a empresa P. Tudo isso sugere que, na maioria das vezes, quando a empresa anunciar uma nova oferta de ações, o preço de suas ações cairá. Estudos empíricos demonstraram que isso realmente é verdade.

15-3f Capacidade de endividamento reserva

Como a emissão de ações transmite um sinal negativo e tende a fazer o preço das ações cair, mesmo que a perspectiva real da empresa seja favorável, é melhor que uma empresa mantenha uma **capacidade de endividamento reserva** para que as dívidas possam ser utilizadas caso apareça uma oportunidade de investimentos particularmente

---

[11] Seria ilegal se os administradores da empresa P comprassem pessoalmente mais ações com base em suas informações privilegiadas sobre o novo produto.

[12] Obviamente, a empresa N teria de divulgar determinadas questões ao oferecer novas ações ao público, mas é possível atender às exigências legais sem divulgar os piores receios da administração.

boa. Isso significa que, *em uma situação normal, as empresas devem utilizar mais capital próprio e menos dívida do que é sugerido pelo modelo de equilíbrio entre benefício fiscal e custo de falência, ilustrado na Figura 15-3.*

15-3g Hipótese de ordem de preferência

A presença dos custos de lançamento e das informações assimétricas pode fazer uma empresa levantar capital de acordo com uma **ordem de preferência**. Nessa situação, uma empresa primeiro levanta capital internamente por meio do reinvestimento de seu lucro líquido e da venda de seus títulos mobiliários de curto prazo. Quando essa fonte de fundos se esgotar, a empresa emitirá dívidas e, talvez, ações preferenciais. Ela emitirá ações ordinárias somente como último recurso.[13]

15-3h Uso do financiamento de dívidas para limitar os administradores

É possível que ocorram problemas de agência se os acionistas e administradores tiverem objetivos diferentes. Esses conflitos são mais prováveis quando os administradores da empresa têm uma quantidade excessiva de dinheiro à sua disposição. Os administradores muitas vezes utilizam o caixa excedente para financiar seus projetos prediletos ou regalias supérfluas, como escritórios mais elegantes, jatos executivos, camarotes corporativos em estádios – que não têm muito a ver com a maximização do preço das ações. Pior ainda, eles podem se sentir tentados a pagar um valor excessivo por uma aquisição, algo que custaria centenas de milhões de dólares aos acionistas. Em contrapartida, os administradores com um "fluxo de caixa excedente" limitado possuem mais dificuldade de ter despesas supérfluas.

As empresas podem reduzir o fluxo de caixa excedente de diversas formas. Uma maneira é canalizar uma porção dele de volta aos acionistas na forma de dividendos mais altos ou recompras de ações. Outra opção é direcionar a estrutura de capital ao aumento de dívidas na esperança de que as exigências de serviço de dívidas mais altas obriguem os administradores a ter mais disciplina. Caso a dívida não seja tratada da maneira necessária, a empresa irá à falência e seus administradores provavelmente perderão seus empregos. Portanto, é pouco provável que o administrador compre aquele jato executivo caríssimo se a empresa tiver exigências de serviço das dívidas altas que podem lhe custar o emprego. Em suma, os altos níveis de dívida **limitam o fluxo de caixa**, porque boa parte dele está predestinada ao serviço da dívida.

A **aquisição alavancada (*leveraged buyout* – LBO)** é uma maneira de limitar o fluxo de caixa. Em uma LBO, um grande montante de dívidas e um pequeno montante de caixa são utilizados para financiar a compra das ações de uma empresa, após a qual esta se torna "privada". A primeira onda de LBOs se deu em meados da década de 1980, em que os fundos de participações lideraram as aquisições do fim da década de 1990 e início do século XXI. Muitas dessas LBOs visavam especificamente reduzir os gastos desnecessários. Conforme foi ressaltado, o pagamento de dívidas altas força os administradores a conservar caixa, eliminando as despesas supérfluas.

Evidentemente, o aumento das dívidas e a redução do fluxo de caixa disponível também têm seu lado negativo: essas medidas aumentam o risco de falência. Ben Bernanke (quarto trimestre de 2012) presidente do Banco Central norte-americano, afirmou que acrescentar dívida à estrutura de capital de uma empresa é a mesma coisa que colocar um punhal no meio do volante de um carro.[14] O punhal – que está apontado para o seu estômago – faz você dirigir com mais cuidado, mas, mesmo assim, você será apunhalado se alguém bater em seu carro. Essa analogia se aplica às empresas no seguinte sentido: as dívidas altas obrigam os administradores a ter mais cuidado com o dinheiro dos acionistas, contudo mesmo empresas bem administradas podem ir à falência (ser apunhaladas) se ocorrer alguma situação que fuja ao controle delas: guerras, terremotos, greves ou crises. Para completar a analogia, a decisão sobre a estrutura do capital é como a decisão dos acionistas sobre qual o tamanho do punhal que manterá os administradores na linha.

Por fim, muitas dívidas podem limitar demais os administradores. Grande parte da riqueza pessoal e da reputação dos administradores está ligada somente a uma empresa; logo, eles não são bem diversificados. Ao deparar com um projeto de NPV positivo, mas arriscado, um administrador pode decidir que não vale a pena assumir o risco, apesar de os acionistas bem diversificados poderem considerar o risco aceitável. Como mencionamos anteriormente, esse é um problema de subinvestimento. Quanto mais dívidas a empresa tiver, maior será a probabilidade de dificuldades financeiras e, portanto, maior a probabilidade de que os administradores abram mão de projetos arriscados, mesmo se possuírem um NPV positivo.

---

[13] Para obter mais informações, veja Jonathon Baskin, "An empirical investigation of the pecking order hypothesis", *Financial Management*, p. 26-35, 1989.

[14] Veja Ben Bernanke, "Is there too much corporate debt?", *Federal Reserve Bank of Philadelphia Business Review*, p. 3-13, set./out. 1989.

15-3i Conjunto de oportunidades de investimento e capacidade de endividamento reserva

A falência e as dificuldades financeiras têm custos muito elevados, e, como ratificamos, isso pode impedir que as empresas alavancadas assumam novos investimentos arriscados. Caso os possíveis novos investimentos, apesar de arriscados, possuam valores presentes líquidos positivos, os altos níveis de dívida podem ter custo elevado em dobro – as dificuldades financeiras esperadas e os custos de falência são altos, e a empresa perde um possível valor por não fazer investimentos que poderiam ser rentáveis. No entanto, caso uma empresa possua poucas oportunidades de investimentos rentáveis, os altos níveis de dívida poderão evitar que os administradores gastem dinheiro investindo em projetos pouco rentáveis. Para essas empresas, aumentar o índice de endividamento pode até elevar seus valores.

Desse modo, além do imposto, da sinalização, falência e limitação da administração já discutidos anteriormente, a estrutura ótima de capital está relacionada a seu conjunto de oportunidades de investimento. As empresas que têm muitas oportunidades rentáveis devem manter sua capacidade de investir, utilizando níveis baixos de dívida, o que também é consistente com a manutenção da capacidade de endividamento reserva. As empresas com poucas oportunidades de investimentos rentáveis deveriam utilizar altos níveis de dívida (que têm pagamentos de juros maiores) para impor limites à administração.[15]

15-3j Janelas de oportunidades

Caso os mercados sejam eficientes, os preços dos títulos refletirão todas as informações disponíveis, portanto não são subvalorizados nem supervalorizados (exceto quando é necessário que os preços se movam a um novo equilíbrio causado pela divulgação de novas informações). A *teoria do marketing* afirma que os administradores não acreditam nisso e supõe que, às vezes, os preços das ações e as taxas de juros são baixos ou altos demais em relação a seus valores fundamentais verdadeiros. Em especial, a teoria sugere que os administradores emitem ações quando acreditam que os preços de mercado das ações estão com uma alta incomum e emitem dívidas quando acreditam que as taxas de juros estão com uma baixa incomum. Ou seja, eles tentam determinar o momento do mercado.[16] Observe que ela se distingue da teoria de sinalização porque nenhuma informação assimétrica está envolvida: esses administradores não estão fundamentando suas convicções nas informações internas, mas em uma diferença de opiniões com o consenso de mercado.

Autoavaliação

1. Por que a teoria de MM com imposto de renda de pessoa jurídica leva a uma dívida de 100%?
2. Explique como as *informações assimétricas* e os *sinais* afetam as decisões sobre estrutura de capital.
3. O que é a *capacidade de endividamento reserva* e qual sua importância para a empresa?
4. Como o uso das dívidas pode servir para disciplinar os administradores?

15-4 Evidências e consequências da estrutura de capital

Foram realizados centenas ou até milhares de trabalhos testando as teorias de estrutura de capital descritas na seção anterior. Podemos abordar somente os destaques aqui, começando pela evidência empírica.[17]

15-4a Evidência empírica

Há milhares de documentos que testam as teorias da estrutura de capital na seção anterior. Aqui está um breve resumo de seus achados.

---

[15] Veja Michael J. Barclay e Clifford W. Smith Jr., "The capital structure puzzle: another look at the evidence", *Journal of Applied Corporate Finance*, p. 8-20, 1999.

[16] Veja Malcolm Baker e Jeffrey Wurgler, "Market timing and capital structure", *Journal of Finance*, p. 1-32, fev. 2002.

[17] Grande parte desta seção se baseia em Barclay e Smith, "The capital structure puzzle", (veja nota 19). Veja também: Jay Ritter (Ed.). *Recent developments in corporate finance*. Northampton, MA: Edward Elgar Publishing, 2005; e uma apresentação realizada por Jay Ritter na reunião anual da FMA de 2003, "The windows of opportunity theory of capital structure".

O impasse entre os benefícios fiscais e os custos de falência

Estudos recentes dos professores Van Binsbergen, Graham e Yang e do professor Korteweg sugerem que os benefícios líquidos médios da alavancagem (isto é, o valor do escudo fiscal menos o custo esperado da crise financeira) compõem aproximadamente 3% a 6% do valor de uma empresa alavancada.[18] Para colocar isso em perspectiva, vejamos o impacto das dívidas no valor de uma empresa mediana. A empresa mediana é financiada com aproximadamente 25% a 35% das dívidas, então suponhamos que essa empresa possua $25 de dívidas e $ 75 de patrimônio, apenas para simplificar a aritmética. O benefício líquido total das dívidas seria de cerca de $ 5, com base em uma pesquisa recente. Isso implica que cada dólar da dívida acrescentou (em média) cerca de $ 0,20 do valor ($ 5/$ 25 = 0,2) à empresa. O primeiro dólar da dívida acrescenta um benefício líquido maior porque o risco de falência é baixo quando a dívida é baixa. Por volta do 25° dólar da dívida a ser acrescentado, seu benefício líquido adicional estava próximo de zero – os custos adicionais esperados da crise financeira foram quase iguais ao escudo fiscal adicional esperado.

Esses estudos também mostraram que os benefícios líquidos da dívida aumentam lentamente até atingirem o nível ideal, porém caem rapidamente logo em seguida. Em outras palavras, não é tão dispendioso estar um tanto abaixo do nível ideal da dívida, mas é dispendioso excedê-lo.

Um estudo particularmente interessante realizado pelos professores Mehotra, Mikkelson e Partch examinou a estrutura de capital das empresas que foram cindidas de suas controladoras.[19] As escolhas financeiras das empresas existentes poderiam ser influenciadas por suas escolhas financeiras feitas no passado e pelos custos de migrar de uma estrutura de capital para outra, porém, como as sociedades cindidas são consideradas empresas recém-constituídas, os administradores podem escolher uma estrutura de capital sem considerar essas questões. O estudo descobriu que as empresas mais lucrativas (com menos probabilidade de falência) e que possuem muitos ativos (com melhor garantia e, portanto, custo de falência menor, caso ocorra) possuem níveis de dívida mais altos. Esses resultados fundamentam a teoria de *trade-off*.

Uma teoria dinâmica sobre o impasse

Contudo, há também evidências que não estão em consonância com a estrutura de capital-alvo ótima, de condição estática, decorrente dessa teoria. Por exemplo, os preços das ações são voláteis, o que muitas vezes faz o índice de endividamento real de uma empresa com base no mercado se desviar de sua meta. No entanto, esses desvios não fazem as empresas voltarem às suas metas imediatamente ao emitirem ou recomprarem ações. Em vez disso, os professores Flannery e Rangan mostram que as empresas tendem a fazer um reajuste parcial anualmente, migrando cerca de 30% do caminho em direção à sua estrutura de capital-alvo. Em um estudo mais recente, os professores Faulkender, Flannery, Hankins e Smith mostram que a velocidade do reajuste depende dos fluxos de caixa de uma empresa – as empresas com fluxos de caixa altos reajustam cerca de 50%. Esse efeito é ainda mais pronunciado se a alavancagem da empresa exceder seu alvo – empresas com fluxo de caixa alto nessa situação têm uma velocidade de reajuste de 70%. Isso consiste com a ideia de que é mais dispendioso exceder o índice de dívida-alvo do que estar abaixo desse alvo.[20]

Market timing

Se o preço das ações tiver uma grande alta, o que reduz o índice de endividamento, a teoria de *trade-off* sugere que a empresa deveria emitir dívida para retornar à sua meta. Contudo, as empresas tendem a fazer o contrário: emitir ações após grandes altas. Isso é muito mais consistente com a teoria do market timing, com os administradores tentando antecipar o mercado ao emitir ações quando percebem que o mercado está supervalorizado. Além disso, as empresas tendem a emitir dívida quando os preços das ações e as taxas de juros estão baixos. O vencimento das dívidas emitidas parece refletir uma tentativa de prever as taxas de juros: as empresas tendem a emitir dívida de curto prazo se a estrutura de prazo tiver inclinação positiva, mas emitem

---

[18] "Veja Jules H. Van Binsbergen, John H. Graham, e Jie Yang, "The cost of debt", Journal of Finance, v. 65, n. 6, dez. 2010, p. 2.089-2.135; consulte também Arthur Korteweg, "The Net Benefits to Leverage", Journal of Finance, v. 65, n. 6, dez. 2010, p. 2.137-2.169.

[19] Veja V. Mehotra, W. Mikkelson e M. Partch, "The design of financial policies in corporate spin-offs", *Review of Financial Studies*, p. 1.359-1.388, dez. 2003.

[20] Veja Mark Flannery e Kasturi Rangan, "Partial adjustment toward target capital structures", *Journal of Financial Economics*, v. 79, p. 469-506, 2006. Veja também Mark Flannery, Kristine Hankins e Jason Smith, "Cash and leverge", *Jornal of Financial Economics*, v. 103, p. 632-646, 2012.

dívida de longo prazo quando a estrutura de prazo tiver pouca inclinação. Mais uma vez, esses fatos sugerem que os administradores tentam antecipar o mercado.

Sinalização e a ordem hierárquica

As empresas emitem ações com muito menos frequência que emitem dívida. À primeira vista, isso parece fundamentar tanto a hipótese de ordem de preferência quanto a de sinalização. A hipótese de ordem de preferência prevê que as empresas com um alto nível de assimetria informacional, que causa o alto custo das emissões de ações, deveriam emitir dívida antes de emitir ações. Contudo, normalmente vemos o contrário, com empresas de grande crescimento (que normalmente têm maior assimetria informacional) emitindo mais ações do que dívida. Além disso, muitas empresas altamente lucrativas têm condições de emitir dívidas (que vêm antes de ações na ordem de preferência), mas, em vez disso, optam por emitir ações. No que tange à hipótese de sinalização, considere o caso das empresas que têm grandes aumentos nos lucros que não foram previstos pelo mercado. Se os administradores possuíssem informações privilegiadas, poderiam prever essas melhoras futuras no desempenho e emitiriam dívidas antes do aumento. Na realidade, essas empresas tendem a emitir dívidas com um pouco mais de frequência que as outras empresas, mas a diferença não é economicamente significativa.

Capacidade de endividamento reserva

Muitas empresas possuem menos dívidas do que pode ser esperado, e muitas possuem grandes montantes de investimentos de curto prazo. Isso acontece particularmente em empresas com altos índices de valor de mercado/contábil (que indicam muitas opções de crescimento, bem como assimetria informacional). Esse comportamento é consistente com a hipótese de que as oportunidades de investimento influenciam as tentativas de manter a capacidade de endividamento reserva. Isso também está em consonância com as considerações fiscais, pois é mais provável que as empresas com baixo crescimento (que possuem mais dívidas) se beneficiem do escudo fiscal. Esse comportamento não é consistente com a hipótese de ordem de preferência, em que as empresas de baixo crescimento (que normalmente possuem fluxo de caixa livre alto) conseguiriam evitar a emissão de dívida com a captação de recursos internamente.

Resumo dos testes empíricos

Para resumir esses resultados, parece que as empresas tentam obter os benefícios fiscais da dívida ao mesmo tempo que evitam os custos das dificuldades financeiras. No entanto, também permitem que seus índices de endividamento se desviem do índice-alvo ótimo estático sugerido pela teoria de *trade-off*. Na verdade, os professores DeAngelo, DeAngelo e Whited ampliaram o modelo de compensação dinâmica mostrando que as empresas geralmente emitem débito deliberadamente para tirar proveito de oportunidades de investimento inesperadas, mesmo se isto fizer com que elas excedam seu índice de endividamento projetado.[21] As empresas, muitas vezes, mantêm uma capacidade de endividamento reserva, sobretudo aquelas com muitas oportunidades de crescimento ou problemas com assimetria informacional.[22] Há algumas evidências de que as empresas seguem uma ordem hierárquica e utilizam emissão de títulos como sinais, mas há outras evidências que apoiam a teoria do market timing.

15-4b Consequências para os administradores

Os administradores deveriam considerar os benefícios fiscais explicitamente ao tomarem decisões sobre a estrutura de capital. Evidentemente, os benefícios fiscais são mais úteis para empresas com alíquotas de imposto altas. As empresas podem utilizar prejuízos fiscais a compensar, mas o valor temporal do dinheiro significa que os benefícios fiscais têm mais valor para empresas com lucro positivo e estável antes do pagamento de

---

[21] Veja Harry DeAngelo, Linda DeAngelo e Toni Whited, "Capital structure dynamics and transitory debt", *Journal of Financial Economics*, v. 99, p. 235-261, 2011.

[22] Para saber mais sobre os testes empíricos da teoria de estrutura de capital, veja Gregor Andrade e Steven Kaplan, "How costly is financial (not economic) distress? Evidence from highly leveraged transactions that became distressed", *Journal of Finance*, v. 53, p. 1.443-1.493, 1998; Malcolm Baker, Robin Greenwood e Jeffrey Wurgler, "The maturity of debt issues and predictable variation in bond returns", *Journal of Financial Economics*, p. 261-291, nov. 2003; Murray Z. Frank e Vidhan K. Goyal, "Testing the pecking order theory of capital structure", *Journal of Financial Economics*, p. 217-248, fev. 2003; e Michael Long e Ileen Malitz, "The investment-financing nexus: some empirical evidence", *Midland Corporate Finance Journal*, p. 53-59, 1985.

impostos. Assim, uma empresa cujas vendas são relativamente estáveis poderá assumir com segurança mais dívidas e despesas fixas mais altas do que uma com vendas voláteis. Em condições iguais, uma empresa com menos alavancagem operacional terá mais capacidade de utilizar a alavancagem financeira, já que terá menos risco de negócio e lucro menos volátil.

Os administradores devem considerar o custo esperado das dificuldades financeiras, que depende da probabilidade e do custo das dificuldades. Observe que as vendas estáveis e a alavancagem operacional mais baixa oferecem benefícios fiscais, mas também reduzem a *probabilidade* de dificuldades financeiras. Um *custo* das dificuldades financeiras é proveniente das oportunidades de investimento não aproveitadas. As empresas com oportunidades de investimentos lucrativos precisam conseguir financiá-las, seja detendo grandes quantidades de títulos mobiliários, seja mantendo capacidade de endividamento reserva.

Outro custo das dificuldades financeiras é a possibilidade de ser forçado a vender ativos para atender às necessidades de liquidez. Os ativos para fins gerais que podem ser utilizados por muitas empresas são relativamente líquidos e servem como uma boa garantia, ao contrário dos ativos para fins específicos. Assim, as empresas imobiliárias normalmente têm alta alavancagem, ao passo que as empresas envolvidas em pesquisas tecnológicas, não.

As informações assimétricas também são importantes nas decisões sobre estrutura de capital. Por exemplo, suponha que uma empresa tenha acabado de implantar um programa de P&D com êxito e agora preveja lucros mais altos no futuro próximo. Todavia, esses lucros ainda não foram previstos pelos investidores e, portanto, não estão refletidos no preço das ações. Essa empresa não deveria emitir ações, mas, sim, financiar com dívida até que os lucros mais altos se materializem e sejam refletidos no preço das ações. Então, a empresa poderia emitir ações ordinárias, liquidar a dívida e retornar à sua estrutura de capital-alvo.

Os administradores deveriam considerar as condições dos mercados de ações e de títulos. Por exemplo, durante a recente contenção de crédito, o mercado de títulos comerciais de alto risco encolheu, e simplesmente não havia mercado com taxas de juros "razoáveis" para novos títulos de longo prazo com classificação abaixo de BBB. Portanto, as empresas com baixa classificação que necessitavam de capital foram obrigadas a recorrer aos mercados de ações ou de dívidas de curto prazo, independentemente de suas estruturas de capital-alvo. Contudo, quando as condições melhoraram, essas empresas venderam os títulos e voltaram às suas estruturas de capital-alvo.

Por fim, os administradores deveriam considerar sempre as atitudes dos credores e das agências de classificação. Por exemplo, uma grande concessionária de serviços públicos foi informada pela Moody's e pela Standard & Poor's que seus títulos seriam rebaixados caso ela emitisse mais dívida. Isso influenciou a decisão da concessionária de financiar sua expansão com o capital próprio. Porém, isso não significa que os administradores nunca devem aumentar a dívida caso essa medida faça a classificação dos títulos cair, mas devem sempre considerar esse aspecto ao tomarem decisões.[23]

Autoavaliação

1. A evidência empírica parece fundamentar quais teorias de estrutura de capital?
2. Quais fatores devem ser considerados pelos administradores ao tomarem decisões sobre estrutura de capital?

15-5   Estimando a estrutura de capital ideal

Os administradores devem escolher a estrutura de capital que maximiza a riqueza dos acionistas. A abordagem básica é considerar uma estrutura teste de capital, com base nos valores do mercado das dívidas e do patrimônio e, então, estimar a fortuna dos acionistas sob essa estrutura de capital. Essa abordagem é repetida até que uma estrutura de capital ideal seja identificada. Há diversas etapas na análise de cada possível estrutura de capital: (1) Estimar a taxa de juros que a empresa irá pagar. (2) Estimar o custo do capital próprio. (3) Estimar o custo de capital médio ponderado. (4) Estimar o valor das operações, que é o valor atual dos fluxos de caixa livre descontados pelo novo CMPC. O objetivo é encontrar o montante de dívidas financiadas que maximiza o

---

[23] Para obter algumas percepções sobre como os administradores financeiros profissionais veem a decisão sobre a estrutura de capital, veja John Graham e Campbell Harvey, "The theory and practice of corporate finance: evidence from the field", *Journal of Financial Economics*, v. 60, p. 187-243, 2001; Ravindra R. Kamath, "Long-term financing decisions: views and practices of financial managers of Nyse firms", *Financial Review*, p. 331-356, maio 1997; e Edgar Norton, "Factors affecting capital structure decisions", *Financial Review*, p. 431-446, ago. 1991.

valor das operações. Como mostraremos, essa estrutura de capital maximiza tanto a riqueza do acionista quanto o preço intrínseco das ações. As seções a seguir explicam cada uma dessas etapas, utilizando a empresa que consideramos antes, a Strasburg Electronics.

15-5a O valor atual e a estrutura de capital da Strasburg

Na Seção 15-2, a Strasburg estava examinando diversos projetos diferentes da estrutura de capital. A Strasburg implantou o Projeto L, aquele com a alta alavancagem operacional e com $ 50 milhões de dívidas financiadas. O projeto ficou ativo por um ano, e o preço das ações da Strasburg agora é de $ 20 por ação. Com 10 milhões de ações, o valor de mercado do patrimônio da Strasburg é $ 20(10) = $ 200 milhões. A Strasburg não tem investimentos a curto prazo, portanto o (também chamado valor da firma) total da empresa é a soma de suas dívidas e de seu patrimônio: V = $ 50 + $ 200 = $ 250 milhões. Em termos de valores de mercado, a estrutura de capital da Strasburg tem 20% de dívida (w_d = $ 50/$ 250 = 0,20) e 80% de capital próprio (w_s = $ 200/$ 250 = 0,80). Esses cálculos são reportados na Figura 15-4 junto com outros dados de entrada.

Essa é a estrutura de capital ideal? Abordaremos essa questão em mais detalhes posteriormente, mas, por enquanto, concentremo-nos na compreensão da valorização atual da Strasburg, começando com seu custo de capital. A Strasburg tem um beta de 1,25. Podemos usar o Modelo de Precificação de Ativos Financeiros (CAPM) para estimar o custo do capital próprio. A taxa livre de riscos, r_{RF} é de 6,3% e o prêmio de risco de mercado, RP_M, é de 6%, portanto o custo do capital próprio é

$$r = r_{RF} + b(RP_M) = 6,3\% + 1,25(6\%) = 13,8\%$$

O custo de capital médio ponderado é

$$\begin{aligned} CMPC &= w_d(1 - T)r_d + w_s r_s \\ &= 20\%(1 - 0,40)(8\%) + 80\%(13,8\%) \\ &= 12\% \end{aligned}$$

Como mostrado na Figura 15-3, o Projeto L tem um NOPAT de $ 30 milhões. A Strasburg espera um crescimento zero, que significa que não há investimentos necessários em capital. Por conseguinte, o FCL é igual ao NOPAT. Usando a fórmula do crescimento constante, o valor das operações é

$$V_{op} = \frac{FCF(1 + g)}{CMPC - g} = \frac{\$\,30(1 + 0)}{0,12 - 0} = \$\,250$$

FIGURA 15-4

Valor atual e estrutura de capital da Strasburg (milhões de dólares, exceto para os dados por ação)

	A	B		C	D	E
109	Dados de Entrada:			Estrutura de Capital:		
110	Alíquota de imposto	40,00%		Valor de mercado do patrimônio (S = P x n)		$200
111	Dívida (D)	$50,00		Valor total (V = D + S)		$250
112	# de ações (n)	10,00		% financiado com a dívida (w_s = D/V)		20%
113	Preço das ações (P)	$20,00		% financiado com as ações (w_d = S/V)		80%
114	NOPAT	$30,00				
115	Fluxo de Caixa Livre (FCL)[a]	$30,00				
116	Taxa de crescimento no FCL[1]	0,00%				
117	Custo do Capital:			Valor Intrínseco Estimado:		
118	Custo da dívida (r_d)	8,00%		Valor das operações:		
119	Beta (b)	1,25		V_{op} = [FCF(1+g)]/(CMPC−g)		$250,00
120	Taxa livre de riscos (%)	6,30%		+ Valor dos investimentos da ST		$0,00
121	Prêmio de risco de mercado (RP_M)	6,00%		Valor intrínseco total estimado		$250,00
122	Custo do capital próprio:			Dívida		$50,00
123	$r_s = r_{RF} + b(RP_M)$	13,80%		Custo intrínseco do capital próprio		$200,00
124	CMPC	12.00%		÷ número de ações		$10,00
125				Preço intrínseco estimado por ação		$20,00

Observação:

[a]As vendas, os ganhos e os ativos da Strasburg não estão crescendo, por isso não precisam de investimentos no capital operacional. Logo, FCL = NOPAT(1 T). O crescimento no FCL também é 0.

A Figura 15-4 ilustra o cálculo do preço intrínseco das ações. Para a Strasburg, o perço intrínseco das ações e o preço de mercado são iguais a $ 20. A Strasburg pode aumentar seu valor mudando sua estrutura de capital? As seções a seguir respondem essa pergunta.

15-5b Estimativa do custo médio ponderado de capital (CMPC) para diferentes níveis de dívida

A seguir está uma descrição das etapas para estimar o custo médio ponderado de capital para diferentes níveis de dívida.

Estimativa do custo de dívida (r_d)

O diretor-executivo financeiro pediu para os banqueiros de investimentos da Strasburg estimarem o custo da dívida em estruturas de capital diferentes. Eles começaram analisando as condições e o futuro dos setores. Avaliaram o risco comercial da Strasburg com base em suas demonstrações financeiras anteriores e em sua tecnologia e carteira de clientes atual. Os banqueiros ainda projetaram demonstrações financeiras com diferentes estruturas de capital e analisaram índices importantes, como índice de liquidez e índice de cobertura de juros. Por fim, eles consideraram as condições atuais nos mercados financeiros, inclusive as taxas de juros pagas pelas empresas do mesmo setor que a Strasburg. Com base em suas análises e julgamento, estimaram as taxas de juros em diversas estruturas de capital, como mostrado na Linha 2 da Figura 15-5, começando com um custo de dívida de 7,7% para o primeiro dólar de dívida.[24] Essa taxa subirá para 16% se a empresa financiar 60% de sua estrutura de capital com dívida. A situação atual da Strasburg está exposta na Coluna D. (A seguir, explicaremos todas as linhas da Figura 15-5.)

Estimativa do custo do patrimônio (r_s) utilizando a equação de Hamada

Um aumento no índice de endividamento também aumenta o risco enfrentado pelos acionistas, o que afeta o custo do capital próprio, r_s. Lembre-se de que, no Capítulo 6, vimos que o beta é a medida relevante de risco para os investidores diversificados. Além disso, foi demonstrado teórica e empiricamente que o beta aumenta de acordo com a alavancagem financeira. A equação Hamada especifica o efeito da alavancagem financeira sobre o beta:[25]

$$b = b_U[1 + (1 - T)(D/S)] \qquad \textbf{(15-9)}$$

Aqui, D é o valor de mercado da dívida; e S, o do capital próprio. A **equação de Hamada** demonstra como os aumentos no índice dos valores de mercado da dívida/capital próprio fazem o beta subir. Aqui, b_U é o **coeficiente beta** desalavancado, ou seja, o beta que ele teria se não possuísse dívidas. Nesse caso, o beta dependeria inteiramente do risco do negócio e, portanto, seria uma medida do "risco do negócio básico" da empresa.

Às vezes, é mais prático trabalhar com as porcentagens de dívida e capital próprio a que a empresa é financiada (w_d e w_s) em vez dos valores em dólar de D e S. Observe que w_d e w_s são definidos por D/(D + S) e S/(D + S), respectivamente. Isso significa que a relação w_d/w_s é igual à relação D/S. Substituindo esses valores, temos outra forma da fórmula de Hamada:

$$b = b_U[1 + (1 - T)(w_d/w_s)] \qquad \textbf{(15-9a)}$$

---

[24] Para uma descrição da técnica para estimar o custo da dívida, consulte Jules H. Van Binsbergen, John H. Graham e Jie Yang, "An empirical model of optimal capital structure", *Journal of Applied Corporate Finance*, v. 23, n. 4, p. 34-59, 2011. Eles também apresentam uma abordagem para estimar a estrutura de capital ideal que explicitamente incorpora os benefícios fiscais da rede de dívidas dos custos da crise financeira e de outros custos.

[25] Veja Robert S. Hamada, "Portfolio analysis, market equilibrium, and corporation finance", *Journal of Finance*, p. 13-31, mar. 1969. Para obter mais informações sobre um contexto mais abrangente, veja Robert A. Taggart Jr., "Consistent valuation and cost of capital expressions with corporate and personal taxes", *Financial Management*, p. 8-20, 1991.

FIGURA 15-5
Estimativa da estrutura ótima de capital da Strasburg (em milhões de dólares)

	A	B	C	D	E	F	G	H
140		Porcentagem da empresa financiada com dívida (W_d)						
141		0%	10%	20%	30%	40%	50%	60%
142	1. w_s	100,00%	90,00%	80,00%	70,00%	60,00%	50,00%	40,00%
143	2. r_d	7,70%	7,80%	8,00%	8,50%	9,90%	12,00%	16,00%
144	3. b	1,09	1,16	1,25	1,37	1,52	1,74	2,07
145	4. r_s	12,82%	13,26%	13,80%	14,50%	15,43%	16,73%	18,69%
146	5. $r_d (1 - T)$	4,62%	4,68%	4,80%	5,10%	5,94%	7,20%	9,60%
147	6. CMPC	12,82%	12,40%	12,00%	11,68%	**11,63%**	11,97%	13,24%
148	7. V_{op}	$ 233,98	$ 241,96	$ 250,00	$ 256,87	$ 257,86	$ 250,68	$ 226,65
149	8. Dívida	$ 0,00	$ 24,20	$ 50,00	$ 77,06	$ 103,14	$ 125,34	$ 135,99
150	9. Capital próprio	$ 233,98	$ 217,76	$ 200,00	$ 179,81	$ 154,72	$ 125,34	$ 90,66
151	10. N. de ações	12,72	11,34	10,00	8,69	7,44	6,25	5,13
152	11. Preço das ações	$ 18,40	$ 19,20	$ 20,00	$ 20,69	**$ 20,79**	$ 20,07	$ 17,66
153	12. Lucro líquido	$ 30,00	$ 28,87	$ 27,60	$ 26,07	$ 23,87	$ 20,98	$ 16,95
154	13. (EPS)	$ 2,36	$ 2,54	$ 2,76	$ 3,00	$ 3,21	$ 3,36	$ 3,30

Observações:
1. A porcentagem financiada com capital próprio é: $w_s = 1$ w_d.
2. A taxa de juros sobre dívida, r_d, foi fornecida pelos banqueiros de investimento.
3. O beta é estimado utilizando a fórmula de Hamada; o beta desalavancado é de 1,09; a alíquota de imposto, 40%: $b = b_U [1 + (1 - T) (w_d/w_s)]$.
4. O custo do patrimônio é estimado utilizando a fórmula do CAPM, com uma taxa livre de risco de 6,3% e um prêmio de risco de mercado de 6%: $r_s = r_{RF} + b(RP_M)$.
5. O custo de dívida após o pagamento de impostos é: $r_d(1 - T)$, onde $T = 40\%$.
6. O custo médio ponderado de capital é calculado da seguinte forma: $CMPC = w_d r_d (1 - T) + w_s r_s$.
7. O valor das operações da empresa é calculado por $V_{op} = [FCL(1 + g)]/(CMPC - g)$, em que $FCL = \$ 30$ milhões e $g = 0$.
8. Dívida $= w_d \times V_{op}$
9. O valor intrínseco do capital próprio após recapitalização e recompra é: $S_{Posterior} = V_{OP} -$ Dívida $= w_s \times V_{op}$
10. O número de ações após a recapitalização ser concluída foi obtido com esta equação: $n_{Posterior} = n_{Anterior} \times [(V_{opNovo} - D_{Novo})/(V_{opNovo} - D_{Antigo})$. O termo "Antigo" indica os valores da estrutura de capital original, em que $w_d = 20\%$; "Novo", os valores da estrutura de capital atual após a recapitalização e recompra; e o "Posterior", os valores após a recapitalização e recompra.
11. O preço após a recapitalização e recompra é igual a: $P_{post} = n_{Post}$, mas também é possível calcular o preço como $P_{Posterior} = (V_{opNovo} D_{Antigo})/n_{Anterior}$.
12. O EBIT é de $ 50 milhões (veja a Figura 15-1). O lucro líquido é: $NI = (EBIT - r_d D)(1 - T)$.
13. O lucro por ação é $EPS = NI/n_{Posterior}$

Muitas vezes, conhecemos a estrutura de capital atual e o beta, mas queremos descobrir o beta desalavancado. É possível encontrá-lo reorganizando a Equação 15-9a da seguinte maneira:

$$b_U = b/[1 + (1 - T)(w_d/w_s)] \qquad \textbf{(15-10)}$$

Para a Strasburg, o beta desalavancado é:

$$b_U = 1,25/[1 + (1 - 0,40)(0,20/0,80)]$$
$$= 1,087$$

Utilizando esse beta desalavancado, é possível aplicar a fórmula de Hamada na Equação 15-9a para determinar as estimativas do beta da Strasburg para as diferentes estruturas de capital. Esses resultados foram informados na linha 3 da Figura 15-5.

Lembre-se de que, na seção 15.2 informamos que a taxa livre de risco é de 6,3% e o prêmio de risco de mercado é de 6%. É possível utilizar o CAPM e os betas estimados anteriormente para estimar o custo do capital próprio da Strasburg para diferentes estruturas de capital (o que causa a variação no beta da Strasburg). Os resultados encontram-se na linha 4 da Figura 15-5. Conforme esperado, o custo do capital próprio da

Strasburg aumenta à medida que suas dívidas aumentam. A Figura 15-6 representa graficamente o retorno exigido sobre patrimônio líquido da empresa com diferentes índices de endividamento. Observe que o custo de capital próprio é composto da taxa livre de risco de 6,3%, do prêmio constante de risco do negócio no valor de $RP_M(b_U) = 6,522\%$ e do prêmio pelo risco financeiro no valor de $RP_M(b - b_U)$ que começa a zero (já que $b = b_U$ para dívida zero), mas a uma taxa crescente conforme o índice de endividamento aumenta.

O custo médio ponderado de capital a diferentes níveis de dívida

A linha 6 da Figura 15-5 demonstra o custo médio ponderado de capital, CMPC, da Strasburg em diferentes estruturas de capital. Conforme o índice de endividamento aumenta, os custos de dívida e capital próprio aumentam – primeiro, de forma lenta e, depois, a uma taxa acelerada. Por fim, os custos crescentes desses dois componentes compensam o fato de que mais dívida (que ainda tem um custo menor do que o capital próprio) está sendo usada. Com 40% de dívidas, o CMPC da Strasburg chega a um mínimo de 11,63%. A coluna F é a estrutura de capital com o CMPC mínimo. Observe que o CMPC começa a aumentar para as estruturas de capital que possuem mais de 40% de dívida. A Figura 15-7 demonstra como o CMPC muda à medida que a dívida aumenta.

Observe também que, mesmo que o custo componente de patrimônio seja sempre maior do que o da dívida, utilizar somente a dívida não maximizaria o valor. Se a Strasburg emitisse mais de 40% de dívida, os custos de dívida e capital próprio aumentariam de tal forma que o CMPC geral aumentaria, pois o custo de dívida aumentaria mais que o custo de capital próprio.

15-5c Estimativa do valor da empresa

Como demonstramos anteriormente, a Strasburg atualmente possui um valor intrínseco de operações de $ 250 milhões: $w_d = 20\%$, CMPC = 12%, FCL = $ 30 milhões e crescimento zero em FCL. Utilizando a mesma abordagem da Seção 15-2, é possível empregar os dados da Figura 15-5 para estimar o valor das operações da Strasburg em diferentes estruturas de capital. Esses resultados foram informados na Linha 7 da Figura 15-5 e estão representados graficamente na Figura 15-8.[26] O valor máximo de $ 257,86 milhões ocorre em uma estrutura de capital com 40% de dívida, que também é a estrutura de capital que minimiza o CMPC.

Observe que o valor da empresa aumenta no início, mas, depois, começa a cair. Como discutido anteriormente, o valor tem um aumento inicial pelo fato de o CMPC ter uma queda inicial. Mas os custos crescentes do patrimônio e da dívida acabam por fazer o CMPC aumentar, o que resulta na queda do valor da empresa. Observe como a curva tem pouca inclinação em torno do nível ideal da dívida. Assim, não fará muita diferença se a estrutura de capital da Strasburg tiver 30% ou 40% de dívida. Além disso, observe que o valor máximo é cerca de 10% maior do que o valor sem dívidas. Embora esse exemplo seja para somente uma empresa, os resultados são característicos: a estrutura ideal de capital pode agregar de 2% a 15% mais valor em relação à dívida zero, e há um grande intervalo de w_d (aproximadamente de 20% a 50%) em que o valor muda muito pouco.

As Figuras 15-5 e 15-8 também mostram os valores da dívida e do patrimônio líquido em cada estrutura de capital. O valor da dívida é obtido multiplicando-se o valor das operações pelo percentual da empresa que é financiada pela dívida: Dívida = $w_d \times V_{op}$. O valor intrínseco do patrimônio líquido é encontrado de maneira semelhante: $S = V_{op} -$ Dívida $= w_s \times V_{op}$. Mesmo que o valor intrínseco do patrimônio líquido caia conforme a dívida aumentar, a riqueza dos acionistas será maximizada ao valor máximo das operações, o que será explicado na próxima seção.

Autoavaliação

1. O que acontece com os custos de dívida e capital próprio quando a alavancagem aumenta? Explique.
2. Utilize a equação de Hamada para calcular o beta desalavancado da JAB Industries, considerando os dados a seguir: beta alavancado = b = 1,4; T = 40%; w_d = 45%. **(0,939)**
3. Suponha que r_{RF} = 6% e RP_M = 5%. Qual seria o custo do capital próprio da JAB Industries se não possuísse dívidas? **(10,7%)** e se w_d fosse 45%? **(13,0%)**

---

[26] Nessa análise, presumimos que o EBIT e o FCL esperados da Strasburg são constantes para as diversas estruturas de capital. Em uma análise mais detalhada, poderíamos tentar estimar as possíveis quedas no FCL em altos níveis de dívida conforme a ameaça de falência for iminente.

FIGURA 15-6

Taxa de retorno exigido sobre patrimônio líquido da Strasburg com diferentes índices de endividamento

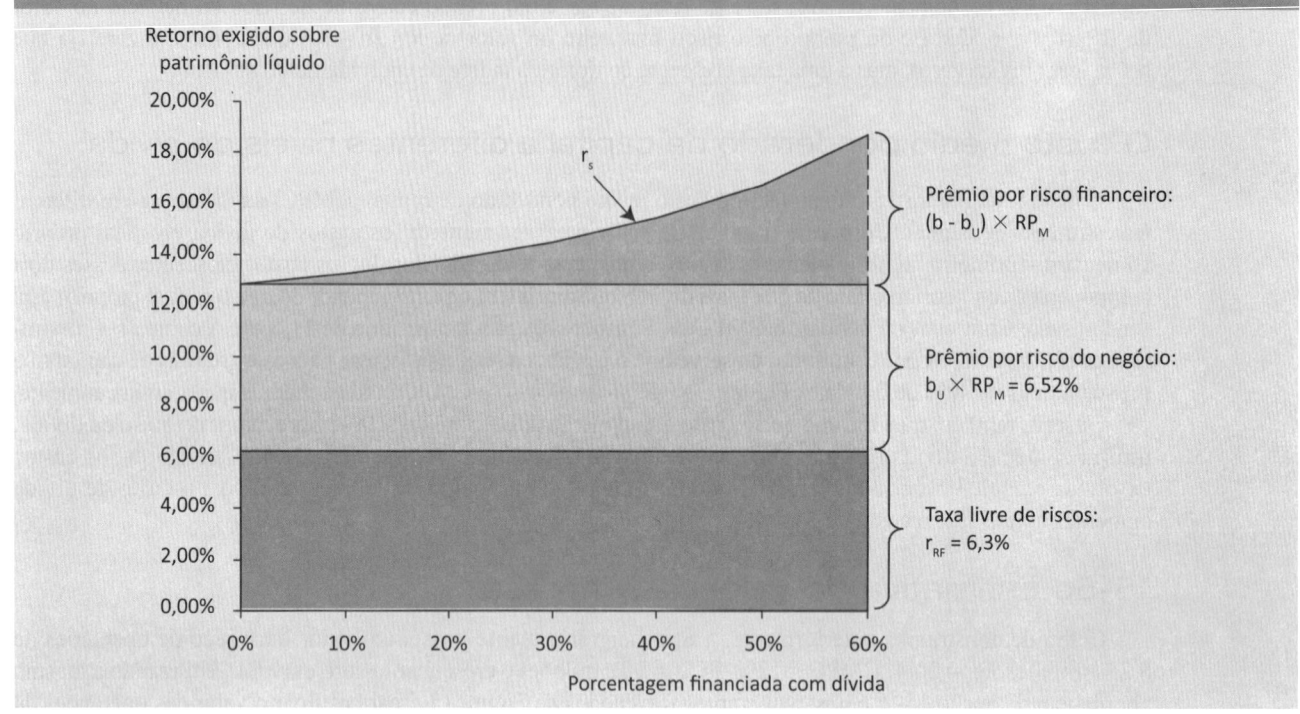

© Cengage Learning 2014

FIGURA 15-7

Efeitos da estrutura de capital sobre o custo de capital

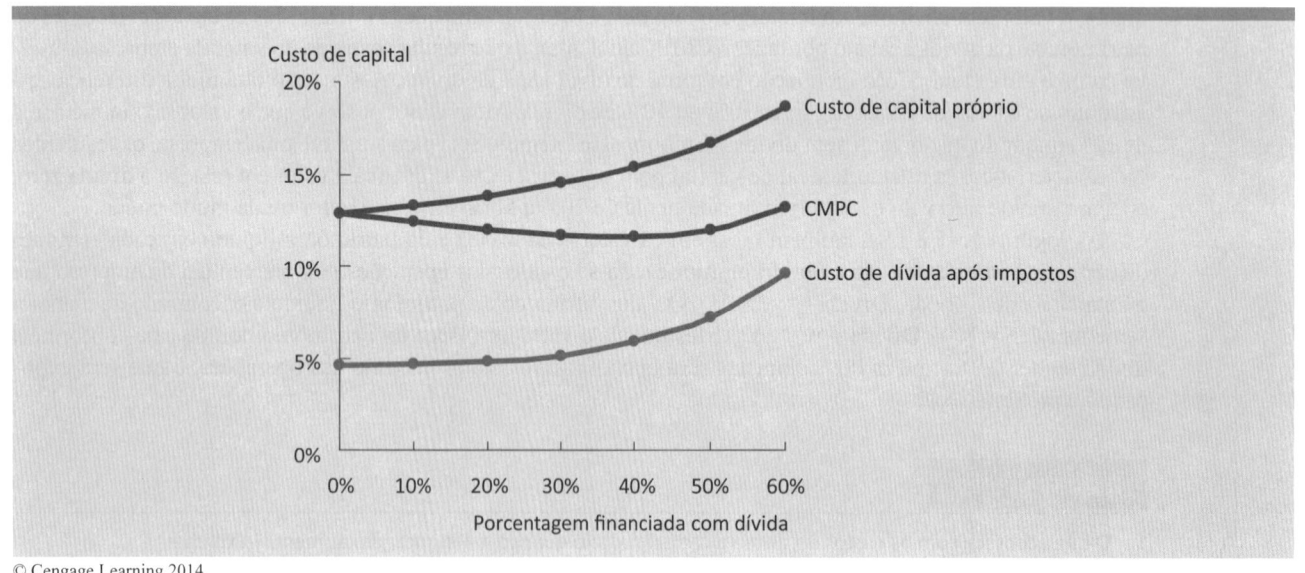

© Cengage Learning 2014

15-6   Análise da recapitalização

A Strasburg deveria **recapitalizar**, ou seja, emitir dívida adicional suficiente para otimizar sua estrutura de capital e, então, utilizar os recursos obtidos com a emissão de dívida para recomprar ações. Conforme demonstrado na Figura 15-5, uma estrutura de capital com 40% de dívida é ótima. Mas, antes de enfrentarmos a **recapitalização**, consideremos a sequência de acontecimentos, começando com a situação antes de a Strasburg emitir quaisquer dívidas adicionais. A Figura 15-4 ilustra a análise de avaliação da Strasburg em uma estrutura de capital composta 20% por dívidas e 80% por capital próprio. Esses resultados estão repetidos na coluna 1

FIGURA 15-8

Efeitos da estrutura de capital no valor das operações

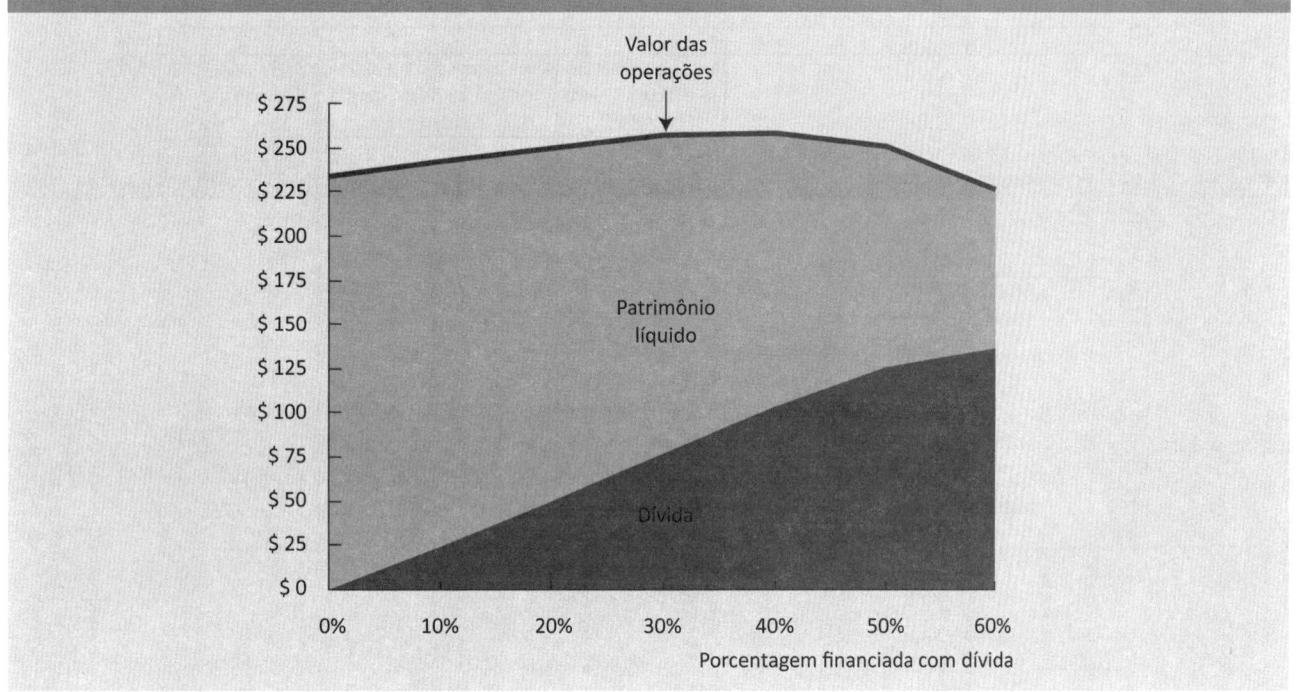

© Cengage Learning 2014

da Figura 15-9, com a riqueza dos acionistas, que é composta, em sua totalidade, por $ 200 milhões em ações antes da recompra. O próximo passo é examinar o impacto da emissão de dívidas da empresa.

15-6a A Strasburg emite novas dívidas, mas ainda não recomprou ações

O próximo passo na recapitalização é emitir dívidas e anunciar a intenção da empresa de recomprar ações com essas dívidas recém-emitidas. Na estrutura ótima de capital composta 40% por dívida, o valor das operações da empresa é de $ 257,86 milhões, conforme calculado na Figura 15-5 e repetido na coluna 2 da Figura 15-9. Esse valor das operações é maior do que o valor das operações de $ 250 milhões para $w_d = 20\%$, pois o CMPC é menor. Repare que a Strasburg aumentou sua dívida de $ 50 milhões para $ 103,14 milhões, um aumento de $ 53,14 milhões. Como a coluna 2 informa os dados anteriores à recompra, a Strasburg possui investimentos de curto prazo no valor de $ 53,14 milhões, o montante levantado na emissão de dívidas, mas que ainda não foi utilizado para recomprar ações.[27] Como a Figura 15-9 mostra, o valor intrínseco do patrimônio da Strasburg é de $ 207,86 milhões.

Já que a Strasburg ainda não comprou ações, ela possui 10 milhões de ações em circulação. Portanto, o preço por ação após a emissão da dívida, mas antes da recompra, é:

$$P_{Anterior} = S_{Anterior} / n_{Anterior}$$
$$= \$ 207,86/10 = \$ 20,79$$

A coluna 2 da Figura 15-9 resume esses cálculos e também mostra a riqueza dos acionistas. Os acionistas possuem o patrimônio da Strasburg, no valor de $ 207,86 milhões. A Strasburg ainda não fez nenhuma distribuição de caixa aos acionistas; então, a total dos acionistas é de $ 207,86 milhões. A nova riqueza de $ 207,86 milhões é maior que a riqueza inicial de $ 200 milhões; logo, a recapitalização agregou valor para os acionistas da Strasburg. Repare também que a recapitalização fez o preço intrínseco das ações aumentar de $ 20,00 para $ 20,79.

---

[27] Os valores informados no texto estão arredondados, mas os utilizados nos cálculos da planilha não estão.

FIGURA 15-9

Análise da recapitalização (em milhões, exceto os dados por ação)

	A	B	C	D	E
			Antes da emissão de dívida adiciona (1)	Após a emissão de dívida, mas antes da recompra (2)	Após a compra (3)
329	Porcentagem financiada com dívida: w_d		20%	40%	40%
331	Valor das operações		$ 250,00	$ 257,86	$ 257,86
332	+ Valor dos investimentos de curto prazo		0,00	53,14	0,00
333	Valor intrínseco total da empresa		$ 250,00	$ 311,00	$ 257,86
334	- Dívida		50,00	103,14	103,14
335	Valor intrínseco do patrimônio líquido		$ 200,00	$ 207,86	$ 154,72
336	÷ Número de ações		10,00	10,00	7,44
337	Preço intrínseco por ação		$ 20,00	$ 20,79	$ 20,79
339	Valor das ações		$ 200,00	$ 207,86	$ 154,72
340	+ Caixa distribuído na recompra		0,00	0,00	53,14
341	Riqueza dos acionistas $		$ 200,00	$ 207,86	$ 207,86

Observações:
1. O valor dos investimentos de curto prazo da coluna 2 é igual ao montante de caixa levantado pela emissão de dívida adicional, mas que não foi utilizado para recomprar ações: Investimentos de curto prazo = $D_{Novo} - D_{Antigo}$.
2. O valor dos investimentos de curto prazo da coluna 3 é zero, já que os fundos foram utilizados para recomprar ações.
3. O número de ações na coluna 3 reflete as ações recompradas: $n_{Posterior} = n_{Anterior} - (Caixa_{Rep}/P_{Anterior}) = n_{Anterior} - [(D_{Novo} - D_{Antigo})/P_{Anterior}]$.

Resumindo esses resultados, vemos que a emissão de dívidas e a mudança decorrente na estrutura ótima de capital fizeram (1) o CMPC diminuir; (2) o valor das operações aumentar; (3) a riqueza dos acionistas aumentar; e (4) o preço das ações aumentar.

15-6b A Strasburg recompra as ações

O que acontece ao preço das ações durante a recompra? No Capítulo 14, discutimos recompras e vimos que uma recompra não muda o preço das ações. É certo que a dívida adicional mudará o CMPC e o preço das ações antes da recompra ($P_{Anterior}$), mas a recompra posterior não afetará o preço das ações pós-recompra ($P_{Posterior}$).[28] Logo, $P_{Posterior} = P_{Anterior}$. (Lembre-se de que $P_{Anterior}$ é o preço imediatamente anterior à recompra, e não o preço antes do fato que gerou caixa disponível para a recompra, como a emissão de dívidas, no caso do nosso exemplo.)

A Strasburg utiliza o montante total levantado por meio da emissão de dívida para recomprar ações. O caixa total levantado é igual a $D_{Novo} - D_{Antigo}$. O número de ações recompradas é igual ao caixa levantado com a emissão de dívidas dividido pelo preço de recompra.

$$\text{Número de ações recompradas} = \frac{D_{Novo} - D_{Antigo}}{P_{Anterior}}$$ (15-11)

A Strasburg recompra ($ 103,14 – $ 50)/$ 20,79 = 2,56 milhões de ações.

O número de ações remanescentes após a recompra, $n_{Posterior}$, é igual ao número inicial de ações menos o número de ações recompradas:

---

[28] Conforme explicado no Capítulo 14, uma recompra de ação pode ser um sinal das perspectivas futuras de uma empresa ou uma forma de ela "anunciar" mudança na estrutura de capital – duas situações que poderiam afetar os fluxos de caixa livres ou CMPC estimados. No entanto, nenhuma dessas situações se aplica à Strasburg.

$n_{Posterior}$ = Número de ações em circulação restantes após a recompra

= $n_{Anterior}$ − Número de ações recompradas

$$= n_{Anterior} - \frac{D_{Novo} - D_{Antigo}}{P_{Anterior}}$$

(15-12)

Para a Strasburg, o número de ações remanescentes após a recompra é:

$$n_{Posterior} = n_{Anterior} - (D_{Novo} - D_{Antigo})/P_{Anterior}$$
$$= 10 - (\$ 103,14 - \$ 50)/\$ 20,79$$
$$= 7,44 \text{ milhões}$$

A coluna 3 da Figura 15-9 resume esses resultados após a recompra. A recompra não muda o valor das operações, que se mantêm em $ 257,86 milhões. No entanto, os investimentos de curto prazo são vendidos e o caixa é utilizado para recomprar ações. A Strasburg fica sem investimentos de curto prazo; então, o valor intrínseco do patrimônio é:

$$S_{Posterior} = \$ 257,86 - \$ 103,14 = \$ 154,72 \text{ milhões}$$

Após a recompra, a empresa possui 7,44 milhões de ações. É possível verificar que o preço intrínseco das ações não mudou:[29]

$$P_{Posterior} = S_{Posterior}/n_{Posterior} = \$ 154,72/7,44 = \$ 20,79$$

Os acionistas agora possuem uma posição de capital próprio na empresa de $ 154,72 milhões, mas receberam uma distribuição de caixa no valor de $ 53,14 milhões; logo, a riqueza total deles é igual ao valor de seu capital próprio mais o montante de caixa recebido: $ 154,72 + $ 53,14 = $ 207,86.

Vale ressaltar os seguintes aspectos. Conforme a coluna 3 da Figura 15-9, a mudança na estrutura de capital claramente aumentou a riqueza dos acionistas, o preço por ação e o caixa (na forma de investimentos de curto prazo) temporariamente mantido pela empresa. Contudo, a recompra em si não afetou a riqueza dos acionistas ou o preço por ação. A recompra reduziu o caixa mantido pela empresa e o número de ações em circulação, mas a riqueza dos acionistas se manteve constante. Depois da recompra, os acionistas tornam-se proprietários

FIGURA 15-10

Efeitos da estrutura de capital no preço das ações e lucro por ação

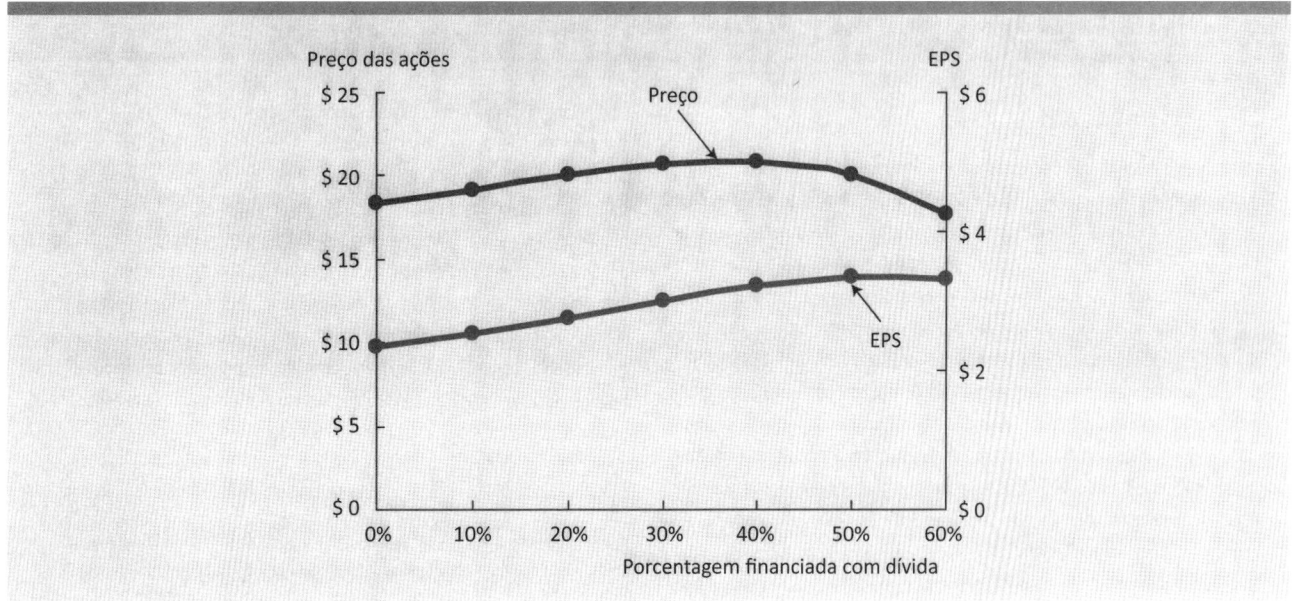

[29] Pode haver uma pequena diferença em decorrência de arredondamentos dos números nas etapas intermediárias.

diretos dos fundos utilizados na recompra; antes da recompra, os acionistas detinham indiretamente esses fundos. Em ambos os casos, os acionistas são proprietários dos fundos. A recompra simplesmente os tira da conta da empresa e os coloca nas contas pessoais dos acionistas.

A abordagem descrita aqui tem como base o modelo de avaliação de empresas, que sempre fornecerá o valor correto para $S_{Posterior}$, $n_{Posterior}$ e $P_{Posterior}$. Contudo, há uma maneira mais rápida de calcular esses valores caso a empresa não possua investimentos de curto prazo antes ou depois da recapitalização (além dos investimentos temporários de curto prazo feitos no período entre a emissão da dívida e a recompra das ações). Depois da conclusão da recapitalização, a porcentagem de capital próprio na estrutura de capital, com base nos valores de mercado, é igual a $1 - w_d$, caso a empresa não possua outros investimentos de curto prazo. Logo, o valor do capital próprio depois da recompra é:

$$S_{Posterior} = V_{opNovo}(1 - w_d)$$

(15-13)

em que "Novo" indica o valor das operações na nova estrutura de capital; e "Posterior", o valor intrínseco do patrimônio após a recompra.

O número de ações após a recompra pode ser encontrado por meio desta equação:

$$n_{Posterior} = n_{Anterior} = \left[\frac{V_{OpNovo} - D_{Novo}}{V_{OpNovo} - D_{Antigo}} \right]$$

(15-14)

Considerando o valor do patrimônio e o número das ações, é mais prático calcular o preço intrínseco por ação desta forma: $P_{Posterior} = S_{Posterior}/n_{Posterior}$. Porém, também é possível calcular o preço após recompra utilizando:

$$P_{Posterior} = \frac{V_{OpNovo} - D_{Antigo}}{n_{Anterior}}$$

(15-15)

A Figura 15-5 informa o número de ações e o preço intrínseco por ação nas linhas 10-11. Repare que o número de ações cai à medida que a dívida aumenta, pois os recursos provenientes da emissão de dívida são

A CRISE ECONÔMICA MUNDIAL

Desalavancagem

Muitas pessoas físicas, empresas não financeiras e instituições financeiras se aproveitaram do crédito fácil um pouco antes da crise econômica mundial e se viram endividadas durante a recessão que teve início em 2007. O processo de redução de dívidas chama-se *desalavancagem*, que é difícil para as pessoas e para a economia.

A relação de dívida/renda das pessoas aumentou de 80% a 90% durante a década de 1990 para um pico de 133% em 2007. Para desalavancar, muitos estão reduzindo os gastos com bens de consumo e liquidando parte de suas dívidas. "Apertar os cintos" é difícil não só para pessoas físicas, mas também para a economia, já que a redução nos gastos leva à contração econômica e à perda de empregos. Outros desalavancam declarando falência, como aconteceu com mais de 1,5 milhão em 2010.

Assim como as pessoas, as empresas podem desalavancar por meio da liquidação de dívidas ou declaração de falência, posição que muitas estão adotando durante essa crise econômica mundial. Porém, as empresas também podem desalavancar por meio da emissão de ações. Por exemplo, a Dunkin' Brands Group, proprietária das marcas Dunkin' Donuts e Baskin-Robbins, emitiu $ 427 milhões em ações em julho de 2011, parte dos quais foi usada para pagar uma dívida. E a Wells Fargo e a Morgan Stanley emitiram mais de $ 12 bilhões em ações em maio de 2009. O problema com a desalavancagem por meio da emissão de ações é que o preço das ações provavelmente já terá caído tanto na época da desalavancagem que os novos investidores obterão uma participação maior na empresa, o que dilui as participações dos acionistas existentes. Mas a conclusão é que a diluição é melhor do que a falência!

Fontes: Reuven Glickand e Kevin J. Lansing, "U.S. household deleveraging and future consumption growth", FRBSF Economic Letter, 15 maio 2009, http://www.frbsf.org/publications/economics/letter/2009/el2009-16.pdf; e BankruptcyAction.com, http://www.bankruptcyaction.com/USbankstats.htm, maio 2009.

utilizados para recomprar ações. Observe, ainda, que a estrutura de capital que maximiza o preço das ações, $w_d = 40\%$, é a mesma que otimiza o CMPC e o valor das operações.

A Figura 15-5 também informa o lucro por ação para níveis de dívida diferentes. A Figura 15-10 representa graficamente o preço intrínseco por ação e o lucro por ação. Veja que o lucro máximo por ação é de 50% de dívida, mesmo que a estrutura de capital ótima seja composta por 40% de dívida. Isso significa que maximizar o EPS não maximizará a riqueza dos acionistas.

15-6c Recapitalizações: uma autópsia

No Capítulo 12, abordamos a gestão baseada em valor e vimos como as empresas podem aumentar seu valor por meio de melhorias em suas operações. Contudo, essa relação apresenta um lado bom e um lado ruim. O lado bom é que as pequenas melhorias operacionais podem aumentar substancialmente o valor. O lado ruim é que muitas vezes é difícil melhorar as operações, principalmente se a empresa já tiver uma boa administração e seu setor for muito competitivo.

Se, em vez disso, preferir aumentar o valor de sua empresa alterando sua estrutura de capital, novamente temos um lado bom e outro ruim. O lado bom é que a mudança da estrutura de capital é fácil – basta entrar em contato com um banco de investimento e emitir dívidas (ou ações, caso a empresa tenha dívidas demais). O lado ruim é que isso agregará apenas um valor relativamente pequeno. Obviamente, qualquer valor adicional é melhor do que nada; assim, é difícil entender por que há algumas empresas maduras com dívida zero.

Por fim, algumas empresas possuem mais dívidas do que o nível ótimo e deveriam recapitalizar para ter um nível de dívida menor. Isso se chama *desalavancagem*. É possível utilizar exatamente a mesma abordagem e as mesmas fórmulas usadas para a Strasburg. A diferença é que as dívidas diminuirão e haverá um aumento no número de ações. Ou seja, a empresa emitirá novas ações e, em seguida, utilizará os recursos levantados com essa emissão para liquidar as dívidas, o que resultará em uma estrutura de capital com menos dívidas e pagamentos de juros mais baixos.

Autoavaliação

1. O valor das operações de uma empresa é igual a $ 800 milhões após a recapitalização (ela não possuía dívidas antes da recapitalização). Essa empresa levantou $ 200 milhões em novas dívidas e utilizou esses fundos para recomprar ações. A empresa não possuía investimentos de curto prazo nem antes nem depois da recapitalização. Depois da recapitalização, $w_d = 25\%$. A empresa possuía 10 milhões de ações antes da recapitalização. Qual é o valor de S (capital próprio após a recapitalização)? **($ 600 milhões)** Qual é o valor de P (preço das ações após a recapitalização)? **($ 80/ ação)** Qual é o valor de n (número de ações remanescentes após a recapitalização)? **(7,5 milhões)**

Resumo

Este capítulo examinou os efeitos da alavancagem financeira nos preços das ações, no lucro por ação e no custo de capital. A seguir, listam-se os principais conceitos abordados.

- A **estrutura de capital ótima** de uma empresa é a combinação de dívida e capital próprio que maximiza o preço das ações. Em um determinado momento, a administração tem em mente uma **estrutura de capital-alvo** específica, provavelmente a estrutura ótima, embora esse alvo possa mudar com o passar do tempo.
- Diversos fatores influenciam a estrutura de capital de uma empresa. Entre eles, destacam-se (1) o **risco do negócio**; (2) a **estrutura fiscal**; (3) a necessidade de **flexibilidade financeira**; (4) o **conservadorismo ou a agressividade da administração**; e (5) as **oportunidades de crescimento**.
- **Risco do negócio** é o risco inerente às operações da empresa caso ela não use dívida. O risco do negócio de uma empresa será baixo se a demanda por seus produtos for estável, se os preços dos insumos e produtos permanecerem relativamente constantes, se a empresa puder reajustar os preços livremente caso os custos subam e se uma grande porcentagem dos custos for variável e, portanto, diminuir se as vendas caírem. Em condições iguais, quanto mais baixo for o risco do negócio de uma empresa, mais alto será o índice ótimo de endividamento.
- **Alavancagem financeira** é o grau de utilização dos títulos de renda fixa (dívida e ação preferencial) na estrutura de capital de uma empresa. **Risco financeiro** é o risco adicional assumido pelos acionistas em virtude da alavancagem financeira.

- **Alavancagem operacional** é o grau de utilização dos custos fixos nas operações de uma empresa. Na terminologia empresarial, um alto grau de alavancagem operacional, mantendo-se os demais fatores constantes, significa que uma variação relativamente pequena nas vendas resulta em uma variação significativa no ROIC.
- Se não houver impostos corporativos ou pessoais, Modigliani e Miller mostraram que o valor de uma empresa alavancada é igual ao valor de uma empresa idêntica, porém desalavancada:

$$V_L = V_U$$

- Se houver somente impostos de pessoa jurídica, Modigliani e Miller mostraram que o valor da empresa aumentará à medida que esta contrair mais dívidas, por conta da dedutibilidade das taxas de juros da dívida:

$$V_L = V_U + TD$$

- Se houver impostos de pessoa física e jurídica, Miller demonstrou que:

$$V_L = V_U + \left[1 - \frac{(1 - T_c)(1 - T_s)}{(1 - T_d)} \right] D$$

- A **equação de Hamada** mostra o efeito da alavancagem financeira sobre o beta, da seguinte maneira:

$$b = b_U + [1 + (1 - T)(D/S)]$$

- As empresas podem utilizar o beta corrente, a alíquota de imposto e o índice de dívida/capital próprio para calcular o **beta desalavancado, b_U**, da seguinte forma:

$$b_U = b/[1 + (1 - T)(D/S)] = b/[1 + (1 - T)(w_d/w_s)]$$

- A **teoria de _trade-off_** da estrutura de capital afirma que inicialmente a dívida agrega valor porque os juros são dedutíveis dos impostos, mas que também gera custos associados à falência possível ou real. A estrutura ótima de capital traz um equilíbrio entre os benefícios fiscais da dívida e os custos de falência.
- A decisão de uma empresa utilizar dívidas ou ações para levantar capital adicional transmite uma **mensagem** aos investidores. A emissão de ações passa um sinal negativo, enquanto a emissão de dívida transmite um sinal positivo (ou, pelo menos, neutro). Consequentemente, as empresas tentam evitar a emissão de ações, mantendo uma **capacidade de endividamento reserva**, ou seja, utilizando menos dívida em épocas "normais" do que a teoria de _trade-off_ sugere.
- Os proprietários de uma empresa podem decidir usar um montante relativamente grande de dívida para restringir os administradores. Um _alto índice de endividamento aumenta o risco de falência_ que não só implica custos, mas também exige que os administradores sejam mais cautelosos e não desperdicem o dinheiro dos acionistas. Muitas aquisições de controle de empresas e aquisições alavancadas realizadas nos últimos anos visavam melhorar a eficácia, reduzindo o fluxo de caixa disponível para os administradores.

Perguntas

(15-1) Defina as expressões apresentadas a seguir:
    a. Estrutura de capital, risco do negócio e risco financeiro.
    b. Alavancagem operacional, alavancagem financeira e ponto de equilíbrio.
    c. Capacidade de endividamento reserva.

(15-2) Qual termo se refere à incerteza própria das projeções do ROIC futuro?

(15-3) Afirma-se que as empresas com custos fixos não financeiros relativamente altos possuem um alto grau de quê?

(15-4) "Um tipo de alavancagem afeta tanto o EBIT quanto o EPS. O outro afeta apenas o EPS." Explique essa afirmação.

(15-5) Por que a seguinte afirmação é verdadeira? "Em condições iguais, as empresas com vendas relativamente estáveis são capazes de assumir índices de endividamento relativamente altos."

(15-6) Por que as concessionárias de serviços públicos geralmente possuem estruturas de capital diferentes das do setor varejista?

(15-7) Por que o EBIT é geralmente considerado independente da alavancagem financeira? Por que o Ebit seria efetivamente influenciado pela alavancagem financeira em altos níveis de dívida?

(15-8) Se uma empresa partisse de dívida zero e fosse subindo sucessivamente para níveis de dívida mais altos, por que haveria a expectativa de que o preço da ação primeiro subisse, atingisse o pico e, em seguida, começasse a cair?

Problemas de autoavaliação – As soluções estão no Apêndice A

(PA-1) **Estrutura ótima de capital** – A situação atual da Rogers Company é a seguinte: (1) EBIT = $ 4,7 milhões; (2) alíquota de imposto, T = 40%; (3) valor de dívida, D = $ 2 milhões; (4) r_d = 10%; (5) r_s = 15%; (6) ações em circulação, n = 600 mil; e preço das ações, P = $ 30. O mercado da empresa é estável e não há expectativa de crescimento, portanto todo lucro é distribuído na forma de dividendos. A dívida é composta por títulos de dívida perpétuos.
   a. Qual é o valor de mercado total das ações da empresa, S, e o valor de mercado total da empresa, V?
   b. Qual é o custo médio ponderado de capital da empresa?
   c. Suponha que a empresa possa aumentar suas dívidas de modo que sua estrutura de capital possua 50% de dívida, com base nos valores de mercado (dívidas serão emitidas para recomprar ações). Nesse nível de dívida, seu custo de capital próprio subirá para 18,5% e sua taxa de juros sobre todas as dívidas aumentará para 12% (será necessário resgatar e refinanciar a dívida antiga). Qual é o CMPC nessa estrutura de capital? Qual é o valor total? Qual quantidade de dívida será emitida e qual será o preço das ações após a recompra? Quantas ações em circulação restarão após a recompra?

(PA-2) **Equação de Hamada** – A Lighter Industrial Corporation (LIC) está cogitando a realização de uma recapitalização em grande escala. Atualmente, a LIC é financiada com 25% de dívida e 75% de capital próprio. A empresa analisa a possibilidade de aumentar o nível de dívida até atingir o financiamento com 60% de dívida e 40% de capital próprio. O beta da ação ordinária no atual nível de dívida é de 1,5; a taxa livre de risco, 6%; o prêmio de risco de mercado, 4%; e a alíquota de imposto federal mais estadual, 40%.
   a. Qual é o custo de capital próprio atual da LIC?
   b. Qual é o beta desalavancado da LIC?
   c. Qual será o novo beta e o novo custo de capital próprio caso a LIC recapitalize?

Problemas – As respostas dos problemas estão no Apêndice B

Problemas fáceis 1-6

(15-1) **Quantidade de equilíbrio** – A Shapland Inc. tem custos operacionais fixos de $ 500 mil e custos variáveis de $ 50 por unidade. Se ela vender o produto a um preço unitário de $ 75, qual será a quantidade de equilíbrio?

(15-2) **Beta desalavancado** – A Counts Accounting possui um beta de 1,15. A alíquota de imposto é de 40%, e a Counts é financiada com 20% de dívida. Qual é o beta desalavancado da empresa?

(15-3) **Prêmio pelo risco financeiro** – A Ethier Enterprise possui um beta desalavancado de 1,0. Ela é financiada com 50% de dívida e seu beta alavancado é de 1,6. Caso sua taxa livre de risco seja de 5,5% e se o prêmio de risco de mercado for de 6%, que prêmio adicional os acionistas da Ethier exigirão para serem compensados pelo risco financeiro?

(15-4) **Valor do capital próprio após a recapitalização** – O valor das operações da Nichols Corporation é igual a $ 500 milhões após uma recapitalização (a empresa não possuía dívidas antes da recapitalização). Essa empresa levantou $ 200 milhões em novas dívidas e utilizou esse dinheiro para recomprar ações. A Nichols não possuía investimentos de curto prazo nem antes nem depois da recapitalização. Depois da recapitalização, w_d = 40%. Qual é o valor de S (capital próprio após a recapitalização)?

(15-5) **Preço das ações após a recapitalização** – O valor das operações da Lee Manufacturing é igual a $ 900 milhões após uma recapitalização (a empresa não possuía dívidas antes da recapitalização). Essa empresa levantou $ 300 milhões em novas dívidas e utilizou esse dinheiro para recomprar ações. A Lee não possuía investimentos de curto prazo nem antes nem depois da recapitalização. Depois da recapitalização, w_d = 1/3. A empresa possuía 30 milhões de ações antes da recapitalização. Qual é o P (o preço das ações após a recapitalização)?

(15-6) **Ações remanescentes após a recapitalização** – A Dye Trucking levantou $ 150 milhões em novas dívidas e utilizou esse dinheiro para recomprar ações. Após a recapitalização, o preço das ações da empresa era de $ 7,50. Se a Dye possuísse 60 milhões de ações antes da recapitalização, quantas ações teria após a recapitalização?

Problemas intermediários 7-8

(15-7) **Ponto de equilíbrio** – A Schweser Satellites Inc. fabrica estações terrestres de satélite a um preço de venda unitário de $ 100 mil. Os custos fixos da empresa, F, são de $ 2 milhões, 50 estações terrestres são fabricadas e vendidas atualmente, o lucro total é de $ 500 mil, e os ativos da empresa (financiados totalmente com capital próprio) totalizam $ 5 milhões. A empresa prevê a possibilidade de mudança no processo de produção, acrescentando $ 4 milhões em investimentos e $ 500 mil em custos operacionais fixos. Essa mudança (1) reduzirá os custos unitários variáveis em $ 10 mil; e (2) aumentará a produção em 20 unidades; contudo (3) o preço de vendas em todas as unidades deverá ser reduzido para $ 95 mil para viabilizar a venda da produção adicional. A empresa tem prejuízos fiscais a compensar que zeram a alíquota de imposto. Seu custo de capital próprio é de 16% e ela não utiliza dívida.

   a. Qual é o lucro incremental? Para ter uma ideia da lucratividade do projeto, qual é sua taxa de retorno esperado para o ano seguinte (definido pelo lucro incremental dividido pelo investimento)? A empresa deve fazer o investimento? Por quê?

   b. Se a empresa fizer a mudança, seu ponto de equilíbrio aumentará ou diminuirá?

   c. A nova situação deixaria a empresa exposta a um risco do negócio maior ou menor que a situação anterior?

(15-8) **Análise da estrutura de capital** – A Rivoli Company não possui dívidas em aberto e sua posição financeira é informada pelos seguintes dados:

Ativos (contábil = mercado)	$ 3.000.000
EBIT	$ 500.000
Custo de capital próprio, r_s	10%
Preço das ações, P_0	$ 15
Ações em circulação, n_0	200.000
Alíquota de imposto, T (federal mais estadual)	40%

A empresa está pensando em vender títulos e, ao mesmo tempo, recomprar parte de suas ações. Caso ela migre para uma estrutura de capital com 30% de dívida com base nos valores de mercado, seu custo de capital próprio, r_s, aumentará para 11% a fim de refletir o aumento no risco. É possível vender os títulos a um custo, r_d, de 7%. A Rivoli é uma empresa sem crescimento. Assim, todos os seus lucros são distribuídos na forma de dividendos. Há uma expectativa de que os lucros sejam constantes ao longo do tempo.

   a. Qual seria o impacto desse uso da alavancagem sobre o valor da empresa?

   b. Qual seria o preço das ações da Rivoli?

   c. O que acontece com o lucro por ação da empresa após a recapitalização?

   d. Na realidade, o EBIT de $ 500 mil fornecido anteriormente é o valor esperado com base na seguinte distribuição de probabilidade:

PROBABILIDADE	EBIT
0,10	($ 100.000)
0,20	200.000
0,40	500.000
0,20	800.000
0,10	1.100.000

Determine o índice de cobertura de juros para cada probabilidade. Qual é a probabilidade de não cobrir o pagamento de juros no nível de 30% de dívida?

Problemas desafiadores 9-11

(15-9) **Análise da estrutura de capital** – A Pettit Printing Company tem um valor de mercado total de $ 100 milhões, composto por 1 milhão de ações com preço de venda de $ 50 por ação e $ 50 milhões de debêntures perpétuas de 10% vendidas ao valor nominal. O EBIT da empresa é de $ 13,24 milhões; e a alíquota de imposto, 15%. A Pettit pode mudar a estrutura de capital aumentando a dívida para 70% (com base nos valores de mercado) ou reduzindo-a para 30%. Caso a empresa decida *aumentar* o uso de alavancagem, deve resgatar as debêntures antigas e emitir novas com uma taxa de cupom de 12%. Caso decida *reduzir* a alavancagem, deve resgatar as debêntures antigas e substituí-las pelas novas debêntures com taxa de cupom de 8%. A empresa venderá ou recomprará ações ao novo preço de equilíbrio para concluir a mudança de estrutura de capital.

   A empresa distribui todo o lucro em forma de dividendos; assim, suas ações têm crescimento zero. Seu custo de capital próprio, r_s, é de 14%. Se a empresa aumentar a alavancagem, r_s será de 16%. Se reduzir a alavancagem, r_s será de 13%. Qual é o CMPC e o valor total da empresa em cada estrutura de capital?

(15-10) **Estrutura ótima de capital com Hamada** – A Beckman Engineering and Associates (BEA) está cogitando uma mudança em sua estrutura de capital. Atualmente, a BEA possui $ 20 milhões em dívida a uma taxa de 8%, e o preço unitário das ações é de $ 40, com 2 milhões de ações em circulação. A BEA é uma empresa com crescimento zero e distribui todo o lucro em forma de dividendos. Seu EBIT é de $ 14,933 milhões e a alíquota de imposto de renda federal mais estadual é de 40%. O prêmio pelo risco de mercado é de 4%, e a taxa livre de risco é de 6%. A empresa estuda a possibilidade de aumentar o nível de dívida para uma estrutura de capital com 40% de dívidas, com base nos valores de mercado, e de recomprar ações com o dinheiro extra obtido por empréstimo. A BEA terá de liquidar a antiga dívida para emitir a nova, e a taxa sobre a nova dívida será de 9%. Seu beta é de 1,0.

    a. Qual é o beta desalavancado da BEA? Use o valor de mercado D/S (que é o mesmo que w_d/w_s) ao desalavancar.

    b. Qual será o novo beta e o custo de capital próprio se ela possuir 40% de dívidas?

    c. Qual será o CMPC e o valor total da BEA com 40% de dívidas?

(15-11) **CMPC e estrutura ideal de capital** – A F. Pierce Products Inc. está considerando mudar sua estrutura de capital. Atualmente ela não tem dívida e nenhuma ação de preferência, mas gostaria de adicionar alguma dívida para levar vantagem sobre taxas de juros baixas e o escudo fiscal. Seu banqueiro de investimentos indicou que o custo pré--imposto da dívida sob diversas estruturas de capital possíveis seria o seguinte:

Índice de Endividamento Baseado em Valor de Mercado (w_d)	Índice de Patrimônio Baseado em Valor de Mercado (W_s)	Índice de Dívida/Patrimônio Baseado em Valor de Mercado (d/s)	Custo da Dívida antes de Impostos (r_d)
0,0	1,0	0,00	6,0%
0,2	0,8	0,25	7,0
0,4	0,6	0,67	8,0
0,6	0,4	1,50	9,0
0,8	0,2	4,00	10,0

A F. Pierce utiliza o CAPM para estimar seu custo de capital próprio, r_s, e no momento da análise da taxa livre de riscos é de 5%, o prêmio de risco de mercado é de 6% e a alíquota de imposto da empresa é de 40%. A F. Pierce estima que seu beta agora (que está "desalavancado" porque atualmente não possui dívida) é de 0,8. Com base nessas informações, qual seria a estrutura de capital ótima da empresa e o custo médio ponderado de capital com a estrutura de capital ótima?

Problema de planilha

(15-12) **Construa um modelo: CMPC e estrutura ideal de capital** – A Reacher Technology consultou banqueiros de investimento e determinou a taxa de juros que pagaria para diferentes estruturas de capital, conforme mostrado na tabela a seguir. Os dados da taxa livre de riscos, o prêmio de risco de mercado, uma estimativa do beta desalavanca-do da Reacher e a alíquota de imposto também constam na tabela. Com base nessas informações, qual é a estrutura de capital ideal da empresa e o custo médio ponderado de capital com a estrutura ideal de capital?

Percentual financiado com dívida (w_d)	Custo de dívida antes de impostos (r_d)	Dados de entrada	
0%	6,0%	Taxa livre de risco	4,5%
10	6,1	Prêmio de risco de mercado	5,5%
20	7,0	Beta desalavancado	0,8
30	8,0	Alíquota de imposto	40,0%
40	10,0		
50	12,5		
60	15,5		
70	18,0		

Estudo de caso

Imagine que você acaba de ser contratado como gerente da PizzaPalace, uma rede de pizzaria regional. O EBIT da empresa foi de $ 50 milhões no ano passado e não há nenhuma previsão de aumento. Atualmente, a empresa é financiada totalmente com patrimônio, além de ter 10 milhões de ações em circulação. Durante o curso de finanças corporativas, seu orientador afirmou que a maioria dos empresários teria uma situação financeira melhor caso as empresas utilizassem certa quantia de dívida. Quando você apresentou essa sugestão ao novo chefe, ele o incentivou a seguir adiante com a ideia. Como um primeiro passo, suponha que você tenha obtido do banqueiro de investimentos da empresa os seguintes custos estimados de dívida nas diferentes estruturas de capital:

Porcentagem financiada com dívida, w_d	r_d
0%	—
20	8,0%
30	8,5
40	10,0
50	12,0

Se a empresa fosse recapitalizar, a dívida seria emitida e os fundos recebidos seriam usados para recomprar as ações. A PizzaPalace enquadra-se na alíquota de imposto de renda de pessoa jurídica federal mais estadual de 40%, o beta é de 1,0, a taxa livre de riscos é de 6% e o prêmio de risco de mercado é de 6%.

a. Utilizando o modelo de valorização do fluxo de caixa livre, mostre as únicas maneiras pelas quais a estrutura de capital pode afetar o valor.

b. (1) O que é risco comercial? Quais são os fatores que influenciam o risco comercial de uma empresa?

(2) O que é alavancagem operacional e como ela afeta o risco comercial de uma empresa? Mostre o ponto de equilíbrio operacional de uma empresa que possui custos fixos de $ 200, preço de venda de $ 15 e custos variáveis de $ 10.

c. Agora, para desenvolver um exemplo a ser apresentado à administração da PizzaPalace a fim de mostrar os efeitos da alavancagem financeira, considere duas empresas hipotéticas: a Empresa U, que não utiliza financiamento com dívida, e a Empresa L, que utiliza $ 10 mil de dívida de 12%. Ambas as empresas possuem $20 mil em ativos, uma alíquota de imposto de 40% e um EBIT esperado de $ 3 mil.

(1) Elabore demonstrações de renda parciais que comecem com o EBIT para as duas empresas.

(2) Agora calcule o ROE de ambas as empresas.

(3) O que esse exemplo mostra sobre o impacto da alavancagem financeira sobre o ROE?

d. Explique a diferença entre risco financeiro e risco do negócio.

e. O que acontecerá com o ROE das Empresas U e L se o EBIT cair para $ 2 mil? Que significado isso terá no impacto da alavancagem sobre o risco e o retorno?

f. O que a teoria da estrutura de capital tenta fazer? O que podemos aprender com a teoria da estrutura de capital? Lembre-se de abordar os modelos de MM.

g. O que a evidência empírica diz com relação à teoria sobre a estrutura de capital? Quais as consequências para os administradores?

h. Com os pontos citados em mente, analise agora a estrutura de capital ideal para a PizzaPalace.

(1) Para cada estrutura de capital considerada, calcule o beta alavancado, o custo do capital próprio e o CMPC.

(2) Agora, calcule o valor da empresa para cada estrutura de capital.

i. Descreva o processo de recapitalização e aplique-o à PizzaPalace. Calcule o valor resultante da dívida que será emitida, o valor de mercado resultante do capital próprio, o preço por ação, o número de ações recompradas e as ações remanescentes. Considerando somente as estruturas de capital analisadas, qual é a estrutura ideal de capital da PizzaPalace?

Gestão de operações globais

Cadeias de suprimento e gestão de capital de giro

O que a Southwest Airlines, Apple, Qualcomm e Family Dollar Stores têm em comum? Todas lideraram seus setores de atuação na última pesquisa anual de gestão de capital de giro realizada pela revista *CFO Magazine*, que cobre as 1.000 maiores empresas de capital aberto dos Estados Unidos. Cada empresa é classificada com base em seu "ciclo financeiro", que é o montante do capital de giro operacional líquido necessário por dólar de vendas diárias.

$$\text{Ciclo financeiro (DWC)} = \frac{\text{Recebíveis} + \text{Estoque} - \text{Contas a pagar}}{\text{Média das vendas diárias}}$$

O índice médio do setor varia de maneira significativa. Por exemplo, a média no setor de informática e periféricos é de 43, mas a média em máquinário é de 82. A média das companhias aéreas detém ciclo financeiro zero — contas a pagar são tão grandes quanto seus recebíveis e seu estoque. Porém, mesmo em um setor, há uma variação considerável. Por exemplo, a Fammily Dollar tem um ciclo de 16 dias, mas o da Nordstrom é de 79.

Após uma deterioração na recessão recente, muitas empresas estão detendo registro dos montantes de caixa e têm sido acusasdas por analistas de perder seu foco no capital de giro. Nem tanto com a Thomson Reuters, uma líder mundial em notícias e comércio eletrônico. A Thomson Reuters não possui muito estoque e teve problemas em reduzir seus recebíveis porque ela opera em muitos países diferentes, portanto, em vez de concentrar-se em padronizar suas políticas de contas a pagar globais e melhorar seu DSO (dias de contas a receber ou prazo médio de recebimento) em três dias. Quando questionados sobre o caixa que outras empresas poderiam possivelmente extrair de seu capital de giro, o diretor-executivo financeiro da Thomson Reuters, Bob Daleo, respondeu: "Em vez de dá-lo aos fornecedores e clientes, por que não dá-lo de volta aos seus acionistas?". Tenha isso em mente durante sua leitura deste capítulo.

Fontes: Consulte David Katz, "Easing the squeeze: the 2011 working capital scorecard," CFO, jul-ago. de 2011, no site **www.cfo.com/article.cfm/14586631/c_2984340/?f=archives; for the rankings, see www.cfo.com/media/pdf/1107WCcharts.pdf.**

AVALIAÇÃO DE EMPRESAS E GESTÃO DE CAPITAL DE GIRO

A gestão eficiente de capital de giro pode reduzir drama-ticamente investimentos exigidos em capital operacional, que, por sua vez, pode resultar em fluxos de caixa livres maiores e melhor avaliação da empresa.

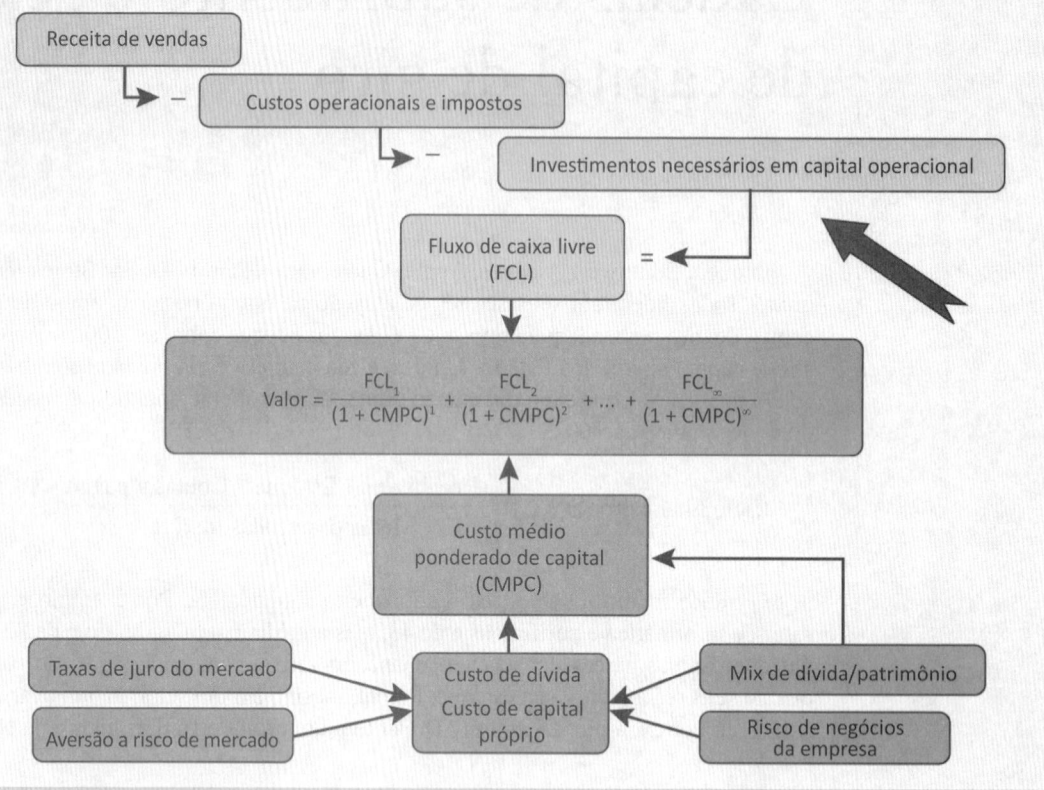

A gestão do capital de giro envolve duas questões básicas: (1) qual é o montante apropriado do capital de giro, tanto no total quanto para cada conta específica, e (2) como o capital de giro deve ser financiado? Observe que a gestão do capital de giro sólido vai além das finanças. Na realidade, melhorar a posição do capital de giro da empresa geralmente vem das melhorias nas divisões operacionais. Por exemplo, especialistas em logística, gestão operacional e tecnologia da informação geralmente trabalham com engenheiros e especialistas em produção para desenvolver maneiras de acelerar o processo de fabricação e, dessa forma, reduzir o estoque de bens em processo. Do mesmo modo, os gestores de marketing e especialistas em logística cooperam para desenvolver maneiras melhores de entregar os produtos da empresa aos clientes. As finanças entram em campo para avaliar quão eficaz são os departamentos operacionais da empresa em relação aos das outras empresas neste setor e também para avaliar a rentabilidade das propostas alternativas para melhorar a gestão do capital de giro. Além disso, os gestores financeiros decidem quanto caixa suas empresas devem manter e quanto financiamento a curto prazo deve ser usado para financiar seu capital de giro.

16-1   Visão geral da gestão do capital de giro

Considere algumas das atividades envolvidas na cadeia de suprimentos de uma empresa. A empresa faz um pedido para um fornecedor. O fornecedor envia o pedido e emite a fatura para a empresa. A empresa paga imediatamente ou aguarda, caso em que o montante não pago é chamado de conta a pagar. O envio recém--recebido vai para o estoque até que seja necessário. Se o fornecedor enviou produtos finalizados, a empresa irá distribuir os bens para seus armazéns ou varejistas. Se, por outro lado, o fornecedor enviou componentes ou matérias-primas, a empresa utilizará o envio em um processo de fabricação ou montagem colocando o produto final em seu estoque de bens finalizados. Os itens de um estoque de bens finalizados serão enviados diretamente para os clientes ou para os armazéns para envios posteriores. Quando um cliente adquire o produto, a empresa emite uma fatura para o cliente e, muitas vezes, oferece crédito a ele. Se o cliente não pagar imediatamente, o soldo não pago é chamado de conta a receber. Durante esse processo, a empresa vai acumulando salários não pagos (porque ela não paga seus funcionários diariamente) e impostos não pagos (porque ela não paga a Receita Federal diariamente).

Diversos ativos e passivos circulantes estão envolvidos nesse processo – o caixa é gasto (para pagar os fornecedores, funcionários, impostos etc.) e coletados (quando os clientes pagam), contas a receber são criadas e coletadas, o estoque sofre por aumentos e reduções, contas a pagar são geradas e pagas, e os acréscimos acumulam-se até o pagamento. Observe que esses são os mesmos ativos circulantes operacionais (caixa, contas a receber e estoques) e passivos circulantes operacionais (contas a pagar e acréscimos) usados no cálculo do **capital de giro operacional líquido (NOWC)**, que é definido como ativos circulantes operacionais menos passivos circulantes operacionais.

Além dos ativos e passivos circulantes operacionais, há duas outras contas circulantes relacionadas à gestão do capital de giro: investimentos a curto prazo e dívida a curto prazo. Discutimos cada ativo e passivo corrente posteriormente no capítulo, mas será útil se distinguirmos primeiro entre o caixa e os investimentos a curto prazo, porque isso pode causar confusão.

Muitos dicionários definem caixa como moeda (moedas e notas) e demandam contas de depósito (como uma conta corrente em um banco). A maioria das empresas possui pouca moeda em mão, e a grande parte tem contas correntes relativamente pequenos. No entanto, a grande maioria das empresas possui grande variedade de ativos financeiros a curto prazo. Por exemplo, a Apple e a Microsoft possuem: (1) contas correntes, (2) títulos do Tesouro norte-americano e de agências, (3) certificados de depósitos e depósitos a prazo fixo, (4) notas promissórias, (5) fundos do mercado monetário e outros fundos mútuos (com baixa volatilidade de preço), (6) notas e títulos corporativos e municipais a curto prazo ou com juro pós-fixado, e (7) ações preferenciais com juros pós-fixados. A maioria desses títulos e ações pode ser convertida em caixa rapidamente a preços idênticos ou bem próximos de seus valores contábeis, por isso, às vezes, eles são chamados de equivalentes de caixa.

Alguns desses ativos financeiros são detidos para dar suporte às operações atuais em andamento e alguns são detidos para finalidades futuras, e essa é a distinção que fazemos quando definimos caixa e investimentos a curto prazo. Em especial, definimos caixa como o valor total dos ativos financeiros a curto prazo que são detidos para dar suporte às operações em andamento, porque essa é a definição de caixa que precisa estar consistente com a definição de caixa utilizada para calcular o NOWC (que, por usa vez, é utilizado para calcular o fluxo de caixa livre e o valor intrínseco da empresa). Definimos os investimos a curto prazo como o valor total dos ativos financeiros a curto prazo detidos para finalidades futuras. Tenha essas distinções em mente quando discutirmos a gestão de caixa e os investimentos a curto prazo posteriormente no capítulo.

Normalmente utilizamos o termo NOWC, mas o termo capital de giro também é utilizado para fins ligeiramente diferentes, portanto fique atento a isso quando o ver na imprensa financeira. Por exemplo, a imprensa financeira define **capital de giro**, às vezes chamado de *capital de giro bruto*, como ativos circulantes utilizados nas operações.[1] A imprensa também define o **capital de giro líquido** como todos os ativos circulantes menos os passivos circulantes.

16-2 Utilizando e financiando os ativos circulantes operacionais

Os ativos circulantes operacionais (AC) são utilizados para dar suporte às vendas. Ter muito investido em AC operacionais não é suficiente, mas ter pouco pode restringir as vendas. Muitas empresas têm vendas sazonais e em crescimento, portanto elas têm AC operacionais em crescimento sazonais, que têm uma implicação para o padrão de financiamento que as empresas escolhem. A próxima sessão aborda essas questões.

16-2a Uso eficiente dos ativos circulantes operacionais

A maioria das empresas pode influenciar seus índices de ativos circulantes operacionaus para as vendas. Algumas empresas escolhem uma política não restritiva e detêm grande quantidade de caixa, recebíveis e estoques relativos às vendas. Essa é uma **política não restritiva**. Entretanto, se uma empresa possui uma **política**

---

[1] A expressão "capital de giro" originou-se com os antigos mascates ianques, que carregavam suas carroças com mercadorias e saíam para vendê-las. O cavalo e a carroça eram seu ativo fixo, enquanto as mercadorias eram vendidas ou entregues com lucro e, portanto, eram chamadas de *capital de giro*.

restritiva, as posses de ativos circulantes são minimizadas e dizemos que a política da empresa é *compacta* ou "*enxuta*". Uma **política moderada** está entre os dois extremos.

Podemos usar a equação de Du Pont para demonstrar como a gestão do capital de giro afeta o retorno sobre o patrimônio:

$$\text{ROE} = \text{Margem de lucro} \times \text{Giro de total de ativos} \times \text{Multiplicador de patrimônio}$$

$$= \frac{\text{Lucro líquido}}{\text{Vendas}} \times \frac{\text{Vendas}}{\text{Ativo}} \times \frac{\text{Ativo}}{\text{Patrimônio}}$$

Uma política liberal significa um alto nível de ativos e, portanto, um baixo índice de giro de ativo total, o que resultará em um baixo ROE se outros itens forem mantidos constantes. Já uma política restritiva resulta em um baixo nível de ativos circulantes, um alto giro e, portanto, um ROE relativamente alto. No entanto, a política restritiva expõe a empresa a riscos, pois a insuficiência pode levar a paralisações do trabalho, clientes insatisfeitos e graves problemas em longo prazo. Uma política moderada está entre os dois extremos. A estratégia ideal é aquela que a administração acredita que maximizará os ganhos da empresa em longo prazo e, portanto, o valor intrínseco das ações.

Observe que as mudanças tecnológicas podem provocar alterações na política ideal. Por exemplo, se uma nova tecnologia permite que um fabricante produza determinado produto em cinco dias em vez de dez, os estoques de mercadorias em fabricação podem ser reduzidos pela metade. Da mesma forma, varejistas tais como Walmart e Home Depot possuem sistemas de gestão de estoque que utilizam códigos de barra em todas as mercadorias. Esses códigos são lidos na caixa registradora, as informações são transmitidas eletronicamente para um computador que ajusta o estoque remanescente do item e automaticamente envia um pedido ao computador do fornecedor quando o estoque cai para um nível especificado. Esse processo reduz o "estoque de segurança" que de outra forma seria necessário para evitar a falta de mercadoria. Tais sistemas reduziram significativamente os estoques e, portanto, aumentaram os lucros.

16-2b Financiamento de ativos circulantes operacionais

Investimentos em ativos circulantes operacionais devem ser financiados, e as principais fontes de recursos incluem empréstimos bancários, créditos de fornecedores (contas a pagar), passivo provisionado, dívida de longo prazo e patrimônio. Cada uma dessas fontes possui vantagens e desvantagens, portanto uma empresa deve decidir quais fontes são melhores para ela.

Para começar, observe que a maioria das empresas experimenta oscilações cíclicas e/ou sazonais. Por exemplo, empresas de construção tendem a apresentar pico no verão, o varejo apresenta pico próximo do Natal, e os fabricantes que abastecem empresas de construção e varejistas seguem padrões relacionados. Da mesma forma, as vendas de praticamente todas as empresas aumentam quando a economia está forte, portanto aumentam os ativos circulantes operacionais durante os picos, mas deixam estoques e recebíveis caírem durante recessões. No entanto, ativos circulantes raramente caem a zero – as empresas sempre mantêm alguns **ativos circulantes operacionais permanentes**, que são os ativos circulantes operacionais necessários mesmo no ponto baixo do ciclo de negócios. Para uma empresa em crescimento, em uma economia em crescimento, ativos circulantes permanentes tendem a aumentar com o tempo. Também, à medida que as vendas aumentam durante o pico cíclico, os ativos circulantes também aumentam; esses ativos circulantes adicionais são definidos como **ativos circulantes operacionais temporários** em oposição aos ativos circulantes permanentes. A maneira como os ativos circulantes permanentes e temporários são financiados é chamada de **política de financiamento de** ativos circulantes operacionais da empresa. Três políticas alternativas são discutidas a seguir.

Abordagem de "vencimentos casados" ou "autoliquidação"

A abordagem de **vencimentos casados** ou "**autoliquidação**" requer que o vencimento dos ativos e passivos seja casado conforme exibido no painel da Figura 16-1. Todos os ativos fixos mais os ativos circulantes permanentes são financiados com capital de longo prazo, mas ativos circulantes temporários são financiados com dívida de curto prazo. Estoque com estimativa de venda de 30 dias seria financiado com um empréstimo bancário de 30 dias, uma máquina com vida útil estimada de cinco anos seria financiada com um empréstimo de cinco anos, um edifício de 20 anos seria financiado com um título hipotecário de 20 anos e assim por diante. Na verdade, dois fatores impedem um vencimento casado exato, as vidas dos ativos incertas e o financiamento do patrimônio. Por exemplo, uma empresa poderia financiar estoques com um empréstimo bancário de 30 dias, esperando vender esse estoque e usar o dinheiro para saldar o empréstimo. Mas, se as vendas estiverem ruins, a "vida" dos estoques excederia a estimativa original de 30 dias e o dinheiro não viria, provavelmente, causando problemas à empresa impedindo-a de quitar o empréstimo no vencimento. Além disso, algum financiamento do patrimônio comum deve ser usado, e o patrimônio não possui vencimento. Ainda assim, se uma empresa tenta casar ou chegar próximo de casar os vencimentos de ativos e passivos, isso é definido como uma *política moderada de financiamento de ativos circulantes*.

FIGURA 16-1

Políticas alternativas de financiamento de ativos circulantes operacionais

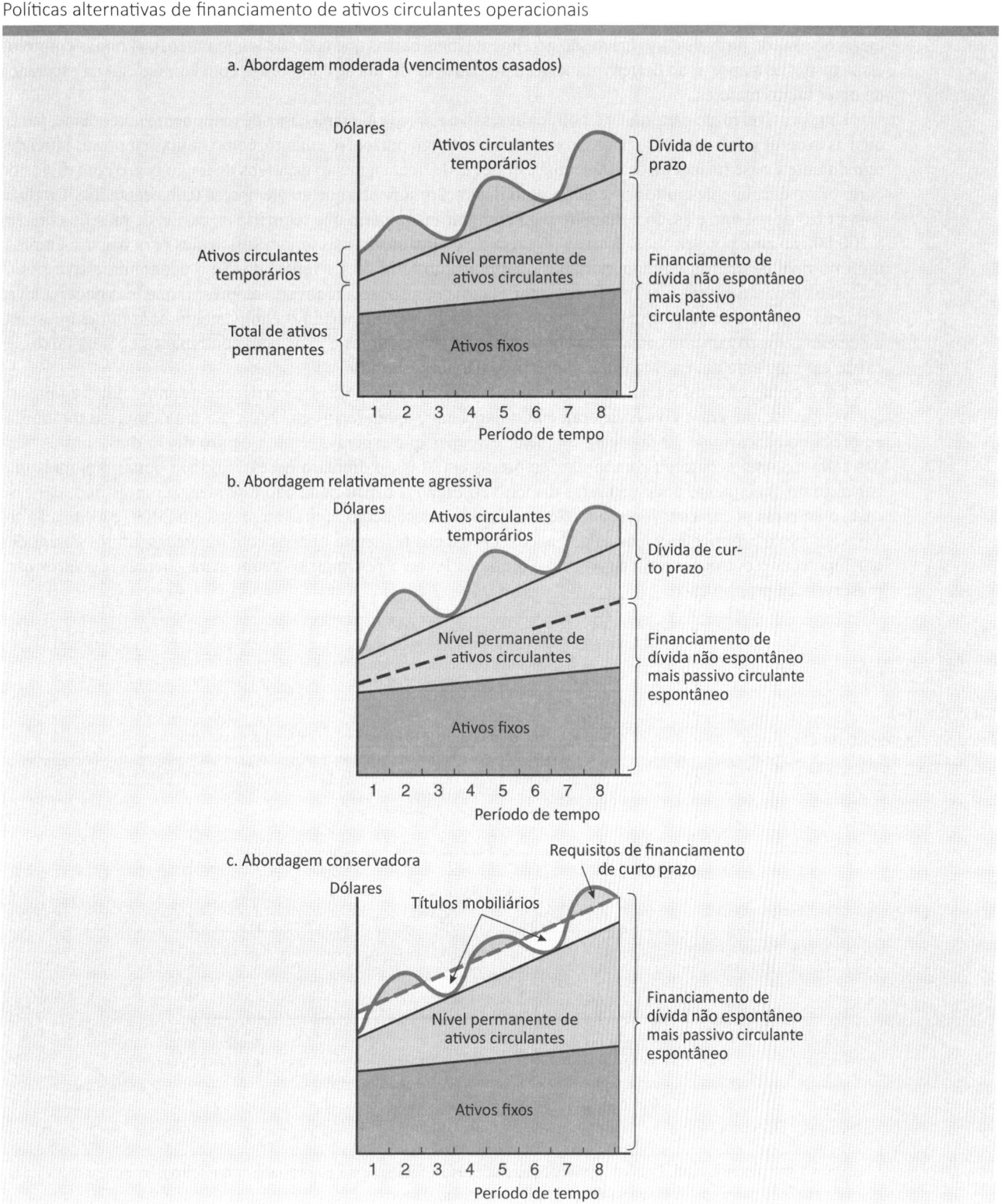

Abordagem agressiva

O Painel b da Figura 16-1 ilustra a situação para uma empresa mais agressiva que financia parte de seus ativos permanentes com dívidas de curto prazo. Observe que usamos o termo "relativamente" no título do Painel b, pois pode haver *graus* diferentes de agressividade. Por exemplo, a linha pontilhada no Painel b poderia ter sido desenhada *abaixo* da linha que representa ativos fixos, indicando que todos os ativos circulantes – tanto permanentes quanto temporários – e parte dos ativos fixos foram financiados com crédito de curto prazo. Essa política seria uma posição altamente agressiva e extremamente não conservadora, e a empresa estaria sujeita aos perigos que envolvem a renovação do empréstimo, assim como problemas de aumento na taxa de juros. No entanto, taxas de juros de curto prazo são geralmente mais baixas que taxas de longo prazo, e algumas empresas estão dispostas a apostar ao usarem grandes quantidades de dívida de curto prazo com baixo custo na esperança de obter lucros maiores.

Uma possível razão para adotar a política agressiva é aproveitar uma curva de rendimento ascendente, para a qual as taxas de curto prazo são mais baixas que as de longo prazo. No entanto, como muitas empresas aprenderam durante a crise financeira de 2009, uma estratégia de financiamento de ativos de longo prazo com dívida de curto prazo é realmente muito arriscada. Como ilustração, suponha que uma empresa tenha captado $ 1 milhão com prazo de um ano e usado o dinheiro para comprar maquinário que reduziria os custos de mão de obra em $ 200.000 ao ano, por dez anos.[2] Fluxos de caixa do equipamento não seriam suficientes para pagar o empréstimo no final de apenas um ano, portanto o empréstimo teria de ser renovado. Se a economia estivesse em recessão como a de 2009, o agente financiador poderia recusar-se a renovar o empréstimo, e isso poderia levar à falência. Caso a empresa tivesse casado os vencimentos e financiado o equipamento com um empréstimo de dez anos, os pagamentos anuais do empréstimo seriam menores e mais bem combinados com os fluxos de caixa, e o problema da renovação do empréstimo não teria surgido.

Em algumas circunstâncias, mesmo os vencimentos casados podem ser arriscados, como muitas empresas, que pensavam que eram conservadoramente financiadas, aprenderam em 2009. Se uma empresa tomou um empréstimo bancário de 30 dias para financiar estoques que esperava vender dentro de 30 dias, mas as vendas caíram, como aconteceu para muitas empresas em 2009, o dinheiro necessário para quitar o empréstimo bancário no vencimento pode não estar disponível. Então o banco pode não estender o empréstimo, e, nesse caso, a empresa poderia ser forçada à falência. Isso aconteceu com muitas empresas em 2009, e a situação foi agravada pelos próprios problemas dos bancos. Os bancos perderam bilhões com hipotecas, títulos garantidos por hipotecas e outros investimentos ruins, o que os levou a restringir o crédito para clientes regulares para preservar seu próprio caixa.

FIGURA 16-2
Ciclo de conversão de caixa

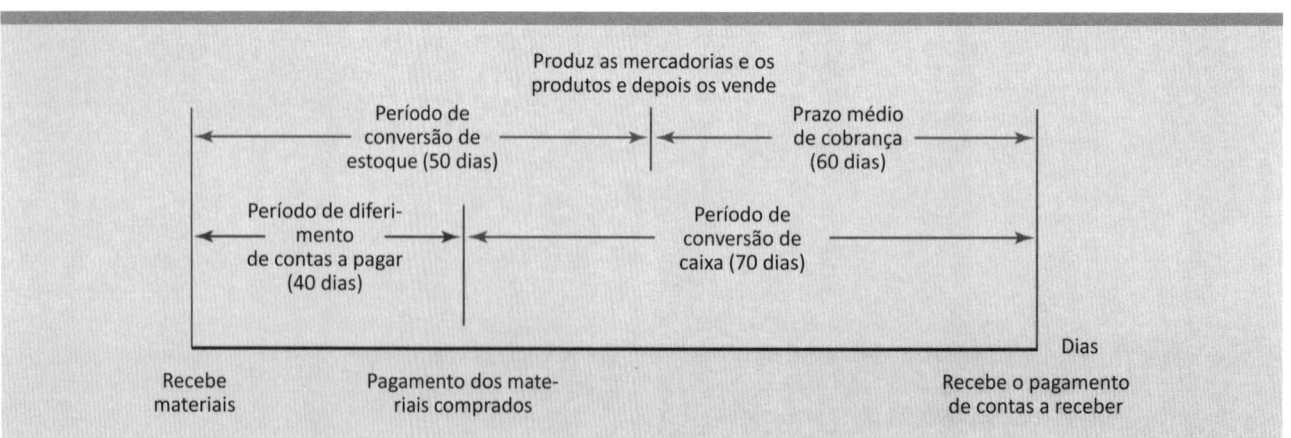

---

[2] Estamos simplificando aqui. Poucos agentes financiadores explicitamente emprestariam dinheiro por um ano para financiar um ativo de dez anos. A empresa emprestaria com prazo de um ano para "propósitos corporativos gerais" e usaria o dinheiro para comprar um maquinário de dez anos.

Abordagem conservadora

O Painel c da figura mostra a linha tracejada *acima* da linha que representa ativos circulantes permanentes, indicando que o capital de longo prazo é usado para financiar todos os ativos permanentes e também para suprir algumas necessidades sazonais. Nessa situação, a empresa utiliza uma pequena quantidade de crédito de curto prazo para atender às suas exigências de pico, mas também atende a uma parte de suas necessidades sazonais ao "armazenar liquidez" na forma de títulos mobiliários. Os arcos acima da linha tracejada representam financiamentos de curto prazo, enquanto os vales, posses de títulos de curto prazo. Essa política de financiamento conservadora (e/ou racional) é razoavelmente segura, e sua utilidade foi demonstrada em 2009: quando o crédito secou, as empresas que possuíam caixa suficiente foram capazes de operar com mais eficiência do que aquelas que foram forçadas a reduzir suas operações, pois não poderiam renovar seus estoques ou pagar sua mão de obra regular.

Escolher entre abordagens

Uma vez que a curva de rendimento é normalmente inclinada para cima, *o custo da dívida de curto prazo é geralmente mais baixo que o da dívida de longo prazo*. No entanto, *a dívida de curto prazo é mais arriscada para o mutuário* por duas razões: (1) Se uma empresa toma emprestado em longo prazo, seu custo de juros será relativamente estável ao longo do tempo, mas, se usar crédito de curto prazo, sua despesa de juros pode flutuar amplamente – talvez atingindo níveis tão altos que os lucros são extintos.[3] (2) Se uma empresa toma muito dinheiro emprestado em curto prazo, uma recessão temporária pode afetar adversamente seus índices financeiros e torná-la incapaz de pagar suas dívidas. Reconhecendo esse fato, o agente financiador pode não renovar o empréstimo se a situação financeira do mutuário for fraca, o que poderia forçar o mutuário à falência.

Observe também que *empréstimos de curto prazo podem geralmente ser negociados muito mais rápido* que empréstimos de longo prazo. Os agentes financiadores precisam realizar um exame financeiro completo antes de conceder crédito de longo prazo, e o contrato de empréstimo deve ser elaborado em detalhes, pois muita coisa pode acontecer durante o prazo de 10 a 20 anos do empréstimo.

Finalmente, *a dívida de curto prazo geralmente oferece maior flexibilidade*. Se a empresa pensa que as taxas de juros estão absurdamente altas e precisam de uma redução, pode preferir o crédito de curto prazo, pois as penalidades de pagamento antecipado estão com frequência associadas à dívida de longo prazo. Também, se sua necessidade de dinheiro for sazonal ou cíclica, a empresa poderá não querer se comprometer com dívida de longo prazo por causa dos custos de distribuição e das possíveis penalidades de pagamento antecipado. Finalmente, contratos de empréstimo de longo prazo, geralmente, contêm disposições, ou *cláusulas*, que restringem as ações futuras da empresa para proteger o agente financiador, enquanto contratos de crédito de curto prazo em geral possuem menos restrições.

Com base nisso, não é possível afirmar qual financiamento, de curto ou longo prazo, é melhor. As condições específicas da empresa afetarão suas decisões, assim como as preferências de risco dos gestores. Gestores otimistas e/ou agressivos preferirão crédito de curto prazo para obter uma vantagem no custo dos juros, ao passo que gestores mais conservadores preferirão crédito de longo prazo para evitar eventuais problemas de renovação. Os fatores discutidos aqui devem ser considerados, mas a decisão final refletirá as preferências pessoais e os julgamentos subjetivos dos gestores.

Autoavaliação

1. Identifique e explique três políticas alternativas de investimentos em ativos circulantes.
2. Utilize a equação de Du Pont para mostrar como a política de capital de giro pode afetar o ROE esperado de uma empresa.
3. Quais são as razões para não manter muito pouco capital de giro? Para não manter muito?
4. Diferencie entre ativos circulantes operacionais permanentes e ativos circulantes operacionais temporários.
5. O que significa vencimentos casados e qual é a lógica por trás dessa política?
6. Quais são algumas vantagens e desvantagens da dívida de curto prazo *versus* dívida de longo prazo?

---

[3] A taxa de juros preferencial – a taxa que os bancos cobram de clientes muito bons – atingiu 21% no início dos anos 1980, o que produziu um nível de falência de empresas que não foi visto novamente até 2009. A principal razão para a taxa de juros muito alta foi que a taxa de inflação era de 13%, e a inflação alta deve ser compensada com altas taxas de juros. Além disso, o Banco Central norte-americano estava restringindo o crédito para conter a inflação e encorajando os bancos a restringir os empréstimos.

16-3   Ciclo de conversão de caixa

Todas as empresas seguem um "ciclo de capital de giro" em que compram ou produzem o estoque, mantêm-no por um tempo e, depois, vendem-no e recebem o pagamento. Esse processo é conhecido como **ciclo de conversão de caixa** (*cash conversion cycle* – **CCC**).

16-3a Cálculo do CCC-alvo

Suponha que a Great Basin Medical Equipment (GBM) esteja apenas começando um negócio, comprando dispositivos ortopédicos de um fabricante na China e vendendo-os por meio de distribuidores nos Estados Unidos, Canadá e México. O seu plano de negócio prevê a compra de $ 10 milhões de mercadorias no início de cada mês para vendê-las em até 50 dias. A empresa terá 40 dias para pagar seus fornecedores e proporcionará a seus clientes 60 dias para pagar suas compras. A GMB espera apenas atingir o ponto de equilíbrio durante os seus primeiros anos, assim suas vendas mensais serão de $ 10 milhões, o mesmo valor de suas compras (ou custo das mercadorias vendidas). Para simplificarmos, suponhamos que não haja custos administrativos. Além disso, o dinheiro necessário para sustentar as operações será obtido do banco, e os empréstimos devem ser pagos assim que o dinheiro se tornar disponível.

Essa informação pode ser usada para calcular o ciclo de conversão de caixa-alvo ou teórico da GMB, que compensa o saldo dos três períodos descritos a seguir.

1. **Período de conversão de estoque.** Para GBM, esse é o período de 50 dias que ela espera levar para vender o equipamento e convertê-lo em contas a receber.[4]
2. **Período médio de cobrança (*average collection period* – ACP).** Esse é o tempo concedido aos clientes para pagamento das mercadorias adquiridas. O ACP é também chamado de *prazo de recebimento de vendas* (*days sales outstanding* – DSO). O plano de negócios da GBM prevê um ACP de 60 dias com base nas suas condições de crédito de 60 dias. Isso também é chamado de período de conversão de recebíveis, pois deve levar 60 dias para cobrar e converter os recebíveis em caixa.
3. **Período de diferimento de contas a pagar.** Esse é o tempo que os fornecedores da GBM concedem para pagamento das compras que, no nosso exemplo, é de 40 dias.

No dia 1, a GBM espera comprar mercadorias e vendê-las e, assim, convertê-las em contas a receber no prazo de 50 dias. Deve levar 60 dias para cobrar os recebíveis, totalizando 110 dias entre o recebimento da mercadoria e a cobrança do dinheiro. No entanto, a GBM é capaz de diferir seus pagamentos por apenas 40 dias.

Podemos combinar esses três períodos para encontrar o ciclo de conversão de caixa-alvo ou teórico, mostrado a seguir como uma equação e diagramado na Figura 16-2.

$$\underset{\text{de estoque}}{\text{Período de conversão}} + \underset{\text{cobrança}}{\text{Prazo médio de}} - \underset{\text{de contas a pagar}}{\text{Período de diferimento}} = \underset{\text{de caixa}}{\text{Ciclo de conversão}} \qquad \text{(16-1)}$$

$$50 \quad + \quad 60 \quad - \quad 40 \quad = \quad 70 \text{ dias}$$

Embora a GBM deva pagar a seus fornecedores o montante de $ 10 milhões após 40 dias, ela não espera receber qualquer dinheiro até 50 + 60 = 110 dias no ciclo. Portanto, terá de fazer um empréstimo bancário de $ 10 milhões referente ao custo da mercadoria no 40º dia e não espera ser capaz de pagar o empréstimo até que receba no 110º dia. Assim, por 110 – 40 = 70 dias, que é o ciclo de conversão de caixa (CCC) teórico, ela deverá ao banco $ 10 milhões e pagará juros sobre essa dívida. Quanto mais curto o ciclo de conversão de caixa, melhor, pois um CCC mais curto significa despesas com juros menores.

Observe que, se a GBM pudesse vender as mercadorias mais rápido, descontar os recebíveis mais rápido ou diferir seus pagamentos por um prazo mais longo sem prejudicar as vendas ou aumentar os custos operacionais, seu CCC diminuiria, suas despesas com juros cairiam e seu lucro esperado e o preço das ações aumentariam.

---

[4] Se a GBM fosse um fabricante, o período de conversão do estoque seria o tempo necessário para converter as matérias-primas em produtos acabados e, em seguida, vender esses produtos.

16-3b Cálculo do CCC real com base nas demonstrações financeiras

Até agora, explicamos o CCC do ponto de vista teórico. No entanto, na prática, normalmente calcularíamos o CCC com base nas demonstrações financeiras da empresa, e é quase certo que o CCC real seria diferente do valor teórico por causa das complexidades do mundo real, tais como atrasos na entrega, retração nas vendas e inadimplência dos clientes. Além disso, uma empresa como a GBM estaria iniciando novos ciclos de forma contínua antes de terminar os anteriores, e isso também complicaria as coisas.

Para ver como o CCC é calculado na prática, suponha que a GBM esteja no mercado há vários anos e tenha uma posição estável, colocando pedidos, realizando vendas, recebendo pagamentos e efetuando seus próprios pagamentos de forma recorrente. Os dados apresentados a seguir foram extraídos de suas últimas demonstrações financeiras, em milhões:

ITENS SELECIONADOS DA DEMONSTRAÇÃO FINANCEIRA DA GBM (EM MILHÕES DE DÓLARES)	
Vendas anuais	$ 1.216,7
Custo de bens vendidos	1.013,9
Estoques	140,0
Contas a receber	445,0
Contas a pagar	115,0

Assim, seu capital de giro operacional líquido decorrente de estoque, contas a receber e contas a pagar é de $ 140 + $ 445 – $ 115 = $ 470 milhões, e esse montante deve ser financiado, no caso da GBM, por meio de empréstimos bancários com uma taxa de juros de 10%. Portanto, sua despesa com juros é de $ 47 milhões por ano.

Podemos analisar a situação mais de perto. Primeiro, considere o período de conversão de estoque:

$$\text{Período de conversão de estoque} = \frac{\text{Estoque}}{\text{Custo de mercadorias vendidas por dia}} \qquad \textbf{(16-2)}$$

$$= \frac{\$ 140,0}{\$ 1.013,9/365} = 50,4 \text{ dias}$$

Assim, a GBM precisa de aproximadamente 50,4 dias para vender as suas mercadorias, o que está muito próximo dos 50 dias previstos no plano de negócios. Observe também que o estoque é contabilizado ao custo, o que explica por que o denominador da Equação 16-2 é o custo das mercadorias vendidas por dia, e não vendas diárias.

O período médio de cobrança (ou prazo de recebimento de vendas) é calculado a seguir:

$$\text{Período médio de cobrança} = \text{ACP (ou DSO)} = \frac{\text{Contas a receber}}{\text{Vendas}/365} \qquad \textbf{(16-3)}$$

$$= \frac{\$ 445,0}{\$ 1.216,7/365} = 133,5 \text{ dias}$$

Assim, a GBM precisa de 133,5 dias após uma venda para receber o dinheiro e não dos 60 dias previstos no seu plano de negócios. Tendo em vista que os recebíveis são contabilizados pelo preço de venda, usamos as vendas diárias (em vez do custo das mercadorias vendidas por dia) no denominador para o ACP.

O período de diferimento de contas a pagar é encontrado conforme indicado a seguir, usando novamente o custo diário das mercadorias vendidas no denominador porque contas a pagar são contabilizadas ao custo:

$$\frac{\text{Período de diferimento}}{\text{de contas a pagar}} = \frac{\text{Contas a pagar}}{\text{Compras por dia}} = \frac{\text{Contas a pagar}}{\text{Custo das mercadorias vendidas}} \qquad \textbf{(16-4)}$$

$$= \frac{\$ 115,0}{\$ 1.013,9/365} = 41,4 \text{ dias}$$

A GBM deve pagar seus fornecedores após 40 dias, mas na verdade paga somente após 41 dias em média. Esse ligeiro atraso é normal, uma vez que o correio e o prazo para compensação de cheques normalmente atrasam um pouco os pagamentos.

Agora podemos combinar os três períodos para calcular o ciclo de conversão de caixa real da GBM:

Ciclo de conversão de caixa (CCC) = 50,4 dias + 133,5 dias – 41,4 dias = 142,5 dias

A Figura 16-3 resume todos esses cálculos e depois analisa por que o CCC real excede o CCC teórico por um valor tão grande. Está claro na figura que o controle de estoque da empresa está funcionando como esperado, já que as vendas correspondem muito bem às entradas de novos itens de estoque. Além disso, seus próprios pagamentos refletem razoavelmente bem as condições em que ela compra. No entanto, suas contas a receber são muito maiores do que deveriam, indicando que seus clientes não estão pagando até o vencimento. De fato, estão pagando com 73,5 dias de atraso, o que está aumentando o capital de giro da GBM. Como o capital de giro deve ser financiado, o atraso das cobranças está reduzindo os lucros da empresa e, provavelmente, prejudicando o preço das ações.

Quando a diretora financeira analisou a situação, descobriu que os clientes da GBM, médicos, hospitais e clínicas, foram reembolsados pelas companhias de seguro e pelos órgãos do governo, e essas organizações estavam pagando com atraso. O gerente de crédito estava fazendo tudo o que podia para cobrar mais rápido, mas os clientes disseram que não conseguiam fazer seus próprios pagamentos até que eles mesmos fossem pagos. Se a GBM quisesse manter as vendas, parece que teria de aceitar os clientes com pagamentos em atraso. No entanto, a diretora financeira imaginou se as cobranças poderiam ser mais rápidas se a GBM oferecesse descontos substanciais para pagamentos antecipados. Vamos abordar essa questão mais adiante neste capítulo.

FIGURA 16-3

Resumo do ciclo de conversão de caixa (em milhões de dólares)

	A	B	C	D	E	F	G
9	**Painel a. CCC-alvo: Baseado em condições planejadas**						
10	Ciclo de conversão de caixa (CCC)	=	Período de conversão de estoque planejado (ICP)	+	Termos de crédito oferecidos aos nossos clientes	–	Termos de crédito oferecidos por nosso fornecedor
11		=	50,0	+	60,0	–	40,0
12	**Alvo CCC =**						
13	**Painel b. CCC real: Baseado em demonstrações financeiras**						
14							
15	Vendas	$ 1.216,7					
16	CMV	$ 1.013,9					
17	Estoques	$ 140,0					
18	Contas a receber	$ 445,0					
19	Contas a pagar	$ 115,0					
20	Dias/ano	365					
21	**CCC real**	=	Estoque ÷ (CVM/365)	+	Contas a receber ÷ (Vendas/365)		Contas a pagar ÷ (CVM/365)
22		=	$ 140 ÷ ($ 1.013,9/365)	+	$ 445 ÷ ($ 1.216,7/365)		$ 115 ÷ ($ 1.013,9/365)
23		=	50,4	+	133,5		41,4
24	**CCC real**	=	142,5				
25	**Painel c. Componentes reais *versus* componentes-alvo**						
26			**ICP**		**ACP**		**PDP**
27	**Real - Alvo**	=	50,4 - 50,0		133,5 - 60,0		41,4 - 40,0
28		=	0,4	+	73,5	–	1,4
29	**% Diferença**	=	0,8%		122,5%		3,5%
30	**avaliação**	=	OK		MUITO RUIM		OK

Observação: Os estoques da GBM estão em linha com os seus planos, e ela está pagando seus fornecedores praticamente no prazo. No entanto, alguns de seus clientes estão pagando com muito atraso, assim o seu período médio de cobrança (ou DSO) é de 133,5 dias, embora todos os clientes devam pagar até o 60º dia.

16-3c Benefícios da redução do CCC

Como vimos, a GBM tem atualmente um CCC de 142,5 dias, o que resulta em $ 470 milhões atrelados ao capital de giro operacional líquido. Supondo que seu custo de dívida para ter capital de giro seja de 10%, isso significa que a empresa está incorrendo em despesas com juros de $ 47 milhões por ano para ter seu capital de giro. Agora suponha que a empresa possa acelerar as vendas o suficiente para reduzir o período de conversão do estoque de 50,4 para 35,0 dias. Além disso, ela começa a oferecer descontos para pagamentos antecipados e, assim, reduz o período médio de cobrança para 40 dias. Finalmente, suponha que ela poderia negociar uma mudança nos próprios prazos de pagamento de 40 para 50 dias. A "nova" coluna da Figura 16-4 mostra os efeitos dessas melhorias: uma redução de 117,5 dias no ciclo de conversão de caixa e uma redução do capital de giro operacional líquido de $ 470,0 milhões para $ 91,7 milhões, o que economiza $ 37,8 milhões em juros.

Lembre-se também de que o fluxo de caixa livre (FCL) é igual à NOPAT menos o novo investimento líquido em capital operacional. Portanto, se o capital de giro *diminui* por determinado valor, enquanto outras coisas permanecem constantes, o FCL *aumenta* nesse mesmo montante, $ 378,3 milhões no exemplo da GBM. Caso as vendas permanecessem constantes nos anos seguintes, essa redução de capital de giro seria simplesmente uma única entrada de caixa. No entanto, vamos supor que as vendas cresçam nos próximos anos. Quando uma empresa melhora sua gestão de capital de giro, os componentes (períodos de conversão de estoque, de cobrança e de pagamento) geralmente permanecem em seus melhores níveis, o que significa que o índice de NOWC/vendas permanece em seu novo nível. Com uma melhora no índice de NOWC/vendas, menos capital de giro seria necessário para sustentar vendas futuras, levando a um FCL anual maior do que teria existido em outra situação.

Assim, uma melhora na gestão do capital de giro cria um grande aumento no FCL no momento da melhoria, bem como um maior FCL nos próximos anos. Portanto, uma melhoria na gestão do capital de giro é um benefício que se mantém no tempo.

Esses benefícios podem agregar valor significativo para a empresa. Os professores Hyun-Han Shin e Luc Soenen pesquisaram mais de 2.900 empresas, durante um período de 20 anos, e constataram uma forte relação entre o ciclo de conversão de caixa da empresa e o desempenho de suas ações.[5] Para uma empresa média, uma melhoria de dez dias no seu CCC estava associada com um aumento na margem de lucro operacional antes dos impostos de 12,76% para 13,02%. Além disso, as empresas com ciclos de conversão de caixa com dez dias a menos que a média nos seus respectivos setores obtiveram retornos anuais das ações 1,7 ponto percentual mais

FIGURA 16-4

Benefícios da redução do ciclo de conversão de caixa (em milhões de dólares)

	A	B	C	D	E	F	G
39					Antigo (real)		Novo (alvo)
40	Período de conversão de estoque (ICP, dias)				50,4		35,0
41	Período médio de cobrança (ACP, dias)				133,5		40,0
42	Período de diferimento de contas a pagar (PDP, dias)				−41,4		−50,0
43	Ciclo de cobrança de caixa (CCC, dias)				142,5		25,0
44							
45	Redução de CCC					117,5	
46							
47	**Efeitos da redução de CCC**						
48	Vendas anuais				$ 1.216,7		$ 1.216,7
49	Custos de mercadorias vendidas (CMV)				$ 1.013,9		$ 1.013,9
50	Estoque = Antigo real, novo = novo ICP (CVM/365)				$ 140,0		$ 97,2
51	Contas a receber = Antigo real, novo = novo ACP (Vendas/365)				$ 445,0		$ 133,3
52	Contas a pagar = Antigo real, novo = novo PDP (CMV/365)				$ −115,0		$ −138,9
53	WC operacional líquido = Estoque + Contas a receber - Contas a pagar				$ 470,0		$ 91,7
54							
55	Redução em NOWC					$ 378,3	
56	Redução em despesas de juros a 10%					$ 37,8	

[5] Hyun-Han Shin e Luc Soenen, "Efficiency of working capital management and corporate profitability", *Financial Practice and Education*, p. 37-45, 1998.

Algumas empresas operam com capital de giro negativo!

Algumas empresas são capazes de operar com capital de giro líquido zero ou mesmo negativo. A Dell Computer e a Amazon.com são exemplos. Quando os clientes colocam pedidos de computadores no site da Dell ou de livros na Amazon, devem fornecer um número de cartão de crédito. A Dell e a Amazon recebem o dinheiro no dia seguinte, mesmo antes de o produto ser enviado e antes de terem pago seus próprios fornecedores. Isso resulta em um CCC negativo, o que significa que o capital de giro fornece dinheiro em vez de usá-lo.

Para crescerem, as empresas normalmente precisam de dinheiro para o capital de giro. No entanto, se o CCC for negativo, o crescimento nas vendas *resultará em caixa em vez de consumo de caixa (ou seja, mais dinheiro estará disponível do que será pago)*. Esse dinheiro pode ser investido em imobilizado, pesquisa e desenvolvimento ou usado para qualquer outra finalidade da empresa. Os analistas reconhecem esse ponto quando eles avaliam a Dell e a Amazon, o que certamente ajuda os preços de suas ações.

alto do que da empresa média. Considerando resultados como esses, não é difícil imaginar por que as empresas colocam tanta ênfase na gestão do capital de giro![6]

Autoavaliação

1. Defina as seguintes expressões: período de conversão de estoque, período médio de cobrança e período de diferimento de contas a pagar. Forneça a equação para cada expressão.
2. O que é ciclo de conversão de caixa? Qual é a sua equação?
3. Qual deveria ser o objetivo de uma empresa com relação ao ciclo de conversão de caixa, mantendo constantes as outras coisas? Explique sua resposta.
4. Quais são algumas das ações que uma empresa pode tomar para reduzir o seu ciclo de conversão de caixa?
5. Uma empresa tem $ 20 milhões em estoque, $ 5 milhões em contas a receber e $ 4 milhões em contas a pagar. Sua receita de vendas anual é de $ 80 milhões e seu custo de mercadorias vendidas é de $ 60 milhões. Qual é o seu CCC? **(120,15)**

16-4 Orçamento de caixa

As empresas devem fazer projeções de seus fluxos de caixa. Se for provável que elas precisarão de mais dinheiro, devem obtê-lo com bastante antecedência, mas, se for provável que gerarão superávit de caixa, devem planejar o seu uso produtivo. A ferramenta principal de projeção é o orçamento de caixa, ilustrado na Figura 16-5. A empresa usada para fins de demonstração é a Educational Products Corporation (EPC), que fornece material didático para as escolas e varejistas no Centro-Oeste. As vendas são cíclicas, com picos em setembro e quedas nos demais meses do ano.

16-4a Orçamentos de caixa mensais

Os orçamentos de caixa podem ser para qualquer período, mas a EPC e a maioria das empresas utilizam um orçamento de caixa mensal como o mostrado na Figura 16-5, mas projetado para 12 meses. Consideramos apenas seis meses para fins de ilustração. O orçamento mensal é utilizado para planejamento de longo prazo, mas um orçamento de caixa diário também é preparado no início de cada mês para fornecer um retrato mais preciso dos fluxos de caixa diários para uso na programação dos pagamentos do dia a dia.

O orçamento de caixa foca fluxos de caixa, mas também inclui informações sobre vendas projetadas, política de crédito e gestão de estoque. Como a demonstração é uma projeção e não um relatório sobre resultados

---

[6] Para obter mais informações sobre CCC, veja James A. Gentry, R. Vaidyanathan e Hei Wai Lee, "A weighted cash conversion cycle", *Financial Management*, p. 99-9, 1990.

históricos, os resultados reais podem diferir dos valores apresentados. Portanto, o orçamento de caixa é geralmente estabelecido como uma projeção esperada ou de caso-base, mas é criado com um modelo que facilita a geração de projeções alternativas para ver o que aconteceria em condições diferentes.

A Figura 16-5 começa com uma projeção de vendas para cada mês na Linha 145. Em seguida, na Linha 146, apresenta possíveis desvios de porcentagem das vendas projetadas. Uma vez que estamos apresentando a projeção do caso-base, nenhum ajuste é realizado, mas o modelo é estabelecido para apresentar os efeitos do aumento ou diminuição das vendas e também o resultado das "vendas ajustadas" que estiverem acima ou abaixo dos níveis projetados.

A empresa vende na condição de "2/10, líquido 60". Isso significa que um desconto de 2% será concedido se o pagamento for realizado em até dez dias, caso contrário, o montante total será devido em 60 dias. No entanto, como a maioria das empresas, a EPC conclui que alguns clientes pagam com atraso. A experiência mostra que 20% dos clientes pagam durante o mês da venda para obter o desconto. Outros 70% pagam durante o mês imediatamente após a venda e 10% pagam com atraso, no segundo mês após a venda.[7]

FIGURA 16-5

Orçamento de caixa da EPC, julho-dezembro de 2011 (em milhões de dólares)

	A	B	C	D	E	F	G	H	I	J	K	L	M	N
144	Caso-base				maio	jun.	jul.	ago.	set.	out.	nov.	dez.	jan.	
145	*Vendas brutas projetadas (entradas manuais):*				$ 200	$ 250	$ 300	$ 400	$ 500	$ 350	$ 250	$ 200	$ 200	
146	Ajuste: % de desvio da projeção				0%	0%	0%	0%	0%	0%	0%	0%	0%	
147	Projeção das vendas brutas ajustadas				$ 200	$ 250	$ 300	$ 400	$500	$ 350	$ 250	$ 200	$ 200	
148	*Cobranças sobre as vendas:*													
149	Durante o mês das vendas: 0,2 (Vendas) (1 – desconto %)													
150	Durante o 2° mês: 0,7 (vendas do mês anterior)						$ 58,8	$ 78,4	$ 98,0	$ 68,6	$ 49,0	$ 39,2		
151	Vencimento no 3° mês: 0,1 (vendas de 2 meses atrás)						$ 20,0	$25,0	$ 30,0	$ 40,0	$ 50,0	$ 35,0		
152	Menos dívidas incobráveis (BD% × Vendas de 2 meses atrás)						$ 0,0	$ 0,0	$ 0,0	$ 0,0	$ 0,0	$ 0,0		
153	Total de cobranças						$ 253,8	$ 313,4	$ 408,0	$ 458,6	$ 344,0	$ 249,2		
154	*Compras: 60% das vendas do próximo mês*					$ 180.0	$ 240,0	$ 300,0	$ 210,0	$ 150,0	$ 120,0	$ 120,0		
155	*Pagamentos*													
156	Pag. para as compras do último mês (30 dias de crédito)						$ 180,0	$ 240,0	$ 300,0	$ 210.0	$ 150.0	$ 120,0		
157	Salários						$ 30,0	$ 40,0	$ 50.0	$ 40.0	$ 30.0	$ 30.0		
158	Pagamentos da concessão						$ 30,0	$ 30,0	$ 30.0	$ 30.0	$ 30.0	$ 30.0		
159	Outros pagamentos (juros sobre títulos do Tesouro, dividendos etc.)						$ 30,0	$ 30,0	$ 30.0	$ 30.0	$ 30.0	$ 30.0		
160	Impostos								$ 30.0			$ 30.0		
161	Pagamento para construção de plantas								$ 150.0					
162	Total dos pagamentos						$ 270,0	$ 340,0	$ 590,0	$ 310,0	$ 240,0	$ 240,0		
163	*Fluxos de caixa líquidos:*													
164	Excesso de caixa em mãos suposto no início do período de projeção						$ 0.0							
165	Fluxo de caixa líquido (FCL): Total das cobranças Total dos pagamentos						–$ 16,2	–$26,6	–$ 182,0	$ 148,6	$ 104,0	$ 9,2		
166	NCF cumulativo: Mês anterior cum. mais NCF desse mês						–$ 16,2	–$ 42,8	–$ 224,8	–$ 76,2	$ 27,8	$ 37,0		
167	*Excedente de caixa (ou necessidade de empréstimo)*													
168	Balanço do caixa-alvo						$ 10,0	$ 10,0	$ 10,0	$ 10,0	$ 10,0	$ 10,0		
169	Excedente de caixa ou empréstimo necessário: NCF cum. – Caixa-alvo						–$ 26,2	–$ 52,8	–$ 234,8	–$ 86,2	$ 17,8	$ 27,0		
170	Máx. do empréstimo necessário (mais negativo da Linha 169)	$ 234,8												
171	Máx. de fundos investíveis (mais positivo da Linha 169)	$ 27,0												

Observações:

1. Embora o período orçamentário seja de julho a dezembro, os dados de vendas e de compras para maio e junho são necessários para determinar as coletas e os pagamentos nos meses de julho e agosto.

2. As empresas podem obter e liquidar empréstimos comerciais diariamente, então o empréstimo de $ 26,2 milhões necessário para julho provavelmente seria obtido de forma gradual, conforme necessário, diariamente, e, em outubro, o empréstimo de $ 234,8 milhões que supostamente existia no começo do mês seria reduzido diariamente até o saldo final de $ 86,2 milhões, que, por sua vez, seria completamente liquidado em algum momento durante o mês de novembro.

3. Os dados da figura são para a projeção do caso-base da EPC.

---

[7] Como estamos utilizando uma projeção mensal em vez de uma projeção diária, supomos que todas as compras são feitas no primeiro dia do mês. Dessa forma, os pagamentos descontados são recebidos no mês da venda, os pagamentos regulares são recebidos no mês seguinte à venda e os pagamentos tardios são recebidos dois meses após a venda. Obviamente, um orçamento diário seria mais preciso. Do mesmo modo, um percentual insignificante resulta em dívidas incobráveis. As perdas baixas em dívidas incobráveis evidentes aqui resultam da triagem cuidadosa da EPC dos clientes e suas políticas compactas de crédito. Entretanto, o modelo do orçamento de caixa permite mostrar os efeitos das dívidas incobráveis, logo o diretor-executivo financeiro da EPC pode mostrar a gestão de topo como os fluxos de caixa seriam afetados se a empresa não restringisse sua política de crédito para poder estimular as vendas ou se a recessão agravasse e mais clientes fossem forçados a atrasar os pagamentos.

A próxima demonstração (Linha 154) apresenta a projeção de compras de materiais, que é igual a 60% das vendas do mês seguinte. A EPC compra com vencimento para 30 dias, o que significa que ela não recebe descontos e deve pagar suas compras dentro de 30 dias da data da compra. As informações de compras são seguidas de pagamentos previstos de materiais, mão de obra, arrendamentos, outros pagamentos como dividendos e juros sobre títulos de longo prazo, impostos (devidos em setembro e dezembro) e um pagamento de $ 150 milhões em setembro de uma nova fábrica que está sendo construída.

Quando os pagamentos totais previstos são subtraídos das cobranças previstas, o resultado é o aumento ou redução de caixa líquido esperado para cada mês. Esse ganho ou perda é adicionado ou subtraído do caixa excedente disponível no começo da previsão (que supomos seja zero), e o resultado – o *fluxo de caixa líquido acumulado* – é o montante de dinheiro disponível que a empresa teria no final do mês se não tivesse pedido empréstimo ou investido.

O saldo de caixa-alvo da EPC é de $ 10 milhões e ela planeja pedir emprestado para cumprir esse objetivo ou investir os fundos excedentes caso gere mais dinheiro do que precisa. A apuração do saldo de caixa-alvo é discutida mais adiante neste capítulo, mas a EPC acredita que ela precisa de $ 10 milhões.

Subtraindo o saldo de caixa-alvo do fluxo de caixa acumulado, calculamos o *empréstimo necessário* ou o *caixa excedente*, conforme mostrado na Linha 102. Um número negativo indica que precisamos de um empréstimo, enquanto um número positivo indica que prevemos um excedente de caixa que está disponível para investimento ou outros usos.

Totalizamos os fluxos de caixa líquido na Linha 165 e mostramos o total cumulativo da Linha 166. A Célula M166 mostra que o cumulativo para o período de projeção é de $ 37 milhões. Como esse número é positivo, ele indica que o fluxo de caixa cumulativo da EPC é positivo. Além disso, observe que a EPC toma empréstimos de modo que lhe permite tomar ou quitar empréstimos diariamente. Assim, ela pediria emprestado um total de $ 26,2 milhões em julho, aumentando o empréstimo diariamente e continuaria acumulando empréstimos até o fim de setembro. Então, quando os fluxos de caixa se tornarem positivos em outubro, ela começará a quitar os empréstimos diariamente até o pagamento integral em novembro, supondo que tudo saia como previsto.

Observe que o nosso orçamento de caixa está incompleto, pois não apresenta os juros pagos sobre os empréstimos de capital de giro nem os juros ganhos sobre os saldos de caixa positivos. Esses valores poderiam ser incluídos no orçamento, bastando adicionar linhas e incluí-los. Da mesma forma, se a empresa realiza pagamentos trimestrais de dividendos, pagamentos do principal sobre títulos de longo prazo ou quaisquer outros pagamentos ou se tiver rendimentos de investimentos, esses fluxos de caixa também poderiam ser incluídos na demonstração. Em nossa demonstração simplificada, simplesmente consolidamos todos os pagamentos em "outros pagamentos".

Na previsão do caso-base, o diretor financeiro precisará obter uma linha de crédito de até $ 234,8 milhões, aumentando o empréstimo ao longo do tempo à medida que surja a necessidade de capital e quitando esses empréstimos mais tarde quando os fluxos de caixa se tornarem positivos. O tesoureiro apresentaria o orçamento de caixa para os bancos ao negociar a linha de crédito. Os agentes financeiros gostariam de saber quanto a empresa vai precisar, quando o dinheiro será necessário e quando o empréstimo será quitado. Os agentes financeiros e os altos executivos da EPC questionariam o tesoureiro sobre o orçamento. Eles gostariam de saber como as previsões seriam afetadas se as vendas fossem superiores ou inferiores em relação às projetadas, como a mudança nos prazos de pagamento dos clientes afetaria as previsões e assim por diante. O foco seria nessas duas questões: *Qual é a precisão que a previsão provavelmente deve ter? Quais seriam os efeitos de erros significativos?* A primeira pergunta pode ser mais bem respondida por meio de exames das projeções históricas, e a segunda por meio da execução de diferentes cenários.

Não importa o quanto tentamos, nenhuma previsão será exatamente correta, e isso inclui os orçamentos de caixa. Você pode imaginar a reação do banco se a empresa negociou um empréstimo de $ 235 milhões e depois voltou alguns meses mais tarde dizendo que havia subestimado as suas necessidades e precisava aumentar o valor do empréstimo para, digamos, $ 260 milhões. O banco poderia recusar por pensar que a empresa não era muito bem gerida. Portanto, não há dúvidas de que o tesoureiro da EPC gostaria de incorporar uma proteção à linha de crédito, por exemplo, um compromisso máximo de $ 260 milhões em vez da necessidade prevista de $ 234,8 milhões. No entanto, como discutiremos mais tarde neste capítulo, os bancos cobram taxas de consignação para linhas de crédito garantidas, assim, quanto maior for a proteção incorporada à linha de crédito, mais caro será o crédito. Essa é outra razão por que é importante desenvolver previsões precisas.

16-4b Orçamentos de caixa *versus* demonstrações do resultado e fluxos de caixa livre

Se você examinar o orçamento de caixa, verá que ele é parecido com uma demonstração do resultado. No entanto, as duas demonstrações são completamente diferentes. Apresentamos, a seguir, algumas diferenças importantes. (1) Em uma demonstração do resultado, o foco seria sobre as vendas e não sobre as cobranças. (2) Uma demonstração do resultado apresentaria provisão para impostos, salários e assim por diante, e não os pagamentos reais. (3) Uma demonstração do resultado apresentaria a depreciação como uma despesa, mas não mostraria os gastos com novos ativos fixos. (4) Uma declaração de renda mostraria um custo para os bens adquiridos quando esses fossem vendidos, não quando fossem solicitados ou pagos.

Obviamente, as diferenças são grandes, por isso seria um grande erro confundir um orçamento de caixa com uma demonstração do resultado. Além disso, os fluxos de caixa apresentados no orçamento de caixa são diferentes dos fluxos de caixa livres da empresa, pois o FCL reflete o lucro operacional após impostos e os investimentos necessários para manter operações futuras, ao passo que o orçamento de caixa reflete apenas as entradas e saídas efetivas de caixa durante determinado período.

O ponto principal é que os orçamentos de caixa, as demonstrações do resultado e os fluxos de caixa livres são todos importantes e estão relacionados um com o outro, mas também são muito diferentes. Cada um tem uma finalidade específica, e o principal objetivo do orçamento de caixa é projetar a posição de liquidez da empresa, e não sua lucratividade.

16-4c Orçamentos de caixa diários

Observe que, se as entradas e saídas de caixa não ocorrerem de forma uniforme durante cada mês, os recursos reais necessários poderão ser bem diferentes do montante indicado. Os dados da Figura 16-5 mostram a situação no último dia de cada mês, e vemos que o empréstimo máximo projetado durante o período de projeção é de $ 234,8 milhões. Contudo, se todos os pagamentos tivessem de ser feitos no 1º dia do mês, mas a maioria das cobranças ocorresse no dia 30, a EPC teria de efetuar pagamentos de $ 270 milhões em julho antes de receber os $ 253,8 milhões das cobranças. Nesse caso, a empresa precisaria pedir emprestado aproximadamente $ 270 milhões em julho e não os $ 26,2 milhões mostrados na Figura 16-6. Isso deixaria o banco insatisfeito – talvez tão insatisfeito que não concederia o crédito solicitado. Um orçamento de caixa diário teria revelado essa situação.

A Figura 16-5 foi preparada com o uso do *Excel*, o que facilita a mudança das suposições. Os efeitos das mudanças na política de crédito e na gestão de estoque podem ser examinados por meio do orçamento de caixa.

Autoavaliação

1. Como o orçamento de caixa poderia ser usado na negociação dos termos de um empréstimo bancário?
2. Como a mudança de uma política de restrição de crédito para uma política flexível de crédito provavelmente poderia afetar o orçamento de caixa de uma empresa?
3. Como o orçamento de caixa seria afetado se os fornecedores de nossa empresa nos oferecessem condições de "vencimento em 30 dias ou com 2% de desconto para pagamento em até dez dias", em vez de apenas "vencimento em 30 dias", e decidíssemos aceitar o desconto?
4. Suponhamos que os fluxos de caixa de uma empresa não ocorram de forma uniforme ao longo do mês. Que efeito isso teria sobre a precisão das necessidades de empréstimos projetadas com base em um orçamento de caixa mensal? Como a empresa trataria esse problema?

16-5 Gestão de caixa e saldo de caixa-alvo

As empresas precisam de caixa para pagar as despesas relacionadas a operações em andamento, incluindo mão de obra, matérias-primas, faturas de serviços e impostos. O caixa também é necessário para diversos outros fins previsíveis, incluindo compras grandes e pagamentos aos investidores (pagamento de juros, pagamentos principais e pagamento de dividendos). A seguir estão os problemas que as empresas consideram quando decidem quanto caixa deter para o suporte das operações em andamento. Discutiremos as compras grandes e os pagamentos aos investidores na Seção 16-10.

16-5a Transações operacionais de rotina (porém, incertas)

Os balanços de caixa são necessários nas operações comerciais. Os pagamentos devem ser feitos em dinheiro, e os recibos são depositados em conta. Os balanços de caixa associados aos pagamentos e às coletas de rotina são conhecidos como **balanços de transações**. Os fluxos de entrada e de saída de caixa são imprevisíveis, e o grau de previsibilidade varia dentre as empresas e as indústrias. Portanto, as empresas precisam deter algum caixa para atender às flutuações aleatórias e imprevisíveis nos fluxos de entrada e de saída. Essas "ações de segurança" são chamadas de **balanços de prevenção**, e quanto menos previsíveis forem os fluxos de caixa da empresa, maiores esses balanços devem ser. A pesquisa confirma isso e mostra que as empresas com fluxos de caixa voláteis realmente detêm balanços de caixa maiores.[8]

Além de deter caixa para transações e por motivos preventivos, é fundamental que a empresa tenha caixa suficiente para aceitar **descontos comerciais**. Os fornecedores frequentemente oferecem descontos aos clientes para pagamento inicial de faturas. Como veremos posteriormente neste capítulo, o custo de não aceitar descontos é, por vezes, muito alto, por isso as empresas precisam ter caixa suficiente para permitir o pagamento de faturas em tempo de aceitar a vantagem dos descontos.

Muitas empresas têm uma linha de crédito para cobrir as necessidades inesperadas de caixa; discutiremos as linhas de crédito na Seção 16-12.

16-5b Balanços de compensação

Um banco faz dinheiro através do empréstimo de fundos que foram depositados nele, logo quanto maiores seus depósitos, melhor a posição de lucros do banco. Se um banco está prestando serviços a um cliente, então ele pode exigir que o cliente deixe um balanço mínimo em depósito para ajudar a compensar os custos de tais serviços. Os bancos também podem exigir que os tomadores de empréstimos detenham seus depósitos de transações no banco. Ambos os tipos de depósitos são chamados de **balanços de compensação**. Em um levantamento de 1979, 84,7% das empresas respondentes relataram que elas precisaram manter balanços de compensação para ajudar a pagar por serviços bancários. Apenas 13,3% relataram pagar taxas diretas pelos serviços bancários.[9] Em 1996, esses achados foram invertidos. Somente 28% pagaram pelos serviços bancários com balanços de compensação, enquanto 83% pagaram as taxas diretas.[10] Apesar de o uso de balanços de compensação para pagar por serviços tenha caído, esses balanços melhoram a relação da empresa com seu banco e ainda são um motivo pelo qual algumas empresas detêm caixa adicional.

Autoavaliação

1. Por que a gestão de caixa é importante?
2. Quais são os motivos principais para reter caixa?

16-6 Técnicas de gestão de caixa

Em termos de volume de dólar, a maioria dos negócios é realizada por grandes empresas, muitas delas com operações nacionais ou internacionais. Elas recebem dinheiro de várias fontes e fazem pagamentos em várias cidades diferentes ou mesmo países. Por exemplo, empresas como IBM, General Electric e Hewlett-Packard possuem fábricas no mundo inteiro e até escritórios comerciais e contas bancárias em praticamente todas as cidades onde possuem negócios. As centrais de cobrança seguem os padrões de vendas No entanto, embora alguns desembolsos sejam realizados em escritórios locais, a maioria é feita nas cidades onde ocorre a fabricação ou então na filial. Portanto, uma grande companhia pode ter centenas ou mesmo milhares de contas bancárias localizadas em cidades em todo o globo, mas não há razão para pensar que as entradas e saídas apresentarão equilíbrio em todas as contas. Portanto, deve haver um sistema para transferir fundos de onde eles se originam para onde há necessidade, para levantar empréstimos para cobrir os déficits e para investir o superávit líquido sem demora. Algumas técnicas comumente usadas para executar essas tarefas são abordadas a seguir.[11]

[8] Consulte Tim Opler, Lee Pinkowitz, René Stulz e Rohan Williamson, "The determinants and implications of corporate cash holdings". *Journal of Financial Economics*, p. 3-46, 1999.

[9] Veja Lawrence J. Gitman, E. A. Moses e I. T. White, "An assessment of corporate cash management practices", *Financial Management*, p. 32-41, 1979.

[10] Veja Charles E. Maxwell, Lawrence J. Gitman e Stephanie A. M. Smith, "Working capital management and financial-service consumption preferences of US and foreign firms: a comparison of 1979 and 1996 preferences", *Financial Practice and Education*, p. 46-52, 1998.

[11] Para mais informações sobre gestão de caixa, veja Bruce J. Summers, "Clearing and payment systems: the role of the Central Bank", *Federal Reserve Bulletin*, p. 81-91, fev. 1991.

16-6a Sincronização do fluxo de caixa

Se você como pessoa física recebesse receita uma vez ao ano, provavelmente a colocaria no banco, sacaria da conta periodicamente e teria um saldo médio para o ano igual a aproximadamente metade de sua receita anual. Se, em vez disso, você recebesse a receita semanalmente e pagasse aluguel, mensalidade e outras despesas diariamente, seu saldo bancário médio ainda seria metade de seus recebimentos periódicos e, portanto, apenas 1/52 do que seria se recebesse a receita apenas uma vez ao ano.

Ocorre exatamente a mesma situação com as empresas: ao programarem seus recebimentos de caixa para coincidir com suas saídas de caixa, as empresas mantêm seus saldos ao mínimo. Reconhecendo esse fato, empresas como as de eletricidade, de petróleo e de cartão de crédito se organizam para cobrar os clientes – e pagar suas próprias contas – em "ciclos de faturamento" regulares durante todo o mês. Essa **sincronização dos fluxos de caixa** fornece caixa quando necessário e, portanto, permite que as empresas reduzam seus saldos de caixa médios.

16-6b Acelerando o processo de compensação de cheques

Quando um cliente emite e envia um cheque pelo correio, o dinheiro não está disponível para o beneficiário até que o **processo de compensação de cheques** tenha sido concluído. Primeiro, o cheque deve ser entregue pelo correio. Cheques recebidos de clientes em cidades distantes estão especialmente sujeitos a atrasos do correio.

Quando o cliente emite um cheque de um banco e a empresa deposita o cheque em outro banco, o banco da empresa deve verificar se o cheque é válido antes que o beneficiário possa usar o dinheiro. Os cheques geralmente são compensados por intermédio do Sistema do Banco Central ou por uma câmara de compensação estabelecida pelos bancos em determinada cidade.[12] Antes de 2004, esse processo algumas vezes levava de dois a cinco dias. Mas com a aprovação da lei federal em 2004 conhecida como "Cheque 21", os bancos podem trocar imagens digitais dos cheques. Isso significa que a maioria dos cheques agora é compensada em um único dia.

16-6c Uso do *float*

Float é definido como a diferença entre o saldo exibido no talão de cheques da empresa (ou pessoa física) e o saldo nos registros bancários. Suponha que a empresa emita, em média, cheques no valor de $ 5.000 por dia e leve seis dias para que esses cheques sejam compensados e debitados da conta bancária da empresa. Com isso, o talão de cheques da empresa mostra um saldo de $ 30.000 a menos que o saldo nos registros do banco; essa diferença é chamada de ***float* de desembolso**. Agora suponha que a empresa também receba cheques no valor de $ 5.000 por dia, mas perca quatro dias com o depósito e a compensação deles. Isso resultará em $ 20.000 de ***float* de cobranças**. No total, o ***float* líquido** da empresa – a diferença entre o *float* de desembolso positivo de $ 30.000 e o de cobrança negativa de $ 20.000 – será de $ 10.000. Resumindo, o *float* de cobranças é ruim, o de desembolso é bom e o líquido positivo é ainda melhor.

Atrasos que causam *float* ocorrerão porque leva tempo para os cheques (1) serem entregues pelo correio (*float* do correio); (2) processados pelo beneficiário (*float* de processamento); e (3) compensados pelo sistema bancário (*float* de compensação ou disponibilidade). Basicamente, o tamanho do *float* líquido de uma empresa é uma função de sua capacidade de acelerar as cobranças dos cheques que recebe e desacelerar as cobranças dos cheques que emite. Empresas eficientes fazem de tudo para acelerar o processamento dos cheques que recebem: colocam o dinheiro em operação mais rápido e tentam estender seus pagamentos o máximo possível, algumas vezes ao emitirem cheques de bancos em locais remotos.

16-6d Acelerando as cobranças

Duas principais técnicas são usadas para acelerar as cobranças e obter dinheiro onde ele é necessário: planos de cobrança bancária por meio de caixas-postais e transferências eletrônicas.

---

[12] Por exemplo, suponha que um cheque de $ 100 seja emitido no banco A e depositado no banco B. O banco B geralmente contatará o Sistema do Banco Central ou uma câmara de compensação aos quais os dois bancos pertencem. O Banco Central ou a câmara de compensação então verificará com o banco A se o cheque é válido e se a conta possui saldo suficiente para cobrir o cheque. A conta do banco A com o Banco Central ou a câmara de compensação é então debitada em $ 100, e a conta do banco B é creditada em $ 100. É claro que, se o cheque for depositado no mesmo banco em que foi emitido, este simplesmente transferirá o dinheiro por meio de lançamentos de um depositante para outro.

Seu cheque não está no correio

Emitir cheques de pagamento para milhares de funcionários é dispendioso — a empresa gasta tempo e recursos para imprimir, processar e entregar os cheques, assim como o funcionário que gasta tempo para depositar ou descontar o cheque. Os cheques de papel custam a uma empresa entre $ 1 e $ 2 cada, e multiplicar esse valor por milhares de funcionários, alguns dos quais recebendo semanal ou quinzenalmente, é um acréscimo anual muito grande. O depósito direto de pagamentos na conta corrente dos funcionários reduz esses custos, mas o número de funcionários ainda é grande, sobretudo os funcionários sazonais, temporários, *part-time* ou mais jovens, que não possuem uma conta corrente.

Uma solução cada vez mais usada para os altos custos com cheques e as necessidades desses funcionários sem contas é o cartão salário. As empresas, em parceria com um banco, emitem um cartão de débito ao funcionário que é automaticamente carregado com o pagamento. Os funcionários utilizam o cartão de débito para fazerem compras ou saques em caixas eletrôni-cos. O custo para carregar um cartão de débito é de aproximadamente $ 0,20 e, portanto, a empresa economiza entre 80% e 90% do custo da impressão de um cheque e o funcionário sem conta fica isento do pagamento de taxas de retiradas que podem ser de 10% ou mais. Na verdade, como as transações com o cartão de débito que são processadas como um cartão de crédito resultam em taxas ao comerciante, há um pequeno montante de dinheiro disponível para fornecer um desconto para o empregador. Por exemplo, a Premier Pay Cards oferece um desconto de 0,1% para o empregador em certas aquisições que os funcionários fazem com o cartão de débito.

Embora o uso de um cartão de débito para pagamento elimine a compensação que ocorreria com o pagamento feito em cheque, para muitas empresas os custos de processamento reduzidos e a satisfação do funcionário elevada importam mais do que a redução na compensação.

Fontes: "The end of the paycheck", *Fortune Small Business Magazine*, 5 dez. de 2006, e **www.premierpaycards.com.**

Sistemas de cobrança bancária

Um **sistema de cobrança bancária** (*lockboxes*) é uma das ferramentas de gestão de caixa mais antigas. Em um sistema de cobrança bancária, os cheques recebidos são enviados para caixas-postais e não para a sede da empresa. Por exemplo, a sede de uma empresa em Nova York pode solicitar aos seus clientes da Costa-Oeste que enviem seus pagamentos para uma caixa-postal em São Francisco, aos seus clientes do Sudeste que enviem seus cheques para Dallas e assim por diante, em vez de ter todos os cheques enviados para a cidade de Nova York. Várias vezes ao dia, um banco local recolherá o conteúdo da caixa-postal e depositará os cheques na conta da empresa. O banco, então, fornece à empresa um registro diário dos recebimentos coletados, geralmente por sistema de transmissão de dados eletrônica em um formato que permite atualização on-line nos registros de contas a receber da empresa.

Um sistema de cobrança bancária reduz o prazo necessário para receber cheques, depositá-los e processar sua compensação por meio do sistema bancário e disponibilizá-los para uso. Serviços de cobrança bancária podem disponibilizar o dinheiro entre dois a cinco dias mais rápido que o sistema "convencional".

Pagamento por transferência eletrônica ou débito automático

As empresas estão cada vez mais solicitando pagamentos de grandes contas por transferência eletrônica ou débito automático. No sistema de débito automático eletrônico, o dinheiro é automaticamente debitado de uma conta e creditado à outra. Isso, é claro, é o que há de melhor em um processo de cobrança acelerado, e a tecnologia de computador está tornando esse processo cada vez mais viável e eficiente, mesmo para transações de varejo.

Autoavaliação

1. O que é *float*? Como as empresas usam o *float* para aumentar a eficiência da gestão de caixa?
2. Quais são alguns métodos que as empresas podem usar para acelerar os recebimentos?

16-7 Gestão de estoque

Técnicas de gestão de estoque são discutidas em detalhes nos cursos de gestão de produção. Ainda assim, os gerentes financeiros têm responsabilidade por levantar o capital necessário para manter o estoque e para supervisionar a lucratividade geral da empresa, então é apropriado discutirmos os aspectos financeiros da gestão de estoque aqui.

As duas metas da gestão de estoque são (1) assegurar a disponibilidade do estoque necessário para manter as operações; mas (2) manter os custos de encomendas e transporte de estoque o mais baixo possível. Ao analisarmos as melhorias no ciclo de conversão de caixa, identificamos alguns fluxos de caixa associados com redução no estoque. Além dos pontos destacados anteriormente, níveis de estoque mais baixos reduzem os custos de armazenagem e manuseio, seguro, impostos sobre propriedade, deterioração e obsolescência.

Antes da era do computador, as empresas usavam técnicas simples de controle de estoque como o sistema da "linha vermelha", em que uma linha vermelha era desenhada no interior de um recipiente que armazenava itens do estoque; quando o estoque real caía ao nível indicado pela linha vermelha, o estoque era reabastecido. Mas agora os computadores assumiram, e cadeias de suprimento foram estabelecidas para fornecer itens de estoque um pouco antes de se tornarem necessários – o sistema *just-in-time*. Por exemplo, considere a Trane Corporation, que fabrica condicionadores de ar e atualmente utiliza procedimentos *just-in-time*. No passado, a Trane produzia peças regularmente, armazenava-as como estoque e as tinha prontas sempre que a empresa recebia um pedido para um lote de condicionadores de ar. No entanto, o estoque da empresa eventualmente cobria uma área igual a três campos de futebol e ainda poderia levar até 15 dias para atender a um pedido. Para piorar as coisas, ocasionalmente um dos componentes necessários simplesmente podia não ser localizado; em outros casos, os componentes eram localizados, mas estavam danificados pelo longo tempo em que ficaram armazenados.

Então a Trane adotou uma nova política de estoque: começou a produzir componentes somente após receber um pedido e enviar as peças diretamente das máquinas que as fabricam para a linha de montagem final. O efeito líquido: os estoques caíram aproximadamente 40% mesmo com as vendas aumentando 30%.

Tal melhoria na gestão do estoque pode liberar quantias consideráveis de caixa. Por exemplo, suponha que uma empresa tenha vendas de $ 120 milhões e um índice de giro de estoque de 3. Isso significa que a empresa tem um nível de estoque de:

$$\text{Estoque} = \text{Vendas}/(\text{Índice de giro de estoque})$$
$$= \$ 120/3 = \$ 40 \text{ milhões}$$

Se a empresa puder melhorar seu índice de giro de estoque para 4, seu estoque cairá para:

$$\text{Estoque} = \$ 120/4 = \$ 30 \text{ milhões}$$

Essa redução de $ 10 milhões no estoque aumenta o fluxo de caixa livre em $ 10 milhões.

No entanto, existem custos associados com a manutenção de estoque muito baixo que podem ser altos. Se uma empresa reduz seus estoques, deve então reabastecer frequentemente, o que aumenta os custos de pedidos. Pior ainda, se os estoques se esgotarem, as empresas poderão perder vendas lucrativas e também ter sua reputação afetada, o que pode levar a uma redução nas vendas futuras. Portanto, é importante ter estoque disponível suficiente para atender às demandas dos clientes, mas não tanto de forma que tenha os custos mencionados anteriormente. Modelos de otimização de estoque foram desenvolvidos, mas a melhor abordagem – aquela que a maioria das empresas hoje está seguindo – é usar a gestão da cadeia de suprimentos e monitorar o sistema de perto.[13]

Autoavaliação

1. Quais são alguns custos associados com estoques altos? Com estoques baixos? O que é "cadeia de suprimento" e como está relacionada com procedimentos de estoque *just-in-time*?
2. Uma empresa tem $ 20 milhões em vendas e um índice de giro de estoque de 2,0. Se ela conseguir reduzir seu estoque e melhorar seu índice de giro de estoque para 2,5 sem perder vendas, qual será o aumento do FCL? **($ 2 milhões)**

[13] Para informações adicionais sobre problemas de gestão de estoque, veja Richard A. Followill, Michael Schellenger e Patrick H. Marchard, "Economic order quantities, volume discounts, and wealth maximization", *The Financial Review*, p. 143-152, fev. 1990.

Gestão da cadeia de suprimentos

A Herman Miller Inc. fabrica uma ampla variedade de móveis de escritório, e um pedido típico de um único cliente pode exigir trabalho em cinco fábricas diferentes. Cada fábrica usa componentes de diferentes fornecedores e trabalha com pedidos de muitos clientes. Imagine a coordenação que isso exige. A equipe de vendas gera o pedido, o departamento de compras encomenda os componentes com os fornecedores, que devem encomendar os materiais com seus próprios fornecedores. Os fornecedores fabricam e, então, enviam os componentes para a Herman Miller, a fábrica produz os produtos, os diferentes produtos são agrupados para completar o pedido, e este é enviado para o cliente. Se uma parte desse processo apresentar problemas, o pedido será atrasado, o estoque se acumulará, haverá custos adicionais para processar o pedido e a reputação do cliente será afetada, prejudicando o crescimento futuro.

Para prevenir tais consequências, muitas empresas empregam a gestão da cadeia de suprimento (SCM). O elemento-chave na SCM é compartilhar informações desde o varejista onde o produto é vendido, até a fábrica da empresa e então de volta para o fornecedor da empresa e até mesmo para os fornecedores dos fornecedores. A SCM requer software especial, mas ainda mais importante é que ela requer cooperação entre as diferentes empresas e departamentos na cadeia de suprimento. Essa cultura de comunicação aberta é com frequência mais difícil para muitas empresas, que podem ficar relutantes em divulgar informações operacionais. Por exemplo, a EMC Corp., fabricante de sistemas de armazenagem de dados, tornou-se profundamente envolvida nos processos de design e controles financeiros de seus principais fornecedores. Muitos dos fornecedores da EMC ficaram inicialmente desconfiados desses novos relacionamentos. No entanto, a SCM tem sido uma proposição ganha-ganha, com os lucros mais elevados tanto para a EMC quanto para seus fornecedores.

O mesmo é verdade em muitas outras empresas. Após a implantação da SCM, a Herman Miller foi capaz de reduzir seus dias de estoque disponível em uma semana e cortar duas semanas dos prazos de entrega aos clientes. Ela também foi capaz de operar suas fábricas com um volume 20% maior, sem gastos adicionais de capital, uma vez que a inatividade decorrente da falta de estoque foi praticamente eliminada. Como outro exemplo, a Heineken norte-americana pode agora levar a cerveja de suas cervejarias holandesas para prateleiras de seus clientes em menos de seis semanas, em comparação com 10 a 12 semanas antes da implantação da SCM. Como essas e outras empresas descobriram, a SCM aumenta os fluxos de caixa livres, e isso resulta em lucros maiores e preços das ações mais altos.

Fontes: Elaine L. Appleton, "Supply chain brain", *CFO*, p. 51-4, jul. 1997; e Kris Frieswick, "Up close and virtual", *CFO*, p. 87-91, abr. 1998.

16-8   Gestão de contas a receber

Em geral, as empresas preferem vender à vista, mas a pressão da concorrência força a maioria delas a oferecer crédito para grandes compras, especialmente para outras empresas. Portanto, as mercadorias são enviadas, os estoques são reduzidos e uma **conta a receber** é criada.[14] Eventualmente, o cliente pagará a conta, momento em que (1) a empresa receberá o dinheiro; e (2) seus recebíveis vão diminuir. A realização de recebíveis tem custos diretos e indiretos, mas a venda a prazo também tem uma vantagem importante: aumento nas vendas.

A gestão de recebíveis começa com a política de crédito da empresa, mas um sistema de monitoramento também é importante para verificar se as condições de crédito estão sendo cumpridas. Ações corretivas muitas vezes são necessárias, e a única maneira de saber se a situação está saindo do controle é com um bom sistema de controle de recebíveis.[15]

---

[14] Sempre que as mercadorias são vendidas a prazo, duas contas são criadas – um item do ativo denominado *contas a receber* aparece nos livros da empresa vendedora e um item do passivo chamado de *contas a pagar* aparece nos livros do comprador. Nesse momento, estamos analisando a transação do ponto de vista do vendedor, então vamos nos concentrar nas variáveis sob seu controle (isto é, os recebíveis). Examinaremos a transação do ponto de vista do comprador mais adiante neste capítulo, em que discutiremos contas a pagar como fonte de recursos e consideraremos seu custo.

[15] Para mais informações sobre política de crédito e gestão de recebíveis, veja Shehzad L. Mian e Clifford W. Smith, "Extending trade credit and financing receivables", *Journal of Applied Corporate Finance*, p. 75-84, 1994; e Paul D. Adams, Steve B. Wyatt e Yong H. Kim, "A contingent claims analysis of trade credit", *Financial Management*, p. 104-112, 1992.

16-8a Política de crédito

O sucesso ou fracasso de uma empresa depende principalmente da demanda por seus produtos – como regra, vendas elevadas levam a lucros maiores e a um preço das ações mais alto. As vendas, por sua vez, dependem de uma série de fatores: alguns, como as condições da economia, são exógenos, mas outros estão sob o controle da empresa. Os principais fatores controláveis são preços de venda, qualidade do produto, publicidade e **política de crédito** da empresa. A política de crédito, por sua vez, é composta de quatro variáveis:

1. *Período de crédito*. Uma empresa pode vender a "30 dias corridos", o que significa que o cliente deverá pagar no prazo de 30 dias.
2. *Descontos*. Se as condições de crédito são apresentadas como "2/10, 30 dias corridos", então os compradores poderão deduzir 2% do preço de compra se o pagamento for efetuado no prazo de dez dias, caso contrário, o valor total deverá ser pago no prazo de 30 dias. Portanto, essas condições permitem que um desconto seja concedido.
3. *Padrões de crédito*. Quanta solidez financeira um cliente deve mostrar para se qualificar para o crédito? Padrões de crédito mais baixos impulsionam as vendas, mas também aumentam a inadimplência.
4. *Política de cobrança*. Uma empresa deve ser dura ou flexível ao tentar receber contas atrasadas? Uma política severa pode acelerar cobranças, mas também irritar os clientes e levá-los a fazer negócio em outro lugar.

O gerente de crédito é responsável pela gestão da política de crédito da empresa. No entanto, em decorrência da importância generalizada do crédito, a política de crédito em si é normalmente estabelecida pelo comitê executivo, que geralmente é composto pelo presidente mais os vice-presidentes de finanças, marketing e produção.

16-8b Acúmulo de recebíveis

O montante total das contas a receber em aberto em um dado momento é determinado por dois fatores: (1) vendas a prazo por dia; e (2) tempo médio que leva para receber o pagamento de contas a receber:

$$\text{Contas a receber} = \text{Vendas a crédito por dia} \times \text{Duração do período de cobrança} \qquad \textbf{(16-5)}$$

Por exemplo, suponha que a Boston Lumber Company (BLC), um distribuidor atacadista de produtos de madeira, abra um armazém em 1º de janeiro e, a partir do primeiro dia, realize vendas de $ 1.000 por dia. Para simplificarmos, assumimos que todas as vendas são a prazo e os clientes têm dez dias para pagar. No final do primeiro dia, as contas a receber serão de $ 1.000, elas vão subir para $ 2.000 até o final do segundo dia e, até 10 de janeiro, terão aumentado para 10($ 1.000) = $ 10.000. Em 11 de janeiro, outros $ 1.000 serão adicionados aos recebíveis, mas os pagamentos das vendas efetuadas em 1º de janeiro serão cobrados, e, portanto, isso reduzirá as contas a receber em $ 1.000, então o total de contas a receber permanecerá constante em $ 10.000. Uma vez que as operações da empresa se estabilizaram, a situação será a seguinte:

$$\text{Contas a receber} = \text{Vendas a crédito por dia} \times \text{Duração do período de cobrança}$$
$$= \$\,1.000 \times 10\text{ dias} = \$\,10.000$$

Se as vendas a prazo ou o período de cobrança mudarem, essas mudanças serão refletidas no saldo de contas a receber.

16-8c Acompanhamento da posição de recebíveis

Os investidores e os bancos de crédito devem prestar muita atenção ao item contas a receber, porque o que se vê em uma demonstração financeira não é necessariamente o que é recebido. Para isso, pense em como o sistema de contabilidade atua. Quando é feita uma venda a prazo, ocorrem os seguintes eventos: (1) estoques são reduzidos pelo custo dos produtos vendidos; (2) contas a receber são aumentadas pelo preço de venda; e (3) a diferença é registrada como lucro, que é ajustado por causa dos impostos e, em seguida, adicionado ao saldo anterior de lucros retidos. Se a venda for à vista, o dinheiro da venda é efetivamente recebido pela empresa e o cenário que acabamos de descrever é totalmente válido. Se a venda for a prazo, no entanto, a empresa não receberá o dinheiro da venda a menos e até que a conta seja cobrada. Sabe-se que as empresas têm promovido "descontos" para períodos de vendas fracos, a fim de divulgar lucros correntes altos. Isso poderia elevar o preço das ações da empresa – mas apenas por um curto período. Eventualmente, as perdas de crédito reduzirão os ganhos,

Financiamento da cadeia de suprimentos

Em nossa economia global, as empresas compram peças e materiais de fornecedores do mundo inteiro. Para fornecedores de pequeno e médio portes, especialmente em economias menos desenvolvidas, a venda a clientes internacionais pode levar a problemas de fluxos de caixa. Em primeiro lugar, muitos fornecedores não têm como saber quando as faturas foram aprovadas pelos clientes. Em segundo, eles não têm como saber quando vão realmente receber o pagamento dos seus clientes. Com um intervalo de 4-5 meses entre o momento do recebimento do pedido e o momento em que o pagamento ocorre, muitos fornecedores recorrem a financiamento local caro, que pode acrescentar até 4% aos seus custos. Pior ainda, alguns fornecedores fecham as portas, diminuindo a concorrência e resultando em preços mais altos.

Embora a maioria das empresas agora trabalhe muito duro com seus fornecedores para melhorar as operações da cadeia de suprimento, que está no centro da gestão de suprimento, uma pesquisa recente mostra que apenas 13% usam ativamente as técnicas de financiamento da cadeia de suprimentos. Contudo, esse valor provavelmente aumentará no futuro próximo. Por exemplo, a Big Lots juntou-se a um serviço baseado na internet que é operado pela PrimeRevenue e funciona desta forma: em primeiro lugar, as faturas recebidas pela Big Lots são lançadas no sistema assim que são aprovadas. O fornecedor não precisa de um software especializado, mas pode verificar suas faturas utilizando um navegador. Em segundo, o fornecedor tem a opção de vender as faturas aprovadas com desconto para instituições financeiras e bancos que têm acesso à rede da PrimeRevenue. Outra vantagem para o fornecedor é que ele recebe o dinheiro um dia após a aprovação das faturas. Além disso, a taxa de juros efetiva embutido no preço com desconto é baseada na classificação de crédito da Big Lots, e não na do fornecedor.

De acordo com Jared Poff, tesoureiro da Big Lots, isso permite que fornecedores "concorram em sua capacidade de fabricar o produto e não na sua capacidade de acesso ao financiamento".

Fonte: Kate O'Sullivan, "Financing the chain", *CFO*, p. 46-53, fev. 2007.

momento em que o preço das ações cairá. Esse é outro exemplo de como podem surgir diferenças entre o preço das ações da empresa e seu valor intrínseco, e é algo que os analistas de investimentos devem ter em mente.

Uma análise das linhas sugeridas nas seções a seguir detectará essa prática questionável e também permitirá que a administração da empresa identifique os problemas que podem surgir. Essa descoberta logo no início ajuda investidores e bancos a evitar perdas, e também ajuda a administração da empresa a maximizar o valor intrínseco.

Prazo de recebimento de vendas (DSO)

Imagine que a Super Sets Inc., uma fabricante de televisores, venda 200.000 aparelhos de televisão por ano pelo preço de $ 198 cada. Suponha que todas as vendas sejam com vencimento para 30 dias ou com desconto de 2% para pagamento em dez dias. Por fim, suponha que 70% dos clientes recebam um desconto e paguem no 10° dia e que os outros 30% paguem no 30° dia.[16]

O **prazo de recebimento de vendas (DSO)** do Super Sets, algumas vezes chamado de *período de cobrança médio (ACP)*, é de 16 dias:

$$\text{DSO} = \text{ACP} = 0,7(10 \text{ dias}) + 0,3(30 \text{ dias}) = 16 \text{ dias}$$

As *vendas médias diárias (ADS)* de 16 dias do Super Sets totalizam $ 108.493:

$$\text{ADS} = \frac{\text{Vendas anuais}}{365} = \frac{(\text{Unidades vendidas})(\text{Preço de vendas})}{365} \qquad \textbf{(16-6)}$$

---

[16] Salvo disposição em contrário, partimos do princípio de que os pagamentos são feitos no último dia para obter descontos ou no último dia do período de crédito. Será tolice pagar no (digamos) 5° ou no 20° dia se as condições de crédito forem desconto de 2% para pagamento em dez dias ou vencimento para 30 dias.

$$= \frac{200.000(\$\ 198)}{365} = \frac{\$\ 39.600.000}{365} = \$\ 108.493$$

As contas a receber do Super Sets – supondo uma taxa constante e uniforme das vendas ao longo do ano – será, a qualquer momento, de $ 1.735.888:

$$\text{Recebíveis} = (DSO)\,(ADS) \qquad \textbf{(16-7)}$$

$$= (\$\ 108.493)(16) = \$\ 1.735.888$$

Observe que o DSO, ou prazo médio de cobrança, é uma medida do tempo médio que os clientes da empresa levam para pagar suas compras a prazo. O DSO do Super Sets é de 16 dias contra uma média do setor de 25 dias, então a empresa possui uma maior porcentagem de clientes com desconto ou seu departamento de crédito é excepcionalmente bom para garantir o pagamento imediato.

Finalmente, observe que você pode derivar tanto as vendas anuais quanto o saldo de recebíveis das demonstrações financeiras da empresa e calcular o DSO como se segue:

$$DSO = \frac{\text{Recebíveis}}{\text{Vendas por dia}} = \frac{\$\ 1.735.888}{\$\ 108.493} = 16 \text{ dias}$$

O DSO também pode ser comparado com os prazos de crédito da empresa. Por exemplo, suponha que o DSO da Super Sets apresente uma média de 35 dias. Com um DSO de 35 dias, alguns clientes estão, obviamente, levando mais de 30 dias para pagar suas contas. De fato, se muitos clientes estão pagando até o 10º dia para aproveitar o desconto, os outros devem estar levando, em média, *muito* mais que 35 dias. Uma maneira de verificar essa possibilidade é usar uma lista de vencimentos, como descrito a seguir.

Lista de vencimentos

Uma **lista de vencimentos** detalha os recebíveis de uma empresa por vencimento. A Tabela 16-1 mostra as listas de vencimentos de 31 de dezembro de 2013 de dois fabricantes de televisores, Super Sets e Wonder Vision. Ambas as empresas oferecem as mesmas condições de crédito e têm o mesmo total de recebíveis. A lista de vencimentos da Super Sets indica que todos os seus clientes pagam no prazo: 70% pagam até o dia 10 e 30% pagam até o dia 30. Em contraste, a lista da Wonder Vision, que é mais típica, mostra que muitos clientes não estão pagando no prazo: 27% das contas a receber estão com mais de 30 dias de atraso, embora as condições da Wonder Vision sejam para pagamento integral até o dia 30.

As listas de vencimentos não podem ser elaboradas com base no resumo de dados apresentado nas demonstrações financeiras, mas devem ser elaboradas de acordo com o razão de contas a receber da empresa. No entanto, empresas bem administradas têm seus registros informatizados de contas a receber, por isso é fácil determinar o vencimento de cada fatura, para classificar eletronicamente por vencimento e, portanto, gerar uma lista de vencimento.

TABELA 16-1
Listas de vencimentos

VENCIMENTO DA CONTA (DIAS)	SUPER SETS		WONDER VISION	
	VALOR DA CONTA	PERCENTUAL DO VALOR TOTAL	VALOR DA CONTA	PERCENTUAL DO VALOR TOTAL
0-10	$ 1.215.122	70%	$ 815.867	47%
11-30	520.766	30	451.331	26
31-45	0	0	260.383	15
46-60	0	0	173.589	10
Mais de 60	0	0	34.718	2
Total de recebíveis	$ 1.735.888	100%	$ 1.735.888	100%

A administração deve monitorar constantemente o DSO e a lista de vencimento para identificar tendências, ver como as experiências de cobrança da empresa se comparam com suas condições de crédito e verificar a eficiência do departamento de crédito em comparação com outras empresas do setor. Se o DSO começar a aumentar ou se a lista de vencimento começar a mostrar uma porcentagem crescente de contas vencidas, o gerente de crédito deve verificar por que essas alterações estão ocorrendo.

Embora aumentos no DSO e na lista de vencimento sejam sinais de alerta, isso não indica necessariamente que a política de crédito da empresa enfraqueceu. Se uma empresa sofre variações sazonais acentuadas ou está crescendo rapidamente, tanto a lista de vencimentos quanto o DSO podem estar distorcidos. Para ver esse ponto, observe que o DSO é calculado da seguinte forma:

$$DSO = \frac{\text{Contas a receber}}{\text{Vendas anuais}}$$

Contas a receber em qualquer período refletem vendas realizadas há um ou dois meses, mas vendas, conforme mostradas no denominador, são referentes aos últimos 12 meses. Portanto, um aumento sazonal das vendas aumentará o numerador mais do que o denominador e, portanto, aumentará o DSO, mesmo se os clientes continuarem a pagar com a mesma rapidez que antes. Problemas semelhantes surgem com a lista de vencimentos, porque, se as vendas estão aumentando, a porcentagem na categoria de 0-10 dias será alta, e o inverso ocorrerá se as vendas estiverem caindo. Portanto, uma mudança no DSO ou na lista de vencimentos deve ser considerada um sinal para investigar mais profundamente, não é necessariamente um sinal de que a política de crédito da empresa enfraqueceu.

Autoavaliação

1. Explique como o saldo de recebíveis de uma nova empresa é constituído ao longo do tempo.
2. Defina prazo de recebimento de vendas (DSO). O que pode ser aprendido com ele? Como ele é afetado por oscilações nas vendas?
3. O que é uma lista de vencimentos? O que pode ser aprendido com ela? Como ela é afetada por oscilações nas vendas?
4. Uma empresa tem vendas anuais de $ 730 milhões. Se seu DSO é 35, qual é seu saldo médio de contas a receber? **($ 70 milhões)**

16-9   Provisões e contas a pagar (crédito comercial)

Lembre-se de que o capital de giro operacional líquido é igual a ativos circulantes operacionais menos passivos circulantes operacionais. As seções anteriores abordaram a gestão dos ativos circulantes operacionais (caixa, estoque e contas a receber) e as seções a seguir discutem os dois principais tipos de passivos circulantes operacionais: provisões e contas a pagar.[17]

16-9a Provisões

As empresas geralmente pagam aos funcionários semanal, quinzenal ou mensalmente, então o balanço patrimonial mostrará alguns salários provisionados. Da mesma forma, o imposto de renda estimado da empresa, encargos sociais e imposto de renda retidos dos funcionários e impostos sobre vendas são geralmente pagos semanal, mensal ou trimestralmente. Portanto, o balanço patrimonial em geral mostrará alguns impostos provisionados, com salários provisionados.

Essas **provisões** podem ser consideradas empréstimos de curto prazo, sem juros, de funcionários e autoridades fiscais e aumentam automaticamente (isto é, *espontaneamente*) à medida que as operações da empresa se expandem. No entanto, a empresa não pode, normalmente, controlar suas provisões: o pagamento dos salários é definido por forças econômicas e normas do setor, e as datas de pagamento de impostos são estabelecidas por lei. Assim, as empresas geralmente utilizam todas as provisões que podem, mas têm pouco controle sobre os níveis dessas contas.

---

[17] Para mais informações sobre gestão de contas a pagar, veja James A. Gentry e Jesus M. De La Garza, "Monitoring accounts payables", *Financial Review*, p. 559-576, nov. 1990.

Repreensão ou congratulação? The Colbert Report e as condições de pagamento das pequenas empresas

Em 17 de fevereiro de 2011, The Colbert Report apresentou uma entrevista com Jeffrey Leonard. Durante uma troca espirituosa com Stephen Colbert, Leonard acusou muitas grandes empresas de impor condições de pagamentos onerosas a seus pequenos fornecedores. De acordo com Leonard, quando a Cisco Systems vende para o governo dos EUA, ela recebe seu pagamento em 30 dias — as condições de crédito padrão utilizadas pelo governo federal. Mesmo assim, a Cisco mudou sua própria política de crédito em 2010 para "60 dias corridos", o que significa que os fornecedores da Cisco têm até 60 dias para pagar. Em outras palavras, muitas pequenas empresas essencialmente estão ajudando a Cisco a financiar seu capital de giro, apesar de a Cisco ter mais de $ 39 bilhões de caixa. A Cisco não está sozinha ao atrasar seus pagamentos: Dell, Walmart e AB InBev (proprietária da Anheuser-Busch) também levam mais de 30 dias para pagar.

Colbert e Leonard concordaram com os fatos, mas os interpretaram de maneira diferente. Leonard sugeriu que o governo deve ajudar as pequenas empresas ao exigir que seus próprios fornecedores ofereçam a seus representantes as mesmas condições que o governo oferece. Colbert, no entanto, sugeriu (talvez com ironia) que este era apenas o resultado natural dos mercados livres e que nenhuma interferência do governo era garantida.

O julgamento cabe a você. Quando grandes empresas pegam legalmente o que elas podem das pequenas empresas, elas devem receber uma repreensão ou uma congratulação?

Fontes: www.washingtonmonthly.com/features/2011/1101.leonard.html; www.colbertnation.com/the-colbert-report-videos/374633/february-17-2011/jeffrey-leonard; e www.allbusiness.com/company-activities-management/management-benchmarking/15472247-1.html.

16-9b Contas a pagar (crédito comercial)

As empresas geralmente fazem compras a prazo de outras empresas, registrando a dívida como *conta a pagar*. Contas a pagar, ou **crédito comercial**, é o maior passivo circulante operacional individual, representando cerca de 40% do passivo circulante para uma empresa média que não seja do setor financeiro. O percentual é um pouco maior para as empresas menores: como as pequenas empresas muitas vezes têm dificuldade para obter financiamento de outras fontes, elas dependem muito do crédito comercial.

O crédito comercial é uma fonte espontânea de financiamento no sentido que decorre de transações comerciais normais. Por exemplo, suponha que uma empresa faça compras médias de $ 2.000 por dia para pagamento em 30 dias corridos, o que significa que ela deve pagar pelos bens 30 dias após a data da fatura. Em média, terá de pagar 30 vezes $ 2.000, ou $ 60.000, aos seus fornecedores. Se suas vendas e, consequentemente, suas compras dobrassem, suas contas a pagar também dobrariam para $ 120.000. Então, por meio apenas do crescimento, a empresa geraria espontaneamente um adicional de $ 60.000 de financiamento. Da mesma forma, se o prazo em que a empresa compra fosse estendido de 30 para 40 dias, suas contas a pagar seriam ampliadas de $ 60.000 para $ 80.000, mesmo sem crescimento nas vendas. Assim, os aumentos das vendas e do período de crédito geram valores adicionais de financiamento por meio de crédito comercial.

16-9c O custo do crédito comercial

Empresas que vendem a prazo possuem uma *política de crédito* que inclui *prazos de crédito*. Por exemplo, a Microchip Electronics oferece aos clientes um desconto de 2% para pagamento em dez dias, a contar da data da fatura, ou pagamento integral do valor total da fatura em 30 dias no caso de não aproveitar o desconto.

O "preço verdadeiro" dos produtos da Microchip é o preço líquido, ou 0,98 vez o preço de tabela, pois qualquer cliente pode comprar um item por esse preço, desde que o pagamento seja feito no prazo de dez dias. Agora considere a Personal Computer Company (PCC) que compra os chips de memória da Microchip. Um chip é cotado a $ 100, então o seu preço "verdadeiro" para a PCC é de $ 98. Agora, se a PCC quiser 20 dias a mais de crédito, além dos 10 dias para obtenção de desconto, deve incorrer em uma taxa de financiamento de $ 2 por chip para esse crédito. Portanto, o preço de tabela de $ 100 é composto de dois componentes:

Preço de tabela = Preço verdadeiro de $ 98 + Taxa de financiamento de $ 2

A pergunta que a PCC deve fazer antes de descartar o desconto para obter os 20 dias adicionais de crédito é: "O crédito poderia ser obtido a um custo menor de um banco ou outro agente financiador?".

Agora vamos supor que a PCC compre $ 11.923.333 de chips de memória da Microchip por ano pelo preço líquido ou verdadeiro. Isso totaliza $ 11.923.333/365 = $ 32.666.67 por dia. Para simplificarmos, vamos supor que a Microchip seja a única fornecedora da PCC. Se decidir não obter os 20 dias adicionais de crédito comercial – ou seja, se pagar no 10º dia e obtiver o desconto – a média de suas contas a pagar será de 10 ($ 32.666,67) = $ 326.667. Assim, a PCC receberá $ 326.667 de crédito da Microchip.

Agora, suponha que a PCC decida aceitar os 20 dias adicionais de crédito e, por isso, deve pagar o preço de tabela cheio. Uma vez que a PCC agora pagará no 30º dia, suas contas a pagar aumentarão para 30 ($ 32.666,67) = $ 980.000.[18] A Microchip agora fornecerá para a PCC um crédito adicional de $ 980.000 – $ 326.667 = $ 653.333, que a PCC poderia usar para aumentar seu caixa, liquidar dívida, aumentar o estoque ou até mesmo conceder crédito aos seus clientes, aumentando assim suas próprias contas a receber.

Assim, o crédito comercial adicional oferecido pela Microchip tem um custo: a PCC deve pagar uma taxa de financiamento equivalente ao desconto de 2% a que está renunciando. A PCC compra $ 11.923.333 de chips pelo preço verdadeiro, então a taxa de financiamento adicionada aumentaria o custo total para $ 11.923.333/0,98 = $ 12.166.666. Portanto, o custo de financiamento anual é de $ 12.166.666 – $ 11.923.333 = $ 243.333. Dividindo o custo de financiamento de $ 243.333 por $ 653.333 de crédito adicional, calculamos a taxa de custo anual nominal do crédito comercial adicional como sendo 37,2%:

$$\text{Custos anuais nominais} = \frac{\$\,243.333}{\$\,653.333} = 37,2\%$$

Se a PCC pode pedir emprestado ao seu banco (ou a outra fonte) com uma taxa de juros inferior a 37,2%, então deve aceitar o desconto de 2% e renunciar ao crédito comercial adicional.

A equação a seguir pode ser usada para calcular o custo nominal (em uma base anual) de não aceitar os descontos, ilustrado com condições de desconto de 2% para pagamento em dez dias ou pagamento integral da fatura total em 30 dias:

Custo nominal de crédito comercial = Custo por período × Número de períodos por ano

$$\frac{\text{Custo nominal de}}{\text{crédito comercial}} = \frac{\text{Percentual de desconto}}{100 - \text{Percentual de desconto}} \times \frac{365}{\text{Dias em que o crédito está pendente} - \text{Período de desconto}} \quad \textbf{(16-8)}$$

$$= \frac{2}{98} \times \frac{365}{20} = 2,04\% \times 18,25 = 37,2\%$$

O numerador do primeiro termo, percentual de desconto, é o custo por dólar de crédito, enquanto o denominador, 100 – percentual de desconto, representa os fundos disponibilizados por não aceitar o desconto. Assim, o primeiro termo, 2,04%, é o custo por período do crédito comercial. O denominador do segundo termo é o número de dias de crédito extra obtido por não ter o desconto, então todo o segundo termo mostra quantas vezes em cada ano o custo é incorrido – 18,25 vezes nesse exemplo.

Essa fórmula do custo nominal anual não considera a capitalização de juros. Em termos de juros efetivos anuais, o custo do crédito comercial é ainda maior:

$$\text{Taxa anual efetiva} = (1,0204)^{18,25} - 1,0 = 1,4459 - 1,0 = 44,6\%$$

Assim, o custo nominal de 37,2% calculado com a Equação 16-8 realmente subestima o custo verdadeiro.

Observe, entretanto, que o custo calculado do crédito comercial pode ser reduzido mediante o pagamento em atraso. Assim, se a PCC puder continuar pagando em 60 dias em vez dos 30 dias especificados, o período

---

[18] Surge aqui uma questão: "As contas a pagar devem refletir as compras brutas ou compras líquidas de descontos?". Os princípios contábeis geralmente aceitos permitem qualquer tratamento, se a diferença não for grande, mas, se o desconto for grande, então a operação deve ser registrada líquida dos descontos ou ao "preço verdadeiro". Logo, o pagamento maior sem desconto é registrado como despesa, chamado de "descontos perdidos". Portanto, *mostramos as contas a pagar sem os descontos mesmo se a empresa não espera obter os descontos.*

FIGURA 16-6
Variação das condições de crédito e os custos associados

	A	B	C	D	E	F
277	**Dias no ano: 365**				**Custo de crédito adicional**	
278						
279	**Condições de crédito**	**Desconto**	**Período de desconto**	**Período líquido**	**Nominal**	**Efetivo**
280	1/10, vencimento 20	1%	10	20	36,87%	44,32%
281	1/10, vencimento 30	1%	10	30	18,43%	20,13%
282	1/10, vencimento 90	1%	10	90	4,61%	4,69%
283	2/10, vencimento 20	2%	10	20	74,49%	109,05%
284	2/10, vencimento 30	2%	10	30	37,24%	44,59%
285	3/15, vencimento 45	3%	15	45	37,63%	44,86%

de crédito efetivo seria 60 – 10 = 50 dias, o número de vezes que o desconto seria perdido cairia para 365/50 = 7,3, e o custo nominal cairia de 37,2% para 2,04% × 7,3 = 14,9%. Então, a taxa anual efetiva cairia de 44,6% para 15,9%:

$$\text{Taxa anual efetiva} = (1,0204)^{7,3} - 1,0 = 1,1589 - 1,0 = 15,9\%$$

Em períodos de capacidade excedente, as empresas podem conseguir pagar com atraso ou **estender as contas a pagar**. No entanto, elas também sofrem uma série de problemas associados com o fato de serem pagadores atrasados. Esses problemas serão discutidos mais adiante neste capítulo.

Os custos do crédito comercial adicional por renunciar ao desconto com outras condições de compra são exibidos aqui na Figura 16-6. Como esses números indicam, o custo de não aceitar os descontos pode ser grande.

Com base na discussão anterior, o crédito comercial pode ser dividido em dois componentes (1) **crédito comercial livre**, que envolve crédito recebido durante o período de desconto, e (2) **crédito comercial de alto custo**, que envolve crédito além do crédito comercial livre e cujo custo é implícito com base nos descontos renunciados. *As empresas devem sempre usar o componente livre, mas devem usar o componente de custo alto somente após analisarem o custo desse capital para se certificarem de que é menor do que o custo do dinheiro que podia ser obtido de outras fontes.* Nas condições comerciais encontradas na maioria dos setores, o componente de alto custo é relativamente caro, então empresas fortes geralmente evitam usá-lo.

Observe, porém, que as empresas, às vezes, oferecem condições favoráveis de crédito, a fim de estimular as vendas. Por exemplo, suponha que uma empresa venda com vencimento para 30 dias ou com desconto de 2% para pagamento em dez dias, com um custo nominal de 37,24%, mas uma recessão reduziu as vendas e a empresa agora tem capacidade excedente. Ela quer impulsionar as vendas de seu produto sem cortar o preço de tabela, então poderia oferecer desconto de 1% para pagamento em até dez dias ou vencimento em 90 dias, o que sugere um custo nominal de crédito adicional de apenas 4,61%. Nessa situação, seus clientes provavelmente seriam inteligentes em aceitar o crédito adicional e reduzir sua dependência de bancos e outros agentes financiadores. Então, renunciar aos descontos nem sempre é uma má decisão.

Autoavaliação

1. O que são provisões? Quanto controle os gerentes têm sobre as provisões?
2. O que é crédito comercial?
3. Qual é a diferença entre crédito comercial livre e crédito comercial de alto custo?
4. Como o custo do crédito comercial de alto custo geralmente se compara com o custo de empréstimos bancários de curto prazo?
5. Uma empresa compra com condições de 2% de desconto para pagamento em até 12 dias ou com vencimento em 28 dias sem desconto. Qual é o seu custo nominal de crédito comercial? **(46,6%)** E o custo efetivo? **(58,5%)**

16-10   Gestão de investimentos a curto prazo

Os investimentos a curto prazo incluem ativos financeiros a curto prazo, como títulos do Tesouro nacional dos EUA, títulos das agências norte-americanas, certificados de depósitos, depósitos a prazo fixo e notas promissórias. Há três razões pelas quais as empresas detêm investimentos a curto prazo: (1) para liquidação imediatamente antes das transações agendadas, (2) para oportunidades inesperadas e (3) para reduzir o risco da empresa.

Algumas datas e montantes de transações futuras são conhecidos com um certo grau de certeza. Por exemplo, uma empresa sabe as datas em que precisará de caixa para pagamentos de juros, pagamentos principais e de dividendos; se uma empresa decidiu fazer uma aquisição maior, como uma nova máquina ou até mesmo uma nova fábrica, ela sabe as datas em que irá pagar pela compra. O pagamento de uma empresa não está completo até que os fundos tenham sido deduzidos da conta bancária da empresa e creditados na conta bancária de quem efetuou o deposito. Como uma empresa não precisa realmente de um balanço na conta bancária até que o pagamento tenha sido deduzido, a maioria das empresas tenta manter seus balanços da conta bancária (que não pagam taxas de juros ou pagam taxas bem baixas) os mais baixos possíveis até que a data do pagamento seja deduzida. Por exemplo, se uma empresa tem um pagamento de dividendo, possivelmente ela detém um montante necessário para o pagamento na forma de investimentos a curto prazo, como letras financeiras do Tesouro ou outros títulos a curto prazo para pagamento de juros. A empresa liquidará esses investimentos a curto prazo e depositará os recursos em suas contas bancárias imediatamente antes da data de pagamento exigida.

Os investimentos a curto prazo designados para fazer pagamentos agendados, como aqueles descritos anteriormente, são temporários no sentido de que a empresa os adquire para detê-los por um período específico e para um determinado fim. As seções a seguir descrevem os investimentos a curto prazo que são menos transitórios.

Algumas empresas detêm investimentos a curto prazo apesar de não terem planejado um fim específico para eles e apesar de a taxa de retorno sobre investimentos a curto prazo ser bem baixa. Por exemplo, algumas empresas competem nos negócios que possuem oportunidades em crescimento que surgem inesperadamente. Se uma dessas empresas não tiver fluxos de caixa estáveis ou acesso imediato a mercados de crédito (talvez porque seja pequena ou não possua altas taxas de crédito), pode não conseguir vantagem em uma oportunidade inesperada. Portanto, pode deter investimentos a curto prazo, que são balanços especulativos no sentido de que terá uma oportunidade de usá-los e, por conseguinte, faturar muito mais do que a taxa sobre os investimentos a curto prazo. Estudos mostram como essas empresas detêm níveis relativamente altos de títulos comerciáveis. Por outro lado, a disponibilidade de caixa é menos importante para grandes empresas com altas taxas de crédito, porque têm acesso rápido e econômico aos mercados de capital. Como esperado, essas empresas detêm níveis de caixa relativamente baixos.[19]

Deter investimentos a curto prazo reduz o risco de uma empresa de enfrentar uma crise de liquidez, como aquelas que ocorreram durante a recessão econômica e a restrição de crédito da recessão de 2007. Uma reserva de investimentos a curto prazo também reduz os custos de transações em função da emissão de títulos, porque os investimentos podem ser liquidados.

Embora haja boas razões para muitas empresas deterem investimentos a curto prazo, há muitas empresas que detêm muito caixa. Como escrevemos isso em meados de 2012, as empresas não financeiras norte-americanas detêm cerca de $ 1,2 trilhão em caixa, compondo aproximadamente 6% de seus ativos totais. Algumas empresas, como a Apple e a Microsoft, têm muito mais caixa para os índices de ativos. Mesmo com o ambiente econômico incerto, é difícil acreditar que os investidores não se beneficiem das distribuições de caixa em vez das reservas de caixa.

Autoavaliação

1. Por que uma empresa deteria títulos mobiliários com baixo rendimento quando poderia ganhar um retorno maior sobre ativos operacionais?

---

[19] Veja o trabalho de Opler, Pinkowitz, Stulz, e Williamson citado na nota de rodapé 9.

16-11   Financiamento de curto prazo

As três possíveis políticas de financiamento de curto prazo descritas anteriormente, neste capítulo, foram distinguidas pelos valores relativos de dívida de curto prazo utilizada no âmbito de cada política. A política agressiva determinava a maior utilização de dívida de curto prazo, e a política conservadora, o uso mínimo. O vencimento casado se aplica a ambas. Embora geralmente o crédito de curto prazo seja mais arriscado do que o de longo prazo, utilizar recursos de curto prazo tem algumas vantagens significativas. Os prós e contras do financiamento de curto prazo são considerados nesta seção.

16-11a Vantagens de financiamento de curto prazo

Primeiro, um empréstimo de curto prazo pode ser obtido muito mais rápido do que o crédito de longo prazo. Os agentes financiadores precisam realizar um exame financeiro completo antes de conceder crédito de longo prazo, e o contrato de empréstimo deve ser elaborado em grandes detalhes, pois muito pode acontecer durante o prazo de 10 a 20 anos do empréstimo. Portanto, se o dinheiro é necessário rapidamente, a empresa deve olhar para os mercados de curto prazo.

Segundo, se suas necessidades de dinheiro são sazonais ou cíclicas, uma empresa pode não querer comprometer-se com uma dívida de longo prazo. Há três razões para isso: (1) custos de lançamento são maiores para dívidas de longo prazo do que para crédito de curto prazo. (2) Embora a dívida de longo prazo possa ser paga antecipadamente (desde que o contrato de empréstimo inclua uma cláusula de pagamento adiantado), multas de pagamento adiantado podem ser altas. Assim, se uma empresa pensa que sua necessidade de dinheiro diminuirá no futuro próximo, ela deve escolher a dívida de curto prazo. (3) Os contratos de empréstimo de longo prazo sempre contêm cláusulas que restringem as ações futuras da empresa. Contratos de crédito de curto prazo são geralmente menos restritivos.

A terceira vantagem é que, uma vez que a curva de rendimento é normalmente ascendente, as taxas de juros são em geral mais baixas na dívida de curto prazo. Assim, em condições normais, os custos dos juros no momento em que os fundos são obtidos serão menores se a empresa tomar emprestado em curto prazo em vez de em longo prazo.

16-11b Desvantagens da dívida de curto prazo

Embora as taxas de curto prazo sejam frequentemente menores que as taxas de longo prazo, utilizar crédito de curto prazo é mais arriscado por duas razões: (1) se a empresa toma um empréstimo de longo prazo, seu custo de juros será relativamente estável ao longo do tempo, mas, se ela usar crédito de curto prazo, sua despesa de juros flutuará muito, talvez atingindo níveis muito altos. Por exemplo, a taxa que os bancos cobraram das grandes empresas por dívida de curto prazo mais do que triplicou ao longo de um período de dois anos na década de 1980, aumentando de 6,25% para 21%. Muitas empresas que tinham muitos empréstimos de curto prazo simplesmente não puderam pagar seus custos de juros crescentes. Por conseguinte, os pedidos de falência atingiram níveis recordes durante aquele período. (2) Se uma empresa contrata muitos empréstimos de curto prazo, uma recessão temporária pode torná-la incapaz de saldar a dívida. Se o mutuário não estiver em boas condições financeiras, o agente financiador poderá não renovar o empréstimo, o que poderá forçar a empresa à falência.

Autoavaliação

1. Quais são algumas vantagens e desvantagens da dívida de curto prazo em comparação com a dívida de longo prazo?

16-12   Empréstimos bancários de curto prazo

Os empréstimos obtidos de bancos comerciais geralmente aparecem no balanço como títulos a pagar. A importância de um banco é, na verdade, maior do que aparece nos valores em dólar mostrados no balanço patrimonial porque os bancos oferecem recursos *não espontâneos*. Quando as necessidades de financiamento de uma empresa aumentam, há a necessidade de recursos bancários adicionais. Se o pedido for negado, a empresa poderá ser forçada a abandonar oportunidades potenciais de crescimento. As principais características dos empréstimos bancários são abordadas nos parágrafos seguintes.

16-12a Vencimento

Embora os bancos façam empréstimos de prazos mais longos, *a maior parte dos seus empréstimos é de curto prazo* – aproximadamente dois terços de todos os empréstimos bancários vencem em um ano ou menos. Os empréstimos bancários a empresas são frequentemente contratados como títulos de 90 dias, dessa forma o empréstimo deve ser pago ou renovado no final de 90 dias. Obviamente, se a situação financeira do tomador do empréstimo deteriorou, o banco pode se recusar a renovar o empréstimo. Isso pode significar sérios problemas para o tomador do empréstimo.

16-12b Notas promissórias

Quando um empréstimo bancário é aprovado, o contrato é executado por meio da assinatura de uma **nota promissória**. A nota especifica (1) o valor emprestado; (2) a taxa de juros; (3) o cronograma de pagamentos que pode ser para uma quantia fixa ou uma série de parcelas; (4) qualquer bem que poderia ser entregue como garantia do pagamento do empréstimo; e (5) quaisquer outros termos e condições que o banco e o tomador do empréstimo acordaram. Quando a nota é assinada, o banco credita o dinheiro à conta corrente do tomador do empréstimo, assim tanto o caixa como os títulos a pagar aumentam no balanço patrimonial do tomador do empréstimo.

16-12c Saldos compensatórios

Às vezes, os bancos exigem que os tomadores de empréstimos mantenham um saldo médio na conta corrente de 10% a 20% do valor total do empréstimo. Isso é chamado de saldo compensatório, e esses saldos aumentam a taxa de juros efetiva sobre os empréstimos. Por exemplo, se uma empresa precisa de $ 80.000 para liquidar suas obrigações pendentes, mas deve manter um saldo compensatório de 20%, ela deve tomar emprestado $ 100.000 para obter o uso de $ 80.000. Se a taxa de juros anual estabelecida for de 8%, o custo efetivo será, na verdade, de 10%: $ 8.000 de juros divididos por $ 80.000 de recursos disponíveis para uso é igual a 10%.[20]

Como observamos anteriormente neste capítulo, recentes pesquisas indicam que os saldos compensatórios são muito menos comuns agora do que antes. De fato, os saldos compensatórios agora são ilegais em vários Estados. Apesar dessa tendência, alguns bancos pequenos nos Estados em que os saldos compensatórios ainda são legais exigem que seus clientes os mantenham.

16-12d Linha de crédito informal

Linha de crédito é um acordo informal entre um banco e um tomador de empréstimo que indica o crédito máximo que o banco disponibilizará para o tomador do empréstimo. Por exemplo, em 31 de dezembro, o banco pode indicar para um gerente financeiro que o banco considera a empresa "boa" para um limite de até $ 80.000 durante o próximo ano, desde que a situação financeira do tomador do empréstimo não deteriore. Se no dia 10 de janeiro o gerente financeiro assinar uma nota promissória de 90 dias para $ 15.000, isso será chamado de "liberação" de $ 15.000 da linha de crédito total. Esse valor será creditado à conta corrente da empresa, e ela poderá solicitar novos valores até totalizar o limite de $ 80.000 em qualquer momento.

16-12e Contrato de crédito rotativo

Contrato de crédito rotativo é uma linha de crédito formal muitas vezes utilizada por grandes empresas. Por exemplo, suponhamos que, em 2013, a Texas Petroleum Company tenha negociado um contrato de crédito rotativo de $ 100 milhões com um grupo de bancos. Os bancos formalmente se comprometeram por quatro anos a emprestar até $ 100 milhões se os recursos fossem necessários. A Texas Petroleum, por sua vez, pagou uma taxa de consignação anual de 0,25% sobre o saldo não utilizado para compensar os bancos pelo compromisso. Assim, se a Texas Petroleum não sacou nada do compromisso de $ 100 milhões durante um ano, ela ainda seria obrigada a pagar $ 250.000 de taxa anual, normalmente em parcelas mensais de $ 20.833,33. Se ela pediu emprestado $ 50 milhões no primeiro dia da assinatura do contrato, a parte não utilizada da linha de crédito cairia para $ 50 milhões e a taxa anual, para $ 125.000. Obviamente, os juros

---

[20] Observe, no entanto, que a compensação do saldo pode ser definida como um mínimo mensal médio, e se a empresa mantivesse essa média de qualquer maneira, a exigência de compensação de saldo não aumentaria a taxa de juros efetiva. Além disso, observe que essas compensações de saldo de empréstimos são *adicionadas* a todas as compensações de saldo que o banco da empresa pode exigir pelos serviços prestados, como a compensação de cheques.

também teriam de ser pagos sobre o dinheiro que a Texas Petroleum pegou emprestado efetivamente. Como regra geral, a taxa de juros sobre crédito "rotativo" está atrelada à London Interbank Offered Rate (LIBOR), à letra financeira do Tesouro ou à outra taxa de mercado, por isso o custo do empréstimo varia com o tempo à medida que as taxas de juros mudam. Os juros que a Texas Petroleum deve pagar foram definidos como taxa preferencial mais 1,0%.

Observe que um contrato de crédito rotativo é semelhante a uma linha de crédito informal, mas há uma diferença importante: o banco tem uma *obrigação legal* de honrar um contrato de crédito rotativo e recebe uma taxa de consignação. Nem a obrigação legal nem a taxa existem na linha de crédito informal.

Muitas vezes, uma linha de crédito terá uma **cláusula de limpeza** que exige que o tomador do empréstimo zere o saldo do empréstimo pelo menos uma vez por ano. Tenha em mente que uma linha de crédito normalmente é para ajudar a financiar os picos sazonais ou cíclicos nas operações, não como uma fonte de capital permanente. Por exemplo, nosso orçamento de caixa para a Educational Products Corporation apresentou fluxos negativos de julho a setembro e fluxos positivos de outubro a dezembro. Além disso, o fluxo de caixa líquido acumulado fica positivo em novembro, indicando que a empresa poderia liquidar o seu empréstimo naquele momento. Se os fluxos acumulados fossem sempre negativos, isso indicaria que a empresa estava usando suas linhas de crédito como fonte permanente de financiamento.

16-12f Custos dos empréstimos bancários

Os custos dos empréstimos bancários variam de acordo com os diferentes tipos de tomadores de empréstimos em determinado momento e para todos os tomadores de empréstimos ao longo do tempo. As taxas de juros são maiores para os clientes de maior risco, e as taxas também são mais elevadas para empréstimos menores por causa dos custos fixos envolvidos na contratação e elaboração dos empréstimos. Se uma empresa se qualifica para o "crédito preferencial" por causa de seu tamanho e capacidade financeira, pode tomar empréstimos com **taxa preferencial**, que já foi a menor taxa cobrada pelos bancos. As taxas sobre outros empréstimos são geralmente elevadas com base na taxa preferencial. Os empréstimos para clientes grandes e sólidos são feitos com taxas atreladas à Libor, e os custos desses empréstimos estão, geralmente, bem abaixo do crédito preferencial:

TAXAS EM 22 DE MAIO DE 2012	
Preferencial	3,25%
Libor de 1 ano	1,07%

A taxa para tomadores de empréstimos menores e de maior risco é geralmente "preferencial mais 1,0%", mas, para um tomador de empréstimo maior, ela é normalmente "Libor mais 1,5%".

As taxas bancárias variam amplamente ao longo do tempo, dependendo das condições econômicas e da política do Banco Central. Quando a economia está fraca, a demanda por crédito é normalmente lenta, a inflação é baixa, e o Banco Central disponibiliza muito dinheiro ao sistema. Como resultado, as taxas de todos os tipos de empréstimos são relativamente baixas. Inversamente, quando a economia está crescendo, a procura por empréstimo normalmente é forte, o Banco Central limita a oferta de dinheiro para conter a inflação, e o resultado são taxas de juros elevadas. Como uma indicação dos tipos de variações que podem ocorrer, a taxa preferencial durante o ano de 1980 aumentou de 11% para 21% em apenas quatro meses, e, em 1994, de 6% para 9%.

Cálculo de cobranças bancárias de juros: juros regulares (ou "simples")

Os bancos calculam juros de diversas formas. Nesta seção, explicamos o procedimento utilizado para a maioria dos empréstimos para empresas norte-americanas. Para fins de ilustração, suponhamos um empréstimo de $ 10.000 à taxa preferencial, atualmente de 3,25% para um ano de 360 dias. Os juros devem ser pagos mensalmente, e o principal é "pagável à vista" se e quando o banco quiser acabar com o empréstimo. Esse empréstimo é chamado de **empréstimo de juros regulares** (ou **simples**).

Começamos dividindo a taxa nominal de juros (3,25% nesse caso) por 360 para obter a taxa por dia. Essa taxa é expressa como uma *fração decimal*, não como uma porcentagem:

$$\text{Taxa de juros simples por dia} = \frac{\text{Taxa nominal}}{\text{Dias no ano}}$$

$$= 0,0325/360 = 0,000090278$$

Para obter o pagamento de juros mensais, a taxa diária é multiplicada pelo valor do empréstimo e depois pelo número de dias durante o período de pagamento. Para o nosso empréstimo ilustrativo, a despesa de juros diária seria de $ 0,902777778 e o total de um mês de 30 dias seria de $ 27,08.

$$\text{Despesa de juros do mês} = (\text{Taxa por dia})\,(\text{Valor do empréstimo})\,(\text{Dias no mês})$$
$$= (0,000090278)(\$\,10.000)(30\,\text{dias}) = \$\,27,08$$

A *taxa de juros efetiva* de um empréstimo depende da frequência com que os juros devem ser pagos – quanto mais frequente o pagamento dos juros, maior a taxa efetiva. Se os juros são pagos uma vez por ano, a taxa nominal também é a taxa efetiva. No entanto, se os juros devem ser pagos mensalmente, a taxa efetiva é de $(1 + 0,0325/12)^{12} - 1 = 3,2989\%$.

Cálculo das cobranças bancárias de juros: juros agregados

Os bancos e outros agentes financiadores normalmente usam **acréscimo de juros** para empréstimos para aquisição de automóveis e outros tipos de empréstimos parcelados. O termo acréscimo significa que os juros são calculados e, em seguida, adicionados ao montante emprestado para determinar o valor nominal do empréstimo. Para ilustrarmos, suponhamos que você tenha tomado emprestados $ 10.000 acrescidos de juros a uma taxa nominal de 7,25% para comprar um carro e pagar em 12 parcelas mensais. A uma taxa acrescida de 7,25%, você pagaria um total de juros de $ 10.000(0,0725) = $ 725. No entanto, como o empréstimo é pago em parcelas mensais, você teria de usar todo o valor de $ 10.000 somente para o primeiro mês, e depois o saldo pendente cairia até que, durante o último mês, apenas 1/12 do empréstimo original estivesse ainda pendente. Assim, estaria pagando $ 725 pela utilização de apenas cerca da metade do valor nominal do empréstimo, uma vez que os recursos utilizados seriam de apenas cerca de $ 5.000. Portanto, podemos calcular a taxa anual aproximada como 14,5%:

Para encontrar a taxa percentual anual (APR), primeiros encontramos o pagamento por mês, $10.725/12 = $ 893.75. Com uma calculadora financeira, insira N = 12, PV = 10000, PMT = –893,75 e FV = 0; em seguida, pressione I/YR para obter 1,093585%. Essa é uma taxa mensal, por isso multiplique por 12 para obter 13,12%, que é a APR que o banco teria de fornecer ao mutuário. Essa taxa é um pouco mais elevada do que a taxa de 7,25%, e a taxa efetiva sobre empréstimo agregado é ainda mais alta. A taxa anual efetiva é $(1,010936)^{12} - 1 = 13,94\%$. No geral, os empréstimos a juros agregados podem ser bem dispendiosos.

Autoavaliação

1. O que é uma nota promissória e que termos são normalmente incluídos nela?
2. O que é uma linha de crédito? O que é contrato de crédito rotativo?
3. Qual é a diferença entre juros simples e acréscimo de juros?
4. Explique como uma empresa que espera precisar de fundos durante o próximo ano pode ter certeza de que os fundos necessários estarão disponíveis.
5. Como o custo do crédito comercial de alto custo se compara com o custo de empréstimos bancários de curto prazo?
6. Se uma empresa tomou emprestado $ 500.000 a uma taxa de 10% de juros simples, com pagamento mensal de juros e um ano de 365 dias, qual seria o pagamento de juros necessário para um mês de 30 dias? **($ 4.109,59)** Se os juros serão pagos mensalmente, qual deve ser a taxa anual efetiva? **(10,47%)**
7. Se esse empréstimo tivesse sido feito em uma base de acréscimo de juros de 10%, pagáveis em 12 parcelas ao final do mês, qual seria o valor do pagamento mensal? **($ 45.833,33)** Qual é a taxa percentual anual? **(17,97%)** Qual é a taxa anual efetiva? **(19,53%)**

16-13 Papel comercial

Papel comercial é um tipo de nota promissória sem garantia emitida por empresas grandes e fortes e vendida principalmente a outras empresas, empresas de seguros, fundos de pensão, fundos mútuos do mercado monetário e bancos. Em maio de 2012, havia aproximadamente $ 1,2 trilhão em notas promissórias em circulação, em relação a aproximadamente $ 1,4 trilhão em empréstimos de bancos comerciais e industriais. A maioria, mas não todas, das notas promissórias em circulação é emitida por instituições financeiras.

16-13a Vencimento e custo

Em geral, vencimentos de papel comercial variam de um dia a nove meses, com uma média de cerca de cinco meses.[21] A taxa de juros do papel comercial varia com as condições de oferta e demanda – é determinada no mercado, variando diariamente, à medida que as condições mudam. Recentemente, as taxas das notas promissórias variaram de 1,5 a 3,5 pontos percentuais abaixo da taxa preferencial declarada e até a metade de um ponto percentual acima da taxa da letra financeira do Tesouro. Por exemplo, em maio de 2012, a taxa média da nota promissória de três meses foi de 0,20%; a taxa preferencial, 3,25%; e a taxa da letra financeira do Tesouro de três meses, 0,09%.

16-13b Uso do papel comercial

O uso do papel comercial é restrito a um número relativamente pequeno de empresas muito grandes que são excepcionalmente bons riscos de crédito. Distribuidores preferem lidar com o papel das empresas cujo patrimônio líquido é de $ 100 milhões ou mais e cujo empréstimo anual excede $ 10 milhões. Um problema potencial com o papel comercial é que um devedor que se encontra em dificuldades financeiras temporárias pode receber pouca ajuda, porque as negociações de papéis comerciais são geralmente menos pessoais do que as relações bancárias. Assim, os bancos são em geral mais capazes de ajudar – e estão dispostos a isso – um cliente bom em tempos difíceis do que um investidor de papel comercial. Utilizar o papel comercial permite que uma empresa explore uma ampla gama de fontes de crédito, incluindo instituições financeiras fora da sua própria área e empresas industriais em todo o país, e isso pode reduzir os custos de juros.

Autoavaliação

1. O que é papel comercial?
2. Que tipos de empresas podem utilizar papel comercial para suprir suas necessidades de financiamento de curto prazo?
3. Como o custo do papel comercial se compara com o custo dos empréstimos bancários de curto prazo? E com o custo de letras do Tesouro?

16-14 Utilização de garantia em financiamento de curto prazo

Até agora, não abordamos a questão da necessidade ou não de garantia para empréstimos de curto prazo. O papel comercial nunca é garantido, mas outros tipos de empréstimos podem ser garantidos se isso for considerado necessário ou desejável. Com outros itens mantidos constantes, é melhor tomar empréstimos sem garantia, pois os custos de escrituração dos **empréstimos garantidos** são frequentemente altos. No entanto, as empresas muitas vezes acham que podem tomar empréstimos apenas se colocarem algum tipo de garantia para proteger o credor, ou que, usando a garantia, elas podem obter empréstimos com uma taxa muito mais baixa.

Vários tipos diferentes de garantia podem ser empregados, incluindo ações ou títulos negociáveis, terrenos ou edifícios, equipamentos, estoque e contas a receber. Títulos mobiliários são excelentes garantias, mas poucas empresas que precisam de empréstimos também possuem carteiras de ações e títulos. Da mesma forma, bens imóveis (terrenos e edifícios) e equipamentos são boas formas de garantia, mas eles são geralmente usados como garantia para empréstimos de longo prazo em vez de empréstimos para capital de giro. Portanto, a maioria dos empréstimos de curto prazo com garantia envolve o uso de contas a receber e estoques como garantia.

Para compreender o uso da garantia, considere o caso de um distribuidor de hardware de Chicago que queria modernizar e ampliar sua loja. Ele pediu um empréstimo bancário de $ 200.000. Após examinar as demonstrações financeiras da empresa, o banco informou que lhe emprestaria um valor máximo de $ 100.000 e que a taxa efetiva de juros seria de 9%. O proprietário possuía uma substancial carteira pessoal de ações e ofereceu $ 300.000 de ações de alta qualidade para garantir o empréstimo de $ 200.000. O banco então concedeu o empréstimo total de $ 200.000 à taxa de juros de 3,25%. O dono da loja também poderia ter usado seu estoque ou recebíveis como garantia para o empréstimo, mas os custos de processamento teriam sido altos.[22]

---

[21] O prazo máximo sem registro na SEC é de 270 dias. Além disso, o papel comercial pode ser vendido apenas a investidores "sofisticados", caso contrário, o registro na SEC seria necessário até mesmo para os vencimentos de 270 dias ou menos.

[22] A expressão "financiamento garantido por ativo" é frequentemente usada como sinônimo de "financiamento garantido". Nos últimos anos, contas a receber têm sido utilizadas como garantia de obrigações de longo prazo, permitindo que as empresas obtenham empréstimos de agentes financiadores, como fundos de pensão, e não apenas de bancos e outros financiadores tradicionais de curto prazo.

Autoavaliação

1. O que é um empréstimo garantido?
2. Quais são alguns tipos de ativos circulantes dados como garantia para empréstimos de curto prazo?

Resumo

Este capítulo discutiu a gestão do capital de giro e de financiamento de curto prazo. Os conceitos-chave cobertos estão listados a seguir.

- **Capital de giro** refere-se a ativos circulantes usados nas operações, e **capital de giro líquido** é definido como ativos circulantes menos todos os passivos circulantes. **Capital de giro operacional** líquido é definido como ativos circulantes operacionais menos passivos circulantes operacionais.
- De acordo com a **política de capital de giro não restritiva**, uma empresa manteria valores relativamente altos de cada tipo de ativo circulante. Na **política de capital de giro restritiv**a, a empresa manteria valores mínimos desses itens.
- Uma abordagem **moderada** do financiamento de curto prazo envolve casar, até onde possível, os vencimentos dos ativos e passivos, de forma que ativos circulantes operacionais temporários sejam financiados com dívida de curto prazo, e ativos circulantes operacionais permanentes e ativos fixos sejam financiados com dívida de longo prazo ou capital próprio. Na abordagem **agressiva**, alguns ativos circulantes operacionais permanentes e talvez até alguns ativos fixos são financiados com dívida de curto prazo. Uma abordagem **conservadora** seria usar fontes de longo prazo para financiar todo o capital operacional permanente e alguns ativos circulantes operacionais temporários.
- **Ativos circulantes operacionais permanentes** são os ativos circulantes operacionais que a empresa mantém mesmo durante períodos de baixa, enquanto **ativos circulantes operacionais temporários** são os ativos circulantes operacionais adicionais necessários durante picos sazonais ou cíclicos. Os métodos usados para financiar ativos circulantes operacionais temporários e permanentes definem a política de **financiamento de curto prazo da empresa**.
- O **período de conversão de estoque** é o tempo médio necessário para converter materiais em produtos acabados e depois vender esses produtos:
- Período de conversão de estoque = Estoque ÷ Custo das mercadorias vendidas por dia
- O **período médio de cobrança** é o tempo médio necessário para converter os recebíveis da empresa em dinheiro – isto é, receber o dinheiro após uma venda:

$$\text{Período médio de cobrança} = \text{DSO} = \text{Contas a receber} \div (\text{Vendas}/365)$$

- O **período de diferimento do saldo de contas a pagar** é o tempo médio entre a compra de materiais e mão de obra e o pagamento dessa compra:

$$\text{Período de diferimento de contas a pagar} = \text{Contas a pagar} \div \text{Custo das mercadorias vendidas por dia}$$

- O **ciclo de conversão de caixa (CCC)** é o período entre as saídas de caixa reais para pagar os recursos de produção (materiais e mão de obra) e as entradas de caixa provenientes da venda de produtos (isto é, o tempo decorrido entre o pagamento da mão de obra e dos materiais e o recebimento dos recebíveis):

$$\begin{matrix}\text{Ciclo de conversão} \\ \text{de caixa}\end{matrix} = \begin{matrix}\text{Período de conversão de} \\ \text{estoque}\end{matrix} + \begin{matrix}\text{Período médio de} \\ \text{cobrança}\end{matrix} - \begin{matrix}\text{Período de diferimento} \\ \text{de contas a pagar}\end{matrix}$$

- **Orçamento de caixa** é uma programação que mostra as entradas e saídas de caixa previstas para determinado período. O orçamento de caixa é utilizado para prever superávit e déficit de caixa e é a principal ferramenta de planejamento de gestão de caixa.
- O **principal objetivo da gestão de caixa** é minimizar o montante de caixa que a empresa deve manter para conduzir suas atividades normais, ao mesmo tempo que mantém uma reserva de caixa suficiente para obter descontos, pagar as contas no prazo e atender a eventuais necessidades inesperadas de dinheiro.

- O **saldo de transações** é o caixa necessário para conduzir negócios do dia a dia. Os **saldos de precaução** são reservas de caixa mantidas para atender às necessidades imprevistas. **Saldo compensatório** é o saldo mínimo na conta corrente que o banco exige como compensação por serviços prestados ou como parte de um contrato de empréstimo.
- Os dois objetivos da **gestão de estoques** são (1) assegurar que há estoques disponíveis necessários para manter as operações; mas (2) manter os custos dos pedidos e transporte de estoques no nível mais baixo possível.
- Quando uma empresa vende mercadorias a prazo para um cliente, é criada uma **conta a receber**.
- Uma empresa pode utilizar uma **lista de vencimentos** e o **prazo de recebimento de vendas (DSO)** para monitorar seu saldo de contas a receber e ajudar a evitar um aumento de inadimplência.
- Uma **política de crédito** de uma empresa é composta de quatro elementos: (1) período de crédito; (2) descontos concedidos para pagamentos antecipados; (3) padrões de crédito; e (4) política de cobrança.
- O saldo de **contas a pagar** ou o **crédito comercial** surgem espontaneamente como resultado de compras a prazo. As empresas devem utilizar todo o **crédito comercial livre** que conseguirem, mas devem usar o **crédito comercial de alto custo** somente se for menos caro do que outras formas de dívida de curto prazo. Os fornecedores frequentemente oferecem descontos aos clientes que pagam dentro do prazo indicado. Esta equação pode ser usada para calcular o custo nominal anual de não aproveitar esses descontos:

$$\text{Custo nominal de crédito comercial} = \frac{\text{Percentual de desconto}}{100 - \text{Período de desconto}} \times \frac{365}{\text{Dias em que o crédito está pendente} - \text{Período de desconto}}$$

- As vantagens do crédito de curto prazo são (1) a **velocidade** com que os empréstimos de curto prazo podem ser obtidos; (2) maior **flexibilidade**; e (3) geralmente **taxas de juros mais baixas** do que nos créditos de longo prazo. A principal desvantagem do crédito de curto prazo é o **risco adicional** que o tomador do empréstimo deve assumir porque (1) o credor pode exigir o pagamento a qualquer momento; e (2) o custo do empréstimo aumentará se as taxas de juros subirem.
- **Empréstimos bancários** é uma importante fonte de crédito de curto prazo. Quando um empréstimo bancário é aprovado, uma **nota promissória** é assinada. A nota especifica: (1) o montante emprestado; (2) a taxa de juros; (3) o cronograma de pagamentos; (4) a garantia; e (5) outras condições acordadas entre as partes.
- Às vezes, os bancos exigem que os tomadores de empréstimo mantenham **saldos compensatórios**, que são exigências de depósito fixadas entre 10% e 20% do montante do empréstimo. Os saldos compensatórios aumentam a taxa de juros efetiva sobre os empréstimos bancários.
- Uma **linha de crédito** é um acordo informal entre o banco e o tomador do empréstimo que indica o crédito máximo que o banco disponibilizará para o tomador do empréstimo.
- Um **contrato de crédito rotativo** é uma linha de crédito formal muitas vezes utilizada por grandes empresas e envolve uma **taxa de consignação**.
- Um **empréstimo com juros simples** é aquele em que os juros devem ser pagos mensalmente e o principal é pagável à vista se e quando o banco quiser encerrar o empréstimo.
- Um **empréstimo acrescido de juros** é aquele em que os juros são calculados e adicionados ao montante recebido para determinar o valor nominal do empréstimo parcelado.
- **Papel comercial** é uma dívida de curto prazo sem garantia emitida por empresas de grande porte e financeiramente sólidas. Embora o custo do papel comercial seja inferior ao custo dos empréstimos bancários, ele pode ser utilizado somente por grandes empresas com classificações de crédito excepcionalmente altas.
- Às vezes, um tomador de empréstimo concluirá que é necessário solicitar **empréstimo garantido**, em que ele oferece ativos como imóveis, títulos, equipamentos, estoques ou contas a receber como garantia do pagamento do empréstimo.

Perguntas

(16-1) Defina as expressões apresentadas a seguir:
   a. Capital de giro, capital de giro líquido e capital de giro operacional líquido.
   b. Política flexível, política restritiva e política moderada.
   c. Ativos circulantes operacionais permanentes e ativos circulantes operacionais temporários.
   d. Política de financiamento moderada (vencimentos casados), política de financiamento agressiva e política de financiamento conservadora.

e. Período de conversão de estoque, período médio de cobrança, período de diferimento de contas a pagar e ciclo de conversão de caixa.

f. Orçamento de caixa e saldo de caixa-alvo.

g. Saldos de transações, saldos compensatórios e saldos de precaução.

h. Descontos comerciais.

i. Política de crédito, período de crédito, padrões de crédito, política de cobrança e descontos para pagamento à vista.

j. Contas a receber, período de recebimento de vendas e lista de vencimentos.

k. Provisões e crédito comercial.

l. Contas a pagar diferidas, crédito comercial livre e crédito comercial de alto custo.

m. Nota promissória; linha de crédito; contrato de crédito rotativo.

n. Papel comercial e empréstimo garantido.

(16-2) Quais são as duas principais razões para manter caixa? Uma empresa pode estimar seu saldo de caixa-alvo somando o caixa mantido por uma das duas razões?

(16-3) É verdade que, quando uma empresa vende para outra a prazo, a empresa vendedora registra a transação como uma conta a receber, enquanto a empresa compradora a registra como uma conta a pagar e que, desconsiderando os descontos, as contas a receber normalmente excedem as contas a pagar no valor do lucro da venda?

(16-4) Quais são os quatro elementos da política de crédito de uma empresa? Até que ponto as empresas podem definir suas próprias políticas de crédito em vez de aceitar as políticas ditadas pelos seus concorrentes?

(16-5) Quais são as vantagens dos vencimentos casados de ativos e passivos? Quais são as desvantagens?

(16-6) Do ponto de vista do tomador do empréstimo, é mais arriscado o crédito de longo ou de curto prazo? Explique. Faria sentido tomar empréstimos de curto prazo se as taxas de curto prazo fossem superiores às taxas de longo prazo?

(16-7) Explique esta afirmação: "As empresas podem controlar suas provisões dentro de limites amplos".

(16-8) É verdade que a maioria das empresas é capaz de obter algum crédito comercial livre e que o crédito comercial adicional muitas vezes está disponível, mas a um custo? Explique.

(16-9) Que tipos de empresa utilizam o papel comercial?

Problema de autoavaliação – As soluções estão no Apêndice A

(PA-1) **Política de capital de giro** – A Calgary Company está tentando estabelecer uma política de ativos circulantes. Os ativos fixos somam $ 600.000, e a empresa planeja manter um índice de dívida/ativos de 50%. A Calgary não tem passivos circulantes operacionais. A taxa de juros é de 10% sobre todas as dívidas. Três políticas alternativas de ativos circulantes estão sendo avaliadas: 40%, 50% e 60% das vendas projetadas. A empresa espera ganhar 15% de $ 3 milhões, antes de juros e impostos sobre vendas. A alíquota de imposto federal mais estadual da Calgary é de 40%. Qual é o retorno esperado sobre o patrimônio em cada política de ativos?

(PA-2) **Financiamento do ativo circulante** – A Vanderheiden Press Inc. e Herrenhouse Publishing Company tinham os seguintes balanços patrimoniais em 31 de dezembro de 2013 (em milhares de dólares):

	Vanderheiden Press	Herrenhouse Publishing
Ativo circulante	$ 100.000	$ 80.000
Ativo fixo (líquido)	100.000	120.000
Total do ativo	$ 200.000	$ 200.000
Passivo circulante	$ 20.000	$ 80.000
Dívida de longo prazo	80.000	20.000
Ações ordinárias	50.000	50.000
Lucros retidos	50.000	50.000
Total do passivo e patrimônio líquido	$ 200.000	$ 200.000

Os lucros antes de juros e impostos das duas empresas são de $ 30 milhões, e a alíquota de imposto federal e estadual efetiva é de 40%.

a. Qual é o retorno sobre o patrimônio de cada empresa se a taxa de juros sobre o passivo circulante é de 10% e a taxa sobre a dívida de longo prazo é de 13%?

b. Suponhamos que a taxa de curto prazo suba para 20%, a taxa sobre nova dívida de longo prazo suba para 16% e a taxa sobre dívida de longo prazo existente permaneça inalterada. Qual seria o retorno sobre o patrimônio para Vanderheiden Press e Herrenhouse Publishing nessas condições?

c. Qual empresa está em uma posição mais arriscada? Por quê?

Problemas – As respostas dos problemas estão no Apêndice B

Problemas fáceis 1-5

(16-1) **Gestão de caixa** – A Williams & Sons registrou no ano passado vendas de $ 10 milhões e um índice de giro de estoque de 2. A empresa está adotando agora um novo sistema de estoque. Se o novo sistema for capaz de reduzir o nível de estoque da empresa e aumentar o índice de giro de estoque para 5, mantendo o mesmo nível de vendas, quanto dinheiro será liberado?

(16-2) **Investimento em recebíveis** – A Medwig Corporation tem um DSO de 17 dias. As vendas a prazo da empresa são em média de $ 3.500 por dia. Qual é a média de contas a receber da empresa?

(16-3) **Custo do crédito comercial** – Qual é o custo nominal e efetivo do crédito comercial nas condições de crédito faturado para 30 dias com desconto de 3% para pagamento em 15 dias?

(16-4) **Custo do crédito comercial** – Um grande varejista obtém mercadorias nas condições de crédito faturado para 45 dias com desconto de 1% para pagamento em 15 dias, mas normalmente leva 60 dias para pagar suas contas. (Como o varejista é um cliente importante, os fornecedores permitem a extensão do prazo de pagamento.) Qual é o custo efetivo do crédito comercial para o varejista?

(16-5) **Contas a pagar** – Uma cadeia de lojas de eletrodomésticos, a APP Corporation, realiza compras de estoque pelo preço líquido de $ 500.000 por dia. A empresa adquire o estoque nas condições de faturamento para 40 dias com desconto de 2% para pagamento em até 15 dias. A APP sempre aproveita o desconto, mas paga suas contas apenas no último dia do prazo de 15 dias. Qual é a média das contas a pagar da APP?

Problemas intermediários 6-12

(16-6) **Investimento em recebíveis** – A Snider Industries vende com vencimento em 45 dias, ou com desconto de 2% para pagamento em até dez dias. As vendas totais para o ano são de $1.500.000. Trinta por cento dos clientes pagam no 10° dia e obtêm descontos; os outros 70% pagam, em média, 50 dias após suas aquisições.

a. Qual é o número de dias de vendas pendentes?

b. Qual é o montante médio de recebíveis?

c. O que aconteceria com os recebíveis médios se a Snider dificultasse sua política de cobrança com o resultado que todos os clientes sem descontos pagaram no 45° dia?

(16-7) **Custo do crédito comercial** – Calcule o custo nominal anual do crédito comercial com custo em cada uma das seguintes condições. Suponhamos que o pagamento seja feito na data do desconto ou na data de vencimento.

a. 20 dias com 1%/15 dias

b. 60 dias com 2%/10 dias

c. 45 dias com 3%/10 dias

d. 45 dias com 2%/10 dias

e. 40 dias com 2%/15 dias

(16-8) **Custo do crédito comercial**

a. Se uma empresa compra com vencimento para 45 dias ou desconto de 3% para pagamento em até 15 dias, mas, na verdade, paga no 20º dia e ainda aproveita o desconto, qual é o custo nominal de seu crédito comercial com custo?

b. Ela recebe mais ou menos crédito do que receberia se pagasse em até 15 dias?

(16-9) **Custo do crédito comercial** – A Grunewald Industries vende com vencimento para 40 dias ou desconto de 2% para pagamento em até dez dias. As vendas brutas do ano passado foram de $ 4.562.500, e a média das contas a receber foi de $ 437.500. A metade dos clientes da Grunewald pagou no 10º dia e aproveitou os descontos. Quais são os custos nominal e efetivo do crédito comercial para os clientes sem desconto da Grunewald? (*Dica:* Calcule as vendas/dia com base no ano de 365 dias, em seguida calcule a média dos recebíveis de clientes com desconto e depois o DSO para os clientes sem descontos.)

(16-10) Custo efetivo do crédito comercial – A D. J. Masson Corporation precisa levantar $ 500.000 por um ano para fornecer capital de giro para a nova loja. A Masson compra de seus fornecedores nas condições de faturamento para 90 dias com desconto de 3% para pagamento em até dez dias e, atualmente, paga no 10º dia e aproveita os descontos. No entanto, ela poderia abrir mão dos descontos, pagar no 90º dia e assim obter os $ 500.000 necessários na forma de crédito comercial de alto custo. Qual é a taxa de juros anual efetiva desse crédito comercial?

(16-11) Ciclo de conversão de caixa – A Negus Enterprises tem um período de conversão de estoque de 50 dias, um período médio de cobrança de 35 dias e um período de diferimento de contas a pagar de 25 dias. Suponhamos que o custo de mercadorias vendidas seja de 80% das vendas.
a. Qual será a duração do ciclo de conversão de caixa?
b. Se as vendas anuais da Negus forem de $ 4.380.000 e todas forem a prazo, qual será o investimento da empresa no item contas a receber?
c. Quantas vezes por ano a Negus gira o seu estoque?

(16-12) Ciclo do fluxo de caixa do capital de giro – A Strickler Technology está considerando fazer modificações em suas políticas de capital de giro, a fim de aumentar seu ciclo de fluxo de caixa. As vendas da Strickler no ano passado foram de $3.250.000 (todas a prazo), e sua margem de lucro líquida foi de 7%. A empresa girou seu estoque 6,0 vezes durante o ano, e seu prazo de recebimento de vendas (DSO) foi de 41 dias. Seu custo anual de mercadorias vendidas foi de $1.800.000. A firma tinha ativos fixos totalizando $535.000. O período de deferimento das contas a pagar da Strickler é de 45 dias.
a. Calcule o ciclo de conversão de caixa da Strickler.
b. Supondo que a Strickler mantenha quantidades insignificantes de caixa e títulos mobiliários, calcule seu giro do ativo total e ROA.
c. Suponhamos que os gerentes da Strickler acreditem que o giro anual de estoque possa ser aumentado para 9 vezes sem afetar as vendas. Qual teria sido o ciclo de conversão de caixa, o giro do ativo total e o ROA da Strickler se o giro de estoque fosse de 9 vezes no ano?

Problemas desafiadores 13-17

(16-13) Política de capital de giro – As vendas da Payne Products no ano passado foram de apenas $1,6 milhão, mas com um melhor mix de produtos a empresa espera um crescimento nas vendas de 25% este ano, e a Payne gostaria de determinar o efeito de várias políticas de ativo circulante em seu desempenho financeiro. A Payne tem $1 milhão em ativos fixos e pretende manter seu índice de endividamento no nível histórico de 60%. Atualmente, a taxa de juros sobre a dívida da Payne é de 8%. Você precisa avaliar três diferentes políticas de ativos circulantes: (1) uma política rigorosa que exige ativos circulantes no montante de apenas 45% das vendas projetadas; (2) uma política moderada de ativos circulantes de 50% das vendas, e (3) uma política flexível que exige ativos circulantes no montante de 60% das vendas. A empresa espera gerar lucros antes de juros e impostos a uma taxa de 12% sobre o total das vendas. A taxa de impostos da Payne é de 40%.
a. Qual é o retorno esperado sobre o patrimônio em cada nível de ativo circulante?
b. Neste problema, consideramos que o nível de vendas esperado é independente da política de ativo circulante. Esta é uma premissa válida? Por que sim ou por que não?
c. Como poderia variar o risco global da empresa em cada política?

(16-14) Orçamento de caixa – Dorothy Koehl recentemente alugou um espaço no Southside Mall e abriu um novo negócio, Koehl's Doll Shop. O negócio está indo bem, mas Koehl está frequentemente sem caixa. Isso tem levado a atrasos nos pagamentos de certos pedidos, o que está começando a causar problemas com os fornecedores. Koehl planeja solicitar empréstimos bancários para ter dinheiro em mãos quando necessário, mas primeiro precisa de uma previsão de quanto deve pedir emprestado. Assim, ela lhe pediu para elaborar um orçamento de caixa para o período crítico de Natal, quando as necessidades serão especialmente maiores.

As vendas são feitas somente à vista. As compras de Koehl devem ser pagas no mês seguinte. Koehl paga para si mesma um salário de $ 4.800 por mês, e o aluguel é de $ 2.000 por mês. Além disso, ela deve efetuar um pagamento de impostos de $ 12.000 em dezembro. O caixa atual disponível (em 1º de dezembro) é de $ 400, mas Koehl concordou em manter um saldo médio no banco de $ 6.000, que é seu saldo de caixa-alvo. (Desconsidere o dinheiro em caixa, que é insignificante, pois Koehl mantém apenas um pequeno valor disponível a fim de reduzir as chances de roubo.)

A estimativa de vendas e compras para dezembro, janeiro e fevereiro é apresentada a seguir. Compras durante o mês de novembro totalizaram $ 140.000.

	VENDAS	COMPRAS
Dezembro	$ 160.000	$ 40.000
Janeiro	40.000	40.000
Fevereiro	60.000	40.000

a. Prepare um orçamento de caixa para dezembro, janeiro e fevereiro.

b. Agora, suponha que Koehl comece a vender a prazo em 1º de dezembro, proporcionando aos clientes 30 dias de prazo para pagamento. Todos os clientes aceitam essas condições, e todos os outros fatos do problema mantêm-se inalterados. Quais seriam as necessidades de empréstimo da empresa no final de dezembro nesse caso? (*Dica:* Os cálculos necessários para responder a essa pergunta são mínimos.)

(16-15) Descontos para pagamento à vista – Suponhamos que uma empresa realize compras de $ 3,65 milhões por ano, faturadas para 30 dias com desconto de 2% para pagamento em até 10 dias, e aproveite os descontos.

a. Qual é o valor médio das contas a pagar líquido após descontos? (Considere que $ 3,65 milhões de compras é o valor após os descontos, ou seja, o valor bruto das compras é de $ 3.724.489,80, os descontos são de $ 74.489,80 e as compras líquidas são de $ 3,65 milhões.)

b. Existe um custo de crédito comercial que a empresa utiliza?

c. Se a empresa não aproveitou os descontos, mas pagou na data de vencimento, qual seria sua média de contas a pagar e o custo deste crédito comercial com custo?

d. Qual seria o custo da empresa de não aproveitar os descontos se ela pudesse prolongar seus pagamentos para 40 dias?

(16-16) Crédito comercial – A Thompson Corporation projeta um aumento nas vendas de $ 1,5 milhão para $ 2 milhões, mas precisa de um adicional de $ 300.000 de ativos circulantes para sustentar essa expansão. A Thompson pode financiar a expansão, não aproveitando mais os descontos, aumentando, assim, as contas a pagar. A empresa compra com vencimento para 30 dias ou desconto de 2% para pagamento em até dez dias, porém ela pode atrasar o pagamento por mais 35 dias – pagando em 65 dias e, consequentemente, ficando 35 dias em atraso – sem multas porque seus fornecedores atualmente possuem capacidade excedente. Qual é o custo anual efetivo ou equivalente do crédito comercial?

(16-17) Financiamento bancário – A Raattama Corporation tinha vendas de $ 3,5 milhões no ano passado e obteve um retorno de 5% (após os impostos) sobre as vendas. Recentemente, a empresa tem atrasado o pagamento de suas contas. Embora o prazo de pagamento de suas compras seja de 30 dias, suas contas a pagar representam compras de 60 dias. O tesoureiro da empresa está tentando aumentar os empréstimos bancários para ficar em dia com suas obrigações comerciais (ou seja, ter contas a pagar em aberto de 30 dias). O balanço patrimonial da empresa é o seguinte (em milhares de dólares):

Caixa	$ 100	Contas a pagar	$ 600
Contas a receber	300	Empréstimos bancários	700
Estoque	1.400	Provisões	200
Ativo circulante	$ 1.800,00	Passivo circulante	$ 1.500
Terrenos e edificações	600	Hipoteca de imóveis	700
Equipamentos	600	Ações ordinárias, valor nominal de $ 0,10	300
		Lucros retidos	500
Total do ativo	$ 3.000	Total do passivo e patrimônio líquido	$ 3.000

a. Quanto é necessário em financiamento bancário para eliminar o saldo de contas vencidas a pagar?

b. Suponhamos que o banco empreste à empresa o montante calculado na parte a. As condições do empréstimo oferecido são juros simples de 8%, e o banco utiliza um ano de 360 dias para o cálculo dos juros. Qual será a despesa de juros de um mês? (Considere o mês de 30 dias.)

c. Agora ignore a parte b e considere que o banco emprestará à empresa o montante calculado na parte a. As condições do empréstimo são juros de 7,5%, para pagamento em 12 parcelas mensais.

1. Qual será o valor total do empréstimo?
2. Quais serão as parcelas mensais?
3. Qual será o APR do empréstimo?
4. Qual será a taxa efetiva do empréstimo?

d. Você faria esse empréstimo se fosse o banco? Justifique sua resposta.

Problema de planilha

(16-18) Construa um modelo: orçamento de caixa – Rusty Spears, presidente da Rusty's Renovations, uma empresa de construção personalizada e reparos, está preparando a documentação para um pedido de linha de crédito para seu banco. Dentre os documentos necessários está uma projeção de vendas detalhada para períodos de 2014 e 2015:

	VENDAS	MÃO DE OBRA E MATÉRIA-PRIMA
Maio 2014	$ 60.000	$ 75.000
Junho	100.000	90.000
Julho	130.000	95.000
Agosto	120.000	70.000
Setembro	100.000	60.000
Outubro	80.000	50.000
Novembro	60.000	20.000
Dezembro	40.000	20.000
Janeiro 2015	30.000	NA

As estimativas obtidas do departamento de crédito e cobrança são as seguintes: cobranças dentro do mês da venda, 15%; cobranças durante o mês seguinte ao mês da venda, 65%; cobranças no segundo mês seguinte à venda, 20%. Os pagamentos da mão de obra e das matérias-primas são normalmente feitos durante o mês seguinte àquele em que os custos foram incorridos. Os custos totais de mão de obra e matérias-primas estão estimados para cada mês conforme mostrado na tabela.

Salários gerais e administrativos serão de aproximadamente $ 15.000 por mês; pagamentos de contratos de arrendamento de longo prazo, de $ 5.000 por mês; despesas de depreciação, de $ 7.500 por mês; despesas diversas serão de $ 2.000 por mês; pagamentos de imposto de renda de $ 25.000 serão devidos em setembro e dezembro; e um pagamento parcelado de $ 80.000 de um novo estúdio de design deve ser pago em outubro. O caixa disponível em 1º de julho será de $ 60.000, e um saldo de caixa mínimo de $ 40.000 será mantido durante o período do orçamento de caixa.

a. Prepare um orçamento de caixa mensal para os últimos seis meses de 2014.

b. Prepare uma estimativa do financiamento necessário (ou fundos excedentes) – ou seja, o montante que a Rusty's precisará pedir emprestado (ou terá disponível para investir) – para cada mês durante o referido período.

c. Suponhamos que os recebimentos dos pagamentos das vendas ocorram de forma uniforme durante o mês (ou seja, as entradas de caixa ocorram na taxa de 1/30 por dia), mas que todas as saídas sejam pagas no 5º dia do mês. Isso terá um efeito sobre o orçamento de caixa? Em outras palavras, o orçamento de caixa que você preparou será válido com essas premissas? Se negativo, o que pode ser feito para realizar uma estimativa válida das necessidades de financiamento de pico? Não são necessários cálculos, embora eles possam ser usados para ilustrar os efeitos.

d. A Rusty's produz sazonalmente, antes das vendas. Sem fazer cálculos, indique como os índices de liquidez corrente e de endividamento da empresa variariam durante o ano, presumindo que todas as necessidades financeiras foram satisfeitas por meio de empréstimos bancários de curto prazo. As mudanças nesses índices poderiam afetar a capacidade da empresa para obter crédito bancário?

e. Se os clientes começassem a pagar com atraso, isso causaria uma lentidão nos recebimentos e, consequentemente, aumentaria o valor de empréstimo necessário. Além disso, se as vendas caíssem, isso teria um efeito sobre o valor do empréstimo necessário. Realize uma análise de sensibilidade que mostre os efeitos desses dois fatores sobre a necessidade máxima de empréstimo.

Estudo de caso

Karen Johnson, diretora-executiva financeira da Racours Roasters (RR), uma fabricante de café especialziada, está re-prensando a política do capital de giro de sua empresa em decorrência de um susto recente que ela enfrentou quando o banqueiro corporativo da RR, citando uma restrição de crédito nacional, recusou-se a renovar a linha de crédito da empresa. Sem a linha de crédito renovada, a RR não poderia efetuar pagamentos, potencialmente forçando o fechamento da empresa. Embora a linha de crédito tenha sido, enfim, renovada, o susto forçou Johnson a examinar cuidadosamente cada componente do capital de giro da RR para certificar-se de que era necessário, com o objetivo de determinar se a linha de crédito poderia ser eliminada por completo. Além de (possivelmente) libertar a RR da necessidade de uma linha crédito, Johnson está bem ciente de que reduzir o capital de giro também agrega valor a uma empresa melhorando seu valor econômico agregado (EVA). Em seu curso de finanças corporativas, Johnson aprendeu que o EVA é obtido tomando o lucro operacional líquido após impostos (NOPAT) e, em seguida, subtraindo o custo em dólares do capital que a empresa utiliza:

$$EVA = NOPAT - \text{Custos de capital}$$
$$= EBIT(1 - T) - CMPC \text{ (Total do capital empresado)}$$

Se o EVA for positivo, a administração da empresa estará criando valor. Entretanto, se o EVA for negativo, a empresa não estará cobrindo seu custo de capital, e o valor dos acionistas estará corroído. Se a RR pudesse gerar seu nível atual de vendas com menos ativos, ela precisaria de menos capital. Isso, mantendo os outros itens constantes, reduziria os custos de capital e aumentaria seu EVA.

Historicamente, a RR fez pouco para examinar o capital de giro, sobretudo por causa da má comunicação entre as funções comerciais. No passado, o gerente de produção resistiu aos esforços de Johnson para questionar suas posses de matérias--prima, o gerente de marketing resistiu às perguntas sobre os bens finalizados, a equipe de vendas resistiu às perguntas sobre a política de crédito (que afeta as contas a receber) e o tesoureiro não quis falar sobre os balanços do caixa e dos títulos. Entretanto, com o recente susto com o crédito, a resistência tornou-se inaceitável e Johnson submeteu a empresa a um exame completo do caixa, títulos comerciáveis, estoque e níveis das contas a receber.

Johnson também sabe que as decisões sobre o capital de giro não podem ser feitas em vão. Por exemplo, se os estoques pudessem ser reduzidos, o dólar do custo do capital declinaria, e o EVA aumentaria. No entanto, um nível mais baixo de estoques de matéria-prima pode levar a gargalos de produção e custos mais altos, e níveis mais baixos de estoques de produtos acabados podem levar à falta de stoque e à perda de vendas lucrativas. Portanto, antes de qualquer alteração nos estoques, será necessário analisar os efeitos operacionais e financeiros. A situação é a mesma com relação ao caixa e às contas a receber. Johnson começou sua investigação coletando os índices mostrados a seguir. (O orçamento de caixa parcial mostrado após os índices é usado mais tarde neste estudo de caso.)

a.   Johnson planeja usar os índices anteriores como ponto de partida para discussões com os executivos de operações da RR. Ela quer que todos pensem sobre os prós e contras de mudar cada tipo de ativo circulante e como as mudanças interagiriam para afetar os lucros e o EVA. Com base nos dados, parece que a RR está seguindo uma política de capital de giro flexível, moderada ou restritiva?

b.   Como se pode distinguir entre uma política de capital de giro flexível, porém racional, e uma situação em que a empresa simplesmente tem excesso de ativos circulantes porque é ineficiente? A política de capital de giro da RR parece adequada?

c.   Calcule o ciclo de conversão de caixa da empresa considerando que as vendas anuais são de $ 660.000 e o custo das mercadorias vendidas representa 90% das vendas. Considere um ano de 365 dias.

d.   O que a RR poderia fazer para reduzir seu caixa sem prejudicar as operações?

e.   Na tentativa de entender melhor a posição de caixa da RR, Johnson desenvolveu um orçamento de caixa para os primeiros dois meses do ano. Ela já tem os valores dos outros meses, mas eles não são mostrados. A despesa de depreciação deve ser explicitamente incluída no orçamento de caixa? Por quê?

f.   Em seu orçamento de caixa preliminar, Johnson presumiu que todas as vendas são recebidas e, portanto, a RR não possui dívidas incobráveis. Isso é real? Se não, como as dívidas incobráveis seriam tratadas para fins de orçamento de caixa? (*Dica*: Dívidas incobráveis afetarão os recebimentos, mas não as compras.)

g.   O orçamento de caixa de Johnson para o ano inteiro, embora não apresentado aqui, baseia-se fortemente em sua previsão de vendas mensais. As vendas devem ser extremamente baixas entre maio e setembro, mas, em seguida, aumentam drasticamente no outono e inverno. Novembro é normalmente o melhor mês da empresa, quando a RR envia sua mistura de café para a temporada de fim de ano. O orçamento de caixa previsto de Johnson indica que as retenções de caixa da empresa excederão o saldo de caixa-alvo todos os meses, exceto para outubro e novembro quando as remessas de mercadorias serão elevadas, mas os recebimentos não chegarão até mais tarde. Com base nos índices mostrados anteriormente, parece que o saldo de caixa-alvo da RR é adequado? Além da possibilidade de reduzir o saldo de caixa-alvo, quais são as ações que a RR deve tomar para melhorar suas políticas de gestão de caixa e como isso pode afetar o EVA?

h.   Que razões a RR pode ter para manter valores de caixa relativamente altos?

i.   Há alguma razão para pensar que a RR pode estar mantendo muito estoque? Em caso afirmativo, como isso afetaria o EVA e ROE?

j.   Johnson sabe que a RR vende nas mesmas condições de crédito que as outras empresas de seu setor. Use os índices apresentados anteriormente para explicar se os clientes da RR pagam mais ou menos rapidamente do que os de seus concorrentes. Se houver diferenças, isso sugere que a RR deve tornar sua política de crédito mais rigorosa ou flexível? Quais são as quatro variáveis que compõem a política de crédito da empresa e em que direção cada uma delas deve ser alterada pela RR?

l.   A RR enfrentará algum risco se tornar sua política de crédito mais rigorosa?

	RR	Indústria
Índice de liquidez corrente	1,75	2,25
Índice de liquidez seca	0,92	1,16
Total do passivo/ativo	58,76%	50,00%
Giro de caixa e títulos	16,67	22,22
Prazo de recebimento de vendas (ano de 365 dias)	45,63	32,00
Giro de estoque	10,80	20,00
Giro de ativos fixos	7,75	13,22
Giro de ativo total	2,60	3,00
Margem de lucro sobre vendas	2,07%	3,50%
Retorno sobre patrimônio líquido (ROE)	10,45%	21,00%
Período de diferimento de contas a pagar	30,00	33,00

	Orçamento de caixa (em milhares de dólares)	NOV.	DEZ.	JAN.	FEV.	MAR.	ABR.
	Previsão de vendas						
(1)	Vendas (bruto)	$ 71.218,00	$ 68.212,00	$ 65.213,00	$ 52.475,00	$ 42.909,00	$ 30.524,00
	Cobranças						
(2)	Durante o mês da venda:						
	(0,2)(0,98)(vendas do mês)			12.781,75	10.285,10		
(3)	Durante o primeiro mês após a venda: (0,7)(vendas do mês anterior)			47.748,40	45.649,10		
(4)	Durante o segundo mês após a venda: (0,1)(vendas de dois meses atrás)			7.121,80	6.821,20		
(5)	Total de cobranças (linhas 2 + 3 + 4)			$ 67.651,95	$ 62.755,40		
	Compras						
(6)	(0,85)(previsão de vendas dois meses a partir de agora)		$ 44.603,75	$ 36.472,65	$ 25.945,40		
	Pagamentos						
(7)	Pagamentos (atraso de um mês)			44.603,75	36.472,65		
(8)	Salários e ordenados			6.690,56	5.470,90		
(9)	Aluguel			2.500,00	2.500,00		
(10)	Impostos						
(11)	Total de pagamentos			$ 53.794,31	$ 44.443,55		
	NCFs						
(12)	Caixa disponível no início da previsão			$ 3.000,00			
(13)	NCF: Cob. - Pagtos. = Linha 5 - Linha 11			$ 13.857,64	$ 18.311,85		
(14)	NCF acum.: Anterior + NCF deste mês **Superávit de caixa (ou necessidade de empréstimo)**			$ 16.857,64	$ 35.169,49		
(15)	Saldo de caixa-alvo			1.500,00	1.500,00		
(16)	Caixa excedente ou empréstimo necessário			$ 15.357,64	$ 33.669,49		

m. Se a empresa reduzir seu DSO sem afetar seriamente as vendas, que efeito isso terá sobre sua posição de caixa (1) a curto prazo; e (2) a longo prazo? Explique em termos de orçamento de caixa e balancete. Que efeito isso deve ter sobre o EVA a longo prazo?

n. Além de melhorar a gestão de seus ativos circulantes, a RR também está analisando as formas de financiamento de seus ativos circulantes. É possível que a RR possa fazer um uso mais signioficativo dos acréscimos?

o. Suponha que a RR compre $ 200.000 (líquido) de materiais nas condições de faturamento para 30 dias com desconto de 1% para pagamento em até dez dias, mas poderá estender o pagamento para o 40° dia se optar por não aproveitar os descontos. Quanto crédito comercial livre a empresa pode obter de seus fornecedores de equipamentos, quanto crédito comercial de alto custo ela pode obter e qual é a taxa de juros nominal anual do crédito de alto custo? A RR deve aproveitar os descontos?

p. A RR tenta casar os vencimentos de seus ativos e passivos. Descreva como ela poderia adotar uma política de financiamento mais agressiva ou mais conservadora.

q. Quais são as vantagens e desvantagens do uso da dívida de curto prazo como fonte de financiamento?

r. Seria viável para a RR financiar com nota promissória?

Administração financeira multinacional*

No início dos anos 1600, o poeta inglês John Donne escreveu:

"Nenhum homem é uma ilha, Isolado em si mesmo.
Todo homem é um pedaço do continente, Uma parte da terra firme.
Se um torrão de terra for levado pelo mar, A Europa fica diminuída."

Donne estava escrevendo sobre a interconectividade da humanidade, porém essa passagem certamente também se aplica à economia global e finanças. As interconexões e o impacto de eventos aparentemente pequenos e não relacionados também são o coração do caos da teoria do efeito borboleta, no qual uma borboleta batendo asas no Brasil pode provocar uma tempestade tropical na Carolina do Norte.

O poema de Donne e o efeito borboleta não devem ser levados ao pé da letra, mas é tentador aplicá-los à crise da zona do Euro já que escrevemos isto em meados de 2012. Muitas economias europeias estão estagnadas, com alto índice de desemprego e baixo índice de crescimento. Ainda mais perturbador, os governos da Grécia e da Itália fizeram muitos empréstimos e devem muito aos índices do PIB: 160% da Grécia e 120% da Itália. Para colocar isto em perspectiva, o índice é de apenas 81% para a Alemanha. Muitos bancos europeus ainda estão sofrendo o colapso do mercado imobiliário de 2007 e a Espanha está buscando um resgate (talvez de aproximadamente €100 bilhões) para seus bancos.

Embora não seja o único motivo, a crise da zona do euro está, em parte, sofrendo as consequências da quebra de 2007 do mercado subprime norte-americano. A destruição global acarretada pela quebra dos mercados dos EUA foi certamente mais do que um bater de asas de uma borboleta, mas ilustra a interconectividade das economias mundiais e dos mercados financeiros. Concluindo o ciclo, a crise da zona do euro e seu impacto seguinte na economia norte-americana poderia ser o fator decisivo nas eleições presidenciais de 2012 dos EUA.

Tenha esses conceitos em mente durante a leitura do capítulo.

Os administradores de multinacionais precisam lidar com diversas questões inexistentes em uma empresa com atuação nacional. Neste capítulo, salientamos as principais diferenças entre atividades multinacionais e nacionais, além de discutirmos os efeitos dessas diferenças na administração financeira das empresas multinacionais.

---

* As edições anteriores deste capítulo tiveram a colaboração do professor Roy Crum, da University of Florida, e de Subu Venkataraman, da Morgan Stanley.

AVALIAÇÃO DE EMPRESAS EM UM CONTEXTO MUNDIAL

O valor intrínseco de uma empresa é determinado pelo tamanho, tempo e risco de seus fluxos de caixa livres (FCL) futuros esperados. Isso se aplica tanto às atividades internacionais quanto às nacionais, mas o FCL de uma atividade internacional é afetado pelas taxas de câmbio, diferenças culturais e pelo ambiente regulatório do país onde ocorrem. Além disso, o custo de capital pode ser afetado pelos mercados financeiros globais e pelo risco político.

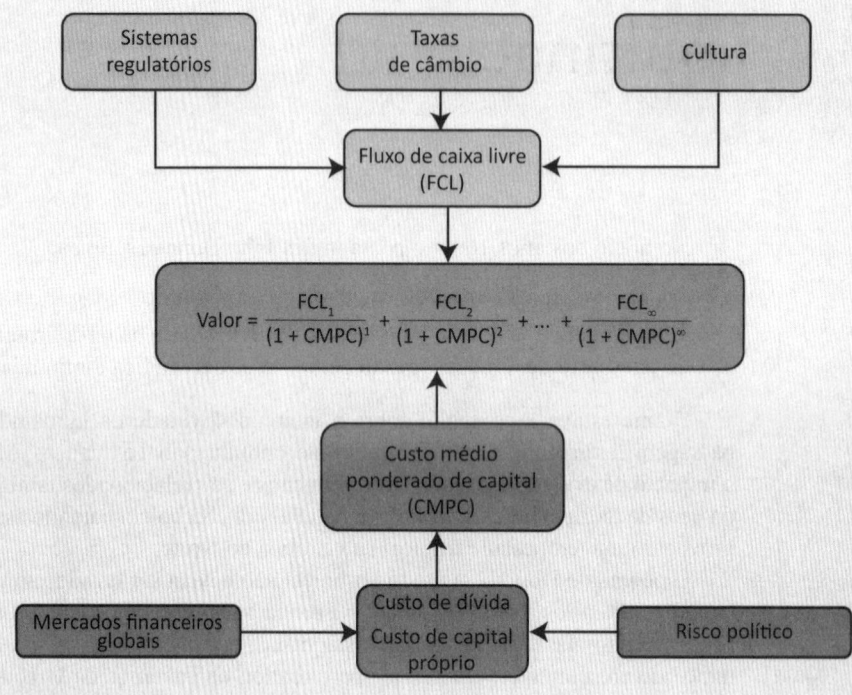

© Cengage Learning 2014

17-1   Empresas multinacionais ou globais

Os termos **empresa multinacional, empresa transnacional** e **empresa global** são utilizados para descrever empresas que atuam de modo integrado em vários países. Em vez de simplesmente adquirir recursos dos países estrangeiros e venderem mercadorias a eles, as empresas multinacionais, às vezes, fazem investimentos diretos em atividades integradas, desde a extração de matéria-prima até o processo de fabricação e distribuição aos consumidores do mundo todo. Atualmente, as redes de multinacionais controlam uma parte cada vez maior dos recursos tecnológicos, produtivos e de marketing.

As empresas "globalizam-se" por diversos motivos:

1. *Para expandir seus mercados.* Quando o mercado doméstico ficar saturado, as oportunidades de crescimento muitas vezes serão melhores nos mercados estrangeiros. Dessa forma, empresas nacionais, como o McDonald's e a Coca-Cola, estão tendo uma expansão agressiva para os mercados exteriores, e as empresas estrangeiras, como a Sony e a Toshiba, dominam o mercado de eletrônicos de consumo nos Estados Unidos.
2. *Para buscar matérias-primas.* Muitas empresas petroleiras dos Estados Unidos, como a ExxonMobil, têm importantes subsidiárias no mundo todo para garantir o acesso aos recursos básicos necessários para sustentar suas principais linhas de negócio.
3. *Para buscar nova tecnologia.* Nenhuma nação mantém vantagem de comando em todas as tecnologias; logo, as empresas estão correndo o mundo atrás de novas ideias e projetos científicos. Por exemplo, a

Xerox introduziu nos Estados Unidos mais de 80 copiadoras de escritório diferentes que foram projetadas e fabricadas por sua *joint venture* japonesa, a Fuji Xerox.

4. *Para buscar eficiência na produção.* As empresas em países de alto custo estão migrando a produção para regiões de baixo custo. Por exemplo, a GE possui fábricas de produção e montagem no México, na Coreia do Sul e em Cingapura, e até mesmo os fabricantes japoneses estão migrando parte de sua produção para os países com custo mais baixo na Costa do Pacífico.

5. *Para evitar barreiras políticas e regulatórias.* Por exemplo, quando a alemã BASF lançou a pesquisa biotecnológica em seu país, enfrentou desafios legais e políticos do movimento ecológico. Em resposta, a empresa transferiu sua pesquisa de câncer e sistema imunológico para dois laboratórios nos bairros residenciais de Boston. Esse local é atrativo não só por seu grande número de engenheiros e cientistas, mas também porque a região de Boston vem solucionando muitas polêmicas relacionadas à segurança, aos direitos dos animais e ao meio ambiente.

6. *Para diversificar.* Ao estabelecer instalações de produção e mercados mundiais, as empresas podem atenuar o impacto de tendências econômicas desfavoráveis em um único país. Em geral, a diversificação geográfica funciona pelo fato de os altos e baixos econômicos de países diferentes não estarem perfeitamente correlacionados.

A Figura 17-1 mostra o crescimento no emprego das empresas multinacionais dos EUA (MNCs). Observe o rápido crescimento entre 1988 e 2000, a queda no emprego durante o ano 2000 até 2003, e o aumento a partir de então. Observe também que praticamente todos os novos funcionários líquidos contratados após 2003 vieram de subsidiárias internacionais dessas empresas. Parte deste emprego plano nos Estados Unidos é devido aos ganhos de produtividade, com o mesmo número de funcionários produzindo mais bens e serviços. Porém, parte se deve ao crescimento nos mercados desenvolvidos, que possivelmente continuará no futuro previsível.

FIGURA 17-1

Emprego pelas empresas multinacionais dos EUA

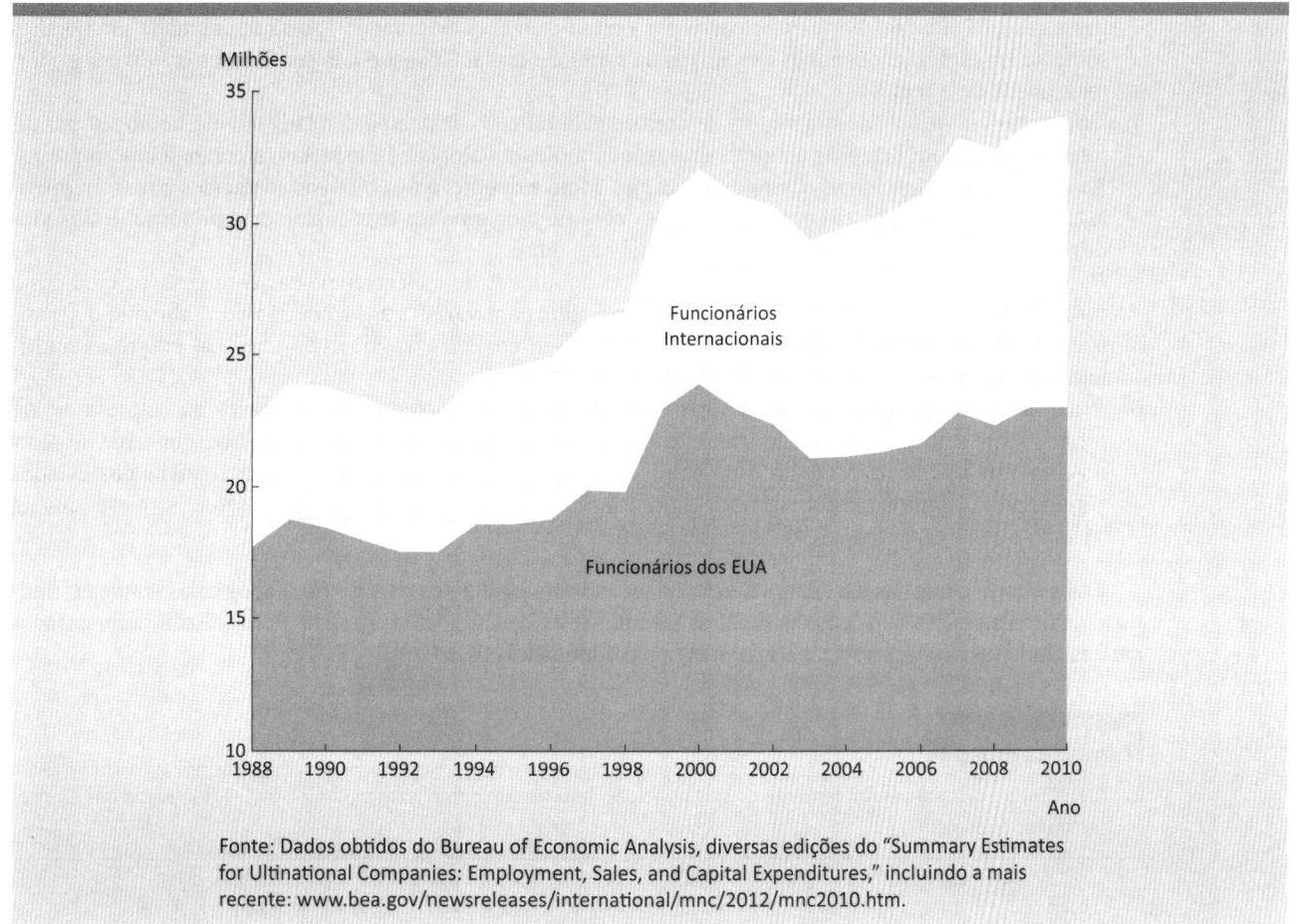

Fonte: Dados obtidos do Bureau of Economic Analysis, diversas edições do "Summary Estimates for Ultinational Companies: Employment, Sales, and Capital Expenditures," incluindo a mais recente: www.bea.gov/newsreleases/international/mnc/2012/mnc2010.htm.

Autoavaliação

1. O que é uma empresa multinacional?
2. Por que as empresas se "globalizam"?

17-2 Administração financeira multinacional *vs.* nacional

Teoricamente, os conceitos e procedimentos discutidos nos capítulos anteriores são válidos para atividades domésticas e multinacionais. Contudo, seis fatores principais distinguem a administração financeira em empresas que atuam totalmente dentro de um único país daquela realizada em empresas que têm atuação global:

1. *Denominações monetárias diferentes.* Fluxos de caixa em várias partes de um sistema de empresa multinacional serão denominados em moedas diferentes. Portanto, os efeitos das taxas de câmbio devem ser abordados em todas as análises financeiras.
2. *Ramificações econômicas e legais.* Cada país tem seus próprios sistemas econômicos e legais, cujas diferenças podem causar grandes problemas quando uma empresa tenta coordenar e controlar suas atividades mundiais. Por exemplo, diferenças nas leis tributárias entre os países podem fazer certa transação econômica após o pagamento de impostos ter consequências completamente diferentes, de acordo com o local onde ela ocorrer. Da mesma forma, as diferenças em sistemas legais dos países-sede, como o Direito Consuetudinário da Grã-Bretanha em relação ao Direito Civil francês, complicam questões que vão desde o simples registro de transações comerciais até o papel desempenhado pelo Judiciário na solução de conflitos. Essas diferenças podem limitar a flexibilidade de empresas multinacionais de distribuir recursos e, até mesmo, tornar os procedimentos obrigatórios em uma parte da empresa ilegais em outra parte dela. As diferenças também dificultam a transferência de executivos treinados de um país para outro.
3. *Diferenças de idioma.* A capacidade de comunicação é essencial em todas as transações de negócios, e, nesse caso, os cidadãos norte-americanos por vezes ficam em desvantagem, pois normalmente são fluentes somente em inglês, enquanto os executivos da Europa e do Japão costumam ser fluentes em diversos idiomas, incluindo o inglês.
4. *Diferenças culturais.* Mesmo dentro de regiões geográficas consideradas relativamente homogêneas, diferentes países têm heranças culturais únicas, que moldam valores e influenciam a conduta das empresas. As empresas multinacionais notam que questões como a definição de objetivos adequados para a empresa, as atitudes em relação a risco, as negociações com funcionários e a capacidade de diminuir as atividades desvantajosas variam drasticamente de um país para outro.
5. *Papel dos governos.* Em um país estrangeiro, as condições de concorrência das empresas, as medidas a serem tomadas ou evitadas e as condições comerciais para várias transações são normalmente determinadas não no mercado, mas por meio de negociação direta entre os governos-sede e as empresas multinacionais.
6. *Risco político.* Um país pode estabelecer restrições sobre a transferência de recursos da empresa ou até mesmo sobre a desapropriação de ativos dentro de suas fronteiras. Isso é o risco político, que varia de acordo com o país. Outro aspecto do risco político é o terrorismo contra empresas ou executivos dos Estados Unidos. Por exemplo, executivos norte-americanos e japoneses correm o risco de serem sequestrados no México e em diversos países da América do Sul.

Esses fatores complicam a administração financeira e aumentam os riscos enfrentados pelas empresas multinacionais. Porém, as perspectivas de altos retornos e os benefícios da diversificação tornam compensador para as empresas aceitar os riscos e aprender como administrá-los.

Autoavaliação

1. Identifique e discuta resumidamente os seis principais fatores que complicam a administração financeira nas empresas multinacionais.

17-3   Taxas de câmbio

As transações internacionais geralmente exigem que o comprador faça a conversão para a moeda do vendedor. Por exemplo, uma importadora de vinhos norte-americana da França pode ter de converter dólares em euros. Às vezes, o inverso ocorre. Por exemplo, a Arábia Saudita, membro da opec, recebe dólares pelo petróleo que vende, mas deve convertê-los para riais antes de gastá-los na Arábia Saudita. Do mesmo modo, o Irã exige que os países europeus e asiáticos paguem pelo petróleo em euros mesmo sua moeda sendo o rial. A menos que você comercie regularmente em moedas estrangeiras, a notação pode ser confusa, por isso partiremos daí.

17-3a Notação cambial estrangeira

Uma **taxa de câmbio** especifica o número de unidades de determinada moeda que pode ser adquirida com uma unidade de outra moeda. Isso parece simples, mas o que significa se você ver uma taxa de câmbio para dólares e euros postada a 1,25? Significa que 1 dólar compra 1,25 euro ou que 1 euro compra 1,25 dólar? Ou se você ver uma cotação da taxa de câmbio para dólares e o iene japonês de 80, o que significa?

Você não é o único com essas dúvidas, por isso a Organização Internacional para Padronização (ISO) definiu rótulos específicos para as moedas. Por exemplo, o dólar Americano é USD, o iene japonês é JPY e o euro é EUR. A maioria das fontes de cotações de taxa de câmbio, como o *The Wall Street Journal*, Reuters, Google Finance e Yahoo! Finance, reportaria a cotação como USD/JPY = 80.[1] Aqui está como interpreta essa cotação. Primeiro, *não* é o número de dólares por iene, como você poderia ser levado a pensar pela barra entre USD e JPY — na realidade, é o contrário!

A lógica é a seguinte. Suponha que você esteja fazendo negócios na Argentina e decidiu tomar uma boa garrafa de Malbec no jantar. Um de seus concorrentes do Japão também decide comprar a mesma garrafa. A cotação de USD/ JPY = 80 significa que seu concorrente precisaria gastar 80 ienes para cada dólar que você gastar. Em outras palavras, 1 dólar é 80 vezes mais valioso que 1 iene. Portanto, a cotação de USD/JPY mostra o valor relativo de um dólar para 1 iene. Se essa cotação fosse uma equação, você poderia fazer um pouco de álgebra e obter:

$$USD/JPY = 80$$
$$USD = 80\ JPY$$
$$\$\ 1,00 = ¥\ 80$$

Isso significa que 1 dólar vale 80 ienes por dólar. Apenas lembre-se que a "fração" na notação mostra os valores relativos das duas moedas e você poderá manter as taxas de câmbio inteiras. Por exemplo, a cotação de EUR/USD = 1,25 significa que o euro é 25% mais valioso que o dólar, logo 1 euro pode comprar 1,25 dólar.

Há dois outros conceitos importantes relacionados à notação, doméstico *versus* estrangeiro e direto *versus* indireto. Por exemplo, às vezes a imprensa financeira irá falar sobre uma moeda estrangeira e sobre a moeda doméstica (também chamada de moeda do país). Isso é bem simples — se você estiver nos Estados Unidos e assumir a perspectiva norte-americana, então o dólar americano é a moeda doméstica e todas as outras moedas são moedas estrangeiras. Em contrapartida, se você estiver na Índia e assumir a perspectiva local, a moeda doméstica é a rúpia.

Uma **cotação direta** reporta o número de unidades da moeda doméstica por unidade da moeda estrangeira. Se assumirmos a perspectiva dos EUA, a cotação EUR/USD = 1,25 é uma cotação direta porque mostra o número de dólares por euro. Quando não mostrada em tabelas, a imprensa financeira normalmente reporta uma cotação direta com um símbolo de dólar. Por exemplo, a imprensa reportaria "o euro esteve a $ 1,25".

Uma **cotação indireta** é o inverso de uma cotação direta e mostra o número da moeda estrangeira por unidade da moeda doméstica. Por exemplo, a cotação USD/JPY = 80 é uma cotação indireta a partir da perspectiva dos EUA. Quando não mostrada em tabelas, a imprensa financeira dos EUA normalmente reporta uma cotação indireta com o símbolo da moeda estrangeira. Por exemplo, a imprensa reportaria "o dólar esteve a ¥80".

Por consistência no decorrer deste capítulo, nós sempre assumiremos a perspectiva norte-americana. Um simples dispositivo mnemônico para ajudá-lo a lembrar é que uma cotação **D**ireta é ***Dólares por unidade da moeda estrangeira.***

---

[1] Algumas fontes relatam cotações um pouco diferentes. Por exemplo, www.boomberg.com relatou como USD-JPN. Outras fontes utilizam notações em moeda, como o CFA Institute, que relatou $:¥ = 80. Mas em todos os casos a notação mostra o valor da primeira moeda em relação à segunda moeda.

17-3b Conversão de moedas

A Tabela 17-1 reporta as taxas de câmbio recentes para diversas moedas. Os valores mostrados na Coluna 1 são cotações diretas e mostram o número de dólares americanos exigidos para adquirir uma unidade de uma moeda estrangeira. As taxas de câmbio na Coluna 2 são cotações indiretas.

As práticas normais nos centros de câmbio é utilizar cotações indiretas (Coluna 2) para todas as moedas exceto as libras esterlinas e os euros, para os quais as cotações diretas são dadas. Dessa forma, falamos de libra como "venda a 1,5819 dólares, ou a $ 1,5819", e do euro como "venda a $ 1,2780". Para todas as outras moedas, a convenção normal é usar cotações indiretas. Por exemplo, para o iene japonês, cotaríamos o dólar como "estando a ¥ 79,0100", onde o "¥" representa o *iene*. Essa convenção elimina a confusão na comparação de cotações de um centro de câmbio — digamos, Nova York — com as cotações de outro — Londres ou Zurique, por exemplo.

Podemos usar os dados da Tabela 17-1 para mostrar como se trabalha com taxas de câmbio. Suponha que uma turista voe de Nova York a Londres, depois para Paris e, de lá, para Genebra. Em seguida, visite Montreal e, finalmente, retorne a Nova York. Seu pacote turístico inclui hospedagem, alimentação e transporte, mas ela terá de arcar com todas as outras despesas. Quando chega ao Aeroporto de Heathrow, em Londres, ela vai ao banco verificar a cotação do câmbio. A taxa que a turista observa para o dólar americano é de $ 1,5819, o que significa que o número de dólares por libra. Resumindo sua situação, ela começa com dólares, vê a taxa de câmbio postada como dólares/libra e quer terminar com libras. Se ela trocar $ 3.000, quantas libras ela receberá?[2]

$$= \frac{\$ 3.000}{\$ 1,5819 \text{ por libra}} = £ 1.896,45$$

Então, ela passa uma semana de férias em Londres, ficando com £ 1.000.

Depois de pegar um trem pelo Canal da Mancha até a França, ela percebeu que precisa trocar as 1.000 libras que restaram por euros. Contudo, o que ela observa no quadro é a cotação direta de dólares por libra e a cotação direta de dólares por euro. A taxa de câmbio entre duas moedas, exceto dólar, é denominada **taxa cruzada**. As taxas cruzadas são, na realidade, calculadas com base em várias moedas em relação ao dólar norte-americano. Por exemplo, a taxa cruzada entre libras esterlinas e euro é calculada da seguinte maneira:

$$\frac{1,5819 \left(\frac{\text{dólares}}{\text{libras}} \right)}{1,2780 \left(\frac{\text{dólares}}{\text{euro}} \right)} = \left(\frac{1,5819}{1,2780} \right) \left(\frac{\text{dólares}}{\text{libras}} \right) \left(\frac{\text{euro}}{\text{dólares}} \right) = 1,2378 \text{ euro por libra}$$

Para cada libra esterlina, ela receberia 1,2378 euro:

$$(1.000 \text{ libras}) \left(\frac{1,2378 \text{ euro}}{\text{libras}} \right) = 1.237,8 \text{ euros}$$

Quando terminar a viagem na França e chegar a Genebra, ela terá 800 euros. Mais uma vez, precisará determinar uma taxa cruzada, desta vez entre euro e franco suíço. As cotações que ela vê, conforme a Tabela 17-1, é uma cotação direta para euros ($ 1,2780 dólar por euro) e uma cotação indireta para francos suíços (0,9398 franco suíço por dólar). Para encontrar a taxa cruzada para francos suíços por euro ela deve fazer o cálculo a seguir:

$$\left(\frac{0,9398 \text{ franco suíço}}{\text{dólar}} \right) \left(\frac{1,2780 \text{ dólar}}{\text{euro}} \right) = 1,2011 \text{ franco suíço por euro}$$

---

[2] Para uma rápida atualização em álgebra, reforçamos que:

$$\frac{aX}{b \left(\frac{X}{Y} \right)} = \left(\frac{a}{b} \right) \left[\frac{X}{\left(\frac{X}{Y} \right)} \right] = \left(\frac{a}{b} \right) \left(\frac{XY}{X} \right) = \left(\frac{a}{b} \right) Y:$$

Então, se a = 3.000, X= dólares; b = 1,5819, e Y = libras; então $\frac{aX}{b \left(\frac{X}{Y} \right)}$ = 1.896,45 libras.

TABELA 17-1
Taxas de câmbio selecionadas

	Cotação direta: Dólares norte-americanos necessários para comprar uma unidade de moeda estrangeira (1)	Cotação indireta: Número de unidades de moeda estrangeira por dólar norte-americano (2)
Dólar canadense	0,9783	1,0222
Iene japonês	0,0127	79,0100
Peso mexicano	0,0724	13,8139
Franco suíço	0,0640	0,9398
Libra esterlina (britânica)	1,5819	0,6322
Euro	1,2780	0,825

Observação: A imprensa financeira normalmente cota libra esterlina e euro como cotações diretas; logo, a Coluna 2 é igual a 1,0 dividido pela Coluna 1 para essas moedas. A imprensa financeira geralmente cota todas as outras moedas como cotações indiretas; logo, a Coluna 1 é igual a 1,0 dividido pela Coluna 2 para essas moedas.
Fonte: The Wall Street Journal, http://online.wsj.com; cotações de 18 de maio de 2012.

Portanto, para cada euro, ela receberia 1,2011 franco suíço; logo, receberia:

$$(800 \text{ euros}) \left(\frac{1,2011 \text{ franco suíço}}{\text{euro}} \right) = 960,88 \text{ francos suíços}$$

Sobraram-lhe 500 francos suíços quando saiu de Genebra e chegou a Montreal. Mais uma vez, é necessário determinar uma taxa cruzada, desta vez entre franco suíço e dólar canadense. As cotações que ela vê, conforme a Tabela 17-1, é uma cotação indireta para francos suíços (0,9398 franco suíço por dólar) e uma indireta para dólares canadenses (1,0222 dólar canadense por dólar americano). Para encontrar a taxa cruzada de dólares canadenses por franco suíço, ela deve fazer o cálculo a seguir:

$$\frac{1,0222 \left(\frac{\text{dólar canadense}}{\text{dólar americano}} \right)}{0,9398 \left(\frac{\text{franco suíço}}{\text{dólar americano}} \right)} = \left(\frac{1,0222}{0,9398} \right) \left(\frac{\text{dólar canadense}}{\text{dólar americano}} \right) \left(\frac{\text{dólar americano}}{\text{franco suíço}} \right)$$
$$= 1,0877 \text{ dólar canadense por franco suíço}$$

Portanto, ela receberia:

$$(500 \text{ francos suíços}) \left(\frac{1,0877 \text{ dólar canadense}}{\text{franco suíço}} \right) = 543,85 \text{ dólares canadenses}$$

Após sair de Montreal e chegar a Nova York, restaram 100 dólares canadenses. Ela vê a cotação indireta para os dólares canadenses de 1,0222 dólar canadense por dólar americano e converte esses 100 dólares canadenses em dólares americanos, da seguinte forma:

$$\frac{100 \text{ dólares canadenses}}{\left(1,0222 \left(\frac{\text{dólar canadense}}{\text{dólar americano}} \right) \right)} = \left(\frac{100}{1,0222} \right) (\text{dólar canadenses}) \left(\frac{\text{dólar americano}}{\text{dólar canadense}} \right)$$
$$= 97,83 \text{ dólares americanos}$$

Nesse exemplo, fizemos três suposições. Primeiro, presumimos que nossa viajante teve de calcular todas as taxas cruzadas. Para transações a varejo, por vezes as taxas cruzadas são exibidas diretamente, em vez de uma série de taxas de dólar. Segundo, presumimos que as taxas de câmbio devam permanecer constantes ao longo do tempo. Na prática, elas variam diariamente e, muitas vezes, a variação é grande. Trataremos mais sobre oscilações da taxa de câmbio na próxima seção. Por fim, pressupomos que não existiam custos de transações envolvidos no câmbio das moedas. Na realidade, pequenas transações de câmbio a varejo, como as de nosso exemplo, geralmente envolvem tarifas fixas e/ou escalonadas que podem consumir 5% ou mais da quantia da transação. Porém, as compras com cartão de crédito minimizam essas tarifas.

Importantes publicações na área de negócios, como *The Wall Street Journal*, e sites, como o **http://www. bloomberg.com**, regularmente trazem taxas cruzadas entre as principais moedas. Um conjunto de taxas cruzadas é dado na Tabela 17-2. Ao examinar a tabela, observe os seguintes pontos:

1. A Coluna 1 informa cotações indiretas de dólares — ou seja, unidades de uma moeda estrangeira que podem ser compradas com um dólar americano. Exemplos: $ 1 comprará 0,7825 euro ou 0,9398 franco suíço. Isso está em consonância com a Tabela 17-1, Coluna 2.
2. As outras colunas mostram a quantidade de unidades de outras moedas que pode ser comprada com uma libra, um franco suíço etc. Por exemplo, a coluna de euros mostra que 1 euro comprará 1,3064 dólar canadense, 100,9748 ienes japoneses ou 1,2780 dólar americano.
3. As linhas indicam cotações diretas — ou seja, o número de unidades da moeda do país listado na coluna da esquerda necessário para comprar uma unidade da moeda listada na linha superior. A última linha tem uma importância especial para as empresas norte-americanas, pois mostra as cotações diretas para o dólar americano. Essa linha está em consonância com a Coluna 1 da Tabela 17-1.
4. Observe que os valores na última linha da Tabela 17-2 são recíprocos aos valores correspondentes na primeira coluna. Por exemplo, a linha do Reino Unido na primeira coluna mostra 0,6322 libra por dólar, e a coluna da libra, na última linha, indica 1/0,6322 = 1,5819 dólar por libra.
5. Ao ler a coluna do euro, é possível ver que 1 euro vale 1,2011 franco suíço. Essa é a mesma taxa cruzada que calculamos para a turista norte-americana em nosso exemplo.

A ligação com o dólar garante que todas as moedas sejam relacionadas umas com as outras de maneira consistente. Se essa consistência não existisse, os operadores de câmbio lucrariam ao comprar moedas subvalorizadas e vender moedas supervalorizadas. Esse processo, conhecido como *arbitragem,* traz um equilíbrio onde existir o mesmo relacionamento descrito anteriormente. Operadores de câmbio estão constantemente atuando no mercado e buscando pequenas inconsistências com as quais possam lucrar. A existência desses operadores nos possibilita supor que os mercados de câmbio estão em equilíbrio e, a qualquer tempo, taxas cruzadas estão todas internamente consistentes.[3]

TABELA 17-2
Taxas cruzadas das principais moedas

	DÓLAR (1)	EURO (2)	LIBRA (3)	FRANCO SUÍÇO (4)	PESO (5)	IENE (6)	DÓLAR CANADENSE (7)
Canadá	1,0222	1,3064	1,6170	1,0877	0,0740	0,0129	–
Japão	79,0100	100,9748	124,9859	84,0711	5,7196	–	77,2941
México	13,8139	17,6542	21,8522	14,6988	–	0,1748	13,5139
Suíça	0,9398	1,2011	1,4867	–	0,0680	0,0119	0,9194
Reino Unido	0,6322	0,8079	–	0,6726	0,0458	0,0080	0,6184
Euro	0,7825	–	1,2378	0,8326	0,0566	0,0099	0,7655
Estados Unidos	–	1,2780	1,5819	1,0641	0,0724	0,0127	0,9783

Fonte: Originados da Tabela 17-1; cotações para 18 de maio de 2012.

---

[3] Para obter mais abordagens sobre taxas de câmbio, veja Jongmoo Jay Choi e Anita Mehra Prasad, "Exchange Risk Sensitivity and Its Determinants: A Firm and Industry Analysis of U.S. Multinationals", *Financial Management,* outono de 1995, p. 77-88; Jerry A. Hammer, "Hedging Performance and Hedging Objectives: Tests of New Performance Measures in the Foreign Currency Market", *Journal of Financial Research,* inverno de 1990, p. 307-323; e William C. Hunter e Stephen G. Timme, "A Stochastic Dominance Approach to Evaluating Foreign Exchange Hedging Strategies", *Financial Management,* outono de 1992, p.104-112.

Autoavaliação

1. O que é taxa de câmbio?
2. Explique a diferença entre cotações diretas e indiretas.
3. O que é taxa cruzada?
4. Suponha que a cotação indireta seja de 10 pesos mexicanos por dólar norte-americano. Qual é a cotação direta para dólares por peso? **(0,10 dólar/peso)**
5. Suponha que a cotação indireta seja de 115 ienes japoneses por dólar norte-americano e a direta seja de 1,25 dólar norte-americano por euro. Qual é a taxa de câmbio de iene por euro? **(143,75 ienes por euro)**

17-4 Taxas de câmbio e comércio internacional

A demanda de moedas, da mesma forma que a demanda por bens de consumo, como peças de vestuário da Tommy Hilfiger e tênis da Nike, muda com o passar do tempo. Um fator que afeta a demanda de moedas é a balança comercial entre dois países. Por exemplo, os importadores dos Estados Unidos devem comprar ienes para pagar as mercadorias japonesas, ao passo que os importadores japoneses precisam comprar dólares norte--americanos para comprar mercadorias estadunidenses. Se as importações que os EUA fizerem do Japão excederem as exportações dos EUA para o Japão, os Estados Unidos terão um **déficit na balança comercial** com o Japão, e haverá uma demanda maior por ienes do que por dólares. As movimentações de capital também afetam a demanda de moedas. Por exemplo, suponha que as taxas de juros nos Estados Unidos fossem mais altas que as do Japão. Para aproveitar as altas taxas de juros nos Estados Unidos, bancos, empresas e pessoas sofisticadas do Japão comprariam dólares com ienes e utilizariam esses dólares para comprar títulos norte-americanos de alta rentabilidade. Isso criaria uma demanda maior por dólares do que por ienes.

Sem nenhuma intervenção do governo, os preços relativos do iene e do dólar oscilariam em resposta às variações na oferta e demanda praticamente da mesma forma que os preços dos bens de consumo oscilam. Por exemplo, se os consumidores norte-americanos aumentassem a demanda por produtos eletrônicos japoneses, o consequente aumento na demanda por ienes faria o valor do iene aumentar em relação ao dólar. Nessa situação, o iene forte seria por conta das forças econômicas fundamentais.

Contudo, os governos podem intervir e, de fato, intervêm. O banco central de um país pode sustentar sua moeda artificialmente, utilizando suas reservas de ouro ou moedas estrangeiras para comprar sua própria moeda no mercado aberto. Isso cria uma demanda artificial por sua própria moeda, fazendo, assim, seu valor subir artificialmente. O banco central também pode manter o valor de sua moeda baixo de forma artificial, vendendo sua própria moeda nos mercados abertos. Isso aumenta a oferta da moeda, reduzindo seu preço.

Por que uma moeda artificialmente baixa pode causar problemas? Afinal, uma moeda barata favorece as compras das mercadorias do país por países estrangeiros, criando empregos no país exportador. Contudo, uma moeda com valor artificialmente baixo aumenta o custo das importações, o que eleva a inflação. Além disso, os altos preços de importação possibilitam que os produtores nacionais também elevem seus preços, aumentando ainda mais a inflação. A intervenção governamental que gera o valor artificialmente baixo também contribui para a inflação: quando um governo emite moeda para ser vendida nos mercados abertos, a oferta de dinheiro aumenta e, mantendo-se constantes todos os fatores, o aumento da oferta de dinheiro resulta em ainda mais inflação. Assim, manter o valor de uma moeda baixo artificialmente estimula as exportações, mas acarreta a possibilidade de superaquecimento e inflação da economia. Além disso, outros países – cujas economias estão se enfraquecendo, pois seus produtores não conseguem competir com preços artificialmente baixos – podem retaliar e impor tarifas ou outras restrições para o país que mantém o valor de sua moeda baixo.

Por exemplo, durante muitos anos, a China manteve o valor do yuan (também conhecido como renminbi) baixo de forma artificial. Isso ajudou a transformar a China no maior exportador do mundo e deu um grande estímulo à sua economia. Contudo, em 2004, a economia chinesa estava crescendo a uma taxa alta e insustentável, com a inflação subindo rapidamente. Os Estados Unidos e outros países insistiram para que o governo chinês permitisse que o yuan subisse, ajudando, assim, às suas economias por conta da desaceleração das exportações chinesas e do estímulo de suas exportações para a China. Em 21 de julho de 2005, o governo chinês anunciou repentinamente que mudaria a taxa de câmbio para permitir um aumento de 2,1% no valor do yuan. O governo chinês continuou a permitir que o yuan fosse valorizado aos poucos, e agora (maio de 2012) representa cerca de 0,1576 dólar/yuan *versus* 0,1217 dólar/yuan em junho de 2005. Repare que, em decorrência dessa mudança, ficou mais barato para os chineses comprarem dos EUA (um yuan agora compra mais dólares), e mais caro para os norte-americanos comprarem da China.

Uma moeda que estiver artificialmente alta traz os efeitos contrários: a inflação permanecerá baixa e os cidadãos poderão comprar produtos importados a preços nacionais baixos; contudo, a exportação será prejudicada, uma vez que os setores nacionais competem com importações mais baratas. Já que há relativamente pouca demanda externa da moeda, o governo precisará criar demanda comprando sua própria moeda, pagando com ouro ou moedas estrangeiras mantidas por seu banco central. Ao longo do tempo, sustentar uma moeda inflacionada pode esgotar as reservas de ouro e moedas estrangeiras, inviabilizando que a moeda continue a ser sustentada.

As seções a seguir descrevem como os governos lidam com as mudanças nas demandas de moedas.

Autoavaliação

1. Qual é o efeito de uma taxa de câmbio artificialmente baixa na economia de um país? E o de uma taxa de câmbio artificialmente alta?

17-5 Sistema monetário internacional e políticas de taxa de câmbio

Todo país tem um sistema monetário e uma autoridade monetária. Nos Estados Unidos, o Banco Central norte-americano é a autoridade monetária, cuja tarefa é manter a inflação baixa ao mesmo tempo em que promove o crescimento econômico e aumenta o padrão de vida nacional. Além disso, se os países devem negociar uns com os outros, devemos ter algum tipo de sistema destinado a facilitar pagamentos entre os países. O sistema monetário internacional é um modelo em que as taxas de câmbio são determinadas. Conforme descrevemos nesta seção, há diversas políticas diferentes utilizadas pelos países para determinar as taxas de câmbio.[4]

17-5a Uma pequena aula de história: Sistema Bretton Woods com taxa de câmbio fixa

Desde o final da Segunda Guerra Mundial até agosto de 1971, a maior parte do mundo industrializado operou sob o **sistema de taxa de câmbio fixa** de Bretton Woods administrado pelo Fundo Monetário Internacional (FMI). Nesse sistema, o dólar norte-americano era vinculado ao ouro ($ 35 por onça – cerca de 30 g), e outras moedas eram vinculadas ao dólar. Os Estados Unidos tomaram medidas para manter o preço do ouro a $ 35 por onça, e os bancos centrais agiram para manter as taxas de câmbio entre outras moedas e o dólar dentro de limites estreitos. Por exemplo, quando a demanda por libras esterlinas estava caindo, o Bank of England intervinha e comprava grandes quantidades dessa moeda para elevar o preço dela, oferecendo em troca ouro ou moedas internacionais. Por outro lado, quando a demanda por libras estava muito alta, o Bank of England vendia essas moedas por dólares ou ouro. O Banco Central dos Estados Unidos tinha essas mesmas funções e os bancos centrais dos outros países atuavam de maneira semelhante. Essas medidas equilibravam artificialmente a oferta e a demanda, estabilizando as taxas de câmbio, mas não resolviam o desequilíbrio subjacente. Por exemplo, se a alta demanda por libras ocorreu porque a produtividade e a qualidade das mercadorias britânicas aumentaram, a demanda subjacente por libras continuaria mesmo com uma intervenção do banco central. Nessa situação, o Bank of England precisaria vender libras continuamente. Se o banco central parasse de vender libras, seu valor aumentaria; ou seja, a libra se fortaleceria e excederia os limites acordados.

Muitos países encontraram dificuldades econômicas para manter as taxas de câmbio fixas exigidas pelo Bretton Woods. O sistema começou a cair em agosto de 1971 e foi completamente abandonado no fim de 1973. As seções a seguir descrevem diversos sistemas de taxas de câmbio modernos.

---

[4] Para obter um histórico mais abrangente do sistema monetário internacional e os detalhes de como ele evoluiu, veja um dos diversos livros de economia sobre o assunto, como Robert Carbaugh, *International Economics*, 14ª ed. (Mason, OH: South-Western Cengage Learning, 2012); Mordechai Kreinin, *International Economics: A Policy Approach,* 10ª ed. (Mason, OH: Thomson/South-Western, 2006); Jeff Madura, *International Financial Management* 11ª ed. (Mason, OH: Thomson/South-Western, 2012); e Joseph P. Daniels e David D. Van Hoose, *International Monetary and Financial Economics,* 3ª ed. (Mason, OH: South-Western, 2005).

17-5b Taxas de câmbio flutuantes livres ou independentes

No início da década de 1970, o dólar norte-americano foi desvinculado do padrão ouro e, na prática, podia "flutuar" em resposta à oferta e à demanda decorrentes do comércio internacional e das atividades de investimento internacional. A Figura 17-2 mostra o valor do dólar americano em relação às oito moedas principais desde que sua flutuação foi permitida. Houve alguns picos quando a demanda pelo dólar era alta (como em meados de1980 e no início dos anos 2000), mas a tendência geral esteve baixa. Quando escrevemos isto em meados de 2012, o dólar estava em baixa. Isso era bom para as exportações, mas péssimo para os consumidores norte-americanos.

De acordo com o FMI, hoje cerca de 42 países atuam no sistema de **taxas de câmbio flutuantes**, em que os preços das moedas podem buscar seus próprios níveis, com pouca intervenção do banco central somente para nivelar as flutuações extremas das taxas de câmbio. O FMI informa que cerca de 31 moedas possuem taxas de câmbio flutuantes livres, ou independentes, entre as quais se destacam o dólar, euro, libra e iene.

Apreciação e depreciação da moeda

A apreciação da moeda ocorre quando uma moeda ganha valor relativo à outra moeda — em outras palavras, a moeda apreciada pode comprar mais da outra moeda do que poderia antes da apreciação. Por exemplo, suponha que a taxa de câmbio da moeda seja EUR/USD = 1,25, que significa que 1 euro pode comprar 1,25 dólar. Suponha que o euro aprecia 20% em relação ao dólar. Nesse caso, o euro poderia comparar 20% mais dólares, portanto a nova taxa de câmbio seria EUR/USD = 1,25(1 + 0,20) = 1,50, que significa que o euro pode comprar 1,50 dólar.

É fácil se perder com os cálculos das taxas de apreciação, por isso aqui estão algumas sugestões. Observe que duas moedas estão envolvidas (euros e dólar) e o euro é a única apreciada. Isso significa que precisamos expressar a taxa de câmbio original como o número de dólares por euro para encontrarmos o número de dólares por euro após a apreciação.

FIGURA 17-2

Índice do dólar americano *versus* as oito moedas principais

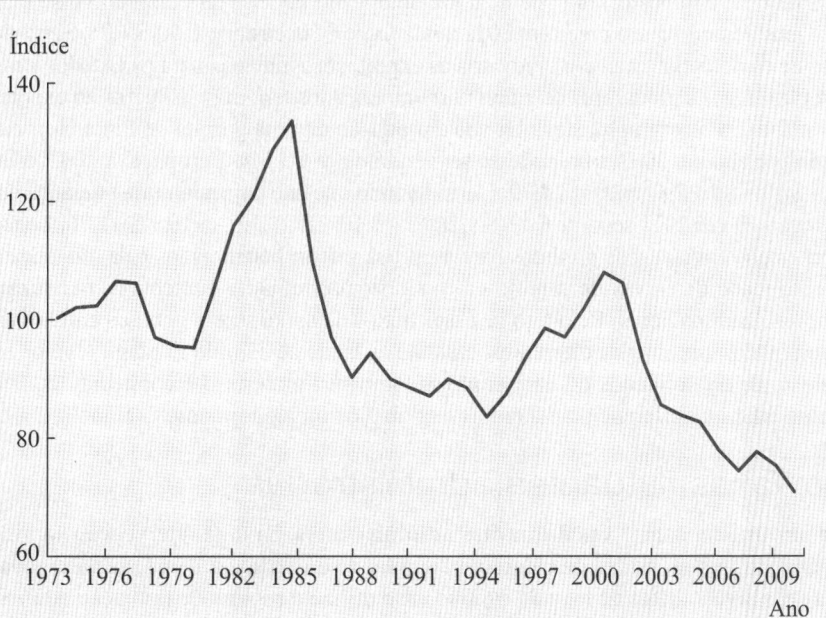

Fonte: Dados obtidos da Banco Central de St. Louis. O Banco Central define o índice como "Médias dos valores diários. Uma média ponderada do valor do câmbio estrangeiro do dólar americano em relação ao subconjunto do índice amplo de moedas que circulam em grande escala fora do país em questão. O principal índice cambial inclui a área do euro, Canadá, Japão, Reino Unido, Suíça, Austrália e Suécia". Consulte http://research.stlouisfed.org/fred2/series/TWEXMANL?cid=105.

Para aplicar essas sugestões, considere uma situação em que o dólar aprecia 10% *versus* o euro. Isso significa que agora o dólar pode comprar 10% mais euros, portanto precisamos expressar a taxa de câmbio como o número de euros que podem ser comprados por 1 dólar. Não podemos utilizar a cotação direta de $ 1,25 (que é EUR/USD = 1,25) porque ela representa o número de dólares que podem ser comprados por 1 euro. Em vez disso, precisamos encontrar a cotação indireta, que é 1/(1,25): USD/EUR = 1/1,25 = 0,80, o número de euros que 1 dólar pode comprar. Agora aplicamos a taxa de apreciação de 10% e obtemos a nova taxa de câmbio de USD/EUR = 0,80(1 + 0,10) = 0,88, que significa que 0,88 euros podem ser comprados por $ 1.

A **depreciação da moeda** ocorre quando uma moeda perde o valor relativo a outra moeda — a moeda depreciada agora compra menos da outra moeda do que poderia antes da depreciação. Por exemplo, suponha que o dólar deprecie 10% com relação ao peso mexicano. Queremos começar com o número de pesos que 1 dólar poderia comprar antes da depreciação, portanto esta é a cotação indireta. Suponha que a taxa de câmbio seja USD/MXN = 10, que é o número de pesos que podem ser comprados por 1 dólar. A taxa de câmbio após a depreciação do dólar é USD/MXN = 10(1 – 0,10) = 9. Logo, o dólar só pode comprar 10% menos (9 pesos) do que poderia antes da depreciação.

Talvez contrário à intuição, o percentual que uma moeda aprecia com relação à segunda moeda normalmente não é o mesmo que o percentual que a segunda moeda deprecia com relação à primeira moeda. Para ver isso, considere o primeiro exemplo em que o euro é apreciado em 20% em relação ao dólar, com a taxa de câmbio alterando de EUR/USD = 1,25 para 1,50. Calculemos por quanto o dólar depreciou em relação ao euro. Comece encontrando as taxas indiretas: 1/1,25 = 0,80 e 1/15 = 0,6667. Isso significa que o dólar poderia comprar 0,80 euro antes de o dólar depreciar, e 0,6667 euro após sua depreciação, por uma alteração de 16,67%: (0,80 – 0,6667)/0,80 = 0,1667 = 16,67%. Isso mostra que o euro apreciou em 20% e o dólar depreciou em 16,67%. Como esse exemplo mostra, é preciso ser muito cuidadoso durante a análise da apreciação ou depreciação da moeda.

Risco cambial

As flutuações das taxas de câmbio podem ter um impacto intenso nos lucros e no comércio. Por exemplo, em 2002, a taxa de câmbio do euro era de aproximadamente $ 0,87 (ou seja, 0,87 dólar por euro). Em 2012, a taxa de câmbio era de aproximadamente $ 1,28. Considere o impacto que isso gera nos lucros e no comércio. Por exemplo, um objeto de vidro soprado da ilha italiana de Murano custava em torno de € 50, em 2002. Desconsiderando os custos de frete e impostos, um cliente norte-americano poderia ter comprado esse vidro por € 50($ 0,87/€) = $ 43,50. Considerando que o preço em 2012 ainda fosse € 50, custaria € 50($ 1,28/€) = $ 64,00. Assim, a mudança nas taxas de câmbio claramente prejudicaria as exportações italianas para os Estados Unidos.

Por outro lado, os produtores de vinho norte-americanos teriam mais lucros ao exportar para a Itália em 2012 do que em 2002. Por exemplo, suponha que a produção de uma garrafa de Pinot Noir custasse $ 10 para um vinhedo californiano em 2002, mas pudesse ser vendido por € 17 na Europa. Em 2002, o lucro teria sido de € 17($ 0,87/€) – $ 10 = $ 14,79 – $ 10 = $ 4,79. Considerando que não haja nenhuma mudança nos custos de produção, o lucro por garrafa em 2012 seria de € 17($ 1,28/€) – $ 10 = $ 21,76 – $ 10 = $ 11,76. Logo, os exportadores norte-americanos que enviam seus produtos para a Europa seriam beneficiados pela mudança nas taxas de câmbio.

A volatilidade das taxas de câmbio em um sistema flutuante aumenta a incerteza dos fluxos de caixa de uma empresa multinacional. Pelo fato de esses fluxos de caixa serem gerados em muitas partes do mundo, eles são denominados em moedas diferentes. Quando as taxas de câmbio mudam, o valor equivalente ao dólar dos fluxos de caixa consolidados de uma empresa também flutua. Isso é conhecido como **risco cambial** e é um importante fator que diferencia uma empresa global de uma puramente nacional.

17-5c Taxas flutuantes administradas

Em um sistema com **taxas flutuantes administradas**, há uma intervenção significativa por parte do governo para administrar a taxa de câmbio manipulando a oferta e a demanda da moeda. O governo raramente revelará seus níveis ideais de taxa de câmbio caso utilize o regime de flutuação administrada, pois isso facilitaria muito que os especuladores do câmbio lucrassem. De acordo com o FMI, cerca de 48 países possuem um sistema com taxas flutuantes administradas, incluindo Colômbia, Índia, Cingapura e Burundi.

17-5d Taxas de câmbio atreladas

Em um sistema com **taxas de câmbio atreladas**, um país "atrela" a taxa de câmbio de sua moeda à outra moeda ou cesta de moedas. É comum um país com uma taxa de câmbio atrelada permitir que sua moeda varie dentro dos limites ou faixas especificados (normalmente definidos em ±1% da taxa ideal) antes que intervenha para forçar a moeda a voltar aos limites. Alguns exemplos em que uma moeda está atrelada à de outro país: o ngultrum do Butão, que está atrelado à rúpia indiana; a libra das Malvinas, que está atrelada à libra esterlina; e o dólar de Barbados, atrelado ao dólar norte-americano. Um exemplo de moeda atrelada a uma cesta é a China, cujo yuan não está mais atrelado ao dólar norte-americano, mas a uma cesta de moedas. O governo chinês não revela exatamente quais as moedas que constituem a cesta, mas o dólar norte-americano, o euro, o iene e o won sul-coreano certamente fazem parte dela.

Desvalorização e reavaliação da moeda

Conforme indicamos anteriormente, os países com taxas de câmbio atreladas estabelecem uma taxa de câmbio fixa com alguma moeda importante ou cesta de moedas. Quando um governo reduz sua taxa de câmbio ideal fixa, o resultado é uma **desvalorização** da moeda. Caso a taxa aumente, haverá uma **valorização** da moeda. Por exemplo, de 1991 até o início de 2002, a Argentina possuía uma taxa de câmbio fixa de 1 peso por dólar norte-americano. As importações estavam em alta e as exportações, por sua vez, em baixa; e o governo argentino precisou comprar quantidades gigantescas de peso para manter essa taxa de câmbio artificialmente alta. O governo tomou empréstimos expressivos para financiar essas compras e acabou por não conseguir sustentar o peso. (Inclusive o governo inadimpliu parte de suas obrigações.) Consequentemente, teve de desvalorizar o peso para 1,4 peso por dólar no início de 2002. Repare que isso enfraqueceu o peso: antes da desvalorização, 1 peso compraria 1 dólar; porém, depois, 1 peso compraria somente 71 centavos (1,4 peso por dólar = 1,14 = 0,71 dólar por peso). A desvalorização reduziu os preços das mercadorias argentinas no mercado mundial, o que ajudou os exportadores, mas o preço das mercadorias importadas cresceu, inclusive o petróleo. O impacto inicial na economia argentina foi grave, e o desemprego cresceu nos setores que não são exportadores. O problema se agravou pelo fato de muitas empresas e pessoas argentinas terem incorrido em dívidas denominadas em dólares, cujo serviço ficou muito mais caro em um instante. Contudo, a economia melhorou aos poucos, com a ajuda do aumento nas exportações, turismo e taxas de emprego. Ainda assim, o problema inicial causado pela desvalorização ajuda a explicar por que muitos países com taxas de câmbio fixas tendem a adiar a tomada de medidas necessárias até que a pressão econômica chegue a níveis explosivos.

Considerando a despesa de manter uma taxa de câmbio artificialmente alta e a dificuldade de grandes desvalorizações, muitos países que possuíam taxas de câmbio atreladas agora permitem que suas moedas flutuem. Por exemplo, o México possuía uma taxa de câmbio atrelada antes de 1994, mas ela esgotou suas reservas de moedas estrangeiras na tentativa de sustentar o peso, obrigando à desvalorização deste. A moeda do México agora flutua da mesma forma que a da Argentina.

Títulos conversíveis *versus* não conversíveis

Uma taxa de câmbio atrelada não necessariamente impede o investimento direto no país pelas empresas estrangeiras – contanto que o banco central do governo local sustente a moeda e a probabilidade de desvalorizações seja baixa. Isso normalmente ocorria na época do Bretton Woods; então, essas moedas eram consideradas **conversíveis**, pois o país que as emitia permitia que elas fossem negociadas nos mercados cambiais e estava disposto a resgatá-las às taxas de mercado, e isso também ocorre atualmente em todas as moedas com taxa flutuante, que são conhecidas como **moedas fortes**, por conta de sua conversibilidade. Algumas moedas atreladas são ao menos parcialmente conversíveis, já que seus bancos centrais as resgatam às taxas de mercado em determinadas condições.

Contudo, alguns países estabelecem suas taxas de câmbio, mas não permitem que suas moedas sejam negociadas em mercados mundiais. Por exemplo, permite-se que o yuan chinês flutue dentro de uma banda bastante estreita em relação a uma cesta de títulos. Todavia, o yuan pode ser utilizado legalmente e trocado somente dentro da China. Além disso, o governo chinês impõe restrições aos moradores e não moradores quanto à conversão de seus yuans em outra moeda. Assim, o yuan é uma **moeda não conversível**, também conhecida como **moeda fraca**. Quando as taxas de câmbio oficiais forem diferentes das "taxas de mercado" ou quando houver restrições quanto à conversibilidade, normalmente surgirá o mercado negro. Por exemplo, no início de 2012, a taxa de câmbio oficial da Venezuela era de aproximadamente 4,3 bolívares por dólar, mas estima-se que os preços do mercado negro giravam em torno de 8,3.

Uma moeda inconversível gera problemas para as empresas estrangeiras que planejam fazer investimentos diretos. Considere a situação que a Pizza Hut enfrentou quando quis abrir uma cadeia de restaurantes na ex-União Soviética. O rublo russo não era conversível, de modo que a Pizza Hut não podia retirar os lucros de seus restaurantes na União Soviética na forma de dólares. Não havia mecanismo para trocar os rublos que ela ganhava na Rússia por dólares; portanto, o investimento na União Soviética era basicamente sem valor para uma companhia dos Estados Unidos. Contudo, a Pizza Hut conseguiu usar o lucro dos restaurantes em rublos para comprar vodca russa, que ela enviou para os Estados Unidos e vendeu em dólares. A empresa conseguiu encontrar uma solução, mas a impossibilidade de conversão interfere significativamente na capacidade de um país de atrair investimento estrangeiro.

17-5e Sem moeda local

Alguns países não possuem suas próprias moedas correntes independentes; em vez disso, utilizam a moeda de outro país. Por exemplo, o Equador utiliza o dólar norte-americano desde setembro de 2000. Outros países pertencem a uma união monetária, como os 17 que constituíam a União Monetária Europeia em 2012, cuja moeda, o euro, pode flutuar. Por outro lado, os países-membros da União Monetária do Caribe Oriental, da União Econômica e Monetária do Oeste Africano (WAEMU) e da Comunidade Econômica e Monetária da África Central (CAEMC) utilizam a moeda de suas respectivas comunidades, que é atrelada a outra moeda. Por exemplo, o dólar do Caribe Oriental está atrelado ao dólar norte-americano, e o franco CFA (utilizado pela WAEMU e CAEMC) está atrelado ao euro.[5]

Autoavaliação

1. Qual é a diferença entre um sistema de taxa de câmbio fixa e um sistema de taxa flutuante?
2. O que são taxas de câmbio atreladas?
3. O que significa dizer que o dólar está depreciado em relação ao euro?
4. O que é uma moeda conversível?

17-6   Negociação de câmbio

Importadores, exportadores, turistas e governos compram e vendem moedas no mercado de câmbio. Por exemplo, quando um comerciante dos Estados Unidos importa automóveis do Japão, o pagamento provavelmente é feito em ienes japoneses. O importador compra iene (por intermédio de seu banco) no mercado de câmbio, assim como se compram ações ordinárias na Bolsa de Valores de Nova York ou toucinho na Bolsa Mercantil de Chicago. Contudo, enquanto as bolsas de valores e as de mercadorias dispõem de pregões organizados para negociações, o mercado de câmbio é composto por uma rede de corretores e bancos sediados em Nova York, Londres, Tóquio e outros centros financeiros. A maior parte das ordens de compra e de venda é conduzida por computador e pelo telefone.

17-6a Taxas de câmbio à vista e taxas de câmbio a prazo

As taxas de câmbio mostradas anteriormente nas Tabelas 17-1 e 17-2 são conhecidas como **taxas de câmbio à vista**, o que significa que a taxa é paga para entrega da moeda "à vista" ou, na realidade, em no máximo dois dias após o dia da negociação. Quanto à maioria das principais moedas do mundo, também é possível comprá-las (ou vendê-las) para entrega em alguma data futura acordada, geralmente 30, 90 ou 180 dias contados a partir do dia em que a transação foi negociada. Essa taxa é conhecida como **taxa de câmbio a prazo**.

Por exemplo, suponha que uma empresa norte-americana deva pagar 500 milhões de ienes para uma empresa japonesa em 30 dias e a atual taxa de câmbio à vista seja de 79,0100 ienes por dólar. Caso as taxas de câmbio à vista fiquem constantes, a empresa norte-americana pagará à japonesa o equivalente a $ 6,328 milhões (500 milhões de ienes divididos por 79,0100 ienes por dólar) em 30 dias. Mas, digamos que a taxa de câmbio à vista caia para 72 ienes por dólar. Nesse caso, a empresa norte-americana terá de pagar o equivalente a $ 5/(72 ¥/$) = $ 6,944 milhões. Se a taxa de câmbio à vista subir para 87, a empresa pagará somente $ 5/(87 ¥/$) = $ 5.747 milhões. O tesoureiro da empresa norte-americana pode evitar esse risco aderindo a um contrato de câmbio a prazo para 30 dias. Esse contrato promete a entrega de ienes para a empresa norte-americana em 30 dias a um

---

[5] Alguns países, como Bósnia e Herzegovina, possuem acordos de comitês monetários. Nesse sistema, um país tecnicamente possui sua própria moeda, mas compromete-se a trocá-la por uma unidade de dinheiro estrangeiro específica a uma taxa de câmbio fixa. Isso exige a imposição de restrições à moeda nacional, a menos que possua reservas de moeda estrangeira para cobrir as trocas solicitadas.

preço garantido de 78,9900 ienes por dólar. Nenhum dinheiro muda de mãos no momento em que o tesoureiro assina o contrato a prazo, embora a empresa dos Estados Unidos tivesse de dar alguma caução como garantia contra a inadimplência. Porém, pelo fato de a empresa poder usar um instrumento que rende juros como garantia essa exigência não é custosa. A contraparte do contrato a prazo deve entregar os ienes para a empresa norte-americana em 30 dias, e a empresa dos Estados Unidos é obrigada a comprar os 500 milhões de ienes à taxa previamente acordada de 78,9900 ienes por dólar. Portanto, o tesoureiro da empresa norte-americana pode garantir um pagamento equivalente a $ 6,330 milhões = (¥ 500 milhões)/(78,9900 ¥/$), não importando o que aconteça às taxas à vista. Essa técnica é denominada *hedge*.

As taxas a prazo para entrega em 30, 90 e 180 dias, além das taxas à vista atuais de algumas moedas geralmente negociadas, são informadas na Tabela 17-3. Se for possível obter *mais* da moeda estrangeira por um dólar no mercado a prazo do que à vista, a moeda a prazo tem menos valor do que a moeda à vista, e a moeda a prazo será vendida com **desconto**. Ou seja, caso espere que a moeda estrangeira desvalorize (com base nas taxas a prazo), a moeda a prazo estará com desconto. Por outro lado, já que um dólar compraria *menos* ienes e francos no mercado a prazo do que no mercado à vista, os ienes e francos a prazo serão vendidos com **prêmio**.

Autoavaliação

1. Qual é a diferença entre taxas de câmbio à vista e a prazo?
2. Explique o que significa quando uma moeda a prazo é vendida com desconto e com prêmio.

TABELA 17-3
Taxas de câmbio à vista e a prazo selecionadas, cotação indireta: número de unidades de moeda estrangeira por dólar norte-americano

		TAXAS A PRAZO[a]			TAXA A PRAZO COM PRÊMIO OU DESCONTO[b]
	TAXA À VISTA	90 DIAS	180 DIAS	180 DIAS	
Grã-Bretanha (Libra)	0,6322	0,6323	0,6325	0,6328	Prêmio
Canadá (Dólar)	1,0160	1,0200	1,0200	1,0300	Prêmio
Japão (Iene)	79,0100	78,9900	78,9400	78,8000	Prêmio
Suíça (Franco)	0,9398	0,9394	0,9384	0,9363	Prêmio

[a] Estas são cotações representativas fornecidas por uma amostra de bancos de Nova York. As taxas a prazo para outras moedas e com outros períodos de duração, muitas vezes, podem ser negociadas.
[b] Quando são necessárias mais unidades de uma moeda estrangeira para comprar um dólar no futuro, o valor da moeda estrangeira é menor no mercado de câmbio a prazo que no mercado de câmbio à vista; logo, a taxa de câmbio a prazo tem um desconto em relação à taxa de câmbio à vista. Quando são necessárias menos unidades de moeda estrangeira para comprar um dólar no futuro, a taxa a prazo está com *prêmio*.
Fonte: The Wall Street Journal, http://online.wsj.com; cotações para 18 de maio de 2012.

17-7   Paridade da taxa de juros

As forças de mercado determinam se uma moeda a prazo venderá com prêmio ou desconto, e a relação geral entre as taxas de câmbio à vista e a prazo é especificada por um conceito denominado "paridade da taxa de juros".

Paridade da taxa de juros significa que os investidores devem esperar o mesmo retorno sobre investimentos em títulos em todos os países após o ajuste com base no risco. Ela estabelece que, ao investir em um país que não seja aquele onde se vive, você é afetado por duas forças – os retornos sobre o investimento em si e as mudanças da taxa de câmbio. Conclui-se que seu retorno geral será maior do que o retorno determinado do investimento caso a moeda em que seu investimento está denominado seja valorizada em relação à moeda nacional. Da mesma forma, seu retorno geral será menor se a moeda estrangeira em que você recebe desvalorizar.

Para ilustrar a paridade da taxa de juros, considere o caso de um investidor norte-americano que pode comprar títulos de dívida suíços de 180 dias livres de inadimplência, que prometem um retorno nominal de 4% por ano. A taxa de juros estrangeira (suíça) de 180 dias, r_f, é 4% ÷ 2 = 2%, pois o período de 180 dias representa metade de um ano de 360 dias. Suponha, também, que a cotação indireta para a taxa de câmbio à vista seja de 0,9398 franco suíço por dólar, conforme informado na Tabela 17-3. Por fim, suponha que a taxa de câmbio a prazo de 180 dias seja de 0,9363 franco suíço por dólar, o que significa que o investidor pode trocar 1 dólar por 0,9363 franco suíço em 180 dias.

O investidor norte-americano pode ter um retorno anualizado de 4% denominado em francos suíços, mas, se quiser, posteriormente, consumir produtos nos Estados Unidos, os francos deverão ser convertidos em dólares. O retorno em dólar sobre o investimento depende, portanto, do que acontece às taxas de câmbio durante os seis meses seguintes. Contudo, o investidor pode garantir o retorno em dólar vendendo a moeda estrangeira no mercado de câmbio a prazo. Por exemplo, o investidor poderia, simultaneamente:

1. Converter $1.000 em 939,80 francos suíços no mercado de câmbio à vista: $ 1.000 (0,9398 francos suíços por dólar) = 939,80 francos suíços.
2. Investir os francos suíços em um título suíço de 180 dias que possui um retorno anual de 4%, ou um retorno semestral de 2%. O investimento pagará 939,80(1,02) = 958,60 francos suíços em 180 dias.
3. Concordar em trocar os francos suíços em 180 dias à taxa de câmbio a prazo de 0,9363 franco suíço por dólar, totalizando (958,60 francos suíços) ÷ (0,9363 franco suíço por dólar) = $ 1.023,51.

Logo, esse investimento tem um retorno esperado em dólares de $ 23,82/$ 1.000 = 2,382% em 180 dias, que se traduz em um retorno nominal anual de 2(2,382%) = 4,764%. Nesse caso, 4% do retorno esperado de 4,764% provêm do próprio título e 0,764% surge pelo fato de o mercado acreditar que o franco suíço se fortalecerá em relação ao dólar. Observe que, travando hoje a taxa de câmbio a prazo, o investidor eliminou todo o risco cambial. E, como o título suíço é considerado livre de inadimplemento, o investidor tem a certeza de obter uma taxa de retorno anual de 4,764%, em dólar.

A paridade da taxa de juros sugere que um investimento nos Estados Unidos, com o mesmo risco que um título suíço, deve ter um retorno de 4,764%. Quando expressamos as taxas de juros como taxas periódicas, podemos expressar a paridade da taxa de juros pela equação a seguir (adiante neste capítulo, utilizaremos uma versão um pouco diferente da paridade da taxa de juros ao considerarmos fluxos de caixas para diversos anos):

$$\frac{\text{Taxa de câmbio a prazo}}{\text{Taxa de câmbio à vista}} = \frac{1 + r_h}{1 + r_f} \qquad \text{(17-1)}$$

Aqui, r_h é a taxa de juros periódica no país onde se vive, r_f é a taxa de juros periódica no país estrangeiro e as taxas de câmbio à vista e a prazo estão expressas como cotações diretas (ou seja, dólares por moeda estrangeira).

Utilizando a Tabela 17-3, a cotação direta à vista é 1,06406 dólar por franco suíço = (1/0,9398 franco suíço por dólar) e a cotação direta a prazo de 180 dias é 1,06803 = (1/0,9363). Utilizando a Equação 17-1, podemos obter a taxa nacional, r_h:

$$\frac{\text{Taxa de câmbio a prazo}}{\text{Taxa de câmbio à vista}} = \frac{1 + r_h}{1 + r_f} = \frac{1 + r_h}{1 + 0,02} = \frac{1,06803}{1,06406} \qquad \text{(17-1a)}$$

$$1 + r_h = \left(\frac{1,06803}{1,06406}\right)(1 + 0,02) = 1,023806$$

A taxa de juros periódica nacional é de 2,3806%, e a taxa de juros nacional anualizada é de (2,3806%)(2) = 4,761%, o mesmo valor que encontramos anteriormente, exceto uma pequena diferença por conta dos arredondamentos.

Depois de contabilizar as taxas de câmbio, a paridade da taxa de juros demonstra que os títulos nacionais e internacionais devem ter a mesma taxa de retorno real na moeda do investidor. Nesse exemplo, o título norte-americano deve render 4,761% para gerar o mesmo retorno do título suíço de 4%. Se um título gerar um retorno maior, os investidores venderão seus títulos com retorno baixo e buscarão o título com retornos altos. Isso fará o preço do título com retorno baixo cair (o que aumenta seu rendimento) e o preço do título com retornos altos aumentar (o que diminui seu rendimento). Esses efeitos continuarão até os títulos terem os mesmos retornos novamente, depois de contabilizar as taxas de câmbio.

Ou seja, a paridade da taxa de juros sugere que um investimento nos Estados Unidos, com o mesmo risco que um título suíço, deve ter um retorno em dólar de 4,761%. Solucionando r_h na Equação 17-1, verificamos que a taxa de juros prevista nos Estados Unidos é de 4,761%, o mesmo retorno, exceto uma pequena diferença por conta dos arredondamentos.

A paridade da taxa de juros mostra por que determinada moeda pode estar com um prêmio ou desconto para entrega a prazo. Observe que uma moeda estará com prêmio para entrega a prazo quando as taxas de juros nacionais estiverem mais altas que as taxas de juros no exterior. Os descontos prevalecem se as taxas de juros nacionais forem menores que as taxas de juros no exterior. Se essas condições não se mantiverem, a arbitragem logo forçará as taxas de juros e as taxas de câmbio a retornarem à paridade.

Autoavaliação

1. O que é a paridade da taxa de juros?
2. Suponha que a paridade da taxa de juros se mantenha. Quando uma moeda for trocada a prazo com prêmio, o que isso significa quanto às taxas de juros nacionais em relação às estrangeiras?
3. O que significa quando uma moeda é trocada a prazo com desconto?
4. Suponha que os títulos norte-americanos de 90 dias tenham uma taxa de juros anualizada de 4,5%, enquanto os títulos suíços de 90 dias possuem uma taxa de juros anualizada de 5%. No mercado à vista, 1 dólar norte-americano pode ser trocado por 1,2 franco suíço. Caso a paridade da taxa de juros se mantenha, qual é a taxa a prazo de 90 dias entre o dólar e o franco suíço? **(0,8323 $/SFr ou 1,2015 SFr/$)**
5. Com base na resposta à pergunta anterior, o franco suíço será vendido com prêmio ou desconto na data futura? **(desconto)**

17-8 Paridade do poder de compra

Discutimos as taxas de câmbio com certo detalhamento e consideramos a relação entre taxas de câmbio à vista e taxas de câmbio a prazo. Porém, ainda não abordamos a questão fundamental: o que determina o nível das taxas de câmbio à vista em cada país? Enquanto as taxas de câmbio são influenciadas por uma imensidão de fatores difíceis de prever, principalmente em uma base diária, as forças de mercado em longo prazo trabalham para garantir que produtos semelhantes sejam vendidos a preços semelhantes em diferentes países, após considerar as taxas de câmbio. Essa relação é conhecida como "paridade do poder de compra".

A paridade do poder de compra (PPP), também conhecida como *lei do preço único,* sugere que o nível das taxas de câmbio e preços se ajustará de modo que produtos idênticos tenham o mesmo valor em países diferentes. Por exemplo, se um par de tênis custar $ 150 nos Estados Unidos e 100 libras na Grã-Bretanha, a PPP sugere que a taxa de câmbio deva ser de $ 1,50 por libra. Os consumidores poderiam comprar um par de tênis, na Grã-Bretanha, por 100 libras ou trocar suas 100 libras por $ 150 e comprar o mesmo tênis nos Estados Unidos ao mesmo custo efetivo (supondo que não haja nenhum custo de transação ou de transporte). A seguir, apresentamos a equação da paridade do poder de compra:

$$P_h = (P_f)(\text{Taxa à vista}) \qquad \textbf{(17-2)}$$

ou

$$\text{Taxa à vista} = \frac{P_h}{P_f} \qquad \textbf{(17-3)}$$

Em que:

$P_h =$ Preço da mercadoria no país onde se vive ($ 150 em nosso exemplo, considerando que moramos nos Estados Unidos).

$P_f =$ Preço da mercadoria no país estrangeiro (100 libras).

Observe que a taxa de câmbio do mercado à vista é expressa como o número de unidades da moeda nacional que pode ser trocado por uma unidade da moeda estrangeira ($ 1,50 por libra).

A paridade do poder de compra pressupõe que as forças de mercado eliminarão as situações em que o mesmo produto é vendido a um preço diferente no exterior. Por exemplo, se o tênis custasse $ 140 nos Estados Unidos, os importadores/exportadores poderiam comprá-lo nos EUA por $ 140, vendê-los por 100 libras na Grã-Bretanha, trocar essas 100 libras por $ 150 no mercado cambial e lucrar $ 10 em cada par de tênis. Essa atividade de comércio acabaria por aumentar a demanda de tênis nos Estados Unidos e o P_h, faria a oferta de tênis na Grã-Bretanha crescer e, com isso, reduziria o P_f e elevaria a demanda por dólares no mercado cambial, reduzindo, assim, a taxa de câmbio à vista. Cada uma dessas ações trabalha para restabelecer a PPP.

Observe que a PPP pressupõe a ausência de custos de transporte ou de transação ou de restrições de importação que limitem a possibilidade de embarque de produtos entre os países. Em muitos casos, essas suposições são incorretas, o que explica por que a PPP é frequentemente infringida. Mais um problema para os testes empíricos do teorema da PPP é que os produtos raramente são idênticos em países diferentes. Muitas vezes, há diferenças reais ou visíveis em qualidade, que podem conduzir a diferenças de preço. Há diferenças frequentemente reais ou percebidas na qualidade que pode levar às diferenças de preço em países diferentes.

Além disso, os conceitos de paridade de taxa de juros e paridade de poder de compra são muito importantes para os envolvidos em atividades internacionais. As empresas e investidores precisam prever as mudanças das taxas de juros, inflação e taxas de câmbio e frequentemente tentam cobrir os riscos de movimentações adversas nesses fatores. As relações de paridade são extremamente úteis quando se preveem as condições futuras.

Autoavaliação

1. O que significa paridade do poder de compra?
2. Um computador é vendido por 1.500 dólares norte-americanos. No mercado à vista, $ 1 = 115 ienes japoneses. Caso a paridade do poder de compra se mantenha, qual deveria ser o preço (em ienes) do mesmo computador no Japão? (¥ 172.500)

17-9   Inflação, taxas de juros e taxas de câmbio

As taxas de inflação relativas ou taxas de inflação em países estrangeiros, comparadas às nacionais, têm muitas consequências nas decisões financeiras multinacionais. Obviamente, as taxas de inflação relativas terão grande influência nos futuros custos de produção nacional e externa. Igualmente importante, a inflação tem uma influência dominante sobre as taxas de juros e as taxas de câmbio relativas. Ambos os fatores influenciam as decisões das empresas multinacionais relacionadas ao financiamento de seus investimentos estrangeiros e têm um efeito importante na lucratividade desses investimentos.

As moedas de países com taxas de inflação mais altas que as dos Estados Unidos, por definição, *depreciam* com o tempo em relação ao dólar. Entre os países onde isso tem ocorrido estão o México e todos os países da América do Sul. Por outro lado, as moedas da Suíça e do Japão, que sofreram menos inflação que os Estados Unidos, vêm se *valorizando* em relação ao dólar. Uma *moeda estrangeira vai, em média, depreciar ou valorizar em relação ao dólar norte-americano a uma taxa porcentual aproximadamente igual à quantia pela qual sua taxa de inflação excede a taxa dos Estados Unidos ou é menor que ela.*

As taxas relativas de inflação também afetam as taxas de juros. A taxa de juros em qualquer país é basicamente determinada por sua taxa de inflação. Assim, países que possuem taxas de inflação mais altas que os Estados Unidos também tendem a ter taxas de juros mais altas. O inverso se aplica a países com taxas de inflação mais baixas.

É tentador, para uma empresa multinacional, tomar empréstimos em países com taxas de juros mais baixas. Contudo, nem sempre essa é uma boa estratégia. Suponha, por exemplo, que as taxas de juros na Suíça sejam mais baixas que as dos Estados Unidos em virtude da taxa de inflação mais baixa daquele país. Logo, uma empresa multinacional norte-americana poderia economizar juros tomando empréstimos na Suíça. Porém, em razão das taxas de inflação relativas, o franco suíço provavelmente valorizará no futuro, fazendo o custo em dólar de pagamentos de juros anuais e do principal sobre a dívida suíça se elevar com o tempo. Assim, a *taxa de juros mais baixa seria mais que compensada pelas perdas decorrentes da valorização da moeda.* Do mesmo modo, as empresas multinacionais não deveriam necessariamente evitar tomar empréstimos em um país como o Brasil onde as taxas de juros vêm sendo muito altas, porque, com a futura depreciação do real, esse empréstimo poderia acabar sendo relativamente barato.

Louco por um Big Mac? Vá para a Malásia

A PPP sugere que o mesmo produto é vendido pelo mesmo preço em todos os países após o ajuste das taxas de câmbio correntes. Um problema ao tentar verificar se a PPP se mantém é que ela supõe que produtos consumidos em diferentes países tenham a mesma qualidade. Por exemplo, se você vir que um produto é mais caro na Suíça que no Canadá, uma explicação para isso é que a PPP não se mantém, mas outra é que o produto vendido na Suíça é de melhor qualidade e, assim, merece um preço mais alto.

Uma forma de testar a PPP é encontrar produtos que tenham a mesma qualidade no mundo todo. Com isso em mente, a revista *The Economist* eventualmente compara os preços de um produto muito conhecido e cuja qualidade é a mesma em quase 120 países diferentes: o Big Mac, do McDonald's.

No início de 2012, um Big Mac custava aproximadamente $ 4,20 nos Estados Unidos, mas poderia ser comprado por cerca de $ 2,11 na Ucrânia após converter os dólares em grívnias ucra-

nianas. A *The Economist* "retirou" a taxa de câmbio implicada pela relação de paridade do poder de compra e calculou que a grívnia estava subvalorizada em cerca de 50%. Em outras palavras, a grívnia teria de ser apreciada em relação ao dólar em cerca de 50% para que a relação PPP se mantivesse. Em outro extremo, um Big Mac é vendido pelo equivalente de $ 6,81 na Suíça e por quase o mesmo preço na Noruega. Se a relação PPP se mantiver, então essas moedas estão supervalorizadas em relação ao dólar em cerca de 60%.

Se a relação PPP se mantiver, então o teste do Big Mac sugere que há uma oportunidade para os investidores de lucrarem reduzindo o franco suíço e seguindo em direção à grívnia. Não sugerimos que você faça isso, mas recomendamos que evite Big Macs se for viajar para a Suíça.

Fonte: *The Economist*, edição on-line, www.economist.com/blogs/graphicdetail/2012/daily-chart-3.

Autoavaliação

1. Que efeitos as taxas de inflação relativas têm sobre as taxas de juros relativas?
2. O que acontece ao longo do tempo com as moedas de países com taxas de inflação mais altas que as dos Estados Unidos? E com as que têm taxas de inflação mais baixas?
3. Por que uma empresa multinacional deveria decidir tomar empréstimo em um país como o Brasil, onde as taxas de juros são altas, e não em um país como a Suíça, onde as taxas de juros são baixas?

17-10 Mercados internacionais monetários e de capitais

A partir da Segunda Guerra Mundial até a década de 1960, os mercados de capitais dos Estados Unidos dominaram os mercados mundiais. No entanto, atualmente, o valor dos títulos dos Estados Unidos representa menos de um quarto do valor de todos os títulos. Muitas empresas estão descobrindo que os mercados internacionais geralmente oferecem melhores oportunidades para aumentar ou investir no capital do que os disponíveis domesticamente. O crescimento dos mercados internacionais também abriu oportunidades para os investidores. Uma maneira de os cidadãos norte-americanos investirem nos mercados mundiais é comprar as ações de empresas multinacionais norte-americanas que investem diretamente nos países estrangeiros. Outra maneira é adquirir títulos estrangeiros – ações, obrigações ou instrumentos do mercado monetário emitidos por empresas estrangeiras. Os investimentos em títulos são conhecidos como *investimentos em carteira*, e diferem dos *investimentos diretos* nos ativos físicos pelas empresas dos EUA.

17-10a Mercado do Eurodólar

Um **eurodólar** é um dólar norte-americano depositado em um banco fora dos Estados Unidos. (Embora sejam chamados eurodólares por terem surgido na Europa, na realidade são todo e qualquer dólar depositado em qualquer parte do mundo fora dos Estados Unidos.) O banco em que o depósito é feito pode ser de fora dos Estados Unidos, como o Barclays Bank, em Londres; a filial no exterior de um banco norte-americano, como a filial do Citibank em Paris; ou até mesmo uma filial no exterior de um banco de outro país, como a filial do Barclays, em Munique. A maioria dos depósitos de eurodólares é de $ 500 mil ou mais, com vencimentos que vão desde 24 horas até cerca de um ano.

Facilitando as coisas nas negociações internacionais

O que o suborno e o abrigo tributário têm em comum? Os dois são alvo da regulamentação internacional.

Trinta e sete países assinaram a Organização para a Cooperação e o Desenvolvimento Econômico e a Convenção Contra a Corrupção. Isso exige que cada país aprove uma legislação que criminalize o suborno das empresas aos funcionários públicos. Os Estados Unidos, que assinaram a convenção, vêm sendo os mais ativos na luta contra os infratores. E o interessante é que essa luta não se limitou às empresas norte-americanas, mas se estendeu às empresas estrangeiras cujas ações estão registradas nos Estados Unidos. Por exemplo, a Statoil, empresa norueguesa, recebeu uma multa de $ 10,5 milhões, em 2006, por subornar funcionários públicos iranianos. As subsidiárias da Vetco International, cuja sede fica no Reino Unido, foram multadas em $ 26 milhões, em 2007, por subornar funcionários públicos nigerianos. A alemã Siemens detém o recorde pela maior multa já paga (2012), de mais de *$ 1,6 bilhão* aos órgãos reguladores dos Estados Unidos e da Alemanha.

Algumas das organizações internacionais que trabalham para reformar a tributação mundial e eliminar o abuso dos abrigos tributários são o *Joint International Tax Shelter Information Centre, o Seven Country Working Group e o Leeds Castle Group.* Entre suas metas estão o aumento da transparência, a eliminação da dupla tributação e a extinção dos paraísos fiscais. O que a reforma dos paraísos fiscais tem em comum com o fim da corrupção? Em princípio, esses dois problemas tiram a atenção das empresas das questões essenciais de suas atividades e ambos criam condições de concorrência desiguais, em que a oferta do melhor produto ao menor preço não é tão importante quanto as pessoas que você conhece (e suborna!) ou como seus advogados são espertos. Em contrapartida, esses problemas reduzem a transparência nos mercados de capitais, dificultando que os investidores identifiquem as melhores empresas. Quando os investidores não têm certeza sobre uma empresa, o custo de capital sobe. Assim, há uma ligação direta entre a transparência e a capacidade da empresa de levantar capital a um preço justo.

Fontes: Janet Kersnar, "View from Europe," *CFO*, jun. 2007, p. 25; e Kayleigh Karutis, "Global Norming," CFO, maio 2007, p. 22.

A principal diferença entre depósitos em eurodólar e os depósitos a prazo comuns nos Estados Unidos refere-se às suas localizações geográficas. Nenhum dos dois tipos de depósito envolve moedas diferentes – nos dois casos, os depósitos são feitos em dólares. No entanto, os eurodólares estão fora do controle direto das autoridades monetárias dos Estados Unidos. Assim, as regras bancárias norte-americanas, incluindo exigências de reserva e prêmios de seguro da FDIC, não se aplicam a eles. A ausência desses custos significa que a taxa de juros paga sobre depósitos em eurodólares pode ser mais alta que as taxas nacionais dos Estados Unidos sobre os instrumentos equivalentes.

O dólar é a principal moeda internacional. Todavia, a libra esterlina, o euro, o franco suíço, o iene japonês e outras moedas também são depositadas fora de seus países de origem; essas *euromoedas* são movimentadas exatamente da mesma forma que os eurodólares.

Os eurodólares são tomados emprestados por empresas norte-americanas e estrangeiras para vários fins, mas principalmente para pagar produtos importados dos Estados Unidos e para investir nos mercados de títulos desse país. Além disso, os dólares norte-americanos são utilizados como moeda internacional ou meio de câmbio, e muitos eurodólares também têm essa finalidade. Vale ressaltar que os eurodólares foram "inventados" pelos soviéticos, em 1946. Os comerciantes estrangeiros não confiavam nos soviéticos ou em seus rublos; assim, os soviéticos compravam alguns dólares (com ouro), depositavam-nos em um banco em Paris e os utilizavam para comprar produtos nos mercados mundiais. Outros já achavam conveniente utilizar os dólares da mesma forma, e logo o mercado de eurodólar estava em plena movimentação.

Os eurodólares geralmente são mantidos em contas que rendem juros. A taxa de juros paga sobre esses depósitos depende (1) da taxa de empréstimo do banco, uma vez que os juros obtidos pelo banco sobre empréstimos determinam sua disposição e possibilidade de pagar juros sobre depósitos; e (2) das taxas de retorno disponíveis sobre os instrumentos de mercado monetário dos Estados Unidos. Se as taxas do mercado monetário nos Estados Unidos estivessem acima das taxas de depósito em eurodólar, esses dólares seriam devolvidos e investidos no país, ao passo que, se as taxas de depósito em eurodólar estivessem expressivamente acima das taxas dos Estados Unidos, o que ocorre com mais frequência, mais dólares seriam enviados para fora do país para se tornarem eurodólares. Considerando a existência do mercado de eurodólar e do fluxo eletrônico de dólares para dentro e fora dos Estados Unidos, fica fácil ver por que as taxas de juros nesse país não podem ficar isoladas das taxas de juros das outras partes do mundo.

As taxas de juros sobre depósitos (e empréstimos) em eurodólar estão vinculadas a uma taxa padrão conhecida pela sigla **Libor,** que significa **Taxa Interbancária de Londres**. A Libor é a taxa de juros oferecida pelos bancos maiores e mais fortes de Londres sobre os depósitos em dólares de volume significativo. Em 24 de maio de 2012, as taxas Libor estavam um pouco acima das taxas bancárias nacionais dos Estados Unidos sobre os depósitos a prazo com os mesmos vencimentos – 0,30% para certificados de depósito de três meses *versus* 0,47% para certificados de depósito com Libor. O mercado de eurodólar é basicamente um mercado de curto prazo; a maioria dos empréstimos e depósitos tem um prazo inferior a um ano.

17-10b Mercados internacionais de títulos

Todo título vendido fora do país do tomador de empréstimo é chamado *título internacional.* Porém, há dois tipos importantes de títulos internacionais: os títulos estrangeiros e os eurobônus. Os **títulos estrangeiros** são vendidos por um tomador de empréstimo do exterior, mas denominados na moeda do país no qual a emissão é vendida. Por exemplo, a Northern Telcom (empresa canadense) pode necessitar de dólares norte-americanos para financiar as atividades de suas subsidiárias nos Estados Unidos. Se ela decidir levantar o capital necessário nos Estados Unidos, o título será subscrito por um sindicato de bancos de investimento daquele país, denominado em dólares norte-americanos e vendido a investidores nacionais, de acordo com os regulamentos da SEC e regulamentos estaduais aplicáveis. Exceto pela origem estrangeira do tomador de empréstimo, esse título será idêntico àqueles equivalentes, emitidos por empresas norte-americanas. Todavia, como a Northern Telcom é uma empresa estrangeira, o título seria um título estrangeiro. Além disso, já que ele é denominado em dólares e vendido nos Estados Unidos de acordo com as regulamentações da SEC, também é denominado **título Ianque**. Em contrapartida, se a Northern Telcom emitisse títulos no México denominados em pesos, eles seriam títulos estrangeiros, e não títulos Ianques.

Utiliza-se o termo **eurobônus** para indicar todo título emitido em um país, porém denominado na moeda de outro. Alguns exemplos são uma emissão da Ford Motor Company denominada em dólares e vendida na Alemanha, ou títulos de uma empresa britânica denominados em euros e vendidos na Suíça. Os acordos institucionais por meio dos quais os eurobônus são comercializados são diferentes daqueles para a maioria das outras emissões de títulos, sendo a distinção mais importante o nível de divulgação exigido muito mais baixo do que normalmente é verificado para títulos emitidos em mercados domésticos, em particular nos Estados Unidos. Os governos tendem a ser menos severos quando regulam títulos denominados em moedas estrangeiras, pois os compradores de títulos são geralmente mais "sofisticados". As exigências de menor divulgação resultam em custos totais de transação menores para os eurobônus.

Os eurobônus são atraentes para os investidores por diversas razões. Em geral, são emitidos ao portador em vez de na forma nominativa, de maneira que os nomes e as nacionalidades dos investidores não são registrados. Os indivíduos que desejam anonimato, seja por razões de privacidade ou para elisão fiscal, gostam dos eurobônus. Da mesma forma, a maioria dos governos não retém impostos sobre pagamentos de juros ligados aos eurobônus. Se o investidor exigir um rendimento efetivo de 10%, um eurobônus isento de retenção fiscal necessitaria de uma taxa de juros de cupom de 10%. Outro tipo de título – por exemplo, uma emissão nacional sujeita a uma retenção fiscal de 30% sobre pagamentos de juros a estrangeiros – necessitaria de uma taxa de juros de cupom de 14,3% para produzir uma rentabilidade, após a tributação, de 10%. Os investidores que desejam sigilo não desejariam ser cadastrados para a restituição de imposto, portanto, preferiam deter o eurobônus.

Mais da metade de todos os eurobônus é denominada em dólares. Os títulos em ienes japoneses, marcos alemães e florins holandeses respondem pela maioria restante. Embora estejam centralizados na Europa, os eurobônus realmente são internacionais. Entre seus consórcios de colocação estão bancos de investimento de todas as partes do mundo, e os títulos são vendidos a investidores não só na Europa, mas também em locais distantes como Bahrain e Cingapura. Até poucos anos, os eurobônus eram emitidos somente por empresas multinacionais, instituições financeiras internacionais ou governos nacionais. Hoje, porém, empresas norte-americanas puramente nacionais também estão entrando nesse mercado, pois acreditam que, tomando empréstimos no exterior, será possível diminuir seus custos de dívida.

17-10c Mercados internacionais de ações

Novas emissões de ações são vendidas em mercados internacionais por diversos motivos. Por exemplo, uma empresa estrangeira poderia vender uma emissão de ações nos Estados Unidos, pois assim conseguiria obter uma fonte de capital muito maior que em seu país de origem. Uma empresa norte-americana poderia entrar em um mercado estrangeiro porque deseja marcar presença no mercado de ações para acompanhar suas atividades naquele país. Eventualmente, as grandes multinacionais também emitem novas ações em diversos países ao mesmo tempo. Por exemplo, a canadense Alcan Aluminum emitiu novas ações simultaneamente no Canadá, na Europa e nos Estados Unidos, utilizando diferentes consórcios de colocação em cada mercado.

Além das novas emissões, as ações em circulação de grandes empresas multinacionais estão cada vez mais sendo registradas em várias bolsas de valores internacionais. Por exemplo, as ações da Coca-Cola são negociadas em seis bolsas de valores nos Estados Unidos, quatro bolsas de valores na Suíça e na bolsa de valores de Frankfurt, Alemanha. Cerca de 500 ações estrangeiras estão registradas nos Estados Unidos – um exemplo disso é a Royal Dutch Petroleum, que é cotada na Bolsa de Valores de Nova York. Os investidores dos Estados Unidos também podem investir em empresas estrangeiras por meio dos Recibos de Depósitos de Ações (ADRs), certificados que representam a propriedade de ações estrangeiras mantidas em um fundo. Cerca de 1.700 ADRs estão disponíveis nos Estados Unidos, sendo a maior parte deles negociada no mercado de balcão (OTC). No entanto, cada vez mais ADRs estão sendo listados na Bolsa de Valores de Nova York, incluindo a inglesa British Airways, a japonesa Honda Motors e a italiana Fiat Group.[6]

17-10d Risco soberano

O risco soberano é o montante total que um governo deve. Os cursos de economia sobre finanças públicas cobrem as dívidas do governo em detalhes, porém essas dívidas também têm um enorme impacto nos tópicos que abordamos neste livro, incluindo taxas de juros, risco, disponibilidade de crédito para empresas não financeiras e valorização corporativa. A seguir, encontra-se uma breve visão geral do risco soberano junto com algumas ideias-chave que os administradores devem ter em mente.

Os países com economias bem desenvolvidas normalmente emitem dívidas denominadas em suas próprias moedas, porém os países menos desenvolvidos normalmente emitem dívidas denominadas em uma moeda estrangeira. Algumas ofertas de dívidas do governo são regidas apenas pela emissão do sistema judicial do país, que geralmente não fornece proteção aos concessores de empréstimos. No entanto, a maior parte da dívida do governo é emitida sob os auspícios da lei internacional (ou das leis do país mutuário) e concentramo-nos neste tipo de risco soberano.

A maior parte da dívida do governo é detida por instituições financeiras, fundos de pensão, fundos mútuos, fundos *hedge* e investidores individuais. Entretanto, poucos governos, como a China, realmente possuem montantes significativos da dívida de outros governos. Consideremos alguns fatos e, em seguida, esboçaremos algumas implicações para os administradores e os investidores.

Em primeiro lugar, de quanto risco soberano estamos falando? A Organização para a Cooperação e o Desenvolvimento Econômico (OECD) reportou cerca de $ 32,6 trilhões da dívida total do governo para 33 países desenvolvidos em 2010.[7] Os Estados Unidos e o Japão tinham deviam cada um 29% do total, seguidos pela Itália, França, Reino Unido, Alemanha e Espanha (cada um devendo entre 7% e 2% do total).

Em se tratando dos Estados Unidos, a dívida federal total é aproximadamente $ 15 trilhões, com cerca de $ 10 trilhões chamados de dívida pública porque é devido aos investidores; o restante é devido a outras entidades governamentais norte-americanas, como o fundo fiduciário do seguro social.[8] Investidores estrangeiros devem cerca de $ 5 trilhões em títulos do Tesouro dos EUA. Deste valor, só a China deve mais de $ 1 trilhão, ou cerca de 10% da dívida pública dos EUA.

A dívida do governo pode ser usada para investir em infraestrutura, como rodovias, que são esperadas "valerem a pena" no futuro com maior produtividade, maior produto interno bruto (PIB) e maiores cobranças de impostos. Contudo, os governos também podem usar a dívida para financiar o déficit gasto em itens que não são investimentos reais. Esse estímulo de gastos pode ajudar uma economia a evitar uma recessão, mas prejudica o crescimento econômico a longo prazo.

Quanto de dívida é muita dívida? Para colocar em outras palavras, quanto de dívida é passível de levar a um pagamento atrasado aos concessores de empréstimos, omissão ou reestruturação de pagamentos? Um indicador é o índice da dívida de um país para o seu PIB. A Tabela 17-4 reporta os índices estimados para o final de 2011 para os 48 mais altos dos 133 países reportados pela *CIA World Factbook*. Diversos países da zona do euro envolvidos em dívida ou crises bancárias durante a redação deste livro em meados de 2012 são

---

[6] Para obter uma abordagem interessante sobre os ADRs e os custos enfrentados pelas empresas registradas quando o ADR for distribuído por bancos de investimento, veja Hsuen-Chi Chen, Larry Fauver e Pei-Ching Yang, "What Do Investment Banks Charge to Underwrite American Depository Receipts?", *Journal of Banking and Finance,* abr. 2009, p. 609-618.

[7] A OECD realmente reportou um total de $ 22,2 trilhões para 2010, mas isto excluído qualquer dívida do Japão, que era aproximadamente $ 9,5 trilhões em 2009. Consulte http://stats.oecd.org/Index.aspx?DatasetCode=GOV_DEBT.

[8] Este total não inclui a dívida emitida pelas agências patrocinadas pelo governo, para as quais o governo dos EUA fornece uma garantia implícita.

TABELA 17-4

Dívida do governo: dívida pública como um percentual do produto interno bruto

PAÍS	DÍVIDA PÚBLICA/PIB (%)	PAÍS	DÍVIDA PÚBLICA/PIB (%)	PAÍS	DÍVIDA PÚBLICA/PIB (%)
Zimbábue	231%	Belize	84%	Costa do Marfim	66%
Japão	208	Canadá	84	Marrocos	65
São Cristóvão e Nevis	200	Hungria	83	Holanda	64
Grécia	165	Alemanha	82	Guiana	62
Líbano	137	Reino Unido	80	Jordão	61
Islândia	130	Butão	79	Maurícia	60
Jamaica	127	Sri Lanka	79	Paquistão	60
Itália	120	Dominica	78	Albânia	59
Cingapura	118	Bahrein	75	Vietnã	57
Irlanda	107	Israel	74	El Salvador	57
Barbados	104	Áustria	72	Polônia	57
Portugal	103	Nicarágua	71	Brasil	54
Sudão	101	Estados Unidos	69	Malásia	54
Bélgica	100	Espanha	68	Suíça	52
Egito	86	Malta	68	Tunísia	52
França	86	Chipre	67	Índia	52

Fonte: CIA Factbook, https://www.cia.gov/library/publicatnons/the-world-factbook/rankorder/2186rank.html.

destacados. O índice mediano de todos os países reportados é de 43,4%. Enquanto nenhum nível determinado de dívida/PIB garante um problema, não é coincidência que muitos dos países da zona do euro enfrentando problemas (Grécia, Itália, Irlanda e Portugal) possuem índices altos.

Ainda mais significativa é a mudança no índice ao longo do tempo. A Grécia passou de um índice de cerca de 110% em 2004 para 165% em 2012. Com um índice tão alto, não deveria ser surpresa que no final de 2009 o país tenha começado a enfrentar a possibilidade de omissão de sua dívida. Como a dívida é denominada em euros, o problema da Grécia foi também o problema da União Monetária Europeia (UME). Além dos empréstimos de resgate da UME serem muitos superiores a € 100 bilhões, os investidores de títulos gregos concordaram em 2012 em reestruturar a dívida, o que essencialmente reduziu o seu valor para um pouco mais de 50% de seu valor original.

A crise na zona do euro não terminou quando escrevemos isto em meados de 2012. Os cidadãos gregos protestavam furiosamente contra cortes orçamentários e medidas austeras impostas como condições dos resgastes. Neste ponto, não se sabe ao certo se a Grécia vai continuar a usar o euro, o que teria enormes consequências para o restante da UME e do mundo. A Grécia não é o único país a ter problemas. Os principais bancos espanhóis precisam de mais de € 100 em resgates e os analistas preocupam-se que problemas semelhantes surjam na Itália, em Portugal e na Irlanda.

As economias e os mercados financeiros global globais interconectados significam que os problemas de um país normalmente afetam o restante do mundo, por exemplo, o panorama econômico desolador em curto prazo da zona do euro possivelmente reduzirá o crescimento na China e em outros exportadores para a Europa, incluindo os Estados Unidos.

Autoavaliação

1. Aponte a diferença entre investimentos de carteira estrangeira e investimentos estrangeiros diretos.
2. O que são eurodólares?
3. O desenvolvimento do mercado do eurodólar facilitou ou dificultou para o Banco Central norte-americano controlar as taxas de juros dos Estados Unidos?
4. Aponte a diferença entre títulos estrangeiros e eurobônus.
5. Por que os eurobônus são atraentes para os investidores?

Índices do mercado de ações no mundo

Nos Estados Unidos, o Dow Jones Industrial Average (^DJI) é o índice do mercado de ações mais conhecido. Também há índices de mercado semelhantes para cada um dos principais centros financeiros no mundo. Conforme informado na tabela a seguir, o mercado da Índia teve o melhor desempenho durante a última década, ao passo que o Japão, o pior.

Hong Kong (^HSI)

Em Hong Kong, o principal índice de ações é o Hang Seng. Criado pelo HSI Services Limited, o índice Hang Seng é composto por 33 grandes ações nacionais.

Grã-Bretanha (^FTSE)

O índice FT-SE 100 (que se pronuncia "fútsi") é o indicador de investimento em ações mais seguido da Grã-Bretanha. É um índice de valor ponderado, composto pelas 100 maiores empresas da Bolsa de Valores de Londres.

Japão (^N225)

No Japão, o principal indicador do desempenho das ações é o Índice Nikkei 225. O índice é constituído por emissões de ações altamente líquidas para representar a economia japonesa.

Alemanha (^GDAXI)

O Deutscher Aktienindex, conhecido como DAX, é um índice composto pelas 30 maiores empresas que negociam na Bolsa de Valores de Frankfurt.

Índia (^BSESN)

Das 22 bolsas de valores da Índia, a Bolsa de Valores de Bombaim (BSE) é a maior, com mais de 6 mil ações registradas e aproximadamente dois terços do volume total de negociações do país. Estabelecida em 1875, também é a bolsa mais antiga da Ásia. Seu indicador é o BSE Sensex, um índice de 30 ações indianas negociadas publicamente que respondem por um quinto da capitalização do mercado da BSE.

Observação: Para encontrar facilmente os índices mundiais, acesse http://finance.yahoo.com/m2 e utilize os códigos de negociação nas bolsas informados em parênteses acima.

DESEMPENHO RELATIVO EM DEZ ANOS (VALORES INICIAIS = 100)						
	ESTADOS UNIDOS	ALEMANHA	GRÃ-BRETANHA	HONG KONG	ÍNDIA	JAPÃO
Maio de 2002	100	100	100	100	100	100
Maio de 2012	122	129	104	162	500	72

17-11   Avaliação de investimentos multinacionais

Até agora, discutimos o ambiente geral em que as empresas multinacionais atuam. No restante do capítulo, veremos como os fatores internacionais afetam as principais decisões das empresas. Começaremos com a avaliação de investimentos; embora os mesmos princípios básicos de análise de investimentos se apliquem tanto às atividades estrangeiras quanto às nacionais, existem algumas diferenças importantes. Entre elas, estão os tipos de riscos enfrentados pela empresa, estimativa do fluxo de caixa e análise do projeto.[9]

17-11a Exposição ao risco

Os projetos estrangeiros podem ser mais ou menos arriscados que projetos nacionais equivalentes e, isso, pode levar a diferenças no custo de capital. Um risco maior de projetos estrangeiros tende a surgir de duas

---

[9] Muitas empresas nacionais constituem *joint ventures* com empresas estrangeiras; veja Insup Lee e Steve B. Wyatt, "The Effects of International Joint Ventures on Shareholder Wealth", *Financial Review,* nov. 1990, p. 641-649. Para uma abordagem do custo de capital japonês, veja Jeffrey A. Frankel, "The Japanese Cost of Finance", *Financial Management,* primavera de 1991, p. 95-127. Para uma abordagem das práticas financeiras dos países do Pacífico, veja George W. Kester, Rosita P. Chang e Kai-Chong Tsui, "Corporate Financial Policy in the Pacific Basin: Hong Kong and Singapore", *Financial Practice and Education,* primavera/verão de 1994, p. 117-127.

Crédito aos consumidores na China

A fronteira financeira do crédito aos consumidores é a China, onde os solicitantes, muitas vezes, esperam mais de um mês para receber um cartão de crédito, demora que é ainda maior para financiamentos de carros e financiamentos imobiliários. Mas isso está mudando rápido, pois a GE Money (antiga GE Capital) está entre uma série de empresas financeiras que pretendem estabelecer uma parceria com os bancos chineses ou se tornar coproprietários destes. Outros exemplos de investidores estrangeiros são instituições financeiras do mundo todo, como Citigroup (Estados Unidos), ING Group (Holanda), Hang Seng Bank (Hong Kong) e The Royal Bank da Escócia. Até mesmo bancos de investimento (Goldman Sachs) e empresas de capital privado (Newbridge Capital) estão envolvidos nessa história.

O que faz os bancos chineses serem atraentes? Em primeiro lugar, a China não permite que bancos estrangeiros concedam empréstimos diretos aos clientes chineses. Em segundo, a China tem uma enorme base de consumidores, com uma classe média crescente que está comprando cada vez mais casas, carros e outros bens de consumo. Em terceiro, pode-se considerar que os bancos chineses precisam ser "consertados", pois eles detêm empréstimos incobráveis demais (até 9,2% de suas carteiras de empréstimos), possuem sistemas ineficientes de tecnologia da informação e a qualidade de seu atendimento ao cliente é baixa. A GE Money vê esses problemas como oportunidades, trazendo uma experiência comercial considerável (além do dinheiro) à parceria. Por exemplo, a GE Money ajudou o Shenzhen Development Bank (SDB) a criar o cartão de crédito do Walmart, o cartão de crédito da Auchen (a Auchen é uma grande revendedora francesa) e diversos serviços de financiamento imobiliário. Nem todos os resultados já saíram, mas a GE ajudou o SDB a reduzir o tempo para conseguir um cartão de crédito de mais de um mês para apenas cinco dias.

Os investimentos na China não são livres de risco: estima-se que 60% das parcerias não geram o retorno previsto no início do negócio. Alguns dos problemas são a falta de planejamento antes da negociação, ausência de foco e progresso no período logo após a negociação, a incapacidade de integrar as culturas e falta de flexibilidade para se adaptar às condições locais. Ainda assim, as possíveis recompensas são imensas; portanto, espera-se que serão feitos mais investimentos estrangeiros na China.

Fonte: Don Durfee, "Give Them Credit," *CFO*, jul. 2007, p. 50-57.

---

origens principais: (1) risco da taxa de câmbio; e (2) risco político. Um risco menor poderia resultar da diversificação internacional.

O **risco da taxa de câmbio** compreende o valor dos fluxos de caixa básicos na moeda nacional da empresa controladora. Os fluxos de caixa de moeda estrangeira a serem revertidos para a controladora devem ser convertidos em dólares norte-americanos; logo, o fluxo de caixa projetado deve ser convertido em dólares nas taxas de câmbio futuras esperadas. Deve-se conduzir uma análise para garantir os efeitos de variações de taxa de câmbio nos fluxos de caixa em dólar e, com base nela, um prêmio pelo risco da taxa de câmbio deverá ser acrescentado ao custo do capital nacional. Às vezes, é possível efetuar um *hedge* para se proteger do risco da taxa de câmbio; porém, pode não ser viável efetuar um *hedge* completo, especialmente em projetos de longo prazo. Se o *hedge* for usado, os custos a ele relacionados devem ser subtraídos dos fluxos de caixa operacionais do projeto.

O **risco político** compreende possíveis atos de um governo-sede que reduziriam o valor do investimento de uma empresa. Ele inclui, em um extremo, a expropriação dos ativos da subsidiária, sem compensação, mas também inclui atos menos drásticos, que reduzem o valor do investimento da empresa controladora na subsidiária estrangeira.[10] Por exemplo, impostos mais altos, controles de repatriação ou de divisas mais rígidos e restrições sobre os preços cobrados. O risco de expropriação é pequeno em países tradicionalmente amigos e estáveis, como a Grã-Bretanha ou a Suíça. Contudo, na América Latina, na África, no Extremo Oriente e no Leste Europeu, o risco pode ser grande. As expropriações passadas incluem as da ITT e da Anaconda Copper, no Chile; Gulf Oil, na Bolívia; Occidental Petroleum, na Líbia; Enron Corporation, no Peru; BP, ConocoPhillips, ExxonMobil e Chevron, na Venezuela; além dos ativos de muitas empresas no Iraque, Irã e em Cuba.

Observe que as empresas podem tomar diversas providências para reduzir o possível prejuízo decorrente da expropriação, incluindo uma ou mais das medidas a seguir:

1. Financiar a subsidiária com capital local.

---

[10] Para ler um artigo interessante sobre expropriação, veja Arvind Mahajan, "Pricing Expropriation Risk", *Financial Management*, inverno de 1990, p. 77-86.

2. Estruturar as atividades de forma que a subsidiária tenha valor somente como uma parte do sistema corporativo integrado.
3. Obter seguro contra prejuízos econômicos resultantes da expropriação de uma fonte como a Overseas Private Investment Corporation (OPIC).

Se o seguro da OPIC for comprado, os prêmios de seguro teriam de ser acrescentados ao custo do projeto.

Várias organizações classificam o risco político de países. Por exemplo, a Transparency International (TI) classifica os países com base na corrupção observada, que é uma parte importante do risco político. A Tabela 17-5 mostra os países selecionados. Nova Zelândia, Dinamarca e Suécia foram classificadas, pela TI, como a países mais honestos, enquanto a Somália, como o mais desonesto. Os Estados Unidos ficaram na vigésima quarta posição.

17-11b Estimativa do fluxo de caixa

A estimativa do fluxo de caixa é mais complexa para investimentos estrangeiros do que para os nacionais. A maioria das empresas multinacionais estabelece subsidiárias distintas em cada país estrangeiro em que atua, e os fluxos de caixa relevantes da empresa controladora são os dividendos e *royalties* pagos pelas subsidiárias à controladora, convertidos em dólares. Os dividendos e *royalties* são normalmente tributados tanto pelo governo estrangeiro quanto pelo país de origem, embora este possa permitir créditos para todo imposto estrangeiro pago ou parte dele. Além disso, um governo estrangeiro pode limitar a quantia de caixa a ser **repatriada** para a empresa controladora. Por exemplo, alguns governos estabelecem um teto, representado por uma porcentagem do patrimônio líquido da empresa, sobre o valor de dividendos em dinheiro que uma subsidiária pode pagar à sua controladora. O objetivo dessas restrições normalmente é forçar empresas multinacionais a investir os lucros no país estrangeiro, apesar de, muitas vezes, ser possível impor limitações a fim de impedir a saída de grandes fluxos de moeda, que poderiam desestabilizar a taxa de câmbio.

Qualquer que seja a motivação do país estrangeiro para bloquear a repatriação de lucros, o resultado é que a empresa controladora não poderá utilizar fluxos de caixa bloqueados no país estrangeiro para pagar dividendos a seus acionistas ou investir no negócio em algum outro lugar. Assim, pela perspectiva da empresa controladora, os fluxos de caixa relevantes para a análise de investimento estrangeiro são aqueles que a subsidiária espera efetivamente devolver à controladora. Contudo, observe que, se os retornos sobre os investimentos no país estrangeiro forem atraentes e houver previsão de que as limitações serão suspensas no futuro, elas podem não ser desfavoráveis. Ainda assim, lidar com essa situação complicará o processo de estimativa do fluxo de caixa.

TABELA 17-5
Índice de Percepção de Corrupção (CPI) da International Transparency para 2011

PAÍSES COM MELHOR CLASSIFICAÇÃO			PAÍSES COM PIOR CLASSIFICAÇÃO		
CLASSIFICAÇÃO	**PAÍS**	**PONTUAÇÃO DO CPI DE 2011**	**CLASSIFICAÇÃO**	**PAÍS**	**PONTUAÇÃO DO CPI DE 2011**
1	Nova Zelândia	9,5	49	Ruanda	5,0
2 (empate)	Dinamarca	9,4	73 (empate)	Brasil	3,8
	Finlândia	9,4		China	3,6
4	Suécia	9,3	118 (empate)	Bolívia	2,8
5	Cingapura	9,2		Mali	2,8
8	Austrália	8,8	152 (empate)	Tajiquistão	2,3
11	Luxemburgo	8,5		Ucrânia	2,3
			164 (empate)	Camboja	2,1
16 (empate)	Áustria	7,8		Guiné	2,1
	Barbados	7,8		Quirguistão	2,1
	Reino Unido	7,8		Iêmen	2,1
22 (empate)	Chile	7,2	172	Sudão	1,6
	Qatar	7,1	175	Iraque	1,8
24	Estados Unidos	7,1	182	Somália	1,0

Fonte: http://www.transparency.org.

Irlandês duplo com uma virada holandesa

Mercados consumidores inexplorados, acesso a recursos naturais e baixos custos de produção em países estrangeiros não são a única razão pela qual as empresas norte-americanas abrem subsidiárias estrangeiras. Considere o caso do mecanismo de busca e da empresa de propaganda on-line, Google Inc. Em 2010, a Google reportou $ 29,3 bilhões em vendas em sua declaração de renda consolidada. Desse total, cerca de $ 12,5 bilhões vieram de todas as subsidiárias internacionais da Google. Se essas vendas tivessem sido feitas por operações domésticas da Google, eles teriam sido sujeitos a impostos dos EUA a taxas de até 35%. No entanto, por meio do uso de um paraíso fiscal complicado chamado de "Double Irish" e de "Dutch Sandwich", a Google conseguiu pagar apenas 2,7%. Funciona assim.

Primeiro, a Google estabelece uma subsidiária irlandesa que opera nas Bahamas (nós a chamamos de subsidiária Irlanda/Bahamas). As Bahamas não têm impostos de renda corporativos, e a Irlanda tem leis fiscais especiais que possibilitam os paraísos fiscais. A Google transfere os direitos de licença para a tecnologia de seu mecanismo de busca para essa subsidiária, e é por isso que todos os lucros das vendas internacionais acabam. A seguir, a subsidiária das Bahamas estabelece uma subsidiária que opera na Holanda. A Holanda é especial porque apesar de exigir que os impostos corporativos sejam pagos, permite transferências fáceis para as Bahamas. A subsidiária da Holanda então estabelece uma subsidiária irlandesa que opera na Irlanda e é atribuída com todas as receitas das vendas de publicidade. As subsidiárias das Bahamas e da Holanda não precisam ter nenhum funcionário, enquanto a subsidiária da Irlanda tem alguns funcionários, mas não muitos, porque praticamente todos os serviços são fornecidos pelos funcionários dos EUA.

Complicado? Pode apostar! A Google possui a subsidiária da Irlanda/Bahamas, que possui a subsidiária da Holanda, que possui a subsidiária da Irlanda. Quando a receita em publicidade das vendas feitas, digamos, na Grã-Bretanha entram, a subsidiária irlandesa as recebe. Entretanto, ela lucra pouco e, portanto, paga pouco imposto para a Irlanda, porque paga uma grande taxa de licenciamento para sua sócia, a subsidiária Irlanda/

Bahamas. E como as Bahamas não têm imposto de renda corporativo, nenhum imposto é devido sobre esses lucros.

Por isso, como os acionistas da Google podem beneficiar-se se os lucros continuam nas Bahamas? As subsidiárias das Bahamas podem algum dia pagar um dividendo à Google, momento em que os lucros serão taxados na alíquota de imposto corporativo da Google dos EUA. Nesse momento, a Google pode pagar um dividendo aos acionistas. Nesse ínterim, todavia, a Google usa esses lucros, que foram taxados em uma alíquota de imposto quase zero, para investir em operações internacionais. E se, em algum momento futuro, o Congresso aprovar uma lei como fez em 2004 permitindo que as empresas em uma oportunidade única a repatriar os ganhos a uma alíquota de imposto reduzida, então aquele dinheiro acabará voltando para as mãos da Google dos EUA.

A estratégia de diferimento fiscal da Google é legal e muitas empresas a utilizam, como Oracle Corp., Facebook, Eli Lilly e Pfizer. Se é uma boa política pública para o Congresso permitir que esses abrigos existam é outro assunto. Apesar de a subsidiária das Bahamas ganhar lucros mais altos porque suas alíquotas de imposto líquido são quase zero, esses lucros não ajudam o emprego nos EUA ou outros negócios dos país porque não são usados para investimento nos EUA. Estima-se que esses abrigos reduzem as receitas fiscais norte-americanas em aproximadamente $ 60 bilhões ao ano, um montante que faria uma redução significativa no déficit governamental. O Tesouro e o Congresso dos EUA consideraram restringi-los em 2009, mas o lobby pesado de empresas como GE, Hewlett-Packard e Starbucks convenceram o Congresso a não fazer as mudanças.

Fontes: Joseph B. Darby III e Kelsey Lemaster, "Double Irish More than Doubles the Tax Savings," *Practical US/International Tax Strategies*, 15 de maio de 2007, volume 11, n° 9 pp. 2, 11-16; Jesse Drucker, "U.S. Companies Dodge $ 60 Billion in Taxes With Global Odyssey," www. bloomberg. com/news/2010-05-13/american-companies-dodge-60-billion-in-taxes-even-tea-party-would-condemn.html, 13 de maio de 2010; e Jesse Drucker, "The Tax Haven That's Saving Google Billions," Bloomberg Businessweek, 21 de outubro de 2010, www.businessweek.com/magazine/content/10_44/b4201043146825.htm.

Algumas empresas tentam contornar as limitações de repatriação (e diminuir seus impostos) utilizando o preço de transferência. Por exemplo, uma subsidiária estrangeira pode obter matéria-prima ou outros insumos da controladora. O preço que a subsidiária paga à controladora se chama **preço de transferência**. Se o preço de transferência for alto, os custos da subsidiária estrangeira serão altos e, portanto, restará pouco lucro (se houver) a ser repatriado. Contudo, o lucro da controladora será maior, pois vendeu à subsidiária a um preço de transferência inflacionado. O resultado final é que a controladora recebe os fluxos de caixa da subsidiária por meio do preço de transferência em vez dos dividendos repatriados. O preço de transferência também pode ser utilizado para migrar os lucros de regiões com impostos altos para regiões com impostos baixos. Evidentemente, os governos estão cientes dessas possibilidades e os auditores governamentais estão alertas para evitar os preços de transferência abusivos.

17-11c Análise de projetos

Primeiro, considere um projeto nacional que necessite de matéria-prima estrangeira, ou um cujo produto final será vendido no mercado estrangeiro. Como a empresa está sediada nos Estados Unidos, qualquer fluxo de caixa projetado que não seja em dólar – custos, no primeiro exemplo; e receitas, no segundo – deve ser convertido em dólar. Essa conversão não apresenta tantos problemas para os fluxos de caixa a serem pagos ou recebidos em curto prazo; entretanto, há um grande problema ao estimar as taxas de câmbio para converter fluxos de caixa estrangeiros de longo prazo em dólares, pois as taxas de câmbio a prazo normalmente estão disponíveis, no máximo, para os próximos 180 dias. Contudo, as taxas de câmbio a prazo, de longo prazo, podem ser estimadas utilizando a ideia por trás da relação de paridade da taxa de juros. Por exemplo, caso seja previsto que o fluxo de caixa estrangeiro ocorrerá em um ano, a taxa de câmbio a prazo de um ano pode ser estimada utilizando os títulos governamentais estrangeiros e nacionais com vencimento em um ano. Da mesma forma, a taxa de câmbio para dois anos pode ser estimada utilizando títulos de dois anos. Assim, os fluxos de caixa estrangeiros podem ser convertidos em dólares e acrescentados aos outros fluxos de caixa previstos do projeto, e então será possível calcular o NPV do projeto com base em seu custo de capital.

Agora, considere que um projeto será realizado no exterior e, portanto, imagina-se que a maior parte de seus fluxos de caixa esperados seja denominada em moeda estrangeira. Nesse caso, é possível utilizar duas abordagens para estimar o NPV desse projeto. As duas começam com a projeção dos fluxos de caixa futuros denominados em moeda estrangeira e, em seguida, a determinação das repatriações anuais aos Estados Unidos, denominadas em moeda estrangeira. Na primeira abordagem, é possível converter as repatriações futuras esperadas em dólares (como descrevemos anteriormente) e encontrar o NPV utilizando o custo de capital do projeto. Na segunda abordagem, descontamos as repatriações projetadas (denominadas em moeda estrangeira) ao custo de capital estrangeiro, que reflete as taxas de juros estrangeiras e os prêmios de risco relevantes. Isso gera um NPV denominado em moeda estrangeira, que pode ser convertido em um NPV denominado em dólar, utilizando a taxa de câmbio à vista.

O exemplo a seguir ilustra a primeira abordagem. Uma empresa norte-americana tem a oportunidade de alugar uma unidade de produção na Grã-Bretanha por três anos. A empresa teria de gastar £ 20 milhões para reformar a fábrica. Os fluxos de caixa líquidos dessa fábrica nos próximos três anos, em milhões, são: $CF_1 = £$ 7, $CF_2 = £$ 9 e $CF_3 = £$ 11. Um projeto semelhante nos Estados Unidos teria um custo de capital ajustado ao risco de 10%. O primeiro passo é estimar as taxas de juros estimadas no fim de cada um dos três anos, utilizando a equação de paridade da taxa de juros para diversos anos:

$$\text{Taxa de câmbio a prazo do ano t} = \left(\text{Taxa de câmbio à vista}\right)\left(\frac{1 + r_h}{1 + r_f}\right)^t \qquad \textbf{(17-4)}$$

em que as taxas de câmbio são expressas em equações diretas e as taxas de juros, como taxas anuais, e não periódicas. (Lembre-se de que a cotação direta é para unidades da moeda doméstica por unidade da moeda estrangeira.) Estamos utilizando a equação de paridade da taxa de juros para estimar as taxas a prazo esperadas, pois, normalmente, as taxas a prazo com base no mercado com vencimento para mais de um ano estão indisponíveis.

Suponha que a taxa à vista seja de 1,8000 dólar por libra. As taxas de juros sobre os títulos governamentais dos EUA e do Reino Unido estão informadas a seguir, com a taxa a prazo presumida pela relação de paridade da taxa de juros para diversos anos da Equação 17-4:

	VENCIMENTO (ANOS)		
	1	2	3
r_h (anualizado)	2,0%	2,8%	3,5%
r_f (anualizado)	4,6%	5,0%	5,2%
Taxa à vista ($/£)	1,8000	1,8000	1,8000
Taxa a prazo esperada com base na Equação 17-4 ($/£)	1,7553	1,7254	1,7141

O custo do dólar atual do projeto é de £ 20(1,8000 $/£) = $ 36 milhões. O fluxo de caixa em dólares do Ano 1 é de £ 7(1,7553 $/£) = $ 12,29 milhões. A Tabela 17-6 ilustra a cronologia completa e o valor presente líquido de $ 2,18 milhões.

TABELA 17-6
Valor presente líquido dos investimentos internacionais (fluxos de caixa em milhões)

	ANO			
	0	1	2	3
Fluxos de caixa em libra	−£ 20	£ 7	£ 9	£ 11
Taxas de câmbio esperadas (libras/dólar)	1,8000	1,7553	1,7254	1,7141
Fluxos de caixa em dólar	−$ 36,00	$ 12,29	$ 15,53	$ 18,86
Custo de capital do projeto	10%			
NPV	$ 2,18			

© Cengage Learning 2014

Autoavaliação

1. Liste algumas das principais diferenças nas avaliações de investimentos aplicadas a atividades estrangeiras em comparação com as nacionais.

2. Quais os fluxos de caixa relevantes para um investimento internacional: o fluxo de caixa gerado pela subsidiária no país em que atua ou os fluxos de caixa em dólares que ela manda para sua empresa controladora?

3. Por que o custo de capital de um projeto estrangeiro poderia ser diferente do custo de um projeto nacional equivalente? Ele poderia ser mais baixo?

4. Quais ajustes poderiam ser feitos no custo de capital nacional de um investimento estrangeiro por conta do risco da taxa de câmbio e do risco político?

17-12 Estruturas de capital internacionais

As estruturas de capital de empresas variam de acordo com o país. Por exemplo, a Organização para a Cooperação e o Desenvolvimento Econômico (OECD) recentemente informou que, em média, as empresas japonesas utilizam 85% de dívida para o total de ativos (em termos de valor contábil); as empresas alemãs, 64%; e as empresas norte-americanas, 55%. Um problema ao interpretar esses números é que países diferentes geralmente empregam convenções contábeis diferentes com relação a (1) relatórios sobre uma base de custo histórico contra custo de reposição; (2) tratamento dos ativos arrendados; (3) fundos de planos de pensão; e (4) capitalização em relação a despesas com P&D. Essas diferenças dificultam a comparação das estruturas de capital.

Um estudo realizado por Raghuram Rajan e Luigi Zingales, da Universidade de Chicago, tentou explicar as diferenças nas práticas contábeis. Em seu estudo, Rajan e Zingales usaram um banco de dados que abrangia menos empresas do que a OECD, mas que fornecia um detalhamento completo dos dados do balanço patrimonial. Eles concluíram que diferenças nas práticas contábeis podem explicar grande parte da variação das estruturas de capital entre diferentes países.

Por exemplo, quando Rajan e Zingales mediram a estrutura de capital como: dívida com juros/ativos totais, as empresas alemãs utilizaram menos alavancagem do que as empresas norte-americanas, um resultado diferente em comparação com o relatório da OECD. O que explica essa divergência nos resultados? Rajan e Zingales afirmam que grande parte dessa diferença é explicada pela forma como as empresas alemãs contabilizam os passivos relativos à pensão. Elas geralmente incluem todos os passivos relacionados a pensão (e seus ativos compensatórios) no balanço patrimonial, enquanto empresas de outros países (incluindo os Estados Unidos) em geral "zeram" os ativos e passivos de pensão em seus balanços patrimoniais. Para entender a importância dessa diferença, considere uma empresa com $ 10 milhões em passivos (sem incluir passivos de pensão) e $ 20 milhões em ativos (sem incluir ativos de pensão). Suponha que a empresa tenha $ 10 milhões em passivos de pensão totalmente financiados por $ 10 milhões em ativos de pensão. Portanto, os passivos de pensão líquidos são zero. Se essa empresa estivesse nos Estados Unidos, declararia um índice de passivos totais com relação a ativos totais igual a 50% ($ 10 milhões/$ 20 milhões). Em contrapartida, se essa empresa atuasse na Alemanha, tanto seus ativos quanto seus passivos de pensão seriam informados no balanço patrimonial. A empresa teria $ 20 milhões em passivos e $ 30 milhões em ativos – ou um índice de passivos totais com relação a ativos totais de 67% ($ 20 milhões/$ 30 milhões). A dívida total é a soma da dívida de curto prazo e da dívida de longo prazo, *excluindo* outros passivos, em especial os passivos de pensão. Assim, a medição da dívida total com relação a ativos totais fornece uma medida de alavancagem mais comparável entre diferentes países.

Rajan e Zingales também realizaram vários ajustes para tentar controlar outras diferenças nas práticas contábeis. Os efeitos desses ajustes são relatados nas Colunas 3 e 4. Em geral, as evidências sugerem que empresas na Alemanha e no Reino Unido tendem a ter menos alavancagem, enquanto empresas no Canadá parecem ter mais alavancagem com relação a empresas nos Estados Unidos, na França, na Itália e no Japão. Essa conclusão é corroborada pelos dados no final da coluna, que mostram o índice médio de cobertura de juros de empresas em vários países diferentes. Lembre-se de que, no Capítulo 3, o índice de cobertura de juros é o índice de lucro operacional (EBIT) em relação a despesas de juros. Essa medida indica quanto caixa disponível a empresa tem para pagar despesas de juros. Em geral, as empresas com mais alavancagem têm um índice de cobertura de juros mais baixo. Os dados indicam que esse índice é mais alto no Reino Unido e na Alemanha e mais baixo no Canadá.

Autoavaliação

1. Há diferenças internacionais em termos de alavancagem financeira? Explique.

17-13   Administração de capital de giro multinacional

A administração de capital de giro em um cenário multinacional traz mais complexidade do que a administração de capital de giro puramente nacional. Algumas dessas diferenças serão discutidas nesta seção.

17-3a Administração de caixa

As metas da administração de caixa em uma empresa multinacional são semelhantes às de uma empresa puramente nacional: (1) acelerar as cobranças, diminuir o ritmo de desembolsos e, assim, maximizar o saldo líquido; (2) transferir o dinheiro o mais rápido possível de partes da empresa em que ele não é necessário para aquelas em que é; e (3) maximizar a taxa de retorno ajustada pelo risco após os impostos sobre saldos de caixa temporários. As empresas multinacionais empregam os mesmos procedimentos gerais que as empresas nacionais para atingir essas metas, mas, em decorrência das longas distâncias e de atrasos postais mais sérios, dispositivos como sistemas de pagamento via caixa postal e transferências eletrônicas de fundos têm uma importância especial.

Embora as empresas multinacionais e as nacionais tenham as mesmas metas e utilizem procedimentos parecidos, as primeiras enfrentam uma tarefa muito mais complexa. Conforme observado em nossa abordagem sobre risco político, os governos estrangeiros, muitas vezes, impõem restrições para transferências de fundos para fora do país. Logo, embora a IBM possa transferir dinheiro de seu escritório em Salt Lake City para seu banco centralizado em Nova York, pressionando apenas algumas teclas, uma transferência semelhante de seu escritório de Buenos Aires é bem mais complexa. Os fundos de Buenos Aires devem ser convertidos em dólares antes da transferência. Se houver falta de dólares na Argentina ou o governo argentino quiser conservar dólares para comprar materiais estratégicos, a conversão e, consequentemente, a transferência, podem ser bloqueadas. Mesmo que não falte dólar na Argentina, o governo pode limitar as saídas de fundos se estes representarem lucros ou depreciação em vez de pagamentos de materiais ou equipamentos, pois muitos países – em especial aqueles que são menos desenvolvidos – querem que os lucros sejam reinvestidos internamente para estimular o crescimento econômico.

Quando forem determinados quais fundos podem ser transferidos, a próxima tarefa é levá-los para locais onde obterão os retornos mais altos. Enquanto as empresas nacionais tendem a pensar em termos de títulos nacionais, provavelmente as multinacionais estão mais atentas a oportunidades de investimento por todo o mundo. A maioria das empresas multinacionais utiliza um ou mais bancos de concentração global, localizados em centros financeiros como Londres, Nova York, Tóquio, Zurique ou Cingapura, e seus assessores internos naquelas cidades, trabalhando com banqueiros internacionais, podem aproveitar as melhores taxas disponíveis em qualquer lugar do mundo.

17-13b Administração de crédito

Considere o ciclo de conversão de caixa internacional de uma empresa estrangeira que importa dos Estados Unidos: o pedido é feito, as mercadorias são enviadas, uma conta a pagar é criada para o importador e uma conta a receber, para o exportador, as mercadorias chegam ao país estrangeiro, o importador as vende e recebe por essas vendas. Em alguma parte desse processo, o importador quitará a conta a pagar, o que ocorre normalmente antes de o importador receber por suas vendas. Repare que o importador precisa financiar a transação do momento em que quita a conta a pagar até receber pelas vendas. Em países menos desenvolvidos, que têm um nível mais elevado de pobreza, os mercados de capitais não são adequados para possibilitar que o importador financie seu ciclo de conversão de caixa. Mesmo se os mercados de capitais estrangeiros estiverem disponíveis, o tempo de entrega adicional poderia aumentar o ciclo de conversão de caixa de tal forma que o importador não conseguirá arcar com os custos de financiamento. Assim, há uma pressão imensa sobre o exportador para conceder crédito, muitas vezes com longos prazos de pagamento.

Mas, agora, considere a situação do ponto de vista do exportador. Em primeiro lugar, fica muito mais difícil para o exportador realizar uma análise de crédito de um cliente estrangeiro. Em segundo, o exportador ainda tem de se preocupar com as flutuações da taxa de câmbio entre o momento da venda e o momento em que a conta a receber será paga. Por exemplo, se a IBM vendesse um computador para um cliente japonês por 90 milhões de ienes quando a taxa de câmbio fosse de 90 ienes por dólar, a IBM obteria 90.000.000/90 = $ 1.000.000 pelo computador. Porém, se o computador fosse vendido em seis parcelas mensais e o preço do iene caísse em relação ao dólar, de forma que 1 dólar comprasse 112,5 ienes, a IBM acabaria realizando somente 90.000.000/112,5 = $ 800.000 quando recebesse a conta a receber. Os *hedges* com contratos a termo podem reduzir esse risco da taxa de câmbio, mas e o risco de crédito?

Uma possibilidade é que o importador obtenha uma carta de crédito de seu banco, por meio da qual o banco atesta que o importador cumprirá com os prazos da conta a pagar, caso contrário, o banco pagará. Contudo, o importador geralmente teria de pagar ao banco uma taxa relativamente alta por essa carta de crédito, e há ainda a possibilidade de que elas não estejam disponíveis para empresas de países em desenvolvimento.

Outra opção é que o importador basicamente emita um cheque contra o exportador no momento da compra, mas que seja um pós-datado, para que não seja convertido em dinheiro até a data de vencimento da conta a pagar. Caso o banco do importador prometa que "aceitará" o cheque mesmo se não houver fundos suficientes na conta do importador, o cheque tornar-se-á um instrumento financeiro denominado **aceite bancário**. Se o banco for sólido, esse instrumento praticamente elimina o risco de crédito. Além disso, o exportador pode vender esse aceite bancário no mercado secundário se ele necessitar de fundos imediatamente. Evidentemente, esse aceite terá de ser vendido com desconto para refletir o valor temporal do dinheiro, já que o aceite bancário é praticamente um título financeiro de curto prazo que não rende juros, semelhante à letra do Tesouro. O financiamento de uma transação internacional por meio de aceite bancário traz diversos benefícios para o exportador, mas o importador, muitas vezes, precisa pagar uma taxa relativamente alta ao banco, e é possível que esse serviço não esteja disponível para empresas de países em desenvolvimento.

Por fim, há a alternativa para o exportador de comprar um seguro de crédito de exportação, em que uma seguradora se compromete a pagar ao exportador, mesmo em caso de inadimplência por parte do importador. Às vezes, a "seguradora" é um órgão governamental, como o Ministério do Comércio e Indústria Internacional (MITI) japonês ou o Export-Import Bank dos Estados Unidos. Em outras ocasiões, a seguradora é uma empresa seguradora privada. Essas grandes seguradoras desenvolveram experiência em análise de crédito internacional e conseguem distribuir o risco entre uma grande quantidade de clientes. Essas vantagens possibilitam que elas ofereçam seguro de crédito com tarifas que muitas vezes são mais acessíveis do que as cartas de crédito ou aceites bancários. Na realidade, o seguro de crédito de exportação teve tanto êxito que praticamente acabou com o mercado de aceites bancários e se tornou a principal forma que as empresas utilizam para administrar o risco de crédito das vendas internacionais.

17-13c Administração de estoque

Como acontece com a maioria dos outros aspectos em finanças, a administração de estoque em um estabelecimento multinacional é semelhante à de uma empresa meramente nacional, porém, mais complexa. Primeiro, há a questão da localização física dos estoques. Por exemplo, onde a ExxonMobil deveria manter seus estoques de petróleo cru e produtos refinados? Ela tem refinarias e centros de comercialização localizados no mundo todo; assim, uma alternativa seria manter itens concentrados em alguns pontos estratégicos, dos quais eles pudessem ser embarcados conforme fossem necessários. Essa estratégia poderia minimizar o montante total de estoques necessários e reduzir o investimento em estoques. Mas observe que terão de ser considerados os possíveis atrasos para levar os produtos dos locais de estocagem central para usuários no mundo todo. Tanto estoques de giro quanto estoques de segurança teriam de ser mantidos em cada local do usuário, assim como em centros de estocagem estratégicos. Problemas como a ocupação do Kuwait, em 1990, pelo Iraque e o embargo comercial posterior, que deu margem a uma parada de produção de aproximadamente 25% da oferta de petróleo no mundo, complicam as questões ainda mais.

As taxas de câmbio também influenciam a política de estoque. Se uma moeda local – digamos, a coroa dinamarquesa – tivesse um aumento esperado em relação ao dólar, uma empresa norte-americana que atuasse na Dinamarca desejaria aumentar os estoques de produtos locais antes do aumento da coroa e vice-versa, se fosse esperada a queda da coroa.

Outro fator que deve ser considerado é a possibilidade de cotas ou tarifas de importação ou exportação. Por exemplo, a Apple Computer Company estava comprando certos chips de memória de fornecedores japoneses a preço de saldo. Então, os fabricantes de chips dos Estados Unidos acusaram os japoneses de estarem fazendo *dumping* de chips no mercado norte-americano a preços abaixo do custo e buscaram forçá-los a aumentar os preços.[11] Isso fez a Apple aumentar seu estoque de chips. Depois disso, as vendas de computadores enfraqueceram e ela acabou por ter uma oferta excedente de chips de computador obsoletos. Consequentemente, os lucros da Apple foram afetados e o preço de suas ações caiu, demonstrando mais uma vez a importância do cuidado com a administração de estoques.

Como mencionado anteriormente, outro perigo em certos países é a ameaça de expropriação. Se essa ameaça for grande, a manutenção de estoques será minimizada e os produtos serão trazidos somente quando necessários. Da mesma forma, se a atividade envolver extração de matérias-primas como petróleo ou bauxita, as fábricas processadoras podem ser transferidas para o exterior em vez de ficarem próximas ao local de produção.

Os impostos têm dois efeitos sobre a administração de estoque multinacional. Primeiro, países geralmente impõem impostos sobre a propriedade de ativos, incluindo estoques, e, quando isso é feito, o imposto tem como base os estoques em uma data específica, digamos, 1º de janeiro ou 1º de março. Essas regras tornam vantajoso para uma empresa multinacional (1) programar a produção de forma que os estoques estejam baixos na data da avaliação; e (2) se as datas de avaliação variarem entre os países de uma região, manter estoques de segurança em diferentes países, em diversos períodos durante o ano.

Finalmente, as empresas multinacionais podem considerar a possibilidade de estocagem marítima. Empresa de petróleo, produtos químicos, grãos e outras que lidam com mercadoria a granel, que deve ser estocada em algum tipo de tanque, podem comprar navios-tanque a um custo não muito maior – ou talvez até menor, considerando o custo terrestre – do que de instalações terrestres. Navios-tanque podem ser mantidos no mar ou ancorados em algum local estratégico. Isso elimina o perigo de expropriação, minimiza o problema de imposto sobre a propriedade e maximiza a flexibilidade com relação ao embarque para áreas onde as necessidades são maiores ou os preços são mais altos.

Essa foi uma abordagem bastante superficial da administração de estoque de empresas multinacionais – a tarefa é muito mais complexa que para uma empresa puramente nacional. Contudo, quanto maior o grau de complexidade, maiores as recompensas de um desempenho superior, de modo que, se você quiser desafios e recompensas possivelmente altas, volte-se ao cenário internacional.

Autoavaliação

1. Quais são alguns dos fatores que tornam a administração de caixa especialmente complicada em uma empresa multinacional do que em uma puramente nacional?
2. Por que a concessão de crédito é especialmente arriscada em um contexto internacional?
3. Por que a administração de estoque é especialmente importante para uma empresa multinacional?

---

[11] O termo "*dumping*" precisa ser explicado, pois essa prática pode ter uma importância especial para os mercados internacionais. Suponha que os fabricantes de chips japoneses tenham capacidade excedente. Um chip em particular tem um custo variável de $ 25 e seu "custo completamente alocado", que é $ 25 mais o custo total fixo por unidade de produção, é $ 40. Agora, suponha que a empresa japonesa consiga vender os chips nos Estados Unidos a $ 35 por unidade, mas, se cobrar $ 40, não venderá, porque os fabricantes norte-americanos vendem seus chips a $ 35,50. Se a empresa japonesa vender a $ 35, o valor cobrirá os custos variáveis mais uma contribuição para os custos indiretos de fabricação fixos; logo, faz sentido vender a $ 35. Continuando, se a empresa japonesa pode vender a $ 40 no Japão, mas as empresas norte-americanas estão excluídas dos mercados japoneses por conta de impostos de importação ou outras barreiras, os fabricantes japoneses terão uma vantagem imensa sobre os norte-americanos. Essa prática de vender mercadorias a preços mais baixos nos mercados estrangeiros do que no mercado nacional é denominada "*dumping*". Exige-se, pelas leis antitruste, que as empresas dos EUA ofereçam o mesmo preço a todos os clientes e, portanto, elas não podem se envolver em *dumping*.

Resumo

As empresas multinacionais têm mais oportunidades, mas também enfrentam diferentes riscos em comparação às que atuam apenas em seu mercado nacional. O capítulo abordou muitas tendências importantes que afetam os mercados globais atuais e descreveu as diferenças mais importantes entre a administração financeira multinacional e a nacional. Os principais conceitos abordados estão relacionados a seguir.

- As **atividades internacionais** estão se tornando cada vez mais importantes para empresas individuais e para a economia nacional. Uma empresa multinacional, transnacional ou **global** é uma empresa que atua de forma integrada em vários países.
- As empresas "globalizam-se" por estes motivos: (1) para expandir seus mercados; (2) para obter matéria-prima; (3) para buscar novas tecnologias; (4) para baixar os custos de produção; (5) para evitar barreiras comerciais; e (6) para diversificar.
- Há diversos fatores importantes que distinguem a administração financeira praticada por empresas nacionais da praticada por multinacionais: (1) denominações de moeda diferentes; (2) diferentes estruturas econômicas e legais; (3) idiomas; (4) diferenças culturais; (5) papel dos governos; e (6) risco político.
- Ao discutir **taxas de câmbio**, o numero de dólares norte-americanos necessários para comprar uma unidade de moeda estrangeira é chamado **cotação direta**, enquanto o número de unidades de moeda estrangeira que pode ser adquirido com um dólar norte-americano é uma **cotação indireta**.
- As **flutuações da taxa de câmbio** dificultam a estimativa dos dólares que as atividades no exterior gerarão.
- Antes de agosto de 1971, o mundo tinha um **sistema de taxa de câmbio fixa**, no qual o dólar era ligado ao ouro e outras moedas eram vinculadas ao dólar. Depois desse ano, o sistema monetário mundial mudou para um **sistema flutuante**, em que as taxas de importantes moedas mundiais flutuam conforme as forças de mercado, amplamente irrestritas pela intervenção governamental. O banco central de cada país atua no mercado de câmbio, comprando e vendendo moedas para amenizar flutuações de taxas cambiais, mas somente até certo ponto.
- As **taxas de câmbio atreladas** ocorrem quando um país estabelece uma taxa de câmbio fixa com uma moeda principal. Consequentemente, os valores das moedas atreladas flutuam juntos com o tempo.
- Uma **moeda conversível** é aquela que pode ser rapidamente trocada por outras moedas.
- As **taxas de câmbio à vista** são as taxas pagas para entrega de moeda "à vista", enquanto a **taxa de câmbio a prazo** é a taxa paga para entrega em uma data futura acordada, geralmente 30, 90 ou 180 dias a partir do dia em que a transação é negociada. A taxa de câmbio a prazo pode incluir um **prêmio** ou um **desconto** em relação à taxa à vista.
- **Paridade da taxa de juros** significa que os investidores devem esperar obter o mesmo retorno livre de risco em todos os países após o ajuste com base nas taxas de câmbio.
- A **paridade do poder de compra**, às vezes denominada como a *lei do preço único,* significa que o nível de taxas de câmbio se ajusta de forma que produtos idênticos tenham o mesmo preço em países diferentes.
- A concessão de crédito é mais arriscada em um contexto internacional, pois, além dos riscos normais de inadimplemento, a empresa multinacional deve se preocupar com as **mudanças da taxa de câmbio** a partir do momento em que a venda é efetuada até o momento em que o pagamento for recebido.
- A política de crédito é importante para uma empresa multinacional por dois motivos: (1) muito comércio é feito com países menos desenvolvidos e, nessa situação, conceder crédito é uma condição necessária para fazer negócio; e (2) os governos de países como Japão, cuja saúde econômica depende de exportações, por vezes ajudam suas empresas a competir fornecendo crédito a clientes estrangeiros.
- Os investimentos estrangeiros são similares a investimentos domésticos; porém, o risco político e o risco da taxa de câmbio devem ser considerados. O **risco político** é o risco de que o governo estrangeiro tome alguma providência que diminua o valor do investimento, enquanto o **risco da taxa de câmbio** é o risco de prejuízos decorrente de flutuações no valor da moeda nacional com relação aos valores das moedas estrangeiras.
- Os investimentos em **projetos de capital internacional** expõem as empresas ao risco da taxa de câmbio e ao risco político. Os fluxos de caixa relevantes em avaliações de investimentos internacionais são os valores em moeda nacional que podem ser repatriados para a empresa controladora.
- Os **eurodólares** são dólares norte-americanos depositados em bancos fora dos Estados Unidos. As taxas de juros sobre eurodólares são vinculadas à Libor, a **Taxa Interbancária de Londres**.
- As empresas norte-americanas muitas vezes consideram que podem levantar capital de longo prazo a um custo menor fora dos Estados Unidos, vendendo títulos de dívida nos **mercados de capitais internacionais**. Os títulos internacionais podem ser **títulos estrangeiros**, que são exatamente iguais aos títulos nacionais comuns, com a exceção de que o emissor é uma empresa estrangeira, ou **eurobônus**, que são títulos de dívida vendidos em um país estrangeiro, mas denominados na moeda do país de origem da empresa emitente.

Perguntas

(17-1) Defina cada termo a seguir:
   a. Empresa multinacional
   b. Taxa de câmbio; sistema de taxa de câmbio fixa; taxas de câmbio flutuantes
   c. Déficit comercial; desvalorização; valorização
   d. Risco da taxa de câmbio; moeda conversível; taxas de câmbio atreladas
   e. Paridade da taxa de juros; paridade do poder de compra
   f. Taxa de câmbio à vista; taxa de câmbio a prazo; desconto sobre taxa de câmbio a prazo; prêmio sobre taxa de câmbio a prazo
   g. Repatriação de lucros; risco político
   h. Eurodólar; eurobônus; título internacional; título estrangeiro
   i. Euro

(17-2) No sistema de taxa de câmbio fixa, por meio de qual moeda todos os outros valores de moeda eram definidos? Por quê?

(17-3) As taxas de câmbio flutuam no sistema de taxa de câmbio fixa e, também, no de taxa de câmbio flutuante. Qual é, então, a diferença entre esses dois sistemas?

(17-4) Se o franco suíço depreciasse em relação ao dólar norte-americano, um dólar poderia comprar mais ou menos francos suíços?

(17-5) Se os Estados Unidos importarem mais produtos do exterior do que exportam, os estrangeiros tenderão a ter um excedente de dólares norte-americanos. O que isso acarretará ao valor do dólar com relação às moedas estrangeiras? Qual é o efeito correspondente sobre investimentos estrangeiros nos Estados Unidos?

(17-6) Por que empresas norte-americanas constroem fábricas no exterior quando poderiam construí-las em seu próprio país?

(17-7) As empresas deveriam exigir taxas de retorno mais altas sobre projetos estrangeiros do que sobre projetos idênticos localizados em seu próprio país? Explique.

(17-8) O que é um eurodólar? Se um cidadão francês depositar $ 10 mil no Chase Manhattan Bank em Nova York, isso criará eurodólares? E se o depósito for feito no Barclays Bank, em Londres? Ou na filial do Chase Manhattan, em Paris? A existência do mercado de eurodólar facilita ou dificulta a tarefa do Banco Central norte-americano de controlar as taxas de juros dos Estados Unidos? Explique.

(17-9) A paridade da taxa de juros significa que as taxas de juros são as mesmas em todos os países?

(17-10) Por que a paridade do poder de compra poderia deixar de se manter?

Problema de autoavaliação – A solução está no Apêndice A

(PA-1) **Taxas cruzadas** – Suponha que a taxa de câmbio entre os dólares norte-americanos e os euros seja € 0,98 = $ 1,00, e a taxa de câmbio entre o dólar norte-americano e o dólar canadense seja $ 1,00 = C$ 1,50. Qual é a taxa cruzada do euro com relação ao dólar canadense?

Problemas – As respostas dos problemas estão no Apêndice B

Problemas fáceis 1-4

(17-1) **Taxas cruzadas** – Um operador de câmbio observa que, no mercado de câmbio à vista, 1 dólar norte-americano poderia ser trocado por 9 pesos mexicanos ou 111,23 ienes japoneses. Qual é a taxa de câmbio cruzada entre o iene e o peso, ou seja, quantos ienes você receberia por peso trocado?

(17-2) **Paridade da taxa de juros** – As letras do Tesouro de seis meses têm uma taxa nominal de 7%, enquanto os títulos livres de inadimplemento japoneses com vencimento em seis meses têm uma taxa nominal de 5,5%. No mercado de câmbio à vista, 1 iene é igual a $ 0,009. Caso a paridade da taxa de juros se mantenha, qual será a taxa de câmbio a prazo de seis meses?

(17-3) **Paridade do poder de compra** – Um computador custava $ 500 nos Estados Unidos. O mesmo aparelho custa 550 euros na França. Se a paridade do poder de compra for mantida, qual será a taxa de câmbio à vista entre o euro e o dólar?

(17-4) **Taxa de câmbio** – Se os euros forem vendidos por $ 1,50 (dólar americano) por euro, por quanto seriam vendidos os dólares em euros por dólar?

Problemas intermediários 5-8

(17-5) **Apreciação da moeda** – Suponha que a taxa de câmbio seja de 0,60 dólares por franco suíço. Se o franco fosse apreciado 10% com relação ao dólar, quantos francos um dólar compraria amanhã?

(17-6) **Taxas cruzadas** – Suponha que a taxa de câmbio entre o dólar norte-americano e o franco suíço fosse SFr 1,6 = $ 1; e a taxa de câmbio entre o dólar e a libra esterlina, £ 1 = $ 1,50. Qual seria a taxa de câmbio entre francos e libras esterlinas?

(17-7) **Paridade da taxa de juros** – Suponha que a paridade da taxa de juros se mantenha. Tanto no mercado à vista e no mercado a prazo de 90 dias, 1 iene japonês equivale a 0,0086 dólar. No Japão, os títulos de 90 dias livres de risco rendem 4,6%. Qual é o rendimento de um título de 90 dias livre de risco nos Estados Unidos?

(17-8) **Paridade do poder de compra** – No mercado à vista, é possível trocar 7,8 pesos por 1 dólar americano. Um fone de ouvido custa $ 15 nos Estados Unidos. Caso a paridade do poder de compra se mantenha, qual deverá ser o preço desse mesmo fone de ouvido no México?

Problemas desafiadores 9-14

(17-9) **Ganhos e perdas cambiais** – Sua empresa de manufatura Wruck Enterprises, com sede em Boston, obteve um empréstimo de 50 milhões de pesos de um banco da Cidade do México no mês passado para o fundo da expansão de sua fábrica em Monterrey, México. Quando o empréstimo foi recebido, a taxa de câmbio era de 10 centavos norte-americanos por peso, mas a partir de então ela caiu inesperadamente para 9 centavos norte-americanos por peso. A Wruck Enterprises teve ganho ou perda em consequência da mudança na taxa de câmbio? De quanto? Observe que seus acionistas residem nos Estados Unidos.

(17-10) **Resultados das variações nas taxas de câmbio** – Em 1983, a taxa de câmbio do iene japonês para o dólar era de 245 ienes japoneses por dólar, e o custo em dólares de um carro compacto fabricado no Japão era de $ 8.000. Suponha que agora a taxa de câmbio seja de 80 ienes por dólar. Suponha que não houve inflação no iene no custo de um automóvel, de modo que todas as variações de preço são devido às variações da taxa de câmbio. Qual seria o preço em dólares do carro agora, supondo que o preço do veículo varia apenas com as taxas de câmbio?

(17-11) **Taxas de câmbio à vista e a prazo** – A Boisjoly Watch Imports concordou em comprar 15 mil relógios suíços por 1 milhão de francos à taxa de câmbio à vista de hoje. O gerente financeiro da empresa, James Desreumaux, observou as seguintes taxas de câmbio atuais à vista e a prazo:

	DÓLAR NORTE--AMERICANO/FRANCO	FRANCO/DÓLAR NORTE--AMERICANO
À vista	1,6590	0,6028
A prazo para 30 dias	1,6540	0,6046
A prazo para 90 dias	1,6460	0,6075
A prazo para 180 dias	1,6400	0,6098

No mesmo dia, Desreumaux concordou em comprar mais 15 mil relógios dentro de três meses pelo mesmo preço de 1 milhão de francos.

a. Qual seria o preço dos relógios, em dólares norte-americanos, se fossem comprados à taxa de câmbio à vista de hoje?

b. Qual seria o custo, em dólares, do segundo lote de 15 mil relógios se o pagamento fosse feito em 90 dias e a taxa de câmbio à vista naquela época fosse igual à taxa de câmbio a prazo para 90 dias?

c. Se a taxa de câmbio do franco suíço fosse de 0,50 para $ 1 em 90 dias, quanto ele teria de pagar pelos relógios (em dólares)?

(17-12) **Paridade da taxa de juros** – Suponha que a paridade da taxa de juros se mantenha e os títulos livres de risco de 90 dias rendam 5% nos Estados Unidos e 5,3% na Alemanha. No mercado à vista, 1 euro é igual a $ 1,40. Qual é a taxa de câmbio a prazo para 90? A taxa de câmbio a prazo para 90 dias estava sendo comercializada a um prêmio ou a um desconto com relação à taxa à vista?

(17-13) Análise de investimento no exterior – Espera-se que uma subsidiária mexicana da Chapman Inc., a V. Gomez Corporation, pague à Chapman 50 pesos em dividendos em um ano após todos os impostos exstrangeiros e dos EUA forem subtraídos. Estima-se que a taxa de câmbio em um ano seja de 0,10 dólares por peso. Após isso, espera--se que o peso deprecie com relação ao dólar a uma taxa de 4% ao ano para sempre em função das taxas de inflação diferentes nos Estados Unidos e do México. Espera-se que o dividendo denominado em pesos cresça a uma taxa de 8% ao ano por tempo indefinido. A Chapman possui 10 milhões de ações da V. Gomez. Qual é o valor atual, em dólares, de sua participação acionária, supondo que o custo de patrimônio da V. Gomez seja de 13%?

(17-14) Orçamentos de capital estrangeiro – A empresa multinacional de manufatura sul-coreana, Nam Sung Industries, está cogitando investir um projeto de dois anos nos Estados Unidos. Os fluxos de caixa esperados do projeto, em dólares, são constituídos por um investimento inicial de $ 1 milhão com uma entrada de caixa de $ 700 mil no ano 1 e de $ 600 mil no ano 2. O custo de capital ajustado pelo risco para este projeto é de 13%. A taxa de câmbio atual é de 1,050 ganhos por dólar americano. As taxas livres de juros nos Estados Unidos e na Coreia do Sul são:

	1 ANO	2 ANOS
EUA	4,0%	4,25%
Coreia do Sul	3,0%	3,25%

a. Caso esse projeto fosse empreendido por uma empresa semelhante com sede nos Estados Unidos e com o mesmo custo de capital ajustado pelo risco, quais seriam o valor presente líquido e a taxa de retorno gerados por esse projeto?

b. Qual é a taxa de câmbio a prazo esperada daqui a um ano? E daqui a dois anos? (*Dica:* Assuma a perspectiva da empresa coreana ao identificar as moedas doméstica e estrangeira e as cotações diretas das taxas de câmbio.)

c. Caso a Nam Sung empreenda o projeto, qual será o valor presente líquido e a taxa de retorno dele para a empresa?

Problema de planilha

(17-15) Construa um modelo: administração financeira multinacional Mark Collins, luthier e empresário, constrói e vende instrumentos acústicos e elétricos. Apesar de estar localizado em Maryville, Tennessee, ele comprar matérias-prima do mundo inteiro. Por exemplo, ele constrói seu violão acústico de primeira linha com uma placa eletrônica, o MC-28, de jacarandá e mogno importados de uma distribuidora do México, abeto colhido e importado do Canadá, e ébano e eletrônicos importados de uma distribuidora japonesa. Ele obtém outras peças nos Estados Unidos. Quando uma base de guitarra quebra, o componente e os custos de finalização são os seguintes:

Jacarandá e mogno: 2.750 pesos mexicanos
Abeto: 200 dólares canadenses
Ébano e eletrônicos: 12.400 ienes japoneses
Outras peças mais a mão de obra na madeira: $ 600

Collins vende parte deste modelo nos Estados Unidos, mas a maioria das unidades é vendida na Inglaterra, onde ele desenvolveu um seguimento leal e as guitarras se tornaram símbolo de culto. Lá, suas guitarras alcançam £ 1.600, tirando o envio. Mark preocupa-se com o efeito das taxas de câmbio nos custos de seus materiais e no seu lucro.

Para este problema, você pode consultar as Tabelas 17-1, 17-2 e 17-3.

a. Qual era o custo, em dólares, para Collins produzir seu MC-28? Qual é o preço de venda em dólares do MC-28 na Inglaterra?

b. Qual é o lucro em dólares que Collins obtém sobre a venda do MC-28? Qual é o porcentual de lucro?

c. Se o dólar caísse 10% em relação a todas as moedas estrangeiras, qual seria o lucro do MC-28 em dólares?

d. Se o dólar caísse 10% somente em relação à libra e permanecesse constante em relação a todas as outras moedas estrangeiras, quais seriam os lucros do MC-28, em dólares e em porcentagem?

e. Utilizando as informações do mercado de câmbio a prazo da Tabela 17-3, calcule o retorno sobre títulos de 90 dias na Inglaterra, se a taxa de retorno sobre títulos de 90 dias nos Estados Unidos for de 3,9%.

f. Supondo que a paridade do poder de compra (PPP) se mantenha: qual seria o preço de venda do MC-28 se fosse vendido na França em vez de na Inglaterra? (*Dica:* suponha que a Inglaterra é o país doméstico.)

Estudo de caso

Com o crescimento na demanda de alimentos exóticos, o presidente da Possum Products, Michael Munger, está considerando expandir a impressão geográfica de sua linha de snacks secos e defumados de gambá, avestruz e carne de veado. Historicamente, esses produtos vão muito bem no sul dos Estados Unidos, mas há indicações de uma demanda crescente para esses quitutes incomuns na Europa. Munger reconhece que a expansão traz alguns riscos. Os europeus podem não aceitar carne de gambá como a pesquisa inicial sugere, portanto a expansão acontecerá em etapas. A primeira etapa será estabelecer as subsidiárias de vendas na França e na Suécia (os dois países com a demanda mais alta indicada), e a segunda é estabelecer uma fábrica de produção na França com a meta final da distribuição do produto por toda a Europa.

O diretor-executivo financeiro da Possum Products, Kevin Uram, embora entusiasmado com o plano, não deixa de estar preocupado com a maneira que a expansão internacional e o risco adicional vinculado afetarão o processo de gestão financeira da empresa. Ele pediu para você, o analista financeiro mais recente contratado pela empresa, desenvolver um pacote tutorial de uma hora explicando os princípios básicos da gestão financeira multinacional. O tutorial será apresentado na próxima reunião da gerência. Para começar, Uram lhe deu a seguinte lista de perguntas.

a. O que é uma empresa multinacional? Por que as empresas expandem suas operações para outros países?
b. Quais os seis principais fatores que distinguem a administração financeira multinacional da administração financeira praticada por uma empresa puramente nacional?
c. Considere as seguintes taxas de câmbio ilustrativas.

	DÓLARES NORTE-AMERICANOS NECESSÁRIOS PARA COMPRAR	1 UNIDADE DE MOEDA ESTRANGEIRA
Euro	1,2500	-
Coroa sueca	-	7,0000

(1) O que é uma cotação direta? Qual é a cotação direta para euros?
(2) O que é uma cotação indireta? Qual é a cotação indireta para as coroas suecas?
(3) O euro e a libra esterlina normalmente são cotados como cotações diretas. A maioria das moedas é cotada como cotações indiretas. Como você calcularia a cotação indireta para um euro? E a cotação direta para uma coroa sueca?
(4) O que é uma taxa cruzada? Calcule as duas taxas cruzadas entre euros e coroas suecas.
(5) Suponha que a Possum Products comece a produzir um pacote de snacks e envie para a França a $ 1,75. Se a empresa quer uma marca de 50% sobre o produto, quanto ele deveria ser vendido na França?
(6) Agora, suponha que a Possum Products comece a produzir o mesmo pacote de snacks na França. O produto custa 2 euros para produzir e enviar para a Suécia, onde pode ser vendido por 20 coroas suecas. Qual é o lucro em dólares da venda?
(7) O que é risco de taxa de câmbio?
d. Descreva resumidamente o atual sistema monetário internacional. Quais as diferenças entre o sistema atual e o sistema que estava em vigor antes de agosto de 1971?
e. O que é uma moeda conversível? Quais problemas surgem quando uma empresa multinacional atua em um país cuja moeda não é conversível?
f. Qual a diferença entre taxas de câmbio à vista e taxas de câmbio a prazo? Quando uma taxa de câmbio a prazo está com um prêmio em relação à taxa de câmbio à vista? E com desconto?
g. O que é paridade da taxa de juros? Atualmente, é possível trocar 1 euro por 1,25 dólar no mercado de câmbio a prazo de 180 dias, e a taxa livre de risco sobre títulos de 180 dias é de 6% nos Estados Unidos e de 4% na França. A paridade da taxa de juros se mantém? Em caso negativo, quais títulos ofereceriam a expectativa de retorno mais alto?
h. O que é paridade do poder de compra? Se um pacote de snacks custar $ 2 nos Estados Unidos e a paridade do poder de compra se mantiver, qual deverá ser o preço do produto na França?
i. Que efeito a inflação relativa tem sobre as taxas de juros e de câmbio?
j. Discuta resumidamente os mercados de capitais internacionais.
k. Até que ponto as estruturas de capital médias variam entre os diferentes países?
l. Descreva resumidamente os problemas que podem ocorrer em especial na avaliação de investimentos multinacionais e explique o processo de avaliação de um projeto no exterior. Agora, considere o projeto a seguir: uma empresa norte-americana tem a oportunidade de alugar uma unidade de produção no Japão por dois anos. A empresa teria de gastar ¥ 1 bilhão para reformar a fábrica. Os fluxos de caixa líquidos dessa fábrica nos próximos dois anos, em milhões, são: $CF_1 = ¥ 500$, $CF_2 = ¥ 800$. Um projeto semelhante nos Estados Unidos teria um custo de capital ajustado ao risco de 10%.

Nos Estados Unidos, um título do governo de um ano paga juros de 2%; e um título de dois anos, 2,8%. No Japão, um título de um ano paga 0,05%; e um de dois anos, 0,26%. Qual o NPV do projeto?

m   Discuta resumidamente sobre os fatores especiais ligados às áreas da administração de capital de giro multinacional a seguir:

(1) Administração de caixa.

(2) Administração de crédito.

(3) Administração de estoque.

Decisões táticas de financiamento

Financiamento público e privado: ofertas públicas iniciais, ofertas sazonais e bancos de investimento

No dia 18 de maio de 2012, o Facebook abriu seu capital em uma das ofertas públicas iniciais (IPO, do inglês *Initial Public Offering*) mais aguardadas da década. Quando escrevemos isso, um mês após o IPO, os investidores ainda não simpatizavam com o Facebook, e alguns deles até desaprovavam a iniciativa.

O Facebook e alguns de seus fundadores/investidores venderam cerca de 421 milhões de ações por US$ 38 cada, mas negociações subsequentes na Nasdaq foram adiadas por 30 minutos devido a problemas tecnológicos. Quando as negociações de fato começaram, o preço subiu rapidamente para mais de US$ 42. Embora o preço tenha aumentado para US$ 45 durante o dia, a maioria dos novos investidores vendia ações, colocando uma pressão descendente sobre o preço. O banco de investimentos Morgan Stanley, um dos subscritores, evitou a queda do preço comprando ações suficientes para criar uma demanda artificial. Até o fim do dia, o preço caiu para US$ 38,23, pouco acima do preço inicial. Durante as duas semanas seguintes, o preço caiu para menos de US$ 26, o que resultou em acusações e culpa.

Primeiro, analistas e investidores reclamaram que pouco antes de seu IPO o Facebook aumentara o número de ações que planejava vender, vendendo-as a um preço muito maior do que o estimado. Essa combinação, disseram, reduziu a demanda pelo estoque e prejudicou seu valor por ação.

Em segundo lugar, houve um pandemônio durante o dia quando os negociantes não conseguiram confirmar suas negociações. Por exemplo, a UBS (uma grande instituição financeira da Suíça) alegou ter perdido US$ 350 milhões devido à interrupção das informações. A Nasdaq ofereceu US$ 40 milhões para compensar o dinheiro que as corretoras haviam perdido devido à interrupção de informações, mas nem isso conseguiu agradar a todos os negociantes.

Em terceiro lugar, alguns investidores processaram o Facebook e seus subscritores, alegando que eles ocultaram a redução nas receitas de vendas projetadas de todos os clientes, com exceção de alguns favorecidos.

Falaremos mais sobre o IPO do Facebook mais à frente neste capítulo, então tenha esses eventos em mente.

Fontes: Shayndi Raice, Ryan Dexember e Jacob Bunge, "Facebook's Launch Sputters," *The Wall Street Journal*, 19 maio 2012, p. A1; Jonathan Stempel e Dan Levine, www.reuters.com, 23 maio 2012

Os capítulos anteriores descreveram como as empresas tomam decisões sobre estruturas de capital e implementam política de dividendos. Essas atividades determinam como o montante do novo capital da empresa é levantado e o mix de dívida/patrimônio desse novo capital. Agora discutiremos o processo real para levantar capital dos mercados públicos (as vendas de ações a um investidor privado como, por exemplo, um fundo de pensão). Discutiremos também, o papel desempenhado pelos bancos de investimento e agências regulatórias no levantamento de capital.

18-1   Ciclo da vida financeira de uma nova empresa em fase inicial de operação (*start-up*)

A maioria dos negócios inicia suas atividades como empresas individuais ou sociedades que, caso sejam bem-sucedidas e cresçam, em algum momento acham conveniente se tornarem companhias. Inicialmente, a maioria das ações de companhias pertence a administradores fundadores e principais funcionários da empresa. Mesmo *start-ups* que se tornam bem-sucedidas geralmente começam com fluxos de caixa livres negativos em razão de suas altas taxas de crescimento e custo de desenvolvimento de produtos; portanto, devem levantar capital durante esses anos de alto crescimento. Caso os sócios-administradores fundadores investirem todos seus recursos financeiros na empresa, terão de recorrer a fontes externas de capital. As *start-ups* geralmente possuem oportunidades de alto crescimento com relação a ativos existentes e sofrem especialmente de grandes problemas com informações assimétricas. Portanto, como discutimos no Capítulo 15, elas devem levantar capital externo principalmente com ações e não com dívidas.

Para proteger investidores de emissões de ações fraudulentas, em 1933 o Congresso norte-americano decretou a lei denominada *Securities Act*, que criou a **Comissão de Valores Mobiliários (SEC)** para regulamentar os mercados financeiros.[1] *Securities Act* regulamenta ofertas públicas interestaduais, que explicaremos nesta seção, mas, também, fornece diversas isenções que permitem às empresas emitirem títulos por meio de **colocações privadas** que não são registradas na SEC. As regras que regem essas isenções são extremamente complicadas, mas em geral restringem o número e tipo de investidores que podem participar de uma emissão. **Investidores qualificados** incluem diretores e conselheiros da empresa, indivíduos com grande fortuna e investidores institucionais. Em uma colocação privada não registrada, a empresa pode emitir títulos a um número ilimitado de investidores qualificados, mas para apenas 35 investidores não qualificados. Além disso, nenhum investidor pode vender seus títulos no mercado secundário para o público geral.

Para a maioria das *start-ups*, a primeira rodada de financiamento externo vem por meio de uma colocação privada de ações para um ou dois investidores individuais, chamados de **anjos**. Em troca de um investimento comum, que varia de $ 50 mil a $ 400 mil, os anjos recebem ações e, talvez, um lugar no conselho de administração. Como os anjos podem influenciar a direção estratégica da empresa, o ideal é que tragam experiência e contatos para a mesa, e não apenas caixa.

Com o crescimento da empresa, suas necessidades financeiras poderão exceder os recursos de investidores individuais, e neste caso é provável que recorra a **fundos de capital de risco**. Um fundo de capital de risco é uma sociedade limitada privada, que levanta de $ 30 milhões a $ 80 milhões de um grupo relativamente pequeno de investidores institucionais, incluindo fundos de pensão, fundos de universidades e companhias.[2]

Os gestores de um fundo de capital de risco, chamados de **investidores de risco**, ou **VCs**, possuem muito conhecimento e são muito experientes em um segmento em particular, como saúde ou biotecnologia. Eles analisam centenas de empresas e, por fim, financiam aproximadamente dez, chamadas de **empresas da carteira**. O fundo de risco compra ações das empresas da carteira, e os VCs participam do conselho de administração das empresas. O fundo de capital de risco geralmente possui uma vida predefinida de sete a dez anos, depois disso é dissolvido, por meio da venda das ações das empresas da carteira e distribuição do resultado da venda aos investidores do fundo ou distribuindo diretamente as ações aos investidores.

---

[1] Além de leis federais, que afetam transações que cruzam fronteiras estaduais, os estados possuem leis conhecidas como *Blue Sky*, que regulam títulos vendidos dentro do estado. Essas leis foram desenvolvidas para evitar que negociantes inescrupulosos vendam algo de pouco valor para investidores ingênuos.

[2] O típico fundo de capital de risco é uma sociedade limitada privada, com limitado número de sócios e um sócio geral. Os sócios limitados fazem aporte de capital, mas são proibidos de se envolverem na tomada de decisões da sociedade. Em razão de suas participações limitadas, não são considerados responsáveis por nenhum passivo da sociedade, exceto no que diz respeito ao seu investimento original. O sócio geral, na maioria das vezes, faz um aporte de capital relativamente pequeno, mas atua como o administrador da sociedade. Em contrapartida, normalmente recebe uma remuneração anual igual de 1% a 2% dos ativos do fundo mais uma participação de 20% nos eventuais lucros do fundo.

Autoavaliação

1. O que é uma colocação privada?
2. O que é um anjo?
3. O que é um fundo de capital de risco? Um VC?

18-2 Decisão de abertura de capital

Abertura de capital significa vender algumas das ações da empresa a investidores externos em uma oferta pública inicial (IPO) e, em seguida, deixar a negociação das ações em mercados públicos. Por exemplo a empresa da área de saúde, HCA, e as empresas Ferragamo e Prada, da indústria da moda, abriram o capital em 2011, com as empresas de mídia social Facebook e Linkedin em 2012. A seguir serão discutidas as vantagens e desvantagens da abertura de capital.

18-2a Vantagens de abrir capital

Existem muitas vantagens na abertura de capital, como detalharemos a seguir.

1. *Aumenta a liquidez e permite que os fundadores colham seus frutos.* As ações de uma empresa de capital fechado não são líquidas. Poderá ser difícil para um dos proprietários que queira vender algumas ações encontrar um comprador de imediato, e mesmo que encontre, não há um preço estabelecido para servir de base à operação.
2. *Permite diversificação por parte dos fundadores.* Com o crescimento e a valorização de uma empresa, seus fundadores, muitas vezes, possuem sua riqueza atrelada à empresa. Ao vender algumas de suas ações em uma oferta pública, conseguem diversificar seus investimentos, reduzindo assim os riscos de suas carteiras pessoais.
3. *Facilita a captação de recursos adicionais para a empresa.* Caso uma empresa de capital fechado queira levantar dinheiro por meio da venda de novas ações, deve recorrer aos seus proprietários atuais, que poderão não ter dinheiro ou não querer investir mais dinheiro na mesma fonte ou captar investidores abastados. No entanto, é bem difícil conseguir investidores externos para injetar dinheiro em uma empresa de capital fechado, porque se investidores externos não possuem controle de voto (mais de 50% de ações), os administradores/acionistas internos poderão estar em vantagem com relação a eles. A abertura de capital, a qual traz consigo tanto a divulgação pública de informações como a regulamentação pela SEC, reduz esse problema de maneira eficaz e, dessa forma, deixa as pessoas mais interessadas em investir na empresa, o que facilita para a empresa levantar capital.
4. *Estabelece um valor para a empresa.* Se uma empresa quer dar opções de compra de ações aos principais funcionários, é bom saber o exato valor dessas opções. Funcionários preferem ter ações, ou opções de compra de ações, que podem ser negociados no mercado e, portanto, são líquidos. Além disso, quando o proprietário de uma empresa privada morre, avaliadores de tributos estaduais e federais devem estabelecer um valor sobre a empresa para fins de imposto sobre espólio. Na maioria das vezes, esses avaliadores estabelecem um valor mais alto do que de uma empresa de capital aberto.
5. *Facilita negociações de fusões.* Ter um preço de mercado estabelecido é útil quando uma empresa está sendo adquirida ou tentando adquirir outra empresa e o pagamento será feito em ações.
6. *Aumenta mercados potenciais.* Muitas empresas relatam que é mais fácil vender seus produtos e serviços a clientes potenciais depois de se tornarem empresas de capital aberto.

18-2b Desvantagens de abrir capital

Existem também muitas desvantagens associadas com a abertura de capital, por exemplo:

1. *Custo de divulgação de informações.* Uma empresa de capital aberto deve entregar relatórios trimestrais e anuais à SEC e/ou a várias agências estaduais. Esses relatórios podem representar pesados encargos, especialmente para empresas pequenas. Além disso, o cumprimento da Lei Sarbanes-Oxley requer custos e mão de obra consideráveis.
2. *Divulgação.* A administração pode não apreciar a ideia de divulgar dados operacionais, pois esses dados ficarão disponíveis aos concorrentes. Da mesma forma, os proprietários da empresa podem não querer que as pessoas

conheçam seu patrimônio líquido. Mas como uma empresa de capital aberto deve divulgar o número de ações pertencentes aos seus diretores, conselheiros e maiores acionistas, basta multiplicar ações detidas pelo preço por ação para qualquer um calcular o patrimônio líquido dos proprietários.

3. *Risco de ter baixa liquidez e o baixo preço.* Quando a empresa é muito pequena e suas ações não são negociadas com muita frequência, suas ações não serão realmente líquidas e, por isso, o preço de mercado poderá não representar o verdadeiro valor das ações. Analistas de investimento e corretores simplesmente não acompanharão as ações, pois não haverá atividade de negociação suficiente para gerar comissões de corretagem suficientes para cobrir os custos de acompanhá-las.

4. *Manutenção do Controle.* Em razão de possíveis ofertas de compra e disputas por arrecadação de votos, administradores de empresas de capital aberto que não possuem controle de voto devem estar preocupados com a manutenção do controle. Além disso, existe uma pressão sobre esses administradores para produzir lucros anuais, mesmo quando deveria ser do interesse em longo prazo dos acionistas adotarem uma estratégia que reduza os lucros em curto prazo, mas os aumente em anos futuros. Esses fatores levaram muitas empresas públicas a "fechar o capital" em negociações de compras alavancadas, em que os administradores pegam dinheiro emprestado para comprar as ações de acionistas que não fazem parte da administração. Discutiremos a decisão de fechar capital em uma seção adiante.

5. *Dispêndio com Relações com investidores.* Empresas públicas devem manter os investidores informados sobre os atuais acontecimentos. Muitos diretores financeiros de empresas que abriram o capital recentemente contam que passam dois dias inteiros por semana conversando com investidores e analistas.

Autoavaliação

1. Quais as maiores vantagens de abrir o capital?
2. Quais as maiores desvantagens?

18-3   Processo de abertura de capital: oferta pública inicial

Como mostra a próxima seção, uma oferta pública inicial é muito mais complicada, cara e demorada do que simplesmente tomar a decisão de abrir o capital.

18-3a Selecionando um banco de investimento

Depois que a empresa decide pela abertura de capital, ela enfrentará o problema de como vender suas ações a um grande número de investidores. Embora a maioria das empresas saiba como vender seus produtos, poucas têm experiência em vender títulos. Para ajudar nesse processo, a empresa entrevistará muitos **bancos de investimento**, também chamados de **coordenadores**, e, então, escolherá um para ser o coordenador líder. Para entender os fatores que afetam essa escolha, é importante entender exatamente o que os bancos de investimento fazem em um IPO.

Em princípio, o banco de investimento auxilia a empresa a determinar o preço de oferta preliminar, ou a faixa de preços, da ação e o número de ações a serem vendidas. A reputação e a experiência do banco de investimento, no segmento em que a empresa atua, são cruciais para convencer investidores potenciais a comprar as ações pelo preço da oferta. Na realidade, o banco de investimento implicitamente certifica que o preço da ação não está demasiadamente alto, o que certamente tranquiliza o investidor. Além disso, o banco de investimento na verdade vende as ações a seus clientes já existentes, que incluem investidores institucionais e clientes do varejo (pessoas físicas). Em contrapartida, o banco de investimento, por meio de sua corretora associada, terá um analista para "cobrir" as ações depois que forem emitidas. Esse analista emitirá regularmente relatórios aos investidores descrevendo as perspectivas das ações, o que ajudará a manter o interesse nas ações. Analistas bem conceituados aumentam a probabilidade de haver mercado secundário líquido para a ação e que seu preço refletirá no verdadeiro valor da empresa.

Algumas atividades financeiras envolvem tanto habilidades de marketing quanto conhecimento de finanças. Por exemplo, a seleção de um subscritor muitas vezes é descrita como uma competição na qual os bancos de investimento concorrentes atraem a empresa com seu melhor discurso de vendas, muito parecido com um concurso de receitas culinárias em que os chefs disputam o melhor prêmio.

O Facebook escolheu o Morgan Stanley para ser seu subscritor líder, mas outros bancos de investimento também estavam envolvidos, como explicaremos a seguir.

18-3b Consórcio de colocação

Em seguida, a empresa e o banco de investimento devem decidir se o banco atuará em **regime de melhores esforços** ou **subscreverá** a emissão. Em uma colocação em regime de melhores esforços, o banco não garante que os títulos serão vendidos ou que a empresa obterá o dinheiro necessário, apenas que envidará seus melhores esforços para vender a emissão. Em uma emissão subscrita, em contrapartida, a empresa obtém uma garantia: o banco concorda em comprar a emissão inteira e depois revendê-la a seus clientes. Portanto, o banco assume um risco significativo ao subscrever ofertas.

Exceto por emissões extremamente pequenas, praticamente todos os IPOs são subscritos. Os investidores devem pagar os títulos em dez dias, e o banco de investimento deve pagar à empresa emissora em quatro dias do início oficial da oferta. Normalmente, o banco vende as ações em um ou dois dias após o início da oferta, mas no caso de o banco cometer um erro de cálculo, ele estabelece o preço de oferta alto demais e, portanto, torna-se incapaz de vender a emissão. Em outra situação, o mercado sofre uma queda durante o período de oferta, obrigando o banco a reduzir o preço das ações ou títulos. Em qualquer um dos casos, em uma oferta subscrita, a empresa recebe o preço que foi acordado, então o banco deve assumir qualquer prejuízo incorrido.

Como estão expostos a grandes prejuízos potenciais, os bancos de investimento geralmente não trabalham sozinhos com a compra e a distribuição de emissões, a não ser que a emissão seja muito pequena. Caso o valor envolvido seja grande, os bancos de investimento formam **consórcios de colocação** com o intuito de minimizar o risco de cada banco individual. O banco que define a negociação é chamado de **coordenador líder** ou **gerente**. As ofertas de consórcios são geralmente cobertas por mais analistas, o que contribui para aumentar a liquidez no mercado secundário pós-IPO. Dessa forma, o consórcio oferece benefícios tanto para os coordenadores como para os emissores.

Além do consórcio de colocação, em ofertas maiores, mais bancos de investimento integram o **grupo de venda**, que lida com a distribuição de títulos a investidores individuais. O grupo de venda inclui todos os membros do consórcio de colocação mais outros negociadores que tiram um percentual relativamente baixo da emissão total dos membros do consórcio de colocação. Dessa forma, os coordenadores atuam como atacadistas enquanto os membros do grupo de venda atuam como varejistas. O número de corretoras em um grupo de venda depende em parte do tamanho da emissão, mas é normalmente algo em torno de 10 a 15.

Além do Morgan Stanley, o grupo de subscrição e vendas do Facebook incluía mais de 30 empresas, entre elas Goldman Sachs, Merrill Lynch, Barclays, Citigroup, Credit Suisse Securities, Deutsche Bank Securities e Wells Fargo.

Um novo procedimento de vendas que surgiu recentemente aproveita-se da tendência de colocação de ações perante investidores institucionais. Nesse tipo de venda, chamada de **oferta de ações sem consórcio de colocação**, o coordenador líder – que atua sozinho – vende a emissão inteira a um grupo de investidores institucionais, evitando, assim, tanto os corretores de varejo como os investidores pessoas físicas. Nos últimos anos, aproximadamente 50% de todas as ações vendidas foram por meio de ofertas sem consórcios de colocação. Por trás desse fenômeno existe uma simples força motivante: dinheiro. As taxas que os emissores pagam sobre uma oferta com consórcio de colocação, que incluem as comissões dos corretores de varejo, podem representar um ponto porcentual mais alto do que as taxas de ofertas sem consórcios. Além disso, embora o total de taxas seja menor em ofertas sem consórcios de colocação, os coordenadores líderes geralmente saem na frente porque não precisam dividir as taxas com um consórcio de colocação. No entanto, alguns tipos de ações não interessam a investidores institucionais, por isso nem todas as empresas podem usar ofertas sem consórcios de colocação.

18-3c Regulamentação da venda de títulos

Vendas de novos títulos, bem como vendas nos mercados secundários, são regulamentadas pela SEC e, em menor escala, por cada um dos 50 estados americanos. Existem quatro elementos principais da regulamentação da SEC.

1. *Jurisdição.* A SEC possui jurisdição sobre todas as **ofertas públicas interestaduais que** envolvam $ 1,5 milhão ou mais.
2. *Registro.* Títulos recém-emitidos (ações e títulos) devem ser registrados na SEC no mínimo 20 dias antes de serem ofertados ao público. A **declaração de registro**, chamada de Formulário S-1, fornece informações financeiras, legais e técnicas sobre a empresa à SEC. Um **prospecto**, que está inserido no S-1, resume essa informação para os investidores. Os advogados e contadores da SEC analisam tanto a declaração de registro

quanto o prospecto; caso as informações sejam inadequadas ou enganosas, a SEC postergará ou suspenderá a oferta pública.[3]

Entre o que foi divulgado, o documento S-1 e alterações subsequentes (S-1/A) mostram o número proposto de ações a serem vendidas (incluindo uma divisão entre ações vendidas pela empresa e ações vendidas por acionistas atuais, incluindo os fundadores e investidores) e uma série de ofertas de preço possíveis (os preços pelos quais os primeiros investidores podem comprar as ações). Por exemplo, a apresentação do S-1 do Facebook no dia 1º de fevereiro de 2012 não especificou o número de ações ou a faixa de preço, mas sua declaração, alterada no dia 3 de maio de 2012, afirmou que o Facebook ofereceria 337 milhões de ações (180 milhões da empresa e 157 milhões de ações de seus acionistas atuais) a um preço entre US$ 28 e US$ 35 por ação.

3. *Prospecto.* Depois que a SEC declara o registro como efetivo, novos títulos poderão ser anunciados, mas todos os anúncios de venda deverão ser acompanhados pelo prospecto. **Prospecto preliminar**, ou **prospecto "*red herring*"**, poderá ser distribuído para os possíveis compradores durante o período de 20 dias após a efetivação do registro, mas nenhuma venda poderá ser finalizada durante esse período. O prospecto *red herring* (assim chamado por causa do aviso legal impresso em vermelho em sua capa) contém todas as informações-chave que aparecerão no prospecto final, exceto o preço final, que é geralmente definido após o fechamento do mercado no dia anterior à oferta efetiva dos novos títulos ao público.

4. *Verdade na divulgação de informações.* Caso a declaração de registro ou o prospecto contenham **informações falsas** ou **omissões** de fatos relevantes, qualquer comprador que sofrer um prejuízo poderá abrir um processo por danos. Severas multas poderão ser aplicadas ao emissor ou seus diretores, conselheiros, contadores, engenheiros, avaliadores, coordenadores e todos os outros que participaram da preparação da declaração de registro ou prospecto.

18-3d A *roadshow* e o *book-building*

Após a entrega da declaração de registro, a equipe da alta administração, o banco de investimento e os advogados da empresa iniciam as **apresentações aos investidores (*roadshow*)**. A equipe da administração fará de três a sete apresentações por dia a possíveis investidores institucionais, que normalmente são clientes dos coordenadores. Os investidores institucionais fazem perguntas durante a apresentação, mas a equipe da administração não pode fornecer nenhuma informação além das contidas na declaração de registro. A equipe da administração não pode fazer nenhuma projeção nem expressar nenhuma opinião sobre o valor de sua empresa. Essas disposições estão relacionadas ao período de silêncio **determinado pela SEC**. Esse período de silêncio inicia-se quando o registro se torna efetivo e dura 40 dias após o início das negociações das ações. A ideia é criar condições de concorrência equitativa para todos os investidores, garantindo que todos tenham acesso às mesmas informações. Não é raro para a SEC atrasar um IPO se a administração violar as regras do período de silêncio. Um típico ciclo de apresentação aos investidores pode durar de 10 a 14 dias, com paradas em 10 a 20 cidades diferentes. De muitas maneiras, esse processo lembra uma festa de debutante para a empresa, mas é muito mais cansativo e envolve riscos mais altos.

Após a apresentação, o banco de investimento pede ao investidor uma indicação de seu interesse, com base na faixa de preços da oferta mostrada na declaração de registro. O banco de investimento registra o número de ações que cada investidor está disposto a comprar, o que é chamado de ***book-building***. À medida que as apresentações aos investidores progridem, um "livro" do banco de investimento mostra como está a demanda pela oferta. Em muitos IPOs, a **demanda excede a quantidade de ações emitidas**, pois os investidores querem comprar mais ações do que as disponíveis. Nesse caso, o banco alocará ações aos investidores em uma base *pro rata*.[4]

Caso a demanda seja grande o suficiente, os bancos poderão aumentar o preço de oferta; se for baixa, eles reduzirão o preço de oferta ou retirarão o IPO. Às vezes, a baixa demanda deve-se especificamente à preocupa-

---

[3] Pela internet, é extremamente fácil obter o formulário S-1, que geralmente possui de 50 a 200 páginas de demonstrações financeiras, além de uma análise detalhada dos negócios da empresa, os riscos e oportunidades que a empresa está encontrando, seus principais acionistas e administradores, o que será feito com os recursos captados, entre outros. Essa declaração é entregue à SEC e fica imediatamente disponível, pela internet, aos investidores. O pessoal da SEC revisa o formulário S-1 entregue e emendas poderão ser feitas (com o nome de S-1A, S-1B etc.). A provável faixa de preços da oferta será divulgada – por exemplo, de $ 13 a $ 15 por ação. Caso o mercado se fortaleça ou enfraqueça enquanto as ações estão sendo revisadas pela SEC, o preço poderá aumentar ou diminuir até o último dia. O site da SEC com esses e outros registros está em http://www.sec.gov.

[4] A maioria dos acordos de coordenação e distribuição contém uma "opção de lote suplementar", que permite que o coordenador compre ações adicionais da empresa até 15% da emissão para cobrir promessas feitas a potenciais compradores. Isso é chamado de acordo "*green shoe*", pois foi usado pela primeira vez em 1963 para uma empresa chamada Green Shoe.

ção com as perspectivas da empresa, mas, às vezes, é causada por uma queda no mercado de ações de maneira geral. Portanto, a duração do período de apresentações aos investidores e a data da oferta são importantes. Como diz o velho ditado, às vezes é melhor ter sorte do que ser bom.

18-3e Definindo o preço de oferta

Antes que as negociações comecem, uma empresa deve apresentar uma declaração de registro mostrando o número atual de ações a serem vendidas e a faixa de preço final. Uma empresa geralmente anuncia o preço real de oferta um dia antes do IPO. Esse é o preço pelo qual o grupo bancário de investimentos vende ações aos compradores que conquistou durante a apresentação aos investidores. O banco de investimento, então, paga esses lucros à empresa emissora, retirando a porcentagem chamada de "propagação do subscritor" (discutiremos todos os custos de um IPO nas seções seguintes).

Como uma empresa e seus bancos de investimento estabelecem o preço de oferta? É simples na teoria, mas complicado na prática, então comecemos pela primeira. Existem duas situações: (1) uma empresa sabe quantas ações pretende vender ou (2) sabe quanto caixa precisa levantar.

Definindo o preço de oferta quando o número de novas ações é conhecido

Uma empresa deve decidir quanto de sua propriedade deseja vender a novos investidores, e isso depende do número de ações que o fundadores e investidores anteriores possuem, $n_{Existentes}$, e do número de ações da empresa a serem compradas pelos novos investidores, n_{Novas}:

$$\text{Percentual de ações pertencentes a novos investidores} = \frac{n_{Novas}}{n_{Novas} + n_{Existentes}}$$

(18-1)

Levando em conta o percentual-alvo a ser vendido, a Equação 18-1 pode ser resolvida pelo número exigido de novas ações a vender:

$$n_{Novas} = \frac{(\%\ \text{possuída por investidores})\, n_{Existentes}}{1 - (\%\ \text{possuída por novos intestidores})}$$

(18-1a)

A empresa e o banco de investimento devem estimar o valor de uma empresa e o valor de seus títulos antes do IPO, $V_{Pré-IPO}$. O valor total de títulos após o IPO é a soma do valor pré-IPO e dos lucros do IPO, valor líquido da propagação de subscritor. Se P_{Oferta} indica o preço de oferta, e que F indica a distribuição da porcentagem, o valor pós-IPO dos títulos, $V_{Pós-IPO}$ é:

$$V_{Pós-IPO} = V_{Pré-IPO} + P_{Oferta}(1-F)n_{Novas}$$

(18-2)

Os novos investidores comprarão títulos apenas se sua participação após o IPO for tão grande quanto a quantia que pagam pelas ações. Sua participação é igual ao valor pós-IPO da empresa multiplicado pela porcentagem da empresa que possuem, e a quantia paga por eles é igual ao preço de oferta multiplicado pelo número de novas ações. Usando as Equações 18-1 e 18-1, obtemos:

$$P_{Oferta} = \left[\frac{V_{Pré-IPO}}{F(n_{Novas}) + n_{Existentes}}\right]$$

(18-3)

Por exemplo, os fundadores e os primeiros investidores do Facebook possuíam 1,96 bilhão de ações antes do IPO, e o Facebook vendeu 0,18 bilhão no IPO. Se o valor pré-IPO do Facebook fosse US$ 75 bilhões e a propagação do banco de investimento fosse de 7%, o preço de ação deveria ser:

$$P_{Oferta} = \left[\frac{\$\,75}{(0,07)(0,18) + 1,96}\right] = \$\,38,02$$

Após uma empresa anunciar o preço de oferta, analistas podem usar a Equação 18-3 para calcular o valor pré-IPO decorrente do preço, que foi o que fizemos no exemplo do Facebook. Após a propagação do banco de investimento, o rendimento do Facebook era de cerca de US$ 38,02 (1 – 0,07) (0,18 bilhão) = US$ 6,4 bilhões. Os novos investidores possuíam cerca de 8,4% do Facebook: 0,18/(0,18 + 1,96) = 8,4%.

Estabelecendo o preço de oferta quando os lucros-alvo são conhecidos

Como uma empresa estabelece o preço de oferta se precisa de certa quantia em lucro? A ideia básica é determinar a relação entre o valor do investimento feito pelos novos investidores e o valor pós-IPO. Da perspectiva dos novos investidores, esse é o percentual de posse que precisam ter para justificar seu investimento. O valor pós-IPO é igual ao valor pré-IPO mais os lucros líquidos, então o percentual de posse exigido pelos novos investidores é:

$$\% \text{ de ações exigidas pelos novos investidores} = \frac{\text{Investimento}}{(1-F)\text{Investimento} + V_{\text{Pré-IPO}}} \qquad \textbf{(18-4)}$$

Por exemplo, suponha que uma empresa tenha um valor pré-IPO de US$ 50 milhões, com 2 milhões de ações existentes, precise de US$ 9,3 milhões de lucro líquido, e que o banco de investimento cobre uma propagação de 7%. A empresa deve vender US$ 10 milhões em ações a investidores para obter os US$ 9,3 milhões necessários: (US$ 10 milhões) (1 – 0,07) = US$ 9,3 milhões. Usando a Equação 18-4, os novos investidores exigirão uma participação de 16,86% na empresa:

$$\% \text{ de ações exigidas pelos novos investidores} = \frac{\$ 10}{(1-0,07)\$ 10 + \$ 50} = 16,86\%$$

A Equação 18-1a pode ser usada para calcular o número de novas ações:

$$n_{\text{Novas}} = \frac{(0,1686)(2.000.000)}{(1-0,1686)} = 405,581$$

O preço por ação é encontrado pela divisão do investimento pelo número de novas ações: US$ 10.000.000/405.581 = US$ 24,656 ≈ US$ 24,65.

Um jeito mais rápido de fazer esse cálculo é reconhecer que os acionistas existentes sustentam o custo de subscrição porque os novos investidores precisam receber ações exatamente iguais a seu custo. Para esse exemplo, o custo de subscrição é 0,07 (US$ 10 milhões) = US$ 0,7 milhão. Subtraindo isso do valor pré-IPO e dividindo pelo número existente de ações, temos o mesmo preço de US$ 24,65 = (US$ 10 – US$ 0,07)/2. Após calcular o preço do IPO de US$ 24,65, é fácil encontrar o número de novas ações dividindo o investimento de US$ 10 milhões pelo preço por ação: US$ 10.000.000/US$ 24,65 = 405.680 ações, o mesmo que encontramos anteriormente, com exceção das diferenças de arredondamento.

Conflitos entre a empresa e o banco de investimento

Embora a fixação dos preços seja simples na teoria, há grandes conflitos de interesse na prática. A empresa emissora quer que o preço de oferta seja alto porque isso irá gerar mais caixa no IPO ou reduzirá o número de ações a serem vendidas. Entretanto, o banco de investimento em um IPO subscrito teme prender-se a um estoque supervalorizado se o preço de oferta for muito alto. Embora isso seja raro, alguns IPOs foram cancelados de última hora porque a empresa e os subscritores não conseguiram entrar em acordo.

18-3f Primeiro dia de negociação

O primeiro dia de negociação em muitos IPOs é agitado e emocionante. A Tabela 18-1 mostra os maiores retornos de primeiro dia para IPOs durante o ano de 2011. Algumas ações encerram o dia com grandes ganhos, como o aumento de preço de 109% da LinkedIn, como mostra a Linha 1 da tabela. Outras apresentam um aumento significativo e, em seguida, uma queda no fim do dia. Na realidade alguns IPOs encerram seu primeiro dia com prejuízo. O professor Jay Ritter, da Universidade da Flórida, relatou que a média do retorno de primeiro dia em 2011 foi por volta de 13,3%, um pouco menor do que o retorno de 16,8% em 1960-2011.[5]

---

[5] Ver Jay R. Ritter, http://bear.warrington.ufl.edu/ritter/ipodata.htm.

O Facebook fechou seu primeiro dia com preços estáveis, porém teria caido se os subscritores não tivessem criado uma demanda artificial comprando as ações que estavam em queda. No segundo dia, o Facebook caiu 11%. As alterações nas apresentações enviadas à SEC na semana anterior ao IPO podem ter contribuído para seu fraco desempenho no primeiro dia. No dia 15 de maio de 2012, o Facebook apresentou uma alteração no S-1/A, aumentando a faixa de preços de US$ 28–US$ 35 para US$ 34–US$ 38. No dia 16 de maio, o Facebook apresentou outra alteração, aumentando em 84 milhões de ações a quantia a ser vendida por fontes internas. No dia 17 de maio, o Facebook anunciou que o preço de oferta seria de US$ 38 por ação, o preço máximo de uma faixa que já era mais alta. As ações do Facebook começaram a ser negociadas no dia seguinte.

Muitos analistas se surpreenderam com esses aumentos no preço de oferta e no número de ações a serem vendidas, especialmente com a proporção de ações de fontes internas, que subiu para 57% do total vendido no IPO. Colocando isso em perspectiva, as fontes internas do Google representavam cerca de 28% de seu IPO, e algumas fontes internas não vendem quaisquer de suas ações, caso das da Amazon em 1994. É possível que esse aumento da oferta e do custo tenha diminuído a demanda pelos títulos.

TABELA 18-1

Retornos de IPO mais altos no primeiro dia em 2011[a]

CLASSIFICAÇÃO	EMPRESA (SÍMBOLO)	PREÇO DA OFERTA	PREÇO DE ENCERRAMENTO DO PRIMEIRO DIA	GANHO
1	LinkedIn Corporation	$ 45,00	$ 94,25	109%
2	Yandex N.V.	$ 25,00	$ 39,00	56%
3	Zipcar, Inc.	$ 18,00	$ 28,00	56%
4	HomeAway, Inc.	$ 27,00	$ 40,21	49%
5	Phoenix New Media Limited	$ 11,00	$ 14,75	34%
6	Renren Inc.	$ 14,00	$ 18,01	29%
7	Responsys, Inc.	$ 12,00	$ 15,40	28%
8	RPX Corporation	$ 19,00	$ 23,88	26%
9	21Vianet Group, Inc.	$ 15,00	$ 18,80	25%
10	Arcos Dorados Holdings Inc.	$ 17,00	$ 21,20	25%

[a] Estes são os retornos de IPO mais altos no primeiro dia em 2011.
Fonte: Compilado a partir de moneycentral.hoovers.com/global/msn/indez.xhtml?pageid=10021.

De acordo com um estudo de IPOs durante os anos 1990-1998 pelo Professor Tim Loughran e Jay Ritter, 27,3% dos IPOs tiveram um preço de oferta mais baixo do que o valor inferior da faixa de preços em seus registros iniciais, e essas ações tiveram um retorno médio no primeiro dia de 4,0%.[6] Embora o retorno médio fosse positivo, 47% dessas ações encerraram o dia com prejuízo ou sem nenhum ganho. Aproximadamente 48,4% dos IPOs tiveram um preço de oferta que estava dentro da faixa de preços de seus registros iniciais. Para essas empresas, o retorno médio no primeiro dia foi de 10,8%. Como resultado da alta demanda durante as apresentações aos investidores, 24,3% dos IPOs tiveram um preço de oferta final acima da faixa de preço original. Essas ações tiveram um retorno médio no primeiro dia de 31,9%. De maneira geral, o retorno médio no primeiro dia foi de 14,1% durante 1990-1998, com 75% de todos os IPOs tendo um retorno positivo. Durante 1999, o retorno médio no primeiro dia era um astronômico 70%!

Você provavelmente está se perguntando duas coisas: (1) Como conseguir entrar em negócios como esse? (2) Por que o preço de oferta é tão baixo? Primeiro, você possivelmente não tem condições de comprar um IPO a seu preço de oferta, especialmente um não muito alto. Praticamente todas as vendas são para investidores institucionais e clientes preferenciais do varejo. Existem alguns bancos de investimento que usam sistemas de negociação pela internet que estão tentando mudar isso, como a OpenIPO da W. R. Hambrecht & e Co, mas atualmente está difícil para pequenos investidores entrarem nos melhores IPOs de primeiro dia.

---

[6] Veja Tim Loughran e Jay R. Ritter, "Why Don't Issuers Get Upset about Leaving Money on the Table in IPOs?" *Review of Financial Studies*, 2002, p. 413-444.

Várias teorias foram apresentadas para explicar a subavaliação no IPO. Enquanto empresas emissoras não reclamam, bancos de investimento possuem grandes incentivos para subavaliar a emissão. Primeiro, a subavaliação aumenta a probabilidade de demanda maior do que o número de ações emitidas, o que reduz o risco para o coordenador. Em segundo lugar, a maioria dos investidores que conseguem comprar o IPO pelo preço da oferta é cliente preferencial do banco de investimento e torna-se preferencial gerando muitas comissões na corretora associada do banco de investimento. Portanto, o IPO é um jeito fácil para o coordenador recompensar os clientes pelas comissões passadas e futuras. Além disso, o coordenador precisa de uma indicação honesta de interesse durante o processo de *book-building* antes da oferta, e a subavaliação é uma maneira de assegurar a obtenção dessa informação dos investidores institucionais.

Mas por que empresas emissoras não se opõem à subavaliação? Algumas se opõem e estão buscando maneiras alternativas de emitir títulos, como o OpenIPO. No entanto, a maioria parece satisfeita em deixar algum dinheiro sobre a mesa. As melhores explicações parecem ser que (1) a empresa quer gerar euforia, e um aumento de preço no primeiro dia surte esse efeito; (2) apenas uma pequena porcentagem das ações da empresa é ofertada ao público, assim os atuais acionistas perdem menos com a subavaliação do que parece a princípio; e (3) empresas de IPO normalmente planejam ter ofertas adicionais no futuro, e a melhor maneira de garantir sucesso futuro é ter um IPO bem-sucedido, o que a subavaliação garante.

Embora IPOs dentro da média ofereçam retornos de primeiro dia grandes, seus retornos em longo prazo durante os próximos três anos são abaixo da média. Por exemplo, se você não pudesse chegar ao preço do IPO, mas comprasse uma carteira de ações do IPO no segundo dia de negociação, seu retorno de três anos teria sido inferior ao retorno sobre uma carteira de ações parecidas, porém sazonais. Resumindo, o preço da oferta parece estar baixo demais, mas geralmente o aumento do primeiro dia é alto demais.

18-3g Custos da abertura de capital

Nos últimos anos, praticamente todos os bancos de investimento cobraram um *spread* de 7% entre o preço que pagam à empresa emissora e o preço que vendem as ações ao público. Dessa forma, ficam com 7% do preço da oferta como remuneração. Por exemplo, Epocrates (EPOC), um desenvolvedor de software para profissionais da área da saúde, abriu o capital em 2011. A empresa vendeu 3,574 milhões de ações ao preço de $ 16,00 cada (fundadores e outros acionistas também venderam 1,785 milhão de suas próprias ações). Nesse IPO, a remuneração direta dos coordenadores foi de $ 1,12 por ação, o que significa que as ações foram vendidas ao preço de $ 16 ao público, mas a EPOC recebeu apenas $ 16,00 – $ 1,12 = $ 14,88 por ação. Para os 3,574 milhões de ações emitidas pela empresa, esses custos de distribuição direta totalizaram aproximadamente $ 1,12(3,574) = $ 4 milhões; os coordenadores também tiveram o mesmo custo sobre as ações que venderam para fundadores e outros acionistas existentes.

Mas existem outros custos diretos, como honorários de advogados, custos com contadores, impressão, gravuras etc. A EPOC estimou esses encargos em aproximadamente $ 2,8 milhões.

E por último, mas não menos importante, estão os custos indiretos. O dinheiro deixado sobre a mesa, que é igual ao número de ações multiplicado pela diferença entre o preço de fechamento e o preço da oferta, pode ser consideravelmente grande. A empresa teve um aumento no preço da oferta no primeiro dia de $ 21,96 para $ 16,00, seus custos indiretos totalizaram 3,574($ 21,96 – $ 16,00) = $ 21,30 milhões. Além disso, a alta administração gasta muito tempo trabalhando em cima do IPO em vez de administrar os negócios, o que certamente acarreta alto custo, mesmo que não possa ser facilmente mensurado.

Portanto, a EPOC recebeu 3,574 ($ 16 – $ 1,12) = $ 53,2 milhões, os coordenadores e sua equipe de vendas receberam $ 4 milhões, outras despesas totalizaram cerca de $ 2,8, e $ 21,3 milhões foram deixados sobre a mesa. Sem dúvida existem outros custos indiretos por causa do dispêndio de tempo da administração na preparação do IPO. Como você pode ver, um IPO é muito caro.[7]

18-3h Importância do mercado secundário

Um mercado secundário ativo após o IPO oferece aos acionistas pré-IPO uma chance de converter algumas de suas riquezas em caixa, torna mais simples para a empresa levantar capital adicional mais tarde, torna

---

[7] Para mais informações sobre IPOs, veja Roger G. Ibbotson, Jody L. Sindelar e Jay R. Ritter, "The Market's Problems with the Pricing of Initial Public Offerings", *Journal of Applied Corporate Finance,* 1994, p. 66-74; Chris J. Muscarella e Michael R. Vetsuypens, "The Underpricing of 'Second' Initial Public Offerings", *Journal of Financial Research,* 1989, p. 183-192; Jay R. Ritter, "The Long-Run Performance of Initial Public Offerings", *Journal of Finance,* mar. 1991, p. 3-27, e Jay R. Ritter, "Initial Public Offerings", *Contemporary Finance Digest,* 1998, p. 5-30.

as opções de compra de ações aos funcionários mais atrativas e facilita para a empresa usar suas ações para adquirir outras empresas. Sem um mercado secundário ativo, haveria menos razão para realizar um IPO. Dessa forma, empresas deveriam tentar garantir que suas ações serão negociadas em mercado secundário ativo antes de incorrerem nos altos custos de um IPO.

Existem vários tipos de mercados secundários: bolsa de valores, mercados de distribuidoras e sistemas eletrônicos de negociação. Discutiremos cada um deles a seguir.

Bolsas de valores, como a Nyse e Amex, conduzem suas negociações em um local físico, real. De maneira geral, Nyse e Amex oferecem excelente liquidez. Para ter suas ações registradas, uma empresa deve protocolar o pedido de registro em uma bolsa, pagar uma taxa relativamente pequena e atender aos requisitos mínimos da bolsa. Esses requisitos referem-se ao valor do lucro líquido da empresa, seu valor de mercado e o número de ações em circulação e nas mãos de acionistas externos (em oposição ao número mantido pelos acionistas internos, que normalmente não negociam ativamente suas ações). Também, a empresa deve concordar em revelar certas informações à bolsa e ajudá-la a monitorar os padrões de negociação e assim garantir que ninguém tentará manipular o preço da ação. As qualificações de tamanho aumentam à medida que a empresa passa da Amex para a Nyse.

Supondo que uma empresa se qualifique, muitos acreditam que o registro é benéfico para a empresa e seus acionistas. Empresas listadas recebem certa publicidade e propaganda gratuita, e seu *status* como empresa listada pode aumentar seu prestígio e reputação, o que levará a um aumento nas vendas. Investidores respondem de maneira positiva ao aumento de informações, de liquidez e de confiança de que o preço cotado não está sendo manipulado. O registro na bolsa oferece aos investidores esses benefícios, que poderão ajudar a administração a reduzir o custo do capital próprio da empresa e aumentar o valor de suas ações.[8]

As vantagens de bolsas físicas têm sido desgastadas – alguns diriam eliminadas – pelos computadores e pela internet, o que tem beneficiado os mercados das distribuidoras (*dealers*). Os principais mercados de distribuidoras de ações são administrados pela Nasdaq e incluem Nasdaq National Market e Nasdaq SmallCap Market. Quase 85% de novas ações de IPO são negociadas nesses mercados. Diferentemente de bolsas físicas, esses mercados consistem em uma rede de distribuidoras, em que cada uma forma um mercado de uma ou mais ações. Uma distribuidora forma um mercado para as ações de uma empresa ao manter um estoque das ações e fazer ofertas para comprar e vender as ações. Muitas ações possuem excelente liquidez nesses mercados e permanecem lá embora atendam facilmente os requisitos para registro na Nyse. Como exemplos, temos Microsoft, Intel, Apple e Cisco Systems.

Bancos de investimento geralmente concordam em formar um mercado para as ações de uma empresa como parte de suas obrigações em um IPO. O empenho com que realizam essa tarefa pode ter um grande efeito sobre a liquidez das ações no mercado secundário e, portanto, no sucesso do IPO.

Embora os requisitos para registro na Nasdaq National Market ou na Small-Cap Market não sejam tão rigorosos quanto para o registro na Nyse, algumas empresas não conseguem cumprir esses requisitos e, como resultado, têm seus registros cancelados. Para essas empresas, ofertas para comprar ou vender ações podem ser colocadas no sistema eletrônico de mercado de balcão administrado pela Nasdaq (OTC Bulletin Board). Entretanto, essas ações têm muito pouca liquidez, e um IPO seria considerado um fracasso caso as ações da empresa terminassem no sistema eletrônico de mercado de balcão.

18-3i   Regulamentando o mercado secundário

Como dissemos anteriormente, um mercado secundário líquido e confiável é crucial para o sucesso de um IPO ou qualquer outro título negociado em um mercado público. Por essa razão, além da regulamentação do processo de emissão de títulos, a SEC também é responsável pelos mercados secundários. Os elementos básicos de regulamentação da SEC são estabelecidos a seguir:

1. *Bolsa de Valores.* A SEC *regula todas as bolsas de valores nacionais,* e empresas cujos títulos são listados em uma bolsa devem entregar à SEC e à bolsa relatórios anuais parecidos com a declaração de registro.
2. *Transações baseadas em informações privilegiadas.* A SEC tem controle sobre as negociações feitas pelo pessoal interno *da empresa.* Diretores, conselheiros e acionistas maiores devem entregar relatórios mensais das alterações em suas participações no capital da empresa. Qualquer lucro em curto prazo oriundo dessas transações deve ser repassado à empresa.

---

[8] Para mais informações sobre os benefícios do registro nas bolsas, veja H. Kent Baker e Richard B. Edelman, "AMEX-to--NYSE Transfers, Market Microstructure, and Shareholder Wealth", *Financial Management,* 1992, p. 60-72, e Richard B. Edelman e H. Kent Baker, "Liquidity and Stock Exchange Listing", *The Financial Review,* maio 1990, p. 231-249.

3. *Manipulação de mercado.* A SEC tem o poder de *proibir a manipulação* por meio de dispositivos como fundos (grandes quantias de dinheiro usadas para comprar ou vender ações para afetar artificialmente os preços) ou vendas fictícias (vendas entre membros do mesmo grupo para registrar preços de transaçõcs artificiais).
4. *Declarações de procuração.* A SEC tem *controle sobre a declaração de procuração* e sobre a maneira como a empresa usa essa declaração para solicitar votos.

O controle sobre crédito usado para comprar títulos é exercido pelo banco central dos EUA por meio de **exigências de margem**, que especificam a porcentagem máxima do preço de compra que alguém pode pegar emprestado. No caso de persistir um empréstimo de margem grande, uma queda nos preços das ações poderá resultar em coberturas inadequadas. Isso poderia obrigar os corretores a emitir **chamadas de margem**, o que exige que os investidores coloquem mais dinheiro ou tenham suas ações vendidas para pagar seus empréstimos. Essas vendas forçadas gerarão uma depressão no mercado de ações e, dessa forma, desencadear uma queda. A margem necessária no momento em que uma ação é comprada é de 50% desde 1974 ("margens de manutenção" subsequentes são inferiores e, geralmente, fixadas por credores individuais).

A própria indústria de títulos percebe a importância de mercados estáveis, corretoras sólidas e a ausência de manipulação de ações.[9] Portanto, as várias bolsas de valores trabalham junto com a SEC para monitorar as transações e manter a integridade e a credibilidade do sistema. Da mesma forma, a **Associação das Corretoras de Títulos dos EUA (NASD)** coopera com a SEC para monitorar as negociações em seus mercados distribuidores e de balcão. Esses grupos de indústrias também ajudam as autoridades regulatórias a estabelecer patrimônio líquido e outros padrões para as empresas de títulos, a desenvolver programas de seguros para proteger os clientes de corretoras falidas etc.

De forma geral, a regulamentação de negociações de títulos, assim como a autoregulamentação da indústria, tem o objetivo de garantir que (1) os investidores recebam informações mais precisas possíveis; (2) ninguém manipule artificialmente o preço de mercado de determinada ação; e (3) o pessoal interno das empresas não se aproveite de seus cargos para lucrar com as ações de suas empresas em detrimento de outros acionistas. Nem a SEC, nem os reguladores estaduais nem a própria indústria conseguem evitar que os acionistas tomem decisões equivocadas ou tenham "má sorte", mas eles podem e efetivamente ajudam os investidores a obter os melhores dados possíveis para tomar decisões abalizadas de investimentos.

18-3j   Práticas de IPO questionáveis

Entre as muitas revelações que surgiram durante o ano 2002 com relação aos bancos de investimento está a prática, por parte de alguns desses bancos, de deixar os presidentes e outros executivos seniores de empresas participarem de IPOs "quentes". Nessas negociações, a demanda por novas ações foi maior do que a oferta pelo preço da oferta, por isso os bancos de investimento estavam praticamente certos de que as ações subiriam muito acima do preço de oferta.

Alguns bancos de investimento alocaram sistematicamente ações de "IPOs de sucesso" a executivos de empresas que estavam emitindo ações e títulos – e, portanto, gerando taxas aos bancos coordenadores. Bernie Ebbers – presidente e CEO da WorldCom, uma das maiores fontes de taxas de coordenação e distribuição para bancos de investimento – recebeu grandes alocações de ações de IPOs quentes e ganhou milhões nesses negócios. Ebbers é apenas um exemplo; muito disso estava em andamento no fim dos anos 1990, na época da bolha da tecnologia ponto com.

Autoridades governamentais têm investigado essa prática, chamada de "*spinning*", e muitos executivos de empresas e bancos de investimento têm sido acusados de algo que corresponde a um esquema de propina em que esses executivos que favoreceram determinados bancos de investimento foram recompensados com ações de IPOs quentes. Na realidade, em 2003, dez empresas de títulos da Wall Street concordaram em pagar $ 1,4 bilhão em multas para se livrar de acusações de abuso de investidores, incluindo *spinning*. Embora a prática possa ou não ser considerada ilegal (deverá ainda ser definido), ela certamente não é considerada ética. Os executivos das empresas eram pagos para trabalhar para seus acionistas, dessa forma deveriam repassar qualquer lucro de IPO a suas empresas – e não mantê-los para si próprios.

---

[9] É considerado ilegal para qualquer cidadão tentar manipular o preço das ações. Durante a década de 1920, consórcios compravam e revendiam ações a preços manipulados para que o público acreditasse que determinada ação valia mais ou menos que seu valor verdadeiro. As bolsas, com o apoio e o incentivo da SEC, utilizam sofisticados programas informatizados para ajudar a identificar qualquer irregularidade que sugira manipulação e exigem divulgações de informações para ajudar a identificar manipuladores. Esse mesmo sistema auxilia a identificar negociações baseadas em informações privilegiadas. Agora também é considerado ilegal manipular o preço de uma ação espalhando falsas informações na internet.

Esse tipo de comportamento antiético e, talvez ilegal, poderá ajudar a explicar a subavaliação de IPO e o "dinheiro deixado sobre a mesa". Um executivo poderia estar mais interessado em conseguir ações de um IPO quente no futuro do que no fato de sua empresa conseguir ou não as melhores condições de seu banco de investimento. Essa situação seria exacerbada caso os analistas dos bancos de investimento exagerassem nas perspectivas para a empresa e, com isso, elevassem os preços imediatamente antes de os executivos receberem e exercerem suas opções de compra de ações.

Em resumo, tivemos certa dificuldade em justificar a subavaliação de IPO durante o fim dos anos 1990 em bases econômicas racionais. Surgiram explicações para justificar por que as empresas permitem que seus bancos de investimento definam um preço tão baixo para suas ações nos IPOs, mas essas explicações não parecem muito consistentes. Porém, quando combinado com o que pode ter sido um esquema de propina, a subavaliação é menos complicada (mas eticamente preocupante). Antes de concluirmos, porém, devemos esclarecer que relativamente poucos executivos de empresas eram corruptos. No entanto, assim como uma maçã podre pode estragar todo o cesto, alguns maus executivos – quando combinado com uma regulamentação branda – podem colaborar para que uma prática ruim se torne o "padrão da indústria" e dessa forma se disseminar.

Autoavaliação

1. Qual é a diferença entre *melhores esforços* e *subscrição?*
2. Quais são algumas das regulamentações da SEC com relação à venda de novos títulos?
3. O que é um *roadshow*? O que é *book-building*?
4. O que é subavaliação? E o que é deixar dinheiro sobre a mesa?
5. Quais são alguns custos decorrentes da abertura de capital?
6. Uma empresa privada tem um valor patrimonial estimado igual a US$ 100 milhões. Os fundadores possuem 10 milhões de ações. Se a empresa se tornar pública e vender 1 milhão de ações sem custos de subscrição, qual deverá ser o preço de oferta por ação? **(US$ 10,00)**. Se, ao invés disso, a propagação de subscrição for igual a 7%, qual deverá ser o preço de oferta? **(US$ 9,93)**
7. Uma empresa está planejando um IPO. Seus coordenadores informaram que as ações serão vendidas a $ 50 cada. Os coordenadores cobrarão uma taxa de 7%. Quantas ações a empresa deve vender para obter um lucro líquido de $ 93 milhões, ignorando outras despesas? **(2 milhões)**

18-4 Cisões parciais do patrimônio: tipo especial de IPO

Em 2009, a Bristol-Myers Squibb vendeu ao público cerca de 15% das ações em sua subsidiária integral, Mead Johnson Nutrition. Nessa transação, a subsidiária, assim como a controladora, tornou-se empresa de capital aberto, mas a controladora continuou com o controle total da subsidiária, mantendo cerca de 85% das ações ordinárias da subsidiária. (Controladoras detêm, pelo menos, 80% das ações ordinárias da subsidiária para preservar sua capacidade de entregar uma declaração de imposto consolidada.) Esse tipo de transação é chamada de **cisão parcial do patrimônio** (ou **oferta pública parcial**, ou **cisão parcial**).[10] A resposta do mercado à cisão parcial da Mead Johnson foi positiva – o preço das ações subiu quase 10% durante o primeiro dia de negociação. Cisões parciais do patrimônio levantam uma questão interessante: por que esses anúncios de cisão parcial geralmente resultam em aumentos nos preços das ações enquanto anúncios de novas emissões de ações pelas controladoras normalmente fazem os preços das ações caírem?

Uma possível resposta é que cisões parciais facilitam a avaliação das oportunidades de crescimento para as empresas em uma base de linha de negócios. Portanto, analistas poderão ter certa facilidade em avaliar a Mead Johnson como uma empresa separada do que quando fazia parte da Bristol-Myers. Isso também se aplica aos fornecedores de capital – a Mead Johnson poderia ser capaz de levantar capital de maneira mais efetiva como uma empresa independente porque os investidores conseguem avaliar suas perspectivas. Uma terceira vantagem atribuída às cisões parciais é que elas aumentam a capacidade da controladora para oferecer incentivos aos administradores de uma subsidiária. Dessa forma, a Mead Johnson pode agora oferecer incentivos em ações aos seus administradores com base no preço de suas ações e não no preço das ações da Bristol-Myers.

---

[10] Para mais informações sobre cisões parciais do patrimônio, veja Roni Michaely e Wayne H. Shaw, "The Choice of Going Public: Spin-offs vs. Carve-outs", *Financial Management,* 1995, p. 5-21, e Anand Vijh, "Long-Term Returns from Equity Carve-outs", *Journal of Financial Economics,* v. 51, 1999, p. 273-308.

Cisões parciais do patrimônio possuem alguns custos associados. Em primeiro lugar, a comissão de colocação envolvida em uma cisão parcial é maior do que para uma oferta de ações feita pela controladora. Além disso, como uma cisão parcial do patrimônio é um tipo de oferta pública inicial, existe a possibilidade de subavaliação da nova oferta. Em contrapartida, os principais administradores da subsidiária devem gastar um tempo considerável vendendo as novas ações. Sem contar que existem custos associados com a participação minoritária que é criada na cisão parcial. Por exemplo, o novo conselho de administração da subsidiária deve acompanhar todas as transações entre a subsidiária e a controladora para garantir que os investidores minoritários não estejam sendo explorados. E, finalmente, existem custos adicionais com relatórios anuais, relatórios para a SEC, apresentações de analistas e outros, que agora devem ser assumidos pela controladora e pela subsidiária.

Autoavaliação

1. Explique o que significa uma cisão parcial do patrimônio líquido.
2. De modo geral, cisões parciais aumentam a riqueza do acionista. Quais são algumas possíveis explicações para esse fenômeno observado?

18-5   Outras maneiras de captar recursos nos mercados de capitais

IPOs são estimulantes e desempenham um papel vital no incentivo do empreendedorismo e inovação que são cruciais para o crescimento econômico. No entanto, os recursos captados por meio de IPOs são apenas uma pequena fração do total de recursos que as empresas levantam de bancos comerciais e mercados de capitais. Dos aproximadamente US$ 2,3 trilhões em dívida e patrimônio líquido acumulados em 2010 nos Estados Unidos, apenas cerca de 1,6% (US$ 36 bilhões) se deram por meio de IPOs.[11] Discutiremos outras formas de captar recursos dos mercados de capitais nas próximas seções.[12]

18-5a Decisões preliminares

Antes de levantar capital, a empresa deve tomar algumas decisões iniciais, preliminares, que incluem o seguinte:

1. *Montante a ser levantado.* Quanto capital adicional é necessário?
2. *Tipos de títulos utilizados.* Devem ser usadas ações ordinárias, preferenciais, obrigações, títulos híbridos ou uma combinação desses? O capital deverá ser composto de títulos públicos (que são registrados e podem ser comercializados livremente nos mercados secundários) ou deverá ser uma colocação privada, que pode ter restrições em sua negociação subsequente? Caso seja emissão de ações ordinárias, ela deverá ser feita como uma oferta com direitos de preferência para os acionistas atuais ou uma venda direta ao público geral?
3. *Proposta competitiva* versus *acordo negociado.* A empresa deve simplesmente oferecer um lote de seus títulos para venda pela proposta mais alta ou negociar um acordo com um banco de investimento? Esses dois procedimentos são chamados de **propostas competitivas** e **acordos negociados**, respectivamente. Apenas cerca de cem das maiores empresas listadas na Nyse, cujas ações são muito conhecidas pelos bancos de investimento, estão em condições de usar o processo de propostas competitivas. Os bancos de investimento devem fazer um sério trabalho investigativo ("*due diligence*") para propor uma emissão a menos que já estejam bem familiarizados com a empresa, e esses custos seriam muito altos para torná-lo compensável a não ser que o banco tenha certeza do sucesso da negociação. Dessa forma, exceto para empresas maiores, ofertas de ações e títulos estão normalmente em uma base negociável. As exceções são os utilitários, que são capazes de emitir dívidas por meio de lances competitivos porque as ofertas são relativamente fáceis para os bancos de investimento avaliarem e venderem aos clientes.

---

[11] Para informações sobre o IPO, ver o Global IPO Report do Renaissance Capital, **www.renaissancecapital.com/IPOHome/Press/MediaRoom.aspx?market=global**. Para outras informações, ver um artigo especial da SEC escrito por Vlad Ivanov e Scott Bauguess, "Capital Raising in the U.S.: The Significance of Unregistered Offerings Using the Regulation D Exemption," fevereiro de 2012, **www.sec.gov/info/smallbus/acsec/acsec103111_analysis-reg-d-offering.pdf**.

[12] Para uma boa discussão sobre os diversos procedimentos utilizados para levantar capital, veja Jay R. Ritter, "Investment Banking and Securities Issuance", *North Handbook of the Economics of Finance,* George Constantinides, Milton Harris e René Stulz, eds. (Amsterdã: North-Holland, 2002). Veja também Claudio Loderer, John W. Cooney e Leonard D. Van Drunen, "The Price Elasticity of Demand for Common Stock," *Journal of Finance,* jun. 1991, p. 621-651.

4. *Seleção de um banco de investimento.* A maioria dos acordos é negociada, por isso a empresa deve selecionar um banco de investimento. Essa pode ser uma importante decisão para uma empresa que está abrindo seu capital. Por outro lado, uma empresa mais antiga que já "esteja no mercado" terá uma relação estabelecida com um banco de investimento. No entanto, é simples trocar de bancos caso a empresa esteja insatisfeita. Bancos de investimento diferentes são mais apropriados para empresas diferentes. Por exemplo, Goldman Sachs e Morgan Stanley são os coordenadores líderes de IPOs de empresas de tecnologia. Bancos de investimento vendem novas ações em grande escala para seus clientes da corretora, por isso a natureza desses clientes tem um grande efeito sobre a capacidade do banco para fazer um bom trabalho para as companhias emissoras. E, finalmente, um importante fator na hora de escolher um coordenador é a reputação do analista que cobrirá as ações no mercado secundário, uma vez que uma forte recomendação de compra de um analista bem conceituado pode desencadear um aumento acentuado nos preços.

18-5b Ofertas de ações secundárias

Quando uma empresa de capital aberto emite novas ações, isso é chamado de **oferta de ações secundária**, também conhecida como *oferta subsequente.* Como as ações já são negociadas com o público, o preço de oferta será baseado no preço de mercado das ações já existente.

Normalmente, o banco de investimento compra as ações por um número prescrito de pontos abaixo do preço de fechamento no último dia de registro. Por exemplo, suponha que em agosto de 2010 o preço das ações da Microwave Telecomunicações Inc. (MTI) era de $ 28,60 por ação e que as ações foram negociadas entre $ 25 e $ 30 cada durante os últimos três meses. Suponha também que a MTI e seu coordenador concordaram que o banco de investimento compraria 10 milhões de novas ações por $ 1 cada abaixo do preço de fechamento no último dia de registro. Se as ações fechassem a $ 25 no dia em que a SEC liberou a emissão, a MTI receberia $ 24 por ação. Geralmente, esses contratos possuem uma cláusula de salvaguarda que permite que o contrato seja anulado se o preço das ações cair abaixo de um valor predeterminado. Nesse caso ilustrativo, o preço predeterminado poderia ser de $ 24 por ação. Dessa forma, se o preço de fechamento das ações no último dia de registro tivesse sido de $ 23,50, a MTI teria tido a opção de desistir do contrato.

O banco de investimento terá um trabalho mais fácil caso a emissão tenha um preço relativamente baixo. Porém, é óbvio que o emissor quer o preço mais alto possível. Dessa forma, surge um conflito de interesses entre o banco de investimento e o emissor. Caso o emissor seja financeiramente sofisticado e faça comparações com emissões de ações similares, o banco de investimento será obrigado a estabelecer um preço próximo ao de mercado.

Como discutimos no Capítulo 15, o anúncio de uma oferta de novas ações por parte de uma empresa madura é geralmente visto como um sinal negativo – se as perspectivas da empresa fossem boas, a administração não desejaria emitir novas ações e assim compartilhar um futuro próspero com novos acionistas. Portanto, o anúncio de uma nova oferta é considerado má notícia. Consequentemente, o preço provavelmente cairá quando o anúncio for feito, por isso o preço de oferta possivelmente terá de ser estabelecido abaixo do preço de mercado antes do anúncio.

Um ponto final é *que, se os efeitos da sinalização negativa derrubar o preço das ações, todas as ações em circulação, não só as novas, serão afetadas.* Dessa forma, se as ações da MTI devem cair de $ 28,60 para $ 25 cada como resultado do financiamento e se o preço permanecer no novo nível, a empresa terá um prejuízo de $ 3,60 por ação de 50 milhões de ações anteriormente em circulação, ou um prejuízo total ao valor de mercado de $ 180 milhões. Esse prejuízo, como despesas de colocação, é um custo de lançamento e deve ser considerado como um custo associado com a emissão de ações. Claro que, se as perspectivas da empresa estivessem realmente aquém do que os investidores imaginavam, a queda de preço teria ocorrido mais cedo ou mais tarde de qualquer forma. Em contrapartida, se as perspectivas da empresa não forem realmente tão ruins assim (a sinalização estava incorreta), com o passar do tempo o preço da MTI deve retornar ao seu nível anterior. No entanto, mesmo se o preço não retornar ao seu nível anterior, terá havido uma transferência de riqueza dos acionistas originais para os novos acionistas. Para evitar isso, as empresas geralmente vendem ações adicionais por meio de uma oferta com direitos de preferência de subscrição.

Para evitar a diluição devido a uma oferta regular experiente de patrimônio líquido, as empresas ocasionalmente vendem ações adicionais de estoque por meio de uma oferta de direitos (também chamada de oferta de direitos de preferência). A empresa emissora dá ao proprietário de cada ação proeminente um "direito", que é parecido com uma opção de ação: cada titular de direito tem a opção de comprar um número específico de novas ações da empresa a um preço de compra específico em data determinada. O preço de compra geralmente é muito baixo em relação ao preço atual, para que os direitos sejam avaliados e futuramente exercidos. Os direitos geralmente são transferíveis, então um acionista pode vender o direito se assim desejar. Isso dá a cada acionista a oportunidade de manter uma participação acionária proporcional na empresa, mas também dá a cada acionista uma chance de receber caixa a partir das vendas do direito se o acionista não quiser manter uma participação proporcional.

18-5c Registros de prateleira

Os procedimentos de venda descritos até agora, incluindo o período de espera de 20 dias após o registro na SEC, aplicam-se à maioria das vendas de títulos. No entanto, de acordo com a Regra 415 da SEC, empresas públicas grandes e conhecidas que emitem títulos frequentemente poderão registrar uma declaração de registro principal na SEC e, depois, atualizá-la com uma declaração menor antes de cada oferta individual. Nesse procedimento, uma empresa pode decidir até as 10 horas de manhã vender títulos e concluir a venda antes do meio-dia. Esse procedimento é conhecido como **registro de prateleira**, pois, na realidade, a empresa coloca seus novos títulos "na prateleira e os vende para investidores quando sentem que o mercado está adequado". Empresas com menos de $ 150 milhões em ações mantidas por investidores externos não podem utilizar registros de prateleira. A lógica dessa distinção é proteger investidores que podem não estar em condições de obter dados financeiros adequados sobre uma empresa menos conhecida em curto período entre o anúncio de uma emissão de prateleira e sua venda. Registros de prateleira têm duas vantagens em relação a registros-padrão: (1) custos de lançamento mais baixos; e (2) mais controle sobre a data da emissão.[13]

18-5d Colocações privadas

A lei *Securities Act* de 1933 regula a emissão e negociação subsequente de títulos. Ofertas públicas devem ser registradas com a SEC, mas várias isenções permitem que empresas que atendam a certas condições emitam títulos sem registro em um processo chamado "colocação privada".[14] Os regulamentos são complexos, mas a ideia básica é acelerar o processo permitindo que empresas ofereçam títulos a investidores qualificados, como instituições financeiras, corretores de valores imobiliários e indivíduos ricos. As principais vantagens das colocações privadas são (1) custos de lançamento mais baixos; e (2) maior velocidade, uma vez que as ações não precisam passar pelo processo de registro na SEC no momento em que são oferecidas.

As colocações privadas são uma fonte muito importante de financiamento. Em 2010, empresas norte-americanas acumularam cerca de US$ 1,16 trilhão de colocações privadas de dívida de patrimônio líquido *versus* cerca de US$ 1,07 trilhão de ofertas públicas.[15]

Colocações privadas de ações

Em alguns casos é uma empresa de capital fechado que faz uma colocação privada. Por exemplo, o Facebook, a companhia de mídia social, vendeu $ 1 bilhão em ações ordinárias para investidores estrangeiros, em 2011. Em outros casos, é uma empresa pública que faz uma colocação privada. Por exemplo, a General Growth Properties, que desenvolve propriedades imobiliárias, como *shopping centers*, captou $ 6,8 bilhões ao vender ações diretamente para um consórcio de fundos de investimento, incluindo as companhias Pershing Square Capital Management e Blackstone Group. Como a GGP é uma empresa de capital aberto, isso é chamado de **colocação privada de ações públicas**, ou **PIPE**. O tipo mais comum de colocação privada ocorre quando uma empresa coloca títulos diretamente em uma instituição financeira, geralmente uma companhia de seguros ou um fundo de pensão.

Muitas empresas grandes fazem investimentos em ações de fornecedores ou *start-ups* que estão desenvolvendo uma tecnologia relacionada. Por exemplo, o relatório anual de 2010 da Microsoft mostrou $ 6,6 bilhões de investimentos em ações ordinárias e preferenciais de outras empresas.

---

[13]Em 2005, a SEC começou a dar a grandes empresas, conhecidas como "emissoras experientes conhecidas" ou WKSIs, ainda mais flexibilidade para vender ações registradas. As WKSIs não ultrapassam a avaliação da SEC, e registram automaticamente um número específico de títulos a serem vendidos conforme desejarem. Isso acelera ainda mais o processo para essas grandes emissoras. Para mais informações sobre registros de prateleira, veja David J. Denis, "The Costs of Equity Issues Since Rule 415: A Closer Look", *Journal of Financial Research*, 1993, p. 77-88.

[14] A seguir, há uma explicação breve e simplificada das principais isenções. O Regulamento D permite a venda de títulos para investidores qualificados, mas coloca restrições na negociação subsequente desses títulos. A Regra 144A permite que compradores qualificados de instituições negociem títulos restritos entre eles, incluindo títulos emitidos por empresas fora dos EUA. O Regulamento S permite que empresas norte-americanas vendam títulos sem registro para o exterior. A Seção 4(2) autoriza a venda de títulos sem registro se o comprador for informado e concordar em não revendê-los ao público.

[15] Ver o artigo da SEC escrito por Vlad Ivanov e Scott Bauguess, citado na nota de rodapé 11.

Onde há fumaça, há fogo

Um exemplo incomum de securitização foi a solução dada em 1998 a vários processos judiciais, a partir da qual as maiores empresas de tabaco concordaram em pagar uma porcentagem da receita de venda de cigarros todo ano para os governos dos Estados. Os pagamentos, que totalizaram mais de US$ 25 bilhões em 2012, visavam compensar os Estados pelos custos relacionados ao fumo – com relação a doenças e despesas com campanhas antifumo. Isso soa como uma resolução razoável, mas muitos Estados usaram o dinheiro para outros propósitos.

Por exemplo, em 2001, o governador do Estado de Virgínia propôs o uso de fundos para pagar por uma redução de impostos, e por anos a fio a Virgínia alocou 40% de suas ações anuais da declaração ao seu fundo geral, 50% a um fundo para assistência econômica a agricultores de tabaco e 10% a programas de abandono ao fumo. Antes de 2008, o Estado do Tennessee não liberou fundos para a prevenção do fumo. Em 2012, o Tennessee recebeu US$ 432 milhões e dedicou apenas US$ 200 mil a programas de prevenção.

Alguns estados não quiseram esperar pelos pagamentos anuais, então securitizaram o futuro fluxo de caixa resultante da resolução emitindo títulos de tabaco – investidores deram recursos ao Estado na data de emissão, e os Estados pagarão os investidores anualmente com futuras receitas de liquidação de tabaco.

Em 2012, Califórnia, Iowa, Louisiana, Minnesota, New Jersey, Nova York, Rhode Island, Carolina do Sul, Virgínia, Washington e Virgínia Ocidental tinham títulos de tabaco pendentes.

Quanto aos pagamentos anuais, nem todas as receitas de títulos foram usadas para a finalidade proposta. Por exemplo, Wisconsin vendeu mais de US$ 1 bilhão em títulos de tabaco em 2002, grande parte usada para equilibrar o orçamento daquele ano. Em março de 2012, o Estado do Alabama emitiu US$ 92,8 milhões de títulos de tabaco, usando as receitas para recomprar títulos de tabaco que tinha emitido 12 anos antes, usados para fazer concessões a empresas para desenvolvimento econômico e financiar grandes obras. O Estado de Virgínia emitiu US$ 448 milhões para títulos de tabaco em 2005. Ao invés de gastá-los no orçamento anual como Wisconsin, Virgínia concedeu US$ 390 milhões ao Tobacco Indemnification and Community Revitalization Endowment, um programa cujos lucros subsidiam agricultores do setor com base na quantidade de tabaco produzida em 1998.

Alguns observadores podem dizer que a liquidação do tabaco está se reduzindo a fumaça.

Sources: See Mike Cherney, "New Flavor of Tobacco Bonds," *The Wall Street Journal*, 17 mar. 2012, p. B6; veja também www. tobaccofreekids. org/what_we_do/state_local/tobacco_ settlement/.

Colocações privadas de dívida

Antes de 1990, a dívida podia ser emitida de forma privada (sem registro na SEC), mas os compradores enfrentaram restrições para revender a dívida. Isso mudou em 1990 com a Regra 144A da SEC, que permite que compradores institucionais qualificados negociem entre si títulos sem registro e abriu as portas para que empresas fora dos EUA acumulassem capital nos estados. Além disso, alterações posteriores permitem que títulos da Regra 144A sejam registrados logo após sua emissão, oferecendo às empresas um jeito rápido de emitir dívidas que, por fim, serão negociadas em mercados públicos. O aumento da liquidez tornou a colocação privada da dívida a escolha preferencial, com a maior parte da dívida sendo colocada de forma privada ao invés de pública.

Empresas emitiram mais de US$ 800 bilhões em dívidas públicas em 2010.[16] É difícil encontrar números precisos, mas é provável que as empresas tenham vendido o dobro dessa quantia em colocações privadas.

18-5e Securitização

No Capítulo 1, discutimos securitização no contexto de mercados hipotecários e agora discutiremos no contexto de formação de capital. Como o termo é geralmente usado, um **título** refere-se a um instrumento financeiro publicamente negociado em oposição a um instrumento vendido em colocação privada. Portanto, títulos possuem maior liquidez do que outros instrumentos similares que não são negociados em um mercado aberto. Nos últimos anos, foram desenvolvidos procedimentos para **securitizar** vários tipos de instrumentos de dívida, dessa forma aumentando sua liquidez, diminuindo o custo de capital aos mutuários e normalmente aumentando a eficiência de mercados financeiros.

---

[16] Ver o artigo do SEC, escrito por Vlad Ivanov e Scott Bauguess, citado na nota de rodapé 11.

A securitização ocorre de duas maneiras. Em primeiro lugar, um instrumento de dívida que anteriormente quase não era negociado torna-se ativamente negociado, normalmente porque o tamanho do mercado aumenta e os termos de instrumento da dívida tornam-se mais padronizados. Por exemplo, isso ocorreu com papel comercial e obrigações de alto risco, que agora são considerados títulos.

Em segundo, um título pode ser criado por meio da penhora de ativos específicos. Isso é chamado de **securitização de ativos**, que resulta na criação de **títulos lastreados por ativos**. O tipo mais antigo de securitização de ativos deu-se na indústria hipotecária, como descrevemos no Capítulo 1. Hoje, muitos tipos diferentes de ativos são utilizados como garantia, incluindo empréstimos de automóveis, e saldos de cartão de crédito.

O processo de securitização de ativos envolve o agrupamento e a conversão de empréstimos garantidos por ativos relativamente homogêneos e de pequeno valor (como um automóvel) em títulos líquidos. Geralmente diversas instituições financeiras diferentes são envolvidas, cada uma desempenhando um papel funcional diferente. Por exemplo, uma concessionária de carros venderia um carro, a operação de financiamento do fabricante do automóvel poderia originar o empréstimo, um banco de investimento agregaria empréstimos de carros similares e estruturaria o título, uma agência federal poderia fazer o seguro contra o risco de crédito, um segundo banco de investimento venderia os títulos e um fundo de pensão poderia fornecer o capital final.

Um processo similar pode ocorrer com arrendamentos de equipamentos. Por exemplo, o CIT Group fornece financiamento para arrendamento de equipamentos usados por pequenas e médias empresas. Em 2009, o CIT vendeu $ 954 milhões em notas securitizadas por arrendamentos de equipamentos. As notas qualificam-se para o TALF (Programa de Crédito a Termo de Títulos Lastreados em Ativos), o que significa que o investidor, geralmente um banco, pode usar essas notas como garantia para empréstimos tomados do banco central (Fed) de Nova York. Se você rastreasse o dinheiro, poderia facilmente ser o caso de o banco central estar financiando uma nova lavadora de pratos para um restaurante em Milwaukee.

O processo de securitização reduz custos e aumenta a disponibilidade de recursos para mutuários, com a transferência de riscos para o investidor. Mas, como descrevemos no Capítulo 1, se os empréstimos forem originados para mutuários com alto risco de crédito, os fluxos de caixa recebidos pelo investidor final provavelmente serão baixos.

Autoavaliação

1. Qual é a diferença entre uma proposta competitiva e um acordo negociado?
2. O que é uma colocação privada?
3. O que é um registro de prateleira?
4. O que é securitização? Quais são as vantagens para os mutuários? Quais são as vantagens para aqueles que emprestam?

18-6 Atividades de bancos de investimento e seu papel na crise econômica mundial

Bancos de investimento coordenam IPOs, subscrevem ofertas de ações de empresas maduras e administram ofertas de títulos de dívida. Em outras palavras, os bancos de investimento ajudam as empresas a captar recursos e muito: a Tabela 18-2 mostra que os bancos de investimento ajudaram empresas a captar mais de *$ 6,9 trilhões* durante 2011, e aquele foi um ano de recesso. Bancos de investimento também realizam outras atividades. Graças às regulamentações cada vez mais brandas que culminaram com a revogação da Lei Glass-Stegall, em 1999, já não há mais uma delimitação clara entre bancos de investimento, corretoras e bancos comerciais. Nas próximas seções, vamos discutir atividades que estão basicamente associadas com o braço dos bancos de investimento dos conglomerados financeiros.

18-6a Fusões e aquisições

Muitos bancos de investimento estão ativamente envolvidos em fusões e aquisições (M&As) por meio de três atividades:

1. *Promovendo parcerias.* Bancos de investimento normalmente encontram possíveis alvos para adquirentes e, às vezes, recebem uma comissão de intermediação caso a negociação seja bem-sucedida.
2. *Assessoria.* Tanto o alvo quanto o adquirente devem documentar que o acordo é "justo" para seus acionistas pela realização de uma *due diligence*. Bancos de investimento muitas vezes fornecem consultoria durante essa fase da M&A.

3. *Distribuição.* A maioria das M&As exige captação de novos recursos. Bancos de investimento distribuem essas novas emissões.

TABELA 18-2
Os cinco maiores coordenadores de ofertas de ações e títulos de dívida globais em 2011

COORDENADORES	RESULTADOS (EM BILHÕES)
JP Morgan	$ 430
Deustsche Bank AG	401
Barclays Capital	399
Bank of America Merrill Lynch	356
Citi	346
Total da indústria	$ 6.366

Fonte: *The Wall Street, Jornal Online,* 3 jan. 2012.

A distribuição é a mais lucrativa dessas atividades, mas, se o acordo não der certo, não serão distribuídas novas ações. Isso nos leva a pensar quão imparciais são os bancos de investimento ao encontrar alvos e oferecer assessoria durante as negociações.

18-6b Securitização

Bancos de investimento geralmente assessoram instituições financeiras na securitização de empréstimos ou arrendamentos das instituições. Na realidade, bancos de investimento, na maioria das vezes, oferecem serviços completos comprando empréstimos de uma instituição, securitizando os empréstimos e vendendo os títulos recém-criados. Portanto, o banco de investimento torna-se o securitizador, e não apenas o consultor. Durante a crise econômica mundial, muitos bancos de investimento não conseguiram vender todos os títulos lastreados por hipotecas que criaram e ficaram com alguns deles em suas próprias carteiras. Quando os mutuários originais começaram a ficar inadimplentes, o valor desses títulos pertencentes aos bancos de investimento começou a despencar, contribuindo para a queda de Bear Stearns, Lehman Brothers e Merrill Lynch.

18-6c Gestão de ativos

Muitos bancos de investimento criaram fundos de investimentos, como uma sociedade limitada (SL) que poderia investir em bens imóveis em países em desenvolvimento ou uma SL que poderia explorar preços mal definidos em várias classes de ativos. Em outras palavras, eles executaram seus próprios fundos de *hedge*, o que pode ser muito lucrativo. Como qualquer outro fundo de *hedge*, eles levantam capital para esses fundos de várias fontes. Mas diferentemente de outros fundos de *hedge*, os bancos de investimento normalmente têm acesso a uma fonte especial – seus próprios clientes!

Sua forma de funcionamento é a seguinte: muitos bancos de investimento têm divisões ou subsidiárias de "gestão de fortunas" que fornecem consultoria de investimento a indivíduos ou instituições ricas com fundos de pensão. Como consultores, recomendam estratégias de investimento, incluindo investimentos específicos, a seus clientes. Alguns desses investimentos poderiam ser títulos individuais ou fundos mútuos geridos por outras organizações. No entanto, alguns dos investimentos recomendados poderiam ser fundos geridos pelos próprios bancos de investimento dos consultores. Esses poderiam ser grandes investimentos, mas pelo menos parece haver um conflito de interesses quando os consultores recomendam fundos geridos por sua própria empresa.

Além de gerenciar o dinheiro dos clientes, os bancos de investimento também investem seu próprio dinheiro (na realidade o dinheiro de seus acionistas e credores) em títulos financeiros. Em alguns casos, a escolha do investimento é intencional, mas, às vezes, não é; como mencionamos anteriormente, alguns bancos de investimento não conseguiram vender todos os títulos lastreados por hipotecas que criaram e ficaram com alguns em suas próprias carteiras.

18-6d Operações comerciais

Muitos bancos de investimento possuem operações comerciais em que negociam ativamente em nome dos clientes. Por exemplo, um cliente poderia precisar de ajuda para vender um grande lote de títulos de dívida. E ain-

A CRISE ECONÔMICA MUNDIAL

Bancos de investimento e a crise econômica mundial

Ainda existe muita culpa para ser atribuída por causa da crise econômica mundial, mas os bancos de investimento certamente desempenharam um papel especial.

Entre seus vários erros estratégicos, os bancos de investimento passaram de organizações que ganhavam dinheiro basicamente por meio de atividades remuneradas para organizações que ganhavam dinheiro como investidores altamente alavancados. Investir é um negócio de risco inerente, especialmente quando os investimentos incluem títulos lastreados por hipotecas extremamente complicados e *swaps* de crédito. Investir torna-se ainda mais arriscado quando se toma emprestados $ 33 para cada $ 1 de capital, como muitos bancos de investimento fizeram. Essa estratégia funciona muito bem se você ganha mais do que deve, porque a alavancagem aumenta os retornos, e esses retornos maiores geraram bônus gigantescos para gestores seniores nos bancos de investimento. Mas não é necessário uma queda muito grande nos valores de ativos e receita de investimentos para levar à falência. Basicamente, os bancos de investimento estavam dispostos a arriscar tudo pela chance de bônus extremamente altos.

Além de vender investimentos tóxicos (como títulos lastreados por hipotecas complexas) para fundos de pensão e outras instituições financeiras, a interligação dos bancos de investimento malsucedidos ameaçou todo o mundo econômico. Lehman Brothers estava tomando empréstimos em curto prazo no mercado de títulos de dívida de curto prazo e investindo em ativos arriscados em longo prazo. Quando esses ativos faliram, Lehman tornou-se inadimplente em suas obrigações de curto prazo, muitas delas pertencentes a fundos do mercado monetário. Isso fez com que alguns fundos, como o grande fundo de reserva, sofressem uma queda no valor líquido de seus ativos para abaixo de $ 1, algo que nenhum investidor jamais imaginou. Isso levou a uma corrida em muitos fundos do mercado monetário e uma grande turbulência nos mercados financeiros de títulos de dívida de curto prazo.

Os bancos de investimento também foram os principais agentes no mercado de *swaps* de crédito (CDS). Se os bancos de investimento se tornassem inadimplentes em seus CDS, isso eventualmente causaria o risco de falência em muitas outras instituições financeiras.

Como muitos bancos de investimento são subsidiários de bancos *holdings*, a falência dos bancos de investimento ameaçou a viabilidade das *holdings* e suas outras subsidiárias, como bancos comerciais, que começaram a limitar o crédito que ofereciam a seus mutuários. Em resumo, a crise financeira espalhou-se para o setor não financeiro quando as instituições financeiras começaram a cortar o crédito que ofereciam ao setor não financeiro.

O cenário dos bancos de investimento certamente mudou durante a crise econômica mundial. O Bear Stearns foi adquirido pela JP Morgan, o Lehman Brothers faliu e foi vendido em partes separadas, o Merrill Lynch foi adquirido pelo Bank of America e vários bancos de investimento, incluindo Goldman Sachs, recolocaram-se como bancos para se qualificar aos fundos TARP.

---

da, os bancos de investimento normalmente formam um mercado para as ações das empresas que eles tornaram públicas. Portanto, essas atividades podem ser consideradas como serviços oferecidos aos clientes.

No entanto, muitos bancos de investimento também veem suas operações comerciais como centros de lucros. Em outras palavras, os negociantes tentam comprar por preços baixos e vender por preços altos e, nesse processo, às vezes, acumulam grandes posições que se tornam difíceis de desfazer.

Autoavaliação

1. Quais são algumas atividades dos bancos de investimento?

18-7   Decisão de fechar o capital

Em uma transação de **fechamento de capital**, todas as ações de uma empresa de capital aberto são compradas por um pequeno grupo de investidores, com a alta administração atual da empresa mantendo ou aumentando sua participação acionária. Os investidores externos normalmente colocam representantes no conselho de administração da empresa agora privada e tentam conseguir o financiamento necessário para comprar as ações em poder do público. Quando o financiamento envolve empréstimo substancial, como geralmente acontece, ele é conhecido como **compra alavancada (LBO)**. Em alguns casos, a atual administração obtém o financiamento e adquire todas as ações da empresa; o que é chamado de compra pela administração (MBOs).

O capital externo em uma compra geralmente vem de um **fundo privado (*private equity* – PE)**, que é uma sociedade de responsabilidade limitada criada para manter e administrar investimentos em títulos não negociados. Fundos privados levantam dinheiro de investidores e instituições ricas como fundos universitários, fundos de pensão e companhias de seguro. Os fundos PE então compram empresas públicas ou investem em empresas privadas. A maioria dos fundos PE planeja melhorar o desempenho das empresas e depois colher seus investimentos vendendo as empresas, talvez em um IPO.[17]

Sem considerar a estrutura do acordo, o fechamento de capital afeta o lado direito do balanço patrimonial, os passivos e o capital, e não os ativos: fechamento de capital simplesmente reorganiza a estrutura do capital. Portanto, o fechamento de capital não envolve economias operacionais óbvias, pois os novos proprietários geralmente estão dispostos a pagar um grande ágio sobre o preço atual das ações para tornar a empresa privada. Por exemplo, em 2006, a HCA Inc., uma grande corporação na área de serviços de saúde, teve seu capital fechado pelos membros da família que eram os proprietários originais, os Frists, e um grupo de empresas de capital privado e bancos de investimento, incluindo a Bain Capital e a Kohlberg Kravis Roberts & Co., por $ 51 a ação. Antes do anúncio, as ações estavam sendo vendidas em baixa, a $ 40 ao mês. Os investidores aplicaram cerca de $ 4,9 bilhões em capital próprio e emprestaram aproximadamente $ 28 bilhões para financiar a compra do patrimônio e refinanciar parte da dívida da companhia. É difícil acreditar que estes sofisticados investidores e gestores pagassem conscientemente tanto dinheiro pela companhia. Sendo assim, os investidores e gestores devem ter considerado a empresa como grosseiramente subavaliada, chegando mesmo a $ 51 por ação, ou quem sabe tivessem pensado que poderiam impulsionar significativamente o valor da companhia com capital fechado. Na verdade, depois de 4 anos como companhia privada, a HCA se tornou pública novamente em 2011. Os proprietários receberam $ 4,3 bilhões em dividendos durante 2010 e um adicional de $ 1,1 bilhão em dinheiro que obtiveram a partir de ações que venderam na oferta pública inicial (IPO), recuperando quase totalmente seu investimento inicial. Depois da IPO, as ações foram avaliadas em cerca de $ 16 bilhões, com cerca de 25% da companhia sob domínio público, e 75%, ou aproximadamente $ 12 bilhões, permanecendo com o fundo de capital privado. Apesar de que o retorno total que os investidores efetivamente ganham depende do quanto eles recebem pelas ações que ainda detêm na companhia, o investimento de $ 4,9 bilhões, atualmente, obteve um total de dinheiro e ações no valor de cerca de $ 16 bilhões. O que não é um retorno ruim para um investimento de 4 anos! Isto sugere que o fechamento do capital pode aumentar o valor de algumas empresas o suficiente para enriquecer tanto administradores como acionistas públicos. Outras empresas de grande porte que fecharam capital recentemente são: Jo-Ann Sores (2011), J Crew (2011), Gymboree Corp (2010) e Burger King (2010).

As principais vantagens do fechamento de capital são (1) redução de custos administrativos; (2) aumento de incentivos à administração; (3) aumento de flexibilidade gerencial; (4) maior fiscalização e participação por parte dos acionistas; e (5) aumento do uso de alavancagem financeira, o que obviamente reduz impostos. Discutiremos cada uma dessas vantagens com mais detalhe nos parágrafos a seguir.

1. *Redução de custos administrativos.* Como o fechamento de capital tira as ações de uma empresa das mãos do público, a empresa economiza tempo e dinheiro dos associados com registros de títulos, relatórios anuais, relatórios para SEC e as bolsas, respostas a questionamentos de acionistas, e assim por diante.

2. *Aumento de incentivos à administração.* Maior participação acionária e planos de incentivo em ações para a administração significam que os administradores se beneficiam mais diretamente de seus próprios esforços, portanto a eficiência da administração tende a aumentar após o fechamento de capital. Caso a empresa seja muito bem-sucedida, seus administradores podem facilmente ver seu patrimônio pessoal líquido aumentar em 20 vezes, mas se a empresa falir, seus administradores acabarão sem nada.

3. *Aumento de flexibilidade gerencial.* Administradores de empresas privadas não precisam se preocupar com o que uma queda nos ganhos do próximo trimestre fará com o preço das ações, dessa forma podem focar em ações estratégicas em longo prazo que acabarão tendo o impacto mais positivo sobre o valor da empresa. Flexibilidade gerencial com relação à venda de ativos também é maior em uma empresa privada, uma vez que as vendas não precisam ser justificadas a um grande número de acionistas com interesses possivelmente diversos.

4. *Maior fiscalização e participação por parte dos acionistas.* O fechamento de capital geralmente resulta na substituição de um grupo disperso e altamente passivo de acionistas por um pequeno grupo de investidores que

---

[17] Para mais informações sobre capital privado, veja Steve Kaplan, "Private Equity: Past, Present and Future", *Journal of Applied Corporate Finance,* 2007, p. 8-16; "Morgan Stanley Roundtable on Private Equity and Its Import for Public Companies", *Journal of Applied Corporate Finance,* 2006, p. 8-37, e Stephen D. Prowse, "The Economics of the Private Equity Market", *Economic Review,* 1998, p. 21-33.

desempenham um papel muito mais ativo na administração da empresa. Esses novos investidores possuem uma posição significativa na empresa privada; portanto têm uma motivação maior para monitorar a administração e oferecer incentivos à administração do que acionistas típicos de uma companhia aberta. Além disso, novos investidores não pertencentes à equipe de administração da empresa – frequentemente empresas de investimento privado, como Kohlberg Kravis Roberts & Company (KKR), Carlyle Group ou Blackstone Group – são representados no conselho de administração e trazem sofisticada experiência financeira e no setor e atitudes inflexíveis para a nova empresa.

5. *Aumento de alavancagem financeira.* Fechamento de capital normalmente implica um drástico aumento no uso de financiamento por dívida por parte da empresa, o que apresenta dois efeitos. O primeiro é que há redução nos impostos da empresa por conta do aumento em pagamentos de juros dedutíveis para fins fiscais, portanto uma parcela maior do lucro operacional vai para investidores. O segundo é que o aumento das obrigações de serviço de dívida força os administradores a controlar custos para garantir que a empresa tenha fluxo de caixa suficiente para saldar suas obrigações – uma empresa altamente alavancada simplesmente não pode ter nenhuma gordura.

Alguém poderia perguntar por que todas as empresas não são de capital fechado. A resposta é que, embora haja benefícios reais para fechar o capital, também existem benefícios de se manter com capital aberto. De uma maneira mais notável, as companhias abertas têm acesso a elevado montante de capital com condições favoráveis, e para a maioria das empresas, a vantagem do acesso a mercados de capitais públicos prevalece sobre as vantagens de fechar o capital. Observe também que a maioria das empresas que fecha seu capital acaba abrindo o capital novamente após anos operando como empresa de capital fechado. Por exemplo, Celanese AG, uma empresa química mundial, abriu seu capital em 1999. Foi comprada em 2004 pela Blackstone Capital Partners, uma empresa de investimento privado, e abriu o capital de novo em 2005.

Autoavaliação

1. O que significa o termo "fechamento de capital"?
2. O que é um fundo de capital privado?
3. Quais os principais benefícios do fechamento de capital?
4. Por que todas as empresas não fecham o capital para obter esses benefícios?

18-8 Administrando a estrutura de vencimento de dívida

Os Capítulos 15 e 21 descrevem a estrutura de capital. Mas depois que uma empresa escolhe o montante total de dívida em sua estrutura de capital, ela ainda deve escolher os vencimentos dos vários títulos que compõem a sua dívida. As seções seguintes explicam os fatores associados com a escolha da estrutura de vencimento.

18-8a Igualando vencimento

Suponha que a Consolidated Tools, um fabricante de máquina-ferramenta de Cincinnati, tomou a decisão de lançar uma emissão de títulos não conversíveis no valor de $ 25 milhões para ajudar a financiar seu orçamento de capital de 2013. A empresa deve escolher um vencimento para a emissão, levando em consideração o formato da curva de rendimento, as próprias expectativas da administração para taxas de juros futuras e o vencimento dos ativos que estão sendo financiados. Para ilustrar como os vencimentos de ativos afetam a escolha dos vencimentos de dívidas, suponha da Consolidated que os projetos de capital da empresa consistem basicamente em novas fresadoras. Esse maquinário tem uma vida econômica estimada de dez anos (embora se enquadre na classe MACR de cinco anos). A empresa Consolidated deve usar dívida com um vencimento de 5, 10, 20, 30 anos ou algum outro vencimento?

Observe que alguma parte do novo capital virá do capital próprio, que é capital permanente. Em contrapartida, os vencimentos das dívidas podem ser especificados no momento da emissão. Se a Consolidated's financiou seu orçamento de capital com títulos de fundos de amortização com vencimento de dez anos, ela estaria combinando os vencimentos dos ativos e passivos. Os fluxos de caixa resultantes desse novo maquinário poderiam ser usados para fazer os pagamentos de juros e fundos de amortização da emissão, dessa forma os títulos seriam reduzidos conforme o desgaste do maquinário. Caso a Consolidated's usasse dívida de um ano, teria de liquidá-la com fluxos de caixa provenientes de outros ativos que não o maquinário em questão.

Claro que a dívida de um ano poderia provavelmente ser rolada ano após ano, até o vencimento de dez anos do ativo. No entanto, se as taxas de juros subirem, a Consolidated teria de pagar uma taxa mais alta ao rolar a dívida, e se a empresa passasse por dificuldades, poderia não ter condições de refinanciar a dívida a uma taxa razoável. Da mesma forma, se a empresa usasse dívida de 20 ou 30 anos, teria de pagá-la depois que os ativos que foram financiados tiverem sido descartados e parado de gerar fluxos de caixa. Isso preocuparia os financiadores.

Por todos esses motivos, *a estratégia de financiamento mais segura é combinar os vencimentos de dívida com vencimentos de ativos.* Em reconhecimento a esse fato, empresas normalmente colocam grande ênfase na combinação de vencimentos e esse fator geralmente prevalece na decisão de vencimento da dívida.

Algumas empresas utilizam títulos de cupom zero como ferramenta para combinar os vencimentos.

18-8b Efeitos de níveis de taxas de juros e projeções

Gerentes financeiros também levam em consideração os níveis das taxas de juros e projeções, tanto absolutos como relativos, ao tomar decisões financeiras. Por exemplo, se historicamente as taxas de juros em longo prazo são altas e espera-se que caiam, os gerentes ficarão relutantes em emitir dívida em longo prazo, pois esses custos seriam mantidos por um longo período. Nós já sabemos que uma solução para esse problema é usar uma provisão de resgate, uma vez que a possibilidade de resgate permite refinanciamento caso as taxas de juros sofram uma queda. Essa flexibilidade tem um custo, por causa do prêmio de resgate e também porque a empresa deve estabelecer um cupom mais alto sobre dívidas resgatáveis. Poderia ser usada uma dívida com taxa variável, mas outra saída seria financiar com dívida em curto prazo sempre que taxas em longo prazo forem historicamente altas, e assim, presumindo que subsequentemente as taxas de juros cairão, vender a emissão em longo prazo para substituir a dívida em curto prazo. Claro que essa estratégia tem seus riscos: se as taxas de juros subirem ainda mais, a empresa será obrigada a renovar sua dívida em curto prazo a taxas cada vez mais altas ou substituir a dívida em curto prazo por título em longo prazo com custos ainda maiores do que teria quando a decisão original foi tomada.

Poderíamos argumentar que os mercados de capitais são eficientes e, portanto, não é possível prever as taxas de juros futuras, pois essas taxas serão determinadas por informações que, no momento, ainda desconhecemos. Dessa forma, sob a hipótese de mercados eficientes, seria improdutivo por parte das empresas tentar "superar o mercado" prevendo custos de capital futuros e agindo com base nessas previsões. De acordo com esse ponto de vista, gerentes financeiros devem organizar suas estruturas de capital de tal maneira que possam evitar quase qualquer tempestade econômica, e isso normalmente exige (1) o uso de uma combinação razoável de dívida e capital; e (2) o uso de dívida com vencimentos que mais ou menos combinem com os vencimentos dos ativos que estão sendo financiados.

18-8c Assimetria da informação

No Capítulo 5, discutimos a classificação de títulos e os efeitos das mudanças de classificações sobre o custo e disponibilidade de capital. Se a condição financeira atual de uma empresa não for boa, seus administradores podem hesitar em emitir nova dívida em longo prazo, pois (1) uma nova emissão de dívida provavelmente provocaria uma revisão por parte das agências de classificação; e (2) dívidas emitidas quando a empresa está financeiramente enfraquecida provavelmente custariam mais e estariam sujeitas a cláusulas restritivas mais severas do que dívidas emitidas em tempos de força financeira. Além disso, nos Capítulos 15 e 21 mostramos que empresas ficam hesitantes em usar financiamento por meio de emissão de novas ações ordinárias, especialmente quando isso poderia ser considerado como um sinal negativo. Portanto, uma empresa que se encontra enfraquecida, mas cujas previsões internas indicam maior solidez financeira futura estaria inclinada a atrasar o financiamento em longo prazo até que as coisas melhorem. Essa empresa estaria motivada a usar dívida em curto prazo mesmo para financiar ativos em longo prazo, com a expectativa de substituir a dívida em curto prazo no futuro por dívida em longo prazo mais barata e com taxas mais altas.

Da mesma forma, uma empresa que agora é forte, mas prevê tempos difíceis em um futuro próximo, estaria motivada a financiar em longo prazo agora do que esperar. Cada um desses cenários sugere que os mercados de capitais são ineficientes ou que os investidores não têm a mesma informação sobre o futuro da empresa como seu gerente financeiro. Outra situação sem sombra de dúvidas é verdadeira em alguns momentos, e o primeiro caso possivelmente é verdadeiro em alguns casos.

As perspectivas de lucro da empresa e quanto ao preço das ações reflete um lucro por ação maior previsto também têm um efeito na escolha de títulos. Se um programa de P&D bem-sucedido acaba de ser concluído e leva a administração a prever lucros maiores do que a maioria dos investidores, a empresa não desejaria emitir ações ordinárias. Ela usaria a dívida e, depois que os lucros aumentassem e, com isso, o preço das ações subisse, venderia as ações ordinárias para restabelecer a estrutura de capital no seu nível-alvo.

18-8d Quantidade de financiamento necessário

Obviamente, o montante de financiamento necessário influenciará a decisão de financiamento. Principalmente por causa dos custos de lançamento. Um financiamento de dívida de $ 5 milhões, considerado pequeno nos padrões Wall Street, provavelmente seria feito com um empréstimo a prazo ou uma emissão de títulos em colocação privada, enquanto uma empresa que busca $ 2 bilhões de novas dívidas provavelmente usaria uma oferta pública de títulos de longo prazo.

18-8e Disponibilidade de garantia

Geralmente, dívida com garantia custa menos do que dívida sem garantia. Dessa forma, empresas com grandes quantidades de ativos fixos negociáveis provavelmente usam uma quantidade relativamente grande de dívida em longo prazo, especialmente títulos hipotecários. Além disso, a decisão de financiamento de cada ano seria influenciada pela quantidade de ativos qualificados disponíveis como garantia para novos títulos.

Autoavaliação

1. Quais são alguns fatores que os gerentes financeiros consideram ao escolher a estrutura de vencimento de suas dívidas?
2. Como a assimetria de informações afeta as decisões de financiamento?

18-9 Operações de refinanciamento

Uma grande quantidade de dívida de empresas foi vendida no final da década de 1990. Com o fim da proteção de resgate para muitas dessas dívidas em decorrência da queda das taxas de juros desde a emissão da dívida, muitas empresas estão analisando os prós e contras do refinanciamento de títulos. A abordagem básica é estimar os fluxos de caixa incrementais após impostos associados com o refinanciamento. Os fluxos de caixa em uma decisão de refinanciamento são devidos à presença de dívida. Por essa razão, os fluxos de caixa devem ser descontados ao custo da dívida após impostos.

A melhor maneira de examinar a decisão de refinanciamento é por meio de um exemplo. A Microchip Computer Company possui uma emissão de títulos de $ 60 milhões com taxa de juros anual de 12% e vencimento de 20 anos. Essa emissão, que foi vendida cinco anos atrás, teve custos de lançamento de $ 3 milhões, que a empresa vem amortizando pelo método de base linear durante a vida original de 25 anos da emissão. O título tem uma cláusula de resgate que permite à empresa baixar a emissão neste momento por meio do resgate dos títulos com um prêmio de resgate de 10%. Bancos de investimento asseguraram que a empresa poderia vender um adicional de $ 60 milhões a $ 70 milhões de novos títulos com vencimento de 20 anos e taxa de juros de 9%. Para garantir que os recursos necessários para saldar dívidas antigas estarão disponíveis, os novos títulos serão vendidos um mês antes do resgate da emissão antiga; portanto, durante um mês a empresa terá de pagar juros sobre duas emissões. As taxas de juros atuais em curto prazo são de 6%. As previsões são de que as taxas de juros em longo prazo não devem cair abaixo de 9%.[18] Custos de lançamento de uma nova emissão de refinanciamento serão de $ 2.650.000, e a alíquota de imposto federal mais estadual será de 40%. A empresa deveria refinanciar os $ 60 milhões de títulos com taxa de 12%?

Os seguintes passos traçam o processo de decisão e são resumidos na planilha da Figura 18-1. A variação das células de A51 até H58 mostra a entrada de dados necessários para as análises que acabaram de ser discutidas.

18-9a 1º passo: determinar o investimento necessário para refinanciar a emissão

Linha 60

Prêmio de resgate sobre emissão antiga:

$$\text{Antes de impostos} : 0,10(\$\ 60.000.000) = \$\ 6.000.000$$
$$\text{Após impostos} : \$\ 6.000.000(1 - T) = \$\ 6.000.000(0,6)$$
$$= \$\ 3.600.000$$

---

[18] A administração da empresa estimou que as taxas de juros devem se manter no nível atual de 9% ou, então, aumentar; existe a probabilidade de apenas 25% de que elas caiam.

FIGURA 18-1

Planilha para a decisão de refinanciamento de títulos (em milhões de dólares)

	A	B	C	D	E	F	G	H
51	**Dados de entrada**							
52		Emissão de título existente =		$ 60.000		Emissão de novo título =		$ 60.000
53		Custo original de flutuação =		$ 3.000		Novo custo de flutuação =		$ 2.650
54		Vencimento de débito original =		25		Vencimento do novo débito =		20
55		Anos desde a emissão de débito antigo =		5		Novo custo de débito =		9,0%
56		Prêmio de resgate (%) =		10,0%				
57		Taxa de cupom original =		12,0%		Taxa tributária =		40,0%
58		Custo de novo débito após impostos =		5,4%		Taxa de juros em curto prazo =		6,0%
59	*Programação de fluxos de caixa*					Antes de impostos	Após impostos	
60			Prêmio de resgate sobre título antigo			−$ 6.000	−$ 3.600	
61			Custo de flutuação sobre nova emissão			−$ 2.650	−$ 2.650	
62		Economia fiscal imediata sobre despesa com custo de flutuação antigo				$ 2.400	$ 960	
63			Juros extras pagos sobre emissão antiga			−$ 600	−$ 360	
64			Juros sobre investimento em curto prazo			$ 300	$ 180	
65			Total de investimentos após impostos				−$ 5.470	
66								
67	*Efeitos tributários sobre custo de flutuação anual: t = 1 a 20*					Antes de impostos	Após impostos	
68		Economia fiscal anual de custos de flutuação de novas emissões				$ 133	$ 53	
69	Economia fiscal anual perdida de custos de flutuação de emissões antigas					−$ 120	−$ 48	
70			Economia fiscal líquida de custos de flutuação			$ 13	$ 5	
71								
72	*Economia de juros anuais devidos a restituição: t = 1 a 20*					Antes de impostos	Após impostos	
73				Juros sobre título antigo		$ 7.200	$ 4.320	
74				Juros sobre novo título		−$ 5.400	−$ 3.240	
75				Economia líquida de juros		$ 1.800	$ 1.080	
76								
77	*Efeitos tributários anuais de custo de flutuação*				*Economia de juros anual*			
78		Economia de juros anuais (Pmt)		$ 5		Economia de juros anuais (Pmt)		$ 1.080
79		Vencimento do novo título (Nper)		20		Vencimento do novo título (Nper)		20
80	Custo após impostos do novo título (Taxa)			5,4%		Custo após impostos do novo título (Taxa)		5,4%
81		NPV da econ. de custo de flut. anual		$ 60		NPV de economia de juros anuais		$ 13.014
82								
83	***Total do valor presente líquido de refinanciamento***							
84	NPV c/ restit. de título =		Gasto inicial		+	PV de custos de flut. +		PV de economia de juros
85	NPV c/ restit. de título =		−$ 5.470		+	$ 60	+	$ 13.014
86								
87	**NPV do refinanciamento de título**		$ 7.604					

Embora a Microchip deva gastar $ 6 milhões em prêmio de resgate, essa é uma despesa dedutível no ano em que o resgate é feito. Como a empresa está na faixa de 40% de impostos, economiza $ 2,4 milhões em tributos; portanto, o custo do resgate após impostos é de apenas $ 3,6 milhões.

Linha 61

Custos de lançamento sobre emissão nova: Os custos de lançamento sobre emissão nova serão de $ 2.650.000. Esse montante não pode ser contabilizado como despesa para efeitos fiscais, portanto, não gera nenhum benefício fiscal imediato.

Linha 62

Custos de lançamento sobre emissão antiga: A emissão antiga tem um custo de lançamento não amortizado de $(25/20)($ 3.000.000) = $ 2.400.000$ nesse momento. Se a emissão é amortizada, logo o custo de lançamento não amortizado pode ser reconhecido imediatamente como despesa, gerando, assim, uma economia após impostos de $ 2.400.000(T) = $ 960.000. Como se trata de uma entrada de caixa, ele é mostrado como um número positivo.

Linhas 63 e 64

Juros adicionais: Juros "extras" de um mês sobre emissão antiga, após impostos, totalizam $ 360.000:

$$\text{Custo com juros} = (\text{Valor em dólar})(1/12 \text{ de } 12\%)(1 - T)$$
$$= (\$ 60.000.000)(0,01)(0,6) = \$ 360.000$$

No entanto, os resultados da nova emissão podem ser investidos em títulos de curto prazo durante um mês. Portanto, $ 60 milhões investidos a uma taxa de 6% terão um retorno de $ 180.000 em juros após impostos:

$$\text{Juros recebidos} = (\$ 60.000.000)(1/12 \text{ de } 6\%)(1 - T)$$
$$= (\$ 60.000.000)(0,005)(0,6) = \$ 180.000$$

Linha 65

Investimento total após impostos: O investimento total necessário para refinanciar a emissão de títulos, que será financiado com dívida, é de $ 5.470.000:[19]

Prêmio de resgate	($ 3.600.000)
Custos de lançamento, nova	(2.650.000)
Custos de lançamento, antigos, economias fiscais	960.000
Juros líquidos adicionais	(180.000)
Investimento total	($ 5.470.000)

18-9b 2º passo: Calcular os efeitos fiscais do custo de lançamento anual

Linha 68

Economias fiscais sobre custos de lançamento de nova emissão: Para fins fiscais, os custos de lançamento devem ser amortizados durante a vida dos novos títulos, que é de 20 anos. Portanto, a dedução fiscal anual é de:

$$\frac{\$ 2.650.000}{20} = \$ 132.500$$

Como nossa planilha apresenta os montantes em milhares de dólares, esse número aparecerá como $ 132,5. E como a empresa está na faixa de impostos de 40%, ela economiza em impostos $ 132.500(0,4) = $ 53.000 por ano durante 20 anos. Essa é uma anuidade de $ 53.000 por 20 anos.

Linha 69

Benefícios fiscais perdidos sobre custos de lançamento de emissão antiga: A empresa, portanto, não receberá mais uma dedução fiscal de $ 120.000 por ano durante 20 anos; dessa forma, ela perde um benefício após imposto de $ 48.000 por ano.

Linha 70

Efeito fiscal líquido da amortização: A diferença após impostos entre os efeitos fiscais da amortização do lançamento de emissões novas e antigas é de $ 5.000 por ano durante 20 anos.

---

[19] O investimento (nesse caso, $ 5.470.000) geralmente é obtido com o aumento da emissão de novos títulos. No exemplo dado, a nova emissão seria de $ 65.470.000. Porém, os juros sobre dívida adicional *não devem ser deduzidos* no 3º passo, pois o próprio valor de $ 5.470.00 será deduzido no 4º passo. Se juros adicionais sobre os $ 5.470.000 forem deduzidos no 3º passo, na realidade os juros seriam deduzidos duas vezes. A situação aqui é exatamente como aquela nas decisões de avaliação de investimentos. Embora alguma dívida possa ser usada para financiar um projeto, os juros sobre essa dívida não serão subtraídos ao desenvolver os fluxos de caixa anuais. Os fluxos de caixa anuais são *descontados* ao custo de capital do projeto.

18-9c 3º passo: Calcular as economias de juros anuais

Linha 73

Juros sobre título antigo, após impostos: Os juros anuais após impostos sobre emissão antiga são de $ 4,32 milhões:

$$(\$\ 60.000.000)(0,12)\ (0,6) = \$\ 4.320.000$$

Linha 74

Juros sobre novo título, após impostos: A nova emissão possui um custo anual após impostos de $ 3.240.000:

$$(\$\ 60.000.000)(0,09)(0,6) = \$\ 3.240.000$$

Linha 75

Economia líquida anual com juros: A economia líquida anual com juros é de $ 1.080.000:

Juros sobre títulos antigos, após impostos	$ 4.320.000
Juros sobre novos títulos, após impostos	(3.240.000)
Economia anual com juros, após impostos	$ 1.080.000

18-9d 4º passo: Determinar o NPV do refinanciamento

Linha 81

Valor Presente (PV) dos benefícios: O valor presente do benefício do custo de lançamento anual após impostos pode ser encontrado utilizando uma calculadora financeira, com N = 20, I/YR = 5,4, PMT = 5000 e FV = 0. A resolução para o PV mostra que a economia com custo de lançamento tem um valor presente igual a $ 60.251. O PV da economia anual com juros após impostos de $ 1.080.000 é encontrado com N = 20, I/YR = 5,4, PMT = 1080000 e FV = 0; o cálculo de PV mostra que o valor presente da economia com juros após impostos é de $ 13.014.174.

TVA reduz suas despesas com juros

Em 1998, a TVA (Tennessee Valley Authority) captou $ 575 milhões em dívida de 30 anos. Se tivesse emitido dívida com taxa fixa, estaria mergulhada em pagamentos de cupons altos se as taxas de juros no mercado caíssem. Se tivesse emitido dívida com taxa variável, estaria mergulhada em pagamentos de cupons altos se as taxas de juros aumentassem. E se tivesse emitido dívida resgatável, poderia refinanciar caso as taxas de juros caíssem. Mas os custos de refinanciamento são altos, e a TVA teria de decidir se refinanciaria ou aguardaria com a esperança de que as taxas caíssem. Nenhuma das três escolhas parecia interessante, por isso a TVA emitiu um novo tipo de título que solucionaria esses problemas.

Os novos títulos são chamados oficialmente de *Putable Automatic Rate Reset Securities* (PARRS), mas são familiarmente conhecidos como títulos *ratchet*. Uma característica desses títulos é que a taxa de cupom é reajustada todo ano, a partir de 2003, para 94 pontos-base sobre a taxa do título do Tesouro de 30 anos – desde que o novo cupom seja mais baixo do que o cupom atual dos títulos *ratchet*. Em outras palavras, o cupom sobre o título cairá se as taxas de juros caírem, mas ele nunca aumentará de ano para ano, permitindo que a TVA mantenha as taxas de juros mais baixas que vigoraram durante a vida do título. Resumidamente, a TVA tem de refinanciar sua dívida em algum momento quando as taxas caírem, por isso o termo *"ratchet"*.

O *spread* de 94 pontos-base é maior do que o spread sobre os títulos do Tesouro que normalmente existem nos títulos não resgatáveis da TVA, dada sua classificação de título. No entanto, se a classificação piorar, os investidores poderão "vender" o título de volta para a TVA. Os investidores estão expostos ao risco da taxa de juros, mas não ao risco de crédito, e o *spread* relativamente alto compensa o risco da taxa de juros.

Esses títulos foram originalmente emitidos com um cupom de 6,750%, e na primeira data de reajuste (1º de junho de 2003) a taxa caiu para 5,952%, refletindo a queda na taxa de juros em longo prazo desde 1998. Em 1º de junho de 2012, as taxas de juros em longo prazo tiveram uma queda de forma que a taxa de cupom sobre o PARRS caiu para 4,060%.

Fontes: Andrew Kalotay e Leslie Abreo, "Ratchet Bonds: Maximum Refunding Efficiency at Minimum Transaction Cost", *Journal of Applied Corporate Finance*, v. 41, n. 1, p. 40-47, 1999; e o site da TVA, http://www.tva.gov.

Esse valores são utilizados na Linha 85 ao encontrar o NPV da operação de refinanciamento:

Efeitos fiscais da amortização	$ 60.251
Economia de juros	13.014.174
Investimento líquido	(5.470.000)
NPV de refinanciamento	$ 7.604.425

Como o valor presente líquido do refinanciamento é positivo, seria rentável refinanciar a emissão antiga de títulos.

Podemos resumir os dados mostrados na Figura 18-1 usando uma linha do tempo (valores em milhares) como exibidos a seguir:

	0	5,4%	1	2		20
Investimento após impostos						
	−5.740					
Efeitos fiscais do custo de lançamento			5	5		5
Economia de juros			1.080	1.080		1.080
Fluxos de caixa líquidos	−5.740		1.085	1.085		1.085

$NPV_{5,4\%} = \$ 7.604$

Vários outros pontos devem ser considerados. Primeiro, os fluxos de caixa são baseados nas diferenças entre obrigações contratuais, seus riscos são os mesmos das obrigações subjacentes. Portanto, os valores presentes dos fluxos de caixa devem ser encontrados descontando-se pela taxa de menor risco da empresa – seu custo de dívida marginal após impostos. Segundo, uma vez que a operação de refinanciamento é vantajosa para a empresa, não deve ser vantajosa para os detentores dos títulos; eles devem abrir mão de seus títulos com taxa de 12% e reinvestir em novos títulos com rendimento de 9%. Isso aponta o perigo da cláusula de resgate para os detentores dos títulos e explica também por que títulos não resgatáveis exigem preços mais altos do que títulos resgatáveis com a mesma taxa de cupom. Além disso, embora não seja enfatizado no exemplo, suponhamos que a empresa levante o investimento necessário para realizar a operação de refinanciamento (os $ 5.470.000 exibidos na Linha 65 da Figura 18-1) como dívida. Isso deveria ser viável, pois a operação de refinanciamento melhorará o índice de cobertura de juros, embora uma montante de dívida maior esteja em aberto. Em quarto lugar, estabelecemos nosso exemplo de maneira que a nova emissão tivesse o mesmo vencimento que a vida restante da emissão antiga. Geralmente, os títulos antigos possuem um período relativamente curto até seu vencimento (entre cinco e dez anos), enquanto os novos títulos possuem um vencimento muito maior (de 25 a 30 anos). Em uma situação como essa, a análise deveria ser definida de maneira similar à análise de cadeia de reposição em uma avaliação de investimentos, que foi discutida no Capítulo 10. Em quinto lugar, decisões de refinanciamento são convenientes para análises com um *software* de planilhas no computador. Planilhas como as mostradas na Figura 18-1 são fáceis de configurar, e uma vez que o modelo foi desenvolvido, fica fácil mudar as premissas (especialmente a premissa sobre a taxa de juros sobre a emissão de refinanciamento) e ver como essas mudanças afetam o NPV.

18-9e Refinanciamento agora ou mais tarde?

Um último ponto deve ser acrescentado: embora nossa análise mostre que o refinanciamento aumentaria o valor da empresa, um refinanciamento *neste momento* realmente maximizaria o valor esperado da empresa? Se as taxas de juros continuarem a cair, talvez seja melhor para a empresa aguardar, pois isso aumentaria o NPV da operação de refinanciamento ainda mais. Os mecanismos do cálculo de NPV em um refinanciamento são fáceis, mas a decisão de *quando* refinanciar não é tão simples, pois requer uma previsão das taxas de juros futuras. Portanto, a decisão final de refinanciar agora ou aguardar por um momento possivelmente mais favorável exige julgamento.

Para ilustrar o momento de decisão, suponha que os gestores da Microchip projetem que há uma probabilidade de 50% de as taxas de juros em longo prazo permanecerem no nível atual de 9% durante o próximo ano. Porém, existe uma probabilidade de 25% de que as taxas poderiam cair para 7% e uma probabilidade de 25% de que elas poderiam subir para 11%. Além disso, suponha que taxas em curto prazo devem permanecer três pontos porcentuais abaixo das taxas em longo prazo e que o prêmio de resgate seria reduzido em 5% caso o resgate fosse atrasado por um ano.

A análise de refinanciamento poderia, então, ser repetida, como anteriormente, como se fosse um ano depois. Portanto, os títulos antigos teriam apenas 19 anos restantes até o vencimento.

Realizamos a análise e encontramos a distribuição de NPV do refinanciamento daqui a um ano:

PROBABILIDADE	TAXA DE JUROS EM LONGO PRAZO	NPV DO REFINANCIAMENTO DAQUI A UM ANO
25%	7%	$ 17.947.071
50	9	7.390.083
25	11	(1.359.939)

À primeira vista, poderia parecer coerente calcular o NPV do refinanciamento no próximo ano em termos de distribuição da probabilidade. No entanto, isso não estaria correto. Se as taxas de juros subissem para 11%, a Microchip não refinanciaria a emissão; portanto, o NPV real, se as taxas aumentassem para 11%, seria zero. O NPV esperado do refinanciamento daqui a um ano é, portanto, 0,25($ 17.947.071) + 0,50($ 7.390.083) + 0,25($ 0) = $ 8.181.809 *versus* $ 7.604.425, se o refinanciamento ocorresse hoje.

Mesmo que o NPV do refinanciamento em um ano seja mais alto, a administração da Microchip provavelmente decidiria pelo refinanciamento imediato. O valor de $ 7.604.425 representa um aumento certo no valor da empresa, enquanto o valor de $ 8.181.809 é arriscado. E também, uma comparação mais apropriada requer que os $ 8.181.809 sejam descontados de um ano para cá. A administração da Microchip deveria optar pelo adiamento do refinanciamento apenas se o NPV esperado do refinanciamento mais tarde estiver suficientemente acima do NPV de hoje para compensar o risco e o valor do tempo envolvido.

Claramente, a decisão de refinanciar agora *versus* refinanciar mais tarde é complicada pelo fato de que existiriam muitas oportunidades para refinanciar no futuro do que apenas uma única oportunidade daqui a um ano. Além disso, a decisão deve ser baseada em muitas projeções de taxas de juros, uma tarefa difícil por si só. Felizmente, os gerentes financeiros que tomam decisões de refinanciamento de títulos podem agora usar os valores de títulos derivativos para estimar o valor da opção de compra embutida na emissão. Se a opção de compra valer mais do que o NPV de refinanciamento hoje, a emissão não deve ser refinanciada imediatamente. Ao contrário, o emissor deve adiar o refinanciamento para aproveitar as informações obtidas do mercado de derivativos ou na realidade criar uma transação de derivativos para garantir o valor da opção de compra.[20]

Autoavaliação

1. Qual é a semelhança entre um refinanciamento de títulos e um projeto de investimento?

18-10 Administrando a estrutura de risco da dívida com financiamento de projeto

Historicamente, muitos projetos grandes como o duto do Alaska foram financiados pelo que é chamado de **financiamento de projeto**.[21] Podemos apenas apresentar uma visão geral do conceito, pois na prática isso envolve questões complicadas e pode assumir muitas formas.

O financiamento de projeto tem sido usado para financiar explorações de energia, petroleiros, refinarias e usinas elétricas. Normalmente, uma ou mais empresas patrocinarão o projeto, disponibilizando o capital necessário, enquanto o restante do financiamento é bancado por financiadores ou arrendadores. Mais comumente, uma pessoa jurídica independente é formada para operar o projeto. Na maioria dos casos, os credores do projeto não possuem pleno direito de regresso contra os patrocinadores. Em outras palavras, os financiadores e arrendadores devem ser pagos com os fluxos de caixa do projeto e o patrimônio dos patrocinadores no projeto, pois os credores não têm direitos sobre outros ativos ou fluxos de caixa dos patrocinadores. Em muitos casos os patrocinadores escrevem

---

[20] Para uma discussão sobre o tempo de resgate e refinanciamento, veja Andrew J. Kalotay, Deane Yang e Frank J. Fabozzi, "Refunding Efficiency: A Generalized Approach," *Applied Financial Economics Letters*, 2007, n. 3, p. 141–146. Para mais informações sobre o uso de derivativos para ajudar na tomada de decisão, veja Andrew J. Kalotay e George O. Williams, "How to Succeed in Derivatives without Really Buying", *Journal of Applied Corporate Finance,* 1993, p. 100-103. Para mais informações sobre refinanciamento de títulos, veja Raymond C. Chiang e M. P. Narayanan, "Bond Refunding in Efficient Markets: A Dynamic Analysis with Tax Effects", *Journal of Financial Research,* 1991, p. 287-302; David C. Mauer, "Optimal Bond Call Policies under Transactions Costs", *Journal of Financial Research,* 1993, p. 23-37, e Janet S. Thatcher e John G. Thatcher, "An Empirical Test of the Timing of Bond-Refunding Decisions", *Journal of Financial Research,* 1992, p. 219-230.

[21] Para uma boa discussão sobre o tema, veja Benjamin C. Esty, "Petrozuata: A Case Study on the Effective Use of Project Finance", *Journal of Applied Corporate Finance,* 1999, p. 26-42.

cartas de "conforto", dando garantias gerais de que se esforçarão para tornar o projeto bem-sucedido. No entanto, essas cartas não têm validade legal, por isso, no financiamento de projetos os financiadores e arrendadores devem focar suas análises nos méritos inerentes ao projeto e na garantia de capital fornecida pelos patrocinadores.[22]

Financiamento de projeto não é um desenvolvimento novo. Na realidade, em 1299 a Coroa Inglesa negociou um empréstimo com bancos mercantis de Florença que era para ser pago com a produção de um ano das minas de prata de Devon. Basicamente, os italianos tiveram a permissão para operar as minas por um ano, pagando todos os custos de operação e explorando a mina o máximo que conseguissem. A Coroa não deu nenhuma garantia, por exemplo, quanto minério poderia ser extraído ou o valor da prata refinada. Um exemplo mais atual envolveu a GE Capital, o braço de crédito da General Electric, que recentemente financiou um projeto de $ 72 milhões para construir uma fábrica de lata de alumínio. A fábrica pertence a vários fabricantes de bebidas, mas opera de maneira independente, e a GE Capital deve depender dos fluxos de caixa da fábrica para pagar o empréstimo. Aproximadamente metade de todos os financiamentos de projetos em anos recentes foi para usinas de eletricidade, incluindo usinas pertencentes a concessionárias elétricas e usinas de cogeração operadas por companhias industriais. Financiamentos de projetos são geralmente caracterizados por larga escala e alto grau de complexidade. Porém, como o financiamento de projeto está atrelado a um projeto específico, ele pode ser adaptado para atender as necessidades específicas dos credores e patrocinadores. Em particular, o financiamento pode ser estruturado para que tanto os fundos oferecidos durante a fase de construção como os pagamentos subsequentes coincidam com o calendário dos fluxos de entradas e saídas de caixa do projeto.

Financiamento de projeto oferece vários benefícios potenciais em comparação com financiamento de dívida convencional. Para alguns, o financiamento de projeto restringe o uso dos fluxos de caixa do projeto, o que significa que os financiadores – e não os gestores – podem decidir se os fluxos de caixa excedentes devem ser reinvestidos ou utilizados para reduzir o saldo do empréstimo mais do que o mínimo exigido. Atribuir esse poder aos financiadores reduz esses riscos. Financiamentos de projetos também apresentam vantagens para os mutuários. Em princípio, como os riscos para os financiadores são reduzidos, a taxa de juros sobre um financiamento de projeto pode ser relativamente baixa. Em segundo lugar, como os fornecedores de capital para financiamento de projeto não têm direito sobre outros ativos e fluxos de caixa dos patrocinadores, os financiamentos de projetos isolam outros ativos das empresas dos riscos associados com o projeto financiado. Gestores podem estar mais dispostos a assumir projetos maiores e mais arriscados ao saberem que a existência da empresa não seria ameaçada se o projeto fracassar.

Financiamentos de projetos aumentam o número e tipo de oportunidades de investimento, portanto tornam os mercados de capitais "mais completos". Ao mesmo tempo, financiamentos de projetos reduzem os custos, para os investidores, de informações e monitoramento das operações dos mutuários. Para ilustrar, imagine um projeto de exploração de gás e petróleo que é financiado utilizando um financiamento de projeto. Se o projeto fosse financiado como parte integral das operações normais da empresa, os investidores de todos os títulos em circulação da empresa precisariam de informações sobre o projeto. Ao isolar o projeto, a necessidade de informações é limitada para os investidores no financiamento de projeto, que precisam monitorar apenas as operações do projeto e não da empresa inteira.

No entanto, financiamentos de projetos também permitem que as empresas cujos lucros estejam abaixo das exigências mínimas especificadas nas escrituras de obrigações existentes obtenham financiamento de dívida adicional. Nesses casos, financiadores olham apenas para os méritos do novo projeto e seus fluxos de caixa podem suportar dívida adicional mesmo que a situação geral da empresa não suporte. Esses financiamentos também permitem que os gestores revelem informações exclusivas a um grupo menor de investidores, dessa forma esses financiamentos aumentam a capacidade de uma empresa de manter segredo. E finalmente, financiamentos de projetos podem melhorar os incentivos para os principais gestores, permitindo que adquiram participações diretas nas operações sob seu controle. Ao estabelecer projetos separados, empresas podem fornecer incentivos que são muito mais diretamente baseados no desempenho individual do que é normalmente possível dentro de uma grande empresa.

Autoavaliação

1. O que é financiamento de projeto? Quais são suas vantagens e desvantagens?

---

[22] Em outro tipo de financiamento de projeto, cada patrocinador garante sua parte das obrigações de dívida do projeto. Aqui os credores também consideram a capacidade de pagamento dos patrocinadores além das próprias perspectivas do projeto. Deve-se observar que financiamentos de projetos com muitos patrocinadores na indústria de eletricidade causaram problemas quando um ou mais patrocinadores se encontraram com dificuldades financeiras. Por exemplo, a Long Island Lighting, um dos patrocinadores do projeto nuclear Nine Mile Point, não conseguiu honrar seus compromissos com o projeto, o que forçou os outros patrocinadores a carregarem um fardo adicional ou, então, verem o projeto cancelado e perderem todo o investimento feito até aquele ponto. O risco de inadimplência faz com que muitas empresas fiquem relutantes antes de assumirem projetos similares.

Resumo

- A **Securities and Exchange Commission (SEC)** regula os mercados de títulos.
- **Colocações privadas** são ofertas de títulos a um número limitado de investidores e são isentas de registro na SEC.
- **Investidores qualificados** incluem diretores e conselheiros de uma empresa, indivíduos com patrimônio líquido alto e investidores institucionais. Esses investidores são elegíveis para comprar títulos em colocações privadas.
- Um **anjo** é um indivíduo rico que transforma um investimento em uma *start-up*.
- Os gestores de um **fundo de investimento de risco** são chamados de **investidores de risco**, ou **VCs**. Eles captam recursos de investidores e transformam investimentos em empresas *start-ups*, chamadas de **empresas de carteira**.
- **Abertura de capital** em uma **oferta pública inicial (IPO)** facilita a diversificação de acionista, aumenta a liquidez das ações da empresa, torna mais fácil para a empresa levantar capital, estabelece um valor para a empresa e facilita a venda de produtos por parte da empresa. Porém, custos de divulgação de informações são altos, dados operacionais devem ser divulgados, autonegociações por parte da administração são mais difíceis de ocorrer, o preço pode cair se as ações não forem negociadas ativamente e ações em poder do público podem tornar mais difícil para a administração manter o controle.
- **Bancos de investimento** ajudam na emissão de títulos auxiliando a empresa a determinar o tamanho da emissão e o tipo de títulos a serem utilizados, estabelecendo o preço de venda, vendendo a emissão e, em alguns casos, mantendo um mercado para as ações.
- Um banco de investimento pode vender uma emissão de títulos em regime de **melhores esforços**, ou pode garantir a venda **subscrevendo** a emissão.
- Antes de um IPO, o banco de investimento e a equipe da administração fazem **apresentações (*roadshows*)** aos potenciais investidores institucionais.
- Em um IPO, a **demanda excede a oferta**, caso os investidores estejam dispostos a comprar mais ações do que estão sendo ofertadas ao preço do IPO.
- O **spread** é a diferença entre o preço em que um coordenador vende uma ação e a receita que o coordenador dá à empresa emissora. Nos últimos anos o *spread* para quase todos os IPOs é de 7%.
- Uma **cisão parcial do patrimônio** (também chamada de **oferta pública parcial** ou **cisão parcial**) é um IPO especial em que uma empresa de capital aberto converte uma subsidiária em uma empresa de capital aberto independente ao vender ações da subsidiária. A controladora normalmente retém o controle acionário.
- A Regra 415 da SEC, também conhecida como **registro de prateleira**, permite que uma empresa registre uma emissão e a venda em partes durante certo tempo em vez de tudo de uma só vez.
- Uma **oferta de ações secundária** ocorre quando uma empresa de capital aberto emite ações adicionais.
- Um **fundo de capital privado** é uma sociedade de responsabilidade limitada criada para manter e administrar investimentos em títulos de empresas não negociados.
- Uma empresa **torna-se privada** quando um pequeno grupo de investidores, incluindo a alta administração da empresa, compra todas as ações da empresa. Essas negociações geralmente envolvem altos níveis de dívida e são comumente chamadas de **compras alavancadas (LBOs)**.
- Se um título possui uma cláusula de resgate, o emissor pode **refinanciar (resgatar)** o título antes do vencimento e pagá-lo com uma nova emissão de dívida a uma taxa de juros mais baixa.
- Em um **financiamento de projeto**, os pagamentos da dívida são garantidos pelos fluxos de caixa de um projeto específico.
- A **securitização de ativos** ocorre quando ativos como hipotecas ou recebíveis de cartões de créditos são agrupados em um fundo. Então são criados títulos que usam os pagamentos desse fundo para pagar os juros e o principal das obrigações.

Perguntas

(18-1) Defina cada um dos seguintes termos:
   a. Abertura de capital; mercado de novas emissões; oferta pública inicial (IPO).
   b. Oferta pública; colocação privada.
   c. Investidores de risco; *roadshow*; *spread*.
   d. SEC; declaração de registro; registro de prateleira; exigência de margem; pessoal interno com acesso a informações privilegiadas.
   e. Prospecto; prospecto preliminar (*red herring*).

f. NASD (Associação dos Corretores de Valores Mobiliários dos EUA).

g. Acordo de melhores esforços; acordo de subscrição.

h. Refinanciamento; financiamento de projeto; securitização; vencimentos casados.

(18-2) É válido afirmar que, quanto mais "achatada" (mais próxima à linha horizontal) for a curva de demanda pelas ações de determinada empresa e quanto menos importante os investidores considerarem o efeito de sinalização da oferta, mais importante é o papel de bancos de investimento quando a empresa decidir vender uma nova emissão de ações?

(18-3) A SEC procura proteger investidores que estão comprando títulos recém-emitidos certificando-se de que as informações apresentadas por uma empresa e seus bancos de investimento são corretas e não enganosas. Porém, a SEC não fornece uma opinião sobre o valor real dos títulos; portanto um investidor poderá pagar muito por novas ações e consequentemente sair perdendo. Você acha que a SEC, como parte de cada nova oferta de ações ou títulos, deveria apresentar sua opinião aos investidores sobre o valor apropriado dos títulos que estão sendo ofertados? Explique sua resposta

(18-4) Como você acha que cada um dos seguintes itens afetaria a capacidade de uma empresa de atrair novo capital e os custos de lançamento envolvidos nesse processo?

a. A decisão tomada por uma empresa de capital fechado de abrir seu capital.

b. A crescente institucionalização do "lado comprador" dos mercados de ações e títulos.

c. A tendência com relação aos conglomerados financeiros ao contrário dos bancos de investimento independentes.

d. Eliminação do direito de preferência de subscrição.

e. A introdução em 1981 do registro de prateleira de títulos.

(18-5) Antes de firmar um acordo formal, bancos de investimento investigam cuidadosamente as empresas cujos títulos elas subscrevem; isso é especialmente válido para emissões de empresas que abrem o capital pela primeira vez. Uma vez que os bancos não planejam manter os títulos e sim vendê-los assim que possível, por que estão tão preocupados em realizar investigações criteriosas?

Problema de autoavaliação – A solução está no Apêndice A

(PA-1) A empresa Blue Coral Breweries (BCB) está planejando um IPO. Seus coordenadores disseram que as ações serão vendidas a $ 20 cada uma. Os custos diretos (honorários legais, impressões etc.) serão de $ 800.000. Os coordenadores cobrarão uma taxa de 7%.

a. Quantas ações a BCB deve vender para lucrar $ 30 milhões?

b. Se o preço das ações encerrar o primeiro dia a $ 22, quanto a empresa deixou sobre a mesa?

c. Quais são os custos totais da BCB (diretos, indiretos e de distribuição) com o IPO?

Problemas – As respostas dos problemas estão no Apêndice B

Problemas fáceis 1-2

(18-1) **Lucro ou prejuízo das novas emissões de ações** – A Security Brokers é especialista na distribuição de novas emissões de empresas pequenas. Em uma recente oferta da Beedles Inc., as condições foram às seguintes:

Preço para o público	$ 5 por ação
Número de ações	3 milhões
Lucro para Beedles	$ 14.000.000

As despesas extraordinárias incorridas pela Security Brokers no planejamento e distribuição da emissão foram de $ 300.000. Qual é o lucro ou prejuízo da Security Brokers caso a emissão fosse vendida ao público pelo seguinte preço médio?

a. $ 5 por ação

b. $ 6 por ação

c. $ 4 por ação

(18-2) **Despesas de distribuição e lançamento** – A Beranek Company, cujas ações agora têm um preço de $ 25, precisa captar $ 20 milhões em ações ordinárias. Os coordenadores informaram à administração da empresa que eles devem estabelecer o preço da nova emissão em $ 22 por ação por conta dos efeitos de sinalização. A remuneração dos coordenadores será de 5% do preço da emissão, por isso a Beranek lucrará $ 20,90 por ação. A empresa incorrerá despesas no valor de $ 150.000. Quantas ações a empresa deve vender para lucrar $ 20 milhões após despesas de lançamento e distribuição?

Problemas intermediários 3-5

(18-3) **Emissões de preção das ações** – A *start-up* de Benjamin Garcia está crescendo, mas ele precisa de US$ 200 mil em financiamento adicional para garantir o crescimento contínuo. Benjamin e um investidor anjo acreditam que a empresa vale US$ 800 mil, e o anjo concordou em investir os US$ 200 mil necessários. Benjamin atualmente possui todas as 40 mil ações de sua empresa. Qual é o preço justo por ação e quantas ações adicionais Benjamin precisa vender ao anjo? Uma vez que as ações serão vendidas diretamente ao investidor, não há propagação; os outros custos de flutuação são insignificantes.

(18-4) **Nova emissão de ações** – Bynum and Crumpton, Inc. (B&C), um pequeno fabricante de joias, foi bem-sucedido e aproveitou uma tendência de crescimento positiva. Agora B&C planeja tornar-se pública com uma emissão de ações ordinárias, e enfrenta o desafio de estabelecer um preço apropriado para as ações. A empresa e seus bancos de investimento acreditam que o procedimento apropriado é conduzir uma avaliação e selecionar várias empresas semelhantes com ações ordinárias negociadas publicamente e fazer comparações relevantes.

Muitos fabricantes de joias são razoavelmente parecidos com a B&C no que diz respeito ao mix de produtos, composição de ativos e proporções de dívida/patrimônio líquido. Entre essas companhias, Abercrombe Jewelers e Gunter Fashions são mais parecidas. Ao analisar as informações a seguir, suponha que o ano mais recente tenha sido razoavelmente "normal" no sentido de que não foi especialmente bom nem especialmente ruim em termos de vendas, lucros e fluxos de caixa livre. A Abercrombe aparece na Amex, e a Gunter na Nyse, enquanto a B&C será negociada no mercado Nasdaq.

DADOS DA EMPRESA	ABERCROMBE	GUNTER	B&C
Ações pendentes	5 milhões	10 milhões	500.000
Preço por ação	US$ 35,00	US$ 47,00	ND
Lucros por ação	US$ 2,20	US$ 3,13	US$ 2,60
Fluxo de caixa livre por ação	US$ 1,63	US$ 2,54	US$ 2,00
Valor contábil por ação	US$ 16,00	US$ 20,00	US$ 18,00
Ativos totais	US$ 115 milhões	US$ 250 milhões	US$ 11 milhões
Dívida total	US$ 35 milhões	US$ 50 milhões	US$ 2 milhões

a. B&C é uma empresa de capital fechado com 500.000 ações pendentes. Os fluxos de caixa livre são baixos e, em alguns anos, foram negativos devido à alta na taxa de crescimento das vendas da B&C, mas, conforme sua fase de expansão vem chegando ao fim, os fluxos de caixa livre da B&C devem aumentar. A B&C antecipa os seguintes fluxos de caixa livre para os próximos cinco anos:

ANO	1	2	3	4	5
FCF	US$ 1.000.000	US$ 1.050.000	US$ 1.208.000	US$ 1.329.000	US$ 1.462.000

Após o ano 5, o crescimento do fluxo de caixa livre se estabilizará a 7% ao ano. Atualmente, a B&C não tem ativos não operacionais, e seu CMPC é 12%. Usando o modelo de avaliação do fluxo de caixa (ver Capítulos 7 e 12), estime o valor intrínseco patrimonial e o preço intrínseco por ação da B&C.

b. Calcule a dívida para ativos totais, P/E, valor de mercado, P/FCF, e ROE para Abercrombe, Gunter e B&C. Para cálculos que requerem um preço para a B&C, utilize o preço por ação que você obteve com o modelo de avaliação corporativa no item a.

c. Usando os índices de P/E, mercado/valor e preço/FCF da Abercrombe e da Gunter, calcule a faixa de preço para as ações da B&C que seriam coerentes com esses índices. Por exemplo, se você multiplicar os lucros da B&C por ação pelo índice P/E da Abercrombe, você obtém um número. Que faixa de preço você obtém? Qual é a relação entre essa faixa e o preço que se obtém usando o modelo de avaliação corporativa?

(18-5) **Emissões de preços de ações em uma IPO** – A Zang Industries contratou a empresa de investimento bancário Eric, Schwartz, & Mann (ESM) para ajudá-la a tornar-se pública. A Zang e a ESM concordam que o valor patrimonial atual da Zang é de US$ 60 milhões. A Zang tem atualmente 4 milhões de ações pendentes e emitirá 1 milhão de novas ações. A ESM cobra uma propagação de 7%. Qual é o preço de oferta corretamente valorizado? Quanto de caixa a Zang acumulará da propagação?

Problemas desafiadores 6-7

(18-6) **Análise de refinanciamento** – A chefe de Jan Volk, gerente financeiro da Green Sea Transport (GST), pediu a ele para revisar as emissões de dívida em circulação da GST para possível refinanciamento de títulos. Cinco anos atrás, a GST emitiu $ 40.000.000 de dívida com taxa de 11% e vencimento de 25 anos. A emissão, com cupons semestrais, é atualmente resgatável com um prêmio de 11%, $ 110 para cada $ 1.000 do valor nominal do título. Os custos de lançamento em questão foram de 6%, ou $ 2.400.000.

Volk acredita que a GST poderia emitir hoje uma dívida de 20 anos com uma taxa de cupom de 8%. A empresa teve muitas emissões nos mercados de capitais durante os últimos dez anos, e seus custos de lançamento de dívida estão atualmente estimados em 4% do valor da emissão. Sua alíquota de imposto federal mais estadual é de 40%.

Ajude Volk a conduzir a análise de refinanciamento respondendo às seguintes perguntas.

a. Qual é o prêmio de resgate total necessário para resgatar a emissão antiga? É dedutível para fins fiscais? Qual é o custo líquido do resgate após impostos?

b. Qual é o custo de lançamento da nova emissão? É imediatamente dedutível para fins fiscais? Qual é o custo de lançamento após impostos?

c. Qual é o valor dos custos de lançamento da emissão antiga que não foi contabilizado como despesa? Tais custos diferidos podem ser contabilizados imediatamente como despesa caso a emissão antiga seja refinanciada? Qual é o valor das economias fiscais?

d. Qual é o desembolso líquido após impostos necessário para refinanciar a emissão antiga?

e. Quais são as economias fiscais semestrais que surgem da amortização dos custos de lançamento da nova emissão? Quais são as economias fiscais semestrais perdidas dos custos de lançamento da emissão antiga?

f. Quais são as economias semestrais de juros após impostos que resultariam do refinanciamento?

g. Além disso, Volk identificou dois fluxos de caixa futuros: (1) o valor líquido das economias fiscais do custo de lançamento da nova emissão e as economias fiscais do custo de lançamento da emissão antiga que são perdidas caso ocorra o refinanciamento; e (2) as economias de juros após impostos. Qual é a soma desses dois fluxos de caixa semestrais? Qual é a taxa de desconto apropriada para esses fluxos de caixa futuros? Qual é o seu valor presente?

h. Qual é o NPV do refinanciamento? A GST deve refinanciar agora ou aguardar um pouco mais?

(18-7) **Análise de refinanciamento** – A Mullet Technologies está considerando a possibilidade de refinanciar uma emissão de títulos com vencimento de 30 anos, cupom de 12%, no valor de $ 75 milhões, que foi vendida cinco anos atrás. Ela está amortizando $ 5 milhões de custos de lançamento dos títulos de 12% durante a vida de 30 anos da emissão. Os bancos de investimento da Mullet indicaram que a empresa podia vender uma nova emissão de 25 anos a uma taxa de juros de 10% no mercado de hoje. Nem os bancos nem a administração da Mullet previram que as taxas de juros cairão para menos de 10% em breve, mas existe a possibilidade de as taxas aumentarem.

Um prêmio de resgate de 12% seria necessário para resgatar os títulos antigos e custos de lançamento da nova emissão totalizariam $ 5 milhões. A alíquota de imposto federal mais estadual da Mullet é 40%. Os novos títulos seriam emitidos um mês antes do resgate dos títulos antigos, com os lucros sendo investidos em títulos do governo em curto prazo com retorno anual de 6% durante o período intermediário.

a. Faça uma análise completa de refinanciamento de títulos. Qual é o NPV do refinanciamento de títulos?

b. Quais fatores influenciariam a decisão da empresa de refinanciar agora e não mais tarde?

Problema de planilha

(18-8) **Construa um modelo: refinanciamento de títulos** – A Schumann Shoe Manufacturer está considerando a possibilidade de refinanciar uma emissão de títulos com vencimento de 30 anos, cupom de 10%, no valor de $ 70 milhões, que foi vendida oito anos atrás. Ela está amortizando $ 4,5 milhões de custos de lançamento dos títulos de 10% durante a vida de 30 anos da emissão. Os bancos de investimento da Schumann indicaram que a empresa podia vender uma nova emissão de 22 anos a uma taxa de juros de 8% no mercado de hoje. Nem os bancos nem a administração da Schumann previram que as taxas de juros cairão para menos de 6% em breve, mas existe a possibilidade de as taxas aumentarem.

a. Faça uma análise completa de refinanciamento de títulos. Qual é o NPV do refinanciamento de títulos?

b. A que taxa de juros sobre a nova dívida o NPV do refinanciamento não será mais positivo?

Estudo de caso

A Randy's, um negócio familiar que engloba uma rede de restaurantes no Alabama, cresceu de tal maneira que sua expansão por toda região sudeste agora é viável. A expansão proposta exigiria da empresa um levantamento de capital de aproximadamente $ 18,3 milhões. Como a Randy's atualmente possui um índice de endividamento de 50% e os membros da família já estão com todos seus recursos pessoais investidos na empresa, a família gostaria de vender ações ordinárias ao público para captar os $ 18,3 milhões. No entanto, quer manter o controle de voto. Os membros da família pediram para que você forneça algumas informações respondendo às seguintes perguntas.

a. Quais agências regulam os mercados de títulos?

b. Como empresas *start-ups* são financiadas?

c. Qual é a diferença entre uma colocação privada e uma oferta pública?

d. Por que uma empresa consideraria a possibilidade de abertura de capital? Quais as vantagens e desvantagens?

e. Quais são os passos para uma oferta pública inicial?

f. Quais critérios são importantes ao escolher um banco de investimento?

g. Empresas que optam pela abertura de capital utilizam acordos negociados ou propostas competitivas?

h. A venda seria em regime de melhores esforços ou subscrição?

i. O valor pré-IPO estimado de patrimônio líquido na empresa é cerca de 63 milhões, e há 4 milhões de ações existentes em posse de membros da família. O banco de investimento cobrará uma propagação de 7%, que é a diferença entre o preço que o novo investidor paga e os lucros para a empresa. Para captar US$ 18,3 milhões, qual é o valor da ação a ser vendido? Qual é o valor total pós-IPO do patrimônio líquido? De que porcentagem desse patrimônio o novo investidor precisará? De quantas ações o novo investidor precisará? Qual é o preço de oferta estimado por ação?

j. O que é um *roadshow*? O que é *book-building*?

k. Descreva o típico retorno de primeiro dia de um IPO e os retornos em longo prazo para investidores de IPO.

l. Quais são os custos diretos e indiretos de um IPO?

m. O que são cisões parciais de patrimônio?

n. Descreva algumas maneiras além de um IPO que as empresas podem utilizar para captar recursos dos mercados de capitais.

o. Quais são algumas atividades dos bancos de investimento? Como isso aumenta o risco dos bancos de investimento?

p. O que significa o termo "fechamento de capital"? Quais as vantagens e desvantagens? Qual é o papel dos fundos de capital privado?

q. Como as empresas administram a estrutura de vencimento de suas dívidas?

r. Em que condições uma empresa exerceria uma opção de resgate de título?

s. Explique como as empresas administram a estrutura de risco de suas dívidas com o financiamento de projeto.

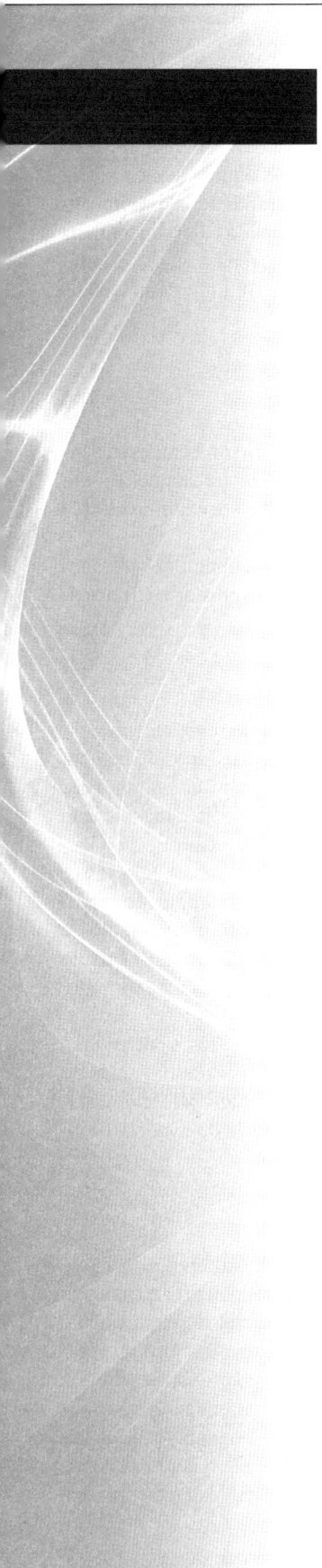

CAPÍTULO 19

Financiamento de arrendamento

O custo das produções do filme *O Virgem de 40* Anos, protagonizado por Steve Carell, foi de $ 26 milhões, mas arrecadou mais de $ 177 milhões nas bilheterias do mundo todo. Isso é muito dinheiro, mas há uma Virgem de 28 anos que conseguiu ainda mais: a Virgin Atlantic, companhia aérea que completou 28 anos em 2012.

A Virgin é uma empresa privada de propriedade do Virgin Group, de Richard Branson (com 49% da participação acionária pertencente à Singapore Airlines); não há como saber exatamente quanto dinheiro ganha a Virgin, mas, em meados de 2009, a empresa fez um pedido de dez Airbus A330-300 que custarão cerca de $ 2,1 bilhões. A Virgin planeja, ainda, comprar seis desses jatos e vendê-los imediatamente à AerCap Holdings NV, empresa holandesa especializada em arrendamento de aeronaves. Em seguida, a AerCap arrendará os jatos de volta à Virgin. Além disso, a AerCap comprará quatro jatos diretamente da Airbus e arrendará todos à Virgin. O resultado é que a Virgin não terá de pagar os $ 2,1 bilhões de uma só vez para adquirir os dez jatos, mas poderá utilizá-los porque fará pagamentos de arrendamento à AerCap.

Antes, a Virgin fez pedidos de aviões 787 Dreamliner à Boeing, uma empresa norte-americana. Porém, como a Boeing teve uma série de atrasos na produção, a Virgin recorreu à Airbus, que pertence à European Aeronautic Defence and Space Company (EADS). A própria EADS foi formada em 2000, de diversas companhias menores, incentivadas por diversos governos europeus que desejavam uma empresa europeia com tamanho e atuação para ser um concorrente de peso no mercado mundial de aviação e defesa.

Assim, os dez jatos da Airbus serão fabricados na Europa pela EADS, pertencerão à holandesa AerCap, serão operados pela Virgin Atlantic, do Reino Unido, e voarão por todo o mundo. Quando ler este capítulo, pense em como o arrendamento ajuda a sustentar as operações globais.

As empresas geralmente possuem ativos fixos e registram esses ativos nos seus balanços patrimoniais; porém, o mais importante é o uso que se faz dos ativos, e não a sua propriedade em si. Uma maneira de obter o *uso* de instalações e equipamentos é comprá-los; contudo, uma alternativa é arrendá-los. Antes da década de 1950, o arrendamento era, em geral, associado a bens imóveis – terrenos e edificações. No entanto, hoje é possível arrendar praticamente qualquer tipo de ativo fixo, e mais de 30% de todos os equipamentos novos pertencentes ao ativo são financiados por meio de contratos de arrendamento.[1] Na realidade, a Equipment Leasing Association estima que cerca de 20 mil arrendamentos de equipamentos são firmados diariamente nos Estados Unidos, com cerca de $ 220 bilhões em equipamentos mantidos sob a forma de arrendamentos.[2] Como os arrendamentos são utilizados com tanta frequência por praticamente todas as empresas, é importante que os administradores compreendam seu funcionamento.

19-1 Tipos de arrendamentos

As transações de arrendamento envolvem duas partes: o arrendador, que é o proprietário do bem, e o arrendatário, que obtém o uso do bem em troca de um ou mais pagamentos de arrendamento, ou de aluguel. Como as duas partes devem entrar em acordo antes de concluir uma transação de arrendamento, este capítulo aborda o arrendamento da perspectiva do arrendador e do arrendatário.

Há várias formas de arrendamento, e as cinco principais são: (1) arrendamento operacional; (2) arrendamento financeiro, ou de capital; (3) contratos de venda e arrendamento; (4) arrendamento misto; e (5) arrendamento sintético.

19-1a Arrendamento operacional

O **arrendamento operacional**, no geral, serve tanto para fins de *financiamento* como para *manutenção*. A IBM foi uma das pioneiras a firmar um contrato de arrendamento operacional, e os principais tipos de equipamento envolvidos nessa modalidade de arrendamento são computadores e copiadoras – além de automóveis, caminhões e aviões. Normalmente, no arrendamento operacional, o arrendador presta assistência e manutenção ao equipamento arrendado, e o custo de manutenção está incluído nos pagamentos do arrendamento.

Outra característica importante do arrendamento operacional é o fato de esse tipo de transação *não ser totalmente amortizado*. Em outras palavras, os pagamentos de aluguel estabelecidos no contrato de arrendamento não são suficientes para que o arrendador recupere o custo total do ativo. No entanto, o contrato de arrendamento é firmado por um período consideravelmente mais curto do que a vida econômica estimada do ativo; portanto, o arrendador pode recuperar todos os custos por meio de pagamentos de renovação de contrato, arrendamento a outro arrendatário, ou venda do ativo.

Uma última característica do arrendamento operacional é que o seu contrato, muitas vezes, contém uma *cláusula de cancelamento* que autoriza o arrendatário a cancelar o arrendamento e devolver o ativo antes do vencimento do contrato básico de arrendamento. Esse é um fator importante a ser considerado pelo arrendatário, pois significa que o ativo pode ser devolvido, caso este se torne obsoleto em decorrência do avanço tecnológico ou não seja mais necessário em razão de mudanças nas atividades do arrendatário.

19-1b Arrendamento financeiro, ou de capital

O **arrendamento financeiro**, eventualmente denominado **arrendamento de capital**, é diferente do arrendamento operacional, pois (1) *não* oferece serviços de manutenção; (2) *não* pode ser cancelado; e (3) *é* totalmente amortizado (ou seja, o arrendador recebe pagamentos de aluguel equivalentes ao preço total do equipamento arrendado mais um retorno sobre o capital investido). Em um contrato típico, a empresa que fará uso do equipamento (o arrendatário) seleciona os itens específicos de que necessita e negocia o preço com o fabricante. Em seguida, a empresa usuária estabelece um acordo com uma empresa de arrendamento (o arrendador) para que esta adquira os equipamentos do fabricante e, ao mesmo tempo, firme um contrato de arrendamento. As cláusulas do arrendamento geralmente envolvem a amortização total do investimento do arrendador, além de uma taxa de retorno sobre o saldo não amortizado que se aproxima da taxa percentual que o arrendatário pagaria sobre um

---

[1] Para obter uma abordagem detalhada sobre arrendamento, veja James S. Schallheim, *Lease or Buy? Principles for Sound Decision Making.* Boston: Harvard Business School Press, 1994.

[2] Veja Tammy Whitehouse, "FASB to Revisit Lease Accounting", Compliance Week, 9 maio 2006, www. complianceweek. com/article/2488/fasb-to-revisit-lease-accounting.

empréstimo com garantia. Por exemplo, caso o arrendatário tivesse de pagar 10% por um empréstimo, uma taxa bem próxima desse percentual seria incluída no contrato de arrendamento.

O arrendatário geralmente tem a opção de renovar o arrendamento no vencimento do contrato básico, a uma taxa reduzida. No entanto, o arrendamento básico normalmente não pode ser cancelado a menos que o arrendador tenha recebido o pagamento total. Além disso, o arrendatário, em geral, paga os impostos e o seguro do bem arrendado. Como o arrendador recebe um retorno *após,* ou *líquido,* desses pagamentos, esse tipo de arrendamento por vezes é denominado arrendamento "líquido".

19-1c Contratos de venda e arrendamento

De acordo com um contrato de venda e arrendamento, uma empresa proprietária de terrenos, edificações ou equipamentos, vende a propriedade para outra empresa e, ao mesmo tempo, celebra um contrato de arrendamento dessa propriedade por um período estabelecido em cláusulas específicas. O fornecedor do capital pode ser uma seguradora, um banco comercial, uma empresa especializada em arrendamento, o braço financeiro de uma indústria, uma sociedade limitada ou um investidor individual. O contrato de venda e arrendamento do bem ao vendedor funciona como uma alternativa para o financiamento imobiliário.

Repare que o vendedor recebe imediatamente o preço de compra determinado pelo comprador. Ao mesmo tempo, o vendedor-arrendatário retém o uso do bem. O equivalente a um empréstimo é transferido para o cronograma de pagamentos do arrendamento. Em um contrato de financiamento imobiliário, o financiador normalmente receberia uma série de pagamentos iguais suficientes apenas para amortizar o empréstimo e proporcionar uma taxa de retorno especificada sobre o saldo restante do financiamento. Nos contratos de venda e arrendamento, os pagamentos do arrendamento são estabelecidos exatamente da mesma maneira – são suficientes apenas para devolver o preço total de compra ao investidor, mais um retorno definido sobre o investimento do arrendador.

Os contratos simultâneos de venda e arrendamento são muito semelhantes ao arrendamento financeiro, tendo como a principal diferença o fato de o equipamento arrendado ser usado, e não novo, e de o arrendador adquiri-lo do usuário-arrendatário, e não de um fabricante ou distribuidor. Os contratos de venda e arrendamento são, portanto, um tipo de arrendamento financeiro.

19-1d Arrendamento misto

Atualmente, muitos arrendadores oferecem o arrendamento com as mais variadas condições. Assim, na prática, o arrendamento muitas vezes não se classifica exatamente como um arrendamento operacional ou financeiro, mas como uma combinação de algumas características de cada um. Esse tipo de arrendamento é chamado de **arrendamento misto**. Por exemplo, as cláusulas de cancelamento normalmente estão associadas ao arrendamento operacional, mas muitos dos arrendamentos financeiros atuais contêm cláusulas de cancelamento. Contudo, nos arrendamentos financeiros, essas cláusulas geralmente incluem disposições de pagamento antecipado, de acordo com as quais o arrendatário deve pagar uma multa suficiente para possibilitar que o arrendador recupere o custo não amortizado do bem arrendado.

19-1e Arrendamentos sintéticos

Vale ressaltar, ainda, um quinto tipo de arrendamento, o *arrendamento sintético.* Esses arrendamentos foram utilizados no início da década de 1990 e se popularizaram da metade até o fim dessa década, quando empresas como Enron e Tyco, assim como empresas "normais", descobriram que era possível utilizar arrendamentos sintéticos para manter dívidas fora dos seus balanços patrimoniais. Em um **arrendamento sintético** normal, uma empresa que desejasse adquirir um bem – geralmente imóveis, com longa duração – com dívidas, antes de tudo estabeleceria uma **sociedade de propósito específico**, ou **SPE**. A SPE obteria o financiamento: normalmente, 97% da dívida são fornecidos por uma instituição financeira; e 3%, por outra parte que não seja a empresa.[3] Então, a SPE utilizaria o dinheiro para adquirir a propriedade, e a empresa arrendaria o bem da SPE,

---

[3] O diretor financeiro da Enron, Andy Fastow, e outras pessoas internas forneceram capital para a maioria das SPEs da Enron. Além disso, diversos executivos do Merrill Lynch forneceram capital para as SPEs, supostamente para possibilitar que o Merrill Lynch obtivesse negociações lucrativas de bancos de investimento. O fato de as SPEs serem tão adequadas para ocultar o que acontece ajudou quem as utilizou a realizar negociações duvidosas que gerariam, no mínimo, desaprovação se fossem divulgadas. Na realidade, Fastow foi declarado culpado por duas acusações de formação de quadrilha relacionadas à fraude nos livros da Enron e sua consequente falência. Para saber mais sobre esse assunto, veja W. R. Pollert e E. J. Glickman, "Synthetic Leases Under Fire", em **http://www.strategicfinancemag.com,** out. 2002.

geralmente por um período de três a cinco anos, mas com a opção de prolongar o arrendamento, que normalmente as empresas escolhem. Por conta do prazo relativamente curto do arrendamento, considera-se que seja um arrendamento operacional e, assim, não precisa ser capitalizado e incluído no balanço patrimonial.

Uma empresa que estabelecesse uma SPE teria de tomar uma destas três medidas quando o arrendamento vencesse: (1) liquidar o empréstimo de 97% da SPE; (2) refinanciar o empréstimo à taxa de juros atual, caso o arrendador quisesse refinanciar; ou (3) vender o bem e pagar a diferença entre o preço de venda e o montante do empréstimo. Assim, uma empresa usuária estava garantindo o empréstimo, embora não precisasse registrar uma obrigação em seu balanço patrimonial.

Os arrendamentos sintéticos tiveram total liberdade de ação até 2001. Como será abordado na próxima seção, os arrendamentos de longo prazo devem ser capitalizados e informados no balanço patrimonial. Os arrendamentos sintéticos foram criados para contornar essa exigência e nem as empresas que os utilizavam (como Enron e Tyco) nem as firmas de contabilidade que os aprovaram (como Arthur Andersen) queriam que eles fossem analisados com atenção. Contudo, os escândalos do início do século XXI fizeram os analistas de investimento, a SEC, reguladores de bancos, o FASB e até mesmo os conselhos de administração das empresas discutirem seriamente as SPEs e arrendamentos sintéticos. Os investidores e bancos rebaixavam subjetivamente as empresas com uso intenso de SPEs, e os conselhos de administração começaram a falar para seus diretores financeiros pararem de utilizá-las e fecharem as existentes. Em 2003, o FASB implantou regras que exigiam que as empresas informassem no balanço patrimonial a maioria das sociedades de propósito específico e arrendamentos sintéticos do tipo usado pela Enron, reduzindo a oportunidade da administração de ocultar essas transações específicas dos acionistas.

Autoavaliação

1. Quais são as duas partes de uma transação de arrendamento?
2. Qual é a diferença entre arrendamento operacional e arrendamento financeiro?
3. O que é uma transação simultânea de venda e arrendamento?
4. O que é arrendamento misto?
5. O que é arrendamento sintético?

19-2 Efeitos fiscais

O valor total dos pagamentos de arrendamento é uma despesa dedutível para efeitos fiscais para o arrendatário, *contanto que a Receita Federal dos EUA (IRS) concorde que determinado contrato é realmente um arrendamento e não simplesmente um empréstimo chamado de arrendamento.* Essa condição torna fundamental a elaboração correta do contrato de arrendamento de forma que seja aceito pelo IRS. Um arrendamento que atende a todas as exigências do IRS é denominado **arrendamento em conformidade com as exigências** ou **qualificado para dedução fiscal**, e os benefícios fiscais da propriedade (depreciação e créditos fiscais do investimento) pertencem ao arrendador. As principais exigências fiscais são:

1. O período de arrendamento (inclusive qualquer prorrogação ou renovação a uma taxa fixa de aluguel) não deve ultrapassar 80% da vida útil estimada do equipamento, contado a partir do início do arrendamento. Desse modo, um ativo com uma vida útil de dez anos não pode ser arrendado por mais de oito anos. Além disso, a vida útil remanescente não deve ser inferior a um ano. Observe que a vida útil esperada de um ativo é normalmente muito superior à vida estabelecida para fins de depreciação pelo MACRS (atual método de depreciação acelerada exigido pela lei de imposto de renda dos EUA).
2. O valor residual estimado do equipamento (em dólares constantes sem ajuste de inflação) no vencimento do arrendamento deve ser de, no mínimo, 20% do valor do equipamento no início do arrendamento. Essa exigência pode limitar o prazo máximo do arrendamento.
3. Nem o arrendatário nem nenhuma das partes envolvidas podem ter o direito de adquirir o bem a um preço fixo predeterminado. Contudo, o arrendatário pode ter a opção de adquirir o ativo ao valor justo de mercado.
4. Nem o arrendatário nem nenhuma das partes envolvidas podem pagar ou garantir o pagamento de qualquer parcela do preço do equipamento arrendado. Em suma, o arrendatário não pode efetuar nenhum investimento no equipamento que não seja por meio dos pagamentos do arrendamento.
5. O equipamento arrendado não deve ser um ativo de "uso limitado", definido como um equipamento que pode ser utilizado somente pelo arrendatário ou parte envolvida no fim do arrendamento.

O motivo da preocupação do IRS com os prazos de arrendamento é que, sem as restrições, uma empresa poderia estabelecer uma transação de arrendamento exigindo pagamentos muito rápidos, que seriam dedutíveis para efeitos fiscais. O efeito seria a depreciação do equipamento por um período muito mais curto que a vida útil estabelecida pelo MACRS. Por exemplo, suponha que uma empresa planejasse adquirir um computador de $ 2 milhões que tivesse uma vida útil de três anos com base no MACRS. Os abatimentos da depreciação anual seriam de $ 666.600 no 1º ano, $ 889 mil no 2º ano, $ 296.200 no 3º ano e $ 148.200 no 4º ano. Caso a empresa estivesse na faixa de alíquota de imposto federal mais estadual de 40%, a depreciação geraria uma economia fiscal de $ 266.640 no 1º ano, $ 355.600 no 2º ano, $ 118.480 no 3º ano e $ 59.280 no 4º ano, totalizando $ 800 mil. À taxa de desconto de 6%, o valor presente dessas economias fiscais seria de $ 714.463.

Agora, suponha que a empresa pudesse adquirir o computador por meio de um contrato de arrendamento de um ano firmado com uma empresa de arrendamento para um pagamento de $ 2 milhões, com opção de compra de $ 1. Caso o pagamento de $ 2 milhões fosse tratado como pagamento de arrendamento, seria totalmente dedutível para efeitos fiscais; logo, geraria uma economia fiscal de 0,4($ 2.000.000) = $ 800.000 em comparação com o valor presente de apenas $ 714.463 pela dedução da depreciação. Desse modo, tanto o pagamento de arrendamento como a depreciação produziriam o mesmo montante total de economia fiscal (40% de $ 2.000.000, ou $ 800.000); porém, a economia viria mais rápido com o arrendamento de um ano, resultando em um valor presente mais alto. Portanto, se apenas um tipo de contrato pudesse ser chamado de arrendamento e recebesse tratamento fiscal como tal, o aproveitamento dos benefícios fiscais poderia ser acelerado em comparação com os benefícios fiscais decorrentes da depreciação da propriedade. Essa aceleração beneficiaria as empresas, mas teria um alto custo para o governo. Por essa razão, o IRS estabeleceu as normas descritas anteriormente a fim de definir a transação de arrendamento para fins tributários.

Embora o arrendamento possa ser usado somente dentro dos limites definidos para acelerar a depreciação, ainda há momentos em que o contrato de arrendamento pode gerar benefícios fiscais bastante significativos. Por exemplo, se uma empresa sofreu prejuízos e, portanto, não possui passivo fiscal circulante, o benefício fiscal proveniente da depreciação não teria muita utilidade. Nesse caso, uma empresa de arrendamento constituída por empresas rentáveis como a GE ou a Philip Morris poderia adquirir o equipamento, receber o benefício fiscal proveniente da depreciação e, assim, compartilhar esses benefícios com o arrendatário por meio da cobrança de pagamentos de arrendamento menores. Esse aspecto será discutido em detalhes adiante neste capítulo, mas a questão no momento é, se as empresas forem obter benefícios fiscais por meio do arrendamento, o contrato precisa ser elaborado de forma que o qualifique como um verdadeiro arrendamento em conformidade com as normas e as diretrizes do IRS. Se houver alguma dúvida sobre o *status* legal do contrato, o gerente financeiro deve certificar-se de que os departamentos jurídico e contábil da empresa consultem as normas mais recentes do IRS.

Observe que qualquer arrendamento que não atenda às exigências tributárias é denominado arrendamento **não qualificado para dedução fiscal**. Nesse tipo de arrendamento, o arrendatário (1) é o verdadeiro proprietário do bem arrendado; (2) pode depreciá-lo para fins fiscais; e (3) pode deduzir somente a parcela de juros de cada pagamento do arrendamento.

Autoavaliação

1. Qual é a diferença entre arrendamento qualificado para dedução fiscal e arrendamento não qualificado para dedução fiscal?
2. Quais são as cláusulas que fariam o arrendamento ser classificado como não qualificado para dedução fiscal?
3. Por que o IRS estabelece limites para as cláusulas de arrendamento?

19-3 Efeitos nas demonstrações financeiras

Em algumas circunstâncias, nem os ativos arrendados nem os passivos associados com o contrato de arrendamento são incluídos diretamente no balanço patrimonial. Por essa razão, o arrendamento muitas vezes é chamado de **financiamento fora do balanço patrimonial**. Essa característica está exemplificada nos balanços patrimoniais de duas empresas fictícias, B (para "empréstimo") e L (para "arrendamento") na Tabela 19-1. No início, os balanços das duas empresas são idênticos e ambas apresentam índices de endividamento de 50%. Depois, cada empresa decide adquirir um ativo permanente ao custo de $ 100. A empresa B toma um empréstimo de $ 100 e compra o ativo; assim, tanto o ativo quanto o passivo são registrados no balanço patrimonial, e o índice de endividamento sobe de 50% para 75%. A empresa L decide arrendar o equipamento. O arrendamento pode gerar despesas fixas iguais ou mais altas que o empréstimo, e as obrigações assumidas em decorrência do arrendamento podem ser igualmente ou mais arriscadas do ponto de vista da possibilidade de falência. Ainda assim, o índice de endividamento da empresa permanece em apenas 50%.

A fim de corrigir esse problema, o FASB emitiu a Norma 13, determinando que, para um parecer de auditoria sem ressalvas, as empresas que firmam contratos de arrendamento financeiro devem reformular seus respectivos balanços patrimoniais e registrar o bem arrendado como ativo fixo e o valor presente dos pagamentos futuros do arrendamento como um passivo. Esse procedimento é denominado **capitalização de arrendamento**, e seu efeito líquido é fazer as empresas B e L apresentarem balanços semelhantes – ambos basicamente parecidos com o que foi mostrado para a empresa B.[4]

A lógica por trás da Norma 13 é a seguinte: se uma empresa firmar um contrato de arrendamento financeiro, sua obrigação de efetuar os pagamentos de arrendamento será tão vinculativa quanto se houvesse assinado um contrato de empréstimo – o inadimplemento do arrendamento pode levar a empresa à falência tão rapidamente quanto a falta de pagamento do principal e dos juros de um empréstimo. Portanto, para todos os fins, o arrendamento financeiro é idêntico a um empréstimo.[5] Nesse caso, se uma empresa firmar um contrato de arrendamento financeiro, o efeito desse compromisso será o aumento no seu índice de endividamento real e, portanto, uma mudança na estrutura de capital real. Portanto, se a empresa tiver estabelecido previamente uma estrutura de capital-alvo e não existir motivo para acreditar que a estrutura de capital ótima tenha sido alterada, o financiamento de arrendamento exigirá capital adicional exatamente como o financiamento de dívida.

Se a divulgação do arrendamento não fosse feita em nosso exemplo da Tabela 19-1, os investidores da empresa L seriam levados a acreditar que a posição financeira da empresa é mais sólida do que realmente é. Assim, mesmo antes da emissão da Norma 13 da FASB, as empresas eram obrigadas a divulgar a existência de arrendamento de longo prazo nas notas explicativas de suas demonstrações financeiras. Naquela época, discutia-se se os investidores efetivamente reconheciam totalmente o impacto do arrendamento e se seriam realmente capazes de perceber que as empresas B e L apresentavam basicamente a mesma posição financeira. Alguns afirmavam que o arrendamento não era totalmente reconhecido, mesmo pelos investidores mais experientes. Se fosse assim, o arrendamento provocaria uma alteração expressiva na decisão de estrutura de capital – uma empresa poderia aumentar sua verdadeira alavancagem por meio de um contrato de arrendamento, e esse procedimento afetaria menos o seu custo de dívida convencional, r_d, e o custo do capital próprio, r_s, do que se a empresa tomasse um empréstimo direto e refletisse esse fato em seu balanço patrimonial. Esses benefícios do arrendamento reverteriam para os investidores existentes à custa dos novos investidores, que, na verdade, seriam iludidos pelo fato de o balanço patrimonial da empresa não refletir sua real alavancagem financeira.

A questão sobre se os investidores realmente estariam sendo enganados foi muito discutida; porém, jamais resolvida. Aqueles que realmente acreditavam em mercados eficientes entendiam que os investidores não seriam enganados e as notas explicativas seriam suficientes, ao passo que aqueles que questionavam a eficiência do mercado acreditavam que todo arrendamento deveria ser capitalizado. A Norma 13 representa um meio-termo entre essas duas posições, apesar de estar mais inclinada para aqueles que defendem a capitalização.

O arrendamento é classificado como arrendamento financeiro – portanto, deve ser capitalizado e mostrado diretamente no balanço patrimonial – caso uma ou mais das condições a seguir exista:

1. Em conformidade com as cláusulas do arrendamento, a titularidade do bem é efetivamente transferida do arrendador para o arrendatário.

---

[4] A Norma 13 do FASB, "Contabilização de Arrendamentos", descreve em detalhes tanto as condições quanto os procedimentos para a capitalização do arrendamento. Veja também o Capítulo 4 de *Lease or Buy?*, de Schallheim (mencionado na nota de rodapé 1), para saber mais sobre o tratamento contábil dos arrendamentos.

[5] Há, no entanto, algumas diferenças quanto ao aspecto legal entre empréstimo e arrendamento. No caso de liquidação em uma falência, o arrendador tem direito a tomar posse do ativo arrendado e, se o valor do ativo for inferior aos pagamentos exigidos nos termos do contrato de arrendamento, o arrendador pode entrar com uma ação judicial (como credor geral) reivindicando o pagamento equivalente a um ano do arrendamento. Além disso, depois da decretação de falência, mas antes da solução do caso, os pagamentos de arrendamento podem continuar a ser feitos, considerando que todos os pagamentos de dívidas geralmente ficam suspensos. Em uma reestruturação, caso haja necessidade de cobrir o valor do arrendamento, o arrendador recebe o ativo mais o pagamento de três anos de arrendamento. Em um contrato de empréstimo garantido, o credor tem direito de garantia sobre o ativo; ou seja, se o bem for vendido, o credor receberá o valor da venda e toda a parte não quitada reivindicada pelo arrendador será tratada como obrigação de credor geral. Não é possível afirmar, como regra, se o fornecedor de capital fica em uma posição mais sólida como credor garantido ou como arrendador. Porém, em determinadas situações, em caso de dificuldades financeiras, os arrendadores podem arcar com um risco menor do que os credores garantidos.

TABELA 19-1
Efeitos do arrendamento no balanço patrimonial

QUADRO A: ANTES DO AUMENTO DO ATIVO			
EMPRESAS "B" E "L"			
Ativo circulante	$ 50	Dívida	$ 50
Ativos fixos	$ 50	Patrimônio líquido	$ 50
	$ 100		$ 100
Índice de dívida/ativos:		50%	

QUADRO B: APÓS O AUMENTO DOS ATIVOS EMPRESA "B", QUE TOMA EMPRÉSTIMOS E COMPRA				EMPRESA "L", QUE ARRENDA			
Ativo circulante	$ 50	Dívida	$ 150	Ativo circulante	$ 50	Dívida	$ 50
Ativos fixos	$ 150	Patrimônio líquido	$ 50	Ativos fixos	$ 50	Patrimônio líquido	$ 50
	$ 200		$ 200		$ 100		$ 100
Índice de dívida/ativos:		75%				50%	

© Cengage Learning 2014

2. O arrendatário pode comprar o bem a um preço inferior ao valor de mercado real no término do arrendamento.
3. O prazo do arrendamento dura por um período igual ou superior a 75% da vida útil do bem. Desse modo, se um bem com dez anos de vida útil for arrendado por oito anos, o arrendamento deve ser capitalizado.
4. O valor presente dos pagamentos de arrendamento é igual ou superior a 90% do valor inicial do ativo.[6]

Considerava-se que essas regras, aliadas às rígidas normas de divulgação nas notas explicativas sobre arrendamento operacional, eram suficientes para assegurar que ninguém seria enganado por esse tipo de financiamento. Assim, o arrendamento deve ser considerado uma dívida para fins de estrutura de capital e ter os mesmos efeitos da dívida sobre r_d e r_s. Portanto, o arrendamento provavelmente inviabilizará o uso de mais alavancagem financeira por uma empresa do que seria possível com a utilização de dívida convencional.

Autoavaliação

1. Por que o financiamento de arrendamento, às vezes, é denominado financiamento fora do balanço patrimonial?
2. Qual é o objetivo da Norma 13 do FASB?
3. Qual é a diferença de tratamento entre o arrendamento capitalizado e o não capitalizado no balanço patrimonial?

19-4   Avaliação pelo arrendatário

O arrendatário e o arrendador avaliam o arrendamento. O arrendatário deve determinar se o arrendamento de um bem tem um custo menor que a compra, e o arrendador deve decidir se os pagamentos do arrendamento geram retorno satisfatório sobre o capital investido no bem arrendado. Esta seção aborda a análise do arrendatário.

Em uma situação normal, os fatores que levam a um contrato de arrendamento obedecem à sequência descrita a seguir. Deve-se observar que existe um grau de incerteza sobre qual seria a maneira teoricamente correta de avaliar as decisões de compra ou arrendamento, e alguns modelos de decisão extremamente complexos

---

[6] A taxa de desconto utilizada para calcular o valor presente dos pagamentos de arrendamento deve ser menor do que (1) a taxa empregada pelo arrendador para estabelecer os pagamentos de arrendamento (taxa que será abordada adiante neste capítulo); ou (2) a taxa de juros que o arrendatário teria de pagar por uma nova dívida com vencimento igual ao do arrendamento. Além disso, observe que quaisquer pagamentos de manutenção embutidos no pagamento do arrendamento deverão ser removidos antes de verificar essa condição.

foram desenvolvidos para auxiliar na análise. No entanto, a análise simples apresentada aqui conduz à decisão correta em todos os casos encontrados.

1. A empresa decide adquirir determinado edifício ou equipamento, e essa decisão é baseada nos procedimentos normais de avaliação de investimento. A decisão de adquirir ou não o bem *não* faz parte de uma análise comum de arrendamento – nesse tipo de avaliação, a preocupação concentra-se apenas na escolha entre arrendamento ou compra para obter o uso da máquina. Desse modo, para o arrendatário, a decisão de arrendamento geralmente é apenas uma decisão de financiamento. Contudo, se o custo efetivo do capital obtido por meio do arrendamento for bem inferior ao custo de dívida, o custo do capital utilizado na decisão de avaliação de investimento teria de ser recalculado e, talvez, projetos antes considerados inaceitáveis poderiam tornar-se aceitáveis. Esses efeitos de *feedback* normalmente são bem pequenos e podem ser tranquilamente ignorados.

2. Assim que a empresa decide adquirir o ativo, a dúvida seguinte é como financiá-lo. As empresas bem-sucedidas não têm caixa excedente; logo, os novos ativos devem ser financiados com capital proveniente de outra fonte.

3. O dinheiro para a compra do ativo pode vir dos fluxos de caixa gerados internamente, de empréstimos ou da venda de novas ações. Uma alternativa é arrendar o bem. Por conta da cláusula de capitalização/divulgação do arrendamento, o arrendamento normalmente tem o mesmo efeito na estrutura de capital que o empréstimo.

4. Conforme indicado anteriormente, o arrendamento pode ser comparado ao empréstimo no sentido de que a empresa deve efetuar uma série específica de pagamentos e a inadimplência destes pode acarretar a falência. Se uma empresa possui uma meta pela estrutura de capital, o financiamento de arrendamento de $ 1 desloca o financiamento de dívida de $ 1. Logo, a comparação mais adequada seria entre o financiamento de arrendamento e o financiamento de dívida. Repare que a análise deve comparar o custo do arrendamento com o custo do financiamento de dívida *independentemente* de como a aquisição do bem será efetivamente financiada. O bem pode ser adquirido com caixa disponível ou com dinheiro levantado por meio de emissão de ações, mas, como o arrendamento substitui o financiamento de dívida e produz o mesmo efeito na estrutura de capital, a comparação mais adequada ainda seria com o financiamento de dívida.

Para demonstrar os elementos básicos da análise de arrendamento, considere este exemplo simplificado. A Thompson-Grammatikos Company (TGC) necessita de um bem com vida útil de dois anos que custa $ 100 milhões, e a empresa deve escolher entre o arrendamento e a compra do ativo. A alíquota de imposto é de 40%. Se a empresa comprasse o bem, o banco emprestaria à TGC os $ 100 milhões a uma taxa de 10% em um empréstimo de dois anos a juros simples. Assim, a empresa pagaria ao banco $ 10 milhões em juros no final de cada ano, *além de* pagar $ 100 milhões de principal no final do 2º ano. Para facilitar, suponha que: (1) se comprasse o bem, a TGC poderia depreciá-lo ao longo de dois anos para fins fiscais, usando o método linear, o que resultaria em uma depreciação fiscal de $ 50 milhões e uma economia fiscal de T(Depreciação) = 0,4($ 50) = $ 20 milhões por ano; e (2) o valor do ativo ao final de dois anos seria $ 0.

Financiamento fora do balanço patrimonial: isto vai acabar?

Atualmente (meados de 2012), há um movimento para a padronização das regulamentações contábeis globais com o IASB (Conselho Internacional de Normas Contábeis) e o FASB trabalhando para atingir essa meta. Um elemento de qualquer contrato será o tratamento dos arrendamentos. Parece que, provavelmente, o FASB e o IASB exigirão que todos os arrendamentos sejam capitalizados, mesmos os que agora são considerados arrendamentos operacionais. Na verdade, eles concordaram que os arrendamentos deveriam aparecer nos balanços patrimoniais, mas ainda discutem como reconhecer as despesas associadas aos arrendamentos em demonstrações financeiras.

Isso pode ter um impacto enorme nas demonstrações financeiras de muitas empresas. Por exemplo, a Credit Suisse estimou que as empresas do S&P 500 utilizam cerca de $ 369 bilhões em ativos que estão na forma de arrendamentos operacionais. Como tais, estes não são mostrados como ativos ou passivos: em vez disso, ficam fora dos balanços patrimoniais. Informar esses arrendamentos nos balanços patrimoniais ao capitalizá-los aumentaria o passivo médio em 2%, mas o impacto poderia ser muito maior para algumas empresas. Esse processo pode ser difícil para algumas empresas, mas certamente ajuda os investidores a identificar as obrigações e passivos da empresa.

Como alternativa, a TGC poderia arrendar o bem por dois anos, nos termos de um arrendamento em conformidade com as exigências do IRS (por meio de uma decisão especial do IRS), mediante o pagamento de $ 55 milhões ao final de cada ano. A análise para a escolha entre o arrendamento e o empréstimo é composta (1) pela estimativa dos fluxos de caixa ligados ao empréstimo e à compra do ativo, ou seja, os fluxos referentes ao financiamento de dívida; (2) pela estimativa dos fluxos de caixa associados ao arrendamento do ativo; e (3) pela comparação dos dois métodos de financiamento a fim de determinar qual apresenta os menores custos ao valor presente. A Figura 19-1 informa os fluxos de empréstimo e compra determinada para produzir uma linha do tempo de fluxo de caixa da opção de propriedade.

O fluxo de caixa líquido de propriedade no ano 0 é zero; no 1º ano, positivo; e no 2º ano, negativo. Os fluxos de caixa operacionais não são mostrados; contudo, fica claro que seu valor presente deve ser superior ao valor presente dos custos de financiamento, caso contrário, a TGC não optaria pela aquisição do ativo. Como os fluxos de caixa operacionais seriam iguais no arrendamento e na compra do ativo, eles podem ser ignorados.

A Figura 19-1 também mostra os fluxos de caixa associados com arrendamento. Observe que os dois conjuntos de fluxos de caixa refletem a dedutibilidade fiscal dos juros e da depreciação no caso de compra do ativo e a dedutibilidade dos pagamentos de arrendamento no caso de arrendamento. Assim, os fluxos de caixa líquidos incluem as economias fiscais resultantes desses itens.[7]

Para comparar os fluxos dos custos entre compra e arrendamento, é necessário determiná-los com base no valor presente. Como explicaremos adiante, a taxa de desconto correta é o custo da dívida descontados os impostos, que no caso da TGC é de 10%(1 – 0,4) = 6,0%. Aplicando essa taxa, calculamos o valor presente dos fluxos de caixa da propriedade de –$ 63,33 milhões, contra um valor presente dos fluxos de caixa do arrendamento de –$ 60,50 milhões. O custo de propriedade e arrendamento são os negativos dos PVs: os PVs são baseados nos fluxos de caixa, e um custo é um fluxo de caixa negativo.

FIGURA 19-1

Análise da decisão de arrendamento contra compra da TGC (em milhões de dólares)

	A	B	C	D	E
83	*Custo de propriedade*			Ano	
84			0	1	2
85	Custo do equipamento		–$ 100,00		
86	Valor do empréstimo		$ 100,00		
87	Despesas com juros			–$ 10,00	–$ 10,00
88	Economias fiscais dos juros			$ 4,00	$ 4,00
89	Pagamento do principal				–$ 100,00
90	Economias fiscais da depreciação			$ 20,00	$ 20,00
91	Fluxo de caixa líquido		$ 0,00	$ 14,00	-$ 86,00
92					
93	**PV do CF da propriedade a 6%**		–$ 63,33		
94	*Custo de arrendamento*			Ano	
95			0	1	2
96	Pagamento do arrendamento			–$ 55,00	–$ 55,00
97	Economias fiscais do arrendamento			$ 22,00	$ 22,00
98	Fluxo de caixa líquido		$ 0,00	–$ 33,00	–$ 33,00
99					
100	**PV do CF do arrendamento a 6%**		–$ 60,50		
101	*Vantagem líquida do arrendamento (NAL)*				
102	NAL = Custo de propriedade – custo de arrendamento				$ 2,83

---

[7] Caso o arrendamento não atendesse às exigências do IRS, a titularidade efetivamente seria do arrendatário, e a TGC depreciaria o ativo para fins tributários se ele fosse arrendado ou comprado. Contudo, somente a parte dos juros do pagamento do arrendamento seria dedutível para fins fiscais. Portanto, a análise do arrendamento que não estiver de acordo com as exigências do IRS consiste simplesmente em comparar os fluxos do financiamento após impostos sobre o empréstimo com o fluxo de pagamentos de arrendamento após impostos.

Definimos a **vantagem líquida do arrendamento (NAL)** da seguinte maneira:

> NAL = PV custo da propriedade – PV custo do arrendamento   **(19-1)**

Para a TGC, NAL é de –$ 60,50 – (–$ 63,33) = $ 2,83 milhões. O PV de propriedade é mais negativo do que o PV de arrendamento, assim o arrendamento é preferível.

Agora, examinemos um exemplo mais realista, da Anderson Company, que está realizando uma análise de arrendamento de alguns equipamentos de linha de montagem que pretende adquirir no ano que vem. Estes são os dados coletados:

1. A Anderson pretende adquirir equipamentos de linha de montagem automatizada com uma vida útil de dez anos a um custo de $ 10 milhões, entregues e instalados. No entanto, a empresa planeja usar os equipamentos apenas durante cinco anos, e depois desativar essa linha de produto.
2. A Anderson pode tomar um empréstimo de $ 10 milhões a um custo de 10% antes dos impostos.
3. O valor residual estimado dos equipamentos depois de dez anos de uso é de $ 50 mil, mas o valor residual estimado após apenas cinco anos de uso é de $ 2 milhões. Assim, caso a Anderson compre os equipamentos, esperaria receber $ 2 milhões antes de descontar os impostos quando os equipamentos fossem vendidos depois de cinco anos de uso. Observe que, no arrendamento, o valor do ativo ao término do contrato é chamado de **valor residual**.
4. A Anderson pode arrendar o equipamento por cinco anos por uma taxa de aluguel anual de $ 2,6 milhões com vencimento no início de cada ano; no entanto, o direito de propriedade do equipamento ao término do arrendamento será do arrendador. (O cronograma de pagamentos do arrendamento é estabelecido pelo possível arrendador, conforme será descrito na próxima seção, e a Anderson pode aceitá-lo, recusá-lo ou negociá-lo.)
5. O contrato de arrendamento determina que o arrendador efetue a manutenção do equipamento sem custos adicionais para a Anderson. Todavia, se a empresa tomar um empréstimo e adquirir os equipamentos, terá de arcar com o custo da manutenção, que seria realizada pelo fabricante do equipamento a uma taxa fixa contratual de $ 500 mil por ano, com vencimento no início de cada ano.
6. Os equipamentos enquadram-se na classe de vida útil de cinco anos do MACRS, a alíquota de imposto marginal é de 35% e o arrendamento qualifica-se para dedução fiscal.

A Figura 19-2 traz as etapas envolvidas na análise. A Parte I da tabela é dedicada aos custos de empréstimo e de compra. A empresa toma um empréstimo de $ 10 milhões e o utiliza para pagar os equipamentos; portanto, o total líquido dos dois itens é zero e, por esse motivo, os itens não são mostrados na figura. Em seguida, a empresa efetua os pagamentos *após impostos,* que estão indicados na Linha 1. No 1º ano, as despesas de juros após impostos são de 0,10($ 10 milhões)(0,65) = $ 650 mil, sendo os demais pagamentos calculados de forma semelhante. O empréstimo de $ 10 milhões é quitado no final do 5º ano. O custo de manutenção encontra-se na Linha 2. As economias fiscais decorrentes da manutenção são mostradas na Linha 3. Na Linha 4, encontra-se a economia fiscal proveniente de depreciação, que é calculada multiplicando a despesa de manutenção pela alíquota de imposto. As observações da Figura 19-2 explicam o cálculo da depreciação. Nas Linhas 5 e 6, são exibidos os fluxos de caixa de valor residual. O imposto incide sobre o excedente do valor residual calculado com base no valor contábil do ativo, e não sobre o valor residual total. Na Linha 7, são apontados os fluxos de caixa líquidos e, na Linha 8, o valor presente líquido desses fluxos descontados a 6,5% (que é o negativo).

A Parte II da Figura 19-2 apresenta uma análise do arrendamento. Os pagamentos de arrendamento, mostrados na Linha 9, totalizam $ 2,6 milhões ao ano. Essa taxa, que inclui manutenção, foi determinada pelo futuro arrendador e proposta à Anderson Equipment. Caso a Anderson aceite o arrendamento, o montante total será uma despesa dedutível; logo, a economia fiscal, mostrada na Linha 10, será de 0,35 (Pagamento do arrendamento) = 0,35($ 2.600.000) = $ 910.000. Desse modo, o custo após impostos dos pagamentos de arrendamento será: Pagamento de arrendamento – Economia fiscal = $ 2.600.000 – $ 910.000 = $ 1.690.000. Esse montante é mostrado na Linha 11, nos anos 0 a 4.

A etapa seguinte seria a comparação entre o custo líquido de propriedade e o custo líquido do arrendamento. Porém, deve-se, primeiro, colocar em uma base comum os fluxos de caixa anuais do arrendamento e do empréstimo. Para isso, é necessário convertê-los em valores presentes, o que traz à baila a questão sobre a taxa adequada de desconto para os custos. Como o arrendamento funciona como um substituto da dívida, a maioria dos analistas recomenda a utilização do custo da dívida da empresa, e essa taxa parece razoável para o nosso exemplo. Além disso, como os fluxos de caixa são considerados depois de descontados os impostos, *deve-se utilizar o custo da dívida após impostos*, que seria de 10%(1 – T) = 10%(0,65) = 6,5%. Dessa forma, descontamos os fluxos de caixa líquidos das Linhas 7 e 1 utilizando uma taxa de 6,5%. Os valores presentes resultantes são –$ 7.480.000 para o PV do custo de propriedade e –$ 7.534.000 para o PV do custo de arrendamento. A vantagem líquida do arrendamento é cerca de $ 54 (desconsiderando as diferenças de arredondamento).

$$NAL = PV \text{ do custo de propriedade} - PV \text{ do custo de arrendamento}$$
$$= \$ 7.480.000 - (-\$ 7.534.000)$$
$$= \$ 54.000$$

O custo de propriedade é maior do que o custo de arrendamento; logo, a NAL é positiva. Assim, a Anderson deve arrendar os equipamentos.[8]

Nesse exemplo, a Anderson não planejou a utilização dos equipamentos além do 5º ano. Mas, se houvesse planejado, a análise seria modificada. Por exemplo, suponhamos que a Anderson planejasse utilizar os equipamentos por dez anos e pudesse comprá-los ao valor residual. Primeiro, como os fluxos de caixa relacionados à propriedade seriam modificados? As Linhas 5 e 6 (valor residual e imposto sobre o valor residual) da Figura 19-2 terão valor zero no 5º ano, pois a Anderson não venderá os equipamentos nesse caso.[9] Contudo, haverá um ano restante adicional de economias fiscais de depreciação na Linha 4 para o ano 6. Não haverá lançamentos

FIGURA 19-2
Análise de arrendamento da Anderson Company (em milhares de dólares)

	A	B	C	D	E	F	G	H
141	**I. Custo de propriedade**					Ano		
142			0	1	2	3	4	5
143								
144	1. Pagamentos após impostos			–$ 650	–$ 650	–$ 650	–$ 650	–$ 10.650
145	2. Custo de manutenção		–$ 500	–$ 500	–$ 500	–$ 500	–$ 500	
146	3. Economias fiscais de manutenção		$ 175	$ 175	$ 175	$ 175	$ 175	
147	4. Economias fiscais de depreciação			$ 700	$ 1,120	$ 672	$ 403	$ 403
148	5. Valor residual							$ 2.000
149	6. Imposto sobre valor residual							-$ 498
150	7. Fluxo de caixa líquido		–$ 325	–$ 275	$ 145	–$ 303	-$ 572	–$ 8.745
151								
152	8. PV do CF da propried. a 6,5%		–$ 7.534					
153	**II. Custo de arrendamento**					Ano		
154			0	1	2	3	4	5
155	9. Pagamento do arrendamento		–$ 2.600	–$ 2.600	–$ 2.600	–$ 2.600	–$ 2.600	
156	10. Economias fiscais do arrend.		$ 910	$ 910	$ 910	$ 910	$ 910	
157	11. Fluxo de caixa líquido		–$ 1.690	–$ 1.690	–$ 1.690	–$ 1.690	–$ 1.690	$ 0
158								
159	12. PV do CF do arrend. a 6,5%		–$ 7.480					
160	**III. Vantagem líquida do arrendamento (NAL)**							
161	13. NAL = Custo de propriedade – custo de arrend. =				$ 54			

Observações:

(1) Os pagamentos de empréstimo após impostos incluem juros após impostos dos anos 1 a 4 e juros após impostos mais o valor do principal no ano 5.

(2) Os fluxos de caixa líquidos mostrados nas Linhas 7 e 11 são descontados ao custo da dívida do arrendatário, após impostos, a 6,5%.

(3) Os abatimentos de depreciação com base no MACRS são de 0,20, 0,32, 0,192, 0,1152 e 0,1152 nos anos 1 a 5, respectivamente. Dessa forma, a despesa com depreciação é de 0,20($ 10.000) = $ 2.000 no 1º ano, e assim por diante. A economia fiscal de depreciação em cada ano é de 0,35 (Depreciação).

(4) O valor residual é de $ 2.000, enquanto o valor contábil é de $ 576. Desse modo, a Anderson pagaria 0,35 ($ 2.000 – $ 576) = $ 498,4 em impostos, gerando um valor residual líquido após impostos de $ 2.000 – $ 498,4 = $ 1.501,6. Esses valores estão exibidos nas Linhas 5 e 6 da análise do custo de propriedade.

[8] As formas mais complexas existentes para analisar arrendamentos normalmente se concentram na questão de qual taxa de desconto deve ser utilizada para descontar os fluxos de caixa – em especial o valor residual, já que seu risco pode ser diferente do risco dos outros fluxos de caixa. Para saber mais sobre o risco do valor residual, veja o Capítulo 8 de *Lease or Buy*, de Schallheim (mencionado na nota de rodapé 1).

[9] Deverá haver um valor residual na Linha 5 para o 10º ano (e um reajuste fiscal correspondente na Linha 6) caso o equipamento não esteja completamente desgastado ou obsoleto.

para os anos 6 a 10 na Linha 1, pagamentos do empréstimo após impostos, pois o empréstimo será completamente pago no 5º ano. Além disso, não haverá custos incrementais de manutenção e economias fiscais nas Linhas 2 e 3 para os Anos 6 a 10, já que a Anderson terá de realizar a manutenção dos equipamentos naqueles anos, caso inicialmente compre os equipamentos ou os arrende por cinco anos e, em seguida, os compre. De qualquer forma, a propriedade dos equipamentos nos anos 6 a 10 pertenceria à Anderson, que teria de pagar pela manutenção dos equipamentos.

Em segundo lugar, como modificamos os fluxos de caixa se a Anderson arrendar o equipamento e depois comprá-lo no 5º ano? Haverá um fluxo de caixa negativo no 5º ano, refletindo a compra. Como o equipamento foi inicialmente classificado com uma vida útil de cinco anos de acordo com o MACRS, a Anderson poderá depreciar o equipamento comprado (apesar de não ser novo) com uma vida útil de cinco anos de acordo com o MACRS. Portanto, nos anos de 6 a 10, haverá economias fiscais por conta da depreciação.[10] Considerando os fluxos de caixa modificados, podemos calcular a NAL da mesma forma que foi feito na Figura 19-2.

Nesta seção, concentramo-nos na comparação do custo, em dólar, entre o arrendamento e o empréstimo e compra, que é semelhante ao método do NPV usado na avaliação de investimentos. Outro método que o arrendatário pode adotar para avaliar o arrendamento tem como base a porcentagem do custo de arrendamento, que é semelhante ao método da IRR utilizado na avaliação de investimentos.

Autoavaliação

1. Explique como são estruturados os fluxos de caixa para estimar a vantagem líquida do arrendamento.
2. Qual é a taxa de desconto que deve ser utilizada para avaliar um arrendamento? Por quê?
3. Defina o termo *vantagem líquida do arrendamento* (NAL).

19-5   Avaliação pelo arrendador

Até aqui, estudamos o arrendamento apenas do ponto de vista do arrendatário. No entanto, vale também analisar a transação do ponto de vista do arrendador: seria o arrendamento um bom investimento para a parte que entra com o dinheiro? O arrendador é, geralmente, uma empresa especializada em arrendamento, um banco ou sua coligada, uma pessoa ou um grupo de pessoas organizadas para formar uma sociedade limitada ou por cotas de responsabilidade limitada, ou um fabricante, como a IBM ou GM, que utilize o arrendamento como uma ferramenta de vendas. As empresas especializadas em arrendamento, muitas vezes, pertencem a empresas rentáveis como a General Electric, que é proprietária da General Electric Capital, considerada a maior empresa de arrendamento do mundo. Os bancos de investimento, como Goldman Sachs, também estabelecem – e/ou trabalham com empresas especializadas em arrendamento, que disponibilizam o dinheiro dos clientes da corretora aos clientes de arrendamento mediante contratos que permitem aos investidores compartilhar os benefícios fiscais proporcionados pelo arrendamento.

Qualquer possível arrendador tem de saber a taxa de retorno sobre o capital investido no arrendamento, e essa informação também é importante para o futuro arrendatário: as condições de uma grande transação de arrendamento são negociadas em termos gerais; portanto, o arrendatário deve estar ciente do retorno obtido pelo arrendador. A análise feita pelo arrendador envolve (1) o cálculo do desembolso de caixa líquido, que normalmente consiste no preço de fatura do equipamento arrendado menos qualquer pagamento antecipado do arrendamento; (2) a determinação das entradas periódicas de caixa, que consistem em pagamentos do arrendamento menos os impostos sobre a renda e qualquer despesa de manutenção de responsabilidade do arrendador; (3) a estimativa do valor residual do bem após impostos na ocasião do vencimento do arrendamento; e (4) a verificação se a taxa de retorno sobre o arrendamento supera o custo de oportunidade do capital do arrendador ou se, de modo equivalente, o NPV do arrendamento é maior que zero.

19-5a Análise pelo arrendador

Para ilustrar a análise realizada pelo arrendador, consideremos os mesmos fatos usados para o arrendamento da Anderson Company, acrescidos destas informações: (1) o futuro arrendador é uma pessoa rica que possui uma renda corrente em forma de juros e se enquadra na faixa de alíquota de imposto de renda marginal federal mais estadual, T, de 40%. (2) O investidor pode adquirir títulos de cinco anos que apresentem

---

[10] Também haverá um fluxo de caixa após impostos no 10º ano que depende do valor residual do equipamento naquela data.

um rendimento de 9% até o vencimento, produzindo uma receita após impostos de (9%)(1 – T) = (9%)(0,6) = 5,4%. Esse é o retorno após impostos que o investidor pode obter em investimentos alternativos de risco semelhante. (3) O valor residual antes dos impostos é de $ 2 milhões. Como a depreciação do ativo será calculada com base no valor contábil de $ 600 mil no final dos cinco anos de arrendamento, $ 1,4 milhão desses $ 2 milhões serão tributados a uma alíquota de 40% por conta da regra de recuperação de depreciação; assim, a expectativa de receita do arrendador proveniente da venda do equipamento depois do vencimento do arrendamento seria de $ 2.000.000 – 0,4($ 1.400.000) = $ 1.440.000 após impostos.

A Figura 19-3 apresenta os fluxos de caixa do arrendador. Nesse caso, vemos que o arrendamento, como um investimento, apresenta um valor presente líquido de $ 81.091. Com base no valor presente, o investidor que aplica em arrendamento em vez de aplicar em títulos de 9% (5,4% após impostos) fica com uma vantagem de $ 81.091, indicando que o arrendamento é uma boa opção. Como vimos anteriormente, o arrendamento também é vantajoso para a Anderson Company; logo, a transação deve ser concluída.

O investidor também pode calcular a taxa interna de retorno (IRR) do investimento em arrendamento com base nos fluxos de caixa líquidos exibidos na Linha 9 da Figura 19-3. A IRR do arrendamento, que é a taxa de desconto que força o NPV do arrendamento para zero, é de 5,8%. Assim, o arrendamento proporciona um retorno após impostos de 5,8% a esse investidor enquadrado na alíquota de imposto de 40%. Esse valor supera os 5,4% de retorno após impostos dos títulos de 9%. Portanto, com a aplicação do método da IRR e do NPV, o arrendamento parece ser um investimento satisfatório.[11]

19-5b Determinação do pagamento de arrendamento

Até aqui, avaliamos a operação de arrendamento supondo que os pagamentos de arrendamento já tenham sido especificados. No entanto, nas grandes operações de arrendamento, as partes geralmente se reúnem e estabelecem em conjunto o valor dos pagamentos de arrendamento, de modo que proporcione ao arrendador alguma taxa de retorno específica. Em situações em que não há negociações sobre as condições dos arrendamentos, o que ocorre na maioria dos arrendamentos menores, o arrendador deve, da mesma forma, realizar o mesmo tipo de análise, definindo as condições que proporcionem uma taxa de retorno-alvo, para, só então, oferecê-las ao possível arrendatário na base do "é pegar ou largar".

FIGURA 19-3

Análise de arrendamento do ponto de vista do arrendador (em milhares de dólares)

	A	B	C	D	E	F	G	H
218					Ano			
219			0	1	2	3	4	5
220								
221	1. Preço de compra líquido		–$ 10.000					
222	2. Custo de manutenção		–$ 500	–$ 500	–$ 500	–$ 500	–$ 500	
223	3. Economias fiscais da manutenção		$ 200	$ 200	$ 200	$ 200	$ 200	
224	4. Economias fiscais da depreciação[a]			$ 800	$ 1,280	$ 768	$ 461	$ 461
225	5. Pagamento do arrendamento		$ 2.600	$ 2.600	$ 2.600	$ 2.600	$ 2.600	
226	6. Imposto sobre pag. do arrend.		–$ 1.040	–$ 1.040	–$ 1.040	–$ 1.040	–$ 1.040	
227	7. Valor residual							$ 2.000
228	8. Imposto sobre valor residual[b]							-$ 570
229	9. Fluxo de caixa líquido		–$ 8.740	$ 2.060	$ 2.540	$ 2.028	$ 1.721	$ 1.891
230	10. NPV a 5,4% =		$ 81,091					
231	11. IRR =		5,8%					
232	12. MIRR=		5,6%					

Observações:
[a] Economias fiscais de depreciação = Depreciação × (Alíquota de imposto).
[b] (Valor residual - Valor contábil) × (Alíquota de imposto).

[11] Observe que o investimento em arrendamento é, na realidade, um pouco mais arriscado que o investimento alternativo em títulos, pois o fluxo de caixa do valor residual apresenta maior incerteza que o pagamento do principal. Desse modo, o arrendador pode exigir um retorno esperado um pouco acima dos 5,4% prometidos sobre o investimento em títulos.

Para ilustrar o que foi mencionado, suponhamos que o possível arrendador descrito anteriormente, depois de examinar outras oportunidades alternativas de investimento, decida que o retorno de 5,4% dos títulos após impostos é baixo demais para utilizar como parâmetro de avaliação do arrendamento, e o retorno exigido após impostos sobre o arrendamento deve ser de 6,0%. Qual seria o cronograma de pagamentos do arrendamento que proporcionaria esse retorno?

Para responder a essa pergunta, observe novamente a Figura 19-3, que contém a análise de fluxo de caixa do arrendador. Utilizamos a função Atingir Meta do Excel para definir a IRR do arrendador como 6%, alterando o pagamento do arrendamento. Constatamos que o arrendador deve fixar o pagamento de arrendamento em $ 2.621.278 para obter uma taxa de retorno de 6% após impostos. Caso esse valor não seja aceitável para o arrendatário, Anderson Company, talvez não seja possível chegar a um acordo. Naturalmente, a concorrência entre as empresas de arrendamento obriga os arrendadores a incluírem retornos baseados no mercado em seus cronogramas de pagamento de arrendamento.[12]

Caso os dados para o arrendatário e o arrendador sejam idênticos, uma NAL positiva para o arrendatário significa um NPV igual, mas, negativo, para o arrendador. No entanto, as *condições do arrendamento geralmente são estabelecidas de modo que proporcionem benefícios líquidos para ambas as partes. Essa situação surge em razão das diferenças em impostos, taxas de empréstimo, valores residuais estimados ou na capacidade de suportar o risco do valor residual.* Abordaremos essas questões mais detalhadamente na próxima seção.

Repare que o arrendador pode, em determinadas circunstâncias, aumentar o retorno sobre o arrendamento, tomando emprestada uma parte do dinheiro usado para adquirir o ativo arrendado. Esse tipo de arrendamento é denominado **arrendamento alavancado**. O fato de ser ou não alavancado não influencia a análise feita pelo arrendatário; porém, pode ter um efeito significativo sobre os fluxos de caixa do arrendador e, por sua vez, sobre a taxa de retorno esperada.

Autoavaliação

1. Qual é a taxa de desconto usada em uma análise de NPV do arrendador?
2. Em quais circunstâncias, o NPV do arrendador será o negativo da NAL do arrendatário?

19-6 Outras questões relacionadas à análise de arrendamentos

Nas seções anteriores, apresentamos os métodos básicos de análise adotados pelos arrendatários e arrendadores. Contudo, vale ressaltar outras questões.[13]

19-6a Valor residual estimado

É importante observar que o arrendador se torna proprietário do bem ao término do arrendamento, consequentemente, tem direito sobre o valor residual do ativo. À primeira vista, parece que, se os valores residuais esperados forem elevados, possuir o bem será mais vantajoso que o arrendamento. Contudo, essa vantagem aparente não se confirma. Se os valores residuais esperados forem altos – assim como ocorre com alguns tipos de equipamentos quando há inflação e, também, quando há um imóvel envolvido – a concorrência entre as empresas de arrendamento e outras fontes de financiamento, bem como entre as próprias empresas de arrendamento, forçará a redução das taxas de arrendamento até que os prováveis valores residuais sejam totalmente reconhecidos no contrato de arrendamento. Desse modo, a existência de valores residuais altos provavelmente não implicaria custos substancialmente maiores para arrendamento.

19-6b Aumento da disponibilidade de crédito

Conforme observamos anteriormente, o arrendamento é, às vezes, considerado vantajoso para empresas que buscam o grau máximo de alavancagem financeira. Primeiro, afirma-se, algumas vezes, que as

---

[12] Para uma discussão sobre os retornos realizados dos contratos de arrendamento, veja Ronald C. Lease, John J. McConnell, e James S. Schallheim, "Realized Returns and the Default and Prepayment Experience of Financial Leasing Contracts", *Financial Management,* verão de 1990, p. 11-20.

[13] Para uma descrição da análise de arrendamento na prática, além de ampla bibliografia relacionada a arrendamentos, veja Tarun K. Mukherjee, "A Survey of Corporate Leasing Analysis", *Financial Management,* outono de 1991, p. 96-107.

O que você não conhece pode prejudicá-lo!

Uma decisão relacionada ao arrendamento parece ser bem objetiva, pelo menos de uma perspectiva financeira: calcular a NAL para o arrendamento e, caso seja positiva, firmar a transação de arrendamento. Certo? Porém, identificar todas as consequências financeiras das cláusulas do contrato de arrendamento pode ser uma tarefa difícil, exigindo que o arrendatário faça suposições sobre os custos futuros que não estão expressamente explicados no contrato de arrendamento. Por exemplo, considere a opção de compra embutida no arrendamento que a Rojacks Food Stores firmou com a GE Capital para obter equipamentos de restaurante. Quando o arrendamento vencesse, a Rojacks tinha a possibilidade de devolver os equipamentos ou comprá-los pelo valor de mercado atual. Quando o arrendamento venceu, a GE estipulou um preço de compra muito mais alto do que o esperado pela Rojacks. A Rojacks precisava dos equipamentos em suas atividades rotineiras; logo, não era possível simplesmente devolvê-los sem afetar os negócios. No fim, a Rojacks contratou um avaliador independente para avaliar os equipamentos e negociou um preço de compra menor. Porém, sem o avaliador, a Rojacks não teria escolha senão o preço que a GE decidisse.

A situação da Rojacks com a GE não é tão incomum. Os arrendadores, muitas vezes, utilizam valores residuais altos ou multas altas para compensar os pagamentos baixos do arrendamento. Além disso, alguns contratos podem exigir que (1) todos os equipamentos cobertos por um arrendamento sejam comprados ou devolvidos em sua totalidade; (2) os equipamentos que foram transportados por mudança sejam comprados; (3) sejam pagas multas altas até mesmo para danos pequenos e peças faltantes; e/ou (4) os equipamentos sejam devolvidos em suas embalagens originais. Essas condições impõem custos para o arrendatário quando este rescindir o contrato; assim, devem ser claramente consideradas ao tomar uma decisão sobre o arrendamento.

A moral da história para os arrendatários é que leiam minuciosamente e solicitem a alteração de cláusulas questionáveis antes de firmar o contrato de arrendamento. Estas são algumas maneiras de reduzir a probabilidade de custos imprevistos: (1) especificar o valor residual como uma porcentagem do custo inicial do equipamento; (2) permitir que parte dos equipamentos seja devolvida; e parte, comprada, no término do arrendamento; e (3) especificar que as controvérsias serão dirimidas em juízo.

Fonte: Linda Corman, "(Don't) Look Deep into My Lease", *CFO*, jul. 2006, p. 71-75.

empresas conseguem obter mais dinheiro e com prazos mais longos por meio de um contrato de arrendamento em lugar de um empréstimo que tenha como garantia um equipamento específico. Segundo, como alguns arrendamentos não são mostrados no balanço patrimonial, defende-se que o financiamento de arrendamento daria à empresa uma aparência de maior solidez em uma análise de crédito *superficial*, permitindo, assim, o uso de mais alavancagem do que seria possível caso não houvesse o arrendamento.

Talvez haja algo verdadeiro nessas alegações em relação às pequenas empresas. No entanto, como as empresas são obrigadas a capitalizar o arrendamento financeiro e a registrá-lo no balanço patrimonial, essa característica teria sua validade questionada no caso de qualquer empresa de porte suficiente para ter as demonstrações financeiras auditadas. Contudo, o arrendamento pode ser uma forma de contornar as cláusulas restritivas existentes nos empréstimos. Se as cláusulas restritivas proibissem uma empresa de emitir mais dívida, mas não restringissem os pagamentos de arrendamento, a empresa conseguiria aumentar efetivamente sua alavancagem por meio de arrendamentos adicionais de ativos. Além disso, as empresas em situações financeiras muito delicadas e enfrentando risco de falência conseguem obter financiamento de arrendamento a um custo menor em relação ao financiamento de dívida porque (1) os arrendadores muitas vezes ficam em posição mais favorável que os credores caso o arrendatário realmente venha a falir e; (2) os arrendadores especializados em determinados tipos de equipamento podem ter uma posição melhor que os bancos e outros credores para vender o equipamento recuperado.

19-6c Arrendamentos de imóveis

A maioria dos exemplos apresentados até aqui abordou o arrendamento de equipamentos. Contudo, o arrendamento teve início com bens imóveis, que, até hoje, constituem um enorme segmento do total de financiamentos de arrendamento. (Adotamos aqui a distinção entre os aluguéis de imóveis e os arrendamentos empresariais de longo prazo; e a prioridade é dada ao arrendamento empresarial.) Os empresários do setor varejista arrendam grande parte dos armazéns que utilizam. Em algumas situações, eles não têm outra saída senão arrendar – isso se aplica principalmente a shopping centers e a alguns edifícios comerciais. Em outras circunstâncias, a opção seria a construção e a propriedade do imóvel em lugar do arrendamento. Os escritórios jurídicos e contábeis, por exemplo, podem optar por comprar as próprias instalações ou arrendar em longo prazo (até 20 anos ou mais).

O tipo de análise de comparação entre o arrendamento e a compra discutido neste capítulo é igualmente aplicável tanto no caso dos imóveis como no de equipamentos – de acordo com os conceitos básicos, não há diferença. Evidentemente, fatores como manutenção, quem seriam os demais locatários, quais as alterações permitidas, quem custearia as modificações e outros aspectos relacionados são ainda mais importantes no caso dos imóveis; no entanto, os procedimentos analíticos que fundamentam a decisão entre o arrendamento e a compra não são diferentes de qualquer outra análise de arrendamento.

19-6d Arrendamento de veículos

Atualmente, o arrendamento de veículos é muito popular, utilizado tanto pelas grandes empresas quanto por pessoas físicas, principalmente profissionais com MBAs, médicos, advogados e contadores. No caso das empresas, os fatores que mais pesam na decisão, muitas vezes, são a manutenção e a venda de veículos usados – itens em que as empresas de arrendamento são especialistas; além disso, muitas empresas preferem terceirizar os serviços que envolvem automóveis e caminhões. No caso das pessoas físicas, o arrendamento geralmente é mais conveniente, e fica mais fácil justificar as deduções fiscais referentes ao arrendamento que à compra de veículos. Além disso, a maioria dos arrendamentos de automóveis para pessoas físicas é realizada por concessionárias. Essas concessionárias (e montadoras) utilizam o arrendamento como uma ferramenta de vendas e, muitas vezes, oferecem prazos bastante atraentes – em particular no que tange ao pagamento da entrada, que pode não existir no caso de arrendamento.

O arrendamento de automóveis também possibilita que alguns indivíduos tenham veículos melhores do que poderiam comprar de outra forma. Por exemplo, as parcelas mensais de uma BMW nova poderiam ser de $ 1.500 quando financiada por meio de um empréstimo de três anos; porém, se fosse arrendada pelo mesmo período, as parcelas seriam de apenas $ 749 por mês. À primeira vista, o arrendamento pode parecer uma opção mais barata que possuir o bem em razão das baixas mensalidades. No entanto, essa análise simplista ignora o fato de que os pagamentos terminam após o pagamento total do empréstimo, mas continuam indefinidamente no arrendamento. Utilizando as técnicas descritas neste capítulo, as pessoas físicas podem avaliar os custos reais associados ao arrendamento de automóveis e, assim, ponderar racionalmente os benefícios de cada tipo de financiamento de automóveis.

19-6e Arrendamento e a legislação tributária[14]

A capacidade de estruturar um arrendamento que beneficie tanto o arrendador quanto o arrendatário depende em grande parte da legislação tributária. Os quatro principais fatores que influenciam esse tipo de operação são (1) os créditos fiscais de investimento; (2) as regras de depreciação; (3) as alíquotas de impostos; e (4) o imposto mínimo alternativo. Nesta seção, abordaremos resumidamente cada um desses fatores e sua influência na tomada de decisão sobre o arrendamento.

O crédito fiscal de investimento (ITC), quando permitido, é a redução direta de impostos que ocorre quando a empresa adquire novos bens de capital. Antes de 1987, as empresas norte-americanas eram autorizadas a deduzir imediatamente das obrigações tributárias de pessoa jurídica até 10% do custo de novos investimentos de capital. Dessa forma, a empresa que adquirisse um computador de grande porte no valor de $ 1 milhão poderia deduzir $ 100 mil em impostos do ano corrente. Como o ITC beneficia o proprietário dos bens de capital, as empresas enquadradas na alíquota inferior que de outro modo não utilizariam o ITC poderiam usar o arrendamento como um veículo para transferir a economia fiscal imediata para os arrendadores enquadrados na alíquota superior. O ITC não está em vigor atualmente; porém, poderia ser restabelecido no futuro. Se o ITC voltasse a vigorar, o arrendamento seria interessante em especial para as empresas de alíquota menor.

Para estimular a economia no despertar da crise financeira global de 2007, o Congresso autorizou taxas de depreciação do bônus. Por exemplo, em 2011, empresas poderiam reivindicar uma despesa com depreciação equivalente a 100% da base da propriedade. A taxa de depreciação do bônus está programada para cair em 2012, mas o Congresso atualmente (meados de 2012) considera uma extensão. Devido ao valor temporal do dinheiro, quanto mais rápido um ativo é depreciado, maiores os benefícios fiscais de propriedade. Entretanto,

---

[14] Veja também os Capítulos 3 e 6 de *Lease or Buy?*, de Schallheim (mencionado na nota de rodapé 1), para uma discussão mais aprofundada sobre os efeitos dos impostos sobre o arrendamento.

Securitização do arrendamento

Em comparação com muitos outros mercados, o mercado de arrendamento é fragmentado e ineficiente. Nele, existem milhões de possíveis arrendatários, incluindo todos os usuários de equipamentos. Alguns se enquadram na faixa máxima; outros, na faixa mínima de impostos. Alguns têm ótimas condições financeiras; outros, não. Alguns possuem classificações de crédito excelentes; outros, ruins. Do outro lado do mercado existem milhões de potenciais arrendadores, incluindo os fabricantes de equipamentos, bancos e investidores individuais, enquadrados em diferentes faixas tributárias e com variadas tolerâncias de risco. Se cada arrendatário precisasse negociar um contrato separado para cada arrendamento, os custos de informação e de pesquisa seriam tão altos que poucas transações desse tipo seriam concretizadas.

A legislação tributária complica ainda mais esse cenário. Por exemplo, o imposto mínimo alternativo (AMT) por vezes tem o efeito de limitar o montante de depreciação utilizado pela empresa. Além disso, uma empresa não pode aplicar uma depreciação por um semestre inteiro sobre as aquisições no quarto trimestre se essas compras representarem mais de 40% do total anual de compras. Ao contrário, a empresa pode tomar a depreciação somente de meio trimestre, o que equivale a um oitavo da depreciação de um ano.

Por muitos anos, os corretores de arrendamento têm servido como facilitadores nesse mercado complicado e ineficiente. Trabalhando com muitos fabricantes de equipamentos e financiadores diferentes, os corretores ficam em uma posição para apresentar arrendatários para os arrendadores certos de modo que aproveitem totalmente os benefícios da legislação tributária.

A securitização de arrendamento, um procedimento novo, é o método mais recente de combinar de forma adequada os arrendatários com os arrendadores. A primeira etapa é criar uma carteira constituída por inúmeros arrendamentos. A segunda etapa é dividir os fluxos de caixa de arrendamento em diferentes fluxos de renda, denominados *tranches*. Por exemplo, um tranche poderia conter apenas pagamentos de arrendamento, que seria atraente para um investidor enquadrado na faixa de alíquota inferior. O segundo tranche poderia consistir em depreciação, que pode ser usada por um investidor na faixa de alíquota superior para aproveitar o benefício fiscal para renda de outras fontes. O terceiro poderia conter os fluxos de caixa residuais, que ocorrerão no futuro, ao término do contrato de arrendamento. Esse tranche atrairia o investidor da faixa superior de imposto que pode assumir algum risco. Os tranches também podem ser alocados de acordo com a classificação de crédito dos arrendatários, oferecendo aos investidores diferentes tolerâncias de risco para assumir o nível de risco desejado.

Além de todos esses fatores, uma empresa poderia obter arrendamento no seu quarto trimestre do exercício fiscal; contudo, se esse período coincidir com o terceiro trimestre do exercício fiscal do arrendador, este pode utilizar a depreciação total de um semestre.

Parece complicado? Realmente é; no entanto, trata-se de uma resposta eficiente para um mercado ineficiente.

Fonte: SMG Fairfax, Knoxville, Tennessee.

---

muitas empresas perderam dinheiro nos últimos anos, por isso elas são incapazes de utilizar completamente a depreciação do bônus, o que reduziria o impacto estimulante da depreciação do bônus.

É aí que os arrendamentos entram em cena. Arrendadores em tributações mais elevadas podem tirar vantagem da depreciação em bônus e transferir parte das economias para arrendatários em tributações baixas na forma de pagamentos de arrendamento menor. Nosso palpite é que o Congresso estenderá a depreciação em bônus na tentativa de continuar estimulando a economia.

Finalmente, o imposto mínimo alternativo (AMT) também influencia a atividade de arrendamento. As empresas são autorizadas a utilizar a depreciação acelerada e outros mecanismos de benefícios fiscais na contabilidade tributária; contudo, devem usar a depreciação linear para apresentar os resultados aos acionistas. Algumas empresas informam ao IRS um desempenho fraco e, desse modo, pagam pouco ou nenhum imposto, no entanto, informam lucros altos para os acionistas. O imposto mínimo alternativo de pessoa jurídica, que é calculado aproximadamente, aplicando-se uma alíquota de 20% sobre os lucros informados aos acionistas, é destinado a obrigar as empresas altamente rentáveis a pagar ao menos algum imposto, mesmo que possuam benefícios fiscais que levem seu lucro tributável a zero. Na verdade, todas as empresas (e pessoas físicas) devem calcular os impostos "regulares" e o imposto mínimo alternativo para, só então, pagar o que for maior.

As empresas com grandes passivos de imposto mínimo alternativo buscam maneiras de reduzir suas obrigações fiscais diminuindo o lucro informado. Nesse caso, o arrendamento pode apresentar vantagens – um arrendamento de prazo relativamente curto com pagamentos anuais elevados aumentará as despesas registradas e, assim, reduzirá os lucros registrados. Observe que o arrendamento não precisa ser qualificado como arrendamento em conformidade com as exigências do IRS e ser deduzido para fins fiscais regulares – basta reduzir o lucro informado na demonstração do resultado do exercício.

Vimos que a legislação tributária e as alíquotas diferentes entre os arrendadores e os arrendatários podem ser um incentivo para o arrendamento. Porém, como abordaremos na próxima seção, existem alguns motivos não tributários evidentes para que as empresas arrendem instalações e equipamentos.

Autoavaliação

1. O arrendamento resulta no aumento da disponibilidade de crédito?
2. De que forma a legislação tributária afeta a operação de arrendamento?

19-7 Outros motivos para o arrendamento

Até aqui, observamos que a alíquota ou outros diferenciais são, em geral, necessários para tornar o arrendamento interessante tanto para o arrendatário quanto para o arrendador. Se o arrendatário e o arrendador tiverem situações tributárias diferentes, incluindo o imposto mínimo alternativo, é bem possível estruturar um arrendamento que traga benefícios para ambas as partes. No entanto, há outros motivos para as empresas optarem pelo arrendamento e não pela aquisição do ativo.

Mais da metade de todas as aeronaves comerciais é arrendada, e as companhias aéreas de pequeno porte, em especial as de países emergentes, arrendam uma porcentagem razoavelmente grande de aviões. Uma das razões para isso é que, com o arrendamento, as empresas aéreas podem reduzir os seus riscos. Se uma empresa aérea comprasse todos os seus aviões, reduziria sua capacidade de reagir às mudanças nas condições do mercado. Como os arrendadores de aeronaves (que são empresas com vários bilhões de dólares) se tornaram especialistas em combinar as empresas aéreas com os aviões disponíveis, eles são altamente capacitados para administrar as mudanças na demanda por diferentes tipos de aeronaves. Essas características possibilitam que eles ofereçam condições atraentes de arrendamento. Nessa situação, o *arrendamento proporciona flexibilidade operacional.* O arrendamento nem sempre é uma opção mais barata que a compra, mas a flexibilidade operacional é uma característica muito valiosa.

O arrendamento também é uma opção interessante para muitos itens de alta tecnologia que estão sujeitos a uma rápida e imprevisível obsolescência tecnológica. Por exemplo, digamos que um pequeno hospital de uma região rural queira comprar um equipamento de ressonância magnética. Se o hospital comprar o equipamento, ficará exposto ao risco da obsolescência tecnológica. Em pouco tempo, alguma nova tecnologia poderá reduzir o valor do sistema atual, tornando, assim, o projeto desvantajoso. Como o hospital não utiliza muito esse tipo de equipamento, arcaria com um grande risco caso o adquirisse. Entretanto, um arrendador especializado em equipamentos médicos de ponta estaria exposto a um risco significativamente menor. Ao comprar e, em seguida, arrendar vários itens diferentes, o arrendador beneficia-se da diversificação. É evidente que com o passar do tempo alguns itens provavelmente perderiam mais valor que a expectativa do arrendador, todavia, essa perda seria compensada por outros itens que reteriam mais valor que o esperado. Além disso, como esse tipo de empresa de arrendamento geralmente é um grande conhecedor do mercado de equipamentos médicos usados, poderia restaurar o equipamento e, portanto, obter um preço melhor no mercado de revendas do que um hospital de uma região rural afastada conseguiria. Por esses motivos, o arrendamento pode reduzir o risco da obsolescência tecnológica.

O arrendamento também pode ser atrativo quando uma empresa não tem certeza sobre a demanda pelos seus produtos e serviços e, portanto, sobre quanto tempo o equipamento será necessário. Mais uma vez, considere o setor hospitalar. Os hospitais por vezes prestam serviços que dependem de um único membro da equipe – por exemplo, de um cirurgião que realize transplantes de fígado. Para manter a atividade do cirurgião, o hospital teria de investir milhões em equipamentos que seriam usados apenas para esse procedimento específico. O hospital cobrará pelo uso do equipamento, e se tudo correr conforme as expectativas, o investimento será lucrativo. No entanto, se esse médico saísse do hospital e a contratação de um substituto não fosse viável, o projeto seria interrompido, e o equipamento não teria mais utilidade. Nesse caso, um contrato de arrendamento com uma cláusula de cancelamento permitiria que o hospital simplesmente devolvesse o equipamento. O arrendador cobraria alguma remuneração pela cláusula de cancelamento, reduzindo, dessa forma, a lucratividade esperada do projeto; contudo, forneceria ao hospital a opção de abandonar o equipamento, e o valor da opção poderia superar facilmente o custo incremental da cláusula de cancelamento. A empresa de arrendamento estaria disposta a adotar essa opção, já que se encontra em melhor situação para renegociar o equipamento, seja por meio de outro arrendamento ou vendendo o equipamento diretamente.

O setor de arrendamento lançou recentemente um tipo de arrendamento que transfere do arrendatário para o arrendado, até mesmo parte do risco operacional de um projeto e também incentiva o arrendador a manter o equipamento arrendado em boas condições de funcionamento. Em vez de efetuar pagamentos fixos de aluguel, o arrendatário paga uma taxa cada vez que usa o equipamento. Esse tipo de arrendamento teve origem com as máquinas copiadoras, em que o arrendatário paga uma quantia mensal mais um adicional por cópia tirada. Se a máquina quebrar, não será possível efetuar as cópias, e a receita de aluguel do arrendador cairá. Isso forçará o arrendador a consertá-la o mais rápido possível.

Esse tipo de arrendamento, também usado no setor de saúde, é chamado "arrendamento por procedimento". Por exemplo, um hospital pode arrendar uma máquina de raio X mediante o pagamento de uma taxa fixa por unidade de raio X, digamos, $ 5. Se a demanda por raio X fosse menor que a esperada pelo hospital, as receitas seriam menores que as esperadas; contudo, os custos de capital da máquina também seriam menores. Em contrapartida, uma demanda elevada poderia gerar custos de arrendamento mais altos que os esperados, que, por sua vez, seriam compensados pelas receitas superiores às esperadas. Utilizando o arrendamento por procedimento, o hospital converteria um custo fixo do equipamento em custo variável, reduzindo a alavancagem operacional e o ponto de equilíbrio da máquina. O resultado final é a redução do risco do projeto. Evidentemente, o custo esperado de um arrendamento por procedimento pode ser maior que o de um arrendamento convencional, mas o benefício da redução no risco pode possivelmente compensar o custo. Observe, ainda, que, se o arrendador firmar um grande número de contratos de arrendamentos por procedimento, boa parte desse risco inerente a essas operações poderia ser eliminada pela diversificação; portanto, os prêmios pelo risco que os arrendadores incluem nos pagamentos do arrendamento por procedimento poderiam ser baixos o suficiente para atrair possíveis arrendatários.

Algumas empresas também consideram o arrendamento interessante, pois o arrendador consegue oferecer os serviços com condições favoráveis. Por exemplo, a Virco Manufacturing, fabricante de mesas escolares e outros móveis, arrendou recentemente 25 tratores e 140 trailers usados para transportar os móveis de sua fábrica. O contrato firmado com uma grande empresa de arrendamento especializada em compra, manutenção e revenda de caminhões viabilizou a substituição de uma frota antiga que a Virco havia adquirido ao longo dos anos. "Somos muito bons na fabricação de móveis, mas não na manutenção de uma frota de caminhões", disse o diretor financeiro da Virco.

Há outras razões que podem levar a empresa a optar pelo arrendamento em vez da compra do ativo. Muitas vezes, essas razões são difíceis de quantificar, daí a dificuldade de incorporá-las em uma análise de NPV ou de IRR. Contudo, uma decisão firme em relação ao arrendamento deve começar com uma análise quantitativa para, posteriormente, ser realizada a avaliação dos fatores qualitativos antes da tomada da decisão final de arrendar ou comprar.[15]

Autoavaliação

1. Descreva alguns fatores econômicos que poderiam propiciar uma vantagem no arrendamento.

Resumo

Nos Estados Unidos, mais de 30% de todos os equipamentos são arrendados, bem como a maioria dos imóveis. Logo, o arrendamento constitui um importante veículo de financiamento. Neste capítulo, discutimos a decisão de optar pelo arrendamento do ponto de vista tanto do arrendatário como do arrendador. Os principais conceitos abordados estão listados a seguir.

- As cinco principais formas de arrendamento são: (1) **arrendamento operacional**; (2) **arrendamento financeiro**, ou **de capital**; (3) **contratos simultâneos de venda e arrendamento**; (4) **arrendamento misto**; e (5) **arrendamento sintético**.

---

[15] Para saber mais sobre arrendamento, veja Thomas J. Finucane, "Some Empirical Evidence on the Use of Financial Leases", *The Journal of Financial Research,* outono de 1988, p. 321-333; e Lawrence D. Schall, "The Evaluation of Lease Financing Opportunities", *Midland Corporate Finance Journal,* primavera de 1985, p. 48-65.

- O IRS possui diretrizes específicas para contratos de arrendamento. Um arrendamento que atende a essas diretrizes é chamado de **arrendamento em conformidade com as exigências do IRS** ou **qualificado para dedução fiscal**, pois o IRS permite que o arrendador deduza a depreciação do ativo e que o arrendatário deduza os pagamentos do arrendamento. Um arrendamento que não cumpre as diretrizes é denominado **arrendamento não qualificado para dedução fiscal**. Nesse caso, a propriedade para fins tributários é do arrendatário, e não do arrendador.

- A **Norma 13 do FASB** determina as condições em que um arrendamento deve ser **capitalizado** (informado diretamente no balanço patrimonial) em vez de ser apenas informado nas notas explicativas das demonstrações financeiras. Normalmente, os arrendamentos que são feitos por um período igual ou maior do que 75% da vida útil do ativo devem ser capitalizados.

- A análise do arrendatário consiste basicamente de uma comparação entre o PV dos custos associados com o arrendamento e o PV dos custos associados com a propriedade. A diferença entre esses custos é chamada de **vantagem líquida do arrendamento (NAL)**.

- Uma das principais questões da análise do arrendatário é a taxa de desconto adequada. Como o arrendamento é um equivalente da dívida, os fluxos de caixa na análise de arrendamento são apresentados depois de descontados os impostos, e esses fluxos são conhecidos com relativa certeza, a taxa de desconto adequada é o custo da dívida após impostos do arrendatário. Uma taxa de desconto maior pode ser utilizada sobre o **valor residual** caso seu risco seja maior que os demais fluxos.

- O arrendador avalia o arrendamento como um **investimento**. Se o NPV do arrendamento for maior que zero, ou se a IRR for superior ao custo de oportunidade do arrendador, o arrendamento deve ser firmado.

- A escolha do arrendamento é motivada por várias diferenças entre os arrendatários e os arrendadores. As três razões mais importantes são: (1) **alíquotas de impostos diferentes**; (2) arrendamento em que o arrendador esteja mais apto que o arrendatário para arcar com o risco do **valor residual**; e (3) situações em que o arrendador consiga manter os equipamentos arrendados com mais eficiência do que o arrendatário.

Perguntas

(19-1) Defina cada um dos seguintes termos:
   a. Arrendatário; arrendador
   b. Arrendamento operacional; arrendamento financeiro; venda e arrendamento; arrendamento misto; arrendamento sintético; SPE
   c. Financiamento fora do balanço patrimonial; capitalização
   d. Norma 13 do FASB
   e. Arrendamento em conformidade com as exigências do IRS
   f. Valor residual
   g. Análise pelo arrendatário; análise pelo arrendador
   h. Vantagem líquida do arrendamento (NAL)
   i. Imposto mínimo alternativo (AMT)

(19-2) Explique a diferença entre arrendamento operacional e arrendamento financeiro. O arrendamento operacional seria mais utilizado no caso de uma frota de caminhões ou de uma fábrica?

(19-3) É mais provável que os arrendatários estejam nas faixas de imposto de renda mais altas ou mais baixas do que os arrendadores?

(19-4) No início da década de 1970, muitos bancos comerciais passaram a trabalhar com arrendamento de equipamentos, atuando como arrendadores. Algumas das principais razões dessa invasão no setor de arrendamento foram os benefícios da depreciação acelerada e o crédito fiscal de investimento sobre o equipamento arrendado. Durante esse mesmo período, os bancos comerciais investiam muito em títulos municipais, além de concederem empréstimos para fundos de investimento imobiliário (REITs). Em meados da década de 1970, esses REITs apresentaram sérias dificuldades, a ponto de muitos bancos sofrerem grandes prejuízos com tais empréstimos. Explique como esses investimentos em títulos municipais e REITs poderiam reduzir a disposição do banco para atuar como arrendador.

(19-5) Uma das vantagens do arrendamento muito divulgada no passado era a de que esses passivos não eram informados no balanço patrimonial, possibilitando que empresa obtivesse mais alavancagem do que conseguiria de outra forma. Esse fator levantou a seguinte questão: a obrigação do arrendamento e o ativo envolvido na transação deveriam ou não ser capitalizados e informados no balanço patrimonial? Discuta os prós e os contras da capitalização do arrendamento e dos ativos envolvidos.

(19-6) Suponha que não existisse nenhuma restrição do IRS para que um arrendamento seja considerado válido. Explique, de modo compreensível ao legislador, o motivo da necessidade de imposição de algumas restrições. Utilize exemplos numéricos para fundamentar sua resposta.

(19-7) Suponha que o Congresso norte-americano tenha aprovado novas mudanças na legislação tributária que (1) permitiriam a depreciação do equipamento em um período mais curto; (2) reduziriam as alíquotas de imposto de pessoa jurídica; e (3) restabeleceriam o crédito fiscal de investimento. Discuta de que modo cada uma das possíveis mudanças afetaria o volume relativo do arrendamento em relação à dívida convencional na economia norte-americana.

(19-8) No exemplo da Anderson Company, presumimos a impossibilidade de cancelamento do arrendamento. Qual seria o efeito de uma cláusula de cancelamento na análise do arrendatário? E na análise do arrendador?

Problema de autoavaliação – A solução está no Apêndice A

(PA-1) **Arrendamento *versus* compra** – A Randolph Teweles Company (RTC) decidiu adquirir um caminhão novo. Uma das opções seria arrendar o veículo por meio de um contrato de arrendamento de quatro anos, com pagamento anual de $ 10 mil por ano, a ser realizado no *início* de cada ano. O contrato incluiria a manutenção. Outra opção seria a compra direta do caminhão por $ 40 mil, financiada por meio de um empréstimo bancário pelo preço de compra líquido, amortizando o empréstimo ao longo de quatro anos a uma taxa de juros anual de 10%. Em um contrato de empréstimo para a aquisição do bem, a RTC manteria o caminhão a um custo anual de $ 1.000, que vence no fim do ano. O caminhão está na classe de três anos do MACRS. Tem um valor residual de $ 10 mil, que seria o valor de mercado esperado depois de quatro anos, quando a RTC planeja substituir o veículo, seja por meio de compra ou de arrendamento. A alíquota de imposto marginal federal mais estadual da RTC é de 40%.
   a. Qual é o PV do custo de arrendamento para a RTC?
   b. Qual é o PV do custo de propriedade para a RTC? O caminhão deve ser arrendado ou comprado?

Problemas – As respostas dos problemas estão no Apêndice B

Problemas fáceis 1-2

(19-1) **Efeitos no balanço patrimonial** – A Reynolds Construction necessita de um equipamento que custa $ 200. A empresa pode arrendar o equipamento ou tomar um empréstimo de $ 200 de um banco local e comprar o bem. Se o equipamento for arrendado, o arrendamento *não* terá de ser capitalizado. O balanço patrimonial da empresa antes da aquisição do equipamento é o seguinte:

Ativo circulante	$ 300	Dívida	$ 400
Ativos fixos líquidos	500	Patrimônio líquido	400
Total do ativo	$ 800	Obrigações totais	$ 800

   a. (1) Qual é o índice de endividamento atual da Reynolds?
      (2) Qual seria o índice de endividamento da empresa caso ela comprasse o equipamento?
      (3) Qual seria o índice de endividamento se o equipamento fosse arrendado?
   b. O risco financeiro da empresa seria diferente na opção de arrendamento e de compra?

(19-2) **Arrendamento *versus* compra** – Considere os dados do Problema 19-1. Suponha que a alíquota de imposto da Reynolds seja de 40% e a depreciação anual do equipamento seja de $ 100. Se a empresa arrendasse o equipamento por dois anos, o pagamento seria de $ 110 no início de cada ano. Se a Reynolds tomasse um empréstimo e comprasse o equipamento, o banco cobraria 10% de juros sobre o empréstimo. Em ambas as situações, o equipamento não terá valor algum depois de dois anos e será descartado. A empresa deve arrendar ou comprar o equipamento?

Problemas intermediários 3-4

(19-3) **Efeitos no balanço patrimonial** – Duas empresas, a Energen e a Hastings Corporation, iniciaram as operações com balanços patrimoniais idênticos. Um ano depois, ambas as empresas tiveram de aumentar os ativos fixos a um custo de $ 50 mil. A Energen obteve um empréstimo bancário no valor de $ 50 mil para pagar em cinco anos a uma taxa de juros de 8%. A Hastings, por sua vez, decidiu arrendar os equipamentos necessários por $ 50 mil, por meio de um contrato de cinco anos e um retorno de 8% embutido no arrendamento. O balanço patrimonial de cada empresa, antes do aumento de ativos, era este:

Ativo circulante	$ 25.000	Dívida	$ 50.000
Ativos fixos	125.000	Patrimônio líquido	100.000
Total do ativo	$ 150.000	Obrigações totais	$ 150.000

a. Mostre os balanços patrimoniais de ambas as empresas depois dos aumentos nos ativos e calcule o novo índice de endividamento de cada uma. (Presuma que o arrendamento não seja capitalizado.)

b. Mostre como seria o balanço patrimonial da Hastings imediatamente após o financiamento se o arrendamento fosse capitalizado.

(19-4) **Arrendamento *versus* compra** – A Big Sky Mining Company pretende instalar máquinas novas no valor de $ 1,5 milhão nas suas minas de Nevada. A empresa pode obter um empréstimo bancário de 100% do preço de compra, ou arrendar as máquinas. Suponha os seguintes fatos:

(1) As máquinas estão na classe de três anos do MACRS.

(2) Optando pelo arrendamento ou pela compra, a Big Sky deve arcar com o seguro, o imposto sobre propriedade e a manutenção.

(3) A alíquota de imposto da empresa é de 40%.

(4) O empréstimo teria uma taxa de juros de 15%. Não haveria amortização, com juros pagos somente no final de cada ano durante quatro anos, e o principal sendo reembolsado no 4º ano.

(5) As condições de arrendamento exigiriam o pagamento de $ 400 mil no final de cada um dos quatro anos seguintes.

(6) A máquina não terá mais utilidade para a Big Sky Mining depois do arrendamento e seu valor residual estimado é de $ 250 mil no final do 4º ano.

Qual é a NAL desse arrendamento?

Problemas desafiadores 5

(19-5) **Arrendamento *versus* compra** – A Sadik Industries pretende instalar máquinas novas no valor de $ 1 milhão em sua fábrica do Texas. A empresa pode obter um empréstimo bancário de 100% do montante necessário. Como alternativa, um banco de investimento do Texas, que representa um grupo de investidores, acredita que possa providenciar um plano de financiamento de arrendamento. Suponha os seguintes fatos:

(1) Os equipamentos estão na classe de vida útil de três anos do MACRS.

(2) As despesas estimadas de manutenção somam $ 50 mil ao ano.

(3) A alíquota de imposto da empresa é de 34%.

(4) Se o dinheiro for obtido por meio de empréstimo, o banco cobrará uma taxa de 14%, e o empréstimo será amortizado em três parcelas iguais no final de cada ano.

(5) As condições provisórias do arrendamento exigem pagamentos de $ 280 mil ao final de cada ano, durante três anos. Trata-se de um arrendamento em conformidade com as exigências do IRS.

(6) Segundo as condições propostas do arrendamento, o arrendatário deve arcar com o seguro, o imposto sobre propriedade e a manutenção.

(7) A Sadik deverá utilizar os equipamentos caso continue as atividades no setor; portanto, é praticamente certo que a empresa queira adquirir os bens ao término do arrendamento. Caso compre os ativos, de acordo com as condições do contrato de arrendamento, a empresa pode adquirir as máquinas ao valor justo de mercado do ano. A melhor estimativa do valor de mercado seria de $ 200 mil, mas essa quantia poderia ser muito maior ou menor, de acordo com as circunstâncias. Se adquirido no 3º ano, o equipamento utilizado estaria na classe de vida útil de 3 anos, do MACRS. A Sadik realmente conseguiria fazer a compra no último dia do ano (isto é, um pouco antes do 3º ano), de modo que a Sadik teria de assumir a primeira despesa com depreciação no 3º ano (as despesas com depreciação remanescentes incidiriam do 4º ano até o 6º ano). Na linha do tempo, a Sadik demonstraria o custo do equipamento utilizado no 3º ano e suas despesas com depreciação iniciariam no 3º ano.

Para ajudar a administração a escolher a melhor opção entre o arrendamento ou a compra, responda a essas perguntas:

a. Qual é a vantagem líquida do arrendamento? A Sadik deveria optar pelo arrendamento?

b. Considere que o valor residual estimado é de $200.000. Quanto o valor residual pode subir antes de a vantagem líquida do arrendamento cair para zero?

c. A decisão praticamente pode ser considerada uma aposta no valor residual futuro. Você acha que os fluxos de caixa residuais são iguais, em risco, aos outros fluxos de caixa? Em caso negativo, como você pode resolver esta questão? (*Dica*: se você descontar um fluxo de caixa negativo a uma taxa maior, obterá um melhor NPV — o NPV de uma sequência de fluxo de caixa negativo é menos negativo quando as taxas de desconto são altas.)

Problema de planilha

(19-6) **Construa um modelo: análise de arrendatário** Como parte de seu programa geral de redução de custos e de modernização da fábrica, a administração da Western Fabrics decidiu instalar um novo tear automatizado. Na avaliação de investimento desse equipamento, determinou-se que a IRR do projeto seria de 20% contra um retorno exigido de 12%.

O preço de fatura da máquina é de $ 250 mil, incluindo as despesas de instalação e de entrega. Os fundos necessários podem ser obtidos por meio de um empréstimo bancário amortizado em quatro anos, a uma taxa de juros de 10%, com os pagamentos realizados ao final de cada ano. Em caso de aquisição do equipamento, o fabricante firmaria um contrato de assistência técnica e manutenção por uma tarifa anual de $ 20 mil paga no final de cada ano. O tear está na classe de cinco anos do MACRS, e a alíquota de imposto marginal federal mais estadual da Western é de 40%.

A Aubey Automation Inc., fabricante do tear, ofereceu arrendar a máquina à Western mediante o pagamento de $ 70 mil na entrega e instalação (a t = 0), e mais quatro parcelas de arrendamento anuais de $ 70 mil a serem pagas no final dos anos 1 a 4. (Repare que são cinco pagamentos de arrendamento no total.) O contrato de arrendamento inclui a assistência técnica e manutenção. Na realidade, a expectativa de vida útil do tear é de oito anos, período após o qual o valor residual esperado seria zero; contudo, depois de quatro anos, o valor de mercado esperado seria igual ao valor contábil de $ 42.500. A Western pretende construir uma fábrica totalmente nova em quatro anos, assim, não tem interesse em arrendar ou possuir o equipamento proposto por um período superior ao mencionado.

a. O tear deve ser arrendado ou comprado?

b. Na análise, o valor residual seria nitidamente o fluxo de caixa mais incerto. Que efeito um ajuste de risco no valor residual teria sobre a análise? (Considere que a taxa de desconto do valor residual antes de impostos seja de 15%.)

c. Considerando que o custo da dívida após impostos seja usado para descontar todos os fluxos de caixa previstos, em qual pagamento de arrendamento não haveria diferença se a empresa comprasse ou arrendasse o equipamento?

Estudo de caso

A Lewis Securities Inc. decidiu adquirir um novo sistema de cotação e dados de mercado para sua filial de Richmond. O sistema recebe os preços de mercado atuais e outras informações de vários serviços de dados on-line e depois exibe as informações na tela ou as armazena para posterior acesso pelos corretores da empresa. O sistema também possibilita que os clientes consultem as cotações atuais nos terminais instalados nos *halls* dos edifícios.

O equipamento custa $ 1 milhão, e, se fosse comprado, a Lewis poderia obter um empréstimo a prazo no preço total de compra a uma taxa de juros de 10%. Embora o equipamento tenha uma vida útil de seis anos, ele está classificado como um computador para fins específicos; logo, enquadra-se na classe de três anos do MACRS. Se o sistema fosse comprado, um contrato de manutenção de quatro anos poderia ser obtido a um custo anual de $ 20 mil, com pagamentos realizados no início de cada ano. O equipamento seria vendido depois de quatro anos e a melhor estimativa para o seu valor residual é de $ 200 mil. No entanto, como a tecnologia de um sistema de exibição em tempo real evolui com grande rapidez, o valor residual real é incerto.

Como alternativa para o plano de empréstimo e compra, o fabricante do equipamento informou à Lewis que a Consolidated Leasing estaria disposta a firmar um *arrendamento em conformidade com as exigências do IRS para um prazo de quatro anos,* incluindo a manutenção, com pagamentos de $ 260 mil no início de cada ano. A alíquota de imposto federal mais estadual da Lewis é 40%. A empresa lhe solicitou uma análise para decidir pela compra ou pelo arrendamento e, nesse processo, é necessário responder a estas perguntas:

a. (1) Quem são as duas partes de uma transação de arrendamento?

(2) Quais são os cinco principais tipos de arrendamento e as suas características?

(3) Como se classifica o arrendamento para fins tributários?

(4) Qual é o efeito do arrendamento sobre o balanço patrimonial de uma empresa?

(5) Qual é o efeito do arrendamento sobre a estrutura de capital de uma empresa?

b. (1) Qual é o valor presente do custo de propriedade do equipamento? (*Sugestão*: Elabore uma linha do tempo que demonstre os fluxos de caixa líquidos ao longo do período de t = 0 até t = 4; em seguida, calcule o PV desses fluxos de caixa líquidos, ou o PV do custo de propriedade.)

(2) Explique o raciocínio empregado para estipular a taxa de desconto utilizada para encontrar o PV.

c. Qual é o valor presente para a Lewis do custo de arrendamento do equipamento? (*Sugestão*: Mais uma vez, elabore uma linha do tempo.)

d. Qual é a vantagem líquida do arrendamento (NAL)? A sua análise indica que a Lewis deveria comprar ou arrendar o equipamento? Explique.

e. Agora, suponha que o valor residual do equipamento pudesse ser de no mínimo $ 0 e no máximo $ 400 mil, mas que o valor esperado fosse de $ 200 mil. Como o valor residual apresenta maior risco que os demais fluxos de caixa da análise, esse risco diferencial deve ser incluído na análise. Descreva como isso deve ser realizado. (Não é preciso calcular; porém, explique como você mudaria a análise se houvesse a necessidade de cálculos.) Qual seria o efeito provocado pelo aumento da incerteza do valor residual sobre a decisão da Lewis de arrendar ou comprar?

f. O arrendatário compara o custo de ter a propriedade do equipamento com o custo de arrendá-lo. Agora, coloque-se na posição do arrendador. Resumidamente, de que forma você analisaria a decisão de realizar ou não um arrendamento?

g. (1) Suponha que os pagamentos anuais do arrendamento sejam realmente de $ 280 mil, a alíquota da Consolidated Leasing também fosse de 40% e o valor residual previsto seja de $ 200 mil. Além disso, para oferecer o suporte de manutenção, a Consolidated teria de firmar um contrato de assistência técnica com o fabricante ao mesmo custo anual de $ 20 mil, novamente pago antecipado. A Consolidated Leasing pode obter um retorno esperado de 10% antes dos impostos sobre investimentos de riscos semelhantes. Nessas condições, quais seriam o NPV e a IRR do arrendamento para a Consolidated?

(2) Qual seria o NPV para o arrendador se o pagamento do arrendamento fosse fixado em $ 260 mil ao ano? (*Sugestão*: Os fluxos de caixa do arrendador poderiam ser uma "imagem refletida" dos fluxos de caixa do arrendatário.)

h. A administração da Lewis estuda a possibilidade de mudar a empresa para um novo local na cidade e está preocupada que esse plano se concretize antes do vencimento do prazo de arrendamento. Se a mudança ocorrer, a Lewis compraria ou arrendaria um conjunto de equipamentos totalmente novos e, portanto, a administração gostaria de incluir a cláusula de cancelamento no contrato de arrendamento. Que efeito essa cláusula teria sobre o risco do arrendamento do ponto de vista da Lewis? E do ponto de vista do arrendador? Se você fosse o arrendador, insistiria em alterar alguma condição de arrendamento caso fosse acrescentada a cláusula de cancelamento? A cláusula de cancelamento deveria conter dispositivos semelhantes ao prêmio de resgate ou algum acordo restritivo e/ou multa do mesmo tipo do existente nas escrituras de títulos? Explique a sua resposta.

Financiamento híbrido: ações preferenciais, bônus de subscrição e títulos conversíveis

As respostas do governo dos EUA para a crise econômica mundial estão sendo conduzidas por meio de ampla variedade de diferentes programas administrados pelo Departamento do Tesouro, Banco Central, Federal Deposit Insurance Corporation e Congresso. Cada programa tem uma ênfase diferente, mas muitos deles oferecem dinheiro para empresas com dificuldades em troca de títulos recém-emitidos que são de propriedade do governo dos EUA. Em muitos casos, esses títulos são ações preferenciais e bônus de subscrição que são convertidos em ações ordinárias.

Por exemplo, o Tesouro comprou aproximadamente $ 67 bilhões em ações preferenciais da AIG, algumas das quais foram posteriormente convertidas em preferenciais não cumulativas e ações oedinárias. O Tesouro comprou ações preferenciais e bônus de subscrição de centenas de instituições financeiras, incluindo Bank of America, Citigroup e JPMorgan Chase.

O Tesouro também fez empréstimos para a GM e a Chrysler. Alguns dos empréstimos foram substituídos por ações como parte das subsequentes liquidações falimentares das montadoras de automóveis. Aqui, surgem duas questões. Primeira: o Governo fez investimentos rentáveis? A resposta é não — a atualização diária do Governo (o Programa de Recuperação de Ativos Problemáticos, ou Troubled Asset Relief Program, TARP) estima que o custo vitalício total dos programas será de aproximadamente $43 bilhões. O sistema financeiro e econômico dos Estados Unidos (ainda) não entrou em colapso tão gravemente como ocorreu na época da Grande Depressão, sendo assim, talvez, o dinheiro tenha sido bem gasto.

Segundo, qual será o nível de controle que o governo exercerá sobre as empresas nas quais investiu? Como descreveremos adiante neste capítulo, as ações preferenciais não dão direito de voto aos proprietários, então o governo não tem direito de representação de seus investimentos. O governo possui mais de US$ 50 bilhões em ações ordinárias da AIG e da GM, mas nenhum funcionário do governo está no conselho da GM.

Enquanto você lê este capítulo, pense sobre os investimentos do governo em ações preferenciais e bônus de subscrição e decida por si próprio se eles são bons investimentos.

Fonte: Para atualizações e status do governo TARP e estímulo **www.treasury.gov/initiatives/ financial-stability/briefing-room/reports/105/Pages/default.aspx**

Nos capítulos anteriores, examinamos as ações ordinárias e vários tipos de dívida de longo prazo. Neste capítulo, examinaremos três outros títulos usados para levantar capital em longo prazo: (1) *ações preferenciais,* que são títulos híbridos que representam o cruzamento entre dívida e patrimônio líquido; (2) *bônus de subscrição,* que são títulos derivativos emitidos pelas empresas para facilitar a emissão de algum outro tipo de título; e (3) *títulos conversíveis,* que reúnem as características de dívida (ou ações preferenciais) e bônus de subscrição.

20-1   Ações preferenciais

Ações preferenciais são híbridas, semelhantes aos títulos em alguns aspectos e às ações ordinárias em outros. Os contadores classificam as ações preferenciais como patrimônio, consequentemente eles as apresentam no balanço patrimonial como uma conta do patrimônio. No entanto, de uma perspectiva de finanças, as ações preferenciais ficam entre dívida e patrimônio líquido: elas têm uma taxa fixa e, portanto, aumentam a alavancagem financeira da empresa, porém a omissão de dividendos preferenciais não leva uma empresa à falência. Além disso, ao contrário de juros sobre dívida, os dividendos preferenciais não são dedutíveis pela empresa emissora, assim as ações preferenciais têm um custo de capital mais alto do que dívida. Primeiro, descrevemos as características básicas das ações preferenciais e depois os tipos de ações preferenciais e as suas vantagens e desvantagens.

20-1a Características básicas

As ações preferenciais têm um valor nominal (ou liquidação), muitas vezes, de $ 25 ou $ 100. O dividendo é declarado como uma porcentagem do valor nominal ou como muitos dólares por ação ou ambos. Por exemplo, há vários anos, Klondike Paper Company vendeu 150 mil ações preferenciais perpétuas de valor nominal de $ 100, totalizando $ 15 milhões. Essas ações preferenciais tinham dividendos anuais declarados de $ 12 por ação, de modo que o rendimento dos dividendos preferenciais foi de $ 12/$ 100 = 0,12 ou 12% no momento da emissão. O dividendo foi definido quando a ação foi emitida, não será alterado no futuro. Portanto, se a taxa de retorno exigida sobre as ações preferenciais, r_{ps}, for diferente de 12% após a data de emissão, como aconteceu, o preço de mercado das ações preferenciais aumentará ou diminuirá. Atualmente, r_{ps} para as ações preferenciais de Klondike Paper é de 9%, e o preço das ações preferenciais aumentou de $ 100 para $ 12/0,09 = $ 133,33.

Se o dividendo preferencial não for ganho, a empresa não precisa pagá-lo. No entanto, a maioria das emissões de ações preferenciais é **cumulativa**, ou seja, o total cumulativo dos dividendos preferenciais não pagos deve ser pago antes do pagamento de dividendos de ações ordinárias. Os dividendos preferenciais não pagos são chamados de **dívidas em atraso**. Não são cobrados juros sobre dividendos em atraso; portanto, as dívidas em atraso não aumentam por conta de juros compostos, elas só aumentam com pagamentos adicionais de dividendos preferenciais não realizados. Além disso, muitas ações preferenciais acumulam dívidas em atraso por apenas um número limitado de anos, de modo que, por exemplo, a cumulatividade pode cessar após três anos. No entanto, os dividendos em atraso continuam em vigor até que sejam pagos.

As ações preferenciais normalmente não têm direito a voto. No entanto, a maioria das emissões de ações preferenciais determina que os acionistas preferenciais possam eleger uma minoria de conselheiros, digamos, três de um total de dez, se o dividendo preferencial for omitido. Algumas ações preferenciais permitem que os titulares elejam a maioria do conselho.

Apesar do não pagamento dos dividendos preferenciais não levar à falência, as empresas emitem ações preferenciais com as melhores intenções de pagar o dividendo. Mesmo ao omitir o dividendo, não dá o controle da empresa aos acionistas preferenciais, o não pagamento de um dividendo preferencial impede o pagamento de dividendos ordinários. Além disso, omitir o dividendo dificulta a captação de recursos por meio da venda de títulos e torna praticamente impossível vender mais ações preferenciais ou ordinárias, exceto a preços baixíssimos. No entanto, ter ações preferenciais em circulação proporciona a uma empresa a oportunidade de superar suas dificuldades: se tivesse utilizado títulos, em vez de ações preferenciais, uma empresa poderia ser obrigada a declarar falência antes que pudesse resolver seus problemas. Assim, *do ponto de vista da empresa emissora, as ações preferenciais são menos arriscadas do que os títulos.*

Para um investidor, no entanto, as ações preferenciais são mais arriscadas do que os títulos: (1) os créditos dos acionistas preferenciais estão subordinados aos dos detentores dos títulos em caso de liquidação; e (2) os detentores de títulos são os mais prováveis de continuar recebendo rendimentos durante tempos difíceis do que os acionistas preferenciais. Assim, os investidores exigem uma taxa de retorno, após impostos, mais alta sobre as ações preferenciais de determinada empresa do que sobre seus títulos.

O romance não tinha química, mas tinha muitas ações preferenciais!

Em 1º de abril de 2009, a Dow Chemical Company fundiu-se com a Rohm & Haas após uma dura disputa sobre a interpretação do contrato de fusão anterior. Assim, embora as duas empresas produzissem muitos produtos químicos, aparentemente não havia muita química na época em que a fusão foi concluída.

Para levantar dinheiro para comprar as ações em circulação da Rohm & Haas por $ 78,97 cada, a Dow pediu emprestado mais de $ 9 bilhões ao Citibank e, também, emitiu $ 4 bilhões em ações preferenciais conversíveis para a Berkshire Hathaway e o Kuwait Investment Authority.

A Haas Family Trusts e a Paulson & Company eram grandes acionistas da Rohm & Haas. Como parte do negócio, eles venderam suas ações para a Dow e compraram $ 3 bilhões em ações preferenciais da Dow. As ações preferenciais pagam dividendos em dinheiro de 7% e, também, um "dividendo" de 8%, que pode ser em dinheiro ou em ações preferenciais adicionais, a critério da Dow, chamado de dividendos com pagamento em espécie (PIK).

Esses termos significam que a Dow pode conservar o dinheiro caso esteja passando por momentos difíceis: pode pagar os 8% em ações adicionais e até mesmo adiar o pagamento do dividendo em dinheiro de 7% sem risco de falência. Mas se isso acontecer, uma união problemática provavelmente causará ainda mais consternação.

Fonte: Relatório 8-K da SEC arquivado em 12 de março de 2009 e 1º de abril de 2009.

No entanto, como 70% dos dividendos preferenciais são isentos de impostos de pessoa jurídica, as ações preferenciais são atraentes para os investidores corporativos. De fato, ações preferenciais de alta qualidade, em média, são vendidas na base de rendimento antes de imposto menor do que títulos de alta qualidade. Como exemplo, a Alcoa tem ações preferenciais com dividendo anual de $ 3,75 (uma taxa de 3,75% aplicada ao valor nominal de $ 100). Em junho de 2012, as ações preferenciais da Alcoa tinham um preço de $ 82,50 para um rendimento de mercado de aproximadamente $ 3,75/$ 82,50 = 4,55%. Os títulos de longo prazo da Alcoa que vencem em 2037 têm um rendimento de 5,86%, 1,31 ponto porcentual *maior* do que suas ações preferenciais, mesmo estas sendo mais arriscadas que a dívida. O tratamento fiscal foi responsável por essa diferença; o *rendimento após impostos* para investidores corporativos foi maior sobre as ações preferenciais do que sobre os títulos porque 70% dos dividendos podem ser excluídos da tributação por um investidor corporativo.[1]

Aproximadamente a metade de todas as ações preferenciais emitidas nos últimos anos pode ser convertida em ações ordinárias. Discutiremos sobre títulos conversíveis na seção "Títulos conversíveis".

Algumas ações preferenciais são semelhantes aos títulos perpétuos no sentido em que eles não têm data de vencimento, mas a maioria das novas emissões agora possui vencimentos definidos. Por exemplo, muitas ações preferenciais têm uma cláusula do fundo de amortização que exige a baixa de 2% da emissão por ano, ou seja, a emissão "vencerá" em um prazo máximo de 50 anos.

Além disso, várias emissões preferenciais são resgatáveis pela empresa emissora, o que também pode limitar a vida das ações preferenciais.[2]

As ações preferenciais não conversíveis são praticamente todas de propriedade das empresas, que podem aproveitar o benefício da dedução de 70% dos dividendos para obter um rendimento após impostos mais alto sobre ações preferenciais do que sobre títulos. As pessoas físicas não devem possuir ações preferenciais (exceto ações preferenciais conversíveis), pois podem obter rendimentos mais altos sobre títulos mais seguros, sendo assim não faz sentido

---

[1] O rendimento após impostos sobre um título de 8,1% para um investidor corporativo na faixa de alíquota de imposto marginal de 34% é de 8,1% (1 − T) = 5,3%. O rendimento após impostos sobre ações preferenciais de 7,0% é de 7,0% (1 − T real) = 7,0% [1 − (0,30)(0,34)] = 6,3%. Além disso, observe que a legislação fiscal impede a arbitragem. Se uma empresa emite títulos de dívida e usa os recursos para comprar ações preferenciais de outra empresa, a exclusão de 70% de dividendos é anulada.

[2] Antes do final da década de 1970, praticamente todas as ações preferenciais eram perpétuas e quase nenhuma emissão tinha fundos de amortização ou cláusulas de resgate. Os reguladores das empresas de seguro, preocupados com as perdas não realizadas que as empresas tinham sofrido com ações preferenciais como resultado do aumento das taxas de juros fizeram alterações, essencialmente, determinando que as empresas de seguro comprassem apenas ações preferenciais de vida limitada. Daquele momento em diante, praticamente nenhuma nova ação preferencial era perpétua. Esse exemplo ilustra a forma como os títulos mudam em consequência das mudanças no ambiente econômico.

que possuam ações preferenciais.[3] Como resultado deste padrão de propriedade, o volume de financiamento de ações preferenciais está voltado para a oferta de dinheiro nas mãos de investidores corporativos. Quando a oferta desse dinheiro é abundante, os preços das ações preferenciais sobem, seus rendimentos caem e os bancos de investimentos sugerem que as empresas que precisam de financiamento considerem a emissão de ações preferenciais.

Para emissores, as ações preferenciais têm uma *desvantagem* fiscal em relação ao título de dívida: as despesas com juros são dedutíveis, mas os dividendos preferenciais não são. Ainda assim, as empresas com alíquotas de impostos baixas podem ter um incentivo para emitir ações preferenciais que podem ser compradas por investidores corporativos com alíquotas de imposto altas, que podem aproveitar a dedução de 70% dos dividendos. Se uma empresa tem uma alíquota de imposto mais baixa do que os potenciais compradores corporativos, a empresa pode se sair melhor emitindo ações preferenciais do que dívida. Aqui, o ponto-chave é que a vantagem fiscal para uma empresa com alíquota de imposto alta é maior do que a desvantagem fiscal para um emissor com alíquota de imposto baixa. Para ilustrar, suponhamos que as diferenças de risco entre títulos de dívida e ações preferenciais exigiriam que o emissor definisse a taxa de juros sobre o novo título de dívida em 10% e o rendimento de dividendos sobre novas ações preferenciais 2% maior ou em 12% em um mundo sem impostos. No entanto, quando os impostos são considerados, um comprador corporativo com uma alíquota de imposto alta, digamos 40%, pode estar disposto a comprar as ações preferenciais se tiver um rendimento de 8% antes de impostos. Isso geraria um retorno de 8% (1 – T real) = 8% [1 – 0,30(0,40)] = 7,04% após impostos sobre ações preferenciais *versus* 10%

Instrumentos híbridos não servem só para empresas

A Cooperative Regions of Organic Producer Pools (CROPP) comercializa produtos orgânicos sob nomes de marcas como Organic Valley e Organic Prairie, e é fornecedora da Stonyfield, fabricante de iogurte orgânico. A CROPP não é uma corporação ou uma parceria. É uma cooperativa, isto é, uma organização que fornece serviços para seu dono e seus membros. Neste caso, a CROPP compra produtos de seus membros, processa o produto, e então o revende. Os lucros são redistribuídos ao dono/aos membros como dividendos.

Com o início da recuperação financeira e um aumento geral na demanda por produtos orgânicos, as vendas da CROPP cresceram 18% em 2009 para mais de US$ 600 milhões. Um crescimento elevado requer investimentos em ativos operacionais, fazendo com que a CROPP precisasse de US$ 14 milhões em financiamento externo adicional.

A CROPP decidiu arrecadar fundos emitindo ações preferenciais a membros e não membros. A CROPP já tinha emitido ações preferenciais no passado de forma bem-sucedida, e essa emissão era a $ 50, o valor nominal, 6% de dividendo cumulativo, ações preferenciais sem direito a voto, e foi vendida por US$ 50 por ação. A CROPP escolheu não usar um bancário de investimento para essa emissão; gerente de relação entre investidores da cooperativa era responsável pelo comércio e venda de ações preferenciais, e a CROPP economizou um bom dinheiro em despesas com custos de emissão totalizando cerca de 4,5%, ao invés dos 7% ou mais cobrados por um banco de investimento.

Diferentemente das ações preferenciais emitidas por corporações, dividendos em ações preferenciais emitidas por uma cooperativa da Seção 521, como a CROPP, podem ser deduzidas por sua renda pré-imposto, e o destinatário do dividendo trata-as como renda ordinária para fins fiscais.

Portanto, as ações preferenciais são tratadas como dívidas perpétuas para fins fiscais. Por que, então, a CROPP emitiria ações preferenciais ao invés de dívida? Simplesmente porque as ações preferenciais não têm recurso. Se a CROPP não pagar o dividendo, ele acumula, mas o acionista preferencial não pode obrigar a CROPP a declarar falência. Essa flexibilidade é útil, especialmente em uma indústria tão volátil como a agrícola.

---

[3] Desde 2003, dividendos qualificados recebidos pelos indivíduos são tributados com uma taxa sobre ganhos de capital, em vez de como rendimentos comuns. Isto torna as ações preferenciais mais atrativas em relação aos títulos, colocando investidores individuais, em grande parte, no mesmo barco que as corporações. Por exemplo, uma corporação que esteja na faixa de impostos de 35%, com uma exclusão de dividendos de 70%, se depara com uma taxa de impostos de (0,35)(1 – 0,70) = 10,5% sobre receitas de dividendos, em comparação com uma taxa de 35% sobre o rendimento obtido com juros. A maioria dos indivíduos tem de pagar uma taxa de impostos sobre dividendos de 15%, e quem obtém rendimentos maiores precisa pagar uma taxa de 35% sobre rendimentos comuns. Desse modo, existe uma vantagem fiscal para o rendimento sobre dividendos tanto para os indivíduos como para as corporações, embora a vantagem seja maior para as corporações.

Além disso, algumas ações preferenciais com engenharia financeira têm "dividendos" que a empresa pagante pode deduzir para fins fiscais da mesma forma que os pagamentos de juros são dedutíveis. Portanto, a empresa é capaz de pagar uma taxa maior sobre as ações preferenciais, tornando-as potencialmente atrativas para pessoas físicas que resolvem investir. Esses títulos são negociados com vários nomes diferentes, incluindo MIPS (*Modified Income Preferred Securities*), QUIPS (*Quarterly Income Preferred Securities*), TOPrS (*Trust Originated Preferred Stock*) e QUIDS (*Quarterly Income Debt Securities*). Entretanto, dividendos desses títulos híbridos não estão sujeitos à exclusão corporativa de 70% e são taxados como rendimento comum para investidores individuais..

$(1 - 0,40) = 6,0\%$ sobre o título de dívida. Se o emissor tiver uma alíquota de imposto baixa, digamos 10%, seu custo após impostos seria de $10\% (1 - T) = 10\%(0,90) = 9\%$ sobre os títulos e 8% sobre as ações preferenciais. Assim, o título com menor risco para o emissor, ações preferenciais, também tem um custo menor. Essas situações podem tornar as ações preferenciais uma escolha de financiamento lógica.[4]

20-1b Outros tipos de ações preferenciais

Além das ações preferenciais mais simples (*plain vanilla*), existem duas outras variações: ações preferenciais com taxa ajustável e com taxa de leilão.

Ações preferenciais com taxa ajustável

Em vez de pagar dividendos fixos, as **ações preferenciais com taxa ajustável (ARPs, sigla em inglês)** têm seus dividendos atrelados à taxa dos títulos do Tesouro. ARPs são emitidas principalmente pelas empresas de serviços públicos e grandes bancos comerciais. Quando as ARPs foram inicialmente desenvolvidas, foram anunciadas como investimentos corporativos de curto prazo quase perfeitos porque (1) somente 30% dos dividendos são tributáveis às companhias; e (2) a taxa variável deveria manter a emissão sendo negociada a um valor próximo ao nominal. O novo título provou ser tão popular como um investimento em curto prazo para as empresas com dinheiro parado que os fundos mútuos criados apenas para investir nesses títulos brotaram como mato (e as cotas desses fundos, por sua vez, foram adquiridas por empresas). No entanto, as ARPs ainda tinham alguma volatilidade de preços em decorrência de (1) mudanças no grau de risco dos emissores (alguns dos maiores bancos que tinham emitido ARPs, como o Continental Illinois, tiveram sérios problemas de inadimplência de empréstimo); e (2) variações nos rendimentos do Tesouro entre as datas de ajuste da taxa do dividendo. Portanto, as ARPs tinham muita instabilidade de preços para serem mantidas nas carteiras de ativos líquidos de muitos investidores corporativos.

Ações preferenciais de taxa de leilão

Em 1984, os bancos de investimentos apresentaram as **ações preferenciais de taxa de leilão**.[5] Aqui, o coordenador realiza um leilão da emissão a cada sete semanas (para obter a dedução de 70% do lucro tributável, os compradores devem manter as ações por pelo menos 46 dias). Os titulares que querem vender suas ações podem colocá-las em leilão pelo valor nominal. Os compradores, em seguida, apresentam propostas sob a forma de rendimentos que estão dispostos a aceitar durante o período das próximas sete semanas. O rendimento definido sobre o título para o próximo período é o menor rendimento, suficiente para vender todas as cotas que estão sendo ofertadas nesse leilão. Os compradores pagam aos vendedores o valor nominal, portanto, os titulares estão praticamente certos de que suas ações podem ser vendidas ao valor nominal. O emissor, em seguida, deve pagar uma taxa de dividendos durante o período das próximas sete semanas, conforme determinado pelo leilão. Do ponto de vista do titular, as ações preferenciais de taxa de leilão são títulos de baixo risco, em grande parte isentos de impostos, com vencimento em sete semanas, que podem ser vendidos entre as datas de leilões próximos do valor nominal.

Na prática, as coisas podem não sair tão bem. Se há poucos compradores potenciais, um rendimento demasiadamente alto pode ser necessário para equilibrar o mercado. Para proteger as empresas emissoras ou os fundos mútuos de pagamentos de dividendos elevados, os títulos têm um limite permitido para rendimento de dividendo. Se o rendimento de equilíbrio de mercado for superior a esse limite, o próximo rendimento de dividendo será definido igual a essa taxa-limite, mas o leilão fracassará, e os proprietários dos títulos, que desejam vender, não serão capazes de fazê-lo. Isso aconteceu em fevereiro de 2008, e muitos proprietários de ações preferenciais de taxa de leilão foram deixados de posse dos títulos que queriam liquidar.

20-1c Vantagens e desvantagens das ações preferenciais

Há vantagens e desvantagens de financiamento com ações preferenciais. Aqui estão as principais vantagens do ponto de vista do emissor:

1. Em contraste com os títulos, a obrigação de pagar dividendos preferenciais não é definitiva, e omitir (não pagar) um dividendo preferencial não pode forçar uma empresa à falência.
2. Com a emissão de ações preferenciais, a empresa evita a diluição do patrimônio líquido que ocorre quando as ações ordinárias são vendidas.

---

[4] Para obter mais informações sobre ações preferenciais, veja Arthur L. Houston Jr. e Carol Olson Houston, "Financing with Preferred Stock", *Financial Management,* outono 1990, p. 42-54; e Michael J. Alderson e Donald R. Fraser, "Financial Innovations and Excesses Revisited: The Case of Auction Rate Preferred Stock", *Financial Management,* terceiro trimestre 1993, p. 61-75.

[5] De forma confusa, as ações preferenciais de taxa de leilão também são frequentemente denominadas com a sigla ARP.

3. Uma vez que as ações preferenciais, às vezes, não têm vencimento e os pagamentos do fundo de amortização preferencial (se houver) são normalmente distribuídos por um longo período, os títulos preferenciais reduzem a fuga de fluxo de caixa em consequência do pagamento do principal que ocorre com títulos de dívida.

Existem duas grandes desvantagens, como segue:

1. Os dividendos das ações preferenciais normalmente não são dedutíveis para o emissor, assim o seu custo após impostos é normalmente superior ao custo dos títulos de dívida após impostos. No entanto, o benefício fiscal das ações preferenciais para os compradores corporativos reduz o seu custo antes de impostos e, portanto, seu custo efetivo.
2. Embora dividendos preferenciais possam ser omitidos, os investidores esperam que eles sejam pagos e as empresas pretendem pagá-los se as condições permitirem. Assim, os dividendos preferenciais são considerados um custo fixo. Como resultado, o seu uso, como o da dívida, aumenta o risco financeiro e, consequentemente, o custo do capital próprio.

Autoavaliação

1. As ações preferenciais devem ser consideradas como patrimônio ou dívida? Explique.
2. Quem são os maiores compradores de ações preferenciais não conversíveis? Por quê?
3. Resumidamente explique o mecanismo de ações preferenciais de taxa ajustável e de taxa de leilão.
4. Quais são as vantagens e desvantagens das ações preferenciais para o emissor?
5. As ações preferenciais de uma empresa têm um rendimento de dividendo antes de impostos de 7% e seus títulos de dívida têm um rendimento antes de impostos de 8%. Se um investidor estiver na faixa de imposto marginal de 34%, quais são os rendimentos após impostos das ações preferenciais ou dos títulos de dívida? **(6,29% e 5,28%)**

20-2   Bônus de subscrição

Bônus de subscrição é um certificado emitido por uma empresa que dá ao titular o direito de comprar um número estabelecido de ações da empresa a um preço especificado por um período determinado de tempo. Geralmente, bônus de subscrição são emitidos com título de dívida e são usados para induzir os investidores a comprar títulos de dívida de longo prazo com uma taxa de cupom mais baixa do que seria exigida. Por exemplo, quando a Infomatics Corporation, uma empresa de alta tecnologia em crescimento, queria vender $ 50 milhões em títulos de 20 anos em títulos em 2013, os bancos de investimento informaram ao vice-presidente financeiro que os títulos seriam difíceis de vender e que uma taxa de cupom de 10% seria necessária. No entanto, como alternativa, os bancos sugeriram que os investidores poderiam estar dispostos a comprar os títulos com uma taxa de cupom de apenas 8% se a empresa oferecesse 20 bônus de subscrição para cada título de $ 1.000; cada bônus de subscrição daria ao titular o direito de comprar uma ação ordinária ao *preço de exercício* de $ 22 por ação. As ações estavam sendo vendidas por $ 20 cada na época e os bônus de subscrição venceriam em em 2023 se não fossem exercidos antes.

Por que os investidores estariam dispostos a comprar os títulos da Infomatics com rendimentos de apenas 8% em um mercado de 10% só porque bônus de subscrição também foram oferecidos como parte do pacote? É porque os bônus de subscrição são *opções de compra* de longo prazo que têm valor, uma vez que os titulares podem comprar ações ordinárias da empresa ao preço de exercício, independentemente do preço de mercado. Essa opção compensa a taxa de juros baixa sobre os títulos e torna o pacote de títulos de rendimento baixo com bônus de subscrição atraente para os investidores. (Veja o Capítulo 8 para uma discussão sobre opções).

20-2a Preço de mercado inicial de um título com bônus de subscrição

Caso os títulos da Infomatics tivessem sido emitidos como dívida não conversível, teriam uma taxa de juros de 10%. No entanto, com bônus de subscrição, os títulos foram vendidos com rendimento de 8%. Alguém que compra os títulos ao preço de oferta inicial de $ 1.000, receberia um pacote composto por títulos com taxa de 8%, vencimento de 20 anos e 20 bônus de subscrição. Uma vez que a taxa de juros corrente dos títulos arriscados, como os da Informatics, era de 10%, podemos encontrar o valor de dívida não conversível dos títulos, presumindo um cupom anual para facilitar a ilustração, como segue:

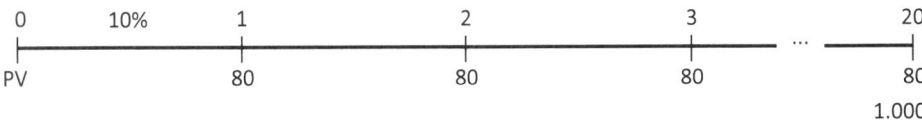

Usando uma calculadora financeira, insira N = 20, I/YR = 10, PMT = 80 e FV = 1000. Em seguida, pressione a tecla PV para obter o valor do título de $ 829,73, ou aproximadamente $ 830. Assim, uma pessoa que compra os títulos na subscrição inicial pagaria $ 1.000 e receberia em troca um título no valor aproximado de $ 830 mais 20 bônus de subscrição que, presumivelmente, valem aproximadamente $ 1.000 – $ 830 = $ 170:

$$\begin{array}{c}\text{Preço pago por título com} \\ \text{bônus de subscrição}\end{array} = \begin{array}{c}\text{Valor da dívida} \\ \text{direta do título}\end{array} + \begin{array}{c}\text{Valor do bônus} \\ \text{de subscrição}\end{array} \qquad \textbf{(20-1)}$$

$$\$ 1.000 = \$ 830 + \$ 170$$

Como os investidores recebem 20 bônus de subscrição com cada título, cada bônus de subscrição tem um valor implícito de $ 170/20 = $ 8,50.

O ponto principal ao definir os termos de um negócio de títulos com bônus de subscrição é determinar o valor dos bônus de subscrição. O valor de dívida não conversível pode ser estimado com precisão, como temos mostrado. No entanto, é mais difícil estimar o valor dos bônus de subscrição. O modelo de precificação de opções de Black-Scholes (OPM), discutido no Capítulo 8, pode ser utilizado para encontrar o valor de uma opção de compra. Há uma tentação de usar esse modelo para encontrar o valor de um bônus de subscrição, pois as opções de compra são semelhantes aos bônus de subscrição em muitos aspectos: ambos dão ao investidor o direito de comprar ações ao preço de exercício fixo até a data de vencimento. No entanto, existem grandes diferenças entre opções de compra e bônus de subscrição. Quando as opções de compra são exercidas, as ações disponibilizadas para o detentor da opção vêm do mercado secundário, mas, quando os bônus de subscrição são exercidos, as ações disponibilizadas para o detentor dos bônus são ações recém-emitidas ou em tesouraria que a empresa adquiriu anteriormente. Isso significa que o exercício dos bônus de subscrição dilui o valor do patrimônio original, o que poderia fazer o valor do bônus de subscrição original diferir do valor de uma opção de compra semelhante. Além disso, as opções de compra geralmente duram alguns meses, enquanto os bônus de subscrição, muitas vezes, duram dez anos ou mais. Finalmente, o modelo de Black-Scholes presume que as ações subjacentes não pagam dividendos, o que não é absurdo durante um curto período, mas é para cinco ou dez anos. Portanto, os bancos de investimento não podem usar o modelo original de Black-Scholes para determinar o valor dos bônus de subscrição.

Embora o modelo original de Black-Scholes não possa ser usado para determinar um valor preciso de um bônus de subscrição, existem modelos mais sofisticados que funcionam razoavelmente bem.[6] Além disso, os bancos de investimento podem simplesmente contatar os gestores das carteiras de fundos mútuos, fundos de pensão e outras empresas que estariam interessadas em comprar os títulos para obter uma indicação de quantos comprariam a preços diferentes. Na realidade, os bancos realizam um leilão de venda antecipada e determinam os termos que simplesmente equilibrarão o mercado. Se eles fizerem esse trabalho corretamente, então, de fato, permitirão que o mercado determine o valor dos bônus de subscrição.

20-2b Uso de bônus de subscrição em financiamentos

Bônus de subscrição são geralmente usados pelas pequenas empresas em rápido crescimento como **atrativos** ao venderem títulos de dívida ou ações preferenciais. Essas empresas são frequentemente consideradas pelos investidores como de alto risco, assim os títulos podem ser vendidos somente a taxas de cupom extremamente altas e com cláusulas de escritura muito restritivas. Para evitar essas restrições, as empresas, como a Infomatics, muitas vezes oferecem bônus de subscrição com os títulos.

---

[6] Por exemplo, veja John C. Hull, *Options, Futures, and Other Derivatives*, 8. ed. Boston: Prentice-Hall, 2012. Hull mostra que, se existirem m bônus de subscrição em circulação e cada um deles puder ser convertido em γ ações ordinárias ao preço de exercício de X, bem como n ações ordinárias em circulação, o preço ω de um bônus de subscrição será dado por esta modificação da fórmula de precificação de opções de Black-Scholes do Capítulo 8:

$$\omega = \left(\frac{n\gamma}{n+m\gamma}\right)\left[S*N\left(d_1^*\right) - Xe^{-r_{RF}(T-t)}N(d_2^*)\right] \text{ em que } d_1^* = \frac{\ln(S*/X) + (r_{RF} + \sigma_Q^2/2)(T-t)}{\sigma_Q\sqrt{T-t}}$$

Aqui $d_2^* = d_1^* - \sigma_Q(T-t)^{1/2}$ e $S* = S + m\omega/n$, em que S é o preço da ação subjacente, T é a data de vencimento, r_{RF} é a taxa livre de riscos, σ_Q é a volatilidade das ações e dos bônus de subscrição juntos e $N(\cdot)$ é a função de distribuição normal cumulativa. Veja o Capítulo 8 para obter mais informações sobre a fórmula de precificação de opções de Black-Scholes. Se γ = 1 e n for muito maior do que m, de modo que o número de bônus de subscrição emitido seja muito menor em comparação com o número de ações em circulação, então isso simplifica a fórmula padrão de precificação de opções de Black-Scholes.

O recebimento de bônus de subscrição com os títulos permite que os investidores participem do crescimento da empresa, presumindo que ela, de fato, cresça e prospere. Portanto, os investidores estão dispostos a aceitar uma taxa de juros mais baixa e cláusulas de escritura menos restritivas. Um título com bônus de subscrição tem algumas características de dívida e patrimônio. É um título híbrido que dá ao gerente financeiro a oportunidade de expandir o mix de títulos da empresa, abrindo o leque para um grupo maior de investidores.

Praticamente todos os bônus de subscrição emitidos hoje em dia são **destacáveis**. Em outras palavras, após um título com bônus de subscrição ser vendido, os bônus de subscrição podem ser destacados e negociados separadamente do título. Além disso, mesmo após os bônus de subscrição terem sido exercidos, o título (com taxa de cupom baixa) continua em circulação.

O preço de exercício dos bônus de subscrição é geralmente definido entre 20% e 30% acima do preço de mercado das ações na data em que o título é emitido. Se a empresa cresce e prospera, fazendo com que o preço das ações suba acima do preço de exercício em que as ações possam ser compradas, os titulares dos bônus de subscrição podem exercer seus bônus e comprar ações ao preço estabelecido. No entanto, sem incentivo, os bônus de subscrição nunca seriam exercidos antes do vencimento. O valor desses bônus, no mercado aberto, seria maior do que seu valor se exercidos, por isso os titulares venderiam os bônus em vez de exercê-los. Há três condições que levam os titulares a exercer seus bônus de subscrição: (1) os titulares dos bônus certamente exercerão e comprarão as ações se os bônus estiverem prestes a expirar e o preço de mercado das ações estiver acima do preço de exercício; (2) os titulares exercerão voluntariamente os bônus se a empresa aumentar o dividendo das ações ordinárias em um valor suficiente. Nenhum dividendo é pago sobre bônus de subscrição, portanto não há renda corrente. No entanto, se as ações ordinárias pagam um dividendo alto, elas fornecem um rendimento de dividendo atrativo, mas que limita o aumento do preço das ações. Isso induz os titulares dos bônus de subscrição a exercer a opção de comprar as ações; e (3) os bônus, às vezes, têm preços de exercício elevados, que levam os proprietários a exercê-los. Por exemplo, a Williamson Scientific Company possui bônus de subscrição em circulação com preço de exercício de $ 25 até 31 de dezembro de 2016, quando o preço de exercício subirá para $ 30. Se o preço das ações ordinárias ficar acima de $ 25 um pouco antes de 31 de dezembro de 2016, muitos titulares de bônus de subscrição exercerão suas opções antes do aumento de preço entrar em vigor e o valor dos bônus cair.

Outra característica desejável dos bônus de subscrição é que, geralmente, trazem fundos apenas quando necessário. Se a empresa crescer, provavelmente precisará de capital adicional. Ao mesmo tempo, o crescimento fará o preço das ações subir e os bônus de subscrição serem exercidos e, consequentemente, a empresa obterá o dinheiro que precisa. Se a empresa não for bem-sucedida e não puder empregar o dinheiro extra de forma lucrativa, o preço de suas ações provavelmente não aumentará o suficiente para induzir o exercício dos bônus de subscrição.

20-2c Custo de componente de títulos com bônus de subscrição

Quando a Infomatics emitiu seus títulos com bônus de subscrição, recebeu $ 1.000 por título. O custo da dívida antes de impostos teria sido de 10% se nenhum bônus de subscrição tivesse sido atrelado, mas cada título da Infomatics possui 20 bônus de subscrição, cada um permitindo que seu titular compre uma ação por $ 22. A presença de bônus de subscrição também permite que a Infomatics pague apenas 8% de juros sobre os títulos, obrigando-a a pagar $ 80 de juros por 20 anos mais $ 1.000 no final de 20 anos. Qual é o custo porcentual de cada título de $ 1.000 com bônus de subscrição? Como veremos, o custo é bem acima da taxa de cupom de 8% sobre os títulos.

A melhor forma de abordar esta análise é quebrar os $ 1.000 em dois componentes, um que consiste em um título de $ 830 e outro de $ 170 de bônus de subscrição. Assim, o pacote de $ 1.000 de títulos com bônus de subscrição consiste em $ 830/$ 1.000 = 0,83 = 83% de dívida não conversível e $ 170/$ 1.000 = 0,17 = 17% de bônus de subscrição. Nosso objetivo é encontrar o custo de capital para títulos não conversíveis e o custo de capital para bônus de subscrição, então os pese para obter o custo de capital para o pacote de títulos com bônus de subscrição.

O custo de dívida antes de impostos é de 10% porque esse é o custo de dívida antes dos impostos para um título não conversível, então nossa tarefa é estimar o custo de capital para um bônus de subscrição. A estimativa do custo de capital para um bônus de subscrição é muito complicada, mas podemos usar o seguinte procedimento para obter uma aproximação razoável.[7] A ideia básica é estimar o custo previsto da empresa para pagar os titulares dos bônus de subscrição quando os bônus expirarem. Para isso, precisamos estimar o valor da empresa, o valor da dívida, o valor intrínseco do patrimônio e o preço das ações no momento da expiração.

---

[7] Para uma solução exata, veja P. Daves e M. Ehrhardt, "Convertible Securities, Employee Stock Options, and the Cost of Equity", *The Financial Review,* v. 42, p. 267-288, 2007.

Suponha que o valor total das operações e dos investimentos da Infomatics, que é de $ 250 milhões imediatamente após a emissão dos títulos com bônus de subscrição, cresça a 9% ao ano. Quando os bônus de subscrição expirarem em dez anos, o valor total da Infomatics deve ser de $ 250(1,09)^{10} = $ 591,841 milhões.

A Infomatics receberá $ 22 por bônus de subscrição quando exercido; com 1 milhão de bônus de subscrição, isso resulta em um fluxo de caixa para a Infomatics de $ 22 milhões. O valor total da Infomatics será igual ao valor das operações, acrescido do valor desse dinheiro. Isso fará com que o valor da Infomatics seja igual a $ 591,841 + $ 22 = $ 613,841 milhões.

Quando os bônus de subscrição expirarem, os títulos ainda terão dez anos até o vencimento com um pagamento de cupom fixo de $ 80. Se a taxa de juros de mercado esperada ainda for de 10%, a linha do tempo dos fluxos de caixa será:

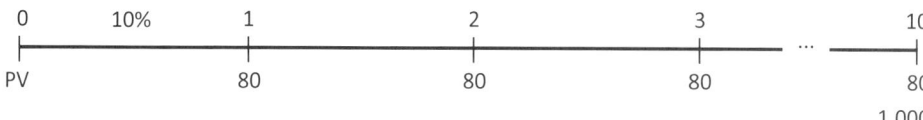

Usando uma calculadora financeira, insira N = 10, I/YR = 10, PMT = 80 e FV = 1000, em seguida, pressione a tecla PV para obter o valor do título, $ 877,11. O valor total de todos os títulos é 50.000($ 877,11) = $ 43,856 milhões.

O valor intrínseco do patrimônio é igual ao valor total da empresa menos o valor da dívida: $ 613,841 – $ 43,856 = $ 569,985 milhões.

A Infomatics tinha 10 milhões de ações em circulação antes do exercício dos bônus de subscrição, então ela terá 11 milhões após 1 milhão de opções serem exercidas. Os titulares dos bônus de subscrição anteriores passam a ser detentores de 1/11 do patrimônio para um total de $ 569,985(1/11) = $ 51,82 milhões de dólares. Podemos, também, estimar o preço intrínseco previsto das ações que é igual ao valor intrínseco do patrimônio dividido pelo número de ações: $ 569,985/11 = $ 51,82 por ação.[8] Estes cálculos estão resumidos na Tabela 20-1.

Para encontrar o custo dos componentes dos bônus de subscrição, considere que a Infomatics terá de emitir uma ação no valor de $ 51,82 para cada bônus de subscrição exercido e, em contrapartida, receberá o preço de exercício, $ 22. Assim, uma compradora de títulos com bônus de subscrição, caso fosse a proprietária do pacote completo, poderia esperar um lucro no ano 10 de $ 51,82 – $ 22 = $ 29,82 para cada bônus exercido.[9] Uma vez que cada título vem com 20 bônus de subscrição e cada bônus dá ao seu titular o direito de comprar uma ação ordinária, então os titulares dos bônus de subscrição terão um fluxo de caixa esperado de 20($ 29,82) = $ 596,40 por título no final do ano 10. Aqui está uma linha do tempo do fluxo de caixa esperado para um titular de bônus de subscrição:

O IRR deste fluxo é de 13,35%, que é uma aproximação do retorno esperado do titular dos bônus de subscrição sobre os bônus (r_w) no título com bônus de subscrição. O custo global do capital antes de impostos para os títulos com bônus de subscrição é a média ponderada do custo de dívida não conversível e do custo dos bônus de subscrição:

Custo dos títulos com bônus de subscrição antes de impostos = r_d($ 830/$ 1.000) + r_w($ 170/$ 1.000)
= 10%(0,83) + 13,35%(0,17) = 10,57%

---

[8] Se o preço das ações tivesse sido menor do que o preço de exercício de $ 22 na expiração, os bônus de subscrição não teriam sido exercidos. Com base no crescimento esperado do valor da empresa, há pouca chance de que o preço das ações não será superior a $ 22.

[9] Não é estritamente correto dizer que o lucro esperado da posição de bônus de subscrição é o preço esperado das ações menos o preço de exercício: $ 29,82 = $ 51,82 – $ 22. Isso porque se o preço das ações cair abaixo do preço de exercício, neste caso $ 22, o lucro dos bônus de subscrição será $ 0, independentemente da queda do preço das ações. Assim, o retorno esperado será um pouco mais de $ 29,82. Embora essa expectativa possa ser calculada com o uso das técnicas de opções semelhantes às do Capítulo 8, ela está fora do escopo deste capítulo. No entanto, se há uma probabilidade muito pequena de o preço das ações cair abaixo do preço de exercício, $ 29,82 está muito próximo do verdadeiro retorno esperado.

TABELA 20-1

Análise de avaliação após o exercício dos bônus de subscrição em 10 anos (em milhões de dólares, exceto dados por ação)

	BÔNUS DE SUBSCRIÇÃO SÃO EXERCIDOS
Valor esperado das operações e investimentos[a]	$ 591,841
Mais caixa adicional proveniente do exercício de bônus de subscrição[b]	22,000
Valor total da empresa	$ 613,841
Menos valor dos títulos	43,856
Valor restante para acionistas	$ 569,985
Dividido pelas ações em circulação[c]	11,0
Preço por ação	$ 51,82

Observações:
[a] O valor das operações e dos investimentos deve crescer de seus atuais $ 250 milhões a uma taxa de 9%: $ 250(1,09)^{10} = $ 591,841 milhões.
[b] Os bônus de subscrição serão exercidos somente se o preço das ações na expiração for acima de $ 22. Se o preço das ações for inferior a $ 22, então os bônus de subscrição expirarão sem valor e não haverá capital adicional. Nossos cálculos mostram que o preço esperado das ações é muito maior do que $ 22, assim espera-se que os bônus de subscrição serão exercidos.
[c] Antes de os bônus de subscrição serem exercidos, existem 10 milhões de ações. Após os bônus de subscrição serem exercidos, haverá 10 + 1 = 11 milhões de ações em circulação.

© Cengage Learning 2014

O custo dos bônus de subscrição é maior do que o custo da dívida, porque os bônus de subscrição são mais arriscados do que títulos de dívida. Na verdade, o custo dos bônus de subscrição é maior que o custo do patrimônio porque os bônus de subscrição também são mais arriscados do que as ações. Assim, o custo de capital para um título com bônus de subscrição é ponderado entre o custo da dívida e o custo muito mais alto do patrimônio. Isso significa que o custo global de capital para os títulos com bônus de subscrição será maior do que o custo de dívida não conversível e será muito maior do que a taxa de cupom de 8% sobre o pacote de títulos com bônus de subscrição.[10]

Os títulos com bônus de subscrição e as ações preferenciais com bônus de subscrição têm se tornado uma fonte importante de recursos para as empresas durante a crise econômica mundial. Mas, como mostra nosso exemplo, esta forma de financiamento tem um custo de capital muito mais elevado do que seu cupom baixo e os dividendos preferenciais podem levar você a pensar.[11]

Autoavaliação

1. O que é um bônus de subscrição?
2. Descreva como uma nova emissão de títulos com bônus de subscrição é avaliada.
3. Como os bônus de subscrição são utilizados no financiamento das empresas?
4. O uso de bônus de subscrição reduz a taxa de cupom sobre a emissão de títulos de dívida correspondente. Isso significa que o custo do componente de um pacote de dívida mais bônus de subscrição é menor do que o custo de dívida não conversível? Explique.
5. A Shanton Corporation poderia emitir uma dívida não conversível de 15 anos a uma taxa de 8%. Em vez disso, emite um título de dívida de 15 anos com uma taxa de cupom de 6%, mas cada título vem com 25 bônus de subscrição. Os títulos podem ser emitidos pelo valor nominal ($ 1.000 por título). Presumindo pagamentos anuais de juros, qual é o valor implícito de cada bônus de subscrição? **($ 6,85)**

---

[10] Para estimar o custo de capital após impostos, o custo de cada componente após impostos deve ser estimado. O custo do bônus de subscrição após impostos é o mesmo que o custo antes de impostos porque os bônus de subscrição não afetam o passivo fiscal do emissor. Isso não é verdadeiro para o componente de título. Como o título com taxas de juros fixas vale apenas $ 830 no momento de sua emissão, ele tem um desconto de emissão original (OID). Isso significa que o custo da dívida após impostos não é exatamente igual a $r_d(1 - T)$. Para títulos de longo prazo, como o deste exemplo, a diferença é suficientemente pequena para ser desprezada.

[11] Para obter mais informações sobre a precificação de bônus de subscrição, veja Michael C. Ehrhardt e Ronald E. Shrieves, "The Impact of Warrants and Convertible Securities on the Systematic Risk of Common Equity", *Financial Review,* nov., 1995, p. 843-856; Beni Lauterbach e Paul Schultz, "Pricing Warrants: An Empirical Study of the Black-Scholes Model and Its Alternatives", *Journal of Finance,* set. 1990, p. 1181-1209; David C. Leonard e Michael E. Solt, "On Using the Black-Scholes Model to Value Warrants", *Journal of Financial Research,* terceiro trimestre de 1990, p. 81-92; e Katherine L. Phelps, William T. Moore e Rodney L. Roenfeldt, "Equity Valuation Effects of Warrant-Debt Financing", *Journal of Financial Research,* terceiro trimestre de 1991, p. 93-103.

20-3   Títulos conversíveis

Títulos conversíveis são títulos ou ações preferenciais que, de acordo com termos e condições específicas, podem ser trocados por (isto é, convertidos em) ações ordinárias, por opção do titular. Ao contrário do exercício de bônus de subscrição, que reverte em fundos adicionais para a empresa, a conversão não proporciona novo capital. O título de dívida (ou ação preferencial) é simplesmente substituído no balanço patrimonial por ações ordinárias. Naturalmente, a redução de dívida ou ações preferenciais melhorará a saúde financeira da empresa e facilitará o levantamento de capital adicional, mas isso requer uma ação separada.

20-3a Taxa de conversão e preço de conversão

A **taxa de conversão, CR**, de um título conversível é definida como o número de ações que um titular de títulos receberá na conversão. O **preço de conversão, P_c**, é definido como o preço efetivo que os investidores pagam pelas ações ordinárias quando a conversão ocorre. A relação entre a taxa de conversão e o preço de conversão pode ser ilustrada pelas debêntures conversíveis da Silicon Valley Software Company emitidas pelo valor nominal de $ 1.000 em julho de 2013. Em qualquer momento antes do vencimento em 15 de julho de 2033, um titular de debênture pode trocar um título por 18 ações ordinárias. Portanto, a taxa de conversão, CR, é 18. O título custa ao comprador $ 1.000, o valor nominal, quando foi emitido. Dividir o valor nominal de $ 1.000 pelas 18 ações recebidas resulta em um preço de conversão de $ 55,56 por ação:

$$\text{Preço de conversão} = P_c = \frac{\text{Valor nominal do título fornecido}}{\text{Ações recebidas}} \qquad (20\text{-}2)$$

$$= \frac{\$\,1.000}{CR} = \frac{\$\,1.000}{18} = \$\,55,56$$

Obtendo o CR, temos a taxa de conversão:

$$\text{Taxa de conversão} = CR = \frac{\$\,1.000}{P_c} \qquad (20\text{-}3)$$

$$= \frac{\$\,1.000}{\$\,55,56} = 18 \text{ ações}$$

Uma vez que o CR é definido, o valor de P_c é estabelecido e vice-versa.

Como o preço de exercício de um bônus de subscrição, o preço de conversão é normalmente definido entre 20% e 30% acima do preço de mercado das ações ordinárias na data de emissão. Geralmente, o preço de conversão e a taxa de conversão são fixados para a vida do título, com exceção da proteção contra diluição que a empresa pode ter, incluindo desdobramentos das ações, dividendos em ações e a venda de ações ordinárias a preços abaixo do preço de conversão.[12]

A típica cláusula de proteção estabelece que se as ações forem desdobradas ou se o dividendo de uma ação for declarado, o preço de conversão deverá ser reduzido de acordo com a quantia percentual do dividendo ou do desdobramento das ações. Por exemplo, se a Silicon Valley Software (SVS) tivesse de ter um desdobramento de ações na proporção de 2 para 1, então, a taxa de conversão seria automaticamente ajustada de 18 para 36 e o preço de conversão seria reduzido de $55,56 para $27,73. Além disso, se a SVS vender ações ordinárias a um preço inferior ao preço de conversão, então o preço de conversão deverá ser diminuído (e a taxa de conversão deverá ser aumentada) até o preço no qual a nova ação for emitida. Se a proteção não estiver contida no contrato, então, uma companhia sempre poderá evitar a conversão utilizando desdobramento de ações ou divisão de ações. Os bônus de subscrição têm proteção similar contra a diluição.

---

[12] Alguns títulos conversíveis têm um preço aumentado de conversão. Por exemplo, um título conversível pode ser convertido em 12 ações durante os primeiros 10 anos, em 11 ações pelos próximos 10, e em 10 ações para o resto de sua vida. Isso faz com que o preço de conversão aumente com o tempo, para que o proprietário de um título conversível não seja recompensado se o preço da ação crescer vagarosamente.

No entanto, essa proteção-padrão contra diluição resultante da venda de novas ações a preços abaixo do preço de conversão pode criar problemas para a empresa. Por exemplo, suponhamos que as ações da SVS foram vendidas por $ 35 a ação no momento da emissão dos títulos conversíveis. Em seguida, suponhamos que o mercado sofreu uma retração e o preço das ações da SVS caiu para $ 15 por ação. Se a SVS precisou de capital adicional para sustentar as operações, uma nova venda de ações ordinárias exigiria que a empresa reduzisse o preço de conversão das debêntures conversíveis de $ 55,56 para $ 15. O que isso impactaria para os acionistas existentes?

Em primeiro lugar, pense no valor de um título conversível como um valor composto por um título direto e uma opção de conversão. Reduzir o preço de conversão é como reduzir o preço de exercício em uma opção, o que tornaria a opção de conversão muito mais importante. Em segundo lugar, lembre-se da abordagem usada pelo modelo de avaliação do fluxo de caixa livre para determinar o valor patrimonial — comece pelo valor de operações, adicione o valor de quaisquer ativos não operacionais (como T-bills), e subtraia o valor de qualquer dívida, incluindo títulos conversíveis. Podemos estimar o valor patrimonial no preço de conversão original e compará-lo ao valor patrimonial no novo preço de conversão. No novo preço de conversão, o valor do título conversível sobe, então o valor patrimonial diminui, provocando uma transferência de renda dos acionistas existentes para os proprietários dos títulos conversíveis. Portanto, o recurso de restauração protetora no preço de conversão encarece o acúmulo de patrimônio adicional por parte dos acionistas existentes quando o novo patrimônio é necessário.

20-3b Custo do componente de títulos conversíveis

Na primavera de 2013, a Silicon Valley Software avaliou o uso da emissão de títulos conversíveis descrito anteriormente. A emissão consistira em títulos conversíveis de 20 anos que seriam vendidos ao preço de $ 1.000 por título. Esses $ 1.000 também seriam o valor nominal (e de vencimento) do título. Os títulos pagariam uma taxa de juros anuais de cupom de 8%, que representa $ 80 por ano. Cada título poderia ser convertido em 18 ações, assim o preço de conversão seria de $ 1.000/18 = $ 55,56. O preço das ações era de $ 35. Caso os títulos não fossem conversíveis, teriam de oferecer um rendimento de 10%, considerando seu risco e o nível geral das taxas de juros. Os títulos conversíveis não seriam resgatáveis por dez anos, e depois desse período eles poderiam ser resgatados ao preço de $ 1.050, com esse preço caindo $ 5 por ano. Se, após dez anos, o valor de conversão excedesse o preço de resgate em pelo menos 20%, a administração provavelmente resgataria os títulos.

O custo de capital da SVS é de 13%, com um rendimento de dividendos de 4% e retorno de capital esperado de 9% ao ano (a Silicon Valley Software é uma empresa de alto risco, com dividendos baixos e recompras de ações ocasionais, por isso, se espera que o preço de suas ações tenha uma elevada taxa de crescimento).

A Figura 20-1 mostra as expectativas de um investidor comum e da empresa. Consulte a figura ao considerar os seguintes pontos:

1. A linha tracejada horizontal em $ 1.000 representa o valor nominal (e de vencimento). Além disso, $ 1.000 é o preço em que o título é inicialmente ofertado ao público.
2. O título está protegido contra resgate durante dez anos. É resgatável inicialmente ao preço de $ 1.050 e, depois, o preço de resgate cai $ 5 por ano, conforme mostrado pela linha branca na Figura 20-1.
3. Uma vez que o título conversível tem uma taxa de cupom de 8% e o rendimento de um título não conversível, de risco semelhante, é de 10%, por conseguinte, o valor esperado sem a opção de conversão do título conversível, B_t, deve ser inferior ao valor nominal. No momento da emissão e presumindo um cupom anual, B_0 é de $ 830:

$$\text{Valor da dívida pura no momento da emissão} = B_0 = \sum_{t=1}^{N} \frac{\text{Cupom de juros}}{(1 + r_d)^t} + \frac{\text{Valor de vencimento}}{(1 + r_d)^N} \qquad \textbf{(20-4)}$$

$$= \sum_{t=1}^{20} \frac{\$ 80}{(1,10)^t} + \frac{\$ 1.000}{(1,10)^{20}} = \$ 830$$

Observe, no entanto, que o valor de dívida não conversível do título deve ser de $ 1.000 no vencimento, de modo que o valor de dívida não conversível aumenta com o tempo. Isto está traçado pela linha cinza-clara na Figura 20-1.

4. O **valor de conversão** inicial do título, C_t, ou o valor das ações que um investidor receberia se os títulos fossem convertidos em t = 0, é $P_0(CR)$ = $ 35(18 ações) = $ 630. Uma vez que o preço das ações deve crescer a uma taxa de 9%, o valor de conversão deveria aumentar ao longo do tempo. Por exemplo, no ano 5 deve ser $P_5(CR)$ = $ 35(1,09)^5(18)$ = $ 969. O valor de conversão esperado está indicado pela linha preta na Figura 20-1.

5. Se o preço de mercado caísse abaixo do valor do título sem a opção de conversão, aqueles que quisessem os títulos reconheceriam a barganha e comprariam os conversíveis como um título. Da mesma forma, se o preço de mercado caísse abaixo do valor de conversão, as pessoas comprariam os conversíveis, os exerceriam para obter ações e depois venderiam as ações com lucro. Portanto, o maior valor de título e curvas de valor de conversão no gráfico representa o *preço mínimo* para o título. Na Figura 20-1, o preço mínimo é representado pela linha pontilhada.

6. O preço de mercado do título conversível ultrapassará o valor do título excluindo a opção de conversão porque a opção de conversão vale alguma coisa, um título de 8% com possibilidades de conversão vale mais do que um título de 8% sem essa opção. O preço do título conversível também ultrapassará o valor de conversão porque possuir o título conversível é equivalente a possuir uma opção de compra e, antes da expiração, o verdadeiro valor da opção é maior do que seu valor de exercício (ou conversão). Sem o uso de modelos de engenharia financeira, não podemos dizer exatamente onde a linha do valor de mercado se posicionará, mas, como regra, será acima do valor mínimo, conforme indicado pela linha cinza-claro na Figura 20-1.

FIGURA 20-1
Silicon Valley Software: Modelo de título conversível

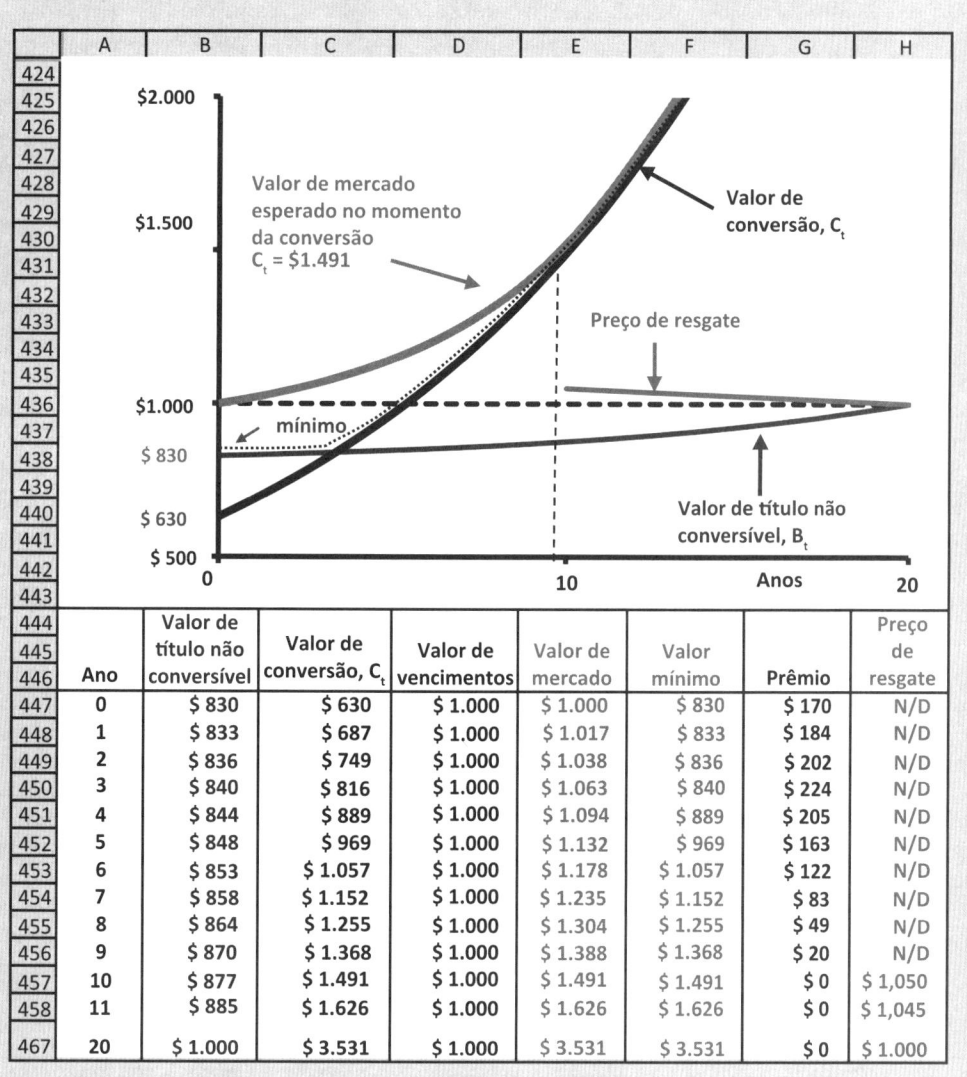

Ano	Valor de título não conversível	Valor de conversão, C_t	Valor de vencimentos	Valor de mercado	Valor mínimo	Prêmio	Preço de resgate
0	$ 830	$ 630	$ 1.000	$ 1.000	$ 830	$ 170	N/D
1	$ 833	$ 687	$ 1.000	$ 1.017	$ 833	$ 184	N/D
2	$ 836	$ 749	$ 1.000	$ 1.038	$ 836	$ 202	N/D
3	$ 840	$ 816	$ 1.000	$ 1.063	$ 840	$ 224	N/D
4	$ 844	$ 889	$ 1.000	$ 1.094	$ 889	$ 205	N/D
5	$ 848	$ 969	$ 1.000	$ 1.132	$ 969	$ 163	N/D
6	$ 853	$ 1.057	$ 1.000	$ 1.178	$ 1.057	$ 122	N/D
7	$ 858	$ 1.152	$ 1.000	$ 1.235	$ 1.152	$ 83	N/D
8	$ 864	$ 1.255	$ 1.000	$ 1.304	$ 1.255	$ 49	N/D
9	$ 870	$ 1.368	$ 1.000	$ 1.388	$ 1.368	$ 20	N/D
10	$ 877	$ 1.491	$ 1.000	$ 1.491	$ 1.491	$ 0	$ 1.050
11	$ 885	$ 1.626	$ 1.000	$ 1.626	$ 1.626	$ 0	$ 1.045
20	$ 1.000	$ 3.531	$ 1.000	$ 3.531	$ 3.531	$ 0	$ 1.000

7. Se o preço das ações continuar a aumentar, torna-se mais e mais provável que o título será convertido. À medida que essa probabilidade aumenta, a linha de valor de mercado começará a convergir com a linha de valor de conversão.

   Depois que o título se torna resgatável, seu valor de mercado não pode ultrapassar o valor mais alto do valor de conversão e do preço de resgate sem expor os investidores ao perigo de um resgate. Por exemplo, suponhamos que dez anos após a sua emissão (quando os títulos se tornam resgatáveis), o valor de mercado do título seja de $ 1.600, o valor de conversão seja de $ 1.500 e o preço de resgate seja de $ 1.050. Se a empresa resgatasse os títulos no dia após você ter comprado um por $ 1.600, você poderia optar por convertê-los em ações no valor de apenas $ 1.500 (em vez de deixar a empresa comprar o seu título ao preço de resgate de $ 1.050), assim você sofreria uma perda de $ 100. Reconhecendo esse risco, você e outros investidores recusariam pagar um prêmio sobre o valor mais alto do preço de resgate ou do valor de conversão assim que o título se tornasse resgatável. Portanto, na Figura 20-1, presumimos que a linha de valor de mercado atinja a linha de valor de conversão no ano 10, quando o título se tornar resgatável.

8. No nosso exemplo, o período de proteção contra resgate termina em dez anos. Neste momento, o preço esperado das ações é tão alto que o valor de conversão é quase certo que será superior ao preço de resgate, consequentemente, presumimos que o título será convertido imediatamente antes da empresa resgatá-lo, que acontecerá em dez anos.

9. O valor de mercado esperado no ano 10 é de $ $35(1,09)^{10}(18) = $ 1.491$. Um investidor pode encontrar a taxa de retorno esperada sobre o título conversível, r_c, encontrando o IRR do seguinte fluxo de caixa:

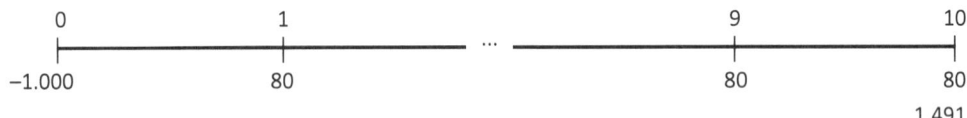

   Com uma calculadora financeira, definimos N = 10, PV = -1000, PMT = 80 e FV = 1491, depois obtemos I/YR = r_c = IRR = 10,94%.[13]

10. Um título conversível é mais arriscado do que dívida não conversível, mas menos arriscado do que ações, por isso seu custo de capital deve ficar entre o custo de dívida não conversível e o custo de patrimônio. Isso é verdadeiro no nosso exemplo: r_d = 10%, r_c = 10,94% e r_s = 13%.[14]

20-3c Uso de títulos conversíveis em financiamentos

Os títulos conversíveis têm duas vantagens importantes do ponto de vista do emissor: (1) Títulos conversíveis, como títulos com bônus de subscrição, oferecem à empresa a chance de vender títulos de dívida com uma taxa de juros baixa em troca de dar aos detentores de títulos a chance de participar do sucesso da empresa se for bem-sucedida. (2) De certo modo, os títulos conversíveis oferecem uma maneira de vender ações ordinárias a preços superiores aos praticados atualmente. Algumas empresas realmente querem vender ações ordinárias, não títulos de dívida, mas sentem que o preço de suas ações está temporariamente em baixa. A administração pode saber, por exemplo, que os lucros estão em baixa por causa dos custos de início de operações associados com um novo projeto, mas eles esperam que os lucros aumentem bastante no próximo ano, puxando o preço das ações para cima. Assim, se a empresa vendesse ações agora, abriria mão

---

[13] Como no caso com bônus de subscrição, o valor de conversão esperado não é exatamente igual ao preço esperado das ações multiplicado pela taxa de conversão. Aqui está a razão. Se após dez anos, o preço das ações for menor, de modo que o valor de conversão seja inferior ao preço de resgate, os detentores dos títulos não optariam pela conversão, em vez disso, entregariam seus títulos se a empresa os resgatasse. Neste exemplo, a conversão não ocorrerá se o preço das ações for inferior a $ 1.050/18 = $ 58,33 após dez anos. Uma vez que a empresa fizer um resgate para forçar a conversão, ela não resgatará os títulos se o preço das ações for inferior a $ 58,33. Assim, quando o preço das ações for baixo, os detentores dos títulos manterão os títulos, cujo valor dependerá principalmente das taxas de juros do momento. Encontrar o valor esperado nesta situação é um problema difícil (e está fora do escopo deste texto)! No entanto, se o preço esperado das ações for muito maior do que o preço de conversão quando os títulos forem resgatados (neste caso, $35[1,09]^{10}$ = $ 82,86 é muito mais do que $ 58,33), então a diferença entre o verdadeiro valor esperado de conversão e o valor de conversão que calculamos, usando o preço esperado das ações, será muito pequeno. Portanto, podemos aproximar o custo do componente de forma razoável e precisa com a abordagem usada no exemplo.

[14] Para encontrar o custo do conversível após impostos, você pode substituir cupons antes dos impostos com os cupons após os impostos pagos pela empresa. Se a alíquota de imposto da empresa for de 40%, temos N = 10, PV = −1000, PMT = 80(1 − 0,40) = 48 e FV = 1491; resolvemos I/YR = $r_{c,AT}$ = 8,16%. Observe que o custo após os impostos não é igual a $r_c(1 − T)$.

de mais ações do que o necessário para levantar determinada quantia de capital. No entanto, se fosse definido o preço de conversão entre 20% e 30% acima do preço de mercado presente das ações, entre 20% e 30% então menos ações de 20% a 30% seriam entregues quando os títulos fossem convertidos do que se as ações fossem vendidas diretamente no momento atual. Observe, no entanto, que a administração está contando que o preço das ações subirá acima do preço de conversão, tornando, assim, os títulos atraentes na conversão. Se os lucros não subirem e puxarem o preço das ações para cima de modo que a conversão *não* ocorra, a empresa arcará com a dívida em face dos baixos lucros, o que poderia ser desastroso.

Como a empresa pode ter certeza de que a conversão ocorrerá se o preço das ações subir acima do preço de conversão? Normalmente, os títulos conversíveis contêm uma cláusula de resgate que permite à empresa emissora forçar os detentores dos títulos a realizar a conversão. Suponhamos que o preço de conversão seja de $ 50, a taxa de conversão seja de 20, o preço de mercado das ações ordinárias tenha sido aumentado para $ 60 e o preço de resgate de um título conversível seja de $ 1.050. Se a empresa resgatar o título, os detentores de títulos podem convertê-lo em ações ordinárias com um valor de mercado de 20($ 60) = $ 1.200 ou permitir que a empresa resgate o título por $ 1.050. Naturalmente, os detentores de títulos preferem $ 1.200 a $ 1.050, desse modo a conversão ocorreria. A cláusula de resgate oferece à empresa uma maneira de forçar a conversão, desde que o preço de mercado das ações seja maior do que o preço de conversão. Observe, entretanto, que a maioria dos títulos conversíveis possui um longo período de proteção contra resgate, sendo que dez anos é normal. Portanto, se a empresa quiser ser capaz de forçar a conversão bem antes, terá de definir um período curto de proteção contra resgate. Isso, por sua vez, exigirá que a empresa estabeleça uma taxa de cupom maior ou um preço de conversão menor.

Do ponto de vista do emissor, os títulos conversíveis têm três desvantagens importantes: (1) mesmo que o uso de um título conversível possa oferecer à empresa a oportunidade de vender ações a um preço superior ao preço em que poderiam ser vendidas atualmente, se o preço das ações subir muito, a empresa estaria melhor se tivesse utilizado dívida não conversível (apesar de seu custo mais elevado) e, posteriormente, vendido as ações ordinárias e refinanciado a dívida. (2) Os títulos conversíveis normalmente têm uma taxa de juro de cupom baixa e a vantagem dessa dívida de custo baixo será perdida quando a conversão ocorrer. (3) Se a empresa realmente quiser levantar capital e o preço das ações não subir o suficiente após a emissão do título, estará amarrada à dívida.

20-3d Títulos conversíveis e custos de agência

Um conflito potencial de agência entre detentores de títulos e acionistas é a substituição de ativos, também conhecida como prática de publicidade enganosa (*bait and switch*). Suponha que uma empresa esteja investindo em projetos de baixo risco e como o risco é baixo, os detentores de títulos cobram uma taxa de juros baixa. O que acontece se a empresa estiver considerando um empreendimento muito arriscado, mas altamente rentável, de que os agentes financeiros potenciais não sabem? A empresa pode optar por levantar dívida com taxa de juros baixa sem revelar que os recursos serão investidos em um projeto arriscado. Após os recursos terem sido levantados e o investimento realizado, o valor da dívida deve cair porque sua taxa de juros será baixa demais para compensar os credores pelo alto risco assumido. Esta é uma situação do tipo "cara eu ganho, coroa você perde" e resulta na transferência de riqueza dos detentores de títulos para os acionistas.

Vamos usar alguns números para ilustrar esse cenário. O valor de uma empresa, com base no valor presente de seus fluxos de caixa livres futuros, é de $ 800 milhões. Ela possui $ 300 milhões em dívida, com base em valores de mercado. Portanto, seu patrimônio é de $ 800 – $ 300 = $ 500 milhões. A empresa agora realiza alguns projetos com retornos esperados altos, porém arriscados, e seu NPV esperado permanece inalterado. Em outras palavras, o NPV real provavelmente acabará muito mais alto ou muito mais baixo do que a situação anterior, mas a empresa ainda tem o mesmo valor esperado. Apesar de seu valor total ainda ser de $ 800 milhões, o valor da dívida cai porque seu risco aumentou. Observe que os credores não se beneficiam se o valor do empreendimento for superior ao esperado, porque o máximo que podem receber é o cupom contratado e o pagamento do principal. No entanto, eles sofrerão se o valor dos projetos passar a ser menor do que o esperado, já que poderão não receber o valor total dos pagamentos contratados. Em outras palavras, o risco não dá a eles nenhuma vantagem potencial, mas os expõe a perdas, assim o valor esperado dos detentores de títulos deve cair.

Com um valor total constante da empresa, se o valor da dívida cair de $ 300 para $ 200 milhões, o valor do patrimônio deve aumentar de $ 500 para $ 800 – $ 200 = $ 600 milhões. Assim, a tática da publicidade enganosa causa a transferência de riqueza de $ 100 milhões dos credores para os acionistas.

Se os credores pensam que uma empresa pode empregar tal tática, cobrarão uma taxa de juros mais alta e essa taxa de juros mais alta é um custo de agência. Os credores cobrarão essa taxa mais alta mesmo se a empresa não tiver intenção de praticar táticas de publicidade enganosa, pois não sabem as verdadeiras intenções da empresa. Por isso, eles pressupõem o pior e cobram uma taxa de juros mais alta.

Os títulos conversíveis são uma forma de reduzir esse tipo de custo de agência. Suponhamos que a dívida seja conversível e a empresa assuma o projeto de alto risco. Se o valor da empresa passar a ser maior do que o esperado, os detentores de títulos podem converter sua dívida em patrimônio e se beneficiarem do sucesso do investimento. Portanto, os detentores de títulos estão dispostos a cobrar uma taxa de juros mais baixa sobre os títulos conversíveis e isso serve para minimizar os custos de agência.

Observe que se uma empresa não se envolver em práticas de publicidade enganosa, trocando projetos de baixo risco por projetos de alto risco, a probabilidade de a empresa "fazer um gol de placa" é reduzida. Porque há menos chance de um gol de placa, o título conversível é menos provável de ser convertido. Nessa situação, os títulos conversíveis são, na verdade, semelhantes aos títulos de dívida não conversíveis, exceto que eles possuem uma taxa de juros menor.

Agora considere um custo de agência diferente, em virtude das informações assimétricas entre gestores e novos acionistas potenciais. Suponhamos que os gestores de uma empresa saibam que suas perspectivas não são tão boas quanto o mercado acredita, o que significa que o preço atual das ações está muito alto. Agindo em favor dos interesses dos acionistas atuais, os gestores podem emitir ações ao preço elevado atual. Quando as fracas perspectivas forem eventualmente reveladas, o preço das ações cairá, causando transferência de riqueza dos novos acionistas para os antigos.

Para ilustrar isso, suponhamos que o mercado estime um valor presente de $ 800 milhões de fluxos de caixa livres futuros. Para simplificar, suponhamos que a empresa não tenha nenhum ativo não operacional e nenhuma dívida, assim o valor total da empresa e do patrimônio é de $ 800 milhões. No entanto, seus gestores sabem que o mercado tem superestimado os fluxos de caixa livres futuros e que o valor real é de apenas $ 700 milhões. Quando os investidores eventualmente descobrirem isso, o valor da empresa cairá para $ 700 milhões. Mas antes que isso aconteça, vamos supor que a empresa levante $ 200 milhões de novo capital. A empresa utiliza esse dinheiro para investir em projetos com um valor presente de $ 200 milhões, o que não deve ser muito difícil, uma vez que são projetos com NPV zero. Logo após a venda das novas ações, a empresa terá um valor de mercado de $ 800 + $ 200 = $ 1.000 milhão, com base nas estimativas otimistas de mercado para as perspectivas da empresa. Observe que os novos acionistas possuem 20% da empresa ($ 200/$ 1.000 = 0,20) e os acionistas antigos possuem 80%.

Conforme o tempo passa, o mercado perceberá que o valor estimado anteriormente de $ 800 milhões para o conjunto original de projetos da empresa era muito alto e que esses projetos valem apenas $ 700 milhões. Os novos projetos ainda valem $ 200 milhões, portanto, o valor total da empresa cairá para $ 700 + $ 200 = $ 900 milhões. O valor dos acionistas antigos agora é 80% de $ 900 milhões, o que representa $ 720 milhões. Observe que isto representa $ 20 milhões *a mais* do que teria sido se a empresa não tivesse emitido novas ações. O valor dos novos acionistas agora é 0,20($ 900) = $ 180 milhões, o que representa $ 20 milhões *a menos* do seu investimento original. O efeito líquido é uma transferência de riqueza de $ 20 milhões dos novos acionistas para os acionistas antigos.

Como os acionistas potenciais sabem que isso pode acontecer, eles interpretam uma nova emissão de ações como um sinal de perspectivas fracas, o que faz o preço das ações cair. Observe também que isso ocorrerá até mesmo com empresas cujas perspectivas são realmente muito boas, porque o mercado não tem como distinguir entre as empresas com boas perspectivas e as com fracas perspectivas.

Uma empresa com boas perspectivas pode querer emitir ações, mas sabe que o mercado interpretará isso como um sinal negativo. Uma maneira de obter capital e ainda evitar esse efeito de sinalização é a emissão de títulos conversíveis. Como a empresa sabe que suas verdadeiras perspectivas são melhores do que o mercado espera, ela sabe que os títulos provavelmente acabarão sendo convertidos em ações. Assim, uma empresa nessa situação está emitindo ações "pela porta de trás" quando emite títulos de dívida conversíveis.

Em resumo, os conversíveis são títulos lógicos para uso em pelo menos duas situações. Primeiro, se a empresa gostaria de financiar com dívida não conversível, mas os credores têm medo que o dinheiro será investido de forma que aumente o perfil de risco da empresa, então os títulos conversíveis são uma boa escolha. Segundo, se a empresa quiser emitir ações, mas pensa que uma oferta de ações seria interpretada pelos investidores como um sinal de tempos difíceis pela frente, então, novamente, os títulos conversíveis seriam uma boa escolha.[15]

---

[15] Veja Craig M. Lewis, Richard J. Rogalski e James K. Seward, "Understanding the Design of Convertible Debt", *Journal of Applied Corporate Finance,* v. 11, n. 1, primavera de 1998, p. 45-53. Para informações mais detalhadas sobre precificação e uso de títulos conversíveis, veja Paul Asquith e David W. Mullins Jr., "Convertible Debt: Corporate Call Policy and Voluntary Conversion", *Journal of Finance,* set. 1991, p. 1273-1289; Randall S. Billingsley e David M. Smith, "Why Do Firms Issue Convertible Debt?", *Financial Management,* terceiro trimestre de 1996, p. 93-99; Douglas R. Emery, Mai E. Iskandor-Datta e Jong-Chul Rhim, "Capital Structure Management as a Motivation for Calling Convertible Debt", *Journal of Financial Research,* segundo trimestre de 1994, p. 91-104; T. Harikumar, P. Kadapakkam e Ronald F. Singer, "Convertible Debt and Investment Incentives", *Journal of Financial Research,* primavera de 1994, p. 15-29; e V. Sivarama Krishnan and Ramesh P. Rao, "Financial Distress Costs and Delayed Calls of Convertible Bonds", *Financial Review,* nov. 1996, p. 913-925.

Autoavaliação

1. O que é taxa de conversão? O que é preço de conversão? O que é valor do título sem a opção de conversão?
2. O que se entende por um *valor mínimo* de título conversível?
3. Quais são as vantagens e desvantagens de títulos conversíveis para os emissores? Para os investidores?
4. Como os títulos conversíveis reduzem os custos de agência?
5. Um título conversível tem um valor nominal de $ 1.000 e um preço de conversão de $ 25. As ações atualmente são negociadas a $ 22 cada uma. Qual é a taxa de conversão e o valor de conversão do título em t = 0? **(40, $ 880)**

20-4 Comparação final de bônus de subscrição e títulos conversíveis

O título de dívida conversível pode ser considerado como dívida não conversível com bônus de subscrição não destacáveis. Assim, à primeira vista, pode parecer que o título de dívida com bônus de subscrição e o título de dívida conversível são mais ou menos intercambiáveis. No entanto, uma análise mais profunda revela uma grande e várias pequenas diferenças entre esses dois títulos.[16] Primeiro, como já discutido anteriormente, o exercício dos bônus de subscrição traz capital novo, enquanto a conversão dos títulos conversíveis resulta apenas em uma transferência contábil.

Uma segunda diferença envolve flexibilidade. A maioria dos títulos conversíveis contém uma cláusula de resgate que permite ao emissor refinanciar a dívida ou forçar a conversão, dependendo da relação entre o valor de conversão e o preço de resgate. No entanto, a maioria dos bônus de subscrição não é resgatável, por isso as empresas devem aguardar até o vencimento para os bônus de subscrição gerar em novo capital. Em geral, os vencimentos também diferem entre bônus de subscrição e títulos conversíveis. Os bônus de subscrição geralmente têm vencimentos muito mais curtos do que os títulos conversíveis e normalmente expiram antes do vencimento das dívidas que os acompanham. Os bônus de subscrição também fornecem menos ações ordinárias futuras em comparação com os títulos conversíveis, porque com os títulos conversíveis, toda a dívida é convertida em ações, enquanto a dívida permanece em circulação quando os bônus de subscrição são exercidos. Juntos, esses fatos sugerem que os emissores de dívida mais bônus de subscrição estão, na verdade, mais interessados em vender dívida do que ações.

Em geral, as empresas que emitem títulos de dívida com bônus de subscrição são menores e mais arriscadas do que aquelas que emitem títulos conversíveis. Uma possível justificativa para o uso de opções, especialmente o uso de títulos de dívida com bônus de subscrição pelas pequenas empresas, é a dificuldade que os investidores têm em avaliar o risco das pequenas empresas. Se uma empresa *start-up* com um produto novo e não testado busca financiamento por meio de emissão de dívida, é difícil para potenciais agentes financeiros julgar o nível de risco do empreendimento e também definir uma taxa de juros justa. Nessas circunstâncias, muitos investidores potenciais ficarão relutantes em investir, tornando-se necessário definir uma taxa de juros muito alta para atrair capital de dívida. Por meio da emissão de títulos de dívida com bônus de subscrição, os investidores obtêm um pacote que oferece potencial de ganho para compensar o risco de perda.

Finalmente, há uma diferença significativa nos custos de emissão entre títulos de dívida com bônus de subscrição e títulos de dívida conversíveis. Os títulos com bônus de subscrição normalmente exigem custos de emissão que são aproximadamente 1,2 ponto percentual a mais do que os custos de lançamento para títulos conversíveis. Em geral, os financiamentos por meio de títulos com bônus de subscrição têm taxas de distribuição que se aproximam da média ponderada das taxas associadas com emissões de títulos de dívida e capital, enquanto os custos de distribuição para títulos conversíveis ficam mais próximos daqueles associados com dívida não conversível.

Autoavaliação

1. Quais são as diferenças entre financiamento por meio de título de dívida com bônus de subscrição e título de dívida conversível?
2. Explique como os títulos com bônus de subscrição podem ajudar as empresas pequenas e arriscadas a vender títulos de dívida.

---

[16] Para uma comparação mais detalhada dos bônus de subscrição e títulos conversíveis, veja Michael S. Long e Stephen F. Sefcik, "Participation Financing: A Comparison of the Characteristics of Convertible Debt and Straight Bonds Issued in Conjunction with Warrants", *Financial Management*, quarto trimestre de 1990, p. 23-34.

20-5 Divulgação de lucros quando bônus de subscrição ou títulos conversíveis estão em circulação

Se bônus de subscrição ou títulos conversíveis estiverem em circulação, o FASB (Junta de Normas de Contabilidade Financeira) exige que a empresa divulgue lucros básicos por ação e lucros diluídos por ação.[17]

1. *EPS básico* é calculado como lucro disponível aos acionistas ordinários dividido pelo número médio de ações efetivamente em circulação durante o período.
2. *EPS diluído* é calculado como o lucro que estaria disponível aos acionistas ordinários dividido pelo número médio de ações que estariam em circulação se os títulos "com efeito diluidor" tivessem sido convertidos. As regras que regem o cálculo do EPS diluído são bastante complexas. Aqui, apresentamos um exemplo simples usando os títulos conversíveis. Caso os títulos tivessem sido convertidos no início do período contábil, os pagamentos de juros da empresa teriam sido menores, pois a empresa não teria de pagar juros sobre os títulos e isso resultaria em lucros maiores. Mas o número de ações em circulação também teria aumentado por causa da conversão. Se os lucros maiores e o número maior de ações fizessem o EPS cair, os títulos conversíveis seriam definidos como títulos diluidores, pois sua conversão reduziria (ou diluiria) o EPS. Todos os títulos conversíveis com um efeito diluidor líquido são incluídos no cálculo do EPS diluído. Portanto, essa definição significa que o EPS diluído sempre será menor do que o EPS básico. Em essência, o EPS diluído é uma tentativa de mostrar como a presença de títulos conversíveis reduz os créditos de acionistas ordinários da empresa.

De acordo com as regras da SEC, as empresas são obrigadas a divulgar o EPS básico e diluído. Para as empresas com grande quantidade de opções em circulação, pode existir uma diferença substancial entre os valores do EPS básico e diluído. Isso torna mais fácil para os investidores comparar o desempenho das empresas dos EUA com suas contrapartes estrangeiras, que tendem a usar o EPS básico.

Autoavaliação

1. Quais são os três métodos possíveis para divulgar EPS quando há bônus de subscrição e títulos conversíveis em circulação?
2. Quais métodos são mais utilizados na prática?
3. Por que os investidores devem se preocupar com os bônus de subscrição e os títulos conversíveis em circulação da empresa?

Resumo

Apesar de as ações ordinárias e os títulos de dívida de longo prazo fornecerem a maior parte do capital utilizado pelas empresas, elas também utilizam várias formas de "títulos híbridos". Os títulos híbridos incluem ações preferenciais, títulos conversíveis e bônus de subscrição e, geralmente, têm algumas características de dívida e capital. Os principais conceitos abordados estão listados a seguir.

- **Ações preferenciais** são títulos híbridos, semelhantes aos títulos em alguns aspectos e às ações ordinárias em outros.
- As **ações preferenciais com taxa ajustável (ARPs)** pagam dividendos atrelados à taxa dos títulos do Tesouro. As **ações preferenciais de taxa de leilão** são títulos de baixo risco, em grande parte isentos de impostos, com vencimento de sete semanas, que podem ser vendidos próximos ao valor nominal entre as datas de leilão.

---

[17] A Norma FAS 128 foi emitida em fevereiro de 1997. Ela simplificou os cálculos exigidos pelas empresas, tornando as normas dos EUA mais consistentes com as normas internacionais e exigiu a apresentação do EPS (lucros por ação) básico e do EPS diluído pelas empresas com valores significativos de títulos conversíveis. Além disso, essa norma substituiu um indicador chamado de *EPS principal* pelo EPS básico. Em geral, o cálculo do EPS principal exigia que a empresa estimasse se um título era "mais provável de ser convertido no futuro próximo" e baseasse o cálculo do EPS na premissa de que esses títulos seriam de fato convertidos. Em junho de 2008, o FASB emitiu FSP APB 14-1, que (embora não altera a forma como o EPS é divulgado de acordo com o FAS 128) exige que os títulos conversíveis sejam desdobrados em seus componentes implícitos de capital e dívida para fins contábeis, da mesma forma que os analisamos neste capítulo.

- **Bônus de subscrição** é uma opção de compra de longo prazo emitida com um título. Os bônus de subscrição geralmente são destacáveis dos títulos e negociados separadamente no mercado. Quando os bônus de subscrição são exercidos, a empresa recebe capital adicional e os títulos originais permanecem em circulação.
- Título **conversível** é uma obrigação ou ação preferencial que pode ser trocada por ações ordinárias, a critério do titular. Quando um título é convertido, o título de dívida ou a ação preferencial são trocados por ações ordinárias e não há movimentação de dinheiro.
- Os bônus de subscrição e os títulos conversíveis são geralmente estruturados de modo que o **preço de exercício** ou o **preço de conversão** seja entre 20% e 30% acima do preço da ação no momento da emissão.
- Embora os bônus de subscrição e os títulos conversíveis sejam opções, há várias diferenças entre os dois, incluindo separabilidade, impacto quando exercidos, resgate, vencimento e custos de lançamento.
- Os bônus de subscrição e os títulos conversíveis são **atrativos** utilizados para tornar a emissão subjacente de títulos de dívida ou ações preferenciais mais atraente para os investidores. Embora a taxa de cupom ou o rendimento de dividendo seja menor quando as opções fazem parte da emissão, o custo total de emissão é maior do que o custo de dívida não conversível ou ações preferenciais, pois os títulos relacionados com opções são mais arriscados.

Perguntas

(20-1) Defina cada um dos termos a seguir:
   a. Ações preferenciais
   b. Dividendos cumulativos; atrasados
   c. Bônus de subscrição; bônus de subscrição destacável
   d. Preço elevado
   e. Título conversível
   f. Taxa de conversão; preço de conversão; valor de conversão
   g. Atrativo

(20-2) As ações preferenciais são mais parecidas com os títulos ou com as ações ordinárias? Explique.

(20-3) Qual efeito tem a tendência dos preços das ações (após a emissão) sobre a capacidade de uma empresa de levantar capital por meio de (a) títulos conversíveis; e (b) bônus de subscrição?

(20-4) Se uma empresa espera ter mais necessidade financeira no futuro, você recomendaria que ela usasse títulos conversíveis ou títulos com bônus de subscrição? Quais fatores poderiam influenciar sua decisão?

(20-5) Como a política de dividendos de uma empresa afeta cada um dos itens a seguir?
   a. O valor de seus bônus de subscrição de longo prazo
   b. A probabilidade de que seus títulos conversíveis serão convertidos
   c. A probabilidade de que seus bônus de subscrição serão exercidos

(20-6) Avalie a seguinte informação: "A emissão de títulos conversíveis é um meio pelo qual uma empresa pode vender ações ordinárias por um valor superior ao preço de mercado atual".

(20-7) Suponhamos que uma empresa emita simultaneamente $ 50 milhões de títulos conversíveis com uma taxa de cupom de 10% e $ 50 milhões de títulos não conversíveis com uma taxa de cupom de 14%. Ambos os títulos têm o mesmo vencimento. A taxa de cupom mais baixa da emissão de títulos conversíveis sugere que eles são menos arriscados do que os títulos não conversíveis? O custo de capital é mais baixo para os títulos conversíveis do que para os títulos não conversíveis? Explique.

Problema de autoavaliação – A solução está no Apêndice A

(PA-1) Bônus de subscrição – A Connor Company recentemente emitiu dois tipos de títulos. A primeira emissão consistiu em títulos de dívida não conversíveis com vencimento de dez anos e cupom anual de 6%. A segunda emissão consistiu em títulos com vencimento de dez anos e cupom anual de 4,5% e bônus de subscrição atrelados. Ambas as emissões foram vendidas ao seu valor nominal de $ 1.000. Qual é o valor implícito dos bônus de subscrição atrelados a cada título?

Problemas – As respostas dos problemas estão no Apêndice B

Problemas fáceis 1-2

(20-1) **Bônus de subscrição** – A Neubert Entrepises recentemente emitiu um título com valor nominal de $1.000, com vencimento em 15 anos e cupom de 5%, pago anualmente, e bônus de subscrição atrelados. Esses títulos estão atualmente sendo negociados a $1.000. A Neubert também possui valor nominal de dívida de $1.000, com vencimento em 15 anos com cupom de 7%, pago anualmente, também negociado a 1.000. Qual é o valor implícito dos bônus de subscrição atrelados a cada título?

(20-2) **Títulos conversíveis** – A Breuer Investments recentemente emitiu títulos conversíveis com um valor nominal de $ 1.000. Os títulos têm um preço de conversão de $ 50 por ação. Qual é a taxa de conversão dos títulos conversíveis?

Problemas intermediários 3-4

(20-3) **Bônus de subscrição** – A Maese Industries Inc. possui bônus de subscrição em circulação que permitem aos titulares comprar uma ação por bônus ao preço de $ 25.

   a. Calcule o valor de exercício dos bônus de subscrição da empresa se as ações ordinárias forem vendidas a esses preços: (1) $ 20; (2) $ 25; (3) $ 30; (4) $ 100. (*Dica*: O valor de exercício de um bônus de subscrição é a diferença entre o preço da ação e o preço de compra especificado pelo bônus de subscrição se o bônus fosse exercido).

   b. Suponhamos que as ações da empresa agora são vendidas por $ 20 a ação. A empresa pretende vender alguns títulos de 20 anos, com valor nominal de $ 1.000 e juros pagos anualmente. Cada título virá com 50 bônus de subscrição, cada um permitindo comprar uma ação ao preço de exercício de $ 25. Os títulos não conversíveis da empresa rendem 12%. Suponhamos que cada bônus de subscrição terá um valor de mercado de $ 3 quando as ações forem vendidas a $ 20. Qual é a taxa de juros de cupom e o cupom em dólar que a empresa deve definir para os títulos com bônus de subscrição para equilibrar o mercado? (*Dica*: O título conversível deve ter um preço inicial de $ 1.000).

(20-4) **Prêmios conversíveis** – A Tsetsekos Company estava planejando financiar uma expansão. Os principais executivos da empresa concordaram que uma empresa industrial, como a deles, deveria financiar o crescimento por meio de ações ordinárias em vez de títulos de dívida. No entanto, eles sentiram que o preço atual de $ 42 por ação para as ações ordinárias da empresa não refletia seu verdadeiro valor, assim decidiram vender um título conversível. Eles consideraram uma debênture conversível, mas temiam o peso das taxas de juros fixas se o preço das ações ordinárias não subisse o bastante para tornar a conversão atraente. Então, decidiram pela emissão de ações preferenciais conversíveis, que pagariam um dividendo de $ 2,10 por ação.

   a. A taxa de conversão será de 1,0, isto é, cada ação preferencial conversível pode ser convertida em uma única ação ordinária. Portanto, o valor nominal das ações conversíveis (e também o preço de emissão) será igual ao preço de conversão, que por sua vez será determinado como um prêmio (ou seja, o percentual em que o preço de conversão excede o preço das ações) sobre o preço atual de mercado das ações ordinárias. Qual será o preço de conversão se for fixado a um prêmio de 10%? E a um prêmio de 30%?

   b. A ação preferencial deveria incluir uma cláusula de resgate? Por quê?

Problemas desafiadores 5-7

(20-5) **Análise de título conversível** – Há 15 anos, a Roop Industries vendeu $ 400 milhões de títulos conversíveis. Os títulos tinham um vencimento de 40 anos, uma taxa de cupom de 5,75% e pagavam juros anualmente. Eles foram vendidos ao seu valor nominal de $ 1.000. O preço de conversão foi definido em $ 62,75 e o preço das ações ordinárias era $ 55 por ação. Os títulos eram debêntures subordinadas e receberam a classificação A. As debêntures não conversíveis da mesma qualidade renderam aproximadamente 8,75% no momento em que os títulos da Roop foram emitidos.

   a. Calcule o prêmio sobre os títulos, isto é, o porcentual em que o preço de conversão excede o preço das ações no momento da emissão.

   b. Qual é a economia anual de juros da Roop antes de impostos com a emissão de título conversível *versus* uma emissão de dívida não conversível?

   c. No momento em que os títulos foram emitidos, qual era o valor por título da função de conversibilidade?

   d. Suponhamos que o preço das ações ordinárias da Roop caísse de $ 55, no dia em que os títulos foram emitidos, para $ 32,75 agora, 15 anos após a data de emissão (suponhamos também que o preço das ações nunca ultrapassou $ 62,75). Considere que as taxas de juros permaneceram constantes. Qual é o preço atual da parte não conversível dos títulos conversíveis? Qual é o valor atual se um detentor de títulos converter um título? Você acha provável a conversão dos títulos? Por que ou por que não?

e. Os títulos foram originalmente vendidos por $ 1.000. Se as taxas de juros sobre os títulos classificados como A permanecessem constantes em 8,75% e se o preço das ações tivesse caído para $ 32,75, o que você acha que teria acontecido com o preço dos títulos conversíveis? (Suponhamos que não houve mudanças no desvio-padrão dos retornos das ações.)

f. Agora, suponhamos que o preço das ações ordinárias da Roop tivesse caído de $ 55, no dia em que os títulos foram emitidos, para $ 32,75 no presente momento, 15 anos após a emissão. Suponhamos também que a taxa de juros sobre dívida não conversível similar tivesse caído de 8,75% para 5,75%. Nessas condições, qual é o preço atual da parte não conversível do título conversível? Qual é o valor atual se um detentor de títulos converter um título? O que você acha que teria acontecido com o preço dos títulos?

(20-6) Decisões de bônus de subscrição/título conversível – A Howland Carpet Company tem crescido rapidamente durante os últimos cinco anos. Recentemente, o seu banco comercial pediu para a empresa considerar o aumento de seu financiamento permanente. O seu empréstimo bancário em uma linha de crédito subiu para $ 250 mil, com uma taxa de juros de 8%. A Howland tem atrasado os pagamentos aos seus credores comerciais em 30 a 60 dias. As discussões com um banco de investimento resultaram na decisão de captar $ 500 mil neste momento. Os bancos de investimento asseguraram para a empresa que as seguintes alternativas são viáveis (os custos de lançamento serão ignorados):

- *Alternativa 1*: Vender ações ordinárias por $ 8.
- *Alternativa 2*: Vender títulos conversíveis a um cupom de 8%, conversíveis em 100 ações ordinárias para cada título de $ 1.000 (ou seja, o preço de conversão é $ 10 por ação).
- *Alternativa 3*: Vender debêntures a um cupom de 8%, cada título de $ 1.000 contém 100 bônus de subscrição para comprar ações ordinárias a $ 10.

John L. Howland, presidente, possui 80% das ações ordinárias e deseja manter o controle da empresa. Existem 100 mil ações em circulação. A seguir, estão os extratos das últimas demonstrações financeiras da Howland:

BALANÇO PATRIMONIAL			
		Passivo circulante	$ 400.000
		Ações ordinárias, valor nominal $ 1	100.000
		Lucros retidos	50.000
Total do ativo	$ 550.000	Total de obrigações	$ 550.000

DEMONSTRAÇÃO DO RESULTADO	
Vendas	$ 1.100.000
Todos os custos exceto juros	990.000
EBIT	$ 110.000
Juros	20.000
EBT	$ 90.000
Impostos (40%)	36.000
Lucro líquido	$ 54.000
Ações em circulação	100.000
Lucro por ação	$ 0,54
Índice de preço/ganhos	15,83
Preço de mercado das ações	$ 8,55

a. Mostre o novo balanço patrimonial para cada alternativa. Para as alternativas 2 e 3, mostre o balanço patrimonial após a conversão dos títulos ou exercício dos bônus de subscrição. Suponha que a metade dos recursos captados será usada para pagar os empréstimos bancários e a outra metade para aumentar o total de ativos.

b. Mostre a posição de controle do Sr. Howland em cada alternativa, presumindo que ele não compre mais ações.

c. Qual é o efeito sobre o lucro por ação de cada alternativa, presumindo que os lucros antes dos juros e impostos serão de 20% do total de ativos?

d. Qual será o índice de endividamento (passivo total/ativo total) em cada alternativa?

e. Qual das três alternativas você recomendaria para Howland e por quê?

(20-7) **Análise de título conversível** – A Niendorf Incorporated precisa levantar $ 25 milhões para construir as instalações de produção de um novo tipo de dispositivo de memória USB. As debêntures não conversíveis atualmente rendem 9%. Suas ações são vendidas por $ 23 cada uma, têm uma taxa prevista de crescimento constante de 6% e um rendimento de dividendo previsto de 7%, para um retorno total esperado sobre o patrimônio de 13%. Os bancos de investimento têm insistentemente tentado propor que a empresa levante os $ 25 milhões, emitindo debêntures conversíveis. Essas debêntures conversíveis teriam um valor nominal de $ 1.000, uma taxa de cupom de 8%, vencimento de 20 anos e seriam conversíveis em 35 ações. Os pagamentos de cupom seriam realizados anualmente. Os títulos não poderiam ser resgatados antes de cinco anos, e após esse período seriam resgatáveis ao preço de $ 1.075. Esse preço de resgate cairia $ 5 por ano a partir do ano 6 e em cada ano subsequente. Para simplificar, suponhamos que os títulos possam ser resgatados ou convertidos somente no final de um ano, imediatamente após os pagamentos de cupom e dividendos. Suponhamos também que a administração resgatasse os títulos elegíveis se o valor de conversão ultrapassasse 20% do valor nominal (não 20% do preço de resgate).

a.   Em que ano você espera que os títulos sejam forçados à conversão com um resgate? Qual é o valor do título na conversão quando ele é convertido imediatamente? Qual é o fluxo de caixa para o detentor do título quando ele é convertido imediatamente? (*Dica*: O fluxo de caixa inclui o valor de conversão e o pagamento de cupom, pois a conversão ocorre imediatamente após o cupom ser pago).

b.   Qual é a taxa de retorno esperada (ou seja, o custo do componente antes dos impostos) da emissão proposta de título conversível?

Problema de planilha

(20-8) **Construa um modelo: análise de título conversível.** A Maggie's Magazines (MM) possui títulos não conversíveis que atualmente rendem 9%. As ações da MM são vendidas por $ 22 cada uma, têm uma taxa prevista de crescimento constante de 6% e rendimento de dividendo de 4%. A MM planeja emitir títulos conversíveis que terão um valor nominal de $ 1.000, uma taxa de cupom de 8%, vencimento de 20 anos e uma taxa de conversão de 32 (ou seja, cada título poderia ser convertido em 32 ações). Os pagamentos de cupom serão realizados anualmente. Os títulos não poderiam ser resgatados antes de cinco anos, e após esse período seriam resgatáveis ao preço de $ 1.090. Esse preço de resgate cairia $ 6 por ano a partir do ano 6 e em cada ano subsequente. Para simplificar, suponhamos que os títulos possam ser resgatados ou convertidos somente no final de um ano, imediatamente após os pagamentos de cupom e dividendos. A administração resgatará os títulos quando seu valor de conversão exceder 25% de seu valor nominal (não seu preço de resgate).

a.   Para cada ano, calcule (1) o preço previsto das ações; (2) o valor de conversão previsto; (3) o preço previsto do título desconsiderando a opção de conversão; e (4) o fluxo de caixa para o investidor, presumindo que a conversão ocorra. Em que ano você espera que os títulos sejam forçados à conversão com um resgate? Qual é o valor do título na conversão quando ele é convertido imediatamente? Qual é o fluxo de caixa para o detentor do título quando ele é convertido imediatamente? (*Dica*: O fluxo de caixa inclui o valor de conversão e o pagamento de cupom, pois a conversão ocorre imediatamente após o cupom ser pago.)

b.   Qual é a taxa de retorno esperada (ou seja, o custo do componente antes dos impostos) da emissão proposta de título conversível?

c.   Suponhamos que os detentores de títulos conversíveis exigissem uma taxa de retorno de 9%. Se a taxa de cupom permanecer inalterada, qual taxa de conversão resultará em um preço de título de $ 1.000?

Estudo de caso

Paul Duncan, gerente financeiro da EduSoft Inc., está enfrentando um dilema. A empresa foi fundada cinco anos atrás para fornecer software educacional para os mercados escolares primários e secundários de rápida expansão. Embora a EduSoft tenha se saído bem, o fundador da empresa acredita que um abalo no setor é iminente. Para sobreviver, a EduSoft deve conquistar participação de mercado imediatamente e isso exigirá uma grande injeção de capital.

Uma vez que espera que os lucros continuem crescendo de forma acentuada e o preço das ações acompanhe, o Sr. Duncan não acha prudente emitir novas ações ordinárias neste momento. No entanto, atualmente as taxas de juros estão altas pelos padrões históricos e a classificação B da empresa significa que os pagamentos de juros sobre uma nova emissão de títulos de dívida seriam exorbitantes. Assim, ele restringiu suas escolhas de alternativas para (1) ações preferenciais; (2) títulos com bônus de subscrição; ou (3) títulos conversíveis.

Como assistente de Duncan, você foi solicitado a ajudar no processo de decisão, respondendo às seguintes perguntas:

a. Como as ações preferenciais diferem do patrimônio e da dívida? As ações preferenciais são mais arriscadas do que as ações ordinárias? O que é ação preferencial de taxa variável?

b. Como o conhecimento de opções de compra pode ajudar um gerente financeiro a entender melhor os bônus de subscrição e os títulos conversíveis?

c. O Sr. Duncan decidiu eliminar as ações preferenciais como uma das alternativas e concentrar nas outras. O banco de investimento da EduSoft estima que a EduSoft poderia emitir um pacote de títulos com bônus de subscrição consistindo em um título de 20 anos e 27 bônus de subscrição. Cada bônus de subscrição teria um preço de exercício de $ 25 e dez anos até o vencimento. Estima-se que cada bônus de subscrição, quando destacado e negociado separadamente, teria um valor de $ 5. O cupom de um título semelhante, mas sem bônus de subscrição, seria de 10%.

(1) Que taxa de cupom deveria ser definida para o título com bônus de subscrição caso o pacote total fosse vendido pelo valor nominal ($ 1.000)?

(2) Quando você esperaria que os bônus de subscrição fossem exercidos? O que é preço de exercício elevado?

(3) Os bônus de subscrição trarão capital adicional quando exercidos? Se a EduSoft emitir 100 mil pacotes de títulos com bônus de subscrição, quanto dinheiro a EduSoft receberá quando os bônus de subscrição forem exercidos? Quantas ações estarão em circulação após os bônus de subscrição serem exercidos? (A EduSoft possui atualmente 20 milhões de ações em circulação.)

(4) Tendo em vista que a presença de bônus de subscrição resulta em uma taxa de cupom mais baixa na emissão de títulos de dívida, todos os títulos de dívida não deveriam ser emitidos com bônus de subscrição? Para responder a essa pergunta, faça uma estimativa do preço previsto das ações em dez anos quando os bônus de subscrição devem ser exercidos; em seguida, faça uma estimativa do retorno para os titulares dos pacotes de títulos com bônus de subscrição. Use o modelo de avaliação de empresas para estimar o preço esperado das ações em dez anos. Assuma que o valor atual das operações da EduSoft seja de $ 500 milhões e deve crescer a 8% ao ano.

(5) Como você espera que o custo do título com bônus de subscrição seja comparado com o custo da dívida não conversível? Com o custo das ações ordinárias (que é de 13,4%)?

(6) Se a alíquota de imposto de pessoa jurídica for de 40%, qual será o custo do título com bônus de subscrição após impostos?

d. Como uma alternativa para o título com bônus de subscrição, o Sr. Duncan está considerando os títulos conversíveis. Os bancos de investimento da empresa estimam que a EduSoft poderia vender um título conversível resgatável de 20 anos, com cupom de 8,5% (pagos anualmente) pelo seu valor nominal de $ 1.000, enquanto uma emissão de dívida não conversível exigiria um cupom de 10% (pagos anualmente). Os títulos conversíveis estariam protegidos contra resgate por cinco anos, o preço de resgate seria de $ 1.100 e a empresa provavelmente resgataria os títulos assim que possível, logo após o seu valor de conversão exceder $ 1.200. Observe, porém, que o resgate deve ocorrer no aniversário da data de emissão. O preço atual das ações da EduSoft é de $ 20, seu último dividendo foi de $ 1 e ele deverá crescer a uma taxa constante de 8%. O título conversível poderia ser convertido em 40 ações da EduSoft, a critério do proprietário.

(1) Que preço de conversão está embutido no título?

(2) Qual é o valor de dívida não conversível do título conversível? Qual é o valor implícito da função de conversibilidade?

(3) Qual é a fórmula para o valor de conversão esperado do título em qualquer ano? Qual é o seu valor de conversão no ano 0? No ano 10?

(4) O que se entende por "valor mínimo" de título conversível? Qual é o valor mínimo esperado do título conversível no ano 0? No ano 10?

(5) Suponhamos que a EduSoft pretenda forçar a conversão, resgatando o título logo após seu valor de conversão exceder 20% acima do seu valor nominal, ou 1,2($ 1.000) = $ 1.200. Quando a emissão deve ser resgatada? (*Dica*: Lembre-se de que o resgate deve ser feito na data de aniversário da emissão.)

(6) Qual é o custo esperado de capital para o título conversível da EduSoft? Esse custo parece ser consistente com o grau de risco da emissão?

(7) Qual é o custo do título conversível após os impostos?

e. O Sr. Duncan acredita que os custos do título com bônus de subscrição e do título conversível estão próximos o suficiente para dizer que são iguais e, também, estão consistentes com os riscos envolvidos. Assim, ele tomará sua decisão com base em outros fatores. Quais são alguns dos fatores que ele deveria considerar?

f. Como os títulos conversíveis ajudam a reduzir os custos de agência?

PARTE 9

Finanças estratégicas em um ambiente dinâmico

CAPÍTULO

21

Estruturas de capital dinâmicas

Verifique os dois gráficos a seguir. O primeiro mostra a proporção entre a dívida total e o capital contábil (conforme é medido pelos valores de patrimônio a partir de demonstrações financeiras) para a Hewlett-Packard (HPQ) e a Procter & Gamble (PG). O segundo apresenta a proporção entre a dívida total e a capitalização de mercado total (a soma do valor de capital do mercado e do valor contábil da dívida).

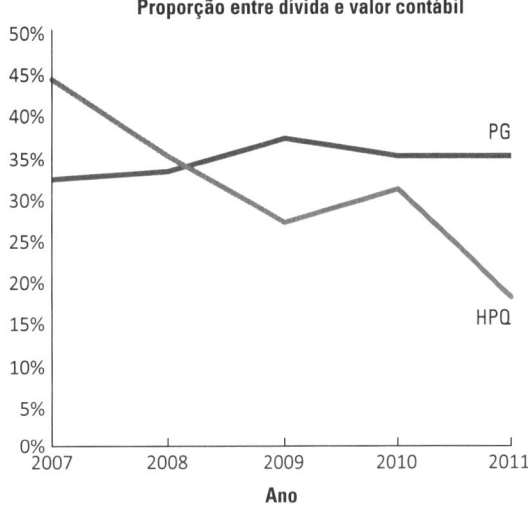

© Cengage Learning 2014

AVALIAÇÃO DE EMPRESAS E DECISÕES DE ESTRUTURA DE CAPITAL

As escolhas de financiamento de uma empresa obviamente têm um efeito direto sobre seu custo médio ponderado de capital (CMPC). Escolhas de financiamento também têm um efeito indireto, pois mudam o risco e exigem retorno de dívida e patrimônio. Este capítulo aborda a escolha de dívida/patrimônio e seu efeito sobre o valor em um ambiente dinâmico.

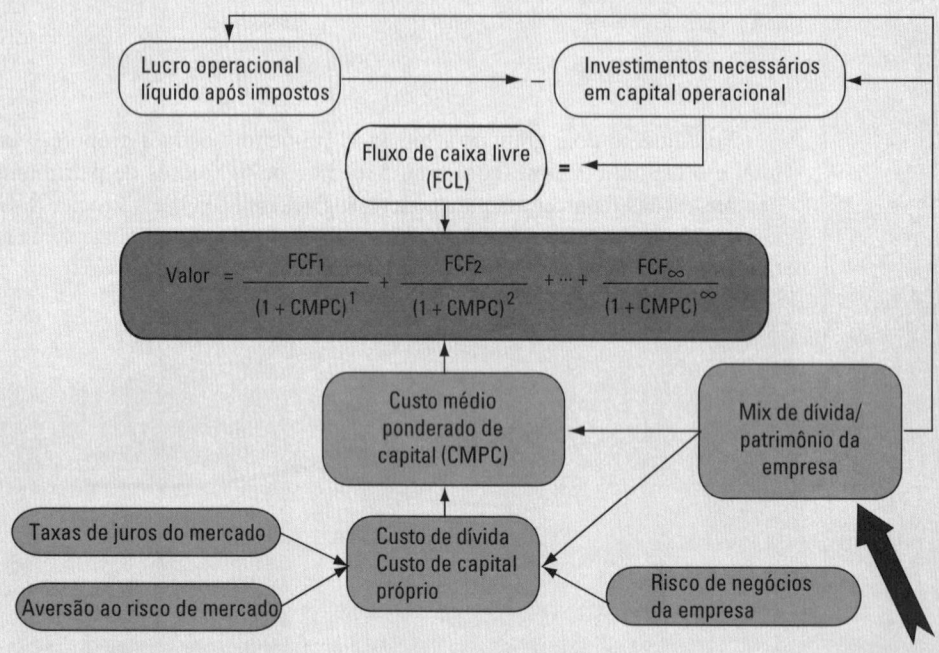

Observe que a P&G vem mantendo uma estrutura de capital muito estável, conforme medem as duas proporções. Por outro lado, as proporções de divida da Hewlett-Packard têm sido voláteis e têm diminuído substancialmente. Teoricamente, as companhias têm proporções de dívida como alvo. Na prática, as proporções de dívida são dinâmicas – algumas companhias têm um alvo, mas se ajustam a ele lentamente; outras empresas deliberadamente se desviam de seu alvo para tirar vantagem de oportunidades esperadas, e outras, ainda, modificam alvos frequentemente. Pense a respeito da natureza dinâmica da estrutura de capital da Hewlett-Packard, como você lerá neste capítulo.

O Capítulo 15 descreveu decisões sobre estrutura de capital, incluindo a seleção de uma estrutura de capital ótima. A análise assumiu uma estrutura de capital estática no sentido de que os gerentes têm um alvo e tentam manter a estrutura de capital real igual ao alvo. Entretanto, as estruturas de capital geralmente são dinâmicas. Algumas variações ocorrem sem ações administrativas, como mudanças no preço das ações devido às condições gerais de mercado. Algumas mudanças ocorrem em decorrência de economias de escala com relação à obtenção de capital – em geral, as empresas levantam grandes quantidades de capital com menos frequência do que obtêm pequenas quantias, frequentemente, por causa dos custos de transações. Outras mudanças ocorrem à medida que as companhias deliberadamente se desviam de seu alvo para tirar proveito de oportunidades inesperadas. A primeira parte deste capítulo oferece uma estrutura geral para analisar os efeitos de estrutura de capital sobre o valor da empresa, incluindo aplicações para casos familiares, como os modelos de Modigliani e Miller. A segunda parte mostra como avaliar companhias com estruturas de capital dinâmicas.

21-1 O impacto do crescimento e do benefício fiscal sobre o valor

Antes de abordarmos questões decorrentes das estruturas de capital dinâmicas, precisamos de um esquema para analisar o impacto da estrutura de capital no valor alavancado, V_L, de uma companhia. O esquema conceitual mais genérico consiste em iniciar com o valor de uma companhia idêntica, mas não alavancada, V_U, e ajustar o valor não alavancado a quaisquer efeitos colaterais, devidos à alavancagem:

$$V_L = V_U + \text{Valor de efeitos colaterais}$$

(21-1)

O valor de uma companhia não alavancada é o valor presente de seus fluxos de caixa livres (FCL) descontados ao custo médio ponderado de capital (CMPC). Para uma companhia não alavancada, o CMPC é o custo de capital não alavancado: $\text{CMPC} = r_{sU}$. Se for esperado um crescimento constante no FCL, à taxa g, então, o modelo de avaliação corporativa do fluxo de caixa livre corporativo, conforme o Capítulo 7, mostra que

$$V_U = \frac{FCF_1}{r_{sU} - g}$$

(21-2)

No Capítulo 15, discutimos alguns dos efeitos colaterais da alavancagem, incluindo benefícios devidos à dedutibilidade de custos e despesas com juros em virtude de dificuldades financeiras. Neste momento, nós nos dedicaremos a benefícios fiscais e posteriormente abordaremos os custos das crises financeiras.

Os benefícios fiscais são as economias anuais com impostos (também chamadas de escudos fiscais), TS_t, que são as reduções anuais em impostos resultantes da dedutibilidade de despesas com juros. Se a r_d é a taxa de juros sobre dívida, D_t é a quantia de dívida e T é a taxa de impostos, então, a economia em impostos devida à dedução de despesas com juros é:

$$TS_t = r_d \, D_t \, T = (\text{Despesas com juros}) \, (T)$$

(21-3)

A cada ano, uma economia alavancada pode deduzir suas despesas com juros, portanto, o valor da empresa alavancada é igual ao valor da companhia não alavancada mais o ganho com a alavancagem, que é o valor presente das economias com taxas de juros, também conhecido como **benefício fiscal sobre juros**:

$$V_L = V_U + V_{\text{benefício fiscal}}$$

(21-1a)

O valor do benefício fiscal é o valor presente de todas as economias com taxas de juros (TS), descontadas à taxa apropriada, r_{TS}:

$$V_{\text{benefício fiscal}} = \sum_{t=1}^{\infty} \frac{TS_t}{(1 + r_{TS})^t} = \sum_{t=1}^{\infty} \frac{r_d TD_t}{(1 + r_{TS})^t}$$

(21-4)

Se os fluxos de caixa livres crescerem a uma taxa constante e as proporções de dívida e do capital na estrutura de capital permanecerem constantes, então, as economias anuais com impostos aumentam a uma taxa constante. Utilizando o modelo de crescimento constante, o valor presente dessas crescentes economias fiscais é

$$V_{\text{benefício fiscal}} = \frac{r_d TD_1}{r_{TS} - g}$$

(21-5)

Substituir as Equações 21-2 e 21-5 na Equação 21-1 gera uma expressão de avaliação que identifica separadamente o impacto da alavancagem e do crescimento sobre o valor:

$$V_L = V_U + \left(\frac{r_d}{r_{TS} - g} \right) TD_1 \qquad \text{(21-6)}$$

Recorrendo à álgebra, o custo de capital alavancado (r_{sL}) pode ser expresso em termos de: (1) o custo de capital não alavancado; (2) os pesos da estrutura de capital (w_d é a porcentagem da empresa financiada com dívida e w_s é a porcentagem financiada com ações ordinárias); (3) o custo da dívida (r_d); e (4) a taxa de desconto para o benefício fiscal.

$$r_{sL} = r_{sU} = (r_{sU} - r_d)\frac{w_d}{w_s} - (r_{sU} - r_{TS})\left[\frac{r_d T}{r_{TS} - g} \right]\frac{w_d}{w_s} \qquad \text{(21-7)}$$

A proporção entre w_d/w_s também é igual à proporção D/S, onde S é o valor da ação. Para alguns problemas, é mais fácil utilizar a proporção entre D/S se você já tiver calculado D e S; em outros problemas, é preciso ter uma estrutura de capital alvo, de modo que seja mais fácil usar a proporção w_s/w_s. Geralmente, empregamos a proporção que economiza cálculos e tempo, portanto, fique ciente disto ao ler este capítulo e resolver problemas.

Surpreendentemente, a Equação 21-7 mostra que o crescimento, na verdade, pode fazer com que o custo de capital alavancado seja *menor* do que o custo de capital não alavancado, se $r_{TS} < r_{sU}$, e o último termo seja muito grande.[1] Isto poderá acontecer para combinações de rápido crescimento e baixa taxa de desconto para o benefício fiscal que faz o valor do benefício fiscal ser muito grande. No entanto, é improvável que tais combinações ocorram, porque isso poderá significar que empresas com elevado crescimento tenderão a apresentar maiores dívidas do que empresas com baixo crescimento. Mas isto não é consistente nem com a intuição nem com observações no mercado: companhias com grande crescimento na realidade tendem a apresentar menores níveis de dívida. Independentemente da taxa de crescimento, as empresas com dívidas maiores deverão ter um custo de capital mais elevado do que empresas sem nenhuma dívida. Agora, é importante mencionar que o crescimento não pode tornar o custo de capital alavancado menor que o custo de capital não alavancado se $r_{TS} = r_{sU}$. Utilizaremos este conceito posteriormente neste capítulo, quando discutirmos as estruturas de capital dinâmicas.

Recorrendo novamente à álgebra, podemos expressar o beta de uma companhia como uma função do beta não alavancado da ação, b_U, o beta da dívida, b_D, e o beta do benefício fiscal, b_{TS}; os betas da dívida e do benefício fiscal refletem o risco sistêmico da dívida e do benefício fiscal. O beta alavancado de uma companhia é:

$$b = b_U = (b_U - b_D)\frac{w_d}{w_s} - (b_U - b_{TS})\left[\frac{r_d T}{r_{TS} - g} \right]\frac{w_d}{w_s} \qquad \text{(21-8)}$$

Observe que a Equação 21-8 inclui o termo b_D. Se a dívida da companhia não for isenta de risco, então seu beta, b_D, pode não ser zero. Assumimos que os títulos estão na Linha de Segurança de Mercado (SML), então, o retorno requerido de um título, r_d, pode ser expresso como $r_d = r_{RF} + b_D RP_M$. Resolvendo para b_D, então, teremos $b_D = (r_d - r_{RF})/RP_M$.

Com este esquema geral, examinaremos alguns casos especiais, incluindo os modelos de Modigliani e Miller, do Capítulo 15, e um novo modelo compactado, denominado APV (*adjusted present value*), ou seja, modelo de valor presente ajustado.

---

[1] Veja Michael C. Ehrhardt e Philip R. Daves, "Corporate Valuation: The Combined Impact of Growth and the Tax Shield of Debt on the Cost of Capital and Systematic Risk", *Journal of Applied Finance*, outono/inverno 2002, p. 31-38.

Autoavaliação

1. Qual é o valor de uma empresa não alavancada?
2. Qual é o benefício fiscal devido à dívida na estrutura de capital?
3. Como o valor de uma empresa alavancada se compara ao valor de uma empresa não alavancada que, de outro modo, é idêntico?

21-2 Os modelos de Modigliani e Miller e o modelo compactado de APV (Valor Presente Ajustado)

Lembre-se, do Capítulo 15, que Modigliani e Miller (MM) desenvolveram um modelo de estrutura de capital baseado na suposição de crescimento zero e nenhum risco de falência. Além disso, eles assumiram que a taxa de desconto apropriada para o benefício fiscal é $r_{TS} = r_d$, e chegaram a esta suposição porque as economias anuais com impostos são proporcionais à dívida, o que implica que as economias com impostos têm o mesmo risco que a dívida. MM examinaram duas situações, uma delas, sem impostos, e a outra, com impostos corporativos.

21-2a Modigliani e Miller: sem impostos

Além das suposições anteriores, o primeiro modelo de MM presumiu não haver nenhum imposto. Mostramos uma prova de seu modelo na Seção 21-6, mas aqui estão três de seus resultados.

$$V_L = V_U = FCL/r_{sU}$$ (21-9)

e

$$r_{sL} = r_{sU} + (r_{sU} - r_d)(w_d/w_s)$$ (21-10)

O ajuste de Hamada, que discutimos no Capítulo 15, se torna

$$b = b_U[1 + (w_d/w_s)]$$ (21-11)

21-2b Modigliani e Miller: impostos corporativos

Quando MM incluem impostos corporativos (mas mantêm todas as suas suposições anteriores), seus modelos se tornam:

$$V_L = V_U + TD = FLC/t_{sU} + TD$$ (21-12)

e

$$r_{sL} = r_{sU} + (r_{sU} - r_d)(1 - T)(w_d/w_s)$$ (21-13)

O modelo de Hamada é mostrado a seguir:

$$b = b_U[1 + (1 - T)(w_d/w_s)]$$ (21-14)

Mais uma vez, estas três equações são exatamente iguais às equações correspondentes para o esquema geral (Equações 21-6, 21-7 e 21-8), se $g = 0$, $r_{TS} = r_d$.

21-2c   O modelo do valor presente ajustado (APV) compactado

O modelo do **valor presente ajustado (APV) compactado** permite crescimento diferente de zero e débito arriscado com um beta que não seja zero.[2] Ele também difere dos modelos de MM em sua suposição referente à taxa de desconto apropriada para o escudo tarifário. Em particular, ele presume que $r_{TS} = r_{sU}$. Eis a lógica por trás dessa escolha.

Um conceito fundamental em finanças é que a taxa de desconto apropriada é a taxa de retorno que os investidores exigem para compensá-los pelo risco. Desse modo, qual é o risco do benefício fiscal? Se a companhia sempre tiver de deduzir despesas com juros, então, o benefício fiscal não tem risco e deverá ter a taxa livre de risco descontada. Contudo, a dívida corporativa não é livre de risco – ocasionalmente, as empresas deixam de pagar seus empréstimos se os fluxos de caixa de operações forem tão baixos que o valor da empresa for menor que o valor da dívida. Mesmo se a companhia não ficar inadimplente, é possível que ela não seja capaz de utilizar economias de impostos obtidas a partir de deduções de juros no ano corrente, caso ocorra uma perda operacional antes dos impostos. Portanto, as futuras economias com impostos não são livres de risco e, portanto, deverão ser descontadas utilizando uma taxa maior do que a taxa livre de risco.

Quanto a taxa de desconto deverá ser maior? O risco de que a companhia não será capaz de utilizar deduções futuras da taxa de juros deriva do risco de seus lucros operacionais antes de impostos. Isto sugere que o custo de capital não alavancado, que reflete o risco de operações, deverá ter um limite maior para o retorno requerido sobre o benefício fiscal.

Com base na lógica anterior, r_{TS} deverá estar entre a taxa livre de risco e o custo de capital não alavancado. Como mostramos anteriormente, o custo de capital alavancado pode ser menor do que o custo de capital não alavancado, a menos que $r_{TS} = r_{sU}$. Desse modo, o APV compactado supõe que $r_{TS} = r_{sU}$.[3] Substituindo no modelo de avaliação geral, na Equação 21-6, obtemos:

$$V_L = V_U + \left(\frac{r_d T D_1}{r_{sU} - g} \right) \qquad \textbf{(21-15)}$$

Observe que o ganho a partir da alavancagem (o segundo termo na Equação 21-15) pode ser maior ou menor do que o ganho a partir da alavancagem no modelo de MM com impostos, dependendo da fração $r_d(r_{sU} - g)$. Se o custo da dívida for menor em relação ao *spread* entre o custo não alavancado e a taxa de crescimento, então, um crescente benefício fiscal é muito valioso. Por outro lado, se o crescimento for muito pequeno (ou zero), a fração $r_d(r_{sU} - g)$ é menor do que 1, o que significa que o ganho a partir da alavancagem é maior no modelo de MM do que no modelo de APV. Isto faz sentido, porque o modelo MM desconta as economias com impostos do custo de capital alavancado relativamente alto, r_{sU}.

Substituindo $r_{TS} = r_{sU}$ na Equação 21-7 mostra que o custo de capital alavancado é:

$$r_{sL} = r_{sU} + (r_{sU} - r_d)(w_d/w_s) \qquad \textbf{(21-16)}$$

---

[2] Para uma discussão do método de avaliação de *APV compactado*, que assume que $r_{TS} = r_{sU}$, veja Steve N. Kaplan e Richard S. Ruback, "The Evaluation of Cash Flow Forecasts: An Empirical Analysis", *Journal of Finance*, set. 1995, p. 1059-1093. Para verificar evidências mostrando a efetividade da abordagem do valor presente ajustado, veja S. N. Kaplan e R. S. Ruback, "The Market Pricing of Cash Flow Forecasts: Discounted Cash Flow vs. The Method of Comparables", *Journal of Applied Corporate Finance*, inverno de 1996, p. 45-60.

[3] É denominado *APV compactado* porque não é necessário separar o NOPAT e as despesas com juros, uma vez que todos os fluxos de caixa são descontados do custo de capital não alavancado. Isto significa que é possível definir o fluxo de caixa como o rendimento líquido menos os investimentos requeridos em capital operacional. Porém, geralmente mantemos as despesas com juros separadas do fluxo de caixa livre, para que seja possível identificar mais facilmente o impacto sobre o valor devido a operações *versus* alavancagem.

Embora a derivação da Equação 21-16 reflita as taxas e o crescimento corporativos, nenhuma dessas expressões inclui a taxa de impostos corporativos ou a taxa de crescimento. Isto significa que a expressão para a taxa de retorno requerido alavancado, Equação 21-16, é exatamente a mesma mostrada pela expressão de MM para a taxa de retorno requerido alavancado *sem impostos*, Equação 21-10. A razão pela qual a taxa de impostos e a taxa de crescimento são eliminadas dessas duas expressões é que o crescente benefício fiscal é descontado no custo de capital alavancado, r_{sU}, não no custo da dívida, como no modelo de MM. A taxa fiscal cai porque, independentemente do quanto o nível de T é alto, o risco total da empresa não será modificado – os fluxos de caixa e o benefício fiscal não alavancados são descontados da mesma taxa. A taxa de crescimento cai pela mesma razão – um crescente nível de dívida não modificará o risco da empresa como um todo, não importando qual taxa de crescimento prevaleça.

Substituir $r_{TS} = r_{sU}$ na Equação 21-8 mostra o beta alavancado:

$$b = b_U + (b_U - b_D)(w_d/w_s)$$ (21-17)

Se o risco sistêmico da dívida for pequeno o suficiente para ser desprezado, então, a relação entre o beta alavancado e o beta não alavancado será:

$$b = b_U[1 + (w_d/w_s)]$$ (21-17a)

Esta expressão para o beta alavancado é exatamente igual à fórmula de Hamada na Equação 21-11 (e na 21-14, mas *sem impostos*).

21-2d Ilustração dos modelos

Para ilustrar os modelos de MM, examinaremos o impacto da alavancagem na Fredrickson Water Company, uma empresa estabelecida que fornece água para clientes residenciais em diversas comunidades sem crescimento ao norte de Nova York. A seguir estão algumas informações a respeito dessa companhia.

A COMPANHIA-EXEMPLO

Veja a seguir os dados requeridos para a análise.

1. A Fredrickson atualmente não possui dívidas.
2. EBIT esperado = $ 2,4 milhões.
3. A Fredrickson está em uma situação de não crescimento, por isso, g = 0.
4. Caso a empresa comece a utilizar dívida, pode tomar empréstimos a uma taxa r_d = 8%. Essa taxa de empréstimo é constante – ela não aumenta independentemente do montante de dívida utilizado. Qualquer dinheiro levantado pela venda de dívida seria utilizado para recomprar ações ordinárias, dessa forma os *ativos da Fredrickson permaneceriam constantes.*
5. O risco de negócios inerente aos ativos da Fredrickson, e, portanto, ao seu EBIT, é tal que seu beta é 0,8; isso é chamado beta não alavancado, b_U, pois a Fredrickson não possui dívida. A taxa livre de risco é de 8%, e o prêmio de risco de mercado (RP_M) é de 5%. Usando o modelo de precificação de ativos financeiros (CAPM), a taxa de retorno exigida sobre as ações da Fredrickson, r_{sU}, é de 12% caso nenhuma dívida seja usada:

$$r_{sU} = r_{RF} + b_U(RP_M) = 8\% + 0,80(5\%) = 12\%$$

MM com zero de impostos

Para começar, suponha que não existam impostos e, portanto, T = 0%. O fluxo de caixa livre é definido como o NOPAT menos investimentos requeridos em capital. Com crescimento zero, a Fredrickson não requer nenhum investimento em capital. O NOPAT é definido como o EBIT(1 – T), mas a ausência de impostos significa que FCL é igual ao EBIT.

Utilizando a Equação 21-9, o valor da Fredrickson é de $ 20 milhões (não importando de quanto é a dívida):

$$V_L = V_U = \frac{FCF}{r_{sU}} = \frac{EBIT}{r_{sU}} = \frac{\$ 2,4 \text{ milhões}}{0,12} = \$ 20,0 \text{ milhões}$$

Se Fredrickson usar $ 10 milhões de dívida, o valor de suas ações deve ser de $ 10 milhões:

$$V_L = S + D$$
$$S = V - D = \$ 20 \text{ milhões} - \$ 10 \text{ milhões} = \$ 10 \text{ milhões}.$$

Com $ 10 milhões em dívidas e $ 10 milhões em ações, a Fredrickson seria financiada com pesos de estrutura de capital de $w_d = 50\%$ e $w_s = 50\%$.

Também podemos encontrar o custo de capital próprio da Fredrickson, r_{sL}, e seu CMPC (ou WACC) em um nível de dívida de $ 10 milhões. Primeiro, usamos a Equação 21-10 para encontrar r_{sL}, custo de capital próprio alavancado da Fredrickson:

$$r_{sL} = r_{sU} + (r_{sU} - r_d)(w_d/w_s)$$
$$= 12\% + (12\% - 8\%)\,(0,5/0,5)$$
$$= 12\% + 4,0\% = 16,0\%$$

Agora podemos encontrar o custo médio ponderado de capital da empresa:

$$CMPC = w_d(r_d)(1 - T) + w_s r_{sL}$$
$$= 0,5(8\%)(1,0) + 0,5(16,0\%) = 12,0\%$$

O valor da Fredrickson baseado no modelo de MM sem impostos com vários níveis de dívida é mostrado no Painel a, na Figura 21-1. O Painel b relata o custo de capital e o CMPC. Agora vemos que, no modelo de MM sem impostos, a alavancagem financeira simplesmente não importa: *o valor da empresa e seu custo de capital geral são independentes do montante da dívida.*

MM: COM IMPOSTOS DE PESSOA JURÍDICA

Para ilustrar o modelo de MM com impostos de pessoa jurídica, suponha que todas as condições anteriores se mantenham, exceto pelas seguintes alterações:

1. EBIT esperado = $ 4 milhões.[4]
2. A Fredrickson possui uma alíquota de imposto federal mais estadual de 40%, então T = 40%.

Com os outros fatores se mantendo constantes, a introdução de impostos de pessoa jurídica reduziria o lucro líquido da Fredrickson e, portanto, o seu valor; assim, aumentamos o EBIT de $ 2,4 milhões para $ 4 milhões para facilitar comparações entre os dois modelos.

Quando a Fredrickson não possui dívidas, mas paga impostos, a Equação 21-12 pode ser usada para encontrar seu valor atual de dívida igual a zero:

$$v_U = \frac{EBIT(1-T)}{r_{sU}} + TD = \frac{\$ 4 \text{ milhões}(0,6)}{0,12} + \$ 0 = \$ 20 \text{ milhões}$$

---

[4] Se tivéssemos deixado o EBIT da Fredrickson em $ 2,4 milhões, os impostos de pessoa jurídica teriam reduzido o valor da empresa de $ 20 milhões para $ 12 milhões:

$$v_U = \frac{EBIT(1-T)}{r_{sU}} = \frac{\$ 2,4 \text{ milhões}(0,6)}{0,12} = \$ 12,0 \text{ milhões}$$

Impostos de pessoa jurídica reduzem o montante de lucro operacional disponível aos investidores em uma empresa não alavancada pelo fator $(1 - T)$, dessa forma o valor da empresa seria reduzido pelo mesmo montante, mantendo r_{sU} constante.

FIGURA 21-1

Efeitos de alavancagem (milhões de dólares, exceto porcentagem)

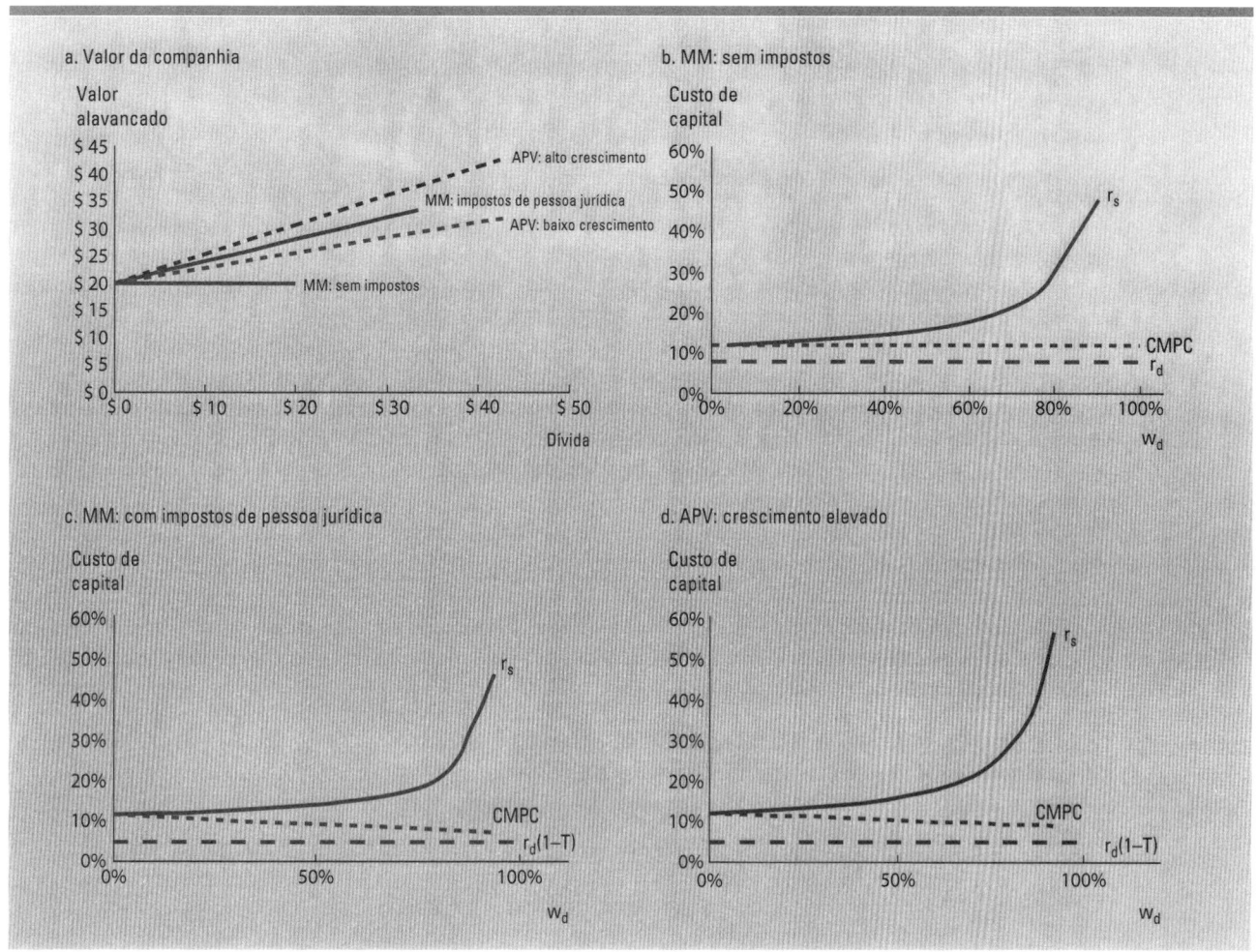

Se agora a Fredrickson utiliza $ 10 milhões de dívida em um mundo com impostos, vemos que seu valor de mercado total aumenta de $ 20 para $ 24 milhões:

$$V_L = V_U + TD = \$ \ 20 \text{ milhões} + 0,4(\$ \ 10 \text{ milhões}) = \$ \ 24 \text{ milhões}$$

Portanto, o valor sugerido do patrimônio da Fredrickson é de $ 14 milhões:

$$S = V - D = \$ \ 24 \text{ milhões} - \$ \ 10 \text{ milhões} = \$ \ 14 \text{ milhões}$$

Também podemos encontrar o custo do capital próprio da Fredrickson, r_{sL}, e seu CMPC com um nível de dívida de $ 10 milhões, que é equivalente aos pesos da estrutura de capital de $w_d = \$ \ 10/\$ \ 24 = 41,67\%$ e $w_s = 58,33\%$. Primeiro, usamos a Equação 21-13 para encontrar r_{sL}, o custo de capital próprio alavancado:

$$\begin{aligned}
r_{sL} &= r_{sU} + (r_{sU} - r_d)(1 - T)(w_d/w_s) \\
&= 12\% + (12\% - 8\%)(0,6)(0,4167/0,5833) \\
&= 12\% + 1,71\% = 13,71\%
\end{aligned}$$

O custo médio ponderado de capital da empresa é:

$$\begin{aligned}
CMPC &= w_d(r_d)(1 - T) + w_s r_{sL} \\
&= (0,4167)(8\%)(0,6) + 0,5833(13,71\%) = 10,0\%
\end{aligned}$$

Observe que também podemos encontrar o beta alavancado e daí o custo de capital próprio alavancado. Primeiro aplicamos a equação de Hamada para encontrar o beta alavancado:

$$b = b_U[1 + (1 - T)(w_d/w_s)]$$
$$= 0,80[1 + (1 - 0,4)(0,4167/0,5833)]$$
$$= 1,1429$$

Aplicando o modelo CAPM, obtemos o custo de capital próprio alavancado

$$r_{sL} = r_{RF} + b(RP_M) = 8\% + 1,1429(5\%) = 0,1371 = 13,71\%$$

Note que esse é o mesmo custo de capital próprio alavancado que obtemos diretamente com a Equação 21-13.

O valor de vários níveis de dívida da Fredrickson com impostos de pessoa jurídica é mostrado no Painel a da Figura 21-1; o Painel c mostra o custo de capital e o CMPC. Nas condições previstas por MM com impostos de pessoa jurídica, a alavancagem financeira realmente importa: o valor da empresa é maximizado – e seu custo de capital total é minimizado – caso ela utilize quase 100% de financiamento por meio de dívida. O aumento no valor deve-se exclusivamente à dedutibilidade fiscal dos pagamentos de juros, o que reduz tanto o custo da dívida quanto o prêmio de risco de patrimônio em $(1 - T)$.[5]

APV: CRESCIMENTO ELEVADO E CRESCIMENTO BAIXO

Esta seção ilustra o modelo do valor presente ajustado compactado em um cenário de crescimento elevado e um cenário de baixo crescimento. Suponha que todas as condições anteriores se mantenham, exceto para as seguintes modificações:

1. Investimento requerido em capital operacional = $ 0,60 milhões
2. Cenário de crescimento elevado: EBIT esperado = $ 3 milhões e taxa de crescimento constante de 6%.[6]
3. Cenário de baixo crescimento: EBIT esperado = $ 4,83 milhões e taxa de crescimento constante de 0,5%.

O fluxo de caixa livre esperado da Fredrickson no cenário de crescimento elevado é de:

$$FCL = \$ 3(1 - 0,4) - \$ 0,60 = \$ 1,2 \text{ milhão.}$$

O valor não alavancado da Fredrickson é de $ 20 milhões:

$$V_U = \frac{FCF}{r_{sU} - g} = \frac{\$ 1,2 \text{ milhão}}{0,12 - 0,6} = \$ 20,0 \text{ milhões}$$

---

[5] No caso extremo em que a empresa utilizasse 100% de financiamento por meio de dívida, os detentores de títulos seriam os donos da empresa e assumiriam todo o risco do negócio. (Até este ponto, MM presumem que acionistas assumem todo o risco.) Se os detentores de títulos assumirem todo o risco, a taxa de capitalização sobre a dívida deve ser igual à taxa de capitalização do patrimônio com dívida zero, $r_d = r_{sU} = 12\%$.

O fluxo de lucro aos acionistas no caso de "apenas capital próprio" era de $ 4.000.000(1 – T) = $ 2.400.000, e o valor da empresa era:

$$V_U = \frac{\$ 2.400.000}{0,12} = \$ 20.000.000$$

Integralmente com dívida, os $ 4 milhões de EBIT seriam usados para pagar despesas com juros: r_d seria 12%, então I = 0,12 (Dívida) = $ 4 milhões. Impostos seriam zero, por isso os investidores (detentores de títulos) receberiam os $ 4 milhões de lucro operacional (não teriam de dividir essa quantia com o governo). Portanto, o valor da empresa com 100% de dívida seria

$$V_U = \frac{\$ 2.400.000}{0,12} = \$ 33.333.333 = D$$

Existe, é claro, um problema de transição em tudo isso. Modigliani e Miller presumem que $r_d = 8\%$ independentemente de quanta dívida a empresa possui até atingir 100% de dívida, ponto em que r_d salta para 12%, o custo do capital próprio. Como veremos adiante no capítulo, r_d aumenta conforme o risco de dificuldades financeiras aumenta.

[6] Fizemos essas modificações de modo que o valor alavancado permanecerá em $ 20 milhões.

Com $ 10 milhões em financiamento de dívida, utilizamos a Equação 21-15 para estimar o valor alavancado:

$$V_L = \$\,20 + \left(\frac{0,08(0,4)(\$\,10)}{0,12 - 0,06} \right) = \$\,20 + \$\,5,33 = \$\,25,33$$

Os pesos da estrutura de capital são $w_d = \$\,10/(\$\,25,33) = 39,48\%$ e $w_s = 60,52\%$. Utilizando a Equação 21-16, o custo de capital alavancado é

$$r_{sL} = 12\% + (12\% - 8\%)(0,3948/0,6052) = 14,61\%$$

O CMPC é

$$CMPC = (0,3948)(8\%)(1 - 0,4) + 0,6052(14,61\%) = 10,74\%$$

Repetimos todos os cálculos para o cenário de baixo crescimento. Observe o Painel a na Figura 21-1, o que mostra o valor da empresa em diferentes níveis de dívida para o modelo de MM se, impostos, e os dois cenários de APV. Com zero de impostos, não existe benefício fiscal e o valor de uma empresa alavancada é igual ao valor de uma empresa não alavancada. Para o modelo de MM com impostos de pessoa jurídica, o valor aumenta à medida que a dívida aumenta, mas atinge o limite em torno de $ 33 milhões. Neste nível de dívida, praticamente todos os ganhos operacionais estão sendo utilizados para pagar juros. Para os cenários utilizando APV, o valor aumenta constantemente à medida que a dívida é acrescentada. Para o cenário de baixo crescimento, seu valor é menor que o do modelo de MM com impostos, porque o modelo de APV desconta as economias com impostos a um custo de dívida muito menor.

Os Painéis b, c e d mostram o custo de capital alavancado, o CMPC e o custo da dívida para os dois modelos de MM e para o cenário de APV de crescimento elevado. Com zero de impostos (Painel b), o custo de capital sobe suficientemente rápido para manter o CMPC constante. Contudo, quando são considerados os impostos (Painéis c e d), a combinação do custo da dívida após impostos com o custo de capital alavancado resulta em uma diminuição no CMPC à medida que a dívida é aumentada. O CMPC falha mais rapidamente para o modelo de MM no Painel c do que o modelo de APV no Painel d, porque o modelo de MM desconta as economias de impostos a um custo de dívida relativamente baixo.

O BETA ALAVANCADO *VERSUS* O BETA NÃO ALAVANCADO

Examinamos três modelos: (1) MM: sem impostos, (2) MM: impostos, e (3) APV. Cada um dos modelos tem implicações diferentes para o custo de capital alavancado e o beta alavancado.

Autoavaliação

1. Existe uma estrutura de capital ótima no modelo de MM sem impostos?
2. Qual é a estrutura de capital ótima no modelo de MM com impostos de pessoa jurídica?
3. Por que impostos resultam em um "ganho de alavancagem" no modelo de MM com impostos de pessoa jurídica?
4. Como o crescimento afeta o valor do benefício fiscal?
5. Como suas estimativas do custo de capital alavancado podem ser influenciadas se você utilizar o modelo de MM ou o modelo de Hamada quando existir crescimento?
6. Uma empresa não alavancada possui um valor de $ 100 milhões. Outra empresa idêntica, mas alavancada, possui $ 30 milhões de dívida. No modelo de MM sem impostos, qual é o valor da empresa alavancada? ($ 100 milhões) No modelo de MM com impostos de pessoa jurídica, qual seria o valor de uma empresa alavancada se a alíquota de impostos de pessoa jurídica fosse de 40%? ($ 112 milhões)
7. Uma empresa não alavancada possui um valor de $ 100 milhões. Outra empresa idêntica, mas alavancada, possui $ 30 milhões de dívida. Ambas as companhias estão crescendo a uma taxa constante de 5%, a taxa de impostos de pessoa jurídica é de 40%, o custo da dívida é de 6%, e o custo do capital não alavancado é de 8% (suponha que r_{sU} é a taxa de desconto apropriada para o benefício fiscal). Qual é o valor da empresa alavancada? ($ 124 milhões) Qual é o valor das ações? ($ 94 milhões) Qual é o custo do capital alavancado? (8,64%)

21-3 Estruturas de capital dinâmicas e o modelo de APV (valor presente ajustado)

Uma estrutura de capital dinâmica implica que os pesos da estrutura de capital de uma companhia estão se modificando com o decorrer do tempo. Que impacto tem o valor de uma companhia? Não podemos utilizar o modelo de crescimento de dividendos ou o modelo de avaliação de fluxo de caixa livre para responder a esta questão – ambos os modelos assumem que as taxas utilizadas para descontar fluxos de caixa futuros (o retorno requerido sobre as ações no modelo de crescimento de dividendos e o custo de capital médio ponderado no modelo de avaliação de fluxo de caixa livre) são constantes ao longo do tempo, mas estas taxas de modificam definitivamente caso a estrutura de capital se modifique. Portanto, é preciso empregar uma abordagem diferente. Felizmente, o modelo do valor presente ajustado é perfeitamente adequado a tais situações.

21-3a Visão geral do modelo de APV para estruturas de capital dinâmicas

Mesmo para estruturas de capital dinâmicas, o valor das operações pode ser dividido em partes devido às operações não alavancadas e ao benefício fiscal:

$$V_{\text{operações}} = V_{\text{não alavancadas}} + V_{\text{benefício fiscal}} \tag{21-1b}$$

Para estimar o valor de operações não alavancadas, benefício fiscal, $V_{\text{não alavancadas}}$, precisamos dos fluxos de caixa livres projetados e do custo de capita não alavancado, r_{sU}. É possível estimar diretamente os fluxos de caixa livres projetados, como mostra o Capítulo 12. Mas pode ser um pouco mais complicado estimar o custo de capital não alavancado. Se a companhia que estiver sendo analisada atualmente não tiver nenhuma dívida, então, seu custo de capital atual é o custo de capital não alavancado. Se a empresa já tiver alguma dívida, precisaremos desalavancar seu custo de capital atual. Como foi mencionado anteriormente, a equação de Hamada é baseada no modelo de MM com impostos de pessoa jurídica, que desconta as economias de impostos ao custo da dívida e que presume crescimento zero, o que torna a equação de Hamada inapropriada para aplicações do modelo de APV. Em vez disso, utilizamos a Equação 21-17 (ou 21-17a, se desprezarmos o risco sistêmico da dívida). Considerando o FCL estimado e o custo de capital não alavancado, o valor não alavancado das operações é o valor presente do fluxo de caixa livre da empresa descontado do custo de capital não alavancado:

$$V_{\text{não alavancadas}} = \sum_{t=1}^{\infty} \frac{FCF_t}{(1 + r_{sU})^t} \tag{21-18}$$

Conforme descrito anteriormente, o APV compactado desconta as economias de impostos do custo de capital não alavancado, de modo que o valor do benefício fiscal é:

$$V_{\text{benefício fiscal}} = \sum_{t=1}^{\infty} \frac{TS_t}{(1 + r_{sU})^t} \tag{21-19}$$

A aplicação do modelo de APV a uma estrutura de capital dinâmica ainda requer que a estrutura de capital eventualmente se estabilize, e também requer que o FCL e o TS eventualmente cresçam a uma taxa constante, o que nos permite encontrar os valores de horizonte utilizando uma abordagem similar à que foi empregada no Capítulo 7 para o modelo de dividendos não constantes e para o modelo de avaliação do fluxo de caixa de empresas jurídicas. Lembre-se que estas abordagens que projetaram explicitamente os valores referentes aos anos de taxas de crescimento não constantes, estimaram o valor de horizonte no fim de um período de crescimento não constante e, então, calcularam o valor presente do valor de horizonte e dos fluxos de caixa durante o período de previsão.

21-3b Aplicação do modelo de APV em uma estrutura de capital dinâmica

Ilustramos o modelo de APV com o seguinte exemplo. A Mencer's Outdoor Gear (MEG) fez um grande empréstimo e reduzirá sua dívida ao longo dos próximos três anos a um nível sustentável. A MEG tem uma previsão de fluxo de caixa livre, despesas com juros e economias de impostos em virtude da dedutibilidade das despesas com juros para os três anos seguintes, conforme é mostrado a seguir:

	1	2	3
Fluxo de caixa livre	$ 1.000	$ 1.200	$ 1.350
Despesas com juros	$ 800	$ 600	$ 400
Economias com impostos (T = 40%)	$ 320	$ 240	$ 160

Espera-se que o FCL e as despesas com juros cresçam a uma taxa constante de 4% depois do ano 3. O custo de capital não alavancado da MEG é de 10% e sua taxa de impostos é de 40%.

O VALOR DE OPERAÇÕES NÃO ALAVANCADAS

O valor de horizonte de uma empresa não alavancada no ano N ($HV_{U,N}$) é o valor de todos os fluxos de caixa livres descontados novamente do horizonte ao custo de capital não alavancado. Uma vez que o FCL aumenta a uma taxa constante de g_L, no período pós-horizonte, podemos utilizar a fórmula de crescimento constante.

$$\text{Valor de horizonte da empresa não alavancada} = HV_{U,N} = \frac{FCF_{N+1}}{r_{sU} - g_L} = \frac{FCF_N(1 + g_L)}{r_{sU} - g_L} \qquad \textbf{(21-20)}$$

Para Mencer, o valor de horizonte das operações é:

$$HV_{U,3} = \frac{\$\ 1.350\ (1 + 0,04)}{0,10 - 0,04} = \$23.400$$

Este é o valor de todos os fluxos de caixa livres do ano 4 e além do descontado novamente do ano 3.

A etapa seguinte consiste em calcular o valor presente do valor do horizonte e o valor presente de todos os fluxos de caixa livre durante o período de previsão. Sua soma é o valor atual não alavancado das operações:

$$V_{\text{não alavancado}} = \sum_{t=1}^{N} \frac{FCF_t}{(1 + r_{sU})^t} + \frac{HV_{U,N}}{(1 + r_{sU})^N}$$

$$= \left[\frac{FCF_1}{(1 + r_{sU})^1} + \frac{FCF_2}{(1 + r_{sU})^2} + \cdots + \frac{FCF_N}{(1 + r_{sU})^N} \right] + \frac{[(TS_{N+1})/(r_{sU} - g_L)]}{(1 + r_{sU})^N} \qquad \textbf{(21-21)}$$

Para a Mencer's Outdoor Gear, o valor não alavancado das operações é:

$$V_{\text{não alavancado}} = \left[\frac{\$\ 1.000}{(1,10)^1} + \frac{\$\ 1.200}{(1,10)^2} + \frac{\$\ 1.350}{(1,10)^3} \right] + \frac{\$\ 23.400}{(1,10)^3}$$

$$= \$\ 2.915,10 + \$\ 17.580,77 = \$\ 20.495,87$$

O valor não alavancado de operações da MEG é $ 20.495,87. Este seria o valor da companhia se ela não tivesse dívidas nem ativos não operacionais.

O VALOR DO BENEFÍCIO FISCAL

O valor de horizonte do benefício fiscal, $HV_{TS,N}$, é o valor de todas as economias de impostos além do horizonte, descontado novamente no horizonte.

$$\text{Valor de horizonte}\atop\text{do benefício fiscal} = HV_{TS,N} = \frac{TS_{N+1}}{r_{sU} - g_L} = \frac{TS_N(1 + g_L)}{r_{sU} - g_L} \qquad \text{(21-22)}$$

Para Mencer, o valor de horizonte do benefício fiscal é

$$HV_{TS.3} = \frac{160(1 + 0,04)}{0,10 - 0,04} = \$ 2.773,33$$

Este é o valor de todas as economias de impostos do ano 4 e além do descontado novamente para o ano 3.

A etapa seguinte consiste em calcular o valor presente do valor do horizonte e o valor presente de todas as economias de impostos durante o período de previsão. Sua soma é o valor corrente do benefício fiscal.

$$V_{\text{benefício fiscal}} = \sum_{t=1}^{N} \frac{TS_t}{(1 + r_{sU})^t} + \frac{HV_{TS,N}}{(1 + r_{sU})^N}$$

$$= \left[\frac{TS_1}{(1 + r_{sU})^1} + \frac{TS_2}{(1 + r_{sU})^2} + \dots + \frac{TS_N}{(1 + r_{sU})^N} \right] + \frac{[(FCF_{N+1})/(r_{sU} - g_L)]}{(1 + r_{sU})^1} \qquad \text{(21-23)}$$

Para a MEG, o valor do benefício fiscal é:

$$V_{\text{benefício fiscal}} = \left[\frac{\$ 320}{(1,10)^1} + \frac{\$ 240}{(1,10)^2} + \frac{\$ 160}{(1,10)^3} \right] + \frac{\$2.773,33}{(1,10)^3}$$

$$= \$ 609,47 + \$ 2.083,64 = \$ 2.693,11$$

O VALOR ALAVANCADO DAS OPERAÇÕES

O valor de horizonte do benefício fiscal $HV_{TS,N}$ *é o valor de todas as economias de impostos além do horizonte, descontado novamente no horizonte:*

$$V_{\text{Operações}} = V_{\text{Não alavancadas}} + V_{\text{benefício fiscal}}$$
$$= \$ 20.495,87 + \$ 2.693,11$$
$$= \$ 23.189$$

A abordagem do APV fornece a mesma resposta que o modelo de crescimento de dividendos e o modelo de avaliação de fluxo de caixa livre se a estrutura do capital for constante. Em uma situação dinâmica com uma estrutura de capital não constante, no entanto, somente a abordagem do APV apresenta o valor correto.

Autoavaliação

1. Por que a abordagem do valor presente ajustado é apropriada para situações com estrutura de capital em modificação?
2. Descreva as etapas requeridas para aplicar a abordagem de APV.
3. Uma companhia prevê um fluxo de caixa livre de $ 400 no ano 1, $ 600 no ano 2, após o ano 2, o FCL cresce a uma taxa constante de 5%. A companhia prevê que as economias com impostos a partir das deduções de juros é de $ 200 no ano 1, de $ 100 no ano 2; depois do ano 2, a economia em impostos cresceu a uma taxa constante de 5%. O custo de capital não alavancado é de 9%. Qual é o valor de horizonte de operações no ano 2? ($ 15.750,0) Qual é o valor corrente não alavancado das operações? ($ 14.128,4) Qual é o valor de horizonte do benefício fiscal no ano 2? ($ 2.625,0) Qual é o valor corrente do benefício fiscal? ($ 2.477,1) Qual é o valor alavancado das operações no ano 0? ($ 16.605,5)

21-4   Risco da Dívida e do patrimônio como uma opção

Nas seções anteriores, avaliamos patrimônio e dívida usando as técnicas padrão de fluxo de caixa descontado. No entanto, aprendemos no Capítulo 11 que, caso haja a oportunidade de a administração fazer uma alteração por causa das novas informações depois que um projeto ou investimento foi iniciado, poderá haver um componente de opção para o projeto ou investimento sendo avaliado. Esse é o caso com patrimônio. Para entender o porquê, imagine a Kunkel Inc., um pequeno fabricante de fiação elétrica e instrumentação eletrônica localizado em Minot, Dakota do Norte. O valor atual da Kunkel (dívida mais patrimônio) é de $ 20 milhões, e sua dívida consiste em títulos sem cupom de juros e com vencimento de cinco anos, no valor nominal de $ 10 milhões. Qual deve ser a decisão da administração quando a dívida vencer? Na maioria dos casos, seria pagar os $ 10 milhões devidos. Mas e se a empresa tem passado por dificuldades e está valendo apenas $ 9 milhões? Nesse caso, a empresa está tecnicamente falida, uma vez que seu valor é inferior ao montante da dívida. A administração optará por não pagar o empréstimo; neste caso, a empresa será liquidada ou vendida por $ 9 milhões, os credores receberão todos os $ 9 milhões e os acionistas não receberão nada. Claro que se a empresa valesse $ 10 milhões ou mais, a administração escolheria pagar o empréstimo. A habilidade para tomar essa decisão – pagar ou não pagar – parece-se muito com uma opção e as técnicas que desenvolvemos no Capítulo 8 podem ser usadas para avaliá-la.

21-4a   Utilizando o modelo de precificação de opções de Black-Scholes para avaliar patrimônio

Para colocar esta decisão em um contexto de opção, suponha que P seja o valor total da Kunkel quando ocorre o vencimento da dívida. Então, se a dívida for paga, os acionistas da Kunkel receberão o equivalente de P – $ 10 milhões se P > $ 10 milhões.[7] Eles não receberão nada caso P ≤ $ 10 milhões, pois a administração ficará inadimplente com os títulos. Esses fatos podem ser resumidos da seguinte forma:

Pagamento aos acionistas = MAX(P – $ 10 milhões, 0)

Esse é exatamente o mesmo pagamento de uma opção de compra europeia sobre o valor total (P) da empresa com um preço de exercício igual ao valor nominal da dívida, $ 10 milhões. Podemos utilizar o modelo de precificação de opções de Black-Scholes do Capítulo 8 para determinar o valor desse ativo.

No Capítulo 8, vimos que o valor de uma opção de compra depende de cinco elementos: o preço do ativo subjacente, o preço de exercício, a taxa livre de risco, o prazo de expiração e a volatilidade do valor de mercado do ativo subjacente. Aqui o ativo subjacente é o valor total da empresa. Se assumirmos que a volatilidade é de 40% e a taxa livre de risco é de 6%, as entradas para o modelo de Black-Scholes são as seguintes:

$$P = \$ 20 \text{ milhões}$$
$$X = \$ 10 \text{ milhões}$$
$$t = 5 \text{ anos}$$
$$r_{RF} = 6\%$$
$$\sigma = 40\%$$

O valor de uma opção de compra europeia, como mostrado no Capítulo 8, é:

$$V = P[(N(d_1)] - Xe^{-r_{RF}t}[N(d_2)] \tag{21-24}$$

onde

$$d_1 = \frac{\ln(P/X) + (r_{RF} + \sigma^2/2)t}{\sigma\sqrt{t}} \tag{21-25}$$

---

[7] Na realidade, em vez de receber caixa de P – $ 10 milhões, os acionistas manterão a empresa (que vale P – $ 10 milhões) em vez de repassá-la aos credores.

e

$$d_2 = d_1 - \sigma\sqrt{t}$$ **(21-26)**

Para a Kunkel Inc.,

$$d_1 = \frac{\ln(20/10) + (0{,}06 + 0{,}40^2/2)5}{0{,}40\sqrt{5}} = 1{,}5576$$

$$d_2 = 1{,}5576 - 0{,}40\sqrt{5} = 0{,}6632$$

Usando a função DIST.NORMAL do *Excel*, temos $N(d_1) = N(1{,}5576) = 0{,}9403$, $N(d_2) = N(0{,}6632) = 0{,}7464$ e $V = \$\ 20(0{,}9403) - \$\ 10e^{-0{,}06(5)}(0{,}7464) = \$\ 13{,}28$ milhões. Dessa forma o patrimônio da Kunkel vale $\$\ 13{,}28$ milhões, e sua dívida deve valer o que restou: $\$\ 20 - \$\ 13{,}28 = \$\ 6{,}72$ milhões. Considerando que se trata de uma dívida de cinco anos sem cupom de juros, seu rendimento deve ser

$$\text{Rendimento sobre dívida} = \left(\frac{10}{6{,}72}\right)^{1/5} - 1 = 0{,}0827 = 8{,}27\%$$

Portanto, quando Kunkel emitiu a dívida, recebeu $\$\ 6{,}72$ milhões e o rendimento sobre a dívida foi de 8,27%. Observe que o rendimento sobre a dívida, 8,27%, é maior do que a taxa livre de risco de 6%. Isso porque a empresa poderá tornar-se inadimplente caso seu valor caia muito, por isso os títulos são arriscados. Note também que o rendimento sobre a dívida depende do valor da opção e, portanto, do risco da empresa. A dívida terá um valor mais baixo – e maior rendimento – quanto maior o valor da opção.

21-4b Incentivos gerenciais

A única decisão que um investidor de opção de ações pode tomar, uma vez que a opção está comprada, é se e quando exercê-la. No entanto, essa restrição não se aplica ao patrimônio quando é vista como uma opção sobre o valor total da empresa. A administração possui uma margem para trabalhar com o risco da empresa por meio da avaliação de investimentos e decisões de investimento, e pode influenciar o montante de capital investido na empresa por sua política de dividendos.

21-4c Decisões de orçamento de investimentos

Quando a Kunkel emitiu a dívida no valor nominal de $\$\ 10$ milhões conforme discutido anteriormente, o rendimento foi determinado em parte pelo risco da empresa, que, por sua vez, foi determinado em parte pelos planos que a administração tinha para o uso dos $\$\ 6{,}72$ milhões levantados. Com base em nossa análise do Capítulo 8, sabemos que opções valem mais quando a volatilidade é maior. Isso significa que, se a administração da Kunkel conseguir encontrar uma maneira de aumentar seu risco sem diminuir o valor total da empresa, ela conseguirá aumentar o valor do patrimônio enquanto diminui o valor da dívida. A administração consegue isso selecionando projetos de investimento de risco ao invés de investimentos seguros. A Tabela 21-1 mostra o valor do patrimônio, o valor da dívida e o rendimento sobre dívida para uma variação de possíveis volatilidades.

A volatilidade atual da Kunkel é de 40%, por isso seu patrimônio vale $\$\ 13{,}28$ milhões e sua dívida vale $\$\ 6{,}72$ milhões. Mas se, após incorrer a dívida, a administração assumir projetos que aumentem seu risco de uma volatilidade de 40% para 80%, o valor do patrimônio da Kunkel aumentará de $\$\ 2{,}53$ milhões para $\$\ 15{,}81$ milhões e o valor de sua dívida diminuirá na mesma proporção. Esse aumento de 19% no valor do patrimônio representa uma transferência de riqueza de detentores de títulos para acionistas. Uma transferência de riqueza de acionistas para detentores de títulos ocorreria caso a Kunkel assumisse projetos que fossem mais seguros do que planejados originalmente. A Tabela 21-1 mostra que, se sua administração assumir projetos seguros e reduzir a volatilidade para 30%, os acionistas perderão (e os detentores de títulos ganharão) $\$\ 0{,}45$ milhão.

Essa estratégia de investir fundos emprestados em ativos de risco é chamada de **publicidade enganosa (*bait and switch*)**, pois a empresa obtém o dinheiro prometendo uma política de investimento e depois muda para outra política. Esse problema de publicidade enganosa é mais grave quando o valor de uma empresa é baixo com relação ao seu nível de dívida. Se o valor total da Kunkel for de $ 20 milhões, dobrar sua volatilidade de 40% para 80% aumenta seu valor de patrimônio em 19%. Mas se a empresa estivesse passando por dificuldades nos últimos anos e seu valor total fosse de apenas $ 10 milhões, o impacto do aumento de volatilidade seria muito maior. A Tabela 21-2 mostra que, se o valor total da Kunkel fosse de apenas $ 10 milhões e ela emitisse dívida no valor nominal de $ 10 milhões, com vencimento de cinco anos e sem cupom de juros, seu patrimônio valeria $ 4,46 milhões com uma volatilidade de 40%. Dobrar a volatilidade para 80% aumentaria o valor do patrimônio para $ 6,83 milhões, ou 53%. O incentivo para a administração "jogar os dados" com dinheiro emprestado pode ser enorme, e se ela tiver muitas opções de ações, seu retorno será ainda maior que o retorno dos acionistas!

Os detentores de títulos estão cientes desses incentivos e celebram acordos nas emissões de dívida que restringem a capacidade da administração para investir em projetos mais arriscados do que originalmente prometido. Porém, suas tentativas de se protegerem nem sempre são bem-sucedidas, como podemos ver com as falências da Enron, Lehman e AIG. Essa combinação de indústria de risco, altos níveis de dívida e remuneração baseada em opções provou ser muito perigosa.

TABELA 21-1
Valor da dívida e do patrimônio da Kunkel para vários níveis de volatilidade (em milhões de dólares)

DESVIO-PADRÃO	PATRIMÔNIO	RESULTADOS DE DÍVIDA	RENDIMENTO DE DÍVIDA
20%	$ 12,62	$ 7,38	6,25%
30	12,83	7,17	6,89
40	**13,28**	**6,72**	**8,27**
50	13,86	6,14	10,25
60	14,51	5,49	12,74
70	15,17	4,83	15,66
80	15,81	4,19	18,99
90	16,41	3,59	22,74
100	16,96	3,04	26,92
110	17,46	2,54	31,56
120	17,90	2,10	36,68

© Cengage Learning 2014

TABELA 21-2
Valores da dívida e do patrimônio para vários níveis de volatilidade quando o valor total da empresa for de $ 10 milhões (em milhões de dólares)

DESVIO-PADRÃO	PATRIMÔNIO	RESULTADOS DE DÍVIDA	RENDIMENTO DE DÍVIDA
20%	$ 3,16	$ 6,84	7,90%
30	3,80	6,20	10,02
40	**4,46**	**5,54**	**12,52**
50	5,10	4,90	15,35
60	5,72	4,28	18,49
70	6,30	3,70	21,98
80	6,83	3,17	25,81
90	7,31	2,69	30,04
100	7,74	2,26	34,68
110	8,13	1,87	39,77
120	8,46	1,54	45,36

© Cengage Learning 2014

21-4d Patrimônio com dívida com risco de cupom

Analisamos o simples caso de quando uma empresa tem dívida sem cupom de juros. A análise torna-se muito mais complicada quando a empresa tem dívida que requer pagamentos de juros periódicos, porque assim a administração pode decidir entre honrar cada pagamento de juros ou não. Por exemplo, suponha que os $ 10 milhões de dívida da Kunkel são um empréstimo de um ano com taxa de 8% e pagamentos semestrais. Esses pagamentos agendados são de $ 400.000 em seis meses e $ 10,4 milhões no final do ano. Se a administração fizer esse pagamento de juros agendado de $ 400.000, os acionistas adquirirão o direito de fazer o próximo pagamento de $ 10,4 milhões. Caso não ocorra o pagamento dos $ 400.000, por essa inadimplência os acionistas perdem o direito de fazer o próximo pagamento e, portanto, perdem a empresa.[8] Em outras palavras, no começo do ano os acionistas têm a opção de comprar uma opção. A opção que eles possuem tem um preço de exercício de $ 400.000 e expira em seis meses, e se eles a exercerem, adquirirão uma opção para comprar a empresa inteira por $ 10,4 milhões nos outros seis meses.

Se a dívida fosse de dois anos, haveria quatro pontos de decisão para a administração, e a posição dos acionistas seria como uma opção sobre uma opção, sobre uma opção, sobre uma opção! Esses tipos de opções são chamadas de **opções compostas**, e técnicas para avaliá-las estão além do escopo deste livro. Contudo, os incentivos discutidos anteriormente para o caso em que uma empresa possui dívida de risco sem cupom de juros ainda se aplicam quando a empresa possui pagamentos de juros periódicos.[9]

Autoavaliação

1. Explique como o patrimônio pode ser visto como uma opção. Quem tem a opção e que decisão pode tomar?
2. Por que a administração queria aumentar o risco da empresa? Por que isso deixaria os detentores de títulos descontentes?
3. O que os detentores de títulos podem fazer para limitar a prática de publicidade enganosa pela administração?

21-5 Introdução a impostos de pessoa física: o modelo de Miller

Embora MM incluíssem *impostos de pessoa jurídica* na segunda versão de seus modelos, eles não estenderam o modelo para incluir *impostos de pessoa física*. No entanto, em seu discurso presidencial para a Associação Americana de Finanças, Merton Miller apresentou um modelo para mostrar como a alavancagem afeta os valores das empresas quando impostos de pessoa jurídica e de pessoa física são levados em conta.[10]

21-5a O modelo de Miller

Para explicar o modelo de Miller, começaremos definindo T_c como a alíquota de imposto de pessoa jurídica, T_s como a alíquota de imposto de pessoa física sobre rendimento das ações e T_d como a alíquota de imposto de pessoa física sobre renda proveniente de dívida. Espera-se que parte dos retornos de ações venha como dividendos e parte como ganhos de capital, por isso T_s é a média ponderada das alíquotas de impostos sobre dividendos e ganhos de capital. No entanto, essencialmente toda a renda de dívida vem de juros, que é tributada às alíquotas máximas dos investidores; portanto T_d é maior que T_s.

Com a inclusão de impostos de pessoa física e no mesmo conjunto de suposições usadas nos modelos anteriores de MM, o valor de uma empresa não alavancada é calculado da seguinte forma:

---

[8] Na realidade, a falência é muito mais complicada do que mostramos em nossos exemplos. Ao se aproximar de um estado de inadimplência, uma empresa pode tomar várias medidas, e mesmo após pedir concordata, os acionistas podem adiar bastante uma aquisição pelos detentores de títulos, período esse em que o valor da empresa pode se deteriorar ainda mais. Como resultado, os acionistas podem obter concessões dos detentores de títulos em casos em que provavelmente os detentores de títulos deveriam receber todo o valor da empresa. Falência é discutida com mais detalhes no Capítulo 24.

[9] Para mais informações sobre patrimônio como uma opção, veja D. Galai e R. Masulis em "The Option Pricing Model and the Risk Factor of Stock", *Journal of Financial Economics,* v. 3, p. 53-81, 1976. Para um debate sobre opções compostas, veja Robert Geske em "The Valuation of Corporate Liabilities as Compound Options", *Journal of Financial and Quantitative Analysis* jun. 1984, p. 541-552.

[10] Veja Merton H. Miller em "Debt and Taxes", *Journal of Finance,* maio 1977, p. 261-275.

$$V_U = \frac{EBIT(1 - T_c)}{r_{sU}}$$

$$= \frac{EBIT(1 - T_c)(1 - T_s)}{r_{sU}(1 - T_s)}$$

(21-27)

O termo $(1 - T_s)$ leva em conta os impostos de pessoa física. Observe que, para encontrar o valor da empresa não alavancada, podemos descontar os fluxos de caixa antes dos impostos de pessoa física à alíquota antes de impostos de pessoa física de r_{sU} ou descontar os fluxos de caixa após impostos de pessoa física à alíquota após impostos de pessoa física de $r_{sU}(1 - T_s)$. Portanto, o numerador na segunda linha da Equação 21-27 mostra o lucro operacional líquido da empresa depois que a empresa não alavancada paga os impostos de renda de pessoa jurídica e seus acionistas subsequentemente pagam impostos de pessoa física sobre dividendos. Observe também que a taxa de desconto, r_{sU}, na Equação 21-27 não é necessariamente igual à taxa de desconto da Equação 21-12. A r_{sU} da Equação 21-12 é a taxa de desconto exigida em uma situação com impostos de pessoa jurídica, mas sem impostos de pessoa física; a r_{sU} na Equação 21-27 é a taxa de desconto exigida em uma situação com impostos de pessoa física e jurídica.

21-5b Derivação do modelo de Miller

Para começar, dividimos os fluxos de caixa anuais da empresa alavancada, CF_L, entre acionistas e detentores de títulos *após* impostos de pessoa jurídica e física:

CF_L = CF líquido para acionistas + CF líquido para detentores de títulos

$= (EBIT - I)(1 - T_c)(1 - T_s) + I(1 - T_d)$

(21-28)

onde I é o pagamento anual de juros. Equação 21-28 pode ser refeita da seguinte maneira:

$$CF_L = [EBIT(1 - T_c)(1 - T_s)] - [I(1 - T_c)(1 - T_s)] + [I(1 - T_d)]$$

(21-28a)

O primeiro termo da Equação 21-28a é idêntico ao fluxo de caixa após impostos de pessoa física de uma empresa não alavancada como mostrado no numerador da Equação 21-27, e seu valor presente é encontrado descontando o fluxo de caixa perpétuo por $r_{sU}(1 - T_s)$.

O segundo e terceiro termos refletem alavancagem e resultado de fluxos de caixa associados com financiamento por meio de dívida, que, de acordo com as suposições de MM, está isenta de risco (pois a dívida da empresa é isenta de risco nessas suposições). Podemos descontar pagamentos de juros antes de impostos de pessoa física a uma alíquota de impostos de pessoa física de r_d ou descontar pagamentos de juros após impostos de pessoa física a uma alíquota após impostos de pessoa física de $r_d (1 - T_d)$. Como são fluxos de caixa após impostos de pessoa física para credores, o valor presente dos últimos dois termos da direita na Equação 21-28a pode ser obtido por intermédio do desconto pelo custo de dívida após impostos de pessoa física, $r_d (1 - T_d)$. Combinando os valores presentes dos três termos, teremos esse valor para a empresa alavancada:

$$V_L = \frac{EBIT(1 - T_c)(1 - T_s)}{r_{sU}(1 - T_s)} - \frac{I(1 - T_c)(1 - T_s)}{r_d(1 - T_d)} + \frac{I(1 - T_d)}{r_d(1 - T_d)}$$

(21-29)

O primeiro termo à direita da Equação 21-29 é idêntico ao V_U da Equação 21-27. Reconhecendo isso e consolidando os segundos dois termos, temos:

$$V_L = V_U + \left[1 - \frac{(1 - T_c)(1 - T_s)}{(1 - T_d)}\right] \left[\frac{I(1 - T_d)}{r_d(1 - T_d)}\right]$$

(21-29a)

Agora, observe que o pagamento de juros perpétuo após impostos dividido pela taxa de retorno exigida após impostos sobre dívida, $I(1 - T_d)/r_d(1 - T_d)$, é igual ao valor de mercado da dívida perpétua, D:

$$D = \frac{I}{r_d} = \frac{I(1-T_d)}{r_d(1-T_d)}$$ **(21-30)**

Substituindo D na Equação 21-29a e refazendo o cálculo, temos a seguinte expressão, que é chamada de **modelo de Miller**:

$$\text{Modelo de Miller}: V_L = V_U + \left[1 - \frac{(1-T_c)(1-T_s)}{(1-T_d)}\right]D$$ **(21-31)**

O modelo de Miller oferece uma estimativa do valor de uma empresa alavancada com impostos de pessoa física e jurídica.

O modelo de Miller tem várias implicações importantes, como a seguir.

1. O termo entre colchetes,

$$\left[1 - \frac{(1-T_c)(1-T_s)}{(1-T_d)}\right]$$

quando multiplicado por D, representa o ganho de alavancagem. O termo entre colchetes, portanto, substitui a alíquota de imposto de pessoa jurídica, T, no modelo de MM anterior com impostos de pessoa jurídica $(V_L = V_U + TD)$.
2. Se ignorarmos todos os impostos (por exemplo, se $T_c = T_s = T_d = 0$), o termo entre colchetes será zero, então, nesse caso, a Equação 21-31 será a mesma do modelo de MM original sem impostos.
3. Se ignorarmos impostos de pessoa física (por exemplo, se $T_s = T_d = 0$) o termo entre colchetes reduz para $[1 - (1 - T_c)] = T_c$; nesse caso a Equação 21-31 será a mesma do modelo de MM com impostos de pessoa jurídica.
4. Se as alíquotas de impostos de pessoa física sobre renda de ações e títulos fossem iguais (por exemplo, se $T_s = T_d$), $(1 - T_s)$ e $(1 - T_d)$ se anulariam e, assim, o termo entre colchetes reduziria mais uma vez para Tc.
5. Se $(1 - T_c)(1 - T_s) = (1 - T_d)$, logo, o termo entre colchetes seria zero, e assim o valor do uso de alavancagem também seria zero. Isso implica que a vantagem fiscal da dívida para a empresa seria compensada perfeitamente pela vantagem do capital próprio com relação ao imposto de pessoa física. Nessa condição, a estrutura de capital não teria efeito algum sobre o valor de uma empresa ou seu custo de capital, dessa forma voltaríamos à proposição original de MM sem impostos.

21-5c   Aplicação do modelo de Miller

Como impostos sobre ganhos de capital são mais baixos do que sobre renda ordinária e podem ser diferidos, a alíquota de imposto efetiva sobre renda de ações é normalmente menor do que a alíquota sobre renda de títulos. Sendo assim, qual seria a previsão do modelo de Miller com relação ao ganho de alavancagem? Para responder a essa pergunta, suponha que a alíquota de imposto de pessoa jurídica seja $T_c = 34\%$, a alíquota efetiva sobre renda de títulos seja $T_d = 28\%$ e a alíquota sobre renda de ações seja $T_s = 15\%$. Utilizando esses valores no modelo de Miller, descobrimos que o valor de uma empresa alavancada supera o valor de uma empresa não alavancada em 22% do valor de mercado da dívida corporativa:

$$\text{Ganho de alavancagem} = \left[1 - \frac{(1-T_c)(1-T_s)}{(1-T_d)}\right]D$$

$$= \left[1 - \frac{(1-0,34)(1-0,15)}{(1-0,28)}\right]D$$

$$= (1-0,78)D$$

$$= 0,22D$$

Observe que o modelo de MM com impostos de pessoa jurídica indicaria um ganho de alavancagem de $T_c(D) = 0,34D$ ou 34% do montante de dívida corporativa. Portanto, com essas alíquotas de imposto, adicionar impostos de pessoa física ao modelo reduz, mas não elimina, o benefício de dívida corporativa. De forma geral, sempre que a alíquota de imposto efetiva sobre renda das ações for menor do que a alíquota efetiva sobre renda de títulos, o modelo de Miller produzirá um ganho de alavancagem mais baixo do que o produzido pelo modelo de MM com impostos.

Em seu trabalho, Miller argumentou que empresas, de forma geral, emitiriam uma combinação de dívida de ações de forma que os rendimentos das ações antes de impostos e as alíquotas de imposto de pessoa física dos investidores que compraram essas ações se ajustariam até alcançar um equilíbrio. Em equilíbrio, $(1 - T_d)$ seria igual a $(1 - T_c)(1 - T_s)$ e, portanto, como observamos no item 5 anterior, a vantagem fiscal da dívida para a empresa seria compensada perfeitamente pelos impostos de pessoa física e, portanto, a estrutura de capital não teria efeito sobre o valor de uma empresa ou seu custo de capital. Dessa forma, de acordo com Miller, as conclusões obtidas do modelo de MM original sem impostos estão corretas!

Outros ainda estenderam e testaram a análise de Miller. Geralmente, essas extensões questionam a conclusão de Miller de que não é vantajoso o uso de dívida pelas empresas. Na realidade, a Equação 21-31 mostra que tanto T_c como T_s devem ser menores do que T_d caso o ganho de alavancagem for zero. Para a maioria das empresas e investidores dos EUA, a alíquota de imposto efetiva sobre renda de ações é menor do que a alíquota sobre renda de títulos; ou seja, $T_s < T_d$. Porém, muitos títulos de empresas são mantidos por instituições com isenção fiscal e, nesses casos, T_c é geralmente maior do que T_d. E também, para indivíduos na faixa de impostos altos com $T_d > T_c$, Ts pode ser alto o bastante para $(1 - T_c)(1 - T_s)$ ser menor que $(1 - T_d)$; nesse caso haveria uma vantagem em usar dívida. E ainda, o trabalho de Miller mostra que impostos de pessoa física compensam alguns benefícios da dívida das empresas. Isso significa que as vantagens fiscais da dívida das empresas são menores do que sugeridas pelo antigo modelo de MM, em que apenas os impostos de pessoa jurídica eram considerados.

Como discutiremos na próxima seção, tanto o modelo de MM como o de Miller são baseados em suposições fortes e irrealistas, por isso devemos considerar nossos exemplos como indicadores dos efeitos gerais da alavancagem sobre o valor de uma empresa e não uma relação precisa.

Autoavaliação

1. Como o modelo de Miller difere do modelo de MM com impostos de pessoa jurídica?
2. Quais as implicações do modelo de Miller se $T_c = T_s = T_d = 0$? Se $T_s = T_d = 0$?
3. Considerando a atual estrutura fiscal dos Estados Unidos, qual é a principal implicação do modelo de Miller?
4. Uma empresa não alavancada possui um valor de $ 100 milhões. Outra idêntica, porém alavancada, possui $ 30 milhões de dívida. Utilize o modelo de Miller para calcular o valor de uma empresa alavancada considerando uma alíquota de imposto de pessoa jurídica de 40%, alíquota de imposto de pessoa física sobre patrimônio de 15% e alíquota de imposto de pessoa física sobre dívida de 35%. ($ 106,46 milhões)

21-6   Teoria de estrutura de capital: provas de arbitragem dos modelos de Modigliani-Miller

Até 1958, a teoria de estrutura de capital consistia em vagas afirmações sobre o comportamento de investidores em vez de modelos construídos cuidadosamente que podiam ser testados por análise estatística formal. No que foi chamado de o mais influente conjunto de documentos financeiros já publicado, Franco Modigliani e Merton Miller (MM) abordaram a estrutura de capital de forma rigorosa e científica e estabeleceram uma cadeia de pesquisas que continua até os dias de hoje.[11]

[11] Veja Franco Modigliani e Merton H. Miller em "The Cost of Capital, Corporation Finance and the Theory of Investment", *American Economic Review*, jun. 1958, p. 261-297; "The Cost of Capital, Corporation Finance and the Theory of Investment: Reply", *American Economic Review*, set. 1958, p. 655-669; "Taxes and the Cost of Capital: A Correction", *American Economic Review*, jun. 1963, p. 433-443; e "Reply", *American Economic Review*, jun. 1965, p. 524-527. Em um levantamento dos membros da Associação de Administração Financeira, o artigo original de MM foi considerado o de maior impacto na área de finanças do que qualquer outro trabalho já publicado. Veja Philip L. Cooley e J. Louis Heck, "Significant Contributions to Finance Literature", *Financial Management*, edição do décimo aniversário, 1981, p. 23-33. Tanto Modigliani como Miller receberam o Prêmio Nobel – Modigliani em 1985 e Miller em 1990.

21-6a   Suposições

Como explicaremos neste capítulo, MM aplicaram o conceito de **arbitragem** para desenvolver sua teoria. Arbitragem ocorre se dois ativos parecidos – nesse caso, ações alavancadas e não alavancadas – são vendidos por preços diferentes. Arbitradores comprarão a ação desvalorizada e simultaneamente venderão a ação valorizada, gerando lucro nesse processo, e continuarão repetindo o processo até as forças de oferta e demanda do mercado tornarem iguais os preços dos dois ativos. Para a arbitragem funcionar, os ativos devem ser equivalentes, ou o mais semelhante possível. MM mostram que, em suas suposições, ações alavancadas e não alavancadas são suficientemente parecidas para o processo de arbitragem funcionar.

Ninguém, nem mesmo MM, acredita que suas suposições estão suficientemente corretas até o ponto de seus modelos permanecerem perfeitamente exatos no mundo real. No entanto, seus modelos mostram como o dinheiro pode ser gerado por meio de arbitragem caso alguém encontre maneiras de contornar os problemas com as suposições. Embora alguns deles tenham sido desconsiderados mais tarde, aqui estão algumas das suposições iniciais de MM:

1. Não existem *impostos,* de pessoa física ou jurídica.
2. Risco de negócios pode ser mensurado pelo σ_{EBIT}, e empresas com o mesmo grau de risco de negócios estão em uma *classe de risco homogênea.*
3. Todos os investidores atuais e futuros possuem estimativas idênticas do EBIT futuro de cada empresa; ou seja, os investidores possuem *expectativas homogêneas* sobre os lucros futuros esperados das empresas e o risco desses lucros.
4. Ações e títulos são negociados em *mercados de capitais perfeitos.* Essa suposição sugere, entre outras coisas, que (a) não há custos de corretagem; e (b) que investidores (tanto pessoas físicas como institucionais) podem tomar empréstimos com as mesmas taxas que as empresas.
5. *A dívida é livre de riscos.* Isso se aplica tanto às empresas como aos investidores, por isso a taxa de juros sobre toda dívida é a taxa livre de risco. Além disso, essa situação se mantém independentemente de quanta dívida uma empresa (ou indivíduo) utiliza.
6. Todos os fluxos de caixa são *anuidades perpétuas;* ou seja, todas as empresas esperam crescimento zero e, portanto, possuem um EBIT "excepcionalmente" constante, e todos os títulos são anuidades perpétuas.

21-6b   MM sem impostos

MM primeiro analisaram alavancagem sob a hipótese de que não há impostos de renda de pessoa física ou jurídica. Dessa forma, afirmaram e provaram algebricamente duas proposições[12].

Proposição I

O valor de qualquer empresa é estabelecido pela capitalização de seu lucro operacional líquido esperado (EBIT) a uma taxa constante (r_{sU}) que é baseada na classe de risco da empresa:

$$V_L = V_U = \frac{EBIT}{CMPC} = \frac{EBIT}{r_{sU}} \qquad \textbf{(21-32)}$$

Aqui "L" significa empresa alavancada e "U", empresa não alavancada. Presume-se que as duas empresas possuem a mesma classe de risco de negócios, e r_{sU} é a taxa de retorno exigida para uma empresa não alavancada (ou seja, somente capital próprio) dessa classe de risco quando não há impostos. Para nossa finalidade, é mais fácil pensar em termos de uma única empresa que tem a opção de financiar somente com capital próprio ou com uma combinação de dívida e capital próprio. Portanto, L significa uma empresa que utiliza certa quantia de dívida e U, uma empresa que não utiliza dívida.

Como definido pela Equação 21-32, V é constante; dessa forma, *no modelo de MM, caso não haja impostos, o valor da empresa é independente de sua alavancagem.* E como veremos, isso também implica as seguintes afirmações:

---

[12] Modigliani e Miller afirmaram e provaram três proposições, mas a terceira não é relevante para nossa discussão aqui.

1. O custo médio ponderado de capital, CMPC (ou WACC), é completamente independente da estrutura de capital da empresa.
2. Independentemente do montante de dívida que uma empresa utiliza, seu CMPC é igual ao custo do capital próprio que teria caso não utilizasse dívida.

Proposição II

Quando não existem impostos, o custo de capital próprio para uma empresa alavancada, r_{sL}, é igual a (1) o custo de capital próprio de uma empresa não alavancada da mesma classe de risco, r_{sU}; mais (2) um prêmio de risco cujo tamanho depende (a) da diferença entre os custos de dívida e de capital próprio de uma empresa não alavancada e (b) do montante de dívida utilizada:

$$r_{sL} = r_{sU} + \text{Prêmio de risco} = r_{sU} + (r_{sU} - r_d)(D/S) \qquad \textbf{(21-33)}$$

Aqui D é o valor de mercado da dívida da empresa, S é o valor de mercado de seu patrimônio líquido e r_d é o custo de dívida constante. A Equação 21-33 diz que, *com o crescimento da dívida, o custo do capital próprio aumenta de maneira matematicamente precisa* (mesmo que o custo da dívida não aumente).

Tomadas em conjunto, as duas proposições de MM implicam que usar mais dívida na estrutura de capital não aumentará o valor da empresa, pois os benefícios de dívida mais barata serão exatamente compensados por um aumento no risco do patrimônio e, portanto, em seu custo. Dessa forma MM sugerem que, *em um mundo sem impostos, tanto o valor de uma empresa quanto seu CMPC não seriam afetados por sua estrutura de capital.*

21-6c Prova de arbitragem de MM

As proposições I e II são importantes, pois mostraram pela primeira vez que quaisquer efeitos de avaliação em virtude do uso de dívida devem surgir dos impostos ou outras condições do mercado. A técnica que MM usaram para provar essas proposições é igualmente importante, por essa razão aqui será discutida em detalhes. Eles usaram uma *prova de arbitragem* para corroborar suas proposições, e essa prova técnica foi usada mais tarde no desenvolvimento dos modelos de precificação de opções que revolucionaram a indústria de títulos.[13] Modigliani e Miller mostraram, em suas suposições, que se duas empresas se diferenciavam apenas (1) na maneira que eram financiadas; e (2) em seu valor de mercado total, os investidores venderiam ações das empresas de maior valor, comprariam ações da empresa de menor valor e continuariam esse processo até que as empresas tivessem exatamente o mesmo valor de mercado. Para ilustrar, imagine que duas empresas, L e U, são idênticas em todos os aspectos relevantes, exceto pelo fato de que a Empresa L tem $ 4 milhões de dívida com taxa de 7,5%, enquanto a Empresa U utiliza apenas capital próprio. Ambas as empresas possuem EBIT = $ 900.000 e σ_{EBIT} é o mesmo para ambas, por essa razão estão na mesma classe de risco de negócios.

Modigliani e Miller presumiram que todas as empresas estão em uma situação de crescimento zero. Em outras palavras, espera-se que o EBIT permaneça constante; isso ocorrerá se o ROE for constante, se todos os lucros forem distribuídos como dividendos e se não houver impostos. Na suposição de EBIT constante, o valor de mercado total das ações ordinárias, S, é o valor presente de uma anuidade perpétua, que é obtido da seguinte maneira:

$$S = \frac{\text{Dividendos}}{r_{sL}} = \frac{\text{Lucro líquido}}{r_{sL}} = \frac{\text{EBIT-}r_d D}{r_{sL}} \qquad \textbf{(21-34)}$$

A Equação 21-34 é meramente o valor de uma anuidade perpétua, em que o numerador é o lucro líquido disponível a acionistas ordinários (todo o lucro distribuído como dividendos) e o denominador é o custo do

---

[13] Por *arbitragem* entende-se a compra e venda simultânea de ativos essencialmente idênticos que são vendidos por preços diferentes. A compra aumenta o preço do ativo desvalorizado, e a venda reduz o preço do ativo supervalorizado. Operações de arbitragem continuam até que os preços se ajustem ao ponto em que o arbitrador não possa mais obter lucro, no ponto em que o mercado está em equilíbrio. Na ausência de custos de transação, o equilíbrio requer que os preços dos dois ativos sejam iguais.

capital próprio. Uma vez que não existem impostos, o numerador não é multiplicado por $(1 - T)$, como quando calculamos NOPAT nos Capítulos 2 e 13.

Suponha que, inicialmente, *antes de ocorrer qualquer arbitragem,* ambas as empresas tenham a mesma taxa de capitalização de patrimônio: $r_{sU} = r_{sL} = 10\%$. Nessa condição, de acordo com a Equação 21-34, ocorreria a seguinte situação.

Empresa U

$$\text{Valor das ações da Empresa U} = S_U = \frac{EBIT - r_d D}{r_{sU}}$$

$$= \frac{\$\,900.000 - \$\,0}{0,10} = \$\,9.000.000$$

$$\text{Valor de mercado total da Empresa U} = V_U = D_U + S_U = \$\,0 + \$\,9.000.000$$

$$= \$\,9.000.000$$

Empresa L

$$\text{Valor das ações da empresa L} = S_L = \frac{EBIT - r_d D}{r_{sL}}$$

$$= \frac{\$\,900.000 - 0,075(\$\,4.000.000)}{0,10} = \frac{\$\,600.000}{0,10}$$

$$= \$\,6.000.000$$

$$\text{Valor de mercado total da Empresa L} = V_L = D_L + S_L = \$\,4.000.000 + \$\,6.000.000$$

$$= \$\,10.000.000$$

Portanto, antes da arbitragem (e assumindo que $r_{sU} = r_{sL}$, o que sugere que a estrutura de capital não tem efeito sobre o custo do capital próprio), o valor da Empresa alavancada L excede o da Empresa não alavancada U.

Modigliani e Miller argumentaram que esse resultado é um desequilíbrio que não pode persistir. Para saber o porquê, suponha que você tivesse 10% das ações de L e o valor de mercado de seu investimento fosse de 0,10 ($\$\,6.000.000$) = $\$\,600.000$. De acordo com MM, você poderia aumentar seu lucro sem aumentar sua exposição ao risco. Por exemplo, você poderia (1) vender suas ações em L por $\$\,600.000$; (2) tomar um empréstimo equivalente a 10% da dívida de L ($\$\,400.000$) e, então, (3) comprar 10% das ações de U por $\$\,900.000$. Observe que você receberia $\$\,1$ milhão da venda de seus 10% das ações de L mais seu empréstimo e estaria gastando apenas $\$\,900.000$ com as ações de U. Portanto, você teria um extra de $\$\,100.000$, que poderia ser investido em dívida livre de risco para render 7,5% ou $\$\,7.500$ por ano.

Agora considere suas posições de lucro:

CARTEIRA ANTIGA		CARTEIRA NOVA	
10% da renda de patrimônio de $\$\,600.000$ de L	$\$\,60.000$	10% da renda de patrimônio de $\$\,900.000$ de U	$\$\,90.000$
		Menos 7,5% de juros sobre o empréstimo de $\$\,400.000$	(30.000)
	———	Mais 7,5% de juros sobre extra de $\$\,100.000$	7.500
Lucro total	$\$\,60.000$	Lucro total	$\$\,67.500$

Portanto, seu lucro líquido proveniente de ações ordinárias seria exatamente o mesmo de antes, $\$\,60.000$, mas você teria $\$\,100.000$ de sobra para investir em dívida livre de risco e isso aumentaria seu lucro em $\$\,7.500$.

Dessa forma, o retorno total sobre seu patrimônio líquido de $ 600.000 aumentaria para $ 67.500. E seu risco, de acordo com MM, seria o mesmo de antes, pois você teria simplesmente substituído $ 400.000 de alavancagem "interna" pelos $ 4 milhões de alavancagem corporativa por meio de seus 10% de ações na empresa L. Portanto, nem sua dívida "efetiva" nem seu risco seriam alterados. Assim, você teria aumentado seu lucro sem aumentar seu risco, o que obviamente é desejável.

Modigliani e Miller argumentavam que esse processo de arbitragem realmente aconteceria, com as vendas das ações de L reduzindo seu preço e as compras das ações de U elevando seu preço, até que os valores de mercado das duas empresas fossem iguais. Até essa igualdade ser estabelecida, ganhos poderiam ser obtidos passando de uma ação para outra; portanto o lucro forçaria essa igualdade. Quando o equilíbrio for estabelecido, os valores das Empresas L e U devem ser iguais, que é o que afirma a Proposição I. Se seus valores forem iguais, a Equação 21-32 sugere que CMPC = r_{SU}. Como não há impostos, nós temos:

$$CMPC = [D/(D + S)]r_d + [S/(D + S)] r_{SL}$$

e recorrendo à álgebra, em seguida, obtemos:

$$r_{SL} = r_{SU} + (r_{SU} - r_d) (D/S)$$

que é a afirmação da Proposição II. Portanto, de acordo com MM, tanto o valor da empresa quanto seu CMPC devem ser independentes da estrutura de capital.

Observe que cada uma das suposições listadas no início desta seção é necessária para a prova de arbitragem funcionar precisamente. Por exemplo, se as empresas não tivessem risco de negócios idêntico ou se os custos de transações fossem significativos, o processo de arbitragem não seria colocado em pauta. Discutiremos outras implicações das suposições adiante no capítulo.

21-6d Arbitragem com vendas descobertas

Mesmo que não possuísse nenhuma ação de L, você ainda poderia colher alguns benefícios caso U e L não tivessem o mesmo valor de mercado total. Seu primeiro passo seria vender a descoberto $ 600.000 de ações em L. Para fazer isso, seu corretor o deixaria emprestar ações em L de outro cliente. Seu corretor então venderia as ações e lhe daria o resultado dessa venda ou $ 600.000 em dinheiro. Você completaria esses $ 600.000 pegando emprestado $ 400.000. Com um total de $ 1 milhão, você compraria 10% das ações de U por $ 900.000 e teria $ 100.000 remanescentes.

Sua posição então consistiria em $ 100.000 em caixa e duas carteiras. A primeira carteira conteria $ 900.000 de ações em U, que gerariam $ 90.000 de renda. Como você teria as ações, a chamaremos de carteira "coberta". A outra carteira consistiria em $ 600.000 de ações em L e $ 400.000 de dívida. O valor dessa carteira é de $ 1 milhão e ela geraria $ 60.000 de dividendos e $ 30.000 de juros. Porém, você não teria essa segunda carteira – você "deveria" essa carteira. Uma vez que pegou um empréstimo de $ 400.000, você teria uma dívida de $ 30.000 em juros. E uma vez que pegou um empréstimo de ações em L, você "deveria as ações" ao cliente que as emprestou. Portanto, você teria de pagar ao seu corretor os $ 60.000 de dividendos pagos pela empresa L, que o corretor então repassaria ao cliente que emprestou as ações. Assim, seu fluxo de caixa líquido da segunda carteira seria $ 90.000 negativos. Como você "deveria" essa carteira, iremos chamá-la de carteira "descoberta".

Onde você conseguiria os $ 90.000 que deve pagar na carteira descoberta? A boa notícia é que essa é exatamente a quantia de fluxo de caixa gerada pela sua carteira coberta. Como os fluxos de caixa gerados pelas carteiras são iguais, a carteira descoberta replica a carteira coberta.

Aqui está o resultado. Você começou sem dinheiro próprio. Vendendo L a descoberto, pegando um empréstimo de $ 400.000 e comprando ações em U, acabou com $ 100.000 em caixa mais as duas carteiras. As carteiras são espelhos umas das outras, por isso seu fluxo de caixa líquido é zero. Isso é arbitragem perfeita: você não investe nada do seu próprio bolso, não tem risco, não tem fluxos de caixa futuros negativos e acaba com dinheiro no bolso.

Não é de surpreender, muitos investidores gostariam de fazer o mesmo. A pressão de venda sobre L forçaria a queda de seu preço e a pressão de compra sobre U forçaria o aumento de seu preço, até que os valores das duas empresas fossem iguais. Explicando de outra forma, *se as carteiras replicantes cobertas e descobertas tivessem o mesmo fluxo de caixa, a arbitragem as forçaria a ter o mesmo valor.*

Essa é uma das ideias mais importantes em finanças modernas. Não apenas nos dá ideias de estrutura de capital, mas é o alicerce fundamental que dá base para a avaliação de opções e derivativos reais e financeiros conforme discutido nos Capítulos 8 e 23. Sem o conceito de arbitragem, os mercados de opções e derivativos que temos hoje simplesmente não existiriam.

21-6e   MM com impostos de pessoa jurídica

O trabalho original de Modigliani e Miller, publicado em 1958, presumia zero de impostos. Em 1963, publicaram um segundo artigo que incorporou impostos de pessoa jurídica. Com impostos de renda de pessoa jurídica, eles concluíram que a alavancagem aumentaria o valor da empresa. Isso ocorre porque juros é uma despesa dedutível para fins fiscais; portanto mais do lucro operacional de uma empresa alavancada flui para os investidores.

Ainda neste capítulo, apresentaremos uma prova das proposições de MM quando são permitidos impostos de pessoa jurídica e física. A situação em que há impostos de pessoa jurídica, mas não há impostos de pessoa física é um exemplo especial da situação com impostos de pessoa jurídica e física, por isso apresentamos apenas os resultados nesse caso.

Proposição I

O valor de uma empresa alavancada é igual ao valor de uma empresa não alavancada da mesma classe de risco (V_U) *mais* o valor do benefício fiscal ($V_{\text{Benefício fiscal}}$) por causa da dedutibilidade fiscal de despesas com juros. O valor do benefício fiscal, que geralmente é chamado de *ganho de alavancagem,* é o valor presente das economias fiscais anuais. A economia fiscal anual é igual ao pagamento de juros multiplicado pela alíquota de imposto, T:

$$\text{Economia fiscal anual} = r_d D(T)$$

Modigliani e Miller consideram uma empresa sem crescimento, por isso o valor presente da economia fiscal anual é o valor presente de uma anuidade perpétua. Eles consideram que a taxa de desconto apropriada para o benefício fiscal é a taxa de juros sobre a dívida, assim o valor do benefício fiscal é:

$$V_{\text{Benefício fiscal}} = \frac{r_d D(T)}{r_d} = TD$$

Portanto, o valor de uma empresa alavancada é:

$$V_L = V_U + V_{\text{Benefício fiscal}}$$
$$= V_U + TD \tag{21-35}$$

O ponto importante aqui é que quando impostos de pessoa jurídica são introduzidos, o valor da empresa alavancada excede o valor da empresa não alavancada pelo valor TD. Uma vez que o ganho proveniente da alavancagem aumenta conforme a dívida aumenta, isso sugere que o valor de uma empresa é maximizado com 100% de financiamento por meio de dívida.

Como todos os fluxos de caixa são considerados anuidades perpétuas, o valor da empresa não alavancada pode ser encontrado utilizando a Equação 21-34 e incorporando os impostos. Com dívida zero (D = $ 0), o valor da empresa é o seu valor de patrimônio:

$$V_U = S = \frac{EBIT(1-T)}{r_{sU}} \tag{21-36}$$

Observe que a taxa de desconto, r_{sU}, não é necessariamente igual à taxa de desconto da Equação 21-1. O r_{sU} da Equação 21-32 é a taxa de desconto exigida em um mundo sem impostos, enquanto o r_{sU} da Equação 21-36 é a taxa de desconto exigida em uma realidade com impostos.

Proposição II

O custo de capital próprio para uma empresa alavancada é igual ao (1) custo de capital próprio para uma empresa não alavancada da mesma classe de risco; mais (2) um prêmio de risco cujo tamanho depende (a) da diferença entre os custos de capital próprio e de dívida para uma empresa não alavancada; (b) do montante de alavancagem financeira utilizada; e (c) da alíquota de imposto de pessoa jurídica:

$$r_{sL} = r_{sU} + (r_{sU} - r_d)(1 - T)(D/S) \qquad \textbf{(21-37)}$$

Observe que a Equação 21-37 é idêntica à Equação 21-33 correspondente sem impostos, exceto pelo termo $(1 - T)$, que aparece apenas na Equação 21-37. Como $(1 - T)$ é menor que 1, impostos de pessoa jurídica fazem o custo de capital próprio subir menos rapidamente com alavancagem do que se não existissem impostos. A Proposição II, combinada com a redução (por causa de impostos) no custo efetivo da dívida, é o que produz o resultado da Proposição I, ou seja, que o valor da empresa aumenta com o aumento de sua alavancagem.

Como mostra o Capítulo 15, o Professor Robert Hamada estendeu a análise de MM para definir a relação entre o beta de uma empresa, b, e o montante de alavancagem que ela tem. O beta de uma empresa não alavancada é representada por b_U, e a equação de Hamada é:

$$b = b_U[1 + (1 - T)(D/S)] \qquad \textbf{(21-38)}$$

Observe que o beta, como o custo das ações mostrado na Equação 21-6, aumenta com a alavancagem.

Autoavaliação

1. Existe uma estrutura de capital ótima no modelo de MM sem impostos?
2. Qual é a estrutura de capital ótima no modelo de MM com impostos de pessoa jurídica?
3. Como a equação da Proposição I difere entre os dois modelos?
4. Como a equação da Proposição II difere entre os dois modelos?
5. Por que impostos resultam em um "ganho de alavancagem" no modelo de MM com impostos de pessoa jurídica?

Resumo

Neste capítulo, discutimos uma variedade de tópicos relacionados a decisões de estrutura de capital. Os conceitos-chave estão listados a seguir.

- A abordagem mais geral para analisar os efeitos da estrutura de capital expressa o valor alavancado de uma companhia como a combinação entre seu valor não alavancado e o valor de seus efeitos colaterais devidos à alavancagem.

$$V_L = V_U + \text{Valor dos efeitos colaterais}$$

- MM definiram que o principal benefício da dívida deriva da **dedução fiscal de juros**. O valor presente das economias de impostos decorrentes da dedução fiscal de juros é chamado **benefício fiscal**. Se ignorarmos outros efeitos colaterais, valor de uma empresa não alavancada é:

$$V_L = V_U + V_{\text{Benefício fiscal}}$$

- Em 1958, **Franco Modigliani e Merton Miller (MM)** provaram, com um conjunto restritivo de suposições, inclusive zero de impostos, que a estrutura de capital é irrelevante; portanto, de acordo com o artigo original de MM, o valor de uma empresa não é afetado pelo seu mix de financiamento.

- Modigliani e Miller incluíram mais tarde **impostos de pessoa jurídica** em seu modelo e chegaram à conclusão de que a estrutura de capital é realmente importante. Na realidade, esse modelo levou à conclusão de que as empresas devem usar 100% de financiamento por meio de dívida.
- Adiante, Miller estendeu a teoria para incluir **impostos de pessoa física**. A introdução de impostos de pessoa física reduz, mas não elimina, os benefícios de financiamento com dívida. Portanto, o **modelo de Miller** também nos leva a 100% de financiamento por dívida.
- O modelo de **APV (valor presente ajustado)** incorpora crescimento não constante e presume que as economias fiscais devem ser descontadas ao custo de capital não alavancado.
- O custo do capital alavancado e o beta alavancado são diferentes no modelo de APV e não nos modelos de MM e Hamada. No modelo de APV as relações são:

$$r_{sL} = r_{sU} + \left(r_{sU} - r_d\right)\left(\frac{w_d}{w_s}\right)$$

e

$$b = b_U + \left(b_U = b_D\right)\left(\frac{w_d}{w_s}\right)$$

- Quando a dívida é arriscada, a administração pode escolher ficar inadimplente. Se a dívida não tiver cupom de juros, isso torna o patrimônio uma opção sobre o valor da empresa com um preço de exercício igual ao valor nominal da dívida. Se a dívida tiver pagamentos periódicos de juros, o patrimônio será como uma opção sobre uma opção, ou uma **opção composta**.
- Quando uma empresa possui dívida de risco e o patrimônio for como uma opção, a administração tem um incentivo para aumentar o risco da empresa a fim de aumentar o valor do patrimônio à custa do valor da dívida. Isso é chamado de **prática de publicidade enganosa (*bait and switch*)**.

Perguntas

(21-1) Defina cada um dos seguintes termos:
   a. Proposição I de MM sem impostos e com impostos de pessoa jurídica
   b. Proposição II de MM sem impostos e com impostos de pessoa jurídica
   c. Modelo de Miller
   d. Modelo de APV (valor presente ajustado)
   e. Valor de benefício fiscal da dívida
   f. Patrimônio como uma opção
(21-2) Explique, com palavras, como MM usam o processo de arbitragem para provar a validade da Proposição I. Além disso, enumere as principais suposições de MM e explique por que cada uma das suposições é necessária na prova de arbitragem.
(21-3) Uma empresa concessionária de serviços públicos tem a permissão de cobrar preços altos o suficiente para cobrir todos os custos, inclusive, seu custo de capital. Comissões de serviços públicos devem tomar medidas que estimulem as empresas a operar da maneira mais eficiente possível para manter custos, bem como preços, mais baixos possíveis. Tempos atrás, o índice de endividamento da AT&T era de aproximadamente 33%. Algumas pessoas (Myron J. Gordon, em particular) argumentavam que um índice de endividamento maior reduziria o custo de capital da AT&T e permitiria à empresa cobrar taxas mais baixas por serviços de telefonia. Gordon achava que um índice de endividamento ótimo para a AT&T era de aproximadamente 50%. As teorias apresentadas no capítulo apoiam ou refutam a posição de Gordon?
(21-4) Modigliani e Miller presumiram que as empresas não crescem. Como um crescimento positivo altera suas conclusões sobre o valor da empresa alavancada e seu custo de capital?
(21-5) O presidente da sua empresa acabou de aprender sobre opções e como o patrimônio da empresa pode ser visto como uma opção. Por que ele poderia querer aumentar o risco da empresa, e por que os detentores de títulos poderiam não gostar dessa ideia?

Problema de autoavaliação – A solução está no Apêndice A

(PA-1) **Valor de uma empresa alavancada** – A Menendez Corporation prevê fluxo de caixa livre de $ 100 no ano 1 e de $ 120 no ano 2; após o ano 2, espera-se que o FCL cresça a uma taxa constante de 4%. A companhia tem uma taxa de 40% e uma dívida de $ 500 a uma taxa de juros de 5%. A companhia planeja manter a dívida constante até o final do ano 2, após o que o débito (e as economias fiscais) crescerão a uma taxa constante de 4%. O custo de capital não alavancado é de 8%.

  a. Qual é o valor de horizonte das operações no ano 2.
  b. Qual é o valor atual não alavancado das operações.
  c. Qual é a economia fiscal para o ano 1 e para o ano 2 (*Dica*: são idênticas porque a dívida não se modifica.)
  d. Qual é o valor de horizonte do benefício fiscal do benefício fiscal do ano 2?
  e. Qual é o valor atual do benefício fiscal?
  f. Qual é o valor alavancado das operações no ano 0?

Problemas – As respostas dos problemas estão no Apêndice B

Problemas fáceis 1-4

(21-1) **Modelo de MM sem impostos** – Uma empresa não alavancada possui um valor de $ 500 milhões. Outra idêntica, porém alavancada, possui $ 50 milhões de dívida. No modelo de MM sem impostos, qual é o valor da empresa alavancada?

(21-2) **Modelo de MM com impostos de pessoa jurídica** – Uma empresa não alavancada possui um valor de $ 800 milhões. Outra empresa idêntica, porém alavancada, possui $ 60 milhões de dívida a uma taxa de juros de 5%. O custo de sua dívida é de 5% e seu custo de capital não alavancado é de 11%. Não se espera nenhum crescimento. Supondo que a taxa de impostos de pessoa jurídica seja de 35%, utilize o modelo de MM com impostos de pessoa jurídica para determinar o valor da empresa alavancada.

(21-3) **Modelo de Miller com impostos de pessoa física e jurídica** – Uma empresa não alavancada possui um valor de $ 600 milhões. Outra empresa idêntica, porém alavancada, possui $ 240 milhões de dívida. Utilize o modelo de Miller para calcular o valor da empresa alavancada considerando uma alíquota de imposto de pessoa jurídica de 34%, alíquota de imposto de pessoa física sobre patrimônio de 10% e alíquota de imposto de pessoa física sobre dívida de 35%.

(21-4) **Modelo de APV com crescimento constante** – Uma empresa não alavancada tem um valor de $ 800 milhões. Outra empresa idêntica, porém alavancada, tem uma dívida no valor de $ 60 milhões a uma taxa de juros de 5%. O custo de sua dívida é de 5% e seu custo de capital não alavancado é de 11%. Após o ano 1, espera-se que os fluxos de caixa livres e as economias fiscais cresçam a uma taxa constante de 3%. Supondo que a taxa de impostos de pessoa jurídica seja de 35%, utilize o modelo de valor presente ajustado compactado para determinar o valor da companhia alavancada. (*Dica*: a despesa com juros no ano 1 tem como base o nível de dívida atual),

Problemas intermediários 5-8

(21-5) **Risco de negócio e financeiro – modelo de MM** – A Air Tampa acaba de ser incorporada, e seu conselho de administração está atualmente lutando com a questão da estrutura de capital ótima. A empresa planeja oferecer serviços de transporte aéreo entre Tampa e pequenas cidades vizinhas. A Jaxair está no mercado há alguns anos e tem o mesmo risco básico de negócio que a Air Tampa teria. O beta determinado pelo mercado da Jaxair é de 1,8, o atual índice de endividamento pelo valor de mercado (dívida total em relação ao ativo total) é de 50% e a alíquota de imposto federal mais estadual é de 40%. A Air Tampa espera ser apenas marginalmente rentável na fase inicial; portanto sua alíquota de imposto seria de apenas 25%. Os proprietários da Air Tampa esperam que o valor contábil e de mercado total das ações da empresa, caso não utilize dívida, seja de $ 10 milhões. O diretor financeiro da Air Tampa acredita que as fórmulas de MM e Hamada para o valor de uma empresa alavancada e o custo de capital da empresa alavancada devem ser usadas. (Essas informações são dadas nas Equações 21-12, 21-13 e 21-14.)

  a. Faça uma estimativa do valor de beta de uma empresa não alavancada no ramo de transporte aéreo baseado no beta determinado pelo mercado da Jaxair. (*Dica*: Esse é um beta alavancado; utilize a Equação 21-14 e obtenha b_U).
  b. Agora suponha que $r_d = r_{RF} = 10\%$ e que o prêmio de risco de mercado é $RP_M = 5\%$. Encontre a taxa de retorno exigida sobre o patrimônio para uma empresa aérea não alavancada.

c. A Air Tampa está considerando três estruturas de capital: (1) $ 2 milhões de dívida; (2) $ 4 milhões de dívida; e (3) $ 6 milhões de dívida. Estime r_s da Air Tampa para esses níveis de dívida.

d. Calcule r_s da Air Tampa com dívida de $ 6 milhões supondo que sua alíquota de imposto federal mais estadual seja agora de 40%. Compare com a resposta dada no item c. (*Dica*: O aumento na alíquota de imposto faz com que V_U caia para $ 8 milhões).

(21-6) MM sem impostos – As empresas U e L são idênticas em todos os aspectos, exceto pelo fato de que U não é alavancada, enquanto L tem $ 10 milhões de títulos com taxa de 5% em circulação. Suponha que (1) não há impostos de pessoa jurídica e física; (2) todas as outras suposições de MM são verdadeiras; (3) o EBIT é de $ 2 milhões; e (4) o custo de capital próprio da Empresa U é de 10%.

a. Qual é o valor que MM estimariam para cada empresa?

b. Qual é o r_s para a Empresa U? E para a Empresa L?

c. Encontre S_L e mostre que $S_L + D = V_L = $ 20 milhões.

d. Qual é o CMPC para a Empresa U? E para a Empresa L?

e. Suponha que $V_U = $ 20 milhões e $V_L = $ 22 milhões. De acordo com MM, esses valores são consistentes com o equilíbrio? Se não, explique o processo pelo qual seria restabelecido o equilíbrio.

(21-7) MM com impostos de pessoa jurídica – As empresas U e L são idênticas em todos os aspectos, exceto pelo fato de que U não é alavancada, enquanto L tem $ 10 milhões de títulos com taxa de 5% em circulação. Suponha que (1) todas as suposições de MM são verdadeiras; (2) ambas as empresas estão sujeitas a uma alíquota de imposto estadual mais federal de 40%; (3) EBIT é de $ 2 milhões; e (4) o custo de capital próprio não alavancado é de 10%.

a. Qual é o valor que MM estimariam para cada empresa agora? (*Dica*: Use a Proposição I.)

b. Qual é o r_s para a Empresa U? E para a Empresa L?

c. Encontre S_L e mostre que $S_L + D = V_L$ resulta no mesmo valor obtido no item a.

d. Qual é o CMPC para a Empresa U? Para a Empresa L?

(21-8) Modelo de Miller – As empresas U e L são idênticas em todos os aspectos, exceto pelo fato de que U não é alavancada, enquanto L tem $ 10 milhões de títulos com taxa de 5% em circulação. Ambas as empresas têm EBIT de $ 2 milhões, Admita que todas as suposições de MM estejam corretas.

a. Suponha que as duas empresas estão sujeitas a uma alíquota de imposto federal mais estadual de 40%, que os investidores nas duas empresas têm uma alíquota de imposto de $T_d = 28\%$ sobre renda de dívida e $T_s = 20\%$ (em média) sobre renda de ações, e que a alíquota antes de imposto de pessoa física exigida apropriada r_{sU} é de 10%. Qual é o valor V_U da empresa não alavancada? Qual é o valor da empresa alavancada, V_L? Qual é o ganho da alavancagem?

b. Agora mantenha as outras suposições (D = $ 10 milhões, $r_d = 5\%$, EBIT = $ 2 milhões e $r_{sU} = 10\%$), mas estabeleça $T_c = T_s = T_d = 0$. Qual é o valor da empresa não alavancada, V_U? Qual é o valor da empresa alavancada, V_L? Qual o valor do ganho de alavancagem?

c. Continue considerando as outras suposições (D = $ 10 milhões, $r_d = 5\%$, EBIT = $ 2 milhões e $r_{sU} = 10\%$), mas agora admita que $T_s = T_d = 0$ e $T_c = 40\%$. Qual é o valor da empresa não alavancada, V_U? Qual é o valor da empresa alavancada, V_L? Qual o valor do ganho de alavancagem?

d. Mantenha ainda as outras suposições (D = $ 10 milhões, $r_d = 5\%$, EBIT = $ 2 milhões e $r_{sU} = 10\%$), mas defina $T_d = 28\%$, $T_s = 28\%$ e $T_c = 40\%$. Agora, quais são o valor da empresa alavancada e o valor do ganho de alavancagem?

Problemas desafiadores 9-12

(21-9) Valor presente ajustado – O fluxo de caixa livre esperado da Schwarzentraub Industries para o ano é de $ 500.000; espera-se que, no futuro, o fluxo de caixa cresça a uma taxa de 9%. A empresa atualmente não tem dívidas e seu custo de capital próprio é de 13%. A alíquota de imposto é de 40%. (*Dica*: Use as Equações 21-15 e 21-16.)

a. Encontre V_U.

b. Encontre V_L e r_{sL} se a Schwarzentraub utilizasse $ 5 milhões em dívidas com um custo de 7%. Use o modelo de APV que permite crescimento.

c. Baseado no V_U do item a, encontre V_L e r_{sL} usando o modelo de MM (com impostos) se a Schwarzentraub utilizasse a dívida de $ 5 milhões com taxa de 7%.

d. Explique a diferença entre suas respostas dos itens b e c.

(21-10) MM com e sem impostos – A International Associates (IA) está prestes a iniciar suas operações como uma empresa de comércio internacional. A empresa terá ativos contábeis de $ 10 milhões e espera receber um retorno de 16% sobre esses ativos antes de impostos. No entanto, em razão de certos acordos tributários com governos estrangeiros, a IA não pagará nenhum imposto; ou seja, sua alíquota de imposto será zero. A administração está tentando decidir como levantar os $ 10 milhões necessários. Sabe-se que a taxa de capitalização r_U para uma empresa baseada apenas em capital próprio nessa área é de 11% e a IA pode fazer um empréstimo a uma taxa de $r_d = 6\%$. Suponha que as suposições de MM se aplicam.

a. De acordo com MM, qual será o valor de IA se não utilizar a dívida? E se usar a dívida de $ 6 milhões com taxa de 6%?

b. Quais são os valores de CMPC e r_s com níveis de dívida de D = $ 0, D = $ 6 milhões e D = $ 10 milhões? Qual é o efeito da alavancagem sobre o valor da empresa? Por quê?

c. Assuma os fatos iniciais do problema ($r_d = 6\%$, EBIT = $ 1,6 milhão, $r_{sU} = 11\%$), mas agora suponha que exista uma alíquota de imposto federal mais estadual de 40%. Use as fórmulas de MM para encontrar os novos valores de mercado para IA com dívida zero e com $ 6 milhões de dívida.

d. Quais são os valores de CMPC e r_s com níveis de dívida de D = $ 0, D = $ 6 milhões e D = $ 10 milhões com uma alíquota de imposto de 40%? Represente a relação entre o valor da empresa e o índice de endividamento, bem como a relação entre custos de capital e o índice de endividamento.

e. Qual é o montante máximo de financiamento com dívida que pode ser usado? Qual é o valor da empresa com esse nível de dívida? Qual é o custo dessa dívida?

f. Como cada um dos seguintes fatores tende a mudar os valores que você apontou em seu gráfico?

(1) A taxa de juros sobre a dívida aumenta quando o índice de endividamento aumenta.

(2) Com níveis de dívida mais altos, a probabilidade de dificuldades financeiras aumenta.

(21-11) **Patrimônio como uma opção** – A empresa A. Fethe Inc. é uma fabricante de guitarras, bandolins e outros instrumentos de corda personalizados, localizada próxima a Knoxville, Tennessee. O valor atual das operações da Fethe, que é também o valor da dívida mais patrimônio, está estimado em $ 5 milhões. Fethe possui dívida no valor nominal de $ 2 milhões, sem cupom de juros, com vencimento em dois anos. A taxa livre de risco é de 6% e o desvio-padrão de retornos para empresas similares à Fethe é de 50%. Os proprietários da Fethe veem seus investimentos em ações como uma opção e gostariam de saber o valor de seus investimentos.

a. Usando o modelo de precificação de opções de Black-Scholes, quanto vale o patrimônio da Fethe?

b. Quanto vale a dívida hoje? Qual seu rendimento?

c. Como o valor do patrimônio e o rendimento sobre a dívida mudariam se a administração da empresa pudesse usar técnicas de gestão de risco para reduzir sua volatilidade para 30%? Explique.

(21-12) **APV compactado com crescimento não constante** – A Sheldon Corporation projeta os seguintes FCLs (fluxos de caixa livre) e despesas com juros para os próximos três anos, e após este período espera-se crescimento a uma taxa constante de 7%. O custo de capital não alavancado da Sheldon é de 13% e sua taxa fiscal é de 40%.

	ANO		
	1	2	3
Fluxo de caixa livre ($ milhões)	$ 20	$ 30	$ 40
Despesas com juros ($ milhões)	$ 8	$ 9	$ 10

a. Qual é o valor de horizonte não alavancado de operações da Sheldon no ano 3?

b. Qual é o valor atual de operações não alavancado?

c. Qual é o valor de horizonte do benefício fiscal no ano 3?

d. Qual é o valor atual do benefício fiscal?

e. Qual é o valor atual total da companhia?

Problemas de planilha

(21-13) **Construa um modelo: patrimônio visto como uma opção** – A Higgs Bassoon Corporation é uma companhia fabricante de fagotes e outros instrumentos de sopro. Seu atual valor de operações, que também é seu valor de dívida mais capital, está estimado em $ 200 milhões. A Higgs tem uma dívida em circulação com cupom zero, com vencimento em três anos e valor nominal de $ 110 milhões. A taxa livre de risco é de 5% e o desvio-padrão de retornos para companhias similares é de 60%. Os proprietários da Higgs Bassoon consideram seu investimento em capital uma opção e querem conhecer seu valor e responda às seguintes perguntas:

a. Utilizando o modelo de precificação de opções de Black-Scholes, defina qual é o valor do capital.

b. Qual é o valor da dívida hoje? Qual é seu rendimento?

    c. Como o valor de capital se modificaria se os gerentes da Fethe pudessem utilizar técnicas de gestão de risco a fim de reduzir sua volatilidade para 45%? Como você explica isto?

    d. Represente em gráfico o custo da dívida *versus* o valor nominal da dívida para valores do valor nominal de $ 10 para $ 160 milhões.

    e. Represente em gráfico os valores da dívida e do capital para volatilidades de 0,10 a 0,90, quando o valor nominal da dívida for de $ 100 milhões.

(21-14) Construa um modelo: modelo de valor ajustado compactado – A Kasperov Corporation tem um custo de capital não alavancado de 12% e é taxado em 40%. Espera-se que a previsão, para daqui a quatro anos, do fluxo de caixa livre e das despesas com juros cresça a uma taxa de 5%, iniciando após o ano 4. Responda às seguintes perguntas:

ENTRADAS (em milhões)	PROJETADAS			
Ano:	1	2	3	4
Fluxo de caixa livre	$ 200	$ 280	$ 320	$ 340
Despesas com juros	$ 200	$ 120	$ 120	$ 140

    a. Calcule o valor de horizonte estimado de operações não alavancadas no ano 4 (isto é, imediatamente após o fluxo de caixa livre do ano 4).

    b. Calcule o valor atual de operações não alavancadas.

    c. Calcule o valor de horizonte estimado do benefício fiscal no ano 4 (isto é, imediatamente após o fluxo de caixa livre do ano 4).

    d. Calcule o valor atual do benefício fiscal.

    e. Calcule o valor atual total.

Estudo de caso

David Lyons, presidente da Lyons Solar Technologies, está preocupado com o nível de financiamento por meio de dívida de sua empresa. A empresa usa dívida de curto prazo para financiar suas necessidades temporárias de capital de giro, mas não utiliza nenhuma dívida (de longo prazo) permanente. Outras empresas de tecnologia solar possuem uma média de dívida de aproximadamente 30%, e o Sr. Lyons se pergunta por que usam tanta dívida e como isso afeta o preço das ações. Para ter mais ideias sobre o assunto, ele apresentou as seguintes questões a você, seu mais novo assistente:

a. Quem foram Modigliani e Miller (MM) e quais suposições estão presentes nos modelos de Miller e de MM?

b. Suponha que as Empresas L e U estão na mesma classe de risco e ambas possuem EBIT = $ 500.000. A Empresa U não utiliza financiamento com dívida e seu custo de capital próprio é de $r_{sU} = 14\%$. A Empresa L possui $ 1 milhão de dívida em circulação a um custo de $r_d = 8\%$, sem impostos. Admita que as suposições de MM são mantidas.

    (1) Encontre V, S, r_s e CMPC para as Empresas U e L.

    (2) Represente em um gráfico (a) as relações entre custos de capital e alavancagem conforme mensurado por D/V; e (b) a relação entre V e D.

c. Agora suponha que as Empresas L e U estão sujeitas a uma alíquota de imposto de 40%. Utilizando os dados apresentados no item b, repita a análise solicitada em b(1) e (2) no modelo de MM com impostos.

d. Suponha que investidores estão sujeitos às seguintes alíquotas de impostos: $T_d = 30\%$ e $T_s = 12\%$.

    (1) De acordo com o modelo de Miller, qual é o ganho de alavancagem?

    (2) Como esse ganho se compara com o ganho no modelo de MM com impostos de pessoa jurídica?

    (3) O que o modelo de Miller sugere quanto ao efeito da dívida corporativa sobre o valor da empresa; ou seja, como impostos de pessoa física afetam a situação?

e. Quais as recomendações da política de estrutura de capital que as três teorias (MM sem impostos, com impostos de pessoa jurídica e Miller) sugerem aos gerentes financeiros? Empiricamente, as empresas parecem seguir um desses modelos?

f. Suponha que as Empresas U e L estão crescendo a uma taxa de 7% e que o investimento em ativos operacionais líquidos necessários para sustentar esse crescimento seja de 10% de EBIT. Utilize o modelo de APV (valor presente ajustado compactado) para estimar o valor de U e de L. Estime também o custo de capital alavancado e o custo de capital médio ponderado.

g. Suponha que o fluxo de caixa livre esperado para o ano 1 seja de $ 250.000 e que este deve crescer desigualmente ao longo dos três próximos anos: FCL2 = $ 290.000 e FCL3 = $ 320.000, após o que crescerá a uma taxa constante de 7%.

A taxa de juros esperada para o ano 1 é de $ 80.000, mas espera-se que esta cresça ao longo dos dois próximos anos antes que a estrutura de capital se torne constante: as despesas com juros no ano 2 serão de $ 95.000; no ano 3, serão de $ 120.000, e crescerão a 7% daí em diante. Qual é o valor de horizonte estimado não alavancado das operações (isto é, o valor no Ano 3 imediatamente após o FCL no ano 3)? Qual é o valor atual não alavancado das operações? Qual é o valor de horizonte do benefício fiscal no ano 3? Qual é o valor atual do benefício fiscal? Qual e o valor atual total? A taxa fiscal e o custo de capital não alavancado permanecem em 40% e 14%, respectivamente.

h. Suponha que exista grande probabilidade de que L não pagará sua dívida. Para aplicar este exemplo, admita que o valor das operações de L seja de $ 14 milhões (o valor de sua dívida mais capital). Considere também que sua dívida consista em títulos com cupom zero e vencimento em um ano, com um valor nominal de $ 2 milhões. Por fim, suponha que a volatilidade de L, σ, seja de 0,60 e que a taxa livre de risco, r_{RF}, seja de 6%.

i. Qual é o valor das ações de L para volatilidades entre 0,20 e 0,95? Quais incentivos o gerente da Empresa L pode receber se entender esta relação? O que os credores poderão fazer em resposta?

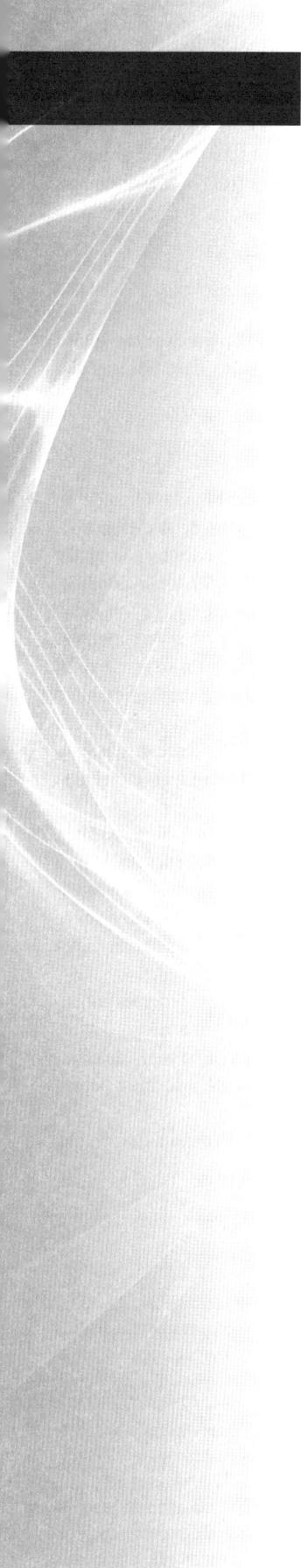

Fusões e controle da empresa

Em 28 de janeiro de 2005, a Procter & Gamble (P&G) ofereceu cerca de $ 55 bilhões pela Gillette em uma proposta de fusão amigável. Quando a transação foi concluída, no dia 1º de outubro de 2005, foi criada a maior empresa de bens de consumo do mundo, e essa fusão foi a maior daquele ano.

A junção da Gillette e da P&G já fez muitos vencedores. Quando a negociação foi anunciada, os acionistas da Gillette viram o valor de suas ações subir mais de 17%. Um vencedor em especial foi o maior acionista da Gillette, Warren Buffett, que detinha cerca de 96 milhões de ações. Entre outros vencedores estão os executivos seniores da Gillette, que viram o valor de suas ações e das opções de compra aumentar; e os bancos de investimento que ajudaram a realizar a negociação. As estimativas sugerem que Goldman Sachs, Merrill Lynch e UBS receberam, cada um, $ 30 milhões com a transação.

Embora muitos aprovem essa negociação, outros acreditam que a P&G terá de trabalhar muito para justificar o preço pago pela Gillette. Além disso, como ressaltamos neste capítulo, o histórico das empresas adquirentes em grandes negociações nem sempre foi bom. No momento em que escrevemos este livro (julho de 2012), as ações da P&G superaram as da S&P 500 em uma taxa anual de cerca de um ponto percentual, mesmo com o beta da P&G sendo inferior a 1, o que torna essa fusão uma história de sucesso. Lembre-se da fusão da P&G e Gillette ao ler este capítulo.

A maior parte do crescimento das empresas ocorre por *expansão interna,* quando suas divisões crescem por intermédio das atividades normais de avaliação de investimentos. Porém, os exemplos de crescimento mais dramáticos são decorrentes de fusões, o primeiro tópico abordado neste capítulo. Outras ações que alteram o controle corporativo são desinvestimentos — as condições mudam ao longo do tempo, fazendo com que as empresas vendam, ou desinvistam, importantes divisões a outras empresas, que podem utilizar melhor os ativos vendidos. Uma *empresa holding* é uma forma de organização em que uma corporação controla outras empresas em posse de algumas, ou todas, suas ações.

22-1 Lógica das fusões

Muitos motivos vêm sendo propostos pelos gerentes financeiros e pelos acadêmicos para explicar o alto nível de operações de fusão nos Estados Unidos. As principais razões por trás das **fusões** de empresas são apresentadas nesta seção.[1]

22-1a Sinergia

A principal motivação para a maioria das fusões é aumentar o valor da empresa combinada. Quando as Empresas A e B realizam uma fusão para formar a Empresa C, e se o valor de C superar os de A e B, considerados em conjunto, diz-se que há **sinergia**. Uma fusão como essa deve ser benéfica tanto para os acionistas de A quanto para os de B.[2] Os efeitos da sinergia podem surgir de cinco fontes: (1) *economias operacionais,* que resultam de economias de escala em administração, marketing, produção ou distribuição; (2) *economias financeiras,* que incluem custos de transação mais baixos e melhor cobertura pelos analistas de investimentos; (3) *efeitos fiscais,* em que a empresa combinada paga menos impostos que as empresas pagariam se estivessem separadas; (4) *eficiência diferencial,* significando que a administração da empresa única será mais eficiente e que os ativos da empresa mais fraca serão mais produtivos após a fusão; e *(5) aumento do poder de mercado* em decorrência da redução da concorrência. As economias operacionais e financeiras são socialmente desejáveis, assim como as fusões que aumentam a eficiência administrativa; porém, aquelas que reduzem a concorrência são socialmente indesejáveis e ilegais.[3]

Nem sempre as sinergias esperadas se concretizam. Por exemplo, quando a AOL adquiriu a Time Warner, acreditou que a ampla biblioteca de conteúdo desta pudesse ser vendida aos assinantes de internet da AOL e que esses assinantes migrariam para o sistema de televisão a cabo da Time Warner. Quando a fusão foi anunciada, a nova administração estimou que essas sinergias aumentariam o lucro operacional em $ 1 bilhão ao ano. No entanto, as coisas não aconteceram conforme o esperado e, em 2002, a Time Warner teve de baixar cerca de $ 100 bilhões de perda de valor com a fusão.

O Merrill Lynch (ML) estava à beira da falência no final de 2008; logo, os funcionários federais incentivaram o Bank of America (BoA) a salvar o ML adquirindo-o e criando um dos maiores (se não o maior) conglomerados financeiros do mundo. Mas o BoA tentou desistir da negociação quando soube mais detalhes da situação do ML. Pressionado pelo governo, o BoA realizou a fusão e quase imediatamente informou perdas associadas de mais de $ 21 bilhões.

Como esses exemplos ilustram, muitas vezes o que se materializa após uma fusão não são as sinergias, mas sim prejuízos.

---

[1] Conforme utilizamos o termo, *fusão* significa qualquer combinação que forma uma unidade econômica resultante de duas ou mais unidades preexistentes. Para efeitos legais, há distinções entre as várias formas dessas combinações, mas nosso foco está nos aspectos econômicos e financeiros fundamentais das fusões.

[2] Caso a sinergia exista, o todo será maior que a soma das partes. A sinergia também é denominada "efeito 2 mais 2 é igual a 5". A distribuição do ganho da sinergia entre os acionistas das empresas A e B será determinada mediante negociação. Este ponto será discutido adiante no capítulo.

[3] No final do século XIX, ocorreram várias fusões nos Estados Unidos, algumas delas obviamente direcionadas ao ganho do poder de mercado em vez de ao aumento da eficiência. Consequentemente, o Congresso aprovou uma série de leis destinadas a garantir que as fusões não sejam usadas como um método de redução da concorrência. As principais leis incluem a Lei Sherman (1890), a Lei Clayton (1914) e a Lei Celler (1950), que ilegalizam a combinação de empresas que tenda a diminuir a concorrência. As leis são impostas pela divisão antitruste do Departamento de Justiça e pela Comissão Federal de Comércio.

22-1b   Considerações tributárias

As considerações tributárias estimularam um grande número de fusões. Por exemplo, uma empresa rentável na faixa mais alta de alíquota de imposto poderia adquirir uma empresa com grandes prejuízos fiscais acumulados. Esses prejuízos poderiam converter-se, imediatamente, em economias de impostos, em vez de serem utilizados para compensação com períodos-base futuros.[4]

Além disso, as fusões podem servir para minimizar os impostos quando há caixa excedente. Por exemplo, se uma empresa tem escassez de oportunidades de investimento interno em comparação com seu fluxo de caixa livre, poderia (1) pagar um dividendo extra; (2) investir em títulos comercializáveis; (3) recomprar suas próprias ações; ou (4) comprar outra empresa. Caso pagasse um dividendo extra, seus acionistas teriam de pagar impostos logo na distribuição. Os títulos comercializáveis negociáveis muitas vezes propiciam uma boa forma de aplicar temporariamente o dinheiro, mas geralmente obtêm uma taxa de retorno menor que aquela exigida pelos acionistas. A recompra de ações pode resultar em ganho de capital para os acionistas vendedores. No entanto, o uso do caixa excedente para adquirir outra empresa evitaria todos esses problemas, o que tem motivado diversas fusões. Além disso, como discutiremos adiante, geralmente as economias fiscais são menores que o ágio pago nas aquisições. Assim, as fusões motivadas apenas pelas considerações tributárias geralmente reduzem a riqueza dos acionistas adquirentes.

22-1c   Compra de ativos a preços abaixo de seu custo de reposição

Às vezes, uma empresa será recomendada como candidata a aquisição porque o custo de reposição de seus ativos é consideravelmente maior do que o seu valor de mercado. Isso ocorre, em particular, no setor de recursos naturais. Por exemplo, as reservas de uma companhia de petróleo podem valer mais no papel do que as ações da empresa. (Evidentemente, converter o valor nominal em valor monetário nem sempre é tão fácil quanto parece.)

22-1d   Diversificação

Os administradores geralmente citam a diversificação como uma razão para as fusões. Eles sustentam que a diversificação ajuda a estabilizar os lucros de uma empresa e, assim, beneficia seus proprietários. A estabilização dos lucros é benéfica para funcionários, fornecedores e clientes, o que já não é tão certo com relação ao seu valor para os acionistas. Por que a empresa A deveria adquirir a empresa B para estabilizar lucros quando os acionistas podem simplesmente comprar ações de ambas as empresas? Pesquisas sugerem que, na maioria dos casos, a diversificação não aumenta o valor da empresa. Pelo contrário, muitos estudos concluem que empresas diversificadas são significativamente *menos* valiosas que a soma de suas partes individuais.[5]

Naturalmente, se você fosse o administrador-proprietário de uma empresa de capital fechado, poderia ser praticamente impossível vender parte de suas ações para diversificar. Além disso, vendê-las provavelmente implicaria alta tributação sobre ganhos de capital. Assim, uma fusão para diversificação pode ser o melhor meio de alcançar diversificação pessoal para uma empresa de capital fechado.

22-1e   Incentivos pessoais dos administradores

Os economistas financeiros gostam de pensar que as decisões de negócio estão fundamentadas apenas nas considerações econômicas, especialmente na maximização dos valores das empresas. Porém, muitas decisões de negócios são mais embasadas nas motivações pessoais dos administradores do que nas análises econômicas. Os líderes das empresas gostam de poder, e mais poder é obtido quando se dirige uma grande empresa em vez de uma menor. Muito provavelmente, nenhum executivo admitiria que seu ego foi o principal motivo para uma fusão, mas os egos têm um papel notório em muitas fusões.[6]

---

[4] As fusões realizadas somente para utilizar os prejuízos fiscais provavelmente seriam questionadas pelo IRS. Nos últimos anos, o Congresso norte-americano dificultou bastante a transmissão de economias fiscais das empresas após fusões.

[5] Veja, por exemplo, Philip G. Berger e Eli Ofek, "Diversification's Effect on Firm Value", *Journal of Financial Economics,* 1995, p. 39-66; e Larry Lang e René Stulz, "Tobin's Q, Corporate Diversification, and Firm Performance", *Journal of Political Economy,* v. 102, p. 1248-1280, 1994.

[6] Veja Randall Morck, Andrei Shleifer e Robert W. Vishny, "Do Managerial Objectives Drive Bad Acquisitions?", *Journal of Finance,* mar. 1990, p. 31-48.

Outra observação foi que os salários dos executivos estão fortemente correlacionados com o tamanho da empresa – quanto maior a empresa, maiores os salários de seus altos executivos, isso também poderia levar a aquisições desnecessárias.

Considerações pessoais desestimulam, mas também motivam as fusões. Na maioria das vezes, após a aquisição de controle, alguns administradores das empresas adquiridas perdem seus empregos ou sua autonomia. Portanto, aqueles que possuem menos de 51% das ações de sua empresa buscam artifícios que diminuam as chances de uma aquisição de controle, e as fusões podem servir como um desses artifícios. Em 2005, por exemplo, o conselho de administração da MCI, apesar da discordância de grandes acionistas, rejeitou diversas ofertas de aquisição feitas pela Qwest que, na época, era a quarta maior empresa de telefonia local, em favor de ofertas substancialmente menores da Verizon, a maior empresa de telefonia do país. A administração da MCI visualizou a Verizon como uma sócia mais sólida e estável, embora a oferta da Qwest tenha sido 20% maior do que a da Verizon. Em resposta à recusa da administração à maior oferta, os acionistas detentores de 28% das ações da MCI negaram seus votos para reeleger o conselho administrativo como forma de protesto. Apesar disso, a administração deu continuidade às negociações de fusão com a Verizon, e as duas empresas fundiram-se em junho de 2006. Nesses casos, a administração sempre afirma que a sinergia, e não o desejo de proteger seus próprios empregos, é a motivação para a escolha. Contudo, fica difícil explicar racionalmente a rejeição de uma oferta 20% mais alta por conta de sinergias não comprovadas, e alguns observadores suspeitam que essa fusão – assim como muitas outras – teve o objetivo final de beneficiar mais os administradores do que os acionistas.

22-1f   Valor de liquidação

Alguns especialistas em aquisições de controle estimam o **valor de liquidação** de uma empresa, que é o valor das partes individuais da empresa, se fossem vendidas separadamente. Quando esse valor é mais alto que o valor de mercado da empresa, um especialista em aquisições de controle pode adquirir a empresa por seu valor de mercado corrente ou um valor superior, vendê-la em partes e obter lucro.

Autoavaliação

1. Defina *sinergia*. A sinergia é uma lógica válida para as fusões? Descreva várias situações que podem gerar ganhos de sinergia.
2. Suponha que sua empresa pudesse comprar outra por metade de seu valor de reposição. Essa justificativa seria suficiente para a aquisição?
3. Discuta os prós e os contras da diversificação como uma lógica para as fusões.
4. O que é valor de liquidação?

22-2   Tipos de fusão

Os economistas classificam as fusões em quatro tipos: (1) horizontal; (2) vertical; (3) de empresas congêneres; e (4) de conglomerados. Uma **fusão horizontal** ocorre quando uma empresa se combina com outra com a mesma linha de negócios – a fusão de Sprint e Nextel, em 2005, é um exemplo de fusão horizontal. Um exemplo de **fusão vertical** seria a aquisição realizada por um produtor de aço que envolva um de seus fornecedores, como uma empresa de mineração de ferro ou de carvão, ou, ainda, a aquisição de uma petroquímica, que usa o petróleo como matéria-prima, por um produtor de petróleo. *Congênere* significa "unida por sua natureza ou atuação; logo, uma **fusão de empresas congêneres** envolve empresas relacionadas, mas não produtoras do mesmo produto (horizontal), ou com um relacionamento produtor-fornecedor (vertical). A fusão de AOL e Time Warner é um exemplo disso. Uma **fusão de conglomerados** ocorre quando empresas não relacionadas se unem.

As economias operacionais (e também os efeitos anticompetitivos) dependem, pelo menos em parte, do tipo de fusão envolvida. As fusões vertical e horizontal geralmente fornecem os maiores benefícios operacionais de sinergia, mas também são as mais prováveis de serem contestadas pelo Departamento de Justiça com o argumento de serem anticompetitivas.[7] De qualquer modo, vale pensar nessas classificações econômicas ao analisar perspectivas de fusões.

---

[7] Para obter percepções interessantes sobre regulamentos e fusões, veja B. Espen Eckbo, "Mergers and the Value of Antitrust Deterrence", *Journal of Finance,* jul. 1992, p. 1005-1029.

Autoavaliação

1. Quais são os quatro tipos econômicos de fusões?

22-3   Nível de atividade de fusão

As cinco principais "ondas de fusão" ocorreram nos Estados Unidos. A primeira foi no final do século XIX, quando houve incorporações nos setores de petróleo, aço, tabaco e outras indústrias básicas. A segunda onda se deu na década de 1920, quando a alta no mercado de ações ajudou os promotores financeiros a incorporarem empresas em vários setores, incluindo o de serviços públicos, comunicações e automobilístico. A terceira onda ocorreu na década de 1960, quando as fusões de conglomerados estavam no auge. A quarta onda ocorreu nos anos 1980, quando as empresas de LBOs e outras começaram a usar os títulos de alto risco para financiar todos os tipos de aquisição. A quinta, que envolve alianças estratégicas destinadas a possibilitar que as empresas concorram melhor na economia global, durou toda a década de 1990. Alguns especulam que os anos 2000 foram a sexta onda, impulsionada pelo capital privado.

Como se pode ver na Tabela 21-1, algumas grandes fusões ocorreram nos últimos anos. A maioria das fusões recentes foi de natureza estratégica – as empresas estão fazendo fusões para ganhar economias de escala ou de escopo e, portanto, para aumentar a sua capacidade de concorrer na economia mundial. Na realidade, muitas das fusões recentes envolveram empresas dos setores financeiro, de defesa, mídia, informática, telecomunicações e de saúde, que estão passando por mudanças estruturais e concorrência acirrada.

Na década de 1980, o dinheiro era a forma de pagamento preferida, pois grandes pagamentos em dinheiro poderiam convencer até mesmo o acionista mais resistente a aprovar o negócio. Além disso, o dinheiro geralmente era obtido por empréstimo, deixando a empresa consolidada com uma dívida pesada, o que muitas vezes gerava dificuldades. Nos últimos anos, as ações vêm substituindo o empréstimo como moeda de fusão por dois motivos: (1) muitas fusões da década de 1980 foram financiadas com títulos de alto risco que, posteriormente, sofreram inadimplemento. Esses inadimplementos, com o fim da Drexel Burnham, a principal corretora de títulos de alto risco, dificultaram os acordos de fusões financiadas com dívida. (2) A maioria das fusões recentes foi estratégica, como a aquisição da ImClone Systems por $ 6,5 bilhões, realizada pela Eli Lilly em 2008. A maioria dessas fusões foi amigável, e os acordos de trocas de ações ficam mais fáceis em fusões desse tipo que em fusões hostis. A atividade global de fusões tem diminuído muito desde a crise financeira de 2007–2008 e da subsequente recessão, e grande parte da atividade que ocorreu de 2009 a 2011 novamente consistiu em negociações em dinheiro, como a aquisição da Novell, em 2011, pela companhia privada de TI, Attachmate, no valor de $2,2 bilhões. Também tem havido um aumento nas fusões realizadas entre empresas de países diferentes. Por exemplo, em 2011, a companhia Suíça de tecnologia da automação, ABB, adquiriu a Baldor Electric Company, uma fabricante de motores industriais sediada nos Estados Unidos. Também no início de 2011, a Pepsico adquiriu uma participação de 66% na companhia Russa de alimentos Wimm-Bill-Dann Foods, e comprou as ações restantes no final de 2011.

TABELA 22-1
As dez maiores fusões do mundo concluídas até 31 de dezembro de 2011

COMPRADORA	EMPRESA-ALVO	DATA DE CONCLUSÃO	VALOR (EM BILHÕES DE DÓLARES NORTE-AMERICANOS)
Vodafone AirTouch	Mannesmann	12 de abril de 2000	$ 161
Pfizer	Warner-Lambert	19 de junho de 2000	116
America Online	Time Warner	11 de janeiro de 2001	106
RFS Holdings	ABN-AMRO Holding	5 de outubro de 2007	99
Exxon	Mobil	30 de novembro de 1999	81
Glaxo Wellcome	SmithKline Beecham	27 de dezembro de 2000	74
Royal Dutch Petroleum	Shell Transport and Trading	20 de julho de 2005	74
ATT	BellSouth	29 de dezembro de 2006	73
SBC Communications	Ameritech	8 de outubro de 1999	72
VodafoneGroup	AirTouch	30 de junho de 1999	69

Fontes: "A Look at the Top 10 Global Mergers", *Associated Press Newswires,* 11 jan. 2001; *The Wall Street Journal,* "Year-End Review of Markets and Finance World-Wide Deals", diversas edições.

Autoavaliação

1. Quais foram as cinco principais "ondas de fusão" que ocorreram nos Estados Unidos?

22-4   Aquisição hostil *versus* Aquisição amigável

Na grande maioria das situações de fusões, uma empresa (geralmente a maior das duas) simplesmente decide comprar outra, negocia um preço com a administração da empresa-alvo e, em seguida, a adquire. Eventualmente, a empresa adquirida toma a iniciativa, mas é muito mais comum que uma empresa busque companhias para adquirir do que busque ser adquirida. Seguindo a convenção, uma empresa que busca adquirir outra é denominada **adquirente**; e aquela que esta busca adquirir, **empresa-alvo.**

Uma vez que a empresa adquirente tenha identificado um possível alvo, ela deve: (1) determinar um preço ou uma faixa de preços adequados; e (2) decidir a forma de pagamento – oferecerá dinheiro, suas próprias ações ordinárias, títulos ou algum tipo de combinação? Em seguida, os administradores da empresa adquirente devem decidir como abordar os administradores da empresa-alvo. Se a empresa adquirente tiver motivos para acreditar que a administração da empresa-alvo aprovará a fusão, o presidente da empresa entrará em contato com o da outra, fará a proposta de fusão e tentará elaborar as condições adequadas. Caso cheguem a um acordo, os dois grupos de administração emitirão declarações a seus acionistas, indicando que aprovam a fusão, e a administração da empresa-alvo recomendará que concordem com o procedimento. Geralmente, solicita-se que os acionistas *entreguem* (ou enviem) suas ações a determinada instituição financeira, com uma procuração firmada, que transfere a propriedade das ações à empresa adquirente. Os acionistas da empresa-alvo recebem o pagamento especificado em ações ordinárias da empresa adquirente (nesse caso, os acionistas da empresa-alvo tornam-se acionistas da adquirente), em dinheiro, em títulos ou em alguma combinação de dinheiro e títulos. Essa é uma **fusão amigável**. A aquisição pela Kraft da companhia britânica Cadbury, em 2010, é exemplo de uma fusão amigável, apesar de a Cadbury inicialmente ter rejeitado uma oferta feita pela Kraft, por ser muito baixa.

Entretanto, muitas vezes a administração da empresa-alvo resiste à fusão. Talvez os administradores considerem que o preço oferecido é muito baixo ou simplesmente queiram manter seus empregos. Independentemente do motivo, nesse caso, a oferta da empresa adquirente é considerada **hostil** em vez de amigável, e a empresa adquirente deve recorrer diretamente aos acionistas da empresa-alvo. Em uma fusão hostil, a empresa adquirente fará uma **oferta de aquisição** e solicitará novamente que os acionistas da empresa-alvo entreguem suas ações pelo preço ofertado. Porém, nesse momento, os administradores da empresa-alvo incitarão os acionistas a não entregarem suas ações, possivelmente afirmando que o preço ofertado (dinheiro, títulos ou ações da empresa adquirente) é muito baixo. Por exemplo, no final de 2010 o conselho administrativo da empresa de biotecnologia Genzyme se recusou a considerar uma oferta de $ 69 por ação da gigante farmacêutica francesa Sanofi. Para encorajar o conselho a considerar ativamente a oferta, a Sanofi apelou diretamente aos acionistas da Genzyme com uma oferta generosa de $ 69 por ação. Essa oferta chamou a atenção do conselho da Genzyme e no início de 2011, a Sanofi aumentou o componente de caixa da oferta para $ 74 e acrescentou um título chamado de direito de valor contingente (CVR) à oferta. O CVR pagaria até $ 14 por ação a mais para os acionistas vendedores, dependendo do desempenho de um dos remédios da Genzyme, e a fusão finalmente foi aprovada pela administração.[8]

Embora a maioria das fusões seja amigável, há casos em que empresas muito conhecidas tentaram realizar aquisições hostis. Por exemplo, a Wachovia, antes da aquisição pela Wells Fargo durante a crise financeira em 2008, frustrou uma oferta de compra hostil feita pela SunTrust e, em vez disso, foi adquirida pela First Union. Analisando o mercado internacional, a Olivetti realizou uma aquisição hostil da Telecom Itália e, em outra fusão hostil de telecomunicações, a britânica Vodafone AirTouch adquiriu sua rival alemã, a Mannesmann AG.

Talvez não seja de admirar que, em geral, as ofertas de compra hostis não dão certo. Contudo, uma oferta em dinheiro suficientemente alta, muitas vezes, vencerá qualquer resistência por parte da administração da empresa-alvo. Em geral, uma fusão hostil começa com uma oferta "preventiva" ou "irrecusável". A ideia é oferecer um ágio alto acima do preço preanunciado para que (a) nenhum dos demais ofertantes seja capaz de entrar na briga; e (b) o conselho da empresa-alvo simplesmente não consiga rejeitar a oferta. Se a oferta hostil for aceita pelo conselho de administração da empresa-alvo, o negócio é fechado de forma "amigável", apesar de qualquer conflito durante a fase hostil.

Autoavaliação

1. Qual é a diferença entre as fusões hostil e amigável?

---

[8] Consulte www.bloomberg.com/news/2011-02-16/sanofi-aventis-agrees-to-buy-genzyme-for-74-a-share-in-19-2-billion-deal.html para mais informações sobre a aquisição Sanofi-Genzyme.

22-5   Regulamentação da fusão

Antes da metade da década de 1960, as aquisições ocorriam como fusões, com simples troca de ações, e a disputa por procurações para votar era o principal instrumento utilizado nas lutas por aquisição de controle hostil. Todavia, após esse período, os interessados na aquisição hostil de empresas começaram a atuar de modo diferente. Primeiro, levava muito tempo para elaborar uma disputa por procuração para votar – os interessados na aquisição hostil tinham de pedir uma lista dos acionistas da empresa-alvo, ter o pedido recusado e, em seguida, obter uma ordem judicial para obrigar a administração a entregar a lista. Durante esse tempo, a administração da empresa-alvo podia pensar e implantar uma estratégia para se defender do interessado. Consequentemente, a administração ganhava a maioria das disputas por procuração para votar.

Logo, os interessados começaram a pensar: "Se pudéssemos induzir a decisão rapidamente, antes que a administração pudesse tomar medidas de defesa, nossa probabilidade de êxito aumentaria muito". Isso fez os interessados em uma aquisição hostil migrarem da disputa por procuração para votar à oferta de aquisição, cuja resposta vinha mais rapidamente. Por exemplo, poderiam ser oferecidos $ 27 por ação aos acionistas de uma empresa cujas ações estivessem sendo vendidas a $ 20, dando-lhes o prazo de duas semanas para aceitar a oferta. Enquanto isso, o interessado teria acumulado um bloco expressivo de ações em compras no mercado aberto, é possível que ações adicionais tenham sido compradas por amigos institucionais do interessado, que prometeriam oferecê-las em troca das informações de que uma tomada de controle hostil estava prestes a ocorrer.

Diante de uma tomada de controle bem planejada, em geral, os administradores eram dominados. As ações realmente podiam valer mais do que o preço ofertado, mas a administração simplesmente não tinha tempo suficiente para passar essa mensagem a todos os acionistas ou encontrar um ofertante competitivo. Essa situação parecia injusta; assim, o Congresso norte-americano aprovou a Lei Williams em 1968. Essa lei tinha dois objetivos principais: (1) regulamentar a maneira como as empresas adquirentes podem estruturar suas ofertas de aquisição; e (2) forçar as empresas adquirentes a divulgarem mais informações sobre suas ofertas. Basicamente, o Congresso queria colocar a administração-alvo em condições melhores para se defender de ofertas hostis. Além disso, acreditava que os acionistas precisavam acessar mais facilmente as informações relacionadas às ofertas de aquisição – incluindo aquelas sobre todos os títulos que podiam ser oferecidos em vez de dinheiro – a fim de tomar decisões sensatas de entregar ou não as ações.

A Lei Williams impôs quatro restrições às empresas adquirentes: (1) elas devem divulgar suas participações acionárias atuais e futuras dez dias antes de acumular, no mínimo, 5% das ações de uma empresa; (2) devem divulgar a origem dos recursos a serem utilizados na aquisição; (3) os acionistas da empresa-alvo devem ter um prazo mínimo de 20 dias para ofertar suas ações; ou seja, a oferta deve ficar "em aberto" durante, no mínimo, 20 dias; (4) se a adquirente aumentar o preço de oferta durante o período de 20 dias em aberto, todos os acionistas que ofertaram suas ações antes da nova oferta devem receber o preço mais alto. Em geral, essas restrições se destinavam a reduzir a capacidade da empresa adquirente de surpreender a administração e induzir os acionistas da empresa-alvo a aceitarem precipitadamente uma oferta inadequada. Antes da Lei Williams, as ofertas geralmente eram aceitas "por ordem de chegada", além de serem muitas vezes acompanhadas de uma ameaça implícita de baixar o preço de oferta depois que 50% das ações fossem adquiridas. A legislação também ofereceu mais tempo à empresa-alvo para preparar uma defesa e deu aos ofertantes rivais e potenciais compradores amigáveis uma chance de entrar na briga e, assim, ajudar os acionistas de uma empresa-alvo a obter um preço melhor.

Muitos estados também aprovaram leis destinadas a proteger suas empresas das aquisições hostis. Em 1987, a Suprema Corte dos Estados Unidos confirmou uma lei que mudou radicalmente as regras do jogo das aquisições. Especificamente, a primeira lei de Indiana definiu as "ações de controle" como ações suficientes para dar 20% dos votos a um investidor. A lei continuava declarando que, quando um investidor comprar ações de controle, elas poderão ser votadas somente após aprovação da maioria dos "acionistas desinteressados", definidos como os que não são diretores ou conselheiros da empresa nem associados ao comprador hostil. A lei também concede ao comprador das ações de controle o direito de insistir que seja convocada uma assembleia de acionistas em 50 dias para decidir se as ações podem ser votadas. A lei de Indiana foi um grande golpe para os potenciais compradores hostis, principalmente por retardar sua ação e, assim, proporcionar mais tempo para a empresa-alvo construir uma defesa. Posteriormente, Delaware (estado em que a maioria das grandes empresas está constituída) aprovou um projeto de lei semelhante, assim como Nova York e uma série de outros estados importantes.

As novas leis estaduais também têm certas características que protegem os acionistas das empresas-alvo de seus próprios administradores. Nelas, estão incluídos os limites de uso do "paraquedas de ouro" ou indenizações pagas aos principais executivos da empresa no caso de demissão destes por conta da aquisição de controle da empresa, planos onerosos de financiamento com dívida e alguns tipos de defesas contra aquisições de controle.

Como essas leis não regulamentam as ofertas de aquisição em si, mas, em vez disso, regem as práticas das empresas no estado, estas resistem a todas as contestações legais até o momento. Contudo, quando empresas como a IBM oferecem ágios de 100% por companhias como a Lotus, qualquer defesa terá dificuldade em detê-las.

Autoavaliação

1. É necessário regulamentar as fusões? Explique.
2. Os estados desempenham algum papel na regulamentação das fusões ou tudo é feito em âmbito nacional? Explique.

22-6   Visão geral da análise de fusão

Uma empresa adquirente deve responder a duas perguntas. Primeira: qual será o valor da empresa-alvo depois de ser fundida à adquirente? Repare que ele pode ser bem diferente do valor atual da empresa-alvo, que não reflete nenhuma sinergia pós-fusão ou benefícios fiscais. Segunda: qual a quantia que deveria ser oferecida pela adquirente pela empresa-alvo? Evidentemente, um preço baixo seria mais vantajoso para a adquirente, mas a empresa-alvo não aceitaria a oferta se ela for muito baixa. Contudo, um preço de oferta mais alto intimidaria os possíveis ofertantes concorrentes. Nas seções a seguir, abordaremos o estabelecimento do preço e da estrutura da oferta (dinheiro *versus* ações), mas, por enquanto, daremos atenção à estimativa do valor da empresa-alvo após a fusão.

Há duas abordagens básicas utilizadas para avaliar a fusão: técnicas de fluxo de caixa descontado (DCF) e análises de múltiplos de mercado.[9] Os resultados da pesquisa demonstram que 49,3% das empresas utilizam somente técnicas de fluxo de caixa descontado, 33,3% utilizam DCF e múltiplos de mercado; e 12,0%, somente múltiplos de mercado. A abordagem de múltiplo de mercado presume que uma empresa-alvo pode ser diretamente comparada a uma empresa comum de seu setor.

Portanto, esse procedimento oferece, na melhor das hipóteses, uma estimativa aproximada. Por ser menos precisa e utilizada com menos frequência do que as abordagens de DCF, daremos ênfase aos métodos de DCF.[10]

Há três métodos de DCF muito utilizados: (1) avaliação do fluxo de caixa livre da empresa; (2) valor presente ajustado (APV) e (3) valor residual do patrimônio, também conhecido como método de "fluxo de caixa livre para acionistas". O Capítulo 7 explica o modelo de avaliação de empresas; o Capítulo 21, o modelo de valor presente ajustado; e a Seção 22-7, o modelo de valor residual do patrimônio. A Seção 22-8 também ilustra numericamente uma empresa com estrutura de capital constante e demonstra que todos os três modelos, quando aplicados adequadamente, resultam em avaliações idênticas, caso a estrutura de capital fique constante. Contudo, em muitas situações, haverá uma estrutura de capital não constante nos anos imediatamente posteriores à fusão. Por exemplo, isso ocorre muitas vezes quando uma aquisição é financiada com um nível de dívida temporariamente alto, que será reduzido a um nível sustentável à medida que a fusão for assimilada. Nessas situações, é extremamente difícil aplicar o modelo de avaliação de empresas ou o modelo de valor residual do patrimônio corretamente, pois o custo de capital próprio e o custo de capital mudam conforme a estrutura de capital muda. Felizmente, o modelo de valor presente ajustado é o ideal para essas situações, como demonstraremos na Seção 22-10.

Autoavaliação

1. Quais são as duas perguntas que a adquirente deve responder?
2. Quais são as quatro maneiras de estimar o valor da empresa-alvo?

---

[9] Veja o Capítulo 7 para uma explicação da análise de múltiplos de mercado.

[10] Para saber mais sobre os resultados da pesquisa sobre métodos de avaliação de fusões, veja Tarun K. Mukherjee, Halil Kiymaz e H. Kent Baker, "Merger Motives and Target Valuation: A Survey of Evidence from CFOs", *Journal of Applied Finance*, quarto trimestre de 2004, p. 7-23. Para evidências sobre a eficiência das abordagens de múltiplos de mercado e DCF, veja S. N. Kaplan e R. S. Ruback, "The Market Pricing of Cash Flow Forecasts: Discounted Cash Flow *vs.* the Method of 'Comparables'", *Journal of Applied Corporate Finance*, primeiro trimestre de 1996, p. 45-60. Veja, ainda, Samuel C. Weaver, Robert S. Harris, Daniel W. Bielinski e Kenneth F. MacKenzie, "Merger and Acquisition Valuation", *Financial Management*, terceiro trimestre de 1991, p. 85-96; e Nancy Mohan, M. Fall Ainina, Daniel Kaufman e Bernard J. Winger, "Acquisition/Divestiture Valuation Practices in Major U.S. Firms", *Financial Practice and Education*, segundo trimestre de 1991, p. 73-81.

22-7   Abordagem de fluxo de caixa livre para acionistas (FCLA)

Fluxo de caixa livre é o caixa disponível para distribuição a *todos* os investidores. Em contrapartida, o **fluxo de caixa livre para acionistas (FCLA)** é o fluxo de caixa disponível para distribuição aos *acionistas ordinários.* Como o FCLA está disponível para distribuição somente a acionistas, deve ser descontado ao custo do capital próprio, r_{sL}. Portanto, a **abordagem de fluxo de caixa livre para acionistas**, também conhecida como **modelo de valor residual do patrimônio**, desconta os FCLAs projetados ao custo de capital próprio para determinar o valor do patrimônio proveniente das operações.

Como o FCLA é o fluxo de caixa livre disponível para distribuição aos acionistas, pode ser utilizado para pagar dividendos ordinários, recomprar ações, adquirir ativos financeiros, ou alguma combinação desses usos. Em outras palavras, os usos do FCLA incluem todos os do FCL, exceto pagamentos a credores. Assim, um modo de calcular o FCLA é começar com o FCL e reduzi-lo pelos pagamentos líquidos aos credores, após o pagamento de impostos:

$$\text{FCLA} = \begin{matrix}\text{Fluxo de}\\\text{caixa livre}\end{matrix} - \begin{matrix}\text{Despesas com juros}\\\text{após impostos}\end{matrix} - \begin{matrix}\text{Pagamento de}\\\text{principal}\end{matrix} + \begin{matrix}\text{Dívida}\\\text{recém-emitida}\end{matrix}$$

$$= \begin{matrix}\text{Fluxo de}\\\text{caixa livre}\end{matrix} - \begin{matrix}\text{Despesas}\\\text{com juros}\end{matrix} + \begin{matrix}\text{Benefício fiscal}\\\text{de juros}\end{matrix} + \begin{matrix}\text{Variação líquida}\\\text{de dívida}\end{matrix}$$

(22-1)

Uma alternativa para calcular o FCLA é:

$$\text{FCLA} = \begin{matrix}\text{Lucro}\\\text{líquido}\end{matrix} - \begin{matrix}\text{Investimento líquido em}\\\text{capital operacional}\end{matrix} + \begin{matrix}\text{Variação líquida}\\\text{de dívida}\end{matrix}$$

(22-1a)

Esses dois cálculos dão o mesmo valor para FCLA, mas a Equação 22-1 é utilizada com mais frequência, pois os analistas nem sempre estimam o lucro líquido de uma empresa-alvo depois que é adquirida.

Considerando as projeções do FCLA, o valor do patrimônio de uma empresa por conta de suas operações, V_{FCLA}, será:

$$V_{FCLA} = \sum_{t=1}^{\infty} \frac{FCLA_t}{(1 + r_{sL})^t}$$

(22-2)

Se considerarmos um crescimento constante além do horizonte, o valor do horizonte do valor do patrimônio por conta das operações, $HV_{FCLA,N}$, será:

$$HV_{FCFE,N} = \frac{FCLA_{N+1}}{r_{sL} - g} = \frac{FCLA_N(1 + g)}{r_{sL} - g}$$

(22-3)

O valor do patrimônio por conta das operações é o valor presente do valor do horizonte e do FCLA durante o período projetado:

$$V_{FCLA} = \sum_{t=1}^{N} \frac{FCLA_t}{(1 + r_{sL})^t} + \frac{HV_{FCLA,N}}{(1 + r_{sL})^N}$$

(22-4)

O valor total do patrimônio da empresa, S, é o valor do patrimônio proveniente das operações mais o valor de quaisquer ativos não operacionais:

$$S = V_{FCLA} + \text{Ativos não operacionais}$$

(22-5)

Para obter o preço por ação basta dividir o valor total do patrimônio pelas ações em circulação.[11] Como o modelo de avaliação de empresas, o modelo de FCLA pode ser aplicado apenas quando a estrutura de capital for constante.

A Tabela 22-2 resume os três métodos de avaliação de fluxo de caixa e suas suposições.

Autoavaliação

1. Quais fluxos de caixa são descontados no modelo de FCLA e qual é a taxa de desconto?
2. Quais são as diferenças entre os modelos de avaliação de empresas, FCLA e APV? Qual é a semelhança entre eles?

TABELA 22-2
Resumo das abordagens de fluxo de caixa

	ABORDAGEM		
	MODELO DE AVALIAÇÃO DE EMPRESAS	**MODELO DE FLUXO DE CAIXA LIVRE PARA ACIONISTAS**	**MODELO DE APV**
Definição de fluxo de caixa	FCL = Nopat - Investimento líquido em capital operacional	FCLA = FCL - Despesa de juros + Benefício fiscal de juros + Variação líquida da dívida	(1) FCL e (2) Economias fiscais de juros
Taxa de desconto	CMPC	r_{sL} = Custo de capital próprio	r_{sU} = Custo de capital próprio não alavancado
Resultado do cálculo do valor presente	Valor das operações	Valor do patrimônio por conta das operações	(1) Valor não alavancado das operações e (2) Valor do benefício fiscal; juntos, eles representam o valor das operações
Como obter o valor do patrimônio	Valor das operações + Valor dos ativos não operacionais - Valor da dívida	Valor do patrimônio por conta das operações + Valor dos ativos não operacionais	Valor das operações + Valor dos ativos não operacionais - Valor da dívida
Suposição sobre a estrutura de capital durante o período projetado	A estrutura de capital é constante	A estrutura de capital é constante	Nenhuma
Exigência para o analista projetar despesas com juros	Não há necessidade de projeções de despesas com juros	As despesas de juros projetadas devem ter como base a estrutura de capital presumida	As projeções de despesas de juros são ilimitadas
Suposição no horizonte	O FCL cresce a uma taxa constante, g	O FCLA cresce a uma taxa constante, g	O FCL e as economias fiscais de juros crescem a uma taxa constante, g

© Cengage Learning 2014

22-8   Ilustração das três abordagens de avaliação para uma estrutura de capital constante

Para ilustrar as três abordagens de avaliação, considere a Caldwell Inc., uma grande empresa de tecnologia, enquanto avalia a possível aquisição da Tutwiler Controls. Se a aquisição ocorrer, será em 1º de janeiro de 2014 e, portanto, cada avaliação acontecerá nessa data e terá como base a estrutura de capital e as sinergias esperadas após a aquisição. Atualmente, a Tutwiler possui patrimônio de $ 62,5 milhões e $ 27 milhões em dívidas, totalizando um valor de mercado de $ 89,5 milhões. Assim, sua estrutura de capital é composta por $ 27/($ 62,5 + $ 27) = 30,17% de dívida. A Caldwell pretende financiar a aquisição com a mesma proporção de dívida e planeja manter essa estrutura de capital constante durante e após o período de projeção. A Tutwiler é

---

[11] O modelo de FCLA é similar ao modelo de crescimento de dividendos no sentido de que os fluxos de caixa são descontados no custo de capital. Os fluxos de caixa no modelo de FCLA são aqueles gerados a partir de operações, ao passo que os fluxos de caixa no modelo de crescimento de dividendos (isto é, os dividendos) também contêm fluxos de caixa devidos aos juros ganhos sobre ativos não operacionais.

uma empresa de capital aberto, e seu beta determinado pelo mercado antes da fusão era de 1,2. Considerando uma taxa livre de riscos de 7% e um prêmio de risco de mercado de 5%, o Modelo de Precificação de Ativos Financeiros (CAPM) gera uma taxa de retorno exigido sobre o patrimônio antes da fusão, r_{sL}, de:

$$r_{sL} = r_{RF} + b(RP_M)$$
$$= 7\% + 1,2(5\%) = 13\%$$

O custo da dívida da Tutwiler é de 9%. Seu CMPC é:

$$CMPC = w_d(1 - T)r_d + w_s r_{sL}$$
$$= 0,3017(0,60)(9\%) + 0,6983(13\%)$$
$$= 10,707\%$$

Quanto a Tutwiler valeria para a Caldwell após a fusão? As seções a seguir ilustram a aplicação do modelo de avaliação de empresas, do modelo de APV e do modelo de FCLA. Todos os três modelos geram um valor de patrimônio idêntico, mas lembre-se de que isso ocorre somente porque a estrutura de capital é constante. Caso ela mudasse durante o período de projeção antes de se estabilizar, seria possível utilizar somente o modelo de APV. A Seção 22-10 ilustra o APV no caso de uma estrutura de capital não constante.

22-8a Projeção dos fluxos de caixa após a fusão

A primeira ordem da negociação é estimar os fluxos de caixa após a fusão que a Tutwiler gerará. Esta é, de longe, a tarefa mais importante em qualquer análise de fusão. Em uma **fusão financeira pura**, definida como aquela em que não se espera nenhuma sinergia operacional, os fluxos de caixa incrementais após a fusão são simplesmente os fluxos de caixa esperados da empresa-alvo. Em uma **fusão operacional**, em que as operações das duas empresas devem ser integradas, obviamente é mais difícil projetar os fluxos de caixa futuros, já que é necessário estimar as possíveis sinergias. As equipes de marketing, produção, recursos humanos e contabilidade desempenham papéis importantes nesse processo, cujos gerentes financeiros dão atenção ao financiamento da aquisição e realizam uma análise destinada a determinar se os fluxos de caixa projetados compensam o custo. Neste capítulo, consideraremos as projeções no estado em que se encontram e daremos ênfase em como são analisadas.

A Tabela 22-3 demonstra as projeções após a fusão da Tutwiler, considerando todas as sinergias esperadas e mantendo uma estrutura de capital constante. A Caldwell e a Tutwiler possuem alíquota de imposto federal mais estadual de 40%. O custo da dívida após a aquisição permanecerá em 9%. As projeções presumem que o crescimento no período após o horizonte será de 6%.

O Quadro A da Tabela 22-3 demonstra os itens selecionados das demonstrações financeiras projetadas. O Quadro B informa os cálculos do fluxo de caixa livre, utilizado no modelo de avaliação de empresas. A Linha 9 demonstra o lucro operacional líquido após impostos (Nopat), que é igual a EBIT(1 − T). A Linha 10 apresenta o investimento líquido em capital operacional, que é a variação anual no capital operacional total líquido da Linha 8. O fluxo de caixa livre, informado na Linha 11, é igual ao Nopat menos o investimento líquido em capital operacional. O Quadro C mostra os fluxos de caixa a serem utilizados no modelo de APV. Em especial, a Linha 13 mostra o benefício fiscal anual, que é igual às despesas de juros multiplicadas pela alíquota de imposto. O Quadro D traz os cálculos do FCLA, com base na Equação 21-12.

Sem dúvida, é extremamente difícil estimar os fluxos de caixa após a fusão, e, nas avaliações de fusão – da mesma forma que na avaliação de investimentos – devem ser realizadas análises de sensibilidade, cenário e simulação.[12] Aliás, em uma fusão amigável, a adquirente enviaria uma equipe composta (realmente) por dezenas de analistas financeiros, contadores, engenheiros etc. à sede da empresa-alvo. Eles examinariam os livros, calculariam os gastos necessários com manutenção, determinariam os valores dos ativos, como imóveis, reservas de petróleo etc. Essa investigação, que é um exemplo de ***due diligence***, constitui parte essencial de qualquer análise de fusão.

---

[12] Nós mantivemos a simplicidade dos fluxos de caixa intencionalmente, a fim de dar ênfase aos principais itens da análise. Em avaliações de fusões reais, os fluxos de caixa serão muito mais complexos, geralmente incluindo itens como prejuízos fiscais a compensar, efeitos fiscais dos ajustes na avaliação do imobilizado líquido, além de fluxos de caixa da venda de alguns ativos da subsidiária.

TABELA 22-3
Projeções após a fusão da subsidiária da Tutwiler (em milhões de dólares)

	1.1.14	31.12.14	31.12.15	31.12.16	31.12.17	31.12.18
QUADRO A: ITENS SELECIONADOS DAS DEMONSTRAÇÕES FINANCEIRAS PROJETADAS[A]						
1. Vendas líquidas		$ 105,0	$ 126,0	$ 151,0	$ 174,0	$ 191,0
2. Custo de produtos vendidos		80,0	94,0	113,0	129,3	142,0
3. Despesas administrativas e com vendas		10,0	12,0	13,0	15,0	16,0
4. Depreciação		8,0	8,0	9,0	9,0	10,0
5. EBIT		$ 7,0	$ 12,0	$ 16,0	$ 20,7	$ 23,0
6. Despesas com juros[b]		3,0	3,2	3,5	3,7	3,9
7. Dívida[c]	$ 33,2	35,8	38,7	41,1	43,6	46,2
8. Total do capital operacional líquido	116,0	117,0	121,0	125,0	131,0	138,0
QUADRO B: FLUXOS DE CAIXA DO MODELO DE AVALIAÇÃO DE EMPRESAS						
9. Nopat = EBIT(1 − T)		$ 4,2	$ 7,2	$ 9,6	$ 12,4	$ 13,8
10. Menos investimento líquido em capital operacional		1,0	4,0	4,0	6,0	7,0
11. Fluxo de caixa livre		$ 3,2	$ 3,2	$ 5,6	$ 6,4	$ 6,8
QUADRO C: FLUXOS DE CAIXA DO MODELO DE APV						
12. Fluxo de caixa livre		$ 3,2	$ 3,2	$ 5,6	$ 6,4	$ 6,8
13. Economia fiscal de juros = Juros (T)		$ 1,2	$ 1,3	$ 1,4	$ 1,5	$ 1,6
QUADRO D: FLUXOS DE CAIXA DO MODELO DE FCLA						
14. Fluxo de caixa livre		$ 3,2	$ 3,2	$ 5,6	$ 6,4	$ 6,8
15. Menos: A-T Juros = Juros (1 − T)		1,8	1,9	2,1	2,2	2,4
16. Mais: variação na dívida[d]	6,2	2,6	2,9	2,5	2,5	2,6
17. FCLA	$ 6,2	$ 4,0	$ 4,1	$ 6,0	$ 6,7	$ 7,1

Observações:
[a] Aqui, apresentamos os números arredondados; contudo, os valores inteiros, sem arredondamento, serão utilizados em todos os cálculos. A alíquota de imposto é de 40%.
[b] Os pagamentos de juros têm como base a dívida existente da Tutwiler, a nova dívida a ser emitida para financiar a aquisição e aquela necessária para financiar o crescimento anual.
[c] Dívida é a dívida existente mais dívida adicional necessária para manter uma estrutura de capital constante. A Caldwell aumentará a dívida da Tutwiler em $ 6,2 milhões – de $ 27 milhões para $ 33,2 milhões – no momento da aquisição, a fim de manter a estrutura de capital constante. O aumento ocorre porque as sinergias após a fusão tornam a Tutwiler mais valiosa para a Caldwell do que quando era independente. Logo, ela pode subsidiar mais dólares em dívida e, ainda assim, manter o índice de endividamento constante.
[d] O aumento na dívida no momento da aquisição é uma fonte de fluxo de caixa livre para acionistas.

A seguir, encontram-se as avaliações da Tutwiler que utilizam os três métodos, começando pelo modelo de avaliação de empresas.

22-8b Avaliação com uso do modelo de avaliação de empresas

Como a Caldwell não pretende alterar a estrutura de capital da Tutwiler, o CMPC após a fusão será igual ao CMPC antes da fusão, de 10,707%, que calculamos anteriormente. Os fluxos de caixa livres da Tutwiler encontram-se na Linha 11 da Tabela 21-3. É possível calcular o valor do horizonte das operações da Tutwiler para o ano de 2018 com a fórmula de crescimento constante utilizada no Capítulo 13:

$$\text{HV}_{\text{Operações, 2018}} = \frac{\text{FCL}_{2019}}{\text{CMPC} - g_L} = \frac{\text{FCL}_{2018}(1 + g_L)}{\text{CMPC} - g_L}$$

$$= \frac{\$\ 6.800(1,06)}{0,10707 - 0,06} = \$\ 153,1 \text{ milhões}$$

O valor das operações no dia 1º de janeiro de 2014 é o valor presente dos fluxos de caixa no período projetado e o valor do horizonte:

$$
\begin{aligned}
V_{Operações} &= \frac{\$\,3,2}{(1+0,10707)^1} + \frac{\$\,3,2}{(1+0,10707)^2} + \frac{\$\,5,6}{(1+0,10707)^3} \\
&\quad + \frac{\$\,6,4}{(1+0,10707)^4} + \frac{\$\,6,8+\$\,153,1}{(1+0,10707)^5} \\
&= \$\,110,1
\end{aligned}
$$

Não há ativos não operacionais; logo, o valor do patrimônio da Caldwell, caso a Tutwiler seja adquirida, é igual ao valor das operações menos o valor da dívida da Tutwiler:[13]

$$\$\,110,1 - \$\,27 = \$\,83,1 \text{ milhões}$$

22-8c Avaliação com uso da abordagem de APV

A abordagem de APV exige uma estimativa do custo de capital próprio não alavancado da Tutwiler. Como mostrado no Capítulo 21, o custo de capital próprio não alavancado é:

$$r_{sL} = r_{sU} + (r_{sU} - r_d)(w_d/w_s) \qquad \text{(22-6)}$$

Ao estabelecer a estrutura de capital de Tutwiler, o custo de capital próprio e o custo da dívida, Equação 22-6, podem ser rearranjados para estimar o custo de capital não alavancado:

$$
\begin{aligned}
r_{sU} &= w_s r_{sL} + w_d r_d \qquad \text{(22-6a)} \\
&= 0,6983(13\%) + 0,3017(9\%) \\
&= 11,793\%
\end{aligned}
$$

Em outras palavras, se a Tutwiler não possuísse dívida alguma, seu custo de capital próprio seria 11,793%.[14]

Ao invés de estimar diretamente o custo de capital não alavancado, podemos estimar o beta não alavancado, b_U, e depois calcular o custo de capital não alavancado. O Capítulo 21 mostra uma expressão para o beta não alavancado.

$$b = b_U + (b_U - b_D)(w_d/w_s) \qquad \text{(22-7)}$$

onde b_D é o beta da dívida.

Observe que isso é diferente da formula de Hamada do Capítulo 15. Primeiro, a fórmula de Hamada supõe crescimento zero, mas a 22-7 incorpora o crescimento. Segundo, a fórmula de Hamada supõe dívida arriscada. Mas se o CAPM for usado para estimar o risco de patrimônio, então ele deve ser utilizado para estimar o risco da dívida, caso contrário estaríamos comparando maçãs a laranjas.

Para estimar o beta sobre a dívida em função do risco sistemático, podemos começar com o custo de dívida observado e resolver o CAPM para o beta implicado sobre a dívida:

$$
\begin{aligned}
b_D &= (r_d - r_{RF})/RP_M \\
&= (0,09 - 0,07)/0,05 \\
&= 0,4
\end{aligned}
$$

---

[13] Repare que subtraímos o valor de $ 27 milhões da dívida da Tutwiler, e não os $ 33,2 milhões de dívida subsidiada *após* a fusão, pois $ 27 milhões é a quantia que deve ser liquidada ou assumida pela Caldwell.

[14] Observe que não usamos a equação de Hamada para o beta não alavancado porque essa equação supõe crescimento zero.

A refazer a Equação 22-7, o beta não alavancado da Tutwiler é:

$$b_U = [b + b_D(w_d = w_s)]/[1 + (w_d/w_s)]$$
$$= [1,2 + 0,4(0,3017/0,6983)]/[1 + (0,3017/0,6983)]$$
$$= 0,9586$$

Utilizando o CAPM, o custo de patrimônio não alavancado é:

$$r_{sL} = r_{RF} + b(RP_M)$$
$$= 7\% + 0,9586(5\%) = 11,79\%$$

Este é exatamente o mesmo valor estimado anteriormente. Como essa abordagem alternativa exige que suponhamos que o CAPM seja o modelo correto, e como ela exige etapas adicionais, normalmente utilizamos o primeiro método mostrado nas Equações 22-6 e 22-6a.

O valor de horizonte dos fluxos de caixa não alavancados ($HV_{U,2018}$) e o escudo fiscal ($HV_{BF,2018}$) da Tutwiler podem ser calculados com o uso da formula do crescimento constante com o custo de patrimônio não alavancado como a taxa de desconto, como mostrado no Capítulo 21:[15]

$$HV_{U,2018} = \frac{FCL_{2019}}{r_{sU} - g_L} = \frac{FCL_{2018}(1 + g_L)}{r_{sU} - g_L} = \frac{\$ 6.800(1,06)}{0,11793 - 0,06} = \$ 124,4 \text{ milhões}$$

$$HV_{BF,2018} = \frac{BF_{2019}}{r_{sU} - g_L} = \frac{BF_{2018}(1 + g_L)}{r_{sU} - g_L} = \frac{\$ 1,57(1,06)}{0,11793 - 0,06} = \$ 28,7 \text{ milhões}$$

A soma dos dois valores de horizonte é $ 124,4 + $ 28,7 = $ 153,1 milhões. Esse é o valor do horizonte das operações, que é o mesmo cálculo do valor de horizonte a que chegamos com o modelo de avaliação de empresas.

A Linha 11 na Tabela 22-3 traz os fluxos de caixa livres projetados. O valor não alavancado das operações é calculado como o valor presente dos fluxos de caixa livres no período projetado e o valor do horizonte dos fluxos de caixa livres:

$$V_{Operações} = \frac{\$ 3,2}{(1 + 0,11793)^1} + \frac{\$ 3,2}{(1 + 0,11793)^2} + \frac{\$ 5,6}{(1 + 0,11793)^3}$$
$$+ \frac{\$ 6,4}{(1 + 0,11793)^4} + \frac{\$ 6,8 + \$ 124,4}{(1 + 0,11793)^5}$$
$$= \$ 88,7 \text{ milhões}$$

Isso demonstra que as operações da Tutwiler valeriam $ 88,7 milhões, caso não possuísse dívidas.

A Linha 13 mostra as economias fiscais anuais de juros. O valor do benefício fiscal é calculado como o valor presente das economias fiscais anuais e o valor do horizonte do benefício fiscal:

$$V_{Benefício fiscal} = \frac{\$ 1,2}{(1 + 0,11793)^1} + \frac{\$ 1,3}{(1 + 0,11793)^2} + \frac{\$ 1,4}{(1 + 0,11793)^3}$$
$$+ \frac{\$ 1,5}{(1 + 0,11793)^4} + \frac{\$ 1,57 + \$ 28,7}{(1 + 0,11793)^5}$$
$$= \$ 21,4 \text{ milhões}$$

Assim, as operações da Tutwiler valeriam $ 88,7 milhões, caso não possuísse dívidas, mas sua estrutura de capital contribui com $ 21,4 milhões em valor por conta da dedutibilidade fiscal de seus pagamentos de juros. Como a Tutwiler não possui ativos não operacionais, o valor total da empresa é a soma do valor não alavancado das operações, $ 88,7 milhões, e do valor do benefício fiscal, $ 21,4 milhões, totalizando $ 110,1 milhões. O valor

---

[15] Note que informamos duas casas decimais para o benefício fiscal de 2018, mesmo com a Tabela 22-3 informando apenas uma. Todos os cálculos são realizados no *Excel*, que utiliza os valores inteiros sem arredondamentos.

do patrimônio é esse total menos a dívida em aberto da Tutwiler de $ 27 milhões: $ 110,1 – $ 27 = $ 83,1 milhões. Note que esse é o mesmo valor que obtivemos utilizando o modelo de avaliação de empresas.

22-8d Avaliação com uso do modelo de FCLA

O valor do horizonte dos fluxos de caixa livres para acionistas da Tutwiler pode ser calculado utilizando a fórmula de crescimento constante da Equação 22-3:[16]

$$HV_{FCLA, 2018} = \frac{FCLA_{2018}(1 + g_L)}{r_{sL} - g_L} = \frac{\$\,7,06(1,06)}{0,13 - 0,06} = \$\,106,9 \text{ milhões}$$

Repare que esse valor do horizonte é diferente dos da avaliação de empresas e de APV. Isso ocorre pelo fato de o valor do horizonte do FCLA ser somente para patrimônio, ao passo que os outros dois valores do horizonte são para o valor total das operações. Se a dívida de 2018, no valor de $ 46,2 milhões, exposta na Linha 7 da Tabela 22-3, for acrescentada ao $HV_{FCLA,2018}$, o resultado será o mesmo valor do horizonte das operações de $ 153,1 milhões obtido com o modelo de avaliação de empresas e com o modelo de APV.

A Linha 17 da Tabela 22-3 informa as projeções anuais do FCLA. Quando descontado ao custo de capital próprio de 13%, o valor presente desses FCLAs anuais e do valor do horizonte é o valor do patrimônio por conta das operações, ou seja, $ 83,1 milhões:[17]

$$\begin{aligned} V_{FCLA} &= \$\,6,2 + \frac{\$\,4,0}{(1 + 0,13)^1} + \frac{\$\,4,1}{(1 + 0,13)^2} + \frac{\$\,6,0}{(1 + 0,13)^3} \\ &+ \frac{\$\,6,7}{(1 + 0,13)^4} + \frac{\$\,7,1 + \$\,106,9}{(1 + 0,13)^5} \\ &= \$\,83,1 \text{ milhões} \end{aligned}$$

Caso a Tutwiler possuísse algum ativo não operacional, ele seria acrescentado ao V_{FCLA} para determinar o valor total do patrimônio. Como a empresa não possui ativos não operacionais, seu valor total do patrimônio é igual ao V_{FCLA} de $ 83,1 milhões. Note que esse é o mesmo valor obtido com o modelo de avaliação de empresas e com a abordagem de APV.

Todos os três modelos concordam que o valor estimado do patrimônio é de $ 83,1 milhões, que é maior do que o valor de mercado atual do patrimônio, de $ 62,5 milhões, da Tutwiler. Isso significa que a Tutwiler é mais valiosa como parte da Caldwell do que como empresa independente gerida por seus administradores atuais.

Autoavaliação

1. Por que a abordagem de valor presente ajustado é adequada a situações com uma estrutura de capital em transformação?
2. Descreva as etapas necessárias para aplicar essa abordagem.
3. Quais as diferenças entre as abordagens de FCLA, APV e de avaliação de empresas?

22-9 Determinação do preço de oferta

Considerando o plano de aquisição, a Caldwell assumiria a dívida da Tutwiler e teria de contrair dívidas de curto prazo adicionais conforme houvesse necessidade para concluir a compra. Os modelos de avaliação demonstram que $ 83,1 milhões é o valor máximo que a Caldwell deve pagar pelas ações da Tutwiler. Se pagar mais, o valor possuído pela Caldwell será diluído. No entanto, caso consiga adquirir a Tutwiler por um valor

---

[16] Note que informamos duas casas decimais para FCLA de 2018, mesmo com a Tabela 22-3 informando apenas uma. Todos os cálculos são realizados no *Excel,* que utiliza os valores inteiros sem arredondamentos.

[17] A Linha 16 da Tabela 22-3 mostra uma projeção de aumento da dívida de $ 27 milhões antes da fusão para $ 33,2 milhões na data da aquisição. Isso porque a Tutwiler será mais valiosa após a fusão; logo, ela pode subsidiar mais dólares em dívida e, ainda assim, manter 30% de dívida em sua estrutura de capital. O aumento na dívida de $ 33,2 – $ 27 = $ 6,2 milhões é um FCLA imediatamente disponível à Caldwell e, portanto, não é descontado.

menor do que $ 83,1 milhões, seus acionistas serão beneficiados. Portanto, a Caldwell deveria oferecer um pouco menos que $ 83,1 milhões quando fizer a oferta à Tutwiler.

Agora, considere a empresa-alvo, Tutwiler. Conforme informamos anteriormente, o valor de seu patrimônio como uma empresa que atua independente é de $ 62,5 milhões. Se a Tutwiler for adquirida por um preço maior que $ 62,5 milhões, seus acionistas terão uma valorização, ao passo que sofrerão uma desvalorização caso seja oferecido um preço mais baixo.

A diferença entre $ 62,5 milhões e $ 83,1 milhões, ou seja, $ 20,6 milhões, representa os **benefícios da sinergia** esperados com a fusão. Se não houvesse benefícios da sinergia, o preço de compra máximo seria igual ao valor atual da empresa-alvo. Quanto maior o ganho da sinergia, maior a lacuna entre o preço atual da empresa-alvo e o máximo que a empresa adquirente poderia pagar.

A questão de como dividir os benefícios da sinergia tem importância fundamental. Naturalmente, ambas as partes desejarão fazer o melhor negócio possível. Em nosso exemplo, se a Tutwiler soubesse o preço máximo que a Caldwell poderia pagar, sua administração reivindicaria um preço mais próximo de $ 83,1 milhões. Em contrapartida, a Caldwell tentaria adquirir a Tutwiler a um preço mais próximo possível de $ 62,5 milhões.

Dentro da faixa entre $ 62,5 e $ 83,1 milhões, qual seria o preço real? A resposta depende de vários fatores, por exemplo: se a Caldwell se propõe a pagar com dinheiro ou valores mobiliários; a capacidade de negociação das duas equipes de administração e, o que é mais importante, as posições de negociação das duas partes, de acordo com as condições econômicas fundamentais. Inicialmente, consideraremos o poder de negociação e, em seguida, abordaremos o funcionamento de uma oferta em dinheiro contra uma oferta em ações.

22-9a Poder de negociação relativo

Para ilustrar o poder de negociação relativo da empresa-alvo e da adquirente, suponha que haja diversas empresas similares à Tutwiler que a Caldwell poderia adquirir, mas nenhuma outra empresa, exceto a Caldwell, poderia obter ganhos de sinergia com a aquisição da Tutwiler. Nesse caso, a Caldwell provavelmente faria uma oferta relativamente baixa, do tipo "pegar ou largar", e a Tutwiler provavelmente "pegaria", pois ter algum ganho é melhor que nada. Por outro lado, se a Tutwiler possuir uma tecnologia exclusiva ou outro bem que muitas empresas desejem, antes que a Caldwell anuncie sua oferta, é provável que outras façam ofertas competitivas, levando o preço final a cerca de (ou até mais de) $ 83,1 milhões. Um preço acima de $ 83,1 milhões aparentemente seria pago por alguma outra empresa que tivesse melhor ajuste de sinergia ou, talvez, cuja administração fosse mais otimista quanto ao potencial do fluxo de caixa da Tutwiler.

Evidentemente, a Caldwell desejaria manter seu preço de oferta máximo em segredo e planejaria sua estratégia cautelosamente. Se acreditasse que surgiriam outros ofertantes, ou que a administração da Tutwiler poderia resistir para preservar seus empregos, faria uma oferta preventiva alta na esperança de deter as ofertas concorrentes e/ou a resistência da administração. Por outro lado, seria possível fazer uma oferta muito abaixo do valor na esperança de "se apossar" da empresa.[18]

22-9b Ofertas em dinheiro contra ofertas em ações

A maioria dos acionistas da empresa-alvo prefere vender suas ações em dinheiro a trocá-las por ações da empresa fusionada. A seguir, há uma descrição resumida de cada forma de pagamento.

Ofertas em dinheiro

O patrimônio da Tutwiler antes da fusão valia $ 62,5 milhões. Com 10 milhões de ações em circulação, o preço por ação da Tutwiler é de $ 62,5/10 = $ 6,25. Caso sejam realizadas sinergias, o patrimônio da Tutwiler valerá $ 83,1 para a Caldwell, logo: $ 83,1/10 = $ 8,31 é o preço máximo por ação que a Caldwell desejaria pagar aos acionistas da Tutwiler. Por exemplo, a Caldwell pode oferecer $ 7,25 em dinheiro para cada ação da Tutwiler.

Ofertas em ações

Nas ofertas em ações, os acionistas da Tutwiler trocam suas ações por novas ações da empresa fusionada, cujo nome será CaldwellTutwiler. As empresas-alvo normalmente preferem ofertas em dinheiro àquelas em

---

[18] Para obter uma abordagem interessante das consequências de perder um processo de aquisição, veja Mark L. Mitchell e Kenneth Lehn, "Do Bad Bidders Become Good Targets?", *Journal of Applied Corporate Finance,* terceiro trimestre de 1990, p. 60-69.

ações, tudo igual, porém a taxação da oferta evita que todo o resto seja igual. Discutimos a taxação em mais detalhes na Seção 22-11, mas agora você deve saber que as ofertas de ações são taxadas de modo mais favorável do que as ofertas em dinheiro. Nesse caso, talvez a Caldwell devesse oferecer um pacote com o valor de $ 7,50 por ação. Com 10 milhões de ações em circulação da Tutwiler, os acionistas da Tutwiler deterão $ 7,50 × 10 milhões = $ 75 milhões de ações da empresa fusionada.

Suponha que a Caldwell tenha 20 milhões de ações em circulação (n_{Antigo}) antes da fusão e o preço por ação seja de $ 15. Assim, o valor total antes da fusão do patrimônio da Caldwell será de $ 15 × 20 milhões = $ 300 milhões. Conforme calculamos anteriormente, o valor total após a fusão da Tutwiler para a Caldwell é de $ 83,1 milhões. Portanto, o valor total após a fusão da CaldwellTutwiler será de $ 300 + $ 83,1 = $ 383,1 milhões.

Após a fusão, os ex-acionistas da Tutwiler deverão ser detentores de $ 75/$ 383,1 = 0,196 = 19,58% da CaldwellTutwiler. Com 20 milhões de ações em circulação da Caldwell, ela deveria emitir ações novas suficientes, n_{Novo}, para os acionistas da Tutwiler (em troca das ações da Tutwiler), de modo que os ex-acionistas da Tutwiler detenham 19,6% das ações da CaldwellTutwiler.

$$\text{Porcentagem exigida pelos acionistas da empresa-alvo} = \frac{n_{novo}}{n_{novo} + n_{antigo}}$$

$$19{,}58\% = \frac{n_{Novo}}{n_{Novo} + 20}$$

$$n_{Novo} = \frac{20 \times 0{,}1958}{1 - 0{,}1958} = 4{,}87 \text{ milhões}$$

Os ex-acionistas da Tutwiler trocarão 10 milhões de ações da Tutwiler por 4,87 milhões de ações da empresa fusionada, CaldwellTutwiler. Assim, a taxa de troca será de 4,87/10 = 0,487.

Após a fusão, haverá 4,87 milhões de novas ações, totalizando 24,87 milhões de ações. Com um valor intrínseco do patrimônio combinado de $ 383,1 milhões, o preço por ação resultante será de $ 383,1/24,87 = $ 15,40. O valor total detido pelos acionistas da Tutwiler é o preço multiplicado por suas ações: $ 15,40 × 4,87 milhões = $ 75 milhões. Repare ainda que o preço subirá de $ 15,00 por ação antes da fusão para $ 15,40 após a fusão; logo, beneficiará os acionistas da Caldwell se as sinergias forem realizadas.

Autoavaliação

1. Explique as questões que envolvem a determinação de um preço de oferta.

22-10 Análise com uma mudança permanente na estrutura de capital

O valor atual do patrimônio da Tutwiler é de $ 62,5 milhões; e a dívida, de $ 27 milhões, apresentando uma estrutura de capital financiada com cerca de 30% de dívida: $ 27,0/($ 62,5 + $ 27,0) = 0,302 = 30,2%. Suponhamos que a Caldwell decida aumentar a dívida da Tutwiler de 30% para 50% nos próximos cinco anos e mantenha a estrutura de capital naquele nível de 2018 em diante. Qual efeito isso causaria à avaliação da Tutwiler? Os fluxos de caixa livres não mudarão, mas o benefício fiscal de juros, o CMPC e o preço de oferta sofrerão alterações.[19] Em um nível de dívida de 30%, a taxa de juros sobre as dívidas da Tutwiler era de 9%. Contudo, em um nível de dívida de 50%, a Tutwiler é mais arriscada, e sua taxa de juros deveria aumentar para 9,5% para refletir esse risco adicional. Como a estrutura de capital está sendo alterada, utilizaremos somente o APV para essa análise.

---

[19] Para simplificar, consideramos que a Tutwiler não possui mais custos de falência esperados com 50% de dívida do que com 30%. Caso o risco de falência da Tutwiler e, portanto, seus custos de falência sejam maiores nesse nível mais alto de dívida, seus fluxos de caixa livres projetados deverão ser reduzidos por esses custos esperados. Na prática, é extremamente difícil estimar os custos de falência esperados. No entanto, eles podem ser significativos e devem ser levados em conta quando for utilizado alto nível de alavancagem.

22-10a Efeito no benefício fiscal

É sensato considerar que a Caldwell utilizará mais dívida durante os cinco primeiros anos da aquisição caso sua estrutura de capital-alvo de longo prazo tenha 50% de dívida. Com mais dívidas e uma taxa de juros mais alta, os pagamentos de juros serão mais altos do que os informados na Tabela 22-3, aumentando, assim, as economias fiscais representadas na Linha 15. Os pagamentos de juros e economias fiscais com mais dívida e uma taxa de juros mais alta são projetados da seguinte maneira:

	2014	2015	2016	2017	2018
Juros	$ 5,00	$ 6,00	$ 7,00	$ 7,50	$ 8,30
Economias fiscais de juros	2,00	2,40	2,80	3,00	3,32

Nessas projeções, a Tutwiler atingirá sua estrutura de capital-alvo de 50% de dívida e 50% de capital próprio no início de 2018.[20]

22-10b Efeito no preço de oferta

A nova estrutura de capital afetaria o preço de oferta máximo, alterando o valor da Tutwiler para a Caldwell. Com base nos novos benefícios fiscais, os valores do horizonte não alavancados e do benefício fiscal em 2018 são calculados da seguinte forma:

$$HV_{U,2018} = \frac{FCL_{2019}}{r_{sU} - g} = \frac{FCL_{2018}(1 + g)}{r_{sU} - g} = \frac{\$\,6.800(1,06)}{0,11793 - 0,06} = \$\,124,4$$

$$HV_{BF,2018} = \frac{BF_{2019}}{r_{sU} - g} = \frac{BF_{2018}(1 + g)}{r_{sU} - g} = \frac{\$\,3,32(1,06)}{0,11793 - 0,06} = \$\,60,7$$

Com base nos novos pagamentos de juros e valores do horizonte, os fluxos de caixa a serem descontados ao custo de capital próprio não alavancado serão os seguintes:

	2014	2015	2016	2017	2018
Fluxo de caixa livre	$ 3,2	$ 3,2	$ 5,6	$ 6,4	$ 6,8
Valor do horizonte não alavancado					124,4
FCL mais valor do horizonte	$ 3,2	$ 3,2	$ 5,6	$ 6,4	$ 131,2
Economia fiscal de juros	2,0	2,4	2,8	3,0	3,3
Valor do horizonte do benefício fiscal					$ 60,7
BF_t mais valor do horizonte	$ 2,0	$ 2,4	$ 2,8	$ 3,0	$ 64,0

O valor presente dos fluxos de caixa livres e seu valor de horizonte é de $ 88,7 milhões, o mesmo que durante a política de 30% de dívida. O valor das operações não alavancado não é afetado pela mudança na estrutura de capital:

$$\begin{aligned}
V_{\text{Não alavancadas}} &= \frac{\$\,3,2}{(1 + 0,11793)^1} + \frac{\$\,3,2}{(1 + 0,11793)^2} + \frac{\$\,5,6}{(1 + 0,11793)^3} \\
&\quad + \frac{\$\,6,4}{(1 + 0,11793)^4} + \frac{\$\,6,8 + \$\,124,4}{(1 + 0,11793)^5} \\
&= \$\,88,7 \text{ milhões}
\end{aligned}$$

---

[20] As despesas com juros projetadas do ano anterior devem estar em consonância com a estrutura de capital presumida para utilizar a relação $BF_{N+1} = BF_N(1 + g)$ ao calcular o valor do horizonte do benefício fiscal.

O valor presente dos benefícios fiscais e seu valor de horizonte é de $ 44,3 milhões, $ 22,9 milhões a mais que o valor do benefício fiscal durante a política de 30% de dívida:

$$V_{\text{Benefício fiscal}} = \frac{\$\,2,0}{(1+0,11793)^1} + \frac{\$\,2,4}{(1+0,11793)^2} + \frac{\$\,2,8}{(1+0,11793)^3}$$

$$+ \frac{\$\,3,0}{(1+0,11793)^4} + \frac{\$\,3,3 + \$\,60,7}{(1+0,11793)^5}$$

$$= \$\,44,3 \text{ milhões}$$

Assim, o valor da Tutwiler será cerca de $ 23 milhões maior para a Caldwell, caso seja financiado com 50% de dívidas em vez de 30%, por conta do valor agregado dos benefícios fiscais.

O valor das operações na nova política de 50% de dívida é a soma do valor não alavancado das operações e do valor dos benefícios fiscais, ou seja, $ 133,0 milhões. Não há ativos não operacionais a serem acrescentados, e subtrair a dívida de $ 27 milhões deixará o valor do patrimônio da Tutwiler em $ 106,0 milhões. Como a Tutwiler possui 10 milhões de ações em circulação, o valor máximo que a Caldwell deve estar disposta a pagar por ação, considerando a estrutura de capital-alvo após a fusão de 50% de dívidas, é de $ 10,60. Esse valor é maior do que o preço máximo de $ 8,31 se a estrutura de capital tivesse 30% de dívida. A diferença, $ 2,29 por ação, reflete o valor agregado dos benefícios fiscais de juros no plano de dívidas mais altas.

Autoavaliação

1. Como uma mudança na estrutura de capital afeta a análise de avaliação?

22-11 Impostos e a estrutura da oferta de aquisição

Em uma fusão, a empresa adquirente pode comprar os ativos da empresa-alvo ou as ações diretamente de seus acionistas. Quando a oferta for pelos ativos da empresa-alvo, seu conselho de administração fará uma recomendação aos acionistas, que votarão para aceitar ou recusar a oferta. Caso aceitem, o pagamento será efetuado diretamente à empresa-alvo, que pagará qualquer dívida não assumida pela empresa adquirente, pagará quaisquer impostos devidos e, em seguida, distribuirá o valor restante aos acionistas, geralmente na forma de dividendos de liquidação. Nessa situação, a empresa-alvo é normalmente dissolvida e deixa de existir como pessoa jurídica independente, embora seus bens e funcionários possam continuar a atuar como uma divisão ou subsidiária integral da empresa adquirente. A aquisição de ativos é uma forma bastante comum de adquirir empresas de pequeno e médio portes, em especial as de capital fechado. Uma vantagem importante desse método, em comparação ao da aquisição das ações da empresa-alvo, é que a empresa adquirente simplesmente adquire ativos, não se responsabilizando por nenhum passivo oculto. Em contrapartida, se a empresa adquirente comprar as ações da empresa-alvo, será responsável por quaisquer contingências legais da empresa-alvo, mesmo as que tenham ocorrido antes da aquisição.

Uma oferta de compra das ações da empresa-alvo em vez de seus ativos pode ser feita diretamente a seus acionistas, como uma típica aquisição hostil, ou indiretamente, por meio do conselho de administração, que, em uma negociação amigável, faz uma recomendação aos acionistas para que aceitem a oferta. Em uma oferta bem-sucedida, a empresa adquirente acabará detendo uma participação controladora ou até mesmo a totalidade das ações da empresa-alvo. Algumas vezes, a empresa-alvo mantém sua identidade como uma entidade legal separada e é operada como subsidiária da empresa adquirente e, outras vezes, é dissolvida e passa a ser operada como uma divisão da adquirente.

O pagamento oferecido pela empresa adquirente pode ser feito na forma de dinheiro, ações da adquirente, dívida da adquirente ou alguma combinação das anteriores. A estrutura da oferta afeta (1) a estrutura de capital da empresa após a fusão; (2) o tratamento fiscal dos acionistas da empresa adquirente e da empresa-alvo; (3) a capacidade de os acionistas da empresa-alvo se beneficiarem dos ganhos futuros ligados à fusão; e (4) os tipos de regulamentação federal e estadual a que a empresa adquirente estará sujeita.

Tempestade em copo d'água?

Em meio à onda de alertas e *lobby* de 2001, o FASB eliminou, por meio de sua Norma 141, o uso de comunhão de interesses para a contabilização pelo método de fusão, exigindo que em seu lugar seja utilizada a contabilização pelo método de compra. Como a mudança teria exigido que o ágio adquirido fosse amortizado e os lucros informados fossem reduzidos, o FASB também emitiu a Norma 142, que eliminou a amortização regular do ágio adquirido, substituindo-a por um "teste de *impairment*". O teste de *impairment* exige que as empresas avaliem anualmente o ágio adquirido e reduzam o valor registrado em caso de redução no valor do ágio. O resultado desse teste foi uma redução, em 2002, nunca antes vista pela Time Warner de $ 54 bilhões no ágio proveniente da fusão com a AOL.

Então, qual exatamente é o efeito da mudança? Acima de tudo, a mudança não afeta em *nada* os fluxos de caixa efetivos da empresa. O ágio adquirido ainda pode ser amortizado para fins de imposto de renda federal; assim, a mudança não afeta os impostos efetivos que uma empresa paga nem seus fluxos de caixa operacionais. Contudo, afeta os lucros informados aos seus acionistas. As empresas que tinham grandes despesas de ágio por conta de aquisições passadas viram seus lucros informados aumentarem, pois não precisariam mais amortizar o ágio restante. As empresas cujas aquisições não tiveram um bom resultado, como a Time Warner, deveriam fazer grandes reduções de valor. Os executivos que tivessem um aumento nos lucros esperariam – e os que tivessem uma redução temeriam – que os investidores não percebessem essas mudanças contábeis. Contudo, as evidências sugerem que os investidores percebem que os ativos da empresa perderam o valor bem antes da redução ocorrer de fato e conseguem essa informação pelo preço das ações. Por exemplo, o anúncio da Time Warner de seu débito de $ 54 bilhões em janeiro de 2002 resultou em apenas uma pequena oscilação no preço de suas ações naquela época, apesar de a redução de valor totalizar mais de um terço de seu valor de mercado. O mercado reconheceu a queda no valor meses atrás e, no momento do anúncio, a Time Warner já havia perdido mais de $ 100 bilhões do valor de mercado.

As consequências fiscais da fusão dependem de ela estar classificada como *oferta tributável* ou *não tributável*.[21] Em geral, uma oferta não tributável é aquela cuja maior parte do pagamento é feita em ações, embora, na prática, a aplicação desse princípio simples seja muito mais complicada. O Código da Receita Federal dos EUA, na maioria das vezes, considera a fusão com ações uma troca em vez de uma venda, o que a torna um evento não tributável. Todavia, se a oferta incluir um montante significativo de dinheiro ou títulos, o IRS a considera uma venda, uma transação tributável como qualquer outra venda.

Em uma transação não tributável, os acionistas da empresa-alvo que recebem ações da empresa adquirente não têm de pagar impostos no momento da fusão. Quando eles, por fim, venderem suas ações na empresa adquirente, deverão pagar um imposto sobre os ganhos obtidos com essa venda. O montante de ganhos é o preço de venda de suas ações na empresa adquirente menos o preço original pelo qual as compraram na empresa-alvo.[22] Em uma oferta tributável, os ganhos entre o preço de oferta e o preço original de compra das ações da empresa-alvo são tributados no ano da fusão.[23]

Em situações iguais, os acionistas preferem ofertas não tributáveis, pois podem adiar os impostos sobre seus ganhos. Além disso, se os acionistas da empresa-alvo receberem ações, serão beneficiados por quaisquer ganhos de sinergia gerados pela fusão. A maioria dos acionistas da empresa-alvo está disposta a entregar suas ações por um preço mais baixo em uma oferta não tributável do que em uma tributável. Consequentemente, é esperado que as ofertas não tributáveis predominassem. Todavia, esse não é o caso: cerca de metade de todas as fusões é tributável. O motivo disso é explicado a seguir.

A forma de pagamento também traz consequências fiscais tanto para a empresa adquirente quanto para a empresa-alvo. Para ilustrar, considere a seguinte situação. A empresa-alvo tem ativos com um valor contábil de $ 100 milhões, mas que têm uma avaliação de $ 150 milhões. A oferta feita pela empresa adquirente é de $

---

[21] Para obter mais detalhes, veja J. Fred Weston, Mark L. Mitchell e Harold Mulherin, *Takeovers, Restructuring, and Corporate Governance*, 4. ed. Upper Saddle River, NJ: Prentice-Hall, 2004, especialmente o Capítulo 4. Confira também Kenneth E. Anderson, Thomas R. Pope e John L. Kramer, eds., *Prentice Hall's Federal Taxation: Corporations, Partnerships, Estates, and Trusts*, 2006. ed. Upper Saddle River, NJ: Prentice-Hall, 2006, especialmente o Capítulo 7.

[22] Será um ganho de capital desde que as ações originais da empresa-alvo tenham sido compradas há, pelo menos, um ano.

[23] Mesmo em negociações não tributáveis, os impostos devem ser pagos no ano da fusão por quaisquer acionistas que receberem dinheiro.

225 milhões. Quando for uma oferta não tributável, depois da fusão, a empresa adquirente simplesmente acrescentará os $ 100 milhões de valor contábil dos ativos da empresa-alvo aos seus próprios ativos e continuará a depreciá-los de acordo com seus cronogramas de depreciação anteriores. Para simplificar o exemplo, presumimos que a empresa-alvo não tenha dívida.

A situação é mais complicada para uma oferta tributável, e o tratamento é diferente, dependendo de a oferta ser para os ativos ou para as ações da empresa-alvo. Caso a empresa adquirente oferecesse $ 225 milhões pelos ativos da empresa-alvo, esta deveria pagar um imposto sobre o ganho de $ 225 – $ 100 = $ 125 milhões. Supondo que a alíquota do imposto de pessoa jurídica fosse de 40%, esse imposto seria 0,40($ 125) = $ 50 milhões. Isso leva a empresa-alvo a distribuir $ 225 – $ 50 = $ 175 milhões aos seus acionistas no momento da liquidação. Somando a gravidade da situação ao prejuízo, os acionistas da empresa-alvo também devem pagar imposto de renda de pessoa física sobre quaisquer de seus ganhos.[24] Essa é realmente uma transação tributável, com ativos avaliados tanto nos níveis de pessoa física quanto nos de pessoa jurídica!

Em contraste com as desvantagens fiscais para a empresa-alvo e seus acionistas, a empresa adquirente recebe duas importantes vantagens fiscais. A primeira é que registra os ativos adquiridos ao seu valor de avaliação e os deprecia pelo mesmo critério. Assim, depreciará $ 150 milhões de ativos nessa transação tributável contra apenas $ 100 milhões em uma transação não tributável. A segunda vantagem é que criará $ 75 milhões em uma nova conta de ativos denominada **ágio**, que é a diferença entre o preço de compra de $ 225 milhões e o de avaliação de $ 150 milhões. As leis tributárias que entraram em vigor em 1993 permitiram que as empresas amortizassem esse ágio durante 15 anos utilizando o método linear e deduzissem a amortização do lucro tributável. O efeito líquido é que, em uma fusão tributável, o preço de compra total de $ 225 milhões pode ser baixado, enquanto, em uma transação não tributável, se considera apenas o valor contábil original de $ 100 milhões.

Agora suponha que a empresa adquirente ofereça $ 225 milhões pelas ações da empresa-alvo em uma oferta tributável. Depois de concluir a fusão, a adquirente deverá escolher entre duas alternativas de tratamento tributário. Na primeira alternativa, registrará os ativos ao seu valor contábil de $ 100 milhões e continuará depreciando-os usando seus cronogramas atuais. Esse tratamento não gera nenhum ágio. Na segunda alternativa, registrará os ativos pelo seu valor de avaliação de $ 150 milhões e criará $ 75 milhões de ágio. Conforme descrito para a compra de ativos, isso possibilita que, para fins tributários, a empresa adquirente efetivamente deprecie o preço de compra total de $ 225 milhões. Contudo, também haverá um passivo fiscal sobre os ganhos de $ 125 milhões no momento em que a empresa tiver comprado os ativos.[25]

Logo, muitas empresas optam por não aumentar os preços desses ativos. A Figura 22-1 ilustra as implicações fiscais para os diversos tipos de transações.

Se você acha que isso é complicado, está certo! Neste momento, você deve saber o suficiente para falar com os contadores e advogados especialistas ou estar pronto para aprofundar-se nos livros de contabilidade tributária, mas a tributação da fusão é um assunto complexo demais para ser abordado a fundo em um livro geral de finanças.

As leis de títulos e valores mobiliários também têm efeito sobre a construção da oferta. A SEC supervisiona a emissão de novos títulos, incluindo ações ou dívida emitida com relação a uma fusão. Portanto, quando uma empresa faz uma oferta pelo controle de outra por meio da troca de ações ou de dívida, o processo todo deve dar-se sob a fiscalização da SEC. O tempo necessário para revisões como essa possibilita que as administrações da empresa-alvo implantem táticas defensivas e que outras empresas façam ofertas competitivas. Em razão disso, quase todas as ofertas de aquisição hostil são feitas em dinheiro em vez de em títulos.

Autoavaliação

1. Quais são as formas alternativas de estruturar as ofertas de aquisição?
2. Como os impostos influenciam a estrutura de pagamento?
3. Como as leis de títulos e valores mobiliários afetam a estrutura de pagamento?

---

[24] Nosso exemplo presume que a empresa-alvo seja uma empresa de capital aberto, o que significa que deve ser uma "Empresa C" para fins tributários. Porém, se fosse uma empresa de capital fechado, poderia ser uma "Empresa S"; nesse caso, somente os acionistas seriam tributados. Isso ajuda as empresas menores a utilizar as fusões como uma estratégia de sucesso.

[25] Em termos técnicos, a empresa-alvo é responsável por esse imposto sobre o aumento de valor nos livros. Porém, lembre-se de que a empresa adquirente já havia comprado as ações na empresa-alvo e, assim, na realidade, deve enfrentar o impacto do imposto.

FIGURA 22-1

Efeitos fiscais da fusão

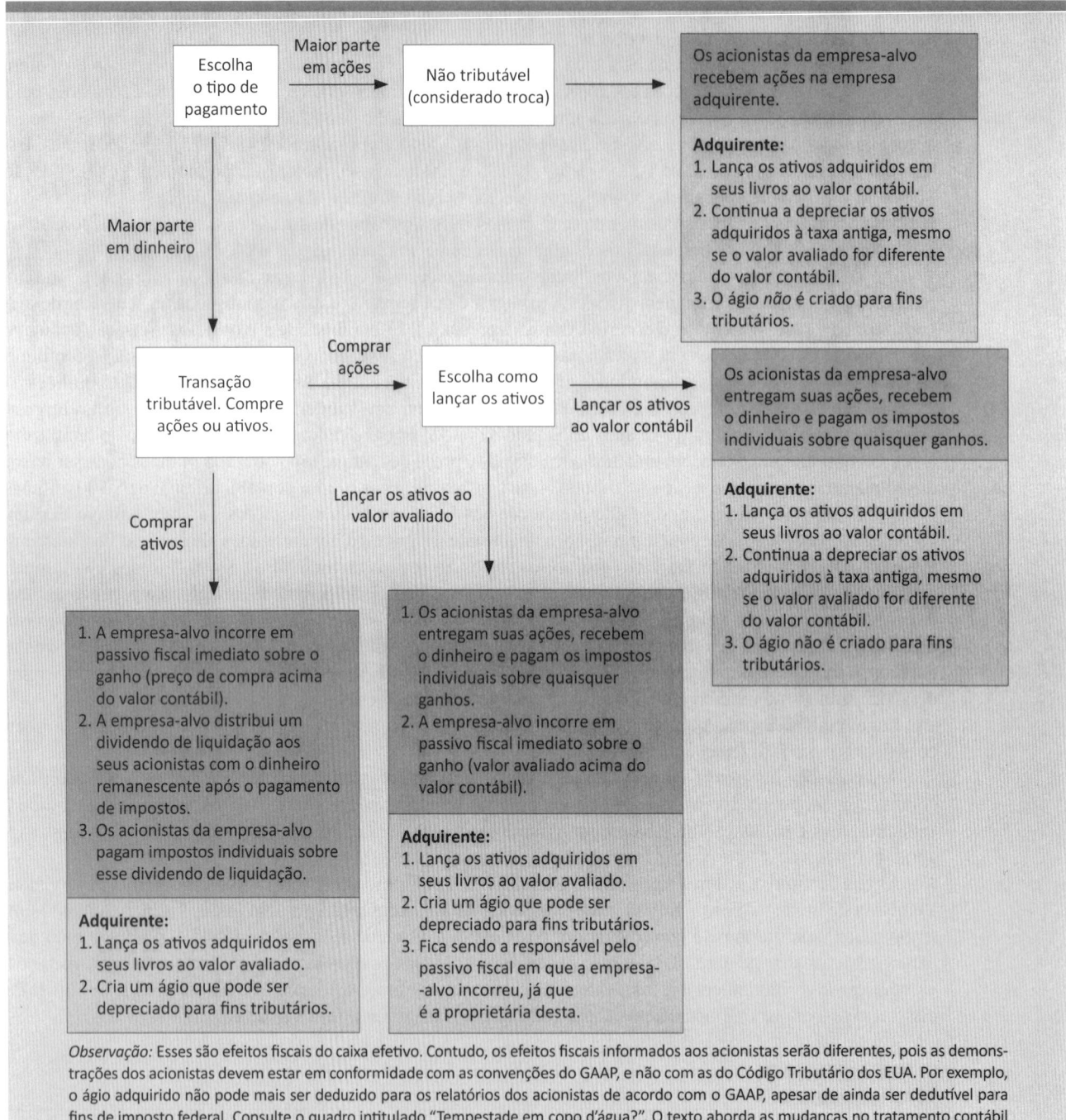

Observação: Esses são efeitos fiscais do caixa efetivo. Contudo, os efeitos fiscais informados aos acionistas serão diferentes, pois as demonstrações dos acionistas devem estar em conformidade com as convenções do GAAP, e não com as do Código Tributário dos EUA. Por exemplo, o ágio adquirido não pode mais ser deduzido para os relatórios dos acionistas de acordo com o GAAP, apesar de ainda ser dedutível para fins de imposto federal. Consulte o quadro intitulado "Tempestade em copo d'água?". O texto aborda as mudanças no tratamento contábil das fusões e ágio.

22-12   Relatórios financeiros de fusões

Embora seja melhor deixar a discussão detalhada sobre relatórios financeiros para cursos de contabilidade, as implicações contábeis das fusões não podem ser ignoradas. Atualmente, as fusões são contabilizadas utilizando **o método de compra**.[26] Contudo, lembre-se de que todas as grandes empresas são obrigadas a manter dois conjuntos de contas. O primeiro é para o IRS (fisco americano), refletindo o tratamento tributário de fusões

---

[26] Em 2001, o FASB emitiu a Norma 141, eliminando o uso de *contabilização pelo método de comunhão de interesses.*

conforme descrito na seção anterior. O segundo é para o relatório financeiro e deve refletir o tratamento descrito a seguir. Como veremos, as regras para relatório financeiro geralmente são diferentes daquelas para o IRS.

22-12a Contabilização pelo método de compra

A Tabela 22-4 ilustra a contabilização pelo método de compra. Nela, pressupõe-se que a Empresa A tenha "comprado" a Empresa B usando as ações da adquirente. Se o preço pago for exatamente igual ao *patrimônio líquido* da empresa adquirida, que é definido como o total de seus ativos menos seus passivos, o balanço patrimonial consolidado será como se as duas demonstrações fossem mescladas. Contudo, normalmente há uma diferença importante. Quando o preço pago for *superior* ao patrimônio líquido os valores do ativo serão aumentados para refletir o preço realmente pago; caso o preço pago seja *menor* do que o patrimônio líquido, o valor dos ativos deverá ser reduzido na elaboração do balanço patrimonial consolidado.

Note que o patrimônio líquido da Empresa B é de $ 30, que também é informado como o valor do patrimônio. Esse valor contábil de $ 30 poderia ser igual ao valor de mercado (que é determinado pelos investidores com base no poder de geração de lucros da empresa), mas também poderia ser maior ou menor que o valor de mercado. Na Tabela 22-4, são consideradas três situações. Na primeira, na Coluna 3, presumimos que a Empresa A entregue ações no valor de $ 20 pela Empresa B. Assim, os ativos de B, conforme informados em seu balanço patrimonial, estavam avaliados a maior, e A paga menos que o patrimônio líquido de B. A avaliação a maior poderia ocorrer em ativos fixos ou circulantes; seria feita uma avaliação, mas pressupomos que são os ativos fixos que estão avaliados a maior. Dessa forma, reduzimos os ativos fixos de B e também o seu patrimônio em $ 10 antes da elaboração do balanço patrimonial consolidado exibido na Coluna 3. Em seguida, na Coluna 4, supomos que A pague por B exatamente o patrimônio líquido. Nesse caso, as demonstrações financeiras são simplesmente combinadas.

TABELA 22-4

Contabilização de fusões: a empresa A adquire a empresa B com ações

	EMPRESA A (1)	EMPRESA B (2)	APÓS A FUSÃO: EMPRESA A $ 20 PAGOS[a] (3)	APÓS A FUSÃO: EMPRESA A $ 30 PAGOS[a] (4)	APÓS A FUSÃO: EMPRESA A $ 50 PAGOS[a] (5)
Ativo circulante	$ 50	$ 25	$ 75	$ 75	$ 80[b]
Ativos fixos	50	25	65[c]	75	80[b]
Ágio[d]	0	0	0	0	10[d]
Total do ativo	$ 100	$ 50	$ 140	$ 150	$ 170
Passivo	$ 40	$ 20	$ 60	$ 60	$ 60
Patrimônio líquido	60	30	80[e]	90	110[f]
Obrigações totais	$ 100	$ 50	$ 140	$ 150	$ 170

Observações:

[a] O preço pago é o *patrimônio líquido* – ou seja, ativo total menos passivo.

[b] Aqui, consideramos que os ativos correntes e fixos da Empresa B tenham sido aumentados para $ 30.

[c] Aqui, consideramos que os ativos fixos da Empresa B tenham sido reduzidos de $ 25 para $ 15 antes da elaboração do balanço patrimonial consolidado.

[d] *Fundo de comércio* refere-se ao excesso de pagamento por uma empresa acima do valo acordado dos ativos físicos adquiridos. O fundo de comércio representa o pagamento para intangíveis, como patentes, e para "valor da organização", como aquele associado a ter uma força de vendas efetiva. No início de 2001, a boa vontade adquirida, como esta, pode não ser amortizada para os fins de relatório da demonstração financeira.

[e] O patrimônio ordinário da Empresa B é reduzido para $ 10 antes da consolidação para refletir o cancelamento do ativo fixo.

[f] O patrimônio da Empresa B é aumentado para $ 50 para refletir o preço de compra acima do acordado.

© Cengage Learning 2014

Finalmente, na Coluna 5, presumimos que A pague por B mais que o patrimônio líquido: $ 50 são pagos pelos $ 30 de ativos líquidos. Supõe-se que esse excedente seja atribuível aos ativos avaliados a menor (terrenos, edificações, máquinas e estoques); portanto, para refletir essa avaliação a menor, cada um dos ativos fixos e circulantes é aumentado em $ 5. Além disso, consideramos que $ 10 dos $ 20 de excesso do valor de mercado sobre o valor contábil se devem a uma organização superior das vendas ou a algum outro fator intangível e registramos esse excesso como ágio. O patrimônio líquido de B é aumentado em $ 20, a soma dos aumentos em ativos circulantes e fixos mais o ágio, e esse aumento também está refletido na conta do patrimônio de A após a fusão.[27]

22-12b Efeitos nas demonstrações do resultado

Uma fusão pode causar um impacto significativo nos lucros informados. Se os valores dos ativos forem aumentados, como geralmente ocorre em uma compra, é possível que isso se reflita em despesas de depreciação mais altas (e também em um custo mais alto dos produtos vendidos caso os estoques também tenham seus valores aumentados). Isso, por sua vez, reduzirá os lucros informados. Antes de 2001, o ágio também era amortizado durante seu período de vida estimado. Contudo, hoje o ágio está sujeito a um "teste de *impairment* anual". Se o valor de mercado justo do ágio tiver caído no decorrer do ano, o valor da redução deve ser debitado dos lucros. Caso não haja redução, não haverá débito, mas os ganhos do ágio não podem ser incorporados aos lucros.

A Tabela 22-5 ilustra os efeitos na demonstração do resultado dos ativos circulantes e fixos com valor aumentado. Presumimos que A tenha comprado B por $ 50, criando um ágio de $ 10, além de $ 10 referentes ao valor aumentado do ativo físico. Conforme indicado pela Coluna 3, os aumentos do ativo fazem os lucros informados serem mais baixos do que a soma dos lucros informados das empresas consideradas separadamente.

O aumento do ativo também se reflete no lucro por ação. Em nossa fusão hipotética, presumimos que há nove ações na empresa consolidada. (Seis delas foram distribuídas aos acionistas de A; e três, aos de B.) O EPS da empresa fusionada é de $ 2,33, enquanto cada uma das empresas independentes possuía um EPS de $ 2,40.

TABELA 22-5
Efeitos nas demonstrações do resultado

	ANTES DA FUSÃO		APÓS A FUSÃO: EMPRESA A
	EMPRESA A (1)	EMPRESA B (2)	EMPRESA FUSIONADA (3)
Vendas	$ 100,0	$ 50,00	$ 150,0
Custos operacionais	72,0	36,0	109,0[a]
Lucro operacional	$ 28,0	$ 14,0	$ 41,0[a]
Juros (10%)	4,0	2,0	6,0
Lucro tributável	$ 24,0	$ 12,0	$ 35,0
Impostos (40%)	9,6	4,8	14,0
Lucro Líquido	$ 14,4	$ 7,2	$ 21,0
EPS[b]	$ 2,40	$ 2,40	$ 2,33

Observações:
[a] Os custos operacionais estão $ 1 acima do que estariam de outra forma, o que reflete os custos mais altos informados (depreciação e custo dos produtos vendidos) provocados pelo aumento dos ativos físicos no momento da compra.
[b] Antes da fusão, a Empresa A tinha seis ações; e a Empresa B, três. A Empresa A distribuiu uma de suas ações para cada ação da Empresa B; assim, A ficou com nove ações em circulação depois da fusão.

© Cengage Learning 2014

Autoavaliação

1. O que é uma contabilização de fusão pelo método de compra?
2. O que é ágio? Qual é o impacto do ágio sobre o balanço patrimonial da empresa? E sobre a sua demonstração do resultado?

---

[27] Esse exemplo considera que não há emissão de dívida adicional para ajudar no financiamento da aquisição. Se a aquisição fosse totalmente financiada com dívida, o balanço patrimonial após a fusão informaria um aumento na dívida em vez de na conta de patrimônio. Caso fosse financiada por uma combinação de dívida e patrimônio, as duas contas aumentariam. Caso fosse paga em dinheiro, o ativo circulante teria uma redução igual à quantia paga e a conta de patrimônio não aumentaria.

22-13 Análise de uma "verdadeira consolidação"

A maior parte da nossa análise na seção anterior presumiu que uma empresa pretende adquirir outra. Porém, há muitos casos em que é difícil identificar uma "adquirente" e uma "empresa-alvo" – a fusão parece ser uma verdadeira "fusão de iguais", como ocorreu com as fusões da Exxon-Mobil e First Union-Wachovia. Nesses casos, como realizar a análise?

O primeiro passo é estimar o valor da empresa combinada, incorporando quaisquer sinergias, efeitos fiscais ou mudanças na estrutura de capital. O segundo é decidir como distribuir as ações da nova empresa entre os dois grupos de antigos acionistas. Por conta da sinergia, normalmente se espera que o valor consolidado exceda a soma dos valores das duas empresas antes do anúncio. Por exemplo, suponhamos que a Empresa A tivesse um patrimônio líquido de $ 10 bilhões antes da fusão, calculado como (Número de ações)(Preço por ação); e a Empresa B, um valor de $ 15 bilhões antes da fusão. Se for estimado que o valor após a fusão da nova Empresa AB será de $ 30 bilhões, esse valor deverá ser distribuído. Os acionistas da Empresa A devem receber ações suficientes que reflitam um valor projetado de, no mínimo, $ 10 bilhões, e os acionistas da Empresa B devem receber ao menos $ 15 bilhões. Mas, como os $ 5 bilhões remanescentes de valor gerado sinergicamente serão divididos?

Essa é uma questão importante, que os dois grupos de administração terão de negociar por muito tempo. Não há regra ou fórmula que possa ser aplicada, mas uma base para a distribuição está relacionada aos valores antes do anúncio de ambas as empresas. Por exemplo, em nossa fusão hipotética de A e B para formar AB, as empresas poderiam concordar em distribuir $ 10/$ 25 = 40% das novas ações aos acionistas de A e 60% aos de B. A menos que pudesse ser criado um processo por alocar um percentual mais alto das ações a uma das empresas por ser responsável pela maior parte do valor de sinergia, as proporções dos valores antes da fusão pareceriam ser uma solução "justa". Em qualquer caso, provavelmente serão dados pesos maiores às proporções antes da fusão para chegar a uma decisão final.

Vale ressaltar que o controle da empresa consolidada é sempre um problema. Geralmente, as empresas têm uma entrevista coletiva na qual anunciam que o presidente de uma delas será o presidente do conselho de administração da nova empresa, o outro presidente será o presidente da empresa, o novo conselho de administração será constituído por conselheiros dos antigos conselhos de ambas e o poder será dividido. Em fusões gigantescas como aquelas que temos visto nos últimos anos, há muito poder para ser dividido.

Autoavaliação

1. Quais são as diferenças entre a análise de fusão no caso de uma grande empresa adquirir uma menor e quando há uma "verdadeira fusão de iguais"?
2. Você acredita que as mesmas diretrizes para alocação dos ganhos de sinergia seriam utilizadas em ambos os tipos de fusão?

22-14 Papel dos bancos de investimento

Os bancos de investimento estão envolvidos nas fusões de várias formas: (1) eles ajudam a organizá-las; (2) auxiliam as empresas-alvo a desenvolver e implantar táticas defensivas; (3) colaboram com a avaliação das empresas-alvo; (4) cooperam com o financiamento das fusões; e (5) investem nas ações das possíveis candidatas à fusão.

22-14a Organização das fusões

Os principais bancos de investimento têm grupos de fusão e aquisição que operam dentro de seus departamentos financeiros. (Esses departamentos oferecem assessoria para empresas, ao contrário dos serviços de distribuição e colocação ou de corretagem.) Os membros desses grupos identificam empresas com caixa excedente que poderiam querer comprar outras companhias dispostas a serem compradas e empresas que poderiam, por uma série de razões, ser interessantes para outras. Às vezes, acionistas dissidentes de empresas com históricos fracos trabalham com os bancos de investimento para remover a administração e ajudar a organizar uma fusão.

22-14b Desenvolvimento de táticas de defesa

As empresas-alvo que não desejam ser adquiridas geralmente buscam a ajuda de um banco de investimento e de um escritório de advocacia especializado em fusões. As defesas incluem táticas como (1) mudança dos estatutos sociais de modo que somente um terço dos conselheiros seja eleito por ano e/ou seja necessário alcançar 75% dos votos (*maioria qualificada*) em vez da maioria ordinária para a aprovação de uma fusão; (2) tentar convencer os acionistas da empresa-alvo de que o preço oferecido é muito baixo; (3) levantar questões antitruste na esperança de que o Ministério da Justiça dos EUA intervenha; (4) recomprar ações no mercado aberto na tentativa de aumentar o preço acima daquele que está sendo oferecido pelo possível adquirente; (5) conseguir um **comprador potencial amigável** que seja aceitável para a administração da empresa-alvo para competir com o possível adquirente; e (6) conseguir um **comprador que adquira menos da maioria das ações** e seja aliado da atual administração, comprando ações da empresa-alvo suficientes para bloquear a fusão.

22-14c Determinação de um valor justo

Se uma fusão amigável estiver em negociação entre as administrações das duas empresas, é importante documentar que o preço acordado é justo; caso contrário, os acionistas de qualquer uma das empresas podem mover uma ação judicial para bloquear a fusão. Portanto, na maioria das grandes fusões, cada uma das partes deve contratar um banco de investimento para avaliar a empresa-alvo e ajudar a determinar um preço justo. Mesmo que a fusão não seja amigável, é possível recorrer aos bancos de investimento para auxiliar na determinação de um preço. Caso uma oferta de aquisição surpresa esteja prestes a ser realizada, a empresa adquirente desejará saber o preço mais baixo pelo qual poderá adquirir as ações, enquanto a empresa-alvo poderá buscar auxílio para "provar" que o preço oferecido é muito baixo.

22-14d Fusões financeiras

Para ser bem-sucedido no negócio de fusões e aquisições (M&A), um banco de investimento deve ser capaz de oferecer um pacote de financiamento aos clientes, sejam adquirentes que necessitam de capital para adquirir empresas, ou empresas-alvo que estão tentando financiar planos de recompra de ações ou outras defesas antiaquisições. A verdade é que as taxas que os bancos de investimento geram pela emissão de títulos de dívida relacionada a fusões, muitas vezes, ofuscam suas outras taxas ligadas a fusões.

22-14e Operações de arbitragem

Em geral, **arbitragem** significa a compra e venda simultânea das mesmas mercadorias ou títulos em dois mercados diferentes, com preços diferentes, embolsando, assim, um retorno livre de risco. Porém, as principais corretoras e alguns dos mais ricos investidores privados estão envolvidos em um tipo de arbitragem diferente, denominado *arbitragem de risco*. Os *arbitradores,* ou "arbs", especulam as ações de empresas que provavelmente são alvos de aquisição. Grandes quantias de capital são necessárias para especular uma grande quantidade de valores mobiliários e, assim, reduzir os riscos, além de ganhar dinheiro em *spreads* mínimos. Contudo, os grandes bancos de investimento têm os recursos necessários para entrar nesse jogo. Para serem bem-sucedidos, os arbs precisam ter capacidade de detectar prováveis alvos, avaliar a probabilidade de conseguir atender às ofertas e movimentar-se por todo o mercado rapidamente, com custos de transação baixos.

Autoavaliação

1. Que táticas de defesa as empresas podem utilizar para resistir às aquisições hostis do controle acionário?
2. Qual é a diferença entre arbitragem pura e arbitragem de risco?

22-15 Quem ganha: evidência empírica

A atividade de todas as fusões recentes tem levantado duas questões: (1) As aquisições de empresas criam valor? (2) Em caso afirmativo, como o valor é dividido entre as partes?

A maioria dos pesquisadores concorda que as aquisições aumentam a riqueza dos acionistas das empresas-alvo, caso contrário, estes não concordariam com a oferta. Todavia, há uma discussão sobre o fato de as fusões beneficiarem os acionistas da empresa adquirente. As administrações das empresas adquirentes podem ser motivadas por fatores diferentes dos de maximização da riqueza do acionista. Por exemplo, é possível que desejem se fundir meramente para aumentar o tamanho das empresas que administram, o que, em geral, gera salários maiores, além de estabilidade no emprego, regalias, poder e prestígio.

Erros nas fusões

Os acadêmicos sabem há muito tempo que os acionistas das empresas adquirentes raramente colhem os frutos das fusões. Contudo, parece que esse importante dado nunca chegou aos tomadores de decisões das empresas norte-americanas. Na década de 1990, era mau negócio atrás de mau negócio e, ainda assim, os executivos adquirentes não demonstraram ter aprendido coisa alguma com a situação. A *BusinessWeek* publicou uma análise de 302 grandes fusões de 1995 a 2001, e constatou que 61% delas resultaram em prejuízo para os acionistas da adquirente. Inclusive, no primeiro ano após a fusão, os retornos desses acionistas prejudicados tiveram uma queda de 25% em relação aos retornos de outras empresas do mesmo setor. Os retornos médios para todas as empresas fusionadas, sejam vencedoras ou perdedoras, ficaram 4,3% abaixo das médias de seus respectivos setores e 9,2% abaixo do S&P 500.

O artigo cita quatro erros comuns:

1. As empresas adquirentes, muitas vezes, pagaram um valor alto demais. Em geral, as adquirentes abriram mão de todas as sinergias das fusões e as concederam aos acionistas das empresas adquiridas.
2. A administração superestimou as sinergias (economias de custo e ganhos de receita) que resultariam da fusão.
3. A administração levou muito tempo para integrar as operações das empresas fusionadas. Isso irritou os clientes e funcionários e adiou quaisquer ganhos decorrentes da integração.
4. Algumas empresas cortaram custos demasiadamente à custa da manutenção das infraestruturas de vendas e produção.

O pior desempenho foi de empresas que pagaram suas aquisições com ações. O melhor desempenho, embora tenha sido apenas 0,3% acima da média de seus setores, foi de empresas que pagaram suas aquisições em dinheiro. O lado bom é que os acionistas das empresas adquiridas se saíram bem, lucrando, em média, 19,3% a mais do que seus pares do setor, e todos esses ganhos se deram em até duas semanas do anúncio da fusão.

Fonte: David Henry, "Mergers: Why Most Big Deals Don't Pay Off," *BusinessWeek*, 14 out. 2002, p. 60-70.

A questão de quem ganha nas aquisições de empresas pode ser testada ao se examinar as mudanças de preço da ação, que ocorrem no período em que o anúncio de uma fusão ou aquisição é feito. Mudanças nos preços das ações das empresas adquirente e alvo representam crenças dos participantes do mercado sobre o valor criado pela fusão e sobre como esse valor será dividido entre os acionistas da empresa-alvo e os da empresa adquirente. Assim, a análise de uma grande amostra dos movimentos do preço das ações pode esclarecer a questão de quem ganha com as fusões.

Não se pode simplesmente examinar os preços das ações nas datas do anúncio de fusão, pois outros fatores os influenciam. Por exemplo, se uma fusão foi anunciada em um dia no qual o mercado inteiro avançou, o fato de o preço da empresa-alvo ter aumentado não significaria necessariamente que se esperava que a fusão criasse valor. Em outras palavras, o evento (nesse caso, o anúncio de uma fusão) provocou uma mudança no valor? Portanto, estudos examinam os *retornos anormais* ligados a anúncios de fusão, em que esses retornos são definidos como a parte da variação no preço das ações provocada por fatores diferentes daqueles das mudanças no mercado de ações em geral. Algumas pesquisas definem os retornos anormais como retorno não explicado por um modelo de precificação de ativos, como o CAPM ou o modelo Fama-French 3-Factor, como descrevemos no Capítulo 6.

Esses "estudos de eventos" vêm examinando tanto o preço das ações da empresa adquirente quanto o da empresa-alvo em resposta a fusões e ofertas de aquisição. Em conjunto, abordaram quase todas as aquisições que envolvem empresas de capital aberto desde o início dos anos 1960 até hoje, e seus resultados são muito consistentes: em média, os preços das ações das empresas-alvo aumentam em cerca de 30% nas ofertas de aquisições hostis, enquanto, em fusões amigáveis, o aumento médio é de cerca de 20%. Porém, os preços médios das ações das empresas adquirentes permanecem constantes tanto nas negociações hostis quanto nas amigáveis. Logo, a evidência do estudo de evento traz fortes indícios (1) de que aquisições criam valor; mas (2) os acionistas das empresas-alvo recebem praticamente todos os benefícios.

O estudo de eventos sugere que as fusões beneficiam as empresas-alvo, mas não as adquirentes e, portanto, os acionistas de uma empresa adquirente devem questionar caso sua administração planeje aquisições. Essa evidência não pode ser rejeitada arbitrariamente; contudo, não é totalmente convincente. Sem dúvida, há muitas fusões boas, assim como há muitas mal planejadas. Como na maior parte das finanças, as decisões de fusão deveriam ser estudadas com atenção, e é melhor não julgar o resultado de uma fusão específica até que os resultados reais comecem a surgir.

Autoavaliação

1. Explique como os pesquisadores podem estudar os efeitos das fusões na riqueza do acionista.
2. As fusões criam valor? Em caso afirmativo, quem lucra com esse valor?
3. Os resultados da pesquisa discutidos nesta seção parecem lógicos? Explique.

22-16 Alianças empresariais

A fusão é uma forma de duas empresas unirem suas forças, mas muitas companhias estão buscando acordos de cooperação, chamados **alianças empresariais** ou **estratégicas**, que se aproximam bastante das fusões. Enquanto as fusões combinam todos os ativos das empresas envolvidas, bem como sua propriedade e a experiência administrativa, as alianças possibilitam que as empresas criem combinações com ênfase em linhas de negócio específicas que ofereçam maior potencial de sinergia. Essas alianças têm muitas formas, desde simples contratos de marketing até a propriedade conjunta de operações globais.

Uma forma de aliança empresarial é a *joint venture*, em que as partes das empresas são unidas para alcançar objetivos específicos e limitados. Uma *joint venture* é controlada por uma equipe de administração composta pelos representantes de duas (ou mais) controladoras. Um estudo recente sobre 345 alianças empresariais concluiu que os preços das ações de ambas as sócias apresentaram tendências de aumento quando a aliança foi anunciada, com um retorno anormal médio em torno de 0,64% no dia do anúncio.[28] Cerca de 43% das alianças eram contratos de marketing; 14%, contratos de P&D; 11%, licenças de tecnologia; 7%, transferência de tecnologia; e 25%, alguma combinação desses quatro motivos. Embora a maioria das alianças fosse de contratos de marketing, o mercado reagia de forma mais favorável quando a aliança era feita entre duas empresas do mesmo setor para compartilhar tecnologia. O estudo também revelou que uma aliança comum durava, no mínimo, cinco anos e que as empresas associadas tinham melhor desempenho operacional nesse período que as outras do setor.

Autoavaliação

1. Qual é a diferença entre uma fusão e uma aliança empresarial?
2. O que é uma *joint venture*? Dê alguns motivos por que as *joint ventures* podem ser vantajosas para as partes envolvidas.

22-17 Desinvestimentos

Há quatro tipos de **desinvestimentos**. A **venda para outra empresa** normalmente envolve a venda de uma divisão ou unidade inteira, que costuma ser em dinheiro, mas algumas vezes é feita em ações da empresa adquirente. Em uma **cisão**, os atuais acionistas da empresa recebem novas ações, que representam direitos de propriedade separados na divisão que foi desinvestida. A divisão estabelece seu próprio conselho de administração e diretoria e torna-se uma empresa independente. Os acionistas acabam possuindo ações das duas empresas em vez de uma; porém, nenhum dinheiro é transferido. Em uma **cisão parcial**, a controladora vende uma participação minoritária em uma subsidiária a novos acionistas; assim, levanta novo capital enquanto mantém o controle. Em uma **liquidação**, os ativos de uma divisão são vendidos em partes para muitos compradores, em vez de como uma entidade operacional inteira para um único comprador. Para ilustrar os diferentes tipos de desinvestimentos, apresentaremos alguns exemplos.

Em 2011, a Ralcorp Holdings propôs a separação da empresa em uma parte da Post Foods e uma empresa privada. O motivo da cisão foi permitir que as duas divisões se concentrassem em seus diferentes mercados de produtos, e também permitisse que a ConAgra, que havia perseguido a Ralcorp por sua empresa privada, fizesse uma aquisição mais limitada. Em 2009, a Time Warner anunciou que iria cindir da AOL, a dissolução de uma fusão que nunca funcionou. E em 2008, a Cadbury Schweppes decidiu dar ênfase a suas atividades

---

[28] Veja Su Han Chan, John W. Kensinger, Arthur J. Keown e John D. Martin, "When Do Strategic Alliances Create Shareholder Value?", *Journal of Applied Corporate Finance,* primeiro trimestre de 1999, p. 82-87.

ligadas a chocolate e doces; assim, cindiu as marcas de refrigerantes em uma empresa independente, a Dr. Pepper Snapple Group.

Como esses exemplos mostram, os motivos para desinvestir variam muito. Algumas vezes, o mercado sente-se mais à vontade quando as empresas enfocam os negócios que sabem fazer, como é o caso da Cadbury Schweppes. Outras empresas necessitam de dinheiro para financiar a expansão de suas principais linhas de negócio ou reduzir um grande volume de dívida, e os desinvestimentos podem ser usados para levantar esse dinheiro. Por exemplo, a AMD cindiu suas operações de produção em 2009. Os desinvestimentos também mostram que administrar uma empresa é um processo dinâmico – as condições mudam, as estratégias da empresa mudam em resposta a isso e, consequentemente, as empresas alteram suas carteiras de ativos com aquisições e/ou desinvestimentos. Alguns desinvestimentos, como a cisão da AOL planejada pela Time Warner, têm o objetivo de descartar ativos que geram prejuízo e, caso isso não fosse feito, trariam problemas para a empresa.

Em geral, a evidência empírica demonstra que o mercado reage favoravelmente aos desinvestimentos, geralmente com a empresa que realiza o desinvestimento tendo um pequeno aumento no preço de suas ações no dia do anúncio. Os retornos nesse dia são maiores para empresas que "desfazem" fusões de conglomerados anteriores ao desinvestir negócios em áreas não relacionadas.[29] Os estudos também mostram que os desinvestimentos, geralmente, levam a um desempenho operacional superior da controladora e da empresa desinvestida.[30]

Autoavaliação

1. Cite alguns tipos de desinvestimentos.
2. Cite alguns motivos para desinvestir.

22-18   *Holdings*

As **holdings** remontam a 1889, quando New Jersey se tornou o primeiro estado norte-americano a aprovar uma lei que permitia que fossem constituídas sociedades com a finalidade exclusiva de possuir ações de outras empresas. Muitas das vantagens e desvantagens das *holdings* são idênticas às de qualquer organização de grande porte. O fato de a sociedade estar organizada em divisões ou com subsidiárias mantidas como empresas independentes não afetam os motivos básicos para realizar uma operação de grande escala, com vários produtos e fábricas.

22-18a Vantagens e desvantagens das *holdings*

Há duas vantagens principais de uma empresa *holding*.

1. *Controle com participações fracionadas.* Por intermédio de uma *holding*, uma empresa pode comprar 5%, 10% ou 50% das ações de outra empresa. Participações fracionadas como essas podem ser suficientes para dar à empresa *holding* o controle efetivo sobre as operações da empresa na qual adquiriu participações acionárias. O controle efetivo geralmente é obtido com uma participação correspondente a 25% das ações ordinárias, mas é possível que seja menor, em torno de 10%, se as ações estiverem distribuídas entre um grande número de acionistas. Um financiador diz que a atitude da administração é mais importante que o número de ações detidas: "Se a administração acreditar que você pode controlar a empresa, então você pode". Além disso, o controle sobre uma margem pequena pode ser mantido por meio do relacionamento com grandes acionistas fora do grupo da empresa *holding*.
2. *Isolamento de riscos.* Como várias **empresas operacionais** em um sistema de empresa *holding* são pessoas jurídicas independentes, as obrigações de uma unidade são isoladas das de outras unidades. Assim, prejuízos catastróficos incorridos por uma unidade do sistema da empresa *holding* podem não ser traduzíveis em direitos sobre os ativos de outras unidades. Porém, vale ressaltar que, mesmo sendo uma generalização costumeira, nem sempre é válida. Primeiro, embora não tenha obrigação legal, a **controladora** pode sentir-

---

[29] Para obter detalhes, veja Jeffrey W. Allen, Scott L. Lummer, John J. McConnell e Debra K. Reed, "Can Takeover Losses Explain Spin-off Gains?", *Journal of Financial and Quantitative Analysis,* dez. 1995, p. 465-485.
[30] Veja Shane A. Johnson, Daniel P. Klein e Verne L. Thibodeaux, "The Effects of Spin-offs on Corporate Investment and Performance", *Journal of Financial Research,* terceiro semestre de 1996, p. 293-307. Veja, ainda, Steven Kaplan e Michael S. Weisbach, "The Success of Acquisitions: Evidence from Divestitures", *Journal of Finance,* mar. 1992, p. 107-138.

-se obrigada a pagar as dívidas da subsidiária para manter sua reputação e reter seus clientes. Segundo, a controladora pode sentir-se obrigada a fornecer capital para uma coligada a fim de proteger seu investimento inicial. E, terceiro, ao emprestar a uma das unidades de um sistema de empresa *holding*, um operador de empréstimos perspicaz pode exigir uma garantia da empresa *holding*. Portanto, até certo ponto, os ativos nos vários elementos de uma empresa *holding* não são realmente separados.

A principal desvantagem de uma empresa *holding* está relacionada à *tributação múltipla parcial.* Contanto que a empresa *holding* detenha, no mínimo, 80% das ações com direito a voto de uma subsidiária, o IRS permite a entrega de declarações consolidadas, caso em que os dividendos recebidos pela controladora não são tributados. Porém, se possuir menos de 80% das ações, as declarações de impostos não podem ser consolidadas. As empresas que detêm mais de 20%, porém menos de 80%, de outra sociedade podem deduzir 80% dos dividendos recebidos, ao passo que as empresas que possuem menos de 20% podem deduzir apenas 70% dos dividendos recebidos. Essa dupla tributação parcial equilibra, de certa forma, os benefícios do controle da empresa *holding* com a participação limitada, mas a questão de a multa de imposto ser suficiente para compensar outras possíveis vantagens, varia de acordo com o caso.

22-18b *Holdings* como mecanismos de alavancagem

A empresa *holding* vem sendo um veículo usado para obter níveis de alavancagem financeira consideráveis. Na década de 1920, foram estabelecidos vários níveis de *holdings* nos setores de concessionárias de energia elétrica, transporte ferroviário e outros. Naquela época, uma empresa operacional que atuava no nível mais baixo da pirâmide podia ter $ 100 milhões de ativos financiados com $ 50 milhões de dívida e $ 50 milhões de capital próprio. Logo acima, uma empresa *holding* de primeiro nível podia possuir ações da empresa operacional como seu único ativo e ser financiada com $ 25 milhões de dívida e $ 25 milhões de capital próprio. Uma *holding* de segundo nível, que detinha ações daquela de primeiro nível, podia ser financiada com $ 12,5 milhões de dívida e $ 12,5 milhões de capital próprio. Sistemas como esse foram ampliados para cinco ou seis níveis. Com seis *holdings*, $ 100 milhões em ativos operacionais podiam ser controlados por somente $ 0,78 milhão de capital próprio, e os ativos operacionais teriam de fornecer caixa suficiente para custear $ 99,22 milhões de dívida. *Um sistema de* holding *como esse é altamente alavancado – seu índice de endividamento consolidado é de 99,22%, embora cada um dos componentes individuais apresente um índice dívida/ativos de apenas 50%.* Em decorrência dessa alavancagem consolidada, até mesmo uma pequena redução nos lucros da empresa operacional poderia desmoronar todo o sistema, como uma casa feita com cartas de baralho. Essa situação existia no setor de concessionárias de energia elétrica na década de 1920, e a Grande Depressão da década de 1930 provocou estragos nas *holdings*, fazendo a legislação federal dos Estados Unidos restringi-las naquele setor.

Autoavaliação

1. O que é uma empresa *holding*?
2. Cite algumas das vantagens das *holdings*. Identifique uma desvantagem.

Resumo

- Uma **fusão** ocorre quando duas sociedades se unem para formar uma única empresa. Os principais motivos para uma fusão são: (1) sinergia; (2) considerações tributárias; (3) compra de ativos por preços abaixo de seu custo de reposição; (4) diversificação; (5) obtenção do controle de uma empresa maior; e (6) valor de liquidação.
- As fusões podem proporcionar benefícios econômicos por meio de **economias de escala** e colocar ativos nas mãos de administradores mais eficientes. Porém, as fusões também geram a possibilidade de reduzir a concorrência e, portanto, são cuidadosamente controladas pelos órgãos governamentais.
- Na maioria das fusões, uma empresa (a **empresa adquirente)** toma medidas para adquirir outra (a **empresa-alvo**).
- Uma **fusão horizontal** ocorre quando duas empresas na mesma linha de negócio se unem.
- Uma **fusão vertical** combina uma empresa com um de seus clientes ou fornecedores.

- Uma **fusão de empresas congêneres** envolve empresas em setores relacionados, mas em que não existe relacionamento cliente-fornecedor.
- Uma **fusão de conglomerados** ocorre quando empresas de setores totalmente diferentes se unem.
- Em uma **fusão amigável**, as administrações de ambas as empresas aprovam a fusão, enquanto em uma **fusão hostil**, a administração da empresa-alvo se opõe.
- Uma **fusão operacional** é aquela em que as operações de duas empresas são combinadas. Uma **fusão financeira** é aquela na qual as empresas continuam a atuar separadamente; portanto, nenhuma economia operacional é esperada.
- Em uma **análise da fusão** comum, as principais questões a serem decididas são (1) o preço a ser pago pela empresa-alvo; e (2) a situação emprego/controle. Caso a fusão seja uma consolidação de duas empresas relativamente iguais, a questão será o percentual de participação a ser recebido pelos acionistas de cada parte da fusão.
- Quatro métodos são utilizados com frequência para determinar o **valor da empresa-alvo**: (1) **análise de múltiplos de mercado**; (2) o **modelo de avaliação de empresas**; (3) o **modelo de fluxo de caixa livre para acionistas (FCLA)**; e (4) o **modelo de valor presente ajustado (APV)**. Os três modelos de fluxo de caixa resultam no mesmo valor caso sejam aplicados corretamente, mas é mais fácil aplicar o modelo de APV, que deve ser utilizado quando a estrutura de capital estiver passando por mudanças.
- Para fins contábeis, as fusões são tratadas como uma **compra**.
- Uma *joint venture* é uma **aliança empresarial** em que duas ou mais empresas combinam parte de seus recursos para alcançar um objetivo limitado e específico.
- Um **desinvestimento** é a venda de alguns dos ativos operacionais de uma empresa. Ele pode envolver (1) a venda de uma unidade operacional a outra empresa; (2) a **cisão** de uma unidade como uma empresa separada; (3) a **cisão parcial** de uma unidade por meio da venda de uma participação minoritária; ou (4) a **liquidação** absoluta dos ativos de uma unidade.
- Os motivos para o desinvestimento incluem (1) entrar em acordo sobre processos antitruste; (2) aumentar a transparência das empresas resultantes, para que os investidores possam avaliá-las com mais facilidade; (3) possibilitar que a administração se concentre em um tipo específico de atividade; e (4) levantar o capital necessário para fortalecer o principal negócio da empresa.
- Uma **empresa** *holding* é uma sociedade que possui ações suficientes de outra empresa para controlá-la. Também é conhecida como **controladora**, e as empresas controladas são denominadas **subsidiárias** ou **empresas operacionais**.
- As operações da empresa *holding* são vantajosas, pois: (1) o controle pode ser obtido com um desembolso de dinheiro menor; (2) os riscos podem ser separados; e (3) as empresas regulamentadas podem manter subsidiárias separadas para suas atividades regulamentadas e não regulamentadas.
- A principal desvantagem das operações da empresa *holding* é a possibilidade de tributação múltipla.

Perguntas

(22-1) Defina cada termo a seguir:
   a. Sinergia; fusão.
   b. Fusão horizontal; fusão vertical; fusão de empresas congêneres; fusão de conglomerados.
   c. Fusão amigável; fusão hostil; fusão defensiva; oferta de aquisição, empresa-alvo; valor de liquidação; empresa adquirente.
   d. Fusão operacional; fusão financeira.
   e. Fluxo de caixa livre para acionistas.
   f. Contabilização pelo método de compra.
   g. Comprador potencial amigável; disputa por procurações para votar.
   h. *Joint venture*; aliança empresarial.
   i. Desinvestimento; cisão; compra alavancada (LBO).
   j. Empresa *holding*; empresa operacional; controladora.
   k. Arbitragem; arbitragem de risco.

(22-2) As quatro classificações econômicas das fusões são (1) horizontal; (2) vertical; (3) de empresas congêneres; e (4) de conglomerados. Explique o significado desses termos na análise da fusão no tocante a: (a) probabilidade de intervenção governamental; e (b) possibilidades de sinergia operacional.

(22-3) A Empresa A deseja adquirir a Empresa B. A administração da Empresa B também considera que a fusão é uma boa ideia. Nesse caso, é possível utilizar uma oferta de aquisição? Por que sim ou por que não?

(22-4) Explique a diferença entre fusões operacionais e fusões financeiras.

(22-5) Liste as diferenças entre os modelos de APV, FCLA e de avaliação de empresas.

Problema de autoavaliação – A solução está no Apêndice A

(PA-1) Avaliação – A Red Valley Breweries está cogitando adquirir a Flagg Markets. Atualmente, a Flagg possui um custo de capital próprio de 10%; 25% de seu financiamento são na forma de 6% de dívidas; e o restante, em patrimônio. Sua alíquota de imposto federal mais estadual é de 40%. Após a aquisição, a Red Valley espera que a Flagg tenha os seguintes FCLs e pagamentos de juros nos próximos três anos (em milhões):

	Ano 1	Ano 2	Ano 3
FCL	$ 10,00	$ 20,00	$ 25,00
Despesas com juros	28,00	24,00	20,28

Depois disso, espera-se que os fluxos de caixa livres cresçam a uma taxa constante de 5% e a estrutura de capital se estabilize em 35% de dívida com uma taxa de juros de 7%.

a. Qual é o custo de capital próprio não alavancado da Flagg? Quais são o custo de capital próprio alavancado e o custo de capital no período após o horizonte?

b. Utilizando a abordagem de valor presente ajustado, qual será o valor das operações da Flagg para a Red Valley?

Problemas – As respostas dos problemas estão no Apêndice B

As informações a seguir serão necessárias para trabalhar com os Problemas 22-1 a 22-4.
A Hastings Corporation está interessada em adquirir a Vandell Corporation. A Vandell possui 1 milhão de ações em circulação e uma estrutura de capital-alvo composta por 30% de dívida. A taxa de juros da dívida da Vandell é de 8%. Suponha que a taxa de juros livre de risco seja 5%; e o prêmio de risco de mercado, 6%. A Vandell e a Hastings possuem uma alíquota de imposto de 40%.

Problema fácil 1

(22-1) Avaliação – O fluxo de caixa livre (FCL_0) da Vandell é de $ 2 milhões por ano, e espera-se que cresça a uma taxa constante anual de 5%. Seu beta é de 1,4. Qual é o valor de operações da Vandell? Se a Vandell possuísse $ 10,82 milhões em dívidas, qual seria o valor atual de suas ações? (*Dica*: Utilize o modelo de avaliação de empresas do Capítulo 7.)

Problemas intermediários 2-3

(22-2) Avaliação da fusão – A Hastings estima que, se adquirir a Vandell, os pagamentos de juros serão de $ 1,5 milhão ao ano por um período de três anos, depois do qual a atual estrutura de capital-alvo de 30% de dívida será mantida. Os juros no quarto ano serão de $ 1,472 milhão e, após esse ano, os juros e o benefício fiscal crescerão a uma taxa de 5%. As sinergias possibilitarão que os fluxos de caixa livres sejam de $ 2,5 milhões, $ 2,9 milhões, $ 3,4 milhões e $ 3,57 milhões nos anos 1 a 4, respectivamente, e os fluxos de caixa livres crescerão a uma taxa de 5% após esse período. Qual é o valor não alavancado da Vandell, e qual é o valor de seus benefícios fiscais? Qual é o valor por ação da Vandell para a Hastings Corporation? Considere que a Vandell agora possui $ 10,82 milhões em dívidas.

(22-3) Oferta de fusão – Com base em suas respostas aos Problemas 22-1 e 22-2, indique a faixa de preços que a Hastings poderia oferecer por ação ordinária da Vandell em uma aquisição.

Problemas desafiadores 4-6

(22-4) Avaliação da fusão com mudança na estrutura de capital – Considerando as mesmas informações do Problema 22-2, suponha que a Hastings aumente o nível de dívida da Vandell no final do 3º ano para $ 30,6 milhões, de forma que a estrutura de capital-alvo passe a ter 45% de dívida. Suponha que, com esse nível de dívida mais alto, a taxa de juros seja de 8,5% e os pagamentos de juros no 4º ano tenham como base o novo nível de dívida do final do 3º ano e uma nova taxa de juros. Mais uma vez, projeta-se que os fluxos de caixa livres e os benefícios fiscais cresçam a 5% após o 4º ano. Quais são os valores da empresa não alavancada e o benefício fiscal, e qual é o preço máximo que a Hastings ofereceria pela Vandell agora?

(22-5) **Análise da fusão** – A Marston Marble Corporation cogita uma fusão com a Conroy Concrete Company. A Conroy é uma empresa de capital aberto, e seu beta atual é 1,30. A empresa vem sendo pouco lucrativa e pagou uma média de apenas 20% em impostos nos últimos anos. Além disso, usa pouca dívida, tendo um índice-alvo de endividamento de apenas 25%, com um custo de dívida de 9%.

Se a aquisição fosse realizada, a Marston operaria a Conroy como subsidiária integral independente. A Marston pagaria impostos em uma base consolidada; portanto, sua alíquota de imposto aumentaria para 35%. Além disso, a Marston aumentaria a capitalização com dívida na subsidiária Conroy para $w_d = 40\%$, totalizando $ 22,27 milhões até o final do 4º ano e pagaria 9,5% sobre a dívida. O departamento de compras da Marston estima que a Conroy, se fosse adquirida, geraria os seguintes fluxos de caixa livres e despesas com juros (em milhões de dólares) nos anos 1 a 5:

Ano	Fluxos de caixa livres	Despesas com juros
1	$ 1,30	$ 1,2
2	1,50	1,7
3	1,75	2,8
4	2,00	2,1
5	2,12	?

No 5º ano, as despesas com juros da Conroy teriam como base a dívida do início daquele ano (ou seja, do final do 4º ano), e projeta-se que as despesas com juros e os fluxos de caixa livres cresçam a uma taxa de 6% nos próximos anos.

Esses fluxos de caixa incluem todos os efeitos da aquisição. O custo de capital próprio da Marston é de 10,5%; seu beta, 1; e seu custo de dívida, 9,5%. A taxa livre de risco é de 6%, e o prêmio pelo risco de mercado é de 4,5%.

a. Qual é o valor das operações não alavancadas da Conroy, e qual é o valor de seus benefícios fiscais de acordo com as condições de fusão e financiamento propostas?

b. Qual é o valor de operações da Conroy em dólares? Caso a Conroy possuísse $ 10 milhões de dívidas em aberto, quanto a Marston estaria disposta a pagar pela Conroy?

(22-6) **Avaliação da fusão com mudança na estrutura de capital** – A VolWorld Communications Inc., empresa de telecomunicações de grande porte, cogita a aquisição da Bulldog Cable Company (BCC), uma empresa regional de TV a cabo. Os analistas da VolWorld projetam os seguintes dados para a BCC após a fusão (em milhares de dólares, com encerramento do exercício em 31 de dezembro):

	2013	2014	2015	2016	2017	2018
Vendas líquidas		$ 450	$ 518	$ 555	$ 600	$ 643
Despesas administrativas e com vendas		45	53	60	68	73
Juros		40	45	47	52	54
Total do capital operacional líquido	$ 800	850	930	1.005	1.075	1.150

Alíquota de imposto após a fusão: 35%

Custo dos produtos vendidos como uma porcentagem das vendas: 65%

Beta da BCC antes da fusão: 1,40

Taxa livre de riscos: 6%

Prêmio de risco de mercado: 4%

Taxa de crescimento terminal dos fluxos de caixa livres: 7%

Se a aquisição fosse realizada, ocorreria em 1º de janeiro de 2014. Todos os fluxos de caixa informados nas demonstrações do resultado foram presumidos para o fim do exercício. A BCC possui uma estrutura de capital de 40% de dívida, com custo de 10%, mas a VolWorld aumentaria o nível de dívida para 50% nos próximos quatro anos, e a estrutura de capital-alvo seria atingida até o início de 2018. Se fosse independente, a BCC pagaria impostos a uma alíquota de 20%, mas seu lucro seria tributado a uma alíquota de 35% se ela fosse consolidada. O beta atual da BCC determinado pelo mercado é de 1,4. Espera-se que o custo dos produtos vendidos seja de 65% das vendas.

a. Qual é o custo de capital próprio não alavancado da BCC?
b. Quais são os fluxos de caixa livres e os benefícios fiscais de juros para os primeiros cinco anos?
c. Qual é o valor do horizonte dos benefícios fiscais de juros e qual é o valor do horizonte não alavancado da BCC?
d. Qual é o valor do capital próprio da BCC para os acionistas da VolWorld se a BCC atualmente possuir $ 300.000 de dívidas em aberto?

Problema de planilha

(22-7) **Construa um modelo: análise de fusão** – A Wansley Portal Inc., um grande provedor de acesso à internet, cogita a aquisição da Alabama Connections Company (ACC), provedor regional de acesso à internet. Os analistas da Wansley projetam os seguintes dados para a ACC após a fusão (em milhares de dólares):

	2014	2015	2016	2017	2018
Vendas líquidas	$ 500	$ 600	$ 700	$ 760	$ 806
Despesas administrativas e com vendas	60	70	80	90	96
Juros	30	40	45	60	74

Se a aquisição fosse realizada, ocorreria em 1º de janeiro de 2014. Todos os fluxos de caixa informados nas demonstrações do resultado foram presumidos para o fim do exercício. A atual estrutura de capital da ACC é composta por 30% de dívida, com custo de 9%, mas com o tempo a Wansley aumentaria o nível de dívida para 40%, com custo de 10%, se a aquisição ocorresse. Se fosse independente, a ACC pagaria impostos a uma alíquota de 30%, mas seu lucro seria tributado a uma alíquota de 35% se ela fosse consolidada. O beta atual da ACC determinado pelo mercado é de 1,4. Espera-se que o custo dos produtos vendidos, que inclui depreciação, seja de 65% das vendas, mas é possível que haja variações. O investimento bruto necessário em capital operacional é aproximadamente igual à depreciação debitada; logo, não haverá investimentos em capital operacional líquido. A taxa livre de risco é de 7% e o prêmio pelo risco de mercado é de 6,5%. Atualmente, a Wansley possui $ 400.000 de dívida em aberto.

a. Qual é o custo de capital próprio não alavancado?
b. Qual é o valor do horizonte dos benefícios fiscais e qual é o valor do horizonte de operações não alavancadas? Qual é o valor das operações da ACC e qual é o valor do capital próprio da ACC para os acionistas da Wansley?

Estudo de caso

A Hager Home Repair Company, rede regional de artigos domésticos especializada em aluguel de materiais e equipamentos de "faça você mesmo", é rica em caixa, em decorrência de bons resultados em muitos anos consecutivos. Um dos usos alternativos para o caixa excedente é uma aquisição. Foi solicitado que Doug Zona, tesoureiro da Hager, e seu chefe determinassem um valor para uma possível empresa-alvo, a Lyons Lighting (LL), rede que atua nos estados vizinhos, e ele pediu sua ajuda.

A tabela a seguir mostra as estimativas de Zona para os possíveis lucros da LL se estiver sob a administração da Hager (em milhões de dólares). A despesa de juros relacionada aqui inclui os juros (1) sobre a dívida existente da LL, que é de $ 55 milhões a uma taxa de 9%; e (2) sobre a nova dívida que se espera emitir ao longo do tempo, a fim de ajudar a financiar a expansão dentro da nova divisão "L", codinome dado à empresa-alvo. Caso seja adquirida, a LL terá uma alíquota de imposto de 40%.

Os analistas de investimento estimam que o beta da LL seja 1,3. A aquisição não mudaria a estrutura de capital da Lyons, que é composta por 20% de dívidas. Zona percebe que o plano de negócios da Lyons Lighting também exige certos níveis de capital operacional e que o investimento anual pode ser expressivo. Os níveis necessários de capital operacional total líquido estão discriminados na tabela.

Zona estima que a taxa livre de risco seja 7%; e o prêmio de risco de mercado, 4%. Além disso, estima que os fluxos de caixa livres depois de 2018 crescerão a uma taxa constante de 6%. As projeções de vendas e outros itens estão listados a seguir.

	2013	2014	2015	2016	2017	2018
Vendas líquidas		$ 60,00	$ 90,00	$ 112,50	$ 127,50	$ 139,70
Custo dos produtos vendidos (60%)		36,00	54,00	67,50	76,50	83,80
Despesas administrativas/com vendas		4,50	6,00	7,50	9,00	11,00
Despesas com juros		5,00	6,50	6,50	7,00	8,16
Total do capital operacional líquido	$ 150,00	150,00	157,50	163,50	168,00	173,00

A administração da Hager é novata nesse jogo de fusões; então, solicitou que Zona respondesse a algumas perguntas básicas sobre fusões e realizasse a análise de fusão. Para estruturar a tarefa, Zona desenvolveu as seguintes perguntas, que você deve responder e defender perante o conselho da Hager.

a. Diversas justificativas foram propostas para as fusões. Entre os motivos mais proeminentes, estão: (1) considerações tributárias; (2) redução de risco; (3) controle; (4) compra de ativos a preços abaixo do custo de reposição; (5) sinergia; e (6) globalização. Em geral, quais motivos são economicamente justificáveis? Quais razões não são? Quais se encaixam melhor nessa situação? Explique.

b. Descreva resumidamente as diferenças entre uma fusão hostil e uma fusão amigável.

c. Quais são as etapas da avaliação de uma fusão?

d. Utilize os dados informados na tabela para elaborar os fluxos de caixa livres da divisão L para o período de 2014 a 2018. Por que estamos identificando as despesas de juros separadamente, se normalmente não são incluídas nos cálculos de fluxos de caixa livres ou em uma análise de fluxo de caixa de avaliação de investimentos? Por que o investimento em capital operacional líquido é incluído ao calcular o fluxo de caixa livre?

e. Conceitualmente, qual é a taxa de desconto adequada a ser aplicada aos fluxos de caixa desenvolvidos no item c? Qual é a sua estimativa real dessa taxa de desconto?

f. Qual é o valor do horizonte, ou contínuo, estimado para a aquisição – ou seja, qual é o valor estimado dos fluxos de caixa da divisão L depois de 2018? Qual é o valor da LL para os acionistas da Hager? Suponha que outra empresa estivesse avaliando a LL como uma candidata à aquisição. Ela obteria o mesmo valor? Explique.

g. Suponha que a LL tenha 20 milhões de ações em circulação. Essas ações são negociadas relativamente com pouca frequência, mas a última negociação (realizada há varias semanas) teve um preço de $ 11 por ação. A Hager deveria fazer uma oferta para a Lyons Lighting? Em caso afirmativo, quanto deveria oferecer por ação?

h. Quais pontos da análise seriam diferentes caso a Hager pretendesse recapitalizar a LL com 40% de dívida, com custo de 10% ao fim do período de quatro anos? Isso totalizará $ 221,6 milhões em dívidas no final de 2017.

i. Pesquisas consideráveis foram realizadas para determinar se as fusões realmente criam valor e, nesse caso, como esse valor é dividido entre as partes envolvidas. Quais são os resultados dessa pesquisa?

j. Qual método é utilizado para contabilizar fusões?

k. Quais atividades relacionadas à fusão são executadas pelos bancos de investimento?

l. Quais são os principais tipos de desinvestimentos? O que motiva a empresa a desinvestir ativos?

m. O que são *holdings*? Quais são suas vantagens e desvantagens?

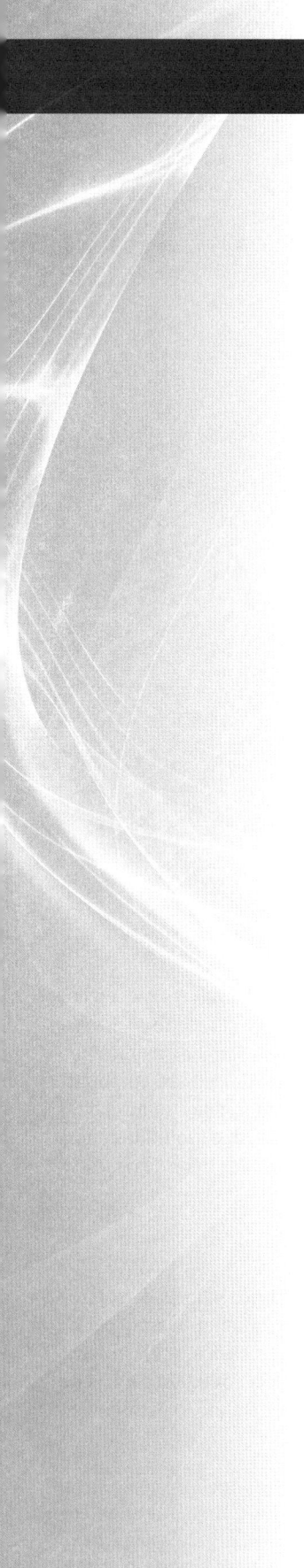

CAPÍTULO 23

Gestão de risco corporativo

Em 13 de abril de 2012, o diretor-executivo da JPMorgan Chase, Jamie Dimon, comentou, sobre os rumores de iminentes perdas em transações, que as pessoas estavam fazendo "uma tempestade em um copo de água". Três meses depois, aparentemente, a tempestade já havia gerado mais de $ 9 bilhões em perdas em um gigante copo de água!

Os bancos fazem empréstimos para as empresas, e o JPMorgan não é exceção. Muitos de seus mutuários foram expostos a difíceis condições econômicas de âmbito global, incluindo crises ocorrendo na zona do euro, que, por sua vez, expuseram o JPMorgan a riscos. Para compensar eventuais perdas decorrentes de empréstimos, o diretor de investimentos do JPMorgan em Londres assumiu posições curtas referentes a índices selecionados que compensariam financeiramente, caso grandes empresas, incluindo alguns de seus clientes, deixassem de pagar empréstimos bancários.[1] Esse é um clássico *hedge* (cobertura contra risco) — se os mutuários deixassem de pagar, o grupo de empréstimos comerciais do JPMorgan perderia dinheiro, mas o escritório de Londres ganharia dinheiro, e vice-versa.

Mas este não é o fim da história. O escritório de Londres também assumiu posições longas sobre derivados com base em um índice de crédito mais amplo, o CDX.NA.IG.9. (Posições longas significavam que o JPMorgan assumiu compromissos de comprar a um preço fixo.) Suas intenções eram reduzir despesas, mas também fazer o *hedge* de suas posições curtas nos índices selecionados, apostando que os índices selecionados foram temporariamente precificados erroneamente em relação ao IG.9. O JPMorgan continuou a assumir posições longas sobre o IG.9 no final de 2011 e início de 2012, até se tornar o maior agente de negociações neste segmento de mercado. Na verdade, é provável que as próprias atividades comerciais do JPMorgan tenham reduzido artificialmente o preço do IG.9.

O baixo preço do IG.9 atraiu os fundos de *hedge* e, como se sabe, tudo o que desce tem que subir. À medida que o preço do IG.9 aumentou, o JPMorgan começou a perder dinheiro em suas posições de longo prazo e passou a liquidar algumas delas para evitar perdas ainda maiores no futuro. Quando este texto foi escrito, em julho de 2012, as consequências dessa estratégia falha haviam apenas começado — uma queda acentuada nos preços das ações do JPMorgan, preocupações regulamentares sobre a aplicação de *hedge* *versus* especulação, e comentários quanto a retirar os bônus dos executivos do JPMorgan em 2011. Tenha esse episódio em mente enquanto lê o restante do capítulo.

---

[1] Esses índices, na realidade, foram compostos de *swaps* de inadimplência de crédito, por isso, o JPMorgan optou por uma posição de curto prazo em um derivado com base em outros derivados.

AVALIAÇÃO E GESTÃO DE RISCO CORPORATIVO

Todas as companhias estão expostas a riscos por causa da volatilidade dos preços de produtos, da demanda, dos custos de insumos e outras fontes de riscos de negócios, como o risco decorrente da escolha da tecnologia de produção. Muitas empresas também são expostas a riscos em virtude da volatilidade nas taxas de câmbio e nas taxas de juros. A gestão de risco pode reduzir o risco da empresa, evitando catástrofes e levando a um menor custo de capital. Em alguns casos, derivados como *swaps* podem diminuir a taxa de juros efetiva paga por uma corporação, mais uma vez, reduzindo seu custo de capital.

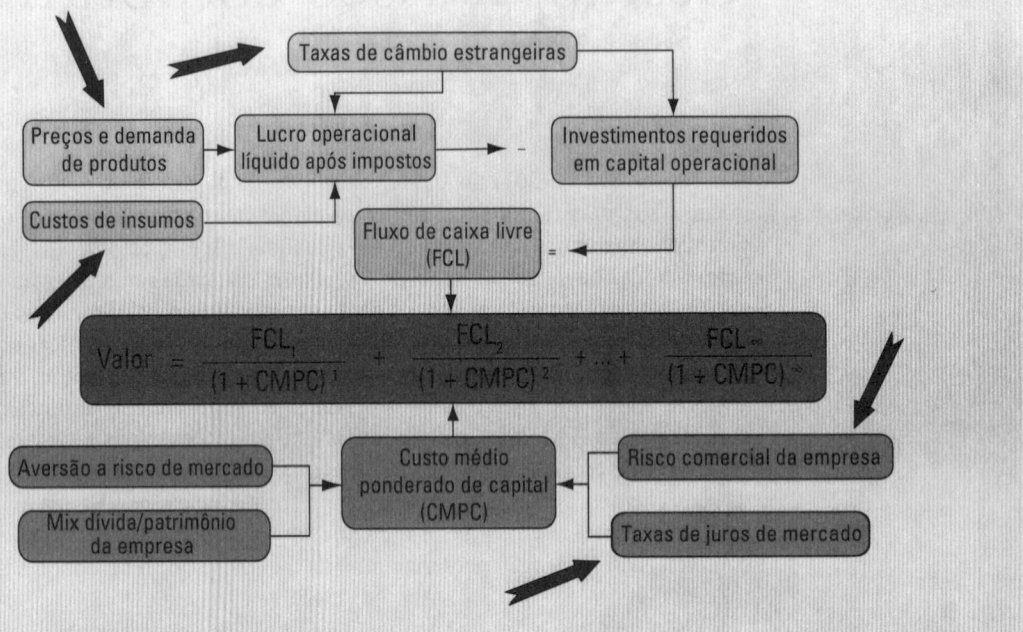

Definir gestão de risco é algo simples: identifique eventos que podem ter consequências adversas e, então, tome medidas para evitar ou minimizar os danos causados por esses eventos. Aplicar a gestão de risco é mais difícil, mas é vital para o sucesso de uma companhia e, talvez, para sua sobrevivência. Neste capítulo explicamos como a gestão de riscos agrega valor a uma corporação, descrevemos uma estrutura de gestão de risco corporativo, identificamos diferentes categorias de riscos, explicamos como medir riscos selecionados e mostramos como gerenciar esses riscos.[2] Também ilustramos como as companhias podem utilizar derivados, que são títulos cujos valores são determinados pelo preço de mercado de outro ativo, para administrar determinados tipos de riscos.

23-1   Razões para gerenciar riscos

Reduzir riscos torna uma companhia mais valiosa? Considere a Plastic Inc., que fabrica painéis de controle, painéis de portas interiores e outros componentes plásticos utilizados por companhias automotivas. O petróleo é a principal matéria-prima para o plástico e, por isso, representa grande parte de seus custos. A Plastic Inc. tem um contrato de três anos com uma companhia automotiva com a finalidade de fornecer 500.000 painéis de portas por ano ao preço de $ 20 cada. Quando a companhia, recentemente, assinou esse contrato, o petróleo era

---

[2] Para obter uma excelente visão geral da gestão de risco, consulte Kenneth A. Froot, David S. Scharfstein e Jeremy Stein, "A framework for risk management", *Journal of Applied Corporate Finance*, p. 22-32, outono 1994; Brian Nocco e Rene Stultz, "Corporate risk management, theory and practice", *Journal of Applied Corporate Finance*, p. 8-20 outono 2006; Walter Dolde, "The trajectory of corporate financial risk management", *Journal of Applied Corporate Finance*, p. 33-41, outono 1993; e Marshall Blake e Nelda Mahady, "How Mid-Sized Companies Manage Risk," *Journal of Applied Corporate Finance*, p. 59-65, primavera 1991.

vendido a $ 100 por barril e esperava-se que permanecesse nesse nível nos próximos três anos. Se os preços do petróleo caíssem durante o período, a Plastic teria lucros e fluxos de caixa livre maiores que os esperados, mas se os preços do petróleo aumentassem, os lucros cairiam. Uma vez que o valor da Plastic depende de seus lucros e de seu fluxo de caixa livre, uma mudança no preço do petróleo faria os acionistas ganharem mais ou menos do que o previsto.

Agora suponha que, logo depois de assinar o contrato com seu fornecedor de painéis para portas, a Plastic anuncie que planeja definir um fornecimento de petróleo por 3 anos ao preço garantido de $ 100 por barril, e que o custo dessa garantia seja zero. Isso faria seu preço de estoque aumentar? À primeira vista, parece que a resposta seria "sim", mas talvez não esteja correta. Lembre-se de que o valor de uma ação depende do valor presente de seus fluxos de caixa futuros esperados, descontados ao custo médio ponderado de capital (CMPC). Fixar o custo do petróleo causará um aumento no preço das ações da Plastic, se e somente se (1) isso fizer o fluxo de caixa livre futuro esperado aumentar ou (2) se isso fizer o CMPC declinar.

Considere primeiramente o fluxo de caixa livre. Antes do anúncio de custos de petróleo garantidos, investidores formaram uma estimativa dos fluxos de caixa livres futuros esperados com base no preço do petróleo esperado por barril, de $ 100. Estabelecer o custo do petróleo a $ 100 por barril diminuirá o risco dos fluxos de caixa livres futuros esperados, mas talvez não modifique o tamanho esperado desses fluxos de caixa porque os investidores já esperam o preço de $ 100 por barril. Naturalmente, fluxos de caixa menores que os esperados podem interromper a operação de uma empresa, e essa interrupção pode, por sua vez, afetar adversamente os fluxos de caixa.

E quanto ao CMPC? Ele se modificará somente se a fixação do custo do petróleo causar uma mudança no custo da dívida ou no custo de capital, ou ainda na estrutura de capital-alvo. Se os aumentos previsíveis no preço do petróleo não forem suficientes para aumentar a ameaça de falência, o custo de dívida da Plastic não deverá se modificar, e a estrutura de capital-alvo também não. Com relação ao custo de capital, lembre-se do Capítulo 6, que a maioria dos investidores mantém carteiras bem diversificadas, o que significa que o custo de capital dependerá somente do risco sistemático. Além disso, mesmo que um aumento nos preços do petróleo tivesse um efeito negativo nos preços das ações da Plastic, não haveria um efeito negativo em todas as ações. Na verdade, os produtores de petróleo deverão obter retornos e preços de ações maiores do que os esperados. Supondo que os investidores da Plastic mantenham carteiras bem diversificadas, que incluem ações de companhias produtoras de petróleo, teríamos poucos motivos para esperar a diminuição de seu custo de capital. O resultado é este: se os fluxos de caixa futuros esperados e o CMPC da Plastic não se modificarem significativamente como consequência da eliminação do risco de aumento do preço do petróleo, o valor de suas ações não se modificará.

Discutiremos contratos futuros e *hedges* detalhadamente na seção seguinte, mas, por enquanto, vamos assumir que a Plastic não fixou os preços do petróleo. Portanto, se os preços aumentarem, o preço de suas ações cairá. Entretanto, caso seus acionistas saibam disso, eles podem criar carteiras que contenham contratos futuros de petróleo cujos valores aumentarão ou diminuirão com os preços do petróleo e, desse modo, compensarão as mudanças no preço das ações da Plastic. Ao escolherem a quantidade correta de contratos futuros, os investidores podem "proteger" suas carteiras e eliminar completamente o risco decorrente de mudanças nos preços do petróleo. Haverá um custo em fazer o *hedge*, mas o custo para investidores maiores deverá ser aproximadamente o mesmo que o custo para a Plastic. Como os acionistas podem fazer eles mesmos o *hedge* quanto ao risco do preço do petróleo, por que deveriam pagar um preço maior pelas ações da Plastic somente porque a própria companhia fez *hedge* para afastar esse risco?

Não obstante os aspectos anteriores, as companhias acreditam claramente que a gestão do risco ativo é importante. Um estudo realizado em 1998 relatou que 83% das empresas com valores de mercado maiores do que $ 1,2 bilhão se engajaram em gestão de risco.[3] Outro estudo mais recente, feito em 2005 com diretores financeiros, informou que 90% das empresas nacionais e internacionais assumem riscos considerados no processo de planejamento. A média das estimativas da contribuição que a administração fez para o valor de mercado da firma foi de 3,8%.[4] Existem muitas razões pelas quais as companhias administram seus riscos.

1. *Capacidade de alavancagem*. A gestão de risco pode reduzir a volatilidade dos fluxos de caixa, que diminui a probabilidade de falência. Conforme discutimos no Capítulo 15, as empresas com menores riscos operacionais podem utilizar mais débito, e isso pode levar a maiores preços de ações devido a economias nas taxas de juros.

---

[3] Veja Gordon M. Bodnar, Gregory S. Hayt e Richard C. Marston, "1998 Wharton Survey of Financial Risk Management by U.S. Non-Financial Firms", *Financial Management*, p. 70-91 inverno de 1998.

[4] Veja Henri Servaes, Ane Tamayo e Peter Tufano, "The theory and practice of corporate risk management", *Journal of Applied Corporate Finance*, p. 60-78 outono de 2009.

2. *Como manter o orçamento de capital ótimo com o passar do tempo*. Lembre-se do Capítulo 15 que as empresas relutam em aumentar o capital externo por causa dos elevados custos de lançamento e da pressão de mercado. Isso significa que o orçamento de capital geralmente deve ser financiado com uma combinação de dívida e custos gerados internamente. Em anos ruins, os fluxos de caixa internos podem ser baixos demais para apoiar o orçamento de capital ótimo, fazendo as empresas diminuírem seus investimentos abaixo da taxa ótima ou incorrerem nos altos custos associados ao capital externo. Diminuindo os fluxos de caixa, a gestão de risco pode aliviar esse problema. A questão é mais relevante para empresas com grandes oportunidades de crescimento. Um estudo realizado pelos professores Gerald Gay e Jouahn Nam revelou que tais companhias, na verdade, utilizam derivados mais do que as empresas com crescimento lento.[5] Desse modo, manter um orçamento de capital ótimo é um importante fator determinante das práticas de gestão de risco das companhias.

3. *Dificuldades financeiras*. Os estágios das situações de dificuldades financeiras podem variar desde a preocupação por parte dos acionistas e altas taxas de juros sobre dívidas até a deserção dos clientes e falência. Quaisquer níveis sérios de dificuldades financeiras fazem uma firma ter menores fluxos de caixa do que os esperados. A gestão de risco pode reduzir a probabilidade de baixos fluxos de caixa e, portanto, de uma crise financeira.

4. *Vantagens comparativas do hedge*. A maioria dos investidores não pode fazer *hedge* com tanta eficiência quanto uma companhia. Primeiramente, as empresas geralmente incorrem em menores custos de transação por causa de seu maior volume de atividades de *hedge*. Em segundo lugar, existe o problema de informações assimétricas: os gerentes sabem mais sobre a exposição a riscos de uma empresa do que os investidores externos, por isso, os gerentes podem criar *hedges* mais efetivos. E em terceiro lugar, a gestão efetiva de riscos requer habilidades e conhecimentos especializados, que as empresas provavelmente terão.

5. *Custos de empréstimos*. Conforme será discutido mais adiante neste capítulo, algumas vezes, as empresas podem reduzir os custos iniciais — especialmente a taxa de juros sobre a dívida — através do uso de instrumentos derivados, chamados *swaps*. Qualquer uma dessas reduções de custos agrega valor à empresa.

6. *Efeitos fiscais*. O valor presente das taxas pagas pelas companhias com ganhos voláteis é maior do que o valor presente das taxas pagas por companhias estáveis; isso por causa do tratamento dos créditos tributários e das regras que regem perdas corporativas referentes a exercícios passados e a exercícios futuros. Além do mais, se ganhos voláteis fizerem uma companhia declarar falência, esta, em geral, ficará completamente sem seus prejuízos fiscais de exercícios futuros. Portanto, utilizar a gestão de risco para estabilizar ganhos pode reduzir o valor presente da carga fiscal de uma empresa.

7. *Sistemas de compensação*. Muitos sistemas de compensação estabelecem limites inferiores e limites superiores para bônus e também recompensam gerentes que cumprem suas metas. Para ilustrar, suponha que o sistema de compensação de uma companhia estabeleça que um gerente não deverá receber nenhum bônus se o rendimento líquido estiver abaixo de $ 1 milhão, que receberá um bônus de $ 10.000 se o rendimento estiver entre $ 1 milhão e $ 2 milhões, ou receberá um bônus de $ 20.000 se o rendimento for de $ 2 milhões ou mais. O gerente também receberá um adicional de $ 10.000 se o rendimento for de pelo menos 90% do nível previsto, que é de $ 1 milhão. Agora considere as duas seguintes situações. Primeiro, se o rendimento for estável em $ 2 milhões a cada ano, então, o gerente receberá um bônus de $ 30.000 a cada ano, totalizando $60.000 em dois anos. Contudo, se o rendimento for igual a zero no primeiro ano e igual a $ 4 milhões no segundo ano, o gerente não receberá bônus no primeiro ano e receberá um bônus de $ 30.000 no segundo ano, totalizando $ 30.000 dentro de dois anos. Portanto, mesmo que a companhia tenha o mesmo rendimento total ($ 4 milhões) ao longo de dois anos, o bônus do gerente será maior se os ganhos forem estáveis. Desse modo, mesmo se o *hedge* não adicionar muito valor para os acionistas, ele ainda poderá beneficiar os gerentes.

Existem motivos de âmbito regulatório e econômico para se gerenciar risco. A próxima seção descreve uma estrutura de gestão de risco corporativo.

Autoavaliação

1. Explique por que a teoria financeira, combinada com investidores bem diversificados e "*hedge* caseiro", pode sugerir que a gestão de risco não deverá agregar muito valor a uma companhia.
2. Enumere e explique algumas razões pelas quais as companhias podem empregar técnicas de gestão de risco.

---

[5] Veja Gerald D. Gay e Jouahn Nam, "The underinvestment problem and corporate derivatives use", *Financial Management*, p. 53-69 inverno de 1998.

23-2 Visão geral da gestão de risco corporativo

A prática da gestão de risco corporativo evoluiu consideravelmente nos últimos 20 anos, em virtude dos avanços em tecnologia e das mudanças regulatórias. A fim de explicarmos melhor a estrutura para a gestão de risco corporativo, começamos com uma breve história de gestão de risco.

Uma das primeiras ferramentas utilizadas na gestão de risco é o contrato de futuros, ou seja, um acordo pelo qual um comprador se compromete a, em uma data futura definida, comprar quantidade específica de um item por um preço determinado de um vendedor que se compromete a fornecer o item conforme os termos estabelecidos no acordo. Registros por escrito mostram que contratos de futuros referentes a uma commodity foram utilizados e negociados há mais de 4.000 anos, na Índia, por isso, sabemos que a gestão de risco já existe há muito tempo. Nos Estados Unidos, comerciantes de grãos utilizavam contratos de futuros desde os anos de 1800.[6]

A história do seguro também data de centenas de anos atrás, tendo iniciado com os seguros marítimos oferecidos em Genova, em 1300, e os seguros contra incêndios oferecidos em Londres, em 1680, não muito tempo depois do Grande Incêndio de Londres. Na verdade, Benjamin Franklin e a Union Fire Company deram início a uma companhia de seguros em 1752.

Como ilustram os exemplos anteriores, contratos de futuros de commodity e seguros são utilizados no mundo todo há séculos. Para simplificar, nada de muito novo aconteceu até a década de 1970, provavelmente porque diversas fontes de riscos (taxas de juros, taxas de câmbio e preços do petróleo) ficaram relativamente estáveis e, talvez, porque modelos para opções e outros derivados ainda não haviam sido desenvolvidos. Contudo, a década de 1970 testemunhou o final do padrão ouro monetário (que aumentou drasticamente a volatilidade da taxa de câmbio estrangeira), inflação descontrolada nos Estados Unidos e uma inversão no poder de barganha entre a OPEP e as companhias petrolíferas durante a Guerra Árabe-Israelense, entre Egito e Israel, em 1973.

Esses eventos, combinados com a aceleração da concorrência internacional, expôs as companhias a riscos muito maiores do que nas décadas anteriores. Por outro lado, essas fontes de risco tornaram ações, títulos e outros investimentos muito mais voláteis.

Com o desenvolvimento de modelos de precificação para derivados, a maior parte das companhias começou a gerenciar ativamente suas exposições a taxas de juros, taxas de câmbio e uma ampla variedade de commodities. Contudo, algumas empresas empregaram uma abordagem sistemática para a gestão de risco. Em vez disso, a maioria das companhias tinha um grupo de gestão de risco encarregado de questões relacionadas a seguros, mas diferentes grupos encarregados de administrar cada um dos outros riscos específicos. Por exemplo, um grupo pode gerenciar o risco do câmbio estrangeiro e outro grupo pode gerenciar o risco de uma commodity.

O ímpeto de empregar uma abordagem mais abrangente e sistemática à gestão de risco tem sua origem em várias fontes, incluindo escândalos de corrupção corporativa, na década de 1970; a Crise de Poupança e Empréstimos, no fim da década de 1980; os escândalos de contabilidade no início dos anos de 2000 (incluindo os casos da Enron e WorldCom); e a crise bancária no final da década de 2000. Todos esses eventos tiveram diversos fatores em comum, incluindo sistemas de contabilidade que apresentava controles insuficientes para identificar atividades impróprias.

Os reguladores responderam a cada uma dessas crises em uma iniciativa de atribuir a culpa a alguém e evitar a próxima crise. Em 1977, o Congresso aprovou a Lei Contra Práticas de Corrupção no Exterior (Foreign Corrupt Practices Act, ou FCPA) para prevenir a corrupção corporativa, e uma de suas cláusulas requer que as companhias tenham um sistema de contabilidade que possa identificar os fundos utilizados para corrupção. Em meados da década de 1980, um comitê do Congresso examinou as falhas referentes à Crise de Poupança e Empréstimos e descobriu que algumas das instituições financeiras envolvidas na crise tinham declarações financeiras fraudulentas. Além de criticar as normas de contabilidade, esse comitê deu a entender que o Congresso e a SEC iriam impor controles regulatórios adicionais se os profissionais de contabilidade não tomassem iniciativas para evitar fraudes similares. Em 2002, o Congresso aprovou a Lei Sarbanes-Oxley (SOX), com a finalidade de evitar escândalos contábeis, como aqueles que ocorreram com a Enron, Arthur Andersen e Tyco. A Seção 404 da SOX exige que a administração sênior inclua uma seção no relatório anual abordando o sistema de controle interno, incluindo a estrutura do sistema e uma avaliação de sua capacidade de detectar fraudes.

Em resposta à forte crítica do Congresso, cinco importantes organizações de contabilidade formaram o Comitê de Organizações Patrocinadoras (COSO, ou Committee of Sponsoring Organizations) e divulgaram vários relatórios, incluindo um publicado em 1992, que apresentou a estrutura para um sistema de controle interno, projetada para evitar contabilidade fraudulenta. A estrutura para o sistema de controle de contabilidade

---

[6] Para conhecer uma abordagem completa da história da gestão de risco corporativo, veja Betty Simkins e Steven A. Ramirez, "Enterprise-wide risk management and corporate governance", *Loyola University Chicago Law Journal*, v. 39, p. 571-594, 2008.

interna do COSO atendeu às exigências quanto a relatórios feitas pela Lei Contra Práticas de Corrupção no Estrangeiro (FCPA, ou Foreign Corrupt Practices Act) e a SOX, por isso, muitas companhias adotaram essa estrutura. Em 2004, o COSO também anunciou uma estrutura para a gestão de risco corporativo, que ampliou o enfoque da estrutura original de controle interno. Uma vez que muitas companhias já utilizavam a estrutura para controles internos, algumas adotaram versões mais amplas para a gestão de risco corporativo. Atualmente, a estrutura do COSO e estruturas similares são amplamente utilizadas. O COSO define a estrutura de gestão de risco corporativo (ERM) da seguinte maneira:

> A gestão de risco corporativo é um *processo* efetuado pelo *quadro de diretores*, pela administração e por outros pro-fissionais de uma entidade, aplicado na *definição de estratégia* e em toda a *empresa*, elaborado para identificar *eventos que possam afetar* a entidade e para gerenciar os riscos a fim de que estejam dentro de seu *apetite por riscos*, além de proporcionar *segurança* razoável com relação à realização dos objetivos da entidade.[7]

Observe que essa definição difere da tradicional divisão em compartimentos da gestão de risco. A estrutura do COSO é inclusiva, começando com o quadro de diretores, que se soma aos gerentes e outros empregados; o COSO é amplo em sua definição de risco, abrangendo de escolhas estratégicas a eventos específicos; o COSO é não ambíguo, com a companhia escolhendo explicitamente um nível aceitável de risco; e o COSO é transparente, exigindo monitoramento e elaboração de relatórios.

Antes de descrevermos detalhadamente estruturas de ERM, você deve saber sobre os Acordos de Basileia (Basel accords), outra grande tendência regulatória que tem causado forte impacto na gestão de risco. O comitê de Basileia, sediado na Suíça, é composto dos líderes dos bancos centrais de economias bem desenvolvidas. Nos últimos 25 anos, o comitê deu início a três importantes acordos projetados para o controle de risco no sistema financeiro global, Basileia I (1988), Basileia II (2004) e Basileia III (iniciado em 2010 e revisado em 2011). Existem similaridades nos três acordos, mas focamos no Basileia III por que é o mais recente.

A essência do sistema bancário é angariar fundos (a partir de vendas de ações, emissões de dívidas, obtenção de empréstimos de curto prazo e captação de depósitos) e investi-los em ativos (como empréstimos corporativos e derivados). Um banco passa por dificuldades financeiras quando os fluxos de caixa e os valores de seus ativos não são suficientes para cumprir com suas obrigações diante de seus credores. Para evitar que um banco sofra com problemas financeiros (e transfira seus problemas para os contribuintes e o sistema financeiro global), o Basileia III procura assegurar que a instituição não seja financiada com dívidas demais em relação ao risco de seus ativos. Além das regulamentações referentes aos tipos e proporções de capital, um banco deve manter os riscos relativos aos seus ativos, o Basileia III também exige sistemas de controle interno adequados para supervisionar o risco de um banco e prosseguir sugerindo técnicas particulares para a medição de riscos. Descreveremos diversas dessas medidas mais adiante neste capítulo, incluindo o valor em risco e o déficit esperado.

Autoavaliação

1. Descreva algumas ações regulatórias que influenciaram a evolução da gestão de risco.
2. Defina gestão de risco corporativo.

23-3   Uma estrutura de gestão de risco corporativo

Nenhuma estrutura é aplicável a todas as companhias, mas a estrutura do COSO (incluindo versões modificadas) é amplamente utilizada, por isso, fornece excelente exemplo de uma estrutura de ERM.[8]

---

[7] Acrescentamos o formato em itálico para dar ênfase. Veja a página 2 do COSO, "Summary of Corporate Risk Management — Integrated Framework", 2004, www.coso.org/documents/coso_erm_executivesummary.pdf.

[8] Para saber mais sobre a estrutura do COSO, veja The Committee of Sponsoring Organizations of the Treadway Commission, *Enterprise Risk Management — Integrated Framework*, 2004, disponível em: www.coso.org/guidance.htm. Um resumo da estrutura está disponível gratuitamente no mesmo site. Outra estrutura amplamente utilizada é o ISO 3100:2009, publicado pela Organização Internacional para Padronização (ISSO, ou International Organization for Standardization), sediada na Suíça. Para que uma estrutura de ERM seja consistente com o COSO e a ISO, veja no site: www.theirm.org/documents/SARM_FINAL.pdf um relatório autorizado em conjunto que foi elaborado pelas três mais importantes associações para a gestão de risco no Reino Unido.

23-3a A estrutura de gestão de risco corporativo (ERM) do Comitê de Organizações Patrocinadoras (COSO)

O COSO projetou sua estrutura de gestão de risco corporativo com três dimensões. A primeira dimensão é o nível organizacional. A estrutura do COSO se aplica à ERM em todos os níveis de uma organização, incluindo o nível corporativo, níveis de divisões, níveis de negócios e subsidiárias.

A segunda dimensão é a categoria de objetivos. Cada nível organizacional deverá definir seus objetivos em cada uma de quatro categorias: (1) *objetivos estratégicos*, que são baseados na missão e nos objetivos gerais da companhia; (2) *objetivos operacionais*, que abordam a seleção, implementação e execução contínua de projetos e outras aplicações de recursos corporativos; (3) *objetivos de elaboração de relatórios*, que procuram disseminar informações precisas e atualizadas para os tomadores de decisões na companhia e para os interessados fora da companhia (tais como investidores e reguladores); e (4) *objetivos de conformidade*, que procura garantir que a companhia esteja em concordância com as exigências legais e regulatórias.

A terceira dimensão é o processo de gestão de risco para um objetivo em determinado nível dentro da organização. O processo de gestão de risco para cada objetivo tem oito componentes, que discutimos na seção seguinte.

23-3b Os componentes da estrutura de gestão de risco corporativo do COSO

Os oito componentes do processo de ERM do COSO definem de que modo uma organização aborda e aplica a gestão de risco.

Componentes 1 e 2: Ambiente Interno e Definição de Objetivo

Os primeiros dois componentes estão relacionados à cultura e à missão de uma companhia, incluindo o ambiente de trabalho, a atitude com relação ao risco e o processo de definição de objetivo. Uma parte importante desses processos é a identificação do montante de risco que uma empresa deseja assumir, o que geralmente é chamado *apetite por risco*.

Componente 3: Identificação de Evento

Você não pode gerenciar uma fonte de risco se não reconhecê-la. Um **evento arriscado** é definido como qualquer resultado incerto que afete os objetivos previamente definidos de uma empresa.[9] Por exemplo, eventos arriscados incluem aumentos nos preços de matérias-primas, uma explosão em uma fábrica, ou a perda de clientes para um concorrente. A fim de evitar ignorar eventos arriscados, os sistemas de ERM geralmente definem categorias e identificam os eventos em potencial dentro dessas categorias. Posteriormente, observaremos com mais detalhes as categorias de risco.

Componente 4: Avaliação de Risco

Depois de identificar um risco, uma companhia precisa avaliar o risco. Descreveremos a avaliação de risco com mais detalhes logo adiante, mas ela sempre inclui estimar a probabilidade de que esse evento ocorra e qual será o impacto resultante nos objetivos da companhia. Por exemplo, um evento pode ser um aumento de taxa de juros, o que afetaria o custo da companhia quando ela emitir débitos. Para avaliá-lo, a companhia começará prevendo as probabilidades de diferentes taxas de juros no momento em que planejar a emissão de débito e, então, estimar o custo de emitir débito a diferentes taxas de juros. Como outro exemplo, um evento pode ser um incêndio em um armazém. Nesse caso, uma companhia estimará a probabilidade de um incêndio e o custo resultante. A indústria de seguros frequentemente utiliza os termos *frequência da perda* e *severidade da perda* (o valor em dólares de cada perda) para esses conceitos.

Componente 5: Resposta ao Risco

Depois de identificar e avaliar um evento arriscado, as etapas seguintes são escolher uma resposta ao risco e implementar essa opção. Existem vários diferentes tipos de respostas, incluindo as seguintes:

Evitar totalmente a atividade que dá origem ao risco.   Por exemplo, uma empresa pode interromper uma linha de produtos porque seus riscos superam suas recompensas. Geralmente, esse é o caso dos produtos farmacêuticos que têm possíveis efeitos colaterais danosos ou expansão global em países enfrentando problemas de agitação civil.

---

[9] O COSO define risco como um evento que afeta negativamente um objetivo, e uma oportunidade como um evento que pode afetar positivamente um objetivo. Não fazemos essa distinção — definimos risco como incerteza, que pode gerar resultados positivos ou negativos.

REDUZIR A PROBABILIDADE DE OCORRÊNCIA DE UM EVENTO ADVERSO.   A perda esperada decorrente de qualquer risco é uma função tanto da probabilidade de ocorrência quanto da perda em dólares, se o evento adverso ocorrer. Em alguns casos, é possível reduzir a probabilidade de que um evento adverso ocorra. Por exemplo, a probabilidade de que um incêndio aconteça pode ser reduzida instituindo-se um programa de prevenção contra incêndios, substituindo-se fiação elétrica antiga e utilizando-se materiais resistentes ao fogo em áreas com grande potencial de incêndio.

REDUZIR A MAGNITUDE DA PERDA ASSOCIADA A UM EVENTO ADVERSO.   Em alguns casos, as companhias podem tomar iniciativas para reduzir perdas mesmo se o evento ocorrer. Continuando com o exemplo anterior, o custo em dólares associado a um incêndio pode ser diminuído por ações tais como instalar sistemas de *sprinklers*, projetar instalações com zonas de contenção de incêndio independentes e localizar instalações próximas a um posto de bombeiros.

TRANSFERIR O RISCO PARA UMA COMPANHIA DE SEGUROS.   Geralmente, é vantajoso se prevenir contra riscos transferindo essa função para uma companhia de seguros. Mesmo que a perda esperada de um item segurado seja a mesma para seu proprietário e para a companhia de seguros, esta última se beneficia com a diversificação. Por exemplo, uma companhia de seguros pode fornecer cobertura para tratores, colheitadeiras e outros tipos de equipamentos agrícolas, que em geral custam várias centenas de milhares de dólares ou mais. Se a companhia de seguros tiver um grande número de clientes, ela poderá prever com bastante certeza os montantes que irá pagar em virtude de reclamações, e poderá estabelecer prêmios suficientemente altos para pagar pelas reclamações e fornecer o retorno exigido por seus investidores. Além disso, as companhias de seguro podem, elas mesmas, segurar partes de seu risco comprando resseguros de outras companhias do setor. Portanto, o potencial de perda de uma colheitadeira pode ser muito arriscado para um fazendeiro, mas não ser arriscado para uma grande companhia de seguros.

Contudo, o fato de algo poder ser garantido por seguro não significa que uma companhia deva fazer isto. Em muitos casos, pode ser melhor para a companhia se autossegurar, o que significa arcar com o risco diretamente, em vez de pagar para outra empresa fazê-lo. Na verdade, muitas grandes organizações preferem se autossegurar, ou segurar somente a parte da perda de um ativo que exceda um montante determinado, o que é equivalente a um indivíduo que tem um grande seguro dedutível de automóveis ou de casas.

O seguro tipicamente exclui atos de guerra ou terrorismo, mas esta se tornou uma questão importante depois dos ataques de 11 de setembro de 2001, ao World Trade Center e ao Pentágono. A menos que possíveis alvos terroristas — incluindo grandes shopping centers, edifícios de escritórios, refinarias de petróleo, linhas aéreas e navios — possam ser segurados contra ataques, credores podem se recusar a fornecer financiamento hipotecário, e isso iria afetar a economia. Companhias de seguro particulares relutam em segurar esses projetos, pelo menos sem cobrar prêmios proibitivos, por isso, o governo federal foi solicitado a intervir e fornecer seguro contra terrorismo. Porém, as perdas decorrentes de ataques terroristas são potencialmente tão grandes que podem levar à falência até mesmo sólidas companhias de seguros. Desse modo, o Congresso aprovou a Lei de Seguros contra Riscos Decorrentes do Terrorismo (TRIA, ou Terrorism Risk Insurance Act), em 2002, e a ampliou de 2007 até 2014. De acordo com a TRIA, o governo federal e as seguradoras privadas irão compartilhar o custo dos benefícios pagos sobre prejuízos indenizáveis provocados por terroristas.

TRANSFERIR A FUNÇÃO QUE PRODUZ O RISCO PARA UMA TERCEIRA PARTE.   Por exemplo, suponha que um fabricante de móveis esteja preocupado quanto a potenciais responsabilidades resultantes do fato de ele ser dono de uma frota de caminhões utilizados para transferir produtos de sua unidade de fabricação para diversos locais no país. Uma maneira de eliminar esse risco seria contratar uma empresa de caminhões para fazer a entrega, transferindo, assim, seu risco para terceiros.

COMPARTTILHAR OU ELIMINAR O RISCO UTILIZANDO CONTRATOS DERIVADOS.   Muitas companhias utilizam contratos derivados para reduzir ou eliminar o risco de um evento. Por exemplo, uma empresa que produz cereais pode utilizar contratos futuros de milho ou trigo para estabelecer um *hedge* contra aumentos nos preços de grãos. De modo similar, derivados financeiros podem ser empregados para reduzir riscos que surgem de mudanças em taxas de juros e taxas de câmbio. Como descreveremos posteriormente, o risco não desaparece — ele apenas é assumido por outra parte no contrato de derivados.

ACEITE O RISCO.   Em alguns casos, uma companhia decidirá aceitar um risco porque os benefícios esperados são maiores do que os custos esperados e porque o risco não excede o apetite para riscos da companhia. De fato, aceitar os riscos é da natureza da maior parte das empresas — se elas fossem isentas de riscos, os investidores esperariam receber um retorno apenas igual à taxa livre de riscos. Além disso, alguns riscos individuais podem ser muito grandes, mas não contribuir tanto para o risco corporativo total se não estiverem altamente correlacionados aos riscos de outra companhia.

COMPONENTES 6, 7 E 8: ATIVIDADES DE CONTROLE, INFORMAÇÕES E COMUNICAÇÃO, E MONITORAMENTO

Os últimos três componentes concentram-se em assegurar que eventos arriscados estejam, na verdade, sendo tratados de acordo com as respostas que foram previamente escolhidas — não é muito bom desenvolver estratégias e táticas se os funcionários não as seguirem! Por exemplo, um comerciante desonesto perdeu € 4,9 bilhões em 2008, no banco francês Societé Generale, e outro perdeu £ 1,5 bilhão em 2011 na filial em Londres da UBS (que é sediada na Suíça).

Autoavaliação

1. Defina evento de risco.
2. Quais são os dois estágios na avaliação de risco?
3. Descreva algumas possíveis respostas ao risco.
4. Uma companhia deve segurar-se contra todos os riscos seguráveis que enfrenta? Explique.

23-4 Categorias de eventos de risco

Antes de abordar respostas de risco alternativas a eventos de risco específicos, será útil descrever meios de categorizar riscos.

23-4a Principais categorias

A seguir, uma típica lista de importantes categorias representativas em diversas organizações.[10]

1. *Estratégia e reputação*. As escolhas estratégicas de uma companhia simultaneamente influenciam e respondem às ações de seus concorrentes, a responsabilidades sociais corporativas, à percepção pública de suas atividades e à sua reputação entre fornecedores, outros profissionais no mesmo nível e clientes. A ERM aborda o risco inerente a essas escolhas estratégicas.
2. *Controle e adequação*. Esta categoria inclui eventos de risco relacionados a exigências regulatórias, riscos de litígios, direitos de propriedade intelectual, precisão na elaboração de relatórios e sistemas de controle internos.
3. *Perigos*. Os perigos incluem incêndios, inundações, revoltas populares, atos de terrorismo e outros desastres naturais ou provocados pelo homem. Observe que os perigos têm somente resultados negativos — um terremoto pode destruir uma fábrica, mas não construirá nada.
4. *Recursos humanos*. O sucesso frequentemente depende dos funcionários de uma companhia. A ERM trata de eventos de risco relacionados aos empregados, incluindo recrutamento, planejamento de sucessão, saúde e segurança dos funcionários.
5. *Operações*. As operações de uma companhia incluem cadeias de fornecimento, instalações de produção, linhas de produtos já existentes e processos de negócios. Eventos de risco incluem interrupções na cadeia de fornecimento, falhas de equipamentos, *recall* de produtos e mudanças na demanda dos clientes.
6. *Tecnologia*. A tecnologia se transforma rapidamente em importante fonte de risco, incluindo eventos de risco relativos a inovações, falhas tecnológicas e confiabilidade e segurança de TI.
7. *Gestão financeira*. Esta categoria inclui eventos de risco relacionados a (1) risco cambial, (2) risco de preços de commodity, (3) risco de taxas de juros, (4) risco de seleção de projetos (incluindo grandes dispêndios de capital e com fusões e aquisições), (5) risco de liquidez, (6) risco de crédito dos clientes, e (7) risco de

---

[10] Para saber como diversas organizações classificam o risco e o modo pelo qual pesquisadores classificam os riscos, consulte o seguinte: Mark L. Frigo e Hans Læssøe, "Strategic risk management at the LEGO group", *Strategic Finance*, p. 27-35, fev. 2012; Henri Servaes, Ane Tamayo e Peter Tufano, "The theory and practice of corporate risk management", *Journal of Applied Corporate Finance*, p. 60-78, outono, 2009; Celina Rogers, The risk management imperative, (Boston: CFO Publishing LLC), 2010, http://secure.cfo.com/whitepapers/index .cfm/download/14521624; Casualty Actuarial Society, Overview of Risk Management, 2003, www.casact.org/research/erm/overview.pdf; e fontes citadas na nota de rodapé 12.

carteira (o risco de que uma carteira de ativos financeiros diminuirá em valor). No restante do capítulo, iremos focar nos eventos de risco relativos à gestão financeira, mas primeiro precisamos descrever vários outros meios de pensar sobre o risco.

23-4b Dimensões de risco

Às vezes, é útil pensar nos eventos de risco com base em diferentes dimensões. Por exemplo, diversos sistemas de gestão de risco classificam o risco quanto a se ele é impulsionado por forças externas ou por decisões e atividades internas. Isso é especialmente útil na identificação de riscos porque força os gerentes a observar uma gama mais ampla de eventos de risco.

Algumas vezes, é útil utilizar a classificação como um risco puro, que tem apenas o lado negativo (por exemplo, um incêndio), ou um risco especulativo, que tem potencial positivo e também resultados negativos (por exemplo, a taxa de câmbio entre dólares e euros pode aumentar ou diminuir, o que teria grande impacto nos fluxos de caixa de importadoras nos Estados Unidos). A maior parte dos riscos puros pode ser reduzida ou eliminada com produtos de seguros.

Ao escolher entre diferentes respostas a riscos, é útil determinar se a fonte de risco é linear ou não linear. Por exemplo, considere uma companhia agrícola com acesso a uma fonte de água para irrigação de baixo custo. A companhia cultiva milho e pode prever seus custos e o tamanho de sua colheita, mas está exposta à volatilidade no preço do milho. Observe que esse é um risco linear — a companhia perde dinheiro quando os preços estão baixos e podem ganhar dinheiro quando os preços ficam altos. Discutiremos os detalhes posteriormente, mas a companhia pode adotar contratos derivados que oferecem fluxos de caixa positivos quando os preços estão baixos, mas cria fluxos de caixa negativos quando os preços estão altos. O derivado também tem um pagamento linear, mas seus pagamentos são opostos aos da companhia. A combinação de fluxos de caixa gerados internamente pela companhia a partir de sua colheita e de seus fluxos de caixa gerados externamente a partir de derivados pode reduzir ou eliminar o risco da companhia.

Por outro lado, considere uma empresa que atua na indústria de exploração e extração de petróleo.[11] A companhia incorrerá em custos fixos e fluxos de caixa negativos associados com a continuidade das operações quando os preços do petróleo estiverem baixos demais para justificar exploração adicional. Quando os preços do petróleo estão altos, a companhia incorre em custos fixos e também em custos variáveis associados com a exploração e a extração expandidas. Contudo, quando os preços do petróleo estiverem altos, a empresa irá gerar fluxo de caixa positivo suficiente para cobrir seus custos fixos e também novos custos variáveis associados à exploração e à extração adicionais. Portanto, a companhia está exposta a um risco não linear — ele precisa de fluxo de caixa adicional para apoiar a continuidade de suas operações somente quando os preços do petróleo estiverem baixos, mas não quando os preços estiverem altos. Nessa situação, a companhia pode querer comprar um derivado que pague somente quando os preços do petróleo estiverem baixos. Em outras palavras, a companhia reduz seu risco não linear com uma estratégia de *hedge* não linear.

Autoavaliação

1. Enumere e defina as principais diferentes categorias de eventos de risco.
2. Uma companhia deve se autossegurar contra todos os riscos seguráveis que ela enfrenta? Explique.
3. Explique a diferença entre risco linear e risco não linear.

23-5 Risco cambial (FX ou foreign exchange)

O **risco cambial (FX)** ocorre quando os fluxos de caixa de uma companhia são afetados pelas mudanças nas taxas de câmbio monetárias. Isso pode acontecer se uma companhia importar materiais de outros países ou vender produtos em outros países. Algumas companhias menores administram o risco cambial para cada transação, mas as grandes organizações agregam suas transações e administram suas exposições de modo centralizado. Por exemplo, se uma divisão vender produtos denominados em dólares canadenses e outra divisão

---

[11] Veja Kenneth A. Froot, David S. Scharfstein e Jeremy Stein, "A framework for risk management", *Journal of Applied Corporate Finance*, p. 22-32, outono 1994; consulte também o documento elaborado por Servais *et al*, mencionado na nota de rodapé 14.

estiver comprando produtos denominados em dólares canadenses, a companhia irá ignorar as duas transações e administrará apenas quaisquer exposições restantes.

A principal ferramenta utilizada para gerenciar o risco cambial é o **contrato a termo**, que é um acordo no qual uma parte concorda em comprar um item por um preço específico em data futura determinada, e a outra parte concorda em vender o item conforme os termos estabelecidos no contrato. Os produtos, na realidade, são fornecidos segundo contratos a termo. No caso do câmbio, os produtos são a quantidade de moeda estrangeira especificada no contrato, paga com a outra moeda definida no contrato.

A maior parte do comércio envolvendo risco cambial ocorre diretamente entre duas partes utilizando contratos personalizados com quantidades e datas exclusivas — não existe um mercado central com contratos padronizados. A menos que ambas as partes sejam moral e financeiramente fortes, existe o perigo de que uma das partes descumpra o contrato — isso é chamado **risco da contraparte**. Bancos importantes geralmente atuam como contrapartes para seus clientes.

Por exemplo, um banco pode concordar em comprar euros em 30 dias a um preço de 1,24 dólar por euro de um cliente e concordar em vender euros em 30 dias a um preço de 1,25 dólar por euro para outro cliente. Dependendo da mudança na taxa de câmbio para o euro, o banco ganhará dinheiro com um dos contratos e perderá dinheiro com o outro, obtendo compensação somente com o *spread* sobre a diferença nos preços. Esta combinação de contratos permite aos bancos reduzir sua exposição líquida à volatilidade da taxa de câmbio, mas o banco ainda está exposto ao risco de contraparte dos clientes.

Uma vez que não existe mercado central, a negociação com risco cambial é uma transação de balcão. O montante de moeda a ser fornecido é chamado montante nocional. No final de 2011, havia um total de cerca de $ 30 *trilhões* em valor nocional de contratos a termo em vigor no mundo todo.

A incapacidade de administrar o risco de contraparte foi uma das causas da crise financeira global de 2007. Por exemplo, o Lehman Brothers foi a contraparte de muitas outras instituições financeiras em diversos contratos de derivados, desse modo, a falha do Lehman provocou crise nas instituições financeiras no mundo todo.

A fim de ilustrar como os contratos cambiais são utilizados, suponha que a GE feche um acordo para comprar motores elétricos de uma fabricante europeia, que exige que a GE pague 10 milhões de euros em 180 dias. A GE não vai querer abrir mão do crédito para livre comércio, mas se o euro for avaliado em relação ao dólar nos próximos seis meses, o custo em dólares dos 10 milhões de euros irá aumentar. A GE faria o *hedge* da transação adquirindo um contrato a termo mediante o qual concordaria em comprar os 10 milhões de euros em 180 dias por um preço fixo do dólar, o que bloquearia o custo em dólares dos motores. Essa transação provavelmente seria conduzida através de um banco central, que, por sua vez, tentaria encontrar uma a empresa europeia que precisasse de dólares em seis meses.

Autoavaliação

1. O que é um contrato a termo?
2. Explique como uma companhia pode utilizar contratos a termo para eliminar o risco cambial.
3. O que é risco de contraparte?

23-6   Risco do preço de commodity

Muitas empresas utilizam ou produzem commodities, incluindo produtos agrícolas, energia, metais e madeira. Como os preços de commodity podem ser bastante voláteis, diversas companhias gerenciam sua exposição ao risco do preço de commodity. Antes de descrevermos meios específicos de gerenciar o risco do preço de commodity, iniciamos com uma breve visão geral dos mercados de futuros nos Estados Unidos para ilustrar alguns conceitos importantes.

23-6a   Visão geral dos mercados de futuros

Como observamos anteriormente, fazendeiros do Centro-Oeste, no início do século XIX, se preocupavam com os preços que receberiam por seu trigo quando vendiam na época do inverno, e os moleiros se preocupavam com o preço que teriam de pagar. Logo, cada uma das partes percebeu que os riscos que enfrentariam poderiam ser reduzidos se eles estabelecessem um preço no início do ano. De acordo com essa ideia, os agentes de moinhos começaram a se aproximar do Cinturão do Trigo com contratos que exigiam que os fazendeiros fornecessem grãos a um preço determinado, e ambas as partes se beneficiavam da transação no sentido de que seus riscos eram reduzidos. Os fazendeiros podiam se concentrar no cultivo de suas plantações sem precisar se preocupar com o preço do grão, e os moleiros podiam se concentrar em suas operações de moagem dos grãos.

Esses primeiros acordos foram realizados entre duas partes que planejaram, elas mesmas, as transações. No entanto, logo surgiram os intermediários. A Chicago Board of Trade (Câmara do Comércio de Chicago), fundada em 1848, foi um dos primeiros mercados onde negociantes de futuros ajudaram a criar um mercado de contratos de futuros.

Um **contrato de futuros** é similar a um contrato a termo, no sentido de que duas partes estão envolvidas e que uma das partes assume uma posição longa (o que obriga a parte a comprar o ativo subjacente) e a outra parte assume posição curta (o que obriga a parte a vender o ativo). Contudo, existem três principais diferenças. A primeira é que os contratos de futuros são marcados para o mercado diariamente, o que significa que ganhos e perdas são reconhecidos diariamente e que o dinheiro deve ser destinado para cobrir as perdas. Isso reduz muito o risco de inadimplência que há com os contratos a termo, porque as mudanças de preços diárias geralmente são menores do que a mudança cumulativa ao longo da duração do contrato. Por exemplo, se um contrato de futuros de milho tiver um preço de $ 7,00 por *bushel* e o preço subir para $ 7,10 no dia seguinte, uma parte com a posição curta deverá pagar a diferença de $ 0,10, e a parte com posição longa receberá a diferença. Esta marcação para o mercado ocorre diariamente até a data de entrega. Para verificar que esse procedimento, na verdade, bloqueia o preço, suponha que o preço não se modifique novamente. Na data de entrega, a parte com posição curta venderá milho pelo preço atual de $ 7,10. Uma vez que o vendedor a descoberto já havia pago $ 0,10 a partir da marcação diária para o mercado, o fluxo de caixa líquido do vendedor a descoberto é de $ 7.00. A parte com posição longa terá de comprar milho ao preço atual de $ 7,10, mas como o comprador já havia recebido $ 0,10 a partir da marcação diária e cumulativa para o mercado, o preço de compra líquido seria de $ 7,00.

A segunda diferença importante entre um contrato a termo e um contrato de futuros é que a entrega física do ativo subjacente em um contrato de futuros praticamente nunca ocorre — as duas partes simplesmente definem o valor em dinheiro em relação à diferença entre o preço contratado e o preço real à data do vencimento. A terceira diferença é que contratos de futuros geralmente são instrumentos padronizados comercializados nas bolsas de valores, ao passo que contratos a termo normalmente são personalizados, negociados entre as duas partes, e não são comercializados depois de terem sido assinados.

As necessidades de fazendeiros e moleiros permitiram um **hedge natural**, definido como situação na qual o risco agregado pode ser reduzido por transações de derivados entre as duas partes. Os *hedges* naturais ocorrem quando contratos futuros são comercializados entre cultivadores de algodão e donos de moinhos de algodão, minas de cobre e fabricantes de produtos de cobre, importadores e fabricantes estrangeiros que utilizam taxas de câmbio, companhias de energia elétrica e minas de carvão, e produtores de petróleo e usuários de petróleo. Em todas essas situações, a aplicação de *hedge* reduz o risco agregado e, desse modo, beneficia a economia.

Existem dois tipos básicos de *hedges*: (1) **hedges comprados (longos)**, nos quais os contratos de futuros são comprados (obrigando quem executa o *hedge* a comprar o ativo subjacente), oferecendo proteção contra aumentos de preços, e (2) **hedges vendidos (curtos)**, quando uma empresa ou um indivíduo vende contratos de futuros (obrigando quem executa o *hedge* a vender o ativo subjacente), oferecendo proteção contra preços em queda.

Nem todos os participantes nos mercados de futuros são *hedgers* (investidores que executam *hedge*). A **especulação** envolve apostar em movimentos de preços futuros, e são utilizados futuros, em vez de commodities por causa da alavancagem inerente ao contrato. Por exemplo, um especulador pode comprar milho por $7 o *bushel*. Se o preço do milho subir para $ 7,70, o especulador tem um retorno de 10% (assumindo que o milho não será comido por ratos antes de ser vendido). Agora, considere um contrato de futuros por 5.000 *bushels* a $ 7 por *bushel*. O câmbio requer que um investidor estabeleça uma **exigência de margem** para garantir que o investidor não irá descumprir com a marcação de mercado diária. Contudo, a margem é bastante pequena em relação ao tamanho de um contrato — a margem é de apenas $ 2.700, mas a quantidade total de milho é avaliada em $ 35.000 = $ 7(5.000).[12] Se o preço subir para $ 7,70, o lucro será de $ 3.500 = ($ 7,70 − $ 7,00)(5.000). A taxa de retorno sobre a margem investida é de 140% = $ 3.500/$ 2.500. Naturalmente, quaisquer perdas no contrato também seriam ampliadas.

À primeira vista, poderíamos pensar que a aparência dos especuladores aumentaria o risco, mas isto não é necessariamente verdadeiro. Os especuladores acrescentam capital e *players* ao mercado. Desse modo, à medida que os especuladores ampliam o mercado e tornam o *hedge* possível, eles ajudam a diminuir o risco para aqueles que procuram evitá-lo. Porém, diferentemente do *hedge* natural, o risco não é eliminado. Em vez disso, é transferido dos *hedgers* para os especuladores.

---

[12] Essa é a exigência de margem para os *hedgers*. Os especuladores têm uma maior exigência de margem.

Atualmente, os contratos de futuros estão disponíveis em centenas de ativos reais e financeiros negociados em dezenas de bolsas de valores nos Estados Unidos e em todos os países do mundo, sendo as maiores delas a Chicago Board of Trade (CBOT) e a Chicago Mercantile Exchange (CME), ambas as quais agora são parte do CME Group. Contratos de futuros são divididos em duas classes, **futuros de commodities** e **futuros financeiros**. Futuros de commodities incluem petróleo, diversos grãos, sementes oleaginosas, gado, carnes, fibras, metais e madeiras. Futuros financeiros, que foram negociados pela primeira vez em 1975, incluem títulos do contas, notas, títulos do Tesouro, certificados de depósito, depósitos em eurodólar, moedas estrangeiras e índices de ações. Descreveremos em uma seção posterior como os futuros financeiros podem reduzir o risco de taxas de juros.

23-6b Uso de contratos de futuros para reduzir a exposição ao preço de commodities

Utilizaremos a Porter Electronics, que emprega grandes quantidades de cobre, assim como diversos metais preciosos, para ilustrar o *hedge* de estoque. Suponha que em maio de 2013, a Porter previu uma necessidade de 100.000 libras de cobre em março de 2014 para uso no preenchimento de um contrato com preço fixo para fornecer células de energia solar para o governo dos Estados Unidos. Os gerentes da Porter estão preocupados com a possibilidade de uma greve ser realizada por mineiros de cobre no Chile, o que aumentaria o preço do cobre nos mercados mundiais e possivelmente transformaria as expectativas de lucro da Porter em perda.

A Porter poderia prosseguir comprando o cobre necessário para atender ao contrato, mas teria de emprestar dinheiro para pagar pelo cobre e pelo armazenamento. Como alternativa, a companhia poderia recorrer ao *hedge* contra o aumento nos preços do cobre no mercado de futuros. A New York Commodity Exchange comercializa contratos de futuros de cobre padronizados, de 25.000 libras cada. Assim, a Porter poderia comprar quatro contratos (longos) para entrega em março de 2014. Suponha que esses contratos tenham sido comercializados em maio por cerca de $ 4,10 por libra e que o preço *spot* àquela data era de cerca de $ 4,08 por libra. Se os preços do cobre subirem muito ao longo dos próximos 10 meses, o valor da posição longa da Porter em futuros de cobre aumentará, compensando, desse modo, parte do aumento de preço na commodity propriamente dita. Naturalmente, se os preços do cobre caírem, então a Porter perderá dinheiro em seus contratos de futuros, mas a companhia irá vender o cobre no mercado *spot* a um preço menor, obtendo um lucro maior do que o previsto em suas vendas de células de energia solar. Portanto, o *hedge* no mercado de futuros para o cobre bloqueia o custo das matérias-primas e remove parte do risco ao qual a firma, de outro modo, estaria exposta.

Muitas outras companhias, como a Alcoa, com o alumínio, e a Archer Daniels Midland, com grãos, utilizam rotineiramente os mercados de futuros para reduzir os riscos associados à volatilidade de preços.

23-6c Opções de futuros

Os contratos e as opções de futuros são similares entre si — tão similares, que as pessoas geralmente confundem as duas. Portanto, é útil comparar os dois instrumentos. Um *contrato de futuros* é um acordo definitivo no qual uma das partes deve comprar algo mediante um preço específico e em uma data determinada, e a outra parte concorda em vender nos mesmos termos. Não importa quanto os preços possam aumentar ou diminuir, as duas partes devem cumprir o contrato conforme o preço acordado, e as perdas de uma das partes devem ser exatamente iguais aos ganhos da outra parte. Além disso, o aumento de um dólar nos preços de futuros tem o efeito exatamente oposto ao da diminuição de um dólar nos preços de futuros. Um *hedge* construído utilizando contratos de futuros é chamado *hedge* simétrico por causa dessa característica; a consequência de um aumento no preço de futuros é exatamente o oposto da consequência de uma diminuição no preço de futuros. Por essa razão, *hedges* simétricos tipicamente são utilizados para fornecer um preço fixo de transação em alguma data no futuro, e são ideais para a gestão de um risco linear.

Por exemplo, suponha que uma companhia agrícola tenha acesso a uma fonte de água para irrigação, que seja de baixo custo. A companhia pode prever seus custos e o tamanho de sua colheita, mas está exposta ao risco do preço. A empresa poderá vender contratos de futuros (assumir uma posição longa, o que a obriga a vender milho) para entrega quando o milho for colhido, em seis meses. Se o preço do milho (e, portanto, o preço de futuros do milho) diminuir ao longo dos seis meses, a companhia receberá menos quando vender o milho, mas compensará a diferença quando fechar o contrato de futuros. Se, em vez disso, o preço do milho aumentar, a companhia ganhará mais dinheiro ao vender o milho em seis meses, mas perderá dinheiro quando fechar o contrato de futuros. Dessa maneira, o valor final da posição não dependerá do preço do milho em seis meses e, assim, a quantidade recebida pela venda do milho em seis meses estará bloqueada.

Uma *opção*, por outro lado, dá a alguém o direito de comprar ou vender um ativo, mas o titular da opção não precisa completar a transação. A compensação de um *hedge* construído utilizando opções será diferente de um *hedge* de futuros por causa da característica desta opção. Conforme discutido no Capítulo 8, uma compensação a partir de uma opção de compra aumenta à medida que o preço do ativo subjacente aumenta, mas se o preço do ativo subjacente diminuir, o máximo que o titular da opção pode perder é o montante investido na opção. Ou seja, os ganhos do lado positivo são ilimitados, mas as desvantagens das perdas são limitadas à quantidade investida na opção. Por essa razão, se diz que uma opção cria um *hedge assimétrico* — um *hedge* que protege as mudanças de preços em uma direção mais do que em outra. Assim, as opções são ideais para gerenciar riscos não lineares.

Por exemplo, suponha que a companhia agrícola não tivesse acesso à irrigação, mas tenha trabalhado com muitas firmas em diferentes Estados. Uma seca generalizada reduziria o tamanho da colheita, mas provavelmente faria o preço do milho aumentar, em virtude da pouca oferta. Se isso acontecesse, os rendimentos da companhia cairiam, mas não seriam eliminados — o maior preço do milho compensaria parcialmente pela menor colheita. Isso significa que a companhia enfrenta um risco não linear com relação aos preços do milho. Em vez de fechar um contrato de futuros de longa duração, a companhia pode adquirir uma opção de venda em um contrato de futuros de milho, dando à companhia o direito de vender um contrato de futuros por um preço fixo. Se o preço do milho diminuir, o valor da opção de venda aumentará, e os lucros sobre a opção compensariam a perda decorrente da venda do milho por um preço menor. No entanto, se os preços do milho aumentarem, o investidor deixaria a opção de venda expirar e simplesmente venderia sua colheita menor por um preço maior.

Autoavaliação

1. Como um contrato de futuros difere de um contrato a termo?
2. O que é *"hedge natural"*? Dê alguns exemplos de *hedges* naturais.
3. Suponha que uma companhia saiba a quantidade de uma *commodity* que produzirá.
4. Descreva como é possível fazer *hedge* utilizando um contrato de futuros.

23-7 Risco de taxa de juros

As taxas de juros podem ser bastante voláteis, expondo uma companhia ao risco das taxas de juros, especialmente se a companhia estiver planejando uma emissão de dívida ou se a empresa tiver uma dívida a taxas flutuantes. As seções seguintes descrevem essas duas situações.

23-7a O uso de contratos de futuros para gerenciar o risco de emissões de dívidas

Para ilustrar, suponha que a Carson Foods esteja considerando, em julho, um plano para emitir $ 10.000.000 em títulos com vencimento em 20 anos, em dezembro, para financiar um programa de despesas de capital. A taxa de juros seria de 9% pagos semestralmente se os títulos fossem emitidos atualmente, e a essa taxa o projeto teria um NPV positivo. Contudo, as taxas de juros podem aumentar, e quando a emissão realmente for vendida, isso aumentaria os custos de financiamento da Carson. A Carson pode se proteger contra um aumento nas taxas fazendo o *hedge* no mercado de futuros utilizando um contrato de futuros com taxa de juros.

Futuros de taxas de juros

Para ilustrar como funcionam os futuros das taxas de juros, considere o contrato de títulos do Tesouro na CBOT. O contrato básico é de $ 100.000 referente a um hipotético cupom de 6%, com pagamento semestral em obrigações do Tesouro e vencimento em 20 anos.[13] A Tabela 23-1 mostra dados de futuros em títulos do Tesouro, da Chicago Board of Trade.

---

[13] A taxa de cupom sobre o título hipotético foi modificada de 8% para 6% em março de 2000. O contrato da CBOT não especifica um título com vencimento em 20 anos, mas, em vez disso, permite a entrega de qualquer título não resgatável com um período de vencimento restante de 15 anos (ou título resgatável que não é resgatável por pelo menos 15 anos) e menos de 25 anos. Em vez de simplesmente entregar um título, o que pode ter uma taxa de juros diferente de 6%, o preço real do título é ajustado por um recurso de conversão que o torna equivalente a um título de 6% que é negociado em equivalentes. Como a média de vencimento dos títulos elegíveis para entrega é de cerca de 20 anos, utilizamos um vencimento de 20 anos para o título hipotético no contrato de futuros. Para um *hedge* com vencimento ainda maior, a CBOT também tem o contrato denominado Ultra T-Bond, que permite a entrega de um título do Tesouro com vencimento de pelo menos 25 anos.

A primeira coluna da Tabela 23-1 mostra o mês e o ano de entrega. A Coluna 2 mostra o último preço do dia, também chamado preço de liquidação, e a coluna seguinte mostra a mudança no preço em relação ao dia anterior. Por exemplo, o preço de liquidação para o contrato em dezembro de 2012, 149'28, significa 149 mais $^{28}/_{32}$, ou 149,8750%, em equivalentes. A mudança foi de 0'13, o que significa que o último preço do dia do contrato em dezembro de 2012 era $^{13}/_{32}$ maior do que o da última negociação no dia anterior, que deve ter ocorrido a 149'15. As três colunas seguintes mostram a abertura, os preços altos e baixos para o dia. A Coluna 7 apresenta o volume de negociação estimado para o dia. Observe que a maioria das negociações ocorre no contrato com a data de entrega mais próxima. Por fim, a Coluna 8 mostra o "juros em aberto", que é o número de contratos pendentes.

TABELA 23-1
Preços de futuros (títulos do Tesouro: $ 100.000; 32 avos de 100%)

MÊS DE ENTREGA (1)	LIQUIDAÇÃO (2)	MUDANÇA (3)	ABERTURA (4)	ALTO (5)	BAIXO (6)	VOLUME ESTIMADO (7)	JUROS EM ABERTO (8)
Set. 2012	148'29	0'12	148'17	149'08	148'17	333490	623580
Dez. 2012	149'28	0'13	149'28	149'28	149'28	124	3194
Mar. 2013	150'08	0'25	150'08	150'08	150'08	0	1

*Fonte: The Wall Street Journal Online, **www.wsj.com**, preços de liquidação para 5 de julho de 2012.*

Para ilustrarmos, focalizamos os títulos do Tesouro para entrega em dezembro. O preço de liquidação foi de 149,8750% do valor do contrato, de $100.000. Assim, o preço pelo qual se poderia adquirir valor nominal de $ 100.000, de 6%, os títulos do Tesouro com vencimento em 20 anos a serem entregues em dezembro eram de 149,8750% ($ 100.000) = $ 149.875,0.

O preço do contrato aumentou em $^{13}/_{32}$ de 1% de $ 100.000 em relação ao preço do dia anterior, portanto, se você tivesse adquirido o contrato ontem, teria ganho $ 406,25 = $($^{13}/_{32}$)(0,01) ($ 100.000). Havia 3.194 contratos pendentes, representando um valor total de cerca de 3.194 ($ 149.875,0) = $ 478.700.750.

Observe que o contrato aumentou em $^{13}/_{32}$ de um percentual sobre esse dia em particular. Por que o valor do contrato de futuros de títulos deveria aumentar? Os preços dos títulos aumentam quando as taxas de juros caem, por isso, as taxas de juros devem ter caído nesse dia. Além disso, podemos calcular a taxa implícita inerente no preço de futuros. Lembre-se de que o contrato está relacionado a um hipotético título com cupom de 6%, com pagamento semestral e vencimento em 20 anos. O preço de liquidação era de 149,8750% em equivalentes, portanto, um título equivalente no valor de $ 1.000 teria um preço de 149,8750% ($ 1.000) = $ 1.498,750. Podemos resolver para r_d utilizando a seguinte equação:

$$\sum_{t=1}^{40} \frac{\$\,30}{(1 + r_d/\,2)^t} + \frac{\$\,1.000}{(1 + r_d/\,2)^{40}} = \$\,1.498,75$$

Empregando uma calculadora financeira, digite N = 40, PV = −1498.75, PMT = 30 e FV = 1000; então, resolva para I/YR = 1,37163%. Essa é a taxa semianual, que é equivalente a uma taxa nominal anual de 2,7433%, ou de aproximadamente 2,74%.

O último preço (de liquidação) do dia anterior era de 149'15, ou 149,46875%, por um preço de título de $ 1.494,6875 = 149,46875% ($ 1.000). Definindo N = 40, PV = −1494,6875, PMT = 30 e FV = 1000 e resolvendo, então, para I/YR = 1,381848 implica um rendimento anual de 2,7637%, ou aproximadamente 2,76%. Portanto, as taxas de juros caíram de $ 2,76% para 2,74%. Essa queda foi de somente 2 pontos-base, mas foi o suficiente para aumentar o valor do contrato em $ 406,25.

Em julho de 2012, quando os dados na Tabela 23-1 foram coletados, o rendimento sobre um título do Tesouro de 20 anos era de cerca de 2,28%. Mas como acabamos de calcular, o rendimento implícito sobre o contrato de futuros em dezembro de 2012 era de cerca de 2,74%. O rendimento de dezembro reflete a crença dos investidores sobre qual será o nível da taxa de juros em dezembro: o negociador marginal no mercado de futuros previa um aumento de 46 pontos-base nos rendimentos entre julho e dezembro. Naturalmente, essa previsão poderia estar incorreta.

Por exemplo, suponha que 3 meses depois, em outubro, os rendimentos implícitos no mercado de futuros houvessem caído em 50 pontos-base em relação a níveis anteriores — digamos, de 2,74% para 2,24%. Inserindo N = 40, I/YR = 2,24/2 = 1,12, PMT = 30 e FV = 1000 e, então, resolvendo para PV = −1603.4503, isso mostra que o contrato em dezembro valeria cerca de $ 160.345,03 em setembro se os rendimentos implícitos caíssem em 50 pontos-base. Desse modo, o valor do contrato teria aumentado em $ 160.345,03 − $ 149.875,00 ≈ $ 10.470.

Hedge com contratos de futuros de títulos do tesouro

Lembre-se de que a Carson Foods planeja emitir $ 10.000.000 de 9% títulos semianuais com vencimento em 20 anos, em dezembro, e pretende se proteger de um possível aumento nas taxas de juros utilizando contratos de futuros de títulos do Tesouro. Aumentar as taxas de juros faria os preços dos títulos caírem, diminuindo, assim, o valor dos contratos de futuros de títulos. Portanto, a Carson pode se preservar contra um aumento nas taxas de juros assumindo uma posição curta em um contrato de futuros em títulos do Tesouro — se as taxas aumentarem, a Carson receberá um fluxo de caixa do contrato de futuros igual ao preço original dos futuros menos o preço atual dos futuros, que agora está menor.

A Carson escolheria um contrato de futuros sobre o título mais similar àquele que a companhia planeja emitir, títulos de longo prazo e, assim, provavelmente emitiria *hedge* com futuros de títulos do Tesouro em dezembro. Na seção anterior, calculamos o preço de um contrato, que era de $ 149.875,00. Uma vez que a Carson planeja emitir $ 10.000.000 em títulos e como cada contrato vale $ 149.875,00, a Carson venderá $ 10.000.000/$ 149.875,00 = 66,722 ≈ 67 contratos para entrega em dezembro.[14] O valor total dos contratos é 67($ 149.875,00) = $ 10.041.625,00, que é muito próximo do valor dos títulos que a empresa quer emitir.

Agora, suponha que em dezembro, quando a Carson emite seus títulos, o medo renovado da inflação faz subir as taxas de juros em 100 pontos-base. Qual seriam os lucros dos títulos se a Carson ainda emitir títulos com cupons a 9% quando o mercado exige uma taxa de retorno de 10%? Podemos encontrar o valor total da oferta com uma calculadora financeira, inserindo N = 40, I/YR = 5, PMT = −450000 e FV = −10000000 e, então, resolvendo para PV = 9142046. Portanto, títulos com um cupom de 9%, com base em seus planos originais, trariam lucros de somente $ 9.142.046, porque os investidores atualmente requerem um retorno de 10%. Uma vez que a Carson teria de emitir $ 10 milhões em títulos a uma taxa de 10%, o custo da empresa subiria em $ 857.954 = $ 10.000.000 − $ 9.142.046 como resultado do atraso no financiamento.

Como alternativa, podemos estimar o custo da Carson resultante do atraso calculando o valor presente dos pagamentos gradativos que a Carson deve fazer. O aumento nas taxas de juros de 9% para 10% faria os pagamentos de cupons semianuais subirem de $ 45 para $ 50 por título. Para 10.000 títulos, o total em pagamentos gradativos de cupons semianuais é de $ 50.000 = ($ 50 − $ 45)(10.000). Podemos encontrar o valor presente desses pagamentos gradativos inserindo N = 40, I/YR = 5, PMT = −50000 e FV = 0 e, então, resolvendo para PV = −857954 = −$ 857.954, que é o mesmo custo encontrado pelo primeiro método. Matematicamente, isso é verdadeiro porque, recorrendo a álgebra, veremos que os dois métodos utilizam a mesma fórmula. Intuitivamente, é porque o primeiro método identifica a diferença entre o valor equivalente de um ativo e seu valor de mercado, considerando uma mudança nas taxas de juros. Essa diferença pode ser considerada o montante de valor extra que precisaria ser acrescentado para tornar o valor de mercado equivalente. Uma maneira de adicionar valor seria aumentar os pagamentos, que é o que a segunda abordagem faz.

De qualquer modo que o cálculo seja feito, a Carson irá incorrer em um custo de $ 857.954 devido ao aumento nas taxas. Contudo, o aumento nas taxas de juros também traria uma mudança no valor da posição da Carson nos contratos de futuros. Quando as taxas de juros aumentarem, o valor do contrato de futuros cairá. Se a taxa de juros sobre o contrato de futuros também aumentar à mesma porcentagem, de 2,7637% para 3,7637%, o novo valor de contrato pode ser encontrado inserindo N = 40, I/YR = 3,7637/2 = 1,88185, PMT = −3000 e FV = −100000 e, então, resolvendo para PV = 131231.030 por contrato. Com 67 contratos, o valor total da posição é $ 8.792.479 = 67($ 131.231,030). A Carson definirá sua posição nos mercados de futuros recomprando por $8.792.479 os contratos que anteriormente foram vendidos por $ 10.041.625, resultando em um lucro de $ 1.249.146.

Assim, a Carson compensaria a perda na emissão do título se ignorássemos as comissões e o custo de oportunidade marginal do dinheiro. Na verdade, em nosso exemplo, a Carson mais do que compensaria a perda,

---

[14] A Carson terá de estabelecer uma margem de 67($ 2.700) = $ 180.900 e também pagar as comissões de corretagem.

ganhando um adicional de $ 298.756 = $ 1.156.710 − $ 857.954.[15] Naturalmente, se as taxas de juros caírem, a Carson terá perdido sua posição em futuros, mas esta perda será compensada porque a empresa agora poderá vender seus títulos com um cupom menor.

Se contratos de futuros existissem para as próprias dívidas da Carson e se as taxas de juros se movessem identicamente nos mercados *spot* e de futuros, a firma poderia construir um *hedge* perfeito em que os ganhos no contrato de futuros compensariam exatamente as perdas nos títulos. Na realidade, é praticamente impossível construir *hedges* perfeitos, porque na maioria dos casos o ativo subjacente não é idêntico ao ativo de futuros; e mesmo quando os ativos são idênticos, os preços (e as taxas de juros) podem não se mover exatamente juntos nos mercados *spot* e de futuros.[16]

Observe também que se a Carson estivesse planejando uma oferta de capital e se suas ações tendessem a se mover muito próximas a um dos índices de ações, a companhia poderia ter feito *hedge* contra os preços em queda das ações vendendo o índice de futuros. E melhor ainda, se as opções de ações da Carson fossem comercializadas no mercado de opções, ela poderia utilizar opções em vez de futuros para o *hedge* contra os preços em queda das ações.

Os mercados de opções e de futuros permitem flexibilidade na sincronia das transações financeiras: a firma pode ser protegida, pelo menos parcialmente, contra mudanças que ocorrem entre o momento em que uma decisão é tomada e o momento em que a transação é concluída. No entanto, essa proteção tem um custo — a companhia precisa pagar comissões. Se a proteção vale ou não o custo, é uma questão de julgamento. A opção pelo *hedge* também depende da aversão a risco por parte da administração e também da força e capacidade da companhia em assumir o risco em questão.[17]

23-7b O uso de swaps de taxas de juros: gestão de taxas flutuantes *versus* taxas fixas

Suponha que a Companhia S tenha um título pendente com taxa flutuante de $ 100 milhões e vencimento em 20 anos, e que a Companhia F tenha uma emissão pendente com taxa fixa de $ 100 milhões e vencimento de 20 anos. Desse modo, cada companhia tem a obrigação de criar um fluxo de pagamentos de juros, mas um fluxo de pagamentos é fixo, ao passo que o outro irá variar à medida que as taxas de juros se modificarem no futuro. Essa situação é mostrada na parte superior da Figura 23-1.

Agora suponha que a Companhia S tenha fluxos de caixa estáveis e queira bloquear seu custo de dívida. A Companhia F tem fluxos de caixa que flutuam com a economia, aumentando quando a economia está forte e diminuindo quando a economia não está bem. Reconhecendo que as taxas de juros também sobem e descem com a economia, a Companhia F concluiu que estaria melhor com uma dívida com taxa variável. Admita que as companhias concordaram em trocar (*swap*) suas obrigações de pagamento. A metade inferior da Figura 23-1 mostra que os fluxos de caixa líquidos para a Companhia S estão a uma taxa fixa, e os da Companhia F são baseados em uma taxa flutuante. A Companhia S agora teria de fazer pagamentos fixos, consistentes com seus influxos de caixa estáveis, e a Companhia F teria uma obrigação flutuante, o que para ela é menos arriscado. Um **swap** é somente o que o nome implica — duas partes concordam em trocar (*swap*) algo, geralmente, obrigações para fazer fluxos de pagamento específicos.

---

[15] A Carson precisará pagar taxas sobre o lucro a partir de contrato de futuros, por isso, o valor após impostos da transação de futuros pode ser encontrado multiplicando-se o lucro antes de impostos por (1 − T). Contudo, a Carson teria de deduzir de sua renda os pagamentos maiores de cupons adicionais. Para encontrarmos o valor presente dos pagamentos adicionais de cupons após impostos, multiplicamos os cupons adicionais antes de impostos por (1 − T) e calculamos o valor presente. Isso dá o mesmo resultado que encontrar primeiramente o valor presente dos cupons adicionais antes de impostos e, então, multiplicar o valor presente por (1 − T). Em outras palavras, o custo do atraso antes dos impostos e o lucro antes de impostos a partir do contrato de futuros deverá ser multiplicado por (1 − T) para estimar a efetividade do *hedge* antes de impostos.

[16] Neste exemplo, a Carson fez o *hedge* de um título com vencimento em 20 anos, com contrato de futuros de um título do Tesouro. Em vez de simplesmente fazer a equivalência do vencimento, seria mais exato fazer a equivalência da duração. Uma duração equivalente nos contratos de futuros poderia ser obtida assumindo posições no contrato de futuros de um título do Tesouro e em outro contrato de futuros financeiro, como o contrato de notas do Tesouro, com vencimento em 10 anos. Uma vez que o título da Carson tinha vencimento em 20 anos, a equivalência referente ao vencimento em vez de em relação à duração proporcionou um bom *hedge*. Se o título da Carson tivesse um vencimento diferente, seria essencial fazer a equivalência referente à duração.

[17] Para uma percepção melhor sobre o uso de futuros financeiros para *hedge*, veja Mark G. Castelino, Jack C. Francis e Avner Wolf, "Cross-hedging: basis risk and choice of the optimal hedging vehicle", *The Financial Review*, p. 179-210, maio 1991.

FIGURA 23-1
Fluxos de caixa trocados

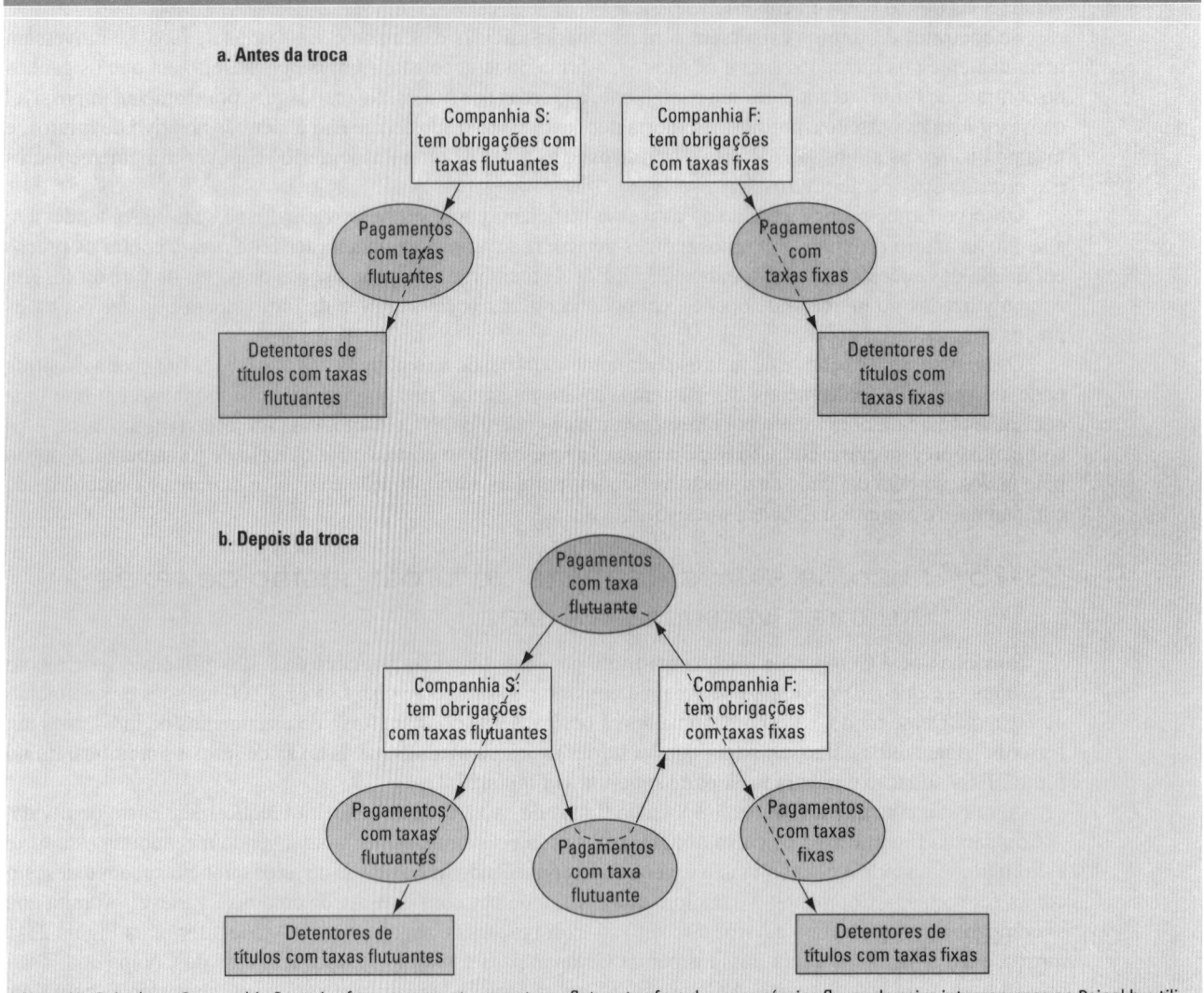

Nota: No Painel a, a Companhia S precisa fazer pagamentos com taxas flutuantes fora de seus próprios fluxos de caixa internos; mas no Painel b, utiliza os pagamentos flutuantes da Companhia F para pagar seus detentores de títulos. A Companhia F tem uma posição reversa. Depois da troca (*swap*), a Companhia S tem pagamentos fixos *de fato*, que são consistentes com seus fluxos internos estáveis, e a Companhia F tem pagamentos flutuantes, que são consistentes com seus fluxos flutuantes.

O exemplo anterior ilustra como os *swaps* podem reduzir os riscos, permitindo a cada companhia fazer a equivalência entre a variabilidade de seus pagamentos de juros e seus fluxos de caixa. Porém, também existem situações nas quais os *swaps* podem reduzir o risco e o custo de dívida efetivo. Por exemplo, a Antron Corporation, que tem uma classificação de crédito elevada, pode emitir uma dívida com taxa flutuante a LIBOR + 1% ou uma dívida com taxa fixa 10%.[18] A Bosworth Industries é menos digna de crédito, por isso, seu custo para a dívida à taxa flutuante é LIBOR + 1,5% e seu custo à taxa fixa é de 10,4%. Devido à natureza das operações da Antron, seu diretor financeiro decidiu que a firma estaria melhor com uma dívida a taxa fixa; enquanto isso, o diretor financeiro da Bosworth prefere dívida com taxa flutuante. Paradoxalmente, ambas as empresas podem se beneficiar da emissão do tipo de dívida que não querem e, então, trocar suas obrigações de pagamento.

Primeiramente, cada companhia emitirá um montante de débito idêntico, chamado **principal nocional**. Mesmo que a Antron queira dívida com taxa fixa, ela emite débito com taxa flutuante a LIBOR + 1%, e a Bosworth emite dívida com taxa fixa a 10,4%. Em seguida, as duas companhias fazem a troca de taxa de ju-

---

[18] A sigla LIBOR significa London Interbank Offered Rate (Taxa Interbancária no Mercado de Londres), a taxa cobrada nos empréstimos em dólares, feitos entre bancos, no mercado de eurodólares.

O jogo da verdade, ou LIBOR

LIBOR significa London Interbank Offered Rate (Taxa Interbancária no Mercado de Londres), a taxa que os bancos cobram uns dos outros por empréstimos no mercado de eurodólares. A LIBOR talvez seja o número mais importante que é relatado nos mercados financeiros, porque muitos contratos de derivados têm a LIBOR como base de pagamentos. Alguns analistas estimam que existem mais de $ 300 trilhões de dólares em derivados vinculados à LIBOR. Como a LIBOR é uma taxa tão amplamente utilizada, você pode pensar que ela é relatada com o maior cuidado e precisão. Errado!

Os maiores bancos de Londres relatam para a Thomson Reuters as taxas que cobram uns dos outros por empréstimos. A cada dia, a Thomson Reuters coleta essas taxas, elimina as porcentagens maiores e menores, e utiliza 50% para calcular a taxa média, que ela relata para o restante do mundo. Essa parte do processo é clara, mas como os bancos definem as taxas que reportam? Acontece que alguns deles simplesmente escolhem um número. Em 27 de junho de 2012, I o Barclays admitiu que havia sido multado em £ 290 milhões pelos reguladores nos Estados Unidos e do Reino Unido por divulgar, conscientemente, taxas falsas. O Barclays reportou taxas baixas, algumas vezes, para disfarçar quanto outros bancos o consideravam arriscado, de acordo com seus próprios e-mails. Além disso, alguns desses e-mails sugeriam que o Barclays havia manipulado a LIBOR para lucrar em negociações. Após essa notícia, o diretor-executivo e outros executivos seniores do Barclays foram forçados a se demitirem.

O caso do Barclays poderia ser apenas o começo de um escândalo muito maior porque outras instituições financeiras podem ter se engajado no mesmo comportamento. Em julho de 2012, analistas especularam que os danos civis custariam bilhões aos bancos, e poderia haver acusações criminais com base nas investigações realizadas pelo Departamento de Justiça dos Estados Unidos.

ros.[19] Suponha que a dívida tenha vencimento em 5 anos, o que significa que a duração dessa troca também será de 5 anos. Por convenção, os pagamentos com taxas flutuantes da maioria dos *swaps* são baseados na LIBOR, com a taxa fixa ajustada para cima ou para baixo para refletir o risco de crédito e a estrutura do termo. Quanto mais arriscada a companhia que receberá os pagamentos com taxas flutuantes, maior o pagamento com taxas fixas que deverá ser feito. Em nosso exemplo, a Antron estará recebendo pagamentos com taxas flutuantes da Bosworth, e esses pagamentos serão fixados conforme a LIBOR multiplicada pelo principal nocional. Então, os pagamentos serão ajustados a cada 6 meses para refletir as mudanças na taxa LIBOR.

O pagamento fixo que a Antron precisa fazer para a Bosworth é definido (ou seja, "fixado") para a duração do *swap* no momento em que o contrato é assinado, e isso depende principalmente de dois fatores: (1) do nível das taxas de juros fixadas no momento do acordo e (2) do risco de crédito relativo das duas empresas.

Em nosso exemplo, suponha que as taxas de juros e o risco de crédito são tais que 8,95% é a taxa de troca fixa apropriada para a Antron, por isso, ela fará pagamentos com a taxa fixa de 8,95% para a Bosworth. Por sua vez, a Bosworth pagará conforme a taxa LIBOR para a Antron. A Tabela 23-2 mostra as taxas líquidas pagas por cada participante, e a Figura 23-2 representa os fluxos. Observe que a Antron termina fazendo pagamentos fixos, que ela deseja, mas por causa da troca, a taxa paga é de 9,95% *versus* a taxa de 10% que ela teria pago caso houvesse emitido dívida com taxa fixa diretamente. Ao mesmo tempo, a troca deixa a Bosworth com dívida com taxa flutuante, o que ela quer, mas a uma taxa de LIBOR + 1,45% *versus* a LIBOR + 1,50% que teria pago sobre uma dívida com taxa flutuante emitida diretamente. Como este exemplo ilustra, os *swaps*, às vezes, podem reduzir a taxa de juros paga por cada uma das partes.

Trocas em moedas são tipos especiais de trocas de taxas de juros. Para ilustrar, suponha que a Companhia A, uma empresa norte-americana, tivesse emitido $ 100 milhões de títulos denominados em dólares nos Estados Unidos para financiar um investimento na Alemanha. Enquanto isso, a Companhia G emitiu $ 100 milhões em títulos denominados em euros na Alemanha para financiar um investimento nos Estados Unidos. A Companhia A ganharia em euros, mas era exigido que fizesse pagamentos em dólares, e a Companhia G estaria

---

[19] Tais transações geralmente são arranjadas por grandes bancos centrais, e os pagamentos são feitos para o banco, que, por sua vez, paga os juros sobre os empréstimos originais. O banco assume o risco de crédito e garante que os pagamentos devem ser um padrão para ambas as partes. Por seus serviços, o banco recebe uma porcentagem dos pagamentos como sua remuneração.

na situação oposta. Assim, ambas as companhias estariam expostas ao risco da taxa de câmbio. No entanto, os riscos das duas companhias seriam eliminados se elas trocassem as obrigações de pagamentos.

Originalmente, as trocas eram arranjadas entre companhias por bancos centrais, que corresponderiam às contrapartes. Tal correspondência ainda ocorre, mas atualmente a maior parte das trocas ocorre entre companhias e bancos, com os bancos tomando iniciativas para assegurar que seus próprios riscos estão cobertos.

TABELA 23-2
Anatomia de um *swap* de taxa de juros

PAGAMENTOS DA ANTRON: EMPRÉSTIMOS FLUTUANTES, *SWAPS* FIXOS		PAGAMENTOS DA BOSWORTH: EMPRÉSTIMOS FIXOS, *SWAPS* FLUTUANTES	
Pagamento para o credor	– (LIBOR + 1%)	Pagamento para o credor	– 10,40% fixos
Pagamento da Bosworth	+LIBOR	Pagamento da Antron	+ 8,95% fixos
Pagamento para a Bosworth	– 8,95% fixos	Pagamento para a Antron	– LIBOR
Pagamento líquido pela Antron	– 9,95% fixos	Pagamento líquido pela Bosworth	– (LIBOR + 1,45%)

FIGURA 23-2
O *swap* entre Antron/Bosworth

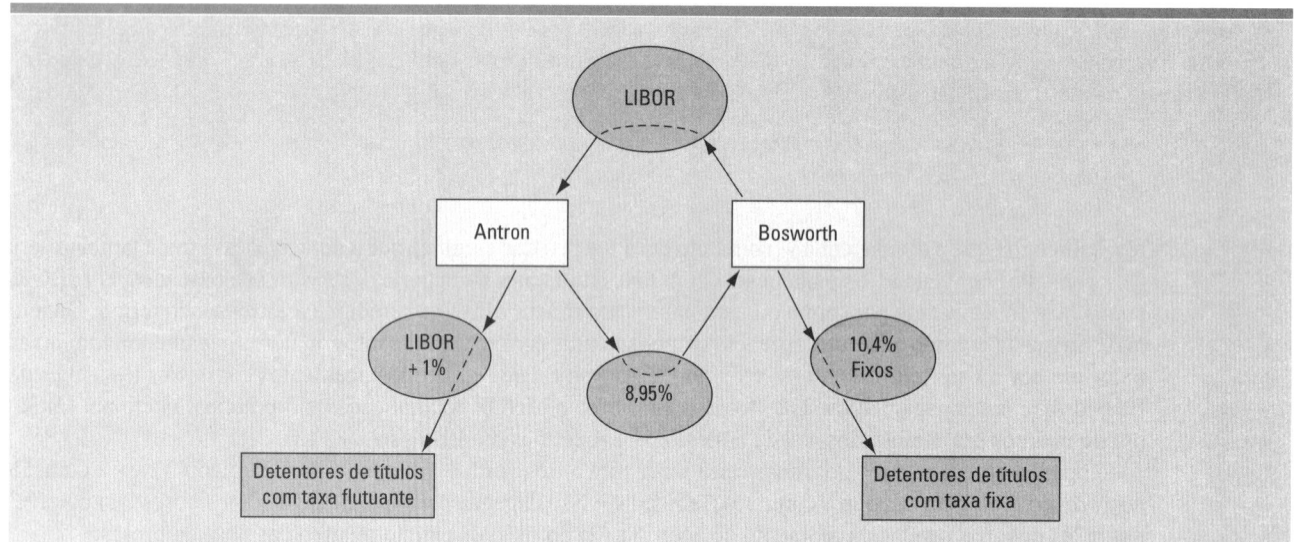

Por exemplo, o Citibank pode arranjar um *swap* com a Companhia A. A Companhia A concordaria em fazer pagamentos específicos em euros para o Citibank, enquanto o Citibank faria pagamentos em dólares para a Companhia A. O Citibank cobraria uma taxa para estabelecer o *swap*, e essas cobranças refletiriam o risco de crédito da Companhia A. Para se proteger contra os movimentos de taxas de câmbios, o banco faria o *hedge* de sua posição, seja se alinhando com uma companhia europeia que precisasse fazer pagamentos em dólares ou utilizando futuros em moedas.[20]

Importantes mudanças ocorreram com o passar do tempo no mercado de *swaps*. Primeiro, contratos padronizados têm sido desenvolvidos para os tipos mais comuns de *swaps*, apresentando dois efeitos: (1) contratos padronizados diminuem o tempo e o esforço envolvidos no arranjo de *swaps*, e isso reduz os custos das transações. (2) O desenvolvimento de contratos padronizados levou a um mercado de *swaps* secundário, o que aumentou a liquidez e a eficiência do mercado de *swaps*. Uma série de bancos internacionais atualmente co-

---

[20] Para obter mais informações sobre *swaps*, veja Keith C. Brown e Donald J. Smith, "Default risk and innovations in the design of interest rates swaps", *Financial Management*, p. 94-105, verão de 1993; Robert Einzig e Bruce Lange, "Swaps at transamerica: applications and analysis", *Journal of Applied Corporate Finance*, p. 48-58, inverno de 1990; John F. Marshall, Vipul K. Bansal, Anthony F. Herbst e Alan L. Tucker, "Hedging business cycle risk with macro swaps and options", *Journal of Applied Corporate Finance*, p. 103-108, inverno de 1992; e Laurie S. Goodman, "The uses of interest rates swaps in managing corporate liabilities," *Journal of Applied Corporate Finance*, p. 35-47, inverno de 1990.

mercializa *swaps* e oferece cotas em diversos tipos de padrões. Além disso, como observamos anteriormente, os bancos agora assumem as posições das contrapartes nos *swaps*, por isso, não é necessário encontrar outra firma com necessidade de imagem refletida antes que uma transação de *swap* possa ser completada. Em geral, o banco encontrará uma contraparte final para o *swap* posteriormente, por isso, seu posicionamento ajuda a tornar o mercado de *swap* mais eficiente operacionalmente.

Hoje em dia, a maior parte dos *swaps* envolve pagamentos de juros ou moedas, mas praticamente nada pode ser trocado, incluindo *swaps* de capital, *swaps* de *spread* de crédito e *swaps* de commodities.[21]

23-7c Flutuantes inversos

Uma nota com taxa flutuante tem uma taxa de juros que aumenta e diminui com alguns índices de taxas de juros. Por exemplo, se a taxa básica de juros fosse atualmente de 8,5%, a taxa de juros sobre uma nota no valor de $ 100.000 à taxa básica mais 1% seria de 9,5%, e a taxa da nota moveria para cima e para baixo com a taxa básica de juros. Uma vez que os fluxos de caixa associados com a nota e a taxa de descontos utilizada para avaliá-los aumentaria e diminuiria simultaneamente, o valor de mercado da nota seria relativamente estável.

Com um **flutuante inverso**, a taxa paga sobre a nota se move no sentido contrário ao das taxas de mercado. Se as taxas de juros na economia aumentarem, a taxa de juros paga sobre um flutuante inverso diminuirá, reduzindo os pagamentos de juros em dinheiro. Ao mesmo tempo, a taxa de desconto utilizada para avaliar os fluxos de caixa do flutuante inverso aumentará juntamente com outras taxas. O efeito combinado dos fluxos de caixa menores com uma taxa de desconto maior levará a um grande declínio no valor do flutuante inverso. Desse modo, os flutuantes inversos são excepcionalmente vulneráveis a aumentos nas taxas de juros. Naturalmente, se as taxas de juros caírem, o valor de um flutuante inverso aumentará.

Pode um flutuante inverso ser utilizado para propósitos de *hedge*? A resposta é "sim, talvez muito efetivamente". Esses títulos têm um efeito ampliado, portanto, não se exige muito para executar um *hedge* em determinada posição. Contudo, uma vez que são tão voláteis, podem assumir o que se supõe ser uma posição de *hedge* bastante arriscada.

Autoavaliação

1. Explique como uma companhia pode utilizar futuros de título do Tesouro para executar o *hedge* contra taxas de juros em crescimento.
2. O que é um *swap* de taxas de juros? Descreva o mecanismo de uma taxa fixa para o *swap* de taxa flutuante.
3. Um contrato de futuros para um título do Tesouro está sendo vendido por 94'16. Qual é o rendimento anual implícito? **(6,5%)**
4. A Messman Corporation emite débito a taxa fixa a uma taxa de 9,00%. A Messman concorda com um *swap* de taxa de juros no qual paga a LIBOR para a Moore Inc., e a Moore paga 8,75% para a Messman. Qual é o pagamento líquido resultante da Messman? **(LIBOR + 0,25%)**

23-8 Riscos na escolha de um projeto

Um projeto é qualquer empreendimento corporativo que utiliza ativos da companhia, como dinheiro, fábricas, edifícios, equipamento, infraestrutura de TI, propriedade intelectual e pessoas. Um projeto bem-sucedido cria valor gerando um retorno proporcional ao tamanho e ao risco dos ativos investidos no projeto. Talvez, o fator mais importante para o sucesso de uma companhia é sua capacidade de selecionar projetos que agreguem valor e evitar aqueles que destroem valor.

23-8a Uso da simulação de Monte Carlo para avaliar o risco de um projeto

Ao avaliar um projeto em potencial, uma companhia deve analisar o projeto qualitativa e quantitativamente utilizando a abordagem de três etapas, que descrevemos nos Capítulos 10 e 11: (1) prever os fluxos de caixa

---

[21] Em um *swap* de capital, o fluxo de caixa baseado em um índice de capital é trocado por algum outro fluxo de caixa. Em um *swap* de commodity, o fluxo de caixa trocado é baseado nos preços de commodity. Em um *swap* de crédito, o fluxo de caixa geralmente é baseado no *spread* entre um título arriscado e um título do Tesouro nos Estados Unidos.

do futuro do projeto, (2) estimar o valor dos fluxos de caixa, e (3) analisar o risco dos fluxos de caixa.[22] Pequenos projetos, como a substituição de uma simples máquina, requer menos análise do que projetos grandes, o que inclui grandes gastos de capital, ampliação de linhas de produtos, novos produtos, expansão geográfica, aquisições e fusões.

Para projetos maiores, é absolutamente vital conduzir uma completa análise de risco, incluindo a análise de sensibilidade e a análise de cenário, conforme descrito no Capítulo 11. Projetos muito grandes requerem ainda mais análise de risco, incluindo a simulação de Monte Carlo, que é amplamente utilizada na gestão de risco corporativo — não é possível realizar uma gestão de risco muito boa se você não puder medi-lo!

Repetimos aqui alguns dos resultados da análise de simulação no Capítulo 11, e incluímos alguns resultados novos. Lembre-se de que a análise no Capítulo 11 se referia à aplicação de uma tecnologia radicalmente nova de nanorevestimento para um novo tipo de módulo de aquecedor de água à energia solar. Projetamos fluxos de caixa para o projeto, calculamos o NPV e outras medidas de avaliação, realizamos uma análise de sensibilidade e também uma análise de cenário; veja a Seção 11-2, para uma análise básica, e as Seções 11-5 e 11-6 para as análises de sensibilidade e de canário.

Na Seção 11-7, fizemos uma análise da simulação de Monte Carlo. Lembre-se de que em uma análise de simulação, a distribuição de probabilidade é atribuída à inserção de cada variável — as vendas nas unidades, o preço de vendas, o custo variável por unidade e assim por diante. O computador inicia selecionando um valor aleatório a cada variável a partir de sua distribuição de probabilidade. Esses valores são, então, inseridos no modelo, o NPV (e quaisquer outras medidas do projeto) é calculado, e o NPV é armazenado na memória do computador. Isso é chamado experimento. Depois de completar o primeiro experimento, um segundo conjunto de valores é selecionado a partir das distribuições de probabilidade de variáveis inseridas, e um segundo NPV é calculado. Esse processo é repetido até que existam observações suficientes de que o NPV estimado e quaisquer outras medidas de resultados sejam estáveis.

Replicamos a análise de simulação do Capítulo 11 com 10.000 iterações. A Figura 23-3 relata as medidas de avaliação estimadas a partir do Capítulo 11, e algumas medidas adicionais. As medidas no Capítulo 11 para o NPV incluem sua média, seu desvio padrão, máximo, mínimo, mediana, e a probabilidade de que o NPV será positivo. Com base nessas medidas, o projeto tem um NPV esperado positivo e irá equilibrar cerca de 57% do tempo.

Além das medidas de avaliação do Capítulo 11, os sistemas de gestão de risco corporativo geralmente utilizam outra medida, chamada **VaR (valor em risco)**. Utilizando os experimentos a partir da análise de simulação, a companhia especifica um limite, como os resultados inferiores, de 1% ou 5%. A ideia básica é medir o valor do projeto se a situação ficar ruim. Por exemplo, a Figura 23-3 mostra que existe uma chance de 5% de que o projeto perderá $ 6,6 milhões ou mais (os valores são relatados em milhares) e uma chance de 1% de que o projeto perderá $ 10,0 milhões ou mais.

As medidas de VaR são úteis, mas não medem a extensão de possíveis perdas, caso a situação fique ruim. Uma medida que muitas companhias aplicam atualmente é o **valor em risco condicional (CVaR)**; ele também é chamado **déficit esperado**, perda esperada de excessos (ETL) e valor médio em risco (AVaR). O CVaR mede o NPV médio de todos os resultados abaixo do limite — é o NPV médio condicional, com o NPV sendo menor do que o valor limite.[23] Por exemplo, o CVaR para o limite de 1% é – $ 11,9 milhões. O VaR mostra que existe 1% de chance de perder mais de $ 10,0 milhões, e o CVaR mostra que existe uma chance de 1% de uma perda esperada de $ 11,9 milhões. Observe que o cálculo do VaR não é afetado pelo tamanho das perdas abaixo do limite — ele apenas informa o tamanho da perda na porcentagem-limite. Por outro lado, o CVaR leva em conta o tamanho das perdas abaixo do limite — mostra a perda esperada, caso a situação fique ruim.

Muitas empresas agora estão aplicando a simulação quando analisam fusões e aquisições. Além do resultado quantitativo de uma análise de simulação, o processo de identificação de fontes de risco pode ajudar as companhias a evitar erros que custarão muito.

---

[22] Lembre-se do Capítulo 10 que os métodos de avaliação de fluxo de caixa incluem o valor presente líquido (NPV), a taxa de retorno interna (IRR), a taxa de retorno interna modificada (MIRR), o índice de lucratividade (PI), o período de retorno, e o período de retorno descontado.

[23] Essa definição é correta quando se aplica o CVaR aos resultados de uma simulação de Monte Carlo porque existe uma probabilidade igual de cada resultado. É um pouco mais complicado calcular o CVaR a partir de determinada distribuição de probabilidade do que a partir dos resultados de uma simulação.

FIGURA 23-3
Um exemplo de simulação de Monte Carlo aplicada à análise de projeto (milhares de dólares)

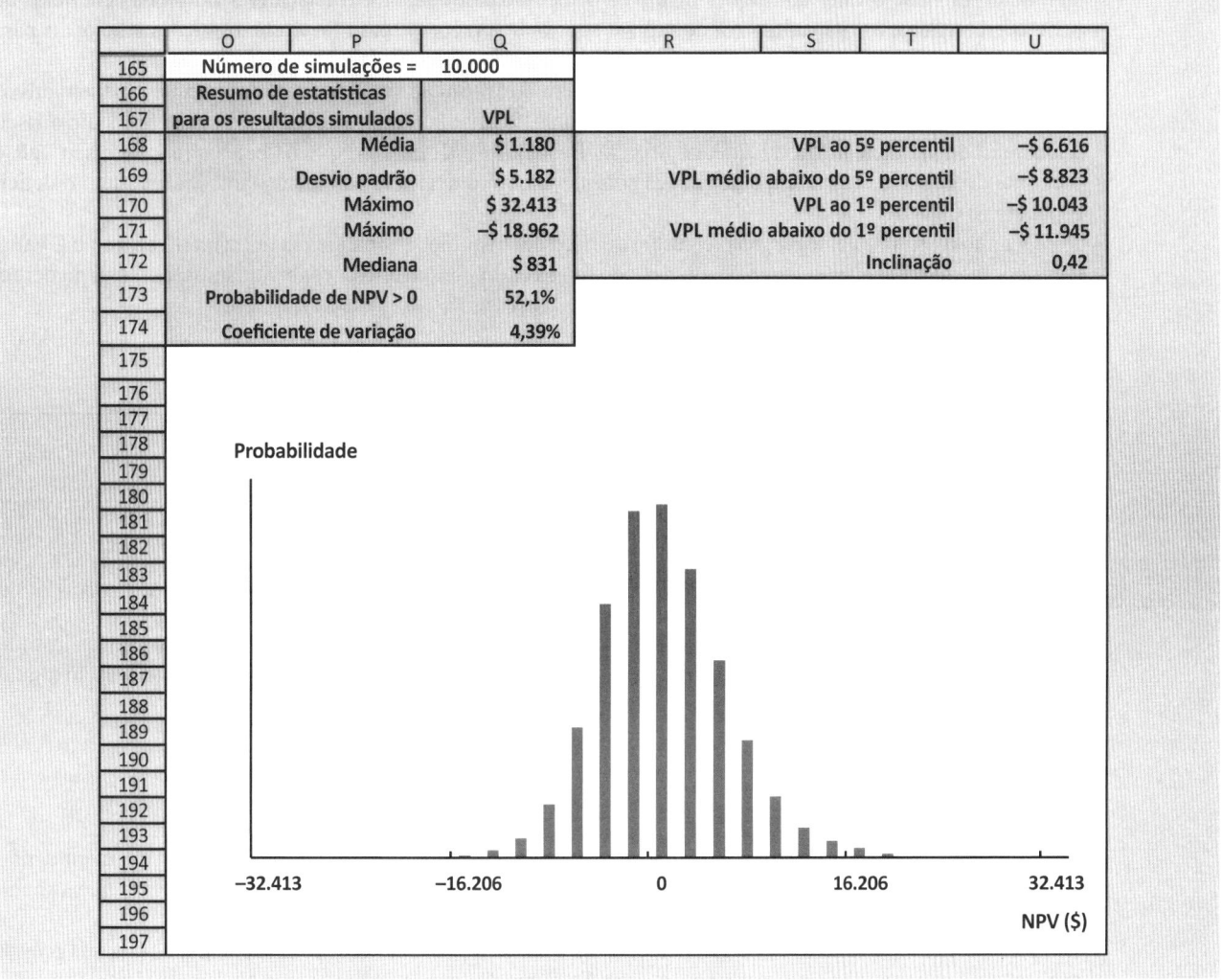

	O	P	Q	R	S	T	U
165	Número de simulações =		10.000				
166	Resumo de estatísticas						
167	para os resultados simulados		VPL				
168		Média	$ 1.180		VPL ao 5º percentil		–$ 6.616
169		Desvio padrão	$ 5.182		VPL médio abaixo do 5º percentil		–$ 8.823
170		Máximo	$ 32.413		VPL ao 1º percentil		–$ 10.043
171		Máximo	–$ 18.962		VPL médio abaixo do 1º percentil		–$ 11.945
172		Mediana	$ 831		Inclinação		0,42
173	Probabilidade de NPV > 0		52,1%				
174	Coeficiente de variação		4,39%				

23-8b Uso da simulação de Monte Carlo para avaliar riscos financeiros

As companhias utilizam a simulação para fins diferentes da análise de projetos. Por exemplo, o LEGO Group, uma companhia dinamarquesa fabricante de populares brinquedos à base de blocos de construção, também emprega a simulação em seu processo de elaboração de orçamentos para mostrar possíveis resultados. O diretor financeiro, Hans Læssøe, relata que a análise de simulação revelou que a volatilidade das vendas tinham um impacto muito maior do que os gerentes de alto nível haviam compreendido anteriormente.[24]

A simulação também é útil quando uma companhia prepara um orçamento de caixa como o que foi descrito no Capítulo 16. Em vez de simplesmente mostrar as exigências financeiras de curto prazo esperadas, a simulação pode mostrar as probabilidades de uma maior exigência de financiamento, permitindo que as companhias planejem as necessidades de crédito anteriormente inesperadas.

23-8c Uso da simulação de Monte Carlo para avaliar riscos de carteira

Muitas companhias são expostas ao risco de carteira, que é o risco de que uma carteira de ativos financeiros diminuirá em valor. Por exemplo, muitas empresas oferecem planos de pensão para seus funcionários. Planos

---

[24] Veja o artigo de Mark Frigo e Hans Læssøe citado na nota de rodapé 10.

de benefício definidos têm uma carteira de ações, títulos e outros ativos financeiros utilizados para apoiar os benefícios de pensão prometidos para seus funcionários. Essas companhias são expostas a riscos de carteira significativos — se o valor da carteira de ativos de pensão cair demais em relação ao valor dos benefícios de pensão prometidos, a companhia terá de utilizar seus outros recursos para fazer contribuições adicionais para o plano.

A maior parte das instituições financeiras também é exposta ao risco de carteiras porque possuem ativos financeiros e passivos financeiros. A simulação é uma ferramenta amplamente utilizada para medir o risco de carteira de um banco. Na verdade, os acordos Basileia II e III exigem que os bancos reportem seu VaR e o comitê de Basileia está atualmente (2012) considerando requerer que os bancos também reportem o déficit esperado (o CVar).

Quando os grupos de negociação e gestão de risco em instituições financeiras utilizam o VaR (ou o CVaR), eles geralmente o medem ao longo de um período muito curto porque querem saber quanto é possível perderem da noite para o dia ou em alguns dias.

Autoavaliação

1. O que é simulação de Monte Carlo?
2. O que é valor em risco, VaR? O que é valor em risco condicional, CVaR?

23-9 Gestão de riscos de crédito

Companhias não financeiras estão expostas ao risco se ampliarem o crédito para seus clientes, e as instituições financeiras estão expostas a risco de crédito quando emprestam para seus clientes. A seguir, estão alguns conceitos importantes sobre gestão de risco de crédito.

23-9a Gestão de risco de crédito em companhias não financeiras

Conforme descrevemos no Capítulo 16, quando uma companhia vende um produto para um cliente, mas não exige pagamento imediato, é criada uma conta a receber. Existem três principais ferramentas que as companhias utilizam para gerenciar esse risco de crédito.

Primeiro, a companhia avalia seus clientes antes de expandir o crédito. A companhia pode fazer sua própria avaliação ou adquirir uma avaliação de terceiros. Se o cliente for um indivíduo, as avaliações de crédito estão disponíveis a partir de diversas empresas, incluindo Equifax, Experian e TransUnion. Cada uma dessas organizações fornece uma pontuação numérica, e a pontuação FICO é a mais amplamente utilizada. A pontuação varia de 300 a 850, com pontuações menores indicando ser mais provável que o cliente fique inadimplente.

Quando o cliente é outra companhia, a avaliação é conduzida utilizando muitas das mesmas proporções e análises que descrevemos no Capítulo 3. Além disso, algumas empresas criam seus próprios modelos de pontuação de crédito com base em experiências anteriores ou em modelos estatísticos (como análise discriminatória).

Uma companhia pode reduzir seu risco de crédito vendendo suas contas a receber para terceiros em um processo chamado fatoração. Naturalmente, o preço que uma companhia recebe pela venda de seus recebíveis depende do risco dos recebíveis, com recebíveis mais arriscados adquiridos por muito menos que seu valor nominal. Uma companhia também pode comprar seguros para alguns ou todos os seus créditos. Muitas empresas, incluindo o LEGO Group, utiliza simulação para estimar o risco de seus créditos, de modo que eles possam negociar melhor com as seguradoras.

23-9b Gestão de risco de crédito em instituições financeiras

Além das mesmas técnicas utilizadas em corporações não financeiras (modelos de pontuação de crédito e simulações), muitas instituições financeiras utilizam *swaps* de inadimplência de crédito (CDS). Embora o CDS seja chamado de *swap*, ele é como o seguro. Por exemplo, um investidor (que pode ser uma instituição financeira) pode comprar um CDS fazendo um pagamento anual para uma contraparte, a fim de garantir um ou outro título em particular ou contra a inadimplência; se o título não for pago, a contraparte paga ao comprador o montante do título inadimplente que foi segurado.

O "preço" do CDS é cotado em pontos-base e é chamado *spread* de CDS. Por exemplo, o *spread* da Telefonica S.A., uma grande companhia de telecomunicações sediada em Madrid, era de cerca de 480 pontos-base em julho de 2012. Um meio fácil de interpretar o *spread* de pontos-base relatado é dizer que ele seria a taxa anual em dólares (ou euros) para proteger $ 10.000 (ou euros) do título. Portanto, seria o custo de € 480 por ano para segurar € 10.000 de títulos da Telefonica.

Para proteger € 10 milhões de débito da Telefonica, um comprador pagaria € 480.000 = 0,048(€ 10 milhões) por ano. Por outro lado, o *spread* sobre a Nestlé S.A. seria de apenas 36 pontos-base, desse modo, assegurar € 10 milhões de débitos da Nestlé custaria somente $ 36.000 por ano. Se os investidores possuíssem os títulos, então, a compra do CDS reduziria o risco do investidor.

Existe um mercado secundário ativo para o CDS e não é necessário possuir o título subjacente. De fato, a maioria dos participantes no mercado de CDS não possui títulos subjacentes. Por exemplo, um especulador pode comprar um CDS da Telefonica por 480 pontos-base, mas somente compra cobertura para 1 mês, que seria um pagamento de € 40.000 = € 480.000/12. Agora suponha que os problemas da eurozona tenham piorado imediatamente e aumentado o *spread* de CDS da Telefonica para 504 pontos-base. O investidor poderia liquidar a posição vendendo proteção de crédito de um mês por € 42.000 = € 504.000/12 e utilizar o CDS comprado anteriormente para compensar o CDS recentemente vendido. O lucro do investidor seria de € 2.000.

Além do CDS para títulos individuais, existem CDS para índices. Por exemplo, o CDX.NA.IG é um índice de 125 CDS para dívidas norte-americanas com grau de investimento. Os movimentos do índice estão correlacionados com o nível geral de inadimplência para muitos empréstimos comerciais — o índice é utilizado quando as taxas de inadimplência aumentam. Portanto, um banco nos Estados Unidos pode se proteger do aumento nas taxas de inadimplência em sua carteira de empréstimos assumindo posições curtas no CDX.NA.IG, que pagam se o índice aumentar. Essa é uma situação na qual os CDS ajudam a reduzir o risco de uma instituição financeira.

Lembre-se, conforme a abertura deste capítulo, de que o JPMorgan assumiu posições longas em uma determinada série do CDX.NA.IG, que certamente não faria o *hedge* de suas carteiras de empréstimos. O JPMorgan explicou que teria de aplicar *hedge* em outros derivados que estavam sendo empregados como *hedge* de sua carteira de empréstimos, o que parece muito complicado — não é de admirar que não tenha funcionado!

Quando os bancos e outras importantes instituições assumem posições em *swaps* e CDS, eles mesmos são expostos a vários riscos, especialmente se suas contrapartes não puderem cumprir com suas obrigações. Além do mais, *swaps* são transações fora do balanço patrimonial, tornando impossível dizer exatamente quanto o mercado de *swap* é grande ou quem tem qual obrigação. Alguns estimam que o valor nocional de todos os CDS seja superior a $ 25 trilhões. Enquanto escrevemos este livro, no verão de 2012, o SEC e a Commodity Futures Trading Commission (CFTC) estavam trabalhando na implementação de cláusulas no Título VII da Lei Dodd--Frank, de 2010, para aumentar a transparência nos mercados de *swaps*. Em uma importante inovação, a SEC e a CFTC conseguiram concordar sobre uma definição para *swaps*. Talvez, no momento em que você estiver lendo este livro, um progresso ainda maior terá ocorrido.

Os *swaps* de inadimplência de crédito são negociados na dívida pública e na dívida corporativa. Antes de 2008, um CDS em um título do Tesouro de 5 anos era negociado em menos de 7 pontos-base, o que seria uma taxa anual de $ 7 para proteger $ 10.000 do título. O preço do CDS aumentou para quase 100 pontos-base em 2009, e é atualmente (julho de 2012) negociado em torno de 46 pontos-base. A Figura 23-4 mostra os preços para os Estados Unidos e alguns países europeus, alguns dos quais adotaram o euro (Alemanha, França, Itália, Espanha e Portugal) e outros não. Os preços extremamente altos para a dívida na eurozona indicam os problemas que esses países enfrentam.

Autoavaliação

1. Descreva algumas maneiras de gerenciar risco de crédito em uma companhia não financeira.
2. O que são *swaps* de inadimplência de crédito?

23-10   Risco e segurança humanos

Decisões sobre a gestão de risco, como todas as decisões corporativas, devem iniciar com uma análise de custo-benefício para cada alternativa viável. Por exemplo, suponha que custasse $ 50.000 por ano para conduzir um abrangente programa de treinamento de segurança contra incêndios para todo o pessoal em uma usina de alto risco. Supostamente, esse programa reduziria o valor esperado de futuras perdas com incêndios. Uma alternativa para o programa de treinamento seria colocar $ 50.000 anualmente em um fundo de reservas

FIGURA 23-4
O *swap* de inadimplência de crédito se expande para a dívida soberana (20 de julho de 2012)

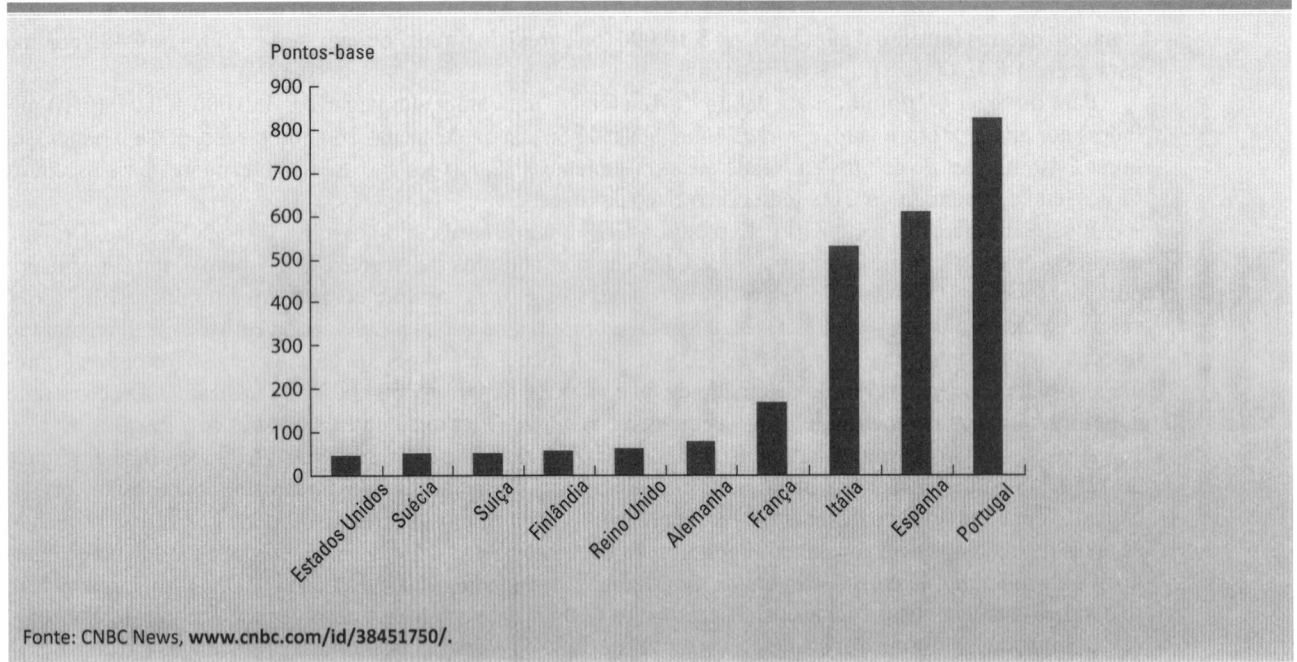

Fonte: CNBC News, www.cnbc.com/id/38451750/.

separado para cobrir futuras perdas com incêndios. Ambas as alternativas envolvem fluxos de caixa esperados, e do ponto de vista econômico, a escolha deveria ser feita com base no menor valor presente dos custos futuros.

Entretanto, suponha que ocorra um incêndio e que uma vida seja perdida. Em situações envolvendo segurança e saúde, o equilíbrio entre os lucros esperados e as perdas esperadas não é suficiente para se tomar boas decisões. As companhias sempre devem considerar o impacto que suas decisões têm na segurança de seus empregados e clientes. Ignorar a segurança e a saúde é um erro ético, mas também é um erro comercial, porque muitas empresas estão sendo forçadas a sair dos negócios ou sofrendo perdas debilitantes quando fabricam produtos inseguros.

Autoavaliação

1. Descreva uma situação em gestão de risco que envolva questões éticas e financeiras.

Resumo

Os principais conceitos na gestão de risco corporativo estão relacionados a seguir.

*   **Gestão de risco corporativo (ERM)** inclui identificação de riscos, avaliação de riscos e respostas a riscos.
*   Um **derivado** é um seguro cujo valor é determinado pelo preço de mercado ou pela taxa de juros de algum outro título.
*   Existem diversas razões pelas quais a **gestão de risco** pode aumentar o valor de uma empresa. A gestão de risco permite que as corporações (1) aumentem seu **uso da dívida**, (2) mantenham seu **orçamento de capital** ao longo do tempo, (3) evitem custos associados a **dificuldades financeiras**, (4) utilizem suas **vantagens comparativas no hedge** em relação à capacidade de utilizar o *hedge* de investidores individuais, (5) reduzem os riscos e os custos de empréstimos obtidos pelo uso de **swaps**, e (6) diminuem as **taxas maiores** que resultem de rendimentos flutuantes. Os gerentes também podem querer estabilizar ganhos a fim de aumentar sua própria remuneração.
*   As respostas a riscos incluem: (1) evitar a atividade, (2) reduzir a probabilidade de ocorrência de um evento adverso, (3) diminuir a magnitude da perda associada a um evento adverso, (4) transferir os riscos de uma companhia de seguros, (5) transferir a função que produz o risco para uma terceira parte, e (6) compartilhar o risco adquirindo um contrato derivado.

- Importantes categorias de risco incluem: (1) estratégia e reputação, (2) controle e adequação, (3) perigos, (4) recursos humanos, (5) operações, (6) tecnologia, e (7) gestão financeira.
- Tipos de riscos financeiros incluem: (1) risco cambial, (2) risco do preço de commodity, (3) risco de taxas de juros, (4) risco de escolha de projetos, (5) risco de liquidez, (6) risco de crédito de clientes, e (7) risco de carteira.
- Um **hedge** é uma transação que reduz riscos. Um **hedge natural** é uma transação entre duas **contrapartes** cujos riscos são imagens refletidas umas das outras.
- Um **contrato de futuros** é um contrato padronizado negociado em uma bolsa de valores e é, diariamente, marcado para o mercado, embora a entrega física do ativo subjacente geralmente não ocorra.
- Mediante um **contrato a termo**, uma das partes concorda em comprar uma commodity por um preço específico e em uma data futura determinada, e a outra parte concorda em fazer a venda; a entrega ocorre.
- Um **swap** é uma troca de obrigações de pagamentos em dinheiro. Os *swaps* ocorrem porque as partes envolvidas preferem o fluxo de pagamentos umas das outras.
- **Os futuros financeiros** permitem que as empresas criem posições de *hedge* para protegerem a si mesmas contra taxas de juros flutuantes, preços de ações e taxas de câmbio.
- **Futuros de commodities** podem ser utilizados para fazer *hedge* contra aumentos nos preços de entrada.
- **Hedges longos** envolvem a compra de contratos de futuros para preservar contra aumentos de preços.
- **Hedges curtos** envolvem a venda de contratos de futuros para preservar contra diminuições de preços.
- **Hedges simétricos** protegem contra aumentos e diminuições de preços. Contratos de futuros são frequentemente utilizados para *hedges* simétricos.
- **Hedges assimétricos** protegem mais contra os movimentos de preços em uma direção do que na outra. Opções frequentemente são utilizados para *hedges* assimétricos.
- Um **hedge perfeito** ocorre quando o ganho ou a perda na transação sob *hedge* compensa exatamente a perda ou o ganho da posição sem *hedge*.

Perguntas

(23-1) Defina cada um dos termos a seguir:
a. Derivados
b. Gestão de risco corporativo
c. Futuros financeiros; contrato a termo
d. *Hedge*; *hedge* natural; *hedge* longo; *hedge* curto; *hedge* perfeito; *hedge* simétrico; *hedge* assimétrico
e. *Swap*; nota estruturada
f. Futuros de commodity

(23-2) Dê duas razões pelas quais acionistas podem ser indiferentes quanto a possuir as ações de uma empresa com fluxos de caixa voláteis ou de uma firma com fluxos de caixa estáveis.

(23-3) Enumere seis razões por que a gestão de risco pode aumentar o valor de uma empresa.

(23-4) Discuta algumas das técnicas disponíveis para reduzir as exposições a riscos.

(23-5) Explique como os mercados de futuros podem ser utilizados para diminuir o risco das taxas de juros e o risco dos preços de entrada.

(23-6) Como os *swaps* podem ser utilizados para reduzir os riscos associados aos contratos de dívidas?

Problemas de autoavaliação – A solução está no Apêndice A

(PA-1) *Hedge* – Suponha que agora estejamos em março, e o atual custo da dívida para a Wansley Construction é de 12%. A Wansley planeja emitir $ 5 milhões em títulos de 20 anos (com cupons pagos semestralmente) em setembro, mas receia que as taxas irão aumentar ainda mais antes desse prazo. Veja os dados a seguir:

Preços de futuros: títulos do Tesouro — $ 100.000; 32 avos de 100%

MÊS DE ENTREGA (1)	ABERTURA (2)	ALTO (3)	BAIXO (4)	LIQUIDAÇÃO (5)	MUDANÇA (6)
Mar.	96'28	97'13	97'22	98'05	+7
Jun.	98'03	98'03	97'13	97'25	+8
Set.	97'03	97'17	97'03	97'13	+8

a. Qual é a taxa de juros implícita no contrato de setembro?
b. Construa um *hedge* para a Wansley.
c. Suponha que todas as taxas de juros aumentem em um 1%. Qual é o valor em dólares do aumento do custo de emissão de dívida da Wansley? Qual é o ganho da Wansley a partir do contrato de futuros?

Problemas – As respostas estão no Apêndice B

Problemas fáceis 1-2

(23-1) *Swaps* – A Zhao Automotive emite dívida com taxa fixa a 7,00%. A Zhao concorda com um *swap* de taxas de juros no qual ela paga LIBOR para a Lee Financial e a Lee paga 6,8% para a Zhao. Qual é o pagamento líquido resultante da Zhao?

(23-2) Futuros – Um contrato de futuros de um título do Tesouro tem um preço de liquidação de 89'08. Qual é o rendimento anual implícito?

Problemas intermediários 3-4

(23-3) Futuros – Qual é a taxa de juros implícita em um contrato de futuros de um título do Tesouro ($ 100.000) que liquidou a 100'16? Se as taxas de juros aumentarem em 1%, qual seria o novo valor do contrato?

(23-4) *Swaps* – A Carter Enterprises pode emitir uma dívida com taxa flutuante a LIBOR + 2% ou uma dívida com taxa fixa de 10%. A Brence Manufacturing pode emitir dívida com taxa flutuante a LIBOR + 3,1% ou uma dívida com taxa fixa a 11%. Suponha que a Carter emita dívida com taxa flutuante e a Brence emita uma dívida com taxa fixa. Ambas estão considerando um *swap* em que a Carter faz um pagamento com taxa fixa de 7,95% para a Brence e a Brence faz um pagamento de LIBOR para a Carter. Quais são os pagamentos líquidos da Carter e da Brence se as empresas fizerem o *swap*? Seria melhor para a Carter se ela emitisse uma dívida com taxa fixa ou se emitisse uma dívida com taxa flutuante e optasse pelo *swap*? Seria melhor se a Brence emitisse uma dívida com taxa flutuante ou se emitisse uma dívida com taxa fixa e optasse pelo *swap*? Explique suas respostas.

Problema desafiador 5

(23-5) *Hedge* – A Zinn Company planeja emitir $ 10.000.000 em títulos de 20 anos em junho para ajudar a financiar um novo laboratório de pesquisa e desenvolvimento. Os títulos pagarão juros semestralmente. Suponha que estejamos em novembro e que o custo atual da dívida para a companhia de biotecnologia, considerada de alto risco, seja de 11%. Contudo, o gerente financeiro da firma está preocupado com a possibilidade de que as taxas de juros subirão ainda mais nos próximos meses. A seguir, estão os dados disponíveis:

Preços de futuros: títulos do Tesouro — $ 100.000; 32 avos de 100%

MÊS DE ENTREGA (1)	ABERTURA (2)	ALTO (3)	BAIXO (4)	LIQUIDAÇÃO (5)	MUDANÇA (6)	JUROS EM ABERTO (7)
Dez.	94'28	95'13	94'22	95'05	+0'07	591.944
Mar.	96'03	96'03	95'13	95'25	+0'08	120.353
Jun.	95'03	95'17	95'03	95'17	+0'08	13.597

a. Use os dados fornecidos para criar um *hedge* contra as taxas de juros crescentes.
b. Considere que as taxas de juros em geral aumentem em 200 pontos-base. Como seu *hedge* irá desempenhar?
c. O que é um *hedge* perfeito? Existem *hedges* perfeitos no mundo real? Explique.

Problema de planilha

(23-6) **Construa um modelo: hedge** – Utilize as informações e os dados a seguir.

A F. Pierce Products Inc. está financiando uma nova instalação de fabricação com a emissão, em março, de títulos de $ 20.000.000, com vencimento em 20 anos e pagamentos de juros semestrais. Suponha que estejamos em outubro, e que a Pierce tivesse de emitir os novos títulos agora, o rendimento seria de 10% por causa do alto risco da Pierce. O diretor financeiro da Pierce está preocupado com a possibilidade de as taxas de juros subirem ainda mais nos próximos meses, e está considerando fazer o *hedge* da emissão do título. Veja os dados disponíveis a seguir:

Preços de futuros: títulos do Tesouro — $ 100.000; 32 avos de 100%

MÊS DE ENTREGA (1)	ABERTURA (2)	ALTO (3)	BAIXO (4)	LIQUIDAÇÃO (5)	MUDANÇA (6)	JUROS EM ABERTO (7)
Dez.	93'28	94'13	93'22	94'05	+0'06	723.946
Mar.	95'03	95'03	94'13	94'25	+0'07	97.254

a. Crie um *hedge* com o contrato de futuros para a oferta de dívida de $ 20 milhões da Pierce, planejada para março, utilizando o contrato de futuros de um título do Tesouro em março. Qual é o rendimento implícito sobre o título subjacente ao contrato de futuros?

b. Suponha que as taxas de juros caiam em 300 pontos-base. Qual é a economia em dólares quando se emite a dívida com a nova taxa de juros? Qual é a mudança em dólares no valor da posição de futuros? Qual é a mudança no valor em dólares da posição sob *hedge*?

c. Crie um gráfico mostrando a efetividade do *hedge* se a mudança nas taxas de juros, em pontos-base, for de −300, −200, −100, 0, 100, 200 ou 300. Mostre o custo em dólares (ou o total economizado) da emissão da dívida a novas taxas de juros, a mudança em dólares no valor da posição de futuros, e a mudança total no valor em dólares.

Estudo de caso

Suponha que acabou de ser contratado como analista financeiro na Tennessee Sunshine Inc., uma companhia de médio porte situada no Tennessee e especializada em criar molhos exóticos a partir de frutas e vegetais importados. O diretor-executivo da firma, Bill Stooksbury, recentemente, voltou de uma conferência de executivos na indústria, realizada em San Francisco, e uma das sessões das quais ele participou tratava da necessidade premente de as companhias instituírem programas de gestão de risco corporativo. Uma vez que ninguém na Tennessee Sunshine está familiarizado com os princípios básicos da gestão de risco corporativo, Stooksbury pediu que você prepare um breve relatório que os executivos da empresa poderão utilizar para obterem pelo menos um entendimento superficial do assunto.

Para começar, você coletou alguns materiais externos sobre derivados e gestão de risco, e utilizou esses materiais para elaborar uma lista de questões pertinentes que precisam ser respondidas. Na verdade, uma possível abordagem para criar esse documento é recorrer ao formato de perguntas e respostas. Agora que as questões foram elaboradas, você precisa desenvolver as respostas.

a. Por que os acionistas podem ser indiferentes à possibilidade de uma empresa reduzir ou não a volatilidade de seus fluxos de caixa?

b. Quais são as seis razões pelas quais a gestão de risco pode aumentar o valor de uma corporação?

c. O que é COSO? Como o COSO define a gestão de risco corporativo?

d. Descreva os oito componentes da estrutura de ERM do COSO.

e. Descreva alguns dos eventos de risco dentro das seguintes principais categorias de risco:
(1) estratégia e reputação, (2) controle e adequação, (3) perigos, (4) recursos humanos, (5) operações, (6) tecnologia e (7) gestão financeira.

f. Quais são algumas das ações que as companhias podem adotar para minimizar ou reduzir as exposições a riscos?

g. O que são contratos a termo? Como eles podem ser utilizados para gerenciar o risco cambial?

h. Descreva como os mercados de futuros de commodity podem ser utilizados para diminuir o risco do preço de entrada.

i. Suponha que estejamos em janeiro, e a Tennessee Sunshine (TS) esteja considerando a possibilidade de emitir $ 5 milhões em títulos em julho a fim de levantar capital para fazer uma expansão. Atualmente, a empresa pode emitir títulos com vencimento em 20 anos, com cupom de 7% (e juros pagos semestralmente), mas as taxas de juros estão aumentando e Stooksbury está preocupado com a possibilidade de as taxas de juros em longo prazo aumentarem em até 1% antes de junho. Você pesquisou na internet e descobriu que os futuros de títulos do Tesouro em junho são negociados a 111'25. Quais são os riscos de não haver *hedge*, e como a TS pode fazer o *hedge* dessa exposição? Em sua análise, considere o que aconteceria se todas as taxas de juros aumentassem em 1%.

j. O que é um *swap*? Suponha que as duas empresas tenham diferentes classificações de crédito. A Firma Hi pede emprestado fixo a 11% e flutuante a LIBOR + 1%. A Firma Lo pode emprestar fixo a 11,4% e flutuante a LIBOR + 1,5%. Descreva um *swap* de taxas de juros flutuantes e fixas entre as firmas Hi e Lo, em que a Lo também faz um "pagamento colateral" de 45 pontos-base para a Firma L.

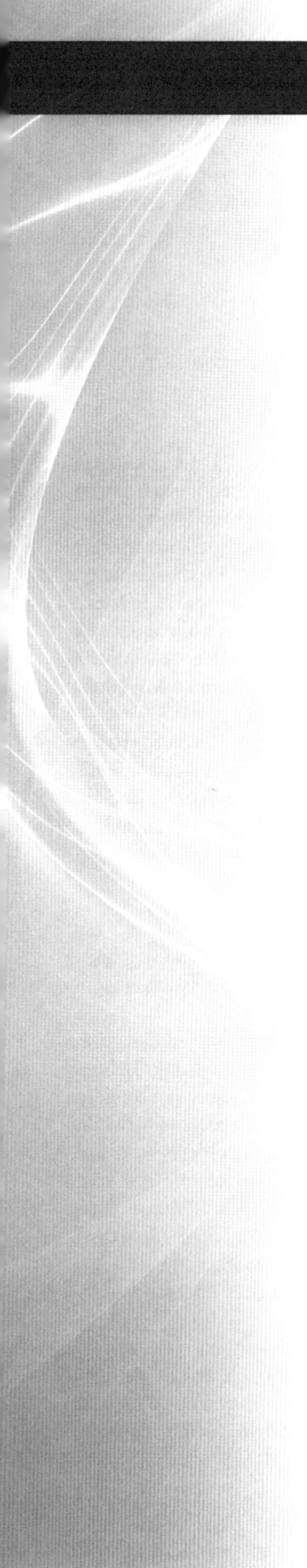

Falência, reestruturação e liquidação

Lehman Brothers, Washington Mutual, Chrysler e General Motors pediram proteção judicial contra falência durante a crise econômica mundial. O que essas quatro empresas tinham em comum com a Austrália? Na ocasião dos pedidos, os ativos das empresas totalizavam mais de $ 1,1 trilhão de dólares, o mesmo montante do produto interno bruto anual da Austrália.

Com $ 691 bilhões em ativos, o Lehman Brothers detém o registro para o maior pedido de proteção contra falência da história. A maioria de suas operações e de seus ativos havia sido liquidada e vendida aos poucos para outras empresas, incluindo a Barclays, Washington Mutual (WaMu) já considerada a maior S&L dos Estados Unidos, com o total de ativos de $ 328 bilhões em setembro de 2008. Mas quando sustentou perdas enormes relacionadas a hipotecas subprime, a WaMu foi colocada na concordata do Federal Deposit Insurance Corporation (FDIC). O FDIC rapidamente vendeu as operações bancárias da WaMu para a JPMorgan Chase.

A Chrysler pediu proteção contra falência em 30 de abril de 2009 e saiu desse processo de reestruturação 40 dias depois, em 10 de junho de 2009. Como parte do processo, os novos proprietários da Chrysler incluem seus funcionários/aposentados (por intermédio de fundos de aposentadoria e saúde), a Fiat e o governo norte-americano. O fundo de investimentos Cerberus Capital, antiga controladora da Chrysler, perdeu toda sua participação acionária, e os antigos credores estão recebendo centavos sobre o dólar.

Quando a GM pediu proteção judicial contra falência em 1º de junho, tornou-se a maior fabricante na história dos Estados Unidos a fracassar. Quando saiu do processo de reestruturação 40 dias mais tarde, o governo dos Estados Unidos havia comprado 60,8% da "nova" GM, e o restante do capital ficou distribuído entre o governo canadense (11,7%), o fundo de saúde dos funcionários do sindicato automotivo UAW (17,5%) e os antigos credores (10%). Observe que nada foi deixado para os antigos acionistas.

Enquanto você lê este capítulo, pense sobre as decisões que foram tomadas nos processos de reestruturação dessas quatro empresas.

Até agora, tratamos os problemas enfrentados pelas empresas em crescimento, bem-sucedidas. No entanto, muitas empresas enfrentam dificuldades financeiras, e algumas – incluindo grandes nomes como General Motors, Chrysler, Delta Air Lines e Lehman Brothers – foram obrigadas a entrar em concordata. Quando uma empresa está em dificuldades financeiras, seus gestores devem tentar evitar um colapso total e minimizar as perdas. A capacidade de superar tempos difíceis significa, muitas vezes, a diferença entre a liquidação forçada e a recuperação e eventual sucesso. Um entendimento de falência também é fundamental para os executivos de empresas saudáveis, porque eles têm de conhecer as melhores medidas a tomar quando seus clientes ou fornecedores enfrentam a ameaça de falência.

24-1   Dificuldades financeiras e suas consequências

Começamos com alguns antecedentes sobre as dificuldades financeiras e suas consequências.[1]

24-1a   Causas do fracasso comercial

O valor intrínseco de uma empresa é o valor presente do seu fluxo de caixa livre futuro. Existem muitos fatores que podem causar a diminuição desse valor. Esses fatores incluem condições gerais econômicas, tendências da indústria e problemas específicos da empresa, como mudança na preferência do consumidor, tecnologia obsoleta e mudanças demográficas em locais existentes do varejo. Os elementos financeiros, como alto nível de dívida e aumento inesperado das taxas de juros, podem ocasionar fracassos comerciais. A importância dos diferentes fatores varia ao longo do tempo, e ocorrem mais fracassos comerciais porque há uma série de fatores que concorrem para fazer o negócio insustentável. Além disso, estudos de casos mostram que as dificuldades financeiras são normalmente o resultado de uma série de erros, más interpretações e fraquezas inter-relacionadas que podem ser atribuídas direta ou indiretamente à gestão. Em alguns casos, como os da Enron e MF Global Holdings, a fraude leva à falência.

Como você poderia supor, os sinais de potenciais dificuldades financeiras são geralmente evidentes em uma análise do coeficiente muito antes que a empresa realmente entre em falência, e os investigadores utilizam a análise do coeficiente para prever a probabilidade de determinada empresa entrar em falência. Os analistas financeiros buscam constantemente formas de analisar a probabilidade de uma empresa entrar em falência. Um método de análise que usam hoje em dia é a análise discriminante múltipla (MDA).

24-1b   Registro do fracasso comercial

Embora a falência seja mais frequente entre pequenas empresas, é evidente na Tabela 24-1 que as grandes empresas não estão imunes. Isso é especialmente verdade na crise econômica global atual: seis das maiores falências ocorreram em 2008 e 2009.

A falência é obviamente dolorosa para os acionistas da empresa, mas também pode ser prejudicial para a economia se a empresa for muito grande ou estiver em um setor crítico. Por exemplo, o fracasso do Lehman Brothers em setembro de 2008 ativou um sistema global dirigido sobre as instituições financeiras que congelou os mercados de crédito e contribuiu para a recessão subsequente. Não está claro se os danos à economia mundial poderiam ter sido mitigados se o governo tivesse intervindo para evitar o fracasso do Lehman, mas o governo decidiu subsequentemente dar uma chance para outras instituições financeiras em apuros. Por exemplo, o governo contribuiu para organizar a aquisição em 2008 do Wachovia pelo Wells Fargo, do Bear Sterns pelo JPMorgan Chase e, em 2009, da Merrill Lynch pelo Bank of America (apesar das preocupações do Bank of America). Além disso, o governo forneceu bilhões de dólares para muitas das maiores instituições financeiras em 2008, incluindo a AIG. Em cada um desses casos, o governo decidiu que o fracasso completo dessas instituições poderia causar o colapso de todo o sistema financeiro.

Em outros casos, o governo decidiu que uma empresa era muito importante para o setor não financeiro da economia entrar em liquidação. Por exemplo, em 2008 e 2009 o governo forneceu bilhões de dólares de financiamento para a General Motors e a Chrysler. Apesar de essas empresas terem entrado com pedido de proteção contra falência em 2009, evitaram a liquidação, continuando com um número significativo de trabalhadores e mantendo-se como grandes participantes da indústria automotiva.

---

[1] Muito do trabalho acadêmico atual na área das dificuldades financeiras e falência está baseado nos escritos de Edward I. Altman. Veja Edward I. Altman e Edith Hotchkiss, *Corporate financial distress and bankruptcy: predict and avoid bankruptcy. analyze and invest in distressed debt.* Hoboken, NJ: Wiley, 2006.

TABELA 24-1
As dez maiores falências desde 1980 (em bilhões de dólares)

EMPRESA	ÁREA DE NEGÓCIO	ATIVOS	DATA
Lehman Brothers Holdings, Inc.	Banco de investimento	$691,1	15 de setembro de 2008
Washington Mutual, Inc.	Serviços financeiros	327,9	26 de setembro de 2008
WorldCom, Inc.	Telecomunicações	103,9	21 de julho de 2002
General Motors Corporation	Fabricação de automóveis	91,0	1° de junho de 2009
CIT Group Inc.	Serviços financeiros	80,4	1° de novembro de 2009
Enron Corp.	Comércio de energia	63,4	2 de dezembro de 2001
Conseco Inc.	Serviços financeiros	61,4	17 de dezembro de 2002
MF Global Holdings Ltd.	Bens de consumo	40,5	31 de outubro de 2011
Chrysler LLC	Fabricação de automóveis	39,3	30 de abril de 2009
Thornburg Mortgage Inc.	Hipoteca residencial	36,5	1° de maio de 2009

Fonte: **BankruptcyData.com**, uma divisão da New Generation Research, julho de 2012.

Nos últimos anos, o governo também interveio para apoiar empresas em apuros em outros setores críticos, como a Lockheed e a Douglas Aircraft.

Autoavaliação

1. Quais são as principais causas do fracasso comercial?
2. Os fracassos comerciais ocorrem de modo igual ao longo do tempo?
3. Qual tamanho da empresa, grande, média ou pequena, é mais propensa ao fracasso comercial? Por quê?

24-2 Problemas enfrentados pela empresa em dificuldades financeiras

As dificuldades financeiras começam quando a empresa é incapaz de cumprir pagamentos regulares ou quando as projeções do fluxo de caixa indicam que em breve será incapaz de fazê-lo. Na medida em que a situação evolui, surgem cinco questões centrais:

1. A incapacidade da empresa reside em um problema de fluxo de caixa temporário para satisfazer o pagamento dos débitos programados, ou é um problema permanente causado pela queda dos valores do ativo abaixo das obrigações de pagamento?
2. Se o problema é de natureza temporária, pode ser elaborado um acordo com os credores que dê tempo para recuperar a empresa e pagar todos os credores. No entanto, se os valores do ativo de longo prazo caíram verdadeiramente, ocorreram prejuízos econômicos. Nesse caso, quem deverá arcar com as perdas e quem deveria receber qualquer valor remanescente?
3. A empresa "vale mais morta do que viva"? Ou seja, qual seria a atividade mais útil se fosse vendida em partes em um processo de liquidação ou se fosse mantida e continuasse em funcionamento?
4. A empresa deve entrar com o pedido de proteção contra falência no âmbito do Capítulo 11 da Lei de Falências, ou tentar utilizar procedimentos informais? (A reestruturação e a liquidação podem ser realizadas informalmente ou por meio de um tribunal de falências.)
5. Quem deveria controlar a empresa enquanto está sendo liquidada ou recuperada? A administração atual deve ser mantida ou deveria ser nomeado um administrador responsável pelas operações?

No restante do capítulo, discutiremos essas questões.

Autoavaliação

1. Quais são as cinco importantes questões que devem ser abordadas quando uma empresa enfrenta dificuldades financeiras?

24-3 Ajustes sem passar pelo processo formal de falência

Quando uma empresa enfrenta dificuldades financeiras, seus administradores e credores devem decidir se o problema é temporário e a empresa é financeiramente viável ou se existe um problema permanente que põe em risco a existência da empresa. As partes devem então decidir se procurarão resolver o problema informalmente ou sob a direção de um tribunal de falências. Por conta dos custos associados com a falência formal – incluindo as interrupções que ocorrem quando os clientes, fornecedores e funcionários da empresa sabem que foi ajuizado o procedimento por meio da Lei de Falências –, é preferível reestruturar (ou liquidar) por meios informais. Primeiro discutimos os trâmites do procedimento informal e, em seguida, os procedimentos formais de falência.

24-3a Reestruturação informal

No caso de uma empresa economicamente sólida cujas dificuldades financeiras parecem ser temporárias, os credores estão geralmente dispostos a trabalhar para contribuir para sua recuperação e restabelecimento de uma base financeira sólida. Tais planos voluntários como esse são chamados comumente de **renegociação amigável**, que normalmente requer a **reestruturação** da dívida da empresa, porque os fluxos de caixa atuais são insuficientes para o pagamento da dívida existente. A reestruturação envolve normalmente prorrogação e/ou composição. Em uma **prorrogação**, os credores adiam as datas do pagamento de juros e do principal, ou ambos. Em uma **composição**, os credores reduzem voluntariamente os seus recebíveis fixos do devedor por aceitar um montante de principal menor, com a redução da taxa de juros da dívida, tomando o patrimônio em troca de dívida, ou uma combinação dessas trocas.

A reestruturação da dívida começa com um encontro entre os administradores e os credores da empresa. Os credores nomeiam uma comissão composta por quatro ou cinco grandes credores e um ou dois credores menores. Esse encontro é organizado e realizado, muitas vezes, por um **escritório de ajustes** associado e dirigido por uma associação de crédito local.[2] O primeiro passo para a administração é elaborar uma lista de credores com os montantes da dívida. Existem classes de dívida normalmente diferentes, variando desde detentores de hipotecas de primeiro grau aos credores quirografários. Depois, a empresa prepara informações que mostram a evolução do valor da empresa em diferentes cenários. Em geral, um cenário leva à falência, à venda dos ativos e depois à distribuição de lucros para os vários credores em conformidade com a prioridade dos seus créditos, com algum excedente aos credores ordinários. A empresa pode contratar um avaliador profissional para obter uma avaliação do valor da propriedade da empresa e utilizar como base para esse cenário. Outros cenários incluem operações continuadas, frequentemente com algumas melhorias em bens de capital, marketing, gestão e talvez algumas mudanças gerenciais.

Essa informação é, então, partilhada com os banqueiros e outros credores da empresa. Frequentemente pode ser demonstrado que as dívidas da empresa excedem seu valor de liquidação, e as custas judiciais e outros custos associados a uma liquidação no âmbito dos procedimentos federais de falência formal reduzirão o lucro líquido à disposição dos credores. Além disso, um processo formal leva geralmente pelo menos um ano (e, muitas vezes, vários anos), assim o valor do eventual lucro será ainda menor. Essa informação, quando apresentada de forma plausível, muitas vezes convence os credores que seria melhor aceitar menos que o montante total dos seus créditos em vez de tentar o valor nominal integral. Se a administração e os principais credores concordarem que os problemas poderão ser resolvidos, um plano mais formal é elaborado e apresentado a todos os credores, com as razões dos credores dispostos a assumir os compromissos sobre seus direitos.

Para o desenvolvimento do plano de reestruturação, os credores preferem uma prorrogação porque promete eventual pagamento integral. Em alguns casos, os credores podem concordar não apenas com o adiamento da data de pagamento, mas também em subordinar as obrigações existentes a vendedores que estejam dispostos a prorrogar novo crédito durante o período do acordo. Da mesma forma, podem concordar em aceitar uma taxa menor de juros sobre os empréstimos durante a prorrogação, talvez em troca de uma promessa de garantia. Em razão dos sacrifícios envolvidos, os credores devem acreditar que a empresa devedora será capaz de resolver os seus problemas.

Em uma composição, os credores aceitam reduzir os seus créditos. Normalmente, eles recebem dinheiro e/ou novos títulos que tenham um valor de mercado combinado inferior às dívidas. Dinheiro e valores mobiliá-

---

[2] Existe um grupo nacional chamado Associação Nacional de Gestão do Crédito (*National Association of Credit Management*), que consiste em banqueiros e gestores das empresas industriais de crédito. Esse grupo patrocina a pesquisa sobre a política de crédito e problemas, realiza seminários sobre gestão do crédito e explora assembleias locais em cidades de toda a nação. Esses assembleias locais operam frequentemente como escritórios de ajuste.

rios, que podem ter um valor de apenas 10% dos créditos originais, são tidos como a regularização integral da dívida original. A negociação direta entre o devedor e os credores resulta em economia dos custos da falência judicial: custos administrativos, custas judiciais, custos investigativos e assim por diante. Além de evitar tais custos, o devedor ganha porque a falência pode ser evitada. Como resultado, ele pode economizar mais evitando a falência formal.

Muitas vezes, o processo de negociação resultará em uma reestruturação que envolve tanto a prorrogação quanto a composição. Por exemplo, o ajuste pode prever um pagamento em dinheiro de 25% da dívida imediatamente mais uma nova nota promissória de seis futuras prestações de 10% cada, com um pagamento total de 85%.

Os ajustes voluntários são informais e simples; também são relativamente baratos, pois as despesas legais e administrativas são mínimas. Assim, os procedimentos voluntários geralmente resultam em maior retorno para os credores. Embora os credores não obtenham pagamento imediato e possam até mesmo ter de aceitar menos do que lhes é devido, eles geralmente recuperam mais dinheiro, e mais rapidamente, do que se a empresa entrar com processo de falência.

Nos últimos anos, o fato de que as reestruturações podem ajudar os credores ao evitarem uma perda tem levado alguns credores, principalmente bancos e companhias de seguros, a aceitar as reestruturações voluntárias. Assim, um banco "em dificuldade" com seus reguladores pode prorrogar empréstimos que são utilizados para pagar juros sobre empréstimos anteriores – a fim de ter que reduzir os valores contábeis dos ativos do valor desses empréstimos anteriores. Esse tipo específico de reestruturação depende (1) da vontade dos reguladores para ir adiante com o processo; e (2) se o banco tem chance de recuperar a dívida mais no final da reestruturação do que obrigando o mutuário à falência imediatamente.

Temos de salientar que os ajustes voluntários informais não são reservados para as pequenas empresas. A International Harvester (agora Navistar) evitou um processo formal de falência por conseguir que os seus credores concordassem em reestruturar mais de $ 3,5 bilhões da dívida. Da mesma forma, os credores da Chrysler aceitaram uma prorrogação e uma composição para ajudá-la durante a sua pior fase no final dos anos 1970 antes da sua fusão com a Daimler-Benz. O maior problema com as reorganizações informais é conciliar todas as partes para concordarem com o plano voluntário. Esse problema, denominado *holdout* (problema da não participação na renegociação das dívidas societárias), será discutido em seção posterior.

24-3b Liquidação informal

Quando é óbvio que uma empresa é mais valiosa morta do que viva, os procedimentos informais também podem ser utilizados para **liquidar** a empresa. A **cessão** é um processo informal para liquidá-la e normalmente rende frutos para os credores em valores maiores do que poderiam ter em um procedimento formal de falência. No entanto, as cessões apenas são possíveis quando a empresa é pequena e os seus negócios não são demasiadamente complexos. Uma cessão exige um direito de propriedade dos ativos do devedor ser transferido para um terceiro, conhecido como **cessionário** ou administrador. O cessionário é instruído para liquidar os ativos por meio de uma venda privada ou um leilão público e, em seguida, distribuir os lucros entre os credores de modo proporcional. A cessão não desobriga automaticamente o devedor do cumprimento das suas obrigações. Todavia, ele pode ter o cessionário para inscrever a linguagem jurídica necessária sobre o cheque, dado a cada credor, assim que o endossamento do tal cheque constituir um reconhecimento da plena regularização da dívida.

A cessão tem algumas vantagens sobre a liquidação nos tribunais federais de falência em termos de tempo, formalidade legal e custas. O cessionário tem mais flexibilidade em dispor da propriedade do que um administrador de massa falida, por isso a ação pode ser tomada mais cedo, antes que o estoque se torne obsoleto ou as máquinas enferrujem. Também podem ser alcançados melhores resultados porque o cessionário está frequentemente familiarizado com as atividades do devedor. No entanto, uma cessão não traz automaticamente o resultado de uma plena e legal quitação de todas as dívidas do devedor, nem protege os credores contra fraude. Estes dois problemas podem ser reduzidos na liquidação formal, que discutiremos posteriormente.

Autoavaliação

1. Defina os seguintes termos: (1) reestruturação; (2) prorrogação; (3) composição; (4) cessão; e (5) cessionário (agente fiduciário).
2. Quais são as vantagens da liquidação pela cessão contra a liquidação formal?

24-4 Lei federal de falência

As leis de falência dos Estados Unidos foram promulgadas em 1898 e passaram por alterações significativas em 1938, 1978 e um novo ajuste minucioso foi feito em 1986. Em 2005, o Congresso ainda modificou o código de falência, acelerando os procedimentos de falência para as empresas e tornando-os mais difíceis para os consumidores para evitar que estes adquirissem vantagens de disposições que pudessem acabar com certas dívidas. O principal objetivo da lei de falências é evitar a falência das empresas que têm a preocupação constante de serem levadas à bancarrota por credores individuais, que poderiam forçar a liquidação sem considerar os efeitos para outras partes.

Atualmente, a lei norte-americana de falências é composta por oito capítulos ímpares e um capítulo par. (Os antigos capítulos pares foram suprimidos quando a lei foi revisada em 1978.) Os Capítulos 1, 3 e 5 contêm disposições gerais aplicáveis aos outros capítulos. O **Capítulo 11**, que trata da reestruturação das empresas, é a seção mais importante do ponto de vista da gestão financeira. O **Capítulo 7** detalha os procedimentos a serem seguidos para liquidar uma empresa; geralmente, o Capítulo 7 só entra em jogo quando for determinado que a reestruturação no âmbito do Capítulo 11 não é possível. O Capítulo 9 aborda as dificuldades financeiras dos municípios; o Capítulo 12 abrange os procedimentos especiais para empresas familiares agriculturais; o Capítulo 13 abrange o ajuste das dívidas para "indivíduos com rendimentos regulares"; e o Capítulo 15 estabelece um sistema de administradores que contribui para administrar os processos no âmbito da lei.

A empresa está oficialmente falida quando entra com o pedido de falência em um tribunal federal. Quando se lê que uma empresa como a General Motors "entrou na justiça com uma ação pedindo proteção contra falência no âmbito do Capítulo 11", isso significa que ela está tentando reestruturar-se sob a supervisão de um tribunal de falências. O processo formal de falência é destinado a proteger tanto a empresa quanto seus credores. Por um lado, se o problema é de insolvência temporária, a empresa pode utilizar um processo de proteção contra falência para ganhar tempo para resolver seus problemas de liquidez sem o confisco dos seus ativos pelos credores. Por outro lado, se a empresa está verdadeiramente falida no sentido de que as dívidas excedem os ativos, os credores podem utilizar os procedimentos de falência para impedir a administração da empresa de continuar a operar, perder mais dinheiro e assim acabar com os ativos que devem ir para os credores.

A lei de falências é flexível quando fornece escopo para as negociações entre a empresa, seus credores, seus funcionários e seus acionistas. Um processo é aberto pelo ajuizamento de uma petição em uma das 291 varas de falência servindo 90 regiões judiciais. A petição pode ser **voluntária** ou **involuntária**; isto é, pode ser ajuizada tanto pela administração da empresa quanto pelos seus credores. Depois do ajuizamento, um comitê de credores quirografários é então designado pelo Escritório do Curador de Falências dos Estados Unidos para negociar a reestruturação com a administração, que pode incluir a reestruturação da dívida. No âmbito do Capítulo 11, deverá ser nomeado um **agente fiduciário** para tomar o comando da empresa se o tribunal considerar a atual administração incompetente ou se houver suspeita de fraude. Normalmente, porém, a atual administração mantém o controle. Se a reestruturação não for exequível, o juiz de falência sentenciará a liquidação da empresa no âmbito dos procedimentos previstos no Capítulo 7 da Lei de Falências, caso em que um administrador tem de ser nomeado.[3]

Autoavaliação

1. Defina os seguintes termos: legislação falimentar, Capítulo 11, Capítulo 7, agente fiduciário, falência voluntária e falência involuntária.
2. Como uma empresa declara formalmente a falência?

24-5 Reestruturação em situação de falência

Pode parecer que a maioria das reestruturações devem ser tratadas informalmente porque as reestruturações informais são mais rápidas e menos dispendiosas do que as falências formais. No entanto, muitas vezes surgem

---

[3] Para a discussão da legislação falimentar europeia, consulte Kevin M. J. Kaiser, "European bankruptcy laws: implications for corporations facing financial distress", *Financial Management,* p. 67-85, outono de 1996.

dois problemas que obrigam os devedores à falência segundo os procedimentos do Capítulo 11: o problema da comunidade das dívidas e o problema da não participação na renegociação das dívidas societárias (holdout).[4]

Para ilustrar essas dificuldades, considere uma empresa com dificuldades financeiras. Vale $ 9 milhões se ficar ativa (esse é o valor presente previsto para o seu fluxo de caixa operacional futuro), mas apenas $ 7 milhões se for liquidada. A dívida da empresa totaliza $ 10 milhões em valor nominal – dez credores com igual prioridade, tendo cada um $ 1 milhão em créditos. Suponhamos agora que a liquidez da empresa se deteriore a tal ponto que ela não consiga pagar um dos seus empréstimos. O credor daquele empréstimo tem o direito contratual de *acelerar* o crédito, o que significa que o credor pode *executar* o empréstimo e exigir o pagamento integral do saldo. Além disso, uma vez que a maioria dos acordos de dívida tem *disposições de inadimplemento cruzado*, a inadimplência de um empréstimo efetivamente ocasiona a inadimplência de todos os empréstimos.

O valor de mercado da empresa é inferior a $ 10 milhões do valor nominal da dívida, independentemente de permanecer em ativo ou ser liquidada. Por isso, seria impossível pagar todos os credores por completo. No entanto, seria melhor aos credores se a empresa não fechasse, porque poderiam finalmente recuperar $ 9 milhões contra apenas $ 7 milhões se a empresa for liquidada. O entrave aqui, que se chama **problema da comunidade das dívidas**, é que, na ausência de proteção pela Lei de Falências, os credores individuais teriam um incentivo para executá-la ainda que ela valesse mais como uma empresa ativa.

Um credor individual teria o incentivo de executar porque poderia obrigar a empresa a liquidar uma parte dos seus ativos para pagar integralmente aquele credor particular em $ 1 milhão. O pagamento àquele credor exigiria provavelmente a liquidação de ativos vitais, que poderia causar uma parada da empresa e assim levar a uma liquidação total. Por essa razão, o valor dos créditos remanescentes dos credores estaria em declínio. Naturalmente, todos os credores reconheceriam os ganhos com base nessa estratégia, pois provocariam uma tempestade de avisos de execuções. Mesmo aqueles que compreendem os méritos de manter a empresa viva seriam obrigados a executar seus créditos, porque a execução dos outros credores reduziria o pagamento da dívida àqueles que não a executassem. No nosso exemplo hipotético, se os sete credores executarem e forçarem a liquidação, eles seriam pagos na íntegra, e os três outros nada receberiam. Com muitos credores, tão logo a empresa deixasse de pagar um empréstimo, não existiria a possibilidade de um fluxo de execuções que deixaria os credores em uma situação inferior à situação original. No nosso exemplo, os credores perderiam $ 9 – $ 7 = $ 2 milhões em relação a um fluxo de execuções que forçassem a empresa a liquidar. Se a empresa tinha apenas um credor – um único empréstimo bancário –, o problema da comunidade das dívidas não existiria. Se um banco tivesse emprestado $ 10 milhões para a empresa, ele não levaria a liquidação de $ 7 milhões quando poderia manter a empresa viva e finalmente receber $ 9 milhões.

O Capítulo 11 da Lei de Falências fornece uma solução para o problema da comunidade das dívidas por meio da disposição da **suspensão automática**. *Uma suspensão automática, que é obrigatória a todos os credores de uma falência, limita a capacidade dos credores para executar seus créditos individuais.* No entanto, os credores podem executar coletivamente o devedor e obrigar a liquidação.

Embora a falência dê à empresa oportunidade de resolver os seus problemas sem a ameaça da execução do credor, a administração não tem autonomia com relação aos ativos da empresa. Em primeiro lugar, a Lei de Falências exige que o devedor peça constantemente autorização do tribunal para tomar muitas ações, e a lei também dá aos credores o direito de solicitar a falência ao tribunal para bloquear quase todas as medidas que a empresa poderia tomar enquanto estivesse em falência. Em segundo lugar, os estatutos da **transmissão fraudulenta** que fazem parte da lei dos débitos e créditos protegem os credores de transferências injustificadas de propriedade por uma empresa em dificuldades financeiras.

Para ilustrar a transmissão fraudulenta, suponha que uma matriz de empresa contemple a proteção da falência para uma das suas filiais. A empresa matriz estaria tentada a vender alguns ou todos os ativos da filial para si mesma (a empresa matriz) por menos que o valor real de mercado. Essa negociação reduziria o valor da filial pela diferença entre o valor real de mercado dos seus ativos e o montante pago, e a perda seria imputada principalmente aos credores da filial. Uma operação desse tipo seria cancelada pelos tribunais como transmissão fraudulenta. Observe também que as operações que favorecem um credor em detrimento de outro podem ser canceladas sob a mesma lei. Por exemplo, uma operação em que um ativo é vendido e os lucros são utilizados para pagar in-

---

[4] Os assuntos apresentados nesta seção foram discutidos em maiores detalhes por Thomas H. Jackson, *The logic and limits of bankruptcy law.* Frederick, MD: Beard Group, 2001. Veja também Stuart C. Gilson, "Managing default: some evidence on how firms choose between workouts e Chapter 11", *Journal of Applied Corporate Finance* p. 62-70, verão de 1991; e Yehning Chen, J. Fred Weston e Edward I. Altman, "Financial distress and restructuring models", *Financial Management,* p. 57-75, terceiro trimestre de 1995.

tegralmente um credor em detrimento dos outros credores poderia ser cancelada. Assim, as leis da transmissão fraudulenta também protegem os credores de outros credores.[5]

O segundo problema que é mitigado pela Lei de Falências é o **problema da não participação na renegociação das dívidas societárias (*holdout*)**. A título de ilustração, considere novamente nossa empresa-exemplo com dez credores, que possuem $ 1 milhão cada, mas com ativos que valem apenas $ 9 milhões. O objetivo da empresa é evitar a liquidação remediando a inadimplência. Em um ajuste informal, isso exigiria um plano de reestruturação acordado por cada um dos dez credores. Suponha que a empresa ofereça a cada credor uma nova dívida com valor nominal de $ 850.000 em troca da antiga com valor nominal de $ 1 milhão. Caso cada um dos credores aceitasse a oferta, a empresa poderia ser reestruturada com êxito. A reestruturação deixaria os acionistas com algum valor – o valor de mercado do patrimônio seria $ 9.000.000 - 10($ 850.000) = $ 500.000. Além disso, os credores teriam $ 8,5 milhões, muito mais do que o valor de $ 7 milhões de seus créditos em liquidação.

Embora essa troca pareça oferecer um benefício para todas as partes, poderá não ser aceita pelos credores. Eis a razão: suponha que sete dos dez credores ofereçam seus créditos em leilão; assim, sete credores têm créditos no valor nominal de $ 850.000 cada, ou $ 5,95 milhões no total, enquanto cada um dos três credores que não ofereceram seus créditos ainda têm um crédito no valor nominal de $ 1 milhão. O valor nominal total da dívida, nesse momento, é $ 8,95 milhões, inferior ao valor de $ 9 milhões da empresa. Na presente situação, os três credores *holdout* receberiam o valor nominal total das suas dívidas. No entanto, isso provavelmente não aconteceria, porque (1) todos os credores seriam sofisticados o bastante para perceber que isso poderia acontecer; e (2) cada credor deseja ser um dos três credores não participantes na renegociação das dívidas societárias que serão pagas integralmente. Assim, é provável que nenhum deles estivesse disposto a aceitar a oferta. O problema da não participação na renegociação das dívidas societárias torna difícil reestruturar as dívidas da empresa. Novamente, se a firma tivesse um único credor, não haveria o problema da não participação na renegociação das dívidas societárias.

O problema da *holdout* é mitigado pelos procedimentos de falência no tribunal de falências pela capacidade de agregar os credores em classes. Cada classe é considerada concordante com um plano de reestruturação se dois terços do montante da dívida e metade do número de requerentes votarem pelo plano, e o plano é aprovado pelo tribunal se for considerado "justo e equitativo" pelas partes divergentes. Esse procedimento, em que o tribunal determina um plano de reestruturação apesar do dissenso, é chamado de **plano de imposição aos credores**, porque o tribunal obriga o plano aos dissidentes. A capacidade de o tribunal forçar a aceitação de um plano de reestruturação reduz em muito o incentivo dos credores de não participarem. Assim, em nosso exemplo, se o plano de reestruturação oferece a cada credor um novo crédito de $ 850.000 com a informação de que cada credor provavelmente receberia apenas $ 700.000 na liquidação alternativa, a reestruturação teria uma boa chance de sucesso.

A reestruturação informal é mais fácil para uma empresa com poucos credores. Um estudo de 1990 analisou 169 empresas com ações negociadas na bolsa que sofreram graves dificuldades financeiras de 1978 a 1987.[6] Cerca de metade das empresas foi reestruturada sem ajuizamento do pedido de falência, enquanto a outra metade foi obrigada à reestruturação. As empresas que fizeram reestruturação sem pedido de falência deviam a maior parte da sua dívida a alguns poucos bancos e tinham menos credores. De um modo geral, a dívida bancária pode ser reestruturada fora do processo de falência, mas a emissão de um título financeiro negociado publicamente e detido por milhares de acionistas individuais torna difícil a reestruturação.

O ajuizamento da falência no âmbito do Capítulo 11 tem várias outras características que ajudam a empresa em falência.

1. Pagamentos de juros e do principal, incluindo juros de mora, podem ser postergados sem penalidade até que um plano de reestruturação seja aprovado, e o próprio plano pode exigir ainda mais adiamentos. Isso permite liquidez gerada das operações para sustentá-las em vez de pagar credores.

2. É permitido para a empresa emitir o financiamento **DIP – devedores com permanência na gestão**. O financiamento DIP aumenta a capacidade da empresa de contrair empréstimos de curto prazo, porque esses empréstimos são, por lei, superiores a todas as dívidas quirografárias anteriores.

---

[5] O código de falência exige que todas as operações realizadas pela empresa nos seis meses anteriores ao pedido de ajuizamento da falência sejam revistas pela corte para verificação de transferência fraudulenta, e a revisão pode retroceder em três anos.

[6] Veja Stuart Gilson, Kose John e Larry Lang, "Troubled debt restructurings: an empirical study of private reorganization of firms in default", *Journal of Financial Economics*, p. 315-354, out. 1990.

3. São dados direitos exclusivos aos administradores da empresa devedora por 120 dias após o ajuizamento do pedido de proteção contra falência para apresentar um plano de reestruturação mais outros 60 dias para obter a aprovação das partes envolvidas. O tribunal pode prorrogar essas datas até 18 meses. Depois que o primeiro prazo para apresentação do plano tenha vencido, qualquer parte no processo pode apresentar seu próprio plano de reestruturação.

De acordo com as primeiras leis de falência, muitos planos de reestruturação formal foram baseados na **doutrina da prioridade absoluta**.[7] Essa doutrina prega que os credores devem ser pagos em uma rígida ordem hierárquica e as obrigações prioritárias devem ser pagas integralmente antes das obrigações mais novas. Se houvesse alguma hipótese de atraso implicando perdas para os maiores credores, a empresa deveria ser fechada e liquidada. No entanto, uma posição alternativa, a **doutrina da prioridade relativa**, oferece mais flexibilidade em uma reestruturação e determina que um tratamento equilibrado seja dado a todos os credores. A lei atual representa um afastamento da prioridade absoluta para a prioridade relativa.

O principal papel do tribunal de falências é uma reestruturação para determinar a **justiça** e **viabilidade** do plano de reestruturação proposto. A doutrina básica da justiça deve reconhecer os pedidos na ordem de suas normas legais e contratuais de prioridade. Viabilidade significa que existe uma possibilidade razoável que a empresa reestruturada será viável. Considerar os conceitos de justiça e viabilidade de uma reestruturação envolve os seguintes passos:

1. As vendas futuras devem ser estimadas.
2. As condições de funcionamento devem ser analisadas para que as futuras receitas e fluxos de caixa possam ser previstos.
3. Deve ser determinada a taxa de capitalização adequada.
4. Essa taxa de capitalização deve ser então aplicada à estimativa dos fluxos de caixa para obter uma estimativa do valor da empresa.[8]
5. Deve ser determinada uma estrutura de capital apropriada para a empresa que resulte do Capítulo 11.
6. Os valores mobiliários da empresa reestruturada devem ser alocados aos diversos requerentes de forma justa e equitativa.

O principal teste de viabilidade de uma reestruturação é saber se os custos fixos após a reestruturação serão adequadamente cobertos pelos rendimentos obtidos. A cobertura adequada exige geralmente uma melhoria das receitas, uma redução dos custos fixos, ou ambos. Entre as ações que devem ser tomadas geralmente estão as seguintes:

1. Os vencimentos das dívidas são normalmente prorrogados, as taxas de juros podem ser baixadas e algumas dívidas são geralmente convertidas em ações.
2. Quando a qualidade da gestão tem sido insatisfatória, uma nova equipe deve estar no controle da empresa.
3. Se os estoques se tornaram obsoletos ou esgotados, devem ser substituídos.
4. Às vezes, as instalações e os equipamentos devem ser modernizados antes de a empresa iniciar operações e competir com êxito.
5. A reestruturação também pode exigir uma melhoria na produção, comercialização, publicidade e/ou em outras funções.
6. Às vezes é necessário desenvolver novos produtos ou mercados para permitir que a empresa se movimente em áreas com maior potencial de crescimento.
7. Os sindicatos devem chegar a um acordo para aceitar salários mais baixos e regras trabalhistas menos restritivas. Essa foi uma questão importante para a United Airlines, em 2003, quando tentou sair da proteção judicial contra falência do Capítulo 11. Com a ameaça de liquidação, a UAL conseguiu uma redução dos custos sala-

---

[7] Para saber mais sobre prioridade absoluta, veja Lawrence A. Weiss, "The bankruptcy code and violations of absolute Priority", *Journal of Applied Corporate Finance*, p. 71-78, verão de 1991; William Beranek, Robert Boehmer e Brooke Smith, "Much ado about nothing: absolute priority deviations in Chapter 11", *Financial Management*, p. 102-109, outuno de 1996; e Allan C. Eberhart, William T. Moore, e Rodney Roenfeldt, "Security pricing and deviations from the absolute priority rule in bankruptcy proceedigs", *Journal of Finance*, p. 1457-1469 dez. 1990.

[8] Diversos planos podem ser utilizados para estimar o valor da empresa. Os múltiplos determinados pelo mercado como o índice preço/lucros, obtidos de uma análise das empresas comparáveis, podem ser aplicados a algumas medidas de ganhos da empresa ou fluxo de caixa. Alternativamente, podem ser utilizadas as técnicas do fluxo de caixa descontado. O ponto mais importante aqui é que a justiça exige que o valor de uma empresa em processo de reestruturação seja estimado para que as ofertas potenciais possam ser avaliadas racionalmente pelo tribunal de falências.

riais dos seus pilotos em $ 6,6 bilhões durante seis anos e outros $ 2,6 milhões de sua equipe em terra. Porém, isso não foi suficiente, e a UAL não saiu da falência por mais três anos.

Essas ações normalmente exigem, pelo menos, algum capital novo, assim muitos planos de reestruturação incluem novos investidores que estão dispostos a colocar capital.

Pode parecer que os acionistas têm pouco a dizer em uma situação de falência em que os ativos da empresa valem menos que o valor nominal da sua dívida. De acordo com a regra da prioridade absoluta, os acionistas em tal situação deverão concordar em não receber nada no plano de reestruturação. Na verdade, entretanto, os acionistas podem ser capazes de extrair alguns valores da empresa. Isso ocorre porque (1) geralmente os acionistas continuam a controlar a empresa durante o processo de falência; (2) os acionistas têm o direito de apresentar um plano de reestruturação (depois da janela de 120 dias de gestão); e (3) para os credores, o desenvolvimento de um plano e sua execução pelos tribunais seria oneroso e dispendioso. Em decorrência dessa situação, os credores podem apoiar um plano no qual não são pagos na íntegra e em que os antigos acionistas controlarão a empresa reestruturada, só porque os credores querem resolver o problema e obter algum dinheiro em um futuro próximo.

24-5a Ilustração de uma reestruturação

Os procedimentos de reestruturação podem ser ilustrados com um exemplo que envolve a Columbia Software Company, uma empresa regional especializada na venda, instalação e manutenção de programa de software contábil para pequenas empresas.[9] A Tabela 24-2 fornece o balanço contábil da Columbia em 31 de março de 2013. A empresa tinha sofrido prejuízos na ordem de $ 2,5 milhões por ano, e (como a análise a seguir tornará claro) os valores dos ativos no balanço são maiores do que seus valores de mercado. A empresa estava **insolvente**, o que significa que o valor contábil do seu passivo era maior que o valor de mercado dos seus ativos, razão pela qual ajuizou um pedido de reestruturação perante o tribunal federal no âmbito do Capítulo 11. A administração apresentou um plano de reestruturação no tribunal em 13 de junho de 2013. O plano foi posteriormente revisto pela SEC.[10] O plano concluiu que a empresa podia ser reestruturada internamente, e a única

TABELA 24-2

Columbia Software Company: balanço patrimonial levantado em 31 de março de 2013 (em milhões de dólares)

ATIVO	
Ativo circulante	$ 3,50
Ativo fixo líquido	12,50
Outros ativos	0,70
Total do ativo	$16,70
PASSIVO E PATRIMÔNIO LÍQUIDO	
Contas a pagar	$ 1,00
Impostos a pagar	0,25
Títulos a pagar	0,25
Outras dívidas	1,75
7,5% de títulos garantidos por hipoteca de primeiro grau, devidos em 2021	6,00
9% de debêntures subordinadas, devidas em 2016[a]	7,00
Total do passivo	$ 16,25
Ações ordinárias ($ 1 par)	1,00
Capital integralizado	3,45
Lucros retidos	(4,00)
Passivo e patrimônio líquido total	$ 16,70

[a]As debêntures estão subordinadas aos títulos a pagar.

[9] Este exemplo é baseado em uma reestruturação verdadeira, embora o nome da empresa e os números tenham sido ligeiramente alterados para simplificar a análise.

[10] Os Planos de Reestruturação devem ser apresentados à SEC (Securities and Exchange Commission) se (1) os valores mobiliários do devedor forem sustados publicamente; e (2) o total da dívida ultrapassar $ 3 milhões. No entanto, nos últimos anos os únicos casos de falência com o envolvimento da SEC foram aqueles de regulamentação prévia ou que incluíam temas de interesse nacional.

solução plausível seria combinar a Columbia com uma empresa nacional maior de software. Consequentemente, a administração buscou o interesse de algumas empresas de software. No final de julho de 2013, a Moreland Software mostrou interesse na Columbia. Em 3 de agosto de 2013, a Moreland fez uma proposta formal para assumir o controle da Columbia por $ 6 milhões, com 7,5% de títulos garantidos por hipoteca de primeiro grau, para pagar os $ 250.000 em impostos devidos pela Columbia, e com o fornecimento de 40 mil ações ordinárias da Moreland para os créditos dos credores restantes. Uma vez que as ações da Moreland tinham um preço de mercado de $ 75 por ação, o valor das ações foi de $ 3 milhões. Dessa forma, a Moreland estava oferecendo $ 3 milhões em ações e mais, assumindo $ 6 milhões de empréstimos e $ 250.000 de impostos – um total de $ 9,25 milhões pelos ativos que tinham um valor contábil de $ 16,7 milhões.

O plano da Moreland está demonstrado na Tabela 24-3. Na maior parte dos planos do Capítulo 11, os créditos dos credores garantidos são pagos na íntegra (neste caso, as obrigações hipotecárias estão a cargo da Moreland Software). No entanto, o total remanescente dos créditos quirografários é igual a $ 10 milhões contra apenas $ 3 milhões de ações da Moreland. Assim, cada credor quirografário teria direito a receber 30% antes do ajuste para subordinação. Antes desse ajuste, os detentores dos títulos a pagar receberiam 30% dos seus $ 250.000 em créditos ou $ 75.000 em ações. No entanto, as debêntures estão subordinadas aos títulos a pagar, por essa razão um adicional de $ 175.000 deve ser alocado para títulos a pagar (consulte a nota de rodapé "a" da Tabela 24-3). Na Coluna 5, os créditos em dólares de cada classe de dívida estão reformulados em termos de número de ações ordinárias da Moreland recebidas por cada classe de credores quirografários. Por último, a Coluna 6 mostra a porcentagem dos créditos originais que cada grupo recebeu. É claro que tanto os impostos quanto os credores foram pagos na íntegra, enquanto os acionistas não receberam nada.[11]

TABELA 24-3
Columbia Software Company: plano de reestruturação

DÍVIDAS PRIORITÁRIAS		
Impostos	$ 250.000	Pagos integralmente pela Moreland
Obrigações hipotecárias	$ 6.000.000	Assumidos pela Moreland

O plano de reestruturação para os $ 10 milhões de obrigações remanescentes baseado em 40 mil ações ao preço de $ 75 para um valor total de mercado de $ 3 milhões, ou 30% das obrigações remanescentes, conforme se segue:

DÍVIDAS SECUNDÁRIAS (1)	VALOR ORIGINAL (2)	30% DO VALOR DAS DÍVIDAS (3)	DÍVIDAS APÓS SUBORDINAÇÃO (4)	NÚMERO DE AÇÕES ORDINÁRIAS (5)	PORCENTAGEM DAS DÍVIDAS ORIGINAIS PAGAS (6)
Títulos a pagar	$ 250.000	$ 75.000	$ 250.000[a]	3.333	100%
Credores quirografários	2.750.000	825.000	825.000	11.000	30%
Debêntures subordinadas	7.000.000	2.100.000	1.925.000[a]	25.667	28%
	$ 10.000.000	$ 3.000.000	$ 3.000.000	40.000	30%

[a] Pelo fato de as debêntures serem subordinadas aos títulos a pagar, $ 250.000- $ 75.000 = $ 175.000 devem ser redistribuídos das debêntures aos títulos a pagar; isto resulta em um valor de $ 2.100.000- $ 175.000 = $ 1.925.000 para as debêntures.

O tribunal de falência analisou primeiro a proposta da perspectiva de justiça. O tribunal iniciou considerando o valor da Columbia Software conforme avaliado pelo comitê dos credores e por um subgrupo de detentores de debêntures. Após discussões com diversos especialistas, um grupo tinha chegado ao valor das vendas pós-reestruturação de $ 25 milhões por ano. Além disso, estimou que a margem de lucro nas vendas seria igual a 6%, assim produzindo ganhos anuais futuros estimados de $ 1,5 milhão.

Esse subgrupo analisou as proporções de preço/lucros para as empresas comparáveis e chegou a oito vezes as receitas futuras para o fator de capitalização. Multiplicando oito por $ 1,5 milhão, o resultado foi um valor da empresa de $ 12 milhões. Esse valor foi quatro vezes maior do que aquele das 40 mil ações do capital da Moreland ofertadas pelo resto da empresa. Assim, o subgrupo concluiu que o plano de reestruturação não satisfazia o teste da justiça. Observe que, no plano da Moreland e no plano do subgrupo, os detentores das ações ordinárias não receberam nada, o que é um dos riscos da posse, enquanto as obrigações hipotecárias de primeiro grau foram assumidas pela Moreland e seriam pagas integralmente.

---

[11] Não mostramos isso, mas $ 365.000 de honorários dos advogados da Columbia e $123.000 de honorários para os advogados do comitê de credores também foram deduzidos. O capital circulante na Tabela 24-2 estava líquido dessas taxas. Os credores brincam (muitas vezes amargamente) sobre a regra do pagamento "primeiro os advogados" em casos de falência. É frequente ouvir dizer, com muita veracidade, que os únicos vencedores nos casos de falência são os advogados.

O juiz de falência examinou a viabilidade do plano da administração, observando que, na reestruturação, a Moreland Software tomaria o controle das propriedades da Columbia. O tribunal considerou que a direção e a ajuda da Moreland corrigiriam as deficiências que haviam perturbado a Columbia. Considerando que a relação dívida/ativos da Columbia Software havia se tornado desproporcional, a Moreland tinha apenas uma quantidade moderada da dívida. Após a consolidação, a Moreland teria ainda um número relativamente baixo de 27% de proporção da dívida.

O rendimento líquido da Moreland antes dos juros e impostos estava em um nível de aproximadamente $ 15 milhões. Os juros sobre a dívida de longo prazo após a fusão seriam de $ 1,5 milhão e, tendo em conta os empréstimos de curto prazo contraídos, totalizariam $ 2 milhões por ano. Os $ 15 milhões de lucro antes dos juros e impostos daria uma cobertura de juros e encargos superior a 7,5 vezes, excedendo o padrão de cinco vezes para a indústria.

Note que a questão da viabilidade teria sido irrelevante se a Moreland tivesse oferecido $ 3 milhões em dinheiro (e não em ações) e o pagamento das obrigações (em vez de assumi-las). O tribunal tem a responsabilidade de proteger os interesses dos credores da Columbia. Pelo fato de os credores serem forçados a tomar ações ordinárias ou títulos garantidos por outra empresa, a lei exige que o tribunal estude a viabilidade da operação. No entanto, se a Moreland tivesse feito uma oferta em dinheiro, a viabilidade do seu próprio funcionamento após a operação não teria sido uma preocupação.

Falaram sobre a análise do subgrupo da Moreland Software e a preocupação com a justiça do plano. Além disso, a Moreland foi convidada a aumentar o número de ações oferecidas. A Moreland recusou, e nenhuma outra empresa se ofereceu para adquirir a Columbia. Já que não foi feita melhor oferta e a única alternativa para o plano era a liquidação (ainda que com um valor recebido menor), a proposta da Moreland foi finalmente aceita pelos credores apesar de alguns desacordos com a avaliação.

Um aspecto interessante desse caso é um conflito entre os antigos acionistas da Columbia e sua administração. A administração da Columbia sabia que, quando ela ajuizou um pedido de proteção contra falência, a empresa provavelmente valeria menos que o montante da dívida e, portanto, os acionistas provavelmente não receberiam nada. Na verdade, essa situação não se concretizou. Se a administração tem uma responsabilidade primária com os acionistas, por que ela ajuizou o processo de falência sabendo que os acionistas não receberiam nada? Em primeiro lugar, a administração não sabia ao certo se os acionistas não receberiam nada, mas estavam certos de que, se não ajuizassem o pedido de proteção contra falência, os credores executariam as propriedades da empresa e a fechariam, o que certamente acarretaria a liquidação e a perda total aos acionistas. Em segundo lugar, se a empresa fosse liquidada, os administradores e os funcionários perderiam seus postos de trabalho e os administradores teriam uma marca negativa nos seus currículos. Por último, os administradores da Columbia pensaram (corretamente) que não havia nada que poderiam fazer para proteger os acionistas, estes poderiam muito bem fazer aquilo que fosse melhor para os funcionários, os credores e para si mesmos – que os levou a compreender que aquele era o valor máximo possível para os ativos da empresa.

Alguns dos acionistas se sentiram traídos pela administração – pensavam que a administração deveria ter tomado medidas mais heroicas para protegê-los, independentemente do custo para outras partes. Um acionista sugeriu que a administração da empresa deveria ter vendido os ativos, pegado dinheiro em Las Vegas e girado a roleta. Então, se eles tivessem ganhado, deveriam ter saldado a dívida e deixado alguma coisa para os acionistas, e nada para os credores. Na realidade, a administração tinha feito algo assim um pouco antes da falência. A administração percebeu que a empresa estava provavelmente se afundando no seu atual plano operacional e que apenas um "grande projeto vencedor" salvaria a empresa. Por isso, apostou em projetos com NPV negativo projetado, mas com chances de lucros altos. Infelizmente, esses projetos não funcionaram.

24-5b Falências programadas

Nos últimos anos, um novo tipo de reestruturação, que combina tanto as vantagens da composição informal quanto da formal, tornou-se popular no Capítulo 11. Esse plano híbrido é chamado de **falência programada**.[12]

---

[12] Para maiores informações sobre falências programadas, veja John J. McConnell e Henri Servaes, "The economics of pre-packaged bankruptcy", *Journal of Applied Corporate Finance*, terceiro trimestre de 1991, p. 93-97; Brian L. Betker, "An empirical examination of prepackaged bankruptcy," *Financial Management*, p. 93-97, segundo trimestre de 1995; Sris Chatterjee, Upinder S. Dhillon e Gabriel G. Ramirez, "Resolution of financial distress: debt restructurings via Chapter 11, prepackaged bankruptcies, and workouts", *Financial Management*, p. 5-18, segundo trimestre de 1996; e John J. McConnell, Ronald C. Lease e Elizabeth Tashjian, "Prepacks as a mechanism for resolving financial distress", *Journal of Applied Corporate Finance*, p. 99-106, primeiro trimestre de 1996.

De maneira informal, um devedor negocia uma reestruturação com seus credores. Embora os planejamentos complexos envolvam funcionários, credores, advogados e bancos de investimento corporativos, ainda são menos onerosos e menos prejudiciais à reputação do que as reestruturações do Capítulo 11. Em uma falência programada, a empresa devedora recebe a aprovação dos credores para o plano de reestruturação *antes* do ajuizamento da falência. Então, é apresentado um plano de reestruturação com a petição de falência ou pouco depois dela. Se um número suficiente de credores assinou o plano antes do ajuizamento, pode ser utilizado o plano de imposição aos credores para trazer aqueles credores relutantes.

Surge uma questão lógica: por que uma empresa que pode organizar uma reestruturação informal deseja ajuizar um pedido de falência? As três principais vantagens de uma falência programada são: (1) redução do problema de *holdout*; (2) preservação dos créditos dos credores; e (3) impostos. Talvez o maior benefício de uma falência programada seja a redução do problema da não participação na renegociação das dívidas societárias, porque um pedido de falência permite uma imposição aos credores do plano que seria impossível de outra forma. Ao eliminar todos os problemas da não participação na renegociação das dívidas societárias, a falência obriga todos os credores a participar de modo proporcional, preservando o valor relativo de todos os credores. Também, o pedido de falência formal pode, às vezes, ter implicações fiscais positivas. Primeiro, em uma reestruturação informal na qual os credores negociam a dívida por ações, se os detentores da ação original acabam com menos de 50% da propriedade, a empresa perde seus prejuízos fiscais acumulados. Em contrapartida, na falência formal, a empresa pode chegar a manter o valor do prejuízo a ser compensado em exercícios futuros. Em segundo lugar, em uma composição informal, quando a (mencionada) dívida vale $ 1.000, mas é reduzida para $ 500, a redução da dívida de $ 500 é considerada lucro real da empresa. No entanto, se essa mesma situação ocorrer em uma reestruturação no Capítulo 11, a diferença não é tratada como lucro real.[13]

Em suma, as falências programadas fazem sentido em muitas situações. Se um acordo aceitável pode ser alcançado por meio de negociações informais entre os credores, um ajuizamento posterior pode resolver o problema da não participação na renegociação das dívidas societárias e se traduzir em tratamento fiscal favorável. Por essas razões, o número de falências programadas cresceu assustadoramente nos últimos anos.

24-5c Tempo e custo da reestruturação

O tempo, o custo e as dores de cabeça envolvidos em uma reestruturação estão quase além da compreensão. Mesmo em falências pequenas, como aquelas com ativos avaliados entre $ 2 e $ 5 milhões, muitas pessoas e grupos estão envolvidos: advogados que representam a empresa, o Fundo Americano de Falências, cada classe de credores segurados, os credores gerais como um grupo, autoridades fiscais e os acionistas, se estiverem incomodados com a administração. Existem prazos em que as coisas deveriam ter sido feitas, mas o processo geralmente demora pelo menos um ano e normalmente muito mais tempo. Deve ser dado tempo à empresa para apresentar o plano, e aos grupos de credores para estudar e procurar esclarecimentos e, então, apresentar contrapropostas às quais a empresa deve responder. Contudo, as diferentes classes de credores muitas vezes discordam entre si quanto ao valor que cada classe deve receber, e devem ser realizadas audiências para resolver esses conflitos.

A administração vai querer ficar em ativo, mas alguns credores bem assegurados podem querer liquidar a empresa o mais rápido possível. Muitas vezes, algumas partes do plano envolverão a venda dos negócios para outra empresa comercial, como foi o caso da Columbia Software em nosso exemplo anterior. Obviamente, isso leva meses para procurar e negociar a fusão com os candidatos potenciais.

O típico processo de falência leva cerca de dois anos a partir do momento em que a empresa ajuíza o pedido sob o Capítulo 11 até que o plano final de reestruturação seja aprovado ou rejeitado. Enquanto tudo isso acontece, a empresa sofre. As vendas certamente não serão estimuladas, os funcionários mais importantes podem deixar a empresa e os trabalhadores restantes estarão preocupados com os seus empregos em vez de se concentrarem no trabalho. Além disso, a administração despenderá muito do seu tempo com a falência em vez de gerir o negócio, e não vai ser capaz de tomar nenhuma ação significativa sem a aprovação do tribunal que exige o protocolo de petição formal e a oportunidade de resposta para todas as partes envolvidas.

Mesmo que suas operações não sofram, os ativos da empresa certamente serão reduzidos pelas próprias custas judiciais e os honorários de administração da falência. Os bons advogados de falência cobram de $ 200 a $ 400 ou mais por hora, dependendo da localização, assim os custos não são negligenciáveis. Os credores também incorrerão em custas legais. Na verdade, o som de todos aqueles medidores tilintando $ 400 por hora pode ser ensurdecedor.

---

[13] Observe que nas duas situações fiscais – prejuízo a ser compensado em exercícios futuros e as reduções do valor da dívida – o tratamento fiscal favorável pode estar disponibilizado em arranjos se a empresa for considerada legalmente insolvente – quer dizer, se o valor de mercado dos seus ativos for reconhecido menor que o valor nominal das suas obrigações.

Observe que os credores também perdem o valor temporal do seu dinheiro. Um credor com créditos de $ 100.000 e um custo de oportunidade de 10% e que acaba obtendo $ 50.000 após dois anos teria se dado melhor se tivesse obtido $ 41.500 inicialmente. Quando são levados em conta os custos, tempo dos executivos e agravamento geral do credor, poderá fazer sentido requerer $ 25.000 ou mesmo $ 20.000.

Tanto a empresa devedora quanto seus credores sabem dos inconvenientes da falência formal, ou seus advogados irão informá-los. Munida de conhecimento sobre como a falência opera, a administração pode estar em uma posição forte para convencer os credores a aceitar uma composição informal que pode parecer injusta e não razoável. Ou, se um processo no âmbito do Capítulo 11 já tiver começado em algum momento, os credores podem concordar em apenas impedir o sangramento.

Um último ponto deve ser levantado antes de fecharmos esta seção. Na maior parte dos planos de reestruturação, os credores com créditos menores que $ 1.000 são pagos na íntegra. Pagar integralmente esses "créditos incômodos" não custa muito dinheiro e com isso poupam tempo e ganham votos para apoiar o plano.[14]

Autoavaliação

1. Defina os seguintes termos: problema da comunidade das dívidas, problema da não participação na renegociação das dívidas societárias (*holdout*), suspensão automática, imposição do plano aos credores, transmissão fraudulenta, doutrina da prioridade absoluta, doutrina da prioridade relativa, justiça, viabilidade, financiamento de devedores com permanência na administração e falência programada.
2. Quais são as vantagens de uma reestruturação formal no âmbito do Capítulo 11?
3. Quais são algumas das tendências recentes no que diz respeito às doutrinas de prioridade absoluta e relativa?
4. Como os tribunais permitem a justiça e a viabilidade dos planos de reestruturação?
5. Por que as falências programadas se tornaram tão populares nos últimos anos?

24-6 Liquidação em caso de falência

Se uma empresa está "doente demais" para ser reestruturada, então deve ser liquidada. A liquidação deverá ocorrer quando a empresa vale mais morta do que viva, ou quando a possibilidade de restaurar a saúde financeira estiver distante e os credores estiverem expostos a um risco elevado de maior perda se as operações continuarem. Discutimos anteriormente a cessão, que é um procedimento informal de liquidação. Agora consideraremos a **liquidação em caso de falência**, realizada sob a jurisdição de um tribunal federal de falências.

O Capítulo 7 da Lei Federal de Reforma da Falência de 1978 aborda a liquidação. Ela (1) prevê proteção contra a fraude pelo devedor; (2) prevê uma distribuição equitativa dos ativos do devedor entre os credores; e (3) permite que os devedores insolventes saldem todas as suas obrigações e estejam, assim, capazes para iniciar novos negócios livres dos encargos de dívidas anteriores. No entanto, a liquidação formal custa tempo e dinheiro e extingue as empresas.

A distribuição de ativos em uma liquidação no âmbito do Capítulo 7 é regida pelas seguintes prioridades de créditos:

1. *Impostos vencidos sobre a propriedade.*
2. *Credores segurados, que têm direito aos procedimentos da venda de propriedade específica garantida por um penhor ou uma hipoteca.* Se o produto da venda da propriedade hipotecada não satisfizer plenamente os créditos do credor, o saldo remanescente será tratado como crédito geral do credor (veja o Item 10 a seguir).[15]

---

[14] Para mais informações sobre os custos da falência, veja Daryl M. Guffey e William T. Moore, "Direct bankruptcy costs: evidence from the trucking industry", *The Financial Review*, p. 223-235, maio de 1991.

[15] Quando uma empresa ou pessoa que pede a falência tem um empréstimo bancário, o banco deverá reter quaisquer saldos de depósito. O contrato de empréstimo pode estipular que o banco tenha preferência nos créditos sobre quaisquer depósitos. Se for assim, os depósitos são utilizados para compensar parcial ou totalmente os empréstimos bancários – em termos jurídicos, "o direito de compensação". Nesse caso, o banco não terá de repartir os depósitos com outros credores. Os contratos de empréstimo designam frequentemente os saldos para compensação como garantia de um empréstimo. Mesmo que o banco não tenha nenhum crédito explícito contra os depósitos, deverá reter os depósitos e mantê-los no quadro geral dos credores, incluindo o próprio banco. Sem uma declaração explícita no contrato de empréstimo, o banco não receberá um tratamento preferencial no que diz respeito à retenção dos depósitos.

3. *Custas legais e outras despesas para administrar e operar a empresa falida.* Esses custos incluem custas legais incorridas na tentativa de reestruturar a empresa.

4. *Despesas incorridas depois que um caso involuntário tenha começado antes da indicação de um agente fiduciário.*

5. *Salários devidos aos funcionários dentro de três meses antes do ajuizamento do pedido de falência.* O montante dos salários é limitado a $ 2.000 por funcionário.

6. *Os pedidos de contribuições não pagas aos planos de pensão dos funcionários que deveriam ter sido pagos no prazo de seis meses antes do ajuizamento.* Esses créditos e mais os salários do Item 5 não podem exceder o limite de $ 2.000 por funcionário.

7. *Créditos não segurados pelos depósitos dos clientes.* Esses créditos são limitados a um máximo de $ 900 por pessoa.

8. *Impostos federais, municipais e estaduais e outros devidos aos órgãos públicos.*

9. *Passivos não financiados dos fundos de pensão.* Essas dívidas têm valores superiores àqueles dos credores gerais em um montante de até 30% das ações preferenciais e ordinárias, e quaisquer dívidas remanescentes dos fundos de pensão quirografários classificam-se como credores gerais.[16]

10. *Credores gerais ou quirografários.* Detentores de créditos comerciais, empréstimos não segurados, a parte não quitada dos empréstimos garantidos e obrigações não garantidas são classificados como credores gerais. Os detentores de dívida subordinada também cairão nessa categoria, mas têm de trocar os valores exigidos pela dívida privilegiada.

11. *Acionistas preferenciais.* Esses acionistas podem receber uma quantia acima do valor nominal de suas ações.

12. *Acionistas ordinários.* Esses acionistas recebem quaisquer fundos restantes.[17]

Para ilustrar como opera esse sistema prioritário, considere o balanço da Whitman Inc., mostrado na Tabela 24-4. Os ativos têm um valor contábil de $ 90 milhões. As obrigações estão indicadas do lado direito do balanço. Observe que as debêntures estão subordinadas aos títulos a pagar aos bancos. O administrador ajuizou pedido de falência no âmbito do Capítulo 11, mas desde que nenhuma reestruturação justa e viável pudesse ter sido organizada, está liquidando a empresa no âmbito do Capítulo 7.

Como se verifica no balanço, os ativos estão registrados a maior; eles são, na verdade, de valor inferior aos $ 90 milhões indicados. Os montantes seguintes são realizados em liquidação:

Da venda dos ativos circulantes	$ 28.000.000
Da venda dos ativos fixos	5.000.000
Total dos recebimentos	$ 33.000.000

A distribuição do produto da liquidação está demonstrada na Tabela 24-5. Os detentores de hipoteca de primeiro grau recebem $ 5 milhões em receitas líquidas da venda de ativos fixos, deixando $ 28 milhões disponíveis para os demais credores, incluindo $ 1 milhão para os créditos não quitados dos portadores de hipotecas de primeiro grau. A seguir, estão as taxas e despesas de administração de falência, normalmente em torno de 20% do valor bruto (incluindo as custas legais próprias da empresa em falência); neste exemplo, são consideradas em $ 6 milhões. A seguir, a prioridade são os salários devidos aos trabalhadores, cujo total é $ 700.000, e os impostos devidos, no montante de $ 1,3 milhão. Até agora, o montante total das dívidas pagas com os $ 33 milhões recebidos da venda de ativos é de $ 13 milhões, deixando $ 20 milhões para os credores

---

[16] O passivo dos fundos de pensão tem uma incidência significativa sobre os pedidos de falência. Os fundos de pensão podem ser ou não financiados. Com um *plano financiado*, a empresa efetua os pagamentos em dinheiro para uma seguradora ou para um fundo administrador (geralmente um banco), que posteriormente utiliza esses fundos (e os juros sobre eles) para pagar as pensões dos aposentados. Com um *plano não financiado*, a empresa é obrigada a fazer pagamentos aos aposentados, mas não paga antecipadamente. Muitos planos são realmente financiados parcialmente – algum dinheiro tem sido pago antecipadamente, mas não é suficiente para fornecer os benefícios da pensão completa para todos os trabalhadores.

Se uma empresa abrir falência, a parte financiada dos fundos de pensão permanece intacta e está disponível para os aposentados. Antes de 1974, os trabalhadores não tinham créditos explícitos para obrigações dos fundos não segurados, mas no âmbito da Lei da Seguridade dos Rendimentos de Aposentadoria para os Trabalhadores de 1974 (ERISA), um montante de até 30% das ações (ordinárias e preferenciais) está destinado para os fundos de pensão dos funcionários e tem prioridade acima dos credores gerais, com quaisquer créditos de pensão remanescentes tendo condição igual àquela dos credores gerais. Isso significa, com efeito, que a parte financiada de um fundo de pensão da empresa em falência está completamente garantida, considerando que a parte não financiada se classifica acima dos credores gerais. Obviamente, os passivos dos fundos de pensão não financiados devem ser de grande interesse para os credores quirografários da empresa.

[17] Observe que, se foram emitidas classes diferentes de ações ordinárias, podem existir prioridades diferentes nos créditos dos acionistas.

gerais. Neste exemplo, presumimos que não existem obrigações de fundos de benefício não pagos ou fundos não financiados.

TABELA 24-4
Whitman Inc.: balanço geral na liquidação (em milhões de dólares)

Ativo circulante	$ 80,0	Contas a pagar	$ 20,0
Ativo fixo líquido	10,0	Títulos a pagar (aos bancos)	10,0
		Salários a pagar (1.400 a $ 500)	0,7
		Impostos federais	1,0
		Impostos estaduais e municipais	0,3
		Dívidas atuais	$ 32,0
		Hipoteca de primeiro grau	6,0
		Hipoteca de segundo grau	1,0
		Debêntures subordinadas[a]	8,0
		Total da dívida de longo prazo	$ 15,0
		Ações preferenciais	2,0
		Ações ordinárias	26,0
		Capital integralizado	4,0
		Lucros retidos	11,0
		Total do patrimônio líquido	$ 43,0
Total do ativo	$ 90,0	Total do passivo e patrimônio líquido	$ 90,0

[a] As debêntures estão subordinadas aos títulos a pagar.

© Cengage Learning 2014

TABELA 24-5
Whitman Inc.: distribuição do produto da liquidação (em milhões de dólares)

DISTRIBUIÇÃO PARA CREDORES PREFERENCIAIS	
Lucros da venda dos ativos	$ 33,0
Menos:	
1. Hipoteca de primeiro grau (paga da venda do ativo fixo)	5,0
2. Taxas e despesas da falência	6,0
3. Salários devidos aos trabalhadores dentro de três meses da falência	0,7
4. Impostos devidos aos governos federal, estadual e municipal	1,3
Fundos disponíveis para distribuição aos credores gerais	$ 20,0

DISTRIBUIÇÃO PARA CREDORES GERAIS				
CREDORES GERAIS (1)	VALOR DAS DÍVIDAS[a] (2)	DISTRIBUIÇÃO *PRO RATA*[b] (3)	DISTRIBUIÇÃO DEPOIS DA SUBORDINAÇÃO[c] (4)	PORCENTAGEM DAS DÍVIDAS ORIGINAIS PAGAS[d] (5)
Parte não financiada da hipoteca de primeiro grau	$ 1,0	$ 0,5	$ 0,5	92%
Hipoteca de segundo grau	1,0	0,5	0,5	50
Títulos a pagar (para os bancos)	10,0	5,0	9,0	90
Contas a pagar	20,0	10,0	10,0	50
Debêntures subordinadas	8,0	4,0	0,0	0
Total	$ 40,0	$ 20,0	$ 20,0	

[a] A Coluna 2 é o crédito de cada classe dos credores gerais. Os créditos gerais são iguais a $ 40,0 milhões.
[b] No início da seção da tabela, vemos que $ 20 milhões estão disponíveis para distribuição aos credores gerais. Uma vez que existem $ 40 milhões para credores gerais, a distribuição *pro rata* será de $ 20/$ 40 = 0,50, ou 50 centavos de dólar.
[c] As debêntures estão subordinadas aos títulos a pagar, então mais de $ 5 milhões podem ser realocados das debêntures para os títulos a pagar. Entretanto, apenas $ 4 milhões estão disponíveis para as debêntures, então este valor integral está realocado.
[d] A Coluna 5 mostra os resultados da divisão da alocação final da Coluna 4 pelos valores originais mostrados na Coluna 2 – exceto pela hipoteca de primeiro grau, em que os $ 5 milhões recebidos da venda do ativo fixo estão incluídos no cálculo.

© Cengage Learning 2014

Os credores gerais totalizam $ 40 milhões. Uma vez que estão disponíveis $ 20 milhões, serão atribuídos 50% aos requerentes dos seus créditos iniciais, como indicado na Coluna 3. No entanto, os ajustes na subordinação exigem que as debêntures subordinadas transfiram aos títulos a pagar todos os montantes recebidos até que os títulos estejam satisfeitos. Nessa situação, os títulos a pagar são de $ 10 milhões, mas apenas $ 5 milhões estão disponíveis; portanto a insuficiência é de $ 5 milhões. Após a transferência de $ 4 milhões das debêntures subordinadas continua a faltar $ 1 milhão para os títulos a pagar; esse montante deverá ficar inadimplente.

Observe que 90% dos títulos a pagar aos bancos estão quitados, considerando que um número máximo de 50% das outras dívidas não seguradas serão pagas. Esses dados ilustram a utilidade da disposição da subordinação pela garantia de que a subordinação será feita.

Visto que nenhum outro fundo permanece, os detentores de ações preferenciais e ordinárias, bem como as debêntures subordinadas estão completamente eliminados. Estudos sobre os procedimentos de liquidação revelam que aqueles credores quirografários recebem, em média, cerca de 15 centavos de dólar, enquanto os acionistas geralmente não recebem nada.

Um país de inadimplentes?

As grandes falências de empresas como as do Lehman Brothers e da General Motors tornaram-se manchetes, mas representam uma pequena parcela das muitas falências a cada ano, conforme mostradas no quadro a seguir. A maioria das falências é de pequenas empresas (Capítulo 7), e aumentaram constantemente de 2006 a 2009, e declinaram levemente em 2010. Apesar de haver menos reestruturações do que liquidações, as reestruturações também vêm crescendo desde 2006.

As falências de pessoas físicas podem ser liquidações (Capítulo 7) ou reestruturações (Capítulo 13). Em uma falência no Capítulo 7, uma pessoa pode manter uma pequena quantidade de propriedades pessoais isentas, e a propriedade não isenta é vendida para pagar os credores. Em uma falência no âmbito do Capítulo 13, uma pessoa está autorizada a manter a sua propriedade não isenta, mas deve normalmente refinanciar as dívidas de três a cinco anos. Uma mudança na legislação falimentar em 2005 deixou mais difícil para as pessoas declararem falência, mas houve um aumento dramático nas falências de pessoas físicas desde 2006, com as liquidações liderando o caminho.

Napoleão Bonaparte desdenhou a Inglaterra como sendo "uma nação de lojistas". Se ele tivesse visto as estatísticas atuais dos Estados Unidos, teria chamado a América moderna de "um país de inadimplentes"?

	EMPRESAS					PESSOAS FÍSICAS			
ANO	CAP. 7	CAP. 11	CAP. 12	CAP. 13	TOTAL	CAP. 7	CAP. 11	CAP. 13	TOTAL
2011	33.698	9.772	637	3.630	47.806	958.634	1.757	402.454	1.362.847
2010	39.485	11.774	723	4.174	56.282	1.100.116	1.939	434.739	1.536.799
2009	41.962	13.683	544	4.500	60.837	1.008.870	1.506	402.462	1.412.838
2008	30.035	9.272	345	3.815	43.546	714.389	888	358.947	1.074.225
2007	18.751	5.736	376	3.412	28.322	500.613	617	321.359	822.590
2006	11.878	4.643	348	2.749	19.695	349.012	520	248.430	597.965
2005	28.006	5.923	380	4.808	39.201	1.631.011	877	407.322	2.039.214
2004	20.192	9.186	108	4.701	34.317	1.117.766	946	444.428	1.563.145

Autoavaliação

1. Descreva brevemente a prioridade dos créditos em uma liquidação formal.
2. Qual é o impacto da subordinação sobre a alocação final nos procedimentos de liquidação?
3. Em geral, quanto os credores quirografários podem receber na liquidação? Quanto os acionistas recebem?

24-7   Anatomia de uma falência: transformando a GM *Corporation* em GM *Company*

A General Motors *Corporation* foi inaugurada em 1908 e se tornou a maior fabricante de automóveis do mundo, uma distinção que deteve de 1931 até 2008. Apesar de seu tamanho e poder de mercado, a GM perdeu um cumulativo de $ 82 bilhões de 2005 até 2008 e declarou falência em 2009. Diversos fatores contribuíram com os problemas da GM, incluindo aumento da concorrência internacional, altos custos associados a contratos empregatícios (sobretudo benefícios de aposentadoria), a redução econômica que começou em 2007 e executivos sênior a quem a imprensa chamou de "sem contato com a realidade".

Um olhar nas demonstrações financeiras da GM revela alguns dos maiores esforços de reestruturação antes da falência. Durante os anos 1980, a GM tornou-se uma importante participante nas indústrias de serviços financeiros, e por volta de 2005 suas operações financeiras e de seguros tinham ativos de $ 312 bilhões, enquanto seu negócio automotivo tinha ativos de$ 162 bilhões. Por esse motivo, a GM era um "banco" com uma fabricante de automóveis e não uma empresa automotiva com um "banco". Para trazer o foco de volta ao seu negócio automotivo e arrecadar algum dinheiro em 2006, a GM cortou seu dividendo pela metade e vendeu uma parcela de 51% de sua empresa financeira, a GMAC, reduzindo seus ativos não relacionados aos automóveis de aproximadamente $ 290 bilhões para $ 22 bilhões. A GM também vendeu suas participações para diversas outras fabricantes automotivas em 2006 e 2007, para gerar caixa e para se concentrar em sua linha de produto principal. Com a queda das vendas e dos lucros, a GM também fechou fábricas e reduziu sua mão de obra.

Quando a GM e a United Auto Workers não puderam chegar a um acordo em 2007, a UAW convocou uma greve. Após dois anos, a GM e UAW chegaram a um acordo. Em troca por uma estrutura de salários menor, a GMM concordou em criar um fundo fiduciário (uma associação beneficiente voluntária para os funcionários chamada de VEBA) que seria administrada pela UAW e que arrecadaria para a cobertura do plano de saúde de aposentados. Os passivos associados ao plano de saúde para os aposentados foram estimados em mais de $ 50 bilhões. A GM concordou em colocar cerca de $ 35 bilhões de ativos no VEBA (a GM e a UAW consideraram que os $ 35 bilhões arrecados em ativos cresceriam mais rápido do que os $50 bilhões em passivos) e fez a maioria de suas futuras contribuições na forma de ações em vez de dinheiro.

A GM continuou a perder dinheiro. No final de 2008, os presidents da GM, Chrysler e Ford voaram até Washington em jatos particulares para pedir assistência ao governo. O Congress não concordou com o projeto, então a administração Bush ampliou o Troubled Asset Relief Program (TARP) para incluir a indústria automotiva. A GM recebeu um empréstimo de $ 13,4 bilhões em dezembro de 2008. A GMAC também recebeu um empréstimo do TARP ($ 6 bilhões), assim como a Chrysler e sua subsidiária financeira. Esses empréstimos fizeram com que a GM e a Chrysler enviassem projetos de reestruturação ao governo em 17 de fevereiro de 2009.[18]

Uma força-tarefa da administração Obama analisou os projetos, os rejeitou e ofereceu à GM e à Chrysler uma oportunidade para revisar os projetos. A força-tarefa também pediu e recebeu a demissão de Rick Wagoner, presidente da GM. Além disso, o governo fez empréstimos à GM e à Chrysler, empréstimos a seus fornecedores (que estavam relutantes em continuar vendendo para as empresas automotivas a crédito) e criaram um programa para garantir que as obrigações de garantia dos clientes fossem honradas.

A GM não conseguiu fornecer um projeto de recuperação aceitável ao seus detentores da dívida, fornecedores, concessionárias e mão de obra, portanto ele foi para a proteção contra falência do Capítulo 11 em 1º de junho de 2010. O pedido de falência da GM listou seus ativos e passivos de seu pedido 10-Q mais recente para o final do trimestre em 31 de março de 2009. Não era um cenário bonito. A GM listou $ 82 bilhões em ativos, mas mais que o dobro dessa quantia ($ 173 bilhões) em passivos, incluindo a dívida a curto prazo de $ 26 bilhões, a dívida a longo prazo de $ 29 bilhões e as obrigações com os aposentados de $ 47 bilhões.

Dois dias depois de pedir a falência, o TARP forneceu um valor adicional de $ 30 bilhões; como a GM havia pedido falência, esse empréstimo foi o financiamento para os devedores em gestão (DIP). No total, o TARP forneceu cerca de $ 50 bilhões em financiamento para a GM.

Em 10 de julho de 2009, a GM ressurgiu da falência como uma nova empresa — literalmente! Ela e seus credores concordaram em vender quase todos os ativos da GM para serem chamados de General Motors Company (em vez de Corporation). Por conseguinte, os credores e acionistas da GM trocaram suas obrigações antigas por novas na nova GM Company. Assim, a GM tinha um pouco menos de $ 16 bilhões de dívida (em comparação aos $ 55 antes da falência) e $ 36 bilhões em obrigações com a aposentadoria (redução dos $47 bilhões). Além de uma carga de dívida bem menor, o projeto de falência fez com que a GM fechasse mais de 10 fábricas, reduzisse o número de marcas que vende e reduzisse o número de suas concessionárias.

---

[18] Para um tratamento detalhado do envolvimento do governo na falência da GM, consulte o texto de Thomas H. Klier e James Rubenstein, "Detroit back from the brink? auto industry crisis and restructuring, 2008–11", *Economic Perspectives*, p. 35-54, 2Q/2012.

A GM ressurgiu da falência com aproximadamente $ 75 milhões a menos de passivos. O que aconteceu com todas aquelas obrigações? Os empréstimos asseguraram as prioridades e os fornecedores foram pagos por completo. Os obrigacionistas receberam cerca de 1/8 do valor de face de seus títulos. Os acionistas ordinários não receberam nada. Em relação aos outros reclamantes, eles receberam ações ordinárias da nova GM. O governo norte-americano recebeu cerca de 61% das ações, o governo canadense recebeu 11,7%, o fundo VEBA recebeu 17,5% (em vez do dinheiro que lhe era originalmente de direito) e os obrigacionistas não assegurados receberam 10%.

As ações da GM não foram comercializadas publicamente até 18 de novembro de 2010, quando a empresa vendeu $ 20,1 bilhões de seu IPO. Os subscritores da GM venderam um adicional de $ 3 bilhões de ações por um total de $ 23,1 bilhões, o que fez do IPO da GM o maior que já houve. A GM não arrecadou nenhum caixa no IPO — todas as ações foram vendidas pelos acionistas existentes, inclusive o governo dos EUA, o que reduziu sua propriedade em cerca de 33% da GM.

A GM tem sido lucrativa desde o IPO, mas o preço de suas ações esteve em queda do preço do IPO de $ 33 para $ 19 em julho de 2012. Provavelmente é seguro dizer que a GM e a indústria automotiva dos EUA estão em melhor estado do que em 2008, mas talvez precise de outra década para sabermos ao certo se a intervenção do governo, a falência e o IPO terão, enfim, obtido êxito.

Autoavaliação

1. Que eventos antecederam a falência da GM?
2. O que aconteceu com os acionistas pré-falência e as obrigações dos credores?

24-8 Outras motivações para a falência

Normalmente, os procedimentos de falência não começam até que a empresa se torne economicamente tão fraca que não possa cumprir com as suas obrigações atuais. No entanto, a Lei de Falências também permite que a empresa ajuíze pedido de falência se suas previsões financeiras indicarem que a manutenção das condições atuais conduziria à falência.

A Lei de Falências também tem sido utilizada para apressar acordos em processos de responsabilidade pelo produto. O caso Manville de amianto é um exemplo. A empresa estava sendo bombardeada por milhares de processos judiciais, e a própria existência de um passivo enorme tornou as operações normais inviáveis. Além disso, foi relativamente fácil provar (1) que se os demandantes ganhassem, a empresa seria incapaz de pagar a totalidade dos créditos; (2) que uma quantidade maior de fundos estaria disponível para os reclamantes se a empresa continuasse a funcionar em vez de liquidar; (3) que as operações continuadas seriam possíveis apenas se os processos fossem conduzidos a uma solução; e (4) que uma resolução oportuna de todos os processos era impossível em virtude do seu grande número e variedade. A Manville ajuizou pedido de falência em 1982, que naquela época foi a maior nos Estados Unidos. A legislação falimentar foi utilizada para consolidar todos os processos e encontrar acordos nos quais os demandantes obtinham mais dinheiro do que teriam recebido e a Manville conseguiu manter-se em atividade. (Ela foi adquirida em 2001 pela Berkshire Hathaway.) Os acionistas ganharam pouco nesses planos porque a maior parte do fluxo de caixa futuro foi cedida para os demandantes, mas, mesmo assim, os acionistas provavelmente conseguiram preços melhores do que se tivessem terminado os processos pelo sistema do júri.

Autoavaliação

1. Quais são algumas situações, exceto as dificuldades financeiras imediatas, que levam as empresas ao ajuizamento do processo de falência?

24-9 Algumas críticas à Lei de Falências

Embora a Lei de Falências exista principalmente para proteger os credores, muitos críticos afirmam que as leis atuais não estão fazendo aquilo que estavam destinadas a fazer. Antes de 1978, mais falências terminaram rapidamente em liquidação. Então o Congresso reescreveu as leis, dando às empresas uma oportunidade maior de permanecerem vivas pelos motivos que eram os melhores para os administradores, funcionários, credores e acionistas. Antes da reforma, 90% dos requerentes do Capítulo 11 foram liquidados, mas agora essa porcentagem é inferior a 80%, e o tempo médio entre o pedido e a liquidação quase duplicou. Na verdade grandes empresas públicas, com a possibilidade de contratar consultoria jurídica muito cara, podem evitar (ou pelo menos atrasar) a liquidação, muitas vezes à custa dos credores e dos acionistas.

Os críticos acreditam que a falência é boa para os negócios hoje em dia – especialmente para os consultores, advogados e os bancos de investimentos, que cobram taxas pesadas durante o processo falimentar, e para os administradores, que continuam a receber seus salários e bônus enquanto o negócio é mantido vivo. O problema, segundo os críticos, é que os tribunais de falência permitem processos demasiadamente longos, esvaziando os ativos que poderiam ser vendidos para pagar integralmente os credores e os acionistas. Muitas vezes, uma resolução rápida é impossível porque os juízes da falência têm de lidar com reclamações trabalhistas, fundos de pensão, questões ambientais e sociais que poderiam ser resolvidas por meio da ação legislativa e não por tribunais de falência.

Os críticos argumentam que os juízes de falência devem considerar que algumas empresas doentes devem ser autorizadas a morrer – e morrer rapidamente. Manter as empresas vivas não defende o interesse das partes as quais as leis de falência devem proteger. As alterações de 2005 no código de falência tratam desse tema por meio da limitação do prazo de 18 meses que a administração tem para apresentar um plano de reestruturação. Antes das alterações, os juízes poderiam prorrogar esse prazo quase indefinidamente. Agora, os credores podem propor um plano se a administração não apresentar um aceitável no prazo de 18 meses.

Outros críticos consideram que todo o sistema de proteção judicial contra falência e fiscalização tem de ser desmantelado. Alguns até têm proposto um procedimento de leilão, em que os acionistas e os credores teriam a oportunidade de ganhar o controle de uma empresa falida aumentando o capital necessário para pagar as contas. O raciocínio aqui é que o mercado é melhor juiz do que um tribunal de falência para saber se uma empresa vale mais viva do que morta.

Autoavaliação

1. De acordo com as críticas, quais são alguns problemas com o sistema falimentar?

Resumo

Este capítulo discutiu as principais questões envolvidas com a falência e as dificuldades financeiras em geral. Os conceitos fundamentais são indicados a seguir.

- A questão fundamental que deve ser abordada quando uma empresa enfrenta dificuldades financeiras é saber se ela "vale mais morta do que viva"; isto é, o negócio seria mais valioso se continuasse em funcionamento ou se fosse liquidado e vendido em partes?
- No caso de uma empresa sadia cujas dificuldades financeiras parecem ser temporárias, os credores trabalharão diretamente com a empresa, auxiliando-a a se recuperar e restabelecer uma sólida base financeira. Esses planos de reestruturação voluntária são chamados de **renegociações amigáveis**.
- Os planos de reestruturação normalmente requerem algum tipo de **reestruturação** das dívidas da empresa; isso também pode incluir uma **prorrogação**, que adia a data do pagamento das obrigações devidas, e/ou uma **composição**, pela qual os credores reduzem voluntariamente seus créditos ou a taxa de juros sobre seus créditos.
- Quando é óbvio que uma empresa vale mais morta do que viva, às vezes podem ser utilizados procedimentos informais para **liquidar** a empresa. A **cessão** é um processo informal para liquidar a empresa, e normalmente proporciona rendimentos aos credores em uma quantia maior do que receberiam em uma liquidação de falência formal. No entanto, as cessões são viáveis somente se a empresa for pequena e seus negócios não forem demasiado complexos.
- A **Lei de Falências** atual é composta por nove capítulos, designados pelos números arábicos. Para as empresas, os capítulos mais importantes são o **Capítulo 7**, que fornece detalhes sobre os procedimentos a serem seguidos ao liquidar uma empresa, e o **Capítulo 11**, que contém os procedimentos para reestruturações formais.
- Desde as primeiras leis de falência, muitos planos de reestruturações formais foram baseados na **doutrina da prioridade absoluta**. Essa doutrina prega que os credores devem ser pagos em uma rígida ordem hierárquica e as obrigações prioritárias devem ser pagas integralmente antes das obrigações recentes.
- Outra posição, a **doutrina da prioridade relativa**, determina que maior flexibilidade deve ser permitida em uma reestruturação, e um tratamento equilibrado deve ser dado a todos os credores. Nos últimos anos, houve uma mudança da prioridade absoluta para a prioridade relativa. O principal efeito dessa mudança foi a demora nas liquidações, dando mais tempo aos administradores para recuperar as empresas em um esforço para deixar um valor para o pagamento das obrigações mais recentes.

- A função primordial do tribunal de falências em uma reestruturação é a determinação da **justiça** e da **viabilidade** dos planos de reestruturação propostos.
- Ainda que alguns credores ou acionistas não concordem ou não aceitem um plano de reestruturação, ele pode ainda ser aprovado pelo tribunal se for considerado "justo e equitativo" para todas as partes. Esse procedimento, em que o tribunal ordena um plano apesar do dissenso, é chamado de imposição de **plano de recuperação judicial**.
- **Falência programada** é um tipo híbrido de reestruturação que combina tanto as vantagens da composição informal quanto da formal do Capítulo 11.
- A distribuição de ativos em uma **liquidação** no âmbito do Capítulo 7 da Lei de Falências é regulada por uma prioridade específica de créditos.
- A análise discriminante múltipla **(MDA)** é um método para identificar empresas com alto risco de falência.

Perguntas

(24-1) Defina cada um dos seguintes termos:
   a. Reestruturação informal; reestruturação em situação de falência
   b. Cessão; liquidação em caso de falência; justiça; viabilidade
   c. Doutrina da prioridade absoluta; doutrina da prioridade relativa
   d. Lei da Reforma da Falência de 1978; Capítulo 11; Capítulo 7
   e. Prioridade de créditos na liquidação
   f. Prorrogação; composição; composição informal; imposição do plano aos credores; falência programada; problema da não participação na renegociação das dívidas societárias

(24-2) Por que os credores normalmente aceitam um plano de recuperação financeira em vez de procurar pela liquidação da empresa?

(24-3) Seria uma boa regra liquidar sempre que o valor de liquidação estiver acima do valor da empresa em funcionamento? Discuta.

(24-4) Por que as liquidações normalmente resultam em perdas para os credores ou os proprietários, ou ambos? A liquidação parcial ou a liquidação durante um período limita as perdas? Explique.

(24-5) As liquidações são mais comuns para empresas de serviços públicos, ferroviárias ou industriais? Por quê?

Problema de autoavaliação – A solução está no Apêndice A

(PA-1) **Liquidação** – No momento em que deixou de efetuar os pagamentos de juros e entrou com pedido de proteção contra falência, a Medford Fabricators Inc. tinha o seguinte balanço (em milhões de dólares). O tribunal, após tentar sem êxito a reestruturação da empresa, decidiu que o único recurso seria a liquidação conforme o Capítulo 7. A venda dos ativos fixos, que foram dados como garantia aos detentores da hipoteca, gerou $ 750 milhões, enquanto os ativos circulantes foram vendidos por $ 400 milhões. Assim, o resultado total da venda em liquidação foi de $ 1,15 milhão. O custo do administrador atingiu $ 1 milhão; não eram devidos mais que $ 2.000 de salários e não havia nenhum passivo de fundo de pensão não financiado.

Ativo circulante	$ 800	Contas a pagar	$ 100
		Impostos a pagar	90
		Salários a pagar	60
		Títulos a pagar	300
		Total do passivo circulante	$ 550
Ativo fixo líquido	1.100	Hipoteca de primeiro grau[a]	700
		Hipoteca de segundo grau[a]	400
		Debêntures	500
		Debêntures subordinadas[b]	200
		Ações ordinárias	100
		Lucros retidos	(550)
Obrigações totais	$ 1.900	Total do ativo	$ 1.900

Observações:
[a]Todo o ativo fixo foi dado como garantia das obrigações hipotecárias.
[b]Subordinadas aos títulos a pagar.

a. Quanto dos rendimentos da venda dos ativos restou para ser distribuído aos credores gerais após a distribuição aos credores privilegiados?

b. Após a distribuição aos credores gerais e os ajustes à subordinação, quanto dos lucros foram distribuídos aos detentores de hipotecas de segundo grau? Aos detentores de títulos a pagar? Às debêntures subordinadas? Aos acionistas ordinários?

Problemas – As respostas dos problemas estão no Apêndice B

Problema fácil 1

(24-1) **Liquidação** – A Southwestern Wear Inc. tem o seguinte balanço:

Ativos circulantes	$ 1.875.000	Contas a pagar	$ 375.000
Ativos fixos	1.875.000	Títulos a pagar	750.000
		Debêntures subordinadas	750.000
		Dívida total	$ 1.875.000
		Ações ordinárias	1.875.000
Total do ativo	$ 3.750.000	Dívidas e ações totais	$ 3.750.000

O custo total do agente fiduciário é $ 281.250 e a empresa não tem impostos ou salários acumulados. As debêntures estão subordinadas apenas aos títulos a pagar. Caso a empresa vá à falência e seja liquidada, quanto cada classe de investidores receberá se for auferido o total de $ 2,5 milhões com a venda dos ativos?

Problemas intermediários 2

(24-2) **Reestruturação** – O balanço e a demonstração do resultado da Verbrugge Publishing Company são os seguintes (em milhões de dólares):

BALANÇO GERAL			
Ativo circulante	$ 168	Passivo circulante	$ 42
Ativo fixo líquido	153	Pagamentos adiantados	78
Ágio	15	Reservas	6
		Ações preferenciais de $ 6, $ 112,50 valor nominal (1,2 milhão de ações)	135
		Ações preferenciais de $ 10,50 sem valor nominal,	
		resgatável em $ 150 (60 mil ações)	9
		Ações ordinárias, $ 1,50 valor nominal (6 milhões de ações)	9
		Lucros retidos	57
Total do ativo	$ 336	Total do passivo	$ 336

DEMONSTRAÇÃO DO RESULTADO	
Vendas líquidas	$ 540,0
Despesa operacional	516,0
Resultado operacional	$ 24,0
Outras receitas	3,0
EBT	$ 27,0
Impostos (50%)	13,5
Resultado líquido	$ 13,5
Dividendos sobre ações preferenciais de $ 6	7,2
Dividendos sobre ações preferenciais de $ 10,50	0,6
Receita disponível para acionistas ordinários	$ 5,7

A Verbrugge e seus credores acordaram um plano de reestruturação voluntária. Nesse plano, cada ação preferencial de $ 6 será trocada por uma ação preferencial de $ 2,40 e com valor nominal de $ 37,50 mais 8% sobre o rendimento da debênture subordinada com valor nominal de $ 75. As emissões preferenciais de $ 10,50 serão resgatadas em dinheiro.

a. Prepare o balanço projetado, admitindo a reestruturação. Mostre a nova ação preferencial ao seu valor nominal.

b. Prepare a demonstração do resultado projetada. Qual é o rendimento disponível aos acionistas ordinários na recapitalização proposta?

c. *Ganhos exigidos* são definidos como o montante suficiente apenas para pagar os encargos fixos (juros sobre debêntures e/ou dividendos preferenciais). Quais são os impostos exigidos antes e depois da recapitalização?

d. Como está a proporção da dívida afetada pela reestruturação? Se você fosse um detentor de ações ordinárias da Verbrugge, votaria a favor da reestruturação? Por que ou por que não?

Problemas desafiadores 3-4

(24-3) Liquidação – No momento em que deixou de efetuar os pagamentos de juros e entrou com pedido de proteção contra falência, a McDaniel Mining Company tinha o seguinte balanço (em milhares de dólares). O tribunal, após tentar sem êxito a reestruturação da empresa, decidiu que o único recurso seria a liquidação conforme o Capítulo 7. A venda dos ativos fixos, que foram dados como garantia aos detentores de hipotecas, gerou $ 400.000, enquanto os ativos circulantes foram vendidos por $ 200 milhões. Assim, o resultado total da venda em liquidação foi de $ 600.000. O custo do administrador atingiu $ 50.000; não eram devidos mais que $ 2.000 de salários e não havia nenhum passivo de fundo de pensão não financiado.

Ativos circulantes	$ 400	Contas a pagar	$ 50
Ativo fixo líquido	600	Impostos a pagar	40
		Salários a pagar	30
		Títulos a pagar	180
		Total do passivo circulante	$ 300
		Hipoteca de primeiro grau[a]	300
		Hipoteca de segundo grau[a]	200
		Debêntures	200
		Debêntures subordinadas[b]	100
		Ações ordinárias	50
		Lucros retidos	(150)
Total do ativo	$ 1.000	Total do passivo	$ 1.000

Observações:
[a]Todo o ativo fixo foi dado como garantia às obrigações hipotecárias.
[b]Subordinadas aos títulos a pagar

a. Quanto os acionistas da McDaniel vão receber pela liquidação?

b. Quanto os detentores das obrigações hipotecárias vão receber?

c. Quem são os outros credores privilegiados (em complemento aos detentores de direitos hipotecários)? Quanto eles receberão da liquidação?

d. Quem são os demais credores gerais? Quanto cada um receberá da distribuição antes do ajustamento por subordinação? Qual é o efeito do ajuste de subordinação?

(24-4) Liquidação – O seguinte balanço geral representa a posição da Boles Electronics Corporation no momento em que ajuizou um pedido de proteção contra falência (em milhares de dólares):

Caixa	$ 10	Contas a pagar	$ 1.600
Contas a receber	100	Títulos a pagar	500
Estoques	890	Salários a pagar	150
		Impostos a pagar	50
Total do ativo circulante	$ 1.000	Total do passivo circulante	$ 2.300
Planta, líquida	4.000	Obrigações hipotecárias	2.000
Equipamento, líquido	5.000	Debêntures subordinadas	2.500
		Ações preferenciais	1.500
		Ações ordinárias	1.700
Total do ativo	$ 10.000	Total do passivo	$ 10.000

As obrigações hipotecárias estão garantidas pela planta, mas não pelo equipamento. As debêntures subordinadas estão subordinadas aos títulos a pagar. A reestruturação conforme o Capítulo 11 não foi possível; por essa razão, a empresa foi liquidada em conformidade com o Capítulo 7. O administrador, cujas taxas legais e administrativas atingiram $ 200.000, vendeu os ativos e recebeu o seguinte lucro (em milhares de dólares):

Ativos	Resultado
Planta	$ 1.600
Equipamento	1.300
Contas a receber	50
Estoques	240
Total	$ 3.190

Além disso, a empresa tinha $ 10.000 em dinheiro disponível para distribuição. Os salários não ultrapassaram $ 2.000, e não havia passivo dos fundos de pensão não financiados.

a. Qual é o montante total disponível para distribuição a todos os credores? Qual é o total dos credores e do administrador? Será que os acionistas preferenciais e os ordinários receberam as distribuições?
b. Determine a distribuição para cada credor e para o administrador. Qual é a porcentagem de cada uma das obrigações que está quitada?

Problema de planilha

(24-5) Liquidação. A Duchon Industries tinha o seguinte balanço no momento em que deixou de efetuar o pagamento dos juros e ajuizou pedido de proteção contra falência de acordo com o Capítulo 7. A venda do ativo fixo, dado como garantia da hipoteca, resultou em $ 900 milhões, enquanto os ativos circulantes foram vendidos por $ 401 milhões. Assim, o resultado total da liquidação foi de $ 1,30 milhão. O custo do administrador atingiu $ 1 milhão; os salários não ultrapassaram $ 2.000 e não havia passivo de fundo de pensão não financiado. Determine o valor disponível para distribuição aos acionistas e todos os credores.

BALANÇO DA DUCHON INDUSTRIES (EM MILHÕES DE DÓLARES)			
Ativos circulantes	$ 400	Contas a pagar	$ 50
Ativo fixo líquido	600	Impostos a pagar	40
		Salários a pagar	30
		Títulos a pagar	180
		Total do passivo circulante	$ 300
		Hipoteca de primeiro grau[a]	300
		Hipoteca de segundo grau[a]	200
		Debêntures	200
		Debêntures subordinadas[b]	100
		Ações ordinárias	50
	Lucros retidos		(150)
Total do ativo	$ 1.000	Total do passivo	$ 1.000

Observações:
[a]Todo ativo fixo foi dado como garantia das obrigações hipotecárias.
[b]Subordinadas somente aos títulos a pagar.

Estudo de caso

Kimberly Mackenzie – presidente da Kim's Clothes Inc., um fabricante médio de roupas para mulheres – está preocupada. Sua empresa vende roupas para a Russ Brothers Department Store há mais de dez anos e nunca teve problemas com o recebimento de pagamentos pela mercadoria vendida. Atualmente, a Russ Brothers deve para a Kim's Clothes $ 65.000 pela linha esportiva de primavera que foi entregue no armazém duas semanas atrás. A preocupação de Kim surgiu da leitura de um artigo de ontem no *Wall Street Journal* que dizia que a Russ Brothers estava com graves problemas financeiros. Além disso, o artigo afirmava que a administração da Russ Brothers estava pensando em requerer a reestruturação ou até mesmo a liquidação perante um tribunal federal de falências.

A preocupação imediata de Kim foi se cobraria ou não seus recebíveis se a Russ Brothers fosse à falência. Ao pensar na situação, Kim também considerou que ela não sabia nada sobre os processos que as empresas enfrentam quando se deparam com graves dificuldades financeiras. Para saber mais sobre falência, reestruturação e liquidação, Kim pediu a Ron Mitchell, gerente financeiro da empresa, que preparasse um resumo sobre o caso para todo o conselho de administração. Por sua vez, Ron pediu para você, um analista recém-contratado, que preparasse a base para o resumo, respondendo às seguintes perguntas:

a. (1) Quais foram as maiores causas de fracasso comercial?

    (2) Os fracassos comerciais ocorreram de modo igual ao longo do tempo?

    (3) Qual tamanho de empresa, grande ou pequena, está mais propenso ao fracasso comercial? Por quê?

b. Quais são os principais problemas que os administradores devem enfrentar no processo de dificuldades financeiras?

c. Quais procedimentos informais estão disponíveis para as empresas em dificuldades financeiras? Ao responder esta questão, defina os seguintes termos:

    (1) Composição informal

    (2) Reestruturação

    (3) Prorrogação

    (4) Composição

    (5) Cessão

    (6) Cessionário (agente fiduciário)

d. Descreva brevemente a Lei de Falências dos Estados Unidos, incluindo os seguintes termos:

    (1) Capítulo 11

    (2) Capítulo 7

    (3) Administrador

    (4) Falência voluntária

    (5) Falência involuntária

e. Quais são as maiores diferenças entre reestruturação informal e reestruturação em situação de falência? Ao responder esta questão, aborde os seguintes itens:

    (1) Problema da comunidade das dívidas

    (2) O problema da não participação na renegociação das dívidas societárias

    (3) Suspensão automática

    (4) Imposição de plano de recuperação judicial

    (5) Transmissão fraudulenta

f. O que é uma falência programada? Por que as falências programadas se tornaram mais populares nos últimos anos?

g. Descreva brevemente os créditos prioritários na liquidação do Capítulo 7.

h. Assumindo que a Russ Brothers falharia efetivamente, e que tinha o seguinte balanço geral quando foi liquidada (em milhões de dólares):

Ativos circulantes	$ 40,0	Contas a pagar	$ 10,0
Ativo fixo líquido	5,0	Títulos a pagar (aos bancos)	5,0
		Salários a pagar	0,3
		Impostos federais	0,5
		Impostos estaduais e municipais	0,2
		Dívidas atuais	$ 16,0
		Hipoteca de primeiro grau	3,0
		Hipoteca de segundo grau	0,5
		Debêntures subordinadas[a]	4,0
		Total das dívidas de longo prazo	$ 7,5
		Ações preferenciais	1,0
		Ações ordinárias	13,0
		Capital integralizado	2,0
		Lucros retidos	5,5
		Total de ações	$ 21,5
Total do ativo	$ 45,0	Total do passivo	$ 45,0

[a]As debêntures estão subordinadas aos títulos a pagar.

A venda da liquidação gerou o seguinte resultado:

Da venda dos ativos circulantes	$ 14.000.000
Da venda do ativo fixo	2.500.000
Total	$ 16.500.000

Para simplificar, considere que não houve custos de administração ou nenhuma outra obrigação nos procedimentos de liquidação. Também considere que as obrigações hipotecárias estejam garantidas pela totalidade do ativo fixo. O que cada credor receberia da distribuição na liquidação?

Temas avançados

Teoria da carteira e modelos de precificação de ativos

Os norte-americanos adoram fundos mútuos. Por volta de 1985, eles investiram cerca de $ 495 bilhões em fundos mútuos, o que não é exatamente uma quantia insignificante. Em maio de 2012, entretanto, investiram mais de $ 11,9 trilhões em fundos mútuos! A quantidade de dinheiro investida não somente fez os preços subirem, mas fez surgir uma variedade de fundos impressionante. Você pode comprar fundos especializados em praticamente qualquer tipo de ativo: fundos especializados em ações de uma empresa em particular, em um continente em particular ou em um país em particular. Existem fundos do mercado monetário que investem apenas em Letras do Tesouro e em outras obrigações de curto prazo, e até fundos que possuem obrigações municipais de um Estado específico.

Para aqueles com consciência social, existem fundos que se recusam a ter ações de empresas que poluem, vendem produtos do tabaco ou têm forças de trabalho que não sejam culturalmente diferentes. Para outros, existe "o fundo dos pecados" que investe apenas em cervejarias, empresas de equipamento militar, empresas de tabaco e afins.

Você pode comprar um fundo de índice que possui uma carteira das ações que vêm de apenas um índice, tal como o S&P 500, e que não tenta ir além dos ganhos do mercado. Ao contrário, os fundos de índices buscam minimizar as despesas e repassam os ganhos para os investidores. Fundos negociados em bolsa, ou ETF, têm, na prática, as suas próprias ações negociadas na bolsa de valores. ETFs diferentes possuem carteiras variadas, abrangendo desde o S&P 500 até empresas mineradoras de ouro e de petróleo do Oriente Médio, e suas taxas para os investidores de longo prazo são muito baixas. No outro extremo, há os hedges, que são fundos em dinheiro fornecido por instituições e indivíduos ricos que são ativamente geridos – mesmo na medida de assumir uma empresa na carteira e gerir suas operações – e têm custos relativamente altos.

Como você lerá neste capítulo, pense sobre como a Teoria da Carteira, que se tornou amplamente conhecida há 30 anos, influenciou a indústria do fundo mútuo.

Fonte: The Securities Industry and Financial Markets Association, jul. de 2009, http://www.sifma. org/uploadedFiles/Research/Statistics/SIFMA_USKeyStats.pdf.

VALOR INTRÍNSECO DA EMPRESA, RISCO E RETORNOS

No Capítulo 1, falamos que os gestores devem esforçar-se para formar suas empresas mais valiosas e que o valor da empresa é determinado pelo tamanho, tempo e risco do seu fluxo de caixa livre (FCL). No Capítulo 6, discutimos o risco que afeta o custo médio ponderado de capital (CMPC) e o valor. Agora fornecemos critérios adicionais sobre como administrar o risco da carteira e medir o risco da empresa.

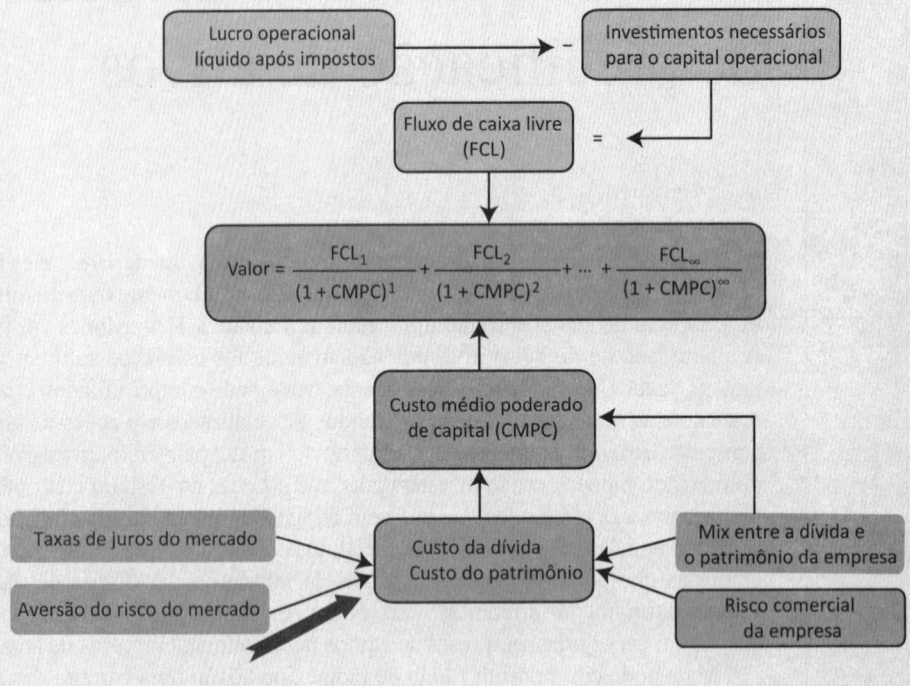

© Cengage Learning 2014

No Capítulo 6, apresentamos os principais elementos da análise de rendimento e de risco. Vimos que parte do risco das ações pode ser eliminado pela diversificação; assim, investidores racionais devem ter carteiras de ações em vez de uma única ação. Introduzimos o **modelo de precificação de ativos financeiros** (CAPM), que une o risco e as taxas de rendimento exigidas e utiliza o coeficiente beta da ação como uma importante medida do risco. Neste capítulo, estendemos esses conceitos e explicamos a teoria da carteira. Então, apresentamos uma discussão detalhada sobre CAPM, inclusive sobre como os betas são calculados. Também descrevemos o modelo da Teoria da Precificação por Arbitragem.

25-1 Carteiras eficientes

Relembre, do Capítulo 6, o importante papel no risco da carteira que é desempenhado pela correlação entre ativos. Uma utilização importante do conceito do risco de carteira é selecionar **carteiras eficientes**, definidas como aquelas que fornecem o maior rendimento esperado para qualquer grau de risco – ou o menor grau de risco para qualquer rendimento esperado. Comecemos com o caso de dois ativos e depois passemos ao caso geral de N ativos.

25-1a   Caso de dois ativos

Considere dois ativos, A e B. Suponha que tenhamos estimado os rendimentos esperados $(\hat{r}_A$ e $\hat{r}_B)$, os desvios padrão $(\sigma_A$ e $\sigma_B)$ dos rendimentos e o coeficiente de correlação dos (ρ_{AB}) rendimentos.[1] O rendimento esperado e o desvio padrão (SD) para uma carteira que contém esses dois ativos são demonstrados pela seguinte equação:

$$\hat{r}_p = w_A\hat{r}_A + (1-w_A)\hat{r}_B \qquad \textbf{(25-1)}$$

e

$$\text{Carteira SD} = \sigma_P = \sqrt{w_A^2\sigma_A^2 + (1-w_A)^2\sigma_B^2 + 2w_A(1-w_A)\rho_{AB}\sigma_A\sigma_B} \qquad \textbf{(25-2)}$$

Aqui w_A é a fração da carteira investida no Título A, e $(1-w_A)$ é a fração investida no Título B.

Para ilustrar, suponha que possamos alocar nossos fundos entre A e B em qualquer proporção. Suponha que o Título A tenha uma taxa esperada de rendimento de $\hat{r}_A = 5\%$ e um desvio padrão de rendimentos de $\sigma_A = 4\%$, enquanto $\hat{r}_B = 8\%$ e $\sigma_B = 10\%$. Nossa primeira tarefa é determinar o conjunto de carteiras *alcançáveis* e, então, desse conjunto alcançável, selecionar um subconjunto *eficiente*.

Para construirmos um conjunto alcançável, precisamos de dados sobre o grau de correlação entre os rendimentos esperados dos dois títulos mobiliários, ρ_{AB}. Vamos trabalhar com três graus diferentes de correlação assumidos – ou seja, $\rho_{AB} = +1,0$, $\rho_{AB} = 0$ e $\rho_{AB} = -1,0$ – e utilizá-los para desenvolver os rendimentos esperados da carteira, $\hat{r}_p$, e os desvios padrão, σ_p. (Obviamente, pode existir apenas uma correlação; nosso exemplo mostra simplesmente três situações alternativas que podem ocorrer.)

Para calcularmos $\hat{r}_p$, utilizamos a Equação 25-1: substitua os valores dados por $\hat{r}_A$ e $\hat{r}_B$ e depois calcule $\hat{r}_p$ para valores diferentes de w_A. Por exemplo, se $w_A = 0,75$, portanto $\hat{r}_p = 5,75\%$:

$$\hat{r}_p = w_A\hat{r}_A + (1-w_A)\hat{r}_B$$
$$= 0,75(5\%) + 0,25(8\%) = 5,75\%$$

Outros valores de $\hat{r}_p$ são encontrados de modo semelhante e mostrados na terceira coluna da Figura 25-1.

Depois, utilizamos a Equação 25-2 para encontrar σ_p. Substituímos os valores dados por σ_A, σ_B e ρ_{AB} e depois calculamos σ_p para valores diferentes de w_A. Por exemplo, se $\rho_{AB} = 0$ e $w_A = 0,75$, então $\sigma_p = 3,9\%$:

$$\sigma_P = \sqrt{w_A^2\sigma_A^2 + (1-w_A)^2\sigma_B^2 + 2w_A(1-w_A)\rho_{AB}\sigma_A\sigma_B}$$
$$= \sqrt{(0,75^2)(0,04^2) + (1-0,75)^2(0,10^2) + 2(0,75)(1-0,75)(0)(0,04)(0,10)}$$
$$= \sqrt{0,0009 + 0,000625 + 0} = \sqrt{0,001525} = 0,039 = 3,9\%$$

A Figura 25-1 fornece os valores de $\hat{r}_p$ e σ_p para $w_A = 1,00$, 0,75, 0,50, 0,25, e 0,00, e a Figura 25-2 representa graficamente $\hat{r}_p$, σ_p e o conjunto acessível de carteiras para cada correlação. Observe em ambos, na tabela e nos gráficos, os pontos seguintes:

1. Os três gráficos na primeira fileira da linha da Figura 25-2 indicam o Caso I, em que os dois ativos estão positivamente correlacionados; isso é $\rho_{AB} = +1,0$. Os três gráficos na fileira do meio estão para o caso de correlação zero, e os três na fileira inferior estão negativamente correlacionados.
2. Raramente encontramos $\rho_{AB} = -1,0$, 0,0, ou +1,0. Geralmente, ρ_{AB} está na ordem de +0,5 até +0,7 para a maior parte das ações. O Caso II (correlação zero) produz gráficos que, de modo ilustrativo, lembram mais os exemplos do mundo real.

---

[1] Veja o Capítulo 6 para definições utilizando dados históricos para estimar o rendimento esperado, o desvio padrão, a covariação e a correlação.

FIGURA 25-1

$\hat{r}_p$ e σ_p sob várias hipóteses

PROPORÇÃO DA CARTEIRA NO TÍTULO A (VALOR DE w_A)	PROPORÇÃO DA CARTEIRA NO TÍTULO B (VALOR DE 1 - w_A)	$\hat{r}_p$	σ_p		
			CASO I (ρ_{AB} = +1,0)	CASO II (ρ_{AB} = 0)	CASO III (ρ_{AB} = - 1,0)
1,00	0,00	5,00%	4,0%	4,0%	4,0%
0,75	0,25	5,75	5,5	3,9	0,5
0,50	0,50	6,50	7,0	5,4	3,0
0,25	0,75	7,25	8,5	7,6	6,5
0,00	1,00	8,00	10,0	10,0	10,0

3. A coluna esquerda dos gráficos mostra como os *rendimentos esperados da carteira* variam com diferentes combinações de A e B. Vemos que esses gráficos são idênticos em cada um dos três casos: o rendimento da carteira, $\hat{r}_p$, é uma função linear de w_A, e não depende dos coeficientes de correlação. Isso também é visto da coluna $\hat{r}_p$ na Figura 25-1.

4. A coluna do meio dos gráficos mostra como o risco é afetado pelo mix da carteira. A partir do topo, vemos que o risco da carteira, σ_p, aumenta linearmente no Caso I, enquanto ρ_{AB} = +1,0; não é linear no Caso II; e o Caso III mostra que o risco pode ser completamente eliminado pela diversificação se ρ_{AB} = - 1,0. Assim σ_p, diferente de $\hat{r}_p$, *depende* de correlação.

5. Observe que nos Casos II e III, mas não no Caso I, alguém que possua apenas a Ação A pode vender algumas ações da A e comprar algumas da B, aumentado, dessa forma, o rendimento esperado e diminuindo também o risco.

6. A coluna direita dos gráficos mostra o conjunto de carteiras alcançáveis ou possíveis construído com mix diferente de Papéis A e B. Diferente das outras colunas, que demonstraram graficamente o risco e o rendimento contra a composição da carteira, cada um desses três gráficos baseiam-se nos pares de $\hat{r}_p$ e σ_p conforme demonstrado na Figura 25-1. Por exemplo, o Ponto A no gráfico acima à direita é o ponto $\hat{r}_p$ = 5%, σ_p = 4% dos dados do Caso I. Todos os outros pontos nas curvas foram demonstrados graficamente de modo semelhante. Com apenas dois títulos na carteira, o conjunto atingível é a curva ou linha, e podemos obter cada combinação de risco/rendimento na curva pertinente por alguma alocação dos nossos fundos de investimento entre os Títulos A e B.

7. Todas as combinações do conjunto acessível são igualmente boas? A resposta é "não". Apenas aquela parte do conjunto possível de Y até B nos Casos II e III é definida como *eficiente*. A parte de A até Y é ineficiente, pois, para qualquer grau de risco no segmento da linha AY, um rendimento maior pode ser encontrado no segmento YB. Desse modo, nenhum investidor racional manteria uma carteira que dependesse do segmento AY. No Caso I, entretanto, todo o conjunto possível é eficiente – nenhuma combinação de títulos pode ser rejeitada.

Desses exemplos, verificamos que, em um caso extremo (ρ = - 1,0), o risco pode ser completamente eliminado, enquanto no outro caso extremo (ρ = +1,0), a diversificação não proporciona nenhum benefício, qualquer que seja. Entre esses extremos, combinar duas ações em uma carteira eficiente reduz, mas não elimina, o risco inerente nas ações individuais. Se diferenciarmos a Equação 25-2, fixar o derivativo igual a zero e depois obter w_A, obtemos a fração da carteira que deve ser investida no Título A, se quisermos formar a carteira menos arriscada. Eis a equação:

$$\text{Carteira de risco mínimo: } w_A = \frac{\sigma_B (\sigma_B - \rho_{AB}\sigma_A)}{\sigma_A^2 + \sigma_B^2 - 2\rho_{AB}\sigma_A\sigma_B} \qquad \textbf{(25-3)}$$

Um valor w_A negativo significa que o Título A é vendido a descoberto; se w_A for maior que 1, B é vendido a descoberto. Em uma venda a descoberto, você toma emprestado ações de um corretor de valores e as vende esperando comprá-las depois (a um preço menor) com o objetivo de reembolsar a pessoa que as vendeu. Se você apostar na baixa de uma ação e o preço da ação aumentar, você perde, mas ganha se o preço cair. Se a

FIGURA 25-2
Ilustrações de rendimentos, risco de carteira e conjunto acessível de carteiras

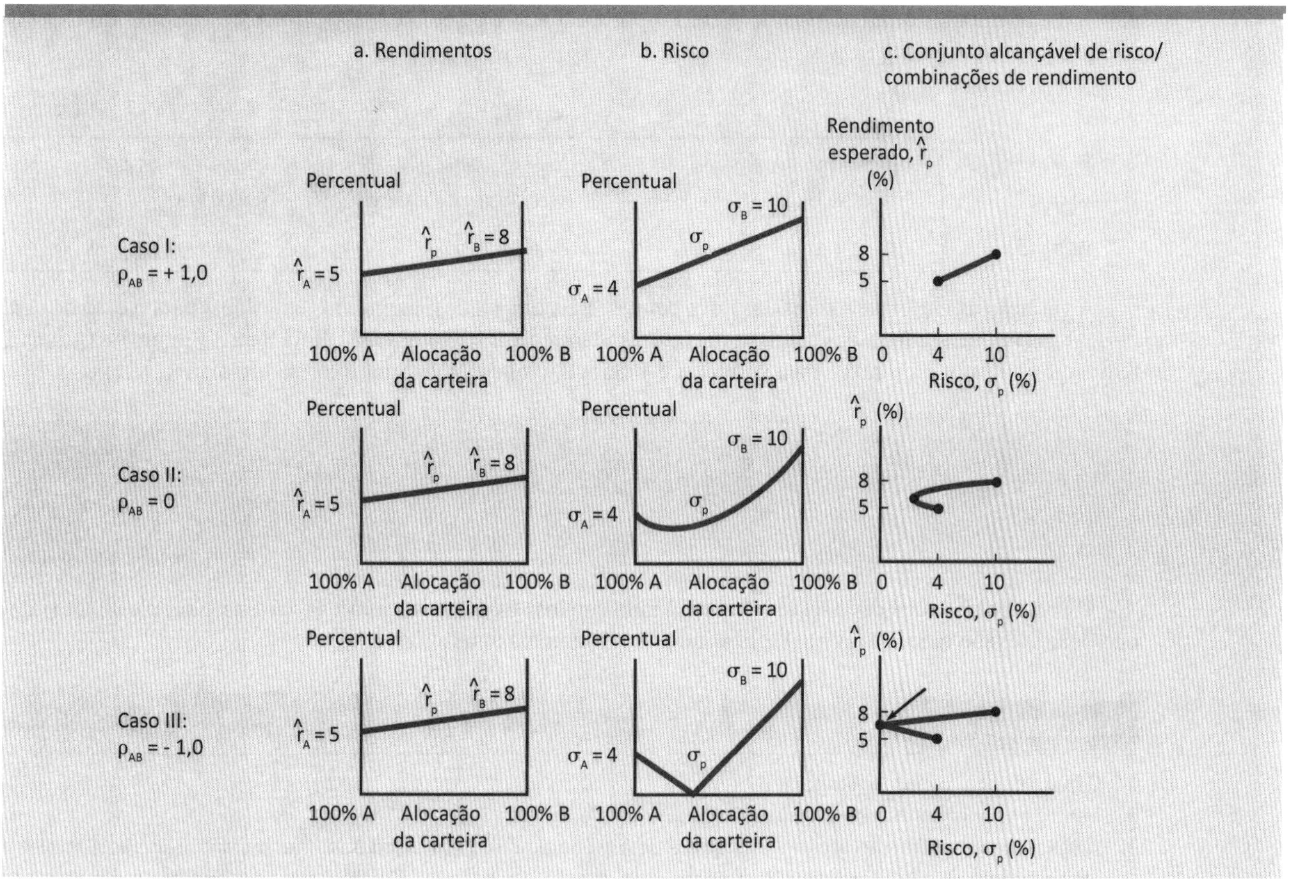

ação pagar um dividendo, você deve pagar esse dividendo ao corretor, que o repassa ao cliente que forneceu as ações. Portanto, vender uma ação a descoberto equivale à posse de uma ação negativa.

Para encontrar a carteira de risco mínimo se as vendas a descoberto não são utilizadas, limite w_A ao intervalo de 0 até +1,0; isto é, se o valor da solução for $w_A > 1,0$, defina w_A como 1,0, e se w_A for negativo, defina w_A em 0,0.

25-1b Caso de N ativos

Os mesmos princípios do caso de dois ativos também podem ser aplicados quando a carteira é composta por N ativos. Aqui está a notação para o Caso de N Ativos: o percentual do investimento no ativo i (o peso da carteira) é w_i, o rendimento esperado sobre o ativo i é $\hat{r}_i$, o desvio padrão do ativo i é σ_i e a correlação entre o ativo i e o ativo j é ρ_{ij}. O rendimento esperado para uma carteira com N ativos é:

$$\hat{r}_p = \sum_{i=1}^{N} w_i \hat{r}_i$$

(25-4)

e a variação da carteira é:

$$\sigma_p^2 = \sum_{i=1}^{N} \sum_{j=1}^{N} w_i w_j \sigma_i \sigma_j \rho_{ij}$$

(25-5)

Para o caso no qual i = j, a correlação é $\rho_{ij} = \rho_{ii} = 1$. Observe também que, quando i = j, o produto $\sigma_i \sigma_j = \sigma_i \sigma_i = \sigma_i^2$.

Um modo de aplicar a Equação 25-5 é fixar uma tabela com uma fileira e uma coluna para cada ativo. Coloque os títulos nas fileiras e nas colunas mostrando os pesos dos ativos e os desvios padrão. Preencha cada célula na tabela multiplicando os valores nos topos da fileira e da coluna pela correlação entre os ativos, conforme demonstrado a seguir:

	$w_1\sigma_1$ (1)	$w_2\sigma_2$ (2)	$w_3\sigma_3$ (3)
$w_1\sigma_1$ (1)	$w_1\sigma_1 w_1\sigma_1 \rho_{11} = w^2_1\sigma^2_1$	$w_1\sigma_1 w_2\sigma_2 \rho_{12}$	$w_1\sigma_1 w_3\sigma_3 \rho_{13}$
$w_2\sigma_2$ (2)	$w_2\sigma_2 w_1\sigma_1 \rho_{21}$	$w_2\sigma_2 w_2\sigma_2 \rho_{22} = w^2_2\sigma^2_2$	$w_2\sigma_2 w_3\sigma_3 \rho_{23}$
$w_3\sigma_3$ (3)	$w_3\sigma_3 w_1\sigma_1 \rho_{31}$	$w_3\sigma_3 w_2\sigma_2 \rho_{32}$	$w_3\sigma_3 w_3\sigma_3 \rho_{33} = w^2_3\sigma^2_3$

A variação da carteira é a soma das nove células. Pela diagonal, substituímos os valores para o caso no qual i = j. Observe que algumas das células têm valores idênticos. Por exemplo, a célula para a Fileira 1 e Coluna 2 tem o mesmo valor da célula para a Coluna 1 e Fileira 2, o que sugere uma fórmula alternativa:

$$\sigma^2_p = \sum_{i=1}^{N} w^2_i\sigma^2_i + \sum_{i=1}^{N} \sum_{\substack{j=1 \\ j \neq i}}^{N} w_i\sigma_i w_j\sigma_j \rho_{ij} \qquad \textbf{(25-5a)}$$

O principal fato que deve ser lembrado quando calcular os desvios padrão da carteira é simplesmente isso: não deixe de lado nenhum termo. Utilizar uma tabela como a anterior ajudará.

Autoavaliação

1. O que significa "conjunto alcançável"?
2. Dentro do conjunto alcançável, quais são as carteiras "eficientes"?
3. A Ação A tem rendimento esperado de 10% e desvio padrão de 35%. A Ação B tem rendimento esperado de 15% e desvio padrão de 45%. A correlação eficiente entre a Ação A e a B é 0,3. Quais são os rendimentos esperados e os desvios padrão de uma carteira que investe 60% na Ação A e 40% na Ação B? **(12,0%; 31,5%)**

25-2   Escolhendo a melhor carteira

Com apenas dois ativos, o conjunto viável de carteiras é uma linha ou curva conforme mostrado na terceira coluna dos gráficos na Figura 25-2. Entretanto, aumentando o número de ativos, obtemos uma área, tal como a região sombreada na Figura 25-3. Os pontos A, H, G e E representam papéis únicos (ou carteiras que contêm um único título). Todos os outros pontos na área sombreada e seus limites, que compreendem o conjunto viável, representam carteiras de um ou mais títulos mobiliários. Cada ponto nessa área representa uma carteira particular com um risco de σ_p e um rendimento esperado de $\hat{r}_p$. Por exemplo, o ponto X representa determinado risco de carteira e o rendimento esperado, como faz cada um dos pontos B, C e D.

Dado o conjunto completo de potenciais carteiras que podem ser construídas dos ativos disponíveis, qual carteira deve ser realmente mantida? Essa escolha envolve duas decisões separadas: (1) determinar o conjunto eficiente de carteiras; e (2) escolher do conjunto eficiente a única carteira que seja a melhor para o investidor específico.

25-2a Fronteira eficiente

Na Figura 25-3, a linha divisória BCDE define o conjunto eficiente de carteiras, também chamado de **fronteira eficiente**.[2] As carteiras à esquerda do conjunto eficiente não são possíveis porque ficam fora do conjunto alcançável. As carteiras à direita da linha divisória (carteiras internas) são ineficientes porque algumas outras forneceriam tanto um rendimento maior para o mesmo grau de risco ou risco menor para a mesma taxa de rendimento. Por exemplo, a Carteira X é *dominada* nesse sentido por todas as carteiras na curva CD.

---

[2] Um procedimento computacional para determinar o conjunto eficiente de carteiras foi desenvolvido por Harry Markowitz e reportado, em princípio, no seu artigo "Portfolio selection", *Journal of Finance*, p. 77-91, mar. de 1952. Nesse artigo, Markowitz desenvolveu os conceitos básicos da Teoria da Carteira e, posteriormente, ganhou o Prêmio Nobel de economia pelo seu trabalho.

FIGURA 25-3

Conjunto eficiente de investimentos

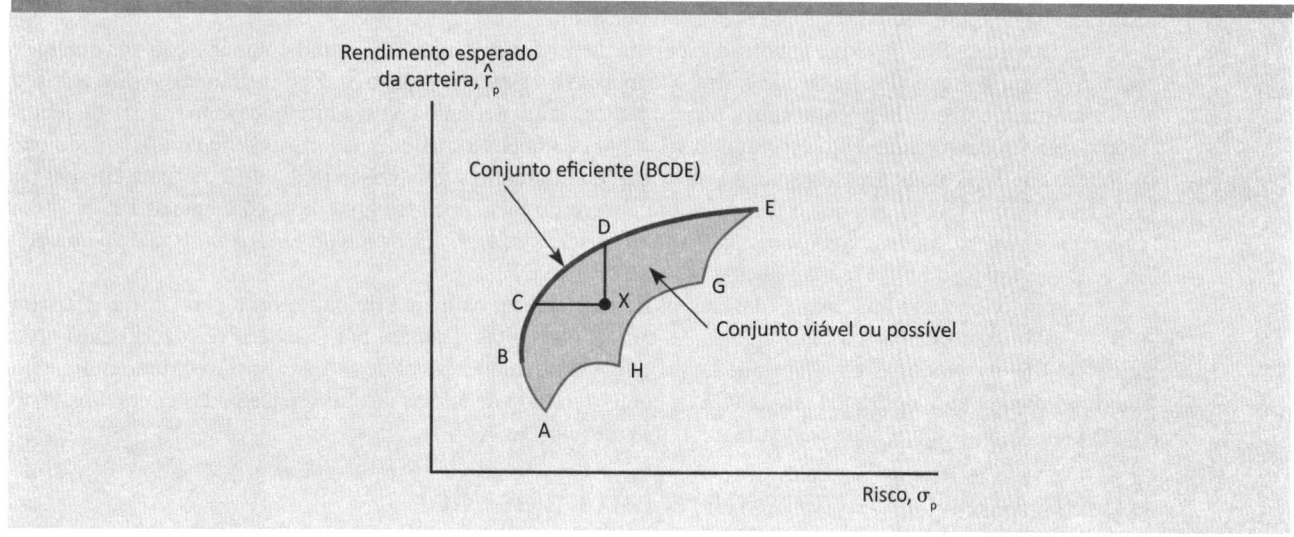

25-2b Curvas de indiferença de risco-rendimento

Dado o conjunto eficiente de carteiras, qual carteira específica o investidor deve escolher? Para determinarmos a melhor carteira para um investidor particular, devemos conhecer a atitude do investidor em direção ao risco conforme refletido em seu conflito de escolha na função risco-rendimento ou **curva de indiferença**.

Um conflito de escolha na função risco-rendimento está baseado nos conceitos de padrão econômico da teoria da utilidade e curva de indiferenças, ilustrados na Figura 25-4. As curvas denominadas I_Y e I_Z representam as curvas de indiferença dos Indivíduos Y e Z. A curva da Srta. Y indica indiferença entre uma carteira de

FIGURA 25-4

Curvas de indiferença de risco-rendimento

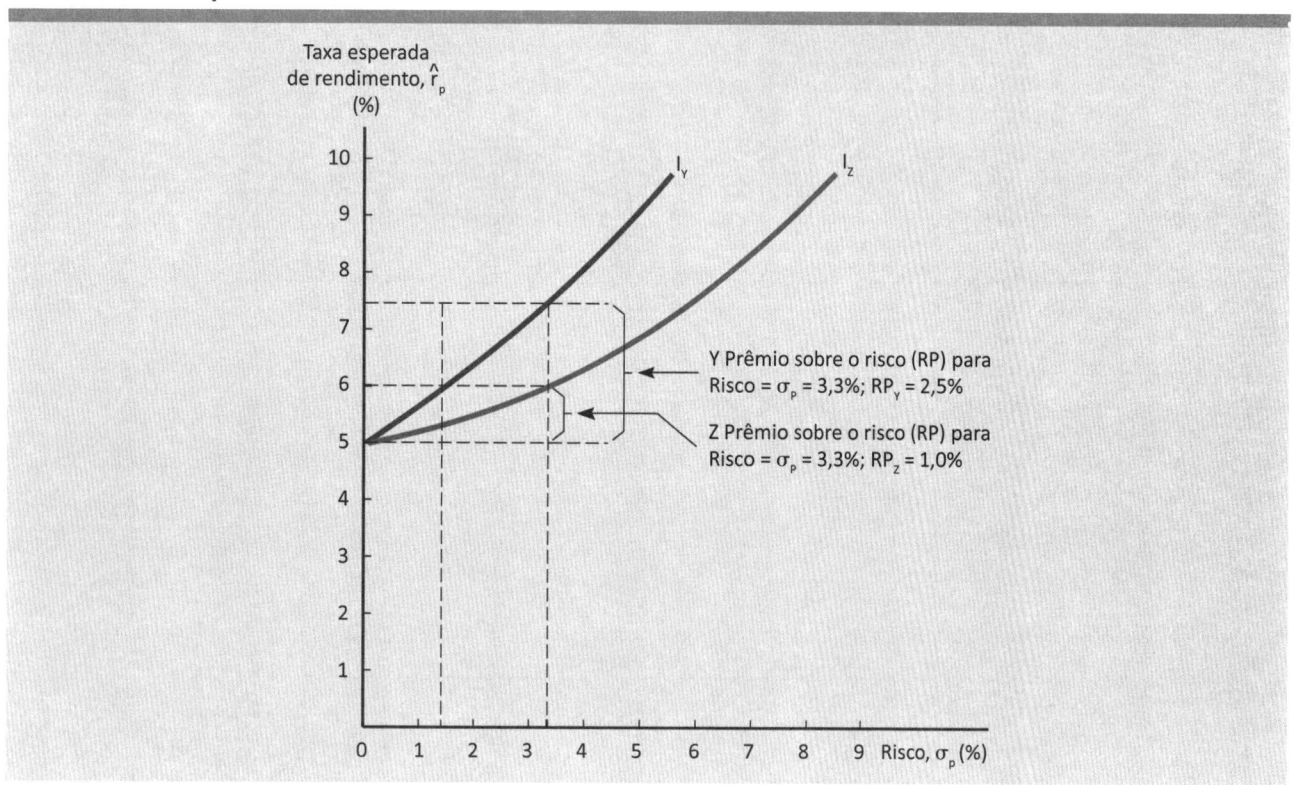

rendimento sem riscos de 5%, uma carteira com um rendimento esperado de 6%, mas um risco de $\sigma_p = 1,4\%$ e assim por diante. A curva do Sr. Z indica indiferença entre um rendimento de 5% sem risco, um rendimento esperado de 6% com risco de $\sigma_p = 3,3\%$ e assim por diante.

Observe que a Srta. Y exige uma taxa esperada de rendimento mais alta como compensação por qualquer valor de risco; desse modo, diz-se que a Srta. Y é mais **avessa ao risco** que o Sr. Z. Sua grande aversão ao risco induz a Srta. Y a pedir um **prêmio sobre o risco** maior – aqui definido como a diferença entre os 5% do rendimento sem risco e o rendimento esperado exigido para compensar qualquer valor específico do risco – do que o prêmio que Sr. Z exige. Desse modo, a Srta. Y exige um prêmio sobre o risco (RP_Y) de 2,5% para compensar pelo risco de $\sigma_p = 3,3\%$, em que o prêmio sobre o risco do Sr. Z por esse grau de risco é apenas $RP_Z = 1,0\%$. *Como uma generalização, quanto mais inclinada a curva de indiferença de um investidor, mais avesso ao risco ele é.* Desse modo, a Srta. Y é mais avessa ao risco que o Sr. Z.

Cada indivíduo tem um "mapa" das curvas de indiferença; os mapas de indiferença para a Srta. Y e para o Sr. Z estão apresentados na Figura 25-5. As curvas mais altas denotam um grande nível de satisfação (ou utilidade). Desse modo, I_{Z2} é melhor que I_{Z1} porque, para qualquer nível de risco, o Sr. Z tem um rendimento maior esperado e aqui de grande utilidade. Um número infinito de curvas de indiferença pode ser desenhado no mapa para cada pessoa, e cada pessoa tem um mapa exclusivo.

25-2c Melhor carteira para um investidor

A Figura 25-5 mostra também o conjunto viável de carteiras para o caso dos dois ativos, hipótese em que $\rho_{AB} = 0$, e foi desenvolvida na Figura 25-2. A melhor carteira para cada investidor é encontrada no ponto de tangência entre o conjunto eficiente de carteiras e uma das curvas de indiferença do investidor. Esse ponto de tangência marca o alto nível de satisfação que o investidor pode alcançar. A Srta. Y, que é mais avessa ao

FIGURA 25-5

Selecionando a melhor carteira de ativos de risco

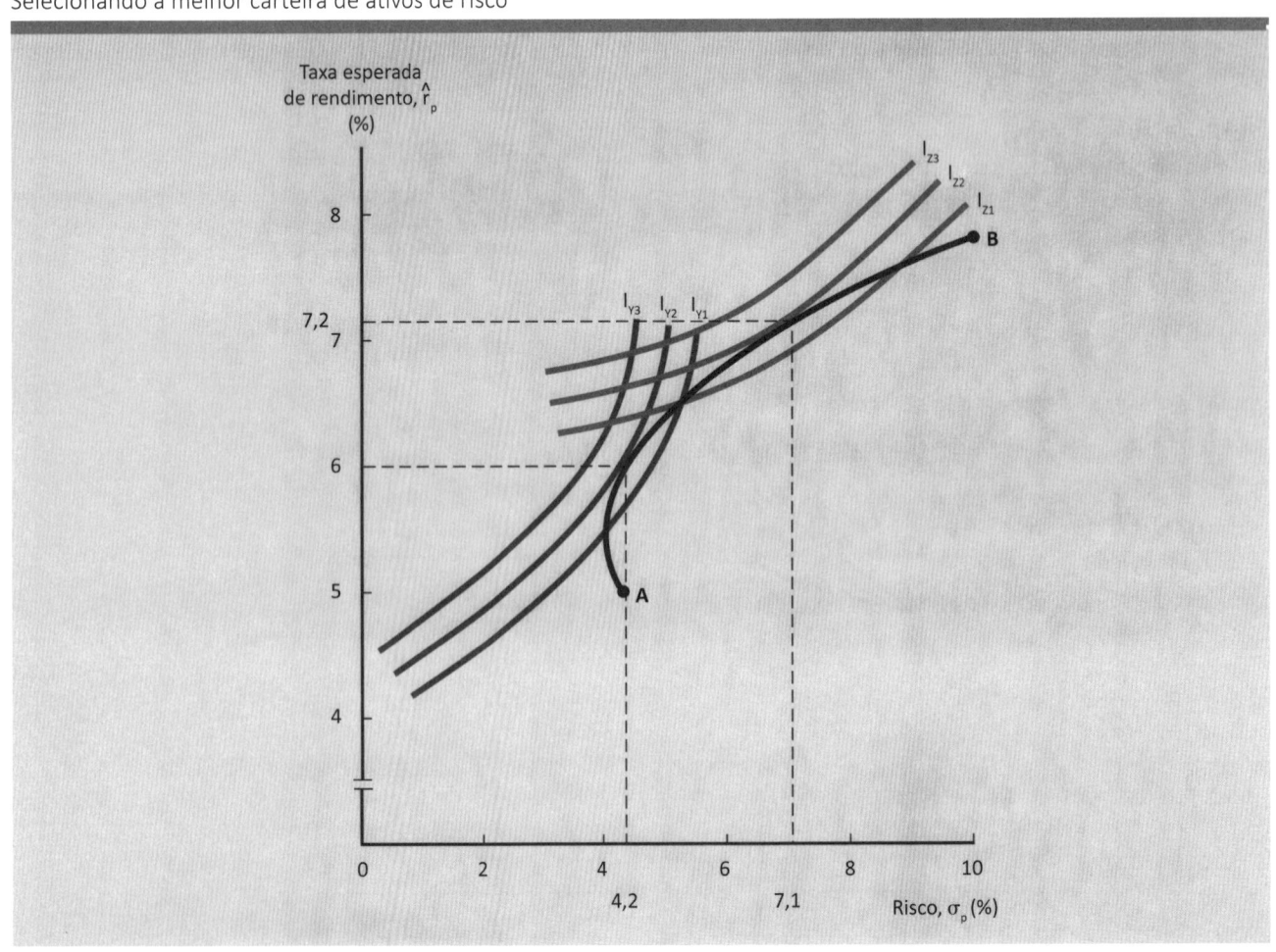

risco que o Sr. Z, escolhe uma carteira com um baixo rendimento esperado (cerca de 6%), mas um risco de apenas $\sigma_p = 4,2\%$. O Sr. Z escolheu uma carteira que oferece um rendimento esperado de aproximadamente 7,2%, mas um risco de aproximadamente $\sigma_p = 7,1\%$. A carteira da Srta. Y é mais ponderada com o título de menor risco, enquanto a carteira do Sr. Z contém uma proporção maior de título de maior risco.[3]

Autoavaliação

1. O que é fronteira eficiente?
2. Quais são as curvas de indiferença?
3. Conceitualmente, como um investidor escolhe a sua melhor carteira?

25-3 Premissas fundamentais do modelo de precificação de ativos financeiros

O **modelo de precificação de ativos financeiros (CAPM)**, apresentado no Capítulo 6, especifica a relação entre o risco e as taxas de rendimento exigidas sobre ativos quando são obtidos de carteiras bem diversificadas. As teorias que fundamentam o desenvolvimento do CAPM estão resumidas na lista a seguir.[4]

1. Todos os investidores consideram um único período de retenção e procuram maximizar a utilidade esperada de suas riquezas terminais escolhendo entre carteiras alternativas com base no rendimento esperado e desvio padrão da cada carteira.
2. Todos os investidores podem pedir ou emprestar um valor ilimitado a uma determinada taxa de juros livre de risco, r_{RF}, e não existem restrições na venda a descoberto de qualquer ativo.
3. Todos os investidores têm estimativas idênticas dos rendimentos esperados, variações e covariações esperadas entre todos os ativos (isto é, os investidores têm estimativas homogêneas).
4. Todos os ativos são perfeitamente divisíveis e líquidos (isto é, comercializáveis ao preço corrente).
5. Não existem custos de transações.
6. Não existem impostos.
7. Todos os investidores são *price takers* (isto é, todos os investidores assumem que suas atividades próprias de compra e venda não afetarão os preços das ações).
8. As quantidades de todos os ativos são determinadas e fixas.

Os acréscimos teóricos na literatura relaxaram algumas dessas premissas e, em geral, conduziram a conclusões de que são razoavelmente consistentes com a teoria básica. Entretanto, a validade de qualquer modelo pode ser estabelecida somente por meio de testes empíricos, que discutiremos neste capítulo.

Autoavaliação

1. Quais são as principais hipóteses do CAPM?

---

[3] A carteira da Srta. Y seria composta de 67% do Título A e 33% do Título B, enquanto a carteira do Sr. Z consistiria de 27% do Título A e 73% do Título B. Esses percentuais podem ser determinados com a Equação 25-1 pela simples visão de qual percentual dos dois títulos é consistente com $\hat{r}_p = 6,0\%$ e 7,2%. Por exemplo, $w_A(5\%) + (1 - w_A)(8\%) = 7,2\%$, e obtendo w_A, chegamos a $w_A = 0,27$ e $(1 - w_A) = 0,73$.

[4] O CAPM originou-se com William F. Sharpe em seu artigo "Capital asset prices: a theory of market equilibrium under conditions of risk", *Journal of Finance*, p. 425-442, set. 1964. O professor Sharpe ganhou o Prêmio Nobel em economia pelo seu trabalho sobre precificação de ativos financeiros. As teorias inerentes ao modelo Sharpe foram esclarecidas por Michael C. Jensen em "Capital markets: theory and evidence", *Bell Journal of Economics and Management Science*, p. 357-398, quarto trimestre de 1972.

25-4 Linha de mercado de capital e linha de mercado de títulos

A Figura 25-5 mostrou o conjunto de oportunidades de carteiras para o caso de dois ativos e ilustrou como as curvas de indiferença podem ser utilizadas para selecionar a melhor carteira do conjunto viável. Na Figura 25-6, mostramos um diagrama semelhante para o caso de muitos ativos, mas aqui incluímos também um ativo livre de risco com um rendimento r_{RF}. O ativo sem risco tem por definição risco zero, $\sigma = 0\%$, mensurado no eixo vertical.

A figura mostra o conjunto viável de carteiras de ativos de risco (a área sombreada) e um conjunto de curvas de indiferença (I_1, I_2, I_3) para um investidor particular. O ponto N, em que a curva de indiferença I_1 é tangente ao conjunto eficiente, representa uma possível escolha de carteira; é o ponto sobre o conjunto eficiente de carteiras de risco em que o investidor obtém o maior rendimento possível para uma dada quantia de risco e o menor grau de risco para um dado rendimento esperado.

Entretanto, o investidor pode fazer melhor do que a Carteira N encontrando uma curva de indiferença maior. Em acréscimo ao conjunto viável de carteiras de risco, agora temos um ativo livre de risco que fornece um rendimento sem risco, r_{RF}. Dado o ativo livre de risco, os investidores podem criar novas carteiras que combinam o ativo livre de risco com uma carteira de ativos de risco. Isso permite conseguir qualquer combinação de risco e rendimento na linha reta ligando r_{RF} com M, o ponto de tangência entre aquela linha reta e a fronteira eficiente das carteiras de ativos de risco.[5] Algumas carteiras na linha $r_{RF}MZ$ serão preferíveis às maiores carteiras de risco na fronteira eficiente BNME, assim os pontos na linha $r_{RF}MZ$ representam agora as melhores combinações acessíveis de risco e rendimento.

Dadas as novas oportunidades ao longo da linha $r_{RF}MZ$, nosso investidor deslocará do Ponto N para o Ponto R, que está acessível na mais alta curva de indiferença de risco-rendimento. Observe que qualquer ponto na antiga fronteira eficiente BNME (exceto o ponto de tangência M) é dominado por alguns pontos ao longo da linha $r_{RF}MZ$. Em geral, desde que os investidores possam criar novas carteiras que combinem o ativo livre de risco e alguns da carteira de risco (M), será possível deslocar para um ponto tal como R. Além disso, se o investidor pode pedir, bem como emprestar (emprestar é equivalente a comprar obrigações livres de risco)

---

[5] As combinações de risco-rendimento entre um ativo livre de risco e um ativo de risco (uma única ação ou uma carteira de ações) serão sempre lineares. Para verificar isso, considere as seguintes equações que foram desenvolvidas previamente para rendimento $(\hat{r}_p)$ e risco (σ_p) para qualquer combinação w_{RF} e $(1 - w_{RF})$:

$$\hat{r}_p = w_{RF}r_{RF} + (1 - w_{RF})\hat{r}_M \qquad \text{(25-1a)}$$

e

$$\sigma_P = \sqrt{w_{RF}^2\sigma_{RF}^2 + (1 - w_{RF})^2\sigma_M^2 + 2w_{RF}(1 - w_{RF})\rho_{RF,\,M}\sigma_{RF}\sigma_M} \qquad \text{(25-2a)}$$

A Equação 25-1a é linear. Já para a Equação 25-2a, sabemos que r_{RF} é o ativo livre de risco, então $\sigma_{RF} = 0$; portanto, σ_{RF}^2 é também zero. Utilizando essa informação, podemos simplificar a Equação 25-2a conforme se segue:

$$\sigma_P = \sqrt{(1 - w_{RF})^2\sigma_M^2} = (1 - w_{RF})\sigma_M \qquad \text{(25-2b)}$$

Desse modo, σ_p também é linear quando um ativo livre de risco é combinado com uma carteira de ativos de risco. Se o rendimento esperado, conforme mensurado por $\hat{r}_p$, e o risco, conforme mensurado por σ_p, forem funções lineares de w_{RF}, a relação entre $\hat{r}_p$ e σ_p, quando representada graficamente conforme a Figura 25-6, também deve ser linear. Por exemplo, se 100% da carteira for investida em r_{RF} com um rendimento de 8%, o rendimento da carteira será de 8% e σ_p será 0. Se 100% for investido em M, com $r_M = 12\%$ e $\sigma_M = 10\%$, $\sigma_p = 1,0(10\%) = 10\%$ e $\hat{r}_p = 0(8\%) + 1,0(12\%) = 12\%$. Se 50% da carteira for investida em M e 50% no ativo livre de risco, então $\sigma_p = 0,5(10\%) = 5\%$ e $\hat{r}_p = 0,5(8\%) + 0,5(12\%) = 10\%$. A mensuração desses pontos revelará a relação linear dada entre $r_{RF}MZ$ na Figura 25-6.

FIGURA 25-6

Equilíbrio do investidor: combinando o ativo livre de risco com a carteira do mercado

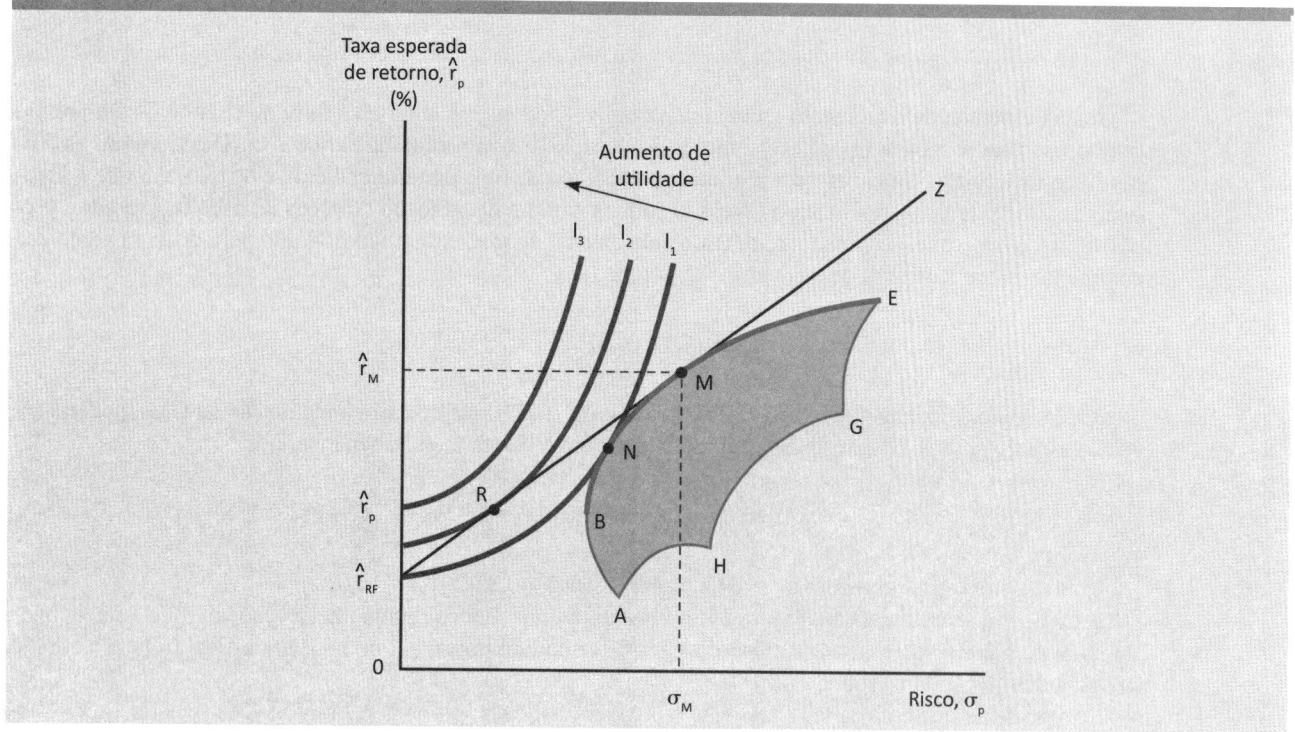

à menor taxa r_{RF}, então é possível deslocar-se no segmento de linha MZ; um investidor faria isso se a sua curva de indiferença fosse tangente à r_{RF}MZ, à direita do Ponto M.[6]

Todos os investidores devem manter carteiras que se situem na linha r_{RF}MZ nas condições presumidas no CAPM. Isso implica que devem manter carteiras que sejam combinações de títulos livres de risco e a Carteira de risco M. Desse modo, o acréscimo do ativo livre de risco modifica totalmente o conjunto eficiente: o conjunto eficiente agora se situa ao longo da linha r_{RF}MZ em vez de ao longo da curva BNME. Observe que, se o mercado de capitais estiver em equilíbrio, M deve ser uma carteira que contém cada ativo de risco na exata proporção daquela fração do valor total de mercado de todos os ativos. Em outras palavras, se o título i é X por cento do valor total de mercado de todos os títulos mobiliários, então X por cento da carteira de mercado M deve consistir no título i. (Isto é, M é o valor de mercado avaliado da carteira de *todos* os ativos de risco na economia.) Desse modo, todos os investidores devem manter carteiras que se situem na linha r_{RF} MZ, com a localização particular da carteira individual determinada pelo ponto no qual sua curva de indiferença seja tangente à linha.

A linha r_{RF}MZ na Figura 25-6 é chamada de **linha de mercado de capitais (CML)**. Ela tem uma intersecção de r_{RF} e uma inclinação de $(\hat{r}_M - r_{RF})/\sigma_M$.[7] Por essa razão, a equação para a linha de mercado de capitais pode ser expressa como se segue:

[6] Um investidor altamente avesso ao risco terá uma curva de indiferença fortemente inclinada e acabará por manter apenas o ativo livre de risco ou, talvez, uma carteira no ponto tal como R (isto é, manter alguma carteira de mercado de risco e algum ativo livre de risco). Um investidor que seja apenas um pouco avesso ao risco terá uma curva de indiferença relativamente nivelada, que proporcionará o deslocamento mais distante de M em direção a Z, apropriando ao assim fazê-lo. Esse investidor poderia comprar ações de margem, que significa comprar e utilizar as ações como garantia. Se as taxas de apropriação individuais forem maiores que r_{RF}, então a linha r_{RF}MZ declinará (isto é, menos angulosa) mais distante de M. Essa condição invalidará a CAPM básica ou requererá ao menos que seja modificada. Por essa razão, a hipótese de ser capaz de comprar ou vender na mesma taxa é decisiva para a teoria CAPM.

[7] Lembre que a inclinação de qualquer linha é mensurada como $\Delta Y/\Delta X$, ou a mudança no nível associada com uma dada alteração na distância horizontal. Aqui r_{RF} está em 0 no eixo horizontal, então $\Delta X = \sigma_M - 0 = \sigma_M$. A diferença no eixo vertical associada com a mudança de r_{RF} para $\hat{r}_M$ é $\hat{r}_M - r_{RF}$. Por essa razão, a inclinação $= \Delta Y/\Delta X = (\hat{r}_M - r_{RF})/\sigma_M$.

$$\text{CML: } \hat{r}_p = r_{RF} + \left(\frac{\hat{r}_M - r_{RF}}{\sigma_M} \right) \sigma_p \qquad \textbf{(25-6)}$$

A taxa esperada de rendimento *sobre uma carteira eficiente* é igual à taxa livre de risco mais um prêmio sobre o risco que é igual a $(\hat{r}_M - r_{RF})/\sigma_M$, multiplicado pelo desvio padrão da carteira, σ_p. Desse modo, a CML especifica uma relação linear entre o rendimento esperado de uma carteira eficiente e o risco, em que a inclinação da CML é igual ao rendimento esperado sobre a carteira de mercado de ações de risco $(\hat{r}_M)$ *menos* a taxa livre de risco (r_{RF}), que é chamado de **prêmio sobre risco de mercado**, tudo dividido pelo desvio padrão dos rendimentos sobre a carteira de mercado, σ_M:

$$\text{Inclinação da CML} = (\hat{r}_M - r_{RF})/\sigma_M$$

Por exemplo, suponha que $r_{RF} = 10\%$, $\hat{r}_M = 15\%$ e $\sigma_M = 15\%$. Nesse caso, a inclinação da CML poderia ser $(15\% - 10\%)/15\% = 0,33$, e se uma carteira eficiente tem $\sigma_p = 10\%$, então seu $\hat{r}_p$ seria

$$\hat{r}_p = 10\% + 0,33(10\%) = 13,3\%$$

Uma carteira (arriscada) com $\sigma_p = 20\%$ teria $\hat{r}_p = 10\% + 0,33(20\%) = 16,6\%$.

A CML está representada na Figura 25-7; ela é uma linha reta com uma intersecção em r_{RF} e uma inclinação igual ao prêmio sobre risco de mercado $(r_M - r_{RF})$ dividido por σ_M. A inclinação da CML reflete a atitude agregada dos investidores sobre o risco.

Lembre-se de que uma carteira eficiente é bem diversificada; por essa razão, todos os seus riscos não sistemáticos foram eliminados e o único risco remanescente é o de mercado. Por esse motivo, diferentemente das ações individuais, o risco de uma carteira eficiente é mensurado pelo seu desvio padrão, σ_p. A Equação CML especifica a relação entre risco e rendimento para essas carteiras eficientes – isto é, para carteiras que se situam na CML –, e na equação e gráfico CML o risco é mensurado pelo desvio padrão da carteira.

A CML especifica a relação entre o risco e o rendimento para uma carteira eficiente, mas os investidores e os gestores estão mais preocupados com a relação entre o risco e o rendimento para *ativos individuais*. Para desenvolver a relação risco-rendimento para papéis individuais, observe na Figura 25-6 que todos os investidores estão supostamente mantendo a Carteira M, então M deve ser a carteira de mercado (isto é, aquela que contém todas as ações). Observe também que M é uma carteira *eficiente*. Desse modo, a CML define a relação entre o rendimento esperado da carteira de mercado e o seu desvio padrão. As Equações 25-4 e 25-5 mostram

FIGURA 25-7
Linha de mercado de capitais (CML)

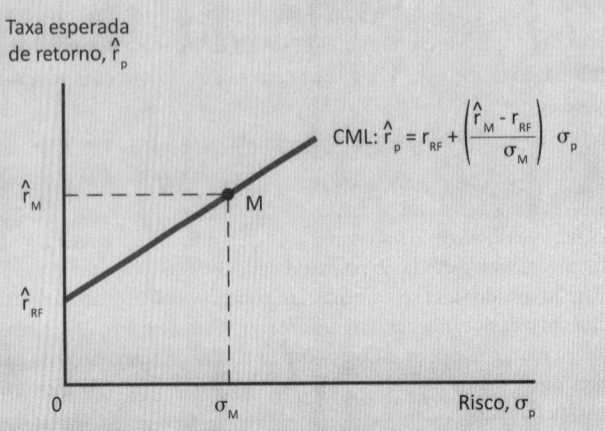

Nota: Não desenhamos, mas você poderá visualizar o espaço sombreado mostrado na Figura 25-6 neste gráfico e a CML como a linha formada pela ligação r_{RF} com a tangente ao espaço sombreado.

as fórmulas para o rendimento esperado e o desvio padrão para uma carteira de múltiplos ativos, incluindo a carteira de mercado. É possível tomar as equações para o rendimento esperado e o desvio padrão de uma carteira de múltiplos ativos e demonstrar que o rendimento exigido para cada Ação unitária i deve estar de acordo com a seguinte equação para que a CML detenha a carteira de mercado:[8]

$$
\begin{aligned}
r_i &= r_{RF} + \frac{(r_M - r_{RF})}{\sigma_M} \left(\frac{\text{Cov}(r_i, r_M)}{\sigma_M} \right) \\
&= r_{RF} + (r_M - r_{RF}) \left(\frac{\text{Cov}(r_i, r_M)}{\sigma_M^2} \right)
\end{aligned}
\tag{25-7}
$$

O CAPM define o coeficiente beta i da empresa, b_i, conforme se segue:

$$
\begin{aligned}
b_i &= \frac{\text{Covariação entre Ação i e o mercado}}{\text{Variação dos rendimentos de mercado}} = \frac{\text{Cov}(r_i, r_M)}{\sigma_M^2} \\
&= \frac{\rho_{iM} \sigma_i \sigma_M}{\sigma_M^2} = \rho_{iM} \left(\frac{\sigma_i}{\sigma_M} \right)
\end{aligned}
\tag{25-8}
$$

Lembre-se de que o prêmio sobre o risco para o mercado, RP_M, é $r_M - r_{RF}$. Utilizando essa definição e substituindo a Equação 25-8 pela Equação 25-7 dada a **linha de mercado de títulos (SML)**:

$$
\begin{aligned}
\text{SML: } r_i &= r_{RF} + (r_M - r_{RF}) \, b_i \\
&= r_{RF} + (RP_M) \, b_i
\end{aligned}
\tag{25-9}
$$

A SML nos diz que o rendimento exigido de uma ação unitária é igual à taxa livre de risco mais um prêmio pelo risco. O prêmio pelo risco é igual ao prêmio sobre o risco de mercado, RP_M, multiplicado pelo risco da ação unitária, conforme mensurado pelo seu coeficiente beta. O coeficiente beta mede o montante do risco da ação em relação à carteira de mercado.

Diferente da CML para uma carteira bem diversificada, a SML nos diz que o desvio padrão (σ_i) de uma ação unitária não deve ser utilizado para medir seu risco, porque algum risco, conforme refletido por σ_i, pode ser eliminado pela diversificação. O beta reflete o risco depois de considerar os benefícios da diversificação, e então o beta, em vez do σ_i, é utilizado para medir os riscos das ações individuais para os investidores. Tenha em mente a distinção entre SML e CML e porque tal distinção existe.

Autoavaliação

1. Desenhe um gráfico mostrando o conjunto viável de ativos de risco, a fronteira eficiente, o ativo livre de risco e a CML.
2. Escreva a equação para a CML e explique o seu significado.
3. Escreva a equação para a SML e explique o seu significado.
4. Qual é a diferença entre CML e SML?
5. O desvio padrão dos rendimentos de ações da Park Corporation é 60%. O desvio padrão do rendimento de mercado é 20%. Se a correlação entre Park e o mercado é 0,40, qual é o beta da Park? **(1,2)**

25-5 Calculando os coeficientes beta

A Equação 25-8 define o beta, mas, conforme apresentado no Capítulo 6, essa equação para o beta é também para a fórmula do coeficiente de inclinação em uma regressão do rendimento da ação contra o rendimento de mercado. Por essa razão, o beta pode ser calculado mensurando-se os rendimentos históricos de uma ação

---

[8] Para consciência com a maior parte dos livros de investimento, deixamos $\text{Cov}(r_i, r_M)$ demonstrar a covariação entre os rendimentos dos ativos i e M. Utilizando a notação do Capítulo 6, teríamos designado a covariação como COV_{iM}.

Experiência ou sorte?

Essa é a pergunta que o *The Wall Street Journal Investment Dartboard Contest* procurou responder ao comparar os resultados dos investimentos recentes de analistas profissionais contra os amadores e lançadores de dardos. Eis como a disputa funcionou. Em primeiro lugar, *The Wall Street Journal (WSJ)* selecionou quatro analistas profissionais e cada um deles formou uma carteira selecionando quatro ações. Em segundo lugar, os amadores puderam entrar na disputa enviando por e-mail a sua escolha de uma ação única ao *WSJ*, que então escolheu quatro amadores a esmo e combinou suas escolhas para compor uma carteira de quatro ações. Em terceiro lugar, um grupo de editores do *WSJ* compôs uma carteira lançando quatro dardos nas tabelas de ações. No começo de cada disputa, o *WSJ* anunciava as seis carteiras resultantes e, no final de seis meses, anunciou os resultados. Os dois melhores profissionais foram convidados a voltar para o próximo desafio.

Desde 1990 existiram 142 disputas completas. Os profissionais venceram os dardos 87 vezes e perderam 55 vezes. Os profissionais também bateram o Índice Dow Jones (DJIA) em 54% das disputas. Os profissionais tiveram uma média de rendimento de 10,2% em uma carteira durante seis meses, muito maior que a média de seis meses de 5,6% do DJIA ou do rendimento de dardos de apenas 3,5%. Os leitores, nesse meio tempo, perderam uma média de 4% contra o mesmo período (30 disputas) de ganho de 7,2% para os profissionais.

Esses resultados significam que a experiência é mais importante que a sorte quando envolve o investimento em ações? Não necessariamente, de acordo com Burton Malkiel, professor de economia em Princeton e autor do livro amplamente conhecido, *A Random Walk Down Wall Street*. Já que as carteiras de dardos selecionadas consistem de ações escolhidas a esmo, elas devem ter risco médio. Entretanto, os profissionais selecionaram ações consistentes de alto risco. Em virtude da existência de euforia no mercado durante a maior parte da disputa, alguém poderia esperar que as ações de alto risco superassem em desempenho as ações de risco médio. De acordo com Malkiel, o desempenho dos profissionais pode ser em decorrência de um aumento do mercado e da experiência dos analistas. O *WSJ* encerrou a disputa em 2002, assim não pudemos saber com certeza se Malkiel estava certo ou errado.

O *WSJ* agora faz uma nova disputa, escolhendo seis amadores contra seis dardos. Na Disputa 46, recentemente concluída, a média dos leitores foi uma perda de 2,7% contra as perdas dos dardos de 10,5% (a média do Dow Jones foi abaixo de 5,4%). Em geral, os leitores venceram 18 disputas e os dardos, 46. Se você quiser entrar na disputa, envie a sua seleção de ações para **sundaydartboard@wsj.com**.

no eixo y de um gráfico contra os rendimentos históricos da carteira de mercado no eixo-x e, então, ajustando a linha de regressão. No seu artigo de 1964 que estipulou o modelo CAPM, Sharpe classificou essa linha de regressão de **linha característica**. Desse modo, o beta de uma ação é a inclinação de sua linha característica. No Capítulo 6, utilizamos essa definição para calcular o beta para a General Electric. Neste capítulo, apresentamos uma análise mais detalhada do cálculo do beta para a General Electric e, também, uma análise semelhante para uma carteira de ações, o Fundo Magellan.

25-5a Calculando o coeficiente beta para uma ação unitária: da General Electric

A Tabela 25-1 mostra um resumo dos dados utilizados nesta análise. Ela mostra o rendimento de mercado (definido como o percentual de mudança no preço de S&P 500), os rendimentos de ações da GE e os rendimentos do Fundo Magellan (que é uma carteira bem diversificada). A tabela também mostra a taxa livre de risco, definida como a taxa de curto prazo (três meses) dos Títulos do Tesouro dos Estados Unidos, que utilizaremos posteriormente nesta análise.

Como mostra a Tabela 25-1, a GE teve uma média anual de rendimento de –3,2% durante esse período de quatro anos, enquanto o mercado teve uma média anual de rendimento de 0,9%. Como descrevemos anteriormente, é, em geral, irracional pensar que o rendimento futuro esperado para uma ação seja igual a sua média histórica de rendimento sobre um período de tempo relativamente curto, como quatro anos. Entretanto, podemos esperar uma volatilidade futura estimada, razoavelmente, com base na volatilidade de período anterior, ao menos durante os próximos anos. Observe que o desvio padrão para o rendimento da GE durante esse período foi 41,2%, contra 20,5% para o mercado. Desse modo, a volatilidade do mercado é menor que aquela da GE.

TABELA 25-1

Resumo dos dados para calcular o beta (fevereiro de 2007 – janeiro de 2011)

	r_M, RENDIMENTO DE MERCADO (ÍNDICE S&P 500)	r_i, RENDIMENTO DE GE	r_p, RENDIMENTO DO FIDELITY MAGELLAN FUND	r_{RF}, TAXA LIVRE DE RISCO (RENDIMENTO MENSAL SOBRE O TÍTULO DE 3 MESES)
Rendimento médio (anual)	0,9%	−3,2%	−1,3%	0,4%
Desvio padrão (anual)	20,5%	41,2%	25,9%	0,2%
Correlação com o rendimento do mercado, p		0,82	0,96	−0,21

© Cengage Learning 2014

Isso é porque o mercado é uma carteira bem diversificada e, desse modo, muito do seu risco foi diversificado em outro lugar. A correlação entre os rendimentos de ações da GE e o rendimento de mercado é cerca de 0,82, que é um pouco maior que a correlação para uma ação típica.

A Figura 25-8 mostra os rendimentos da GE contra os rendimentos do mercado. Utilizamos a apresentação da análise de regressão do Excel para avaliar a regressão. A Tabela 25-2 mostra alguns resultados da regressão para a GE. Seu beta estimado, que é o coeficiente de inclinação, é cerca de 1,64.

Com relação a todos os resultados da regressão, 1,64 é apenas uma estimativa do beta, não necessariamente seu valor real. A Tabela 25-2 também mostra o t-estatístico e a probabilidade de que o beta verdadeiro seja zero. Para a GE, essa probabilidade é aproximadamente igual a zero. Isso significa que existe praticamente uma chance zero de que o verdadeiro beta seja igual a zero. Já que essa probabilidade é menor que 5%, os estatísticos diriam que o coeficiente de inclinação, beta, é "estatisticamente significante". O resultado da análise da regressão também nos dá os 95% do intervalo de confiança para a avaliação do beta. Para a GE, os resultados nos dizem que podemos ter 95% de confiança de que o valor verdadeiro do beta está entre 1,30 e 1,98. Isso é extremamente variado, mas é típico para muitas ações individuais. Por essa razão, a regressão estimada para o beta de qualquer empresa individual é altamente incerta.

FIGURA 25-8

Calculando o coeficiente beta para a General Electric

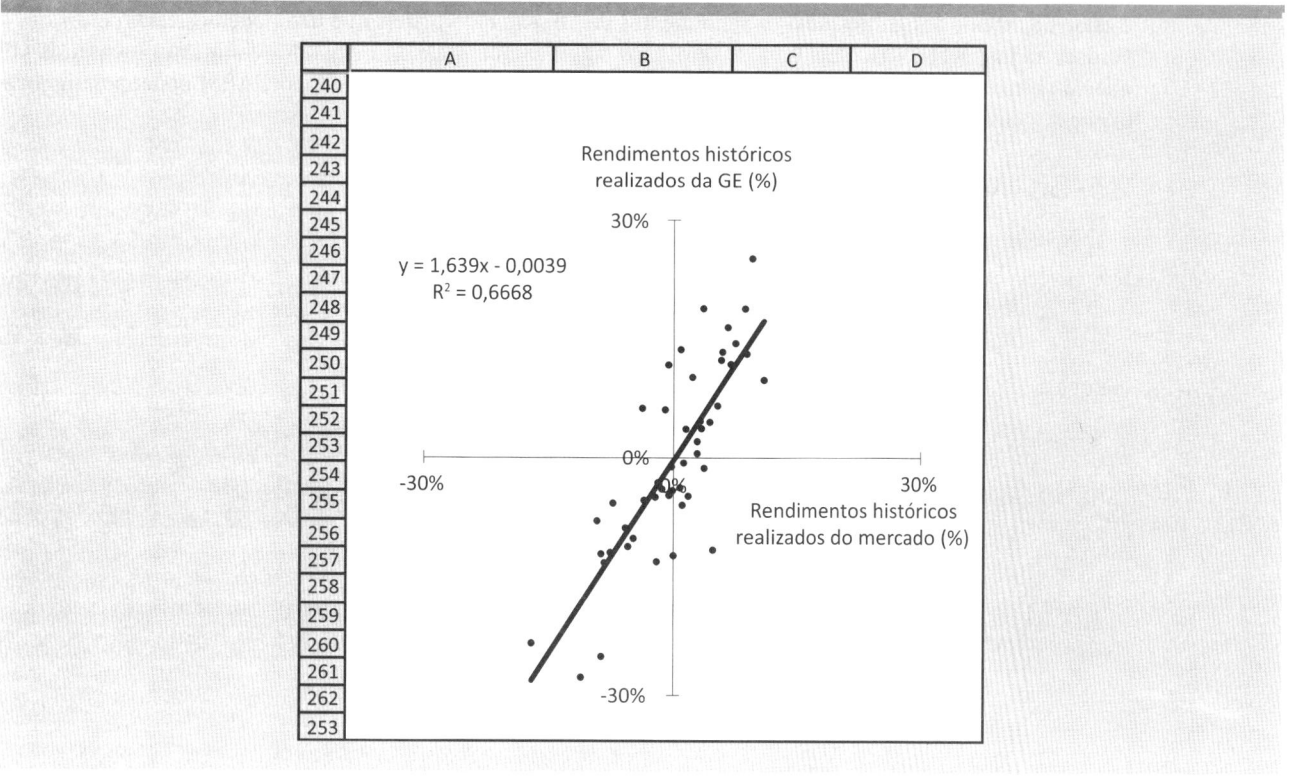

TABELA 25-2

Resultados da regressão para o cálculo de beta

	COEFICIENTE DE REGRESSÃO	T-ESTATÍSTICO	PROBABILIDADE DO T-ESTATÍSTICO	INTERVALO DE CONFIANÇA MENOR QUE 95%	INTERVALO DE CONFIANÇA MAIOR QUE 95%
Quadro a: General Electric (Modelo de mercado)					
Intersecção	−0,0039	−0,39	0,70	−0,02	0,02
Inclinação (beta)	1,6396	1,64	9,59	1,30	1,98
Quadro b: Fundo Magellan (Modelo de mercado)					
Intersecção	−0,0020	−0,63	0,53	−0,01	0,00
Inclinação (beta)	1,2074	22,35	0,00	1,10	1,32
Quadro c: General Electric (CAPM: Rendimentos excedentes)					
Intersecção	−0,0037	−0,37	0,72	−0,02	0,02
Inclinação (beta)	1,6383	9,60	0,00	1,29	1,98

Observação: O modelo do mercado utiliza rendimentos históricos recentes; o modelo CAPM utiliza rendimentos em excesso da taxa livre de riscos.

© Cengage Learning 2014

Observe também que os pontos na Figura 25-8 não estão agrupados com muita força ao redor da linha de regressão. Algumas vezes a GE não tem um desempenho muito melhor que o do mercado; outras vezes tem um desempenho muito melhor. O valor R^2 mostrado no quadro mede o grau de dispersão sobre a linha de regressão. Estatisticamente falando, ele mede o percentual de variância que está explicado pela equação de regressão. Um R^2 de 1,0 indica que todos os pontos se situam exatamente sobre a linha; nesse caso, toda a variância na variável y está explicada pela variável x. O R^2 para a GE é cerca de 0,67 que é típico para a maior parte das ações individuais, que normalmente estão em torno de 0,3. Isso indica que cerca de 67%, da variação nos rendimentos da GE estão explicados pelo rendimento de mercado geral.

Finalmente, observe que a intersecção mostrada na equação de regressão revelada no quadro é cerca de -0,0039. Já que a equação de regressão está baseada em dados mensais, isso significa que a GE teve –0,4,68% de média anual de rendimento que não foi explicada pelo modelo CAPM. Entretanto, os resultados da regressão na Tabela 25-2 também mostram que a probabilidade do t-estatístico é maior que 5%, significando que a "verdadeira" intersecção poderia ser zero. Por essa razão, muitos estatísticos diriam que essa intersecção não é estatisticamente insignificante – os rendimentos da GE são tão voláteis que não podemos estar certos que a verdadeira intersecção não seja igual a zero. Isso significa que parte da média do rendimento mensal da GE que *não* está explicada pelo CAPM poderia, na realidade, ser zero. Desse modo, o CAPM poderia muito bem explicar todas as médias dos rendimentos mensais da GE.

25-5b Modelo do mercado *versus* o CAPM

Quando estimamos o beta, utilizamos a seguinte equação de regressão:

$$\bar{r}_{i,t} = a_i + b_i\bar{r}_{M,t} + e_{i,t} \tag{25-10}$$

em que:

$\bar{r}_{i,t}$ = Taxa de rendimento histórica (realizada) sobre a Ação i no período t.

$\bar{r}_{M,t}$ = Taxa de rendimento histórica (realizada) do mercado no período t.

a_i = Tempo de intersecção do eixo vertical para a Ação i.

b_i = Inclinação ou coeficiente beta para a Ação i.

$e_{i,t}$ = Erro aleatório; reflete a diferença entre o rendimento atual sobre a Ação i em um dado período e o rendimento conforme previsto pela linha de regressão.

A Equação 25-10 é chamada de **modelo do mercado**, porque retorna o rendimento da ação contra o rendimento do mercado. Entretanto, a SML da CAPM para rendimentos realizados é um pouco diferente da Equação 25-10:

$$\text{SML para rendimentos realizados: } \bar{r}_{i,t} = \bar{r}_{RF,t} + b_i(\bar{r}_{M,t} - \bar{r}_{RF,t}) + e_{i,t} \qquad \textbf{(25-11)}$$

em que $\bar{r}_{RF,t}$ é o histórico da taxa livre de risco (realizado) no período t.

Para utilizar o CAPM para estimar o beta, devemos reescrever a Equação 25-11 como uma equação de regressão acrescentando uma intersecção, a_i. O resultado é:

$$(\bar{r}_i - \bar{r}_{RF,t}) = a_i + b_i(\bar{r}_{M,t} - \bar{r}_{RF,t}) + e_{i,t} \qquad \textbf{(25-12)}$$

Por essa razão, para sermos teoricamente correto, quando estimarmos o beta, devemos utilizar os rendimentos excedentes da ação da taxa livre de risco como a variável y e utilizar o rendimento do mercado excedente da taxa livre de risco como a variável x. Fizemos isso para a GE utilizando os dados na Tabela 25-1, e os resultados foram relatados no Quadro c da Tabela 25-2. Observe que não existem diferenças apreciáveis entre os resultados no Quadro a, o modelo do mercado, e os no Quadro c, o modelo CAPM. Esse é normalmente o caso, então utilizaremos o modelo do mercado no decorrer do livro.

25-5c Calculando o coeficiente beta para uma carteira: Fundo Magellan

Vamos calcular o beta para o Fundo Magellan, que é uma carteira bem diversificada. A Figura 25-9 mostra a mensuração dos rendimentos mensais do Magellan contra os rendimentos mensais do mercado. Observe as diferenças entre esse quadro e aquele da GE mostrado na Figura 25-8. Os pontos para o Magellan estão agrupados com força ao redor da linha de regressão, indicando que a grande maioria da variabilidade do Magellan está explicada pelo mercado de ações. O R^2 de mais 0,90 confirma essa conclusão visual. Podemos ver também na Tabela 25-1 que o Fundo Magellan tem um desvio padrão de 25,0%, que é maior que 19,7% do desvio padrão do mercado.

Conforme mostra a Tabela 25-2, o beta estimado é 1,21 e o intervalo de confiança de 95% é de 1,10 até 1,32, que é muito mais forte do que aquele da GE. A intersecção é virtualmente zero, e a probabilidade da intersecção do t-estatístico é maior que 5%. Por essa razão, a interseção é estatisticamente insignificante, indicando que o CAPM explica muito bem a média do rendimento mensal do Fundo Magellan.

25-5d Mensuração de desempenho

Os gestores de fundos mútuos são constantemente avaliados pelo desempenho do risco ajustado. Os três mais utilizados para mensuração são o *Índice de Desempenho Jensen*, *Jensen's Alpha*, o *Índice de Recompensa pela Variabilidade Sharpe* e o *Índice de Recompensa pela Variabilidade Treynor*. O **Índice Jensen**, que é a intersecção em uma regressão pelo CAPM de rendimentos excedentes, é –2,31% ao ano para o Magellan, o que parece indicar que o Fundo Magellan teve um desempenho ligeiramente inferior. Entretanto, essa intersecção não foi estatisticamente significante diferente de zero. Seu t-estatístico é –0,61, que é um valor baixo que poderia ocorrer sobre 55% por acaso, mesmo se a interseção fosse verdadeiramente zero. Quando essa probabilidade é maior que 5%, como é o caso para o Magellan, a maioria dos estatísticos estariam relutantes em concluir que o rendimento excedente *estimado* do Magellan de –2,31% não é *verdadeiramente* igual a zero.

O **Índice Sharpe** é definido como a média de rendimento da carteira (excedente da taxa livre de risco) dividida pelo seu desvio padrão. O Índice Sharpe para o Magellan durante os últimos quatro anos foi de -0,07, que é maior que o valor do S&P de 0,02; mas não é muito maior, já que ambos, o mercado e o Magellan, superaram apenas um pouco o investimento livre de risco sobre o período.

O **Índice Treynor** é definido como a média de rendimento da carteira (excedente da taxa livre de risco) dividida pelo seu beta. Para o Magellan, isto é –1,4%, que é um pouco pior que o índice S&P 500 de 0,5%. De modo geral, o Fundo Magellan parece ter superado apenas um pouco o mercado, mas talvez não pelo valor estatisticamente significativo. Apesar de não estar claro se "bateu o mercado," ele reduziu drasticamente o risco enfrentado pelos investidores se comparado com o risco inerente de uma ação unitária escolhida aleatoriamente.

FIGURA 25-9

Calculando o coeficiente beta para o Fundo de Fidelidade Magellan

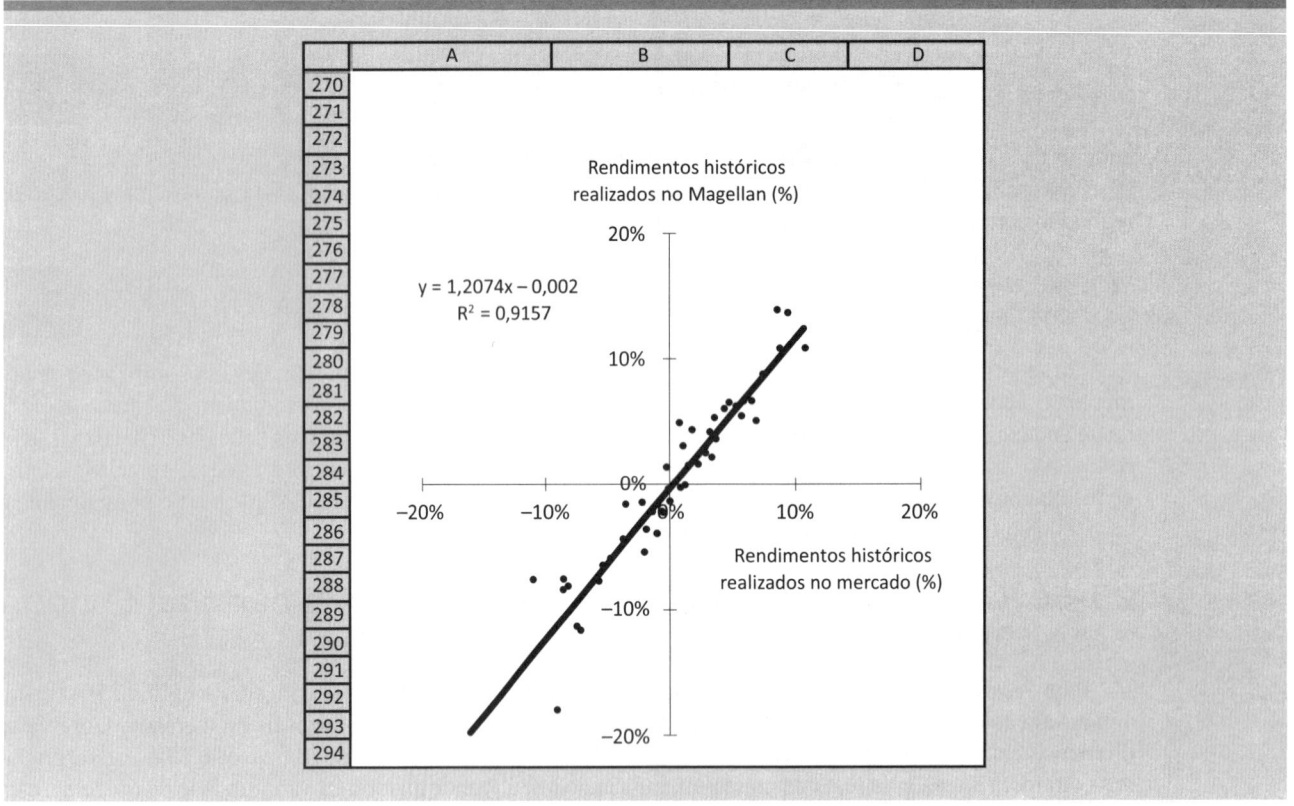

25-5e Percepções adicionais sobre risco e rendimento

O modelo CAPM fornece algumas percepções adicionais da relação entre risco e rendimento.

1. A relação entre risco total, risco de mercado e risco diversificável de ações pode ser expressa conforme se segue:

$$\text{Risco total} = \text{Variância} = \text{Risco de mercado} + \text{Risco diversificável}$$

$$\sigma^2_i = b^2_i \sigma^2_M + \sigma^2_{e_i}$$

(25-13)

Aqui σ^2_i é a variância (ou risco total) da Ação i, σ^2_M é a variância do mercado, b_i é o coeficiente beta da Ação e $\sigma^2_{e_i}$ é a variância do termo de erro da Ação i.

2. Se todos os pontos na Figura 25-8 estiverem situados exatamente na linha de regressão, a variância do termo de erro, $\sigma^2_{e_i}$, teria sido zero e todo o risco total da ação teria sido o risco de mercado. Por outro lado, se os pontos foram amplamente espalhados em volta da linha de regressão, muito do risco total da ação seria diversificável. As cotas de um fundo mútuo amplo e bem diversificado ficarão muito perto da linha de regressão.

3. O beta é a medida de um risco relativo de mercado, mas o risco *real* do mercado de uma Ação i é $b^2_i \sigma^2_M$. O risco do mercado também pode ser expresso na forma do desvio padrão, $b_i \sigma_M$. Quanto maior o beta da ação, maior será o seu risco de mercado. Se o beta for zero, a ação não teria risco de mercado; se beta fosse 1,0, a ação seria exatamente tão arriscada quanto o mercado – considerando que a ação seja mantida em uma carteira diversificada –, e o risco de mercado da ação seria σ_M.

25-5f   Temas avançados ao calcular o beta

Betas são estimados geralmente com base na linha característica da ação, usando a regressão linear entre rendimentos passados sobre a ação em questão e os rendimentos passados sobre alguns índices de mercado. Definimos os betas desenvolvidos dessa maneira como **betas históricos**. Entretanto, em muitas situações, é o beta futuro que é necessário. Isso conduziu ao desenvolvimento de dois tipos diferentes de betas: (1) betas ajustados; e (2) betas fundamentais.

Os **betas ajustados** surgiram em grande parte no trabalho de Marshall E. Blume, que mostrou que os betas verdadeiros tendem a mover-se em direção a 1,0 ao longo do tempo.[9] Por essa razão, podemos começar com um beta estatístico puramente histórico de uma empresa, fazer um ajustamento para o movimento futuro esperado na direção 1,0 e produzir um beta ajustado que será, na média, um indicador do beta futuro melhor do que seria o historicamente não ajustado. A *Value Line* publica os betas baseados aproximadamente nesta fórmula:

$$\text{Beta ajustado} = 0{,}67(\text{Beta histórico}) + 0{,}35(1{,}0).$$

Considere a American Camping Corporation (ACC), varejista de materiais para atividades ao ar livre. O beta histórico da ACC é 1,2. Por essa razão, seu beta ajustado é:

$$\text{Beta ajustado} = 0{,}67(1{,}2) + 0{,}35(1{,}0) = 1{,}15.$$

Outros pesquisadores estenderam o processo de ajustamento para incluir as variáveis fundamentais do risco, tais como alavanca financeira, volatilidade das vendas e outras variáveis. O produto final aqui é um **beta fundamental**, que é constantemente ajustado para refletir as mudanças nas operações e estrutura de capital da empresa. Em contrapartida, com betas históricos (incluindo os ajustados), essas mudanças poderiam não se refletir até vários anos após a mudança no beta "verdadeiro".

Os betas ajustados são sem dúvida mais decisivamente dependentes do que os historicamente não ajustados, e assim é como os betas fundamentais são verdadeiramente calculados. Por essa razão, o beta histórico simplesmente antigo, calculado como a inclinação da linha característica, é importante mesmo se outro for desenvolvido em versão mais exótica. Com isso em mente, deve ser notado que vários conjuntos de dados diferentes podem ser utilizados para calcular betas históricos, e conjuntos de dados diferentes produzem resultados diferentes. Aqui estão alguns detalhes.

1. Os betas podem ser baseados em períodos históricos de duração diferente. Por exemplo, os dados para um, três, cinco ou até dez anos passados podem ser utilizados. Muitas pessoas que calculam betas utilizam atualmente cinco anos de dados; mas essa escolha é arbitrária e a duração de tempo diferente altera significativa e comumente o beta calculado para uma dada empresa.

2. Os rendimentos podem ser calculados sobre diferentes períodos de retenção – um dia, uma semana, um mês, um trimestre, um ano e assim por diante. Por exemplo, se foi decidido analisar os dados da Bolsa de Nova York para um período de cinco anos, poderíamos obter 52(5) = 260 rendimentos semanais sobre cada ação e sobre o índice de mercado. Também podemos utilizar 12(5) = 60 rendimentos mensais, ou 1(5) = 5 rendimentos anuais. O conjunto de rendimentos sobre cada ação, não importando quão amplo o conjunto poderia ser, voltaria ao rendimento de mercado correspondente para obter o beta da ação. Em análise estatística, é geralmente melhor ter mais do que menos observações, pois utilizar mais observações leva a uma confiança estatística maior. Isso sugere a utilização de rendimentos semanais e, dizendo, cinco anos de dados para uma amostra de tempo de 260, ou mesmo rendimentos diários para uma amostra de tempo ainda maior. Entretanto, quanto mais curto o período de retenção, mais provável que os dados sejam exibidos aleatoriamente "com ruído". Também, quanto maior o número de anos de dados, mais provável que a posição do risco básico da empresa tenha mudado. Desse modo, a escolha de ambos, o número de anos de dados e a duração do período de retenção para calcular índices de rendimento envolvem conflitos de escolha entre a preferência por mais observações e o desejo de confiar nos dados mais recentes e talvez mais importantes.

3. O valor utilizado para representar "o mercado" também é uma hipótese importante, pois o índice que é utilizado pode ter um efeito significativo no beta calculado. Muitos analistas utilizam hoje o Índice Composto da Bolsa de Valores de Nova York (baseado em mais de 2.000 ações ordinárias, ponderadas pelo valor de cada empresa), mas outros utilizam o índice S&P 500. Na teoria, quanto mais amplo for o índice, melhor

[9] Veja Marshall E. Blume, "Betas and their regression tendencies", *Journal of Finance*, p. 785-796, jun. 1975, e "On the assessment of risk", *Journal of Finance*, p. 1-10, mar. 1971.

será o beta. De fato, o índice teórico deve incluir os rendimentos de todas as ações, obrigações, arrendamentos, negócios particulares, propriedades, e até "capital humano". Como assunto concreto, entretanto, não podemos obter dados de rendimentos precisos sobre a maior parte de outros tipos de ativos, então os problemas de mensuração nos limitam muito ao avaliar índices.

Aonde isso leva os gestores financeiros considerando o próprio beta? Eles devem "pagar e pegar sua escolha". Alguns gestores calculam seus próprios betas utilizando qualquer procedimento que pareça mais apropriado nas circunstâncias. Outros utilizam betas calculados por organizações como Yahoo! Finance ou *Value Line*, talvez utilizando um serviço ou calculando a média dos betas de vários serviços. A escolha é assunto de julgamento e disponibilidade de dados, pois não existe o beta "correto". De modo geral, os betas derivados de fontes diferentes podem estar muito próximos para uma dada empresa. Se não estão, então nossa confiança ao utilizar o CAPM estaria reduzida.

Autoavaliação

1. Explique o sentido e o significado do coeficiente beta de uma ação. Ilustre a sua explicação desenhando em um gráfico as linhas características para ações de baixo, médio e alto risco. (*Dica*: Deixe suas três linhas características interseccionadas em $\bar{r}_i = \bar{r}_M = 6\%$, a taxa livre de risco hipotética.)
2. Qual é o R^2 típico para a linha característica de uma ação unitária? Para uma carteira?
3. O que é o modelo do mercado? Como ele é diferente da SML para o CAPM? Como são os riscos totais, riscos de mercado e o risco diversificável pertinente?

25-6   Testes empíricos do CAPM

A SML do CAPM produz estimativas razoáveis para o rendimento exigido da ação? A literatura que lida com os testes empíricos do CAPM é muito extensa. A seguir, apresentamos uma sinopse de alguns dos principais trabalhos.

25-6a Testes da estabilidade dos coeficientes betas

De acordo com o CAPM, o beta utilizado para estimar o risco de mercado de uma ação deve refletir as estimativas dos investidores da variabilidade *futura* das ações em relação àquelas do mercado. Obviamente, não sabemos como uma ação estará relacionada com o mercado no futuro nem como as opiniões do investidor médio nesse futuro esperado variarão. Tudo o que temos são dados sobre variabilidade passada, que podemos utilizar para mensurar a linha característica e calcular *betas históricos.* Se os betas históricos permaneceram estáveis ao longo do tempo, existirá razão para os investidores utilizarem betas passados como avaliadores de variabilidade futura. Por exemplo, se o beta da Ação i foi estável no passado, seu b_i histórico provavelmente seria um bom representante para o seu *ex ante*, ou esperado, beta. Por "estável" entendemos que, se o bi fosse calculado com dados do período de, digamos, 2009 a 2013, esse mesmo beta (aproximadamente) deveria ser encontrado de 2014 a 2018.

Robert Levy, Marshall Blume e outros estudaram a fundo a questão da estabilidade do beta.[10] Levy calculou betas para títulos individuais, bem como para carteiras de títulos durante um intervalo de tempo. Ele concluiu (1) que os betas das ações individuais são instáveis e, por essa razão, betas passados para *títulos individuais não* são bons avaliadores dos seus riscos futuros; mas (2) os betas das carteiras de dez ou mais ações selecionadas aleatoriamente são razoavelmente estáveis e, por essa razão, os betas de carteiras passadas são bons avaliadores da volatilidade futura da *carteira.* Com efeito, os erros dos betas nos títulos individuais tendem a compensar outro em uma carteira. O trabalho de Blume e outros embasou essa posição.

A conclusão que decorre dos estudos da estabilidade do beta é que o CAPM é o melhor conceito para estruturar carteiras de investimento do que é para estimar o rendimento exigido para títulos individuais.[11]

---

[10] Veja Robert A. Levy, "On the short-term stationarity of beta coefficients", *Financial Analysts Journal*, p. 55-62, nov/dez. 1971; e Marshall E. Blume, "Betas and their regression tendencies", *Journal of Finance*, p. 785-796, jun. 1975.

[11] Para saber mais sobre estabilidade do beta, veja Robert W. Kolb e Ricardo J. Rodriguez, "The regression tendencies of betas: a reappraisal", *The Financial Review*, p. 319-334, maio 1989. Veja também Robert Kolb, "Is the distribution of betas stationary?", *Journal of Financial Research*, p. 279-283, primeiro trimestre de 1990.

25-6b Testes do CAPM embasados na inclinação da SML

O CAPM estabelece que existe uma relação linear entre uma taxa de rendimento do título e seu beta. Além disso, quando a SML é representada, a intersecção do eixo vertical deve ser r_{RF} e a taxa de rendimento exigida para uma ação (ou carteira) com b = 1,0 deve ser r_M, a taxa de rendimento exigida no mercado. Vários pesquisadores tentaram testar a validade do CAPM calculando betas e taxas de rendimento realizado, mensurando esses valores em gráficos, assim como aquele da Figura 25-10, e então observando se a (1) a intersecção é ou não igual à r_{RF}; (2) a medida é ou não linear; e (3) a linha passa ou não pelo ponto b = 1,0, r_M. Taxas de rendimento históricas mensais e diárias são utilizadas geralmente para ações, e as taxas do Tesouro de 30 dias e as taxas dos títulos do Tesouro de longo prazo têm sido utilizadas para estimar o valor de r_{RF}. Também, a maior parte dos estudos analisou verdadeiramente carteiras em vez de títulos individuais, pois os betas dos títulos eram instáveis.

Antes de discutir os resultados dos testes, é importante reconhecer que, apesar de o CAPM ser um modelo *ex ante,* de projeção do futuro, os dados utilizados para testá-lo são inteiramente históricos. Isso apresenta um problema, pois não há razões para acreditar que as taxas de rendimento *realizadas* sobre os períodos de retenção passados são necessariamente iguais às taxas de rendimento que as pessoas *esperam* no futuro. Também, os betas históricos podem ou não refletir os riscos esperados no futuro. Essa falta de dados *ex ante* torna extremamente difícil testar o CAPM, mas pela importância, segue um resumo dos principais resultados.

1. A evidência mostra geralmente uma relação positiva significativa entre os rendimentos realizados e o beta. Entretanto, a inclinação da relação é frequentemente menor do que aquela prevista pelo CAPM.
2. A relação entre risco e rendimento parece ser linear. Estudos empíricos não fornecem prova da curvatura significativa na relação risco-rendimento.
3. Os testes que tentaram avaliar a importância relativa do mercado e do risco específico da empresa não renderam resultados conclusivos. CAPM significa que o risco específico da empresa não deve ser importante, apesar disso ambos os tipos de risco parecem estar positivamente relacionados aos rendimentos do título; isto é, parecem ser necessários rendimentos maiores para compensar a diversificação, bem como o risco de mercado. Entretanto, pode ser que as relações reflitam problemas estatísticos em vez da natureza do mercado de capitais.
4. Richard Roll questionou se é mesmo conceitualmente possível testar o CAPM.[12] Roll mostrou que a relação linear que os pesquisadores anteriores tinham observado nos gráficos como o da Figura 25-10 resultou das propriedades matemáticas dos modelos que estavam sendo testados. Por essa razão, encontrar uma lineari-

FIGURA 25-10

Testes do CAPM

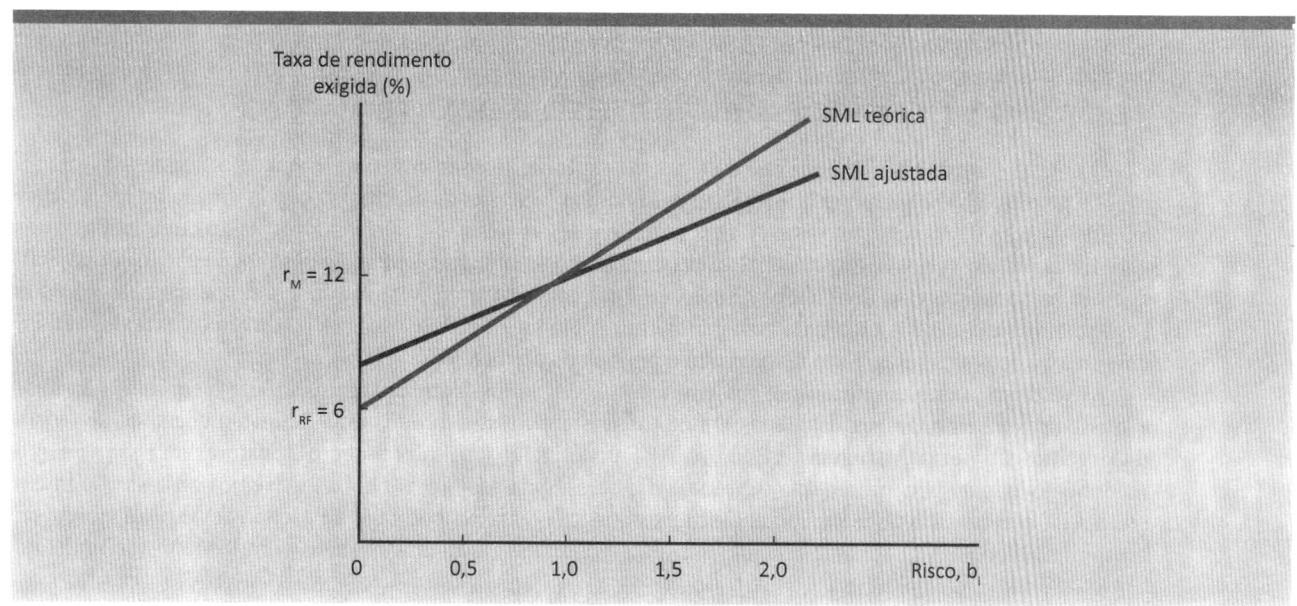

[12] Veja Richard Roll, "A critique of the asset pricing theory's tests," *Journal of Financial Economics*, p. 129-176, mar. 1977.

dade não provaria nada que fosse sobre a validade do CAPM. O trabalho de Roll não refutou o CAPM, mas demonstrou que é praticamente impossível provar que os investidores se comportam de acordo com suas previsões.
5. Se o CAPM fosse completamente válido, então deveria aplicar-se a todos os ativos financeiros, incluindo as obrigações. Na verdade, quando as obrigações são apresentadas dentro da análise, *não* medem a SML. Isso é preocupante, o mínimo que se pode dizer.

25-6c Situação atual do CAPM

O CAPM é extremamente apelativo em um nível intelectual: ele é lógico e racional, e uma vez que alguém lida com ele e entende a teoria, sua reação é frequentemente aceitá-lo sem nenhuma pergunta. Entretanto, as dúvidas começam a surgir quando alguém pensa sobre as hipóteses sobre as quais o modelo está baseado e essas dúvidas são muito mais reforçadas do que reduzidas pelos testes empíricos. Nossas próprias considerações sobre a situação atual do CAPM são as seguintes:

1. A estrutura do CAPM, com seu foco no mercado ao contrário do risco que opera sozinho, é claramente um caminho útil para pensar sobre o risco dos ativos. Desse modo, como um modelo conceitual, o CAPM é de verdadeira importância fundamental.
2. Quando aplicado na prática, o CAPM parece fornecer respostas precisas e de maneira organizada para perguntas importantes sobre o risco e as taxas de rendimento exigidas. Entretanto, as respostas são menos claras do que parecem. A verdade simples é que não sabemos precisamente como medir quaisquer das informações necessárias para executar o CAPM. Essas informações devem ser todas *ex ante,* apesar disso, somente dados e*x post* estão disponíveis. Além disso, dados históricos sobre $\bar{r}_M$, r_{RF} e betas variam muito dependendo do período estudado e dos métodos utilizados para avaliá-los. Desse modo, mesmo que o CAPM pareça preciso, as avaliações de r_i encontradas pela sua utilização estão sujeitas a grandes erros potenciais.[13]
3. Pelo fato de que o CAPM é lógico no sentido de que representa um caminho de pessoas avessas ao risco, o modelo é uma ferramenta conceitual útil.
4. É conveniente pensar sobre muitos problemas financeiros em uma estrutura CAPM. Entretanto, é importante reconhecer as limitações do CAPM quando o utilizar na prática.

Autoavaliação

1. Quais são os dois maiores tipos de testes que têm sido executados para testar a validade do CAPM? **(Estabilidade beta; inclinação da SML)** Explique os seus resultados.
2. Existem quaisquer razões para questionar a validade do CAPM? Explique.

25-7 Teoria da precificação por arbitragem

O CAPM é um modelo de fator único. Isto é, ele especifica o risco com o uma função de apenas um fator, o coeficiente beta do título. Talvez a relação risco-rendimento seja mais complexa, com a função do rendimento exigido da ação de mais de um fator. Por exemplo, o que acontece se os investidores valorizarem mais os ganhos de capital do que os dividendos por causa das alíquotas tributárias que recaem sobre os ganhos de capital, que são menores sobre os dividendos? Então, se duas ações tiverem o mesmo risco de mercado, a ação que pagar maiores dividendos teria uma taxa de rendimento maior. Naquele caso, os rendimentos exigidos seriam uma função de dois fatores, risco de mercado e política de dividendos.

Além disso, o que aconteceria se fossem necessários muitos fatores para especificar o equilíbrio da relação risco-rendimento em vez de apenas um ou dois? Stephen Ross propôs uma definição chamada de **teoria da precificação por arbitragem (APT)**.[14] A APT pode incluir qualquer número de fatores de risco, então o rendimento exigido poderia ser uma função de dois, três, quatro ou mais fatores. Devemos observar no início que a APT está baseada na teoria matemática e estatística complexa que foge do escopo deste texto. Também, apesar de o modelo APT ser amplamente discutido na literatura acadêmica, seu uso prático tem sido limitado.

---

[13] Para embasar uma ligação positiva entre o risco de mercado e o rendimento esperado, veja Felicia Marston e Robert S. Harris, "risk and return: a revisit using expected returns", *The Financial Review*, p. 117-137, fev. 1993.
[14] Veja Stephen A. Ross, "The arbitrage theory of asset capital pricing", *Journal of Economic Theory*, p. 341-360, dez. 1976.

Entretanto, tal utilização pode aumentar, por isso os estudantes devem ter pelo menos uma ideia intuitiva sobre o que é APT.

A SML estabelece que cada rendimento exigido da ação é igual à taxa livre de risco mais o produto do prêmio sobre o risco de mercado vezes o coeficiente beta da ação. Se as ações estiverem em equilíbrio, o rendimento exigido será igual ao rendimento esperado:

$$\hat{r}_i = r_i = r_{RF} + (r_M - r_{RF})b_i$$

O rendimento realizado histórico, $\bar{r}_i$, que geralmente será diferente do rendimento esperado, pode ser expresso como se segue:[15]

$$\bar{r}_i = \hat{r}_i + (\bar{r}_M - \hat{r}_M)b_i + e_i \qquad \textbf{(25-14)}$$

Desse modo, o rendimento realizado, $\bar{r}_i$, será igual ao rendimento esperado, $\hat{r}_i$, mais um aumento positivo ou negativo, $(\bar{r}_M - \hat{r}_M)b_i$, que depende juntamente do beta da ação e do resultado do mercado em relação ao resultado esperado mais o tempo de erro aleatório, e_i. O rendimento realizado do mercado, $\bar{r}_M$, é determinado em seguida por vários fatores, incluindo a atividade econômica nacional conforme mensurado pelo produto interno bruto (PIB), a força da economia mundial, o nível de inflação, as mudanças nas leis fiscais e assim por diante. Mais além, grupos diferentes de ações são afetados de diferentes formas por esses fatores fundamentais. Assim, em vez de especificar o rendimento de uma ação como uma função de um fator (rendimento no mercado), alguém pode especificar rendimentos esperados e realizados nas ações individuais como uma função de vários fatores econômicos fundamentais. Se isso for feito, transformaremos a Equação 25-14 em 25-15:

$$\bar{r}_i = \hat{r}_i + (\bar{F}_1 - \hat{F}_1)b_{i1} + \cdots + (\bar{F}_j - \hat{F}_j)b_{ij} + e_i \qquad \textbf{(25-15)}$$

Aqui,

$\bar{r}_i =$ Taxa de rendimento realizado da Ação i.

$\hat{r}_i =$ Taxa esperada de rendimento da Ação i.

$\bar{F}_j =$ Valor realizado do fator econômico j.

$\hat{F}_j =$ Valor esperado do fator j.

$b_{ij} =$ Sensibilidade da Ação i ao fator econômico j.

$e_i =$ Efeito de eventos exclusivos sobre o rendimento realizado da Ação i.

A Equação 25-15 mostra que o rendimento realizado de qualquer ação é a soma de: (1) rendimento esperado da ação; (2) aumentos ou diminuições que dependem de mudanças não esperadas nos fatores econômicos fundamentais, multiplicados pela sensibilidade da ação a essas mudanças; e (3) um período aleatório que reflete mudanças exclusivas para a empresa.

Certas ações ou grupos de ações são mais sensíveis ao Fator 1, outros ao Fator 2 e assim por diante, e cada rendimento da carteira depende do que aconteceu com fatores fundamentais diferentes. Teoricamente, alguém pode formar uma carteira que (1) seja livre de risco; e (2) o investimento líquido nela seja zero (algumas ações seriam vendidas a descoberto, e os lucros dessa venda a descoberto seriam utilizados para comprar ações mantidas por longo prazo). Tal carteira de investimento zero deve ter rendimento esperado zero, ou outras operações de arbitragem ocorreriam e induziriam os preços dos ativos subjacentes a mudar até que o rendimento esperado da carteira se tornasse zero. Utilizando algumas fórmulas matemáticas complexas e um conjunto de hipóteses que inclui a possibilidade da venda a descoberto, a APT equivalente ao da Linha de Mercado de Títulos do CAPM pode ser desenvolvida da Equação 25-15 como se segue:[16]

---

[15] Para evitar confundirmos a observação, deixamos o subscrito t para enfatizar determinado período de tempo.

[16] Veja Thomas E. Copeland, J. Fred Weston e Kuldeep Shastri, *Financial theory and corporate policy,* 4. ed. Reading, MA: Addison-Wesley, 2005.

$$r_i = r_{RF} + (r_1 - r_{RF})b_{i1} + \cdots + (r_j - r_{RF})b_{ij}$$

(25-16)

Aqui r_j é a taxa de rendimento exigida sobre a carteira que é sensível apenas ao fator econômico j ($b_{pj} = 1{,}0$) e tem sensibilidade zero a todos os outros fatores. Desse modo, por exemplo, ($r_2 = r_{RF}$) é o prêmio sobre o risco da carteira com $b_{p2} = 1{,}0$ e todos os outros $b_{pj} = 0{,}0$. Observe que a Equação 25-16 é idêntica em forma à SML, mas permite um rendimento exigido da ação como uma função de múltiplos fatores.

Para ilustrar o conceito APT, assuma que todos os rendimentos de ações dependem apenas de três fatores de risco: inflação, produção industrial e grau agregado de aversão ao risco (o custo de suportar o risco, que assumimos estar refletido no *spread* entre os rendimentos do Tesouro e nas obrigações de longo prazo). Além disso, suponha que: (1) a taxa livre de risco seja de 8,0%; (2) a taxa de rendimento exigida seja de 13% sobre uma carteira com sensibilidade de unidade (b = 1,0) à inflação e sensibilidade zero (b = 0,0) à produção industrial e ao grau de aversão ao risco; (3) o rendimento exigido seja de 10% sobre uma carteira com sensibilidade unitária à produção industrial e sensibilidade zero à inflação e aversão ao grau de risco; e (4) o rendimento exigido seja de 6% sobre uma carteira (custo de suportar o risco) com sensibilidade unitária à aversão ao grau de risco e sensibilidade zero à inflação e à produção industrial. Finalmente, assuma que a Ação i tenha fatores de sensibilidade (betas) de 0,9 à inflação, 1,2 à produção industrial e –0,7 ao custo de suportar o risco. A taxa de rendimento exigida da Ação i, de acordo com a APT, seria 16,3%:

$$
\begin{aligned}
r_i &= 8\% + (13\% - 8\%)0{,}9 + (10\% - 8\%)1{,}2 + (6\% - 8\%)(-0{,}7) \\
&= 16{,}3\%
\end{aligned}
$$

Observe que, se a taxa de rendimento exigida no mercado fosse 15,0% e a Ação i tivesse um beta CAPM de 1,1, sua taxa de rendimento exigida, de acordo com a SML, seria 15,7%:

$$r_i = 8\% + (15\% - 8\%)1{,}1 = 15{,}7\%$$

A vantagem teórica principal da APT é que permite que vários fatores econômicos influenciem os rendimentos de uma ação unitária, considerando que o CAPM assume que o efeito de todos os fatores, exceto aqueles que são exclusivos da empresa, pode ser capturado em uma única medida: a variabilidade da ação com relação à carteira de mercado. Também, a APT requer menos hipóteses que o CAPM e por essa razão é mais geral. Finalmente, a APT não considera que todos os investidores detenham a carteira de mercado, um requisito do CAPM que claramente não é colocado em prática.

Entretanto, a APT encontra os principais obstáculos na execução, sendo o mais grave aquele em que a teoria não identifica verdadeiramente os fatores importantes. A APT não nos diz quais fatores influenciam os rendimentos nem como indicar quantos fatores devem aparecer no modelo. Existem algumas provas empíricas em que apenas três ou quatro fatores são importantes: talvez inflação, produção industrial, o *spread* entre as obrigações de baixo e alto grau de risco e a estrutura de taxas de juros – mas ninguém sabe ao certo.

Os proponentes da APT argumentam que ela não é realmente necessária para identificar os fatores importantes. Os pesquisadores utilizam um procedimento estatístico chamado de **análise fatorial** para desenvolver os parâmetros da APT. Basicamente, começam com centenas, ou mesmo milhares de ações, criam diferentes carteiras, em que os rendimentos não estão altamente correlacionados com os rendimentos de outras carteiras. Desse modo, cada carteira é aparentemente mais influenciada por um dos fatores desconhecidos do que são as outras carteiras. Assim a taxa de rendimento exigida em cada carteira torna-se uma estimativa para aquele fator economicamente desconhecido, mostrado como r_j na Equação 25-16. As sensibilidades de cada rendimento de ação unitária aos rendimentos naquela carteira são fatores de sensibilidade (betas). Infelizmente, os resultados do fator análise não são interpretados facilmente; por essa razão não fornecem conclusões importantes sobre determinantes econômicas subjacentes do risco.[17]

---

[17] Para discussão adicional sobre APT, veja Edward L. Bubnys, "Simulating and forecasting utility stock returns: arbitrage pricing theory *vs.* Capital asset pricing model", *The Financial Review*, p. 1-23, fev. 1990; David H. Goldenberg e Ashok J. Robin, "The arbitrage pricing theory and cost-of-capital estimation: the case of electric utilities", *Journal of Financial Research*, p. 181-196, quarto trimestre de 1991; e Ashok Robin e Ravi Shukla, "The magnitude of pricing errors in the arbitrage pricing theory", *Journal of Financial Research*, p. 65-82, segundo trimestre de 1991.

Autoavaliação

1. Qual é a principal diferença entre APT e CAPM?
2. Quais são algumas desvantagens da APT?
3. Um analista avaliou a ação da Brown Kitchen Supplies utilizando o modelo de dois fatores APT. A taxa livre de risco é 5%, o rendimento exigido no primeiro fator (r_1) é 10% e o rendimento exigido no segundo fator (r_2) é 15%. Se $b_{i1} = 0,5$ e $b_{i2} = 1,3$, qual é o rendimento exigido da Brown? **(20,5%)**

Resumo

O principal objetivo deste capítulo foi estender o seu conhecimento dos conceitos de risco e rendimento. Os principais conceitos cobertos estão relacionados a seguir.

- O **conjunto viável de carteiras** representa todas as carteiras que podem ser formadas de um dado conjunto de ativos.
- Uma **carteira eficiente** é aquela que oferece o maior rendimento para determinado montante de risco ou o menor risco para determinado rendimento.
- A **melhor carteira** para um investidor é definida pela maior **curva de indiferença** possível que está tangente ao **conjunto eficiente de carteiras**.
- O **modelo de precificação de ativos financeiros (CAPM)** descreve a relação entre risco de mercado e taxas de rendimento exigidas.
- As **linhas de mercado de capitais (CML)** descrevem a relação risco-rendimento para carteiras eficientes – isto é, para carteiras que consiste em um mix da carteira de mercado e um ativo livre de risco.
- A *linha de mercado de títulos* **(SML)** é uma parte integrante do CAPM e descreve a relação risco-rendimento para ativos individuais. A taxa de rendimento exigida para qualquer Ação i é igual à **taxa livre de risco** mais o **prêmio sobre o risco de mercado** multiplicado pelo **coeficiente beta da ação**: $r_i = r_{RF} + (r_M - r_{RF})b_i$.
- O **coeficiente beta, b_i,** da Ação i é a medida do **risco de mercado** da ação. O beta mede a **variabilidade** dos rendimentos sobre um título **relativo aos rendimentos do mercado**, que é a carteira de todos os ativos de risco.
- O coeficiente beta é mensurado pela inclinação da **linha característica** da ação, que é encontrada pelo histórico da regressão do rendimento da ação contra os históricos do rendimento do mercado.
- Apesar de o CAPM fornecer uma estrutura conveniente para pensar sobre as discussões de risco e rendimento, ele *não pode ser comprovado empiricamente* e seus parâmetros são extremamente difíceis para avaliar. Desse modo, a taxa de rendimento exigida para uma ação avaliada pelo CAPM pode não ser exatamente igual à verdadeira taxa de rendimento exigida.
- Em comparação ao CAPM, a **teoria da precificação por arbitragem (APT)** supõe que os rendimentos esperados de ações são decorrentes de mais de um fator.

Perguntas

(25-1) Defina os termos seguintes, utilizando gráficos ou equações para ilustrar as suas respostas quando viável:
   a. Carteira; conjunto atingível; carteira eficiente; fronteira eficiente
   b. Curva de indiferença; melhor carteira
   c. **Modelo de precificação de ativos financeiros** (CAPM); **linhas de mercado de capitais** (CML)
   d. Linha característica; coeficiente beta, b
   e. **Teoria da precificação por arbitragem** (APT)

(25-2) O Título A tem uma taxa esperada de rendimento de 6%, um desvio padrão de rendimentos de 30%, um coeficiente de correlação com o mercado de –0,25 e um coeficiente beta de –0,5. O Título B tem um rendimento esperado de 11%, um desvio padrão de rendimentos de 10%, uma correlação com o mercado de 0,75 e um coeficiente beta de 0,5. Qual título é mais arriscado? Por quê?

Problema de autoavaliação – A solução está no Apêndice A

(PA-1) **Risco e rendimento** – Você está planejando investir $ 200 mil. Dois títulos estão disponíveis, A e B, e você pode investir em um deles ou em uma carteira com alguns deles. Você estima que a seguinte probabilidade de distribuição dos rendimentos seja aplicável a A e B:

TÍTULO A	
P_A	R_A
0,1	-10,0%
0,2	5,0
0,4	15,0
0,2	25,0
0,1	40,0
	$\hat{r}_A = ?$
	$\sigma_A = ?$

TÍTULO B	
P_B	R_B
0,1	-30,0%
0,2	0,0
0,4	20,0
0,2	40,0
0,1	70,0
	$\hat{r}_B = 20,0\%$
	$\sigma_B = 25,7\%$

a. O rendimento esperado para o Título B é $\hat{r}_B = 20\%$ e $\sigma_B = 25,7\%$. Encontre $\hat{r}_A$ e σ_A.

b. Utilize a Equação 25-3 para encontrar o valor de w_A que produz a carteira de risco mínimo. Assuma $\rho_{AB} = -0,5$ para as partes b e c.

c. Construa uma tabela dando $\hat{r}_p$ e σ_p para carteiras com $w_A = 1,00, 0,75, 0,50, 0,25, 0,0$ e valor mínimo de risco de w_A. (*Dica*: Para $w_A = 0,75, \hat{r}_p = 16,25\%$ e $\sigma_p = 8,5\%$; para $w_A = 0,5, \hat{r}_p = 17,5\%$ e $\sigma_p = 11,1\%$; para $w_A = 0,25, \hat{r}_p = 18,75\%$ e $\sigma_p = 17,9\%$.)

d. Apresente o conjunto viável de carteiras e identifique a fronteira eficiente do conjunto viável.

e. Suponha que a sua função de permuta do risco-rendimento ou curva de indiferença, esteja tangente ao conjunto eficiente no ponto em que $\hat{r}_p = 18\%$. Utilize essa informação com o gráfico construído na parte d para localizar (aproximadamente) sua melhor carteira. Desenhe uma curva de indiferença razoável, indique o porcentual dos seus fundos investidos em cada título e determine σ_p e $\hat{r}_p$ da melhor carteira. (*Dica*: Estime σ_p e $\hat{r}_p$ graficamente; e utilize a equação para $\hat{r}_p$ para determinar w_A.)

f. Agora suponha um ativo livre de risco com um rendimento $r_{RF} = 10\%$ se torne disponível. Como isso muda o conjunto de oportunidades de investimento? Explique por que a fronteira eficiente se torna linear.

g. Dada a curva de indiferença na parte e, você mudaria a sua carteira? Se sim, como? (*Dica*: Assuma que as curvas de indiferença sejam paralelas.)

h. Quais são os coeficientes betas para as Ações A e B? (*Dica*: Reconheça que $r_i = r_{RF} + b_i(r_M - r_{RF})$ e então resolva para b_i; assuma que as suas preferências batem com as preferências da maioria dos outros investidores.)

Problemas – As respostas dos problemas estão no Apêndice B

Problema fácil 1-2

(25-1) **Beta** – O desvio padrão dos rendimentos de ações para a Ação A é 40%. O desvio padrão do rendimento de mercado é 20%. Se a correlação entre a Ação A e o mercado é 0,70, qual é o beta da Ação A?

(25-2) **APT** – Um analista avaliou uma ação para a Crisp Trucking utilizando o modelo de dois fatores APT. A taxa livre de risco é 6%, o rendimento esperado no primeiro fator é (r_1) 12% e o rendimento esperado no segundo fator (r_2) é 8%. Se $b_{i1} = 0,7$ e $b_{i2} = 0,9$, qual é o rendimento exigido da Crisp?

Problemas intermediários 3-4

(25-3) **Carteira de dois ativos** – A ação A tem um rendimento esperado de 12% e um desvio padrão de 40%. A Ação B tem um rendimento esperado de 18% e um desvio padrão de 60%. O coeficiente de correlação entre as Ações A e B é 0,2. Quais são o rendimento esperado e o desvio padrão de uma carteira composta 30% da Ação A e 70% da Ação B?

(25-4) **Comparação SML e CML** – O coeficiente beta de um ativo pode ser expresso como uma função da correlação de ativo com o mercado, conforme se segue:

$$b_i = \frac{\rho_{iM}\sigma_i}{\sigma_M}$$

a. Substitua essa expressão pelo beta dentro da **linha de mercado de títulos** (SML), Equação 25-9. Esse resultado é uma forma alternativa da SML.

b. Compare sua resposta para separar com as **linhas de mercado de capitais** (CML), Equação 25-6. Quais são as semelhanças observadas? Quais são as conclusões que podem ser tiradas?

Problemas desafiadores 5-6

(25-5) Linha característica e linha de mercado de títulos mobiliários – É dado o seguinte conjunto de dados:

	Taxas históricas de rendimento	
Ano	NYSE	Ação X
1	-26,5%	-14,0%
2	37,2	23,0
3	23,8	17,5
4	-7,2	2,0
5	6,6	8,1
6	20,5	19,4
7	30,6	18,2

a. Utilize uma planilha eletrônica (ou uma calculadora com função linear de regressão) para determinar o coeficiente beta da Ação X.

b. Determine a média aritmética das taxas de rendimento para a Ação X e o NYSE sobre o período dado. Calcule o desvio padrão dos rendimentos para ambos, Ação X e NYSE.

c. Assuma que a situação durante os Anos 1 até 7 é esperada, prevalecendo no futuro (isto é, $\hat{r}_x = \bar{r}_{x,Mediano}$, $\hat{r}_M = \bar{r}_{M,Mediano}$, e ambos σ_X e b_X no futuro serão iguais aos seus valores passados). Também assuma que a Ação X está em equilíbrio, isto é, ela representa graficamente a linha de mercado de títulos mobiliários. Qual é a taxa livre de risco?

d. Mensurar a linha de mercado de títulos.

e. Suponha que você detenha uma grande carteira bem diversificada e esteja pensando em acrescentar-lhe tanto a Ação X ou outra ação, Ação Y, que tem o mesmo beta da Ação X, mas um desvio padrão de rendimentos maior. As Ações X e Y têm os mesmos rendimentos esperados: $\hat{r}_x = \hat{r}_y = 10,6\%$. Qual ação você deve escolher?

(25-6) Linha característica – É dado o seguinte conjunto de dados:

	Taxas históricas de rendimento	
Ano	NYSE	Ação Y
1	4,0%	3,0%
2	14,3	18,2
3	19,0	9,1
4	-14,7	-6,0
5	-26,5	-15,3
6	37,2	33,1
7	23,8	6,1
8	-7,2	3,2
9	6,6	14,8
10	20,5	24,1
11	30,6	18,0
Média =	9,8%	9,8%
σ =	19,6%	13,8%

a. Construa um diagrama de dispersão mostrando a relação entre os rendimentos da ação e o rendimento do mercado. Utilize uma planilha eletrônica ou uma calculadora com função de regressão linear para estimar o beta.

b. Dê uma interpretação verbal de qual linha de regressão e do coeficiente beta que mostram a volatilidade da Ação Y e o risco relativo, se comparado com os das outras ações.

c. Suponha que a linha de regressão esteja exatamente como mostrada pelo seu gráfico da parte b, mas a dispersão de pontos foi mais espalhada. Como isso afetaria (1) o risco da empresa se a ação está mantida em uma carteira de um ativo; e (2) o prêmio sobre o risco atual da ação se o CAPM se mantém exato?

d. Suponha que a linha de regressão foi rebaixada e o coeficiente beta foi negativo. O que isso implicaria sobre (1) o risco relativo da Ação Y; (2) sua correlação com o mercado; e (3) seu provável prêmio sobre o risco?

Problema de planilha

(25-7) **Carteiras viáveis** – Construa uma planilha para os rendimentos exigidos e os desvios padrão dos rendimentos para A, B e C:

Ação	r_i	σ_i
A	7,0%	33,11%
B	10,0	53,85
C	20,0	89,44

Os coeficientes de correlação para cada par estão mostrados a seguir em uma matriz, em que cada célula dá a correlação entre a ação naquela fileira e coluna. Por exemplo, $\rho_{AB} = 0,1571$ está na fileira para A e a coluna para B. Observe que os valores em diagonal estão iguais a 1, pois a variável está sempre perfeitamente correlacionada com ela mesma.

	A	B	C
A	1,0000	0,1571	0,1891
B	0,1571	1,0000	0,1661
C	0,1891	0,1661	1,0000

a. Suponha uma carteira que tenha 30% investido em A, 50% em B e 20% em C. Quais são os rendimentos esperados e o desvio padrão da carteira?

b. O modelo parcial relaciona seis diferentes combinações de carteiras ponderadas. Para cada combinação, encontre o rendimento exigido e o desvio padrão.

c. O modelo parcial fornece um diagrama de dispersão que mostra o rendimento exigido e o desvio padrão já calculados. Isso fornece um indicador visual do conjunto viável. Se você procurar por um rendimento de 10,5%, qual é o menor desvio padrão que você deve aceitar?

Estudo de caso

Responda às seguintes perguntas:

a. Suponha que o Ativo A tenha um rendimento esperado de 10% e um desvio padrão de 20%. O Ativo B tem um rendimento esperado de 16% e um desvio padrão de 40%. Se a correlação entre A e B é 0,35, qual é o rendimento esperado e o desvio padrão para uma carteira composta 30% pelo Ativo A e 70% pelo Ativo B?

b. Estime as carteiras possíveis para uma correlação de 0,35. Agora estime as carteiras atingíveis para correlações de +1,0 e –1,0.

c. Suponha que um ativo livre de risco tenha um rendimento esperado de 5%. Por definição, seu desvio padrão é zero, e sua correlação com qualquer outro ativo também é zero. Utilizando apenas o Ativo A e o ativo livre de risco, estime as carteiras acessíveis.

d. Construa um gráfico plausível que mostre o risco (conforme mensurado pelo desvio padrão) no eixo x e a taxa esperada de rendimento no eixo y. Agora adicione um conjunto viável de carteiras ilustrativo (ou atingível) e mostre qual proporção do conjunto viável é eficiente. O que torna uma carteira em particular eficiente? Não se preocupe com valores específicos quando construir o gráfico – ilustre simplesmente com elementos de dados "razoáveis".

e. Adicione um conjunto de curvas de indiferença ao gráfico criado para a parte b. O que essas curvas representam? Qual é a melhor carteira para esse investidor? Adicione um segundo conjunto de curvas de indiferença que conduza à seleção de uma melhor carteira diferente. Por que os dois investidores escolheram carteiras diferentes?

f. O que é o **modelo de precificação de ativos financeiros** (CAPM)? Quais são as hipóteses que suportam esse modelo?

g. Agora adicione o ativo livre de risco. Qual o impacto que isso teve na fronteira eficiente?

h. Escreva a equação para as **linhas de mercado de capitais** (CML) e as represente no gráfico. Interprete a CML mensurada. Agora adicione um conjunto de curvas de indiferença e ilustre como a combinação de uma melhor carteira de investidor é alguma combinação da carteira de risco e do ativo livre de risco. Qual é a composição da carteira de risco?

i. O que é linha característica? Como essa linha é utilizada para estimar o coeficiente beta da ação? Escreva e explique a fórmula que relaciona risco total, risco de mercado e risco diversificável.

j. Quais são os dois testes potenciais que podem ser conduzidos para verificar o CAPM? Quais são os seus resultados? Qual é a crítica de Roll aos testes do CAPM ?

k. Explique brevemente a diferença entre o modelo CAPM e a teoria da precificação por arbitragem (APT).

Opções reais

A Honda Motor Company gastou $ 400 milhões de dólares em algo que talvez não precisasse – flexibilidade da produção. Se a demanda pelos seus veículos mudou de forma previsível, a Honda desperdiçou $ 400 milhões de dólares. Mas como já vimos no contexto da crise econômica global, a demanda por automóveis é altamente volátil, com a preferência do consumidor mudando drasticamente quando o preço do petróleo muda. Para se preparar para essa volatilidade, a Honda vem introduzindo flexibilidade nas suas fábricas e agora tem mais flexibilidade do que qualquer outro fabricante nos Estados Unidos.

A fábrica da Honda em Liberty, Ohio, pode parar a produção do Civic, ajustar-se para o CR-V crossover e iniciar a sua produção em menos de dez minutos, registrando praticamente nenhum custo adicional no processo. Muitas de suas outras fábricas têm capacidades semelhantes. Por exemplo, a Honda conseguiu reduzir rapidamente a produção de sua picape Ridgeline e aumentar a produção de veículos de combustíveis mais eficientes. Em contrapartida, a Ford levará mais de um ano para converter uma fábrica que atualmente produz veículos utilitários esportivos a um custo de $ 75 milhões. A GM tem problemas parecidos e gastará $ 370 milhões para modificar modelos em uma de suas fábricas.

A flexibilidade da Honda deve-se a vários fatores, que têm início com os modelos de veículos e processos de produção que dividem componentes e técnicas de montagem. Por exemplo, o processo de montagem das portas é muito semelhante, não importa o veículo a ser produzido. Os robôs da Honda também lhe dão flexibilidade. Por exemplo, os mesmos robôs são utilizados para soldar veículos diferentes.

Inicialmente custa mais investir em flexibilidade na fábrica, mas a compensação pode valer o custo. Você deve ler este capítulo e aprender mais sobre as opções, avaliar como as técnicas de opções de preços podem conduzir às melhores decisões orçamentárias.

Fontes: Kate Linebaugh, "Honda's Flexible Plants Provide Edge", The Wall Street Journal, p. B1, 23 set. 2008.

A análise do fluxo de caixa descontado (DCF) tradicional – na qual os fluxos de caixa do ativo são estimados e depois descontados para obter o NPV [Valor Presente Líquido] – tem sido a pedra angular para avaliar todos os tipos de ativos desde 1950. Nesse sentido, a maior parte da nossa discussão sobre controle orçamentário focalizou-se sobre as técnicas de avaliação do DCF. No entanto, nos últimos anos, acadêmicos e profissionais têm demonstrado que as técnicas do DCF nem sempre revelam a história completa sobre o valor de um projeto; e a rotina da utilização do DCF pode, às vezes, conduzir a decisões errôneas sobre controle orçamentário.[1]

As técnicas do DCF foram originalmente desenvolvidas para avaliar papéis negociáveis como ações e títulos. Os papéis negociáveis são investimentos passivos: depois de terem sido adquiridos, a maioria dos investidores não tem influência sobre os fluxos de caixa que os ativos produzem. No entanto, os ativos reais não são investimentos passivos porque as ações gerenciais, depois que o investimento foi feito, podem influenciar os seus resultados. Além disso, investir em um novo projeto, muitas vezes, pode acarretar o aumento das oportunidades de investimentos futuros da empresa. As oportunidades são, com efeito, as opções – o direito (mas não a obrigação) de tomar algumas medidas no futuro. Como demonstramos na próxima seção, as opções são valiosas, assim os projetos que aumentam o conjunto de valores da empresa têm **opção de valores positivos**. Do mesmo modo, qualquer projeto que reduz o conjunto de oportunidades futuras destrói a opção de valores. O impacto de um projeto nas oportunidades da empresa, ou em sua opção de valores, pode não ser captado pela análise NPV convencional, portanto essa opção de valores deve ser considerada separadamente, como fazemos neste capítulo.

26-1   Avaliando opções reais

Conforme apresentado no Capítulo 11, as opções reais são oportunidades para a administração mudar o prazo, o parâmetro e outros aspectos de um investimento em resposta às mudanças nas condições de mercado. Essas oportunidades são opções no sentido de que a administração pode, caso seja de interesse da empresa, realizar algumas ações; a administração não está obrigada a isso. Essas oportunidades são reais (em vez de financeiras) porque envolvem decisões sobre patrimônio real – como fábricas, equipamento e terreno – em vez de ativos financeiros como ações ou títulos. Quatro exemplos de opções reais são opções de espera para investir, opções de crescimento, opções de abandono e opções de flexibilidade. O presente capítulo fornece um exemplo de como avaliar uma opção de espera para investir e uma opção de crescimento.

Avaliar uma opção real exige julgamento, tanto para formular o modelo como para estimar as informações. Isso significa que a resposta não é útil? De modo algum. Por exemplo, os modelos utilizados pela Nasa apenas aproximam os centros de gravidade para a lua, a Terra e outros corpos celestes, mas mesmo com esses "erros" em seus modelos, a Nasa tem sido capaz de colocar os astronautas na Lua. Como um professor disse, "todos os modelos são errados, mas alguns ainda são muito úteis". Isso é especialmente verdadeiro para as opções reais. Talvez não sejamos capazes de encontrar o valor exato de uma opção real, mas o valor que encontremos pode ser útil para decidir se aceitamos ou não o projeto. Igualmente importante, o processo de procura e avaliação das opções reais identifica frequentemente pontos críticos que poderiam passar despercebidos de outra forma.

Cinco processos possíveis podem ser utilizados para lidar com opções reais. Iniciamos com as formas mais simples:

1. Utilizar a avaliação do fluxo de caixa descontado (DCF) e ignorar quaisquer opções reais supondo que os seus valores sejam zero.
2. Utilizar a avaliação DCF e incluir um reconhecimento qualitativo de qualquer valor de opção real.
3. Utilizar a análise da árvore de decisão.
4. Utilizar um modelo padrão para uma opção financeira.
5. Desenvolver um modelo exclusivo de projeto específico usando técnicas de engenharia financeira.

As seções, a seguir, ilustram esses procedimentos.

Autoavaliação

1. Relacione os cinco procedimentos possíveis para lidar com as opções reais.

---

[1] Para excelente discussão geral sobre os problemas inerentes às técnicas de avaliação do fluxo de caixa descontado aplicadas ao controle orçamentário, veja Avinash K. Dixit e Robert S. Pindyck, "The options approach to capital investment", *Harvard Business Review*, p. 105-115, maio/jun. 1995.

26-2 Opção de espera para investir: uma ilustração

Frequentemente existe a alternativa de investir imediatamente – a decisão de investir ou não pode ser adiada até que maiores informações estejam disponíveis. Ao esperar, uma decisão mais consciente pode ser tomada e esse prazo para investir acrescenta valor ao projeto e reduz o seu risco.

A Murphy Systems está estudando um projeto de um novo tipo de dispositivo portátil que fornece conexões sem fio (*wireless*) com a internet. O custo do projeto é de $ 50 milhões, mas os fluxos de caixa futuros dependem da demanda pelas conexões sem fio com a internet, que é incerta. A Murphy acredita que existe uma chance de 25% de que a demanda pelo novo dispositivo será alta, caso em que o projeto gerará fluxos de caixa de $ 33 milhões por ano para três anos. Existe uma chance de 50% de demanda média, com fluxos de caixa de $ 25 milhões por ano, e uma chance de 25% de demanda baixa, e os fluxos de caixa anuais serão de apenas $ 5 milhões. Uma análise preliminar indica que o projeto é um pouco mais arriscado que a média, de forma que foi atribuído um custo de capital de 14% contra 12% para um projeto médio na Murphy Systems. Eis um resumo dos dados do projeto:

DEMANDA	PROBABILIDADE	FLUXO DE CAIXA ANUAL
Alta	0,25	$ 33 milhões
Média	0,50	25 milhões
Baixa	0,25	5 milhões
Fluxo de caixa anual esperado		$ 22 milhões
Custo de capital do projeto	14%	
Duração do projeto	3 anos	
Investimento exigido ou custo do projeto	$ 50 milhões	

A Murphy poderia aceitar o projeto e implantá-lo imediatamente; no entanto, uma vez que a empresa tem uma patente sobre os módulos principais do dispositivo, poderia também adiar a decisão até o próximo ano, quando mais informações sobre a demanda estarão disponíveis. O custo ainda será de $ 50 milhões se a Murphy aguardar, e espera-se ainda que o projeto gere os fluxos de caixas indicados, mas cada fluxo será recuado em um ano. No entanto, se a Murphy esperar, saberá mais sobre as condições da demanda – e, consequentemente, sobre os fluxos de caixa previstos. Caso a Murphy espere, naturalmente fará o investimento apenas se a demanda for suficiente para produzir um NPV positivo.

Observe que o prazo para a opção real lembra uma opção de compra de ações. Uma opção de compra dá ao seu proprietário o direito de comprar uma ação ao preço do exercício da opção, mas apenas se o preço da ação for mais alto que o preço do exercício da opção, o proprietário exercerá a opção e comprará a ação. De modo semelhante, se a Murphy adiar a implantação, terá o direito de "comprar" o projeto fazendo investimento de $ 50 milhões se o NPV, conforme calculado, for positivo para o ano seguinte, quando novas informações estarão disponíveis.

26-6a Abordagem 1 – análise de DCF ignorando a opção de espera

Com base nas probabilidades para os diferentes níveis da demanda, os fluxos de caixa esperados são de $ 22 milhões por ano:

$$\text{Fluxo de caixa esperado por ano} = 0{,}25(\$\ 33) + 0{,}50(\$\ 25) + 0{,}25(\$\ 5)$$
$$= \$\ 22 \text{ milhões}$$

Ignorando a opção de espera para investir, o NPV tradicional é de $ 1,08 milhão, como se segue:

$$NPV = -\$\ 50 + \frac{\$\ 22}{(1 + 0{,}14)^1} + \frac{\$\ 22}{(1 + 0{,}14)^2} + \frac{\$\ 22}{(1 + 0{,}14)^3} = \$\ 1{,}08$$

O valor presente do fluxo líquido de entrada é de $ 51,08 milhões, enquanto o custo é de $ 50 milhões, deixando um NPV de $ 1,08 milhão.

Com base apenas nesta análise de DCF, a Murphy deve aceitar o projeto. Observe, no entanto, que, se os fluxos de caixa esperados tivessem sido ligeiramente inferiores a, digamos, $ 21,5 milhões por ano, o NPV teria sido negativo e o projeto rejeitado. Note também que o projeto é arriscado: existe uma probabilidade de 25% de que a demanda será baixa, caso em que o NPV terá um saldo negativo de $ 38,4 milhões.

26-2b Abordagem 2 – análise de DCF com pagamento qualitativo da opção de espera

O valor atualizado do fluxo de caixa descontado sugere que o projeto deve ser aceito, mas apenas por pouco, e que não atende à existência de uma eventual opção real valiosa. Se a Murphy implantar o projeto agora, ganhará um NPV esperado (mas arriscado) de $ 1,08 milhão. Entretanto, aceitar agora significa também desistir da opção de esperar e saber mais sobre a demanda de mercado antes da ordem de compra e venda de ações. Desse modo, a opção de desistir vale mais ou menos que $ 1,08 milhão? Se a opção vale mais que $ 1,08 milhão, a Murphy não deve desistir da opção, o que significa postergar a decisão – e vice-versa se a opção vale menos que $ 1,08 milhão.

Com base na discussão das opções financeiras no Capítulo 8, qual avaliação qualitativa poderia levar-nos a considerar o valor da opção? Coloque de outro modo: sem fazer qualquer outro cálculo, parece que a Murphy deve ir adiante agora ou esperar? Ao pensar nessa decisão, observe primeiro que o valor de uma opção é maior se o valor atual do ativo subjacente for relativamente alto em relação ao preço de exercício da opção, outras coisas permanecendo constantes. Por exemplo, a opção de compra com preço de exercício de $ 50 para uma ação com preço atual de $ 50 vale mais se o preço atual for $ 20. O preço de exercício da opção do projeto é de $ 50 milhões e a nossa primeira suposição para o valor do seu fluxo de caixa é $ 51,08 milhões. Vamos calcular o valor exato do ativo subjacente da Murphy mais tarde, mas a análise de DCF sugere que o valor do ativo subjacente se aproxima do preço de exercício da opção, assim a opção deve ser valiosa. Sabemos também que o valor da opção é maior quanto maior o tempo de vencimento. Aqui a opção tem um ano de vida, que é muito longa para uma opção, e isto também sugere que a opção é provavelmente valiosa. Por último, sabemos que o valor de uma opção aumenta com o risco do derivativo. Os dados utilizados na análise de DCF indicam que o projeto é muito arriscado, o que sugere mais uma vez que a opção é valiosa.

Assim, a nossa avaliação qualitativa indica que a opção de postergar poderia ser mais valiosa do que o NPV esperado de $ 1,08 se assumirmos o projeto imediatamente. Essa conclusão é muito subjetiva, mas a avaliação qualitativa sugere que a administração da Murphy deverá fazer uma avaliação quantitativa da situação.

26-2c Abordagem 3 – análises de cenário e de árvores de decisão

A Parte 1 da Figura 26-1 apresenta uma análise de cenário e uma árvore de decisão semelhante à dos exemplos do Capítulo 11. Cada resultado possível é indicado como um "ramo" da árvore. Cada ramo mostra o fluxo de caixa e a probabilidade de um cenário previsto como uma linha do tempo. Assim, a primeira linha superior, que apresenta os pagamentos no cenário de alta demanda, tem fluxos de caixa positivos de $ 33 milhões para os próximos três anos, e seu NPV é de $ 26,61 milhões. O ramo da média demanda tem um NPV de $ 8,04 milhões, enquanto o ramo da baixa demanda é negativo em $ 38,39 milhões. Já que a Murphy vai sofrer uma perda de $ 38,39 milhões se a demanda for mais fraca, e desde que exista uma probabilidade de 25% de demanda fraca, o projeto é claramente arriscado.

O NPV esperado é a média ponderada dos três resultados possíveis, quando o peso de cada resultado é a sua probabilidade. O montante disponível na última coluna na Parte 1 mostra que o NPV esperado é $ 1,08 milhão, o mesmo que na análise original de DCF. A Parte 1 também mostra um desvio padrão de $ 24,02 milhões para o NPV e um coeficiente de variação (definido como a proporção do desvio padrão para o NPV esperado) de 22,32, que é muito grande. Claramente, o projeto é muito arriscado analisado sob esse ponto de vista.

A Parte 2 é estabelecida de forma semelhante à Parte 1, exceto que mostra o que acontece se a Murphy adiar a decisão e implantar o projeto apenas se a demanda for alta ou média. Não há custos agora no Ano 0 – aqui a única opção é aguardar. Então, se a demanda for média ou alta, a Murphy vai gastar $ 50 milhões no Ano 1 e receber $ 33 milhões ou $ 25 milhões por ano nos três anos seguintes. Se a demanda for baixa, como se verifica na parte inferior do ramo, a Murphy não vai gastar nada no Ano 1 e não vai receber nenhum fluxo de caixa nos anos posteriores. O NPV do ramo da alta demanda é $ 23,35 milhões e o do ramo da média demanda é $ 7,05 milhões. Já que todos os fluxos de caixa no cenário de baixa demanda são iguais a zero, o NPV, nesse caso, também será zero. O NPV esperado se a Murphy adiar a decisão é de $ 9,36 milhões.

FIGURA 26-1

Análises de DCF e de árvore de decisão para a opção de espera para investir (em milhões de dólares)

	A	B	C	D	E	F	G	H
41	**Parte 1. Análise de cenário: Avançar imediatamente**							
42								
43				Fluxos de caixa futuros				NPV deste
44	Agora: Ano 0		Probabilid.	Ano 1	Ano 2	Ano 3		cenário[a]
45								
46		→ Altos →	0,25	$ 33	$ 33	$ 33		$ 26,61
47	↗							
48	-$ 50	→ Médios→	0,50	$ 25	$ 25	$ 25		$ 8,04
49	↘							
50		→ Baixos →	0,25	$ 5	$ 5	$ 5		-$ 38,39
51			1,00					
52						Valor esperado de NPVs[b] =		$ 1,08
53						Desvio padrão[b] =		$ 24,02
54						Coeficiente de variação[c] =		22,32
55								
56	**Parte 2. Análise da árvore de decisão: Implantar em um ano apenas se for ótimo**							
57								
58				Fluxos de caixa futuros				NPV deste
59	Agora: Ano 0		Probabilid.	Ano 1	Ano 2	Ano 3	Ano 4	cenário[d]
60								
61		→ Altos →	0,25	-$ 50	$ 33	$ 33	$ 33	$ 23,35
62	↗							
63	**Esperar**	→ Médios→	0,50	-$ 50	$ 25	$ 25	$ 25	$ 7,05
64	↘							
65		→ Baixos →	0,25	$ 0	$ 0	$ 0	$ 0	$ 0,00
66			1,00					
67						Valor esperado de NPVs[b] =		$ 9,36
68						Desvio padrão[b] =		$ 8,57
69						Coeficiente de variação[c] =		0,92

Observações:

[a] O CMPC é 14%.

[b] O valor esperado e o desvio padrão são calculados conforme explicado no Capítulo 6.

[c] O coeficiente de variação é o desvio padrão dividido pelo valor esperado.

[d] O NPV na Parte 2 está estabelecido no Ano 0. Portanto, cada fluxo de caixa do projeto é descontado retroativamente mais um ano que na Parte 1.

Essa análise mostra que o NPV esperado do projeto será muito mais alto se a Murphy adiar em vez de investir imediatamente. Além disso, como não existe a possibilidade de perder dinheiro com a opção do adiamento, essa decisão também reduz o risco do projeto. Isso indica claramente que a opção de esperar é valiosa; por essa razão a Murphy deveria esperar até um ano antes de decidir se continua com o investimento.

Antes de concluirmos a discussão das árvores de decisão, observe que utilizamos o mesmo custo de capital, 14%, para descontar o fluxo de caixa em "avançar imediatamente" na análise de cenários na Parte 1 e "atrasar um ano" no cenário na Parte 2. No entanto, isso não é adequado por três razões. Primeiro, como não existe nenhuma possibilidade de perder dinheiro se a Murphy adiar o projeto, o investimento nesse plano é claramente menos arriscado do que se a Murphy levá-lo adiante imediatamente. Segundo, os 14% de custo de capital podem ser apropriados pelos fluxos de caixa, ainda que o investimento no projeto no Ano 1 na Parte 2 seja conhecido com certeza. Talvez, devamos descontá-lo no risco livre de impostos.[2] Terceiro, as entradas de caixa do projeto (excluindo o investimento inicial) são desiguais na Parte 2 e na Parte 1 porque os fluxos de

---

[2] Para uma explicação mais detalhada da lógica de acordo com os juros livres de risco para descontar o custo do projeto, veja Timothy A. Luehrman, "Investment opportunities as real options: getting started on the numbers", *Harvard Business Review*, p. 51-67, jul./ago. 1998. Esse documento também fornece uma discussão da avaliação da opção real. O professor Luehrman também escreveu um documento de acompanhamento que fornece uma excelente discussão dos caminhos das opções reais que afetam a estratégia: "Strategy as a portfolio of real options", *Harvard Business Review*, p. 89-99, set./out. 1998.

caixa de baixa demanda são eliminados. Isso sugere que se 14% é do caso de apropriação de custo de capital no "avançar imediatamente", então, alguma taxa inferior seria adequada para o caso de "adiar a decisão".

Na Figura 26-2, Parte 1, repetimos a análise de "adiar a decisão", mas com uma única exceção. Continuamos a descontar o fluxo de caixa operacional no Ano 2 até o Ano 4 a um CMPC (custo médio ponderado do capital) de 14%, mas agora descontamos o custo do projeto no Ano 1 utilizando os juros livres de risco de 6%. Isto aumenta o PV do custo, que reduz o NPV de $ 9,36 para $ 6,88 milhões. Mas não sabemos o CMPC preciso para esse projeto – os 14% que utilizamos poderiam ser extremamente altos ou baixos para o fluxo de caixa operacional do Ano 2 ao Ano 4.[3] Portanto, na Parte 2 da Figura 26-2, mostramos uma análise de sensibilidade do NPV na qual as taxas de desconto utilizadas tanto para o fluxo de caixa operacional quanto para o custo do projeto variam. Essa análise de sensibilidade revela que, ao valor de todos os custos ponderados (CMPC), o NPV da espera é maior que $ 1,08 milhão. Isso confirma que a opção de esperar é mais valiosa do que o $ 1,08 milhão resultante da aplicação imediata. Portanto, a Murphy deve esperar em vez de implantar o projeto imediatamente.

FIGURA 26-2

Análises da árvore de decisão e de sensibilidade para a opção de espera para investir (em milhões de dólares)

	A	B	C	D	E	F	G	H	I
80	Parte 1. Análise da árvore de decisão: Implantar em um ano apenas se for ótimo								
81	(descontar custo à taxa livre de risco e fluxos de caixa operacionais ao custo médio ponderado de capital – CMPC)								
82									
83				Fluxos de caixa futuros				NPV deste	
84	Agora: Ano 0		Probabilid.	Ano 1	Ano 2	Ano 3	Ano 4	cenário[a]	
85									
86	→ Altos →		0,25	- $ 50	$ 33	$ 33	$ 33	$ 20,04	
87	↗								
88	**Esperar** → Médios →		0,50	- $ 50	$ 25	$ 25	$ 25	$ 3,74	
89	↘								
90	→ Baixos →		0,25	$ 0	$ 0	$ 0	$ 0	$ 0,00	
91			1,00						
92						Valor esperado de NPVs[b] =		$ 6,88	
93						Desvio padrão[b] =		$ 7,75	
94						Coeficiente de derivação[c] =		1,13	
95									
96	Parte 2. Análise de sensibilidade de NPV às mudanças no custo de capital utilizado								
97	para descontar custos e fluxos de caixa								
98									
99				Custo de capital utilizado para descontar o custo do Ano 1					
100				3%	4%	5%	6%	7%	8%	9%
101		8,0%		$ 13,1	$ 13,5	$ 13,8	$ 14,1	$ 14,5	$ 14,8	$ 15,1
102		9,0%		$ 11,8	$ 12,1	$ 12,5	$ 12,8	$ 13,1	$ 13,5	$ 13,8
103		10,0%		$ 10,5	$ 10,9	$ 11,2	$ 11,5	$ 11,9	$ 12,2	$ 12,5
104		11,0%		$ 9,3	$ 9,6	$ 10,0	$ 10,3	$ 10,6	$ 11,0	$ 11,3
105		12,0%		$ 8,1	$ 8,4	$ 8,8	$ 9,1	$ 9,5	$ 9,8	$ 10,1
106		13,0%		$ 6,9	$ 7,3	$ 7,6	$ 8,0	$ 8,3	$ 8,6	$ 9,0
107		14,0%		$ 5,9	$ 6,2	$ 6,5	$ 6,9	$ 7,2	$ 7,5	$ 7,9
108		15,0%		$ 4,8	$ 5,1	$ 5,5	$ 5,8	$ 6,2	$ 6,5	$ 6,8
109		16,0%		$ 3,8	$ 4,1	$ 4,5	$ 4,8	$ 5,1	$ 5,5	$ 5,8
110		17,0%		$ 2,8	$ 3,1	$ 3,5	$ 3,8	$ 4,1	$ 4,5	$ 4,8
111		18,0%		$ 1,8	$ 2,2	$ 2,5	$ 2,9	$ 3,2	$ 3,5	$ 3,8

(Coluna A lateral da Parte 2: Custo de capital utilizado para descontar os fluxos de caixa operacionais dos Anos 2 a 4)

Observações:

[a]Aqui encontramos o PV e não o NPV, porque o custo do projeto foi ignorado. O CMPC é 14%. Todos os fluxos de caixa operacionais deste cenário são descontados retroativamente para o Ano 0.

[b]O valor esperado e o desvio padrão são calculados conforme explicado no Capítulo 6.

[c]O coeficiente de variação é o desvio padrão dividido pelo valor esperado.

---

[3] A Murphy poderia obter informações na espera, o que poderia reduzir os riscos; mas se um atraso permitisse que outras pessoas entrassem e, talvez, ocupassem o mercado, isso poderia aumentar o risco. Em nosso exemplo, partimos do princípio de que a Murphy tem uma patente sobre os componentes do dispositivo, impedindo a entrada de um concorrente que poderia ocupar a sua posição no mercado.

26-2d Abordagem 4 – calculando a opção de espera com o modelo de precificação de opções de Black-Scholes

A abordagem da árvore de decisão, com uma análise de sensibilidade, pode fornecer informações suficientes para uma boa decisão. No entanto, muitas vezes é útil obter novas perspectivas para o valor da opção real, o que significa a utilização do quarto processo, um modelo de precificação de opção. Para fazer isso, o analista deve encontrar uma opção financeira padronizada que se assemelhe à opção real do projeto.[4] Conforme mencionado anteriormente, a opção da Murphy de adiar o projeto é semelhante a uma opção de compra de ações. Por isso, o modelo de precificação de opções de Black-Scholes pode ser utilizado. Esse modelo exige cinco entradas: (1) taxa de juros livre de risco; (2) expiração da opção; (3) preço de exercício da opção; (4) preço atual da ação; e (5) variância da taxa de retorno da ação. Portanto, precisamos estimar valores para essas cinco informações.

Em primeiro lugar, se partirmos do princípio de que a taxa dos títulos do Tesouro de 52 semanas é de 6%, essa taxa pode ser utilizada como juros livres de risco. Em segundo lugar, a Murphy deve decidir no prazo de um ano se vai ou não implantar o projeto, portanto existe um ano até que a opção expire. Em terceiro lugar, custará $ 50 milhões para executar o projeto, então $ 50 milhões podem ser utilizados para o preço de exercício da opção. Em quarto lugar, precisamos de uma referência para avaliar o ativo subjacente, que, de acordo com o modelo de Black-Scholes, é o preço atual da ação. Observe que o preço atual da ação é o valor presente do seu fluxo de caixa futuro esperado. Para a opção real da Murphy, o ativo subjacente é o próprio projeto atual e o "preço" atual é o valor presente do seu fluxo de caixa futuro esperado. Portanto, como referência para o preço da ação podemos utilizar o valor atual do fluxo de caixa futuro do projeto. E em quinto lugar, a variação do retorno esperado do projeto pode ser utilizada para representar a variância do retorno da ação no modelo Black-Scholes.

A Figura 26-3 mostra como é possível estimar o valor atual do fluxo de caixa líquido do projeto. Temos de encontrar o valor atual do ativo subjacente – quer dizer, o projeto. Para uma ação, o preço atual é o valor presente de todos os fluxos de caixa futuros esperados, incluindo aqueles esperados mesmo se não for exercida a opção de compra. Observe também que o preço de exercício da opção de compra não tem efeito sobre o preço atual da ação.[5]

FIGURA 26-3

Avaliando os dados do preço da ação na análise de opção de espera para investir (em milhões de dólares)

	A	B	C	D	E	F	G	H
140				Fluxos de caixa futuros				PV deste
141	Agora: Ano 0		Probabilid.	Ano 1	Ano 2	Ano 3	Ano 4	cenário[a]
142								
143		→ Altos →	0,25	$ 0	$ 33	$ 33	$ 33	$ 67,21
144	↗							
145	"P$_0$" →	→ Médios →	0,50	$ 0	$ 25	$ 25	$ 25	$ 50,91
146	↘							
147		→ Baixos →	0,25	$ 0	$ 5	$ 5	$ 5	$ 10,18
148			1,00					
149						Valor esperado de PVs[b] =		$ 44,80
150						Desvio padrão[b] =		$ 21,07
151						Coeficiente de variação[c] =		0,47

Observações:

[a]Aqui encontramos o PV, e não o NPV, porque o custo do projeto foi ignorado. O CMPC é 14%. Todos os fluxos de caixa operacionais deste cenário são descontados retroativamente para o Ano 0.

[b]O valor esperado e o desvio padrão são calculados conforme explicado no Capítulo 6.

[c]O coeficiente de variação é o desvio padrão dividido pelo valor esperado.

---

[4] Em teoria, os modelos de precificação de opção aplicam-se apenas aos ativos que sejam continuamente negociados no mercado. Embora as opções reais normalmente não cumpram esse critério, os modelos de opção financeira fornecem muitas vezes uma aproximação precisa do valor da opção real.

[5] A empresa por si mesma não está envolvida com a opção de compra de ações. No entanto, se a opção foi uma garantia emitida pela empresa, o preço de exercício afetaria o fluxo de caixa da empresa e, portanto, o preço de suas ações.

Para a nossa opção real, o ativo subjacente é o projeto adiado, e seu "preço" atual é o valor presente de todos os seus fluxos de caixa futuros esperados. Tal como o preço de uma ação inclui todos os seus fluxos de caixa futuros, o valor atual do projeto deve incluir todos os seus eventuais fluxos de caixa futuros. Uma vez que o preço de uma ação não é afetado pelo preço de exercício da opção de compra, não podemos ignorar o "preço de exercício da opção" do projeto ou do custo, quando encontramos o seu valor presente. A Figura 26-3 mostra o fluxo de caixa esperado se o projeto for adiado. O PV desses fluxos de caixa a partir de agora (Ano 0) é $ 44,80 milhões, e essa é a informação que deveríamos utilizar para o preço atual do modelo de Black-Scholes.

A última entrada requerida é a variância do retorno do projeto. Três diferentes abordagens poderiam ser utilizadas para avaliar essa informação. Primeiro, poderíamos utilizar uma opinião – uma opinião abalizada. Aqui temos de começar lembrando que a empresa é uma carteira de projetos (ou ativos), em que cada projeto tem os seus próprios riscos. Visto que as receitas das ações da empresa refletem a diversificação adquirida pela combinação de muitos projetos, podemos esperar que a variação dos rendimentos seja menor que a variação da média de um dos seus projetos. A variação da média da receita de uma empresa é cerca de 12%, e, então, poderíamos esperar que a variância de um projeto típico fosse um pouco mais alta, de 15% a 25%. As empresas do setor de infraestrutura de internet são mais arriscadas que a média, pelo que poderemos estimar subjetivamente que a variância do projeto da Murphy será da ordem de 18% a 30%.

A segunda abordagem, chamada de método *direto*, é a estimativa da taxa de retorno para cada resultado possível, o cálculo da variância de tais retornos. Em primeiro lugar, a Parte 1 da Figura 26-4 mostra o PV para cada resultado possível como o do Ano 1, o tempo em que a opção expira. Aqui temos simplesmente o valor atual de todos os fluxos de caixa operacionais descontados retroativamente ao Ano 1, utilizando o CMPC de 14%. O valor presente do Ano 1 é $ 76,61 milhões para demanda alta, $ 58,04 milhões para demanda média e $ 11,61 milhões para demanda baixa. Então, na Parte 2, mostramos a porcentagem de retorno do momento atual até que a opção expire em cada cenário, com base no "preço" inicial do projeto de $44,80 milhões no Ano 0, conforme calculado na Figura 25-3. Se a demanda for alta, vamos obter um retorno de 71,0%: ($ 76,61 – $ 44,80)/$ 44,80 = 0,710 = 71,0%. De forma semelhante os cálculos mostram retorno de 29,5% para demanda média e -74,1% para demanda baixa. A porcentagem de retorno esperada é de 14%, o desvio padrão é 53,6% e a variância é 28,7%.[6]

A terceira abordagem para estimar a variância também tem base nos dados do cenário, mas os dados são utilizados de forma diferente. Primeiro, sabemos que a demanda não está verdadeiramente limitada a três cenários, o que significa que a abordagem direta da Figura 26-4 não é necessariamente confiável. Podemos superar esse problema estimando milhares de cenários, mas isso exigiria muito esforço. Felizmente, há um atalho simples que podemos usar. Na Parte 1 da Figura 26-4, temos estimativas do valor esperado do projeto e seu desvio padrão no momento em que a opção expira. Usando essas informações (e um bocado de matemática complicada), podemos estimar a variância da taxa de retorno anual do projeto, σ^2, com esta fórmula:[7]

$$\sigma^2 = \frac{\ln(CV^2 + 1)}{t} \qquad \textbf{(26-1)}$$

Aqui CV é o coeficiente de variação do preço do ativo subjacente no momento em que a opção expirar, e t é o tempo até que a opção expire. Embora os três resultados nos cenários representem uma pequena amostra dos muitos possíveis resultados, ainda podemos utilizar os dados para estimar o cenário no qual teria a variação da taxa de retorno do projeto se houvesse um número infinito de eventuais resultados. Para o projeto da Murphy, este método indireto produz a seguinte estimativa da variação do retorno do projeto:

$$\sigma^2 = \frac{\ln(0,47^2 + 1)}{1} = 0,20 = 20\% \qquad \textbf{(26-1a)}$$

---

[6] Dois pontos devem ser observados sobre a porcentagem de retorno. Em primeiro lugar, para utilizar o modelo de Black-Scholes, precisamos de uma porcentagem de retorno calculada conforme indicado, e não um retorno IRR (taxa interna de retorno). A IRR não é utilizada na abordagem do método de precificação de opções. Em segundo lugar, o retorno esperado chega a 14%, o mesmo que o CMPC. Isso porque o preço no Ano 0 e os PVs no Ano 1 foram calculados utilizando o CMPC de 14% porque mensuramos o retorno durante um ano. Se compararmos o retorno composto ao longo de mais um ano, o rendimento médio geralmente não será igual a 14%.

[7] Para uma discussão mais detalhada sobre a relação entre a variação do preço de uma ação e o preço de seu retorno, consulte David C. Shimko, *Finance in continuous time*. Miami, FL: Kolb Publishing, 1992.

FIGURA 26-4

Avaliando os dados na variância da análise da opção de espera para investir (em milhões de dólares)

	A	B	C	D	E	F	G	H	I
160	**Parte 1. Encontrar o valor e o risco dos fluxos de caixa futuros quando a opção expirar**								
161									
162								PV no Ano 1	
163					Fluxos de caixa futuros			para este	
164	Agora: Ano 0		Probabilid.	Ano 1	Ano 2	Ano 3	Ano 4	cenário[a]	
165									
166		→ Altos →	0,25		$ 33	$ 33	$ 33	$ 76,61	
167	↗			↗					
168	**Cenário** → Médios →		0,50	"P_1" →	$ 25	$ 25	$ 25	$ 58,04	
169	↘			↘					
170		→ Baixos →	0,25		$ 5	$ 5	$ 5	$ 11,61	
171			**1.00**						
172						Valor esperado de PV[b] =		$ 51,08	
173						Desvio padrão[b] =		$ 24,02	
174						Coeficiente de variação[c] =		0,47	
175									
176	**Parte 2. Método direto: Utilizar os cenários para estimar diretamente a variação do retorno do projeto**								
177									
178	Preço$_{\text{Ano 0}}$[d]				PV$_{\text{Ano 1}}$[e]	Retorno$_{\text{Ano 1}}$[f]			
179									
180		→ Altos →	0,25		$ 76,61	71,0%			
181	↗								
182	$ 44,80 → Médios →		0,50		$ 58,04	29,5%			
183	↘								
184		→ Baixos →	0,25		$ 11,61	-74,1%			
185			**1.00**						
186									
187			Retorno esperado[b] =		14,0%				
188			Variância do retorno[b] =		28,7%				
189									
190	**Parte 3. Método indireto: Utilizar os cenários para estimar indiretamente a variação do retorno do projeto**								
191									
192			"Preço" esperado quando a opção expirar[g] =			$ 51,08			
193			Desvio padrão do "preço" esperado quando a opção expirar[h] =			$ 24,02			
194			Coeficiente de variação (CV) =			0,47			
195			Tempo (em anos) até a expiração (t) =			1,00			
196		Variação do retorno esperado do projeto = ln(CV²+1)/t =				20,00%			

Observações:

[a] O CMPC é 14%. Do Ano 2 ao Ano 4 os fluxos de caixa são descontados desde o Ano 1.

[b] O valor esperado, a variância e o desvio padrão são calculados conforme explicado no Capítulo 6.

[c] O coeficiente de variação é o desvio padrão dividido pelo valor esperado.

[d] O preço do Ano 0 é o PV esperado da Figura 26-3.

[e] Os PVs do Ano 1 são da Parte 1.

[f] Os retornos para cada cenário são calculados como (PV$_{\text{Ano 1}}$ - Preço$_{\text{Ano 0}}$)/Preço$_{\text{Ano 0}}$.

[g] O "preço" esperado no momento em que a opção expirar é extraído da Parte 1.

[h] O desvio padrão do "preço esperado" no momento em que a opção expira é extraído da Parte 1.

qual das três abordagens é a melhor? Obviamente, todas envolvem julgamento, assim um analista pode querer considerar todas as três. No nosso exemplo, os três métodos produzem estimativas semelhantes, mas para fins meramente informativos vamos utilizar simplesmente 20% como a nossa estimativa inicial para a variação da taxa de retorno do projeto.

Na Parte 1 da Figura 26-5, podemos calcular o valor da opção de adiar os investimentos no projeto com base no modelo de Black-Scholes, e o resultado é $ 7,04 milhões. Uma vez que isso é significativamente mais alto que o NPV de $ 1,08 milhão com a implantação imediata e a opção estaria perdida se a Murphy prosseguisse com o investimento imediatamente, concluímos que a empresa deve adiar a decisão final até que maiores informações estejam disponíveis.

FIGURA 26-5

Avaliando o prazo para a opção de investimento utilizando a opção financeira padrão (em milhões de dólares)

	A	B	C	D	E	F	G	H	I
210	Parte 1. Encontrar o valor de uma opção de compra utilizando o modelo de Black-Scholes								
211									
212		Informações para a Opção de "Compra" Real:							
213		r_{RF} = Taxa de juros livre de risco					=	6%	
214		t = Tempo até a expiração					=	1	
215		X = Custo para implantar o projeto					=	$ 50,00	
216		P = Valor corrente do projeto					=	$ 44,80[a]	
217		σ^2 = Variação da taxa de retorno do projeto					=	20,0%[b]	
218		Cálculos Intermediários:							
219		$d_1 = \{\ln(P/X) + [r_{RF} + (\sigma^2/2)]t\} / (\sigma t^{1/2})$					=	0,1124	
220		$d_2 = d_1 - \sigma(t^{1/2})$					=	−0,3348	
221		$N(d_1)$ = Área à esquerda de d_2 na função PD Normal					=	0,5447	
222		$N(d_2)$ = Área à esquerda de d_2 na função PD Normal					=	0,3689	
223									
224		$V = P[N(d_1)] - Xe^{(taxa\ livre\ de\ riscos)}[N(d_2)]$					=	$ 7,04	
225									
226	Parte 2. Análise de sensibilidade do valor da opção às mudanças na variação								
227									
228			Variação	Valor da opção					
229			12,0%	$ 5,24					
230			14,0%	$ 5,74					
231			16,0%	$ 6,20					
232			18,0%	$ 6,63					
233			20,0%	$ 7,04					
234			22,0%	$ 7,42					
235			24,0%	$ 7,79					
236			26,0%	$ 8,15					
237			28,0%	$ 8,49					
238			30,0%	$ 8,81					
239			32,0%	$ 9,13					

Observações:
[a] O valor atual do projeto é extraído da Figura 26-3.
[b] A variação da taxa de retorno do projeto é extraída da Parte 3 da Figura 26-4.

Muitas informações foram fundamentadas em estimativas subjetivas, por isso é importante determinar como é o resultado final das principais informações. Portanto, na Parte 2 da Figura 26-5 mostramos a sensibilidade do valor da opção de diferentes estimativas de variação. É reconfortante ver que, para todas as estimativas de variação, a opção de adiar é ainda mais valiosa do que a execução imediata.

26-2e Abordagem 5 – engenharia financeira

Às vezes, um analista pode não estar satisfeito com os resultados de uma análise da árvore de decisão e não consegue encontrar uma opção de padrão financeiro que corresponda à realidade. Em uma situação como essa, a única alternativa é desenvolver um modelo único para a opção real que está sendo analisada, um processo chamado **engenharia financeira**. Quando a engenharia financeira é aplicada em Wall Street, onde foi desenvolvida, o resultado é uma nova concepção de produto financeiro.[8] Quando aplicada às opções reais, o resultado é o valor de um projeto que contém as opções embutidas.

---

[8] Técnicas de engenharia financeira são amplamente utilizadas para a criação e avaliação de derivativos.

Embora a engenharia financeira tenha sido originalmente desenvolvida em Wall Street, as técnicas foram aplicadas nas opções reais durante os últimos dez anos. Esperamos que essa tendência se mantenha, especialmente à luz da rápida melhoria do processamento informatizado e da velocidade e capacidade das planilhas de software. Uma técnica de engenharia financeira é a opção de compra de **avaliação de risco neutro**. Essa técnica utiliza simulação. A maioria das técnicas de engenharia financeira são muito complicadas para um curso de gestão financeira, vamos deixar a discussão detalhada para um estudo especializado.

Autoavaliação

1. O que é uma árvore de decisão?
2. Em uma análise qualitativa, quais fatores afetam o valor de uma opção real?

26-3 Opção de crescimento: uma ilustração

Como vimos com a opção de espera para investir, frequentemente existe a alternativa de simplesmente aceitar ou rejeitar um projeto estático. Muitas oportunidades de investimento, se bem-sucedidas, conduzem a outras oportunidades de investimento. A capacidade de produção de uma linha de produtos bem-sucedida pode ser expandida mais tarde para atender uma demanda maior, ou a distribuição pode ser expandida para novos mercados geográficos. Uma empresa com uma marca bem avaliada pode capitalizar seu sucesso acrescentando produtos novos ou complementares sob a mesma marca. Essas opções de crescimento agregam valor a um projeto e explicam, por exemplo, por que as empresas estão se concentrando para fazer incursões em um ambiente de negócios muito difícil na China.

A Kidco Corporation projeta e fabrica produtos destinados ao mercado pré-adolescente. A maioria dos seus produtos tem uma vida muito curta, dada a rápida evolução das preferências dos pré-adolescentes. A Kidco está pensando agora em um projeto que vai custar $ 30 milhões. A administração acredita que há 25% de probabilidade de que o projeto vai "decolar" e gerar um fluxo de caixa operacional de $ 34 milhões em cada um dos próximos dois anos, depois dos quais a preferência dos pré-adolescentes deve mudar e o projeto deverá ser encerrado. Existe uma chance de 50% de demanda média, caso em que o fluxo de caixa será de $ 20 milhões anualmente por dois anos. No final, há 25% de chance de que os pré-adolescentes não gostarão do produto, o que vai gerar um fluxo de caixa de apenas $ 2 milhões por ano. O custo de capital estimado para o projeto é 14%.

Baseada na sua experiência com outros produtos, a Kidco acredita que estará pronta para lançar um produto de segunda geração se a demanda para o produto original for média ou acima dela. Esse produto de segunda geração custará o mesmo que o produto de primeira geração, $ 30 milhões, e os custos serão realizados no Ano 2. No entanto, dado o sucesso do produto de primeira geração, a Kidco acredita que o produto de segunda geração seria tão bem-sucedido quanto o de primeira.

Essa opção de crescimento lembra uma opção de compra de ações, uma vez que oferece à Kidco a oportunidade de "comprar" um projeto de sucesso contínuo a um custo fixo, se o valor do projeto for maior que o custo. De outra forma, a Kidco deixará a opção caducar por não executar o produto de segunda geração. As seções a seguir aplicam as quatro primeiras abordagens de avaliação: (1) DCF; (2) DCF e avaliação qualitativa; (3) análise da árvore de decisão; e (4) análise com padrão de opção financeira.

26-3a Abordagem 1 – análise de DCF ignorando a opção de crescimento

Com base nas probabilidades para os diferentes níveis de demanda, os fluxos de caixa operacionais anuais esperados para o projeto são de $ 19 milhões por ano:

$$0,25(\$ 34) + 0,50(\$ 20) + 0,25(\$ 2) = 19,00$$

Ignorando o prazo para a opção de investimento, o NPV tradicional é $ 1,29 milhão:

$$NPV = -\$ 30 + \frac{\$ 19}{(1 + 0,14)^1} + \frac{\$ 19}{(1 + 0,14)^2} = \$ 1,29$$

Com base nessa análise de DCF, a Kidco deve aceitar o projeto.

26-3b Abordagem 2 – análise de DCF com consideração qualitativa da opção de crescimento

Embora a análise de DCF indique que o projeto deve ser aceito, ela ignora uma opção real potencialmente valiosa. O prazo do vencimento e a volatilidade da sustentação do projeto fornecem informações qualitativas sobre o valor da opção. A opção de crescimento da Kidco tem dois anos até o vencimento, que é um período relativamente longo, e os fluxos de caixa do projeto são voláteis. No seu conjunto, esta avaliação qualitativa indica que a opção de crescimento deve ser muito valiosa.

26-3c Abordagem 3 – análise da árvore de decisão da opção de crescimento

A Parte 1 da Figura 26-6 mostra uma análise do cenário do projeto da Kidco. Na primeira linha superior, que descreve os pagamentos para um cenário de alta demanda, existem fluxos de caixa operacionais de

FIGURA 26-6

Análise de cenário e análise da árvore de decisão para o projeto da Kidco (em milhões de dólares)

	A	B	C	D	E	F	G	H
281	**Parte 1. Análise de cenário do projeto de primeira geração da Kidco**							
282								
283				Fluxos de caixa futuros			NPV deste cenário[a]	
284	Agora: Ano 0			Ano 1	Ano 2			
285								
286		→ Altos →	25%	$ 34	$ 34		$ 25,99	
287		↗						
288	-$ 30,00	→ Médios →	50%	$ 20	$ 20		$ 2,93	
289		↘						
290		→ Baixos →	25%	$ 2	$ 2		-$ 26,71	
291								
292					Valor esperado de NPVs[b] =		$ 1,29	
293					Desvio padrão[b] =		$ 18,70	
294					Coeficiente de variação[c] =		14,54	
295								
296	**Parte 2. Análise da árvore de decisão da opção de crescimento**							
297								
298				Fluxos de caixa futuros				NPV deste cenário[e]
299	Agora: Ano 0			Ano 1	Ano 2[d]	Ano 3	Ano 4	
300								
301			25%	$ 34	$ 34	$ 34	$ 34	$ 42,37
302		→ Altos →			-$ 30			
303		↗						
304	-$ 30,00	→ Médios →	50%	$ 20	$ 20	$ 20	$ 20	$ 1,57
305		↘			-$ 30			
306		↘						
307		→ Baixos →	25%	$ 2	$ 2	$ 0	$ 0	-$ 26,71
308			1,00					
309								
310						Valor esperado de NPVs[b] =		$ 4,70
311						Desvio padrão[b] =		$ 24,62
312						Coeficiente de variação[c] =		5,24

Observações:

[a] Os fluxos de caixa operacionais são descontados ao CMPC de 14%.

[b] O valor esperado, o desvio padrão e a variação são calculados conforme o Capítulo 6.

c O coeficiente de variação é o desvio padrão dividido pelo valor esperado.

[d] Os fluxos de caixa totais no Ano 2 são iguais aos fluxos de caixa operacionais para o produto de primeira geração menos o custo de $ 30 milhões para implantar o produto de segunda geração, se a empresa escolher fazê-lo. Por exemplo, o fluxo de caixa no Ano 2 no cenário de alta demanda é $ 34 – $ 30 = $ 4 milhões. Com base na Parte 1, do ponto de vista econômico, deve-se implantar o produto de segunda geração apenas se a demanda for alta ou média.

[e] Os fluxos de caixa operacionais do Ano 1 ao Ano 2, que não incluem o custo de implantação do produto de segunda geração de $ 30 milhões projetado no Ano 2 para os cenários de alta e média demanda, estão descontados ao CMPC de 14%. O custo de implantação de $ 30 milhões no Ano 2 para os cenários de demanda alta e média está descontado à taxa de juros livre de risco de 6%.

$ 34 milhões para os próximos dois anos. O NPV deste ramo é $ 25,99 milhões. O NPV do ramo de média demanda é de $ 2,93 milhões e –$ 26,71 milhões para o cenário de baixa demanda. O montante disponível na última coluna da Parte 1 mostra o NPV esperado de $ 1,29 milhão. O coeficiente de variação é 14,54, indicando que o projeto é muito arriscado.

A Parte 2 da Figura 26-6 mostra uma análise da árvore de decisão na qual a Kidco se responsabiliza pelo produto de segunda geração somente se a demanda for média ou alta. Nesses cenários indicados na parte superior dos ramos da árvore de decisão, a Kidco tem de assumir um custo de $ 30 milhões no Ano 2 e receber fluxos de caixa operacionais tanto de $ 34 milhões ou $ 20 milhões para os próximos dois anos, dependendo do nível de demanda. Se a demanda for baixa, conforme indicado na parte inferior do ramo, a Kidco não tem nenhum custo no Ano 2 e não receberá nenhum fluxo de caixa adicional em anos posteriores. Todos os custos de caixa operacionais (que não incluem o custo da implantação do projeto do produto de segunda geração no Ano 2) são descontados ao CMPC de 14%. O custo de implantação conhecido de $ 30 milhões é descontado à taxa de juros livre de risco de 6%. Conforme demonstrado na Parte 2 da Figura 26-6, o NPV esperado é de $ 4,70 milhões, indicando que a opção de crescimento é muito valiosa.

A opção por si mesma altera o risco do projeto, o que significa que 14% não é provavelmente o custo de capital certo. A Figura 26-7 apresenta os resultados de uma análise de sensibilidade em que o custo de capital para o fluxo de caixa operacional varia de 8% a 18%. A análise de sensibilidade também permite uma variação, de 3% a 9%, na taxa de desconto do custo de implantação no Ano 2. O NPV resultante é positivo para todas as combinações razoáveis de taxas de desconto.

26-3d Abordagem 4 – calculando a opção de crescimento com o modelo de precificação de opções de Black-Scholes

A quarta abordagem é utilizar um modelo padrão para a opção financeira correspondente. Como observamos anteriormente, a opção de crescimento da Kidco é semelhante a uma opção de compra de ações, por isso utilizaremos o modelo de Black-Scholes para encontrar o valor da opção de crescimento. A validade da opção é de dois anos. A taxa de títulos do Tesouro de dois anos é de 6%, e esta é uma boa avaliação dos juros livres de risco. Implantar o projeto vai custar $ 30 milhões, que é o preço de exercício da opção.

Os dados do preço da ação no modelo de Black-Scholes é o valor atual do ativo. Para a opção de crescimento, o ativo é o projeto de segunda geração e seu valor atual é o valor atual dos seus fluxos de caixa. Os cálculos da Figura 26-8 mostram que esse valor é $ 24,07 milhões. Como o preço de exercício da opção de $ 30 milhões é maior do que o "preço" atual de $ 24,07 milhões, a opção de crescimento é atualmente *out-of-the-money.*

A Figura 26-9 mostra as estimativas para a variância da taxa de retorno do projeto utilizando os dois métodos descritos no capítulo anterior para a análise da opção de espera para investir. O método direto, indicado na Parte 2 da figura, produz uma estimativa de 17,9% para a variância do retorno. O método indireto, na Parte 3, avalia a variância de 15,3%. As duas estimativas são um pouco mais altas do que a variância de 12% do

FIGURA 26-7
Análise de sensibilidade da árvore de decisão da Kidco na Figura 25-6 (em milhões de dólares)

	A	B	C	D	E	F	G	H	I
329			Custo de capital utilizado para descontar o custo de implantação						
330			de $ 30 milhões no Ano 2 do Projeto da segunda geração						
331			3%	4%	5%	6%	7%	8%	9%
332		8%	$ 11,0	$ 11,4	$ 11,8	$ 12,1	$ 12,5	$ 12,9	$ 13,2
333		9%	$ 9,6	$ 10,0	$ 10,4	$ 10,8	$ 11,2	$ 11,5	$ 11,9
334		10%	$ 8,3	$ 8,7	$ 9,1	$ 9,5	$ 9,9	$ 10,2	$ 10,6
335		11%	$ 7,0	$ 7,4	$ 7,8	$ 8,2	$ 8,6	$ 9,0	$ 9,3
336		12%	$ 5,8	$ 6,2	$ 6,6	$ 7,0	$ 7,4	$ 7,7	$ 8,1
337		13%	$ 4,7	$ 5,1	$ 5,5	$ 5,8	$ 6,2	$ 6,6	$ 6,9
338		14%	$ 3,5	$ 3,9	$ 4,3	$ 4,7	$ 5,1	$ 5,4	$ 5,8
339		15%	$ 2,4	$ 2,8	$ 3,2	$ 3,6	$ 4,0	$ 4,3	$ 4,7
340		16%	$ 1,4	$ 1,8	$ 2,2	$ 2,5	$ 2,9	$ 3,3	$ 3,6
341		17%	$ 0,3	$ 0,7	$ 1,1	$ 1,5	$ 1,9	$ 2,3	$ 2,6
342		18%	-$ 0,7	-$ 0,3	$ 0,1	$ 0,5	$ 0,9	$ 1,3	$ 1,6

Nota: Coluna A contém o rótulo vertical "Custo de capital utilizado para descontar os fluxos de caixa operacionais dos Anos 1 a 4[a]".

Observação:
[a]Os fluxos de caixa operacionais não incluem o custo de $ 30 milhões para implantar o projeto do produto de segunda geração no Ano 2.

FIGURA 26-8
Avaliando os dados do preço da ação na análise da opção de crescimento da opção de espera para investir (em milhões de dólares)

	A	B	C	D	E	F	G	H
350					Fluxos de caixa futuros			PV deste
351	Agora: Ano 0		Probabilid.	Ano 1	Ano 2	Ano 3	Ano 4	cenário[a]
352								
353		→ Altos →	25%	$ 0	$ 0	$ 34	$ 34	$ 43,08
354		↗						
355	"P_0" →	→ Médios →	50%	$ 0	$ 0	$ 20	$ 20	$ 25,34
356		↘						
357		→ Baixos →	25%	$ 0	$ 0	$ 2	$ 2	$ 2,53
358			1,00					
359						Valor esperado de PVs[b] =		$ 24,07
360						Desvio padrão[b] =		$ 14,39
361						Coeficiente de variação[c] =		0,60

Observações:
[a] O CMPC é 14%. Todos os fluxos de caixa neste cenário são descontados desde o Ano 0.
[b] O valor esperado, o desvio padrão e a variação são calculados conforme o Capítulo 6.
[c] O coeficiente de variação é o desvio padrão dividido pelo valor esperado.

retorno das ações de uma empresa típica, que é consistente com a ideia de que a variação do projeto é maior do que a das ações por causa dos efeitos de diversificação. Assim, as estimativas que variam de 15% para 20% parecem razoáveis. Utilizamos uma primeira estimativa de 15,3% na nossa primeira aplicação do modelo de Black-Scholes, como indicado na Parte 1 da Figura 16-10.

Utilizando o modelo de Black-Scholes para uma opção de compra, a Figura 26-10 apresenta um valor de $ 4,34 milhões para a opção de crescimento. O NPV total é a soma do projeto de primeira geração e o valor da opção de crescimento: NPV Total = $ 1,29 + $ 4,34 = $ 5,63 milhões, que é muito mais alto que o NPV do projeto de primeira geração sozinho. Esta análise revela que a opção de crescimento agrega um valor considerável ao projeto inicial. Além disso, a análise de sensibilidade na Parte 2 da Figura 26-10 indica que o valor razoável da opção de crescimento é bom para todos os valores de variação. Portanto, a Kidco deve aceitar o projeto.

Autoavaliação

1.   Explique como as opções de crescimento se parecem com as opções de compra de ações.

26-4   Considerações finais sobre opções reais

Não podemos negar que as opções reais podem ser muito complicadas. Tenha em mente, no entanto, que há 50 anos muito poucas empresas utilizavam o NPV porque ele parecia demasiado complicado. Agora o NPV é uma ferramenta básica usada por quase todas as empresas e ensinada em todas as escolas de negócios. Um modelo de aprovação semelhante, porém mais rápido, vem sendo usado com as opções reais. Há dez anos poucas empresas utilizavam opções reais, mas um estudo recente com diretores financeiros de companhias informou que mais de 26% das empresas agora utilizam técnicas de opção real quando avaliam projetos.[9] Assim como aconteceu com o NPV, é só uma questão de tempo até que todas as empresas utilizem as técnicas da opção real.

Apresentamos alguns instrumentos básicos necessários para avaliar opções reais, começando com a capacidade de identificar opções reais e fazer avaliações qualitativas sobre o valor de uma opção real. As árvores de decisão são outro instrumento importante, uma vez que facilitam a identificação das opções embutidas, o

---

[9] Veja John R. Graham e Campbell R. Harvey, "The theory and practice of corporate finance: evidence from the field", *Journal of Financial Economics*, p. 187-243, maio 2001.

FIGURA 26-9

Avaliando os dados para variância do retorno das ações na análise da opção de crescimento (em milhões de dólares)

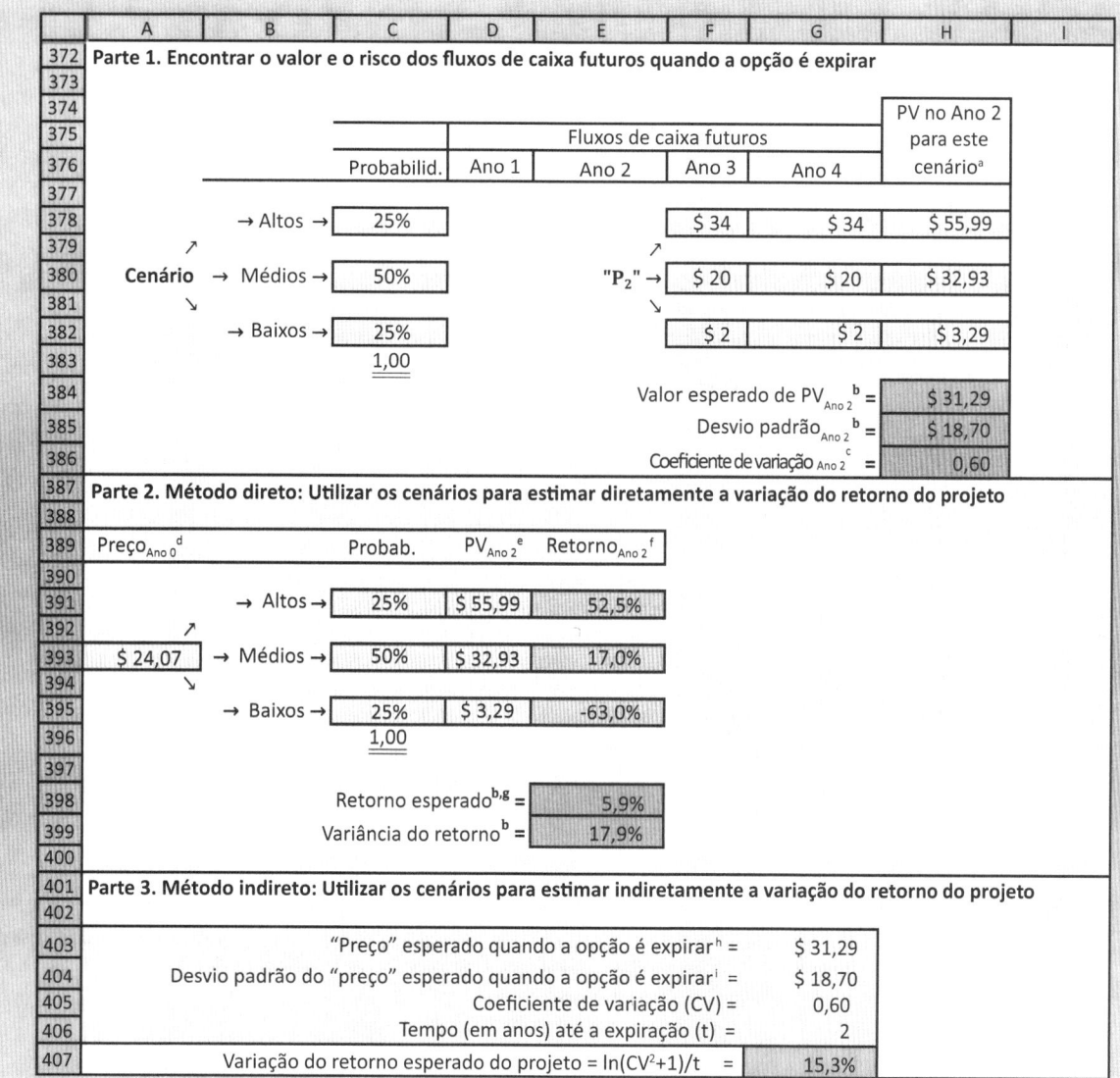

Observações:

[a] O CMPC é 14%. Os fluxos de caixa dos Anos 3 ao Ano 4 são descontados desde o Ano 2.

[b] O desvio padrão, a variação e o valor esperado são calculados conforme o Capítulo 6.

[c] O coeficiente de variação é o desvio padrão dividido pelo valor esperado.

[d] O preço no Ano 0 é o PV esperado da Figura 26-8.

[e] Os PVs no Ano 2 são da Parte 1.

[f] Os retornos para cada cenário são calculados como $(PV_{Ano\,2}/Preço_{Ano\,0})^{0,5} - 1$.

[g] O retorno esperado do Ano 1 não é igual ao custo de capital de 14%. Entretanto, se você fizer os cálculos, verá que o retorno esperado em dois anos é 26,9%, que é igual ao custo de capital composto de dois anos: $(1,14)^2 - 1 = 29,26\%$.

[h] O "preço" esperado na época em que a opção expira é extraído da Parte 1.

[i] O desvio padrão do "preço" esperado na época em que a opção expira é extraído da Parte 1.

que é fundamental no processo de tomada de decisão. No entanto, tenha em mente que a árvore de decisão não deve utilizar o custo de capital do projeto original. Embora a teoria financeira ainda não tenha providenciado uma forma de estimar o custo de capital para uma árvore de decisão, a análise de sensibilidade pode indicar os efeitos que diferentes custos de capital têm sobre o valor do projeto.

Muitas opções reais podem ser analisadas por um modelo padrão para uma opção financeira existente, tal como o modelo de opção de compra de Black-Scholes. Existem também outros modelos financeiros para uma variedade de opções. Estes incluem a opção para mudar de um ativo para outro; a opção de compra de no

FIGURA 26-10

Avaliando o valor da opção de crescimento utilizando a opção financeira padrão (em milhões de dólares)

	A	B	C	D	E	F	G	H	I
424	Parte 1. Encontrar o valor de uma opção de compra utilizando o modelo de Black-Scholes								
425									
426		Opção real							
427		r_{RF} = Taxa de juros livre de risco				=		6%	
428		t = Tempo até a expiração				=		2	
429		X = Custo para implantar o projeto				=		$ 30,00	
430		P = Valor corrente do projeto				=		$ 24,07[a]	
431		σ^2 = Variação da taxa de retorno do projeto				=		15,3%[b]	
432		Cálculos intermediários							
433		$d_1 = \{ \ln (P/X) + [r_{RF} + (\sigma^2/2)] t \} / (\sigma t^{1/2})$				=		0,095	
434		$d_2 = d_1 - \sigma (t^{1/2})$				=		−0,46	
435		$N(d_1)$ = Área à esquerda de d_1 na função PD				=		0,54	
436		$N(d_2)$ = Área à esquerda de d_2 na função PD				=		0,32	
437									
438		V =	$P[N(d_1)] - Xe^{(\text{taxa livre de riscos})(t)}[N(d_2)]$				=	$4,34	
439									
440	Parte 2. Análise de sensibilidade do valor da opção às mudanças na variação								
441									
442			Variação	Valor da opção					
443			11,3%	$ 3,60					
444			13,3%	$ 3,98					
445			15,3%	$ 4,34					
446			17,3%	$ 4,68					
447			19,3%	$ 4,99					
448			21,3%	$ 5,29					
449			23,3%	$ 5,57					
450			25,3%	$ 5,84					
451			27,3%	$ 6,10					
452			29,3%	$ 6,35					
453			31,3%	$ 6,59					

Observações:
[a] O valor atual do projeto é extraído da Figura 26-8.
[b] A variância da taxa de retorno do projeto é extraída da Parte 3 da Figura 26-9.

mínimo, ou no máximo, dois ou mais ativos; a opção de uma média de vários ativos; e até mesmo a opção de uma opção.[10] Na verdade, existem livros inteiros que descrevem ainda mais opções.[11] Dado o elevado número de modelos uniformes para as opções financeiras existentes, muitas vezes é possível encontrar uma opção financeira que se assemelha à opção real sendo analisada.

Por vezes, há opções reais que não se assemelham a nenhuma opção financeira. Mas a boa notícia é que muitas dessas opções podem ser avaliadas pelo uso de técnicas de engenharia financeira. Esse é frequentemente o caso se houver uma troca de ativo financeiro que ajusta o risco da opção real. Por exemplo, muitas companhias petrolíferas utilizam contratos futuros de petróleo para precificar as opções reais que estão embutidas na exploração e na locação de diversas estratégias. Com a explosão nos mercados de derivativos, existem agora os contratos financeiros que transpõem uma incrível variedade de riscos. Isso significa que um número crescente

---

[10] Veja W. Margrabe, "The value of an option to exchange one asset for another", *Journal of Finance*, p. 177-186, mar. 1978; R. Stulz, "Options on the minimum or maximum of two risky assets: analysis and applications", *Journal of Financial Economics*, p. 161-185, v. 10, 1982; H. Johnson, "Options on the maximum or minimum of several assets", *Journal of Financial and Quantitative Analysis*, p. 277-283, set. 1987; P. Ritchken, L. Sankarasubramanian e A. M. Vijh, "Averaging options for capping total costs", *Financial Management*, p. 35-41, outono de 1990; e R. Geske, "The valuation of compound options", *Journal of Financial Economics*, p. 63-81, mar. 1979.

[11] Consulte John C. Hull, *Options, futures, and other derivatives*, 8ª ed. Boston: Prentice-Hall, 2012.

de opções reais[12] pode ser avaliado com estes instrumentos financeiros. A maioria das técnicas de engenharia financeira está fora do alcance deste livro.

Autoavaliação

1. É amplamente utilizada a análise de opção real?
2. Quais técnicas podem ser usadas para analisar as opções reais?

Resumo

Neste capítulo discutimos alguns tópicos que podem passar a simples estrutura de controle orçamentário, incluindo o seguinte:

- Investir em um novo projeto, muitas vezes, traz consigo um aumento potencial das oportunidades futuras da empresa. As oportunidades são, com efeito, opções – o direito, mas não a obrigação, de tomar algumas medidas futuras.
- Um projeto pode ter um **valor de opção** que não é contabilizado em uma análise de NPV convencional. Qualquer projeto que amplie o conjunto de oportunidades da empresa tem um valor de opção positivo.
- **Opções reais** são oportunidades de a administração responder às mudanças nas condições de mercado e envolver ativos "reais" em vez de "financeiros".
- Existem cinco possíveis **procedimentos para calcular opções reais**: (1) somente análise de DCF e ignorar a opção real; (2) análise de DCF e uma avaliação qualitativa do valor da opção real; (3) análise da árvore de decisão; (4) análise com um modelo padrão para uma opção financeira existente; e (5) técnicas de engenharia financeira.
- Muitas **opções de investimentos** e **opções de crescimento** podem ser avaliadas utilizando a opção de compra do modelo de avaliação de Black-Scholes.

Perguntas

(26-1) Defina cada um dos seguintes termos:
   a. Opção real; opção gerencial; opção estratégica; opção embutida
   b. Opção de espera para investir; opção de crescimento; cláusula de abandono; opção de flexibilidade
   c. Árvore de decisão
(26-2) Quais fatores a empresa deve considerar ao decidir se investe imediatamente em um projeto ou espera até que haja mais informações disponíveis?
(26-3) Em geral, as opções de prazo tornam mais ou menos provável que um projeto seja aprovado imediatamente?
(26-4) Se uma empresa tivesse a opção de abandonar o projeto, isso a tornaria mais ou menos propensa a aceitar o projeto imediatamente?

---

[12] Para saber mais sobre opções reais, veja Martha Amram, *Value sweep: mapping corporate growth opportunities.* Boston: Harvard Business School Press, 2002; Martha Amram e Nalin Kulatilaka, *Real options: managing strategic investment in an uncertain world.* Boston: Harvard Business School Press, 1999; Michael Brennan e Lenos Trigeorgis, *Project flexibility, Agency, and Competition: new developments in the theory and application of real option.* Nova York: Oxford University Press, 2000; Eduardo Schwartz e Lenos Trigeorgis, *Real options and investment under uncertainty.* Cambridge, MA: MIT Press, 2001; Han T. J. Smit e Lenos Trigeorgis, *Strategic investment: real options and games.* Princeton, NJ: Princeton University Press, 2004; Lenos Trigeorgis, *Real options in capital investment: models, strategies, and applications.* Westport, CT: Praeger, 1995; e Lenos Trigeorgis, *Real options: managerial flexibility and strategy in resource allocation.* Cambridge, MA: MIT Press, 1996.

Problema de autoavaliação – A solução está no Apêndice A

(PA-1) Opções reais – Katie Watkins, uma empresária, acredita que a consolidação é a chave para lucrar na indústria recreativa equina. Em particular, ela está pensando em começar um negócio que vai desenvolver e comercializar franquias para outros proprietários-operadores, que treinarão domadores de cavalos. O custo inicial para desenvolver e implantar o conceito de franquia é de $ 8 milhões, e estima uma probabilidade de 25% de alta demanda para o conceito, caso em que vai receber fluxos de caixa de $ 13 milhões no final de cada ano pelos próximos dois anos, uma probabilidade de 50% de média demanda, caso em que os fluxos de caixa anuais serão de $ 7 milhões para dois anos, e uma probabilidade de 25% de baixa demanda com fluxos de caixa anuais de $ 1 milhão para dois anos, considerando que o custo de capital apropriado é de 15%. Os juros livres de risco são de 6%.

a. Encontre o NPV de cada cenário, e o NPV esperado.

b. Agora presuma que a experiência adquirida em assumir o projeto levará a uma oportunidade no final do Ano 2 de realizar um empreendimento semelhante com os mesmos custos que o projeto inicial. O novo fluxo de caixa do projeto que podia seguir qualquer ramo resultou para o projeto inicial. Os fluxos de caixa do novo projeto acompanhariam quaisquer ramos resultados para o projeto original. Em outras palavras, haveria um custo de $ 8 milhões no final do Ano 2 e, então, fluxos de caixa de $ 13 milhões, $ 7 milhões ou $ 1 milhão nos Anos 3 e 4. Utilize a análise da árvore de decisão para estimar o valor combinado do projeto original e do projeto complementar (mas implante as medidas adicionais do projeto somente se for melhor fazê-lo). Suponha que o custo de $ 8 milhões no Ano 2 seja conhecido e com certeza deve ser descontado à taxa de juros livre de risco de 6%. (*Dica*: Faça uma árvore de decisão que desconte o fluxo de caixa operacional ao custo de capital de 15% e outra árvore de decisão que desconte os custos dos projetos – quer dizer, os custos no Ano 0 e no Ano 2 – à taxa de juros livre de risco de 6%; então, some as duas árvores de decisão para encontrar o NPV total.)

c. Em vez de utilizar a análise da árvore de decisão, use o modelo de Black-Scholes para avaliar o valor da opção de crescimento. Suponha que a variância da taxa de retorno do projeto seja de 15%. Pesquise o valor total do projeto com a opção de expandir – quer dizer, a soma do valor original esperado e a opção de crescimento. (*Dica*: Você terá de encontrar o valor atual esperado do fluxo de caixa operacional do projeto a fim de avaliar o preço atual do ativo da opção derivativa.)

Problemas – As respostas dos problemas estão no Apêndice B

Problemas intermediários 1-5

(26-1) Opção de espera para investir: análise da árvore de decisão – A Kim Hotels está interessada em desenvolver um novo hotel em Seul. A empresa estima que o hotel exigiria um investimento inicial de $ 20 milhões. Kim espera que o hotel gerará um fluxo de caixa positivo de $ 3 milhões ao ano nos próximos 20 anos. O custo de capital do projeto é de 13%.

a. Qual é o valor líquido atual do projeto?

b. Kim espera que o fluxo de caixa seja de $ 3 milhões ao ano, mas reconhece que o fluxo de caixa pode ser efetivamente maior ou menor, dependendo se o governo coreano impuser um imposto alto sobre serviços hoteleiros. Daqui a um ano, Kim vai saber se o tributo será imposto. Existe uma possibilidade de 50% de o tributo ser imposto, caso em que o fluxo de caixa anual será de apenas $ 2,2 milhões. Ao mesmo tempo, há possibilidade de 50% de o tributo não ser imposto, caso em que o fluxo de caixa será de $ 3,8 milhões. Kim está decidindo se investe no hotel imediatamente ou espera um ano para saber se a taxa será imposta. Caso Kim espere um ano, o investimento inicial permanecerá em $ 20 milhões. Considere que todos os fluxos de caixa são descontados à taxa de 13%. Utilize a análise da árvore de decisão para determinar se Kim deve continuar com o projeto imediatamente ou esperar um ano antes de decidir.

(26-2) Opção de espera para investir: análise da árvore de decisão – A Karns Oil Company está decidindo se vai explorar petróleo em um terreno que possui. A empresa estima que o projeto exigiria um custo de $ 8 milhões hoje e que, uma vez perfurado, o petróleo vai gerar um fluxo de caixa líquido positivo de $ 4 milhões ao ano nos próximos quatro anos. Embora a empresa esteja muito confiante quanto à previsão do seu fluxo de caixa, em dois anos terá mais informações sobre a geologia local e sobre o preço do petróleo. A Karns estima que, se esperar dois anos, o projeto custaria $ 9 milhões. Além disso, se ela esperar dois anos, existe 90% de chance de que o fluxo de caixa líquido seria de $ 4,2 milhões ao ano para quatro anos e uma chance de 10% de ser $ 2,2 milhões ao ano para quatro anos. Assuma que o fluxo de caixa é descontado à taxa de 10%.

a. Se a empresa decidir perfurar imediatamente, qual é o valor presente líquido (NPV) do projeto?

b. Utilizando a análise da árvore de decisão, faz sentido esperar dois anos antes de decidir se vai perfurar?

(26-3) Opção de espera para investir: análise da árvore de decisão – A Hart Lumber está avaliando a compra de uma empresa de papel, que exigiria um investimento inicial de $ 300 milhões. A Hart estima que a empresa de papel poderia fornecer fluxos de caixa líquidos de $ 40 milhões nos próximos 20 anos. O custo de capital para a empresa de papel é de 13%.

a. A Hart deve comprar a empresa de papel?

b. A melhor estimativa da Hart é que o fluxo de caixa será de $ 40 milhões ao ano, mas agora percebeu que os fluxos de caixa podem variar de $ 30 milhões a $ 50 milhões ao ano. Ela saberá em um ano a partir de agora se o fluxo de caixa será de $ 30 milhões ou $ 50 milhões. Além disso, a Hart poderia vender a empresa de papel no Ano 3 por $ 280 milhões. Dada essa informação adicional, a análise da árvore de decisão indica que faz sentido comprar a empresa de papel? Mais uma vez, assuma que todos os fluxos de caixa sejam descontados à taxa de 13%.

(26-4) Opções reais: análise da árvore de decisão – A Utah Enterprises está pensando em comprar um terreno por $ 1,2 milhão. Se a propriedade for comprada, o plano da empresa é gastar outros $ 5 milhões hoje (t = 0) para construir um hotel na propriedade. Os fluxos de caixa do hotel após impostos dependerão muito da cobrança de um tributo de turismo que pode ser estabelecida pelo Estado. Se o tributo for imposto, espera-se que o hotel produza um fluxo líquido de impostos de $ 600 mil nos próximos 15 anos, contra $ 1,2 milhão se o tributo não for imposto. O projeto tem um custo de capital de 12%. Considere que no início a empresa não tem a opção de adiar o projeto. Utilize a análise da árvore de decisão para responder às seguintes perguntas:

a. Qual é o NPV esperado se o tributo for imposto?

b. Qual é o NPV esperado se o tributo não for imposto?

c. Dado que existe uma chance de 50% de o tributo ser imposto, qual é o NPV esperado se a empresa investir imediatamente?

d. Embora a empresa não tenha a opção de adiar a construção, ela não tem a opção de abandonar o projeto de um ano a partir de agora se o tributo for imposto? Caso abandone o projeto, venderia a propriedade completa em um ano a partir de agora a um preço esperado de $ 6 milhões. Uma vez que o projeto seja abandonado, a empresa deixaria de receber qualquer fluxo líquido de impostos. Se todos os fluxos de caixa são descontados a 12%, a existência da cláusula de abandono afetaria a decisão da empresa de prosseguir com o projeto imediatamente?

e. Assuma que não existe nenhuma opção de abandono ou espera no projeto, mas que a empresa tem uma opção de comprar uma propriedade adjacente em um ano por $ 1,5 milhão. Se o tributo de turismo for imposto, o valor presente líquido do desenvolvimento dessa propriedade (desde t = 1) é apenas $ 300 mil (então, não faria sentido a compra da propriedade por $ 1,5 milhão). No entanto, se a taxa não for imposta, o valor presente líquido das oportunidades futuras do desenvolvimento da propriedade seria de $ 4 milhões (desde t = 1). Assim, nesse cenário, faria sentido adquirir a propriedade por $ 1,5 milhão. Dado que os fluxos de caixa são descontados à taxa de 12% e há uma chance de 50-50 de a taxa ser imposta, quanto a empresa pagaria hoje pela opção de comprar essa propriedade daqui a um ano por $ 1,5 milhão?

(26-5) Opção de crescimento: análise da árvore de decisão – A Fethe's Funny Hats está pensando em vender perucas encaracoladas cor de laranja com marca registrada para os jogos de futebol da Universidade do Tennessee. O custo de compra da franquia de dois anos para vender as perucas é de $ 20 mil. Se a demanda for boa (probabilidade de 40%), os fluxos de caixa líquidos serão de $ 25 mil por ano por 2 anos. Se a demanda for baixa (probabilidade de 60%), os fluxos de caixa líquidos serão de $ 5.000 por ano por dois anos. O custo de capital da Fethe é de 10%.

a. Qual é o valor do NPV do projeto?

b. Se a Fethe efetuar o investimento imediatamente, terá a opção de renovar a taxa de franquia por mais dois anos no final do Ano 2 para um pagamento adicional de $ 20 mil. Nesse caso, o fluxo de caixa que ocorreu nos Anos 1 e 2 será repetido (se a demanda foi boa nos Anos 1 e 2, continuará sendo boa nos Anos 3 e 4). Elabore a árvore de decisão e utilize a análise da árvore de decisão para calcular o NPV esperado desse projeto, incluindo a opção de continuar por um [período] adicional de dois anos. *Observação*: O pagamento da taxa de franquia no final do Ano 2 é conhecido, por isso deverá ser descontado à taxa de juros livre de risco de 6%.

Problemas desafiadores 6-8

(26-6) Opção de espera para investir: análise da opção – Refaça o Problema 26-1 utilizando o modelo de Black-Scholes para avaliar o valor da opção. Considere que a variância da taxa de retorno do projeto seja de 6,87% e a taxa de juros livre de risco seja de 8%.

(26-7) **Opção de espera para investir: análise da opção** – Refaça o Problema 26-2 utilizando o modelo de Black-Scholes para avaliar o valor da opção. Considere que a variância da taxa de retorno do projeto seja de 1,11% e a taxa de juros livre de risco seja de 6%.

(26-8) **Opção de crescimento: análise da opção** – Refaça o Problema 26-5 utilizando o modelo de Black-Scholes para avaliar o valor da opção. Suponha que a variância da taxa de retorno do projeto seja de 20,25% e a taxa de juros livre de risco seja de 6%.

Problema de planilha

(26-9) **Construir um modelo: opções reais** – A Bradford Services Inc. (BSI) está avaliando um projeto com um custo de $ 10 milhões e uma expectativa de vida esperada de três anos. Existe uma probabilidade de 30% de que as condições sejam favoráveis, caso em que o projeto proporcionará um fluxo de caixa de $ 9 milhões no final de cada um dos próximos três anos. Existe uma probabilidade de 40% de condições médias, caso em que o fluxo de caixa anual será de $ 4 milhões, e há uma probabilidade de 30% de condições desfavoráveis, com fluxo de caixa de –$ 1 milhão por ano. A BSI utiliza o custo de capital de 12% para avaliar projetos como este.

    a.   Encontre o valor esperado atual do projeto, o NPV e o coeficiente de variação do valor atual.

    b.   Agora suponha que a BSI possa abandonar o projeto no final do primeiro ano, vendendo-o por $ 6 milhões. A BSI receberá ainda o fluxo de caixa do Ano 1, mas não receberá os fluxos de caixa dos anos subsequentes.

    c.   Agora assuma que o projeto não possa ser encerrado. No entanto, a experiência adquirida com o projeto levaria a uma oportunidade no final do Ano 3 de executar um empreendimento com o mesmo custo do projeto original, e o novo fluxo de caixa do projeto seguiria qualquer que fosse o ramo resultante do projeto original. Em outras palavras, haveria um segundo custo de $ 10 milhões no final do Ano 3 seguido pelo fluxo de caixa de $ 9 milhões, $ 4 milhões, ou –$ 1 milhão para os três anos posteriores. Utilize a análise da árvore de decisão para estimar o valor do projeto, incluindo a possibilidade de implantar o novo projeto no Ano 3. Assuma que o custo de $ 10 milhões no Ano 3 é conhecido com certeza e deve ser descontada à taxa de juros livre de risco de 6%.

    d.   Agora suponha que o projeto original (nenhuma cláusula de abandono ou opção de crescimento adicional) poderia ser adiado em um ano. Todos os fluxos de caixa não seriam alterados, mas as informações obtidas durante esse ano diriam à empresa exatamente quais seriam as condições da demanda.

    Utilize a análise da árvore de decisão para estimar o valor do projeto se for postergado por um ano. (*Dica*: Desconte os $ 10 milhões do custo a juros livres de risco de 6% porque o custo é certamente conhecido.)

    e.   Volte à parte c. Em vez de utilizar a análise da árvore de decisão, utilize o modelo de Black-Scholes para estimar o valor da opção de crescimento. Os juros livres de risco são de 6%, e a variação da taxa de retorno do projeto é de 22%.

Estudo de caso

    Considere que você foi contratado como analista financeiro pela Tropical Sweets Inc., uma empresa da Califórnia especializada na criação de frutos tropicais exóticos como manga, papaia e tâmara. O presidente da empresa, George Yamaguchi, voltou recentemente de uma conferência em São Francisco com os executivos corporativos das indústrias e, em uma das reuniões da qual participou, falava sobre opções reais. Como ninguém da Tropical Sweets conhecia os fundamentos das opções reais, Yamaguchi pediu-lhe para preparar um relatório sucinto que os executivos da empresa possam utilizar para ganhar pelo menos um rápido entendimento do tema.

    Para começar, você reuniu alguns materiais sobre o assunto e os utilizou para elaborar uma lista de perguntas pertinentes que precisam ser respondidas. Agora que as perguntas foram elaboradas, é preciso desenvolver as respostas.

    a.   Quais são alguns tipos de opções reais?

    b.   Quais são os cinco procedimentos para analisar uma opção real?

    c.   A Tropical Sweets está analisando um projeto que custará $ 70 milhões e gerará fluxos de caixa esperados de $ 30 milhões por ano por três anos. O custo de capital para esse tipo de projeto é de 10%, e os juros livres de risco são de 6%. Após discussões com o departamento comercial, você entendeu que existem 30% de chance de uma alta demanda futura associada aos fluxos de caixa de $ 45 milhões por ano. Existe também a probabilidade de 40% de média demanda com fluxos de caixa de $ 30 milhões por ano, bem como a probabilidade de 30% de baixa demanda com fluxos de caixa de apenas $ 15 milhões por ano. Qual é o NPV esperado?

d. Suponhamos agora que esse projeto tenha um prazo para a opção de investimento, uma vez que pode ser adiado por um ano. O custo será ainda de $ 70 milhões no final do ano, e os fluxos de caixa para os últimos cenários continuarão por três anos. No entanto, a Tropical Sweets saberá o nível de demanda e implantará o projeto somente se agregar valor à empresa. Faça uma avaliação qualitativa do prazo da opção de investimento.

e. Utilize a análise da árvore de decisão para calcular o NPV do projeto com a opção de adiar o investimento.

f. Utilize um modelo de precificação de opção financeira para estimar o valor do prazo da opção de investimento.

g. Agora suponha que o custo do projeto seja de $ 75 milhões e ele não possa ser adiado. No entanto, se a Tropical Sweets implantar o projeto, a empresa terá uma opção de crescimento: a possibilidade de reproduzir o projeto original no final de sua vida. Qual é o valor do NPV dos dois projetos se os dois forem implantados?

h. A Tropical Sweets vai reproduzir o projeto original apenas se a demanda for alta. Utilizando a análise da árvore de decisão, estime o valor de projeto com a opção de crescimento.

i. Utilize um modelo de opção financeira para estimar o valor do projeto com a opção de crescimento.

j. O que acontece com o valor da opção de crescimento se a variância do retorno do projeto é de 14,2%? E se for de 50%? Como isso poderia explicar as altas avaliações das muitas empresas de alta tecnologia que ainda têm de mostrar ganhos com resultados positivos?

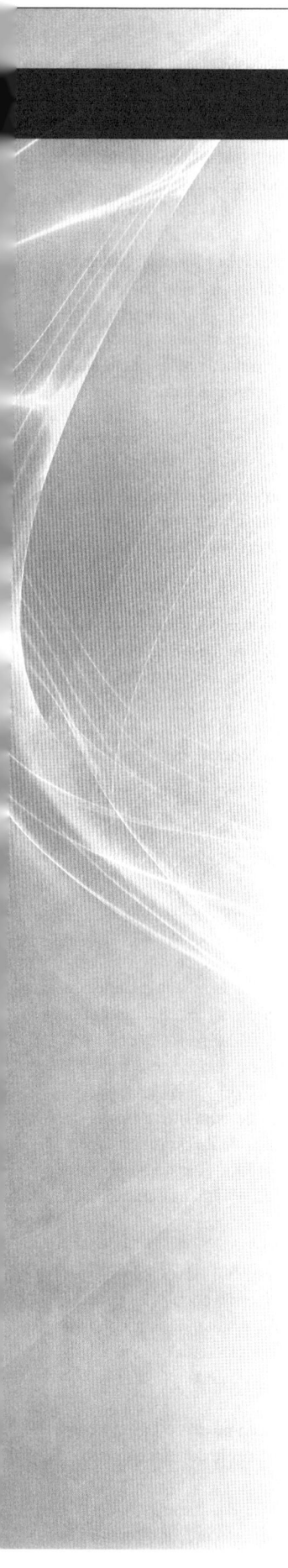

Glossário

A

abertura de capital – Venda de ações ao público em geral por uma empresa de capital fechado ou seus principais acionistas.

abordagem da cadeia de substituição (período de duração comum) – Método de comparação de projetos mutuamente exclusivos com períodos de duração diferentes. Cada projeto é repetido para que ambos possam terminar no mesmo ano. Se projetos com duração de três e cinco anos estão sendo avaliados, o projeto de três anos seria repetido cinco vezes e o de cinco anos, repetido três vezes; assim, ambos terminariam em 15 anos.

abordagem de previsão de demonstrações financeiras – Método de estimar as demonstrações financeiras para determinar os recursos adicionais necessários. Presume-se que muitos itens da demonstração do resultado e do balanço patrimonial irão aumentar proporcionalmente com as vendas. À medida que as vendas aumentam, esses itens que estão atrelados às vendas também aumentam, e os valores desses itens para um exercício específico são estimados como porcentagem das vendas previstas para aquele exercício.

aceite bancário – Gerado quando o banco do importador se compromete a aceitar um cheque pós--datado emitido a um exportador mesmo que a conta do importador não tenha saldo suficiente. Se o banco for sólido, esse instrumento financeiro praticamente elimina o risco de crédito.

ações classificadas – Às vezes criadas por uma empresa para atender a necessidades e circunstâncias especiais. Geralmente, quando classificações especiais de ações são usadas, um tipo é denominado "Classe A", outro "Classe B" e assim por diante. Por exemplo, a Classe A pode ter direito de receber dividendos antes das ações da Classe B. A Classe B pode ter direito exclusivo de voto.

ações de partes beneficiárias – Ações pertencentes aos fundadores da empresa com direito de voto exclusivo, porém dividendos restritos durante determinado período.

ações preferenciais – Título híbrido similar, em alguns aspectos, às obrigações e, em outros, às ações ordinárias. Dividendos preferenciais são similares aos pagamentos de juros sobre as obrigações, na medida em que são de valores fixos e, geralmente, devem ser pagos antes dos dividendos de ações ordinárias. Caso o dividendo preferencial não seja recebido, os conselheiros podem omiti-lo sem levar a empresa à falência.

acordo – Credores voluntariamente reduzem as obrigações fixas do devedor, aceitando um montante menor do principal, reduzindo a taxa de juros sobre a dívida, recebendo ações no lugar da dívida, ou uma combinação dessas alterações.

acordo de coordenação e distribuição – Contrato entre uma empresa e um banco de investimento na emissão de ações. O banco de investimento concorda em comprar a emissão inteira pelo preço estabelecido e, depois, revendê-la pelo preço de oferta. Dessa forma, o risco de venda fica com o banco de investimento.

acordo de melhores esforços – Tipo de contrato com um banco de investimento na emissão de ações. No regime de melhores esforços, o banco de investimento compromete-se somente a envidar todos os esforços para vender as ações pelo preço de oferta. Neste caso, a empresa emissora assume o risco de que a nova emissão de ações não será totalmente subscrita.

alavancagem financeira – Nível de participação de títulos de renda fixa (dívida e ações preferenciais) na estrutura de capital de uma empresa. Se alta porcentagem da estrutura de capital de uma empresa está em forma de dívida e ações preferenciais, diz-se que ela possui alto grau de alavancagem financeira.

alavancagem operacional – Medida em que os custos fixos são usados nas operações de uma empresa. Se os custos fixos representam alta porcentagem dos custos totais de uma empresa, considera-se então que a empresa possui alto grau de alavancagem operacional. Alavancagem operacional é uma medida de um elemento de risco de negócio, porém não inclui um segundo importante elemento, variabilidade de vendas.

alfa de Jensen – Mede a distância vertical do retorno de uma carteira acima ou abaixo da Linha do Mercado de Títulos; primeiramente sugerido pelo professor Michael Jensen, tornou-se popular por causa de sua facilidade de cálculo.

aliança empresarial – Acordo cooperativo, não se trata de fusão; também chamado de aliança estratégica.

alienação – Oposto de aquisição. Ou seja, uma empresa vende parte de seus ativos – geralmente uma divisão inteira – para outra empresa ou indivíduo.

alíquota de imposto marginal – Alíquota de imposto sobre a última unidade de receita.

alíquota média de imposto – Calculada com base no montante total de imposto pago dividido pelo lucro tributável.

amortização – Despesa que não afeta o caixa contra ativos intangíveis, como ágio.

análise comparativa dos indicadores – Compara os índices de uma empresa com os de outras empresas líderes do mesmo setor. Esta técnica também é conhecida como *benchmarking*.

análise de arrendador – Envolve a determinação da taxa de retorno sobre o arrendamento proposto. Se a taxa de retorno interna do fluxo de caixa do arrendamento exceder o custo de oportunidade do capital do arrendador, então o arrendamento é um bom investimento. Isso equivale a analisar se o valor presente líquido do arrendamento é positivo.

análise de arrendatário – Para determinar se o custo de arrendamento de um ativo é menor do que o custo de compra do ativo. O arrendatário irá comparar o valor presente do custo de arrendamento do ativo com o valor presente do custo de compra do ativo (presumindo que os recursos para a compra do ativo serão obtidos por meio de empréstimo). Se o valor presente do custo de arrendamento for menor do que o valor presente do custo de compra, então o ativo deve ser arrendado. O arrendatário pode analisar também o arrendamento usando a taxa de retorno interna (IRR) ou um método de empréstimo equivalente.

análise de cenários – Versão menor da análise de simulação que utiliza apenas alguns resultados. Geralmente, os resultados apontam para três cenários: otimista, pessimista e mais provável.

análise de sensibilidade – Indica exatamente quanto o valor presente líquido irá mudar por causa de determinada mudança em uma variável de entrada, com outros fatores permanecendo constantes. Análise de sensibilidade é, às vezes, chamada de análise "e se", pois responde este tipo de questionamento.

Análise de simulação de Monte Carlo – Técnica de análise de risco em que um computador é usado para simular prováveis eventos futuros e assim estimar a rentabilidade provável e o risco de um projeto.

análise de tendências – Análise dos indicadores financeiros de uma empresa ao longo do tempo. Utilizada para estimar a probabilidade de melhora ou deterioração da sua situação financeira.

analista técnico – Analistas financeiros que acreditam que tendências ou padrões passados nos preços das ações podem ser usados para prever os preços futuros das ações.

anuidade ordinária (diferida) – Anuidade com um número fixo de pagamentos iguais que ocorre no final de cada período.

APR – A taxa de juros anual nominal também é chamada de taxa percentual anual ou APR (sigla em inglês).

apreciação cambial – Ocorre para determinada moeda quando seu valor aumenta em relação a outra moeda específica. Por exemplo, se a taxa cambial de 1,0 dólar por euro mudar para 1,1 dólar por euro, então, o euro foi apreciado em 10% em relação ao dólar.

apresentações aos investidores – Antes de uma oferta inicial de ações (IPO), a alta administração e o banco de investimento fazem apresentações aos potenciais investidores. São feitas de três a cinco apresentações por dia num período de duas semanas em 10 a 20 cidades.

aquisição alavancada (LBO, sigla em inglês) – Operação em que ações de uma empresa em poder do público são adquiridas em uma oferta de aquisição financiada por dívida, resultando em uma empresa privada altamente alavancada. Geralmente, a própria administração da empresa inicia a aquisição alavancada.

aquisição de controle – Ação em que uma pessoa ou grupo consegue tirar a administração e assumir o controle de uma empresa.

arbitragem – Compra e venda simultânea das mesmas mercadorias ou títulos em dois mercados diferentes com preços diferentes e, portanto, gerando um retorno sem risco.

arbitragem de risco – Prática de compra de ações de empresas (no contexto de fusões) que podem se tornar alvos de aquisição de controle.

arrendador – Parte que recebe os pagamentos de um arrendamento (ou seja, o proprietário).

arrendamento alavancado – O arrendador toma emprestado parte dos recursos necessários para comprar o equipamento a ser arrendado.

arrendamento conforme diretrizes – Atende todos os requisitos da Receita Federal dos EUA (IRS) para um arrendamento genuíno. Se um arrendamento atende as diretrizes do IRS, o IRS permite ao arrendador deduzir a depreciação do ativo e ao arrendatário deduzir os pagamentos do arrendamento. Também chamado de arrendamento para fins fiscais.

arrendamento financeiro – Cobre toda a vida estimada do equipamento, não prevê serviços de manutenção, não é revogável e é totalmente amortizado.

arrendamento misto – Combina alguns aspectos de arrendamento operacional e arrendamento financeiro. Por exemplo, um arrendamento financeiro que contém uma cláusula de cancelamento – normalmente associada com um arrendamento operacional – é um arrendamento misto.

arrendamento operacional – Prevê tanto financiamento como manutenção. Geralmente, o contrato de arrendamento operacional é firmado por um período consideravelmente mais curto do que a vida prevista dos equipamentos arrendados e possui uma cláusula de cancelamento; às vezes chamado de arrendamento de serviço.

arrendatário/locatário – Parte que toma em arrendamento uma propriedade.

árvore de decisão – Forma de análise de cenário em que diferentes ações são tomadas em diferentes cenários.

ativo irregular – Esses ativos não podem ser adquiridos em pequenas unidades e requerem adições grandes e distintas. Por exemplo, uma empresa de eletricidade que está operando em plena capacidade não pode adicionar uma pequena quantidade de capacidade de geração, pelo menos não economicamente.

ativos circulantes operacionais – Ativos circulantes usados para dar suporte às operações, tais como caixa, contas a receber e estoques. Não incluem aplicações de curto prazo.

ativos existentes – Referem-se a terrenos, edificações, máquinas e estoques que a empresa utiliza em suas operações para produzir seus produtos e serviços. Também conhecidos como ativos operacionais.

ativos não operacionais – Incluem investimentos em títulos mobiliários e participações minoritárias em outras empresas.

atrativo – Característica que torna um título mais atrativo para alguns investidores, induzindo-os a aceitar um rendimento corrente mais baixo. Conversibilidade e garantias são exemplos de atrativos.

aumento do preço de exercício – Dispositivo de um contrato que aumenta o preço de exercício da opção no decorrer do tempo. Esse dispositivo visa incentivar o exercício das opções pelos seus titulares.

aversão a risco – Investidores com aversão a risco não gostam de riscos e exigem uma taxa de retorno mais alta como incentivo para comprar títulos com mais riscos.

B

balanço patrimonial – Demonstração da posição patrimonial e financeira da empresa para um período específico. O ativo da empresa é apresentado no balanço patrimonial no lado esquerdo, e o passivo e patrimônio líquido ou as obrigações contra o ativo são apresentados no lado direito.

banco de investimento – Empresa que auxilia na concepção de títulos corporativos de uma empresa emitente e na venda dos novos títulos a investidores no mercado primário.

benchmarking **(ponto referencial)** – Quando uma empresa compara seus índices com os de outras empresas líderes do mesmo setor.

benefícios não pecuniários – Benefícios que não são pagamentos em dinheiro, tais como escritórios luxuosos, títulos de clubes, jatos executivos e equipes excessivamente grandes.

benefícios referentes à saúde dos aposentados – Uma importante questão para as empresas empregadoras por causa dos crescentes custos com assistência médica, e uma recente decisão do FASB, que obriga as empresas a assumir a responsabilidade pelos cuidados com a saúde dos aposentados, em vez de contabilizar os fluxos de caixa à medida que eles ocorrem.

bolsa de valores – Bolsa de valores, como a de Nova York, que facilita a negociação de títulos em um local específico.

bônus com desconto – Preços e taxas de juros do bônus são inversamente relacionados; ou seja, tendem a se mover em direções opostas. Um título de taxa fixa será vendido pelo valor nominal quando a taxa de juros de cupom for igual à taxa de juros corrente, r_d. Quando a taxa de juros corrente for superior à taxa de cupom, um título de taxa fixa será vendido com um "desconto" abaixo do seu valor nominal. Caso a taxa de juros seja inferior à taxa de cupom, o título de taxa fixa será vendido com um "prêmio" acima de seu valor nominal.

bônus de subscrição – Opção de compra emitida por uma empresa que permite ao titular comprar um número determinado de ações de uma empresa por um preço estipulado. Bônus de subscrição são geralmente distribuídos com dívida, ou ação preferencial, para induzir os investidores a comprar esses títulos a um custo mais baixo.

C

capacidade de endividamento reserva – Existe quando uma empresa utiliza menos dívida em condições "normais" do que a defendida pela teoria de *trade-off*. Garante alguma flexibilidade para a entidade usar a dívida no futuro quando precisar de capital adicional.

capital de giro – Investimento em ativos de curto prazo – caixa, títulos negociáveis, estoques e contas a receber.

capital de giro líquido – Ativo circulante menos passivo circulante.

capital de giro operacional líquido (NOWC, sigla em inglês) – Ativo circulante operacional menos passivo circulante operacional. Ativo circulante operacional consiste em ativos circulantes usados para dar suporte às operações, tais como caixa, contas a receber e estoques. Não inclui aplicações financeiras de curto prazo. Passivo circulante operacional consiste em passivos circulantes que são uma consequência natural das operações da empresa, tais como contas a pagar e provisões. Não inclui títulos a pagar ou qualquer outra dívida de curto prazo com encargos de juros.

capital de giro operacional líquido permanente – Capital de giro operacional líquido necessário quando a economia está fraca e as vendas sazonais estão em baixa. Assim, esse nível de capital de giro operacional líquido sempre requer financiamento e pode ser considerado como permanente.

capital de giro operacional líquido temporário – Capital de giro operacional líquido exigido acima do nível permanente quando a economia está forte e/ou as vendas sazonais estão em alta.

capital fornecido pelo investidor – Montante total de dívida de curto prazo, dívida de longo prazo, ações preferenciais e patrimônio ordinário total mostrado em um balanço patrimonial. É o montante de financiamento que os investidores forneceram para uma empresa. Também é chamado de capital total fornecido por investidores.

capital operacional – Soma do capital de giro líquido operacional e ativos operacionais de longo prazo, tais como imobilizado líquido. Capital operacional também é igual ao montante líquido do capital levantado de investidores. Esse é o montante da dívida com juros mais ações preferenciais mais patrimônio menos aplicações de curto prazo. Também chamado de capital operacional líquido total, capital operacional líquido ou ativos operacionais líquidos.

capital operacional fornecido pelo investidor – O montante total de dívida de curto prazo, dívida de longo prazo, ações preferenciais e patrimônio ordinário total mostrado em um balanço patrimonial, menos o montante de investimentos de curto prazo mostrado no balanço patrimonial. É o montante de financiamento utilizado em operações que investidores forneceram para uma empresa. Também é chamado de capital operacional total fornecido por investidores.

capitalista de risco – Responsável por gerir um fundo de capital de risco. O fundo levanta a maioria de seu capital com investidores institucionais e investe em empresas em desenvolvimento em troca de participações.

capitalização – Incorporar as provisões de arrendamento no balanço patrimonial ao apresentar o ativo arrendado no ativo fixo e o valor presente de pagamentos futuros de arrendamento como dívida.

capítulo 11, falência – O Capítulo 11 dos estatutos norte-americanos sobre falência regulamenta a reorganização em uma falência.

capítulo 7, falência – O Capítulo 7 dos estatutos norte-americanos sobre falência regulamenta a liquidação em uma falência.

carência com data prefixada – Todas as opções numa cessão *vest* na mesma data.

carteira – Grupo de ativos individuais combinados. Um ativo que seria relativamente de alto risco, se mantido separadamente, pode apresentar um risco pequeno ou nenhum risco, se mantido em uma carteira bem diversificada.

carteira de mercado – Carteira composta por todas as ações.

carteira eficiente – Proporciona o mais alto retorno esperado para qualquer nível de risco. A carteira eficiente também oferece o nível de risco mais baixo para qualquer retorno esperado.

carteira ótima – Ponto em que o grupo eficiente de carteiras – fronteira eficiente – é tangente à curva de indiferença do investidor. Esse ponto marca o nível mais alto de satisfação que um investidor pode atingir dado o grupo de carteiras potenciais.

cavaleiro branco – Licitante amigável que é mais bem-visto pela administração da empresa-alvo do que a companhia que faz uma oferta hostil; o alvo apresenta a fusão com o cavaleiro branco como a alternativa preferida.

cessão – Procedimento informal para liquidar as dívidas que transfere a titularidade do patrimônio de um devedor a terceiro, conhecido como cessionário ou depositário.

ciclo de conversão de caixa – Período de tempo entre saídas de caixa para recursos de produção (materiais e mão de obra) e entradas de caixa oriundas da venda de produtos (isto é, o tempo decorrido entre o pagamento de mão de obra e materiais e o recebimento das vendas de produtos). Assim, o ciclo de conversão de caixa é igual ao período de tempo em que a empresa possui recursos atrelados ao ativo circulante.

cisão – Ocorre quando uma *holding* distribui as ações de uma de suas empresas operacionais para seus acionistas, passando o controle da *holding* diretamente aos acionistas.

cláusula de limpeza – Cláusula de uma linha de crédito que exige que o mutuário reduza o saldo do empréstimo para zero pelo menos uma vez por ano.

cláusula de proteção dos direitos dos acionistas – Também conhecida como pílula de veneno (*poison pill*), permite que os atuais acionistas comprem ações adicionais a um preço mais baixo do que o valor de mercado se o adquirente potencial comprar uma participação controladora na empresa.

coeficiente beta de ações, $b_A = b_M$ – O coeficiente beta (b) é uma medida de risco de mercado de uma ação. É uma medida de volatilidade de uma ação em relação à média das ações, cujo coeficiente beta é de 1.0.

coeficiente beta, b – É uma medida da quantia do risco com que uma ação individual contribui para uma carteira bem diversificada.

coeficiente de correlação, ρ (rho) – Medida padronizada de covariância de duas variáveis aleatórias. Um coeficiente de correlação (ρ) de +1,0 significa que duas variáveis sobem e descem em perfeita sincronia, enquanto um coeficiente de –1,0 significa que as variáveis sempre se movem em direções opostas. Um coeficiente de correlação de zero sugere que as duas variáveis não se relacionam; ou seja, são independentes.

coeficiente de variação, CV – Igual ao desvio-padrão dividido pelo retorno esperado; é uma medida de risco padronizado que permite comparações entre investimentos com retornos esperados e desvios-padrão diferentes.

colocação privada – Venda de ação para somente um ou poucos investidores, geralmente investidores institucionais. As vantagens de colocações privadas são custos de lançamento mais baixos e maior agilidade, uma vez que as ações emitidas não precisam de registro na SEC.

companhia controladora – Também chamada de *holding*. A controladora normalmente tem o controle de muitas subsidiárias.

companhia de serviços financeiros – Companhia que oferece vasta gama de serviços financeiros, tais como operações de corretagem, seguros e banco comercial.

companhia S – Companhia pequena que, de acordo com o Subcapítulo S do Código da Receita Federal dos EUA, escolhe ser tributada como firma individual ou sociedade; ainda possui responsabilidade limitada e outros benefícios da forma de constituição societária de uma sociedade anônima.

composição – Processo de determinação do valor futuro de um único pagamento ou de uma série de pagamentos.

comunhão de interesses – Método de contabilização de fusão em que o balanço patrimonial consolidado é elaborado pela simples combinação dos balanços das empresas fundidas. Essa prática não é mais permitida.

condições de crédito – Declarações do período de crédito e quaisquer descontos oferecidos – por exemplo, 2/10, líquido 30.

conjunto viável – Representa todas as carteiras que podem ser construídas de determinado conjunto de ações; também conhecido como conjunto atingível.

conselhos de administração com mandatos diferenciados – Por exemplo, um conselho com um terço das cadeiras preenchidas por ano e conselheiros com mandato de três anos.

conselhos de administração interligados – Ocorre quando o CEO da companhia A é membro do conselho da companhia B, enquanto o CEO da companhia B é membro do conselho da companhia A.

consol – Tipo de títulos perpétuos. Os títulos "Consol" foram originalmente emitidos pela Inglaterra na metade de 1700 para consolidar dívidas passadas.

contabilização pelo método de compra – Método de contabilização de fusão em que a fusão é tratada como uma compra. Nesse método, assume-se que a empresa adquirente "comprou" a empresa adquirida da mesma forma que compraria qualquer ativo do capital.

contas a pagar alongadas – Pagamento de contas após seu vencimento de forma deliberada.

contas a receber – Gerada quando uma mercadoria é fornecida ou um serviço é prestado e o pagamento dessa mercadoria é feito em regime de crédito e não pelo regime de caixa.

contrato a termo – Contrato de compra e venda de algum item em data futura a um preço estabelecido quando o contrato é firmado.

contrato de crédito rotativo – Linha de crédito formal concedida por um banco ou outra instituição de crédito.

contrato social – Documento legal arquivado no Estado para constituição de uma sociedade.

corporação – Corporação é uma pessoa jurídica reconhecida oficialmente pelo Estado. A companhia é separada e distinta de seus donos e administradores.

correlação – Tendência de duas variáveis moverem-se juntas.

cotação direta – Quando se trata de taxas cambiais, é o montante de unidades de moeda nacional necessário para comprar uma unidade de moeda estrangeira.

cotação indireta – No que se refere a taxas cambiais, o número de unidades de uma moeda estrangeira que podem ser compradas por uma unidade de moeda nacional.

crédito comercial de alto custo – Crédito obtido (mais que crédito comercial livre) cujo custo é igual ao desconto perdido.

crédito comercial – Dívida decorrente de vendas a crédito e registrada como conta a receber pelo vendedor e como conta a pagar pelo comprador.

crédito de comércio livre – Crédito recebido durante o período de desconto.

cronograma de amortização – Tabela que mostra o pagamento fixo periódico de um empréstimo em prestações, incluindo principal e juros.

cronograma de datas de vencimento – Apresenta contas a receber de acordo com o período de pendência. Isto proporciona à empresa uma visão mais completa da estrutura de contas a receber do que a fornecida por prazo de recebimento de vendas.

curva de indiferença – Função de escolha entre risco e retorno para determinado investidor; reflete a atitude do investidor diante do risco. Um investidor estaria indiferente entre um grupo de ativos na mesma curva de indiferença. No espaço risco-retorno, quanto maior a inclinação da curva de indiferença, maior é a aversão ao risco do investidor.

curva de rendimento invertida (anormal) – Curva de rendimento com inclinação descendente.

curva de rendimento normal – Quando a curva de rendimento mostra uma inclinação ascendente, ela é considerada "normal", porque é assim que se apresenta na maior parte do tempo.

curva de rendimento – Curva que resulta quando o rendimento até o vencimento está no eixo y com o tempo até o vencimento no eixo x.

custo de ação ordinária, r_s – Retorno exigido pelos acionistas ordinários da empresa. Geralmente calculado usando o modelo de precificação de ativos financeiros (CAPM) ou o modelo de crescimento de dividendo.

custo de ações preferenciais, r_{ps} – Retorno exigido pelos acionistas preferenciais da empresa. O custo de ações preferenciais, r_{ps}, é o custo para a empresa da emissão de novas ações preferenciais. Para preferenciais perpétuas, é o dividendo preferencial, D_{ps}, dividido pelo preço de emissão líquido, P_n.

custo de capital de projeto – Taxa de desconto ajustada de acordo com o risco para um projeto.

custo de capital ordinário externo novo, r_e – Um projeto financiado com capital externo deve ganhar uma taxa de retorno maior porque deve cobrir os custos de lançamento. Portanto, o custo de capital novo é maior do que o de capital levantado internamente por meio do reinvestimento dos lucros.

custo de lançamento, F (sigla em inglês) – Ocorre quando uma empresa emite um novo título, incluindo comissões para um banco de investimento e honorários legais.

custo de oportunidade – Fluxo de caixa que uma empresa deve renunciar para aceitar um projeto. Por exemplo, se o projeto requer o uso de um prédio que poderia ser vendido, então o valor de mercado do prédio é um custo de oportunidade do projeto.

custo médio ponderado de capital – CMPC (WACC, sigla em inglês) – Média ponderada dos custos de capital após impostos – dívida, ações preferenciais e patrimônio. Cada fator de ponderação é a proporção do tipo de capital na estrutura de capital ótima ou desejada.

custo ou problema de agência – Despesa, direta ou indireta, assumida por um principal como resultado da delegação de autoridade a um agente. Um exemplo são os custos assumidos pelos acionistas para incentivar os gerentes a valorizar ao máximo o preço das ações da empresa em vez de agirem em função de seus próprios interesses. Esses custos também podem surgir com a perda da eficiência e com a despesa de supervisão da administração para assegurar que os direitos dos devedores estão protegidos.

custos de crise financeira – Incorridos quando uma empresa alavancada que enfrenta uma queda nos lucros é forçada a tomar medidas para evitar a falência. Tais custos podem ser resultantes de atrasos na liquidação de ativos, honorários legais, efeitos de corte de custos sobre a qualidade dos produtos e ações evasivas por parte de fornecedores e clientes.

custos irrecuperáveis – Custo já incorrido e não afetado pela decisão de projeto de capital. Custos irrecuperáveis não são relevantes para as decisões de planejamento de capital.

D

data de declaração – Data em que os conselheiros da empresa emitem um demonstrativo declarando um dividendo.

data de pagamento – Data em que a empresa envia os cheques de dividendos.

data de registro – Se uma empresa registra o acionista como titular na data de registro, o acionista recebe dividendos.

data de vencimento – Data em que o valor nominal das obrigações é pago ao titular. Datas de vencimento geralmente variam de 10 a 40 anos a partir da data de emissão.

data ex-dividendo – Data a partir da qual a ação perde o direito a dividendo. Essa data foi estabelecida pelos corretores de títulos para evitar confusão e começa quatro dias úteis antes da data de registro. Se a venda da ação for feita antes da data ex-dividendo, o dividendo é pago ao comprador; se a ação for comprada na data ex-dividendo ou após a referida data, o dividendo é pago ao vendedor.

debênture – Obrigação sem garantia; ou seja, não oferece nenhum bem específico como garantia de pagamento. Debenturistas são, portanto, credores gerais cujos créditos reclamados são protegidos por bens não compromissados de outra forma.

debênture subordinada – Debêntures que são pagas, em caso de falência, somente após a satisfação integral das dívidas principais (conforme a escritura de emissão de debêntures subordinadas). Debêntures subordinadas podem ser subordinadas a títulos a pagar designados ou a todas as outras dívidas.

déficit comercial – Ocorre quando as importações de um país são maiores do que suas exportações.

déficit de financiamento – O déficit de passivos espontâneos, mudança planejada no financiamento externo (mudanças totais no débito, ações preferenciais e ações ordinárias a partir do plano de financiamento preliminar), e nos fundos internos (renda líquida menos dividendos planejados) em relação aos ativos adicionais requeridos pelo plano operacional.

déficit esperado (DE) – O valor médio de uma carteira condicional ao valor de portfólio ser menor do que um valor-limite específico (ou porcentagem-limite). Também pode ser definido como a NPV média condicional ao NPV ser menor do que um valor-limite específico (ou porcentagem-limite). Também é chamado valor condicional em risco (CVaR, na sigla em inglês).

déficit na balança comercial – Déficit que ocorre quando empresas e indivíduos nos Estados Unidos importam mais mercadorias de países estrangeiros do que exportam.

demonstração do fluxo de caixa – Apresenta o impacto das atividades operacionais, de financiamentos e de investimentos de uma empresa sobre os fluxos de caixa durante um período contábil.

demonstração do patrimônio líquido – Mostra o patrimônio líquido inicial, quaisquer mutações em virtude de emissões/recompra de ações, de montante retido do lucro líquido e de patrimônio líquido final.

demonstração do resultado – Resume as despesas e receitas da empresa durante um período contábil. Vendas líquidas são mostradas na parte superior de cada demonstração; depois são deduzidos vários custos, incluindo imposto de renda, para determinar o lucro líquido disponível para os acionistas. Na parte inferior da demonstração aparecem o lucro por ação e os dividendos por ação.

demonstração financeira projetada (*pro forma*) – Mostra como seria uma demonstração real se certas premissas fossem realizadas.

depreciação – Despesa que não afeta o caixa contra ativos tangíveis, como edificações ou máquinas. É considerada com o propósito de mostrar o custo estimado dos equipamentos pertencentes ao ativo utilizados no processo de produção.

depreciação cambial – Ocorre para determinada moeda quando seu valor diminui em relação a outra moeda específica. Por exemplo, se a taxa cambial de 1,0 dólar por euro mudar para 0,9 dólar por euro, então, o euro foi depreciado em 10% em relação ao dólar.

derivativos – Títulos financeiros cujo valor depende do valor de outro ativo. Futuros e opções são dois importantes tipos de derivativos e seus valores dependem do preço de outros ativos. Portanto, o valor de um derivativo deriva do valor de um ativo real subjacente ou de outro título.

desconto – Processo de apuração do valor presente de um único pagamento ou de uma série de pagamentos.

desconto sobre taxa a prazo – Ocorre quando a taxa cambial a prazo difere da taxa à vista. Quando uma taxa a prazo é inferior à taxa à vista, diz-se que a taxa a prazo está com um desconto.

descontos comerciais – Reduções de preços que fornecedores oferecem aos clientes para pagamento adiantado.

descontos para pagamento à vista – Montante que o vendedor está disposto a reduzir do preço da fatura para pagamento à vista e não futuro. O desconto para pagamento à vista pode ser 2/10, 30 líquido, o que significa um desconto de 2% se o pagamento for efetuado no prazo de 10 dias, caso contrário, o montante total é devido no prazo de 30 dias.

desdobramento de ações – Acionistas atuais recebem determinado número (ou fração) de ações para cada ação possuída. Dessa forma, em um desdobramento de 3 para 1, cada acionista receberia três novas ações em troca de uma ação antiga, triplicando, assim, o número de ações em circulação. Desdobramentos de ações ocorrem quando o preço da ação está fora da faixa de negociação ótima.

desvalorização – Redução, por intervenção do governo, do preço da moeda de um país em relação à moeda de outro país. Por exemplo, em 1967 a libra britânica sofreu desvalorização de $ 2,80 para $ 2,50 por libra.

desvio-padrão, σ – Medida estatística da variabilidade de um grupo de observações. Raiz quadrada da variância.

direcionadores de valor – Os quatro direcionadores de valor são a taxa de crescimento de vendas (g), lucratividade operacional (OP = NOPAT/Vendas), necessidades de capital (CR = Capital/Vendas) e o custo médio ponderado de capital (CMPC ou WACC).

direito de preferência de subscrição – Ocorre quando uma empresa vende uma nova emissão a seus atuais acionistas. Cada acionista recebe um certificado chamado direito de compra de ação, que lhe dá a opção de comprar um número específico das novas ações. Os direitos são emitidos proporcionalmente à quantidade de ações que cada acionista detém atualmente.

direito de preferência – Os acionistas atuais têm o direito de comprar quaisquer novas ações emitidas proporcionalmente à sua atual participação. O direito de preferência permite que os atuais acionistas mantenham sua participação proporcional e o controle da empresa.

direito de voto restrito – Dispositivo que automaticamente retira o direito de voto de um acionista se o acionista possuir mais do que determinada quantidade de ações.

direitos adquiridos – Se os empregados têm direito a receber benefícios de pensão mesmo que saiam da empresa antes de sua aposentadoria, diz-se que seus direitos são adquiridos.

direitos destacáveis – Direitos que podem ser destacados e negociados separadamente do título subjacente. A maioria dos direitos é destacável.

disputa por procurações para votar – Tentativa de adquirir o controle de uma empresa em que um grupo externo tenta obter procurações dos atuais acionistas, para votar em uma assembleia geral de acionistas, com a finalidade de remover a administração e assumir o controle do negócio.

distribuição de probabilidade contínua – Contém um número infinito de resultados e é representado graficamente por $-\infty$ e $+\infty$.

distribuição de probabilidade – Lista, tabela ou gráfico de todos os resultados possíveis, como taxas de retorno previstas, com a probabilidade de cada resultado.

dívida de agência – Dívida emitida por agências federais. Dívida de agência não é oficialmente garantida pela boa-fé e crédito inerentes ao governo norte-americano, porém investidores presumem que o governo implicitamente garante essa dívida, assim esses títulos possuem taxas de juros apenas ligeiramente mais altas do que os títulos do Tesouro Nacional.

dívida de entidade patrocinada pelo governo (GSE, sigla em inglês) – Dívida emitida por entidades patrocinadas pelo governo como Tennessee Valley Authority ou Small Business Administration; não oficialmente garantida pela boa-fé e crédito do governo norte-americano.

dívidas em atraso – Dividendos preferenciais que não foram pagos e, portanto, estão "em atraso".

dividendo em ações – Aumenta o número de ações em circulação, porém em uma quantidade menor do que o desdobramento de ações. Acionistas atuais recebem ações adicionais em uma base proporcional. Assim, um titular de cem ações receberia cinco ações adicionais sem nenhum custo se fosse declarado um dividendo em ações de 5%.

dividendo especial – Um dividendo pago, além do dividendo regular, quando os ganhos permitirem. Empresas com ganhos voláteis podem ter um baixo dividendo regular, que pode ser mantido mesmo em anos de pouco lucro (ou de alto investimento de capital), mas que é complementado por um dividendo extra quando fundos excedentes estiverem disponíveis.

dividendo extra – Dividendo pago, além do dividendo regular, quando os lucros permitem. Empresas com lucros voláteis podem ter um dividendo regular baixo que pode ser mantido mesmo em períodos de lucros baixos (ou alto investimento de capital), mas que é complementado por um dividendo extra quando há recursos excedentes.

dividendos preferenciais cumulativos – Um recurso de proteção de ações preferenciais que exige que todos os dividendos preferenciais passados sejam pagos antes de quaisquer dividendos ordinários.

E

EBITDA – Lucro antes de juros, impostos, depreciação e amortização.

ECN – Em uma Rede de Comunicação Eletrônica (ECN, sigla em inglês), pedidos de potenciais compradores e vendedores são cruzados automaticamente e a transação é concluída automaticamente.

efeito clientela – Atração de companhias por determinadas políticas de dividendos para investidores cujas necessidades são mais bem atendidas por essas políticas. Portanto, companhias que distribuem dividendos altos terão uma clientela de investidores com taxas de impostos marginais baixas e forte desejo por lucro corrente. Por outro lado, companhias que distribuem dividendos baixos terão uma clientela de investidores com taxas de impostos marginais altas e pouca necessidade de lucro corrente.

efeitos sazonais sobre índices – Fatores sazonais podem distorcer a análise de índices. Em alguns períodos do ano, uma empresa pode ter estoques excedentes como preparação para a "temporada" de alta demanda. Portanto, um índice de giro de inventário levantado nesse período será radicalmente diferente daquele obtido após a referida temporada.

empresa adquirente – Empresa que tenta adquirir outra.

empresa-alvo – Empresa que outra companhia deseja adquirir.

empresa de capital fechado – Refere-se a empresas que são tão pequenas que suas ações ordinárias não são ativamente negociadas; elas pertencem apenas a algumas pessoas, geralmente os administradores das empresas.

empresa *holding* – Companhia constituída com o único objetivo de ter participações em outras empresas. Uma *holding* é diferente de um fundo mútuo de ações; as empresas *holding* possuem ações suficientes de suas companhias operacionais para exercer o controle efetivo.

empresa multinacional (ou global) – Empresa que atua em dois ou mais países.

empresa operacional – Empresa controlada por uma *holding*.

empréstimo amortizado – Empréstimo pago em parcelas iguais durante um período.

empréstimo em prestações acrescidas de juros – Os juros são calculados durante o prazo do empréstimo e incorporados ao saldo devedor. O saldo total é amortizado em parcelas iguais. Isto aumenta o custo efetivo do empréstimo.

empréstimo garantido – Empréstimo lastreado por garantias, muitas vezes na forma de estoques ou contas a receber.

entrincheiramento – Ocorre quando uma empresa possui um conselho de administração fraco e fortes dispositivos estatutários de proteção contra tentativas de tomada de controle que a administração sênior sente que há pouca chance de serem removidos.

equação de DuPont – Fórmula que mostra que a taxa de retorno sobre o patrimônio pode ser obtida multiplicando-se a margem de lucro pelo giro do ativo total e multiplicador do capital próprio.

equação de Hamada – Mostra o efeito do débito no coeficiente beta – aumentos no débito aumentam o beta, e diminuições no débito reduzem o beta.

equidade – Segundo o princípio de equidade, direitos reclamados devem ser reconhecidos na ordem de suas prioridades legais e contratuais. Em termos mais simples, a reestruturação deve ser justa para todas as partes.

equilíbrio – Condição em que o valor intrínseco de um título é igual ao seu preço, também, quando o retorno esperado do título é igual ao retorno exigido.

escritura de emissão – Documento legal que enuncia os direitos dos titulares e da companhia emitente.

espírito animal – John Maynard Keynes, escrevendo nas décadas de 1920 e 1930, sugeriu que – após um período de intensa prosperidade e aumento no preço das ações – os investidores começam a achar que os bons tempos irão durar para sempre, um sentimento que é impulsionado por conversas alegres e animadas em vez de raciocínio lógico.

estoque de segurança – Um estoque mantido como forma de se prevenir para a possibilidade de vendas maiores do que o normal e/ou atrasos na entrega de material de reposição.

estrutura de capital-alvo – Montante relativo de dívida, ações preferenciais e patrimônio que a empresa deseja. O custo médio ponderado de capital deve ser baseado nessas medidas-alvo.

estrutura de capital – Forma de financiamento dos ativos de uma empresa; ou seja, o lado direito do balanço patrimonial. A estrutura de capital é normalmente expressa como o percentual de cada tipo de capital usado por uma firma, como dívida, ações preferenciais e ações ordinárias.

estrutura de prazo para taxas de juros – Relação entre rendimento até vencimento e prazo de vencimento para títulos de uma única classe de risco.

euro – Moeda usada pelos países da União Monetária Europeia.

eurobônus – Qualquer título vendido fora do país de origem da moeda usada. Uma empresa norte-americana que vende títulos em dólares na Suíça está vendendo Eurobônus.

Eurodólar – Dólar norte-americano depositado em um banco estrangeiro ou agência estrangeira de um banco norte-americano. Euro-dólares são usados para conduzir transações em toda a Europa e no restante do mundo.

evento de risco – Um resultado incerto que afeta adversamente o objetivo de uma empresa.

excesso de financiamento – O excesso de passivos espontâneos, mudança planejada no financiamento externo (mudanças totais no débito, ações preferenciais e ações ordinárias a partir do plano de financiamento preliminar), e nos fundos internos (renda líquida menos dividendos planejados) em relação aos ativos adicionais requeridos pelo plano operacional.

exigência de margem – Margem é a porcentagem do preço de uma ação que um investidor toma emprestado para comprar a ação. A SEC (Comissão de Títulos e Valores Mobiliários norte-americana) estabelece exigências de margem, que são uma porcentagem máxima da dívida que pode ser usada para comprar a ação.

extensão – Forma de reestruturação de dívida na qual os credores dão uma extensão dos prazos de vencimento de juros exigidos ou do principal da dívida, ou de ambos.

F

FASB – Conselho de Normas para a Contabilidade Financeira.

feedback **de financiamento** – Circularidade criada quando uma dívida adicional causa despesas adicionais com juros, reduzindo a adição aos lucros acumulados, o que, por sua vez, exige um nível maior de endividamento, gerando ainda mais despesas com juros e fazendo o ciclo se repetir.

finanças comportamentais – Campo de estudo que analisa o comportamento do investidor como resultado de características psicológicas. Não pressupõe que os investidores se comportem necessariamente de maneira racional.

financiamento de projeto – Método de financiamento no qual credores do projeto não possuem direito de regresso contra os devedores; credores e arrendadores devem ser pagos com base nos fluxos de caixa e capital do projeto.

financiamento fora do balanço patrimonial – Técnica de financiamento em que uma empresa utiliza parcerias e outros acordos para obter empréstimo e não declarar o passivo no seu balanço patrimonial. Por exemplo, por muitos anos nem os ativos arrendados nem os passivos sob contratos de arrendamento apareceram nos balanços dos arrendatários. Para corrigir esse problema, o FASB emitiu a Norma 13.

firma individual – Negócio pertencente a um indivíduo.

***float* de cobrança** – Fluxo criado enquanto os fundos dos cheques de clientes estão sendo depositados e compensados pelo processo de cobrança de cheques.

***float* de desembolso** – Período de tempo entre a emissão de cheques por uma empresa e sua compensação e dedução da conta da empresa, causando redução de seu saldo contábil e nenhuma alteração no saldo disponível da conta bancária.

fluxo de caixa incremental – Fluxos de caixa que derivam exclusivamente do ativo que está sendo avaliado.

fluxo de caixa líquido – Soma do lucro líquido mais ajustes que não afetam o caixa.

fluxo de caixa livre (FCL) – Fluxo de caixa realmente disponível para distribuição a todos os investidores depois que a empresa fez todos os investimentos em ativos fixos e capital de giro necessário para sustentar as operações em curso.

fluxo de caixa de projeto – Fluxo de caixa incremental de um projeto proposto.

forma fraca de eficiência de mercado – Sinaliza que todas as informações contidas nas variações de preços passados estão totalmente refletidas nos preços de mercado correntes. Assim, informações sobre tendências recentes no preço de uma ação são irrelevantes na seleção da ação.

forma semiforte de eficiência de mercado – Afirma que preços de mercado correntes refletem todas as informações disponíveis ao público. Portanto, a única maneira de obter retornos anormais é possuir informações privilegiadas sobre as ações da empresa.

forma semiforte de eficiência de mercado – Presume que todas as informações referentes a uma ação sejam informações públicas ou privilegiadas, e estão refletidas nos preços de mercado correntes. Assim, nenhum investidor poderia receber retornos anormais no mercado de ações.

fronteira eficiente – Conjunto de carteiras eficientes de um conjunto completo de carteiras em potencial. Em um gráfico, a fronteira eficiente constitui a linha de fronteira do conjunto de carteiras em potencial.

fundo de amortização – Facilita a baixa de maneira planejada de uma emissão de títulos. Pode ser feito da seguinte maneira: (1) a empresa pode exigir o resgate (pelo valor nominal) de certa porcentagem dos títulos a cada ano; ou (2) a empresa pode comprar a quantidade exigida dos títulos no mercado aberto.

fundo do mercado monetário – Fundo mútuo que investe em instrumentos de dívida de curto prazo e oferece aos investidores privilégios de emissão de cheques; dessa forma, corresponde a uma conta-corrente remunerada.

fundo mútuo – Entidade que vende cotas do fundo e usa o dinheiro arrecadado com essa venda para comprar ações, títulos de longo prazo ou instrumentos de dívida de curto prazo. Os dividendos resultantes, juros e ganhos de capital são distribuídos aos cotistas após a dedução das despesas operacionais. Alguns fundos se especializam em certos tipos de títulos, tais como ações de crescimento, ações internacionais ou títulos municipais.

fundos espontâneos – Fundos gerados se uma conta do passivo aumenta de forma espontânea (automaticamente) com o aumento das vendas. O aumento de uma conta do passivo é uma fonte de recursos e, portanto, fundos são gerados. Dois exemplos de contas do passivo espontâneas são contas a pagar e salários. Títulos a pagar, embora seja uma conta do passivo circulante, não são uma fonte espontânea de recursos porque um aumento de títulos a pagar requer uma ação específica entre a empresa e o credor.

fusão – União de duas empresas para a formação de uma nova.

fusão amigável – Ocorre quando a administração da empresa-alvo concorda com a fusão e recomenda que os acionistas aprovem o negócio.

fusão congenérica – Envolve empresas que estão inter-relacionadas, mas não têm linhas de negócio idênticas. Um exemplo é a aquisição da Bache & Company pela Prudential.

fusão defensiva – Ocorre quando uma companhia adquire outra para ajudar a repelir uma tentativa de fusão hostil.

fusão em conglomerado – Ocorre quando empresas não relacionadas se unem, como a Mobil Oil e a Montgomery Ward.

fusão financeira – Fusão em que as empresas não serão operadas como uma única unidade e em que não é esperada nenhuma economia operacional.

fusão horizontal – Fusão de duas empresas do mesmo ramo de negócio.

fusão hostil – Ocorre quando a administração da empresa-alvo resiste à oferta.

fusão operacional – Ocorre quando as operações de duas empresas são integradas com a expectativa de obter ganhos de sinergia. Isso pode ocorrer por causa da economias de escala, eficiência de gestão ou uma série de outros fatores.

fusão vertical – Ocorre quando uma empresa adquire outra da mesma linha de produtos ou mercado, por exemplo, um fabricante de automóveis adquire um produtor de aço.

futuros de *commodities* – Contratos futuros que envolvem venda ou compra de vários *commodities*, incluindo grãos, sementes, gado, carnes, fibras, metais e madeira.

futuros financeiros – Permitem a compra ou venda de um ativo financeiro em uma data futura, porém a um preço estabelecido hoje. Futuros financeiros existem para letras do Tesouro, notas do Tesouro e títulos, certificados de depósito, depósitos de eurodólar, moedas estrangeiras e índices de ações.

FVA_N – Valor futuro de um fluxo de pagamentos de anuidade, em que N é o número de pagamentos de anuidade.

$FVIFA_{I,N}$ – Fator de juros de valor futuro para uma anuidade ordinária de N pagamentos periódicos pagando I por cento de juros por período.

$FVIF_{I,N}$ – Fator de juros de valor futuro para um pagamento único em uma conta para N períodos pagando I por cento de juros por período.

FV_N – Valor futuro de um único fluxo de caixa inicial, em que N é o número de períodos que o fluxo de caixa inicial é composto.

G

ganho (perda) de capital – Lucro (prejuízo) na venda de um ativo financeiro por um valor maior (menor) do que o preço de compra.

ganhos ou rendimentos antes de impostos – O montante de ganhos (ou rendimentos) que está sujeito a impostos. Também é igual aos ganhos antes de juros e impostos (EBIT) menos as despesas com juros. Algumas vezes é chamado de ganhos antes de impostos (EBT).

gestão baseada em valor – Administrar uma empresa com o valor ao acionista em mente. Geralmente envolve o uso de um modelo de valor ao acionista, como o modelo de valor corporativo.

gestão de risco corporativo (ERM) – Um processo que inclui a identificação do risco, a avaliação do risco e respostas ao risco. A ERM exige a participação de todos os níveis dentro de uma organização.

gestão de riscos corporativos – Gerenciamento de eventos não previsíveis que tenham consequências adversas para a empresa. Este esforço envolve a redução de consequências de risco a ponto de não haver impacto adverso significativo sobre a posição financeira da empresa.

governança corporativa – Conjunto de regras que controla o comportamento de uma empresa perante seus diretores, gerentes, funcionários, acionistas, credores, clientes, concorrentes e comunidade.

greenmail – Recompras de ações para evitar alteração no controle acionário, em que uma empresa recompra ações de um potencial adquirente por um preço mais alto do que o preço justo de mercado. Em contrapartida, o potencial adquirente concorda em não tentar adquirir o controle da empresa.

grupamento de ações – Situação em que acionistas trocam determinado número de ações por um número menor de novas ações.

H

hedge – Operação que reduz o risco de prejuízo de uma empresa por causa da flutuação dos preços das *commodities*, taxas de juros e taxas de câmbio.

***hedge* curto** – Ocorre quando contratos futuros são vendidos para proteção contra queda nos preços.

***hedge* longo** – Ocorre quando contratos futuros são comprados na expectativa de (ou para proteção contra) aumentos de preço.

***hedge* natural** – Transação entre duas contrapartes em que os riscos de ambas são reduzidos.

***hedge* perfeito** – Proteção em que o ganho ou perda em uma transação de *hedge* compensa a perda ou o ganho da posição desprotegida.

hipótese de conteúdo de informação, ou sinalização – Teoria que diz que investidores consideram alterações de dividendos "sinais" de previsões da administração. Assim, um aumento nos dividendos é visto pelos investidores como reconhecimento pela administração de aumentos nos lucros futuros. Portanto, se o preço da ação de uma empresa aumenta com o aumento dos dividendos, a razão pode não ser a preferência por dividendos e sim expectativas de maiores receitas futuras. Inversamente, uma redução nos dividendos pode ser sinal de que a administração está prevendo poucos lucros futuros.

hipótese de mercados eficientes (EMH, sigla em inglês) – Afirma que (1) as ações estão sempre em equilíbrio e (2) é impossível para um investidor superar o mercado de forma consistente. De acordo com a EMH, todas as informações relevantes sobre uma ação estão refletidas no preço da ação.

holdout – Característica problemática de reestruturações informais em que todas as partes envolvidas não concordam com o plano voluntário. *Holdouts* são geralmente feitos por credores num esforço para receber o pagamento integral do crédito reclamado.

I

imposição de plano aos credores (*cramdown*) – Planos de recuperação que são demandados pelo tribunal de falências e obrigatórios a todas as partes.

imposto mínimo alternativo (AMT, sigla em inglês) – Cláusula do Código Tributário dos Estados Unidos da América que exige que firmas que registram lucros paguem pelo menos alguns impostos caso esses impostos sejam maiores do que o valor devido de acordo com a contabilidade fiscal padrão.

imposto progressivo – Sistema tributário em que quanto maior a renda, maior a porcentagem paga em impostos.

índice "vezes juros auferidos" (TIE, sigla em inglês) – Determinado dividindo-se o lucro antes de juros e impostos pelas despesas de juros. Esse indicador mede quanto a receita operacional pode cair antes que a empresa se torne incapaz de sustentar seus custos de juros anuais.

índice de capacidade básica de geração de lucros (BEP, sigla em inglês) – Calculado dividindo-se o lucro antes de juros e impostos pelo total de ativos. Esse índice mostra a capacidade bruta de geração de lucros dos ativos da empresa antes do efeito de impostos e alavancagem.

índice de cobertura de juros – Também chamado de índice vezes juros cobertos (TIE, sigla em inglês); obtido dividindo-se lucros antes de juros e impostos pelas despesas com juros.

índice de cobertura – Similar à relação tempo/juros recebidos, porém reconhece que muitas empresas arrendam ativos e também devem fazer pagamentos de fundos de amortização. Obtido adicionando-se lucro antes de juros, impostos, depreciação, amortização (EBITDA), pagamentos de arrendamento e dividindo-se esse total pelas despesas com juros, pagamentos de arrendamento e pagamentos de fundos de amortização sobre 1 – T (em que T é a taxa de imposto).

índice de distribuição alvo – Porcentagem do lucro líquido distribuída aos acionistas por meio de dividendos em dinheiro ou recompra de ações.

índice de dívida – Quociente entre o total da dívida e o total do ativo, mede a porcentagem de recursos fornecidos por investidores que não sejam os acionistas preferenciais nem os ordinários.

índice de giro de ativo total – Mede o giro de todos os ativos da empresa; calculado dividindo-se vendas pelo ativo total.

índice de giro de ativos fixos – Relação entre vendas e ativos fixos líquidos; mede o uso efetivo pela empresa de suas fábricas e equipamentos.

índice de giro de estoque – O custo dos produtos vendidos dividido pelos estoques.

índice de intensidade de capital – Dólares de investimento em ativos necessário para gerar um dólar em vendas. Índice de intensidade de capital é o recíproco do índice de giro de ativos.

índice de liquidez – Índice que mostra a relação entre o caixa e outros ativos circulantes da empresa e seu passivo circulante.

índice de lucratividade – Obtido dividindo-se o valor presente dos fluxos de caixa futuros do projeto pelo seu custo inicial. Um índice de lucratividade maior do que 1 significa que o projeto possui um valor presente líquido positivo.

índice de lucro alvo – Porcentagem do lucro líquido paga na forma de dividendo em dinheiro.

índice de preço/EBITDA – Índice de preço por ação dividido por lucros por ação antes de juros, depreciação e amortização.

índice de preço/fluxo de caixa – Calculado dividindo-se preço por ação pelo fluxo de caixa por ação. Mostra quanto os investidores estão dispostos a pagar por dólar de fluxo de caixa.

índice de preço/lucros (P/E, sigla em inglês) – Calculado dividindo-se preço por ação pelo lucro por ação. Mostra quanto os investidores estão dispostos a pagar por dólar de lucros registrados.

índice dívida/patrimônio – Quociente de dívida dividido pelo patrimônio.

índices de administração de ativos – Conjunto de índices para mensurar a eficiência da empresa na administração de seus ativos.

índices de lucratividade – Índices que mostram os efeitos combinados de liquidez, gestão de ativos e dívida sobre as operações.

índices de valor de mercado – Relacionam o preço das ações da empresa com seus lucros e valor patrimonial por ação.

I_{NOM} – Taxa de juros nominal, ou cotada.

instinto de rebanho – Quando um grupo de investidores obtém sucesso, outros investidores começam a copiá-los, agindo como um rebanho de ovelhas.

intermediário financeiro – Intermediários que compram títulos com recursos obtidos com a emissão de títulos próprios. Por exemplo: fundo mútuo de ações que compra ações com recursos obtidos com a emissão de ações do fundo mútuo.

J

joint venture – Envolve a combinação de setores de companhias para atingir objetivos limitados específicos. *Joint ventures* são controladas pela administração combinada de duas ou mais companhias controladoras.

juro simples – Situação em que os juros não são compostos, ou seja, não são juros sobre juros. Também chamado de juro regular. Divide-se a taxa de juros nominal por 365 e multiplica-se pelo número de dias que os recursos são tomados em empréstimo para determinar os juros do período de empréstimo.

juros de desconto – Juros calculados sobre o valor nominal do empréstimo, mas pagos antecipadamente.

L

Lei de Reforma da Falência de 1978 – Promulgada para agilizar e simplificar os processos de falência. Essa lei norte-americana representou uma mudança para uma doutrina de prioridade relativa dos créditos reclamados pelos credores.

leilão aberto – Método de reunir frente a frente compradores e vendedores, todos apresentando um preço para compra ou venda.

LIBOR (*London Interbank Offered Rate*) – Taxa que os bancos britânicos cobram um do outro.

linha característica – Determinada pela regressão dos retornos históricos de uma ação específica em face dos retornos históricos do mercado acionário em geral. A inclinação da linha característica é o coeficiente beta da ação, que indica o montante em que se espera que aumente o retorno esperado da ação em resposta a determinado aumento no retorno esperado do mercado.

linha de crédito – Acordo no qual um banco concorda em conceder empréstimos até um montante máximo especificado durante determinado período.

linha de segurança do mercado (SML, sigla em inglês) – Representa, na forma de gráfico, a relação entre o risco de um ativo mensurado pelo seu coeficiente beta e as taxas de retorno exigidas para títulos individuais. A equação SML é um dos principais resultados do CAPM: $r_i = r_{RF} + b_i(r_M - r_{RF})$.

liquidação em caso de falência – Venda dos ativos de uma empresa e a distribuição do dinheiro arrecadado com essa venda aos credores e proprietários por ordem de prioridade específica.

liquidez – Refere-se ao caixa e títulos negociáveis de uma empresa e a sua capacidade de cumprir obrigações vincendas. Ativo líquido é qualquer ativo que possa ser rapidamente vendido e convertido em dinheiro pelo seu valor "justo". Mercados ativos proporcionam liquidez.

liquidez seca – Obtida dividindo-se ativo circulante menos estoque pelo passivo circulante.

lucro contábil – Lucro líquido da empresa conforme apresentado na demonstração do resultado.

lucro operacional líquido após impostos (NOPAT, sigla em inglês) – Montante de lucro que uma empresa geraria caso não tivesse dívidas e ativos financeiros.

lucro tributável – Lucro bruto menos isenções e deduções que estão especificados nas instruções dos formulários de impostos que devem ser entregues pelas pessoas físicas.

lucros retidos – Parte dos lucros de uma empresa que foi retida e não distribuída como dividendos.

M

maquiagem – Técnica empregada por empresas para que suas demonstrações financeiras pareçam melhores do que realmente são.

margem de lucro bruto – Índice de lucro bruto (vendas menos custo de produtos vendidos) dividido por vendas.

margem de lucro operacional – Índice de lucro antes de juros e impostos dividido pelas vendas.

margem de lucro sobre vendas – Calculado dividindo-se lucro líquido pelas vendas; o resultado é o lucro de vendas por dólar.

mercado de capitais – Mercados de capitais são mercados financeiros para dívida de longo prazo e ações. A Bolsa de Valores de Nova York é um exemplo de mercado de capitais.

mercado de novas emissões – Mercado para ações de empresas que abrem o capital.

mercado de oferta pública inicial (IPO) – Abrir capital é a venda de ações ao público em geral por empresas de capital fechado ou seus principais acionistas, e esse mercado é geralmente chamado de mercado de oferta pública inicial.

mercado distribuidor – Em um mercado distribuidor, o distribuidor possui um estoque de títulos e forma um mercado com ofertas de compra e venda. Outros que desejam comprar ou vender podem ver as ofertas feitas por esses distribuidores e contatar o distribuidor de sua escolha para combinar uma transação.

mercado monetário – Mercado financeiro para títulos de dívida com vencimentos de menos de um ano (curto prazo). O mercado monetário de Nova York é o maior do mundo.

mercado primário – Mercado em que títulos recém-emitidos são vendidos pela primeira vez.

mercado secundário – Mercado em que títulos são revendidos após a emissão inicial no mercado primário. A Bolsa de Valores de Nova York é um exemplo.

mercados privados – Mercados em que transações são efetuadas diretamente entre duas partes e estruturadas de uma forma que seja interessante para ambas. Empréstimos bancários e colocações privadas de dívida com seguradoras são exemplos de transações no mercado privado.

mercados públicos – Mercados onde contratos padronizados são negociados em bolsas organizadas. Títulos que são emitidos em mercados públicos, como ações ordinárias e títulos corporativos, ficam em poder de um grande número de indivíduos.

método de fluxo de caixa descontado (DCF, sigla em inglês) – Método de avaliação de empresas que envolve a aplicação de procedimentos de planejamento de capital na empresa inteira e não apenas num único projeto.

método de múltiplos de mercado – Multiplica um índice determinado pelo mercado (chamado múltiplo) por algum valor da empresa-alvo para estimar o valor do alvo. O múltiplo de mercado pode ser baseado no lucro líquido, lucro por ação, vendas, valor contábil ou número de subscritores.

método de taxa de retorno interna (IRR, sigla em inglês) – Taxa de desconto que iguala o valor presente das entradas e saídas de caixa futuras esperadas. IRR mede a taxa de retorno em um projeto, mas presume que todos os fluxos de caixa possam ser reinvestidos pela taxa IRR.

método de taxa de retorno interna modificada (MIRR, sigla em inglês) – Presume que os fluxos de caixa de todos os projetos sejam reinvestidos pelo custo do capital e não pela própria taxa de retorno interna do projeto. Isso torna a taxa de retorno interna modificada um melhor indicador da rentabilidade real de um projeto.

Método do valor presente líquido (NPV, na sigla em inglês) – O valor presente dos fluxos de caixa futuros esperados para o projeto, descontado pelo custo de capital apropriado. O NPV é uma medida direta do valor do projeto para os acionistas.

modelo Black-Scholes de precificação de opções – Modelo para estimar o valor de uma opção de compra. É amplamente utilizado pelos negociantes de opções.

modelo de avaliação de empresas – Define o valor total de uma empresa como o valor presente de seus fluxos de caixa livres esperados descontado do custo médio ponderado de capital (isto é, o valor das operações) mais o valor dos ativos não operacionais, como títulos do Tesouro.

modelo de avaliação do fluxo de caixa livre – Define o valor total de uma empresa como o valor presente de seus fluxos de caixa livres esperados descontado do custo de capital médio ponderado (isto é, o valor das operações) mais o valor dos ativos não operacionais, como títulos do Tesouro.

modelo de distribuição residual – Nesse modelo, as empresas devem pagar dividendos apenas quando houver mais lucros disponíveis do que o necessário para cobrir o orçamento de capital ótimo.

modelo de equilíbrio – Acréscimo de dificuldades financeiras e custos de agência ao modelo tributário MM ou ao modelo de Miller. Nesse modelo, a estrutura de capital ótima pode ser vista como um equilíbrio entre o benefício da dívida (cobertura fiscal para juros) e os custos da dívida (dificuldades financeiras e custos de agência).

modelo de Miller – Apresenta o efeito de impostos de pessoa física na avaliação de uma empresa alavancada, que reduz a vantagem de financiamento de débito corporativo.

modelo de precificação de ativos financeiros (CAPM, sigla em inglês) – Modelo baseado na proposição de que a taxa de retorno exigida de qualquer ação é igual à taxa de retorno sem risco acrescida de prêmio de risco que reflete apenas o risco remanescente após a diversificação. A equação do CAPM é $r_i = r_{RF} + b_i(r_M - r_{RF})$.

modelo de três fatores de Fama e French – Inclui um fator para retorno de mercado excedente (retorno de mercado menos taxa sem risco), um fator para tamanho (definido como retorno sobre uma carteira de empresas pequenas menos retorno sobre uma carteira de empresas grandes) e um fator para efeito valor patrimonial/valor de mercado (definido como retorno de uma carteira de empresas com alto quociente de valor patrimonial/valor de mercado menos retorno de uma carteira de empresas com um baixo quociente de valor patrimonial/valor de mercado).

moeda conversível – Moeda que pode ser negociada em mercados cambiais e resgatada pelas taxas correntes de mercado.

moeda forte – Moeda considerada conversível porque o país que a emite permite que ela seja negociada nos mercados cambiais e está disposto a resgatá-la pelas taxas de mercado.

moedas fracas – Moedas de países que estabelecem suas taxas de câmbio, porém não permitem que suas moedas sejam negociadas em mercados mundiais.

N

NASD – *National Association of Securities Dealers* **(Associação Nacional dos Corretores de Valores Mobiliários)** – Grupo do setor dedicado principalmente a operações do mercado de balcão.

Norma 13 do Conselho de Normas de Contabilidade Financeira (FASB) – A norma FASB define as condições para capitalização de arrendamentos e os procedimentos específicos a serem seguidos.

nota promissória – Documento que especifica os termos e condições de um empréstimo, incluindo o montante, taxa de juros e datas de pagamento.

O

obrigação de dívida garantida (CDO, sigla em inglês) – Gerada quando um grande número de hipotecas é agrupado para criar novos títulos, que depois são divididos em tranches; os tranches são recombinados e divididos novamente em títulos chamados obrigações de dívida garantida.

obrigações indexadas ou corrigidas pela taxa da inflação – A taxa de juros dessas obrigações é baseada em um índice de inflação como o índice de preço ao consumidor, de forma que os juros pagos aumentam automaticamente quando a taxa de inflação sobe, protegendo, assim, os titulares contra inflação.

oferta de aquisição – Oferta de uma empresa para comprar outra que chega diretamente aos acionistas, frequentemente com a oposição da administração da empresa-alvo.

oferta pública – Oferta de novas ações ordinárias para o público em geral.

oferta pública inicial (IPO, sigla em inglês) – Ocorre quando uma empresa de capital fechado ou seus principais acionistas vendem ações ao público em geral.

opção – Contrato que oferece ao seu titular o direito de comprar ou vender um ativo por um preço predeterminado dentro de um período específico.

opção de abandono – Permite que uma empresa reduza sua capacidade de produção em resposta às mudanças nas condições de mercado. Isso inclui a opção de diminuir a produção ou abandonar um projeto caso as condições de mercado se tornem muito desfavoráveis.

opção de capacidade – Permite que uma empresa altere a capacidade de sua produção em função de mudanças nas condições de mercado. Inclui a opção de reduzir ou expandir a produção. Inclui também a opção de abandonar um projeto caso as condições de mercado se tornem muito desfavoráveis.

opção de compra – Opção que permite ao titular comprar um ativo por um preço predeterminado em um período específico.

opção de compra de ações – Permite que seu titular compre uma ação a um preço fixo, chamado de preço de exercício de opção, não importando o preço real da ação. Opções de compra de ação sempre possuem uma data de vencimento, após essa data elas não podem ser exercidas.

opção de crescimento – Ocorre se um investimento cria a oportunidade de fazer outros investimentos potencialmente lucrativos que de outra forma não seriam possíveis, incluindo opções para expandir a produção, entrar em um novo mercado geográfico e introduzir produtos complementares ou gerações sucessivas de produtos.

opção de espera de investimento – Oferece à empresa a opção de atrasar um projeto em vez de implementá-lo imediatamente. Essa opção de espera permite a uma empresa reduzir a incerteza das condições de mercado antes de decidir implementar o projeto.

opção de resgate – Dispositivo que garante ao emitente o direito de resgatar os títulos. Esse dispositivo normalmente afirma que se os títulos são resgatados, a empresa deve pagar aos titulares uma quantia maior do que o valor nominal ou um prêmio de resgate. A maioria dos títulos possui opção de resgate.

opção de venda – Permite que os titulares vendam o ativo por um preço predeterminado dentro de um período específico.

opções de gestão – Opções que dão oportunidade aos administradores de responderem às mudanças nas condições de mercado. Também chamadas de opções reais.

opções embutidas – Opções que são parte de outro projeto. Também chamadas de opções reais, opções de gestão e opções estratégicas.

opções estratégicas – Opções que, geralmente, estão relacionadas a assuntos estratégicos. Também chamadas de opções reais, opções embutidas e opções de gestão.

opções reais – Ocorrem quando os administradores são capazes de influenciar o tamanho e o risco dos fluxos de caixa de um projeto tomando diferentes ações durante o período do projeto. São conhecidas como opções reais porque lidam com os ativos tangíveis, em oposição aos ativos financeiros. Também chamadas de opções de gestão, porque dão oportunidades aos administradores de reagir às mudanças nas condições de mercado. Chamadas, às vezes, de opções estratégicas, pois lidam com assuntos estratégicos. E, finalmente, chamadas também de opções embutidas, pois fazem parte de outro projeto.

orçamento de caixa – Tabela que mostra os fluxos de caixa (receitas, desembolsos e saldos de caixa) de uma empresa durante determinado período.

orçamento de capital – Inclui despesas previstas com ativos fixos.

P

padrões de crédito – A solidez financeira e a solvabilidade que qualifica o cliente para os termos de crédito regular da empresa.

pagamento de cupom – Montante de juros em dólar pago a cada titular nas datas de pagamento de juros.

pagamento, PMT – Igual ao montante em dólar de um fluxo de caixa igual ou constante (anuidade).

papel conversível – Obrigações ou ações preferenciais que podem ser trocadas por (convertida em) ações ordinárias, com condições específicas, a critério do titular. Ao contrário do exercício dos bônus de subscrição, a conversão de um papel conversível não oferece capital adicional ao emissor.

papel de curto prazo – Notas promissórias de curto prazo e sem garantia de firmas grandes, emitidas geralmente no valor de US$ 100.000,00 ou mais e com uma taxa de juros um pouco abaixo da taxa básica de juros.

paraqueda de ouro – Pagamento feito aos executivos que perdem seus empregos em uma fusão.

paridade da taxa de juros – Defende que os investidores devem esperar o mesmo retorno em todos os países após o ajuste com base no risco.

paridade do poder de compra – Sugere que o nível das taxas de câmbio se ajusta de modo que mercadorias idênticas tenham o mesmo valor em outros países. Às vezes chamada de "lei de preço único".

passivos circulantes operacionais – Passivos circulantes que são uma consequência natural das operações da empresa, tais como contas a pagar e provisões. Não incluem títulos a pagar ou qualquer outra dívida de curto prazo com encargos de juros.

passivos espontâneos – Passivos que aumentam com as vendas, tais como contas a pagar e acréscimos.

patrimônio dos acionistas ordinários (patrimônio líquido) – Capital fornecido pelos acionistas ordinários – ações, integralização de capital, lucros acumulados e (ocasionalmente) algumas reservas. Capital integralizado é a diferença entre o valor nominal da ação e o valor pago pelos acionistas na compra de novas ações emitidas.

pedido de registro – Exigido pela SEC antes de as ações de uma empresa serem ofertadas ao público. Esse pedido resume várias informações financeiras e legais sobre a empresa.

período de carência – Período em que opções de compra de ações concedidas a funcionários não podem ser exercidas.

período de cobrança de recebíveis – Período de tempo médio necessário para converter recebíveis de uma empresa em dinheiro. Calculado dividindo-se contas a receber pelas vendas por dia.

período de conversão de estoque – O tempo médio de duração para converter materiais em produtos acabados e então vendê-los; é calculado dividindo-se o estoque total pelos custos diários dos produtos vendidos.

período de crédito – Período durante o qual o crédito é concedido. Se o período de crédito for prolongado, geralmente, as vendas, bem como as contas a receber, irão aumentar. Isso aumentará as necessidades de financiamento da empresa e possivelmente os prejuízos com dívidas incobráveis. Um encurtamento do período de crédito terá o efeito oposto.

período de diferimento de contas a pagar – Período de tempo médio entre a compra de materiais e mão de obra pela empresa e o pagamento desses materiais e mão de obra. Calculado dividindo-se contas a pagar por compras a crédito por dia (por exemplo, custo de produtos vendidos ÷ 365).

período de retorno de investimento descontado – Número de anos que uma empresa leva para recuperar seu investimento baseado no fluxo de caixa descontado.

período de retorno de um investimento – Anos que uma empresa leva para recuperar seu investimento em um projeto. O período de retorno de investimento não captura o fluxo de caixa inteiro de um projeto e, portanto, não é o método de avaliação preferido. Observe, no entanto, que o período de retorno de investimento não mede a liquidez do projeto, por isso muitas empresas o utilizam como uma medida de risco.

pessoas com acesso a informações privilegiadas – Diretores, conselheiros e principais acionistas de uma empresa.

pílulas de veneno (*poison pills*) – Cláusulas de proteção dos direitos de acionistas que permitem que os acionistas atuais de uma empresa comprem ações adicionais por um valor abaixo do valor de mercado se o adquirente potencial adquirir uma participação controladora na empresa.

planejamento de capital – Processo completo que engloba análise de projetos e decisão sobre a inclusão ou não desses projetos no orçamento de capital.

plano de cofre – Ferramenta de gestão de caixa em que cheques recebidos por uma empresa são enviados para caixas-postais e não para a sede da empresa. Várias vezes ao dia, um banco local irá recolher o conteúdo do cofre e depositar os cheques na conta da empresa.

plano de participação acionária (ESOP, sigla em inglês) – Tipo de plano de aposentadoria em que o funcionário possui ações da empresa.

plano de recuperação – Tipo de reestruturação que combina as vantagens de renegociações informais e recuperação formal de acordo com o Capítulo 11.

plano de reinvestimento de dividendos (DRIP, sigla em inglês) – Permite que os acionistas automaticamente comprem ações da empresa pagante em vez de receber dividendos em dinheiro. Existem dois tipos de planos: um envolve apenas ações que já estão em circulação; outro envolve ações recém-emitidas. No primeiro caso, os dividendos de todos os participantes são agrupados e a ação é comprada no mercado aberto. Os participantes beneficiam-se com custos de transação mais baixos. No segundo caso, a empresa emite novas ações aos participantes. Assim, a empresa emite ações em vez de dividendos em dinheiro.

política agressiva de financiamento a curto prazo – Refere-se à política na qual uma empresa financia todos os seus ativos fixos com capital de longo prazo, mas parte de seus ativos permanentes com crédito não espontâneo de curto prazo.

política conservadora de financiamento a curto prazo – Refere-se ao uso de capital permanente para financiar todas as necessidades de ativos permanentes e atender algumas ou todas as demandas sazonais.

política de capital de giro operacional líquido moderado – Política que casa vencimentos de ativos e passivos. Também conhecida como abordagem de vencimentos casados ou autoamortização.

política de capital de giro operacional líquido relaxado – Política em que montantes relativamente grandes de caixa, títulos negociáveis e estoques são lançados e as vendas são estimuladas por uma política de crédito liberal, resultando em alto nível de recebíveis.

política de capital de giro operacional líquido restrito – Política em que caixa, títulos negociáveis, estoques e contas a receber são minimizados.

política de cobrança – Procedimento para a cobrança de contas a receber. Alteração na política de cobrança irá afetar as vendas, prazos de recebimento das vendas, prejuízos com dívida incobrável e porcentagem de clientes que recebe descontos.

política de crédito – Política da empresa para concessão e cobrança de crédito. Existem quatro elementos da política de crédito, ou variáveis da política de crédito: período de crédito, padrões de crédito, política de cobrança e descontos.

política de distribuição ótima – Política de distribuição que maximiza o valor da empresa escolhendo o nível e a forma ótimos de distribuições (dividendos e recompras de ações).

política de distribuição – Política que define o nível de distribuições e a forma das distribuições (dividendos e recompras de ações).

política de dividendo ótimo – Política de dividendo que estabelece um equilíbrio entre dividendos atuais e crescimento futuro e maximiza o preço das ações da empresa.

política de dividendo regular baixo mais dividendo extra – Política de dividendos em que uma empresa anuncia um dividendo regular baixo que ela tem certeza de que pode manter; se houver recursos adicionais, a empresa paga um dividendo extra especialmente designado ou recompra ações.

política de financiamento de curto prazo com vencimentos casados – Política que casa os vencimentos de ativos e passivos. Também conhecida como abordagem moderada ou de autoamortização.

ponto de equilíbrio – Nível de vendas em que o custo é igual à receita.

pós-auditoria – Aspecto final do processo de planejamento de capital. A pós-auditoria é um processo de controle em que os resultados reais são comparados com os esperados na análise do planejamento de capital original. A pós-auditoria possui vários propósitos, sendo o mais importante o aperfeiçoamento de previsões e operações.

prazo de recebimento de vendas (DSO, sigla em inglês) – Usado para avaliar contas a receber e indica o tempo de espera da empresa após efetuar uma venda antes de receber o pagamento. Obtido dividindo-se contas a receber por média de vendas por dia.

prazo – Representação gráfica usada para apresentar o tempo dos fluxos de caixa.

preço de conversão – Preço efetivo de cada ação caso haja a conversão; o valor nominal do título conversível dividido pelo quociente de conversão.

preço de exercício de opção – Preço definido no contrato de opção pelo qual o título pode ser comprado (ou vendido).

preço de exercício – Preço definido no contrato de opção pelo qual o título pode ser comprado (ou vendido). Também chamado de preço de exercício de opção.

prejuízos fiscais a compensar – Prejuízos operacionais podem ser transportados dois anos para trás ou 20 anos para a frente para compensar lucros tributáveis em determinado ano.

prêmio de inflação (IP, sigla em inglês) – Prêmio adicionado à taxa de juros real livre de risco para compensar a perda esperada de poder de compra. O prêmio de inflação é a taxa média de inflação esperada ao longo da vida do título.

prêmio de liquidez (LP, sigla em inglês) – Prêmio de liquidez é adicionado à taxa de juros real livre de risco, além de outros prêmios, se o título não tiver liquidez.

prêmio de risco de inadimplência (DRP, sigla em inglês) – Prêmio adicionado à taxa real livre de risco para compensar os investidores pelo risco de inadimplência do mutuário no pagamento de juros e/ou principal do empréstimo no vencimento.

prêmio de risco de mercado, RP_M – A diferença entre o retorno esperado no mercado e a taxa livre de risco.

prêmio de risco de patrimônio – RP_M – Retorno de mercado esperado menos taxa livre de risco; também chamado de prêmio de risco de mercado ou prêmio de patrimônio.

prêmio de risco de vencimento (MRP, sigla em inglês) – Prêmio que deve ser agregado à taxa de juros real sem risco para compensar o risco de taxa de juros, que depende do vencimento da obrigação. O risco da taxa de juro decorre do fato de que os preços das obrigações caem quando as taxas de juros aumentam. Nessas circunstâncias, a venda de um título antes de seu vencimento resultará em perda de capital; quanto maior o prazo de vencimento, maior será a perda.

prêmio de risco para ação i, RP_i – Retorno extra que um investidor requer para obter uma ação i de risco em vez de um ativo livre de risco.

prêmio sobre taxa de câmbio a prazo – Ocorre quando a taxa de câmbio a prazo difere da taxa à vista. Quando a taxa a prazo for superior à taxa à vista, diz-se que há prêmio.

princípio de prioridade absoluta – Afirma que os pedidos de indenização devem ser pagos em estrita conformidade com a prioridade de cada pedido, independentemente das consequências causadas a outros reclamantes.

princípio de prioridade relativa – Mais flexiva do que a prioridade absoluta. Oferece uma consideração mais equilibrada a todos os credores em um processo de reestruturação de falência do que o princípio de prioridade absoluta.

princípios de contabilidade geralmente aceitos (*Generally Accepted Accounting Principles*, GAAP) – Um conjunto de padrões para a elaboração de relatórios financeiros, estabelecido pela contabilidade profissional.

prioridade de créditos na liquidação – Conforme Capítulo 7 da Lei de Falência Específica, a ordem em que os ativos do devedor são distribuídos entre os credores.

problema de subinvestimento – Tipo de problema de agência em que a dívida alta pode levar administradores a renunciar a projetos de valor presente líquido positivo, a menos que sejam extremamente seguros.

processo de compensação de cheques – Quando o cliente emite um cheque de um banco e a empresa o deposita em outro banco, o banco da empresa deve verificar se o cheque é válido antes de a empresa usar esse dinheiro. Os cheques geralmente são compensados pelo Sistema da Reserva Federal ou por uma câmara de compensação estabelecida pelos bancos em determinada cidade.

procuração – Documento que concede a uma pessoa o poder de agir em nome de outra, geralmente o poder de voto das ações ordinárias.

projeto com fluxo de caixa normal – Projeto com uma ou mais saídas de caixa (custos) seguidas por uma série de entradas de caixa.

projetos com fluxo de caixa anormal – Projetos com grande saída de caixa durante ou no fim de sua vida. Um problema comum encontrado ao se avaliar projetos com fluxo de caixa anormal são as taxas de retorno internas múltiplas.

projetos independentes – Projetos que podem ser aceitos ou rejeitados individualmente.

projetos mutuamente exclusivos – Projetos que não podem ser realizados ao mesmo tempo. Uma empresa pode escolher entre o Projeto 1 ou Projeto 2, ou rejeitar ambos, porém não pode aceitar os dois projetos.

proposição MM I com impostos de pessoa jurídica – $V_L = V_U + $ TD. Dessa forma, o valor da entidade aumenta com a alavancagem e a estrutura ótima de capital é praticamente a dívida total.

proposição MM I sem impostos – $V_L = V_U = EBIT/r_{sU}$ – Uma vez que EBIT e r_{sU} são constantes, o valor da entidade também é constante e a estrutura de capital é irrelevante.

proposição MM II com impostos de pessoa jurídica – $r_{sL} = r_{sU} + (r_{sU} - r_d)(1 - T)(D/S)$. Aqui o aumento nos custos do capital próprio é menor que no caso do imposto zero, e o aumento do uso de dívi-

da de custo mais baixo causa uma redução no custo de capital da entidade. Neste caso, a estrutura ótima de capital é praticamente a dívida total.

proposição MM II sem impostos – $r_{sL} = r_{sU} + (r_{sU} - r_d)(D/S)$. Assim, r_s aumenta de maneira precisa com o aumento de alavancagem. Na realidade, esse aumento é suficiente para compensar o aumento do uso de dívida com custo mais baixo.

prospecto – Resumo das informações sobre uma nova emissão de ações e sobre a empresa emissora.

prospecto preliminar (*red herring*) – Prospecto preliminar que pode ser distribuído a compradores potenciais antes da aprovação do pedido de registro pela SEC. Após a efetivação do registro, os títulos – acompanhados pelo prospecto – poderão ser colocados à venda.

PV – O valor de hoje de um pagamento futuro, ou de uma série de pagamentos, descontado pela taxa de juros apropriada. PV é também o montante inicial que irá aumentar para um valor futuro.

PVA$_N$ – Valor de hoje de uma série futura de N pagamentos iguais no final de cada período (renda continuada ordinária).

PVIFA$_{I,N}$ – O fator de juros do valor presente de uma renda continuada ordinária de N pagamentos periódicos descontados a I por cento de juros por período.

PVIF$_{I,N}$ – O fator de juros do valor presente de um pagamento único recebido em N períodos, no futuro, descontado a I por cento por período.

Q

quociente de conversão – Número de ações ordinárias recebidas na conversão de um título conversível.

R

racionamento de capital – Ocorre quando a administração estabelece restrições no tamanho do orçamento de capital durante um período específico.

receita contábil – Definição de receita de acordo com os Princípios Contábeis Geralmente Aceitos (GAAP).

recompra de ações – Ocorre quando uma empresa recompra suas próprias ações. Essas ações são denominadas ações em tesouraria.

recompra dirigida de ações – Também conhecida como recompra de ações com prêmio, ocorre quando uma empresa recompra suas próprias ações de um potencial adquirente a um preço mais alto do que o preço de mercado. Em contrapartida, o potencial adquirente concorda em não tentar adquirir o controle da empresa.

recursos adicionais necessários (AFN, sigla em inglês) – Esses recursos oriundos de fontes externas são necessários para aumentar os ativos da empresa a fim de dar suporte ao aumento das vendas. Aumento nas vendas normalmente demandará um aumento nos ativos. Porém, parte desse aumento, geralmente, é compensada por um aumento espontâneo nos passivos ou pelos lucros retidos pela empresa. Os recursos que são necessários, mas que não são gerados internamente, devem ser obtidos de fontes externas.

rede de computador/telefone – Uma rede de computador ou telefone, como Nasdaq, consiste em todas as instalações que proporcionam segurança para transações não realizadas em uma bolsa de ações de um lugar físico. Essas instalações são, basicamente, as redes de comunicação que conectam compradores e vendedores.

reestruturação de dívida informal – Acordo entre uma empresa em apuros financeiros e seus credores para mudar os termos da dívida existente. Uma extensão adia a data de pagamento; uma composição é uma redução dos créditos reclamados pelo credor.

reestruturação em caso de falência – Tentativa aprovada pelo tribunal para uma empresa continuar existindo, por meio de alterações na estrutura de capital em vez da liquidação. A reestruturação deve observar os princípios de equidade e viabilidade.

refinanciamento – Ocorre quando uma empresa emite títulos de dívida a uma taxa corrente baixa e usa os recursos para recomprar uma de suas emissões de títulos de dívida com taxa de cupom alta. Geralmente se trata de emissões resgatáveis, o que significa que a companhia pode comprar títulos de dívida por um preço de compra mais baixo do que o preço de mercado.

registro de prateleira – Frequentemente, as empresas protocolam um pedido de registro principal e depois o atualizam com uma declaração simplificada, um pouco antes da oferta. Esse procedimento é chamado de registro de prateleira, pois as empresas colocam novos títulos na "prateleira" e, depois, os vendem quando o mercado estiver estabilizado.

relação entre passivos e ativos – A relação entre passivos totais e ativos totais, que mede a porcentagem de fundos fornecidos pelos credores.

relatório anual – Relatório emitido anualmente por uma companhia para seus acionistas. Contém demonstrações financeiras básicas, bem como um parecer da administração sobre as operações do último exercício e perspectivas da empresa.

renda continuada – Série de pagamentos de um montante fixo por um período específico ou indefinido.

renda continuada devida – Renda continuada com pagamentos efetuados no início de cada período.

rendimento até resgate (YTC, sigla em inglês) – Taxa de juros recebida sobre um título se ele for resgatado. Se as taxas de juros correntes estiverem bem abaixo da taxa de cupom do título resgatável, então o YTC pode ter uma expectativa mais relevante de retorno esperado do que o YTM, pois a obrigação provavelmente será resgatada.

rendimento até vencimento (YTM, sigla em inglês) – Taxa de juros obtida sobre um título se ele for mantido até seu vencimento.

rendimento corrente (de uma obrigação) – Pagamento de cupom anual dividido pelo valor de mercado corrente.

rendimento de dividendo – Definido como dividendo do encerramento de período dividido pelo preço do início de período ou como relação entre dividendo corrente e preço corrente. Fórmulas de avaliação utilizam a definição anterior.

rendimento dos ganhos de capital – Resulta das variações nos preços e é calculado pela fórmula $(P_1 - P_0)/P_0$, em que P_0 é o preço de início de período e P_1, o preço de final de período.

renegociação amigável – Planos de recuperação voluntária acordados entre credores e empresas geralmente sólidas que estão enfrentando dificuldades financeiras temporárias. Geralmente, renegociações amigáveis requerem algum tipo de reestruturação de dívida da empresa.

repatriação de ganhos – Fluxo de caixa, geralmente na forma de dividendos ou *royalties*, de uma filial ou subsidiária estrangeira para a controladora. Esses fluxos de caixa devem ser convertidos na moeda da controladora e, dessa forma, estão sujeitos a flutuações futuras nas taxas de câmbio. Um governo estrangeiro pode restringir o montante de dinheiro que poderá ser repatriado.

retenção imprópria – Retenção de lucros por uma empresa com o propósito de possibilitar que os acionistas evitem pagar imposto de renda sobre dividendos.

retorno esperado sobre capital investido (EROIC, sigla em inglês) – Retorno esperado sobre capital investido (EROIC) é igual ao NOPAT (lucro operacional líquido após impostos) dividido pelo montante de capital disponível no início do exercício.

retorno sobre ativo total (ROA, sigla em inglês) – Relação entre lucro líquido e ativo total.

retorno sobre o capital investido (ROIC, sigla em inglês) – Lucro operacional líquido após impostos dividido pelo capital operacional.

retorno sobre patrimônio (ROE, sigla em inglês) – Calculado dividindo-se lucro líquido pelo patrimônio.

risco cambial – O risco de que uma mudança na taxa de câmbio de uma moeda possa afetar adversamente uma empresa.

risco de inadimplência – Risco de o mutuário não pagar os juros e/ou principal de um empréstimo na data de vencimento. Se o emissor se torna inadimplente, os investidores recebem menos do que o retorno previsto sobre a obrigação. O risco de inadimplência é influenciado pela força financeira do emissor e também pelos termos do contrato de obrigação, especialmente se a garantia for firmada para a obrigação. Quanto maior o risco de inadimplência, maior o rendimento do título até o vencimento.

risco de mercado – Parte do risco total de um título que não pode ser eliminada pela diversificação, medida pelo coeficiente beta.

risco de taxa de câmbio – Refere-se à flutuação das taxas cambiais entre moedas durante um tempo.

risco de taxa de juros – Decorre do fato de que os preços das obrigações diminuem quando as taxas de juros aumentam. Nestas circunstâncias, a venda de um título antes de seu vencimento resultará em perda de capital; quanto maior o prazo de vencimento, maior será a perda.

risco de taxa de reinvestimento – Ocorre quando há rolagem de dívida de curto prazo. Se as taxas de juros caírem, então o reinvestimento do principal será a uma taxa mais baixa, consequentemente com pagamentos de juros e valores finais mais baixos.

risco diversificável – Refere-se à parte do risco total de um título associado com eventos aleatórios que não afetam o mercado como um todo. Esse risco pode ser eliminado por uma diversificação adequada. Também conhecido como risco específico da companhia.

risco do negócio – Risco inerente às operações da empresa, antes da decisão de financiamento. Portanto, risco do negócio é a incerteza inerente à receita ou lucro operacional futuro antes de juros e impostos. O risco do negócio está associado a diversos fatores, dos quais os dois mais importantes são a variabilidade das vendas e a alavancagem operacional.

risco financeiro – Risco adicionado pelo uso de financiamento de dívida. Financiamento de dívida aumenta a variabilidade dos lucros antes de impostos (mas após juros); dessa forma, junto com o risco de negócio, contribui para a incerteza de lucro líquido e lucro por ação. Risco de negócio mais risco financeiro é igual ao risco corporativo total.

risco político – Refere-se à possibilidade de desapropriação e restrição não prevista imposta por governo estrangeiro sobre fluxos de caixa para a controladora.

risco unitário – Risco que um investidor assume ao manter apenas um ativo.

S

saldo compensatório (CB, sigla em inglês) – Saldo mínimo que uma empresa deve manter na conta bancária para compensar o banco por serviços prestados ou empréstimos concedidos; geralmente é igual a 10%-20% dos empréstimos em aberto.

saldo de caixa alvo – Saldo de caixa desejado que a empresa planeja manter para a realização de negócios.

saldo de precaução – Saldo de caixa mantido em reserva para variações aleatórias e imprevistas nas entradas e saídas de caixa.

saldo de transações – Saldo de caixa associado com pagamentos e cobranças; saldo necessário para as operações do dia a dia.

saldos especulativos – Fundos mantidos por uma empresa a fim de ter dinheiro para aproveitar oportunidades de compras vantajosas ou de crescimento.

SEC (Comissão de Títulos e Valores Mobiliários) – Agência do governo dos EUA que regulamenta as vendas de novos títulos e operações nas bolsas de valores. A SEC, juntamente com outras agências governamentais e de autorregulamentação, ajuda a garantir mercados estáveis, corretoras sólidas e ausência de manipulação de ações.

securitização – Processo em que instrumentos financeiros que foram negociados anteriormente de maneira escassa são convertidos em uma forma que gera maior liquidez. Securitização também se aplica à situação em que ativos específicos são oferecidos como garantia, criando, assim, títulos garantidos por ativos. Exemplo do primeiro caso são os títulos de alto risco; e exemplo do segundo caso são os títulos lastreados por hipotecas.

seguro de títulos municipais – Uma seguradora garante o pagamento do cupom e do principal no caso de inadimplência do emissor dos títulos (município). Isso diminui o risco para os investidores que estejam dispostos a aceitar uma taxa de cupom mais baixa para emissão de títulos segurados em comparação com uma emissão não segurada.

sincronização de fluxos de caixa – Ocorre quando empresas são capazes de organizar recebimentos de caixa para que coincidam com as necessidades de caixa.

sinergia – Ocorre quando o conjunto é maior do que a soma das partes. Quando aplicado a fusões, uma fusão de sinergia ocorre quando os ganhos pós-fusão excedem a soma dos ganhos pré-fusão das empresas separadas.

sistema de taxa cambial fixa – Sistema em vigor a partir do final da II Guerra Mundial até agosto de 1971. Por esse sistema, o dólar norte-americano foi atrelado ao ouro à taxa de US$ 35 por onça (0,028 kg) e outras moedas foram então atreladas ao dólar.

sociedade – Uma sociedade existe quando duas ou mais pessoas se associam para conduzir um negócio.

sociedade anônima de capital aberto – Companhia em que as ações pertencem a um grande número de investidores, dos quais a maioria não participa ativamente da administração.

sociedade de responsabilidade limitada – Uma sociedade de responsabilidade limitada (LLP, sigla em inglês), às vezes chamada de companhia de responsabilidade limitada (LLC, sigla em inglês), combina as vantagens da responsabilidade limitada de uma companhia com as vantagens fiscais de uma sociedade.

sociedade limitada – Sociedade em que as responsabilidades, retornos sobre investimento e controle dos sócios limitados são limitados; sócios gerais têm responsabilidade e controle ilimitado.

sociedade profissional – Possui a maioria dos benefícios de uma sociedade, porém os participantes não estão isentos de responsabilidades profissionais (por negligência); conhecido em alguns estados como associação profissional.

***spread*, coordenação** – A diferença entre o preço pelo qual um coordenador vende as ações em uma oferta pública inicial e o resultado auferido que o coordenador transfere para a empresa emitente; a comissão cobrada pelo coordenador. Em geral, é de aproximadamente 7% do preço da oferta.

***spread* de TED (sigla em inglês para *T-bill*, ou título do Tesouro, e ED, ou eurodólar)** – A taxa LIBOR, para 3 meses, menos a taxa referente a um título do Tesouro, para 3 meses. É uma medida de aversão a riscos e mede a compensação extra que os bancos exigem, que os induz a emprestarem uns aos outros.

***spread*, rendimento** – A diferença entre o rendimento de um título em relação a outro título com menos risco.

***stakeholders* (interessados)** – Todas as partes que têm um interesse, financeiro ou de outro tipo, em um negócio sem fins lucrativos.

swap – Troca de obrigações de pagamento em dinheiro. Geralmente acontece porque as partes envolvidas preferem o agendamento ou o tipo de pagamento de outra pessoa.

***swap* de crédito por default (CDS, sigla em inglês)** – Derivativo em que a contraparte paga se houver inadimplência de um instrumento de dívida específico, semelhante ao seguro garantia.

T

tabela DuPont – Tabela desenvolvida para mostrar as relações entre retorno de investimento, giro de ativos, margem de lucro e alavancagem.

taxa à vista – A taxa de câmbio que se aplica às negociações à vista ou, mais precisamente, a câmbios que ocorrem dois dias após o dia da negociação (em outras palavras, câmbio corrente).

taxa anual efetiva (ou equivalente) (EAR ou EFF%), siglas em inglês) – A taxa anual efetiva é aquela que, composta anualmente, teria produzido o mesmo valor futuro no final de um ano como foi produzido por composições mais frequentes – por exemplo, trimestrais. Caso a composição ocorra anualmente, a taxa anual efetiva e a taxa nominal são a mesma. Caso a composição ocorra mais frequentemente, a taxa anual efetiva é maior do que a taxa nominal.

taxa cruzada – Taxa cambial entre duas moedas não americanas.

taxa de câmbio a prazo – Taxa de câmbio aplicável para o câmbio (entrega) em uma data futura acordada, que é geralmente de 30, 90 ou 180 dias a partir da data de negociação.

taxa de câmbio – É o preço de determinada moeda, medido em unidades de outra moeda.

taxa de cruzamento – O custo de capital em que cruza os perfis de VPL para dois projetos.

taxa de cupom – Taxa de juros sobre a obrigação; definida como pagamento do cupom dividido pelo valor nominal.

taxa de custo de oportunidade – Taxa de retorno disponível no melhor investimento alternativo de risco similar.

taxa de desconto ajustada de acordo com o risco – Inclui o risco dos fluxos de caixa do projeto. O custo de capital para a empresa reflete o risco médio dos projetos existentes. Assim, novos projetos que possuem mais riscos do que os projetos existentes devem ter uma taxa de desconto ajustada pelo risco mais alta. Projetos com menos riscos devem ter uma taxa de desconto ajustada pelo risco mais baixa.

taxa de juros nominal (cotada), I_{NOM} – Taxa de juros estabelecida em um contrato. Caso a composição ocorra anualmente, a taxa anual efetiva e a taxa nominal são a mesma. Caso a composição ocorra mais frequentemente, a taxa anual efetiva é maior do que a taxa nominal. A taxa de juros anual nominal também é chamada de taxa percentual anual ou APR, sigla em inglês.

taxa de juros nominal livre de risco, r_{RF} – Taxa real livre de risco mais prêmio pela inflação prevista. Taxa nominal livre de risco de curto prazo é geralmente similar à taxa da Letra do Tesouro Nacional dos EUA, e a taxa nominal livre de risco de longo prazo é similar à taxa dos títulos do Tesouro dos EUA.

taxa de juros real livre de risco, r* – Taxa de juros sobre um título livre de risco em uma economia com inflação zero. A taxa real livre de risco poderia ser chamada também de taxa de juros pura, pois é a taxa de juros que existiria sobre títulos do Tesouro norte-americano de curto prazo e livre de inadimplência se a taxa prevista de inflação fosse zero.

taxa de retorno esperada, $\hat{r}_s$ – Taxa de retorno esperada sobre determinada ação, considerando seu preço corrente e fluxo de caixa futuro esperado. Se a ação estiver em equilíbrio, a taxa de retorno exigida será igual à taxa de retorno esperada.

taxa de retorno exigida, r_s – Taxa de retorno mínimo aceitável, considerando tanto seu risco quanto os retornos disponíveis em outros investimentos.

taxa de retorno mínima – Custo de capital de projeto, ou taxa de desconto. Taxa utilizada para descontar fluxos de caixas futuro no método de valor presente líquido ou para comparar com a taxa interna de retorno.

taxa de retorno nominal, r_n – Inclui ajuste de inflação (prêmio). Assim, se as taxas de retorno nominais forem utilizadas no processo de planejamento de capital, então os fluxos de caixa líquidos deverão também ser nominais.

taxa de retorno real, ou realizada, $\bar{r}_s$ – Taxa de retorno realizada ao término de um período de manutenção do investimento.

taxa de retorno real, r_r – Sem ajustes para inflação prevista. Se os fluxos de caixa líquidos de um projeto não incluírem ajustes de inflação, os fluxos devem ser descontados pelo custo de capital real. De maneira similar, a taxa de retorno interna resultante dos fluxos de caixa líquidos reais deve ser comparada com o custo de capital real.

taxa de retorno realizada, $\bar{r}$ – Retorno real que um investidor recebe sobre seu investimento. Pode ser bem diferente do retorno esperado.

taxa periódica, I_{PER} – Taxa cobrada por um credor ou paga pelo tomador de empréstimo em cada período. Pode ser uma taxa anual, semestral, trimestral, mensal, diária ou qualquer outro intervalo de tempo (geralmente de um ano ou menos).

taxas de câmbio flutuantes – Sistema atualmente em vigor que permite que as forças de oferta e demanda determinem os preços das moedas com pouca intervenção do governo.

taxas de câmbio indexadas – Taxas que são fixadas sobre uma moeda importante como o dólar norte-americano. Consequentemente, os valores das moedas indexadas se movem juntas com o tempo.

técnica de inclusão – Técnica usada na previsão financeira para incluir novos passivos ou ativos no levantamento do balanço patrimonial.

técnicas de fluxo de caixa descontado (DCF, sigla em inglês) – As técnicas de valor presente líquido (NPV, sigla em inglês) e taxa interna de retorno (IRR, sigla em inglês) são técnicas de avaliação de fluxo de caixa descontado (DCF, sigla em inglês). São chamados de métodos DCF porque reconhecem explicitamente o valor temporal do dinheiro.

teoria da informação assimétrica – Supõe que os gestores possuem informações mais completas do que os investidores e leva a uma ordem de preferência para financiamentos: (1) lucros acumulados, seguido de (2) dívida e (3) novas ações ordinárias. Também conhecida como Teoria da Sinalização.

teoria da irrelevância dos dividendos – Afirma que a política de dividendos não afeta o preço das ações da empresa ou o custo de capital.

teoria da preferência tributária – Propõe que investidores preferem ganhos de capital a dividendos, pois os impostos sobre ganhos de capital podem ser diferidos para o futuro, mas os impostos sobre dividendos devem ser pagos assim que os dividendos são recebidos.

teoria das expectativas – Afirma que a inclinação da curva de rendimento depende das expectativas sobre taxas de inflação futura e taxas de juros. Assim, se há expectativa de alta da taxa anual de inflação e das taxas de juros futuras, a curva de rendimento será as-cendente; a curva será descendente se houver expectativa de queda das taxas anuais.

teoria de precificação por arbitragem (APT, sigla em inglês) – Abordagem para mensurar a relação de equilíbrio de risco-retorno para determinada ação em função de vários fatores e não de um único fator (retorno do mercado), usada pelo modelo de precificação de ativos financeiros (CAPM). A APT é baseada em uma complexa teoria matemática e estatística e pode levar em conta vários fatores (como PIB e nível de inflação) para determinar o retorno necessário para determinada ação.

teoria do pássaro na mão – Suposição de que os investidores preferem dividendos correntes a ganhos futuros de capital, pois o dividendo corrente oferece menos risco do que um possível ganho de capital. Essa teoria sugere que uma ação que distribui dividendos altos possui um preço maior e um retorno exigido menor, todos os outros considerados de maneira igual.

título – Nota promissória emitida por uma unidade de negócios ou governamental.

título ajustado pelo rendimento do emissor – Paga juros apenas se houver rendimentos suficientes. Esses títulos não podem levar uma empresa à falência, porém, do ponto de vista do investidor, eles possuem mais riscos do que os títulos "convencionais".

título com classificação de crédito – Títulos com classificações Baa/BBB ou superior.

título com prêmio – Preços e taxas de juros dos títulos são inversamente relacionados; ou seja, tendem a se mover em direções opostas. Um título de taxa fixa será vendido pelo valor nominal quando sua taxa de juros de cupom for igual à taxa de juros corrente, r_d. Quando a taxa de juros corrente for superior à taxa de cupom, o título de taxa fixa será vendido com um "desconto" abaixo de seu valor nominal. Caso a taxa de juros corrente for inferior à taxa de cupom, o título de taxa fixa será vendido com um "prêmio" acima de seu valor nominal.

título conversível – Título conversível em ações ordinárias, a um preço fixado, a critério do titular.

título de cupom zero – Não rende juros, mas oferece um desconto substancial abaixo de seu valor nominal e, portanto, oferece valorização de capital em vez de receita de juros.

título de desconto de emissão original (OID, sigla em inglês) – De maneira geral, qualquer título originalmente oferecido por um preço significativamente abaixo do valor nominal.

título de desenvolvimento – Título com isenção fiscal vendido pelos governos estaduais e locais norte-americanos e o dinheiro arrecadado com a venda desses títulos é disponibilizado para companhias para uso específico considerado (pelo Congresso) como sendo de interesse público.

título de seguro – Protege os investidores contra inadimplência por parte do emissor e proporciona melhor crédito para a emissão do título.

título de taxa variável – Título cujo pagamento de cupom pode variar com o tempo. A taxa de cupom geralmente é atrelada à taxa de outro título, tal como títulos do Tesouro ou outra taxa, como a taxa *prime* ou LIBOR.

título do Tesouro – Título emitidos pelo governo federal; às vezes chamado de *T-bonds* ou títulos públicos. Títulos do Tesouro não possuem risco de inadimplência.

título estrangeiro – Título vendido por um mutuário estrangeiro, mas denominado na moeda do país em que foi emitido. Dessa forma, uma empresa norte-americana que vende títulos denominados em francos suíços na Suíça está vendendo títulos estrangeiros.

título estruturado – Obrigação derivada de outra obrigação. Permite a distribuição dos riscos para dar aos investidores o que eles buscam.

título internacional – Qualquer título vendido fora do país do mutuário. Existem dois tipos de títulos internacionais: eurobônus e títulos estrangeiros.

título resgatável – Dá aos investidores o direito de vender os títulos novamente para a empresa a um preço normalmente próximo ao valor nominal. Se a taxa de juros subir, então os investidores poderão resgatar os títulos e reinvestir a taxas mais altas.

título corporativo – Dívida emitida por companhias e exposta a risco de inadimplência. Títulos corporativos diferentes possuem riscos de inadimplência diferentes, dependendo das características da empresa emissora e dos termos do título específico.

título de alto risco – Título de alto risco e alta rentabilidade emitido para financiar aquisições alavancadas, fusões e companhias cuja situação financeira está comprometida.

título hipotecário – Título garantido por determinados ativos. Todos esses títulos são formalizados por um contrato.

título Ianque – Título emitido por um mutuário estrangeiro denominado em dólar e vendido nos Estados Unidos de acordo com os regulamentos da SEC.

títulos mobiliários – Podem ser convertidos em dinheiro rapidamente e oferecem, pelo menos, uma rentabilidade modesta.

títulos municipais – Emitidos pelos governos estaduais e locais. Os juros sobre a maioria dos títulos municipais são isentos de impostos federais e também de impostos estaduais se o titular for residente no estado emitente.

títulos sobre receita – Um tipo de títulos municipais segurado pelos rendimentos derivados de projetos como estradas e pontes, aeroportos, sistemas de água e esgoto, e instalações de assistência à saúde sem fins lucrativos.

V

valor condicional em risco (CVaR) – O valor médio de uma carteira (ou perda) condicional ao valor de portfólio ser menor do que um valor-limite específico (ou porcentagem-limite). Também pode ser definido como a NPV média condicional ao NPV ser menor do que um valor-limite específico (ou porcentagem-limite). Também é chamado déficit esperado (DE).

valor das operações (V_{op}) – Valor presente de todos os fluxos de caixa futuros esperados quando descontados pelo custo médio ponderado de capital.

valor de conversão – Valor da ação que o investidor receberia caso ocorresse a conversão; o preço de mercado de cada ação vezes o quociente de conversão.

valor de exercício – Equivale ao preço corrente da ação (objeto das opções) menos o preço de exercício da opção.

valor de liquidação – Valor de uma empresa caso seus ativos sejam vendidos separadamente.

valor de mercado agregado (MVA, sigla em inglês) – Diferença entre o valor de mercado da empresa (ou seja, a soma do valor de mercado do patrimônio, valor de mercado da dívida e valor de mercado das ações preferenciais) e o valor contábil do patrimônio, dívida e ações preferências da empresa. Se os valores contábeis da dívida e ações preferenciais forem iguais aos seus valores de mercado, o MVA também é igual à diferença entre o valor de mercado do patrimônio e o montante do capital que os investidores forneceram.

valor do horizonte – Valor de operações no final do período de previsão explícita. É igual ao valor presente de todos os fluxos de caixa livres além do período de previsão, descontado no final do período de previsão pelo custo médio ponderado de capital.

valor econômico agregado (EVA, sigla em inglês) – Método usado para medir a lucratividade real de uma empresa. O EVA é obtido tomando o lucro operacional após pagamento de impostos menos o custo anual de todo o capital que a empresa utiliza. O EVA positivo demonstra que a administração da empresa criou valor para seus acionistas. O EVA negativo demonstra destruição de valor ao acionista pela administração.

valor em risco (VaR) – O valor em dólares que define uma porcentagem específica na distribuição de probabilidade de perda de uma carteira ou o NPV de um projeto. Por exemplo, se a porcentagem especificada for de 5%, um VaR de – $ 1 milhão significa que existe uma probabilidade de 5% de que a carteira perderá $ 1 milhão ou mais.

valor fundamental, ou preço – Valor ou preço que incorpora todas as informações relevantes referentes aos fluxos de caixa futuros e ao risco esperados.

valor intrínseco (ou fundamental), $\hat{P}_0$ – Valor presente do fluxo de caixa livre esperado de uma empresa.

valor intrínseco ou preço – Valor ou preço que incorpora todas as informações relevantes referentes aos fluxos de caixa futuros e ao risco esperados.

valor nominal – Valor nominal de uma ação ou obrigação. O valor nominal de uma obrigação geralmente representa o montante de dinheiro que a empresa toma emprestado e se compromete a pagar numa data futura. O valor nominal de uma obrigação é geralmente $ 1.000,00, mas pode ser $ 5.000,00 ou mais.

valor patrimonial por ação – Ações ordinárias divididas pelo número de ações em circulação.

valor residual – Valor de mercado do bem arrendado ao término do arrendamento. A estimativa do valor residual é um dos principais elementos na análise de arrendamento.

valor social – Espera-se que projetos de empresas sem fins lucrativos proporcionem um valor social além de um valor econômico.

valor terminal – Valor das operações no final do período de previsão explícita, igual ao valor presente de todos os fluxos de caixa livres após o período de previsão, descontados ao final do período de previsão pelo custo médio ponderado de capital.

valorização – Ocorre quando o preço relativo de uma moeda aumenta. Oposto de desvalorização.

vantagem líquida do arrendamento (NAL, sigla em inglês) – Valor do arrendamento em dólares para o arrendatário. Em certo sentido, representa o valor presente líquido do arrendamento *versus* a titularidade.

variação líquida – Diferença entre o *float* de desembolso e o *float* de cobrança.

variância, σ² – Medida da variabilidade de distribuição. Soma dos desvios ao quadrado sobre o valor previsto.

venda e arrendamento – Tipo de arrendamento financeiro em que a empresa vende o bem para outra firma, geralmente uma instituição financeira e, simultaneamente, firma um contrato para arrendar o bem da firma compradora.

***vesting* anual** – Determinada porcentagem das opções concedidas que saem de período de carência por ano (*vest*). Por exemplo, um terço das opções podem ser convertidas por ano.

viabilidade – Pelo princípio de viabilidade deve haver uma probabilidade razoavelmente alta de reabilitação bem-sucedida e operações futuras rentáveis.

vida econômica – Número de anos em que um projeto deveria ser operado para maximizar seu valor presente líquido; geralmente menos do que o potencial máximo de vida.

viés de ancoragem – Ocorre quando previsões de eventos futuros são fortemente influenciadas por eventos recentes.

ÍNDICE REMISSIVO

Impressão e acabamento:

tel.: 25226368